JN447737

제3판

판례형법각론

김태명 저

pnc
publishing and culture
피앤씨미디어

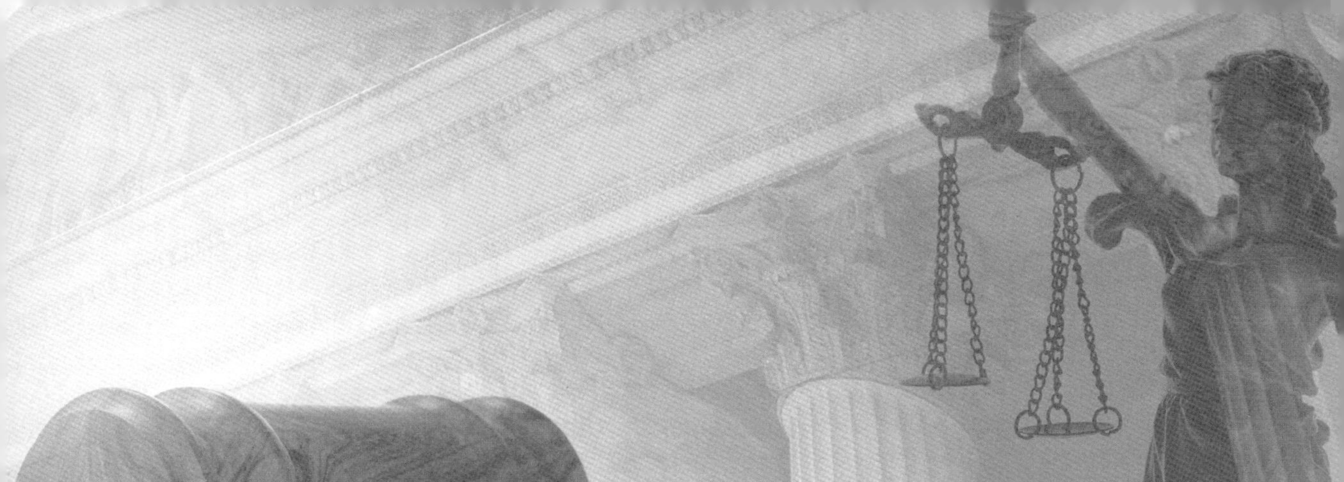

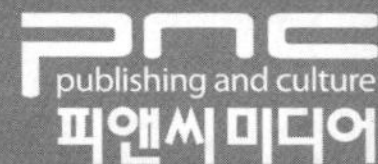

판례형법각론

제 3 판 머리말

내년이면 법학전문대학원(이하 '로스쿨'이라고 함) 출범 10년째를 맞는다. 10년이면 강산도 변한다는데, 그동안 우리나라 법학교육에는 많은 변화가 있었다. 첨단설비를 갖춘 강의실, 모의법정, 도서관 등이 구비된 건물의 신축 또는 확장, 법조인 출신 교수를 비롯한 교수진의 대폭적인 확대, 이미 대학에서 다양한 전공을 한 학생을 대상으로 한 대학원단계의 교육, 로스쿨 졸업생만을 대상으로 한 새로운 형태의 변호사시험 등 적어도 외형적인 면에서는 이전과는 판이한 모습을 하고 있다.

그러나 내용적인 면에서는 로스쿨에서의 법학교육에 그다지 후한 점수를 주기 힘들다. 여전히 법현실과 괴리된 관념적 이론교육, 법조인으로서의 능력을 평가하기에 부적절하거나 실무와의 관련성이 희박한 내용의 시험 등 외양(外樣)이 아니라 내실(內實)에 대한 평가는 로스쿨 출범 직후나 지금이나 크게 달라진 것이 없다. "학부 강의를 담당하는 교수나 로스쿨 수업을 담당하는 교수나 그 구성면에서 차이가 없다"거나 "로스쿨 인가를 받기 위해 외부에 있는 법조인 출신의 교수를 몇 명을 영입한 것을 제외하고는 학부 수업의 재탕이다"라는 목소리가 여전히 나오고 있다. 변호사시험에 대한 평가도 그 사정이 크게 다르지 않다. 선택형시험 문제는 기존의 사법시험과 다를 바 없이 장황하고 복잡하며, 사례형시험 문제는 실체법과 절차법의 쟁점이 유기적으로 결합된 것이 아니라 단순히 이어붙인 데 불과하고 쟁점 또한 기존의 관념적 틀을 크게 벗어나지 못하고 있고, 기록형시험 문제는 지나치게 어렵거나 제시간에 답안을 작성하는 것 자체가 힘들 정도로 복잡하다는 등의 부정적인 평가가 끊이질 않고 있다.

법학교육에 대해 강산이 변했다는 평가가 내려지기 위해서는 외양이 아니라 내실이 과연 변했는가에 주목해야 한다. 그리고 내실이 변했는가는 공급자인 정부, 대학, 교수가 아니라 수요자인 학생, 법조인 그리고 시민이 판단하여야 한다. 로스쿨교육의 첫 번째 수요자인 학생들이 내리는 평가가 위와 같을진대, 과연 법학교육이 변했다고 말할 수 있겠는가?

저자는 법조인 출신 교수가 아니라 줄곧 이론을 연구하고 교육해 온 이른바 이론교수이지만, 법학교육의 내실이 변하기 위해서는 기존의 관념적 이론을 버리고 법현실에 주목하여야 한다고 생각해 왔고, 이 교재는 이러한 저자의 생각을 구체화한 것이다.

저자가 말하는 법현실이란 실정법(實定法) 그리고 실정법을 구체적 사건에 적용하여 법원이 내린 판단이 담긴 판례(判例)를 말한다. 적어도 실정법을 안다고 말하기 위해서는 어떤 내용의 조문이 어디에 있는지 그리고 그 조문의 문언이 어떻게 되어 있는지까지 설명할 수 있어야 한다. 관련조문도 제대로 적시하지 못하고 본질은 어떻고, 연혁은 어떻고, 외국의 입법례는 어떻다는 등 관념적 이론만을 장황하게 설명하다가 정작 조문을 설명하는 단계에서는 흐지부지 넘어가고 마는 정도로는 실정법을 안다고 말하기 어렵다. 판례도 마찬가지이다. 적어도 판례를 안다고 하기 위해서는 그 사실관계와 쟁점 그리고 판례가 인용한 법리를 구체적이고도 정확한 용어로 설명할 수 있어야 한다. 이 뿐만 아니라 논란이 된 판례와 유사하거나 대조하여 알아두어야 할 판례에 대해서까지도 정확한 지식을 가지고 있어야 한다.

이 교재의 내용이 얼마나 저자의 구상을 잘 담아내고 있는가에 대한 판단의 독자의 몫일 것이지만, 제3판까지 출간될 수 있었다는 사실로 위안을 삼고 싶다. 먼저 여러 가지 부족함에도 불구하고 이 교재를 이용해 주신 독자들에게 감사를 드리고 싶다. 그리고 이 자리를 빌려 제3판이 출간될 수 있도록 애써주신 피앤씨미디어 김중용 사장님, 심성보 이사님 그리고 김인숙 과장님께도 감사의 말씀을 전한다.

2018. 1. 31.

저자 씀

차 례

제 1 편 개인적 법익에 대한 죄

제 3 편 국가적 법익에 대한 죄

법령약어표

약 칭	**법률명칭** (괄호 안은 법제처가 제안한 약어임)
경집법	경찰관 직무집행법
금융실명법	금융실명거래 및 비밀보장에 관한 법률(금융실명법)
교특법	교통사고처리 특례법
노숙인복지법	노숙인 등의 복지 및 자립지원에 관한 법률(노숙인복지법)
도교법	도로교통법
범죄수익규제법	범죄수익은닉의 규제 및 처벌 등에 관한 법률(범죄수익은닉규제법)
부동산실명법	부동산 실권리자명의 등기에 관한 법률(부동산실명법)
부수법	부정수표단속법
성폭법	성폭력범죄의 처벌 등에 관한 특례법(성폭력처벌법)
구 성폭법	성폭력범죄의 처벌 및 피해자보호 등에 관한 법률
아청법	아동·청소년의 성보호에 관한 법률(청소년성보호법)
아동학대처벌법	아동학대범죄의 처벌 등에 관한 특례법(아동학대처벌법)
여전법	여신전문금융업법
연명의료법	호스피스·완화의료 및 임종과정에 있는 환자의 연명의료결정에 관한 법률(연명의료결정법)
응급의료법	응급의료에 관한 법률(응급의료법)
장기이식법	장기등 이식에 관한 법률(장기이식법)
정통법	정보통신망 이용촉진 및 정보보호에 관한 법률(정보통신망법)
집시법	집회 및 시위에 관한 법률(집시법)
폭처법	폭력행위 등 처벌에 관한 법률(폭력행위처벌법)
통비법	통신비밀보호법
특가법	특정범죄 가중처벌 등에 관한 법률(특정범죄처벌법)
특강법	특정강력범죄의 처벌에 관한 특례법(특정강력범죄법)
특경법	특정경제범죄 가중처벌 등에 관한 법률(특정경제범죄법)
특조법	부동산등기특별조치법
환경범죄단속법	환경범죄 등의 단속 및 가중처벌에 관한 법률(환경범죄단속법)
형소법	형사소송법
형실효법	형의 실효 등에 관한 법률(형실효법)

Part 01

개인적 법익에 대한 죄

▨ 개인적 법익에 대한 죄의 개요

개인적 법익에 대한 죄는 개인적 법익이라고 할 수 있는 사람의 생명, 신체, 자유, 명예, 사생활의 비밀 그리고 재산을 침해하는 범죄로서, 형법 각칙 제24장부터 제42장까지 규정되어 있는 범죄를 말한다. 개인적 법익에 대한 죄는 크게 생명, 신체, 자유, 명예, 사생활의 비밀과 같은 인적 법익에 대한 죄와 물적 법익(재산)에 대한 죄로 나눌 수 있다.

○ 생명과 신체에 대한 죄: 살인의 죄(제24장), 상해와 폭행의 죄(제25장), 과실치사상의 죄(제26장), 낙태의 죄(제27장) 및 유기와 학대의 죄(제28장)

○ 자유에 대한 죄: 체포와 감금의 죄(제29장), 협박의 죄(제30장), 강요의 죄(제37장 중 제324조부터 제324조의6까지), 약취, 유인 및 인신매매의 죄(제31장), 강간과 추행의 죄(제32장)

○ 명예·신용·업무에 대한 죄: 명예에 관한 죄(제33장), 신용·업무와 경매에 관한 죄(제34장)

○ 비밀에 대한 죄: 비밀침해의 죄(제35장), 주거침입의 죄(제36장)

○ 재산에 대한 죄: 권리행사를 방해하는 죄(제37장), 절도와 강도의 죄(제38장), 사기와 공갈의 죄(제39장), 횡령과 배임의 죄(제40장), 장물에 관한 죄(제41장), 손괴의 죄(제42장)

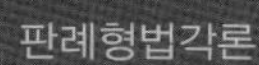

제 1 장 생명과 신체에 대한 죄

Ⅰ. 살인의 죄(제24장)

1) 사람의 생명을 보호법익으로 하는 범죄이다. 일부학자는 우리나라 형법은 사람의 생명은 절대적으로 보호되어야 한다는 '절대적 생명보호의 원칙'을 채택하고 있다고 주장하나, 사형제도가 유지되고 있고 정당방위와 같은 불가피한 상황에서는 사람의 생명침해가 예외적으로 허용된다는 점에서 우리나라 형법상 이 원칙이 채택되고 있다고 보기는 어렵다.

외국입법례에서는 기본적으로 살인의 죄를 고살(故殺)과 모살(謀殺)로 구분하여 모살에 대해서는 중한 법정형을 규정하기도 하나, 우리나라 형법은 이러한 구분법을 채택하지 않고 살인죄의 법정형을 폭넓게 규정하고 있다. 그리고 다른 한편으로 형법상 내란목적살인죄(제88조), 피약취·유인·매매·국외이송자살해죄(제291조 제1항), 강간등살인죄(제301조의2), 강도살인죄(제338조), 인질살해죄(제324조의4), 특가법상 피약취·유인미성년자살해죄(제5조의2 제2항)와 보복살인죄(제5조의9 제1항), 성폭법상 강간등살인죄(제9조), 아청법상 강간등살인죄(제10조) 등과 같이 모살에 해당하는 범죄를 개별적으로 규정하고 있다.

2) 살인의 죄의 유형으로는 살인죄(제250조 제1항), 존속살해죄(제250조 제2항), 영아살해죄(제251조), 촉탁·승낙살인죄(제252조 제1항), 자살교사·방조죄(제252조 제2항), 위계·위력 자살결의죄(제253조)가 있고 이들 죄의 미수범(제254조)은 처벌된다. 보통살인죄, 존속살해죄 그리고 위계·위력 자살결의죄의 예비·음모는 처벌된다(제255조).

3) 자기 또는 타인의 형사사건의 수사 또는 재판과 관련하여 고소·고발 등 수사단서의 제공, 진술, 증언 또는 자료제출에 대한 보복의 목적으로 또는 고소·고발 등 수사단서의 제공, 진술, 증언 또는 자료제출을 하지 못하게 하거나 고소·고발을 취소하게 하거나 거짓으로 진술·증언·자료제출을 하게 할 목적으로 살인죄(제250조 제1항)를 범한 때에는 특가법에 의해 가중처벌된다(제5조의9 제1항).

1. 살인죄(제250조 제1항)

사람을 살해함으로써 성립하는 범죄로 사형, 무기 또는 5년 이상의 징역에 처한다. 유기징역에 처할 때는 10년 이하의 자격정지를 병과할 수 있다(제256조). 본죄의 미수범은 처벌한다(제254조).

(1) 객 체

1) 살인죄의 객체는 '사람'이다. 헌법 제10조는 "모든 국민은 인간으로서의 존엄과 가치를 가지고 행복을 추구할 권리를 가진다"고 규정하고 있는데, 헌법에서 말하는 '인간'은 출생하기 전의 태아, 출생 이후 사망이전까지의 사람 그리고 사망한 이후의 사자(死者)를 포함한 넓은 개념으로 이해할 수 있다. 이에 대하여 민법상 권리의무의 객체로서의 사람(민법 제3조)이나 형법상 살인죄의 객체로서의 사람은 출생 이후부터 사망하기 전까지 '살아 있는 사람'만을 말한다.

형법은 출생하기 전의 사람은 '태아'로 명명(命名)하고 태아의 생명을 침해하는 행위를 낙태죄로 처벌한다. 낙태죄와 살인죄는 인간의 생명을 침해하는 행위라는 점에서 동일하나 낙태죄의 형은 살인죄의 형보다 현저히 가볍다. 그리고 사람을 과실로 사망케 한 때에는 과실치사죄로 처벌되지만 태아를 과실로 사망케 한 때에는 처벌되지 않는다. 따라서 형법상 태아의 보호정도는 사람의 보호정도보다 현저히 약하다. 이 때문에 언제부터 사람으로 볼 것인가가 형법상 아주 중요한 문제가 되고 있다.

2) 사람의 시기에 관해서는 분만개시설(진통설), 일부노출설, 전부노출설 및 독립호흡설이 주장되고 있으나, 형법상 분만이 개시된 이후 분만 중 또는 분만 직후의 영아를 살해한 때에는 살인의 죄의 일종인 영아살해죄(제251조)로 처벌되고 있음을 고려해 볼 때 형법적으로 분만이 개시된 이후부터는 설사 분만이 완료되지 않았더라도 사람으로 보아야 한다(☞ **[판례 Ⅰ-1]** 참조).

[판례 Ⅰ-1] 대법원 2007.6.29. 선고 2005도3832 판결【업무상과실치상】

〈사실관계〉

피고인은 조산원을 운영하는 조산사로서, 2001.4.13.경 임신 5개월째에 내원한 피해자(37세)로부터 자연분만을 의뢰받으면서 피해자가 이미 제왕절개 방법으로 두 딸을 출산하였을 뿐 자연분만의 경험이 없는데다가 당뇨증상 및 양수과다증상이 있음을 알게 되었는 바, 이러한 경우 산모의 당뇨증상으로 인하여 태아가 거대아(巨大兒)가 되어 저산소성 태아곤란증으로 사산이나 난산 또는 기형출산 등의 위험이 크므로, 피고인으로서는 피해자의 혈당치가 정상적으로 유지되는지 여부를 지속적으로 측정·관찰하여 만약 혈당치를 비정상적으로 증가하는 경우에는 피해자를 산부인과 전문병원으로 전원(轉院)시켜 혈당조절, 태아관찰 등을 받게 하여 적합한 분만방법을 선택하도록 조치하여야 하고, 더구나 임산부가 출산예정일을 2주나 도과한 때에는 당뇨증상으로 인하여 태아의 성장이 더욱 촉진되어 사산의 위험성이 매우 높으므로 즉시 자연분만을 포기하고 피해자를 산부인과 전문병원으로 전원시켜 전문의로 하여금 유도분만이나 제왕절개 등의 방법으로 태아를 안전하게 출산하도록 조치하여야 함에도 불구하고, 피해자의 혈당치가 비정상적으로 높게 측정되었으나, 피해자를 산부인과 전문병원으로 전원시키지 아니하고, 나아가 출산예정일에서 약 2주가 지난 같은 해 8.11. 00:30경 통증을 호소하며 내원한 피해자에 대하여 초음파검사 등을 실시하였음에도 불구하고 태아가 이미 5.2kg의 거대아로 성장한 사실조차 확인하지 못하였고, 피해자가 계속 진통을 하고 있음에도 태아의 심박동수의 변화 등을 지속적으로 관찰하지도 아니한 채 자연분만을 위하여 피해자를 같은 날 06:20경까지 대기실에 방치한 과실로 그 무렵 태아가 피해자의 자궁 내에서 뇌지주막하출혈 및 뇌실질내출혈 등 분만 전 저산소성 뇌손상으로 인하여 사망하였고 피해자는 같은 날 09:29경 대학병원에서 사망한 태아를 반출하기 위한 응급 제왕절개수술을 받았다.

〈사건의 경과〉

제1심(서울지법 북부지원 2003.8.14. 선고 2003고단1681 판결)은 피고인에게 유죄를 선고하였다. 이에 피고인이 항소하였다. 제2심(서울지법 2003.10.15. 선고 2003노7379 판결)은 제반의 조치를 태만히 한 피고인의 업무상과실과 피해자가 사망한 태아를 반출하기 위한 응급 제왕절개수술을 받은 사실 사이에는 상당한 인과관계가 있다고 하여 항소를 기각하였다. 이에 피고인은 상고하였다.

대법원(2004.3.26. 선고 2003도6570 판결)은 피해자로서는 피고인의 과실 유무와 관계없이 태아의 출산 등을 위해서는 어차피 제왕절개수술을 받을 수밖에 없었던 사정을 엿볼 수 있어 피고인의 과실과 제왕절개수술에 의한 상해 사이에 상당인과관계가 있다고 단정할 수 없고, 피해자의 자궁에서 사망한 태아를 반출하기 위한 제왕절개수술은 그 수술 자체가 피해자의 생리적 기능 또는 신체의 완전성을 해하는 것으로서 상해에 해당된다고 볼 수는 있지만, 그 수술은 피해자의 생명과 신체의 안전을 위하여 의사가 하는 치료행위로서 정당행위에 해당하는 것이므로 수술에 의한 상해와 관련하여서는 피고인에게 업무상과실치상의 죄책을 물을 수 없다는 이유로 원심판결을 파기환송하였다. 이에 검사는 파기환송후 원심법원에서 태아의 사망을 이유로 한 임부에 대한 업무상과실치상죄와 태아에 대한 업무상과실치사죄로 공소장변경을 하였다.

그러나 원심법원(서울지법 2005.5.12. 선고 2004노1677 판결)은 임부에 대한 업무상과실치상죄에 대해서는 "태아가 피해자의 모체 내에서 사망하였다는 사실 자체를 피해자의 신체의 완전성을 훼손하는 상해로는 볼 수 없고, 달리 피해자에게 이 사건 태아의 사망으로 인하여 혈액 응고 장애 등의 상해가 발생하였음을 인정할 만한 아무런 증거가 없다"는 이유로 기각하고, 태아에 대한 업무상과실치사죄에 대해서는 "2001.8.11. 03:00경 피고인이 검진할 때에는 피해자의 자궁문이 3 손가락 넓이(약 3㎝) 정도밖에 열려 있지 않았고, 피해자에게 출산 전의 주기적인 진통이 시작되지 아니하였으며, 태아가 사망할 때까지도 그러한 상태가 계속되었던 사실을 각 인정할 수 있는바, 03:00경에 피해자의 자궁문이 다소 열려 있었다 하더라도, 아직 피해자에게 분만의 개시라고 할 수 있는 진통은 시작되지도 아니하였다 할 것이므로, 피해자의 자궁 내에 있던 태아는 아직 '사람'이 되었다고 볼 수 없다"는 이유로 기각하였다. 이에 검사는 의학적으로 자연분만이 부적절하여 제왕절개 수술이 유일한 출산방법이었으므로 피해자의 위 입원시점을 분만의 시기로 볼 수 있다고 주장하면서 상고하였다.

〈판결요지〉

1. (태아에 대한) 업무상과실치사의 점에 대하여

사람의 생명과 신체의 안전을 보호법익으로 하고 있는 형법의 해석으로는 규칙적인 진통을 동반하면서 분만이 개시된 때(소위 진통설 또는 분만개시설)가 사람의 시기라고 봄이 타당하다. 위 법리에 비추어 기록을 살펴보면, 원심이 피해자에게 분만의 개시라고 할 수 있는 규칙적인 진통이 시작된 바 없었으므로 이 사건 태아는 아직 업무상과실치사죄의 객체인 '사람'이 되었다고 볼 수 없다는 이유 등으로 이 부분 공소사실에 관하여 무죄를 선고한 것은 정당하고 업무상과실치사죄의 객체에 관한 법리 오해 등의 위법이 없다.

한편 검사는, 제왕절개 수술의 경우 임산부의 상태변화, 의료진의 처치경과 등 제반 사정을 토대로 '의학적으로 제왕절개 수술이 가능하였고 규범적으로 수술이 필요하였던 시기'를 사후적으로 판단하여 이를 분만의 시기로 볼 수 있고, 2001.8.11. 00:30경 출산을 위해 피고인의 조산원에 입원할 당시 피해자는 임신성 당뇨증상 및 이미 두 번의 제왕절개 출산 경험이 있는 37세의 고령의 임산부이었고, 분만예정일을 14일이나 넘겨 이 사건 태아가 5.2㎏까지 성장한 상태이어서 의학적으로 자연분만이 부적절하여 제왕절개 수술이 유일한 출산방법이었으므로 공소외인의 위 입원시점을 분만의 시기로 볼 수 있다고도 주장하나,

'의학적으로 제왕절개 수술이 가능하였고 규범적으로 수술이 필요하였던 시기'는 판단하는 사람 및 상황에 따라 다를 수 있어, 분만개시 시점 즉, 사람의 시기도 불명확하게 된다는 점에서 채용하기 어렵다.

2. (임부에 대한) 업무상과실치상의 점에 대하여

현행 형법이 사람에 대한 상해 및 과실치사상의 죄에 관한 규정과는 별도로 태아를 독립된 행위객체로 하는 낙태죄, 부동의 낙태죄, 낙태치상 및 낙태치사의 죄 등에 관한 규정을 두어 포태한 부녀의 자기낙태행위 및 제3자의 부동의 낙태행위, 낙태로 인하여 위 부녀에게 상해 또는 사망에 이르게 한 행위 등에 대하여 처벌하도록 한 점, 과실낙태행위 및 낙태미수행위에 대하여 따로 처벌규정을 두지 아니한 점 등에 비추어보면, 우리 형법은 태아를 임산부 신체의 일부로 보거나, 낙태행위가 임산부의 태아 양육, 출산 기능의 침해라는 측면에서 낙태죄와는 별개로 임산부에 대한 상해죄를 구성하는 것으로 보지는 않는다고 해석된다. 따라서 태아를 사망에 이르게 하는 행위가 임산부 신체의 일부를 훼손하는 것이라거나 태아의 사망으로 인하여 그 태아를 양육, 출산하는 임산부의 생리적 기능이 침해되어 임산부에 대한 상해가 된다고 볼 수는 없다.

〈해 설〉

이 사건에서는 (1) 제왕절개수술을 이유로 임산부에 대한 업무상과실치상죄를 인정할 수 있는지의 여부, (2) 태아의 사망을 이유로 임산부에 대한 업무상과실치상죄를 인정할 수 있는지의 여부 그리고 (3) 태아의 사망을 이유로 태아에 대한 업무상과실치사죄를 인정할 수 있는지의 여부가 문제되고 있다. 이 사건에서 피고인에게 업무상과실을 인정하는 데에는 별다른 문제점이 없으므로, 업무상과실을 제외한 나머지의 쟁점을 설명하면 다음과 같다.

(1)과 관련해서는 제왕절개수술이 상해에 해당하는지 그리고 피고인의 업무상 과실과 인과관계가 있는지가 문제된다. 상해란 신체의 침해로서 이 사건에서 사망한 태아를 적출하기 위한 제왕절개수술이 상해에 해당한다는 점에 대해서는 의문의 여지가 없다. 그러나 이 사건에서 피해자는 37세의 고령의 임산부이고 이미 두 번의 제왕절개수술을 한 경험이 있는데다가 당뇨증상과 양수과다증으로 인하여 거대아의 출산이 예상되는 상황이었으므로 자연분만이 처음부터 불가능한 것으로 인정된다. 따라서 피고인이 즉시 자연분만을 포기하고 乙을 산부인과 전문병원으로 전원시켜 전문의로 하여금 유도분만이나 제왕절개 등의 방법으로 태아를 안전하게 출산하도록 조치를 취하지 아니한 과실과 사망한 태아를 분만하기 위한 수술사이의 상당인과관계를 인정하기 곤란하다(대법원 2004.3.26. 선고 2003도6570 판결). 결국 이 사건에서는 피고인에게 제왕절개수술을 이유로 조산사에게 업무상 과실치사상죄(제268조)의 죄책을 지우기는 어렵다고 할 것이다.

(2) 다음으로 태아를 피해자의 신체의 일부로 보고 태아의 사망을 이유로 하여 피해자에 대한 업무상과실치상죄를 인정할 수 있는지의 여부가 문제된다. 이 사건에서 피고인의 업무상 과실이 없었더라면, 즉 피고인이 피해자를 산부인과 전문병원으로 전원시키는 등 적시에 제왕절개수술을 할 수 있도록 조치하였더라면 태아는 사망하지 않았을 것으로 인정되므로 피고인의 업무상과실과 태아의 사망 사이의 상당인과관계를 인정하는 데는 별다른 문제가 없다. 그러나 태아를 피해자의 신체의 일부로 볼 수 있는가에 대해서는 논란의 여지가 있다.

우리나라 형법에서는 사람과 태아를 구분하고 사람을 행위객체로 하는 살인죄, 상해죄 및 과실치사상죄를 규정하고 이와는 별도로 태아를 행위객체로 하여 임신한 부녀 또는 제3자의 낙태죄를 규정하고 나아가 제3자가 낙태로 인하여 임신한 부녀를 상해 또는 사망에 이르게 한 때에는 가중처벌하도록 규정하고 있다. 이처럼 형법은 행위객체를 사람과 태아로 구분하고 각각 별개의 죄가 성립하는 것으로 규정하고 있는 점에 비추어 볼 때, 현행형법상 태아를 임산부 신체의 일부로 보거나 낙태행위 자체가 낙태죄와는 별개로 임산부에 대한 상해죄를 구성하는 것으로 보기는 어렵다고 하겠다(대법원 2007.6.29. 선고 2005도3832 판결).

(3) 끝으로 태아를 사람으로 보고 태아에 대한 업무상과실치사죄를 인정할 수 있는지를 검토해 보자. 이 사안에서 피고인에 대하여 업무상 과실치사죄의 죄책을 묻기 위해서는 사망한 태아를 '사람'으로 인정할 수 있어야 한다. 형법은 (사람에 대한) 살인죄의 한 유형으로 영아살해죄(제251조)를 규정하고 있고 분만이 개시된 이후부터는 사람으로 취급되므로, 결국 사람의 시기(始期)

〈그림〉 Friedman 진통곡선

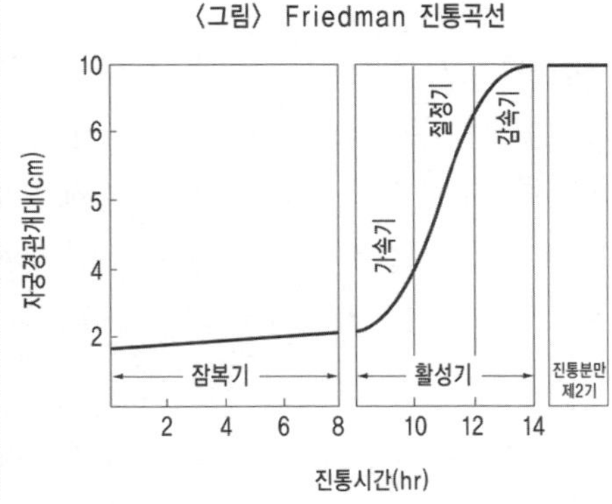

는 언제 분만이 개시된다고 볼 것인가에 의해 결정된다.

이 점과 관련하여 검사는 제왕절개 수술의 경우 임산부의 상태변화, 의료진의 처치경과 등 제반 사정을 토대로 '의학적으로 제왕절개 수술이 가능하였고 규범적으로 수술이 필요하였던 시기'를 사후적으로 판단하여 이를 분만의 시기로 보아야 한다고 주장하였다. 그러나 의학적으로 제왕절개 수술이 가능하였고 규범적으로 수술이 필요하였던 시기는 판단하는 사람 및 상황에 따라 다를 수 있어, 분만개시 시점 즉, 사람의 시기도 불명확하게 된다는 점에서 채용하기 어렵다.

판례는 규칙적인 진통을 동반하면서 분만이 개시된 때를 사람의 시기(始期)로 제시하면서(진통설 또는 분만개시설), 이 사건에서 피해자의 자궁문이 다소 열려 있었다 하더라도 아직 피해자에게 분만의 개시라고 할 수 있는 규칙적인 진통은 시작되지도 아니하였다는 이유로 피해자의 자궁 내에 있던 태아는 아직 '사람'이 되었다고 볼 수 없다고 보았다. 그러나 자궁문이 3 손가락 넓이(약 3㎝) 정도 열려 있는 단계에서는 과연 규칙적인 진통이 있다고 볼 수 없는지 그리고 태아는 甲이 乙의 자궁문이 3 손가락 넓이(약 3㎝) 정도 열려 있음을 확인한 03:00경으로부터 3시간 20분이 지난 06:20경에 사망하였는바, 태아의 사망시점에는 이미 분만이 개시된 것으로 보아야 하지 않는가하는 의문이 발생한다.

임상적으로 분만과정은 다음과 같은 3단계로 나누어지고 분만의 진행정도에 따라서 진통도 다르게 나타난다. 분만 제1기는 충분한 자궁수축의 빈도, 강도 및 지속시간을 가진 진통에 의해 자궁경관의 소실과 개대가 시작될 때부터 자궁경관이 완전개대(약 10cm)될 때까지를 말한다. 그리고 제2기는 자궁경관의 완전개대 이후 태아가 만출될 때까지의 기간을 그리고 제3기는 태아 만출 직후부터 태반과 태아막이 만출될 때까지를 말한다. 분만 제1기는 다시 잠복기와 활성기로 나누어진다. 잠복기는 자궁수축으로 인해 규칙적인 진통이 시작되는 시기로서 자궁경부가 3~5cm 개대될 때까지를 말하는데, 이 시기에는 경관개대가 별로 일어나지 않고 그 시간도 개인에 따라 차이가 심하기는 하나 8~10시간이 소요된다. 그리고 활성기는 자궁수축과 함께 자궁경부가 3~5cm이상 개대되어 자궁경부가 완전히 개대될 때까지를 말하며, 이 시기에 진통이 활성화된다. 분만경험이 없는 미분만부(未分娩婦)의 경우 활성기는 약 4.9시간이지만 표준편차가 3.4시간으로 비교적 커서 통계적으로는 11.7시간까지 연장될 수도 있다. 자궁경부가 완전개대되어 분만시까지 제2기의 진통을 압박진통이라고 하며 분만 제2기의 평균기간은 미분만부는 50분, 분만경험이 있는 다산부(多産婦)는 20분이다.

통설과 판례에서 말하는 '규칙적인 진통을 동반하면서 분만이 개시된 때'란 분만 1기의 잠복기에서 활성기로 넘어가는 시점을 말하는 것으로 보인다. 판례(서울지법 2005.5.12. 선고 2004노1677 판결)가 업무상과실치사죄의 성립을 부정하는 근거로 "피해자의 자궁문이 3 손가락 넓이(약 3㎝) 정도밖에 열려 있지 않았고 피해자에게 출산 전의 주기적인 진통이 시작되지 아니하였음"을 들고 있기 때문이다. 이 사건에서는 00:00경 피해자가 이미 진통이 온다며 조산원에 찾아왔고 03:00경에는 피고인이 피해자의 자궁문이 3 손가락 넓이(약 3㎝) 정도 열려 있음을 확인하였으며 그로부터 3시간 20분이나 지난 06:20경 태아가 사망하였다. 판례는 업무상과실치사죄의 성립을 부정하면서 이러한 상태가 태아의 사망시점에도 계속되었다고 보고 있으나, 이 사건에서는 00:30경 피해자가 조산원을 찾아오면서 이미 통증을 호소하고 있었고 그로부터 태아가 사망하기까지는 6시간 가까이 경과된 점, 06:20경 태아가 사망한 이유는 피해자에게 개방진통 단계를 지나 압박진통이 가해지고 있었는데 태아가 5.2㎏의 거대아로 성장한 탓에 태아가 자궁문을 빠져나오지 못하고 압박에 의해 사망한 것으로 보는 것이 합리적이라는 점을 고려해 볼 때, 최소한 태아가 사망한 시점에는 규칙적인 진통을 동반한 분만이 개시된 것으로 보는 것이 타당하다. 즉, 사망한 시점을 기준으로 하면 태아는 사람으로 보아야 한다.

결론적으로 조산사에 대해서는 (1) 제왕절개수술을 이유로 한 업무상과실치상죄와 (2) 태아의 사망을 이유로 업무상과실치상죄의 죄책을 물 수는 없지만 (3) 태아의 사망을 이유로 태아에 대한 업무상과실치사죄의 죄책을 인정할 수는 있다고 하겠다.

(2) 실행행위

1) 살인죄의 실행행위는 '살해(殺害)행위, 즉 자연적인 죽음에 앞서서 사람의 생명을 끊는 행위를 말한다. 다만 살해행위라고 하기 위해서는 사람의 생명을 침해할 수 있는 객관적 위험성을 가진 행위이어야 한다. 따라서 사망의 생명을 침해할 수 있는 객관적 위험성조차 없는 미신적 행위는 살해행위 자체에 해당하지 않고 불능미수의 문제도 발생하지 않는다(불능미수도 미수범의 한 유형인 만큼 실행행위를 전제로 한다. 따라서 처음부터 살인죄의 실행행위로 볼 수 있는 행위 자체가 존재하지 않는 경우에는 불능미수의 문제가 발생하지 않는다).

2) 살인죄의 실행의 착수는 실행의 착수시기에 관한 일반론에 따라서 판단하면 된다. 따라서 행위자의 범행계획에 의해 범죄적 의사가 당해 구성요건의 보호법익을 직접적으로 위태롭게 할 만한 행위 속에 명백히 나타난 때 실행의 착수가 인정된다. 예컨대 피고인이 격분하여 피해자를 살해할 것을 마음먹고 밖으로 나가 낫을 들고 피해자에게 다가서려고 하였으나 제3자 이를 제지하여 피해자가 그 틈을 타서 도망하였다면 살인죄의 실행의 착수가 인정된다(대법원 1986.2.25. 선고 85도2773 판결).

3) 살인죄는 부작위에 의해 범할 수도 있다. 즉 법익침해의 결과발생(사망)을 방지할 법적인 작위 의무를 지고 있는 자가 결과발생을 쉽게 방지할 수 있었음에도 불구하고 그 결과의 발생을 용인하고 그 의무를 이행하지 아니한 경우(부작위) 그것이 작위에 의한 법익침해와 동등한 형법적 가치가 있는 것으로 평가될 만한 것이라면, 부작위에 의한 살인의 죄책을 진다. 미성년자를 유인하여 포박 감금한 후 그 감금상태가 계속된 어느 시점에서 살해의 범의가 생겨 피감금자에 대한 위험발생을 방지함이 없이 포박감금상태에 있던 피감금자를 그대로 방치함으로써 사망하게 하거나(대법원 1982.11.23. 선고 82도2024 판결), 조카인 피해자(10세)를 살해할 것을 마음먹고 저수지로 데리고 가서 미끄러지기 쉬운 제방 쪽으로 유인하여 함께 걷다가 피해자가 물에 빠지자 그를 구호하지 아니하여 피해자를 익사하게 하는 것(대법원 1992.2.11. 선고 91도2951 판결)은 직접 피해자를 살해하는 것과 다름없다고 형법상 평가될 만한 행위로써 부작위에 의한 살인죄를 구성한다.

선장은 승객 등 선박공동체가 위험에 직면할 경우 자신의 권한을 적절히 행사하여 선박공동체 전원의 안전이 종국적으로 확보될 때까지 적극적· 지속적으로 구조조치를 취할 법적 의무가 있으므로, 항해 중이던 선박이 기울어져 멈춘 후 침몰하고 있는 상황에서 승객 등이 안내방송 등을 믿고 대피하지 않은 채 선내에 대기하고 있음에도 아무런 구조조치를 취하지 않고 퇴선함으로써 선박에 남아있던 피해자들로 하여금 익사하게 하였다면 부작위에 의한 살인의 죄책을 진다. 이에 반해 1등 항해사와 2등 항해사는 선장을 보좌하여 승객 등을 구조하여야 할 지위에 있기는 하나 다른 선원들과 마찬가지로 선박침몰과 같은 비상상황 발생 시 각자 비상임무를 수행할 현장에 투입되어 선장의 퇴선명령이나 대피명령에 대비하다가 선장의 지휘에 따라 승객들의 이동과 탈출을 도와주는 임무를 수행하는 사람들이므로, 선박침몰 시에 선장과 함께 조타실에 있으면서 별다른 조치를 취하지 아니한 채 사태를 방관하여 결과적으로 선내에 대기 중이던 승객들이 탈출에 실패하여 사망에 이르게 한 잘못은 있다고 하더라도, 이를 작위에 의한 살인과 동일하게 평가하기 어렵다(대법원 2015.11.12. 선고 2015도6809 판결).

(3) 결 과

1) 살인죄는 결과범으로서 사망의 결과가 발생함으로써 기수에 이른다. 실행에 착수하여 살해행위를 종료하지 못하였거나 살해행위를 종료하였더라도 사망의 결과가 발생하지 아니한 때에는 미수범으로 처벌된다(제254조).

2) 사망의 결과는 살해행위와 상당인과관계가 있는 것이어야 한다. 살인의 실행행위가 피해자의 사망이라는 결과를 발생하게 한 유일한 원인이거나 직접적인 원인이어야만 되는 것은 아니므로, 살인의 실행행위와 피해자의 사망과의 사이에 다른 사실이 개재되어 그 사실이 사망의 직접적인 원인이 되었다고 하더라도 그와 같은 사실이 통상 예견할 수 있는 것에 지나지 않는다면 살인의 실행행위와 피해자의 사망과의 사이에 상당 인과관계가 있는 것으로 보아야 한다(대법원 1994.3.22. 선고 93도3612 판결).

3) 사망의 시기와 관련해서는 전통적으로 심폐기능이 상실된 때에 사람이 사망한 것으로 보았다. 즉 호흡이 정지하고, 심장의 박동이 멎고, 눈의 동공이 산대(散大)되어 광반사가 소실되면 사람이 사망한 것으로 보았다(이를 일반적으로 '심폐사설'이라고 한다). 오랫동안 의료계에서는 심장과 폐의 불가역적인 정지를 기준으로 사망여부를 판단하였고, 이러한 판단방법은 직관적이고 명확하다는 특징으로 인해 일반 사회에서도 널리 받아들여졌다. 그러나 심폐소생술과 인공호흡장치의 발달로 인해 사망여부의 판단에서 심폐사는 불명확한 기준이 되었다. 의학기술이 발달함에 따라 박동이 정지된 심장이나 호흡이 정지된 폐의 기능을 인공적으로 재개하거나 연장하는 것이 가능하게 되었기 때문이다. 이 때문에 의료계는 일찍부터 뇌사(腦死)를 기준으로 사람의 사망여부를 판단해야 한다는 주장이 제기하여 왔다(이를 일반적으로 '뇌사설'이라고 한다).

뇌사란 생명유지에 필요한 뇌기능이 불가역적으로 소살되어 죽음으로 이어지는 과정에서 돌이킬 수 없는 전환점을 지난 상태를 의미하는데, 뇌사설은 심폐사에 비해 뇌사가 가지는 불가역성과 확실성 그리고 사람의 본질적 생명현상은 육체적 활동에 필요한 혈액을 공급하는 심장이나 폐의 움직임이 아니라 육체적·정신적 활동을 주관하는 뇌의 활동에서 찾아야 한다는 사고의 전환에 힘입어 점점 그 지지자가 늘어나고 있는 추세이다. 특히 뇌사설은 장기이식이라는 현실적 요구와 맞물려 있다. 즉 뇌기능이 정지되더라도 인공적인 장치에 의해 상당기간 동안 심장이 박동하고 호흡이 계속되는 상태가 지속되어 이 기간에 뇌사자의 장기를 적출하여 다른 사람에게 이식하는 장기이식이 가능하다. 이처럼 사람의 본질적 생명현상에 관한 인식의 변화, 의료기술의 발달 그리고 장기이식이라는 현실적 필요성이 맞물려 심폐사는 물론 뇌사를 사망의 판단기준으로 삼는 국가가 점점 늘어나는 추세에 있다.*

* 예컨대 미국은 1981년 Uniform Determination of Death Act을 제정하여 사망의 개념을 "불가역적으로 혈액순환 또는

사망은 어떤 순간에 일시적으로 나타나는 현상이 아니라 사람의 신체기능이 점차적으로 소멸되는 일련의 과정이다. 일반적인 경우에는 심폐사가 먼저 진행되고 곧이어 뇌사가 진행되며 그 간격은 현실적으로 큰 의미가 없을 정도로 짧다. 그리고 전체 사망자의 1%에도 미치지 않는 일부의 사람은 뇌사가 먼저 진행되지만 인공호흡장치를 부착하지 않는 한 곧이어 심폐사가 진행된다. 따라서 종국적으로 사망한 사람을 두고 사망시점을 심폐사를 기준으로 할 것인가 또는 뇌사를 기준으로 할 것인가는 논하는 것은 형법적으로 큰 의미가 없다. 그러나 뇌사자에게 인공호흡장치를 부착하여 심폐사의 시점을 늦추고 그 사이 장기이식수술을 하여 그 사람의 심폐기능이 정지하게 된 경우에는 형법적으로 곤란한 문제가 발생한다. 장기이식수술을 하는 의료진으로서는 뇌사시에 이미 사망하였다고 본다면 형법적으로 이들의 행위는 사체(死體)를 훼손하는데 불과하지만, 심폐사시에 사망한다고 본다면 결국 사람을 살해하거나 사망에 이르게 하는 행위가 되기 때문이다. 그리고 뇌사의 원인을 제공한 사람(즉, 고의 또는 과실로 사람을 뇌사상태에 빠지게 한 사람)의 입장에서는 뇌사설을 취한다면 사망에 대한 책임을 벗어날 수 없으나, 심폐사설을 취한다면 적어도 사망에 대해서는 책임을 지지 않는다(고의로 사람을 뇌사에 이르게 한 경우에는 살인미수의 죄책을 지울 수 있으나 과실로 사람을 뇌사에 이르게 한 경우에는 과실치사의 죄책을 지울 수 없다).

우리나라는 1999년 장기이식법을 제정하여 엄격한 요건 하에 뇌사자의 장기적출을 허용하고 있다. 장기이식법은 "'살아있는 사람'이란 사람 중에서 뇌사자를 제외한 사람을 말하고, '뇌사자'란 이 법에 따른 뇌사판정기준 및 뇌사판정절차에 따라 뇌 전체의 기능이 되살아날 수 없는 상태로 정지되었다고 판정된 사람을 말한다."고 규정하고 있다는 점에서(제4조 제5호) 입법적으로 뇌사설이 채택되었다고 보기는 힘들다. 한편 지난 2010.5.31. 장기이식법이 개정되어 " 뇌사자가 이 법에 따른 장기 등의 적출로 사망한 경우에는 뇌사의 원인이 된 질병 또는 행위로 인하여 사망한 것으로 본다(제21조 제1항). 뇌사자의 사망시각은 뇌사판정위원회가 …뇌사판정을 한 시각으로 한다(같은 조 제2항)."는 내용의 규정이 추가되었다. 이로써 비록 뇌사자가 장기이식법에 따른 장기 등의 적출로 사망한 경우에 제한적으로 적용되기는 하지만, 장기적출로 사망한 뇌사자의 사망시기와 사망의 원인의 문제가 입법적으로 해결되었다. 그런데 판례는 이 규정에도 불구하고 뇌사자의 사망시기를 뇌사판정시로 볼 수는 없다는 입장을 취하고 있으나, 이는 입법적 결단에 반하는 해석으로 부당하다고 본다(☞ **[판례 Ⅰ-2]** 참조).

호흡기능이 중단되거나 또는 불가역적으로 뇌간을 포함한 전체뇌기능 중단된 자는 사망한 것으로 본다. 사망의 개념은 일반적으로 받아들여지고 있는 의학적 기준을 충족하여야 한다"고 규정하였다. 45개주는 공식적으로 이 기준을 채택하였고, 나머지 5개주는 법원의 규칙에 의해 뇌사가 인정되고 있으므로 사실상 미국의 모든 주가 뇌사를 인정하고 있다고 말할 수 있다(https://med.stanford.edu/news/all-news/2014/02/5-questions-david-magnus-on-understanding-brain-death.html. 2015.8.24. 검색).

[판례 Ⅰ-2] 부산지법 2010.10.15. 선고 2010고합511 판결【상해치사】

〈사실관계〉

피고인은 2010.7.23. 12:00~14:00경 자신의 주거지 앞 복도에서 그 전날 찾아왔던 친구인 피해자 C(46세)와 술을 마시다 싸운 것에 화가나 주먹으로 피해자의 얼굴을 수십 회 때리고, 무릎으로 피해자의 옆구리를 수회 차는 등 피해자에게 외상성 경막하 출혈 등의 상해를 가하고, 피해자는 그로 인하여 경막, 지주막, 뇌간 등 뇌 전반에 뇌출혈을 일으켰다. 이 사건 발생일인 2010.7.23. 119구조대원이 현장에 도착했을 때 피해자는 이미 호흡이 제대로 되지 않는 의식불명의 상태에 있었고, 병원응급실로 후송된 후에도 뇌 손상으로 자가 호흡 및 혈압조절이 불가능한 혼수상태가 계속되는 상태였는데, 의사로부터 피해자의 상태에 관하여 설명을 들은 피해자의 가족들이 피해자의 장기를 기증할 의사를 밝힘에 따라 2010.7.24. 장기기증자 등록신청, 뇌사판정신청을 함에 따라 장기기증을 위한 절차가 진행되었고, 2010.7.25. 08:30경 피해자에 대한 1차 뇌사판정이 내려진 것을 시작으로 뇌파검사 등을 거쳐 2010.7.27. 14:00경 ○○대학교병원 뇌사판정위원회에서 최종적으로 제4차 뇌사판정을 내려지고, 같은 날 19:30경 피해자는 장기적출로 호흡 및 심장박동 등이 정지되어 사망하였다.

〈판결요지〉

검사는 전뇌사를 뇌사개념으로 채택함에 따라 뇌사자의 경우 길어야 2주 이내에 자연사하는 것이 확실한데 형법상 뇌사를 사망으로 인정하지 않으면 이 사건과 같이 기소 전에 피해자의 장기가 이식된 경우 피고인에게 사망의 책임을 물을 수 없다고 주장하고 있다.

그러나 뇌사를 사망으로 볼 경우에는 확정적으로 뇌사에 이른 시기를 확정할 수 있는 방법과 기준이 없어 그 사망시점을 도저히 특정할 수 없고, 의료기관이 구성한 뇌사판정위원회에서 최종적인 뇌사판정을 내린 시점에 사망한 것으로 해석해야 할 아무런 근거가 없을 뿐더러 그 시점을 사망시기로 보는 것은 뇌사상태에 있는 시기 중 뇌사판정 시점이라는 우연한 시점을 사망으로 보는 임의적 의제에 불과하다(장기이식법 제17조에서는 뇌사자가 이 법에 의한 '장기 등의 적출로 사망한 때'에는 뇌사의 원인이 된 질병 또는 행위로 인하여 사망한 것으로 본다고 규정하고 있어, 이 법률에 의하더라도 뇌사자의 사망시기를 뇌사판정시로 볼 수는 없다). 또한 장기적출로 인하여 그 사망에 이르는 시기가 다소 앞당겨지는 사정이 생긴 사실은 알 수 있으나, 뇌사상태에 빠진 피해자가 조만간 사망에 이를 것이 분명한 터에 피해자 측의 결단에 따라 적법한 절차를 거쳐 장기기증을 위한 장기적출을 하고, 그로 인해 확정적으로 사망에 이르게 된 것은 결국 피고인의 구타행위로 인한 것으로서 그 사망과 피고인의 행위 사이에 밀접한 관련성이 있어 상당인과관계가 인정된다. 이처럼 뇌사상태에서 장기적출로 사망하더라도 피고인의 행위와 사망 간에 상당인과관계가 인정되어 피고인에게 피해자의 사망에 따른 죄책을 묻는 데 큰 지장이 없다(식물인간의 경우와는 달리 뇌사의 경우 뇌사자가 얼마 지나지 않아 곧 사망에 이르게 된다는 점에서 보면, 중간에 장기적출이 이루어진 경우라 할지라도 피해자를 뇌사에까지 이르게 한 피고인의 행위와 사망 간에 상당인과관계를 인정할 수 있다).

이상과 같은 점을 고려할 때 뇌사가 장기이식이나 연명치료 중단의 영역에서 일응 중요한 기준이 될 수 있음은 별론으로 하고, 이를 형법상 사망의 개념으로까지 인정할 수는 없다 할 것이므로, 피해자가 최종 뇌사판정 시점에 사망하였다고 볼 수 없다.

〈해 설〉

이 사건은 사람이 뇌사판정을 받고 장기 등의 적출로 인하여 사망한 경우 사망의 시점을 언제로 보아야 할 것인가와 관련한 것으로, 이 사건에 대한 판례는 사람의 종기, 즉 사망시기의 판단기준에 관한 선례적인 가치를 지니고 있다.

이 사건에서 검사는 주위적 공소사실에서는 사망시점을 뇌사판정이 내려진 2010.7.27. 14:00경으로 그리고 예비적 공소사실에서는 사망의 시점을 장기 등의 적출로 사망한 시점인 2010.7.27. 19:30경으로 기재하여 피고인을 상해치사죄로 기소하였다. 이에 대해 법원은 "의료기관이 구성한 뇌사판정위원회에서 최종적인 뇌사판정을 내린 시점에 사망한 것으로 해석해야 할 아무런 근거가 없을 뿐더러 그 시점을 사망시기로 보는 것은 뇌사상태에 있는 시기 중 뇌사판정 시점이라는 우연한 시점을 사망으로 보는 임의적 의제에 불과하다"는 이유로 주위적 공소사실을 배척하고, 예비적 공소사실로 기재된 2010.7.27. 19:30경을 사망시점으로 보았다. 사망시점을 피해자가 장기적출로 인해 사망한 19:30경으로 보는 경우 피고인의 상해행위와 피해자의 사망 사이의 인과관계가 문제되는데, 이 점에 대해서도 판례는 "장기적출로 인하여 그 사망에 이르는 시기가 다소 앞당겨지는 사정이 생긴 사실은 알 수 있으나, 뇌사상태에 빠진 피해자가 조만간 사망에 이를 것이 분명한 터에 피해자 측의 결단에 따라 적법한 절차를 거쳐 장기기증을 위한 장기적출을 하고 그로 인해 확정적으로 사망에 이르게 된 것은 결국 피고인의 구타행위로 인한 것으로서, 그 사망과 피고인의 행위 사이에 밀접한 관련성이 있어 상당인과관계가 인정된다"고 판단하였다.

인과관계 및 사망 시기의 판단과 관련해서는 장기이식법을 주목할 필요가 있다.

우선 1999.2.8. 제정된 장기이식법[2000.2.9. 시행] 제17조(현행 제21조 제1항)는 "뇌사자가 이 법에 따른 장기등의 적출로 사망한 경우에는 뇌사의 원인이 된 질병 또는 행위로 인하여 사망한 것으로 본다"는 규정을 두었다. 이는 이른바 단절된 인과관계 사례(예컨대 甲이 피해자를 살해하기 위해 피해자에게 독약을 먹였는데 독약의 효과가 본격적으로 나타나기 전에 乙이 피해자를 총으로 쏘아 살해한 경우)에서 발생하는 인과관계의 문제점을 해결하기 위해 도입된 조문이다. 단절된 인과관계 사례의 경우 결과는 선행자(甲)가 아니라 후행자(乙)의 행위에 의해 발생하였기 때문에 원칙적으로 선행자는 결과에 대해서 책임을 지지 않는데, 장기이식법 제17조는 뇌사자가 장기이식으로 인해 사망한 경우에 발생하는 인과관계의 문제를 입법적으로 해결하고자 도입된 조문이다. 다음으로 2010.5.31. 개정된 장기이식법[2011.6.1.] 제21조 제2항은 "뇌사자의 사망시각은 뇌사판정위원회가 뇌사판정을 한 시각으로 한다"고 규정하였다. 장기이식법은 사람을 살아있는 사람과 뇌사자로 구분하여 뇌사자를 여전히 사람으로 파악하고 있었는데, 이럴 경우 장기적출수술을 하는 의사나 의료기관의 입장에서는 여전히 '사람'의 장기를 적출하고 그로 인해 사람을 사망하게 하는 결과가 되기 때문에, 의료계에서는 뇌사판정을 받고 장기 등 적출에 의해 사망한 경우에는 뇌사판정시를 사망시점으로 보아야 한다는 주장을 꾸준히 제기해 왔다. 장기이식법 제21조 제2항은 뇌사판정을 받고 장기적출수술로 인해 사망한 사람의 사망시각을 뇌사판정시로 명시함으로써 이러한 논란을 입법적으로 해결하고자 한 것이다.

이들 규정은 뇌사판정을 받고 장기적출에 의해 사망한 경우에만 적용되므로 일반적으로 사망의 시기에 관해 뇌사설을 채택할 것으로 이해하기는 곤란하다. 그러나 피해자가 뇌사판정을 받고 장기적출에 의해 사망한 경우에는 이들 규정이 우선적으로 적용되어야 하고, 다른 논리를 적용할 필요가 없다. 뇌사자의 사망시기에 관한 제21조 제2항은 이 사건 이후에 제정되었으므로 피고인의 죄책을 논함에 있어 직접적으로 적용할 수는 없으나, 인과관계에 관한 제21조 제1항을 적용하지 않은 것은 이해하기 곤란하다. 뇌사상태에 빠진 피해자가 조만간 사망에 이를 것이 분명하다고 하더라도 피해자의 사망이 장기적출수술에 의해 야기된 이상 피해자의 사망을 초래한 직접적인 원인은 장기적출수술이지 피고인의 상해행위가 아니기 때문이다.

(4) 고 의

1) 살인죄의 성립에는 살인의 고의 이외에 특별한 주관적 요소를 요하지 아니한다. 다만 국토를 참절하거나 국헌을 문란하게 할 목적으로 사람을 살해하는 때에는 내란목적살인죄(제88조)로 처벌되고, 자기 또는 타인의 형사사건의 수사 또는 재판과 관련하여 고소·고발 등 수사단서의 제공, 진술, 증언 또는 자료제출에 대한 보복의 목적으로 또는 고소·고발 등 수사단서의 제공, 진술, 증언 또는 자료제출을 하지 못하게 하거나 고소·고발을 취소하게 하거나 거짓으로 진술·증언·자료제출을 하게 할 목적으로 사람을 살해한 때에는 특가법상 보복목적살인죄(제5조의9 제1항)로 처벌된다.

2) 살인죄에 있어서의 고의를 인정함에 있어서는 반드시 살해의 목적이나 계획적인 의도가 있어야 하는 것은 아니고 사망의 결과발생을 인식 또는 예견하면서 이를 용인하는 미필적 고의로도 족하다.

그리고 사망의 결과발생에 대한 인식이나 예견은 확정적인 것은 물론 불확정적인 것이라도 무방하다 (☞ **[판례 Ⅰ-3]** 참조).

[판례 Ⅰ-3] 대법원 1994.12.22. 선고 94도2511 판결【살인미수】

〈사실관계〉

피고인은 남편인 공소외인의 전처 소생의 딸인 피해자(9세)를 도로에서 약 17미터 떨어진 야산속의 경작하지 않는 밭으로 데리고 들어가 주먹으로 피해자의 얼굴을 수차례 때리고, 이에 피해자가 피고인의 머리채를 잡아 뜯고 왼쪽 팔꿈치를 입으로 무는 등 반항을 하자 가지고 있던 스카프로 피해자의 목을 감아 스카프의 양끝을 양손에 나누어 잡고 피해자의 머리를 땅에 비비면서 약 4분 동안 2회에 걸쳐 목을 졸라 그에게 약 4주간의 치료를 요하는 상해를 가하고 피해자를 실신시킨 후 피해자를 버려둔 채 그곳을 떠났으나, 그 이후 피해자가 스스로 깨어나서 산을 내려왔다.

〈판결요지〉

살인죄의 범의는 자기의 행위로 인하여 피해자가 사망할 수도 있다는 사실을 인식 예견하는 것으로 족하고 피해자의 사망을 희망하거나 목적으로 할 필요는 없고, 또 확정적인 고의가 아닌 미필적 고의로도 족한 것인바, 사실관계가 위와 같다면 피고인이 9세의 여자 어린이에 불과하여 항거를 쉽게 제압할 수 있는 피해자의 목을 감아서 졸라 실신시킨 후 그곳을 떠나버린 이상 그와 같은 자신의 가해행위로 인하여 피해자가 사망에 이를 수도 있다는 사실을 인식하지 못하였다고 볼 수 없으므로, 적어도 그 범행 당시에는 피고인에게 살인의 범의가 있었다 할 것이다.

〈참조판례〉

○ 대법원 1955.9.23. 선고 4288형상221 결정【강도살인미수】

피고인은 살의를 가지고 전후 3회에 걸쳐 합계 33개의 유독 환약을 피해자의 공복을 이용하여 피해자에게 복용케 하여 엄동에 인적이 드문 산정에 실신케 하고 피해자를 같은 장소에 그대로 방치하면 혹한에 의하여 절명할 것을 인식하면서 그대로 방치하고 이탈하였다면, 유독 환약의 복용량이 우연히 부족하여 기수에 미달하였다 할지라도 그 살의와 구체적 위험성만은 부정할 수 없고, 따라서 타인의 구조에 의하여 살해의 목적을 달하지 못한 이상 피고인은 살인미수의 죄책을 면할 수 없다.

○ 대법원 1985.5.14. 선고 85도256 판결【군무이탈, 살인】

피고인이 길이 99cm, 두께 8cm나 되는 각목으로 피해자의 머리를 세 번 가량 강타하고, 피해자가 비틀거리며 쓰러졌음에도 계속하여 더 세게 머리를 두 번 때려 피해자가 두개골 골절로 인한 뇌출혈 등으로 사망한 것이라면 피고인에게는 살인의 범의가 있었다고 보기에 충분하다.

○ 대법원 1988.6.14. 선고 88도692 판결【살인, 살인미수, 집시법위반】

피고인이 시위대원 3명과 같이 시내버스를 탈취한 후 술이 취한 채 탈취한 버스를 운전하여 그때 시위대를 진압하기 위하여 차도를 차단하여 포진하고 있는 경찰기동대원을 향하여 시속 50킬로미터의 속력으로 돌진하고, 차도에서 인도 쪽으로 피하는 대원들을 따라 일부러 핸들을 우측으로 틀면서 위 버스 전면차체부위로 피해자들을 들이받아 쓰러뜨려 대원 중 일경 피해자 1은 두개골 골절 등으로 사망케 하고 상경 피해자 2, 수경 피해자 3에게 중상을 입혔다면 피고인에게는 미필적인 살의가 있었다고 봄이 타당하다.

○ 대법원 1997.2.25. 선고 96도3364 판결【살인, 총포도검화약류등단속법위반】

피고인이 총알이 장전되어 있는 엽총의 방아쇠를 잡고 있다가 총알이 발사되어 피해자가 사망하였는바, 범행의 도구로 사용된 엽총은 통상 사냥하기 직전에 총알을 장전하는 것인데도 사냥과는 전혀 관계없는 범행 당시 이미 총알이 장전되어 있었고, 실탄의 장전 유무는 탄창에 나타나는 표시에 의해서 쉽게 확인될 수 있어 총기에 실탄이 장전된 것인지 몰랐다고 하기 어려울 뿐 아니라, 안전장치를 하지 않은 상태에서 방아쇠를 잡고 있었던 점 등과 관계 증거에 나타난 전후 사정에 비추어, 피해자를 겁주려고 협박하다가 피해자의 접촉행위로 생겨난 단순한 오발사고가 아니라 살인의 고의가 있는 범죄행위였다고 봄이 타당하다.

3) 피고인이 범행 당시 살인의 의사는 없었고 단지 상해 또는 폭행의 의사만 있었을 뿐이라고 다투는 경우에 피고인에게 살인의 고의를 인정할 수 있는지 여부는 범행에 이르게 된 경위, 범행의 동기, 준비된 흉기의 유무·종류·용법, 공격의 부위와 반복성, 사망의 결과발생 가능성 정도 등 범행 전후의 객관적인 사정을 종합하여 판단하여야 한다.

예컨대 피고인이 도망을 가려는 피해자의 어깨를 잡아 방으로 끌고 와 침대에 엎드리게 하고 이불을 뒤집어씌운 후 침대에 있던 베개로 피해자의 머리를 약 3분간 힘껏 눌러 피해자가 손발을 휘저으며 발버둥 치다가 움직임을 멈추고 사지가 늘어졌음에도 계속하여 약 10초간 누르고 있다가 피해자의 맥박과 숨소리가 끊겨 사망한 경우(대법원 2002.2.8. 선고 2001도6425 판결), 피해자들의 머리나 가슴 등 치명적인 부위를 낫이나 칼로 찌르지는 않았으나 쇠파이프와 각목으로 피해자들의 머리와 몸을 마구 때리고 낫으로 팔과 다리를 난자한 경우(대법원 1994.3.22. 선고 93도3612 판결), 인체의 급소를 잘 알고 있는 무술교관 출신의 피고인이 무술의 방법으로 피해자의 울대(聲帶)를 가격하여 사망케 한 경우(대법원 2000.8.18. 선고 2000도2231 판결)에는 살인의 고의가 있다고 보아야 할 것이다.

4) 또한 사람을 살해하기 위한 계획적인 의도가 없이 순간적으로 행한 범행이라 할지라도 자신의 행위로 인하여 사망의 결과가 발생할 수 있다는 사실을 예견·용인하면서 행위한 경우에도 살인의 고의가 인정된다. 예컨대 피해자가 자신의 허리띠를 잡으며 욕설을 하자 피고인이 과도를 오른손에 들고 찔러서 피해자가 좌흉부에서 심장을 관통하는 자창에 의한 실혈로 사망하였다면 그 범행이 우발적이라 할지라도 사망의 결과발생을 인식하고 저지른 소행으로서 미필적 고의가 있었다고 보아야 한다(대법원 1989.12.26. 선고 89도2087 판결).

(5) 위법성

1) 정당방위(제21조)로 사람을 살해한 경우에는 위법성이 조각되어 벌하지 아니한다. 그러나 긴급피난의 경우에는 원칙적으로 균형성의 원칙이 적용되므로 사람의 생명을 보호법익으로 하는 살인죄의 특성상 긴급피난으로 위법성이 조각될 수는 없다. 다만 과잉피난에 해당하는 경우에는 형이 감면될 수 있고, 과잉피난으로 인한 살해행위가 야간 기타 불안스러운 상태 하에서 행해진 경우에는 책임이 조각될 수 있다(제22조 제3항).

2) 살인죄의 위법성과 관련하여 특히 문제가 되는 것이 연명치료중단이다. 지난 2016.2.3. 연명의료법이 제정되었는데(2017.8.4. 시행), 이 법률에 따라 말기환자* 등의 의사에 따라 담당의사가 작성한 연

명의료계획서, 환자가 자신의 연명의료중단등결정에 관한 의사를 직접 문서로 작성한 사전연명의료의향서 또는 환자가족과 담당의사·해당분야의 전문의의 확인을 거친 연명의료중단등결정에 의하여 회생의 가능성이 없고, 치료에도 불구하고 회복되지 않으며, 급속도로 증상이 악화되어 사망에 임박한 상태(임종상태)에 있는 환자에게 심폐소생술, 혈액 투석, 항암제 투여, 인공호흡기 착용 등의 의학적 시술로서 치료효과 없이 임종과정* 기간만을 연장하는 연명치료를 중단할 수 있다(같은 법 제16조부터 제18조까지). 다만 연명의료중단등결정 이행시 통증완화를 위한 의료행위와 영양분공급, 물공급, 산소의 단순공급은 시행하지 않거나 중단되어서는 안 된다(같은 법 제19조 제2항).

3) 판례는 환자가 회복불가능한 사망의 단계에 이르렀을 경우에 대비하여 미리 의료인에게 자신의 연명치료 거부 내지 중단에 관한 의사를 밝힌 경우나 환자의 평소 가치관이나 신념 등에 비추어 연명치료를 중단하는 것이 객관적으로 환자의 최선의 이익에 부합한다고 인정되고 환자에게 자기결정권을 행사할 수 있는 기회가 주어지더라도 연명치료의 중단을 선택하였을 것이라고 볼 수 있는 경우에는 예외적으로 연명치료중단이 허용될 수 있다고 본다(☞ **[판례 Ⅰ-4]** 참조).

[판례 Ⅰ-4] 대법원 2009.5.21. 선고 2009다17417 판결【무의미한연명치료장치제거등】

〈사실관계〉

원고 1은 저산소증에 의한 뇌손상을 입고 피고 산하 ○○병원의 중환자실에서 인공호흡기를 부착하고 치료를 받고 있는 환자이고, 나머지 원고들은 원고 1의 자녀들이다. 원고 1은 2008.2.18. 폐암 발병 여부를 확인하기 위하여 피고 병원에서 기관지 내시경을 이용한 폐종양 조직 검사를 받던 중 과다 출혈 등으로 인하여 심정지가 발생하였다. 이에 피고 병원의 주치의 등은 심장마사지 등을 시행하여 심박동기능을 회복시키고 인공호흡기를 부착하였으나 원고 1은 저산소성 뇌손상을 입고 중환자실로 이송되었다. 이때부터 현재까지 원고 1은 지속적 식물인간상태(persistent vegetative state)에 있으며, 피고 병원의 중환자실에서 인공호흡기를 부착한 상태로 항생제 투여, 인공영양 공급, 수액 공급 등의 치료를 받아오고 있고 인공호흡기를 제거하면 곧 사망에 이르게 된다.

〈판결요지〉

회복불가능한 사망의 단계에 이른 후에 환자가 인간으로서의 존엄과 가치 및 행복추구권에 기초하여 자기결정권을 행사하는 것으로 인정되는 경우에는 특별한 사정이 없는 한 연명치료의 중단이 허용될 수 있다.

환자가 회복불가능한 사망의 단계에 이르렀을 경우에 대비하여 미리 의료인에게 자신의 연명치료 거부 내지 중단에 관한 의사를 밝힌 경우(이하 '사전의료지시'라 한다)에는 비록 진료 중단 시점에서 자기결정권을 행사한 것은 아니지만 사전의료지시를 한 후 환자의 의사가 바뀌었다고 볼 만한 특별한 사정이 없는 한 사전의료지시에 의하여 자기결정권을 행사한 것으로 인정할 수 있다. (중략) 한편, 환자의 사전의료지시가 없는 상태에서 회복불가능한 사망의 단계에 진입한 경우에는 환자에게 의식의 회

* '말기환자'란 암, 후천성면역결핍증, 만성 폐쇄성 호흡기질환, 만성 간경화 그 밖에 보건복지부령으로 정하는 질환에 대하여 적극적인 치료에도 불구하고 근원적인 회복의 가능성이 없고 점차 증상이 악화되어 보건복지부령으로 정하는 절차와 기준에 따라 담당의사와 해당 분야의 전문의 1명으로부터 수개월 이내에 사망할 것으로 예상되는 진단을 받은 환자를 말한다(연명의료결정법 제2조 제3호).

* '임종과정'이란 회생의 가능성이 없고, 치료에도 불구하고 회복되지 아니하며, 급속도로 증상이 악화되어 사망에 임박한 상태를 말한다(같은 조 제1호).

복가능성이 없으므로 더 이상 환자 자신이 자기결정권을 행사하여 진료행위의 내용 변경이나 중단을 요구하는 의사를 표시할 것을 기대할 수 없다. 그러나 환자의 평소 가치관이나 신념 등에 비추어 연명치료를 중단하는 것이 객관적으로 환자의 최선의 이익에 부합한다고 인정되어 환자에게 자기결정권을 행사할 수 있는 기회가 주어지더라도 연명치료의 중단을 선택하였을 것이라고 볼 수 있는 경우에는 그 연명치료 중단에 관한 환자의 의사를 추정할 수 있다고 인정하는 것이 합리적이고 사회상규에 부합된다.

원고 1에 대한 뇌자기공명영상(MRI) 검사에서 뇌가 전반적으로 심한 위축을 보이고 대뇌피질의 요철이 단지 가느다란 띠 형상으로 보일 정도로 심하게 파괴되어 있으며 기저핵 시상의 구조가 보이지 아니하고 뇌간 및 소뇌도 심한 손상으로 위축되어 있는 사실, 원고 1의 담당 주치의는 원고 1에게 자발호흡은 없지만 뇌사상태는 아니며 지속적 식물인간상태로서 의식을 회복할 가능성은 매우 낮아 5% 미만이라는 견해를 피력하였으나, 진료기록 감정의는 원고 1이 자발호흡이 없어 일반적인 식물인간상태보다 더 심각하여 뇌사상태에 가깝고 회복가능성은 거의 없다고 하고 있으며, 신체감정의들도 모두 원고 1이 지속적 식물인간상태로서 회생가능성이 희박하다는 취지의 견해를 밝히고 있는 사실, 자발호흡이 없어 인공호흡기에 의하여 생명이 유지되는 상태인 사실에 비추어 볼 때, 원고 1은 회복불가능한 사망의 단계에 진입하였다고 판단된다.

또한 원고 1은 독실한 기독교 신자로서 15년 전 교통사고로 팔에 상처가 남게 된 후부터는 이를 남에게 보이기 싫어하여 여름에도 긴 팔 옷과 치마를 입고 다닐 정도로 항상 정갈한 모습을 유지하고자 하였던 사실, 텔레비전을 통해 병석에 누워 간호를 받으며 살아가는 사람의 모습을 보고 "나는 저렇게까지 남에게 누를 끼치며 살고 싶지 않고 깨끗이 이생을 떠나고 싶다"라고 말하였던 사실, 3년 전 남편의 임종 당시 며칠 더 생명을 연장할 수 있는 기관절개술을 거부하고 그대로 임종을 맞게 하면서 "내가 병원에서 안 좋은 일이 생겨 소생하기 힘들 때 호흡기는 끼우지 말라. 기계에 의하여 연명하는 것은 바라지 않는다"고 말한 사실 등 일상생활에서의 대화 및 원고 1의 현 상태 등 여러 사정을 종합해 볼 때, 원고 1이 현재의 상황에 관한 정보를 충분히 제공받았을 경우 원고 1에게 현재 시행되고 있는 연명치료를 중단하고자 하는 의사가 있었을 것으로 추정된다.

4) 경막외혈종 수술을 받은 후 환자를 퇴원시켜 인공호흡장치를 제거함으로써 사망에 이르게 한 경우, 만약 담당의사가 환자의 생존가능성 및 더 이상의 치료행위가 의미 있는지 여부를 판단할 수 있는 시점까지 환자에 대한 치료를 다하고 동료 및 선후배의사와 의논하거나 병원윤리위원회에 회부하는 등 여러 가지 검증절차를 통하여 더 이상의 치료가 무의미하다고 판단하여 한계상황에서의 환자 자신의 이익과 의사를 고려한 양심적 결단에 의해 퇴원시킨 것이 아니라, 환자의 추정적 의사에 반하여 경제적 부담을 이유로 한 배우자의 퇴원요구에 응하여 경솔하게 생존가능성이 있는 환자를 퇴원시켜 그 생명을 포기케 하는 결과를 초래하였다면, 배우자와 담당의사는 치료를 중지하여 환자를 사망하게 한 데 대해서 형사책임을 지지 않을 수 없다(☞ **[판례 Ⅰ-5]** 참조).

[판례 Ⅰ-5] 서울고법 2002.2.7. 선고 98노1310 판결【살인방조】

〈사실관계〉

피고인 1은 피해자(남, 58세)의 처이고, 피고인 2는 보라매병원 신경외과 전담의사, 피고인 3은 위 병원 같은 과 레지던트로 각 근무하고 있는 자인바, 1997.12.4. 14:30경 위 피해자가 자신의 주거지에서 술에 취한 채 화장실을 가다가 중심을 잃어 기둥에 머리를 부딪치고 시멘트 바닥에 넘어지면서 머리를 충격하여 경막외 출혈상을 입어 위 보라매병원으로 응급후송된 다음, 같은 날 18:05경부터 다음날 03:00경까지 피고인 2의 집도와 피고인 3 등의 보조로 경막외 출혈로 인한 혈종 제거 수술을 받고 중환자실로 옮겨져 계속 치료를 받았는데, 위 혈종 제거 수술이 성공적으로 이루어졌고, 시간이 경과함에 따라 위 피해자의 대광반사와 충격에 대한 반응의 속도가 점점 빨라지고 이름을 부르면 스스로 눈까지 뜨려고 하는 등 그 상태가 호전되어 계속적으로 치료를 받을 경우 회복될 가능성이 많았으나, 뇌수술에 따른 뇌부종으로 자가호흡을 하기 어려운 상태에 있어 인공호흡을 위한 산소호흡기를 부착한 채 계속 치료를 받고 있던 중, 피고인 1은 위 피해자의 처로서 계속적인 치료를 통하여 위 피해자의 생명을 보호하여야 할 의무가 있음에도 불구하고 당시까지의 치료비 2,600,000원 상당뿐만 아니라 이후부터의 추가치료비 지출이 자신의 재산능력에 비추어 상당한 부담이 되고, 금은방을 운영하다 실패한 후 17년 동안 무위도식하면서 술만 마시고 가족들에 대한 구타를 일삼아 온 위 피해자가 가족들에게 계속 짐이 되기보다는 차라리 사망하는 것이 낫겠다고 생각한 나머지, 피고인 2, 3으로부터 위와 같은 위 피해자의 상태와 인공호흡장치가 없는 집으로 퇴원하게 되면 호흡을 제대로 하지 못하여 위 피해자가 사망하게 된다는 사실을 설명을 들어 알게 되었음에도 위 피해자에 대한 치료를 중단하고 퇴원시키는 방법으로 위 피해자를 살해할 것을 마음먹고, 같은 달 5. 14:20경과 18:00경 두 차례에 걸쳐 주치의인 피고인 3에게 '도저히 더 이상의 추가치료비를 부담할 능력이 없다.'는 이유로 퇴원시켜달라고 요구하였고, 한편 피고인 2, 3으로서는 위 피해자에 대한 뇌수술 및 치료를 담당하고 있었고, 위와 같은 위 피해자의 상태와 회복가능성, 치료를 중단하고 퇴원시킬 경우 위 피해자가 호흡이 어렵게 되어 사망하게 된다는 사실을 알고 있었으므로 계속적으로 치료를 함으로써 위 피해자의 생명을 보호하여야 할 의무가 있음에도 불구하고, 피고인 3은 피고인 1이 여러 차례의 설명과 만류에도 불구하고 치료비가 없다는 이유로 계속 퇴원을 고집하자 상사인 피고인 2에게 직접 퇴원 승낙을 받도록 하라고 하고, 피고인 2는 같은 달 6. 10:00경 피고인 3으로부터 피고인 1의 위와 같은 요구사항을 보고 받은 후, 자신을 찾아온 피고인 1에게 위 피해자가 퇴원하면 사망한다고 설명하면서 퇴원을 만류하였으나 피고인 1이 계속 퇴원을 요구하자 이를 받아들여 피고인 3에게 위 피해자를 퇴원시키도록 지시하고, 피고인 3은 이에 따라 위 피해자에 대한 퇴원을 지시하여 위 피고인 1로 하여금 퇴원수속을 마치도록 한 다음, 위 병원 같은 과 인턴인 상피고인 4에게 위 피해자를 집까지 호송하도록 하여, 같은 날 14:20경 위 피고인 4, 1 등이 위 피해자를 중환자실에서 구급차로 옮겨 실어 위 피해자의 집까지 태우고 간 다음, 위 피고인 4가 위 피해자에게 부착하여 수동작동 중이던 인공호흡보조장치인 엠브와 기관에 삽입된 관을 제거하여 감으로써 그 무렵 위 피해자로 하여금 뇌간압박에 의한 호흡곤란으로 사망에 이르게 하였다.

〈판결요지〉

소위 죽음에 직면한 환자에 대한 치료를 중지하거나 생명유지장치를 제거함으로써 환자가 자연적인 경과를 거쳐 죽게 내버려 두는 소극적 안락사에 있어서 뿐 아니라 인간의 생명과 직결되는 치료행위의 중지는, 환자가 불치의 병에 걸려 있고, 죽음을 피할 수 없는 말기상태에서 단지 생명을 연장하는 의미밖에 없는 치료행위를 환자의 자기결정권에 기한 진지한 치료중지 요구에 응하여 의사의 양심적 결단에 따라 이루어질 경우에만 제한적으로 허용될 수 있을 뿐이고, 이러한 치료행위의 중지의 허용여부 및 그 범위, 절차와 방법에 대해서 사회적으로 진지한 논의와 합의가 있어야 할 것이다.

이 사건의 경우 생존가능성이 있는 피해자에 대하여 경막외혈종 수술을 받은 후 치료비 부담을 이유로 36시간만에 퇴원시켜 인공호흡장치를 제거함으로써 치료행위의 중단을 초래하여 사망에 이르게 한 것으로 피해자의 보호자인 피고인 1의 경우 부작위에 의한 살인죄의 형법적 책임을 묻지 않을 수 없고, 담당의사들인 피고인 2, 3의 경우 소극적 안락사의 법적 개념에 해당하지 아니하고, 치료행위 중지의 허용요건을 충족하지도 못하며, 만약 담당의사들이 피해자의 생존가능성 및 더 이상의 치료행위가 의미 있는지 여부를 판단할 수 있는 시점까지 피해자에 대한 치료를 다하고, 동료 및 선후배의사와 의논하거나 병원윤리위원회에 회부하는 등 여러 가지 검증절차를 통하여 더 이상의 치료가 무의미하다고 판단하여 한계상황에서의 환자 자신의 이익과 의사를 고려한 양심적 결단에 의해 퇴원시킨 것이었다면 법원으로서도 그러한 의료인의 결정을 존중할 여지가 있다고 할 것이나, 이 사건은 피해자의 추정적 의사에 반하는 보호자의 경제적 부담을 이유로 한 퇴원요구에 응하여 경솔하게 생존가능성이 있는 환자를 퇴원시켜 그 생명을 포기케 하는 결과를 초래한 행위로서 환자의 상태와 환자 자신의 의사를 신중하게 고려한 담당의사들의 한계상황에서의 양심적 결단이 있다고 볼 수 없음이 명백하고, 따라서 위 피고인들이 보호자의 경제적 고려에 의한 퇴원 요구에 응하여 생존가능성이 있는 피해자의 치료행위의 중지를 초래케 한 행위에 대해서도 단순한 윤리적 책임뿐 아니라 현행법에 의한 책임을 묻지 않을 수 없다.

(6) 죄 수

1) 단일한 범의로 동일한 장소에서 동일한 방법으로 시간적으로 접착된 상황에서 수명을 살해하였다고 하더라도 휴대하고 있던 권총으로 수명의 머리에 각기 1발씩 순차로 발사하여 살해하였다면, 피해자들의 수에 따라 수개의 살인죄가 성립한다(대법원 1991.8.27. 선고 91도1637 판결).

2) 사람을 살해한 다음 그 범죄의 흔적을 은폐하기 위하여 그 시체를 다른 장소로 옮겨 유기하였을 때에는 살인죄와 사체유기죄의 경합범이 성립하고(대법원 1984.11.27. 선고 84도2263 판결), 피해자를 강간하고 상해를 입힌 후 피해자가 강간사실을 부모에게 알리겠다고 하자 범행을 은폐시하기 위하여 피해자를 살해하였다면 강간치상죄와 살인죄의 경합범의 죄책을 진다(대법원 1987.1.20. 선고 86도2360 판결).

2. 존속살해죄 (제250조 제2항)

1) 존속살해죄는 자기 또는 배우자의 직계존속을 살해함으로써 성립하는 범죄로 사형, 무기 또는 7년 이상의 징역에 처하며, 유기징역에 처할 때에는 10년 이하의 자격정지를 병과할 수 있다(제256조). 본죄의 미수범은 처벌한다(제254조). 존속살해죄는 보통살인죄와 비교하여 직계비속이라는 신분을 가진 자가 직계존속을 살해함으로써 형이 가중되는 가중적 구성요건이다.

2) 존속살해죄의 객체는 '자기 또는 배우자의 직계존속'이다. 자기 또는 배우자의 직계존속은 법률상의 개념으로 원칙적으로 사실상의 직계존속은 제외된다. 따라서 전부소생자(前夫所生子)와 계부(繼父) 사이, 계자(繼子)와 계모(繼母) 사이, 인지된 서자(庶子)와 적모(嫡母) 사이에는 직계존비속의 관계가 인정되지 않는다. 이에 반하여 [입양으로 인해 양자의 입양전 친족관계가 종료하는 친양자(민법 제908조의3)의 경우를 제외하고] 양자가 양가친족과 법정혈족관계를 맺더라도 친생부모와의 자연혈족관계는 소멸하지 않으므로 양자가 친생부모를 살해한 때에는 존속살해죄가 성립한다(대법원 1967.1.31. 선고 66도1483 판결). 그리고 혼인 외의 출생자와 생모 간에는 생모의 인지나 출생신고를 기다리지 않고 자의 출생으로 당연히 법률상 친족관계가 발생하므로 혼인 외의 출생자가 그 생모를 살해한 때에는 존속살해의 죄책을 지나(대법원 1980.9.9. 선고 80도1731 판결), 혼인 외의 출생자와 생부 간에는 인지절차를 거치지 아니하는 한 법률상 친족관계가 발생하지 않으므로 혼인 외의 출생자가 그 생부를 살해한 때에는 보통살인의 죄책만을 질 따름이다.

3) 친자관계라는 사실은 가족관계등록부(과거 호적)상의 기재여하에 의해 좌우되는 것이 아니므로 과거 호적에 친권자라고 등재되어 있다고 하더라도 사실이 그렇지 않은 경우에는 법률상의 친자관계

로 인정되지 않는다(대법원 1983.6.28. 선고 83도996 판결). 다만 피해자가 그의 남편과 공동으로 피고인을 입양할 의사로 친생자로 출생신고를 하고 양육하여 오다가 남편이 사망한 후에도 계속하여 피고인을 양육하여 왔다면 피고인을 친생자로 한 출생신고는 피해자와 피고인 사이에서 입양신고로서 효력이 있으므로 피고인이 피해자를 살해한 경우에는 존속살해의 죄책을 진다(대법원 2007.11.29. 선고 2007도8333 판결).

4) 한편 존속살해죄에서 '자기 또는 배우자의 직계존속'이라는 사실은 특별히 중한 죄가 되는 사실이다. 따라서 사람을 살해한다는 데 고의가 있었더라도 살해행위의 객체가 '자기 또는 배우자의 직계존속'이라는 사실을 인식하지 못한 때에는 보통살인죄로 처벌된다(제15조 제1항).

5) 직계비속 아닌 자가 직계비속의 존속살해에 가담한 경우 직계비속 아닌 자를 어떻게 처벌할 것인가가 문제된다. 이는 "신분관계로 인하여 성립될 범죄에 가공한 행위는 신분관계가 없는 자에게도 전3조의 규정을 적용한다. 단, 신분관계로 인하여 형의 경중이 있는 경우에는 중한 형으로 벌하지 아니한다."고 규정하고 있는 형법 제33조에서 본문과 단서의 관계를 어떻게 이해할 것인가와 관련되어 있다. 다수설은 제33조의 본문은 진정신분범에 대해 적용되고 단서는 부진정신분범에 대해 적용된다고 본다. 이 견해에 따르면 직계비속의 존속살해에 가담한 직계비속 아닌 자에 대해서는 제33조 단서에 의해 보통살인죄가 성립할 따름이다. 그러나 판례는 진정신분범과 부진정신분범을 구분하지 않고 일단 제33조 본문을 적용한 다음 부진정신분범에서 비신분자의 처벌은 단서에 의한다고 본다. 이러한 견해에 따르면 직계비속의 존속살해에 가담한 직계비속 아닌 자에 대해서는 일단 제33조 본문이 적용되어 존속살해죄의 공범이 성립한 다음 다시 단서가 적용되어 단순살인죄의 형으로 처벌된다(☞ **[판례 Ⅰ-6]** 참조).

[판례 Ⅰ-6] 의정부지법 2014.3.3. 선고 2013고합392 판결【존속살해, 존속살해방조】

〈범죄사실〉

피고인 甲, 乙은 누나와 남동생 사이이고, 모두 피해자(56세)의 자녀이다. 피고인 丙 피고인 甲과 乙의 어머니이자 피해자의 처이다.

1. 피해자의 큰 딸인 甲은 피해자가 말기 뇌종양으로 투병 중인데 병환으로 고통스럽게 지내면서도 더 이상 회복이 불가능하자 피해자를 살해하기로 마음먹었고 3:00경 甲의 집에서 남동생인 乙에게 피해자를 살해하여 달라고 부탁하고 乙이 이를 승낙하였다. 같은 날 15:30경 乙은 甲의 집 거실 내에서 병환으로 제대로 말조차 할 수 없고 거동이 불가능하여 누운 채 잠을 자고 있는 피해자에게 다가가, 甲과 丙이 옆에서 지켜보는 가운데 약 8분간 양손으로 피해자의 목을 힘껏 눌러 피해자는 즉석에서 경부압박에 의한 질식으로 사망하였다. 이로써 甲과 乙은 공모하여 직계존속인 피해자를 살해하였다.

2. 丙은 甲으로부터 피해자를 살해할 계획을 들어 알고 있었으나, 피해자가 말기 뇌종양으로 투병 중인데 병환으로 고통스럽게 지내면서도 더 이상 회복이 불가능하고 한 달에 30만원 상당의 치료비가 소요되는 등 경제적으로 어려운 형편에 놓이게 되자 피해자를 고통에서 벗어나게 해준다는 생각으로, 甲과 乙이 직계존속인 피해자의 목을 졸라 살해함에 있어서 "이왕 할 거면 빨

리, 고통 없게 하라"고 말하는 등으로 그 범행을 용이하게 하여 피해자로 하여금 즉석에서 경부압박에 의한 질식으로 사망하게 하였다. 이로써 피고인 丙은 피고인 甲과 乙의 직계존속인 피해자에 대한 살해행위를 방조하였다.

〈법령의 적용〉

1. 피고인 甲, 乙: 각 형법 제250조 제2항, 제30조

1. 피고인 丙: 형법 제250조 제2항, 제32조 제1항(피고인 丙에게는 직계비속의 신분이 없으므로, 형법 제33조 단서, 제50조에 의하여 형법 제250조 제1항에 정한 형으로 처벌

〈피고인들의 주장에 대한 판단〉

1. 피고인 甲에 대하여 공동정범이 성립하지 않는다는 주장

2인 이상이 범죄에 공동 가공하는 공범관계에서 공모는 법률상 어떤 정형을 요구하는 것이 아니고 2인 이상이 공모하여 어느 범죄에 공동 가공하여 그 범죄를 실현하려는 의사의 결합만 있으면 되는 것으로서, 비록 전체의 모의과정이 없더라도 여러 사람 사이에 순차적 · 암묵적으로 상통하여 그 의사의 결합이 이루어지면 공모관계가 성립하고, 이러한 공모가 이루어진 이상 실행행위에 직접 관여하지 아니한 사람이라도 다른 공모자의 행위에 대하여 공동정범으로서의 형사책임을 지고, 공모에 의한 범죄의 공동실행은 모든 공모자가 스스로 범죄의 구성요건을 실현하는 것을 전제로 하지 아니하고, 그 실행행위를 하는 공모자에게 그 행위결정을 강화하도록 협력하는 것으로도 가능하며, 이에 해당하는지 여부는 행위의 결과에 대한 각자의 이해 정도, 행위 가담의 크기, 범행지배에 대한 의지 등을 종합적으로 고려하여 판단하여야 한다.

甲은 피해자의 상태가 계속 악화되고 회복될 가능성이 없어 보이자 피해자를 살해할 것을 마음먹고 乙과 丙에게 이를 제의하였고, 이에 乙과 丙이 반대하자 거듭하여 乙에게 "나 대신 니가 아버지를 죽여 달라"고 하며 설득하였으며, 乙이 甲의 제안을 승낙하여 15:30경 甲이 바로 옆에서 지켜보는 가운데 거실에 누워있는 피해자를 목 졸라 살해한 다음 같이 피해자를 살해한 후 피해자가 뇌암으로 사망하였다고 응급실에 신고한 후 사망선고를 받고 피해자를 화장하여 장례를 치룬 사실 등을 인정할 수 있으므로, 甲에 대하여도 공동정범의 죄책을 인정함이 상당하다.

2. 피고인들의 행위가 정당행위(안락사)에 해당한다는 주장

안락사로 인정되기 위해서는 ① 의학적으로 환자가 의식의 회복가능성이 없고 생명과 관련된 중요한 생체기능의 상실을 회복할 수 없으며 환자의 신체상태에 비추어 짧은 시간 내에 사망에 이를 수 있음이 명백한 경우(회복불가능한 사망의 단계)에, ② 의사결정능력이 있는 환자가 의료인으로부터 직접 충분한 의학적 정보를 제공받은 후 그 의학적 정보를 바탕으로 자신의 고유한 가치관에 따라 진지하게 구체적인 진료행위에 관한 의사를 결정하여야 하고, 이와 같은 의사결정 과정이 환자 자신이 직접 의료인을 상대방으로 하여 작성한 서면이나 의료인이 환자를 진료하는 과정에서 위와 같은 의사결정 내용을 기재한 진료기록 등에 의하여 진료 중단 시점에서 명확하게 입증되어야 하며(환자의 진지하고 합리적이며 명시적인 치료중단의 의사), ③ 중단을 구하는 치료행위는 원인이 되는 질병의 호전을 목적으로 하는 것이 아니라 질병의 호전을 사실상 포기한 상태에서 오로지 현 상태를 유지하기 위하여 이루어지는 치료행위(연명치료의 중단)에 한정되어야 하고, ④ 이러한 연명치료의 중단은 의사에 의하여 시행되어야 한다.

이 사건 피해자는 A종합병원에서 뇌종양(의증) 진단을 받았고, 이후 B종합병원에서 입원치료를 권유받았으나 어려운 경제사정 등의 이유로 퇴원한 점, 피해자의 둘째 딸과 그 남편이 이 사건 범행 전날 피해자가 위독하다는 연락을 받고 甲의 집을 방문하였을 때 피해자는 오히려 기력을 회복하여 밥을 달라고 하여 음식을 섭취하고 치료를 받고 싶으니 병원에 데려다 달라고 부탁하기도 한 점, 피고인들은 피해자가 너무 고통스러우니 자신을 죽여 달라고 지속적으로 부탁하였다고 하나 위와 같은 피해자의 의사가 있었음을 인정할 증거가 없는 점, 설사 피해자가 극심한 고통으로 인해 피고인들에게 자신을 죽여 달라고 부탁을 하였다 하더라도, 위와 같은 의사표시가 피해자의 합리적인 의사결정에 따른 것이라고 보기 어렵고 피해자의 부탁에 따라 피해자를 살

해하는 행위가 소극적 행위에 불과한 연명치료의 중단에 불과하다고 볼 수도 없으며 그 일련의 과정에 어떠한 의사의 관여도 없었던 점 등을 종합하여 보면, 피고인들의 행위는 살해행위로써 사회상규에 위배되지 않는 정당행위에 해당한다고 볼 수 없다.

3. 적법행위에 대한 기대가능성이 없다는 주장

피해자는 뇌종양(의증) 진단을 받고 아무런 치료도 받지 않았으나, 조직검사 등을 거쳐 뇌종양의 확진을 받게 된다면 이에 필요한 수술, 방사선 치료, 항암제 투여 등 피해자의 병의 치료법을 찾아 시도해볼 수 있었던 점, 설사 피해자의 병이 어떠한 치료방법으로도 회복될 수 없는 상태에 이르렀다고 하더라도 진통제 등의 투여로 피해자의 고통을 줄여주면서 피해자의 사망을 기다릴 수도 있었던 점, 실제로 피고인들은 피해자에 대해 별다른 치료를 해주지 않으면서 다만 진통제 등의 투약을 위해 월 30만원 가량의 치료비를 사용하였을 뿐인데, 이미 장성한 자녀들이 힘을 합쳐 위 치료비 상당의 금원은 마련할 수 있을 것이고, 적어도 피해자의 누나 등 친인척들로부터 도움을 구할 수도 있었던 점 등을 종합하면, 피고인들이 직계존속인 피해자를 살해하지 않고 적법한 행위를 기대할 수 없을 정도에 이르렀다고 볼 수 없다.

4. 피고인들의 행위가 촉탁·승낙에 의한 살인죄에 해당한다는 주장

피고인들과 증인의 각 법정진술에 의하면 이 사건 범행 당시 피해자가 병환으로 인해 그 몸이 매우 쇠약한 상태에서 아무 말도 할 수 없고 가만히 누워서 눈만 깜박이며 겨우 숨만 쉴 수 있는 상태였으며 정신상태도 희미하였던 사실을 인정할 수 있는데, 이 정도로 병약한 상태에 있던 피해자가 피고인들에게 자신을 살해하여 달라고 부탁하였다고 보기 어려운 점 등에 비추어 보면, 피해자로부터의 진지한 의사로서 촉탁이 있었다는 내용의 피고인들의 각 법정진술은 믿기 어렵고, 증인의 법정진술만으로는 이를 인정하기 부족하며, 달리 피해자가 피고인들에 대하여 자신을 살해해 달라고 촉탁하였음을 인정할 아무런 증거가 없다(설사 병상에 있는 피해자로부터 자신을 죽여 달라는 내용의 부탁이 있었다고 하더라도 앞서 본 사정들에 의하면, 피해자가 올바른 의사결정능력이 있는 상태에서 한 명시적이고 진지한 의사표시가 있었다고 보기는 어렵다).

3. 영아살해죄(제251조)

1) 영아살해죄는 직계존속이 치욕을 은폐하거나 양육할 수 없음을 예상하거나 기타 참작할만한 동기로 분만 중 또는 분만직후의 영아를 살해한 때에 성립하는 범죄로 10년 이하의 징역에 처한다. 본죄의 미수범은 처벌한다(제254조). 본죄는 보통살인죄와 비교하여 형이 감경되는 감경적 구성요건이다.

2) 영아살해죄의 주체는 직계존속이다. 존속살해죄에서와는 달리 직계존속은 법률상의 직계존속뿐만 아니라 사실상의 직계존속도 포함한다고 보는 것이 다수설이다. 법률상의 직계존속에 국한하지 않고 사실상의 직계존속도 포함하는 것이 피고인에게 유리하고 또한 보통살인죄와 비교하여 영아살해죄를 경하게 처벌하는 입법취지에도 부합하기 때문이다. 그러나 판례는 남녀가 사실상 동거관계가 있다가 그 사이에 영아가 분만되었다면 그 남자와 영아와의 사이에는 법률상 직계존비속의 관계가 있다고 할 수 없으므로 그 남자가 영아를 살해한 때에는 보통살인죄가 성립한다고 본다(대법원 1970.3.10. 선고 69도2285 판결).

한편 스위스형법과 오스트리아형법은 영아살해죄의 주체를 생모에 국한하고 있는데,* 우리나라

* 오스트리아형법 제79조(영아살해) 분만 중 또는 분만의 영향이 남아 있는 중에 영아를 살해한 산모는 1년 이상 5년 이하의 자유형에 처한다. 스위스형법 제116조 모가 분만 중 또는 분만과정의 영향 하에 그의 영아를 살해한 때에는 3년 이하의 자유형 또는 벌금형에 처한다.

형법의 해석상으로도 영아살해죄의 주체를 생모에 국한해야 한다는 주장이 제기되고 있다. 입법론적으로는 고려해 볼 여지가 있으나 해석상으로는 피고인에게 불리한 축소해석으로 수용하기 곤란하다.

3) 영아살해죄의 객체는 분만 중 또는 분만직후의 영아이다. 분만 중이라고 함은 분만이 개시된 이후부터 종료되기까지를 말하고, 분만 직후라고 함은 분만으로 인한 비정상적인 심리상태가 계속되고 있는 때를 말한다.

4) 한편 치욕을 은폐하거나 양육할 수 없음을 예상하거나 기타 참작할만한 동기로 영아를 살해해야 하며, 직계존속이 분만 중 또는 분만직후의 영아를 살해했다고 하더라도 이러한 동기가 없는 때에는 보통살인죄로 처벌된다.

5) 직계존속 아닌 자가 직계존속의 영아살해에 가담한 경우 직계존속 아닌 자를 어떻게 처벌해야 하는가가 문제된다. "신분관계로 인하여 형의 경중이 있는 경우에는 중한 형으로 벌하지 아니한다."고 규정하고 있는 제33조 단서를 부진정신분범에서의 신분의 개별화원칙을 선언한 것으로 보는 견해에 따르면,* 비신분자는 보통살인죄의 공범으로 처벌된다. 그러나 이러한 견해에 따를 경우 신분관계로 인하여 형의 경중이 있는 범죄에서 비신분자를 중한 형으로 처벌하게 되어 "중한 형으로 벌하지 아니한다"고 규정하고 있는 제33조 단서의 문언에 반하는 결과가 초래된다. 나아가 이러한 해석은 공범(교사범·종범)을 정범과 동일한 형으로 처벌하거나 정범의 형보다 감경하여 처벌하도록 규정하고 있는 형법 제31조 제1항 및 제32조 제2항과도 일치하지 않는다. 직계존속 아닌 자가 직계존속의 영아살해에 가담한 경우 직계존속 아닌 자는 영아살해죄의 공범으로 처벌하는 것이 법문언에 부합하는 해석이다.

4. 촉탁·승낙 살인죄(제252조 제1항)

1) 촉탁·승낙살인죄는 사람의 촉탁 또는 승낙을 받아 그를 살해하는 범죄로 1년 이상 10년 이하의 징역에 처하고, 유기징역에 처할 때에는 10년 이하의 자격정지를 병과할 수 있다(제256조). 본죄의 미수범은 처벌한다(제254조). 형이 감경되는 이유는 살해의 동기에 대한 비난가능성이 적기 때문이다.

2) 본죄가 성립하기 위해서는 유효한 촉탁 또는 승낙이 있어야 한다. 따라서 판단능력이 없는 자(유아, 정신병자)나 만취한 자의 촉탁 또는 승낙을 받아 그를 살해한 때에는 보통살인죄로 처벌된다.

3) 본죄의 촉탁은 자유로운 의사에 기한 명시적이고 진지한 것임을 요한다. 즉, 촉탁에 의한 살인이라고 하기 위해서는 죽음이 무엇인가를 이해할 수 있는 능력과 자유로이 의사를 결정할 수 있는 능력을 갖춘 자가 진지하게 자신을 살해해 달라고 요구하는 명시적 의사표시가 있어야 한다(☞ **[판례 I-7]** 참조).

* 일본형법 제65조 제2항은 "신분에 의하여 특히 형의 경중이 있는 경우 신분이 없는 자에게는 통상의 형을 과한다."고 규정하고 있고, 독일형법 제28조 제2항은 "법률이 특별한 인적요소를 형의 가중, 감경 또는 조각사유로 규정하고 있는 경우 그 규정은 그와 같은 인적요소를 구비한 가담자(정범 또는 공범)에 대해서만 적용한다."고 규정하고 있다.

[판례 Ⅰ-7] 대전지법 2012.11.13. 선고 2012고합380 판결【살인】

〈공소사실〉

피고인의 처인 피해자(여, 58세)는 2012.6.26. 16:00경부터 2012.6.27. 새벽까지 피고인과 함께 술을 마시던 중 화장실로 가, 혼자서 미리 준비하였던 압박붕대를 이용하여 화장실 벽걸이에 목을 매달아 자살을 시도하였다. 피해자의 '컥컥' 거리는 소리를 들은 피고인은 자살 시도 중인 피해자를 발견하고 벽걸이의 위치가 낮아 피해자의 발이 바닥에 닿자 피해자가 쉽게 죽지 못할 것으로 생각하여, 과도(총 길이 23㎝, 칼날 길이 12㎝)를 이용하여 압박붕대를 잘라 피해자를 내려 욕조 안에 옮겨 눕힌 후, 피해자가 비명을 지를 것에 대비하여 베개를 가져와 피해자의 얼굴을 누르고, 위 과도로 목 부위를 세 번 찔러 피해자를 경부자상에 의한 과다출혈로 사망하게 하여 살해하였다.

〈판결요지〉

촉탁에 의한 살인죄에서 '촉탁'은 자유로운 의사에 기한 명시적이고 진지한 것임을 요하므로, 죽음이 무엇인가를 이해할 수 있는 능력과 자유로이 의사를 결정할 수 있는 능력을 가진 자가 진지하게 자신을 살해해 줄 것을 요구하는 의사표시를 명시적으로 한 때에만 살인의 촉탁이 있었다고 할 것이다. 살피건대 위에서 인정한 각 증거에 의하면, 피해자와 피고인이 자살하기로 마음먹고 함께 여행을 떠나게 된 사실은 인정되나, 피해자와 피고인은 "산에 불을 지르자, 함께 물에 빠지자, 자동차 안에 들어가 불을 지르자"라는 등 함께 죽는 방법을 의논하였을 뿐, 한 사람이 칼로 다른 사람을 찌르는 등의 방법까지 구체적으로 상의한 적은 없어 보이므로, 함께 죽자는 말을 넘어서 피해자가 피고인에게 "자살을 시도하였지만 실패할 경우 자신을 죽여 달라"고 말하였는지까지는 인정할 자료가 없는 점, 피고인의 주장처럼 피해자가 "나를 먼저 죽여주고 당신도 죽어라"라는 말을 하였다고 하더라도, 피고인 자신도 이를 "누구는 죽고 누구는 살 수 있느냐는 말이었다"고 해석하듯이, 위 말은 피해자나 피고인 중에 한 명만 죽어서는 나머지 한 명이 살아가기 어렵다는 취지로 보일 뿐, 자살하는 자신을 발견할 경우 적극적인 행위로 확실하게 죽여 달라는 '진지하고 명시적인 촉탁'으로는 보이지 않는 점, 특히 피해자가 압박붕대로 목을 매는 방법을 선택해 자살을 시도하였는데, 그 붕대를 끊고 칼로 목을 찔러 죽여 달라고까지 부탁하였다고 보기 어려운 점 등에 비추어 볼 때, 피해자가 피고인에게 자신을 살해해 달라는 진지한 의사를 표명하였다고 볼 수 없다.

5. 자살교사·방조죄 (제252조 제2항)

1) 자살교사·방조죄는 자살을 교사 또는 방조함으로써 성립하는 범죄로 1년 이상 10년 이하의 징역에 처하고, 10년 이하의 자격정지를 병과할 수 있다(제256조). 본죄의 미수범은 처벌한다(제254조). 자살이 형법상 처벌되지 않기 때문에 자살교사·방조행위를 총칙상 교사범 또는 종범으로 처벌하지 못함으로써 생기는 공백을 매우기 위해 도입된 특별규정으로 그 자체가 독립된 범죄유형이다. 따라서 자살을 교사 또는 방조하였는데 피교사·방조자가 자살을 시도하지 않았거나 자살을 시도하였으나 실패한 때에는 자살교사·방조죄의 미수(제254조)로 처벌된다.

2) 자살교사죄의 객체는 자살의 의미를 이해할 수 있는 판단능력을 가진 자에 국한되고, 유아나 정신병자를 교사하여 자살하게 한 때에는 살인죄의 간접정범으로 처벌된다. 예를 들어 피고인이 7세, 3세 남짓 된 어린자식들에 대하여 함께 죽자고 권유하여 물속에 따라 들어오게 하여 결국 익사하게 하였다면 비록 피해자들을 물속에 직접 밀어서 빠뜨리지는 않았다고 하더라도 자살의 의미를 이해할 능

력이 없고 피고인의 말이라면 무엇이나 복종하는 어린자식들을 권유하여 익사하게 한 이상 피고인은 살인죄의 죄책을 진다(대법원 1987.1.20. 선고 86도2395 판결).

또한 자살은 자유로운 의지에 따른 사망을 의미하므로, 본죄가 성립하기 위해서는 자살자의 나이와 성행, 가혹행위의 내용과 정도, 자살자의 신체적·정신적 심리상황, 자살과 관련된 질병의 유무, 자살자를 둘러싸고 있는 주위상황, 가혹행위와 자살행위의 시기 및 장소, 기타 자살의 경위 등을 종합적으로 고려하여 자살이 자유로운 의지에 따른 것으로 인정되어야 한다(대법원 2004.3.12. 선고 2003도2205 판결). 만약 위계나 강요에 의하여 사람을 자살하게 만들었다면 위계·위력 자살결의죄(제253조)로 처벌된다.

3) 자살방조죄는 자살하려는 사람의 자살행위를 도와주어 용이하게 실행하도록 함으로써 성립되고, 그 방법에는 자살도구인 총, 칼 등을 빌려주거나 독약을 만들어 주거나 조언 또는 격려한다거나, 기타 적극적·소극적·물질적·정신적 방법이 모두 포함된다(대전지법 2012.11.13. 선고 2012고합380 판결). 따라서 피해자가 분신자살을 하겠다는 생각을 갖고 있음을 알고 그 실행을 용이하게 도와주겠다는 의도로 유서를 대필하여 줌으로써 분신자살의 실행을 용이하게 하였다면 자살방조죄로 처벌될 수 있다(대법원 1992.7.24. 선고 92도1148 판결).*

자살방조죄는 고의범이므로 본죄가 성립하기 위해서는 상대방의 구체적인 자살 실행을 원조하여 용이하게 하는 행위의 존재 및 그 점에 대한 행위자의 인식이 있어야 한다(☞ **[판례 Ⅰ-8]** 참조).

[판례 Ⅰ-8] 대법원 2005.6.10. 선고 2005도1373 판결【자살교사·방조】

〈사실관계〉

변사자들은 '자살에 관하여' 등 인터넷 사이트 내 자살 관련 카페(동호회) 등지에서 자살에 사용할 청산염 등 유독물의 구입처와 동반 자살자를 물색하여 오던 중 위 카페 게시판에 청산염 등 자살용 유독물의 일반적 효능 소개를 곁들인 판매 광고용 글을 올린 피고인들 사이에 위 청산염 구입을 위한 상담용 이메일을 주고받고 통화까지 하였으나, 피고인들이 실제로는 청산염을 소지한 바도 없이 단지 금원 편취의 의도로 판매광고 등을 한 것임을 변사자 1이 알아채고서 피고인들과의 접촉을 중단하고 다른 불상의 경로를 통해 청산염을 입수한 다음 나머지 변사자들을 그의 소재지로 불러 모아 동반 자살하였다.

〈판결요지〉

자살방조죄는 자살하려는 사람의 자살행위를 도와주어 용이하게 실행하도록 함으로써 성립되는 것으로서, 그 방법에는 자살도구인 총, 칼 등을 빌려주거나 독약을 만들어 주거나 조언 또는 격려를 한다거나 기타 적극적, 소극적, 물질적, 정신적 방법이 모두 포함된다 할 것이나, 이러한 자살방조죄가 성립하기 위해서는 그 방조 상대방의 구체적인 자살의 실행을 원조하여 이를 용이하게 하는 행위의 존재 및 그 점에 대한 행위자의 인식이 요구된다.

피고인들의 판매광고 등의 행위는 단지 금원 편취 목적의 사기행각의 일환으로 이루어진 것일 뿐 그 후 다른 경로로 입수한 청산염을 이용한 위 변사자들의 자살행위에 어떠한 물질적 혹은 유형적 기여도 하지 못한 점, 변사자들이 자살 관련 카페에서의

* 이 사건에서 피고인이 피해자 명의의 유서를 대필하여 주는 방법으로 피해자의 자살을 방조하였다는 이유로 유죄판결을 받아 확정되었으나, 그 후 재심이 개시되어 국립과학수사연구소 감정인이 작성한 감정서 중 유서와 피고인의 필적이 동일하다는 부분은 그대로 믿기 어렵고 나머지 증거만으로는 공소사실이 합리적 의심의 여지가 없을 정도로 충분히 증명되었다고 볼 수 없다는 이유로 무죄가 선고되었다(대법원 2015.5.14. 선고 2014도2946 판결).

상호 교감을 통해 이미 자살을 결의하고 구체적 실행방법만을 물색하고 있던 상황인 데다가 피고인들의 판매광고가 사기행각임이 발각되기까지 하였음에 비추어 피고인들이 위 변사자들의 자살의 실행에 정신적 혹은 무형적으로 기여하였다고 보기도 어려운 점, 변사자들의 자살에 사용된 청산염의 효능에 대하여는 이미 자살 관련 카페의 회원들 사이에서는 주지의 사실이었던 것으로 보이는 점 등의 사정에 비추어 피고인들의 행위가 변사자들이 실행한 자살행위를 원조하여 이를 용이하게 한 방조행위에 해당한다고 보기 어렵다 할 것이고, 나아가 단지 가짜 청산염 판매광고의 수법으로 금원을 편취하고자 한 피고인들에게 위 변사자들의 구체적 자살행위에 관한 방조의 범의가 있다고 보기도 어렵다.

〈참조판례〉

○ 대법원 2008.9.25. 선고 2008도6556 판결【자살방조】

피해자가 휘발유를 자신의 몸에 뿌리고 죽겠다고 말한 것은 피고인에게 그만큼 사랑한다는 것을 보여주기 위해서 한 행동일 뿐 실제 자살의 결의를 가지고 위와 같은 행동을 한 것은 아니고, 피해자가 피고인이 던져 준 라이터로 자신의 몸에 불을 붙인 행위로까지 나아간 것은 실제로 죽을 마음을 먹고 그 자살의사를 실행에 옮긴 것이라기보다는 충동적으로 일어난 일로 보아야 할 것이며, 피고인도 피해자의 행동을 실제 자살할 마음이 없이 피고인 마음을 돌리려는 것이라고 받아들였을 것이어서 피해자가 실제 자살하거나 몸에 불을 붙이는 행동으로 나아갈 것을 예견하였다고 볼 수 없다.

○ 대법원 2010.4.29. 선고 2010도2328 판결【현주건조물방화치사】

자녀문제와 고부갈등, 경제적 어려움 등으로 인한 피고인과 피해자 사이의 가정불화 등으로 시달리고 있는 피해자가 새벽에 피고인과 말다툼을 하다가 죽고 싶다 또는 같이 죽자고 하며 피고인에게 기름을 사오라는 말을 하였고, 피고인은 당시 피해자에게 휘발유를 사다주면 이를 이용하여 자살할 수도 있다는 것을 충분히 예상할 수 있었음에도 피해자에게 휘발유 1병을 사다주어 그 직후 피해자가 몸에 휘발유를 뿌리고 불을 붙여 자살하였다면, 피고인은 이 사건 피해자가 자살하도록 방조한 것으로 보아야 한다.

6. 위계·위력 자살결의죄(제253조)

1) 위계 또는 위력으로써 촉탁 또는 승낙을 받아 사람을 살해하거나 위계 또는 위력으로써 자살을 하게 함으로써 성립하는 범죄로 살인죄(제250조)의 예에 의해 처벌된다. 유기징역에 처할 때에는 10년 이하의 자격정지를 병과할 수 있다(제256조). 본죄의 미수범은 처벌한다(제254조).

2) 앞에서 설명한 바와 같이 촉탁·승낙살인죄가 성립하기 위해서는 촉탁·승낙이 유효해야 한다. 위계 또는 위력에 의한 촉탁·승낙은 그 자체가 무효가 되므로 위계 또는 위력에 의하여 촉탁·승낙을 받아 사람을 살해하는 행위는 살인죄로 처벌하는 것이 마땅하다. 한편 위계·위력 자살결의죄는 이론적으로 살인죄의 간접정범에 해당하는데, 형법은 이를 하나의 독립된 구성요건으로 규정하고 있다. 위계 또는 위력에 의하여 촉탁·승낙을 받아 사람을 살해하는 행위에 총칙을 적용하여 처벌하는 것보다 각칙상 별개의 범죄유형으로 처벌하는 것이 형사정책적으로 훨씬 낫다고 본다. 왜냐하면 총칙상의 간접정범은 교사 또는 방조의 예에 의하여 처벌하도록 되어 있으므로(제34조 제1항) 교사·방조를 하였으나 피교사·방조자가 실행의 착수로 나아가지 않는 이상 교사·방조자를 미수범으로 처벌할 수 없는데 반해, 위계·위력에 의한 살인죄는 그 자체가 독립된 구성요건이므로 위계·위력으로 자살을 교사하였으

나 피교사자가 자살의 실행에 착수하지 아니한 경우에도 위계·위력 자살결의죄의 미수범(제254조)으로 처벌할 수 있기 때문이다.

3) 한편 위계·위력 자살결의죄는 실질적으로 자살자의 행위를 이용하여 살인죄를 범하는 경우이므로, 위계·위력자살교사죄가 성립하기 위해서는 피해자에 대한 폭행이나 협박 등의 위력이 피해자의 항거를 불가능하게 하여 피해자가 그 의사결정 능력을 완전히 상실하거나 피해자의 항거를 현저히 곤란하게 하여 피해자가 자살 이외의 방법을 선택하는 것이 극히 곤란한 상황에 처하여 자살에 이를 정도이어야 한다(☞ **[판례 Ⅰ-9]** 참조).

[판례 Ⅰ-9] 부산고법 1996.10.30. 선고 96노502 판결【위력자살결의】

〈사실관계〉

피고인 1은 피해자(19세, 여)를 범행 현장까지 피해자의 의사에 반하여 강제적으로 승용차에 태워서 데려온 다음 피해자에게 피고인 2와의 불륜관계를 청산하라고 요구하였으나 피해자가 "죽었으면 죽었지 헤어지지는 못하겠다"고 대답하자 피고인 1이 18ℓ들이 석유 2통을 피해자의 몸에 뿌리고, 1회용 가스라이터를 피해자에게 건네주면서 "죽을 자신이 있으면 죽어라"고 말하여 피해자가 피고인 1로부터 건네받은 라이터로 자신의 몸에 불을 붙여 즉석에서 전신화염화상으로 사망하였다.

〈판결요지〉

피고인들이 위 피해자를 데리고 범행 현장까지 오면서 피해자를 폭행하지는 않았고 피고인 1이 피해자에게 "죽으려면 죽어라" 등으로 고함을 치면서 석유를 뿌릴 때에도 피해자는 고개를 숙인 채 가만히 서서 있었을 뿐 별다른 저항을 하지는 않았던 사실, 피해자는 비록 당시 19세의 미성년의 소녀이기는 하지만 피고인 1이 피해자에게 위력을 행사하였다는 범행시간이 14:30 경으로 낮시간이었고, 범행의 장소는 산중턱의 밭으로서 도로에서 약 10m 정도 떨어진 곳으로서 도로에서 시야가 제한되지 아니한 곳이어서 피해자가 피고인들로부터 도망하는 데에 별다른 장애가 있었다고 보기 어려운 점 등에 비추어 보면, 피고인들에게는 피해자가 피고인 1의 집요한 불륜관계에 대한 추궁으로 육체적, 정신적으로 압박을 받은 나머지 스스로의 죄책감과 이러한 압박을 모면하고자 자살할지도 모른다고 인식하면서도 위력을 행사한 것이라 할 것이지만, 피고인들이 피해자에게 가한 위력의 정도는 피해자의 의사결정 능력을 완전히 상실하거나, 피해자가 자살 이외의 방법을 선택하는 것이 극히 곤란한 상황에 처하여 자살에 이를 정도의 것이었다고 합리적 의심을 배제할 정도로 단정하기에는 부족하다.

7. 살인등 예비·음모죄(제255조)

1) 살인죄(제250조 제1항), 존속살해죄(제250조 제2항), 위계·위력 자살결의죄(제253조)를 범할 목적으로 예비 또는 음모함으로써 성립하는 범죄로 10년 이하의 징역에 처한다.

2) 예비는 범죄실현을 위한 외부적 준비행위이고 음모는 2인 이상이 범죄실현을 모의하는 행위로서, 모두 실행의 착수 전단계라는 점에서 공통된다.

3) 살인예비죄가 성립하기 위해서는 살인죄를 범할 목적 외에도 살인의 준비에 관한 고의가 있어야 하고, 나아가 실행의 착수까지에는 이르지 아니하는 살인죄의 실현을 위한 준비행위가 있어야 한다. 여기서 준비행위는 물적인 것에 한정되지 아니하며 특별한 정형이 있는 것도 아니지만, 단순히 범행의

의사 또는 계획만으로는 부족하고 객관적으로 보아서 살인죄의 실현에 실질적으로 기여할 수 있는 외적 행위를 필요로 한다. 만약 피해자를 살해하기 위하여 사람을 고용하고 그에게 대가를 지급하기로 약정하였다면 살인죄를 범할 목적 및 살인의 준비에 관한 고의가 인정될 뿐 아니라 그가 살인죄의 실현을 위한 준비행위를 하였다고 인정할 수 있다(대법원 2009.10.29. 선고 2009도7150 판결).

4) 살인을 예비 또는 음모한 후 실행의 착수로 나아가면 살인죄의 예비·음모는 미수 또는 기수에 흡수된다. 즉, 살해의 목적으로 동일인에게 일시 장소를 달리하고 수차에 걸쳐 단순한 예비행위를 하거나 또는 공격을 가하였으나 미수에 그쳤다가 결국 그 목적을 달성한 경우, 그 예비행위 내지 공격행위가 동일한 의사발동에서 나왔고 그 사이에 범의의 갱신이 없는 한, 각 행위가 같은 일시 장소에서 행하여 졌는지 또는 다른 장소에서 행하여 졌는지 또는 그 방법이 동일하거나 여부를 가릴 것 없이 그 살해의 목적을 달성할 때까지의 모든 행위를 포괄하여 하나의 살인기수죄로 처벌해야 하고, 살인예비죄 내지 살인미수죄와 살인기수죄의 경합범으로 처단해서는 안 된다(대법원 1965.9.28. 선고 65도695 판결).

Ⅱ. 상해와 폭행의 죄(제25장)

1) 상해죄와 폭행죄는 신체의 안전을 보호법익으로 한다는 점에서 동일하다. 그러나 상해죄는 신체의 건강침해 내지는 생리적 기능의 훼손을 요건으로 함에 반하여 폭행죄는 신체의 안전을 침해하는 행위 자체를 요건으로 한다는 점에서 구분된다. 즉 상해죄는 결과범·침해범임에 반하여 폭행죄는 거동범·위험범이다. 일반적으로 상해의 결과는 폭행(신체에 대한 유형력의 행사)에 의해 발생하지만 반드시 이에 국한되지 않으며 무형적인 힘, 예컨대 정신적 고통을 가하는 행위에 의해 상해의 결과가 발생할 수도 있다. 이처럼 상해죄와 폭행죄는 엄연히 별개의 범죄이므로 상해의 고의를 가졌으나 결과적으로 폭행만을 가한 경우에는 폭행죄가 아니라 상해죄의 미수로 처벌된다.

2) 상해와 폭행의 죄에는 상해죄·존속상해죄(제257조), 중상해죄·존속중상해죄(제258조), 특수상해죄(제258조의2), 상해치사죄(제259조), 폭행죄·존속폭행죄(제260조), 특수폭행죄(제261조), 폭행치사상죄(제262조), 상습폭행·상해죄(제264조)가 있다. 상해죄와 특수상해죄의 미수범은 처벌된다(제257조 제3항, 제257조의1 제3항). 그리고 2명 이상이 공동으로 상해죄, 존속상해죄, 폭행죄, 존속폭행죄를 범한 때에는 폭처법에 의해 가중처벌된다(제2조 제2항).

3) 자기 또는 타인의 형사사건의 수사 또는 재판과 관련하여 고소·고발 등 수사단서의 제공, 진술, 증언 또는 자료제출에 대한 보복의 목적 또는 고소·고발 등 수사단서의 제공, 진술, 증언 또는 자료제출을 하지 못하게 하거나 고소·고발을 취소하게 하거나 거짓으로 진술·증언·자료제출을 하게 할 목적으로 상해죄(제257조 제1항), 폭행죄(제260조 제1항)를 범하거나 이들 죄를 범하여 사람을 사망에 이르게 한 때에는 특가법에 의해 가중처벌된다(제5조의9 제2항, 제3항).

1. 상해·존속상해죄(제257조)

사람의 신체를 상해함으로써 성립하는 범죄로 7년 이하의 징역, 10년 이하의 자격정지 또는 1천만원 이하의 벌금에 처한다(제257조 제1항). 자기 또는 배우자의 직계존속의 신체를 상해한 때에는 10년 이하의 징역 또는 1천500만원 이하의 벌금에 처한다(같은 조 제2항). 이들 죄의 미수범은 처벌한다(같은 조 제3항). 존속상해죄(제257조 제2항)의 경우 10년 이하의 자격정지를 병과할 수 있다(제265조).

(1) 객 체

1) 상해죄의 객체는 '사람'이므로 태아에 대해서는 상해죄가 성립하지 않는다. 다만 태아에게 고의 또는 과실로 상해를 가한 결과 그 태아가 기형아나 장애아로 출생한 경우 상해죄 또는 과실치상죄로 처벌할 수 있는가가 논란이 되고 있다.

2) 상해죄의 객체를 '사람'으로 규정하고 있고 형법상 사람과 태아는 구별되므로 태아에 대한 상해를 출생 후 사람에 대한 상해로 처벌하는 것은 문언에 반하고, 모체 내에서 태아를 상해 또는 치상하게

한 경우를 처벌하는 규정이 없는 한, 태아가 기형아나 장애아로 출생하였다고 하여 상해죄로 처벌하는 것은 부당하다. 그리고 태아를 모체의 일부로 보아 태아에 대한 상해를 곧 모체에 대한 상해라고 볼 여지가 있으나, 이럴 경우 태아를 살해한 자는 법정형이 3년 이하의 징역인 낙태죄로 처벌되는 데 반해 태아를 상해한 자는 법정형이 7년 이하의 징역인 상해죄로 처벌되는 불균형이 발생한다.

판례도 "현행 형법이 사람에 대한 상해 및 과실치사상의 죄에 관한 규정과는 별도로 태아를 독립된 행위객체로 하는 낙태죄, 부동의 낙태죄, 낙태치상 및 낙태치사의 죄 등에 관한 규정을 두어 포태한 부녀의 자기낙태행위 및 제3자의 부동의 낙태행위, 낙태로 인하여 위 부녀에게 상해 또는 사망에 이르게 한 행위 등에 대하여 처벌하도록 한 점, 과실낙태행위 및 낙태미수행위에 대하여 따로 처벌규정을 두지 아니한 점 등에 비추어보면, 형법은 태아를 임산부 신체의 일부로 보거나, 낙태행위가 임산부의 태아양육, 출산 기능의 침해라는 측면에서 낙태죄와는 별개로 임산부에 대한 상해죄를 구성하는 것으로 보지는 않는다고 해석된다. 따라서 태아를 사망에 이르게 하는 행위가 임산부 신체의 일부를 훼손하는 것이라거나 태아의 사망으로 인하여 그 태아를 양육, 출산하는 임산부의 생리적 기능이 침해되어 임산부에 대한 상해가 된다고 볼 수는 없다"고 보고 있다(대법원 2007.6.29. 선고 2005도3832 판결).

(2) 상 해

1) 상해란 건강의 훼손 또는 생리적 기능의 장애를 말하므로,* 상해행위란 사람의 신체 또는 정신에 병적 상태를 야기하거나 악화시키는 행위라고 정의할 수 있다. 신체의 외모에 변화가 생겼다고 하더라도 신체의 생리적 기능에 장애를 초래하지 아니하는 이상 상해에 해당하지 않는다.

2) 상처를 내는 것뿐만 아니라 감각기능 또는 생리적 기능의 상실이나 감퇴를 가져오는 것, 병을 감염시키는 것, 구토·설사·실신을 일으키는 것, 스트레스 장애를 야기하는 것도 포함한다. 그러나 일상생활에서 얼마든지 생길 수 있고 굳이 따로 치료할 필요도 없는 것이어서 그로 인하여 인체의 완전성을 해하거나 건강상태를 불량하게 변경하였다고 보기 어려운 경미한 상처는 상해죄의 상해에 해당하지 않는다(☞ **[판례 II-1]** 참조).

[판례 II-1] 대법원 2000.3.23. 선고 99도3099 판결【강제추행치상】

〈공소사실〉

피고인은 1998.12.19. 16:00경 피고인의 친구의 원룸에서 그 곳에 데려온 피해자가 밥을 먹지 않는다는 이유로 피해자를 강제로 눕혀 옷을 벗긴 뒤 1회용 면도기로 피해자의 음모를 반 정도 깎아 강제추행하고 이로 인하여 피해자로 하여금 치료일수 불상의 음모절단상을 입게 하였다.

---

* 장애인복지법은 장애인이란 신체적·정신적 장애로 오랫동안 일상생활이나 사회생활에서 상당한 제약을 받은 자를 말한다고 정의하고, 장애를 신체적 장애(주요 외부신체기능과 내부기관의 장애)와 정신적 장애(발달장애 또는 정신질환으로 발생하는 장애)로 구분한다(같은 법 제2조 제1항·제2항). 상해죄의 상해는 육체적·정신적 장애를 의미하나 장애인으로 볼 수 있을 정도의 장애에 이를 것까지는 요하지 않는다.

〈사건의 경과〉

원심은 피고인이 피해자를 강제로 눕혀 옷을 벗긴 뒤 1회용 면도기로 피해자의 음모를 위에서 아래로 가로 약 5㎝, 세로 약 3㎝ 정도 깎은 사실은 인정되나, 위와 같은 정도의 음모의 절단은 이로 인하여 신체의 완전성이 손상되고 생활기능에 장애가 왔다거나 건강상태가 불량하게 변경되었다고 보기 어려우므로 이를 강제추행치상죄의 상해에 해당한다고 할 수 없고, 따라서 피고인의 행위는 강제추행죄만이 성립하고 강제추행치상죄로는 처벌할 수 없다고 하고, 공소제기 후 제1심판결 선고 전에 피고인에 대한 고소가 적법하게 취소된 사실이 인정된다는 이유로 공소를 기각하였다.

〈판결요지〉

강제추행치상죄에 있어서의 상해는 피해자의 신체의 건강상태가 불량하게 변경되고 생활기능에 장애가 초래되는 것을 말하는 것으로서, 신체의 외모에 변화가 생겼다고 하더라도 신체의 생리적 기능에 장애를 초래하지 아니하는 이상 상해에 해당한다고 할 수 없다. 그런데 음모는 성적 성숙함을 나타내거나 치부를 가려주는 등의 시각적·감각적인 기능 이외에 특별한 생리적 기능이 없는 것이므로, 피고인이 피해자의 음모의 모근(毛根) 부분을 남기고 모간(毛幹) 부분만을 일부 잘라냄으로써 음모의 전체적인 외관에 변형만이 생겼다면, 이로 인하여 피해자에게 수치심을 야기하기는 하겠지만, 병리적으로 보아 피해자의 신체의 건강상태가 불량하게 변경되거나 생활기능에 장애가 초래되었다고 할 수는 없으므로, 그것이 폭행에 해당할 수 있음은 별론으로 하고 강제추행치상죄의 상해에 해당한다고 할 수는 없다.

〈참조판례〉

○ **대법원 1993.7.27. 선고 92도2345 판결【업무상과실치상】**

난소의 제거로 이미 임신불능 상태에 있는 피해자의 자궁을 적출했다 하더라도 그 경우 자궁을 제거한 것이 신체의 완전성을 해한 것이 아니라거나 생활기능에 아무런 장애를 주는 것이 아니라거나 건강상태를 불량하게 변경한 것이 아니라고 할 수 없고 이는 업무상 과실치상죄에 있어서의 상해에 해당한다.

○ **대법원 1996.12.10. 선고 96도2529 판결【구 폭처법위반】**

피고인과 그의 공범들이 피해자를 피고인이 경영하는 초밥집에 불러내어 22:00경부터 그 다음날 02:30경까지 사이에 회칼로 죽여 버리겠다거나 소주병을 깨어 찌를 듯한 태도를 보이면서 계속하여 협박하다가 손바닥으로 피해자의 얼굴과 목덜미를 수회 때리자, 피해자가 극도의 공포감을 이기지 못하고 기절하였다가 피고인이 불러온 119 구급차 안에서야 겨우 정신을 차리고 인근 병원에까지 이송되었다면, 외부적으로 어떤 상처가 발생하지 않았다고 하더라도 생리적 기능에 훼손을 입어 신체에 대한 상해가 있었다고 봄이 상당하다.

○ **대법원 1996.12.23. 선고 96도2673판결【상해】**

피고인이 실랑이를 하는 과정에서 피해자의 좌측팔 부분에 약간의 멍이 생기기는 하였으나 그 크기도 동전 크기 정도이고 별도의 병원치료를 받을 정도의 상처는 아니어서 피해자가 며칠 뒤 파스를 붙인 것 이외에는 따로 치료를 받지도 않았으며 이에 대한 의사의 소견서의 기재도 단순히 약 1주간의 안정을 요한다는 취지인바, 위 상해는 피고인이 피해자와 연행문제로 시비하는 과정에서 치료도 필요 없는 가벼운 상처로서 그 정도의 상처는 일상생활에서 얼마든지 생길 수 있는 극히 경미한 상처이므로 굳이 따로 치료할 필요도 없는 것이어서 그로 인하여 인체의 완전성을 해하거나 건강상태를 불량하게 변경하였다고 보기 어려우므로 이를 상해죄에서 말하는 상해에 해당된다고 할 수 없다.

○ **대법원 1999.1.26. 선고 98도3732 판결【구 성폭법위반(강간등상해·치상) 등】**

구 성폭법 제9조 제1항의 상해는 피해자의 신체의 완전성을 훼손하거나 생리적 기능에 장애를 초래하는 것으로, 반드시 외부적인 상처가 있어야만 하는 것이 아니고, 여기서의 생리적 기능에는 육체적 기능뿐만 아니라 정신적 기능도 포함된다. 피고인들의 강간행위로 인하여 피해자가 불안, 불면, 악몽, 자책감, 우울감정, 대인관계 회피, 일상생활에 대한 무관심, 흥미상실 등의 증상을 보였고, 이와 같은 증세는 의학적으로는 통상적인 상황에서는 겪을 수 없는 극심한 위협적 사건에서 심리적인 충격을 경험한 후 일으키는 특수한 정신과적 증상인 외상 후 스트레스 장애에 해당하고, 피해자는 그와 같은 증세로 인하여 2일간 치료약을 복용하였고, 6개월간의 치료를 요하며, 피해자가 겪은 위와 같은 증상은 강간을 당한 모든 피해자가 필연적으로 겪는 증상이라고 할 수도 없으므로 결국 피해자는 피고인들의 강간행위로 말미암아 구 성폭법 제9조 제1항이 정하는 상해를 입은 것이다.

(3) 상해의 고의

1) 상해죄는 목적범이 아니므로 상해의 고의 이외의 특별한 목적을 요하지 않는다. 다만 자기 또는 타인의 형사사건의 수사 또는 재판과 관련하여 고소·고발 등 수사단서의 제공, 진술, 증언 또는 자료제출에 대한 보복의 목적으로 또는 고소·고발 등 수사단서의 제공, 진술, 증언 또는 자료제출을 하지 못하게 하거나 고소·고발을 취소하게 하거나 거짓으로 진술·증언·자료제출을 하게 할 목적으로 사람을 상해한 자는 1년 이상의 유기징역에 처하고(특가법 제5조의9 제2항), 이와 같은 목적으로 사람을 상해하여 사망에 이르게 한 자는 무기 또는 3년 이상의 유기징역에 처한다(특가법 제5조의9 제3항).

2) 위에서 설명한 바와 같이 상해와 폭행은 보호법익 및 행위태양에서 구분이 되므로 상해죄가 성립하기 위해서는 사람의 신체의 건강을 훼손한다는 데 대한 인식과 의사가 있어야 하고, 단순히 폭행의 의사로 상해의 결과를 발생시킨 경우에는 폭행치상죄(제262조)가 성립할 따름이다. 판례 중에는 상해죄의 성립에는 그 원인인 폭행에 대한 고의로도 충분하고 상해를 가할 의사는 필요가 없다고 한 사례가 있으나, 형법의 해석상 정당하다고 볼 수 없다(☞ **[판례 II-2]** 참조).

[판례 II-2] 대법원 1983.3.22. 선고 83도231 판결【구 폭처법위반】

〈사실관계〉

피고인은 피해자가 경영하는 포장마차 식당에서 공소외인과 술내기 팔씨름을 하여 피고인이 이겼는데도 공소외인이 다시 한번 하자고 덤벼들자 피고인은 식탁위에 있던 식칼을 집어 들고 자신의 팔뚝을 1회 그어 자해하고, 이를 제지하려고 피해자가 양팔로 피고인을 뒤에서 붙잡자 그 제지를 벗어나려고 식칼을 잡은 채 이를 뿌리친 잘못으로 피해자에게 상해를 입혔다

〈판결요지〉

상해죄는 결과범이므로 그 성립에는 상해의 원인인 폭행에 관한 인식이 있으면 충분하고, 상해를 가할 의사의 존재는 필요하지 않음은 소론과 같으나, 이 사건 피고인에게는 폭행에 대한 인식마저 인정할 수 없으므로 피고인이 폭행을 가한다는 인식없는 행위의 결과로 피해자가 상해를 입었다 하여도 상해죄를 구성하지 않는다.

〈해 설〉

이 판례는 상해죄를 폭행죄의 결과적가중범으로 파악하고 있는 일본의 판례를 답습한 것이다. 일본형법은 폭행죄를 "폭행을 가한 자가 사람을 상해하는데 이르지 아니한 때"라고 규정하고(제208조), 상해죄를 "사람을 상해한 자"라고 규정하고 있어(제204조), 일본의 통설과 판례는 상해의 고의를 가지고 폭행하여 사람을 상해한 경우뿐만 아니라 상해의 고의가 없이 사람을 폭행하여 상해를 입힌 경우에도 상해죄가 성립한다고 보고 있다. 우리나라는 상해죄와 폭행죄를 엄연히 구분하고 있으므로 위의 판례는

마땅히 아래와 같이 수정하여야 한다. "상해죄는 결과범이므로 그 성립에는 상해의 원인인 폭행에 관한 인식뿐만 아니라 상해를 가할 의사의 존재가 필요하나, 이 사건 피고인에게는 폭행에 대한 인식마저 인정할 수 없으므로 피고인이 폭행을 가한다는 인식조차없는 행위의 결과로 피해자가 상해를 입었다 하여도 상해죄를 구성하지 않는다"

(4) 위법성

1) 상해행위는 정당방위, 긴급피난, 자구행위 및 피해자 승낙에 의한 행위로 위법성이 조각될 수 있다. 정당방위, 긴급피난, 자구행위 규정(제21조 내지 제23조)은 모두 상당성을 요건으로 하고 있는데 반해, 피해자 승낙에 관한 규정(제24조)은 상당성의 요건을 명문으로 규정하고 있지 않다. 그러나 피해자 승낙은 넓은 의미에서 사회상규에 위배되지 아니하는 행위(제20조)의 한 유형이라고 할 것이므로 개인적 법익을 훼손하는 경우에 법률상 이를 처분할 수 있는 사람의 승낙을 말할 뿐만 아니라 그 승낙이 윤리적, 도덕적으로 사회상규에 반하는 것이 아니어야 한다(대법원 1985.12.10. 선고 85도1892 판결). 따라서 피해자와 공모하여 교통사고를 가장하여 보험금을 편취할 목적으로 피해자에게 상해를 가하였다면 피해자의 승낙이 있었다고 하더라도 이는 위법한 목적에 이용하기 위한 것으로 피해자의 승낙에 의하여 위법성이 조각된다고 할 수 없다(대법원 2008.12.11. 선고 2008도9606 판결).

2) 위법성과 관련해서는 특히 의사가 의술의 법익에 따라 행해지는 신체침해행위, 즉 치료행위를 어떻게 취급할 것인가가 문제된다. 우선 치료가 성공한 경우, 즉 치료행위로 인하여 신체의 건강상태가 개선된 경우에는 상해의 결과 자체가 인정되지 않으므로 상해죄 또는 과실치상죄의 문제가 발생하지 않는다[다만 환자가 의사에 반하여 강제로 치료를 한 경우에는 강요죄(제324조)의 성립여부가 문제될 수는 있을 것이다]. 한편 치료가 실패한 경우라도 특별한 사정이 없는 한 건강상태의 개선을 목적으로 치료행위를 한 의사에 대해 상해의 고의를 인정하기 어렵기 때문에, 의사의 치료행위는 실패한 경우 (업무상) 과실치사상죄의 죄책을 지울 수 있는가가 문제될 따름이다. 의사의 치료행위는 치료의 목적을 달성하지 못하고 오히려 사람의 건강상태를 불량하게 만들거나 목적한 치료 이외에 부수적 효과로서 사람의 건강상태를 불량하게 변경한 경우 의사에게 과실을 인정할 수 있는가의 문제로 귀결된다(자세한 내용은 업무상과실치사상죄 참조).

(5) 죄 수

1) 상해죄는 전속적 법익인 사람의 신체를 침해하는 범죄로서 죄수는 원칙적으로 피해자의 수에 의해 결정한다. 따라서 상해를 입힌 행위가 동일한 일시, 장소에서 동일한 목적으로 저질러진 것이라 하더라도 피해자를 달리하고 있으면 피해자별로 각각 별개의 상해죄를 구성한다고 보아야 하고 1개의 행위가 수개의 죄에 해당하는 경우라고 볼 수 없다. 예컨대 피고인이 체포를 면하기 위해 자신을 체포하려고 쫓아온 피해자 1의 얼굴을 수도파이프로 때리고 이발용 면도칼을 휘둘러 상해를 입히고 피해자

2의 등을 이발용 면도칼로 그어 상해를 입힌 경우, 피고인의 행위가 비록 같은 일시, 장소에서 같은 목적으로 저지른 소행이라 하더라도 피해자를 달리하고 있어 피해자별로 각각 별개의 죄가 성립한다(대법원 1983.4.26. 선고 83도524 판결).

2) 위험한 물건인 소주병으로 피해자의 머리를 쳐서 상해를 가하면서 같은 시간, 같은 장소에서 동일한 피해자에게 흉기인 가위로 피해자를 찔러 죽인다고 협박한 경우에는 특수상해(제258조의2)죄의 죄책만 진다(대법원 1976.12.14. 선고 76도3375 판결).

2. 중상해(제258조 제1항), 중존속상해죄(같은 조 제2항)

1) 사람의 신체를 상해하여 생명에 대한 위험을 발생하게 하거나, 불구 또는 불치나 난치의 질병에 이르게 함으로써 성립하는 범죄로 1년 이상 10년 이하의 징역에 처하고(제258조 제1항), 자기 또는 배우자의 직계존속에 대해 위의 죄를 범한 때에는 2년 이상 15년 이하의 징역에 처한다(같은 조 제2항). 이 경우 10년 이하의 자격정지를 병과할 수 있다(제265조).

2) 본죄는 중한 결과에 대해서 과실이 있는 경우뿐만 아니라 고의가 있는 경우에도 성립하는 부진정 결과적가중범이다. 가해행위 시에 중상해의 고의가 있는 경우는 물론이고 상해의 고의만 있었더라도 그 가해행위로 인하여 중상해의 결과가 발생하는 경우에는 중상해에 대한 예견가능성이 인정되는 한 중상해죄의 죄책을 진다(대전고법 1995.4.7. 선고 94노738 판결).

3) 생명에 대한 위험이란 생명에 대한 구체적 위험을 발생시킨 경우를 말하고 불구란 신체 중 중요부분의 절단 또는 기능상실을 의미한다. 불구에는 외형적 신체기능의 상실뿐만 아니라 신체 내부에 있는 장기의 상실도 포함되며, 신체조직의 중요부분인가의 여부는 주관적으로 판단할 것이 아니라 객관적으로 판단하여야 한다. 판례가 중상해로 인정된 사례로는 12주일간의 치료를 요하는 뇌진탕, 제3경추압박골절상(춘천지법 1987.9.23. 선고 87고단327 판결), 치료일수 미상의 뇌손상과 12주의 치료를 요하는 우측견관절타구(대전지법 2010.11.15. 선고 2009고단1947 판결), 면도칼로 입힌 길이 2.5cm, 깊이 0.56cm 코 절단상(대법원 1970.9.22. 선고 70도1638 판결), 16주간의 치료를 요하는 두개골 골절(대법원 2012.9.13. 선고 2011도6911 판결)이 있다. 이와는 달리 피해자의 우측가슴을 찔러 피해자에게 약 3주간의 치료를 요하는 우측흉부자상은 생명에 대한 위험을 발생하게 한 경우라거나 불구 또는 불치나 난치의 질병에 이르게 한 경우에 해당한다고 보기 어렵다고 보았다(☞ **[판례 II-3]** 참조).

[판례 II-3] 대법원 2005.12.9. 선고 2005도7527 판결【중상해교사】

〈사실관계〉

피고인은 공소외 1에게 "피해자의 다리를 부러뜨려 1~2개월간 입원케 하라"고 말하여 교사하고, 또한 공소외 1로부터 순차 지시를 받은 공소외 2와 3으로 하여금 칼로 피해자의 우측가슴을 찔러 피해자에게 약 3주간의 치료를 요하는 우측흉부자상 등을 가하였다.

〈원심 판결요지〉

피고인은 공소외 1에게 피해자가 1~2개월 간 입원하도록 다리를 부러뜨리라고 지시했고, 이에 공소외 1은 자신의 동생인 공소외 2에게 피해자의 허벅지를 칼로 찌르라고 하면서 집에서 가져온 과도를 건네주었는데 공소외 2는 평소 알고 지내던 공소외 3으로 하여금 칼로 피해자의 가슴을 찔러 피해자에게 우측흉부자상 등의 상해를 입혔다는 것인바, 피고인이 비록 공소외 1에게 피해자의 다리를 부러뜨리라고 지시하였다고 하더라도, 교사자의 입장으로서는 피해자의 상해 부위가 허벅지든 가슴이든, 상해의 내용이 골절상이든 자상이든 상관없이 피해자가 상당 기간 동안 거동할 수 없는 정도의 상해를 가하라는 취지로 교사하였다고 보는 것이 타당하고, 또한 공소외 1이나 그로부터 다시 교사를 받은 누군가가 실행행위를 함에 있어 그때그때의 상황에 따라 피해자의 다리가 아닌 신체의 다른 부위에 대하여도 상해를 가하여 피해자가 중한 상처를 입을 수 있으리라는 것을 충분히 예상할 수 있었다 할 것이므로, 공소외 2 등이 피고인이니 공소외 1의 지시를 그대로 따르지 않고 칼로 가슴 부위를 찔렀다고 하여 피고인의 지시와 공소외 2 등의 행위에 인과관계가 없다고 할 수 없다.

〈판결요지〉

1~2개월간 입원할 정도로 다리가 부러지는 상해 또는 3주간의 치료를 요하는 우측흉부자상은 그로 인하여 생명에 대한 위험을 발생하게 한 경우라거나 불구 또는 불치나 난치의 질병에 이르게 한 경우에 해당한다고 보기 어렵고, 달리 피고인이 교사한 상해가 중상해에 해당한다거나 피해자가 입은 상해가 중상해에 해당한다고 단정할 자료도 없어 보인다.

4) 본죄는 피해자를 협박하여 피해자로 하여금 스스로의 신체에 상해를 가하는 방법으로도 실행할 수 있다. 예컨대 탈영병이 동거녀의 불륜을 의심하고 야산으로 끌고 가서 면도칼을 주면서 “네가 네 코를 자르지 않을 때는 돌로서 죽인다”고 협박하여 겁에 질린 동거녀가 스스로 코를 절단한 경우에는 중상해죄의 죄책을 진다(대법원 1970.9.22. 선고 70도1638 판결).

5) 한편 교사자가 피교사자에 대하여 상해 또는 중상해를 교사하였는데 피교사자가 이를 넘어 살인을 실행한 경우, 일반적으로 교사자는 상해죄 또는 중상해죄의 죄책을 지지만, 이 경우에 교사자에게 피해자의 사망이라는 결과에 대하여 과실 내지 예견가능성이 있는 때에는 상해치사죄의 죄책을 진다(대법원 2002.10.25. 선고 2002도4089 판결).

3. 특수상해죄 (제258조의2), 공동상해죄 (폭처법 제2조 제2항)

1) 단체 또는 다중의 위력을 보이거나 위험한 물건을 휴대하여 상해죄 또는 존속상해죄를 범한 때에는 1년 이상 10년 이하의 징역에 처하고(제258조의2 제1항), 중상해죄 또는 존속중상해죄를 범한 때에는 2년 이상 20년 이하의 징역에 처한다(제258조의2 제2항). 이들 죄의 미수범은 처벌한다(제258조의2 제3항). 이들 죄로 처벌하는 경우 10년 이하의 자격정지를 병과할 수 있다(제265조).

2) 2인 이상이 공동하여 상해죄 또는 존속상해죄를 범한 때에는 각 해당 조항에서 정한 형의 1/2을 가중한다(폭처법 제2조 제2항). 본죄의 미수범은 처벌한다(같은 법 제6조).

4. 상습상해죄 (제264조)

1) 상습으로 상해·존속상해죄(제257조), 중상해·중존속상해죄(제258조) 또는 특수상해죄(제258조의2)를 범한 때에는 그 죄에 정한 형의 1/2을 가중한다(제264조).

2) '그 죄에 정한 형의 1/2을 가중한다'는 것은 법정형의 단기와 장기를 모두 1/2씩 가중한다는 것을 의미한다. 특수상해죄(제258조 제1항)의 법정형은 1년 이상 10년 이하의 징역이므로, 상습으로 특수상해죄를 범한 자는 1년 6개월 이상 15년 이하의 징역에 처한다(대법원 2017.6.29 선고 2016도18194 판결).

5. 상해치사 (제259조 제1항), 존속상해치사죄 (같은 조 제2항)

1) 사람의 신체를 상해하고 그로 인하여 사람을 사망에 이르게 함으로써 성립하는 범죄로 3년 이상의 징역에 처한다(제259조 제1항). 자기 또는 배우자의 직계존속을 상해하여 사망하게 한 경우에는 무기 또는 5년 이상의 징역에 처한다(같은 조 제2항). 자기 또는 타인의 형사사건의 수사 또는 재판과 관련하여 고소·고발 등 수사단서의 제공, 진술, 증언 또는 자료제출에 대한 보복의 목적으로 또는 고소·고발 등 수사단서의 제공, 진술, 증언 또는 자료제출을 하지 못하게 하거나 고소·고발을 취소하게 하거나 거짓으로 진술·증언·자료제출을 하게 할 목적으로 상해죄(제257조 제1항)를 범하여 사람을 사망에 이르게 한 때에는 무기 또는 3년 이상의 징역에 처한다(특가법 제5조의9 제3항).

2) 상해치사죄가 성립하기 위해서는 기본범죄인 상해행위와 사망 간에는 인과관계가 인정되어야 함은 물론 사망에 대한 예견가능성이 있어야 한다(제15조 제2항). 다만 사망은 상해행위로부터 직접적으로 발생할 필요는 없고 예컨대 피해자의 지병이 개입되어 사망하거나(대법원 1979.10.10. 선고 79도2040 판결), 상해를 피해 도주하던 피해자가 차량에 치어 사망하거나(대법원 1996.5.10. 선고 96도529 판결), 의사의 수술지연 등의 과실이 개입하여 사망한 때(대법원 1984.6.26. 선고 84도831 판결)에도 인과관계가 인정된다. 피고인의 강타로 인하여 임신 7개월의 피해자가 지상에 넘어져서 4일후에 낙태하고 이로써 유발된 심근경색증으로 죽음에 이르게 된 경우(대법원 1972.3.28. 선고 72도296 판결), 피해자의 머리를 한번 받고 경찰봉으로 때린 후 약 20여 시간 후에 피해자가 외상성 뇌경막하 출혈로 사망한 경우(대법원 1984.12.11. 선고 84도2347 판결) 그 밖에 달리 사망의 중간요인을 발견할 자료가 없다면 폭행 또는 상해행위와 사망 사이에 시간적 간격이 있었더라도 인과관계가 부정되지 않는다.

3) 그런데 사망의 결과가 직접 또는 간접적으로 상해행위나 상해의 결과로 인해 발생한 것이 아니라 시간적·장소적으로 밀접한 상황에서 별개의 행위에 의해 사망의 결과가 발생한 경우에도 상해치사죄의 죄책을 지울 것인가가 문제된다. 만약 상해치사죄 규정을 강간등치사상죄(제301조, 제301조의2)와 같이 "제257조 또는 제258조의 죄를 범한 자가 사람을 사망에 이르게 한 때에는"이라는 문언으로 규정을 하였다면, 위와 같이 사망의 결과가 상해가 아니라 그에 이른 별개의 행위에 의해 발생한 경우에도

상해치사죄가 성립한다고 보는 데는 별 무리가 없을 것이다. 그러나 형법은 "사람을 상해하여 사망에 이르게 한 자는"이라고 규정함으로써 사람을 상해하고 그 상해로 인하여 사망에 이르게 한 경우뿐만 아니라 사람을 상해한 후 별개의 행위로 사람을 사망에 이르게 한 경우에도 상해치사죄로 처벌할 수 있는가에 대해 의문의 여지를 남겨 놓았다. 판례는 이와 같은 경우에는 피고인의 행위들을 포괄하여 하나의 범죄(상해치사죄)로 처벌하여야 한다고 보고 있다(☞ **[판례 II-4]** 참조).

[판례 II-4] 대법원 1994.11.4. 선고 94도2361 판결【폭처법위반, 상해치사】

〈사실관계〉

피고인이 1993.10.3. 01:50경 피해자와 함께 ○○호텔 325호실에 투숙한 다음 손으로 피해자의 뺨을 수회 때리고 머리를 벽쪽으로 밀어 붙이며 붙잡고 방바닥을 뒹구는 등 하다가 피해자의 어깨를 잡아 밀치고 손으로 우측 가슴부위를 수회 때리고 멱살을 잡아 피해자의 머리를 벽에 수회 부딪치게 하고 바닥에 넘어진 피해자의 우측 가슴부위를 수회 때리고 밟아서 피해자에게 우측 흉골골절 및 우측 제2, 3, 4, 5, 6번 늑골골절상과 이로 인한 우측심장벽좌상과 심낭내출혈 등의 상해를 가함으로써, 피해자가 바닥에 쓰러진 채 정신을 잃고 빈사상태에 빠지자, 피해자가 사망한 것으로 오인하고 피고인의 위와 같은 행위를 은폐하고 피해자가 자살한 것처럼 가장하기 위하여, 같은 날 03:10경 피해자를 베란다로 옮긴 후 베란다 밑 약 13미터 아래의 바닥으로 떨어뜨려 피해자로 하여금 현장에서 좌측 측두부 분쇄함몰골절에 의한 뇌손상 및 뇌출혈 등으로 사망에 이르게 하였다.

〈사건의 경과〉

검사는 피고인을 폭처법위반 및 살인으로 기소하였으나 1심은 피고인에 대하여 상해치사죄를 인정하였다. 이에 대하여 검사는 단순히 피해자가 쓰러져 정신을 잃고 있는 것을 보고 자살로 가장하기 위하여 피해자를 베란다 밑으로 던진 피고인의 행위는 최소한 피고인에게 당시 피해자가 살아 있을 수도 있다는 인식을 배제할 수 없어 살인의 미필적 고의가 있었다고 볼 수 있음에도 불구하고 제1심은 이를 오해하였다고 하여 항소하였고, 변호인은 피해자는 피고인이 던진 것이 아니고 스스로 베란다에서 아래로 추락하여 자살한 것이나 가사 피고인이 피해자가 사망한 것으로 오인하여 피해자를 베란다 아래로 던져 사망케 하였다고 하더라도, 결과적가중범으로서의 상해치사라는 중한 결과는 기본행위에 의하여서 야기되어야 하므로 결과적 가중범에 있어 과실은 기본적 구성요건의 실행시에 존재하여야 하고 그 후의 과실에 의하여 사람을 사망에 이르게 하였다면 이를 따로이 과실치사죄로 의율하여야 할 것임에도 제1심은 상해와 과실치사를 포괄하여 상해치사죄를 의율한 잘못이 있다고 하여 항소하였다.

이에 대하여 제2심(서울고법 1994.7.27. 선고 94노1060 판결)은, 피고인이 피해자를 베란다에서 떨어뜨리기 전에 이미 치명상을 입힘으로써 빨리 병원에 후송하여 적절한 치료를 받게 하지 않으면 사망하게 될 상태에 놓이게 하였으므로 피고인으로서는 피해자를 빨리 병원에 옮겨 치료를 받게 하여야 할 의무가 있음에도 불구하고 오히려 피해자가 자살한 것처럼 위장하기 위해 베란다로 끌고 가 떨어뜨림으로써 결국 사망케 한 일련의 행위를 포괄적으로 파악하여 상해치사죄로 의율한 제1심의 판단은 정당하고 제1심 판결에 결과적가중범으로서의 상해치사죄의 법리를 오해한 위법이 없다고 판시하였다.

이에 변호인은 피고인이 피해자에게 상해를 가하고 나아가 빈사상태에 빠진 피해자를 사망한 것으로 오인한 나머지 추락시켜 사망에 이르게 하였다고 할지라도, 포괄적 일죄의 법리상 위와 같은 두 개의 행위를 포괄하여 일죄로 볼 수 없을 뿐만 아니라 피고인의 제2행위에 의하여 인과관계가 중단된 것이므로 피고인의 행위를 상해치사죄 일죄로 의율할 수 없고, 피고인에게 과실이 있는 경우에 한하여 상해죄와 과실치사죄의 경합범이 성립될 뿐이라고 하여 상고하였다.

〈판결요지〉

피고인의 판시 소위는 포괄하여 단일의 상해치사죄에 해당한다고 할 것이므로 이와 같은 취지의 원심판단은 정당하고, 원심판결에 소론과 같은 결과적가중범·인과관계 및 포괄일죄 등에 관한 법리를 오해한 위법이 있다고 볼 수 없다.

〈해 설〉

이 사건에서는 피고인이 피해자를 상해한 후 피해자가 자살한 것으로 가장하기 위하여 정신을 잃고 쓰러져 있는 피해자를 베란다 밑으로 던져 사망하게 한 행위에 대해 살인의 미필적 고의를 인정할 수 있는지 그리고 살인의 고의를 인정할 수 없다고 볼 때 상해행위와 피해자를 사망에 이르게 한 행위를 포괄하여 상해치사죄로 처벌할 수 있는지가 문제되었다.

우선 살인의 미필적 고의를 인정할 수 있는가의 점에 대해 판례는 피고인이 피해자를 베란다 밑으로 던질 당시에는 피해자가 사망한 것으로 오인하고 있었고 이는 혹시 살아있을지도 모르는 피해자를 베란다 밑으로 던져 사망하게 할 의사가 있었다고 보기 힘들기 때문에 살인의 미필적 고의를 인정하기는 곤란하다고 보았다. 다음으로 상해행위와 그로 인하여 발생한 사망의 결과를 포괄하여 상해치사죄로 처벌할 수 있는가의 점과 관련해서는 "결과적가중범으로서의 상해치사라는 중한 결과를 기본행위에 의하여서 야기되어야 하고 그 후의 과실에 의하여 사람을 사망에 이르게 하였다면 이는 결과적가중범으로 의율할 수 없고 따로 과실치사죄로 의율하여야 한다"는 변호인의 주장을 배척하고 2심과 대법원은 피고인의 일련의 행위를 포괄하여 상해치사죄의 일죄로 의율하고 있다. 필자는 다음과 같은 이유에서 판례의 태도가 타당하다고 본다.

우선 형법 제259조에 의하면 '사람의 신체를 상해하여 사망에 이르게 한 경우'에 상해치사죄가 성립하는데 여기서 '사람의 신체를 상해하여 사망에 이르게 한 경우'는 반드시 상해행위 자체에 의하여 사망의 결과가 발생한 경우에 한정되지 않으며 상해행위와 '동일한 기회에' 행한 별개의 행위에 의해 사망의 결과가 발생한 경우도 포함된다고 해석하는 것이 타당하다. 판례가 강도치상죄에 있어서의 상해는 강도의 기회에 범인의 행위로 인하여 발생한 것이면 족하다거나(대법원 1985.1.15.선고 84도2397 판결), 강간치사상죄에 있어서 사상(死傷)의 결과는 간음행위 그 자체나 강간의 수단으로 사용한 폭행으로부터 발생한 경우는 물론 강간에 수반하는 행위에서 발생한 경우도 포함한다고 한 것도 이와 같은 취지이다(대법원 1995.1.12.선고 94도2781 판결).

또한 이 사건에서 피고인은 피해자에게 치명상을 입혔는데 피해자를 베란다에서 떨어뜨리기 전에 이미 피해자가 사망하였거나 피해자가 피고인의 상해행위를 피하다가 베란다에서 아래로 추락하여 사망한 경우와 비교해 볼 때, 피해자에게 치명상을 입히고 나아가서 베란다 아래로 떨어뜨려 사망하게 한 피고인을 상해죄와 과실치사죄의 실체적 경합으로 처벌하는 것은 불법이 중한 자를 오히려 가볍게 처벌하는 결과가 된다. 상해치사죄의 문언상으로 이 사건에서 피고인에게는 상해치사죄를 인정할 수 있고, 형사정책적 견지에서도 피고인에게는 상해치사죄의 죄책을 묻는 것이 타당하다고 본다.

3) 한편 상해죄의 공동정범 중 한 명이 고의로 피해자를 살해한 경우 나머지 공범은 사망에 대한 예견가능성이 인정되는 경우에 한하여 상해치사죄의 죄책을 진다(☞ **[판례 II-5]** 참조).

[판례 II-5] 대법원 2000.5.12. 선고 2000도745 판결【상해치사】

〈공소사실〉

피고인 1은 1999.4.18. 01:55경 상근예비역으로 근무하는 친구인 피고인 2로부터 피고인 2의 여동생을 강간한 피해자를 혼내주러 가자는 연락을 받고 피고인 2와 함께 ○○초등학교 앞에서 피해자를 만나 피고인 2와 피고인 1은 주먹으로 피해자를 때리면서 피고인 2는 소지하고 있던 부엌칼로 피해자를 위협하였으며, 그 후 피해자를 ○○초등학교로 끌고 가면서 피고인 1이 주변에 있던 각목으로 피해자의 머리 부분을 4회 때리고 피고인 2가 위 부엌칼을 피해자의 목에 들이대면서 주먹과 발로 무수히 때려 이를 견디지 못한 피해자가 도망가자, 피고인 1은 피고인 2의 뒤를 따라 피해자를 추격하던 중 피고인 2가 떨어뜨린 위 부엌칼을 소지하게 된 다음 격분한 나머지 같은 날 02:21경 ○○초등학교 옆 골목길에서 피고인 2에 의하여 붙잡힌 피해자의 좌측 흉부를 위 부엌칼로 1회 찔러 좌측흉부 자창상 등을 가하고, 이로 인하여 같은 날 04:00경 피해자로 하여금 실혈로 사망에 이르게 하였다.

〈사건의 경과〉

1심은 피고인 1에 대하여 유죄(상해죄사죄)를 인정하였으나, 피고인 1은 칼로 찌른 것은 자신이 아니라 피고인 2라고 주장하며 항소하였다. 이에 2심은 피고인 1은 위 공소사실과 같은 과정을 거쳐 ○○초등학교 옆 골목길에서 피고인 2에 의하여 붙잡힌 피해자를 피고인 2와 함께 폭행하면서 둘 중 누군가가 불상의 방법으로 위 부엌칼로 피해자의 좌측 흉부를 1회 찔러 좌측흉부자창상 등을 입히고, 이로 인하여 피해자를 사망에 이르게 하였다고 하면서도 결국 피고인 1과 피고인 2의 공동가공행위로 피해자에게 상해를 가하고 이로 인하여 피해자가 사망하게 된 것이 분명하다는 이유로 1심과 마찬가지로 피고인 1에게 상해치사죄를 인정하였다. 이에 피고인 1은 피해자를 칼로 찌른 것은 자신이 아니라며 다시 상고하였다.

〈판결요지〉

결과적가중범인 상해치사죄의 공동정범은 폭행 기타의 신체침해 행위를 공동으로 할 의사가 있으면 성립되고 결과를 공동으로 할 의사는 필요 없으며, 여러 사람이 상해의 범의로 범행 중 한 사람이 중한 상해를 가하여 피해자가 사망에 이르게 된 경우 나머지 사람들은 사망의 결과를 예견할 수 없는 때가 아닌 한 상해치사의 죄책을 면할 수 없다고 할 것이다. 피고인 1과 피고인 2의 공동가공행위로 피해자에게 상해를 가하고 이로 인하여 피해자가 사망하게 된 것이 분명하고, 피고인 2와 피고인 1이 위험한 물건인 부엌칼과 각목을 휴대하고 피해자에 대하여 폭력을 행사한 이 사건에 있어서 피고인 1로서는 능히 피해자가 부엌칼 등으로 상해를 입고 사망에 이를 수도 있다는 사정을 예견할 수 있었다고 할 것이므로 원심판결에는 상해치사죄에 관한 법리오해 등의 위법이 있다고 할 수 없다.

6. 폭행죄 (제260조 제1항), 존속폭행죄 (같은 조 제2항)

(1) 의 의

1) 폭행죄는 사람의 신체에 대하여 폭행을 가함으로써 성립하는 범죄로 2년 이하의 징역, 5백만원 이하의 벌금, 구류 또는 과료에 처하고(제260조 제1항), 자기 또는 배우자의 직계존속을 폭행한 때에는 5년 이하의 징역 또는 700만원 이하의 벌금에 처한다(같은 조 제2항). 이들 죄에 대해서는 10년 이하의 자격정지를 병과할 수 있다(제265조). 폭행죄는 침해범·결과범의 성격을 갖는 상해죄와는 달리 신체의 안전을 침해하는 폭행행위가 있음으로써 성립하는 위험범·거동범이다.

2) 자기 또는 타인의 형사사건의 수사 또는 재판과 관련하여 고소·고발 등 수사단서의 제공, 진술, 증언 또는 자료제출에 대한 보복의 목적으로 또는 고소·고발 등 수사단서의 제공, 진술, 증언 또는 자료제출을 하지 못하게 하거나 고소·고발을 취소하게 하거나 거짓으로 진술·증언·자료제출을 하게 할 목적으로 사람을 폭행한 경우에는 1년 이상의 유기징역에 처하고(특가법 제5조의9 제2항), 본죄를 범하여 사람을 사망에 이르게 한 경우에는 무기 또는 1년 이상의 유기징역에 처한다(특가법 제5조의9 제3항).

3) 운행 중인 운전자를 협박한 때에는 5년 이하의 징역이나 2천만원 이하의 벌금에 처한다(특가법 제5조의10 제1항).

(2) 폭행행위

1) 형법에는 폭행죄뿐만 아니라 다수의 범죄에서 폭행을 수단으로 규정하고 있는데, 그 의미는 범죄의 성질에 따라 조금씩 다르다.* 폭행죄에 있어서 폭행은 사람의 신체에 대한 직접적인 유형력의 행사를 말한다. 다만 사람의 신체의 안전을 침해하는 범죄이기 때문에 신체의 안전을 위협할 정도가 아닌 한 신체에 대해 유형적인 힘이 가해졌다고 하여 폭행죄가 성립하는 것은 아니다. 예컨대 상대방의 시비를 만류하면서 조용히 얘기나 하자며 팔을 2, 3회 끌은 것만으로는 사람의 신체에 대한 불법한 공격이라고 볼 수 없다(대법원 1986.10.14. 선고 86도1796 판결).

2) 폭행죄의 폭행은 '사람의 신체'에 대해 가해져야 하므로, 단순히 물건에 대한 유형력의 행사는 (물건에 대한 손괴죄가 성립하는 것은 별론으로 하고) 폭행죄에 해당하지 않는다.

○ **대법원 1977.2.8. 선고 75도2678 판결【폭행】**

폭행이란 사람에 대한 유형력의 행사 등 불법한 공격을 뜻하므로 그 대상은 사람의 신체이어야 하는바 비닐봉지에 넣어 둔 인분을 타인의 집 앞당에 던졌을 뿐 신체에 대하여 공격한 것이 아니면 형법상의 폭행의 범주에 들어간다고 할 수 없다.

○ **대법원 1984.2.14. 선고 83도3186 판결【폭행치상】**

피해자가 피고인을 만나주지 않는다는 이유로 시정된 탁구장문과 주방문을 부수고 주방으로 들어가 방문을 열어주지 않으면 모두 죽여 버린다고 폭언하면서 시정된 방문을 수회 발로 찬 피고인의 행위는 재물손괴죄 또는 숙소안의 자에게 해악을 고지하여 외포케 하는 단순 협박죄에 해당함은 별론으로 하고, 단순히 방문을 발로 몇 번 찼다고 하여 그것이 피해자들의 신체에 대한 유형력의 행사로는 볼 수 없어 폭행죄에 해당한다 할 수 없다.

○ **대법원 1991.1.29. 선고 90도2153 판결【구 폭처법위반】**

폭행이란 사람의 신체에 대하여 유형력을 행사하는 것을 의미하는 것으로서 피고인이 피해자에게 욕설을 한 것만을 가지고 당연히 폭행을 한 것이라고 할 수는 없을 것이고, 피해자 집의 대문을 발로 찬 것이 곧바로 또는 당연히 피해자의 신체에 대하여 유형력을 행사한 경우에 해당한다고 할 수도 없다.

3) 유형력이란 사람의 오관에 작용하여 육체적·정신적 고통을 가하는 물리력으로 반드시 촉각에 작용하는 것에 한하지 않고 시각, 미각, 청각, 후각에 물리력을 작용하여 고통을 가하면 폭행에 해당한다. 따라서 의사전달수단으로서 합리적 범위를 넘어서 상대방에게 고통을 줄 정도의 음향을 내었다면 이는 폭행에 해당한다(대법원 2009.10.29. 선고 2007도3584 판결). 폭행죄에서 말하는 폭행이란 사람의 신체에 대하여 육체적·정신적으로 고통을 주는 유형력을 행사함을 뜻하는 것으로서 반드시 피해자의 신체

* 우선 소요죄(제115조)나 다중불해산죄(제116조)에서의 폭행은 그 대상이 사람이든 또는 물건이든 일체의 유형력의 행사를 의미한다(최광의의 폭행). 그리고 공무집행방해죄(제136조), 강요죄(제324조)에서의 폭행은 사람에 대한 직접 또는 간접의 유형력의 행사를 의미한다(광의의 폭행). 폭행죄에 있어서 폭행은 사람의 신체에 대한 직접적인 유형력의 행사로, 일반적으로 폭행이라고 하면 이것을 의미한다(협의의 폭행). 끝으로 강간죄(제297조), 강도죄(제333조)에서의 폭행은 상대방의 반항을 불가능하게 하거나 곤란하게 할 정도의 폭행을 말한다(최협의의 폭행).

에 접촉함을 필요로 하는 것은 아니다. 따라서 자신의 차를 가로막는 피해자를 부딪친 것은 아니라고 하더라도, 피해자를 부딪칠 듯이 차를 조금씩 전진시키는 것을 반복하는 행위도 사람의 신체에 대한 유형력의 행사로서 폭행에 해당한다(대법원 2016.10.27. 선고 2016도9302 판결).

그러나 예컨대 단순히 눈을 부릅뜨고 "이 씹할 놈아, 가면 될 것 아니냐"고 욕설을 한 것만으로는 피해자에게 모욕감이나 불쾌감을 주는 데 그칠 뿐 피해자의 신체에 대한 유형력을 행사한 것으로 보기 어렵다(대법원 2001.3.9. 선고 2001도277 판결). 단순한 욕설이나 모욕은 소리가 가진 물리력에 의해서가 아니라 소리에 담긴 의미가 사람에게 정신적 고통을 주는 것이기 때문에 '무형력'이 작용한 것으로 보아야 하기 때문이다. 그리고 사람의 신체를 향하여 손발이나 물건을 휘두르거나 던지는 행위는 직접 피해자의 신체에 접촉하지 아니하였다 하더라도 피해자에 대한 불법한 유형력의 행사로서 폭행에 해당하나, 주먹이나 몽둥이를 휘두르지 않고 때릴 듯이 위협을 하거나 욕설을 하는 것만으로는 사람의 신체에 대한 유형력의 행사라고 할 수 없다(☞ **[판례 II-6]** 참조).

[판례 II-6] 대법원 2003.1.10. 선고 2000도5716 판결【구 폭처법위반, 명예훼손】

〈공소사실〉

피고인이, (1) 1996.4. 일자불상경 피해자의 집으로 전화를 하여 피해자에게 "트로트 가요앨범진행을 가로챘다, 일본노래를 표절했다, 사회에 매장시키겠다"라고 수회에 걸쳐 폭언을 하고 그 무렵부터 1997.12.경까지 위와 같은 방법으로 일주일에 4 내지 5일 정도, 하루에 수십 회 반복하여 그 피해자에게 "강도 같은 년, 표절가수다"라는 등의 폭언을 하면서 욕설을 하여 그 피해자를 폭행하고, (2) 1998.3. 일자불상경 피해자의 바뀐 전화번호를 알아낸 후 그 피해자의 집으로 전화하여 그 피해자에게 "전화번호 다시 바꾸면 가만 두지 않겠다"라는 등으로 폭언을 하여 그 피해자를 폭행하고, (3) 1998.8. 일자불상경 같은 장소로 전화하여 그 피해자에게 "미친년, 강도 같은 년, 매장될 줄 알아라"라는 등으로 폭언을 하면서 심한 욕설을 하여 그 피해자를 폭행하고, (4) 1999.9.1. 00:40경 그 피해자의 집 자동응답전화기에 "제가 가수 ○○○(피고인)이라는 사람인데 당신(피해자)이 ◇◇음반에 전화를 해 가지고 말도 안 되는 소리를 했던 사람인가, 당신(피해자)이 살인 청부교사범 맞아, 남의 작품을 빼앗아 간 여자, 도둑년하고 살면서, 미친년 정신 똑바로 차려."라는 욕설과 폭언을 수회에 걸쳐 녹음하여 그 피해자를 폭행하고, (5) 1999.9.2. 일시불상경 전항과 같은 방법으로 "또라이년, 병신 같은 년, 뒷구녁으로 다니면서 거짓말을 퍼뜨리고 있어, 사기꾼 같은 년, 강도년, 이 또라이년"이라고 녹음하여 그 피해자를 폭행하였다.

〈판결요지〉

형법 제260조에 규정된 폭행죄는 사람의 신체에 대한 유형력의 행사를 가리키며, 그 유형력의 행사는 신체적 고통을 주는 물리력의 작용을 의미하므로 신체의 청각기관을 직접적으로 자극하는 음향도 경우에 따라서는 유형력에 포함될 수 있다 하겠다.

그런데 피해자의 신체에 공간적으로 근접하여 고성으로 폭언이나 욕설을 하거나 동시에 손발이나 물건을 휘두르거나 던지는 행위는 직접 피해자의 신체에 접촉하지 아니하였다 하더라도 피해자에 대한 불법한 유형력의 행사로서 폭행에 해당될 수 있는 것이지만, 거리상 멀리 떨어져 있는 사람에게 전화기를 이용하여 전화하면서 고성을 내거나 그 전화 대화를 녹음 후 듣게 하는 경우에는 특수한 방법으로 수화자의 청각기관을 자극하여 그 수화자로 하여금 고통스럽게 느끼게 할 정도의 음향을 이용하였다는 등의 특별한 사정이 없는 한 신체에 대한 유형력의 행사를 한 것으로 보기 어렵다 할 것이다.

이 사건에서 원심은 피고인이 피해자에게 전화를 하여 "강도 같은 년, 표절가수다"라는 등의 폭언을 하면서 욕설을 한 행위 또는 그 전화녹음을 듣게 한 행위에 대하여 폭행죄의 성립을 인정하여 이를 유죄로 인정하였다. 그러나 위에서 본 법리에 따를 때, 그 전화 대화를 폭행으로 단정하기 위해서는 사람의 청각기관이 통상적으로 고통을 느끼게 되는 정도의 고음이나 성량에 의한 전화 대화였다는 특별한 사정을 밝혀내는 등의 심리가 선행될 필요가 있다 할 것이다.

그럼에도 원심이 이 사건 전화 대화에 의한 음향의 정도나 사람의 청각기관이 고통을 느끼게 되는 음향의 정도에 대한 심리를 거치지 않은 단계에서 전화에 의한 대화 또는 그 대화의 녹음 재생에 의한 청취의 결과가 위에서 본 폭행에 해당한다고 단정한 데에는 필요한 심리를 다하지 아니하였거나 폭행행위에 관한 법리를 오해한 위법이 있다.

〈참조판례〉

○ 대법원 1990.2.13. 선고 89도1406 판결【폭처법위반】

검사의 공소사실의 요지는 "피고인들은 피해자 1에게 "너의 가족 씨를 말려 버린다. 저놈이 이 재산을 빼앗아 국회의원에 나오려고 한다. 이 도둑놈"이라고 욕설을 하면서 곧 때릴 것처럼 위세를 보여 피해자를 폭행하고, 또 피해자 2에게 "이년 왜 문중산을 빼앗아 갈려고 그러느냐, 선거 때 남편을 위하여 쓴 100,000원을 빨리 내 놓아라"고 소리를 치면서 동인을 때릴 듯이 위력을 보여 피해자를 폭행하였다"는 데 있다. 폭행죄에 있어서의 폭행이라 함은 사람의 신체에 대하여 물리적 유형력을 행사함을 뜻하는 것으로서 반드시 피해자의 신체에 접촉함을 필요로 하는 것은 아니므로 피해자에게 근접하여 욕설을 하면서 때릴 듯이 손발이나 물건을 휘두르거나 던지는 행위를 한 경우에 직접 피해자의 신체에 접촉하지 않았다고 하여도 피해자에 대한 불법한 유형력의 행사로서 폭행에 해당한다. 그런데 피고인이 이와 같이 욕설을 한 것 외에 별다른 행위를 한 것이 없다면 이는 유형력의 행사라고 보기 어렵다.

○ 대법원 1994.8.23. 선고 94도1484 판결【폭행치사】

안수기도는 환자의 환부나 머리에 손을 얹고 또는 약간 누르면서 환자를 위해 병을 낫게 하여 달라고 하나님께 간절히 기도함으로써 병의 치유함을 받는다는 일종의 종교적 행위이고 그 목적 또한 정당하겠으나, 기도행위에 수반하는 신체적 행위가 단순히 손을 얹거나 약간 누르는 정도가 아니라 그것이 지나쳐서 가슴과 배를 반복하여 누르거나 때려 그로 인하여 사망에 이른 것과 같은 정도의 것이라면 이는 사람의 신체에 대한 유형력의 행사로서 폭행의 개념에 속하는 행위이고, 비록 안수기도의 방법으로 행하여졌다고 하더라도 신체에 대하여 유형력을 행사한다는 인식과 의사가 있으면 폭행에 대한 인식과 의사 즉 고의가 있는 것이며, 이를 적법한 행위라고 오인했다고 하더라도 그 오인에 정당성을 발견할 수 없다.

(3) 폭행의 고의

폭행죄의 성립에는 폭행의 고의 이외의 특별한 목적이 있을 것을 요하지 않는다. 다만 자기 또는 타인의 형사사건의 수사 또는 재판과 관련하여 고소·고발 등 수사단서의 제공, 진술, 증언 또는 자료제출에 대한 보복의 목적으로 또는 고소·고발 등 수사단서의 제공, 진술, 증언 또는 자료제출을 하지 못하게 하거나 고소·고발을 취소하게 하거나 거짓으로 진술·증언·자료제출을 하게 할 목적으로 사람을 상해한 자는 1년 이상의 유기징역에 처한다(특가법 제5조의9 제2항). 나아가 이와 같은 목적으로 사람을 폭행하여 사망에 이르게 한 자는 무기 또는 3년 이상의 유기징역에 처한다(특가법 제5조의9 제3항).

(4) 위법성

1) 폭행죄에 대해서는 정당행위, 정당방위, 긴급피난, 자구행위 및 피해자 승낙에 관한 규정이 적

용되어 위법성이 조각될 수 있다. 예를 들어 피고인들이 적법하게 집회신고를 한 후 사이비종교 피해자들 약 50여 명과 사이비종교단체의 위험성을 알리는 취지의 집회활동을 하고 있던 중, 피해자가 피고인 등 집회참가자들의 동의 없이 얼굴을 불과 1~2m 거리를 두고 근접하여 촬영하자 피고인들이 집회참가자들의 신체적 정보가 담긴 영상이 사이비종교단체에 전송되면 이들 단체의 보복행위 대상이 되는 것이 염려되어 피해자에게 얼굴이 촬영된 영상을 삭제해 달라고 요청하였으나 피해자가 응하지 아니하였고, 피고인들이 주변에 있던 경찰관의 도움을 받아 촬영한 영상을 삭제하도록 재차 요구하였으나 완강히 거부하자 피해자가 메고 있던 가방 줄을 붙잡고 밀고 당기는 등의 폭행을 하였다면, 피고인의 행위는 정당행위 또는 자구행위로서 위법성이 조각된다(부산지법 2015.9.11. 선고 2015노1466 판결).

2) 또한 법령에 의한 행위로서 폭행죄의 위법성이 조각될 수 있다. 예컨대 친권자는 민법 제915조에 의해, 학교장과 교사는 초·중등교육법 제18조 제1항 및 동법시행령 제31조 제7항에 의해, 그리고 소년원장은 보호소년의 처우 등에 관한 법률(구 소년원법) 제15조에 의해 징계를 할 수 있는데, 징계권의 범위 내에서 일정한 체벌이 허용될 여지가 있다.

다만 교사의 징계와 관련하여 체벌이 허용될 수 있는가에 대해서는 많은 논란이 있었다. 2011.3.18. 개정전 초·중등교육법 및 동법시행령에 따르면 학교장 또는 학교장의 위임을 받은 교사는 교육상 필요한 때에는 법령 및 학칙이 정하는 바에 의하여 학생을 징계하거나 기타의 방법으로 지도할 수 있고 그 지도에 있어서는 교육상 불가피한 경우에는 신체적 고통을 가하는 방법인 이른바 체벌이 허용되었고, 판례도 교사가 학생을 지도함에 있어 학생에게 신체적·정신적 고통을 가하는 체벌, 비하하는 말 등의 언행이라도 교육상 불가피하고 학생의 잘못된 언행을 교정하려는 목적에서 나온 것이었으며, 다른 교육적 수단으로는 교정이 불가능하였던 경우로서 그 방법과 정도에서 사회통념상 용인될 수 있을 만한 객관적 타당성을 갖추었던 경우에는 법령에 의한 정당행위로 볼 수 있다는 입장을 취하고 있었다(대법원 2004.6.10. 선고 2001도5380 판결).

그러나 체벌의 근거가 되었던 초·중등교육법시행령 제31조 제7항은 "학교의 장은 초·중등교육법 제18조 제1항 본문의 규정에 의한 지도를 하는 때에는 교육상 불가피한 경우를 제외하고는 학생에게 신체적 고통을 가하지 아니하는 훈육, 훈계 등의 방법으로 행하여야 한다"에서 "학교의 장은 초·중등교육법 제18조 제1항 본문에 따라 지도를 할 때에는 학칙으로 정하는 바에 따라 훈육·훈계 등의 방법으로 하되, 도구, 신체 등을 이용하여 학생의 신체에 고통을 가하는 방법을 사용해서는 아니된다"로 개정되었다. 따라서 이에는 더 이상 도구, 신체 등을 이용하여 학생의 신체에 고통을 가하는 방법으로의 지도, 즉 체벌은 허용되지 않는다고 해야 한다.

3) 야간에 설계도를 작성하고 있는 설계사무실에서 생면부지의 일행 3명이 사무실 유리문 3개를 손괴하고 그냥 갈려고 하므로 피해변상을 받고자 그 중 1인의 가죽잠바를 잡아 사무실에 들어오게 하며 멱살을 잡고 흔든 경우(대법원 1975.5.27. 선고 75도990 판결), 피해자가 피고인을 따라다니면서 귀찮게

싸움을 걸어오는 것을 막으려고 피고인이 피해자의 멱살을 잡고 밀어 넘어뜨린 경우(대법원 1983.5.24. 선고 83도942 판결)는 사회상규에 위배되지 아니하는 행위로서 위법성이 조각될 수 있다.

(5) 반의사불벌죄

폭행죄와 존속폭행죄는 반의사불벌죄로 피해자가 처벌불원의 의사를 표시한 경우 검사는 공소를 제기할 수 없다(제260조 제3항). 그리고 공소가 제기된 후 피해자가 처벌을 희망하지 아니하는 의사를 표시하거나 처벌을 희망하는 의사표시를 철회한 때에는 법원이 공소기각판결을 선고한다(형소법 제327조 제6호). 다만 폭처법상 2인 이상이 공동으로 폭행죄 또는 존속폭행죄를 범한 경우 또는 폭처법위반으로 2회 이상 징역형을 받은 자가 다시 폭행죄 또는 존속폭행죄를 범하여 누범으로 처벌되는 경우는 반의사불벌죄가 아니다(폭처법 제2조 제4항).

7. 특수폭행죄(제261조), 공동폭행죄(폭처법 제2조 제2항)

(1) 의 의

1) 특수폭행죄는 단체 또는 다중의 위력을 보이거나 위험한 물건을 휴대하여 폭행죄 또는 존속폭행죄를 범함으로써 성립하는 범죄로 5년 이하의 징역 또는 1천만원 이하의 벌금에 처하고(제261조), 10년 이하의 자격정지를 병과할 수 있다(제265조). 본죄는 단순폭행죄와 비교하여 행위의 불법성이 크다는 이유로 형이 가중되는 가중적 구성요건이다.

2) 2인 이상이 공동하여 폭행죄 또는 존속폭행죄를 범한 때에는 각 해당 조항에 정한 형의 1/2을 가중한다(폭처법 제2조 제2항). 본죄의 미수범은 처벌한다(같은 법 제6조).

3) 특수폭행죄(제261조)와 공동폭행죄(폭처법 제2조 제2항)은 반의사불벌죄가 아니다(폭처법 제2조 제4항 참조).

(2) '단체 또는 다중의 위력을 보이거나'의 의미

1) 우선 단체라고 함은 공동의 목적을 가진 다수인의 계속적·조직적 결합체로서, 반드시 불법적인 목적으로 결성된 단체임을 요하지 않는다. 단체의 위력을 보임에 있어서는 그러한 단체가 존재한다는 사실을 인식시키면 족하고, 단체의 구성원이 집결해 있을 필요는 없다.

2) 그리고 '다중'이라 함은 단체를 이루지 못한 다수인의 집합을 말하는 것으로, 집단적 위력을 보일 정도의 다수 혹은 그에 의해 압력을 느끼게 해 불안을 줄 정도의 다수를 의미한다. 또한 다중의 '위력'이라 함은 다중의 형태로 집결한 다수 인원으로 사람의 의사를 제압하기에 족한 세력으로서 그 인원수가 다수에 해당하는가는 행위 당시의 여러 사정을 참작하여 결정하여야 한다. 상대방의 의사가 현실적으로 제압될 것을 요하지는 않지만 상대방의 의사를 제압할 만한 세력을 인식시킬 정도는 되어야 한

다(☞ **[판례 II-7]** 참조).

[판례 II-7] 대법원 2008.7.10. 선고 2007도9885 판결【구 폭처법위반(집단·흉기등 퇴거불응)】

〈공소사실〉

피고인들은 전국교원노동조합(이하 '전교조'라 한다) 소속 조합원으로서 ○○초등학교의 교사였던 상피고인 최○○, 정○○ 및 전교조 소속 교원 10여 명 등 단체원들과 함께 ○○학교 서○○ 교장의 서면사과를 요구하기 위해서 ○○군 교육장을 면담한다는 명목으로, 2003.3.31. 16:30경 ○○군 교육청으로 찾아가 교육장 부속실에서 교육장과의 면담을 요구하다가 부속실 여직원인 이○○, 학과장인 이○○으로부터 교육장이 출장 중이니 나가달라는 요구를 받았음에도 불구하고, 이에 응하지 아니한 채 약 1시간 30분 동안 단체원들과 함께 부속실에 머무르면서 위 서면사과를 요구하는 항의집회를 가짐으로써 단체 또는 다중의 위력으로써 정당한 이유 없이 퇴거요구에 불응하였다.

〈판결요지〉

단체 또는 다중의 '위력'이라 함은 단체 또는 다중의 형태로 집결한 다수 인원으로 사람의 의사를 제압하기에 족한 세력을 지칭하는 것으로서 그 인원수가 다수에 해당하는가는 행위 당시의 여러 사정을 참작하여야 할 것이며, 이 경우 상대방의 의사가 현실적으로 제압될 것을 요하지는 않는다고 할 것이지만 상대방의 의사를 제압할 만한 세력을 인식시킬 정도는 되어야 하는 것인바, 앞서 본 인정사실에 비추어 알 수 있는 다음과 같은 사정들 즉, ① 비록 위 피고인들을 비롯한 상피고인 최○○, 정○○과 전교조 소속 조합원들이 교육장 부속실에서 의견을 발표하고 구호를 외치는 등 다소 소란스럽게 행동한 면은 있으나, 위 부속실에 들어간 자들이 위 피고인들을 포함하여 15명 정도에 불과하였고, 자유로운 분위기에서 다소 느슨하게 집회를 가졌던 것으로 보이는 점, ② 이 과정에서 이○○를 포함한 교육청 관계자들과 별다른 물리적 충돌은 없었던 점, ③ 더구나 교육장과의 면담 외 별다른 요구사항은 없었고, 그나마 약 1시간 30분 가량이 지나도 교육장이 돌아오지 않자 조용히 해산한 점 등을 종합하여 보면, 위 피고인들, 상피고인 최○○, 정○○ 및 조합원들 10여 명의 행위는 '단체 또는 다중의 위력을 행사한 경우'에 해당하지 아니한다.

다만, 법원은 공소사실의 동일성이 인정되는 범위 내에서 공소사 제기된 범죄사실에 포함된 보다 가벼운 범죄사실이 인정되는 경우에 심리의 경과에 비추어 피고인의 방어권행사에 실질적 불이익을 초래할 염려가 없다고 인정되는 때에는 공소장이 변경되지 않았더라도 직권으로 공소장에 기재된 공소사실과 다른 범죄사실을 인정할 수 있는 것인바, 위에서 살펴 본 바와 같이 위 피고인들이 예산군 교육청의 교육장 부속실에서 상피고인 최○○, 정○○ 및 10여명의 전교조 조합원들과 공동하여, 약 1시간 30분 동안 머무르면서 정당한 이유 없이 부속실 여직원인 피해자 이○○, 학과장인 피해자 이○○으로부터 퇴거요구를 받고도 이에 불응한 사실이 인정되고, 위 피고인들의 위와 같은 행위는 공동퇴거불응으로 인한 폭처법위반죄에 해당한다.

(3) '위험한 물건을 휴대하여'의 의미

1) '위험한 물건'이라 함은 흉기는 아니라고 하더라도 널리 사람의 생명·신체에 해를 가하는데 사용할 수 있는 일체의 물건으로 본래 살상용·파괴용으로 만들어진 것뿐만 아니라 다른 목적으로 만들어진 칼·가위·유리병·각종 공구·자동차등은 물론, 화학약품 또는 사주된 동물등도 그것이 사람의 생명·신체에 해를 가하는데 사용되었다면 위험한 물건에 해당한다.

판례가 인정한 위험한 물건의 예로는 안전면도용 칼날(대법원 1971.4.30. 선고 71도430 판결), 드라이버(대법원 1984.2.14. 선고 83도3165 판결), 시멘트벽돌(대법원 1990.1.23. 선고 89도2273 판결), 맥주병과 양주병

(대법원 1991.12.27. 선고 91도2527 판결; 대법원 1997.2.25. 선고 96도3411 판결), 깨진 병조각(대법원 1992.3.31. 선고 92도265 판결), 직경 10cm 가량의 돌(대법원 1995.11.24 선고 95도2282 판결), 의자(대법원 1997.2.25. 선고 96도3346 판결), 쇠파이프와 각목(대법원 1999.11.09 선고 99도4146 판결), 삽(대법원 2001.11.30 선고 2001도5268 판결), 농약(대법원 2002.9.6. 선고 2002도2812 판결), 실탄을 장전하지 아니한 공기총(대법원 2002.11.26. 선고 2002도4586 판결), 쇠젓가락(대법원 2007.8.23 선고 2007도3710 판결), 전기충격기(대법원 2008.4.24 선고 2007도10058 판결), 자동차(대법원 2010.11.11 선고 2010도10256 판결), 과도(대법원 2012.9.13 선고 2012도6612 판결), 현관 및 각 방 열쇠가 각 3개씩 달려 있고 그 열쇠들이 15cm 정도의 두꺼운 아크릴판에 붙어 있는 것으로서 사람의 얼굴이나 눈 주위에 강하게 던질 경우 중한 상해를 입힐 수 있는 열쇠뭉치(청주지법 2013.1.31. 선고 2012노920 판결), 최루탄과 최루분말(대법원 2014.6.12 선고 2014도1894 판결) 등이 있다.

2) 본죄가 성립하기 위해서는 위험한 물건을 '휴대'하여야 하는데, 여기서 '휴대'라 함은 범행현장에서 범행에 사용할 의도 아래 위험한 물건을 몸 또는 몸 가까이 소지하는 것을 말한다. 따라서 청산염을 협박편지에 동봉하여 피해자에게 우송하거나(대법원 1985.10.8. 선고 85도1851 판결), 술에 취해 소란을 피우면서 특정인을 겨냥하지 않은 채 소화기를 집어던지거나(대법원 2010.4.29. 선고 2010도930 판결), 마약사범이 범행 현장에서 버리려고 비닐봉지에 담아 둔 칼을 들고 있거나(대법원 2008.7.24. 선고 2008도2794 판결), 단순히 자기가 기거하는 장소에 보관해 둔 것만으로는(대법원 1992.5.12. 선고 92도381 판결) 위험한 물건의 휴대라고 할 수 없다. 다만 위험한 물건을 휴대한다는 사실을 인식해야 하므로 버섯을 채취하러 산에 가면서 칼을 휴대한 것일 뿐 폭행에 사용할 의도로 소지한 것이 아니라면 위험한 물건의 휴대라고 할 수 없다(대법원 1990.4.24. 선고 90도401 판결).

그리고 휴대에는 몸 가까이 소지하는 것 이외에 널리 이용하는 것도 포함된다. 예컨대 화가 나서 깨어진 유리조각을 피해자의 얼굴에 던지거나(대법원 1982.2.23. 선고 81도3074판결), 양주병으로 머리를 내리쳐 타박상을 가하는 것(대법원 1997.2.25. 선고 96도3411 판결)은 물론 자동차를 운전하여 사람을 치는 것도 위험한 물건을 '휴대'한 폭행에 해당한다(☞ **[판례 Ⅱ-8]** 참조).

[판례 Ⅱ-8] 대법원 1997.5.30. 선고 97도597 판결【구 폭처법위반】

〈사실관계〉

피고인은 1996.1.5. 11:20경 ○○주차장 내 견인차사무소에서 주차위반을 하지 않았음에도 교통관리공사 직원인 피해자가 견인료를 납부하라고 요구하면서 그곳을 떠나려는 피고인 운전의 캐피탈 승용차의 앞을 가로막았다는 이유로 위험한 물건인 위 승용차의 앞범퍼 부분으로 피해자의 다리 부분을 들이 받고 약 1m 정도 진행하여 땅바닥에 넘어뜨리는 등 동인에게 폭행을 가하였다.

〈판결요지〉

'위험한 물건'이라 함은 흉기는 아니라고 하더라도 널리 사람의 생명, 신체에 해를 가하는 데 사용할 수 있는 일체의 물건을 포함한다고 풀이할 것이므로, 본래 살상용·파괴용으로 만들어진 것뿐만 아니라 다른 목적으로 만들어진 칼·가위·유리병·각종 공구·자동차 등은 물론 화학약품 또는 사주된 동물 등도 그것이 사람의 생명·신체에 해를 가하는 데 사용되었다면 '위험한 물건'이라 할 것이며, 한편 이러한 물건을 '휴대하여'라는 말은 소지뿐만 아니라 널리 이용한다는 뜻도 포함하므로… 피고인의 위와 같은 행위는 위험한 물건인 자동차를 이용하여 위 피해자를 폭행하였다 할 것이다.

〈참조판례〉

○ 대법원 2001.2.23. 선고 2001도271 판결【구 폭처법위반】

피고인이 운전하는 차량을 추월하자 피고인은 피해자의 차량에 바짝 따라 붙고, 자신의 차량을 피해자 차량 앞으로 몰고 가 급제동을 하여 피해자로 하여금 충돌을 피하기 위하여 급제동을 하거나 급차로 변경을 하게 하고, 자신의 차량을 피해자의 차량 옆으로 바짝 밀어붙여 피해자로 하여금 중앙분리대와 충돌할 위험에 처하게 하고, 피해자가 고속도로를 빠져나가려 하자 진로를 가로막아 빠져나가지 못하게 하였다면, 이는 위험한 물건인 자동차를 이용하여 피해자를 폭행한 것이라고 하지 않을 수 없다.

○ 대법원 2010.11.11. 선고 2010도10256 판결【구 폭처법위반(집단·흉기등상해) 등】

피고인이 피해자와 운전 중 발생한 시비로 한차례 다툼이 벌어진 직후 피해자가 계속하여 피고인이 운전하던 자동차를 뒤따라온다고 보고 순간적으로 화가 나 피해자에게 겁을 주기 위하여 자동차를 정차한 후 4 내지 5m 후진하여 피해자가 승차하고 있던 자동차와 충돌한 경우, 본래 자동차 자체는 살상용, 파괴용 물건이 아닌 점 등을 감안하더라도 위 충돌 당시와 같은 상황 하에서는 피해자는 물론 제3자라도 피고인의 자동차와 충돌하면 생명 또는 신체에 살상의 위험을 느꼈을 것이므로, 피고인이 자동차를 이용하여 피해자에게 상해를 가하고, 피해자의 자동차를 손괴한 행위는 '위험한 물건'을 휴대하여 이루어진 범죄라고 봄이 상당하다.

3) 위험한 물건을 휴대하였는지 여부는 물건 자체의 성질에 의해서 결정되는 것이 아니라 사회통념에 비추어 그 물건을 사용하면 상대방이나 제3자가 생명 또는 신체에 위험을 느낄 수 있는지 여부에 따라 판단하여야 한다. 따라서 경찰관이 임의동행을 요구하자 면도칼을 들고 방으로 들어가 문을 잠그고 앞가슴과 목 부분을 긁어 피를 보이며 "형무소에 가느니 여기서 죽어버리겠다"며 경찰관을 위협하거나(대법원 1976.3.9. 선고 75도3779 판결), 쇠파이프로 머리를 구타당하면서 이에 대항하여 현장에 있던 각목(길이 1미터, 직경 5센티미터)으로 상대방의 허리를 구타하거나(대법원 1981.7.28. 선고 81도1046 판결), 자신을 찌르려고 하는 식칼을 빼앗아 훈계하면서 칼자루부분으로 피해자의 머리를 가볍게 치거나(대법원 1989.12.22. 선고 89도1570 판결), 당구큐대나 당구공으로 머리를 가볍게 톡톡 치거나(대법원 2004.5.14. 선고 2004도176 판결; 대법원 2008.1.17. 선고 2007도9624 판결), 경륜장 사무실에서 소화기를 던지며 소란을 피웠으나 특정인을 겨냥하며 던진 것(대법원 2010.4.29. 선고 2010도930 판결)만으로는 위험한 물건을 휴대하였다고 볼 수 없다.

그리고 앞에서 설명한 바와 같이 자동차를 이용하여 사람의 생명 또는 신체에 위해를 가하는 경우도 위험한 물건을 휴대한 폭행에 해당하나, 이혼 분쟁 과정에서 자신의 아들을 승낙 없이 자동차에 태우고 떠나려고 하는 피해자들 일행을 상대로 급하게 제지하는 과정에서 자신의 소형승용차로 막 출발하려는 피해자의 중형승용차를 가볍게 충돌하는 것으로는 '위험한 물건을 휴대'한 폭행에 해당하지 않는다(☞ **[판례 II-9]** 참조).

[판례 II-9] 대법원 2009.3.26. 선고 2007도3520 판결【상해, 손괴】

〈사실관계〉

피고인은 2004.6.25. 10:50경 ○○성당 앞에서, 장인인 피해자 1 일행이 피고인의 아들을 강제로 데리고 가는 것을 보고 격분하여 위험한 물건인 라노스 승용차를 운전하여 그 차의 앞 범퍼 부분으로 위 피해자 일행이 타고 있는 소나타 승용차의 뒤 범퍼 부분과 왼쪽 앞문 부분을 각 1회 들이받아 장인인 피해자 1, 장모인 피해자 3, 운전기사인 피해자 4에게 각 약 2주간의 치료를 요하는 뇌진탕 등의 상해를, 처숙부인 피해자 5에게 약 2주간의 치료를 요하는 경추염좌 등의 상해를, 처남인 피해자 6에게 약 2주간의 치료를 요하는 경추염좌의 상해를 각 가함과 동시에 피해자 1 소유의 위 소나타 승용차를 수리비 1,648,240원 상당이 들도록 손괴하고, 피해자 4 소유의 휴대전화기를 손괴하였다.

〈판결요지〉

어떤 물건이 폭처법 제3조 제1항에 정한 '위험한 물건'에 해당하는지 여부는 구체적인 사안에서 사회통념에 비추어 그 물건을 사용하면 상대방이나 제3자가 생명 또는 신체에 위험을 느낄 수 있는지 여부에 따라 판단하여야 하고, 이러한 판단 기준은 자동차를 사용하여 사람의 생명 또는 신체에 위해를 가하거나 다른 사람의 재물을 손괴한 경우에도 마찬가지로 적용된다. … 피고인이 이혼 분쟁 과정에서 자신의 아들을 승낙 없이 자동차에 태우고 떠나려고 하는 피해자들 일행을 상대로 급하게 추격 또는 제지하는 과정에서 이 사건 자동차를 사용하게 된 점, 이 사건 범행은 소형승용차(라노스)로 중형승용차(쏘나타)를 충격한 것이고 충격할 당시 두 차량 모두 정차하여 있다가 막 출발하는 상태로서 차량 속도가 빠르지 않았으며 상대방 차량의 손괴 정도가 그다지 심하지 아니한 점, 이 사건 자동차의 충격으로 피해자들이 입은 상해의 정도가 비교적 경미한 점 등의 여러 사정을 종합하면, 피고인의 이 사건 자동차 운행으로 인하여 사회통념상 상대방이나 제3자가 생명 또는 신체에 위험을 느꼈다고 보기 어려우므로 피고인에 대해서는 폭처법 제3조 제1항 위반죄가 성립하지 아니한다.

4) 범행 현장에서 범행에 사용하려는 의도 아래 흉기 기타 위험한 물건을 휴대하면 족하므로 실제로 범행에 사용하지 않고 호주머니나 가방 속에 지니고 있더라도 특수폭행죄가 성립한다(대법원 1984.4.10. 선고 84도353 판결; 2007.3.30. 선고 2007도914 판결). 또한 상대방이 위험한 물건의 존재를 인식하지 못하였거나 실제의 범행에 사용하지 않은 경우에도 특수폭행죄가 성립하는 데는 문제가 없다(대법원 2007.3.30. 선고 2007도914 판결).

8. 상습폭행죄(제264조)

1) 상습으로 폭행·존속폭행죄(제260조), 특수폭행죄(제261조)를 범한 때에는 그 죄에 정한 형의 1/2을 가중한다(제264조). 이 경우 10년 이하의 자격정지를 병과할 수 있다(제265조).

2) 상습으로 아동(18세미만의 사람)에 대하여 폭행(제260조), 특수폭행(제261조) 및 폭행치상(제262조)의 죄를 범한 자는 그 죄에 정한 형의 1/2을 가중한다(아동학대처벌법 제6조).

3) 상습성이라 함은 범행을 반복수행하는 습벽을 말하는 것이므로 상습성을 인정함에 있어서는 그 범행의 회수와 태양, 종전의 전과사실 등이 그 중요한 근거가 된다. 그렇지만 3차례에 걸친 전과사실

이 있으나 최종범행일로부터 6년이 훨씬 지나고 출소일로부터는 3년이 지난 후에 범행을 단 1회 범한 것이라면 전과가 있고 그 범죄의 태양이 동종이었다 하여 이것만으로 범행을 상습성의 발현이라고 인정하기에는 부족하고, 범행이 최종전과로부터 장기간의 시일이 경과한 후에 범한 단 1차례 행해졌음에도 불구하고 상습범으로 인정하기 위해서는 전과사실등과 더불어 특히 이것이 범행습벽의 발현이라고 인정할만한 합리적인 사정이 있어야 한다(대법원 1987.9.8. 선고 87도1371 판결).

9. 폭행등치사상죄(제262조)

1) 사람을 폭행하여 상해, 중상해 또는 사망에 이르게 함으로써 성립하는 범죄로, 객체가 일반인인가 또는 자기나 배우자의 직계존속인가 그리고 발생한 결과가 단순상해인가 중상해인가 또는 사망인가에 따라 제257조 내지 제259조의 예에 의해 처벌한다. 따라서 상해의 결과가 발생한 때에는 상해죄의 형으로, 중상해의 결과가 발생한 때에는 중상해죄의 형으로 그리고 사망의 결과가 발생한 때에는 상해치사죄의 형으로 처벌된다.

아동(18세 미만의 사람)에 대하여 상해(제257조), 특수상해(제258조 제1항·제3항), 폭행(제260조 제1항), 특수폭행(제261조), 폭행치상(제262조)의 죄를 범하여 아동을 사망에 이르게 한 때에는 무기 또는 5년 이상의 징역에 처하고(아동학대처벌법 제4조), 아동의 생명에 대한 위험을 발생하게 하거나 불구 또는 난치의 질병에 이르게 한 때에는 3년 이상의 징역에 처한다(같은 법 제5조).

자기 또는 타인의 형사사건의 수사 또는 재판과 관련하여 고소·고발 등 수사단서의 제공, 진술, 증언 또는 자료제출에 대한 보복의 목적으로 또는 고소·고발 등 수사단서의 제공, 진술, 증언 또는 자료제출을 하지 못하게 하거나 고소·고발을 취소하게 하거나 거짓으로 진술·증언·자료제출을 하게 할 목적으로 폭행죄(제260조 제1항)를 범하여 사람을 사망에 이르게 한 때에는 무기 또는 3년 이상의 징역에 처한다(특가법 제5조의9 제3항).

운전 중인 자동차의 운전자를 폭행하여 상해에 이르게 한 때에는 3년 이상의 유기징역에 처하며 사망에 이르게 한 때에는 무기 또는 5년 이상의 징역에 처한다(특가법 제5조의10 제2항).

2) 피고인이 폭행을 가한 사람과 그로 인해 사망한 사람이 서로 다르다고 하더라도 폭행치사죄가 성립할 수 있는데, 예컨대 피고인이 아기를 업은 엄마를 밀쳐서 넘어뜨렸는데 엄마가 넘어지면서 아기가 바닥에 머리를 부딪쳐 사망한 경우에도 폭행치사죄가 성립한다(대법원 1972.11.28. 선고 72도2201 판결). 다만 폭행치사상죄는 결과적가중범이므로 폭행치사상죄의 죄책을 지우기 위해서는 중한 결과에 대한 예견가능성 및 폭행행위와 상해 또는 사망 간의 인과관계가 인정되어야 한다(☞ **[판례 II-10]** 참조).

[판례 II-10] 대법원 1986.9.9. 선고 85도2433 판결【폭행치사】

〈사실관계〉

피고인이 피해자를 2회에 걸쳐 두 손으로 힘껏 밀어 땅바닥에 넘어뜨림으로써 그 당시 심관상동맥경화 및 심근섬유화 증세 등의 심장질환을 앓고 있었고 음주만취한 상태에 있던 피해자가 그 충격으로 인하여 쇼크성 심장마비로 사망하였다.

〈판결요지〉

비록 피해자에게 그 당시 위와 같은 지병이 있었고 음주로 만취한 상태였으며 그것이 피고인의 폭행으로 피해자가 사망함에 있어 영향을 주었다고 해서 피고인의 폭행과 피해자의 사망간에 상당인과관계가 없다고 할 수 없고 또 피고인은 피해자가 평소 병약한 사람인데다 그 당시 음주만취된 상태였다는 것을 알고 있었던 사실이 인정되므로 그 구체적인 병명은 몰랐다고 하더라도 위와 같이 피고인이 피해자를 2회에 걸쳐 두 손으로 힘껏 밀어 넘어뜨린 때에 이미 그 폭행과 그 결과에 대한 예견가능성이 있었다고 할 것이고 그로 인하여 치사의 결과가 발생하였다면 결과적 가중범의 죄책을 면할 수 없다.

〈참조판례〉

○ 대법원 1979.10.10. 선고 79도2040 판결【폭행치사】

피해자가 평소 병약한 상태에 있었고 피고인의 폭행으로 그가 사망함에 있어서 지병이 또한 사망 결과에 영향을 주었다고 하여 폭행과 사망 간에 인과관계가 없다고 할 수 없다.

○ 대법원 1984.6.26. 선고 84도831 판결【폭행치사】

피고인이 주먹으로 피해자의 복부를 1회 강타하여 장파열로 인한 복막염으로 사망케 하였다면, 비록 의사의 수술지연 등 과실이 피해자의 사망의 공동원인이 되었다 하더라도 피고인의 행위가 사망의 결과에 대한 유력한 원인이 된 이상 그 폭력행위와 치사의 결과 간에는 인과관계가 있다 할 것이므로 피고인은 피해자의 사망의 결과에 대해 폭행치사의 죄책을 면할 수 없다.

○ 대법원 1989.10.13. 선고 89도556 판결【폭행치사등】

피고인이 피해자의 멱살을 잡아 흔들고 주먹으로 가슴과 얼굴을 1회씩 구타하고 멱살을 붙들고 넘어뜨리는 등 신체 여러 부위에 표피박탈, 피하출혈 등의 외상이 생길 정도로 심하게 폭행을 가함으로써 평소에 오른쪽 관상동맥폐쇄 및 심실의 허혈성심근섬유화증세 등의 심장질환을 앓고 있던 피해자의 심장에 더욱 부담을 주어 나쁜 영향을 초래하도록 하였다면, 비록 피해자가 관상동맥부전과 허혈성심근경색 등으로 사망하였더라도, 피고인의 폭행의 방법, 부위나 정도 등에 비추어 피고인의 폭행과 피해자의 사망과 간에 상당인과관계가 있었다고 볼 수 있다.

○ 대법원 1990.10.16. 선고 90도1786 판결【폭행치사등】

피고인들이 공동하여 피해자를 폭행하여 당구장 3층에 있는 화장실에 숨어 있던 피해자를 다시 폭행하려고 피고인 1은 화장실을 지키고, 피고인 2는 당구치는 기구로 문을 내려쳐 부수자 위협을 느낀 피해자가 화장실 창문 밖으로 숨으려다가 실족하여 떨어짐으로써 사망하였다면 피고인들의 폭행행위와 피해자의 사망 사이에는 인과관계가 있다고 할 것이므로 피고인들은 폭행치사죄의 공동정범의 죄책을 진다.

아래와 같이 중한 결과에 대한 예견가능성 또는 폭행행위와 상해 또는 사망 간의 인과관계가 인정되지 않는 경우에는 폭행치사상죄가 성립하지 않는다.

○ 대법원 1978.11.28. 선고 78도1961 판결【폭행치사】

고등학교 교사가 제자의 잘못을 징계코자 왼쪽 뺨을 때려 뒤로 넘어지면서 사망에 이르게 한 경우 위 피해자는 두께 0.5미리 밖에 안 되는 비정상적인 얇은 두개골이었고 또 뇌수송을 가진 심신허약자로서 왼측 뺨을 때리자 급성뇌성압상승으로 넘어지게 된 것이라면 위 소위와 피해자의 사망 간에는 이른바 인과관계가 없는 경우에 해당한다.

○ 대법원 1985.4.3. 선고 85도303 판결【폭행치사】

피고인의 폭행정도가 서로 시비하다가 피해자를 떠밀어 땅에 엉덩방아를 찧고 주저앉게 한 정도에 지나지 않은 것이었고 또 피해자는 외관상 건강하여 전혀 병약한 흔적이 없는 자인데 사실은 관상동맥경화 및 협착증세를 가진 특수체질자이었기 때문에 위와 같은 정도의 폭행에 의한 충격에도 심장마비를 일으켜 사망하게 된 것이라면 피고인에게 사망의 결과에 대한 예견가능성이 있었다고 보기 어려워 결과적 가중범인 폭행치사죄로 의율할 수는 없다.

○ 대법원 1990.9.25. 선고 90도1596 판결【폭행치사】

피고인이 피해자에게 상당한 힘을 가하여 넘어뜨린 것이 아니라 단지 공장에서 동료 사이에 말다툼을 하던 중 피고인이 삿대질하는 것을 피하고자 피해자 자신이 두어 걸음 뒷걸음치다가 회전 중이던 십자형 스빙기계 철받침대에 걸려 넘어진 정도라면, 당시 바닥에 위와 같은 장애물이 있어서 뒷걸음치면 장애물에 걸려 넘어질 수 있다는 것까지는 예견할 수 있었다고 하더라도 그 정도로 넘어지면서 머리를 바닥에 부딪쳐 두개골절로 사망한다는 것은 이례적인 일이어서 통상적으로 일반인이 예견하기 어려운 결과라고 하지 않을 수 없으므로 피고인에게 폭행치사죄의 책임을 물을 수 없다.

3) 폭행행위가 피해자의 불법적인 공격으로부터 벗어나기 위한 본능적인 소극적 방어행위에 지나지 아니하여 사회통념상 허용될 상당성이 있는 행위로 볼 수 있는 경우 그 행위는 사회상규에 위배되지 않는 행위로서 위법성이 조각되고, 그 행위의 결과로 피해자가 사망하게 되었다 하더라도 폭행치사죄로 처벌할 수 없다(☞ **[판례 II-11]** 참조).

[판례 II-11] 대법원 1992.3.10. 선고 92도37 판결【폭행치사】

〈사실관계〉

만 57세 남자인 피해자는 이 사건 사고일 오전부터 술에 만취하여 아무 연고도 없는 피고인의 집에 함부로 들어가 지하실 방으로 들어가는 출입문의 유리창을 발로 걷어차 깨뜨리는가 하면 성기를 꺼내어 아무데나 마구 소변을 본 뒤 2층으로 통하는 계단을 따라 올라갔고, 피고인은 가정주부로서 피고인의 집에서 혼자 있는 상태에서 현관문을 열고 밖으로 나오다가 피해자의 위와 같은 행동을 보고, 말로 어른이 술에 취해 무슨 짓이냐, 집밖으로 나가라는 요구를 하였으나 피해자는 오히려 피고인에게 상스러운 욕설을 마구 퍼부으면서 횡설수설하였고, 결국은 피해자가 집밖으로 나갔으나, 피해자가 유리창을 깬 것을 안 피고인이 피해자의 집에 가서 유리창 값을 받을 생각으로 피해자의 뒤를 따라가자 뒤돌아보면서 다시 피고인에게 상스러운 욕설을 할 뿐더러 피고인이 "당신집이 어디냐, 같이 가서 당신 부인으로부터 유리 깨어진 것 변상을 받아야겠으니 같이 가자"고 왼손으로 피해자의 어깨 위쪽을 붙잡자, 피해자는 "내가 들어있는 방이 금1,400,000원이니 당장 금 1,400,000원을 내어 놓으라"고 피고인으로서는 이해할 수 없는 엉뚱한 요구를 하면서 다시 "이 씹할 년아 개 같은 년아"하면서 욕설을 계속하므로, 피고인이 더 이상 이를 참지 못하고 빨리 가라면서 잡고 있던 왼손으로 피해자의 오른쪽 어깨부위를 밀치자 술에 만취하여 비틀거리던 피해자가 몸을 제대로 가누지 못하고 앞으로 넘어져 시멘트바닥에 이마를 부딪히면서 1차성 쇼크로 사망하게 되었다.

〈판결요지〉

가정주부인 피고인으로서는 예기치 않게 피해자와 맞닥뜨리게 되어 위와 같은 행패와 엉뚱한 요구를 당하는가 하면 상스러운 욕설을 듣고 매우 당황하였으리라고 보이고, 이에 화도 나고 그 행패에서 벗어나려고 전후 사려없이 피해자를 왼손으로 밀게 된 것으로 인정되며, 그 민 정도 역시 그다지 센 정도에 이르지 아니한 것으로 인정되므로, 피고인의 위와 같은 행위는 피해자의 부당한 행패를 저지하기 위한 본능적인 소극적 방어행위에 지나지 아니하여 사회통념상 용인될 수 있는 정도의 상당성이 있어 위험성이 없다고 봄이 상당하고, 피해자가 비록 술에 취하여 비틀거리고는 있었지만 피고인의 위 행위가 정당행위인 이상 피해자가 술에 취한 나머지 여자인 피고인이 피해자의 어깨를 미는 정도의 행위로 인하여 넘어져 앞으로 고꾸라져 그 곳 시멘트가 돌처럼 솟아 있는 곳에 이마부위를 부딪히게 되고 이로 인한 1차성 쇼크로 사망하게 되었다 하더라도 그 사망의 결과에 대하여 피고인에게 형식적 책임을 지울 수는 없다고 봄이 상당하다.

〈참조판례〉

○ 부산지법 2017.4.14. 선고 2016고합624 판결【폭행치사】

피고인 1, 2, 3, 4 및 피고인 4의 남편인 피해자가 주점에서 술을 마시던 중 피해자가 술에 만취하여 피고인들을 폭행하고 소리를 지르는 등 난동을 부리자, 이를 제압하기 위하여 피고인 갑이 피해자를 넘어뜨린 다음 피해자의 몸 우측 부위 등을, 피고인 2는 피해자의 몸 좌측 부위 등을, 피고인 3은 피해자의 허리 부분 등을 누르고, 피고인 4는 피해자의 좌측 다리를 붙잡아 일어나지 못하게 하였는데 그 과정에서 피해자가 질식사하였다. 당시 피해자는 만취 상태에서 아내인 피고인 4를 폭행하고, 이를 말리는 피고인 3 등을 폭행하는 등 비정상적인 행동을 하였으며, 위와 같은 피해자를 피고인 1, 2만으로는 제지할 수 없게 되자 경찰관이 올 때까지 피고인 3과 4도 함께 제압한 것이므로, 피고인들의 행위는 피해자의 신체에 불법한 공격을 행사한 것이라고 보기 어렵고, 키 186cm에 몸무게 153kg의 건장한 체격을 가진 피해자의 난폭한 행동을 제지하는 과정에서 행하여진 피고인들의 행위는 동기나 당시 상황으로 보아 사회통념상 허용될 수 있는 정도의 상당성이 있어 사회상규에 위배되지 않는 행위에 해당하며, 피고인들에게 사망의 결과에 대한 예견가능성이 있었다고 보기도 어렵다.

10. 동시범의 특례 (제263조)

1) 독립행위가 경합하여 상해의 결과를 발생하게 한 경우에 있어서 원인된 행위가 판명되지 아니한 때에는 공동정범의 예에 의하여 처벌된다(제263조).

2) 독립행위 또는 동시범이란 상호 의사연락없이 행해진 행위로서 상호 의사연락 하에 행해지는 공동정범과 대립되는 개념이다. 공동정범에 있어서는 인과관계를 개별적으로 판단하는 것이 아니라 공동정범 전체의 행위와 결과간의 인과관계를 판단하게 되므로 처음부터 독립행위의 경합의 문제는 발생하지 않고, 구체적으로 누구의 행위에 의해서 결과가 발생하였는지가 확정되지 않더라도 전원을 공동정범으로 처벌할 수 있다(☞ **[판례 II-12]** 참조).

[판례 II-12] 대법원 1985.12.10. 선고 85도1892 판결【폭행치사】

〈사실관계〉

피고인 등은 1984.2.25. 21:00경부터 그 다음날 09:00경까지 피해자의 집에서 처음에는 피고인 1, 2, 3, 4가 그 다음에는 연락을 받고 그 곳에 차례로 온 피고인 5와 6(1984.2.25. 22:30경) 피고인 7과 8(같은 날 23:00경)등이 같이 참여하여 피해자의 몸에서 잡귀를 물리친다면서 뺨 등을 때리고 팔과 다리를 붙잡고 배와 가슴을 손과 무릎으로 힘껏 누르고 밟는 등 하여 그로 하여금 우측간 저면파열, 복강내출혈로 사망에 이르게 하였다.

〈판결요지〉

2인 이상의 사람이 상호의사의 연락없이 동시(서로 접촉된 전후관계도 포함된다)에 범죄구성요건에 해당하는 행위를 하였을 때에는 원칙적으로 각인에 대하여 그 죄를 논하여야 하나 그 결과발생의 원인이 된 행위가 분명하지 아니한 때에는 각 행위자를 미수범으로 처벌하고(독립행위의 경합) 이 독립행위가 경합하여 특히 상해의 결과를 발생하게 하고 그 결과 발생의 원인이 된 행위가 밝혀지지 아니한 경우에는 공동정범의 예에 따라 처단하는 것이므로 공범관계에 있어 공동가공의 의사가 있었다면 동시범 등의 문제는 제기될 수 없다. 원심은 피고인 등이 공동하여 위와 같은 행위를 하였다고 판단하고 이에 대하여 형법 제30조를 적용하여 공동정범으로 처단하고 있는바, 비록 피해자의 사망의 원인이 된 행위가 어느 피고인의 행위인지 명확하게 판명되지는 아니하였다고 하더라도 피고인들의 범행은 동시범이 아님이 명백하므로 원심이 피고인들에 대해 제263조를 적용하지 아니한 것은 적법하다.

형법 제24조의 규정에 의하여 위법성이 조각되는 소위 피해자의 승낙은 해석상 개인적 법익을 훼손하는 경우에 법률상 이를 처분할 수 있는 사람의 승낙을 말할 뿐만 아니라 그 승낙이 윤리적, 도덕적으로 사회상규에 반하는 것이 아니어야 한다고 풀이하여야 할 것이다. 이 사건에 있어서와 같이 폭행에 의하여 사람을 사망에 이르게 하는 따위의 일에 있어서 피해자의 승낙은 범죄성립에 아무런 장애가 될 수 없는 윤리적, 도덕적으로 허용될 수 없는 즉 사회상규에 반하는 것이라고 할 것이므로 피고인 등의 행위가 피해자의 승낙에 의하여 위법성이 조각된다는 상고논지는 받아들일 수가 없다.

〈참조판례〉

○ 대법원 1979.7.24. 선고 79도451 판결【집시법위반, 특수공무방해치상】

피고인도 그 속에 끼인 단체 또는 다중인 데모대원이 던진 돌에 의하여 공무집행 중이던 경찰관이 상해를 입은 경우 피고인이 던진 돌이 피해자에게 맞고 아니 맞고를 가리지 않고 특수공무방해치상죄가 성립한다.

3) 공동정범과는 달리 동시범의 경우에는 각각의 행위와 결과 사이의 인과관계를 개별적으로 판단해야 하고, 독립행위가 경합하여 결과가 발생한 경우에 있어서 원인된 행위가 판명되지 아니한 때에는 원칙적으로 각자를 미수범으로 처벌한다(제19조). 그러나 독립행위가 경합하여 상해의 결과가 발생한 경우에는 원인행위가 판명되지 않더라도 공동정범에 준하여 처벌되므로(제263조), 결과적으로 각자는 기수범의 죄책을 진다. 따라서 각칙 제263조는 총칙 제19조의 예외규정이라고 할 수 있다.

이 규정은 집단적 행위로 인해 상해의 결과가 발생하였음에도 불구하고 원인행위가 판명되지 않음으로써 어느 누구도 결과에 대해 책임을 지지 않는 상황을 방지하고자 하는 정책적 고려에서 도입되었다. 소송법상 거증책임은 원칙적으로 검사가 지는데, 이 규정은 피고인에게 자기의 행위로 상해의 결과가 발생하지 않았음을 증명해야 할 거증책임을 지운 것이다(거증책임전환설). 다만 이 규정은 상해의 원인행위가 판명되지 아니한 경우를 대비한 것이므로 가해행위 자체가 불분명한 경우에는 이 규정을 적용할 수 없다(대법원 1984.5.15. 선고 84도488 판결).

4) 동시범의 특례(제263조)는 상해행위뿐만 아니라 폭행행위에 의해 상해의 결과가 발생한 경우에도 적용된다. 다만 폭행 또는 상해행위로 인하여 사망의 결과가 발생한 경우에도 적용될 것인가가 논란이 된다. 일부견해는 사망의 결과가 발생한 경우에도 적용된다면 이는 죄형법정주의에 반하는 부당

한 확대해석이라고 하여 반대하고 있지만, 판례는 사망의 결과가 발생한 경우에까지 이 규정을 적용한다. 실제로 상해죄의 동시범의 특례는 대부분 폭행치사 또는 상해치사의 사례에서 문제된다(☞ **[판례 II-13]** 참조).

[판례 II-13] 대법원 1985.5.14. 선고 84도2118 판결【상해치사, 상해, 폭처법위반】

〈사실관계〉

피고인 1은 피고인 2, 피고인 3 등과 뱃놀이를 하면서 술을 마셔 만취된 상태에서 술을 더 마시자고 의논이 되어 사건현장 술집에 가게 되었는데 피고인 1과 피고인 2가 앞서 가다가 피고인이 마루에 걸터앉아 있던 피해자 앞을 지나면서 그의 발을 걸은 것이 발단이 되어 시비가 일어나자, (1) 화가 난 피고인 1이 손으로 피해자의 멱살을 잡아 흔들다 뒤로 밀어버려 피해자로 하여금 그곳 토방 시멘트바닥에 넘어져 나무기둥에 뒷머리를 부딪치게 하였고, (2) 이때 뒤따라 들어오던 피고인 3이 그 장면을 보고 들고 있던 쪽대(고기망태기)를 마당에 집어던지고 욕설을 하면서 피해자에게 달려들어 양손으로 멱살을 잡고 수회 흔들다가 밀어서 피해자를 뒤로 넘어뜨려 피해자로 하여금 뒷머리를 토방 시멘트바닥에 또다시 부딪치게 하였으며, (3) 피고인 3은 이에 이어서 그곳 부엌근처에 있던 삽을 손에 들고 피해자의 얼굴 우측부위를 1회 때려 동인으로 하여금 넘어지면서 뒷머리를 장독대 모서리에 부딪치게 하여, 그 결과 피해자로 하여금 뇌저부경화동맥파열상을 입게 하여 사망에 이르게 하였다.

〈판결요지〉

공동정범은 행위자 상호간에 범죄행위를 공동으로 한다는 공동가공의 의사를 가지고 범죄를 공동실행하는 경우에 성립하는 것으로서, 여기에서의 공동가공의 의사는 공동행위자 상호간에 있어야 하며 행위자 일방의 가공의사만으로는 공동정범 관계가 성립할 수 없다 할 것인바, 원심이 인정한 싸움의 경위와 내용에 의하면 피고인 1과 피고인 3의 각 범행은 우연한 사실에 기하여 우발적으로 발생한 독립적인 것으로 보일 뿐 양인간에 범행에 관한 사전모의가 있었던 것으로는 보이지 않고, 또 피고인 3이 피고인 1의 범행을 목격하고 이에 가세한 것으로는 인정되나 피고인 1이 피고인 3의 가세사실을 미리 인식하였거나 의욕하였던 것으로 보기 어려우며, 범행내용에 있어서도 피고인 1의 위 (1) 범행에는 피고인 3이 가담한 사실이 없고, 피고인 3의 위 (2), (3) 범행에는 피고인 1이 이에 가담한 사실이 없을 뿐만 아니라(기록에 의하면 피고인 1은 피고인 3의 폭행 내지 상해행위를 말린 사실이 인정될 뿐 함께 폭행 내지 상해에 가담한 사실은 인정되지 아니한다) 그 과정에서 피고인 1과 피고인 3 사이에 암묵적으로라도 공동실행의 의사가 형성된 것으로 보기도 어렵다.

이와 같이 피고인 1과 피고인 3의 각 범행을 공동정범으로 보기 어려운 이상 과연 피고인 1의 범행과 피해자의 사망사이에 인과관계가 존재하며 가해자가 범행당시 피해자의 사망을 예견할 수 있었던 것인지의 여부를 심리하여 인과관계의 존재와 결과의 예견가능성이 인정되는 경우에 한하여 피고인 1에게 치사에 대한 책임을 물을 수 있는 것이며, 다만 동시범의 특례를 규정한 형법 제263조가 상해치사죄에도 적용되는 관계상 위 피해자의 사망이 피고인 1의 범행에 인한 것인지, 다른 피고인의 범행에 인한 것인지가 판명되지 아니하는 때에 예외적으로 공동정범의 예에 의할 수 있을 것이다.

〈참조판례〉

○ 대법원 1981.3.10. 선고 80도3321판결【상해치사】

피고인 1이 술에 취해있던 피해자의 어깨를 주먹으로 1회 때리고 쇠스랑 자루로 머리를 2회 강타하고 가슴을 1회 밀어 땅에 넘어뜨렸고, 그 후 3시간 가량 지나서 피고인 2가 위 피해자의 멱살을 잡아 평상에 앉혀놓고 피해자의 얼굴을 2회 때리고 손으로 2,3회 피해자의 가슴을 밀어 땅에 넘어뜨린 다음, 나일론 슬리퍼로 피해자의 얼굴을 수회 때려 두 사람의 이시적인 상해행위로 인하여 피해자가 그로부터 6일 후에 뇌출혈을 일으켜 사망하기에 이른 경우, 위 피해자의 사인이 피고인 1의 행위와 피고인

2의 행위 중 누구의 행위에 기인한 것인지를 판별할 수 없는 때에는 형법 제263조의 규정에 의해 공동정범의 예에 따라 상해치사죄의 죄책을 인정하는 것은 정당하다.

○ 대법원 2000.7.28. 선고 2000도2466 판결【폭행치사】

시간적 차이가 있는 독립된 상해행위나 폭행행위가 경합하여 사망의 결과가 일어나고 그 사망의 원인된 행위가 판명되지 않은 경우에는 공동정범의 예에 의하여 처벌할 것이므로, 2시간 남짓한 시간적 간격을 두고 피고인이 두 번째의 가해행위인 이 사건 범행을 한 후, 피해자가 사망하였고 그 사망의 원인을 알 수 없다면 피고인은 폭행치사죄의 죄책을 진다.

5) 이에 반하여 강간·강도행위에 의해 상해의 결과가 발생한 경우에는 적용되지 않는다(대법원 1984.4.24. 선고 84도372 판결). 그리고 제263조는 폭행 또는 상해행위로 인하여 상해 또는 사망의 결과가 발생한 경우에 한하여 적용되고, 동시 또는 이시의 독립적인 과실행위에 의하여 상해 또는 사망의 결과가 발생한 경우에는 적용되지 않는다는 점에 유의하여야 한다.

○ 광주고법 1961.2.20. 선고 4293형공817 판결【살인, 업무상과실치사 등】

이시의 독립행위가 경합하여 치사의 결과가 발생하였는데 그 결과발생의 원인행위가 판명되지 아니한 경우 업무상과실치사죄에는 미수범의 처벌규정이 없기 때문에 제19조를 적용할 수 없고, 범죄의 증명이 없는 것으로 보아 무죄를 선고하여야 한다.

○ 서울고법 1990.12.6. 선고 90노3345 판결【강간치상】

피고인 1이 피고인 1 및 그로부터 강간당한 피해자와 함께 이야기하던 중 피해자와 단 둘이 있게 되자 피고인 2로부터 당한 강간으로 항거불능의 상태에 있던 피해자를 다시 강간함으로써 피해자가 회음부 찰과상을 입게 되었다 하더라도 피고인 1과 피고인 2가 강간을 공모하였음을 인정할 만한 증거가 없고 위 상처가 누구의 강간행위로 인하여 생긴 것인지를 인정할 자료가 없다면 치상의 결과에 대하여는 그 증명이 없는 때에 해당하고 강간치상죄에 대하여는 동시범 처벌에 관한 특례를 인정한 형법 제263조가 적용되지 아니하므로 피고인은 단지 강간죄로밖에 처벌할 수 없다.

○ 대법원 2007.10.26. 선고 2005도8822 판결【교특법위반】

선행 교통사고와 후행 교통사고 중 어느 쪽이 원인이 되어 피해자가 사망에 이르게 되었는지 밝혀지지 않은 경우 후행 교통사고를 일으킨 사람의 과실과 피해자의 사망 사이에 인과관계가 인정되기 위해서는 후행 교통사고를 일으킨 사람이 주의의무를 게을리 하지 않았다면 피해자가 사망에 이르지 않았을 것이라는 사실이 증명되어야 하고, 그 증명책임은 검사에게 있다.

Ⅲ. 과실치사상의 죄(제26장)

1) 과실로 사람을 상해 또는 사망하게 함으로써 성립하는 범죄로서 과실치상죄(제266조 제1항), 과실치사죄(제267조), 업무상과실·중과실치사상죄(제268조)가 있다. 형법상 과실치상죄는 반의사불벌죄이다(제266조 제2항).

2) 차의 운전자가 교통사고로 인하여 업무상과실·중과실치사상죄(제268조)를 범한 때에는 교특법에 의해 처벌된다(교특법 제3조 제1항). 교특법위반(업무상과실·중과실치상)죄는 원칙적으로 반의사불벌죄이나 피해자를 구조하지 아니하고 도주하거나 사고장소로부터 옮겨 유기하고 도주하거나 음주측정요구에 응하지 아니하거나 제3조 제2항의 12개의 예외사유에 해당하는 경우에는 그러하지 아니하다(제3조 제2항). 그리고 교통사고를 일으킨 자가 보험 또는 공제에 가입되어 있는 경우에는 피해자의 의사와 무관하게 공소를 제기할 수 없으나, 제3조 제2항의 2개 예외사유에 해당하거나 피해자가 중상해를 입는 등의 경우에는 그러하지 아니하다(같은 법 제4조 제1항, 제2항).

3) 음주 또는 약물의 영향으로 정상적인 운전이 곤란한 상태에서 자동차(원동기장치자전거를 포함한다)를 운전하여 사람을 사상에 이르게 한 때에는 특가법에 의해 가중처벌된다(특가법 제5조의11).

1. 과실치상죄(제266조), 과실치사죄(제267조)

1) 과실로 인하여 각각 사람을 상해 또는 사망에 이르게 함으로써 성립하는 범죄로 각각 500만원 이하의 벌금, 구류 또는 과료와 2년 이하의 금고 또는 700만원 이하의 벌금에 처한다.

2) 과실치상죄는 반의사불벌죄인 반면 과실치사죄는 반의사불벌죄가 아니다. 과실치상죄 또는 과실치사죄가 성립하기 위해서는 과실행위, 상해 또는 사망의 결과 그리고 과실행위와 상해 또는 사망의 결과 사이의 인과관계가 있어야 한다.

(1) 과실행위

가. 주의의무위반

1) 상해 또는 사망의 결과는 과실행위, 즉 주의의무위반행위로 인한 것이어야 한다. 과실치상죄 또는 과실치사죄는 상해 또는 사망의 결과 발생을 요건으로 하는 범죄인만큼 주의의무의 내용은 상해 또는 사망의 결과를 예견하고 이를 회피하기 위한 조치를 취해야 할 의무라고 말할 수 있다.

2) 도로교통분야, 의료분야, 건설분야 등에서는 관련법령에 주의의무의 내용이 비교적 자세하게 규정되어 있다. 다만 법령은 모든 사례에 적용될 수 있을 만큼 구체적이고 빠짐없이 주의의무를 규정하고 있는 것은 아니고 법령에 규정된 주의의무가 과실판단에 있어서 절대적인 기준이 되는 것은 아니므로, 구체적인 사례에서 주의의무위반이 있는가의 여부는 결과에 대한 예견가능성과 회피가능성, 즉 구체적인 상황에서 결과발생이 예견가능하고 회피하기 위한 조치를 취할 것을 기대할 수 있는가에 의

해서 결정하여야 한다(대법원 2001.12.11. 선고 2001도5005 판결).

○ 대법원 1986.7.8. 선고 86도383 판결【과실치사】

부엌과 창고홀로 통하는 방문이 상단부의 문틈과 벽 사이에 약 1.2cm 내지 2cm나 벌어져 있고 그 문틈과 문 자체 사이도 두 군데나 0.5cm의 틈이 있는 정도의 하자는 임차목적물을 사용할 수 없을 정도의 것이거나 임대인에게 수선의무가 있는 대규모의 것이 아니고 임차인의 통상의 수선 및 관리의무의 범위에 속하는 것이어서 비록 임차인이 위 문틈으로 새어든 연탄가스에 중독되어 사망하였다 하더라도 임대인에게 그 책임을 물을 수 없다.

○ 대법원 1993.9.10. 선고 93도196 판결【과실치사】

피고인이 관리하던 이 사건 가옥은 재개발지역의 달동네에 속하여 있고 무허가로 건립된지 약 30년이 지난 흙벽돌 및 블럭, 기와 및 슬레이트로 된 낡은 한옥이며, 위 작은방에는 재래식 아궁이가 설치되어 있고 작은방의 마루쪽 출입문 앞 방바닥에는 폭 약 3㎜, 길이 약 30㎝의 여러 갈래의 틈이, 아랫목을 기준으로 왼쪽 방바닥에 폭 약 2㎜, 길이 약 20㎝의 틈이, 오른쪽 방바닥에 폭 약 1㎜, 길이 약 20㎝의 틈이 나 있어 아궁이에서 올라온 연탄가스가 위 방바닥의 틈으로 스며 올라 올 염려가 있었고, 임차인인 공소외인로부터 위 작은방에서 연탄가스 냄새가 많이 나고 사람들이 두 차례나 연탄가스를 마셔 죽을 번 하기까지 했으니 방을 고쳐달라는 요구를 받고도 아무런 조치를 취하지 아니하여, 이 사건 가옥의 작은방에 세 들어 사는 공소외인의 어머니와 딸이 아궁이에 연탄불을 피워 놓고 자던 중 방바닥의 틈 사이로 스며든 연탄가스에 중독되어 각 일산화탄소 중독으로 사망하였다면 이 사건 사고는 임대인인 피고인의 과실로 인하여 발생하였다고 봄이 상당하다.

○ 대법원 1985.7.9. 선고 84도822 판결【업무상과실치상】

교사가 징계의 목적으로 회초리로 학생들의 손바닥을 때리기 위해 회초리를 들어올리는 순간 이를 구경하기 위해 옆으로 고개를 돌려 일어나는 다른 학생의 눈을 찔러 그로 하여금 우안실명의 상해를 입게 한 경우, 직접 징계당하는 학생의 옆에 있는 다른 학생이 징계 당하는 것을 구경하기 위하여 고개를 돌려 뒤에서 다가선다든지 옆자리에서 일어나는 것까지 예견할 수는 없다고 할 것이고 교사가 교육의 목적으로 학생을 징계하기 위하여 매질하는 경우에 반드시 한 사람씩 불러내어서 해야 할 주의의무가 있다고도 할 수 없어 위 교사에게 업무상 과실치상죄의 죄책을 물을 수는 없다.

○ 대법원 1989.3.28. 선고 89도108 판결【과실치사】

담임교사가 학교방침에 따라 학생들에게 교실청소를 시켜왔고 유리창을 청소할 때는 교실안쪽에서 닦을 수 있는 유리창만을 닦도록 지시하였는데도 유독 피해자만이 수업시간이 끝나자마자 베란다로 넘어 갔다가 밑으로 떨어져 사망하였다면 담임교사에게 그 사고에 대한 어떤 형사상의 과실책임을 물을 수 없다.

○ 대법원 2008.10.23. 선고 2008도6940 판결【과실치상】

운동경기에 참가하는 자가 경기규칙을 준수하는 중에 또는 그 경기의 성격상 당연히 예상되는 정도의 경미한 규칙위반 속에 제3자에게 상해의 결과를 발생시킨 것으로서, 사회적 상당성의 범위를 벗어나지 아니하는 행위라면 과실치상죄가 성립하지 않는다. 그러나 골프경기를 하던 중 골프공을 쳐서 아무도 예상하지 못한 자신의 등 뒤편으로 보내어 등 뒤에 있던 경기보조원(캐디)에게 상해를 입힌 경우에는 주의의무를 현저히 위반하여 사회적 상당성의 범위를 벗어난 행위로서 과실치상죄가 성립한다.

(2) 과실행위와 상해·사망 간의 인과관계

과실행위와 더불어 행위당시 예견하지 못한 다른 사정이나 피해자 또는 제3자의 행위가 개입되어 그것이 직접적인 원인이 되거나 또는 과실행위와 결합하여 결과 발생한 경우라도 원칙적으로 인관관계가 부정되지 않는다. 그러나 그와 같은 그와 같은 사정이 일상생활경험에 비추어 통상예견하기 힘든 경우에는 인과관계가 부정될 수 있다.

2. 업무상과실 · 중과실치상죄 (제268조)

업무상과실 또는 중과실로 인하여 사람을 상해 또는 사망에 이르게 함으로써 성립하는 범죄로 5년 이하의 금고 또는 2천만원 이하의 벌금에 처한다. 형법상 업무상과실 · 중과실치사상죄는 반의사불벌죄가 아니다.

(1) 업무상과실

가. 업무의 개념과 유형

1) '업무'란 사람의 사회생활면에 있어 하나의 지위로서 계속적으로 종사하는 사무를 말한다. '업무'는 총칙 및 각칙의 여러 조문에서 사용되고 있는데,* 업무상과실치사상죄에서의 업무는 그 성질상 사람의 생명 또는 신체에 대한 위험을 내포하고 있는 것으로서, 그 수행하는 직무 자체가 위험성을 갖기 때문에 안전배려를 의무의 내용으로 하는 경우는 물론 사람의 생명 · 신체의 위험을 방지하는 것을 의무내용으로 하는 업무가 포함된다.

예를 들어 공휴일 또는 야간에는 소장을 대리하는 당직간부는 구치소에 수용된 수용자들의 생명 · 신체에 대한 위험을 방지할 법령상 내지 조리상의 의무를 지고 이와 같은 직무를 수행하는 교도관들의 업무는 업무상과실치사죄에서 말하는 업무에 해당한다(대법원 2007.5.31. 선고 2006도3493 판결). 또한 완구상 점원인 피고인이 완구배달을 하기 위하여 자전거를 타고 소매상을 돌아다니는 일을 하고 있었다고 한다면 피고인은 업무상 자전거를 운전하고 있다고 보아야 하고, 피고인이 업무상 자전거를 운전하던 중 필요한 주의 의무를 태만한 탓으로 타인의 신체에 상해를 입혔다면 업무상 과실치상죄의 죄책을 진다(대법원 1972.5.9. 선고 72도701 판결).

나. 업무상과실을 가중처벌하는 근거

1) 업무상과실치사상죄를 단순 과실치상죄에 비하며 가중처벌하는 이유는 사람의 생명 · 신체에 대한 위험을 초래할 우려가 있거나 이를 방지할 의무가 있는 업무에 종사하는 자에 대해서는 일반인에 비해 그러한 결과발생에 대한 고도의 주의의무가 부과되거나 그 예견가능성이 크기 때문이다. 따라서 비록 업무에 속하는 행위라 할지라도 그에 수반되는 타인의 생명 · 신체에 대한 위험성의 내용 및 정도가 일반인의 일상생활에 있어 그것과 비교하며 무거운 주의의무를 부과하거나 고도의 예견가능성을

* 우선 총칙상 위법성조각사유(제20조)로서 '업무로 인한 행위'에서의 업무는 적법하거나 또는 형법상 보호할 가치가 있는 것임을 요한다. 그리고 각칙에는 과실범에서의 업무(업무상과실치사상죄, 업무상실화죄, 업무상과실교통방해죄, 업무상과실장물죄), 진정신분범에서의 업무(업무상비밀누설죄), 부진정신분범에서의 업무(업무상횡령 · 배임죄, 업무상낙태죄), 보호법익으로서의 업무(업무방해죄) 그리고 행위태양으로서의 업무(아동혹사죄)가 있다.

기대할 정도에 미치지 못하는 경우에는 본죄에 의하여 무겁게 처벌할 수는 없다.

2) 예컨대 분식점의 운영자인 피고인이 식당 밖에서 당겨 열도록 표시되어 있는 출입문을 열고 음식 배달차 밖으로 나가던 중 이웃 가게 손님으로 마침 식당 출입문 앞쪽 길가에 서 있던 피해자의 오른발 뒤꿈치 부위를 출입문 모서리 부분으로 충격하며 상해를 입게 하였다면, 비록 피고인의 행위는 식당의 운영과 관련된 업무상 행위로는 볼 수 있다 하더라도, 그 사고가 출입문 자체의 설치 혹은 관리상의 하자에 기인하거나 영업자로서 사고발생과 관련한 별도의 주의의무를 부과할 만한 사정이 존재하지 않는 이상 피고인이 그 업무상 주의의무를 위반하였다고 보기 어렵고, 출입문을 여닫는 행위는 음식을 배달하기 위한 경우 이외에도 일상생활에서 얼마든지 자연적으로 행하여질 수 있는 일이라는 점에서 피고인은 단순히 일상생활상의 주의의무를 위반한 경우에 불과하다고 할 것이므로 피고인에게 업무상과실치상의 죄책을 지울 수 없다(대법원 2009.10.29. 선고 2009도5753 판결). 그리고 건물 소유자가 안전배려나 안전관리 사무에 계속적으로 종사하거나 그러한 계속적 사무를 담당하는 지위를 가지지 않은 채 단지 건물을 비정기적으로 수리하거나 건물의 일부분을 임대하였다는 사정만으로는 건물 소유자의 위와 같은 행위가 업무상과실치상죄의 '업무'에 해당한다고 보기 어렵다. 따라서 3층 건물의 각 층을 임대한 소유자가 건물 2층으로 올라가는 계단참의 전면 벽이 아크릴 소재의 창문 형태로 되어 있고 별도의 고정장치가 없는데도 안전바를 설치하는 등 낙하사고 방지를 위한 관리의무를 소홀히 함으로써 건물 2층에서 나오던 사람이 신발을 신으려고 아크릴 벽면에 기대는 과정에서 벽면이 떨어지고 개방된 결과 약 4m 아래 1층으로 추락하여 상해를 입었거나(대법원 2017.12.5. 선고 2016도16738 판결), 건물의 소유자가 건물 2층을 임대하였는데 2층 내부의 벽면에 설치된 분전반을 통해 3층과 4층으로 가설된 전선이 합선으로 단락되어 화재가 나 2층에 있던 사람들이 화상을 입은 경우(대법원 2009.5.28. 선고 2009도1040 판결)에는 업무상과실치상의 죄책을 물 수 없다.

다. 의료인의 업무상과실

1) 의료인(보건복지부장관의 면허를 받은 의사·치과의사·한의사·조산사 및 간호사를 말한다)은 환자에게 최선의 의료서비스를 제공하기 위하여 노력할 의무를 지며(의료법 제4조 제1항), 특히 응급환자가 발생한 때부터 생명의 위험에서 회복되거나 심신상의 중대한 위해가 제거되기까지 상담·구조(救助)·이송·응급처치 및 진료 등의 조치를 취할 의무를 진다(응급의료법 제2조).

2) 의사가 진찰·치료 등의 의료행위를 할 때에는 사람의 생명·신체·건강을 관리하는 업무의 성질에 비추어 환자의 구체적인 증상이나 상황에 따라 위험을 방지하기 위하여 요구되는 최선의 조치를 취하여야 할 주의의무가 있다. 의사가 주의의무를 위반하였는지의 여부를 판단함에는 같은 업무와 직무에 종사하는 일반적 보통인의 주의정도를 표준으로 하되 사고 당시의 일반적인 의학의 수준과 의료환경 및 조건, 의료행위의 특수성 등을 고려하여야 한다.

▨ 의료과실을 인정한 사례

○ 대법원 1994.12.9. 선고 93도2524 판결【업무상과실치사】

정신과질환인 조증으로 입원한 환자의 주치의사는 환자의 건강상태를 사전에 면밀히 살펴서 그 상태에 맞도록 조증치료제인 클로르포르마진을 가감하면서 투여하여야 하고, 클로르포르마진의 과다투여로 인하여 환자에게 기립성저혈압이 발생하게 되었고 당시 환자의 건강상태가 갑자기 나빠지기 시작하였다면 좀 더 정확한 진찰과 치료를 위하여 내과전문병원 등으로 전원조치를 하여야 할 것이고, 그러지 못하고 환자의 혈압상승을 위하여 포도당액을 주사하게 되었으면 그 과정에서 환자의 전해질이상 유무를 확인하고 투여하여야 함에도 불구하고 환자의 주치의사가 이러한 일련의 조치를 취하지 아니하여 환자가 전해질이상·빈혈·저알부민증 등으로 인한 쇼크로 사망하였다면, 그 치료 과정에서 야간당직의사의 과실이 일부 개입하였다고 하더라도 그의 주치의사 및 환자와의 관계에 비추어 볼 때 업무상과실치사죄의 책임을 면할 수는 없다.

○ 대법원 1994.12.22. 선고 93도3030 판결【업무상과실치상】

담당간호사들이 환자의 호흡 곤란을 알고도 00:30경부터 09:00경까지 환자의 상태를 확인하지 아니한 주치의 겸 당직의사와 그의 활력체크지시를 제대로 이행하지 아니하고 의사를 불러달라는 환자 보호자의 요청을 듣지 아니하여 갑상선아전절제술 및 전경부임파절청소술을 받은 환자가 기도부종으로 인한 호흡장애로 뇌기능 부분손상상태(식물인간상태)에 이르게 되었다면, 업무상과실치상죄의 죄책을 면할 수 없다.

○ 대법원 1996.9.24. 선고 95도245 판결【업무상과실치사】

일반외과 전문의인 피고인이 피해자의 후복막 전체에 형성된 혈종을 발견한 지 14일이 지나도록 전산화단층촬영 등 후복막 내의 장기 손상이나 농양 형성 여부를 확인하기에 적절한 진단방법을 시행하지 않은 채, 피해자가 보인 염증 증상의 원인을 단순히 장간막 봉합수술에 따른 후유증 정도로만 생각하고 필요한 적절한 진단 및 치료조치를 취하지 아니하였다면 진단 및 치료상의 주의의무를 다하지 아니한 것으로서 과실이 있고, 피해자가 다른 병원으로 전원할 당시 이미 후복막에 농양이 광범위하게 형성되어 있었고 췌장이나 십이지장과 같은 후복막 내 장기 등 조직의 괴사가 진행되어 이미 회복하기 어려운 상태에 빠져 있었다면, 피해자가 다른 병원으로 전원하여 진료를 받던 중 사망하였다는 사실 때문에 피고인의 진료상의 과실과 피해자의 사망과의 사이의 인과관계가 단절된다고 볼 수는 없다.

○ 대법원 2000.1.14. 선고 99도3621 판결【업무상과실치사】

산부인과 의사가 산모인 피해자의 태반조기박리에 대한 대응조치로서 응급 제왕절개 수술을 시행하기로 결정하였다면 이러한 경우에는 적어도 제왕절개 수술 시행 결정과 아울러 산모에게 수혈을 할 필요가 있을 것이라고 예상되는 특별한 사정이 있어 미리 혈액을 준비하여야 할 업무상 주의의무가 있으므로, 그러한 수술결정과 아울러 피해자에 대한 수혈의 필요성에 대비하여 수술 도중이나 수술 후에라도 가능한 빠른 시기에 혈액을 공급받기 위한 조치를 전혀 취하지 아니한 과실로 인하여 수혈시기를 놓치게 하여 피해자가 사망하였다면 업무상과실치사죄의 죄책을 면할 수 없다.

○ 대법원 2007.5.10. 선고 2006도6178 판결【업무상과실치상, 혈액관리법위반】

혈액원장은 혈액원의 관리·운영자로서 혈액의 적격 여부의 확인과 검사를 통하여 부적격 혈액의 출고를 방지하여야 할 책임을 지는바, 혈액원에 근무하는 직원들이 헌혈자의 헌혈경력 및 종전 헌혈 당시의 검사결과를 조회하지 않은 채 C형 간염에 감염된 각 헌혈자들로부터 채혈을 하였고, 검사원들은 헌혈자의 혈액 검체를 검사하면서 검체가 든 플레이트를 다른 플레이트와 바꾸어 검사값을 잘못 읽어 각 헌혈자들의 혈액이 C형 간염 음성인 것으로 판정하는 등 채혈한 혈액의 검사를 잘못한 상태에서 부적격 혈액들을 출고하여 이를 수혈받은 피해자들로 하여금 C형 간염 등이 감염되는 상해를 입게 하였다면, 혈액원장 및 각 혈액의 채취와 검사를 담당한 직원들은 업무상과실치상의 죄책을 면할 수 없다.

○ 대법원 2007.9.20. 선고 2006도294 판결【업무상과실치사】

야간 당직간호사가 담당 환자의 심근경색 증상을 당직의사에게 제대로 보고하지 않음으로써 당직의사가 필요한 조치를 취하지 못한 채 환자가 사망한 경우, 병원의 야간당직 운영체계상 당직간호사에게 환자의 사망을 예견하거나 회피하지 못한 업무상 과실이 있으나, 당직의사에게는 업무상 과실을 인정하기 어렵다.

○ 대법원 2007.11.16. 선고 2005도1796 판결【업무상과실치사】

산후조리원에 입소한 신생아가 출생 후 10일 이상이 경과하도록 계속하여 수유량 및 체중이 지나치게 감소하고 잦은 설사 등의 이상증세를 보임에도 불구하고, 산후조리원의 신생아 집단관리를 맡은 책임자가 의사나 한의사 등의 진찰을 받도록 하지 않아 신생아가 탈수 내지 괴사성 장염으로 사망한 경우, 위 집단관리 책임자가 산모에게 신생아의 이상증세를 즉시 알리고 적절한 조치를 구하여 산모의 지시를 따른 것만으로는 업무상 주의의무를 다하였다고 볼 수 없으므로 신생아 사망에 대한 업무상 과실치사의 죄책을 면할 수 없다.

▨ 의료과실을 부정한 사례

○ 대법원 1978.11.14. 선고 78도2388 판결【업무상과실치사】

의사인 피고인이 임부인 피해자를 진찰하고 피해자로 하여금 태아를 분만케 하려 하였으나 골반간격이 좁아 자연분만을 할 수 없게 되자 부득이 인공분만기인 '샥숀'을 사용하여 임부에게 전치 1주간의 회음부 및 질내염상을 그리고 태아에게 전치 9일간의 두혈종상을 입혔다고 하더라도, 인공분만기 샥숀사용이 정상적인 의료행위의 시행에 속하고 샥숀을 거칠고 험하게 사용하였다는 점을 인정할 만한 증거를 찾아 볼 수 없으며, 산부와 태아에게 상해가 있기는 하나 샥숀을 사용하면 통상 그 상해가 있을 수 있는 정도라면 피고인에게 업무상 과실치상죄의 죄책을 물 수 없다.

○ 대법원 1999.12.10. 선고 99도3711 판결【업무상과실치상】

요추 척추후궁절제 수술도중에 수술용 메스가 부러지자 담당의사가 부러진 메스조각(3×5㎜)을 찾아 제거하기 위한 최선의 노력을 다하였으나 찾지 못하여 부러진 메스조각을 그대로 둔 채 수술부위를 봉합한 경우, 같은 수술과정에서 메스 끝이 부러지는 일이 흔히 있고, 부러진 메스가 쉽게 발견되지 않을 경우 수술과정에서 무리하게 제거하려고 하면 부가적인 손상을 줄 우려가 있어 일단 봉합한 후에 재수술을 통하여 제거하거나 그대로 두는 경우가 있다면 담당의사의 과실을 인정할 수 없다.

○ 대법원 2006.10.26. 선고 2004도486 판결【업무상과실치사】

검사는 공소사실에서 대학병원 산부인과 의사인 피고인이 위 병원에서 제왕절개술을 받은 피해자에게 폐색전증의 위험이 예견되었음에도 필요한 치료를 하지 아니한 과실로 피해자로 하여금 사망에 이르게 하였다고 주장하나, 고령자의 출산과 제왕절개술이 보편화된 오늘날 제왕절개술로 출산한 30대 중반의 산모에게 발열·호흡곤란과 같이 비특이적인 증상·징후가 나타났다는 사정만을 가지고 담당의사가 폐색전증을 예견하지 못한 것에 어떠한 잘못이 있었다고 볼 수 없고, 출혈이 있는 환자에게 헤파린을 주사할 경우 출혈이 증가할 위험성이 있고 따라서 제왕절개수술 후 2~3일 동안 출혈이 계속되는 상태라면 헤파린의 투여에 신중을 기하여야 하므로 피고인이 수술 후 피해자에게 헤파린을 투여하지 않았다는 점을 들어 피고인에게 과실이 있다거나 그 밖에 피고인이 폐색전증을 예방하기 위한 조치를 게을리하였다고 볼 수 없다.

○ 대법원 2006.12.7. 선고 2006도1790 판결【업무상과실치사】

산모의 태아가 역위로 조기분만 되면서 태아가 난산으로 인하여 분만 후 사망한 사안에서, 비록 조산 위험이 있기는 하였으나 산모에게 분만진통이 있었다고 단정하기 어려워 그와 같은 상황에서 내진이나 초음파검사 없이 경과를 관찰하기로 한 산부인과 의사의 행위를 진료행위에 있어서 합리적인 재량의 범위를 벗어난 것이라고 보기 어려울 뿐만 아니라 일반적으로 산부인과 의사에게 요구되는 주의의무를 위반한 것이라고 보기는 어렵다.

○ 대법원 2008.8.11. 선고 2008도3090 판결【업무상과실치사】

소아외과 의사인 피고인은 5세의 급성 림프수성 백혈병 환자의 항암치료를 위하여 쇄골하 정맥에 중심정맥도관을 삽입하는 수술을 하는 과정에서 환자의 우측 쇄골하 부위를 주사바늘로 10여 차례 찔러 환자가 우측 쇄골하 혈관 및 흉막 관통상에 기인한 외상성 혈흉으로 인한 순환혈액량 감소성 쇼크로 사망하였으나, 피해자에 대한 지속적인 항암치료를 위해서는 피하혈관의 확보가 필요하였고 달리 피하혈관을 확보할 수 있는 방법이 있다고 볼 자료를 기록상 찾아볼 수 없고, 쇄골하 정맥에 중심정맥도관을 삽입하기 위하여 쇄골하 부위에 과연 몇 번 주사바늘을 찔러야 하는지에 대하여 의학적인 기준이 확립되어 있지 아니하며, 이 사건 수술을 중단하게 될 경우 항암치료의 지속이 어려워 결국 피해자에게 백혈병 악화로 인한 중대한 위험이 예상된다면, 피고인이 이 사건 수술을 중단하지 아니하고 중심정맥을 찾기 위하여 10회 정도 쇄골하 부위를 주사바늘로 찔렀고 이 과정에서 수술시간이 다소 지연되었다고 하여, 피고인의 그와 같은 진료방법의 선택이 합리적인 재량의 범위를 벗어난 것이라고 단정할 수는 없다.

3) 의사는 환자의 건강상태 등과 당시의 의료수준 그리고 자기의 지식경험에 따라 적절하다고 판단되는 진료방법을 선택할 수 있는 상당한 범위의 재량을 가지므로, 진료방법의 선택이 합리적인 재량의 범위를 벗어난 것이 아닐 때에는 의사에게 과실책임을 물 수 없다. 또한 환자가 자기결정권에 기초하여 일정한 치료행위(예컨대 수혈)를 치료방법에서 배제하고 있다면 특별한 사정이 없는 한 의사는 그 진료행위를 강제할 수 없으므로, 의사에게 그와 같은 치료방법을 강구하지 않았다고 하여 과실책임을 물 수는 없다(☞ **[판례 Ⅲ-1]** 참조).

[판례 Ⅲ-2] 대법원 2014.6.26. 선고 2009도14407 판결【업무상과실치사】

〈사실관계〉

○○대학교병원 정형외과 의사로서 인공고관절 치환술 등의 업무에 종사하는 피고인은 '여호와의 증인' 신도로서 우측 고관절 부위에 결핵성 관절염을 앓아 골반과 대퇴골의 유합수술을 시술받았던 피해자(여, 62세)에게 우측 고관절을 인공고관절로 대치하는 수술을 함에 있어, 피해자는 고령으로서 다량의 출혈이 예상되므로 피해자의 생명에 위험을 야기할 정도의 과다출혈이 생기지 않고 출혈을 쉽게 막을 수 있는지 등을 확인하여 피해자의 생명 또는 신체에 대한 위험을 미연에 방지하여야 함에도 불구하고 이를 게을리 채 만연히 수혈을 하지 않고도 수술할 수 있다고 판단하고, ○○대학교병원 수술실에서 피해자에 대하여 수술을 시술하면서 수술용 톱과 망치, 칼로 피해자의 우측 고관절과 대퇴골 사이를 절단하자 그 부위에 있는 혈관들이 파열되어 많은 양의 출혈이 생겼고, 혈관외과 전문의가 혈관봉합술을 하였음에도 지혈이 되지 않고 계속 출혈이 생겨 수술을 중단하고 중환자실로 피해자를 옮겼으나, 피해자는 과다실혈로 인한 폐부종으로 사망하였다.

〈원심 판결요지〉

(1) 피해자가 고령이고 우측 고관절 파괴가 심하고 주위 조직과의 유착이 심한 상태라고 하더라도 무수혈 방식에 의한 수술이 가능하고 위 병원에서도 그러한 환자를 여러 번 수술하여 성공한 적이 있다고 되어 있는 점, 피해자의 고관절 주위의 근육이나 혈관의 유착 정도는 어느 정도는 예상이 되었으나 실제로 수술에 들어가기 전에는 정확하게 알 수는 없었던 것으로 보이는

점, 피고인이 피해자의 상태에 비추어 수술하는 경우 대량출혈이 있을 것으로 예상하고 그에 대비하여 셀 세이버를 비롯하여 지혈제, 항응고제 등을 준비한 점 등의 사정을 종합하면, 검사가 제출한 증거들만으로는 합리적 의심이 없을 정도로 피고인이 피해자에 대하여 무수혈 방식에 의하여 수술하는 것이 가능하였다고 판단한 것에 과실이 있다고 보기는 어렵다.

(2) 피해자는 수술 직전에 의사들로부터 직접 무수혈 방식에 의하여 수술하는 경우 대량출혈로 인하여 사망할 수도 있다는 점을 비롯하여 수술의 위험성 등에 관하여 충분한 의학적 정보를 제공받은 후 자신의 종교적 신념에 따라 진지하게 판단하여 타가수혈을 거부하고 자가수혈만을 받기로 결정하였다고 할 것이므로, 피고인이 그와 같은 망인의 결정을 존중하여 타가수혈을 하지 않은 행위는 피해자의 승낙에 의한 행위에 해당하여 범죄로 되지 않는다.

〈대법원 판결요지〉

헌법은 인간의 생명을 최고의 가치로 존중하고 있으므로 환자가 응급의료상황에서 회복가능성이 높은 생명과 직결된 치료방법을 회피하는 것은 원칙적으로 허용될 수 없다. 그렇지만 헌법이 보장하고 있는 개인의 인격권과 행복추구권에 의해 보호되는 자기결정권 및 신뢰관계를 기초로 하는 진료계약의 본질에 비추어 강제진료를 받아야 하는 등의 특별한 사정이 없는 한 환자는 자유로이 진료 여부를 결정하거나 제공되는 구체적인 진료행위의 내용을 선택할 수 있고, 진료 개시에 앞서 환자의 자기결정권에 따라 구체적인 진료행위가 치료방법에서 배제되어 있다면 특별한 사정이 없는 한 의사는 그 진료행위를 강제할 수 없다.

또한 환자의 명시적인 수혈 거부 의사가 존재하여 수혈하지 아니함을 전제로 환자의 승낙을 받아 수술하였는데 수술 과정에서 수혈을 하지 않으면 생명에 위험이 발생할 수 있는 응급상태에 이른 경우에는 환자의 생명을 보존하기 위해 불가피한 수혈 방법의 선택을 고려함이 원칙이라 할 수 있지만, 한편으로 환자의 생명 보호에 못지않게 환자의 자기결정권이 대등한 가치를 가지는 것으로 평가되는 때에는 이를 고려하여 진료행위를 하여야 한다. 환자의 자기결정권이 생명과 대등한 가치가 있다고 평가될 것인지는 환자의 나이, 지적 능력, 가족관계, 수혈 거부라는 자기결정권을 행사하게 된 배경과 경위 및 목적 등 제반 사정을 종합적으로 고려하여 판단하여야 하나, 환자의 생명과 자기결정권을 비교형량하기 어려운 특별한 사정이 있다고 인정되는 경우에 의사가 자신의 직업적 양심에 따라 환자의 양립할 수 없는 두 개의 가치 중 어느 하나를 존중하는 방향으로 행위하였다면 이러한 행위는 처벌할 수 없다.

피고인의 무수혈 방식의 수술 및 그 위험성에 관한 수술 전의 설명 내용, 피해자가 이 사건 수술에 이르게 된 경위, 피해자가 타가수혈 거부라는 자기결정권을 행사하게 된 배경, 수혈 거부에 대한 피해자의 확고한 종교적 신념, 책임면제각서를 통한 피해자의 진지한 의사결정, 수술 도중 타가수혈이 필요한 상황에서의 가족 등의 의사 재확인 등에 관한 사정들을 종합적으로 고려하여 보면, 이 사건에서는 망인의 생명과 자기결정권을 비교형량하기 어려운 특별한 사정이 있으므로 타가수혈하지 아니한 사정만을 가지고 피고인이 의사로서 진료상의 주의의무를 다하지 아니하였다고 할 수 없다.

그렇지만 환자의 수술과 같이 신체를 침해하는 진료행위를 하는 경우에 의사는 질병의 증상, 치료방법의 내용 및 필요성, 발생이 예상되는 위험 등에 관하여 당시의 의료수준에 비추어 상당하다고 생각되는 사항을 설명하여 당해 환자가 그 필요성이나 위험성을 충분히 비교해 보고 그 진료행위를 받을 것인지의 여부를 선택하도록 함으로써 그 진료행위에 대한 동의를 받아야 하고, 이와 같은 의사의 설명과 환자의 동의가 없이 치료행위가 행해진 경우 의사는 업무상과실치사상죄의 죄책을 면할 수 없다(☞ **[판례 Ⅲ-2]** 참조).

[판례 Ⅲ-2] 대법원 1993.7.27. 선고 92도2345 판결 【업무상과실치상】

〈사실관계〉

피고인이 ○○대학교 의과대학 산부인과 전문의 수련과정 2년차의 의사로서 ○○병원에 파견근무 중 환자인 피해자(여 38세)의 복부에서 만져지는 혹을 제거하기 위한 개복수술을 하려고 하였으면 진료경험이나 산부인과적 전문지식이 비교적 부족한 상태이므로 산부인과 전문의 지도를 받는다든지 자문을 구하고, 위 환자의 진료에 필요한 모든 검사를 면밀히 실시하여 병명을 확인하고 수술에 착수하여야 하고 개복 후에도 개복 전의 진단병명은 정확하며 혹시 다른 질환은 아닌지를 세밀히 검토하여 필요한 범위 내에서 수술을 시행하여야 할 업무상 주의의무가 있음에도 불구하고 당초 위 환자를 진찰한 결과 복부에 혹이 만져지고 하혈을 하고 있어 자궁외 임신일 가능성도 생각하였으나 피해자가 10년 간 임신경험이 없고 경유병원에서의 진단소견이 자궁근종 또는 자궁체부암으로 되어 있자 자궁외 임신인지를 판별하기 위한 수술전 검사법인 특수호르몬검사, 초음파검사, 복강경검사, 소변임신반응검사 등을 전혀 실시하지 않고 자궁근종을 확인하는 의미에서의 촉진 및 시진을 통하여 자궁외 임신환자인 피해자의 병명을 자궁근종으로 오진하였고 수술단계에서도 냉동절편에 의한 조직검사 등을 거치지 아니한 상태에서 자궁근종으로 속단하고 일반외과 전문의인 공소외 이○○과 함께 병명조차 정확히 확인하지 못한 채 자궁적출술을 시행하여 현대의학상 자궁적출술을 반드시 필요로 하는 환자가 아닌 위 피해자의 자궁을 적출함으로써 동인을 상해에 이르게 하였다.

〈판결요지〉

피고인은 위 자궁적출술의 시행에 앞서 위 피해자로부터 그에 대한 승낙을 받았으므로 위법성이 조각된다고 주장하나, 기록에 의하면 피고인은 자신의 시진, 촉진결과 등을 과신한 나머지 초음파검사 등 피해자의 병증이 자궁외 임신인지, 자궁근종인지를 판별하기 위한 정밀한 진단방법을 실시하지 아니한 채 위 피해자의 병명을 자궁근종으로 오진하고 이에 근거하여 의학에 대한 전문지식이 없는 위 피해자에게 자궁적출술의 불가피성만을 강조하였을 뿐 위와 같은 진단상의 과오가 없었다면 당연히 설명받았을 자궁외 임신에 관한 내용을 설명받지 못한 피해자로부터 수술승낙을 받은 사실을 인정할 수 있으므로 위 승낙은 피고인의 부정확 또는 불충분한 설명을 근거로 이루어진 것으로서 이 사건 수술의 위법성을 조각할 유효한 승낙이라고 볼 수 없다. 또한 피해자가 난소의 제거로 이미 임신불능 상태에 있었다고 하더라도 자궁을 제거한 것이 신체의 완전성을 해하거나 생활기능에 장애를 주거나 또는 건강상태를 불량하게 변경한 것이 아니라고 할 수는 없다. 따라서 이 사건에서 피고인은 업무상과실치상죄의 죄책을 면할 수 없다.

4) 오늘날 의료행위는 수명의 의료인에 의해 분업적으로 행해지는 경우가 많은데, 수인에 의해 분업적으로 행해지는 의료행위의 과실유무를 판단함에 있어서는 신뢰의 원칙이 적용된다. 예컨대 종합병원에서 공동으로 외과수술을 행하는 의사는 다른 의사가 주의의무를 다하였다는 것을 신뢰하면 족하고, 다른 의사가 적절하게 행위하였는가 또는 검사결과가 적절한가를 조사·확인할 주의의무는 없다. 따라서 내과의사가 신경과 전문의에 대한 협의진료 결과 피해자의 증세와 관련하여 신경과 영역에서 이상이 없다는 회신을 받았고, 그 회신 전후의 진료 경과에 비추어 그 회신 내용에 의문을 품을 만한 사정이 있다고 보이지 않자 그 회신을 신뢰하여 뇌혈관계통 질환의 가능성을 염두에 두지 않고 내과 영역의 진료 행위를 계속하다가 환자의 뇌지주막하출혈을 발견하지 못하여 식물인간 상태에 이르게 되었다면 내과의사에 대해 업무상과실을 인정할 수 없다(대법원 2003.1.10. 선고 2001도3292 판결).

다만 신뢰의 원칙이 적용되기 위해서는 신뢰에 기초한 분업관계가 확립되어 있어야 하므로, 의사와 보조자의 관계와 같이 한 사람이 다른 사람에 대해 지휘·감독의 의무를 진 경우에는 적용될 수 없다. 예컨대 의사가 간호사로 하여금 의료행위에 관여하게 하는 경우 그 의료행위는 의사의 책임 하에 이루어지고 간호사는 그 보조자에 불과하므로, 당해 의료행위가 환자에게 위해가 미칠 위험이 있는 경우 의사에게는 간호사가 과오를 범하지 않도록 충분히 지도·감독을 하여 사고의 발생을 미연에 방지하여야 할 의무가 있고, 만약 의사가 이를 소홀히 한 채 만연히 간호사를 신뢰하여 간호사에게 당해 의료행위를 일임함으로써 간호사의 과오로 환자에게 위해가 발생하였다면 의사는 그에 대한 과실책임을 면할 수 없다(대법원 1998.2.27. 선고 97도2812 판결). 그러나 간호사가 진료의 보조를 함에 있어서는 모든 행위 하나하나마다 항상 의사가 현장에 입회하여 일일이 지도·감독하여야 하는 것은 아니고 경우에 따라서는 의사가 진료의 보조행위 현장에 입회할 필요 없이 일반적인 지도·감독을 하는 것으로 족한 경우도 있을 수 있으며, 이와 같은 경우에는 감독책임을 이유로 의사의 과실을 인정하기는 곤란하다(☞ **[판례 Ⅲ-3]** 참조).

[판례 Ⅲ-3] 대법원 2003.8.19. 선고 2001도3667 판결【업무상과실치상】

〈사실관계〉

피해자(여, 70세)가 뇌출혈 증세로 입원하여 뇌수술을 받은 다음 중환자실에서 치료를 받다가 일반병실로 옮겨져 몸에는 대퇴부 정맥에 주사침을 통하여 수액을 공급하기 위한 튜브가 연결되어 있었고 머리에는 뇌실 삼출액(삼출액)을 배출하기 위한 튜브(뇌실외배액관)가 연결된 채로 치료를 받던 중, 간호사들이 수술 직후 피해자의 주치의로 선정된 신경외과 전공의인 피고인 1의 처방 및 지시에 따라 계속하여 대퇴부 정맥에 연결된 튜브를 통하여 항생제, 소염진통제 등의 주사액을 투여하였지만 별다른 부작용이 없는 상황에서, 피고인 1이 경력 7년의 책임간호사인 피고인 2에게 종전 처방과 마찬가지로 피해자에게 항생제, 소염진통제 등을 정맥에 투여할 것을 지시하고, 피고인 2는 신경외과 간호실습을 하고 있던 피고인 3(간호학과 3학년)를 병실에 대동하고 가서 그에게 주사기를 주면서 피해자의 정맥에 주사하라고 지시하고 자신은 그 병실의 다른 환자에게 주사를 하는 사이에, 피고인 3이 뇌실외배액관을 대피부 정백에 연결된 튜브로 착각하여 그 곳에 주사액을 주입하는 것을 뒤늦게 발견하고 즉시 이를 제지한 다음 직접 나머지 주사액을 대퇴부 정맥에 연결된 튜브에 주입하였지만 피해자는 뇌압상승에 의한 호흡중추마비로 같은 날 사망하였다.

〈판결요지〉

피고인 1이 피해자를 직접 주사하거나 또는 직접 주사하지 않더라도 자신이 입회하면서까지 간호사로 하여금 주사하게 할 업무상 주의의무가 있다 보기 어렵고, 나아가 피고인 1로서는 위와 같은 사정 아래에서 자신의 지시를 받은 피고인 2가 기대와 달리 만연히 피고인 3에게 단독으로 주사하게 하여 피해자에게 사망의 결과를 발생시킬 것이라는 사정까지 예견할 수 있었다고 볼 수도 없는바, 이 사건에서 피고인 1에게는 업무상과실치사의 죄책을 지우기 곤란하다.

다. 건설관계자의 업무상과실

건물, 교량 등의 건설에 있어서는 직접 건설을 담당하는 현장근로자뿐만 아니라 현장소장, 공사감리자, 감독공무원 및 경우에 따라서는 도급인도 건설공사와 관련하여 발생한 사고에 대하여 업무상과실치사상죄의 죄책을 져야 한다.

○ 대법원 1985.6.11. 선고 84도2527 판결【업무상과실치사 등】

골재채취작업 현장소장은 그 채취작업으로 생긴 깊이 약 2m, 길이 약 60m, 폭 약 40m 크기의 타원형 웅덩이를 메우고 하상을 정리해서 익사 등의 사고를 방지해야 할 업무상 주의의무가 있으므로 위 웅덩이를 그대로 방치한 과실로 피해자로 하여금 강을 건너던 중 위 웅덩이에 빠져 익사케 하였다면 업무상과실치사죄를 면할 수 없다.

○ 대법원 1986.8.19. 선고 86도915 판결【업무상과실치상】

자전거 전용통로에 도시가스배관, 철도횡단흉관 압입공사를 하기 위하여 너비 약 3m, 깊이 약 1m, 길이 약 5m의 웅덩이를 파두어 야간에 그곳을 지나던 통행인이 위 웅덩이에 떨어져 상해를 입었다면 동 공사현장 감독에게는 공사현장의 보안관리를 소홀히 한 주의의무위반이 있다.

○ 대법원 1995.9.15. 선고 95도906 판결【업무상과실치사, 업무상과실치상 등】

공사를 발주한 구청 소속의 현장감독 공무원이 A 회사가 전문 건설업 면허를 소지한 B 회사의 명의를 빌려 원수급인인 C 회사로부터 콘크리트 타설공사를 하도급받아 전문 건설업 면허나 건설기술 자격이 없는 개인인 D에게 재하도급주어 이 사건 공사를 시공하도록 한 사실을 알았거나 쉽게 알 수 있었음에도 불구하고 그 직무를 유기 또는 태만히 하여 D의 시공방법상의 오류와 그 밖의 안전상의 잘못으로 인하여 콘크리트 타설작업 중이던 건물이 붕괴되는 사고가 발생할 때까지도 이를 적발하지 못한 잘못이 있다면, 위와 같은 직무상 의무위반 행위는 이 사건 건물붕괴사고로 인한 치사상의 결과에 대하여 상당인과관계가 있다.

○ 대법원 1997.1.24. 선고 96도776 판결【업무상과실폭발물파열, 업무상과실치사 등】

건설업자가 토공사 및 흙막이공사의 감리업무까지 수행하기로 약정하였음에도 이에 위반하여 실질적인 감리업무를 수행할 수 있는 사람을 감리자로 파견하지 않은 상태에서, 건설업법 및 건설업법시행령 소정의 건설기술자를 현장에 배치할 의무를 위반하여 건설기술자조차 현장에 배치하지 아니한 과실은 공사현장 인접 소방도로의 지반침하 방지를 위한 그라우팅공사 과정에서 발생한 가스폭발사고와 상당한 인과관계가 있다.

○ 대법원 2009.7.23. 선고 2009도3219 판결【업무상과실치사】

건축자재인 철판 수백 장의 운반을 의뢰한 자가 절단면이 날카롭고 무거운 철판을 묶기에 매우 부적합한 폴리에스터 끈을 사용하여 철판 묶음 작업을 하는 등의 과실로 철판 쏠림 현상이 발생하였고, 이로 인하여 철판을 차에서 내리는 과정에서 철판이 쏟아져 내려 화물차 운전자가 사망한 경우 운반 의뢰인은 업무상 과실치사죄의 죄책을 진다.

○ 대법원 2010.6.24. 선고 2010도2615 판결【업무상과실치사, 업무상과실치상 등】

건축법, 건축사법, 건설기술관리법 등의 관련 법령에서 일정한 용도·규모 및 구조의 건축물을 건축하는 공사의 경우에 반드시 건축사 등의 일정한 자격을 갖춘 자에 의한 공사감리를 받도록 규정한 취지는, 건축주나 공사시공자로부터 독립한 전문가로 하여금 관계 법령과 설계도서 등에 따른 적합한 시공 여부를 확인하고 안전관리 등에 대한 지도·감독을 하게 함으로써, 건축물 붕괴사고, 하자분쟁, 유지보수비의 급증, 건축물 수명단축에 따른 재건축 등의 후유증을 유발하는 부실공사를 예방하기 위한 것이므로, 공사감리자가 관계 법령과 계약에 따른 감리업무를 소홀히 하여 건축물 붕괴 등으로 인하여 사상의 결과가 발생한 경우에는 업무상과실치사상의 죄책을 면할 수 없다.

○ 대법원 2010.11.11. 선고 2009도13252 판결【업무상과실치사 등】

현장소장이 철근 붕괴 예방을 위하여 적절한 수량의 철근지지대가 충분히 설치되도록 감독하는 등 공사 실시의 관리·감독업무에 관한 주의의무를 위반한 결과 교량기초케이슨 및 교각제작공사의 하도급업체 근로자가 철근조립작업 중 철근지지대의 수량 부족 등으로 인해 넘어진 수직철근에 머리를 부딪쳐 사망한 경우에는 업무상과실치사죄의 죄책을 진다.

라. 기타의 업무상과실

의료, 건설 분야 이외에 업무상과실이 인정되는 영역은 도로교통분야인데, 이 분야에서의 업무상과실은 형법이 아니라 도교법, 교특법, 특가법이 적용된다. 이외에도 아래의 판례들에서 볼 수 있듯이 해상교통, 산후조리원, 호텔관리, 물건상하차 등 사람의 생명·신체의 안전과 관련된 모든 영역의 업무와 관련하여 업무상과실치사상의 책임이 인정될 수 있다.

○ 대법원 1960.2.29. 선고 4292형상894 판결【업무상과실치사】

농무로 인한 암야에 태풍으로 풍랑이 심한 해상을 항해하는 선박의 선장은 완전한 항로를 유지하기 위하여 선장 자신이 항시 조타운항하여야 하고 부득이한 사정으로 인하여 조타실을 이거하려 할 때에는 항로에 경험이 있고 또 조타술이 능숙한 자로 하여금 대신 조타운항하게 하는 조치를 강구하여야 하며 이러한 조치가 불가능할 때에는 일시항해를 정지하는 등 적절한 조치를 취하여 선박으로 하여금 암초에 충돌하여 침몰케 하는 사고가 발생하지 아니하도록 미연에 이를 방지할 것을 업무상 주의의무가 있다.

○ 대법원 1984.2.28. 선고 83도3007 판결【업무상과실치사상 등】

호텔의 사장과 영선과장이 오보가 잦다는 이유로 자동화재조기탐지 및 경보설비인 수신기의 지구경종 스위치를 끈 채 그 위를 스카치테이프로 봉하여 버리고 종업원 등으로 하여금 영업상 미관을 해친다는 이유로 매일 06:00경부터 24:00까지 나무받침대로 이를 고정시키는 방법으로 각 층에 시설된 갑종방화문을 열어 두게 하며, 옥외 피난계단으로 통하는 을종방화문(비상문)은 도난방지 등의 이유로 그 문에 부착된 철판고리를 건물에 부착된 장쇠에 끼어 넣는 방법으로 걸어두어 비상시 긴급탈출자가 철판고리를 벗기지 아니한 채 그대로 밀면 열려지지 아니하도록 한 결과, 호텔의 화재발생시에 숙박객 등에게 신속하게 화재를 알릴 수 없었고 발화지점에서의 상하층 등에의 연소가 제대로 방지되지 못하였으며 숙박객 등이 비상구를 통해 신속하게 옥외로 대피시키지 못함으로써 숙박객 등으로 하여금 사망 또는 상해에 이르게 하였다면 업무상과실치사상의 죄책을 면할 수 없다.

○ 대법원 1990.11.13. 선고 90도1987 판결【업무상과실치사】

광고업자가 건물옥상에 고정수소 2,850기압을 주입한 애드벌룬을 공중에 띄움에 있어서 당시 강풍이 불고 있었고 그곳 부근에 22,900볼트의 고압전선이 설치되어 있었다면 그 안전여부를 확인하면서 주민들에게 위험을 알려주어 주의를 환기시키고 애드벌룬이 고압선에 감겼을 때에도 안전하게 이를 제거할 방법을 강구할 업무상 주의의무가 있다.

○ 대법원 1995.4.11. 선고 94도3302 판결【업무상과실치상, 업무상과실선박파괴 등】

도선사는 법률에 의하여 상당히 고도의 주의의무가 부과되어, 해도에 표시된 장애물 뿐 아니라 해도에 표시되어 있지 않고 외관상 쉽게 발견되지 않는 위험물을 포함하여 지방수역에 관한 지식을 가지고 있어야 하며 이를 활용할 의무가 있고 더욱이 강제도선사는 전문지식이 있다고 판단하여 선임된 자이기 때문에 선박이 임의로 승선시킨 도선사보다 고도의 주의의무를 부담하고 있는 점을 고려하여 볼 때, 강제도선사인 피고인이 선택한 항로로 운항 중이던 유조선의 수중암초 충돌로 인한 업무상과실치상에 관해서는 설사 해도를 믿고 항행을 하였다 하여 면책될 수 없다.

마. 업무상과실이 부정되는 경우

다만 사람의 생명·신체와 관련된 업무와 관련하여 사람이 사망 또는 상해에 이르는 결과가 발생한 경우라도 사람의 생명·신체에 대한 위험을 방지해야 할 구체적·직접적인 의무가 없거나, 생명·신체에 대한 위험을 방지하기 위해 필요한 조치를 취하였거나 또는 당시 상황에 비추어 그와 같은 결과의 발생을 예견하기 불가능한 경우에는 업무상 과실이 인정되지 아니한다.

○ 대법원 1982.6.8. 선고 81도2378 판결【업무상과실치사】

피고인은 총기에 탄알을 장전하였다가 다른 총기로 바꿀 때에는 장전된 탄알을 제거하고 약식검사를 하여야 함은 물론 연습사격을 마친 후 사선을 떠나기 전에 총기의 안전검사를 하여 이상유무를 확인하여야 함에도 이를 실시치 않음은 대단한 과실이 있다 할 것이나, 그러한 과실이 있다 하여 병기의 취급관리를 보좌하는 병기계원가 총기취급에 있어 미리 안전검사 및 약식검사를 하여야 할 뿐만 아니라 총구를 위험이 없는 전방 또는 공중으로 향하게 하여야 하는 주의의무를 태만히 한다는 것은 군인으로서 이례(異例)에 속하는 일로서 피고인에게 그 예측을 기대하기는 어렵다 할 것이므로 피고인에게 과실이 있다고 보기 어렵다.

○ 대법원 1986.7.22. 선고 85도108 판결【소방법위반, 업무상과실치상 등】

호텔을 경영하는 회사에 대표이사가 따로 있고 동 회사의 실질적인 책임자로서 업무전반을 총괄하는 전무 밑에 상무, 지배인, 관리부장, 영업부장 등을 따로 두어 각 소관업무를 분담처리하도록 하는 한편, 소방법 소정의 방화관리자까지 선정, 당국에 신고하여 동인으로 하여금 소방훈련 및 화기사용 또는 취급에 관한 지도감독 등을 하도록 하고 있다면 위 회사의 업무에 전혀 관여하지 않고 있던 회장에게는 위 회사의 직원들에 대한 일반적, 추상적 지휘감독의 책임은 있을지언정 동 호텔 종업원의 부주의와 호텔구조상의 결함으로 발생, 확대된 화재에 대한 구체적이고도 직접적인 주의의무는 없다.

○ 대법원 1986.12.9. 선고 86도1933 판결【업무상과실치상】

피해자가 추락하여 상처를 입은 장소는 빌딩 내에 자동차승강기를 설치하는 공사를 하면서 깊이 5미터가량 파놓았던 곳으로서 그 설치장소로부터 노폭 5미터 가량의 뒷골목까지는 21.6m 정도 떨어져 있고, 그 도로와 승강기 설치장소 사이에 있는 공터에는 승강기설치를 위한 건축자재와 쓰레기가 사람의 왕래를 못하게 할 정도로 쌓여 있었으며, 승강기 설치장소의 입구 중앙의 상단에는 추락주의라는 표지판을 부착해 놓았을 뿐 아니라, 사람의 출입을 막기 위하여 각목과 쇠파이프로 입구를 막아 놓았었기 때문에 그 위나 아래로 지나야만 승강기 설치장소에 들어갈 수 있다면, 21.6미터나 떨어진 도로를 지나가던 술 취한 피해자가 쉬어 가기 위해 건물 내로 들어가려다 위 승강기 설치공사를 위해 파놓은 곳에 빠져 다친 결과는 공사 시공회사 직원의 주의의무 태만으로 인하여 발생한 것으로 볼 수 없다.

○ 대법원 1987.9.22. 선고 87도1254 판결【업무상과실치상】

작업현장에 경고표시판 및 안전망의 설치 등 충돌사고에 대비한 안전조치가 취해져 있었을 뿐만 아니라 굴삭기에의 접근을 예방하기 위하여 굴삭기의 전후에 신호수까지 배치해 두었다면, 후사경이 붙어 있지 아니한 굴삭기를 운전하여 작업에 열중하고 있는 운전자에게 굴삭기의 후면에서 접근해오는 사람이 있는지의 여부까지 스스로 확인해 가면서 작업에 임해야할 주의의무가 있다고는 볼 수 없다.

○ 대법원 1989.11.24. 선고 89도1618 판결【업무상과실치상】

시공회사의 상무이사인 현장소장이 현장에서의 공사감독을 전담하였고 사장은 그와 같은 감독을 하게 되어 있지 않았다면 사장으로서는 그 공사의 진행에 관하여 직접적인 지휘·감독을 받지 않는 회사직원 혹은 고용한 노무자들이 공사시행상의 안전수칙을 위반하여 사고를 저지를지 모른다고 하여 이에 대비하여 각개의 개별작업에 대하여 일일이 세부적인 안전대책을 강구하여야 하는 구체적이고 직접적인 주의의무가 있다고 하기 어렵다.

○ 대법원 1989.1.31. 선고 88도1683 판결【업무상과실치사】

회사관리담당상무의 지휘 감독을 받는 소속직원들의 작업 중 일어난 안전사고로서 그에 관한 안전관리책임은 안전관리과장이 부담하고 있다면 공장장이 공장의 모든 일을 통괄하고 있다고 하더라도 직접적인 지휘 감독을 받지 않는 위 직원들이 안전수칙을 위반할지도 모른다고 하여 이에 대비하여 개별작업에 일일이 세부적인 안전대책을 강구하여야만 할 구체적이고 직접적인 주의의무는 없다.

○ 대법원 1992.11.13. 선고 92도610 판결【업무상과실치상】

수영장의 경영자인 피고인이 미끄럼틀 끝부분에 수영금지 표시판 등을 설치하여 끈으로 뜨게 하고 수영자가 그 끈에 걸려 다칠 우려가 있기 때문에 손님들이 안전사고를 당하지 않도록 안전요원을 배치하여 안전요원으로 하여금 미끄럼틀 위를 오르내리는 아이들을 감시·지도하게 하던 중, 안전요원이 성인풀 쪽을 지키고 있는 사이에 피해자(9세)가 유아풀로 내려가는 미끄럼틀을 타고 내려가 끝부분에 다다랐을 때 다른 아이와 부딪치지 않으려고 몸을 틀다가 미끄럼틀 손잡이에 입 부분을 부딪쳐 상해를 입었다면, 피고인에게는 수영자가 안전요원의 지시에 따르지 아니할 경우까지 대비하여 미끄럼틀을 이용할 수 없도록 쇠사슬을 설치하거나 낙하지점 부근에 다른 사람들이 접근하여 오지 않도록 안전시설을 설치하거나 수영장 내에 안전요원을 충분히 배치하여 미끄럼틀 낙하지점에 다른 사람이 접근하지 못하게 하여 충돌을 방지하게 할 구체적이고 직접적인 업무상 주의의무가 있다고 할 수 없다.

○ 대법원 2002.4.12. 선고 2000도3295 판결【업무상과실치상】

주택수리공사에 관하여 전문적인 지식이 없는 도급인이 주택수리공사 전문업자에게 주택수리를 의뢰하면서 공사에 관한 관리 감독 업무 또는 공사의 시공에 있어서 분야별 공사업자나 인부들에 대한 구체적인 작업지시 및 감독 업무를 주택수리업자에게 일임한 경우, 도급인이 공사를 관리하고 감독할 지위에 있다거나 주택수리업자 또는 분야별 공사업자나 인부들에 대하여 공사의 시공이나 개별 작업에 관하여 구체적으로 지시하고 감독할 지위에 있다고 볼 수 없으므로 도급인에게 공사상 필요한 안전조치를 취할 업무상 주의의무가 있다고 할 수 없다.

○ 대법원 2010.2.11. 선고 2009도9807 판결【업무상과실치사, 공중위생관리법위반】

술을 마시고 찜질방에 들어온 피해자가 찜질방 직원 몰래 후문으로 나가 술을 더 마신 다음 후문으로 다시 들어와 발한실(發汗室)에서 잠을 자다가 사망한 경우, 피해자가 처음 찜질방에 들어갈 당시 술에 만취하여 목욕장의 정상적 이용이 곤란한 상태였다고 단정하기 어렵고 찜질방 직원 및 영업주에게 손님이 몰래 후문으로 나가 술을 더 마시고 들어올 경우까지 예상하여 직원을 추가로 배치하거나 후문으로 출입하는 모든 자를 통제·관리하여야 할 업무상 주의의무가 있다고 보기 어렵다.

○ 대법원 2014.4.10. 선고 2012도11361 판결【업무상과실치사】

지하철 공사구간 현장안전업무 담당자가 공사현장에 인접한 기존의 횡단보도 표시선 안쪽으로 돌출된 강철빔 주위에 라바콘 3개를 설치하고 신호수 1명을 배치하였는데, 흔적이 별로 남아 있지 않던 기존의 횡단보도를 따라 무단횡단을 하던 피해자가 전방을 제대로 살피지 않은 채 부주의하게 보행하다가 강철빔에 부딪혀 상해를 입었다면, 제반 사정에 비추어 피고인이 안전조치를 취하여야 할 업무상 주의의무를 위반하였다고 보기 어렵다.

(2) 중과실

1) 중과실이란 공통상 요구되는 정도의 상당한 주의를 하지 않더라도 약간의 주의를 한다면 손쉽게 위법·유해한 결과를 예견할 수 있음에도 만연히 이를 간과함과 같은 거의 고의에 가까운 현저한 주의를 결여한 상태를 의미한다(대법원 2011.9.8. 선고 2011다34521 판결). 예를 들어 피고인이 84세 여자 노인과 11세의 여자 아이를 상대로 안수기도를 함에 있어서 피해자를 바닥에 반드시 눕혀 놓고 기도를 한

후 "마귀야 물러가라", "왜 안 나가느냐"는 등 큰 소리를 치면서 한 손 또는 두 손으로 피해자의 배와 가슴 부분을 세게 때리고 누르는 등의 행위를, 여자 노인에게는 약 20분간, 여자아이에게는 약 30분간 반복했다면 고령의 여자 노인이나 나이 어린 연약한 여자아이들은 약간의 물리력을 가하더라도 골절이나 타박상을 당하기 쉽고, 더욱이 배나 가슴 등에 그와 같은 상처가 생기면 치명적 결과가 올 수 있다는 것은 피고인 정도의 연령이나 경험 지식을 가진 사람으로서는 약간의 주의만 하더라도 쉽게 예견할 수 있을 것이므로, 그와 같은 예견될 수 있는 결과에 대해서 주의를 다하지 않아 사람을 죽음으로까지 가게 한 행위는 중대한 과실에 해당한다(대법원 1997.4.22. 선고 97도538 판결).

2) 그러나 경찰관인 피고인들은 동료 경찰관인 甲 및 피해자 乙과 함께 술을 많이 마셔 취하여 있던 중 갑자기 甲이 총을 꺼내 乙과 같이 총을 번갈아 자기의 머리에 대고 쏘는 소위 러시안 룰렛 게임을 하다가 乙이 자신이 쏜 총에 맞아 사망한 경우, 피고인들은 甲과 乙이 러시안 룰렛게임을 함에 있어 甲과 의사의 연락이 있었다거나 어떠한 원인행위를 공동으로 한 바가 없고 다만 위 게임을 제지하지 못하였을 뿐인데, 보통사람의 상식으로서는 함께 수차에 걸쳐서 흥겹게 술을 마시고 놀았던 일행이 갑자기 자살행위와 다름없는 위 게임을 하리라고는 쉽게 예상할 수 없는 것이고, 게다가 피고인들이 "장난치지 말라"며 말로 甲을 만류하던 중에 순식간에 일어난 사고여서 음주만취하여 주의능력이 상당히 저하된 상태에 있던 피고인들로서는 미처 물리력으로 이를 제지할 여유도 없었다면, 경찰관이라는 신분상의 조건을 고려하더라도 그것만으로는 피고인들에게 중과실치사죄의 형사상 책임을 지울 만한 위법한 주의의무위반이 있었다고 평가할 수 없다(대법원 1992.3.10. 선고 91도3172 판결).

(3) 업무상과실·중과실과 사상의 결과간의 인과관계

업무상과실치사상 또는 중과실치사상의 죄책을 지기 위해서는 업무상과실·중과실과 사상의 결과간의 상당인과관계가 인정되어야 한다(☞ **[판례 Ⅲ-3]** 참조).

[판례 Ⅲ-3] 대법원 1994.4.26. 선고 92도3283 판결【업무상과실치사】

〈사실관계〉

1990. 8. 27. 피해자는 ○○병원의 수술실에서 마취된 상태에서 수술을 받고 10:25경 피고인 1에게서 마취회복을 위한 처치를 받고 회복실로 이송되었으나, 피고인 1은 피해자에게 자발호흡이 있는 것만 확인하고는 의식이 회복되었는지 분명하지도 않은 상태에서 특정 간호사에게 확실한 인계조치나 구체적인 지시도 하지 않은 채 피해자를 떠났고, 그 후 다른 간호사가 피고인이 피해자에게 부착한 심전도기를 탈착함으로써 호흡중단의 생리장애가 발생하여 10:55경 마취담당의사에 의하여 응급처치를 받았으나 의식을 회복하지 못하고 그 해 10.22. 무산소성 또는 저산소증으로 인한 뇌손상으로 사망하였다. 이 때 회복실에는 원래 회복실 담당은 아니면서 자기가 맡은 환자의 회복처치를 담당하고 있던 간호사인 피고인 2가 있었다.

〈대법원 판결요지〉

마취환자의 마취회복업무를 담당하던 피고인 1로서는 마취환자가 수술 도중 특별한 이상이 있었는지를 확인하여 특별한 이상이 있었던 경우에는 보통 환자보다 더욱 감시를 철저히 하고 또한 마취환자가 의식이 회복되기 전에는 호흡이 정지될 가능성이 적지 않으므로 피해자의 의식이 완전히 회복될 때까지 주위에서 관찰하거나 적어도 환자를 떠날 때는 피해자를 담당하는 간호사를 특정하여 그로 하여금 환자의 상태를 계속 주시하도록 하여 만일 이상이 발생한 경우에는 즉시 응급조치가 가능하도록 할 의무가 있으므로, 피해자가 어떤 이상증세가 일어났는지에 대하여 확인하여 회복처치에 참고하지 않고 피해자에게 자발호흡이 있는 것만 확인하고는 의식이 회복되었는지 분명하지도 않은 상태에서 특정 간호사에게 확실한 인계조치나 구체적인 지시도 하지 않은 채 환자를 떠났다면 마취의사로서의 업무상 주의의무를 해태한 것이라고 하지 않을 수 없고, 피고인 1이 위와 같은 주의의무를 다하였다면 다른 간호사가 함부로 심전도기를 탈착하지 못하였을 것인 만큼 다른 간호사가 피고인 1이 피해자에게 부착한 심전도기를 탈착하였다고 하여 피고인 1의 주의의무 해태와 피해자간의 사망 간에 인과관계가 중단되었다고 할 수 없다.

피고인 2는 원래 회복실을 담당하던 간호사도 아니고 피해자를 감시하도록 업무를 인계받지도 않았으므로 피해자를 감시할 의무가 있다고 할 수 없고 또한 자기 환자의 회복처치에 전념하고 있던 중으로서 피해자의 호흡이 중단된 것을 알 수 있는 상황도 아니었으므로 피해자에 대한 관계에서 어떤 주의의무를 해태하였다고 할 수 없으며, 회복실에 다른 간호사가 남아있지 않은 이 사건과 같은 경우에도 자기의 고유업무에 전념하고 있었다면 다른 환자의 이상증세가 인식될 수 있는 상황에서라야 이에 대한 조치를 할 의무가 있을 뿐 회복실 내의 모든 환자에 대하여 적극적, 계속적으로 주시, 점검을 할 의무는 있다고 할 수 없다.

〈참조판례〉

○ 대법원 2010.4.29. 선고 2009도7070 판결【업무상과실치사】

피고인의 전원지체 등의 과실로 피해자에 대한 신속한 수혈 등의 조치가 지연된 이상 피해자의 사망과 피고인의 과실 사이에는 인과관계를 부정하기 어렵고, ○○병원 의료진의 조치가 다소 미흡하여 피해자가 ○○병원 응급실에 도착한 지 약 1시간 20분이 지나 수혈이 시작되었다는 사정만으로 피고인의 과실과 피해자 사망 사이에 인과관계가 단절된다고 볼 수 없다.

○ 대법원 2011.4.14. 선고 2010도10104 판결【업무상과실치상, 의료법위반】

한의사인 피고인이 피해자에게 문진하여 과거 봉침을 맞고도 별다른 이상반응이 없었다는 답변을 듣고 부작용에 대한 충분한 사전 설명 없이 환부인 목 부위에 봉침시술을 하였는데, 피해자가 위 시술 직후 쇼크반응을 나타내는 등 상해를 입은 경우, 제반 사정에 비추어 피고인이 봉침시술에 앞서 설명의무를 다하였더라도 피해자가 반드시 봉침시술을 거부하였을 것이라고 볼 수 없다면 피고인의 설명의무 위반과 피해자의 상해 사이에 상당인과관계를 인정하기 어렵다.

○ 대전지법 2015.4.9. 선고 2013노3258 판결【업무상과실치상】

치과의사인 피고인이 피해의 하악 6번 치아를 발치하던 과정에서 하악 5번 치아가 부러졌는데, 부러진 치아가 피해자의 기도를 통해 기관지로 삽입되어 기관지 폐색 및 폐렴이 발생하였고, 이후 종합병원으로 전원되어 흉부절개를 통한 치아제거 수술을 받았으나 사망에 이른 경우, 제반 사정을 종합할 때 피고인이 업무상의 과실로 5번 치아를 부러뜨리고 부러진 치아가 목 뒤로 넘어가게 하였다고 볼 수는 없으나, 5번 치아가 목 뒤로 넘어간 후 위치를 확인하기 위하여 신속히 엑스레이 촬영을 하거나 엑스레이 촬영이 가능한 병원으로 전원시키는 등의 후속조치를 취하지 않은 업무상 과실은 인정되고, 나아가 피고인의 위 과실과 피해자의 사망 사이에 인과관계를 인정하기 어려우나 피해자의 기관지 폐색 및 폐렴 사이에 인과관계는 인정된다면 피고인은 업무상과실치사가 아닌 업무상과실치상의 죄책만을 질 따름이다.

Ⅳ. 낙태의 죄(제27장)

태아를 자연분만기에 앞서 태아를 모체 밖으로 배출하거나 모체 내에서 살해함으로써 성립하는 범죄이다. 그 유형으로는 낙태죄(제269조 제1항), 촉탁·승낙낙태죄(제269조 제2항), 업무상촉탁·승낙낙태죄(제270조 제1항), 부동의낙태죄(제270조 제2항), 낙태등치사상죄(제269조 제3항, 제270조 제3항)가 있다. 모자보건법에 의해 일정한 요건 하에 이루어진 인공임신중절수술은 위법성이 조각된다(제14조).

1. 낙태죄(제269조 제1항), 촉탁·승낙낙태죄(같은 조 제2항)

1) 부녀가 약물 기타의 방법으로 낙태하거나 부녀의 촉탁 또는 승낙을 받아 낙태하게 함으로써 성립하는 범죄로 1년 이하의 징역에 처한다. 낙태죄의 주체는 반드시 산모에 한하지 않고 제3자도 될 수 있으나, 형법은 범행의 주체에 따라 구성요건을 자기낙태죄와 동의낙태죄로 구분하고 있다. 다만 그 법정형은 동일하다.

2) '낙태'의 개념과 관련해서는 낙태죄가 성립하기 위해서는 태아를 모체 밖으로 배출하는 것만으로는 부족하고 이로 인하여 태아가 사망할 것을 요한다는 주장이 있다. 이 견해에 따르면 태아를 모체 밖으로 배출하였으나 사망하지 않은 경우 낙태죄의 미수범 처벌규정이 없는 우리나라 형법 하에서는 처벌할 수 없는 문제가 발생한다(물론 태아를 방치하여 사망하게 한 경우 유기치사죄 또는 살인죄로 처벌되는 것은 별개의 문제이다). 판례는 태아를 모체 밖으로 배출하면 족하고 태아가 사망할 것까지 요구하지 않는다고 보고 있다(☞ **[판례 Ⅳ-1]** 참조).

[판례 Ⅳ-1] 대법원 2005.4.15. 선고 2003도2780 판결【살인, 업무상촉탁낙태】

〈사실관계〉

피고인은 산부인과 의사로서 피고인이 운영하는 산부인과에서 A(23세)가 건강에 아무런 이상이 없고 태아도 유전적 질환 등이 없어 정상이라는 사실을 알면서도 그녀로부터 낙태시술을 하여 줄 것을 의뢰받고 이를 승낙한 다음, 자궁경부팽창확대제인 라미나리아를 자궁 경부에 삽입하고 자궁수축제인 나라돌을 주사하여 자궁 경부를 확장하는 등으로 분만을 유도하여, 그녀로 하여금 임신 28주의 태아를 모체 밖으로 배출시켜 낙태하게 한 후, 낙태된 아이가 울음을 터뜨리자 미리 준비하여 두었던 용량 미상의 염화칼륨이 든 주사기를 아이의 심장에 꽂는 방법으로 염화칼륨을 주입하여 그 무렵 심장 박동을 멈추게 하여 A의 아이를 살해하고, 위 산부인과에서, 미성년자인 B(19세)로부터 낙태시술을 하여줄 것을 의뢰받고 이를 승낙한 다음 자궁경부팽창확대제인 라미나리아를 자궁 경부에 삽입하여 자궁 경부를 확장하는 등으로 낙태시술을 하여 그녀로 하여금 임신 28주의 태아를 모체 밖으로 배출시켜 낙태하게 한 것을 비롯하여 57명으로부터 낙태를 촉탁받아 이들로 하여금 낙태하게 하였다.

〈판결요지〉

산부인과 의사인 피고인이 임신 28주 상태인 A에게 약물에 의한 유도분만의 방법으로 낙태시술을 하였으나 태아가 살아서 미숙아 상태로 출생하자 그 미숙아에게 염화칼륨을 주입하여 사망하게 하였는바, 낙태죄는 태아를 자연분만기에 앞서서 인위적으로 모체 밖으로 배출하거나 모체 안에서 살해함으로써 성립하고, 그 결과 태아가 사망하였는지 여부는 낙태죄의 성립에 영향이 없으므로, 피고인이 살아서 출생한 미숙아에게 염화칼륨을 주입한 것을 낙태를 완성하기 위한 행위에 불과한 것으로 볼 수 없고, 살아서 출생한 미숙아가 정상적으로 생존할 확률이 적다고 하더라도 그 상태에 대한 확인이나 최소한의 의료행위도 없이 적극적으로 염화칼륨을 주입하여 미숙아를 사망에 이르게 한 피고인에게는 미숙아를 살해하려는 범의도 있었던 것으로 보아야 한다.

인공임신중절수술이 허용되는 경우의 하나인 모자보건법 제14조 제1항 제5호 소정의 '임신의 지속이 보건의학적 이유로 모체의 건강을 심히 해하고 있거나 해할 우려가 있는 경우'라 함은 임신의 지속이 모체의 생명과 건강에 심각한 위험을 초래하게 되어 모체의 생명과 건강만이라도 구하기 위하여 인공임신중절수술이 부득이하다고 인정되는 경우를 말하는 것이다. 위와 같은 법리에 비추어 볼 때, 이 사건과 같은 사유만으로는 모자보건법 제14조 제1항 제5호 소정의 사유가 있는 것으로 보기 어렵다.

2. 업무상촉탁·승낙낙태죄(제270조 제1항), 부동의낙태죄(같은 조 제2항)

1) 의사, 한의사, 조산사, 약제사 또는 약종상이 부녀의 촉탁 또는 승낙을 받아 낙태하게 하거나 부녀의 촉탁 또는 승낙없이 낙태하게 한 때에는 업무상촉탁·승낙낙태죄(제270조 제1항) 또는 부동의낙태죄(같은 조 제2항)가 성립하고 각각 2년 이하의 징역과 3년 이하의 징역에 처한다. 이 경우 7년 이하의 자격정지를 병과할 수 있다(같은 조 제4항). 의사에 의한 낙태의 경우 모자보건법 및 동법시행령에 의해 위법성이 조각될 수 있으나 그 요건이나 절차가 엄격하게 제한되어 있다.

모자보건법 제14조 (인공임신중절수술의 허용한계) ① 의사는 다음 각 호의 어느 하나에 해당되는 경우에만 본인과 배우자(사실상의 혼인관계에 있는 사람을 포함한다. 이하 같다)의 동의를 받아 인공임신중절수술을 할 수 있다.

1. 본인이나 배우자가 대통령령으로 정하는 우생학적 또는 유전학적 정신장애나 신체질환이 있는 경우
2. 본인이나 배우자가 대통령령으로 정하는 전염성 질환이 있는 경우
3. 강간 또는 준강간에 의하여 임신된 경우
4. 법률상 혼인할 수 없는 혈족 또는 인척 간에 임신된 경우
5. 임신의 지속이 보건의학적 이유로 모체의 건강을 심각하게 해치고 있거나 해칠 우려가 있는 경우

② 제1항의 경우에 배우자의 사망·실종·행방불명, 그 밖에 부득이한 사유로 동의를 받을 수 없으면 본인의 동의만으로 그 수술을 할 수 있다.

③ 제1항의 경우 본인이나 배우자가 심신장애로 의사표시를 할 수 없을 때에는 그 친권자나 후견인의 동의로, 친권자나 후견인이 없을 때에는 부양의무자의 동의로 각각 그 동의를 갈음할 수 있다.

제28조 (형법의 적용배제) 이 법에 따른 인공임신중절수술을 받은 자와 수술을 한 자는 형법 제269조 제1항·제2항 및 제270조 제1항에도 불구하고 처벌하지 아니한다.

모자보건법시행령 제15조 (인공임신중절수술의 허용한계) ① 모자보건법 제14조에 따른 인공임신중절수술은 임신 24주일 이내인 사람만 할 수 있다.

② 모자보건법 제14조 제1항 제1호에 따라 인공임신중절수술을 할 수 있는 우생학적 또는 유전학적 정신장애나 신체질환은 연골무형성증, 낭성섬유증 및 그 밖의 유전성 질환으로서 그 질환이 태아에 미치는 위험성이 높은 질환으로 한다.

③ 모자보건법 제14조 제1항 제2호에 따라 인공임신중절수술을 할 수 있는 전염성 질환은 풍진, 톡소플라즈마증 및 그 밖에 의학적으로 태아에 미치는 위험성이 높은 전염성 질환으로 한다.

2) 모자보건법은 의학적, 우생학적 또는 윤리적 사유가 있는 경우에 한하여 임산부와 배우자의 동의 아래 인공임신중절수술을 허용하고 있고, 사회적·경제적 사유로 낙태를 허용하고 있지는 않다는 점에 유의하여야 한다(☞ **[판례 Ⅳ-2]** 참조).

[판례 Ⅳ-2] 대법원 1985.6.11. 선고 84도1958 판결【업무상촉탁낙태】

〈사실관계〉

산부인과 의사인 피고인은 1980.6.15. 14:00경 ○○병원에서 임산부 공소외인이 배가 아프고 출혈이 있다고 호소하자 소량의 질출혈이 있음을 확인한 후(위 피고인은 산모의 밑으로 피가 조금 비쳤다고 한다)태반조기 박리현상이 있는 것으로 진단하고 위 산모는 그밖에 달리 건강에 아무런 이상이 없었고 위 상태로는 산모의 생명에 직접적인 위험이 없음을 알면서도 산모로부터 경제적 사정이 있어서 낙태하여야 한다는 촉탁이 있자 즉시 낙태에 착수하여 일차 시술을 한 후 다음날 16:00경 질확장기계 및 약물을 사용하여 낙태시술을 마치고 체중 2,200g, 신장43cm의 태아를 모체 밖으로 배출시켰다.

〈판결요지〉

인간의 생명은 잉태된 때부터 시작되는 것이고 회임된 태아는 새로운 존재와 인격의 근원으로서 존엄과 가치를 지니므로 그 자신이 이를 인식하고 있던지 또 스스로를 방어할 수 있는지에 관계없이 침해되지 않도록 보호되어야 함이 헌법 아래에서 국민일반이 지니는 건전한 도의적 감정과 합치되는 바이고, 비록 모자보건법이 모성의 생명과 건강을 보호하고 건전한 자녀의 출산과 양육을 도모함으로써 국민의 보건향상에 기여하기 위하여 특별한 의학적, 우생학적 또는 윤리적 적응이 인정되는 경우에 한하여 임산부와 배우자의 동의아래 인공임신중절수술을 허용하였다 하더라도 이로써 의사가 부녀의 촉탁 또는 승낙을 받으면 일체의 낙태행위가 정상적인 행위이고 형법 제270조 제1항 소정의 업무상촉탁낙태죄에 의한 처벌을 무가치하게 되었다고 할 수는 없으며, 임산부의 촉탁이 있으면 의사로서 낙태를 거절하는 것이 보통의 경우 도저히 기대할 수 없게 되었다고 할 수도 없다.

임산부에게 태반조기박리증상이 있다고 진단하는 경우라 하더라도 당시 임산부의 생명에 직접적인 위험이 없었다면 일응 임산부의 건강상태를 상당기간 세심히 관찰하면서 임산부와 태아의 건강에 지장이 없이 자연분만이 가능하도록 치료에 임하는 것이 원칙이고 그 치료에도 불구하고 임산부의 건강이 갑자기 악화되는 등 임신의 지속이 모체의 건강을 심히 해할 우려가 있다고 판단되는 부득이한 경우에 이르렀을 때에 인공임신중절의 시술이 허용된다 할 것인바, 위와 같은 임산부의 건강상태에서 바로 낙태를 시술한 피고인의 소위를 모자보건법 소정의 허용사유에 해당하여 위법성이 조각되는 경우라 할 수 없다.

3. 낙태등치사상죄(제269조 제3항, 제270조 제3항)

1) 낙태죄(제269조 제1항), 업무상촉탁·승낙낙태죄(제270조 제1항) 또는 부동의낙태죄(같은 조 제2항)를 범하여 부녀를 상해 또는 사망에 이르게 함으로써 성립하는 범죄이다. 동의낙태죄의 죄를 범하여 부녀를 상해 또는 사망에 이르게 한 때에는 각각 3년 이하의 징역과 7년 이하의 징역에 처하고(같은 조 제3항), 업무상촉탁·승낙낙태죄 또는 부동의낙태죄를 범하여 부녀를 상해 또는 사망에 이르게 한 때에는 각각 5년 이하의 징역과 10년 이하의 징역에 처한다. 이 경우 7년 이하의 자격정지를 병과한다(같은 조 제4항).

2) 여기서 상해 또는 사망의 결과는 임부에 대한 것으로서 낙태로 인한 태아의 사망과는 별개이다. 태아는 임부의 신체의 일부로 보아 태아의 사망은 곧 임부에 대한 상해라고 볼 여지가 없는 것은 아니

나, 형법은 태아에 대한 사람에 대한 상해 및 과실치사상의 죄에 관한 규정과는 별도로 태아를 독립된 행위객체로 하는 낙태죄를 구분하고 있고 낙태죄를 범하여 임부를 상해 또는 사망에 이르게 한 경우를 낙태치사상죄로 처벌하고 있는 점에 비추어 태아를 임부의 신체의 일부로 보고 태아의 사망을 임부에 대한 상해라고 해석하는 것은 타당하지 않다(☞ **[판례 Ⅳ-3]** 참조).

[판례 Ⅳ-3] 대법원 2009.7.9. 선고 2009도1025 판결【업무상과실치상】

〈공소사실〉

피고인들은 ○○대학교병원 소속 의사로서 23:20경 복부의 지속적인 심한 통증을 호소하며 위 병원 응급실을 거쳐 산부인과로 내원한 임신 32주인 피해자를 진료함에 있어, 위에서 인정한 바와 같은 과실로, 피해자로 하여금 그 다음 날 06:40경 피해자의 질에서 하혈이 있으면서 그 이전 불상의 시각에 피해자의 뱃속에 있던 32주 상태의 태아가 태반조기박리로 사망하게 하는 상해를 입게 하였다.

〈판결요지〉

산부인과의사인 피고인 1의 경우, 임신 32주인 산모의 건강은 태아의 생명과도 직결되는 문제이기 때문에 짧은 시간의 단속적인 관찰보다는 산모 및 태아의 상태를 지속적으로 관찰하여 이상징후가 확인될 경우 태아감시장치나 초음파검사 등을 통하여 태반조기박리로 진단하고 그에 따른 조치를 강구하여야 함에도 이를 게을리 한 과실이 충분히 인정되고, 내과의사인 피고인 2의 경우, 비록 피고인 1로부터 산부인과적 원인이 아닌 장염으로 의심된다는 말을 들었다고 하더라도 산부인과적 문제일 가능성도 배제하지 못하는 상황에서 피고인 1과 협진하기로 한 이상, 산모의 상태를 지속적으로 관찰하여 그 결과를 피고인 1등에게 알려줌으로써 산모 및 태아의 상태에 대하여 점검·확인하도록 하여야 할 주의의무가 있음에도 이를 게을리 하였을 뿐만 아니라 산모에 대한 혈액검사결과를 신속하게 확인함으로써 내부출혈 등의 특이징후가 발생하였음을 피고인 1등에게 알렸어야 함에도 이를 게을리 한 과실이 충분히 인정되고, 나아가 이러한 피고인들의 과실과 태아의 사망 사이에 인과관계도 인정된다.

그런데 현행 형법이 사람에 대한 상해 및 과실치사상의 죄에 관한 규정과는 별도로 태아를 독립된 행위객체로 하는 낙태죄, 부동의 낙태죄, 낙태치상 및 낙태치사의 죄 등에 관한 규정을 두어 포태한 부녀의 자기낙태행위 및 제3자의 부동의 낙태행위, 낙태로 인하여 위 부녀에게 상해 또는 사망에 이르게 한 행위 등에 대하여 처벌하도록 한 점, 과실낙태행위 및 낙태미수행위에 대하여 따로 처벌규정을 두지 아니한 점 등에 비추어보면, 우리 형법은 태아를 임산부 신체의 일부로 보거나, 낙태행위가 임산부의 태아양육, 출산 기능의 침해라는 측면에서 낙태죄와는 별개로 임산부에 대한 상해죄를 구성하는 것으로 보지는 않는다고 해석되고, 따라서 태아를 사망에 이르게 하는 행위가 임산부 신체의 일부를 훼손하는 것이라거나 태아의 사망으로 인하여 그 태아를 양육, 출산하는 임산부의 생리적 기능이 침해되어 임산부에 대한 상해가 된다고 볼 수는 없다. 이러한 법리에 비추어 보면 이 사건에서 비록 피고인들의 과실로 인하여 태아가 사망에 이르렀다고 하더라도 그러한 사정만으로는 산모인 피해자에 대한 상해가 된다고 할 수 없다.

3) 한편 낙태죄에 대해서는 미수범처벌규정이 없다. 이 때문에 낙태행위가 미수에 그쳤으나 이로 인해 임부가 상해 또는 사망에 이른 경우에도 이 규정을 적용할 수 있는가에 대해서 논란이 있다. 일반적으로 기본범죄의 기수·미수를 묻지 않고 기본범죄의 행위로 인하여 중한 결과가 발생한 경우에는 결과적가중범으로 처벌된다고 설명되고 있다. 그러나 기본범죄의 미수가 처벌되지 않음에도 불구하고 기본범죄의 미수로 인하여 중한 결과가 발생한 경우를 결과적 가중범으로 처벌한다면, 결과적으로는

기본범죄의 미수를 처벌하는 것이 된다. 따라서 이 경우에는 기본범죄의 미수(불처벌)와 중한 결과의 과실범의 상상적 경합이 성립한다고 보는 것이 타당하다.

4. 낙태죄의 공범

1) 앞에서 살펴본 바와 같이 낙태죄는 그 주체나 행위의 태양에 따라 낙태죄(제269조 제1항), 촉탁·승낙낙태죄(제269조 제2항), 업무상촉탁·승낙낙태죄(제270조 제1항), 부동의낙태죄(제270조 제2항) 등으로 나뉜다. 임부를 비롯한 수인이 공동하여 낙태죄를 범한 경우에는 총칙상의 공범규정이 적용되는 것이 아니라, 행위자의 지위와 행위태양에 상응하는 죄책을 질 따름이다. 따라서 임부는 스스로 낙태를 하는 경우는 물론 타인이나 의사 등에게 촉탁하여 낙태를 하는 경우에도 자기낙태죄의 죄책을 지고, 동의낙태죄나 업무상동의낙태죄의 공범의 죄책을 지는 것은 아니다.

2) 제3자가 임부로 하여금 낙태를 하도록 교사 또는 방조한 때에는 낙태죄(제269조 제1항)의 공범의 죄책을 진다(☞ **[판례 Ⅳ-4]** 참조).

[판례 Ⅳ-4] 대법원 2013.9.12. 선고 2012도2744 판결【낙태교사】

〈사실관계〉

피고인 1은 결혼을 전제로 교제하던 여성인 피고인 2의 임신 사실을 알고 수회에 걸쳐 낙태를 권유하였다가 거부당하자, 피고인 2에게 출산 여부는 알아서 하되 더 이상 결혼을 진행하지 않겠다고 통보하고, 이후에도 아이에 대한 친권을 행사할 의사가 없다고 하면서 낙태할 병원을 물색해 주기도 하였는데, 그 후 피고인 2가 피고인 1에게 알리지 아니한 채 자신이 알아본 병원에서 낙태시술을 받았다.

〈판결요지〉

교사범이란 정범인 피교사자로 하여금 범죄를 결의하게 하여 그 죄를 범하게 한 때에 성립하므로, 교사자의 교사행위에도 불구하고 피교사자가 범행을 승낙하지 아니하거나 피교사자의 범행결의가 교사자의 교사행위에 의하여 생긴 것으로 보기 어려운 경우에는 이른바 실패한 교사로서 형법 제31조 제3항에 의하여 교사자를 음모 또는 예비에 준하여 처벌할 수 있을 뿐이다.

피교사자가 범죄의 실행에 착수한 경우 그 범행결의가 교사자의 교사행위에 의하여 생긴 것인지는 교사자와 피교사자의 관계, 교사행위의 내용 및 정도, 피교사자가 범행에 이르게 된 과정, 교사자의 교사행위가 없더라도 피교사자가 범행을 저지를 다른 원인의 존부 등 제반 사정을 종합적으로 고려하여 사건의 전체적 경과를 객관적으로 판단하는 방법에 의하여야 하고, 이러한 판단 방법에 의할 때 피교사자가 교사자의 교사행위 당시에는 일응 범행을 승낙하지 아니한 것으로 보여진다 하더라도 이후 그 교사행위에 의하여 범행을 결의한 것으로 인정되는 이상 교사범의 성립에는 영향이 없다. 이 사안에서, 피고인 1은 피고인 2에게 직접 낙태를 권유할 당시뿐만 아니라 출산 여부는 알아서 하라고 통보한 이후에도 계속 낙태를 교사하였고 피고인 2는 이로 인하여 낙태를 결의·실행하게 되었다고 보는 것이 타당하며, 피고인 2가 당초 아이를 낳을 것처럼 말한 사실이 있다는 사정만으로 피고인 1의 낙태교사행위와 피고인 2의 낙태결의 사이에 인과관계가 단절되는 것은 아니므로, 피고인 1에게 낙태교사죄를 인정하는 것이 타당하다.

Ⅴ. 유기와 학대의 죄(제28장)

1) 노유, 질병 기타 사정으로 인하여 부조를 요하는 자를 보호할 법률상 또는 계약상의 의무있는 자가 유기하거나 자기의 보호 또는 감독을 받는 자를 학대함으로써 성립하는 범죄이다. 그 유형으로는 단순유기죄(제271조 제1항), 존속유기죄(제271조 제2항), 영아유기죄(제272조), 단순학대죄(제273조 제1항), 존속학대죄(제273조 제2항), 아동혹사죄(제274조), 유기등치사상죄(제275조 제1항), 존속유기등치사상죄(제275조 제2항)가 있다.

2) 차의 운전 등 교통으로 인하여 사람을 사상하거나 물건을 손괴한 경우 그 차의 운전자나 승무원은 즉시 정차하여 사상자를 구호하는 등 필요한 조치를 취하여야 하고(도교법 제54조 제1항), 이러한 조치를 취하지 아니한 운전자 또는 승무원은 사고후미조치죄(제148조)로 처벌된다. 그리고 자동차·원동기장치자전거의 교통으로 인하여 업무상과실·중과실치사상죄(제268조)를 범한 해당 차량의 운전자가 피해자를 구호하는 등의 조치를 하지 아니하고 도주한 경우나 선박의 교통으로 인하여 업무상과실·중과실치사상죄(제268조)를 범한 해당선박의 선장 또는 승무원이 피해자를 구호하는 등의 조치를 취하지 아니하고 도주한 경우에는 특가법에 의해 가중처벌된다(제5조의3, 제5조의12).

1. 유기·존속유기죄(제271조 제1항·제2항), 중유기·중존속유기죄(같은 조 제3항·제4항)

(1) 의 의

유기의 죄는 노유, 질병 기타 사정으로 인하여 부조를 요하는 자를 보호할 법률상 또는 계약상의 의무있는 자가 유기를 함으로써 성립하는 범죄로 3년 이하의 징역 또는 500만원 이하의 벌금에 처하고(제271조 제1항), 본죄를 범하여 사람의 생명에 대한 위험을 발생시킨 때에는 7년 이하의 징역에 처한다(같은 조 제3항). 자기 또는 배우자의 직계존속을 유기한 때에는 10년 이하의 징역 또는 1천 500만원 이하의 징역에 처하고(같은 조 제2항), 유기로 인하여 자기 또는 배우자의 직계존속의 생명에 대한 위험을 발생시킨 경우에는 2년 이상의 유기징역에 처한다(같은 조 제4항).

(2) 주 체

1) 유기죄의 주체는 '부조를 요하는 자를 보호할 법률상 또는 계약상의 의무있는 자'이다. 우선 부조를 요하는 자를 보호할 법률상 의무있는 자의 사례로는 다음과 같은 것들이 있다.

> **민법 제734조(사무관리의 내용)** ① 의무없이 타인을 위하여 사무를 관리하는 자는 그 사무의 성질에 좇아 가장 본인에게 이익되는 방법으로 이를 관리하여야 한다.
> ② 관리자가 본인의 의사를 알거나 알 수 있는 때에는 그 의사에 적합하도록 관리하여야 한다.
> **제737조(관리자의 관리계속의무)** 관리자는 본인, 그 상속인이나 법정대리인이 그 사무를 관리하는 때까지 관리를 계속하여야 한다. 그러나 관리의 계속이 본인의 의사에 반하거나 본인에게 불리함이 명백한 때에는 그러하지 아니하다.

제826조(부부간의 의무) ① 부부는 동거하며 서로 부양하고 협조하여야 한다.
제913조(보호, 교양의 권리의무) 친권자는 자를 보호하고 교양할 권리의무가 있다.
제974조(부양의무) 다음 각호의 친족은 서로 부양의 의무가 있다.
1. 직계혈족 및 그 배우자간,
3. 기타 친족간(생계를 같이하는 경우에 한한다.)
도교법 제54조(사고발생 시의 조치) ① 차의 운전 등 교통으로 인하여 사람을 사상하거나 물건을 손괴(이하 "교통사고"라 한다)한 경우에는 그 차의 운전자나 그 밖의 승무원은 즉시 정차하여 사상자를 구호하는 등 필요한 조치를 하여야 한다.
수난구호법 제18조(인근 선박등의 구조지원) ① 조난현장의 부근에 있는 선박 등의 선장·기장 등은 조난된 선박 등이나 구조본부의 장 또는 소방관서의 장으로부터 구조요청을 받은 때에는 가능한 한 조난된 사람을 신속히 구조할 수 있도록 최대한 지원을 제공하여야 한다. 다만, 조난사고의 원인을 제공한 선박의 선장 및 승무원은 요청이 없더라도 조난된 사람을 신속히 구조하는 데 필요한 조치를 하여야 한다.
경집법 제2조(직무의 범위) 경찰관은 다음 각 호의 직무를 수행한다.
1. 국민의 생명·신체 및 재산의 보호
제4조(보호조치 등) ① 경찰관은 수상한 행동이나 그 밖의 주위 사정을 합리적으로 판단해 볼 때 다음 각 호의 어느 하나에 해당하는 것이 명백하고 응급구호가 필요하다고 믿을 만한 상당한 이유가 있는 사람을 발견하였을 때에는 보건의료기관이나 공공구호기관에 긴급구호를 요청하거나 경찰관서에 보호하는 등 적절한 조치를 할 수 있다.
1. 정신착란을 일으키거나 술에 취하여 자신 또는 다른 사람의 생명·신체·재산에 위해를 끼칠 우려가 있는 사람
2. 자살을 시도하는 사람
3. 미아, 병자, 부상자 등으로서 적당한 보호자가 없으며 응급구호가 필요하다고 인정되는 사람. 다만, 본인이 구호를 거절하는 경우는 제외한다.
응급의료법 제6조 ② 응급의료종사자는 업무 중에 응급의료를 요청받거나 응급환자를 발견하면 즉시 응급의료를 하여야 하며 정당한 사유 없이 이를 거부하거나 기피하지 못한다.
제8조(응급환자에 대한 우선 응급의료 등) ① 응급의료종사자는 응급환자에 대하여는 다른 환자보다 우선하여 상담·구조 및 응급처치를 하고 진료를 위하여 필요한 최선의 조치를 하여야 한다.
소방기본법 제16조(소방활동) ① 국민안전처장관, 소방본부장 또는 소방서장은 화재, 재난·재해, 그 밖의 위급한 상황이 발생하였을 때에는 소방대를 현장에 신속하게 출동시켜 화재진압과 인명구조·구급 등 소방에 필요한 활동을 하게 하여야 한다.
제20조(관계인의 소방활동) 관계인은 소방대상물에 화재, 재난·재해, 그 밖의 위급한 상황이 발생한 경우에는 소방대가 현장에 도착할 때까지 경보를 울리거나 대피를 유도하는 등의 방법으로 사람을 구출하는 조치 또는 불을 끄거나 불이 번지지 아니하도록 필요한 조치를 하여야 한다["관계인"이란 소방대상물의 소유자·관리자 또는 점유자를 말한다(제2조 제3호)].

① 도교법상 교통사고발생시의 구호조치의무는 차의 교통으로 인하여 사람을 사상하거나 물건을 손괴한 때에 운전자 등으로 하여금 교통사고로 인한 사상자를 구호하는 등 필요한 조치를 신속히 취하게 하고 나아가 신속히 경찰관에게 교통사고의 발생을 알려서 피해자의 구호, 교통질서의 회복 등에 관하여 적절한 조치를 취하게 하기 위한 것이므로, 교통사고의 결과가 피해자의 구호 및 교통질서의 회복을 위한 조치가 필요한 상황인 이상 교통사고를 발생시킨 당해 차량의 운전자에게 그 사고발생에

있어서 고의·과실 혹은 유책·위법의 유무에 관계없이 부과되어 있다(대법원 2002.5.24. 선고 2000도1731 판결).

② 민법에 근거한 부부간의 부양의무는 원칙적으로 법률상 부부관계에서 인정되나 사실혼관계, 즉 당사자 사이에 주관적으로 혼인의사의 합치가 있고, 객관적으로 부부공동생활이라고 인정할 만한 혼인생활의 실체가 존재하는 경우에도 부부간의 보호의무가 인정된다(☞ **[판례 V-1]** 참조).

[판례 V-1] 대법원 2008.2.14. 선고 2007도3952 판결【유기치사】

〈공소사실〉

피고인은 피해자(여, 47세)와 4년여 동안 동거하면서 내연관계를 맺어오던 중, 2006.8.1. 01:00경 서울시 소재 ○○모텔 객실에서, 그 무렵 함께 투숙해 있던 피해자에게 내연관계를 청산하고 헤어지자고 하였으나 피해자가 이를 거부하며 자신의 손목을 칼로 그어 자살을 기도하는 등 극도로 예민한 상태로 괴로움을 호소하면서 당시 피고인이 소지하고 있던 필로폰 약 1.6g을 모두 먹어 버리겠다며 전부 달라고 하였는데, 필로폰을 상습적으로 취급해 온 피고인으로서는 필로폰 약 1.6g 정도면 이를 한꺼번에 투약할 경우 사람이 사망에 이를 수 있다는 사실을 알고 있었음에도 피해자가 피고인의 바지 주머니에서 위 필로폰을 가져가도록 방치함으로써 피해자가 이를 물에 타서 전부 복용한 후 약물 과다 복용으로 밤새 잠을 못 이룬 채 자신의 가슴을 두드리며 고통을 호소하고, 같은 날 09:30경에는 방바닥에 앉은 상태에서도 목을 가누지 못할 정도의 상황에 이르렀는바, 피고인으로서는 자신에게서 치사량의 필로폰을 가져간 피해자가 이를 과다 복용하였을 가능성을 충분히 인식할 수 있었고, 따라서 피해자가 고통으로 신음할 때 지체 없이 피해자의 상태를 확인하고 의료기관에 후송하여 치료를 받게 하여야 할 부조의무가 있음에도 아무런 조치를 취하지 아니한 채 피해자를 그대로 방치하여 유기하고 이로 인하여 피해자로 하여금 같은 날 11:30경 같은 장소에서 급성약물중독으로 사망에 이르게 하였다.

〈1심 판결요지〉

유기치사죄의 주체는, 부조를 요하는 자를 보호할 법률상 또는 계약상 의무 있는 자에 한정되지만 부부 사이에는 민법 제826조 제1항에 의하여 상호 부양의무가 있고, 나아가 자기의 행위로 인하여 위험발생의 원인을 야기한 사람은 형법 제18조에 의하여 구성요건적 결과가 발생하지 않도록 방지할 작위의무가 있는데 이러한 의무는 위에서 말한 법률상 의무에 포함되는바, ① 피고인과 피해자가 4년여 동안 동거하면서 내연관계를 맺어와 사실혼에 유사한 관계가 형성되어 있었으므로 민법이 정하고 있는 부부간의 상호 부양의무에 준하는 보호의무를 인정할 만하고, ② 피고인이 피해자에게 필로폰을 복용하도록 하여 마약중독으로 보이는 습성을 갖게 하였고, 이 사건 무렵에도 피해자에게 필로폰을 1주일 동안 5회나 투약한 상태에서 남은 필로폰 1.6g까지 피해자가 가져가는 것을 알면서도 그대로 방치함으로써, 피해자로 하여금 급성약물중독으로 사망하게 된 원인을 제공하였으므로, 그렇다면 자기의 행위로 인하여 위험발생의 원인을 제공한 피고인은 필로폰을 복용한 피해자가 고통으로 신음할 때 지체 없이 피해자의 상태를 확인하고 의료기관에 후송하여 치료를 받게 하여야 할 법률상 보호의무를 부담한다.

〈2심 판결요지〉

먼저, 피고인과 피해자 사이에 민법 제826조 제1항이 정하고 있는 부부 사이의 상호 부양의무에 준하는 의무를 인정할 수 있는지에 관하여 보건대, 당사자 사이에 주관적으로 혼인의사의 합치가 있고, 객관적으로 부부공동생활이라고 인정할 만한 혼인생활의 실체가 존재하는 경우에 한하여 사실혼관계를 인정하여, 일정한 범위 안에서 법률상의 혼인에 준하는 권리의무관계를 인정할 수 있을 뿐이지, 이 사건처럼 피고인과 피해자가 4년 여 동안 동거하기도 하면서 내연관계를 맺어왔다는 점만으로는 두 사람의 관계를 사실혼관계라고 보거나 부부간의 상호 부양의무에 준하는 의무를 인정할 수는 없다고 판단된다.

다음으로, 피고인이 자기의 행위로 인하여 피해자에게 위험이 발생하는 원인을 야기했기 때문에 구성요건적 결과가 발생하지 않도록 방지할 작위의무가 있다고 할 수 있는지에 관하여 보건대, ① 피고인이 예전에 피해자 몰래 필로폰 복용의 습성이 생기게 하였다거나 이 사건 전에 피해자에게 필로폰을 투여하여 왔다는 점을 들어, 피고인이 이 사건 위험을 발생하는 원인을 야기했다고 할 수는 없고, ② 피고인이 이 사건 당일 피해자에게 치사량의 필로폰을 직접 복용시킨 점이 인정되지 않고, 단지 공소외 1이 피고인의 옷에서 필로폰을 꺼내가는 것을 피고인이 방치하였다는 점만 인정되는 마당에, 그 점을 들어 피고인이 피해자에게 이 사건 위험이 발생하는 원인을 야기하였다고 볼 수도 없다고 할 것이므로, 피고인에게 위와 같은 작위의무가 있다고 할 수 없다.

〈대법원 판결요지〉

형법 제271조 제1항에서 말하는 법률상 보호의무 가운데는 민법 제826조 제1항에 근거한 부부간의 부양의무도 포함되며, 나아가 법률상 부부는 아니지만 사실혼 관계에 있는 경우에도 위 민법 규정의 취지 및 유기죄의 보호법익에 비추어 위와 같은 법률상 보호의무의 존재를 긍정하여야 하지만, 이러한 사실혼에 해당되어 법률혼에 준하는 보호를 받기 위해서는 단순한 동거 또는 간헐적인 정교관계를 맺고 있다는 사정만으로는 부족하고, 그 당사자 사이에 주관적으로 혼인의 의사가 있고 객관적으로도 사회관념상 가족질서적인 면에서 부부공동생활을 인정할 만한 혼인생활의 실체가 존재하여야 한다.

원심은 피고인과 피해자가 4년여 동안 동거하기도 하면서 내연관계를 맺어왔다는 사정만으로는 두 사람의 관계를 사실혼 관계라고 보거나 두 사람의 사이에 부부간의 상호 부양의무에 준하는 보호의무를 인정할 수 없으므로 이 사건 유기치사의 공소사실은 범죄의 증명이 없는 경우에 해당한다는 이유로 위 공소사실에 대하여 무죄를 선고하였는바, 위 법리와 기록에 비추어 살펴보면 원심의 판단은 옳다.

③ 한편 아래와 같이 아동, 노인, 장애인, 노숙인, 정신질환자 등 사회적 약자의 보호를 위한 각종 특별법에는 사회적 약자에 대한 보호의무를 규정하고 요보호자를 유기하는 행위에 대한 처벌규정을 별도로 두고 있는 경우가 있다.

노인복지법 제1조의2(정의) 이 법에서 사용하는 용어의 정의는 다음과 같다.

1. "부양의무자"라 함은 배우자(사실상의 혼인관계에 있는 자를 포함한다)와 직계비속 및 그 배우자(사실상의 혼인관계에 있는 자를 포함한다)를 말한다.
2. "보호자"라 함은 부양의무자 또는 업무·고용 등의 관계로 사실상 노인을 보호하는 자를 말한다.

제39조의7(응급조치의무 등) ① 제 39조의6의 규정에 의하여 노인학대신고를 접수한 노인보호전문기관의 직원이나 사법경찰관리는 지체없이 노인학대의 현장에 출동하여야 한다.(이하 생략)

⑤ 제1항의 규정에 의하여 현장에 출동한 자는 학대받은 노인을 노인학대행위자로부터 분리하거나 치료가 필요하다고 인정할 때에는 노인보호전문기관 또는 의료기관에 인도하여야 한다.

제39조의9(금지행위) 누구든지 65세 이상의 사람에 대하여 다음 각 호의 어느 하나에 해당하는 행위를 하여서는 아니 된다.

3. 자신의 보호·감독을 받는 노인을 유기하거나 의식주를 포함한 기본적 보호 및 치료를 소홀히 하는 방임행위

노숙인복지법 제14조(응급조치의 의무) ① 경찰공무원, 소방공무원 또는 노숙인 등 관련 업무 종사자는 중대한 질병, 동사(凍死) 등 노숙인 등에 관한 응급상황을 신고 받거나 발견한 때에는 지체 없이 필요한 조치를 하여야 한다.

노숙인복지법시행령 제6조(응급상황 등) ② 노숙인복지법 제14조 제1항에 따른 노숙인 등 관련 업무 종사자의 범위는

노숙인시설 종사자와 지방자치단체의 노숙인 업무 담당 공무원으로 한다.
③ 노숙인복지법 제14조 제1항에 따라 경찰 또는 노숙인 등 관련 업무 종사자가 하여야 하는 필요한 조치의 내용은 다음 각 호의 구분에 따른다.

1. 경찰: 경찰관직무집행법 제4조에 따른 보호조치 등
2. 노숙인 등 관련 업무 종사자: 다음 각 목의 조치
   가. 응급상황이 발생한 현장에서의 응급처치
   나. 병원 응급실 이송 및 입원 의뢰
   다. 노숙인복지법 제16조에 따른 노숙인복지시설의 장에게 보호 의뢰
   라. 그 밖에 응급상황에서 노숙인 등 보호에 필요한 조치

아동복지법 제3조(정의) 이 법에서 사용하는 용어의 뜻은 다음과 같다.

3. "보호자"란 친권자, 후견인, 아동을 보호·양육·교육하거나 그러한 의무가 있는 자 또는 업무·고용 등의 관계로 사실상 아동을 보호·감독하는 자를 말한다.

제17조(금지행위) 누구든지 다음 각 호의 어느 하나에 해당하는 행위를 하여서는 아니 된다.

6. 자신의 보호·감독을 받는 아동을 유기하거나 의식주를 포함한 기본적 보호·양육·치료 및 교육을 소홀히 하는 방임행위

아동학대처벌법 제12조(피해아동에 대한 응급조치) ① 제11조 제1항에 따라 현장에 출동하거나 아동학대범죄 현장을 발견한 사법경찰관리 또는 아동보호전문기관의 직원은 피해아동 보호를 위하여 즉시 다음 각 호의 조치를 하여야 한다. 이 경우 제3호의 조치를 하는 때에는 피해아동의 의사를 존중하여야 한다(다만, 피해아동을 보호하여야 할 필요가 있는 등 특별한 사정이 있는 경우에는 그러하지 아니하다).

1. 아동학대범죄 행위의 제지
2. 아동학대행위자를 피해아동으로부터 격리
3. 피해아동을 아동학대 관련 보호시설로 인도
4. 긴급치료가 필요한 피해아동을 의료기관으로 인도

장애인복지법 제2조(장애인의 정의 등) ① "장애인"이란 신체적·정신적 장애로 오랫동안 일상생활이나 사회생활에서 상당한 제약을 받는 자를 말한다.
③ "장애인학대"란 장애인에 대하여 신체적·정신적·정서적·언어적·성적 폭력이나 가혹행위, 경제적 착취, 유기 또는 방임을 하는 것을 말한다.
제59조의7(금지행위) 누구든지 다음 각 호의 어느 하나에 해당하는 행위를 하여서는 아니 된다.

3. 자신의 보호·감독을 받는 장애인을 유기하거나 의식주를 포함한 기본적 보호 및 치료를 소홀히 하는 방임행위

제59조의5(응급조치의무 등) ① 제59조의4에 따라 장애인학대 신고를 접수한 장애인권익옹호기관의 직원이나 사법경찰관리는 지체 없이 장애인학대현장에 출동하여야 한다.
② 제1항에 따라 장애인학대현장에 출동한 자는 학대받은 장애인을 학대행위자로부터 분리하거나 치료가 필요하다고 인정할 때에는 장애인권익옹호기관 또는 의료기관에 인도하여야 한다.
정신보건법 제21조(보호의무자) ① 정신질환자의 민법상의 부양의무자 또는 후견인은 정신질환자의 보호의무자가 된다.
제3조(정의) 이 법에서 사용하는 용어의 정의는 다음과 같다.

1. "정신질환자"라 함은 정신병(기질적 정신병을 포함한다)·인격장애·알코올 및 약물중독 기타 정신병적 정신장애를

가진 자를 말한다.
제22조(보호의무자의 의무) ③ 보호의무자는 정신질환자의 재산상의 이익 등 권리보호를 위하여 노력하여야 하며 정신질환자를 유기하여서는 아니 된다.

④ 경범죄처벌법 제3조 제6호(도움이 필요한 사람 등의 신고불이행)는 "자기가 관리하고 있는 곳에 도움을 받아야 할 노인, 어린이, 장애인, 다친 사람 또는 병든 사람이 있거나 시체 또는 사산아가 있는 것을 알면서 이를 관계 공무원에게 지체 없이 신고하지 아니한 사람"에 대하여 10만원 이하의 벌금, 구류 또는 과료(科料)의 형에 처할 수 있다고 규정하고 있다. 이외에도 119구조법 제4조 제3호, 응급의료법 제5조 제1항, 아동학대처벌법 제10조 제2항, 노인복지법 제39조의6 제2항, 장애인복지법 제59조의4 제2항, 가정폭력처벌법 제4조 제2항 등에서는 위급한 상황에 처한 사람에 대한 신고의무를 규정하고 있다. 이러한 신고의무는 요부조자에 대한 구호 또는 보호의무라고 할 수 없으며, 신고의무불이행으로 인한 처벌은 별론으로 하고 이를 근거로 유기죄를 인정할 수는 없다고 보아야 한다.

2) 유기죄의 주체에는 계약상 보호의무를 지고 있는 자도 포함된다. 요부조자 보호의무는 주로 병원·요양원 등 의료복지시설, 아동, 장애인 등의 보호시설 또는 보호업무를 담당하는 개인과의 위임계약에 의해 발생하며, 이 때 수임인(受任人)은 위임의 본지(本旨)에 따라 선량한 관리자의 주의로써 위임사무를 처리하여야 한다(민법 제681조). 그리고 계약상 보호의무는 간호사나 보모와 같이 계약에 기한 주된 급부의무가 부조를 제공하는 것인 경우에 한정되지 아니하며, 계약의 해석상 계약관계의 목적이 달성될 수 있도록 상대방의 신체 또는 생명에 대하여 주의와 배려를 한다는 부수적 의무의 한 내용으로 상대방을 부조하여야 하는 경우를 포함한다(☞ **[판례 V-2]** 참조).

[판례 V-2] 대법원 2011.11.24. 선고 2011도12302 판결【절도, 유기치사 등】

〈사실관계〉

2010.12.31. 오후 피고인은 종전부터 그 운영의 주점에 손님으로 와서 술을 마신 일이 있던 피해자에게 주점으로 술 마시러 오도록 권유하였고, 이에 응한 피해자는 그가 운영하는 공장 직원들과 회식을 하여 술에 취한 상태에서 같은 날 22:48경 주점에 와서 술을 마시기 시작하여 2011.1.1.부터 2011.1.3. 오전까지 계속하여 양주 5병, 소주 8병 및 맥주 30여병을 마셨다. 피고인은 피해자가 술에 취하여 잠이 든 틈을 이용하여 피해자의 옷에서 그의 S은행 체크카드를 몰래 빼낸 다음 2011.1.1. 12:05경 그리고 다음날 10:17경과 11:56경 3차례에 걸쳐 훔친 체크카드를 이용하여 S은행 현금인출기에서 현금 400만원을 인출하였다. 피해자는 2011.1.1.경부터 두 차례 자신의 의지와 무관하게 옷에 소변을 보는 등 만취한 상태에 있었고 그 사이에 식사는 한 끼도 하지 아니하였으며, 피해자에 대한 실종신고를 받은 경찰관들이 2011.1.3. 19:20경 피해자를 발견할 당시 피해자는 영하의 추운 날씨에 트레이닝복만 입고 이불이나 담요를 덮지 아니한 채 양말까지 벗은 채로 소파에서 잠을 자면서 정신을 잃은 상태에 있었으며, 경찰관들에 의하여 바로 병원으로 후송되어 치료를 받았으나 다음날인 2011.1.4. 23:40경 저체온증 및 대사산증으로 사망하였다.

〈판결요지〉

유기죄에 관한 형법 제271조 제1항의 '계약상 의무'는 간호사나 보모와 같이 계약에 기한 주된 급부의무가 부조를 제공하는 것인 경우에 반드시 한정되지 아니하며, 계약의 해석상 계약관계의 목적이 달성될 수 있도록 상대방의 신체 또는 생명에 대하여 주의와 배려를 한다는 부수적 의무의 한 내용으로 상대방을 부조하여야 하는 경우를 배제하는 것은 아니다. 그 의무 위반의 효과로서 주로 손해배상책임이 문제되는 민사영역에서와는 달리 유기죄의 경우에는 당사자의 인적 책임에 대한 형사적 제재가 문제된다는 점 등을 고려하여 보면, 단지 위와 같은 부수의무로서의 민사적 부조의무 또는 보호의무가 인정된다고 해서 계약상 보호의무가 당연히 긍정된다고는 말할 수 없으나, 당해 계약관계의 성질과 내용, 계약당사자 기타 관련자들 사이의 관계 및 그 전개양상, 그들의 경제적·사회적 지위, 부조가 필요하기에 이른 전후의 경위, 필요로 하는 부조의 대체가능성을 포함하여 그 부조의 종류와 내용, 달리 부조를 제공할 사람 또는 설비가 있는지 여부 기타 제반 사정을 고려하여 '계약상의 부조의무'를 인정할 수 있다.

이 사건 피고인이 운영하는 주점의 손님인 피해자가 피고인의 지배 아래 있는 위 주점에서 3일 동안에 걸쳐 과도하게 술을 마셔 추운 날씨에 난방이 제대로 되지 아니한 주점 내 소파에서 잠을 자면서 정신을 잃은 상태에 있었다면 피고인으로서는 위 주점의 운영자로서 피해자에게 생명 또는 신체에 대한 위해가 발생하지 아니하도록 피해자를 위 주점 내실로 옮기거나 인근에 있는 여관에 데려다 주어 쉬게 하거나 피해자의 지인 또는 경찰에 연락하는 등의 필요한 조치를 강구하여야 할 계약상의 부조의무를 부담하므로, 이 사건 유기치사의 공소사실에 관하여 피고인을 유죄로 인정한 것은 정당하다.

〈참조판례〉

○ 인천지법 2008.10.10. 선고 2007고합698 판결【유기치사】

피고인이 속한 경비회사와 아파트 입주자 대표회의 사이에 맺은 경비도급계약 제12조는 "경비회사는 입주자 대표회의가 정하는 경비대상 시설 내에서의 인명과 재산에 대한 도난, 화재, 혼잡, 무단침입 등의 위해발생을 방지하는데 의무를 가진다"라고 규정하고 있으므로, 이 사건 아파트의 경비업무를 수행하는 피고인으로서는 아파트 및 그 부대시설 내에서 발생되는 입주민들에 대한 생명, 신체 또는 재산상의 위해를 방지하고, 그 인명 등을 보호해야 할계약상 부조의무를 부담한다고 봄이 상당하다.

이 사건 당시 피해자는 술에 만취하여 자신의 집을 스스로 찾아가는 등 일상생활에 필요한 기본적 행위를 할 수 없는 정도에 이르렀던 점, 피해자의 복장이나 행태 등으로 보아 피고인은 피해자가 아파트 입주민임을 쉽게 예상할 수 있었던 점, 피고인은 피해자의 입가에 비록 소량이지만 혈흔이 있다는 것을 인식하고 다른 경비원과 그 혈흔이 있게 된 원인에 관하여 추측성의 이야기를 나눈 점에 비추어 피해자의 건강상태에 어떠한 이상이 있다는 것을 충분히 예견할 수 있었던 점, 비록 피해자가 술에 만취되었다는 점을 감안하더라도 당시 하의가 일부 벗겨져 하반신이 그대로 노출되는 등 그 모습이 매우 이례적임에도, 피해자의 주머니에 들어있는 휴대폰을 통하여 그 상황을 피해자의 가족 내지 구조기관에 알리는 등의 조치를 전혀 취하지 아니한 채 약 3시간가량 피해자를 그대로 방치한 점 등을 종합하면, 피해자는 이 사건 당시 부조를 요하는 상태에 있었고 피고인은 피해자를 부조할 의무가 있음에도 아무런 조치를 취하지 않은 채 피해자를 보호 없는 상태에 둠으로써 피해자의 신체에 대한 위험을 야기한 유기행위를 하였다고 봄이 상당하다.

다만 피고인이 피해자를 발견할 당시에는 극히 소량의 혈흔이 피해자의 입가에 있었고 별다른 외상도 없어 생명의 위험이 있을 만한 구체적인 상황을 인식하였다고 보기 어려운 점, 평소에도 술에 취한 사람들이 아파트의 단지 내에서 쓰러져 잠을 잔다는 것을 자주 경험한 피고인으로서는 사건 당시 피해자가 술 냄새를 풍기며 코를 골면서 숨을 고르게 내쉬고 있어 피해자를 단순한 취객이 아닌 뇌손상 등의 중상을 입었다고 판단하기가 어려웠던 점, 더욱이 사건 당시는 7월 초순경의 여름 날씨였고 피고인이 실내인 지하 계단에서 누워있던 피해자를 발견할 때에는 날이 밝아오려는 05:00경인 점 등을 감안하면 피고인이 피해자를 발견된 지 불과 3시간여 만에 별다른 외부요인이 없는 가운데 갑자기 사망하리라고는 예견하기 어려운 점, 피고인도 자신의 경험에 따라 조만간 날이 밝으면 취객인 피해자가 술에 깨어 자진하여 귀가할 것이라고 기대하였던 점 등 여러 가지 사정에 비추어 보면, 비록 피고인이 술에 만취하여 몸을 가누지 못하고 쓰러져 있는 피해자를 부조할 의무가 있음에도 이를 유기하기는 하였지만, 더 나아가 피해자가 사망에 이를지도 모른다는 점을 예견하였거나 또는 예견할 수 있었다고 보기는 어렵다.

그리고 택시기사가 손님을 태운 경우 손님을 목적지까지 안전하게 태워 줄 계약상 주의의무가 있고, 목적지가 아닌 장소에 손님을 하차시킬 경우 진행하는 다른 자동차에 의하여 사고를 당하거나 여타 다른 위해요소에 노출될 위험성을 고려하여 이를 회피하기 위한 조치를 취하여야 한다. 따라서 자동차전용도로로 자동차만이 통행하는 곳으로 사람의 통행이 불가능하며 도로구조상 걸어서는 쉽게 그 밖으로 나갈 수 없을 뿐만 아니라 심야시간대이어서 시야가 매우 불량한 관계로 교통사고가 발생할 가능성을 예견할 수 있는 상황에서, 택시기사가 술에 취해 횡설수설하면서 욕설을 한다는 이유로 손님을 자동차전용도로 하차시켜 손님으로 하차시켜 그 손님으로 하여금 다른 차량에 들이받혀 사망하게 한 때에는 유기치사의 죄책을 진다(광주지법 2017.8.18. 선고 2017고합146 판결).

3) 유기죄의 주체는 법률상 또는 계약상의 의무있는 자로 제한되고 사회상규, 관습 등에 의해 보호의무가 인정되는 자는 포함되지 않는다. 예컨대 피고인이 16:00경 피해자(41세)와 함께 마을을 향하여 가던 중 술에 취하였던 탓으로 도로 위에서 실족하여 2미터 아래 개울로 미끄러져 떨어져 약 5시간 가량 잠을 자다가 술과 잠에서 깨어난 피고인과 피해자가 도로 위로 올라가려 하였으나 야간이어서 도로로 올라가는 길을 발견치 못하고 개울 아래위로 헤매던 중 피해자가 후두부 타박상을 입어서 정상적으로 움직이기가 어렵게 되었고 피고인은 도로로 나오는 길을 발견하고 혼자 도로 위로 올라왔는데 당시는 영하 15도의 추운 날씨이고 40m 떨어진 곳에 민가가 있었으므로 피고인으로서는 인접한 민가에 가서 피해자의 구조를 요청하든지 스스로 피해자를 데리고 올라와서 병원으로 대려가 의사로 하여금 치료하게 하는 등 긴급히 구조조치를 취할 수 있음에도 불구하고 그대로 피해자를 방치하였고 이로 인해 피해자는 약 4, 5시간 후 심장마비로 사망하였더라도, 동행자가 구조를 요하게 되었다 하여도 일정거리를 동행한 사실만으로는 피고인에게 법률상 계약상의 보호의무가 있다고 할 수 없으므로 피고인에게 유치치사죄의 죄책을 지울 수는 없다(대법원 1977.1.11. 선고 76도3419 판결).

(3) 유기행위

1) 유기란 요부조자를 보호받지 못하는 상태에 두는 일체의 행위를 말하는데, 보호받지 못하는 장소에 이전하는 것(적극적 유기)은 물론 장소의 이전없이 필요한 보호를 다하지 않는 것(소극적 유기)도 유기에 해당한다. 따라서 요부조자를 장소적으로 이전하는 경우뿐만 아니라 장소적 이전을 수반하지 않더라도 요부조자를 내버려두고 떠나거나 또는 요부조자에게 생존에 필요한 보호를 하지 않는 경우에도 유기의 죄책을 진다(☞ **[판례 V-3]** 참조).

[판례 V-3] 대법원 1980.9.24. 선고 79도1387 판결【유기치사】

〈사실관계〉

피고인은 전격성간염에 걸려 장내출혈의 증세까지 생긴 만11세 남짓한 그 딸을 병원으로 데리고 다니면서 치료를 받게 함에 있어 의사들이 당시의 의료기술상 최선의 치료방법이라고 하면서 권유하는 수혈을 자신이 믿는 종교인 여호와의 증인의 교리에 어긋난다는 이유로 시종일관 완강히 거부하여 그 딸로 하여금 의학상의 적정한 치료를 받지 못하도록 하여 그로 인해 동인으로 하여금 장내출혈 때문에 실혈사하게 하였다.

〈판결요지〉

피고인이 질병으로 인하여 이와 같이 보호를 요하는 딸을 병원에 입원시켜 놓고 의사가 그 당시 국내의 의료기술상 최선의 치료방법이라는 수혈을 하려 하여도 이를 완강하게 거부하고 방해하였다면 이는 결과적으로 요부조자를 위험한 장소에 두고 떠난 것이나 다름이 없다고 할 것이어서 그 행위의 성질로 보면 논지가 지적하는 유기에 해당된다고 할 것이고, 비록 그 환자의 증세로 보아 회복의 가망성이 희박한 상태(그렇다고 하여 처음부터 회복의 전망이 전혀 없다고 단정하기에 족한 증거자료도 없다)이어서 의사가 권하는 최선의 치료방법인 수혈이라도 하지 않으면 그 환자가 사망할 것이라는 위험이 예견가능한 경우에 아무리 생모라고 할지라도 자신의 종교적 신념이나 후유증 발생의 염려만을 이유로 환자에 대하여 의사가 하고자 하는 위의 수혈을 거부하여 결과적으로 그 환자로 하여금 의학상 필요한 치료도 제대로 받지 못한 채 사망에 이르게 할 수 있는 정당한 권리가 있다고는 할 수 없는 것이며, 그때에 사리를 변식할 지능이 없다고 보아야 마땅할 11세 남짓의 환자 본인이 가사 그 생모와 마찬가지로 위의 수혈을 거부한 일이 있다고 하여도 이것이 피고인의 위와 같은 수혈거부 행위가 위법한 것이라고 판단하는데 어떠한 영향을 미칠만한 사유가 된다고 볼 수는 없으므로 피고인의 판시 소위는 유기치사죄에 해당한다.

2) 독일 및 일본 형법은 작위와 부작위를 구분하여 부작위에 의한 유기에 대해서만 보호의무를 요구하고 있으나,* 우리나라 형법은 작위에 의한 유기와 부작위에 의한 유기를 구분하지 않고 있다. 판례는 작위에 의한 유기의 경우에도 유기의 죄책을 지우기 위해서는 보호의무가 요구됨을 전제로 한겨울에 철도역청사에 있는 노숙인을 청사 밖에 유기하여 사망하게 한 한국철도공사 직원과 공익근무요원에 대하여 유기치사의 죄책을 지울 수 없다고 판시한 바 있다(☞ **[판례 V-4]** 참조). 유기죄의 성립에 보호의무를 요건으로 규정한 이유는 법적으로 보호의무 없는 자의 구조의무불이행을 모두 유기죄로 규율하는 것이 바람직하지 않다고 판단한 데 있고,** 작위에 의한 유기에 대해서까지 보호의무를 요건

* 독일형법 제221조 제1항은 "사람을 보호받지 못하는 상태에 빠뜨리거나 자신의 보호 아래 있거나 또는 자신이 보호해야 할 의무있는 자를 보호 없는 상태에 방치하여 그를 사망하게 하거나 또는 중대한 건강훼손의 위험에 빠뜨린 자는 3월 이상 5년 이하의 자유형에 처한다."고 있다. 그리고 일본형법 '노년, 유년, 신체장애 또는 질병으로 인해 부조를 필요로 하는 자를 유기한 자'는 1년 이상의 징역에 처하고"(제217조), '노년자, 유년자, 신체장애자 또는 병자를 보호하는 책임을 진 자가 이러한 자를 유기하거나 그 생존에 필요한 보호를 하지 아니한 때'에는 3월 이상 5년 이하의 징역에 처한다고 규정하고 있다(제218조).

** 독일형법은 사고, 공공위험 또는 긴급상황 발생시 필요하고도 제반사정에 비추어 기대가능한 구조행위, 특히 자신에 대한 현저한 위험이나 기타 중요한 의무위반 없이도 가능한 구조행위를 하지 아니한 때에는 1년 이하의 자유형 또는 벌금형에 처하도록 규정하고 있다(제323조c). 프랑스형법은 자기 또는 제3자에게 위험을 초래함이 없이 개인적으로 행동하거나 구조를 요청함으로써 위험에 처한 타인을 구조할 수 있었음에도 불구하고 고의로 이를 하지 아니한 자는 5년의 자유형 및 7만 5천유로의 벌금에 처하도록 규정하고 있다(제223조의6 제2항). 이처럼 법률상 보호의무 없는 자의 구조의무불이행을 처벌하는 조항을 일반적으로 '착한(선한) 사마리아인법'이라고 한다. 형법제정 당시와 그 후 형법개정과정에서 우리나라에도 이러한 규정을 도입해야 한다는 주장이 제기되었으나 결국 채택되지 못하였다.

으로 하기 위한 것이 아니다. 보호의무 있는 자의 부작위에 의한 유기행위에 비해 보호의무 없는 자의 작위에 의한 유기행위의 불법이 결코 작지 않음을 감안해 볼 때, 작위에 의한 유기에 대해서는 보호의무를 요하지 않는다고 봄이 타당하다.

[판례 V-4] 대법원 2013.9.13. 선고 2011도9675 판결【유기치사】

〈사실관계〉

한국철도공사 서울본부 서울역 내근과장으로 근무하고 있던 피고인 1은 2010.1.15. 07:30경 서울역 소속 공익근무요원인 A와 서울역사 합동순찰을 마칠 무렵 2층 대합실 물품보관함 앞에서 만취상태 및 갈비뼈 골절상 등으로 인해 스스로 움직이지 못하고 쓰러져 있던 피해자를 발견하고, A에게 "노숙자를 밖으로 내보내라."라고 지시하고, A는 피해자 뒤에서 양 겨드랑이 사이로 손을 넣어 일으켜 붙잡고 그곳에서 20m 정도 떨어진 서울역 2층 대합실 2번 출구 밖 대리석 바닥에 놓아둠으로써 피해자를 유기하였다.

한편 같은 날 08:20경부터 서울역 2번 출구 근처 서울역 광장에서 함께 제설작업을 하던 서울역 소속 공익근무요원 피고인 2는 같은 공익근무요원인 B로부터 '서울역 2번 출구 앞에 노숙자가 쓰러져있으니 확인해 보라.'는 무전을 받고, 같은 날 08:50경 서울역 2번 출구 앞에서 갈비뼈골절 및 만취상태에서 바지가 엉덩이까지 내려간 채로 스스로 움직이지 못하고 의사표시도 하지 못하는 피해자를 발견하고 후배 공익요원인 C와 함께 피해자를 휠체어에 태운 뒤 주변에 있던 장애인 엘리베이터를 이용해 지하1층 엘리베이터 옆 구석진 곳에 데려다놓으려고 하였으나 마침 그곳에서 청소 중인 아주머니가 "거기에 내려놓으면 안 된다."라고 말하자, 다시 엘리베이터를 타고 1층으로 올라가 서울역 광장 중앙계단 좌측 기둥 옆에 유기하였다가, 이를 현장에서 목격한 콩코스 백화점 경비원이 "눈 위에 노숙자를 내놓으면 얼어 죽을 수 있다며 다른 곳으로 이동해라."라고 말하자, 같은 날 09:07경 피해자를 다시 휠체어에 태운 후 그곳으로부터 약 200m 떨어져 있는 서울역사 구름다리(과선교) 아래에 옮겨 놓음으로써 피해자를 유기하였다. 피해자는 같은 날 12:22경 사망한 상태로 발견되었으며, 부검결과 장시는 혈중알코올농도 0.157%의 만취상태로 사인은 동사(冬死)가 아니라 오른쪽 갈비뼈의 다발성 골절, 오른쪽 폐의 파열로 밝혀졌다.

〈제2심 판결요지〉

현행 형법은 유기죄에 있어서 구법과는 달리 보호법익의 범위를 넓힌 반면에 보호책임 없는 자의 유기죄는 없애고 법률상 또는 계약상 의무 있는 자만을 유기죄의 주체로 규정하고 있어 명문상 사회상규 상의 보호책임을 관념할 수 없으므로, 유기죄가 성립하기 위해서는 행위자가 형법 제271조 제1항이 정한 바에 따라 '노유, 질병 기타 사정으로 인하여 부조를 요하는 자를 보호할 법률상 또는 계약상 의무 있는 자'에 해당하여야 한다. 앞서 본 법리와 기록에 비추어 살펴보면, 원심이 판시와 같은 사정에 비추어 피고인들에게 법률상 또는 계약상 보호의무가 있다고 인정하기 어렵다는 이유로 이 사건 공소사실을 모두 무죄로 판단한 조치는 정당한 것으로 수긍이 가고, 국가공무원을 국민 전체의 봉사자라고 규정한 국가공무원법 제1조나 공무원은 인권을 존중하여야 한다고 규정한 국가공무원 복무규정 제4조의 규정에 의하여 피고인들에게 법률상 보호의무가 있다고 할 수도 없다. (검사가 상고하였으나 대법원도 같은 취지의 판결을 선고하였는데, 대법원판결의 내용이 간략하여 제2심판결문을 인용함-저자)

3) 유기죄가 성립하기 위해서는 유기죄에 있어서는 행위자가 요부조자에 대한 보호책임의 발행원인이 된 사실이 존재한다는 것을 인식하고 이에 기한 부조의무를 해태한다는 의식이 있음을 요한다. 피고인이 예컨대 호텔 7층 객실에서 피해자에게 성관계를 요구하다가 같은 피해자가 그 순간을 모면하기 위하여 7층 창문으로 뛰어내린다는 사실을 피고인이 전혀 알지 못하였다면 유기의 범의를 인정 할

수 없으나(대법원 1988.8.9. 선고 86도225 판결), 국민의 생명과 신체의 안전을 보호하기 위한 응급의 조치를 강구하여야 할 직무를 가진 경찰관으로서는 술에 만취된 피해자가 향토예비군 4명에게 떼메어 운반되어 지서 나무의자 위에 눕혀 놓았을 때 숨이 가쁘게 쿨쿨 내뿜고 자신의 수족과 의사도 자제할 수 없는 상태에 있음에도 불구하고 근 3시간 동안이나 아무런 구호조치를 취하지 아니하였다면 유기죄에 대한 범의를 인정할 수 있다(대법원 1972.6.27. 선고 72도863 판결).

3) 유기죄는 유기행위를 함으로써 곧바로 성립하고(거동범), 유기행위로 생명·신체에 대한 어떤 구체적인 위험이 발생할 것을 요하지 않는다(추상적 위험범).

2. 영아유기죄 (제272조)

직계존속이 치욕을 은폐하기 위하거나 양육할 수 없음을 예상하거나 특히 참작할만한 동기로 인하여 영아를 유기함으로써 성립하는 범죄로 2년 이하의 징역 또는 300만원 이하의 벌금에 처한다(제272조). 영아살해죄와는 달리 영아의 범위가 '분만 중 또는 분만직후'로 제한되지 않는다.

3. 유기등 치사상죄 (제275조)

1) 유기(제271조 제1항), 중유기(같은 조 제3항), 영아유기(제272조)의 죄를 범하여 사람을 상해 또는 사망에 이르게 함으로써 성립하는 범죄로 각각 7년 이하의 징역과 3년 이상의 유기징역에 처한다(제275조 제1항). 존속유기(제271조 제3항) 또는 중존속유기(같은 조 제4항)의 죄를 범하여 자기 또는 배우자의 직계존속을 상해 또는 사망에 이르게 한 때에는 각각 3년 이상의 유기징역과 무기 또는 5년 이상의 징역에 처한다(제275조 제2항). 유기시에 사망에 대한 고의가 인정되는 경우에는 살인죄 또는 존속살해죄가 성립한다.

2) 아동(18세 미만의 사람)에 대하여 유기죄(제271조 제1항), 영아유기죄(제272조)를 범하여 아동을 사망에 이르게 하거나 아동의 생명에 대한 위험을 발생하게 하거나 불구 또는 난치의 질병에 이르게 한 때에는 아동학대처벌법에 의해 가중처벌된다(제4조, 제5조).

3) 유기치상죄가 성립하기 위해서는 유기와 상해 또는 사망 사이에는 인과관계가 존재해야 한다. 예컨대 치사량의 청산가리를 음독했을 경우 미처 인체에 흡수되기 전에 지체없이 병원에서 위 세척을 하는 등 응급 치료를 받으면 간혹 소생할 가능은 있을지 모르나 이미 청산가리가 혈관에 흡수되어 피고인이 피해자를 화장실에서 발견했을 때 피해자의 안색이 변하고 의식이 없었고 당시 의학기술과 의료시설로서는 그 치료가 불가능하여 결국 사망하게 되고 또 일반적으로 병원에서 음독환자에게 위세척 호흡촉진제 강심제주사 등으로 응급치료를 하더라도 피해자에게 아무런 도움도 되지 못한다면 유기행위와 피해자의 사망 간에는 상당인과관계가 있다고 할 수 없다(대법원 1967.10.31. 선고 67도1151 판결).

4. 학대죄(제273조 제1항), 존속학대죄(같은 조 제2항)

1) 학대의 죄는 자기의 보호 또는 감독을 받는 사람을 학대함으로써 성립하는 범죄로 2년 이하의 징역 또는 500만원 이하의 벌금에 처한다(제273조 제1항). 자기 또는 배우자의 직계존속을 학대한 때에는 5년 이하의 징역 또는 700만원 이하의 벌금에 처한다(같은 조 제2항). 청소년을 학대한 자는 5년 이하의 징역에 처한다(청소년보호법 제57조, 제30조 제6호). 유기죄와는 달리 학대죄에서는 그 주체가 법률상 또는 계약상 보호 또는 감독하는 자로 제한되지 않는다.

2) 학대죄는 자기의 보호 또는 감독을 받는 사람에게 육체적으로 고통을 주거나 정신적으로 차별대우를 하는 행위가 있음과 동시에 범죄가 완성되는 상태범 또는 즉시범으로, 수십 회에 걸쳐서 계속되는 일련의 폭행행위가 있었다 하더라도 그 중 친권자로서의 징계권의 범위에 속하여 위법성이 조각되는 부분이 있다면 그 부분을 따로 떼어 무죄의 판결을 할 수 있다(대법원 1986.7.8. 선고 84도2922 판결). 그러나 4세인 아들이 대소변을 가리지 못한다고 닭장에 가두고 전신을 구타하는 것은 친권자의 징계권 행사에 해당한다고 할 수 없다(대법원 1969.2.4. 선고 68도17932 판결).

3) '학대'란 육체적으로 고통을 주거나 정신적으로 차별대우를 하는 행위로서 단순히 상대방의 인격에 대한 반인륜적 침해만으로는 부족하고 적어도 유기에 준할 정도에 이르러야 하므로, 단순히 미성년자인 자(子)와 성관계를 맺은 것만으로는 학대에 해당한다고 볼 수 없다(대법원 2000.4.25. 선고 2000도223 판결). 아동학대처벌법은 아동학대의 개념을 "보호자를 포함한 성인이 아동의 건강 또는 복지를 해치거나 정상적 발달을 저해할 수 있는 신체적·정신적·성적 폭력이나 가혹행위를 하는 것과 아동의 보호자가 아동을 유기하거나 방임하는 것을 말한다"고 정의하고 있다(제3조 제7호). 그리고 장애인복지법은 장애인학대란 "장애인에 대하여 신체적·정신적·정서적·언어적·성적 폭력이나 가혹행위, 경제적 착취, 유기 또는 방임을 하는 것을 말한다"고 정의하고 있다(같은 법 제2조 제3항). 따라서 아동학대처벌법과 장애인복지법상 학대의 개념은 학대죄(제273조)의 학대보다 넓은 개념이라고 할 수 있다.

5. 학대등치사상죄(제275조)

1) 학대죄 또는 존속학대죄를 범하여 사람을 상해 또는 사망에 이르게 함으로써 성립하는 범죄이다. 학대죄를 범하여 사람을 상해 또는 사망에 이르게 한 때에는 각각 7년 이하의 유기징역과 3년 이상의 유기징역에 처하고(제275조 제1항), 존속학대죄를 범하여 자기 또는 배우자의 직계존속을 사망에 이르게 한 때에는 각각 3년 이상의 유기징역과 무기 또는 5년 이상의 유기징역에 처한다(같은 조 제2항).

2) 아동(18세 미만의 사람)에 대하여 학대죄(제273조 제1항), 아동혹사죄(제274조) 및 학대치상죄(제275조)를 범하여 아동을 사망에 이르게 하거나 아동의 생명에 대한 위험을 발생하게 하거나 불구 또는 난치의 질병에 이르게 한 때에는 아동학대처벌법에 의해 가중처벌된다(제4조, 제5조).

6. 아동혹사죄(제274조)

1) 본죄는 자기의 보호 또는 감독을 받는 16세미만의 자를 그 생명 또는 신체에 위험한 업무에 사용할 영업자 또는 그 종업자에게 인도하거나 그 인도를 받음으로써 성립하는 범죄로 5년 이하의 징역에 처한다. 인도를 한 자와 인도를 받은 자가 함께 관여함으로써 성립한다는 의미에서 필요적 공범이다.

2) 본죄의 실행행위는 16세 미만의 자를 생명 또는 신체에 위험한 업무에 사용할 영업자나 종업자에게 인도하고 인도를 받는 것으로, 16세 미만의 자가 실제로 그러한 업무에 종사하였는가는 본죄의 성립에 영향을 미치지 않는다. 그리고 실제로 16세 미만의 자를 인도하고 인도를 받아야 하므로 단순히 인도계약을 체결한 것만으로는 본죄가 성립하지 않는다.

7. 특별법에 의한 유기·학대의 가중처벌

(1) 아동·장애인·노인·정신질환자·청소년에 대한 유기·학대의 가중처벌

1) 아동에게 음란한 행위를 시키거나 이를 매개하는 행위 또는 아동에게 성적 수치심을 주는 성희롱 등의 성적 학대행위를 한 자는 10년 이하의 징역 또는 5천만원 이하의 벌금에 처한다(아동복지법 제71조 제1항 제1호의2, 제17조 제2호). 아동의 신체에 손상을 주거나 신체의 건강 및 발달을 해치는 신체적 학대행위, 아동의 정신건강 및 발달에 해를 끼치는 정서적 학대행위, 자신의 보호·감독을 받는 아동을 유기하거나 의식주를 포함한 기본적 보호·양육·치료 및 교육을 소홀히 하는 방임행위, 장애를 가진 아동을 공중에 관람시키는 행위 또는 아동에게 구걸을 시키거나 아동을 이용하여 구걸하는 행위를 한 자는 5년 이하의 징역 또는 3천만원 이하의 벌금에 처한다(같은 법 제71조 제1항 제2호, 제17조 제3호 내지 제8호).

2) 장애인에게 성적 수치심을 주는 성희롱·성폭력 등의 행위를 한 자는 10년 이하의 징역 또는 1억원 이하의 벌금에 처한다(장애인복지법 제86조 제1항, 제59조의7 제1호). 장애인의 신체에 상해를 입히거나 장애인을 폭행, 협박, 감금, 그 밖에 정신상 또는 신체상의 자유를 부당하게 구속하는 수단으로써 장애인의 자유의사에 어긋나는 노동을 강요하는 행위를 한 자는 7년 이하의 징역 또는 7천만원 이하의 벌금에 처한다(같은 법 제86조 제2항, 제59조의7 제2호, 제2호의2). 장애인을 폭행하거나 자신의 보호·감독을 받는 장애인을 유기하거나 의식주를 포함한 기본적 보호 및 치료를 소홀히 하는 방임하거나, 장애인에게 구걸을 하게 하거나 장애인을 이용하여 구걸하거나 장애인을 체포 또는 감금하거나 장애인의 정신건강 및 발달에 해를 끼치는 정서적 학대행위를 한 자는 5년 이하의 징역 또는 5천만원 이하의 벌금에 처한다(같은 법 제86조 제3항, 제59조의7 제2호 내지 제6호). 그리고 공중의 오락 또는 흥행을 목적으로 장애인의 건강 또는 안전에 유해한 곡예를 시키는 행위를 한 자는 1년 이하의 징역 또는 1천만원 이하의 벌금에 처한다(같은 법 제86조 제5항, 제59조의7 제8호).

3) 노인의 신체에 폭행을 가하는 행위, 노인에게 성적 수치심을 주는 성폭행·성희롱 등의 행위, 자

신의 보호·감독을 받는 노인을 유기하거나 의식주를 포함한 기본적 보호 및 치료를 소홀히 하는 방임행위, 노인에게 구걸을 하게 하거나 노인을 이용하여 구걸하는 행위 또는 폭언, 협박, 위협 등으로 노인의 정신건강에 해를 끼치는 정서적 학대행위를 한 자는 5년 이하의 징역 또는 5천만원 이하의 벌금에 처한다(노인복지법 제55조의3 제1항, 제39조의9).

4) 정신질환자를 유기한 자는 5년 이하의 징역 또는 5천만원 이하의 벌금에 처한다(정신보건법 제55조).

5) 청소년을 학대한 자는 5년 이하의 징역에 처한다(청소년보호법 제57조, 제30조 제6호).

(2) 아동학대처벌법에 의한 아동학대치사 등의 가중처벌

1) 2014.1.28. 제정된 아동학대처벌법(2015.6.22. 시행)은 18세 미만의 아동에 대한 상해(제257조 제1항, 제3항), 특수상해(제258조의2 제1항, 제3항), 폭행(제260조 제1항), 특수폭행(제261조), 폭행치상(제262조), 유기(제271조 제1항), 영아유기(제272조), 학대(제273조 제1항), 아동혹사(제274조), 유기등치상(제275조), 체포·감금(제276조 제1항), 중체포·감금(제277조 제1항), 특수체포·감금(제278조), 체포·감금치사상(제281조), 협박(제283조 제1항), 특수협박(제284조). 미성년자약취·유인(제287조), 추행등목적약취·유인(제288조), 인신매매(제289조), 약취·유인·매매·이송 등 상해·치상(제290조), 강간(제297조). 유사강간(제297조의2), 강제추행(제298조), 준강간·준강제추행(제299조), 강간등상해·치상(제301조), 강간등살인·치사(제301조의2), 미성년자등에 대한 간음(제302조), 업무상위력 등에 의한 간음(제303조), 미성년자에 대한 간음·추행(제305조). 명예훼손(제307조), 출판물등에의한명예훼손(제309조), 모욕(제331조), 신체·주거수색(제321조), 강요(제324조), 공갈(제350조), 특수공갈(제350조의2), 재물손괴(제366조) 및 아동복지법위반죄, 아동학대처벌법상 아동학대치사(제4조), 아동학대중상해(제5조) 및 그 상습범(제6조)의 죄를 범한 자를 '아동학대범죄'로 규정하고 있다(아동학대처벌법 제2조 제4호).

2) 아동학대범죄 중 상해(제257조 제1항, 제3항), 특수상해(제258조 제1항, 제3항), 폭행(제260조 제1항), 특수폭행(제261조), 폭행치상(제262조), 유기(제271조 제1항), 영아유기(제272조), 학대(제273조 제1항), 아동혹사(제274조), 유기등치상(제275조), 체포·감금(제276조 제1항), 중체포·감금(제277조 제1항), 특수체포·감금(제278조), 체포·감금치상(제281조)의 죄를 범한 사람이 아동을 사망에 이르게 한 때에는 무기 또는 5년 이상의 징역에 처하고(아동학대처벌법 제4조), 아동의 생명에 대한 위험을 발생하게 하거나 불구 또는 난치의 질병에 이르게 한 때에는 3년 이상의 징역에 처한다(아동학대처벌법 제5조).

3) 아동학대치사(제4조), 아동학대중상해(제5조) 및 그 상습범(제6조)의 죄를 제외한 아동학대범죄를 상습적으로 범한 자는 그 죄에 정한 형의 2분의 1까지 가중한다(아동학대처벌법 제6조). 아동학대 신고의무자가 보호하는 아동에 대하여 아동학대범죄를 범한 때에도 그 죄에 정한 형의 2분의 1까지 가중한다(아동학대처벌법 제7조).

제 2 장

자유에 대한 죄

Ⅰ. 협박과 강요의 죄(제30장, 제37장)

1) 사람의 의사결정의 자유 내지 행동의 자유를 침해하는 범죄이다. 형법은 강요의 죄(제324조부터 제324조의6까지)를 각칙 제37장(권리행사를 방해하는 죄)에 규정하고 있으나, 편의상 함께 설명한다.

2) 협박과 강요의 죄에는 협박죄(제283조 제1항), 존속협박죄(제283조 제2항), 특수협박죄(제284조), 상습협박죄(제285조), 강요죄(제324조 제1항), 특수강요죄(같은 조 제2항), 인질강요죄(제324조의2), 인질상해·치상죄(제324조의3), 인질살해·치사죄(제324조의4) 및 중강요죄(제326조)가 있고, 중강요죄를 제외한 나머지 죄의 미수범은 처벌된다(제286조, 제324조의5). 그리고 인질강요죄와 인질상해·치상죄를 범한 자나 그 미수범이 인질을 안전한 장소로 풀어준 때에는 그 형을 감경할 수 있다(제324조의6).

3) 2인 이상이 공동하여 협박죄, 존속협박죄 또는 강요죄를 범한 때에는 폭처법에 의해 가중처벌된다(제2조, 제3조).

4) 정보통신망을 통하여 공포심이나 불안감을 유발하는 부호·문언·음향·화상 또는 영상을 반복적으로 상대방에게 도달하게 한 자는 정보통신망법에 의해 처벌된다(제74조 제1항 제3호, 제44조의7 제1항 제3호).

5) 자기 또는 타인의 형사사건의 수사 또는 재판과 관련하여 고소·고발 등 수사단서의 제공, 진술, 증언 또는 자료제출에 대한 보복의 목적이나 고소·고발 등 수사단서의 제공, 진술, 증언 또는 자료제출을 하지 못하게 하거나 고소·고발을 취소하게 하거나 거짓으로 진술·증언·자료제출을 하게 할 목적으로 협박죄(제283조 제1항)를 범하거나 자기 또는 타인의 형사사건의 수사 또는 재판과 관련하여 필요한 사실을 알고 있는 사람 또는 그 친족에게 정당한 사유 없이 면담을 강요하거나 위력(威力)을 행사한 때에는 특가법에 의해 가중처벌된다(제5조의9 제2항, 제4항).

6) 아동·청소년에게 성매매 등을 강요하거나(제14조), 폭행이나 협박으로 아동·청소년대상 성범죄의 피해자나 아

동복지법상 보호자를 상대로 합의를 강요한 때에는 아청법에 의해 처벌된다(제16조).

1. 협박죄 (제283조 제1항), 존속협박죄 (같은 조 제2항)

(1) 의 의

1) 사람을 협박함으로써 성립하는 범죄로 3년 이하의 징역, 500만원 이하의 벌금, 구류 또는 과료에 처하고(제283조 제1항), 자기 또는 배우자를 협박한 때에는 5년 이하의 징역 또 700만원 이하의 벌금에 처한다(같은 조 제2항). 이들 죄는 반의사불벌죄이고(같은 조 제3항), 그 미수범은 처벌된다(제286조).

2) 자기 또는 타인의 형사사건의 수사 또는 재판과 관련하여 고소·고발 등 수사단서의 제공, 진술, 증언 또는 자료제출에 대한 보복의 목적으로 또는 고소·고발 등 수사단서의 제공, 진술, 증언 또는 자료제출을 하지 못하게 하거나 고소·고발을 취소하게 하거나 거짓으로 진술·증언·자료제출을 하게 할 목적으로 사람을 협박한 경우에는 1년 이상의 유기징역에 처한다(특가법 제5조의9 제2항).

3) 운행 중인 운전자를 협박한 때에는 5년 이하의 징역이나 2천만원 이하의 벌금에 처한다(특가법 제5조의10 제1항). 이 죄를 범하여 사람을 상해에 이르게 한 때에는 3년 이상의 유기징역에 그리고 사망에 이르게 한 때에는 5년 이상의 징역에 처한다(같은 조 제2항).

4) 정보통신망을 통하여 공포심이나 불안감을 유발하는 부호·문언·음향·화상 또는 영상을 반복적으로 상대방에게 도달하게 한 자는 1년 이하의 징역이나 1천만원 이하의 벌금에 처한다(정보통신망법 제74조 제1항 제3호, 제44조의7 제1항 제3호).

(2) 협 박

1) '협박'은 본죄뿐만 아니라 여러 유형의 범죄에서도 사용되고 있다.*

협박죄에서의 협박은 사람으로 하여금 공포심을 일으킬 정도의 해악을 고지하는 행위로서, 그 객체는 '사람'에 한정되고 법인은 협박죄의 객체가 될 수 없다. 따라서 예컨대 채권추심업체인 회사의 직원이 회사로부터 자신의 횡령행위에 대한 민·형사상 책임을 추궁당할 지경에 이르자 이를 모면하기 위하여 회사 본사에 '회사의 내부비리 등을 금융감독원 등 관계기관에 고발하겠다'는 취지의 서면을 보내는 한편 회사의 경영지원 본부장이자 상무이사인 피해자에게 전화를 걸어 자신의 횡령행위를 문제삼지 말라고 요구하면서 서면의 내용과 같은 취지로 발언한 경우, 피해자에 대한 협박죄는 인정할 수 있으나 회사에 대한 협박죄는 인정할 수 없다(대법원 2010.7.15. 선고 2010도1017 판결).

* 우선 공무집행방해죄(제136조), 소요죄(제115조), 특수도주죄(제146조)에서의 협박은 상대방으로 하여금 공포심을 일으킬 의사로 해악을 고지하는 행위만 있으면 되고 실제로 상대방이 공포심을 일으킬 것을 요하지 않는다(광의의 협박). 이에 대하여 강요죄(제324조)나 공갈죄(제350조)에서는 실제로 공포심을 일으켜 권리행사를 방해당하거나 의무없는 일을 하거나 또는 재물이나 재산상의 이익을 교부하여야 한다(협의의 협박). 끝으로 강간죄(제297조)나 강도죄(제333조)에서는 협박의 정도가 상대방의 반항을 불가능하게 하거나 현저히 곤란하게 할 정도임을 요한다(최협의의 협박).

2) 해악은 어느 정도 구체성을 가져야 한다. 따라서 불만의 표시로 "두고 보자"는 말을 한 것만으로는 협박이라고 할 수 없고(대법원 1974.10.8. 선고 74도1892 판결), 피해자의 처와 통화하기 위하여 야간에 피해자의 집에 여러 차례 전화를 걸어 피해자가 전화를 받으면 20분 내지 30분 동안 아무 말도 하지 않고 있다가 전화를 끊어 버리거나 어떤 때에는 "한번 만나자", "나한테 자신 있냐?" 등의 말을 한 정도로는 피해자로 하여금 심적인 고통을 가하거나 분노를 일으키는 등 감정을 자극하는 폭언을 한 정도에 그칠 뿐 피해자의 생명이나 신체에 대한 해악을 고지하는 협박이라고 볼 수 없다(부산지법 1985.7.5. 선고 85노638 판결). 그리고 자신과의 폭행사건 재판의 증인으로 출석하여 대기하고 있던 피해자에게 "막말로 표현하면, 법정에 출석 시 그냥 넘어갈 수는 없다", "증인 출석을 하면 나는 그냥 넘어가지는 않겠다"라고 말하였더라도, 피해자에게 증언을 하지 못하도록 적극적으로 종용하였다기보다는 자신의 억울함을 토로하는 상황이었고, 대화를 나누면서 고성·욕설이 있었거나 분위기가 험악하였던 것도 아니며, 피해자가 그 말에 별다른 반응을 보이지 않았다면 이는 단순한 폭언에 불과할 뿐 구체적인 해악을 고지한 것으로 보기 어렵다(청주지법 2016.5.19. 선고 2016노69 판결).

3) 고지되는 해악의 내용, 즉 침해하겠다는 법익의 종류나 법익의 향유 주체 등에는 아무런 제한이 없으므로 피해자 본인뿐만 아니라 그 친족 그 밖의 제3자에게 해악을 가하겠다고 고지하는 경우에도 협박죄가 성립할 수 있다. 이 때 제3자에는 자연인뿐만 아니라 법인도 포함된다(대법원 2010.7.15. 선고 2010도1017 판결). 다만 제3자에 대한 법익침해를 내용으로 하는 협박에 있어서는 제3자가 피해자 본인과 밀접한 관계에 있어 그 해악의 내용이 피해자 본인에게 공포심을 일으킬 만한 정도의 것이라야 한다(대법원 2012.8.17. 선고 2011도10451 판결).

○ 대법원 2012.8.17. 선고 2011도10451 판결【협박】

피고인이 혼자서 술을 마시던 중 ○○정당이 국회에서 예산안을 강행처리하였다는 것에 화가 나서 공중전화를 이용하여 ○○경찰서지령실에 여러 차례에 걸쳐 전화를 하고 전화를 할 때마다 위 지령실에서 근무하면서 그 전화를 받은 각 경찰관에게 위 경찰서의 관할구역 내에 있는 ○○당 경기도당 당사를 폭파하겠다고 말을 하였다면, 이는 ○○정당에 관한 해악을 고지한 것으로서 피해자로 일컫고 있는 각 경찰관 개인에 관한 해악을 고지하였다고 할 수 없다. 그리고 이들 경찰관은 경찰서 지령실에서 근무하던 공무원으로서, 그들이 공공의 안녕과 질서유지의 임무를 수행하고 있어서 피고인의 행위가 직무상 그에 따른 경비조치 등을 불필요하게 취하도록 하는 결과를 초래한다고 하더라도, 그것이 사안에 따라 공무집행방해 등의 죄책에 해당하는 경우가 있을 수 있음은 별론으로 하고, 다른 특별한 사정이 없는 한 일반적으로 ○○정당에 대한 해악의 고지가 그들 개인에게 공포심을 일으킬 만큼 그와 밀접한 관계에 있다고 보기는 어렵다.

4) 한편 행위자가 직접 해악을 가하겠다고 고지하는 것은 물론이고 제3자로 하여금 해악을 가하도록 하겠다는 방식으로도 해악의 고지가 가능하다. 따라서 피해자에게 자신이 제3자의 행위를 사실상 지배하거나 제3자에게 영향을 미칠 수 있는 지위에 있는 것으로 믿게 하는 명시적·묵시적 언동을 하여

상대방이 자신의 의사에 의하여 제3자의 행위가 좌우될 수 있는 것으로 인식한 경우에는 협박죄가 성립한다.

○ 대법원 2007.6.1. 선고 2006도1125 판결【장물취득, 위증, 협박】

피고인이 피해자의 장모가 있는 자리에서 서류를 보이면서 "피고인의 요구를 들어주지 않으면 서류를 세무서로 보내 세무조사를 받게 하여 피해자를 망하게 하겠다"라고 말하여 피해자의 장모로 하여금 피해자에게 위와 같은 사실을 전하게 하고, 그 다음날 피해자의 처에게 전화를 하여 "며칠 있으면 국세청에서 조사가 나올 것이니 그렇게 아시오."라고 말하였다면, 피고인의 위 각 행위는 협박죄에 있어서의 해악의 고지에 해당한다.

○ 대구지법 2006.8.29. 선고 2006노1795 판결【업무방해, 협박 등】

협박죄에 있어 '협박'이라 함은 해악을 가하겠다는 뜻을 고지하는 것으로서 그 해악의 발생이 직·간접적으로 행위자의 의사에 좌우될 수 있는 것이어야 하므로 제3자의 행위에 의한 해악을 고지하는 경우에는 그 해악을 일으킬 수 있는 제3자의 행위가 고지자의 의사에 좌우될 수 있는 것처럼 고지되어야 이를 협박으로 볼 수 있고, 그렇지 않다면 비록 상대방이 현실적으로 외포심을 일으켰다고 하더라도 협박으로 볼 수 없는바, 피고인은 경찰청 112 신고센터와 하철역에 전화를 하여 전화를 걸어 제3자가 피고인의 휴대전화에 대구역 또는 동대구지하철역을 폭파하겠다는 내용의 문자메세지를 보냈으니 알아서 하라는 취지의 고지를 한 것에 불과하다면 그 제3자의 행위에 의한 해악의 발생이 피고인의 의사에 좌우될 수 있다는 취지도 함께 고지되었다고 보기 어려우므로 피고인의 소위는 협박죄를 구성하지 아니한다.

5) 그러나 행위자가 직접 가하든 아니면 행위자의 영향으로 제3자가 가하든 행위자에 의해서 좌우될 수 있는 것이 아닌 해악, 예컨대 천재지변의 발생과 같이 행위자의 지배력이 미치지 않는 해악의 도래를 고지하는 것은 경고일 뿐 협박이라고 할 수 없다(☞ **[판례 Ⅰ-1]** 참조).

[판례 Ⅰ-1] 대법원 2002.2.8. 선고 2000도3245 판결【사기, 공갈】

〈사실관계〉

피고인이 그의 처와 공모하여 1997.11.15.경 피고인의 집에서 처는 전화로 피해자에게 "작은 아들이 자동차를 운전하면 교통사고가 나 크게 다치거나 죽거나 하게 된다. 조상천도를 하면 교통사고를 막을 수 있고 보살(피해자 지칭)도 아픈 곳이 낫고 사업도 잘 되고 모든 것이 잘 풀려 나간다. 조상천도비용으로 795,000원을 내라"고 말하여 만일 피해자가 조상천도를 하지 아니하면 피해자와 그의 가족의 생명과 신체에 어떤 위해가 발생할 것처럼 겁을 주어 이에 외포된 피해자로부터 같은 달 16일 같은 장소에서 795,500원을 건네받아 이를 갈취하고, 1997.12. 중순경 같은 장소에서 처는 피해자에게 전화로 "묘소에 있는 시아버지 목뼈가 왼쪽으로 돌아가 아들이 형편없이 빗나가 학교에도 다니지 못하게 되고 부부가 이별하게 되고 하는 사업이 망하고 집도 다른 사람에게 넘어가게 된다. 조상천도를 하면 모든 것이 다 잘 된다. 조상천도를 하지 않으면 큰일 난다"고 말하여 만일 조상천도를 하지 아니하면 피해자와 그의 가족의 생명과 신체 등에 어떤 위해가 발생할 것처럼 겁을 주고 이에 외포된 피해자로부터 1998.1.5. 피고인의 예금계좌로 835,000원을 송금받아 이를 갈취하였다.

〈판결요지〉

형법 제350조의 공갈죄는 사람을 폭행하거나 협박하여 재물의 교부를 받거나 또는 받게 하거나 재산상의 이득을 취득하거나 취득하게 하는 것으로, 그 구성요건이 되는 협박은 해악의 발생이 행위자에 의하여 직접 또는 간접적으로 좌우될 수 있는 것이어야 하는데, 길흉화복이나 천재지변의 예고는 피고인의 직접, 간접적으로 좌우될 수 없는 것이고 가해자가 현실적으로 특정되어 있지도 않으며 해악의 발생가능성이 합리적으로 예견될 수 있는 것이 아니므로, 이는 협박으로 평가될 수 없다 할 것이고, 달리 피고인 부부가 피해자 가족들을 폭행이나 협박하였다는 점을 인정할 아무런 증거가 없다.

〈해 설〉

협박이란 사람에게 해악을 고지하여 공포심을 일으키게 하는 것을 말하는데, 그 핵심은 해악의 고지와 공포심의 유발에 있다. 대법원은 협박의 내용이 되는 해악은 행위자에 의하여 직접 또는 간접적으로 좌우될 수 있는 것이어야 한다고 하는데, 이럴 경우 행위자에 의해 직접 또는 간접적으로 좌우될 수 없는 것은 어떤 내용이더라도 그리고 그것에 의해 피해자가 실제로 공포심을 유발하더라도 협박이 될 수 없게 된다. 협박인가는 여부는 행위자의 관점에서만 결정해서는 안 되고 피해자 및 일반인의 관점을 고려해야 한다. 따라서 객관적으로 행위자에 의해 좌우될 수 없는 성질의 해악이라도 사회통념상 그와 같은 상황에서 행위자가 해악의 발생여부에 영향을 미칠 수 있다고 믿을 수 있다면 협박이라고 보아야 한다. 이 사건에서 피고인은 상당한 무속신앙을 가지고 있는 피해자에게 '조상묘소'를 운운하면서 마치 조상천도제를 지내지 않으면 불길한 일들이 일어나고 그 불길한 일도 추상적인 아닌 "아들이 교통사고로 사망하거나 크게 다친다" "아들이 형편없이 빗나간다"는 등의 구체적인 사실을 적시한 점, 이러한 해악이 피해자들의 주관적인 상황에 비추어 충분히 외포의 상태에 이를 수 있는 구체적인 해악인 점을 감안하면 사회통념상 피고인들의 해악의 고지는 협박으로 보는 것이 타당하다.

6) 협박죄가 성립하기 위해서는 상대방에게 해악을 고지하여 공포심을 일으키게 한다는데 대한 고의가 있어야 하고, 단순히 상대방에게 심리적인 고통을 가하거나 분노를 일으키는 등 감정을 자극하는 폭언을 하는 것만으로는 협박죄를 구성하지 않는다. 따라서 언쟁 중 '입을 찢어 버릴라'라고 하는 등의 감정적인 욕설을 하거나(대법원 1986.7.22. 선고 86도1140 판결), 자신의 동거남과 성관계를 가진 피해자에게 화가 난 나머지 "사람을 사서 쥐도 새도 모르게 파묻어버리겠다. 너 까짓 것 쉽게 죽일 수 있다"고 말하거나(대법원 2006.8.25. 선고 2006도546 판결), 지서에 연행되어 경찰관으로부터 혐의사실을 추궁당하며 빰을 얻어맞게 되자 흥분하여 "내가 너희들의 목을 자른다. 내 동생을 시켜서라도 자른다"고 말하였더라도(대법원 1972.8.29. 선고 72도1565 판결) 그것이 감정적인 욕설 내지 일시적인 분노의 표시에 불과하다면 협박죄를 구성하지 않는다.

한편 협박은 일반적으로 보아 사람으로 하여금 공포심을 일으킬 수 있는 정도의 해악을 고지하는 으로, 협박죄가 성립하기 위해서는 그러한 정도의 해악을 고지한다는 것을 인식, 인용하면 족하고 고지한 해악을 실제로 실현할 의도나 욕구까지 필요로 하는 것은 아니다(☞ **[판례 Ⅰ-2]** 참조).

[판례 Ⅰ-2] 대법원 1991.5.10. 선고 90도2102 판결【구 폭처법위반】

〈사실관계〉

피고인은 부모를 모두 잃어버린 후 출가한 누이인 피해자 1의 도움을 받으면서 지내오던 중 피해자 1에게 수시로 돈을 요구하였다가 거절당하는 경우에는 술을 마시고 행패를 부려왔을 뿐만 아니라 폭행치사죄로 유죄의 확정판결까지 받은 전력이 있는 자인데, 피고인과 동거하던 A가 가출하게 되자 피해자 1과 그의 남편 피해자 2가 거주하는 집에서 절취한 현금 20만원을 가지고 A를 찾아다니다가 찾지 못하고 돌아왔으나 피해자 2의 보증아래 구입한 가전제품을 피해자들이 가져가 버린 사실을 알고 피해자들의 집으로 가서 술을 마시다가 갑자기 그 집안에 있는 구두수선작업장으로 들어가 온 몸에 연소성이 높은 고무놀을 바르고 라이타 불을 켜는 동작을 하면서 이를 말리려는 피해자들에게 가위, 송곳을 휘두르면서 "방에 불을 지르겠다" "가족 전부를 죽여 버리겠다"고 소리쳤고 피해자 1이 피고인의 행위를 약 1시간 가량 말렸는데 도저히 두고 볼 수 없어 피고인이 무섭고 두려워서 경찰에 신고를 하였다.

〈원심 판결요지〉

피고인의 행위가 협박을 내용으로 하는 폭처법 위반죄로 성립되기 위해서는 위와 같은 객관적 행위 이외에 그 행위를 함에 있어, 피고인에게 그에 대한 인식 즉 고의 내지 협박의 의사가 있어야 하는데, 위 죄에 있어서의 협박이 상대방으로 하여금 현실로 공포심을 느끼게 할 정도의 해악의 고지를 의미하는 점에 비추어 그 협박의 의사에는 행위자의 해악의 고지에 대한 인식은 물론 상대방도 그와 같은 해악이 실현될 가능성이 있다는 것을 인식하고 있다는 점에 대한 행위자의 인식도 필요하다. 피고인은 동거하다가 가출한 A를 찾지 못하여 실의에 빠져있던 상태에서 부모 대신 피고인을 돌봐주던 누이인 피해자 1로부터 냉대를 받게 되자 피해자 1의 집에서 술을 마시고 자포자기의 상태에서 스스로 목숨을 끊기 위해 위와 같은 행위에 이르게 되었으나 피해자 1이 피고인의 행동을 만류한 사실 등이 인정되는 사정에 비추어 피고인에게는 협박죄의 성립에 필요한 인식 내지 협박의 의사가 있었다고 볼 수 없다.

〈판결요지〉

협박죄에 있어서의 협박이라 함은 일반적으로 보아 사람으로 하여금 공포심을 일으킬 수 있는 정도의 해악을 고지하는 것을 의미하므로 그 주관적 구성요건으로서의 고의는 행위자가 그러한 정도의 해악을 고지한다는 것을 인식, 인용하는 것을 그 내용으로 하고 고지한 해악을 실제로 실현할 의도나 욕구는 필요로 하지 아니한다고 할 것이고, 다만 행위자의 언동이 단순한 감정적인 욕설 내지 일시적 분노의 표시에 불과하여 주위사정에 비추어 가해의 의사가 없음이 객관적으로 명백한 때에는 협박행위 내지 협박의 의사를 인정할 수 없다 할 것이나 위와 같은 의미의 협박행위 내지 협박의사가 있었는지의 여부는 행위의 외형뿐만 아니라 그러한 행위에 이르게 된 경위, 피해자와의 관계 등 주위상황을 종합적으로 고려하여 판단해야 할 것이다.

피고인의 위와 같은 행위는 피해자 1등에게 공포심을 일으키기에 충분할 정도의 해악을 고지한 것으로 보이고, 나아가 피고인에게 실제로 위 피해자 1등의 신체에 위해를 가할 의사나 불을 놓을 의사가 없었다고 할지라도 위와 같은 해악을 고지한다는 점에 대한 인식, 인용은 있었다고 봄이 상당하고, 피해자 1이 피고인을 만류하여 피고인으로 하여금 그 이상의 행동에 이르지 못하도록 막은 사실이 인정된다 하여 피고인의 행위가 단순한 감정적 언동에 불과하거나 가해의 의사가 없음이 객관적으로 명백한 경우에 해당한다고는 볼 수 없다. 그리고 피고인이 위와 같은 행위를 함에 있어, 진실로 자살을 감행할 의사가 있었다고 볼 수도 없는바, 피고인이 피해자 1의 집안에 있는 구두수선 작업장에서 온 몸에 연소성이 높은 고무놀을 바르고 방에 불을 지르겠다고 고함치면서 라이타 불을 켜기까지 하는 등 판시와 같은 행위를 한 이 사건에 있어서는 피고인으로서는 이에 의하여 피해자 등이 공포심을 갖게 되리라는 것을 인식하고 이를 용인하였다 할 것이어서 협박의 고의가 있었다고 볼 것이고 위와 같은 피고인의 언동에 의하여 그 해악이 피해자 등에게 고지된 것으로 보아야 할 것이다.

(3) 위법성

협박이 정당한 목적을 위한 사회상규상 용인될 만한 수단인 경우에는 위법성이 조각된다. 특히 협박이 권리행사의 수단으로 행해진 경우, 예컨대 교통사고를 당한 피해자가 사고운전자에게 손해를 배상하지 않으면 고소하겠다고 협박한 경우에는 위법성이 조각될 수 있다(☞ **[판례 Ⅰ-3]** 참조). 그러나 권리행사의 목적으로 협박이 행해진 경우에도 그것이 사회통념상 허용되는 범위를 넘은 때에는 위법성이 조각되지 않는다. 예컨대 친권자는 자를 보호하고 교양할 권리의무가 있고 그 자를 보호 또는 교양하기 위하여 필요한 징계를 할 수 있기는 하지만(민법 제913조, 제915조) 인격의 건전한 육성을 위하여 필요한 범위 안에서 상당한 방법으로 행사되어야만 하므로, 스스로의 감정을 이기지 못하고 야구방망이로 때릴 듯이 피해자에게 "죽여 버린다"고 말하여 협박하는 것은 그 자체로 피해자의 인격 성장에 장해를 가져올 우려가 커서 이를 교양권의 행사라고 보기 어려워 사회상규에 위배되지 아니하는 행위라고 할 수 없다(대법원 2002.2.8. 선고 2001도6468 판결).

[판례 Ⅰ-3] 대법원 1995.9.29. 선고 94도2187 판결【구 폭처법위반】

〈사실관계〉

피고인은 20:00경 피고인의 집 옆 수박밭에서, 그 이전부터 수박이 없어지는 것을 수상하게 여기고 수박밭에 숨은 채 지키고 있던 중 마침 은행나무 잎을 따기 위하여 위 수박밭 부근을 서성대는 피해자(13세, 여)를 발견하게 되자 피해자가 그 동안 수박을 들고 간 것으로 경신한 나머지, 위 피해자를 불러 세운 다음 피해자에게 "도둑 잡았다", "어제도 그제도 네가 수박을 따갔지", "학교에 전화를 하겠다"는 등으로 말하면서 자신의 소행이 아님을 극구 변명하는 피해자를 윽박지르고, 이어 "가자"라고 말하면서 피해자를 앞세우고 위 수박밭에서 약 50m 떨어진 피해자의 부(父)의 집까지 간 다음 피해자의 손목을 잡고 집안으로 끌고 들어가 피해자의 부에게 "이것이 수박밭에 들어왔더라"라고 말하고 계속하여 공소외인의 만류로 피해자를 돌려보내면서도 피해자에게 "앞으로 수박이 없어지면 네 책임으로 한다"는 등으로 말하면서 마치 피해자에게 어떠한 위해를 가할 듯 한 태도를 보여 피해자를 협박하였다.

〈판결요지〉

"앞으로 수박이 없어지면 네 책임으로 한다"고 말하였다고 하더라도 그것만으로는 구체적으로 어떠한 법익에 어떠한 해악을 가하겠다는 것인지를 알 수 없어 이를 해악의 고지라고 보기 어렵고, 가사 위와 같이 말한 것이 다소간의 해악의 고지에 해당한다고 하더라도, 피고인이 전에도 여러 차례 수박을 절취당하여 그 범인을 붙잡기 위해 수박밭을 지키고 있던 중 마침 같은 마을에 거주하며 피고인과 먼 친척간이기도 한 피해자가 피고인의 수박밭에 들어와 두리번거리는 것을 발견하자 피해자가 수박을 훔치려던 것으로 믿은 나머지 피해자를 훈계하려고 위와 같이 말하였으며 그 과정에서 폭행을 가하거나 유형력을 행사한 바는 없었다면, 가사 피고인이 위와 같이 말한 것으로 인하여 피해자가 어떤 공포심을 느꼈다고 하더라도 피고인이 위와 같은 말을 하게 된 경위, 피고인과 피해자의 나이 및 신분관계 등에 비추어 볼 때 이는 정당한 훈계의 범위를 벗어나는 것이 아니어서 사회상규에 위배되지 아니하므로 위법성이 없다고 봄이 상당하고, 그 후 피해자가 스스로 음독 자살하기에 이르렀다 하더라도 이는 피해자가 자신의 결백을 밝히려는 데 그 동기가 있었던 것으로 보일 뿐 그것이 피고인의 협박으로 인한 결과라고 보기도 어렵다.

〈참조판례〉

○ **대법원 1998.3.10. 선고 98도70 판결【구 폭처법위반, 폭행】**

피고인은 자신의 남편이 미혼여성 A와 수차례 성관계를 맺자 A의 언니와 아버지에게 "A를 찾아내어 남편을 유혹하여 부정한 행위를 한 데에 대하여 사과하게 하라"고 요구하며, 그 뜻을 강조하기 위하여 "간통죄로 고소를 하겠다", "가정파탄죄로 고소하겠다", "딸이 가정파괴범이다, 시집을 보내려고 하느냐 안 보내려고 하느냐." 등의 언사를 하였다면 이와 같은 해악의 고지는 피고인의 요구에 수반된 것으로 사회통념상 이를 용인하여야 할 것으로 볼 소지가 있다.

○ **대법원 2011.7.14. 선고 2011도639 판결【협박】**

신문기자인 피고인이 고소인에게 2회에 걸쳐 증여세 포탈에 대한 취재를 요구하면서 이에 응하지 않으면 자신이 취재한 내용대로 보도하겠다고 말한 경우, 피고인이 취재와 보도를 빙자하여 고소인에게 부당한 요구를 하기 위한 취지는 아니었던 점, 당시 피고인이 고소인에게 취재를 요구하였다가 거절당하자 인터뷰 협조요청서와 서면질의 내용을 그 자리에 두고 나왔을 뿐 폭언을 하거나 보도하지 않는 데 대한 대가를 요구하지 않은 점, 관할 세무서가 피고인의 제보에 따라 탈세 여부를 조사한 후 증여세를 추징하였다고 피고인에게 통지한 점, 고소인에게 불리한 사실을 보도하는 경우 기자로서 보도에 앞서 정확한 사실 확인과 보도 여부 등을 결정하기 위해 취재 요청이 필요했으리라고 보이는 점 등 제반 사정에 비추어, 위 행위가 설령 협박죄에서 말하는 해악의 고지에 해당하더라도 특별한 사정이 없는 한 기사 작성을 위한 자료를 수집하고 보도하기 위한 것으로서 신문기자의 일상적 업무 범위에 속하여 사회상규에 반하지 아니하는 행위라고 보는 것이 타당하다.

(4) 미 수

1) 협박죄 및 존속협박죄의 미수범은 처벌된다(제286조).

2) 협박죄가 성립하기 위해서는 해악의 고지만 있으면 족하고 상대방이 실제로 공포심을 일으킬 것을 요하지 않으므로 협박행위를 한 이상 피해자가 공포심을 일으켰는가의 여부와 상관없이 해악을 고지한 이상 협박죄가 성립한다(대법원 2012.5.24. 선고 2011도5910 판결). 따라서 미수범 처벌규정은 해악의 고지가 현실적으로 상대방에게 도달하지 아니한 경우나, 도달은 하였으나 전혀 지각하지 못한 경우, 혹은 고지된 해악의 의미를 상대방이 인식하지 못한 경우 등에 적용될 따름이다(☞ **[판례 Ⅰ-4]** 참조).

[판례 Ⅰ-4] 대법원 2007.9.28. 선고 2007도606 판결【협박】

〈사실관계〉

피해자(남, 65세)는 ○○대학교 설립을 추진하는 과정에서 2001.10.30. A에게 학교부지 중 상가 및 택지로 조성될 45,000평 중 2,000평을 분양해 주겠다고 약정하고 2001.11.27.부터 2001.12.20.까지 사이에 3회에 걸쳐 A로부터 개발비 명목으로 6억원을 교부받았으나, ○○대학교 설립을 위한 재원이 마련되지 않아 학교 설립 계획이 무산될 위기에 처하게 되자, 2003.5.중순경 피해자로부터 6억원을 반환받을 방법을 모색하고 있던 A는 ○○경찰서 정보보안과 소속 경찰공무원(경사)인 피고인에게 피해자로부터 피해금 6억원을 반환받을 수 있게 도와달라고 부탁을 하고 피고인이 이를 승낙한 다음, 2003.5.30. 12:30경 A가 운영하는 회사사무실에서 피해자의 휴대폰으로 전화를 걸어 "나는 경찰서정보과에 근무하는 형사 ○○○다. A가 집안 동생인데 돈을 언제까지 해 줄 것이냐, 빨리 안 해주면 상부에 보고하여 문제를 삼겠다"라고 말하여 피해자가 A에게 6억원을 반환하지 않으면 피해자에 대한 수사에 착수하는 등 어떠한 불이익을 줄 듯한 태도를 보여 피해자를 협박하였다.

〈판결요지〉

[다수의견] 협박죄가 성립되려면 고지된 해악의 내용이 행위자와 상대방의 성향, 고지 당시의 주변 상황, 행위자와 상대방 사이의 친숙의 정도 및 지위 등의 상호관계, 제3자에 의한 해악을 고지한 경우에는 그에 포함되거나 암시된 제3자와 행위자 사이의 관계 등 행위 전후의 여러 사정을 종합하여 볼 때에 일반적으로 사람으로 하여금 공포심을 일으키게 하기에 충분한 것이면 족하고 상대방이 그에 의하여 현실적으로 공포심을 일으킬 것까지 요구되는 것은 아니며, 그와 같은 정도의 해악을 고지함으로써 상대방이 그 의미를 인식한 이상, 상대방이 현실적으로 공포심을 일으켰는지 여부와 관계없이 그로써 구성요건은 충족되어 협박죄의 기수에 이르는 것으로 해석하여야 할 것이다.

형법은 제286조에서 협박죄의 미수범을 처벌하는 조항을 두고 있으나 미수범 처벌조항이 있다 하여 반드시 침해범으로 해석할 것은 아니며, 지극히 주관적이고 복합적이며 종종 무의식의 영역에까지 걸쳐 있는 상대방의 정서적 반응을 객관적으로 심리·판단하는 것이 현실적으로 불가능에 가깝고, 상대방이 과거 자신의 정서적 반응이나 감정상태를 회고하여 표현한다 하여도 공포심을 일으켰는지 여부의 의미나 판단 기준이 사람마다 다르며 그 정도를 측정할 객관적 척도도 존재하지 아니하는 점 등에 비추어 보면, 상대방이 현실적으로 공포심을 일으켰는지 여부에 따라 기수 여부가 결정되는 것으로 해석하는 것은 적절치 아니하다.

결국, 협박죄는 사람의 의사결정의 자유를 보호법익으로 하는 위험범이라 봄이 상당하고, 위 미수범 처벌조항은 해악의 고지가 현실적으로 상대방에게 도달하지 아니한 경우나, 도달은 하였으나 전혀 지각하지 못한 경우, 혹은 고지된 해악의 의미를 상대방이 인식하지 못한 경우 등에 적용될 뿐이다.

위 법리에 비추어 볼 때, 앞서 본 당시 상황에서 피고인이 정보과 소속 경찰관의 지위에 있음을 내세우면서 빨리 변제하지 않으면 상부에 보고하여 문제를 삼겠다고 이야기한 것은, 객관적으로 보아 사람으로 하여금 공포심을 일으키게 하기에 충분한 정도의 해악의 고지에 해당하고, 피해자가 그 취지를 인식하였음이 명백한 이상 현실적으로 피해자가 공포심을 일으켰는지 여부와 무관하게 협박죄의 기수에 이르렀다고 보아야 할 것이다.

[반대의견] 현행 형법은 협박죄의 미수범을 처벌하는 규정을 두고 있는바, 그 입법 취지는 협박죄를 침해범으로 보고 해악의 고지가 상대방에게 도달하여 상대방이 그 의미를 인식하였으나 현실적으로 공포심을 일으키지는 아니한 경우에는 이를 미수범으로 처벌하도록 함으로써 피해자의 피해 정도 등을 고려한 적정한 양형을 도출하고자 하는 의도이다. [또한] 일반적인 사회적 인식에 비추어 볼 때 상대방에게 공포심을 일으키지 못하였다면 이를 미수범으로 이해하는 것이 자연스럽다. 왜냐하면 미수범은 통상 구성요건적 행위를 미처 마치지 못한 착수미수와 구성요건적 행위를 마쳤으나 결과가 발생하지 못한 실행미수의 두 가지 모습으로 나타나는바, 본건과 같이 상대방에게 공포심을 일으키지 못한 경우는 실행미수의 전형적인 모습이기 때문이다.

현실적으로 사람이 공포심을 일으켰는지 여부나 그 정도는 사람마다 다를 수 있으나 그러한 사정만으로 현실적으로 사람이 공포심을 일으켰는지 여부나 그 정도를 판단할 수 없다거나 이를 판단할 만한 객관적인 척도나 기준이 존재하지 않는다고 단정할 것은 아니며, 개별 사건에서의 검사 또는 피고인의 입증과 그에 의하여 인정되는 구체적인 사정 등을 모두 종합하여 당해 협박행위로 인하여 상대방이 현실적으로 공포심을 일으켰다는 점이 증명된다면 협박죄의 기수에 이르렀다고 인정하고, 이에 대한 증명이 부족하거나 오히려 상대방이 현실적으로 공포심을 일으키지 않았다는 점이 증명된다면 협박죄의 미수에 그친 것으로 인정하면 될 것이다. "의심스러울 때는 피고인의 이익으로"라는 법원칙은 이와 같은 경우에도 적용되어야 하고, 기수에 이르렀는지 의문이 있다면 미수범으로 처벌하면 되지 그와 같은 의문을 해결하기 어렵다고 하여 모든 경우에 기수범으로 처벌하는 것은 형사법의 일반원칙과도 부합되지 아니하며 형벌과잉의 우려를 낳게 될 뿐이다.

그렇다면 현행 형법에서의 협박죄는 침해범으로서, 일반적으로 보아 사람으로 하여금 공포심을 일으킬 수 있는 정도의 해악의 고지가 상대방에게 도달하여 상대방이 그 의미를 인식하고 나아가 현실적으로 공포심을 일으켰을 때에 비로소 기수에 이르는 것으로 봄이 타당하다.

(5) 죄 수

협박은 폭행, 상해 등의 행위시에 함께 이루어지는 경우가 많다. 피고인이 행한 협박과 상해가 같은 시간 같은 장소에서 동일한 피해자에게 가해진 경우에는 특별한 사정이 없는 한 협박은 상해의 단일범의 하에서 이루어진 것으로서 상해죄에 포함되고 별개의 죄를 구성하지 않는다(대법원 1976.12.14. 선고 76도3375 판결). 그러나 흉기로 찔러 죽인다고 협박한 다음 다시 주먹과 발로 수회 구타하여 상해를 입힌 경우는 서로 다른 법익을 침해한 것이므로 협박죄와 상해죄는 실체적 경합관계에 있다(대법원

1982.6.8. 선고 82도486 판결).

(6) 반의사불벌죄

협박죄·존속협박죄는 피해자의 명시한 의사에 반하여 공소를 제기할 수 없는 반의사불벌죄이다(제283조 제3항). 그러나 폭처법상 2인 이상이 공동으로 협박죄 또는 존속협박죄를 범한 경우 또는 폭처법위반으로 2회 이상 징역형을 받은 자가 다시 폭행죄 또는 존속폭행죄를 범하여 누범으로 처벌되는 경우는 반의사불벌죄가 아니다(폭처법 제2조 제4항).

2. 특수협박죄(제284조), 공동협박죄(폭처법 제2조 제2항)

1) 단체 또는 다중의 위력을 보이거나 위험한 물건을 휴대하여 협박죄 또는 존속협박죄를 범함으로써 성립하는 범죄로 5년 이하의 징역 또는 700만원 이하의 벌금에 처한다(제284조). 본죄의 미수범은 처벌한다(제286조).

2) 2인 이상이 공동하여 협박죄 또는 존속협박죄를 범한 때에는 각 해당 조항에서 정한 형의 1/2을 가중한다(폭처법 제2조 제2항). 공동협박죄는 반의사불벌죄가 아니다(같은 조 제4항).

"깡패들을 동원하여 가루로 만들어 버리겠다"고 위협하는 것은 단체 또는 다중의 위력을 보여 협박죄를 범한 경우에 해당한다(대법원 1996.9.20. 선고 95도1728 판결). 그리고 피고인이 차량을 운전하여 피해자의 차량 앞에 빠른 속도로 끼어들어 속력을 줄이거나 피해자가 이를 피하여 운전하여 가면 쫓아가는 등 진로방해를 하고, 피해자의 차량 옆을 주행하면서 창문을 내려 욕설을 하고 정차를 종용하기도 하였으며, 이러한 행위가 법정 최고시속 110km로 주행하는 고속도로 상에서 약 10여 분간 계속되었다면 이는 위험한 물건을 휴대한 해악의 고지에 해당한다(청주지법 2014.1.9. 선고 2013고합192 판결).

3) 피고인이 슈퍼마켓 사무실에서 식칼을 들고 피해자를 협박한 행위와 식칼을 들고 매장을 돌아다니며 손님을 내쫓아 그의 영업을 방해한 행위는 별개의 행위이므로 피고인은 특수폭행죄와 업무방해죄의 경합범의 죄책을 진다(대법원 1991.1.29. 선고 90도2445 판결).

3. 상습협박죄(제285조)

상습으로 협박죄, 존속협박죄 또는 특수협박죄를 범한 때에는 그 죄에 정한 형의 2분의 1까지 가중된다(제285조).

4. 강요죄(제324조 제1항)

(1) 의 의

1) 강요죄는 폭행 또는 협박으로 사람의 권리행사를 방해하거나 의무없는 일을 하게 함으로써 성

립하는 범죄로 5년 이하의 징역 또는 3천만원 이하의 벌금에 처한다(제324조 제1항). 본죄의 미수범은 처벌한다(제324조의5).

2) 자기 또는 타인의 형사사건의 수사 또는 재판과 관련하여 필요한 사실을 알고 있는 사람 또는 그 친족에게 정당한 사유 없이 면담을 강요하거나 위력(威力)을 행사한 사람은 3년 이하의 징역 또는 300만원 이하의 벌금에 처한다(특가법 제5조의9 제4항).

3) 폭행이나 협박으로 아동·청소년으로 하여금 아동·청소년의 성을 사는 행위의 상대방이 되게 하거나, 위계나 선불금(先拂金), 그 밖의 채무를 이용하는 등의 방법으로 아동·청소년을 곤경에 빠뜨려 아동·청소년으로 하여금 아동·청소년의 성을 사는 행위의 상대방이 되게 하거나, 업무·고용이나 그 밖의 관계로 자신의 보호 또는 감독을 받는 것을 이용하여 아동·청소년으로 하여금 아동·청소년의 성을 사는 행위의 상대방이 되게 하거나, 영업으로 아동·청소년을 아동·청소년의 성을 사는 행위의 상대방이 되도록 유인·권유한 자는 5년 이상의 유기징역에 처한다(아청법 제14조 제1항). 본죄의 미수범은 처벌한다(같은 조 제4항). 그리고 폭행이나 협박으로 아동·청소년대상 성범죄의 피해자나 아동복지법상 보호자를 상대로 합의를 강요한 때에는 7년 이하의 유기징역에 처한다(같은 법 제16조).

(2) 폭행 또는 협박

1) 강요죄는 폭행 또는 협박으로 사람의 권리행사를 방해하거나 의무 없는 일을 하게 함으로써 성립한다. 강요죄의 수단인 협박은 객관적으로 사람의 의사결정의 자유를 제한하거나 의사실행의 자유를 방해할 정도로 겁을 먹게 할 만한 해악을 고지하는 것을 말하므로, 직장에서 상사가 범죄행위를 저지른 부하직원에게 징계절차에 앞서 자진하여 사직할 것을 단순히 권유하였다고 하여 이를 강요죄에서의 협박에 해당한다고 볼 수는 없다(대법원 2008.11.27. 선고 2008도7018 판결).

2) 해악의 고지는 반드시 명시적인 방법이 아니더라도 말이나 행동을 통해서 상대방으로 하여금 어떠한 해악에 이르게 할 것이라는 인식을 갖게 하는 것이면 족하며, 행위자가 그의 직업, 지위 등에 기하여 불법한 위세를 이용하여 재물의 교부나 재산상 이익을 요구하고 상대방으로 하여금 그 요구에 응하지 않을 때에는 부당한 불이익을 당할 위험이 있다는 위구심을 일으키게 하는 경우에도 해악의 고지가 된다(대법원 2013.4.11. 선고 2010도13774 판결).

○ 대법원 2010.4.29. 선고 2007도7064 판결【폭처법위반(공동공갈)】

피고인들은 환경단체인 '전국환경감시협회 부여지부' 소속 회원들로 축산 농가들의 폐수 배출 단속활동을 벌이는 과정에서 피고인들은 '환경감시단'이라고 기재된 신분증을 휴대하고, '환경감시단'의 마크가 부착된 모자, 점퍼 등을 착용하고 있었으며, 축사 운영자들에게 자신의 소속이나 신분, 감시활동의 의미 등에 관한 정확한 정보를 제공하지 아니한 채 폐수 배출현장을 사진촬영하거나 지적하면서 폐수 배출사실을 확인하는 내용의 사실확인서에 서명할 것을 요구하였고, 일부 피해자들은 피고인들에게 단속

권한이 있는 것으로 생각하여 어쩔 수 없이 서명하였고, 일부 피해자들은 서명을 주저하자 피고인들이 서명하지 아니할 경우 법에 저촉된다고 겁을 주어 서명하게 하였으며, 위 단체의 대표자는 폐수 배출사실이 확인된 축사 운영자라도 위 단체에 금품을 제공한 경우에는 기왕에 작성하였던 사실확인서를 폐기하고 사건을 무마하기까지 하였다면, 피고인들이 사실확인서를 징구하는 과정에서 취한 일련의 행위는 피고인들에게 단속권한이 있는 것으로 오인한 피해자들로 하여금 피고인들의 요구에 불응할 경우 고발조치 등의 불이익을 받을 위험이 있다는 인식을 갖게 하는 것으로서 피해자들에 대한 관계에서 협박에 의한 강요행위에 해당한다.

○ 대법원 2003.9.26. 선고 2003도763 판결【특경법위반(배임)】

주식회사 관악이 관악컨트리클럽을 인수하여 리베라컨트리클럽으로 명칭을 변경하여 운영함으로써 체육시설의 설치·이용에 관한 법률에 따라 관악컨트리클럽의 회원들은 리베라컨트리클럽의 회원으로서의 지위를 가지게 되었고, 회원지위 승계등록절차는 골프장 회원관리에 필요한 행정절차에 불과함에도 불구하고, 회사측에서 요구하는 대로 승계등록절차를 이행하지 않는 한 회원의 자격을 인정하지 않고 예약제한, 비회원요금 징수와 같은 재산상 불이익을 가하겠다는 의사를 명시한 이상, 이는 재산상 불이익이라는 해악을 고지하는 방법으로 회원들을 협박하여 회원권이라는 재산적 권리의 행사를 제한하고 변경된 회칙을 승낙하도록 강요한 경우에 해당한다.

○ 대법원 2006.4.27. 선고 2003도4151 판결【상해, 강요】

상사 계급의 피고인이 그의 잦은 폭력으로 신체에 위해를 느끼고 겁을 먹은 상태에 있던 부대원들에게 청소 불량 등을 이유로 40분 내지 50분간 머리박아(속칭 '원산폭격')를 시키거나 양손을 깍지 낀 상태에서 약 2시간 동안 팔굽혀펴기를 50-60회 정도 하게 한 행위는 강요죄를 구성한다.

○ 대법원 2013.4.11. 선고 2010도13774 판결【구 폭처법위반(공동강요) 등】

기업에 특정한 요구를 하면서 이에 응하지 않을 경우 불매운동의 실행 등 대상 기업에 불이익이 되는 조치를 취하겠다고 고지하거나 공표하는 것과 같이 소비자불매운동의 일환으로 이루어지는 것으로 볼 수 있는 표현이나 행동이 정치적 표현의 자유나 일반적 행동의 자유 등의 관점에서도 전체 법질서상 용인될 수 없을 정도로 사회적 상당성을 갖추지 못한 때에는 그 행위 자체가 강요죄나 공갈죄에서 말하는 협박의 개념에 포섭될 수 있으므로, 피고인들이 피해자 회사가 특정 신문들에 광고를 편중했다는 이유로 기자회견을 열어 피해자 회사에 대하여 불매운동을 하겠다고 하면서 ○○일보, △△일보, ▽▽일보 등 언론사에 대한 광고를 중단하고 □□신문, ◇◇신문에 ○○일보 등과 동등하게 광고를 집행할 것을 요구하고, 피해자 회사의 인터넷 홈페이지에 '앞으로 특정 언론사에 편중하지 않고 동등한 광고 집행을 하겠다'는 내용의 팝업창을 띄우게 한 행위는 피해자 회사의 의사결정권자로 하여금 그 요구를 수용하지 아니할 경우 이 사건 불매운동이 지속되어 영업에 타격을 입게 될 것이라는 겁을 먹게 하여 그 의사결정 및 의사실행의 자유를 침해한 것으로 강요죄나 공갈죄의 수단으로서의 협박에 해당한다.

(3) 권리행사의 방해 또는 의무없는 일의 강요

1) 강요죄가 성립하기 위해서는 폭행 또는 협박을 수단으로 사람의 권리행사를 방해하거나 의무없는 일을 하게 하여야 한다.

권리행사를 방해한다 함은 법령상 행사할 수 있는 권리의 정당한 행사를 방해하는 것을 말하는데(대법원 2008.12.24. 선고 2007도9287 판결), 여기서 권리는 법률에 명기된 권리에 한하지 않고 법령상 보호되어야 할 이익이면 족하고 공법상의 권리인지 사법상의 권리인지를 묻지 않는다(대법원 2010.1.28. 선고 2008도7312 판결). '의무 없는 일'이란 법령, 계약 등에 기하여 발생하는 법률상 의무 없는 일로서, 폭행 또는 협박으로 법률상 의무 있는 일을 하게 한 경우에는 폭행죄 또는 협박죄의 성립은 별론으로 하더라도 강요죄는 성립할 여지가 없다(대법원 2008.5.15. 선고 2008도1097 판결). 예컨대 군인인 상관이 직무수행을 태만히 하거나 지시사항을 불이행하고 허위보고 등을 한 부하에게 근무태도를 교정하고 직무수행을 감독하기 위하여 직무수행 내역을 일지 형식으로 기재하여 보고하도록 명령하는 것은 직무권한 범위 내에서 내린 정당한 명령이므로 부하는 그 명령을 실행할 법률상 의무가 있으므로 강요죄를 구성하지 않는다(대법원 2012.11.29. 선고 2010도1233 판결).

2) 또한 강요죄는 현실적으로 사람의 권리행사를 방해하거나 의무없는 일을 하게 해야 성립하는 침해범이다(☞ **[판례 Ⅰ-5]** 참조). 따라서 사람의 권리행사를 방해하거나 의무없는 일을 하게 할 목적으로 폭행 또는 협박을 하였으나 그 목적을 달성하지 못한 경우에는 미수범(제324조의5)으로 처벌된다.

[판례 Ⅰ-5] 대법원 1993.7.27. 선고 93도901 판결【강요】

〈사실관계〉

대통령민정수석비서관실에 파견되어 근무하면서 대통령의 친인척의 비리관리 및 생계보호 등의 직무에 종사하던 경찰관인 피고인은 대통령의 매제인 A의 동향을 관찰하다가 그가 B가 설립한 주식회사 ○○종합건설에 자금을 투자하여 B와 함께 이를 경영하는 것을 예의주시하고 있던 중, B가 사실상 인수하여 경영하고 있는 ○○건설회사에 부도가 발생하여 A가 자금을 투자한 주식회사 ○○종합건설에도 영향을 미치게 되고 부채정리를 둘러싸고 채권자들 사이에 대통령 친인척이 개입되었다는 등의 물의가 일어나게 되자, 피고인은 이러한 물의를 진정시키기 위하여 B가 평소 A를 끌어들여 자신이 대통령의 친인척행세를 하고 다니면서 각종 이권사업에 개입한 점, 예비역 육군하사관에 불과한 자기신분을 예비역 육군소장인양 과시하고 다닌 점 등을 약점으로 삼아 B를 호텔커피숍으로 불러내어 상부에서 당신의 국외도피를 염려하니 당신의 여권을 달라고 요구하였으나 B가 이를 거부하자 위와 같은 B의 비행을 들먹이면서 계속 거부하면 치안본부 특수수사대로 넘기겠다는 등의 위협을 하여 이에 겁을 먹은 B로 하여금 B 소유의 여권을 교부하게 하였다.

〈판결요지〉

형법 제324조 강요죄는 폭행 또는 협박에 의하여 권리행사가 현실적으로 방해되어야 할 것이나, 피고인은 피해자의 해외도피를 방지하기 위하여 피해자를 협박하고 이에 피해자가 겁을 먹고 있는 상태를 이용하여 동인 소유의 여권을 교부하게 하여 위 피해자의 해외여행의 권리행사를 방해하였는바, 위 피해자가 그의 여권을 피고인에게 강제 회수당하였다면 위 피해자가 해외여행을 할 권리는 사실상 침해되었다고 볼 것이므로 피고인의 소위는 권리행사방해죄의 기수라 할 것이고, 피고인이 위 여권을 보관하고 있던 기간이 소론과 같이 짧았는지 여부는 영향이 없다.

〈해　설〉

강요죄는 사람의 권리행사를 방해하거나 의무없는 일을 하게 함으로써 성립하는 침해범 또는 결과범이므로, 사람의 권리행사를 방해하거나 의무없는 일을 하게 할 목적으로 폭행 또는 협박을 하였더라도 그러한 결과가 발생하지 않으면 미수범으로 처벌할 수 있을 따름이다. 위 사건에서 피해자는 피고인에게 여권을 강제로 회수당하였으므로 피고인은 미수가 아니라 기수로 처벌되는 것이 당연하다. 다만 판례는 피해자가 여권을 강제로 회수당함으로써 "여행을 할 권리가 사실상 침해되었다"고 판시하고 있으나, 사실상 침해당한 권리는 여행할 권리가 아니라 여권을 소지할 권리이다. 그리고 여권을 교부해야 할 의무가 없음에도 불구하고 피고인은 피해자로 하여금 여권을 교부하게 하였다. 판례가 기수를 인정한 것을 옳으나 그 논증방법은 타당하다고 보기 힘들다.

(4) 위법성

해악의 고지가 비록 정당한 권리의 실현 수단으로 사용된 경우라고 하여도 권리실현의 수단 방법이 사회통념상 허용되는 정도나 범위를 넘는다면 강요죄가 성립한다.

○ 대법원 2017.10.26. 선고 2015도16696 판결【폭처법위반(공동강요)】

민주노총 전국건설노조 건설기계지부 소속 노조원인 피고인들은 현장소장인 피해자 1이 노조원이 아닌 피해자 2의 건설장비를 투입하여 수해상습지 개선사업 공사를 진행하자 피해자들에게 공사현장에서 장비를 뺄 것을 요구하면서 그렇지 않을 경우 발주처에 민원을 넣어 공사를 못하게 하겠다고 말하고, 실제로 요구가 받아들여지지 않자 발주처에 부실시공 여부를 철저하게 조사하여 처벌하여 달라는 취지의 진정을 제기한 다음 이를 이용하여 피해자들로 하여금 장비를 철수하게 하고, 공사현장의 모든 건설장비를 피고인들 쪽에서 배차하는 장비만을 사용하도록 하는 취지의 협약서를 작성하도록 하였는데, 이와 같은 피고인들의 행위는 피해자들의 정당한 영업활동을 방해하여 피해자들로 하여금 장비를 철수시키고 자신들이 속한 노조 지회의 장비만을 사용하도록 하기 위한 것으로 그 의도나 목적이 정당하다고 보기 어렵고, 나아가 피해자들의 정당한 영업활동의 자유를 침해하는 것이며, 피고인들이 피해자들에게 위와 같은 내용의 언사를 사용하고 부실공사가 아님에도 공사 발주처에 부실공사를 조사해 달라는 진정을 하였다면 이는 사회통념상 허용되는 정도나 범위를 넘는 것으로서 강요죄의 수단인 협박에 해당한다.

(5) 죄 수

강요죄는 자유에 대한 죄에 있어서 가장 기본적인 범죄유형이라고 할 것이므로 체포·감금죄, 약취·유인죄, 공갈죄 등 다른 범죄가 성립하는 경우에는 강요죄가 별도로 성립하지 않는다.

예컨대 피고인이 투자금의 회수를 위해 피해자를 강요하여 물품대금을 횡령하였다는 자인서를 받아낸 뒤 이를 근거로 돈을 갈취한 경우, 피고인의 주된 범의가 피해자로부터 돈을 갈취하는 데에 있었던 것이라면 피고인은 단일한 공갈의 범의로 갈취의 방법으로 일단 자인서를 작성케 한 후 이를 근거로 계속하여 갈취행위를 한 것으로 보아야 하므로 포괄하여 공갈죄 일죄만 성립한다(대법원 1985.6.25. 선고 84도2083 판결).

5. 특수강요죄(제324조 제2항), 공동강요죄(폭처법 제2조 제2항)

1) 단체 또는 다중의 위력을 보이거나 위험한 물건을 휴대하여 강요죄를 범한 때에는 10년 이상의 징역 또는 5천만원 이하의 벌금에 처한다. 본죄의 미수범은 처벌한다(제324조 제2항).

2) 2인 이상이 공동하여 강요죄를 범한 때에는 그 죄에 정한 형의 1/2을 가중한다(폭처법 제2조 제2항). 본죄의 미수범은 처벌한다(같은 법 제6조).

6. 중강요죄(제326조)

강요죄(제324조)를 범하여 사람의 생명에 대한 위험을 발생하게 한 자는 10년 이하의 징역에 처한다. 본죄는 구체적 위험범으로 부진정 결과적가중범이다.

7. 인질강요죄(제324조의2)

1) 사람을 체포·감금 또는 약취·유인하여 이를 인질로 삼아 제3자에 대하여 권리행사를 방해하거나 의무없는 일을 하게 함으로써 성립하는 범죄로 3년 이상의 유기징역에 처한다(제324조의2). 본죄의 미수범은 처벌한다(제324조의5). 본죄를 범한 자 또는 그 미수범이 인질을 안전한 장소로 풀어준 때에는 그 형을 감경할 수 있다(제324조의6).

2) 인질강요란 사람을 체포. 감금 또는 약취·유인하여 이를 인질로 삼아 제3자에 대하여 권리행사를 방해하거나 의무없는 일을 하게 하는 것으로서 체포. 감금 또는 약취. 유인의 대상과 강요의 대상이 일치하지 않는다. 즉 강요의 상대방은 제3자이어야 한다.

8. 인질상해. 치상죄(제324조의3), 인질살해. 치사죄(제324조의4)

1) 인질강요죄를 범한 자가 인질을 상해하거나 상해에 이르게 한 때에는 인질상해·치상죄(제324조의3)가 성립하고, 인질을 살해하거나 사망에 이르게 한 때에는 인질살해·치사죄(제324조의4)가 성립한다. 인질상해·치상죄는 무기 또는 5년 이상의 징역에 처하고, 인질살해죄와 인질치사죄는 각각 사형 또는 무기징역과 무기 또는 10년 이상의 징역에 처한다. 인질상해·치상죄를 범한 자 또는 그 미수범이 인질을 안전한 장소로 풀어준 때에는 그 형을 감경할 수 있다(제324조의6).

2) 인질상해죄 및 인질살해죄는 각각 인질강요죄와 상해죄 또는 살인죄의 결합범이나, 인질치상죄 및 인질치사죄는 인질강요죄를 범하여 과실로 사람을 상해 또는 사망에 이르게 한 결과적 가중범이다.

3) 인질상해·치상죄(제324조의3) 및 인질살해·치사죄(제324조의4)의 미수범은 처벌된다(제324조의5). 인질상해죄와 인질살해죄는 결합범으로 미수범이 성립한다는 데 대해서는 별다른 문제가 없으나 결과적 가중범인 인질치상죄와 인질치사죄의 미수범도 성립가능한지에 대해서는 논란이 있다. 다수설은 기본범죄(인질강요죄)가 미수에 그친 경우에도 상해 또는 사망의 결과가 발생한 이상 인질치상죄 또는 인질치사죄가 성립한다고 보고 있으나, 기본범죄가 미수에 그쳤으나 중한 결과가 발생한 경우는 기본범죄가 기수에 이른 경우와 비교하여 불법의 정도가 경하고 나아가 인질치상죄 또는 인질치사죄에 대한 미수범의 성립을 제외하고 있지 않은 이상 인질치상죄 또는 인질치사죄의 미수범으로 처벌하는 것이 타당하다고 본다(판례형법총론의 결과적가중범의 미수 참조).

Ⅱ. 체포·감금의 죄(제29장)

1) 체포와 감금의 죄에는 사람을 체포 또는 감금함으로써 성립하는 범죄로서 체포·감금죄(제276조 제1항), 존속체포·감금죄(제276조 제2항), 중체포·감금죄(제277조 제1항), 중존속체포·감금죄(제277조 제2항), 특수체포·감금죄(제278조), 상습체포·감금죄(제279조) 및 체포·감금등치사상죄(제281조)가 있고, 체포·감금죄(제276조 제1항), 존속체포·감금죄(제276조 제2항), 중체포·감금죄(제277조 제1항), 중존속체포·감금죄(제277조 제2항), 특수체포·감금죄(제278조) 및 상습체포·감금죄(제279조)의 미수범은 처벌된다(제280조).

2) 2인 이상이 공동하여 체포·감금죄 또는 존속체포·감금죄를 범한 때에는 폭처법에 의해 가중처벌된다(제2조 제2항).

3) 자기 또는 타인의 형사사건의 수사 또는 재판과 관련하여 고소·고발 등 수사단서의 제공, 진술, 증언 또는 자료제출에 대한 보복의 목적으로 또는 고소·고발 등 수사단서의 제공, 진술, 증언 또는 자료제출을 하지 못하게 하거나 고소·고발을 취소하게 하거나 거짓으로 진술·증언·자료제출을 하게 할 목적으로 체포·감금죄(제276조 제1항)를 범한 경우 또는 이로 인해 사람이 사망한 경우에는 특가법에 의해 가중처벌된다(특가법 제5조의9 제2항, 제3항).

1. 체포·감금죄(제276조 제1항), 존속체포·감금죄(같은 조 제2항)

(1) 의 의

1) 사람을 체포 또는 감금함으로써 성립하는 범죄로 5년 이하의 징역 또는 700만원 이하의 벌금에 처하고(제276조 제1항), 자기 또는 배우자의 직계존속을 협박한 때에는 10년 이하의 징역 또는 1천500만원 이하의 벌금에 처한다(같은 조 제2항). 10년 이하의 자격정지를 병과할 수 있다(제282조). 본죄의 미수범은 처벌한다(제280조).

2) 자기 또는 타인의 형사사건의 수사 또는 재판과 관련하여 고소·고발 등 수사단서의 제공, 진술, 증언 또는 자료제출에 대한 보복의 목적으로 또는 고소·고발 등 수사단서의 제공, 진술, 증언 또는 자료제출을 하지 못하게 하거나 고소·고발을 취소하게 하거나 거짓으로 진술·증언·자료제출을 하게 할 목적으로 체포·감금죄(제276조 제1항)를 범한 때에는 1년 이상의 유기징역에 처한다(특가법 제5조의9 제2항).

(2) 객 체

1) 체포와 감금의 죄는 사람의 신체적 활동의 자유를 보호법익으로 한다. 다만 본죄의 객체와 관련하여 신체적 활동의 자유를 현실적 자유로 이해하는 견해와 잠재적 자유로 이해하는 견해가 대립하고 있다. 전자의 견해에 따르면 신체적으로 이동할 의사가 없거나 능력이 없는 자(예컨대 수면 중인 사람, 신생아, 체포·감금 사실을 인식하지 못한 사람)에 대해서는 체포·감금죄가 성립하지 않는다. 그러나 후자의

견해에 따르면 신체이동의 가능성이 없는 자(예컨대 신생아)에 대해서는 체포·감금죄가 성립할 수 없지만 잠재적으로 신체이동의 가능성이 있는 자(예컨대 수면 중인 사람, 체포·감금 사실을 인식하지 못한 사람)에 대해서는 체포·감금죄가 성립할 수 있다.

2) 신체적 활동의 자유가 현실적으로 침해될 것을 요한다면 수면 중인 사람, 정신병자, 명정자(酩酊者)에 대해서는 체포·감금죄가 성립하지 않게 될 것이고, 체포·감금행위를 하였으나 피해자가 체포·감금 사실을 인식하지 못한 경우에는 미수범이 성립한다고 해야 한다. 그러나 수면 중인 사람, 정신병자, 명정자(酩酊者)를 체포·감금죄의 객체에서 제외해야 할 정당한 이유가 없으며, 법문언상 사람을 체포 또는 감금하는 행위가 있음으로써 체포·감금죄가 성립하고 별도의 결과발생을 요하지 않는다고 해석하는 것이 타당하다. 따라서 체포·감금죄는 사람의 신체적 활동의 자유를 보호법익으로 하는 범죄로 반드시 신체적 활동의 자유가 현실적으로 침해될 것을 요하지 않는 위험범으로 보는 것이 옳다. 같은 취지에서 판례는 정신병자도 감금죄의 객체가 될 수 있다고 보고 있다(대법원 2002.10.11. 선고 2002도4315 판결).

(3) 체포·감금

1) 체포란 사람의 신체에 직접적인 속박을 가하여 신체적 활동의 자유를 침해하는 행위를 말하고, 감금이란 사람을 일정한 장소로부터 벗어날 수 없게 하거나 현저히 곤란케 함으로써 신체적 활동의 자유를 침해하는 행위를 말한다. 체포 또는 감금은 작위에 의해서는 물론 경찰관이 석방해야 할 피의자를 석방하지 않고 계속적으로 구금하는 것과 같이 부작위에 의해서도 가능하다. 간접정범의 형태로도 행하여질 수 있으므로, 예컨대 인신구속에 관한 직무를 행하는 자 또는 이를 보조하는 자가 피해자를 구속하기 위하여 진술조서 등을 허위로 작성한 후 이를 기록에 첨부하여 구속영장을 신청하고, 진술조서 등이 허위로 작성된 정을 모르는 검사와 영장전담판사를 기망하여 구속영장을 발부받은 후 그 영장에 의하여 피해자를 구금하였다면 부작위에 의한 직권남용감금죄(제124조 제1항)가 성립한다(대법원 2006.5.25. 선고 2003도3945 판결).

2) 체포 또는 감금은 피해자를 결박하거나 창고 안에 가두는 것과 유형적 방법은 물론 협박, 위계와 같은 무형적 방법에 의해서도 가능하다. 감금에 있어서 사람의 행동의 자유의 박탈은 반드시 전면적이어야 할 필요가 없고, 감금된 특정구역 내부에서 일정한 생활의 자유가 허용되어 있었다고 하더라도 감금죄가 성립한다(☞ **[판례 II-1]** 참조).

[판례 II-1] 대법원 1984.5.15. 선고 84도655 판결【중감금】

〈사실관계〉

○○아파트 건설현장의 현장소장이었던 피해자가 위 아파트건축공사의 일부씩을 2중, 3중으로 하도급하여 채권자들이 그 해결을 위하여 피해자를 찾았으나 1982. 10.경부터 행방을 감추고 있던 중 같은 해 11. 2 피고인이 우연히 피해자를 만나게 되어 다른 채권자에게도 연락하여 사기죄로 고소한다고 파출소에 데리고 갔다가 곧바로 코스모스여관에 데려갔고 그 이후 여러 여관

으로 전전하면서 지내는 동안 위 피해자의 처 등이 그 여관에 왕래하였고 또 술을 먹으러 스탠드바에 가기도 하고 코스모스여관에서 3 내지 4일 지난 뒤에는 위 채무관계의 해결을 위하여 ○○시내에 있는 ○○종합건설 사무실에 거의 매일 위 피해자 및 그 채권자들이 가서 수 시간씩 있기도 하였다.

〈판결요지〉

코스모스여관, 삼학장여관, 만리장여관, 가야장여관 등을 피고인 등과 같이 전전한 것은 전혀 자의에 의한 것이라고 보기 어렵고, 피고인이 처와 내왕하였을 뿐만 아니라 감금사실에 대하여 고소, 고발을 하지 않았다고 하나, 피해자가 그의 처와 만난 것은 피해자가 삼학장여관에서 그의 처에게 전화로 피고인 일행들이 밤마다 폭행하고 괴롭히고 있으니 경찰에 신고하라고 연락하여 그때 그의 처가 삼학장여관에 한번 찾아왔을 뿐 그 전후를 막론하고 피해자가 그의 처와 내왕한 사실이 없고, 피해자가 1982.11.2부터 같은 달 10일까지의 감금에서 풀려난 것도 ○○종합건설의 사장이 피해자의 얼굴 등이 많이 상해있는 것을 보고 이래서는 안 된다며 경찰에 신고하여 경찰관이 와서 피고인 등을 연행하여 감으로써 풀려나게 되었다는 것이다.

감금죄는 사람의 행동의 자유를 그 보호법익으로 하여 사람이 특정한 구역에서 나가는 것을 불가능하게 하거나 또는 심히 곤란하게 하는 죄로서 사람의 행동의 자유를 구속하는 것으로 행동의 자유를 구속하는 그 수단과 방법에는 아무런 제한이 있을 수 없으므로 그 수단과 방법에는 유형적인 것이거나 또는 무형적인 것이거나를 가리지 아니하고, 사람의 행동의 자유의 박탈은 반드시 전면적이어야 할 필요가 없으므로 감금된 특정구역 내부에서 일정한 생활의 자유가 허용되어 있었다고 하더라도 감금죄의 성립에는 아무 소장이 없다고 할 것이므로, 피해자가 그의 처와 만났으며 피고인등과 같이 술을 마신 일이 있고 피고인이 피해자에게 폭행을 가한 것은 감금을 위한 것이라기보다는 채무를 해결해 주지 않는 것에 대한 분노에서 행하여진 것으로 보인다든가 또는 피해자나 그의 가족이 이와 같은 사실에 대하여 고소, 고발을 하지 않았다는 사정 등이 설사 있었다고 하더라도 그와 같은 사정 등만으로써는 피해자가 그의 행동의 자유에 아무런 제약도 받지 아니하고 그의 자유로운 의사에 의하여 8일간을 위 코스모스여관 등에서 피고인과 같이 지내게 된 것이라고 인정할 수가 없다.

〈참조판례〉

○ **대법원 1985.6.25. 선고 84도2083 판결【중감금, 구 폭처법위반】**

피고인의 협박과 폭행행위로 말미암아 야기된 공포심으로 피해자가 사무실 밖으로 나가지 못한 것이라면 가사 피해자가 처음에 사무실에 간 것이 자발적인 것이고 또 사무실에 시정장치 등 출입에 물리적인 장애사유가 없었다고 하여도 감금이 성립한다고 볼 것인바, 13:00경 피해자의 전화연락을 받은 피해자의 처가 문제된 계약서를 들고 사무실에 찾아와 피해자에게 주고 갔고 피고인은 그날 오후 경찰서에 볼일이 있어 약 1시간 가량 사무실을 떠났다가 18:30경 돌아온 일이 있다고 하더라도, 피해자는 피고인 몰래 사무실을 떠나본들 다시 붙잡히게 될 것 같아 떠나지 못한 것이라면, 가족과의 접촉이나 피고인의 외출사실을 들어 감금성을 부인하기는 어렵다.

○ **대법원 1991.8.27. 선고 91도1604 판결【폭처법위반(공동감금)】**

피해자가 만약 도피하는 경우에는 생명 신체에 심한 해를 당할지도 모른다는 공포감에서 도피하기를 단념하고 있는 상태 하에서 그를 호텔로 데리고 가서 함께 유숙한 후 그와 함께 항공기로 국외에 나간 행위는 감금죄를 구성한다.

○ **대법원 1997.6.13. 선고 97도877 판결【구 특가법위반(감금)】**

감금죄에 있어서의 감금행위는 사람으로 하여금 일정한 장소 밖으로 나가지 못하도록 하여 신체의 자유를 제한하는 행위를 가리키는 것이고, 그 방법은 반드시 물리적, 유형적 장애를 사용하는 경우뿐만 아니라 심리적, 무형적 장애에 의하는 경우도 포함되는 것이므로, 설사 그 장소가 경찰서 내 대기실로서 일반인과 면회인 및 경찰관이 수시로 출입하는 곳이고 여닫이 문만 열면 나갈 수 있도록 된 구조라 하여도 경찰서 밖으로 나가지 못하도록 그 신체의 자유를 제한하는 유형, 무형의 억압이 있었다면 이는 감금에 해당한다.

3) 체포·감금죄는 그 성질상 계속범이다. 일부 견해는 체포·감금죄는 계속범이므로 체포·감금죄가 성립하기 위해서는 체포 또는 감금상태가 다소의 시간동안 지속되어야 한다고 주장한다. 이러한 견해에 따르면 피해자를 결박하였으나 금방 해체해 버리거나 피해자를 창고에 가두고 문을 잠갔으나 금방 창고 문을 부수고 탈출한 경우에는 체포·감금죄의 미수될 뿐이다.

그러나 체포·감금죄가 그 성질상 계속범이라고 하여 체포 또는 감금행위가 시간적으로 계속되어야 한다는 것을 의미하는 것은 아니다. 계속범의 특징은 기수가 되기 위해서 실행행위가 일정시간 동안 계속되어야 한다는데 있는 것이라, 일반적으로 기수가 된 이후에도 범죄의 실행행위가 계속된다는 데 있다. 위의 사례에서는 체포 또는 감금행위가 있었으므로 체포·감금죄의 기수에 이른 것으로 보아야 한다. 체포·감금죄의 미수는 예컨대 밧줄로 피해자를 포박하거나 피해자를 창고에 가두려고 시도하였으나 피해자가 저항하는 바람에 포박행위나 가두는 행위 자체가 성공하지 못한 경우를 의미한다.

계속범은 (1) 그 성질상 실행행위가 계속되는 한 범죄는 종료되지 않고 공범이 성립할 수 있고, (2) 실행행위가 계속되는 한 침해의 현재성이 인정되어 피해자는 정당방위를 할 수 있으며, (3) 실행행위가 종료된 시점부터 공소시효가 기산(起算)한다(형소법 제252조). 따라서 (1) 甲이 피해자를 체포하여 감금하고 있던 도중 乙이 감금에 가담한다면 乙은 감금죄의 공범 또는 폭처법상 공동감금죄의 죄책을 지고, (2) 감금을 당한 피해자는 범인의 감금행위가 계속되는 한 범인에 대해 정당방위로 대응할 수 있으며, (3) 범인에 대한 공소시효는 감금행위가 최종적으로 종료된 때로부터 기산한다.

(4) 위법성

체포 또는 감금이 법령에 근거하여 이루어진 때에는 형법 제20조의 법령에 의한 행위로서 위법성이 조각된다. 수사기관은 판사로부터 영장을 발부받아 피의자를 체포 또는 구속할 수 있고(형소법 제200조의2, 제201조), 피의자가 사형·무기 또는 장기 3년 이상의 징역이나 금고에 해당하는 죄를 범하였다고 의심할만한 상당한 이유가 있고 긴급을 요하여 판사로부터 영장을 발부받을 수 없는 때에는 영장없이 피의자를 긴급체포할 수 있다(같은 법 제200조의3 제1항). 그리고 범죄를 실행하는 중 또는 그 즉후의 현행범인은 누구든지 체포할 수 있다(같은 법 제212조). 다만 사인(私人)이 현행범인을 체포한 때에는 즉시 수사기관에게 인도하여야 한다(같은 법 제213조 제1항).

그리고 정신보건법에 의해 정신의료기관 등의 장은 정신질환자의 보호의무자 2인의 동의가 있고 정신건강의학과 전문의가 입원이 필요하다고 판단한 경우에 한하여 당해 정신질환자를 입원시킬 수 있다(제24조 제1항). 다만 이 경우 당해 보호의무자로부터 입원동의서 및 보호의무자임을 확인할 수 있는 서류를 받아야 하며, 정신건강의학과 전문의는 정신질환자의 입원이 필요하다고 진단한 때에는 입원동의서에 '환자가 정신의료기관 등에서 입원치료나 요양을 받을 만한 정도 또는 성질의 정신질환에 걸려 있는 경우' 또는 '환자 자신의 건강 또는 안전이나 타인의 안전을 위하여 입원할 필요가 있는 경우' 중 어느 하나에 해당된다고 판단한다는 의견을 기재한 입원권고서를 첨부하여야 한다(같은 조 제2

항). 보호의무자는 정신질환자를 입원시키고자 할 때에는 원칙적으로 피해자가 자발적으로 정신과 치료를 받도록 설득하여야 하고 그것이 여의치 않을 경우 정신건강의학과 전문의와 상담하여 시장·군수·구청장에 의한 입원절차를 취하여야 하고 상황이 매우 급박한 때에는 의사와 경찰관의 동의를 얻어 응급입원절차를 취할 수 있다. 보호의무자가 이러한 절차를 거치지 아니한 채 정신질환자를 강제입원시키는 행위는 감금죄를 구성하고, 의사가 이러한 사실을 알고도 보호의무자에 범행에 가담한 때에는 폭처법위반(공동감금)의 죄책을 진다. 다만 의사가 정신질환의 의심이 있는 사람을 직접 대면하여 진찰한 결과를 토대로 피해사고나 망상장애의 의심이 있다고 판단하여 피해자의 입원을 결정하였다면 특별한 사정이 없는 한 공동감금의 죄책을 물 수 없다(☞ **[판례 II-2]** 참조).

[판례 II-2] 대법원 2015.10.29. 선고 2015도8429 판결【폭처법위반(공동감금), 정신보건법위반 등】

〈사실관계〉

피해자의 아들인 피고인 1은 정신건강의학과 전문의인 피고인 2와 공동하여 2013.1.3. 15:30경 어머니인 피해자를 응급이송차량에 강제로 태워 A병원으로 데리고 가 2013.1.8. 18:00경까지 위 병원에 입원시킴으로써 피해자를 감금하고, 같은 정신건강의학과 전문의인 피고인 3과 공동하여 2013.1.8. 18:00경 피해자를 응급이송차량에 강제로 태워 B병원으로 데리고 가 2013.1.15. 18:00경까지 위 병원에 입원시킴으로써 피해자를 감금하였다.

〈사건의 경과〉

원심은 피고인 2와 피고인 3의 '입원이 필요하다'는 진단은 피해자가 불법적으로 체포·감금된 상태에서 그와 같은 사실을 잘 알면서 행한 것일 뿐만 아니라 그 내용에 있어서도 합리성이 의심되는 피고인 1의 진술에만 의존하여 아무런 검사나 평가도 없이 이루어진 것이므로 피해자의 강제입원을 정당화할 수 있는 정신건강의학과 전문의의 진단에 해당한다고 보기 어렵고, 따라서 위 피고인들이 피해자의 의사에 반하여 피해자를 강제로 입원시킨 행위는 감금죄에 해당한다고 판단하여 피고인들에 대한 공소사실을 모두 유죄로 인정하였다.

〈판결요지〉

(1) 보호의무자인 피고인 1이 피해자를 대면한 정신건강의학과 전문의의 진찰·진단이나 병원장의 입원결정이 없는 상태에서 피해자를 강제로 응급이송차량에 태워 병원에 데려가 입원시킨 행위나 피해자를 A병원에서 B병원으로 강제로 데려가 입원시킨 행위는 정신보건법에 기한 행위라고 볼 수 없고, 어머니인 피해자를 강제로 정신병원에 데려가기 전에 피해자가 자발적으로 정신과 치료를 받도록 설득하여 보거나 그것이 여의치 않을 경우 정신건강의학과 전문의와 상담하여 시장·군수·구청장에 의한 입원절차를 취하거나 상황이 매우 급박한 경우에는 의사와 경찰관의 동의를 얻어 응급입원절차를 취할 수 있었으므로, 피고인 1이 피해자를 강제로 정신병원에 데리고 가 입원시킨 행위를 사회상규에 위배되지 아니하는 행위로서 위법성이 조각된다고 보기 어렵다.

(2) 정신보건법에서 말하는 정신질환자에는 의학적으로 정신병 또는 정신장애의 진단을 받은 사람뿐만 아니라 그러한 정신장애의 의심이 있는 사람도 포함되므로 망상장애와 같은 정신질환의 경우에는 진단적 조사 또는 정확한 진단을 위해 지속적인 관찰이나 특수한 검사가 필요한 때에도 환자의 입원이 고려될 수 있는 것으로 보이고, 피고인 2와 3은 보호의무자인 피고인 1의 진술뿐만 아니라 피해자를 직접 대면하여 진찰한 결과를 토대로 피해자에게 피해사고나 망상장애의 의심이 있다고 판단하여 입원이 필요하다는 진단을 한 것이므로, 설령 피고인 2와 3의 진단 과정에 정신건강의학과 전문의로서 최선의 주의를 다하지 아니

하거나 신중하지 못했던 점이 일부 있었다고 하더라도 피해자를 정확히 진단하여 치료할 의사로 피해자를 입원시켰다고 볼 여지 또한 충분히 있으므로, 피해자에게 입원의 필요성이 없음을 알았다는 등의 특별한 사정이 없는 한 피고인 2와 3에게 감금죄의 고의가 있었다거나 피고인 2와 3의 행위가 감금행위에 해당한다고 단정하기는 어렵다. 그리고 정신보건법이 보호의무자에 의한 입원에 필요한 서류를 받지 아니한 행위를 처벌하는 별도의 규정을 두고 있는 점 등에 비추어 보면, 피고인 2와 3이 다른 보호의무자의 입원동의서나 그의 동의의 의사표시가 있었다는 사실이 기재된 사유서를 받지 않았다는 사정만으로 피고인 2와 3에게 감금죄가 성립한다고 볼 것도 아니다.

(5) 죄 수

1) 체포·감금죄는 실행행위를 체포 또는 감금으로 선택적으로 규정하고 있는데, 사람을 체포한 후 감금한 때에는 감금죄 하나만 성립하고 체포죄와 감금죄가 별도로 성립하는 것은 아니다.

2) 체포 또는 감금은 폭행이나 협박을 수단으로 할 것을 요하지 않는다. 그러나 일반적으로 체포 또는 감금시에는 반항을 제압하기 위해 폭행·협박을 가하는 경우가 많은 점과 체포·감금죄의 법정형이 폭행죄나 협박죄에 비해 훨씬 높은 점을 감안해 볼 때 체포 또는 감금의 수단으로 폭행·협박을 가하더라도 별도로 폭행죄 또는 협박죄가 성립하지 않는다고 본다. 예컨대 피고인이 피해자의 신고로 폭력행위 등으로 구속되어 형사처벌을 받은 것에 불만을 품고 이를 보복하기 위하여 피해자에게 "자동차에 타라, 타지 않으면 가만있지 않겠다"고 협박하여 대기시켜 놓았던 자동차 뒷좌석에 강제로 밀어 넣어 앉히고 피해자가 내려 달라고 애원했음에도 불구하고 내려주지 않고 약 20분간 자동차를 운전하여 공동묘지로 데려간 경우, 그 협박은 감금을 하기 위한 수단으로서 행사된 것이므로 감금죄에 흡수되어 따로 협박죄를 구성하지 않는다(대법원 1982.6.22. 선고 82도705 판결). 그러나 폭행이나 협박이 체포 또는 감금의 수단이 되는데 그치지 않고 그를 초과하여 별개의 법익침해 또는 그 위험성이 야기되었다면 별도의 죄책을 진다.

3) 체포·감금죄는 계속범이라는 특성상 다른 범죄와 상상적 경합이 되는 경우가 많다. 예를 들어 피해자를 감금하고 그 상태를 이용하여 피해자를 강간하거나 강도한 때에는 감금죄와 강간죄의 상상적 경합범으로 처벌된다(☞ **[판례 II-3]** 참조).

[판례 II-3] 대법원 1983.4.26. 선고 83도323 판결【강간미수, 감금】

〈사실관계〉

피고인은 1980.7.10. 10:22경 화물자동차를 운행하던 도중에 피해자 (17세)가 ○○읍 ○○리까지 태워달라고 부탁하여 피해자를 운전석 옆에 태우고 가다가 피해자를 강간할 마음이 생겨 목적지로 데려다 주지 아니하고 하차 요구를 거절한 채 계속 운행하면서 같은 달 11. 00:50경 강제로 추행을 하고, 01:00경에는 강간을 하려다 뜻을 이루지 못한 채 강간할 의사를 버리지 않고 계속하여 피해자를 강제로 그 차에 태워 여관 앞길까지 운행하여 동 여관 방실에서 강간하려 하였으나 피해자가 화장실에 들어가 문을 잠그고 소리를 질러 그 목적을 이루지 못하고 미수에 그쳤다.

〈판결요지〉

강간죄의 성립에 언제나 직접적으로 또 필요한 수단으로서 감금행위를 수반하는 것은 아니므로 이 사건에서 감금행위가 강간미수죄의 수단이 되었다 하여 감금행위는 강간미수죄에 흡수되어 범죄를 구성하지 않는다고 할 수는 없는 것이고, 피고인이 피해자가 자동차에서 내릴 수 없는 상태를 이용하여 강간하려고 결의하고, 주행 중인 자동차에서 탈출불가능하게 하여 외포케 하고 50킬로미터를 운행하여 여관 앞까지 강제로 연행하여 강간하려다 미수에 그친 경우 위 협박은 감금죄의 실행의 착수임과 동시에 강간미수죄의 실행의 착수라고 할 것이고, 감금과 강간미수의 두 행위가 시간적, 장소적으로 중복될 뿐 아니라 감금행위 그 자체가 강간의 수단인 협박행위를 이루고 있는 경우로서 이 사건 감금과 강간미수죄는 일개의 행위에 의하여 실현된 경우로서 형법 제40조의 상상적 경합이라고 해석함이 상당하고, 또한 강간미수죄와 감금죄를 상상적 경합관계로 인정한 것으로 보아도 형법 제40조의 소위 상상적 경합은 1개의 행위가 수개의 죄에 해당하는 경우에는 과형상 1죄로서 처벌한다는 것이고, 또 가장 중한 죄에 정한 형으로 처벌한다는 것은 가벼운 죄는 중한 죄에 정한 형으로 처단된다는 것이지, 가벼운 죄는 그 처벌을 면한다는 것은 아니다.

다만 이와 같은 상상적 경합은 하나의 행위에 의한 것을 요하므로(제40조), 수죄가 상상적 경합범으로 처벌되는 것은 체포 또는 감금이 다른 범죄의 수단이 된 경우에 한정된다. 예컨대 강간이나 강도가 종료된 이후에도 감금행위가 계속되었다면, 그 감금은 강간 또는 감금의 수단이 되는데 그쳤다고 할 수 없으므로 별개의 감금죄가 성립한다(☞ **[판례 II-4]** 참조).

[판례 II-4] 대법원 2003.1.10. 선고 2002도4380 판결【강도상해】

〈사실관계〉

피고인 甲은 乙 등과 공모하여 2000.1.24. 15:00경 단란주점 앞길에서 그 주점 종업원인 피해자를 승용차에 태우고 가다가 乙이 주먹으로 피해자를 때려 반항을 억압한 다음 그로부터 현금 35만원 등이 들어 있는 가방을 빼앗아 강취하고, 피해자에게 약 2주간의 치료를 요하는 안면부타박상 등의 상해를 가하였다.

〈사건의 경과〉

1심과 2심은 이 사건의 공소사실(피고인 甲이 乙 등과 피해자로부터 돈을 빼앗기로 공모하고 그를 승용차에 태우고 가던 중 강도상해의 범행을 저지른 뒤 계속하여 위 단란주점에서 약 15㎞ 떨어진 월드컵주경기장 부근까지 운행하여 간 사실)은 이미 2000.11.23. 공동감금에 의한 폭처법위반죄로 징역 2년 6월을 선고받고 그 판결이 확정된 사실(피고인 甲이 이와 같이 乙 등과 공모하여 피해자를 위 단란주점 앞길에서 월드컵주경기장 부근까지 승용차에 태우고 사실)과 시간적·장소적으로 그 행위가 중복될 뿐만 아니라 감금행위가 강도의 수단이 되었던 것이므로, 양 죄는 1개의 행위가 수개의 죄에 해당하여 상상적 경합관계에 있고, 따라서 이 사건 공소사실은 확정판결이 있은 때에 해당한다고 판단하여 피고인에 대하여 면소를 선고하였다.

〈판결요지〉

감금행위가 단순히 강도상해 범행의 수단이 되는 데 그치지 아니하고 강도상해의 범행이 끝난 뒤에도 계속된 경우에는 1개의 행위가 감금죄와 강도상해죄에 해당하는 경우라고 볼 수 없고, 이 경우 감금죄와 강도상해죄는 형법 제37조의 경합범 관계에 있다고 보아야 한다. 이 사건에서 보면, 피고인 甲은 乙 등과 피해자로부터 돈을 빼앗자고 공모한 다음 그를 강제로 승용차에 태우고 가면서 공소사실과 같이 돈을 빼앗고 상해를 가한 뒤에도 계속하여 상당한 거리를 진행하여 가다가 교통사고를 일으켜 감금행위가 중단되었는데, 이와 같이 감금행위가 단순히 강도상해 범행의 수단이 되는 데 그치지 아니하고 그 범행이 끝난 뒤에도 계속되었으므로, 피고인이 저지른 감금죄와 강도상해죄는 형법 제37조의 경합범 관계에 있다고 보아야 하고, 따라서 위 감금의 범행에 관한 확정판결의 효력은 이 사건 강도상해의 공소사실에까지 미치지 아니한다. 그럼에도 불구하고, 원심이 위 감금과 강도상해의 범행이 상상적 경합관계에 있다고 보고 피고인에 대하여 면소를 선고한 것은 판결에 영향을 미친 법령위반의 잘못을 저지른 것이다.

2. 중체포·감금죄(제277조 제1항), 중존속체포·감금죄(같은 조 제2항)

1) 체포·감금죄를 범하여 가혹한 행위를 한 때 성립하는 범죄로 7년 이하의 징역에 처하고(제277조 제1항), 자기 또는 배우자의 직계존속에 대하여 본죄를 범한 때에는 2년 이상의 유기징역에 처한다(같은 조 제2항). 이 경우 10년 이하의 자격정지를 병과할 수 있다(제282조). 본죄의 미수범은 처벌한다(제280조).

2) 가혹행위란 사람에게 육체적·정신적 고통을 가하는 유형적·무형적 행위를 말하는데, 비단 폭행이나 협박뿐만 음식을 제공하지 않는다거나 잠을 재우지 않는다거나 간음 또는 추행을 하는 행위 등을 포함한다(☞ **[판례 II-5]** 참조).

[판례 II-5] 대법원 1991.10.25. 선고 91도2085 판결【감금치사】

〈사실관계〉

피고인이 피해자(당시 19세)와 동거하고 있던 아파트에서 피해자가 술집에 다시 나가 일을 하겠다고 한다는 이유로 위 아파트 안방에서 피해자를 데리고 들어가 거실로 통하는 안방문에 못질을 하여 밖으로 나갈 수 없게 감금한 후, 피해자가 술집에 나가기 위하여 준비해 놓은 화장품 및 화장품 휴대용가방 등을 창문 밖으로 던져 버리고, 피해자를 때리고 옷을 벗긴 다음 가위로 모발을 자르는 등 가혹한 행위를 하여 피해자가 이를 피하기 위하여 창문을 통해 밖으로 뛰어 내리려 하자 피고인이 2회에 걸쳐 이를 제지한 바 있는 사실, 이때 피해자가 죽는다고 소리치며 울다가 피고인이 밖에서 걸려온 인터폰을 받으려고 방문에 뚫은 구멍을 통하여 거실로 나오는 사이에 갑자기 안방 창문을 통하여 알몸으로 아파트 아래 잔디밭에 뛰어 내리다가 다발성실질장기파열상 등을 입고 사망하였다.

〈판결요지〉

위 사실에 의하면 피고인의 중감금행위와 피해자의 사망 사이에는 인과관계가 있고, 피고인에게 그로 인한 결과에 대한 예측가능성도 있으므로 피고인을 중감금치사죄로 처단한 원심의 조치는 정당하다.

3. 특수체포·감금죄(제278조), 공동체포·감금죄(폭처법 제2조 제2항)

1) 단체 또는 다중의 위력을 보이거나 위험한 물건을 휴대하여 사람을 체포·감금죄, 존속체포·감금죄, 중체포·감금죄, 중존속체포·감금죄를 범함으로써 성립하는 범죄로 그 죄에 정한 형의 2분의 1을 가중한다. 이 경우 10년 이하의 자격정지를 병과할 수 있다(제282조). 본죄의 미수범은 처벌한다(제280조).

2) 2인 이상이 공동하여 체포·감금죄 또는 존속체포·감금죄를 범한 때에는 그 죄에 정한 형의 2분의 1을 가중한다(폭처법 제2조 제2항). 본죄의 미수범은 처벌한다(같은 법 제6조).

4. 상습체포·감금죄(제279조)

상습으로 체포·감금죄, 존속체포·감금죄, 중체포·감금죄, 중존속체포·감금죄를 범한 때에는 특수체포·감금죄의 예에 의해 처벌한다(제279조). 이 경우 10년 이하의 자격정지를 병과할 수 있다(제282조).

5. 체포·감금등치사상죄(제281조 제1항), 존속체포·감금등치사상죄(같은 조 제2항)

1) 체포·감금죄(제276조), 중체포·감금죄(제277조), 특수체포·감금죄(제278조) 및 상습체포·감금죄(제279조) 또는 이들 죄의 미수범을 범한 자가 사람을 상해 또는 사망에 이르게 함으로써 성립하는 범죄로 각각 1년 이상의 유기징역과 3년 이상의 유기징역에 처하고(제281조 제1항), 자기 또는 배우자의 직계존속을 상해 또는 사망에 이르게 한 때에는 각각 2년 이상의 유기징역과 무기 또는 5년 이상의 유기징역에 처한다(같은 조 제2항). 이들 죄에 대해서는 10년 이하의 자격정지를 병과할 수 있다(제282조).

2) 자기 또는 타인의 형사사건의 수사 또는 재판과 관련하여 고소·고발 등 수사단서의 제공, 진술, 증언 또는 자료제출에 대한 보복의 목적으로 또는 고소·고발 등 수사단서의 제공, 진술, 증언 또는 자료제출을 하지 못하게 하거나 고소·고발을 취소하게 하거나 거짓으로 진술·증언·자료제출을 하게 할 목적으로 체포·감금죄(제276조 제1항)를 범하여 사람을 사망에 이르게 한 때에는 무기 또는 3년 이상의 징역에 처한다(특가법 제5조의9 제3항).

3) 본죄는 결과적가중범이므로 본죄가 성립하기 위해서는 상해 또는 사망의 결과에 대한 예견가능성이 있어야 하고, 기본범죄인 체포·감금과 중한 결과인 상해 또는 사망 사이의 상당인과관계가 인정되어야 한다. 4일 가량 물조차 제대로 마시지 못하고 잠도 자지 아니하여 거의 탈진 상태에 이른 피해자의 손과 발을 17시간 이상 묶어 두고 좁은 차량 속에서 움직이지 못하게 감금한 결과, 묶인 부위의 혈액 순환에 장애가 발생하여 혈전이 형성되고 그 혈전이 폐동맥을 막아 피해자가 사망에 이르게 되었다면 감금과 사망 사이에는 상당인과관계가 인정된다(대법원 2002.10.11. 선고 2002도4315 판결). 그리고 승용차로 피해자를 가로막아 승차하게 한 후 피해자의 하차 요구를 무시한 채 당초 목적지가 아닌 다른 장소를 향하여 시속 약 60km 내지 70km의 속도로 진행하여 피해자를 차량에서 내리지 못하게 한 행위는 감금에 해당하고, 피해자가 이와 같은 감금상태를 벗어날 목적으로 차량을 빠져 나오려다가 길바닥에 떨어져 상해를 입고 그 결과 사망에 이른 경우에도 감금행위와 피해자의 사망 사이에 상당인과관계가 인정된다(대법원 2000.2.11. 선고 99도5286 판결).

4) 형법 제278조는 기본범죄가 기수인 경우는 물론 미수인 경우에도 본죄가 성립하도록 규정하고 있으므로, 기본범죄인 체포 또는 감금이 미수에 그쳤으나 상해 또는 사망의 결과가 발생한 경우에는 본죄의 미수범이 아니라 기수범으로 처벌된다. 본죄는 진정 결과적가중범이므로 피해자의 상해 또는 사망에 대하여 고의가 있는 경우에는 감금죄와는 별도로 상해죄 또는 살인죄가 성립한다(대법원 1982.11.23. 선고 82도2024 판결).

Ⅲ. 약취, 유인 및 인신매매의 죄(제31장)

1) 약취와 유인의 죄는 사람을 보호받는 상태로부터 이탈시켜 자기 또는 제3자의 실력적 지배하에 두는 범죄로서 피인취자의 신체활동의 자유를 보호법익으로 한다. 그 유형으로는 미성년자 약취·유인죄(제287조), 추행 등 목적 약취·유인죄(제288조), 인신매매죄(제289조), 약취·유인·매매·이송 등 상해·치상죄(제290조), 약취·유인·매매·이송 등 살인·치사죄(제291조), 피약취·유인·매매·이송자 수수·은닉죄(제292조)가 있다. 미성년자 약취·유인죄(제287조), 추행 등 목적 약취·유인죄(제288조), 인신매매죄(제289조), 약취·유인·매매·이송 등 상해죄(제290조 제1항), 약취·유인·매매·이송 등 살인죄(제291조 제1항) 및 피약취·유인·매매·이송자 수수·은닉죄(제292조 제1항)의 미수범은 처벌한다(제294조).

미성년자 약취·유인죄(제287조), 추행 등 목적 약취·유인죄(제288조), 인신매매죄(제289조), 약취·유인·매매·이송 등 상해·치상죄(제290조), 피약취·유인·매매·이송자 수수·은닉죄(제292조) 및 이들 죄의 미수범을 범한 자가 약취, 유인, 매매 또는 이송된 사람을 안전한 장소로 풀어준 때에는 그 형을 감경할 수 있다(제295조의2).

미성년자 약취·유인죄(제287조), 추행 등 목적 약취·유인죄(제288조), 인신매매죄(제289조), 약취·유인·매매·이송 등 상해죄(제290조 제1항), 약취·유인·매매·이송 등 살인죄(제291조 제1항) 및 피약취·유인·매매·이송자 수수·은닉죄(제292조 제1항)를 범할 목적으로 예비 또는 음모한 자는 처벌된다(제296조).

한편 미성년자 약취·유인죄(제287조), 추행 등 목적 약취·유인죄(제288조), 인신매매죄(제289조), 약취·유인·매매·이송 등 상해·치상죄(제290조), 피약취·유인·매매·이송자 수수·은닉죄(제292조) 및 이들 죄의 미수범의 죄는 대한민국 영역 밖에서 죄를 범한 외국인에 대해서도 적용된다(제296조의2).

2) 약취 또는 유인한 미성년자의 부모나 그 밖에 그 미성년자의 안전을 염려하는 사람의 우려를 이용하여 재물이나 재산상의 이익을 취득하거나 미성년자를 살해할 목적으로 13세 미만의 미성년자를 약취·유인한 경우, 약취 또는 유인한 미성년자의 부모나 그 밖에 그 미성년자의 안전을 염려하는 사람의 우려를 이용하여 재물이나 재산상의 이익을 취득·요구하거나, 약취 또는 유인한 미성년자를 살해하거나 약취 또는 유인한 미성년자를 폭행·상해·감금, 유기 또는 가혹한 행위를 하거나 사망에 이르게 한 경우 및 이러한 행위를 한 사람을 방조하여 약취 또는 유인된 미성년자를 은닉하거나 그 밖의 방법으로 귀가하지 못하게 한 경우에는 특가법에 의해 가중처벌된다(제5조의2 제1항, 제2항, 제3항, 제6항).

3) 아동·청소년의 성을 사는 행위 또는 아동·청소년이용음란물을 제작하는 행위의 대상이 될 것을 알면서 아동·청소년을 국외로 이송하거나 국외에 거주하는 아동·청소년을 국내로 이송한 자는 아청법에 의해 가중처벌된다(제12조).

1. 미성년자 약취·유인죄 (제287조, 특가법 제5조의2)

(1) 의 의

1) 미성년자를 약취 또는 유인함으로써 성립하는 범죄로 10년 이하의 징역에 처한다. 본죄의 미수범은 처벌한다(제294조). 본죄 및 그 미수범에 대해서는 5천만원 이하의 벌금을 병과할 수 있다(제295조).

2) 미성년자라고 하더라도 추행, 간음, 결혼, 영리의 목적(제288조 제1항), 노동력 착취, 성매매와 성적 착취, 장기적출을 목적으로(제288조 제2항) 및 국외에 이송할 목적으로(제288조 제3항) 약취 또는 유인한 때에는 이들 죄로 처벌된다.

3) 약취 또는 유인한 미성년자의 부모나 그 밖에 그 미성년자의 안전을 염려하는 사람의 우려를 이용하여 재물이나 재산상의 이익을 취득할 목적으로 13세 미만의 미성년자를 약취·유인한 때에는 무기 또는 5년 이상의 징역에 처하고, 약취 또는 유인한 미성년자를 살해할 목적으로 13세 미만의 미성년자를 약취·유인한 때에는 사형, 무기 또는 7년 이상의 징역에 처한다(특가법 제5조의2 제1항). 본죄의 미수범은 처벌된다(같은 조 제6항). 본죄를 범한 자를 방조하여 약취·유인된 13세 미만의 미성년자를 은닉하거나 그 밖의 방법으로 귀가하지 못하게 한 자는 5년 이상의 유기징역에 처한다(같은 조 제3항). 본죄를 범한 자를 은닉하거나 도피하게 한 때에는 3년 이상의 유기징역에 처한다(같은 조 제7항). 본죄를 범할 목적으로 예비하거나 음모한 자는 1년 이상의 유기징역에 처한다(같은 조 제8항).

(2) 객체와 주체

1) 미성년자란 19세 미만의 자로서(민법 제4조) 나이, 성별, 혼인여부를 불문한다. 영아나 유아도 본죄의 객체가 될 수 있다.

2) 미성년자약취·유인죄는 심신의 발육이 불충분하고 지려와 경험이 풍부하지 못한 미성년자를 특별히 보호하기 위하여 그를 약취하는 행위를 처벌하려는 데 그 입법취지가 있으며, 미성년자의 자유 외에 보호감독자의 감호권도 그 보호법익으로 한다. 따라서 미성년자를 보호·감독하고 있는 보호감독자의 감호권을 침해하여 자신들의 사실상 지배 하로 옮긴 이상 미성년자약취죄가 성립하고, 약취행위에 미성년자의 동의가 있었다 하더라도 본죄의 성립에는 영향이 없다. 예를 들어 미성년자인 피해자가 스스로 가출하여 피고인의 복음전도회 지관에 입관할 것을 호소하였다고 하더라도, 피해자가 피고인들의 교리설교에 의하여 하자 있는 의사로 가출하게 되었고 피고인이 피해자를 보호감독권자의 보호관계로부터 이탈시켜 그의 지배 하에서 그 교리에서 말하는 '주의 일(껌팔이 등 행상)'을 하도록 한 이상 미성년자유인죄의 죄책을 면할 수 없다(대법원 1982.4.27. 선고 82도186 판결).

3) 미성년자를 보호감독하는 자라 하더라도 다른 보호감독자의 감호권을 침해하거나 자신의 감호권을 남용하여 미성년자 본인의 이익을 침해하는 경우에는 미성년자 약취·유인죄의 주체가 될 수 있다. 예컨대 피해자의 어머니인 자신의 처가 교통사고로 사망한 후 피해자의 외조부가 피해자의 양육을 맡아 오다가 교통사고 배상금 등을 둘러싸고 피해자의 외조부와 분쟁이 발생하자 자신이 직접 피해자를 양육하기로 마음먹고 학교에서 귀가하는 피해자를 본인의 의사에 반하여 강제로 차에 태우고 할아버지에게 간다는 등의 거짓말로 속인 후 고아원에 데려 갔다면 이는 미성년자 약취·유인에 해당한다(대법원 2008.1.31. 선고 2007도8011 판결).

그러나 미성년의 자녀를 부모가 함께 동거하면서 보호·양육하여 오던 중 부모의 일방이 상대방 부모나 그 자녀에게 어떠한 폭행, 협박이나 불법적인 사실상의 힘을 행사함이 없이 그 자녀를 데리고 종전의 거소를 벗어나 다른 곳으로 옮겨 자녀에 대한 보호·양육을 계속하였다면, 다른 보호감독자의 보호·양육권을 침해하거나 자신의 보호·양육권을 남용하여 미성년자 본인의 이익을 침해하였다고 볼 수 없으므로 미성년자약취죄의 죄책을 지울 수 없다(☞ **[판례 Ⅲ-1]** 참조).

[판례 Ⅲ-1] 대법원 2013.6.20. 선고 2010도14328 판결【국외이송목적약취, 피약취자국외이송】

〈사실관계〉

피고인은 베트남 국적의 여성으로서 2006.2.16. 공소외 1과 혼인하고 같은 해 4.30. 입국한 후 2007.8.12. 아들 공소외 2를 출산하여 공소외 1과 공동으로 공소외 2를 보호·양육하여 왔다. 당시 공소외 1은 직장에 다녔고 피고인이 가사를 전담하였기 때문에 공소외 2에 대한 현실적인 보호·양육을 주로 피고인이 맡아왔다. 피고인은 2008.8.30. 친구에게 놀러 갔다가 늦어져 버스를 놓치는 바람에 다음날 귀가하였는데 화가 난 공소외 1로부터 며칠 동안 집을 나가라는 말을 듣고, 공소외 1이 자신을 이제 필요 없다고 생각하는 것 같아 자존심이 상한 데다 국내에는 마땅히 찾아갈 곳이 없어 생후 약 13개월 된 공소외 2를 데리고 친정인 베트남으로 돌아가기로 마음먹고, 2008.9.3. 공소외 1이 직장에 출근한 사이 공소외 2를 데리고 집을 나와 항공편으로 출국하여 베트남 친정으로 떠났다. 그런데 피고인은 공소외 2의 양육비를 벌기 위하여 공소외 2를 베트남 친정에 맡겨 둔 채 2008.9.17. 다시 우리나라에 입국하였고, 그 사이 피고인의 부모 등이 공소외 2를 베트남에서 계속 보호·양육하였다. 한편 피고인은 2010.5.13. 공소외 1과 협의하여 피고인을 공소외 2의 친권자 및 양육자로 정하여 이혼하기로 하고 법원으로부터 그 의사를 확인받았는데, 피고인이 그때까지 공소외 1에게 공소외 2를 돌려주는 대가로 금전 등을 부당하게 요구하거나 이를 협의이혼의 조건으로 내세운 적이 없었고, 협의이혼 후 공소외 2의 양육비도 피고인이 부담하였다.

〈판결요지〉

[다수의견] 부모가 이혼하였거나 별거하는 상황에서 미성년의 자녀를 부모의 일방이 평온하게 보호·양육하고 있는데, 상대방 부모가 폭행, 협박 또는 불법적인 사실상의 힘을 행사하여 그 보호·양육 상태를 깨뜨리고 자녀를 탈취하여 자기 또는 제3자의 사실상 지배하에 옮긴 경우, 그와 같은 행위는 특별한 사정이 없는 한 미성년자에 대한 약취죄를 구성한다. 그러나 이와 달리 미성년의 자녀를 부모가 함께 동거하면서 보호·양육하여 오던 중 부모의 일방이 상대방 부모나 그 자녀에게 어떠한 폭행, 협박이나 불법적인 사실상의 힘을 행사함이 없이 그 자녀를 데리고 종전의 거소를 벗어나 다른 곳으로 옮겨 자녀에 대한 보호·양육을 계속하였다면, 그 행위가 보호·양육권의 남용에 해당한다는 등 특별한 사정이 없는 한 설령 이에 관하여 법원의 결정이나 상대방 부모의 동의를 얻지 아니하였다고 하더라도 그러한 행위에 대하여 곧바로 형법상 미성년자에 대한 약취죄의 성립을 인정할 수는 없다. 이 사건 피고인이 공소외 2를 데리고 베트남으로 떠난 행위는 어떠한 실력을 행사하여 공소외 2를 평온하던 종전의 보호·양육 상태로부터 이탈시킨 것이라기보다 친권자인 모(母)로서 출생 이후 줄곧 맡아왔던 공소외 2에 대한 보호·양육을 계속 유지한 행위라고 할 것이고, 이를 폭행, 협박 또는 불법적인 사실상의 힘을 사용하여 공소외 2를 자기 또는 제3자의 지배하에 옮긴 약취행위로 볼 수는 없다고 할 것이다.

[소수의견] 부모 중 일방이 상대방과 동거하며 공동으로 보호·양육하던 유아를 국외로 데리고 나갔다면, '사실상의 힘'을 수단으로 사용하여 유아를 자신 또는 제3자의 사실상 지배하에 옮겼다고 보아야 함에 이론이 있을 수 없다. 친권은 미성년 자녀의 양육과 감호 및 재산관리를 적절히 함으로써 그의 복리를 확보하도록 하기 위한 부모의 권리이자 의무의 성격을 갖는 것으로서, 공동친권자인 부모의 일방이 상대방의 동의나 가정법원의 결정이 없는 상태에서 유아를 데리고 공동양육의 장소를 이탈함으로써

상대방의 친권행사가 미칠 수 없도록 하였다면, 이는 특별한 사정이 없는 한 다른 공동친권자의 유아에 대한 보호·양육권을 침해한 것으로서 민법을 위반한 행위라고 할 것이다. 그뿐 아니라 유아로서도 다른 공동친권자로부터 보호·양육을 받거나 받을 수 있는 상태에서 배제되는 결과를 강요당하게 되어 유아의 이익을 현저히 해치게 될 것이므로 그 점에서도 위법성을 면할 수 없다. 따라서 어느 모로 보나 부모의 일방이 유아를 임의로 데리고 가면서 행사한 사실상의 힘은 특별한 사정이 없는 한 불법적이라고 할 것이며, 특히 장기간 또는 영구히 유아를 데리고 간 경우에는 그 불법성이 훨씬 더 크다는 점을 부인할 수 없을 것이다.

(3) 약취 또는 유인

1) 약취란 폭행, 협박 또는 불법적인 사실상의 힘을 수단으로 사용하여 피해자를 그 의사에 반하여 자유로운 생활관계 또는 보호관계로부터 이탈시켜 자기 또는 제3자의 사실상 지배하에 옮기는 것을 말한다. 약취는 불법적인 사실상의 힘을 수단으로 하면 족하고 반드시 폭행 또는 협박을 수단으로 할 것을 요하지 않고, 폭행 또는 협박을 수단으로 하는 약취의 경우 상대방을 실력적 지배하에 둘 수 있을 정도면 족하고 반드시 상대방의 반항을 억압할 정도에 이를 것을 요하지 않는다(대법원 1990.2.13. 선고 89도2558 판결). 어떤 행위가 약취에 해당하는지 여부는 행위의 목적과 의도, 행위 당시의 정황, 행위의 태양과 종류, 피해자의 의사 등을 종합하여 판단하여야 한다(☞ **[판례 Ⅲ-2]** 참조).

[판례 Ⅲ-2] 대법원 2009.7.9. 선고 2009도3816 판결【특가법위반(간음목적약취)】

〈공소사실〉

피고인은 08:12경 ○○교회 횡단보도 앞 노상에서, 피해자(여, 11세)에게 다가가 '학교가기 싫으냐. 집에 가기 싫으냐. 우리 집에 같이 자러가자'고 말하면서 옷소매를 끌어당겨 피해자를 간음할 목적으로 약취하려 하였으나 피해자가 거부하면서 경찰에 신고하여 그 뜻을 이루지 못하고 미수에 그쳤다.

〈원심 판결요지〉

피고인이 피해자의 잠바 소매를 잡은 경위와 과정, 당시 주변상황, 땅바닥에 주저앉아 피고인이 취한 행동 등을 종합하면, 몸도 제대로 가누지 못할 정도로 술에 취한 피고인이 단순히 '가자'고 말하면서 피해자의 잠바 소매를 잡았다고 하여 위 행위자체를 약취행위에서 말하는 '상대방을 실력적 지배하에 둘 수 있는 정도의 폭행행위'라고 평가할 수 없다.

〈대법원 판결요지〉

형법 제288조에 규정된 약취행위는 피해자를 그 의사에 반하여 자유로운 생활관계 또는 보호관계로부터 범인이나 제3자의 사실상 지배하에 옮기는 행위로서, 폭행 또는 협박을 수단으로 사용하는 경우에 그 폭행 또는 협박의 정도는 상대방을 실력적 지배하에 둘 수 있을 정도이면 족하고 반드시 상대방의 반항을 억압할 정도의 것임을 요하지는 아니하며, 폭행 또는 협박 이외의 사실상의 힘에 의한 경우도 포함된다. 어떤 행위가 위와 같은 약취행위에 해당하는지 여부는 행위의 목적과 의도, 행위 당시의 정황, 행위의 태양과 종류, 피해자의 의사 등을 종합하여 판단하여야 한다.

피고인은 이 사건 당일인 06:00경 인력시장에 일을 구하러 나갔는데, 일감이 없어 평소 알고 지내던 인부들과 함께 막걸리와 소주 등을 마셔 상당히 취한 상태에서 집으로 가기 위하여 버스를 탄 후 ○○교회 앞에서 하차하였고, 같은 날 08:12경 ○○교회 횡단보도 앞에서 초등학교 5학년생인 피해자는 같이 등교할 친구를 기다리고 있었는데, 피고인이 갑자기 다가가 피해자의 오른쪽 점퍼 소매를 잡으며 '가자'고 하자 피해자가 그 팔을 뿌리치고 옆으로 비켜서니 피고인이 피해자의 뒤편 바닥에 앉아 피해자에게 '학교가기 싫으냐. 집에 가기 싫으냐. 우리 집에 같이 자러가자'고 말하였고, 이에 피해자는 불안한 마음으로 피고인을 피하여 비켜 서 있다가 08:23경 친구들을 만나 휴대폰을 빌려 경찰에 신고하였다. 이러한 사실관계에 비추어 보면, 피고인이 위와 같이 위험에 대한 대처능력이 미약한 초등학교 5학년 여학생인 피해자의 소매를 잡아끌면서 '우리 집에 같이 자러가자'라고 한 행위는 그 행위의 목적과 의도, 행위 당시의 정황, 행위의 태양과 종류, 피해자의 의사 등을 종합하여 볼 때, 피고인이 피해자를 그 의사에 반하여 자유로운 생활관계 또는 보호관계로부터 피고인의 사실상 지배하에 옮기기 위한 약취행위의 수단으로서 폭행에 충분히 해당하고 약취의 의사도 인정되므로, 피고인에게 약취행위에 해당하는 실행행위가 있다고 보아야 할 것이다.

2) 유인이란 기망 또는 유혹을 수단으로 하여 사람을 꾀어 현재의 보호상태로부터 이탈케 하여 자기 또는 제3자의 사실적 지배 하로 옮기는 것을 말한다. 여기서 유혹은 기망의 정도에는 이르지 아니하나 감언이설로써 상대방을 현혹시켜 판단의 적정을 그르치게 하는 것이므로 반드시 그 유혹의 내용이 허위일 것을 요하지 않는다. 사고능력이 현저하게 떨어지는 미성년의 저능아인 피해자가 피고인의 4촌 매형이 경영하는 청소대행업체에서 일하면서 숙식을 해결하는 등 4촌 매형의 보호 하에 있었는데 피고인이 몰래 피해자를 다른 곳으로 데리고 갔다면 미성년자유인죄가 성립한다(대법원 1996.2.27. 선고 95도2980 판결).

3) 미성년자 약취·유인죄가 성립하기 위해서는 미성년자를 자기나 제3자의 실력적 지배하에 두어야 한다. 예컨대 피고인이 11세에 불과한 피해자를 유혹하여 모텔 앞길에서부터 모텔 객실까지 데리고 간 이상 피해자를 자유로운 생활관계로부터 이탈시켜 피고인의 사실적 지배 아래로 옮겼다고 할 수 있으나(대법원 2007.5.11. 선고 2007도2318 판결), 피해자가 모델이나 영화배우가 될 생각으로 스스로의 판단 하에 가출하여 귀가하지 않자 피고인이 피해자에게 여러 차례 귀가를 권유하다가 결국 피해자의 가족에게 연락하여 집으로 돌아가게 하였다면 약취·유인이라고 할 수 없다(대법원 1998.5.15. 선고 98도690 판결).

한편 약취 또는 유인은 반드시 장소적 이전을 요하지 않으므로 보호자를 떠나가게 하여 피인취자와 보호자를 장소적으로 격리시킨 경우에도 미성년자 약취·유인죄가 성립한다. 다만 이와 같은 경우에도 실제로 기존의 생활관계 및 보호관계로부터 이탈시켜 범인 또는 제3자의 실력적 지배 하로 옮긴 것으로 인정되어야 한다(☞ **[판례 Ⅲ-3]** 참조).

[판례 Ⅲ-3] 대법원 2008.1.17. 선고 2007도8485 판결【주거침입, 특수강도, 특가법위반(약취·유인)】

〈사실관계〉

(1) 피고인은 범행 당일 14:30경 아파트 현관문을 열고 집안으로 들어서는 미성년자인 피해자를 발견하고 위 피해자에게 달려들어 옆구리에 칼을 들이대고 뒤따라 집안으로 침입한 후 집안을 뒤져 물품을 강취하고, (2) 현금이 발견되지 않자 더 나아가 위 피해자를 인질로 삼아 그의 부모로부터 현금을 취득하기로 마음먹고 위 피해자를 결박시킨 다음 두 시간 남짓 부모의 귀가를 기다렸고, 19:00경 피해자의 모가 위 아파트 안으로 들어오자, 거실에서 앉아 포박된 위 피해자의 옆구리에 부엌칼을 들이대면서 "아들을 살리려면 이리와서 앉아"라고 위협하여 이에 놀란 피해자의 모가 황급히 밖으로 도망치자, 수회 전화를 걸어 "아들을 살리려면 돈 300만원을 지금 마련해서 올라와라, 경찰에는 절대 알리지 마라, 만약 신고하면 아들을 죽이겠다"고 하는 등 수차례 협박하여 19:58경 피해자의 부모로부터 아파트 현관 입구에서 금품 50만원을 전달받았으나 그 무렵 문밖에서 대기 중이던

경찰관에게 체포되었다.

〈판결요지〉

특가법 제5조의2(약취·유인죄의 가중처벌) 제2항 제1호는 형법 제287조(미성년자의 약취, 유인)의 죄를 범한 자가 약취 또는 유인한 미성년자의 부모 기타 그 미성년자의 안전을 염려하는 자의 우려를 이용하여 재물이나 재산상의 이익을 취득하거나 이를 요구함으로써 성립하는바, 약취행위는 폭행 또는 협박을 수단으로 하여 미성년자를 그 의사에 반하여 자유로운 생활관계 또는 보호관계로부터 이탈시켜 범인이나 제3자의 사실상 지배하에 옮기는 행위를 말한다. 여기에는 미성년자를 장소적으로 이전시키는 경우뿐만 아니라 장소적 이전 없이 기존의 자유로운 생활관계 또는 부모와의 보호관계로부터 이탈시켜 범인이나 제3자의 사실상 지배하에 두는 경우도 포함하지만, 미성년자를 기존의 생활관계 및 보호관계로부터 이탈시킬 의도가 있어야 하고 나아가 범행의 목적과 수단, 시간적 간격 등을 고려할 때 사회통념상 실제로 기존의 생활관계 및 보호관계로부터 이탈시킨 것으로 인정되어야만 한다.

따라서 미성년자가 혼자 머무는 주거에 침입하여 그를 감금한 뒤 폭행 또는 협박에 의하여 부모의 출입을 봉쇄하거나, 미성년자와 부모가 거주하는 주거에 침입하여 부모만을 강제로 퇴거시키고 독자적인 생활관계를 형성하기에 이르렀다면 비록 장소적 이전이 없었다 할지라도 미성년자약취에 해당함이 명백하지만, 일시적으로 부모와의 보호관계가 사실상 침해·배제되었다 할지라도, 그 의도가 미성년자를 기존의 생활관계 및 보호관계로부터 이탈시키는 데에 있었던 것이 아니라 단지 금품 강취를 위하여 반항을 제압하는 데에 있었다거나 금품 강취를 위하여 고지한 해악의 대상이 그곳에 거주하는 미성년자였던 것에 불과하다면, 특별한 사정이 없는 한 미성년자를 약취한다는 범의를 인정하기 곤란할 뿐 아니라, 보통의 경우 시간적 간격이 짧아 그 주거지를 중심으로 영위되었던 기존의 생활관계로부터 완전히 이탈되었다고 평가하기도 곤란하다.

위 (2) 범행에 있어 피고인의 의사는 위 주거지에서 친권자인 피해자의 모를 퇴거시키거나 보호관계를 단념시켜 기존의 생활관계를 배제하고 독자적인 생활관계를 형성하고자 하는 데에 있었던 것이라기보다는, 피해자의 신체에 위해를 가할 것처럼 협박하여 피해자의 모로부터 금품을 강취하는 데에 있었고, 그 뒤에 전화를 통해 협박이 이어지기는 하였으나 그로부터 피해자 모의 신고를 받고 즉시 출동한 경찰관에 의하여 제압될 때까지의 시간적 간격이 불과 한 시간 남짓에 불과한 점에 비추어 볼 때, 피해자가 위 아파트를 그 장소적 근거로 삼고 있는 기존의 생활관계로부터 완전히 이탈되었다거나 새로운 생활관계가 형성되었다고 평가하기도 어렵다. 따라서 특별한 사정이 없는 한, 피고인의 범행을 형법 제336조(인질강도)로 의율하는 것은 별론으로 하고, 특가법 제5조의2 제2항 제1호 및 형법 제287조에 의율할 수는 없다.

본죄는 미성년자를 자기 또는 제3자의 실력적 지배 하에 둠으로써 곧 기수에 이른다(따라서 본죄는 상태범이다).

4) 미성년자를 약취 또는 유인한 후 미성년자를 불법하게 감금한 때에는 미성년자약취·유인죄 이외에 별도로 감금죄가 성립한다(대법원 1998.5.26. 선고 98도1036 판결). 13세 미만의 미성년자를 약취·미성년자를 약취·유인한 후 미성년자를 감금한 때에는 아래에서 보는 바와 같이 특가법에 의해 가중처벌된다.

(4) 피약취·유인미성년자살해 등(특가법 제5조의2 제2항)

1) 13세 미만의 미성년자에 대하여 약취·유인죄(형법 제287조)를 범한 자가 약취·유인한 미성년자의 부모 그 밖에 미성년자의 안전을 염려하는 자의 우려를 이용하여 재물이나 재산상 이익을 취득 또

는 요구하거나(특가법 제5조의2 제2항 제1호), 미성년자를 살해하거나(같은 조항 제2호), 미성년자를 폭행·상해·감금·유기 또는 가혹한 행위를 하거나(같은 조항 제3호) 또는 사망에 이르게 한 때(같은 조항 제4호)에는 각각 무기 또는 10년 이상의 징역, 사형 또는 무기징역, 무기 또는 5년 이상의 징역 그리고 사형, 무기 또는 7년 이상의 징역에 처한다. 제4호를 제외한 이들 죄의 미수범은 처벌된다(같은 조 제6항).

2) 이들 죄를 범한 자를 방조하여 약취·유인된 미성년자를 은닉하거나 그 밖의 방법으로 귀가하지 못하게 한 자는 5년 이상의 유기징역에 처한다(같은 조 제3항). 이들 죄 또는 그 미수범을 범한 자를 은닉하거나 도피하게 한 자는 3년 이상의 유기징역에 처한다(같은 조 제7항). 특가법 제5조의2 제2항 제1호 및 제2호의 죄를 범할 목적으로 예비·음모한 자는 1년 이상의 유기징역에 처한다(같은 조 제8항).

2. 추행 등 약취·유인죄(제288조 제1항), 노동력착취 등 약취·유인죄(같은 조 제2항), 국외이송 약취·유인죄(같은 조 제3항), 피약취·유인자 국외이송죄(같은 조 제3항)

1) 추행, 간음, 결혼 또는 영리의 목적으로 사람을 약취·유인한 자는 1년 이상 10년 이하의 징역에 처하고(제288조 제1항), 노동력착취, 성매매 또는 성적 착취, 장기적출 목적으로 사람을 약취·유인한 자는 15년 이하의 징역에 처하며(같은 조 제2항), 국외에 이송할 목적으로 사람을 약취 또는 유인하거나 약취 또는 유인된 사람을 국외에 이송한 자는 15년 이하의 징역에 처한다(같은 조 제3항). 본죄의 미수범은 처벌한다(제294조). 이들 죄 또는 그 미수범(제294조)에 대해서는 5천만원 이하의 벌금을 병과할 수 있다(제295조).

2) 간음을 목적으로 사람을 기망 또는 유혹하여 보호받고 있는 생활관계로부터 이탈시켜 자기 또는 제3자의 실력적 지배 하로 옮긴 때에는 간음목적유인죄의 죄책을 진다. 그러나 간음하기 위하여 일시적으로 장소를 이동할 때 기망 또는 유혹의 수단을 사용한 것만으로는 사람을 실력적 지배 하로 옮겼다고 볼 수 없으므로 간음목적유인죄의 죄책을 지울 수 없다(☞ **[판례 Ⅲ-4]** 참조).

[판례 Ⅲ-4] 서울고법 2011.5.26. 선고 2011노573 판결【특가법위반(간음목적유인)】

〈공소사실〉

피고인은 04:00경 모텔방에서, 피해자(여, 15세)를 간음하고자 하였으나 상황이 여의치 않자 피해자가 자신의 주량을 크게 넘은 소주, 맥주, 콜라를 섞은 폭탄주 7잔 정도를 마신 후 몸을 가누지 못하는 등 술에 매우 취하여 의사결정 능력이 미약한 상태인 점을 이용하여 피해자를 다른 장소로 옮긴 후 그곳에서 간음하기로 마음먹고, 피해자에게 '술내기에 졌으니 드라이브 가자'라는 취지로 거짓말하여 이에 속은 피해자를 부축하여 데리고 나와 SM5 승용차에 태운 다음 서울 방면으로 운행하다가 미아삼거리 부근에서 피고인이 피해자를 납치하여 간다는 신고를 받고 출동한 경찰관에 의하여 검거될 때까지 약 1시간 동안 운전하여 간음할 목적으로 미성년자인 피해자를 유인하였다.

〈판결요지〉

간음목적유인죄는 실질적으로 보아 간음행위로 나아가기 전 단계에 해당하는 범죄인데, 그 목적을 달성하였다고 볼 수 있는 청소년 준강간 또는 위계·위력에 의한 청소년 간음을 내용으로 하는 아청법위반(강간등)죄의 법정형이 5년 이상의 징역형인 데 비하여, 특가법 제5조의2 제4항에서 정한 간음의 목적으로 사람을 약취, 유인한 자에 대한 법정형이 무기 또는 5년 이상의 징역형인 점을 고려하면, 형법 제288조가 규정하고 있는 '유인'의 의미는 엄격하게 해석되어야 한다. 따라서 간음하기 위하여 일시적으로 장소를 이동할 때 기망 또는 유혹의 수단을 사용한 것에 불과하다면 간음목적유인죄의 유인행위에 해당하지는 않는다고 보는 것이 타당하다.

피고인이 피해자(여, 15세)를 다른 장소로 옮긴 후 그곳에서 간음하기로 마음먹고, 술에 취한 피해자에게 '드라이브 가자'라는 취지로 속여 승용차에 태운 다음 경찰관에 의하여 검거될 때까지 약 1시간 동안 운전하였다면, 피고인이 피해자를 승용차에 태운 것은 당시 피해자와 일회적인 성교를 위하여 다른 장소로 이동할 의도였고, 나아가 계속적인 성관계 그 밖의 다른 목적을 달성하거나 지속적으로 사실적 지배관계를 설정할 의사는 없었던 것으로 보이며, 피고인의 위와 같은 의사와 피해자가 승차한 승용차의 특성, 피해자의 나이와 신분 등 사건의 제반 경위에 비추어, 위 승용차가 이동수단의 의미를 넘어 물리적·실력적 지배라는 측면에서 피해자를 장소적으로 지배하는 의미까지 지니고 있다고는 보이지 않는 등의 사정을 종합할 때, 피고인이 드라이브하자고 피해자를 기망 또는 유혹하여 승용차에 태우기는 하였으나 그로 인하여 피해자가 피고인의 사실적 지배 아래 놓였다고 보기 어려우므로 피해자를 유인하였다고 할 수 없다.

3. 인신매매죄(제289조 제1항), 추행 등 인신매매죄(같은 조 제2항), 노동력착취 등 인신매매죄(같은 조 제3항), 국외이송 인신매매죄(같은 조 제4항), 피매매자 국외이송죄(같은 조 제4항)

1) 사람을 매매한 사람은 7년 이하의 징역에 처하고(제289조 제1항), 추행, 간음, 결혼 또는 영리의 목적으로 사람을 매매한 사람은 1년 이상 10년 이하의 징역에 처한다(같은 조 제2항). 노동력 착취, 성매매와 성적 착취, 장기적출을 목적으로 사람을 매매한 사람 또는 국외이송목적으로 사람을 매매하거나 매매된 사람을 국외로 이송한 사람은 2년 이상 15년 이하의 징역에 처한다(같은 조 제3항, 제4항). 이들 죄의 미수범은 처벌하고(제294조), 이들 죄 및 그 미수범에 대해서는 5천만원 이하의 벌금을 병과할 수 있다(제295조).

아동·청소년의 성을 사는 행위 또는 아동·청소년이용음란물을 제작하는 행위의 대상이 될 것을 알면서 아동·청소년을 매매 또는 국외에 이송하거나 국외에 거주하는 아동·청소년을 국내로 이송한 자는 무기징역 또는 5년 이상의 징역에 처한다(아청법 제12조 제1항). 본죄의 미수범은 처벌한다(같은 조 제2항).

2) 매매는 유상으로 인도하고 인수하는 사실상의 행위로서 교환을 포함하고, 단순히 매매계약의 체결만으로는 본죄가 성립하지 않고 사실상의 인도와 인수행위가 있어야 한다. 매매라고 하기 위해서는 부녀자에 대한 실력적 지배를 대가를 받고 그 상대방에게 넘겨야 한다. 매매에 해당하는가의 여부는 매도인이 매매당시 사람을 실력으로 지배하고 있었는가 여부, 즉 계속된 협박이나 명시적 혹은 묵시적 폭행의 위협 등의 험악한 분위기로 인하여 보통의 사람이라면 법질서에 호소하기를 단념할 정도의 상태에서 그 신체에 대한 인계인수가 이루어 졌는가의 여부에 달려있다. 따라서 사람이 정신적 자

각이 있고 법질서에 보호를 호소할 능력을 가진 경우라도 매도인이 사람을 실력으로 지배하고 있는 상태에서 신체에 대한 인계인수가 이루어졌다면 본죄가 성립할 수 있다(☞ **[판례 Ⅲ-5]** 참조).

[판례 Ⅲ-5] 대법원 1992.1.21. 선고 91도1402판결【윤락행위등방지법위반, 부녀매매】

〈사실관계〉

1988.9.5. 24:00경 피해자(당시 18세)는 서울에서 봉제공장의 공원으로 일하던 중 서울시 소재 디스코 클럽에서 공소외 A 등 일행 4명에 의해 "스키장에 놀러가자"고 유인되어 당일 밤 자동차로 군산까지 감금 약취된 뒤 강간당하고 나서 군산시 소재 윤락가 포주인 공소외 B에게 금 80만원에 팔려, 동 점포에서 윤락 생활을 하게 되었고, 피고인(여, 50세)은 B의 점포 인근에서 역시 윤락가를 운영하던 자로서 같은 해 10.14. 14:00경 B에게 금 80만원을 지불하고 피해자를 넘겨받아 피해자로 하여금 1989.11.24경까지 약 13개월 동안 매일 5~10회씩 돈을 받고 윤락행위를 하게 하던 중 수사기관에 의해 검거되었다.

〈원심 판결요지〉

구 형법(2013.4.5. 법률 제11731호로 개정되기 전의 것) 제288조 제2항의 부녀매매라 함은 동 법조의 법정형과 직업안정및고용촉진에관한법률 제29조 제1호 소정의 법정형과 대비하여 볼 때 거래일방인 매도자가 그의 완전한 사실상의 지배하에 있는 부녀를 추업에 사용할 목적으로 물건처럼 대가를 수수하고 상대방의 사실적 지배하에 옮기는 것을 말한다고 해석되므로, 매매의 대상인 부녀가 정신적 자각이 있고 법질서에 보호를 호소할 능력을 가진 경우 즉각적으로 국내법의 보호로부터 이탈이 될 우려가 많은 국외이송목적의 매매를 제외하고는, 친권자 또는 그 보호감독자가 아닌 제3자에 의하여 매매가 이루어지기는 어렵다고 할 것인바, 이 사건 매매대상인 부녀는 서울에서 봉제공장의 공원으로 일하던 18세 가량의 소녀로서 특별한 사정이 없는 한 그 정도의 연령이면 인격의 자각이 있고 법질서에 보호를 호소할 수 있는 판단능력을 가지고 있다고 보아야 할 것이며 기록을 살펴보아도 공소외 B나 피고인이 매매의 객체가 되었다는 본건 피해자에 대하여 완전한 사실상의 지배권을 가지고 있었다고 볼만한 아무런 증거가 없을 뿐만 아니라 본건 매매가 이루어진 시각, 장소도 도시에 있는 일반인의 출입이 용이한 공개적 장소의 대낮이었다는 점을 종합하면 위 공소사실은 부녀매매죄의 요건을 충족하지 아니한다.

〈판결요지〉

부녀매매죄는 부녀자의 신체의 자유를 그 일차적인 보호법익으로 하는 죄로서 건전한 직업소개질서의 확립이라는 행정목적을 주된 법익으로 하는 직업안정 및 고용촉진에 관한 법률의 위 규정을 평면적으로 비교하여 본 죄의 해석근거로 삼을 합리적인 이유는 없는 것이며, 본 죄의 행위의 객체는 부녀이고, 여자인 이상 나이나 성년, 미성년, 기혼여부 등을 불문한다고 보아야 하고, 행위의 주체에는 제한이 없으니 반드시 친권자 등의 보호자만이 본 죄의 주체가 될 수 있다는 것도 근거없는 해석이라 할 것이다.

요컨대, 본 죄의 성립여부는 그 주체 및 객체에 중점을 두고 볼 것이 아니라 매매의 일방이 어떤 경위로 취득한 부녀자에 대한 실력적 지배를 대가를 받고 그 상대방에게 넘긴다고 하는 행위에 중점을 두고 판단하여야 하므로 매도인이 매매당시 부녀자를 실력으로 지배하고 있었는가 여부, 즉 계속된 협박이나 명시적 혹은 묵시적 폭행의 위협 등의 험악한 분위기로 인하여 보통의 부녀자라면 법질서에 호소하기를 단념할 정도의 상태에서 그 신체에 대한 인계인수가 이루어 졌는가의 여부에 달려 있다.

따라서 이 사건 부녀자가 18세에 달하여 지각이 있으므로 부녀매매죄의 객체가 될 수 없다고 한 원심의 판단은 부녀매매죄의 법리를 오해한 위법이 있다 할 것이고, 이러한 견해와 다르게 판시한 대법원 1959.3.13. 선고 4292형상7 판결과 1971.3.9 선고 71도27 판결은 현재의 사회실정하에서는 유지하기 어려운 것이므로 폐기할 수밖에 없다.

3) 국외이송에서 '국외'의 의미에 대해서는 대한민국 영역 밖을 의미한다는 견해와 피해자의 거주국 밖을 의미한다는 견해가 대립되고 있다. 전자의 견해에 따르면 예컨대 중국에서 일본으로 이송할

목적으로 약취·유인 또는 매매하거나 그러한 목적으로 약취·유인 또는 매매된 자를 중국에서 일본으로 이송한 경우에는 본죄가 성립하지 않게 된다.

일본형법은 피해자가 소재하는 국가에서 다른 국가로 이송하는 경우를 포함하기 위하여 '소재국 밖으로'라는 표현을 사용하고 있고(일본형법 제226조, 제 226조의2 제5항, 제226조의3), 아청법은 '아동·청소년을 국외로 이송'하는 위와는 별개로 국외에 거주하는 아동·청소년을 '국내로 이송'을 규정하고 있음을 고려해 볼 때, 형법 제289조의 '국외이송'은 대한민국영역 밖으로 이송하는 것만을 의미한다고 보아야 한다.

4. 피약취·유인·매매·이송자 상해·치상죄 (제290조)

1) 미성년자 약취·유인죄(제287조), 추행 등 목적 약취·유인죄(제288조), 인신매매죄(제289조)를 범하여 약취, 유인, 매매 또는 이송된 사람을 상해한 때에는 3년 이상 25년 이하의 징역에 처한다. 본죄의 미수범은 처벌하고(제294조), 본죄 및 그 미수범에 대해서는 5천만원 이하의 벌금을 병과할 수 있다(제295조).

2) 미성년자 약취·유인죄(제287조), 추행 등 목적 약취·유인죄(제288조), 인신매매죄(제289조)를 범하여 약취, 유인, 매매 또는 이송된 사람을 상해에 이르게 한 때에는 2년 이상 20년 이하의 징역에 처한다. 본죄에 대해서는 5천만원 이하의 벌금을 병과할 수 있다(제295조).

5. 피약취·유인·매매·이송자 살해·치사죄 (제291조)

1) 미성년자 약취·유인죄(제287조), 추행 등 목적 약취·유인죄(제288조), 인신매매죄(제289조)를 범하여 약취, 유인, 매매 또는 이송된 사람을 살해한 때에는 사형, 무기 또는 7년 이상의 징역에 처한다. 본죄의 미수범은 처벌하고(제294조), 본죄 및 그 미수범에 대해서는 5천만원 이하의 벌금을 병과할 수 있다(제295조).

2) 미성년자 약취·유인죄(제287조), 추행 등 목적 약취·유인죄(제288조), 인신매매죄(제289조)를 범하여 약취, 유인, 매매 또는 이송된 사람을 사망에 이르게 한 때에는 무기 또는 5년 이상의 징역에 처한다. 본죄에 대해서는 5천만원 이하의 벌금을 병과할 수 있다(제295조).

6. 피약취·유인·매매·이송자 수수·은닉죄 (제292조 제1항), 약취·유인·인신매매·국외이송 모집·운송·전달죄 (같은 조 제2항)

미성년자 약취·유인죄(제287조), 추행 등 목적 약취·유인죄(제288조), 인신매매죄(제289조)로 약취, 유인, 매매 또는 이송된 사람을 수수(授受) 또는 은닉한 사람은 7년 이하의 징역에 처한다(제292조 제1항). 이들 죄를 범할 목적으로 사람을 모집, 운송, 전달한 사람도 같은 형에 처한다(같은 조 제2항). 피약취·유인·매매·이송자 수수은닉죄(제1항)의 미수범은 처벌하고(제294조), 이들 죄에 대해서는 5천만원 이하의 벌금을 병과할 수 있다(제295조). 제1항의 죄를 범할 목적으로 예비·음모한 자는 3년 이하의 징역에 처한다(제296조).

7. 미성년자 약취·유인 등 예비·음모죄 (제296조)

1) 미성년자 약취·유인죄(제287조), 추행 등 목적 약취·유인죄(제288조), 인신매매죄(제289조), 약취·유인·매매·이송등 상해죄(제290조 제1항), 약취·유인·매매·이송등 살인죄(제291조 제1항) 및 피약취·유인·매매·이송자 수수·은닉죄(제292조 제1항)를 범할 목적으로 예비 또는 음모한 사람은 3년 이하의 징역에 처한다(제296조).

8. 형의 감경 (제295조의2), 세계주의 (제296조의2)

1) 미성년자 약취·유인죄(제287조), 추행 등 목적 약취·유인죄(제288조), 인신매매죄(제289조), 약취·유인·매매·이송등 상해·치상죄(제290조) 및 이들 죄의 미수범(제294조)의 죄를 범한 자가 약취, 유인, 매매 또는 이송된 사람을 안전한 장소로 풀어준 때에는 그 형을 감경할 수 있다(제295조의2).

2) 미성년자 약취·유인죄(제287조), 추행 등 목적 약취·유인죄(제288조), 인신매매죄(제289조), 약취·유인·매매·이송등 상해·치상죄(제290조), 약취·유인·매매·이송등 살인·치사죄(제291조) 및 피약취·유인·매매·이송자 수수·은닉죄(제292조) 및 이들 죄의 미수범은 대한민국 영역 밖에서 죄를 범한 외국인에게도 적용한다(제296조의2).

Ⅳ. 강간과 추행의 죄(제32장)

(1) 강간과 추행의 죄는 성적 자기결정의 자유를 침해하는 범죄이다. 강간과 추행의 죄는 형법뿐만 아니라 성폭법과 아동·청소년성보호법 등에 산재되어 있으며 조문의 체계나 내용이 상당히 복잡하게 구성되어 있다.

(2) 전체적으로 보면 강간과 추행의 죄는 강간죄, 유사강간죄, 강제추행죄, 준강간·준강제추행죄, 위계·위력에 의한 간음·추행죄 그리고 단순 간음·추행죄로 분류할 수 있다.

우선 강간죄(아래 A유형)는 폭행 또는 협박으로 사람을 강간함으로써 성립하는 범죄로(형법 제298조), 피해자가 친족관계에 있는 사람, 신체적 또는 정신적 장애가 있는 사람 또는 13세 미만의 사람인 경우에는 성폭법(제5조 제1항, 제6조 제1항, 제7조 제1항)에 의해서 그리고 아동·청소년인 경우에는 아청법(제7조 제1항)에 의해서 가중처벌된다.

유사강간죄(아래 B유형)는 폭행 또는 협박으로 사람에 대하여 성기를 제외한 구강, 항문 등 신체의 내부에 성기를 넣거나 성기, 항문에 손가락 등 성기를 제외한 신체의 일부 또는 도구를 넣음으로써 성립하는 범죄로(형법 제298조의2), 피해자가 신체적 또는 정신적 장애가 있는 사람이거나 13세 미만의 사람인 경우에는 성폭법(제6조 제2항, 제7조 제2항)에 의해서 그리고 아동·청소년인 경우에는 아청법(제7조 제2항)에 의해서 가중처벌된다.

강제추행죄(아래 C유형)는 폭행 또는 협박으로 사람을 추행함으로써 성립하는 범죄로(형법 제299조), 피해자가 친족관계에 있는 사람이거나 신체적 또는 정신적 장애가 있는 사람이거나 13세 미만의 사람인 경우에는 성폭법(제5조 제2항, 제6조 제3항, 제7조 제3항)에 의해서 그리고 아동·청소년인 경우에는 아청법(제7조 제3항)에 의해서 가중처벌된다.

준강간·준강제추행죄(아래 D유형)는 심신상실 또는 항거불능상태를 이용하여 사람을 추행 또는 간음함으로써 성립하는 범죄로(형법 제299조), 피해자가 친족관계에 있는 사람이거나 신체적 또는 정신적 장애가 있는 사람이거나 13세 미만의 사람인 경우에는 성폭법(제5조 제3항, 제6조 제4항, 제7조 제4항)에 의해서 그리고 아동·청소년인 경우에는 아청법(제7조 제4항)에 의해서 가중처벌된다.

형법상 강도가 사람을 강간한 때에는 강도강간죄(제339조)로 처벌된다. 주거침입·야간주거침입·특수절도·특수강도의 죄를 범한 자가 강간, 유사강간, 강제추행, 준강간·준강제추행의 죄를 범하거나(성폭법 제3조), 흉기 그 밖의 위험한 물건을 지닌 채 또는 2인 이상이 합동하여 강간, 강제추행, 준강간·준강제추행의 죄를 범한 때 성폭법에 의해 가중처벌된다(제3조). 강간, 유사강간, 강제추행, 준강간·준강제추행의 죄를 범하여 사람을 상해하거나 상해에 이르게 한 때에는 강간등 상해·치상죄(형법 제301조, 성폭법 제8조, 아동·청소년성보호법 제9조)가 성립하고(아래 E유형) 사람을 살해하거나 사망에 이르게 한 때에는 강간등 살인·치사죄(형법 제301조의2, 성폭법 제9조, 아청법 제10조)가 성립한다(아래 F유형).

위계·위력에 의한 간음·추행죄(아래 G유형)는 위계나 위력에 의하여 사람을 간음 또는 추행함으로써 성립하는 범죄로 형법상 미성년자·심신미약자 간음·추행죄(제302조), 피보호·감독자 간음죄(제303조 제1항)와 성폭법상 피보호·감독자 추행죄(제10조 제1항)가 이에 해당한다. 신체적 또는 정신적 장애가 있는 사람(성폭법 제6조 제5항, 제6항), 13세 미만의 사람(성폭법 제7조 제5항) 또는 아동·청소년(아청법 제7조 제5항)을 위계나 위력으로 간음 또는 추행한 경우에는 가중처벌된다.

끝으로 단순 간음·추행죄(아래 H유형)는 폭행·협박이나 위계·위력을 수단으로 하지 않고 단순히 간음 또는 추행 자체에 의해 처벌하는 범죄로 미성년자의제강간등죄(형법 제305조), 피감호자 간음죄(형법 제303조 제2항), 피감호자추행죄(성폭법 제10조 제2항), 공중밀집장소추행죄(성폭법 제11조), 장애아동·청소년 간음·추행죄(아동·청소년성보호법 제8조)가 있다.

성폭력범죄의 유형별 적용법조

	형 법	성폭법					아청법
A	강간(§297) 강도강간(§339)	주거침입등강간 (§3①) 특수강도강간 (§3②)	특수강간 (§4①)	친족강간 (§5①)	장애인강간 (§6①)	13세미만자 강간(§7①)	아동·청소년강간 (§7①)
B	유사강간 (§297의2)	주거침입등유사강간 (§3①) 특수강도유사강간 (§3②)	–	–	장애인유사강간 (§6②)	13세미만자 유사강간 (§7②)	아동·청소년 유사강간 (§7②)
C	강제추행 (§298)	주거침입등강제추행 (§3①) 특수강도강제추행 (§3②)	특수강제추행 (§4②)	친족강제추행 (§5②)	장애인강제추행 (§6③)	13세미만자 강제추행 (§7③)	아동·청소년 강제추행 (§7③)
D	준강간· 준강제추행 (§299)	주거침입등준강간· 준강제추행(§3①) 특수강도준강간· 준강제추행(§3②)	특수준강간· 준강제추행 (§4②)	친족준강간· 준강제추행 (§5③)	장애인준강간· 준강제추행 (§6④)	13세미만자 준강간· 준강제추행 (§7④)	아동·청소년준강간· 준강제추행(§7④)
E	강간등상해· 치상(§301)	강간등상해·치상(§8)					아동·청소년강간등 상해·치상(§9)
F	강간등살인· 치사(§301의2)	강간등살인·치사(§9)					아동·청소년강간등 살인·치사(§10)
G	미성년자위계등 간음·추행 (§302) 업무상위계등 간음(§303①)	업무상위계등추행(§10①)			장애인위계등 간음·추행 (§6⑤,⑥)	13세미만 미성년위계등 간음·추행 (§7⑤)	아동·청소년 위계등간음· 추행(§7⑤)
H	피감호자간음 (§303②) 미성년자의제 강간등(§305)	피감호자추행(§10②), 공중밀집장소추행(§11)					장애아동· 청소년간음· 추행(§8)

(3) 성폭력범죄에 대한 처벌규정은 형법뿐만 아니라 성폭법, 아동·청소년성보호법에 산재하고 있는데, 1) 피해자의 연령별로는 볼 때 13세 미만 미성년에 대한 강간등에 대해서는 성폭법(제6조, 제7조), 아동청소년(13세 이상 19세 미

만)에 대한 강간등에 대해서는 아동·청소년성보호법(제7조부터 제10조까지), 19세 이상 성년에 대해서는 형법이 적용되고, 2) 범행의 수단이나 피해자의 특성별로 볼 때 주거침입강간등, 특수강간등, 친족관계강간등, 장애인강간등에 대해서는 성폭법(제3조부터 제6조까지)이 적용된다.

(4) 군인[현역에 복무하는 장교, 준사관, 부사관 및 병(兵)], 군무원, 군적(軍籍)을 가진 군(軍)의 학교의 학생·생도와 사관후보생·부사관후보생 및 병역법에 따른 군적을 가지는 재영(在營) 중인 학생,소집되어 실역(實役)에 복무하고 있는 예비역·보충역 및 제2국민역인 군인에 대하여 강간(군형법 제92조), 유사강간(제92조의2), 강제추행(제92조의3), 준강간, 준강제추행(제92조의4)을 한 자 또는 그 미수범(제92조의5), 이들 죄를 범하여 사람을 상해하거나 상해에 이르게 하거나(제92조의7) 사람을 살해 또는 사망에 이르게 한 자(제92조의8) 그리고 위의 사람에 대하여 사람에 대하여 항문성교나 그 밖의 추행을 한 자(제92조의6)는 군형법에 의해 처벌된다.

1. 강간죄(제297조), 특수강간(성폭법 제4조 제1항), 친족관계에의한강간(같은 법 제5조 제1항), 장애인강간죄(같은 법 제6조 제1항), 13세미만미성년자강간죄(같은 법 제7조 제1항), 아동·청소년강간죄(아청법 제7조 제1항)

사람을 강간함으로써 성립하는 범죄로 3년 이상의 유기징역에 처한다(형법 제297조). 본죄의 미수범은 처벌된다(제300조). 피해자가 친족관계(4촌 이내의 혈족 및 인척, 사실상의 관계에 의한 친족을 포함한다)에 있는 사람인 경우에는 7년 이상의 유기징역에 처하고(성폭법 제5조 제1항), 신체적 또는 정신적 장애가 있는 사람인 경우에는 무기징역 또는 7년 이상의 징역에 처하며(성폭법 제6조 제1항), 13세미만의 사람인 경우에는 무기징역 또는 10년 이상의 징역에 처한다(성폭법 제7조 제1항). 그리고 피해자가 아동·청소년인 경우에는 무기징역 또는 5년 이상의 유기징역에 처한다(아청법 제7조 제1항). 이들 죄의 미수범은 처벌된다(형법 제300조, 성폭법 제15조, 아청법 제7조 제5항).

그리고 흉기 기타 위험한 물건을 지닌 채 또는 2명 이상이 합동하여 강간죄를 범한 자는 무기징역 또는 5년 이상의 징역에 처한다(성폭법 제4조 제1항). 본죄의 미수범은 처벌된다(성폭법 제15조).

(1) 성전환자에 대한 강간죄의 성립여부

1) 강간죄는 폭행 또는 협박으로 사람을 강간함으로써 성립하는 범죄로, 주체는 남성 또는 여성을 불문한다. 다만 강간 또는 간음은 남성성기와 여성성기의 결합을 전제로 하므로 주체가 남성인 경우 그 객체는 여성이어야 하고 주체가 여성인 경우 그 객체는 남성이어야 한다. 그러나 예컨대 여성은 다른 남성과 공동으로 다른 여성을 강간할 수 있고, 남성은 다른 여성과 공동으로 다른 남성을 강간할 수 있다(대법원 1998.2.27. 선고 97도1757 판결).

2) 개정전 형법은 본죄의 객체를 부녀, 즉 여성으로 제한하고 있었기 때문에 성전환수술을 한-가족관계등록부상-남자도 강간죄의 객체가 될 수 있는가가 논란이 되었다. 개정형법에서 강간죄의 객체

는 사람으로 변경되었지만, 본죄의 주체가 남성인 경우 그 객체는 여성이어야 하므로, 강간죄의 객체에 대한 논의는 개정형법에서도 여전히 의미를 가지고 있다. 판례는 "여자에 해당하는지의 여부도 발생학적인 성인 성염색체의 구성을 기본적인 요소로 하여 성선, 외부성기를 비롯한 신체의 외관은 물론이고 심리적, 정신적인 성, 그리고 사회생활에서 수행하는 주관적, 개인적인 성역할(성전환의 경우에는 그 전후를 포함하여) 및 이에 대한 일반인의 평가나 태도 등 모든 요소를 종합적으로 고려하여 사회통념에 따라 결정하여야 한다"고 하여 성전환자인 피해자에 대한 강간죄의 성립을 인정하고 있다(☞ **[판례 Ⅳ-1]** 참조).

[판례 Ⅳ-1] 대법원 2009.9.10. 선고 2009도3580 판결【구 성폭법위반(주거침입강간등)】

〈사실관계〉

피고인은 2008.8.31. 08:10경 피해자(58세)의 집에서, 잠기어 있지 않은 화장실 문을 열고 집안으로 들어가 방안에 있던 피해자의 가방에서 현금 10만원 상당을 꺼내가 이를 절취한 후 부엌으로 가 그곳에 있던 흉기인 식칼(칼날길이 약 16cm)을 들고 다시 방안으로 들어가 인기척에 깨어난 피해자를 식칼로 위협하여 반항을 억압한 다음 피해자의 음부와 항문에 피고인의 성기를 삽입하고, 피해자로 하여금 피고인의 성기를 빨게 하는 등으로 피해자를 1회 간음하여 강간하였다.

〈판결요지〉

종래에는 사람의 성을 성염색체와 이에 따른 생식기·성기 등 생물학적인 요소에 따라 결정하여 왔으나 근래에 와서는 생물학적인 요소뿐 아니라 개인이 스스로 인식하는 남성 또는 여성으로의 귀속감 및 개인이 남성 또는 여성으로서 적합하다고 사회적으로 승인된 행동·태도·성격적 특징 등의 성역할을 수행하는 측면, 즉 정신적·사회적 요소들 역시 사람의 성을 결정하는 요소 중의 하나로 인정받게 되었으므로, 성의 결정에 있어 생물학적 요소와 정신적·사회적 요소를 종합적으로 고려하여야 한다.

남성으로 태어난 피해자는 성장기부터 남성에 대한 불일치감과 여성으로서의 귀속감을 나타내면서 따돌림을 당하였고, 사춘기에 이르러 여성으로서의 분명한 성정체성이 형성되기 시작하면서 이를 감당하지 못하여 집을 떠나게 된 사실, 피해자는 24세이던 1974년경 성전환수술을 결심하고 정신과 병원에서 정밀진단과 심리치료, 관찰을 거쳐 성전환증이라는 확진을 받은 다음, 성형외과에서 남성의 성기와 음낭을 제거하고 여성의 질 등 외부성기를 형성하는 수술을 받고 이후 상당기간 호르몬 요법의 시술을 받았으며, 2차로 일본 오사카현 이마사토에 있는 한 성형외과병원에서 가슴형성수술을 받은 바 있고, 3차로는 1998. 2. 부산에 있는 성형외과에서, 2000년경에 이르러 태국의 한 병원에서 각 가슴보강수술과 질확장술을 받은 사실, 피해자는 남성 또는 여성으로서 자녀를 출산한 경험이 없고 생식기능 또한 존재하지 아니하나, 성전환수술 후 여성으로서의 성생활에 전혀 지장이 없으며, 특히 피해자의 사정을 이해하는 남성과 과거 10여 년간 동거하며 지속적으로 성관계를 영위함에 아무런 문제가 없었고, 성적 만족도 또한 이상이 없는 사실, 피해자는 여성으로서의 신체와 외관을 갖추고 있을 뿐만 아니라 여성으로서의 성적 정체성도 확고하고 자신이 여성임에 만족하고 있으며, 피해자의 가족들과도 가출 후 10년이 지나면서부터 소식을 주고받으며 관계가 유지되어 왔고, 현재 살아 있는 가족들이 피해자의 처지와 사정을 잘 이해하여 관계가 개선된 사실, 피해자는 성전환수술 후 30여 년간 여성 무용수로서 국내와 국외를 오가며 활동하여 왔는데, 피해자가 국내에 거주할 때는 주로 부산시 소재 일정 지역에 30년 가까이 주거를 정하여 살면서 주민들과는 여성으로서 오랜 세월 동안 친분을 유지하여 온 사실을 각 알 수 있는바, 위와 같은 사정을 종합하여 보면, 피해자는 성장기부터 남성에 대한 불일치감과 여성으로의 귀속감을 나타내었고, 성인이 된 후 의사의 진단 아래 성전환수술을 받아 여성의 외부 성기와 신체 외관을 갖추었고, 수술 이후 30여 년간 여성으로 살아오면서 현재도 여성으로서의 성정체성이 확고하여 남성으로 재전환할 가능성이 현저히 낮고, 개인생활이나 사회생활에서도 여성으로 인식되어, 결국 사회통념상 여성으로 평가되는 성전환자에 해당한다고 봄이 상당하고, 이 사건 피고인도 피해자를 여성으로 인식하여 강간

범행을 저질렀다. 따라서 위와 같은 제반사정을 고려하여 성전환자인 이 사건 피해자를 법률상 여성으로 보고 강간죄의 객체가 된다고 할 것이다.

(2) 배우자에 대한 강간죄의 성립여부

강간죄의 객체와 관련해서는 배우자가 강간죄의 객체가 될 수 있는가가 문제되고 있다. 과거 대법원은 법률상 부부의 신분관계는 해소되지 않았어도 이혼소송을 제기하고 별거하는 등 피고인과 피해자 사이에 실질적으로 부부관계가 인정될 수 없는 상태에 이르렀다면 법률상의 처에 대해서는 강간죄가 성립한다는 취지의 판결을 내린 바 있는데(대법원 1970.3.10. 선고 70도29 판결; 2009.2.12. 선고 2008도8601 판결), 최근에는 혼인관계가 파탄된 경우는 물론 정상적으로 유지 중인 경우에도 처에 대해서도 강간죄가 성립할 수 있다는 취지의 판결을 내렸다(대법원 2013.5.16. 선고 2012도14788 판결).

○ **대법원 2013.5.16. 선고 2012도14788 판결【성폭법위반(특수강간) 등】**

[다수의견] 형법(2012.12.18. 법률 제11574호로 개정되기 전의 것) 제297조는 부녀를 강간한 자를 처벌한다고 규정하고 있는데, 형법이 강간죄의 객체로 규정하고 있는 '부녀'란 성년이든 미성년이든, 기혼이든 미혼이든 불문하며 곧 여자를 가리킨다. 이와 같이 형법은 법률상 처를 강간죄의 객체에서 제외하는 명문의 규정을 두고 있지 않으므로, 문언 해석상으로도 법률상 처가 강간죄의 객체에 포함된다고 새기는 것에 아무런 제한이 없다. 한편 1953.9.18. 법률 제293호로 제정된 형법은 강간죄를 규정한 제297조를 담고 있는 제2편 제32장의 제목을 '정조에 관한 죄'라고 정하고 있었는데, 1995.12.29. 법률 제5057호로 형법이 개정되면서 그 제목이 '강간과 추행의 죄'로 바뀌게 되었다. 이러한 형법의 개정은 강간죄의 보호법익이 현재 또는 장래의 배우자인 남성을 전제로 한 관념으로 인식될 수 있는 '여성의 정조' 또는 '성적 순결'이 아니라, 자유롭고 독립된 개인으로서 여성이 가지는 성적 자기결정권이라는 사회 일반의 보편적 인식과 법감정을 반영한 것으로 볼 수 있다. 부부 사이에 민법상의 동거의무가 인정된다고 하더라도 거기에 폭행, 협박에 의하여 강요된 성관계를 감내할 의무가 내포되어 있다고 할 수 없다. 혼인이 개인의 성적 자기결정권에 대한 포기를 의미한다고 할 수 없고, 성적으로 억압된 삶을 인내하는 과정일 수도 없기 때문이다. 결론적으로 헌법이 보장하는 혼인과 가족생활의 내용, 가정에서의 성폭력에 대한 인식의 변화, 형법의 체계와 그 개정 경과, 강간죄의 보호법익과 부부의 동거의무의 내용 등에 비추어 보면, 형법 제297조가 정한 강간죄의 객체인 '부녀'에는 법률상 처가 포함되고, 혼인관계가 파탄된 경우뿐만 아니라 혼인관계가 실질적으로 유지되고 있는 경우에도 남편이 반항을 불가능하게 하거나 현저히 곤란하게 할 정도의 폭행이나 협박을 가하여 아내를 간음한 경우에는 강간죄가 성립한다고 보아야 한다.

[반대의견] '간음(姦淫)'의 사전적 의미는 '부부 아닌 남녀가 성적 관계를 맺음'이고, 강간은 '강제적인 간음'을 의미하므로 강간죄는 폭행 또는 협박으로 부부 아닌 남녀 사이에서 성관계를 맺는 것이라 할 것이다. 그리고 강간죄는 '부녀'를 대상으로 삼고 있으므로, 결국 강간죄는 그 문언상 '폭행 또는 협박으로 부인이 아닌 부녀에 대하여 성관계를 맺는 죄'라고 해석된다. 강간죄는 제정 당시부터 '배우자가 아닌 사람에 의한 성관계'를 강요당한다는 침해적인 요소를 고려하여 형량을 정하였는데, 특별한 구성요건의 변화 없이 형법 제32장의 제목 변경만으로 강간죄를 부부관계에까지 확대하는 것은 강간죄의 규정 취지와 달리 부부관계에 대하여 과도한 처벌이 이루어지게 되어 죄형균형의 원칙을 벗어나게 된다. 혼인생활과 가족관계의 특수성이 갖는 이익과 성적 자기결정권이 갖는 이익의 형량 등을 고려하여 강간죄에 의한 처벌 여부를 가려야 한다면, 차라리 일반적인 강간죄가 성립된다고 보지 않고 그 폭행 또는 협박에 상응한 처벌을 하는 것이 다양한 유형의 성적 자기결정권 침해에 대처할 수 있고 처의

혼인생활 및 권리 보호에 충실할 수 있다.

○ **대법원 1970.3.10. 선고 70도29 판결【폭처법위반】**

처가 다른 여자와 동거하고 있는 남편을 상대로 간통죄고소와 이혼소송을 제기하였으나 그 후 부부간에 다시 새 출발을 하기로 약정하고 간통죄고소를 취하하였다면, 그들 사이에 실질적인 부부관계가 없다고 단정할 수 없으므로 설사 남편이 강제로 처를 간음하였다 하여도 강간죄는 성립되지 아니한다.

○ **대법원 2009.2.12. 선고 2008도8601 판결【성폭법위반(특수강간) 등】**

혼인관계가 존속하는 상태에서 남편이 처의 의사에 반하여 폭행 또는 협박으로 성교행위를 한 경우 강간죄가 성립하는지 여부는 별론으로 하더라도, 적어도 당사자 사이에 혼인관계가 파탄되었을 뿐만 아니라 더 이상 혼인관계를 지속할 의사가 없고 이혼의사의 합치가 있어 실질적인 부부관계가 인정될 수 없는 상태에 이르렀다면, 법률상의 배우자인 처도 강간죄의 객체가 된다.

(3) 강간죄의 수단으로서 폭행 또는 협박

1) 강간죄는 폭행 또는 협박을 수단으로 한다. 강간죄는 폭행·협박을 수단으로 하므로 간음할 의사로 피해자의 신체에 접촉하였더라도 강간죄의 수단인 폭행·협박에 이르렀다고 볼 수 없는 경우에는 실행의 착수가 인정되지 않는다. 예컨대 피고인이 강간할 목적으로 피해자의 집에 침입하였다 하더라도 안방에 들어가 누워 자고 있는 피해자의 가슴과 엉덩이를 만지면서 간음을 시도하였다는 사실만으로는 강간죄의 실행의 착수를 인정하기 어렵다(대법원 1990.5.25. 선고 90도607 판결). 그러나 간음할 목적으로 새벽 4시에 여자 혼자 있는 방문 앞에 가서 피해자가 방문을 열어 주지 않으면 부수고 들어갈 듯 한 기세로 방문을 두드리고 피해자가 위험을 느끼고 창문에 걸터앉아 가까이 오면 뛰어 내리겠다고 하는데도 베란다를 통하여 창문으로 침입하려고 하였다면 강간의 수단으로서의 폭행에 착수하였다고 할 수 있다(대법원 1991.4.9. 선고 91도288 판결).

2) 강간죄가 성립하기 위해서는 피해자에 대한 폭행·협박이 있어야 하나, 폭행·협박이 반드시 간음행위보다 선행되어야 하는 것은 아니다. 피해자에게 성기삽입을 하지 않기로 약속하고 엎드리게 한 후 피해자의 뒤에서 자위행위를 하다가 피해자의 팔과 함께 몸을 세게 끌어안은 채 가슴으로 피해자의 등을 세게 눌러 움직이지 못하도록 피해자의 반항을 억압한 다음 자신의 성기를 피해자의 성기에 삽입한 경우에도 강간죄가 성립한다(대법원 2017.10.12. 선고 2016도16948 판결).

3) 강간죄의 폭행·협박은 단순히 피해자의 의사에 반하는 정도에 그쳐서는 안 되고 피해자의 항거를 불가능하게 하거나 현저히 곤란하게 할 정도임을 요한다(☞ **[판례 Ⅳ-2]** 참조).

[판례 Ⅳ-2] 대법원 2007.1.25. 선고 2006도5979 판결【강간, 구 성폭법위반(주거침입강간등)】

〈사실관계〉

피고인은 2005.6.경 잘못 걸린 전화를 받은 피해자(여, 34세)에게 거짓으로 옛날 애인으로 행세하면서 모텔 객실에서 불을 끈 상태로 만나 1회 성관계를 가진 후 여전히 피해자가 피고인의 얼굴을 모르는 것을 기화로 피해자를 협박하여 계속하여 성관계를 갖기로 마음먹고, 여전히 피해자의 옛날 애인으로 행세하면서 2006.6.11.경부터 같은 달 14.경까지 사이에 피해자에게 전화로 "네가 나를 만나기 위해 애를 업고 모텔로 들어가는 장면과 나와 만났던 모텔 방 호수를 사진으로 찍은 사람이 있는데 그 사람이 돈은 필요 없고 네 몸을 달라고 한다. 그 사람 성질 건드려서 좋을 것 하나도 없으니 그 사람이 원하는 대로 해 주는 게 좋을 것 같다"라고 말하여 마치 사진 찍은 자의 요구에 응하지 않으면 사진을 피해자의 집으로 보내고 옛날 애인과 성관계를 가진 사실을 피해자의 남편과 가족들에게 알릴듯한 태도를 취하는 등 협박하여 피해자의 반항을 억압한 후, (1) 2005.6.15. 14:30경 ○○모텔 6층 객실에서 사진 찍은 자로 행세하면서 위와 같이 반항이 억압된 피해자를 만나 피해자로 하여금 피고인의 성기를 입으로 빨게 한 다음 피해자를 강제로 1회 간음하여 강간한 것을 비롯하여 그 때부터 같은 해 8.18.까지 위와 같은 방법으로 총 4회에 걸쳐 피해자를 강제로 간음하여 각 강간하고, (2) 2005.6.24. 10:30경 피해자의 집 앞에 이르러 위와 같이 반항이 억압된 피해자의 의사에 반하여 피해자의 주거에 침입한 후, 피해자를 강제로 1회 간음하여 강간한 것을 비롯하여 그때부터 같은 해 7.25.까지 위와 같은 방법으로 총 6회에 걸쳐 피해자의 주거에 침입한 후 피해자를 강제로 간음하여 각 강간하고, (3) 2005.10.18. 09:30경 피해자의 주거에 침입한 후 위와 같이 반항이 억압된 피해자로 하여금 피고인의 성기를 입으로 빨게 하여 피해자를 강제추행하였다.

〈원심 판결요지〉

강간죄가 성립하려면 가해자의 폭행·협박은 피해자의 항거를 불가능하게 하거나 현저히 곤란하게 할 정도의 것이어야 하고, 강간죄에 있어서의 위와 같은 법리는 상대방에 대하여 폭행 또는 협박을 가하여 항거를 곤란하게 한 뒤에 추행행위를 하는 강제추행죄에 있어서도 동일하게 적용되어야 할 것이다.

이 사건에서 피해자는 2005.6.경 피해자의 옛날 애인으로 행세한 피고인과 그 얼굴을 정확히 보지 못한 상태에서 1회 성관계를 가진 후 여전히 옛날 애인 행세를 하는 피고인으로부터 전화로 "네가 나를 만나기 위해 애를 업고 모텔로 들어가는 장면과 나와 만났던 모텔 방 호수를 사진으로 찍은 사람이 있는데 그 사람이 돈은 필요 없고 네 몸을 달라고 한다. 그 사람 성질 건드려서 좋을 것 하나도 없으니 그 사람이 원하는 대로 해 주는 게 좋을 것 같다"라는 말을 듣는 등 마치 사진 찍은 자의 요구에 응하지 않으면 사진이 피해자의 집으로 보내지고 옛날 애인과 성관계를 가진 사실이 피해자의 남편과 가족들에게 알려질 듯 한 태도에 협박받아, 사진 찍은 자로도 행세하는 피고인으로부터 간음 및 추행을 당하게 되었고, 그 외에는 피고인으로부터 별다른 폭행이나 협박을 받은 적이 없을 뿐만 아니라 위 각 간음 및 추행 현장에서는 피고인으로부터 어떠한 폭행이나 협박도 당하지 않았는바, 위와 같이 피고인이 피해자에게 한 협박은 피해자의 의사에 반하는 정도라고 볼 수는 있을지언정 피해자의 항거를 불가능하게 하거나 현저히 곤란하게 할 정도의 것(강간죄)이라거나 또는 피해자의 항거를 곤란하게 할 정도의 것(강제추행죄)이라고 보기 어렵다.

〈판결요지〉

강간죄가 성립하려면 가해자의 폭행·협박은 피해자의 항거를 불가능하게 하거나 현저히 곤란하게 할 정도의 것이어야 하나, 상대방에 대하여 폭행 또는 협박을 가하여 추행행위를 하는 경우에 강제추행죄가 성립하려면 그 폭행 또는 협박이 항거를 곤란하게 할 정도일 것을 요한다.

가해자가 폭행을 수반함이 없이 오직 협박만을 수단으로 피해자를 간음 또는 추행한 경우에도 그 협박의 정도가 위와 같은 정도의 것이었다면 강간죄 또는 강제추행죄가 성립하는 것이고, 협박과 간음 또는 추행 사이에 시간적 간격이 있더라도 협박에 의하여 간음 또는 추행이 이루어진 것으로 인정될 수 있다면 달리 볼 것은 아니며, 한편 유부녀인 피해자에 대하여 혼인 외 성관계 사실을 폭로하겠다는 등의 내용으로 협박을 행사하여 피해자를 간음 또는 추행한 경우에 있어서 그 협박이 위와 같은 정도의 것이었는지 여부에 관하여는 단순히 협박의 내용만으로 그 정도를 단정할 수는 없고, 그 밖에도 협박의 경위, 가해자 및 피해자의 신분이나 사회적 지위, 피해자와의 관계, 간음 또는 추행 당시와 그 후의 정황, 그 협박이 피해자에게 미칠 수 있는 심리적 압박의 내용과 정도 등 모든 사정을 종합하여 신중하게 판단하여야 한다.

피고인의 협박 내용이 혼인 외 성관계 사실을 폭로하겠다는 취지의 것 이외에도 마치 '사진 찍은 자'가 수명의 부하를 거느리고 있다거나 그 성질을 건드리지 마라는 등 여러 내용을 포함하고 있는 점, 피고인은 실제로 피해자의 가족이 출근이나 등교한 직후 아침시간대에 피해자와 3살짜리 아들만 있는 피해자의 집까지 찾아가 수회에 걸쳐 피해자를 간음하였으며 때로는 피해자의 아들에게 피해자 남편의 휴대전화번호를 물어보거나 새벽에 피해자의 집에 전화하기까지 한 점, 피고인은 수회에 걸쳐 피해자와 통화하거나 피해자를 간음하는 과정에서 피고인의 1인 2역 행동에 쉽게 속아 넘어가 심한 압박감에 시달리고 있는 피해자의 심리상태를 교묘하게 간파하여, 상황과 필요에 따라 "때로는 '사진 찍은 자'로, 때로는 옛 애인으로" 행세하면서, 피해자가 성관계에 불응할 경우 성관계 사실을 폭로하거나 '사진 찍은 자'가 마치 자신의 폭력조직 부하들을 동원하여 피해자의 신체 등에 위해를 가할 수도 있다는 것을 암시하는 등의 방법으로 피해자를 협박하고 '사진 찍은 자'로 행세하면서 수회에 걸쳐 피해자를 간음 또는 추행하기에 이른 점, 한편 피해자로서는, 자신을 협박하고 있는 '사진 찍은 자'가 폭력조직을 거느리고 있는 것으로 오인하고 있는데다가 그 정확한 신원을 전혀 모르고 있는 관계에 있어 '사진 찍은 자'는 성관계를 폭로하더라도 아무런 피해를 입지 않은 채 피해자만이 심각한 불이익을 당하게 될 상황에 처해 있고, 따라서 '사진 찍은 자'의 계속되는 협박에 피해자가 불응할 경우 언제든지 협박의 내용과 같은 성관계 폭로가 현실화될 수 있을 것이라는 위협을 더욱 크게 느꼈을 것으로 예상되는 점 등 이 사건 협박의 내용과 정도, 협박의 경위, 이 사건 '사진 찍은 자'와 피해자의 신분이나 사회적 지위, 피해자와의 관계, 피해자의 가족상황, 간음 또는 추행 당시와 그 후의 정황, 이 사건 협박이 피해자에게 미칠 수 있는 심리적 압박의 내용과 정도를 비롯하여 기록에 나타난 모든 사정을 종합하여 볼 때, 피고인의 위와 같은 협박은 피해자를 단순히 외포시킨 정도를 넘어 적어도 피해자의 항거를 현저히 곤란하게 할 정도의 것이었다고 보기에 충분하므로 강간죄 및 강제추행죄가 성립된다고 봄이 상당하다.

〈참조판례〉

○ 대법원 1990.12.11. 선고 90도2224 판결【강간치사】

피고인이 갑자기 피해자를 방바닥에 눕히고 몸으로 짓누르며 내의를 벗기어 간음하려 할 때에도 몸부림을 치고 저항하는 것만으로 피고인으로부터 벗어날 수 있었고, 범행장소 또한 다수의 사람이 기숙하는 곳으로서 피해자가 얼마간의 반항을 하여도 주위에서 곧 알아차릴 수 있는 상황이었는데도 그 방 밖에서 연탄불을 갈고 있던 공소외인도 피해자의 거부의 의사표시나 다투는 소리 이외에는 별다른 저항이나 고함을 알아차리지 못하였고, 공소외인이 다시 방에 들어와 옆방 동료와 함께 술을 마시는데도 피해자는 피고인이나 그들의 별다른 감시나 방해 없이 밤늦은 23:00경까지 약 2시간 가까이 그곳에서 머물다가 나왔으며, 그곳에서 나온 이후에도 피해자 자신의 기숙사나 집으로 돌아가지 아니한 채 뚜렷한 이유나 별다른 저항 없이 도보로 이, 삼십분 정도의 거리에 있는 피고인의 자취방으로 또다시 따라 갔고, 안집과 1미터의 마루를 사이에 두고 있는 그 자취방에서 같이 밤을 보내면서 피고인이 여러 차례 피해자를 간음하려 하였으나 그때마다 피해자의 거부로 그 뜻을 이루지 못하였다면, 피고인이 피해자를 간음하려 한 때의 상황이나 전후의 사정에 비추어 볼 때 피고인은 다만 피해자의 의사에 반하는 정도의 유형력을 행사하여 피해자를 간음하려 하였음에도 불과하고, 그 유형력의 행사가 피해자의 반항을 현저히 곤란케 할 정도에까지 이른 것은 아니라고 봄이 상당하다.

○ 대법원 1999.9.21. 선고 99도2608 판결【강간치상】

피고인은 친구의 소개로 피해자(여, 19세)를 만나 사귀면서 6.24. 01:00경 같이 술을 마신 뒤 여관에 들어가 한 방에서 같이 잠을 자다가 성교를 시도하였으나 피해자가 적극적으로 거부하므로 성교를 포기하고 잠만 같이 잔 일이 있었고, 같은 해 7.2. 18:00경 피해자로부터 호출기에 의한 연락을 받고 만나 호프집에서 같이 술을 마신 뒤 여관에서 같이 잠을 자기로 하여 그 날 23:30경 피해자가 여관비를 계산하여 여관에 들어갔는데, 피고인은 피해자의 어깨를 감싸고 침대에 앉아 텔레비전을 보다가 피곤하여 먼저 침대에 누워 잠을 자고 피해자는 피고인이 잠든 뒤에 그 옆에 엎드려 잠을 자다 피고인이 아침에 깨어 보니 피해자가 옆에서 잠을 자고 있어서 순간적으로 욕정을 느껴 피해자의 옷을 벗기고 성교하려고 하자 피해자는 잠에서 깨어나 하지 말라고 하면서 몸을 좌·우로 흔드는 등 거부하였으나 몸을 일으켜 그 장소에서 탈출하려고 하거나 소리를 질러 구조를 요청하는 등 적극적인 반항은 하지 않았고, 피고인은 피해자의 몸을 누른 채 한 번만 하게 해달라고 애원하듯이 말하면서 피해자의 반항이 덜해지자 피해자의 다리를 벌려 성교를 시도하였으나 잘 되지 않자 피해자의 다리를 올려 성교하던 도중 호출기가 여러 번 울리자 더 이상 계속하지 않았으나 이로 인하여 피해자는 약 2주간의 치료를 요하는 질 열상을 입었고, 그 후 피고인은 피해자에게 연락할 때까지 잘 지내라고 하면서 피해자와 같이 여관에서 나왔다면, 피고인이 피해자를 간음하게 된 경위와 피해자와의 관계, 당시의 정황 등 모든 사정을 종합할 때 피고인은 피해자의 의사에 반하는 정도의 유형력을 행사하여 피해자를 간음한 것에 불과하고, 그 유형력의 행사가 피해자의 반항을 현저히 곤란하게 할 정도에 이른 것은 아니다.

○ **대법원 2004.6.25. 선고 2004도2611 판결【청소년성보호법위반(청소년강간등)】**

피고인은 인터넷 채팅사이트인 '버디버디'를 통하여 피해자(여, 14세)를 알게 된 것을 기화로, 2004.1.18. 03:00경 비디오방에서 위 피해자와 함께 영화를 보다가 순간적으로 욕정을 일으켜 '야, 우리 하자'고 말하면서 그 곳 소파에 누워 있던 피해자의 몸 위에 올라 타 움직이지 못하게 하고 양손으로 바지와 팬티를 벗기는 등 피해자의 반항을 억압한 후 1회 강간하고, 같은 날 13:00경 피고인이 근무하는 회사 숙직실에서 그 곳에 누워있던 피해자를 보고 순간적으로 욕정을 일으켜 '하자'고 말하면서 피해자의 몸 위에 올라 타 움직이지 못하게 하고 양손으로 팬티를 벗기는 등 피해자의 반항을 억압한 후 1회 강간하였다고 하더라도, 피고인이 피해자를 간음하게 된 경위, 피고인과 피해자의 관계, 간음 당시의 정황 및 그 이후 피고인과 피해자의 행적 등 모든 사정을 종합하여 보면, 피고인은 피해자의 의사에 반하는 정도의 유형력을 행사하여 피해자를 간음한 것으로 볼 여지는 있으나, 더 나아가 그 유형력의 행사로 인하여 피해자가 반항을 못하거나 반항을 현저하게 곤란하게 할 정도에까지 이르렀다는 점에 대하여는 합리적인 의심이 없을 정도로 증명이 되었다고 보기는 어렵다.

한편 강간죄가 성립하기 위한 가해자의 폭행·협박이 있었는지 여부는 그 폭행·협박의 내용과 정도는 물론 유형력을 행사하게 된 경위, 피해자와의 관계, 성교 당시와 그 후의 정황 등 모든 사정을 종합하여 피해자가 성교 당시 처하였던 구체적인 상황을 기준으로 판단하여야 하며, 사후적으로 보아 피해자가 성교 이전에 범행 현장을 벗어날 수 있었다거나 피해자가 사력을 다하여 반항하지 않았다는 사정만으로 가해자의 폭행·협박이 피해자의 항거를 현저히 곤란하게 할 정도에 이르지 않았다고 섣불리 단정하여서는 안 된다(대법원 2012.7.12. 선고 2012도4031 판결).

○ **대법원 2005.7.28. 선고 2005도3071 판결【강간치상】**

피해자는 노래방 도우미로서, "피고인 운영의 노래방에 와서 피고인 및 그 일행들의 유흥을 돋우는 일을 하다가 피고인의 일행들이 먼저 귀가한 후 1시간 더 연장하자는 피고인의 요청에 따라 피고인과 단둘이 노래방에 있던 중, 피해자가 울면서 하지 말라고 하고 '사람 살려'라고 소리를 지르는 등 반항하였음에도, 피고인이 피해자를 소파에 밀어붙이고 양쪽 어깨를 눌러 일어나지 못하게 하는 등으로 피해자의 반항을 억압하고는 피고인의 성기를 피해자의 음부에 삽입하였다"고 일관되게 진술하고 있는바, 위와 같은 피해자의 진술은 피고인이 강간범의를 확정적으로 드러내기 이전에 피해자가 노래방에서 벗어날 기회가 있었다거나 옷이 벗겨진 구체적인 경위를 기억하지 못한다는 것만으로 쉽사리 배척할 수 있는 내용이 아닐 뿐만 아니라, 공소외인들도 "노래방에 갔더니 피해자가 울면서 옷을 입고 있었고, 그 후 피고인은 '술 한 잔 먹고 실수를 하였다, 미안하다'고 하면서 피해자에게 그녀가 요구하는 금원의 일부를 지급할 의사를 표시하기도 하였다"고 진술하여 피해자 진술의 신빙성을 뒷받침하고 있음을 고려할 때 피고인의 폭행으로 인하여 피해자는 항거하기 현저히 곤란한 상태에 이르렀던 것으로 봄이 상당하다.

○ 대법원 2012.7.12. 선고 2012도4031 판결【강간】

피고인과 피해자는 밴드동호회 회원들로서 연말 회식을 하면서 2차로 밴드연습실에서 다른 동료들과 함께 술을 마시다가 새벽 2시경 술자리를 마치고 피해자가 집으로 돌아가려 하자, 피고인은 대리기사를 불러 자신의 차량으로 피해자를 데려다 주겠다면서 피해자를 밴드연습실 앞 노상에 주차되어 있던 피고인의 승용차 뒷좌석에 태웠으나, 실제로는 대리기사를 부르지 않았고 대리기사를 기다린다며 차량 뒷좌석에 있는 피해자 옆에 타고는 피해자를 껴안으려 하였고, 이에 피해자가 피고인을 밀치면서 싫다고 얘기하였음에도 피고인은 이를 무시하고 '억지로 하는 것이 뭔지 보여주겠다'고 하면서 손으로 피해자의 얼굴을 잡고 억지로 키스를 하고, 온몸을 만지고 피해자의 어깨를 잡고 옆으로 눕혀 피해자의 치마를 걷어 올리고 그 안에 입은 핫팬츠를 벗기려고 하였고, 피해자가 옷을 벗기지 못하도록 버티면서 하지 말라고 울면서 애원하였음에도 피고인은 강제로 피해자의 핫팬츠와 팬티를 내린 후 피해자를 간음하였다. 피고인은 키 175㎝, 몸무게 70㎏의 건장한 체격의 성인 남성인 데 비하여 피해자는 키 158㎝, 몸무게 51㎏ 정도에 불과하여 체격의 차이가 크고, 당시 술에 취한 상태인 피해자가 좁은 차량 안에서 피해자를 잡고 있던 피고인을 벗어나기는 어려웠으며, 이 사건 차량이 대로변에 있었으나 당시 주변에는 차량이나 다니는 사람이 없었고 새벽 2시 30분경의 추운 날씨에 입고 있던 핫팬츠와 팬티가 종아리까지 벗겨져 있는 상태에서 피해자가 피고인을 물리치고 피고인의 차량 문을 열고 뛰쳐나가기는 쉽지 않은 상황이었다는 등의 사정을 고려해 볼 때 피고인이 피해자의 항거를 불능하게 하거나 현저히 곤란하게 할 정도의 유형력을 행사하였다고 볼 여지가 있다.

(4) 간 음

1) 강간죄가 성립하기 위해서는 사람을 폭행 또는 협박하여 강간, 즉 피해자의 의사에 반하여 간음할 것을 요한다. 여기서 간음이란 남성성기를 여성성기에 삽입하거나 여성성기에 남성성기를 삽입시키는 것으로, 반드시 사정, 오르가즘 등 성적 만족을 느꼈을 것을 요하지는 않는다. 그리고 강간죄가 성립하기 위해서는 피해자의 의사에 반하는 간음행위가 있어야 하므로, 예컨대 변태적 성행위에서 볼 수 있듯이 폭행 또는 협박을 수단으로 하였으나 간음 그 자체에 대해서는 동의가 있는 경우에는 폭행죄 또는 협박죄가 성립하는 것은 별론으로 하고 강간죄는 성립하지 않는다.

2) 본죄의 미수범은 처벌한다(형법 제300조, 성폭법 제15조, 아청법 제7조 제5항). 피해자를 간음할 목적으로 폭행 또는 협박을 하였으나 간음하지 못한 때에는 미수범으로 처벌된다.

(5) 죄 수

1) 동일한 기회에 피해자를 폭행 또는 협박하여 수회 간음한 때에는 하나의 강간죄로 처벌된다. 그러나 피해자를 한 차례 강간하여 상처를 입게 한 후 약 1시간 후에 장소를 옮겨 같은 피해자를 다시 강간하거나(대법원 1987.5.12. 선고 87도694 판결) 피해자를 강간하려고 하였으나 지나가던 사람에게 발각되어 미수에 그치자 다시 차량으로 이동하여 피해자를 간음한 경우(대법원 1996.9.6. 선고 96도1763 판결), 그 범행시간과 장소를 달리하고 있을 뿐만 아니라 각 별개의 범의에서 이루어진 행위로서 각각 강간치

상죄와 강간죄를 구성한다.

2) 강간의 수단으로 또는 그에 수반하여 저질러진 폭행 또는 협박은 강간죄의 성립요소로서 그에 흡수되어 별개의 범죄를 구성하지 아니한다(대법원 2002.5.16. 선고 2002도51 판결). 이와는 달리 감금행위가 강간죄의 수단이 된 경우 강간죄와는 별도로 감금죄가 성립하나 감금죄와 강간죄는 상상적 경합관계에 있다(대법원 1983.4.26. 선고 83도323 판결).

2. 유사강간죄(제297조의2), 장애인유사성행위죄(성폭법 제6조 제2항), 13세미만 미성년자유사성행위죄(같은 법 제7조 제2항), 아동·청소년유사성행위죄(아청법 제7조 제2항)

1) 폭행 또는 협박으로 사람에 대하여 성기를 제외한 구강, 항문 등 신체의 내부에 성기를 넣거나 성기, 항문에 손가락 등 성기를 제외한 신체의 일부 또는 도구를 넣음으로써 성립하는 범죄로 2년 이상의 유기징역에 처한다(제297조의2). 피해자가 신체적 또는 정신적 장애가 있는 사람인 경우에는 5년 이상의 유기징역에 처하고(성폭법 제6조 제2항), 13세미만의 사람인 경우에는 7년 이상의 징역에 처한다(성폭법 제7조 제2항), 피해자가 아동·청소년인 경우에는 5년 이상의 유기징역에 처한다(아청법 제7조 제2항). 이들 죄의 미수범은 처벌된다(형법 제300조, 성폭법 제15조, 아청법 제7조 제5항).

2) 본죄의 수단인 폭행 및 협박은 강간죄에서 설명한 것과 같다.

3) 유사강간 또는 유사성행위란 사람에 대하여 성기를 제외한 구강, 항문 등 신체의 내부에 성기를 넣거나 성기, 항문에 손가락 등 성기를 제외한 신체의 일부 또는 도구를 넣는 것을 말한다. 다만 강간의 목적으로 위와 같은 행위를 하는데 그친 경우에는 강간죄의 미수가 된다. 성매매알선법 및 아청법상 유사성교행위(구강, 항문 등 신체의 일부나 도구를 이용한 행위)는 반드시 삽입을 전제로 하고 있지 않으므로, 예컨대 여자가 로션을 바른 손으로 남자의 성기를 마찰하여 성적 만족감에 이르게 하는 것도 포함한다(대법원 2006.10.26. 선고 2005도8130 판결). 본죄에서 말하는 유사강간 또는 유사성행위는 삽입을 전제로 하므로 유사성교행위보다는 좁은 개념이라고 할 수 있다.

3. 강제추행죄(제298조), 특수강제추행죄(성폭법 제4조 제2항), 친족관계에의한강제추행죄(같은 법 제5조 제2항), 장애인강제추행죄(같은 법 제6조 제3항), 13세미만미성년자강제추행죄(같은 법 제7조 제3항), 아동·청소년강제추행죄(아청법 제7조 제3항)

1) 폭행 또는 협박으로 사람을 추행을 함으로써 성립하는 범죄로 10년 이하의 징역 또는 1천5백만원 이하의 벌금에 처한다. 피해자가 친족관계(4촌 이내의 혈족 및 인척, 사실상의 관계에 의한 친족을 포함한다)에 있는 사람인 경우에는 5년 이상의 유기징역에 처하고(성폭법 제5조 제3항), 신체적 또는 정신적 장애가 있는 사람인 경우에는 3년 이상의 유기징역 또는 2천만원 이상 5천만원 이하의 벌금에 처하며

(성폭법 제6조 제3항), 13세미만의 사람인 경우에는 5년 이상의 유기징역 또는 3천만원 이상 5천만원 이하의 벌금에 처한다(성폭법 제7조 제3항). 그리고 피해자가 아동·청소년인 경우에는 2년 이상의 유기징역 또는 1천만원 이상 3천만원 이하의 벌금에 처한다(아청법 제7조 제3항). 이들 죄의 미수범은 처벌된다(형법 제300조, 성폭법 제15조, 아청법 제7조 제5항).

그리고 흉기 기타 위험한 물건을 지닌 채 또는 2명 이상이 합동하여 강제추행죄를 범한 자는 3년 이상의 징역에 처한다(성폭법 제4조 제2항). 본죄의 미수범은 처벌된다(같은 법 제15조).

2) 강제추행죄에서 추행이란 일반인에게 성적 수치심이나 혐오감을 일으키고 선량한 성적 도덕관념에 반하는 행위로서 그 행위의 상대방인 피해자의 성적 자기결정의 자유를 침해하는 것을 말한다. 특히 폭행행위 자체가 추행으로 인정되는 이른바 '기습추행'에 대해 강제추행죄의 죄책을 묻기 위해서는 행위자가 행한 거동이나 행태가 상대방에 대한 유형력의 행사라고 볼 수 있는 행위에 해당하고, 그러한 행위 자체가 성욕의 흥분, 자극 또는 만족을 목적으로 하는 행위로서 건전한 상식 있는 일반인이 성적 수치심이나 혐오 감정을 느끼게 하는 것이라고 볼 만한 징표를 가져야 한다(☞ **[판례 Ⅳ-3]** 참조).

[판례 Ⅳ-3] 대구지법 2012.6.8. 선고 2011고합686 판결【강제추행】

〈공소사실〉

골프장 직원인 피고인이 골프장 내 골프용품 매장에서 근무하는 여직원인 피해자의 쇄골 바로 아래 가슴 부분을 손가락으로 한 번 찌르고 피해자의 어깻죽지 부분을 손으로 한 번 만져 강제추행하였다.

〈판결요지〉

폭행행위 자체가 추행으로 인정되는 이른바 '기습추행'은 그러한 거동이나 행태가 상대방에 대한 유형력의 행사라고 볼 수 있는 행위에 해당하고, 행위 자체가 건전한 상식 있는 일반인이 성적 수치심이나 혐오 감정을 느끼게 하는 것이라고 볼 만한 징표를 가져야 하며, 주관적으로 그러한 행위를 통하여 성욕을 충족하려는 의도가 있어야 하는 것은 아니라 하더라도 적어도 상대방에게 성적 수치심이나 혐오감을 야기할 만한 행위를 행한다는 인식하에 일반적인 입장에서 성욕의 자극이나 만족을 구하려는 행태로 볼 만한 경향성이 드러나 상대방의 성적 자유(성적 자기결정권)를 폭력적 행태에 의하여 침해한 경우라고 평가할 수 있는 경우에야 비로소 형사책임의 영역에서 취급되는 강제추행죄의 죄책이 성립한다.

피고인이 만진 피해자의 어깻죽지 부분은 일반적으로 이성 간에도 부탁, 격려 등의 의미로 접촉 가능한 부분이고, 피고인이 찌른 부분은 젖가슴보다는 쇄골에 더 가까워 상대방의 허락 없이 만질 수 있는 부분은 아니더라도 젖가슴과 같이 성적으로 민감한 부분은 아니며, 피고인의 행위는 1초도 안 되는 극히 짧은 순간 이루어져 피해자가 성적 수치심을 느끼기보다는 당황하였을 가능성이 더 높고, 피해자가 피고인의 행위로 인해 내심 불쾌감을 느꼈더라도 외부적으로 특별한 변화 없이 웃는 인상을 지으며 피고인과 대화를 이어가고 자기 업무를 계속한 점 등 제반 사정을 종합할 때, 피고인의 행위가 객관적으로 일반인에게 성적 수치심이나 혐오감을 일으키게 하고 선량한 성적 도덕관념에 반하는 행위로서 피해자의 성적 자유(성적 자기결정권)를 폭력적으로 침해한 행위태양에까지 이른 것으로 평가하기 어렵고, 피고인에게 강제추행의 고의를 인정하기도 어렵다.

〈참조판례〉

○ 대법원 2012.6.14. 선고 2012도3893 판결【아청법위반(강간등)】

피고인은 공터에서 피해자들이 놀고 있는 것을 발견하고 다가가 피해자들을 끌어안고 손으로 피해자들의 음부 부위를 갑자기

1회 만졌고, 피고인이 사탕과 호루라기를 매개로 피해자들에게 접근하면서 피해자들을 끌어안는 것에 대하여 피해자들이 별다른 저항을 하지 않았다고 하더라도 음부를 만지는 행위에 대해서까지 용인하였다고 보기는 어려우므로, 결국 피고인의 행위는 순간적인 행위이지만 피해자들의 의사에 반하여 행하여진 유형력의 행사로서 객관적으로 일반인에게 성적 수치심이나 혐오감을 불러일으키고 선량한 성적 도덕관념에 반하는 행위에 해당하고 그로 인하여 정신적·육체적으로 미숙한 피해자들의 심리적 성장 및 성적 정체성의 형성에 부정적 영향을 미쳤다고 할 것이므로, 피고인의 소위는 강제추행에 해당한다.

이외에도 자신의 처가 경영하는 식당의 지하실에서 종업원인 피해자(35세의 유부녀) 등과 노래를 부르며 놀던 중 다른 종업원이 노래를 부르는 동안 피해자를 뒤에서 껴안고 브루스를 추면서 피해자의 유방을 만지거나(대법원 2002.4.26. 선고 2001도2417 판결), 골프장 여종업원들이 거부의사를 밝혔음에도 골프장 사장과의 친분관계를 내세워 함께 술을 마시지 않을 경우 신분상의 불이익을 가할 것처럼 협박하여 이른바 러브샷의 방법으로 술을 마시게 하거나(대법원 2008.3.13. 선고 2007도10050 판결), 입양한 딸인 피해자(10세)와 나란히 누워서 잠을 자던 중 자신의 오른쪽 다리로 피해자를 누르고 오른손으로 피해자의 엉덩이를 만지고 왼손을 피해자의 상의 안으로 집어넣어 가슴을 만지거나(대법원 2008.4.10. 선고 2007도9487 판결), 알고 지내던 여성인 피해자가 자신의 머리채를 잡아당기자 그에 대한 보복으로 피해자의 입술, 귀, 유두, 가슴 등을 입으로 깨무는 등의 행위를 하는 것(대법원 2013.9.26. 선고 2013도5856 판결)은 강제추행에 해당한다.

그리고 강제추행의 수단인 폭행은 반드시 피해자의 신체에 대해 직접적으로 행해져야 하는 것은 아니다. 예컨대 피고인이 엘리베이터 안에서 피해자를 칼로 위협하는 등의 방법으로 꼼짝하지 못하도록 하여 자신의 실력적인 지배하에 둔 다음 자위행위 모습을 보여주는 것(대법원 2010.2.25. 선고 2009도13716 판결)도 강제추행에 해당한다.

3) 강제추행죄가 성립하기 위해서는 '폭행 또는 협박으로' 사람을 추행할 것을 요한다. 따라서 객관적으로 추행이라고 볼 수 있는 행위가 인정되더라도, 그러한 추행이 폭행 또는 협박으로 행해졌다고 볼 수 없다면 강제추행죄의 죄책을 지울 수 없다(☞ **[판례 Ⅳ-4]** 참조).

[판례 Ⅳ-4] 대법원 2012.7.26. 선고 2011도8805 판결【강제추행 등】

〈공소사실〉

상가건물 2층에서 지점을 운영하고 있는 피해자(48세, 여자)와 같은 건물 1층에서 식당을 운영하는 공소외인과 분쟁이 있었고 피고인은 그 식당에서 술을 마시면서 평소 알고 지내던 공소외인으로부터 그 분쟁에 관한 이야기를 들었는데, 2010.10.11. 19:50경 식당 앞길에서 마침 귀가하는 피해자를 발견하고 피해자에게 말을 걸었으나 피해자가 피고인의 말을 무시하고 식당 앞 도로에 주차하여 둔 자신의 차량으로 걸어가자 피해자의 뒤를 쫓아가면서 "이리 와라", "이 씨발년이 내가 오늘 니 잡아 죽인다"라고 욕을 하고 바지를 벗어 자신의 성기를 피해자에게 보였다.

〈대법원 판결요지〉

강제추행죄의 '추행'에 해당한다고 하기 위해서는 일반인에게 성적 수치심이나 혐오감을 일으키고 선량한 성적 도덕관념에 반하는 행위로서 그 행위의 상대방인 피해자의 성적 자기결정의 자유를 침해하는 것이어야 한다. 또한 강제추행죄는 폭행 또는 협박을 가하여 사람을 추행함으로써 성립하는 것으로서 그 폭행 또는 협박이 항거를 곤란하게 할 정도일 것을 요한다. 이 때 폭행 등이 피해자의 항거를 곤란하게 할 정도의 것이었는지 여부는 그 폭행 등의 내용과 정도는 물론, 유형력을 행사하게 된 경위, 피해자와의 관계, 추행 당시와 그 후의 정황 등 모든 사정을 종합하여 판단하여야 한다.

이 사건에서 피해자의 성별·연령, 이 사건 행위에 이르게 된 경위 및 피고인은 자신의 성기를 꺼내어 일정한 거리를 두고 피해자에게 보였을 뿐 피해자에게 어떠한 신체적 접촉도 하지 아니한 점, 위 행위장소는 피해자가 차량을 주차하여 둔 사무실 근처의 도로로서 사람 및 차량의 왕래가 빈번한 공중에게 공개된 곳이었고, 피해자로서는 곧바로 피고인으로부터 시선을 돌림으로써 그의 행위를 쉽사리 외면할 수 있었으며 필요하다면 주위의 도움을 청하는 것도 충분히 가능하였던 점, 피고인은 피해자를 위 행위장소로 이끈 것이 아니라 피해자의 차량으로 가는 피해자를 따라가면서 위와 같은 행위에 이르게 된 점, 피고인이 피해자에게 한 욕설은 성적인 성질을 가지지 아니하는 것으로서 '추행'과 관련이 없는 점, 그 외에 피해자가 자신의 성적 결정의 자유를 침해당하였다고 볼 만한 사정은 이를 찾을 수 없는 점 등을 고려하여 보면, 단순히 피고인이 바지를 벗어 자신의 성기를 피해자에게 보여준 것만으로는 그것이 비록 객관적으로 일반인에게 성적 수치심이나 혐오감을 일으키게 하는 행위라고 할 수 있을지 몰라도 피고인이 폭행 또는 협박으로 추행을 하였다고 볼 수 없다.

강간죄에서의 폭행 또는 협박과는 달리 강제추행죄에서의 폭행 또는 협박은 반드시 상대방의 의사를 억압할 정도의 것임을 요하지 않고 상대방의 의사에 반하는 폭행 또는 협박이 있는 이상 그 힘의 대소강약을 불문한다(☞ **[판례 Ⅳ-5]** 참조).

[판례 Ⅳ-5] 서울고법 2011.7.21. 선고 2011노1393 판결【성폭법위반(친족관계에의한강제추행)】

〈사실관계〉

피고인은 전처와 2000년경 이혼하고, 친딸인 피해자와 함께 거주하면서 피해자의 가출 등을 이유로 상습적으로 손찌검을 하고, 몽둥이로 피해자를 구타하여 왔다. (1) 피고인은 2009.2.15. 23:00경 피고인의 집 안방에서 피해자의 몸에 크림을 발라주던 중 욕정을 느껴 손으로 피해자의 가슴과 음부를 수회 만지고 이에 놀란 피해자가 "아빠 하지 마. 이러지 마"라고 하는 등 거부하는 태도를 보였음에도 계속해서 피해자의 몸 위에 올라타서 성기를 피해자의 등에 대고 문지르면서 사정을 하였고, (2) 2009.2.17. 23:30경 같은 장소에서 TV를 보고 자려고 하는 피해자에게 욕정을 느껴 손으로 가슴 등을 수회 만지고 피해자의 몸 위에 올라타 성기를 피해자의 등에 대고 문지르면서 사정을 하였으며, (3) 2009.3. 초순 일자불상 23:40경 같은 장소에서 피해자의 몸에 오일을 발라주던 중 욕정을 느껴 손으로 피해자의 가슴과 등을 수회 만지고 피해자의 몸 위에 올라타서 성기를 피해자의 등과 엉덩이에 대고 문지르면서 사정을 하였고, (4) 피고인은 2009.7.30. 23:10경 같은 장소에서 피해자의 엉덩이에 영양크림을 발라주면서 욕정을 느껴 손으로 가슴과 음부를 수회 만지고 이에 피해자가 "자꾸 왜 그러냐."라고 하는 등 거부하는 태도를 보였음에도 계속해서 피해자의 몸 위에 올라타서 성기를 피해자의 등과 엉덩이에 대고 문지르면서 사정을 하였다.

〈판결요지〉

(1) 피해자는 원심에서 '몽둥이로는 한 번 맞은 적이 있고, 2009년경에 오빠랑 자주 싸워서 나무로 된 기다란 막대기로 종아리와 허벅지 등을 맞았는데, 자신이 맞을 만한 잘못을 했기 때문에 맞았던 것이지 아무 이유 없이 피고인이 때렸던 것은 아니다'라는 취지로 진술하는 등 피고인의 체벌이 부당하다고는 생각하지 않았던 것으로 보이는 점, 이 사건 각 범행 당시 피해자가 먼저 피고인에게 등을 밀어달라고 요구하거나 크림을 발라달라고 하였는데, 피해자의 위와 같은 행동은 피고인의 체벌 등으로

인하여 항거불능 상태에 있었던 사람이 일반적으로 보일 수 있는 행동이라고 볼 수는 없는 점 등을 고려하면, 이 사건 각 범행 당시 피해자가 심리적 또는 물리적으로 반항이 절대적으로 불가능하거나 현저히 곤란한 상태에 있었다고 보기 어렵다.

(2) 그러나 강제추행죄는 상대방에 대하여 폭행 또는 협박을 가하여 항거를 곤란하게 한 뒤에 추행행위를 하는 경우에 성립하는 것이고, 폭행은 반드시 상대방의 의사를 억압할 정도의 것임을 요하지 않고 상대방의 의사에 반하는 유형력의 행사가 있는 이상 그 힘의 대소강약을 불문한다. …이 사건 각 범행은 피고인이 누워있는 피해자의 등에 갑자기 올라타 추행한 것으로 피해자가 이를 예측하고 항거할 기회가 없었으므로 폭행행위 자체가 추행행위로 인정될 수 있을 뿐만 아니라 이 사건 각 범행 당시 피해자는 만 14세에 불과한 청소년으로서 평소 무서워하던 피고인과 단둘이 있었고, 주변에 도움을 청할 만한 사람도 없었으며, 피해자가 피고인의 전적인 보호를 받고 있는 입장으로서 심리적으로 위축되어 있는 상태에 있었으므로 피고인의 갑작스런 행동에 대하여 소극적 거부의사를 나타내는 것 이외에 별다른 저항을 할 방법이 없었을 것으로 보이는 점 등의 사정에 비추어 보면, 피고인이 피해자의 몸 위에 올라타 피해자의 몸에 성기를 문지르면서 사정을 한 행위는 강제추행에 해당한다.

4) 강제추행죄가 성립하기 위해서는 주관적으로 그러한 행위를 통하여 성욕을 충족하려는 의도가 있어야 하는 것은 아니라 하더라도 적어도 상대방에게 성적 수치심이나 혐오감을 야기할 만한 행위를 행한다는 인식하에 일반적인 입장에서 성욕의 자극이나 만족을 구하려는 행태로 볼 만한 경향성이 드러나 상대방의 성적 자유(성적 자기결정권)를 폭력적 행태에 의하여 침해한 경우라고 평가될 수 있어야 한다.

예컨대 피해자의 가슴 부위 등을 깨무는 행위를 한 점은 인정되지만, 그 경위 및 내용에 관한 피해자의 진술은 과장된 것으로 보이고, 피해자가 피고인의 머리채를 잡고 매달리면서 욕설을 하여 피고인이 화가 나서 피해자의 가슴 부위 등 몸의 여러 부분을 무는 등 피고인이 피해자와 다투다가 단순히 피해자를 폭행하였다고 볼 여지가 적지 않다면, 피고인이 주관적으로 피해자에게 성적 수치심이나 혐오감을 야기할 만한 행위를 행한다는 인식하에 위와 같은 행위를 하였다고 보기 어렵다(대전고법 2013.5.2. 선고 2013노37 판결).

5) 본죄의 미수범은 처벌한다(형법 제300조, 성폭법 제15조, 아청법 제7조 제5항). 피고인이 밤에 술을 마시고 배회하던 중 버스에서 내려 혼자 걸어가는 피해자(여, 17세)를 발견하고 마스크를 착용한 채 뒤따라가다가 인적이 없고 외진 곳에서 가까이 접근하여 껴안으려 하였으나, 피해자가 뒤돌아보면서 소리치자 그 상태로 몇 초 동안 쳐다보다가 다시 오던 길로 되돌아간 경우, 피고인이 가까이 접근하여 갑자기 뒤에서 껴안는 이른바 기습추행은 일반인에게 성적 수치심이나 혐오감을 일으키게 하고 선량한 성적 도덕관념에 반하는 행위로서 피해자의 성적 자유를 침해하는 행위이므로, 피고인의 팔이 피해자의 몸에 닿지 않았더라도 양팔을 높이 들어 갑자기 뒤에서 껴안으려는 행위는 피해자의 의사에 반하는 유형력의 행사로서 강제추행의 실행의 착수에 해당하나 피해자가 뒤돌아보면서 소리치는 바람에 몸을 껴안는 추행의 결과에 이르지 못하고 미수에 그쳤다고 보아야 한다(대법원 2015.9.10. 선고 2015도6980 판결).

4. 준강간·준강제추행죄(제299조), 특수 준강간·준강제추행죄(성폭법 제4조 제3항), 친족관계에 의한 준강간·강제추행죄(같은 법 제5조 제3항), 장애인 준강간·준유사성행위·준강제추행죄(같은 법 제6조 제4항), 13세미만 미성년자 준강간·준유사성행위·준강제추행죄(같은 법 제3조 제4항)

1) 사람의 심신상실 또는 항거불능의 상태를 이용하여 간음 또는 추행을 함으로써 성립하는 범죄로서 강간죄, 유사강간죄 또는 강제추행죄의 예에 의해서 처벌된다(제299조). 피해자가 친족관계(4촌 이내의 혈족 및 인척, 사실상의 관계에 의한 친족을 포함한다)에 있는 사람인 경우에는 5년 이상의 유기징역에 처하고(성폭법 제5조 제3항), 신체적 또는 정신적 장애가 있는 사람인 경우에는 친족관계에 있는 자에 대한 강간, 유사성행위 또는 강제추행의 예에 의해서 처벌하고(성폭법 제6조 제4항), 13세미만의 사람인 경우에는 13세미만의 사람에 대한 강간, 유사성행위 또는 강제추행의 예에 의해서 처벌한다(성폭법 제7조 제4항). 그리고 피해자가 아동·청소년인 경우에는 아동·청소년에 강간, 유사성행위 또는 강제추행의 예에 의해서 처벌한다(아청법 제7조 제7항). 이들 죄의 미수범은 처벌된다(형법 제300조, 성폭법 제15조, 아청법 제7조 제5항).

그리고 흉기 기타 위험한 물건을 지닌 채 또는 2명 이상이 합동하여 준강간, 준강제추행죄를 범한 자는 흉기 기타 위험한 물건을 지닌 채 또는 2명 이상이 합동하여 강간 또는 강제추행죄를 범한 자의 예에 의해 처벌한다(성폭법 제4조 제3항). 본죄의 미수범은 처벌된다(성폭법 제15조).

2) 본죄가 성립하기 위해서는 사람의 심신상실 또는 항거불능의 상태를 이용해야 한다. 심신상실이란 정신적인 기능의 장애로 말미암아 성행위에 대한 정상적인 판단능력이 없는 상태로서, 총칙상의 심신상실(제10조)과 반드시 일치하는 것은 아니다. 총칙상의 심신상실은 범인의 책임능력에 관한 문제인데 반하여 본죄의 심신상실은 피해자의 항거능력에 관한 문제이기 때문이다. 한편 본죄는 피해자가 심신상실 뿐만 아니라 수면 중 또는 일시적인 실신과 같이 항거불능의 상태에 있는 경우에도 성립한다.

○ 대법원 2000.1.14. 선고 99도5187 판결【준강간미수】

피고인은 잠을 자고 있는 피해자의 옷을 벗기고 자신의 바지를 내린 상태에서 피해자의 음부 등을 만지는 행위를 한 시점에서 피해자의 항거불능의 상태를 이용하여 간음을 할 의도를 가지고 간음의 수단이라고 할 수 있는 행동을 시작한 것으로서 준강간죄의 실행에 착수하였다고 보아야 할 것이고, 그 후 피고인이 위와 같은 행위를 하는 바람에 피해자가 잠에서 깨어나 피고인이 성기를 삽입하려고 할 때에는 객관적으로 항거불능의 상태에 있지 아니하였더라도 준강간미수죄의 성립에 지장이 없다.

○ 대법원 2000.2.25. 선고 98도4355 판결【강간치상】

피해자가 잠결에 피고인을 자신의 애인으로 잘못 알았다고 하더라도 피해자의 이와 같은 의식상태를 심신상실의 상태에 이르렸다고 보기 어려우므로, 피해자는 안방에서 잠을 자고 있던 중 피고인이 안방에 들어오자 피고인을 자신의 애인으로 잘못 알고 불을 끄라고 말하였고, 피고인이 자신을 애무할 때 누구냐고 물었으며, 피고인이 여관으로 가자고 제의하자 그냥 빨리 하라고 말한 사실을 알 수 있으므로, 피고인의 이 사건 간음행위 당시 피해자가 심신상실상태에 있었다고 볼 수 없다.

항거불능상태라 함은 심신상실 이외의 원인으로 심리적 또는 물리적 반항이 불가능하거나 현저히 곤란한 경우를 말한다. 예컨대 피해자가 교회 노회장인 피고인에 대한 종교적 믿음이 무너지는 정신적 충격을 받으면서 피고인의 행위가 종교적으로 필요한 행위로서 이를 용인해야 하는지에 관해 판단과 결정을 하지 못한 채 곤혹과 당황, 경악 등 정신적 혼란을 겪어 피고인의 행위를 거부하지 못하고, 피고인의 행위를 그대로 용인하는 다른 신도들이 주위에 있는 상태에서 위와 같은 정신적 혼란이 더욱 가중된 나머지, 피고인의 행위가 성적 행위임을 알면서도 피고인의 추행에 대해 반항하지 못하였다면 피고인이 피해자의 항거불능상태를 이용하여 피해자를 간음한 것으로 보아야 한다(대법원 2009.4.23. 선고 2009도2001 판결).

4) 본죄가 성립하기 위해서는 사람의 심신상실 또는 항거불능 상태를 이용하여야 하므로 범인이 (예컨대 수면제를 먹이거나 최면을 걸어) 심신상실 또는 항거불능 상태를 야기하여 간음 또는 추행한 경우에는 본죄가 아니라 강간죄, 유사강간죄 또는 강제추행죄로 처벌된다.

5. 강간 등 상해·치상죄(제301조, 성폭법 제8조, 아청법 제9조)

1) 강간(제297조), 유사강간(제297조의2), 강제추행(제298조), 준강간·준강제추행(제299조)의 죄를 범한 자 또는 그 미수범(제300조)이 사람을 상해하거나 상해에 이르게 함으로써 성립하는 범죄로 무기 또는 5년 이상의 징역에 처한다.

주거침입강간등(성폭법 제3조 제1항), 특수강간등(같은 법 제4조), 장애인강간등(같은 법 제6조), 13세미만미성년자강간 등(같은 법 제7조) 및 그 미수범(같은 법 제15조)의 죄를 범한 자가 사람을 상해하거나 상해에 이르게 한 때에는 무기 또는 10년 이상의 징역에 처하고(같은 법 제8조 제1항), 친족강간등(같은 법 제5조) 및 이 죄의 미수범의 죄를 범한 자가 사람을 상해하거나 상해에 이르게 한 때에는 무기 또는 7년 이상의 징역에 처한다(같은 법 제15조). 그리고 아동·청소년에 대해 강간, 유사강간, 강제추행, 준강간, 준강제추행, 위계·위력간음·추행(아청법 제7조)의 죄를 범한 자 또는 이들 죄의 미수범이 사람을 상해하거나 상해에 이르게 한 때에는 무기 또는 7년 이상의 징역으로 처벌된다(아청법 제9조).

2) 강간등 상해·치상죄의 기본범죄에는 강간죄, 유사강간죄, 강제추행죄, 준강간·준강제추행죄 및 그 미수범도 포함되므로 이들 죄의 미수범이 피해자에게 상해를 입힌 때에도 본죄가 성립한다(형법 제301조, 성폭법 제8조, 아청법 제9조). 이처럼 기본범죄의 기수와 미수를 구분하지 않고 동일한 법정형을 규정하고 있는 것과 관련하여 헌법재판소는 이들 죄의 미수범도 그 불법의 정도와 피해의 정도가 기수범

에 비해 결코 무시할 수 없는 것이기 때문에 기수범과 미수범을 구별하지 아니하고 동일한 법정형을 규정하고 있다고 하여 형벌체계상의 균형을 잃은 자의적인 입법이라거나 평등원칙에 어긋난다고 볼 수 없다고 결정한 바 있다(헌법재판소 2010.3.25. 선고 2008헌바84 결정).

3) 강간등 상해·치상죄는 강간 등의 죄를 범한 자가 그 기회에 사람을 상해하거나 상해에 이르게 함으로써 성립한다. 강간의 기회에 사람을 상해하는 것이 아니라 강간의 의사없이 사람을 상해한 후 강간의 의사가 생겨 사람을 강간한 때에는 상해죄와 강간죄의 경합범이 될 뿐이다(☞ **[판례 Ⅳ-5]** 참조).

[판례 Ⅳ-5] 서울고법 2011.9.22. 선고 2011노2052 판결【성폭법위반(특수강간상해), 구 폭처법위반(집단·흉기등상해)】

〈사실관계〉

피고인은 2011.4.3. 17:00경 ○○아파트 2동 103호 피고인의 집에 술을 마시고 들어와 처인 피해자 (여, 40세)와 다투다가 피해자의 팔을 잡아당겨 부엌으로 끌고 가 가스오븐렌지의 가스선을 뽑아 '같이 죽자'며 일회용 라이터를 이용하여 불을 붙이려 하였다. 피고인은 주방에 있던 위험한 물건인 과도를 가지고 와 '죽으려고 많이 생각해 보았는데 혼자 죽으려니 억울하기도 하고 혼자는 죽지 못하겠으니 너 죽이고 나 죽으면 될 것 같다'며 주먹으로 피해자의 얼굴을 수회 때리고, 머리채를 잡아 벽에 부딪치게 하였으며, 들고 있던 과도로 피해자의 얼굴을 손으로 잡은 후 과도로 1회 긁고, 과도 끝으로 피해자의 오른쪽 가슴을 1회 찌르며, 머리, 팔, 어깨, 다리를 순차적으로 1회씩 더 찔러 피해자에게 약 14일간의 치료를 요하는 다발성 자창 및 좌상을 가하고, 과도를 들고 피해자를 더 때릴 듯이 위협하여 이에 겁을 먹은 피해자로 하여금 상의와 바지를 벗게 하고 피고인의 성기를 빨도록 한 다음 1회 간음하여 강간하였다.

〈판결요지〉

혼인관계는 지속적으로 성관계를 가지는 것을 전제로 하는 것이므로 법률상 부부 사이에서 성적 자기결정권의 행사 및 그 침해 여부는 제3자에 대한 경우와 동일하게 볼 수 없고, 배우자의 명시적·묵시적 의사에 반하는 성관계가 있었다고 하더라도 강간죄의 성립 여부에 대하여는 혼인관계의 특수성을 고려하여 이를 신중하게 판단하여야 할 필요가 있다. 그러나 형법 제297조에서 강간죄의 객체를 '부녀'로 규정하고 있을 뿐 다른 제한을 두고 있지 않은 이상 법률상 처가 모든 경우에 당연히 강간죄의 객체에서 제외된다고 할 수는 없고, 부부 사이에서 성관계를 요구할 권리가 있다고 하더라도 폭행·협박 등으로 반항을 억압하여 강제로 성관계를 할 권리까지 있다고 할 수는 없으므로 그와 같은 경우에는 처의 승낙이 추인된다고 할 수 없고 강간죄가 성립한다고 봄이 상당하다.

강간상해의 죄책은 강간범이 강간의 기회에 피해자에게 상해를 입힌 경우에 인정되는 것인바, 이 사건에서 피고인과 피해자는 부부로서 평소 경제적 문제 등으로 갈등관계에 있던 중 범행 당일 피해자가 자녀들에게 밥을 차려주지 않고 잠을 자고 있다는 것에 피고인이 격분한 나머지 술에 취한 상태에서 과도로 피해자의 얼굴, 가슴, 어깨 부위 등을 긁어 상해를 가하게 된 것인 점, 상해를 가한 이후 피해자에게 옷을 벗으라고 하면서 성관계를 요구하였으나 그때부터 피해자에게 추가로 폭행을 가하지는 않은 점, 상해를 가한 시점과 성관계를 요구한 시점 사이에 시간적 간격이 있었던 점 등의 사정에 비추어 보면, 피고인이 처음부터 강간의 고의로 피해자에게 상해를 가하였다고 보기 어렵다. 따라서 피고인에게는 상해죄와 강간죄의 경합범으로서의 죄책만이 인정된다.

4) 강간치상죄나 강제추행치상죄에 있어서의 상해는 피해자의 신체의 완전성을 훼손하거나 생리적 기능에 장애를 초래하는 것, 즉 피해자의 건강상태가 불량하게 변경되고 생활기능에 장애가 초래되는 것을 말하는 것으로, 여기서의 생리적 기능에는 육체적 기능뿐만 아니라 정신적 기능도 포함된다.

보행불능, 수면장애, 식욕감퇴 등의 기능장해를 일으킨 경우(대법원 1969.3.11. 선고 69도161 판결), 10일간의 치료를 요하는 히스테리증을 야기한 경우(대법원 1970.2.10. 선고 69도2213 판결), 코피를 흘리고 콧등이 부은 경우(대법원 1991.10.22. 선고 91도1832 판결), 처녀막이 파열된 경우(대법원 1995.7.25. 선고 94도1351 판결), 약간의 발적과 경도의 염증이 수반된 외음부 염증이 발생한 경우(대법원 1996.11.22. 선고 96도1395 판결), 6개월간의 정신과 치료를 요하는 외상후 스트레스장애(불안, 불면, 악몽, 자책감, 우울감, 대인관계회피, 일상생활에 대한 무관심, 흥미상실)를 보인 경우(대법원 1999.1.26. 선고 98도3732 판결), 왼쪽 젖가슴에 약 10일간의 치료를 요하는 좌상을 입고, 심한 압통과 약간의 종창이 발생한 경우(대법원 2000.2.11. 선고 99도4794 판결)는 본죄의 상해에 해당한다.

수면제와 같은 약물을 투약하여 피해자를 일시적으로 수면 또는 의식불명 상태에 이르게 한 경우에도 약물로 인하여 피해자의 건강상태가 불량하게 변경되고 생활기능에 장애가 초래되었다면 자연적으로 의식을 회복하거나 외부적으로 드러난 상처가 없더라도 이는 강간치상죄나 강제추행치상죄에서 말하는 상해에 해당한다. 평소 건강에 별다른 이상이 없었던 피해자(여, 40세)에게 성인 권장용량의 1.5배 내지 2배 정도에 해당하는 졸피뎀* 성분이 든 수면제가 섞인 커피를 마시게 하여 피해자로 하여금 곧바로 정신을 잃고 깊이 잠들게 하는 방법으로 13회에 걸쳐 피해자를 항거불능 상태에 빠뜨린 후 피해자를 간음 또는 추행하였는데, 그때마다 피해자는 잠이 든 이후의 상황에 대해서 제대로 기억하지 못하였고 가끔 정신이 희미하게 든 경우도 있었으나 자신의 의지대로 생각하거나 행동하지 못한 채 곧바로 기절하다시피 깊은 잠에 빠졌으며 반복된 약물 투약과 그에 따른 간음 또는 추행으로 외상 후 스트레스 장애까지 입었다면, 이는 본죄의 상해에 해당한다(대법원 2017.6.29. 선고 2017도3196 판결).

5) 강간, 유사강간 또는 강제추행에 통상적으로 수반되는 경미한 부상은 본죄의 상해에서 제외된다. 피해자의 반항을 억압할 만한 폭행 또는 협박이 없어도 일상생활 중 발생할 수 있는 것이거나 합의에 따른 성교행위에서도 통상 발생할 수 있는 상해를 이유로 강간상해·치상죄로 처벌하는 것은 부당하기 때문이다. 따라서 강간행위에 수반하여 생긴 상해가 극히 경미한 것으로서 굳이 치료할 필요가 없어서 자연적으로 치유되며 일상생활을 하는 데 아무런 지장이 없는 경우에는 강간상해·치상죄로 처벌할 수 없다(☞ **[판례 Ⅳ-6]** 참조).

[판례 Ⅳ-6] 대법원 2005.5.26. 선고 2005도1039 판결【강간치상】

〈사실관계〉

40대의 건장한 군인인 피고인이 만 14세의 중학교 3학년 여학생으로 154㎝의 신장에 40㎏의 체구인 피해자를 자신의 승용차에 태운 뒤 강간을 시도하였으나 미수에 그치고, 피고인과 피해자가 소형승용차의 좁은 공간에서 밖으로 빠져나오려고 실랑이

* 졸피뎀(Zolpidem)은 중추신경계를 억제하여 깊은 단계의 수면을 유도하는 약물로서 환각, 우울증 악화, 자살충동, 기억상실 등의 부작용을 일으킬 수 있어 이를 오용하거나 남용할 경우 인체에 위해를 초래할 수 있는 향정신성의약품으로 지정되어 있다.

를 하고 위 차량을 벗어난 후에는 다시 타지 않으려고 격렬한 몸싸움을 하는 과정에서 적지 않은 물리적 충돌로 인하여 피해자가 2주간의 치료를 요하는 우측 슬관절 부위 찰과상 및 타박상, 우측 주관절 부위 찰과상을 입었다.

〈사건의 경과〉

검사는 피고인을 강간치상죄로 기소하였고 1심은 피고인에게 유죄를 선고하였으나, 2심(고등군사법원 2005.1.18. 선고 2004노374 판결)은 이 사건 진단서를 발부한 의사가 작성한 확인서에 따르면 '상처 자체는 치유되는 데 있어 큰 문제가 되지 않을 것으로 사료된다.'고 기재되어 있는 점, 피해자의 아버지 진술서는 '무릎 상처는 크지 않고 조금 까진 정도이다. 병원에는 2004.7.17. 오후에 한 번 갔으며 그 이후로는 병원에 가지 않고 집에서 머큐롬을 바르는 정도이다. 생활에 전혀 지장은 없다.'고 기재되어 있고, 피해자의 확인서에도 '공군 중위 아저씨의 사무실에 가서야 무릎이 까진 것을 알았습니다.'라고 기재되어 있는 점, 증인이 '저희 병사가 무릎 상처 난 것을 보고 약을 발라주고 밴드를 붙여주는 것을 보았습니다.'라고 진술하는 점에 비추어 보면, 이 사건 피해자의 상해는 그 상처가 굳이 치료를 받지 않더라도 일상생활을 하는 데 아무런 지장이 없고 시일이 경과함에 따라 자연적으로 치유될 수 있는 정도로, 이로 인하여 신체의 완전성이 손상되고 생활 기능에 장해가 왔다거나 건강상태가 불량하게 변경되었다고 보기는 어려워 강간치상죄의 상해에 해당한다고 할 수 없어 피고인의 이 사건 행위는 강간죄에만 해당된다고 판단한 후, 피해자의 고소가 취소되었다는 이유로 이 사건 공소기각판결을 선고하였다.

〈판결요지〉

강간행위에 수반하여 생긴 상해가 극히 경미한 것으로서 굳이 치료할 필요가 없어서 자연적으로 치유되며 일상생활을 하는 데 아무런 지장이 없는 경우에는 강간치상죄의 상해에 해당되지 아니한다고 할 수 있을 터이나, 그러한 논거는 피해자의 반항을 억압할 만한 폭행 또는 협박이 없어도 일상생활 중 발생할 수 있는 것이거나 합의에 따른 성교행위에서도 통상 발생할 수 있는 상해와 같은 정도임을 전제로 하는 것이므로 그러한 정도를 넘는 상해가 그 폭행 또는 협박에 의하여 생긴 경우라면 상해에 해당된다고 할 것이며, 피해자의 건강상태가 나쁘게 변경되고 생활기능에 장애가 초래된 것인지는 객관적, 일률적으로 판단될 것이 아니라 피해자의 연령, 성별, 체격 등 신체, 정신상의 구체적 상태를 기준으로 판단되어야 한다.

기록에 의하면, 피해자는 이 사건 사고 당일 16:00경 병원을 방문하여 팔꿈치 부위에 대한 X-Ray 촬영과 무릎부분의 치료를 하였고, 위 병원에서 발부한 상해진단서에 의하면, 피해자의 상해부위는 '우측 슬관절 부위 찰과상 및 타박상, 우측 주관절 부위 찰과상'이고, 예상치료기간은 수상일로부터 2주이며, 입원 및 향후 치료(정신과적 치료를 포함)가 필요할 수도 있는 사실, 피해자는 만 14세의 중학교 3학년 여학생으로 154㎝의 신장에 40㎏의 체구인데 이러한 피해자가 40대의 건장한 군인인 피고인과 소형승용차의 좁은 공간에서 밖으로 빠져나오려고 실랑이를 하고 위 차량을 벗어난 후에는 다시 타지 않으려고 격렬한 몸싸움을 하는 과정에서 적지 않은 물리적 충돌로 인하여 위와 같은 상해를 입게 된 사실을 알 수 있는바, 이러한 사실들을 위의 법리에 비추어 보면, 피해자가 입은 위 상해의 정도가 일상생활에 지장이 없고 단기간 내에 자연치유가 가능한 극히 경미한 상처라고 할 수 없고, 그러한 정도의 상처로 인하여 피해자의 신체의 건강상태가 불량하게 변경되고 생활기능에 장애가 초래된 것이 아니라고 단정하기도 어렵다고 할 것이다.

〈참조판례〉

○ 대법원 1991.10.22. 선고 91도1832 판결【강간치상】

피고인이 강간하려고 피해자의 반항을 억압하는 과정에서 주먹으로 피해자의 얼굴과 머리를 몇 차례 때려 피해자가 코피를 흘리고 콧등이 부었다면 비록 병원에서 치료를 받지 않더라도 일상생활에 지장이 없고 또 자연적으로 치료될 수 있는 것이라 하더라도 강간치상죄에 있어서의 상해에 해당한다.

○ 대법원 1995.7.25. 선고 94도1351 판결【강간치상】

처녀막은 부녀자의 신체에 있어서 생리조직의 일부를 구성하는 것으로서 그것이 파열되면 정도의 차이는 있어도 생활기능에 장애가 오는 것이라고 보아야 하고, 처녀막 파열이 그와 같은 성질의 것인 한 비록 피해자가 성경험을 가진 여자로서 특이체질로 인해 새로 형성된 처녀막이 파열되었다 하더라도 강간치상죄를 구성하는 상처에 해당된다.

○ **대법원 1996.11.22. 선고 96도1395 판결【미성년자의제강제추행치상】**

미성년자에 대한 추행행위로 인하여 그 피해자의 외음부 부위에 염증이 발생한 것이라면 그 증상이 약간의 발적과 경도의 염증이 수반된 정도에 불과하다고 하더라도 그로 인하여 피해자 신체의 건강상태가 불량하게 변경되고 생활기능에 장애가 초래된 것이 아니라고 볼 수 없으므로 미성년자의제강제추행치상죄의 죄책을 면할 수 없다.

○ **대법원 2000.2.11. 선고 99도4794 판결【강제추행상해】**

피해자가 강제추행 과정에서 가해자로부터 왼쪽 젖가슴을 꽉 움켜잡힘으로 인하여 왼쪽 젖가슴에 약 10일간의 치료를 요하는 좌상을 입고, 심한 압통과 약간의 종창이 있어 그 치료를 위하여 병원에서 주사를 맞고 3일간 투약을 한 경우, 피해자는 위와 같은 상처로 인하여 신체의 건강상태가 불량하게 변경되고 생활기능에 장애가 초래되었다 할 것이어서 이는 강제추행치상죄에 있어서의 상해에 해당한다.

○ **대법원 2003.9.26. 선고 2003도4606 판결【성폭법위반(강간등치상)】**

피해자가 범행을 당한 후 상처부위에 출혈이 있었으며 아파서 잘 걸어 다니지도 못하고 소변시 통증을 느끼다가 범행 7일 후에야 병원을 찾아갔으나 병원에 대한 지식이 없어 산부인과가 아닌 정형외과를 찾아 치료를 받고 3일 후 병명이 요도염 의증으로 된 진료소견서를 발부받고, 범행 16일후에 산부인과를 찾아갔다면, 그 상해의 정도를 일상생활에 지장이 없고 단기간 내에 자연치유가 가능한 극히 경미한 상처라고도 할 수 없다.

○ **대법원 2009.7.23. 선고 2009도1934 판결【강제추행치상, 폭처법위반(공동상해)】**

가슴부 찰과상 등은 피고인이 피해자의 가슴과 허벅지를 만지는 과정에서 발생한 것으로서 피해자는 이 사건 비골 골절 등과 이 사건 가슴부 찰과상 등에 대하여 21일간의 치료를 요한다는 상해진단을 받았으나 이와 같은 진단은 이 사건 비골 골절 등이 포함되었기 때문이고, 피해자는 가슴부 찰과상 등에 대하여는 별도로 치료받은 바 없이 일상생활에도 지장이 없어 시일이 경과함에 따라 자연적으로 치유된 사실을 알 수 있는바, 이러한 상처 발생 경위, 정도 및 그 치유 경과와 가슴 부위의 피부가 외부에 드러난 다른 부분보다 약하여 상처가 쉽게 생기거나 두드러져 보일 가능성도 배제할 수 없는 점 등에 비추어 보면, 가슴부 찰과상 등은 강제추행치상죄에 있어서의 상해에 해당하지 않을 여지가 있다.

이 외에도 달리 성행위시 입으로 빨아서 반상출혈상이 생긴 경우(대법원 1986.7.8. 선고 85도2042 판결), 왼손 손바닥에 약 2cm 정도 긁힌 가벼운 상처를 입은 경우(대법원 1987.10.26. 선고 87도1880 판결), 3~4일간의 치료를 요하는 외음부 충혈과 상박부 근육통이 발생한 경우(대법원 1989.1.31. 선고 88도831 판결), 피해자의 다리부분에 푸르거나 붉은 약간의 멍이 든 경우(대법원 2004.3.11. 선고 2004도483 판결)는 강간상해·치상죄의 상해에 해당하지 않는다.

5) 강간등치상죄는 결과적가중범이다. 따라서 본죄가 성립하기 위해서는 상해의 결과는 강간 등의 행위와 상당인과관계가 인정되어야 하고 나아가 예견가능성이 있어야 한다(☞ **[판례 Ⅳ-7]** 참조).

[판례 Ⅳ-7] 대법원 1985.10.8. 선고 85도1537 판결【강간치상】

〈사실관계〉

피고인은 1984.8.30. 18:00경 의정부시에 있는 ○○전자 의정부대리점에서 피고인과 같은 미군부대에 근무하고 피고인이 일방적으로 알고 있는 피해자를 만나 그곳 부근에 있는 생맥주집, 나이트클럽, 스탠드바 등에서 맥주를 마셔 술에 굉장히 취하여 몸을 제대로 가누지 못하는 피해자를 같은달 31. 02:00경 같은 동 182에 있는 ○○여관 209호실로 강제로 데리고 들어간 후 피고인이 화장실에 가 있던 중 정신을 차려 출입문을 열고 동 여관 1층 복도까지 도망간 동녀를 끌고 다시 동 209호실로 돌아와 술에 취하여 제대로 반항을 하지 못하는 동녀 1회 간음하고, 같은 날 03:30경 발가벗은 피고인의 몸으로 동녀의 몸을 누르고 손으로 동녀의 상체를 껴안아 동녀의 반항을 억압하고 동녀를 간음하려 하자 동녀가 이를 모면하기 위하여 피고인을 밀어내면서 피고인에게 마실 물을 떠달라고 말하여 피고인이 화장실에 물을 뜨려간 사이에 동녀가 그 방 출입문을 안에서 잠그고 구내전화를 통하여 사람 살려달라고 구조를 요청하였는바 그때 피고인이 출입문을 세게 밀어대며 출입문을 부수고 들어올 기세를 보이자 피고인이 그 방에 들어오면 강간당할 것을 두려워한 동녀가 급히 그 방 창문을 넘어 난간을 따라 도망하여 동 여관 벽에 걸려있는 텔레비전 안테나선을 타고 1층으로 내려가던 중 그 줄을 놓쳐 땅바닥으로 떨어지게 하여 강간의 목적은 이루지 못하였으나 이로 인하여 동녀로 하여금 완치불가능의 경추 제7번 이하의 완전사지마비 상태 등의 상해를 입게 하였다.

〈판결요지〉

결과로 인하여 형이 중한 죄에 있어서 그 결과의 발생을 예견할 수 없었을 때에는 중한 죄로 벌할 수 없는 것인바(형법 제15조 제2항) 이 사건에 있어서 피해자가 3층에 있는 여관방의 창문을 넘어 탈출하다가 상해를 입기 전까지의 상황이 피고인과 피해자가 여관방에 투숙하여 별다른 저항이나 마찰없이 성행위를 한 후 피고인이 방밖으로 나간 사이에 피해자가 방문을 안에서 잠그고 구내전화를 통하여 여관종업원에게 구조요청까지 한 후라면(여관종업원이 전화통화 후 즉시 위 방문 앞까지 왔다) 일반경험칙상 이러한 상황 아래에서 피해자가 피고인의 방문 흔드는 소리에 겁을 먹고 강간을 모면하기 위하여 3층에서 창문을 넘어 탈출하다가 상해를 입을 것이라고 예견할 수는 없다 할 것이고, 피고인이 이 사건 당시 피해자가 겁을 먹고 강간을 모면하기 위하여 창문을 통하여 탈출하다가 상해를 입을 것이라는 것을 예견하였거나 예견할 수 있었다고 수도 없다.

6) 형법과 아청법은 강간등상해·치상죄에 대해 미수범 처벌규정을 두고 있지 않은데 반해, 성폭법은 미수범 처벌규정(제15조)을 두고 있어 강간등상해·치상죄의 미수범을 인정할 여지가 있다. 이와 관련하여 대법원은 구 성폭법상 특수강간죄(제6조 제1항)를 범한 자뿐만 아니라 특수강간이 미수에 그쳤다고 하더라도 그로 인하여 피해자가 상해를 입었으면 특수강간치상죄(제9조 제1항)가 성립하고, 구 성폭법 제9조 제1항에 대한 미수범 처벌규정은 특수강간치상죄와 함께 규정된 특수강간상해죄의 미수에 그친 경우, 즉 특수강간의 죄를 범하거나 미수에 그친 자가 피해자에 대하여 상해의 고의를 가지고 피해자에게 상해를 입히려다가 미수에 그친 경우 등에도 적용된다는 입장을 취하고 있다(대법원 2008.4.24. 선고 2007도10058 판결; 대법원 2013.8.22. 선고 2013도7138 판결). 중한 결과인 상해가 발생하였더라도 기본범죄인 강간 등의 죄가 미수에 그친 경우는 기본범죄가 기수에 이른 경우와 비교하여 그 불법의 정도가 가볍다고 보아야 하고, 미수범 처벌규정이 있는 이상 앞의 경우는 강간등치상죄의 미수로 처벌하는 것이 타당하다고 본다(☞ **[판례 Ⅳ-8]** 참조).

[판례 Ⅳ-8] 대법원 2013.8.22. 선고 2013도7138 판결【성폭법위반(강간등치상)】

〈사실관계〉

피고인은 자신이 근무하던 섬유회사의 기숙사 2층에서 혼자 잠을 자고 있던 베트남 국적의 여자근로자인 피해자를 강간할 것을 마음먹고 그 방에 부엌칼을 들고 침입하여 피해자를 강간하려 하였는데 피해자가 반항하자 주먹으로 옆구리를 때리다가 피해자가 피고인을 알아보고 옆에 있는 과도로 죽어버리겠다고 하자 강간을 포기함으로써 강간은 미수에 그치고 피해자에게 요치 2주의 상해를 입게 하였다.

〈사건의 경과〉

제1심은 공소사실을 유죄로 인정하면서 성폭법위반(강간등치상)죄의 기수범으로 인정한 후 작량감경을 거쳐 징역 5년의 형을 선고하고 40시간의 성폭력치료프로그램이수를 명하였으며, 피고인은 사실오인, 법리오해 및 양형부당을 이유로 항소를 하였다. 이에 항소심(대구고법 2013.5.29. 선고 2012노776 판결)은 "성폭법상 특수강간치상죄의 법정형은 유기징역형의 하한이 10년으로, 작량감경을 하더라도 그 하한이 5년이 되어 그것만으로는 원심의 형보다 더 낮은 형의 선고를 할 수 없으나, 성폭법은 특수강간치상죄의 미수범을 처벌한다고 규정하고 있고, 이 사건 범죄는 기본범죄인 특수강간이 미수에 그친 것으로서 특수강간치상죄의 미수범으로 인정하여 미수감경이 허용된다면 그보다 낮은 형의 선고가 가능하게 된다"고 하면서 아래와 같이 판시하고, 피고인에 대하여 징역 3년의 형을 선고하고 40시간의 성폭력치료프로그램이수를 명하였다. 그러나 대법원은 아래와 같이 기존판례(대법원 2008.4.24. 선고 2007도10058 판결)의 입장을 재확인하면서, 원심판결을 파기환송하였다.

〈원심판결요지〉

성폭법상 특수강간치상죄에 관하여 미수범 처벌규정이 있는 이상 그 미수를 인정할 수 있고, 다양한 형태의 결과적 가중범들의 통일적 규율이라는 관점이나 결과적 가중범에 관한 일반이론에 근거하여 미수 처벌규정을 사문화(사문화)시키는 것은 죄형법정주의나 엄격해석 원칙 등에 비추어 타당하지 않으며, 형법과 특례법에서 결과적 가중범에 대한 미수 처벌규정을 둔 점, 행위관련적 결과적 가중범에서 미수의 개념을 인정할 이론적 근거가 있는 점, 특례법상 특수강간치상에서 기본범죄인 특수강간이 결과인 상해 발생보다 중하다고 할 수 있는 점, 결과적 가중범에 대한 미수범 처벌규정의 체계론적 관점에서 보더라도 개별적으로 미수범 처벌규정을 둠으로써 결과적 가중범의 미수를 인정할 수 있는 점, 경미한 상해로 인한 결과적 가중범에 대하여 사안에 맞는 적절한 형을 부과할 필요가 있는 점, 특례법에 의한 특수강간치상죄의 미수범을 인정하더라도 형법의 강간치상죄와 사이에 큰 불균형이 예상되지 않고 오히려 특수강도강간범이 기본범죄는 미수에 그치고 상해의 결과를 발생한 경우와 처벌의 균형을 맞출 필요가 있는 점 등을 종합할 때, 특례법 제14조에 따라 특례법 제8조 제1항에 따른 특수강간치상죄의 미수범을 인정하는 것이 타당하다

〈대법원 판결요지〉

성폭법 제14조에서 정한 제8조 제1항에 대한 미수범처벌규정은 제8조 제1항에서 특수강간치상죄와 함께 규정된 특수강간상해죄의 미수에 그친 경우, 즉 특수강간의 죄를 범하거나 미수에 그친 자가 피해자에 대하여 상해의 고의를 가지고 피해자에게 상해를 입히려하다가 미수에 그친 경우 등에 적용될 뿐 위 제8조 제1항에서 정한 특수강간치상죄에는 적용되지 않는다.

6. 강간 등 살인·치사죄(제301조의2, 성폭법 제9조, 아청법 제10조)

1) 강간(제297조), 유사강간(제297조의2), 강제추행(제298조), 준강간·준강제추행(제299조)의 죄를 범한 자 또는 그 미수범(제300조)이 사람을 살해하거나 사망에 이르게 함으로써 성립하는 범죄로 각각 사형 또는 무기징역과 무기 또는 10년 이상의 징역에 처한다(제301조의2).

주거침입강간등(성폭법 제3조 제1항), 특수강도강간등(같은 법 제3조 제2항), 특수강간등(같은 법 제4조), 친족강간등(같은 법 제5조), 장애인강간등(같은 법 제6조), 13세미만미성년자강간 등(같은 법 제7조) 및 그 미수범(같은 법 제15조)의 죄를 범한 자가 사람을 살해한 때에는 사형 또는 무기징역에 처한다(같은 법 제8조 제1항). 특수강간등(같은 법 제4조), 친족강간등(같은 법 제5조) 및 이들 죄의 미수범의 죄를 범한 자가 사람을 사망에 이르게 한 때에는 무기 또는 10년 이상의 징역에 처하고(같은 법 제9조 제2항), 장애인강간등(같은 법 제6조), 13세미만미성년자강간 등(같은 법 제7조) 및 이들 죄의 미수범이 사람을 사망에 이르게 한 때에는 사형, 무기징역 또는 10년 이상의 징역에 처한다(같은 법 제9조 제3항). 그리고 아동·청소년에 대해 강간, 유사강간, 강제추행, 준강간, 준강제추행, 위계·위력간음·추행의 죄 또는 이들 죄의 미수범(아청법 제7조)의 죄를 범한 자가 사람을 살해한 때에는 사형 또는 무기징역에 처하고 사람을 사망에 이르게 한 때에는 무기 또는 10년 이상의 징역에 처한다(같은 법 제10조).

형법 및 아청법상 강간등 살인·치사죄에 대해서는 미수범 처벌규정이 없으나, 성폭법상 강간등 살인·치사죄에 대해서는 미수범 처벌규정이 있다(제15조).

2) 강간 등 살인죄에 있어서 살인은 강간의 기회에, 즉 강간행위가 종료되기 전에 행해져야 하며 강간의 실행행위가 종료한 후에 별개의 고의로 피해자를 살해한 경우에는 강간살인죄가 아니라 강간죄와 살인죄의 경합범으로 처벌된다. 예컨대 피고인은 피해자를 강간하여 질입구파열창을 입힌 다음 피해자에게 용서를 구하였으나 피해자가 이에 불응하면서 강간사실을 부모에게 알리겠다고 하자 피해자를 살해하여 위 범행을 은폐시키기로 마음먹고 철사줄과 양손으로 피해자의 목을 졸라 질식 사망케 하였다면 강간치상죄와 살인죄의 경합범으로 처벌된다(대법원 1987.1.20. 선고 86도2360 판결).

3) 결과적가중범인 강간등치사죄가 성립하기 위해서는 중한 결과에 대한 예견가능성 및 인과관계가 인정되어야 한다. 예컨대 피고인들에 의하여 강간을 당한 피해자가 집에 돌아가 음독자살하기에 이른 원인이 강간을 당함으로 인하여 생긴 수치심과 장래에 대한 절망감 등에 있었다 하더라도, 그 자살행위가 피고인들의 강간행위로 인하여 생긴 당연의 결과라고 볼 수는 없으므로 피고인들의 강간행위와 피해자의 자살행위 사이에 상당인과관계가 있다고 할 수 없다(대법원 1982.11.23. 선고 82도1446 판결). 이에 대하여 피해자가 피고인의 폭행·협박 또는 자신을 간음을 하려는 행위로 인해 야기된 극도의 흥분이나 공포심에 사로잡혀 이를 피하려다 사망에 이르게 된 경우에는 특별한 사정이 없는 한 상당인과관계가 인정된다(☞ **[판례 Ⅳ-9]** 참조).

[판례 Ⅳ-9] 대법원 1995.5.12. 선고 95도425 판결【강간치사, 감금】

〈사실관계〉

피고인이 자신이 경영하는 속셈학원의 강사로 사흘 전에 채용된 피해자(여, 20세)를 위 학원으로 불러내어 함께 ○○관광호텔 9층 일식당에 가서 술을 곁들여 점심식사를 한 다음 피해자 몰래 미리 예약해 놓은 703호 객실 앞까지 위 피해자를 유인하여 들어가지 않으려는 피해자를 붙잡아 떠미는 등 강제로 객실 안으로 끌고 들어간 후 객실에서 나가려는 피해자를 붙잡거나 객실방문을 가로막아 못나가게 하고 여러 차례에 걸쳐 집요하게 위 피해자를 강제로 끌어안아 침대에 넘어뜨리고 키스하려고 하는 등 피해자의 반항을 억압한 후 강간하려 하였고, 피고인은 피해자가 자신은 처녀이기 때문에 피고인의 요구에 응할 수 없다고 하였음에도 이를 묵살하고 2시간 정도에 걸쳐 계속적으로 피해자를 강간하려고 하여 피해자가 피고인의 얼굴을 할퀴고 비명을 지르며 완강히 반항하던 중 객실의 예약된 대실시간이 끝나가자 시간을 연장하기 위하여 피고인이 호텔 프런트에 전화를 하는 사이에 피해자가 더 이상 객실안에 있다가는 자신의 순결을 지키기 어렵겠다는 생각이 들어 객실을 빠져나가려 하였으나 출입문 쪽에서 피고인이 전화를 하고 있어 출입문 쪽으로 나가려다가는 피고인에게 잡힐 것 같은 생각이 들자 다급한 나머지 객실 창문을 열고 뛰어내리다가 28m 아래 지상으로 추락하여 두개골골절상등을 입고 사망하였다.

〈판결요지〉

피해자는 전문대학 졸업 후 취업을 위해 노력하다가 구인광고를 보고 찾아 간 피고인 경영의 속셈학원에 강사로 채용되어 아직 첫 출근도 하지 아니한 상태에서 학습교재를 설명하겠다는 피고인에게 유인되어 위와 같이 정조를 유린당할 상황에까지 이르게 된 것이고, 피해자의 당시 나이가 20세로서 겨우 성년에 이른데다가 아직 아무런 성경험이 없는 처녀의 몸이었으며, 피해자가 탈출하기 전에 피고인에 의하여 이미 2시간 이상이나 감금되어 있었으므로 피해자로서는 위와 같은 상황에서 벗어나기 위하여 어떤 방법으로든지 탈출을 시도할 가능성이 높았고, 당시 피고인이 프런트에 전화를 거느라고 위 피해자에 대한 폭행을 잠시 멈추고 있었다고는 하나, 피고인의 감시 하에 같은 방내에 계속 감금된 상태에 있었고 그 전화의 내용도 대실시간을 연장하여서라도 피해자를 객실 내에 계속 감금한 채 결국 강간의 목적을 이루고야 말겠다는 피고인의 의도를 드러내는 것이었으며, 피해자가 탈출한 창문은 한쪽이 가로 85cm, 세로 33cm 크기의 옆으로 밀어 여는 형태의 알루미늄 샤시문이어서 사람이 그 창틀 위로 올라가 뛰어내릴 수는 없고 창틀 위에 몸을 엎드려 옆으로 빠져나갈 수밖에 없는데, 피고인의 진술에 의하더라도 당시 피해자가 왼쪽, 오른쪽의 순서로 발과 다리부분부터 차례로 창틀을 넘어간 후 머리부분이 맨 마지막으로 밖으로 빠져나가는 형태로(이는 사체부검 결과 밝혀진 추락시의 각 상해부위와도 일치한다) 탈출하였다는 점에 비추어 볼 때, 피해자가 극도의 흥분을 느끼고 몹시 당황한 상태에서 자신이 끌려들어간 위 객실이 고층에 위치하고 있다거나 밖에 베란다가 없다는 사실 등을 순간적으로 의식하지 못한 채 미리 밖을 내다보지도 않고서 그대로 위 창문을 통하여 탈출하다가 지상으로 추락하여 사망에 이른 것으로 보이는 점 등의 여러 사정을 종합하여 보면, 일반 경험칙상 위 피해자가 강간을 모면하기 위하여 창문을 통하여서라도 탈출하려다가 지상에 추락하여 사망에 이르게 될 수도 있음을 충분히 예견할 수 있었고, 피고인의 이 사건 강간미수행위와 위 피해자의 사망과의 사이에는 상당인과관계가 있다고 할 것이다.

〈참조판례〉

○ 대법원 1988.4.12. 선고 88도178 판결【강제추행치사】

피고인이 친구 5명과 같이 술집에서 그 집 접대부로 있는 피해자 등 6명과 더불어 밤늦도록 술을 마시고 모두 각자의 상대방과 성교까지 하였는데 술값이 부족하여 친구 집에 가서 돈을 빌리려고 일행 중 피고인과 공소외 1, 2가 함께 승합차를 타고 갈 때 공소외 1과 성교를 한 피해자도 그 차에 편승하게 되었고 피고인과 피해자가 그 차에 마주앉아 가다가 피고인이 장난삼아 피해자의 유방을 만지고 피해자가 이를 뿌리치자 발을 앞으로 뻗어 치마를 위로 걷어 올리고 구두발로 그녀의 허벅지를 문지르는 등 그녀를 강제로 추행하였는데 그녀가 욕설을 하면서 갑자기 차의 문을 열고 뛰어 내림으로써 부상을 입고 사망하였다면, 이와 같은 상황에서는 피고인이 그때 피해자가 피고인의 추행행위를 피하기 위하여 달리는 차에서 뛰어내려 사망에 이르게 될 것이라고 예견할 수 없다고 할 것이다.

○ 대법원 2008.2.29. 선고 2007도10120 판결【강간치사 등】

피고인들이 의도적으로 피해자를 술에 취하도록 유도하고 수차례 강간한 후 의식불명 상태에 빠진 피해자를 비닐창고로 옮겨 놓아 피해자가 저체온증으로 사망하였다면 피해자의 사망과 피고인들의 강간 및 그 수반행위와의 인과관계 그리고 피해자의 사망에 대한 피고인들의 예견가능성이 인정되므로, 위 비닐창고에서 피해자를 재차 강제추행, 강간하고 하의를 벗겨 놓은 채 귀가한 피고인이 있다 하더라도 피고인들은 피해자의 사망에 대한 책임을 면한다고 볼 수 없어 강간치사죄가 인정된다.

7. 위계·위력에 의한 간음·추행죄

(1) 미성년자·심신미약자 간음·추행죄(제302조), 장애인 위계등 간음·추행죄(성폭법 제6조 제5항·제6항), 13세미만 미성년자 위계등 간음·추행죄(같은 법 제7조 제5항), 아동·청소년 위계등 간음·추행죄(아청법 제7조 제5항)

1) 미성년자 또는 심신미약자를 위계나 위력으로 간음 또는 추행함으로써 성립하는 범죄로 5년 이하의 징역에 처한다(제302조). 미성년자 또는 심신미약자는 일반 성인에 비하여 항거하는 것이 곤란하여 위계나 위력으로도 성적 자기결정권이 침해될 수 있음을 고려하여 제정된 규정이다. 미성년자나 심신미약자라도 폭행이나 협박으로 간음 또는 추행을 한 때에는 강간죄나 강제추행죄로 처벌된다.

위계 또는 위력으로 신체적 또는 정신적 장애가 있는 사람을 간음한 자는 5년 이상의 유기징역에 처하고(성폭법 제6조 제4항), 이들은 추행한 때에는 1년 이상의 유기징역 또는 1천만원 이상 3천만원 이하의 벌금에 처하며(같은 법 제6조 제5항). 위계 또는 위력으로 13세 미만의 사람을 간음 또는 추행한 때에는 13세미만자에 대한 강간, 유사성행위, 강제추행의 예에 의해 처벌한다(같은 법 제7조 제5항). 그리고 아동·청소년을 위계나 위력으로 간음 또는 추행한 자는 아동·청소년에 대한 강간, 유사성행위, 강제추행의 예에 의해 처벌한다(아청법 제7조 제5항). 이들 죄의 미수범은 처벌한다(성폭법 제15조, 아청법 제7조 제6항).

2) 위계라 함은 행위자가 간음의 목적으로 상대방에게 오인, 착각, 부지를 일으키고는 상대방의 그러한 심적 상태를 이용하여 간음의 목적을 달성하는 것을 말한다. 예를 들어 초등학교 교사가 건강검진을 받으러 온 초등학생의 옷 속으로 손을 넣어 배와 가슴 등의 신체 부위를 만진 행위가 이에 해당한다(대법원 2009.9.24. 선고 2009도2576 판결). 그러나 위계는 간음행위에 관한 것이어야 하므로, 간음행위와 직접적으로 관련되지 않는 다른 조건에 대한 위계는 본죄의 수단인 위계에 해당하지 않는다.

○ 대법원 2001.12.24. 선고 2001도5074 판결【청소년성보호법위반】

이 사건 당시 피해자는 16세 남짓 된 고등학교 1학년 여학생으로 종전에 성경험이 있었고, 이 사건 당일 컴퓨터 채팅을 통하여 피고인으로부터 성관계를 가지면 50만원을 주겠다는 제의를 받자 이를 승낙한 뒤 자신의 집이 비어 있다면서 피고인으로 하여금 같은 날 23:00경 자신의 집으로 찾아오도록 하여 피고인과 성교행위를 하였다면, 피해자는 성교에 대한 사리판단력이 있는 사람으로서 피고인으로부터 성교의 대가를 받기로 하고 스스로 성교행위에 나아간 것이므로 피고인이 피해자에게 성교의 대가로 50만원을 줄 의사나 능력이 없으면서도 위 돈을 주겠다고 거짓말을 하고 피해자가 이 말에 속아 피고인과 성교행위를 하였다고 하더라도, 사리판단력이 있는 피해자에 관하여는 그러한 금품의 제공과 성교행위 사이에 불가분의 관련성이 인정되지 아니하는 만큼 이로 인하여 피해자가 간음행위 자체에 대한 착오에 빠졌다거나 이를 알지 못하였다고 할 수 없으므로 피고인의 행위는 '위계'로 청소년인 피해자를 간음한 것에 해당하지 아니한다.

○ 대법원 2002.7.12. 선고 2002도2029 판결【사기, 심신미약자간음 등】

피고인이 피해자를 여관으로 유인하기 위하여 남자를 소개시켜 주겠다고 거짓말을 하고 피해자가 이에 속아 여관으로 오게 되었고 거기에서 성관계를 하게 되었다 할지라도, 그녀가 여관으로 온 행위와 성교행위 사이에는 불가분의 관련성이 인정되지 아니하는 만큼 이로 인하여 피해자가 간음행위 자체에 대한 착오에 빠졌다거나 이를 알지 못하였다고 할 수는 없다 할 것이어서, 피고인의 위 행위는 형법 제302조 소정의 위계에 의한 심신미약자간음죄에 있어서 위계에 해당하지 아니한다.

○ 대법원 2014.9.4. 선고 2014도8423 판결【성폭법위반(장애인위계등간음 · 추행) 등】

피고인이 피해자에게 정신장애가 있음을 알면서 성교 등의 목적을 가지고 피해자를 유인하여 자신의 집으로 오게 하였더라도, 위 유인행위는 피해자를 자신의 집으로 오게 하기 위한 행위에 불과하고 피해자가 자신의 집으로 온 것과 성교행위나 제모행위 사이에 불가분적 관련성이 인정되지 아니하여, 피해자가 피고인의 유인행위로 간음행위나 추행행위 자체에 대한 착오에 빠졌다거나 이를 알지 못하게 되었다고 할 수 없으므로, 피고인의 행위는 장애인에 대한 위계에 의한 간음죄 또는 추행죄에 해당하지 않는다.

3) 위력이라 함은 피해자의 자유의사를 제압하기에 충분한 세력을 말하고, 유형적이든 무형적이든 묻지 않으므로 폭행·협박뿐 아니라 행위자의 사회적·경제적·정치적인 지위나 권세를 이용하는 것도 가능하다.

○ 대법원 2005.7.29. 선고 2004도5868 판결【청소년성보호법위반(청소년강간등)】

만 17세인 피해자가 자신과 사귀던 피고인의 아들로부터 헤어지자는 말을 듣고 피고인의 집을 찾아가자 피고인이 피해자를 위로한다며 집 부근의 모텔로 데려가 함께 맥주를 마시면서 대화를 나누다가 침대에 누워 피해자에게 "애기야 안겨봐라"고 하여 피해자가 평소 아버지라 부르며 믿고 지내왔기에 의심 없이 피고인에게 안기자 피해자를 껴안고 키스를 하면서 "이러지 마세요"라는 피해자의 말을 무시한 채 피해자의 팔목 부위를 저항하기 어려울 정도로 힘 있게 꽉 잡고, 울면서 눈을 감은 채 몸을 비트는 피해자의 청바지를 그 벨트부분을 잡고 힘으로 벗긴 다음 피해자를 간음하였다면, 당시 피고인이 피해자를 때리거나 협박하지는 않았고 입을 막지도 않았으며, 팔목부위를 잡는 것 이외에는 피해자의 몸을 누르지는 않았다고 하더라도, 피해자는 소리를 지르고 싶은 마음이 간절하였음에도 이성을 잃은 피고인에게 맞을까봐 겁이 나 적극적으로 반항하지 못하고 눈을 감은 채 피고인의 행동에 소극적으로 따를 수밖에 없었다면 위력에 의한 미성년자간음죄가 성립한다.

○ 대법원 2008.7.24. 선고 2008도4069 판결【청소년성보호법위반(청소년강간등)】

만 27세 8개월 남짓의 신장 185㎝, 체중 87㎏인 피고인이 만 15세 남짓의 키 164㎝, 체중 48㎏인 피해자의 반바지를 벗기려고 하자 피해자가 "안 하신다고 하셨잖아요", "하지 마세요"라고 하면서 계속해서 명시적인 거부 의사를 밝혔음에도, "괜찮다. 가만히 있어"라고 말하면서 피해자의 바지와 팬티를 벗기고 몸으로 피해자를 누르면서 간음하였다면, 당시 피고인이 피해자와 성교를 위하여 피해자의 몸 위로 올라간 것 이외에 별다른 유형력을 행사하지 않았더라도 피고인이 몸으로 짓누르고 있어서 저항할 수가 없었고 겁을 먹은 나머지 그 의사에 반하여 간음을 당하였다고 할 것인바, 피고인의 소위는 청소년성보호법위반(청소년강간등)죄를 구성한다.

○ 대법원 2013.1.16. 선고 2011도7164 판결【성폭법위반(13세미만미성년자강제추행)】
아파트 엘리베이터 내에 피해자(여, 11세)와 단둘이 탄 다음 피해자를 향하여 성기를 꺼내어 잡고 여러 방향으로 움직이다가 이를 보고 놀란 피해자 쪽으로 가까이 다가갔다면 비록 피고인이 피해자의 신체에 직접적인 접촉을 하지 아니하였고 엘리베이터가 멈춘 후 피해자가 위 상황에서 바로 벗어날 수 있었다고 하더라도, 피고인의 행위는 피해자의 성적 자유의사를 제압하기에 충분한 세력에 의하여 추행행위에 나아간 것으로서 위력에 의한 추행에 해당한다.

(2) 피보호·감독자 간음죄(제303조 제1항), 업무상 위력등에 의한 추행죄(성폭법 제10조 제1항)

1) 업무, 고용 기타 관계로 인하여 자기의 보호 또는 감독을 받는 사람을 위계 또는 위력으로 간음을 함으로써 성립하는 범죄로 5년 이하의 징역 또는 1천5백만원 이하의 벌금에 처한다(형법 제303조 제1항). 그리고 업무, 고용이나 그 밖의 관계로 인하여 자기의 보호, 감독을 받는 사람을 위계 또는 위력으로 추행한 자는 2년 이하의 징역 또는 5백만원 이하의 벌금에 처한다(성폭법 제10조 제1항).

2) 유치원 원장이 업무차 자신의 집 앞에 온 피해자를 오른팔을 잡아당겨 안으려고 하고, 피해자를 자기의 차량에 태우고 가다가 은밀한 장소에 이르러 강제로 키스를 하든가, 유치원 내에 다른 사람이 없는 틈을 이용하여 피해자의 허리를 양손으로 잡아 올리고, 발기된 성기를 피해자의 허벅지에 닿게 하고, 두 손으로 피해자의 어깨를 감싸 안고, 이에 놀라 비명을 지르는 피해자의 왼손을 잡아 쥐고 주무르고, 전화기 전달을 빙자하여 오른손으로 피해자의 젖가슴 밑 부분을 닿게 하는 행위를 하는 경우(대법원 1998.1.23. 선고 97도2506 판결), 영업부 대리로 근무하는 대표이사의 조카가 부하직원인 피해자에게 어깨를 주무르도록 요구하여 피해자가 이를 수치스럽게 생각하면서도 어쩔 수 없이 여러 차례 어깨를 주물러 주었는데, 피고인이 평소와 마찬가지로 피해자에게 어깨를 주물러 달라고 요구하였으나 거절당하자 곧바로 등 뒤로 가 양손으로 피해자의 어깨를 서너 번 주물렀고 피해자가 온 몸에 소름이 돋고 혐오감마저 느꼈다면(대법원 2004.4.16. 선고 2004도52 판결) 이는 업무상 위력등에 의한 추행에 해당한다.

8. 피감호자 간음·추행죄, 미성년자 의제강간·강제추행죄, 장애아동·청소년 간음·추행죄

(1) 피감호자 간음죄(제303조 제2항), 피감호자추행죄(성폭법 제10조 제2항)

법률에 의하여 구금된 사람을 감호하는 자가 그 사람을 간음한 때에는 7년 이하의 징역에 처한다(형법 제303조 제2항). 법률에 의하여 구금된 사람을 감호하는 자가 위계 또는 위력으로 그 사람을 추행한 때에는 3년 이하의 징역 또는 1천5백만원 이하의 벌금에 처한다(성폭법 제10조 제2항). 이들 죄는 피구금자의 성적 자기결정의 자유를 보호법익으로 하며, 피해자의 동의가 있는 경우에도 성립한다.

(2) 미성년자 의제강간등(제305조)

1) 13세 미만의 사람을 간음 또는 추행함으로써 성립하는 범죄로 각각 강간죄(제297조), 유사강간죄(제297조의2), 강제추행죄(제298조), 강간등 상해·치상죄(제301조), 강간등 살인·치사죄(제301조의2)의 예에 의하여 처벌한다. 본죄는 13세 미만의 사람의 성적 자기결정권을 보호하기 위한 것으로 간음 또는 추행이 피해자의 의사에 반할 것을 요하지 않는다. 따라서 피해자의 동의 유무는 본죄의 성립에 영향을 미치지 아니한다(대법원 1982.10.12. 선고 82도183 판결).

2) 본죄의 성립에는 13세 미만의 사람을 간음 또는 추행한다는데 대한 인식과 용인이 있으면 족하고, 성욕을 자극·흥분·만족시키려는 주관적 동기나 목적까지 있어야 하는 것은 아니다(대법원 2006.1.13. 선고 2005도6791 판결). 상대방이 13세 미만의 사람이라는 사실을 인식해야 하므로, 이에 대한 인식이 없이 동의를 받아 간음 또는 추행한 경우에는 본죄로 처벌할 수 없다.

3) 본죄는 제297조, 제297조의2, 제298조, 제301조 또는 제301조의2의 예에 의하여 처벌된다. 제305조는 이들 죄의 미수범의 처벌에 관한 제300조를 명시적으로 인용하고 있지 아니하나, 본죄의 입법 취지에 비추어 제297조 등의 '예에 의한다'는 의미는 그 처벌에 있어 법정형뿐만 아니라 미수범에 관하여도 강간죄 등의 예에 따른다는 취지로 해석해야 한다(대법원 2007.3.15. 선고 2006도9453 판결).

(3) 장애아동·청소년 간음·추행(아청법 제8조)

19세 이상의 사람이 장애아동·청소년(장애인복지법 제2조 제1항에 따른 장애인으로 신체적인 또는 정신적인 장애로 사물을 변별하거나 의사를 결정할 능력이 미약한 13세이상의 아동·청소년을 말한다)을 간음 또는 추행하거나 장애아동·청소년으로 하여금 다른 사람을 간음 또는 추행하게 한 때에는 각각 3년 이상의 유기징역과 10년 이하의 징역과 1,500만원 이하의 벌금에 처한다(아청법 제8조).

9. 상습강간등 죄(제305조의2)

상습으로 강간(제297조), 유사강간(제297조의2), 강제추행(제298조), 준강간·준강제추행(제299조)의 죄 및 이들 죄의 미수범(제300조)과 미성년자등간음·추행(제302조), 업무상위력등간음(제303조), 미성년자의제강간등(제305조)의 죄를 범한 자는 그 죄에 정한 형의 2분의 1까지 가중한다(형법 제305조의2).

제 3 장

명예, 신용, 업무에 대한 죄

Ⅰ. 명예 및 신용훼손의 죄(제33장, 제34장)

1) 명예와 신용훼손의 죄로는 명예훼손죄(제307조), 사자명예훼손죄(제308조), 출판물·라디오에의한명예훼손죄(제309조), 모욕죄(제311조), 신용훼손죄(제313조)가 있다. 명예훼손죄와 출판물등에의한명예훼손죄는 반의사불벌죄이고 사자명예훼손죄와 모욕죄는 친고죄이다(제312조).

2) 사람을 비방할 목적으로 정보통신망을 통하여 공공연하게 사실을 드러내어 다른 사람의 명예를 훼손한 자는 정보통신망 이용촉진 및 정보보호 등에 관한 법률(이하 '정통법'이라 한다)에 의해 처벌된다(정통법 제70조 제1항, 제2항). 정통법위반(명예훼손)죄도 반의사불벌죄이다(같은 조 제3항).

3) 군인 또는 이에 준하는 자가 상관을 모욕하거나 상관의 명예를 훼손한 때에는 군형법에 의해 처벌된다(제64조).

1. 명예훼손죄(제307조)

(1) 의 의

1) 공연히 사실을 적시하여 사람의 명예를 훼손함으로써 성립하는 범죄로 2년 이하의 징역이나 금고 또는 500만원 이하의 벌금에 처한다(제307조 제1항). 공연히 허위의사실을 적시하여 사람의 명예를 훼손한 때에는 5년 이하의 징역, 10년 이하의 자격정지 또는 1천만원 이하의 벌금에 처한다(같은 조 제2항). 본죄는 피해자의 명시한 의사에 반하여 공소를 제기할 수 없는 반의사불벌죄이다(제312조 제2항).

2) 명예훼손죄의 보호법익으로서의 '명예'는 자기나 타인의 평가와는 무관한 인간의 인격에 내재

하는 가치(내부적 명예)나 자신의 인격적 가치에 대한 자기 자신의 주관적 평가(명예감정)가 아니라 사람의 인격적 가치에 대한 사회적 평가(외부적 명예)이다.

모욕죄의 보호법익도 명예훼손죄와 마찬가지로 외부적 명예이다. 명예훼손죄는 사람의 사회적 평가를 저하시킬 말한 구체적인 사실을 적시하여 명예를 침해함으로써 성립하는 범죄인데 반해, 모욕죄는 구체적 사실이 아닌 추상적인 판단이나 경멸적인 감정을 표현하여 사회적 명예를 침해함으로써 성립하는 범죄라는 점에서 서로 구분된다. 예를 들어 "늙은 화냥년이 간다. 너가 화냥질을 했잖아"라고 말하거나(대법원 1987.5.12. 선고 87도739 판결), "아무것도 아닌 똥꼬타리 같은 놈"이라고 말하거나(대법원 1989.3.14. 선고 88도1397 판결), "애꾸눈 병신"이라고 말하였다면(대법원 1994.10.25. 선고 94도1770 판결) 이는 피해자를 모욕하기 위하여 경멸적인 언사를 사용하여 욕설을 한 것에 지나지 아니하고 피해자의 사회적 가치나 평가를 저하시키기에 충분한 구체적 사실을 적시한 것이라고 보기 어려우므로 모욕죄가 성립할 수 있을 뿐 명예훼손죄는 성립하지 않는다.

(2) 공연성

1) 본죄가 성립하기 위해서는 '공연히' 사실을 적시하여 사람의 명예를 훼손할 것이 요구된다. '공연히' 라는 것은 '공공연하게'라는 의미로 불특정 또는 다수인이 인식할 수 있는 상태를 말한다. 일반적으로 여러 사람이 모여 있거나 여러 사람이 언제든지 보고 들을 수 있는 상황에서는 공연성의 요건이 충족된다.

2) 판례는 비록 개별적으로 한사람에 대하여 사실을 유포하였다고 하더라도 그로부터 불특정 또는 다수인에게 전파될 가능성이 있다면 공연성의 요건을 충족한다는 입장(전파가능성론)을 취하고 있다. 이에 대해서는 '공연히 사실을 적시'할 것을 요건으로 하는 명예훼손죄와 '허위사실을 유포'할 것을 요건으로 하는 신용훼손죄의 차이를 무시하고, 문언의 가능한 범위를 벗어나 명예훼손죄의 처벌범위를 부당하게 확장하는 결과를 초래한다는 비판이 제기되고 있다. 그러나 공연성은 "불특정 또는 다수인이 인식하는 상태"가 아니라 "불특정 또는 다수인이 인식할 수 있는 상태"를 말하고, 소수의 특정인에게 사실을 적시하더라도 그 사람들의 지위, 성향, 당시의 상황 등을 고려하여 그 사람들에 의해 불특정 다수인에게 자신이 적시한 사실이 전파될 수 있다면 "불특정 또는 다수인이 인식할 수 있는 상태"에서 사실을 적시하였다고 볼 수 있으므로 전파가능성론을 두고 반드시 이를 문언의 가능한 의미를 벗어난 해석이라고 할 수 없다. 그리고 형사정책적으로 볼 때도 비록 소수의 특정인에게 사실을 적시하였더라도 그 사람들에 의해 자기가 적시한 사실이 불특정 다수인에게 전파될 것이 예상되는 상황이라면 명예훼손죄의 성립을 부정하기는 곤란하다.

결국 판례가 취하고 있는 전파가능성론에 따르면 구체적 사례에서 어떤 점을 근거로 전파가능성을 인정할 수 있는가의 판단이 중요하게 된다.

▨ 전파가능성을 인정한 사례

○ 대법원 1968.12.24. 선고 68도1569 판결【명예훼손】

피고인이 그의 집에서 같은 동리에 거주하는 A에게 B가 C와 약혼하기 전에 피고인과 가까운 사이였고, 원주에 놀러가자면 따라 오고 또 밤이나 낮이나 언제나 만나자고 하면 만나는 가까운 사이였다는 말을 하고, 이어서 음식점에서 D에게 C의 처 B와는 결혼 전에 원주에 데리고 가서 동침하여 돌아온 일이 있다는 사실을 유포하였는 바, 이는 "공연히"라 함은 불특정 또는 다수인이 인식할 수 있는 상태라고 할 것이며, 비밀이 잘 보장되어 외부에 전파될 염려가 없는 경우가 아니면 비록 개별적으로 한 사람에 대하여 사실을 유포하였더라도 연속하여 수인에게 사실을 유포하여 그 유포한 사실이 외부에 전파될 가능성이 있는 이상 공연성이 있다고 할 것이다.

○ 대법원 1984.2.28. 선고 83도3124 판결【출판물에의한명예훼손】

명예훼손죄의 요건인 공연성은 불특정 또는 다수인이 인식할 수 있는 상태를 말하므로, 피고인들이 이 사건 출판물 15부를 피고인들이 소속된 교회의 교인 15인에게 배부한 이상 공연성의 요건은 충족되었다고 보아야 하고, 배부받은 사람 중 일부가 위 출판물작성에 가담한 사람들이라고 하여도 결론에는 아무런 소장이 없다.

○ 대법원 1984.2.28. 선고 83도3292 판결【명예훼손】

'공연히'라 함은 다수인 혹은 불특정인이 견문할 수 있는 상황을 말하고 그 다수인의 자격에 일정한 제한이 있는 경우에도 공연성이 있다고 할 것이므로, 피고인들이 인쇄물을 우송한 200여명이 회사의 주주들에 한정되어 있었고 피고인들과 이해관계를 같이하는 자들이라 하여 공연성을 부정할 수는 없다.

○ 대법원 1985.4.23. 선고 85도431 판결【명예훼손】

피고인이 사실을 적시한 장소가 행정서사의 사무실 내이었기는 하나 그의 사무원과 동인의 처가 함께 있는 자리였었고, 그들은 모두 피해자와 같은 교회에 다니는 교인들일 뿐 피해자에 관한 소문을 비밀로 지켜줄 만한 특별한 신분관계는 없었으므로 피고인이 그들에게 적시한 사실은 그들을 통하여 불특정 또는 다수인에게 전파될 가능성이 충분히 있었다고 볼 수 있다.

○ 대법원 1985.12.10. 선고 84도2380 판결【사기, 무고, 명예훼손】

피고인이 자기에 대한 형사피의사건의 수사과정에서 수사경찰관으로부터 고문, 폭행, 협박을 받았다는 사실은 허위의 사실을 기재한 진정서와 고소장을 경찰서장, 검찰총장 등에게 제출하였다면, 비록 개별적으로 한 사람씩에 대하여 순차 유포한 것이기는 하나 그들로부터 불특정 또는 다수인에게 충분히 전파될 가능성이 있다고 할 것이다.

○ 대법원 1986.9.23. 선고 86도556 판결【무고, 명예훼손】

피고인이 같은 직장의 승무원으로 근무하던 피해자(여, 25세)와 정교관계를 맺은 사실이 있음에도 A의 집에서 그와 그의 처 및 B 등 여러 사람이 있는 자리에서, 피해자가 피고인과는 어떤 성관계를 한 사실이 없을 뿐만 아니라 밖에서 만난 사실조차 없음에도 집에까지 찾아와 성관계를 하여 임신까지 하였으니 보상하라고 했다는 등의 말을 하였다면, B는 피고인 및 피해자 등과 같은 근무처의 노조위원장이고 A는 같은 직장의 관리과장으로 재직하고 있다는 사실에 비추어볼 때 위 허위사실은 외부에 전파될 가능성이 있고, 그러한 말이 당시 피고인이 피해자로부터 자신의 신상문제를 책임지라고 위협을 당하고 있는 상황에서 이를 모면키 위해 직장동료와 의논하는 자리에서 한 것이라 하더라도 그 사유만으로 명예훼손죄의 성립에 장애가 되지 않는다.

○ 대법원 1991.6.25. 선고 91도347 판결【출판물에의한명예훼손, 위증】

명예훼손죄의 요건인 공연성은 불특정 또는 다수인이 인식할 수 있는 상태를 말하는 것이므로, 진정서와 고소장을 특정 사람들에게 개별적으로 우송하여도 다수인(19명, 193명)에게 배포하였고, 또 그 내용이 다른 사람에게 전파될 가능성도 있어 공연성의 요건이 충족된다.

○ 대법원 1996.7.12. 선고 96도1007 판결【공직선거법위반, 명예훼손】

피고인의 말을 들은 사람은 한 사람씩에 불과하였으나 그들은 피고인과 특별한 친분관계가 있는 자가 아니며, 그 범행의 내용도 지방의회 의원선거를 앞둔 시점에 현역 시의회 의원이면서 다시 그 후보자가 되고자 하는 자를 비방한 것이어서 피고인이 적시한 사실이 전파될 가능성이 많을 뿐만 아니라, 결과적으로 그 사실이 피해자에게 전파되어 피해자가 고소를 제기하기에 이른 사정 등을 참작하여 볼 때, 피고인의 범행은 행위 당시에 이미 공연성을 갖추었다고 볼 것이다.

○ 대법원 2008.2.14. 선고 2007도8155 판결【정통법위반(명예훼손)】

개인 블로그의 비공개 대화방에서 상대방으로부터 비밀을 지키겠다는 말을 듣고 일대일로 대화하였다고 하더라도, 그 사정만으로 대화 상대방이 대화내용을 불특정 또는 다수에게 전파할 가능성이 없다고 할 수 없으므로, 명예훼손죄의 요건인 공연성을 인정할 여지가 있다.

▨ 전파가능성을 부정한 사례

○ 대법원 1966.4.19. 선고 66도179 판결【명예훼손】

피고인의 발언은 지서장의 소환에 의해 지서에 가서 피해자의 절도 혐의로 신고된 사건에 대해 지서장이 피해자의 종형 사이의 화해를 권고하는 석상에서 한 것이고, 당시 현장에는 경찰관과 급사 이외에는 민간인으로서 피해자의 종형만 있었을 뿐인데, 이러한 사정 아래에서 피고인의 발언은 지서장의 화해 권유에 대하여 불응하겠다는 의도에 중심이 있는 만큼 명예훼손의 범의가 있다고 단정하기도 어려울 뿐더러, 경찰관은 수사에 종사하는 공무원으로서 비밀을 지킬 의무가 있고, 피해자의 종형은 지서장으로 부터 이미 소환을 받아 피고인보다 먼저 지서에 와 서 피해자가 절도 피의자로서 지서에 신고된 사실을 알고 있으며, 지서의 급사 역시 피고인의 발언을 들었는지는 명백치 아니하나 가사 발언을 들었다 하더라도 지서 내에서 근무하고 있는 공무원인 만큼, 지서 내에서 발생한 사실에 관하여 비밀을 지킬 것이 기대되므로, 그 지서내의 위와 같은 사람들이 있었다 하여도 그 집합된 사람들의 성질과 그 집합의 경위들로 보아 특별한 사정이 없는 한 피고인의 발언이 전파될 염려는 없다.

○ 대법원 1983.10.25. 선고 83도2190 판결【명예훼손】

중학교 교사에 대해 "전과범으로서 교사직을 팔아가며 이웃을 해치고 고발을 일삼는 악덕 교사"라는 취지의 진정서를 그가 근무하는 학교법인 이사장 앞으로 제출한 행위 자체는 진정서의 내용과 진정서의 수취인인 학교법인 이사장과 위 교사의 관계 등에 비추어 볼 때 위 이사장이 진정서 내용을 타에 전파할 가능성이 있다고 보기 어렵다.

○ 대법원 1984.2.28. 선고 83도891 판결【사기·명예훼손】

비밀이 보장되거나 전파될 가능성이 없는 경우는 특정한 사람에 대한 사실의 유포는 공연성을 결여한 것이라고 아니할 수 없는바, 피고인이 다방에서 피해자와 동업관계로 친한 사이인 공소외인에 대하여 피해자의 험담을 한 경우에 있어서 다방내의 좌석이 다른 손님의 자리와 멀리 떨어져 있고 그 당시 공소외인은 피고인에게 왜 피해자에 관해서 그런 말을 하느냐고 힐책까지 한 사실이 있다면 전파될 가능성이 있다고 볼 수 없다.

○ 대법원 1989.7.11. 선고 89도886 판결【사기, 업무상횡령, 명예훼손】

피고인은 피해자가 경영하는 회사의 직원으로 근무하면서 그 사무실 또는 직행버스 안에서 공소외 1(피해자의 남편), 2, 3(공소외 2의 전처의 아들) 또는 공소외 4(위 회사의 경리사원)에게 공소사실과 같은 말을 하였다는 것이고, 공소외 1에게 말한 장소는 위 회사의 사장실에서 단둘이 있는 자리였고 공소외 2에게 말한 장소도 같은 곳이라면 특별한 사정이 없는 한 공연성이 있다고 하기는 어렵다.

○ 대법원 2000.2.11. 선고 99도4579 판결【명예훼손】

피고인과 피해자는 원래 법률상의 부부로서 서로 이혼소송을 제기하여 이혼소송을 하던 중 피해자의 친구인 대학교수가 피해자에게 유리한 증거자료인 진술서를 작성하여 주었던 관계로 피고인이 대학교수에게 사실 관계를 알리는 내용의 편지를 보내는 기회에 피해자에게 보내는 서신도 함께 동봉하였고, 달리 그 대학교수가 위 사실을 불특정 또는 다수인에게 전파하지 않았다면, 피고인이 적시한 사실이 불특정 또는 다수인에게 전파될 가능성이 있다고 볼 수는 없다.

○ 대법원 2000.5.16. 선고 99도5622 판결【명예훼손】

통상 기자가 아닌 보통 사람에게 사실을 적시할 경우에는 그 자체로서 적시된 사실이 외부에 공표되는 것이므로 그 때부터 곧 전파가능성을 따져야 할 것이지만, 그와는 달리 기자를 통해 사실을 적시하는 경우에는 기사화되어 보도되어야만 적시된 사실이 외부에 공표된다고 보아야 할 것이므로 기자가 취재를 한 상태에서 아직 기사화하여 보도하지 아니한 경우에는 전파가능성이 없다고 할 것이어서 공연성이 없다고 봄이 상당하다.

○ 대법원 2005.12.9. 선고 2004도2880 판결【폭처법위반, 명예훼손, 무고】

어느 사람에게 귀엣말 등 그 사람만 들을 수 있는 방법으로 그 사람 본인의 사회적 가치 내지 평가를 떨어뜨릴 만한 사실을 이야기하였다면, 위와 같은 이야기가 불특정 또는 다수인에게 전파될 가능성이 있다고 볼 수 없고, 그 사람이 들은 말을 스스로 다른 사람들에게 전파하였더라도 위와 같은 결론에는 영향이 없다.

○ 대법원 2006.9.22. 선고 2006도4407 판결【명예훼손】

피고인이 평소 피해자의 소개로 친하게 지내던 공소외 1과 공소외 2에게 피해자의 명예를 훼손하는 취지의 말을 한 사실은 인정되나, 피고인과 피해자, 공소외 1및 공소외 2사이의 친분관계, 공소외 1이나 공소외 2는 피고인으로부터 위와 같은 말을 듣고도 10개월여가 지날 때까지는 그 사실을 피해자에게 알리거나 제3자에게 말하지 않고 있던 중 피고인과 공소외 1사이의 분쟁으로 인해 관계가 악화되자 공소외 1이 피해자에게 위와 같은 사실을 알림으로써 비로소 피고인의 행위가 문제화된 점 등에 비추어 보면, 피고인이 적시한 사실이 불특정 또는 다수인에게 전파될 가능성이 있었다고 보기는 어렵다.

○ 대법원 2010.11.11. 선고 2010도8265 판결【형실효법위반, 명예훼손】

피고인 1이 피해자의 범죄경력조회를 아파트의 같은 동 주민인 공소외 1에게 보여주면서 "전과자고 나쁜 년"이라고 말한 사실이 인정되기는 하지만, 피고인 2가 이미 아파트의 같은 동 주민들에게 피해자의 범죄경력조회를 보여주면서 피해자가 전과자라고 험담하는 등으로 아파트 주민들 간에 널리 소문이 나 있었고 공소외 1도 이미 잘 알고 있었던 점, 공소외 1은 그 당시 "전과는 누구나 다 있는 것이다. 아무것도 아닌데 왜 그러느냐. 찢어버리고 그냥 모른척하고 넘어가라"라고 나무랐고 그러한 이야기를 다른데 소문낼 생각도 없었고, 실제 다른 사람에게 이야기한 바도 없는 점 등을 종합하면, 불특정 또는 다수인에게 그러한 사실이 전파될 가능성이 없다고 할 것이다.

○ 대법원 2011.9.8. 선고 2010도7497 판결【명예훼손】

피고인이 자신의 아들 등에게 폭행을 당하여 입원한 피해자의 병실로 찾아가 그의 모(母) A와 대화하던 중 A의 이웃 B 및 피고인의 일행 C가 있는 자리에서 피해자에 대한 폭행사건에 관하여 대화를 나누던 중 "학교에 알아보니 피해자에게 원래 정신병이 있었다고 하더라"라고 발언을 한 것이라면 불특정 또는 다수인이 인식할 수 있는 상태라고 할 수 없고 또 그 자리에 있던 사람들의 관계 등 여러 사정에 비추어 피고인의 발언이 불특정 또는 다수인에게 전파될 가능성이 있다고 보기도 어렵다.

(3) 사실의 적시

1) 명예훼손죄가 성립하기 위해서는 피해자의 사회적 가치 내지 평가가 침해될 가능성이 있는 구체적 사실을 적시하여야 한다. 어떤 표현이 명예훼손적인지 여부는 그 표현에 대한 사회 통념에 따른 객관적 평가에 의하여 판단하여야 하고, 가치중립적인 표현을 사용하였다 하더라도 사회 통념상 그로 인하여 특정인의 사회적 평가가 저하되었다고 판단된다면 명예훼손죄가 성립할 수 있다(대법원 2014.3.27. 선고 2011도11226 판결).

예컨대 피고인이 피해자를 괴롭히기 위하여 피해자가 동성애자가 아님에도 불구하고 인터넷사이트 싸이월드에 7회에 걸쳐 피해자가 동성애자라는 내용의 글을 게재하였다면, 현재 우리 사회에서 자신이 스스로 동성애자라고 공개적으로 밝히는 경우 사회적으로 상당한 주목을 받는 점을 고려해 볼 때 그러한 행위는 피해자의 명예를 훼손하는 행위에 해당한다고 볼 수 있다(대법원 2007.10.25. 선고 2007도5077 판결). 이에 반해 "(주)진로가 일본 아사히 맥주에 지분이 50% 넘어가 일본 기업이 됐다"는 표현만으로는 그로 인해 일부 소비자들이 '참이슬' 소주의 구매에 소극적이 될 여지가 있다 하더라도 이를 사회통념상 피해자 회사의 사회적 가치 내지 평가가 침해될 가능성이 있는 명예훼손적 표현이라고 보기는 힘들다(대법원 2008.11.27. 선고 2008도6728 판결).

그리고 특정인의 사회적 가치나 평가를 저하시키기에 충분한 구체적인 사실의 적시가 있다고 하기 위해서는 반드시 그러한 구체적인 사실이 직접적으로 명시되어 있을 것을 요구하는 것은 아니지만, 적어도 적시된 내용 중의 특정 문구에 의하여 그러한 사실이 곧바로 유추될 수 있을 정도에는 이르러야 한다(☞ **[판례 Ⅰ-1]** 참조).

[판례 Ⅰ-1] 대법원 2011.8.18. 선고 2011도6904 판결【명예훼손】

〈공소사실〉

피고인은 전국동시지방선거에서 군수로 당선된 공소외 1 후보의 운전기사였던 공소외 2가 공직선거법위반죄로 구속되었다는 소문을 듣게 된 것을 기화로, 사실은 공소외 2가 공소외 1의 보좌관이 아니고 A지방검찰청 B지청장 또는 B지청의 구성원이 기자들에게 문자를 보내는 방법으로 공소외 2에 대한 수사상황이나 피의사실을 공표한 사실이 전혀 없음에도, 공소외 1을 비방하는 내용의 문자를 B지청에서 발신하는 것처럼 가장하여 보내기로 마음먹고, 2010.11.21. 15:18경 피고인의 주거지에서 컴퓨터를 이용하여 주식회사 케이티에서 운영하는 문자메시지 대량발송이 가능한 통합메시지서비스를 통해 지역일간지 기자인 공소외 3 등 8명의 기자들에게 발신번호가 B지청(지청장실: 전화번호 1 생략)인 것처럼 허위의 발신번호를 게재하여 마치 B지청장 또는 B지청의 구성원이 공소외 2에 대한 수사상황과 피의사실을 미리 알려주는 것처럼 '발신번호: 전화번호 2 생략/11.20. B지청, 군수 보좌관 공소외 2 멸치 500포 살포혐의 구속, 이 군수 집중 조사 중'이라는 허위 내용의 문자를 발송함으로써 공연히 허위의 사실을 적시하여 피해자인 A지방검찰청 B지청장 또는 B지청의 구성원의 명예를 훼손하였다.

〈원심 판결요지〉

(가) 공연성 여부　명예훼손죄의 구성요건인 '공연성'은 불특정 또는 다수인이 인식할 수 있는 상태를 말하는바, 일반적으로 기자라는 직업은 사실 보도가 본업이기 때문에 어떠한 사실을 청취하게 되면 그만큼 전파가능성이 높은 것으

로 보아야 하는 점… 등에 비추어 보면, 피고인이 다수인인 공소외 3 등 8명의 기자들에게 문자메시지를 보낸 행위는 비록 피고인이 특정인인 기자들에게 문자메시지를 개별적으로 발송하였고, 기자들이 그러한 내용을 취재하여 기사화하거나 보도하지 않았다고 하더라도 공연성의 요건은 충족된 것이라고 할 것이다.

(나) 피해자 특정 여부 명예훼손에 의한 불법행위가 성립하려면 피해자가 특정되어 있어야 하지만 그 특정을 위하여 반드시 사람의 성명을 명시하여야만 하는 것은 아니고, 성명을 명시하지 않은 경우라도 그 표현의 내용을 주위 사정과 종합하여 볼 때 그 표시가 누구를 지목하는가를 알아차릴 수 있을 정도라면 피해자가 특정되었다고 볼 수 있고, 이른바 집단표시에 의한 명예훼손은 예외적으로 그 구성원 개개인에 대하여 언급하는 것처럼 여겨질 정도로 구성원 수가 적거나 당시의 주위 정황 등으로 보아 집단 내 개별구성원을 지칭하는 것으로 여겨질 수 있는 때에는 집단 내 개별구성원이 피해자로서 특정된다고 보아야 하는바, 기록에 의하여 인정되는 다음과 같은 사정, 즉 피고인은 B지청장실의 전화번호와 유사한 번호를 발신번호로 표시하고, 그 옆에 'B지청'이라는 문구까지 게재하여 문자메시지를 보낸 점, 그 내용이 공소외 2에 대한 수사상황과 피의사실을 알리는 것으로서 이는 B지청의 업무 영역에 포함되고, 더구나 그 상대방이 기자들인 점, B지청은 소속 검사가 3명, 직원은 26명으로서 그 구성원 수가 적고, B지청의 대외적 공보업무는 B지청장이 담당하는 점 등에 비추어 보면, A지방검찰청 B지청장 또는 B지청 구성원이 피해자로 특정되었다고 할 것이다.

(다) 사실의 적시 여부 명예훼손죄의 구성요건인 '사실의 적시'는 사람의 인격적 가치에 대한 사회적 평가를 저하시킬만한 성질의 사실을 지적·표시하는 것을 말하는바, 수사기관의 피의사실 공표는 피의자 등에 대한 인권침해 등 문제시 되었던 과거의 관행에서 벗어나 위와 같이 철저한 내부통제를 거친 보도 자료만을 공개하고 있는 점,…공소외 2에 대한 수사상황과 피의사실은 위 예외사유에 해당하지 아니하여 기소 전에는 이를 공표할 수 없는 점 등에 비추어 보면, 피고인이 기자들에게 마치 B지청장 또는 B지청 구성원이 공소외 2에 대한 수사상황과 피의사실을 미리 알려 주는 것처럼 하여 문자메시지를 발송한 행위는 B지청장 또는 B지청 구성원이 아직도 인권보호에 역행하고, 형법상 금지된 피의사실을 공표하는 듯 한 이미지를 주어 B지청장 또는 B지청 구성원의 인격적 가치에 대한 사회적 평가를 저하시킬만한 성질의 사실을 적시한 것이라고 할 것이다.

(라) 고의 여부 피고인이 다수인인 8명의 기자들에게 발신인이 B지청장 또는 B지청 구성원인 것처럼 보이기 위하여 B지청장실의 전화번호와 유사한 번호를 발신번호로 표시하고, 그 옆에 B지청이라는 문구까지 게재하여 문자메시지를 보낸 사실은 앞서 본 바와 같고, 문자메시지를 받은 기자들이 사실여부를 확인하는 과정에서 그 내용이 전파될 것이라는 사실은 충분히 예견가능하며,… 피고인은 검찰 조사에서 수사상황과 피의사실을 검찰에서 미리 공표하지 않는다는 사실을 잘 알고 있었고,… 당시 검찰에서는 공소외 1에 대한 소환조사가 예정되어 있지 않았고, 피고인도 공소외 2에 대한 구체적인 수사상황이나 공소외 1과의 관련성 등에 대하여는 잘 모르고 있었던 점 등에 비추어 보면, 피고인은 적어도 미필적으로나마 공연히 허위의 사실을 적시하여 B지청장 또는 B지청 구성원의 명예를 훼손한다는 것에 대한 인식과 의사를 가지고 이를 용인하면서 문자메시지를 보낸 것이라고 볼 수 있다.

〈대법원 판결요지〉

명예훼손죄가 성립하기 위하여는 사실의 적시가 있어야 하고, 적시된 사실은 이로써 특정인의 사회적 가치 내지 평가가 침해될 가능성이 있을 정도로 구체성을 띠어야 한다. 그리고 특정인의 사회적 가치나 평가를 저하시키기에 충분한 구체적인 사실의 적시가 있다고 하기 위해서는, 반드시 그러한 구체적인 사실이 직접적으로 명시되어 있을 것을 요구하는 것은 아니지만, 적어도 적시된 내용 중의 특정 문구에 의하여 그러한 사실이 곧바로 유추될 수 있을 정도는 되어야 한다.

이 사건 문자메시지는 'B지청에서 공소외 2를 구속하고 이 군수를 조사하고 있다'는 취지의 내용으로 보일 뿐 'B지청장 또는 B지청 구성원이 그와 같은 내용을 알린다'는 내용으로 볼 수는 없고, 피고인이 B지청 지청장실의 전화번호 끝자리를 생략한 허위의 발신번호를 게재한 사정까지 함께 고려하더라도 이 사건 문자메시지의 내용에서 'B지청장 또는 B지청 구성원이 그와 같은 내용을 알린다'는 사실이 곧바로 유추될 수 있다고 보이지 아니하며, 실제로 기록에 의하면 이 사건 문자메시지를 받은 기자들 중 다수가 이 사건 문자메시지를 누가 발송한 것인지 몰랐다고 진술한 사실을 알 수 있다. 따라서 이 사건 문자메시지를 받은 상대방들이 발신번호의 유사성에 근거하여 B지청장 또는 B지청 구성원이 이 사건 문자메시지를 발송하였다고 추측할 가능성 자체를 배제할 수는 없다고 하더라도, 그와 같은 가능성만으로 이 사건 문자메시지에 의하여 B지청장 또는 B지청 구성원의 사회적 가치나 평가를 저하시키기에 충분한 구체적인 사실의 적시가 있다고 볼 수는 없다.

〈참조판례〉

○ 대법원 2009.9.24. 선고 2009도6687 판결【명예훼손】

누구든지 범죄가 있다고 생각하는 때에는 고발할 수 있는 것이므로 어떤 사람이 범죄를 고발하였다는 사실이 주위에 알려졌다고 하여 그 고발사실 자체만으로 고발인의 사회적 가치나 평가가 침해될 가능성이 있다고 볼 수는 없고, 다만 그 고발의 동기나 경위가 불순하다거나 온당하지 못하다는 등의 사정이 함께 알려진 경우에 고발인의 명예가 침해될 가능성이 있다고 할 것이다. …기록상 공소외 1이 선거법을 위반한 사실이 있는지 여부가 명확하지 않지만 누구든지 범죄가 있다고 생각하는 때에는 고발할 수 있는 것이므로 피고인이 단지 피해자가 공소외 1을 선거법 위반으로 고발하였다는 말만 하고 그 고발의 동기나 경위에 관하여는 언급을 하지 아니하였다면 그와 같이 말한 것만으로는 피해자의 사회적 가치나 평가를 침해하기에 충분한 구체적인 사실이 적시되었다고 볼 수 없다.

2) 명예훼손죄에서 '사실의 적시'란 가치판단이나 평가를 내용으로 하는 '의견표현'에 대치되는 개념으로서 시간과 공간적으로 구체적인 과거 또는 현재의 사실관계에 관한 보고나 진술을 의미한다. 장래의 일을 적시한 경우에도 현재의 사실을 기초로 하거나 이에 대한 주장을 포함하는 경우에는 명예훼손죄에 있어서의 사실의 적시에 해당한다(대법원 2003.5.13. 선고 2002도7420 판결). 사실의 보고 내지 진술인지 또는 의견진술인지는 언어의 통상적 의미와 용법, 증명가능성, 문제된 말이 사용된 문맥, 표현이 행하여진 사회적 상황 등 전체적 정황을 고려하여 판단하여야 한다(대법원 2011.9.2. 선고 2010도17237 판결).

▨ 사실의 적시를 인정한 사례

○ 대법원 1991.5.14. 선고 91도420 판결【명예훼손】

명예훼손죄에 있어서의 사실의 적시는 사실을 직접적으로 표현한 경우에 한정될 것은 아니고, 간접적이고 우회적인 표현에 의하더라도 그 표현의 전 취지에 비추어 그와 같은 사실의 존재를 암시하고 이로써 특정인의 사회적 가치 내지 평가가 침해될 가능성이 있을 정도의 구체성이 있으면 족한 것이다. 따라서 피고인이 학생들 앞에서 피해자의 이성관계를 암시하는 발언을 하여 피해자의 명예를 훼손하였다면 피고인의 소위는 명예훼손죄를 구성한다.

○ 대법원 2003.5.13. 선고 2002도7420 판결【무고, 명예훼손】

피고인이 경찰관을 상대로 진정한 사건이 혐의가 인정되지 않아 내사종결 처리되었음에도 불구하고 공연히 "사건을 조사한 경찰관이 내일부로 검찰청에서 구속영장이 떨어진다"고 말한 것은 현재의 사실을 기초로 하거나 이에 대한 주장을 포함하여 장래의 일을 적시한 것으로 볼 수 있어 명예훼손죄에 있어서의 사실의 적시에 해당한다.

○ 대법원 2007.5.10. 선고 2007도1307 판결【명예훼손】

명예훼손죄가 성립하기 위해서는 사실의 적시가 있어야 하고 적시된 사실은 이로써 특정인의 사회적 가치 내지 평가가 침해될 가능성이 있을 정도로 구체성을 띠어야 할 것인바, 인터넷 홈페이지에 게시한 어떠한 글(詩)의 표현행위가 명예훼손과 관련하여 문제가 되는 경우 그 표현이 사실을 적시하는 것인가, 아니면 단순히 풍자를 하는 것에 불과한 것인가, 또는 풍자를 하는 것이라면 그와 동시에 묵시적으로라도 그 전제가 되는 사실을 적시하고 있는 것인가 그렇지 아니한가의 구별은, 당해 글의 객관적인 내용과 아울러 일반의 독자가 보통의 주의로 글을 접하는 방법을 전제로 글에 사용된 어휘의 통상적인 의미, 글의 전체적인 흐름, 문구의 연결 방법 등을 기준으로 판단하여야 하고, 여기에다가 당해 글이 게시된 보다 넓은 문맥이나 배경이 되는 사회적 흐름 등도 함께 고려하여야 한다.

피고인의 시(詩) 중 '민생법안이 널려 있어도/국회에 앉아 있으면 하품만 하는 년이지/아니지 국회 출석율 꼴지이지'라는 내용은 일반 독자에게 그 표현 자체로서 사실의 적시라고 이해될 여지가 충분하고, 그 내용은 피해자의 의정활동에 관한 것으로서 명예에 관련된 사실이라고 할 것이다.

○ 대법원 2008.7.10. 선고 2008도2422 판결【정통법위반(명예훼손)】

구 정보통신망법(2007.12.21. 법률 제8778호로 개정되기 전의 것) 제61조 제2항에 규정된 정보통신망을 이용한 명예훼손죄에 있어서의 사실의 적시란 반드시 사실을 직접적으로 표현한 경우에 한정할 것은 아니고, 간접적이고 우회적인 표현에 의하더라도 그 표현의 전 취지에 비추어 그와 같은 사실의 존재를 암시하고, 또 이로써 특정인의 사회적 가치 내지 평가가 침해될 가능성이 있을 정도의 구체성이 있으면 족한 것인데, 피고인은 인터넷 포탈사이트의 피해자에 대한 기사란에 그녀가 재벌과 사이에 아이를 낳거나 아이를 낳아준 대가로 수십억원을 받은 사실이 없음에도 불구하고, 그러한 사실이 있는 것처럼 댓글이 붙어 있던 상황에서, 추가로 "지고지순이 뜻이 뭔지나 아니? 모 재벌님하고의 관계는 끝났나?"라는 내용의 댓글을 게시하였는바, 위와 같은 댓글이 이루어진 장소, 시기와 상황, 그 표현의 전 취지 등을 위 법리에 비추어 보면, 피고인의 위와 같은 행위는 간접적이고 우회적인 표현을 통하여 위와 같은 허위 사실의 존재를 구체적으로 암시하는 방법으로 사실을 적시한 경우에 해당한다.

▨ 사실의 적시를 부정한 사례

○ 대법원 1988.9.20. 선고 86도2683 판결【명예훼손】

"마르코스도 군에서 옷 벗고 나와 장기집권하다 망했다. 군정은 몸서리 친다. 우리도 박정희 대통령 때부터 현재까지 군정의 연속이다"라고 말했다고 하더라도 그것은 우리 정부의 성격을 민간주도의 정부라기보다는 군인주도의 정부라는 주관적 판단을 표시한 것이라고 볼 것이고 전○○ 전대통령의 불명예가 될 만한 구체적인 사실의 적시가 있었다고 하기 어렵고, "청보회사 주인은 현정부 고위층에 있는 이○○ 것이다. 지금 국민들은 상당히 말이 많다 대통령 마누라 이○○는 사치가 심하여 옷이 상당히 많다"고 말하였다고 하더라도 그 말이 전○○ 전대통령의 불명예가 될 만한 구체적인 사실의 적시라고 하기 어렵다.

○ 대법원 1994.6.28. 선고 93도696 판결【명예훼손】

피고인이 허가 없이 직업소개를 한 일로 경찰서에 불려가서 조사받은 바 있었는데 이는 평소 사이가 좋지 않은 피해자의 밀고에 의한 것이라고 잘못 생각한 나머지, 피해자는 참석하지 아니하고 공소외인 외 6명이 참석한 효도친목회 월례회의 석상에서 피해자를 지칭하면서 "고발당해서 경찰서에 갔다 왔다. 년놈이 신고해서 경찰서에 갔다 왔다. 년은 안 나오고 놈만 나왔다"라고 큰 소리로 말한 경우 나머지 피해자에 대하여 가지고 있던 분한 감정을 다소 과격하게 표현한 것에 불과한 것으로 피해자의 사회적 가치나 평가를 침해하기에 충분한 구체적인 사실이 적시되었다고 보기는 어렵다.

○ 대법원 1997.4.25. 선고 96도2910 판결【공직선거법위반, 명예훼손】

공직선거법 제251조 본문의 '사실의 적시'란 가치판단이나 평가를 내용으로 하는 의견표현에 대치되는 개념으로서 시간과 공간적으로 구체적인 과거 또는 현재의 사실관계에 관한 보고 내지 진술을 의미하는 것이며 그 표현내용이 증거에 의한 입증이

가능한 것을 말하고, 판단할 진술이 사실인가 또는 의견인가를 구별함에 있어서는, 언어의 통상적 의미와 용법, 입증가능성, 문제된 말이 사용된 문맥, 그 표현이 행하여진 사회적 정황 등 전체적 정황을 고려하여 판단하여야 할 것 인바, 이 사건 공소사실에 기재된 통신문의 내용은 그 대부분이 정당 대변인으로서의 ○○○의 발언에 대한 피고인 자신의 경멸적 평가를 추상적으로 표현한 것이라 할 것이고, "○○○이 과거 전두환 정권에 붙어 아부했다", "그 사팔뜨기가 부천 어디에서 출마한다는데" 등 일부분이 사실의 적시라고 볼 수 있는 것도 있으나 언어의 통상적 의미와 용법, 이 사건 통신문의 문맥, 당시의 사회상황(선거를 앞두고 각 정당 간에 치열한 공방이 있었던 상황) 등 전체적 정황을 고려하면, 그 일부분도 평가를 위한 전제로서 구체적 사실을 나열하였다기보다는 평가의 표현내용을 이루는 것이므로, 전체적으로 볼 때 사실의 적시라고 보기 어렵다 할 것이다.

○ 대법원 2008.10.9. 선고 2007도1220 판결【명예훼손】

피고인이 ○○대학교 신학대학원 100주년 기념관 채플실에서 1,200여 명의 학생들이 모인 가운데 위 대학교수이자 목사로서 예배를 인도하면서 대한예수교장로회 □□교회 목사인 피해자 ○○○에 대해 "□□교회 ○○○는 이단 중에 이단입니다. 그는 피가름을 실천에 옮겨야 된다고 가르치는 사람, 그것도 비밀리에 가르치고 있습니다"라고 말하였다고 하더라도, 피고인이 행한 위 설교의 전체적인 취지 및 설교의 내용 중에 위 '피가름'의 의미에 대한 별도의 언급이 없이 기존 기독교계의 주류적인 입장과 같이 위 '피가름'의 의미를 다의적인 것으로 이해하여 설교하였던 것으로 보이는 점 등을 고려하여 보면, 피고인이 위 설교에서 마치 ○○○이 위 '피가름'의 교리에 의해 혼음의 교리를 실천하도록 가르치고 있다는 내용의 사실을 적시하였다고 단정할 수는 없다. 그리고 "○○○은 이단 중에 이단이다"라고 설교한 부분에 대해, 어느 교리가 정통 교리이고 어느 교리가 여기에 배치되는 교리인지 여부는 교단을 구성하는 대다수의 목회자나 신도들이 평가하는 관념에 따라 달라지는 것이라며 피고인이 사실을 적시한 것으로 보기 어렵다.

3) 적시된 사실이 진실한가 또는 허위인가는 명예훼손죄의 성립에 영향이 없다. 다만 허위의 사실을 적시한 경우에는 진실한 사실을 적시한 경우보다 가중처벌된다. 적시된 사실이 진실한가 또는 허위인지의 여부를 판단함에 있어서는 적시된 사실의 내용 전체의 취지를 살펴볼 때 중요한 부분이 객관적 사실과 합치되는 경우에는 세부(細部)에 있어서 진실과 약간 차이가 나거나 다소 과장된 표현이 있다 하더라도 이를 허위의 사실이라고 볼 수는 없다. 그리고 비록 허위의 사실을 적시하였더라도 평균인의 입장에서 허위의 사실을 적시한 발언을 들었을 경우와 비교하여 오히려 진실한 사실을 듣는 경우에 피해자의 사회적 가치 내지 평가가 더 크게 침해될 것으로 예상되거나, 양자 사이에 별다른 차이가 없다고 보는 것이 합리적이라고 보인다면 허위사실 적시에 의한 명예훼손죄로 처벌할 수는 없다(☞ **[판례 Ⅰ-2]** 참조).

[판례 Ⅰ-2] 대법원 2014.9.4. 선고 2012도13718 판결【명예훼손】

〈공소사실〉

□□교회의 목사이자 ◇◇총연합회△△대책위원회의 부위원장인 피고인은 A를 재림예수로 B를 영의 어머니로 믿는 ○○교회 등 여러 교회에서 같은 종파에 속하는 여러 교인들이 모인 자리에서, A가 신도들과 함께 점심식사로 국수를 먹은 직후 지병인 뇌출혈이 발병하여 병원으로 이송되어 다음날 병원에서 사망하였고 B는 A의 첩이나 넷째 부인이 아님에도 불구하고, "A는 식당에서 냉면을 먹다가 갑자기 쓰러져 병원으로 옮겼으나 중풍으로 죽었다"고 말하고, "B는 A의 첩이나 넷째 부인이다"는 취지의 말을 하여 성도단체의 명예를 훼손하였다.

〈대법원 판결요지〉

적시된 사실이 허위의 사실인지 여부를 판단함에 있어서는 적시된 사실의 내용 전체의 취지를 살펴보아야 하고, 중요한 부분이 객관적 사실과 합치되는 경우에는 그 세부에 있어서 진실과 약간 차이가 나거나 다소 과장된 표현이 있다고 하더라도 이를 허위의 사실이라고 볼 수 없고, 비록 허위의 사실을 적시하였더라도 사회 평균인의 입장에서 허위의 사실을 적시한 발언을 들었을 경우와 비교하여 오히려 진실한 사실을 듣는 경우에 피해자의 사회적 가치 내지 평가가 더 크게 침해될 것으로 예상되거나, 양자 사이에 별다른 차이가 없을 것이라고 보는 것이 합리적인 경우라면 허위사실 적시에 의한 명예훼손죄로 처벌할 수는 없다.

면과 국수는 사전적 의미에서 아무런 차이가 없으므로 냉면도 국수의 일종이라고 할 수 있고, 뇌출혈은 중풍(뇌졸중)의 원인이나 종류 중 하나로서 일반인들 사이에서는 모두 구분 없이 혼용되는 경우가 많으며, 질병으로 그 자리에서 곧바로 사망하였다는 사실과 병원으로 옮겨진 상태에서 다음날 사망하였다는 사실 사이에 허위사실 적시에 의한 명예훼손으로 처벌할 만큼 피해자의 사회적 가치 내지 평가의 침해 여부나 정도에 유의미한 차이가 발생한다고 할 수 없다. 그리고 피고인의 발언의 전체적인 취지는 A가 신이 아닌 인간으로서 평범하게 사망한 것을 표현하고 A를 신앙의 대상으로 삼는 것에 대해 의혹을 제기하고자 한 것으로, 이 부분 발언을 포함한 전체적인 내용은 이 사건 종교단체의 신앙의 대상이나 교리에 이단적인 요소가 있다는 것을 알리고, 신도들에게 객관적 정보를 제공하여 주의를 촉구하고 경각심을 일으켜 신도들을 보호하고 교리상의 혼란을 방지하기 위한 것으로 종교적 비판행위에 해당되는 점 등을 종합하면, 피고인의 발언에 다소 과장·왜곡되거나 부적절한 표현이 있더라도 결국 피고인이 적시한 사실은 중요한 부분에 있어서 진실에 합치하는 것으로 허위라고 할 수는 없다.

그러나 넷째부인이나 첩이라는 표현은 우리 사회의 일반 관념상 부도덕한 성적 관계를 암시하는 단어이므로, 공소외 1과 공소외 3이 위와 같은 부첩관계에 해당한다고 볼 만한 직접적인 증거가 없는 상황에서 피고인이 위와 같은 발언을 반복하는 것은, 정당한 비판의 범위를 벗어나 A와 B의 부정한 성적 관계를 암시함으로써 그들의 사회적 가치 내지 평가를 저하시키는 허위사실의 적시라고 보아야 할 것이다.

4) 사실적시의 방법에는 제한이 없다. 따라서 구두에 의하건 문서에 의하건, 직접적이든 간접적이든 묻지 않는다. 다만 신문, 잡지, 라디오 기타 출판물에 의하는 경우에는 출판물 등에 의한 명예훼손죄가 성립한다(제309조). 사람을 비방할 목적으로 정보통신망을 통하여 공공연하게 사실을 드러내어 다른 사람의 명예를 훼손하거나 사람을 비방할 목적으로 정보통신망을 통하여 공공연하게 거짓의 사실을 드러내어 다른 사람의 명예를 훼손한 자는 정통법위반죄(제70조 제1항, 제2항)로 처벌된다.

(4) 사람의 명예의 훼손

1) 명예훼손죄는 '사람'에 대하여 그 명예를 훼손함으로써 성립하므로 법인이나 단체 그 자체에 대해서는 성립할 수 없다고 보아야 한다. 불법행위로 인한 손해배상책임과 관련해서는 위법한 명예훼손행위로 인하여 '타인'에게 손해를 가할 것이 그 요건이므로, 명예훼손(불법행위)의 객체는 반드시 자연인에 한하지 않고 법인도 포함된다는데 이론이 없다(대법원 1963.11.30. 선고 65다1707 판결; 1988.6.14. 선고 87다카1450 판결; 1996.6.28. 선고 96다12696 판결; 1999.10.22. 선고 98다6381 판결 참조). 그러나 형법상 명예훼손죄는 '사람의 명예'를 훼손할 것을 요건으로 하고 있으므로 자연인뿐만 아니라 법인에 대해서도 명예훼손죄가 성립한다고 보는 것은 부당한 확장해석이라고 하지 않을 수 없다. 다만 형식적으로는 법인 등

의 단체를 지칭하였으나 실질적으로는 그 단체의 구성원을 지칭하는 것으로 이해할 수 있는 경우에는 그 단체를 구성하는 자연인의 명예를 훼손하는 행위로 평가할 수 있다.

2) 그리고 명예훼손죄는 '특정한' 사람에 대하여 그 명예를 훼손함으로써 성립하므로 그 피해자가 특정될 것을 요한다. 따라서 예컨대 "한국인에게는 상업도덕이 없다", "서울특별시민은 정치에 맹목자이다", "한국인은 공덕심이 없다", "경기도민은 신용이 어떠한 것인가도 모른다"는 말로는 누구의 명예를 훼손한 것인가를 명백하게 인지할 수 없으므로 명예훼손죄는 성립하지 않는다고 할 것이다(대법원 1960.11.16. 선고 4293형상244 판결).

3) 명예훼손죄가 성립하려면 반드시 사람의 성명을 명시하여 허위의 사실을 적시하여야만 하는 것은 아니므로 사람의 성명을 명시하지 않은 허위사실의 적시행위도 그 표현의 내용을 주위사정과 종합판단하여 그것이 어느 특정인을 지목하는 것인가를 알아차릴 수 있는 경우에는 그 특정인에 대한 명예훼손죄를 구성한다(☞ **[판례 Ⅰ-3]** 참조).

[판례 Ⅰ-3] 대법원 1989.11.14. 선고 89도1744 판결【출판물에의한명예훼손】

〈사실관계〉

피고인은 1988.2.10.경 월간지 국장 A로부터 복간호에 광주민주화운동 관련 화보를 특집으로 게재하게 되었으니 이에 관련된 자료사진을 제공하여 달라는 부탁을 받고, 1980.9.경부터 1981.12.24.경까지 특전사령부에 근무할 당시에 입수하여 소지하고 있던 '1969.6.16. 경 흑산도 대간첩작전에 참가한 피해자 등이 작전종료 후 사살한 무장공비 및 노획물을 모아놓고 그 앞에서 기념촬영한 사진 1매'를 광주민주화운동 당시 자신이 직접 특전사령부 요원으로 광주현장에서 촬영한 것이라고 설명하면서 A에게 교부하였는데, 그 사진이 월간지에 광주민주화운동 관련화보의 일부로 게재되어 마치 위 피해자들이 1980.5. 광주민주화운동 당시 공수부대원으로 광주에 출동하여 광주시민을 사살하고 사살된 시민들의 앞에서 기념촬영을 한 것처럼 보이게 되었다.

〈판결요지〉

출판물등에의한명예훼손죄가 성립하려면 적시된 허위사실에 의하여 명예를 훼손당하게 될 피해자가 특정되어야 하나, 사람의 성명 등이 명시되지 아니하여 게재된 기사나 영상자체만으로는 피해자를 인식하기 어렵게 되어 있다고 하더라도 그 표현의 내용을 주위사정과 종합해보면 기사나 영상이 나타내는 피해자가 누구인가를 알 수 있고 또 그 사실을 아는 사람이 다수인 경우에는 위 법조를 적용함에 있어서 피해자가 특정되어 있다고 보아야 한다.

비록 위 잡지에 게재된 사진을 일반독자들이 본다면 사진에 나와 있는 공수대원들이 피해자들이라는 것을 인식할 가능성은 희박하지만 한편 이 사건 사진이 1969년도에 언론매체에 의하여 보도되었을 뿐만 아니라 특전사 전시관 등에 전시되어 있었기 때문에 과거에 이 사건 사진을 본적이 있었던 사람 및 피해자들을 평소 잘 알고 있었던 사람들은 게재된 사진을 본다면 그 속의 공수대원들이 피해자들이라는 것을 인식할 수 있으므로 불특정 또는 다수인에게 있어서 게재된 사진에 의하여 피해자들은 특정되었다고 할 것이다.

〈참조판례〉

○ 대법원 1982.11.9. 선고 82도1256 판결【명예훼손등】

신씨종중의 재산관리위원장이던 피해자와 피고인 사이에 종중재산의 관리에 관한 다툼이 있어 왔고 부락민 80세대 중 50세대가 신씨종중원이었다면 "어떤 분자가 종중재산을 횡령 착복하였다"는 피고인의 허위사실 방송을 청취한 부락민 중 적어도 신씨종중원들로서는 그 어떤 분자라는 것이 바로 피해자를 지목하는 것이라는 것쯤은 알아차릴 수 있는 상황이었다면 피해자에 대한 명예훼손죄가 성립한다.

○ 대법원 2005.6.10. 선고 2005도2316 판결【출판물에의한명예훼손등】

신문기사에 피해자의 성명 등이 명시되지 않았으나 '교육감 출마예상자', '모 상업계 교장' 등의 표현을 주위사정과 종합해 보면 그 기사내용의 당사자가 피해자임을 특정할 수 있고, 그 지역 교육계에 종사하는 많은 사람들도 위 기사내용의 당사자가 피해자임을 알 수 있다면 출판물등에의한명예훼손죄가 성립한다.

○ 의정부지법 2014.10.23. 선고 2014고정1619 판결【정통법위반(명예훼손)】

피해자의 인터넷 아이디(ID)만을 알 수 있을 뿐 그 밖의 주위사정을 종합해 보더라도 그와 같은 인터넷 아이디(ID)를 가진 사람이 누구인지를 알아차리기 어렵고 달리 이를 추지할 수 있을 만한 아무런 자료가 없는 경우에는, 외부적 명예를 보호법익으로 하는 명예훼손죄 또는 모욕죄의 피해자가 특정되었다고 볼 수 없으므로, 특정인에 대한 명예훼손죄가 성립하지 아니한다.

4) 그리고 명예훼손은 반드시 개별적으로 그 피해자를 지칭해야만 하는 것은 아니고 집단표시에 의해서도 가능하다. 적시된 사실이 그 집단에 속한 특정인에 관한 것이라고는 해석되기 힘들고 집단표시에 의한 비난이 개별구성원에 이르러서는 그 정도가 희석되어 구성원 개개인의 사회적 평가에 영향을 미칠 정도에 이르지 않는 것으로 평가되는 경우에는 구성원 개개인에 대한 명예훼손이 성립되지 않는다. 이에 대하여 적시된 사실이 구성원 개개인에 대한 것으로 여겨질 정도로 구성원 수가 적거나 당시의 주위 정황 등으로 보아 집단 내 개별구성원을 지칭하는 것으로 여겨질 수 있는 때에는 집단 내 구성원을 피해자로서하는 명예훼손죄가 성립한다고 보아야 한다(대법원 2006.5.12. 선고 2004다35199 판결).

○ 서울지법 2000.10.18. 선고 99가합95970 판결【손해배상(기)】

기무사 현역 장성은 모두 8명에 불과한데도 피고는 위 보도에서 '기무사 소속 현역 장성들'이라고 보도하였음을 알 수 있고, 시작 부분에서 기무사 소속 현역 장성들이 "대거 연루된 것으로 밝혀졌다"고 보도한 데 이어 A, B, C라는 이니셜을 사용하여 기무사 현역 장성 가운데 3~4명이 병무비리에 연루된 것으로 밝혀졌다고 보도하였는바, 원고들이 소속된 '기무사 현역 장성'이라는 집단의 소규모성, 직업과 직위를 특정하여 보도한 점 등을 종합하여 보면, 원고들이 생활하는 범위 내의 사람들 사이에서는 위 보도에서 지적한 병무비리에 관련된 사람들이 원고들일 수 있다고 추지하기에 충분하므로, 위 보도로 원고들 개개인의 명예가 모두 훼손되었다 할 것이다.

○ 대법원 2000.10.10. 선고 99도5407 판결【명예훼손】

피고인이 작성하여 배포한 보도자료에는 피해자의 이름을 직접적으로 적시하고 있지는 않으나, 3·19 동지회 소속 교사들이 학생들을 선동하여 무단하교를 하게 하였다고 적시하고 있고, 이 사건 고등학교의 교사는 총 66명으로서 그 중 약 37명이 3·19 동지회 소속 교사들이며, 위 학교의 학생이나 학부모, 교육청 관계자들은 3·19 동지회 소속 교사들이 누구인지 알고 있다면 3·19 동지회는 그 집단의 규모가 비교적 작고 그 구성원이 특정되어 있으므로 피고인이 3·19 동지회 소속 교사들에 대한 허위의 사실을 적시함으로써 3·19 동지회 소속 교사들 모두에 대한 명예가 훼손되었다고 할 것이고, 따라서 3.19 동지회 소속 교사인 피해자의 명예 역시 훼손되었다고 보아야 할 것이다.

○ 대법원 2003.9.2. 선고 2002다63558 판결【손해배상(기)】

피고 주식회사 문화방송은 1999.1.7. 21:00경 방송된 'MBC 뉴스데스크' 프로그램에서 이른바 '대전 이○○ 변호사 수임장부 폭로'를 처음 보도한 이래 같은 해 2. 7.경까지 매일 21:00경에 방송되는 같은 뉴스 프로그램을 통하여 세칭 '대전 이○○ 변호사 수임비리 사건' 보도와 관련하여 지속적이고 반복적으로 보도를 하였는데, 이 사건 방송은 직접적으로 '대전 지역 검사들'을 지칭하거나 이 사건 각 방송 이전에 이미 MBC 뉴스데스크 프로그램 등의 방송에서 사용된 '대전', '이○○ 변호사' 등의 표현과 '검사', '검찰', '검사들'이라는 표현과 함께 사용되어 간접적으로 '대전 지역 검사들'을 지칭하고 있고, '대전 지역 검사들'이라는 표시에 의한 명예훼손은 그 구성원 개개인에 대하여 방송하는 것으로 여겨질 정도로 구성원의 수가 적고(방송 시기에 가까운 1999.6.17. 무렵 전국의 검사 현 인원은 1,151명이었고, 대전지방검찰청 검사의 현 인원은 25명, 대전고등검찰청 검사의 현 인원은 6명이었다), 한 달 여에 걸친 집중적인 관련 방송 보도 등 당시의 주위 정황 등으로 보아 집단 내 개별구성원을 지칭하는 것으로 여겨질 수 있으므로, 이 사건 각 방송 당시 대전지방검찰청에 근무하고 있던 검사인 원고 1, 2와 이○○ 변호사가 변호사 업무를 수행하면서 문제된 수임장부를 작성한 시기로서 위 각 방송 무렵부터 10여 개월 전까지 대전지방검찰청에 근무하였던 검사인 원고 3, 4는 '대전 지역 검사들'이라는 표시에 의한 명예훼손의 피해자로 특정되었다고 볼 것이다.

○ 대법원 2006.5.12. 선고 2004다35199 판결【손해배상(기)등】

피고 주식회사 문화방송과 그 소속 프로듀서인 피고 2는 이 사건 방송(2001.3.25. 21:45경부터 같은 날 22:30경까지 사이에 방영된 시사매거진 2580)에서 ○○지방경찰청 기동수사대소속으로서 이 사건 소외 1 관련 수사의 담당 경찰관이던 원고 13의 성명이나 기동수사대 소속 경찰관들인 다른 원고들의 성명을 명시하지 아니하였고 원고 13의 인터뷰 장면만을 내보내면서 그 얼굴을 모자이크 처리하고 음성을 변조한 상태로 방송하였으나, 피고 2가 ○○지방경찰청 기동수사대로 들어가는 장면에서 '○○지방경찰청 기동수사대'라는 현판을 크게 비추었으며, 기동수사대를 지칭하는 의미로 '○○경찰'이라는 칭호를 3번이나 사용하였고, 이 사건 방송 마지막 부분에서 기동수사대 정문 현판을 다시 크게 보여주었고, 당시 ○○지방경찰청 경찰관들 중 기동수사대의 인원은 21명 정도에 불과하여 그 업무의 성격상 그 소속 경찰관 전원이 유기적으로 협력하여 조사를 하고 있었으며, 이 사건 방송이 일반 시청자에게 주는 전체적인 인상은 단지 담당 경찰관 개인이 편파적이고 강압적인 수사를 한 것이라기보다는 기동수사대 전체가 그러한 수사를 하였다는 취지로 보이는바, 위와 같은 사실들을 비롯하여 주위 사정을 종합하여 보면 기동수사대에서 위 사건을 수사할 당시 기동수사대에 근무하였던 경찰관들인 원고들은 이 사건 방송에서 사용한 '○○경찰' 또는 '(기관명 생략)지방경찰청 기동수사대'라는 표시에 의한 명예훼손의 피해자로 특정되었다고 볼 수 있다.

(5) 명예훼손의 고의

1) 명예훼손죄가 성립하기 위해서는 비방의 목적이 있을 것을 요하지는 않으며 공연히 사실을 적시하여 사람의 명예를 훼손한다는 데 대한 인식과 의사로 족하다(대법원 2000.6.9. 선고 99도5143 판결). 반드시 확정적 고의가 있어야 하는 것은 아니고 미필적 고의로도 족하며, 전파가능성을 이유로 명예훼손죄의 공연성을 인정하는 경우에는 전파가능성에 대한 인식과 그 위험을 용인하는 내심의 의사가 있으면 족하다(대법원 2008.10.23. 선고 2008도6515 판결). 甲이 A주식회사와 사이에 발생한 분쟁을 해결하려고 당시의 대표이사 B를 사기혐의로 고소하였으나 검찰에서 혐의없음 처분이 내려지자, 야당 국회의원들을 통하여 분쟁을 해결하고자 서울시 정무부시장 乙에게 허위 사실들을 적시하면서 그 분쟁 경위와 검찰의 사건처리과정 등을 설명하고 국회차원에서 A주식회사의 비리를 조사해 줄 것을 부탁하며 관련 자

료를 넘겨주었고, 이에 乙이 국회의원 丙에게 그 자료를 넘겨주었으며, 丙은 그와 같은 자료를 바탕으로 국회에서 A주식회사에 관하여 발표함으로써 甲이 적시한 허위 사실들이 언론에 보도하였다면, 甲으로서는 丙이 甲으로부터 전해 들은 허위 사실들을 야당 국회의원 등을 통하여 공론화함으로써 불특정 또는 다수인에게 전파될 가능성이 있었음을 인식하면서 이를 용인하고 있었음이 인정된다(대법원 2004.4.9. 선고 2004도340 판결).

2) 제307조 제2항의 명예훼손죄가 성립하기 위해서는 적시된 사실이 허위라는 점에 대한 인식이 있어야 한다(대법원 1991.3.27. 선고 91도156 판결). 적시된 사실이 허위의 사실이라고 하더라도 행위자에게 허위성에 대한 인식이 없는 경우에는 제307조 제2항의 명예훼손죄가 아니라 같은 조 제1항의 명예훼손죄가 성립한다(대법원 2017.4.26. 선고 2016도18024 판결).

○ **대법원 2007.7.13. 선고 2007도2879 판결【공직선거법위반】**

후보자가 선거인의 정확한 판단을 그르치게 할 수 있을 정도로 다른 후보자의 견해나 발언을 의도적으로 왜곡한 것이 아니라, 합리적으로 보아 가능한 범위 내에서 다른 후보자의 견해나 발언의 의미를 해석하고 이에 대하여 비판하거나 질의하는 행위는, 후보자의 주장이나 질의에 대하여 다른 후보자가 즉시 반론이나 답변을 통하여 자신의 입장을 밝힐 기회가 주어지는 합동토론회의 특성을 고려해 볼 때, 진실에 반하는 사실을 공표한다는 인식을 가지고 행하는 허위사실 적시행위로 평가할 수 없다고 보아야 한다. 이는 후보자가 자신의 주장을 내세우거나 상대방에게 질의하는 과정에서 한 표현이, 선거인의 정확한 판단을 그르칠 정도로 의도적으로 사실을 왜곡한 것이 아닌 이상, 일부 부정확 또는 다소 과장되었거나 다의적으로 해석될 여지가 있는 경우에도 마찬가지이다.

○ **대법원 2010.10.28. 선고 2010도2877 판결【명예훼손】**

허위사실적시 명예훼손이든, 사실적시 명예훼손이든 명예훼손죄가 성립하기 위해서는 주관적 요소로서 타인의 명예를 훼손한다고 하는 고의를 가지고 사람의 사회적 평가를 저하시키는 데 충분한 구체적 사실을 적시하는 행위를 할 것이 요구되는바, 명예훼손 사실을 발설한 것이 정말이냐는 질문에 대답하는 과정에서 타인의 명예를 훼손하는 사실을 발설하게 된 것이라면, 그 발설내용과 동기에 비추어 명예훼손의 범의를 인정할 수 없다.

2. 출판물 · 라디오에의한명예훼손죄(제309조)

1) 비방의 목적으로 신문, 잡지, 라디오 기타 출판물에 의해 명예를 훼손한 경우 성립하는 범죄로 3년 이하의 징역이나 금고 또는 700만원 이하의 벌금에 처한다(제309조 제1항). 공연히 허위의사실을 적시하여 사람의 명예를 훼손한 때에는 7년 이하의 징역, 10년 이하의 자격정지 또는 1천5백만원 이하의 벌금에 처한다(같은 조 제2항). 본죄의 피해자의 명시한 의사에 반하여 공소를 제기할 수 없는 반의사불벌죄이다(제312조 제2항).

2) 출판물 등에 의한 명예훼손행위를 일반 명예훼손행위보다 무겁게 처벌하는 이유는 비방의 목적을 가진 데다, 사실적시의 방법으로서의 출판물 등의 이용이 그 성질상 다수인이 견문할 수 있는 높은

전파성과 신뢰성 및 장기간의 보존가능성 등 피해자에 대한 법익침해의 정도가 더욱 크다는 데 있는 점에 있다(대법원 2000.2.11. 선고 99도3048 판결).

(1) 비방의 목적

1) 명예훼손죄의 고의는 반드시 의도적일 필요가 없고 미필적으로도 충분하다. 그러나 본죄는 명예훼손의 의도적 고의, 즉 비방의 목적이 있어야만 성립할 수 있으므로 비방할 목적이 없이(단순히 명예훼손의 미필적 고의만 가지고) 출판물 등에 의해 명예를 훼손하는 때에는 본죄가 아니라 단순명예훼손죄(제307조)가 성립할 따름이다.

2) 타인을 비방할 목적으로 허위사실인 기사의 재료를 신문기자에게 제공한 경우에 기사를 신문지상에 게재하느냐의 여부는 신문 편집인의 권한에 속한다고 할 것이나, 이를 편집인이 신문지상에 게재한 이상 기사의 게재는 기사 재료를 제공한 자의 행위에 기인한 것이므로 기사 재료의 제공행위는 출판물에의한명예훼손의 죄책을 면할 수 없다(대법원 2004.5.14. 선고 2003도5370 판결).

○ **대법원 2002.8.23. 선고 2000도329 판결【출판물에의한명예훼손】**

감사원에 근무하는 감사주사가, 감사사항에 대한 감사가 종료된 후 감사반원들의 토론을 거쳐 감사지적사항으로 선정하지 않기로 하여 감사가 종결된 것임에도, 일일감사상황보고서의 일부를 변조하여 제시하면서 자신의 상사인 감사원 국장이 고위층의 압력을 받고 감사기간 중 자신이 감사를 진행 중인 사항에 대한 감사활동을 중단시켰다고 기자회견을 한 경우, 그 적시사실의 허위성에 대한 인식은 물론 상사에 대한 비방의 목적도 있었다고 보아야 한다.

○ **대법원 2006.9.28. 선고 2004도6371 판결【출판물에의한명예훼손】**

피고인이 자신이 발행인으로 있는 월간잡지에 게재한 글에서 자신과 상표권침해 등의 문제로 민형사상 분쟁의 상대방이 된 피해자에 대하여 인격적인 비난을 가하는 용어를 사용하여 주로 그들을 비방한 사실과 이로 인한 피해자의 명예훼손 정도를 참작하여 보면, 피고인이 위 글을 게재함에 있어 피해자를 비방할 목적이 인정된다.

○ **대법원 2007.7.13. 선고 2006도6322 판결【출판물에의한명예훼손】**

피고인이 ○○대학교 정상화추진위원회 공동대표 겸 ○○대학교 전직 총장의 자격으로 일간신문에 신문광고를 게재하였는데, 관계 법령에서 학교 기본재산의 매각을 금지하고 있고 더욱이 ○○대학교의 기본재산은 설립자가 각고의 노력으로 마련하여 유지해 온 것임에도 불구하고, 신문광고 중에 학교법인 ○○대학교 이사장인 피해자가 위 대학교의 기본재산을 탈법적으로 매각하고 지방자치단체에 기부한 사실을 숨기면서 오히려 주상복합아파트(스타시티)의 건설을 통하여 개발을 하고 있다고 홍보함으로써 해교행위를 하고 있다는 등 객관적으로 피해자의 사회적 평가를 저하시키는 내용이 포함되어 있다면, 이러한 신문광고의 내용은 단순한 의견의 표명이 아니라 구체적으로 사실을 적시한 것에 해당하고 그 적시된 사실은 객관적 사실에 배치되는 것으로서 허위이며, 피고인에게는 피해자를 비방할 목적이 있었다고 보아야 한다.

3) 다만 사람을 비방할 목적은 주관적 의도의 방향에 있어 공공의 이익을 위한 것과는 서로 상반되는 관계에 있으므로, 적시한 사실이 공공의 이익을 위한 것인 때에는 특별한 사정이 없는 한 비방의 목적이 부인된다고 보는 것이 상당하다(☞ **[판례 Ⅰ-4]** 참조).

[판례 Ⅰ-4] 대법원 2005.4.29. 선고 2003도2137 판결【명예훼손, 출판물에의한명예훼손】

〈공소사실〉

사단법인 한국여성의전화 대구지부의 공동대표인 피고인들이 대구여성의 전화 인터넷 홈페이지의 여성인권란에 "○○대학 ○○학과 ○○○ 교수에 의한 제자 성추행사건 - 성명서"라는 제목 하에 "2000년 7월 ○○○ 교수가 같은 학과 여학생을 성추행한 사건이 발생하였다. 가해자 ○○○ 교수는 같은 학과 여학생 A에게 지속적으로 전화와 이메일 등으로 성희롱을 일삼았으며, 여름방학 중 과외를 해주겠다고 자신의 연구실로 불러 강제로 껴안고 자신의 성기를 만지게 하려하고 키스를 하려고 할 때 거부하는 피해자에게 완력으로 강제로 얼굴과 목 등에 키스를 하였다. 또한 소파에 강제로 눕히는 등의 행동을 하여 놀라 비명을 지르며 나오는 피해자를 위협하였다. ○○○ 교수는 자신의 잘못을 시인하기는커녕 이 사실을 전면 부인하다가 일부의 사실만을 인정하며 피해자 A양이 자신을 유혹하여 합의가 이뤄진 애정행각이었다는 허위사실을 유포하고 있다"라는 취지의 글을 게재함으로써 공연히 사실을 적시하여 피해자의 명예를 훼손하였다. 그리고 피해자를 비방할 목적으로 공동대표인 피고인들 발행의 소식지 대구여성의 전화 45호의 인권소식란에 "○○대학 ○○학과 ○○○ 교수에 의한 제자 성추행사건"이라는 제목 하에 위와 같은 내용을 포함한 글을 게재한 다음 위 소식지 1,500권을 제작하여 대구여성의 전화 성명불상의 회원, 여성의 전화 각 지부 및 대구지역 시민단체 등에 배포하여 출판물에 의하여 공연히 사실을 적시하여 피해자의 명예를 훼손하였다.

〈판결요지〉

출판물에의한명예훼손죄는 타인을 비방할 목적으로 신문, 잡지 또는 라디오 기타 출판물에 의하여 사실을 적시하여 타인의 명예를 훼손할 경우에 성립되는 범죄로서, 여기서 '비방할 목적'이란 가해의 의사 내지 목적을 요하는 것으로서 공공의 이익을 위한 것과는 행위자의 주관적 의도의 방향에 있어 서로 상반되는 관계에 있다고 할 것이므로, 적시한 사실이 공공의 이익에 관한 것인 경우에는 특별한 사정이 없는 한 비방할 목적은 부인된다고 봄이 상당하다.

이 사건의 경우 기록에 의하면, 여기서 문제가 되는 명예훼손적 표현은 국립대학교의 교수가 자신의 연구실 내에서 제자인 여학생을 성추행을 하였다는 내용으로서 공인의 공적 활동과 밀접한 관련이 있는 내용인 사실, 이와 같이 학내에서 발생한 성폭력 문제는 국민이 알아야 할 공공성, 사회성을 갖춘 공적 관심사안으로서 사회의 여론형성에 기여하는 측면이 강하고 순수한 사적인 영역에 속하는 것이라 할 수 없으며, 특히 피고인들은 성폭력 및 가정폭력으로부터 여성을 보호하는 것을 설립 목적으로 하는 지역 민간단체의 대표들로서 사건 발생 이후 피해 여학생 등과의 상담을 거쳐 사건 내용을 파악하고 ○○대학 학생회 그리고 지역 여성단체들과 함께 비상대책위원회를 구성하여 수사기관과 학교 당국을 상대로 철저한 진상조사와 처벌 그리고 학내 성폭력의 근절을 위한 대책 마련을 촉구하는 활동을 벌이던 중 자신들의 활동내용을 알려 이를 지지하는 여론을 형성하기 위하여 자신들의 홈페이지의 인권란 또는 소식지의 인권소식란에 그 주장 내용을 담은 성명서를 옮겨 담거나 요약하여 게재하였을 뿐이고 위 피해자와 사이에 어떠한 개인적인 감정도 존재하지 아니하였던 사실, 피해자는 스스로 강제추행을 저질러 위와 같은 명예훼손적 표현의 위험을 자초한 사실, 그리고 그 표현 자체에 있어서도 피해자를 비하하는 등의 모욕적인 표현은 전혀 없고 객관적인 진실과 함께 자신들의 요구사항을 적시하고 있을 뿐인 사실을 알아 볼 수 있는바, 이러한 피해자의 지위, 적시사실의 내용 및 성격, 표현의 방법, 동기 및 경위 등 제반 사정을 종합하여 볼 때 비록 성범죄에 관한 내용이어서 명예의 훼손정도가 심각하다는 점까지를 감안한다 할지라도 인터넷 홈페이지 또는 소식지에 위와 같은 내용을 게재한 행위는 학내 성폭력 사건의 철저한 진상조사와 처벌 그리고 학내 성폭력의 근절을 위한 대책마련을 촉구하기 위한 목적으로 공공의 이익을 위하여 한 것으로 봄이 상당하고, 달리 비방의 목적이 있다고 단정할 수는 없다.

〈참조판례〉

○ 대법원 2006.10.13. 선고 2005도3112 판결【정통법위반(명예훼손)】

피고인이 작성한 기사는 시의회의원인 고소인이 시의회의 조례 개정안 심의와 관련하여 시청공무원인 여성복지과장의 설명이 부적절하다는 등의 이유로 공공장소인 시청 복지국장실에서 질책하는 과정에서 욕설 등 폭언을 하였다는 것으로 공직자의 공적 활동과 밀접한 관련이 있는 사안에 대한 것이고, 고소인이 공공장소에서 시청공무원에게 욕설 등 폭언을 한 것이 원인이 되어 이루어진 것이어서 고소인 스스로 명예훼손적 표현의 위험을 유발하였다고 볼 수 있을 뿐 아니라, 기사의 내용도 모두 사실을 그대로 적시한 것으로, 달리 피고인이 고소인에 대하여 개인적인 감정이 있는 등 고소인을 비방할 만한 동기도 찾아볼 수 없다. 그렇다면 공직자의 공적 활동과 밀접한 관련이 있는 사안에 관하여 진실을 공표한 기사를 작성한 피고인의 행위는 특별한 사정이 없는 한 공공의 이익에 관한 것으로 보아야 할 것이므로 피고인에게 고소인을 비방할 목적이 있었다고 인정하기는 어렵다.

○ **대법원 2009.5.28. 선고 2008도8812 판결【정통법위반(명예훼손)】**

피해자 공소외인이 운영하는 '○○'성형외과에서 턱부위 고주파시술을 받았다가 그 결과에 불만을 품은 피고인이 인터넷 포털사이트 네이버의 지식검색 질문·답변 게시판에 2007. 5. 2. 10:22경 "아… 공소외인씨가 가슴전문이라… 눈이랑 턱은 그렇게 망쳐놨구나… 몰랐네…"라는 글을, 같은 날 10:27경 "내 눈은 지방제거를 잘못 했다고… 모양도 이상하다고 다른 병원에서 그러던데… 인생 망쳤음… ㅠ.ㅠ"이라는 글을 각 게시한 사실을 인정한 다음, 위 각 표현물이 '피고인이 피해자로부터 눈, 턱을 수술 받았으나 수술 후 결과가 좋지 못하다', '피고인이 피해자 운영의 ○○성형외과에서 눈 수술을 받았으나 지방제거를 잘못하여 모양이 이상해졌고, 다른 병원에서도 모두 이를 인정한다'라는 글을 게시한 것은 피해자의 명예를 훼손할 만한 구체적인 사실을 적시한 것이라고 할 것이나, 그 표현방법에 있어서 인터넷 사용자들의 의사결정에 도움을 주는 범위를 벗어나 인신공격에 이르는 등 과도하게 피해자의 명예를 훼손한 것이라고 보기는 어렵고 전체적으로 보아 피해자로부터 성형시술을 받을 것을 고려하고 있는 다수의 인터넷 사용자들의 의사결정에 도움이 되는 정보 및 의견의 제공이라는 공공의 이익에 관한 것이라고 볼 수 있는바, 이와 같이 피고인의 주요한 동기 내지 목적이 공공의 이익을 위한 것이라면 부수적으로 다른 목적이나 동기가 내포되어 있더라도 그러한 사정만으로 피고인에게 비방할 목적이 있었다고 보기는 어렵다.

(2) 신문, 잡지, 라디오 기타 출판물을 통한 사실의 적시

1) 출판물에 의한 명예훼손죄의 수단은 '신문, 잡지, 라디오 기타 출판물'에 제한되고 텔레비전, 유선방송, 인터넷, SNS 등을 통해 명예를 훼손한 경우는 본죄에 해당하지 않는다. 그리고 기타 출판물이란 등록·출판된 제본 인쇄물이나 제작물은 아니라고 할지라도 적어도 그와 같은 정도의 효용과 기능을 가지고 사실상 출판물로 유통·통용될 수 있는 외관을 가진 인쇄물로 볼 수 있는 것을 말한다. 따라서 가로 약 25cm, 세로 약 30cm되는 모조지 위에 사인펜으로 특정인의 인적사항, 인상, 말씨 등을 기재하고 위 사람은 정신분열증 환자로서 무단가출하였으니 연락해 달라는 취지의 내용을 기재한 광고문(대법원 1986.3.25. 선고 85도1143 판결), 장수가 2장에 불과하고 제본방법도 조잡한 최고서 사본(대법원 1997.8.26. 선고 97도133 판결), 가로 25cm 세로 35cm 정도의 일정한 제호(題號)가 표시되지도 않은 낱장의 종이에 단지 단편적으로 자신의 주장을 광고하는 문안이 인쇄되어 있는 것에 불과한 인쇄물(대법원 1998.10.9. 선고 97도158 판결)이나 컴퓨터워드프로세서로 작성되어 프린트된 A4용지 7쪽 분량의 인쇄물(대법원 2000.2.11. 선고 99도3048 판결)은 출판물에 해당하지 않는다.

2) 한편 인터넷 등 정보통신망(전기통신설비를 이용하거나 전기통신설비와 컴퓨터 및 컴퓨터의 이용기술을 활용하여 정보를 수집·가공·저장·검색·송신 또는 수신하는 정보통신체제)을 통하여 공공연하게 사실을

드러내어 다른 사람의 명예를 훼손하는 행위는 정통법위반(명예훼손)죄로 처벌된다.

3) 본죄는 간접정범에 의하여 범하여질 수도 있으므로 타인을 비방할 목적으로 허위의 기사 재료를 그 정을 모르는 기자에게 제공하여 신문 등에 보도되게 한 경우에는 출판물에의한명예훼손죄로 처벌된다. 그러나 제보자가 기사의 취재·작성과 직접적인 연관이 없는 자(피제보자)에게 허위의 사실을 알렸을 뿐인 경우에는 제보자가 피제보자에게 그 사실이 기사화 되도록 특별히 부탁하였다거나 피제보자가 이를 기사화 할 것이 고도로 예상되는 등의 특별한 사정이 없는 한, 피제보자가 언론에 공개하거나 기자들에게 취재됨으로써 그 사실이 신문에 게재되어 일반 공중에게 배포되더라도 제보자에게 출판·배포된 기사에 관하여 출판물에의한명예훼손의 죄책을 물을 수 없다(대법원 2002.6.28. 선고 2000도3045 판결).

4) 본죄가 성립하기 위해서는 출판물 등에 '사실을 적시하여' 명예를 훼손한다는데 대한 고의가 있어야 한다. 허위사실적시 명예훼손죄(제309조 제2항)가 성립하려면 그 적시하는 사실이 허위이어야 할 뿐 아니라 범인이 그와 같은 사실이 허위라고 인식을 하여야만 되고, 만일 범인이 그와 같은 사실이 허위라는 인식을 하지 못하였다면 사실적시 명예훼손죄(같은 조 제1항)로 벌하는 것은 별론으로 하고 허위사실적시 명예훼손죄(같은 조 제2항)로는 처벌할 수 없다(대법원 1994.10.28. 선고 94도2186 판결).

(3) 사람의 명예의 훼손

1) 본죄가 성립하기 위해서는 사람의 명예가 훼손될 것을 요한다. 일반적으로 사람의 명예가 현실적으로 훼손될 것까지 요하지는 않고 사람의 명예가 훼손될 위험이 발생하는 것으로 족하다고 설명되고 있다.* 그러나 명예의 훼손이 범죄의 성립요소로 명시되어 있는 한 이러한 해석은 피고인에게 불리한 해석으로 죄형법정주의에 반한다고 본다. 어떤 경우에 사람의 명예가 훼손되었다고 인정할 수 있는가라는 사실판단의 문제를 법문언에 반하는 해석론으로 해결하려 해서는 안 될 것이다.

2) 본죄는 주로 언론보도와 관련하여 문제되는데, 언론보도의 내용이 사적인 영역에 관한 것인 경우에는 언론의 자유보다 명예의 보호가 우선할 수 있으나, 공공적·사회적 영역에 관한 것인 경우에는 언론의 자유에 대한 제한이 완화되어야 한다. 특히 정부 또는 국가기관의 정책결정이나 업무수행과 관련된 사안은 항상 국민의 감시와 비판의 대상이 되어야 하고, 이러한 감시와 비판은 이를 주요 임무로 하는 언론보도의 자유가 충분히 보장될 때 비로소 정상적으로 수행될 수 있다. 그리고 정부 또는 국가기관은 명예훼손죄의 피해자가 될 수 없으므로, 정부 또는 국가기관의 정책결정 또는 업무수행과 관련

* 이러한 해석은 독일형법이론의 영향을 받은 것으로 보인다. 독일형법 제186조(명예훼손)는 "타인을 경멸하거나 그의 명예를 훼손시키기에 적합한 사실을 주장하거나 유포한 자는 그 사실이 진실함이 증명되지 않는 한 1년 이하의 자유형 또는 벌금형에 처하고, 그 행위가 공공연하게 또는 문서의 배포를 통해 행해진 때에는 2년 이하의 자유형 또는 벌금형에 처한다."고 규정하고 있다. 독일에서는 이와 같은 법문언에 기초하여 타인의 명예를 훼손시킬 우려가 있는 사실을 주장 또는 유포함으로써 명예훼손죄가 성립한다고 해석되고 있다.

된 사항을 주된 내용으로 하는 언론보도로 인하여 그 정책결정이나 업무수행에 관여한 공직자에 대한 사회적 평가가 다소 저하될 수 있더라도, 그 보도의 내용이 공직자 개인에 대한 악의적이거나 심히 경솔한 공격으로서 현저히 상당성을 잃은 것으로 평가되지 않는 한, 그 보도로 인하여 곧바로 공직자 개인에 대한 명예훼손이 된다고 할 수 없다(☞ **[판례 Ⅰ-5]** 참조).

[판례 Ⅰ-5] 대법원 2011.9.2. 선고 2010도17237 판결【명예훼손】

〈공소사실〉

피고인들은 공소외 1과 공모하여, 2008.4.29. 23:00경부터 24:00경까지 주식회사 문화방송(MBC)의 'PD수첩' 방송을 통하여 2008.4.11.부터 2008.4.18.까지 개최된 '미국산 쇠고기 수입을 위한 제2차 한미 전문가 기술협의'의 대표인 피해자 공소외 2와 협상의 주무부처 장관이었던 피해자 공소외 3에 대하여 아래의 ①항 내지 ③항과 같은 허위의 사실을 공연히 적시하여 공직자들인 피해자들의 자질 및 공직수행 자세를 비하함으로써 피해자들의 명예를 훼손하였다.

① 미국의 소 도축시스템에 문제가 있어 광우병[소 해면상 뇌증(bovine spongiform encephalopathy 또는 BSE)]에 걸렸거나 걸렸을 가능성이 매우 큰 주저앉은 소[이른바 '다우너 소'(downer cow)]가 도축·유통되고 있고, 아레사 빈슨이 인간광우병[변종 크로이츠펠트 야콥병(variant Creutzfeldt Jakob Disease 또는 vCJD)]에 걸려 사망하였거나 사망 전 오로지 인간광우병 의심 진단만을 받았기 때문에 인간광우병에 걸려 사망하였을 가능성이 매우 크다.

② 미국산 쇠고기는 위 ①항과 같은 사정 때문에 광우병 위험성이 매우 높음에도 이 사건 쇠고기 수입 협상의 대표 등인 피해자들이 미국의 소 도축시스템에 대한 실태를 보지 않아 광우병 위험성을 몰랐거나 알면서도 은폐·축소하였다.

③ 우리 국민은 광우병 쇠고기를 섭취할 경우 인간광우병에 걸릴 확률이 약 94%인 실정인데 피해자들이 졸속으로 협상을 체결한 결과, 30개월 미만 미국산 쇠고기의 경우 광우병 원인 물질인 특정위험물질(specified risk material 또는 SRM)이 5가지 부위나 수입되어 우리 국민을 인간광우병에 걸릴 위험에 빠뜨림으로써 피해자들은 친일 매국노처럼 역사에 부끄러운 짓을 하였다.

〈판결요지〉

이 부분 방송보도는 그 내용 중 '본 적이 있는지'와 같이 사실적 주장으로 볼 여지가 있는 표현을 사용하기도 하였으나, 그 대상을 미국의 특정 도축장과 같은 구체적인 장소가 아니라 추상적인 '미국 도축시스템의 실태'로 삼고 있을 뿐만 아니라 곧이어 '보려는 노력을 했는지 그것도 의문입니다'라는 다의적이고 막연한 표현을 사용하여 우리 정부의 자세를 비판하고 있을 뿐이고, … 이 부분 방송보도와 관련된 이 사건 방송 부분의 전체적 구성, 사용된 어휘 및 표현 방식, 전후 문맥 등을 종합적으로 고려하면, 이 부분 방송보도는 우리 정부가 미국 도축시스템의 실태 중 아무 것도 본 적이 없다는 구체적 사실을 적시한 것이 아니라, 우리 정부가 이 사건 미국산 쇠고기 수입위생조건 협상에 필요한 만큼 미국 도축시스템의 실태를 제대로 알지 못하였다는 피고의 주관적 평가를 내린 것이라고 봄이 상당하다.

언론보도로 인한 명예훼손이 문제되는 경우에 그 보도로 인한 피해자가 공적인 존재인지 사적인 존재인지, … 그 보도가 객관적으로 국민이 알아야 할 공공성, 사회성을 갖춘 사안에 관한 것으로 여론형성이나 공개토론에 기여하는 것인지 아닌지 등을 따져보아야 하는데, 당해 표현이 사적인 영역에 속하는 사안에 관한 것인 경우에는 언론의 자유보다 명예의 보호라는 인격권이 우선할 수 있으나, 공공적·사회적인 의미를 가진 사안에 관한 것인 경우에는 그 평가를 달리하여야 하고 언론의 자유에 대한 제한이 완화되어야 한다. 특히 정부 또는 국가기관의 정책결정이나 업무수행과 관련된 사항은 항상 국민의 감시와 비판의 대상이 되어야 하는 것이고, … 정부 또는 국가기관의 정책결정 또는 업무수행과 관련된 사항을 주된 내용으로 하는 언론보도로 인하여 그 정책결정이나 업무수행에 관여한 공직자에 대한 사회적 평가가 다소 저하될 수 있다고 하더라도, 그 보도의 내용이 공직자 개인에 대한 악의적이거나 심히 경솔한 공격으로서 현저히 상당성을 잃은 것으로 평가되지 않는 한, 그 보도로 인하여 곧바로 공직자 개인에 대한 명예훼손이 된다고 할 수 없다.

사건 방송의 전체적인 취지와 내용이 미국산 쇠고기의 식품 안전성 문제 및 이 사건 쇠고기 수입 협상의 문제점을 지적하면서 대한민국 정부가 충분한 시간을 들여 검토를 거치지 않고 서둘러 협상을 체결한 잘못이 있다는 취지로 정부를 비판하는 것[으로], 이와 같이 이 사건 방송보도가 국민의 먹을거리와 이에 대한 정부 정책에 관한 여론형성이나 공개토론에 이바지할 수 있는 공공성 및 사회성을 지닌 사안을 그 대상으로 하고 있는 점을 고려하면, 이 사건 방송보도로 인한 명예훼손죄의 성립 여부를 심사함에 있어서는 사적인 영역의 사안에 대한 것과는 심사기준을 달리하여야 한다. 나아가 허위사실의 적시로 인정되는 방송보도 내용은 미국산 쇠고기의 광우병 위험성에 관한 것으로서 공직자인 피해자들의 명예와 직접적인 연관을 갖는 것이 아닐 뿐만 아니라 피해자들에 대한 악의적이거나 현저히 상당성을 잃은 공격으로 볼 수 없[으므로], 이러한 사정에 비추어 피고인들에게 피해자들 개인의 명예를 훼손한다는 점에 대한 인식이 있었다고 인정하기 어렵다.

3. 위법성조각 (제310조)

(1) 입법취지

제307조 제1항의 행위가 진실한 사실로서 오로지 공공의 이익에 관한 때에는 처벌되지 않는다(제310조). 이 규정은 사실의 적시에 의해 타인의 명예를 훼손한 경우라도 그것이 진실한 사실로서 공공의 이익을 위한 것인 때에는 처벌하지 않음으로써 명예의 보호와 언론·출판의 자유의 조화를 도모하는데 그 입법취지가 있다. 판례는 적시된 사실이 진실하다는 점과 공공의 이익을 위한 것이라는 점에 대한 입증책임은 피고인이 진다는 입장을 취하고 있으나(대법원 1996.10.25. 선고 95도1473 판결; 대법원 1999.4.27. 선고 98다16203 판결), 우리나라 형법은 일본형법*등 외국의 입법례와는 달리 위법성조각의 요건에 대해서만 규정하고 있을 뿐 거증책임에 관해서는 아무런 언급이 없으므로, 무죄추정원칙에 거증책임은 검사가 진다고 보는 것이 타당하다.

(2) 적용범위

1) 형법 제310조는 "형법 제307조 제1항의 행위가 진실한 사실로서 오로지 공공의 이익에 관한 때"에 한하여 적용되므로, 허위사실을 적시하여 사람의 명예를 훼손하거나(제307조 제2항), 비방할 목적으로 출판물 등이나 정보통신망을 통하여 공공연하게 사실을 드러내어 다른 사람의 명예를 훼손하는 행위(형법 제308조, 정보통신망법 제70조)에 대해서는 적용되지 않는다. 다만 출판물 등이나 정보통신망에 의하여 사람의 명예를 훼손하는 경우에도 비방의 목적이 없는 때에는 형법 제307조가 적용되고, 나아가 적시될 사실이 진실하고 공공의 이익을 위한 때에는 제310조에 의해 위법성이 조각된다.

2) 특히 비방의 목적은 공공의 이익을 위한 것이라는 것과 상반되는 관계에 있으므로, 출판물 등이

* 일본형법 제230조의2 제1항은 "전조 제1항의 행위가 공공의 이해에 관한 사실에 관계되고 그 목적이 오로지 공익을 위하는데 있다고 인정되는 때에는 사실의 진부를 판단하여 진실이라는 증명이 있으면 벌하지 아니한다"고 규정하고 있다.

나 정보통신망을 통해 사실을 적시함에 있어 비방의 목적이 없다면(예컨대 피해자에 대한 사적 감정을 가지고 명예훼손의 의도를 가진 경우가 아니라면) 그로 인해 명예훼손의 결과가 초래되더라도 출판물에의한명예훼손죄가 아니라 단순명예훼손죄(제307조)만 성립할 따름이고, 나아가 그 적시된 사실이 진실하고 공공의 이익을 위한 때에는 제310조가 적용되어 위법성이 조각된다(☞ **[판례 Ⅰ-6]** 참조).

[판례 Ⅰ-6] 대법원 1998.10.9 선고 97도158 판결【출판물에의한명예훼손】

〈사실관계〉

피고인은 1995.6.15. 실시된 서울특별시 개인택시운송사업조합의 제12대 이사장 선거에 출마하여 경쟁 후보였던 피해자와 당선경쟁을 하면서 선거운동을 하던 중 아래와 같은 인쇄물을 제작하여 김포공항과 서울역 등의 택시승차대, 택시 가스충전소, 기사 식당 등지에서 투표권자인 조합원들을 상대로 수천부를 배포하였다. 이 사건 인쇄물은 가로 25㎝ 세로 35㎝ 정도 되는 일정한 제호(題號)가 표시되지 아니한 낱장의 종이에 이 사건 조합 이사장 선거에 관한 피고인의 단편적인 주장을 선전하는 문안이 인쇄되어 있는 것인데, 그 내용은 다음과 같다.

"… 또한 피해자 후보에게 공개 질의합니다. 도덕성 결여로 조합이 몸살을 앓고 있다는 데 대하여, 92년도 장○○ 이사장을 탄생시킨 주역이 과연 누구였습니까? 또한 사진표 비리로 인하여 불신임을 당하고 구속된 장○○ 전 이사장을 추종하였던 피해자 후보가 조합을 상대로 소송을 제기한 저의는 무엇입니까? … 합동유세는 물론 라디오 TV토론도 적극 찬성한다는 말과 인원동원 및 장소 비용을 부담하라는 말에 대하여, 본인은 이미 5월 24일 합동유세를 공개 제의하였는바, 피해자 후보는 2주일이 넘도록 함구로 일관하다가 선거일 3-4일을 남겨 놓고서야 가정 서신으로 반박한 저의는 조합원을 기만하고 우롱하는 행위가 아닙니까?"

〈판결요지〉

(1) 형법 제309조 제1항 소정의 '출판물'이라고 하기 위해서는 그것이 등록·출판된 제본 인쇄물이나 제작물은 아니라고 할지라도 적어도 그와 같은 정도의 효용과 기능을 가지고 사실상 출판물로 유통·통용될 수 있는 외관을 가진 인쇄물로 볼 수 있어야 한다. 피고인이 배포한 이 사건 인쇄물은 가로 25㎝ 세로 35㎝정도 되는 일정한 제호(題號)가 표시되었다고 볼 수 없는 낱장의 종이에 단지 단편적으로 피고인의 주장을 광고하는 문안이 인쇄되어 있는 것에 불과하고 등록된 간행물과 동일한 정도의 높은 전파성, 신뢰성, 보존가능성 등을 가지고 사실상 유통·통용될 수 있는 출판물이라고는 보기 어렵다 할 것이다.

(2) '사람을 비방할 목적'이란 가해의 의사 내지 목적을 요하는 것으로서 공공의 이익을 위한 것과는 행위자의 주관적 의도의 방향에 있어 서로 상반되는 관계에 있다고 할 것이므로, 적시한 사실이 공공의 이익에 관한 것인 경우에는 특별한 사정이 없는 한 비방 목적은 부인되고, 이와 같은 경우에는 형법 제307조 제1항 소정의 명예훼손죄의 성립 여부가 문제될 수 있으며, 이에 대하여는 다시 형법 제310조에 의한 위법성 조각 여부가 문제로 될 수 있다.

(3) 형법은 제310조에서 진실한 사실로서 오로지 공공의 이익에 관한 때에는 처벌하지 아니하다고 규정하고 있는바, 여기서 진실한 사실이란 그 내용 전체의 취지를 살펴볼 때 중요한 부분이 객관적 사실과 합치되는 사실이라는 의미로서 세부(細部)에 있어 진실과 약간 차이가 나거나 다소 과장된 표현이 있더라도 무방하다. 피고인이 조합원들에게 배포한 이 사건 인쇄물에서 적시한 사실은 '이 사건 조합의 전(前) 이사장이 대의원총회에서 불신임당하고 업무상의 비리로 인하여 구속된 사실', '피해자가 조합을 상대로 소송을 제기한 사실', '피해자가 전 이사장과 같은 친목회에 소속하여 있는 등 친밀한 관계를 유지하고 있었던 사실', '피고인이 합동유세를 공개 제의하였는데 피해자가 반응을 보이지 않다가 선거일에 임박해서야 반박한 사실' 등 그 중요한 부분이 객관적 사실과 합치하고, 그 문맥 중에 "탄생시킨 주역", "추종", "저의", "조합원을 기만하고 우롱하는 행위" 등의 다소 감정적이고 과격한 표현방법이 사용되었다 하여 그 적시한 사실이 전체적으로 보아 허위라고 보기 어렵다.

이 사건 조합의 제12대 이사장 선거에 있어서는 전(前) 이사장을 비롯한 조합 집행부의 업무상 비리 등의 문제가 큰 쟁점으로 되었는바, 여러 가지 사정을 고려하여 보면 피고인이 인쇄물에서 적시한 사실은 피해자의 조합활동상의 전력에 관한 사실로서 조합원 전체의 관심과 이익에 관한 사항으로 공공의 이익에 관한 것이고, 피고인의 주관적 동기도 상대방 후보자의 조합 이사장으로서의 자질과 전력에 관한 정보를 투표권자인 조합원들에게 제공한다는 측면에서 주로 공공의 이익을 위한 것이었다.

(4) 결국, 이 사건 공소사실은 적시 사실이 허위가 아닐 뿐만 아니라, 이 사건 인쇄물이 '기타 출판물'에 해당한다고 보기 어렵고 피고인에게 피해자를 '비방할 목적'도 있었다고 보기 어려우므로 형법 제309조 제2항이나 제1항 소정의 출판물에 의한 명예훼손죄에 해당하지 않는다 할 것이고, 나아가 이 사건 공소사실이 형법 제307조 제1항의 명예훼손죄에 해당한다고 하더라도 그것은 위에서 본 바와 같이 형법 제310조에 의하여 위법성이 조각된다.

(3) 적용요건

1) 제310조에 의해 위법성이 조각되기 위해서는 적시된 사실이 진실하여야 하고 오로지 공공의 이익에 관한 것이어야 한다.

2) '오로지 공공의 이익에 관한 때'라고 하기 위해서는 적시된 사실이 객관적으로 볼 때 공공의 이익에 관한 것으로서 행위자도 주관적으로 공공의 이익을 위하여 그 사실을 적시한 것이어야 한다. 공공의 이익에는 널리 국가·사회 기타 일반 다수인의 이익뿐만 아니라 특정한 사회집단이나 그 구성원 전체의 관심과 이익도 포함되고, 행위자의 주요한 동기 내지 목적이 공공의 이익을 위한 것이라면 부수적으로 다른 사익적 목적이나 동기가 내포되어 있더라도 무방하다(대법원 1999.6.8. 선고 99도1543 판결).

적시된 사실이 공공의 이익에 관한 것인지 여부는 당해 적시 사실의 내용과 성질, 당해 사실의 공표가 이루어진 상대방의 범위, 그 표현의 방법 등 그 표현 자체에 관한 제반 사정을 감안함과 동시에 그 표현에 의하여 훼손되거나 훼손될 수 있는 명예의 침해 정도 등을 비교·고려하여 결정하여야 한다.

▨ 공공의 이익을 위한 것으로 인정한 사례

○ **대법원 1989.2.14. 선고 88도899 판결【명예훼손】**

교회담임목사를 출교처분 한다는 취지의 교단산하 재판위원회의 판결문은 성질상 교회나 교단 소속신자들 사이에서는 당연히 전파, 고지될 수 있는 것이므로 판결문을 복사하여 예배를 보러 온 신도들에게 배포한 행위에 의하여 그 목사의 개인적인 명예가 훼손된다 하여도 그것은 진실한 사실로서 오로지 교단 또는 그 산하교회 소속신자들의 이익에 관한 때에 해당하거나 적어도 사회상규에 위배되지 아니하는 행위에 해당하여 위법성이 없다.

○ **대법원 1999.6.8. 선고 99도1543 판결【명예훼손】**

목사인 피고인들이 "존경하는 선배 목사님들과 목회자님들에게 호소합니다"라는 제목으로 "공소외 1이 …하는 등 목회자로서 입에 담지도 못할 언행을 하고, …하는 등 안하무인격의 불손한 태도를 보이는 등 비인격적이고 비윤리적인 행동에도 불구하고 목사안수가 되었다"는 내용을 담은 위 유인물을 약 1,000부 인쇄하여 기독교한국침례회 총회 본부를 비롯한 각 교단 교회 약 600여 곳에 각 1부씩 우편으로 발송하였는바, 피고인들의 이러한 행위는 지방회 시취위원들의 전횡을 한국침례회 총회에 대의원으로 참석하는 목회자들에게 널리 알려 이 사건 유인물에서 지적한 문제들을 한국침례회 교단 안에서 공론화함으로써 한국침례회 또는 지방회의 내부 질서를 바로잡는다는 공공의 이익을 위한 행위이고, 피고인들에 대한 징계처분을 면하기 위한 개인적인 동기가 함께 개재되어 있다 하더라도 이는 피고인들의 행위를 공공의 이익을 위한 행위라고 보는 데에 장애가 되지 않는다.

○ 대법원 2001.10.9. 선고 2001도3594 판결【출판물에의한명예훼손】

피고인들이 만들어 배포한 보도자료에서 적시하고 있는 중요한 사실은 시의원이 여교사를 아가씨라고 부르며 차를 달라고 한 것, 교감 책상에 앉아 있는 시의원에게 항의한 교사에게 일부 시의원이 고함을 지르는 등 무례한 행동을 한 것, 해운대교육구청이 시의원의 추궁을 받고 교사들에게 경위서를 제출하도록 한 것 등으로 모두 객관적 사실과 일치하고, 특히 보도자료의 내용과 같이 교사들에게 무례한 행동을 하고 해운대교육청에 그 교사들이 불친절하다고 항의하는 등 이 사건의 발단을 제공한 사람이 시의원이었고, 피고인들은 시의원들이 학교에서 교사들에게 무례한 행동을 한 것을 알리고 이에 대하여 항의함으로써 교사의 권익을 지킨다는 취지에서 위와 같이 보도자료를 만들어 배포하였는바, 그렇다면 피고인이 작성한 보도자료의 기재 내용은 '진실한 사실'이고, 피고인이 이를 배포한 것은 공공의 이익을 위한 것으로, 피고인들이 만들어 배포한 보도자료에 시의원들의 이름이 기재됨으로써 시의원들의 명예가 크게 훼손되었다고 하더라도, 피고인들의 행위는 형법 제310조에 의하여 위법성이 조각되어 범죄로 되지 아니한다.

○ 대법원 2005.7.15. 선고 2004도1388 판결【명예훼손】

아파트 동대표인 피고인은 자신에 대한 부정비리 의혹을 해명하기 위하여 그 의혹제기자가 명예훼손죄로 입건된 사실 등을 기재한 문서를 아파트 입주민들에게 배포하였으나, 문서에 기재된 내용이 대체로 객관적인 사실과 일치하고, 배포가 이루어진 상대방의 범위가 제한되며, 그 표현방법도 위 의혹제기자를 비방하는 표현이 없는 점 등 제반 사정에 비추어, 위 문서 배포행위가 오로지 공공의 이익을 위하여 진실한 사실을 적시한 경우로서 형법 제310조의 위법성조각사유에 해당한다.

○ 대법원 2008.7.10. 선고 2007도9885 판결【정통법위반】

검사의 공소사실의 요지는 "피고인 1은 ○○초등학교 기간제교사였던 자로서, 2003.3.20. 21:54경 피고인 2의 집에서, 그 곳 컴퓨터를 이용하여 ○○군청 인터넷 홈페이지 자유게시판에 '여교사라는 이유로 차 접대를 강요하는 현실(○○초 기간제 교사를 하면서)'이라는 제목으로, 피해자 서○○ 교장이 여성인 기간제교사에게 차 준비나 차 접대를 채용과 계약유지의 조건으로 내세우고 이를 거부하자 부당한 대우를 하여 사직하도록 하였다는 취지의 글을 게재함으로써 공연히 사실을 적시하여 피해자의 명예를 훼손하였다"는 데 있다.

이 사건 글이 독자들에게 망 서○○ 교장이 여성인 기간제교사에게 차 준비나 차 접대를 채용과 계약유지의 조건으로 내세우고 이를 거부하자 부당한 대우를 하여 사직하도록 하였다는 인상을 주고 있다는 이유로 망 서○○ 교장의 명예를 훼손한 사실은 인정되나, 다른 한편으로 여성 교원의 차 접대는 이 사건 발생 3년 전부터 교육부가 이를 금지하는 지침을 내렸고 여성부 역시 같은 입장을 밝혀왔던 점, 우리 교육현장에서의 남녀평등은 우리나라의 바람직한 장래를 위하여 매우 중요한 헌법적 가치라는 점, 이 사건 글이 게재된 이후 교육 관련 국가기관들이 사안을 조사하고 교사 업무분장의 잘못과 부적절한 교내 장학에 대하여 시정조치를 취하도록 한 점, 교육문제는 교육관련자들만의 문제가 아니라 그 학부모와 학생 등 국민들 전체, 지역사회 전체의 문제라는 점, 교육에서의 국민주권을 실현하기 위해 교육에 관해 더 넓고 많은 공간에서 정보가 공개되고 공론의 장이 마련될 필요가 있다는 점 등에 비추어 보면 이 사건 글의 주요한 동기 내지 목적은 공공의 이익에 관한 것이므로 위 피고인의 행위는 형법 제310조에 의하여 위법성이 조각되어 범죄로 되지 아니한다.

▨ 공공의 이익을 위한 것으로 인정하지 않은 사례

○ 대법원 1995.11.10. 선고 94도1942 판결【명예훼손】

피고인이 작성·발송한 청원서의 내용이 진실한 사실로서 시정되어야 할 연구소의 사정이 포함되어 있기는 하나 상대방을 비방하는 취지가 그 내용의 주조를 이루고 있는 점 등 그 표현의 방법 외에도 피고인이 위 청원서를 그의 주장을 심사할 수 있는 권한을 가진 사람들에게 발송하여 그 시정을 구하였음에도 불구하고 그러한 조치가 제대로 이루어지지 않았다면 모르되 감독관청인 과학기술처장관에게 보냄과 더불어 곧바로 그러한 권한과는 무관한 정치인에게 발송하는 것을 시발로 하여 약간의 시차를 두고 정치인, 언론인, 언론기관 등에게 광범위하게 발송한 사정에 비추어 볼 때, 피고인의 범행이 오로지 공공의 이익에 관한 것이라고는 할 수 없다.

○ **대법원 2004.10.15. 선고 2004도3912 판결【명예훼손】**

피고인은 ○○주식회사의 대표이사인 피해자에게 압력을 가하여 단체협상에서 양보를 얻어내기 위한 방법의 하나로 위 회사의 다른 직원들과 함께 "○○주식회사 사장 피해자는 체불임금 지급하고 단체교섭에 성실히 임하라", "노동임금 갈취하는 악덕업주 피해자 사장은 각성하라"는 등의 내용이 기재된 현수막과 피켓을 들고 확성기를 사용하여 위와 같은 내용을 반복해서 불특정다수의 행인을 상대로 소리치면서 회사의 정문을 출발하여 부산광역시청을 경유, 부산지방경찰청 앞 인도까지 거리행진을 함으로써 피해자의 명예를 훼손한 사실이 인정되는바, 이와 같은 피고인의 이 사건 행위의 동기 및 목적, 당해 사실의 공표가 이루어진 상대방의 범위 등에 비추어 볼 때, 피고인의 행위가 공공의 이익을 위하여 사실을 적시한 것으로 볼 수는 없다.

○ **대법원 2008.3.14. 선고 2006도6049 판결【업무방해, 명예훼손, 집시법위반 등】**

학교운영의 공공성, 투명성의 보장을 요구하여 학교가 합리적이고 정상적으로 운영되게 할 목적으로 공연히 사실을 적시하였더라도, 피해자들의 거주지 앞에서 그들의 주소까지 명시하여 명예를 훼손하였다면, 이는 공공의 이익을 위한 사실의 적시로 볼 수 없어 위법성이 조각되지 아니한다.

(4) 허위사실을 진실한 것으로 오인하여 공공의 이익을 위해 그 사실을 적시한 경우

1) 그런데 허위의 사실을 진실한 사실로 오인하고 공공의 이익을 위해 그 사실을 적시한 경우에도 제310조가 적용될 수 있는가가 문제된다. 제310조는 각칙에 규정된 특별한 위법성조각사유로서 주관적으로는 '공공의 이익'을 위한다는 의사가 있어야 하고 객관적으로는 적시된 사실이 '진실'해야 한다. 따라서 적시된 사실이 허위임에도 불구하고 진실하다고 오인한 것은 위법성조각사유의 전제사실에 대한 착오에 해당한다(더 자세한 설명은 판례형법총론 참조).

2) 위법성조각사유의 전제사실에 대한 착오의 법적 효과와 관련해서는 이와 같은 경우에는 고의가 조각되고 과실범처벌규정이 있는 경우에 한하여 과실범으로 처벌될 수 있다는 견해(고의조각설)와 정당한 이유가 있는 때에 한하여 책임이 조각될 수 있을 따름이라는 견해(책임조각설)가 대립하고 있다. 그런 가운데 판례는 아래에서 보는 바와 같이 상당한 이유가 있는 때에는 위법성이 조각된다는 입장(위법성조각설)을 취하고 있다(☞ **[판례 Ⅰ-7]** 참조).

[판례 Ⅰ-7] 대법원 1996.8.23. 선고 94도3191 판결【출판물에의한명예훼손】

〈공소사실〉

피고인은 한겨레신문 민권사회부 기자로서 국가안전기획부 소속타자수인 피해자를 비방할 목적으로 1989.10.6. 자 위 신문 11면 머릿기사 'A씨 사망 전 안기부 요원 동행'이라는 제목 아래 '○○대 안성캠퍼스 총학생회장 A씨가 사망하기 직전에 마지막으로 동행한 사람은 남자 한 명, 여자 한 명이고 이 중 여자는 안기부에 근무하고 있다는 새로운 사실이 밝혀졌으며, 숨진 A씨가 배에 타기 직전 A씨를 보았다는 다방종업원 B씨는 A씨가 동행한 여자는 사진으로 확인해 보니 도아무개(23세), 위 피해자와 동일인이었다고 경찰에서 진술했고, 선장 C는 A씨와 배에 탄 남자는 백아무개(22세)라고 말하고 도씨는 안기부에 근무하고 있는 것이 밝혀졌다.'는 요지의 허위기사를 작성, 이를 게재한 위 신문을 그 날 전국 일원에 보급하게 하여서 공연히 위 피해자가 안기부 직원으로서 A의 사망 직전 동행하고 A의 죽음에 관여된 듯한 허위사실을 적시하여 그녀의 명예를 훼손하였다.

〈판결요지〉

(1) 피고인이 취재하여 보도하게 한 이 사건 기사의 전체적 취지는 변사체로 발견된 위 A씨가 사망 직전에 동행한 일행 중에 안기부직원 신분인 여자가 있었다는 사실을 보도하고 이에 대하여 강한 의혹을 제기하는 데 불과한 것이지 이를 안기부 직원인 위 피해자가 정치공작에 의하여 위 A씨와 동행하다가 살해하였다는 것으로 보기는 어렵다 할 것이므로 이를 전제로 하여 위 기사내용 전체가 허위보도라라고 할 수 없다. 또한 피고인이 신문기사를 작성할 당시에는 A의 목격자로 지목된 B가 당초 진술을 번복하여 위 피해자가 A와 동행하지 않았다고 진술한 사실은 인정되나…위 보도내용 중 'A가 사망 직전에 마지막으로 동행한 사람은 남자인 백아무개와 안기부 여직원인 도아무개였다.'라는 부분을 제외한 나머지 부분은 사실을 보도한 것으로 인정되고, 위 허위인 부분에 대하여도 피고인이 진실에 부합되지 않는다는 인식을 하였다고 보기 어렵다. 나아가 피고인이 일간신문의 기자인 점, 위 피해자의 성명을 특정하지 아니하고 '도아무개'라고 기재한 점까지를 고려하여 보면, 피고인이 취재보도한 위 기사의 목적은 당시 A의 변사사건에 관하여 제기되고 있던 여러 의문점을 취재하여 이를 독자들에게 알림으로써 국민의 알 권리를 충족하려는 것이었고, 피고인에게 위 피해자를 비방할 목적이 있었다고 보기는 어렵다.

(2) 형법 제310조는 명예훼손죄에 있어서는 개인의 명예보호와 정당한 표현의 자유보장이라는 상충되는 두 법익의 조화를 꾀하기 위한 것인바 적시된 사실이 공공의 이익에 관한 것이면 진실한 것이라는 증명이 없다 할지라도 행위자가 진실한 것으로 믿었고 또 그렇게 믿을 만한 상당한 이유가 있는 경우에는 위법성이 조각된다고 보아야 한다. 위 기사는 당시 평양에서 벌어진 세계청년학생축전에 학생운동권 대표가 비밀리에 참가한 것을 계기로 정부수사기관과 학생운동권 간의 긴장이 고조되고 있던 시점에서 ○○대 안성캠퍼스 총학생회장인 A가 거문도의 외딴 해수욕장에서 의문의 변사체로 발견된 것과 관련하여 제기된 의혹들을 취재하여 보도하는 과정에서 작성된 것으로 그 주요 목적이 공공의 이익에 관한 것이고, 'A가 사망 직전에 마지막으로 동행한 사람은 안기부 요원인 피해자였다.'라는 취지의 기사내용이 진실이라는 것을 입증할 증거가 없고 나아가 그것이 사실과 다른 것으로 밝혀졌다 하더라도 안기부의 추적대상이었을 것으로 추정되는 A가 거문도에까지 와서 사망하게 된 경위와 그 사망원인에 의혹이 제기되고 있던 터에 안기부 직원인 피해자가 여수에서 거문도까지 가는 배에 A와 동승하였던 것으로 밝혀지고 나아가 A와 피해자의 일행이 거문도에서 함께 동행하고 있는 것을 보았다는 목격자까지 나왔으나 그들이 석연치 않은 이유로 그 진술을 번복하였던 까닭에 피고인이 기사내용을 진실이라고 믿고 보도하게 되었던 것이므로, 피고인이 그와 같이 믿은 데에는 객관적으로 그럴 만한 상당한 이유가 있었다 할 것이다.

〈참조판례〉

○ 대법원 2013.2.14. 선고 2010다108579 판결【손해배상(기)】

인터넷에서 무료로 취득한 공개 정보는 누구나 손쉽게 복사·가공하여 게시·전송할 수 있는 것으로서, 그 내용의 진위가 불명확함은 물론 궁극적 출처도 특정하기 어려우므로, 특정한 사안에 관하여 관심이 있는 사람들이 접속하는 인터넷상 가상공동체(cyber community)의 자료실이나 게시판 등에 게시·저장된 자료를 보고 그에 터 잡아 달리 사실관계의 조사나 확인을 하지 않고 다른 사람의 사회적 평판을 저하할 만한 사실을 적시한 기고문을 게재하였다면, 설령 행위자가 그 내용이 진실이라 믿었다 한들, 그렇게 믿을 만한 상당한 이유가 있다고 보기 어렵다.

〈해 설〉

우선 위법성조각사유의 전제사실에 대한 착오의 법적 효과에 관한 고의조각설은 '죄의 성립요소인 사실'에 대한 인식이 없는 경우에 고의범으로 처벌하지 아니한다고 규정하고 있는 우리나라 형법의 해석상(제13조) 수용하기 힘든 견해이다. 우리나라 형법상 적시된 사실이 허위인 경우뿐만 아니라 진실한 경우에도 명예훼손죄가 성립하고, 다만 적시된 사실이 진실하다는 점은 위법성조각의 여부와 관련되어 있다. 따라서 적시된 사실이 허위인데 이를 진실한 것으로 오인하였다는 것만으로는 '죄의 성립요소인 사실'에 대한 인식이 없다고 볼 수는 없다. 또한 고의조각설은 그나마 과실범처벌규정이 없으면 처벌이 불가능하게 된다는 점에서 형사정책적으로도 바람직하지 않다.

다음으로 판례가 취하고 있는 위법성조각설은 피고인의 죄책을 가능한 한 제310조의 범위 내에서 해결하려는 입장으로 어느 정도 수긍이 가는 측면도 있다. 그러나 제310조가 그 적용요건으로 진실한 사실과 공공의 이익을 요구하고 있는 이상, 설사 적시된 사실을 진실한 것으로 믿은 데 대하여 상당한 이유가 있다고 하더라도 적시된 사실이 허위인 이상 제310조를 적용하여 위법성이 조각된다고 보기는 어렵다.

제310조에 의해 위법성이 조각되기 위한 전제사실에 관한 착오는 책임의 문제로 다루는 것이 형법의 규정에 부합할 뿐만 아니라 형사정책적으로도 바람직한 결과를 가져온다. 즉 위법성조각사유의 전제사실에 대한 착오 사례는 형법 제16조의 '자기의 행위가 법령에 의하여 죄가 되지 아니한 것으로 오인한 경우'에 해당한다. 그리고 제16조에 따라 위법성조각사유의 전제사실에 관한 착오가 있더라도 '정당한 이유'가 있는 때에 한하여 책임이 조각된다.

4. 사자(死者)명예훼손죄 (제308조)

1) 사자명예훼손죄는 허위의 사실을 적시하여 사자의 명예를 훼손함으로써 성립하는 범죄로 2년 이하의 징역이나 금고 또는 500만원 이하의 벌금에 처한다. 본죄는 고소가 있어야 공소를 제기할 수 있는 친고죄이다(제312조 제1항).

2) 사자명예훼손죄는 사자에 대한 사회적, 역사적 평가를 보호법익으로 하며, 그 성립요소로서 허위의 사실을 적시할 것을 요한다. 적시된 사실의 전체의 취지에 비추어 세부적인 내용에서 진실과 약간 차이가 나거나 다소 과장된 표현이 있는 정도에 불과하다면 이를 허위라고 볼 수 없으나, 중요한 부분이 객관적 사실과 합치하지 않는다면 허위라고 보아야 한다. 그리고 본죄가 성립하기 위해서는 허위사실을 적시하여 사자의 명예를 훼손한다는 데 대한 인식과 의사가 요구된다. 다만 확정적 고의뿐만 아니라 미필적 고의로도 족하다(대법원 2014.3.13. 선고 2013도12430 판결).

3) 사자명예훼손죄는 친고죄라는 점에서 반의사불벌죄인 명예훼손죄, 출판물·라디오에의한명예훼손죄와 구별된다. 친고죄와 반의사불벌죄는 다 같이 피해자의 의사표시로써 소송법상 불처벌이라는 법적효과를 지향하고 있는 점에서 그 공통점이 있다. 친고죄에서는 공범 중 그 일부에 대한 고소나 고소취소의 효력이 다른 공범자에 대해서도 효력을 미친다(이를 고소불가분의 원칙이라고 한다. 형사소송법 제233조 참조). 반의사불벌죄에 대해서는 같은 취지의 명문의 규정이 없으므로, 반의사불벌죄에 대해서도 불가분의 원칙이 적용되지 않는다(☞ **[판례 Ⅰ-8]** 참조).

[판례 Ⅰ-8] 대법원 1994.4.26. 선고 93도1689 판결【출판물에의한명예훼손, 사자명예훼손】

〈사실관계〉

피고인은 공동피고인 1, 2와 공모하여 공연히 허위의 사실을 적시하여 사자(死者)인 망 A의 명예를 훼손하고 동시에 사람을 비방할 목적으로 허위의 사실을 적시하여 위 A의 전 보좌관 B와 C의 명예를 훼손하였다. 이에 B와 C 및 D(A의 처), E(A의 자)는 피고인, 공동피고인 1 및 2를 고소하였고, 검사는 이들을 출판물에 의한 명예훼손죄 및 사자명예훼손죄로 기소하였다.

제1심 공판절차에서 D(A의 처), E(A의 자), B는 고소를 취소하고 C가 처벌을 희망하는 의사표시를 철회하자 제1심은 피고인, 공동피고인 1 및 2에 대한 공소를 기각하였다. 이에 검사는 "위 고소인들은 제1심 공동피고인 1, 2에 대하여서만 고소를 취소하였거나 처벌을 희망하는 의사표시를 철회하였을 뿐 피고인에 대하여는 고소를 취소하거나 처벌을 희망하는 의사표시를 철회한 바 없고, 또 형사소송법 제233조 소정의 고소불가분의 원칙은 친고죄에 대하여만 그 적용이 있고 반의사불벌죄에는 적용 또는 준용되지 아니한다고 할 것임에도, 제1심이 반의사불벌죄인 출판물에 의한 명예훼손의 점에 대하여 공소기각의 판결을 한 것은 위법하다"는 이유로 항소하였다.

〈원심 판결요지〉

형사소송법 제233조는 친고죄에 대하여만 고소와 고소취소의 불가분에 관한 규정을 함으로써 반의사불벌죄에 대하여는 고소불가분에 관한 위의 규정을 적용할 것인지 또는 준용할 것인지의 여부에 관하여 이를 명문으로 규정하고 있지는 아니하고, "고소"는 수사 또는 소송을 개시, 진행시키고자 하는 적극적 효과의사를 가진 행위인데 반하여, "명시한 의사"는 일단 개시되고 성립한 수사 또는 소송의 진행 발전을 저지하려고 하는 소극적 효과의사를 가진 행위로써 그 지향하는 법적효과가 다소 상반된 것이기는 하나, 친고죄의 "고소"와 반의사불벌죄의 "명시한 의사"는 모두 실체적 심판의 조건이 되는 소송조건으로서 그 법적성질 및 소송법적 효과면에서도 공통점이 있다는 점 등에 비추어 반의사불벌죄는, 친고죄의 일종 또는 이에 준하는 범죄유형이라고 봄이 상당하고, 고소권자가 지정한 범인만을 처벌할 경우 고소인의 자의에 의하여 국가형벌권이 행사되는 불공평한 결과가 발생할 우려가 있으므로 이를 방지하고 국가소추권 및 국가형벌권의 행사에 적정을 기하고자 하는 취지에서 같은 법 제233조가 고소와 고소취소 불가분의 원칙을 규정하고 있는데, 반의사불벌죄에 있어서 이 원칙이 배제된다면 국가형벌권의 적정한 행사라는 형사소송의 목적을 달성할 수 없고, 이는 결국 같은 법 제233조의 입법취지에도 배치된다 할 것이므로, 반의사불벌죄에 있어서의 "피해자의 명시한 의사"에 관하여도 친고죄의 고소불가분의 원칙에 관한 같은법 제233조의 규정이 준용된다고 해석함이 상당하다.

〈대법원 판결요지〉

친고죄에는 두 가지 유형이 있는데, 하나는 범죄를 소추해서 그 사실을 일반에게 알리는 것이 도리어 피해자에게 불이익을 줄 우려가 있기 때문에 피해자의 처벌희망의 의사표시가 있어야 비로소 소추해서 처벌할 수 있게 하는 것이고, 다른 하나는 비교적 경미하고 주로 피해자 개인의 법익을 침해하는 범죄로 구태여 피해자의 의사나 감정을 무시하면서까지 처벌할 필요가 없기 때문에 피해자로부터 아무런 말이 없으면 처벌하지 아니하고 피해자가 처벌을 희망하여 올 경우에 그때에 처벌하게 하겠다는 것이다. 이에 대하여 반의사불벌죄는 상대적으로 덜 경미하여 처벌의 필요성이 적지 않으나 이를 친고죄로 하는 경우 피해자가 심리적 압박감이나 후환이 두려워 고소를 주저하여 처벌하기 어려울 것에 대비하여, 다른 일반의 범죄와 마찬가지로 수사, 소추, 처벌하되 피해자가 명시적으로 처벌을 희망하지 아니하는 의사를 밝힌 경우에는 구태여 소추해서 처벌하지 않겠다는 것이다.

친고죄와 반의사불벌죄는 피해자의 의사가 소추조건이 된다는 점에 있어서는 같다고 할 것이나, 피해자의 의사를 조건으로 하는 이유나 방법에 있어서는 같다고 할 수 없고, 반의사불벌죄는 피해자에 대한 배상이나 당사자 사이의 개인적 차원에서 이루어지는 분쟁해결을 촉진하고 존중하려는 취지도 포함되어 있다고 볼 수 있어서, 친고죄와는 다른 의미가 있다. 따라서 반의사불벌죄에서 처벌을 희망하지 아니하는 의사표시는 반드시 불가분의 원칙에 따라야 한다고 할 수는 없고 피해자의 의사에 따라 처벌여부에 차등을 둔다고 하여 형사소송의 목적에 배치된다고 하기는 어렵다. 형사소송법이 고소와 고소취소에 관한 규정을 하면서 그 제232조 제1,2항에서 고소취소의 시한과 재고소의 금지를 규정하고 그 제3항에서는 반의사불벌죄에 위 제1,2항의 규정을 준용하는 규정을 두면서도, 그 제233조에서 고소와 고소취소의 불가분에 관한 규정을 함에 있어서는 반의사불벌죄에 이를 준용하는 규정을 두지 아니한 것은 처벌을 희망하지 아니하는 의사표시나 처벌을 희망하는 의사표시의 철회에 관하여는 친고죄와는 달리 그 공범자간에 불가분의 원칙을 적용하지 아니하고자 하는 취지이고 입법의 불비로 볼 것은 아니다.

5. 모욕죄(제311조)

1) 공연히 사람을 모욕함으로써 성립하는 범죄로 1년 이하의 징역이나 금고 또는 200만원 이하의 벌금에 처한다. 본죄는 고소가 있어야 공소를 제기할 수 있는 친고죄이다(제312조 제1항).

사람의 인격을 경멸하는 표현이 공공연하게 이루어진다면 그 사람의 사회적 가치가 침해되고 그로 인하여 사회구성원으로서의 생활과 발전가능성이 침해받지 않을 수 없으므로 모욕적 표현으로 사람의 명예를 훼손하는 행위를 분명 금지시킬 필요성이 있다. 그러나 사소한 모욕행위를 모두 형사처벌의 대상으로 할 경우 건전한 비판과 여론형성에 필요한 표현의 자유가 침해될 소지가 있다. 이에 형법은 피해자의 고소가 있어야 형사처벌이 가능하도록 하고 그 법정형의 상한을 비교적 낮게 정함으로써 표현의 자유와 명예보호 사이에 적절한 조화를 도모하고 있다(헌법재판소 2013.6.27. 선고 2012헌바37 결정).

2) 군인 또는 이에 준하는 자가 상관을 그 면전에서 모욕한 때에는 2년 이하의 징역이나 금고에 처하고(군형법 제64조 제1항), 문서, 도화 또는 우상을 공시하거나 연설 또는 그 밖의 공연한 방법으로 상관을 모욕한 사람은 3년 이하의 징역이나 금고에 처한다(같은 조 제1항). 여기서 '군인'이란 이란 현역에 복무하는 장교, 준사관, 부사관 및 전환복무 중인 병(兵)을 제외한 병을 말한다(제1조 제2항). 군무원, 군적(軍籍)을 가진 군(軍)의 학교의 학생·생도와 사관후보생·부사관후보생과 군적을 가지는 재영(在營) 중인 학생 그리고 소집되어 실역(實役)에 복무하고 있는 예비역·보충역 및 제2국민역에 대해서도 군형법을 적용한다(같은 조 제2항). 그리고 '상관'이란 명령복종관계에서 명령권을 가진 사람을 말하고, 명령복종관계가 없는 경우의 상위 계급자와 상위 서열자는 상관에 준한다(제2조 제1호). 상관모욕죄의 상관에는 대통령도 포함된다(대법원 2013.12.12. 선고 2013도4555 판결).

3) 모욕죄의 보호법익에 관련해서는 명예감정이라는 견해가 주장되기도 한다. 그러나 보호법익을 명예감정으로 볼 경우 명예감정이 없는 유아, 정신병자, 법인 등의 단체를 모욕하는 행위를 처벌할 수 없는 문제가 생긴다. 형법이 명예훼손죄와 마찬가지로 모욕죄도 공연성을 요구하고 있는 것으로 보아 모욕죄의 보호법익도 외부적 명예라고 보는 것이 타당하다.

명예훼손죄와 모욕죄의 보호법익은 모두 사람의 가치에 대한 사회적 평가를 의미하는 외부적 명예인 점에서는 차이가 없다. 그러나 명예훼손죄는 구체적 사실을 적시하여 사람의 가치에 대한 사회적 평가를 저하시킴으로써 성립하는데 반하여, 모욕죄는 구체적 사실이 아닌 단순한 추상적 판단이나 경멸적 감정의 표현으로서 사회적 평가를 저하시킴으로써 성립한다는 점에서 차이가 있다. 다만 명예훼손죄는 모욕죄에 대하여 특별관계에 있으므로 1개의 공고문에 모욕적 언사를 섞어서 사실을 적시하여 사람의 명예를 훼손한 경우 모욕죄는 명예훼손죄에 흡수되어 명예훼손죄만 성립한다(대전지법 2003.1.30. 선고 2002고단89 판결).

4) 모욕죄의 객체는 '사람'이다. 여기서 사람이란 범인 이외의 자연인을 말하며 법인이나 법인격없는 단체에 대해서는 모욕죄가 성립하지 않는다(단체를 모욕함으로써 그 단체에 소속된 구성원에 대한 모욕죄가 성립하는가는 별개의 문제이다). 그리고 명예훼손죄 또는 모욕죄를 처벌함으로써 보호하고자 하는 사람의 가치에 대한 평가인 외부적 명예는 개인적 법익으로서 공권력의 행사자인 국가나 지방자치단체는 기본권의 수범자일 뿐 기본권의 주체가 아니므로 국가나 지방자치단체는 명예훼손죄나 모욕죄가 성립하지 않는다(대법원 2016.12.27. 선고 2014도15290 판결).

5) '모욕'이란 사실을 적시하지 아니하고 단순히 사람의 사회적 평가를 저하시킬 만한 추상적 판단이나 경멸적 감정을 표현하는 것을 말한다. 그리고 모욕죄는 추상적 위험범으로 피해자의 외부적 명예가 현실적으로 침해되거나 침해될 구체적·현실적 위험이 발생해야 하는 것은 아니다(대법원 2016.10.13. 선고 2016도9674 판결).

인터넷게시판에 '듣보잡(듣도 보도 못한 잡놈)', '함량미달', '함량이 모자라도 창피한 줄 모를 정도로 멍청하게 충성할 사람', '비욘 드보르잡', '계집' 등 사람을 비하하는 표현을 사용한 것은 모욕에 해당한다(대법원 2011.12.22. 선고 2010도10130 판결). 그러나 "부모가 그런 식이니 자식도 그런 것이다"와 같은 표현은 그로 인하여 상대방의 기분이 다소 상할 수 있다고 하더라도 그 내용이 너무나 막연하므로 그것만으로 모욕죄를 구성한다고 보기는 어렵다(대법원 2007.2.22. 선고 2006도8915 판결). 아파트 입주자대표회의 감사가 관리소장의 외부특별감사에 관한 업무처리에 항의하기 위해 관리소장실을 방문한 자리에서 관리소장과 언쟁을 하다가 관리소장에게 "야, 이따위로 일할래", "나이 처먹은 게 무슨 자랑이냐"라고 말한 경우, 그러한 발언은 상대방을 불쾌하게 할 수 있는 무례하고 저속한 표현이기는 하나 객관적으로 관리소장의 인격적 가치에 대한 사회적 평가를 저하시킬 만한 모욕적 언사라고 보기는 어렵다(대법원 2015.9.10. 선고 2015도2229 판결).

6) 모욕죄도 공연성을 요건으로 하며, 공연성의 의미는 명예훼손죄와 동일하다. 예컨대 인터넷 신문상의 특정 기사에 댓글형식으로 그 기사에 등장하는 특정인에 대하여 경멸의 의사를 표시하는 글을 게재하는 행위가 모욕죄에 해당한다(서울중앙지법 2006.3.10. 선고 2006고정885 판결). 그리고 불특정 다중이 인식할 수 있는 상황에서 모욕적인 언사를 하였다면, 설령 당시 이를 보고 들은 사람이 없다고 하더라도 모욕죄의 성립에 아무런 지장이 없다(☞ **[판례 Ⅰ-9]** 참조).

[판례 Ⅰ-9] 서울서부지법 2010.6.10. 선고 2009고단2746 판결【상해, 공무집행방해, 모욕】

〈공소사실〉

피고인은 2009.9.6. 01:45경 ○○빌라 주차장에서 전화를 걸다가 인근지역을 순찰하던 ○○경찰서 소속 경사 A로부터 불심검문을 당하자, 같은 동 앞 노상에서 이에 항의하며 인근주민 B 및 불특정 다수의 행인들에게 들리도록 공소외 1에게 "씨발놈아, 도둑질도 안 했는데 왜 검문을 하냐, 검문 똑바로 해, 개새끼야."라고 욕을 하여 공연히 A를 모욕하였다.

〈판결요지〉

모욕죄에 있어서의 공연성은 불특정 또는 다수인이 인식할 수 있는 상태를 의미하므로, 불특정 다중이 인식할 수 있는 상황에서 모욕적인 언사를 하였다면, 설령 당시 이를 보고 들은 자가 없다고 하더라도 모욕죄의 성립에 아무런 지장이 없다. B의 법정진술에 의하면, 당시 B의 주거는 피고인이 욕설을 한 빌라 주차장 부근에서 30~40m 거리에 있었음에도 피고인의 욕설이 너무 고성이어서 B 자신은 무서움을 느낄 정도였고 그 남편의 수면까지 방해되었다면, 피고인의 모욕적인 언사는 공연성의 요건을 갖추었다고 볼 수 있다.

〈참조판례〉

○ 청주지법 2014.5.23. 선고 2013노941 판결【공무집행방해, 모욕】

피고인이 경찰관 A의 차량 도난신고 접수 과정에 불만을 품고 A가 소속된 지구대 사무실로 찾아가 A 등 3명의 경찰관이 지켜보는 가운데 A에게 욕설을 하였더라도, 피고인이 욕설을 한 장소가 지구대 사무실 내부이고, 당시 피고인의 발언을 들었거나 들을 수 있었던 사람들은 지구대 내에서 근무하는 경찰관 3명뿐이었으므로, A를 제외한 나머지 2명의 경찰관은 피고인이 발설한 내용을 함부로 전파하지 않을 것으로 기대할 수 있는 직무상 관계에 있는 사람들인 점 등에 비추어 공연성이 있다고 보기 어렵다.

7) 모욕죄가 성립하기 위해서는 특정한 사람 또는 인격을 보유하는 단체에 대하여 사회적 평가를 저하시킬 만한 경멸적 감정이 표현되어야 하므로, 명예훼손죄에서와 마찬가지로 피해자가 특정될 것을 요한다. 집단표시에 의한 모욕도 구성원 개개인에 대한 것으로 여겨질 정도로 구성원 수가 적거나 당시의 주위 정황 등으로 보아 집단 내 개별구성원을 지칭하는 것으로 여겨질 수 있는 때에는 그 구성원 개개인에 대한 모욕으로 인정될 수 있다. 그러나 모욕의 내용이 집단에 속한 특정인에 대한 것이라고는 해석되기 힘들고, 집단표시에 의한 비난이 개별구성원에 이르러서는 비난의 정도가 희석되어 구성원 개개인의 사회적 평가에 영향을 미칠 정도에 이르지 아니한 때에는 구성원 개개인에 대한 모욕으로 인정될 수 없다(☞ **[판례 Ⅰ-10]** 참조).

[판례 Ⅰ-10] 대법원 2014.3.27. 선고 2011도15631 판결【모욕】

〈사실관계〉

국회의원인 피고인은 2010.7.16. 18:00경부터 같은 날 20:30경까지 홍대 ○○식당에서 같은 달 15일과 16일에 걸쳐 열린 국회의장배 전국대학생 토론대회에 참여한 학생 약 20여명과 함께 위 토론대회 뒤풀이 회식을 가지며 대학생들과 대화를 나누던 중, 토론대회의 결승 논제인 "로비스트 제도의 도입"문제와 관련하여 로비스트 직업에 대하여 말하는 과정에서 여성 로비스트에 대한 이야기를 하며, "결국 여성 로비스트의 최후 무기는 몸이다"라는 취지로 이야기하는 한편, 아나운서가 되고자 희망하는 여학생 2명에게 기자가 될 것을 권유하면서 아나운서는 기자보다 방송국 내에서 고위직에 오르기가 상대적으로 어렵다는 취지의 말과 아울러 아나운서로 성공하기 위해서는 "다 줄 생각을 해야 하는데, 그래도 아나운서 할 수 있겠느냐. ○○여대 이상은 자존심 때문에 그렇게 못 하더라"라는 취지의 말을 하였다.

〈원심 판결요지〉

이른바 집단표시에 의한 모욕은, 모욕의 내용이 그 집단에 속한 특정인에 대한 것이라고는 해석되기 힘들고 집단표시에 의한 비난이 개별구성원에 이르러서는 비난의 정도가 희석되어 구성원 개개인의 사회적 평가에 영향을 미칠 정도에 이르지 않는 것으로 평가되는 경우에는 구성원 개개인에 대한 모욕이 성립되지 않는다고 할 것이지만, 구성원 개개인에 대한 것으로 여겨질 정도로 구성원 수가 적거나 당시의 주위 정황 등으로 보아 집단 내 개별구성원을 지칭하는 것으로 여겨질 수 있는 때에는 집단 내 개별구성원이 피해자로서 특정된다고 보아야 한다. 개별 여성 아나운서들을 총칭하는 것으로 집단과 구성원 개인이 구별되지 않고 성은 지극히 개인적인 문제이므로 이 사건 표현은 집단을 비하하는 것이 아니라 구성원 개개인을 비하하는 경멸적 표현에 해당한다 할 것이고, 특히 이 사건 피해자들은 공중파 아나운서들로 구성된 한국 아나운서 협회에 등록된 회원들로서 등록을 통하여 그 경계가 분명하고 특정되어 있는 방송 업무에 종사하는 사람들 또는 방송 매체에 접하게 되는 사람들 등 피해자등 생활 범위 내의 사람들이 이 사건 표현내용과 피해자들을 연결시킬 가능성이 충분하다.

〈대법원 판결요지〉

피고인의 발언 대상인 '여성 아나운서'라는 집단은 직업과 성별로만 분류된 집단의 명칭으로서 그 중에는 고소인들이 속한 공중파 방송 아나운서들로 구성된 ○○연합회에 등록된 사람뿐만 아니라 유선방송에 소속되어 있거나 그 밖의 다양한 형태로 활동하는 여성 아나운서들이 존재하므로 '여성 아나운서'라는 집단 자체의 경계가 불분명하고, 피고인의 발언 대상이 피고인을 고소한 여성 아나운서들이 속한 ○○연합회만을 구체적으로 지칭한다고 보기도 어려우며, 피고인의 발언이 비록 그 발언 내용이 매우 부적절하고 저속하기는 하지만 이로 인하여 곧바로 피해자들을 비롯한 여성 아나운서들에 대한 사회적 평가를 근본적으로 변동시킬 것으로 보이지는 아니하고, 피해자들을 비롯한 여성 아나운서들이 방송을 통해 대중에게 널리 알려진 사람들이어서 사람들이 피고인의 발언과 피해자들을 연결시킬 가능성이 있다는 이유만으로 곧바로 그 집단 구성원 개개인에 대한 모욕이 된다고 평가하게 되면 모욕죄의 성립 범위를 지나치게 확대시킬 우려가 있는 점 등을 종합해 보면, 피고인의 이 사건 발언은 여성 아나운서 일반을 대상으로 한 것으로서 그 개별구성원인 피해자들에 이르러서는 비난의 정도가 희석되어 피해자 개개인의 사회적 평가에 영향을 미칠 정도에까지는 이르지 아니하므로 모욕죄에 해당한다고 보기는 어렵다.

〈참조판례〉

○ **대법원 2013.1.10. 선고 2012도13189 판결【모욕】**

☆☆☆☆☆는 불법 과격 폭력시위에 반대하는 사람들이 인터넷 포털사이트 네이버에 개설한 카페로서 누구나 카페에서 제시하는 간단한 질문에 답변하는 절차를 거쳐 비교적 손쉽게 회원으로 가입할 수 있는데 이 사건 당시 회원수가 3만 6천여 명에 달하였고, 회원들은 주로 카페 게시판을 통하여 자유로이 의견을 나누는 방식으로 활동하며 그 과정에서 아이디나 닉네임만을 사용할 뿐 개인의 인적 사항이 드러나지 아니하며, 피해자는 이 사건 당시 ☆☆☆☆☆의 평회원이었다가 그 후 운영자가 되었는데 이 사건 각 글에 피해자를 비롯한 ☆☆☆☆☆의 특정 회원을 지칭하는 것으로 볼 수 있는 표현은 포함되어 있지 아니하다면, 피고인들이 인터넷 다음 사이트의 아고라 토론방에 "개독알밥 ☆☆☆☆☆ 꼴통놈들은", "전문시위꾼 ☆☆☆☆☆ 똘마니들", "존만이들아" 등과 같은 글을 게재하였더라도 '☆☆☆☆☆'라는 인터넷 카페의 회원 일반을 대상으로 한 것으로서 그 개별구성원에 불과한 피해자에 이르러서는 비난의 정도가 희석되어 피해자 개인의 사회적 평가에 영향을 미칠 정도에 이르지 않았다고 할 것이고, 한편 피고인들에게 ☆☆☆☆☆의 회원 중 1인에 불과한 피해자를 모욕한다는 고의가 있었다고 보기도 어렵다.

8) 모욕죄에 대해서는 제310조(위법성조각)가 적용되지 않는다. 그러나 어떤 글이 모욕적인 표현을 포함하는 판단 또는 의견의 표현을 담고 있을 경우에도, 그 시대의 건전한 사회통념에 비추어 살펴보아 그 표현이 사회상규에 위배되지 않는 행위로 볼 수 있는 때에는 형법 제20조에 의하여 위법성이 조각될 수 있다(☞ **[판례 Ⅰ-11]** 참조).

[판례 Ⅰ-11] 대법원 2003.11.28. 선고 2003도3972 판결【모욕】

〈공소사실〉

피고인은 2002.2.21. 23:47경 리버플 호프집에서, 같은 날 MBC 방송 '우리시대'라는 프로그램에서 피해자(교사)를 대상으로 하여 방영한 '엄마의 외로운 싸움'을 시청한 직후 위 프로그램이 위 피해자의 입장에서 편파적으로 방송하였다는 이유로 그 곳에 설치된 컴퓨터를 이용하여 MBC 홈페이지(http://www.imbc.com)에 접속하여 위 '우리시대' 프로그램 시청자 의견란에 불특정 다수인이 볼 수 있도록 "오 선생님 대단하십니다", "학교 선생님이 불법주차에 그렇게 소중한 자식을 두고 내리시다니…그렇게 소중한 자식을 범법행위의 변명의 방패로 쓰시다니 정말 대단하십니다. 한 가지 더 견인을 우려해 아이를 두고 내리신 건 아닌지…"라는 글을 작성·게시함으로써 공연히 피해자를 모욕하였다.

〈판결요지〉

피고인이 게시판에 글을 올리게 된 동기나 경위 및 그 배경은 그 방송 프로그램을 시청한 후 그에 대한 느낌과 이를 방송한 방송사와 피해자와의 가치관이나 판단의 차이에 따른 자신의 의견을 개진하고 피해자에게 자신의 의견에 대한 반박이나 반론을 구하는 것이고, 나아가 그 글의 전체적인 내용도 "불법주차와 아이를 차에 두고 내린 어머니로서의 과실이라는 근본적인 원인제공을 피해자가 하였고, 그 방송된 내용은 개인적인 사정이다. 그럼에도 불구하고, 피해자는 자신의 잘못은 생각하지 않고, 견인업체 등의 잘못을 탓하며 자신의 범법행위를 변명하고 있다"는 취지로서 이러한 의견 또는 판단 자체가 합당한 것인지 여부는 차치하고 전혀 터무니없는 것이라고까지 할 수 없으며, 특히 "그렇게 소중한 자식을 범법행위의 변명의 방패로 쓰시다니 정말 대단하십니다"라는 표현은 상당히 모욕적인 언사이기는 하나 그 글 전체에서 차지하는 비중이 크다고는 할 수 없고 그 글의 전체적인 내용에서 크게 벗어나 있는 표현이라고도 할 수 없다.

이러한 여러 사정에 비추어 보면, 이 사건 피고인이 방송국 홈페이지의 시청자 의견란에 작성·게시한 글 중 일부의 표현은 이미 방송된 프로그램에 나타난 기본적인 사실을 전제로 한 뒤, 그 사실관계나 이를 둘러싼 문제에 관한 자신의 판단과 나아가 이러한 경우에 피해자가 취한 태도와 주장한 내용이 합당한가 하는 점에 대하여 자신의 의견을 개진하고, 피해자에게 자신의 의견에 대한 반박이나 반론을 구하면서, 자신의 판단과 의견의 타당함을 강조하는 과정에서 부분적으로 그와 같은 표현을 사용한 것으로서 사회상규에 위배되지 않는다.

〈참조판례〉

○ 대법원 2008.7.10. 선고 2008도1433 판결【모욕】

골프클럽 경기보조원들의 구직편의를 위해 제작된 인터넷 사이트 내 회원 게시판에 특정 골프클럽의 운영상 불합리성을 비난하는 글을 게시하면서 위 클럽담당자에 대하여 한심하고 불쌍한 인간이라는 등 경멸적 표현을 하였더라도 게시의 동기와 경위, 모욕적 표현의 정도와 비중 등에 비추어 사회상규에 위배되지 않는다.

○ 부산지법 2009.11.5, 선고, 2009노2161 판결【모욕】

아파트 관리사무소장이 관리사무소 내 회의실에서 아파트 동대표 등 10여 명이 듣고 있는 가운데 입주자대표회의 회장에게 "말도 안 되는 소리 씨부리고 있네. 듣고 차버릴라"라고 말하였다고 하더라도 회의의 개최 경위 및 내용, 회의 당시 참석자들과 피해자 사이의 대화 내용 및 분위기, 참석자들의 해명요구에 대하여 피해자가 반응한 태도 등에 비추어 보면, 위 발언이 객관적으로 피해자의 인격적 가치에 대한 사회적 평가를 훼손할 만한 모욕적 언사라고 단정하기는 어렵고, 설령 위 발언이 피해자에 대한 경멸적 감정이 내포되어 있어 이를 모욕에 해당한다고 보더라도, 회의에 임하는 피해자의 태도, 위 발언을 하게 된 경위, 위 발언이 전체 발언 중에 차지하는 비중 및 모욕적 표현의 정도, 피고인의 발언을 전후한 피해자의 응대 내용 등 여러 사정을 고려할 때, 위 발언은 사회상규에 위배되지 않는다.

○ 대전지법 2015.2.12. 선고 2014노2096 판결【모욕】

개인 인터넷 블로그에 피해자를 사진작가로 소개하는 과정에서 피해자와 말다툼을 하게 되었는데, 피해자의 반응에 화가 나 위 블로그에 피해자에게서 받은 쪽지의 내용인 '전화질이 뭔가 말을 조심해야지'라는 제목으로 글을 게시하였으나, 그 후 글 제목을 '내가 제일 싫어하는 사람들'로 바꾸고 내용을 일부 수정하여 재차 게시하였더라면, 이는 피해자와 온라인상에서 말다툼을 하는 과정에서 감정이나 평가, 피해자가 취한 행동 등에 대한 의견을 밝히고 그 타당함을 강조하는 과정에서 일부 부적절한 표현을 사용한 것에 불과하여 사회상규에 위배되지 않는다.

6. 신용훼손죄 (제313조)

1) 신용훼손죄는 허위사실을 유포하거나 기타 위계로서 사람의 신용을 훼손함으로써 성립하는 범죄로 5년 이하의 징역이나 1천5백만원 이하의 벌금에 처한다. 본죄의 보호법익은 '신용'으로서 명예훼손죄의 보호법익인 '명예'와는 특별관계에 있다. 즉 신용은 경제적 생활영역에 있어서의 사회적 평가, 즉 사람의 지급능력 또는 지급의사에 대한 사회적 신뢰로서 넓은 의미의 명예의 일부분이다.

2) 신용훼손죄는 허위사실의 유포 기타 위계로써 사람의 신용을 훼손할 것을 요한다.

우선 '허위사실'이란 객관적으로 진실과 부합하지 않는 과거 또는 현재의 사실을 말하고(미래의 사실도 증거에 의한 입증이 가능할 때에는 여기의 사실에 포함된다), 자신의 의견이나 가치판단을 표시하는 것은 이에 해당하지 않는다. 따라서 피해자가 8년 전부터 남편없이 세자녀를 데리고 생계를 꾸려왔을 뿐 아니라 다액의 채무를 담보하기 위해 아파트와 가재도구까지를 타인에게 제공한 사실이 인정된다면, "피해자는 집도 남편도 없는 과부"라고 말한 것은 허위사실이 될 수 없고 또 "피해자는 계주로서 계불입금을 모아서 도망가더라도 책임지고 도와줄 사람이 없다"는 취지의 말을 했다고 하더라도 이는 피해자에 대한 개인적 의견이나 평가에 불과하여 허위사실의 유포라고 볼 수 없다(대법원 1983.2.8. 선고 82도2486 판결).

그리고 허위사실을 '유포'란 실제의 객관적인 사실과 다른 사실을 불특정 또는 다수인에게 전파시키는 것을 말한다. 소수의 특정인에게 허위사실을 알린 것만으로는 허위사실을 유포하였다고 할 수 없으나, 소수의 특정인에게 허위사실을 알리더라도 그 사람들이 다시 다른 사람들에게 허위사실을 알려 결과적으로 불특정 또는 다수인에게 허위사실을 알게 되었다면 이는 허위사실 유포에 해당한다(대법원 2006.5.25. 선고 2004도1313 판결).

4) 신용훼손죄가 성립하기 위해서는 신용, 즉 사람의 지급능력 또는 지급의사에 대한 사회적 신뢰

가 훼손되어야 한다. 퀵서비스 운영자인 피고인이 배달업무를 하면서 손님의 불만이 예상되는 경우 평소 경쟁관계에 있는 피해자 운영의 퀵서비스 명의로 된 영수증을 작성·교부함으로써 손님들로 하여금 불친절하고 배달을 지연시킨 사업체가 피해자 운영의 퀵서비스인 것처럼 인식되게 하였더라도, 그와 같은 사정만으로 피고인의 행위가 피해자의 경제적 신용, 즉 지급능력이나 지급의사에 대한 사회적 신뢰를 저해하는 행위에 해당한다고 보기는 어렵다(대법원 2011.5.13. 선고 2009도5549 판결).

5) 신용훼손죄에 있어서의 범의는 반드시 확정적인 고의를 요하는 것은 아니고, 허위사실을 유포하거나 기타 위계를 사용한다는 점과 그 결과 다른 사람의 신용을 훼손한다는 점을 인식하고 용인하는 미필적 고의로도 족하다(대법원 2006.12.7. 선고 2006도3400 판결).

6) 허위사실을 '공연히' 유포하여 사람의 신용을 훼손한 때에는 명예훼손죄의 구성요건도 충족하지만 그와 특별관계에 있는 신용훼손죄만 성립한다. 그렇지만 '진실한 사실'을 공연히 유포하여 사람의 신용을 훼손한 때에는 명예훼손죄는 성립여부는 별론으로 하더라도 신용훼손죄는 성립하지 않다(대법원 1983.2.8. 선고 82도2486 판결).

Ⅱ. 업무, 경매 및 입찰 방해의 죄(제34장)

1) 사람의 업무를 방해하거나 경매 또는 입찰을 방해함으로써 성립하는 범죄로, 그 유형으로는 업무방해죄(제314조 제1항), 컴퓨터장애업무방해죄(같은 조 제2항) 및 경매·입찰방해죄(제315조)가 있다.

2) 본죄는 사람의 업무 등을 방해함으로써 성립하는 범죄로 공무의 집행을 방해하는 경우에는 위계공무집행방해죄로 처벌된다(제137조).

3) 건설공사의 입찰에서 부당한 이익을 취득하거나 공정한 가격결정을 방해할 목적으로 입찰자가 서로 공모하여 미리 조작한 가격으로 입찰하거나, 다른 건설업자의 견적을 제출하거나 위계 또는 위력 그 밖의 방법으로 다른 건설업자의 입찰행위를 방해한 때에는 건설산업기본법에 의해 처벌된다(같은 법 제95조).

1. 업무방해죄 (제314조 제1항)

업무방해죄는 허위사실을 유포하거나 기타 위계 또는 위력으로 사람의 업무를 방해함으로써 성립하는 범죄로 5년 이하의 징역이나 1천5백만원 이하의 벌금에 처한다.

(1) 객체 — 사람의 업무

가. 업 무

1) 업무방해죄의 객체는 사람의 업무이다. 여기서 업무란 직업 또는 사회생활상의 지위에 기하여 계속적으로 종사하는 사무나 사업의 일체를 의미하고, 그 업무가 주된 것이든 부수적인 것이든 가리지 아니하며, 일회적인 사무라 하더라도 그 자체가 어느 정도 계속하여 행해지는 것이거나 혹은 그것이 직업 또는 사회생활상의 지위에서 계속적으로 행하여 온 본래의 업무수행과 밀접불가분의 관계에서 이루어진 경우도 업무에 해당한다.

따라서 건물 임대인이 구청장의 조경공사 촉구지시에 따라 임대 건물 앞에서 1회적인 조경공사를 하는 것(대법원 1993.2.9. 선고 92도2929 판결), 주주로서 주주총회에서 의결권 등을 행사하는 것(대법원 2004.10.28. 선고 2004도1256 판결), 학생들이 학교에 등교하여 교실에서 수업을 듣는 것(대법원 2013.6.14. 선고 2013도3829 판결)은 본죄의 업무에 해당한다고 할 수 없다. 그러나 상사의 지시에 따라 경비원이 하는 경비업무(대법원 1971.5.24. 선고 71도399 판결), 업무의 시작과 종료시간에 맞추어 공장의 정문을 개폐하는 업무(대법원 1992.2.11. 선고 91도1834 판결), 정당의 지구당 창당대회(대법원 1994.4.12. 선고 94도128 판결), 종중 회장이 정기총회를 주재하는 의사진행업무(대법원 1995.10.12. 선고 95도1598 판결)는 본죄의 업무에 포함된다.

그리고 공장을 이전하는 것 일시적인 사무일 뿐 원칙적으로 업무라고 할 수 없으나(대법원 1985.4.9.

선고 84도300 판결; 1989.9.12. 선고 88도1752 판결), 회사가 사업장의 이전을 계획하고 그 이전을 전후하여 사업을 중단 없이 영위할 목적으로 이전에 따른 사업의 지속적인 수행방안, 새 사업장의 신축 및 가동개시와 구 사업장의 폐쇄 및 가동중단 등에 관한 일련의 경영상 계획의 일환으로서 시간적·절차적으로 일정기간의 소요가 예상되는 사업장 이전을 추진, 실시하는 행위는 그 자체로서 일정기간 계속성을 지니고 있을 뿐만 아니라 회사의 본래 업무인 목적 사업의 경영과 밀접불가분의 관계에서 그에 수반하여 이루어진다는 점에서도 업무방해죄의 업무에 해당한다(대법원 2005.4.15. 선고 2004도8701 판결).

2) 업무방해죄의 보호대상이 되는 업무는 타인의 위법한 행위에 의한 침해로부터 보호할 가치가 있는 것이면 되고, 그 업무의 기초가 된 계약 또는 행정행위 등이 반드시 적법하여야 하는 것은 아니다. 여기서 법률상 보호할 가치가 있는 업무인지 여부는 그 사무가 사실상 평온하게 이루어져 사회적 활동의 기반이 되고 있느냐에 따라 결정하여야 하고, 업무의 개시나 수행과정에 실체상 또는 절차상의 하자가 있다고 하더라도 그 정도가 반사회성을 띠는 데까지 이르지 아니한 이상 업무방해죄의 보호대상이 된다(대법원 2006.3.9. 선고 2006도382 판결).

○ **대법원 1986.12.23. 선고 86도1372 판결【업무방해】**

건물의 전차인이 임대인의 승낙없이 전차하였다고 하더라도 전차인이 불법침탈 등의 방법에 의하여 위 건물의 점유를 개시한 것이 아니고 그동안 평온하게 음식점등 영업을 하면서 점유를 계속하여 온 이상 위 전차인의 업무를 업무방해죄에 의하여 보호받는 업무에 해당한다.

○ **대법원 1991.6.28. 선고 91도944 판결【업무방해, 집시법위반】**

공소외 1에 대한 한국방송공사 이사회의 사장임명제청을 위한 심의 또는 의결과정에 주장하는 바와 같이 공보처장관의 부당한 압력이 개입되었다고 인정할 아무런 자료가 없을 뿐 아니라, 이러한 사유만으로써 위 공사사장으로 임명된 공소외 1의 공사사장으로서의 업무를 업무방해죄의 보호대상인 업무가 되지 못하는 것이라고 볼 것도 아니다.

○ **대법원 1996.11.12. 선고 96도2214 판결【수산업법위반, 업무방해】**

공유수면관리법 제4조에 의하면 공유수면을 점용하려는 자는 관리청으로부터 점용허가를 받도록 규정되어 있고, 이 사건 회사는 관리청으로부터 위 선착장에 대한 공유수면점용허가를 받지 아니하기는 하였으나 관리청으로부터 따로 선착장에 대한 점용허가를 받음이 없이 관리청의 지시에 따라 선착장점용허가권자인 마을주민 대표들과 임대차계약을 체결하고 선착장을 이용하여 왔던 사실을 알 수 있음에 비추어, 회사의 폐석운반 업무를 업무방해죄에 의하여 보호하여야 할 대상이 되지 못하는 업무라고 단정하기는 어렵다.

○ **대법원 2006.3.9. 선고 2006도382 판결【업무방해】**

공소외 1은 송도비치텔 운영위원회 회장이던 공소외 2로부터 그 관리사무실의 경리로 임명되어 관리사무실에서 경리로서의 업무를 개시한 이래 송도비치텔 관리단 총회에서 관리인으로 선임된 피고인에 의해 재임명되어 계속하여 그 업무를 집행하여 온 사실이 인정된다면 공소외 1의 업무는 사실상 평온하게 이루어지는 사회적 활동의 기반이 되고 있었다고 보기에 충분하고, 가사 피고인이 의결정족수를 충족하지 못하여 관리인으로 선임된 것이 무효가 되어 버렸다고 하더라도 그러한 사정만으로 그에 의해 재임명된 공소외 1의 아파트관리업무가 반사회성을 띠게 되어 업무방해죄의 보호대상에서 제외된다고 보기는 어렵다.

○ 대법원 2005.9.30. 선고 2005도4688 판결【업무방해】

피해자는 다세대주택에 대한 건축허가를 받아 그 공사를 개시하여 약 1달 정도 진행하고 있었고, 그 소유의 토지 부분에 별도의 출입로를 확보하지 않은 채 공사를 진행하기는 하였으나 그것이 건축허가조건에 위배되는 것도 아니었고, 피해자가 당초 불특정·다수인의 통행로로 이용되어 오던 이 사건 통로에 대하여 그 일부분의 소유자들인 피고인 등으로부터 사전에 사용승낙을 받지 못하였거나 그 공사차량 통행으로 인하여 피고인의 영업에 다소 피해를 주었다고 하더라도, 그러한 사정들만으로 위 피해자의 건축공사업무가 그 위법의 정도가 중하여 사회생활상 도저히 용인할 수 없는 정도로 반사회성을 띤다거나 그와 동등한 것으로 평가할 정도에 이르렀다고는 할 수 없다.

○ 대법원 2008.3.14. 선고 2007도11181 판결【업무방해】

주차장은 원래의 소유자이었던 공소외 1로부터 공소외 2, 3, 4에게로 순차 임대 또는 전대되어 공소외 4가 운영해 오고 있었다면, 설령 피고인이 정당한 소유자로부터 위 주차장을 새로 임대받았다고 하더라도 피고인이 적법절차에 따라 권리를 확보하고 보호받는 것은 별론으로 하고, 다른 특별한 사정없이 공소외 4의 주차장 영업을 방해한 행위는 업무방해죄에 해당한다.

3) 그러나 어떤 사무나 활동 자체가 위법의 정도가 중하여 사회생활상 도저히 용인될 수 없는 정도로 반사회성을 띠는 경우에는 업무방해죄 보호대상이 되는 '업무'에 해당한다고 볼 수 없다. 예컨대 법원의 직무집행정지 가처분결정에 의하여 그 직무집행이 정지된 자가 법원의 결정에 반하여 직무를 수행함으로써 업무를 계속 하거나(☞ **[판례 II-1]** 참조), 의료인이나 의료법인이 아닌 자가 의료기관을 개설하여 운영하거나(대법원 2001.11.30. 선고 2001도2015 판결), 회사 운영권의 양도·양수 합의의 존부 및 효력에 관한 다툼이 있는 상황에서 양수인이 비정상적으로 회사의 임원변경등기를 마치고 임원으로서의 업무를 수행하거나(대법원 2007.8.23. 선고 2006도3687 판결), 적재량 측정을 강제할 수 있는 법령상의 근거가 없이 도로관리청 또는 그로부터 권한을 위임받아 과적차량 단속을 위한 적재량 측정의 업무를 수행하는 것(대법원 2010.6.10. 선고 2010도935 판결)은 정당한 업무집행이라고 할 수 없으므로 이를 방해하는 행위는 업무방해죄를 구성하지 않는다.

[판례 II-1] 대법원 2002.8.23. 선고 2001도5592 판결【업무방해】

〈공소사실〉

○○아파트의 재건축조합장이던 피고인이 사표를 제출하자 위 조합에서는 임원 중 연장자가 직무대행을 하도록 되어 있는 정관의 규정에 따라 피해자를 조합장직무대행으로 선출하여 동인이 조합장의 업무를 수행하여 왔는데, 피고인은 1999.7.27. 14:00경 ○○아파트재건축조합 사무실에서, 피해자가 대의원회의를 소집하여 새로운 조합장을 선출하려는 것을 방해하려고, 이삿짐센터 인부 및 현대건설 직원 등 수십여 명을 동원하여 위 사무실의 복사기 1대 등 물품 28개와 조합관련서류 28점 등을 다른 사무실로 옮기면서 피해자에게 "네가 직무대리냐 개새끼 죽여 버린다"며 멱살을 잡아 흔들어 위력으로 피해자의 조합장직무대행 업무를 방해하고, 같은 장소에서, 같은 날 14:00에 열릴 예정인 새로운 조합장 선출을 위한 대의원회의를 방해하기 위하여 피해자에게 "네가 무슨 직무대행이냐, 죽여 버린다"라고 욕설을 하고 대형 에어콘 1대 등 17개의 사무실 집기를 이전하여 위력으로 피해자의 조합장직무대행 업무를 방해하였다.

〈원심 판결요지〉

피해자는 위 조합의 정관에 따라 일응 적법한 절차를 거쳐서 조합장직무대행으로서의 업무를 개시한 이래 계속하여 그 업무를 집행하고 있었으므로 그 업무는 사실상 평온하게 이루어지는 사회적 활동의 기반이 되고 있었다고 보기에 충분하고, 피해자에 대하여 그 직무집행을 정지하고 피고인의 조합장 직무집행을 방해하지 말라는 가처분결정이 고지되었다고 하더라도 그러한 사정만으로 피해자의 조합장직무대행업무가 반사회성을 띠게 되어 업무방해죄의 보호대상에서 제외된다고 보기는 어렵고, 위 가처분인용결정에 대한 본안소송에서 피고인과 피해자 사이의 권리의무 관계가 아직 확정되지도 않은 상태에 있었던 점에 비추어 보면, 피해자의 업무를 일반 조합원이나 외부의 제3자에 대한 관계와 구분하여 피고인에 대한 관계에서는 법에 의하여 보호받아야 할 업무가 아니라고 할 수 있을지 의문이고, 피해자가 조합장직무대행자로서 위 가처분인용결정을 고지받기 전부터 대의원회의 소집·개최를 위한 업무를 계속해 온 이상 그 업무가 대의원회의 소집업무 자체인지 아니면 그 전 단계의 일반적인 조합장 업무인지, 또 피해자에게 대의원회의 소집·개최에 관한 적법한 권한이 있는지 여부에 관계없이 사실상 평온하게 이루어져 온 것임이 분명하고, 나아가 그 후 이 사건 업무방해 전에 피고인의 대의원회의소집정지가처분신청이 기각되었을 뿐만 아니라 그 기각 결정이 피해자에게 대의원회의 소집·개최권한이 있는 것처럼 받아들여질 소지까지 있었다면, 피해자의 대의원회의 소집·개최업무는 법률상 보호할 가치가 있는 것으로서 업무방해죄의 보호대상이 되고, 그 소집·개최업무를 저지하려고 한 피고인에게 업무방해의 고의가 있었다고 봄이 상당하다.

〈대법원 판결요지〉

법원의 가처분결정에 의하여 피해자의 조합장직무대행 직무가 정지되고 오히려 피해자가 피고인의 조합장으로서의 직무집행을 방해하여서는 아니 되는 이상 그 결정을 무시한 채 그에 반하여 행하여지는 피해자의 업무는 더 이상 사실상 평온하게 이루어지는 사회적 활동의 기반이 되는 것이라 할 수 없어 법의 보호를 받을 가치를 상실하였다 하지 않을 수 없고, 따라서 업무방해죄에서 말하는 업무에 해당한다고 할 수 없는 것이며, 비록 피고인이 적법한 절차에 의하여 피해자로부터 조합장 업무를 인수하지 아니하고 유형력을 일부 행사하여 조합의 사무실을 이전하였고 그것이 상당성을 잃은 행위라고 할지라도 피고인이 그 유형력의 행사와 관련하여 별도로 형사처벌을 받는 것은 별론으로 하고 그러한 사정만으로 피해자의 업무자체가 법의 보호를 받을 수 있는 업무가 되는 것은 아니라 할 것이다.

〈참조판례〉

○ **대법원 2001.11.30. 선고 2001도2015 판결【의료법위반, 업무방해】**

의료법은 제30조 제2항에서 의료인이나 의료법인이 아닌 자가 의료기관을 개설하여 운영하는 경우에 초래될 국민 보건위생상의 중대한 위험을 방지하기 위하여 의료인이나 의료법인이 아닌 자의 의료기관개설을 금지하고, 제66조 제3호에서는 이를 위반하는 경우 5년 이하의 징역 또는 2천만원 이하의 벌금에 처하도록 규정하고 있어 의료인이나 의료법인이 아닌 자의 의료기관 개설행위는 의료법에 의하여 금지된 행위로서 형사처벌의 대상이 되는 범죄행위에 해당할 뿐 아니라, 의료인이나 의료법인이 아닌 자가 의료기관을 개설하여 운영하는 행위는 거기에 따를 수 있는 국민보건상의 위험성에 비추어 사회통념상으로 도저히 용인될 수 없다. 따라서 의료인이나 의료법인이 아닌 자가 의료기관을 개설하여 운영하는 행위는 그 위법의 정도가 중하여 사회생활상 도저히 용인될 수 없는 정도로 반사회성을 띠고 있으므로 업무방해죄의 보호대상이 되는 '업무'에 해당하지 않는다.

○ **대법원 2007.1.12. 선고 2006도6599 판결【업무방해】**

공인중개사인 피고인이 자신의 명의로 등록되어 있으나 실제로는 공인중개사가 아닌 피해자가 주도적으로 운영하는 형식으로 동업하여 중개사무소를 운영하다가 위 동업관계가 피해자의 귀책사유로 종료되고 피고인이 동업관계의 종료로 부동산중개업을 그만두기로 한 경우, 피해자의 중개업은 법에 의하여 금지된 행위로서 형사처벌의 대상이 되는 범죄행위에 해당하는 것으로서 업무방해죄의 보호대상이 되는 업무라고 볼 수 없다.

○ 대법원 2007.8.23. 선고 2006도3687 판결【업무방해, 상법위반】

어떠한 업무의 양도·양수 여부를 둘러싸고 분쟁이 발생한 경우에 양수인의 업무에 대한 양도인의 업무방해죄가 인정되려면, 당해 업무에 관한 양도·양수합의의 존재가 인정되어야 함은 물론이고, 더 나아가 그 합의에 따라 당해 업무가 실제로 양수인에게 양도된 후 사실상 평온하게 이루어져 양수인의 사회적 활동의 기반이 됨으로써 타인, 특히 양도인의 위법한 행위에 의한 침해로부터 보호할 가치가 있는 업무라고 볼 수 있을 정도에 이르러야 한다. 회사 운영권의 양도·양수 합의의 존부 및 효력에 관한 다툼이 있는 상황에서 양수인이 비정상적으로 회사의 임원변경등기를 마친 것만으로는 회사 대표이사로서 정상적인 업무에 종사하기 시작하였다거나 그 업무가 양도인에 대한 관계에서 보호할 가치가 있는 정도에 이르렀다고 보기 어려워, 양도인의 침해행위가 양수인의 '업무'에 대한 업무방해죄를 구성하는 것으로 볼 수 없다.

○ 대법원 2010.6.10. 선고 2010도935 판결【업무방해】

도로관리청 또는 그로부터 권한을 위임받아 과적차량 단속을 위한 적재량 측정의 업무를 수행하는 자라고 하더라도 적재량 측정을 강제할 수 있는 법령상의 근거가 없는 한 측정에 불응하는 자를 고발하는 것은 별론으로 하고, 측정을 강제하기 위한 조치를 취할 권한은 없으므로 이를 위한 조치가 정당한 업무집행이라고 볼 수는 없다. 따라서 도로관리청으로부터 권한을 위임받아 고속도로에서의 과적단속 업무를 담당하는 피해자로부터 축조작을 의심받고 적재량 재측정을 요구받은 피고인이 이를 거부하고 고속도로를 빠져나가려 하자, 재측정을 시킬 목적으로 차량에 올라탄 피해자를 그대로 둔 채 차량을 진행한 행위에 대하여 업무방해의 결과가 발생할 위험이 없으므로 업무방해죄를 구성하지 않는다.

4) 성매매알선 등 행위는 법에 의하여 원천적으로 금지된 행위로서 형사처벌의 대상이 되는 중대한 범죄행위일 뿐 아니라 정의관념상 용인될 수 없는 정도로 반사회성을 띠는 경우에 해당하므로 이는 업무방해죄의 보호대상이 되지 않는다. 따라서 폭력조직 간부인 피고인이 조직원들과 공모하여 甲이 운영하는 성매매업소 앞에 속칭 '병풍'을 치거나 차량을 주차해 놓는 등 위력으로써 업무를 방해하였더라도 업무방해죄는 성립하지 않는다(☞ **[판례 Ⅱ-2]** 참조).

[판례 Ⅱ-2] 대법원 2011.10.13. 선고 2011도7081 판결【폭처법위반(단체등의구성·활동 등), 업무방해, 협박】

〈공소사실〉

2005.5.25. 19:00경 피해자 A 운영의 성매매업소 앞길에서 위 업소 윤락녀들이 ○○역전파 B에게 호객행위를 하였다는 이유로 B가 A에게 욕설을 하자 A가 피고인 1에게 돈을 받을 것이 있어 그 돈을 달라고 한다는 이유로 피고인 1의 지시로 행패를 부리는 것으로 생각하고 "피고인 1이 시킨거냐"라고 항의하자 잠시 후 피고인 1이 피고인 2 등과 함께 그곳으로 와 A에게 욕설을 하고 위 업소 문 앞에 일렬로 서서 일명 병풍을 치며 손님이 들어오지 못하게 하였다. 2005.5.31. 06:00경 A운영의 성매매업소에서, 피고인 3 등은 정당한 이유 없이 위 업소 안으로 들어와 아가씨들이 영업을 하기 위해 서 있는 미스방과 가게 주방에 서 있고, 피고인 4는 어떤 윤락녀 방에 들어가 그녀를 위협하고, 피고인 5는 A가 위 업소로 들어가려는 것을 막아 약 2시간 동안 위 업소의 정상적인 활동을 못하게 하였다.

〈판결요지〉

형법상 업무방해죄의 보호대상이 되는 '업무'라 함은 직업 또는 계속적으로 종사하는 사무나 사업으로서 타인의 위법한 침해로부터 형법상 보호할 가치가 있는 것이어야 하므로, 어떤 사무나 활동 자체가 위법의 정도가 중하여 사회생활상 도저히 용인될 수 없는 정도로 반사회성을 띠는 경우에는 업무방해죄의 보호대상이 되는 '업무'에 해당한다고 볼 수 없다.

구 성매매알선 등 행위의 처벌에 관한 법률(2010.4.15. 법률 제10261호로 개정되기 전의 것)은 성매매알선 등 행위에 해당하는 행위로 '성매매를 알선·권유·유인 또는 강요하는 행위', '성매매의 장소를 제공하는 행위' 등을 규정하고, 성매매알선행위와 성을 파는 행위를 하게 할 목적으로 타인을 고용·모집하는 행위를 금지하고, 이에 위반하여 성매매알선 등 행위를 한 자 및 그 미수범을 형사처벌하도록 규정하고 있으므로, 성매매알선 등 행위는 법에 의하여 원천적으로 금지된 행위로서 형사처벌의 대상이 되는 중대한 범죄행위일 뿐 아니라 정의관념상 용인될 수 없는 정도로 반사회성을 띠는 경우에 해당하므로 이는 업무방해죄의 보호대상이 되는 업무라고 볼 수 없다. 이러한 법리를 기록에 비추어 살펴보면, 피해자 A는 2005.4.경부터 3년간 수원역 인근 사창가 골목에서 윤락녀를 고용하여 성매매업소를 운영하여 온 사실 등을 알 수 있고, 위 성매매업소 운영에는 성매매를 알선·권유하거나 성매매장소를 제공하는 행위 등이 필연적으로 수반되는 것이어서 그 업소의 운영자는 성매매알선 등 행위를 한 자 또는 영업으로 성매매알선 등 행위를 한 자에 해당하므로, A의 성매매업소 운영업무는 업무방해죄의 보호대상이 되는 업무라고 볼 수 없다.

〈해 설〉

업무방해죄의 '업무'라 함은 직업 또는 계속적으로 종사하는 사무나 사업을 말하는 것으로서 반드시 그 업무의 기초가 된 계약 또는 행정행위 등이 반드시 적법하여야 하는 것은 아니다. 그렇다고 하여 어떤 사무나 활동 자체가 사회생활상 용인될 수 없는 정도로 반사회성을 띠는 경우까지 업무방해죄의 보호대상으로 할 수는 없다. 그러나 다른 한편으로 생각해 보면 어떤 업무가 사회생활상 용인될 수 없는 정도로 반사회성을 띠는 경우 그러한 업무를 한 자를 형사처벌하는 문제와 그러한 업무를 방해한 자를 형사처벌하는 문제는 별개로 보아야 하지 않는가의 문제가 발생한다.

이 사건에서 대법원은 성매매를 법에 의하여 원천적으로 금지된 행위로서 형사처벌의 대상이 되는 중대한 범죄행위일 뿐 아니라 정의관념상 용인될 수 없는 정도로 반사회성을 띠는 업무라고 보고 있으나, 성매매를 처벌하지 않거나 제한적으로 처벌하는 국가가 많고 비범죄화를 주장하는 견해도 적지 않다. 성매매행위가 공서양속에 반하고 법률에 의해 금지되는 행위인 것은 분명하지만, '중대한' 범죄행위나 '정의관념상 도저히 용인될 수 없는 정도'의 반사회적인 행위라고 단정하기는 곤란하다. 게다가 이 사건과 같이 성매매업이 위법하다는 이유로 범죄단체에 의해 불법적으로 영업을 방해하는 행위를 처벌하지 않는다면 실질적으로는 더 큰 불법을 방치하는 결과가 된다. 따라서 이 사건에서 성매매업이 비록 법에 의해 금지되고 형사처벌의 대상이 된다고 하더라고 그러한 행위를 한 자를 처벌하는 것은 별론으로 하더라도 다수인이 위력을 행사하여 성매매업을 불법적으로 방해한 자는 업무방해죄의 죄책을 면할 수는 없다고 하겠다.

나. 사람의 업무

1) 업무방해죄의 객체는 '사람의 업무'이다. 여기서 사람이란 범인 이외의 자연인뿐만 아니라 법인 및 법인격 없는 단체를 포함한다. 다만 법적 성질이 영조물에 불과한 대학교는 업무방해죄에 있어서의 업무의 주체가 될 수 없으므로, 대학교의 교직원이 편입학의 자격없는 학생을 부정한 방법으로 편입학하게 한 경우 편입학 업무의 주체는 대학교가 아니라 총장으로 보아야 한다(대법원 1999.1.15. 선고 98도663 판결).

한편 업무방해죄의 업무는 자기의 업무가 아닌 타인의 업무이어야 한다. 대학교의 성적평가업무는 대학교 자체가 아니라 담당교수의 업무에 속하므로 대학교 교수가 학생의 성적표에 시험답안지의 점수와는 다른 점수를 기재하고 시험답안지를 임의로 작성해 두었더라도 이는 대학교에 대한 업무방해죄를 구성하지 않는다(☞ **[판례 II-3]** 참조).

[판례 II-3] 대법원 1999.1.15. 선고 98도663 판결【업무방해, 배임수재 등】

〈사실관계〉

피고인 1은 이 사건 대학교 자연과학대학 사회체육학과 교수로서, (1) 1995.2.경 이 사건 대학교가 같은 학년도 사회체육학과 편입학 전형을 실시함에 있어, 교육법시행령, 이 사건 대학교 학칙 및 동 시행규칙, 1995학년도 편입생모집요강의 각 규정상 자격을 갖추지 못한 피고인 2와 3이 같은 해 2.7.부터 같은 달 10.까지 편입학 원서를 제출하였다가 교무과 접수 담당직원으로부터 원서를 반려당하자 피고인 1이 담당직원에게 전화를 걸어 피고인 2와 3의 원서를 가접수하게 하고, 이어 같은 달 15.경 교무과장실에서 교무처장, 교무과장 등과 함께 편입학 지원자들에 대한 상장(賞狀)심사회의를 하는 자리에서 사회체육학과장과 함께 피고인 2와 3에게 편입학 자격을 줄 것을 강력히 요구하여 교무처장과 교무과장의 승낙을 얻은 다음, 같은 달 16. 10:00경 부총장의 주재로 열린 편입학 사정회의에서 피고인 2와 3이 편입학 자격이 없는 사실을 보고하지 아니하고, 사정회의 시 제출된 사정대장 중 피고인 2와 3의 란에는 자연과학대학장, 교무처장, 부총장, 총장 등이 날인하지 아니하여 그들에 대한 편입학 사정이 이루어지지 아니한 상태에서, 같은 날 오후에 그들을 합격자로 발표하게 함으로써 위계로써 ○○대학교의 편입학 전형업무를 방해하고, (2) 같은 해 2. 초순경 피고인 2로부터 편입학과 관련하여 잘 부탁한다는 취지의 부탁을 받은 다음, 같은 달 10.경 편입학 자격이 없는 피고인 2의 원서를 가접수하게 하고, 같은 달 15. 상장심사회의에서 피고인 2를 편입학시키기로 한 후, 같은 달 16.의 사정회의에서 피고인 2에 대한 사정이 이루어지지 않았음에도 그를 합격자로 발표하게 하여 편입학을 시켜 준 다음, 같은 해 3. 말 일자불상경 피고인의 연구실에서 피고인 2로부터 금 10,000,000원을 교부받아 이를 취득하고, (3) 같은 해 6. 말경 피고인의 연구실에서 수강생들에 대한 성적표의 점수는 그들의 시험답안지 점수와 일치하게 기재하여 그 성적표를 교무처 학적과에 제출하여야 함에도 피고인이 강의하는 '운동원리'에서 피고인 2가 중간시험에서 25점을 취득하였음에도 그의 성적표에서는 35점으로 기재하여 교무처 학적과에 제출하여 피고인 2로 하여금 B학점으로 평가받게 함으로써, 각 위계로써 이 사건 대학교의 피고인 2에 대한 시험성적 평가업무를 방해하고, 같은 해 6.21. 사회체육과 과사무실에서 피고인 3이 '평생체육론'의 기말시험에 응시한 사실이 없음에도 불구하고 조교에게 백지 시험답안지를 주어 거기에 피고인 3의 학번과 이름을 기재한 다음 이를 자연과학대학 교학과 직원에게 제출함으로써, 위계로써 이 사건 대학교의 피고인 3에 대한 시험성적 평가업무를 방해하였다.

〈판결요지〉

(1) 업무방해죄에 있어서의 행위의 객체는 타인의 업무이고, 여기서 타인이라 함은 범인 이외의 자연인과 법인 및 법인격 없는 단체를 가리키므로, 법적 성질이 영조물에 불과한 대학교 자체는 업무방해죄에 있어서의 업무의 주체가 될 수 없다. 뿐만 아니라 교육법시행령 제69조 제1항에 의하면 학생의 편입학은 특별한 사정이 없는 한 학칙이 정하는 바에 따라 학교장이 행하게 되어 있고, 이 사건 대학교의 학칙도 그 제17조에서 입학의 허가는 소속대학 교수회의 사정을 거쳐 총장이 이를 행하는 것으로 규정하고 있음을 알 수 있으므로, 이러한 관련 규정들에 의하면 이 사건 대학교의 편입학 업무는 그 총장에게 귀속된다고 할 것이므로, 이 부분 범죄사실에서 피고인이 방해한 편입학 업무의 주체가 이 사건 대학교인 것으로 판시한 것은 적절치 아니하나, 원심이 인정한 범죄사실 중 총장이 소정의 절차에 따라 사정대장에 날인하지 아니하였음에도 피고인 2와 3을 합격자로 발표함으로써 편입학업무를 방해한 것이라는 부분은 총장의 편입학업무를 방해한 것이라는 취지로 볼 수 있으므로, 이를 유죄로 본 원심의 판단에는 업무방해죄의 법리를 오해한 잘못이 없다.

(2) 이 사건 성적평가 업무방해 부분 범죄사실은 결국 피고인 1이 피고인 2의 성적단표에 시험답안지의 점수와는 다른 점수를 기재하고, 피고인 3의 시험답안지를 임의로 작성하여 둔 것이 성적평가업무에 속함을 전제로 한 것이나, 피고인의 행위는 일단 피고인 2의 시험답안지에 대한 채점을 완료하여 놓고도 그 후 교무처에 송부하는 성적단표에는 실제 시험답안지상의 점수와

다르게 기재하여 피고인 2로 하여금 과락을 면하거나 보다 좋은 성적을 얻게 하고, 피고인 3의 시험답안지에 관한 부분은 단지 백지 시험답안지에 그의 학번과 이름만을 기재하여 시험답안지철에 끼워 놓기만 한 것임을 알 수 있다. 그러나 이러한 피고인의 행위는 그 성격상 개별 과목에 대한 성적 평가 후에 이루어지는 성적의 취합과 통보 및 그에 관한 자료의 보전 등과 같은 피고인 자신의 성적의 관리업무와 관련된 행위일 뿐만 아니라, 이 사건 대학교의 학칙과 그 시행규칙에는 각 교과목의 성적은 담당교수가 학생의 정기시험성적과 평소 학습태도, 과제 및 보고서, 각종 부정기시험으로 종합평가하도록 규정하고 있음을 알아 볼 수 있으므로, 이 사건 대학교에 있어 성적평가업무는 대학 자체가 아니라 담당교수의 업무에 속한다고 할 것이다. 따라서 원심이 이 사건 성적평가업무의 주체가 이 사건 대학교임을 전제로 이 부분 범죄사실을 모두 유죄로 인정한 것은 결국 성적평가업무의 주체를 오해함으로써 판결에 영향을 미친 위법을 저지른 것이라고 할 것이다.

〈참조판례〉

○ 대법원 1993.5.11. 선고 92도255 판결【업무방해】

대학교 총장이 신입생을 추가로 모집함에 있어 기부금을 낸 학부모나 교직원 자녀들의 성적 또는 지망학과를 고쳐 석차가 추가로 모집하는 인원의 범위 내에 들도록 사정부를 허위로 작성한 다음 그 정을 모르는 입학사정위원들에게 제출하여 허위로 작성된 사정부에 따라 입학사정을 하게 함으로써 위 자녀들을 합격자로 사정하게 하였다면 이는 위계로써 입학사정업무를 방해하였다고 할 것이다.

○ 대법원 1993.12.28. 선고 93도2669 판결【업무방해】

채점절차가 실질적으로 완료되어 채점위원이라고 하더라도 채점상의 착오를 바로 잡기 위한 것이 아닌 한 더 이상 채점결과를 변경할 수 없는 단계에서 일부 응시생들을 합격시킬 목적만으로 채점결과를 변경한 행위는 채점을 담당한 교수의 권한을 벗어나는 것임이 분명하고, 따라서 위와 같은 행위는 결국 아무 권한도 없이 이미 확정된 채점결과를 임의로 변경하여 대학원위원회의 합격자사정업무를 위계로써 방해한 것에 해당한다.

○ 대법원 1994.3.11. 선고 93도2305 판결【업무방해】

학부모들이 대학교 교무처장 등에게 자녀들의 부정입학을 청탁하면서 그 대가로 대학교측에 기부금명목의 금품을 제공하고 이에 따라 교무처장 등이 그들의 실제 입학시험성적을 임의로 고쳐 그 석차가 모집정원의 범위 내에 들도록 사정부를 허위로 작성한 다음 이를 그 정을 모르는 입학사정위원들에게 제출하여 그들로 하여금 그 사정부에 따라 입학사정을 하게 함으로써 자녀들을 합격자로 사정처리 하게 한 것은 위계로써 입학사정위원들의 사정업무를 방해한 것이다.

회사의 신규직원 채용 업무와 관련하여 채점업무 담당자들이 점수조작을 통해 응시자를 필기시험에 합격시켜 면접시험에 응시할 수 있도록 한 경우 점수조작행위에 공모 또는 양해하지 아니한 면접위원들의 면접업무가 방해되었다고 보아야 하므로 업무방해의 죄책을 진다. 그러나 회사의 신규직원 채용권한을 갖고 있는 사장이 채용업무 담당자들에게 부정한 지시를 내리고 이에 따른 업무 담당자들이 공모 또는 양해 하에 부정한 행위를 하여 자격이 없는 사람을 신규직원으로 채용하였더라도 법인인 공사에게 그 신규직원 채용업무와 관련하여 오인·착각 또는 부지를 일으키게 하였다고 볼 수 없으므로 사장과 채용업무 담당자들의 부정행위를 위계에 의한 업무방해에 해당한다고 할 수 없다(☞ **[판례 Ⅱ-4]** 참조).

[판례 II-4] 대법원 2007.12.27. 선고 2005도6404 판결【업무방해】

〈공소사실〉

피고인 甲은 지방공기업법에 의해 설립된 ○○공사 사장으로 그 업무를 총괄 지휘하는 자로서 (1) ○○공사 일반사무직 신규직원을 공개채용함에 있어 국회의원으로부터 자신의 후원회원의 자녀 A를 합격시켜 달라는 부탁을 받고, ○○공사 총무팀장인 乙에게 "A를 잘 챙겨라"고 지시한 후 乙로부터 필기시험 결과 A의 성적이 합격권 밖이라는 보고를 받고 A를 꼭 합격시키도록 재차 지시하여, 乙는 당시는 구조조정을 하던 때로 사장의 말을 듣지 않으면 신분상의 불이익을 당할 것을 우려한 나머지 인사담당 직원 丙, 丁과 A를 합격시키기로 공모한 후 A의 성적이 평균 80.5점으로 일반계열 합격권 안에 들지 못함에도 불구하고, 여분의 시험답안지 용지로 A의 시험답안지를 위조하고 점수 순으로 전산출력된 채점결과의 A의 성적을 변조하는 방법으로 A의 성적을 평균 83.5점으로 변경하여 합격권 안에 들도록 한 다음, 이를 근거로 작성된 일반행정직 신규채용 시험 결과보고서에 甲과 乙이 순차 결재를 하고 면접시험을 거친 후 A를 합격시켜 채용하고, (2) 전문계약직인 사서직 1명을 채용함에 있어 응시자격을 1970.1.1. 이후 출생자(만 30세 이하)로 제한하기로 하고 내규에 따라 일간신문에 전문계약직원 모집 공고를 하였고, 피고인 甲의 대학 스승의 딸인 B는 연령이 초과되어 응시자격이 없음에도 불구하고 응시원서를 접수하고 면접시험을 치를 수 있도록 자격 연령 요건을 변경하기로 A와 공모하여, B를 합격시키기 위해 응시자격을 1969.1.1. 이후 출생자로 변경하는 전문계약직원 모집 서류심사결과 및 면접시험계획을 甲과 乙이 순차 결재하고, B에 대한 서류전형과 면접시험을 거쳐 당시 공고안에 의하면 무자격자인 B를 합격시켜 채용함으로써 위계로써 공사의 신규직원 채용업무를 방해하였다.

〈대법원 판결요지〉

구 지방공기업법 및 ○○공사의 정관에 의하면 ○○공사의 직원은 사장이 임면하는 것으로 규정되어 있고 또 계약직원 운영관리 내규에는 사장이 계약직원에 대한 일체의 채용권한을 갖는다고 규정되어 있어 공사의 신규직원의 채용권한이 사장인 피고인에게 귀속되어 있다고 하더라도, 피고인이 위 규정에 따라 신규직원의 채용권한을 행사하는 것은 피고인이 법인인 공사의 기관으로서의 지위에서 공사의 업무를 집행하는 것에 불과하므로, 신규직원 채용업무가 공사의 업무가 아니라고 볼 수는 없다. 그리고 위계에 의한 업무방해죄에 있어서의 '위계'라 함은 행위자의 행위목적을 달성하기 위하여 상대방에게 오인·착각 또는 부지를 일으키게 하여 이를 이용하는 것을 말하므로, 법인인 공사는 사장의 시험업무 담당자들에 대한 부정한 지시나 이에 따른 업무 담당자들의 부정행위로 말미암아 공사의 신규직원 채용업무와 관련하여 오인·착각 또는 부지를 일으킨 상대방이 될 수 없어, 공사의 신규직원 채용권한을 갖고 있는 사장과 채용업무 담당자들이 모두 공모 내지 양해 하에 부정한 행위를 하였더라도 법인인 공사에게 그 신규직원 채용업무와 관련하여 오인·착각 또는 부지를 일으키게 하였다고 볼 수 없으므로, 피고인 등의 부정행위를 위계에 의한 업무방해죄에 있어서의 '위계'에 해당한다고 할 수 없다.

〈참조판례〉

○ 대법원 2010.3.25. 선고 2009도8506 판결【업무방해】

수산업협동조합의 신규직원 채용 업무와 관련하여 필기시험 채점업무 담당자들이 조합장인 피고인의 지시에 따라 점수조작을 통해 응시자를 필기시험에 합격시켜 면접시험에 응시할 수 있도록 한 경우 점수조작행위에 공모 또는 양해하였다고 볼 수 없는 면접위원들의 면접업무가 방해되었다고 보아야 하므로 업무방해죄가 성립한다.

(2) 허위사실의 유포, 그 밖의 위계 또는 위력

1) 허위사실의 유포란 실제의 객관적 사실과 서로 다른 사항을 내용으로 하는 사실을 불특정 다수인에게 전파시키는 것을 말한다(대법원 1994.1.28. 선고 93도1278 판결). 반드시 기본적 사실이 허위여야 하

는 것은 아니고 기본적 사실은 진실이더라도 이에 허위사실을 상당 정도 부가시킴으로써 타인의 업무를 방해할 위험이 있는 경우도 포함된다. 그러나 그 내용 전체의 취지를 살펴볼 때 중요한 부분이 객관적 사실과 합치되고 단지 세부에 있어 약간의 차이가 있거나 다소 과장된 표현이 있는 정도에 불과하여 타인의 업무를 방해할 위험이 없는 경우는 허위사실을 유포하였다고 볼 수 없다(대법원 2006.9.8. 선고 2006도1580 판결).

2) 위계라 함은 행위자의 행위목적을 달성하기 위하여 상대방에게 오인·착각 또는 부지를 일으키거나 이를 이용하는 것을 말한다. 허위사실의 유포도 위계의 한 방법이다. 인터넷 자유게시판 등에 실제의 객관적인 사실을 게시하는 행위는 설령 그로 인하여 업무가 방해된다고 하더라도 위계에는 해당하지 않는다(대법원 2007.6.29. 선고 2006도3839 판결).

○ 대법원 1991.11.12. 선고 91도2211 판결【업무방해】

교수인 피고인 1이 출제교수들로부터 대학원신입생전형시험문제를 제출받아 피고인 2, 3에게 그 시험문제를 알려주자 그들이 답안쪽지를 작성한 다음 이를 답안지에 그대로 베껴 써서 그 정을 모르는 시험감독관에게 제출한 경우, 위계로써 입시감독업무를 방해한 것이므로 업무방해죄에 해당한다.

○ 대법원 1992.6.9. 선고 91도2221 판결【업무방해 등】

회사가 공원모집을 함에 있어 학력, 경력을 기재한 이력서와 주민등록등본, 생활기록부 및 각서 등 서류를 교부받고, 응모자를 상대로 문제를 출제하여 시험을 보게 한 것은 단순히 응모자의 노동력을 평가하기 위한 것만이 아니라 노사간의 신뢰형성 및 기업질서 유지를 위한 응모자의 지능과 경험, 교육 정도, 정직성 및 직장에 대한 적응도 등을 감안하여 위 회사의 근로자로서 고용할 만한 적격자인지 여부를 결정하기 위한 자료를 얻기 위함인데, 피고인이 노동운동을 하기 위하여 노동현장에 취업하고자 하나, 자신이 대학교에 입학한 학력과 국가보안법위반죄의 처벌 전력 때문에 쉽사리 입사할 수 없음을 알고 타인 명의로 허위의 학력과 경력을 기재한 이력서를 작성하고 동인의 고등학교 생활기록부 등 서류를 작성 제출하여 시험에 합격하였다면, 피고인은 위계에 의하여 위 회사의 근로자로서의 적격자를 채용하는 업무를 방해하였다고 보아야 한다.

○ 대법원 1996.7.30. 선고 94도2708 판결【업무방해】

피고인 1이 피고인 2와 피고인 3에게 단순히 통계처리와 분석, 또는 외국자료의 번역과 타자만을 의뢰한 것이 아니라 전체 논문의 초안작성을 의뢰하고 피고인 1은 그에 따라 작성된 논문의 내용에 약간의 수정만을 가하여 제출하였다면 학위논문의 작성자는 피고인 1이 아니라 피고인 2 및 피고인 3이라고 보아야 할 것이므로 피고인들의 행위는 업무방해죄를 구성한다.

○ 대법원 2009.9.10. 선고 2009도4772 판결【업무방해】

다른 사람이 작성한 논문을 피고인 단독 혹은 공동으로 작성한 논문인 것처럼 학술지에 제출하여 발표한 논문연구실적을 부교수 승진심사 서류에 포함하여 제출한 경우, 당해 논문을 제외한 다른 논문만으로도 부교수 승진 요건을 월등히 충족하고 있었다는 등의 사정만으로는 승진심사 업무의 적정성이나 공정성을 해할 위험성이 없었다고 단정할 수 없으므로, 위계에 의한 업무방해죄를 구성한다.

○ 대법원 2013.1.24. 선고 2012도10629 판결【특경법위반(횡령), 업무방해 등】

상호저축은행 경영진인 피고인이 저축은행의 영업정지가 임박한 상황에서 저축은행에 파견되어 있던 금융감독원 감독관에게 알리지 아니한 채 영업마감 후에 특정 고액 예금채권자들에게 영업정지 예정사실을 알려주어 예금을 인출하도록 하였다면, 피고인이 영업정지 예정사실 통지에 관한 파견감독관의 부지를 이용하여 예금채권자들로 하여금 예금을 인출하도록 한 것으로 업무방해죄의 위계에 해당한다.

다만 상대방으로부터 신청을 받아 상대방이 일정한 자격요건 등을 갖춘 경우에 한하여 그에 대한 수용 여부를 결정하는 업무에 있어서는 신청서에 기재된 사유가 사실과 부합하지 않을 수 있음을 전제로 그 자격요건 등을 심사·판단하는 것이므로, 그 업무담당자가 사실을 충분히 확인하지 아니한 채 신청인이 제출한 허위의 신청사유나 허위의 소명자료를 가볍게 믿고 이를 수용하였다면, 이는 업무담당자의 불충분한 심사에 기인한 것으로서 신청인의 위계가 업무방해의 위험성을 발생시켰다고 할 수 없어 위계에 의한 업무방해죄를 구성하지 않는다(☞ **[판례 II-5]** 참조).

[판례 II-5] 대법원 2008.6.26. 선고 2008도2537 판결【업무방해】

〈사실관계〉

피고인은 2003.8.4. 위 Y대학교 ○○대학원에 ○○학과 전임교수 임용신청을 함에 있어, '교수초빙 이력서'의 학력사항 중 고등학교란에 '1961년 3월-1964년 2월 ○○여자고등학교 졸업'이라고 허위 기재하고, 학사란에 'Pacific Western University ○○학과 1984년 9월 입학, 1992년 6월 졸업', 석사란에 'S대학교 ○○학과 ○○석사 1997년 3월~2000년 2월', 박사란에 '2001년 3월~2004년 예정'이라고 각 기재하여 마치 ○○여자고등학교를 졸업하고 퍼시픽웨스턴 대학교에서 정상적인 교육 과정을 밟아 정규학력을 취득한 다음 S대학교에서 석사학위를 취득한 것처럼 허위 기재하고, 위 이력사항을 증명하기 위하여 퍼시픽웨스턴대학교에서 '조사를 위한 전문적인 의사소통과 개론과목'에서 B학점을 취득하는 등으로 정상적으로 학점을 취득함을 통하여, 1984.6.15.자 학사학위, 1989.6.15.자 석사학위, 1995.6.15.자 박사학위를 각 취득하였다는 내용의 Pacific Western University 성적증명서 1통, 동 대학교에서 정상적인 학위를 받아 S대학교에서 석사학위를 취득하고, 이어 박사학위과정을 수료하였다는 내용의 S대학교 교무처장 명의의 수료증명서, 연구등록증명서 각 1통 등을 위 교수초빙 이력서와 함께 제출하여 2003.9.1.자로 Y대학교 ○○대학원 ○○학과 전임교수로 임용되었다.

〈판결요지〉

상대방으로부터 신청을 받아 상대방이 일정한 자격요건 등을 갖춘 경우에 한하여 그에 대한 수용 여부를 결정하는 업무에 있어서는 신청서에 기재된 사유가 사실과 부합하지 않을 수 있음을 전제로 그 자격요건 등을 심사·판단하는 것이므로, 그 업무담당자가 사실을 충분히 확인하지 아니한 채 신청인이 제출한 허위의 신청사유나 허위의 소명자료를 가볍게 믿고 이를 수용하였다면, 이는 업무담당자의 불충분한 심사에 기인한 것으로서 신청인의 위계가 업무방해의 위험성을 발생시켰다고 할 수 없어 위계에 의한 업무방해죄를 구성하지 않는다.

원심이 채용한 증거에 의하면, ① 학교 측에서 피고인을 초빙교수 또는 전임교수로 임용하면서 주로 고려한 것은 피고인의 문화예술계 활동경력과 사회적 평판 및 그로 인한 예술경영학과의 인지도 상승이었을 뿐, 피고인의 출신고등학교 내지 대학 입학경력은 아니었던 것으로 보이는 점, 피고인 스스로 미국 퍼시픽 웨스턴(Pacific Western) 대학이 비인증 대학이라는 사정을 적극적으로 밝힐 의무가 있다고 보기 어렵고, 특히 위조·변조된 첨부서류를 제출한 바는 없는 점 등에 비추어 보면 형법 제314조 제1항 업무방해죄에서의 '위계'가 있다고 할 수 없다고 판단하고, ② 나아가 가사 피고인의 위계가 있었다 하더라도 피고인이 제출한 이력서와 제출한 성적증명서에 서로 모순이 있어 임용심사업무 담당자가 조금만 주의를 기울였으면 문제를 충분히 인지할 수 있었음에도 불구하고, 업무담당자의 불충분한 심사로 인하여 피고인의 신청을 믿은 것이므로 신청인의 위계가 업무방해의 위험성을 발생시켰다고 할 수 없으므로 업무방해죄가 성립하지 않는다.

〈참조판례〉

○ 대법원 2004.3.26. 선고 2003도7927 판결【업무방해】

피고인이 공동피고인의 미국방문비자를 주한미국대사관 영사부에 신청함에 있어서 허위의 사실을 기재하여 신청서를 제출한 것에 그치지 않고, 그 소명을 위하여 허위로 작성한 서류를 제출하고 위 공동피고인으로 하여금 비자 면접 때 그에 맞추어 허위의 답변을 하도록 연습을 시켜 그와 같이 면접을 하게 하고 공동피고인의 회사 재직 여부를 묻는 미국대사관 직원의 문의 전화에 대하여 허위 답변을 하였다면 피고인의 행위는 위계에 의한 업무방해죄를 구성한다.

○ 대법원 2010.3.25. 선고 2008도4228 판결【음반·비디오물및게임물에관한법률위반, 업무방해】

경품용 상품권 발행업체 지정 여부를 결정하는 한국게임산업개발원의 업무담당자는 관계 규정이 정한 바에 따라 가맹점 내역에 관한 공인회계사 명의의 확인서를 받았고, 가맹점에 가맹점계약의 체결 여부를 확인하였으며, 공인회계사 등 전문적인 지식을 갖춘 자들을 실사위원으로 지정하여 현장실사하게 하는 등의 방법으로 그 요건의 존부에 관하여 나름대로 충분히 심사를 하였으나, 신청사유 및 소명자료가 허위임을 발견하지 못하고 결국 그 신청을 받아들여 공소외 1 주식회사를 경품용 상품권 발행업체로 지정하게 된 것이므로, 이는 업무담당자의 불충분한 심사가 아니라 피고인들의 위계행위에 의하여 경품용 상품권 발행업체 지정업무가 방해될 위험성이 발생되었다고 할 것이므로 위계에 의한 업무방해죄를 구성한다.

3) '위력'이란 사람의 자유의사를 제압·혼란케 할 만한 일체의 세력으로, 유형적이든 무형적이든 묻지 아니한다. 폭력·협박은 물론 사회적·경제적·정치적 지위와 권세에 의한 압박 등도 이에 포함되고, 현실적으로 피해자의 자유의사가 제압될 것을 요하는 것은 아니지만, 범인의 위세, 사람 수, 주위의 상황 등에 비추어 피해자의 자유의사를 제압하기 족한 세력을 의미한다. 또한 반드시 업무에 종사 중인 사람에게 직접 가해지는 세력만을 의미하는 것은 아니고, 사람의 자유의사를 제압하기에 족한 일정한 상태를 만들어 사람으로 하여금 자유로운 행동을 불가능하게 하거나 현저히 곤란하게 하는 행위도 이에 포함된다(☞ **[판례 II-6]** 참조).

[판례 II-6] 대법원 2001.9.7. 선고 2001도2917 판결【업무방해, 방실수색】

〈공소사실〉

피고인은, 피고인의 작은아버지이며 공소외 1 주식회사의 대표이사인 공소외 2와 위 회사의 주주로서 피고인의 아버지인 공소외 3, 형인 공소외 4 사이에 5건의 임대료 등의 청구소송이 계속되고 있던 중, 공소외 4로부터 주주권행사를 위임받아 위 회사의 1999년도 정기주주총회에 참석해 소송에 유리한 자료를 찾기 위하여, 공소외 4와 공모하여, 위 회사 사무실에서 주주총회의 의장인 공소외 2로부터 피고인과 함께 위 회사주주의 위임장을 받지 않고 참석한 성명불상자 3명을 상대로 '주주총회와 관계없는 사람들은 나가달라.'는 요구를 받자 이를 거절하면서 공소외 2에게 '씹할 새끼 맞아봐야 알겠냐, 아버지도 때리는 판에 너야 못 때리겠느냐, 여기서 나가지 않으면 맞아 죽을 줄 알아'라고 말하고, 위 성명불상자들은 '말조심 하슈'라고 고함을 쳐, 공소외 2로 하여금 주주총회의 개최, 진행을 포기하게 하여 위 회사의 정당한 주주총회 개최업무를 위력으로 방해하였다.

〈원심 판결요지〉

주주총회 장소에서 공소외 1 주식회사 대표이사인 공소외 2측 사람들과 피고인측 사람들 사이에 고성과 욕설이 오고가기는 하였어도 서로 물리적인 충돌이 있었던 것은 아니고, 더욱이 주주총회 의장인 공소외 2가 공소외 3과 공소외 4로부터 정당하게 의결권을 위임받아 주주총회 장소에 참석한 피고인 등의 의결권을 인정하지 않고 피고인 등에게 퇴장을 요구하다가 거절당하자 일방적으로 주주총회 장소인 사무실 밖으로 나가버림으로써 주주총회가 제대로 진행되지 못하였던 것일 뿐, 피고인 등의 위력에 의해 공소외 2가 주주총회 개최를 포기한 것이 아니므로, 피고인 등이 주주총회를 방해하였다고 할 수 없다.

〈대법원 판결요지〉

주주인 공소외 4 자신이 직접 주주총회에 참석하면서도 소유 주식 중 일부에 관한 의결권의 대리행사를 피고인 등 5인에게 나누어 위임하는 것은 의결권의 행사를 위하여 필요한 정당한 범위 내라기 보다는 회사 대주주측에서 참가하는 주주 수보다 회사와 민사소송을 벌이고 있는 소수주주측 참가자 수를 더 많게 함으로써 주주총회에서 자신들의 위세를 과시하여 정상적인 주주총회의 진행을 저해할 의도가 있다고 보일 뿐만 아니라, 결산 및 감사보고와 배당금에 관한 의결을 목적으로 하는 정기주주총회에 참석한 주주의 대리인이 회사의 감사보고에 관한 근거서류를 일일이 요구하는 것은 주주의 의결권 대리행사를 위하여 참석한 대리인의 권한 범위 내에 포함된다고 보기도 어려우므로, 위 공소외 2로서는 공소외 4가 선임한 의결권 행사 대리인인 피고인 등이 위 주주총회에 참석하는 것을 적법하게 거절할 수 있었던 것으로 보이고, 그럼에도 불구하고 피고인 등이 공소외 2의 나가달라는 요구를 거절하면서 다수의 힘을 빌어 고성과 욕설을 사용함으로써 공소외 2가 위와 같은 험악한 분위기 속에서 더 이상 주주총회를 개최, 진행하지 못하고 포기하게 만든 것은 위력으로 주주총회의 개최업무를 방해하였다고 보기에 충분하다.

〈참조판례〉

○ 대법원 1983.11.8. 선고 83도1798 판결【업무방해】

피해자가 시장번영회를 상대로 잦은 진정을 하고 협조를 하지 않는다는 이유로 시장번영회 총회결의에 의하여 피해자 소유점포에 대하여 정당한 권한없이 단전조치를 한 것이라면 그 결의에 참가한 회원의 위력에 의한 업무방해 행위가 성립하고, 피해자에게 사전통고를 한 여부나 피고인이 회장의 자격으로 단전조치를 한 여부는 위 죄의 성립에 영향이 없다.

○ 대법원 1991.2.12. 선고 90도2501 판결【업무방해, 출판물에의한명예훼손】

피고인들이 마이크를 빼앗으며 유림총회의 회의를 진행하지 못하게 하고 피해자를 비방하면서 걸려 있는 현수막을 제거하고 회의장에 들어가려는 대의원들을 회의에 참석하지 못하게 하였다면 위력으로 피해자의 유림총회 개최업무를 방해한 것이라고 보아야 할 것이고, 피해자가 유림대표 선출에 관한 규정에 위배하여 위 회의를 개최하였고 결국 총회의 무기연기가 선언되었다고 하여도 업무방해죄의 성립에 영향이 없다.

○ 대법원 1991.6.11. 선고 91도753 판결【업무방해, 집시법위반 등】

회사에서 휴업공고를 하였다 하더라도 비상대책위원회 의장인 피고인 등이 근로자들로 하여금 작업을 거부하게 함과 아울러 회사로 통하는 모든 출입문에 바리케이트 등을 설치하고 다수의 근로자들로 하여금 위 회사의 관리직사원을 포함한 모든 출입자의 출입을 통제하였다면 위력으로 회사의 업무를 방해한 것이다.

○ 대법원 1992.2.11. 선고 91도1834 판결【노동쟁의조정법위반, 업무방해】

10여명의 공장 종업원들이 회사의 공장 정문을 봉쇄하고 출입자를 통제하여 규찰을 보며 공장 관리직 사원들과 함께 밖으로 나가려는 이사를 밖으로 나가지 못하게 하였다면 위와 같은 일련의 행위과정에 나타난 위세는 위 회사를 위한 업무종사자들의 자유의사를 제압하거나 혼란케 할 만한 정도의 세력이어서 업무방해죄에 있어서의 행위수단인 위력에 해당된다.

○ 대법원 2005.3.25. 선고 2003도5004 판결【업무방해】

자신의 명의로 등록되어 있는 피해자 운영의 학원에 대하여 피해자의 승낙을 받지 아니하고 폐원신고를 하였다고 하더라도 피해자에게 사전에 통고를 한 뒤 폐원신고를 하였다면 피해자에게 오인·착각 또는 부지를 일으켜 이를 이용하여 피해자의 업무를 방해한 것으로 보기는 어렵고, 피해자가 운영하고 있는 학원이 자신의 명의로 등록되어 있는 지위를 이용하여 임의로 폐원신고를 함으로써 피해자의 업무를 위력으로써 방해한 것으로 보는 것이 타당하다.

○ 대법원 2004.10.15. 선고 2004도4467 판결【업무방해】

신고한 옥외집회에서 고성능 확성기 등을 사용하여 발생된 소음이 82.9dB 내지 100.1dB에 이르고, 사무실 내에서의 전화통화, 대화 등이 어려웠으며, 밖에서는 부근을 통행하기조차 곤란하였고, 인근 상인들도 소음으로 인한 고통을 호소하는 정도에 이르렀다면 이는 위력으로 인근 상인 및 사무실 종사자들의 업무를 방해한 업무방해죄를 구성한다.

○ 대법원 2005.3.10. 선고 2004도341 판결【업무방해 등】

피해자의 차임연체를 이유로 점포에 관한 임대차계약을 적법하게 해지하기는 하였지만 여전히 피해자가 점포를 점유하고 식당영업을 하고 있는 상태에서, 간판업자를 동원하여 점포에 설치된 피해자 소유의 간판을 철거하고 피해자가 영업을 하지 못하도록 점포의 출입문을 자물통으로 채우고 창문에 '폐업'이라는 공고문을 붙인 것은 위력을 사용하여 피해자의 업무를 방해한 것에 해당한다.

○ 대법원 2009.4.23. 선고 2007도9924 판결【업무방해】

자신의 명의로 사업자등록이 되어 있고 자신이 상주하여 지게차 판매 등을 하고 있는 지위를 이용하여, 피해자의 사업장 출입을 금지하기 위하여 출입문에 설치된 자물쇠의 비밀번호를 변경한 행위는 위력에 의한 업무방해죄가 성립한다.

○ 대법원 2009.9.10. 선고 2009도5732 판결【업무방해】

피해자들이 경작 중이던 농작물을 트랙터를 이용하여 갈아엎은 다음 그곳에 이랑을 만들고 새로운 농작물을 심어 피해자의 자유로운 논밭 경작 행위를 불가능하게 하거나 현저히 곤란하게 한 경우, 위력에 의한 업무방해죄에 해당한다.

○ 대법원 2012.5.24. 선고 2009도4141 판결【업무방해】

A 주식회사 임원이 자동차 판매수수료율과 관련하여 대리점 사업자들과 A회사 사이에 의견대립이 고조되자, 대리점 사업자 B가 일정액의 사용료를 지급하고 판매정보 교환 등에 이용해 오던 A회사의 내부전산망 전체 및 고객관리시스템 중 자유게시판에 대한 접속권한을 차단하였다면 이는 위력으로 B의 업무를 방해한 것에 해당한다.

○ 대법원 2013.3.14. 선고 2010도410 판결【업무방해, 정통법위반(정보통신망침해등)】

인터넷카페의 운영진인 피고인들이 카페 회원들과 공모하여, 특정 신문들에 광고를 게재하는 광고주들에게 불매운동의 일환으로 지속적·집단적으로 항의전화를 하거나 항의글을 게시하는 등의 방법으로 광고중단을 압박한 경우 피고인들의 행위가 광고주들에 대하여는 위력에 해당하지만, 신문사들에 대하여는 직접적인 위력의 행사가 있었다고 보기에 부족하다.

노동조합과 사용자 또는 사용자단체간에 임금·근로시간·복지·해고 기타 대우 등 근로조건의 결정에 관한 주장의 불일치로 인한 분쟁상태(노동쟁의) 하에서는 종종 파업·태업·직장폐쇄 기타 노동관계 당사자가 그 주장을 관철할 목적으로 행하는 행위와 이에 대항하는 행위로서 업무의 정상적인 운영을 저해하는 행위(쟁의행위)가 행해진다(노동조합법 제2조 제5호, 제6호 참조). 쟁의행위로서 파업은 단순히 근로계약에 따른 노무의 제공을 거부하는 부작위에 그치지 아니하고 이를 넘어서 사용자에게 압력을 가하여 근로자의 주장을 관철하고자 집단적으로 노무제공을 중단하는 실력행사로서, 업무방해죄에서 말하는 위력에 해당하는 요소를 포함하고 있다. 그러나 근로자는 헌법상 보장된 기본권으로서 근로조건 향상을 위한 자주적인 단결권·단체교섭권 및 단체행동권을 가지므로(헌법 제33조 제1항), 쟁의

행위로서 파업이 언제나 업무방해죄를 구성한다고 볼 수는 없다. 따라서 집단적 노무제공의 거부가 업무방해죄의 수단인 위력에 해당한다고 하기 위해서는 전후 사정과 경위 등에 비추어 사용자가 예측할 수 없는 시기에 전격적으로 이루어져 사용자의 사업운영에 심대한 혼란 내지 막대한 손해를 초래하는 등으로 사용자의 사업계속에 관한 자유의사가 제압·혼란될 수 있다고 평가할 수 있어야 한다(☞ **[판례 II-7]** 참조).

[판례 II-7] 대법원 2011.3.17. 선고 2007도482 판결【업무방해】

〈사실관계〉

전국철도노동조합이 '파업 없이 성실히 교섭할 것을 서면으로 확약한다'는 확약서를 제출하자, 특별조정위원회는 '향후 노동조합이 약속을 지키지 아니하고 쟁의행위에 돌입할 가능성이 현저한 경우에는 당해 사업장을 중재에 회부할 것을 권고한다'는 내용의 2005.11.25.자 조건부 중재회부 권고를 하였고, 중앙노동위원회 위원장은 그 취지를 존중하여 2005.11.25.과 2005.12.16. 두 차례에 걸쳐 위와 같은 취지의 중재회부보류결정을 하였다가 전국철도노동조합과 한국철도공사 간의 단체교섭이 2006.2.28. 최종적으로 결렬되자 같은 날 21:00부로 직권중재회부결정을 하였음에도 불구하고, 피고인을 비롯한 전국철도노동조합 집행부는 2006.2.7.자 결의에 따라 예정대로 파업에 돌입하여 이를 지속할 것을 지시하였으며, 이에 전국철도노동조합 조합원들은 2006.3.1. 01:00경부터 같은 달 4일 14:00경까지 서울철도차량정비창 등 전국 641개 사업장에 출근하지 아니한 채 업무를 거부하여 한국철도공사의 케이티엑스(KTX) 열차 329회, 새마을호 열차 283회 운행이 중단되도록 함으로써, 한국철도공사로 하여금 영업수익 손실과 대체인력 보상금 등 총 135억원 상당의 손해를 입게 하였다.

〈판결요지〉

[다수의견] 쟁의행위로서의 파업이 언제나 업무방해죄에 해당하는 것으로 볼 것은 아니고, 전후 사정과 경위 등에 비추어 사용자가 예측할 수 없는 시기에 전격적으로 이루어져 사용자의 사업운영에 심대한 혼란 내지 막대한 손해를 초래하는 등으로 사용자의 사업계속에 관한 자유의사가 제압·혼란될 수 있다고 평가할 수 있는 경우에 비로소 그 집단적 노무제공의 거부가 위력에 해당하여 업무방해죄가 성립한다고 봄이 상당하다. 이와 달리, 근로자들이 집단적으로 근로의 제공을 거부하여 사용자의 정상적인 업무운영을 저해하고 손해를 발생하게 한 행위가 당연히 위력에 해당하는 것을 전제로 노동관계 법령에 따른 정당한 쟁의행위로서 위법성이 조각되는 경우가 아닌 한 업무방해죄를 구성한다는 취지로 판시한 판결들은 이 판결의 견해에 배치되는 범위 내에서 변경한다.

중앙노동위원회 위원장의 중재회부보류결정의 경위 및 내용, 노동조합의 총파업 결의 이후에도 노사 간에 단체교섭이 계속 진행되다가 최종적으로 결렬된 직후 위 직권중재회부결정이 내려진 점을 감안할 때, 한국철도공사로서는 노동조합이 필수공익사업장으로 파업이 허용되지 않는 사업장에서 구 노동조합 및 노동관계조정법(2006.12.30. 법률 제8158호로 개정되기 전의 것)상 직권중재회부 시 쟁의행위 금지규정 등을 위반하면서까지 파업을 강행하리라고는 예측할 수 없었다 할 것이고, 나아가 파업의 결과 수백 회에 이르는 열차 운행이 중단되어 한국철도공사의 사업운영에 예기치 않은 중대한 손해를 끼친 사정들에 비추어, 위 파업은 사용자의 자유의사를 제압·혼란케 할 만한 세력으로서 형법 제314조 제1항에서 정한 '위력'에 해당한다.

[반대의견] 단순 파업이 쟁의행위로서 정당성의 요건을 갖추지 못하고 있더라도 개별적 근로관계의 측면이나 집단적 근로관계의 측면에서 모두 근본적으로 근로자 측의 채무불이행과 다를 바 없으므로, 이를 위력의 개념에 포함시키는 것은 무엇보다 죄형법정주의의 관점에서 부당하다. 또한 파업 등 쟁의행위가 정당성을 결여한 경우 쟁의행위를 위법하게 하는 각각의 행위에 대하여는 노동조합 및 노동관계조정법에 별도의 처벌규정을 두고 있어 같은 법 위반죄로 처벌할 수 있으므로, 위법한 단순 파업이

위력에 의한 업무방해죄를 구성하지 않는다 하더라도 위법의 원인행위 자체에 대한 처벌의 공백이 생기는 것이 아니다. 따라서 근로자들이 단결하여 소극적으로 근로제공을 거부하는 파업 등 쟁의행위를 하였으나 폭행·협박·강요 등의 수단이 수반되지 않는 한 같은 법의 규정을 위반하여 쟁의행위로서 정당성을 갖추지 못하였다고 하더라도 당해 쟁의행위를 이유로 근로자를 형법상 업무방해죄로 처벌할 수는 없고, 근로자에게 민사상 채무불이행 책임을 부담시킴과 함께 근로자를 노동조합 및 노동관계조정법 위반죄로 처벌할 수 있을 뿐이며, 그것으로 충분하다.

위 사안에서, 전국철도노동조합의 조합원들이 단순히 근로제공을 거부하는 형태로 이루어진 위 파업은 형법 제314조 제1항에서 정한 '위력'에 해당한다고 볼 수 없고, 또한 다수의견의 법리에 비추어 보더라도 제반 사정을 종합할 때 위 파업이 예측할 수 없는 시기에 전격적으로 이루어졌다고 볼 수 없으며, 파업의 수단 역시 폭력적 행동이나 달리 위법이라고 할 만한 언동 없이 집단적인 소극적 근로제공 거부에 그친 이상 그 손해가 파업의 전격성에 기한 것이었다고 단정할 수 없다.

4) 업무방해죄는 비단 작위뿐만 아니라 부작위에 의해서도 범할 수 있다. 다만 업무방해죄와 같이 작위를 내용으로 하는 범죄를 부작위에 의하여 범하는 부진정 부작위범이 성립하기 위해서는 부작위를 실행행위로서의 작위와 동일시할 수 있어야 한다. 따라서 피해자와 토지 지상에 창고를 신축하는 데 필요한 형틀공사 계약을 체결한 후 그 공사를 완료하였는데 피해자가 공사대금을 주지 않자 공사대금을 받을 목적으로 건축자재를 치우지 않았더라도, 자신의 공사를 위하여 쌓아 두었던 건축자재를 공사 완료 후에 단순히 치우지 않은 행위가 피해자의 업무를 적극적으로 방해하는 행위와 동등한 형법적 가치를 가진다고 볼 수 없으므로, 업무방해의 죄책을 물 수 없다(대법원 2017.12.22. 선고 2017도13211 판결).

(3) 사람의 업무의 방해

1) 업무방해죄가 성립하기 위해서는 '사람의 업무가 방해'되어야 한다. 형법은 '사람의 업무의 방해'를 업무방해죄의 성립요건으로 규정하고 있는데, 이와 관련하여 판례는 업무방해죄는 구체적으로 업무방해의 결과가 발생하였음을 요하지 않으며 업무방해의 위험성이 발생한 것으로도 족하다는 입장을 취하고 있다(☞ **[판례 II-8]** 참조).

[판례 II-8] 대법원 2005.5.27. 선고 2004도8447 판결【업무방해】

〈공소사실〉

피고인은 2003.9.8.경부터 같은 해 10.23.경까지 피고인이 근무하는 퍼스트머니 주식회사 부산지점 사무실에서 피해자가 위 회사로부터 대출받은 200만원에 대한 이자를 지급하지 않는다는 이유로 그 지급을 독촉하기 위하여 동인의 집과 핸드폰 등에 460여 통의 전화를 걸어 동인으로 하여금 정상적인 업무를 보지 못하게 함으로써 위력으로 동인이 운영하는 간판업 업무를 방해하였다.

〈원심 판결요지〉

간판업에 종사하는 피해자는 2002.9.6. 처를 연대보증인으로 하여 ○○회사로부터 200만원을 대출받고 2003.2.12. 당초의 계약을 갱신하면서 이율 연 65.7%, 변제기 2008.2.12., 약정이자지급일 매월 2일로 정한 사실, 피해자가 2003.9.2.에 지급하여야 할 약정이자 10여만원을 지급하지 못하자 담당자인 피고인은 피해자에게 그 이자의 지급을 독촉하는 전화를 하였는데 피해자는 같은 달 5. 57,991원이 부족한 50,000원을 입금하였을 뿐 나머지 돈을 입금하지 아니한 사실, 이에 피고인을 비롯한 ○○회사 부산지점 직원들이 같은 달 8. 및 9. 피해자에게 다시 독촉전화를 하였으나 피해자는 같은 달 9. 42,447원이 부족한 합계 30,000원을 입금한 채 알아서 하라는 식의 태도를 보이면서 피고인 등의 전화를 받지 아니한 사실, 피고인을 비롯한 ○○회사 부산지점 직원들은 2003.9.8.부터 같은 해 10.25.까지 460여 회에 걸쳐 피해자에게 전화를 하였는데 이 중 실제 통화가 된 것은 19여 회에 불과하고(9.8. 및 9.9.이 14번 정도 된다) 나머지는 통화가 되지 않거나 피고인이 발신번호를 확인하고 바로 끊어 버린 사실, 게다가 피고인 등은 오전 8시 이전이나 오후 8시 이후에는 피해자에게 전화를 하지 아니하였고, 대부분의 전화를 피해자의 휴대폰에 건 사실(피해자가 운영하는 회사에 전화한 것은 10회에 불과한데 회사의 여직원이 아닌 피해자와 통화된 것은 단 한 번임)에 의할 때 채권회수를 위하여 채무자에게 전화를 건 피고인의 행위가 피해자의 자유의사를 제압하기에 족한 세력, 즉 위력에 해당한다고 보기는 어려울 뿐만 아니라, 그로 인하여 피해자의 간판업 업무가 방해당했다고 보기도 어렵다.

〈대법원 판결요지〉

업무방해죄에 있어서의 '위력'이란 사람의 자유의사를 제압·혼란케 할 만한 일체의 세력으로 유형적이든 무형적이든 묻지 아니하고 폭행·협박은 물론 사회적, 경제적, 정치적 지위와 권세에 의한 압박 등을 포함한다고 할 것이고, 위력에 의해 현실적으로 피해자의 자유의사가 제압되는 것을 요하는 것은 아니며, 또한 업무방해죄의 성립에 있어서는 업무방해의 결과가 실제로 발생함을 요하는 것이 아니고 업무방해의 결과를 초래할 위험이 발생하는 것이면 족하다 할 것인바, 채권자의 권리행사는 사회통념상 허용되는 방법에 의하여야 하는 것이므로, 가령 우월한 경제적 지위를 가진 대부업자가 그 지위를 이용하여 채무자를 압박하는 방법으로 채권추심행위를 하였다면 이는 위력을 이용한 행위로서 위법하고 그로 인하여 채무자의 업무가 방해될 위험이 발생하였다면 업무방해죄의 죄책을 면할 수 없다.

이 사건에서 대부업체 직원이 피해자에게 소액의 지연이자를 문제 삼아 법적조치를 거론하면서 무차별적인 전화공세를 하는 식의 채권추심행위는 사회통념상의 허용한도를 벗어나 경제적 약자인 피해자의 자유의사를 제압하기에 족한 위력에 해당하고, 또한 위 피해자는 소규모 간판업을 경영하는 자로서 업무상 휴대폰의 사용이 긴요하다고 할 수 있는데 대부분의 전화가 그 휴대폰에 집중된 이상 이로 인하여 동인의 간판업 업무가 방해되는 결과를 초래할 위험이 발생하였다고 인정하기에 충분하다.

〈참조판례〉

○ 대법원 1999.5.14. 선고 98도3767 판결【업무방해】

고객의 의뢰에 따라 항공속달에 의하여 서류를 배달하는 것을 업무로 하는 회사가 그 업무를 수행함에 있어 고객이 배달을 의뢰하지 않은 전단이 서류와 함께 전달이 됨으로써 이를 배달받은 사람으로서는 서류뿐 아니라 전단도 배달을 의뢰한 고객이 보낸 것으로 오인하게 되고, 더구나 전단의 내용이 특정 종교를 심하게 비방하는 것으로서 사회통념상 용인되기 어렵다면 결국 배달회사가 배달을 의뢰한 고객의 위탁취지에 어긋나게 업무를 처리한 결과가 되었다고 할 것이고, 배달을 의뢰받은 서류 자체가 훼손되지 않고 배달되었다고 하여 회사의 업무가 방해되지 않았다고 할 수 없을 뿐만 아니라이 배달을 의뢰한 고객의 위탁취지에 어긋나게 배달이 이루어짐으로써 종국에는 배달회사의 업무의 경영이 저해될 위험이 발행하였다고 하지 아니할 수 없다.

○ 대법원 2002.3.29. 선고 2000도3231 판결【업무방해】

피해자가 대표이사인 회사의 소방사업부장이 소속 직원들에게 허위의 사실을 유포하는 등의 방법을 사용하여 직원들로부터 사표를 제출받은 경우, 직원들이 집단적으로 사표를 제출함으로써 일시적으로나마 소방사업부의 업무에서 이탈하거나 업무를 중단할 위험이 생겼고 그로 인하여 피해자의 소방사업부 업무의 경영을 저해할 위험성이 발생하였다고 볼 것이므로, 업무방해죄가 성립된다.

○ 대법원 2007.12.27. 선고 2007도5030 판결【업무방해, 사기미수】

대한주택공사가 시행하는 택지개발사업의 공동택지용지 수의공급업무와 관련하여 택지개발예정지구 지정공고일 이후에 대상 토지를 매수하여 관련 규정상 신청자격이 없는 자가, 계약일자를 위 공고일 이전으로 허위기재한 매매계약서를 기초로 소유권이 전등기를 마친 후 그 등기부등본과 계약일자를 허위로 기재한 소유토지조서를 첨부하여 수의공급신청을 한 경우, 위 공사의 택지공급업무의 적정성과 공정성을 해할 위험을 초래한 것에 해당하여 위계에 의한 업무방해죄를 구성한다.

○ 대법원 2008.1.17. 선고 2006도1721 판결【업무방해】

한국자산관리공사가 공적자금을 회수하기 위하여 공적자금 투입업체의 출자전환주식을 매각하기로 하고 그 매각업무의 주간사를 선정하는 과정에서, 1차 선정위원회의 구성원들이 특정 업체에 유리하게 평가표의 평가항목별 배점을 수정하여 그 업체를 1순위로 선정한 다음, 이러한 사실을 고지하지 않은 채 2차 선정위원회에 심사결과와 수정된 평가표를 제출하여 평가절차를 진행하게 한 경우, 위 평가표의 임의수정 및 제출행위는 위계에 해당하고 이로 인하여 2차 선정위원회의 민간전문가가 매각 주간사를 선정하는 업무의 적정성과 공정성을 해할 위험이 발생하였으므로 위계에 의한 업무방해죄가 성립한다.

같은 맥락에서 판례는 위계 또는 위력에 해당하는 행위가 있었더라도 그것이 업무방해의 위험을 야기하지 않았다면 업무방해죄가 성립하지 않는다고 본다.

○ 대법원 1992.9.22. 선고 92도1855 판결【집시법위반, 업무방해】

피고인들이 한 6차례 집회는 07:50경까지 하였고, 3차례 집회는 08:00경까지였던 사실이 인정되므로, 만일 위 회사의 출근시간이 08:00라면 07:50경까지 집회를 끝낸 6차례의 경우에는 특별한 사정이 없는 한 업무개시 전이어서 업무방해의 위험이 있다고 볼 수 없고, 또 08:00경까지 집회를 끝낸 3차례의 경우도 위 출근시간이 바로 작업개시시간을 의미하지 않는 한 업무방해행위라고 단정하기 어렵다.

○ 대법원 1999.12.10. 선고 99도3487 판결【업무방해】

시험의 출제위원이 문제를 선정하여 시험실시자에게 제출하기 전에 이를 유출하였다고 하더라도 이러한 행위 자체는 위계를 사용하여 시험실시자의 업무를 방해하는 행위가 아니라 그 준비단계에 불과한 것이고, 그 후 그와 같이 유출된 문제가 시험실시자에게 제출되지도 아니하였다면 그러한 문제유출로 인하여 시험실시 업무가 방해될 추상적인 위험조차도 있다고 할 수 없으므로 업무방해죄가 성립한다고 할 수 없다.

○ 대법원 2005.10.27. 선고 2005도5432 판결【업무방해】

피해자들은 작업도로 개설 이전에는 기존도로를 이용하여 경작을 하였고, 피고인이 이 사건 철제울타리를 설치할 무렵 기존도로를 측량한 결과 그 폭이 약 2m 정도에 이르렀으며 피해자들은 작업도로를 1년 중 농번기에만 10차례 정도 농기구 운반통로로 사용하였을 뿐 그 이외의 기간에는 사용하지 않았고, 기존도로의 복구가 손쉽게 이루어지고 피해자들이 이를 이용하여 종전과 같은 경작을 할 수 있다면 경작업무 방해라는 결과가 발생할 염려가 없다고 볼 여지가 있다.

○ 대법원 2009.1.30. 선고 2008도10560 판결【일반교통방해, 업무방해】

피해자들이 소속한 회사가 10여 년 간 이 사건 도로를 폐기물 운반차량의 통행로로 이용하여 오기는 하였으나, 이 사건 도로와 얼마 떨어지지 않은 지점에 이 사건 도로를 대체하여 폐기물 운반차량의 통행이 가능한 도로가 개설되어 있는 점을 알 수 있으므로, 피해자들로서는 이 사건 도로를 통하지 않고도 위 대체도로를 이용하여 종전과 같이 폐기물 운반차량을 운행할 수 있었다고 보이고, 앞서 본 피고인의 통행 방해 행위로 인하여 폐기물 운반업무가 방해되는 결과발생의 염려가 없었다고 볼 여지가 충분하다.

2) 그러나 업무방해죄는 행위태양이 '위계 또는 위력'으로 아주 넓을 뿐만 아니라 그 법정형 또한 5년 이하의 징역으로 결코 가볍지 않다. 위계 또는 위력보다 행위불법성이 큰 폭행 또는 협박에 대한 법정형이 각각 2년 이하의 징역, 500만원 이하의 벌금, 구류 또는 과료(제260조 제1항)와 3년 이하의 징역, 500만원 이하의 벌금, 구류 또는 과료(제283조 제1항)임에 비추어 볼 때, 업무방해죄의 법정형이 합리성을 갖기 위해서는 결과불법을 구성하는 결과, 즉 업무방해가 그만큼 커야 한다. 또한 제314조는 엄연히 업무방해의 결과를 명시적으로 요구하고 있는데도 불구하고 업무방해의 위험성이 발생한 것으로 족하다고 하는 것은 문언에 반하는 해석이라고 하지 않을 수 없다. 업무방해의 위험성만으로도 족하다고 하는 것은 결국 처벌규정이 없는 업무방해죄의 미수범의 영역을 기수범의 영역으로 끌어 들여 그 처벌범위를 확대하는 결과를 초래한다. 따라서 허위사실의 유포 그 밖의 위계나 위력에 해당하는 행위가 있다고 하더라도 이로 인하여 업무방해의 현실적 결과가 발생하지 않은 이상 업무방해죄가 성립하지 않는다고 하는 것이 타당하다.

3) 다만 여기서 업무방해란 반드시 업무수행 자체가 방해되어 업무 자체가 진행되지 못한 경우에 한정되지 않고 업무 자체는 수행되었으나 그 적정성 내지 공정성이 저해된 경우도 포함한다. 따라서 조합의 신규직원 채용에 응시한 사람이 필기시험에서 합격선에 미치지 못하는 점수를 받게 되자 피고인의 지시에 따라 채점업무 담당자들이 점수조작행위를 통하여 필기시험에 합격시킴으로써 필기시험 합격자를 대상으로 하는 면접시험에 응시할 수 있도록 하였다면, 점수조작행위에 의하여 면접위원이 응시무자격자를 상대로 면접에 임하게 하고 그에 상응하는 응시자격자를 면접할 수 없게 하였다는 그 자체로 면접업무의 적정성 또는 공정성이 저해된 것이므로 업무방해의 결과가 발생하였다고 보아야 한다(대법원 2010.3.25. 선고 2009도8506 판결).

(4) 위법성

1) 업무방해는 정당방위, 자구행위, 피해자승낙 기타 정당행위로서 위법성이 조각될 수 있다.

2) 어떤 행위의 결과 상대방의 업무에 지장이 초래되었다 하더라도 행위자가 가지는 정당한 권한을 행사한 것으로 볼 수 있는 경우 등 그 행위의 내용이나 수단 등이 사회통념상 허용될 수 없는 등 특별한 사정이 없는 한 업무방해죄를 구성하지 않는다.

○ **대법원 1977.5.24. 선고 76도3460 판결【업무방해】**

국유토지가 공개입찰에 의하여 매매되고 그 인도집행이 완료되었다 하더라도 그 토지의 종전 경작자인 피고인이 파종한 보리가 30cm 이상 성장하였다면 그 보리는 피고인의 소유로서 그가 수확할 권한이 있으므로 토지매수자가 토지를 경작하기 위하여 소를 이용하여 쟁기질을 하고 성장한 보리를 갈아 없는 행위는 피고인의 재산에 대한 현재의 부당한 침해라 할 것이므로 이를 막기 위하여 그 경작을 못 하도록 소 앞을 가로막고 쟁기를 잡아당기는 등의 피고인의 행위는 정당방위에 해당된다.

○ 대법원 1980.9.9. 선고 79도249 판결【공정증서원본불실기재등】

피고인이 점유 경작하고 있는 논에 공소외인이 그 논의 소유권을 취득하였다는 이유로 적법한 절차에 의한 인도를 받지 아니한 채 묘판을 설치하려고 하자 피고인이 그 묘판을 허물어뜨린 행위는 피고인의 점유에 대한 부당한 침탈 또는 방해행위의 배제를 위한 행위이므로 이를 업무방해라고 할 수 없다.

○ 대법원 1983.2.8. 선고 82도2486 판결【신용훼손, 업무방해 등】

피고인이 계원들로 하여금 공소외인대신 피고인을 계주로 믿게 하여 계금을 지급하고 불입금을 지급받아 위계를 사용하여 공소외인의 계운영업무를 방해하였다고 하여도 피고인에 대하여 다액의 채무를 부담하고 있던 공소외인으로서는 채권확보를 위한 피고인의 요구를 거절할 수 없었기 때문에 피고인이 계주의 업무를 대행하는데 대하여 이를 승인 내지 묵인한 사실이 인정된다면 이는 공소외인의 승낙이 있었던 것으로서 위법성이 조각되어 업무방해죄가 성립되지 않는다.

○ 대법원 1995.6.30. 선고 94도3136 판결【업무방해】

백화점 입주상인들이 영업을 하지 않고 매장 내에서 점거 농성만을 하면서 매장 내의 기존의 전기시설에 임의로 전선을 연결하여 각종 전열기구를 사용함으로써 화재위험이 높아 백화점 경영 회사의 대표이사인 피고인이 부득이 단전조치를 취하였다면, 그 단전조치 당시 보호받을 업무가 존재하지 않았을 뿐만 아니라 화재예방 등 건물의 안전한 유지 관리를 위한 정당한 권한 행사의 범위 내의 행위에 해당하므로 피고인의 단전조치가 업무방해죄를 구성한다고 볼 수 없다.

○ 대법원 2004.10.15. 선고 2004도4467 판결【업무방해】

집회나 시위는 다수인이 공동목적으로 회합하고 공공장소를 행진하거나 위력 또는 기세를 보여 불특정 다수인의 의견에 영향을 주거나 제압을 가하는 행위로서 그 회합에 참가한 다수인이나 참가하지 아니한 불특정 다수인에게 의견을 전달하기 위하여 어느 정도의 소음이 발생할 수밖에 없는 것은 부득이한 것이므로 집회나 시위에 참가하지 아니한 일반 국민도 이를 수인할 의무가 있다고 할 수 있으며, 합리적인 범위에서는 확성기 등 소리를 증폭하는 장치를 사용할 수 있고 확성기 등을 사용한 행위 자체를 위법하다고 할 수는 없으나, 그 집회나 시위의 장소, 태양, 내용과 소음 발생의 수단, 방법 및 그 결과 등에 비추어, 집회나 시위의 목적 달성의 범위를 넘어 사회통념상 용인될 수 없는 정도로 타인에게 심각한 피해를 주는 소음을 발생시킨 경우에는 위법한 위력의 행사로서 정당행위라고는 할 수 없다.

○ 대법원 2013.2.28. 선고 2011도16718 판결【업무방해 등】

개인택시운송사업조합의 이사장의 택시정보화사업에 관한 잘못된 처리내용을 알리는 기사를 게재하자 조합 이사회가 그 기사 내용이 조합 집행부를 비방하여 조합을 음해하려 한다고 판단하고 회의를 열어 만장일치로 택시신문에 광고를 게재하지 않기로 결의하고, 그 결의내용을 그 임원이 되기 위해서는 조합원의 자격을 갖추어야 하기 때문에 사실상 조합의 영향력 하에 있는 조합 새마을금고에 공문으로 통고하면서 조합의 방침에 따르지 않는 새마을금고 소속 조합원은 징계위원회에 회부될 수 있다고 기재하였다고 하더라도, 이는 제3자의 의사결정에 직접적으로 관여하거나 지시할 권한을 가지고 있는 행위자가 그 권한 범위 내에서 업무상의 지시 등을 하면서 그 실행을 확실하게 하기 위하여 지시 등에 따르지 않는 경우의 제재조치 등을 강조하면서 사용한 과도한 표현으로, 특별한 사정이 없는 한 행위자 자신의 고유권한을 행사한 범주에서 벗어났다고 보기는 힘들다.

3) 앞에서 설명한 바와 같이 쟁의행위로서 파업은 단순히 근로계약에 따른 노무의 제공을 거부하는 부작위에 그치지 아니하고 이를 넘어서 사용자에게 압력을 가하여 근로자의 주장을 관철하고자 집단적으로 노무제공을 중단하는 실력행사로서 업무방해죄의 수단인 위력의 요소를 포함하고 있는데, 집단적 노무제공의 거부가 전후 사정과 경위 등에 비추어 사용자가 예측할 수 없는 시기에 전격적으로

이루어져 사용자의 사업운영에 심대한 혼란 내지 막대한 손해를 초래하는 등으로 사용자의 사업계속에 관한 자유의사가 제압·혼란될 수 있다고 평가될 수 있는 경우는 위력에 의한 업무방해를 구성한다. (대법원 2011.3.17. 선고 2007도482 판결).

노동조합법은 쟁의행위는 그 목적·방법 및 절차에 있어서 법령 기타 사회질서에 위반되어서는 아니된다(제37조 제1항)고 선언하고, 다음과 같이 쟁의행위가 갖추어야 할 요건과 절차를 규정하고 나아가 이를 위반하는 행위에 대한 처벌규정을 두고 있다.

제1조(목적) 이 법은 헌법에 의한 근로자의 단결권·단체교섭권 및 단체행동권을 보장하여 근로조건의 유지·개선과 근로자의 경제적·사회적 지위의 향상을 도모하고, 노동관계를 공정하게 조정하여 노동쟁의를 예방·해결함으로써 산업평화의 유지와 국민경제의 발전에 이바지함을 목적으로 한다.
제4조(정당행위) 형법 제20조의 규정은 노동조합이 단체교섭·쟁의행위 기타의 행위로서 제1조의 목적을 달성하기 위하여 한 정당한 행위에 대하여 적용된다. 다만, 어떠한 경우에도 폭력이나 파괴행위는 정당한 행위로 해석되어서는 아니된다.
제41조(쟁의행위의 제한과 금지) ① 노동조합의 쟁의행위는 그 조합원의 직접·비밀·무기명투표에 의한 조합원 과반수의 찬성으로 결정하지 아니하면 이를 행할 수 없다. (이하 생략)
제42조(폭력행위 등의 금지) ① 쟁의행위는 폭력이나 파괴행위 또는 생산 기타 주요업무에 관련되는 시설과 이에 준하는 시설(중략)을 점거하는 형태로 이를 행할 수 없다.
② 사업장의 안전보호시설에 대하여 정상적인 유지·운영을 정지·폐지 또는 방해하는 행위는 쟁의행위로서 이를 행할 수 없다.
제42조의2(필수유지업무에 대한 쟁의행위의 제한) ② 필수유지업무(필수공익사업의 업무 중 그 업무가 정지되거나 폐지되는 경우 공중의 생명·건강 또는 신체의 안전이나 공중의 일상생활을 현저히 위태롭게 하는 업무-필자)의 정당한 유지·운영을 정지·폐지 또는 방해하는 행위는 쟁의행위로서 이를 행할 수 없다.
제45조(조정의 전치) ② 쟁의행위는 (중략) 조정절차를 거치지 아니하면 이를 행할 수 없다.
제89조(벌칙) 다음 각 호의 어느 하나에 해당하는 자는 3년 이하의 징역 또는 3천만원 이하의 벌금에 처한다.
1. (전략) 제42조 제1항 또는 제42조의2 제2항의 규정에 위반한 자
제91조(벌칙) (전략) 제41조 제1항, (중략) 제45조 제2항의 규정을 위반한 자는 1년 이하의 징역 또는 1천만원 이하의 벌금에 처한다.

이와 같은 규정들을 근거로 판례는 쟁의행위의 위법성이 조각되기 위한 요건으로 첫째 그 주체가 단체교섭의 주체로 될 수 있는 자이어야 하고, 둘째 그 목적이 근로조건의 향상을 위한 노사간의 자치적 교섭을 조성하는 데에 있어야 하며, 셋째 사용자가 근로자의 근로조건 개선에 관한 구체적인 요구에 대하여 단체교섭을 거부하였을 때 개시하되 특별한 사정이 없는 한 조합원의 찬성결정 등 법령이 규정한 절차를 거쳐야 하고, 넷째 그 수단과 방법이 사용자의 재산권과 조화를 이루어야 함은 물론 폭력의 행사에 해당되지 아니할 것을 제시하고 있다(☞ **[판례 II-9]** 참조).

[판례 II-9] 대법원 2001.10.25. 선고 99도4837 판결【업무방해】

〈공소사실〉

○○기계 주식회사 노동조합 대전지부장인 피고인 1과 위의 지부 교육선전부장인 피고인 2및 위의 지부 조사통계부장인 피고인 3은 1998.5.6.부터 같은 달 12일까지 일요일을 제외한 기간 동안 노동조합 조합원 약 200명을 작업장에서 이탈케 하여 ○○기계 주식회사 대전 생산기술원의 구내식당에 모이게 한 다음 각종 집회를 개최하여 생산활동을 전면 중단케 함으로써 위력으로써 ○○기계 주식회사의 업무를 방해하였다.

〈판결요지〉

[다수의견] 근로자의 쟁의행위가 형법상 정당행위가 되기 위해서는 첫째 그 주체가 단체교섭의 주체로 될 수 있는 자이어야 하고, 둘째 그 목적이 근로조건의 향상을 위한 노사 간의 자치적 교섭을 조성하는 데에 있어야 하며, 셋째 사용자가 근로자의 근로조건 개선에 관한 구체적인 요구에 대하여 단체교섭을 거부하였을 때 개시하되 특별한 사정이 없는 한 조합원의 찬성결정 등 법령이 규정한 절차를 거쳐야 하고, 넷째 그 수단과 방법이 사용자의 재산권과 조화를 이루어야 함은 물론 폭력의 행사에 해당되지 아니하여야 한다는 여러 조건을 모두 구비하여야 하는바, 특히 그 절차에 관하여 쟁의행위를 함에 있어 조합원의 직접·비밀·무기명투표에 의한 찬성결정이라는 절차를 거쳐야 한다는 노동조합법 제41조 제1항의 규정은 노동조합의 자주적이고 민주적인 운영을 도모함과 아울러 쟁의행위에 참가한 근로자들이 사후에 그 쟁의행위의 정당성 유무와 관련하여 어떠한 불이익을 당하지 않도록 그 개시에 관한 조합의사의 결정에 보다 신중을 기하기 위하여 마련된 규정이므로 위의 절차를 위반한 쟁의행위는 그 절차를 따를 수 없는 객관적인 사정이 인정되지 아니하는 한 정당성이 상실된다. 이와 견해를 달리하여 노동조합법 제41조 제1항을 위반하여 조합원의 직접·비밀·무기명 투표에 의한 과반수의 찬성결정을 거치지 아니하고 쟁의행위에 나아간 경우에도 조합원의 민주적 의사결정이 실질적으로 확보된 경우에는 위와 같은 투표절차를 거치지 아니하였다는 사정만으로 쟁의행위가 정당성을 상실한다고 볼 수 없다는 취지의 대법원 2000.5.26. 선고 99도4836 판결은 위와 어긋나는 부분에 한하여 변경한다.

[반대의견] 쟁의행위를 포함한 단체행동권은 헌법상으로 보장된 근로자의 기본권으로서 쟁의행위에 대한 제한은 필요한 최소한의 범위에 그쳐야 하고 같은 취지에서 쟁의행위를 형사처벌로써 제재하는 것은 특히 신중을 기할 필요가 있으므로, 쟁의행위를 업무방해죄 등 형사범죄로 처벌함에 있어서는 민사상 또는 노동법상 쟁의행위를 평가하는 경우에 적용되는 위법성의 기준보다는 일층 강한 정도의 위법성을 요한다(이른바 위법의 상대성론). 쟁의행위를 포함한 근로자의 단체행동권이 헌법상 보장되고 있는 상황에서 적극적인 위력이나 위계와 같은 언동이 없이 소극적으로 근로제공을 거부하였을 뿐인 쟁의행위, 즉 단순파업이나 태업에 대하여 형법상 일반 처벌법규인 업무방해죄로 처벌하는 것은 극히 신중을 기할 필요가 있으므로, 쟁의행위의 주체, 목적, 시기, 수단·방법이 모두 정당하고 단지 일부 절차상의 결함이 있었을 뿐인 경우에, 그 쟁의행위에 가담한 근로자를 업무방해죄로 처벌함에 있어서는 아주 제한된 범위에서만 그 위법성을 인정하여야 한다.

노동조합법 제41조 제1항, 제91조 제1호의 문언의 해석이나, 같은 법 제37조 제2항, 제38조 제3항 등에 비추어 보면, 조합원의 찬반투표를 실시하는 주체는 노동조합의 집행부라 할 것이므로, 조합원의 찬반투표 절차 없이 쟁의행위를 개시하였음을 이유로 노동조합법 제91조 제1호에 따라 처벌하는 대상도 그와 같은 찬반투표 없이 쟁의행위를 하기로 하는 결정을 주도하거나 그 결정에 적극 관여한 자에 한정되는 것이고, 그러한 결정을 주도하거나 적극 관여함이 없이 단순히 노동조합 집행부의 지시에 따라 쟁의행위에 가담한 조합원은 그 처벌대상이 되지 않는다. 따라서 찬반투표를 거치지 아니하고 쟁의행위를 할 것인가 여부에 대한 결정에 전혀 관여하지 않은 채 단지 노동조합 집행부의 지시에 따라 그와 같은 쟁의행위에 가담하였을 뿐인 일반 조합원들을 형사처벌함에 있어서까지 그 절차위반의 사유만으로 그들의 쟁의행위 참가 자체를 위법한 것으로 평가하고 노동조합 내에서의 지위나 가담정도 등을 불문하고 참가 조합원 전원에 대하여 업무방해죄의 성립을 인정하는 것은 형사처벌의 범위를 지나치게 넓게 인정하는 것이다. 결론적으로 쟁의행위를 형사처벌함에 있어서는 구체적인 사안에 따라 찬반투표를 실시하지 않았음에도 불구하고 그에 단순가담한 근로자의 단순파업행위는 위법하다고 볼 수 없다고 할 것인데, 노동조합 지부의 간부들로서 그 지부에서의 쟁의행위를 수행하였음에 불과한 이 사건 피고인들의 이 사건 쟁의행위가 바로 그런 경우에 해당한다.

〈참조판례〉

○ 대법원 2003.7.22. 선고 2002도7225 판결【업무방해】

기업의 구조조정의 실시 여부는 경영주체에 의한 고도의 경영상 결단에 속하는 사항으로서 이는 원칙적으로 단체교섭의 대상이 될 수 없고, 그것이 긴박한 경영상의 필요나 합리적인 이유 없이 불순한 의도로 추진되는 등의 특별한 사정이 없는 한 노동조합이 그 실시를 반대하기 위하여 벌이는 쟁의행위에는 목적의 정당성을 인정할 수 없다.

○ 대법원 2006.5.25. 선고 2002도5577 판결【업무방해 등】

정리해고나 사업조직의 통폐합, 공기업의 민영화 등 기업의 구조조정의 실시 여부는 경영주체에 의한 고도의 경영상 결단에 속하는 사항으로서 이는 원칙적으로 단체교섭의 대상이 될 수 없고, 그것이 긴박한 경영상의 필요나 합리적인 이유 없이 불순한 의도로 추진되는 등의 특별한 사정이 없는 한, 노동조합이 실질적으로 그 실시 자체를 반대하기 위하여 쟁의행위에 나아간다면, 비록 그 실시로 인하여 근로자들의 지위나 근로조건의 변경이 필연적으로 수반된다 하더라도 그 쟁의행위는 목적의 정당성을 인정할 수 없는바, 피고인들은 정부의 열병합발전소 민영화 방침이 나온 이래 수차례에 걸쳐 민영화 방침의 철회를 주장하다가 정부의 열병합발전소 민영화 방침이 워낙 확고히 추진되자 공단 측에서 수용하기 힘든 요구사항을 주장하면서 실질적으로 민영화 추진 반대를 목적으로 이 사건 파업에 임하였는바, 이 사건 파업은 민영화 반대가 주된 목적이라 할 것이므로 피고인들은 업무방해죄의 죄책을 면할 수 없다.

○ 대법원 2007.12.28. 선고 2007도5204 판결【업무방해, 폭처법위반(공동주거침입)】

노동조합의 조합원들은 쟁의행위로 사용자인 서울특별시건축사회의 사무실 일부를 점거하였으나, 점거한 곳의 범위와 평소의 사용형태, 사용자측에서 이를 사용하지 못하게 됨으로써 입은 피해의 내용과 정도 등에 비추어 이는 폭력의 행사에 해당하지 않는 사업장시설의 부분적·병존적인 점거로서 사용자의 재산권과 조화를 이루고 있고, 사용자의 업무가 실제로 방해되었거나 업무방해의 결과를 초래할 위험성이 발생하였다고 보기 어려우므로, 위 점거행위는 노동관계 법령에 따른 정당한 행위로서 위법성이 조각되어 업무방해죄의 책임을 물을 수 없다.

〈해 설〉

본문에서 살펴본 바와 같이 노동조합법은 쟁의행위의 요건과 절차를 비교적 상세하게 규정하고 이를 위반하는 자에 대한 처벌규정을 별로로 마련하고 있다. 그런데 이러한 노동조합법상의 요건·절차와 업무방해죄의 위법성조각의 요건과 어떤 관계가 있는지가 문제된다. 이와 관련해서 우선 모든 쟁의행위가 업무방해죄의 위력에 해당하는 것은 아니라는 점에 유의할 필요가 있다. 앞에서 보았듯이 판례는 다수의 근로자들이 상호 의사연락하에 집단적으로 작업장을 이탈하거나 결근하는 등 근로의 제공을 거부함으로써 사용자의 생산·판매 등 업무의 정상적인 운영을 저해하는 모든 행위가 아니라 전후 사정과 경위 등에 비추어 사용자가 예측할 수 없는 시기에 전격적으로 이루어져 사용자의 사업운영에 심대한 혼란 내지 막대한 손해를 초래하는 등으로 사용자의 사업계속에 관한 자유의사가 제압·혼란될 수 있다고 평가되는 행위만을 위력에 의한 업무방해로 봄으로써(대법원 2011.3.17. 선고 2007도482 판결), 구성요건해당성의 평가단계에서 이미 그 범위를 제한하고 있다.

그동안 판례는 위법성의 평가단계에서 상당히 엄격한 입장을 취해 왔다. 위 [판례 II-8]과 〈참조판례〉에서 볼 수 있듯이 판례는 쟁의행위의 위법성이 조각되기 위한 네 가지 요건 중 어느 하나라도 충족하지 못하는 경우 그 쟁의행위는 정당성을 상실한다고 보았다. 그러나 노동조합법은 쟁위행위의 요건과 절차를 위반하는 행위에 대한 별도의 처벌규정을 두고 있는 점, 쟁의행위를 포함한 단체행동권은 헌법상으로 보장된 근로자의 기본권으로서 쟁의행위에 대한 제한은 필요한 최소한의 범위에 그쳐야 하므로 쟁의행위를 형사처벌하는 것은 특히 신중을 기해야 하는 점에 비추어 볼 때, 단순히 네 가지 요건을 모두 충족하지 않았다고 하여 쟁의행위의 정당성을 부인할 것이 아니라 그와 같은 요건을 충족하지 못하는 쟁의행위가 초래하는 실질적 불법성을 검토하여, 쟁의행위가 형사처벌의 필요성을 인정할 만한 실질적 불법성을 가진 경우에만 업무방해죄의 성립을 인정하는 것이 타당하다.

노동조합법상의 요건과 절차를 위반한 쟁의행위를 업무방해죄로 처벌하기 위해 요구되는 실질적 불법성이란 폭력이나 파괴(노동조합법 제4조) 또는 대법원이 쟁의행위가 위계에 의한 업무방해에 해당하기 위한 요건으로 제시한 바 있는 '사용자의 사업운영에 심대한 혼란 내지 막대한 손해의 초래'를 말한다([판례 II-5] 참조). 또한 업무방해죄를 구성하는 파업은 수명에 의해 행해지는데, 파업에 참가한 조합원 사이에서도 불법의 차별화가 요구된다. 위 [판례 II-8]의 소수의견이 잘 지적하고 있듯이 파업을 주도하거나 적극 관여함이 없이 단순히 노동조합 집행부의 지시에 따라 쟁의행위에 가담한 조합원은 업무방해죄의 실질적 불법을 야기하는 행위를 하였다고 보기 어려우므로 업무방해죄의 죄책을 지울 수 없다고 본다.

(4) 죄 수

1) 한국소비자보호원의 발표 내용을 과장, 왜곡하고 발표에 들어 있지 아니한 내용을 삽입하는 등의 광고를 한 경우에는 출판물에 의한 명예훼손죄 및 업무방해죄의 죄책을 진다(대법원 1993.4.13. 선고 92도3035 판결).

2) 판례는 13:10경부터 14:30경까지 회사사무실에서 피해자 1을 비롯하여 직원 6명 가량이 있는 가운데 피해자 1에게 행패를 부리며 업무를 방해한 다음 다시 같은 날 13:30경부터 15:00경 사이에 같은 회사 사무실에 찾아와 피해자 2, 3과 일반직원들이 근무를 하고 있음에도 욕설을 하는 등 큰소리를 지르고 돌아다니며 위력으로 업무를 방해한 경우에는 두 개의 업무방해죄가 성립하고 두 죄는 상상적 경합의 관계에 있다고 본다(대법원 2017.9.21. 선고 2017도11687 판결). 상상적 경합은 1개의 행위가 수개의 죄에 해당하는 경우를 말한다(형법 제40조). 위 사례에서 피고인은 단일한 범의를 가진 것으로 보아야 하고 각 범행이 시간적·장소적으로 결합되어 있어 범행방법의 동일성이 인정되며, 침해법익도 동일하다고 할 것이므로, 포괄하여 하나의 업무방해죄가 성립한다고 보는 것이 타당하다.

3) 업무방해죄와 폭행죄는 구성요건과 보호법익을 달리하고 있고, 업무방해죄의 성립에 일반적·전형적으로 폭행을 수반하는 것도 아니며, 폭행이 업무방해죄에 비하여 별도로 고려되지 않을 만큼 경미한 것이라고 할 수도 없으므로 피해자에 대한 폭행이 동일한 피해자에 대한 업무방해의 수단이 되었다고 하더라도 폭행이 이른바 불가벌적 수반행위로서 업무방해죄에 흡수된다고 할 수 없다. 따라서 폭행을 수단으로 업무를 방해한 때에는 폭행죄와 업무방해죄의 상상적 경합의 죄책을 진다(대법원 2012.10.11. 선고 2012도1895 판결).

4) 위계공무집행방해죄(제137조)와 비교하여 업무방해죄는 그 수단으로 위력을 포함하고 법정형도 다소 높다는 점에서 차이가 있고, 업무방해죄와는 별도로 공무집행방해죄(제137조)를 규정하고 있는 것은 사적 업무와 공무를 구별하여 공무에 관해서는 폭행, 협박 또는 위계의 방법으로 그 집행을 방해하

는 경우에 한하여 처벌하겠다는 취지라고 보아야 한다. 따라서 위력으로 공무원이 직무상 수행하는 공무를 방해하는 행위를 업무방해죄로 의율하는 것은 타당하지 않다(☞ **[판례 II-10]** 참조).

[판례 II-10] 대법원 2009.11.19. 선고 2009도4166 판결【업무방해】

〈사실관계〉

피고인들은 자신들이 제출한 진정서 및 탄원서에 기재한 내용을 수사이의사건 담당자인 경찰관 공소외 2가 제대로 조사하지 않았다는 이유로 지방경찰청장 면담 등을 요구하였고, 이를 제지하는 위 공소외 2와 수사 1계장 경찰관 공소외 1에게 "눈깔을 후벼 판다", "너 쥐약 먹었냐"는 등의 욕설을 하고 큰 소리를 지르며 민원실 밖 복도에 주저앉았다.

〈판결요지〉

[다수의견] 형법상 업무방해죄의 보호법익은 업무를 통한 사람의 사회적·경제적 활동을 보호하려는 데 있으므로, 그 보호대상이 되는 '업무'란 직업 또는 계속적으로 종사하는 사무나 사업을 말하고, 여기서 '사무' 또는 '사업'은 단순히 경제적 활동만을 의미하는 것이 아니라 널리 사람이 그 사회생활상의 지위에서 계속적으로 행하는 일체의 사회적 활동을 의미한다. 한편, 형법상 업무방해죄와 별도로 규정한 공무집행방해죄에서 '직무의 집행'이란 널리 공무원이 직무상 취급할 수 있는 사무를 행하는 것을 의미하는데, 이 죄의 보호법익이 공무원에 의하여 구체적으로 행하여지는 국가 또는 공공기관의 기능을 보호하고자 하는 데 있는 점을 감안할 때, 공무원의 직무집행이 적법한 경우에 한하여 공무집행방해죄가 성립하고, 여기에서 적법한 공무집행이란 그 행위가 공무원의 추상적 권한에 속할 뿐 아니라 구체적 직무집행에 관한 법률상 요건과 방식을 갖춘 경우를 가리키는 것으로 보아야 한다. 이와 같이 업무방해죄와 공무집행방해죄는 그 보호법익과 보호대상이 상이할 뿐만 아니라 업무방해죄의 행위유형에 비하여 공무집행방해죄의 행위유형은 보다 제한되어 있다. 즉 공무집행방해죄는 폭행, 협박에 이른 경우를 구성요건으로 삼고 있을 뿐 이에 이르지 아니하는 위력 등에 의한 경우는 그 구성요건의 대상으로 삼고 있지 않다. 또한, 형법은 공무집행방해죄 외에도 여러 가지 유형의 공무방해행위를 처벌하는 규정을 개별적·구체적으로 마련하여 두고 있으므로, 이러한 처벌조항 이외에 공무의 집행을 업무방해죄에 의하여 보호받도록 하여야 할 현실적 필요가 적다는 측면도 있다. 그러므로 형법이 업무방해죄와는 별도로 공무집행방해죄를 규정하고 있는 것은 사적 업무와 공무를 구별하여 공무에 관해서는 공무원에 대한 폭행, 협박 또는 위계의 방법으로 그 집행을 방해하는 경우에 한하여 처벌하겠다는 취지라고 보아야 한다. 따라서 공무원이 직무상 수행하는 공무를 방해하는 행위에 대해서는 업무방해죄로 의율할 수는 없다고 해석함이 상당하다.

[반대의견] 공무원이 직무상 수행하는 공무 역시 공무원이라는 사회생활상의 지위에서 계속적으로 종사하는 사무이므로 업무방해죄의 '업무'의 개념에 당연히 포섭되고, 업무방해죄의 업무에 공무를 제외한다는 명문의 규정이 없는 이상 공무도 업무방해죄의 업무에 포함된다. 뿐만 아니라 업무방해죄는 일반적으로 사람의 사회적·경제적 활동의 자유를 보호법익으로 하는 것인데, 공무원 개인에 대하여도 자신의 업무인 공무수행을 통한 인격발현 및 활동의 자유는 보호되어야 하므로 단순히 공무원이 영위하는 사무가 공무라는 이유만으로 업무방해죄의 업무에서 배제되어서는 아니 된다. 따라서 공무의 성질상 그 집행을 방해하는 자를 배제할 수 있는 강제력을 가지지 않은 공무원에 대하여 폭행, 협박에 이르지 않는 위력 등에 의한 저항 행위가 있는 경우에는 일반 개인에 대한 업무방해행위와 아무런 차이가 없으므로 업무방해죄로 처벌되어야 한다. 그리고 형법이 컴퓨터 등 정보처리장치에 대한 손괴나 데이터의 부정조작의 방법에 의한 업무방해죄의 규정을 신설하면서 같은 내용의 공무집행방해죄를 따로 규정하지 않은 것은 컴퓨터 등 정보처리장치에 대한 손괴나 데이터의 부정조작의 방법에 의한 업무방해죄의 규정에 의하여 이러한 방법에 의한 공무방해행위를 처벌할 수 있기 때문이라고 보아야 한다. 한편, 다수의견처럼 공무에 대하여는 업무방해죄가 성립하지 아니한다고 보게 되면 입법자가 예상하지 아니한 형벌의 불균형을 초래하고 현실적으로 공공기관에서 많은 민원인들의 감정적인 소란행위를 조장하는 결과를 초래하게 될 위험이 있다. 따라서 업무방해죄에 있어 '업무'에는 공무원이 직무상 수행하는

공무도 당연히 포함되는 것으로서 직무를 집행하는 공무원에게 폭행 또는 협박의 정도에 이르지 않는 위력을 가하여 그의 공무수행을 방해한 경우에는 업무방해죄가 성립한다고 보아야 한다.

2. 컴퓨터등장애업무방해죄(제314조 제2항)

1) 컴퓨터 등 정보처리장치 또는 전자기록등 특수매체기록을 손괴하거나 정보처리장치에 허위의 정보 또는 부정한 명령을 입력하거나 기타 방법으로 정보처리에 장애를 발생하게 하여 사람의 업무를 방해함으로써 성립하는 범죄로 5년 이하의 징역이나 1천5백만원 이하의 벌금에 처한다. 정보통신망의 안정적 운영을 방해할 목적으로 대량의 신호 또는 데이터를 보내거나 부정한 명령을 처리하도록 하는 등의 방법으로 정보통신망에 장애가 발생하게 한 경우에는 5년 이하의 징역 또는 5천만원 이하의 벌금에 처한다(정보통신망법 제71조 제10호).

2) 본죄의 업무는 사람에 의해 처리되는 업무가 아니라 업무방해죄와의 관계에서 컴퓨터 등 정보처리장치에 의해 자동으로 처리되는 업무이다. 다만 컴퓨터 등 정보처리장치에 정보를 입력하는 등의 행위가 그 입력된 정보 등을 바탕으로 업무를 담당하는 사람의 오인, 착각 또는 부지를 일으킬 목적으로 행해진 경우에는 그 행위가 업무를 담당하는 사람을 직접적인 대상으로 이루어진 것이 아니라고 하더라도 업무방해죄가 성립한다. 예를 들어 정당의 국회의원 비례대표 후보자 추천을 위한 당내 경선과정에서 선거권자들로부터 인증번호만을 전달받은 뒤 그들 명의로 특정 후보자에게 전자투표를 하는 방법으로 정당의 경선관리 업무를 방해한 경우에는 본죄가 아니라 업무방해죄로 처벌된다(대법원 2013.11.28. 선고 2013도5117 판결).

3) '컴퓨터 등 정보처리장치'란 자동적으로 계산이나 데이터처리를 할 수 있는 전자장치로서 하드웨어와 소프트웨어를 모두 포함하고, '손괴'란 유형력을 행사하여 물리적으로 파괴·멸실시키는 것뿐 아니라 전자기록의 소거나 자력에 의한 교란도 포함하고, '허위의 정보 또는 부정한 명령의 입력'이란 객관적으로 진실에 반하는 내용의 정보를 입력하거나 정보처리장치를 운영하는 본래의 목적과 상이한 명령을 입력하는 것을 말하며, '기타 방법'이란 컴퓨터의 정보처리에 장애를 초래하는 가해수단으로서 컴퓨터의 작동에 직접·간접으로 영향을 미치는 일체의 행위를 말한다. 예컨대 담당직원의 정상적인 업무수행을 방해할 의도에서 그 담당 직원의 의사와는 상관없이 함부로 컴퓨터에 비밀번호를 설정한 행위는 '허위의 정보 또는 부정한 명령의 입력'에 해당하고 컴퓨터의 하드디스크를 분리·보관한 행위는 '손괴'에 해당하므로, 컴퓨터에 비밀번호를 설정하고 하드디스크를 분리·보관함으로써 조합의 정보처리에 관한 업무를 방해한 경우에는 컴퓨터등장애업무방해죄가 성립한다(대법원 2012.5.24. 선고 2011도7943 판결).

4) 정보처리에 장애가 발생한다고 함은 정보처리장치가 그 사용목적에 부합하는 기능을 하지 못하거나 사용목적과 다른 기능을 하는 것을 말한다. 그리고 이러한 정보처리의 장애는 현실적으로 발생해

야 한다. 이러한 의미에서 본죄는 결과범이라고 할 수 있다.

○ 대법원 2004.7.9. 선고 2002도631 판결【컴퓨터등장애업무방해】

메인 컴퓨터의 비밀번호는 시스템관리자가 시스템에 접근하기 위하여 사용하는 보안 수단에 불과하므로, 단순히 메인 컴퓨터의 비밀번호를 알려주지 아니한 것만으로는 정보처리장치의 작동에 직접 영향을 주어 그 사용목적에 부합하는 기능을 하지 못하게 하거나 사용목적과 다른 기능을 하게 하였다고 볼 수 없어 컴퓨터등장애업무방해죄로 의율할 수 없다.

○ 대법원 2009.4.9. 선고 2008도11978 판결【컴퓨터등장애업무방해】

포털사이트 운영회사의 통계집계시스템 서버에 허위의 클릭정보를 전송하여 검색순위 결정 과정에서 위와 같이 전송된 허위의 클릭정보가 실제로 통계에 반영됨으로써 정보처리에 장애가 현실적으로 발생하였다면, 그로 인하여 실제로 검색순위의 변동을 초래하지는 않았다 하더라도 '컴퓨터 등 장애 업무방해죄'가 성립한다.

○ 대법원 2010.9.30. 선고 2009도12238 판결【컴퓨터등장애업무방해】

피고인들이 불특정 다수의 인터넷 이용자들에게 '업링크솔루션'이라는 프로그램을 배포하였지만 피해회사의 포털사이트 서버가 이용자의 컴퓨터에 정보를 전송하는 데에는 아무런 영향을 주지 않고 다만 이용자의 동의에 따라 위 프로그램이 설치된 컴퓨터 화면에서만 네이버 화면이 전송받은 원래 모습과는 달리 피고인들의 광고가 대체 혹은 삽입된 형태로 나타나도록 하는 것에 불과하다면, 이것만으로는 정보처리장치의 작동에 직접·간접으로 영향을 주어 그 사용목적에 부합하는 기능을 하지 못하게 하거나 사용목적과 다른 기능을 하게 하였다고 볼 수 없으므로 컴퓨터등장애업무방해죄로 의율할 수 없다.

○ 대법원 2013.3.28. 선고 2010도14607 판결【컴퓨터등장애업무방해 등】

대표이사인 피고인이, 악성프로그램이 설치된 피해 컴퓨터 사용자들이 실제로 인터넷 포털사이트 '네이버' 검색창에 해당 검색어로 검색하거나 검색 결과에서 해당 스폰서링크를 클릭하지 않았음에도 악성프로그램을 이용하여 그와 같이 검색하고 클릭한 것처럼 네이버의 관련 시스템 서버에 허위의 신호를 발송하게 한 경우, 피고인의 행위는 객관적으로 진실에 반하는 내용의 정보인 '허위의 정보'를 입력한 것에 해당하고, 그 결과 네이버의 관련 시스템 서버에서 실제적으로 검색어가 입력되거나 특정 스폰서링크가 클릭된 것으로 인식하여 그에 따른 정보처리가 이루어졌으므로 이는 네이버의 관련 시스템 등 정보처리장치가 그 사용목적에 부합하는 기능을 하지 못하거나 사용목적과 다른 기능을 함으로써 정보처리의 장애가 현실적으로 발생하였고, 이로 인하여 네이버의 검색어 제공서비스 등의 업무나 네이버의 스폰서링크 광고주들의 광고 업무가 방해되었다고 보아야 한다.

5) 본죄가 성립하기 위해서는 업무방해의 결과가 발생해야 한다. 그러나 판례는 가해행위 결과 정보처리장치가 그 사용목적에 부합하는 기능을 하지 못하거나 사용목적과 다른 기능을 하는 등 정보처리에 장애가 현실적으로 발생하였을 것을 요하나, 정보처리에 장애를 발생하게 하여 업무방해의 결과를 초래할 위험이 발생한 이상 업무방해의 결과가 실제로 발생하지 않더라도 본죄가 성립한다는 입장을 취하고 있다(☞ **[판례 II-11]** 참조).

[판례 II-11] 대법원 2006.3.10. 선고 2005도382 판결【컴퓨터등장애업무방해】

〈공소사실〉

[주위적 공소사실] 피고인은 2000.12.경부터 ○○대학의 정보지원센터에서 컴퓨터시스템의 각종 서버를 관리하는 책임자로

근무하다가 2004.2.10.경 위 대학의 교학처로 전보발령을 받은 자인바, 2004. 2.12. 09:32경 위 대학 정보지원센터 사무실에서 홈페이지 관리자에 관한 정보를 변경할 정당한 권한이 없음에도 그곳에 있는 컴퓨터를 이용하여 웹서버의 홈페이지 관리자 계정에 접속하여 그 관리자 아이디와 패스워드(비밀번호) 변경에 관한 부정한 명령을 입력하여 위 대학의 홈페이지 관리 등 정보처리에 장애를 발생하게 하여 위 대학의 홈페이지 관리 및 이에 부대한 대학입시, 학사행정안내 등의 업무를 방해하였다.

[예비적 공소사실] 피고인은 위 주위적 공소사실과 같은 방법으로 홈페이지 관리자의 아이디와 비밀번호를 임의로 변경하여 위계로써 위 대학의 홈페이지 관리 및 이에 부대한 대학입시, 학사행정안내 등의 업무를 방해하였다.

〈원심 판결요지〉

[주위적 공소사실] 검사가 제출한 증거들에 의하면 피고인이 자신의 전보사실을 알면서도 그 인사명령에 불만을 품고 웹서버에 접속하여 홈페이지 관리자의 아이디와 비밀번호를 변경한 뒤 이를 소장이나 후임자에게 알려주지 아니한 사실은 인정되나 이로 인하여 정보처리장치의 장애가 현실적으로 발생하였음을 인정할 증거가 없고, 또 비밀번호는 관리자 이외의 자의 접근과 그 침해행위를 차단하는 보안기능을 하고 홈페이지의 수정, 편집 등을 위해서 필요할 뿐 평상시의 업무수행에는 필요가 없으며, 프로그램을 초기화하는 방법으로 쉽게 복구가 가능하므로 피고인이 홈페이지 관리자의 아이디와 비밀번호를 알려주지 아니한 것만으로는 정보처리장치의 작동에 직접 영향을 주어 그 사용목적에 부합하는 기능을 하지 못하게 하거나 사용목적과 다른 기능을 하게 하였다고 볼 수 없다. 따라서 피고인의 행위는 형법 제314조 제2항의 컴퓨터 등 장애 업무방해죄를 구성하지 아니한다.

[예비적 공소사실] 피고인이 홈페이지 관리자의 아이디와 비밀번호를 변경하고 이를 알려주지 아니한 것이 업무방해죄의 행위태양인 '위계'에 해당한다고 볼 수 없으므로, 피고인의 행위는 형법 제314조 제1항의 업무방해죄를 구성하지 아니한다.

〈대법원 판결요지〉

형법 제314조 제2항의 컴퓨터 등 장애 업무방해죄는, 컴퓨터 등 정보처리장치 또는 전자기록 등 특수매체기록을 손괴하거나 정보처리장치에 허위의 정보 또는 부정한 명령을 입력하거나 기타 방법으로 정보처리에 장애를 발생하게 하여, 사람의 업무를 방해함으로써 성립되는바, 정보처리장치를 관리 운영할 권한이 없는 자가 그 정보처리장치에 입력되어 있던 관리자의 아이디와 비밀번호를 무단으로 변경하는 행위는 정보처리장치에 부정한 명령을 입력하여 정당한 아이디와 비밀번호로 정보처리장치에 접속할 수 없게 만드는 행위로서 정보처리에 장애를 현실적으로 발생시킬 뿐 아니라 이로 인하여 업무방해의 위험을 초래할 수 있으므로 이 죄를 구성한다.

피고인이 전보발령을 받아서 더 이상 웹서버를 관리 운영할 권한이 없는 상태에서 웹서버에 접속하여 홈페이지 관리자의 아이디와 비밀번호를 무단으로 변경한 사실을 인정할 수 있는바, 피고인의 위와 같은 행위는, 피고인이 웹서버를 관리 운영할 정당한 권한이 있는 동안 입력하여 두었던 홈페이지 관리자의 아이디와 비밀번호를 단지 후임자 등에게 알려 주지 아니한 행위와는 달리, 정보처리장치에 부정한 명령을 입력하여 정보처리에 현실적 장애를 발생시킴으로써 위 ○○대학에 대하여 업무방해의 위험을 초래하는 행위에 해당하여, 컴퓨터 등 장애 업무방해죄를 구성한다고 할 것이고, 이는 그 당시 위 ○○대학이 웹서버의 홈페이지 관리자 계정에 접속하여 홈페이지의 내용을 변경할 현실적 필요성이 없었다거나 프로그램을 초기화하는 방법으로 쉽게 그 관리자의 아이디와 비밀번호를 복구할 수 있었다고 하여 달리 볼 것이 아니다.

〈해 설〉

판례는 정보처리장치가 그 사용목적에 부합하는 기능을 하지 못하거나 사용목적과 다른 기능을 하는 등 정보처리에 장애가 현실적으로 발생하였을 것을 요하나, 정보처리에 장애를 발생하게 하여 업무방해의 결과를 초래할 위험이 발생한 이상, 나아가 업무방해의 결과가 실제로 발생하지 않더라도 위 죄가 성립한다는 입장을 취하고 있다(대법원 2009.4.9. 선고 2008도11978 판결). 그러나 본 규정이 '업무방해'의 결과를 명시적으로 요구하고 있는 이상 이를 위험범으로 해석하는 것은 처벌범위를 부당하게 확대하는 결과를 초래한다. 그리고 판례의 입장에 의하더라도 이 사건에서 정보처리의 장애가 실제로 발생한 것은 아니다.

이 사건에서 당시 웹서버의 홈페이지에 이상이 생긴 것도 아니었기 때문에 컴퓨터등장애업무방해죄가 성립한다고 보기 어렵다. 다만 이 사건에서 홈페이지 관리자에 대한 업무방해죄의 성립여부를 검토해 볼 필요가 있다. 만약 웹서버에 접속하여 홈페이지 관리자의 아이디와 비밀번호를 무단으로 변경함으로써 관리자가 홈페이지의 관리를 위해 계정에 접속하려고 하였으나 접속을 못 하였다면 - 설사 프로그램을 초기화하는 방법으로 쉽게 그 관리자의 아이디와 비밀번호를 복구할 수 있었다고 하더라도 - 이는 관리자의 업무를 방해한 경우로서 업무방해죄로 처벌할 수 있다.

3. 경매·입찰방해죄 (제315조)

1) 위계 또는 위력 기타의 방법으로 경매 또는 입찰의 공정을 해함으로써 성립하는 범죄로 2년 이하의 징역이나 700만원 이하의 벌금에 처한다. 건설공사의 입찰에서 부당한 이익을 취득하거나 공정한 가격 결정을 방해할 목적으로 입찰자가 서로 공모하여 미리 조작한 가격으로 입찰하거나 다른 건설업자의 견적을 제출하거나 위계 또는 위력, 그 밖의 방법으로 다른 건설업자의 입찰행위를 방해한 자는 5년 이하의 징역 또는 2억원 이하의 벌금에 처한다(건설산업기본법 제95조).

2) 경매란 다수인으로부터 구두로 청약을 받아 최고가격의 청약자에 승낙하여 매매를 성립시키는 것을 말한다. 입찰이란 경쟁계약에 있어 경쟁에 참가한 다수인으로 하여금 문서로써 계약의 내용을 표시하게 하여 가장 유리한 청약자를 상대방으로 하여 계약을 체결하는 것으로서, 최저가 낙찰이 아닌 협상에 의한 계약체결의 경우도 포함한다(헌법재판소 2014.3.27. 2011헌바126 결정).

본죄가 성립하기 위해서는 그 방해의 대상이 되는 적법하고 유효한 경매 또는 입찰절차가 존재하여야 하므로, 공정한 자유경쟁을 통한 적정한 가격형성을 목적으로 하는 입찰절차가 아니라 공적·사적 경제주체의 임의의 선택에 따른 계약체결의 과정에 공정한 경쟁을 해하는 행위가 개재되었다 하여 입찰방해죄로 처벌할 수는 없다. 따라서 한국토지공사 지역본부가 중고자동차매매단지를 분양하기 위하여 유자격 신청자들을 대상으로 무작위 공개추첨하여 1인의 수분양자를 선정하는 절차를 진행하는데 신청자격이 없는 피고인이 총 12인의 신청자 중 9인의 신청자의 자격과 명의를 빌려 그 당첨확률을 약 75%까지 인위적으로 높여 분양을 신청한 경우(대법원 2008.5.29. 선고 2007도5037 판결), 한국토지공사 지사가 폐기물최종처리시설 부지를 분양하면서 일정 요건을 갖춘 분양신청자를 대상으로 추첨을 통해 1인의 분양대상자를 선정하는 방식으로 분양절차를 진행한 경우(대법원 2008.12.24. 선고 2007도9287 판결)에는 입찰방해죄가 성립하지 않으며, 실제로는 수의계약을 체결하면서 입찰절차를 거쳤다는 증빙을 남기기 위하여 입찰을 전혀 시행하지 아니한 채 형식적인 입찰서류만을 작성하여 입찰이 있었던 것처럼 조작한 경우에는 유효한 입찰이 현실적으로 존재하지 않으므로 입찰방해죄는 성립하지 않는다(대법원 2001.2.9. 선고 2000도4700 판결).

3) 본죄와 관련해서는 특히 담합행위가 문제된다. 담합이란 가장경쟁자를 조작하거나 입찰의 경쟁

에 참가하는 자가 서로 통모하여 그 중의 특정한 자를 낙찰자로 하기 위하여 일정한 가격 이하 또는 이상으로 입찰하지 않을 것을 협정하거나 입찰을 포기하게 하는 것을 말한다. 일부입찰자가 단순히 정보를 교환하여 응찰가격을 조정하거나(대법원 1997.3.28. 선고 95도1199 판결), 부동산경매에 있어 일부를 점유하는 자들이 합의하여 1인을 대표로 가격을 예정함이 없이 단독으로 입찰을 하게 하는 것(대법원 1957.10.21. 4290민상368 판결)은 처음부터 담합이 아니다.

그리고 주문자의 예정가격 내에서 무모한 경쟁을 방지하고자 담합하거나(대법원 1971.4.20. 선고 70도2241 판결), 담합을 시도하였으나 실제로 담합이 이루어지지 못하였고 실제로 자유경쟁을 한 것과 같은 결과가 되거나, 다른 입찰자들의 응찰 내지 투찰행위를 저지하려는 시도가 있었지만 그들의 응찰 내지 투찰행위를 저지할 정도에 이르지 못하였고 또 실제로 방해된 바도 없는 때에는 경매·입찰방해죄가 성립하지 않는다(대법원 2003.9.26. 선고 2002도3924 판결). 이와는 달리 입찰참가자 전원과의 사이에 담합이 이루어진 것이 아니라 입찰참가자들 중 일부와의 사이에만 담합이 이루어졌더라도 그것이 경매 또는 입찰의 공정성을 해하는 것으로 평가되는 이상 경매·입찰방해죄가 성립한다(대법원 2006.6.9. 선고 2005도8498 판결).

4) '위계'란 행위자가 행위목적을 달성하기 위하여 상대방에게 오인·착각 또는 부지를 일으키게 하여 이를 이용하는 것을 말한다. 실질적으로 단독입찰을 하면서 경쟁입찰을 하는 것처럼 가장하거나(대법원 2003.9.26. 선고 2002도3924 판결), 실질적으로 추첨에 기하여 순번제로 단독입찰하면서 경쟁입찰을 가장하는 것(대법원 1991.10.22 선고 91도1961 판결)은 입찰방해죄를 구성한다.

그리고 '위력'이란 사람의 자유의사를 제압, 혼란케 할 만한 일체의 유형적 또는 무형적 세력으로서 폭행, 협박은 물론 사회적, 경제적, 정치적 지위와 권세에 의한 압력 등을 포함한다(대법원 2000.7.6. 선고 99도4079 판결). 따라서 경매신청을 하려는 사람들을 경매장 밖으로 밀어내거나(대법원 1990.10.30. 선고 90도2022 판결), 입찰장소의 주변을 에워싸고 사람들의 출입을 막는 것(대법원 1993.3.23. 선고 92도3395 판결)은 위력에 의한 경매입찰방해에 해당한다.

5) 판례는 본죄를 위험범으로 파악하고 경매·입찰의 공정성이 현실적으로 침해될 필요는 없고 방해될 위험이 있음으로써 족하다는 입장을 취하면서도(대법원 2008.5.29. 선고 2007도5037 판결), 다만 담합이 있고 그에 따른 담합금이 수수되었다 하더라도 입찰시행자의 이익을 해함이 없이 자유로운 경쟁을 한 것과 동일한 결과로 되는 경우에는 경매·입찰방해죄가 성립하지 않는다고 본다(대법원 1983.1.18. 선고 81도824 판결).

그러나 형법은 엄연히 '경매 또는 입찰의 방해'를 본죄의 성립요소로 규정하고 있다. 따라서 경매·입찰방해의 시도는 있었으나 실제로 경매·입찰을 방해하는 결과가 없었다면 경매·입찰방해죄의 미수에 불과하고, 본죄에 대해서는 미수범 처벌규정이 없으므로 결국 처벌할 수 없다고 해야 한다(☞ **[판례 II-12]** 참조).

[판례 II-12] 대법원 2003.9.26. 선고 2002도3924 판결【입찰방해】

〈사실관계〉

1997.10.22.자 입찰에 관하여 피고인의 지시를 받은 A가 입찰에 참가한 일부 업체의 입찰대리인들에게 양보할 것을 부탁한 결과, 동신건설 등 4개 업체의 입찰대리인들은 '다른 모든 입찰대리인들이 양해를 하는 경우 양보를 해주겠다'는 약속을 하였으나, 태림종합건설 주식회사와 태강종합건설 주식회사는 이를 거절하고 적정한 가격으로 입찰에 참가하였고, 동신건설 등도 추첨결과 공사예정가의 90% 이하의 가격으로 입찰하여 탈락하기는 하였으나, 그 업체가 기재한 가격이 공사예정가의 90%에 매우 근접하고 있어 그 업체들이 낙찰받을 수도 있었으며, A가 입찰참가업체에 양보해 줄 것을 제의하고 이를 거절한 업체들이 작성하는 입찰서의 기재내용을 보려고 하였으나, 입찰시행자의 이익을 해함이 없이 자유로운 경쟁을 한 것과 동일한 결과로 되었다.

〈판결요지〉

형법 제315조의 입찰방해죄는 입찰의 공정을 해하는 죄인바, 입찰의 공정을 해하는 행위란 '공정한 자유경쟁을 방해할 염려가 있는 상태를 발생시키는 것, 즉, 공정한 자유경쟁을 통한 적정한 가격형성에 부당한 영향을 주는 상태를 발생시키는 것'을 의미하며, 한편, 입찰방해미수죄는 따로 처벌규정이 없어 처벌되지 아니한다.

우선, 피고인의 지시를 받은 A가 입찰에 참가한 일부 업체의 입찰대리인들에게 양보할 것을 부탁한 결과, 동신건설 등 4개 업체의 입찰대리인들은 '다른 모든 입찰대리인들이 양해를 하는 경우 양보를 해주겠다'는 약속을 하였지만 유성건설과 동신건설 등 4개 업체 사이에서 일부 담합이 이루어져 이로써 입찰의 공정을 해하였다는 취지로 보기 어려울 뿐만 아니라, 유성건설과 동신건설 등 4개 업체 사이에 실제로 일부 담합이 이루어져 그 업체들이 이러한 담합에 따라 응찰하였다고 인정하기도 어렵다.

또한 당시 A가 태림종합건설과 태강종합건설로부터 양보를 받아내지 못하자 그들의 응찰가를 보려고 시도하고 그 과정에서 각 입찰대리인 B와 C가 응찰가를 보여 주지 않기 위해서 도망을 다녔으며, 그러다가 B는 앉아서 울기도 하였고 B가 투찰하려 할 때 투찰하지 못하도록 손을 잡고 가로막았다는 것인바, 이러한 행위는 입찰방해죄에 있어서의 '위계 또는 위력 기타의 방법'으로 볼 여지는 있으나, A가 실제로 그들의 응찰가를 보지 못하여 그 회사들과의 사이에서 담합이 이루어진 것과 같은 결과가 되지 아니하였고, 또 그들의 투찰행위를 저지하지도 못하여 그 회사들의 응찰 내지 투찰행위가 실제로 방해된 바도 없다.

위와 같이 입찰자들의 전부 또는 일부 사이에서 담합을 시도하는 행위가 있었을 뿐 실제로 담합이 이루어지지 못하였고, 또 위계 또는 위력 기타의 방법으로 담합이 이루어진 것과 같은 결과를 얻어내거나 다른 입찰자들의 응찰 내지 투찰행위를 저지하려는 시도가 있었지만 역시 그 위계 또는 위력 등의 정도가 담합이 이루어진 것과 같은 결과를 얻어내거나 그들의 응찰 내지 투찰행위를 저지할 정도에 이르지 못하였고 또 실제로 방해된 바도 없다면, 이로써 공정한 자유경쟁을 방해할 염려가 있는 상태 즉, 공정한 자유경쟁을 통한 적정한 가격형성에 부당한 영향을 주는 상태를 발생시켜 그 입찰의 공정을 해하였다고 볼 수 없어, 이는 입찰방해미수행위에 불과하고 입찰방해죄의 기수에 이르렀다고 할 수는 없다.

6) 범죄행위가 법원경매업무를 담당하는 집행관의 구체적인 직무집행을 저지하거나 현실적으로 곤란하게 하는 데까지는 이르지 않고 입찰의 공정을 해하는 정도의 행위라면 경매·입찰방해죄만 성립할 뿐 위계에 의한 공무집행방해죄는 성립하지 않는다(대법원 2000.3.24. 선고 2000도102 판결).

판례형법각론

제 4 장 사생활 비밀과 평온에 대한 죄

Ⅰ. 비밀침해의 죄(제35장)

1) 헌법상 보장되는 사생활의 비밀과 자유(제17조)와 통신의 비밀(제18조)을 침해하는 범죄로 비밀침해죄(제316조)와 업무상비밀누설죄(제317조)가 있다. 이들 죄는 친고죄이다(제318조). 정보통신망에 의해 처리·보관 또는 전송되는 정보를 침해하는 행위에 대해서는 정보통신망 이용촉진 및 정보보호 등에 관한 법률(이하 '정통법'이라 한다)이 그리고 대화의 비밀을 침해하는 행위에 대해서는 통신비밀보호법(이하 '통비법'이라 한다)이 적용된다.

2) 공무상비밀을 누설하는 행위와 외교상 기밀 또는 군사상 기밀을 누설하는 행위는 각각 공무상비밀누설죄(제127조), 간첩죄(제98조), 외교상기밀누설죄(제113조)로 처벌된다.

1. 편지등개봉죄(제316조 제1항), 편지등내용탐지죄(같은 조 제2항)

1) 봉함 기타 비밀장치한 사람의 편지, 문서, 도화를 개봉하거나(제316조 제1항) 봉함 기타 비밀장치한 사람의 편지, 문서, 도화 또는 전자기록 등 특수매체기록을 기술적 수단을 이용하여 그 내용을 알아냄으로써(같은 조 제2항) 성립하는 범죄로 3년 이하의 징역이나 금고 또는 500만원 이하의 벌금에 처한다. 본죄는 고소가 있어야 공소를 제기할 수 있는 친고죄이다(제318조).

2) 본죄의 객체는 봉함 기타 비밀장치한 사람의 편지, 문서, 도화 또는 전자기록 등 특수매체기록이다. 따라서 엽서와 같이 비밀장치를 해 두지 않은 것은 본죄의 객체가 될 수 없다.

'봉함 기타 비밀장치가 되어 있는 문서'란 반드시 문서 자체에 비밀장치가 되어 있는 것만을 의미하는 것은 아니고 봉함 이외의 방법으로 외부 포장을 만들어서 그 안의 내용을 알 수 없게 만드는 일체의 장치, 예컨대 잠금장치 있는 용기나 서랍 안에 들어 있는 문서도 포함한다. 2단으로 되어 있는 서랍의 아랫 칸 윗부분이 막혀 있지 않아 윗 칸을 빼내면 아랫 칸의 내용물을 볼 수 있다고 하더라도, 아랫 칸에 잠금장치를 하였고 통상적으로 서랍의 윗 칸을 빼내면 잠금장치 된 아랫 칸의 내용물을 볼 수 있다는 사실을 예상하기 어렵다면, 윗 칸에 잠금장치가 되어 있는지 여부에 관계없이 아랫 칸은 그 자체로서 비밀장치가 되어 있다고 보아야 한다(대법원 2008.11.27. 선고 2008도9071 판결).

3) 실행행위는 개봉하거나 기술적 수단을 이용하여 그 내용을 알아내는 것이다. 편지등개봉죄(제316조 제1항)는 편지 등을 개봉으로써 성립하고 그 내용을 알아내었을 것을 요하지 않으나, 편지등내용탐지죄(같은 조 제2항)는 그 내용을 알아낼 것을 요한다. 기술적 수단을 이용하여 그 내용을 알아낸다는 것은 개봉을 하지 않고 원형 그대로 둔 채, 예컨대 투시기나 약물을 사용하여 알아내거나, 컴퓨터 등 정보처리장치에 보관된 전자기록 등 특수매체기록을 해킹의 방법으로 알아내는 것을 말한다.

4) 본죄의 객체는 타인의 편지, 문서, 도화 또는 전자기록 등 특수매체기록이므로 타인의 것을 자기의 것으로 오인하였다면 이는 착오로 인하여 '죄의 성립요소인 사실'을 인식하지 못한 경우로서 고의가 조각되어 처벌되지 않는다(제13조). 타인의 것임을 알았으나 이를 개봉하거나 내용을 알아낼 권한이 있다고 오인하였다면 이는 '자기의 행위가 죄가 되지 아니하는 것으로 오인'한 법률의 착오로서 정당한 이유가 있는 경우에 한하여 처벌되지 않는다(제16조).

5) 타인의 편지, 문서, 도화 또는 전자기록등 특수매체기록이더라도 법령에 의해 개봉 또는 그 내용을 알아낼 권한이 있는 경우에는 위법성이 조각되어 처벌되지 않는다(형집행법 제43조 제3항·제4항, 형소법 제107조, 통비법 제3조·제5조, 우편법 제28조·제35조 등).

우편법 제28조(법규 위반 우편물의 개봉) ① 우편관서는 취급 중인 우편물의 내용이 이 법 또는 대통령령으로 정한 규정을 위반한 혐의가 있으면 발송인이나 수취인에게 그 우편물의 개봉을 요구할 수 있다.
② 발송인이나 수취인이 제1항의 개봉을 거부하였을 때 또는 발송인이나 수취인에게 그 개봉을 요구할 수 없을 때에는 … 우편관서의 장이 그 우편물을 개봉할 수 있다. (이하 생략)
제35조(반환 불능 우편물의 개봉) 발송인의 주소나 성명이 불분명하여 되돌려 보낼 수 없는 우편물은 그 주소·명을 알기 위하여 필요한 경우에는 우편관서에서 이를 개봉할 수 있다.
통비법 제3조(통신 및 대화비밀의 보호) ① 누구든지 이 법과 형사소송법 또는 군사법원법의 규정에 의하지 아니하고는 우편물의 검열·전기통신의 감청 또는 통신사실확인자료의 제공을 하거나 공개되지 아니한 타인간의 대화를 녹음 또는 청취하지 못한다. (이하 생략)
② 우편물의 검열 또는 전기통신의 감청(이하 "통신제한조치"라 한다)은 범죄수사 또는 국가안전보장을 위하여 보충적인 수단으로 이용되어야 하며, 국민의 통신비밀에 대한 침해가 최소한에 그치도록 노력하여야 한다.
제5조(범죄수사를 위한 통신제한조치의 허가요건) ① 통신제한조치는 다음 각호의 범죄를 계획 또는 실행하고 있거나 실행하였다고 의심할만한 충분한 이유가 있고 다른 방법으로는 그 범죄의 실행을 저지하거나 범인의 체포 또는 증거의 수집이 어려운 경우에 한하여 허가할 수 있다. (이하 생략)

> **형소법** 제107조(우체물의 압수) ① 법원은 필요한 때에는 피고사건과 관계가 있다고 인정할 수 있는 것에 한정하여 우체물 또는 「통신비밀보호법」 제2조 제3호에 따른 전기통신에 관한 것으로서 체신관서, 그 밖의 관련 기관 등이 소지 또는 보관하는 물건의 제출을 명하거나 압수를 할 수 있다.
> ③ 제1항에 따른 처분을 할 때에는 발신인이나 수신인에게 그 취지를 통지하여야 한다. 단, 심리에 방해될 염려가 있는 경우에는 예외로 한다.
> **형집행법** 제43조(서신수수) ③ 소장은 수용자가 주고받는 서신에 법령에 따라 금지된 물품이 들어 있는지 확인할 수 있다.
> ④ 수용자가 주고받는 서신의 내용은 검열받지 아니한다. 다만, 다음 각 호의 어느 하나에 해당하는 사유가 있으면 그러하지 아니하다.
> 1. 서신의 상대방이 누구인지 확인할 수 없는 때
> 2. 「형사소송법」이나 그 밖의 법률에 따른 서신검열의 결정이 있는 때
> 3. 제1항 제2호 또는 제3호에 해당하는 내용이나 형사 법령에 저촉되는 내용이 기재되어 있다고 의심할 만한 상당한 이유가 있는 때

그리고 사회상규에 위배되지 않는 행위로서 위법성이 조각될 수 있다. 예컨대 대표이사가 '영업차장인 피해자가 회사의 이익을 빼 돌린다'는 소문을 확인할 목적으로 피해자가 사용하던 '개인용 컴퓨터의 하드디스크'를 떼어내어 다른 컴퓨터에 연결한 다음 의심이 드는 단어로 파일을 검색하여 메신저 대화 내용, 이메일 등을 출력하였더라도, 피해자의 범죄 혐의를 구체적이고 합리적으로 의심할 수 있는 상황에서 이를 긴급히 확인하고 대처할 필요가 있었고, 그 열람의 범위를 범죄 혐의와 관련된 범위로 제한하였으며, 검색 결과 범죄행위를 확인할 수 있는 여러 자료가 발견된 사정 등에 비추어, 그러한 행위는 사회통념상 허용될 수 있는 상당성이 있는 행위로서 위법성이 조각된다(대법원 2009.12.24. 선고 2007도6243 판결).

2. 업무상비밀누설죄(제317조)

1) 의사, 한의사, 치과의사, 약제사, 약종상, 조산사, 변호사, 변리사, 공인회계사, 공증인, 대서업자나 그 직무상 보조자 또는 이와 같은 직에 있던 자가 그 업무처리 중 지득한 타인의 비밀을 누설하거나, 종교의 직에 있는 자 또는 있던 자가 그 직무상 지득한 사람의 비밀을 누설함으로서 성립하는 범죄로 3년 이하의 징역이나 금고, 10년 이하의 자격정지 또는 700만원 이하의 벌금에 처한다. 본죄는 고소가 있어야 공소를 제기할 수 있는 친고죄이다(제318조).

이 외에도 개별법령에 업무상비밀누설행위에 대한 처벌규정이 산재되어 있다. 의료법상 의료인(보건복지부장관의 면허를 받은 의사·치과의사·한의사·조산사 및 간호사)은 의료법이나 다른 법령에 특별히 규정된 경우 외에는 의료·조산 또는 간호를 하면서 알게 된 다른 사람의 비밀을 누설하거나 발표하지 못하며, 이를 위반한 때에는 3년 이하의 징역이나 1천만원 이하의 벌금에 처한다. 본죄도 친고죄이다(의료법 제19조, 제88조). 변리사법상 변리사이거나 변리사였던 사람이 정당한 사유 없이 업무상 알게 된 발명

자, 고안자, 창작자, 특허출원인 또는 실용신안·디자인등록출원인의 발명, 고안 또는 창작의 비밀을 누설(漏泄)하거나 도용(盜用)하였을 때에는 5년 이하의 징역 또는 1천만원 이하의 벌금에 처한다(변리사법 제23조). 공인회계사법상 공인회계사(회계법인의 이사, 소속공인회계사 및 외국공인회계사를 포함한다)가 직무상 알게 된 비밀을 누설한 때에는 5년 이하의 징역 또는 5천만원 이하의 벌금에 처한다(제53조).

2) 본죄는 진정신분범으로 법무사, 변호사 아닌 변호인이나 소송대리인, 수의사, 건축사, 생활설계사, 상담원 등 본죄의 주체가 아닌 자가 타인의 비밀을 누설하더라도 본죄가 성립하지 않는다. 따라서 병원에서 분실된 진료기록의 일부를 당사자가 법원에 증거로 제출한 경우에는 업무상비밀누설죄가 성립하지 않는다(대법원 1992.5.22. 선고 91다39320 판결). 그리고 공무원 또는 공무원이었던 자가 직무상 비밀을 누설한 때에는 공무상비밀누설죄(제127조)가 성립한다.

3) 비밀이란 한정된 범위 내의 사람에게만 알려져 있는 사실로서 타인에게 알려짐으로써 본인에게 불리한 성질의 것을 말한다. 누설이란 비밀을 모르고 있는 자로 하여금 알게 하는 것으로서, 유포와는 달리 특정한 한 사람에게 알리는 경우도 포함한다.

4) 의사 등이 업무상 지득한 비밀을 누설한 경우라도 법령에 의해 위법성이 조각될 수 있다. 예컨대 전염병예방법, 후천성면역결핍증예방법에 의하여 의사가 전염성환자나 감염자를 신고하는 행위는 법령에 의한 행위로서 위법성이 조각된다. 한편 증언거부권을 가진 자(형소법 제147조 내지 제149조)가 증인으로 출석하여 증언거부권을 행사하지 않고 증언을 함으로써 타인의 비밀을 누설하더라도 본죄로 처벌되지 아니한다.

3. 각종 특별법상 비밀침해 및 누설죄

(1) 통비법상 대화·통신비밀침해죄 (제16조, 제3조)

1) 형법은 대화나 통신상의 비밀을 침해하는 행위에 대해서는 적용되지 않는다. 대화 및 통신비밀을 침해하는 행위에 대해서는 통비법이 적용된다.

2) 이에 따르면 누구든지 통비법과 형소법 또는 군사법원법의 규정에 의하지 아니하고는 우편물의 검열·전기통신의 감청 또는 통신사실확인자료의 제공을 하거나 공개되지 아니한 타인간의 대화를 녹음 또는 청취해서는 안 되고(제3조), 이에 위반하여 우편물의 검열 또는 전기통신의 감청을 하거나 공개되지 아니한 타인간의 대화를 녹음 또는 청취하거나 지득한 통신 또는 대화의 내용을 공개하거나 누설한 때에는 10년 이하의 징역과 5년 이하의 자격정지에 처한다(제16조). 본죄의 미수범은 처벌된다(제18조).

무전기와 같은 무선전화기를 이용한 통화는 전기통신에 해당하는데, 렉카회사가 교통사고장소 및 사고내역을 확인하고 소속 차량을 사고현장으로 보내 사고차량을 견인하여 영업수익을 올리기 위하여

기사대기용 컨테이너박스 안에서 무전기를 설치하고 한국도로공사 상황실과 고속도로 순찰차량 또는 119구조대간의 무선전화통화를 청취하는 행위는 타인간의 대화의 청취가 아니라 전기통신의 감청에 해당한다(대법원 2003.11.13. 선고 2001도6213 판결).

3) 통비법이 "공개되지 아니한 타인간의 대화를 녹음 또는 청취하지 못한다"라고 정한 것은, 대화에 원래부터 참여하지 않는 제3자가 그 대화를 하는 타인들 간의 발언을 녹음해서는 아니 된다는 취지이다. 따라서 3인 간의 대화에 있어서 그 중 한 사람이 그 대화를 녹음하는 경우에 다른 두 사람의 발언은 그 녹음자에 대한 관계에서 '타인 간의 대화'라고 할 수 없으므로, 이와 같은 녹음행위가 통신비밀보호법에 위배되지 않는다(대법원 2006.10.12. 선고 2006도4981 판결). 그러나 제3자의 경우는 설령 전화통화 당사자 일방의 동의를 받고 그 통화내용을 녹음하였다 하더라도 그 상대방의 동의가 없었던 이상 통비법에 위배된다(대법원 2002.10.8. 선고 2002도123 판결).

(2) 정통법위반죄

1) 정보통신망(전기통신설비를 이용하거나 전기통신설비와 컴퓨터 및 컴퓨터의 이용기술을 활용하여 정보를 수집·가공·저장·검색·송신 또는 수신하는 정보통신체계)을 이용하여 동의를 받지 아니하고 개인정보를 수집·이용하거나 제3자에게 제공하거나 또는 이를 제공받거나, 훼손·침해 또는 누설한 자 또는 정보통신망에 의하여 처리·보관 또는 전송되는 타인의 정보를 훼손하거나 타인의 비밀을 침해·도용 또는 누설한 자는 5년 이상의 징역이나 5천만원 이하의 벌금에 처한다(정통법 제71조).

2) 정당한 권한없이 또는 허용된 접근권한을 넘어 정보통신망에 침입한 때 또는 정보관리업무에 종사하는 자가 직무상 알게 된 비밀을 타인에게 누설하거나 직무 외의 목적으로 사용한 때에는 3년 이하의 징역 또는 3천만원 이하의 벌금에 처한다(정통법 제72조 제1항).

(3) 부정경쟁방지법위반죄

1) 부정경쟁방지법에 의하여 부정한 이익을 얻거나 영업비밀 보유자에게 손해를 입힐 목적으로 영업비밀(공공연히 알려져 있지 아니하고 독립된 경제적 가치를 가지는 것으로서, 상당한 노력에 의하여 비밀로 유지된 생산방법, 판매방법, 그 밖에 영업활동에 유용한 기술상 또는 경영상의 정보)을 취득·사용하거나 제3자에게 누설한 경우 부정경쟁방지법에 의하여 처벌된다(제18조 제1항, 제2항). 한편 회사 직원이 영업비밀을 경쟁업체에 유출하거나 스스로의 이익을 위하여 이용할 목적으로 무단으로 반출하거나 영업비밀이 아니더라도 그 자료가 불특정 다수의 사람에게 공개되지 않았고 사용자가 상당한 시간, 노력 및 비용을 들여 제작한 영업상 주요한 자산인 경우에 그 자료의 반출행위는 업무상배임죄를 구성한다. 그리고 회사 직원이 퇴사시에 영업비밀 등을 회사에 반환하거나 폐기하지 아니하고 경쟁업체에 유출하거나 스스로의 이익을 위하여 이용할 목적으로 이를 반환하거나 폐기하지 아니하는 행위는 업무상배임죄를 구성한다(대법원 2008.4.24. 선고 2006도9089 판결). 다만 이 경우 영업비밀을 사용 또는 유출한 것은 아니

므로 부정경쟁방지법위반죄는 성립하지 않는다.

2) 영업비밀의 사용은 영업비밀 본래의 사용 목적에 따라 이를 상품의 생산·판매 등의 영업활동에 이용하거나 연구·개발사업 등에 활용하는 등 기업활동에 직접 또는 간접적으로 사용하는 행위로서 행위자가 당해 영업비밀과 관계된 영업활동에 이용 혹은 활용할 의사 아래 그 영업활동에 근접한 시기에 영업비밀을 열람하는 행위(영업비밀이 전자파일의 형태인 경우에는 저장의 단계를 넘어서 해당 전자파일을 실행하는 행위)를 한 때에 실행의 착수가 인정된다. 따라서 영업비밀을 사무실에 있는 업무용 컴퓨터에 저장하거나 그 사무실에 하드카피 형태로 비치하여 언제든지 업무에 활용할 수 있도록 하였다는 것만으로는 영업비밀부정사용에 관하여 실행의 착수가 있다고 말할 수 없다(대법원 2009.10.15. 선고 2008도9433 판결).

Ⅱ. 주거침입의 죄(제36장)

1) 헌법상 보장되는 주거의 자유(제16조)를 침해하는 범죄로, 주거침입죄·퇴거불응죄(제319조), 특수주거침입죄(제320조), 신체·주거수색죄(제321조)가 이에 해당한다. 이들 죄의 미수범은 처벌된다(제322조).

2) 2인 이상이 공동하여 주거침입죄 또는 퇴거불응죄를 범한 때에는 폭처법에 의해 가중처벌된다(폭처법 제2조 제2항). 본죄의 미수범은 처벌된다(같은 법 제6조).

3) 자기의 성적 욕망을 만족시킬 목적으로 공중화장실이나 목욕장 등 공공장소에 침입하거나 같은 장소에서 퇴거 요구를 받고 응하지 아니한 때에는 성폭법위반(성적목적공공장소침입)죄로 처벌된다(성폭법 제12조).

1. 주거등침입죄(제319조 제1항)

(1) 보호법익

1) 사람의 주거, 관리하는 건조물, 선박이나 항공기 또는 점유하는 방실에 침입함으로써 성립하는 범죄로 3년 이하의 징역이나 금고 또는 500만원 이하의 벌금에 처한다. 본죄의 미수범은 처벌한다(제322조).

2) 본죄의 보호법익에 대해서는 주거 등의 사실상 평온이라는 견해(사실상 평온설)와 주거권이라는 견해(주거권설)가 대립한다. 사실상 평온설에 의하면 주거권자의 의사에 반하는 침입행위가 있다고 하더라도 이로 인하여 사실상의 평온이 침해되지 않았다면 본죄가 성립하지 않는다고 볼 수 있고, 본죄의 기수인가 또는 미수인가의 여부는 침입행위에 의하여 사실상 평온이 교란되었는가의 여부에 의해 결정된다. 이에 반하여 주거권설에 따르면 주거의 사실상 평온을 침해하는 행위, 즉 침입행위가 있음으로써 본죄가 성립하고 침입행위에 의하여 사실상 평온이 교란되었는가의 여부는 본죄의 성립에 영향을 미치지 않는다. 예컨대 피고인이 피해자와 이웃 사이어서 평소 그 주거에 무상출입하던 관계에 있었다 하더라도 범죄의 목적으로 피해자의 승낙없이 그 주거에 들어간 경우에는 주거침입죄가 성립한다(대법원 1983.7.12. 선고 83도1394 판결).

사실상의 평온설에 따르면 설사 범죄의 목적으로 들어갔다고 하더라도 사실상의 평온이 침해된 바 없다면 본죄는 성립하지 않는다고 보는 것이 합리적이나, 판례는 주거침입죄의 보호법익을 사실상 주거의 평온이라고 하면서도 "간통의 목적으로 주거권자 중의 한 사람의 승낙을 받아 주거에 들어간 경우라도 다른 주거권자의 의사에 반하는 이상 주거침입죄가 성립한다"는 입장을 취하고 있다(☞ **[판례 Ⅱ-1]** 참조).

[판례 II-1] 대법원 1984.6.26. 선고 83도685 판결【주거침입 등】

〈사실관계〉

피고인은 한 때 A여인과 연인관계였으나 부모님의 반대로 헤어진 후, A는 다른 남자(B)와 혼인하였다. 그러나 피고인은 A를 잊지 못하고 A와 성관계를 맺기 위하여 A가 사는 집을 찾아가 B가 출근한 후에 A의 승낙을 받고 들어가 성관계를 맺고 B가 돌아오기 전에 그 집을 나왔다.

〈판결요지〉

형법상 주거침입죄의 보호법익이 주거권이라는 법적 개념이 아니고 사적 생활관계에 있어서의 사실상의 주거의 자유와 평온이라 할 것인데, 그 주거에서 공동생활을 하고 있는 전원이 평온을 누릴 권리가 있다고 할 것이니 복수의 주거권자가 있는 경우 한 사람의 승낙이 다른 거주자의 의사에 직접, 간접으로 반하는 경우에는 그에 의한 주거에의 출입은 그 의사에 반하는 사람의 주거의 평온, 즉 주거의 지배관리의 평온을 해치는 결과가 되므로 주거침입죄가 성립한다 할 것이며 동거자 중 1인이 부재중인 경우라도 주거의 지배관리관계가 외관상 존재하는 상태로 인정되는 한 위 법리에는 영향이 없다고 볼 것이다. 따라서 남편이 일시 부재중 간통의 목적 하에 그 처의 승낙을 얻어 주거에 들어간 경우라도 남편의 주거에 대한 지배관리관계는 여전히 존속한다고 봄이 옳고 사회통념상 간통의 목적으로 주거에 들어오는 것은 남편의 의사에 반한다고 보이므로 이러한 경우에는 주거침입죄가 성립한다.

3) 주거침입죄는 사실상 주거의 평온을 보호법익으로 하므로 거주자가 주거에 거주할 권리를 가지고 있는 여부는 범죄의 성립에 영향을 주지 않으며, 거주할 권리없다고 하더라도 보호되어야 할 주거의 평온이 존재하는 한 권리자가 그 권리를 실현함에 있어 법에 정하여진 절차에 의하지 아니하고 자력구제의 수단으로 그 주거 또는 건조물에 침입하는 경우에는 주거침입죄가 성립한다(대법원 1984.4.24. 선고 83도1429 판결).

○ **대법원 1983.3.8. 선고 82도1363 판결【구 폭처법위반】**

약 270명의 승려 및 신도들이 피고인의 주지취임을 반대하면서 사찰경내를 굳게 지키고 있는 상황을 알면서, 피고인이 약 37명 가량의 일반승려들을 규합하여 이들과 함께 날이 채 새기도 전에 잠겨진 뒷문을 넘어 들어가거나 정문에 설치된 철조망을 걷어 내고 정문을 통과하는 방법으로 사찰 경내로 난입했다면, 그러한 피고인 등의 행위는 종법에 따른 검수절차를 통한 주지직 취임의 한계를 일탈한 것이고, 전임 주지측의 사찰경내에 대한 사실상 점유의 평온을 침해한 것으로 주거침입죄가 성립한다.

○ **대법원 1984.4.24. 선고 83도1429 판결【주거침입】**

근저당권설정등기가 되어 있지 아니한 별개 독립의 이 사건 건물이 근저당권의 목적으로 된 대지 및 건물과 일괄하여 경매된 경우 이 사건 건물에 대한 경락허가결정이 당연무효라고 하더라도 이에 기한 인도명령에 의한 집행으로서 일단 이 사건 건물의 점유가 경락인에게 이전된 이상 이 사건 건물의 소유자인 피고인이 위 무효인 인도집행에 반하여 위 건물에 들어간 경우에도 주거침입죄는 성립한다.

○ **대법원 1985.3.26. 선고 85도122 판결【주거침입】**

피해자가 피고인 소유의 부동산에 대한 임의경매신청에 의하여, 그 근저당권이 설정되지 아니한 이 사건 건물에 대한 경락허가 결정이 무효라고 하더라도 이에 기한 인도명령에 의한 집행으로서 일단 이 사건 건물의 점유가 피해자에게 이전된 이상 함부로 다시 이 사건 건물에 들어간 피고인의 소위는 주거침입죄에 해당한다.

○ 대법원 1987.5.12. 선고 87도3 판결【주거침입】

주택의 매수인이 계약금과 중도금을 지급하고서 그 주택을 명도받아 점유하고 있던 중 위 매매계약을 해제하고 중도금반환청구소송을 제기하여 얻은 그 승소판결에 기하여 강제집행에 착수한 이후에, 매도인이 매수인이 잠가 놓은 위 주택의 출입문을 열고 들어간 경우라면 매도인으로서는 매수인이 그 주택에 대한 모든 권리를 포기한 것으로 알고 그 주택에 들어간 것이라고 할 수 있을 뿐만 아니라 또한 그 주택에 대하여 보호받아야 할 피해자의 주거에 대한 평온상태는 소멸되었다고 볼 수 있으므로 매도인의 위 소위는 주거침입죄를 구성하지 아니한다

○ 대법원 2007.7.27. 선고 2006도3137 판결【구 폭처법위반(집단·흉기등주거침입)】

구 재단측이 위 공동대책위원회의 진입을 저지하면서 농아원을 사실상 관리하는 상황에서는 설사 구 재단측이 농아원을 관리할 법률상의 권한을 상실하였다고 하더라도 그 경우의 사실상의 평온 역시 건조물침입죄의 보호법익에 포함되므로, 피고인들이 그 진입과정에서 구 재단측의 점유를 배제하기 위하여 관계 법령에 의한 정당한 절차에 의하지 아니한 채 구 재단측을 물리적으로 제압함으로써 건조물에 침입한 이상 건조물침입죄를 구성하고, 한편 피고인 2가 진입과정에 주도적으로 참여한 이상 직접 침입행위를 하지 않았다고 하더라도 건조물침입죄의 공동정범에 해당한다.

(2) 객 체

1) 본죄의 객체는 주거, 관리하는 건조물, 선박이나 항공기 또는 점유하는 방실이다.

2) 주거란 사람이 일상생활을 영위하는 장소로 계속적인가 일시적인가를 불문하고(따라서 일시적으로 거주하는 별장도 주거에 속한다), 반드시 부동산에 고착된 건조물의 형태일 것을 요하지 않는다. 일상생활을 영위하고 있다면 주거용차량, 토굴, 텐트 등도 주거에 포함된다.

주거는 일상생활을 영위하는 장소로서 단순히 가옥 자체만을 말하는 것이 아니라, 가옥에 부속하는 위요지(圍繞地)를 포함한다. 다만 위요지가 주거에 해당하기 위해서는 가옥에 인접한 주변의 토지로서 외부와의 경계에 담 등이 설치되어 그 토지가 가옥의 이용에 제공되고 외부인이 함부로 출입할 수 없다는 점이 객관적으로 드러나야 한다. 따라서 이용에 기여하는 인접의 부속 토지라고 하더라도 인적 또는 물적 설비 등에 의한 구획 내지 통제가 없어 통상의 보행으로 그 경계를 쉽사리 넘을 수 있는 정도라고 한다면 일반적으로 외부인의 출입이 제한된다는 사정이 객관적으로 명확하게 드러났다고 보기 어려우므로, 다른 특별한 사정이 없는 한 주거침입죄의 객체에 속하지 아니한다.

그리고 다가구용 단독주택이나 다세대주택·연립주택·아파트 등 공동주택 안에서 공용으로 사용하는 엘리베이터, 계단과 복도는 주거로 사용하는 각 가구 또는 세대의 전용 부분에 필수적으로 부속하는 부분으로서 그 거주자들에 의하여 일상생활에서 감시·관리가 예정되어 있고 사실상의 주거의 평온을 보호할 필요성이 있으므로 다가구용 단독주택이나 다세대주택·연립주택·아파트 등 공동주택의 내부에 있는 엘리베이터, 공용 계단과 복도는 특별한 사정이 없는 한 주거침입죄의 객체인 주거에 해당한다(대법원 2009.9.10. 선고 2009도4335 판결).

○ **대법원 2009.9.10. 선고 2009도4335 판결【성폭법위반(강간등상해)】**

주거침입죄에 있어서 주거라 함은 단순히 가옥 자체만을 말하는 것이 아니라 그 정원 등 위요지를 포함하는 것인바, 다가구용 단독주택이나 다세대주택·연립주택·아파트 등 공동주택 안에서 공용으로 사용하는 엘리베이터, 계단과 복도는 주거로 사용하는 각 가구 또는 세대의 전용부분에 필수적으로 부속하는 부분으로서 그 거주자들에 의하여 일상생활에서 감시·관리가 예정되어 있고 사실상의 주거의 평온을 보호할 필요성이 있는 부분이므로, 다가구용 단독주택이나 다세대주택·연립주택·아파트 등 공동주택의 내부에 있는 엘리베이터, 공용 계단과 복도는 특별한 사정이 없는 한 주거침입죄의 객체인 '사람의 주거'에 해당하고, 위 장소에 거주자의 명시적, 묵시적 의사에 반하여 침입하는 행위는 주거침입죄를 구성한다. 위 법리에 비추어 보면, 피고인이 피해자를 강간할 목적으로 피해자를 따라 피해자가 거주하는 아파트 내부의 공용부분에 들어온 행위는 주거침입행위이므로, 피고인이 구 성폭법 제5조 제1항 소정의 주거침입범의 신분을 가지게 되었음은 분명하다.

○ **대법원 2009.8.20. 선고 2009도3452 판결【폭처법위반(공동주거침입)】**

원심은 피고인이 위 빌라의 시정되지 않은 대문을 열고 들어가 계단으로 빌라 3층까지 올라가서 그곳의 문을 두드려 본 후 다시 1층으로 내려온 사실을 인정한 다음, 이러한 피고인의 행위만으로는 피고인이 침입을 위한 구체적인 행위를 시작하였다거나 주거의 평온을 침해할 객관적인 위험성을 포함하는 행위를 한 것으로 볼 수 없어서 주거침입의 실행의 착수가 없다는 이유로 위 부분 공소사실에 대하여 무죄를 선고하였다. 그러나 앞서 본 법리에 비추어 보면, 피고인이 다가구용 단독주택인 위 빌라의 대문을 열고 계단으로 들어간 이상 피해자의 주거에 들어간 것이고, 이와 같이 위 빌라의 대문 안으로 들어간 행위가 거주자의 의사에 반한 것이라면 주거에 침입한 것이라고 보아야 할 것이다.

3) 관리하는 건조물, 선박, 항공기도 본죄의 객체가 된다. 여기서 '관리한다'고 함은 타인이 함부로 침입하는 것을 방지하는데 족한 인적·물적 설비를 갖추고 있음을 말한다. 경비원, 관리인 등을 두거나 자물쇠 등 잠금장치를 해 둔 경우가 여기에 해당한다. 그러나 단순히 출입금지라는 표지를 붙여둔 것만으로는 '관리'하고 있다고 보기는 힘들다. 건조물뿐만 아니라 선박과 항공기도 사람이 출입할 수 있는 공간과 타인의 무단출입을 막을 수 있는 인적·물적 설비를 갖추고 있을 것을 요한다.

건조물이란 주위벽 또는 기둥과 지붕 또는 천정으로 구성된 구조물로서 사람이 기거하거나 출입할 수 있는 장소를 말하며 반드시 영구적인 구조물일 것을 요하지 않는다. 내부가 약 1.5평(정면길이 230cm 옆면길이 110cm) 정도 되는 알루미늄 새시로 된 담배점포(대법원 1989.2.28. 선고 88도2430 판결)나 축사건물 및 축사출입차량의 소속을 위해 설치된 소독시설(대법원 2007.12.13. 선고 2007도7247 판결)은 건조물이라고 할 수 있으나 건축공사장의 타워크레인은 건조물이 아니다(☞ **[판례 II-2]** 참조).

[판례 II-2] 대법원 2005.10.7. 선고 2005도5351 판결【업무방해, 구 폭처법위반(공동주거침입 등)】

〈사실관계〉

피고인 1의 지시를 받은 파업참가 근로자 피고인 2, 3 등은 야간과 이른 아침에 건축공사 현장의 경비원의 통제를 피하여 공사현장의 외곽에 설치된 담장(펜스)을 넘는 등의 방법으로 공사현장에 무단으로 들어간 뒤 타워크레인 1대에 3명 내지 5명 정도씩 조를 편성하여 몰려 올라가 이를 전면·배타적으로 점거하고 농성에 돌입하여 주·야간을 포함하여 이틀이 넘게 점거농성을 벌이고, 이로 인하여 사용자나 시공회사측이 타워크레인에 출입하거나 합법적인 대체근로를 하는 것도 사실상 불가능해지고 각 건축공사 현장에서 크레인과 연관된 시공작업도 모두 정지되었다.

〈판결요지〉

주거침입죄에 있어서 침입행위의 객체인 건조물은 주위벽 또는 기둥과 지붕 또는 천정으로 구성된 구조물로서 사람이 기거하거나 출입할 수 있는 장소를 말하고 또한 단순히 건조물 그 자체만을 말하는 것이 아니고 위요지를 포함한다고 할 것이나, 위요지가 되기 위해서는 건조물에 인접한 그 주변 토지로서 관리자가 외부와의 경계에 문과 담 등을 설치하여 그 토지가 건조물의 이용을 위하여 제공되었다는 것이 명확히 드러나야 한다.

피고인이 침입하였다는 타워크레인은 동력을 사용하여 중량물을 매달아 상하 및 좌우로 운반하는 것을 목적으로 하는 기계 또는 기계장치로서 구조상 철골로 된 수직기둥(마스트) 위에 기사 1명이 의자에 앉아서 작업을 하는 조종석이 있고 투명한 창문으로 둘러져 있는 0.5평이 채 안 되는 운전실과 철제 난간들이 설치되어 있을 뿐, 따로 기둥이나 벽이 있는 공간이 난 방실은 있지 아니하였고, 위 타워크레인은 건설기계의 일종으로서 작업을 위하여 토지에 고정되었을 뿐이고 위 운전실은 기계를 운전하기 위한 작업공간 그 자체이지 건조물침입죄의 객체인 건조물에 해당하지 아니하고, 피고인등이 침입하였다는 각 공사현장에는 각 시공회사가 각 공사현장의 외곽에 담장(펜스)을 설치하고 경비를 두어 외부에서의 공사현장에로의 출입을 통제하고 있었고 위 각 공사현장에서는 컨테이너 박스 등으로 가설된 현장사무실 또는 경비실이 설치되어 있었으나 피고인등은 위 각 현장사무실 또는 경비실 자체에는 들어가지 아니하였고, 당시 위 각 공사현장 내에서는 건축 중인 건축물의 일부 층에 대한 골조공사가 진행되고 있었는데 당시 위 건축 중인 건축물은 아직 벽, 기둥, 지붕, 천정 등을 완전히 갖추지 못하여 일반인의 관점에서 볼 때 사람이 기거하거나 출입하기에 적합할 정도로 완성되지 아니한 상태였으며, 위 각 공사현장은 그 안에 있는 현장사무실 또는 경비실의 이용을 위하여 제공된 토지가 아니고 위 각 공사현장 내의 건축 중인 건물은 아직 주거침입죄의 객체인 건조물에 해당할 정도로 완성되지 못하였으므로, 피고인 등이 위 각 공사현장의 구내에 들어간 행위를 위 각 공사현장 구내에 있는 건조물인 위 각 현장사무실 또는 경비실에 침입한 행위로 보거나, 위 각 공사현장 구내에 있는 건축 중인 건물에 침입한 행위로 볼 수 없다.

〈참조판례〉

○ **대법원 1989.2.28. 선고 88도2430 판결【야간건조물침입절도】**

이 사건 담배점포는 내부가 약 1.5평(정면길이 230cm, 옆면길이 110cm) 정도의 알루미늄 새시로 된 구조물이기는 하나 벽과 지붕으로 구성되어 사람이 그 내부에서 기거하거나 출입할 수 있을 뿐 아니라 실제로 피해자는 그 내부에 담배, 복권 기타잡화 등을 진열해 놓고 판매하는 일상생활을 영위해 오면서 침식의 장소로도 사용해 왔으므로, 위 담배점포는 주거침입의 객체가 될 수 있는 건조물에 해당한다.

○ **대법원 1991.6.11. 선고 91도753 판결【구 폭처법위반】**

골리앗크레인은 선박건조자재운반용으로 위 회사 제1도크에 고정 설치되어 82미터 높이에 있는 폭 8미터, 길이 140미터 되는 상판과 상판하부의 기계실, 상판에서 기계실로 통하는 넓이 10평 정도되는 방실 및 기계실 하부의 운전실 등으로 구성되어 있고 평소 그 운전을 위해 1, 2명의 직원이 그 곳에 근무하며 인가자 이외의 출입을 금지하는 특별통제구역으로 설정되어 있고 이 사건 당시 위와 같은 출입통제를 위해 승강기의 전원을 차단하고 비상계단의 출입문을 열 수 없도록 하여 두었다는 것이므로 위 골리앗크레인은 간수하는 건조물로서 이에 함부로 들어간 행위는 침입행위에 해당한다.

한편 판례는 '건조물'에는 건조물 그 자체뿐만이 아니라 그에 부속하는 위요지를 포함하고, 다만 위요지라고 하기 위해서는 건조물에 인접한 그 주변의 토지로서 외부와의 경계에 담 등이 설치되어 그 토지가 건조물의 이용에 제공되고 외부인이 함부로 출입할 수 없다는 점이 객관적으로 명확하게 드러나야 한다고 보고 있다(대법원 2004.6.10. 선고 2003도6133 판결). 판례가 건조물침입죄에서 "건조물에는 건조물 그 자체뿐만이 아니라 그에 부속하는 위요지가 포함된다"고 해석하는 것은 주거침입죄의 법리를 그대로 차용한 것으로 보인다. 주거에는 주거용 건물만 아니라 널리 '사람이 일상생활을 영위하는 장소'도 포함하므로, 단순히 가옥 자체뿐만 아니라, 가옥에 부속하는 위요지(圍繞地)에 침입하는 행위도 주거침입에 해당된다고 해석하는 것이 타당하다. 그러나 건조물침입죄에서 건조물은 건조물 그 자체를 말하고 사람이 주거 이외의 용도로 사용하는 장소는 설사 그것이 위요지라고 하더라도 그 객체인 건조물에 해당한다고 볼 수 없다. 따라서 건조물 자체에 침입하지 않는 한 건조물에 부속된 토지에 침입하는 행위는 건조물침입죄를 구성하지 않는다고 해석해야 할 것이다.

○ 대법원 2010.4.29. 선고 2009도14643 판결【폭처법위반(공동주거침입)】

원심은 이 사건 통로와 축사 앞 공터는 주거건물 및 축사에 부수하여 축사 운영에 필요불가결한 장소이고 비록 문과 담 등으로 통로의 입구를 막지는 아니하였지만 이 사건 시설은 주변이 산으로 둘러싸인 곳으로서 입구에 피해자의 주거건물과 통로 건너편의 비닐하우스 등이 위치하여 외부와의 경계가 명확히 드러날 뿐만 아니라 피해자는 외부인의 출입을 금지하는 취지의 표지판을 입구에 설치하였으므로, 위 통로와 축사 앞 공터는 이 사건 주거건물이나 축사 등의 위요지에 해당한다고 보고, 피고인들이 공동으로 이 사건 통로로 진입하여 축사 앞 공터까지 들어간 행위는 피해자가 거주하면서 관리하는 이 사건 건조물에 침입한 행위라고 인정된다고 판단하였다.

그러나 이 사건 시설은 차량 통행이 빈번한 도로에 바로 접하여서 자리하고 있고, 위 주거건물은 위 도로에 면하여 그로부터 직접 출입할 수 있고, 위 도로에서 이 사건 시설로 들어가는 입구 등에 그 출입을 통제하는 문이나 담 기타 인적·물적 설비가 전혀 없고 시멘트 포장이 된 노폭 5m 정도의 통로를 통하여 누구나 통상의 보행으로 자유롭게 드나들 수 있으며,… 피고인들이 차를 타고 들어간 통로 입구 오른쪽의 전주 아래편에 '관계자 외 출입금지'라는 팻말이 있지만 그 바로 뒤에 '○○ 축산'이라는 커다란 간판이 붙어 있는 비닐하우스가 있어서 이 팻말로써는 위 비닐하우스 외에도 이 사건 시설이나 통로 등 전체에 대하여 외부인의 출입이 제한된다는 점이 일반인의 입장에서 쉽사리 알 수 있다고 보기 어렵다. 이처럼 위 통로와 축사 앞 공터는 이 사건 주거건물이나 축사 등의 위요지에 해당하지 않으므로 피고인들의 행위를 건조물침입에 해당한다고 볼 수는 없다.

○ 대법원 2004.6.10. 선고 2003도6133 판결【구 폭처법위반】

건조물이라 함은 단순히 건조물 그 자체만을 말하는 것이 아니고 위요지를 포함한다 할 것인데, 위요지가 되기 위해서는 건조물에 인접한 그 주변 토지로서 관리자가 외부와의 경계에 문과 담 등을 설치하여 그 토지가 건조물의 이용을 위하여 제공되었다는 것이 명확히 드러나야 한다. 또한 일반적으로 개방되어 있는 장소라도 필요가 있을 때는 관리자가 그 출입을 금지 내지 제한 할 수 있는 것이므로 그 출입금지 내지 제한하는 의사에 반하여 무리하게 다중이 건조물 구내에 들어가 구호를 외치고 노동가를 부르는 것은 건조물의 사실상의 평온을 해하는 것으로서 건조물침입죄가 성립한다고 보아야 한다.

피고인은 1,000여명의 다른 전국공무원노동조합(이하 '전공노'라 한다) 소속 공무원들과 함께 '전국공무원 노동자대회 전야제'에 참가하기 위하여 들어간 대학교 종합운동장은 강의동을 비롯한 건조물에 인접한 부분이고, 대학교와 외부와의 경계에는 정문을 비롯하여 문과 담 등이 설치되어 있어 대학교 구내와 외부와는 명확히 구분되어 있으며 당시 전공노 소속 공무원 1,000여명이 전야제 등을 하면서 구호를 외치고 노동가를 불렀다면 이는 강의동을 비롯한 건조물의 위요지인 종합운동장의 사실상의 평온이 해한 것이므로 피고인의 위 행위는 건조물침입죄를 구성한다.

선박이란 수상 또는 수중에서 항행용으로 사용하거나 사용할 수 있는 배를 말한다(선박법 제1조의1). 선박이라고 하기 위해서는 사람이나 물건을 적재할 수 있는 구조를 갖추어야 하므로 수상비행기나 비행선은 선박이 아니나, 수중을 항행하는 잠수선은 선박에 해당한다. 그리고 선박은 항행에 사용될 수 있어야 하므로 일정한 장소에 고정되어 있는 침잠함, 부표, 기중기선, 수상호텔, 수상창고는 선박이 아니다. 특수한 장소에서 준설작업을 하는 준설선은 선박에 해당하지 않으나, 준설물의 운반작업을 겸하는 것은 선박에 해당한다. 기관을 사용하여 추진하는 선박(기선), 돛을 사용하여 추진하는 선박(범선)뿐만 아니라 자력항행능력(自力航行能力)이 없어 다른 선박에 의하여 끌리거나 밀려서 항행되는 선박(부선)도 선박에 해당한다. 건조중인 선박은 비록 완성 전이라도 진수 후 항행가능할 정도가 되면 선박에 해당한다. 그러나 수선불능한 난파선이나 인양불능의 침몰선은 항행할 수 없기 때문에 선박이라고 볼 수 없다.

항공기란 항공에 사용할 수 있는 기기(機器)로서 비행기, 비행선, 활공기(滑空機), 회전익(回轉翼)항공기, 동력비행장치(動力飛行裝置) 및 지구 대기권 내외를 비행할 수 있는 항공우주선을 말한다(항공법 제2조 제1호, 동법시행령 제9조).

4) 점유하는 방실이란 건물 내에서 사실상 지배·관리하는 구획으로 사무실, 연구실, 하숙방, 자취방, 호텔이나 여관의 방이 여기에 속한다. 판례는 공중화장실의 용변칸(대법원 2009.8.20. 선고 2009도3452 판결)이나 건물소유주가 타인에게 그 소유의 가옥을 매도하고 소유권이전등기까지 완료하였으나 아직 명도하지 않고 계속 점유하고 있는 상황에서 제3자가 임대하여 사용하고 있는 방(대법원 1965.1.2. 선고 64도587 판결)을 본죄의 객체인 방실로 인정한 바 있다.

(3) 실행행위

1) 주거침입죄의 실행행위는 주거 등에 침입하는 것이다. 여기서 침입이라고 함은 타인이 주거권자의 의사에 반하여 신체의 전부 또는 일부가 주거 안으로 들어가는 것을 말하고, 주거권자 자신이 주거 안으로 들어가는 것은 침입에 해당하지 않는다. 따라서 적법한 임대차기간이 종료한 후 계속 점유(사실상 불법점유)하고 있는 건물의 출입문에 소유자가 마음대로 판자를 대어 폐쇄하자 임차인이 그 판자를 뜯어 건물에 들어갔다고 하더라도 건조물침입의 죄책을 지울 수는 없다(대법원 1973.6.26. 선고 73도460 판결).

2) 주거침입죄가 성립하기 위해서는 주거권자의 의사에 반하면 되고 주거권자가 현실적으로 출입을 제지하였는가는 주거침입죄의 성립에 영향을 미치지 않는다. 예컨대 대학교가 대학생회연합의 행사개최를 불허하고 외부인의 출입을 금지하는 한편 경찰에 시설물 보호를 위한 경비지원을 요청하였음에도 피고인이 다른 많은 학생들과 함께 위 행사에 참여하거나 주최하기 위하여 대학교에 들어 갔다면 그 당시 경찰공무원 또는 대학교의 교직원들로부터 구체적으로 출입을 제지하지 아니하였다고 하더라도 대학교 관리자의 의사에 반하여 건조물인 대학교에 침입한 것으로 피고인의 행위는 건조물침입죄를 구성한다(대법원 2003.5.13. 선고 2003도604 판결).

3) 주거침입죄는 주거권자나 건조물 등의 관리자의 승낙 없이 또는 이들의 추정적 의사에 반하여 정당한 이유 없이 주거 등에 들어감으로써 성립한다. 주거권자나 건조물 등의 관리자의 승낙을 받았다고 하더라도 그 승낙이 사기 또는 강박에 의한 것이거나(대법원 2007.1.25. 선고 2006도5979 판결), 범죄나 불법행위를 목적으로 주거에 들어가는 것은 주거권자 또는 관리자의 의사에 반하므로 주거침입의 죄책을 면할 수 없다(대법원 1967.12.19. 선고 67도1281 판결). 그리고 주거권자나 관리자와의 관계 등으로 평소 출입이 허용된 사람이라 하더라도 주거나 건조물에 들어간 행위가 주거권자나 관리자의 의사에 반하여 감행된 것이라면 주거침입의 죄책을 진다(대법원 2007.8.23. 선고 2007도2595 판결), 다만 주거침입죄가 성립하기 위해서는 주거에 들어가는 행위 자체가 주거권자의 의사에 반해야 하므로, 당초부터 주거권자의 반대를 무릅쓰고 주거에 들어갔다거나 주거에 들어갈 때부터 내심으로 범죄나 불법행위를 할 목적이 있었다는 등 주거에 들어가는 것 자체가 주거권자의 의사에 반하는 것으로 인정할 만한 사정이 없는 한, 주거에 들어간 이후 소란을 피우는 등의 사태가 발생하였다 하더라도 주거침입의 죄책을 물수는 없다(대법원 1993.3.23. 선고 92도455 판결).

○ 대법원 1967.12.19. 선고 67도1281 판결【주거침입교사, 위계공무집행방해교사】

주거침입죄는 사람의 주거, 간수있는 저택 건물이나 선박에 대하여 그 주거자나 그 건물 등의 관리자들의 승낙없이 또는 위와 같은 자들의 의사나 추정된 의사에 반하여 정당한 이유없이 들어감으로써 주거침입죄가 성립되고, 위와 같은 침입이 평온, 공연하게 이루어졌다거나, 위의 주거자 또는 관리인등의 승낙이나 허가를 얻어 들어갔다 하여도 불법행위를 할 목적으로 들어간 때에는 위와 같은 주거자나 관리인의 의사 또는 추정된 의사에 반하여 들어간 것이라 아니할 수 없으므로 역시 주거침입죄가 성립된다고 해석하여야 할 것인바, 본건에 있어서의 대리 응시자인 공소외 2외 11명은 진실한 응시자인 것같이 가장하여 소정절차를 밟는 등의 시험관리자의 승낙을 얻어 시험장에 들어갔다 하더라도 만일 위의 시험관리자가 그 대리응시자들이 대리응시자이고 위에서 말한 바와 같은 위법한 행위를 할 목적으로 시험장에 들어간 것이라는 점을 알았다면 위와 같은 대리응시자에게의 입장을 승낙 또는 허락할리 만무하다 할 것인즉, 위의 대리응시자들의 시험장의 입장은 시험관리자의 승낙 또는 그 추정된 의사에 반한 불법침입이라 아니할 수 없고, 따라서 피고인은 위와 같은 불법침입을 교사한 이상 주거침입 교사죄가 성립된다.

○ 대법원 1993.3.23. 선고 92도455 판결【무고, 횡령, 구 폭처법위반, 명예훼손】

타인의 주거에 거주자의 의사에 반하여 들어가는 경우에는 주거침입죄가 성립하며, 이때 거주자의 의사라 함은 명시적인 경우뿐만 아니라 묵시적인 경우도 포함되고, 나아가 주변사정에 따라서는 거주자의 반대의사가 추정될 수도 있는 것이기는 하나, 이 사건에서 피고인 등과 피해자 등이 위 아파트의 매매계약 당사자로서 법률관계를 맺어 온 점을 고려한다면, 가령 피해자와의 매매계약의 해제 문제를 해결하기 위하여 피고인 등이 위 주거에 들어간 이후 문제 해결이 여의치 아니하여 소란을 피우는 등의 사태가 발생하였다 하더라도, 피고인 등이 당초부터 피해자 등의 반대를 무릅쓰고 주거에 들어갔다거나 또는 주거에 들어갈 당초부터 내심으로 그와 같이 재물을 손괴하는 등 소란을 피울 목적이 있었다는 등 피고인 등이 위 주거에 들어가는 행위가 피해자 등의 명시적, 묵시적 의사에 반함을 객관적으로 인정할 만한 사정이 인정되지 아니한다면 이를 주거침입죄로 의율할 수는 없다.

○ 대법원 2007.1.25. 선고 2006도5979 판결【주거침입, 강간, 공갈 등】

피고인이 피해자의 옛 애인 및 '사진 찍은 자'로 행세하면서 그 정을 알지 못하는 피해자로부터 승낙을 얻고 피해자의 주거에 들어갔다면 그 승낙의 의사표시는 기망 및 협박에 의한 것으로서 무효이므로 주거침입죄가 성립한다.

○ **대법원 2007.8.23. 선고 2007도2595 판결【폭처법위반(공동주거침입)】**

피고인은 회장으로서 피해 회사의 업무처리를 위해 이 사건 사무실을 사용하였던 것이고, 피해 회사와는 무관하게 개인적인 용도에 사용한 것은 아니므로, 피고인이 회사와 결별하고 사실상 회사를 퇴사한 이상 피고인은 더 이상 회사의 승낙 없이는 위 사무실을 출입할 수 없게 되었다고 봄이 상당하고, 이후 위 사무실에 나타나지 않다가 약 20일이 지나서 회사의 명시적인 의사에 반하여 비정상적인 방법으로 위 사무실에 들어간 행위는 방실침입죄에 해당한다.

4) 한편 다방, 당구장, 독서실 등의 영업소가 들어서 있는 건물 중 공용으로 사용되는 계단과 복도는 주야간을 막론하고 관리자의 명시적 승낙이 없어도 누구나 자유롭게 통행할 수 있는 곳이므로 관리자가 출입문을 특별히 시정하지 않는 한 그 출입에 관하여 관리자나 소유자의 묵시적 승낙이 있다고 보는 것이 상당하므로 그 출입행위는 주거침입죄를 구성하지 않는다(대법원 1985.2.8. 선고 84도2917 판결). 이에 대해 대학교의 강의실은 그 대학 당국에 의하여 관리되면서 그 관리업무나 강의와 관련되는 사람에 한하여 출입이 허용되는 건조물이지 널리 일반인에게 개방되어 누구나 자유롭게 출입할 수 있는 곳은 아니다(대법원 1992.9.25. 선고 92도1520 판결).

일반적으로 출입이 허가된 건물이라 하여도 출입이 금지된 시간에 그 건물담벽에 있던 드럼통을 딛고 담벽을 넘어 들어간 후 그곳 마당에 있던 아이스박스통과 삽을 같은 건물 화장실 유리창문 아래에 놓고 올라가 위 창문을 연 후 이를 통해 들어가거나(대법원 1990.3.13. 선고 90도173 판결), 날이 채 새기도 전에 잠겨있는 뒷문을 넘거나 정문에 설치된 철조망을 걷어내고 정문을 통과하는 방법으로 사찰 경내로 난입하거나(대법원 1983.3.8. 선고 82도1363 판결), 관리자의 출입제지에도 불구하고 다중이 고함이나 소란을 피우면서 건조물에 출입하는 것(대법원 1996.5.10. 선고 96도419 판결)은 그 침입방법 자체가 일반적인 허가에 해당되지 않으므로 주거침입죄를 구성한다.

그리고 일반적으로 출입이 허가된 곳이라고 하더라도 시설파괴, 절취, 도청 등 범죄의 목적으로 들어갔다면 설사 주거자 또는 관리인의 승낙이나 허가가 있었다고 하더라도 이는 주거자나 관리인의 의사에 반하는 것으로서 주거침입죄를 구성한다(☞ **[판례 II-3]** 참조).

[판례 II-3] 대법원 1997.3.28. 선고 95도2674 판결【구 폭처법위반】

〈사실관계〉

안기부직원, 통일국민당 대통령선거 운동원과 그의 군대동기생인 피고인 1, 2, 3은 피해자가 경영하는 음식점에서 부산시장 등이 참석하는 모임이 있을 것이라는 정보를 입수하고 대통령선거법 위반행위의 현장을 포착, 고발하고 그 증거를 수집하기 위하여 위 음식점에 손님을 가장하고 들어가 위 모임의 대화내용을 도청, 녹음하기로 의견의 일치를 보고 3차례에 걸쳐 위 음식점에 들어가 모임이 있을 만한 방으로서 도청용 송신기를 설치할 곳을 물색하고, 그 후 피고인 2와 3이 위 음식점 지하 내실에 손님을 가장하고 들어가 장롱 위와 환기 유리창틀 위에 도청용 송신기 각 1개를 설치하였다.

〈판결요지〉

피고인들은 이 사건 음식점에 주인의 명시적인 승낙을 받고 손님으로서 들어간 것이며 이 사건 도청기의 설치로 주거자의 평온을 해한 바도 없으며 해할 위험성도 없었고, 이 사건 도청행위는 기관장들의 불법 모의행위를 적발하고 그 불법을 고발하려는 정의감에서 이루어진 것이며 도청행위에 대한 처벌규정도 없으므로 피고인들이 불법한 목적으로 이 사건 음식점에 침입한 것으로 볼 수도 없으므로 정당행위에 해당한다고 주장한다.

주거침입죄에 있어서 주거자의 승낙은 위계나 폭행 등의 방법에 의하지 아니한 하자 없는 승낙이어야 하고, 그 승낙의 여부는 주변 사정에 따라 추정될 수도 있다 할 것인바, 피고인들이 비록 손님으로 가장하여 피해자의 승낙 하에 위 내실에 들어갔으나, 피해자가 일반적으로 공개된 장소가 아닌 자신들의 주거로 활용하고 있는 내실에 피고인들이 도청기를 설치하려는 것을 알았다면 피고인들이 내실에 들어가는 것을 승낙하였으리라고는 보이지 아니하므로 위 승낙은 위계에 의하여 이루어진 것으로 피해자의 진정한 의사에 반하고, 또한 피해자의 주거로 사용되는 방에 도청기를 설치하는 행위는 당시 도청행위에 대한 처벌규정이 없어 형벌을 부과할 수 있는 범죄행위는 아니지만 주거자의 평온을 현저히 침해하는 불법행위에는 해당하므로, 피고인들이 위와 같이 불법한 목적으로 피해자의 주거에 침입한 이상 피고인들의 이 사건 행위는 주거침입죄에 해당한다.

그리고 무릇 정당행위가 인정되기 위해서는 그 행위의 동기나 목적의 정당성뿐만 아니라 그 행위의 수단이나 방법은 상당성, 보호법익과 침해이익과의 법익균형성, 긴급성, 보충성 등의 요건을 갖추어야 할 것인바, 피고인들의 이 사건 범행이 비록 불법선거운동의 적발을 목적으로 이루어진 것이라 하더라도, 타인의 주거에 도청장치를 설치하는 행위는 그 수단, 방법의 상당성을 결하는 것으로서 사회상규에 반하는 행위이므로 피고인들의 이 사건 행위는 정당행위에 해당하지 않는다.

〈참조판례〉

○ 대법원 1976.1.27. 선고 74도3442 판결【주거침입 등】

범죄의 목적으로 타인의 주거에 침입한 경우에는 주거침입죄가 성립한다고 함은 당원의 판례로 하는 바이고, 피고인이 당초에 피해자의 승낙없이 그 주거에 들어가 재물을 절취한 이상 그 정을 모르는 피해자가 피고인과 잠깐 대면하거나 합석한 일이 있다손 치더라도 전체적으로 볼 때 피고인은 피해자의 주거의 평온을 해한 것이 되므로 주거침입죄의 성립에 아무런 소장이 있다 할 수 없으며 이러한 상황 하에서 피해자가 피고인의 주거침입에 대한 묵시의 승낙을 한 것이라고는 볼 수 없다.

○ 대법원 1979.10.30. 선고 79도1882 판결【절도 등】

피고인이 피해자인 자동차회사에서 버스차장으로 근무하는 관계로 그 회사의 차고나 사무실에 출입할 수 있다 하더라도 절취의 목적으로 들어간 것이라면 이는 주거권자의 의사에 반한 것으로서 주거침입죄가 성립된다.

○ 대법원 1984.2.14. 선고 83도2897 판결【주거침입】

피고인이 인근동리에 사는 고모의 아들인 피해자의 집에 잠시 들어가 있는 동안에 동 피해자에게 돈을 갚기 위하여 찾아온 동 피해자의 이질의 돈을 절취하였다면 피고인이 당초부터 불법목적을 가지고 위 피해자의 집에 들어갔거나 그의 의사에 반하여 그의 집에 들어간 것이 아니어서 주거침입죄는 성립하지 않는다.

○ 대법원 1983.7.12. 선고 83도1394 판결【주거침입, 절도】

피고인이 피해자와 이웃 사이어서 평소 그 주거에 무상출입하던 관계에 있었다 하더라도 절도의 목적으로 피해자의 승낙없이 그 주거에 들어간 경우에는 주거침입죄가 성립된다.

○ 대법원 2007.3.15. 선고 2006도7079 판결【공용물건손상, 폭처법위반(공동주거침입 등)】

촉석루 내 의기사(義妓祠)에 보관 중이던 공용물건인 논개영정을 적법한 권한 없이 강제로 철거할 목적으로 위 의기사에 들어간 행위는 건조물침입죄에 해당한다.

5) '침입'이란 주거권자의 의사에 반하여 신체의 전부 또는 일부가 주거 안으로 들어가는 것을 말한다. 반드시 행위자의 신체의 전부가 타인의 주거 안으로 들어가야만 하는 것이 아니며 신체의 일부만 타인의 주거 안으로 들어갔다고 하더라도 주거권자가 누리는 사실상의 주거의 평온을 해할 수 있는 정도에 이르렀다면 주거침입에 해당한다(대법원 1995.9.15. 선고 94도2561 판결).

(4) 위법성

1) 주거침입죄의 구성요건에 해당하는 행위가 있더라도 정당방위, 긴급피난, 자구행위로서 위법성이 조각될 수 있다. 다만 앞에서 설명하였듯이 주거침입죄에 있어서 피해자의 동의는 위법성조각사유(피해자승낙)가 아니라 구성요건해당성배제사유(양해)이다.

2) 점유물이 침탈되었을 경우에 부동산일 때에는 점유자는 침탈후 직시 가해자를 배제하여 이를 탈환할 수 있고 동산일 때에는 점유자는 현장에서 또는 추적하여 가해자로부터 이를 탈환할 수 있다(민법 제209조 제2항). 집행관이 집행채권자 소유 아파트에서 유치권을 주장하는 피고인을 상대로 부동산인도집행을 실시하자 피고인이 이에 불만을 갖고 아파트 출입문과 잠금 장치를 훼손하며 강제로 개방하고 아파트에 들어간 경우, 피고인이 아파트에 들어갈 당시에는 이미 집행채권자가 집행관으로부터 아파트를 인도받은 후 출입문의 잠금 장치를 교체하는 등으로 그 점유가 확립된 상태여서 점유권 침해의 현장성 내지 추적가능성이 있다고 보기 어렵다면 피고인의 행위를 민법상 자력구제에 해당한다고 볼 수 없다(대법원 2017.9.7. 선고 2017도9999 판결).

3) 주거권자의 의사에 반하는 주거침입행위라도 정당행위로서 위법성이 조각될 수 있다. 예컨대 피해자와 함께 술을 마시고 피해자 집 앞길에 이르렀을 때 피해자가 사소한 일로 자신에게 폭행을 가한 후 그의 집으로 들어가자 자신을 때린 이유를 따지기 위해 피해자의 집까지 따라 들어간 경우(대법원 1967.9.26. 선고 67도1089 판결), 해고근로자가 조합원의 자격으로 회사 내 노조사무실로 들어간 경우(대법원 1991.11.8. 선고 91도326 판결), 사용자의 직장폐쇄가 정당한 쟁의행위로 인정되지 않는 상황에서 근로자가 평소 출입이 허용되는 사업장 안으로 들어간 경우(대법원 2002.9.24. 선고 2002도2243 판결), 연립주택 아래층에 사는 피해자가 자신의 집으로 통하는 상수도관의 밸브를 임의로 잠근 후 이를 알리지 않아 하루 동안 수돗물이 나오지 않은 고통을 겪자 상수도관의 밸브를 확인하고 이를 열기 위하여 부득이 피해자의 집에 들어간 경우(대법원 2004.2.13. 선고 2003도7393 판결)는 정당행위로서 위법성이 조각된다.

그러나 피해자가 동네부녀자에 대해 욕설을 한 것을 따지기 위해 동네부녀자 10여명과 밤 9시경에 피해자의 집에 몰려 들어간 경우(대법원 1983.10.11. 선고 83도2230 판결), 건물을 점유관리하고 있는 피해자 사이에 건물의 소유권에 대한 분쟁이 계속되고 있는 상황에서 자신이 소유자라고 주장하면서 건물에 침입한 경우(대법원 1989.9.12. 선고 89도889 판결), 해고된 근로자가 시위근로자와 함께 관리직 사원을 힘으로 밀어 붙이고 회사건물을 무단점거한 경우(대법원 1990.6.12. 선고 90도672 판결), 해고를 당한 후 해고처분무효확인소송을 제기하여 그 효력을 다툼으로써 노동조합의 조합원인 근로자의 지위를 그대로 갖고 있으나 회사가 조합의 대의원이 아닌 자신에게 회사 내의 조합대의원회의에 참석하는 것을 허락하지 아니하였음에도 그 의사에 반하여 회사내 조합대의원회의실에 들어간 경우(대법원 1991.9.10. 선고 91도1666 판결), 해고된 근로자가 평소 복직협의 또는 노조활동의 명목으로 회사 경비실에서 출입명패를 받아 회사에 출입을 해 오던 중 노사분규가 발생하여 노조원들이 회사를 점거한 상황에서 노조간부들이 무단점거하여 개설한 노조임시사무실에 출입한 경우(대법원 1994.2.8. 선고 93도120 판결) 및 배우자의 간통현장을 적발하기 위해서 상간자(相姦者)의 주거에 무단으로 침입하는 경우(☞ **[판례 II-4]** 참조)에는 위법성이 조각되지 않는다.

[판례 II-4] 대법원 2003.9.26. 선고 2003도3000 판결【구 폭처법위반】

〈사실관계〉

피고인 1은 공소외 1의 전처, 피고인 2는 피고인 1의 동생, 피고인 3은 피고인 1과 공소외 1의 아들이다. 공소외 1은 2000. 8.경부터 외출 및 외박이 많아지다가 2001.1.4. 피고인 1을 상대로 이혼소송을 제기하였고, 2001.1.5.에는 자신의 승용차를 주차하여 둔 채 차안에서 피해자와 30여분 간 이야기를 하고 포옹을 하였으며, 피고인 1이 이를 목격하였다. 공소외 1은 2001. 2.경 가출하여 방을 얻어 생활하였고 피해자 역시 공소외 1의 위 거주지 부근에 있는 이 사건 주택 내에 방 1칸을 임차하여 생활하고 있었는데 피고인 1, 피고인 2는 2002.1.13. 20:30경 피해자가 공소외 1과 함께 외출하였다가 이 사건 주택 내로 들어가는 것을 보고, 이들의 간통현장을 확보하기 위하여 근처의 파출소에 가서 경찰관에게 동행을 요구하였으나 고소가 되지 않았다는 이유로 동행을 거절당하였다. 그 직후 피고인 2가 시정되어 있는 피해자의 집 현관문을 노크하자 피해자는 "잠깐만요" 하면서 공소외 1의 신발을 감추고 문을 열어 주었고, 이에 피고인들이 피해자의 방에 들어가 피고인 1은 피해자에게 욕설을 하고, 피고인 2, 피고인 3은 피해자와 공소외 1이 함께 있는 것, 공소외 1의 옷가지, 부엌 살림살이 등을 사진 촬영하였다.

〈원심 판결요지〉

피고인들이 피해자의 방에 침입하게 된 동기는 피해자 및 공소외 1의 간통 현장을 목격하기 위한 것으로서 그 동기나 목적이 정당하고, 피해자의 방에 들어간 방법도 문을 부수거나 폭력적인 방법을 사용하지 않고 피해자로 하여금 시정된 문을 열게 한 것으로서 그 수단이나 방법 역시 상당하며, 위와 같은 간통 현장에서 다른 법적 조치를 강구하여 실행할 시간적 여유가 없었던 점에 비추어 긴급성이 인정되고, 위 간통 현장을 목격하기 위하여 가음정동 파출소에 경찰의 입회를 요청하였으나 경찰이 이를 거절하였으므로 부득이 피고인들이 현장을 목격하기 위해 이 사건 범행에 이르게 된 점에 비추어 보충성도 인정된다는 이유를 들어, 피고인들의 행위는 사회통념상 허용될 만한 정도의 상당성이 있는 것으로서 형법 제20조의 정당행위에 해당하여 범죄로 되지 아니한다.

〈판결요지〉

형법 제20조 소정의 '사회상규에 위배되지 아니하는 행위'라 함은 법질서 전체의 정신이나 그 배후에 놓여 있는 사회윤리 내지 사회통념에 비추어 용인될 수 있는 행위를 말하고, 어떠한 행위가 사회상규에 위배되지 아니하는 정당한 행위로서 위법성이 조각되는 것인지는 구체적인 사정 아래서 합목적적, 합리적으로 고찰하여 개별적으로 판단되어야 하므로, 이와 같은 정당행위를 인정하려면 첫째 그 행위의 동기나 목적의 정당성, 둘째 행위의 수단이나 방법의 상당성, 셋째 보호이익과 침해이익과의 법익균형성, 넷째 긴급성, 다섯째 그 행위 외에 다른 수단이나 방법이 없다는 보충성 등의 요건을 갖추어야 한다.(중략)

피고인들은 공소외 1과 피해자가 간통을 할 것이라는 추측 하에 피고인 1과 공소외 1사이의 이혼소송에 사용할 증거자료 수

집을 목적으로 그들의 간통 현장을 직접 목격하고 그 사진을 촬영하기 위하여 이 사건 주택에 침입한 것으로서 그러한 목적이 피해자의 주거생활의 평온이라는 법익침해를 정당화할 만한 이유가 될 수 없을 뿐 아니라, 원심이 내세운 사정들을 감안하더라도 피고인들의 행위가 그 수단과 방법에 있어서 상당성이 인정된다고 보기도 어려우며, 공소외 1과 피해자의 간통 또는 불륜관계에 관한 증거수집을 위하여 이와 같은 주거침입이 긴급하고 불가피한 수단이었다고 볼 수도 없다.

〈참조판례〉

○ 대법원 2010.3.11. 선고 2009도5008 판결【폭처법위반(공동주거침입)】

(주)코스콤은 (주)한국증권선물거래소 소유의 이 사건 지상 21층 규모의 업무용 빌딩 중 2층부터 11층을 임차하여 사용하면서 그 12층부터 21층까지 사용하는 (주)한국증권선물거래소와 공동으로 700~800명 정도가 들어갈 수 있는 넓은 공간으로 한쪽에 안내데스크 및 고객대기실이 있고 일반 사무실은 없는 로비를 사용해 왔는데 피고인들을 포함한 100여 명은 시설보호 요청을 받은 경찰의 저지를 뚫고 현관 밖에서 자동문 1개를 안쪽으로 밀어서 손괴하는 방법으로 로비에 들어가 그 중간 부분 일부를 점거하며 선전전, 강연, 토론 등의 방법으로 농성하면서 10여 일 동안 숙식하면서 앰프를 이용하여 노동가를 틀고 구호를 외치는 등의 방법으로 소음을 발생시킨 사실을 알 수 있다.

2인 이상이 하나의 공간에서 공동생활을 하고 있는 경우에는 각자 주거의 평온을 누릴 권리가 있으므로, 사용자가 제3자와 공동으로 관리·사용하는 공간을 사용자에 대한 쟁의행위를 이유로 관리자의 의사에 반하여 침입·점거한 경우 비록 그 공간의 점거가 사용자에 대한 관계에서 정당한 쟁의행위로 평가될 여지가 있다 하여도 이를 공동으로 관리·사용하는 제3자의 명시적 또는 추정적인 승낙이 없는 이상 위 제3자에 대하여서까지 이를 정당행위라고 하여 주거침입의 위법성이 조각된다고 볼 수는 없다 할 것이다. 본 법리에 비추어, 비록 원심 판시의 사정이 있어 피고인들의 위 행위가 (주)코스콤에 대한 관계에서 정당한 쟁의행위라고 평가될 여지가 있다 하여도 위 로비를 공동으로 관리·사용하며 자신의 주거의 평온을 보호받을 권리가 있는 (주)한국증권선물거래소에 대하여서까지 형법 제20조의 정당행위로서 위법성이 조각된다고 볼 수는 없다.

(5) 미 수

1) 주거침입죄의 미수범은 처벌된다(제322조). 일부 학자는 거동범에 있어서는 실행행위가 있음으로써 곧 기수가 성립하므로 미수범은 존재할 수 없고 따라서 미수범처벌규정은 불필요하다고 설명한다. 그러나 거동범이라도 실행에 착수하여 실행행위를 종료하지 못한 이상 미수범이 성립하므로, 반드시 주거침입죄의 미수범처벌규정이 무의미하다고 할 수 없다.

2) 주거침입죄의 실행의 착수는 주거자, 관리자, 점유자 등의 의사에 반하여 주거나 관리하는 건조물 등에 들어가는 행위 즉, 구성요건의 일부를 실현하는 행위까지 요구하는 것은 아니고, 구성요건의 실현에 이르는 현실적 위험성을 포함하는 행위를 개시하는 것으로 족하다. 따라서 야간에 아파트에 침입하여 물건을 훔칠 의도로 아파트의 베란다 철제난간까지 올라가 유리창문을 열려고 시도하거나(대법원 2003.10.24. 선고 2003도4417 판결), 출입문이 열려 있으면 안으로 들어가겠다는 의사 아래 출입문을 당겨 보았다면(대법원 2006.9.14. 선고 2006도2824 판결) 주거침입의 실행에 착수한 것으로 보아야 하나, 침입 대상인 아파트에 사람이 있는지 확인하기 위해 초인종을 누르거나(대법원 2008.4.10. 선고 2008도1464 판결) 야간에 다세대주택에 침입하여 물건을 절취하기 위하여 가스배관을 타고 오르다가 순찰 중이던 경찰관에

게 발각되어 그냥 뛰어내렸다면(대법원 2008.3.27. 선고 2008도917 판결) 실행의 착수를 인정할 수 없다.

3) 주거침입이 종료되었다고 하기 위해서는 행위자의 신체의 전부가 타인의 주거 안으로 들어가야만 하는 것이 아니며 신체의 일부만 타인의 주거 안으로 들어갔다고 하더라도 주거권자가 누리는 사실상의 주거의 평온을 해할 수 있는 정도에 이르렀다면 종료된 것으로 보아야 한다(☞ **[판례 II-5]** 참조).

[판례 II-5] 대법원 1995.9.15. 선고 94도2561 판결【특가법위반, 구 폭처법위반】

〈사실관계〉

피고인은 (1) 1993.9.2. 03:40경 피해자(여, 21세)의 집에서, 주방에 있는 식칼 1자루를 들고 방 안으로 들어가 잠을 자고 있던 피해자를 깨운 다음 강간하려다 피해자가 구조를 요청하며 밖으로 피하는 바람에 미수에 그치고, (2) 1993.9.22. 00:10경 위 피해자를 강간하기 위하여 그 집 담벽에 발을 딛고 창문을 열고 안으로 얼굴을 들이미는 등으로 피해자의 주거에 침입하려 하였으나 피해자가 소리치는 바람에 도주하다가 체포되었다.

〈원심 판결요지〉

주거침입미수죄가 성립하기 위하여서는 신체의 전부가 목적물에 들어간다는 인식 아래 그러한 행위의 실행의 착수가 있어야 한다고 전제한 다음, 피고인에게 피해자의 방안을 들여다본다는 인식이 있었을 뿐 그 안에 들어간다는 인식이나 의사를 가지고 있었다고는 보기 어려워, 공소장 기재의 행위를 들어 주거침입의 실행에 착수하였다고는 볼 수 없고 달리 이를 인정할 증거가 없다.

〈판결요지〉

주거침입죄는 사실상의 주거의 평온을 보호법익으로 하는 것이므로 반드시 행위자의 신체의 전부가 범행의 목적인 타인의 주거 안으로 들어가야만 성립하는 것이 아니라 신체의 일부만 타인의 주거 안으로 들어갔다고 하더라도 거주자가 누리는 사실상의 주거의 평온을 해할 수 있는 정도에 이르렀다면 범죄구성요건을 충족하는 것이라고 보아야 할 것이고, 따라서 주거침입죄의 범의는 반드시 신체의 전부가 타인의 주거 안으로 들어간다는 인식이 있어야만 하는 것이 아니라 신체의 일부라도 타인의 주거 안으로 들어간다는 인식이 있으면 족하다고 할 것이고, 이러한 범의로써 예컨대 주거로 들어가는 문의 시정장치를 부수거나 문을 여는 등 침입을 위한 구체적 행위를 시작하였다면 주거침입죄의 실행의 착수는 있었다고 보아야 하고, 신체의 극히 일부분이 주거 안으로 들어갔지만 사실상 주거의 평온을 해하는 정도에 이르지 아니하였다면 주거침입죄의 미수가 된다고 할 것이다. 야간에 타인의 집의 창문을 열고 집 안으로 얼굴을 들이미는 등의 행위를 하였다면 피고인이 자신의 신체의 일부가 집 안으로 들어간다는 인식하에 하였더라도 주거침입죄의 범의는 인정되고, 또한 비록 신체의 일부가 집 안으로 들어갔다고 하더라도 사실상 주거의 평온을 해하였다면 주거침입죄는 기수에 이르렀다고 할 것이다.

(6) 죄 수

1) 주거침입죄는 이른바 계속범으로서 주거침입으로 인한 위법상태가 계속되는 한 일시적인 중단으로 범행이 종료되거나 재침입으로 별개의 범죄를 이루는 것이 아니라, 하나의 행위로 포괄하여 1죄를 구성한다(서울북부지법 2008.9.2. 선고 2008노777 판결). 그러나 다른 사람의 주택에 무단 침입한 범죄사실로 이미 유죄판결을 받은 사람이 판결 확정 후에도 퇴거하지 않은 채 계속하여 당해 주택에 거주하였다면 판결확정 이후의 행위는 별도의 주거침입죄를 구성한다(대법원 2008.5.8. 선고 2007도11322 판결).

2) 원칙적으로 주거침입이 다른 범죄의 수단이 된 경우 당해 범죄와 별도로 주거침입죄가 성립한

다. 따라서 타인의 주거에 침입한 후 폭행, 상해, 살인 등의 행위를 한 때에는 폭행죄, 상해죄, 살인죄 등과 별도로 주거침입죄가 성립하고 이들 죄는 실체적 경합의 관계에 있다.

3) 그러나 주거침입이 다른 구성요건의 일부가 되어 있는 경우에는 별도로 주거침입죄가 성립하지 않는다. 예컨대 야간에 타인의 주거에 침입하여 재물을 절취한 때에는 야간주거침입절도죄(제330조)가 그리고 야간에 건조물의 일부를 손괴하고 타인의 주거에 침입하여 재물을 절취한 때에는 특수절도죄(제331조 제1항)가 성립하며, 별도로 주거침입죄는 성립하지 않는다. 또한 야간에 타인의 주거에 침입하여 사람을 폭행 또는 협박하여 재물을 강취한 때에는 특수강도죄(제334조 제1항)가 성립하므로 특수강도죄가 성립할 경우 주거침입죄는 별도로 처벌할 수 없고, 나아가 특수강도에 의한 강도상해죄(제334조 제1항)가 성립할 경우에도 별도로 주거침입죄로 처벌할 수 없다(대법원 2012.12.27. 선고 2012도12777 판결).

야간주거침입절도죄(제330조), 특수절도죄(제331조 제1항)를 제외하고 일반적으로 주거침입은 절도죄의 구성요건이 아니므로, 절도범인이 그 범행수단으로 주거침입을 한 경우에 그 주거침입행위는 절도죄에 흡수되지 아니하고 별개로 주거침입죄를 구성한다(대법원 2008.11.27. 선고 2008도7820 판결). 그리고 형법 제332조는 상습으로 단순절도(제329조), 야간주거침입절도(제330조)와 특수절도(제331조) 및 자동차 등 불법사용(제331조의2)의 죄를 범한 자는 그 죄에 정한 각 형의 2분의 1을 가중하여 처벌하도록 규정하고 있는데, 위 규정에 따라 주거침입을 구성요건으로 하지 않는 상습단순절도는 주거침입을 구성요건으로 하고 있는 상습야간주거침입절도 및 상습특수절도는 달리 취급되므로 상습으로 단순절도를 범한 범인이 그 수단으로 주간에 주거침입을 한 경우에는 상습절도와는 별개로 주거침입의 죄책을 진다(대법원 2015.10.15. 선고 2015도8169 판결).

이에 대하여 특가법 제5조의4 제6항은 상습적으로 절도죄(제329조), 야간주거침입절도죄(제330조), 특수절도죄(제331조) 또는 그 미수죄나 같은 조 제2항의 죄로 두 번 이상 실형을 선고받고 그 집행이 끝나거나 면제된 후 3년 이내에 다시 상습적으로 이들 죄를 범한 자는 일률적으로 3년 이상 25년 이하의 징역에 처한다고 규정하고 있는바, 본죄를 범한 자가 그 범행의 수단으로 주거침입을 한 경우는 주거침입은 본죄에 흡수되어 별개로 주거침입죄를 구성하지 않는다. 따라서 특가법 제5조의4 제6항의 죄를 범한 자가 그 범행 이외에 절도의 목적으로 주거침입을 하였다가 절도에 이르지 아니하고 주거침입에 그친 경우 특가법 제5조의4 제6항 위반죄와는 별개로 주거침입죄는 성립하지 않는다(대법원 2017.7.11. 선고 2017도4044 판결).

4) 주거침입 후 강간, 유사강간, 강제추행, 준강간·강제추행 등의 죄를 범한 때에도 성폭법상 주거침입강간죄등(제3조 제1항)로 처벌되고 별도로 주거침입죄는 성립하지 않는다(대법원 1999.4.23. 선고 99도354 판결).

2. 퇴거불응죄(제319조 제2항)

1) 사람의 주거, 관리하는 건조물, 선박이나 항공기 또는 점유하는 방실에서 퇴거요구를 받고 응하지 아니함으로써 성립하는 범죄로 3년 이하의 징역이나 금고 또는 500만원 이하의 벌금에 처한다. 본죄의 미수범은 처벌한다(제322조). 일반적으로 개방되어 있는 장소라 하더라도 관리자가 필요에 따라 그 출입을 제한할 수 있는 것이므로 관리자의 퇴거요구에도 불구하고 건조물에서 퇴거하지 않는 것은 사실상의 건조물의 평온을 해하는 것으로서 퇴거불응죄를 구성한다. 예배의 목적이 아니라 교회의 예배를 방해하여 교회의 평온을 해할 목적으로 교회에 출입하는 것이 판명되어 교회당회에서 교회출입금지의결을 하고 이에 따라 관리인이 퇴거를 요구하였으나 이에 응하지 않은 채 교회 건물의 현관에 머무른 경우에는 본죄가 성립한다(대법원 1992.4.28. 선고 91도2309 판결).

2) 퇴거불응죄에 있어서 '건조물'이란 단순히 건조물 그 자체만을 말하는 것이 아니고 위요지를 포함된다. 다만 위요지라고 하기 위해서는 건조물에 인접한 그 주변 토지로서 관리자가 외부와의 경계에 문과 담 등을 설치하여 그 토지가 건조물의 이용을 위하여 제공되었다는 것이 명확히 드러나야 한다. 담장을 대체하는 화단이나 수목 등으로 둘러싸진 병원 부지의 안쪽과 같이 건조물에 인접한 그 주변 토지가 건물, 화단, 수목 등으로 둘러싸여 건조물의 이용에 제공된다는 것이 명확히 드러나야 한다(대법원 2010.3.11. 선고 2009도12609 판결).

3) 퇴거요구는 적법해야 한다. 적법하게 직장폐쇄를 단행한 사용자로부터 퇴거요구를 받고도 불응한 채 직장점거를 계속한 경우에는 퇴거불응죄가 성립하나(대법원 1991.8.13. 선고 91도1324 판결), 노동조합이 파업을 시작한 지 불과 4시간 만에 사용자가 바로 직장폐쇄 조치를 취한 것은 정당한 쟁의행위라고 할 수 없으므로 사용자측 시설을 정당하게 점거한 조합원들이 사용자의 퇴거요구에 불응하였더라도 퇴거불응의 죄책을 물 수 없다(대법원 2007.12.28. 선고 2007도5204 판결).

4) 주거침입죄에서 침입이 행위자의 신체가 주거에 들어가는 것을 의미하는 것과 마찬가지로 퇴거불응죄의 퇴거 역시 행위자의 신체가 주거에서 나감을 의미하므로, 주거권자의 퇴거요구에 응하여 퇴거하면서 건물에 가재도구 등을 남겨 두었다고 하더라도 퇴거불응죄는 성립하지 않는다(대법원 2007.11.15. 선고 2007도6990 판결).

5) 주거침입죄와의 관계상 주거권자의 의사에 반하여 주거에 침입한 후 다시 주거권자의 퇴거요구를 받고 응하지 아니한 경우에는 주거침입죄만 성립한다.

3. 특수주거침입·퇴거불응죄(제320조), 공동주거침입·퇴거불응죄(폭처법 제2조 제2항)

1) 단체 또는 다중의 위력을 보이거나 위험한 물건을 휴대하여 주거침입죄 또는 퇴거불응죄를 범함으로써 성립하는 범죄로 5년 이하의 징역에 처한다. 본죄의 미수범은 처벌한다(제322조). 수인이 공동

으로 본죄를 범하는 경우 흉기 기타 위험한 물건을 휴대하는가의 여부는 직접 건조물에 들어간 범인을 기준으로 결정한다. 따라서 수인이 흉기를 휴대하여 타인의 건조물에 침입하기로 공모한 후 일부는 밖에서 망을 보고 나머지 일부는 흉기를 휴대하고 건조물 안으로 들어간 경우 건조물에 들어가지 않은 공범에 대해서도 특수주거침입죄가 성립한다(☞ **[판례 II-6]** 참조).

[판례 II-6] 대법원 1994.10.11. 선고 94도1991 판결【폭처법위반, 특수주거침입】

〈사실관계〉

피고인 2는 피고인 1로부터 피해자를 잡아오던지 반쯤 죽여 버리라는 지시를 받고 야간에 피고인 3, 4, 5, 6과 함께 피고인 1의 승용차를 타고(피고인 1은 현장에 동행하지 않았음) 피해자의 사무실로 가다가 중간에 낫 3자루와 도끼 2자루를 구입하여 차 뒷자리에 실은 다음 3층 건물의 지하실에 있는 피해자의 사무실 부근에 이르렀을 때, 피고인 3과 4는 차 뒷자리에 위 흉기를 은폐한 채로 차 안에서 망을 보고 피고인 2와 피고인 5, 6은 피해자에게 위해를 가하기 위하여 피해자의 사무실 안에 들어감으로써 건조물을 침입하였다.

〈판결요지〉

원심은 흉기를 휴대하여 건조물에 침입한 사실이 없으니 주거침입죄가 성립되지 않는다는 피고인의 항소이유에 대하여 판단하기를, 피고인들은 공동하여 흉기를 휴대하여 피해자의 건물에 침입하기로 공모한 후 일부 피고인들은 흉기를 휴대한 채 망을 보고, 나머지 피고인들은 건조물에 침입함으로써 전체적으로는 흉기를 휴대하여 침입한 것으로 볼 것이니, 피고인의 위와 같은 행위는 특수주거침입죄에 해당한다고 판단하여 피고인의 항소를 기각하였다.

그러나 형법 제319조 제1항 소정의 특수주거침입죄는 흉기 기타 위험한 물건을 휴대하여 타인의 주거나 건조물 등에 침입함으로써 성립하는 범죄이므로, 수인이 흉기를 휴대하여 타인의 건조물에 침입하기로 공모한 후 그중 일부는 밖에서 망을 보고 나머지 일부만이 건조물 안으로 들어갔을 경우에 있어서 특수주거침입죄의 구성요건이 충족되었다고 볼 수 있는지의 여부는 직접 건조물에 들어간 범인을 기준으로 하여 그 범인이 흉기를 휴대하였다고 볼 수 있느냐의 여부에 따라 결정되어야 할 것이다. 그런데 당시 흉기가 보관되어 있던 차량은 피고인 등이 침입한 위 건물로부터 약 30 내지 50미터 떨어진 거리에 있었고, 차량 안에 남아 있던 다른 피고인들은 만약의 사태에 대비하면서 차량 안에 남아서 유심히 주위의 동태를 살피다가 피고인 등이 도망치는 모습을 발견하고서는 그대로 차를 운전하여 도주한 사실을 인정할 수 있는바, 그렇다면 위 건물 안으로 들어간 피고인 등 범인들을 기준으로 할 경우에 그들이 위 건조물에 들어갈 때 30 내지 50여미터 떨어진 거리에 세워진 차 안에 있던 흉기를 휴대하고 있었다고는 볼 수 없을 것이다.

2) 2인 이상이 공동하여 주거침입·퇴거불응죄를 범한 때에는 그 죄에 정한 형의 1/2을 가중한다(폭처법 제2조 제2항). 본죄의 미수범은 처벌된다(같은 법 제6조). 한 사람은 집 밖에서 망을 보고 다른 한 사람은 집 안으로 들어간 때에도 공동주거침입이 인정된다(서울서부지법 2008.12.30. 선고 2008고단2273 판결).

4. 신체·주거수색죄 (제321조)

1) 사람의 신체, 주거, 관리하는 건조물, 선박이나 항공기 또는 점유하는 방실을 수색함으로써 성립하는 범죄로 3년 이하의 징역에 처한다. 본죄의 미수범은 처벌한다(제322조). 회사의 정기주주총회에

적법하게 참석한 주주라고 할지라도 주주총회장에서의 질문, 의사진행 발언, 의결권의 행사 등의 주주총회에서의 통상적인 권리행사 범위를 넘어서서 회사의 구체적인 회계장부나 서류철 등을 열람하기 위해서는 별도로 상법에 정해진 바에 따라 회사에 대하여 그 열람을 청구하여야 하고, 만일 회사에서 정당한 이유 없이 이를 거부하는 경우에는 법원에 그 이행을 청구하여 그 결과에 따라 회계장부 등을 열람할 수 있을 뿐 회사 측의 의사에 반하여 회사의 회계장부를 강제로 찾아 열람할 수는 없으므로 주주총회에 참석한 주주가 강제로 사무실을 뒤져 회계장부를 찾아내었다면 방실수색죄가 성립한다(대법원 2001.9.7. 선고 2001도2917 판결).

2) 타인의 주거에 무단침입하여 주거를 수색한 경우 주거침입죄와 주거수색죄의 경합범으로 처벌된다.

3) 법원은 필요한 때에는 영장을 발부하여 검사 또는 사법경찰관으로 하여금 피고사건과 관계가 있다고 인정할 수 있는 것에 한정하여 피고인의 신체, 물건 또는 주거, 그 밖의 장소를 수색할 수 있고, 압수할 물건이 있음을 인정할 수 있는 때에는 피고인 아닌 자의 신체, 물건, 주거 기타 장소를 수색할 수 있다(형사소송법 제109조). 또한 검사 또는 사법경찰관은 지방법원판사에게 청구하여 영장을 발부받아 피의자 또는 피의자 아닌 자의 신체, 물건, 주거 기타 장소를 수색할 수 있다(제219조). 피의자나 피고인을 체포 또는 구속하는 경우에 필요한 때에는 영장없이 타인의 주거나 타인이 간수하는 가옥, 건조물, 항공기, 선차 내에 들어가 피의자나 피고인을 수색할 수 있다(제137조, 제216조 제1항 제1호).

5. 성적목적 공공장소침입죄 (성폭법 제12조)

1) 자기의 성적 욕망을 만족시킬 목적으로 공중화장실 등에 관한 법률상 공중화장실 등 및 공중위생관리법상 목욕장 등 대통령령으로 정한 공공장소에 침입하거나 같은 장소에서 퇴거요구를 받고 응하지 아니한 때에는 1년 이하의 징역 또는 300만원 이하의 벌금에 처한다(성폭법 제12조). 본죄의 미수범은 처벌한다(같은법 제15조).

2) 성적 욕망을 만족시킬 목적으로 공중화장실(개방·이동·간이·유료 화장실 포함)과 찜질방, 목욕탕, 수영장, 헬스클럽 등의 탈의실과 목욕실을 침입하거나 퇴거요구에 응하지 않은 경우에는 본죄로 처벌된다.

제 5 장 재산에 대한 죄

Ⅰ. 재산죄의 개요

1. 재산죄의 분류

1) 개인적 법익에 대한 죄 중 물적 법익(재산)을 침해하거나 위태롭게 하는 범죄를 재산죄(재산에 대한 죄)라고 한다. 재산죄와 대비하여 개인적 법익에 대한 죄 중 재산죄를 제외한 생명, 신체, 자유, 명예, 프라이버시에 대한 죄를 인적 법익에 대한 죄라고 한다. 형법각칙 제37장부터 제42장(권리행사방해의 죄, 절도와 강도의 죄, 사기와 공갈의 죄, 횡령과 배임의 죄, 장물에 관한 죄, 손괴의 죄)에 기본적인 형태의 재산죄가 규정되어 있으며 특가법, 특경법 등에 가중처벌규정이 다수 산재해 있다.

2) 이 중 권리행사를 방해하는 죄(제37장)는 자기의 재산에 대한 범죄이고, 나머지 절도죄·강도죄(제38장), 사기죄·공갈죄(제39장), 횡령죄·배임죄(제40장) 장물죄(제41장) 그리고 손괴죄(제42장)는 모두 타인의 재산에 대한 죄이다. 그리고 타인의 재산에 대한 죄 중 손괴죄를 제외한 나머지 범죄는 재물 또는 재산상 이익의 영득을 요구하는 영득죄이다.

3) 영득죄는 다시 영득의 태양에 따라서 횡령죄, 탈취죄 그리고 편취죄로 구분된다. 절도죄와 강도죄는 탈취의 방법으로 그리고 사기죄와 공갈죄는 편취의 방법으로 재물이나 재산상의 이익을 영득하는 범죄로서 각각 탈취죄와 편취죄라고 한다. 이에 대하여 횡령죄와 배임죄는 범인이 타인의 재물이나 재산상의 이익을 보관 또는 관리하다가 이를 영득하는 범죄이다.

2. 재산죄의 객체

재산죄의 객체는 재산, 즉 재물 또는 재산상의 이익이다. 권리행사방해죄(제323조), 점유강취·준점유강취죄(제325조)는 '물건'을 그리고 강제집행면탈죄(제327조)는 '재산'을 객체로 규정하고 있고, 나머지는 재물이나 재산상 이익 또는 양자를 객체로 하고 있다. 객체에 따라 재산죄를 분류하면 다음과 같다.

재물(물건)을 객체로 하는 범죄 (재물죄)	재산상 이익을 객체로 하는 범죄(이득죄)	양자를 모두 객체로 하는 범죄
권리행사방해죄(§323) 점유강취죄·준점유강취죄(§325) 절도죄(§329 내지 §332) 해상강도죄(§339, §340) 횡령죄·업무상횡령죄(§355①, §356) 점유이탈물횡령죄(§360) 장물죄(§362 내지 §364) 손괴죄(§366 내지 §370)	컴퓨터등사용사기죄(§347의2) 배임죄·업무상배임죄(§355②, §356)	강제집행면탈죄(§327) 강도죄(§333 내지 §339) 사기죄(§347, §348, §349) 공갈죄(§350, §350) 배임수증죄(§357)

(1) 재 물

1) 형법은 절도죄를 비롯하여 각종 재산죄에서 그 객체를 재물로 규정하고 있다. 민법(1958.2.22. 제정, 1960.1.1. 시행)이 물건의 개념을 '유체물, 전기 기타 관리할 수 있는 자연력'으로 정의하고 있는 것과는 달리(제98조) 형법은 제38장(절도와 강도의 죄)에서 '관리할 수 있는 동력은 재물로 간주한다'는 규정을 두고(제346조) 이것을 사기죄·공갈죄(제39장), 횡령죄·배임죄(제40장), 손괴죄(제42장)에 준용하고 있다(제354조, 제361조, 제372조). 다만 권리행사방해죄(제37장)와 장물죄(제41장)에는 준용규정을 두고 있지 않다.

전통적으로 재물의 개념과 관련해서는 재물은 원칙적으로 유체물에 한정되고 준용규정이 없는 한 관리할 수 있는 동력은 재물에 포함되지 않는다는 견해(유체성설)와 관리가 가능한 한 유체물 뿐만 아니라 전기 기타의 동력도 당연히 재물에 포함된다는 견해(관리가능성설)가 대립하여 왔다. 그러나 우리나라는 1953년 형법제정과정에서 '관리할 수 있는 동력'도 재물에 포함된다는 명문의 규정을 두었으므로, 이와 같은 학설의 대립은 우리나라에서는 큰 의미가 없다.

우선 우리나라 형법은 장물죄와 권리행사방해죄를 제외한 대표적인 재산범죄, 즉 절도와 강도의 죄를 비롯하여 사기와 공갈의 죄, 횡령과 배임의 죄, 손괴의 죄에 관리가능한 동력을 재물로 간주하는 규정을 두고 있다(제346조, 제354조, 제361조, 제372조). 장물의 죄에는 준용규정이 없으나 장물죄의 본범인 절도죄 등에 준용규정이 있으므로 장물죄에 준용규정을 두지 않더라도 '장물'의 개념에는 전기 기타 관리할 수 있는 동력이 포함된다고 해석하는 것이 옳다. 끝으로 권리행사방해죄에도 준용규정이 없으나 본죄의 객체인 '물건'을 해석함에 있어서는 민법상 물건에 대한 개념규정(98조)을 따라야 하고, 형법상 물건의 개념을 달리 해석해야 할 특별한 사유를 발견하기 어렵다.

결론적으로 형법의 해석상 재물에는 유체물뿐만 아니라 관리가능한 동력(에너지)가 포함된다. 관리가능한 동력(에너지)의 대표적인 사례는 전기(電氣)인데, 민법과 형법이 '전기' 기타 관리할 수 있는 동력이라는 표현을 사용하고 있는 것도 이 때문이다. 허가도 없이 전력회사의 공작물인 전기선의 피복을 벗기고 이에 전선을 접선시켜 무단으로 전기를 사용한 때에는 절도죄가 성립한다(대법원 1958.10.31. 선고 4291형상361 판결). 그러나 전화기를 이용한 전화통화는 전기통신사업자가 통신선로, 전화교환기 등 전기통신설비와 전기의 성질을 과학적으로 응용한 기술을 이용하여 전화가입자에게 음향의 송수신이 가능하도록 하여 줌으로써 상대방과의 통신을 매개하여 주는 서비스, 즉 전기통신사업자에 의하여 가능하게 된 전화기의 음향송수신기능을 이용하는 것으로 그로 인해 취득하는 것은 재물이 아니라 무형적인 이익에 불과하므로, 타인의 전화기를 무단으로 사용하여 전화통화를 하였다고 해서 절도죄로 처벌할 수는 없다(대법원 1988.6.23. 선고 98도700 판결).

2) 형법상 무체물 중에서 관리가능한 동력(에너지)만 재물에 포함될 뿐 그 이외의 무체물은 아무리 재산적 가치가 있더라도 재물에 포함될 수 없다. 이처럼 형법상 재물의 범위가 한정되어 있다. 1957년 형법 제정 당시에는 유체물 이외에 전기 기타 관리가능한 동력(에너지)의 형법적 보호가 문제되었다면, '정보화사회'로 불리는 오늘날에는 컴퓨터용디스크, 녹음·녹화테이프, 도면, 사진 그 밖에 각종 정보저장매체에 저장된 정보의 형법적 보호필요성이 문제되고 있다. 이 때문에 최근에는 컴퓨터용디스크 등 전자적 정보저장매체에 저장된 전자정보를 침해하는 행위를 형법상 재산죄의 규율대상에 포함시켜야 한다는 주장이 강력하게 제기되고 있다.

그러나 현행형법은 공무상비밀표시무효죄(제140조 제3항), 공용서류등무효죄(제141조 제1항), 전자기록위작·변작죄(제227조의2, 제232조의2), 공정증서원본불실기재죄(제228조 제1항), 비밀침해죄(제316조 제2항)에서 전자기록 등 특수매체기록을 객체로 규정하고 있고, 재산범죄 중에는 권리행사방해죄(제323조)와 손괴죄(제366조)에만 전자기록 등 특수매체기록이 객체로 규정되어 있을 뿐이다. 각종 정보의 형법적 보호필요성을 부인할 수 없지만 전자기록 등 특수매체기록이 행위객체로 명시되어 있지 않는 이상 전자기록 등 특수매체기록을 대상으로 하는 범죄(예컨대 전자정보에 대한 절도죄)가 성립할 수 없다고 보아야 한다(☞ **[판례 Ⅰ-1]** 참조).

[판례 Ⅰ-1] 대법원 2002.7.12. 선고 2002도745 판결【절도】

〈공소사실〉

2000.10. 초순경 피고인 2가 피고인 1에게 피해자 주식회사에 보관되어 있는 직물원단고무코팅시스템의 설계도면과 공정도를 빼내오도록 요구하고, 피고인 1은 이를 승낙한 후, 피고인 1이 2000.10.14. 15:00경 피해 회사 연구개발실에서 그 곳 노트북 컴퓨터에 저장되어 있는 위 시스템의 설계도면을 A2용지에 2장을 출력하여 가지고 나와 이를 절취하였다.

〈대법원 판결요지〉

절도죄의 객체는 관리가능한 동력을 포함한 '재물'에 한한다 할 것이고, 또 절도죄가 성립하기 위해서는 그 재물의 소유자 기타 점유자의 점유 내지 이용가능성을 배제하고 이를 자신의 점유 하에 배타적으로 이전하는 행위가 있어야만 할 것인바, 컴퓨터에 저장되어 있는 '정보' 그 자체는 유체물이라고 볼 수도 없고, 물질성을 가진 동력도 아니므로 재물이 될 수 없다 할 것이며, 또 이를 복사하거나 출력하였다 할지라도 그 정보 자체가 감소하거나 피해자의 점유 및 이용가능성을 감소시키는 것이 아니므로 그 복사나 출력 행위를 가지고 절도죄를 구성한다고 볼 수도 없다 할 것인바, 위 법리에 비추어 이 사건을 살피건대, 만약 이 사건 공소사실이 위 컴퓨터에 저장되어 있는 위 시스템의 설계 자료를 절취하였다는 것이라면, 이는 절도죄의 객체가 될 수 없는 '정보'를 절취하였다는 것이 되어 절도죄를 구성하지 아니한다 할 것이다.

다음으로 이 사건 공소사실이 위 컴퓨터에 저장되어 있는 위 시스템을 종이에 출력하여 생성된 '설계도면'을 절취한 것으로 본다면, 이 사건 공소사실 자체에 의하더라도 피고인이 위 시스템의 설계도면을 빼내가기 위하여 위 컴퓨터에 내장되어 있던 위 설계도면을 A2용지에 2장을 출력하여 가지고 나왔다는 것이어서, 이와 같이 피고인 1에 의하여 출력된 위 설계도면은 피해 회사의 업무를 위하여 생성되어 피해 회사에 의하여 보관되고 있던 문서가 아니라, 피고인 1이 가지고 갈 목적으로 피해 회사의 업무와 관계없이 새로이 생성시킨 문서라 할 것이므로, 이는 피해 회사 소유의 문서라고 볼 수는 없다 할 것이어서, 이를 가지고 간 행위를 들어 피해 회사 소유의 설계도면을 절취한 것으로 볼 수는 없다 할 것이다(검사의 이 사건 공소사실은 피고인 1이 위 설계도면을 가지고 가 이를 절취한 사실을 문제삼는 것이 명백하다 할 것이고, 위 설계도면을 생성시키는 데 사용된 용지 자체를 절취하였다고 기소한 것으로는 보이지 않는다).

〈참조판례〉

○ 대법원 1994.3.8. 선고 93도2272 판결【횡령, 사문서위조, 사문서위조행사】

광업권은 재물인 광물을 취득할 수 있는 권리에 불과하지 재물 그 자체는 아니므로 횡령죄의 객체가 된다고 할 수 없고, 광업법 제12조가 광업권을 물권으로 하고 광업법에서 따로 정한 경우를 제외하고는 부동산에 관한 민법 기타 법령의 규정을 준용하도록 규정하고 있다 하여 광업권이 부동산과 마찬가지로 횡령죄의 객체가 된다고 할 수는 없다.

○ 대법원 1996.8.23. 선고 95도192 판결【특경법위반(배임), 절도, 위증】

회사 직원이 업무와 관련하여 다른 사람이 작성한 회사의 문서(회사중역들에 대한 특별상여금 지급내역서 1부 및 퇴직금 지급내역서 2부)를 복사기를 이용하여 복사를 한 후 원본은 제자리에 갖다 놓고 그 사본만 가져간 경우, 그 회사 소유의 문서의 사본을 절취한 것으로 볼 수는 없다.

○ 대법원 2005.2.18. 선고 2002도2822 판결【업무상횡령, 업무상배임, 무고】

상법상 주식은 자본구성의 단위 또는 주주의 지위(株主權)를 의미하고, 주주권을 표창하는 유가증권인 주권(株券)과는 구분이 되는바, 주권(株券)은 유가증권으로서 재물에 해당되므로 횡령죄의 객체가 될 수 있으나 자본의 구성단위 또는 주주권을 의미하는 주식은 재물이 아니므로 횡령죄의 객체가 될 수 없다.

〈해 설〉

이 사건에서 컴퓨터에 저장되어 있는 '정보' 그 자체는 유체물이 아니고 물질성을 가진 동력도 아니어서 재물이 될 수 없으므로, 이를 복사하거나 출력하는 행위가 절도죄를 구성한다고 보기는 힘들다. 문제는 컴퓨터에 저장되어 있는 위 시스템을 종이에 출력하여 생성된 설계도면에 대한 절도죄가 성립하는가인데, 이 점에 대해 대법원은 피고인 1이 출력한 설계도면은 피해 회사의 업무를 위하여 생성되어 피해 회사에 의하여 보관되고 있던 문서가 아니라, 피고인 1이 가지고 갈 목적으로 피해 회사의 업무와 관계없이 새로이 생성시킨 문서로서 피해 회사 소유의 문서라고 볼 수 없다는 이유로 절도죄의 성립을 부정하고 있다. 결국 대법원의 입장은 피고인 1이 출력한 설계도면 자체는 재물임을 인정하면서도 절도죄의 성립요건으로서 재물의 타인성이 인정되지 않는다는 것이다.

우선 이 사건 설계도면은 피해회사의 업무로서 피고인이 작성한 것이며, 그 시스템은 피해회사가 독자적으로 개발했고, 외부에 알려져 있지 아니하여 피해회사의 입장에서 경제적 가치를 가지고 있는 것이므로, 피고인이 노트북 컴퓨터에서 출력한 설계도면은 절도죄의 객체인 재물에 해당한다고 본 것이 타당하다. 그리고 대법원은 피고인 1이 가지고 갈 목적으로 피해 회사의 업무와 관계없이 새로이 생성시킨 문서로서 피해 회사 소유의 문서라고 볼 수 없다고 한 점은 납득하기 곤란하다. 비록 피고인 1이 절취할 목적으로 출력된 것이라고 하더라도 절차에 따라 몰수되기까지는 회사의 점유를 보호하여야 하므로 출력된 설계도면은 타인의 재물이라고 보아야 할 것이다(대법원 1998.11.24. 선고 98도2967 판결 참조).

3) 형법은 권리행사방해죄(제323조)와 점유강취·준점유강취죄(제325조)를 제외한 나머지 범죄에서는 물건이라는 용어 대신에 재물(財物)이라는 용어를 사용하고 있는데, 재물로 인정되기 위해서는 경제적·재산적 가치가 있어야 하는가가 문제된다. '재물'은 돈이나 값나가는 물건을 통틀어 이르는 말로서 인감증명서(대법원 2011.11.10. 선고 2011도9919 판결)와 같은 서류도 재물에 해당한다. 재물로 인정되기 위해서는 경제적 가치가 있어야 한다고 한다면 경제적 가치가 없는 물건(휴지통에 버린 연예편지, 오래된 부모님의 사진 등)에 대해서는 절도죄 등의 재산죄가 성립하지 않게 된다. 이와 같이 해석은 '재물의 가치'만이 아니라 '물건에 대한 소유권'을 보호하고자 하는 재산죄의 입법취지에 어긋나는 결과를 초래한다. 따라서 형법상 재물은 반드시 경제적·재산적 가치가 있는 물건에 한정되지 않으며 피해자의 입장에서 주관적 가치 또는 소극적 가치가 있는 물건도 포함된다고 해석해야 한다.

○ 대법원 1976.1.27. 선고 74도3442 판결【주거침입, 절도, 유가증권위조, 유가증권위조행사】

재산죄의 객체인 재물은 반드시 객관적인 금전적 교환가치를 가질 필요는 없고 소유자, 점유자가 주관적인 가치를 가지고 있음으로서 족하다고 볼 것이므로 그것이 제3자에 대한 관계에 있어서 객관적 가치가 경미하여 교환 가격을 갖지 않는다 하더라도 당사자간에 있어서 경제적 가치가 상당한 것이라면 재물인 성질을 잃지 않고, 주관적 경제적 가치의 유무를 판별함에 있어서는 그것이 타인에 의하여 이용되지 않는다고 하는 소극적 관계에 있어서 그 가치가 성립하는 경우가 있을 수 있는 만큼, 본건에 있어서 발행자가 회수한 약속어음을 세 조각으로 찢어버림으로서 폐지로 되어 쓸모없는 것처럼 보인다 하더라도 그것이 타인에 의하여 조합되어 하나의 새로운 어음으로 이용되지 않는 것에 대하여 소극적인 경제적 가치를 가지는 것이므로 피고인이 그 소지를 침해하여 가져 갔다면 절도죄가 성립한다.

○ 대법원 1981.3.24. 선고 80도2902 판결【절도】

피고인이 절취한 도시계획구조변경계획서가 폐지로서 소각할 것이라고 하더라도 그 내용을 알아볼 수 있고 그 내용이 경제생활상 가치가 있는 이상 재물에 해당된다.

○ 대법원 1985.3.9. 선고 85도951 판결【상습사기, 사기】

약속어음은 그 자체가 재산적 가치를 지닌 유가증권으로서 만기에 지급장소에서 어음금이 지급되지 아니하는 때라도 소지인은 배서인, 발행인 기타 어음채무자에 대하여 소구권을 행사할 수 있어서 그 효용이 소멸된 것이 아니므로 발행인의 자금부족으로 지급장소에서 지급되지 아니하는 약속어음이라도 사기죄의 객체가 된다.

○ 대법원 1986.9.23. 선고 86도1205 판결【절도】

피고인이 근무하던 회사를 퇴사하면서 가져간 서류가 이미 공개된 기술내용에 관한 것이고 외국회사에서 선전용으로 무료로 배부해 주는 것이며 동 회사연구실 직원들이 사본하여 사물처럼 사용하던 것이라도 위 서류들이 회사의 목적업무 중 기술분야에 관한 문서들로서 국내에서 쉽게 구할 수 있는 것도 아니며 연구실 직원들의 업무수행을 위하여 필요한 경우에만 사용이 허용된 것이라면 위 서류들은 위 회사에 있어서는 소유권의 대상으로 할 수 있는 주관적 가치뿐만 아니라 그 경제적 가치도 있는 것으로 재물에 해당한다 할 것이어서 이를 취거하는 행위는 절도에 해당하고 비록 그것이 문서의 사본에 불과하고 또 인수인계 품목에 포함되지 아니 하였다 하여 그 위법성이 조각된다 할 수 없다.

○ 대법원 1995.12.22. 선고 94도3013 판결【업무상배임, 사기】

약속어음공정증서에 증서를 무효로 하는 사유가 존재한다고 하더라도 그 증서 자체에 이를 무효로 하는 사유의 기재가 없고 외형상 권리의무를 증명함에 족한 체제를 구비하고 있는 한 그 증서는 재물로서 사기죄의 객체가 됨에 아무런 지장이 없다.

○ 대법원 1996.5.10. 선고 95도3057 판결【절도】

재산죄의 객체인 재물은 반드시 객관적인 금전적 교환가치를 가질 필요는 없고 소유자, 점유자가 주관적인 가치를 가지고 있음으로써 족하다고 할 것이고, 이 경우 주관적, 경제적 가치의 유무를 판별함에 있어서는 그것이 타인에 의하여 이용되지 않는다고 하는 소극적 관계에 있어서 그 가치가 성립하더라도 관계없다 할 것이므로, 피고인이 절취한 백지의 자동차출고의뢰서 용지도 그것이 어떠한 권리도 표창하고 있지 않다 하더라도 경제적 가치가 없다고는 할 수 없어 이는 절도죄의 객체가 되는 재물에 해당한다.

○ 대법원 1997.1.20. 선고 96도1519 판결【절도】

피고인이 동종 제조업체에 취업하기 위하여 피해자 회사를 퇴사하면서 승낙 없이 서류들이 부본 또는 사본이고 업무상 필요에 따라 사용할 수 있다고 하더라도 서류 원본은 기술료를 내고 도입한 기술분야와 관련한 문서들로서 보관함에 보관하고 사원들이 업무상 필요한 경우에만 복사하여 사용하는 것이 허용되며 업무처리 후 남은 사본 등은 수거하여 관리하여 오고 있다면, 피고인의 행위는 절도죄를 구성한다.

○ 대법원 2004.10.28. 선고 2004도5183 판결【사기, 사기미수, 공문서위조, 위조공문서행사 등】

피고인이 절취한 주주명부가 기재된 용지 70장은 피해자 회사에 비치되어 있던 그 소유의 복사용지를 이용하여 전산출력되었고, 설령 피고인이 가지고 나왔다는 위 서류들이 비록 원주주명부를 복사하여 놓은 복사본이었다 하더라도, 위 서류들은 피해자 회사의 주주명단을 기재하여 놓은 문서들로서 주주명단을 정리할 당시 위 서류들에 기재된 인적사항 등이 외부에 유출되는 것을 방지하기 위하여 피해자 회사에서는 회의실 밖에 위치해 있던 분쇄기를 이용하여 명단을 폐기해 온 사실을 인정할 수 있는바, 그렇다면 위 서류들은 피해자 회사에 있어서는 소유권의 대상으로 할 수 있는 주관적 가치뿐만 아니라 그 경제적 가치도 있다 할 것이어서 절도죄의 객체가 되는 재물에 해당한다.

○ 대법원 2011.11.10. 선고 2011도9919 판결【사기, 사문서위조, 위조사문서행사 등】

인감증명서는 인감과 함께 소지함으로써 인감 자체의 동일성을 증명함과 동시에 거래행위자의 동일성과 거래행위가 행위자의 의사에 의한 것임을 확인하는 자료로서 개인의 권리의무에 관계되는 일에 사용되는 등 일반인의 거래상 극히 중요한 기능을 가진다. 따라서 그 문서는 다른 특별한 사정이 없는 한 재산적 가치를 가지는 것이어서 형법상의 '재물'에 해당한다고 할 것이다. 이는 그 내용 중에 재물이나 재산상 이익의 처분에 관한 사항이 포함되어 있지 아니하다고 하여 달리 볼 것이 아니다. 따라서 위 용도로 발급되어 그 소지인에게 재산적 가치가 있는 것으로 인정되는 인감증명서를 그 소지인을 기망하여 편취하는 것은 그 소지인에 대한 관계에서 사기죄가 성립한다고 할 것이다.

4) 그리고 재산죄(재물죄)는 타인이 소유 또는 점유하는 재물을 불법하게 영득하는 범죄인데, 과연 위조통화나 마약과 같이 법적으로 소유 또는 점유가 금지되어 있는 물건(금제품)에 대해서도 재산죄가 성립할 수 있는가가 문제된다. 이에 관해서는 금제품은 경제적 이용가능성이 없거나 소유권의 객체가 될 수 없으므로 재산죄의 객체가 될 수 없다는 견해(소극설), 소유가 금지된 금제품이라고 하더라도 사인(私人)에 대한 관계에서 소유가 금지되어 있을 뿐이고 국가가 소유권을 가지고 있으므로 재산죄의 객체가 될 수 있다는 견해(적극설) 및 소유가 금지된 금제품은 재산죄의 객체가 될 수 없으나 점유만이 금지된 금제품은 재산죄의 객체가 된다는 견해(구분설)가 대립하고 있다.

사인에 대한 관계에서 소유가 금지되어 있다고 하더라도 그 물건은 무주물이 아니라 국가의 소유물이 되고 (절도죄나 강도죄에 있어서) 점유는 그 자체가 보호법익이 아니라 행위의 객체에 지나지 않으므로 반드시 적법할 것을 요하지 않는다. 따라서 소유나 점유가 금지되어 있는 물건이라고 할지라도 재산죄의 객체가 될 수 있다고 보아야 한다(☞ **[판례 Ⅰ-2]** 참조).

[판례 Ⅰ-2] 대법원 1998.11.24. 선고 98도2967 판결【장물취득】

〈사실관계〉

피고인 1은 1997.10.경 주식회사 ○○리조트에 입사하여 전산팀에 근무하던 중 ○○리조트 매표소에서 판매할 목적으로 권한 없이 그곳에 있는 리프트탑승권 발매기를 임의 조작한 다음 정상적인 리프트탑승권과 상이한 ○○리조트 명의의 회원용 리프트탑승권 100장을 부정 발급하여 취득한 것을 비롯하여 모두 5회에 걸쳐 정상적인 리프트탑승권과 상이한 ○○리조트 명의의 회원용 리프트탑승권 1,700장을 부정 발급하여 취득하고, 피고인 2는 ○○리조트 △△호텔 뒤에서 피고인 1로부터 위와 같이 부정 발급된 리프트탑승권 100장을 매수한 것을 비롯하여 모두 5회에 걸쳐 1,700장을 매수하였다.

〈원심 판결요지〉

회원용 리프트탑승권은 그 소지인이 스키장에서 거기에 기재된 일시에 리프트를 탑승할 수 있는 권리가 화체된 증권으로서 그 권리의 행사와 처분에 증권의 점유를 필요로 하는 유가증권이고, 판매하는데 사용할 목적으로 발매할 권한 없이 그곳에 설치된 발매기를 임의 조작함으로써 리프트탑승권을 부정 발급하여 취득한 행위는 권리가 화체된 문서인 리프트탑승권 그 자체를 절취하는 행위가 아니라 권한 없이 발매기를 조작함으로써 리프트탑승권을 위조하는 행위에 해당하고, 나아가 이를 판매하는 행위는 그와 같이 위조한 리프트탑승권을 행사하는 행위에 해당한다 할 것이므로, 피고인 1이 권한 없이 리프트탑승권 발매기를 임의 조작하여 정상적인 리프트탑승권과 상이한 ○○리조트 명의의 회원용 리프트탑승권을 취득하는 행위는 유가증권인 회원용 리프트탑승권의 위조죄에 해당함은 별론으로 하고 절도죄를 구성한다고는 볼 수 없고, 그와 같이 본범인 피고인 1의 행위가 재산범죄인 절도죄를 구성하지 아니하는 이상 피고인 1로부터 위 위조된 리프트탑승권을 매수한 피고인 2의 행위가 장물취득죄를 구성한다고 할 수 없다.

〈대법원 판결요지〉

유가증권도 그것이 정상적으로 발행된 것은 물론 비록 작성권한 없는 자에 의하여 위조된 것이라고 하더라도 절차에 따라 몰수되기까지는 그 소지자의 점유를 보호하여야 한다는 점에서 형법상 재물로서 절도죄의 객체가 된다고 할 것이므로, 이 사건에서 피고인 1의 행위가 원심이 인정한 것처럼 유가증권위조행위일 뿐 위조된 유가증권인 리프트탑승권의 절도죄에는 해당하지 아니한다고 단정하기 위하여는 과연 피고인 1이 구체적으로 어떠한 방법으로 이 사건 리프트탑승권 발매기를 조작하여 탑승권을 부정발급하였는지를 살펴보아야 할 것이다.

그런데 기록에 의하면, 피고인 1은 ○○리조트 매표소에 있던 탑승권 발매기의 전원을 켠 후 날짜를 입력시켜서 탑승권발행 화면이 나타나면 전산실의 테스트카드를 사용하여 한 장씩 찍혀 나오는 탑승권을 빼내어 가지고 가는 방법으로 리프트탑승권을 발급·취득한 사실이 인정되고, 그와 같이 발매기에서 나오는 위조된 탑승권은 피고인 1이 이를 뜯어가기 전까지는 쌍방울개발의 소유 및 점유 하에 있다고 보아야 할 것이므로, 위 피고인 1의 행위는 발매할 권한 없이 발매기를 임의 조작함으로써 유가증권인 리프트탑승권을 위조하는 행위와 발매기로부터 위조되어 나오는 리프트탑승권을 절취하는 행위가 결합된 것이고, 나아가 그와 같이 위조된 리프트탑승권을 판매하는 행위는 일면으로는 위조된 리프트탑승권을 행사하는 행위임과 동시에 절취한 장물인 위조 리프트탑승권의 처분행위에 해당한다 할 것이다. 따라서 이 사건에서 피고인 1이 위 위조된 리프트탑승권을 위와 같은 방법으로 취득하였다는 정을 피고인 2가 알면서 이를 피고인 1로부터 매수하였다면 그러한 피고인 2의 행위는 위조된 유가증권인 리프트탑승권에 대한 장물취득죄를 구성한다 할 것이다.

〈해 설〉

재산죄(재물죄)는 타인이 소유 또는 점유하는 재물을 불법하게 영득하는 범죄인 바, 위조통화나 마약과 같이 법적으로 소유 또는 점유가 금지되어 있는 물건(금제품)에 대해서도 재산죄가 성립할 수 있는가에 대해서 견해가 대립하고 있다. 이에 관해서는 금제품은 경제적 이용가능성이 없거나 소유권의 객체가 될 수 없으므로 재산죄의 객체가 될 수 없다는 견해(소극설), 소유가 금지된 금제품이라고 하더라도 사인(私人)에 대한 관계에서 소유가 금지되어 있을 뿐이고 국가가 소유권을 가지고 있으므로 재산죄의 객체가 될 수 있다는 견해(적극설) 및 소유가 금지된 금제품은 재산죄의 객체가 될 수 없으나 점유만이 금지된 금제품은 재산죄의 객체가 된다는 견해(구분설)가 대립하고 있다.

사인에 대한 관계에서 소유가 금지되어 있다고 하더라도 무주물이 아니라 국가의 소유물이 되고 (절도죄나 강도죄에 있어서) 점유는 그 자체가 보호법익이 아니라 행위의 객체에 지나지 않으므로 반드시 적법할 것을 요하지 않는다. 따라서 소유나 점유가 금지되어 있는 물건이라고 할지라도 재산죄가 성립할 수 있다고 보는 것이 타당하다.

(2) 재산상의 이익

1) 재산상의 이익이란 재물을 제외한 일체의 경제적·재산적인 가치나 이익을 말한다. 형법은 원칙적으로 재산죄의 객체로 재물과 재산상의 이익을 구별하고 있다. 대부분의 강도죄, 사기죄, 공갈죄 등 대부분의 재산범죄는 재물과 재산상 이익을 모두 객체로 규정하고 있는데 반하여 권리행사방해죄(제323조), 점유강취죄(제325조), 절도죄(제329조부터 제332조까지), 횡령죄(제355조 제1항, 제356조), 장물죄(제362조 내지 제364조)는 재물(또는 물건)만을 객체로 하고 컴퓨터등사용사기죄(제347조의2)와 배임죄(제355조 제2항, 제356조)는 재산상 이익만을 객체로 하고 있다. 예를 들어 甲이 권한 없이 인터넷뱅킹으로 타인의 예금계좌에서 자신의 예금계좌로 돈을 이체한 경우 자신의 계좌로 돈을 이체함으로써 얻은 예금채권은 재산상 이익이므로 컴퓨터등사용사기죄가 성립하나(대법원 2004.4.16. 선고 2004도353 판결), 절취한 신용카드를 이용하여 현금자동지급기에서 현금을 인출한 경우 그 현금은 재물이므로 컴퓨터등사용사기죄는 성립할 수 없고 절도죄의 성립만 문제될 따름이다(대법원 2003.5.13. 선고 2003도1178 판결).

2) 재산상의 이익으로 인정되기 위해서 법적인 권리로 인정되거나 법질서에 의한 보호를 받는 것임을 요하는가에 대해서는 견해의 대립이 있다. 한편에서는 법률상 권리로서 인정되는 경제적 이익만

을 형법상 재산으로 본다(법률적 재산개념설). 이 견해에 따르면 법적으로 인정되지 않는 불법한 재산이나 권리로서 인정되지 않는 사실상의 이익이나 노동력은 형법상 재산에 포함되지 않는다. 그리고 다른 한편에서는 경제적으로 가치가 있고 법질서의 보호를 받는 모든 재화나 이익을 재산으로 파악한다(법률적·경제적 재산개념설). 이 견해는 권리 이외에 이익도 재산에 포함된다고 본다는 점에서 법률적 재산개념설과 차이가 있으나 그것이 법질서의 보호를 받는 것임을 요한다는 점에서는 동일하다.

이에 대하여 다수설과 판례는 형법상 재산에는 권리뿐만 아니라 사실상의 이익이나 노동력을 포함한 경제적으로 가치가 있는 모든 재화를 의미한다고 본다(경제적 재산개념설). 이 견해에 따르면 불법원인급여물이라고 하더라도 경제적·재산적 가치가 있으면 형법상 재산죄의 객체가 될 수 있다. 판례도 일반적으로 부녀와의 성행위 자체는 경제적으로 평가할 수 없고, 부녀가 상대방으로부터 금품이나 재산상 이익을 받을 것을 약속하고 성행위를 하는 약속 자체는 선량한 풍속 기타 사회질서에 위반한 사항을 내용으로 하는 법률행위로서 무효이나 사기죄의 객체가 되는 재산상의 이익이 반드시 사법(私法)상 보호되는 경제적 이익만을 의미하지 아니하고, 부녀가 금품 등을 받을 것을 전제로 성행위를 하는 경우 그 행위의 대가는 사기죄의 객체인 경제적 이익에 해당하므로, 사람을 기망하여 성행위 대가의 지급을 면하는 경우 사기죄가 성립하고(대법원 2001.10.23. 선고 2001도2991 판결), 불법원인급여에 해당하여 급여자가 수익자에 대한 반환청구권을 행사할 수 없다고 하더라도, 수익자가 급여자를 기망하여 불법원인급여에 해당하는 재물을 제공하도록 하였다면 사기죄가 성립한다(대법원 2006.11.23. 선고 2006도6795 판결).

3) 재산상 이익의 취득이라고 함은 반드시 사법상 유효한 재산상 이득의 취득만을 의미하는 것이 아니고 외견상 재산상의 이득을 취득한 것으로 인정할 수 있는 사실관계만 있으면 된다. 예컨대 범인들이 폭행·협박으로 피해자로 하여금 매출전표에 서명을 하게 한 다음 이를 교부받아 소지함으로써 이미 외관상 각 매출전표를 제출하여 신용카드회사들로부터 그 금액을 지급받을 수 있는 상태가 되는데, 피해자가 각 매출전표에 허위 서명한 탓으로 범인들이 신용카드회사들에게 각 매출전표를 제출하여도 신용카드회사들이 신용카드 가맹점 규약 또는 약관의 규정을 들어 그 금액의 지급을 거절할 가능성이 있다 하더라도, 그로 인하여 범인들이 각 매출전표 상의 금액을 지급받을 가능성이 완전히 없어져 버린 것이 아니고 외견상 여전히 그 금액을 지급받을 가능성이 있는 상태이므로, 결국 '재산상 이익'을 취득하였다고 볼 수 있다(대법원 1997.2.25. 선고 96도3411 판결).

3. 점 유

(1) 점유의 개념과 유형

1) 형법상 점유란 재물에 대한 사실상의 지배로서 절도죄, 강도죄, 사기죄, 공갈죄, 횡령죄 및 권리행사방해죄의 성립요소가 되고 있다. 다만 재산범죄의 유형에 따라 다양한 그 의미에 있어 약간의 차

이가 있다.

① 우선 절도죄, 강도죄, 사기죄, 공갈죄의 객체인 재물은 타인이 소유하고 나아가 타인의 점유하는 재물이어야 하므로 이들 범죄에 있어서의 점유는 행위의 객체로서의 의미를 갖는다. 타인의 재물이라고 하더라도 타인이 점유하고 있는 물건이 아닌 경우(예컨대 유실물)에는 이를 취득하면 점유이탈물횡령죄가 성립할 따름이다.

② 다음으로 횡령죄에서는 타인의 재물을 점유 등의 방법으로 보관하는 자가 그 재물을 횡령함으로써 성립하는바, 횡령죄에서의 점유는 행위의 주체를 구성하는 요소이다. 다만 횡령죄가 성립하기 위해서는 행위자가 위탁관계에 의하여 타인의 재물을 보관하여야 하는데, 행위자의 점유 하에 있더라도 우연한 사정에 기인하여 재물이 자신의 점유 하에 들어온 경우(예컨대 가게에서 물건을 사고 거스름돈을 받았는데 집에 와서 보니 거스름돈을 과도하게 받은 경우) 그 재물을 영득하더라도 점유이탈물횡령죄는 별론으로 하더라도 횡령죄는 성립하지 않는다.

③ 끝으로 권리행사방해죄는 타인의 권리 또는 점유의 대상이 된 자기의 물건을 취거, 은닉 또는 손괴함으로서 성립하는 범죄인바 권리행사방해죄에 있어서 타인의 점유는 보호법익, 즉 보호의 객체로서의 의미를 갖고 있다. 따라서 권리행사방해죄에서의 점유는 형법적으로 보호할 가치가 있을 것을 요한다.

2) 형법상 점유는 사실적인 개념으로 민법상의 점유와는 다소 성질이 다르다. 형법상의 점유는 현실적인 개념으로서 가사(家事), 영업 기타 유사한 관계에 의하여 타인의 지시를 받아 물건을 사실상 지배하는 점유보조자(민법 제195조)도 형법상 점유자로 인정될 수 있다(대법원 1982.3.9. 선고 81도3396 판결). 이에 대하여 지상권, 전세권, 질권, 사용대차, 임대차, 임치 기타의 관계로 타인으로 하여금 물건을 점유하게 하는 간접점유(민법 제194조)나 상속에 의한 점유(민법 제193조)는 형법상 점유로 인정되지 않는다(☞ **[판례 Ⅰ-3]** 참조).

[판례 Ⅰ-3] 대법원 2012.4.26. 선고 2010도6334 판결【절도】

〈사실관계〉

피고인은 공소외 1과 사실혼관계에 있으면서 ○○아파트에서 공소외 1과 동거하다가 공소외 1이 2005.8.23.경 갑작스럽게 사망하자 피고인은 같은 달 26일경 ○○아파트에서 부동산 지분 및 이 사건 ◇◇아파트 등에 관한 등기권리증, 아파트 분양계약서, 패션타운상가 임대차계약서 및 공소외 2에 대한 차용증 등이 들어 있는 가방을 가지고 갔다. 그러나 위 서류들이 들어 있는 이 사건 가방은 공소외 3 및 공소외 4가 공소외 1로부터 상속받아 그들의 소유에 속하게 된 것이다.

〈원심 판결요지〉

형법상 점유의 상속은 인정되지 아니하나 공소외 1의 사망으로 이 사건 가방이 있던 이 사건 아파트의 소유권이 상속인들에게 이전되어 상속인들이 이 사건 아파트에 관한 지배·관리권을 취득한 이상, 상속인들이 그 안에 있던 위 가방의 존재를 구체적으로 인식하지 못하였더라도 위 가방을 점유하게 되었다고 봄이 상당하다고 보고 결국 피고인이 이 사건 가방을 가지고 간 행위는 상속인들의 소유권뿐만 아니라 그 점유를 침해한 것으로서 절도죄에 해당한다.

〈대법원 판결요지〉

절도죄란 재물에 대한 타인의 점유를 침해함으로써 성립하는 것이다. 여기서의 '점유'라고 함은 현실적으로 어떠한 재물을 지배하는 순수한 사실상의 관계를 말하는 것으로서, 민법상의 점유와 반드시 일치하는 것이 아니다. 물론 이러한 현실적 지배라고 하여도 점유자가 반드시 직접 소지하거나 항상 감수(監守)하여야 하는 것은 아니고, 재물을 위와 같은 의미에서 사실상으로 지배하는지 여부는 재물의 크기·형상, 그 개성의 유무, 점유자와 재물과의 시간적·장소적 관계 등을 종합하여 사회통념에 비추어 결정되어야 한다. 그렇게 보면 종전 점유자의 점유가 그의 사망으로 인한 상속에 의하여 당연히 그 상속인에게 이전된다는 민법 제193조는 절도죄의 요건으로서의 '타인의 점유'와 관련하여서는 적용의 여지가 없고, 재물을 점유하는 소유자로부터 이를 상속받아 그 소유권을 취득하였다고 하더라도 상속인이 그 재물에 관하여 사실상의 지배를 가지게 되어야만 이를 점유하는 것으로서 그때부터 비로소 상속인에 대한 절도죄가 성립할 수 있다.

기록에 의하면, 피고인이 공소외 1과 내연관계에 있어 그의 사망 전부터 이 사건 아파트에서 공소외 1과 함께 거주한 사실, 공소외 1이 그 전처 공소외 5와의 사이에 얻은 자식인 공소외 3 및 공소외 4는 이 사건 아파트에서 전혀 거주한 일이 없고 공소외 5와 같이 다른 곳에서 거주·생활하여 왔으나, 공소외 1의 사망으로 이 사건 아파트 등의 소유권을 상속한 사실, 공소외 3 및 공소외 4가 공소외 1이 사망한 후 피고인이 이 사건 아파트로부터 이 사건 가방을 가지고 가기까지 그들의 소유권 등에 기하여 이 사건 아파트 또는 그곳에 있던 이 사건 가방의 인도 등을 요구한 일이 전혀 없는 사실, 다만 공소외 1의 형인 공소외 6이 피고인에게 이 사건 아파트의 문을 열어 달라고 요구하였다가 거부당하자 2005. 8. 29.경 이 사건 아파트 현관문의 열쇠를 교체한 사실을 인정할 수 있다.

그렇다면 피고인이 이 사건 아파트에서 이 사건 가방을 들고 나온 2005. 8. 26.경에 공소외 3 및 공소외 4가 이 사건 아파트에 있던 이 사건 가방을 사실상 지배하여 이를 점유하고 있었다고 볼 수 없고, 따라서 그렇다면 피고인이 이 사건 가방을 가지고 간 행위가 공소외 3 등의 이 사건 가방에 대한 점유를 침해하여 절도죄를 구성한다고 할 수 없다.

〈참조판례〉

○ **대법원 1994.10.11. 선고 94도1481 판결【절도, 건조물침입 등】**

육지로부터 멀리 떨어진 섬에서 광산을 개발하기 위하여 발전기, 경운기 엔진을 섬으로 반입하였다가 광업권 설정이 취소됨으로써 광산개발이 불가능하게 되자 육지로 그 물건들을 반출하는 것을 포기하고 그대로 유기하여 둔 채 섬을 떠난 후 10년 동안 그 물건들을 관리하지 않고 있었다면, 그 섬에 거주하는 피고인이 그 소유자가 섬을 떠난 지 7년이 경과한 뒤 노후된 물건들을 피고인 집 가까이에 옮겨 놓았다 하더라도, 그 물건들의 반입 경위, 그 소유자가 섬을 떠나게 된 경위, 그 물건들을 옮긴 시점과 그간의 관리상황 등에 비추어 볼 때 피고인이 그 물건들을 옮겨 갈 당시 원소유자나 그 상속인이 그 물건들을 점유할 의사로 사실상 지배하고 있었다고는 볼 수 없으므로, 그 물건들을 절도죄의 객체인 타인이 점유하는 물건으로 볼 수 없다.

(2) 점유의 개념요소

1) 어떤 물건에 대한 점유가 인정되는지의 여부는 객관적인 요소로서의 관리범위 내지 사실적 관리가능성 외에 주관적 요소로서의 지배의사를 참작하여 결정하되 궁극적으로는 당해 물건의 형상과 그 밖의 구체적인 사정에 따라 사회통념에 비추어 규범적 관점에서 판단하여야 한다(대법원 1999.11.12. 선고 99도3801 판결). 점유의 개념요소를 구체적으로 살펴보면 다음과 같다.

① 형법상의 점유는 재물에 대한 사실상의 지배로서 점유의 권원(權原)은 묻지 않는다. 따라서 예

컨대 甲이 절취한 물건을 乙이 다시 절취한 경우 甲의 점유가 위법한 점유이지만 乙이 이를 절취한 이상 절도죄가 성립한다(대법원 1966.12.20. 선고 66도1437 판결). 그리고 재물을 사실상 지배하면 족하고 의사능력이나 행위능력이 있을 것을 요하지 않는다. 따라서 유아, 정신병자에 대해서도 점유를 인정할 수 있다. 또한 피해자가 일시적으로 졸도하여 의식을 상실한 경우에도 피해자는 그 물건에 대한 점유를 상실하지 않는다(대법원 1956.8.17. 선고 4289형상170 판결).

② 다음으로 점유의사는 반드시 현실적·구체적인 의사일 것을 요하지 않고 잠재적·포괄적 의사로도 족하다. 따라서 수면 중이거나 자기가 지배하는 공간(집, 연구실, 자취방, 기숙사방)에 물건이 투입되었다는 사실을 모르는 경우에도 그에 대한 점유가 인정된다.

그러나 사자(死者)는 잠재적으로라도 점유의사를 가질 수 없으므로 원칙적으로 사자의 점유는 인정되지 않는다. 다만 살해 후 재물을 영득한 경우에 있어서 살해한 자와 재물영득자가 동일하고, 살해행위와 재물영득행위 간에 시간적·장소적으로 매우 근접해 있고, 살해행위와 재물영득행위를 전체적으로 평가하여 피해자의 생전의 점유를 보호하는 것이 범죄의 구체적 형태와 현실적인 사회 통념에 합치되는 경우에 절도죄로 인정할 수 있다(☞ **[판례 Ⅰ-4]** 참조).

[판례 Ⅰ-4] 대법원 1993.9.28. 선고 93도2143 판결【살인, 절도, 사기, 사문서위조, 동행사】

〈사실관계〉

피고인은 1992.12.1.21:00경 피해자의 자취방에 찾아가 술을 마시던 중 다음날인 12.2.01:30경에 이르러 "왜 연락을 자주하지 않느냐, 이 새끼야, 그렇게 살지 마라"라는 등 나무라는 말을 하는 피해자에게 따지다가 피해자로부터 뺨을 1회 맞고 "앞으로 만나지 않겠다"고 말하고 방밖으로 나오는 순간 피해자로부터 옆구리를 차이고 산업재해로 오른손가락 2개를 절단한 피고인에게 모욕적인 욕설을 하자 이에 격분하여 그곳 부뚜막에 있는 부엌칼을 집어 들고 피해자의 배 부분을 수회 찌르고 얼굴과 몸통 등을 수회 찔러 동인을 살해하고, 같은 날 06:00경 피해자의 방에서 술에 취하여 잠이 들었다가 일어나 피고인의 피 묻은 옷을 벗고 벽에 걸려있는 피해자 명의의 예금 900만원이 예금된 통장 1개, 도장 1개, 현금 10만원이 들어있는 피해자의 잠바를 입고 나와 이를 절취하고, 같은 날 10:28경 ○○은행 신○○점에서 행사할 목적으로 손을 다쳤으니 예금청구서를 대신 작성하여 달라고 하여 그 점을 모르는 은행직원으로 하여금 예금청구서용지 청구금액란에 "구백만원정" 청구년월일란에 "1992.12.2.", 예금주란에 피해자의 성명을 검정색 볼펜으로 기재하게 한 후 위 피해자의 인장을 건네주어 찍게 하여 피해자 명의의 예금청구서 1장을 위조하여 은행원에게 제시하고 이에 속은 은행원이 청구한 금액을 지급하자 이를 취득하였다.

〈사건의 경과〉

검사는 피고인을 살인, 절도, 사기, 사문서위조 및 동행사죄로 기소하였고, 이에 제1심은 피고인에 대하여 살인, 절도,사기, 사문서위조 및 동행사죄 등을 유죄로 인정하여 피고인에게 징역 20년을 선고하였고(서울지법 1993.4.21. 선고 92고합2094 판결), 피고인은 제1심 판결에 불복하여 심신상실 및 양형부당의 이유로 항소하였으나, 항소심 법원에서는 피고인의 항소를 기각하였다(서울고법 1993.7.7 선고 93노1330 판결). 이에 대해 피고인은 첫째, 살인의 고의가 없어 상해죄로 의율하여야 함에도 살인죄로 인정한 것은 사실을 오인한 것이고, 둘째 피고인이 점퍼를 입고 나온 시각은 06:00경으로 그 당시는 이미 피해자가 사망후임이 분명하여 위 의복은 사망자의 물건이어서 절도죄를 범했다고 보기보다는 점유이탈물횡령죄로 처벌하여야 함에도 원심은 이를 절도죄로 인정한 잘못을 범하였고, 셋째 사망일자와 생존일자가 같다하더라도 문서를 위조한 시간이 사망 후임이 기록상 명백하며 본건은 사망자 명의의 문서를 위조한 경우이므로 사문서위조죄가 성립하지 않는다고 할 것임에도 원심은 사문서위조죄의 법리를 오해한 위법이 있다고 주장하면서 상고하였다.

〈대법원 판결요지〉

피고인이 피해자를 살해한 방에서 사망한 피해자 곁에 4시간 30분쯤 있다가 그 곳 피해자의 자취방에 걸려 있던 피해자가 소지하는 물건들을 영득의 의사로 가지고 나온 사실이 인정되는 바, 이와 같은 경우에 피해자가 생전에 가진 점유는 사망 후에도 여전히 계속되는 것으로 보아 이를 보호함이 법의 목적에 맞는 것이라고 할 것이고, 따라서 피고인의 위 행위는 피해자의 점유를 침탈한 것으로서 절도죄에 해당한다. 또한 사문서위조죄에 있어서, 사망자 명의로 된 문서라고 할지라도 그 문서의 작성일자가 명의자의 생존중의 날짜로 된 경우에는 일반인으로 하여금 사망자가 생존 중에 작성한 것으로 오신케 할 우려가 있으므로, 비록 시간적으로 피해자의 사망 이후에 피해자 명의의 문서를 위조하고 이를 행사한 것이라 하더라도, 사문서위조죄가 성립한다고 할 것인바, 시간적으로 피해자의 사망 이후이지만 피해자의 사망일자인 동시에 또한 그의 생존일자이기도 한 1992.12.2에 작성일자를 같은 날로 하는 피해자 명의의 예금청구서 1통을 위조하고, 이를 행사한 피고인의 행위는 사문서위조죄와 동행사죄를 구성한다.

〈해 설〉

절도죄란 재물에 대한 타인의 점유를 침해함으로써 성립하는 것이다. 여기서의 '점유'라고 함은 현실적으로 어떠한 재물을 지배하는 사실상의 관계를 말하는 것으로서, 민법상의 점유와 반드시 일치하는 것이 아니다. 종전 점유자의 점유가 그의 사망으로 인한 상속에 의하여 당연히 그 상속인에게 이전된다는 민법 제193조는 절도죄의 요건으로서의 '타인의 점유'와 관련하여서는 적용의 여지가 없다(대법원 2012.4.26. 선고 2010도6334 판결).

한편 사자(死者)에 대해서는 원칙적으로 점유가 인정되지 않는다. 그러나 이 사안과 같이 피해자를 살해한 피고인과의 관계에서는 살해행위와 절취행위 사이에 시간적·장소적 접착성이 인정되는 한 사자(死者)가 생전에 가진 점유가 계속되는 것으로 보아 절도죄의 성립을 인정할 수 있다. 재물을 사실상으로 지배하는지 여부는 재물의 크기·형상, 그 개성의 유무, 점유자와 재물과의 시간적·장소적 관계 등을 종합하여 사회통념에 비추어 결정되어야 하는데, 일정한 요건 하에서 사자의 점유를 인정하는 것이 사회통념에 부합하기 때문이다. 그리고 이와 같은 경우 점유를 부정하게 되면 (살해행위를 한 후 피해자가 사망하기 전에 재물을 취거하고 곧이어 피해자가 사망한 경우와 비교해 볼 때) 피해자의 사망 시점에 따라 죄책이 달라지는 문제점이 생기게 된다.

다만 이와 같은 법리는 피해자를 살해한 피고인과의 관계에서는 살해행위와 절취행위 사이에 시간적·장소적 접착성이 인정되는 범위 내에서만 적용된다는 점에 유의하여야 한다. 따라서 사망 직후라고 하더라도 살인범이 아닌 제3자가 피해자의 재물을 가져갔거나, 한 참 시간이 지난 후에 살인범이 범행 현장에 다시 와서 피해자의 재물을 가져간 경우에는 절도죄의 성립을 인정하기 곤란하다.

2) 그리고 형법상의 점유는 순수하게 객관적, 주관적 요소로만 판단하는 것이 아니라 이를 기초로 사회적·규범적 관점을 가미하여 판단한다. 예컨대 음식점에서 손님이 음식을 주문하여 음식과 함께 나오는 식기는 손님이 아니라 음식점 주인에게 그 점유가 있다고 보아야 한다. 그리고 화재나 이사 시에 길거리에 잠깐 놓아둔 물건, 집 부근에 세워 둔 자동차, 농부가 논이나 밭에 두고 온 농기구, 집 부근을 돌아다니는 가축, 도서관에서 공부하다가 휴식을 위해 책상 위에 두고 온 책 등은 점유이탈물이라고 할 수 없다.

그리고 잃어버린 물건이라고 하더라도 반드시 점유를 상실하는 것은 아니고 잃어버린 장소를 알고 있고 또한 되찾을 가능성이 있다면 점유가 계속된다. 예컨대 강간을 당한 피해자가 도피하면서 현장에 놓아두고 간 손가방은 점유이탈물이 아니라 사회통념상 피해자의 지배하에 있는 물건이라고 보아야 할 것이므로 피고인이 그 손가방 안에 들어 있는 피해자 소유의 돈을 꺼낸 소위는 절도죄에 해당한다(대법원 1984.2.28. 선고 84도38 판결).

또한 원점유자의 점유를 이탈할 물건이라고 하더라도 제3자의 지배 하에 둠으로써 제3자의 새로운 점유가 개시되었다고 볼 수 있는 경우에는 이를 가져가면 점유이탈물횡령죄가 아니라 절도죄가 성립한다. 예컨대 당구장, 피씨방과 같이 타인의 관리 아래 있는 장소에서 물건을 잃은 때에는 그 물건은 그 관리자의 점유에 속하고 이를 그 관리자가 아닌 종업원이나 제3자가 취거하는 것은 점유이탈물횡령죄가 아니라 절도죄에 해당한다(대법원 1988.4.25. 선고 88도409 판결; 2002.1.11. 선고 2001도6158 판결; 2007.3.15. 선고 2006도9338 판결).

법원은 승객이 고속버스나 지하철 전동차의 선반위에 놓고 내린 물건을 다른 손님이 가져간 사건에서 고속버스의 운전사나 지하철의 승무원은 고속버스나 전동차의 관수자(管守者)로서, 차내에 있는 승객의 물건을 점유하는 것이 아니고 승객이 잊고 내린 유실물은 이를 교부받을 권능을 가질 뿐이므로(유실물법 제10조 참조) 그 유실물을 현실적으로 발견하지 아니하는 한 이에 대한 점유를 개시하였다고 할 수 없고, 그 사이에 다른 승객이 유실물을 발견하고 이를 가져갔다면 이는 절도에 해당하지 아니하고 점유이탈물을 횡령한 경우에 해당한다고 판시하고 있다(대법원 1993.3.16. 선고 92도3170 판결; 1999.11.26. 선고 99도3963 판결). 지하철의 경우 승무원은 운행 중 전동차 내부를 관리할 수 있는 상황이 아닐 뿐만 아니라 지하철역마다 많은 손님이 내리고 타는 특성을 감안해 볼 때 전동차 바닥이나 선반에 손님이 놓고 내린 물건을 다른 손님이 가져 간 경우 절도죄를 인정하기는 곤란하다. 그러나 고속버스의 경우 운전사 등 승무원은 승객이 버스 내에 놓고 물건을 놓고 내렸다면 이를 현실적으로 발견하지 않더라도 그에 대한 점유를 취득한다고 보아야 하고 따라서 다른 손님이 이를 가져갔다면 점유이탈물횡령죄가 아니라 절도죄가 성립한다고 보는 것이 타당하다.

4. 불법영득의사

(1) 불법영득의사의 의의

1) 절도죄, 강도죄, 사기죄, 공갈죄, 횡령죄 등의 영득죄(재물죄)에 있어서는 그 재물을 불법적으로 영득할 것이 요구된다. 그리고 강도죄, 사기죄, 공갈죄, 배임죄 등 재산상 이익을 객체로 하는 범죄(이득죄)에서는 재산상 이익을 불법적으로 영득할 것이 요구된다. 이와 관련하여 단순히 손괴할 목적으로 재물을 취거하였거나, 재물을 잠깐 취거하였다가 되돌려 준 경우에는 과연 그 재물을 영득하였다고 볼 수 있는가가 문제된다.

2) 재물에 대한 불법영득을 인정하기 위해서는 우선 재물을 취득함에 있어 불법영득의사가 있을 것이 요구된다. 불법영득의사란 권리자를 배제하고 타인의 물건을 자기의 소유물과 같이 소유권의 권능

(사용·수익·처분)을 행사할 의사로서 고의와는 구분되는 별개의 주관적 구성요건요소이다. 절도죄의 예를 들어보면 절도죄에 있어서의 고의는 절취행위, 즉 원점유자의 의사에 반하여 그의 점유를 배제하고 자기 또는 제3자의 새로운 점유를 취득하는 것에 대한 것과 관련되어 있음에 반하여 불법영득의사는 이러한 절취행위를 통하여 소유권을 침해하는 것과 관련되어 있다. 만약 불법영득의사가 불필요하다고 한다면 단순히 손괴할 목적으로 타인의 재물을 취거하여 손괴한 경우에도 절도죄의 성립을 인정할 수 밖에 없어 절도죄와 손괴죄의 구별이 불가능하게 된다. 또한 소유권을 침탈할 의사없이 타인의 재물을 일시 사용하고 반환하는 이른바 '사용절도'의 경우에도 절도죄의 성립을 긍정해야 하는 문제점이 발생한다.

영득죄(재물죄)의 보호법익이 소유권이라는 점을 고려해 볼 때 영득죄(재물죄)가 성립하기 위해서는 고의만으로는 부족하고 소유권을 침탈하고자 하는 의사가 필요하다고 보아야 한다. 즉, 단순한 점유의 침해 만으로서는 절도죄를 구성할 수 없고 소유권 또는 이에 준하는 본권을 침해하는 의사 즉 목적물의 물질을 영득할 의사이거나 또는 그 물질의 가치만을 영득할 의사이든 적어도 그 재물에 대한 영득의 의사가 있어야 한다. 예컨대 내연관계에 있던 여자가 계속 회피하며 만나 주지 않자 내연관계를 회복시켜 볼 목적으로 그녀의 물건을 가져 와 보관한 후 이를 찾으러 오면 그 때 그 물건을 반환하면서 타일러 다시 내연관계를 지속시킬 생각으로 물건을 가져 왔고 그녀의 가족에게 그 사실을 그녀에게 연락하라고 말하였으며 그 후 이를 보관하고 있으면서 이용 내지 소비하지 아니한 경우(대법원 1992.5.12. 선고 92도280 판결), 피고인이 살해된 피해자의 주머니에서 꺼낸 지갑을 살해도구로 이용한 골프채와 옷 등 다른 증거품들과 함께 자신의 차량에 싣고 가다가 쓰레기 소각장에서 태워버린 경우(대법원 2000.10.13. 선고 2000도3655 판결), 소매치기의 혐의를 받고 주민들에게 추적을 당하던 중 그 위기를 모면할 목적으로 노점의 판매대에 놓여 있던 식칼을 집어 들고 주민들에게 "접근하면 찔러 죽이겠다"고 위협한 경우(청주지법 1984.2.14. 선고 83고합171 판결)에는 불법영득의 의사가 있다고 할 수 없다.

▨ 불법영득의사를 부정한 판례

○ **대법원 1973.2.28. 선고 72도2812 판결【절도】**

부정행위를 한 타인을 꾸짖어 줄 목적으로 그 타인의 소유물권을 가져와 보관하고 있으면 그가 이를 찾으러 올 것이고 그때에 그 물권을 반환하면서 그를 꾸짖어 줄 생각으로 그 물권을 가져온 것이라면 절도죄가 성립되지 아니한다.

○ **대법원 1977.6.7. 선고 77도1069 판결【허위보고, 군용물절도 등】**

군인이 총기를 분실하고 그를 보충하기 위하여 총기를 취거한 경우에는 불법영득의 의사가 있다고 할 수 없다.

○ **대법원 1982.2.23. 선고 81도2371 판결【절도】**

매수인이 매수한 배추를 약정기일까지 수거해 가지도 않고 달리 연락도 되지 않는데다가 배추는 누렇게 뜨고 썩기 시작하여 그대로 다 버리게 될 우려가 있어 제3자에게 처분하고 그 대금 중 소개비를 공제한 잔금을 농협에 정기예탁한 경우라면 피고인에게 불법영득의 의사가 있었다고 볼 수 없다.

○ 대법원 1986.7.8. 선고 86도354 판결【절도】

피고인이 피해자등과 말다툼을 하면서 시비하는 중에 그들 중 일행이 피고인을 식칼로 찔러 죽이겠다고 위협을 하여 주위를 살펴보니 식칼이 있어 이를 갖고 파출소에 가서 협박의 증거물로 제시하였다면, 가사 피고인의 협박의 신고내용이 허위라고 하더라도 불법영득의 의사가 있었다고 할 수는 없다.

○ 대법원 1989.11.28. 선고 89도1679 판결【절도】

피고인이 피해자의 전화번호를 알아두기 위하여 피해자가 떨어뜨린 전화요금영수증을 습득한 후 돌려주지 않은 경우에 그에게 불법영득의 의사가 있다고 인정하기 어렵다.

○ 대법원 1992.3.27. 선고 91도2831 판결【상해, 절도】

가구회사의 디자이너인 피고인이 자신이 제작한 가구 디자인 도면을 가지고 나온 경우 평소 위 회사에서 채택한 도면은 그 유출과 반출을 엄격히 통제하고 있으나 채택하지 아니한 도면들은 대부분 작성한 디자이너에게 반환하여 각자가 자기의 서랍 또는 집에 보관하거나 폐기하는 등 디자이너 개인에게 임의처분이 허용되어 왔고, 피고인은 회사로부터 부당하게 징계를 받았다고 생각하고 노동위원회에 구제신청을 하면서 자신이 그 동안 회사업무에 충실하였다는 사실을 입증하기 위한 자료로 삼기 위하여 가지고 나온 것이라면 피고인에게 불법영득의 의사가 있었다고 볼 수 없다.

○ 대법원 1992.5.12. 선고 92도280 판결【절도】

내연관계에 있던 여자가 계속 회피하며 만나 주지 않자 내연관계를 회복시킬 목적으로 그녀의 물건을 가져와 보관한 후 이를 찾으러 오면 그 때 그 물건을 반환하면서 타일러 다시 내연관계를 지속시킬 생각으로 물건을 가져 왔고 그녀의 가족에게 그 사실을 그녀에게 연락하라고 말하였으며 이를 보관하면서 이용 내지 소비하지 아니한 경우 불법영득의 의사가 있다고 할 수 없다.

○ 대법원 1993.4.13. 선고 93도328 판결【절도, 재물손괴 등】

사촌형제인 피해자와의 분규로 재단법인 이사장직을 사임한 뒤 피해자의 집무실에 찾아가 잘못을 나무라는 과정에서 화가 나서 피해자를 혼내주려고 피해자의 가방을 들고 나온 경우 불법영득의 의사가 있다고 할 수 없다.

○ 대법원 1995.9.5. 선고 94도3033 판결【절도】

상사와의 의견 충돌 끝에 항의의 표시로 사표를 제출한 다음 평소 피고인이 전적으로 보관, 관리해 오던 이른바 비자금 관계 서류 및 금품이 든 가방을 들고 나온 경우, 불법영득의 의사가 있다고 할 수 없을 뿐만 아니라, 그 서류 및 금품이 타인의 점유하에 있던 물건이라고도 볼 수 없다.

○ 대법원 2000.10.13. 선고 2000도3655 판결【절도】

피고인이 살인 범행의 증거를 인멸하기 위하여 살해된 피해자의 주머니에서 꺼낸 지갑을 살해도구로 이용한 골프채와 옷 등 다른 증거품들과 함께 자신의 차량에 싣고 가다가 쓰레기 소각장에서 태워버린 경우 불법영득의 의사가 있었다고 보기 어렵다.

▨ 불법영득의사를 인정한 판례

○ 대법원 1982.4.27. 선고 81도2956 판결【절도, 건조물침입】

피고인이 다른 동업자의 점유를 배제하고 공동점유하는 물건들을 자신을 위한 의사로 자신의 지배하에 옮긴다는 인식이 있었다면 절도죄에 있어서의 불법영득의 의사는 있었다고 볼 것이고, 피고인이 동업관계가 해소되었다고 잘못알고 투자금회수와 손해배상금의 확보를 위한 동기에서 취거한 것이라 하더라도 이는 법률의 착오 또는 위법성인식의 착오의 문제이지 불법영득의 의사와는 별개의 문제라 할 것이다.

○ 대법원 1983.3.8. 선고 83도54 판결【특가법위반】

피고인이 임의로 가져나온 카메라를 전당포 입질이 여의치 아니하여 후일 되돌려 주었다거나, 현금을 가져나올 때 일시 차용한다는 쪽지를 써 놓았다 하여도 소유자의 사전 승낙없이 카메라와 현금을 가져 나왔다면 불법영득의 의사가 있었다고 할 것이다.

○ 대법원 1984.2.28. 선고 83도3271 판결【군용물절도】

중대장에게 항의를 하고 만약 관철되지 않는 경우에 중대장을 살해하고 자기도 자살을 하는데 사용할 의도로 수류탄 등을 가져갔다면 피고인에게 이에 대한 불법영득의 의사가 있다고 할 수 있다.

○ 대법원 1990.5.25. 선고 90도573 판결【절도】

회사의 총무과장이 회사의 물품대금채권을 확보할 목적으로 채무자의 승낙을 받지 아니한 채 그의 의사에 반하여 그의 점포앞에 세워놓은 그의 소유인 자동차를 운전하여 회사로 옮겨놓은 다음, 법원의 가압류결정과 감수보존명령에 따라 집달관이 보존하게 될 때까지 위 회사의 지배하에 두었다면, 위 자동차의 권리자를 배제하고 타인의 물건을 자기의 소유인 것과 마찬가지로 그 경제적용법에 따라 이용하거나 처분할 의사로 자동차를 운전하여 간 것으로 보지 않을 수 없으므로 불법영득의 의사가 있었다고 볼 수밖에 없다.

○ 대법원 1992.9.22. 선고 92도1949 판결【절도, 도교법위반】

피고인이 길가에 시동을 걸어놓은 채 세워둔 모르는 사람의 자동차를 함부로 운전하고 약 200미터 가량 갔다면 불법영득의 의사가 있었다 할 것이다.

○ 대법원 1995.7.11. 선고 95도910 판결【군용물특수강도 등】

피고인이 소총 소지자를 총기로 협박하여 그 소총을 교부받아 실탄을 장전한 후 소속 부대 하급자에게 건네주어 그로 하여금 소속 부대원들이 내무반에서 나오는지 여부를 감시하도록 지시한 경우, 피고인은 그 소총을 소지자로부터 자기의 지배하에 이전하여 그 소유자가 아니라면 할 수 없는 사용처분행위를 하였다고 할 것이므로, 비록 피고인의 지시에 따라 그 소총을 소지하고 있던 하급자가 나중에 피고인이 위병소를 빠져나갈 때 뒤따라 나가면서 그 소총에서 탄창을 제거한 후 그 소총을 원래의 소지자에게 던져 준 사실이 있다고 하더라도, 그러한 사정만으로는 피고인에게 그 소총에 대한 불법영득의사가 없었다고 할 수 없다.

○ 대법원 1999.4.9. 선고 99도519 판결【강간치상, 절도】

피고인이 현금 등이 들어 있는 피해자의 지갑을 가져갈 당시에 피해자의 승낙을 받지 않았다면 가사 피고인이 후일 변제할 의사가 있었다고 하더라도 불법영득의사가 있었다고 할 것이다.

3) 불법영득의사는 다시 권리자를 배제하고 타인의 물건을 자기의 소유물과 같이 그 경제적 용법에 따라 이용·처분할 의사로서, 권리자를 배제한다는 의사(소극적 요소)와 그 재물을 마치 자기가 소유자인 것처럼 소유권의 내용을 실행하겠다는 의사(적극적 요소)로 구성된다.

불법영득의사의 적극적 요소는 단순한 손괴의 의사와 구분될 정도이면 족하고 또한 일시적이어도 무방하나, 소극적인 요소(권리자를 배제하려는 의사)는 종국적이고 계속적일 것을 요한다. 타인의 물건을 점유자의 승낙없이 무단사용하였더라도 그 사용으로 인한 가치의 소모가 무시할 수 있을 정도로 경미하고 또 사용 후 곧 반환하였다면 그 소유권 또는 본권이 침해되었다고 할 수 없어 불법영득의 의사를 인정할 수 없다(대법원 1987.12.8. 선고 87도1959 판결). 따라서 일시적으로 사용한 후 반환할 의사로 권리자를 배제하는 사용절도행위는 자동차등불법사용죄(제331조의2)에 해당하는 경우를 제외하고는 절도죄로 처벌되지 않는다.

○ **대법원 1981.12.8. 선고 81도1761 판결【특수절도】**

피해자가 경영하는 회사의 종업원으로 종사하는 피고인이 같은 동료 종업원이 폭행사건으로 인근에 있는 파출소에 연행되었다는 소식을 듣고 그를 만나러 가는데 회사 마당에 세워둔 피해자 소유의 차량을 타고 갔다 올 생각으로 차량을 운전하고 파출소를 향해 가다가 교통사고를 일으킨 경우, 피고인의 행위는 타인의 물건을 자기의 소유물과 같이 그 경제적 용법에 따라 이를 이용 또는 처분하여 권리자를 배제할 의사를 가지고 한 것이라고는 볼 수 없으므로 절도죄가 성립하지 않는다.

○ **대법원 1987.12.8. 선고 87도1959 판결【절도】**

피고인이 피해자의 도장과 인감도장을 그의 책상서랍에서 몰래 꺼내어 가서 그것을 차용금증서의 연대보증인란에 찍고 난 후 곧 제자리에 넣어둔 사실만으로는 도장에 대한 불법영득의 의사가 있었다고 인정할 수 없다.

○ **대법원 1991.6.11. 선고 91도878 판결【절도】**

피고인이 타인 소유의 버스요금함 서랍 견본 1개를 그에 대한 최초 고안자로서의 권리를 확보하겠다는 생각으로 가지고 나가 변리사에게 의장출원을 의뢰하고 그 도면을 작성한 뒤 당일 이를 원래 있던 곳에 가져다 두었다면 불법영득의사를 인정할 수 없다.

○ **대법원 2000.3.28. 선고 2000도493 판결【절도 등】**

피해자의 승낙 없이 혼인신고서를 작성하기 위하여 피해자의 도장을 몰래 꺼내어 사용한 후 곧바로 제자리에 갖다 놓은 경우, 도장에 대한 불법영득의 의사가 있었다고 볼 수 없다

그러나 일시 사용의 목적으로 타인의 점유를 침탈한 경우에도 사용으로 인하여 물건 자체가 가지는 경제적 가치가 상당한 정도로 소모되거나 또는 상당한 장시간 점유하고 있거나 본래의 장소와 다른 곳에 유기하는 경우에는 이를 일시적으로 사용하는데 불과하다고 할 수 없으므로 재물에 대한 불법영득이 있다고 보아야 한다(대법원 1987.12.8. 선고 87도1959 판결).

○ **대법원 1981.10.13. 선고 81도2394 판결【절도】**

피고인이 길가에 세워져 있는 오토바이를 소유자의 승낙없이 타고 가서 용무를 마친 약1시간 30분 후 본래 있던 곳에서 약 7,8미터 되는 장소에 방치하였다면 불법영득의 의사가 있었다고 할 것이다.

○ **대법원 1996.2.9. 선고 95도2753 판결【횡령, 절도】**

피고인이 12:40경 피해자 집 앞에서 피해자로부터 ○○은행에 예치한 예금 200만원을 인출하여 올 것을 의뢰받고 예금통장과 인장을 교부받아 피해자소유의 밴 차량을 운전하여 위 은행으로 가서 예금액 중 금 700만원을 인출한 다음 피해자에게 연락을 하지 않은 채 위 차량을 타고 도망을 갔다가 범행 당일 13:30경 위 은행으로부터 100여m 떨어진 ○○극장 주차장에 차량을 주차하여 두고 그로부터 7일 후에 전화로 피해자에게 주차장소를 알려주었다면 불법영득의사를 인정할 수 있다.

○ **대법원 2002.9.6. 선고 2002도3465 판결【성폭법위반(특수강도강간등), 강도상해, 절도】**

피고인이 강도상해 등의 범행을 저지르고 도주하기 위하여 피고인이 근무하던 중국집 앞에 세워져 있는 오토바이를 소유자의 승낙 없이 타고 가서 ○○호텔 부근에 버린 다음 버스를 타고 광주로 가버렸다는 것이므로 피고인에게 위 오토바이를 불법영득할 의사가 없었다고 할 수 없다.

○ 대법원 2011.8.18. 선고 2010도9570 판결【절도, 공무상표시무효, 방실침입】

피해자 주식회사 감사인 피고인이 회사 경영진과의 불화로 한 달 가까이 결근하다가 회사 감사실에 침입하여 자신이 사용하던 컴퓨터에서 하드디스크를 떼어간 후 4개월 가까이 지나 반환하였다면, 피고인이 하드디스크를 일시 보관 후 반환하였다고 평가하기 어려워 불법영득의사를 인정할 수 있다.

○ 대법원 2012.7.12. 선고 2012도1132 판결【절도】

피고인이 피해자의 영업점 내에 있는 피해자 소유의 휴대전화를 허락 없이 가지고 나와 이를 이용하여 통화를 하고 문자메시지를 주고받은 다음 약 1~2시간 후 피해자에게 아무런 말을 하지 않고 위 영업점 정문 옆 화분에 놓아두고 간 경우라면, 피고인이 피해자의 휴대전화를 자신의 소유물과 같이 경제적 용법에 따라 이용하다가 본래의 장소와 다른 곳에 유기한 것이므로 피고인에게 불법영득의사가 있었다고 볼 것이다.

(2) 불법영득의 대상

1) 불법영득과 관련해서는 영득의 대상이 재물 그 자체인가 또는 재물에 화체(化體)되어 있는 경제적 가치인가가 문제된다. 타인의 의사에 반하여 그 소유 물건의 점유를 침탈한 사람이 그 소유자에 대한 채권담보의 의사만을 가지고 있었다 하더라도 소유자의 점유를 배제하고 그 소유권의 지니고 있는 담보가치를 취득하기 위하여 그 물건의 점유를 침해한 이상 절도죄의 죄책을 면할 수 없다(대법원 1973.2.26. 선고 73도51 판결). 따라서 영득의 대상에는 재물 그 자체뿐만 아니라 재물에 화체되어 있는 경제적 가치도 포함된다고 보아야 한다.

2) 다만 여기서 불법영득의 대상이 되는 재물의 가치는 단순한 사용가치가 아니라 그 재물이 가지고 있는 고유한 기능가치를 의미한다. 따라서 현금카드, 직불카드 또는 신용카드를 일시사용하고 반환한 경우에는 그 기능가치가 침해되었다고 볼 수 없으므로 적어도 현금카드 등에 대한 절도죄는 성립하지 않는다(☞ **[판례 Ⅰ-5]** 참조).

[판례 Ⅰ-5] 대법원 1999.7.9. 선고 99도857 판결【여전법위반, 절도】

〈사실관계〉

피고인은 15:00경 자신이 종업원으로 일하던 만화가게에서 주인인 피해자가 자리를 비운 틈을 타서 피해자가 계산대 뒤의 창문에 두고 간 핸드백에서 피해자 소유의 엘지 신용카드 1장을 꺼내어 그 곳에서 약 50m 떨어진 현금자동지급기에서 위 신용카드를 이용하여 50만원을 현금서비스 받고, 다시 위 가게로 돌아와서 피해자의 핸드백 안에 신용카드를 넣어 두었다.

〈대법원 판결요지〉

타인의 재물을 점유자의 승낙 없이 무단사용하는 경우에 있어서 그 사용으로 인하여 물건 자체가 가지는 경제적 가치가 상당한 정도로 소모되거나 또는 사용 후 그 재물을 본래 있었던 장소가 아닌 다른 장소에 버리거나 곧 반환하지 아니하고 장시간 점유하고 있는 것과 같은 때에는 그 소유권 또는 본권을 침해할 의사가 있다고 할 것이므로 불법영득의 의사를 인정할 수 있으나, 그렇지 않고 그 사용으로 인한 가치의 소모가 무시할 수 있을 정도로 경미하고 또한 사용 후 곧 반환한 것과 같은 때에는 그 소유권 또는 본권을 침해할 의사가 있다고 할 수 없어 불법영득의 의사가 있다고 인정할 수 없다.

그리고 신용카드업자가 발행한 신용카드는 이를 소지함으로써 신용구매가 가능하고 금융의 편의를 받을 수 있다는 점에서 경제적 가치가 있다 하더라도, 그 자체에 경제적 가치가 화체되어 있거나 특정의 재산권을 표창하는 유가증권이라고 볼 수 없고, 단지 신용카드회원이 그 제시를 통하여 신용카드회원이라는 사실을 증명하거나 현금자동지급기 등에 주입하는 등의 방법으로 신용카드업자로부터 서비스를 받을 수 있는 증표로서의 가치를 갖는 것이어서(여신전문금융업법 제2조 제3호, 제13조 제1항 제1호 참조), 이를 사용하여 현금자동지급기에서 현금을 인출하였다 하더라도 신용카드 자체가 가지는 경제적 가치가 인출된 예금액만큼 소모되었다고 할 수 없으므로, 이를 일시 사용하고 곧 반환한 경우에는 절도죄가 성립하지 않는다.

〈참조판례〉

○ 대법원 1998.11.10. 선고 98도2642 판결【사기, 신용카드업법위반, 절도 등】

피해자로부터 지갑을 잠시 건네받아 임의로 지갑에서 현금카드를 꺼내어 현금자동인출기에서 현금을 인출하고 곧바로 피해자에게 현금카드를 반환한 경우, 현금카드에 대한 불법영득의사가 없다.

○ 대법원 2006.3.9. 선고 2005도7819 판결【절도】

은행이 발급한 직불카드를 사용하여 타인의 예금계좌에서 자기의 예금계좌로 돈을 이체시켰다 하더라도 직불카드 자체가 가지는 경제적 가치가 계좌이체된 금액만큼 소모되었다고 할 수는 없으므로, 이를 일시 사용하고 곧 반환한 경우에는 그 직불카드에 대한 불법영득의 의사는 없다고 보아야 한다.

그런데 최근 대법원은 종업원이 회사 사무실에서 회사의 은행통장을 몰래 가지고 나와 1,000만원을 인출하고 가져다 놓은 사건에서 타인의 예금통장을 무단사용하여 예금을 인출한 후 바로 예금통장을 반환하였다 하더라도 그 사용으로 인한 위와 같은 경제적 가치의 소모가 무시할 수 있을 정도로 경미한 경우가 아닌 이상, 예금통장 자체가 가지는 예금액 증명기능의 경제적 가치에 대한 불법영득의 의사를 인정할 수 있으므로 절도죄가 성립한다고 판시하고 있다(☞ **[판례 Ⅰ-6]** 참조).

[판례 Ⅰ-6] 대법원 2010.5.27. 선고 2009도9008 판결【사기, 절도, 사문서위조, 위조사문서행사】

〈사실관계〉

피고인은 2007.12.11. 13:00경 피해자인 A주식회사 사무실에서, 위 회사 직원들이 자리를 비운 틈을 타 그곳 책상 서랍에 있던 A 주식회사 명의의 농협 당좌통장를 몰래 가지고 나와 근처 농협에서 예금 1천만원을 인출한 후 다시 통장을 제자리에 갖다 놓는 방법으로 이를 절취하였다. 또한 피고인은 2007.12.11.경 농협중앙회 사무실에서 그곳에 비치된 출금전표에 검정색 볼펜을 이용하여 금액란에 '일천만원정', 고객 성명란에 'A 주식회사'라고 기재한 후 그 직전 A주식회사 사무실에서 몰래 가지고 나온 A주식회사 법인 도장을 찍어 위 예금청구서를 위조한 후, 위 예금청구서가 위조된 줄 모르는 농협중앙회 소속 여직원에게 이를 제시하여 이에 속은 여직원으로 하여금 피고인의 딸인 B명의의 농협 통장으로 1천만원을 송금하게 하였다. 이와 같이 피고인은 권리의무에 관한 사문서인 A주식회사 명의의 예금청구서 1장을 위조하고, 이를 행사하여, 이에 속은 농협중앙회로부터 1천만원을 피고인의 딸인 B명의의 통장으로 송금받았다.

〈원심 판결요지〉

타인의 재물을 점유자의 승낙 없이 무단 사용하는 경우에 있어서 그 사용으로 인하여 물건 자체가 가지는 경제적 가치가 상당한 정도로 소모되거나 또는 사용 후 그 재물을 본래 있었던 장소가 아닌 다른 장소에 버리거나 곧 반환하지 아니하고 장시간 점유하고 있는 것과 같은 때에는 그 소유권 또는 본권을 침해할 의사가 있다고 보아 불법영득의 의사를 인정할 수 있을 것이나, 그렇지 않고 그 사용으로 인한 가치의 소모가 무시할 수 있을 정도로 경미하고 또한 사용 후 곧 반환한 것과 같은 때에는 그 소유권 또는 본권을 침해할 의사가 있다고 할 수 없어 불법영득의 의사가 있다고 인정할 수 없고, 통장은 예금계약사실을 증빙하는 증표일 뿐이다. 그런데 피고인이 A주식회사의 현장소장으로 근무하던 중 월급 등을 제대로 지급받지 못할 것을 염려하여 위 공소사실과 같이 피해자 주식회사 사무실에서 위 회사 명의의 이 사건 통장을 가지고 나와 예금청구서를 위조하는 방법으로 위 통장 계좌에 들어있던 예금 1,000만원을 인출한 후 다시 제자리에 갖다 놓은 점 등을 고려하면, 위와 같은 피고인의 행위로 인하여 이 사건 통장 자체가 가지는 경제적 가치가 인출된 금액만큼 소모되었다고 할 수 없고 피고인이 앞서 본 바와 같이 위 통장을 일시 사용하고 곧 반환한 이상 피고인에게 위 통장에 대한 불법영득의 의사는 없다고 보아야 한다.

〈대법원 판결요지〉

예금통장은 예금채권을 표창하는 유가증권이 아니고 그 자체에 예금액 상당의 경제적 가치가 화체되어 있는 것도 아니지만, 이를 소지함으로써 예금채권의 행사자격을 증명할 수 있는 자격증권으로서 예금계약사실 뿐 아니라 예금액에 대한 증명기능이 있고 이러한 증명기능은 예금통장 자체가 가지는 경제적 가치라고 보아야 하므로, 예금통장을 사용하여 예금을 인출하게 되면 그 인출된 예금액에 대하여는 예금통장 자체의 예금액 증명기능이 상실되고 이에 따라 그 상실된 기능에 상응한 경제적 가치도 소모된다고 할 수 있다. 그렇다면 타인의 예금통장을 무단사용하여 예금을 인출한 후 바로 예금통장을 반환하였다 하더라도 그 사용으로 인한 위와 같은 경제적 가치의 소모가 무시할 수 있을 정도로 경미한 경우가 아닌 이상, 예금통장 자체가 가지는 예금액 증명기능의 경제적 가치에 대한 불법영득의 의사를 인정할 수 있으므로 절도죄가 성립한다.

이러한 법리에 비추어 보면, 이 사건 통장 자체가 가지는 예금액 증명기능의 경제적 가치는 피고인이 이 사건 통장을 무단사용하여 예금 1,000만원을 인출함으로써 상당한 정도로 소모되었다고 할 수 있으므로, 피고인이 그 사용 후 바로 이 사건 통장을 제자리에 갖다 놓았다 하더라도 그 소모된 가치에 대한 불법영득의 의사가 인정된다.

〈해 설〉

불법영득의사가 인정되기 위해서는 재물 그 자체 또는 재물에 화체(化體)되어 있는 경제적 가치를 영득할 의사가 인정되어야 한다. 유가증권을 일시사용하고 되돌려 준 경우에는 절도죄가 성립한다는 점에 대해서 별다른 문제가 없다. 유가증권은 재산상의 권리(재산권)가 증권상에 표시되어 그 권리를 행사하고 처분함에 있어서 그 증권의 점유가 필요한 것으로, 증권을 점유하여 그에 표시된 권리를 행사사면 곧 그 권리가 감소 또는 소멸되기 때문이다.

그런데 과연 예금통장이 이러한 불법영득의 대상이 될 수 있을까? 대법원은 예금통장은 예금계약사실을 증빙하는 증표일 뿐이라는 입장을 취해왔다(대법원 1984.8.14. 선고 84도1139 판결). 즉 예금통장은 예금계약내용과 예금액이 얼마라는 등의 사실을 증빙하는 증표에 불과할 뿐 예금액 상당의 경제적 가치가 화체되어 있지 않다는 것이다. 그렇다면 예금통장을 잠깐 사용하였다고 하더라도-그러한 사용으로 인해 사기죄 등의 다른 범죄가 성립하는 것은 별론으로 하더라도-그로 인해 예금통장의 증표로서의 기능이 소멸되거나 감소하는 것은 아니다.

대법원은 예금통장에는 예금계약사실 뿐 아니라 예금액에 대한 증명기능이 있고 이러한 증명기능은 예금통장 자체가 가지는 경제적 가치라고 전제하고 예금통장을 사용하여 예금을 인출하게 되면 그 인출된 예금액에 대해서는 증명기능이 상실되고 그에 상응하여 경제적 가치도 소모된다고 판시하고 있다. 그러나 예금을 인출하여 통장에 인출되고 남은 만큼의 예금액이 표시되었다면 그것은 '인출된 예금액에 대한 증명기능이 상실'된 것이 아니라 '인출되고 남은 예금액에 대한 증명기능'을 하고 있는 것이다. 증명기능이 상실되었다고 말하기 위해서는 '있는 것이 없다고 표시되거나' 아니면 '없는 것이 있다'고 표시되어야 할 것인데, 어쨌든 피고인이 되돌려 놓은 통장은 인출하고 남은 만큼의 예금액에 대한 증명기능을 하고 있으므로 증명기능을 여전히 수행하고 있다고 해야 한다.

그리고 한편 예금통장이 증명기능을 불법영득의 대상인 경제적 가치로 보는 것은 상식에 반한다. 대법원의 논리대로라면 피고인의 은행으로부터 돈을 빼내는 것이 아니라 회사 통장의 증명기능을 훔치는 것이 되기 때문이다. 따라서 설사 예금통장이 증명기능을 경제적 가치로 보더라도 그것을 절도죄에 있어서 불법영득의 객체라고 하기는 곤란하다. 따라서 이 사안에서는 피고인을 사기죄, 사문서위조 및 동행사죄로 처벌하는 것으로 족하고 별도로 예금통장에 대한 절도죄를 인정할 필요는 없다고 본다.

(4) 영득의 불법

1) 한편 각종 영득죄가 성립하기 위해서는 영득이 불법할 것을 요한다. 영득의 불법여부를 어떻게 판단할 것인가에 관해서는 견해의 대립이 있다. 일부 견해는 청구권은 기한이 도래하였고 상대방이 항변권을 가지고 있지 않는 한 행위자가 자신의 청구권에 기하여 타인의 재물을 탈취하는 것은 소유권질서와 충돌하지 않기 때문에 불법영득이 아니라고 한다. 이 견해에 따르면 예컨대 구매자가 이미 대금을 지불한 특정상품을 판매자의 승낙을 받지 않고 취거해 가더라도 절도죄는 성립하지 않는다. 그리고 취거의 수단으로 폭행 또는 협박이 있었다면 폭행죄 또는 협박죄가 성립하는 것은 별론으로 하고 강도죄나 공갈죄가 성립하지는 않는다.

2) 그러나 위와 같은 사례에서 '영득의 결과'는 적법하다고 할 수 있을지 몰라도 '영득의 행위'는 적법하다고 할 수 없다. 청구권이란 상대방에게 일정한 행위를 요구할 수 있는 권리로서, 위 사례에서 구매자는 판매자에게 물품의 인도를 요구하고 판매자가 물품을 인도하는 경우 이를 수령할 수 있는 권리는 있지만 판매자가 물품의 인도를 부당하게 거부한다고 하여 스스로 그 물품을 취거해 가는 권리가 있다고 볼 수는 없다. 판례도 "비록 채권을 확보할 목적이라고 할지라도 취거 당시에 점유 이전에 관한 점유자의 명시적·묵시적인 동의가 있었던 것으로 인정되지 않는 한 점유자의 의사에 반하여 점유를 배제하는 행위를 함으로써 절도죄는 성립하는 것이고, 그러한 경우에 특별한 사정이 없는 한 불법영득의 의사가 없었다고 할 수는 없다"고 하고 있다(대법원 2006.3.24. 선고 2005도8081 판결).

○ **대법원 1973.2.28. 선고 72도2538 판결【절도】**

외상 매매계약의 해제가 있고 동 외상 매매물품의 반환청구권이 피고인에게 있다고 하여도 피고인이 채무자의 승낙을 받지 않고 위 물품들을 가져갔다면 그 물품에 대한 반환청구권이 피고인에게 있었다 하여도 피고인의 그 행위는 절도행위에 해당한다.

○ **대법원 1983.4.12. 선고 83도297 판결【절도】**

피해자회사에 대하여 유류대금채권을 가지고 있는 피고인이 피해회사의 차고 내 책상서랍을 관리자의 승낙없이 공구로 뜯어서 열고 그 안에서 그 회사 소유의 여객운송수입금을 꺼내 가 유류대금채권의 변제에 충당하였더라도, 피고인이 자기 채권의 추심을 위한 것이라고 하여도 타인의 점유 하에 있는 타인소유의 금원을 불법하게 탈취한 것으로 불법영득의사가 인정된다.

○ **대법원 1983.11.22. 선고 83도2539 판결【특수절도, 절도】**

A회사가 공소외 B에게 철재를 외상 판매하고 그 대금지급을 위하여 받은 약속어음이 부도되어 동 물품의 반환청구권을 가지

고 있다 하여도, A회사의 사원인 피고인이 위 B로부터 피해자가 위 철재를 매수하여 점유하고 있는 사실을 알고서도 이를 운반하여 갔다면 절도죄의 성립에 영향이 없다.

○ 대법원 2005.6.24. 선고 2005도2861 판결【특수절도】

공소외 주식회사가 피해자와 사이에 피해자 소유인 쇄석장비들에 관하여 점유개정의 방법에 의한 양도담보부 금전소비대차계약을 체결하였는데 피해자가 변제기일이 지나도 채무를 변제하지 아니하자 공소외 주식회사 직원들인 피고인들이 합동하여 피해자의 의사에 반하여 쇄석장비들을 임의로 분해하여 가지고 간 경우에는 불법영득의사가 있다고 보아야 한다.

○ 대법원 2006.3.24. 선고 2005도8081 판결【특수절도】

피고인들이 자신들의 피해자에 대한 물품대금 채권을 다른 채권자들보다 우선적으로 확보할 목적으로 피해자가 부도를 낸 다음날 새벽에 피해자의 승낙을 받지 아니한 채 피해자의 가구점의 시정장치를 쇠톱으로 절단하고 그곳에 침입하여 피해자의 가구들을 화물차에 싣고 가 다른 장소에 옮겨 놓은 행위에 대하여 피고인들에게는 불법영득의사가 있었다고 볼 수밖에 없어 특수절도죄가 성립한다.

5. 친족간 재산범죄의 처벌상 특례(친족상도례)

1) 강도죄(제333조부터 제343조까지), 손괴죄(제366조부터 제371조까지), (준)점유강취죄(제325조), 강제집행면탈죄(제327조)를 제외한 재산죄에 있어서는 친족간에 행해진 범죄에 대하여 형을 면제하거나 고소가 있어야만 공소를 제기할 수 있도록 하는 특례(이를 일반적으로 '친족상도례'라고 한다)가 인정된다. 이와 같은 특례는 친족간에 행해진 재산죄에 대하여 형법이 개입하지 않고 친족간의 정의(情誼)를 존중하고자 하는 형사정책적인 견지에서 마련된 것이다. 친족상도례가 적용되는 친족관계는 범죄의 성립에 영향을 미치는 것이 아니라 처벌이나 소추에 영향을 미치는 요소일 따름이다. 형이 면제되는 제328조 제1항의 친족관계(직계혈족, 배우자, 동거친족, 동거가족 또는 그 배우자)는 인적처벌조각사유에 해당하고, 같은 조 제2항의 친족관계(기타의 친족)는 고소가 있어야 공소를 제기할 수 있는 소추조건에 해당한다.

2) 친족상도례가 적용되는 직계혈족, 배우자, 동거친족, 동거가족 또는 그 배우자(제328조 제1항) 및 기타의 친족(같은 조 제2항)의 개념과 범위는 민법에 의해 결정된다.

친족이란 배우자, 8촌 이내의 혈족, 4촌 이내의 인척을 말한다(민법 제777조). 결혼한 오빠(대법원 1985.3.26. 선고 85도365 판결), 외사촌(대법원 1991.7.12. 선고 91도1077 판결), 이모나 외삼촌(의정부지원 1984.12.14. 선고 84고단1006 판결)은 형이 면제되는 친족에 속한다. 그리고 인척이란 혈족의 배우자, 배우자의 혈족, 배우자의 혈족의 배우자를 말한다(민법 제769조). 사돈지간은 인척이 아니므로 피고인의 딸과 피해자의 아들이 혼인하여 피고인과 피해자가 사돈지간인데 피고인이 백화점 내 점포에 입점시켜 주겠다고 속여 피해자로부터 입점비 명목으로 돈을 편취하였다면 친족상도례(제354조, 제328조 제2항)가 적용되지 않는다(대법원 2011.4.28. 선고 2011도2170 판결).

가족이란 배우자, 직계혈족 및 형제자매, 생계를 같이하는 직계혈족의 배우자, 배우자의 직계혈족 및 배우자의 형제자매를 말한다(민법 제778조). 동거란 동일한 주거에서 생계를 같이하는 것을 의미하며,

동일한 가옥에 거주하더라도 생계를 같이하지 아니하거나 일시 체류하거나 동거하다가 범행 전에 가출한 경우에는 동거친족이나 동거가족에 해당하지 않는다.

제328조 제1항의 '그 배우자'는 동거가족의 배우자만을 의미하는 것이 아니라, 직계혈족, 동거친족, 동거가족 모두의 배우자를 의미한다. 따라서 피고인이 피해자의 직계혈족의 배우자인 경우에는 형이 면제된다(대법원 2011.5.13. 선고 2011도1765 판결).

3) 친족관계가 있느냐의 여부는 원칙적으로 범죄행위시를 기준으로 판단한다. 다만 부(父)가 혼인 외의 출생자를 인지하는 경우에 있어서는 민법 제860조에 의하여 그 자의 출생시에 소급하여 인지의 효력이 생기며, 이와 같은 인지의 소급효는 친족상도례에 관한 위 규정의 적용에도 미치므로, 인지가 범행 후에 이루어진 경우라고 하더라도 그 소급효에 따라 형성되는 친족관계를 기초로 하여 친족상도례의 규정이 적용된다(대법원 1997.1.24. 선고 96도1731 판결).

4) 친족상도례에서의 친족관계는 범죄의 성립과는 무관하고 그 적용여부는 행위자가 인식과 상관없이 객관적으로 친족관계가 존재하는가의 여부에 따라 적용여부가 결정된다(대법원 1966.6.28. 선고 66도104 판결). 이 점은 예컨대 죄의 성립요소인 사실(객관적 구성요건요소)이나 자기의 행위가 법령에 의하여 죄가 된다는 사실(위법성)에 대해 착오가 있는 경우에는 각각 고의와 (정당한 이유가 있는 경우에 한하여) 책임이 조각되는 것(제13조, 제16조)과 차이가 있다.

5) 그리고 친족상도례에서의 친족관계는 인적 요소이므로 공범관계에 있는 수인 중의 일부에 대해서만 친족관계가 있고 나머지에 대해서는 없는 경우, 친족상도례는 친족관계가 있는 공범에 대해서만 적용된다(제328조 제3항).

6) 하나의 재물에 대하여 소유권자가 수인인 경우 그 모두에 대하여 친족관계가 있는 경우에만 친족상도례가 적용된다(대법원 2015.6.11. 선고 2015도3160 판결). 그리고 소유자와 점유자가 다른 경우 비단 소유자에 대한 관계에서뿐만 아니라 점유자에 대한 관계에서도 친족관계가 존재해야 친족상도례의 적용을 받을 수 있다. 예를들어 절도죄에 있어서 소유자와 점유자(관리자)가 다른 경우에는 소유자에 대한 관계에서뿐만 아니라 점유자(관리자)에 대한 관계에서도 친족관계가 존재해야 하고(대법원 1980.11.11. 선고 80도131 판결), 횡령죄에 있어서 소유자와 위탁자가 다른 경우에는 소유자와 위탁자 쌍방에 친족관계가 존재해야 한다(대법원 2008.7.24. 선고 2008도3438 판결).

이에 대하여 사기죄의 보호법익은 재산권이고 사기죄의 피해자는 피기망자가 아니라 기망행위로 인하여 침해되는 재산권의 주체이다. 법원을 기망하여 제3자로부터 재물을 편취한 경우 피해자는 피기망자인 법원이 아니라 재물을 편취당한 제3자이므로 피해자인 제3자와 사기죄를 범한 자가 직계혈족의 관계에 있을 때에는 그 범인에 대하여는 그 형을 면제하여야 한다(대법원 2014.9.26. 선고 2014도8076 판결). 그리고 은행에 예금을 한 경우 그 예금의 소유권은 소비임치로 은행에 귀속되기 때문에, 제3자가 은행에서 예금주를 가장하여 친족인 예금을 인출하거나 무단으로 현금자동지급기에서 친족의 예금을 인출한 경우 그 피해자는 예금주가 아니고 은행이라고 해야 하므로 이와 같은 경우에는 친족상도례가 적용되지 않는다(대법원 2007.3.15. 선고 2006도2704 판결).

7) 한편 폭처법이나 특경법상의 재산범죄에도 친족상도례의 적용을 배제한다는 명시적인 규정이 없으므로 이들 법률에 규정된 재산범죄에 대해서도 친족상도례는 적용된다.

○ 대법원 2010.2.11. 선고 2009도12627 판결【특경법위반(사기) 등】

형법 제354조, 제328조의 규정에 의하면, 직계혈족, 배우자, 동거친족, 동거가족 또는 그 배우자 간의 사기죄는 그 형을 면제하여야 하고 그 외의 친족 간에는 고소가 있어야 공소를 제기할 수 있는바, 형법상 사기죄의 성질은 특경법 제3조 제1항에 의해 가중처벌되는 경우에도 그대로 유지되고 같은 법률에 친족상도례의 적용을 배제한다는 명시적인 규정이 없으므로, 형법 제354조는 같은 법률 제3조 제1항 위반죄에도 그대로 적용된다.

○ 대법원 2010.7.29. 선고 2010도5795 판결【구 폭처법위반(집단·흉기등공갈)】

형법 제354조, 제328조의 규정에 의하면, 직계혈족, 배우자, 동거친족, 동거가족 또는 그 배우자 간의 공갈죄는 그 형을 면제하여야 하고 그 외의 친족 간에는 고소가 있어야 공소를 제기할 수 있는바, 흉기 기타 위험한 물건을 휴대하고 공갈죄를 범하여 구 폭처법 제3조 제1항, 제2조 제1항 제3호에 의하여 가중처벌되는 경우에도 형법상 공갈죄의 성질은 그대로 유지되는 것이고, 특별법인 위 법률에 친족상도례에 관한 형법 제354조, 제328조의 적용을 배제한다는 명시적인 규정이 없으므로, 형법 제354조는 구 폭처법 제3조 제1항 위반죄에도 그대로 적용된다.

○ 대법원 2013.9.13. 선고 2013도7754 판결【특경법위반(횡령)】

형법 제361조, 제328조의 규정에 의하면, 직계혈족, 배우자, 동거친족, 동거가족 또는 그 배우자 간의 횡령죄는 그 형을 면제하여야 하고 그 외의 친족 간에는 고소가 있어야 공소를 제기할 수 있는바, 형법상 횡령죄의 성질은 특경법에 의해 가중 처벌되는 경우에도 그대로 유지되고, 특경법에 친족상도례에 관한 형법 제361조, 제328조의 적용을 배제한다는 명시적인 규정이 없으므로 형법 제361조는 특경법 제3조 제1항 위반죄에도 그대로 적용된다.

Ⅱ. 절도의 죄(제38장)

1) 절도의 죄(절도죄)는 타인의 재물을 절취함으로써 성립하는 범죄이다. 그 유형으로는 절도죄(제329조), 야간주거침입절도죄(제330조), 특수절도죄(제331조), 자동차등불법사용죄(제331조의2) 및 상습절도죄(제332조)가 있다. 이들 범죄의 미수범은 처벌되고(제342조), 친족상도례 규정(제328조)이 준용된다(제344조).

2) 5인 이상이 공동하여 상습적으로 절도죄, 야간주거침입절도죄, 특수절도죄 및 그 미수죄를 범하거나(특가법 제5조의4 제2항), 이들 죄로 세 번 이상 징역형을 받은 사람이 다시 이들 죄를 범하여 누범으로 처벌되거나(같은조 제5항 제1호) 상습적으로 이들 죄로 두 번 이상의 실형을 선고받고 그 집행이 끝나거나 면제된 후 3년 이내에 다시 상습적으로 이들 죄를 범한 경우(같은 조 제6항)에는 특가법에 의해 가중처벌된다.

1. 절도죄(제329조)

타인의 재물을 절취함으로써 성립하는 범죄로 6년 이하의 징역 또는 1천만원 이하의 벌금에 처하고, 유기징역에 처할 때에는 10년 이하의 자격정지를 병과할 수 있다(제329조, 제345조). 본죄의 미수범은 처벌한다(제342조).

(1) 절도죄의 객체

가. 부동산에 대한 절도죄의 성립여부

1) 절도죄의 실행행위는 절취, 즉 타인의 점유 하에 있는 재물을 자기 또는 제3자의 점유로 옮기는 행위인데, 이와 관련하여 부동산이 절도죄의 객체가 될 수 있는가가 논란이 되고 있다. 예컨대 토지의 경계를 넘어 건축을 함으로써 타인의 토지를 무단으로 침탈하거나 타인의 건조물을 무단으로 점유하는 경우에 부동산인 토지나 주택에 대한 절도죄가 성립하는가가 문제된다.

2) 일부견해는 절도죄와 강도죄의 객체를 동산에 한정하는 명문이 규정이 없고, 절취나 강취는 반드시 장소적 이전을 요하지 않으므로 그 객체를 동산에 한정할 이유는 없으며, 토지나 건조물 이외의 부동산에 대해서는 경계침범죄(제370조)나 주거침입죄(제319조)가 성립할 수 없을 뿐만 아니라 경계침범죄나 주거침입죄의 법정형은 절도죄나 강도죄의 법정형보다 훨씬 낮으므로 경계침범죄나 주거침입죄가 성립할 수 있음을 이유로 부동산에 대한 절도죄와 강도죄의 성립을 부정할 수는 없다고 주장한다. 그리고 토지나 건물 이외의 부동산, 예컨대 명인방법으로 소유권이 공시되어 있는 수목(樹木)에 대하여 명인방법의 개서(改書)에 의해 수목을 절취 또는 강취하는 것이 가능하다고 주장한다.

3) 부동산에 대한 절도 내지 강도는 이론적으로는 의미가 있을지 모르지만 실질적으로는 큰 의미가 없다. 토지나 건물의 경우에는 경계침범죄나 주거침입죄로 의율할 수 있다. 그리고 현실적으로 부동

산에 대한 절도 또는 강도는 예컨대 수목을 절단하여 가져가는 것과 같이 토지의 일부나 토지의 정착물을 토지와 분리하여 행해지므로 절도죄나 강도죄로 처벌하는 데 별다른 문제가 없다. 또한 명인방법으로 소유권이 공시되어 있는 수목(樹木)에 대하여 명인방법의 개서(改書)가 수목의 '절취'에 해당한다고 하는 것은 문언의 가능한 의미를 벗어나는 해석이다. 따라서 부동산은 그 일부를 분리하지 않는 이상 그 자체로는 절도죄 또는 강도죄의 객체가 될 수 없다고 보는 것이 타당하다.

나. 타인소유의 재물

1) 절도죄의 객체는 타인소유의 재물이다. 자기소유의 재물인 경우에는 그것이 타인의 권리 또는 점유의 대상이 된 때에 한하여 이를 취거해 가면 권리행사방해죄(제323조)가 성립할 따름이다. 자기 또는 타인의 소유에 속하지 아니하는 물건(무주물)을 가져하는 경우에도 절도죄는 성립하지 않는다. 예컨대 토지개량조합의 조합원은 누구나 수로에 있는 물을 관개(灌漑)에 이용할 수 있으므로 피해자가 자기 논에 물을 대기 위하여 특수한 공작물을 설치하여 저수하였다고 하더라도 이는 절도죄의 객체가 되지 못한다(대법원 1964.6.23. 선고 64도209 판결). 그리고 어업권자와 어업권행사계약을 체결하고 어업권을 행사하는 피해자의 양식장에서 자연적으로 서식하는 조개를 무단으로 채취하였더라도 수산업법위반죄가 성립함은 별론으로 하고 절도죄는 성립하지 않는다. 수산업법에 의한 양식어업권은 행정관청의 면허를 받아 해상의 일정구역 내에서 패류·해조류 또는 정착성 수산동물을 포획·채취할 수 있는 권리로서, 일정한 지역에서 천연으로 생육하는 수산동식물을 어업면허를 받은 종류에 한하여 배타적·선점적으로 채취할 수 있는 권리에 불과하고 그 지역 내의 수산동식물의 소유권을 취득하는 권리는 아니기 때문이다(대법원 2010.4.8. 선고 2009도11827 판결).

2) 타인의 소유에는 타인의 단독소유뿐만 아니라 자기와 타인의 공동소유도 포함된다. 따라서 타인과 공동소유관계에 있는 물건을 무단으로 가져간 경우에는 절도죄가 성립한다(대법원 1994.11.25. 선고 94도2432 판결). 예를 들어 하나의 교회가 두 개 이상으로 분열된 경우 그 재산의 처분에 관하여 교회 장정 등에 규정이 없는 한 분열 당시 교인들의 총의에 따라 그 귀속을 정하여야 하고 그와 같은 절차 없이 위 재산에 대하여 다른 교파의 점유를 배제하고 자기 교파만의 지배에 옮긴다는 인식 아래 이를 가지고 갔다면 절도죄를 구성한다(대법원 1998.7.10. 선고 98도126 판결).

3) 소유권의 귀속여부는 민법에 의해 결정된다. 예컨대 타인의 토지상에 권원 없이 식재한 수목의 소유권은 토지소유자에게 귀속하므로(제256조) 권원 없이 타인소유의 토지에 감나무를 식재하고 그 감나무에서 감을 수확하는 것은 타인의 재물을 절취한 경우로서 절도죄에 해당한다(대법원 1998.4.24. 선고 97도3425 판결). 그리고 피고인과 명의대여 약정을 하고 이에 따라 피고인이 신청하여 식품접객업 영업허가증과 사업자등록증을 발급받은 후 피해자에게 이를 인도하였다면 이로써 영업허가증과 사업자등록증은 피해자의 소유가 되고 피고인이 이를 몰래 가져가는 것은 절도죄를 구성한다(☞ **[판례 II-1]** 참조).

[판례 II-1] 대법원 2004.3.12. 선고 2002도5090 판결【절도(예비적 죄명: 권리행사방해)】

〈사실관계〉

피해자는 신용불량정보가 등록되어 있어 그 명의로 신용카드가맹점을 개설하는 것이 불가능하자, 식당 종업원으로 일하던 피고인으로부터 영업허가명의 및 사업자등록명의를 빌리기로 하고, 피고인이 이를 승낙함에 따라 피고인 명의로 일반음식점에 관한 식품접객업 영업허가를 받고 그 사업자등록을 한 다음 피고인 명의로 발급된 영업허가증과 사업자등록증을 피해자가 교부받아 그의 처의 손가방 안에 보관하고 있던 중 피고인이 이를 꺼내어 갔다.

〈원심 판결요지〉

절도죄는 타인의 재물을 절취한 경우에 성립하는 죄로서 절취의 대상인 재물이 범인 이외의 타인의 소유일 것을 요한다. 식품접객업의 영업허가증과 사업자등록증은 허가요건을 갖추어 신청하면 그 신청자에게 발급되는 것으로 그 명의인은 식품위생법에서 부과하는 각종 의무의 준수대상임과 동시에 식당영업과 관련한 납세의무를 부담하고, 영업의 양도 등으로 영업자의 지위를 승계하는 경우에는 그 사실을 허가관청에 신고하여야 하며(식품위생법 제25조 제3항) 승계사실을 신고하지 않는 경우에는 형사처벌의 대상으로 삼고 있는 점(위 법 제77조 제1호) 등에 비추어 보면, 영업허가를 받거나 사업자등록을 함에 있어 타인에게 명의만을 대여한다는 것은 허용되지 않으므로 영업허가증이나 사업자등록증의 소유자는 위 각 증서의 명의인이라고 봄이 상당한바(영업허가증이나 사업자등록증의 양도약정은 사회질서위반의 법률행위로서 무효이다), 본 사건에서 피고인의 행위는 절도죄를 구성하지 않는다.

그리고 권리행사방해죄는 타인의 점유 또는 권리의 목적이 된 자기의 물건 등을 취거하는 등으로 타인의 권리를 방해한 경우에 성립되는 것으로서 여기서의 '타인의 점유'는 적법한 원인에 기하여 그 물건을 점유할 권리있는 자의 점유를 의미한다. 피고인 명의의 식품접객업 영업허가증과 사업자등록증은 그 명의인이 영업소 안에 보관하거나 게시하여야 하는 것으로서 타인에게 유·무상으로 대차할 수 있는 것이 아니고 이를 대차하는 약정은 사회질서위반의 법률행위로서 무효라고 할 것인바, 비록 피해자의 처가 이 사건 당시 영업허가증이나 사업자등록증을 점유·보관하고 있었다고 하여도 영업허가증과 사업자등록증의 명의를 대여한다거나 위 각 증서를 대차하는 것이 허용되지 아니하는 것이어서 피해자의 처나 피해자가 위 각 증서를 점유할 어떠한 권리가 있다고 할 수 없으므로, 피고인이 이를 취거한 행위는 권리행사방해죄를 구성하지 아니한다.

〈대법원 판결요지〉

식품접객업 영업이 행정관청의 허가사항이고 그 영업 자체가 국민의 보건과 관계가 있으며 나아가 부가가치세법에 의한 사업자등록이 납세의무와 관련되어 있다 하더라도, 당사자 사이에서 그 허가명의 및 등록명의를 대여하는 것이 허용되지 않는다고 볼 것은 아니다. 따라서 명의대여 약정에 따른 신청에 의하여 발급된 영업허가증과 사업자등록증을 피해자가 인도받음으로써 영업허가증과 사업자등록증은 피해자의 소유가 되었다고 할 것이므로, 이를 피고인이 가지고 간 행위는 절도죄를 구성한다.

〈해 설〉

이 사안에서는 우선 식품접객업 영업허가 및 사업자등록과 관련한 명의대여약정이 법률상 허용되지 않는 것으로서 무효인가 그리고 만약 명의대여약정 및 이에 기한 영업허가증과 사업자등록증의 양도가 무효인 경우 피해자가 점유하는 영업허가증과 사업자등록증을 무단으로 가져간 피고인의 행위가 권리행사방해죄를 구성하는가가 문제된다. 우선 첫 번째의 쟁점과 관련하여 원심은 명의대여약정이 사회질서위반의 법률행위로서 무료라고 본 반면, 대법원은 식품접객업법상 영업허가 및 사업자등록 명의의 대여가 금지되는 것은 아니라고 보았다. 만약 이 사안에서는 명의대여약정 및 이에 기한 영업허가증과 사업자등록증의 양도가 무효라면, 결국 영업허가증과 사업자등록증은 피고인의 소유가 될 것이고 결국 절도죄의 성립은 처음부터 불가능하게 된다. 부동산실명법은 명의신탁약정 및 명의신탁약정에 따른 등기로 이루어진 부동산에 관한 물권변동은 무효로 선언하고 있으나(제4조 제1항·제2항), 기타의 경우 이미 대법원은 명의신탁 또는 명의대여약정 및 그에 기한 물권변동을 무료로 보지 않는다. 예컨대 중계유선방송사업허가 및 음악유선방송사업허가가 비록 행정관청의 허가이고 유선방송사업 자체가 공공성이 강한 사업이라 하더라도 당사자 사이에서 그 허가 명의를 신탁하는 것이 허용되지 않는다고 볼 것은 아니다(대법원 2002.6.14. 선고 99다61378 판결 참조). 따라서 이 사안에서 피고인이 피해자 소유의 영업허가증과 사업자등록증을 가져간 행위는 절도죄를 구성한다.

다음으로 만약 영업허가와 사업자등록의 대여약정이 법적으로 금지되어 무효라면 영업허가증과 사업자등록증의 소유자는 결국 피고인이 될 것인데, 이를 가져한 행위가 권리행사방해죄(제323조)에 해당하는가가 문제된다. 이 점과 관련하여 원심은 타인의 점유'는 적법한 원인에 기하여 그 물건을 점유할 권리있는 자의 점유를 의미하는데, 이 사건에서 명의대여약정은 사회질서위반의 법률행위로서 무효이므로 피해자의 점유는 적법한 원인에 기한 것이라고 할 수 없고 따라서 권리행사방해죄도 성립하지 않는다고 보았다.

4) 할부매매의 경우에는 당사자의 약정에 의하여 매수인이 매매대금을 완납할 때까지 소유권은 매도인에게 유보되어 있는 것이 일반적이므로 매수인이 매매대금의 지불을 연체하여 매도인이 매매계약을 해제하고 판매물품을 취거한 경우에는 절도죄로 처벌하기 곤란하다. 다만 중기와 같이 공부(公簿)에 소유권관계가 표시되고 매수인이 중기를 회사에 지입하여 공부상 지입회사가 소유자로 표시된 경우에, 매수인이 매매대금의 지불을 연체하였다는 이유로 매도인이 할부매매계약을 해제하고 중기를 취거하는 행위는 지입회사의 소유권을 침해하는 것으로서 절도죄에 해당한다(☞ **[판례 II-2]** 참조).

[판례 II-2] 대법원 1989.11.14. 선고 89도773 판결【특수절도】

〈사실관계〉

A는 삼성중공업주식회사(이하 삼성중공업이라고 한다)로부터 중기 2대를 삼성중공업에 소유권을 유보하고 매수한 다음 동화중기주식회사(이하 동화중기라고 한다)와 동양중기주식회사(이하 동양중기라고 한다)에 1대씩을 지입하고 중기등록원부에 동화중기와 동양중기를 소유자로 등록하고, 동화중기나 동양중기는 A의 삼성중공업에 대한 각 할부매매대금 채무를 담보하기 위하여 삼성중공업 명의로 근저당권설정등록을 한 다음 A가 이들 중기를 점유하고 있었는데, 삼성중공업의 회사원인 피고인들이 합동하여 승낙없이 위 중기들을 가져갔다.

〈대법원 판결요지〉

중기관리법에 의하면, 시도지사는 중기등록원부를 비치하고(제7조) 중기의 소유자는 대통령령이 정하는 바에 의하여 중기의 등록을 하게 되어 있고(제3조) 중기의 등록사항에 변경이 있으면 이를 신고하도록 되어 있으므로(제4조) 중기등록원부에 소유자로 등록되어 있는 자는 이것이 원인무효가 아닌 한 그가 대외적으로 소유권자라 할 것이다. 그러므로 이 사건 중기의 경우 삼성중공업과 동화중기 또는 동양중기 사이에 있어서는 소유자는 동화중기나 동양중기이고 삼성중공업은 근저당권자에 지나지 않는다. 그리고 이와 같은 중기관리법상의 등록이 소유권의 득실변경과 관계없는 행정관리상의 하나의 자료로 하기 위한 것이라는 소론의 주장은 받아들일 수 없으며 중기를 지입한 경우에 지입자가 사실상의 처분관리권을 가지고 있다고 하여도 이는 지입자와 중기를 지입받은 중기사업자(이하 지입회사라고 한다)와의 내부관계에 지나지 아니한 것이고 대외적으로는 지입회사가 소유권자로서의 권리(처분권등)를 가지고 의무(공과금등 납세의무, 중기보유자로서의 손해배상책임 등)를 지는 것이므로 피고인들의 이 사건 중기취거행위는 지입회사인 동화중기나 동양중기의 중기등록원부상의 소유권을 침해한 것이라고 아니할 수 없다.

5) 명의신탁의 경우 약정 당사자 사이의 내부관계에 있어서는 여전히 신탁자(甲)가 소유권을 보유하므로 수탁자(乙)가 신탁자(甲) 몰래 그가 점유하는 물건을 가져간 경우 수탁자는 절도죄의 죄책을 진

다(☞ **[판례 II-3]** 참조).

[판례 II-3] 대법원 2007.1.11. 선고 2006도4498 판결【사기, 절도】

〈공소사실〉

피해자의 여동생인 피고인은 오빠인 피해자가 승용차를 구입하여 실질적인 소유자가 피해자인데 다만 장애인에 대한 면세 혜택의 적용을 받기 위해 피고인의 어머니의 명의를 빌려 등록해 둔 것임에도 불구하고 열쇠공에게 부탁하여 피해자가 주차해 둔 그 승용차의 문을 연 후 그 승용차를 운전하여 감으로써 피해자의 소유의 승용차를 절취하였다.

〈원심 판결요지〉

자동차관리법 제6조에 의하면, 자동차 소유권의 득실변경은 등록을 하여야 그 효력이 생기는 것이므로 그 등록이 없는 한 대외적 관계에서는 물론 당사자의 대내적 관계에 있어서도 그 소유권을 취득할 수 없다고 할 것인바, 피고인이 이 사건 승용차를 운전하여 가져갈 당시 위 승용차는 피고인의 어머니의 명의로 등록된 상태였던 사실을 인정할 수 있으므로 이 사건 승용차는 어머니의 소유였다고 할 것이고, 한편 피고인은 이 사건 당시 어머니로부터 위 승용차를 가져가 매도할 것을 허락받고 그녀의 인감증명 등을 교부받은 사실을 인정할 수 있고, 더욱이 이 사건 승용차의 구입 및 등록 경위에 비추어 보면 어머니는 이 사건 승용차를 등록할 당시부터 위 승용차에 대한 처분권한을 딸인 피고인에게 일임하였던 것으로 보이므로 피고인이 이 사건 승용차를 가져간 행위는 그 소유자의 승낙에 기한 것으로서 절도죄에 해당하지 않는다.

〈대법원 판결요지〉

자동차나 중기(또는 건설기계)의 소유권의 득실변경은 등록을 함으로써 그 효력이 생기고 그와 같은 등록이 없는 한 대외적 관계에서는 물론 당사자의 대내적 관계에 있어서도 그 소유권을 취득할 수 없는 것이 원칙이지만, 당사자 사이에 그 소유권을 그 등록 명의자 아닌 자가 보유하기로 약정하였다는 등의 특별한 사정이 있는 경우에는 그 내부관계에 있어서는 그 등록 명의자 아닌 자가 소유권을 보유하게 된다. 이 사건 승용차는 피해자가 구입한 것으로 피해자의 실질적인 소유이고, 다만 장애인에 대한 면세 혜택 등의 적용을 받기 위해 피고인의 어머니의 명의를 빌려 등록한 것이고, 나아가 피고인이 이 사건 당시 어머니로부터 위 승용차를 가져가 매도할 것을 허락받고 그녀의 인감증명 등을 교부받은 뒤에 피고인이 이 사건 승용차를 위 피해자 몰래 가져갔다면, 피고인과 어머니의 공모·가공에 의한 절도죄의 공모공동정범이 성립된다.

〈참조판례〉

○ 대법원 2013.2.28. 선고 2012도15303 판결【절도】

피고인이 자신의 명의로 등록된 자동차를 사실혼 관계에 있던 피해자에게 증여하여 피해자만이 이를 운행·관리하여 오다가 서로 별거하면서 재산분할 내지 위자료 명목으로 피해자가 소유하기로 하였는데, 피고인이 이를 임의로 운전해 간 경우 자동차 등록명의와 관계없이 피고인과 피해자 사이에서는 피해자를 소유자로 보아야 하므로 피고인은 절도죄의 죄책을 진다.

이와는 달리 제3자에 대한 관계에서는 신탁자가 아니라 수탁자가 소유자가 되므로 제3자가 점유하는 물건을 신탁자가 무단으로 가져간 경우에는 절도죄가 성립한다. 당사자 사이에 자동차의 소유권을 등록명의자 아닌 자가 보유하기로 약정한 경우 약정 당사자 사이의 내부관계에서는 등록명의자 아닌 자가 소유권을 보유하게 된다고 하더라도 제3자에 대한 관계에서는 어디까지나 등록명의자가 자동차의 소유자이다. 따라서 피고인이 자신의 모(母) A 명의로 구입·등록하여 A에게 명의신탁한 자동차를 B에게 담보로 제공한 후 B 몰래 가져갔다면, B에 대한 관계에서 자동차의 소유자는 A이고 피고인은 소유자가 아니므로 B가 점유하고 있는 자동차를 임의로 가져간 이상 피고인은 절도죄의 죄책을 진다(대법원 2012.4.26. 선고 2010도11771 판결).

6) 금전채무를 담보하기 위하여 채무자가 그 소유의 동산을 채권자에게 양도하되 점유개정에 의하여 채무자가 이를 계속 점유하는 경우 대내적 관계에서는 채무자가 여전히 소유권을 보유하나 대외적인 관계에 있어서 채권자가 소유자가 된다. 따라서 **채권자**가 채무자의 동산에 관하여 양도담보계약을 체결하고 점유개정의 방법으로 채무자로부터 동산을 인도받은 경우 그 정산절차를 마치기 전이라도 채권자는 소유자로서 목적물반환청구권을 양도하는 방법으로 제3자에게 동산을 매각할 수 있고, 이와 같은 방법으로 **채권자로부터 동산을 매수한 제3자**가 동산을 취거하였다면 이는 자기의 소유물을 취거한 것에 불과하므로 권리행사방해죄는 별론으로 하더라도 절도죄는 성립하지 않는다(☞ **[판례 II-4]** 참조). 이에 반하여 **채무자**는 채권자와 자기 소유의 동산에 관하여 양도담보계약을 체결하고 점유개정의 방법으로 채권자에게 그 동산을 인도함으로써 무권리자가 되고 채무자가 다시 그 동산을 제3자에게 양도담보로 제공하였다면 그 제3자 역시 무권리자이므로, **나중에 양도담보를 설정한 제3자**가 이미 양도담보가 체결되어 있다는 사실을 알면서도 채무자가 보관하고 있는 동산을 취거한 경우에는 절도죄가 성립한다(대법원 2007.2.22. 선고 2006도8649 판결).

[판례 II-4] 대법원 2008.11.27. 선고 2006도4263 판결【절도】

〈사실관계〉

통발어구의 양도담보권자인 주식회사 ○○수산의 상무이사 및 총무부장인 피고인들이 양도담보의 목적물인 통발어구를 제3자에게 매각한 후 제3자로 하여금 이를 임의로 취거하게 하여 양도담보 설정자로서 그 소유자인 채무자의 점유를 배제함으로써 타인의 재물을 절취하였다.

〈판결요지〉

금전채무를 담보하기 위하여 채무자가 그 소유의 동산을 채권자에게 양도하되 점유개정에 의하여 채무자가 이를 계속 점유하기로 한 경우, 특별한 사정이 없는 한 동산의 소유권은 신탁적으로 이전되고, 채권자와 채무자 사이의 대내적 관계에서 채무자는 의연히 소유권을 보유하나 대외적인 관계에 있어서 채무자는 동산의 소유권을 이미 채권자에게 양도한 무권리자가 되므로, 동산에 관하여 양도담보계약이 이루어지고 채권자가 점유개정의 방법으로 인도를 받았다면, 그 정산절차를 마치기 전이라도 양도담보권자인 채권자는 제3자에 대한 관계에 있어서는 담보목적물의 소유자로서 그 권리를 행사할 수 있다. 한편, 양도담보권자인 채권자가 제3자에게 담보목적물을 매각한 경우, 제3자는 채권자와 채무자 사이의 정산절차 종결 여부와 관계없이 양도담보 목적물을 인도받음으로써 소유권을 취득하게 되는 것이고, 양도담보의 설정자가 담보목적물을 점유하고 있는 경우 그 목적물의 인도는 채권자로부터 목적물반환청구권을 양도받는 방법으로도 가능하므로, 채권자가 양도담보 목적물을 위와 같은 방법으로 제3자에게 처분하여 그 목적물의 소유권을 취득하게 한 다음 그 제3자로 하여금 그 목적물을 취거하게 한 경우 그 제3자로서는 자기의 소유물을 취거한 것에 불과하므로, 권리행사방해죄를 구성할 여지가 있음은 별론으로 하고, 절도죄를 구성할 여지는 없다.

동산 양도담보권자가 양도담보의 목적물을 제3자에게 매각한 경우 특별한 사정이 없는 한 그 제3자는 양도담보설정자에 대한 관계에서도 유효하게 그 소유권을 취득한다고 할 것인바, 원심은 그 소유자가 채무자라는 전제에서 절도죄가 성립한다고 인정함으로써 양도담보에 제공된 동산의 소유권 귀속에 관한 법리를 오해하거나 심리를 다하지 아니한 잘못을 저질렀다.

〈참조판례〉

○ 대법원 2007.2.22. 선고 2006도8649 판결【절도, 업무방해】

돈사에서 대량으로 사육되는 돼지를 집합물에 대한 양도담보의 목적물로 삼은 경우, 그 돼지는 번식, 사망, 판매, 구입 등의 요인에 의하여 증감 변동하기 마련이므로 양도담보권자가 그 때마다 별도의 계약을 맺거나 점유개정의 표시를 하지 않더라도 하나의 집합물로서 동일성을 잃지 아니한 채 양도담보권의 효력은 항상 현재의 집합물 위에 미친다. 금전채무를 담보하기 위하여 채무자가 그 소유의 동산을 채권자에게 양도하되 점유개정의 방법으로 인도하고 채무자가 이를 계속 점유하기로 약정한 경우 특별한 사정이 없는 한 채권자와 채무자 사이의 대내적 관계에서는 채무자가 소유권을 보유하나 대외적인 관계에서 채무자는 동산의 소유권을 이미 채권자에게 양도한 무권리자가 되므로, 채무자가 다시 다른 채권자와 사이에 양도담보계약을 체결하고 점유개정의 방법으로 인도하더라도 선의취득이 인정되지 않는 한 나중에 설정계약을 체결한 채권자로서는 양도담보권을 취득할 수 없고, 또한 현실의 인도가 아닌 점유개정의 방법으로는 선의취득이 인정되지 않으므로 결국 뒤의 채권자는 적법하게 양도담보권을 취득할 수 없다. 따라서 나중에 양도담보계약을 설정한 채권자가 이미 양도담보가 설정되어 있다는 사실을 알면서도 채무자가 보관하고 있는 돼지를 반출한 경우에는 절도죄가 성립한다.

다. 타인이 점유하는 재물

1) 절도죄의 객체는 타인의 소유의 재물이면서 타인이 점유하는 재물일 것을 요한다(다만 소유자와 점유자가 반드시 일치할 것을 요하지 않는다). 따라서 타인이 점유하고 있지 않는 타인소유의 재물은 점유이탈물횡령죄의 객체는 될 수 있어도 절도죄의 객체는 될 수 없다(대법원 1994.10.11. 선고 94도1481 판결).

2) 어떤 물건이 타인의 점유 하에 있는지 여부는, 객관적인 요소로서의 관리범위 내지 사실적 관리가능성 외에 주관적 요소로서의 지배의사를 참작하여 결정하되 궁극적으로는 당해 물건의 형상과 그 밖의 구체적인 사정에 따라 사회통념에 비추어 규범적 관점에서 판단하여야 한다. 임대차계약기간이 만료하여 임차인이 퇴거하면서 사용 중이던 냉장고를 그대로 두고 나갔다면 임차인은 퇴거 후에도 냉장고에 관한 점유·관리를 그대로 보유하고 있었다고 보아야 하므로, 냉장고를 통하여 전기를 계속 사용하였다고 하더라도 이는 당초부터 자기의 점유·관리 하에 있던 전기를 사용한 것일 뿐이므로 절도죄가 성립하지 않는다(☞ **[판례 II-5]** 참조).

[판례 II-5] 대법원 2001.10.26. 선고 2001도4546 판결【절도】

〈사실관계〉

피고인은 지하 1층, 지상 3층 건물의 소유자인 공소외 1부터 건물 1층 부분을 임차하여 약 15년가량 음식점을 운영해 왔는데 공소외 2가 위 건물을 리모델링하여 병원으로 임대하려는 계획을 세우고 위 건물을 공소외 1로부터 매입한 후 피고인을 상대로 위 임대차계약의 해지통고를 하며 위 건물 부분의 명도를 요구하였으나, 피고인은 피해자의 명도 요구에 응하지 아니하다 공소외 2로부터 명도청구 소송을 제기당하여 패소한 후 강제집행을 당할 위기에 처하게 되자 강제집행 직전에 이르러 위 건물에서 퇴거하였다. 그런데 피고인은 2006.9.3. 위 건물에서 퇴거하면서 음식점을 운영할 때 사용하던 대형냉장고 3대를 위 건물 측면에 보관해 두고, 같은 해 10. 초순경까지 계속하여 위 건물에서 전기를 연결하여 사용하여 2006년 9월분 전기료 1,994,380원과

10월분 전기료 95,600원 등 합계 금 2,089,980원 상당이 나오도록 함으로써 공소외 2가 관리하는 전기를 사용하였다.

〈판결요지〉

임차인이 임대계약 종료 후 식당건물에서 퇴거하면서 종전부터 사용하던 냉장고의 전원을 켜 둔 채 그대로 두었다가 약 1개월 후 철거해 가는 바람에 그 기간 동안 전기가 소비되었더라도 임차인이 퇴거 후에도 냉장고에 관한 점유·관리를 그대로 보유하고 있었다고 보아야 하므로, 냉장고를 통하여 전기를 계속 사용하였다고 하더라도 이는 당초부터 자기의 점유·관리 하에 있던 전기를 사용한 것일 뿐 타인의 점유·관리 하에 있던 전기가 아니어서 절도죄가 성립하지 않는다.

〈참조판례〉

○ **대법원 2016.12.15. 선고 2016도15492 판결【절도】**

피해자는 강제경매 절차에서 피고인 소유이던 토지와 건물을 매수하고 나서 법원으로부터 피고인을 피신청인으로 한 인도명령을 받은 후 2014.12.16. 집행관에게 위임하여 토지와 건물에 관한 인도집행을 하였음에도, 피고인은 건물 외벽에 설치된 전기코드에 선을 연결하여 자신이 점유하며 창고로 사용 중인 컨테이너로 시가 4,460원 상당의 전기 24kw를 공급받아 사용하였다. 위 사실관계를 앞서 본 법리에 비추어 보면, 피고인은 인도명령의 집행이 이루어지기 전까지는 건물을 점유하면서 건물에 들어오는 전기를 점유·관리하였다고 봄이 상당하고, 피고인이 건물에 설치된 전기코드에 선을 연결하여 이 사건 컨테이너로 전기를 공급받아 사용하였다고 하더라도 이는 당초부터 피고인이 점유·관리하던 전기를 사용한 것에 불과할 뿐, 이를 타인이 점유·관리하던 전기를 사용한 것이라고 할 수 없으며, 피고인에게 절도의 범의가 있었다고도 할 수 없다.

〈해 설〉

어떤 물건에 대한 점유여부는 객관적인 요소로서의 관리범위 내지 사실적 관리가능성 외에 주관적 요소로서의 지배의사를 참작하여 결정하되 궁극적으로는 당해 물건의 형상과 그 밖의 구체적인 사정에 따라 사회통념에 비추어 규범적 관점에서 판단하여야 하므로, 대법원이 판시하고 있는 바와 같이 이 사건에서 냉장고에 관한 점유·관리는 임차인이 퇴거 후에도 피고인이 그대로 보유하고 있다고 볼 수 있다. 그러나 냉장고에 대한 점유를 넘어 냉장고에 공급되는 전기에 대해서도 피고인의 점유를 인정하는 것은 곤란하다. 오히려 전기를 사용할 수 있는 시설의 설치 및 관리는 임대인의 의무에 속하므로(민법 제623조), 임대기간 만료 후에는 물론이고 임대기간 중에도 전기설비 및 그를 통해 공급되는 전기에 대한 점유·관리는 임대인에게 있다고 보는 것이 타당하다. 위 [판례 II-5]에서는 전기에 대한 점유·관리는 피해자에게 있다고 해야 한다. 같은 이유에서 〈참조판례〉에서도 인도명령의 집행이 이루어지기 전까지는 피고인이 건물을 점유하면서 건물에 들어오는 전기를 점유·관리하였다고 볼 수 있으나 인도명령이 집행된 이후에는 피해자가 건물을 점유하면서 건물 안으로 들어오는 전기를 점유·관리하고 있다고 보아야 한다.

다만 위 [판례 II-5]와 〈참조판례〉에서 절도의 고의 내지 불법영득의사를 인정할 수 있는가는 별개의 문제이다. 실제 [판례 II-5]의 제1심은 2006년 9월분의 전기료는 대부분이 피고인이 이 사건 건물을 피해자에게 명도하기 전에 사용한 전기에 대한 것이고 2006년 10월분 전기료 중 이 사건 냉장고 사용으로 인한 전기사용료는 22,965원에 불과하며, 피고인은 피해자로부터 통고서를 받고서는 더 이상 피해자의 전기를 사용하지 않았고, 그 후 피고인은 피해자에게 미납전기료를 정산하여 준 사실을 인정한 사실에 비추어 피고인이 절취의 범의를 가지고 이 사건 전기를 사용하였다고 인정하기 어렵다고 보았다(서울남부지법 2008.1.25. 선고 2007고단2997 판결). 그리고 〈참조판례〉에서도 대법원은 건물에 부착된 계량기의 검침결과는 1달 동안의 전기사용량을 나타내는 것에 불과할 뿐 피고인이 인도명령 집행 이후에도 전기를 사용하였다는 증거가 되기에 부족하다는 점 등을 근거로 절취의 고의를 인정하기 어렵다고 보았다.

3) 타인의 단독점유는 물론 자기와 타인의 공동점유도 전체로서 타인의 점유로 인정된다. 따라서 조합원 1인이 조합원의 공동점유에 속하는 물건을 다른 조합원의 승낙없이 단독으로 자기의 지배하에

옮겼다면 절도죄가 성립하고(대법원 1982.12.28. 선고 82도2058 판결), 인장이 들어있는 돈 궤짝을 사실상 별거 중인 남편이 그 거주 가옥에 보관하던 중이었다면 아내가 그 돈 궤짝의 열쇠를 소지하고 있었다고 하더라도 그 안에 들은 인장은 남편과 공동보관 하에 있다고 보아야 하므로, 그 공동보관자 중의 한 사람인 아내가 다른 보관자인 남편의 동의없이 인장을 취거한 경우 절도죄가 성립한다(대법원 1984.1.31. 선고 83도3027 판결).

다만 수인에 의한 점유라고 하더라도 상하 주종관계에 있는 경우(예컨대 상점주인과 점원, 주인과 가정부, 의사와 간호사, 회사 사장과 직원, 국가기관과 그 소속공무원)에는 상위점유자와 하위점유자 사이의 공동점유가 아니라 상위점유자의 단독점유라고 보아야 한다. 예를 들어 단지 산지기로서 종중 소유의 분묘를 간수하는 자는 그 분묘에 설치된 석등(石燈)이나 문관석(文官石) 등을 점유하고 있다고 할 수 없으므로 이러한 물건을 임의로 반출한 때에는 횡령죄가 아니라 절도죄의 죄책을 진다(대법원 1985.3.26. 선고 84도3024 판결). 열차화물을 취급하는 직원이 화물열차에 적재해 운송 중인 수탁화물 중 이삿짐 포장을 풀고 그 속에 묶어 넣어 둔 물건을 빼낸 경우 운송 중의 화물은 철도청(현재 한국철도공사)에 의해 점유 보관되는 것이고 직원이 점유 보관하는 것이 아니기 때문에 그 직원은 절도죄의 죄책을 진다(대법원 1967.7.8. 선고 65도798 판결). 그리고 공장기사로 근무하는 피고인이 경리직원의 요청으로 그와 함께 은행에 가서 현금 200만원을 찾아 경리직원의 부탁으로 그 중 50만원을 피고인이 소지하고 경리직원과 동행하여 사무실에 도착한 다음, 경리직원에게 50만원을 교부할 때 그 중 10만원을 현금처럼 가장한 종이뭉치와 바꿔치기하여 빼돌린 경우, 피고인은 50만원에 대해 독립적인 점유를 가진 것이 아니라 단시 피해자의 점유에 종속하는 점유의 기관으로서 이를 소지한데 지나지 않으므로, 피고인의 행위는 횡령죄가 아니라 절도죄를 구성한다(대법원 1966.1.31. 선고 65도1178 판결).

4) 이에 반하여 소유자가 타인에게 그 물건에 대한 점유를 그의 독자적인 책임에 맡긴 경우 그 물건에 대한 점유는 소유자(위탁자)가 아니라 타인(수탁자)에게 있으므로, 수탁자가 이를 취득한 경우 횡령죄가 성립할 뿐 절도죄는 성립하지 않는다. 예를 들어 피해자의 점포에서 일하는 종업원으로 종사하는 피고인에게 피해자가 금고 열쇠와 오토바이 열쇠를 맡기고 금고 안의 돈은 배달될 가스대금으로 지급할 것을 지시한 후 외출하자 피고인이 금고 안에 들어 있던 현금을 꺼내어 오토바이를 타고 도주한 경우(대법원 1982.3.9. 선고 81도3396 판결) 또는 동사무소에서 사환으로 근무하는 피고인이 동사무소 서기보로부터 시청금고에 입금하라는 의뢰를 받고 현금을 보관하다고 그 현금을 사생활비로 소비한 경우(대법원 1968.10.29. 선고 68도1222 판결)에는 횡령죄의 죄책을 진다. 그리고 피해자가 시장 내의 한 가게에서 의류를 매수하여 이를 묶어서 그곳에 맡겨 놓은 후 그 곳에서 약 50미터 떨어져 위 가게를 살펴볼 수 없는 딴 가게로 가서 지게짐꾼이던 피고인을 불러 위 가게에 가서 맡긴 물건을 운반해 줄 것을 의뢰하자 피고인이 그 가게에 가서 위에 맡긴 물건을 찾아 피해자에게 운반하여 주지 아니하고 용달차에 싣고 가서 처분한 경우에는 횡령죄가 성립한다(대법원 1982.11.23. 선고 82도2394 판결).

5) 봉함된 포장물을 위탁받은 경우 그것이 누구의 점유에 속하는가에 대해서 견해가 대립되고 있다. 판례는 포장물 전체에 대해서는 수탁자가 점유를 가지지만 그 내용물에 관해서는 위탁자에게 점유가 있으므로 그 내용물을 영득하면 절도죄가 성립한다고 보고 있으나(대법원 1956.1.27. 선고 4288형상375 판결), 위탁자의 현실적 감독이나 통제가 가능한 경우가 아닌 한 원칙적으로 내용물을 포함한 포장물 전부에 대하여 수탁자에게 점유가 있다고 보는 것이 타당하다.

(2) 절취행위

가. 절취행위의 개념

1) 절취란 타인이 점유하고 있는 자기 이외의 자의 소유물을 점유자의 의사에 반하여 그 점유를 배제하고 자기 또는 제3자의 점유로 옮기는 것을 말한다(대법원 2010.2.25. 선고 2009도5064 판결). 이러한 의미에서 절도죄는 강도죄와 더불어 탈취죄에 속한다. 탈취죄는 점유자의 의사에 반한다는 점에서 (비록 하자있는 의사이기는 하지만) 점유자가 그의 처분의사에 의하여 교부하는 재물을 취득하는 편취죄(사기죄, 공갈죄)와 구분된다.

피해자가 가지고 있는 책을 잠깐 보겠다고 하며 피해자가 건네주는 책을 피해자가 있는 자리에서 보는 척 하다가 가져가거나(대법원 1983.2.22. 선고 82도3115 판결), 피해자가 경영하는 금방에서 마치 귀금속을 구입할 것처럼 가장하여 피해자로부터 순금목걸이 등을 건네받은 다음 화장실에 갔다 오겠다는 핑계를 대고 도주한 경우(대법원 1994.8.12. 선고 94도1487 판결)에는 피해자가 처분의사로 교부한 재물을 취득한 것이 아니라, 범인 스스로가 피해자의 의사에 반하여 피해자의 점유를 배제하고 자기의 점유를 취득하였으므로 절도죄의 죄책을 진다.

2) 절취라고 하기 위해서는 점유자의 의사에 반하여야 하므로, 점유자가 취거를 명시적 또는 묵시적으로 동의한 경우에는 절도죄의 성립요소인 절취행위를 인정할 수 없다. 취거에 대한 사전의 동의가 있는 경우에는 취거 당시 승낙을 받지 않았다고 하여 절취라고 할 수 없고(대법원 1964.11.17. 선고 64도515 판결), 동거인이 피해자의 지갑에서 현금을 꺼내가는 것을 피해자가 목격하고도 만류하지 아니하였다면 피해자의 묵시적 허용의사가 있었다고 보아야 하므로 절도죄는 성립하지 않는다(대법원 1985.11.26. 선고 85도1487 판결). 그러나 약정에 기한 인도 등의 청구권이 인정된다고 하더라도 취거 당시에 점유 이전에 관한 점유자의 명시적·묵시적인 동의가 있었던 것으로 인정되지 않는 한, 점유자의 의사에 반하여 점유를 배제한 경우에는 절도죄가 성립한다(☞ **[판례 Ⅱ-6]** 참조).

[판례 Ⅱ-6] 대법원 2001.10.26. 선고 2001도4546 판결【절도】

〈공소사실〉

현대자동차 ○○영업소 과장으로 근무하던 피고인은 1995.4.6. 피해자 A가 현대자동차서비스 주식회사로부터 할부로 매입한 금 117,428,520원 상당의 이 사건 굴삭기 1대의 할부금을 연체하여 1998.1.5. 그 소유의 주택에 대하여 강제경매를 신청하였으나, 피해자가 일정한 기한까지 할부대금을 지급하여 주기로 하는 내용의 각서를 작성하여 주어 같은 해 7.20. 위 부동산강제경매를 취하해 주었음에도 피해자가 위 각서의 내용대로 이행하지 않자, 같은 해 9.20. 공사현장에서 위 굴삭기를 트레일러에 싣고 와 같은 해 10.26. B에게 매도하였다.

〈원심판결의 요지〉

피해자는 1995.4.6. 현대자동차서비스 주식회사 지점의 영업담당자를 통하여 위 회사로부터 굴삭기 1대를 매수하였는데, 총 판매가격은 금 117,428,520원(이 중 계약금과 인도금으로 금 1,500만원을 지급함)이고 할부금으로 1995.5.20.부터 1998.4.20.까지 총 36회에 걸쳐 매월 금 2,548,700원씩 지급하기로 약정한 사실, 위 매매계약 체결 당시 A는 위 회사에 대하여 "약정할부금을 3회 이상 연체 또는 인도금을 지정 결제일에 미결시 귀사의 조치에 따라 위 굴삭기에 대한 권한을 포기할 것을 각서한다"는 취지의 포기각서를 제출한 사실, 그런데 A는 위 굴삭기 대금을 연체하여 위 회사에서 그 소유의 주택에 대하여 강제경매신청을 하자 1998.7.18. 위 회사 지점에 찾아와 금 1,000만원을 지급하면서 위 회사와 사이에 추후 새로운 연체시에는 시간과 송무비 등의 경제적 손실을 고려하여 위 회사가 경매신청을 생략하고 위 굴삭기를 임의로 회수하여 처분할 수 있다는 약정을 하고, "나머지 연체대금은 같은 해 8월 20일에 금 1,000만원을, 같은 해 9월부터 매월 20일에 500만원씩을 지급하기로 하며 민·형사상의 모든 책임을 본인이 감수할 것을 각서한다"는 취지의 각서와 건설기계매매계약서(중고), 양도증명서 및 인감증명서를 제출하면서 위 각 서류에 인감도장을 날인한 사실, 이에 위 회사는 1998.7.20. 위 부동산에 대한 강제경매를 취하하였으나 피해자는 같은 해 8월 20일 변제하기로 약속한 금 1,000만원을 지급하지 않는 등 피고인의 여러 차례에 걸친 변제독촉에 불응하며 계속하여 연체대금을 지급하지 않자, 피고인은 A와의 위 약정과 각 제출서류에 기하여 같은 해 9월 20일경 저수지보수공사 근방에 있던 위 굴삭기를 트레일러에 싣고 와 같은 해 10월 26일 B에게 매도한 사실에 비추어 볼 때, 피고인이 위와 같은 약정 하에 작성한 각서와 양도증명서 등에 기하여 타인에게 위 굴삭기를 매도할 당시에 피고인에게 권리자를 배제하고 타인의 물건을 자기의 소유물과 같이 그 경제적 용법에 따라 이용, 처분하려는 의사인 불법영득의 의사가 있었다고 볼 수 없다.

〈대법원 판결요지〉

먼저 등록한 건설기계에 대한 소유권의 이전은 그 등록이 있음으로써 비로소 효력이 발생하는 것이므로, 위에서 본 바와 같은 약정 및 각서, 매매계약서, 양도증명서 등의 작성, 교부만으로 이 사건 굴삭기에 대한 소유권이 위 회사로 이전될 수는 없는 것이고, 따라서 피고인이 이 사건 굴삭기를 취거할 당시 그 소유권은 여전히 A에게 남아 있었다고 할 것이다. 나아가 형법상 절취란 타인이 점유하고 있는 자기 이외의 자의 소유물을 점유자의 의사에 반하여 그 점유를 배제하고 자기 또는 제3자의 점유로 옮기는 것을 말하는 것으로, 비록 약정에 기한 인도 등의 청구권이 인정된다고 하더라도, 취거 당시에 점유 이전에 관한 점유자의 명시적·묵시적인 동의가 있었던 것으로 인정되지 않는 한, 점유자의 의사에 반하여 점유를 배제하는 행위를 함으로써 절도죄는 성립하는 것이고, 그러한 경우에 특별한 사정이 없는 한 불법영득의 의사가 없었다고 할 수는 없는 것이다.

그런데 기록에 의하여 살펴보더라도, 비록 A가 약정된 기일에 채무를 이행하지 아니하는 경우 이 사건 굴삭기를 회수하여 가도 좋다는 약속을 하고 각서와 매매계약서 및 양도증명서 등을 작성하여 교부하였다고 하더라도, 그 의사표시 중에 자신의 동의나 승낙 없이 현실적으로 자신의 점유를 배제하고 이 사건 굴삭기를 가져가도 좋다는 의사까지 포함되어 있었던 것으로 보기는 어렵고, 달리 피고인의 굴삭기 취거에 피해자의 동의가 있었음을 알아볼 자료는 없다(기록에 의하면, 피고인은 이 사건 굴삭기를 취거할 당시 미리 A에게 통지 등의 절차를 거쳐 동의를 구한 사실은 없고, 다만 굴삭기를 취거한 후 피해자와 통화연락을 한 것으로 보인다). 그렇다면 피고인이 이 사건 굴삭기를 취거한 행위는 일응 절도죄에 해당하고 그 불법영득의 의사도 부인하기 어렵다.

〈참조판례〉

○ 대법원 2010.2.25. 선고 2009도5064 판결【절도】

형법상 절취란 타인이 점유하고 있는 자기 이외의 자의 소유물을 점유자의 의사에 반하여 그 점유를 배제하고 자기 또는 제3

자의 점유로 옮기는 것을 말하는 것으로, 비록 약정에 기한 인도 등의 청구권이 인정된다고 하더라도, 취거 당시에 점유 이전에 관한 점유자의 명시적·묵시적인 동의가 있었던 것으로 인정되지 않는 한, 점유자의 의사에 반하여 점유를 배제하는 행위를 함으로써 절도죄는 성립하는 것이다.

피고인이 할부매매 덤프트럭을 가져가기 전에 공소외 1 주식회사에 "여신거래기본약관상의 기한이익 상실조항에 의거하여 리스료의 일시상환 청구를 하게 되었으며 또한 귀하의 재산에 대한 법적조치 및 연체자 정보제공 준비에 있습니다"라는 내용의 통보서를 보냈고, 공소외 3 주식회사와 공소외 1 주식회사 간에 "공소외 1 주식회사가 채무를 이행하지 아니하는 경우에 공소외 3 주식회사가 이를 관리하고 그 처분 혹은 임대수익으로써 채무의 변제에 충당할 수 있다"는 취지의 서면약정이 있었다고 하더라도, 피고인이 할부매매 덤프트럭을 가져간 행위는 공소외 1 주식회사의 의사에 반하는 절취행위에 해당한다.

3) 다음으로 절취행위라고 하기 위해서는 재물에 대한 타인의 점유를 배제하고 그 재물을 자기 또는 제3자의 점유로 옮겨야 한다. 따라서 타인의 양어장에 있는 물고기를 단순히 무단방류하거나 새장의 새를 날아가게 한 것만으로는 절도죄가 성립하지 않는다(다만 타인의 재물을 손괴, 은닉 기타 방법으로 효용을 해한 경우는 손괴에 해당하므로 손괴죄로 처벌이 가능하다). 또한 군인인 피고인이 부대 내에서 땅을 파다가 땅속에서 탄통을 발견하고 뚜껑을 열어 그 안에 군용물인 탄약이 들어 있음을 확인하고도 이를 지휘관에게 보고하는 등의 절차를 거치지 아니하고 전역일에 이를 가지고 나갈 목적으로 그 자리에 다시 파묻어 은닉하였더라도 이것만으로는 종전의 점유자의 의사를 배제하고 새로운 점유를 취득하였다고 보기 어려우므로 절도죄는 성립하지 않는다(대법원 1999.11.12. 선고 99도3801 판결).

나. 실행의 착수시기

1) 절도죄의 실행의 착수는 절취행위를 개시한 때, 즉 재물에 대한 사실상의 지배를 침해하는 데 밀접한 행위를 한 때이다(밀접행위설). 따라서 (비록 자동차의 유리창을 따기 위하여 면장갑을 끼고 있었고 칼을 소지하고 있었다고 하더라도) 자동차 안에 절취할 물건이 있는지 살피기 위하여 자동차 안을 손전등으로 비추어 보거나(대법원 1985.4.23. 선고 85도464 판결), 절도의 목적으로 주간에 주거에 침입하기 위해서 현관문에 시정된 열쇠고리를 뜯거나(대법원 1989.2.28. 선고 88도1165 판결), 소매치기를 할 목적으로 피해자를 골목길로 유인하거나(대법원 1983.3.8. 선고 82도2944 판결), 호주머니에 들어있는 돈을 훔칠 목적으로 돈이 들어있는지를 확인하기 위해 가방으로 피해자의 주머니를 스쳐 지나가거나(대법원 1986.11.11. 선고 86도1109 판결), 종중소유의 문관석(文官石)을 절취하려다가 문관석을 끌어내리기 위해 가져온 쇠밧줄이 얽히는 바람에 작업을 중단하고 현장에서 벗어난 곳에서 쇠밧줄을 풀다가 발각되거나(대법원 1999.9.17. 선고 98도307 판결), 아파트신축공사현장 안에 있는 건축자재 등을 훔칠 생각으로 마스크를 착용하고 공사현장 안으로 들어간 후 창문을 통하여 건축 중인 아파트의 지하실 안쪽을 살핀 것(대법원 2010.4.29. 선고 2009도14554 판결)만으로는 재물에 대한 타인의 사실상의 지배를 침해하는 데에 밀접한 행위를 개시하였다고 보기는 어렵다.

이에 반하여 자동차 안의 물건을 발견하고 그것을 절취할 의사로 자동차 문의 손잡이를 당기거나

(대법원 1986.12.23. 선고 86도2256 판결), 절취의 목적으로 주거 안에 들어가 훔칠 물건을 물색하거나(대법원 1987.1.20. 선고 86도219 판결), 소매치기가 피해자의 양복상의 주머니에서 금품을 절취하기 위해 호주머니에 손을 뻗쳐 겉을 더듬거나(대법원 1984.12.11. 선고 84도2524 판결), 절취할 목적으로 고속버스 선반 위에 놓인 다른 사람의 손가방의 한쪽 열쇠를 연 경우(대법원 1983.10.25. 선고 83도2432 판결)에는 절도죄의 실행의 착수가 인정된다.

2) 특히 주간에 재물을 절취하기 위하여 타인의 주거에 침입한 것만으로는 절도죄의 실행의 착수가 인정되지 않고 적어도 절취할 재물을 물색하는 시점에 이르러야 한다(☞ **[판례 II-7]** 참조).

[판례 II-7] 대법원 2003.6.24. 선고 2003도1985 판결【강도상해】

〈사실관계〉

피고인은 2002.8.21. 18:30 무렵 다세대주택 2층에 있는 피해자의 집에 재물을 훔치기 위하여 열려있는 현관문을 통하여 방안에 들어가 뒤지던 중 집안으로 들어오던 피해자에게 발각되자 체포를 면탈할 목적으로 피해자를 밀어 1층 난간으로 떨어뜨리고, 다시 피해자가 일어나 피고인의 목덜미를 붙잡자 주먹으로 피해자의 얼굴을 1회 때려 피해자에게 6주간의 치료가 필요한 우측요골골두골절상 등을 가하였다.

〈판결요지〉

야간이 아닌 주간에 절도의 목적으로 다른 사람의 주거에 침입하여 절취할 재물의 물색행위를 시작하는 등 그에 대한 사실상의 지배를 침해하는 데에 밀접한 행위를 개시하면 절도죄의 실행에 착수한 것으로 보아야 한다. 이 사건에서 보면, 피고인은 범행 당일 피해자가 빨래를 걷으러 옥상으로 올라 간 사이에 피해자의 다세대주택에 절취할 재물을 찾으려고 신발을 신은 채 거실을 통하여 안방으로 들어가 여기저기를 둘러보고는 절취할 재물을 찾지 못하고 다시 거실로 나와서 두리번거리고 있다가 피해자가 현관문을 통하여 거실로 들어가다가 마주치게 된 사실을 인정할 수 있다. 이와 같이 피고인이 방 안으로 들어가다가 곧바로 피해자에게 발각되어 물색행위 등을 할 만한 시간적 여유가 없었던 경우가 아니고 피고인이 방 안까지 들어갔다가 절취할 재물을 찾지 못하고 거실로 돌아 나온 경우라면 피고인이 절도의 목적으로 침입한 이상 물색행위를 하는 등 재물에 대한 피해자의 사실상의 지배를 침해하는 데 밀접한 행위를 하였던 것으로 보아야 한다.

〈참조판례〉

○ 대법원 1992.9.8. 선고 92도1650 판결【특가법위반(절도) 등】

피고인이 1991.12.18. 11:20경 금품을 절취할 의도로 피해자의 집에 침입하여 계단을 통해 그 집 3층으로 올라갔다가 마침 2층에서 3층 옥상에 빨래를 널기 위하여 올라가던 피해자를 만나자 사람을 찾는 것처럼 가장하여 피해자에게 ○○○라는 사람이 사느냐고 물어 피해자가 없다고 대답하자 알았다며 계단으로 내려갔다가 피해자가 옥상에 올라가 빨래를 널고 있는 틈을 이용하여 그 집 2층 부엌을 통해 방으로 들어갔다가 피해자가 옥상에 빨래를 널고 2층으로 내려와 방으로 통하는 부엌 앞에 이르자 피고인이 신발을 신은 채 방안에서 뛰어 나온 경우, 피고인이 방안에 침입한 것은 인정되나, 방안에 들어가 절취할 물건의 물색행위에 까지 나간 것인지의 여부는 분명하지 않고 피고인이 방안에 들어간 때로부터 피해자에게 발각될 때까지 물색행위를 할 만한 충분한 시간이 경과하였다면 절도목적으로 침입한 이상 물색행위를 하였을 것으로 보아도 무방하지만 그럴만한 시간적 여유가 없었다면 피고인이 방안에서 뛰어 나온 것만 가지고 절취할 물건을 물색하다가 뛰어 나온 것으로 단정할 수는 없다.

다. 기수시기

1) 재물을 자기 또는 제3자의 사실상의 지배하에 둔 때에 절도죄의 기수가 된다(취득설). 재물을 점유자의 지배범위로부터 장소적으로 이전하거나, 재물을 안전한 장소에 감출 것 까지 요구하지 않는다. 재물을 이전하거나 은닉한 시점은 절취행위의 기수가 아니라 종료에 해당한다. 예컨대 피해자의 집에 들어가 라디오와 탁상시계를 가지고 나오다가 소유자가 "도둑이야"하고 고함을 지르자 당황하여 탁상시계를 그 집 방문 밖에 떨어뜨리고 라디오는 방에 던진 채 달아난 경우 절도죄의 기수가 성립한다(대법원 1964.4.22. 선고 64도112 판결).

2) 재물에 대한 점유를 취득했는가는 재물의 크기나 성질, 범행의 장소 등의 제반상황을 고려하여 사회통념에 따라 판단하여야 한다. 재물의 크기나 무게가 작은 경우에는 몸에 소지하거나 가방에 넣은 것만으로 기수가 될 수 있으나, 재물의 크기나 무게가 큰 경우에는 피해자의 지배범위를 벗어나야 기수가 될 수 있다. 대형할인점이나 Self-Service상점에서 물건을 절취하는 경우 작은 물건은 옷의 호주머니나 가방에 넣었을 때 기수가 됨에 반하여 운반용 Cart에 넣은 큰 물건은 계산에서 누락한 채로 계산대를 통과한 시점에 기수가 된다고 할 수 있다.

자동차의 경우 길가에 시동을 걸어 놓은 채 세워둔 타인의 자동차를 운전하여 약 200미터 간 때에는 절도죄의 기수가 된다고 볼 수 있으나(대법원 1992.9.22. 선고 92도1949 판결), 내리막길에 주차되어 있던 승합차를 절취할 생각으로 그 차량의 조수석 문을 열고 들어가 시동을 걸려고 시도하는 등 차 안의 기기를 이것저것 만지다가 핸드브레이크를 풀게 되어 차량이 시동이 걸리지 않은 상태에서 약 10m 전진하다가 가로수를 들이받아 멈추게 된 때에는 미수범으로 처벌된다(대법원 1994.9.9. 선고 94도1522 판결).

판례는 입목을 절취하기 위하여 캐낸 때에 소유자의 입목에 대한 점유가 침해되어 범인의 사실적 지배하에 놓이게 되므로 범인이 그 점유를 취득한 것이 되어 절도죄는 기수에 이르고, 이를 운반하거나 반출하는 등의 행위는 필요하지 않다고 본다. 이에 따르면 절도범이 혼자 입목을 땅에서 완전히 캐낸 후에 비로소 제3자가 가담하여 함께 입목을 운반한 경우 제3자는 장물운반의 죄책을 지는 것은 별론으로 하더라도 합동절도의 죄책은 지지 않는다(☞ **[판례 II-8]** 참조).

[판례 II-8] 대법원 2008.10.23. 선고 2008도6080 판결【특수절도, 건조물침입】

〈사실관계〉

피고인 1은 2007.2.11. 13:00경 소렌토 승용차를 운전하여 피해자 운영의 ○○연구소 앞길에 이르러 위 연구소 안에 심어져 있던 영산홍을 절취하기 위하여 위 연구소 안으로 진입하여 타인이 관리하는 건조물에 침입하고, 피고인 2는 같은 날 13:30경 피고인 1로부터 함께 영산홍을 차에 싣자는 연락을 받고 위 연구소 안으로 걸어 들어가 타인이 관리하는 건조물에 침입하고, 피고인들은 합동하여, 같은 날 13:30경 피고인 1이 위 연구소 마당 뒤편에서 캔 피해자 소유의 영산홍 1그루 시가 70만원 상당을 위 연구소 마당에 주차된 승용차 바로 뒤까지 운반하고 영산홍을 싣기 위해 함께 붙잡고 있다가 피해자에게 발각되었다.

〈사건의 경과〉

원심은 피고인 2는 피고인 1의 절취범행이 완성되기 전에 위 범행에 가담하여 피고인 1이 캔 영산홍을 피고인 1과 함께 위 승용차에 싣기 위해 운반함으로써 범행을 완성하였다고 보고 피고인들은 합동하여 위 영산홍을 절취하였다고 판단하여 피고인들을 특수절도죄로 의율하였다.

〈판결요지〉

입목을 절취하기 위하여 이를 캐낸 때에는 그 시점에서 이미 소유자의 입목에 대한 점유가 침해되어 범인의 사실적 지배하에 놓이게 됨으로써 범인이 그 점유를 취득하게 되는 것이므로, 이때 절도죄는 기수에 이르렀다고 할 것이고, 이를 운반하거나 반출하는 등의 행위는 필요로 하지 않는다고 할 것이다. 원심이 확정한 사실관계에 의하더라도, 피고인 2는 피고인 1이 영산홍을 땅에서 완전히 캐낸 이후에 비로소 범행장소로 와서 피고인 1과 함께 위 영산홍을 승용차까지 운반하였다는 것인바, 앞서 본 법리에 비추어 보면, 피고인 1이 영산홍을 땅에서 캐낸 그 시점에서 이미 피해자의 영산홍에 대한 점유가 침해되어 그 사실적 지배가 피고인 1에게 이동되었다고 봄이 상당하므로, 그때 피고인 1의 영산홍 절취행위는 기수에 이르렀다고 할 것이고, 이와 같이 보는 이상 그 이후에 피고인 2가 영산홍을 피고인 1과 함께 승용차까지 운반하였다고 하더라도 그러한 행위가 다른 죄에 해당하는지의 여부는 별론으로 하고, 피고인 2가 피고인 1과 합동하여 영산홍 절취행위를 하였다고 볼 수는 없다고 할 것이다.

그럼에도 불구하고, 원심은 피고인 1이 영산홍을 땅에서 캐낸 것만으로는 그 절취행위가 완성되지 않았음을 전제로 하여, 피고인 1이 캐낸 영산홍을 피고인 2가 함께 승용차까지 운반함으로써 비로소 절취행위를 완성하였다는 이유로 피고인들이 합동하여 절취행위를 하였다고 보아 특수절도죄로 의율하였으니, 원심판결에는 절도죄의 기수시기에 관한 법리를 오해한 위법이 있고, 이는 판결 결과에 영향을 미쳤음이 분명하다.

〈해 설〉

절도죄는 대표적인 상태범으로 절취행위가 종료함과 동시에 범죄는 기수에 이르고, 절도죄가 기수에 이른 후에는 그로 인한 위법한 점유상태가 계속될 뿐 절취행위가 계속되는 것은 아니므로 공범이 성립할 수 없다[다만 타인이 절취해온 재물(장물)을 취득, 운반, 보관해 준 경우에는 장물죄가 성립할 수 있음을 별론으로 한다]. 형법 제331조 제2항의 특수절도죄는 2인 이상이 합동하여 절취행위를 함으로써 성립하는데, 피고인 2가 가담하기 전에 피고인 1의 절취행위가 종료되었다고 보면 피고인 2는 타인(피고인1)이 재산범죄(절도죄)로 취득한 재물, 즉 장물을 운반한 경우로서 장물운반죄의 죄책을 지는 반면 피고인 2가 가담할 당시 피고인 1의 절취행위가 종료되지 않았다고 보면 결국 피고인 1과 피고인 2가 합동하여 타인이 재물을 절취한 경우로서 피고인 1과 더불어 특수절도죄가 성립한다. 즉 이 사건에서는 피고인 1의 절취행위가 종료되었는가의 여부에 따라 피고인 2에게 특수절도죄가 성립하는가 또는 특수절도죄가 아닌 다른 범죄(장물죄)가 성립하는가가 결정된다.

절취행위란 재물에 대한 타인의 점유를 배제하고 자기 또는 제3자의 점유를 취득하는 것을 말하는데, 결국 피해자인 ○○연구소의 점유를 배제하고 자기의 점유를 취득한 시점이 언제인가가 이 문제의 관건이다. 이와 관련하여 원심은 피고인 2가 가담하기까지 피고인 1의 절취행위가 아직 완성되지 않았으므로 특수절도죄가 성립한다고 본 반면 대법원은 피고인 2가 관여하기 전에 피고인 1이 영산홍을 땅에서 캐어냄으로서 절취행위가 기수에 이르렀으므로 다른 범죄(예컨대 장물운반죄)가 성립함은 별론으로 하고 특수절도죄는 성립하지 않는다고 보고 있다.

피고인 1과 2가 영산홍을 절취하는 과정을 시간적으로 보면 ① 영산홍을 땅에서 캐어, ② 승용차까지 운반하여 승용차에 싣고, ③ 승용차를 운전하여 연구소를 빠져나가는 과정을 거치게 된다. 이 사건에서는 ③의 단계까지는 이르지 못하고 피고인 1이 ①의 행위를 하고 피고인 1과 2가 합동하여 ②의 과정을 거치다 승용차에 싣기 전에 발각되었다.

대법원은 피고인 1이 영산홍을 땅에서 캐낸 그 시점에서 이미 피해자의 영산홍에 대한 점유가 침해되어 그 사실적 지배가 피고인 1에게 이동된다고 본다. 일반적으로 귀금속이나 현금과 같이 부피가 작고 쉽게 운반하거나 숨길 수 있는 물건은 손안에 넣거나 호주머니 또는 가방에 넣음으로서 기수가 된다. 예를 들어 피고인이 피해자 경영의 카페에서 야간에 아무도 없는 그 곳 내실에 침입하여 장식장 안에 들어 있던 정기적금통장 등을 꺼내 들고 카페로 나오던 중 발각되어 돌려 준 경우 피고인은 피해자의 재물에 대한 소지(점유)를 침해하고, 일단 피고인 자신의 지배 내에 옮겼다고 볼 수 있으니 절도의 미수에 그친 것이 아니라 야간주거침입절도의 기수가 된다(대법원 1991.4.23. 선고 91도476 판결). 그러나 부피가 큰 피아노, 텔레비전 등은 피해자의 지배범위를 벗어났다고 볼 수 있을 정도로 장소적 이전이 있을 때 절취행위는 기수에 이르렀다고 보아야 한다. 이 사건에서는 영산홍은 높이는 약 1m 50cm이고 폭은 약 1m 정도로 상당히 부피가 크기 때문에 단순히 땅에서 캐낸 것만으로는 기수를 인정하기 곤란하고, 적어도 영산홍을 승용차에 실은 때 영산홍에 대한 피해자의 점유가 배제되고 피고인들의 점유로 이동되었다고 봄이 상당하다.

이 사건에서 피고인 1은 영산홍을 땅에서 캤지만 피고인들의 지배공간인 승용차 안에 싣기 전이었으므로 절취행위는 종료되지 않았고, 피고인 2가 절취행위가 종료되기 전에 가담한 이상 피고인들의 행위는 특수절도에 해당한다. 다만 이 사안에서 영산홍을 승용차에 실어야 기수에 이른다고 보아야 하므로 피고인들은 특수절도죄의 미수(제342조, 제331조)의 죄책을 진다고 봄이 타당하다.

(3) 절도의 고의와 불법영득의사

1) 절도죄가 성립하기 위해서는 우선 고의가 있어야 한다. 절도죄에서 고의란 타인의 재물을 그 점유자의 의사에 반하여 자기 또는 제3자의 지배로 옮기는 것에 대한 인식과 의사를 말한다. 재물의 타인성을 오신하여 그 재물이 자기에게 취득할 것이 허용된 동일한 물건으로 오인하고 가져온 경우에는 죄의 성립요소인 사실을 인식하지 못한 경우(제13조)로서 고의가 조각된다(대법원 1983.9.13. 선고 83도1762 판결). 이에 대하여 타인의 재물을 취거함에 있어 그 재물을 자기의 재물로 오인하였거나 또는 점유자의 의사에 반하여 자기 또는 제3자의 지배로 옮기는 것에 대한 인식은 있었으나 자신에게 그러한 권한이 있다고 오인한 경우는 법률의 착오(제16조)에 해당한다(☞ **[판례 II-9]** 참조).

[판례 II-9] 대법원 1982.4.27. 선고 81도2956 판결【절도, 건조물침입】

〈사실관계〉

원래 A와 B 등이 동업으로 염료납품업을 하다가 영업부진으로 B는 탈퇴하고 피고인이 B의 출자금 500만원을 인수함과 아울러 490만원을 출자하여 A와 피고인 2인이 동업을 하던 중 다시 새로이 C를 가입시켜 피고인은 자금조달 및 원료구입업무를, A는 판매 및 가공기술을, C는 경리업무를 맡아 동업을 계속하였으나, 피고인과 고소인 A, C 간에 의견 충돌이 발생하여 고소인들이 피고인에 대하여 동업계약해지의 통고를 함에 피고인은 즉각 단독으로 위 사업을 경영하겠다는 취지의 회답을 보내고, 투자한 자금을 회수할 겸, 고소인들이 수금한 돈 400여만원과 약속어음 900만원 상당을 반환하지 아니하여 그 손해배상금을 확보하고자 동업장소에 있던 피고인의 투자금으로 구입한 물건들을 취거하였다.

〈판결요지〉

조합원의 1인이 조합원의 공동점유에 속하는 합유의 물건을 다른 조합원의 승낙없이 단독으로 취거한 경우에는 절도죄가 성립한다고 할 것인바, 위 창고는 위 동업영업을 위하여 동업자가 임차하여 점유한 것이고 위 창고안의 물건은 피고인이 동업 약정에 따라 외상 구입하여 입고된 것과 그 안에서 배합한 염료와 배합기구 등임을 인정할 수 있으니 그 구입대금은 조합의 채무에 속하고 그 물건은 조합원의 합유에 속하여 이를 동업자 3인이 공동점유하고 있다고 볼 것이므로 피고인이 다른 동업자의 점유를 배제하고 공동점유하는 위 물건들을 자신을 위한 의사로 자신의 지배하에 옮긴다는 인식이 있었다면 절도죄에 있어서의 불법영득의 의사는 있었다고 볼 것이다. 그리고 피고인이 동업관계가 해소되었다고 잘못 알고 위와 같은 동기에서 취거한 것이라 하더라도 이는 법률의 착오 또는 위법성 인식의 착오의 문제이지 불법영득의 의사와는 별개의 문제라 할 것이며 위와 같은 착오에 정당한 이유가 있다고 인정할 자료도 없으니 피고인은 절도죄의 죄책을 면할 수 없다. 다만 이 건 건조물은 동업자들의 공동점유하에 있었다 할 것인바 공동관리 중인 건조물에 공동점유자 중의 1인이 임의로 출입하였다 하여 건조물침입죄를 구성한다고 할 수는 없다.

〈참조판례〉

○ 대법원 1983.9.13. 선고 83도1762 판결【특가법위반(절도) 등】

절도죄에 있어서 재물의 타인성을 오신하여 그 재물이 자기에게 취득할 것이 허용된 동일한 물건으로 오인하고 가져온 경우에는 범죄사실에 대한 인식이 있다고 할 수 없으므로 범의가 조각되어 절도죄가 성립하지 아니한다. 피고인은 이 사건 고양이를 들고 간 것은 사실이지만 절취할 의사로 가져간 것이 아니고 그날 피고인이 공소외 1로부터 빌려서 가지고 있다가 잃어버린 고양이인 줄로 잘못 알고 가져가다가 주인이 자기 것이라고 하여 돌려주었을 뿐이라고 범의를 부인하고 있고, 공소외 1도 이 사건이 일어나기 몇 시간 전에 피고인에게 고양이 1마리를 빌려준 사실이 있었다고 진술하고 있으며, 공소외 2의 진술에 따르면 피고인이 고양이를 몰래 가지고 도망하여 행방을 감춘 것은 아니고 다른 사람이 보는 데서 공공연히 가지고 가다가 주인이 나타나서 자기 것이라고 하자 그대로 돌려준 사실을 알 수 있는 등의 사정을 종합하여 볼 때에 피고인이 고양이를 가져간 것은 피해자의 고양이인 줄 알고 절취한 것이기보다는 피고인이 잃어버린 고양이로 잘못 알고 가져간 것이라고 봄이 타당하다.

〈해 설〉

위의 판례는 보기 드물게 이른바 규범적 구성요건요소에 관한 착오의 사례로 일컬어지는 사례이다. 절도죄에 있어서 재물의 타인성은 절도죄의 성립요소 중 규범적 성격을 가지고 있다. 이처럼 범죄의 성립요소 중 규범적 성격을 가지는 요소를 규범적 구성요건요소라고 하는데, 오래전부터 이를 사실의 착오로 규율해야 하는지 또는 법률의 착오로 규율해야 하는지를 두고 견해가 대립되어 왔다.

우리나라에서는 형법상 착오를 구성요건착오와 위법성착오(또는 금지착오)로 구분하고 구성요건요소에 관한 착오를 구성요건착오의 한 유형으로 보아 규범적 구성요건요소에 관해 착오가 있는 경우에는 고의가 조각된다고 보는 것이 일반적이다. 그러나 이는 다분히 독일 형법이론의 영향을 받은 견해이다. 우리나라 형법은 형법상 착오를 구성요건착오와 위법성착오로 구분하는 것이 아니라 사실의 착오(제13조)와 법률의 착오(제16조)로 구분하고 있다. 이론적으로 구성요건요소 중 규범적 요소는 '죄의 성립요소'에 해당하지만 '죄의 성립요소인 사실'에는 해당하지 않는다. 우리나라 형법의 해석상 규범적 구성요건요소를 포함하여 규범적 요소(위법성)에 관해 오인이 있는 경우는 법률의 착오로 규율해야 한다. [판례 18]은 동일한 객체를 두고 그것을 자기의 물건으로 오인한 것으로 절도죄의 성립요소 중 규범적 요소에 관해 착오를 일으킨 사례이다. 판례는 이처럼 규범적 구성요건요소에 관해 착오가 있는 경우는 사실의 착오가 아니라 법률의 착오로 규율한다. 즉, 이 사건에서는 '죄의 성립요소인 사실'에 대한 인식이 없어 고의가 조각되는 것이 아니라 정당한 이유가 있는 때에 한하여 (책임이 조각되어) 죄가 되지 아니할 따름이다.

다만 규범적 구성요건요소에 관한 착오가 있는 모든 경우가 법률의 착오에 해당하는 것은 아니라는 점에 유의해야 한다. 위의 〈참조판례〉에서는 동일한 객체를 두고 그 소유자에 관해 착오를 일으킨 것이 아니라 피해자의 고양이를 피고인이 공소외 1로부터 빌려서 가지고 있다고 잃어버린 고양이로 오인하였다. 즉 이 사례에서 피고인은 죄의 성립요소인 사실 자체에 관하여 착오를 일으킨 것이다. 따라서 이 사건에서 피고인은 법률의 착오가 아니라 사실의 착오를 일으켰고 그 결과 고의가 조각된다.

2) 절도죄는 영득죄(재물죄)로서 절도죄가 성립하기 위해서는 불법영득의사가 있어야 한다. 불법영득의사란 권리자를 배제하고 타인의 물건을 자기의 소유물과 같이 이용·처분할 의사로서 반드시 영구적으로 그 물건의 경제적 이익을 보유할 의사임을 요하지 않는다(대법원 2012.7.12. 선고 2012도1132 판결).

어떠한 물건을 점유자의 의사에 반하여 취거하는 행위가 결과적으로 소유자의 이익이 된다는 사정이나 추정적 승낙이 있다고 볼만한 사정이 있다고 하여 불법영득의사가 없다고 할 수 없다. 예컨대 피고인이 승용차를 리스하여 운행하던 중 사채업자에게 돈을 빌리고 그 승용차를 인도한 후 피고인이 차용금을 변제하지 못하자 사채업자가 승용차를 피해자에게 매도하였는데, 피고인이 승용차를 회수하기 위해 피해자와 만나기로 약속한 다음 보조열쇠를 이용하여 약속장소에 주차되어 있는 승용차를 임의로 가져갔다면, 설사 그 후에 승용차를 리스회사에 반납하였다고 하더라도 불법영득의사가 없다고 할 수 없다(대법원 2014.2.21. 선고 2013도14139 판결).

타인의 재물을 점유자의 승낙 없이 무단사용하는 경우 그 사용으로 인한 가치의 소모가 무시할 정도로 경미하고 또 사용 후 곧 반환한 것과 같은 때에는 그 소유권 또는 본권을 침해할 의사가 있다고 할 수 없으므로 불법영득의 의사가 인정되지 않으나, 그 사용으로 물건 자체가 가지는 경제적 가치가 상당한 정도로 소모되거나 또는 사용 후 본래의 장소가 아닌 다른 곳에 버리거나 곧 반환하지 아니하고 장시간 점유하고 있는 것과 같은 때에는 그 소유권 또는 본권을 침해할 의사가 있다고 할 것이므로 불법영득의 의사가 인정된다(대법원 1992.4.24. 선고 92도118 판결; 2002.9.6. 선고 2002도3465 판결).

○ **대법원 1992.4.24. 선고 92도118 판결【절도】**

피고인은 자동차 소유자와 같은 동네에 거주하는 선·후배 관계로 평소 잘 알고 지내는 사이였고, 1990.12.경에는 위 차량을 빌려 잠시 운행한 일이 있었는데 그때 반환하지 아니한 보조열쇠를 이용하여 3차례에 걸쳐 위 차량을 2-3시간 정도 운행한 후 원래 주차된 곳에 갖다 놓았다면 불법영득의사가 있다고 할 수 없다.

○ **대법원 2002.9.6. 선고 2002도3465 판결【강도상해, 절도】**

형법 제331조의2에서 규정하고 있는 자동차등불법사용죄는 타인의 자동차 등의 교통수단을 불법영득의 의사 없이 일시 사용하는 경우에 적용되는 것으로서 불법영득의사가 인정되는 경우에는 절도죄로 처벌할 수 있을 뿐 본죄로 처벌할 수 없으며, 절도죄의 성립에 필요한 불법영득의 의사라 함은 권리자를 배제하고 타인의 물건을 자기의 소유물과 같이 이용, 처분할 의사를 말하고, 영구적으로 그 물건의 경제적 이익을 보유할 의사임은 요치 않으며 일시사용의 목적으로 타인의 점유를 침탈한 경우에도 이를 반환할 의사 없이 상당한 장시간 점유하고 있거나 본래의 장소와 다른 곳에 유기하는 경우에는 이를 일시 사용하는 경우라고는 볼 수 없으므로 영득의 의사가 없다고 할 수 없다. 따라서 피고인은 강도상해 등의 범행을 저지르고 도주하기 위하여 피고인이 근무하던 ○○아파트 상가 중국집 앞에 세워져 있는 오토바이를 소유자의 승낙 없이 타고 가서 ○○호텔 부근에 버린 다음 버스를 타고 광주로 가버렸다면 피고인의 소위는 절도죄를 구성한다.

(4) 죄 수

1) 절도죄의 보호법익은 소유권인데, 소유권은 생명, 신체, 자유, 명예, 프라이버시와 같은 인격적

법익과는 달리 비전속적 법익이다. 한편 절도죄는 타인이 점유하는 타인소유의 재물을 객체로 한다. 절도죄의 이러한 특성상 절도죄의 죄수는 법익주체의 수를 기준으로 판단하는 것이 아니라 점유의 주체를 기준으로 사회적·규범적 관점에서 판단한다.

예를 들어 03:00경 A가 경영하는 가게에 침입하여 그곳 방안 방바닥에 놓여있던 B 소유의 전축 1대와 음판 7장을 절취한 후 그 방벽에 걸려있던 C 소유의 옷 호주머니 속에서 그 사람 소유 손목시계 1개, 현금 350원을 꺼내어 이를 절취한 경우 이는 단일범의로서 절취한 시간과 장소가 접착되어 있고 같은 관리인의 관리 하에 있는 방안에서 B와 C의 물건을 절취한 것으로서 1개의 야간주거침입절도죄를 구성한다(대법원 1970.7.21. 선고 70도1133 판결). 이에 반해 A의 집에 침입하여 그 집의 방안에서 A 소유의 재물을 절취하고 그 집에 세 들어 사는 B의 방에 침입하여 재물을 절취하였다면 두 범죄는 범행장소와 물품의 관리자를 달리하므로 별개의 절도죄를 구성한다(대법원 1989.8.8. 선고 89도664 판결).

2) 그리고 절도죄를 비롯한 재산죄는 원칙적으로 상태범이다. 상태범은 즉시범의 일종으로 범죄행위가 기수에 이름으로써 곧 범죄가 종료되고 다만 범죄행위로 인한 위법한 상태가 계속되는 특징이 있다. 절도죄는 대표적인 상태범으로 범죄가 기수에 이른 이후에는 (실행행위가 종료되는 것이 아니라) 위법한 상태가 계속되며, 절도죄의 이러한 특성으로 인해 위법한 상태 중에 행해진 별도의 행위(예컨대 손괴행위)로 인해 이전의 행위(절취행위)로 인해 침해된 법익을 초과하여 추가적으로 법익이 침해되지 않는 한 별도의 행위(사후행위)는 처벌되지 않는다. 이처럼 위법상태가 계속되는 동안 행해진 사후행위가 별도의 구성요건에 해당하더라도 주된 행위에 의한 법익침해의 포괄적 평가범위 내에 속하는 한 별개의 범죄를 구성하지 않는데, 상태범에서 주된 범죄의 포괄적 평가범위에 흡수되어 별개의 범죄를 구성하지 않는 행위를 불가벌적(不可罰的) 사후행위라고 한다.

예컨대 금융기관이 발행하는 수표는 그 액면금을 즉시 지급받을 수 있어 현금에 대신하는 기능을 하고 있으므로 절취한 수표를 현금 대신으로 교부한 행위는 절도행위에 대한 가벌적 평가에 당연히 포함되는 것으로 보아야 하다. 따라서 절취한 자기앞수표를 음식대금으로 교부하고 거스름돈을 환불받거나(대법원 1987.1.20. 선고 86도1728 판결) 현금과 교환하였다고 하여(대법원 1982.7.27. 선고 82도822 판결) 수표에 대한 절도죄 이외에 별도의 사기죄가 성립하는 것은 아니다. 그리고 열차승차권도 그 자체에 권리가 화체되어 있는 유가증권으로 이를 사용하여 승차하거나 권면가액으로 양도하거나 환불을 받을 수 있으므로 열차승차권을 절취한 자가 환불을 받았다고 하여 절도죄 외에 별도로 사기죄가 성립하지 않는다(대법원 1975.8.29. 선고 75도1996 판결).

그러나 은행예금통장과 인장을 절취한 후 이를 사용하여 은행원을 기망하여 예금을 인출하거나(대법원 1974.11.26. 선고 74도2817 판결), 절취한 전당표를 자기 것인 양 전당표 종업원에게 제시하여 전당물을 교부받거나(대법원 1980.10.14. 선고 80도2155 판결), 절취한 장물을 자기 것인 양 제3자를 기망하여 금원을 편취한 경우(대법원 1980.11.25. 선고 80도2310 판결)에는 제3자에 대한 관계에서 새로운 법익을 침해하므로 절도죄와는 별도로 사기죄의 죄책을 진다. 자동차를 절취한 후 자동차등록번호판을 떼어내는 경우나 대마취급자가 아닌 자가 대마를 절취하고 이를 흡입할 목적으로 소지한 경우에는 절도죄와 더불어 각각 자동차관리법위반죄와 무허가대마소지죄의 죄책을 진다(대법원 2007.9.6. 선고 2007도4739 판결; 1999.4.13. 선고 98도3619 판결).

3) 야간주거침입절도죄(제330조)와 특수절도죄(제331조 제1항)를 제외하고 주거침입은 절도죄의 구성요건이 아니므로 단순절도범인이 그 범행수단으로 주거침입을 한 경우에 그 주거침입행위는 절도죄에 흡수되지 아니하고 별개로 주거침입죄를 구성하고 절도죄와는 실체적 경합관계에 있다(대법원 2015.10.15. 선고 2015도8169 판결).

4) 그리고 신용카드를 절취한 후 이를 사용한 경우 신용카드의 부정사용행위는 신용카드를 사용한 거래의 안전 및 이에 대한 공중의 신뢰라는 새로운 법익의 침해하므로 절도죄와 더불어 신용카드부정사용죄의 죄책을 진다(☞ **[판례 II-10]** 참조).

[판례 II-10] 대법원 1996.7.12. 선고 96도1181 판결【절도, 신용카드업법위반, 사기】

〈사실관계〉

피고인은 1995.11.2. 09:30경 甲의 자취방에서 甲이 보관하고 있던 乙의 비씨카드를 절취하고, 같은 날 10:40경 같은 동에 있는 ○○가전마트에서 20인치 컬러텔레비전 1대 시가 금538,000원 상당을 구입하면서 그 대금을 절취한 위 비씨카드로 결제한 것을 비롯하여 같은 날 13:00경까지 약 2시간 20분 동안에 걸쳐 같은 동에 있는 위 비씨카드 가맹점 일곱 곳에서 합계 금 2,008,000원 상당의 물품을 구입한 후 그 대금을 위 비씨카드로 결제하였다.

〈대법원 판결요지〉

신용카드를 절취한 후 이를 사용한 경우 신용카드의 부정사용행위는 새로운 법익의 침해로 보아야 하고 그 법익침해가 절도범행보다 큰 것이 대부분이므로 위와 같은 부정사용행위가 절도범행의 불가벌적 사후행위가 되는 것은 아니고, 신용카드업법 제25조 제1항(여신전문금융업법 제70조 제1항 제1호로 개정)이 규정하는 "도난, 분실된 신용카드 또는 직불카드를 판매하거나 사용한 자"에 절취한 본범이 해당되지 않는다고 볼 수 없으므로, 피고인이 신용카드를 절취한 후 이를 위 신용카드의 가맹점에서 물품을 구입하는데 사용한 행위는 신용카드업법 제25조 제1항 위반죄에 해당한다.

한편 단일하고 계속된 범의 하에 동종의 범행을 동일하거나 유사한 방법으로 일정 기간 반복하여 행하고 그 피해법익도 동일한 경우에는 각 범행을 통틀어 포괄일죄로 보아야 한다. 기록에 의하면, 피고인은 이 사건 신용카드를 절취한 직후 약 2시간 20분 동안에 카드가맹점 7곳에서 합계 금 2,008,000원 상당의 물품을 구입하면서 마치 자신이 위 신용카드의 소유자인 것처럼 행세하여 위 물품의 각 구입대금을 신용카드로 결제하였으며, 피고인이 신용카드를 훔친 목적은 이를 사용하여 신용카드의 가맹점들에서 물품을 구입하는데 있었고, 같은 날 위 신용카드에 대한 도난·분실신고가 될 것을 염려하여 즉시 신속하게 위 카드가맹점들을 계속 돌아다니며 위 신용카드를 각 사용한 것인 사실 등을 인정할 수 있다. 이 사건 피고인은 절취한 카드로 가맹점들로부터 물품을 구입하겠다는 단일한 범의를 가지고 그 범의가 계속된 가운데 동종의 범행인 신용카드 부정사용행위를 동일한 방법으로 반복하여 행하였다고 할 것이고, 또 위 신용카드의 각 부정사용의 피해법익도 모두 위 신용카드를 사용한 거래의 안전 및 이에 대한 공중의 신뢰인 것으로 동일하다고 할 것이므로, 피고인이 동일한 신용카드를 위와 같이 부정사용한 행위는 포괄하여 일죄에 해당한다. 그리고 신용카드를 부정사용한 결과가 사기죄의 구성요건에 해당하고 그 각 사기죄가 실체적 경합관계에 해당한다고 하여도 신용카드부정사용죄와 사기죄는 그 보호법익이나 행위의 태양이 전혀 달라 실체적 경합관계에 있다고 보아야 할 것이므로 신용카드 부정사용행위를 포괄일죄로 취급하는 데 아무런 지장이 없다.

〈해 설〉

이 사건에서 대법원은 신용카드를 절취하여 신용카드가맹점에서 사용하는 행위는 새로운 법익의 침해이고 그 법익침해가 절도범행보다 크므로 신용카드에 대한 절도죄의 불가벌적 사후행위가 아니라는 점과 수개의 신용카드가맹점에서 절취한 신용카드를 사용하는 행위는 그 하나하나가 별도로 사기죄를 구성한다는 점을 분명히 하고 있다. 다만 수개의 신용카드가맹점에서 절취한 신용카드를 사용하는 행위는 포괄하여 하나의 신용카드부정사용죄가 성립한다고 본다. 신용카드부정사용죄의 보호법익은 신용카드를 사용한 거래의 안전 및 이에 대한 공중의 신뢰로 동일하며 피고인은 절취한 카드로 수개의 가맹점들로부터 물품을 구입하겠다는 단일한 범의를 가지고 동종의 방법으로 신용카드 부정사용행위를 반복하여 행하였기 때문이다. 한편 신용카드부정사용죄와 사기죄는 그 보호법익이나 행위의 태양이 전혀 달라 실체적 경합관계에 있다고 본다. 따라서 이 사건에서 피고인의 행위는 신용카드에 대한 절도죄, 신용카드가맹점에서 절취한 신용카드를 사용한 회수만큼의 사기죄 그리고 신용카드부정사용죄를 구성하고, 각 죄는 실체적 경합관계에 있다.

2. 야간주거침입절도죄(제330조)

1) 야간주거침입절도죄는 야간에 주거, 간수하는 저택, 건조물이나 선박 또는 점유하는 방실에 침입하여 타인의 재물을 절취함으로써 성립하는 범죄로 10년 이하의 징역에 처한다(제330조). 유기징역에 처할 경우 10년 이하의 자격정지를 병과할 수 있다(제345조). 본죄의 미수범은 처벌한다(제342조).

2) 주거, 간수하는 저택·건조물·선박, 점유하는 방실과 침입의 의미는 주거침입죄에서 설명한 것과 같다. 본죄에서 '야간'이라고 함은 천문학적 의미에서 일몰 후 일출 전을 의미한다. 문언상 본죄는 야간에 주거에 침입하여 타인의 재물을 절취함으로써 성립한다. 판례는 주간에 주거에 침입하여 야간이 되기를 기다렸다가 야간에 재물을 절취한 경우에는 본죄가 성립하지 않는다고 본다(☞ **[판례 II-11]** 참조).

[판례 II-11] 대법원 2011.4.14. 선고 2011도300 판결【야간방실침입절도】

〈사실관계〉

피고인은 2010.6.16. 15:40경 피해자가 운영하는 ○○○모텔에 이르러, 피해자가 평소 비어 있는 객실의 문을 열어둔다는 사실을 알고 그곳 202호안까지 들어가 침입한 다음 같은 날 21:00경 그곳에 설치되어 있던 피해자 소유의 LCD모니터 1대를 가지고 나와 절취하였다.

〈판결요지〉

형법 제330조의 규정형식과 그 구성요건의 문언에 비추어 보면, 형법은 야간에 이루어지는 주거침입행위의 위험성에 주목하여 그러한 행위를 수반한 절도를 야간주거침입절도죄로 중하게 처벌하고 있는 것으로 보아야 한다. 따라서 주거침입이 주간에 이루어진 경우에는 야간주거침입절도죄는 성립하지 않는다고 해석함이 상당하다.

이와 달리 만일 주거침입의 시점과는 무관하게 절취행위가 야간에 이루어지면 야간주거침입절도죄가 성립한다고 해석하거나, 주거침입 또는 절취 중 어느 것이라도 야간에 이루어지면 야간주거침입절도죄가 성립한다고 해석한다면, 이는 이 사건과 같이 주간에 주거에 침입하여 야간에 재물을 절취한 경우에도 야간주거침입절도죄의 성립을 인정하여 결국 야간절도를 주간절도보다 엄하게 처벌하는 결과가 된다. 나아가 예컨대 일몰 전에 주거에 침입하였으나 시간을 지체하는 등의 이유로 절취행위가 일몰 후에 이루어진 경우를 야간주거침입절도죄로 가중처벌하는 것은 주거침입이 일몰 후에 이루어진 경우와 그 행위의 위험성을 비교하여 볼 때 가혹하다 할 것이다.

한편 야간주거침입절도죄는 주거에 침입한 단계에서 이미 실행에 착수한 것으로 보아야 한다는 것이 대법원의 확립된 판례인바, 만일 주간에 주거에 침입하여 야간에 재물을 절취한 경우에도 야간주거침입절도죄의 성립을 인정한다면, … 행위자가 주간에 주거에 침입하여 절도의 실행에는 착수하지 않은 상태에서 발각된 경우 야간에 절취할 의사였다고 하면 야간주거침입절도의 미수죄가 되고 주간절도를 계획하였다고 하면 주거침입죄만 인정된다는 결론에 이르는데, 결국 행위자의 주장에 따라 범죄의 성립이 좌우되는 불합리한 결과를 초래하게 된다.

위와 같은 여러 점들을 종합하여 보면, 주간에 사람의 주거 등에 침입하여 야간에 타인의 재물을 절취한 행위는 형법 제330조의 야간주거침입절도죄를 구성하지 않는다고 봄이 상당하다.

〈해 설〉

대법원은 주간에 사람의 주거 등에 침입하여 야간에 타인의 재물을 절취한 경우에는 야간주거침입절도죄가 성립하지 않는다는 입장을 취하면서 그 근거로 ① 형법 제330조의 규정형식과 그 구성요건의 문언에 비추어 보면, 형법은 야간에 이루어지는 주거침입행위의 위험성에 주목하여 그러한 행위를 수반한 절도를 야간주거침입절도죄로 중하게 처벌하고 있는 것으로 보아야 하고, ② 일몰 전에 주거에 침입하였으나 시간을 지체하는 등의 이유로 절취행위가 일몰 후에 이루어진 경우를 야간주거침입절도죄로 가중처벌하는 것은 주거침입이 일몰 후에 이루어진 경우와 그 행위의 위험성을 비교하여 볼 때 가혹하며 ③ 주간에 주거에 침입하여 야간에 재물을 절취한 경우에도 야간주거침입절도죄의 성립을 인정한다면 결국 행위자의 주장에 따라 범죄의 성립이 좌우되는 불합리한 결과를 초래하게 된다는 점을 들고 있다.

①과 관련해서는 야간주거침입절도죄는 절도죄의 한 유형으로서 '야간에 주거침입한 상태에서 이루어지는' 절도를 가중처벌하기 위한 규정으로 보는 것이 타당하고, 특히 주거침입죄가 계속범이라는 점을 고려해 볼 때 주간에 주거에 침입하여 야간까지 주거침입상태를 유지하다가 비로소 절도를 한 경우에도 야간주거침입절도죄를 인정한다고 하여 반드시 형법 제330조의 문언에 반한다고 할 수 없으며, ② 야간에 주거에 침입하여 재물을 절취하는 경우보다 주간에 주거에 침입하여 야간이 되기를 기다렸다가 야간에 재물을 절취하는 행위의 위험성이 훨씬 크다고 할 것이므로, 형법 제330조를 지나치게 엄격하게 해석하여 주거침입과 절취행위가 모두 야간에 이루어져야 한다고 하는 것은 오히려 불공평한 결과를 초래하고, ③ 주간에 주거에 침입하여 주간에 절취하는 경우에는 주거침입죄와 절도죄의 경합범으로 처벌할 수밖에 없는 현행법상으로, 주간에 주거에 침입하였다가 적발된 경우 행위자의 의사(주간에 절취를 하려고 의도한 경우와 야간이 되기를 기다렸다가 절취를 하려고 의도한 경우)에 따라 처벌이 달라지는 것(전자의 경우는 주거침입죄로 후자의 경우는 야간주거침입절도죄의 미수로 처벌하는 것)은 불가피하다.

이 사건과 같이 주간에 사람의 주거 등에 침입하여 야간에 타인의 재물을 절취한 경우 야간주거침입절도죄의 성립을 인정하는 것은 문언의 가능한 의미를 벗어나지 않을 뿐만 아니라 야간에 주거에 침입한 상태에서 행하는 절취행위를 가중처벌하고자 하는 형법 제330조의 취지에도 부합하는 해석이라고 본다.

3) 야간에 타인의 재물을 절취할 목적으로 사람의 주거에 침입한 경우에는 주거에 침입한 단계에서 이미 야간주거침입절도죄의 실행에 착수한 것이라고 보아야 한다. 또한 주거침입죄의 실행의 착수는 주거자, 관리자, 점유자 등의 의사에 반하여 주거나 관리하는 건조물 등에 들어가는 행위, 즉 구성요건의 일부를 실현하는 행위까지 요구하는 것은 아니고 구성요건의 실현에 이르는 현실적 위험성을 포함하는 행위를 개시하는 것으로 족하다. 따라서 출입문이 열려 있으면 안으로 들어가겠다는 의사 아래

출입문을 당겨보는 행위는 바로 주거의 사실상의 평온을 침해할 객관적인 위험성을 포함하는 행위를 한 것이므로 주거침입의 실행에 착수한 것으로 보아야 한다(☞ **[판례 II-12]** 참조).

[판례 II-12] 대법원 2003.10.24. 선고 2003도4417 판결【준강도】

〈공소사실〉

피고인은 2003.3.2. 19:45경 ○○아파트 1909동 뒤편에 이르러 금품을 절취할 목적으로 난간을 잡고 1909동 202호 뒤쪽 베란다로 올라가 미리 준비한 소형손전등을 창문에 비추면서 내부를 살피던 중, 때마침 위 아파트에 근무하는 경비원인 피해자(58세)에게 발각되어 그 곳 베란다에서 뛰어내려 도주하다가 체포를 면탈할 목적으로 미리 소지하고 있던 드라이버를 위 피해자의 얼굴에 들이대면서 "너 잡지마, 잡으면 죽어"라고 말하여 이에 불응하면 위 피해자의 신체 등에 어떠한 위해를 가할 것 같은 태도를 보여 피해자를 협박한 것이다.

〈원심 판결요지〉

피고인이 위 ○○아파트 1909동의 1층 베란다 난간을 이용하여 2층 202호 베란다 난간을 잡고 미리 준비한 소형손전등을 202호 창문에 비추면서 창문이 잠겨져 있는지를 살피던 중 위 신안아파트 경비원에게 발각되었을 뿐(피고인이 손으로 난간을 잡고 202호 뒤쪽 베란다로 이미 올라갔다는 공소사실 부분은 이를 인정할 증거가 부족하다)이므로, 이러한 피고인의 행위만으로는 야간주거침입절도죄의 예비단계에 불과할 뿐, 나아가 피고인이 위 202호 주거에 침입하기 위한 구체적인 행위를 시작하여 야간주거침입절도죄의 실행에 착수하였다고 단정할 수는 없다.

〈대법원 판결요지〉

준강도의 주체는 절도 즉 절도범인으로, 절도의 실행에 착수한 이상 미수이거나 기수이거나 불문하고, 야간에 타인의 재물을 절취할 목적으로 사람의 주거에 침입한 경우에는 주거에 침입한 단계에서 이미 형법 제330조에서 규정한 야간주거침입절도죄라는 범죄행위의 실행에 착수한 것이라고 보아야 하며, 주거침입죄의 경우 주거침입의 범의로써 예컨대, 주거로 들어가는 문의 시정장치를 부수거나 문을 여는 등 침입을 위한 구체적 행위를 시작하였다면 주거침입죄의 실행의 착수는 있었다고 보아야 한다.

피고인이 위 ○○아파트 202호의 유리창문이 잠겨 있는 경우에도 그 유리창문을 열고 위 아파트 안으로 침입하여 물건을 훔칠 의도를 가지고 있었으므로 1층 아파트 철제난간을 밟은 채 문이 잠겼는지 여부를 확인할 이유는 없었을 것으로 보이는 점, 1층 아파트의 철제난간을 밟고 2층 아파트의 철제난간을 잡은 상태에서는 위 아파트의 구조상 위 202호 아파트의 유리창문이 잠겼는지 여부를 알기 위하여 손전등으로 비춰보는 것이 불가능할 것으로 보이는 점, 위 피해자가 19:45경 위 아파트 1909동 2라인에서 적외선 감지센서가 작동하여 현장에 달려가 보니 피고인이 베란다 난간을 잡고 있는 것을 보고 도둑이야 하고 소리를 쳤고, 그 때 피고인이 그 소리에 놀라 2층 베란다 난간에서 밑으로 뛰어내려 도망한 점 등에 비추어 보면 피고인이 위 202호 아파트의 철제난간부분까지 올라가 그 철제난간을 잡고 유리창을 열려고 시도하다가 아파트경비원에게 발각되었을 개연성이 더 많다고 할 것이다. 또, 주거침입죄의 실행의 착수는 주거자, 관리자, 점유자 등의 의사에 반하여 주거나 관리하는 건조물 등에 들어가는 행위 즉 구성요건의 일부를 실현하는 행위까지 요구하는 것은 아니고, 범죄구성요건의 실현에 이르는 현실적 위험성을 포함하는 행위를 개시하는 것으로 족하다고 할 것이므로 피고인이 위 202호 아파트에 침입하여 물건을 훔칠 의도하에 위 202호 아파트의 베란다 철제난간까지 올라가 유리창문을 열려고 시도하였다면 주거의 사실상의 평온을 침해할 객관적 위험성을 포함하는 구체적인 행위를 한 것으로 볼 수 있다고 할 것이다.

〈참조판례〉

○ 대법원 2006.9.14. 선고 2006도2824 판결【야간주거침입절도미수】

주거침입죄의 실행의 착수는 주거자, 관리자, 점유자 등의 의사에 반하여 주거나 관리하는 건조물 등에 들어가는 행위, 즉 구성요건의 일부를 실현하는 행위까지 요구하는 것은 아니고 범죄구성요건의 실현에 이르는 현실적 위험성을 포함하는 행위를 개시하는 것으로 족하다고 할 것이므로, 출입문이 열려 있으면 안으로 들어가겠다는 의사 아래 출입문을 당겨보는 행위는 바로 주거의 사실상의 평온을 침해할 객관적인 위험성을 포함하는 행위를 한 것으로 볼 수 있어 그것으로 주거침입의 실행에 착수가 있었고, 단지 그 출입문이 잠겨 있었다는 외부적 장애요소로 인하여 뜻을 이루지 못한 데 불과하다.

○ 대법원 2008.3.27. 선고 2008도917 판결【구 특가법위반(절도)】

피고인이 다세대주택 2층의 불이 꺼져있는 것을 보고 물건을 절취하기 위하여 가스배관을 타고 올라가다가, 발은 1층 방범창을 딛고 두 손은 1층과 2층 사이에 있는 가스배관을 잡고 있던 상태에서 순찰 중이던 경찰관에게 발각되자 그대로 뛰어내렸다면, 이러한 행위만으로는 주거의 사실상의 평온을 침해할 현실적 위험성이 있는 행위를 개시한 때에 해당한다고 보기 어렵다.

4) 끝으로 야간주거침입절도죄는 재물을 취득함으로써 기수가 되고 범인이 피해자의 지배범위를 벗어나지 못하였더라도 무방하다. 따라서 피해자 경영의 카페에서 야간에 아무도 없는 그 곳 내실에 침입하여 장식장 안에 들어 있던 정기적금통장 등을 꺼내 들고 카페로 나오던 중 발각되어 돌려 준 경우, 피해자의 재물에 대한 소지(점유)를 침해하고 일단 피고인 자신의 지배 내에 옮겼다고 볼 수 있으므로 야간주거침입절도는 기수에 이르렀다고 보아야 한다(대법원 1991.4.23. 선고 91도476 판결).

3. 특수절도죄(제331조)

야간에 문호 또는 장벽 기타 건조물의 일부를 손괴하고 주거, 간수하는 저택, 건조물이나 선박 또는 점유하는 방실에 침입하여 타인의 재물을 절취하거나(제331조 제1항), 흉기를 휴대하거나 2인 이상이 합동하여 타인의 재물을 절취함으로써(제331조 제2항) 성립하는 범죄로 1년 이상 10년 이하의 징역에 처한다(제330조). 유기징역에 처할 경우 10년 이하의 자격정지를 병과할 수 있다(제345조).

(1) 손괴주거침입절도(제331조 제1항)

1) 제331조 제1항의 특수절도가 성립하기 위해서는 행위상황이 야간이어야 한다.

2) '문호 또는 장벽 기타 건조물의 일부'라 함은 주거 등에 대한 침입을 방지하기 위하여 설치된 일체의 위장시설(圍障施設)을 말하고, '손괴'라 함은 물리적으로 위장시설을 훼손하여 그 효용을 상실시키는 것을 말한다. 야간에 불이 꺼져 있는 상점의 출입문을 손으로 열어보려고 하였으나 출입문의 하단에 부착되어 있던 잠금 고리가 잠겨져 있어 열리지 않자 출입문을 발로 걷어차 잠금 고리의 아래쪽 부착 부분이 출입문에서 떨어져 출입문과의 사이가 뜨게 되면서 출입문이 열려 상점 안으로 침입하였다면, 이는 물리적으로 위장시설을 훼손하여 그 효용을 상실시키는 행위에 해당한다(대법원 2004.10.15. 선고 2004도4505 판결). 이와는 달리 창문과 방충망을 창틀에서 분리한 것만으로는 건조물의 일부를 손괴하였다고 할 수 없다(대법원 2015.10.29. 선고 2015도7559 판결).

3) 제331조 제1항의 특수절도죄의 실행의 착수시기는 문호 또는 장벽 기타 건조물의 일부를 손괴

하기 시작한 시점이다(대법원 1986.9.9. 선고 86도1273 판결). 야간에 한 사람은 망을 보고 또 한 사람은 기구를 가지고 출입문의 자물쇠를 떼어 내거나 출입문의 환기창문을 연 때(대법원 1986.7.8. 선고 86도843 판결) 또는 2인이 합동하여 야간에 절취 목적으로 공사 현장 컨테이너 박스 출입문 시정장치를 부수다가 체포된 때(대법원 2011.9.29. 선고 2011도8015 판결)에는 제331조 제1항의 특수절도죄의 실행의 착수가 인정된다.

(2) 흉기휴대절도 · 합동절도 (제331조 제2항)

1) 형법 제331조 제2항의 특수절도에 있어서 주거침입은 그 구성요건이 아니므로 실행의 착수시기는 주거침입시가 아니라 절취할 물건을 물색할 때이다. 따라서 주간에 2인 이상이 합동하여 절도의 목적으로 타인의 주거에 침입하였다 하여도 아직 절취할 물건의 물색행위를 시작하기 전이라면 제331조 제2항의 특수절도의 실행에 착수한 것으로 볼 수 없다(대법원 2009.12.24. 선고 2009도9667 판결).

2) 제331조 제2항 전단의 특수절도(흉기휴대절도)를 가중처벌하는 이유는 흉기의 휴대로 인하여 피해자 등에 대한 위해의 위험이 커진다는 점에 있다. 따라서 본죄로 처벌되기 위해서는 흉기가 본래 살상용·파괴용으로 만들어졌거나 이에 준할 정도의 위험성을 가진 것이어야 하므로 일반적인 드라이버와 동일한 것으로 특별히 개조된 바 없고 그 크기와 모양 등 제반 사정에 비추어 피해자에 대한 위해의 위험이 높다고 볼 수 없다면 본죄의 흉기에 해당하지 않는다(대법원 2012.6.14. 선고 2012도4175 판결).

3) 제331조 제2항 후단의 특수절도(합동절도)는 시간적·장소적 협동관계를 요하는 합동범이다. 합동절도의 경우에는 주관적 요건으로 공모 이외에 객관적 요건으로 실행행위의 분담이 있어야 하고 그 실행행위에 있어서는 시간적으로나 장소적으로 협동관계에 있음을 요한다. 예컨대 공범 중의 일부가 피해자의 주거에 침입하여 절취행위를 하고 공범 중의 일부는 범행현장 부근에서 대기하고 있다가 물건을 절취해 온 공범과 함께 도주하는 경우 시간적·장소적 협동관계가 인정된다(☞ **[판례 Ⅱ-13]** 참조).

[판례 Ⅱ-13] 대법원 1996.3.22. 선고 96도313 판결【특수절도】

〈공소사실〉

피고인 1은 피고인 2와 합동하여 1993.11.8. 13:00경 피고인 2의 동생인 피해자의 집에 함께 들어가 방 안의 책상서랍에 있던 ○○은행의 백지 가계수표 19장을 꺼내어 감으로써 이를 절취하였다.

〈원심 판결요지〉

피고인 1은 피고인 2와 함께 피해자의 집에 같이 들어갔으나 피고인 1은 다른 방에 있고 피고인 2가 피해자의 방에 들어가 위 수표를 찾은 후 집 밖으로 나와 당시 타고 간 차 안에서 피고인 1에게 이를 주었다고 진술하고 있는바 그 취지는 피고인 1이 피고인 2와 함께 위 피해자의 집에 들어갔다는 것에 불과하며, 피고인 2의 절도범행의 장소가 동생의 집이고, 피고인 2는 절취품의 소재를 알고 있어 그 물색행위에 특별한 어려움이 없는 상황 하에서는, 피고인 1이 범행장소에 들어갔다는 사실만으로는 피고인 2의 절취행위에 어떠한 실행행위의 분담이 있었다고 보기 어렵다.

〈대법원 판결요지〉

피고인 1은 피고인 2로부터 동생인 피해자가 백지 가계수표 19장을 집에 가지고 있으며 그가 신혼여행을 떠나 집에 없다는 말을 듣고 피고인 2와 함께 피해자의 수표를 몰래 꺼내오기로 범행을 모의하고, 함께 차량을 타고 위 범행장소에 도착하여 피해자의 집으로 같이 들어가 이 사건 범행을 저질렀는바, 이와 같이 피고인 1과 피고인 2가 물품을 절취할 목적으로 피해자의 집에 같이 들어간 경우라면 설사 피고인 2의 진술과 같이 그가 절취행위를 하는 동안 피고인 1은 피해자의 집 안의 가까운 곳에 대기하고 있다가 절취품을 가지고 같이 집을 나온 것이라 하더라도, 피고인 1은 위 절취행위에 있어 시간적, 장소적으로 피고인 2와 협동관계에 있었다고 보아야 할 것이다.

〈참조판례〉

○ 대법원 1988.9.13. 선고 88도1197 판결【구 특가법위반(절도)】

피고인은 공범들과 실행행위의 분담을 공모하고 공범들의 절취행위 장소부근에서 피고인이 운전하는 차량 내에 대기하여 실행행위를 분담한 사실이 인정되고 다만 위 공범들이 범행대상을 물색하는 과정에서 절취행위 장소가 피고인이 대기 중인 차량으로부터 다소 떨어지게 된 때가 있었으나 그렇다고 하여 시간적, 장소적 협동관계에서 일탈하였다고 할 수는 없다.

○ 대법원 1989.3.14. 선고 88도837 판결【특수절도】

피고인은 공동피고인 1, 2와 함께 피해자가 경영하는 ○○상사 창고에 몰래 들어가 물건을 훔치기로 약속하였으나 피고인은 절취할 마음이 내키지 아니하고 처벌이 두려워 만나기로 한 시간에 약속장소로 가지 아니하고 포장마차에서 술을 마신 후 인근 여관에서 잠을 잤으며, 공동피고인 1 등은 약속장소에서 피고인을 기다리다가 그들끼리 모의된 범행을 결행하기로 하고 공동피고인 1은 그 창고 앞에서 망을 보고 공동피고인 2는 창고에 침입하여 가죽 약 1만평을 절취하였다면, 피고인은 특수절도의 공동정범이 성립될 수 없음은 물론 다른 공모자들이 실행행위에 이르기 이전에 그 공모관계로부터 이탈한 것이 분명하므로 그 이후의 다른 공모자의 절도행위에 관하여도 공동정범으로서 책임을 지지 아니한다.

합동절도가 공범들이 시간적·장소적으로 협동관계에서 실행행위를 분담할 것을 요하므로 현장에서 절도의 실행행위를 직접 분담하지 아니한 공범은 합동절도로 처벌할 수 없다. 그런데 판례는 3인 이상의 범인이 합동절도의 범행을 공모한 후 적어도 2인 이상의 범인이 범행 현장에서 시간적, 장소적으로 협동관계를 이루어 절도의 실행행위를 분담하여 절도 범행을 한 경우에, 그 공모에는 참여하였으나 현장에서 절도의 실행행위를 직접 분담하지 아니한 다른 범인에 대하여도 그가 현장에서 절도 범행을 실행한 위 2인 이상의 범인의 행위를 자기 의사의 수단으로 하여 합동절도의 범행을 하였다고 평가할 수 있는 정범성의 표지를 갖추고 있는 한 공동정범의 일반 이론에 비추어 그 다른 범인에 대하여 합동절도의 공동정범으로 인정할 수 있다고 보고 있다(☞ **[판례 II-14]** 참조).

[판례 II-14] 대법원 2011.5.13. 선고 2011도2021 판결【구 특가법위반(절도)】

〈공소사실〉

피고인은 2003.8.29. 특가법위반(절도)죄로 징역 1년 6월을, 2006.5.12. 위 법원에서 같은 죄로 징역 3년 6월을 선고받아 2009.1.24. 그 형의 집행을 종료하였는데, 피고인, 공동피고인 1, 2는 피해자 ○○회사가 주말에는 사납금을 회사 금고에 보관한다는 사정을 알고 이를 훔치기로 공모하여, 2010.7.11. 18:50경 ○○회사에 이르러 공동피고인 1은 ○○회사 사무실 앞에서,

피고인은 위 사무실에서 약 100m 떨어진 곳에서 각각 망을 보고, 공동피고인 2는 사무실 밖에 있는 배전기함을 망치로 손괴하고 전원 스위치를 내려 CCTV가 작동되지 않도록 전원을 차단한 후, 열려진 사무실로 들어가 공동피고인 1이 미리 복사하여 건네 준 금고 열쇠를 이용하여 금고 안에 있던 피해자 소유인 현금 535만원을 가지고 나와 절취함으로써, 공동피고인 1, 2와 합동하여 상습으로 피해자의 재물을 절취하였다.

〈사건의 경과〉

1심과 2심은 공동피고인 1이 이 사건 범행 4~5일 전에 피고인에게 범행을 함께 저지르자고 제의하여, 피고인은 아는 동생을 소개시켜 준다고 말하고, 이 사건 범행 전날인 7.10. 15:00~16:00경 공동피고인 2를 만나 공동피고인 1의 범행 계획 등에 대해 알려 주어 승낙을 받은 사실, 이 사건 범행 당일 피고인은 공동피고인 2를 공동피고인 1에게 소개시켜 준 다음 이들과 함께 범행 장소인 ○○회사 사무실로부터 약 200m 떨어진 ○○주유소 앞까지 갔고, 그 지점에서는 위 사무실이 보이지 않는 사실 등이 인정되나, 나아가 피고인이 위 사무실로부터 약 100m 떨어진 지점에서 망을 보는 방법으로 합동하여 이 사건 범행을 저질렀다는 점에 관하여는 검사가 제출한 증거들을 모두 모아 보더라도 이를 인정하기에 부족하고 달리 이를 인정할 증거가 없다는 이유로 무죄를 선고하였다.

〈판결요지〉

3인 이상의 범인이 합동절도의 범행을 공모한 후 적어도 2인 이상의 범인이 범행 현장에서 시간적, 장소적으로 협동관계를 이루어 절도의 실행행위를 분담하여 절도 범행을 한 경우에, 그 공모에는 참여하였으나 현장에서 절도의 실행행위를 직접 분담하지 아니한 다른 범인에 대하여도 그가 현장에서 절도 범행을 실행한 위 2인 이상의 범인의 행위를 자기 의사의 수단으로 하여 합동절도의 범행을 하였다고 평가할 수 있는 정범성의 표지를 갖추고 있는 한 공동정범의 일반 이론에 비추어 그 다른 범인에 대하여 합동절도의 공동정범으로 인정할 수 있다. 한편 형법 제30조의 공동정범은 공동가공의 의사와 그 공동의사에 기한 기능적 행위지배를 통한 범죄 실행이라는 주관적·객관적 요건을 충족함으로써 성립하는바, 공모자 중 일부가 구성요건 행위 중 일부를 직접 분담하여 실행하지 않은 경우라 할지라도 전체 범죄에서 그가 차지하는 지위, 역할이나 범죄 경과에 대한 지배 내지 장악력 등을 종합해 볼 때, 단순한 공모자에 그치는 것이 아니라 범죄에 대한 본질적 기여를 통한 기능적 행위지배가 존재하는 것으로 인정된다면, 이른바 공모공동정범으로서의 죄책을 면할 수 없다.

피고인이 비록 망을 본 일이 없다고 하더라도, 피고인이 합동절도의 범행을 현장에서 실행한 공동피고인 1, 2와 공모하였고, 이 사건 범행을 직접 실행할 공동피고인 2를 공동피고인 1에게 소개하여 주었으며, 공동피고인 2에게 이 사건 범행 도구인 면장갑과 쇼핑백을 구입하여 건네주었고, 공동피고인 2, 1이 이 사건 범행을 종료할 때까지 기다려 그들과 함께 절취한 현금을 운반한 후 그 중 일부를 분배받은 것만으로도 단순한 공모자에 그치는 것이 아니라 이 사건 범행에 대한 본질적 기여를 통한 기능적 행위지배를 하였다고 할 것이고, 따라서 피고인이 공동피고인 1, 2의 행위를 자기 의사의 수단으로 하여 합동절도의 범행을 하였다고 평가될 수 있는 정범성의 표지를 갖추었다고 할 것이므로, 공동피고인 1, 2의 위 합동절도의 범행에 대하여 공동정범으로서의 죄책을 면할 수 없다.

〈참조판례〉

○ 대법원 1998.5.21. 선고 98도321 판결【강도상해, 특수절도, 사기】

속칭 삐끼주점의 지배인인 피고인이 피해자로부터 신용카드를 강취하고 신용카드의 비밀번호를 알아낸 후 현금자동지급기에서 인출한 돈을 삐끼주점의 분배관례에 따라 분배할 것을 전제로 하여 공동피고인 1(삐끼), 2(삐끼주점 업주) 및 공소외인(삐끼)과 피고인은 삐끼주점 내에서 피해자를 계속 붙잡아 두면서 감시하는 동안 공동피고인 1, 2 및 공소외인은 피해자의 위 신용카드를 이용하여 현금자동지급기에서 현금을 인출하기로 공모하였고, 그에 따라 공동피고인 1, 2 및 공소외인이 1997.4.18. 04:08경 ○○마트 편의점에서 합동하여 현금자동지급기에서 현금 4,730,000원을 절취하였는바, 비록 피고인이 범행 현장에 간 일이 없다 하더라도 위와 같은 사실관계 하에서라면 피고인이 합동절도의 범행을 현장에서 실행한 공동피고인 1, 2 및 공소외인과 공모한 것만으로서도 그들의 행위를 자기 의사의 수단으로 하여 합동절도의 범행을 하였다고 평가될 수 있는 합동절도 범행의 정범성의 표지를 갖추었다고 할 것이고, 따라서 위 합동절도 범행에 대하여 공동정범으로서의 죄책을 면할 수 없다.

〈해 설〉

이 판결은 3인 이상의 범인이 합동절도의 범행을 공모한 후 적어도 2인 이상의 범인이 범행 현장에서 시간적, 장소적으로 협동관계를 이루어 절도의 실행행위를 분담하여 절도 범행을 한 경우에만 성립한다는 기존의 판례(대법원 1976.7.27. 선고 75도2720 판결)를 변경한 위 〈참조판례〉(대법원 1998.5.21. 선고 98도321 판결)에서 제시한 법리를 따른 것이다. 위 〈참조판례〉에서 대법원은 "형법 제331조 제2항 후단의 규정이 위와 같이 3인 이상이 공모하고 적어도 2인 이상이 합동절도의 범행을 실행한 경우에 대하여 공동정범의 성립을 부정하는 취지라고 해석할 이유가 없을 뿐만 아니라… 공동정범의 일반 이론에 비추어 그 공모에는 참여하였으나 현장에서 절도의 실행행위를 직접 분담하지 아니한 다른 범인에 대하여도 그가 현장에서 절도 범행을 실행한 위 2인 이상의 범인의 행위를 자기 의사의 수단으로 하여 합동절도의 범행을 하였다고 평가할 수 있는 정범성의 표지를 갖추고 있다고 보이는 한 그 다른 범인에 대하여 합동절도의 공동정범의 성립을 부정할 이유가 없다"고 판시하였다.

합동절도(제331조 제2항), 합동강도(제334조 제2항), 합동도주(제146조), 합동강간(성폭법 제4조) 등 이른바 합동범에서는 성립하기 위해서는 주관적 요건으로 2인 이상의 범인의 공모가 있어야 하고, 객관적 요건으로 2인 이상의 범인이 현장에서 절도의 실행행위를 분담하여야 하며, 그 실행행위는 시간적, 장소적으로 협동관계가 있음을 요한다. 이와는 달리 (공모)공동정범에서는 2인 이상이 공동의 의사로서 특정한 범죄행위를 하기 위하여 일체가 되어 서로가 다른 사람의 행위를 이용하여 각자 자기의 의사를 실행에 옮기는 내용의 공모를 하고, 그에 따라 범죄를 실행한 사실이 인정되면 그 공모에 참여한 사람은 직접 실행행위에 관여하지 아니하였더라도 직접 실행행위를 분담한 경우와 형사책임의 성립에 차이를 두지 않는다.

이처럼 합동범은 공동정범과 비교하여 성립요건에서 훨씬 더 엄격할 뿐만 아니라 그 법정형도 더 높다. 제331조 제2항 후단의 특수절도(합동절도)는 절도죄의 공동정범에 대한 특별규정으로 본죄가 성립하는 한 공동정범 규정의 적용은 배제되고, 나아가 현장에서 절도의 실행행위를 분담하지 아니한 공범에 대하여 합동절도의 공동정범을 인정해야 할 하등의 이유가 없다. 따라서 [판례 Ⅱ-12] 및 **〈참조판례〉**에서는 피고인이 공동정범의 성립요건을 갖추고 있는 경우에 한하여 절도죄의 공동정범으로 처벌할 수 있을 따름이다.

4) 제330조의 야간주거침입절도죄와 제331조 제1항의 특수절도죄와는 달리 제331조 제2항의 특수절도의 실행의 착수시기는 물색시이므로 2인 이상이 합동하여 야간이 아닌 주간에 절도의 목적으로 타인의 주거에 침입하였다고 하더라도 아직 절취할 물건의 물색행위를 시작하기 전이라면 특수절도죄의 실행의 착수는 인정되지 않는다(☞ **[판례 Ⅱ-15]** 참조).

[판례 Ⅱ-15] 대법원 2009.12.24. 선고 2009도9667 판결 **【특수절도미수】**

〈사실관계〉

피고인들은 2009.4.22. 12:00경 피해자가 거주하는 ○○아파트 □□동 ◇◇호에 이르러, 육각렌치로 출입문 시정장치를 손괴한 다음 집안으로 들어가 금품을 절취하려고 하였으나, 피해자에게 발각되어 그 뜻을 이루지 못하고 미수에 그쳤다.

〈판결요지〉

형법 제331조 제2항의 특수절도에 있어서 주거침입은 그 구성요건이 아니므로, 절도범인이 그 범행수단으로 주거침입을 한 경우에 그 주거침입행위는 절도죄에 흡수되지 아니하고 별개로 주거침입죄를 구성하여 절도죄와는 실체적 경합의 관계에 있게 되고, 2인 이상이 합동하여 야간이 아닌 주간에 절도의 목적으로 타인의 주거에 침입하였다 하여도 아직 절취할 물건의 물색행위를 시작하기 전이라면 특수절도죄의 실행에는 착수한 것으로 볼 수 없는 것이어서 그 미수죄가 성립하지 않는다. 위 법리에 비추어 보면, 원심이 주간에 피해자의 아파트 출입문 시정장치를 손괴하다가 마침 귀가하던 피해자에게 발각되어 도주한 피고인들에 대하여 형법 제331조 제2항에 정한 특수절도죄의 실행의 착수가 없었다는 이유로 무죄를 선고한 조치는 옳다.

〈해 설〉

위 판례에서 볼 수 있듯이 제331조 제2항의 특수절도에서는 절취할 물건의 물색행위가 있음으로써 그 실행의 착수가 인정되고 주거에 침입하거나 주거에 침입할 목적으로 건조물의 일부를 손괴하는 것만으로는 실행의 착수가 인정되지 아니한다. 이 사건에서 피고인들에 대해서 폭처법위반(공동주거침입)죄를 인정하는 데에는 특별한 문제가 없다(이 사건의 제1심과 원심에서는 피고인들에 대해 공동주거침입죄를 인정하였다). 그리고 피고인들이 공동으로 출입문 시정장치를 손괴한 이상 폭처법위반(공동재물손괴)죄를 함께 인정할 수 있다. 따라서 이 사건에서 피고인들에 대해서는 폭처법상 공동주거침입과 공동재물손괴의 죄책을 물 수 있을 것이다.

5) 제330조의 야간주거침입절도죄나 제331조 제1항의 특수절도죄와는 달리 제331조 제2항의 특수절도에 있어서는 주거침입이 범죄의 성립요소가 아니므로, 절도범이 제331조 제2항의 특수절도의 범행수단으로 주거침입을 한 경우에 그 주거침입행위는 특수절도죄에 흡수되지 아니하고 별개로 주거침입죄를 구성한다(대법원 2008.11.27. 선고 2008도7820 판결).

4. 자동차등불법사용죄 (제331조의2)

1) 권리자의 동의없이 타인의 자동차, 선박, 항공기 또는 원동기장치자전거를 일시 사용함으로써 성립하는 범죄로 3년 이하의 징역, 5백만원 이하의 벌금, 구류 또는 과료에 처하고, 유기징역에 처할 경우 10년 이하의 자격정지를 병과할 수 있다(제345조). 본죄의 미수범은 처벌한다(제342조). 본죄는 불법영득의사가 인정되지 않는다는 점에서 자동차 등의 절도죄와 구별된다(☞ **[판례 II-16]** 참조). 앞에서 살펴보았듯이 반환할 의사없이 장기간 점유하고 있거나 사용 후 본래의 장소와 다른 장소에 유기하는 경우에는 불법영득의사가 인정되어 절도죄로 처벌된다(대법원 2002.9.6. 선고 2002도3465 판결).

[판례 II-16] 대법원 1998.9.4. 선고 98도2181판결【특수절도, 도교법위반】

〈공소사실〉

피고인 1(19세)은 피고인 2(18세)와 함께 1998.2.19. 23:00경 피고인 2의 삼촌이 경영하는 카센터를 방문하였다가, 마침 삼촌은 자리에 없고 그 친구인 피해자가 자신의 액센트 승용차를 카센터 앞 노상에 주차한 채 카센터의 숙소에서 잠을 자고 있자, 그 승용차를 절취하여 운전하기로 결의하고 합동하여, 피고인 2는 잠을 자고 있는 피해자의 바지 주머니에서 차열쇠를 꺼내어 피고인 1에게 건네주고, 피고인 1은 그 열쇠로 시동을 걸어 운전하고 가 위 차량을 절취한 것이다.

〈대법원 판결요지〉

피고인 2는 이 사건 차량을 소유자 몰래 타고 다닌 동기와 경위에 대하여 자기는 삼촌이 경영하는 카센터 종업원으로 근무하고 있었고 피고인 1과는 동네 친구 사이인데 범행 당일 만나서 밤 늦도록 함께 놀다가 카센터에 가보니 삼촌은 보이지 않고 삼촌의 친구가 그의 소유인 액센트승용차를 밖에 세워 놓고 카센터 안에 있는 방에서 잠을 자고 있어 피고인 1에게 삼촌친구가 잠을 자고 있는데 삼촌친구 차를 몰래 타 보자고 하자 피고인 1이 좋다고 하여 피해자 잠바 주머니에서 열쇠를 가지고 나와 피고인으로 하여금 위 차량을 운전하게 하여 차량을 가지고 간 것으로 승용차를 운전하고 싶어 하루만 운전하고 돌아다니다가 돌려주려고 한 것이며 돈이 필요하여 승용차를 훔친 것은 아니며, 몰래 타고 다니는 동안 삼촌과 한번 통화하였는데 삼촌이 차를 갖고 돌아오라고 하였는데 빨리 돌아가지 아니하였다고 진술하고 있고, 피고인 1도 피고인 2가 삼촌친구의 차량을 타고 다니자고 말하여 좋다고 찬성을 하여 제가 운전을 할 줄 안다며 운전을 하겠다고 하였으며, 처음에는 몰래 잠깐 타고 제자리에 갔다 놓으려고 훔치게 되었는데 마음이 변하여 계속 타고 다닌 것이고, 돈이 필요하거나 다른 범죄에 사용하려고 자동차를 훔치게 된 것이 아니고 운전하고 싶은 충동에서 훔치게 된 것이라고 진술하고 있고, 피고인 1은 피고인 2가 차를 빌린 것이라고 하여 차량을 운전하였던 것이라고 주장하고 있는바, 피고인 1, 피고인 2 등과 차량 소유자인 피해자 등과의 관계 내지 이 사건 경위와 피고인들이 이 사건 차량을 운전하고 며칠간 그들이 거주하는 부천 인근만을 돌아다니다가 불심 검문에 붙들려 차가 피해자에게 가환부된 점 등 여러 사정에 비추어 본다면 피고인들은 차량을 반환할 의사를 가지고 피해자의 동의 없이 일시 사용한 것이라고 볼 여지가 충분히 있어, 피고인들의 위와 같은 행위에 대하여 자동차등불법사용죄의 죄책을 물을 수 있음은 별론으로 하고 특수절도죄로 의율, 처벌할 수는 없다.

〈참조판례〉

○ **대법원 1984.4.24. 선고 84도311 판결【특수절도】**

피고인 1, 2는 그 친구인 피고인 3의 근무처이며 숙식장소인 세차장에 들렀다가 그 곳에서 피고인 3이 우연히 승용차 열쇠 1개를 습득하여 위 승용차 문을 열고 시동을 걸었는데 그때 피고인 2가 그가 아는 여자를 만나러 대전역 부근까지 갔다 오자고 하여 피고인 1이 운전을 하고 피고인 2를 승차시켜 대전역까지 운행하여 갔다가 피고인 2가 위 여자를 만나지 못하여 다시 위 세차장으로 돌아오기 위하여 피고인 1이 위 승용차의 시동을 걸던 중 위 승용차가 운행정지처분을 당하여 앞 번호판이 없었던 관계로 그때 마침 순찰 중이던 방범대원에게 검문을 당하여 입건되기에 이르렀다.

피고인들이 위 세차장을 출발하여 위와 같이 검거된 장소까지 운행한 거리는 약 2킬로미터이고 그에 소요된 시간은 약 10분 정도라면 피고인들은 위 승용차를 불법영득하려 한 것이 아니고 잠깐 동안 사용할 의사로 위와 같이 무단운행한 것이라 인정되므로 피고인들에게 불법영득의 의사가 있다고 보기 어렵고 그밖에 달리 피고인들에게 불법영득의 의사가 있었음을 인정할 증거가 없다. 또한 타인의 자동차를 일시 사용하는 경우 휘발유가 소비되는 것은 필연적인 것이므로 자동차의 사용방법, 사용시간, 주행거리 그 밖의 구체적인 상황으로 보아 자동차 그 자체의 일시사용이 주목적이고 소비된 휘발유의 양이 매우 적은 것임이 명백한 경우에는 그 휘발유의 소비는 자동차의 일시사용 가운데 포함되는 것으로서 이에 대하여는 별도의 절도죄가 성립되지 아니한다.

2) 일시사용이란 권리자를 배제하는 데까지 이르지 않는 비교적 짧은 시간 동안 자동차 등을 사용하는 것을 말한다. 자동차 등을 교통수단으로 사용하는 것을 말하며 단순히 시동을 걸어보았다거나 자동차 안에 들어가 오디오를 듣거나 잠을 자는 것은 본죄에 해당하지 않는다.

3) 본죄는 처음부터 불법하게 사용을 개시하는 경우에만 성립하고, 정당하게 사용을 개시하였다가

그 후 불법적으로 계속 사용하는 것은 본죄에 해당하지 않는다. 따라서 타인의 승용차를 일정기간 빌려 사용하다가 되돌려주기로 한 기한을 넘겨 사용하였다면 민사상 불법행위책임을 질 따름이고 본죄로는 처벌되지 않는다.

4) 본죄의 미수범은 처벌된다(제342조). 권리자의 동의없이 자동차 등을 잠깐 사용하기 위해 시동을 켜는 등의 행위가 있으면 실행의 착수가 인정되고, 일정한 거리를 주행하면 기수에 이른다.

5. 상습절도죄 (제332조, 특가법 제5조의4 제2항·제6항)

1) 상습으로 절도죄(제329조), 야간주거침입절도죄(제330조), 특수절도죄(제331조), 자동차등불법사용죄(제331조의2)를 범한 때에는 각 죄에 정한 형의 1/2을 가중하여 처벌한다(형법 제332조). 한편 5명 이상이 공동하여 상습적으로 절도죄, 야간주거침입절도죄, 특수절도죄 또는 이들 죄의 미수죄를 범한 때에는 2년 이상 20년 이하의 징역에 처한다(특가법 제5조의4 제2항). 그리고 상습적으로 절도죄, 야간주거침입절도죄, 특수절도죄나 이들 죄의 미수죄 또는 공동상습절도(특가법 제5조의4 제2항)의 죄로 두 번 이상의 실형을 선고받고 그 집행이 끝나거나 면제된 후 3년 내에 다시 상습적으로 절도죄, 야간주거침입절도죄, 특수절도죄나 이들 죄의 미수죄 또는 공동상습절도(특가법 제5조의4 제2항)의 죄를 범한 때에는 3년 이상 25년 이하의 징역에 처한다(특가법 제5조의4 제6항).

2) 절도에서의 상습성은 절도범행을 반복 수행하는 습벽을 말하며, 상습성 유무는 동종 전과의 유무와 그 사건 범행의 횟수, 기간, 동기 및 수단과 방법 등을 종합적으로 고려하여 결정한다(대법원 2009.2.12. 선고 2008도11550 판결). 수차례의 절도전과가 있고 범행의 수단·방법이 유사하여 그 범행을 절도습성의 발현으로 볼 수 있다면 절도의 상습성을 인정할 수 있다. 그러나 범행이 우발적인 동기나 급박한 경제적 사정 하에서 이루어진 것이어서 절도습성의 발로라 볼 수 없는 경우에는 상습절도라고 할 수 없으며, 특히 장시간이 경과한 전과사실을 근거로 상습성을 인정하려면 그 전후관계를 종합하여 그 범행이 절도습벽의 발로라고 인정함에 상당한 특별사정이 있어야 한다(대법원 1984.3.13. 선고 84도35 판결). 예를 들어 최종 전과사실로부터 약 2년 6개월 경과된 후 평소 알고 지내던 집에 갔다가 아무도 없어 우발적으로 2회 절취한 범행은 절도습벽의 발로에 의한 것이라거나 재범의 위험성이 있다고 보기 어렵다(대법원 1982.11.9. 선고 82감도463 판결).

그리고 행위자가 범죄행위 당시 심신미약 등 정신적 장애상태에 있었다고 하여 일률적으로 그 행위자의 상습성이 부정되는 것은 아니다. 다른 사정을 종합하여 상습성을 인정할 수 있어 심신미약의 점이 상습성을 부정하는 자료로 삼을 수 없는 경우가 있는가 하면, 경우에 따라서는 심신미약 등 정신적 장애상태에 있었다는 점이 다른 사정들과 함께 참작되어 그 행위자의 상습성을 부정하는 자료가 될 수도 있다(대법원 2009.2.12. 선고 2008도11550 판결).

○ 대법원 2009.02.12. 선고 2008도11550 판결【구 특가법위반(절도)】

피고인이 1974.11.19.부터 2008.7.23.까지 수회에 걸쳐 특수절도죄와 절도죄 등으로 8회의 유죄판결을 선고받은 사실은 있으나 1998년까지의 전과는 이 사건 범행일시와 상당한 시간적 간격이 있고 그 다음 범행 무렵인 2003년 이후에는 실형전과가 없는 점, 2002년 7월경 사고를 당하여 뇌출혈로 수술을 받은 후 발병한 외상 후 간질, 외상 후 스트레스 증후군 등으로 인하여 인지·사고·적응 등 기능이 저하된 간질 4급의 장애 상태가 2003년 이후의 범행에 영향을 미친 것으로 보이는 점, 이 사건 범행 횟수가 1회에 불과하고 2003년 이후 저지른 동종범행의 내용은 특별한 범행도구나 수단을 이용하지 않고 단지 차문이 열린 차량을 그 대상으로 하거나 차량의 문을 여는 과정에서 적발된 것으로서, 2008.8.2.경 피해자의 창고에 들어가 공구를 들고 나온 이 사건 절도의 범행과는 사안을 달리하는 점 등의 사정을 종합하면, 이 사건 범행이 절도습벽의 발로에 의한 것이라고 단정하기 어렵다.

3) 상습으로 절도죄, 야간주거침입절도죄, 특수절도죄 또는 이들 죄의 미수죄를 범한 자가 절도 습벽의 발현으로 자동차등불법사용죄도 함께 저질렀는데 검사가 범인을 형법상의 상습절도죄로 기소하거나 자동차등불법사용의 점을 제외한 나머지 범행에 대하여 특가법상의 상습절도죄로 기소하였다면, 자동차등불법사용에 대한 평가는 특가법상의 상습절도죄의 평가에 포함되어 있다고 보아야 하므로 이 경우에는 상습절도죄의 1죄만이 성립하고 이와 별개로 자동차등불법사용죄는 성립하지 않는다(대법원 2002.4.26. 선고 2002도429 판결).

상습으로 야간주거침입절도죄(제330조), 야간손괴침입절도죄(제331조 제1항)를 범한 경우 그 범행의 수단이 된 주거침입은 별도로 처벌되지 아니하나 상습으로 단순절도죄(제329조)를 범한 범인이 그 범행의 수단으로 주간에 주거침입을 한 경우에는 상습절도죄와 별개로 주거침입죄의 죄책을 진다. 그리고 상습절도죄(형법 제332조)를 범한 범인이 그 범행 외에 절도의 목적으로 주간에 주거침입을 하였다가 절도에 이르지 아니하고 주거침입에 그친 경우에도 그 주간 주거침입행위는 상습절도죄와 별개로 주거침입죄를 구성한다(대법원 2015.10.15. 선고 2015도8169 판결).

이와는 달리 특가법 제5조의4 제6항에 규정된 상습절도 등 죄를 범한 범인이 그 범행의 수단으로 주거침입을 한 경우에 주거침입행위는 상습절도 등 죄에 흡수되어 위 조문에 규정된 상습절도죄의 1죄만이 성립하고 별개로 주거침입죄를 구성하지 않으며, 또 위 상습절도죄를 범한 범인이 그 범행 외에 상습적인 절도의 목적으로 주거침입을 하였다가 절도에 이르지 아니하고 주거침입에 그친 경우에도 그것이 절도상습성의 발현이라고 보이는 이상 주거침입행위는 다른 상습절도 등 죄에 흡수되어 위 조문에 규정된 상습절도죄의 1죄만을 구성하고 상습절도죄와 별개로 주거침입죄를 구성하지 않는다(대법원 2017.7.11. 선고 2017도4044 판결).

6. 친족상도례 (제344조, 제328조)

1) 친족간의 절도죄, 야간주거침입절도죄, 특수절도죄, 자동차등불법사용죄 및 상습절도죄에 대해서는 제328조가 적용된다(제344조). 따라서 직계혈족, 배우자, 동거친족, 동거가족 또는 그 배우자간에 이들 죄를 범한 때에는 그 형을 면제하고, 이 외의 친족간에 이들 죄를 범한 때에는 고소가 있어야 공

소를 제기할 수 있다(제328조). 부(父)의 재물을 절취한 때에는 형이 면제되나(대법원 1997.1.24. 선고 96도1731 판결), 동거하지 아니하는 형제간 또는 사촌간의 절도는 피해자의 고소가 있어야 공소를 제기할 수 있다(대법원 1985.3.26. 선고 84도365 판결; 대법원 1991.7.12. 선고 91도1077판결).

2) 절도죄에 있어서는 소유자와 점유자가 일치하지 않을 수 있다. 절도죄는 점유자의 점유를 침탈하므로 인하여 그 재물의 소유자를 해하는 범죄로서, 그 점유가 적법한 한 재물의 소유자뿐만 아니라 점유자도 절도죄의 피해자로 보아야 한다. 따라서 절도의 죄에 대해 친족간의 특례가 인정되기 위해서는 점유자와 소유자에 모두에 대해서 친족관계가 존재해야 한다(☞ **[판례 II-17]** 참조).

[판례 II-17] 대법원 1980.11.11. 선고 80도131 판결【절도】

〈사실관계〉

A의 조카인 피고인은 1978.8.8. 19:00경 공소외 A가 경영하는 금은 세공공장에서 A가 고객인 B로부터 가공의뢰를 받아 보관 중이던 위 B 소유의 다이아몬드6개 합계 시가 138만원 상당을 절취하였다.

〈원심 판결요지〉

A는 피고인의 생질(피고인의 누이의 아들)로서 피고인과 A는 형법 제344조에 의하여 준용되는 같은 법 제328조 제2항 소정의 친족관계가 있는 것이고, 위 친족간의 범행에 관한 규정은 피해물건의 소유자와 범인과의 관계에 관하여 규정한 것이 아니라 절도죄의 직접의 피해자인 피해물건의 점유자와 범인과의 관계에 관하여 규정한 것이므로 결국 본건 절도죄는 친족간의 범행에 관한 규정의 적용이 있는 것으로 보아야 할 것인데, 피해자인 A가 피고인을 고소한 바 없으니 본건 공소는 형법 제344조 및 제328조 제2항에서 요구하는 고소없이 제기된 공소에 해당되므로 본건 공소를 기각한다.

〈대법원 판결요지〉

절도죄는 재물의 점유를 침탈하므로 인하여 성립하는 범죄이므로 재물의 점유자가 절도죄의 피해자가 되는 것이나 절도죄는 점유자의 점유를 침탈하므로 인하여 그 재물의 소유자를 해하게 되는 것이므로 재물의 소유자도 절도죄의 피해자로 보아야 할 것이다. 그러니 형법 제344조에 의하여 준용되는 형법 제328조 제2항 소정의 친족간의 범행에 관한 조문은 범인과 피해물건의 소유자 및 점유자 쌍방간에 같은 조문 소정의 친족관계가 있는 경우에만 적용되는 것이고, 단지 절도범인과 피해물건의 소유자간에만 친족관계가 있거나 절도범인과 피해물건의 점유자간에만 친족관계가 있는 경우에는 적용되지 않는다고 보는 것이 타당할 것이다. 그런데 이 사건에 있어서 피고인은 본건 피해물건의 점유자(소지자)인 A에 대한 관계에서만 위 법조 소정의 친족관계가 있을 뿐이고 본건 피해물건의 소유자인 B와의 사이에 위 법조 소정의 친족관계가 없는 것이라면 피고인에 대하여 형법 제344조에 의하여 준용되는 형법 제328조 제2항은 적용될 수 없는 것이다.

〈참조판례〉

○ 대법원 2014.9.25. 선고 2014도8984 판결【절도】

피고인은 자신의 처와 약정하여 처 명의로 화물자동차를 등록하되 자신이 화물자동차를 소유하고 있던 중 처가 자동차매매업자를 통하여 피해자에게 화물자동차를 매도하였고 피해자는 피고인의 처에게 매매대금을 모두 지급한 후 화물자동차를 인도받아 자신의 집 부근 노상에 주차해 두었는데 피고인이 화물자동차를 임의로 운전하여 갔다면, 피고인이 제3자인 피해자에 대한 관계에서는 화물자동차의 등록명의자인 처가 소유자이고 피해자가 매수하여 점유하던 화물자동차를 임의로 가져간 이상 절도죄가 성립하며, 피고인은 화물자동차의 소유자인 처와 친족관계가 있을 뿐 그 점유자인 피해자와는 친족관계가 없으므로 피고인에게는 친족간의 범행에 관한 형법 제328조 제1항이 적용되지 아니한다.

Ⅲ. 강도의 죄(제38장)

1) 강도의 죄(강도죄)는 폭행 또는 협박으로 타인의 재물을 강취함으로써 성립하는 범죄이다. 그 유형으로는 강도죄(제333조), 특수강도죄(제334조), 준강도·준특수강도죄(제335조), 인질강도죄(제336조), 강도상해·치상죄(제337조), 강도살인·치사죄(제338조), 강도강간죄(제339조), 해상강도죄(제340조 제1항), 해상강도상해·치상죄(같은 조 제2항), 해상강도살인·치사죄 및 해상강도강간죄(같은 조 제3항) 및 상습강도죄(제341조)가 있다. 이들 범죄의 미수범은 처벌되나(제342조), 친족상도례 규정(제328조)은 준용되지 않는다.

2) 강도죄(제333조), 특수강도죄(제334조), 준강도·준특수강도죄(제335조), 인질강도죄(제336조), 해상강도등죄(제340조) 및 그 미수죄로 세 번 이상 징역형을 받은 사람이 다시 이들 죄를 범한 경우 및 강도상해·치상죄(제337조), 강도강간죄(제339조) 또는 그 미수죄로 형을 선고받고 그 집행이 끝나거나 면제된 후 3년 내에 다시 이들 죄를 범한 경우에는 가중처벌된다(특가법 제5조의4 제5항 제2호, 제5조의5).

1. 강도죄(제333조)

폭행 또는 협박으로 타인의 재물을 강취하거나 기타 재산상 이익을 취득하거나 제3자로 하여금 이를 취득하게 함으로써 성립하는 범죄로 3년 이상의 유기징역에 처한다(제333조). 유기징역에 처할 경우 10년 이하의 자격정지를 병과할 수 있다(제345조). 본죄의 미수범은 처벌한다(제342조).

(1) 폭행 또는 협박

1) 강도죄의 수단은 폭행 또는 협박이다. 폭행은 사람의 신체에 대한 유형력의 행사를 말하므로 반드시 주먹이나 몽둥이를 휘두르는 것뿐만 아니라 수면제를 먹여 잠들게 하는 것도 폭행에 해당한다. 예컨대 피고인이 열차 객실에서 동석한 피해자의 재물을 강취할 것을 마음먹고 미리 소지한 중독성이 있는 약을 오렌지주스에 혼입한 뒤 피해자에게 마시도록 권유하여 피해자가 이를 받아 마시고 깊은 잠에 빠지자 그곳 선반 위에 놓아 둔 피해자 소유의 가방 속에서 현금을 꺼내간 경우에는 강도의 죄책을 진다(대법원 1984.12.11. 선고 84도2324 판결).

2) 다만 강도죄의 수단인 폭행 또는 협박은 상대방의 반항을 불가능하게 하거나 현저히 곤란하게 할 정도임을 요한다. 운전 중인 택시운전사의 얼굴에 칼을 들이대고 금품을 강요하거나(대법원 1967.11.28. 선고 67도1283 판결), 피해자의 뒤를 따라가다가 느닷없이 피해자의 등을 발로 세게 차서 넘어뜨리고 핸드백을 빼앗거나(대법원 1972.1.31. 선고 71도2114 판결), 피해자가 맞은편에서 걸어오고 있는 것을 발견하고 접근하여 미리 준비한 돌멩이로 안면을 강타하여 안면부에 좌상(挫傷) 및 피하출혈상 등을 입히고 가방을 빼앗는 것(대법원 1986.12.23. 선고 86도2203 판결)은 상대방의 반항을 불가능하게 하거나 현

저히 곤란하게 할 정도의 폭행 또는 협박에 해당한다.

이에 반하여 범인 4명이 피해자를 체포하여 승합차에 감금한 상태에서 경찰관을 사칭하면서 기소중지 상태의 피해자에 대하여 "경찰서로 가자.", "돈을 갚지 않으면 풀어줄 수 없다" 또는 "돈을 더 주지 않으면 가만 두지 않겠다"는 등의 협박을 하거나(대법원 2001.3.23. 선고 2001도359 판결), 피해자에게 사기화투를 친 것인지 여부를 확인하고 잃은 돈을 되돌려 받을 속셈으로 추궁하였으나 피해자가 순순히 응하지 않으므로 다소의 강제력을 사용하는 것(대법원 1993.3.9. 선고 92도2884 판결)은 사회통념상 객관적으로 상대방의 반항을 억압하거나 항거불능케 할 정도의 폭행 또는 협박으로 볼 수 없으므로 공갈은 별론으로 하더라도 강도의 죄책을 물 수는 없다.

3) 한편 이른바 '날치기'와 같이 강제력을 사용하여 재물을 절취하는 행위가 때로는 피해자를 넘어뜨리거나 부상케 하는 경우가 있는데, 그것이 피해자의 반항 억압을 목적으로 함이 없이 점유탈취의 과정에서 우연히 가해진 경우라면 강도가 아니라 절도의 죄책을 물 수 있을 따름이다(☞ **[판례 Ⅲ-1]** 참조).

[판례 Ⅲ-1] 대법원 2003.7.25. 선고 2003도2316 판결【강도치상, 특가법위반(절도)】

〈공소사실〉

피고인 1은 피고인 2, 피고인 3과 합동하여 2002.8.8. 19:15경 피고인 3은 위 승용차를 운전하고, 피고인 1과 피고인 2는 위 승용차에 승차하여 범행 대상을 물색하던 중, 마침 그 곳을 지나가는 피해자(여, 49세)에게 접근한 후 피고인 2가 창문으로 손을 내밀어 100만원권 자기앞수표 2장, 현금 25만원, 휴대폰 1개 시가 50만원 상당, 신용카드 3장이 든 피해자 소유의 손가방 1개를 낚아채어 감으로써 이를 절취하고, 이에 피해자가 위 가방을 꽉 붙잡고 이를 탈환하려고 하자, 그 탈환을 항거할 목적으로 피고인 2가 피해자가 붙잡고 있는 위 가방을 붙잡은 채 피고인 3이 위 승용차를 운전하여 가버림으로써 피해자로 하여금 약 4주간의 치료를 요하는 좌수 제3지 중위지골 골절상을 입게 하였다.

〈대법원 판결요지〉

날치기와 같이 강력적으로 재물을 절취하는 행위는 때로는 피해자를 전도시키거나 부상케 하는 경우가 있고, 구체적인 상황에 따라서는 이를 강도로 인정하여야 할 때가 있다 할 것이나, 그와 같은 결과가 피해자의 반항억압을 목적으로 함이 없이 점유탈취의 과정에서 우연히 가해진 경우라면 이는 절도에 불과한 것으로 보아야 할 것이고, 준강도죄에 있어서의 '재물의 탈환을 항거할 목적'이라 함은 일단 절도가 재물을 자기의 배타적 지배하에 옮긴 뒤 탈취한 재물을 피해자 측으로부터 탈환당하지 않기 위하여 대항하는 것을 말하는 것이라 할 것이다.

피고인들이 날치기 수법의 범행으로 인하여 피해자가 약 4주간의 치료를 요하는 좌수 제3지 중위지골 골절상을 입은 사실은 인정되나, 피해자는 이 사건 범인이 자신의 핸드백을 강제로 낚아챌 때 자신의 왼손 가운데 손가락이 상해를 입게 되었다고 진술하고 있을 뿐, 위 손가방의 절취 후 피해자가 위 가방을 붙잡고 탈환하려고 하였는지 여부, 피고인 등이 그 탈환을 항거할 목적으로 피해자를 폭행하였는지 여부 및 탈환 항거 목적의 위 폭행 등으로 인하여 피해자가 위 상해를 입었는지 여부에 관하여는 아무런 진술을 하지 않았고, 오히려 날치기 수법의 위 절도로 인하여 피해자가 다친 것을 알지 못하였다고 진술하고 있는 점에 비추어 볼 때 피해자의 위 상해는 차량을 이용한 날치기 수법의 절도시 점유탈취의 과정에서 우연히 가해진 것에 불과하고, 그에 수반된 강제력 행사도 피해자의 반항을 억압하기 위한 목적 또는 정도의 것도 아니었던 것으로 볼 여지가 있다.

〈해 설〉

이 사건에서 검사는 일단 피고인들이 피해자의 손가방을 낚아채 절취하였고, 그 다음 피해자가 위 가방을 붙잡고 탈환하려 하자 피고인들이 그 탈환에 항거하기 위해 피해자가 가방을 붙잡은 채 승용차를 운전하여 가버림으로써 피해자에게 상해를 가하였다는 취지로 피고인들을 기소하였다. 대법원 판결에 비추어 볼 때 이 사안에서는 피고인들이 피해자의 가방을 낚아채려하자 피해자가 그 가방을 빼앗기지 않으려고 가방을 꼭 붙잡았고 그 상태에서 피고인들이 승용차를 운전하여 가버림으로써 피해자가 상해를 입게 된 것으로 보아야 한다. 그럼에도 불구하고 이 사건에서 검사가 피고인들이 재물을 탈취하였고 피해자가 탈취당한 재물을 다시 탈환하려하자 피고인들이 그 탈환에 항거할 목적으로 피해자에게 유형력을 가함으로써 상해를 입혔다는 논리로 기소한 것은 결국 피고인들에게 준강도치상의 죄책을 묻고자 한 의도로 보인다. 대법원이 적절히 지적하고 있듯이 이 사건에서는 피고인들은 피해자로부터 재물을 탈취하는 과정에서 피해자에게 유형력을 가함으로써 상해를 입힌데 불과하다. 그리고 이 사건에서 피고인들이 피해자에게 가한 유형력은 피해자의 반항을 억압하거나 현저히 곤란하게 할 정도에 이르지 못하였다. 결국 이 사건에서는 피고인들에게 특수절도와 폭행치상의 죄책을 물 수 있을 따름이다.

그러나 강제력의 행사가 사회통념상 객관적으로 상대방의 반항을 억압하거나 항거불능하게 할 정도의 것이라면 이는 강도죄에서의 폭행에 해당한다. 예컨대 날치기 수법의 점유탈취 과정에서 피해자가 이를 알아채고 재물을 뺏기지 않으려고 반항하자 피해자를 끌고 가면서 억지로 재물을 빼앗은 행위는 피해자의 반항을 억압한 후 재물을 강취한 것으로서 강도죄를 구성한다(☞ **[판례 Ⅲ-2]** 참조).

[판례 Ⅲ-2] 대법원 2007.12.13. 선고 2007도7601 판결【강도치상】

〈공소사실〉

피고인 1과 2는 빌린 승용차를 함께 타고 돌아다니다가 범행대상 여자가 나타나면 피고인 1이 범행대상을 쫓아가 돈을 빼앗고 피고인 2는 승용차에서 대기하다가 범행을 끝낸 피고인 1을 차에 태워 도주하기로 공모한 다음, 2006.12.1. 11:00경 ○○아파트 부근으로 차량을 운전해 가 운전석 창문으로 농협 현금인출기가 잘 보이도록 차량을 주차해 놓고 1시간 동안 그곳에서 돈을 인출하는 사람을 지켜보고 있던 중, 피해자(여, 55세)가 위 현금인출기에서 돈을 인출하여 가방에 넣고 나오는 것을 발견하고 피고인 1이 차에서 내려 그 곳에서 400m 가량 떨어진 ○○은행 황금동지점 입구까지 5~6m 정도의 거리를 두고 피해자를 따라가다가 피해자가 상가건물 안의 위 은행으로 들어가려고 하는 것을 보고 피해자의 뒤쪽 왼편으로 접근하여 피해자의 왼팔에 끼고 있던 손가방의 끈을 오른손으로 잡아당겼으나 피해자는 가방을 놓지 않으려고 버티다가 몸이 돌려지면서 등을 바닥 쪽으로 하여 넘어졌는데도 피고인 1이 가방 끈을 잡고 계속하여 당기자 피해자는 바닥에 넘어진 상태로 가방 끈을 놓지 않은 채 "내 가방, 사람 살려!!!"라고 소리치면서 약 5m 가량 끌려가다가 힘이 빠져 가방을 놓쳤고, 그 사이에 피고인 1은 피해자의 가방을 들고 도망가던 중 아파트경비업체 직원에게 붙잡혔으며, 피고인 1의 위와 같은 행위로 인하여 피해자의 가방이 약간 찢어졌으며, 피해자는 바닥에 넘어져 끌려가는 과정에서 왼쪽 무릎이 조금 긁히고 왼쪽 어깨부위에 견관절 염좌상을 입었다.

〈판결요지〉

이른바 '날치기'와 같이 강제력을 사용하여 재물을 절취하는 행위가 때로는 피해자를 넘어뜨리거나 부상케 하는 경우가 있고, 그러한 결과가 피해자의 반항 억압을 목적으로 함이 없이 점유탈취의 과정에서 우연히 가해진 경우라면 이는 강도가 아니라 절도에 불과하다고 보아야 할 것이지만, 그 강제력의 행사가 사회통념상 객관적으로 상대방의 반항을 억압하거나 항거불능케 할 정도의 것이라면 이는 강도죄에서의 폭행에 해당하므로, 날치기 수법의 점유탈취 과정에서 이를 알아채고 재물을 뺏기지 않으려는 피해자의 반항에 부딪혔음에도 계속하여 피해자를 끌고 가면서 억지로 재물을 빼앗은 행위는 피해자의 반항을 억압한 후 재물을 강취한 것으로서 강도의 죄로 의율함이 마땅하다.

이 사건 피고인 1은 피해자로부터 가방을 탈취하면서 피해자에게 사용한 강제력이 단지 피해자로부터 순간적이고 강력적인 방법으로 가방을 절취하는 날치기 수법의 절도행위 과정에서 우연히 가해진 것에 불과하다고 볼 수는 없으며, 이는 가방을 뺏기지 않으려는 피해자의 반항을 억압하기 위한 목적에서 행해진 것이고 또 피해자의 반항을 억압하기에 족한 정도의 폭행에 해당한다 할 것이다. 그런데도 원심은 피고인들의 행위를 강도치상죄가 아닌 절도죄 및 상해죄의 경합범으로 의율한 것은 절도 및 강도의 죄에 관한 법리를 오해한 것이다.

〈참조판례〉

○ 대법원 1972.1.31. 선고 71도2114 판결【특수강도, 상해】

골목길을 지나가던 피해자에게 접근하여 피고인 1은 망을 보고 피고인 2는 그 뒤를 따라가다가 그 등을 발로 한번 세게 차서 넘어뜨리고 그로 말미암아 그가 안경을 깨뜨려 얼굴과 왼손가락에 약 1주일간의 치료를 요할 상해를 입힌 후, 그 틈에 그 핸드백을 뺏은 것이라고 한다면 피고인 2의 행위는 그것이 비록 느닷없이 한 것이라 하더라도, 피해자의 반항을 억압할 수 있을 정도의 폭행에 해당한다.

(2) 재물 또는 재산상 이익의 취득

1) 강도죄가 성립하기 위해서는 재물 또는 재산상 이익의 취득이 요구된다. 재물이란 유체물 뿐만 아니라 전기 기타 관리할 수 있는 동력도 포함한다(제346조).

2) 재산상의 이익이란 전체적으로 고찰할 때 재산상태의 증가를 가져오는 일체의 이익이나 가치로서 재물을 제외한 것을 말한다. 그리고 반드시 사법상 유효할 필요가 없고 사실상 재산상 이익의 취득이라는 점을 인정할 수 있으면 족하다(☞ **[판례 Ⅲ-3]** 참조).

[판례 Ⅲ-3] 대법원 1994.2.22. 선고 93도428 판결【강도상해】

〈공소사실〉

피고인이 1992.4.25. 17:30경 당시 피고인이 입원해 있던 ○○의료원 311호실에서 자신과 룸싸롱을 동업한 적이 있는 피해자를 전화로 불러 오게 한 다음 가슴에 품고 있던 식칼을 피해자의 목에 들이대고 "위 룸싸롱을 경영하면서 손해를 보았으니 피고인의 채권자인 A에게 금 20,000,000원을 지급한다는 내용의 지불각서를 쓰라"는 취지로 협박하다가 피해자가 망설인다는 이유로 식칼로 피해자의 오른쪽 어깨를 1회 찔러 항거를 불가능하게 하고 그로 하여금 위와 같은 취지의 지불각서 1매를 쓰게 한 다음 이를 강취하고, 그로 인해 피해자에게 약 2주간의 치료를 요하는 우측견갑부열상을 입혔다.

〈원심 판결요지〉

재산상 이득에 관한 강도죄가 성립하려면, 예컨대 피해자를 폭행·협박하여 어음·수표와 같은 유가증권에 강제로 서명날인하게 하거나 채무면제의 의사표시를 하게 하는 것과 같이 피해자의 행위로 인하여 적어도 외형상으로나마 권리의무관계의 불법적인 변동이 있어야만 한다. 이 사건에 있어 피고인이 피해자를 강요하여 한 행위는 피고인의 공소외 인에 대한 채무를 피해자가 대신 부담하여 지급할 것을 강요하면서 피고인이 부르는 대로 받아쓰도록 하여 '돈 2,000만원을 1992.5.24.까지 피고인의 채권자 A에게 지불한다'는 내용의 증거서류를 작출하도록 한 데 지나지 아니하는바, 이것만으로는 피고인이나 A에 대하여 어떤 채무부담의 의사표시를 한 것이라고 인정할 수도 없을 뿐 아니라, A의 승낙이 없이는 채무인수행위로서의 효력도 생기지 아니하므로, 이로써 피고인 또는 A에게 곧바로 어떤 재산적 이득이 돌아간다고도 할 수 없다. 이 사건 피고인의 행위에 의하여서는 피해자 등의 권리의무관계에 외형적, 형식적 변동조차도 일어나지 않고, 그 밖에 피고인의 위 행위로 인하여 피고인 자신이나 A가 어떤 재산상 이득을 취득하였다고 인정할 만한 증거를 찾아볼 수 없으므로, 피고인의 행위가 강요죄 내지는 상해죄에 해당함은 별론으로 하고, 강도상해죄에 해당한다고 할 수 없다.

〈대법원 판결요지〉

형법 제333조 후단의 강도죄, 이른바 강제이득죄의 요건인 재산상의 이익이란 재물이외의 재산상의 이익을 말하는 것으로서 적극적 이익(적극적인 재산의 증가)이든 소극적 이익(소극적인 부채의 감소)이든 상관없으므로 피해자에게 반항을 억압할 정도의 폭행, 협박을 가하여 채무를 부담하게 하거나 채권의 포기나 채무면제의 의사표시를 하게 한 경우와 같이 피해자의 자유의사가 결여된 상태 하에서 처분행위의 외형을 지니는 행동에 의한 이득도 재산상의 이익에 포함되고, 이 경우 피해자의 의사표시는 사법상 무효이거나 적어도 강박을 이유로 취소가 가능하겠지만 강제이득죄는 권리의무관계가 외형상으로라도 불법적으로 변동되는 것을 막고자 함에 있는 것으로서, 법률상 정당하게 그 이행을 청구할 수 있는 것이 아니라도 강도죄에 있어서의 재산상의 이익에 해당하는 것이며, 따라서 이와 같은 재산상의 이익은 반드시 사법상 유효한 재산상의 이득만을 의미하는 것이 아니고 외견상 재산상의 이득을 얻을 것이라고 인정할 수 있는 사실관계만 있으면 되는 것이다.

따라서 만약 피고인이 피해자를 강요하여 지불각서를 작성하게 하였다면 이는 특별한 사정이 없는 한 피해자로 하여금 거기에 쓰인 내용의 의사표시를 하게 한 것이 되어 외형상은 그 서면에 따른 채무부담의 의사표시를 한 것이 되는데, 사건에서 피고인은 A에게 위 지불각서를 주면서 피해자로부터 돈을 받으라고 하였고, 피해자가 지불각서를 작성한 후 피해자로 하여금 집(피해자의 처)으로 전화하여 사람을 보내면 돈을 주도록 하라고 하였는바, 이것이 사실이라면 권리의무관계의 외형적인 불법적 변동이나 피고인의 재산상의 이익의 취득이 있었다고 볼 수 있다.

〈참조판례〉

○ **대법원 1997.2.25. 선고 96도3411 판결【특수강도, 폭처법위반】**

피고인들은 피해자로 하여금 매출전표에 서명을 하게 한 다음 이를 교부받아 소지함으로써 이미 외관상 각 매출전표를 제출하여 신용카드회사들로부터 그 금액을 지급받을 수 있는 상태가 되었다고 할 것이다. 한편 피해자가 매출전표에 서명한 탓으로 피고인들이 신용카드회사들에게 매출전표를 제출하여도 신용카드회사들이 신용카드 가맹점 규약 또는 약관의 규정을 들어 그 금액의 지급을 거절할 가능성이 있기는 하나, 그로 인하여 피고인들이 매출전표 상의 금액을 지급받을 가능성이 있는 상태이므로 결국 피고인들이 '재산상 이익'을 취득하였다고 볼 수 있다. 또한 피고인들이 각 매출전표를 작성시켜 취득한 후에, 피고인들이 잠들어 있는 틈을 타서 피해자가 피고인들 몰래 매출전표를 가지고 나온 탓으로 피고인들이 카드회사로부터 매출전표에 기재된 금원을 지급받지 못하게 되었다 하더라도 이미 기수에 달한 강제이득죄의 성부에 어떠한 영향을 줄 수 없다.

〈해 설〉

위 **[판례 Ⅲ-3]**에서 볼 수 있듯이 판례는 강도죄의 성립요건인 '재산상 이익의 취득'은 반드시 사법상 유효한 재산상의 이득만을 의미하는 것이 아니고 외견상 재산상의 이득을 얻을 것이라고 인정할 수 있는 사실관계만 있으면 족하다는 입장을 취하고 있다. 이러한 법리에 입각하여 대법원은 **[판례 Ⅲ-3]**에서 민법상 채권자의 승낙없이는 채무인수의 효력이 발생하지 않음에도 불구하고(민법 제454조), 범인의 강요에 의해 채무를 인수한다는 내용의 각서 한 장을 쓴 것만으로 범인이 마치 채무면탈의 이익을 얻은 것처럼 취급하고 있고, **〈참조판례〉**에서도 피해자를 폭행·협박하여 매출전표에 서명하게 하고 이를 교부받은 사실밖에 없음에도 불구하고 마치 범인이 재산상 이익을 취득한 것처럼 취급하고 있다.

그러나 이처럼 실질적으로 아무런 재산상 이익을 취득한 바 없음에도 불구하고 규범적으로는 재산상 이익을 취득한 것으로 취급하게 되면, 폭행 또는 협박으로 타인의 재물 또는 재산상 이익을 취득할 것을 요건으로 하고 있는 강도죄의 법적 성격을 위험범으로 만들게 되고 나아가 미수범처벌규정의 존재 의의도 반감되고 만다. 그러므로 죄형법정주의 원칙상 강도죄의 성립요건인 '재산상 이익의 취득'은 현실적으로 재산상 이익을 취득한 경우로 제한해야 한다. 따라서 위 [판례 Ⅲ-3]에 범인들은 재산상 이익의 취득을 목적으로 피해자를 폭행·협박하여 채무인수 각서를 쓰게 만든데 불과하고, **〈참조판례〉**에서는 매출전표에 서명하고 이를 교부하게 만든데 불과하므로 피고인들의 행위는 각각 강요죄(제324조)를 구성한다고 보는 것이 타당하다.

3) 강도죄에서는 상대방의 반항을 억압할 정도의 폭행 또는 협박을 수단으로 재물 또는 재산상 이익을 취득하면 족하고 반드시 상대방의 의사에 반한 처분행위를 요하지 아니하나 재물 또는 재산상 이익의 취득은 폭행 또는 협박과 인과관계가 인정되어야 한다. 따라서 재물을 강취할 의사없이 피해자를 폭행/상해하여 피해자가 항거불능상태에 빠지자 우발적으로 피해자의 재물을 취거해 간 경우에는 강도죄가 아니라 폭행죄/상해죄와 절도죄가 성립할 따름이다(☞ **[판례 Ⅲ-4]** 참조).

[판례 Ⅲ-4] 대법원 2009.1.30. 선고 2008도10308 판결【상해, 강도】

〈사실관계〉

피고인은 피해자에게 화대를 지급하기로 약속하고 모텔방에서 피해자와 성관계를 하던 중에 피해자가 피고인의 성교행위가 너무 과격하다는 이유로 항의를 하면서 성교를 중단하는 바람에 말다툼이 벌어져 이에 화가 난 피고인이 피해자에 대한 폭행을 시작하면서 피해자가 이불을 뒤집어쓴 후에도 계속해서 주먹과 발로 피해자를 구타하여 피해자에게 4주간의 치료를 요하는 상해를 입힌 다음 이불 속에 들어 있는 피해자를 두고 옷을 입고 방을 나가다가 탁자 위의 피해자 손가방 안에서 현금 20만원 등이 든 피해자의 키홀더를 우발적으로 가져갔다

〈판결요지〉

강도죄는 사람의 반항을 억압함에 충분한 폭행 또는 협박을 사용하여 타인의 재물을 강취하거나 재산상의 이익을 취득함으로써 성립하는 범죄이므로, 피고인이 타인에 대하여 반항을 억압함에 충분한 정도의 폭행 또는 협박을 가한 사실이 있다 해도 그 타인이 재물 취거의 사실을 알지 못하는 사이에 그 틈을 이용하여 피고인이 우발적으로 타인의 재물을 취거한 경우에는 위 폭행이나 협박이 재물 탈취의 방법으로 사용된 것이 아님은 물론, 그 폭행 또는 협박으로 조성된 피해자의 반항억압의 상태를 이용하여 재물을 취득하는 경우에도 해당하지 아니하여 양자 사이에 인과관계가 존재하지 아니하므로, 위 폭행 또는 협박에 의한 반항억압의 상태가 처음부터 재물 탈취의 계획 하에 이루어졌다거나 양자가 시간적으로 극히 밀접되어 있는 등 전체적·실질적으로 단일한 재물 탈취의 범의의 실현행위로 평가할 수 있는 경우에 해당하지 아니하는 한 강도죄는 성립하지 않는다.

비록 위 재물의 취득이 피해자에 대한 폭행 직후에 이루어지긴 했지만 위 폭행이 피해자의 재물 탈취를 위한 피해자의 반항억압의 수단으로 이루어졌다고 단정할 수 없어 양자 사이에 인과관계가 존재한다고 보기 어렵고, 달리 위 폭행이 처음부터 재물 탈취의 범의 하에 이루어졌다거나 피고인의 폭행 및 재물 취거의 각 행위를 전체적으로 종합하여 단일한 재물 강취의 범행으로 인정할 만한 증거가 존재하지 아니하는 이상, 위 인정 사실만으로는 폭행에 의한 강도죄의 성립을 인정하기에 부족하다.

4) 강도죄는 피해자의 의사를 억압하여 반항을 불가능하게 할 정도의 폭행, 협박을 수단으로 하여 재물 또는 재산상의 이익을 강취하거나 제3자로 하여금 취득하게 하는 범죄로서, 강도죄에 있어서의

강취는 피해자의 의사가 억압되어 반항이 불가능한 상태에서 피해자의 의사에 반하여 재물을 자기 또는 제3자의 점유로 옮기는 것을 말한다. 따라서 피고인의 폭행, 협박으로 인하여 피해자의 의사가 억압되어 반항이 불가능한 정도에 이르렀다고 하더라도 피고인의 폭행, 협박으로부터 벗어난 이후 피고인이 다시 행패를 부릴 것이 두려워 피고인에게 재물 또는 재산상 이익을 교부하였다면, 공갈죄의 성립은 별론으로 하더라도 강도죄는 성립하지 않는다(☞ **[판례 Ⅲ-5]** 참조).

[판례 Ⅲ-5] 대법원 1995.3.28. 선고 95도91 판결【특수강도, 폭처법위반】

〈사실관계〉

피고인은 1994.4.2. 01:00경 피해자의 집에 찾아와 피해자로부터 금원을 강취할 것을 마음먹고 그 곳 방안에 있던 길이 약 25cm 가량의 과도를 피해자의 좌측어깨부분에 들이대고 "돈이 얼마 있느냐, 통장에는 돈이 있느냐"라고 말하고 피해자가 돈이 없다고 하자 피해자를 ○○여관으로 강제로 끌고 가 문을 잠근 후 위 피해자에게 계속하여 돈을 요구하면서 주먹으로 얼굴을 5, 6회 가량 때리고, 오른발로 허벅지를 3회 가량 때려 위 피해자의 항거를 불능케 한 다음, 같은 날 19:00경 음식점에서 피해자로부터 금 350,000원을 교부받아 이를 강취하였다

〈대법원 판결요지〉

강도죄는 피해자의 의사를 억압하여 반항을 불가능하게 할 정도의 폭행, 협박을 수단으로 하여 재물을 강취하거나 기타 재산상의 이익을 취득하거나 제3자로 하여금 취득하게 하는 범죄이므로, 강도죄에 있어서의 강취는 피해자의 의사가 억압되어 반항이 불가능한 상태에서 피해자의 의사에 반하여 재물을 자기 또는 제3자의 점유로 옮기는 것이라 할 것이다.

그런데 피고인은 1994.4.2. 01:00경 피해자의 집과 여관에서 위와 같은 폭행, 협박을 한 후 그로부터 상당한 시간이 경과한 후인 같은 날 19:00경 다른 장소에서 금원을 교부받았는 바, 그렇다면 피고인의 위와 같은 폭행, 협박으로 인하여 피해자의 의사가 억압하여 반항이 불가능한 정도에 이르렀다고 하더라도 그 후 피고인의 폭행, 협박으로부터 벗어난 이후에는 그러한 의사억압상태가 계속된다고 보기는 어렵다 할 것이고, 위 금원 교부 당시에 다시 피해자의 의사를 억압하여 반항을 불가능하게 할 정도의 폭행, 협박이 있었다거나, 이전의 폭행, 협박으로 인한 의사억압 상태가 위 금원교부시까지 계속되었다고 볼 특별한 사정이 있었다고 보기는 힘들고, 오히려 피해자가 피고인과 헤어진 후 피고인으로부터 다시 돈을 요구하는 무선호출연락을 받고 피고인이 다시 행패를 부릴 것이 두려워 은행에서 예금을 인출하여 피고인에게 지급하였다는 사정이 엿보이므로, 위 금원교부는 피해자의 의사에 반하여 반항이 불가능한 상태에서 강취된 것이라기보다는 피해자의 하자 있는 의사에 의하여 교부된 즉 갈취당한 것으로 보인다. 따라서 사실관계가 이와 같다면 피고인을 특수강도죄의 미수로 처벌할 수는 있을지언정 특수강도죄의 기수로 처벌할 수는 없다.

(3) 불법영득의사

1) 강간죄에 있어서도 불법영득의사가 요구된다. 따라서 범인이 피해자를 강간한 후 피해자에게 돈을 내놓으라고 하고 피해자로부터 돈을 받는 즉시 팁이라고 하면서 피해자의 옷 속에 집어넣어 주거나(대법원 1986.6.24. 선고 86도776 판결), 피해자를 강간하는 과정에서 피해자가 도망하지 못하도록 손가방을 빼은 경우에는 불법영득의사를 인정할 수 없으므로 강간과 별도로 강도의 죄책을 물 수 없다(대법원 1985.8.13. 선고 85도1170 판결).

2) 한편 채권자로부터 채무자에 대한 외상물품 대금채권의 회수를 의뢰받았다 하더라도, 채무자의 반항을 억압할 정도의 폭행과 협박을 가하여 재물 및 재산상 이득을 취득한 이상 이는 정당한 권리행사라고 볼 수 없으므로 강도의 죄책을 진다(대법원 1995.12.12. 선고 95도2385 판결).

(4) 죄 수

1) 강도죄는 비전속적 법익인 재산을 침해하는 범죄이므로 예컨대 시간적으로 접착된 상황에서 가족을 이루는 수인에게 폭행 또는 협박을 가하여 집안에 있는 재물을 강취한 경우 그 재물이 가족의 공동점유 아래 있는 것이라도 그 소유자가 누구인지 불구하고 하나의 강도죄가 성립한다(대법원 1996.7.30. 선고 96도1285 판결).

2) 강도가 서로 다른 시기에 다른 장소에서 수인에게 각기 폭행 또는 협박을 하여 각 그 피해자들의 재물을 강취한 경우에는 수개의 강도죄의 경합범으로 처벌된다. 강도가 시간적으로 접착된 상황에서 동일한 장소에서 동일한 방법으로 수인에게 폭행 또는 협박을 가하여 그들로부터 각기 점유관리하고 있는 재물을 강취하였다면 피해자의 수에 따라 수개의 강도죄가 성립하나, 폭행·협박행위가 사실상 공통으로 이루어졌기 때문에 법률상 1개의 행위로 평가된다면 수개의 강도죄는 상상적경합의 관계에 있다(☞ **[판례 Ⅲ-6]** 참조).

[판례 Ⅲ-6] 대법원 1991.6.25. 선고 91도643 판결 **【특가법위반, 강도, 강도상해】**

〈사실관계〉

피고인 1과 피고인 2는 (1) 공소외인과 함께 1989.12.3. 03:00경 ○○○여관에 투숙객을 가장하여 들어가, 1층 안내실에 있던 여관의 관리인인 피해자 A의 목에 '조용히 하라'면서 칼을 들이대고 그의 왼쪽 발가락을 칼로 1회 찔러 상해를 가하고, 동인에게서 현금과 손목시계 및 여관 객실들의 열쇠를 강취한 다음, 2층에 올라가서 201호실의 문을 위 열쇠로 열고 들어가 투숙객들로부터 금품을 강취하였고, 이어서 같은 방법으로 202호실 및 207호실의 각 투숙객들로부터 금품을 강취하였으며, (2) 피고인 1과 피고인 2는 피고인 3 및 공소외인과 함께 1987.12.9, 03:10경 □□□ 여관에 투숙객을 가장하여 들어가, 위 공소외인이 '조용히 하라'고 하면서 숙박할 방을 안내하려던 여관의 종업원인 피해자 B의 옆구리와 허벅지를 칼로 찔러 상해를 입히고 201호실로 끌고 들어가는 등 폭행협박을 하고 있던 중, 마침 다른 방에서 나오던 여관의 주인인 피해자 C도 같은 방에 밀어 넣은 후 위 C로부터 현금과 금반지를 강취하고 1층 안내실에서 위 B 소유의 현금을 꺼내 갔다.

〈사건의 경과〉

피고인 1과 피고인 2는 위 (1) 사실 중 201호실, 202호실, 207호실의 각 투숙객들에 대한 특수강도행위와 위 (2) 사실 중 여관주인인 피해자 C에 대한 특수강도행위만이 기소되어 1990.7.20. 서울지방법원에서 특가법위반(강도) 등의 죄로 각 징역 12년의 유죄판결을 받았고, 피고인 1은 1990.10.12. 서울고등법원의 항소기각판결로, 피고인 2는 1990.8.6. 항소포기로 위 판결이 각각 확정되었다. 한편, 피고인 1과 피고인 2는 위 (1), (2)의 사실 중 유죄의 확정판결을 받지 아니한 나머지 범죄행위, 즉 위 (1) 사실 중 여관관리인인 피해자 A에 대한 강도상해행위와 위 (2) 사실 중 여관종업원인 피해자 B에 대한 강도상해행위에 관하여 추가로 기소되었다.

1심 법원은 (1) 사실 중 여관관리인인 피해자 A에 대한 강도상해 행위와 위 (2) 사실 중 여관종업원인 피해자 B에 대한 강도상해행위를 모두 유죄로 인정하여 각 징역 3년 6월에 처하였다. 이에 피고인들만이 항소하였다. 2심 법원은 먼저 (1)의 강도상해의 공소사실에 대하여는 "각 특수강도 행위는 비록 시간적으로 접착된 상황에서 동일한 방법으로 이루어지긴 했으나 동일한 장소에서 저질러졌다고 할 수 없어 실체적 경합관계에 있다"고 하면서, 피고인들을 각 징역 3년 6월에 처하고, (2)의 강도상해의 공소사실에 대하여는 "특수강도행위가 동일한 장소에서 동일한 방법으로 접착된 시간적 상황에서 이루어진 경우에는 피해자가 여러 사람이라고 하더라도 단순 1죄로 보아야 하고, 나아가 특수강도행위에 즈음하여 피해자들 중 1인에게 상해를 가하였다면 1개의 강도상해죄만 성립한다"고 하면서 "피고인들의 위와 같은 행위는 포괄하여 1개의 강도상해죄만을 구성하는 것이고, 따라서 피해자들 중 1인인 위 C에 대한 특수강도죄에 관한 유죄의 확정판결의 효력은 피해자 B에 대한 강도상해 행위에 대하여도 미치게 되는 것"이라고 판단하여, 원심판결을 파기하고 면소를 선고하였다. 이에 피고인들과 검사가 모두 상고하였다.

〈대법원 판결요지〉

(1) 강도가 서로 다른 시기에 다른 장소에서 수인의 피해자들에게 각기 폭행 또는 협박을 하여 각 그 피해자들의 재물을 강취하고, 그 피해자들 중 1인을 상해한 경우에는, 각기 별도로 강도죄와 강도상해죄가 성립하는 것임은 물론, 법률상 1개의 행위로 평가되는 것도 아닌바, 피고인이 여관에 들어가 1층 안내실에 있던 여관의 관리인을 칼로 찔러 상해를 가하고, 그로부터 금품을 강취한 다음, 각 객실에 들어가 각 투숙객들로 부터 금품을 강취하였다면, 피고인의 위와 같은 행위는 비록 시간적으로 접착된 상황에서 동일한 방법으로 이루어지기는 하였으나, 포괄하여 1개의 강도상해죄만을 구성하는 것이 아니라 실체적 경합관계에 있는 것이라고 할 것이다.

(2) 강도가 동일한 장소에서 동일한 방법으로 시간적으로 접착된 상황에서 수인의 재물을 강취하였다고 하더라도, 수인의 피해자들에게 폭행 또는 협박을 가하여 그들로부터 그들이 각기 점유관리하고 있는 재물을 각각 강취하였다면, 피해자들의 수에 따라 수개의 강도죄를 구성하는 것이라고 보아야 할 것이다. 다만 강도범인이 피해자들의 반항을 억압하는 수단인 폭행·협박행위가 사실상 공통으로 이루어졌기 때문에, 법률상 1개의 행위로 평가되어 상상적 경합으로 보아야 될 경우가 있는 것은 별문제이다.

이 사건의 경우 피고인들이 피해자 B와 C를 폭행·협박한 행위는 법률상 1개의 행위로 평가되는 것이 상당하다고 인정되는바, 그렇다면 피해자 B에 대한 강도행위와 피해자 C에 대한 강도행위가 소론과 같이 각별로 강도죄를 구성하는 것임에도 불구하고, 원심이 피고인들의 위와 같은 행위가 포괄하여 1개의 강도죄만을 구성하는 것으로 잘못 판단하였다고 하더라도, 피고인 甲과 乙이 피해자 C에 대한 특수강도죄에 관하여 받은 유죄의 확정판결의 효력은 그 죄와 상상적 경합의 관계에 있는 피해자 B에 대한 강도상해죄에 대하여도 어차피 미치게 되는 것이므로, 원심이 저지른 위와 같은 잘못은 판결에 영향을 미치지 않는다.

3) 피고인이 예금통장을 강취하고 예금자 명의의 예금청구서를 위조한 다음 이를 은행원에게 제출행사하여 예금인출금 명목의 금원을 교부받았다면 강도죄, 사문서위조죄 및 동행사죄, 사기죄가 성립하고 이들 죄는 실체적 경합관계에 있다(대법원 1991.9.10. 선고 91도1722 판결). 그리고 절도범인이 체포를 면탈할 목적으로 경찰관에게 폭행 협박을 가한 때에는 준강도죄와 공무집행방해죄가 성립하고 양 죄는 상상적 경합관계에 있으나, 강도범인이 체포를 면탈할 목적으로 경찰관에게 폭행을 가한 때에는 강도죄와 공무집행방해죄가 성립하고 양죄는 실체적 경합관계에 있다(대법원 1992.7.28. 선고 92도917 판결).

2. 특수강도죄 (제334조)

1) 야간에 사람의 주거, 관리하는 건조물, 선박이나 항공기 또는 점유하는 방실에 침입하거나(제1

항) 흉기를 휴대하거나 2인 이상이 합동하여 강도의 죄를 범함으로써(제2항) 성립하는 범죄로 무기 또는 3년 이상의 징역에 처한다. 유기징역에 처할 경우 10년 이하의 자격정지를 병과할 수 있다(제345조). 본죄의 미수범은 처벌한다(제342조).

2) 제334조 제1항의 죄(야간주거침입강도)의 실행의 착수시기가 야간에 주거에 침입한 때인가 또는 폭행·협박을 한 때인가에 대해서는 견해가 대립하고 있다(☞ **[판례 Ⅲ-7]**, **[판례 Ⅲ-8]** 참조).

[판례 Ⅲ-7] 대법원 1992.7.28. 선고 92도917 판결【특가법위반(강도, 특수강도)】

〈사실관계〉

피고인 1, 피고인 2, 피고인 3은 부유층이 사는 집을 골라 강도할 것을 모의하고 상습으로, (1) 합동하여 1990.6.27. 03:00경 피해자 1의 집에 이르러 재물을 강취할 의도로 피고인 2는 출입문 옆 창살을 통하여 침입하고 피고인 1은 부엌 방충망을 뜯고 들어가다가 피해자 1의 시아버지가 헛기침을 하자 그에게 발각되었다고 생각하고 도주하는 바람에 그 뜻을 이루지 못하고 미수에 그치고, (2) 합동하여 1991.1. 하순 일자 불상 03:00경 피해자 2의 집에 이르러 재물을 강취하기 위하여 피고인 2가 피고인 3의 어깨를 타고 담을 넘어 들어가 대문을 열어 주자 나머지 피고인들이 위 집에 들어가 복면을 한 후 피고인 1이 드라이버로 부엌 창문을 뜯어내고 부엌에 있는 식칼을 들고 방안으로 들어가는 순간 비상벨이 울리며 경찰관이 출동하는 바람에 도주하여 그 뜻을 이루지 못하고 미수에 그쳤다.

〈대법원 판결요지〉

야간주거침입강도죄는 주거침입과 강도의 결합범으로서 시간적으로 주거침입행위가 선행되는 것이므로 주거침입을 한 때에 본죄의 실행에 착수한 것으로 볼 것인바, 같은 조 제2항 소정의 흉기휴대 합동강도죄에 있어서도 그 강도행위가 야간에 주거에 침입하여 이루어지는 경우에는 주거침입을 한 때에 실행에 착수한 것으로 보는 것이 타당하다. (1) 사실은 피고인들이 야간에 피해자의 집에 이르러 재물을 강취할 의도로 피고인 2가 출입문 옆 창살을 통하여 침입하고 피고인 1은 부엌방충망을 뜯고 들어가다가 피해자 시아버지의 헛기침에 발각된 것으로 알고 도주함으로써 뜻을 이루지 못했다는 것이고, (2) 사실은 피고인들이 야간에 피해자의 집에 이르러 피고인 2가 담을 넘어 들어가 대문을 열고 나머지 피고인들이 집에 들어가 피고인 甲이 부엌에서 식칼을 들고 방안에 들어가는 순간 비상벨이 울려 도주함으로써 뜻을 이루지 못했다는 것이므로, 피고인들이 위와 같이 야간에 주거에 침입한 이상 특수강도죄의 실행에 착수한 것으로서 그 미수범으로서 처단되어야 할 것이다.

[판례 Ⅲ-8] 대법원 1991.11.22. 선고 91도2296 판결【구 특가법위반(특수강도강간)】

〈사실관계〉

피고인이 야간에 타인의 재물을 강취하기로 마음먹고 흉기인 칼을 휴대한 채 시정되어 있지 않은 피해자 1의 집 현관문을 열고 마루까지 침입하여 동정을 살피던 중 마침 혼자서 집을 보던 피해자 1의 손녀 피해자 2(14세)가 화장실에서 용변을 보고 나오는 것을 발견하고 갑자기 욕정을 일으켜 칼을 피해자 2의 목에 들이대고 방안으로 끌고 들어가 밀어 넘어뜨려 반항을 억압한 다음 강제로 1회 간음하여 동 피해자를 강간하였다.

〈대법원 판결요지〉

형법 제334조 제1·2항 소정의 특수강도의 실행의 착수는 어디까지나 강도의 실행행위 즉 사람의 반항을 억압할 수 있는 정도의 폭행 또는 협박에 나아갈 때에 있다 할 것이고, 위와 같이 야간에 흉기를 휴대한 채 타인의 주거에 침입하여 집안의 동정을 살피는 것만으로는 동 법조에서 말하는 특수강도의 실행에 착수한 것이라고 할 수 없으므로 위의 특수강도에 착수하기도 전에 저질러진 위와 같은 강간행위를 구 특가법 제5조의6 제1항 소정의 특수강도강간죄로 처단하는 것은 위법하다.

〈참조판례〉

○ 서울고법 1976.10.2. 선고 76노1068 판결【특수주거침입·강도예비】

단순히 야간에 사람의 주거에 침입하여 강도할 기회를 노리며 그 집 정원에 은신하고 있는 것만으로는 형법 334조 제1항 소정의 특수강도행위의 실행에 착수한 것이라고 할 수 없고 어디까지나 강도죄의 실행행위 즉 상대방의 반항을 억압할 정도의 폭행 협박에 나아갈 때 비로소 그 실행에 착수가 있다고 할 것이다.

위에서 볼 수 있듯이 야간주거침입강도죄(제334조 제1항)의 실행의 착수시기에 관해서는 판례의 입장이 통일되어 있지 않다. 형식적으로 보면 야간주거침입강도죄는 야간주거침입절도죄(제330조)와 유사한 구조로 되어 있고 따라서 야간주거침입절도죄와 마찬가지로 주거침입시에 실행의 착수가 인정된다거나, 야간주거침입강도죄는 주거침입죄와 강도죄의 결합범으로 시간적으로 선행하는 주거침입시에 결합범 전체의 실행의 착수가 인정된다고 볼 여지도 있다. 그러나 실행의 착수는 이와 같은 형식적 논거만으로 결정할 수는 없다. 실행의 착수는 범죄의사가 외부적으로 명백히 드러나고 보호법익을 직접적으로 위태롭게 하는 행위가 있을 때에 인정된다. 야간주거침입절도죄의 경우 절취의 대상인 재물에 대한 점유공간이 주거로 제한되고 행위시점이 야간인 점을 고려하면 야간에 주거에 침입하는 것 자체로서 절취의 의사가 외부적으로 명백히 드러나고 나아가서 재물에 대한 소유권이 직접적으로 위태롭게 된다고 볼 수 있다. 이에 반하여 강도죄는 폭행·협박을 수단으로 재물이나 재산상 이익을 강취함으로써 성립하는 범죄이므로 단순히 주거에 침입하는 것만으로는 강도의 의사가 외부적으로 명백히 드러난다거나 피해자의 신체의 안전에 대한 직접적 위험성이 발생했다고 보기는 힘들다. 따라서 야간주거침입강도죄의 실행의 착수시기는 주거침입시가 아니라 폭행·협박시라고 보는 것이 타당하다.

3) 흉기를 휴대하여 강도의 죄를 범한 때에는 제334조 제2항 전단의 특수강도(흉기휴대강도)의 죄책을 진다. 예를 들어 피고인이 과도를 피해자의 목에 들이대면서 "300만원이 필요하다, 안 주면 죽인다"라고 위협하고 이에 겁을 먹은 피해자가 "지금 돈이 없으니까 은행 현금인출기에서 돈을 찾아 주겠다"고 하여 피해자가 도망가지 못하게 동인의 목을 왼팔로 감은 다음 은행 현금인출기를 향해 걸어가던 중, 횡단보도에 이르러 피해자가 마침 그곳을 지나가는 행인을 발견하고 "강도야"라고 고함을 지르자 이에 놀란 피고인이 도주하였다면 특수강도미수죄의 죄책을 진다(울산지법 2012.5.4. 선고 2011고합235 판결).

4) 제334조 제2항 후단의 특수강도(합동강도)가 성립하기 위해서는 주관적 요건으로 공모 이외에 객관적 요건으로 실행행위의 분담이 있어야 하고 그 실행행위에 있어서는 시간적으로나 장소적으로 협동관계에 있음을 요한다. 2명의 범인이 주거에 침입하여 1명이 방안에 들어가 피해자를 폭행·협박하는 사이 다른 1명은 거실에서 대기하고 있거나, 1명이 피해자의 주거에 침입하여 재물을 강취하는 사이 다른 1명은 범행현장 부근에서 대기하고 있다가 물건을 강취해 온 공범과 함께 도주하는 경우 시간적·장

소적 협동관계가 인정된다(대법원 1988.9.13. 선고 88도1197 판결; 1996.3.22. 선고 96도313 판결 참조).

5) 제334조 제1항의 특수강도죄는 주거침입을 요건으로 포함하고 있으므로 제334조 제1항의 특수절도죄가 성립하는 경우 이와 별도로 주거침입죄가 성립하지 않는다(대법원 2012.12.17. 선고 2012도12777 판결). 이와는 달리 제334조 제2항 후단의 특수강도(합동강도)는 주거침입을 요건으로 하지 않으므로 주간에 2인 이상이 주거에 침입하거나 주간에 흉기를 휴대하고 주거에 침입하여 강도를 한 경우에는 특수강도죄와 더불어 공동주거침입 또는 특수주거침입죄가 별도로 성립한다(대법원 2008.11.27. 선고 2008도7820 판결 참조).

3. 준강도죄·준특수강도죄 (제335조)

절도가 재물의 탈환에 항거하거나 체포를 면탈하거나 죄적을 인멸할 목적으로 폭행 또는 협박을 함으로써 성립하는 범죄로 강도죄(제333조) 또는 특수강도죄(제334조)의 예에 의하여 처벌한다. 본죄는 체포면탈, 탈환항거 또는 죄적인멸을 목적으로 하는 목적범이며, 일명 사후강도죄라고도 한다.

(1) 주 체

1) 준강도죄의 주체는 절도범이다. 절도라고 함은 절도(제329조), 야간주거침입절도(제330조), 특수절도(제331조) 및 그 미수범(제342조)을 말한다. 그리고 절도의 실행의 착수하면 족하고 반드시 기수에 이를 것을 요하지 않는다. 야간주거침입절도죄는 주거침입 시에 실행의 착수가 인정되므로 절취의 목적으로 야간에 타인의 주거에 침입하였으나 재물을 절취하기 전에 주인 등에게 발각되어 체포를 면탈할 목적으로 주인을 폭행 또는 협박한 때에는 준강도죄가 성립한다(대법원 2003.10.24. 선고 2003도4417 판결).

2) 준강도죄의 주체는 절도범이고 절도죄는 재물을 객체로 하므로, 예컨대 피해자에게 지급해야 할 술값의 지급을 면하여 재산상 이익을 취득하고 피해자를 폭행하였다면 준강도죄로 처벌할 수 없다(☞ **[판례 Ⅲ-9]** 참조).

[판례 Ⅲ-9] 대법원 2014.5.16. 선고 2014도2521 판결【강도상해】

〈공소사실〉

피고인은 피해자가 운영하는 술집에서 피해자로부터 술값 26만원의 지급을 요구받자 피해자를 유인·폭행하여 술값의 지급을 면하기로 마음먹고, 피해자를 부근에 있는 아파트 뒤편 골목으로 유인한 후, 양손으로 피해자의 어깨 부위를 붙잡아 밀치고 발로 다리를 걸어 바닥에 넘어뜨린 다음 피해자의 몸 위에 올라타 양손으로 피해자의 목을 조르거나 피해자의 입을 손으로 막고 주먹으로 얼굴을 때리려고 하는 등으로 반항하지 못하게 한 다음 그대로 도주함으로써, 술값 26만원의 지급을 면하여 같은 금액 상당의 재산상 이익을 취득하고 피해자에게 약 2주간의 치료를 요하는 양측 팔꿈치의 찰과상 등의 상해를 가하였다.

〈원심 판결요지〉

강도상해죄에서의 상해는 피해자의 신체의 건강상태가 불량하게 변경되고 생활기능에 장애가 초래되는 것을 말하는 것이고,

다만 피해자가 입은 상처가 극히 경미하여 굳이 치료할 필요가 없고 치료를 받지 않더라도 일상생활을 하는 데 아무런 지장이 없으며 시일이 경과함에 따라 자연적으로 치유될 수 있는 정도라면, 그로 인하여 피해자의 신체의 건강상태가 불량하게 변경되었다거나 생활기능에 장애가 초래된 것으로 보기 어려워 강도상해죄에 있어서의 상해에 해당한다고 할 수 없다. 이 사건 당시 피고인의 피해자에 대한 가해행위는 폭행행위가 전부로서 그 강도가 그리 강하지는 않은 것으로 보이는 점, 피해자에 대한 상해진단서에는 '경추의 염좌 및 긴장, 양측 팔꿈치의 찰과상'이 기재되어 있으나 피해자의 팔꿈치를 촬영한 사진에서도 별다른 상처를 발견할 수 없는 점, 피해자는 이 사건 발생 직후 방문한 병원에서 "증상이 별로 없다"라고 진술하고 그 후 별다른 치료를 받은 바도 없는 점, 법정에서 "일상생활을 하는 데 장애가 있을 정도는 아니었고 식사하는 데 불편은 없었다"라고 진술한 점 등을 종합하여 보면, 이 사건 범행으로 인하여 피해자가 신체의 완전성을 해하거나 피해자의 건강상태가 불량하게 변경되었다고 인정하기도 어렵다.

위에서 본 바와 같이 범죄사실에 대한 증명이 없으므로 형사소송법 제325조 후단에 의하여 무죄를 선고하여야 할 것이나, 이와 일죄의 관계에 있는 준강도죄를 유죄로 인정하고 따로 무죄를 선고하지 아니한다.

〈대법원 판결요지〉

준강도죄는 '절도'가 재물의 탈환을 항거하거나 체포를 면탈하거나 죄적을 인멸한 목적으로 폭행 또는 협박을 가한 때에 준강도가 성립한다고 규정하고 있으므로 준강도죄의 주체는 절도범인이고 절도죄의 객체는 재물이다. 원심이 인정한 범죄사실은 피고인이 피해자에게 지급해야 할 술값의 지급을 면하여 재산상 이익을 취득하고 피해자를 폭행하였다는 것인데, 그 자체로 절도의 실행에 착수하였다는 내용이 포함되어 있지 않고, 기록을 살펴보아도 이를 인정할 만한 사정이 없다. 그럼에도 위 공소사실에 관하여 준강도죄를 적용하여 유죄로 인정하였는바, 이는 준강도죄의 주체에 관한 법리를 오해하여 판단을 그르친 것이다.

(2) 절도의 기회

1) 준강도는 절도범인이 절도의 기회에 탈환항거, 체포면탈, 죄적인멸의 목적으로 사람에게 폭행 또는 협박을 가함으로써 성립하므로, 그 폭행 또는 협박은 절도의 실행에 착수하여 그 실행 중이거나 그 실행 직후 또는 실행의 범의를 포기한 직후로서 사회통념상 범죄행위가 완료되지 아니하였다고 인정될 만한 단계에서 행하여짐을 요한다. 예컨대 야간에 절도의 목적으로 피해자의 집에 담을 넘어 들어간 이상 절취한 물건을 물색하기 전이라고 하여도 이미 야간주거침입절도의 실행에 착수한 것이고, 그 후 피해자에게 발각되어 계속 추격당하거나 재물을 면탈하고자 피해자에게 폭행을 가하였다면 그 장소가 범행현장으로부터 200미터 떨어진 곳이라고 하여도 절도의 기회 계속 중에 폭행을 가한 것이라고 보아야 한다(대법원 1984.9.11. 선고 84도1398 판결). 그리고 역대합실에서 소매치기를 하고 도망하기 위하여 플랫폼으로 나왔다가 급한 나머지 철도로 뛰어내려 도망하던 중 역무원의 제지를 받고 체포를 면하기 위하여 돌을 던져 폭행하였다면, 절취행위와 폭행행위는 시간적·장소적으로 극히 근접한 관계에 있으므로 소매치기는 절도의 기회에 사람을 폭행하였다고 보아야 한다(서울고법 1984.1.12. 선고 83노2728 판결).

2) 또한 절도의 기회에는 절도범인과 피해자측이 절도의 현장에 있는 경우와 절도에 잇달아 또는 절도의 시간·장소에 접착하여 피해자가 범인을 체포할 수 있는 상황이나 범인이 죄적인멸에 나올 가

능성이 높은 상황도 포함되므로, 피해자가 추적태세에 있는 경우나 일단 체포되어 아직 신병확보가 확실하다고 할 수 없는 경우도 절도의 기회에 해당한다. 예컨대 절도직후 범행장소로부터 경찰관에 의하여 범인이 파출소로 연행되는 도중 경찰관을 폭행하거나(대법원 1967.1.31. 선고 66도1501 판결) 절도범행이 종료되고 피해자가 전화로 범인의 체포사실을 파출소에 신고하려는데 범인이 잘 해 보자고 하면서 피해자를 폭행한 경우(대법원 1984.7.24. 선고 84도1167 판결)에는 준강도죄가 성립한다. 또한 절도행위가 발각되어 도주하다가 곧바로 뒤쫓아 온 보안요원에게 붙잡혀 보안사무실로 인도되어 그 경위를 확인받던 중 체포된 상태를 벗어나기 위해서 보안요원에게 폭행을 가하였다면, 이는 아직 신병확보가 확실하다고 할 수 없는 단계에서 체포된 상태를 면하기 위해서 피해자를 폭행한 것이므로 준강도의 죄책을 진다(대법원 2001.10.23. 선고 2001도4142 판결).

3) 그러나 절도범이 원래의 범행현장으로부터 도피하여 더 이상 추적이나 체포의 위협을 느끼지 아니하거나 새로운 범행대상을 물색하게 되었을 정도로 시간적·장소적 경과가 있었다면, 비록 당초 범행현장에서부터의 탐문을 계속하던 사람에게 발각되어 체포를 면할 목적으로 그에게 폭행을 가하였다 하더라도, 이는 절도의 기회에 사람에게 폭행을 가하였다고 보기 어렵다. 따라서 피해자의 집에서 절도범행을 마친지 10분가량 지나 피해자의 집에서 200m 가량 떨어진 버스정류장에서 자신을 절도범이라고 의심하고 뒤쫓아 온 피해자에게 붙잡히자 체포를 면탈할 목적으로 피해자를 폭행하거나(대법원 1999.2.26. 선고 98도3321 판결), 절도범이 타인의 집에 들어가 금품을 물색하던 중 집주인에게 발각되자 일단 그곳을 도망쳐 나온 뒤 약 20~30분간 그 동네 부근을 걸어 다니다가 어느 골목길에 이르러 그 다른 집을 범행대상으로 택하여 주위를 살핀 다음 그 집안에 사람이 있는지를 확인하기 위해 초인종을 누르다가 마침 출동한 경찰에게 발각되어 그 경찰관이 자신을 체포하려하자 체포를 면탈하기 위해 경찰관을 폭행하더라도(부산고법 1989.9.27. 선고 89노598 판결) 준강도의 죄책을 지울 수는 없다.

(3) 탈환항거, 체포면탈, 죄적인멸 목적의 폭행 또는 협박

1) 준강도죄가 성립하기 위해서는 절도가 탈환에 항거하거나, 체포를 면탈하거나 또는 죄적을 인멸할 목적으로 사람을 폭행 또는 협박하여야 한다. 여기서 '재물의 탈환을 항거할 목적'이라 함은 일단 절도가 재물을 자기의 배타적 지배하에 옮긴 뒤 탈취한 재물을 피해자 측으로부터 탈환당하지 않기 위하여 대항하는 것을 말한다. 재물을 탈취하는 과정에서 피해자를 폭행 또는 협박한 경우에는 준강도죄가 아니라 강도죄로 처벌된다(대법원 2003.7.25. 선고 2003도2316 판결).

2) 폭행 또는 협박은 반드시 절도의 피해자에게 가해질 것을 요하지 않는다. 따라서 자신을 체포하거나 절취당한 물건을 탈환하기 위해 달려온 제3자를 폭행 또는 협박한 경우에도 본죄가 성립한다(대구고법 1968.2.1. 선고 67노370 판결).

3) 강도죄와의 균형상 준강도죄의 폭행 또는 협박은 일반적·객관적으로 상대방의 반항을 억압할

정도에 이르러야 하고, 폭행 또는 협박이 그와 같은 정도에 이르렀는가의 여부는 체포되려는 구체적 상황에 따라 결정된다. 오토바이를 끌고 가다가 추격하여 온 피해자에게 멱살을 잡히게 되자 체포를 면탈할 목적으로 피해자의 얼굴을 주먹으로 때리고 놓아주지 아니하면 죽여 버리겠다고 협박한 경우 그와 같은 폭행·협박은 피해자의 반항을 억압할 정도의 폭행·협박에 해당한다고 볼 수 있다(대법원 1983.3.8. 선고 82도2838 판결).

이에 대하여 목욕탕 탈의실에서의 절도 범행이 발각되어 목욕탕을 나와 출입문 앞길로 도망하는데 피해자가 추적해 와 자신의 저고리 어깨와 등을 붙잡자 범인이 잡은 손을 뿌리치는 바람에 피해자가 넘어지면서 상처를 입거나(대법원 1985.5.14. 선고 85도619 판결), 자신을 체포하려는 피해자가 체포에 필요한 정도를 넘어서서 발로 차며 늑골골절상 등 전치 3개월을 요하는 중상을 입힐 정도로 심한 폭력을 가해오자 이를 피하기 위하여 엉겁결에 솥뚜껑을 들어 폭력을 막다가 그 솥뚜껑에 스치어 피해자가 상처를 입게 된 경우(대법원 1990.4.24. 선고 90도193 판결)라면 이러한 행위는 일반적·객관적으로 피해자의 체포를 제압할 정도의 폭행에 해당한다고 볼 수 없다.

(4) 미 수

준강도죄의 미수범은 처벌된다(제342조). 무엇을 기준으로 기수·미수의 판단기준을 무엇으로 할 것인가와 관련하여 준강도죄의 실행행위는 폭행·협박이므로 폭행·협박을 기준으로 해야 한다는 견해(폭행·협박 기준설), 준강도죄는 강도죄에 준하여 처벌되므로 강도죄와 마찬가지로 절취행위를 기준으로 판단해야 한다는 견해(절취행위 기준설) 및 양자를 모두 기준으로 해야 한다는 견해(종합설)가 대립하고 있다. 판례는 강도죄와 준강도죄의 성립요소인 재물탈취와 폭행·협박은 시간적 순서상 전후의 차이가 있을 뿐 실질적으로 불법이 같다고 보고 폭행·협박을 수단으로 하여 재물을 탈취하고자 하였으나 그 목적을 이루지 못한 자가 강도미수죄로 처벌되는 것과 마찬가지로 절도미수범이 폭행·협박을 가한 경우에는 강도미수에 준하여 처벌하는 것이 타당하다고 본다(☞ **[판례 Ⅲ-10]** 참조).

[판례 Ⅲ-10] 대법원 2004.11.18. 선고 2004도5074 판결【준강도】

〈사실관계〉

피고인 1은 피고인 2와 합동하여 양주를 절취할 목적으로 장소를 물색하던 중, 2003.12.9. 06:30경 A가 운영하는 주점에 이르러, 피고인 2는 피해자 주점이 위치한 건물의 1층과 2층 계단 사이에서 피고인 1과 무전기로 연락을 취하면서 망을 보고, 피고인 1은 위 주점의 잠금장치를 뜯고 침입하여 위 주점 내 진열장에 있던 양주 45병을 미리 준비한 바구니 3개에 담고 있던 중, 위 주점 종업원 B가 계단에서 서성거리고 있던 피고인 2를 수상히 여기고 주점으로 돌아오려는 소리를 듣고서 양주를 그대로 둔 채 출입문을 열고 나오다가, B가 피고인 1을 붙잡자 피고인 1은 체포를 면탈할 목적으로 자신의 목을 잡고 있던 B의 오른손을 깨무는 등 B에게 폭행을 가하였다.

〈대법원 판결요지〉

[다수의견] 형법 제335조에서 절도가 재물의 탈환을 항거하거나 체포를 면탈하거나 죄적을 인멸할 목적으로 폭행 또는 협박

을 가한 때에 준강도로서 강도죄의 예에 따라 처벌하는 취지는, 강도죄와 준강도죄의 구성요건인 재물탈취와 폭행·협박 사이에 시간적 순서상 전후의 차이가 있을 뿐 실질적으로 위법성이 같다고 보기 때문이다. 그러므로 피해자에 대한 폭행·협박을 수단으로 하여 재물을 탈취하고자 하였으나 그 목적을 이루지 못한 자가 강도미수죄로 처벌되는 것과 마찬가지로, 절도미수범인이 폭행·협박을 가한 경우에도 강도미수에 준하여 처벌하는 것이 합리적이다. 만일 강도죄에 있어서는 재물을 강취하여야 기수가 됨에도 불구하고 준강도의 경우에는 폭행·협박을 기준으로 기수와 미수를 결정하게 되면 재물을 절취하지 못한 채 폭행·협박만 가한 경우에도 준강도죄의 기수로 처벌받게 됨으로써 강도미수죄와의 불균형이 초래된다. 위와 같은 준강도죄의 입법 취지, 강도죄와의 균형 등을 종합적으로 고려해 보면, 준강도죄의 기수 여부는 절도행위의 기수 여부를 기준으로 하여 판단하여야 한다고 봄이 상당하다.

[반대의견] 형법 제335조의 준강도죄는 그 행위의 위험성으로 인하여 형사정책상 강도죄와 같이 처벌하는 독립된 범죄로서, 강도죄와 불법내용의 동일성을 인정할 수 있는 재물탈환항거를 목적으로 하는 폭행·협박 외에 그 동일성을 인정할 수 없는 체포면탈이나 죄적인멸을 목적으로 하는 폭행·협박을 포함하는 것이므로 강도죄와 준강도죄는 그 취지와 본질을 달리한다고 보아야 한다. 그리고…절도 미수라고 하더라도 일정한 목적을 위하여 사람의 반항을 억압할 정도의 폭행 또는 협박을 하는 경우 그 실질적 위법성이 강도죄와 같다고 보아 이를 강도죄의 기수와 동일하게 처벌하는 것이 형사정책적으로 반드시 불합리하다거나 균형이 맞지 아니하다고 단정할 수 없고, 절도가 미수에 그쳤다는 점은 양형의 단계에서 유리한 사정으로 참작함으로써…불균형은 대부분 해소될 수 있는 것이다.

나아가, 준강도죄에 있어 행위의 주체는 '절도'이고, 구성요건적 행위는 '재물의 탈환을 항거하거나 체포를 면탈하거나 죄적을 인멸할 목적으로 폭행 또는 협박을 가하는 것'이다. 한편, 형법 제25조 제1항이 "범죄의 실행에 착수하여 행위를 종료하지 못하였거나 결과가 발생하지 아니한 때에는 미수범으로 처벌한다"고 규정하고 있는 데서 알 수 있듯이 범죄의 기수·미수를 구별하는 기준은 범죄의 완성 여부 즉, 구성요건적 행위의 종료 여부이다. 그러므로 준강도죄의 주체는 절도이고 여기에는 기수는 물론 형법상 처벌규정이 있는 미수도 포함되는 것이지만, 준강도죄의 기수·미수의 구별은 구성요건적 행위인 폭행 또는 협박이 종료되었는가 하는 점에 따라 결정된다고 해석하는 것이 법규정의 문언 및 미수론의 법리에 부합하는 것이다.

[별개의견] 형법 제335조에 정한 준강도죄는 절도가 재물의 탈환을 항거하거나 체포를 면탈하거나 죄적을 인멸할 목적으로 폭행 또는 협박을 가함으로써 성립하는 죄이므로, 준강도죄에 있어서 그 행위의 주체는 절도범인(미수범 포함)이라 할 것이지만, 그 구성요건적 행위는 폭행 또는 협박이라고 보아야 할 것이다. … 나아가 형법 제342조는 제335조의 미수범을 처벌한다고 규정하고 있는바, 형법 제25조 제1항은 범죄의 실행에 착수하여 행위를 종료하지 못하였거나 결과가 발생하지 아니한 때에는 미수범으로 처벌한다고 규정하고 있으므로, 준강도죄에 있어서도 원칙적으로 그 실행의 착수 이후의 상황에 의하여 기수 여부를 결정하여야 할 것이다. 따라서 절도범이 일반적·객관적으로 보아 사람의 반항을 억압할 정도의 폭행 또는 협박을 개시하기는 하였으나 그 행위를 종료하지 못하였거나 또는 그로 인한 결과가 발생하지 아니한 때에는 이를 준강도죄의 미수범으로 처벌한다는 것이 형법 제25조, 제335조 및 제342조가 규정하는 바라고 할 것이다. (중략)

다만, 형법 제335조는 절도범인이 절도의 기회에 재물탈환의 항거 등의 목적으로 폭행 또는 협박을 하는 행위가 그 태양에 있어서 재물탈취의 수단으로서 폭행 또는 협박을 가하는 강도죄와 같이 보여질 수 있는 실질적 위법성을 지니게 됨에 비추어 이를 강도의 예에 의하여 무겁게 처벌하기 위한 규정이라는 점과 다수의견이 들고 있는 여러 논거들을 종합하여 볼 때, 폭행·협박행위를 기준으로 하여 준강도죄의 미수범을 인정하는 외에 절취행위가 미수에 그친 경우에도 이를 준강도죄의 미수범이라고 보아 강도죄의 미수범과 사이의 균형을 유지함이 상당하다고 할 것이다.

(5) 준특수강도

1) 야간에 사람의 주거 등에 침입하거나 흉기를 휴대하거나 2인 이상이 합동하여 준강도죄를 범한

때에는 준특수강도죄로 처벌된다. 예를 들어 절도가 야간에 흉기(드라이버, 면도날)를 소지하고 주거에 침입하였다가 주인에게 발각되어 체포면탈을 목적으로 주인을 폭행한 경우에는 본죄로 처벌된다(서울고법 1974.2.21. 선고 73노1737 판결). 절취행위시에는 흉기를 휴대하지 않았으나 폭행·협박시에 흉기를 휴대한 경우에도 특수강도의 준강도죄로 처벌된다(☞ **[판례 Ⅲ-11]** 참조).

[판례 Ⅲ-11] 대법원 1973.11.13. 선고 73도1553 판결【준강도】

〈사실관계〉

20대의 피고인이 비오는 밤 술에 취해 남의 집에 들어가 방문을 열고 전등 스위치를 더듬거리다가 잠에서 깬 주인이 누구냐고 소리치자 섬돌에 있던 운동화를 들고 도주하다가 주인이 쫓아오자 붙들리지 않으려고 마침 들고 있던 우산을 휘두르자 그것을 막으려는 피해자의 팔에 스쳐 그의 팔에 요치 10일간의 찰과상을 가하였다.

〈판결요지〉

[다수의견] 준강도에 관한 형법 제335조를 보면 절도가 재물의 탈환을 항거하거나, 체포를 면탈하거나, 죄적을 인멸할 목적으로 폭행 또는 협박을 가한 때에는 형법 제333조와 형법 제334조의 예에 의한다고 규정하고 있는바, 이 조문은 절도범인이 절도기수 후 또는 절도의 착수 후 그 수행의 범의를 포기한 후에 소정의 목적으로서 폭행 또는 협박을 하는 행위가 그 태양에 있어서 재물탈취의 수단으로서 폭행, 협박을 가하는 강도죄와 같이 보일 수 있는 실질적 위법성을 지니게 됨에 비추어 이를 엄벌하기 위한 취지로 규정 외에 있는 것이며, 강도죄에 있어서의 재물탈취의 수단인 폭행 또는 협박의 유형을 흉기를 휴대하고 하는 경우와 그렇지 않은 경우로 나누어 흉기를 휴대하고 하는 경우를 특수강도로 하고, 그렇지 않은 경우를 단순강도로 하여 처벌을 달리하고 있음에 비추어 보면 절도범인이 처음에는 흉기를 휴대하지 아니하였으나 체포를 면탈할 목적으로 폭행 또는 협박을 가할 때에 비로소 흉기를 휴대사용하게 된 경우에는 형법 제334조의 예에 의한 준강도(특수강도의 준강도)가 되는 것으로 해석하여야 한다.

[소수의견] 준강도로서 가중처벌되느냐 아니냐는 목적이나 행위로서 구별할 수 없고 범죄의 주체에 따라 달라진다는 것이 제335조의 법의이다. 즉, 단순절도범이 제335조에 규정된 목적으로 폭행, 협박을 가한 경우는 단순강도로 처단될 것이요, 야간주거침입절도 범인과 특수절도범(제331조 제2항에 저촉되는 것뿐이고 제1항에 저촉되는 것은 제외된다)인 이 제335조에 적힌 목적으로 폭행, 협박을 가하면 특수강도로서 가중처벌되는 것이다. (중략)

이 사건에 있어서 단순절도범인인 피고인이 달아나던 중에 주은 흉기를 안 잡히려고 휘둘렀다고 원심이 사실확정을 한 이상 어디까지나 흉기를 휘두른 행위는 폭행, 협박의 수단일 뿐이므로 단순강도의 예에 의하여야 할 것이거늘, 도리어 무겁게 특수강도의 예에 따라 처단한 원심판단은 준강도의 법리를 오해한 위법이 있어 이 점을 논하는 논지는 이유있어 원판결은 파기를 못면할 것이다. 다수의견은 피고인이 달아나다가 주은 흉기를 안 잡히려고 휘두른 것이 흉기를 휴대한 때에 해당된다고 하지만, 흉기휴대는 준강도의 구성요건은 아님(다수의견이 말하는 흉기휴대는 특수강도의 구성요건이다)을 보아 넘긴 잘못이 있다. 이처럼 다수의견은 명문을 넘어서 그도 또 가중처벌하므로서 형법이 실로 생명으로 삼는 죄형법정주의를 짓밟는 결과에 이르렀다.

2) 형법 제333조의 단순강도, 제334조의 특수강도의 예에 의해 처벌되는 준강도죄에 대해서는 미수범처벌규정(제342조)이 있는바, 특수절도의 미수범이 체포면탈 등의 목적으로 사람을 폭행 또는 협박한 때에는 준특수강도의 미수범으로 처벌된다. 예컨대 재물을 절취하기 위하여 피해자의 집에 들어가 범행이 발각될 경우에 대비하여 체포면탈을 위한 협박용으로 피해자의 집에 있는 식칼을 소지한 채 서랍

장을 열어보는 등 절취대상물품을 찾던 중 피해자를 만나게 되어 미수에 그치고 체포를 면탈할 목적으로 들고 있던 식칼을 피해자에게 들이대고 협박한 경우에는 준특수강도죄의 미수범으로 처벌된다(서울고법 1992.1.17. 선고 91노4037 판결).

(6) 죄 수

절도범이 체포를 면탈할 목적으로 체포하려는 여러 명의 피해자에게 같은 기회에 폭행을 가하여 그 중 1인에게만 상해를 가한 경우에는 포괄하여 하나의 강도상해죄만 성립한다(☞ **[판례 Ⅲ-12]** 참조).

[판례 Ⅲ-12] 대법원 2001.8.21. 선고 2001도3447 판결【준강도, 강도상해】

〈사실관계〉

피고인이 01:50경 ○○빌라 내 지하주차장에서 피해자 소유의 베스타 승합차의 조수석 문을 열고 안으로 들어가 공구함을 뒤지던 중 위 차에 설치된 도난경보장치의 경보음을 듣고 달려 온 피해자에게 발각되는 바람에 절취의 뜻을 이루지 못한 채 미수에 그친 후 피해자의 신고를 받고 출동한 경찰관 1과 2가 자신을 붙잡으려고 하자 체포를 면탈할 목적으로 팔꿈치로 경찰관 1의 얼굴을 1회 쳐 폭행하고, 발로 경찰관 2의 정강이를 1회 걷어 차 약 2주간의 치료를 요하는 우측하퇴부좌상 등을 가하였다.

〈판결요지〉

절도범이 체포를 면탈할 목적으로 체포하려는 여러 명의 피해자에게 같은 기회에 폭행을 가하여 그 중 1인에게만 상해를 가하였다면 피고인의 이러한 행위는 포괄하여 하나의 강도상해죄만 성립한다.

〈참조판례〉

○ 대법원 1966.12.6. 선고 66도1392 판결【강도상해】

절도가 체포를 면탈할 목적으로 추격해 온 수인에게 대하여 같은 기회에 폭행 또는 협박을 가하였다면 준강도의 포괄일죄가 성립하고, 준강도행위가 진전하여 상해를 수반하였다 하더라도 포괄하여 준강도상해죄의 일죄가 성립하는 것이지 별도로 준강도죄가 성립하는 것은 아니다. 피고인이 피해자의 손목시계 1개 및 그 밖에 12종의 물건을 절취한 다음 도망하려고 할 때에 순찰 중인 방범대원 공소외 1 및 공소외 2에게 발각되어 동인들로부터 추격을 당하자, 체포를 면탈할 목적으로 가지고 있던 단도로 공소외 1의 왼쪽배 얼굴과 가슴 등 6개소를 찔러 그 사람으로 하여금 전치 3주일을 요하는 안부 및 흉부자창의 상해를 입게 하고 계속하여 도망하다가 다시 추격하여온 공소외 2에게 단도를 내밀며 쫓아오면 이 칼로 찔러 죽인다고 소리쳐 협박하였다면, 피고인의 소위는 포괄하여 준강도상해죄의 일죄를 구성한다.

〈해 설〉

준강도죄는 절도죄와는 달리 폭행·협박을 수단으로 하여 타인의 신체의 안전을 침해하는 범죄로서 동일한 기회에 수인에게 폭행을 가한 경우라도 그 피해법익은 수개이다. 따라서 위 사건에서는 경찰관 1에 대하여는 준강도(미수)죄를, 경찰관 2에 대하여는 강도상해죄가 성립하고 두죄는 실체적 경합관계에 있다고 보는 것이 옳다(위 사건의 원심판결인 대전고법 2001.6.15. 선고 2001노256 판결 참조).

4. 인질강도죄(제336조)

1) 사람을 체포·감금 또는 약취·유인하여 이를 인질로 삼아 재물 또는 재산상의 이익을 취득하거나 제3자로 하여금 이를 취득하게 함으로써 성립하는 범죄로 3년 이상의 유기징역에 처하고, 10년 이하

의 자격정지를 병과할 수 있다(제345조). 본죄의 미수범은 처벌한다(제342조). 체포·감금죄 또는 약취·유인죄와 공갈죄의 결합범이다. 인질강요죄와는 달리 석방감경규정이 없다.

2) 13세 미만의 미성년자에 대하여 약취·유인죄(제287조)의 죄를 범한 자가 약취 또는 유인한 미성년자의 부모나 그 밖에 그 미성년자의 안전을 염려하는 사람의 우려를 이용하여 재물이나 재산상의 이익을 취득하거나 이를 요구한 경우에는 무기 또는 10년 이상의 징역에 처한다(특가법 제5조의2 제2항 제1호). 본죄는 재물이나 재산상의 이익을 취득한 경우는 물론 이를 요구한 때에도 같은 법정형으로 처벌된다는 데 그 특징이 있다.

5. 강도상해·치상죄 (제337조)

강도가 사람을 상해하거나 상해에 이르게 함으로써 성립하는 범죄로 무기 또는 7년 이상의 유기징역에 처한다. 유기징역에 처할 경우에는 10년 이하의 자격정지를 병과할 수 있다(제345조). 본죄의 미수범은 처벌한다(제342조). 강도상해·치상죄 또는 그 미수죄로 형을 선고받고 그 집행이 끝나거나 면제된 후 3년 이내에 다시 이들 죄를 범한 때에는 사형, 무기 또는 10년 이상의 징역에 처한다(특가법 제5조의5).

(1) 주 체

1) 본죄의 주체인 강도에는 단순강도, 특수강도, 인질강도 나아가 준강도도 포함된다(대법원 1984.1.24. 선고 83도3043 판결). 해상강도가 사람을 상해하거나 상해에 이르게 한 때에는 제340조 제2항에 의해 처벌된다. 그리고 강도가 반드시 재물강취의 목적을 달성하여 강도기수에 이른 것을 요건으로 하는 것은 아니므로 범인이 강도미수에 그쳤다 할지라도 강도행위 과정에서 피해자에게 상해를 입힌 이상 강도상해죄가 성립한다(대법원 1969.3.18. 선고 69도154 판결).

2) 절도의 실행에 착수하여 미수에 그친 상태에서 체포면탈 등을 목적으로 사람을 폭행하여 상해한 경우에도 본죄가 성립하므로, 예컨대 피고인이 절취품을 물색하던 중 피해자가 잠에서 깨어나 "도둑이야"고 고함치자 체포를 면탈할 목적으로 피해자에게 이불을 덮어씌우고 입과 목을 졸라 상해를 입혔다면 절도의 목적을 달성하였는지 여부에 관계없이 강도상해의 죄책을 진다(대법원 1985.5.28. 선고 85도682 판결).

(2) 강도의 기회

1) 상해의 결과는 강도의 기회에 발생하여야 한다. 여기서 강도의 기회란 강도범행의 실행 중이거나 실행 직후 또는 실행의 범의를 포기한 직후로서 사회통념상 범죄행위가 완료되지 아니하였다고 볼 수 있는 단계를 말한다. 예컨대 강도현장에서 피고인의 발을 붙잡고 늘어지는 피해자를 30m쯤 끌고 가서 폭행하여 상해를 입히거나(대법원 1984.6.26. 선고 84도970 판결), 피고인들이 합동하여 노상에서 피해자

를 협박하여 재물을 강취하여 이어 그 자리에서 피해자가 그만 보내달라고 요구하자 피해자를 상해하거나(대법원 1992.4.14. 선고 92도408 판결), 피고인은 택시에 타고 가다가 운전수를 협박하여 요금지급을 면할 목적으로 소지한 과도를 운전수인 피해자의 목 뒷부분에 겨누고 협박하자 이에 놀란 피해자가 택시를 급우회전하면서 그 충격으로 피고인이 겨누고 있던 과도에 피해자의 어깨부분이 찔려 상처를 입었다면(대법원 1985.1.15. 선고 84도2397 판결) 그 상해는 강도의 기회에 발생한 것으로 볼 수 있다.

또한 상해행위가 강도가 기수에 이르기 전에 행하여져야만 하는 것은 아니다. 강도범행 이후에도 피해자를 계속 끌고 다니거나 차량에 태우고 함께 이동하는 등으로 강도범행으로 인한 피해자의 심리적 저항불능 상태가 해소되지 않은 상태에서 강도가 사람을 상해하였다면 강도상해죄가 성립하고, 강취행위와 상해행위 사이에 다소의 시간적·공간적 간격이 있었다는 사정은 강도상해죄의 성립에 영향을 미치지 않는다(☞ **[판례 Ⅲ-13]** 참조).

[판례 Ⅲ-13] 대법원 2014.9.26. 선고 2014도9567 판결【강도상해, 구 폭처법위반(집단·흉기등감금), 강도예비, 절도, 여전법위반, 절도미수】

〈사실관계〉

(1) 피고인은 2014.1.28. 05:41경 피해자가 운행 중이던 택시에 승객인 양 탑승한 후, 같은 날 06:40경 ○○계곡 앞길에 이르자 미리 준비한 흉기인 회칼을 보여주면서 위협한 뒤 청색 테이프로 피해자의 손과 발을 묶었다. (2) 피고인은 피해자를 뒷좌석으로 옮긴 후 위 택시를 운전하여 가다가 같은 날 06:54경 위 택시를 세워 피해자를 짐칸에 옮겨 태우고 미리 준비한 노끈으로 목과 팔 등을 묶은 다음, 피해자의 주머니 속 지갑에 들어 있는 피해자 소유의 현금과 신용카드 2장을 빼앗았다. (3) 피고인은 같은 날 08:02경 ○○새마을금고 앞에 이르러 피해자를 여전히 짐칸에 둔 채 위 택시를 도로에 세워두고 08:11경까지 위 금고에 들어가 재물을 강취할 기회를 엿보았으나 포기하고 다른 곳으로 위 택시를 운전하여 갔다. (4) 피고인은 같은 날 09:07경부터 09:10경까지 위 ○○새마을금고에서 피해자로부터 위와 같이 강취한 신용카드로 현금을 인출하였다. (5) 피고인은 위 택시를 운전하여 같은 날 09:43경 피해자가 결박을 풀고 달아나자 흉기인 위 회칼을 들고 쫓아가 피해자의 어깨를 잡아당겨 넘어뜨리고, 피해자가 피고인이 손에 쥐고 있는 위 회칼의 칼날 부분을 잡자 회칼을 위쪽으로 잡아당겨 피해자에게 상해를 가하고, 피해자가 다시 달아나자 위 택시를 위 장소로부터 1㎞ 떨어진 농로까지 운전하여 갔다.

〈판결요지〉

강도상해죄는 강도범인이 그 강도의 기회에 상해행위를 함으로써 성립하므로 강도범행의 실행 중이거나 그 실행 직후 또는 실행의 범의를 포기한 직후로서 사회통념상 범죄행위가 완료되지 아니하였다고 볼 수 있는 단계에서 상해가 행하여짐을 요건으로 한다. 그러나 반드시 강도범행의 수단으로 한 폭행에 의하여 상해를 입힐 것을 요하는 것은 아니고 상해행위가 강도가 기수에 이르기 전에 행하여져야만 하는 것은 아니므로, 강도범행 이후에도 피해자를 계속 끌고 다니거나 차량에 태우고 함께 이동하는 등으로 강도범행으로 인한 피해자의 심리적 저항불능 상태가 해소되지 않은 상태에서 강도범인의 상해행위가 있었다면 강취행위와 상해행위 사이에 다소의 시간적·공간적 간격이 있었다는 것만으로는 강도상해죄의 성립에 영향이 없다.

피고인이 피해자로부터 강취한 택시에 피해자를 태우고 돌아다니는 동안 피해자는 피고인의 강도범행에 의하여 계속 제압된 상태에 있으므로, 피고인이 그로부터 도망하려는 피해자에게 상해를 가한 경우 사회통념상 강도범행이 완료되지 아니한 상태에서 '강도의 기회'에 상해행위를 저지른 것으로 볼 수 있고, 피고인의 상해행위를 새로운 결의에 의해 강도범행과는 별개의 기회에 이루어진 독립의 행위라고 하기는 어렵다. 따라서 피고인의 행위는 특수강도죄와 폭처법위반(흉기휴대상해)죄의 경합범이 아닌 강도상해죄의 일죄로 처벌하는 것이 옳다.

〈참조판례〉

○ 대법원 1992.1.21. 선고 91도2727 판결【강도상해】

피고인이 피해자로부터 재물을 강취하고 피해자가 운전하는 자동차에 함께 타고 도주하다가 단속 경찰관이 뒤따라오자 피해자를 칼로 찔러 상해를 가하였다면 강도상해죄를 구성하고, 강취와 상해 사이에 1시간 20분이라는 시간적 간격이 있었다는 것만으로는 강도상해죄의 성립에 영향이 없다.

2) 상해는 강도의 기회에 발생한 것이면 족하고 반드시 강도의 수단인 폭행 또는 협박에 의해 직접적으로 발생할 것을 요하지 않는다. 피해자와 도박을 하다 소지하고 있던 돈을 모두 잃은 피해자로부터 돈을 강취하기로 마음먹고 피해자를 식칼로 위협하여 피해자가 방안으로 들어가 출입문을 잠그자 피해자를 죽여 버리겠다고 위협하면서 잠금장치를 풀기 위해 출입문 틈 사이로 식칼을 집어넣어 아래위로 흔들고 발로 출입문을 힘껏 수회 차 결국 출입문을 열고 방 안으로 밀고 들어왔고, 이에 피해자가 극도의 공포심을 느껴 베란다의 열려진 창문을 통하여 약 8m 가량 아래로 뛰어 내려 땅바닥에 쓰러져 상해를 입은 경우, 범인의 행위와 피해자가 입은 상해 사이에는 상당인과관계가 있고 나아가 상해의 결과를 예견할 수 있었다고 할 것이다(대법원 1996.7.12. 선고 96도1142 판결).

3) 그러나 피해자가 입은 상해가 범인의 가해행위에 의한 것이 아니라 피해자가 범인을 적극적으로 체포하려는 과정에서 스스로의 행위의 결과로서 발생한 것이라면 이를 이유로 강도상해죄의 죄책을 물 수 없다(☞ **[판례 Ⅲ-14]** 참조).

[판례 Ⅲ-14] 서울고법 1989.4.26. 선고 88노3697 판결【강도치상(인정된 죄명: 특수강도미수)】

〈사실관계〉

피고인이 야간에 공소외 1과 강취할 것을 결의하고, 피해자 공소외 2의 집에 이르러 흉기인 낫을 들고 위 공소외 1은 각목을 들고 현관문으로 침입하여 방안으로 들어가려는 순간, 인기척에 놀라 방문을 열고 뛰어나온 위 피해자가 피고인에게 달려들어 위 낫의 날을 잡고 피고인을 넘어뜨리는 바람에 위 낫으로 그의 손가락이 찔리게 하여 그에게 전치 약2주간의 치료를 요하는 상해를 입혔다.

〈판결요지〉

강도치상죄는 그 치상의 결과가 반드시 강도의 수단인 폭행 또는 협박에 의하여 발생할 필요는 없으나 적어도 강도의 기회에 범인의 행위에 의하여 발생한 것이어야 하므로 특수강도의 경우에 범인의 강도의 수단으로서 폭행 또는 협박행위를 개시한 후에 그 폭행 또는 협박행위의 기회에 치상의 결과가 발생한 경우에만 강도치상죄가 성립된다 할 것이고 특수강도범인이 야간에 사람의 주거를 침입하여 강도의 실행의 착수가 있었다 하더라도 폭행 또는 협박행위를 개시하기 전에 피해자의 과실에 의하여 피해자가 상해를 입은 경우까지 범인에게 강도치상의 책임을 지울 수는 없다고 할 것이다.

이 사건에서 피고인이 낫을 들고 공소외 1과 함께 강취의 의사로 피해자의 주거에 침입하여 방안에 들어서려는 순간 피해자가 피고인을 체포할 목적으로 방문을 열고 뛰어 나와서 피고인에게 달려들어 피고인이 들고 있던 위 낫의 날을 잡고 피고인을 넘어뜨리는 과정에서 낫날에 그 손가락이 찔려 상처를 입었던 것으로서, 피고인에게 피해자가 달려들 당시에는 피고인은 낫을 휘두른다거나 낫을 겨누는 등의 폭행 또는 협박행위를 개시하지 아니한 채 그냥 방에 들어가려고 했던 것뿐이었고, 피해자에 의하여 넘어진 다음에도 이에 저항하는 어떤 행위도 취하지 아니하였던 것이므로 위 피해자의 차상이 피고인의 강도행위의 기회에 피고인의 행위에서 연유되었다고 볼 수 없고 오히려 그것은 피해자 자신의 적극적 공세행위로 인하여 초래된 것이라고 볼 것이므로, 결국 이 사건에 있어 위 피해자의 차상의 결과를 피고인에게 귀책시킬 수는 없다고 할 것이다.

〈참조판례〉

○ 대법원 1985.7.9. 선고 85도1109 판결【강도상해】

강도상해죄는 강도가 사람을 상해한 경우에 성립하는 것인바 기록에 의하면 피해자들이 판시와 같은 부상을 입은 사실은 인정이 되나 그 부상이 피고인들의 가해행위에 의한 것인가에 관하여 보건대,… 피해자 4는 강도장소에서 도주하는 피고인 1을 500미터 떨어진 길가까지 추격하다가 마침 길가에 엎드렸다 벽돌을 집어들고 일어서는 순간 위 피고인 뒤에서 덮쳐 오른손으로 목을 잡고 왼손으로 앞부분을 잡는 순간 손에 잡고 있던 벽돌에 끼어있는 철사에 찔려 부상을 입었다는 것이고, 피해자 5는 마침 도망하려고 그 집 3층에서 2층으로 내려오는 피고인 2의 뒤에서 양팔로 그의 목을 감싸 잡고 내려오다 같이 넘어져 부상을 입었다는 것이니 이에 의하더라도 피해자들의 부상이 피고인들의 가격행위에 의한 것이라고 볼 수 없다. 그렇다면 피고인들의 가해행위는 인정되지 아니하고 도리어 피해자들의 부상은 그들의 적극적 체포행위의 과정에서 스스로의 행위의 결과로 입은 상처라고 봄이 타당하므로 피고인들을 강도상해죄로 의율한 할 수는 없다고 할 것이다.

(3) 상 해

1) 강도상해·치상죄에서의 상해는 피해자의 신체의 건강상태가 불량하게 변경되고 생활기능에 장애가 초래되는 것을 말하고, 피해자가 입은 상처가 극히 경미하여 굳이 치료할 필요가 없고 치료를 받지 않더라도 일상생활을 하는 데 아무런 지장이 없으며 시일이 경과함에 따라 자연적으로 치유될 수 있는 정도라면, 그로 인하여 피해자의 신체의 건강상태가 불량하게 변경되었다거나 생활기능에 장애가 초래된 것으로 보기 어려워 강도상해죄에 있어서의 상해에 해당한다고 할 수 없다. 예컨대 피해자의 집에 들어가 피해자의 반항을 억압하고 강취한 신용카드의 비밀번호를 알아내는 과정에서 피해자를 수회 폭행하여 피해자의 얼굴과 팔다리 부분에 멍이 생겼으나 간호사인 피해자는 그 다음날은 직장이 휴무여서 출근하지 않았고 셋째 날부터는 정상적으로 근무하였으며, 위 상처로 인하여 병원에서 치료를 받지도 않았을 뿐만 아니라 넷째 날부터는 몸 상태가 호전되었다면 신체의 건강상태가 불량하게 변경되었다거나 생활기능에 장애가 초래된 것으로 보기 어렵다(대법원 2003.7.11. 선고 2003도2313 판결). 또한 피해자로 하여금 중독성이 있는 약물을 오렌지주스에 혼입한 뒤 마시도록 하고 피해자가 이를 마시고 깊은 잠에 빠지자 피해자 소유의 가방 속에서 현금을 꺼내어 간 경우, 피해자가 약물을 탄 오렌지주스를 마시고 정신이 혼미해지고 그 후 기억을 잃었다는 것은 항거불능상태를 말할 뿐 약물중독의 상해라고 할 수 없다(대법원 1984.12.11. 선고 84도2324 판결).

2) 약 2주간의 치료를 요하는 양측 팔꿈치의 찰과상만으로는 강도상해죄의 상해를 인정하기 곤란

하다(대법원 2014.5.16. 선고 2014도2521 판결). 그러나 강도범이 주먹으로 머리를 1회 때리고 피해자의 발을 걸어 넘어뜨린 후 발로 가슴을 1회 걷어 차 피해자가 범행 당일 우측 두부 타박으로 인한 피하출혈, 부종 및 찰과상, 두정부와 우측 발목 타박으로 부종과 동통 소견이 있어 약 2주일간의 치료를 요한다는 내용의 상해진단서를 발급 받았다면 신체의 건강상태가 불량하게 변경되었다거나 생활기능에 장애가 초래된 것으로 보아야 한다(대법원 2002.1.11. 선고 2001도5925 판결).

(4) 강도상해·치상죄의 공범

1) 강도의 공범 중 1인이 강도의 기회에 피해자에게 상해 또는 치상의 결과를 발생하게 한 경우 다른 공범에 대해서도 본죄의 죄책을 인정할 수 있다. 강도상해죄는 상해에 대한 고의가 있는 경우에 성립하는 결합범임에 반하여 강도치상죄는 상해에 대한 과실이 있는 경우에 성립하는 결과적가중범이다. 따라서 강도의 공범 중 1인에 의하여 상해의 결과가 발생한 경우 다른 공범에게 상해의 고의가 없는 때에는 강도상해죄의 죄책을 물 수는 없고 상해의 결과에 대해 예견가능성이 있다면 강도치상죄의 죄책을 물 수 있을 따름이다.

2) 그런데 판례는 강도의 공동정범이 피해자를 협박할 때에 상처를 입게 하였다면 비록 상해의 점에 공동가공의 의사가 없었고 상해의 결과가 그의 행위로 인한 것이 아니었다고 하더라도 강도상해죄의 죄책을 면할 수 없고(대법원 1985.9.24. 선고 85도1686 판결), 강도의 공범 중의 한 사람이 강도의 기회에 피해자에게 폭행을 가하여 상해를 입힌 경우 다른 공범도 재물강취의 수단으로 폭행을 가할 것이라는 점에 관하여 상호의사의 연락이 있었던 것이므로 구체적으로 상해에 관하여는 공모하지 않았다 하더라도 폭행으로 생긴 결과에 대한 공범으로서의 죄책을 진다고 보고 있다(대법원 1990.12.26.선고 90도2326 판결).

○ **대법원 1985.9.24. 선고 85도1686 판결【강도상해】**

피고인 1은 가지고 있던 과도를 피해자 1의 목에 들이대어 협박하고 피고인 2는 노끈으로 그녀의 손과 발을 묶고 피고인은 과도를 피해자 2의 목에 들이대어 협박하고 그녀의 손과 발을 원피스 허리띠로 묶고 앞치마로 입을 틀어막아 항거불능케 한 다음 재물을 강취하고 과도로 협박할 때에 피해자 1에게 상처를 입게 하였다면 강도가 비록 상해의 점에 공동가공의 의사가 없었고 상해의 결과가 그의 행위에 인한 것이 아니었다고 하더라도 피고인은 강도상해죄의 죄책을 면할 수 없다.

○ **대법원 1991.11.26. 선고 91도2267 판결【강도상해】**

피고인과 공동피고인 1, 2, 3 등은 봉고승합차량을 타고 다니면서 행인의 재물을 탈취할 것을 공모하고 합동하여, 지나가는 피해자를 범행대상으로 지목하고 차량을 세운 후 공동피고인 1, 2는 위 차량 안에서 대기하거나 위 차량주위에서 망을 보고 피고인과 공동피고인 3은 위 차량에서 내려 위 피해자에게 다가가서 공동피고인 3이 위 피해자가 들고 있던 가방을 낚아채고 피고인은 위 피해자를 힘껏 떠밀어 콘크리트바닥에 넘어져 상처를 입게 하였는바, 피고인들 사이에 사전에 피해자를 밀어 넘어뜨려서 반항을 억압하기로 하는 구체적인 의사연락이 없었다고 하여도 합동하여 절도범행을 하는 도중에 피고인이 체포를 면탈할 목적으로 피해자에게 폭행을 가하여 상처를 입혔고 그 폭행의 정도가 피해자의 추적을 억압할 정도의 것이었던 이상 피고인들은 강도상해의 죄책을 면할 수 없다.

○ 대법원 1998.4.14. 선고 98도356 판결【강도상해】

강도합동범 중 1인이 피고인과 공모한대로 과도를 들고 강도를 하기 위하여 피해자의 거소를 들어가 피해자를 향하여 칼을 휘두른 이상 이미 강도의 실행행위에 착수한 것임이 명백하고, 그가 피해자들을 과도로 찔러 상해를 가하였다면 대문 밖에서 망을 본 공범인 피고인이 구체적으로 상해를 가할 것까지 공모하지 않았다 하더라도 피고인은 상해의 결과에 대하여도 공범으로서의 책임을 면할 수 없다.

이와 같은 판례와 관련하여 강도의 수단으로 폭행, 협박이 필요하고 그 과정에서 자칫하면 상해에까지 이르게 되는 일반 강도상해사건의 실상에 비추어 상해의 결과에 직접 가담하지 않은 다른 강도의 공모자도 적어도 상해에 대한 미필적 고의 혹은 상해의 결과에 대한 인식이 있는 것으로 볼 수 있는 경우가 대부분일 것이므로 상해에 관하여 공모하지 않은 다른 공범자도 강도상해죄의 공범으로서의 책임을 면할 수 없다고 설명하기도 한다. 그러나 강도상해죄는 엄연히 상해의 결과에 대해 고의가 있는 경우에 성립하는 범죄이므로, 강도의 공모만 있고 상해에 대하여 공모를 한 바 없다면 다른 공범자가 단독으로 행한 상해의 결과에 대해서는 공범으로서의 책임을 물 수 없다. 다만 상해의 결과에 대해서 예견가능성이 있다면 강도치상죄의 공범의 죄책을 지울 수는 있다.

3) 또한 판례는 수인이 절도만을 공모하고 체포를 면탈하기 위하여 폭행을 가하는 것까지 공모한 사실이 없더라도 공모자 중의 한 사람이 체포를 면탈하기 위해 폭행을 가한 경우 다른 공범도 준강도의 죄책을 지고(서울고법 1974.11.29. 선고 74노906 판결), 나아가 수인이 절도를 공모하고 그 중의 일부가 체포를 면탈할 목적으로 사람을 폭행하여 상해를 입힌 경우 나머지 공범도 이를 예기하지 못한 것으로 볼 수 없으면 강도상해의 죄책을 면할 수 없다고 보고 있다(☞ **[판례 Ⅲ-15]** 참조). 그러나 공동정범의 죄책을 지는 것은 공모하여 실행행위를 분담한 절도에 한하며, 공범 중의 일부가 공모의 범위를 넘어 독자적으로 행한 폭행과 그로 인해 발생한 상해의 결과에 대해서는 공동정범의 죄책을 지는 것은 죄형법정주의에 반한다. 게다가 "예기하지 못한 것으로 볼 수 없다면" 강도상해의 죄책을 면할 수 없다는 법리는 사실상 거증책임을 피고인에게 전가하는 것으로 무죄추정의 원칙에도 반한다.

[판례 Ⅲ-15] 대법원 1984.2.28. 선고 83도3321 판결【강도상해】

〈사실관계〉

피고인 1은 1983.4.9. 22:00경부터 피고인 2 등과 식당에서 일차로 술을 마시고, 다시 그 부근에 있는 생맥주집에서 2차로 술을 마신 후 피고인 2와 더불어 집으로 귀가하던 중 빈 담배가게에서 담배 등을 절취할 것을 공모하고, 체구가 작은 피고인 1은 가로 30cm 세로 20cm 정도되는 위 담배가게 창구를 통하여 가게내부로 들어가 담배 등을 담배가게 밖에 있던 피고인 2에게 전달하여 주고 이어 다른 금품을 물색 중이었는데, 그때 마침 인기척에 잠이 깬 위 담배가게 주인인 피해자가 대문을 통하여 담배가게 밖으로 나오면서 누구냐고 소리치자, 담배가게 밖에서 망을 보던 피고인 2는 그 자리에서 도주하였다. 그러나 피고인 1은 위 담배가게에서 창구를 통하여 다시 빠져 나오려다가, 몸통이 창구에 걸려 완전히 빠져 나오지 못하고, 목과 손만이 창구

밖으로 나온 상태였는데, 피해자가 피고인 1의 손을 잡자, 피고인 1은 체포를 면할 목적으로 주먹으로 피해자의 얼굴을 때려 상해를 가하였다.

〈대법원 판결요지〉

준강도가 성립하려면 절도가 절도행위의 실행 중 또는 실행직후에 체포를 면탈할 목적으로 폭행, 협박을 한 때에 성립하고 이로써 상해를 가하였을 때에는 강도상해죄가 성립되는 것이고 공모합동하여 절도를 한 경우 범인 중의 하나가 체포를 면탈할 목적으로 폭행을 하여 상해를 가한 때에는 나머지 범인도 이를 예기하지 못한 것으로 볼 수 없으면 강도상해죄의 죄책을 면할 수 없다 할 것인바,…피고인2는 피고인 1의 폭행행위에 대하여 사전양해나 의사의 연락이 전혀 없었고, 피고인 1과 절도를 공모함에 있어 범행장소가 빈 가게로 알고 있었고 피고인 1이 담배창구를 통하여 손으로 담배를 훔쳐내고 이어 창구를 통하여 가게에 들어가 물건을 절취하고 피고인 2는 가게 밖에서 망을 보던 중 예기치 않던 인기척 소리가 나므로 도주해 버린 이후에 피고인 1이 담배가게 위 창구로 다시 나오려다가 창구에 몸이 걸려 빠져 나오지 못하게 되어 피해자에게 손을 붙들리자 체포를 면탈할 목적으로 피해자에게 폭행을 가하여 상해를 입힌 것이고 피고인 2로서는 피해자가 대문을 열고 담배가게에 나오고, 피고인 1이 인기척을 듣고 자그만 담배창구로 몸을 밀어 빠져 나오는데 시간이 지체되었을 것이고 피고인 2는 그동안 상당한 거리를 도주하였을 것으로 추정되는 바 이러한 상황 하에서는 피고인 2가 피고인 1의 폭행행위를 전연 예기할 수 없었다고 보이므로 같은 견해에서 피고인 2에게 준강도상해죄의 공동책임을 지울 수 없다.

〈참조판례〉

○ 대법원 1982.7.13. 선고 82도1352 판결【강도상해】

피해자는 피고인 1과 피고인 2가 자기 집에서 물건을 훔쳐 나왔다는 연락을 받고 도주로를 따라 추격하자 피고인들이 이를 보고 도주하므로 1km 가량 추격하여 피고인 1을 체포하여 같이 추격하여 온 동리 사람들에게 인계하고 1km를 더 추격하여 피고인 2를 체포하여 가지고 간 나무몽둥이로 동인을 1회 구타하자 동인이 위 몽둥이를 빼앗아 피해자를 구타 상해를 가하고 도주한 사실을 인정할 수 있다. 사실관계가 이와 같다면 피고인들은 절도범행의 종료 후 얼마 되지 아니한 단계로서 안전지대에로 이탈하지 못하고 피해자 측에 의하여 체포될 가능성이 남아 있는 단계에서 추적당하여 체포되었으므로 절취행위와 그 체포를 면하기 위한 피고인 2의 구타행위와의 사이에 시간상 및 거리상으로 극히 근접한 관계에 있으므로 피고인 2의 소위는 준강도상해죄에 해당하나, 피고인 1로서는 사전에 피고인 2와 상의한 바 없었음은 물론 체포 현장에서도 피고인 2와 전혀 의사연락 없이 피고인 2가 피해자로부터 그가 가지고 간 몽둥이로 구타당하자 돌연 이를 빼앗아 피해자를 구타하여 상해를 가한 것으로서 피고인 1이 이를 예기하지 못하였다고 할 것이므로 피고인 2의 구타상해행위를 공모 또는 예기하지 못한 피고인 1에게까지 준강도상해의 죄책을 지울 수는 없다.

○ 대법원 1984.12.26. 선고 84도2552 판결【강도상해】

피고인 1은 피고인 2와 합동하여 피해자가 경영하는 생맥주집 뒤 출입문시정을 피고인 2가 소지한 쇠갈쿠리로 손괴하고 홀에 들어가 피고인 1은 그 곳 서랍속의 담배를 훔쳐 피고인 2에게 주고 피고인 2는 피해자 방실에 들어가 손지갑을 가지고 나오는 순간 피해자가 "누구야" 하자 이 소리를 들은 피고인 1은 밖으로 도주하고 뒤이어 도주하던 피고인 2는 현장에서 피해자에게 붙잡히게 되어 체포를 면탈할 목적으로 폭행을 가하였다면, 피고인 1 역시 발각되었음을 알고 도망하는 과정에 피고인 2가 체포된 사정으로 보아 피고인 2가 추격하는 피해자에게 체포를 면하기 위하여 위와 같은 폭력행위를 할 것을 전혀 예기치 못한 것으로는 볼 수 없다 할 것이므로 그 폭행의 결과로 발생한 상해에 관하여 강도상해죄의 죄책을 진다.

○ 대법원 1988.2.9. 선고 87도2460 판결【강도상해, 특수절도】

피고인 1은 피고인 2 및 피고인 3, 4와 합동하여 피해자가 경영하는 서점에 이르러 피고인 3과 4는 망을 보고 피고인 1과 피고인 2는 미리 준비한 절단기로 서점 셔터문 자물쇠를 절단하고 서점 내에 들어가 현금 등을 절취한 후 주민의 신고를 받고 경찰관이 현장에 출동하자 피고인 1과 피고인 2가 약 50m가량 도주하다가 피고인 2가 우연히 그 곳을 지나다가 뒤쫓아 온 피해자에게 체포를 면탈할 목적으로 소지하고 있던 면도칼로 그의 얼굴을 1회 그어 그에게 약 2주간의 치료를 요하는 안면부열상 및 우측 귀바퀴 다발성열상을 입혔다면, 피고인 1로서는 함께 도망가던 피고인 2가 추격하는 피해자에게 체포를 면탈할 목적으로 위와 같이 상해를 입힐 것을 전혀 예기치 못한 것으로는 볼 수 없으므로 강도상해죄의 죄책을 면할 수 없다.

〈해 설〉

위 판결들에서 볼 수 있듯이 수인이 합동하여 절도를 하던 중 범인 중의 한명이 체포면탈 등의 목적으로 피해자를 폭행하여 상해를 입힌 경우 나머지 공범들도 '이를 예기하지 못한 것으로 볼 수 없다면' 강도상해죄의 죄책을 면할 수 없다는 법리를 제시하고 있다. 이러한 판례의 태도는 두 가지 점에서 큰 오류를 내포하고 있다. 우선 절도뿐만 아니라 공범 중의 한명이 피해자에게 가한 폭행과 상해에 대해 공동정범의 죄책을 묻기 위해서는 공동정범의 성립요건, 즉 주관적 요건으로서의 공모와 객관적 요건으로서의 기능적 행위지배에 의한 실행행위의 분담이 있어야 하고, 예견만으로는 결코 공동정범의 죄책을 지울 수 없다. 다만 공모는 반드시 사전적으로 존재해야 하는 것은 아니므로 예컨대 공범이 달아나면서 다른 공범에게 폭행의 도구인 각목 등을 주면서 "붙잡히게 되면 이 각목으로 피해자를 폭행하고 도주하라"고 말했다면, 설사 자신이 직접 피해자에게 폭행·상해를 가하는 데 가담하지 않았다고 하더라도 다른 공범이 체포면탈목적으로 피해자에게 가한 폭행·상해에 대한 죄책을 물 수는 있을 것이다. 그러나 위 판례들에게 볼 수 있듯이 예견할 수 있었다는 점만을 이유로 다른 공범이 단독으로 행한 폭행·상해에 대해서까지 공동정범의 죄책을 지우는 것은 죄형법정주의에 반하는 것이라 하지 않을 수 없다. 이 뿐만 아니라 판례의 태도는 헌법상 무죄추정의 원칙에도 반한다. 도주한 공범에게 준강도상해죄의 죄책을 지우는 근거가 '예기하지 못한 것으로 볼 수 없다'는 데에 있다면 이는 사실상 거증책임을 피고인에게 전가하는 것이 되기 때문이다.

(5) 죄 수

1) 강도가 서로 다른 시기에 다른 장소에서 수인의 피해자에게 각기 폭행 또는 협박을 하여 각 피해자들의 재물을 강취하고 그 중 1인을 상해한 경우에는 각기 별도로 강도죄와 강도상해죄가 성립한다. 그리고 강도가 시간적으로 접착된 상황에서 동일한 장소에서 동일한 방법으로 수인에게 폭행 또는 협박을 가하여 그들로부터 각기 점유관리하고 있는 재물을 강취하고 그 중 1인을 상해하였다면 피해자별로 강도죄 또는 강도상해죄가 성립하나, 강도의 수단이 된 폭행·협박행위가 사실상 공통으로 이루어졌기 때문에 법률상 1개의 행위로 평가된다면 수개의 강도죄와 강도상해죄는 상상적경합의 관계에 있다(대법원 1991.6.25. 선고 91도643 판결).

2) 강도상해죄의 강도에는 특수강도가 포함되고 제334조 제1항의 특수강도(주거침입강도)의 경우 별도로 주거침입죄가 성립하지 않는다(대법원 2012.12.27. 선고 2012도12777 판결).

6. 강도살인·치사죄(제338조)

(1) 주 체

1) 강도가 사람을 살해하거나 사망에 이르게 함으로써 성립하는 범죄로 각각 사형 또는 무기징역

과 무기 또는 10년 이상이 징역에 처한다. 유기징역에 처할 경우에는 10년 이하의 자격정지를 병과할 수 있다(제345조). 본죄의 미수범은 처벌한다(제342조). 강도상해·치상죄와 마찬가지로 여기서 강도란 단순강도, 특수강도, 인질강도, 준강도를 말하고, 해상강도가 사람을 살해하거나 사망에 이르게 한 때에는 제340조 제3항에 의해 처벌된다.

2) 강도살인·치사죄의 주체인 강도는 준강도를 포함하므로 절도가 체포를 면탈할 목적으로 사람을 살해하거나 사망에 이르게 한 경우에도 본죄가 성립한다(대법원 1987.6.28. 선고 83도1210 판결). 그리고 (준)강도가 반드시 재물강취의 목적을 달성하여 강도기수에 이른 것을 요건으로 하는 것은 아니므로 (준)강도의 미수범이 강도행위 과정에서 피해자를 살해하거나 사망에 이르게 하였다면 강도살인·치사죄가 성립한다(대법원 1987.9.22. 선고 87도1592 판결).

3) 강도살인죄는 사망의 결과에 대한 고의가 있는 경우에 성립하는 결합범인데 반하여, 강도치사죄는 사망의 결과에 대해 과실이 있는 경우에 성립하는 결과적가중범이다. 강도살인죄에 있어서의 살인의 고의는 반드시 살해의 목적이나 계획적인 살해의 의도가 있어야 인정되는 것은 아니고, 자기의 행위로 인하여 타인의 사망의 결과를 발생시킬 만한 가능 또는 위험이 있음을 인식하거나 예견하면 족하다. 예컨대 강도가 베개로 피해자의 머리를 약 3분간 누르던 중 피해자가 저항을 멈추고 사지가 늘어졌음에도 불구하고 그 행위를 계속하여 피해자를 사망하게 하였다면, 범인에게는 살인의 고의가 있다고 할 것이므로 범인은 강도살인의 죄책을 진다(대법원 2002.2.8. 선고 2001도6425 판결).

(2) 강도의 기회

1) 강도살인죄는 강도범인이 강도의 기회에 살인행위를 함으로써 성립한다. 여기서 '강도의 기회'라고 함은 강도범행의 실행 중이거나 그 실행 직후 또는 실행의 범의를 포기한 직후로서 사회통념상 범죄행위가 완료되지 아니하였다고 볼 수 있는 단계를 말한다. 따라서 강도범행 직후 신고를 받고 출동한 경찰관이 위 범행 현장으로부터 약 150m 지점에서, 화물차를 타고 도주하는 범인을 발견하고 순찰차로 추적하여 격투 끝에 범인을 붙잡았으나, 범인이 너무 힘이 세고 반항이 심하여 수갑도 채우지 못한 채 범인을 순찰차에 억지로 밀어 넣고서 파출소로 연행하고자 하였는데, 그 순간 범인이 체포를 면하기 위하여 소지하고 있던 과도로써 옆에 앉아 있던 경찰관을 찔러 사망케 하였다면 살인행위는 강도행위와 시간상 및 거리상 극히 근접하여 사회통념상 범죄행위가 완료되지 아니한 상태에서 이루어진 것으로 강도살인죄를 구성한다(대법원 1996.7.12. 선고 96도1108 판결). 그리고 甲과 乙이 전날 밤 10:00경에 피해자를 체포·감금하여 폭행·협박하던 중 그 다음날 05:00경에 피해자의 예금통장과 인장을 강취하고 그로부터 5시간이 경과된 10:00경 피해자를 살해하려다 경찰에 의해 체포되었다고 하더라도, 甲과 乙의 재물강취의사는 경찰에 의하여 체포될 때까지 존재하고 있었고, 비록 살인행위가 새로운 범의에 의한 것이었다고 하여도 이는 강도의 기회에 그와 관련하여 행하여진 것인 이상 甲과 乙은 강도살

인미수의 죄책을 진다(대법원 1976.12.14. 선고 76도3267 판결).

2) 강도가 재물 또는 재산상의 이익을 취득한 다음 사람을 살해하는 경우뿐만 아니라, 처음부터 재물 또는 재산상의 이익을 취득할 목적으로 사람을 살해한 다음 재물 또는 재산상 이익을 취득한 경우에도 강도살인죄가 성립한다.

우선 사람을 살해한 후 재물을 탈취함으로써 강도살인죄가 성립하기 위해서는 살인행위와 재물탈취행위는 서로 밀접하게 관련되어 있어 살인행위를 이용하여 재물을 탈취하였다고 볼 수 있어야 한다(대법원 1985.10.22. 선고 85도1527 판결; 대법원 1999.3.9. 선고 99도242 판결). 사람을 살해한 후에 비로소 재물을 취득할 의사가 생겨 그 재물을 취득한 때에는 살인죄와 절도죄 또는 점유이탈물횡령죄의 경합범으로 처벌할 수 있을 따름이다(대법원 1993.9.28. 선고 93도2143 판결; 대법원 2004.6.24. 선고 2004도1098 판결).

○ **대법원 1985.10.22. 선고 85도1527 판결【강도살인】**

피고인은 피해자의 택시를 무임승차하고 택시요금을 요구하는 피해자의 추급을 벗어나고자 동인을 살해한 직후 피해자의 주머니에서 택시 열쇠와 돈 8,000원을 꺼내어 피해자의 택시를 운전하고 현장을 벗어났다면, 피고인은 채무면탈의 목적으로 피해자를 살해하고 피해자의 반항능력이 완전히 상실된 것을 이용하여 즉석에서 피해자가 소지하였던 재물까지 탈취한 것이므로, 살인행위와 재물탈취행위는 서로 밀접하게 관련되어 있어 살인행위를 이용한 재물탈취행위라고 볼 것이니 피고인은 강도살인죄로 의율함이 타당하다.

○ **대법원 1999.3.9. 선고 99도242 판결【강도살인】**

피고인이 피해자 경영의 소주방에서 금 35,000원 상당의 술과 안주를 시켜 먹은 후 피해자가 피고인에게 술값을 지급할 것을 요구하며 피고인의 허리를 잡고 피고인이 도망가지 못하게 하자 피고인은 그 술값을 면할 목적으로 피해자를 살해하고 곧바로 피해자가 소지하고 있던 현금 75,000원을 꺼내어 갔다.… 피고인이 피해자를 살해할 당시 그 소주방 안에는 피고인과 피해자 두 사람밖에 없었는바 이와 같은 경우 피고인이 피해자를 살해하면 피해자는 피고인에 대하여 술값 채권을 행사할 수 없게 되고, 피해자 이외의 사람들에게는 피해자가 피고인에 대하여 술값 채권을 가지고 있음이 알려져 있지 아니한 탓으로 피해자의 상속인이 있다 하더라도 피고인에 대하여 그 채권을 행사할 가능성은 없다 할 것이므로, 위와 같은 상황에서 피고인이 채무를 면탈할 목적으로 피해자를 살해한 것은 재산상의 이익을 취득할 목적으로 피해자를 살해한 것이라 할 수 있고, 또한 피고인이 피해자를 살해한 행위와 즉석에서 피해자가 소지하였던 현금을 탈취한 행위는 서로 밀접하게 관련되어 있기 때문에 살인행위를 이용하여 재물을 탈취한 행위라고 볼 수 있다.

그리고 재산상 이익을 취득할 목적으로 사람을 살해함으로써 강도살인죄가 성립하기 위해서는 그로 인해 재산상 이익이 사실상 범인 또는 제3자 앞으로 이전되었다고 볼 만한 상태가 되어야 한다. 따라서 채무를 면탈할 목적으로 사람을 살해한 경우라도 채무의 존재가 명백할 뿐만 아니라 채권자의 상속인이 존재하고 그 상속인에게 채권의 존재를 확인할 방법이 확보되어 있는 때에는 채권자를 살해하더라도 일시적으로 채권자 측의 추급을 면한 것에 불과하므로 강도살인죄의 죄책을 물 수는 없다(☞ **[판례 Ⅲ-16]** 참조).

[판례 Ⅲ-16] 대법원 2004.6.24. 선고 2004도1098 판결【강도살인, 사체유기】

〈공소사실〉

피고인은 (1) 2003.5.경 피해자(44세)로부터 한 달 후에 갚기로 하고 돈 100만원을 빌렸으나 이를 갚지 못하고 있던 중 같은 해 7.2. 18:30경 ○○아파트 신축예정부지 내 공터로 피해자를 불러 내 "미안하다, 당장은 돈이 없으나 곧 돈이 생길 테니 그 때 생기면 주겠다"고 하면서 변제기를 유예해 줄 것을 사정하였으나 오히려 피해자가 "돈을 빨리 갚아라, 돈을 주지 않으면 연장이라도 가지고 가겠다"고 말하면서, 그곳에 주차되어 있던 피고인 소유의 화물차 뒷좌석에서 공구함과 망치를 꺼내는 것을 보고 이를 제지하면서 말다툼을 벌이다가 순간적으로 화가 치밀어 올라 피해자를 살해하여 위 돈의 지급을 면하기로 마음먹고, 바닥에 떨어진 위 망치를 집어들고 허리를 숙이고 있는 피해자의 뒷머리 부위를 1회 내리치고, 그 충격으로 쓰러졌다가 다시 일어서려는 피해자의 뒷머리 부위를 다시 위 망치로 수회 내리쳐 실신시킨 후 피해자가 위 장소까지 운전하여 온 화물차의 적재함에 실려 있던 나이론 밧줄을 꺼내어 피해자의 목 부위에 두르고 양손으로 2-3분가량 힘껏 졸라 피해자로 하여금 즉석에서 두부손상 등으로 사망하게 하여 피해자를 살해한 후 피해자의 상의 주머니 안에 있는 피해자 소유의 10만원권 자기앞수표 3매, 현금 90만원, 신용카드 2장 등이 들어 있는 지갑을 꺼내어 가지고 가고, (2) 위와 같은 일시, 장소에서 위와 같이 피해자를 살해한 후 피해자를 양손으로 들어 그 곳에 주차되어 있는 화물차량의 적재함에 실은 후 그곳 컨테이너 뒤에 있던 스티로폼을 가지고 와 피해자를 덮어두고 피고인의 주거지로 돌아왔다가 다음날인 같은 달 3. 10:00경 위 장소로 다시 찾아가 그 곳 컨테이너 주변에 있던 보안덮개로 피해자를 감싸고 전선으로 발목 부위와 몸통 부위를 묶고 스티로폼으로 덮은 다음 같은 날 23:00경 위 화물차량을 운전하여 ○○빌라 00동 주차장에 도착하여 그곳에 계속 주차해 두었다.

〈판결요지〉

(1) 강도살인죄가 성립하려면 먼저 강도죄의 성립이 인정되어야 하고, 강도죄가 성립하려면 불법영득(또는 불법이득)의 의사가 있어야 하며, 형법 제333조 후단 소정의 '재산상 이익의 취득'을 인정하기 위해서는 재산상 이익이 사실상 피해자에 대하여 불이익하게 범인 또는 제3자 앞으로 이전되었다고 볼 만한 상태가 이루어져야 하는데, 채무의 존재가 명백할 뿐만 아니라 채권자의 상속인이 존재하고 그 상속인에게 채권의 존재를 확인할 방법이 확보되어 있는 경우에는 비록 그 채무를 면탈할 의사로 채권자를 살해하더라도 일시적으로 채권자 측의 추급을 면한 것에 불과하여 재산상 이익의 지배가 채권자 측으로부터 범인 앞으로 이전되었다고 보기는 어려우므로, 이러한 경우에는 강도살인죄가 성립할 수 없다고 보아야 한다.

이 사건에서 피해자와 피고인 사이에 언쟁이 일어난 원인과 범행 경위 등에 비추어 볼 때 피고인이 차용금채무를 면탈할 목적으로 피해자를 살해한 것이라고 단정하기 어렵고, 오히려 피해자가 피고인의 요청을 거부하면서 피고인을 심히 모욕하는 바람에 격분을 일으켜 억제하지 못하고 살해의 범행에 이르렀다고 보는 것이 타당할 뿐 아니라, 피고인과 피해자 사이에 차용증서가 작성되지는 않았지만 피해자의 그 상속인 중 한 사람인 피해자의 처가 피해자로부터 전해 들어 이미 피고인에 대한 대여금 채권의 존재를 알고 있어, 가사 피고인이 그 차용금 채무를 면탈할 목적으로 피해자를 살해하였다고 하더라도 이는 일시적으로 피해자 측의 추급을 면한 것에 불과하다고 할 것이므로 이러한 사정만으로 곧바로 강도살인죄가 성립한다고 볼 수는 없을 것이다.

(2) 한편 피고인이 피해자를 살해한 후 피해자의 재물을 강취하였다고 단정하기도 어렵다. 피고인은 살해 직후 피해자가 운전하고 온 차량의 적재함에 피해자의 시체를 싣고 보니 마침 그 상의 조끼에 지갑이 있는 것을 발견하고, 장차 시체가 발견될 때 피해자의 신원이 밝혀지는 게 두려워 이를 숨기기 위하여 지갑을 꺼내 그 차량의 사물함에 통째로 넣어두었다가(따라서 이때까지는 피고인에게 지갑 속의 재물에 대한 불법영득의 의사를 인정하기 어렵다), 그로부터 15시간 가량 지난 후인 그 다음날 10:00경 범행현장에 다시 왔을 때 지갑 속에 들어 있던 돈과 피해자의 바지주머니에 별도로 들어 있던 10만원 가량의 돈을 꺼냈다가 지갑 속의 돈은 피에 젖어 사용할 수 없을 것으로 생각하여 며칠 후 지갑채로 버리고, 바지주머니에서 꺼낸 돈은 유류대금과 담배값 등으로 사용하였음을 알 수 있다.

강도살인죄는 강도범인이 강도의 기회에 살인행위를 함으로써 성립하는 것이므로, 강도범행의 실행중이거나 그 실행 직후 또는 실행의 범의를 포기한 직후로서 사회통념상 범죄행위가 완료되지 아니하였다고 볼 수 있는 단계에서 살인이 행하여짐을 요건으로 하는데, 피고인은 피해자 소유의 돈과 신용카드에 대하여 불법영득의 의사를 갖게 된 것은 살해 후 상당한 시간이 지난 후로서 살인의 범죄행위가 이미 완료된 후의 일로 보이므로, 살해 후 상당한 시간이 지난 후에 별도의 범의에 터 잡아 이루어진 재물 취거행위를 그보다 앞선 살인행위와 합쳐서 강도살인죄로 처단할 수는 없다.

〈해 설〉

우선 피고인에게 피해자를 살해하고 재산상 이익을 취득하였음을 이유로 하여 강도살인의 죄책을 묻기 위해서는 사실상 재산상 이익이 범인 또는 제3자 앞으로 이전되었다고 볼 만한 상태가 이루어져야 하는데, 이 사건에서 피고인은 차용금 채무를 면탈할 목적으로 피해자를 살해하였다고 하더라도 이는 일시적으로 피해자 측의 추급을 면한 것에 불과하다고 할 것이므로 이러한 사정만으로 곧바로 강도살인죄가 성립한다고 볼 수는 없다.

다음으로 피고인에게 피해자를 살해한 후 재물을 취득하였음을 이유로 강도살인의 죄책을 묻기 위해서는 살인행위와 재물탈취행위는 서로 밀접하게 관련되어 있어 살인행위를 이용하여 재물을 탈취하였다고 볼 수 있어야 하는데, 이 사안에서는 피고인이 피해자를 살해한 후 피해자의 상의주머니에서 지갑을 가져간 것이 아니라 단지 피해자의 신원이 밝혀지는 것이 두려워 지갑을 꺼내 화물차의 사물함에 넣어 두었고 그로부터 15시간이 지난 후에 피해자의 지갑과 바지주머니 안에 있던 돈을 꺼내갔을 따름이다. 검사가 공소사실로 "피해자를 살해한 후 피해자의 상의 주머니 안에 있는…지갑을 꺼내갔다"고 기재한 것은 지갑절취행위가 살인행위와 밀접하게 이루어졌음을 주장하기 위한 것으로 보인다. 그러나 대법원이 지적하고 있듯이 피고인은 피해자를 살해한 직후 피해자의 상의주머니에서 지갑을 가져간 것이 아니라, 피해자를 살해한 후 상당한 시간이 지난 후에 지갑 안에 있던 돈과 바지주머니 안에 있던 돈을 가져갔으므로 이러한 영득행위는 살인행위와 밀접하게 관련되어 있다고 볼 수 없다. 한편 사망한 피해자의 지갑을 가져간 행위를 절도죄로 의율할 것인가 또는 점유이탈물횡령죄로 의율할 것인가가 문제될 수 있다. 앞의 [판례 Ⅰ-5]에서 설명하였듯이 살해행위와 재물영득행위가 시간적·장소적으로 매우 근접해 있어야 하는데, 이 사안에서는 재물영득행위와 살해행위가 시간적· 장소적으로 근접해 있다고 보기는 어렵다. 따라서 피고인이 피해자의 지갑과 주머니 안에 들어 있던 돈을 가져간 행위는 점유이탈물횡령죄로 의율해야 할 것이다. 결론적으로 이 사건에서 피고인에 대해서는 살인, 점유이탈물횡령 그리고 사체유기의 죄책만을 물 수 있다.

(2) 강도살인·치사죄의 공범

1) 강도의 공범 중의 1인이 강도의 기회에 피해자를 살해한 경우 다른 공범에게 강도살인·치사죄의 죄책을 지울 수 있는가가 문제된다. 살인의 점에 대해 사전에 모의하거나 또는 범행현장에서 살인에 대한 공동가공의 의사가 형성되어 공범 중 1인이 피해자를 살해한 경우 피해자의 살해에 가담하지 아니한 공범도 강도살인죄의 죄책을 진다. 예컨대 피고인 1과 2가 택시운전사로부터 금품을 강취할 목적으로 과도 2개를 구입하여 과도 1개씩을 감추고 택시를 타고 가다 한적한 곳에 택시를 정지시킨 후 운전수 뒷자리에 타고 있던 피고인 1은 피해자의 등 뒤에서 왼손으로 목을 조르고 과도로 눈과 안면부를 각 1회씩 찌르자 피해자가 도망하므로 따라가서 목과 안면부를 4~5회 찌르고 피고인 2도 과도로 1회 찌르고 주먹으로 2회 때려 전치 약 3주간을 요하는 좌안구혈종 등의 상해를 입게 하고 금품을 강취하였다면 피고인들에게는 살인의 고의가 인정되므로 피고인들은 강도살인미수의 죄책을 진다(대법원

1987.1.20. 선고 862308 판결).

2) 한때 판례는 수인이 합동하여 강도를 한 경우 1인이 강취하는 과정에서 사람을 폭행, 사망케 한 때에는 나머지 범인도 이를 예기하지 못한 것으로 볼 수 없는 경우에는 강도살인의 죄책을 면할 수 없다고 판시한 바 있다(대법원 1984.2.28. 선고 83도3162 판결). 그러나 강도상해죄에서 설명한 바와 같이 결합범인 강도살인죄의 공동정범이 성립하기 위해서는 강도의 점 뿐 아니라 살인의 점에 관한 공동이 요구되므로, 사전에 또는 범행현장에서라도 사람을 살해한다는데 대한 공모가 없는 한 다른 공범에게 강도살인죄의 죄책을 지울 수는 없다. 다만 강도의 공범자 중 1인이 강도의 기회에 사람을 살해한 경우 그 살인행위나 사망의 결과를 예견할 수 있었던 때에는 강도치사죄의 죄책을 지울 수 있다(☞ **[판례 Ⅲ-17]** 참조).

[판례 Ⅲ-17] 대법원 1991.11.12. 선고 91도2156 판결【강도살인】

〈사실관계〉

피고인 1은 2와 공모하여 유흥비를 마련하기 위해 술취한 사람을 상대로 금품을 강취할 것을 마음먹고, 소나타 승용차를 빌려 운전하고 가다가 밤 00:00경에 술에 취한 피해자를 집까지 데려다 주겠다고 위 승용차에 태워 가다가 폭행과 협박을 한 후 금품을 강취하고, 계속하여 위 피해자를 주먹과 발로 때리며 승용차 밖으로 끌어내렸다. 이 때 피고인 2는 피해자가 경찰관서에 신고하지 못하도록 하기 위해 부근에 있는 길이 1m정도의 각목으로 위 피해자의 다리를 수회 때리고 사람 머리 크기의 돌멩이를 집어 들어 위 피해자의 등을 때리고 또 뒤통수를 때려 머리에 피를 흘리며 쓰러지게 하여 즉석에서 위 피해자를 외상성 뇌출혈 등으로 죽게 하였다.

〈대법원 판결요지〉

강도살인죄는 고의범이고 강도치사죄는 이른바 결과적가중범으로서 살인의 고의까지 요하는 것이 아니므로, 수인이 합동하여 강도를 한 경우 그 중 1인이 사람을 살해하는 행위를 하였다면 그 범인은 강도살인죄의 기수 또는 미수의 죄책을 지는 것이고 다른 공범자도 살해행위에 관한 고의의 공동이 있었으면 그 또한 강도살인죄의 기수 또는 미수의 죄책을 지는 것이 당연하다 하겠으나, 고의의 공동이 없었으면 피해자가 사망한 경우에는 강도치사죄의 죄책을 진다고 보아야 할 것이다.

강도살인죄는 고의범이므로 강도살인죄의 공동정범이 성립하기 위해서는 강도의 점 뿐 아니라 살인의 점에 관한 고의의 공동이 필요하다고 할 것인데 원심이 들고 있는 증거를 살펴보면 피고인 1이 피고인 2와 공모하여 강도의 범행을 한 사실은 인정할 수 있으나, 피고인 1이 피고인 2와 살인의 공모까지 하였다고 인정하기는 어렵고 피고인이 살해행위에 가담하였다고 인정할 증거도 없다. 또한 강도의 공범자 중 1인이 강도의 기회에 피해자에게 폭행 또는 상해를 가하여 살해한 경우, 다른 공모자가 살인의 공모를 하지 아니하였다고 하여도 그 살인행위나 치사의 결과를 예견할 수 없었던 경우가 아니면 강도치사죄의 죄책을 면할 수 없다고 할 것이나, 이 사건에서 피고인이나 변호인은 이를 전혀 예견할 수 없었다고 주장하고 있으므로, 이에 관하여는 사실심인 원심이 판단을 하여야 할 것이다.

〈참조판례〉

○ 대법원 1990.11.27. 선고 90도2262 판결【강도살인 등】

피고인들이 등산용 칼을 이용하여 노상강도를 하기로 공모하고 범행 당시 차안에서 망을 보고 있던 피고인 1이나 등산용 칼을 휴대하고 있던 피고인 2와 함께 차에서 내려 피해자로부터 금품을 강취하려 했던 피고인 3으로서는 그때 우연히 현장을 목격하게 된 다른 피해자를 피고인 2가 소지 중인 등산용 칼로 살해하여 강도살인행위에 이를 것을 전혀 예상하지 못하였다고 할 수 없으므로 피고인 1과 3은 강도치사죄로 의율처단함이 옳다.

7. 강도강간죄(제339조, 제340조 제3항, 특가법 제5조의5), 주거침입강간등(성폭법 제3조 제1항), 특수강도강간등(같은 조 제2항)

1) 강도가 사람을 강간함으로써 성립하는 범죄로 무기 또는 10년 이상의 징역에 처한다(제339조). 유기징역에 처할 경우 10년 이하의 자격정지를 병과할 수 있다(제345조). 본죄의 미수범은 처벌한다(제342조). 강도강간죄 또는 그 미수죄로 형을 선고받고 그 집행이 끝나거나 면제된 후 다시 이들 죄를 범한 때에는 사형, 무기 또는 10년 이상의 징역에 처한다(특가법 제5조의5). 여기서 강도란 단순강도, 특수강도, 인질강도, 준강도 또는 그 미수범을 말한다. 해상강도가 사람을 강간한 때에는 사형 또는 무기징역에 처한다(제340조 제3항).

주거침입죄, 야간주거침입절도죄, 특수절도죄 또는 그 미수범의 죄를 범한 자가 강간, 유사강간, 강제추행, 준강간·준강제추행죄를 범한 때에는 무기 또는 5년 이상의 징역에 처하고(성폭법 제3조 제1항), 특수강도 또는 그 미수범의 죄를 범한 자가 강간, 유사강간, 강제추행, 준강간·준강제추행죄를 범한 때에는 사형, 무기 또는 10년 이상의 징역에 처한다(같은 조 제2항).

2) 강도강간죄는 강도가 실행에 착수한 뒤 강도행위를 완료하기 전에 강간을 함으로써 성립하는 범죄이므로(대법원 1986.5.27. 선고 86도507 판결), 강간범이 강간행위 종료 후에 강도의 범의를 일으켜 피해자로부터 재물을 강취하는 경우에는 강도강간죄가 아니라 강간죄와 강도죄의 경합범으로 처벌될 따름이다(대법원 2002.2.8. 선고 2001도6425 판결). 사람을 폭행·협박하여 반항을 억압하고 강간을 한 다음 피해자의 항거불능 상태가 계속 중임을 이용하여 피해자의 재물을 탈취하는 경우에는 재물탈취를 위한 새로운 폭행이나 협박이 없더라도 강도죄가 성립한다(대법원 2010.12.9. 선고 2010도9630 판결).

강간범이 강간행위 종료 전에 강도를 하고 다시 그 자리에서 강간행위를 계속하였다면 전체적으로 보아 강도가 사람을 강간한 때에 해당하므로 강도강간의 죄책을 지고(대법원 1988.9.9. 선고 88도1240 판결), 특수강간범이 강간행위 종료 전에 특수강도의 행위를 한 이후에 그 자리에서 강간행위를 계속하는 때에는 성폭법상 특수강도강간의 죄책을 진다(대법원 2010.7.15. 선고 2010도3594 판결).

4) 강도가 피해자를 폭행하여 상해를 입고 그 자리에서 항거불능 상태에 빠진 피해자를 간음한 경우에는 강도상해죄(제337조)와 강도강간죄(제339조)가 성립하고 양 죄는 상상적 경합관계에 있다(대법원 1988.6.28. 선고 88도820 판결). 이 때 그 실행행위의 일부인 강도행위는 위 각 죄에 흡수되어 별개의 범죄를 구성하지 않는다(대법원 2010.4.29. 선고 2010도1099 판결). 그리고 만약 강도가 피해자를 폭행하여 재물을 강취한 다음 항거불능상태에 빠진 피해자를 간음하다가 그 과정에서 피해자에게 상해를 입혔다면

강도강간죄와 강간치상죄의 상상적 경합으로 처벌된다.

4) 수명이 강도하기로 모의한 후 피해자 1(남)로부터는 금품을 빼앗은 후 피해자 2(여)를 강간한 경우에는 포괄하여 하나의 강도강간의 죄책을 진다(대법원 1991.11.21. 선고 91도2241 판결).

8. 해상강도죄(제340조 제1항), 해상강도상해·치상죄(제340조 제2항), 해상강도살인·치사죄(제340조 제3항)

1) 다중의 위력으로 해상에서 선박을 강취하거나 선박 내에 침입하여 타인의 재물을 강취한 때에는 무기 또는 7년 이상의 징역에 처하고, 유기징역에 처할 경우에는 10년 이하의 자격정지를 병과할 수 있다(제345조). 본죄의 미수범은 처벌한다(제342조). 위 죄를 범하여 사람을 상해하거나 상해에 이르게 한 때에는 무기 또는 10년 이상의 징역에 처하고, 사람을 살해하거나 사망에 이르게 한 때에는 사형 또는 무기징역에 처한다. 유기징역에 처할 경우에는 10년 이하의 자격정지를 병과할 수 있다(제345조). 이들 죄의 미수범은 처벌한다(제342조).

2) 피고인들이 선장을 비롯한 선원들을 살해하는 등의 방법으로 선박의 지배권을 장악하여 목적지까지 항해한 후 선박을 매도하거나 침몰시키려고 한 경우 선박에 대한 불법영득의 의사가 있다고 할 것이므로 피고인들은 해상강도살인죄의 죄책을 진다(대법원 1997.7.25. 선고 97도1142 판결).

3) 해적들이 공모하여 공해상에서 대한민국 해운회사가 운항 중인 선박을 납치한 후 그 중 한 명이 선장을 살해할 의도로 총격을 가한 경우 나머지 해적들로서는 해적 중의 한 명이 선장을 살해하려고 할 것이라는 점까지 예상할 수는 없었다면 해상강도살인죄의 공동정범의 죄책을 물 수 없다(대법원 2011.12.22. 선고 2011도12927 판결).

9. 상습강도죄(제341조)

1) 상습으로 강도죄(제333조), 특수강도죄(제334조), 인질강도죄(제336조), 해상강도죄(제340조 제1항)의 죄를 범한 때에는 무기 또는 10년 이상의 징역에 처한다(형법 제341조). 유기징역에 처할 경우 10년 이하의 자격정지를 병과할 수 있다(제345조). 본죄의 미수범은 처벌한다(제342조). 단순강도죄(제333조), 특수강도죄(제334조), 준강도죄(제335조), 인질강도죄(제336조), 해상강도죄(제340조) 및 그 미수죄로 세 번 이상 징역형을 받은 사람이 다시 이들 죄를 범하여 누범으로 처벌하는 한 때에는 경우에는 무기 또는 10년 이상의 징역에 처한다(특가법 제5조의4 제5항 제2호).

2) 상습성이란 동종형태의 행위를 반복적으로 수행하는 습벽을 말하는데, 상습성의 유무는 피고인의 연령·성격·직업·환경·전과사실, 범행의 동기·수단·방법 및 장소, 전에 범한 범죄와의 시간적 간격, 그 범행의 내용과 유사성 등 여러 사정을 종합하여 판단한다. 상습성을 판단함에 있어서는 범행의

회수와 태양, 종전의 전과사실 등이 그 중요한 근거가 되나 단순히 수차례의 범행이 있다거나 동종범행의 전과가 있다고 하여 상습성이 인정되는 것은 아니다. 최종범행일이나 출소일로부터 오랜 시간이 지난 후에 한차례 범행을 범했다면 그것만으로 그 범행을 상습성의 발현이라고 인정하기에는 부족하고, 그 범행을 상습범으로 처벌하기 위해서는 전과사실 이외에 그것이 특히 범행습벽의 발현이라고 인정할 수 있는 합리적인 사정이 있어야 한다(대법원 1987.9.8. 선고 87도1371 판결).

한편 강도의 상습성을 인정하기 위해서 반드시 이전에 강도죄로 처벌된 전과가 있을 것을 요하는 것도 아니다. 비록 피고인에게 강도의 전과사실이 없다 하더라도 불과 3개월여 사이에 16회에 걸쳐 특수강도행위를 반복하였고 여러 사람이 한 밤중에 칼을 협박의 도구로 사용하며 피해자들을 묶어놓는 등 그 범행의 수단 방법이 범행을 거듭함에 따라 전문화, 대형화해가고 있다면 특수강도의 상습성을 인정할 수 있다(대법원 1986.6.10. 선고 86도778 판결).

그리고 절도와 강도는 유형을 달리하는 범행으로 각 별로 상습성의 유무를 가려야 한다(대법원 1990.4.10. 선고 90감도8 판결). 따라서 절도죄의 전과가 2회 있을 뿐 강도의 전력이 없다면 절도의 전과만으로 강도죄의 상습성을 인정하는 자료로 삼을 수 없고(대법원 1989.12.12. 선고 89도1995 판결), 절도와 강도의 습벽을 모두 가지고 있는 자가 절도죄와 강도죄를 범한 경우에는 상습절도죄와 상습강도죄의 경합범의 죄책을 진다(서울고법 1988.6.24. 선고 88노666 판결).

3) 형법 제341조나 특가법 제5조의4 제3항은 강도, 특수강도, 약취강도, 해상강도의 죄에 관해서는 상습범가중처벌규정을 두고 있으나 강도상해·치상, 강도살인·치사 및 강도강간의 죄에 관해서는 상습범가중처벌규정을 두고 있지 아니하므로 상습강도죄와 강도상해(강도살인, 강도강간)의 죄는 포괄적 일죄의 관계가 아니라 실체적 경합관계에 있다고 보아야 한다(대법원 1982.10.12. 선고 82도1764 판결; 대법원 1992.4.14. 선고 92도297 판결). 따라서 강도의 습벽이 있는 자가 강도죄를 범한 후 다시 강도상해의 죄를 범한 때에는 상습강도죄와 강도상해죄의 실체적 경합으로 처벌된다(대법원 1982.10.12. 선고 82도1764 판결).

4) 상습적인 강도의 목적으로 강도예비를 하였다가 강도에 이르지 아니하고 강도예비에 그친 경우에도 그것이 강도상습성의 발현이라고 보이는 경우 강도예비행위는 상습강도죄에 흡수되어 상습강도죄만 성립한다(대법원 2002.11.26. 선고 2002도5211 판결).

10. 강도예비·음모죄(제343조)

1) 강도를 할 목적으로 예비 또는 음모한 경우에는 7년 이하의 유기징역에 처하고, 10년 이하의 자격정지를 병과할 수 있다(제345조). 강도예비·음모죄의 법정형은 7년 이하의 징역으로 단순 절도죄의 법정형을 초과할 정도로 상당히 무겁게 정해져 있고, 원래 예비·음모는 법률에 특별한 규정이 있는 경우에 한하여 예외적으로 처벌의 대상이 된다는 점(형법 제28조)을 고려해 볼 때, 강도예비·음모죄로 인정되는 경우는 위 법정형에 상당한 정도의 위법성이 나타나는 유형의 행위로 한정되어야 한다.

2) 예비란 실행의 착수까지에는 이르지 아니하는 범죄의 실현을 위한 준비행위가 있어야 한다. 준비행위에는 특별한 정형이 있는 것도 아니지만 단순히 범행의 의사 또는 계획만으로는 부족하고 객관적으로 보아서 범죄의 실현에 실질적으로 기여할 수 있는 외적 행위를 필요로 한다(대법원 2009.10.29. 선고 2009도7150 판결). 피고인이 강도에 사용될 수 있는 식칼(길이 약 26cm)을 가방에 소지한 채 오토바이를 타고 돌아다니다가 순찰 중인 방범대원에게 검거되었다고 하더라도 피고인이 강도를 예비를 인정할만한 특별한 사정이 없는 한 폭처법위반(우범자)죄로 처벌함은 별론으로 하더라도 강도예비죄로 처벌할 수는 없다(대법원 1989.11.28. 선고 89도1909 판결).

3) 음모란 2인 이상이 범죄의 실행에 합의하는 것으로서 단순히 범죄결심을 외부에 표시·전달하는 것만으로는 부족하고, 객관적으로 보아 특정한 범죄의 실행을 위한 준비행위라는 것이 명백히 인식되고 그 합의에 실질적인 위험성이 인정되어야 한다. 따라서 군인인 피고인들이 수회에 걸쳐 '총을 훔쳐 전역 후 은행이나 현금수송차량을 털어 한탕 하자'는 말을 나눈 정도만으로는 강도음모죄를 인정할 수는 없다(대법원 1999.11.12. 선고 99도3801 판결).

4) 한편 본죄는 '강도'를 할 목적으로 예비 또는 음모한 경우에 성립하므로, 강도에 준하여 처벌되는 '준강도'를 할 목적으로 예비 또는 음모를 하였다고 하여 본죄로 처벌할 수는 없다(☞ **[판례 Ⅲ-19]** 참조).

[판례 Ⅲ-19] 대법원 2006.9.14. 선고 2004도6432 판결【강도예비】

〈공소사실〉

피고인은 2004.5.15. 03:00경 골목길에 화물차를 주차하여 두고 차안에서 시간을 보내다가 타인의 금품을 빼앗기 위하여 준비한 물건 중 쇠파이프, 쇠자, 회칼, 맥가이버칼, 망원경 등은 차안에 두고, 등산용 칼, 드라이버, 플래시, 포장용 테이프 등은 가방에 넣어 어깨에 멘 다음 손에 회색 목장갑을 끼고 골목길을 배회하면서 범행 대상을 물색하는 등 강도를 예비하였다.

〈대법원 판결요지〉

준강도죄에 관한 형법 제335조는 "절도가 재물의 탈환을 항거하거나 체포를 면탈하거나 죄적을 인멸할 목적으로 폭행 또는 협박을 가한 때에는 전2조의 예에 의한다"라고 규정하고 있을 뿐 준강도를 항상 강도와 같이 취급할 것을 명시하고 있는 것은 아니고, 형법은 흉기를 휴대한 절도를 특수절도라는 가중적 구성요건(형법 제331조 제2항)으로 처벌하면서도 그 예비행위에 대한 처벌조항은 마련하지 않고 있는데, 만약 준강도를 할 목적을 가진 경우까지 강도예비로 처벌할 수 있다고 본다면 흉기를 휴대한 특수절도를 준비하는 행위는 거의 모두가 강도예비로 처벌받을 수밖에 없게 되어 형법이 흉기를 휴대한 특수절도의 예비행위에 대한 처벌조항을 두지 않은 것과 배치되는 결과를 초래하게 된다는 점 및 정당한 이유 없이 흉기 기타 위험한 물건을 휴대하는 행위 자체를 처벌하는 조항을 폭처법 제7조에 따로 마련하고 있다는 점 등을 고려하면, 강도예비·음모죄가 성립하기 위해서는 예비·음모 행위자에게 미필적으로라도 '강도'를 할 목적이 있음이 인정되어야 하고 그에 이르지 않고 단순히 '준강도'할 목적이 있음에 그치는 경우에는 강도예비·음모죄로 처벌할 수 없다고 봄이 상당하다.

기록에 의하면, 피고인이 휴대 중이던 등산용 칼을 그 주장하는 바와 같이 뜻하지 않게 절도 범행이 발각되었을 경우 체포를 면탈하는데 도움이 될 수 있을 것이라는 정도의 생각에서 더 나아가 타인으로부터 물건을 강취하는 데 사용하겠다는 생각으로 준비하였다고 단정하기는 어렵고, 이와 같이 피고인에게 준강도할 목적이 인정되는 정도에 그치는 이상 피고인에게 강도할 목적이 있었다고 볼 수 없으므로 강도예비죄의 죄책을 인정할 수는 없다 할 것이다.

5) 상습강도죄를 범한 범인이 강도의 목적으로 강도예비를 하였다가 강도의 실행으로 나아가지 않았는데 그것이 강도상습성의 발현으로 인정된다면 이는 상습강도죄에 흡수되고 이와 별도로 강도예비죄를 구성하지 아니한다(대법원 2003.3.28. 선고 2003도665 판결). 그리고 강도할 목적으로 모의하여 강도예비를 한 후 범의의 갱신없이 며칠 후에 강도의 실행으로 나아갔다면 강도예비의 점은 강도죄에 흡수되고 별도의 강도예비죄를 구성하지 않는다(광주고법 1981.12.30. 선고 81노901 판결).

Ⅳ. 사기의 죄(제39장)

1) 사기의 죄(사기죄)는 사람을 기망하여 재물 또는 재산상 이익을 취득함으로써 성립하는 범죄이다. 그 유형으로는 단순사기죄(제347조), 컴퓨터등사용사기죄(제347조의2), 준사기죄(제348조), 편의시설부정이용죄(제348조의2), 부당이득죄(제349조), 상습사기죄(제351조)가 있다. 부당이득죄를 제외한 범죄들의 미수범은 처벌되며(제352조), 친족상도례(제328조) 및 동력에 관한 규정(제346조)이 준용된다(제354조).

2) 한편 사기죄로 인하여 취득하거나 제3자로 하여금 취득하게 한 재물이나 재산상 이익의 가액(이득액)이 5억원 이상인 때에는 특경법에 의해 가중처벌된다(제3조).

1. 사기죄(제347조)

(1) 의 의

1) 사기죄란 사람을 기망하여 재물 또는 재산상의 이익을 취득하거나 제3자로 하여금 취득하게 함으로써 성립하는 범죄로 10년 이하의 징역 또는 2천만원 이하의 벌금에 처하고, 유기징역에 처할 때에는 10년 이하의 자격정지를 병과할 수 있다(제353조). 본죄의 미수범은 처벌한다(제352조). 사기죄(제347조)를 범한 자가 그 범죄행위로 인하여 취득하거나 제3자로 하여금 취득하게 한 재물이나 재산상 이익의 가액(이득액)이 5억원 이상 50억원 미만일 때에는 3년 이상의 유기징역에 처하고, 이득액이 50억원 이상일 때에는 무기 또는 5년 이상의 징역에 처한다. 이 경우 이득액 이하에 상당하는 벌금을 병과할 수 있다(특경법 제3조 제1항, 제2항).

2) 상대방의 하자있는 의사에 기한 처분행위에 의해 재물 또는 재산상의 이익을 취득한다는 점에서 공갈죄와 더불어 편취죄에 해당한다. 일반적으로 사기죄의 보호법익에는 재산뿐만 아니라 거래상의 신의성실 또는 경제적 의사결정의 자유도 포함된다고 본다. 이 견해에 따르면 사기죄의 보호법익에 재산 이외에 거래상의 신의성실도 포함시킬 경우 재산상의 손해를 입은 사람뿐만 아니라 피기망자도 피해자로 볼 수 있다. 그러나 피해자에는 보호법익의 주체뿐만 아니라 행위의 객체도 포함되므로(헌법재판소 1993.3.11. 선고 92헌마48 결정), 피기망자를 피해자의 범주에 포함시키기 위해 굳이 거래상의 신의성실을 보호법익에 포함시킬 필요는 없다. 거래상의 신의성실은 보호법익이기 보다는 사기죄의 실행행위인 '기망'이 가져야 할 성질 내지는 개념요소 정도의 의미를 가지는 것으로 설명하면 족하다고 본다.

3) 기망행위에 의하여 조세를 포탈하거나 조세의 환급·공제를 받은 경우에는 조세범처벌법에 이러한 행위를 처벌하는 규정을 별도로 두고 있을 뿐만 아니라, 조세를 강제적으로 징수하는 국가 또는 지방자치단체의 직접적인 권력작용은 사기죄의 보호법익인 재산권과 동일하게 평가될 수 없으므로 조

세범처벌법위반죄가 성립함은 별론으로 하고 사기죄는 성립하지 않는다(대법원 2008.11.27. 선고 2008도7303 판결).

(2) 기망행위

가. 기망행위의 객체(사람)

1) 기망이란 사람을 착오에 빠뜨리는 일체의 행위를 말한다. 기망의 대상은 사람에 한하고 기계에 대한 기망은 있을 수 없다. 예컨대 자동판매기에 동전이 아닌 금속을 넣어 기계를 작동시켜 물품을 꺼내는 행위는 편의시설부정이용죄(제248조의2)에 해당할 수 있을 뿐 사기죄에 해당하지 않는다. 그리고 타인의 전화기를 무단으로 이용하여 전화통화를 하는 행위는 전기통신사업자가 전화가입자인 타인에게 통신을 매개하여 주는 서비스를 부당하게 이용하는 것에 불과할 뿐 전기통신사업자에 대한 기망행위라고 할 수 없을 뿐만 아니라, 타인의 전화기를 무단으로 사용하였다고 하여 전기통신사업자가 착오에 빠져 처분행위를 한 결과로서 재산상 이익을 취득하였다고 볼 수 없다. 따라서 타인의 전화기를 무단으로 사용하여 전화통화를 하는 행위는 사기죄를 구성하지 않는다(대법원 1999.6.25. 선고 98도3891 판결).

2) 접속 후 매 30초당 정보이용료 1,000원이 부과되는 060 회선을 임차한 후 휴대폰 사용자들에게 음악편지도착 등의 문자메시지를 무작위로 보내어 마치 아는 사람으로부터 음악 및 음성메시지가 도착한 것으로 오인하게 하여 통화버튼을 눌러 접속하게 한 후 정보이용료가 부과되게 하였다면 이는 사람을 기망하여 재산상 이익을 취득한 경우에 해당한다(대법원 2004.10.15. 선고 2004도4705 판결). 이와는 달리 컴퓨터를 이용하여 이동통신회사들의 전산망에 접속한 다음 전산상으로 사용정지된 휴대전화를 사용할 수 있도록 하거나 유심칩 읽기를 통해 문자메시지 발송한도를 해제한 것만으로는 사람을 기망하여 재산상 이익을 취득한 경우에 해당한다고 할 수 없다(대법원 2011.7.28. 선고 2011도5299 판결).

3) 사기죄의 피해자가 법인이나 단체인 경우에 기망행위가 있었는지는 법인이나 단체의 대표 등 최종 의사결정권자 또는 내부적인 권한 위임 등에 따라 실질적으로 법인의 의사를 결정하고 처분을 할 권한을 가지고 있는 사람을 기준으로 판단하여야 한다. 그 정을 알고 있는 법인이나 단체의 직원을 통해 법인이나 단체의 대표자 또는 실질적으로 의사결정을 하는 최종결재권자를 기망하여 그들로 하여금 재물을 처분하는 행위를 하게 한 경우에는 사기죄가 성립한다. 이에 반하여 법인이나 단체의 대표자 또는 실질적으로 의사결정을 하는 최종결재권자가 그 정을 알지 못하는 법인이나 단체의 직원으로 하여금 재물을 처분하는 행위를 하게 하였다면 업무상횡령죄 또는 업무상 배임죄가 성립하는 것은 별론으로 하고 사기죄는 성립하지 않는다(대법원 2017.8.29. 선고 2016도18986 판결).

나. 기망의 대상(사실)

1) 기망행위는 주로 허위사실을 주장하거나 사실을 왜곡하여 전달함으로써 이루어진다. 여기서 사실은 증명이 가능한 과거 또는 현재의 외적사실뿐만 아니라 동기, 목적, 지식 등의 내적 사실도 포함한

다. 금전차용이나 물품거래 당시에는 변제능력과 의사가 있었으나 경제사정 등의 변화로 사후적으로 변제할 수 없게 되었다면 기망이 있었다고 볼 수 없다(대법원 2003.1.24. 선고 2002도5265 판결). 그러나 거래 당시에 차용금이나 대금을 변제할 의사나 능력이 없음에도 피해자에게 변제할 것처럼 거짓말을 하여 피해자로부터 금전을 차용하거나 물품을 편취하였다면 이는 변제능력이라는 외적 사실과 변제의사라는 내적 사실을 기망한 경우로서 사기죄를 구성한다.

예금부족 등으로 인하여 제시일에 지급되지 않을 것이라는 결과발생을 예견하면서도 수표를 발행하거나(대법원 1997.4.11. 선고 97도249 판결), 이미 과다한 부채누적 등으로 신용카드 사용으로 인한 대출금채무를 변제할 의사나 능력이 없는 상황에서 신용카드를 사용하거나(대법원 2006.3.24. 선고 2006도282 판결), 어음할인의 방법으로 금원을 교부받은 경우 어음이 지급기일에 결제되지 않으리라는 점을 예견하거나 지급기일에 지급될 수 있다는 확신이 없으면서도 이를 수취인에게 고지하지 아니하고 어음의 할인을 받은 경우(대법원 2008.2.28. 선고 2007도10416 판결)에는 사기죄가 인정된다.

2) 기망은 널리 재산상의 거래관계에서 서로 지켜야 할 신의와 성실의 의무를 저버리는 모든 적극적 또는 소극적 행위를 말한다. 기망의 대상은 반드시 법률행위의 중요부분에 관한 것임을 요하지 않고 상대방을 착오에 빠지게 하여 자신이 원하는 재산적 처분행위를 하도록 하기 위한 판단의 기초가 되는 사실에 관한 것이면 충분하다(대법원 2007.10.25. 선고 2005도1991 판결). 따라서 법률행위의 내용의 중요한 부분의 착오를 유발하는 행위뿐만 아니라 이른바 동기의 착오를 유발하는 행위도 사기죄의 수단인 기망에 포함된다(대법원 1985.4.9. 선고 85도167 판결).

예컨대 용도를 속이고 돈을 빌린 경우 만일 진정한 용도를 고지하였더라면 상대방이 빌려주지 않았을 것으로 인정되는 때에는 사기죄가 성립한다(대법원 2005.9.15. 선고 2003도5382 판결). 그리고 개발제한구역 지정의 해제는 물론이고 그 해제로 인하여 얻게 될 재산상의 이익을 나누어줄 의사와 능력이 없으면서도 마치 피해자로부터 돈을 차용하여 개발제한구역 지정을 해제하는데 필요한 비용으로 사용하고 개발제한구역 해제로 인하여 얻게 될 이익을 피해자에게 나누어 줄 것처럼 피해자를 속여 피해자로부터 금원을 차용하였다면 이는 기망행위에 해당한다(대법원 1996.2.27. 선고 95도2828 판결). 나아가 중소기업자금(대법원 1983.7.26. 선고 83도1085 판결), 신규창업자금(대법원 2003.12.12. 선고 2003도4450 판결), 전업농육성정책자금(대법원 2005.5.26. 선고 2002도5565 판결)과 같이 용도가 제한된 자금을 개인적인 용도로 사용할 의도로 대출을 받은 경우에는 사기죄가 성립한다. 그러나 피해자에게 거래를 성사시키기 위해 교제비가 필요하니 빌려달라고 거짓말을 하여 이에 속은 피해자로부터 금원을 교부받았으나 거래가 성사되지 않더라도 고율의 이자로 금원을 대여하기로 합의한 경우와 같이, 금전교부의 목적이 실현되지 않더라도 어차피 금원을 교부하기로 한 경우에는 기망행위와 피해자의 재산적 처분행위와의 사이에 상당인과관계가 있다고 할 수 없으므로, 당초부터 변제할 의사와 능력이 없이 차용한 것이라고 인정되지 않는 한 사기죄는 성립하지 않는다(대법원 1984.1.17. 선고 83도2818 판결).

3) 甲이 인터넷뱅킹으로 乙의 계좌로 돈을 이체할 것을 잘못하여 丙의 계좌로 돈을 이체한 경우, 송금의뢰인인 甲과 수취인인 丙 사이에 계좌이체의 원인이 되는 법률관계가 존재하지 않더라도 丙은 계좌이체에 의하여 이체금액 상당의 예금채권을 취득하므로, 丙이 은행에서 그 돈을 인출하였다고 하여 은행에 대한 관계에서 사기의 죄책을 지울 수는 없다(☞ **[판례 Ⅳ-1]** 참조).

[판례 Ⅳ-1] 대법원 2010.5.27. 선고 2010도3498 판결【사기, 전자금융거래법위반】

〈사실관계〉

피고인은 2009.9.23.경 피고인의 명의로 된 ○○은행 통장과 연계된 현금카드와 비밀번호를 6만원을 받고 성명을 알 수 없는 사람에게 건네주었고, 2009.10.6.경 위 성명을 알 수 없는 사람이 위 ○○은행 통장을 이용하여 공소외 1과 공소외 2로부터 편취한 금원이 입금되어 있는 사실을 확인하였다. 피고인은 2009.10.7. ○○은행 ○○지점에서 위 공소외 1과 공소외 2로부터 송금된 돈 20만원에 대하여 정당한 예금채권자로서 반환청구를 할 수 있는 권한이 없음에도 마치 자신이 예금채권에 대한 정당한 권리자인양 행세하며 위 은행의 직원에게 피고인의 신분증을 제시하면서 "통장을 해지할 것이니 통장에 입금된 돈을 달라"는 취지로 거짓말 하여 이에 속은 직원으로부터 그 자리에서 예금인출금 명목으로 20만원을 교부받았다.

〈판결요지〉

계좌이체 또는 현금으로 계좌송금이 되었지만 예금원장에 입금의 기록이 된 때에 예금이 된다고 예금거래기본약관에 정하여져 있을 뿐이고, 수취인과 은행 사이의 예금계약의 성립 여부를 송금의뢰인과 수취인 사이에 계좌이체 등의 원인인 법률관계가 존재하는지 여부에 의하여 좌우되도록 별도로 약정하였다는 등의 특별한 사정이 없다면, 송금의뢰인과 수취인 사이에 계좌이체 등의 원인인 법률관계가 존재하는지 여부에 관계없이 수취인과 은행 사이에는 계좌이체금액 상당의 예금계약이 성립하고, 수취인은 은행에 대하여 위 금액 상당의 예금채권을 취득한다. 그리고 위와 같이 송금의뢰인과 수취인 사이에 계좌이체 등의 원인이 되는 법률관계가 존재하지 않음에도 불구하고, 계좌이체에 의하여 수취인이 계좌이체금액 상당의 예금채권을 취득한 경우에, 송금의뢰인은 수취인에 대하여 위 금액 상당의 부당이득반환청구권을 가지게 되지만, 은행은 이익을 얻은 것이 없으므로 은행에 대하여는 부당이득반환청구권을 가지지 않는다.

그렇다면 위와 같이 송금의뢰인이 수취인의 예금계좌에 계좌이체 등을 한 이후, 수취인이 은행에 대하여 예금반환을 청구함에 따라 은행이 수취인에게 그 예금을 지급하는 행위는 계좌이체금액 상당의 예금계약의 성립 및 그 예금채권 취득에 따른 것으로서 은행이 착오에 빠져 처분행위를 한 것이라고 볼 수 없으므로, 결국 은행을 피해자로 한 사기죄에 해당하지 않는다.

〈참조판례〉

○ 대법원 2011.5.13. 선고 2009도5386 판결【사기미수】

금융실명거래 및 비밀보장에 관한 법률에 따라 실명확인 절차를 거쳐 예금계약을 체결하고 실명확인 사실이 예금계약서 등에 명확히 기재되어 있는 경우에는, 일반적으로 예금계약서에 예금주로 기재된 예금명의자나 그를 대리한 행위자 및 금융기관의 의사는 예금명의자를 예금계약의 당사자로 보려는 것이라고 해석하는 것이 경험법칙에 합당하고, 본인인 예금명의자의 의사에 따라 그의 실명확인 절차가 이루어지고 그를 예금주로 하여 예금계약서를 작성하였음에도 위에서 본 바와 달리 예금명의자가 아닌 출연자 등을 예금계약의 당사자라고 볼 수 있는 경우는, 금융기관과 출연자 등 사이에 실명확인 절차를 거쳐 서면으로 이루어진 예금명의자와의 예금계약을 부정하여 그의 예금반환청구권을 배제하고, 출연자 등과 예금계약을 체결하여 그에게 예금반환청구권을 귀속시키겠다는 명확한 의사의 합치가 있는 극히 예외적인 경우로 제한되어야 한다.

甲이 금융기관에 피고인 명의로 예금을 하면서 자신(甲)만이 이를 인출할 수 있게 해달라고 요청하여 금융기관 직원이 예금

관련 전산시스템에 '甲이 예금, 인출 예정'이라고 입력하였고 피고인도 이의를 제기하지 않았는데, 그 후 피고인이 금융기관을 상대로 예금 지급을 구하는 소를 제기하였다가 금융기관의 변제공탁으로 패소한 경우, 제반 사정에 비추어 금융기관과 甲 사이에 실명확인 절차를 거쳐 서면으로 이루어진 피고인 명의의 예금계약을 부정하여 예금명의자인 피고인의 예금반환청구권을 배제하고 甲에게 이를 귀속시키겠다는 명확한 의사의 합치가 있었다고 인정할 수 없으므로, 예금주는 여전히 피고인이라 할 것이고 이와 달리 예금주가 甲이라는 전제 하에 피고인에게 사기미수죄를 인정한 원심판단에는 예금계약의 당사자 확정 방법에 관한 법리오해의 위법이 있다.

다. 기망의 정도

사기죄의 수단인 기망이라고 하기 위해서는 그것이 거래상의 신의칙에 반하는 것이어야 한다. 상품의 선전·광고에 있어 다소의 과장이나 허위가 수반되었다고 하더라도 일반 상거래의 관행과 신의칙에 비추어 시인될 수 있는 정도라면 이는 사기죄의 수단인 기망에 해당하지 않는다. 사기죄의 수단인 기망이라고 하기 위해서는 거래에 있어 중요한 사항에 관한 구체적 사실을 신의성실의 의무에 비추어 비난받을 정도의 방법으로 허위로 고지하여야 한다(☞ **[판례 Ⅳ-2]** 참조).

예를 들어 종전에 출하한 일이 없던 신상품에 대하여 첫 출하시부터 종전가격 및 할인가격을 비교표시하여 곧바로 세일에 들어가거나(대법원 1992.9.14. 선고 91도2994 판결), 식육식당을 경영하는 자가 음식점에서 한우만을 취급한다는 취지의 상호를 사용하면서 광고선전판, 식단표 등에도 한우만을 사용한다고 기재하고 수입 쇠갈비를 판매하거나(대법원 1997.9.9. 선고 97도1561 판결), 오리·하명·누에·동충하초·녹용 등 여러 가지 재료를 혼합하여 제조·가공한 건강보조식품이 당뇨병, 관절염, 신경통 등의 성인병 치료에 특별한 효능이 있는 좋은 약이라는 허위의 선전·광고행위를 하여 이에 속은 노인들로 하여금 제품을 고가에 구입하도록 하거나(대법원 2004.1.15. 선고 2001도1429 판결), 신생 수입브랜드의 시계를 마치 오랜 전통을 지닌 브랜드의 제품인 것처럼 허위광고 함으로써 그 품질과 명성을 오인한 구매자들에게 고가로 판매하거나(대법원 2008.7.10. 선고 2008도1664 판결), 부동산 관련 업체가 지방자치단체의 특정 용역보고서만을 근거로 확정되지도 않은 개발계획이 마치 확정된 것처럼 허위 또는 과장된 정보를 제공하여 매수인들과 토지매매계약을 체결하는 것(대법원 2008.10.23. 선고 2008도6549 판결)은 그 사술의 정도가 사회적으로 용인될 수 있는 상술의 정도를 넘은 것이어서 사기죄를 구성한다. 그리고 무속인이 불행을 고지하거나 길흉화복에 관한 어떠한 결과를 약속하고 기도비 등의 명목으로 대가를 교부받은 경우에 전통적인 관습 또는 종교행위로서 허용될 수 있는 한계를 벗어났다면 사기죄가 성립한다(대법원 2017.11.9. 선고 2016도12460 판결).

[판례 Ⅳ-2] 대법원 1992.9.14. 선고 91도2994 판결【사기】

〈사실관계〉

피고인 甲은 A백화점의 숙녀의류부장, 같은 乙은 B백화점 상품본부의 여성의류부장, 같은 丙은 C백화점의 의류부장, 같은

丁은 D백화점의 신관 3층 숙녀의류사업부 부장, 같은 戊는 E백화점 명동점 영업부장, 같은 己는 F유통 잠실점장으로서 각 여성의류 각 브랜드 또는 업체의 관리, 여성의류의 일괄사입, 바이어의 관리업무 등을 담당하여 오다가 백화점에 입점하는 업자들이 판매전술의 일환으로 종전에 출하한 일이 없던 신상품에 대하여 첫 출하시부터 세일에 들어가는 변칙세일을 하는 업체가 있다는 사실을 알면서도 적절한 조치를 취하지 아니하였다.

〈대법원 판결요지〉

일반적으로 상품의 선전, 광고에 있어 다소의 과장, 허위가 수반되는 것은 그것이 일반상거래의 관행과 신의칙에 비추어 시인될 수 있는 한 기망성이 결여된다고 하겠으나 거래에 있어서 중요한 사항에 관하여 구체적 사실을 거래상의 신의성실의 의무에 비추어 비난받을 정도의 방법으로 허위로 고지한 경우에는 과장, 허위광고의 한계를 넘어 사기죄의 기망행위에 해당한다고 할 것이다. 한편 현대산업화 사회에 있어 소비자가 갖는 상품의 품질, 가격에 대한 정보는 대부분 생산자 및 유통업자의 광고에 의존할 수밖에 없고 이 사건 백화점들과 같은 대형유통업체에 대한 소비자들의 신뢰(정당한 품질, 정당한 가격)는 백화점들 스스로의 대대적인 광고에 의하여 창출된 것으로서 이에 대한소비자들의 신뢰와 기대는 보호되어야 한다고 할 것인바, 위와 같은 변칙세일은 진실규명이 가능한 구체적 사실인 가격조건에 관하여 기망이 이루어진 경우로서 그 사술의 정도가 사회적으로 용인될 수 있는 상술의 정도를 넘은 것이어서 사기죄의 기망행위를 구성한다고 하지 않을 수 없으며, 위와 같은 변칙세일이 소비자들의 그릇된 소비심리에 편승한 것이라거나 소비자들도 나름대로 가격을 교량하여 물품을 구매하였을 것이라는 점은 기망행위의 성립에 아무런 영향이 없다.

〈참조판례〉

○ 대법원 1991.6.11. 선고 91도788 판결【사기, 특경법위반】

피고인이 아파트를 분양함에 있어 과대광고를 한 사실은 인정되나 한편 아파트에 대한 분양가 결정방법 각 분양계약체결의 경위 및 그 최종대금의 절충과정 등 제반사정에 비추어 볼 때 피고인이 일반에게 한 광고는 그 거래당사자 사이에서 매매대금을 산정하기 위한 기준이 되었다고 할 수 없고 단지 분양대상 아파트를 특정하고 나아가 아파트의 분양이 쉽게 이루어지도록 하려는 의도에서 한 것에 지나지 않는다고 할 것이므로 피고인이 아파트의 분양과정에서 그 평형의 수치를 다소 과장하였다 하더라도 그와 같은 과대광고 자체에 따른 책임을 지는 것은 별론으로 하고 이를 기망행위에 해당한다고는 할 수 없다.

○ 대법원 2002.2.5. 선고 2001도5789 판결【사기, 사문서위조, 위조사문서행사 등】

통신판매에 있어 소비자가 갖는 상품의 품질, 가격에 대한 정보는 전적으로 유통업자의 광고에 의존할 수밖에 없고, TV홈쇼핑업체에 대한 소비자들의 신뢰는 TV라는 영상매체를 이용한 스스로의 강도 높은 광고에 의하여 창출된 것인 만큼 이에 대한 소비자들의 신뢰와 기대는 특별히 보호되어야 할 것인바, 농업협동조합의 조합원이나 검품위원이 아닌 자가 TV홈쇼핑업체에 납품한 삼이 제3자가 산삼의 종자인지 여부가 불분명한 삼의 종자를 뿌려 이식하면서 인공적으로 재배한 삼이라는 사실을 알면서도 광고방송에 출연하여 위 삼이 위 조합의 조합원들이 자연산삼의 종자를 심산유곡에 심고 자연방임 상태에서 성장시킨 산양산삼이며 자신이 조합의 검품위원으로서 위 삼 중 우수한 것만을 선정하여 감정인의 감정을 받은 것처럼 허위 내용의 광고를 한 것은 진실규명이 가능하고 구매의 결정에 있어 가장 중요한 요소로서 구체적 사실인 판매물품의 품질에 관하여 기망한 것으로서 그 사술의 정도가 사회적으로 용인될 수 있는 상술의 정도를 넘은 것이어서 사기죄의 기망행위를 구성한다.

○ 대법원 2007.1.25. 선고 2004도45 판결【사기, 부동산등기특별조치법위반】

이 사건 공소사실의 요지는 "피고인 1은 공소외 주식회사를 설립한 자이고 나머지 피고인들은 공소외 주식회사의 직원들인바 공모하여, 충남 서천읍 소재 임야를 현지인으로부터 매수하여, 이 사건 토지 일대가 신도시개발예정지로 확정 또는 고시되거나 지가가 급격히 상승할 여건을 갖추지 못하고 있음에도, 피해자들을 포함한 불특정 다수의 투자자를 전화로 유인한 후 이 사건 토지 일대가 신도시개발예정지로 고시되어 지가가 급상승할 것처럼 방송매체의 조작, 허위 혹은 과장된 언급 등으로 기망한 다음, 매수인들에게 이 사건 토지를 분할하여 전매하는 방법으로 매수인들로부터 그 토지대금 상당을 편취하였다"는 것이다. 그러나 피고인들이 매수인들에게 언급한 내용은 객관적 사실에 부합하거나, 비록 확정된 것은 아닐지라도 충청남도가 연구용역을 주어 보고받은 보고서 내용에 포함된 것으로서 신문에 대대적으로 보도된 것이고, 피고인들이 위와 같이 언급하면서 보고서와 신문스크랩 등을 보여주었으므로 매수인들이 그보다 과장되게 오해할 여지도 없었다고 할 것이며, 피고인들이 자료를 제공하여 방영된 매일경제 TV '부동산 전망대'의 방송내용은 피고인들이 언급한 내용에서 크게 벗어나지 않는 것으로 매수인들이 이 사건 토지의 매수 여부를 결정하는 데 크게 영향을 미치는 것이라고 보이지 아니하므로, 피고인들이 한 매수권유 행위 등이 일반 상거래의 관행과 신의칙에 비추어 시인될 수 있는 정도를 벗어나거나 사기죄에 있어서의 기망행위에 해당한다고 보기는 어렵다.

○ **대법원 2008.6.12. 선고 2008도76 판결【특경법위반(사기), 정통법위반(음란물유포)】**

인터넷 사이트의 초기화면에 성인 동영상물에 대한 광고용 선전문구 및 영상을 게재하고 이를 통해 접속한 사람들을 유료회원으로 가입시켰다고 하더라도 위 광고내용은 정보통신망법상 음란표현물에 해당하지 않고 또한 실제 제공하는 영상물과 광고내용에 다소 차이가 있더라도 사기의 기망행위에 해당하지 않는다.

라. 기망의 방법

1) 기망은 구두나 문서와 같은 명시적인 방법 이외에도 동작이나 태도와 같은 묵시적인 방법에 의해서도 가능하고, 나아가서 부작위에 의한 기망도 인정된다.

2) 묵시적인 기망은 일정한 동작이 상대방의 착오를 유발하는 경우에 성립할 수 있는데, 예컨대 대금의 지불능력이 없으면서도 음식점에서 음식을 주문해 먹거나 호텔에 투숙하는 이른바 무전취식이나 무전숙박이 묵시적 기망행위의 사례이다. 절취한 예금통장을 가지고 은행에서 예금을 청구하거나(대법원 1990.7.10. 선고 90도1176 판결), 절도범이 절취한 장물을 자신의 소유물처럼 매도하거나(대법원 1980.11.25. 선고 80도2310 판결), 습득한 타인의 신용카드를 사용하여 물품을 구입하는 것도 묵시적 기망에 해당한다.

3) 부작위에 의한 기망은 법률상 고지의무 있는 자가 일정한 사실에 관하여 상대방이 착오에 빠져 있음을 알면서도 이를 고지하지 아니하는 것을 말하는데, 일반거래의 경험칙상 상대방이 그 사실을 알았더라면 당해 법률행위를 하지 않았을 것이 명백한 경우에는 신의칙에 비추어 그 사실을 고지할 법률상 의무가 인정된다. 예를 들어 의사가 특정 시술을 받으면 아들을 낳을 수 있을 것이라는 착오에 빠져있는 피해자들에게 그 시술의 효과와 원리에 관하여 사실대로 고지하지 아니한 채 아들을 낳을 수 있는 시술인 것처럼 가장하여 일련의 시술과 처방을 행한 경우에는 사기죄의 죄책을 면할 수 없다(대법원 2000.1.28. 선고 99도2884 판결). 또한 신용카드회사가 가맹점의 용역의 제공을 가장한 허위 내용의 매출전표에 의한 대금청구에 대하여는 이를 거절할 수 있는 등 매출전표가 허위임을 알았더라면 가맹점주에게 그 대금의 지급을 하지 아니하였을 것이므로, 신용카드 가맹점주가 서비스의 제공을 가장한 허위의 매출전표임을 고지하지 아니한 채 신용카드회사에게 제출하여 대금을 청구하였다면 부작위에 의한 사

기의 죄책을 진다(대법원 1999.2.12. 선고 98도3549 판결). 그러나 피해자가 아파트 입주권을 매입하면 시세 차익을 볼 수 있다고 판단하여 입주권 가격에 대하여 아무런 문의도 하지 않고 입주권 매매계약을 체결한 이상, 부동산중개업자인 피고인이 아파트 입주권을 확보하여 이를 전매한다는 사실을 고지하지 않았다고 하여 사기의 죄책을 물 수는 없다(대법원 2011.1.27. 선고 2010도5124 판결).

매도인이 매매잔금을 지급함에 있어 착오에 빠져 지급해야 할 금액을 초과하는 돈을 교부하는 경우에 매수인이 매매잔금을 교부받기 전 또는 교부받던 중에 그 사실을 알았다면 신의칙상 이를 고지할 의무가 있으므로 매도인이 건네주는 돈을 매수인이 그대로 수령한 경우에는 사기죄가 성립한다(☞ **[판례 Ⅳ-3]** 참조).

[판례 Ⅳ-3] 대법원 2004.5.27. 선고 2003도4531 판결【사기】

〈사실관계〉

매도인을 대리한 피고인은 2001.7.17. 매수인을 대리한 피해자와 사이에 ○○아파트 000동 0000호에 관하여 매매대금 88,269,000원으로 정하여 매매계약을 체결하고, 계약금으로 1,000만원을 지급받았으므로, 피해자가 피고인에게 지급하여야 할 잔금이 78,269,000원인데, 피고인이 피해자로부터 그 잔금을 지급받음에 있어 5,000만원권 자기앞수표 1장, 1,000만원권 자기앞수표 3장을 받았고 그 외에 피해자로부터 500만원권 자기앞수표 1장을 중개수수료 명목으로 별도로 받았다.

〈판결요지〉

사기죄의 요건으로서의 기망은 널리 재산상의 거래관계에 있어 서로 지켜야 할 신의와 성실의 의무를 저버리는 모든 적극적 또는 소극적 행위를 말하는 것이고, 그 중 소극적 행위로서의 부작위에 의한 기망은 법률상 고지의무 있는 자가 일정한 사실에 관하여 상대방이 착오에 빠져 있음을 알면서도 그 사실을 고지하지 아니함을 말하는 것으로서, 일반거래의 경험칙상 상대방이 그 사실을 알았더라면 당해 법률행위를 하지 않았을 것이 명백한 경우에는 신의칙에 비추어 그 사실을 고지할 법률상 의무가 인정된다 할 것인바, 피해자가 피고인에게 매매잔금을 지급함에 있어 착오에 빠져 지급해야 할 금액을 초과하는 돈을 교부하는 경우, 피고인이 사실대로 고지하였다면 피해자가 그와 같이 초과하여 교부하지 아니하였을 것임은 경험칙상 명백하므로, 피고인이 매매잔금을 교부받기 전 또는 교부받던 중에 그 사실을 알게 되었을 경우에는 특별한 사정이 없는 한 피고인으로서는 피해자에게 사실대로 고지하여 피해자의 그 착오를 제거하여야 할 신의칙상 의무를 지므로 그 의무를 이행하지 아니하고 피해자가 건네주는 돈을 그대로 수령한 경우에는 사기죄에 해당될 것이지만, 그 사실을 미리 알지 못하고 매매잔금을 건네주고 받는 행위를 끝마친 후에야 비로소 알게 되었을 경우에는 주고 받는 행위는 이미 종료되어 버린 후이므로 피해자의 착오 상태를 제거하기 위하여 그 사실을 고지하여야 할 법률상 의무의 불이행은 더 이상 그 초과된 금액 편취의 수단으로서의 의미는 없으므로, 교부하는 돈을 그대로 받은 그 행위는 점유이탈물횡령죄가 될 수 있음은 별론으로 하고 사기죄를 구성할 수는 없다.

원심이 들고 있는 사정들이 피해자가 피고인에게 착오로 매매잔금 중에 1,000만원권 자기앞수표 1장을 더 넣은 채 함께 교부하였다는 점을 인정할 수 있는 근거는 될 수 있어도 그 사정만으로 피고인이 피해자가 잔금으로 주는 것을 교부받기 전에 또는 교부받으면서 피해자가 1,000만원권 자기앞수표 1장을 더 보탠 채 함께 교부한다는 사정을 알았거나 또는 알면서 받았다고 볼 수는 없다고 할 것이고, 또한, 기록상 이를 인정할 만한 다른 자료도 보이지 않는다. 그럼에도 원심이 피해자가 1,000만원권 자기앞수표 1장을 더 보탠 채 교부한다는 사정을 피고인이 알면서 교부받았다고 단정한 데에는 필요한 심리를 다하지 아니하여 채증법칙을 위배하였거나 부작위에 의한 사기죄와 점유이탈물횡령죄에 관한 법리를 오해한 잘못이 있다.

고지의무는 반드시 법령이나 계약뿐만 아니라 거래상의 신의성실의 원칙에 의해서도 인정될 수 있는데, 이러한 신의성실의 원칙에 의한 고지의무는 주로 물건을 매매, 임대, 담보제공하는 과정에서 많이 발생한다.

우선 물건을 매매함에 있어서 매도인이 매매와 관련된 어떤 구체적인 사정을 고지하지 아니함으로써 장차 매매의 효력이나 매매에 따르는 채무의 이행에 장애를 가져와 매수인이 매매목적물에 대한 권리를 확보하지 못할 위험이 생길 수 있음을 알면서도 그와 같은 사정을 고지하지 아니한 채 매매계약을 체결하고 매매대금을 교부받는 것은 기망에 해당한다. 따라서 토지에 채무담보를 위한 가등기와 근저당설정등기가 경료되어 있음에도 불구하고 이를 알리지 않고 매도한 경우(대법원 1981.8.20. 선고 81도1638 판결), 제3자가 매도인을 상대로 대지 및 지상건물에 대한 명도소송을 제기하여 계속 중이고 점유이전금지가처분까지 되어 있음에도 불구하고 이를 고지하지 아니하고 대지와 지상건물을 매도한 경우(대법원 1985.3.26. 선고 84도301 판결), 매매목적물에 관하여 소유권귀속에 관한 분쟁이 있어 소송이 계속 중에 있음에도 그 사실을 알리지 않고 매도한 경우(대법원 1986.9.9. 선고 86도956 판결), 유언으로 재단법인에 출연되었는지의 여부가 문제되고 다른 부동산에 관하여는 이미 유언이 유효하다는 판결까지 있었음에도 이를 알리지 아니하고 부동산을 매도한 경우(대법원 1992.8.14. 선고 91도2202 판결), 토지에 대하여 도시계획이 입안되어 있어 장차 협의매수되거나 수용될 것이라는 사정을 매수인에게 고지하지 아니하고 매도한 경우(대법원 1993.7.13. 선고 93도14 판결), 주식매수인에게 거래의 목적물이 증자 전의 주식이 아니라 증자 후의 주식이라는 사실을 알리지 아니하고 매도한 경우(대법원 2006.10.27. 선고 2004도6503 판결) 및 명의신탁자가 매도인 명의를 수탁자로 하여 제3자에게 신탁재산을 매도하는 계약을 체결하면서 수탁자가 위 신탁재산의 매도를 반대하며 매도에 따른 절차이행에 협조하기를 거절하고 있는 사정을 숨긴 경우(대법원 2007.11.30. 선고 2007도4812 판결)에는 사기죄가 성립한다.

그러나 아래와 같이 어떠한 사실을 숨기고 거래를 한 경우라고 그로 인해 권리의 실현에 아무런 장애가 되지 않는다면 사기죄는 성립하지 않는다.

○ 대법원 1980.9.24. 선고 80도903 판결【사기】

채무자가 채무담보의 뜻으로 대물변제예약한 물건을 그 변제기후에 채권자로부터 예약완결권 행사 전에 제3자에게 처분하였더라도 채권자에 대한 관계에 있어 배임죄가 성립하는 것은 별론으로 하더라도 제3자에 대한 관계에 있어 사기죄는 성립하지 아니한다.

○ 대법원 1983.9.13. 선고 83도823 판결【사기 등】

아파트 전매인이 전매시 아파트 분양회사의 대표이사가 그 분양업무와 관련된 형사사건으로 유죄판결을 받은 바 있다고 하여도, 그 범죄내용이 전매인의 위 아파트 소유권취득에 영향을 미치는 사법상 효력에 관계있는 것이 아니라면, 전매당시 위와 같은 유죄판결에 관한 사실을 전매인이 알았더라도 일반거래의 경험칙상 위 아파트를 매수하지 않았을 것이라고 인정하기 어려우므로 전매인은 위와 같은 사실을 전매인에게 고지할 의무가 없다.

○ 대법원 1985.11.26. 선고 85도1830 판결【사기】

피고인이 채권자에 대한 채무담보를 위하여 부동산에 대하여 매매계약을 체결하고 다시 피해자와도 매매계약을 체결하여 잔금까지 모두 교부받은 경우 잔금의 수령이 채권자에 대한 채무의 변제기이후라 하더라도 동인 앞으로 담보제공에 따른 소유권이전등기가 경료되어 있지 않은 이상 피고인으로서는 담보제공 사실을 소극적으로 고지하지 아니하였다는 사실만으로 피해자를 기망한 것이라고 볼 수 없다.

○ 대법원 1990.11.13. 선고 90도1961 판결【특경법위반】

피고인 단독명의로 소유권이전등기가 되어 있는 부동산 중 1/2지분은 타인으로부터 명의신탁받은 것임에도 불구하고 피고인이 그의 승낙 없이 부동산 전부를 피해자에게 매도하여 그 소유권이전등기를 마쳐준 경우 매수인은 유효하게 위 부동산의 소유권을 취득하므로 매수인인 피해자에 대하여 사기죄를 구성하지 않는다.

○ 대법원 1998.4.14. 선고 98도231 판결【사기】

중고 자동차 매매에 있어서 매도인의 할부금융회사 또는 보증보험에 대한 할부금 채무가 매수인에게 당연히 승계되는 것이 아니라는 이유로 그 할부금 채무의 존재를 매수인에게 고지하지 아니한 것이 부작위에 의한 기망에 해당하지 아니한다.

○ 대법원 2007.1.11. 선고 2006도4498 판결【사기, 절도】

부동산의 명의수탁자가 부동산을 제3자에게 매도하고 매매를 원인으로 한 소유권이전등기까지 마쳐 준 경우, 명의신탁의 법리상 대외적으로 수탁자에게 그 부동산의 처분권한이 있는 것임이 분명하고 제3자로서도 자기 명의의 소유권이전등기가 마쳐진 이상 실질적인 재산상의 손해가 있을 수 없으므로 그 명의신탁 사실과 관련하여 신의칙상 고지의무가 있다거나 기망행위가 있었다고 볼 수도 없어서 그 제3자에 대한 사기죄가 성립될 여지가 없다.

○ 대법원 2008.5.8. 선고 2008도1652 판결【특경법위반(사기) 등】

부동산의 이중매매에 있어서 매도인이 제1의 매매계약을 일방적으로 해제할 수 없는 처지에 있었다는 사정만으로는 바로 제2의 매매계약의 효력이나 그 매매계약에 따르는 채무의 이행에 장애를 가져오는 것이라고 할 수 없음은 물론 제2의 매수인의 매매목적물에 대한 권리의 실현에 장애가 된다고 볼 수도 없는 것이므로, 매도인이 제2의 매수인에게 그와 같은 사정을 고지하지 아니하였다고 하여 제2의 매수인을 기망한 것이라고 평가할 수는 없다.

임대인이 임대차계약을 체결하면서 임차인에게 임대목적물이 경매진행 중인 사실을 알리지 아니한 경우에는 사기죄의 죄책을 진다(대법원 1998.12.8. 선고 98도3263 판결). 그러나 임대차 목적물의 계약당시의 시가가 임대차보증금과 가등기담보로 차용한 채무액을 합산한 금액을 훨씬 초과하고 그 가등기도 바로 말소되었다면 임대인이 위 임대차계약의 보증금잔액을 교부받을 당시에 설사 가등기담보사실을 임차인에게 고지하지 아니하였다고 사기죄의 죄책을 지울 수는 없다(대법원 1985.4.9. 선고 85도326 판결). 그리고 아파트를 신축하여 분양하고자 하는 자가 그 아파트신축자금 등으로 차용한 금원 등을 변제하지 못하여 채권자들의 요구에 따라 아직 완공되지 아니한 상태에서 아파트를 분양한 후 수분양자 명의로 소유권이전등기를 마쳐주기 전에 이를 다시 제3자에게 위와 같은 분양사실을 고지하지 아니한 채 임대차계약(전세계약)을 체결하고 그 임차인으로 하여금 실제로 입주사용하게 하였다면, 현행민법이 물권변동에 관하여 형식주의를 취하고 있는 이상 수분양자에게 소유권이전등기를 하기 이전에는 그 부동산을 원시취득한 법률상 소유자로서 이를 처분할 수 있을 뿐만 아니라 분양에 따른 소유권이전등기가 경료되기 전에 피담보채무를 변제하여 소유권이전등기의무를 면할 수도 있으므로, 임대차계약을 체결할 때에 분양사실을 임차인에게 고지하지 아니하였다는 사실만으로는 사기의 죄책을 지울 수 없다(대법원 1987.12.8. 선고 87도1839 판결).

특별한 사정이 없는 한 임차인이 그 사용부분 중 일부를 타인에게 전대(轉貸)하는 것은 그 권리범위 내에 속하므로 임대사실을 고지하지 않은 채 전대를 하였다고 하여 사기의 죄책을 물 수 없다(대법원 1982.12.14. 선고 82도2465 판결). 그러나 임차인이 임대건물을 제3자에게 전대(轉貸)를 하지 못하도록 대인이 법원에서 점유이전금지가처분을 얻어 집행을 하고 법원에서 건물을 명도한다는 취지의 제소전화해까지 해 놓았는데도 임차인이 그 사실을 고지하지 아니한 채 임대건물을 타인에게 전대하거나(대법원 1980.7.8. 선고 79도2734 판결), 임차인이 보증금반환청구권에 대하여 채권압류 및 전부명령이 있는 사실을 고지하지 아니하고 점포를 제3자에게 전대하고 보증금을 교부받거나(대법원 1983.2.22. 선고 82도3139 판결), 임대인의 승인없이 임차권을 양도하거나 전대할 수 없도록 되어 있음에도 불구하고 임차인이 피해자에게 임대인의 승낙을 받은 것처럼 거짓말을 하여 제3자와 임차권양도계약을 체결하고 보증인과 권리금을 받은 경우(대법원 1984.1.17. 선고 83도2932 판결)에는 사기죄가 성립한다.

이외에도 이미 다른 회사가 같은 용도와 성능을 가진 이름도 같은 제품을 국내에 판매하고 있는 것을 알면서도 어떤 물품의 국내의 독점판매계약을 체결한 경우(대법원 1996.7.30. 선고 96도1081 판결), 빌딩의 점포를 분양하면서 수분양자(受分讓者)들과 대출금으로 충당되는 중도금을 제외한 계약금과 잔금의 지급을 유예하는 등의 비정상적인 이면약정을 체결하고 이를 감춘 채 수분양자들 명의로 분양중도금의 집단적 대출을 받은 경우(대법원 2006.2.23. 선고 2005도8645 판결), 특정 질병을 앓고 있는 사람이 보험회사가 정한 약관에 그 질병에 대한 고지의무를 규정하고 있음을 알면서도 이를 고지하지 아니한 채 보험회사와 그 질병을 담보하는 보험계약을 체결한 경우(대법원 2007.4.12. 선고 2007도967 판결), 보험회사와 대리점 계약을 체결한 홈쇼핑의 보험상담원이 실제로 보험에 가입할 의사없이 1회 보험료 결제 후 보험계약이 유지되지 않을 것을 알고 있음에도 불구하고 보험가입자와 전화상담 후 보험회사와 보험계약을 체결하도록 하고 그에 따른 수수료를 지급받은 경우(대법원 2014.1.16. 선고 2013도9644 판결)에는 사기죄가 성립한다.

4) 기망행위를 하였으나 상대방이 착오에 빠지지 아니하거나 착오에 빠졌더라도 처분행위를 하지 않은 경우에는 사기죄의 미수가 된다. 다만 미수범으로 처벌되기 위해서는 실행의 착수가 인정되어야 하는데, 보험사기죄의 실행의 착수는 보험회사에 보험금을 청구한 때에 인정되고(대법원 2007.4.11. 선고 2007도967 판결) 보험금을 받을 목적으로 교통사고를 유발하거나 스스로 또는 타인에게 부탁하여 자신의 신체에 상해를 입힌 것만으로는 보험사기의 죄책을 물 수 없다.

또한 공공기관으로부터 보조금을 지급받기 위하여 허위의 서류를 제출하였더라도 그것이 보조금

지급여부를 판단함에 있어 참고자료에 불과한 경우에는 사기의 실행의 착수가 있다고 보기 어렵다. 예컨대 태풍 피해복구보조금 지원절차가 행정당국에 의한 실사를 거쳐 피해자로 확인된 경우에 한하여 보조금 지원신청을 할 수 있도록 되어 있고 피해신고는 국가가 보조금의 지원 여부 및 정도를 결정함에 있어 그 직권조사를 개시하기 위한 참고자료에 불과하므로 허위의 피해신고만으로는 보조금 편취범행의 실행에 착수한 것이라고 볼 수 없다(대법원 1999.3.12. 선고 98도3443 판결). 그리고 장애인단체의 지회장이 지방자치단체로부터 보조금을 더 많이 지원받기 위하여 허위의 보조금 정산보고서를 제출하였더라도, 보조금 정산보고서는 보조금의 지원 여부 및 금액을 결정하기 위한 참고자료에 불과하고 직접적인 서류라고 할 수 없으므로 보조금 편취범행(기망)의 실행에 착수한 것으로 보기 어렵다(대법원 2003.6.13. 선고 2003도1279 판결).

(3) 피기망자의 착오와 처분행위

가. 피기망자의 착오

사기죄는 타인을 기망하여 착오에 빠뜨리고 그로 인한 처분행위로 재물의 교부를 받거나 재산상의 이익을 취득한 때에 성립하는데, 사기죄가 성립하기 위해서는 기망행위 이외에 피기망자의 착오와 그에 기한 재물 또는 재산상 이익의 처분행위가 있어야 한다. 기망행위가 있었다고 하더라도 피기망자가 착오를 일으키지 않았거나 그에 기한 처분행위가 없으면 사기죄는 성립하지 않는다. 예컨대 치료비 채무의 이행을 모면하기 위하여 거짓말을 하고 입원환자(처)와 함께 병원을 빠져 나와 도주하였다고 하여도 피기망자의 처분행위가 없음은 물론 그러한 행위로써 위 치료비의 지급채무를 면탈한 것은 아니므로 사기죄가 성립하지 않는다(대법원 1970.9.22. 선고 70도1615 판결).

나. 처분행위

1) 처분행위란 피기망자가 범인 또는 제3자로 하여금 재물이나 재산상의 이익을 취득하게 하는 일체의 행위를 말한다. 예컨대 배당이의 소송의 1심에서 패소판결을 받고 항소한 자가 기망을 당하여 그 항소를 취하함으로써 상대방으로 하여금 배당금을 수령할 수 있는 이익을 얻게 하거나(대법원 2002.11.22. 선고 2000도4419 판결), 가압류결정을 받아 부동산에 관한 가압류집행을 마친 자가 기망을 당하여 가압류를 해제하여 소유자로 하여금 가압류의 부담이 없는 부동산을 소유하는 이익을 얻게 하거나(대법원 2007.9.20. 선고 2007도5507 판결), 부동산 위에 소유권이전청구권 보전의 가등기를 마친 자가 기망을 당하여 그 가등기를 말소함으로써 부동산 소유자로 하여금 가등기의 부담이 없는 부동산을 소유하게 되는 이익을 얻게 하는 것(대법원 2008.1.24. 선고 2007도9417 판결)도 처분행위에 포함된다.

이와는 달리 다른 특별한 사정이 없는 한 기망을 당하여 타인에게 사업자등록 명의를 대여하는 것은 그 자체만으로는 재산적 처분행위로 볼 수는 없을 뿐만 아니라 명의대여 행위로 인하여 명의차용자가 임대보증금반환채무, 구매대금채무, 각종 세금 및 보험료채무 등을 면하여 재산상 이익을 취득하게 되는 것도 아니므로, 이 경우에는 기망자에 대해 사기의 죄책을 물 수 없다(☞ **[판례 Ⅳ-4]** 참조).

[판례 Ⅳ-4] 대법원 2012.6.28. 선고 2012도4773 판결【사기 등】

〈공소사실〉

피고인이 피해자로부터 사업자등록 명의를 대여받아 호텔을 운영하면서 피해자에게 채무를 부담하게 하더라도 이를 변제할 의사나 능력이 없었음에도, 피해자에게 "호텔의 사업자등록 명의를 변경하여야 하는데 명의를 빌려주면 호텔을 운영하면서 발생하는 세금이나 채무는 모두 제가 변제하도록 하고 사장님한테는 아무런 손해가 가지 않도록 해 드리겠다"고 거짓말을 하여 이에 속은 피해자로 하여금 위 호텔에 관한 임대보증금반환채무 50,000,000원, 주차부스 구매대금채무 1,000,000원, 각종 세금 및 고용·산재보험료채무 17,125,600원 상당을 부담하게 하고도 이를 변제하지 아니하여 동액 상당의 재산상 이익을 취득하였다.

〈판결요지〉

타인에게 사업자등록 명의를 대여한 경우 그 명의대여자는 상법 제24조에 의해 자기를 영업주로 오인하여 거래한 제3자에 대하여 그 타인과 연대하여 변제할 책임을 지기는 하나, 이러한 명의대여자의 책임은 명의자를 사업주로 오인하여 거래한 제3자를 보호하기 위한 것이지 명의대여자가 거래 상대방에게 채무부담을 하기로 하는 내용의 법률행위 등 처분행위에 기한 책임은 아닐 뿐만 아니라, 명의차용자가 거래 상대방에 대하여 그 거래로 인한 채무를 면하게 되는 것은 아니다.

타인 명의로 사업자등록을 하고 사업을 영위한 경우에 그 명의자는 실제의 사업자가 아닌 명의의 귀속자에 불과하므로, 그에 대하여 한 조세부과처분은 위법하고, 이와 같이 과세의 대상이 되는 소득·수익·재산·행위 또는 거래의 귀속이 그 명의와 달리 사실상 귀속되는 자가 따로 있는 때에는 사실상 귀속되는 자가 납세의무자로 되므로 과세관청은 타인의 명의로 사업자등록을 하고 실제로 사업을 영위한 자에 대해 세법을 적용하여 과세할 수 있다. 또한 산업재해보상보험법 등의 적용을 받는 사업의 사업자등록 명의인은 특별한 사정이 없는 한 당해 사업의 실제 사업주로 추정이 되기는 하지만, 보험가입자로서 산재보험료 등의 보험료 납부의무를 부담하는 사업주에 해당하는지 여부는 계약의 형식과는 관계없이 실질에 있어서 근로자에게 임금을 지급하고 지휘·감독하며 근로자로부터 근로를 제공받았는지 여부에 따라 판단하여야 한다.

다른 특별한 사정이 없는 한 피해자가 피고인에게 사업자등록 명의를 대여한 행위 자체를 사기죄의 재산적 처분행위로 볼 수는 없을 뿐만 아니라, 피해자의 명의대여 행위로 인하여 피고인이 임대보증금반환채무, 주차부스 구매대금채무, 각종 세금 및 고용·산재보험료채무 등을 면하게 되는 것도 아니라고 할 것이므로, 피해자가 피고인에게 사업자등록 명의를 대여하였다는 것만으로 피고인이 채무를 면하는 재산상 이익을 취득하는 피해자의 재산적 처분행위가 있었다고 보기는 어렵다.

2) 처분행위는 채권을 취득하거나 담보를 제공받는 등의 적극적 이익을 취득하게 하는 경우뿐만 아니라 채무를 면제하는 등의 소극적 이익을 취득하게 하는 경우까지 포함한다. 예컨대 피해자를 기망하여 부동산을 매도하면서 매매대금 중 일부를 피해자의 기존 채권과 상계하는 방법으로 지급받아 채무소멸의 재산상 이익을 취득하였다면 사기죄가 성립한다(대법원 2012.4.13. 선고 2012도1101 판결). 다만 단순한 채무변제 유예의 정도를 넘어서 채무의 면제라는 재산상 이익의 취득이 있다고 하기 위해서는 채무자의 기망행위로 인하여 채권자가 채무를 확정적으로 소멸 내지 면제시키는 처분행위를 하여야 하므로, 단지 채무자가 채무의 이행을 갈음하여 채권 기타 재산권을 양도하였다는 사정만으로 채무자로 하여금 채무를 면제하게 하는 채권자의 처분행위가 있었다고 단정할 수는 없다(☞ **[판례 Ⅳ-5]** 참조).

[판례 Ⅳ-5] 대법원 2009.2.12. 선고 2008도10971 판결【특경법위반(사기), 사기, 횡령】

〈공소사실〉

피해자 회사에 대해 6억원 상당의 차용금채무를 지고 있는 피고인은 자신이 보관하고 있는 기계들 중 일부는 피고인 소유가 아니고 일부는 은행에 양도담보권을 설정해 주었음에도, 그 사실을 피해자 회사에 알리지 않고 기계들을 차용금의 변제에 갈음하여 위 피해자 회사에 양도함으로써 6억원 상당의 차용금채무를 소멸시켜 재산상 이익을 취득하였다. 그리고 그 후 은행으로부터 11억원 상당을 대출받을 때 위 피해자 회사의 동의나 승낙을 받지 않고 이 사건 기계들에 관하여 위 은행에 공장근저당권을 설정하여 줌으로써 자신이 보관하고 있던 피해자 회사의 기계를 횡령하였다.

〈판결요지〉

피해자 회사는 피고인으로부터 이 사건 기계들을 6억원의 차용금채무에 대한 대물변제로 양도받은 후에도 6억원을 모두 회수하지 못할 경우에 대비하여 피고인에게 다시 담보의 제공을 요구하여 피고인이 2006.8.10. 공장건물 및 그 부지에 관하여 피해자 주식회사에 가등기를 마쳐주었고, 피고인은 위와 같이 대물변제계약을 체결한 이후 피해자 회사 또는 실질적 사주에게 2006.7.21.부터 같은 해 10.10.까지 합계 2억4,490만원을 지급하였고 피해자 회사는 지급받은 돈 중 112,144,000원으로 위 6억원의 차용원리금채무 중 일부에 변제충당한 사실을 인정할 수 있다. 그렇다면 피고인과 피해자 회사 사이에 기존의 6억원 차용금채무의 이행에 갈음하여 기계들을 양도함으로써 위 차용금채무를 확정적으로 면제 내지 소멸시키기로 하는 약정 내지 처분행위가 있었다고 할 수는 없다.

채무자가 채권자에게 동산을 양도담보로 제공하고 점유개정의 방법으로 점유하고 있는 경우에는 그 동산의 소유권은 여전히 채무자에게 유보되어 있는 것이어서 채무자는 자기의 물건을 보관하고 있는 셈이 되므로, 양도담보의 목적물을 제3자에게 처분하거나 담보로 제공하였다 하더라도 횡령죄를 구성하지 아니한다. 이 사건 기계들에 관하여 대물변제 약정을 체결한 후에도 피고인이 이 사건 기계들을 계속하여 점유·사용하고 있었다는 점 등에 비추어 보면, 피고인과 피해자 주식회사는 대물변제의 형식을 빌려 실질적으로 이 사건 기계들에 관하여 양도담보권을 설정한 것으로 봄이 상당하고 따라서 이 사건 기계들에 관한 소유권은 여전히 피고인에게 유보되어 있는 것이어서, 피고인이 위 기계들을 부산은행에 공장근저당권의 목적으로 제공하였다고 하더라도 피고인을 횡령죄로 처벌할 수는 없다.

3) 처분행위에는 직접 재산상 손해를 초래하는 행위로서 작위뿐만 아니라 부작위도 포함되므로, 피해자가 착오에 빠진 결과 채권의 존재를 알지 못하여 채권을 행사하지 아니하였다면 그와 같은 부작위도 재산의 처분행위에 해당한다. 예컨대 출판사 경영자가 출고현황표를 조작하는 방법으로 실제출판부수를 속여 작가에게 인세의 일부만을 지급하고 작가가 나머지 인세에 대한 청구권의 존재 자체를 알지 못하는 착오에 빠져 이를 행사하지 아니한 것은 부작위에 의한 처분행위에 해당한다(대법원 2007.7.12. 선고 2005도9221 판결). 이 외에도 피해자가 기망에 의해 착오에 빠진 결과 채권의 존재를 알지 못하여 채권을 행사하지 아니하거나(대법원 2007.7.12. 선고 2005도9221 판결), 채무자로부터 정상적으로 결제될 가능성이 없는 어음(딱지어음)을 진성어음인 것처럼 교부받고 어음상의 지급기일까지 채권의 행사를 연기해 주거나(대법원 2007.3.30. 선고 2005도5972 판결), 피해자를 기망하여 범인이 출자금 전액에 대한 출자의무를 이행하였다고 착오하고 이를 면제해 주는 것(대법원 2009.3.26. 선고 2008도6641 판결)도 처분행위에 해당한다.

4) 사기죄는 피기망자의 하자 있는 의사에 따른 처분행위로 재산이 이전되는 경우에 성립한다. 사

기죄에서 피기망자의 처분의사는 기망행위로 착오에 빠진 상태에서 형성된 하자 있는 의사이므로 불완전하거나 결함이 있을 수밖에 없으므로, 착오에 빠진 피기망자가 어떤 행위를 한다는 인식이 있으면 충분하고, 그 행위로 인한 결과에 대한 인식까지 요구되는 것은 아니다. 따라서 피기망자가 기망당한 결과 자신의 작위 또는 부작위가 갖는 의미를 제대로 인식하지 못하여 그러한 행위가 초래하는 결과를 인식하지 못하였다고 하더라도 그와 같은 착오 상태에서 재산상 손해를 초래하는 행위를 하기에 이르렀다면 피기망자의 처분행위와 그에 상응하는 처분의사가 있다고 보아야 한다(☞ **[판례 Ⅳ-6]** 참조).

[판례 Ⅳ-6] 대법원 2017.2.16. 선고 2016도13362 판결【특경법위반(사기) 등】

〈사실관계〉

피고인은 토지거래허가에 필요한 서류라고 속여서 토지 소유자로 하여금 근저당권설정계약서 등에 서명·날인하게 하고, 이를 이용하여 위 토지에 관하여 피고인을 채무자로 하여 대부업자에게 근저당권을 설정하여 주고, 근저당권자로부터 금전을 차용하였다.

〈판결요지〉

[다수의견] 사기죄의 본질과 그 구조, 처분행위와 그 의사적 요소로서 처분의사의 기능과 역할, 기망행위와 착오의 의미 등에 비추어 보면, 비록 피기망자가 처분행위의 의미나 내용을 인식하지 못하였다고 하더라도, 피기망자의 작위 또는 부작위가 직접 재산상 손해를 초래하는 재산적 처분행위로 평가되고, 이러한 작위 또는 부작위를 피기망자가 인식하고 한 것이라면 처분행위에 상응하는 처분의사는 인정된다. 다시 말하면 피기망자가 자신의 작위 또는 부작위에 따른 결과까지 인식하여야 처분의사를 인정할 수 있는 것은 아니다.

피기망자가 행위자의 기망행위로 인하여 착오에 빠진 결과 내심의 의사와 다른 효과를 발생시키는 내용의 처분문서에 서명 또는 날인함으로써 처분문서의 내용에 따른 재산상 손해가 초래되었다면 그와 같은 처분문서에 서명 또는 날인을 한 피기망자의 행위는 사기죄에서 말하는 처분행위에 해당한다. 아울러 비록 피기망자가 처분결과, 즉 문서의 구체적 내용과 그 법적 효과를 미처 인식하지 못하였다고 하더라도, 어떤 문서에 스스로 서명 또는 날인함으로써 그 처분문서에 서명 또는 날인하는 행위에 관한 인식이 있었던 이상 피기망자의 처분의사 역시 인정된다.

[반대의견] 절도는 범죄행위자의 탈취행위에 의하여 재물을 취득하는 것이고, 사기는 피해자의 처분행위에 의하여 재산을 취득하는 것으로, 양자는 처분행위를 기준으로 하여 구분된다. 이러한 의미에서 사기죄는 자기손상범죄, 절도죄는 타인손상범죄라고 설명된다. 사기죄에서 이러한 자기손상행위로서 처분행위의 본질이 충족되기 위해서는 피해자에게 자기 재산 처분에 대한 결정의사가 필수적이다.

사기죄의 본질 및 구조에 비추어 사기죄에서 말하는 처분행위란 어디까지나 처분의사에 지배된 행위이어야 하고, 이러한 처분의사는 자신의 행위로 인한 결과에 대한 인식을 당연히 전제한다. 그 결과 피기망자가 기망행위로 인하여 문서의 내용을 오신한 채 내심의 의사와는 다른 효과를 발생시키는 문서에 서명·날인하여 행위자 등에게 교부함으로써 행위자 등이 문서의 내용에 따른 재산상의 이익을 취득하게 되는 이른바 서명사취 사안의 경우에는, 비록 피기망자에게 문서에 서명 또는 날인한다는 인식이 있었더라도, 처분결과에 대해 아무런 인식이 없었으므로 처분의사와 처분행위를 인정할 수 없음이 명백하다.

〈해 설〉

종래 대법원은 사기죄의 성립요건인 처분행위가 있다고 하기 위해서는 주관적으로 피기망자가 처분의사 즉 처분결과를 인식하고 객관적으로는 이러한 의사에 지배된 행위이어야 한다고 전제하고, 외관상 처분처럼 보이는 행위가 있다고 하더라도 피기망자의 처분의사가 없다면 사기죄가 성립하지 않는다고 판시하였다(대법원 1999.7.9. 선고 99도1326 판결). 이에 따라 진실한 용도를 속이고 피해자로부터 그 인감도장을 교부받아 이 사건 부동산에 관한 소유권이전등기절차에 필요한 관계서류를 작성하여 그 명의로 소유권이전등기를 마쳤거나(대법원 1990.2.27. 선고 89도335 판결), 토지의 일부만을 매수한 자가 그 부분만을 분할 이전하겠다고 거짓말하고 소유자로부터 인감도장을 교부받아 토지 전부에 대하여 소유권이전등기를 하였거나(대법원 1982.3.9. 선고 81도1732 판결), 피해자에게 부동산매도용인감증명 및 등기의무자본인확인서면의 진실한 용도를 속이고 그 서류들을 교부받아 피고인 명의로 위 부동산에 관한 소유권이전등기를 경료한 경우(대법원 2001.7.13. 선고 2001도1289 판결)에는 피해자의 처분행위가 있었다고 할 수 없으므로 사기죄가 성립하지 않는다고 보았다.

이 판결은 사기죄에서 처분의사의 의미를 사기죄의 본질 및 처분행위의 역할, 다른 구성요건인 착오의 의미 등에 비추어 재해석함으로써 피기망자에게 처분결과에 대한 인식까지 있어야만 처분의사가 인정되고 사기죄가 성립한다고 본 종전 판례를 변경한 것으로서, 피기망자로 하여금 자신이 처분행위를 한다는 인식조차 하지 못하도록 하는 방식의 더 지능적이고 교묘한 기망행위를 사용한 피고인에 대한 사기죄 처벌이 가능하게 되었다. 예컨대 보이스피싱 범죄 중 피해자를 속여 피해자가 자신 계좌의 돈을 이체하고 있다는 인식조차 하지 못하도록 함으로써 송금을 받는 경우(예를 들어 세금환급을 해 준다고 속이고 피해자를 현금인출기로 유인해 피해자로 하여금 자신의 계좌에서 보이스피싱 계좌로 돈을 송금 또는 이체하도록 하는 변종 보이스피싱 범죄)도 사기죄로 처벌할 수 있다.

다만 피해자가 가지고 있는 책을 잠깐 보겠다고 하며 동인이 있는 자리에서 보는 척 하다가 가져가거나(대법원 1983.2.22. 선고 82도3115 판결), 피고인이 피해자 경영의 금방에서 마치 귀금속을 구입할 것처럼 가장하여 피해자로부터 순금목걸이 등을 건네받은 다음 화장실에 갔다 오겠다는 핑계를 대고 도주한 경우(대법원 1994.8.12. 선고 94도1487 판결)에도 처분행위가 없기 때문에 사기죄가 성립하지 않는다. 이러한 경우를 일반적으로 책략(策略)절도라고 하는데, 책략절도의 경우에는 원칙적으로 사기죄가 아니라 절도죄가 성립한다(☞ **[판례 Ⅳ-7]** 참조).

[판례 Ⅳ-7] 대법원 1996.10.15. 선고 96도2227 판결【특가법위반(절도)】

〈사실관계〉

수차례 절도전과가 있는 피고인은 결혼식예식장의 신부측 축의금 접수대의 접수인들이 자리를 비운 틈을 타 접수대에 앉아 자신이 접수인인 것처럼 행세하고 피해자가 피고인에게 축의금이 든 봉투를 내어 놓자 이를 교부받은 후 접수대에서 일어나서 예식장을 빠져나오려다 피고인을 수상하게 여긴 접수인들에 의해 체포되었다.

〈판결요지〉

피해자가 결혼예식장에서 신부측 축의금 접수인인 것처럼 행세하는 피고인에게 축의금을 내어 놓자 이를 교부받은 이 사건에서 피해자의 교부행위의 취지는 신부측에 전달하는 것일 뿐 피고인에게 그 처분권을 주는 것이 아니므로 피고인에게 교부한 것이라고 볼 수 없고 단지 신부측 접수대에 교부하는 취지에 불과하므로 피고인이 위 돈을 가져간 것은 신부측 접수처의 점유를 침탈하는 절취행위라고 보아야 한다.

〈해 설〉

책략절도와 사기는 기망을 수단으로 한다는 점에서 외형상 상당히 유사하다. 그러나 사기에서는 피기망자가 처분행위를 하고 그로 인하여 범인이나 제3자가 직접 재물을 취득함에 반하여 책략절도에서는 피기망자가 처분행위를 하는 것이 아니라 단지 범인에게 재물을 접촉할 수 있도록 허용한데 불과하고(점유를 이전한 것이 아니다) 범인은 절취행위를 통해 점유를 취득한다는 점에서 차이가 있다. 이 사건에서 피고인은 신부측에 전달되어 신부측 축의금 접수인이 점유하는 축의금을 절취한 것이 아니라 피해자로부터 직접 축의금을 전달받아 가로챘으므로, 이와 같은 피고인의 행위를 타인의 점유를 배제하고 자기 또는 제3자의 점유로 옮기는 절취행위라고 평가하기 곤란하다. 이 사건에서 검사가 피고인의 행위를 굳이 절취행위라고 본 이유는 상습절도죄를 가중처벌하는 특가법을 적용하고자 한데 있지 않나 판단된다. 이 사건에서 피고인이 신부측 축의금 접수인인 것처럼 행세하는 것은 묵시적 기망행위에 해당하고 그러한 기망에 의해 착오를 일으킨 피해자가 피고인에게 재물을 교부하고 피고인이 이를 교부받음으로써 재물을 취득한 것이므로 피고인은 사기죄로 처벌함이 타당하다고 본다.

5) 피기망자의 처분행위는 기망행위로 인한 것이어야 한다. 피기망자의 처분행위가 있다고 하더라도 그것이 기망행위로 인한 것으로 인정되지 않을 때, 즉 기망행위와 처분행위 사이에 인과관계가 인정되지 않을 때에는 사기죄가 성립하지 않는다(☞ **[판례 Ⅳ-8]** 참조).

[판례 Ⅳ-8] 대법원 1995.9.15. 선고 95도707 판결【사기, 횡령】

〈공소사실〉

피고인은 1992.1.21. 21:00경 그 전에 피고인이 2심 법원에서 경매방해 등 죄로 징역 1년 6월을 선고받고 피고인이 상고한 사건에 관하여, 사실은 대법관에게 로비자금으로 쓸 의사도 없고 대법원에서 피고인의 상고가 기각되더라도 피해자에게 변호사 비용을 제외한 나머지 돈을 돌려줄 의사가 없음에도 피해자에게 "대법원에는 판사가 많기 때문에 로비자금이 많이 필요하고 상고기각되더라도 착수금만 제외하고 나머지 돈은 다 돌려받을 수 있으니 1억 5천만원만 빌려달라"고 거짓말하고 피해자로부터 같은 달 22. 액면금 1억 5천만원인 약속어음 1매를 교부받아 이를 편취하였다 .

〈원심 판결요지〉

피해자는 호텔 매도와 관련하여 그때까지 매수인과 한 번도 만난 사실이 없고 피고인이 피해자를 대리하여 매수인과 계약체결 등의 모든 문제를 처리해 왔으며 위 호텔에 관하여 이미 경매신청이 되어 있어서 경매가 되어 버리면 피해자로서는 막대한 손실을 입게 되기 때문에 어떻게 하든지 피고인을 통해 매수인에게 이를 매도하여야 할 형편이었는데, 만약 피고인이 매수인과의 매매계약에서 손을 떼어 버리면 위 매매계약이 그대로 진행되지 않을 수도 있었기 때문에, 피고인이 대법원에 상고한 경매방해 등 사건에 관한 교제비, 변호사 선임비 등으로 사용한다고 하면서 1억 5천만원을 빌려 달라고 하는 것을 거절하지 못하고 위 약속어음을 빌려 주었다는 취지로 진술하고 있고, 나아가 피해자가 당초 위 호텔 매매계약이 성사되면 그 소개비조로 피고인에게 3억원을 지급하기로 약정하였지만 위 약속어음을 대여해 줄 당시까지 위 약정한 소개비를 피고인에게 지급하지 아니하였던 사실에 비추어 볼 때, 피해자로서는 피고인이 1억 5천만원을 차용하고도 이를 변제하지 아니할 경우 피고인에게 지급하기로 한 소개비에서 이를 공제할 수 있다는 생각에서, 피고인이 말하는 차용금의 용도와는 상관 없이 위 약속어음을 피고인에게 대여한 것으로 보인다. 따라서 설사 피고인이 당초 피해자에게 말한 차용금의 용도가 거짓이었다 하여도 이 기망행위와 피해자의 재산적 처분행위와의 사이에는 상당인과관계가 있다고 보기 어렵다.

〈대법원 판결요지〉

사기죄의 실행행위로서의 기망은 반드시 법률행위의 중요 부분에 관한 허위표시임을 요하지 아니하고, 상대방을 착오에 빠지게 하여 행위자가 희망하는 재산적 처분행위를 하도록 하기 위한 판단의 기초가 되는 사실에 관한 것이면 충분하므로 용도를 속이고 돈을 빌린 경우에 만일 진정한 용도를 고지하였더라면 상대방이 빌려 주지 않았을 것이라는 관계에 있는 때에는 사기죄의 실행행위인 기망은 있는 것으로 보아야 할 것이다. … 피고인이 위 금원 중 금 1천만원만 변호사 선임비로 쓰고 나머지는 자신의 사업자금으로 사용하였다면 특단의 사정이 보이지 아니하는 이 사건에 있어서 피고인은 피해자의 이러한 상태를 이용하여 소송비용 등을 빌미로 자신의 사업자금에 사용하기 위하여 피해자로부터 위 금원을 차용한 것으로 보이는 바, 사정이 위와 같다면 피고인은 용도를 속이고 돈을 빌린 것으로 보이고 만약 진정한 용도를 고지하였으면 당시 자신 소유의 호텔이 경매에 처하는 등의 어려운 상황에 처해 있었던 피해자가 피고인에게 금 1억 5천만원이나 되는 약속어음을 선뜻 빌려 주지 않았을 것으로 추단되므로 피고인의 이러한 행위는 사기죄에 있어서 기망에 해당한다고 보아야 할 것이다.

〈참조판례〉

○ **대법원 1966.10.18. 선고 66도806 판결【사기】**

피고인이 병원의 운영실권자이고 甲은 고용원에 불과한데 피고인과 甲이 乙에게 甲이 병원의 실권자이고 단독경영하는 것처럼 허위사실을 말하여 동업계약을 맺고 금 60,000원을 교부받았다 해도, 피고인은 甲의 보증을 하고 있어 병원의 운영실권자가 피고인이냐 甲이냐는 동업계약의 효력과 실행에 별다른 영향이 있는 사실이 아니므로, 乙에게 운영실권에 관한 착오가 없었더라면 동업계약을 맺지 않았을 것이라는 합리적인 사정이 나타나있지 아니한 피고인과 甲의 기망행위와 乙의 처분행위 사이에 인과관계는 인정할 수 없다.

○ **대법원 1994.5.24. 선고 93도1839 판결【위조공문행사, 사기미수 등】**

A건설회사의 대표이사인 피고인은 A건설회사 명의로 한국토지개발공사가 분양하는 임대주택 택지분양신청을 하면서 다수의 경쟁업체가 있을 경우에 그 경쟁업체들과 비교하여 공동주택 건설실적이 많은 것처럼 가장하여 택지를 분양받기 위하여 허위작성된 시장명의의 임대주택건설실적증명원을 제출하였으나 마감시간이 지나도록 다른 업체로 부터의 매수신청이 없어 A건설회사의 대표이사에게 매수신청서를 제출하도록 하여 수의계약을 체결하게 된 경우, 피고인에 제출한 실적증명원은 A건설회사가 설립 또는 사업자등록을 하기 이전의 피고인 개인의 실적에 관한 것으로 용지의 매수신청인이 법인인 회사로서 그 실적증명이 필요한 경우 회사의 대표이사 개인의 실적증명은 전혀 참작이 되지 않을 뿐만 아니라 수의계약을 하는 경우에는 매수신청인의 실적증명은 필요 없고, 피고인이 비록 피고인 개인의 주택건설실적에 대한 내용이 허위인 실적증명은 제출한 바 있다 하더라도 그것만으로는 분양대상자의 선정에 영향을 미치는 사유가 된다고 보기 어려우므로, 피고인의 그러한 행위는 토지개발공사의 처분행위를 유발할 수 있는 것이 되지 못하고 그들 사이에는 인과관계가 존재한다고 보기 어렵다.

다. 삼각사기

1) 사기죄에 있어서는 피기망자와 피해자가 반드시 일치할 것을 요하지 않는다. 다만 피기망자와 재산상의 피해자가 같은 사람이 아닌 경우에는 피기망자가 피해자를 위하여 그 재산을 처분할 수 있는 권능을 갖고 있거나 그러한 지위에 있어야 한다. 피해자의 재산을 처분할 수 있는 권능을 갖고 있거나 그러한 지위에 있는 대표적인 사람으로는 법인의 이사(민법 제58조, 59조)·임시이사(제63조)·특별대리인(제64조)·청산인(제87조), 대리인(제114조), 전세권자(제318조), 유치권자(제322조), 질권자(제338조), 저당권자(제363조), 수임인(제680조), 사무관리인(제734조) 등이 있다. 다만 피기망자가 피해자를 위하여 재산을 처분할 수 있는 권능이나 지위는 반드시 사법상의 위임이나 대리권의 범위와 일치하여야 하는 것은 아니고, 피기망자의 처분행위가 설사 피해자의 진정한 의도와 어긋난다고 하더라도 위와 같은 권능을 갖

거나 그 지위에 있다고 보아야 한다.

2) 피해자가 법인인 경우 피기망자가 법인의 최종 의사결정권자가 아니라도 내부적인 권한 위임 등에 의하여 실질적으로 법인의 의사를 결정할 권한을 부여받았거나 또는 상대방의 기망행위 사실을 인식하지 못하고 의사결정권자에게 보고하여 처분결정을 하도록 하는 지위에 있는 때에는 기망행위의 상대방이 될 수 있다(대법원 2012.5.24. 선고 2010도1080 판결). 예컨대 국민주택 건설자금의 대출사무를 위탁받은 은행의 일선 담당직원은 피해자의 재산(국민주택 건설자금)을 처분할 수 있는 법적 권한이 있거나 또는 사실상의 지위에 있으므로, 국민주택 건설자금으로 사용할 의사가 없으면서도 국민주택 건설자금으로 사용할 것처럼 담당직원을 속여 대출을 받은 경우에는 사기죄가 성립한다(대법원 2002.7.26. 선고 2002도2620 판결). 또한 소유자로부터 그 소유토지를 타인에게 담보로 제공하고 돈을 마련해 달라는 부탁을 받고 소유자의 인감증명서와 인감도장을 가지고 있는 사람은 그 토지를 처분하거나 담보를 설정할 어떠한 권한이나 지위에 있다고 할 수 있으므로 그 사람을 기망하여 그 토지에 자신의 채무에 관한 근저당설정등기를 경료한 경우에도 사기죄가 성립한다(대법원 1994.10.11. 선고 94도1575 판결).

3) 그러나 타인명의의 등기서류를 위조하여 등기공무원에게 제출함으로써 자신명의로 소유권이전등기를 마쳤다고 하여도 등기공무원에게는 위 부동산의 처분권한이 있다고 볼 수 없을 뿐만 아니라 소유권이전등기를 처분행위라고 볼 수도 없으므로 사기죄는 성립하지 않는다(대법원 1981.7.28. 선고 81도529 판결). 또한 피해자 명의의 양도증서 등 명의변경 서류를 위조하여 일본 특허청 공무원에게 제출함으로써 자기 명의로 특허의 출원자 명의를 변경하였다고 하더라도 특허를 받을 수 있는 권리에 관한 피해자의 처분행위가 있었다고 할 수 없을 뿐만 아니라 일본 특허청 공무원에게 특허를 받을 수 있는 권리의 처분권한이 있다고 볼 수 없으므로, 사기의 죄책을 물 수는 없다(대법원 2007.11.16. 선고 2007도3475 판결).

4) 소유자(A)로부터 명의신탁을 받아 부동산을 보관하고 있는 자(B)에게 소유자로부터 승낙을 받았다고 거짓말을 하고 그(B)로 하여금 소유자(A)의 토지를 제3자(C)에게 매각하도록 하고 제3자(C)로부터 매매대금을 교부받았다고 하더라도 피기망자인 B가 피해자인 C를 위하여 그 재산을 처분할 수 있는 권능이나 지위에 있다고 볼 수 없으므로 사기죄는 성립하지 않는다(☞ **[판례 Ⅳ-9]** 참조).

[판례 Ⅳ-9] 대법원 1991.1.11. 선고 90도2180 판결【사기】

〈사실관계〉

이 사건 토지의 실제 소유자인 A가 피고인에게 금 1,100만원에 매도하도록 승낙한 사실이 없음에도 불구하고 피고인은 A로부터 위 토지에 관한 소유명의를 신탁 받은 B에게 A로부터 그와 같은 승낙이 있었던 것처럼 거짓말을 하여 동인을 기망하고 C와 사이에 위 토지에 관하여 대금 1,100만원의 매매계약을 체결하게 한 다음 위 C로부터 위 매매대금 전액을 교부받았다. 이후 B는 피고인이 자신을 기망하였다는 사실을 알고 C에게 소유권이전등기를 하지 아니하였다.

〈판결요지〉

이 사건 공소사실에는 피기망자는 B, 재산상의 피해자는 C로 적시되어 있다. 사기죄가 성립되려면 피기망자가 착오에 빠져 어떠한 재산상의 처분행위를 하도록 유발하여 재산적 이득을 얻을 것을 요하고, 피기망자와 재산상의 피해자가 같은 사람이 아닌 경우에는 피기망자가 피해자를 위하여 그 재산을 처분할 수 있는 권능이나 지위에 놓여 있어야 하며, 기망, 착오, 처분, 이득 사이에 인과관계가 있어야 하는 것인데도, 기록상 피기망자인 B가 피해자인 C를 위하여 그 재산을 처분할 수 있는 권능이나 지위에 있었다고 볼 만한 자료는 발견되지 아니한다. 또한 B는 피고인의 기망행위로 인하여 동기에 착오를 일으켜 이 사건 매매계약을 체결하게 된 것일 뿐으로 B에게 이사건 매매계약을 취소할 수 있는 권리가 있다고 인정되지 아니하므로 이는 적법, 유효한 것으로서 이를 가리켜 C에 대한 기망의 수단이 된다고 볼 수는 없으며, C가 매매대금 전액을 지급하였으나 그 소유권을 이전받을 수 없게 되어 입은 손해는 매도인인 B의 채무불이행으로 인한 것이라고 인정되므로 피고인의 기망행위와 C의 손해발생 사이에 인과관계가 인정되지도 아니한다.

〈해 설〉

이 사건은 피기망자와 피해자가 일치하지 않는 대표적인 삼각사기의 사례이다. 이 사건에서 피고인에게 사기죄의 죄책을 지울 수 있는가를 판단함에 있어서는 과연 피기망자인 B에게 피해자 C의 재산을 처분할 수 있는 법적 권한이나 지위가 인정되는가가 관건이다. 대법원이 지적하고 있는 바와 같이 B는 피고인의 기망행위로 인하여 동기에 착오를 일으켜 이 사건 매매계약을 체결하게 된 것일 뿐으로 B에게 C의 재산을 처분할 수 있는 권한이나 지위가 있다고 보기는 곤란하다. 따라서 판례가 피고인에게 사기죄의 죄책을 지울 수 없다고 본 것은 타당하다고 할 것이다.

그러나 이러한 분석에는 중대한 결함이 있다. 이 사건에서는 피고인이 기망을 수단으로 자기 또는 제3자로 하여금 취득하게 하려고 한 것이 무엇인가가 불명확하다. 만약 부동산을 사기의 목적물로 본다면 피기망자는 B 그리고 피해자는 A이다. 이렇게 본다면 피고인은 B를 기망하여 A의 부동산을 제3자로 하여금 취득하게 하려다 미수에 그쳤으므로 사기미수죄의 죄책을 진다. 그러나 다른 한편으로 매매대금을 사기의 목적물로 본다면 피해자는 C일뿐만 아니라 피기망자도 C이다. 이 사건에서 피고인이 B뿐만 아니라 C에게도 A로부터 A의 토지를 매도하도록 하는 승낙이 있었던 것처럼 거짓말을 하였다면 곧바로 C에 대한 사기죄가 성립한다. 그리고 만약 피고인이 C의 면전에 나서지 않은 채 B를 기망하여 B가 C로부터 교부받은 매매대금을 다시 B로부터 교부받았다고 한다면 매매대금은 A 또는 B 소유의 재물이므로 A 또는 B에 대한 관계에서 사기죄의 죄책을 지우는 데는 별다른 문제가 없다. 이 사안에서 피고인은 B에게 A의 승낙이 있었던 것처럼 거짓말을 하여 B를 기망하고 B로 하여금 C와 A소유 토지에 대한 매매계약을 체결하게 한 다음 C로부터 매매대금을 교부받았다. 결국 이 사안에서 피기망자는 B이고 피해자는 A가 된다.

판례는 사기의 대상을 정확하게 파악하지 않고 단순히 피기망자와 피해자가 일치하지 아니하고 피기망자에게 피해자의 재산을 처분할 수 있는 법적 권한이나 지위가 인정되지 않는다고 하여 너무 쉽게 사기죄를 부정해 버린 것이 아닌가 생각된다.

(4) 재물 또는 재산상 이익의 취득

가. 재물의 취득

1) 사기죄에서 재물이란 유체물 및 전기 기타 관리할 수 있는 동력으로서(제354조, 제346조) 반드시 금전적 교환가치를 가질 필요는 없고, 소유자나 점유자가 주관적 가치를 가지고 있음으로서 족하다. 인감증명서와 같이 재산적 가치를 가지는 서류도 사기죄의 객체가 된다(대법원 1995.8.25. 선고 94도2132 판결; 2011.11.10. 선고 2011도9919 판결). 또한 무효의 사유가 존재한다고 하더라도 그 증서 자체에 그 사유의 기재가 없고 권리의무를 증명함에 족한 외형을 구비하고 있는 약속어음공정증서도 사기죄의 객체가

된다(대법원 1995.12.22. 선고 94도3013 판결). 그러나 보험가입사실증명원은 교통사고를 일으킨 차가 자동차보험에 가입하였음을 보험회사가 증명하는 내용의 문서일 뿐이고 재물이나 재산상의 이익의 처분에 관한 사항을 포함하고 있지 않으므로 사기죄의 객체가 될 수 없다(대법원 1997.3.28. 선고 96도2625 판결).

2) 재물의 취득이란 범인의 기망에 의해 피해자가 재물에 대한 사실상의 지배를 범인에게 인도하고 범인이 이를 취득하는 것으로, 반드시 재물에 대한 현실의 인도가 있어야 하는 것은 아니고 재물이 범인의 사실상 지배 아래에 들어가 그의 자유로운 처분이 가능한 상태에 놓이는 것으로 족하다. 따라서 피해자가 범인이 주문한 도자기 5,000개를 모두 제작하고 그 중 1,600여개는 피고인이 지정한 사찰로 직접 배달하고 나머지 3,400여개는 범인의 지시에 따라 지정된 사찰로 배달할 수 있는 상태에 놓인 채로 보관 중인 경우, 그 도자기는 범인의 사실상의 지배 아래에 들어가 피고인의 자유로운 처분이 가능한 상태에 놓였다고 할 것이므로 범인은 실제로 배달된 것뿐만 아니라 피해자가 보관 중인 도자기 모두를 취득하였다고 보아야 한다(대법원 2003.5.16. 선고 2001도1825 판결).

나. 재산상 이익의 취득

1) 사람을 기망하여 재산상 이익을 취득한 경우에도 사기죄가 성립한다. 재산상 이익의 개념은 앞에서 설명한 바와 같다.

부재자(不在者) 재산관리인으로 선임된 것만으로는 재산상 이익을 취득한 것으로 볼 수 없으나(대법원 1973.9.25. 선고 73도1080 판결), 금전을 차용하기 위하여 연대채무를 부담하게 하거나(대법원 1982.10.26. 선고 82도2217 판결) 채무이행을 연기받는 것(대법원 1997.7.25. 선고 97도1095 판결)은 재산상 이익의 취득에 해당한다. 가계수표발행인이 허위의 분실사유를 들어 공시최고신청을 하고 법원으로부터 제권판결을 받음으로써 수표상의 채무를 면하거나(대법원 1999.4.9. 선고 99도364 판결), 주권을 교부한 자가 이를 분실하였다고 허위로 공시최고신청을 하여 제권판결을 선고받아 확정되거나(대법원 2007.5.31. 선고 2006도8488 판결), 가압류채권자를 기망하여 가압류를 해제한 경우(대법원 2007.9.20. 선고 2007도5507 판결; 대법원 2007.7.26. 선고 2007도3160 판결)에도 재산상 이득을 취득한 것으로 인정된다.

그리고 타인의 명의를 빌려 예금계좌를 개설한 후 통장과 도장은 명의인이 보관하도록 하고 자신은 현금카드를 소지한 채 명의인을 기망하여 그 예금계좌로 돈을 송금하게 하였다면, 이로써 재산상 이익을 취득한 것이므로 사기죄는 기수에 이르고 그 이후 편취금을 인출하였는가의 여부는 사기죄의 성립에 아무런 영향을 미치지 않는다(대법원 2003.7.25. 선고 2003도2252 판결). 또한 대한주택보증회사나 신용보증기금과 보증약정을 체결하여 보증서가 발급되었다면, 이로써 대한주택보증회사나 신용보증기금이 보증한 보증금 상당액의 재산상 이익을 취득한 것으로 사기죄가 성립한다(대법원 2008.2.28. 선고 2007도10416 판결; 대법원 2013.11.28. 선고 2011도7229 판결). 이와는 달리 타인의 사망을 보험사고로 하는 생명보험계약을 체결함에 있어 제3자가 피보험자인 것처럼 가장하여 체결하는 등으로 그 유효요건이 갖추어지지 못한 경우에는, 그 보험계약 체결 당시에 이미 보험사고가 발생하였음에도 이를 숨겼다거나 보험사고의 구체적 발생 가능성을 예견할 만한 사정을 인식하고 있었거나 고의로 보험사고를 일으키려는 의도를 가지고 보험계약을 체결하는 것과 같이 보험의 본질을 해칠 정도라고 볼 수 있는 특별한 사정이 없는 한, 그와 같이 하자 있는 보험계약을 체결한 것만으로는 재산상 이익을 취득하였다고 할 수 없다(대법원 2013.11.14. 선고 2013도7494 판결).

2) 자기의 채권자에 대한 채무이행으로 채권을 양도하였다 하더라도 실제로 그와 같은 채권이 존재하지 않는다면 권리이전의 효력이 발생하지 않고 나아가 채권자에 대한 기존의 채무도 소멸하지 않으므로 이 경우에는 재산상 이득의 취득이 있다고 볼 수 없다(대법원 1985.3.12. 선고 85도74 판결; 1986.7.22. 선고 86도681 판결). 따라서 위조된 약속어음을 진정한 약속어음인 것처럼 속여 기왕의 물품대금채무의 변제를 위하여 채권자에게 교부하였다고 하여도 어음이 결제되지 않는 한 물품대금채무가 소멸되지 아니하므로 사기죄는 성립되지 않는다(대법원 1983.4.12. 선고 82도2938 판결). 또한 피고인이 피해자에게 백미 100가마를 변제한다고 말하면서 10가마의 백미보관증을 100가마의 보관증이라고 속여 교부하고 한문판독능력이 없는 피해자가 이를 100가마의 보관증으로 믿고 교부받았다고 하더라도 나머지 90가마의 채무가 소멸하거나 이로써 피고인이 채무를 면탈하는 것은 아니므로 재산상의 이익을 취득하였다고 할 수 없다(대법원 1990.12.26. 선고 90도2037 판결). 그리고 피해자가 범인의 허위변제약속에 속아 그 요청에 따라 금원을 은행계좌에 입금한 다음 범인이 그 돈을 은행이 발행한 약속어음의 결제자금으로 사용하여 결과적으로 약속어음과 관련된 피해자의 채무가 그 금액만큼 감소되었다면 범인이 재산상 이익을 편취하였다고 할 수 없다(대법원 2012.6.14. 선고 2012도3647 판결).

다. 제3자의 취득

재물 또는 재산상 이익은 기망자가 직접 취득할 것을 요하지 않고 제3자로 하여금 취득하게 하여도 무방하다(제347조 제2항). 다만 이와 같은 경우에 사기죄가 성립하려면, 그 제3자가 범인과의 사이에 정을 모르는 도구 또는 범인의 이익을 위해 행동하는 대리인의 관계에 있거나, 적어도 불법영득의사와의 관련상 범인에게 그 제3자로 하여금 재물을 취득하게 할 의사가 있어야 한다(☞ **[판례 Ⅳ-10]** 참조).

[판례 Ⅳ-10] 대법원 2009.1.30. 선고 2008도9985 판결【사기】

〈사실관계〉

피고인은 자신이 소유하고 있던 건물이 택지개발지구로 편입되면서 대한주택공사로부터 받은 거주자공급택지분양권을 2002.4.경 이미 A에게 매도하였고, 당시 별다른 재산이 없는 반면 카드대금 채무가 3,500만원에 이르러 이 사건 분양권을 다른 사람에게 매도하더라도 매도대금은 위 카드대금 채무의 변제에 사용할 예정이어서 A와의 계약관계를 해소할 의사나 능력이 없었으므로, 이 사건 분양권을 다시 매도하는 경우 A와의 분쟁이 예상되어 새로운 매수인으로 하여금 이 사건 분양권을 취득할 수 있도록 해 줄 의사나 능력이 없음에도 불구하고 2002.12.5. B에게 이 사건 분양권을 3,500만원에 재차 매도하였고, 2004.9.경 C와 이 사건 분양권을 매도하는 계약을 체결하면서 분양권의 양수에 아무런 문제가 없으리라고 믿은 C로 하여금 B에게 매매대금조로 1억400만원을 교부하게 하였으며, 2005.3.22.경 D와 이 사건 분양권을 매도하는 계약을 체결하면서 분양권의 양수에 아무런 문제가 없으리라고 믿은 D로 하여금 C에게 매매대금조로 1억 1,700만원을 교부하게 하였다.

〈원심 판결요지〉

이 사건 각 매매계약이 순차 이루어짐에 있어, 피고인이 매도인이 되어 피고인과 B, C, D 사이에 각 매매계약서가 작성된 점, 피고인의 매도인으로의 지위는 형식적인 것이긴 하나 이는 피고인의 의사에 기인한 것이고 그에 따른 사례금도 수령한 점, B, C, D는 전매가 금지되어 있는 이 사건 분양권이 이미 A에게 매도되었다는 사정을 알았다면 거래에 임하지 아니하였을 것이고, 그와 같은 위험은 원래 피고인이 이 사건 분양권을 이중으로 매도함으로써 초래된 것인 점 등을 종합하여 보면, 신의성실의 원칙상 피고인은 매수인들인 B, C, D에게 이중매매 사실을 고지할 의무가 있고 따라서 이를 고지하지 아니한 피고인의 행위는 부작위에 의한 기망행위에 해당하나, 이 사건은 피해자를 기망하여 피고인이 아닌 제3자들로 하여금 재물의 교부를 받게 한 경우로서 이러한 경우에 사기죄가 성립하려면 그 제3자가 피고인의 도구 또는 대리인의 관계에 있거나 그렇지 않다면 적어도 피고인에게 그 제3자로 하여금 재물을 취득하게 할 목적이 있어야 하는데, 이 사건에서 재물을 취득한 B나 C는 피고인의 이 사건 분양권을 매수한 사람들로서 자신의 경제적 이익을 위하여 분양권을 전매한 것일 뿐 그것이 피고인의 경제적 이익에 연결된다고 볼 수는 없으므로, 피고인에게 제3자인 B, C에게 매매대금을 불법영득시킬 의사가 있었다고 보기 어렵다.

〈대법원 판결요지〉

이 사건 각 매매계약은 당초 피고인이 이 사건 분양권을 이중으로 매도함으로써 초래된 것이고, 그 각 매매대금을 교부받은 B와 C는 피고인과 사이에 직접적 또는 형식적으로 이 사건 분양권에 관한 매매계약을 체결한 자들로서 피고인과 전혀 무관계한 제3자라고는 볼 수 없는 점, 피고인은 그 자신의 의사에 기해 형식상 매도인의 지위에서 피해자들에게 각 매매계약서를 작성해 주었고 그에 따른 사례금도 수령하였던 점, 만약 피고인이 이 사건 각 매매계약에 협력하지 않았더라면 그 각 실질적 매도인인 B나 C는 C나 D로부터 각 매매대금을 교부받을 수 없었고 피고인의 협력으로 인하여 결과적으로 각 상당액의 전매차익을 취하게 되었던 점 등을 앞서 본 법리에 비추어 보면, 피고인에게는 이 사건 각 매매계약에 있어 매도인인 B나 C로 하여금 그 각 매매대금을 취득하게 할 의사가 있었다고 볼 여지가 충분하고, 이는 위 각 매매대금 상당의 경제적 이익이 궁극적으로 피고인에게 연결되지 않았다 하여 달리 볼 것도 아니라 할 것이다.

라. 재물 또는 재산상 이익의 가액

1) 형법상 기망에 의해 범인 또는 제3자가 재물 또는 재산상 이익을 취득하면 그 자체로써 곧 사기죄가 성립하고, 그로 인하여 취득한 재물 또는 재산상 이익의 가액(이득액)은 문제되지 않는다. 기망수단으로서 변조 또는 위조한 차용증서 등을 제시하였고 그 과정에서 일부 진정한 금전 소비대차관계가 성립되어 피해자가 그 차용인들로부터 일부를 회수하였다고 할지라도 당초의 수령액 전부에 대하여 사기죄가 성립한다(대법원 1998.4.24. 선고 98도248 판결). 그리고 범인이 낙찰계를 조직하여 상습적으로 계원인 피해자들을 기망하여 이들로부터 계불입금 명목으로 금원을 편취한 경우, 범인이 피해자들을 기망하여 계불입금을 취득함으로써 사기죄가 성립하고 설사 범인이 낙찰받는 계원으로부터 이자조로 징수한 돈을 낙찰받지 못한 다른 계원들에게 분배한 사실이 있다 하더라도 계불입금 전액에 대해 사기죄가 성립한다(대법원 1991.5.28. 선고 91도668 판결).

2) 사기죄(제347조)를 범한 자가 그 범죄행위로 인하여 취득하였거나 제3자로 하여금 취득하게 한

재물이나 재산상 이익의 가액(이득액)이 5억원 이상인 때에는 특경법에 의해 가중처벌되므로(제3조), 특경법상 사기죄의 이득액은 구성요건요소가 된다(대법원 2007.4.19. 선고 2005도7288 판결). 앞에서 설명한 바와 같이 피해자에게 상당한 대가가 지급되었다거나 피해자의 전체 재산상에 손해가 없다 하여도 사기죄의 성립에는 그 영향이 없고, 그 대가가 일부 지급된 경우 그 편취액은 피해자로부터 교부된 재물의 가치로부터 그 대가를 공제한 차액이 아니라 교부받은 재물 전부이다(대법원 1995.3.24. 선고 95도203 판결).

마. 재산상 손해의 발생

1) 형법은 재산상의 손해의 발생을 사기죄의 성립요건으로 규정하고 있지 않다. 즉 사기죄는 타인을 기망하여 그로 인한 하자 있는 의사에 기하여 재물의 교부를 받거나 재산상의 이득을 취득함으로써 성립하고 상대방에게 현실적으로 재산상 손해가 발생함을 요하지 않는다(☞ **[판례 Ⅳ-11]**, **[판례 Ⅳ-12]** 참조).

[판례 Ⅳ-11] 대법원 2004.4.9. 선고 2003도7828 판결【사기】

〈공소사실〉

피고인은 CNG코리아 금융컨설팅이라는 상호로 사채업을 하는 자로서 공소외 1과 공모하여, 2002.4.19.경 신용대출 희망자인 공소외 2로부터 금 500만원의 대출을 의뢰받고 사실은 위 공소외 2가 자동차의 실제 구입자가 아니어서 자동차할부금융의 대상이 되지 아니함에도 그가 실제로 대우 레조자동차를 할부로 구입하는 것처럼 그 명의의 대출신청서 등 관련 서류를 작성한 다음 그 사실을 아는 공소외 1에게 교부하고, 공소외 1은 이를 할부금융회사인 피해자 삼성캐피탈 주식회사 해운대지점에 제출하여 공소외 2가 실제로 자동차를 할부구입하는 것으로 믿은 위 회사로부터 자동차할부금융 대출금으로 1,000만원을 교부받아 편취한 것을 비롯하여 같은 해 9.6.까지 6회에 걸쳐 공소외 2 내지 5명의로 피해자 삼성캐피탈 주식회사, 서울보증보험 주식회사, 현대캐피탈 주식회사로부터 할부대출금 명목으로 총 55,400,000원을 대출받아 이를 편취하였다.

〈원심 판결요지〉

이 사건 대출금이 곧바로 자동차회사에 입금됨으로써 자동차들이 이 사건 대출자들 명의로 실제 출고되었고, 할부금융회사 등도 자체기준에 따른 심사 결과 하자가 없는 이 사건 대출자들을 채무자로 하여 신용대출을 해 주었으며, 현재 4명의 대출자들이 그들 명의의 예금통장에서 자동이체 방법으로 대출원리금을 전액 납부하였거나 비교적 장기간에 걸쳐 여러 차례 납부하였으므로, 피고인이 위 공소사실 기재와 같이 할부금융회사를 기망하여 대출금을 편취하였다고 보기 어렵다.

〈대법원판결요지〉

할부금융회사로서는 피고인이 할부금융의 방법으로 대출의뢰인들 명의로 자동차를 구입하여 보유할 의사 없이 단지 자동차 할부금융대출의 형식을 빌려 자금을 융통하려는 의도로 할부금융대출을 신청하였다는 사정을 알았더라면 할부금융대출을 실시하지 않았을 것이므로, 피고인으로서는 신의성실의 원칙상 사전에 할부금융회사에게 자동차를 구입하여 보유할 의사 없이 자동차할부금융대출의 방법으로 자금을 융통하려는 사정을 고지할 의무가 있다 할 것이고, 그럼에도 불구하고 이를 고지하지 아니한 채 대출의뢰인들 명의로 자동차할부금융을 신청하여 그 대출금을 지급하도록 한 행위는 고지할 사실을 묵비함으로써 거래상대방인 할부금융회사를 기망한 것이 되어 사기죄를 구성한다고 볼 것이고, 이 사건 대출금이 곧바로 자동차판매회사에 입금됨으로써 자동차들이 이 사건 대출의뢰인들 명의로 실제 출고되었고, 할부금융회사가 자체 기준에 따른 심사 결과 하자가 없다고 판단하여 대출의뢰인들을 채무자로 하여 신용대출을 해 주었다는 점은 피고인의 기망행위에 대한 범의를 인정하는 데에 아무런 지장이 없다.

또한, 사기죄는 타인을 기망하여 그로 인한 하자 있는 의사에 기하여 재물의 교부를 받거나 재산상의 이득을 취득함으로써 성립되는 범죄로서 그 본질은 기망행위에 의한 재산이나 재산상 이익의 취득에 있는 것이고 상대방에게 현실적으로 재산상 손해가 발생함을 요건으로 하지 아니하므로, 대출의뢰인들이 그들 명의의 예금통장에서 자동이체 방법으로 대출원리금을 전액 납부하였거나 비교적 장기간에 걸쳐 여러 차례 납부하였다는 점도 사기죄의 성립에 아무런 지장이 없다.

[판례 Ⅳ-12] 대법원 1994.10.21. 선고 94도2048 판결【특경법위반(사기), 상습사기, 공문서위조, 사문서위조】

〈사실관계〉

피고인 1은 1971.11.20.경부터 1974.11.경까지 해남세무서와 목포세무서에서 세무공무원으로 근무하는 동안 국유재산의 매각업무를 전담하면서, 국유재산법상 국유재산에 관한 사무에 종사하는 직원으로서 당해 관리청의 허가 없이 그 처리하는 국유재산을 취득할 수 없도록 규정되어 있음에도 매형인 공소외 1을 비롯한 가족과 친척 등 35명의 명의를 차용하거나 도용하는 방법으로 국유지 22,000여 필지 총 2,900여 만 평을 취득하여 처분, 관리하여 오던 중, 1987.1.경부터 1993.3.경까지 사이의 39회에 걸쳐 피고인 1이 타인의 명의로 매수한 위 국유지를 그 사실을 숨긴 채 각 피해자에게 매도하는 매매계약을 체결하고 매매대금조로 합계 금 116,363,000원을 교부받고, 또한 피고인 1은 1987.1.경부터 1992.12.경까지 사이에 365회에 걸쳐 같은 방법으로 국유지를 각 피해자에게 매도하여 합계 금 1,992,808,550원을 교부받았다.

〈사건의 경과〉

1심과 2심이 피고인들에게 상습사기죄를 인정하자 피고인들은 (1) 국유재산법의 규정들은 이른바 상대적 효력규정에 불과하여 국유재산에 관한 사무에 종사하는 직원이 국유재산을 자신의 명의로 취득하는 것은 무효이나 타인의 명의로 취득하는 것은 유효하고 또한 그 국유재산을 제3자가 전득한 경우 국가는 선의의 제3자에게 그 무효로써 대항할 수 없다는 전제하에 피고인들의 원심 판시 소위가 사기죄를 구성하지 않고, (2) 광주지방국세청장은 원심 판시와 같이 피고인 1이 타인 명의로 매수한 국유지에 관하여 1986.경에 매수인명의변경절차를 일시 유보한 일이 있지만 1988. 하반기부터는 다시 이를 허용하였고, 또 피고인 1이 그 자녀들 명의로 취득한 국유지에 관하여는 관할 세무서장들이 예외 없이 그 자녀들에게 증여세부과처분을 함으로써, 국가는 피고인 1이 원심 판시 국유지를 타인 명의로 매수한 행위나 피고인들이 이를 제3자에게 전매한 행위를 모두 적법, 유효한 것으로 추인하였고, 이에 피고인들은 위 국유지의 매매가 유효한 것으로 믿고서 이를 전매하였을 뿐 전득자들을 기망하여 매매대금을 편취할 고의는 없었다고 주장하며 상고하였다.

〈대법원 판결요지〉

(1) 국유재산법 제14조 제1항은 "국유재산에 관한 사무에 종사하는 직원은 그 처리하는 국유재산을 취득하거나 자기의 소유재산과 교환하지 못한다. 다만, 당해 관리청의 허가를 받은 때에는 그러하지 아니하다", 같은 조 제2항은 "제1항의 규정에 위반한 행위는 무효로 한다"라고 규정하고 있는바, 이처럼 국유재산법이…국유재산 처분사무의 공정성을 도모하기 위하여 관련사무에 종사하는 직원에 대하여 부정한 행위로 의심받을 수 있는 가장 현저한 행위를 적시하여 이를 엄격히 금지하는 한편, 그 금지에 위반한 행위의 사법상 효력에 관하여 이를 무효로 한다고 명문으로 규정하고 있는 점을 종합하여 보면, 국유재산에 관한 사무에 종사하는 직원이 타인의 명의로 국유재산을 취득하는 행위는 강행법규인 위 국유재산법 규정들의 적용을 잠탈하기 위한 탈법행위로서 무효라고 할 것이고, 나아가 국유재산법이 거래안전의 보호 등을 위하여 위 무효를 주장할 수 있는 상대방을 제한하는 규정을 따로 두고 있지 아니한 이상 위 무효는 원칙적으로 누구에 대하여서나 주장할 수 있다 할 것이므로, 위 규정들에 위반하여 취득한 국유재산을 제3자가 취득하는 행위 또한 당연무효라고 해석하여야 할 것이다.

(2) 피고인들의 경력, 피고인 1의 이 사건 국유지에 대한 매수경위와 그 규모, 피고인들의 피해자들에 대한 위 전매 당시의

상황과 그 매도경위 등을 종합, 고찰하여 보면, 피고인들은 이 사건 국유지에 대한 전매계약의 체결 당시 그 전매행위가 무효로 되어 전득자(轉得者)들이 적법한 소유권을 취득하지 못할지도 모른다고 생각하면서도 전득자들에게 이러한 사정을 고지하지 아니함으로써 매매대금을 편취할 범의가 있었다고 보기에 충분하다 할 것이고, 또 위와 같은 피고인 1의 국유재산법 위반행위로 말미암아 전득자들이 매매목적물인 국유지에 대한 권리를 확보하지 못할 위험이 생길 수도 있다는 사정은 전득자들의 입장에서 볼 때 전매계약의 체결 여부를 결정짓는 매우 중요한 요소라 할 것이므로 피고인들은 신의성실의 원칙상 전득자들에게 이를 고지할 의무가 있다 하겠고, 그럼에도 불구하고 피고인들이 매수인인 전득자들에게 그와 같은 사정을 고지하지 아니하였다면 이는 바로 사기죄의 구성요건인 기망행위에 해당하는 것이다.

이 사건 피해자인 원심 판시 국유지의 전득자들이 앞서 본 바와 같은 사정 때문에 그 전매행위가 무효로 될지도 모른다는 사실을 사전에 알았더라면 그 전매계약에 임하지 않았으리라는 점은 경험칙상 쉽게 추측할 수 있다 하겠으므로 피고인들의 기망행위와 피해자들의 매수행위 사이에는 인과관계가 있다고 보아야 할 것이고, 또 사기죄의 본질은 기망에 의한 재물이나 재산상 이득의 취득에 있고 이로써 상대방의 재산이 침해되는 것이므로 상대방에게 현실적으로 재산상의 손해가 발생하지 않았다 하더라도 사기죄의 성립에는 아무런 영향이 없는 것인바, 이 사건에서 피해자인 전득자들은 피고인들의 기망에 의하여 당해 부동산의 소유권을 취득할 수 없게 될지도 모른다는 사정을 알지 못한 채 이를 매수함으로써 이미 재산의 침해가 있었다 할 것이고, 그 이후 피해자들이 매수인 명의변경절차나 국가에 대한 민사소송 등을 통하여 소유권이전등기를 경료받아 재산상의 손해가 없게 되었다 하더라도 이는 사기죄의 성립에 아무런 영향을 미칠 수 없다.

2) 같은 이유로 의사자격이 없는 자가 내과전문의에 상당하는 의료기술을 가지고 진료행위를 하였고 이로 인하여 병원경영자가 많은 의료수가를 받게 되어 전체적으로 재산상 손해를 입은 것이 없다 할지라도 이는 사기죄의 성립에 영향이 없고(대법원 1982.6.22. 선고 82도777 판결), 법인이 다방의 임대차보증금 등을 타인에게 담보로 제공하고도 이를 은폐하는 등 피해자를 기망하여 피해자와 다방 전대차계약을 맺고 계약금을 수령하였다면 이로써 사기죄가 성립하고, 위 담보채무를 전대차계약 기간만료 전에 변제함으로써 피해자에게 담보와 관련하여 손해를 끼치지 않았다는 등의 사유는 사기죄의 성립에 영향을 끼치는 것은 아니며(대법원 1991.11.12. 선고 91도2270 판결), 금융기관을 기망하여 대출을 받았다면 이로써 사기죄는 성립하고 변제의사와 변제능력의 유무 그리고 충분한 담보가 제공되었다거나 피해자의 전체 재산상에 손해가 없고 사후에 대출금이 상환되었다고 하더라도 사기죄의 성립에는 영향이 없다(대법원 2005.4.29. 선고 2002도7262 판결). 주유소 운영자가 농민들에게 면세유를 공급한 것처럼 부당하게 발급받은 면세유류공급확인서로 석유정제업자를 기망하여 부가가치세 등에 상당한 석유류를 취득하였다면 석유정제업자에게 현실적인 재산상 손해가 없더라도 사기죄가 성립한다(대법원 2009.1.15. 선고 2006도6687 판결). 콘도회원권 판매 등의 대리점 영업을 하는 자가 위조한 회원증 등을 마치 사용가능한 것으로 피해자들에게 말하거나 위조된 사실을 숨긴 채 판매하고 그 대금을 지급받았다면 사기죄가 성립하고 추후 피해자들에게 진정한 회원증을 교부하였다고 하더라도 사기죄의 성립에는 영향이 없다(대법원 2009.10.15. 선고 2009도7459 판결).

3) 어음, 수표의 발행인이 그 지급기일에 결제되지 않으리라는 정을 예견하면서도 이를 발행하고,

거래상대방을 속여 그 할인을 받거나 물품을 매수하였다면 이로써 발행인의 사기행위가 완성되고, 위 거래상대방이 그 어음, 수표를 타인에게 양도함으로써 전전 유통되고 최후소지인이 지급기일에 지급제시하였으나 부도되었다고 하더라도 최후소지인에 대한 관계에서 사기죄가 성립하는 것은 아니다(대법원 1998.2.10. 선고 97도3040 판결). 또한 변제의 의사나 능력이 없음에도 이를 숨긴 채 피해자에게 금원 대여를 요청하여 이에 속은 피해자로부터 동인의 배서가 된 약속어음을 교부받았다면 이로써 배서인에 대한 사기죄가 성립하고, 범인이 이를 금융기관에서 할인하여 그 할인금을 사용한 후 약속어음이 지급기일에 지급거절되고 범인이 금융기관에 대하여 그 상환채무를 지게 되었다고 하더라도 금융기관에 대하여 별도의 사기죄가 성립하는 것은 아니다(대법원 2007.4.12. 선고 2007도1033 판결).

(5) 소송사기

1) 소송사기는 법원에 허위사실을 주장하거나 허위증거를 제출하여 유리한 판결을 받고 이에 기하여 강제집행을 하여 재산을 취득하는 경우를 말한다. 소송사기죄에서 말하는 소송에는 행정소송이 포함되지 않으므로, 토지의 소유자가 토지를 A에게 명의신탁한 후 B에게 매도하여 부동산실명법 위반 혐의로 과징금 부과처분을 받게 되자 그 처분에 대한 취소소송을 제기하면서 '토지 매매에 대하여 발생하는 양도소득세 등 모든 비용을 C가 부담(납부)하기로 확약한다'는 취지로 위조된 C 명의의 각서를 법원에 제출하고 승소판결을 받는 방법으로 과징금 부과처분을 면하려고 하였더라도 소송사기의 죄책을 물 수 없다(창원지법 2017.11.23. 선고 2016노3479 판결).

2) 다만 소송사기를 쉽사리 유죄로 인정하게 되면 자기에게 유리한 주장을 하고 소송을 통하여 권리구제를 받을 수 있는 민사재판제도의 위축을 가져오므로, 소송상의 주장이 사실과 다름이 객관적으로 명백하고 피고인이 그 주장이 명백히 거짓인 것을 인식하였거나 증거를 조작하려고 하였음이 인정되는 때와 같이 명백히 범죄로 인정되는 경우로 제한해야 한다. 단순히 사실을 잘못 인식하였다거나 법률적 평가를 잘못하여 존재하지 않는 권리를 존재한다고 믿고 제소한 경우나, 소송상 주장이 다소 사실과 다르더라도 자신이 존재한다고 믿고 있는 권리를 뒷받침하기 위한 과장표현에 지나지 아니하는 경우에는 소송사기를 인정해서는 안 된다(대법원 2004.6.25. 선고 2003도7124 판결). 예컨대 기한이 도래하지 않은 채권을 소송에 의하여 청구함에 있어서 기한의 이익이 상실되었다는 허위의 증거를 조작하는 등의 적극적인 사술을 사용하지 아니한 채 단지 즉시 지급을 구하는 취지의 지급명령신청을 하였다면 이는 법원을 기망하여 부당한 이득을 편취하려는 기망행위라고 할 수 없으므로 사기죄의 죄책을 물 수 없다(대법원 1982.7.27. 선고 82도1160 판결).

소송사기에서 말하는 증거의 조작이란 처분문서 등을 거짓으로 만들어 내거나 증인의 허위 증언을 유도하는 등으로 객관적·제3자적 증거를 조작하는 행위를 말하고, 소송 제기에 앞서 그 명의로 피해자에 대한 일방적인 권리주장을 기재한 통고서를 작성하여 내용증명우편으로 발송한 다음 이를 법원에 증거로 제출한 때에는 증거를 조작하였다고 볼 수는 없다(대법원 2004.3.25. 선고 2003도7700 판결). 또한 자기가 상대방에게 유리한 증거를 가지고 있다거나 상대방에게 유리한 사실을 알고 있다고 하더라도 상대방을 위하여 이를 현출하여야 할 의무가 있다고 보기는 어려우므로 상대방에게 유리한 증거를 제출하지 않거나 상대방에게 유리한 사실을 진술하지 않는 행위만으로는 소송사기를 인정할 수 없다(대법원 2002.6.28. 선고 2001도1610 판결).

이에 반하여 공동소유하고 있던 부동산의 매각처분에 관하여 다른 공동소유자에게 그 권한을 위임하고 다시 변호사에게 그 취지를 확인하는 내용의 서면을 작성 교부하고 매매에 관하여 이의를 제기하지 아니하겠다고 다짐하였음에도 불구하고 법원에 공동소유자가 자신의 승낙도 없이 부동산을 불법매도하였다고 허위의 사실을 주장하여 소를 제기하거나(대법원 1987.5.12. 선고 87도417 판결), 권원(權原)에 관한 처분문서를 위조하여 법원에 제출하거나(대법원 1997.10.14. 선고 96도1405 판결), 원고가 피고 중 1인에 대해 승소하더라도 권리행사를 하지 않겠다고 회유하여 그로 하여금 자신이 알고 있는 사실을 적극적으로 주장·입증하지 아니하는 등 불성실하게 소송을 진행하게 하는 것(대법원 1991.8.27. 선고 91도1524 판결)은 소송사기에 해당한다.

3) 소송사기의 주체는 반드시 적극적 소송당사자인 원고에 한하지 않고 방어적인 위치에 있는 피고라 하더라도 허위내용의 서류를 작성하여 이를 증거로 제출하거나 위증을 하게 하는 등의 적극적인 방법으로 법원을 기망하여 착오에 빠지게 한 결과 승소확정판결을 받음으로써 자기의 재산상의 의무이행을 면하게 된 경우에는 사기죄의 죄책을 진다(대법원 2004.3.12. 선고 2003도333 판결).

4) 소송사기는 반드시 소의 제기에 한하지 않는다. 가계수표의 발행인이나 주권을 교부한 자 또는 약속어음이나 가계수표의 발행인이 주권, 약속어음 또는 가계수표를 타인이 교부받아 소지하고 있는 사실을 알면서도 허위의 분실사유를 들어 공시최고신청을 하여 법원으로부터 제권판결을 받음으로써 채무를 면하거나(대법원 1977.1.11. 선고 76도3700 판결; 1995.9.15. 선고 94도3213 판결; 1999.4.9. 선고 99도364 판결) 허위의 내용으로 신청한 지급명령이 그대로 확정된 경우(대법원 2004.6.24. 선고 2002도4151 판결)에는 소송사기의 방법으로 승소 판결을 받아 확정된 경우와 마찬가지로 사기죄가 성립한다. 그러나 법정화해는 그것으로 인하여 새로운 법률관계가 청설되므로 법정화해의 내용이 실제법률내용과 다른 경우라도 법원을 기망한 사기죄는 성립하지 아니한다(대법원 1968.2.27. 선고 67도1579 판결).

5) 한편 소송사기는 간접정범의 방식으로도 범할 수 있다. 예컨대 존재하지 않는 약정이자에 관한 내용을 부가하여 위조한 A명의 차용증을 이용하여 B에게 A에 대한 차용금채권을 양도하고, 이러한 사정을 모르는 B로 하여금 A를 상대로 양수금 청구소송을 제기하게 한 경우에는 B를 도구로 이용한 간접정범 형태의 소송사기죄가 성립한다(대법원 2007.9.6. 선고 2006도3591 판결).

6) 소송에서 주장하는 권리가 존재하지 않는 사실을 알고 있으면서도 법원을 기망한다는 인식을 가지고 소를 제기하면 이로써 실행의 착수가 인정되고(대법원 1993.9.14. 선고 93도915 판결), 반드시 유효

한 소장의 송달이 있을 것을 요하지 않는다(대법원 2006.11.10. 선고 2006도5811 판결). 한편 앞에서 설명한 바와 같이 방어적인 위치에 있는 피고도 사기죄의 주체가 될 수 있는데, 이 경우 법원을 기망하여 승소 확정판결을 받아 자기의 재산상의 의무이행을 면할 목적으로 허위내용의 서류를 증거로 제출하거나 그에 따른 주장을 담은 답변서나 준비서면을 제출한 때에 실행의 착수가 인정된다(대법원 1998.2.27. 선고 97도2786 판결).

강제집행절차를 통한 소송사기에서는 원칙적으로 집행절차의 개시신청을 한 때 또는 진행 중인 집행절차에 배당신청을 한 때에 실행의 착수가 인정된다. 따라서 허위 채권에 기한 공정증서를 집행권원으로 하여 채무자의 소유권이전등기청구권에 대하여 압류신청을 하거나(☞ **[판례 Ⅳ-13]** 참조), 유치권에 의한 경매를 신청한 유치권자가 피담보채권을 실제와 달리 허위로 크게 부풀려 유치권에 의한 경매를 신청하였다면(대법원 2012.11.15. 선고 2012도9603 판결) 소송사기의 실행의 착수가 인정된다.

[판례 Ⅳ-13] 대법원 2015.2.12. 선고 2014도10086 판결【업무상횡령, 사기, 사기미수 등】

〈사실관계〉

피고인은 A회사의 상무이사로서 A회사의 자금문제로 도피 중인 대표이사로부터 A회사 발행의 액면금액이 백지인 약속어음과 공정증서 작성 관련 위임장을 교부받아 보유하고 있음을 기화로, A회사 직원에게 피고인이 A회사에 채권이 있는 것처럼 피고인의 채권자들에게 행사하고자 하니 4억원 상당의 차용증을 A회사 명의로 작성하여 달라고 부탁한 후, 그로부터 받은 차용증을 이용하여 A회사 소유 재산을 편취하고자 마음먹고, 백지 약속어음의 액면금액란에 4억원을 기재한 후 그 약속어음 및 위임장, 위 차용증을 이용하여 피고인이 A회사에 4억원의 채권이 있다는 내용으로 공정증서를 발급받은 다음, 법원에 위 공정증서를 증거로 제출하면서 B시 소유의 시가 약 77억원 상당의 토지에 대한 A회사의 소유권이전등기청구권에 대한 압류신청을 하였고 법원이 위 소유권이전등기청구권에 대하여 압류명령 결정을 한 다음 제3채무자인 B시에 결정문을 송달하여 그 효력이 발생됨에 따라, 피고인은 위 토지에 대한 소유권이전등기가 A회사 명의로 경료되면 위 토지를 압류하는 등 환가절차를 진행하고자 하였으나 A회사의 채권자인 C가 A회사를 통하여 자기명의로 소유권이전등기를 경료하는 바람에 그 뜻을 이루지 못하였다.

〈원심 판결요지〉

공소사실은 피고인이 B시 소유의 토지에 관한 A회사의 소유권이전등기청구권에 대하여 압류신청을 하여 A회사의 명의로 소유권이전등기절차를 마친 후 위 토지를 압류하여 환가 절차를 진행함으로써 피고인이 그 배당금을 편취하려고 하였다는 것이나, 소유권이전등기청구권에 대한 압류가 이루어진다고 하여 곧바로 토지에 대하여 강제경매 절차가 이루어지는 것이 아니어서, 소유권이전등기청구권에 대한 압류신청과 토지 자체에 대한 강제경매신청은 전혀 별개의 행위라고 보아야 할 것이므로, 피고인이 소유권이전등기청구권에 대하여 압류신청을 하였다는 것만으로는 소송사기의 실행에 착수하였다고 할 수 없다.

〈대법원 판결요지〉

강제집행절차를 통한 소송사기는 집행절차의 개시신청을 한 때 또는 진행 중인 집행절차에 배당신청을 한 때에 실행에 착수하였다고 볼 것이다. 민사집행법에서 규정하는 부동산에 관한 권리이전청구권에 대한 강제집행은 그 자체를 처분하여 그 대금으로 채권에 만족을 기하는 것이 아니고, 부동산에 관한 권리이전청구권을 압류하여 청구권의 내용을 실현시키고 부동산을 채무자의 책임재산으로 귀속시킨 다음 다시 그 부동산에 대한 경매를 실시하여 그 매각대금으로 채권에 만족을 기하는 것이다. 이러한 경우 소유권이전등기청구권에 대한 압류는 당해 부동산에 대한 경매의 실시를 위한 사전 단계로서의 의미를 가지나, 전체로서의 강제집행절차를 위한 일련의 시작행위라고 할 수 있으므로, 허위 채권에 기한 공정증서를 집행권원으로 하여 채무자의 소유권이 전등기청구권에 대하여 압류신청을 한 시점에 소송사기의 실행에 착수하였다고 볼 것이다.

이와는 달리 A회사가 B에 대하여 아무런 채권을 갖고 있지 않음에도 불구하고 A회사 대표이사가 그 사실을 모르는 A회사의 채권자 C로 하여금 A회사가 B에 대해 가지고 있는 채권의 압류 및 전부(추심)명령을 신청하고 그 명령을 받게 하였더라도, C가 A회사에 대하여 진정한 채권을 가지고 있는 이상 이러한 사정만으로는 법원을 기망하였다고 볼 수 없고, A회사 대표이사 자신이 B를 상대로 전부(추심)금 소송을 제기하지 않은 이상 소송사기의 실행에 착수하였다고 볼 수도 없다(대법원 2009.12.10. 선고 2009도9982 판결). 그리고 가압류는 강제집행의 보전방법에 불과하고 그 기초가 되는 허위의 채권에 의하여 실제로 청구의 의사표시를 한 것이라고 할 수 없으므로 소의 제기 없이 가압류신청을 한 것만으로는 사기죄의 실행의 착수가 인정되지 않는다(대법원 1982.10.26. 선고 82도1529 판결). 또한 허위 공사대금채권을 근거로 경매절차에서 유치권 신고를 한 때에도 소송사기의 실행의 착수가 있다고 할 수는 없다. 유치권자가 경매절차에서 유치권을 신고하는 경우 법원은 이를 매각물건명세서에 기재하고 그 내용을 매각기일공고에 적시하나 이는 경매목적물에 대하여 유치권 신고가 있음을 입찰예정자들에게 고지하는 것에 불과하고, 유치권자는 권리신고 후 이해관계인으로서 경매절차에서 이의신청권 등 몇 가지 권리를 얻게 되지만 이는 법률의 규정에 따른 것으로서 재산상 이득을 취득한 것으로 볼 수도 없기 때문이다(대법원 2009.9.24. 선고 2009도5900 판결).

7) 소송사기의 기수시기는 승소판결을 받은 때이다. 법원을 기망하여 자기에게 유리한 판결을 얻고 그 판결 확정에 의하여 타인의 협력 없이 자신의 의사만으로 재물이나 재산상 이익을 얻을 수 있는 지위를 취득하게 되고, 그 지위는 재산적 가치가 있는 구체적 이익으로서 사기죄의 객체인 재산상 이익에 해당하기 때문이다. 자신이 토지의 소유자라고 허위의 주장을 하면서 소유권보존등기 명의자를 상대로 보존등기의 말소를 구하는 소송을 제기하여 승소판결을 받았다면 언제든지 단독으로 소유권보존등기를 말소시키고 그 승소판결을 자신의 소유권을 증명하는 판결을 하여 자기 앞으로 소유권보존등기를 할 수 있으므로, 승소판결을 받는 것 자체가 재산상 이익의 취득으로 소송사기는 기수에 이른다(☞ **[판례 Ⅳ-14]** 참조). 소송사기에 의해 승소판결을 받고 그 확정판결에 의하여 소유권이전등기를 경료한 경우에는 사기죄와 별도로 공정증서원본불실기재죄가 성립하고 두 죄는 실체적경합의 관계에 있다(대법원 1983.4.26. 선고 83도188 판결).

[판례 Ⅳ-14] 대법원 2006.4.7. 선고 2005도9858 판결 **【특경법위반(사기), 공문서위조, 위조공문서행사】**

〈사실관계〉

피고인은 국가를 상대로 임야에 관한 소유권보존등기말소를 구하는 소송을 제기하고 소송에서 임야의 소유권이 피고인의 아버지에게 있다는 내용으로 승소판결을 받아 판결이 확정되었다.

〈판결요지〉

[다수의견] 법원을 기망하여 자기에게 유리한 판결을 얻고 그 판결 확정에 의하여 타인의 협력 없이 자신의 의사만으로 재물이나 재산상 이익을 얻을 수 있는 지위를 취득하게 되면, 그 지위는 재산적 가치가 있는 구체적 이익으로서 사기죄의 객체인 재산상 이익에 해당하므로, 사기죄가 성립된다.

피고인 또는 그와 공모한 자가 자신이 토지의 소유자라고 허위의 주장을 하면서 소유권보존등기 명의자를 상대로 보존등기의 말소를 구하는 소송을 제기한 경우 그 소송에서 위 토지가 피고인 또는 그와 공모한 자의 소유임을 인정하여 보존등기 말소를 명하는 내용의 승소확정판결을 받는다면, 이에 터 잡아 언제든지 단독으로 상대방의 소유권보존등기를 말소시킨 후 위 판결을 부동산등기법 제130조 제2호 소정의 소유권을 증명하는 판결로 하여 자기 앞으로의 소유권보존등기를 신청하여 그 등기를 마칠 수 있게 되므로, 이는 법원을 기망하여 유리한 판결을 얻음으로써 '대상 토지의 소유권에 대한 방해를 제거하고 그 소유명의를 얻을 수 있는 지위'라는 재산상 이익을 취득한 것이고, 그 경우 기수시기는 위 판결이 확정된 때이다.

[반대의견] 이른바 소송사기에는 ① 확정판결의 효력 그 자체에 의하여 재산상 이익을 취득하는 경우(채무부존재확인판결 등)가 있는가 하면, ② 확정판결 그 자체로는 재물을 취득하는 것은 아니지만, 그 판결에 기하여 피해자의 임의이행이 정당화되거나 임의이행과 동일시할 수 있는 집행을 할 수 있는 권원을 취득하고, 그에 기하여 임의이행 혹은 그에 갈음하는 집행을 하여야 비로소 재물을 취득하는 경우가 있을 수 있다. … 이렇게 볼 때, 금전의 지급을 명하거나 소유권이전등기를 명하는 승소 확정판결은, 그 기판력 및 집행력이 미치는 주문의 내용에 비추어 볼 때 판결의 확정 자체에 의하여 앞서 본 재물 혹은 재산상 이익 취득의 개연성이 발생하며, 따라서 그 자체를 피해자의 처분행위와 동일시 할 여지는 있겠으나, 소유권보존등기의 말소를 명하는 확정판결은 그 자체의 효력에 의해서는 등기명의인의 보존등기가 말소될 뿐이고 이로써 피고인 또는 그 공모자가 부동산에 대하여 어떠한 권리를 취득하거나 의무를 면하는 것이 아니어서 그 자체만으로는 법원을 기망하여 재물이나 재산상 이익을 편취한 것이라고 볼 수 없다고 보아야 할 것이다. … 다수의견의 논지에 따르자면, 애초에는 자기 명의의 소유권보존등기를 경료함으로써 재물인 부동산을 편취할 범의가 있었으나, 상대방 소유권보존등기 말소를 명하는 승소확정판결을 얻은 후 범행이 발각되는 등의 사정으로 더 이상의 범행이 불가능해진 경우는 물론, 피고인 스스로 더 이상의 범행을 포기하고 결과의 발생을 방지한 경우에도 현실적으로 소유권보존등기를 경료한 것과 마찬가지로 미수가 아닌 기수로 의율할 수밖에 없게 되어 이는 부당하며, 더구나 재물 또는 재산상 이익의 가액에 따른 특경법의 적용에 있어서는 부동산을 실제로 취득함이 없이도 기수로서 가중 처단할 수밖에 없게 되는바, 이 점 역시 가혹하다고 아니할 수 없다.

〈참조판례〉

○ 대법원 1977.1.11. 선고 76도3700 판결【사기, 위계공무집행방해】

피고인이 타인명의로 채무자를 상대로 법원을 기망하여 지급명령과 가집행선고부 지급명령을 발부받고 이를 채무명의로 하여 채무자의 은행에 대한 정기예금 채권에 대하여 채권압류 및 전부(轉付)명령을 하게 하고 송달시켜 채권을 전부받았다면 이로써 사기죄는 기수에 이르렀다 할 것이고, 실제로 정기예금을 은행으로부터 지급받아 취득하였는지 여부는 사기의 기수미수를 논하는데 아무런 영향을 미치지 않는다.

○ 대법원 1997.7.11. 선고 95도1874 판결【특경법위반(사기) 등】

소송사기의 경우에는 당해 소송의 판결이 확정된 때에 범행이 기수에 이르는 것이므로, 신축 중인 다세대주택 4동의 건축주 명의변경을 목적으로 하는 사기소송을 제기하여 4동 전부에 대하여 승소판결을 선고받아 그 판결이 확정된 이상 승소판결을 받은 후 3동에 관하여만 건축주 명의변경이 이루어졌다 하더라도 4동 전부에 대하여 건축허가에 따른 재산상 이익을 취득한 사기죄의 기수에 이른 것으로 보아야 한다.

○ **대법원 2011.12.13. 선고 2011도8873 판결【특경법위반, 사기미수 등】**

甲이 일제시대 사정(査定)받은 토지에 대하여 소유자 미복구를 원인으로 국가 명의의 소유권보존등기가 되어 있는 상태에서, 피고인 1이 피고인 2와 공모하여 乙이 사정명의인 甲의 소유권을 대습상속한 것처럼 상속인의 사망 시기 등을 조작한 다음 乙을 원고로 하여 국가를 상대로 소유권보존등기 말소등기 청구소송을 제기하여 일부 인용하는 취지의 화해권고결정이 확정되었다면, 청구인용 부분에 대하여는 법원을 기망하여 유리한 결정을 받음으로써 '대상 토지의 소유명의를 얻을 수 있는 지위'라는 재산상 이익을 취득하였다고 할 것이고, 이는 사기죄의 대상인 재산상 이익의 편취에 해당한다.

○ **대법원 2012.5.24. 선고 2010도12732 판결【사기미수 등】**

임차권등기의 기초가 되는 임대차계약이 통정허위표시로서 무효라 하더라도, 장차 피신청인의 이의신청 또는 취소신청에 의한 법원의 재판을 거쳐 그 임차권등기가 말소될 때까지는 신청인은 외형상으로 우선변제권 있는 임차인으로서 부동산 담보권에 유사한 권리를 취득하게 되므로, 이러한 이익은 재산적 가치가 있는 구체적 이익으로서 사기죄의 객체인 재산상 이익에 해당한다. 이와 같은 임차권등기명령의 절차 및 그 집행에 의한 임차권등기의 법적 효력을 고려하면, 다른 특별한 사정이 없는 한, 법원의 임차권등기명령은 피신청인의 처분행위에 갈음하는 내용과 효력이 있다.

8) 사기죄는 사람을 기망하여 착오에 빠뜨리고 그로 인한 처분행위로 재물의 교부를 받거나 재산상 이익을 얻는 것으로서, 기망행위가 있었다고 하여도 그로 인한 처분행위가 없을 때에는 사기죄가 성립하지 않는다. 소송사기에 있어서 피기망자인 법원의 재판은 피해자의 처분행위에 갈음하는 내용과 효력을 가져야 하고 그렇지 아니한 때에는 착오에 의한 재물의 교부나 취득이 있다고 할 수 없기 때문에 사기죄는 성립하지 않는다. 판례는 피고인들이 허위채권을 근거로 강제경매를 신청하거나 허위매매를 근거로 소유권이전등기청구소송을 제기하여 승소판결을 받거나 재판상 화해를 하였다고 하더라도, 그 판결이나 재판상 화해의 효력은 소송당사자들 사이에만 미치고 실질적인 부동산소유자에게는 미치지 아니하고 그 판결로 인하여 부동산에 대한 소유권이 범인에게 이전되는 것도 아니므로 사기죄의 죄책을 물 수 없다는 입장을 취하고 있다(☞ **[판례 Ⅳ-15]** 참조).

[판례 Ⅳ-15] 대법원 2013.11.28. 선고 2013도459 판결【사기미수】

〈공소사실〉

피고인은 피해자의 단독주택을 건축하면서 자신이 지급한 공사비용을 회수하려고 하였으나 피해자가 응하지 않자 건축주 명의가 자신(피고인)으로 되어 있음을 기화로 A와 공모하여 마치 A가 피고인에 대하여 대여금 채권을 가지고 있는 것처럼 법원으로부터 허위의 지급명령을 송달받은 후 그 지급명령을 집행권원으로 하여 형식상 피고인이 건축주로 되어 있으나 실질적으로 피해자의 소유인 주택을 대상으로 강제경매를 신청하고 강제경매를 통해 주택에 투자한 금원을 회수하려고 하였다가 강제경매를 취하함으로써 미수에 그쳤다.

〈원심 판결요지〉

이 사건 주택은 피해자의 비용과 노력으로 신축되어 피해자가 그 소유권을 원시취득한 것이고, 피고인은 자신의 채무에 대한 정산 과정에서 이 사건 주택에 관하여 피해자로부터 소유권을 이전받으려고 하다가 그나마도 피해자 측과 분쟁이 발생하여 포기하게 된 것이므로, 이 사건 주택의 실제 소유자는 피해자이고 그 소유자가 피고인이라는 주장은 받아들이기 어렵다. 또한 피고인의 강제경매신청으로 인하여 법원이 이 사건 주택에 대한 강제경매개시결정을 내렸고 이후 이 사건 주택이 매각될 위기에 처하게 된 이상 이는 법원을 기망하여 피해자의 처분행위에 갈음하는 결정을 구하는 것이어서, 피고인의 이 사건 행위는 소송사기에 있어 실행의 착수에 해당하고 피고인의 편취 범의를 인정함에도 무리가 없다.

〈판결요지〉

자기의 비용과 노력으로 건물을 신축하여 그 소유권을 원시취득한 미등기건물의 소유자가 있고 그에 대한 채권담보 등을 위하여 건축허가명의만을 가진 자가 따로 있는 상황에서, 건축허가명의자에 대한 채권자가 위 명의자와 공모하여 명의자를 상대로 위 건물에 관한 강제경매를 신청하여 법원의 경매개시결정이 내려지고, 그에 따라 위 명의자 앞으로 촉탁에 의한 소유권보존등기가 되고 나아가 그 경매절차에서 건물이 매각되었다고 하더라도, 위와 같은 경매신청행위 등이 진정한 소유자에 대한 관계에서 사기죄가 된다고 볼 수는 없다. 왜냐하면 위 경매절차에서 한 법원의 재판이나 법원의 촉탁에 의한 소유권보존등기의 효력은 그 재판의 당사자도 아닌 위 진정한 소유자에게는 미치지 아니하는 것이어서, 피기망자인 법원의 재판이 피해자의 처분행위에 갈음하는 내용과 효력이 있는 것이라고 보기는 어렵기 때문이다.

〈참조판례〉

○ 대법원 1983.10.25. 선고 83도1566 판결【사기, 공정증서원불실기재, 동행사, 사기미수】

피고인 1은 (1) 피고인 2와 공모하여 (1) 원래 피고인 2의 조부 소유였으나 현재는 A가 소유경작하고 있는 토지에 대하여 그 등기부가 6·25때 멸실된 후 회복등기가 되어 있지 않음을 기화로 피고인 2를 상대로 그 토지의 일부를 매수하였음을 원인으로 한 지분이전등기청구소송을 제기하고 피고인 2가 재판기일에 불출석함으로써 의제자백에 의한 승소판결을 받아 그 토지에 대해 피고인 2 명의의 소유권보존등기와 피고인 1 명의의 지분이전등기를 마치고, (2) B등의 명의로 소유권보존등기 및 이전등기가 마쳐진 토지에 대하여 B등을 상대로 그 토지가 피고인 2의 소유라는 이유로 등기의 말소를 구하는 허위내용의 소장을 제출하였다가 승소가망이 없다고 생각하여 그 소를 취하하였다.

이른바 소송사기는 법원을 기망하여 자기에게 유리한 판결을 얻고 이에 기하여 상대방으로부터 재물의 교부를 받거나 재산상 이익을 취득하는 것을 말하는 것인바, 피고인 1이 피고인 2와 공모하여 피고인 2를 상대로 제소하고 피고인 2가 일부러 변론기일에 불출석함으로써 의제자백의 판결을 받은 것이라면 위 판결에 기한 지분이전등기는 소송 상대방인 피고인 2의 의사에 부합한 것으로서 동인으로부터 위 부동산을 편취한 것이라고 볼 수는 없다. 또한 위 부동산의 진정한 소유권은 A, B 등에게 있고 피고인 1과 피고인 2 사이의 소송의 판결에 기하여 피고인이 이들로부터 위 부동산의 소유권 또는 지분권을 이전받은 것은 아니므로 피고인들이 A, B 등으로부터 위 부동산을 편취한 것이라고 볼 여지도 없다.

○ 대법원 1987.8.18. 선고 87도1153 판결【특경법위반, 사기 등】

피고인 1은 국가 등의 소유인 토지들이 미등기임을 기화로 피고인 2와 공모하여 피고인 2가 피고인 1을 상대로 이 토지들에 대하여 매매를 원인으로 한 소유권이전등기절차이행의 소를 제기한 다음, 소송진행 중 화해를 하고 법원으로 하여금 피고인 1이 대금수령과 상환으로 피고인 2에게 위 토지들에 대한 소유권이전등기절차를 이행한다는 취지의 화해조서를 작성하게 한 경우, 이와 같은 소송상 화해의 효력은 소송당사자들 사이에만 미치고 제3자인 토지소유자에게는 미치지 아니하며 그 화해조서에 기하여 위 토지들에 대한 제3자의 소유권이 피고인 1에게 이전되는 것도 아니므로 피고인들의 행위는 사기죄를 구성하지 않는다.

○ 대법원 2009.4.9. 선고 2009도128 판결【사기·사기미수·경매방해】

피고인(甲)이 부동산을 매수한 일이 없음에도 매수한 것처럼 허위의 사실을 주장하여 그 부동산에 대한 소유권이전등기를 거친 사람(乙)을 상대로 그 이전등기의 원인무효를 내세워 그 이전등기의 말소를 구하는 소송을 제기하고 그 소송의 결과 원고(甲)가 승소하였다고 하더라도 그 피고(乙)의 등기가 말소될 뿐이고 이것만으로 피고인이 그 부동산에 관한 어떠한 권리를 취득하거나 의무를 면하는 것은 아니므로 법원을 기망하여 재물이나 재산상 이익을 편취한 것이라고 보기 어렵고, 따라서 소제기 행위를 가리켜 사기의 실행에 착수한 것이라고 할 수 없다.

〈해 설〉

위의 판례에서 볼 수 있듯이 법원에 소송을 제기하여 승소판결을 받더라도 그 판결이 피해자의 처분행위에 갈음하는 내용과 효력이 없는 한 소송사기는 성립하지 않는다고 전제하고, 피고인들이 허위의 지급명령을 근거로 강제경매를 신청하거나 허위의 소를 제기하여 승소판결을 받았다고 하더라도 소송사기는 성립하지 않는다고 한다. 앞에서 살펴보았듯이 판례는 스스로 소제기 시에 소송사기의 실행의 착수가 인정되고 승소판결을 받은 때 소송사기는 기수에 이른다고 하였고 위 사안들에서는 소제기와 승소판결이 있음에도 불구하고 승소판결 등의 효력이 진정한 소유자에게는 미치지 않는다는 이유로 소송사기의 성립을 부정하고 있다. 그러나 이러한 판례의 태도는 그동안 축적해 온 소송사기의 실행의 착수와 기수의 법리와 상치된다.

원칙적으로 재산범죄에 있어 처분행위의 효력이 그 성립에 결정적인 영향을 미치지 않는다. 예컨대 사기죄나 공갈죄에 있어 피기망자/피해자의 처분행위는 민법상 하자 있는 법률행위이고 강도죄에 있어서는 폭행·협박에 의해 의사를 제압당한 피해자가 한 처분행위는 민법상 무효이지만(민법 제110조 등 참조), 이를 이유로 사기죄, 공갈죄 또는 강도죄의 성립을 부정할 수 없다. 형법상 재산상의 이익은 반드시 사법상 유효한 재산상의 이득만을 의미하는 것이 아니고 외견상 재산상의 이득을 얻을 것이라고 인정할 수 있는 사실관계만 있으면 되기 때문이다(대법원 1997.2.25. 선고 96도3411 판결).

위 **[판례 Ⅳ-15]**에서 피고인의 강제경매신청으로 인하여 법원이 이 사건 주택에 대한 강제경매개시결정을 내렸고 이후 이 사건 주택이 매각될 위기에 처하게 된 이상 이는 법원을 기망하여 피해자의 처분행위에 갈음하는 결정이 있다고 보아야 하고, 위 경매절차에서 한 법원의 재판이나 법원의 촉탁에 의한 소유권보존등기의 효력은 그 재판의 당사자도 아닌 진정한 소유자에게 미치는가의 여부는 소송사기의 성립에 영향을 미치지 않는다고 보아야 한다. 따라서 위 사례들에서는 소송사기의 기수 또는 미수를 인정하는 것이 타당하다. 나아가서 위 참고판례들에서도 승소판결 또는 소송상 화해의 효력이 진정한 소유자에게 미치는가의 여부는 소송사기의 성립에 영향을 미치지 않으므로 소송사기의 기수 또는 미수를 인정하는 것이 옳다.

9) 판례는 실재하고 있지 아니한 자에 대해서는 판결이 선고되더라도 그 판결은 피해자의 처분행위에 갈음하는 내용과 효력을 인정할 수 없고(대법원 1992.12.11. 선고 92도743 판결), 사망한 자에 대한 판결은 그 내용에 따른 효력이 생기지 아니하여 상속인에게 그 효력이 미치지 않으므로 사자(死者)나 허무인을 상대로 한 소송의 경우에는 설사 승소판결을 받았다고 하더라도 사기죄가 성립하지 않는다고 본다(☞ **[판례 Ⅳ-16]** 참조).

[판례 Ⅳ-16] 대법원 2002.1.11. 선고 2000도1881 판결【사기】

〈공소사실〉

피고인이 사실은 이 사건 임야의 공유자인 공소외 망 A 등으로부터 이 사건 임야를 매수한 사실이 없음에도 불구하고 위 A 등이 사망하였고 피고인 앞으로 이 사건 임야에 대한 종합토지세가 부과되는 점을 기화로 소송을 통하여 승소판결을 받은 후 피고인 앞으로 소유권이전등기를 하는 방법으로 이 사건 임야를 편취할 것을 결의하고, 법원에 "원고(피고인)가 피고(위 A 등 25명)로부터 이 사건 임야를 매수하였으니 피고들은 원고에게 이 사건 임야에 대해 매매를 원인으로 한 소유권이전등기절차를 이행하라"는 취지의 소유권이전등기청구의 소를 제기하면서 피고들의 주소를 허위로 기재한 후 변론기일 소환장 및 선고기일 소환장 중 일부는 피고인이 본인을 사칭하여 수령하고 일부는 집배원에게 "대신 전해 주겠다"고 거짓말하고 수령하여 전달치 않는 방법으로 위 법원 담당재판부를 기망하고 이에 속은 재판부로부터 피고인(원고)의 승소 판결을 받아 피고인 명의로 이 사건 임야에 관한 소유권이전등기를 경료함으로써 위 A 등의 상속인 소유의 이 사건 임야 시가 2억원 상당을 편취하였다.

〈판결요지〉

이 사건 임야의 공유자들이 피고인이 위 소 제기하기 전에 이미 모두 사망하였으므로, 피고인이 비록 위 민사소송에서 승소판결을 받았다 하더라도 그 판결의 효력은 이 사건 임야의 공유자들의 재산상속인들에게 미치지 아니한다 할 것이어서 사기죄가 성립하지 않는다. 나아가 이 사건에서의 피고인의 행위가 소송사기죄의 불능미수에 해당한다고 볼 수도 없다.

〈참조판례〉

○ 대법원 2002.2.8. 선고 2001도6669 판결【사기미수】

피고인이 전세계약서상의 임차인 명의를 처로 변경하지 아니하였다 하더라도 피고인은 소액임대차보증금에 대한 우선변제권 행사로서 배당금을 수령할 권리가 있으므로, 경매법원이 실제의 임차인을 피고인의 처로 오인하여 배당결정을 하였더라도 이로써 재물의 편취라는 결과의 발생은 불가능하고, 나아가 피고인의 행위를 객관적으로 결과발생의 가능성이 있는 행위라고 볼 수도 없다.

○ 창원지법 2012.12.21. 선고 2012노1068 판결【사문서위조, 위조사문서행사, 공정증서원본불실기재, 사기】

피고인은 피해자에 대한 2,000만원의 대여금 채권이 없음에도 불구하고 법무사 사무실에서 피해자 명의의 2,000만원 차용증을 허위로 작성하고, 창원지방법원등기소에서 피해자명의로 되어 있는 빌라에 근저당권설정등기를 경료하고, 다시 창원지방법원에서 근저당설정등기에 기하여 경매신청을 한 후 배당금을 교부받았다.

소송사기에 있어서 피기망자인 법원의 재판은 피해자의 처분행위에 갈음하는 내용과 효력이 있는 것이어야 하고 그렇지 않은 경우는 착오에 의한 재물의 교부나 재산상의 이익을 취득하는 행위가 있다고 할 수 없어 사기죄를 구성하지 않는다. 근저당권설정등기가 원인무효이고, 또한 그 피담보채권이 없는 것이라면 근저당권에 의한 경매절차는 무효이므로, 원래의 소유자는 경락인을 상대로 하여 경락으로 인한 소유권이전등기의 말소등기절차의 이행을 청구할 수 있다. 그리고 경락인이 강제경매절차를 통하여 부동산을 경락받아 대금을 완납하고 그 앞으로 소유권이전등기까지 마쳤으나, 그 후 강제경매절차의 기초가 된 채무자 명의의 소유권이전등기가 원인무효의 등기이어서 경매 부동산에 대한 소유권을 취득하지 못하게 된 경우, 이와 같은 강제경매는 무효이므로 경락인은 경매 채권자에게 경매대금 중 그가 배당받은 금액에 대하여 일반 부당이득의 법리에 따라 반환을 청구할 수 있다.

이러한 법리에 비추어 보건대, 이 사건에서 원인무효인 근저당권설정등기에 기하여 빌라에 대한 임의경매절차가 진행되어 피고인이 배당절차에서 배당금을 지급받았다고 하더라도 경매절차는 원인무효로서 피해자는 빌라의 소유권을 상실하지 않고 경락인은 그 소유권을 취득하지 못하며, 또한 소유권을 취득하지 못하는 경락인은 피고인에게 지급받은 배당금에 대한 부당이득반환청구를 할 수 있으므로 법원의 임의경매절차에 피해자의 처분행위에 갈음하는 내용과 효력이 있었다고 볼 수 없다. 따라서 피고인에게는 사기죄가 성립되지 아니한다. 그리고 피고인이 배당금을 편취할 의사로 원인무효의 근저당권설정등기에 기하여 피해자 소유의 이 사건 빌라에 대한 임의경매를 신청하였다고 하더라도 앞서 본 바와 같이 이 사건 임의경매절차는 무효이어서 피고인이 피해자의 재산을 편취하는 것은 처음부터 불가능하고 이러한 피고인의 행위를 객관적으로 결과발생의 가능성이 있는 행위라고 볼 수도 없으므로 이를 사기죄의 불능미수에 해당한다고 볼 수 없다.

〈해 설〉

[판례 Ⅳ-16]는 사망한 자를 상대로 소송을 제기하여 승소판결을 받았다 하더라도 그 판결의 효력은 재산상속인들에게 미치지 아니한다는 이유로 사기죄는 물론 사기죄의 (불능)미수조차도 인정하지 않았다는 점에서 실무와 학계에서 상당한 주목을

받았다. 이 판례에 대해서는 소송사기의 실행의 착수인 소제기가 있었고 나아가 그 결과라고 할 수 있는 승소판결도 있었는데(대법원 2006.4.7. 선고 2005도9858 판결 참조), 기수는 차치하고서라도 미수조차 인정하지 않는 것이 과연 옳은가 하는 의문이 제기된다.

우선 판례는 사자에 대한 승소판결의 효력은 상속인에게 미치지 않는다는 점을 이유로 소송사기의 성립을 부정하고 있으나, 형법상 재산상의 이익은 반드시 사법상 유효한 재산상의 이득만을 의미하는 것이 아니고 외견상 재산상의 이득을 얻을 것이라고 인정할 수 있는 사실관계만 있으면 된다고 판시해 온 점(대법원 1997.2.25. 선고 96도3411 판결 참조)을 고려해 볼 때, 사실상 재산상의 취득을 부정하기는 곤란하다고 본다.

다음으로 엄연히 소제기가 있음에도 불구하고 실행의 착수조차 인정하지 않은 것이 과연 타당한가 하는 의문이 든다. 미수란 범죄의 실행에 착수하여 실행행위를 종료하지 못하였거나 결과가 발생하지 않는 경우를 말하는데, 이 때 구성요건의 일부를 실현하는 행위까지는 아니더라도 구성요건의 실현에 이르는 현실적 위험성을 포함하는 행위를 한 때에 실행의 착수가 인정된다(대법원 2008.4.10. 선고 2008도1464 판결 참조). 다수의 판례가 소제기 시에 소송사기의 실행의 착수를 인정해 왔음에도 불구하고, 이 판결에서는 설사 승소판결을 받더라도 그 법적 효력이 인정되지 않으면 실행의 착수조차 인정되지 않는다고 논리(대법원 2009.4.9. 선고 2009도128 판결 참조)로 사자(死者)를 대상으로 한 소제기는 실행의 착수로도 인정되지 않는다고 본 것이다.

그러나 이러한 태도는 결과발생이 불가능하더라도 위험성이 인정되는 때에는 불능미수로 처벌됨을 밝히고 있는 형법 제27조의 논리에 정면으로 반한다. 형법 제27조는 (사실상 또는 법률상) 결과발생이 불가능한 경우라도 위험성이 있으면 실행의 착수로 인정되고 나아가 불능미수로 처벌됨을 선언하고 있는데, 단지 결과발생이 불가능하다는 이유로 실행의 착수도 인정되지 않는다고 하는 것은 불합리하기 때문이다. 그리고 과연 일반인이 사자(死者)를 대상으로 한 소제기가 위험성이 없다고 볼 것인가는 의문이다. 대법원은 다수의 판례에서 평균적인 일반인이 아니라 과학적 일반인 또는 법률적 지식을 가진 일반인의 관점에서 위험성의 유무를 판단해야 한다고 판시해 왔는데(대법원 1978.3.28.선고 77도4049판결; 2005.12.8.선고 2005도8105판결), 이 사건에서도 위험성의 유무를 법률적 지식을 가진 일반인을 기준으로 판단한 것이 아닌가 생각된다. 그러나 과학적 일반인 또는 법률적 지식을 기준으로 위험성의 유무를 판단한다면 실질적으로 위험성의 판단과 가능성의 판단은 다를 것이 없게 되어, 결국 결과발생이 불가능하더라도 위험성이 인정되는 경우에는 불능미수로 처벌하도록 규정하고 있는 제27조의 취지가 형해화된다. 결과발생이 불가능하다라도 위험성이 있는 행위를 금지하고자 한 형법 제27조의 입법취지를 살리기 위해서는 과학적 일반인 또는 법률적 지식을 가진 일반인이 아니라 당해 생활영역의 일반인을 기준으로 위험성을 판단하여야 하고, 이 사안에서도 일반인의 관점에서 위험성을 인정하는 것이 타당하다고 본다.

결론적으로 그간 소송사기에 관해 판례가 형성해 온 법리에 비추어 볼 때 위 사례에서는 승소판결을 받은 이상 소송사기의 기수를 인정하는 것이 옳다. 그리고 판결의 효력이 재산상속인들에게 미치지 아니한다는 점을 이유로 기수를 인정하지 않더라도 최소한 불능미수를 인정했어야 옳다고 본다.

(6) 편취의 고의와 불법영득의사

1) 사기죄가 성립하기 위해서는 편취, 즉 사람을 기망하여 재물 또는 재산상의 이익을 취득한다는 데 대한 고의가 있어야 한다. 사기죄는 미필적 고의에 의해서도 성립되지만, 미필적 고의가 있다고 하기 위해서는 범죄사실의 발생가능성을 인식 또는 예견하면서 이를 용인하는 내심의 의사가 있어야 한다(대법원 2009.2.26. 선고 2007도1214 판결). 보험계약자가 상법상 고지의무를 위반하여 보험자와 생명보험계약을 체결한다고 하더라도 그 보험금은 보험계약의 체결만으로 지급되는 것이 아니라 우연한 사고

가 발생하여야만 지급되므로, 상법상 고지의무를 위반하여 보험계약을 체결하였다는 사정만으로 보험계약자에게 보험금 편취를 위한 미필적 고의가 있다고 단정해서는 된다. 보험금 편취를 위한 미필적 고의를 인정할 수 있기 위해서는 보험사고가 이미 발생하였음에도 이를 묵비한 채 보험계약을 체결하거나 보험사고 발생의 개연성이 농후함을 인식하면서도 보험계약을 체결하는 경우나 보험사고를 임의로 조작하려는 의도를 갖고 보험계약을 체결하는 경우와 같이 그 행위가 '보험사고의 우연성'과 같은 보험의 본질을 해할 정도에 이르러야 한다(대법원 2012.11.15. 선고 2010도6910 판결). 그리고 자동차를 매수한 후 그 소유권을 취득하기 위해서는 소유권이전등록까지 마쳐야 하나 매수인이 자동차와 함께 그 소유권이전등록에 필요한 일체의 서류를 건네받은 경우에는 혼자서도 소유권이전등록을 마칠 수 있으므로, 매도인이 승용차를 인도하고 소유권이전등록에 필요한 일체의 서류를 교부한 이상 승용차를 양도한 후 다시 절취할 의사를 가지고 있었더라도 승용차의 소유권을 이전하여 줄 의사가 없었다고 볼 수는 없다. 따라서 피해자에게 자동차를 매도하겠다고 거짓말하고 자동차를 양도하면서 매매대금을 받은 다음 자동차에 미리 부착해 놓은 지피에스(GPS)로 위치를 추적하여 자동차를 절취한 경우에는 절도의 죄책만 지고 이와 별도로 사기의 죄책은 지지 않는다(대법원 2016.3.24. 선고 2015도17452 판결).

2) 편취의 고의가 있는지 여부는 재물 또는 재산상 이익의 취득 당시를 기준으로 한다. 차용금의 편취에 의한 사기죄의 경우 사기의 고의가 있는지의 여부는 차용 당시를 기준으로 판단하여야 하므로, 차용 당시에는 변제할 의사와 능력이 있었다면 그 후에 차용금을 변제하지 못하였다고 하더라도 이는 단순한 민사상의 채무불이행에 불과할 뿐 사기죄가 성립하지 않는다(대법원 2008.2.14. 선고 2007도10770 판결). 거래물품의 편취에 의한 사기죄의 성립 여부도 거래 당시를 기준으로 피고인에게 납품대금을 변제할 의사나 능력이 없음에도 피해자에게 납품대금을 변제할 것처럼 거짓말을 하여 피해자로부터 물품을 편취할 고의가 있었는지의 여부에 의하여 판단하여야 하고, 납품 후 경제사정 등의 변화로 납품대금을 일시 변제할 수 없게 되었다고 하여 편취의 고의가 있다고 볼 수 없다(대법원 2003.1.24. 선고 2002도5265 판결).

이에 반하여 변제의 의사가 없거나 약속한 변제기일내에 변제할 능력이 없음에도 불구하고 변제할 것처럼 가장하여 금원을 차용하거나 물품을 구입한 경우에는 편취의 고의를 인정할 수 있다(대법원 1986.9.9. 선고 86도1227 판결). 이 외에도 자기자본없이 금융기관 대출금과 분양대금만으로 상가 및 오피스텔의 신축 및 분양사업을 진행하다가 공사를 중단·방치한 경우(대법원 1995.4.25. 선고 95도424 판결), 시세조종된 주식임을 알면서도 이를 숨긴 채 그 주식을 담보로 제공하고 대출을 받은 경우(대법원 2004.5.28. 선고 2004도1465 판결), 특정 주식의 시세조종과정에서 단기간에 주가를 목표가격대로 상승시키기 위해서 증권회사로부터 금원을 차용하여 대량의 주식을 미수로 매수한 경우(대법원 2005.3.24. 선고 2004도8651 판결), 쇼핑몰 상가 분양사업을 계획하면서 사채와 분양대금만으로 사업부지 매입 및 공사대금을 충당할 수 있다는 막연한 구상 외에 체계적인 사업계획 없이 무리하게 쇼핑몰 상가 분양을 강행하여 분양금을 수령한 경우(대법원 2005.4.29. 선고 2005도741 판결), 컴퓨터관련장비납품회사를 운영하면서 관공서 등으로부터 지급받은 납품대금을 기존의 차용금채무 또는 물품대금채무의 변제에 돌려막기 식으로 사용하는 등 자금부족 상태에 있어 그 납품대금을 변제하거나 변제계획을 세우기 어려웠음에도 불구하고 납품할 컴퓨터 관련 장비 등을 납품받고도 그 대금을 지급하지 아니한 경우(대법원 2006.6.27. 선고 2006도2864 판결), 수익사업에 거의 투자를 하지 않고 수익을 거둔 바도 없으면서 피해자들에게 수익사업을 통해 수당을 지급할 것이라고 약속하고 피해자들로부터 금원을 받은 경우(대법원 2007.1.25. 선고 2006도7470 판결), 당시 사업이 적자였고 가맹점도 확보되지 아니하여 장래 수익이 불투명함에도 1년 후 투자한 원금의 회수 및 일정액 이상의 월수익을 보장해주겠다고 약속하고 투자금 명목으로 금원을 교부받은 경우(대법원 2007.11.29. 선고 2007도7471 판결), 파산신청 2년 전부터 불과 40여 일 전까지 여러 사람들로부터 돈을 빌려서 채무변제와 생활비 등으로 사용한 후 파산신청을 하여 면책허가결정을 받은 경우(대법원 2007.11.29. 선고 2007도8549 판결), 분양대금을 수령하더라도 수분양자에게 상가를 분양해 주는 것이 불가능하게 될 가능성을 인식하고 이를 용인한 채 분양금을 수령한 경우(대법원 2008.9.25. 선고 2008도5618 판결)에는 사기의 고의가 있다고 보아야 한다. 그리고 실제 주택사업자로부터 주택을 분양받은 사실이 없으면서도 수분양자가 아니면서 주택을 분양받은 사실이 있는 것처럼 주택금융신용보증기금의 관리기관을 속여 신용보증서를 발급받은 경우(대법원 2005.11.10. 선고 2005도6026 판결)나 농어촌구조개선 특별회계기금을 재원으로 하여 임업후계자육성을 위해 이루어지는 정책자금대출로서 그 대출의 조건 및 용도가 임야매수자금으로 한정되어 있음에도 임야매수자금을 실제보다 부풀린 허위의 계약서를 제출함으로써 대출취급기관을 기망하여 정책자금을 대출받은 경우(대법원 2007.4.27. 선고 2006도7634 판결)에는 피고인에게 대출받을 자금을 상환할 의사와 능력이 있었는지 여부를 불문하고 편취의 고의가 인정된다.

한편 어음의 발행인이 그 지급기일에 결제되지 않으리라는 점을 예견하거나 지급기일에 지급될 수 있다는 확신이 없이 그러한 내용을 상대방에게 고지하지 아니한 채 이를 속여 어음을 발행·교부하고 상대방으로부터 그 대가를 교부받았다면 편취의 고의가 인정되지만(대법원 2008.2.28. 선고 2007도10416 판결), 어음의 발행인들이 각자 자력이 부족한 상태에서 자금을 편법으로 확보하기 위하여 서로 동액의 융통어음을 발행하여 교환한 경우에는 특별한 사정이 없는 한 쌍방은 그 상대방의 부실한 자력상태를 용인함과 동시에 상대방이 발행한 어음이 지급기일에 결제되지 아니할 때에는 자기가 발행한 어음도 결제하지 않겠다는 약정 하에 서로 어음을 교환하는 것이므로 편취의 고의가 있다고 할 수 없다(대법원 2002.4.23. 선고 2001도6570 판결).

3) 사기죄가 성립하기 위해서는 편취의 고의와 더불어 불법영득의사가 있어야 한다. 예컨대 면사무소직원이 허위의 지출결의서를 작성하여 면회계 공무원에게 제출하고 그로부터 자금을 지출받았다고 하더라도 그 자금을 면(面)이 지출해야 할 소요경비에 사용하였다면 허위공문서의 작성 및 동행사의

점은 별론으로 하고 불법영득의사가 있었다고는 볼 수 없다(대법원 1984.2.14. 선고 83도2857 판결). 그리고 앞에서 살펴보았듯이 자신이 토지의 소유자라고 허위의 주장을 하면서 소유권보존등기 명의자를 상대로 보존등기의 말소를 구하는 소송을 제기하는 것은 소송사기에 해당하나(대법원 2006.4.7. 선고 2005도9858 판결), 예고등기로 인한 경매대상 부동산의 경매가격 하락 등을 목적으로 허위의 채권을 주장하며 채권자대위의 방식에 의한 원인무효로 인한 소유권보존등기 말소청구소송을 제기한 경우에는 소송사기의 불법영득의사가 있다고 할 수 없다(☞ **[판례 Ⅳ-17]** 참조).

[판례 Ⅳ-17] 대법원 2009.4.9. 선고 2009도128 판결【사기, 사기미수, 경매방해】

〈공소사실〉

피고인들은 법무사와 함께 원인무효로 인한 소유권보존등기말소청구 소송을 제기한 결과 법원 촉탁으로 예고등기가 이루어지는 경우 부수적인 효과로 인하여 거래가 제한되고 금융기관에 대한 담보제공을 통한 자금 대출이 어려워지며 경매절차가 진행 중인 부동산의 경우에는 경매 유찰로 인하여 경매가격이 하락하게 된다는 사실에 착안하여, 허위의 채권을 주장하며 채권자대위의 방식에 의한 원인무효로 인한 소유권보존등기말소청구 소송을 제기하고 그 과정에서 자신들이 직접 부동산을 낙찰받아 이익을 취하거나 타인으로 하여금 싼 가격에 낙찰받도록 해 준 다음 사례비를 받거나, 이것이 여의치 않은 경우 예고등기로 인하여 궁박한 형편에 처하게 된 사람들과 접촉하여 합의금 명목의 금원을 교부받는 방식으로 범행을 저지르기로 공모한 다음, "소송대상 부동산은 여러 명이 공동신축한 건물임에도 피고가 단독으로 그 소유권보존등기를 경료하여 원인무효이고 자신은 공동신축자 중 1인에 대하여 채권이 있으니 그 사람을 대위하여 피고를 상대로 원인무효를 이유로 의한 소유권보존등기의 말소를 청구한다"는 취지의 허위내용이 기재된 소장 및 조작된 관련 증거서류를 제출하여 소유권보존등기말소청구 소송을 제기함으로써 법원을 기망하고 승소판결을 받아 대상 토지의 소유권에 대한 방해를 제거하고 그 소유 명의를 얻을 수 있는 지위라는 재산상 이익을 취득하려고 하였으나 소취하 간주 등으로 패소하여 그 뜻을 이루지 못하고 미수에 그쳤다.

〈판결요지〉

피고인 등이 허위의 주장을 하여 소유권보존등기말소청구 소송 등을 제기한 것은 그로 인하여 경매절차가 진행 중인 부동산에 예고등기가 경료되도록 함으로써 경매가격 하락 등을 의도한 것으로 보일 뿐이고, 위 말소청구소송을 통하여 승소판결을 받아 재산상의 이익을 취하려고 한 것으로 보기 어렵다. 피고인 등이 위와 같이 말소청구소송 등을 제기하고 법원의 촉탁으로 예고등기가 경료된 이후에는 대부분 그 소를 취하하거나 변론기일에 출석하지 아니하여 소취하 간주되는 등으로 소송이 종결된 것도 그러한 의도가 없음을 뒷받침한다. 따라서 피고인에게는 허위 주장에 기한 소송을 통하여 승소판결을 받아 재물 또는 재산상의 이익을 취득하려는 고의 내지 불법영득의 의사가 있었다고 볼 수 없다.

(7) 위법성

1) 기망행위를 수단으로 한 권리행사의 경우 그 권리행사에 속하는 행위와 그 수단에 속하는 기망행위를 전체적으로 관찰하여 그와 같은 기망행위가 사회통념상 권리행사의 수단으로서 용인할 수 없는 정도라면 그 권리행사에 속하는 행위는 사기죄를 구성한다(☞ **[판례 Ⅳ-18]** 참조).

[판례 Ⅳ-18] 대법원 2003.12.26. 선고 2003도4914 판결【사기】

〈사실관계〉

공소외 1은 특허청에 요가용 운동기구에 관하여 의장등록을 하였는데 공소외 2가 위 의장등록에 대한 무효심판을 청구하여 특허심판원으로부터 의장등록이 무효라는 심결을 받자 ○○특허사무소 변리사인 피고인에게 위 심결의 취소를 구하는 의장등록무효소송 등을 의뢰하여 수임료를 200만원으로 하는 위임계약을 체결하고 그 선금으로 100만원을 지급하였다. 그런데 공소외 1이 잔금을 지급하지도 아니한 채 연락도 끊자 피고인은 의장등록무효소송을 진행하지 아니하기로 마음먹고 변론기일에 2회 불출석하여 위 소송은 소취하간주로 종료되었다. 그러자 공소외 1은 피고인에게 '소취하간주로 소송이 종결되어 300억원 상당의 손해를 입게 되었으니 이를 변상해라, 그렇지 않으면 변리사 자격을 취소시키기 위하여 국민고충처리위원회, 대한변리사회 등에 진정하고, 언론, 인터넷, 한국발명진흥회 등을 통한 여론을 규합하여 어떠한 일이 있어도 당신의 변리사 자격을 박탈시키겠다'는 취지의 내용이 담긴 통지서를 발송하는 등으로 여러 차례에 걸쳐 피고인을 협박하였다. 이에 겁을 먹은 피고인은 공소외 1을 만나 합의금을 1억 2,200만원으로 정하고 손해배상명목으로 위 금액을 지급하기로 하는 내용의 각서를 작성하여 교부하면서 즉석에서 합의금의 일부로 수표를 교부하였다. 그러나 피고인은 ○○특허사무소 직원인 공소외 3에게 그 수표에 관한 사고신고서를 은행에 제출할 것을 지시하였고, 직원은 자신이 수표를 소지하고 있다가 분실한 것처럼 사고신고서를 ○○은행에 제출함에 따라 공소외 1은 위 수표를 ○○은행 ○○지점에 지급제시하였으나 사고신고를 이유로 그 지급이 거절되었다. 그 후 피고인은 공소외 3으로 하여금 법원에 분실하였음을 이유로 이 사건 수표에 대하여 공시최고신청을 하게 하고 법원으로부터 수표에 대한 제권판결을 선고받고, 제권판결을 제출하여 ○○은행 ○○지점으로부터 공소외 3의 예금통장으로 이 사건 수표의 액면금인 800만원을 입금받았다.

〈판결요지〉

사기죄는 타인을 기망하여 그로 인한 하자있는 의사에 기하여 재물의 교부를 받거나 재산상의 이익을 취득함으로써 성립하고 사기죄의 본질은 기망에 의한 재물이나 재산상 이익의 취득에 있고 이로써 상대방의 재산이 침해되는 것이므로, 상대방에게 현실적으로 재산상 손해가 발생함을 요하지 아니한다. 또 기망행위를 수단으로 한 권리행사의 경우 그 권리행사에 속하는 행위와 그 수단에 속하는 기망행위를 전체적으로 관찰하여 그와 같은 기망행위가 사회통념상 권리행사의 수단으로서 용인할 수 없는 정도라면 그 권리행사에 속하는 행위는 사기죄를 구성한다.

그런데 피고인은 이 사건 자기앞수표를 갈취한 피해자에 대하여 그 수표 교부의 원인이 된 합의서상의 의사표시를 취소한 뒤 그 수표의 반환을 청구할 수 있는 권리가 있었지만, 기록에 나타난 증거만으로는 그 제권판결 선고시까지 수표 교부의 원인이 된 합의서상의 의사표시가 적법하게 취소되었다고 단정할 수 없을 뿐만 아니라, 그 수표의 소지인인 피해자는 그 원인관계의 흠결이나 하자에 관계없이 수표상의 권리를 행사할 수 있는 자격이 있으므로(다만, 그 수표상의 채무자가 원인관계의 흠결 등을 들어 인적 항변을 할 수 있을 뿐이다), 피고인이 그와 같이 위법하게 제권판결을 선고받아 그 수표(증권)를 무효로 하였다면 이로써 피해자에게 현실적·경제적으로 재산상 손해가 생겼는지 여부에 관계없이 피해자의 수표상의 권리를 침해하여 재산상 손해를 입혔다고 보아야 할 것이다.

〈참조판례〉

○ 대법원 1991.9.10. 선고 91도376 판결【특경법위반, 사기】

피해자의 처에 대한 채권을 회수하기 위하여 피해자의 처와 공모하여 제3자를 매수인으로 내세워 피해자와의 사이에 피해자 소유의 부동산에 관한 매매계약을 체결하고, 그 매매대금을 채권에 충당한 행위는 사회상규상 정당한 권리행사의 범위를 벗어나 재산상의 거래관계에 있어서 거래당사자가 지켜야 할 신의와 성실의 의무를 저버린 기망행위로서 사기죄가 성립한다.

○ 대법원 1992.11.24. 선고 92도391 판결【특경법위반(사기)】

토지 매도인이 매수인에게 소유권이전등기에 필요한 서류 등을 넘겨주지 않겠다는 태도를 취하자 매매계약 중개인이 매수인 앞으로 소유권이전등기를 하기 위하여 기망수단에 의하여 등기에 필요한 인감증명서를 교부받은 경우, 그것이 매매계약을 이행시키려고 하는 목적과 동기에서 이루어졌고 결과적으로 매도인의 매수인에 대한 배임행위를 제지하였다고 할지라도, 매도인으로서는 배임죄로 처벌을 받거나 계약불이행으로 손해배상책임을 지는 것은 별론으로 하고 매수인으로부터 중도금까지 지급받은 이후에도 제3자에게 이중으로 매도하고 소유권이전등기를 넘겨줄 수 있는 것이므로 수단의 성당성이 없고 따라서 위법성을 조각할 만한 정당한 권리행사방법이라 할 수 없다.

○ 대법원 1997.10.14. 선고 96도1405 판결【특경법위반(사기), 사문서위조, 위증교사】

토지를 20년 이상 점유하여 왔더라도 그 점유권원의 성질이 불분명하여 일단 자주점유로 추정받기는 하나 상대방이 그 추정을 번복시킬 수 있는 사실을 입증하면 취득시효를 인정받을 수 없어 결국 상대방의 입증 여부에 따라 소송의 승패가 결정되는 소송에서, 소송의 승패에 결정적인 증거인 자주점유의 권원에 관한 처분문서를 위조하고 그 성립에 관한 위증을 교사함으로써 상대방의 추정번복의 입증을 원천적으로 봉쇄하고 법원으로서도 그 처분문서의 성립이 인정되는 한 채증법칙상 그 문서의 내용대로 인정할 수밖에 없도록 하는 등의 소송행위는 사회통념상 용인될 수 없다.

○ 대법원 1997.11.11. 선고 97도2220 판결【사기】

피고인이 피해자로부터 냉동오징어를 구입하더라도 그 잔대금을 지급할 의사 없이 계약금 명목으로 일부 금원을 지급하고 나머지 대금을 지급하지 않은 경우, 피고인이 위 잔대금채무를 이전에 피해자에 대하여 가지고 있었던 채권으로 상계할 의사를 가지고 있었다 하더라도 피해자가 위 채권의 존재 자체를 다투고 있는 상태에서 마치 현금으로 결제할 것처럼 기망하여 물품을 교부받은 것은 사회통념상 용인된다고 볼 수 없으므로 사기죄가 성립한다.

○ 대법원 2011.2.24. 선고 2010도17512 판결【사기】

피고인이 보험금을 편취할 의사로 허위로 보험사고를 신고하거나 고의로 보험사고를 유발한 경우 보험금에 관한 사기죄가 성립하고, 나아가 설령 피고인이 보험사고에 해당할 수 있는 사고로 경미한 상해를 입었다고 하더라도 이를 기화로 보험금을 편취할 의사로 상해를 과장하여 병원에 장기간 입원하고 이를 이유로 실제 피해에 비하여 과다한 보험금을 지급받는 경우에는 보험금 전체에 대해 사기죄가 성립한다.

○ 대법원 2011.3.10. 선고 2010도14856 판결【사기】

부동산 소유권이전등기절차 이행을 구하는 소를 제기하여 동시이행 조건 없이 이행을 명하는 승소확정판결을 받았다고 하더라도 피해자에게 부동산 소유권을 이전받더라도 매매잔금을 공탁할 의사나 능력이 없음에도 불구하고 매매잔금을 공탁해 줄 것처럼 거짓말을 하여 그러한 내용으로 합의한 후 그에 따라 부동산 소유권을 임의로 이전받았다면, 피고인의 행위는 사회통념상 권리행사의 수단으로서 용인할 수 있는 범위를 벗어난 것으로 사기죄의 기망행위에 해당한다.

2) 또한 자신의 권리의 범위를 넘어서 타인의 재물이나 재산상 이익을 취득한 경우에도 사기죄가 성립한다. 예컨대 약속어음은 그 자체가 재산적 가치를 지닌 유가증권으로서 재물성이 있고 단일하여 불가분이므로 피해자에 대하여 편취어음금의 일부에 해당하는 채권을 가진다 하더라도 기망에 의하여 어음을 교부받은 경우에는 어음금 전부에 대하여 사기죄가 성립한다(대법원 1982.9.14. 선고 82도1679 판결). 이 외에도 보험금을 지급받을 수 있는 사유가 있음을 기화로 실제 지급받을 수 있는 보험금보

다 다액의 보험금을 편취할 의사로 장기간의 입원 등을 통하여 과다한 보험금을 지급받거나(대법원 2009.5.28. 선고 2008도4665 판결), 산업재해보상보험급여를 지급받을 수 있는 지위에 있었으나 산업재해보상보험 요양신청서에 부상의 발생경위를 허위로 기재하는 등의 부정한 방법으로 요양신청을 하여 산업재해보상 보험급여를 지급받거나(대법원 2007.5.10. 선고 2007도1780 판결), 보험사고에 해당할 수 있는 사고로 인하여 경미한 상해를 입었을 뿐인데 이를 기화로 보험금을 편취할 의사로 그 상해를 과장하여 병원에 장기간 입원하고 이를 이유로 실제 피해에 비하여 과다한 보험금을 지급받는 경우(대법원 2007.5.11. 선고 2007도2134 판결)에는 지급받은 보험금 전체에 대해 사기죄가 성립한다. 의사가 입원치료를 받을 필요가 없는 환자들이 보험금 수령을 위하여 입원치료를 받으려고 하는 사실을 알면서도 입원을 허가하여 형식상으로 입원치료를 받도록 한 후 입원확인서를 발급하여 주었다면 사기방조죄의 죄책을 지고(대법원 2006.1.12. 선고 2004도6557 판결), 의사가 전화를 이용하여 진찰(전화진찰)한 것임에도 내원 진찰인 것처럼 가장하여 국민건강보험관리공단에 요양급여비용을 청구함으로써 진찰료를 받은 경우에는 사기죄의 죄책을 진다(대법원 2013.4.26. 선고 2011도10797 판결).

(8) 죄 수

1) 사기죄의 객체인 재물 또는 재산상 이익은 비전속적 법익이므로 단일한 범의의 발동에 의하여 상대방을 기망하고 그 결과 착오에 빠져 있는 동일인으로부터 일정 기간 동안 동일한 방법에 의하여 금원을 편취한 경우에는 포괄하여 하나의 사기죄가 성립한다(대법원 1988.9.6. 선고 87도1166 판결). 예를 들어 건설업자가 수분양자들과 사이에 대출금으로 충당되는 중도금을 제외한 계약금과 잔금의 지급을 유예하고 재매입을 보장하는 등의 비정상적인 이면약정을 체결하고 점포를 분양하였음에도, 금융기관에 대해서는 그러한 이면약정의 내용을 감추는 한편 분양계약금이 입금된 것처럼 가장하여 금융기관으로부터 10여 일의 짧은 기간 동안에 수백 회에 걸쳐 중도금 대출을 받았다면 단일한 범의하의 동일한 수법의 범행이므로 사기죄의 포괄일죄가 성립된다(대법원 2006.2.23. 선고 2005도8645 판결).

그러나 피해자가 동일하더라도 범의의 단일성과 계속성이 인정되지 아니하거나 범행방법이 동일하지 아니하는 경우에는 수개의 사기죄가 성립한다(대법원 2004.6.25. 선고 2004도1751 판결). 예를 들어 피고인이 동일한 피해자로부터 3회에 걸쳐 돈을 편취함에 있어서 그 시간적 간격이 각 2개월 이상이 되고 그 기망방법에 있어서도 처음에는 경매보증금을 마련하여 시간을 벌어주면 경매목적물을 처분하여 갚겠다고 거짓말을 하였고, 두 번째는 한번만 더 시간을 벌면 위 부동산이 처분될 수 있다고 하여 돈을 빌려주게 하고, 마지막에는 돈을 빌려주지 않으면 두 번에 걸쳐 빌려준 돈도 갚을 수 없게 되었다고 거짓말을 함으로써 피해자로 하여금 부득이 그 돈을 빌려주지 않을 수 없는 상태에 놓이게 하거나(대법원 1989.11.28. 선고 89도1309 판결), 범인이 2008.8.경 피해자에게 'H증권에서 운영하는 펀드의 수익률이 세후 연 6.5%나 된다며 안심해도 좋으니 투자를 하라'고 거짓말하여 피해자로부터 2008.8.11.경부터 2012.6.22.경까지 총 7회에 걸쳐 491,210,000원을 교부받고, 2011.12.경 피해자에게 'D증권의 확정금리 7.5%

의 고이율 펀드모집에 3억원 한도의 구좌를 받았으니 이 구좌에 투자를 하라'고 거짓말하여 2011.12.28. 경부터 2013.6.10.경까지 총 6회에 걸쳐 합계 400,000,000원을 교부받아 총 합계 891,210,000원을 편취하였다면(대법원 2016.10.27. 선고 2016도11318 판결) 범의의 단일성과 계속성이 인정된다거나 그 범행방법이 동일하다고 할 수 없으므로 수개의 사기죄가 성립된다.

다수의 피해자에 대하여 각별로 기망행위를 하여 각각 재산상 이익을 편취한 경우에는 범의가 단일하고 범행방법이 동일하더라도 각 피해자의 피해법익은 독립한 것이므로 이를 포괄일죄로 파악할 수 없고 피해자별로 독립한 사기죄가 성립한다(대법원 1997.6.27. 선고 97도508 판결). 다만 피해자들이 하나의 동업체를 구성하는 등으로 피해 법익이 동일하다고 볼 수 있는 사정이 있는 경우에는 피해자가 복수이더라도 포괄하여 하나의 사기죄로 처벌될 수 있고(대법원 2011.4.14. 선고 2011도769 판결), 1개의 기망행위에 의하여 다수의 피해자로부터 각각 재산상 이익을 편취한 경우에는 피해자별로 수개의 사기죄가 성립하나 이들 죄는 상상적 경합의 관계에 있다(☞ **[판례 Ⅳ-19]** 참조).

[판례 Ⅳ-19] 대법원 2017.2.16. 선고 2016도13362 판결【특경법위반(사기) 등】

〈사실관계〉

피해자 1, 2, 3은 이 사건 부동산의 각각 3분의 1 지분을 소유하고 있었는데 피고인은 피해자들을 기망하여 이 사건 부동산에 관한 매매계약 및 근저당권설정계약을 체결하고 위 부동산에 공소외인 앞으로 채권최고액을 7억원으로 하는 근저당권을 설정하였다.

〈원심판결요지〉

피고인은 부동산의 각 소유 지분을 동시에 일괄하여 처분하고자 하는 공동의 이해관계를 가진 공유자인 피해자들을 각각 기망하여 피해자들 각자의 공유지분에 대하여 각각의 근저당권을 설정하도록 한 것이 아니라 위 부동산 전체에 하나의 근저당권을 설정하도록 한 것이어서 그 피해법익이 동일하다고 봄이 타당하므로, 피고인의 범행은 포괄하여 피해자들로부터 근저당권 채권최고액인 7억원 상당의 재산상 이익을 편취한 행위로서 특경법위반(사기)죄에 해당한다.

〈판결요지〉

특경법 제3조에서 말하는 이득액은 단순일죄의 이득액이나 혹은 포괄일죄가 성립하는 경우의 이득액의 합산액을 의미하는 것이고, 경합범으로 처벌될 수죄의 각 이득액을 합한 금액을 의미하는 것은 아니며, 다수의 피해자에 대하여 각별로 기망행위를 하여 각각 재산상 이익을 편취한 경우에는 범의가 단일하고 범행방법이 동일하더라도 각 피해자의 피해법익은 독립한 것이므로 이를 포괄일죄로 파악할 수 없고 피해자별로 독립한 사기죄가 성립하고, 다만 1개의 기망행위에 의하여 다수의 피해자로부터 각각 재산상 이익을 편취한 경우에는 피해자별로 수 개의 사기죄가 성립하고, 그 사이에는 상상적 경합의 관계에 있는 것으로 보아야 한다.

이 사건에서 피해자 1과 2는 1962.5.29. 이 사건 부동산에 관하여 1962.5.10. 매매를 원인으로 각 3분의 1 지분에 관한 소유권이전등기를 마쳤고, 피해자 3은 2009.9.24. 이 사건 부동산에 관한 3분의 1 지분에 관하여 2002.7.5. 협의분할에 의한 상속을 원인으로 지분이전등기를 마쳤는데, 피해자들은 법무사 사무실에서 함께 피고인과 만나 이 사건 부동산에 관하여 매매대금을 14억 3,000만원으로 하여 매매계약을 체결하고 매매계약서와 근저당권설정계약서에 피해자별로 각각 서명·날인하였다. 이와 같이 피해자들이 이 사건 부동산에 대한 각 공유지분을 취득한 경위와 피해자들이 함께 피고인을 만나 각자 자신의 공유지분에 대한 처분권을 행사한 점, 달리 피해자들이 하나의 동업체를 구성하는 등 피해법익이 동일하다고 볼만한 사정이 없는 점 등을 종합하여 보면, 각 피해자의 피해법익은 독립한 것이므로 피해자별로 독립한 사기죄가 성립하고, 다만 피고인이 같은 일시, 장소에서 피해자들로부터 각 재산상 이익을 편취한 행위는 사회관념상 1개의 행위로 평가할 수 있으므로 각 사기죄 사이에는 상상적 경합의 관계에 있다고 할 것이다. 그럼에도 원심은 피해자들에 대한 각 사기죄를 포괄하여 일죄로 보고 특경법위반(사기)죄로 의율하였으니, 원심의 판단에는 사기죄의 죄수에 관한 법리를 오해하여 판결 결과에 영향을 미친 위법이 있다.

〈참조판례〉

○ 대법원 2011.1.13. 선고 2010도9330 판결【사기, 도박】

피고인 1은 피고인 2, 3, 4와 사기도박의 방법으로 금원을 편취하기로 공모하고, 피고인 3과 4는 모텔 객실의 천장에 카메라를 몰래 설치한 다음 피해자들에게 연락하여 도박을 하자고 유인하여 모텔 객실로 오게 하고, 피고인 1은 수신기 및 리시버를 착용하고 형광물질로 특수표시를 한 화투를 소지한 채 모텔 객실로 가서 피해자들과 함께 속칭 '섯다'라는 도박을 하면서 피고인 2가 가지고 온 화투를 바꾸고 리시버를 통하여 피고인 3으로부터 피해자들의 화투 패를 들으면서 도박의 승패를 지배함으로써 피해자들로부터 도금을 교부받았다.

피고인 등은 사기도박에 필요한 준비를 갖추고 그러한 의도로 피해자들에게 도박에 참가하도록 권유한 때 또는 늦어도 그 정을 알지 못하는 피해자들이 도박에 참가한 때에는 이미 사기죄의 실행에 착수하였다고 할 것이므로, 피고인 등이 그 후에 사기도박을 숨기기 위하여 얼마간 정상적인 도박을 하였다고 하더라도 이는 사기죄의 실행행위에 포함되는 것이라고 할 것이어서 피고인에 대하여는 피해자들에 대한 사기죄만이 성립하고 도박죄는 따로 성립하지 아니한다. 그리고 1개의 기망행위에 의하여 여러 피해자로부터 각각 재물을 편취한 경우에는 피해자별로 수개의 사기죄가 성립하고 그 사이에는 상상적 경합의 관계에 있는 것으로 보아야 하는바, 피고인 등이 피해자들을 유인하여 사기도박을 하여 도금을 편취한 행위는 사회관념상 1개의 행위로 평가함이 상당하므로, 피해자들에 대한 각 사기죄는 상상적 경합의 관계에 있다고 보아야 할 것이다.

〈해 설〉

특경법 제3조에서 말하는 이득액은 단순일죄의 이득액이나 혹은 포괄일죄가 성립하는 경우의 이득액의 합산액을 의미하는 것이고, 경합범으로 처벌될 수죄의 각 이득액을 합한 금액을 의미하는 것은 아니다. 타인을 기망하여 그 소유의 부동산에 제3자 앞으로 근저당권을 설정케 한 자가 그로 인하여 취득하는 재산상 이익은 그 부동산을 자신의 제3자와의 거래에 대한 담보로 이용할 수 있는 이익이고, 그 가액(이득액)은 원칙적으로 그 부동산의 시가 범위 내의 채권 최고액 상당이다. 원칙적으로 다수의 피해자에 대하여 각별로 기망행위를 하여 각각 재산상 이익을 편취한 경우에는 범의가 단일하고 범행방법이 동일하더라도 각 피해자의 피해법익은 독립한 것이므로 이를 포괄일죄로 파악할 수 없고 피해자별로 독립한 사기죄가 성립하나, 피해자들이 하나의 동업체를 구성하는 등으로 피해 법익이 동일하다고 볼 수 있는 사정이 있는 경우에는 피해자가 복수이더라도 이들에 대한 사기죄를 포괄하여 일죄로 볼 수도 있다.

위 〈참조판례〉에서 피고인들은 동일한 기회에 수인의 피해자를 기망하여 그들 각각으로부터 도금을 편취하였는바, 이 경우에는 피해자들 각각에 대하여 사기죄가 성립하고 다만 사기범행은 동일한 기회에 이루어졌으므로 수개의 사기죄는 상상적 경합관계에 있다고 보는 것이 타당하다. 그리고 대법원은 위 [판례 Ⅳ-19]에서도 피해자들이 함께 피고인을 만나 각자 자신의 공유지분에 대한 처분권을 행사하였고 피해자들이 하나의 동업체를 구성하는 등 피해법익이 동일하다고 볼만한 사정이 없다는 점을 근거로 피해자들에 대해 각각의 사기죄가 성립하고 다만 이들 죄는 상상적 경합관계에 있다고 하면서 피고인에 대하여 특경법을 적용할 수 없다고 보았다. 그러나 피해자들은 부동산의 각 소유 지분을 동시에 일괄하여 처분하고자 하는 공동의 이해관계를 가지고 있고, 피고인은 공유자인 피해자들을 기망하여 부동산 전체에 하나의 근저당권을 설정하도록 하였는바, 위 [판례 Ⅳ-19]에서 포괄하여 하나의 사기죄만 성립한다고 보는 것이 타당하다고 본다.

2) 간접정범을 통한 범행에서 피이용자는 간접정범의 의사를 실현하는 수단으로서의 지위를 가질 뿐이므로, 피해자에 대한 사기범행을 실현하는 수단으로서 타인을 기망하여 그를 피해자로부터 편취한 재물이나 재산상 이익을 전달하는 도구로서만 이용한 경우에는 편취의 대상인 재물 또는 재산상 이익에 관하여 피해자에 대한 사기죄가 성립할 뿐 도구로 이용된 타인에 대한 사기죄가 별도로 성립한다고 할 수 없다. 따라서 금융감독원 직원을 사칭하여 피해자 1로 하여금 피해자 2의 계좌로 돈을 입금하게 하고 다시 금융감독원 직원을 사칭하여 피해자 2를 기망하여 피해자 2로 하여금 그의 계좌로 입금된 돈을 찾아서 전달하도록 하였다면, 피해자 1에 대한 사기죄가 성립할 뿐 이와 별도로 피해자 2에 대한 사기죄가 성립하는 것은 아니다(대법원 2017.5.31. 선고 2017도3894 판결).

3) 사기죄도 재산범죄의 한 유형으로 상태범으로서 사후행위가 기존의 침해된 법익의 범위를 넘어서 새로운 법익을 침해하거나 다른 사람의 법익을 침해하는 경우가 아닌 한 별개의 범죄를 구성하지 않는다. 일반적으로 물품거래 관계에 있어서 물품대금을 변제할 의사나 능력이 없음에도 피해자를 기망하여 물품을 공급받는 경우 피해자의 착오에 의한 재산적 처분행위는 물품의 교부로서 이로써 재물에 대한 사기죄가 성립하고 그 이후에 물품대금채무를 변제하지 아니한 것은 채무불이행에 불과하여 별도로 재산상 이익을 편취한 것이라고는 볼 수 없다. 그러나 또 다른 기망행위에 의하여 그 채무변제의 유예를 받거나 채무를 면제받은 경우 등 피해자의 별개의 처분행위가 있는 경우에는 별도로 재산상 이익의 편취에 의한 사기죄가 성립한다(대법원 2005.11.24. 선고 2005도7481 판결).

그리고 재물편취를 내용으로 하는 사기죄에 있어서는 기망으로 인한 재물교부가 있으면 그 자체로써 피해자의 재산침해가 되어 이로써 곧 사기죄가 성립하고, 그 후 피해자를 기망하여 편취한 재물의 반환을 회피할 목적으로 현실적인 자금의 수수없이 기존 차입원리금을 새로이 투자하는 형식을 취하였다 하더라도 이는 새로운 법익을 침해하는 것이 아니므로 별도로 사기죄를 구성하지 않는다(대법원 2000.11.10. 선고 2000도3483 판결). 그러나 이와는 달리 피고인이 원금 및 수익금을 제대로 지불하여 줄 의사나 능력 없이 피해자들로부터 투자금을 교부받아 이를 편취하였다면 그 투자금을 교부받을 때마다 각별로 사기죄가 성립하므로, 교부받은 투자금을 피해자들에게 반환하였다가 다시 그 돈을 재투자받는 방식으로 계속적으로 투자금을 수수하였다면 별개의 사기죄가 성립한다(대법원 2006.5.26. 선고 2006도1614 판결).

4) 예금통장과 인장을 절취 또는 강취한 후 그것을 이용하여 은행에서 예금을 인출하는 행위는 절도나 강도에 의해 침해된 기존의 법익의 범위를 넘어 새로운 법익을 침해하기 때문에, 예금통장과 인장에 대한 절도죄 또는 강도죄 이외에 별도로 사기죄가 성립한다(대법원 1991.9.10. 선고 91도1722 판결). 편취한 약속어음을 그와 같은 사실을 모르는 제3자에게 편취사실을 숨기고 할인받는 행위는 당초의 어음 편취와는 별개의 새로운 법익을 침해하는 행위로서 새로운 사기죄를 구성하고(대법원 2005.9.30. 선고 2005도5236 판결), 백지가계수표를 위조하여 현금으로 할인받은 경우 사기행위는 수표위조와 위조수표행

사와는 별개의 법익침해행위로서 유가증권위조 및 위조유가증권행사죄와는 별도로 사기죄를 구성한다(대법원 1998.10.27. 선고 98도2084 판결).

5) 피해자를 기망하여 재물을 편취하고 그 과정에서 피해자에게 대가를 지급하였는데 다시 피해자를 기망하여 그 대가를 편취하거나 피해자로부터 그 대가를 위탁받아 보관하던 중 횡령하였다면 이는 새로운 법익의 침해가 발생한 경우이므로, 기존에 성립한 사기죄와는 별도의 새로운 사기죄나 횡령죄가 성립한다(대법원 2009.10.29. 선고 2009도7052 판결). 예컨대 대표이사가 회사의 상가분양 사업을 수행하면서 수분양자들을 기망하여 편취한 분양대금은 회사의 소유로 귀속되고 대표이사가 그 분양대금을 횡령하는 것은 사기 범행이 침해한 것과는 다른 법익을 침해하는 것이어서 회사를 피해자로 하는 별도의 횡령죄가 성립하고(대법원 2005.4.29. 선고 2005도741 판결), 위탁자로부터 당좌수표 할인을 의뢰받은 후 제3자를 기망하여 당좌수표를 할인받은 다음 그 할인금을 임의소비한 경우 제3자에 대한 사기죄와는 별도로 위탁자에 대한 횡령죄가 성립한다(대법원 1998.4.10. 선고 97도3057 판결). 그리고 주식회사의 대표이사가 타인을 기망하여 회사가 발행하는 신주를 인수하게 한 다음 그로부터 납입받은 신주인수대금을 보관하던 중 횡령한 때에는 사기죄와는 별도로 업무상횡령의 죄책을 진다(대법원 2006.10.27. 선고 2004도6503 판결).

외형상으로는 공소사실의 기초가 되는 일련의 행위가 여러 개의 범죄에 해당하는 것처럼 보이지만 그 일련의 행위가 합쳐져서 하나의 사회적 사실관계를 구성하는 경우 그 수개의 행위는 비양립관계, 즉 일방의 범죄가 성립되는 때에는 타방의 범죄는 성립할 수 없는 관계에 있다. 예컨대 타인에게 허위로 채권을 양도한 다음 채무자로부터 임의로 채권을 추심하거나, 자신의 부동산에 설정된 가등기를 말소해주면 은행대출을 받은 다음 다시 가등기를 설정해 주겠다고 피해자를 기망하여 가등기를 말소한 다음 제3자에게 근저당설정등기를 마친 경우, 자기소유의 부동산에 대한 허위의 매매계약을 체결하고 계약금과 중도금을 받은 후 제3자에게 근저당설정등기를 마친 경우에는 사기죄만 성립하고 이와 별도로 횡령죄 또는 배임죄는 성립하지 않는다(☞ **[판례 Ⅳ-20]** 참조).

[판례 Ⅳ-20] 대법원 2011.5.13. 선고 2011도1442 판결【사기, 횡령】

〈사실관계〉

피고인은 피해자로부터 26,100,000원을 차용할 때 그 담보로 피고인이 시공하기로 되어 있던 갤러리아백화점 내 매장의 인테리어 공사대금 채권 56,300,000원 중 차용액에 해당하는 금액을 양도하였으므로 공사대금 채권을 추심하였으면 이를 피해자에게 전달하여야 하는데도, 위 공사비 56,300,000원을 추심하여 그 중 26,100,000원을 임의 소비하였다.

〈판결요지〉

외형상으로는 피고인의 일련의 행위가 여러 개의 범죄에 해당되는 것 같지만 그 일련의 행위가 합쳐져서 하나의 사회적 사실관계를 구성하는 경우에 그에 대한 법률적 평가는 하나밖에 성립되지 않는 관계, 즉 일방의 범죄가 성립되는 때에는 타방의 범죄는 성립할 수 없고, 일방의 범죄가 무죄로 될 경우에만 타방의 범죄가 성립할 수 있는 비양립적인 관계가 있을 수 있다.

먼저 피고인이 26,100,000원을 차용할 때 피해자 및 다른 채권자에 대하여 상당한 채무를 부담하고 있는 상황이었다 하더라도, 그 차용금에 대하여 담보로 제공한 위 공사대금 채권이 차용액에 상응하고 추심에 문제가 없는 것이었으며 위 공사대금 채권의 양도에 관한 피고인의 진정성이 인정되는 경우라면, 피고인에게 위 차용금에 대한 편취범의를 인정하기는 어려우므로 피고인에게 사기죄의 책임을 물을 수 없고 다만 피고인은 위 공사대금 채권의 양도인의 지위에서 양수인인 피해자를 위하여 보관하여야 하므로 추심한 채권을 임의로 소비한 행위에 대하여 횡령죄의 책임만 지게 될 것이다. 반면에 피고인이 피해자로부터 돈을 빌리기 위해 피해자가 요구하는 대로 차용금에 대한 담보 명목으로 위 공사대금 채권을 양도하는 형식만 갖추었을 뿐, 당초부터 위 공사대금 채권을 추심하여 빼돌릴 생각을 가지고 있었던 경우라면, 차용금 편취에 관한 사기죄는 성립하지만, 위 공사대금 채권을 양도한 후 공사대금을 수령하여 임의 소비한 행위는 금전 차용 후 담보로 제공한 양도채권을 추심받아 이를 빼돌리려는 사기범행의 실행행위에 포함된 것으로 봄이 상당하므로 사기죄와 별도로 횡령죄는 성립되지 않는다고 할 것이다. 결국 26,100,000원 차용금 편취의 점과 위 차용 시 담보로 양도한 채권을 추심하여 임의 소비한 횡령의 점은 양도된 채권의 가치, 채권양도에 관한 피고인의 진정성 등의 사정에 따라 비양립적인 관계라 할 것이다.

원심으로서는 양도된 채권의 가치, 채권양도에 관한 피고인의 진정성 등의 사정을 심리하여 피고인이 위와 같이 피해자로부터 돈을 빌리면서 제3자에 대한 채권을 담보로 제공한 후 그 채권을 추심하여 임의 소비한 일련의 행위가 사기죄와 횡령죄 중 어느 죄에 해당하는지를 가렸어야 할 것인데도 위와 같은 사정을 심리하지 아니한 채 2009.2.12.자 26,100,000원 차용금 편취의 점과 위 차용 시 담보로 양도한 채권을 추심하여 임의 소비한 횡령의 점을 모두 유죄로 인정하고 말았으니, 이러한 원심의 판단에는 공소사실에 있어서 비양립성의 법리 등을 오해한 위법이 있다.

〈참조판례〉

○ 대법원 2017.2.15. 선고 2016도15226 판결【사기, 배임】

이 사건 첫 번째 공소사실은 피고인이 ① 이 사건 아파트에 관한 소유권이전청구권가등기를 말소해 주면 금리가 낮은 곳으로 대출은행을 변경한 다음 곧바로 다시 가등기를 설정해 주겠다고 공소외 1을 기망하여 공소외 1로 하여금 가등기를 말소하게 하여 그에 상당한 재산상 이익을 편취하고, ② 위와 같이 대출은행을 변경한 후 소유권이전청구권가등기 절차를 이행해 줄 임무에 위배하여 위 아파트에 관하여 제3자 명의로 각 근저당권 및 전세권설정등기를 마침으로써 각 채권최고액 및 전세금 상당의 재산상 이익을 취득하고 공소외 1에게 같은 금액 상당의 재산상 손해를 가하였다는 것인바, ①의 공소사실에 대해서는 사기죄를 인정하였으나, ②의 공소사실에 대하여는 피고인이 약속대로 가등기를 회복해주지 않고 제3자에게 근저당권설정등기 등을 마쳐준 행위는 처음부터 가등기를 말소시켜 이익을 취하려는 사기범행에 당연히 예정된 결과에 불과하여 그 사기범행의 실행행위에 포함된 것일 뿐이므로 사기죄와 비양립적 관계에 있는 각 배임죄는 성립하지 않는다고 판단하였다. 그리고 이 사건 두 번째 공소사실은 피고인이 ③ 보존산지로 지정되어 있어 전원주택 등을 신축할 수 없는 임야에 전원주택을 지을 수 있도록 진입로 등 제반 시설을 설치해 주겠다고 공소외 2 등을 기망하여 임야 11필지에 관한 매매계약을 체결하고 공소외 2 등으로부터 계약금 및 중도금을 교부받아 편취하고, ④ 위 각 매매계약에 기하여 소유권이전등기절차를 이행할 임무에 위배하여 위 각 임야에 관하여 제3자 명의의 근저당권설정등기를 마쳐줌으로써 각 채권최고액 상당의 재산상 이익을 취득하고 위 11명에게 같은 금액 상당의 재산상 손해를 가하였다는 것인바, ③의 공소사실에 대해서는 사기죄를 인정하였으나 ④의 공소사실에 대하여는 피고인은 공소외 2 등에게 임야에 관하여 소유권이전등기절차를 이행할 의사가 없었고 이후 제3자들에게 근저당권설정등기를 마쳐준 행위는 기망을 통하여 매매계약을 체결하여 계약금과 중도금을 편취한 사기범행에 포함된 것일 뿐이므로 별도의 배임죄는 성립하지 않는다고 판단하였다.

외형상으로는 공소사실의 기초가 되는 피고인의 일련의 행위가 여러 개의 범죄에 해당되는 것 같지만 그 일련의 행위가 합쳐져서 하나의 사회적 사실관계를 구성하는 경우에 그에 대한 법률적 평가는 하나밖에 성립되지 않는 관계, 즉 일방의 범죄가 성립되는 때에는 타방의 범죄는 성립할 수 없고, 일방의 범죄가 무죄로 될 경우에만 타방의 범죄가 성립할 수 있는 비양립적인 관계가 있을 수 있다고 할 것인바, 이 법리에 비추어 볼 때 이 사건 원심의 판단은 정당하다.

5) 한편 타인의 사무를 처리하는 자가 본인을 기망하여 재산상의 이익을 취득한 경우에는 사기죄와 배임죄가 성립하고, 두 죄는 상상적경합의 관계에 있다(☞ **[판례 Ⅳ-21]** 참조).

[판례 Ⅳ-21] 대법원 2002.7.18. 선고 2002도669 판결【사문서위조, 위조사문서행사, 업무상 횡령, 업무상배임】

〈사실관계〉

피고인은 신용협동조합 전무로서 조합자금의 보관 및 관리, 예금 및 대출업무 등을 총괄하던 자인바, 1998.11.부터 2000.6.까지 사이에 조합원의 예금 인출청구서, 금전소비대차약정서 등을 위조한 후 이를 조합 담당직원에게 제출하는 방법으로 담당직원을 기망하여 위 예금 및 대출금을 수령하였다.

〈원심 판결요지〉

타인의 사무를 처리하는 자가 그 사무처리상 임무에 위배하여 본인을 기망하고 착오에 빠진 본인으로부터 재물을 교부받은 경우에는 사기죄가 성립될 뿐 배임죄의 구성요건이 충족되어도 별도로 배임죄를 구성하는 것은 아닌바, 조합의 전무로서 고객들의 예금을 성실히 보전하여야 할 피고인이 조합의 담당직원을 기망하여 예금인출금 등의 명목으로 금원을 교부받은 피고인의 행위는 사기죄만이 성립될 뿐이다.

〈대법원 판결요지〉

상상적 경합은 1개의 행위가 실질적으로 수개의 구성요건을 충족하는 경우를 말하고 법조경합은 1개의 행위가 외관상 수개의 죄의 구성요건에 해당하는 것처럼 보이나 실질적으로 1죄만을 구성하는 경우를 말하며, 실질적으로 1죄인가 또는 수죄인가는 구성요건적 평가와 보호법익의 측면에서 고찰하여 판단하여야 한다고 할 것인바, 업무상배임행위에 사기행위가 수반된 때의 죄수 관계에 관하여 보면, 사기죄는 사람을 기망하여 재물의 교부를 받거나 재산상의 이익을 취득하는 것을 구성요건으로 하는 범죄로서 임무위배를 그 구성요소로 하지 아니하고 사기죄의 관념에 임무위배 행위가 당연히 포함된다고 할 수도 없으며, 업무상배임죄는 업무상 타인의 사무를 처리하는 자가 그 업무상의 임무에 위배하는 행위로써 재산상의 이익을 취득하거나 제 3자로 하여금 이를 취득하게 하여 본인에게 손해를 가하는 것을 구성요건으로 하는 범죄로서 기망적 요소를 구성요건의 일부로 하는 것이 아니어서 양 죄는 그 구성요건을 달리하는 별개의 범죄이고 형법상으로도 각각 별개의 장(章)에 규정되어 있어, 1개의 행위에 관하여 사기죄와 업무상배임죄의 각 구성요건이 모두 구비된 때에는 양 죄를 법조경합 관계로 볼 것이 아니라 상상적 경합관계로 봄이 상당하다 할 것이고, 나아가 업무상배임죄가 아닌 단순배임죄라고 하여 양 죄의 관계를 달리 보아야 할 이유도 없다.

〈해 설〉

과거 판례는 사기죄와 배임죄의 관계에서 사기죄만이 성립하고 별도로 배임죄를 구성하지 아니한다는 견해를 취하고 있었으나(대법원 1983.7.12. 선고 82도1910 판결 참조), 이 사건을 계기로 입장을 변경하였다. 대법원 판결이 적시하고 있는 것과 같이 상상적 경합은 1개의 행위가 실질적으로 수개의 구성요건을 충족하는 경우를 말하고 법조경합은 1개의 행위가 외관상 수개의 죄의 구성요건에 해당하는 것처럼 보이나 실질적으로 1죄만을 구성하는 경우를 말하는데, 사기죄와 배임죄가 실질적으로 어느 하나의 구성요건(사기죄)만을 충족하느냐 또는 두개의 구성요건을 모두 충족하느냐가 이 사건의 핵심적인 쟁점이다.

원심은 타인의 사무를 처리하는 자가 그 사무처리상 임무에 위배하여 본인을 기망하고 착오에 빠진 본인으로부터 재물을 교부받은 경우에는 사기죄가 성립될 뿐 배임죄의 구성요건이 충족되어도 별도로 배임죄를 구성하는 것은 아니라고 한 반면, 대법원은 두 죄는 구성요건을 달리하는 별개의 범죄이고 형법상으로도 각각 별개의 장(章)에 규정되어 있으므로 1개의 행위에 관하여 사기죄와 업무상배임죄의 각 구성요건이 모두 구비된 때에는 하나의 죄인 법조경합의 관계에 있는 것이 아니라 수개의 죄인 상상적 경합의 관계에 있다고 보고 있다. 이처럼 대법원은 수개의 죄가 성립한다는 이유를 사기죄와 배임죄의 구성요건이 다르다는 점에서 찾고 있는데, 사기죄와 배임죄의 구성요건이 다르다는 것은 당연한 것으로 그것이 법조경합의 관계를 부정하고 수죄의 성립을 인정하는 논거가 될 수 없다.

죄수를 판단함에 있어서는 구성요건만을 기준으로 할 것이 아니라 행위, 의사 그리고 보호법익을 함께 고려해야 한다. 특히 범죄는 보호법익의 침해를 본질로 하므로 그로 인해 침해되는 법익의 수를 기초로 판단하지 않으면 안 된다. 이 사건에서 피고인이 취득한 것은 신용협동조합의 예금 또는 대출금으로 하나의 법익만이 침해되었지 두개의 법익이 침해된 것이 아니므로 수개의 죄(상상적 경합)가 성립할 수 있는 전제가 결여되어 있다. 그리고 사기죄와 횡령죄·배임죄는 타인의 재물이나 재산상 이익을 침해한다는 점에서 동일하고 다만 그 방법에서 차이가 있을 따름이다. 그리고 횡령죄·배임죄는 범인이 타인의 재물을 보관하거나 타인의 사무를 처리하다가(타인의 재산상 이익을 관리하다가) 그 재물이나 재산상 이익을 영득함으로써 성립하는 범죄인데 반하여, 사기죄는 타인을 기망하여 그의 처분행위에 기하여 재물 또는 재산상 이익을 취득함으로써 성립하는 범죄이다. 따라서 양 죄는 동시에 성립할 수 있는 관계에 있지 않다. 이 사건에서 피고인은 신용협동조합 전무로서 타인의 사무를 처리하는 지위에 있지만 이 사건에서 취득한 재물에 관련된 사무, 즉 예금인출 및 대출업무를 직접 처리하고 있지는 않았고, 담당직원을 기망하고 그의 처분행위에 의해 예금 및 대출금을 취득하였다. 따라서 이 사건에서 피고인의 행위에 대해서는 사기죄만 성립하고 배임죄는 성립할 여지가 없다.

이 사건에서 대법원이 굳이 기존의 판례입장을 변경하면서까지 수죄의 성립을 지지한 까닭은 업무상 배임죄의 법정형(7년 이하의 징역 또는 3천만원 이하의 벌금)이 사기죄의 법정형(7년 이하의 징역 또는 2천만원 이하의 벌금)보다 높은 점을 고려한 때문이 아닌가 생각된다. 그러나 사기죄와 배임죄의 법적 성질이나 죄수의 판단기준이나 방법을 소홀히 했다는 비판을 면하기는 어려울 것이다.

2. 컴퓨터사용사기죄 (제347조의2)

컴퓨터사용사기죄는 컴퓨터 등 정보처리장치에 허위의 정보 또는 부정한 명령을 입력하거나 권한 없이 정보를 입력·변경하여 정보처리를 하게 함으로써 재산상의 이익을 취득하거나 제3자로 하여금 취득하게 함으로써 성립하는 범죄로 10년 이하의 징역 또는 2천만원 이하의 벌금에 처하고, 10년 이하의 자격정지를 병과할 수 있다(제353조). 본죄의 미수범은 처벌한다(제352조).

(1) 허위의 정보 또는 부정한 명령의 입력, 권한없는 정보 입력·변경

1) '허위 정보의 입력'이란 당해 정보처리시스템에 예정되어 있는 사무처리의 목적이나 진실에 반하는 자료(정보)를 입력하는 것을 말한다.

2) 여기서 '부정한 명령의 입력'은 당해 사무처리시스템에 예정되어 있는 사무처리의 목적에 비추어 지시해서는 안 될 명령을 입력하는 것으로, 당해 사무처리시스템의 프로그램을 구성하는 개개의 명령을 부정하게 변개·삭제하는 행위는 물론 프로그램 자체에서 발생하는 오류를 적극적으로 이용하여 그 사무처리의 목적에 비추어 정당하지 아니한 사무처리를 하게 하는 행위도 포함한다. 따라서 회사에서 운영하는 전자복권구매시스템에서 일정한 조건하에 복권 구매명령을 입력하면 가상계좌로 복권 구매요청금과 동일한 액수의 가상현금이 입금되는 프로그램 오류를 이용하여 복권 구매명령을 입력하는 행위를 반복함으로써 자신의 가상계좌로 구매요청금 상당의 금액이 입금되게 한 경우에도 본죄가 성

립한다(대법원 2013.11.14. 선고 2011도4440 판결).

3) '권한 없는 정보의 입력·변경'이란 권한없는 자가 정보를 임의로 입력하거나 변경하는 것을 말한다. 예컨대 권한없이 타인의 아이디와 패스워드로 인터넷뱅킹에 접속한 다음 타인의 예금계좌로부터 자기의 예금계좌로 돈을 이체하거나(대법원 2004.4.16. 선고 2004도353 판결), 타인의 명의를 모용하여 발급받은 신용카드의 번호 비밀번호를 이용하여 ARS 전화서비스나 인터넷을 통하여 신용대출을 받거나(대법원 2006.7.27. 선고 2006도3126 판결), 절취한 예금통장을 현금자동지급기에 놓고 조작하는 방법으로 예금잔고를 자신의 거래은행계좌로 이체하거나(대법원 2007.3.15. 선고 2006도2704 판결), 금융기관 직원이 범죄의 목적으로 전산단말기를 이용하여 다른 공범들의 계좌에 무자원 송금의 방식으로 거액을 입금하는 것(대법원 2006.1.26. 선고 2005도8507 판결) 등이 이에 해당한다.

1995.12.29. 본조가 신설될 당시(1996.7.1. 시행) '컴퓨터 등 정보처리장치에 허위의 정보 또는 부정한 명령을 입력하여 정보처리를 하게 함으로써'라고 규정되어 있었으나, 2001.12.19. 본조가 개정되어(2002.6.30. 시행) '권한 없이 정보를 입력·변경하여'라는 문구가 추가되었다. 허위의 정보 또는 부정한 명령을 입력'한 경우만을 규정하고 '권한없이 타인의 진정한 정보를 입력·변경'하는 경우는 누락시킴으로써 타인의 신용카드와 비밀번호를 무권한자가 사용하여 현금을 인출하거나 다른 계좌로 이체하는 행위를 처벌할 수 없어 이를 보완하는 것이 개정취지였다. 그러나 판례는 그와 같은 행위는 마땅히 '부정한 명령을 입력'한 경우에 해당한다고 보아야 하고, '권한 없는 정보의 입력·변경'이란 문구가 추가되었다고 하여 실질적으로 달라진 것은 없다고 판시하였다(☞ **[판례 Ⅳ-22]** 참조).

[판례 Ⅳ-22] 대법원 2003.1.10. 선고 2002도2363 판결【컴퓨터등사용사기】

〈공소사실〉

피고인은 2001.10.6. 11:05경 컴퓨터 등 정보처리장치인 인터넷사이트 피해자 한국신용정보 주식회사에 피해자 명의로 접속하여 그의 신용정보 조회를 하면서 피고인이 마치 피해자인 것처럼 자신이 부정발급받은 피해자 명의의 삼성스카이패스카드의 카드번호와 비밀번호 등을 입력하고 그 사용료 2,000원을 지급하도록 부정한 명령을 입력하여 정보처리를 하게 함으로써 그 금액 상당의 재산상 이익을 취득하였다

〈원심 판결요지〉

피고인은 이 사건에서 컴퓨터를 이용, 신용정보 조회 서비스사이트에 접속하여 신용정보를 조회하면서 그 서비스이용대금의 결제를 위하여 피고인이 타인의 인적 사항을 도용하여 타인 명의로 발급받은 신용카드의 번호와 그 비밀번호를 입력하는 행위를 하였는데, 비록 피고인이 타인의 인적 사항을 도용하여 발급받았다고는 하나, 일단 유효하게 발급받은 카드의 번호와 비밀번호가 객관적 진실에 반하는 정보라고 볼 수 없고, 진실한 번호를 입력하여 컴퓨터프로그램이 허용하는 방법으로 대금을 결제하는 것이 곧바로 부정한 명령에 해당된다고 볼 수도 없으므로, 피고인의 그 행위는 결국 권한 없는 자가 진실한 정보를 입력하거나 허용된 명령을 입력한 행위에 불과하다.

그런데 2001.12.29. 개정되어 2002.6.29. 시행을 앞두고 있는 형법 제347조의2의 개정조항에서는 이 사건과 같이 컴퓨터 등 정보처리장치에 권한 없이 정보를 입력, 변경하여 정보처리를 하게 하는 행위를 처벌하도록 하는 규정을 추가하였는바, 이는 국

가가 형벌법규의 해석을 둘러싼 그 동안의 논란을 종식시키기 위하여 그 흠결을 인정하고 처벌의 대상을 확대한 것으로 봄이 상당하므로, 형벌법규의 명확성과 유추적용 금지의 원칙에 비추어 볼 때 피고인에 대한 이 부분 공소사실은 처벌법규가 없어 범죄로 되지 아니하는 경우에 해당된다고 보아야 할 것이다.

〈대법원 판결요지〉

형벌법규는 문언에 따라 엄격하게 해석·적용하여야 하고 피고인에게 불리한 방향으로 지나치게 확장해석하거나 유추해석하여서는 아니되지만, 형벌법규의 해석에서도 법률문언의 통상적인 의미를 벗어나지 않는 한 그 법률의 입법취지와 목적, 입법연혁 등을 고려한 목적론적 해석이 배제되는 것은 아니다.

기록에 비추어 보면, 구 형법(2001.12.29. 법률 제6543호로 개정되기 전의 것) 제347조의2 규정의 입법취지와 목적은 프로그램 자체는 변경(조작)함이 없이 명령을 입력(사용)할 권한 없는 자가 명령을 입력하는 것도 부정한 명령을 입력하는 행위에 포함한다고 보아, 진실한 자료의 권한 없는 사용에 의한 재산상 이익 취득행위도 처벌대상으로 삼으려는 것이었음을 알 수 있고, 오히려 그러한 범죄 유형이 프로그램을 구성하는 개개의 명령을 부정하게 변경, 삭제, 추가하는 방법에 의한 재산상 이익 취득의 범죄 유형보다 훨씬 손쉽게 또 더 자주 저질러질 것임도 충분히 예상되었던 점에 비추어 이러한 입법취지와 목적은 충분히 수긍할 수 있다. 나아가 그와 같은 권한 없는 자에 의한 명령 입력행위를 '명령을 부정하게 입력하는 행위' 또는 '부정한 명령을 입력하는 행위'에 포함된다고 해석하는 것이 그 문언의 통상적인 의미를 벗어나는 것이라고 할 수도 없다.

그렇다면 그 문언의 해석을 둘러싸고 학설상 일부 논란이 있었고, 이러한 논란을 종식시키기 위해 그와 같이 권한 없이 정보를 입력, 변경하여 정보처리를 하게 하는 행위를 따로 규정하는 내용의 개정을 하게 되었다고 하더라도, 구 형법상으로는 그와 같은 권한 없는 자가 명령을 입력하는 방법에 의한 재산상 이익 취득행위가 처벌대상에서 제외되어 있었다고 볼 수는 없는바, 이러한 해석이 죄형법정주의에 의하여 금지되는 유추적용에 해당한다고 할 수도 없다.

타인의 휴대전화기를 무단으로 사용하여 통화를 하거나 또는 인터넷서비스를 이용하는 것이 권한 없이 정보를 입력하거나 부정한 명령을 입력하는 경우에 해당하는가가 문제된다. 휴대전화는 그 사용시마다 사용자가 정당한 사용권자인지에 관한 정보를 입력하는 절차가 없고, 이동통신회사가 서비스를 제공하는 과정에서 휴대전화를 통하여 입력된 신호에 대하여 신원확인절차를 거치지 않고 통화 또는 인터넷접속 버튼을 누르면 기계적 또는 전자적 작동 과정에 따라 그대로 일정한 서비스가 제공되는 것이므로, 무단으로 타인의 휴대전화기의 통화버튼이나 인터넷접속버튼을 눌러 통화 또는 인터넷서비스를 이용한 것만으로 권한없이 정보를 입력하거나 부정한 명령의 입력이 행하여졌고 나아가 휴대전화 또는 이동통신회사에 의해 그 입력된 정보 혹은 명령에 따른 정보처리가 이루어졌다고 보기도 어렵다 (대법원 2010.9.9. 선고 2008도128 판결).

(2) 정보의 처리

'정보처리'는 사기죄에서 피해자의 처분행위에 상응하는 것으로, 본죄가 성립하기 위해서는 입력된 허위의 정보 등에 의하여 계산이나 데이터의 처리가 이루어짐으로써 직접적으로 재산처분의 결과가 초래되어야 하고, 나아가 사람의 처분행위가 개재됨이 없이 컴퓨터 등에 의한 정보처리 과정에서 행위자나 제3자가 재산상 이익을 취득하여야 한다. 따라서 컴퓨터등 정보처리장치에 허위의 정보나 부정한 명령을 입력하였다고 하더라도 사람의 처분행위가 게재된 경우에는 본죄가 아니라 사기죄가 성립한다(대법원 2014.3.13. 선고 2013도16099 판결).

○ 대법원 2014.3.13. 선고 2013도16099 판결【컴퓨터등사용사기, 정통법위반 등】

원심은 시설공사 발주처인 지방자치단체 등의 재무관 컴퓨터에는 암호화되기 직전 15개의 예비가격과 그 추첨번호를 해킹하여 볼 수 있는 악성프로그램을, 입찰자의 컴퓨터에는 입찰금액을 입력하면서 선택하는 2개의 예비가격 추첨번호가 미리 지정된 추첨번호 4개 중에서 선택되어 조달청 서버로 전송되도록 하는 악성프로그램을 각각 설치하여 낙찰하한가를 미리 알아낸 다음 특정 건설사에 낙찰이 가능한 입찰금액을 알려주어 그 건설사가 낙찰 받게 함으로써 낙찰금액 상당의 재산상 이익을 취득하게 하였다는 컴퓨터등사용사기의 공소사실에 대하여, 사기죄의 기망행위와 피해자의 재산적 처분행위 사이에는 상당인과관계가 있는 것으로 족하고 이는 컴퓨터등사용사기의 경우에도 마찬가지라고 전제한 다음, 비록 지방자치단체의 최종적 선정절차가 남아 있더라도 상당인과관계가 부정되는 것은 아니라는 이유로 위 공소사실을 유죄로 인정하였다.

본 법리에 비추어 살펴보면, 적격심사를 거치게 되어 있는 이 사건 각 시설공사의 전자입찰에 있어서 특정 건설사가 낙찰하한가에 대한 정보를 사전에 알고 투찰할 경우 그 건설사가 낙찰자로 결정될 가능성이 높은 것은 사실이나, 낙찰하한가에 가장 근접한 금액으로 투찰한 건설사라고 하더라도 적격심사를 거쳐 일정 기준 이상이 되어야만 낙찰자로 결정될 수 있는 점 등을 감안할 때, 피고인 등이 조달청의 국가종합전자조달시스템에 입찰자들이 선택한 추첨번호가 변경되어 저장되도록 하는 등 권한 없이 정보를 변경하여 정보처리를 하게 함으로써 직접적으로 얻은 것은 낙찰하한가에 대한 정보일 뿐, 위와 같은 정보처리의 직접적인 결과 특정 건설사가 낙찰자로 결정되어 낙찰금액 상당의 재산상 이익을 얻게 되었다거나 그 낙찰자 결정이 사람의 처분행위가 개재됨이 없이 컴퓨터 등의 정보처리과정에서 이루어졌다고 보기 어렵다. 그럼에도 피고인의 행위가 컴퓨터등사용사기죄의 구성요건에 해당된다고 보아 이를 유죄로 인정한 것은 위법하다.

(3) 재산상 이익의 취득

1) 본죄는 재산상 이익을 취득함으로써 기수에 이른다. 예컨대 금융기관의 직원이 전산단말기를 이용하여 다른 공범의 특정계좌에 돈이 입금된 것처럼 허위의 정보를 입력하는 방법으로 그 계좌로 입금되도록 하였다면 그러한 절차가 완료됨으로써 공범은 재산상 이익을 취득하였다고 할 것이므로 이로써 본죄는 기수에 이르고, 그 후 입금이 취소되어 현실적으로 금전을 인출하지 못하였다고 하더라도 범죄성립에는 어떤 영향이 없다(대법원 2006.9.14. 선고 2006도4127 판결).

2) 사기죄와는 달리 본죄는 '재물을 취득'한 경우를 포함하고 있지 않으므로 예컨대 타인의 신용카드 등을 사용하여 현금자동지급기로부터 현금을 인출한 경우는 본죄로 처벌할 수 없는 문제점이 발생한다. 재산상 이익을 재물을 포함하는 상위개념으로 파악하고 이와 같은 경우에도 컴퓨터등사용사기죄가 성립한다고 주장하는 견해도 있으나, 형법은 재산범죄의 객체가 재물인지 재산상의 이익인지에 따라 재물죄와 이득죄로 구분하고 컴퓨터등사용사기죄는 그 객체를 재산상의 이익으로만 한정하여 규정하고 있고 절취한 타인의 신용카드로 현금자동지급기에서 인출한 것이 재물임이 분명한 이상 컴퓨터등사용사기죄로 처벌할 수는 없다고 해야 할 것이다(☞ **[판례 Ⅳ-23]** 참조).

[판례 Ⅳ-23] 대법원 2003.5.13. 선고 2003도1178 판결【컴퓨터등사용사기】

〈사실관계〉

피고인이 절취한 타인의 신용카드들을 정보처리장치인 현금자동인출기에 투입하고 그 단말기에 미리 알아둔 정보인 위 신용카드들의 비밀번호를 권한 없이 입력하여 정보처리를 하게 함으로써 현금서비스를 받았다.

〈판결요지〉

형법은 재산범죄의 객체가 재물인지 재산상의 이익인지에 따라 이를 재물죄와 이득죄로 명시하여 규정하고 있는데, 형법 제347조가 일반 사기죄를 재물죄 겸 이득죄로 규정한 것과 달리 형법 제347조의2는 컴퓨터등사용사기죄의 객체를 재물이 아닌 재산상의 이익으로만 한정하여 규정하고 있으므로, 절취한 타인의 신용카드로 현금자동지급기에서 현금을 인출하는 행위가 재물에 관한 범죄임이 분명한 이상 이를 위 컴퓨터등사용사기죄로 처벌할 수는 없다고 할 것이고, 입법자의 의도가 이와 달리 이를 위 죄로 처벌하고자 하는 데 있었다거나 유사한 사례와 비교하여 처벌상의 불균형이 발생할 우려가 있다는 이유만으로 그와 달리 볼 수는 없다.

〈해 설〉

재물을 명시적으로 규정하고 있지 않는 현행 규정의 해석상 타인의 신용카드 등을 사용하여 현금자동지급기로부터 현금을 인출하거나 현금서비스를 받는 행위를 본죄로 처벌하기는 곤란하다. 물론 입법자가 2001.12.29. 형법개정을 통하여 타인의 신용카드를 이용하여 현금자동지급기에서 현금을 인출하거나 현금서비스를 받는 경우를 이 조항으로 처벌하려고 하였다. 그러나 논란의 핵심이 된 행위의 객체(재산상의 이익만을 규정하고 재물을 포함하지 않다는 점)는 수정하지 않고 행위태양('권한없이 타인의 진정한 정보를 입력·변경'하는 경우)을 추가하는데 그쳐, 결국 입법자의 의도가 법문언에 제대로 반영되지 못하였다. 형법은 재산범죄의 객체가 재물인지 재산상의 이익인지에 따라 이를 재물죄와 이득죄로 명시하여 규정하고 있고, 컴퓨터등사용사기죄의 객체는 재산상 이익으로 규정되어 있는 한 타인의 신용카드 등을 이용하여 현금자동지급기에서 현금을 인출하는 행위는 절도죄로 처벌할 수밖에 없다고 본다.

다만 타인의 신용카드 등을 이용하여 현금자동지급기에서 현금을 인출하는 행위는 단순한 현금절도보다는 불법성이 클 뿐만 아니라 컴퓨터사용사기죄로서의 성격이 강하며, 컴퓨터를 부정조작하여 재물을 취득하는 경우를 컴퓨터사용사기죄에서 제외하여야 할 이유가 없다는 점에서 입법론적으로 재물을 본죄의 객체에 재물을 추가하는 방향으로의 개정이 이루어져야 한다고 본다.

3) 이와는 달리 타인이 현금인출을 의뢰하면서 건네준 현금카드를 이용하여 의뢰받은 금액보다 많은 현금을 인출한 뒤 의뢰받은 금액만 타인에게 전달하고 초과인출한 금액은 착복한 사건에서는 컴퓨터사용사기죄가 성립한다(☞ **[판례 Ⅳ-24]** 참조).

[판례 Ⅳ-24] 대법원 2006.3.24. 선고 2005도3516 판결【컴퓨터등사용사기, 절도】

〈공소사실〉

피고인은 2003. 2. 중순 일자불상 10:00경 ○○농업협동조합 ○○지점에서, 피씨방에 게임을 하러 온 피해자로부터 그 소유의 농협현금카드로 20,000원을 인출해 오라는 부탁과 함께 현금카드를 건네받게 되자 이를 기화로, ○○지점에 설치되어 있는 현금자동인출기에 위 현금카드를 넣고 권한 없이 인출금액을 50,000원으로 입력하여 그 금액을 인출한 후 그 중 20,000원만 피해자에게 건네주어 30,000원 상당의 재산상 이익을 취득하였다.

〈사건의 경과〉

검사는 피고인을 컴퓨터등사용사기죄로 기소하였고 제1심법원은 이에 대해, 형법은 재산범죄의 객체가 재물인지 재산상의 이익인지에 따라 이를 재물죄와 이득죄로 명시하여 규정하고 있는데 형법 제347조의2는 컴퓨터 등 사용사기죄의 객체를 재물이 아닌 재산상의 이익으로만 한정하여 규정하고 있으므로 타인의 신용카드로 현금자동지급기에서 현금을 인출하는 행위가 재물에 관한 범죄임이 분명한 이상 이를 위 컴퓨터 등 사용사기죄로 처벌할 수는 없다고 판단하여 무죄를 선고하였다. 그러자 검사는 항소하였고 2심에서 검사는 이 부분 공소사실을, 피고인은 위 일시경 위 장소에서 공소외 공소외인으로부터 그 소유의 농협현금카드로 20,000원을 인출하여 오라는 부탁과 함께 현금카드를 건네받게 된 것을 기화로, 위 지점에 설치되어 있는 피해자 충주농업협동조합이 관리하는 현금자동지급기에 위 현금카드를 넣고 인출금액을 50,000원으로 입력하여 이를 인출한 후 그 중 20,000원만을 공소외인에게 건네주는 방법으로 30,000원을 절취하였다는 것으로 공소장변경 허가신청을 하였고, 원심법원도 이를 허가하였다.

〈원심 판결요지〉

절도죄에 있어서 절취란 재물의 점유자의 의사에 반하여 그 점유자의 지배를 배제하고 자신의 지배로 옮겨놓는 행위를 의미한다. 그런데 현금카드를 절취한 때와 같이 현금카드 자체를 사용할 권한이 없는 경우와 달리 피고인이 예금명의인인 공소외인으로부터 그 현금카드를 사용할 권한을 일단 부여받은 이상 이를 기화로 그 위임 범위를 벗어나 추가로 금원을 인출하였다고 하더라도 현금자동지급기 관리자로서는 예금명의인의 계산으로 인출자에게 적법하게 현금을 지급할 수밖에 없다. 따라서 이러한 경우 현금자동지급기 관리자에게 예금명의인과 그로부터 현금 인출을 위임받은 자 사이의 내부적인 위임관계까지 관여하여 그 위임받은 범위를 초과하는 금액에 대하여는 그 인출행위를 승낙하지 않겠다는 의사까지 있다고 보기는 어렵다. 그러므로 위 현금인출 행위가 현금자동지급기 관리자의 의사에 반하여 그가 점유하고 있는 현금을 절취한 경우에 해당한다고 볼 수 없다.

〈대법원 판결요지〉

예금주인 현금카드 소유자로부터 일정한 금액의 현금을 인출해 오라는 부탁을 받으면서 이와 함께 현금카드를 건네받은 것을 기화로 그 위임을 받은 금액을 초과하여 현금을 인출하는 방법으로 그 차액 상당을 위법하게 이득할 의사로 현금자동지급기에 그 초과된 금액이 인출되도록 입력하여 그 초과된 금액의 현금을 인출한 경우에는 그 인출된 현금에 대한 점유를 취득함으로써 이 때에 그 인출한 현금 총액 중 인출을 위임받은 금액을 넘는 부분의 비율에 상당하는 재산상 이익을 취득한 것으로 볼 수 있으므로 이러한 행위는 그 차액 상당액에 관하여 형법 제347조의2(컴퓨터등사용사기)에 규정된 '컴퓨터등 정보처리장치에 권한 없이 정보를 입력하여 정보처리를 하게 함으로써 재산상의 이익을 취득'하는 행위로서 컴퓨터 등 사용사기죄에 해당된다고 할 것이다. 따라서 이 사건 피고인이 위 일시경 위 장소에서 공소외 공소외인으로부터 그 소유의 농협현금카드로 20,000원을 인출하여 오라는 부탁과 함께 현금카드를 건네받게 된 것을 기화로, 위 지점에 설치되어 있는 피해자 충주농업협동조합이 관리하는 현금자동지급기에 위 현금카드를 넣고 인출금액을 50,000원으로 입력하여 이를 인출한 것도 그 차액 상당에 관하여 우선 컴퓨터등사용사기죄에 해당된다고 보아야 한다.

〈해 설〉

이 사건에서 대법원은 현금자동인출기에서 인출한 50,000원 중 위임받은 20,000원을 제외한 30,000원을 취득한 부분을 컴퓨터등사용사기죄로 보았다. 그러나 타인명의의 신용카드를 부정사용하여 현금을 인출한 행위에 대한 기존의 판례(대법원 2003.5.13.선고 2003도 1178판결 참조)는 현금은 재물이지 재산상 이익이 아니고 컴퓨터등사용사기죄의 조문상 '재물'을 객체로 규정하고 있지 아니하므로 컴퓨터등사용사기죄는 될 수 없다고 판시해 왔다. 그렇다면 판례의 입장이 바뀐 것인가?

이 사건에서 피고인은 타인의 신용카드를 절취해 이용하는 것처럼 이용권한이 전혀 없는 것이 아니라, 카드소지인으로부터 현금을 인출할 권한을 부여받았는데 그 위임의 범위를 초과하여 50,000원을 인출하고 차액인 30,000원을 취득하였다. 만약 위임의 범위를 초과한 30,000원을 '재물'로 보면 기존의 입장에 따라 절도죄가 성립한다고 해야 할 것이다. 그러나 원심이 잘 지적하고 있듯이 이 사건에서 피고인은 카드소지인으로부터 위임을 받은 정당한 소지인이기 때문에 위임의 범위를 초과하였더라도 일단 카드소지인이 위임을 받은 이상 위임범위를 초과하여 현금을 인출하더라도 이는 현금지급기 관리자의 의사에 반하는 것으로 보기 곤란하고 따라서 위임의 범위를 초과하여 현금을 인출하였다고 하여 절도죄로 처벌하기 곤란하다.

그러면 컴퓨터사용사기죄로 처벌할 수 있는가? 본죄가 성립하기 위해서는 '컴퓨터 등 정보처리장치에 허위의 정보 또는 부정한 명령을 입력하거나 권한 없이 정보를 입력·변경하여 정보처리를 하게 함으로써 재산상의 이익을 취득'해야 하는데, 위임범위를 초과한 현금인출행위가 '허위의 정보 또는 부정한 명령을 입력하거나 권한 없이 정보를 입력·변경'하는 경우에 해당하여야 한다. 다소 논란의 여지가 있지만 위임의 범위를 초과하는 부분(30,000원)에 대해서는 권한이 없다고 볼 수 있을 것이다.

그리고 초과인출한 현금이 재산상의 이익에 해당하는가가 문제된다. 대법원은 특별한 설명없이 '그 인출한 현금 총액 중 인출을 위임받은 금액을 넘는 부분의 비율에 상당하는 재산상 이익을 취득한 것으로 볼 수 있다'고 판시하고 있으나, 이 점은 대법원이 그동안 "형법 제347조의2에서 규정하는 컴퓨터 등 사용사기죄의 객체는 재물이 아닌 재산상의 이익에 한정되어 있으므로, 타인의 명의를 모용하여 발급받은 신용카드로 현금자동지급기에서 현금을 인출하는 행위를 이 법조항을 적용하여 처벌할 수는 없다"고 판시해 온 것과 배치된다고 하겠다(대법원 2002.7.12. 선고 2002도2134 판결 참조).

이 사건에서 피고인의 죄책은 절도죄나 컴퓨터등사용사기죄에서 찾을 것이 아니라 횡령죄에서 찾는 것이 바람직하다. 판례는 금전의 수수를 수반하는 사무처리를 위임받은 자가 그 행위에 기하여 위임자를 위하여 제3자로부터 수령한 금전은 달리 특별한 사정이 없는 한 그 수령과 동시에 위임자의 소유에 속하고 위임을 받은 자는 이를 위임자를 위하여 보관하는 관계에 있다는 입장을 취하고 있고(대법원 2009.6.11. 선고 2009도2461 판결; 2004.3.12. 선고 2004도134 판결 등), 피해자로부터 물건의 매각처분을 위임받고 그 물건을 타인에 대금 600만원에 매도하였음에도 불구하고 피해자에게 300만원에 처분하였다고 거짓말을 하고 피해자에게 300만원만을 교부하고 나머지 300만원은 교부하지 아니한 경우(대법원 1980.12.9. 선고 80도1177 판결), 피해자로부터 예금 200만원을 인출하여 올 것을 의뢰받고 예금통장과 인장을 교부받아 은행으로 가서 예금액 중 금 700만원을 인출한 다음 이를 소비한 경우(대법원 1996.2.9. 선고 95도2753 판결)에는 횡령죄가 성립한다고 보고 있다. 이 사안에서 피고인은 피해자로부터 금전의 수수를 수반하는 사무처리를 위임받았는바 특별한 사정이 없는 한 피고인이 현금자동인출기에서 인출한 금전은 모두 피해자의 소유에 속하고, 피고인이 그 전부 또는 일부를 무단으로 영득한 경우에는 횡령죄가 성립한다고 보는 것이 타당하다.

(4) 죄수 및 타죄와의 관계

1) 장물인 현금 또는 수표를 금융기관에 예금의 형태로 보관하였다가 이를 반환받기 위하여 동일한 액수의 현금 또는 수표를 인출한 경우에 예금계약의 성질상 그 인출된 현금 또는 수표는 당초의 현금 또는 수표와 물리적인 동일성은 상실되었지만 액수에 의하여 표시되는 금전적 가치에는 아무런 변동이 없으므로, 장물로서의 성질은 그대로 유지된다.

2) 그러나 컴퓨터등사용사기죄의 범행으로 예금채권을 취득한 다음 자기의 현금카드를 사용하여 현금자동지급기에서 현금을 인출하는 것은 현금카드 사용권한 있는 자의 정당한 사용에 의한 것으로서 현금자동지급기 관리자의 의사에 반하거나 기망행위 및 그에 따른 처분행위도 없으므로, 컴퓨터등

사용사기죄 이외에 별도로 절도죄나 사기죄의 구성요건에 해당하지 않고, 그 결과 그 인출된 현금은 재산범죄에 의하여 취득한 '재물'이 아니므로 이에 대해서는 장물죄가 성립할 수도 없다. 예컨대 甲이 권한 없이 인터넷뱅킹으로 타인의 예금계좌에서 자신의 예금계좌로 돈을 이체한 후 그 중 일부를 인출하여 그 정을 아는 乙에게 교부한 경우, 예금의 인출은 절도죄나 사기죄를 구성하지 아니하고 나아가 甲이 취득한 것은 재물이 아니라 재산상 이익(예금채권)으로서 그가 자신의 예금계좌에서 돈을 인출하였더라도 이는 장물이 아니므로 乙이 그 정을 알고 취득하였다고 하여 장물취득죄로 처벌할 수는 없다(대법원 2004.4.16. 선고 2004도353 판결).

3. 준사기죄(제348조)

1) 미성년자의 지려천박 또는 사람의 심신장애를 이용하여 재물의 교부를 받거나 재산상의 이익을 취득하거나 제3자로 하여금 취득하게 함으로써 성립하는 범죄로 10년 이하의 징역 또는 2천만원 이하의 벌금에 처하고, 10년 이하의 자격정지를 병과할 수 있다(제353조). 본죄의 미수범은 처벌한다(제352조).

2) 본죄의 객체인 미성년자는 미성년자 중 지려천박한 자에 한정된다. 그리고 심신장애자라고 하더라도 그 정도가 심하여 처분의사 자체를 인정할 수 없는 경우에는 본죄가 아니라 절도죄가 성립한다.

4. 편의시설부정이용죄(제348조의2)

1) 부정한 방법으로 대가를 지급하지 아니하고 자동판매기, 공중전화기 기타 유료자동설비를 이용하여 재물 또는 재산상의 이익을 취득함으로서 성립하는 범죄로 3년 이하의 징역, 5백만원 이하의 벌금, 구류 또는 과료에 처하고, 10년 이하의 자격정지를 병과할 수 있다(제353조). 본죄의 미수범은 처벌된다(제352조).

2) 본죄의 객체는 자동판매기, 공중전화기 기타 유료자동설비로서 기타 유료자동설비의 예로는 자동놀이기구, 오락실게임기, 무인화·자동화된 대중교통시설 등을 들 수 있는데, 현금자동지급기는 유료설비가 아니다. '부정한 방법으로 대가를 지급하지 아니한다'는 것은 예를 들어 자동판매기에 위조지폐나 가짜동전을 투입하거나 공중전화기 기타 유료자동설비에 위조한 선불카드를 투입하거나 잔고를 허위로 증액한 전화카드나 정액승차권을 투입하여 물건이나 서비스를 받는 경우를 말한다.

3) 타인의 일반전화기를 무단으로 사용한 경우 일반전화기는 유료자동설비에 해당하지 않으므로 편의시설부정이용죄가 성립하지 않고, 사람을 기망한 경우가 아니므로 사기죄도 성립하지 않으며, 재물을 절취한 경우가 아니므로 절도죄도 성립하지 않는다(대법원 1998.6.23. 선고 98도700 판결).

4) 타인의 전화카드(한국통신의 후불식 통신카드)를 절취하여 전화통화에 이용한 경우에는 통신카드서비스 이용계약을 한 피해자가 그 통신요금을 납부할 책임을 부담하게 되므로, 이러한 경우에는 피고

인이 '대가를 지급하지 아니하고' 공중전화를 이용한 경우에 해당한다고 볼 수 없어 편의시설부정이용의 죄를 구성하지 않는다(대법원 2001.9.25. 선고 2001도3625 판결). 다만 사용자에 관한 각종 정보가 전자기록되어 있는 자기띠가 카드번호와 카드발행자 등이 문자로 인쇄된 플라스틱 카드에 부착되어 있는 전화카드의 경우 그 자기띠 부분은 카드의 나머지 부분과 불가분적으로 결합되어 전체가 하나의 문서를 구성하므로, 전화카드를 공중전화기에 넣어 사용하는 경우 비록 전화기가 전화카드로부터 판독할 수 있는 부분은 자기띠 부분에 수록된 전자기록에 한정된다고 할지라도, 전화카드 전체가 하나의 문서로서 사용된 것으로 보아야 하고 그 자기띠 부분만 사용된 것으로 볼 수는 없으므로 절취한 전화카드를 공중전화기에 넣어 사용한 것은 권리의무에 관한 타인의 사문서를 부정행사한 경우에 해당한다(대법원 2002.6.25. 선고 2002도461 판결).

5. 부당이득죄 (제349조)

1) 사람의 궁박한 상태를 이용하여 현저하게 부당한 이익을 취득하거나 제3자로 하여금 취득하게 함으로써 성립하는 범죄로 3년 이하의 징역 또는 1천만원 이하의 벌금에 처하고, 10년 이하의 자격정지를 병과할 수 있다(제353조).

2) '궁박한 상태'란 자금난, 파산·부도위기 등의 경제적 곤궁상태 이외에 생명·건강 등에 대한 육체적 곤궁상태, 지위·신용·명예 등에 대한 정신적 곤궁상태 그리고 취업, 해고 등의 사회적 곤궁상태를 포함한다. '이용한다'고 함은 상대방의 궁박한 상태를 부당한 이익을 취득하기 위한 기회로 활용하는 것을 말한다. 궁박한 상태를 이용하여 현저하게 부당한 이익을 취득하였는지 여부는 사회통념 또는 건전한 상식에 따라 거래당사자의 신분과 상호 간의 관계, 피해자가 처한 상황의 절박성의 정도, 계약의 체결을 둘러싼 협상과정 및 피해자의 이익, 피해자가 그 거래를 통해 추구하고자 한 목적을 달성하기 위한 적절한 대안의 존재여부 등 제반상황을 종합하여 판단한다(헌법재판소 2006.7.27. 선고 2005헌바19 결정).

3) 현저하게 부당한 이득을 취득하였는가의 여부는 구체적·개별적 사안에 있어서 일반인의 사회통념에 의해 결정할 수밖에 없는데, 이른바 '알박기'가 대표적인 사례이다(☞ **[판례 Ⅳ-25]** 참조).

[판례 Ⅳ-25] 대법원 2009.1.15. 선고 2008도8577 판결【부당이득】

〈사실관계〉

피고인들은 1991.4. 무렵 이 사건 부동산을 매수하여 5년간 거주하다가 인근으로 이사한 이후에도 계속하여 이를 소유·관리하여 왔는데, 피해자 회사는 2005.1.경 이 사건 부동산을 포함하는 이 사건 사업부지에서 아파트 건축사업을 추진하기 시작하였고, 피해자 회사는 이 사건 부동산을 비롯하여 몇 건의 부동산에 대한 계약을 체결하지 못하여 주택건설 사업계획승인신청이 지연되고 이로 인하여 월 6억원 정도의 금융비용이 발생하게 되었으며, 피고인들은 이 사건 부동산을 매도하라는 피해자 회사의 제안을 계속하여 거부하다가 인근의 다른 토지들에 비하여 40배가 넘는 가격으로 피해자 회사에 이 사건 부동산을 매도하였다.

〈원심 판결요지〉

피고인들이 이 사건 대지를 피해자 회사에게 현저하게 부당한 가격으로 매도하였고, 이 사건 주택건축사업의 지연으로 피해자 회사에게 거액의 금융비용이 발생하여 어려움을 겪게 될 것은 쉽게 예측할 수 있었으며, 피고인들과 피해자 회사 사이의 매매교섭 당시 이 사건 주택건축사업이 상당 부분 진척되어 피해자 회사로서는 피고인의 요구에 따른 매매계약을 체결할 수밖에 없었던 사정 등을 고려해 볼 때 피고인들에 대하여 부당이득죄가 성립한다고 보아야 할 것이다.

〈대법원 판결요지〉

개발사업 등이 추진되는 사업부지 중 일부의 매매와 관련된 이른바 '알박기' 사건에서 부당이득죄의 성립 여부가 문제되는 경우, 그 범죄의 성립을 인정하기 위해서는 피고인이 피해자의 개발사업 등이 추진되는 상황을 미리 알고 그 사업부지 내의 부동산을 매수한 경우이거나 피해자에게 협조할 듯한 태도를 보여 사업을 추진하도록 한 후에 협조를 거부하는 경우 등과 같이, 피해자가 궁박한 상태에 빠지게 된 데에 피고인이 적극적으로 원인을 제공하였거나 상당한 책임을 부담하는 정도에 이르러야 하고 이러한 정도에 이르지 않은 상태에서 단지 개발사업 등이 추진되기 오래 전부터 사업부지 내의 부동산을 소유하여 온 피고인이 이를 매도하라는 피해자의 제안을 거부하다가 수용하는 과정에서 큰 이득을 취하였다는 사정만으로 함부로 부당이득죄의 성립을 인정해서는 안 된다. 앞서 본 법리와 기록에 비추어 살펴보면, 피고인들은 이 사건 주택건축사업이 추진되기 오래 전부터 이 사건 부동산을 소유하여 오다가 이 사건 부동산을 매도하라는 피해자 회사의 제안을 거부하다가 수용하는 과정에서 큰 이득을 취하였을 뿐, 달리 피해자가 궁박한 상태에 빠지게 된 데에 피고인이 적극적으로 원인을 제공하였다거나 상당한 책임을 부담하는 정도에 이르렀다고 볼 증거가 없으므로, 피고인들에 대하여 부당이득죄가 성립한다고 인정하기 어렵다.

〈참조판례〉

○ 대법원 2007.12.28. 선고 2007도6441 판결【부당이득】

토지매수인인 건설회사가 아파트 건설사업의 순조로운 진행과 막대한 은행융자금 이자의 부담을 피하기 위해 토지소유권을 시급히 확보해야 하는 처지여서 목적 토지에 관하여 명의자인 문중원들과 문중 사이의 소유권 분쟁에 관한 민사소송의 종료시까지 기다릴 여유가 없는 사정을 이용하여, 문중 대표자이자 목적 토지의 공유지분권자인 사람이 자기 지분에 대해 문중 명의 매매계약과 따로 별도의 매매계약을 체결하고 나머지 지분권자들의 3배 이상의 매매대금을 수령한 것은 건설회사의 궁박을 이용하여 현저하게 부당한 이득을 취한 것으로서 부당이득죄가 성립한다.

○ 대법원 2008.5.29. 선고 2008도2612 판결【부당이득】

甲건설회사의 공동주택신축사업 계획을 미리 알고 있던 乙이 사업부지 내의 토지소유자 丙을 회유하여 甲과 맺은 토지매매약정을 깨고 자신에게 이를 매도 및 이전등기하게 한 다음 이를 甲에게 재매도하면서 2배 이상의 매매대금과 양도소득세를 부담시킨 경우, 위 토지가 전체 사업부지 내에서 갖는 중요성, 乙의 자력, 甲의 사업진행정도 등을 고려할 때 부당이득죄가 성립한다.

6. 상습사기죄(제351조)

1) 상습으로 사기죄(제347조), 컴퓨터사용사기죄(제347조의2), 준사기죄(제348조), 편의시설부정이용죄(제349조), 부당이득죄(제350조)를 범한 경우에는 그 죄에 정한 형태의 1/2까지 가중한다.

2) 상습으로 사기죄(제347조)를 범한 자가 그 범죄행위로 취득한 재물 또는 재산상 이익의 가액(이득액)이 5억원 이상 50억원 미만인 경우에는 3년 이상의 유기징역에 처하고, 50억원 이상인 경우에는 무기 또는 5년 이상의 유기징역에 처한다. 이 경우 이득액에 상당하는 벌금을 병과할 수 있다(특경법 제

3조 제1항, 제2항). 다만 여기서 말하는 이득액은 단순일죄의 이득액이나 또는 포괄일죄가 되는 경우 합산한 이득액을 의미하고, 경합범으로 처벌될 수죄에 있어서는 그 전체의 이득액이 5억원 이상이라고 하더라도 개개의 사기죄에 의해 취득한 이득액이 5억원을 넘지 않는 한 특경법이 적용되지 않는다(대법원 1989.6.13. 선고 89도582 판결).

7. 친족간의 특례

1) 사기죄(제347조), 컴퓨터등사용사기죄(제347조의2), 준사기죄(제348조), 편의시설부정이용죄(제348조의2), 부당이득죄(제349조), 상습사기죄(제351조) 및 그 미수범(제352조)에 대해서도 친족간의 특례가 적용된다(제354조, 제328조).

배우자 사이의 사기죄는 형을 면제하도록 되어 있으나, 사기죄를 범하는 자가 금원을 편취하기 위한 수단으로 피해자와 혼인신고를 한 것이어서 그 혼인이 무효인 경우라면 그러한 피해자에 대한 사기죄에서는 친족상도례를 적용할 수 없다고(대법원 2015.12.10. 선고 2014도11533 판결).

2) 사기죄에서는 보호법익(재물 또는 재산상 이익)의 주체뿐만 아니라 기망행위의 객체도 피해자가 되고 친족상도례가 적용되기 위해서는 보호법익의 주체뿐만 아니라 기망행위의 객체인 사람과도 친족관계가 존재해야 하므로, 예컨대 타인의 예금통장과 인장으로 은행원을 기망하여 그 타인의 예금을 인출한 경우에는 타인과 친족관계가 존재하는 경우에도 친족상도례가 적용되지 않는다(대법원 1972.11.14. 선고 72도1946 판결).

○ **대법원 1972.11.14. 선고 72도1946 판결【사기 등】**

피고인이 예금주로부터 정기예금의 이자를 찾아달라는 부탁을 받고 그로부터 예금증서와 인감도장을 교부받아 그 예금을 편취할 목적으로 은행직원에게 예금주를 가장하여 그 예금을 해약하겠으니 예금한 돈을 달라고 거짓말을 하여 그로부터 이자를 공제한 나머지를 예금주 명의로 인출 교부받은 행위는 사기죄에 해당하고, 예금주의 정기예금 소유권은 소비기탁으로 은행에 귀속되므로 은행에서 피고인에게 내 준 돈이 예금주 소유의 돈이라고 볼 수 없고, 은행은 피고인이 정기예금 증서와 그 인감도장을 소지하고 있었기 때문에 혹 채권의 준점유자에 대한 변제로서 민사상 보호를 받고 그 예금주로부터의 책임추궁을 면하는 경우가 있다고 하더라도 형사상 그 사기 피해자는 은행이지 예금주라 할 수 없으므로 위 죄에 대해서는 친족상도례가 적용되지 않는다.

그리고 친족 소유 예금통장을 절취한 자가 그 친족이 거래하는 금융기관에 설치된 현금자동지급기에 예금통장을 넣고 조작하는 방법으로 친척 명의 계좌의 예금 잔고를 자신이 거래하는 다른 금융기관에 개설된 자기 계좌로 이체한 경우 그 범행으로 인한 피해자는 친족이 거래하는 금융기관이라고 할 것이므로, 거래 약관의 면책 조항이나 채권의 준점유자에 대한 법리 적용 등에 의하여 위와 같은 범행으로 인한 최종적인 피해는 친족에게 전가될 수 있다고 하더라도 이와 같은 경우에는 친족상도례가 적용되지 않는다(☞ **[판례 Ⅳ-26]** 참조).

[판례 Ⅳ-26] 대법원 2007.3.15. 선고 2006도2704 판결【컴퓨터등사용사기】

〈공소사실〉

피고인은 2003.6.13. 여신전문금융업법위반 등으로 징역 6월에 집행유예 2년을 선고받고, 2004.7.22. 특수절도로 징역 8월을 선고받아 같은 해 10.26. 그 판결이 확정됨으로써 위 집행유예의 선고가 실효되어 2005.5.22. 그 집행을 종료한 자인 바, 2005.8.23. 22:30경 친할아버지인 공소외 1의 집에서 몰래 가지고 나온 공소외 1 명의의 농협통장 1장을 ○○농협 365코너에 설치된 현금인출기에 집어넣고 권한없이 위 통장 뒷면에 기재된 비밀번호를 입력하고 피해자 위 농협 소유의 570,000원을 피고인 명의의 은행계좌로 이체하는 내용의 정보를 입력한 후 위 금원을 이체받아 동액 상당의 재산상 이익을 취득하였다.

〈판결요지〉

친척 소유 예금통장을 절취한 자가 그 친척 거래 금융기관에 설치된 현금자동지급기에 예금통장을 넣고 조작하는 방법으로 친척 명의 계좌의 예금 잔고를 자신이 거래하는 다른 금융기관에 개설된 자기 계좌로 이체한 경우, 그 범행으로 인한 피해자는 이체된 예금 상당액의 채무를 이중으로 지급해야 할 위험에 처하게 되는 그 친척 거래 금융기관이라 할 것이고, 거래 약관의 면책 조항이나 채권의 준점유자에 대한 법리 적용 등에 의하여 위와 같은 범행으로 인한 피해가 최종적으로는 예금 명의인인 친척에게 전가될 수 있다고 하여, 자금이체 거래의 직접적인 당사자이자 이중지급 위험의 원칙적인 부담자인 거래 금융기관을 위와 같은 컴퓨터 등 사용사기 범행의 피해자에 해당하지 않는다고 볼 수는 없으므로, 위와 같은 경우에는 친족 사이의 범행을 전제로 하는 친족상도례를 적용할 수 없다.

〈참조판례〉

○ 대법원 2014.9.26. 선고 2014도8076 판결【사기미수, 사문서위조, 위조사문서행사】

사기죄의 보호법익은 재산권이라고 할 것이므로 사기죄에 있어서는 재산상의 권리를 가지는 자가 아니면 피해자가 될 수 없다. 그러므로 법원을 기망하여 제3자로부터 재물을 편취한 경우에 피기망자인 법원은 피해자가 될 수 없고 재물을 편취당한 제3자가 피해자라고 할 것이므로 피해자인 제3자와 사기죄를 범한 자가 직계혈족의 관계에 있을 때에는 그 범인에 대하여는 형법 제354조에 의하여 준용되는 형법 제328조 제1항에 의하여 그 형을 면제하여야 한다.

〈해 설〉

이 사건에서 원심(광주지법 2006.4.5. 선고 2006노347 판결)은 피해자 공소외인에 대한 컴퓨터등사용사기의 점은 형법 제347조의 2에 해당하는 범죄인데 위 피해자 공소외인이 피고인의 친할아버지인 사실이 인정되므로 이 점에 대하여는 형법 제354조, 제328조 제1항에 의하여 그 형을 면제하여야 한다고 보았다. 이에 대해 대법원은 설사 거래 약관의 면책 조항이나 채권의 준점유자에 대한 법리 적용 등에 의하여 컴퓨터사용사기의 범행으로 인한 피해가 최종적으로는 예금 명의인인 친척에게 전가될 수 있다고 하더라도 피고인의 범행으로 인한 피해자는 이체된 예금 상당액의 채무를 이중으로 지급해야 할 위험에 처하게 되는 그 친척 거래 금융기관이라고 보고 있다.

앞의 대법원 1972.11.14. 선고 72도1946 판결에서 볼 수 있듯이 은행원을 직접 기망하여 재물 또는 재산상 이익을 취득하는 사기죄 경우, 은행은 범죄의 객체임과 동시에 본인확인을 다하지 못한 과실로 손해배상책임을 진다는 점에서(예금거래기본약관 제16조) 사기죄의 피해자가 된다는데 별다른 의문이 없다. 그러나 아래에서 보는 바와 같이 전자금융거래의 경우 제3자가 권한 없이 자신의 접근매체를 이용하여 전자금융거래를 할 수 있음을 알았거나 알 수 있었음에도 불구하고 자신의 접근매체를 누설 또는 노출하거나 방치한 경우 은행은 손실부담의 의무를 지지 않고 면책되므로 은행이 피해자라고 하기 곤란하다. 나아가 친족상도례가 친족간의 정의(情誼)를 고려하여 국가형벌권의 개입을 자제하기 위해 마련된 제도인 만큼 은행이 실질적인 피해자가 되지 않는 이와 같은 사례에서는 친족상도례의 적용을 인정함이 타당하다고 본다.

○ **예금거래기본약관**[공정거래위원회표준약관 제10012호, 2003.1.29, 일부개정] 제16조(면책) 은행은 예금지급청구서, 증권 또는 신고서 등에 찍힌 인영(또는 서명)을 신고한 인감(또는 서명감)과 육안으로 주의 깊게 비교·대조하여 틀림없다고 여기고, 예금지급청구서 등에 적힌 비밀번호나 PIN-Pad기를 이용하여 입력된 비밀번호가 신고 또는 등록한 것과 같아서 예금을 지급하였거나 기타 거래처가 요구하는 업무를 처리하였을 때에는 인감이나 서명의 위조·변조 또는 도용이나 그 밖의 다른 사고로 인하여 거래처에 손해가 생겨도 그 책임을 지지 않는다. 다만, 은행이 거래처의 인감이나 서명의 위조·변조 또는 도용 사실을 알았거나 알 수 있었을 때는 그러하지 아니하다.

○ **전자금융거래기본약관**[공정거래위원회표준약관 제10028호, 2012.9.20, 개정] 제23조(손실부담 및 면책) ② 은행은 접근매체의 위조나 변조로 발생한 사고계약체결 또는 거래지시의 전자적 전송이나 처리과정에서 발생한 사고로 인하여 이용자에게 손해가 발생한 경우에는 그 손해를 배상할 책임을 진다.

③ 제2항의 규정에도 불구하고 은행은 다음 각 호의 어느 하나에 해당하는 경우에는 그 책임의 전부 또는 일부를 거래처가 부담하게 할 수 있다.

3. 제3자가 권한 없이 거래처의 접근매체를 이용하여 전자금융거래를 할 수 있음을 알았거나 알 수 있었음에도 불구하고 거래처가 자신의 접근매체를 누설 또는 노출하거나 방치한 경우

4. 법인(「중소기업기본법」 제2조 제2항에 의한 소기업을 제외한다)인 거래처에게 손해가 발생한 경우로 은행이 사고를 방지하기 위하여 보안절차를 수립하고 이를 철저히 준수하는 등 합리적으로 요구되는 충분한 주의의무를 다한 경우

8. 신용카드범죄

(1) 자기명의 신용카드에 관한 범죄

1) 카드회원이 일시적인 자금궁색 등의 이유로 그 채무를 일시적으로 이행하지 못하게 되는 상황이 아니라 이미 과다한 부채의 누적 등으로 신용카드의 사용으로 인한 대출금채무를 변제할 의사나 능력이 없는 상황에 처하였음에도 불구하고 신용카드를 사용하였다면 사기죄에 있어서 기망행위 내지 편취의 범의를 인정할 수 있다.

2) 신용카드사용으로 인한 대금결제의 의사와 능력이 없으면서도 수차례에 걸쳐 자동인출기를 통한 현금대출도 받고 가맹점을 통한 물품구입대금대출도 받아 이를 변제하지 않음으로써 카드발급회사로 하여금 같은 액수 상당의 피해를 입게 한 경우, 자동인출기에 의한 인출행위이든 가맹점을 통한 물품구입행위이든 불문하고 모두가 피해자인 카드회사의 기망당한 의사표시에 따른 카드발급에 터잡아 이루어진 것으로서 사기의 포괄일죄를 구성한다(☞ **[판례 Ⅳ-27]** 참조).

[판례 Ⅳ-27] 대법원 2005.8.19. 선고 2004도6859 판결【사기】

〈사실관계〉

피고인은 2000.8.초순경 신용카드를 발급받아 사용하더라도 그 대금을 변제할 의사나 능력이 없음에도 불구하고, 피해자 주식회사 삼성카드 직원인 공소외 성명불상자에게 마치 신용카드대금을 제대로 납부할 것처럼 가장하면서 삼성카드 발급 신청을 하여 이에 속은 위 회사로부터 같은 달 11.경 삼성카드 1매를 발급받은 것을 기화로, 같은 해 11.16.경 바다소리 식당에서

40,000원 상당의 음식을 주문하여 먹고 그 대금을 위 신용카드로 결제한 것을 비롯하여 그 무렵부터 2002.12.26.경까지 사이에 모두 109회에 걸쳐 합계 79,303,700원 상당의 물품을 구입하거나 현금서비스를 받는 데 위 신용카드를 사용하고도 위 금액 중 53,510,909원만을 변제하고 나머지 25,792,791원을 변제하지 아니하여 동액 상당 재산상의 이익을 취득하였다.

〈원심 판결요지〉

피고인이 2000.8.초순경 피해자 회사의 직원을 기망하여 피해자 회사로부터 신용카드를 발급받음으로써 신용을 공여받았다고 보기 어렵고, 나아가 피고인이 이 사건 신용카드 대금을 연체하기 시작한 2001.12.경 별다른 재산이 없어 이를 결제할 능력이 없었다 하더라도, 피해자 회사는 피고인에게 신용카드를 발급할 당시(이 사건의 경우 최초 카드 발급 시기인 1993년경 내지 적어도 갱신카드를 발급하여 준 1998년경) 일정한 한도의 신용을 공여하였다고 할 것인바, 피고인이 신용카드를 가맹점에 제시하는 행위 그 자체는 표시중립적 행위로서 위와 같은 신용공여의 범위 내에서 자기 명의의 신용카드를 사용한 것에 불과하고, 가맹점에 대한 관계에서도 가맹점측은 신용카드의 소지인과 명의인이 동일성을 갖는 한 그 지급능력의 유무에 대하여는 아무런 이해관계를 갖고 있지 않으므로, 피고인이 대금 결제능력 없이 신용카드를 사용하였다 하더라도 기망행위가 있었다고 볼 수 없으며, 달리 피고인에게 편취의 범의를 인정할 증거가 없다.

〈대법원 판결요지〉

신용카드의 거래는 신용카드업자로부터 카드를 발급받은 사람이 신용카드를 사용하여 가맹점으로부터 물품을 구입하면 신용카드업자는 그 카드를 소지하여 사용한 사람이 신용카드업자로부터 신용카드를 발급받은 정당한 카드회원인 한 그 물품구입대금을 가맹점에 결제하는 한편, 카드회원에 대하여 물품구입대금을 대출해 준 금전채권을 가지는 것이고, 또 카드회원이 현금자동지급기를 통해서 현금서비스를 받아 가면 현금대출관계가 성립되어 신용카드업자는 카드회원에게 대출금채권을 가지는 것이므로, 궁극적으로는 카드회원이 신용카드업자에게 신용카드 거래에서 발생한 대출금채무를 변제할 의무를 부담하게 된다. 그렇다면 이와 같이 신용카드사용으로 인한 신용카드업자의 금전채권을 발생케 하는 행위는 카드회원이 신용카드업자에 대하여 대금을 성실히 변제할 것을 전제로 하는 것이므로, 카드회원이 일시적인 자금궁색 등의 이유로 그 채무를 일시적으로 이행하지 못하게 되는 상황이 아니라 이미 과다한 부채의 누적 등으로 신용카드 사용으로 인한 대출금채무를 변제할 의사나 능력이 없는 상황에 처하였음에도 불구하고 신용카드를 사용하였다면 사기죄에 있어서 기망행위 내지 편취의 범의를 인정할 수 있다.

이 사건에 있어서도 피고인이 신용카드 사용으로 인한 대금을 신용카드업자에 결제할 의사나 능력이 없으면서도 신용카드를 사용하여 가맹점으로부터 물품을 구입하고 현금서비스를 받았다면 피고인은 신용카드업자가 가맹점을 통하여 송부된 카드회원 서명의 매출전표를 받은 후 카드회원인 피고인이 대금을 결제할 것으로 오신하여 가맹점에 물품구입대금을 결제하여 줌으로써 신용카드업자로부터 물품구입대금을 대출받고, 현금자동지급기를 통한 현금대출도 받아 신용카드업자로 하여금 같은 액수 상당의 피해를 입게 한 것이고, 이러한 카드사용으로 인한 일련의 편취행위는 그것이 가맹점을 통한 물품구입행위이든, 현금자동지급기에 의한 인출행위이든 불문하고 모두가 피해자인 신용카드업자의 기망당한 금전대출에 터잡아 포괄적으로 이루어지는 사기의 포괄일죄를 구성한다.

3) 신용카드대금을 지불할 의사나 능력이 없이 발급받은 자기명의의 신용카드는 분실하거나 도난당한 신용카드(여신전문금융업법 제70조 제1항 제3호) 또는 강취·횡령하거나 사람을 기망하거나 공갈하여 취득한 신용카드(같은 조항 제4호)에 해당하지 않으므로, 이를 사용하였다고 하더라도 신용카드부정사용죄는 성립하지 않는다.

(2) 타인명의를 모용하여 신용카드를 발급받아 사용하는 경우

1) 대금결제의 의사와 능력이 없으면서도 있는 것 같이 신용카드회사를 기망하여 자기명의의 신용카드를 발급받아 사용한 경우와는 달리 타인명의를 모용하여 타인명의의 신용카드를 발급받아 부정사용하는 경우에는 부정사용의 유형에 따라 절도죄, 사기죄 또는 컴퓨터사용사기죄가 성립한다(☞ **[판례 Ⅳ-28]** 참조).

[판례 Ⅳ-28] 대법원 2006.7.27. 선고 2006도3126 판결【사기, 컴퓨터등사용사기, 절도 등】

〈사실관계〉

피고인은 1997.5.21. 처와 협의이혼한 자로서, 사실은 처로부터 신용카드발급에 대한 동의나 승낙을 받은 적도 없고, 피고인의 채무가 약 5,000만원 정도 되었으며, 당시 피고인이 운영하던 업체에서는 매달 약 100만원의 적자가 발생하고 있는 상황이므로 신용카드를 사용하더라도 이를 변제할 의사나 능력이 없음에도 불구하고, 피해자 외환신용카드 주식회사로부터 처명의를 모용하여 신용카드를 발급받아 소지하게 됨을 기화로 2000.8.29.경 처명의의 외환카드를 이용하여 ARS로 200만원의 현금대출을 받고는 1,500,002원을 변제하지 않은 것을 비롯하여 그때부터 2001.3.13.경까지 사이에 위 카드를 이용하여 3회에 걸쳐 카드로 대출을 받고 그 중 일부 금원을 변제하지 아니하고, 7회에 걸쳐 현금자동지급기에서 현금을 인출하고 이를 변제하지 아니하여 재산상 이익을 취득하였다.

〈판결요지〉

피고인이 타인의 명의를 모용하여 신용카드를 발급받은 경우, 비록 카드회사가 피고인으로부터 기망을 당한 나머지 피고인에게 피모용자 명의로 발급된 신용카드를 교부하고, 사실상 피고인이 지정한 비밀번호를 입력하여 현금자동지급기에 의한 현금대출(현금서비스)을 받을 수 있도록 하였다 할지라도, 카드회사의 내심의 의사는 물론 표시된 의사도 어디까지나 카드명의인인 피모용자에게 이를 허용하는 데 있을 뿐, 피고인에게 이를 허용한 것은 아니라는 점에서, 피고인이 타인의 명의를 모용하여 발급받은 신용카드를 사용하여 현금자동지급기에서 현금대출을 받는 행위는 카드회사에 의하여 미리 포괄적으로 허용된 행위가 아니라, 현금자동지급기의 관리자의 의사에 반하여 그의 지배를 배제한 채 그 현금을 자기의 지배 하에 옮겨 놓는 행위로서 절도죄에 해당한다 할 것이다. 또한, 위와 같이 타인의 명의를 모용하여 발급받은 신용카드의 번호와 그 비밀번호를 이용하여 ARS 전화서비스나 인터넷 등을 통하여 신용대출을 받는 방법으로 재산상 이익을 취득하는 행위 역시 미리 포괄적으로 허용된 행위가 아닌 이상, 컴퓨터등 정보처리장치에 권한 없이 정보를 입력하여 정보처리를 하게 함으로써 재산상 이익을 취득하는 행위로서 컴퓨터등사용사기죄에 해당한다고 할 것이다. 따라서 타인의 명의를 모용하여 발급받은 신용카드를 이용하여 현금자동지급기에서 현금을 인출하거나 ARS 전화서비스나 인터넷 등으로 신용대출을 받는 행위를 기망당한 카드회사가 카드사용을 포괄적으로 허용한 것에 기초한 것으로 파악하여 포괄적으로 카드회사에 대한 사기죄가 된다고 볼 수는 없다.

〈해 설〉

포괄일죄는 수개의 행위가 포괄적으로 한 개의 구성요건에 해당하여 단순히 하나의 죄를 구성하는 것으로, 수개의 행위가 결합하여 하나의 범죄를 구성하던가, 수개의 동종의 행위가 동일한 의사에 의하여 반복되든가, 또는 하나의 동일한 법익에 대하여 수개의 행위가 불가분적으로 접속, 연속하여 행하여지는 것이므로 그 어떠한 경우임을 막론하고 수개의 행위가 근원적으로 동종의 행위로서 그 구성요건을 같이 함을 전제로 한다(대법원 1982.11.23. 선고 82도2201 판결). 또한 포괄일죄가 인정되기 위해서는 ⅰ) 피해법익이 단일하고, ⅱ) 범죄의 태양이 동일하며, ⅲ) 단일 범의의 발현에 기인하는 일련의 행위라고 인정되어야 한다(대법원 2005.9.28. 선고 2005도3929 판결).

따라서 이 사안에서 타인명의의 신용카드를 부정발급받아 사용한 일련의 행위가 포괄일죄에 해당한다고 하기 위해서는 우선 신용카드범죄의 특수성에 비추어 범죄의 실현단계(신용카드발급단계, 신용카드사용단계), 행위태양(현금자동지급기 및 ARS를 이용한 신용대출, 가맹점에서의 신용구매), 피해법익 등을 면밀히 검토하여, 일련의 행위가 동종의 구성요건에 해당하는가를 확정하여야 한다. 그리고 동종의 구성요건에 해당하는가의 여부를 판단함에 있어서는 판례가 제시하고 있는 ⅰ) 피해법익의 단일성, ⅱ) 행위태양의 동일성, ⅲ) 단일의 범죄의사의 요건을 갖추고 있는지를 고려하여야 한다.

이 사건에서 피고인의 행위는 타인명의를 모용하여 신용카드를 부정발급받은 행위와 부정발급받은 타인명의의 신용카드를 부정사용하는 행위로 대별할 수 있고, 신용카드를 부정사용하는 행위는 다시 사기죄(신용구매)와 절도죄(현금자동지급기를 이용한 신용대출)와 컴퓨터사용사기죄(ARS를 통한 신용대출)의 구성요건에 해당하므로 동종의 구성요건에 해당한다고 보기 어렵다. 따라서 원심판결과 같이 피고인의 신용카드 부정사용행위를 사기죄의 포괄일죄로 묶기 위한 전제가 결여되어 있다. 또한 피고인이 신용카드를 부정발급받은 행위, 현금자동지급기나 ARS를 이용하여 신용대출을 받은 행위 그리고 신용구매를 한 행위는 각각 다른 구성요건에 해당할 뿐만 아니라 행위태양, 보호법익, 범죄의사가 각각 다르므로 사기죄의 포괄일죄로 인정하기 위한 요건을 갖추고 있지 못하다.

다만 타인명의로 부정발급받은 신용카드를 사용하는 일련의 행위(절도죄, 사기죄, 컴퓨터사용사기죄)는 모두 신용카드를 이용한 거래의 안전 및 공중의 신뢰를 침해하므로 포괄하여 여신전문금융업법상의 신용카드부정사용죄가 성립한다. 그리고 타인명의를 모용하여 신용카드를 부정발급받은 행위는 그 자체로 사기죄가 될 수 있으나, 부정발급으로 인한 신용카드 자체에 대한 사기죄가 부정발급받은 신용카드의 부정사용으로 인한 범죄로 연결된 때에는 불가벌적 사전행위로서 신용카드부정사용으로 인한 범죄에 흡수된다고 본다.

2) 타인명의를 모용하여 타인명의로 신용카드를 발급받아 신용카드를 사용한 경우에 신용카드부정사용죄가 성립하는가에 대해서는 논란이 있다. 일부 견해는 여신전문금융업법 제70조 제1항 제4호의 '사람을 기망하여 취득한 신용카드'에서 사람은 신용카드회사를 제외한 타인을 의미한다고 보고 신용카드부정사용죄는 성립하지 않는다고 본다. 그러나 신용카드회사가 아닌 자를 기망하여 신용카드를 취득한 경우와 신용카드회사를 기망하여 신용카드를 취득한 경우를 구분해야 할 특별한 이유는 없고, 타인명의로 부정발급받은 신용카드를 사용하는 일련의 행위(절도죄, 사기죄, 컴퓨터사용사기죄)는 모두 신용카드를 이용한 거래의 안전 및 공중의 신뢰를 침해하므로 이와 같은 경우에도 신용카드부정사용죄가 성립한다고 보는 것이 타당하다. 다만 타인명의를 모용하여 신용카드를 부정발급받은 행위는 그 자체로 사기죄가 될 수 있으나, 부정발급으로 인한 신용카드 자체에 대한 사기죄가 부정발급받은 신용카드의 부정사용으로 인한 범죄로 연결된 때에는 불가벌적 사전행위로서 신용카드의 부정사용으로 인한 범죄에 흡수된다고 본다.

(3) 절취, 강취, (점유이탈물)횡령한 타인의 신용카드를 사용하는 경우

1) 절취 또는 강취한 타인의 신용카드나 직불카드(이하 신용카드 등이라 한다)를 사용하여 물품을 구매하거나 현금을 인출한 경우 그러한 신용카드 등의 부정사용행위는 신용카드 등의 절취 또는 강취로 인해 침해된 법익(카드명의인의 재산)을 초과하여 새로운 법익(카드가맹점 또는 현금자동지급기 설치·관리자의

재산)을 침해하는 것으로 불가벌적 사후행위가 아니라 별개의 범죄를 구성한다(대법원 1996.7.12. 선고 96도1181 판결).

2) 절취한 신용카드 등을 현금자동지급기에 넣고 현금을 인출하는 것은 현금자동지급기 관리자의 의사에 반하여 그의 지배를 배제하고 그 현금을 자기의 지배하에 옮겨 놓는 것이 되므로 별도의 절도죄를 구성한다(대법원 1995.7.28. 선고 95도997 판결). 그리고 절취한 신용카드 등을 이용하여 신용카드가맹점에서 물건을 구입한 경우에는 카드가맹점에 대한 사기죄가 별도로 성립하고 여러 곳의 카드가맹점에서 신용카드 등을 사용하였다면 카드가맹점별로 수개의 사기죄가 성립한다(대법원 1996.1.21. 선고 96도2715 판결). 또한 강취한 신용카드 등을 사용하여 현금자동지급기에서 예금을 인출한 행위는 피해자의 승낙에 기한 것이라고 할 수 없으므로, 현금자동지급기 관리자의 의사에 반하여 그의 지배를 배제하고 그 현금을 자기의 지배하에 옮겨 놓는 것이 되어 강도죄와는 별도로 절도죄가 성립한다(대법원 2007.5.10. 선고 2007도1375 판결).

3) 절취, 강취, 횡령한 타인의 신용카드 등은 분실하거나 도난당한 신용카드 등 또는 강취·횡령하여 취득한 신용카드 등에 해당하므로, 이를 사용하는 행위는 신용카드등부정사용죄(여전법 제70조 제1항 제3호, 제4호)를 구성한다. 여기서 '부정사용'이란 권한없이 타인의 신용카드 등을 본래의 용법에 따라서 사용하는 것을 말한다. 신용카드의 본래용법은 대금결제, 할부, 현금서비스이므로 대금결제를 위하여 가맹점에 신용카드를 제시하고 매출전표에 서명하여 매출전표를 교부하는 행위나 신용카드를 현금지급기에 놓고 비밀번호를 조작하여 현금서비스를 제공받는 행위가 부정사용에 해당한다(대법원 1995.7.28. 선고 95도997 판결). 직불카드는 대금결제기능만 있으므로 직불카드의 본래 용법이란 물품을 구입하거나 서비스를 제공받고 대금결제를 하는 것을 말한다.

신용카드나 직불카드가 겸할 수 있는 현금카드의 기능은 법령에 규정된 본래의 기능에 포함되지 않고, 하나의 카드에 현금카드 기능이 겸용되어 있더라도 이는 은행의 예금업무에 관한 전자적 정보와 신용카드업자의 업무에 관한 전자적 정보가 회원(예금주)의 편의를 위한 것일 뿐이므로, 이와 같은 겸용 카드를 무단사용하여 현금자동지급기에서 예금을 인출하는 행위는 신용카드 또는 직불카드를 그 본래의 용법에 따라 사용하는 것이라 볼 수 없으므로 예금인출에 따른 절도죄 이외에 이와 별도로 신용카드등부정사용죄는 성립하지 않는다(대법원 2003.11.14. 선고 2003도3977 판결).

한편 신용카드 등을 부정사용한 결과로 성립하는 사기죄 또는 절도죄와 신용카드부정사용죄는 그 보호법익이나 행위의 태양이 전혀 달라 실체적 경합관계에 있다(대법원 1995.7.28. 선고 95도997 판결; 1996.7.12. 선고 96도1181 판결).

(4) 갈취 또는 편취한 타인의 신용카드를 사용하는 경우

1) 예금주인 현금카드 소유자를 협박하여 그 카드를 갈취하거나 예금주인 현금카드 소유자로부터

그 카드를 편취하여 하자 있는 의사표시이기는 하지만 피해자의 승낙에 의하여 현금카드를 사용할 권한을 부여받아 이를 이용하여 현금을 인출한 이상, 피해자가 그 승낙의 의사표시를 취소하기까지는 현금카드를 적법, 유효하게 사용할 수 있다. 따라서 피해자로부터 현금카드를 사용한 예금인출의 승낙을 받고 현금카드를 교부받은 행위와 이를 사용하여 현금자동지급기에서 예금을 여러 번 인출한 행위들은 모두 피해자의 예금을 갈취 또는 편취하고자 하는 피고인의 단일하고 계속된 범의 아래에서 이루어진 일련의 행위로서 포괄하여 하나의 공갈죄 또는 사기죄를 구성하고, 현금지급기에서 피해자의 예금을 취득한 행위를 현금지급기 관리자의 의사에 반하여 그가 점유하고 있는 현금을 절취한 것이라 하여 현금카드의 갈취 또는 편취행위와 분리하여 따로 절도죄로 처단할 수는 없다(☞ **[판례 Ⅳ-29]** 참조).

[판례 Ⅳ-29] 대법원 2005.9.30. 선고 2005도5869 판결【절도(예비적 죄명: 횡령)】

〈사실관계〉

피고인이 사실은 혼인의사가 전혀 없음에도 공소외인과 혼인의사가 있는 것처럼 가장하여 "앞으로 함께 살아야 되는데 자신에게 현금카드를 달라"는 취지로 거짓말을 하여 피해자로부터 현금카드를 넘겨받아 그 현금카드로 현금자동지급기에서 350만원을 인출하여 개인적인 용도로 소비하였다.

〈대법원 판결요지〉

피고인이 예금주인 현금카드 소유자를 기망하여 현금카드를 교부받은 경우 비록 하자 있는 의사표시이기는 하지만 피해자의 승낙에 의하여 현금카드를 사용할 권한을 부여받은 이상, 피해자가 그 승낙의 의사표시를 취소하기까지는 현금카드를 적법, 유효하게 사용할 수 있고, 금융기관은 피해자의 지급정지 신청이 없는 한 피해자의 의사에 따라 그의 계산으로 적법하게 예금을 지급할 수밖에 없는 것이어서, 피고인이 피해자로부터 현금카드를 교부받은 행위와 이를 사용하여 현금지급기에서 피해자의 예금을 인출한 행위는 모두 혼인을 빙자하여 피해자의 예금이나 재산을 편취하고자 하는 단일하고 계속된 범의 아래에서 이루어진 일련의 행위로서 포괄하여 하나의 사기죄를 구성한다.

〈참조판례〉

○ 대법원 1996.9.20. 선고 95도1728 판결【폭처법위반, 공갈】

예금주인 현금카드 소유자를 협박하여 그 카드를 갈취하였고, 하자 있는 의사표시이기는 하지만 피해자의 승낙에 의하여 현금카드를 사용할 권한을 부여받아 이를 이용하여 현금을 인출한 이상, 피해자가 그 승낙의 의사표시를 취소하기까지는 현금카드를 적법, 유효하게 사용할 수 있고, 은행의 경우에도 피해자의 지급정지 신청이 없는 한 피해자의 의사에 따라 그의 계산으로 적법하게 예금을 지급할 수밖에 없는 것이므로, 피고인이 피해자로부터 현금카드를 사용한 예금인출의 승낙을 받고 현금카드를 교부받은 행위와 이를 사용하여 현금자동지급기에서 예금을 여러 번 인출한 행위들은 모두 피해자의 예금을 갈취하고자 하는 피고인의 단일하고 계속된 범의 아래에서 이루어진 일련의 행위로서 포괄하여 하나의 공갈죄를 구성한다.

3) 여전법 제70조 제1항 제4호에서 말하는 강취, 횡령, 기망 또는 공갈로 취득한 신용카드라 함은 소유자 또는 점유자의 의사에 기하지 않고, 그의 점유를 이탈하거나 그의 의사에 반하여 점유가 배제된 신용카드를 가리키므로, 사람을 기망하거나 공갈하여 취득한 신용카드 등을 사용한 경우에는 신용카드등부정사용죄가 성립하지 않는다. 피해자를 폭행·협박 또는 기망하여 피해자들로부터 일정 금액

을 지급받기로 합의한 다음 피해자들이 결제하라고 건네준 신용카드로 합의에 따라 현금서비스를 받거나 물품을 구입한 경우 비록 하자있는 의사표시이기는 하지만 피해자의 승낙을 받았고 따라서 '부정사용'이라고 할 수 없기 때문이다(☞ **[판례 Ⅳ-30]** 참조).

[판례 Ⅳ-30] 대법원 2006.7.6. 선고 2006도654 판결【여전법위반】

〈사실관계〉

피고인 1은 2005.8.2. 02:29경 자신이 운영하는 '유흥주점에서 피해자 몰래 빈 양주병 5개를 올려놓은 다음 술값으로 135만원을 요구하고, 이에 항의하는 피해자를 협박하여 피해자로부터 엘지카드와 국민카드를 교부받은 후 편의점에서 위 엘지카드로 60만원, 위 국민카드로 60만원을 결제하고 피해자로 하여금 매출전표에 서명하게 하여 피해자로부터 갈취한 신용카드를 사용한 것을 포함하여 2005.1.21.경부터 같은 해 8.2.경까지 9회에 걸쳐 피해자들로부터 갈취한 신용카드를 사용하고, 피고인 2는 2005.1.경 피고인 1로부터 유흥주점 손님들의 신용카드로 피고인 2가 운영하는 편의점에서 물건을 구입한 것처럼 결제하고 자금을 융통하여 달라는 부탁을 받고, 2005.8.2. 02:29경 피해자가 그의 엘지카드를 이용하여 60만원 상당의 물건을 구입한 것처럼 허위의 매출전표를 작성하고 2~3일 후 카드결제액 상당의 담배와 술을 교부하여 자금을 융통하여 준 것을 포함하여 2005.1.21.경부터 같은 해 8. 2.경까지 9회에 걸쳐 물품의 판매 또는 용역의 제공을 가장하여 각 자금을 융통하여 주었다.

〈판결요지〉

(1) 여전법 제70조 제1항 제4호에 의하면, "강취·횡령하거나 사람을 기망·공갈하여 취득한 신용카드 또는 직불카드를 판매하거나 사용한 자"에 대하여 "7년 이하의 징역 또는 5천만원 이하의 벌금에 처한다"고 규정하고 있는바, 여기서 부정사용이라 함은 강취, 횡령, 기망 또는 공갈로 취득한 신용카드나 직불카드를 진정한 카드로서 본래의 용법에 따라 사용하는 경우를 말하는 것이고, 강취, 횡령, 기망 또는 공갈로 취득한 신용카드라 함은 소유자 또는 점유자의 의사에 기하지 않고, 그의 점유를 이탈하거나 그의 의사에 반하여 점유가 배제된 신용카드를 가리킨다.

이 사건 피고인 1은 과다한 술값 청구에 항의하는 피해자들을 폭행 또는 협박하여 피해자들로부터 일정 금액을 지급받기로 합의한 다음 피해자들이 결제하라고 건네준 신용카드로, 합의한 대로 현금서비스를 받거나, 편의점에서 술과 담배를 구입하는 것으로 매출전표를 작성하고 피해자들의 서명을 거쳐 매출전표의 작성을 완료한 후 2-3일 지나 편의점에서 신용카드 결제금액 상당의 술과 담배를 인도받아 술값에 충당하였는바, 이와 같이 합의에 따라 피해자들이 건네준 신용카드로 현금서비스를 받거나 물품을 구입하고 매출전표를 작성하였고, 매출전표에 피해자들 본인이 서명까지 한 경우에는 비록 피고인 1이 피해자들을 폭행 또는 협박하여 피해자들로 하여금 술값을 결제하도록 하기에 이르렀다고 하더라도 신용카드에 대한 피해자들의 점유가 피해자들의 의사에 기하지 않고 이탈하였다거나 배제되었다고 보기 어렵다.

(2) 구 여전법(2005.5.31. 법률 제7531호로 개정되기 전의 것) 제70조 제2항 제3호와 현행 여전법 제70조 제2항 제3호 (가)목에 의하면, '물품의 판매 또는 용역의 제공 등을 가장하거나 실제 매출금액을 초과하여 신용카드에 의한 거래를 하거나 신용카드에 의한 거래를 대행시키고 자금을 융통하여 준 자 또는 이를 중개·알선한 자'에 대하여 '3년 이하의 징역 또는 2천만원 이하의 벌금에 처한다'고 규정하고 있는바, 이 요건을 충족하기 위하여는 실제로 신용카드거래가 없었음에도 불구하고 신용매출이 있었던 것으로 가장하거나 실제의 매출금액을 초과하여 신용카드에 의한 거래를 할 것을 요하고 실제로 신용카드에 의한 물품거래가 있었을 뿐만 아니라 그 매출금액 그대로 매출전표를 작성한 경우는 그 처벌대상에 포함되지 아니한다.

그런데 피고인 1이 합의에 따라 피해자들이 건네준 신용카드로 현금서비스를 받거나 물품을 구입하고 매출전표를 작성하였고, 매출전표에 피해자들 본인이 서명까지 하였고, 피고인 2는 피고인 1이 피해자들의 신용카드로 결제하고 자신의 편의점으로부터 인도받은 술과 담배를 다른 사람들에게 정상가격 또는 할인가격으로 처분한다는 것을 알면서도 피고인 1로 하여금 계속 피해자들의 신용카드로 술값을 결제하도록 하고 2-3일 후에 결제대금 상당의 술과 담배를 제공하여 주었는바, 이와 같이 피해자들에게는 신용카드대금에 대한 결제의사는 있었으나 자금융통에 대한 의사는 없었고 실제로 신용카드에 의한 물품거래가 있었으며, 그 매출금액대로 매출전표가 작성된 경우에는 비록 피고인 1이 제공받은 물품을 정상가격 또는 할인가격으로 처분한다는 것을 피고인 2가 알았다고 하더라도 이를 물품의 판매 또는 용역의 제공 등을 가장한 행위라고 보기 어렵다.

9. 전기통신금융사기

1) '전기통신금융사기'란 전기통신을 이용하여 타인을 기망·공갈함으로써 재산상의 이익을 취하거나 제3자에게 재산상의 이익을 취하게 하는 행위로서, 자금을 송금·이체하도록 하거나 개인정보를 알아내어 자금을 송금·이체하는 행위를 말한다. 대출의 제공·알선·중개를 가장한 행위는 포함되나 재화의 공급 또는 용역의 제공 등을 가장한 행위는 제외된다(전기통신금융사기법 제2조 제2호).

2) 전기통신금융사기를 목적으로 타인으로 하여금 컴퓨터 등 정보처리장치에 정보 또는 명령을 입력하게 하거나 취득한 타인의 정보를 이용하여 컴퓨터 등 정보처리장치에 정보 또는 명령을 입력한 때에는 10년 이하의 징역 또는 1억원 이하의 벌금에 처한다(전기통신금융사기법 제15조의2 제1항 제1호·제2호). 본죄의 미수범은 처벌하고(같은 조 제2항) 상습으로 본죄를 범한 때에는 그 죄에 대하여 정하는 형의 2분의 1까지 가중한다(같은 조 제3항).

통상적인 전기통신금융사기의 범죄 유형에서 '컴퓨터 등 정보처리장치에 정보 또는 명령을 입력하게 하거나 입력하는 행위'는 전기통신금융사기조직의 유인책들의 기망 또는 공갈행위에 기한 피해자의 사기이용계좌로의 송금·이체행위와 피해자가 송금·이체한 재산상의 이익을 실현하기 위해 전기통신금융사기조직의 인출책들이 사기이용계좌에서 이를 인출하거나 또 다른 사기이용계좌로 이체하는 행위로 구분된다.

전기통신금융사기를 목적으로 타인으로 하여금 컴퓨터 등 정보처리장치에 정보 또는 명령을 입력하게 하거나 전기통신금융사기를 목적으로 취득한 타인의 정보를 이용하여 컴퓨터 등 정보처리장치에 정보 또는 명령을 입력하여 자금이 사기이용계좌로 송금·이체되면 전기통신금융사기행위는 종료되고 범죄는 기수에 이르며, 그 후에 사기이용계좌에서 현금을 인출하거나 다시 송금하는 행위는 전기통신금융사기를 목적으로 하는 행위라고 할 수 없다(☞ **[판례 IX-31]** 참조).

[판례 IV-31] 대법원 2016.2.19. 선고 2015도15101 판결【사기, 전자금융거래법위반, 전기통신금융사기법위반】

〈사실관계〉

공소외 1과 공쇠외 2는 대출회사 직원을 사칭하여 정부에서 시행하는 저리 대출을 해준다면서 이에 필요한 수수료 등을 입금하라고 권유하여 송금을 받은 뒤 이를 가로채는 방식의 '보이스피싱' 범행을 저지르고 보이스피싱에 속은 피해자들이 금원을 송금하면 피고인이 그 직후 이를 인출하여 피고인 1이 지정한 계좌로 송금하기로 모의하였다. 공소외 1과 공쇠외 2는 2015.4.1.

경 피해자 1에게 전화하여 "○○캐피탈 대리인데 정부에서 저금리 대출을 받게 해 주겠다. 대출승인이 나려면 인지세가 필요하다. 법무사 계좌를 이용한 비용과 수수료가 필요하다."는 취지로 거짓말하여, 이에 속은 위 피해자 1로부터 공소외 3 명의의 은행계좌로 212만원을 이체받는 등 피해자 5명으로부터 합계 1,130만원을 이체받았고 피고인은 그 금원을 인출하여 피고인 1에게 송금하였다.

〈판결요지〉

[다수의견] 전기통신금융사기법 제15조의2 제1항의 '타인'은 '기망의 상대방으로서 전기통신금융사기의 대상이 된 사람'을 의미하고, 사기이용계좌 명의인까지 포함된다고 볼 수는 없다. 전기통신금융사기를 목적으로 타인으로 하여금 컴퓨터 등 정보처리장치에 정보 또는 명령을 입력하게 하는 행위나 전기통신금융사기를 목적으로 취득한 타인의 정보를 이용하여 컴퓨터 등 정보처리장치에 정보 또는 명령을 입력하는 행위에 의한 정보 또는 명령의 입력으로 자금이 사기이용계좌로 송금·이체되면 전기통신금융사기 행위는 종료되고 처벌조항 위반죄는 이미 기수에 이르고, 그 후에 사기이용계좌에서 현금을 인출하거나 다시 송금하는 행위는 범인들 내부 영역에서 그들이 관리하는 계좌를 이용하여 이루어지는 행위이므로, 이를 두고 새로 전기통신금융사기를 목적으로 하는 행위라고 할 수 없다.

[반대의견] 전기통신금융사기의 목적을 달성하기 위해서는 피해자의 자금을 제3자 명의의 차명계좌인 이른바 대포통장 계좌로 송금·이체받는 것만으로는 부족하고 적어도 지급정지 조치를 회피하여 자금을 자유롭게 처분하거나 사용할 수 있는 상태에 이르러야 하므로, 제3자 명의 사기이용계좌에서 자금을 인출하는 행위는 전기통신금융사기를 목적으로 하는 행위로 보아야 하고, 전기통신금융사기의 목적을 달성한 이후의 행위라고 볼 것은 아니다.

전기통신금융사기법 제2조 제3호에서 따로 "피해자란 전기통신금융사기로 인하여 재산상의 피해를 입은 자를 말한다."라고 정의하고 있음에도 제15조의2에서 '피해자'라는 용어 대신 굳이 '타인'이라는 용어를 사용한 것은 문언 그대로 '범인 이외의 다른 사람'을 대상으로 삼겠다는 입법자의 의사로 볼 수 있으므로 제3자 명의 사기이용계좌의 명의인도 처벌조항에서 말하는 '타인'에 해당한다고 보아야 한다. 따라서 피해자의 자금이 제3자 명의 사기이용계좌로 송금·이체된 후 계좌에서 현금을 인출하기 위하여 계좌 명의인의 정보를 이용하여 정보처리장치에 정보 등을 입력하는 행위는 제15조의2 제1항 제2호의 구성요건에 해당한다고 할 것이다.

3) 한편 전기통신금융사기죄를 범함에 있어서는 타인의 예금계좌(이른바 대포통장)를 이용하는 경우가 많은데 계좌번호, 비밀번호, 전자식 카드 등 접근매체를 양도·양수하거나, 대가를 수수·요구·약속하거나 범죄에 이용할 목적으로 접근매체를 대여하거나 또는 대여받은 때에는 3년 이하의 징역 또는 2천만원 이하의 벌금에 처한다(전자금융거래법 제49조 제4항 제1호·제2호, 제6조 제3항 제1호·제2호·제3호).

전자금융거래법 제2조(정의) 1. "전자금융거래"라 함은 금융회사 또는 전자금융업자가 전자적 장치를 통하여 금융상품 및 서비스를 제공하고, 이용자가 금융회사 또는 전자금융업자의 종사자와 직접 대면하거나 의사소통을 하지 아니하고 자동화된 방식으로 이를 이용하는 거래를 말한다.

10. "접근매체"라 함은 전자금융거래에 있어서 거래지시를 하거나 이용자 및 거래내용의 진실성과 정확성을 확보하기 위하여 사용되는 다음 각 목의 어느 하나에 해당하는 수단 또는 정보를 말한다.

가. 전자식 카드 및 이에 준하는 전자적 정보

나. 「전자서명법」 제2조제4호의 전자서명생성정보 및 같은 조 제7호의 인증서

다. 금융회사 또는 전자금융업자에 등록된 이용자번호

라. 이용자의 생체정보

마. 가목 또는 나목의 수단이나 정보를 사용하는데 필요한 비밀번호

제6조(접근매체의 선정과 사용 및 관리) ③ 누구든지 접근매체를 사용 및 관리함에 있어서 다른 법률에 특별한 규정이 없는 한 다음 각 호의 행위를 하여서는 아니 된다.

1. 접근매체를 양도하거나 양수하는 행위
2. 대가를 수수·요구 또는 약속하면서 접근매체를 대여받거나 대여하는 행위 또는 보관·전달·유통하는 행위
3. 범죄에 이용할 목적으로 또는 범죄에 이용될 것을 알면서 접근매체를 대여받거나 대여하는 행위 또는 보관·전달·유통하는 행위
4. 접근매체를 질권의 목적으로 하는 행위
5. 제1호부터 제4호까지의 행위를 알선하거나 광고하는 행위

제49조(벌칙) ④ 다음 각 호의 어느 하나에 해당하는 자는 3년 이하의 징역 또는 2천만원 이하의 벌금에 처한다.

1. 제6조 제3항 제1호를 위반하여 접근매체를 양도하거나 양수한 자
2. 제6조 제3항 제2호 또는 제3호를 위반하여 접근매체를 대여받거나 대여한 자 또는 보관·전달·유통한 자
3. 제6조 제3항 제4호를 위반한 질권설정자 또는 질권자
4. 제6조 제3항 제5호를 위반하여 알선하거나 광고하는 행위를 한 자

V. 공갈의 죄(제39장)

1) 공갈의 죄(공갈죄)는 사람을 공갈하여 재물 또는 재산상 이익을 취득함으로써 성립하는 범죄이다. 그 유형으로는 단순공갈죄(제350조), 특수공갈죄(제350조의2), 상습공갈죄(제351조)가 있다. 이들 죄의 미수범은 처벌되며(제352조), 친족상도례(제328조) 및 동력에 관한 규정(제346조)이 준용된다(제354조).

2) 공갈죄로 인하여 취득하거나 제3자로 하여금 취득하게 한 재물이나 재산상 이익의 가액(이득액)이 5억원 이상인 때에는 특경법에 의해 가중처벌된다(제3조).

3) 2인 이상이 공동하여 공갈죄(제350조)를 범한 때에는 폭처법에 의해 가중처벌된다(제2조 제2항 제3호).

1. 공갈죄(제350조)

공갈죄는 사람을 공갈하여 재물의 교부를 받거나 재산상의 이익을 취득함으로서 성립하는 범죄로 10년 이하의 징역 또는 2천만원 이하의 벌금에 처하고(제350조), 10년 이하의 자격정지를 병과할 수 있다(제353조). 본죄의 미수범은 처벌한다(제352조). 공갈죄를 범한 자가 그 범죄행위로 인하여 취득하거나 제3자로 하여금 취득하게 한 재물이나 재산상 이익의 가액(이득액)이 5억원 이상 50억원 미만일 때에는 3년 이상의 유기징역에 처하고, 이득액이 50억원 이상일 때에는 무기 또는 5년 이상의 징역에 처한다. 이 경우 이득액 이하에 상당하는 벌금을 병과할 수 있다(특경법 제3조 제1항, 제2항).

(1) 공갈행위

1) 사람을 '공갈'한다고 함은 재물 또는 재산상 이익을 취득할 목적으로 사람에게 폭행 또는 협박을 가하는 것을 말한다. 공갈죄는 폭행 또는 협박을 수단으로 한다는 점에서 강도죄와 동일하나, 편취죄인 특성상 공갈죄의 수단인 폭행 또는 협박은 상대방의 의사결정의 자유를 제한할 정도이면 족하다.

2) 공갈죄의 수단으로서 폭행은 사람에 대한 직접 또는 간접의 유형력의 행사로서(광의의 폭행), 사람의 의사를 제압하는 심리적 폭력을 의미하고 사람의 신체 자체를 제압하는 물리적 폭력(예컨대 피해자를 밧줄로 묶는 것)을 의미하는 것은 아니다. 사람의 신체 자체를 제압하는 물리적 폭력을 행사하여 재물이나 재산상의 이익을 취득한 때에는 공갈죄가 아니라 강도죄가 성립한다.

3) 공갈죄의 수단으로서 협박은 구체적 사정을 참작하여 객관적으로 사람의 의사결정의 자유를 제한하거나 의사실행의 자유를 방해할 정도로 겁을 먹게 할 만한 해악을 고지하는 것을 말한다. 해악의 고지는 반드시 명시의 방법에 의할 것을 요하지 않고 거동 또는 피해자와의 특수한 사정에 의하여 상대방으로 하여금 어떠한 해악에 이르게 할 것이라는 인식을 갖게 하는 것이면 족하다. 예컨대 피해자의 정신병원에서의 퇴원 요구를 거절해 온 피해자의 배우자가 피해자에 대하여 재산이전 요구를 한 경

우, 그 배우자가 재산이전 요구에 응하지 않으면 퇴원시켜 주지 않겠다고 말하지 않더라도 이는 암묵적 의사표시로서 공갈죄의 수단인 해악의 고지에 해당한다(대법원 2001.2.23. 선고 2000도4415 판결).

해악의 고지는 반드시 피공갈자가 직접적이 아니더라도 피공갈자 이외의 제3자를 통해서 간접적으로 할 수도 있으며, 행위자가 그의 직업, 지위, 불량한 성행, 경력 등에 기하여 불법한 위세를 이용하여 재물의 교부나 재산상 이익을 요구하고 상대방으로 하여금 그 요구에 응하지 아니할 때에는 부당한 불이익을 초래할 위험이 있을 수 있다는 위구심(危懼心)을 야기하게 하는 경우도 해악의 고지에 포함된다(☞ **[판례 V-1]** 참조).

[판례 V-1] 대법원 2005.7.15. 선고 2004도1565 판결【폭처법위반(공동공갈)】

〈공소사실〉

폭력조직 '칠성파'의 두목인 피고인 1과 조직원인 피고인 2는 공동하여 피고인 2가 '신20세기파' 조직원인 공소외 1을 살해한 사건을 소재로 제작된 영화 '친구'의 감독인 공소외 2에게 돈을 주지 않으면 위해를 가할 것이라고 협박하고, 이에 겁을 먹은 공소외 2를 통하여 위 영화의 제작사 대표인 피해자 1과 투자사 대표인 피해자 2를 협박하여 공소외 2로 하여금 피해자들로부터 합계 5억 2천만원을 교부받게 한 다음 그 중 3억원을 공소외 2로부터 교부받아 이를 갈취하였다.

〈판결요지〉

무릇, 공갈죄의 수단으로서 협박은 사람의 의사결정의 자유를 제한하거나 의사실행의 자유를 방해할 정도로 겁을 먹게 할 만한 해악을 고지하는 것을 말하고, 해악의 고지는 반드시 명시의 방법에 의할 것을 요하지 아니하며 언어나 거동 등에 의하여 상대방으로 하여금 어떠한 해악을 입을 수 있을 것이라는 인식을 갖게 하는 것이면 족하고, 또한 직접적이 아니더라도 피공갈자 이외의 제3자를 통해서 간접적으로 할 수도 있으며, 행위자가 그의 직업, 지위, 불량한 성행, 경력 등에 기하여 불법한 위세를 이용하여 재물의 교부나 재산상 이익을 요구하고 상대방으로 하여금 그 요구에 응하지 아니할 때에는 부당한 불이익을 초래할 위험이 있을 수 있다는 위구심을 야기하게 하는 경우에도 해악의 고지가 된다고 할 것이다.

이 사건에서 공소외 2는 피고인들로부터의 계속된 요구로 심리적인 압박을 받고 있는 상태에서 피해자들에게 협박을 당하여 고통받고 있다는 취지로 이야기하면서 돈을 마련해 줄 것을 부탁하였고, 피해자들 역시 피고인 2에게 돈을 지급할 의무가 없음에도 돈을 요구하는 상대방이 다름 아닌 자신들이 영화의 소재로 삼았던 폭력조직의 두목 또는 조직원이므로 이에 응하지 않을 경우 자신들이 받을 불이익을 두려워하거나 또는 곤경에 빠진 공소외 2를 위해서라도 돈을 지급하지 않을 수 없다고 판단하여 공소외 2에게 지급해야 할 보너스보다 훨씬 많은 돈을 마지못해 주게 되었다. 그리고 피고인들이 공소외 2를 통하여 피해자들에게 취한 일련의 행위는, 비록 그 수단이 피해자들에게 직접적으로 행하여졌거나 명시적인 해악의 내용을 고지하지는 않았다고 하더라도 공소외 2를 통하여 조직폭력배들의 불량한 성행, 경력 등을 이용하여 재물의 교부를 요구하고 상대방으로 하여금 그 요구에 응하지 아니할 때에는 부당한 불이익을 초래할 위험이 있을 수 있다는 위구심(危懼心)을 야기하게 한 것으로서 공갈죄의 구성요건으로서의 해악의 고지에 해당한다고 보기에 부족함이 없다.

〈참조판례〉

○ 대법원 1991.5.28. 선고 91도80 판결【폭처법위반】

방송기자인 피고인이 피해자에게 피해자 경영의 건설회사가 건축한 아파트의 진입도로미비 등 공사하자에 관하여 방송으로 계속 보도할 것 같은 태도를 보임으로써 피해자가 위 방송으로 말미암아 그의 아파트 건축사업이 큰 타격을 받고 자신이 경영하는 회사의 신용에 커다란 손실을 입게될 것을 우려하여 방송을 하지 말아 달라는 취지로 2백만원을 피고인에게 교부하였다면 공갈죄의 구성요건이 충족되고 또 인과관계도 인정된다.

○ **대법원 1996.9.20. 선고 95도1728 판결【폭처법위반, 공갈】**

공갈죄 중 협박을 수단으로 한 것은 상대방에게 공포심을 일으킬 목적으로 명시적 또는 묵시적 방법으로 해악을 상대방에게 통고하여 이에 외포당한 상대방이 재산적 처분행위를 함으로써 성립하는 것인바, 신문의 부실공사 관련 기사에 대한 해당 건설업체의 반박광고가 있었음에도 재차 부실공사 관련 기사가 나가는 등 그 신문사 기자들과 그 건설업체 대표이사의 감정이 악화되어 있는 상태에서, 그 신문사 사주 및 광고국장이 보도자제를 요청하는 그 건설업체 대표이사에게 자사 신문에 사과광고를 싣지 않으면 그 건설업체의 신용을 해치는 기사가 계속 게재될 것 같다는 기자들의 분위기를 전달하는 방식으로 사과광고를 게재토록 하면서 과다한 광고료를 받았다면 공갈죄가 성립한다.

○ **대법원 2002.12.10. 선고 2001도7095 판결【공갈미수, 출판물에의한명예훼손】**

지역신문의 발행인이 시정에 관한 비판기사 및 사설을 보도하고 관련 공무원에게 광고의뢰 및 직보배정을 타신문사와 같은 수준으로 높게 해달라고 요청한 사실만으로 공갈죄의 수단으로서 그 상대방을 협박하였다고 볼 수 없다.

한편 협박의 내용인 해악에는 인위적인 것뿐만 아니라 천재지변이나 길흉화복에 관한 것도 포함될 수 있다. 다만 천재지변이나 길흉화복을 해악으로 고지하는 경우에는 상대방으로 하여금 행위자 자신이 그 천재지변 또는 신력이나 길흉화복을 사실상 지배하거나 그에 영향을 미칠 수 있는 것으로 믿게 하는 명시적 또는 묵시적 행위가 있어야 공갈죄로 처벌될 수 있다(☞ **[판례 V-2]** 참조).

[판례 V-2] 대법원 2002.2.8. 선고 2000도3245 판결【공갈】

〈공소사실〉

피고인 甲은 자신의 집을 정화사라고 칭하면서 처 乙과 공모하여, 1997.11.15.경 피고인들의 집에서 乙은 전화로 피해자 A에게 "작은 아들이 자동차를 운전하면 교통사고가 나 크게 다치거나 죽거나 하게 된다. 조상천도를 하면 교통사고를 막을 수 있고 보살(A 지칭)도 아픈 곳이 낫고 사업도 잘 되고 모든 것이 잘 풀려 나간다. 조상천도비용으로 795,000원을 내라"고 말하여 만일 피해자가 조상천도를 하지 아니하면 피해자와 그의 가족의 생명과 신체에 어떤 위해가 발생할 것처럼 겁을 주어 이에 외포된 A로부터 같은 달 16일 같은 장소에서 795,500원을 건네받아 이를 갈취하고, 1997년 12월 중순경 같은 장소에서 乙은 피해자 B에게 전화로 "묘소에 있는 시아버지 목뼈가 왼쪽으로 돌아가 아들이 형편없이 빗나가 학교에도 다니지 못하게 되고 부부가 이별하게 되고 하는 사업이 망하고 집도 다른 사람에게 넘어가게 된다. 조상천도를 하면 모든 것이 다 잘 된다. 조상천도를 하지 않으면 큰일난다"고 말하여 만일 조상천도를 하지 아니하면 B와 그의 가족의 생명과 신체 등에 어떤 위해가 발생할 것처럼 겁을 주고 이에 외포된 B로부터 1998.1.5. 피고인의 예금계좌로 835,000원을 송금받아 이를 갈취하였다.

〈판결요지〉

공갈죄의 수단으로써의 협박은 객관적으로 사람의 의사결정의 자유를 제한하거나 의사실행의 자유를 방해할 정도로 겁을 먹게 할 만한 해악을 고지하는 것을 말하고, 그 해악에는 인위적인 것뿐만 아니라 천재지변 또는 신력이나 길흉화복에 관한 것도 포함될 수 있으나, 다만 천재지변 또는 신력이나 길흉화복을 해악으로 고지하는 경우에는 상대방으로 하여금 행위자 자신이 그 천재지변 또는 신력이나 길흉화복을 사실상 지배하거나 그에 영향을 미칠 수 있는 것으로 믿게 하는 명시적 또는 묵시적 행위가 있어야 공갈죄가 성립한다 할 것이다.

위 공소사실과 같은 해악의 고지는 길흉화복이나 천재지변의 예고로서 피고인에 의하여 직접, 간접적으로 좌우될 수 없는 것이고 가해자가 현실적으로 특정되어 있지도 않으며 해악의 발생가능성이 합리적으로 예견될 수 있는 것이 아니므로 이는 협박으로 평가될 수 없다 할 것이고, 달리 피고인 부부가 피해자 가족들을 폭행이나 협박하였다는 점을 인정할 아무런 증거가 없으므로 이 부분 공소사실에 대하여 무죄를 선고한 원심의 사실인정과 판단은 정당하다.

〈해 설〉

판례는 길흉화복이나 천재지변의 예고로서 피고인에 의하여 직접, 간접적으로 좌우될 수 없는 해악의 고지는 협박으로 평가될 수 없다고 하나, 판례가 말하듯이 협박이란 객관적으로 사람의 의사결정의 자유를 제한하거나 의사실행의 자유를 방해할 정도로 겁을 먹게 할 만한 해악을 고지하는 것으로서, 그러한 해악을 행위자 자신이 사실상 지배하거나 영향을 미칠 수 있는가가 아니라 사회통념상 행위자가 그러한 해악을 사실상 지배하거나 영향을 미칠 수 있다고 믿어 피해자의 의사결정의 자유를 침해할 위험성이 있는지를 기준으로 판단하는 것이 옳다고 본다.

피고인이 상당한 무속신앙을 가지고 있는 피해자에게 '조상묘소'를 운운하면서 마치 조상천도제를 지내지 않으면 불길한 일들이 일어나고 그 불길한 일도 추상적인 아닌 "아들이 교통사고로 사망하거나 크게 다친다" "아들이 형편없이 빗나간다"는 등의 구체적인 사실을 적시한 점, 이러한 해악이 피해자들의 주관적인 상황에 비추어 충분히 외포의 상태에 이를 수 있는 구체적인 해악인 점을 감안하면 이사건 피고인들의 행위는 협박에 해당한다고 해야 할 것이다.

(2) 처분행위

1) 공갈죄가 성립하려면 폭행 또는 협박과 같은 공갈행위로 인하여 피공갈자가 재물 또는 재산상 이익을 공여하는 처분행위가 있어야 한다. 물론 그러한 처분행위는 반드시 작위에 한하지 아니하고 부작위로도 가능하므로, 피공갈자가 외포심을 일으켜 묵인하고 있는 동안에 공갈자가 직접 재산상의 이익을 탈취한 경우에도 공갈죄가 성립할 수 있다.

그러나 폭행의 상대방이 아무런 처분행위를 한 바 없고, 단지 행위자가 법적으로 의무 있는 재산상 이익의 공여를 면하기 위하여 상대방을 폭행하고 현장에서 도주함으로써 상대방이 행위자로부터 재산상 이익을 공여받음에 있어 장애가 발생한 것에 불과하다면 공갈죄의 죄책을 물을 수 없다. 예컨대 피해자가 범인에게 계속해서 택시요금의 지급을 요구하였으나 범인이 이를 면하고자 피해자를 폭행하고 달아났을 뿐, 피해자가 폭행을 당하여 외포심을 일으켜 수동적·소극적으로라도 범인이 택시요금 지급을 면하는 것을 용인하여 이익을 공여하는 처분행위를 하였다고 할 수 없다면 폭행죄의 성립은 별론으로 하고 공갈죄가 성립한다고 할 수 없다(대법원 2012.1.27. 선고 2011도16044 판결).

2) 사기죄와 마찬가지로 공갈죄에 있어서 공갈의 상대방은 재산상의 피해자와 동일함을 요하지는 아니하나, 공갈의 목적이 된 재물 기타 재산상의 이익을 처분할 수 있는 사실상 또는 법률상의 권한을 갖거나 그러한 지위에 있음을 요한다. 따라서 A가 건물주로부터 임차하여 B에게 위임하여 운영하고 있는 룸살롱에서 종업원 C에게 은근히 조직폭력배임을 과시하면서 신체에 위해를 가할 듯한 태도를 보여 이에 겁을 먹은 C로부터 주류를 제공받은 경우, C는 주류에 대한 사실상의 처분권자이므로 공갈죄가 성립한다(대법원 2005.9.29. 선고 2005도4738 판결).

(3) 재물 또는 재산상 이익의 취득

1) 공갈죄의 객체인 재물은 유체물 전기 기타 관리할 수 있는 동력을 말한다(제354조, 제346조). 다만 공갈죄의 객체인 재물은 타인의 재물을 의미하므로, 사람을 공갈하여 자기의 재물의 교부를 받는 경우에는 권리행사방해죄(제323조) 또는 점유강취죄(제325조)가 성립하는 것은 별론으로 하고 공갈죄가 성립하지 아니한다. 타인의 재물인지의 여부는 민법, 상법, 기타의 실체법에 의하여 결정되는데, 금전을 절취한 범인이 절취한 금전을 따로 소지하고 있는 등 구체적으로 절취된 금전을 특정할 수 있어 객관적으로 다른 금전과 명백히 구분되는 예외적인 경우에는 절도 피해자에 대한 관계에서 그 금전이 절도범인 타인의 재물이라고 할 수 없다(☞ **[판례 V-3]** 참조).

[판례 V-3] 대법원 2012.8.30. 선고 2012도6157 판결 **【폭처법위반(공동공갈)】**

〈공소사실〉

피고인 1은 공소외 1이 인터넷 도박사이트를 운영하면서 벌어들인 돈을 공소외 1의 지시에 따라 자신의 명의로 임차한 빌딩에 금고를 설치하고 보관하였는데, 피해자와 공소외 2가 2010.8.28. 12:20경 약 40억 3,000만원이 든 금고를 훔치자, 피고인 1은 공소외 1의 지시로 피고인 2와 함께 2010.8.30. 15:00경 피해자를 만나 겁을 주어 같은 날 18:00경 피해자의 집에서 피해자가 공소외 2로부터 분배받은 돈 중 1,600만원을 소비하고 남은 5억 5,400만원을 피해자로부터 교부받아 이를 갈취하였다.

〈판결요지〉

공갈죄의 대상이 되는 재물은 타인의 재물을 의미하므로, 사람을 공갈하여 자기의 재물의 교부를 받는 경우에는 공갈죄가 성립하지 아니한다. 그리고 타인의 재물인지의 여부는 민법, 상법, 기타의 실체법에 의하여 결정되는데, 금전을 도난당한 경우 절도범이 절취한 금전만 소지하고 있는 때 등과 같이 구체적으로 절취된 금전을 특정할 수 있어 객관적으로 다른 금전 등과 구분됨이 명백한 예외적인 경우에는 절도 피해자에 대한 관계에서 그 금전이 절도범인 타인의 재물이라고 할 수 없다.

기록에 의하면, ① 피고인 1은 금고에 오만원권 지폐를 일정 단위로 고무줄로 묶어 넣는 등으로 관리하는 한편 금고 옆에는 일만원권 등을 넣은 쇼핑백들을 두어 관리한 사실, ② 피해자는 공소외 2와 약 40억 3,000만원이 들어 있던 금고와 금고 옆 쇼핑백들을 훔친 다음, 공소외 2로부터 5억 7,000만원가량을 분배받아, 훔친 쇼핑백 1개와 자신이 가져간 나이키 운동가방 1개에 나누어 넣은 뒤 자신의 집 싱크대에 숨겨 둔 사실, ③ 피해자는 공소사실 기재와 같은 경위로 피고인들에게 절취된 금전 중 1,600만원을 소비한 외에 나머지 금전이 보관되어 있던 위 운동가방과 쇼핑백을 그대로 건네주었는데 그때까지 그 금전이 다른 금전과 섞이거나 교환된 바는 없는 사실을 알 수 있다.

위와 같은 사실관계를 앞서 본 법리에 비추어 보면, 피해자에 의하여 위 금고와 함께 금전을 절취당한 공소외 1의 지시에 의하여 피고인들이 피해자로부터 되찾은 이 사건 금전은 바로 절취 대상인 당해 금전이라고 구체적으로 특정할 수 있어 객관적으로 피해자의 다른 재산과 구분됨이 명백하므로, 절취당시 소유자인 공소외 1 및 그로부터 이 사건 행위를 지시받은 피고인의 입장에서 이 사건 금전을 타인인 피해자의 재물이라고 볼 수 없다. 따라서 비록 피고인들이 피해자를 공갈하여 이 사건 금전을 교부받았다고 하더라도, 그 수단이 된 행위로 별도의 범죄가 성립될 수 있음은 별론으로 하고, 타인의 재물을 갈취한 행위로서 공갈죄가 성립된다고 할 수 없다.

2) 공갈죄는 재산범으로서 그 객체인 재산상 이익은 경제적 이익이 있는 것을 말한다. 일반적으로

정교 그 자체는 이를 경제적으로 평가할 수 없는 것이므로 사람을 공갈하여 정교를 맺었다고 하여도 특단의 사정이 없는 한 이로써 재산상 이익을 갈취한 것이라고 볼 수는 없으며, 그 사람이 주점에서 접대를 업으로 하는 사람이라 할지라도 범인과 매음을 전제로 정교를 맺은 것이 아닌 이상 공갈죄가 성립하지 아니한다(대법원 1983.2.8. 선고 82도2714 판결).

3) 공갈죄는 다른 사람을 공갈하여 그로 인한 하자 있는 의사에 기하여 자기 또는 제3자에게 재물을 교부하게 하거나 재산상 이익을 취득하게 함으로써 성립되는 범죄로서, 공갈의 상대방이 재산상의 피해자와 같아야 할 필요는 없고, 피공갈자의 하자 있는 의사에 기하여 이루어지는 재물의 교부 자체가 공갈죄에서의 재산상 손해에 해당하므로, 반드시 피해자의 전체 재산의 감소가 요구되는 것도 아니다(대법원 2013.4.11. 선고 2010도13774 판결).

4) 피해자들을 공갈하여 피해자들로 하여금 지정한 예금구좌에 돈을 입금하게 한 이상 그 돈은 범인이 자유롭게 처분할 수 있는 상태에 놓인 것으로 공갈죄는 이미 기수에 이른다(대법원 1985.9.24. 선고 85도1687 판결). 자동차를 갈취함에 있어서는 자동차에 대한 소유권이전등록을 받기 전이라도 자동차를 현실로 인도를 받았다면 공갈죄는 기수가 된다(대법원 2001.6.15. 선고 2001도1884 판결). 이에 대하여 부동산에 대한 공갈죄의 기수에 이르렀다고 하기 위해서는 소유권이전등기에 필요한 서류를 교부받은 것만으로는 부족하고 그 부동산에 관하여 소유권이전등기를 경료받거나 또는 인도를 받을 것이 요구된다(대법원 1992.9.14. 선고 92도1506 판결).

(3) 위법성

1) 공갈죄의 수단으로서의 협박은 사람의 의사결정의 자유를 제한하거나 의사실행의 자유를 방해할 정도로 겁을 먹게 할 만한 해악을 고지하는 것을 말하고 여기에서 고지된 해악의 실현은 반드시 그 자체가 위법한 것임을 요하지 아니하며 해악의 고지가 권리실현의 수단으로 사용된 경우라고 하여도 그것이 권리행사를 빙자하여 협박을 수단으로 상대방을 겁을 먹게 하였고 권리실행의 수단 방법이 사회통념상 허용되는 정도나 범위를 넘는다면 공갈죄가 성립한다. 피해자 등을 고소함에 있어서 좌측안면부 등의 찰과상 및 좌상 외에 이미 오래전에 입은 비골골절이 기재된 상해진단서를 제출하였다고 하더라도, 피고소인들과 서로 다투다가 땅에 넘어지는 바람에 비부좌상으로 심한 출혈과 비부주위에 종창이 있어 그 때문에 X선촬영까지 하게 된 이상 피고소인들과의 싸움으로 비부좌상 외에 비골골절상까지 입은 것으로 믿고 치료비 및 합의금 명목으로 돈을 받았다면 공갈의 죄책을 물 수 없다(대법원 1984.1.24. 선고 83도3023 판결).

2) 그러나 채권자로부터 채무자에 대한 외상대금채권회수의 의뢰를 받고 이를 승낙한 다음 위 외상대금을 받아 주기 위하여 채무자에게 채무를 당장 갚고 나서 영업을 하라고 요구하고 이를 갚기 전에는 영업을 할 수 없다고 하면서 욕을 하고 눈을 치켜뜨고 멱살을 잡아 흔드는 등 겁을 먹게 하여 채

무자로 하여금 채권자에게 금원을 교부하게 하거나(대법원 1987.10.26. 선고 87도1656 판결), 교통사고로 2주일간의 치료를 요하는 상해를 당한 것을 기화로 사고차량의 운전사가 바뀐 것을 알고서 그 운전사의 고용주에게 과다한 금원을 요구하면서 이에 응하지 않으면 수사기관에 신고할 듯한 태도를 보여 이에 겁을 먹은 고용주로부터 금원을 교부받거나(대법원 1990.3.27. 선고 89도2036 판결), 수급인이 권리행사를 빙자하여 도급인에게 비리를 관계기관에 고발하겠다고 협박하고, 사무실을 장기간 무단점거하거나 직원들을 폭행하는 등의 위법수단을 써서 공사대금 명목으로 금원을 교부받거나(대법원 1991.12.13. 선고 91도2127 판결), 피해자의 기망에 의하여 부동산을 비싸게 매수한 자가 그 계약을 취소함이 없이 등기를 자신 앞으로 둔 채 피해자의 전매차익을 받아낼 셈으로 피해자를 협박하여 돈을 받거나(대법원 1991.9.24. 선고 91도1824 판결), 전임대표이사가 회사자금을 횡령하였다는 등으로 수사기관에 고소하고 그와 같은 취지의 글을 인터넷에 수회에 걸쳐 게시하였으며 회계장부 열람을 위한 가처분을 신청한다는 이유로 회사사무실을 수시로 방문하여 회사의 업무에 적지 않은 방해를 주고 있는 상황에서 대표이사에게 이러한 행위를 중단하는 대가로 금전을 요구하면서 만일 회사가 자신의 요구를 받아들이지 않을 경우 앞으로도 계속하여 고소 제기 등과 같은 행위를 함으로써 회사업무에 지장을 줄 것 같은 태도를 보이는 것(대법원 2007.10.11. 선고 2007도6406 판결)은 권리실행의 수단·방법이 사회통념상 허용되는 정도나 범위를 넘는 것으로서 공갈죄를 구성한다.

이와는 달리 자기소유 건물에 인접한 대지 위에 피해자가 건축허가조건에 위반되게 건물을 신축·사용함으로써 발생한 일조권 침해를 이유로 손해배상 합의금을 받는 과정에서, 관할관청에 시정조치해 달라는 내용의 진정을 제기하고 그 전후로 신축건물에 영업을 하고 있는 세입자들과 중재에 나선 다른 사람에게 애로점을 호소하거나 자기의 주장을 관철하기 위한 방편으로 다소 과격한 언사를 쓰고, 나아가 자신이 입은 손해의 유무나 그 액수가 객관적으로 명확히 밝혀지지 않은 상태에서 진정을 취하하는 조건으로 피해자로부터 그 요구금액 전액을 받아냈다고 하더라도, 이는 사회통념상 용인되는 범위를 넘든 공갈이라고 보기는 힘들다(대법원 1990.8.14. 선고 90도114 판결). 또한 자신과 동거하면서 인터넷게임머니를 환전해주는 사업을 함께 영위하다가 피해자가 자신과 헤어질 목적으로 가출하면서 게임머니 환전 사업에 필수적인 장부와 예금통장을 몰래 가지고 가자 이를 따지면서 장부와 예금통장의 반환을 요구하는 내용의 문자를 피해자에게 보내는 한편 그와 같은 내용을 메모를 친정집에 붙이고, 피해자를 상대로 게임머니 환전 사업을 하면서 번 돈 중 절반의 지급을 구하는 민사소송을 제기한 후 판결 결과에 따라 빨리 손해배상금을 정산할 것을 요구하면서 다소 위협적인 언사를 사용하였다고 하여도 이는 사회통념상 용인될 정도의 것으로서 공갈죄의 수단인 협박에 해당한다고 보기 어렵다(대법원 2013.9.13. 선고 2013도6809 판결).

(4) 죄 수

1) 공갈죄의 수단으로서 한 폭행 또는 협박은 공갈죄에 흡수되고 별도로 협박죄 또는 폭행죄를 구

성하지 않는다(대법원 1996.9.24. 선고 96도2151 판결).

2) 예금주인 현금카드 소유자를 협박하여 그 카드를 갈취하였고, 하자 있는 의사표시이기는 하지만 피해자의 승낙에 의하여 현금카드를 사용할 권한을 부여받아 이를 이용하여 현금을 인출한 이상, 피해자가 그 승낙의 의사표시를 취소하기까지는 현금카드를 적법, 유효하게 사용할 수 있고, 은행도 피해자의 지급정지 신청이 없는 한 피해자의 의사에 따라 그의 계산으로 적법하게 예금을 지급할 수밖에 없으므로, 범인이 피해자로부터 현금카드를 사용한 예금인출의 승낙을 받고 현금카드를 교부받은 행위와 이를 사용하여 현금자동지급기에서 예금을 여러 번 인출한 행위들은 모두 피해자의 예금을 갈취하고자 하는 단일하고 계속된 범의 아래에서 이루어진 일련의 행위로서 포괄하여 하나의 공갈죄를 구성한다. 이에 대하여 피해자의 반항을 억압할 정도로 강력한 정도의 폭행·협박을 수단으로 신용카드를 강취한 때에는 피해자로부터 현금카드의 사용에 관한 승낙의 의사표시가 있었다고 볼 수 없으므로, 피해자를 폭행·협박하여 현금카드를 강취하고 비밀번호를 알아낸 후 현금자동지급기에서 현금을 인출한 경우에는 강도죄와 절도죄의 경합범의 죄책을 진다(☞ **[판례 V-4]** 참조).

[판례 V-4] 대법원 1996.9.20. 선고 95도1728 판결【폭처법위반, 절도】

〈공소사실〉

피고인은 같은 학원에 다니면서 알게 된 피해자와 여행하던 중 1994.4.17. 23:10경 ○○장 여관 000호실에서 피해자가 소지하고 있던 현금카드를 갈취하여 피해자의 예금을 인출하여 여행경비로 사용할 것을 결의하고, 피해자에게 '현금카드를 빌려주지 않으면 아는 깡패를 동원하여 가루로 만들어 버리겠다'고 말하여 피고인의 요구에 응하지 아니하면 피해자에게 어떤 해악을 가할 듯한 태도를 보여 이에 겁을 먹은 위 피해자로부터 즉석에서 ○○은행 현금카드인 1장을 교부받고, 1994.4.18. 17:00경 ○○은행 ○○지점에 설치된 현금자동지급기에 피해자로부터 갈취한 현금카드를 사용하여 비밀번호, 금액 등의 버튼을 조작하여 그 시경부터 같은 달 28.까지 도합 17회에 걸쳐 합계 금 7,590,000원을 인출하여 갔다.

〈판결요지〉

현금카드는 종래의 예금거래에 있어서 은행원을 통하여 이루어졌던 예금출급 부분을 온라인 현금자동지급기라고 하는 기계를 통하여 이루어지게 하는 수단으로서, 예금주가 현금자동지급기에 전자적 기록으로 정보가 수록된 현금카드를 삽입한 후에 비밀번호와 인출하고자 하는 금액을 버튼으로 조작하면, 현금지급기가 온라인을 통해 인출가능 여부를 확인한 후 예금이 자동으로 인출된다. 이와 같은 현금자동지급기는 은행과 예금자 간의 약정에 따라 예금자가 은행이 지정해 준 비밀번호 등 정보를 입력하면 일정한 컴퓨터프로그램에 따라 그 정보를 자동처리하고, 현금지급기에 삽입된 현금카드와 입력된 비밀번호 등 정보가 정확하기만 하면 현금지급기의 카드의 사용자가 누구이든 간에 인출가능한 한도 내에서 예금이 인출되는 특성을 지니고 있다.

그러므로 이 사건에서와 같이 예금주인 현금카드 소유자를 협박하여 그 카드를 갈취하였고, 하자 있는 의사표시이기는 하지만 피해자의 승낙에 의하여 현금카드를 사용할 권한을 부여받은 이상, 피해자가 그 승낙의 의사표시를 취소하기까지는 현금카드를 적법, 유효하게 사용할 수 있고, 은행도 피해자의 지급정지 신청이 없는 한 피해자의 의사에 따라 그의 계산으로 적법하게 예금을 지급할 수밖에 없다. 따라서 피고인이 피해자로부터 이 사건 현금카드를 사용한 예금인출의 승낙을 받고 현금카드를 교부받은 행위와 이를 사용하여 현금자동지급기에서 위 피해자의 예금을 여러 번 인출한 행위들은 모두 피해자의 예금을 갈취하고자 하는 피고인의 단일하고 계속된 범의 아래에서 이루어진 일련의 행위로서 포괄하여 하나의 공갈죄를 구성하고, 현금자동지급기에서 피해자의 예금을 취득한 행위를 현금지급기 관리자의 의사에 반하여 그가 점유하고 있는 현금을 절취한 것이라고 보아 이를 현금카드 갈취행위와 분리하여 따로 절도죄로 처단할 수는 없다.

〈참조판례〉

○ **대법원 2007.5.10. 선고 2007도1375 판결【특수강도, 특수절도, 여전법위반】**

피고인들은 합동하여 14:59경 ○○우체국에서, 피고인 1은 우체국 밖에서 망을 보고, 피고인 2는 그곳에 설치되어 있는 현금자동지급기에 같은 날 피해자로부터 강취한 ○○은행 현금카드를 집어넣고 피해자 1을 협박하여 알아낸 비밀번호를 입력하여 6회에 걸쳐 현금 420만원을 인출하여 절취하고, 피고인들은 공모하여 14:35경 ○○새마을금고에서 피고인 2가 그곳에 설치되어 있는 ○○새마을금고가 관리하는 현금자동지급기에 같은 날 피해자로부터 강취한 농협 현금카드를 집어넣고 피해자 2를 협박하여 알아낸 비밀번호를 입력하여 3회에 걸쳐 현금 163만원을 인출하여 절취하였다.

강도죄는 공갈죄와는 달리 피해자의 반항을 억압할 정도로 강력한 정도의 폭행·협박을 수단으로 재물을 탈취하여야 성립하는 것이므로, 피해자로부터 현금카드를 강취하였다고 인정되는 경우에는 피해자로부터 현금카드의 사용에 관한 승낙의 의사표시가 있었다고 볼 수 없다. 따라서 강취한 현금카드를 사용하여 현금자동지급기에서 예금을 인출한 행위는 피해자의 승낙에 기한 것이라고 할 수 없으므로, 현금자동지급기 관리자의 의사에 반하여 그의 지배를 배제하고 그 현금을 자기의 지배하에 옮겨 놓는 것이 되어서 강도죄와는 별도로 절도죄를 구성한다.

〈해 설〉

위에서 볼 수 있듯이 판례는 피해자의 반항을 억압할 정도로 강력한 정도의 폭행·협박을 수단으로 현금카드를 강취하고 이를 이용하여 현금자동지급기에서 현금을 인출한 경우에는 현금카드 자체에 대한 강도죄와 더불어 현금자동지급기에서 인출한 현금에 대한 절도죄가 별도로 성립하는 반면, 피해자에게 폭행·협박을 가하여 신용카드를 갈취한 다음 이를 이용하여 현금자동지급기에서 현금을 인출한 경우에는 포괄하여 하나의 공갈죄만 성립한다는 입장을 취하고 있다. 후자의 경우 현금자동지급기에서 현금을 인출하는 행위를 포괄하여 하나의 공갈죄가 성립한다고 본 이유는 "예금주인 현금카드 소유자를 협박하여 비록 하자있는 의사표시이기는 하지만 피해자의 승낙에 의하여 현금카드를 사용할 권한을 부여받은 이상, 피해자가 그 승낙의 의사표시를 취소하기까지는 현금카드를 적법·유효하게 사용할 수 있고, 은행도 피해자의 지급정지 신청이 없는 한 피해자의 의사에 따라 그의 계산으로 적법하게 예금을 지급할 수밖에 없다."는데 있다.

이러한 판례의 법리는 사기나 강박에 의사표시는 처음부터 무효가 아니라 취소할 수 있을 따름이고, 취소되기 전까지는 유효한 것으로 취급된다(민법 제110조 제1항, 제141조 참조)는 민법의 법리를 공갈죄에 적용한 것으로 보인다. 그러나 사기나 강박에 의한 의사표시 효력에 관한 민법의 법리는 공갈죄의 성립여부의 판단에 그대로 적용할 수 없음에 유의해야 한다. 형법은 사기나 공갈에 의한 재산의 이전 그 자체를 위법한 것으로 보고 사기나 공갈에 의해 피해자의 재산을 범인이나 제3자에게 이전하는 행위를 각각 사기죄와 공갈죄로 처벌하며, 처분행위의 법적 효력 그 자체는 사기죄나 공갈죄의 성립에 영향을 주지 아니한다. 나아가 피해자의 승낙이 있더라고 그것이 위계나 위력에 의한 것인 때에는 범죄의 성립여부를 판단함에 있어 그 효력을 인정하지 않는 것이 원칙이다(대법원 2003.5.30. 선고 2003도1256 판결; 대법원 2007.1.25. 선고 2006도5979 판결 등 참조). 이런 점들을 보려해 볼 때 민사상 사기 또는 강박에 의한 의사표시는 취소될 때까지 유효한 것으로 취급된다고 할지라도 현금카드를 사취 또는 갈취하여 사용하는 행위를 적법하다고 할 수는 없고 범죄의 성립여부를 판단함에 있어서는 사기 또는 강박에 의한 의사표시는 무효로 취급되어야 한다고 본다. 따라서 갈취한 현금카드를 사용한 경우에도 현금카드에 대한 공갈죄와는 별도로 현금자동지급기에서 인출한 현금에 대한 절도죄가 성립한다고 보는 것이 타당하다.

3) 한편 공무원이 직무집행의 의사 없이 또는 직무처리와 대가적 관계없이 타인을 공갈하여 재물

을 교부하게 한 경우에는 공갈죄만이 성립하고, 이러한 경우 재물의 교부자가 공무원의 해악의 고지로 인하여 외포의 결과 금품을 제공한 것이라면 그는 공갈죄의 피해자가 될 뿐이고 뇌물공여죄는 성립하지 않는다(대법원 1994.12.22. 선고 94도2528 판결).

4) 공갈죄와 도박죄는 그 구성요건과 보호법익을 달리하고 있고, 공갈죄의 성립에 일반적·전형적으로 도박행위를 수반하는 것은 아니며 도박행위가 공갈죄에 비하여 별도로 고려되지 않을 만큼 경미한 것이라고 할 수도 없으므로, 도박행위가 공갈죄의 수단이 되었다 하더라도 공갈죄와는 별도로 도박죄가 성립한다(대법원 2014.3.13. 선고 2014도212 판결).

(5) 처벌상 친족간의 특례

1) 공갈죄(제350조), 특수공갈죄(제350조의2) 및 상습공갈죄(제351조)의 죄에는 처벌상 친족간의 특례에 관한 규정(제328조)가 적용된다(제354조). 따라서 직계혈족, 배우자, 동거친족, 동거가족 또는 그 배우자 간의 공갈죄, 특수공갈죄 또는 상습공갈죄는 그 형을 면제하고, 이외의 친족간의 범죄는 고소가 있어야 공소를 제기할 수 있다.

2) 이 규정은 특경법이 적용되는 경우뿐만 아니라(대법원 2000.10.13. 99오1 결정), 공동공갈 등 폭처법이 적용되는 경우에도 그대로 적용된다(대법원 2010.7.29. 2010도5795 판결).

2. 특수공갈죄 (제350조의2), 공동공갈죄 (폭처법 제2조 제2항)

1) 단체 또는 다중의 위력을 흉기 기타 위험한 물건을 휴대하여 공갈죄를 범한 경우에는 1년 이상 15년 이하의 징역에 처한다(제350조의2). 본죄의 미수범은 처벌한다(제352조).

2) 2인 이상이 공동하여 공갈죄를 범한 경우에는 공갈죄에 정한 형의 1/2을 가중한다(폭처법 제2조 제2항). 본죄의 미수범은 처벌한다(같은 법 제6조).

3. 상습공갈죄 (제351조)

1) 상습으로 공갈죄 또는 특수공갈죄를 범한 때에는 그 죄에 정한 형의 1/2을 가중한다(제351조).

2) 상습으로 공갈죄 또는 특수공갈죄를 범한 자가 그 범죄행위로 인하여 취득한 재물 또는 재산상 이익의 가액(이득액)이 5억원 이상 50억원 미만인 때에는 3년 이상의 유기징역에 처하고, 이득액이 50억원 이상인 때에는 무기 또는 5년 이상의 징역에 처한다. 이 때 이득액 이하에 상당하는 벌금을 병과할 수 있다(특경법 제3조 제1항, 제2항).

Ⅵ. 횡령의 죄(제40장)

1) 횡령의 죄(횡령죄)는 타인의 재물을 보관하는 자가 그 재물을 횡령하거나 반환을 거부함으로써 성립하는 범죄이다. 그 유형으로는 단순횡령죄(제355조 제1항), 업무상 횡령죄(제356조) 및 점유이탈물횡령죄(제360조)가 있다. 미수범은 처벌되며(제359조), 친족상도례(제328조) 및 동력에 관한 규정(제346조)이 준용된다(제361조).

2) 한편 횡령죄 또는 업무상횡령죄로 인하여 취득하거나 제3자로 하여금 취득하게 한 재물이나 재산상 이익의 가액(이득액)이 5억원 이상인 때에는 특경법에 의해 가중처벌된다(특경법 제3조).

1. 단순횡령죄(제355조 제1항)

타인의 재물을 보관하는 자가 그 재물을 횡령하거나 반환을 거부함으로써 성립하는 범죄로 5년 이하의 징역 또는 1천만원 이하의 벌금에 처하고, 10년 이하의 자격정지를 병과할 수 있다(제358조). 본죄의 미수범은 처벌한다(제359조). 횡령죄를 범한 자가 그 범죄행위로 인하여 취득하거나 제3자로 하여금 취득하게 한 재물이나 재산상 이익의 가액(이득액)이 5억원 이상 50억원 미만일 때에는 3년 이상의 유기징역에, 이득액이 50억원 이상일 때에는 무기 또는 5년 이상의 징역에 처한다. 이 경우 이득액 이하에 상당하는 벌금을 병과할 수 있다(특경법 제3조 제1항, 제2항).

(1) 의 의

1) 횡령죄는 타인의 재물을 보관하는 자가 주체가 되는 신분범이다. 횡령죄와 배임죄는 같은 조(제355조)에서 규정하고 있고 모두 타인의 신임관계를 위배한다는 점에서 공통점이 있으나, 행위의 객체가 횡령죄는 재물인데 반하여 배임죄는 재산상 이익이라는 점에서 구분된다. 위탁에 의한 타인의 재물의 보관은 넓은 의미에서 타인의 사무의 처리로 볼 수 있고 이를 횡령하거나 반환을 거부하는 것은 넓은 의미에서 임무에 위배하는 행위에 해당한다고 볼 수 있다. 따라서 횡령죄는 배임죄에 대하여 특별관계에 있다고 말할 수 있다.

2) 횡령죄는 영득죄의 일종으로 신임관계에 위배하여 위탁된 보관물을 불법하게 영득하는 데 횡령죄의 본질이 있다(영득행위설). 점유이탈물횡령죄는 횡령죄와 같은 장(제40장)에 규정되어 있으나 위탁관계를 요건으로 하지 않는다는 점에서 횡령죄와 구별되고, 그 법정형도 1년 이하의 징역이나 300만원 이하의 벌금 또는 과료로 횡령죄에 비해 현저히 낮다.

(2) 주체 — 타인의 재물을 보관하는 자

가. 위탁관계에 의한 보관

1) 횡령죄는 신임관계에 위배하여 위탁된 보관물을 불법하게 영득하는 데 그 본질이 있으므로, 횡

령죄가 성립하기 위해서는 위탁관계에 의하여 타인의 재물을 보관하는 경우이어야 하고 단순히 재물을 보관하거나 교부해야 할 채무를 이행하지 아니하였다고 하여 횡령의 죄책을 지는 것은 아니다.

○ 대법원 1979.6.12. 선고 79도656 판결【업무상횡령 등】

소위 입사보증금은 고용계약과 관련하여 피용자가 장래 부담하게 될지도 모르는 손해배상 채무의 담보로서 제공되는 신원보증금으로서 일단 그 소유권은 사용자에게 이전되는 것이므로 사용자가 이를 소비하여도 횡령죄를 구성하지 아니한다.

○ 대법원 1986.6.24. 선고 86도631 판결【횡령】

물건납품을 위한 선매대금은 매수인으로부터 매도인에게 교부되면 그 소유권이 매도인에게 이전되는 것이고 따라서 매수인을 위하여 그 대금을 보관하는 지위에 있지 아니하므로 매도인이 그 대금으로 교부받은 돈을 임의로 소비하였다 하더라도 이는 횡령죄를 구성하지 아니한다.

○ 대법원 1995.1.20. 선고 94도2760 판결【횡령】

발행인으로부터 일정한 금액의 범위 내에서 액면을 보충·할인하여 달라는 의뢰를 받고 액면 백지인 약속어음을 교부받아 보관 중이던 자가 발행인과의 합의에 의하여 정해진 보충권의 한도를 넘어 보충을 한 경우에는 발행인의 서명날인 있는 기존의 약속어음 용지를 이용하여 새로운 별개의 약속어음을 발행한 것에 해당하여 이러한 보충권의 남용행위로 인하여 생겨난 새로운 약속어음에 대하여는 발행인과의 관계에서 보관자의 지위에 있다 할 수 없으므로, 설사 그 약속어음을 자신의 채무변제조로 제3자에게 교부하여 임의로 사용하였다고 하더라도, 발행인으로 하여금 제3자에 대하여 어음상의 채무를 부담하는 손해를 입게 한 데에 대한 배임죄가 성립될 수 있음은 별론으로 하고, 보관자의 지위에 있음을 전제로 횡령죄가 성립될 수는 없다.

○ 대법원 1997.9.5. 선고 97도1592 판결【업무상횡령】

지입차주들이 차량위탁관리료와 산업재해보상보험료 및 제세공과금을 합한 일정 금액을 일괄하여 납입하는 지입료는 일단 지입회사의 소유로 되어 회사가 그 지입료 등을 가지고 그 운영비와 전체 차량의 제세공과금 및 보험료에 충당할 수 있는 것이므로 지입차주들이 낸 보험료나 세금을 회사가 항목유용하였다 하더라도 횡령죄가 되지 아니한다.

○ 대법원 2005.9.29. 선고 2005도4809 판결【횡령】

부동산 매수인이 매매대금의 완납 전에 그 매매목적물을 담보로 하여 금전을 차용함에 있어 매도인의 승낙을 받는 한편 매도인과 사이에 그 차용금액의 일부는 매도인에게 매매대금으로 우선 교부하여 주기로 약정한 다음 금전을 차용하여 이를 전부 임의로 소비한 경우, 매도인과 매수인 사이의 약정은 매매잔대금의 지급방법의 하나를 정한 것에 불과하고 이로써 매수인이 대금완납 시까지 매도인을 위하여 위 매매목적물을 관리하거나 담보 제공하여 차용한 금전을 보관하여야 하는 지위에 있다고 볼 수 없으므로, 매수인이 차용금액의 일부를 매도인에게 지급하지 아니하였다고 하더라도 이는 민사상의 채무불이행에 지나지 아니할 뿐 횡령죄를 구성하지 아니한다.

○ 대법원 2012.5.10. 선고 2011도12408 판결【특경법위반(횡령) 등】

초·중등교육법과 사립학교법상 학생이나 학부모가 납부한 수업료 기타 납부금은 정해진 목적·용도에 사용될 때까지 학생이나 학부모가 그 소유권을 유보한 채 경영자에게 위탁한 것이 아니라 경영자가 이를 납부받음으로써 일단 학교법인이나 경영자의 소유로 되고, 다만 이는 교비회계에 속하는 수입이어서 관련 법령에 따라 그 용도가 엄격히 제한되는 것에 불과하므로, 사립학교의 경영자가 학생이나 학부모가 납부한 수업료 등으로 조성된 교비를 임의로 사용하였다고 하더라도 사립학교법위반죄가 성립하는 것 외에 따로 사립학교 학생이나 학부모 또는 사립학교에 대한 횡령죄가 성립하는 것은 아니다.

2) 횡령죄의 성립요건으로 위탁관계는 법령(미성년자의 재산에 대한 법정대리인의 관리의무, 피후견인

의 재산에 대한 후견인의 관리의무, 사무관리)이나 계약(담보권설정, 위임, 임대차, 사용대차, 고용, 임치, 위탁매매 등), 조리 또는 거래의 신의칙에 의해 발생할 수도 있다. 법령에 의해 위탁관계가 인정되는 경우로는 다음과 같은 것들이 있다.

> **민법 제320조(유치권의 내용)** ① 타인의 물건 또는 유가증권을 점유한 자는 그 물건이나 유가증권에 관하여 생긴 채권이 변제기에 있는 경우에는 변제를 받을 때까지 그 물건 또는 유가증권을 유치할 권리가 있다.
> **제329조(동산질권의 내용)** 동산질권자는 채권의 담보로 채무자 또는 제삼자가 제공한 동산을 점유하고 그 동산에 대하여 다른 채권자보다 자기채권의 우선변제를 받을 권리가 있다.
> **제684조(수임인의 취득물 등의 인도, 이전의무)** ① 수임인은 위임사무의 처리로 인하여 받은 금전 기타의 물건 및 그 수취한 과실을 위임인에게 인도하여야 한다.
> **제693조(임치의 의의)** 임치는 당사자 일방이 상대방에 대하여 금전이나 유가증권 기타 물건의 보관을 위탁하고 상대방이 이를 승낙함으로써 효력이 생긴다.
> **제916조(자의 특유재산과 그 관리)** 자가 자기의 명의로 취득한 재산은 그 특유재산으로 하고 법정대리인인 친권자가 이를 관리한다.
> **제949조(재산관리권과 대리권)** ① 후견인은 피후견인의 재산을 관리하고 그 재산에 관한 법률행위에 대하여 피후견인을 대리한다.
> **상법 제103조(위탁물의 귀속)** 위탁매매인이 위탁자로부터 받은 물건 또는 유가증권이나 위탁매매로 인하여 취득한 물건, 유가증권 또는 채권은 위탁자와 위탁매매인 또는 위탁매매인의 채권자간의 관계에서는 이를 위탁자의 소유 또는 채권으로 본다.

계약에 의한 위탁관계가 인정되기 위해서는 반드시 명시적인 합의가 있어야 하는 것은 아니고 묵시적 합의해 의해서도 인정될 수 있다(대법원 2008.10.23. 선고 2007도6463 판결). 계약에 의한 위탁관계는 주로 위임에 의해 발생하는데 계약상 위임기간이 종료한 경우라도 급박한 사정이 있는 때에는 수임인이나 상속인 등은 위임인이 위임사무를 처리할 수 있을 때까지 그 사무의 처리를 계속하여야 한다(민법 제691조). 예를 들어 부동산의 명의자로서 명의수탁자인 부(父)가 사망함에 따라 그 자(子)가 상속인이 되었다면 자(子)는 그 부동산의 수탁관리자로서의 지위를 포괄승계한 것이어서 그 부동산을 유효하게 처분할 수 있는 보관자로서의 지위가 인정된다(대법원 1996.1.23. 선고 95도784 판결). 부동산실명법에 따라 부부간 명의신탁이 일단 유효한 것으로 인정된 후 배우자 일방의 사망으로 부부관계가 해소된 경우 명의신탁약정이 사망한 배우자의 다른 상속인과의 관계에서도 여전히 유효하게 존속하므로(대법원 2013.1.24. 선고 2011다99498 판결), 사망한 배우자의 상속인이 그 부동산을 처분한 때에는 횡령죄의 죄책을 진다.

그러나 부동산의 소유명의 및 관리를 위탁받은 자가 자기명의로의 소유권이전등기를 생략한 채 자(子)에게 소유권이전등기를 하여 주고 사망하였다면 비록 자(子)가 그러한 사정을 알고 있었다고 하더라도 그로써 곧 위탁자에 대한 관계에 있어 등기명의 및 관리의 수탁자로서의 지위를 취득하거나 승계하는 것은 아니므로 자(子)가 위탁자에게 그 부동산의 반환을 거부하더라도 횡령죄를 구성하지는 않는다(대법원 1987.2.10. 선고 86도2349 판결). 그리고 부동산의 진정한 소유자와는 전혀 무관하게 신탁자로부터 그 지분을 명의신탁받았다고 하더라도 소유자와 수탁자 사이에 부동산에 관한 법률상 또는 사실상의 위탁신임관계가 성립하였다고 할 수 없어 수탁자는 원인무효인 소유권이전등기의 명의자에 불과하고 부동산을 보관하는 자의 지위에 있다고도 할 수 없으므로, 수탁자가 신탁받은 부동산을 임의로 처분하였다고 하여도 횡령죄의 죄책을 지울 수 없다(대법원 2007.5.31. 선고 2007도1082 판결).

3) 위탁관계는 법령이나 계약뿐만 아니라 조리 또는 거래의 신의칙에 기하여 발생할 수도 있다. 채무자가 채무총액에 관한 지불각서를 써 줄 것으로 믿고 채권자가 채무자에게 그 액면금 등을 확인할 수 있도록 가계수표들을 교부하였는데 채권자와 채무자 사이에는 합의가 결렬되어 채무자가 채권자에게 지불각서를 써 주지 아니하는 경우 채무자는 그 가계수표들을 보관하고 있다가 채권자가 요구하면 그것을 반환해야 하는 조리에 의한 위탁관계가 성립하므로, 채무자가 보관 중이던 가계수표의 반환을 거부한 때에는 횡령죄의 죄책을 지고(대법원 1996.5.14. 선고 96도410 판결), 임차인이 이사하면서 그가 소유하거나 타인으로부터 위탁받아 보관 중이던 물건들을 임대인의 방해로 옮기지 못하고 그 임차공장 내에 그대로 두었다면 임대인은 사무관리 또는 조리상 임차인을 위하여 그 물건들을 보관해야 하므로, 임대인이 이를 임의로 매각하거나 반환을 거부하였다면 횡령죄의 죄책을 진다(대법원 1985.4.9. 선고 84도300 판결).

그리고 앞에서 살펴보았듯이 송금인이 착오로 수취인의 예금계좌에 자금을 이체한 경우 수취인은 수취은행에 대하여 이체금액 상당의 예금채권을 취득하므로 수취인이 은행에 예금반환을 청구하여 금전을 지급받았다고 하더라도 은행에 대한 관계에서 사기죄의 죄책을 지지 않는다(대법원 2010.5.27. 선고 2010도3498 판결). 그러나 수취인과 송금인 사이에 별다른 거래관계가 없다고 하더라도 신의칙상 보관관계가 성립하므로 송금 절차의 착오로 인하여 자신의 명의의 은행 계좌에 입금된 돈을 수취인이 임의로 인출하여 소비한 경우 송금인에 대한 관계에서는 횡령의 죄책을 진다(☞ **[판례 VI-1]** 참조).

[판례 VI-1] 대법원 2010.12.9. 선고 2010도891 판결【횡령】

〈사실관계〉

A회사의 대표인 피고인은 홍콩법인 B회사의 직원이 대여금 명목으로 C회사 명의의 은행계좌로 송금하여야 함에도 불구하고 착오로 피고인 명의의 은행계좌로 송금한 300만 홍콩달러(한화 약 3억 9,000만 상당)를 보관하던 중 이를 반환하지 아니하고 A회사의 거래업체에 연체된 물품대금으로 지급하거나 직원들의 급여로 지급하는 등 임의로 사용하였다.

〈사건의 경과〉

1심에서는 피해자가 피고인의 계좌로 송금한 돈은 피해자의 점유를 이탈하여 우연히 피고인이 계좌에 입금된 것으로 점유이탈물에 속하고 따라서 피고인은 위탁관계에 의하여 타인의 재물을 보관하는 자에 해당하지 아니하므로 횡령죄는 성립하지 않는다고 판시하였다. 이에 검사가 항소하였고 2심은 피고인과 피해자 회사 사이에 신의성실의 원칙에 의한 위탁관계가 인정된다는 이유로 횡령죄가 성립한다고 판시하였다. 이에 피고인이 상고하였다.

〈판결요지〉

어떤 예금계좌에 돈이 착오로 잘못 송금되어 입금된 경우에는 그 예금주와 송금인 사이에 신의칙상 보관관계가 성립한다고 할 것이므로, 피고인이 송금 절차의 착오로 인하여 피고인 명의의 은행 계좌에 입금된 돈을 임의로 인출하여 소비한 행위는 횡령죄에 해당하고 이는 송금인과 피고인 사이에 별다른 거래관계가 없다고 하더라도 마찬가지이다. 이러한 법리에 비추어 보면 이 사건에서 피해자 회사에 근무하는 직원이 착오로 피고인 명의의 은행계좌로 잘못 송금한 300만 홍콩달러를 임의로 인출하여 사용한 피고인의 행위는 횡령죄를 구성한다.

〈참조판례〉

○ 대법원 2005.10.28. 선고 2005도5975 판결【횡령】

피고인이 피해자로부터 3억 2,000만원을 송금받고 피해자에게 부동산의 소유권이전에 필요한 서류를 교부함으로써 매매계약의 목적이 달성되어 피고인과 피해자 사이에 매매계약으로 인한 법률관계는 종료하였으나 피해자가 그 후 착오로 피고인에게 위 매매계약에 기한 잔금으로서 3억 2,000만원을 추가로 송금하였다면, 피고인은 신의성실의 원칙상 피해자가 착오로 송금한 돈을 보관하는 자의 지위에 있게 되었다고 보아야 할 것이므로, 피고인이 위 돈을 임의로 사용한 행위는 횡령죄를 구성한다.

〈해 설〉

위 [판례 Ⅵ-1]에서 2심과 대법원은 피고인과 피해자 사이에 신의성실에 기초한 위탁관계가 있다고 보고 이를 소비한 행위에 대해 횡령죄의 성립을 인정하고 있으나 구체적으로 신의성실에 기초한 위탁관계를 인정하는 근거에 대해서는 설명이 없다. 굳이 말하자면 "타인이 유실한 물건을 습득한 자는 이를 신속하게 유실자 또는 소유자 그 밖에 물건회복 청구권을 가진 자에게 반환하거나 경찰서 등에 제출하여야 한다"고 규정하고 있는 유실물법 제1조 제1항과 타인의 점유를 이탈한 물건을 횡령한 행위를 점유이탈물횡령죄로 처벌하는 형법 제360조가 착오로 송금한 금전에 대한 위탁관계를 인정하는 근거가 될 수 있을 것이다.

그런데 위탁관계에 의한 보관의무를 인정하더라도 피고인의 계좌에 송금된 돈을 과연 재물로 볼 수 있는가가 문제된다. 은행 대여금고 속에 보관된 금전과는 달리 예금은 은행 등이 금융기관이 개인이나 기업으로부터 보관과 운용을 위탁받은 자금을 말하는데, 대개 보통예금은 은행 등 법률이 정하는 금융기관을 수치인으로 하는 금전 소비임치 계약으로, 예금계좌에 입금된 금전의 소유권은 금융기관으로 이전되고 예금주는 그 예금계좌를 통한 예금반환청구권만을 가진다(대법원 2008.4.24. 선고 2008도1408 판결). 따라서 이 사건에서 피해자에 대한 관계에서 피고인에 대하여 신의성실에 기초한 보관의무를 인정한다고 하더라도 피해자의 '재물'을 보관하고 있다고 할 수 없으므로 횡령죄의 죄책을 물 수는 없다고 하겠다.

4) 위탁관계에 의하여 수탁자가 점유를 하게 되더라도 수탁자의 단독점유가 아니라 위탁자와의 공동점유를 인정해야 하는 경우(예를 들어 잠금장치된 용기를 타인에게 보관하도록 하고 신탁자는 열쇠를 소지하고 자유롭게 그 용기에 접근할 수 있는 경우)가 있다. 이와 같은 경우에는 공동점유에서는 자기의 점유가 아니라 타인의 점유로 인정되기 때문에, 수탁자가 이를 처분한 경우에는 절도죄가 성립한다. 그리고 상하주종관계에서는 점유보조자의 점유는 인정되지 아니하고 점유주의 점유만이 인정되는 것이 원칙이나 점유주가 점유보조자에게 개별적·구체적으로 위임한 경우에는 점유보조자의 단독점유가 인정되므로 점유보조자가 이를 처분한 경우에는 횡령의 죄책을 진다. 예컨대 피해자가 그 소유의 오토바이를 타고 심부름을 다녀오라고 하여서 그 오토바이를 타고 가다가 마음이 변하여 이를 반환하지 아니한 채

그대로 타고 가버렸다면 절도죄가 아니라 횡령죄가 성립한다(대법원 1986.8.19. 선고 86도1093 판결).

나. 재물의 보관

1) 횡령죄의 객체는 '재물'이다. 재물에는 유체물 뿐만 아니라 전기 기타 관리할 수 있는 동력도 포함된다(제361조, 제346조). 횡령죄에 있어서 '보관'은 재물이 사실상 지배하에 있는 경우뿐만 아니라 법률상의 지배·처분이 가능한 상태를 모두 가리키는데(대법원 2005.6.24. 선고 2005도2413 판결), 재물의 유형에 따라서 동산의 보관과 부동산의 보관으로 구분해 볼 수 있다.

2) 우선 동산의 '보관'은 일반적으로 타인의 위탁을 받아 동산을 사실적으로 점유·관리하는 것을 말한다. 그러나 횡령죄에서의 보관은 재물에 대한 사실상 지배뿐만 아니라 법률상의 지배도 포함하므로, 예컨대 실질적으로는 타인소유의 자동차나 중기의 명의를 자신의 명의로 변경해 둠으로써 동산에 대한 법률상 지배·처분이 가능한 지위를 보유하는 것도 포함한다. 또한 선하증권, 화물상환증, 창고증권 중 유가증권의 소지인은 화물을 사실상 점유하고 있지 않더라도 유가증권의 인도만으로서 유효하게 화물을 처분할 수 있는 법적 지위에 있으므로 그 화물에 대한 보관자의 지위가 인정된다.

3) 동산의 보관과는 달리 부동산의 보관은 그 부동산에 대한 사실상의 지배가 아니라 그 부동산을 제3자에게 처분할 수 있는 지위에 있는지 여부를 기준으로 판단한다(☞ **[판례 Ⅵ-2]** 참조). 따라서 타인 소유의 부동산을 자기명의로 소유권이전등기를 해 두면 보관자의 지위가 인정되고, 미등기부동산의 경우는 위탁관계에 의하여 현실적으로 부동산을 관리·지배하는 자가 보관자가 된다(대법원 1993.3.9. 선고 92도2999 판결). 그리고 등기부상의 명의인이 아니라도 소유자의 위임에 의거해서 실제로 타인의 부동산을 지배·관리하는 자는 그 부동산을 제3자에게 유효하게 처분할 수 있는 지위에 있다고 할 수 있으므로 그 부동산을 보관하는 자에 해당한다. 예를 들어 등기부상 소유명의인의 배우자로서 소유명의인의 위임에 의하여 그 부동산의 실질적인 지배·관리권 및 대외적인 처분권을 갖고 있는 경우에는 실소유자에 대한 관계에서 그 부동산의 보관자로 인정된다(대법원 2010.1.28. 선고 2009도1884 판결).

[판례 Ⅵ-2] 대법원 2005.6.24. 선고 2005도2413 판결【횡령】

〈공소사실〉

피고인은 2003.7.16.경 종중총회의 결의도 없이 종중회장인 공소외 1로부터 종중 소유의 임야 28,660㎡를 담보로 대출을 받아 달라는 부탁과 함께 임야의 소유권을 이전받아 피해자 종중을 위해 보관하던 중, 2004.3.31.경 상호저축은행으로부터 이 사건 임야를 담보로 6천만원을 대출받아 보관 중 개인적인 용도로 임의로 사용하고, 2004.6.16.경 하나은행으로부터 개인적인 용도로 1억원을 대출받으면서 임야에 채권최고액 1억2천만원의 근저당권을 임의로 설정하였다.

〈판결요지〉

횡령죄에서 '재물의 보관'이라 함은 재물에 대한 사실상 또는 법률상 지배력이 있는 상태를 의미하며, 그 보관은 소유자 등과의 위탁관계에 기인하여 이루어져야 하는 것이지만, 그 위탁관계는 사실상의 관계이면 족하고 위탁자에게 유효한 처분을 할 권한이 있는지 또는 수탁자가 법률상 그 재물을 수탁할 권리가 있는지 여부를 불문하는 것이고, 한편, 부동산에 관한 횡령죄에 있어서 타인의 재물을 보관하는 자의 지위는 동산의 경우와는 달리 부동산에 대한 점유의 여부가 아니라 법률상 부동산을 제3자에게 처분할 수 있는 지위에 있는지 여부를 기준으로 판단하여야 할 것이다. 피고인은 공소외 4를 통하여 담보대출을 위한 목적으로 이 사건 임야를 이전받은 다음 공소사실 기재와 같이 금원을 대출받아 임의로 사용하고, 나아가 자신의 개인적인 대출금 담보를 위하여 근저당권을 설정한 사실을 인정할 수 있는 바, 비록 피고인이 이 사건 임야를 이전받는 과정에서 적법한 종중총회의 결의가 없었다고 하더라도 피고인은 이 사건 임야나 위 대출금에 관하여 사실상 피해자 종중의 위탁에 따라 이를 보관하는 지위에 있다고 보아야 할 것이고, 따라서 피고인이 임의로 위 대출금을 사용하거나 이 사건 임야에 관한 등기명의를 보유하게 됨을 기화로 임의로 근저당권을 설정한 행위는 피해자 종중에 대한 관계에서 횡령죄를 구성한다고 할 것이다.

부동산에 관한 횡령죄에 있어서 타인의 재물을 보관하는 자의 지위는 부동산을 제3자에게 유효하게 처분할 수 있는 권능의 유무에 따라 결정되고, 단순히 그 부동산을 점유하고 있다는 사실만으로 그 부동산을 보관하는 지위가 인정되는 것은 아니다. 예컨대 부동산을 공동으로 상속한 자들 중 1인이 부동산을 혼자 점유하던 중 다른 공동상속인의 상속지분을 임의로 처분하거나(대법원 2000.4.11. 선고 2000도565 판결), 부동산의 공유자 중 1인이 다른 공유자의 지분을 임의로 처분하거나 임대하더라도(대법원 2004.5.27. 선고 2003도6988 판결) 이들은 단순히 부동산을 점유할 뿐 부동산에 대한 처분권능을 가진 것은 아니므로 횡령죄의 죄책을 지지 않는다. 그리고 타인소유의 토지에 관하여 그 소유권이전등기를 경료받음이 없이 그 경작관리권만을 위임받아 토지를 점유해 온 자가 허위의 보증서와 확인서를 발급받아 임의로 소유권이전등기를 마쳤다고 하더라도 그와 같은 원인무효의 등기에 의하여 그 토지에 대한 처분권능이 발생하는 것은 아니므로, 원인무효의 소유권이전등기가 경료되어 있음을 이용하여 그 토지가 농지개량사업에 의하여 도로로 편입되어 토지소유자에게 지급될 보상금을 수령하더라도 횡령죄의 죄책을 지울 수 없다(대법원 1987.2.10. 선고 86도1607 판결). 또한 농지에 대한 소유권을 취득할 수 없는 자가 농지를 매수하여 타인명의로 소유권이전등기를 마친 경우, 그 타인은 명의수탁자가 아니라 원인무효인 소유권이전등기의 명의자에 불과하므로 그 농지를 처분하더라도 횡령의 죄책을 지지 않는다(대법원 2010.6.24. 선고 2009도9242 판결).

4) 자동차, 선박, 항공기 등과 같이 고가의 가치를 지니고 있는 동산은 일반 동산과 달리 공적 장부에 의한 공시, 즉 등기나 등록에 의할 것이 입법적으로 채택되어 있다는 점에서 부동산과 유사한 특징을 가지고 있다.

즉, 자동차 등의 소유권의 취득·상실·변경(이하 '득실변경'이라 한다)은 인도(引渡)가 아니라 등록을 함으로써 그 효력이 발생한다. 자동차(이륜자동차는 제외)를 운행하기 위해서는 자동차등록원부에 등록을 해야 하고(자동차관리법 제5조), 한국선박의 소유자는 선적항을 관할하는 지방해양항만청장에게 그 선박을 등록해야 하며(선박법 제8조), 항공기를 소유하거나 임차하여 항공기를 사용할 수 있는 권리가 있는 자는 항공기를 국토교통부장관에게 등록하여야 한다(항공법 제3조). 항공기에 대한 소유권의 득실변경은 등록하여야 그 효력이 생기고(항공법 제5조), 소형선박(총톤수 20톤 기선·범선, 총톤수 100톤 미만인 부선) 소유권의 득실변경은 등록을 하여야 그 효력이 생긴다(선박법 제8조의2). 자동차나 중기(또는 건설기계)의 소유권의 득실변경은 등록을 함으로써 그 효력이 생기고 그와 같은 등록이 없는 한 대외적 관계에서는 물론 당사자의 대내적 관계에 있어서도 그 소유권을 취득할 수 없는 것이 원칙이다(대법원 2007.1.11. 선고 2006도4498 판결).

차량소유자(지입차주)가 그 소유 차량명의를 자동차 운송사업자(지입회사)에게 신탁하여 그 소유권과 운행관리권을 지입회사에 귀속시키되 지입차주가 지입차량의 운행관리권을 위탁받아 자신의 독자적인 계산하에 운행하면서 지입회사에 일정액의 관리비를 지급하는 이른바 지입계약의 경우, 지입회사와 지입차주 사이에 지입차량의 소유권을 지입차주가 보유하기로 약정하였다는 등의 특별한 사정이 없는 한, 지입차량은 그 등록명의자인 지입회사의 소유이고 지입차주의 소유는 아니다(대법원 2003.5.30. 선고 2000도5767 판결). 따라서 지입차주가 그 차량을 보관하던 중 지입회사의 승낙을 받지 않고 무단으로 처분하였다면 이는 자기가 보관하는 타인의 재물을 횡령하는 것으로서 횡령의 죄책을 진다(☞ **[판례 Ⅵ-3]** 참조).

[판례 Ⅵ-3] 대법원 2015.6.25. 선고 2015도1944 판결【횡령】

〈사실관계〉

A회사는 4대의 화물차량에 대하여 B회사와 지입계약을 체결하고 그 화물차량을 지입회사인 B회사 명의로 등록하고 지입계약에 기초하여 그 화물차를 운행관리하였다. A회사의 대표이사 甲은 위 화물차를 실질적으로 점유하다가 회사 및 개인채무 변제를 위해 돈이 필요하게 되자 회사 재산 처분을 위한 아무런 회사 내 절차를 거치지 아니한 채 밀수출에 활용할 속칭 대포차량을 헐값에 매입하고 있는 乙 등에게 약 1,000만원 내지 1,500만원을 받고 점유를 이전하는 방법으로 사실상 처분한 다음 매매대금을 생활비 등 개인적인 용도에 소비하였다.

〈판결요지〉

횡령죄에서 재물의 보관은 재물에 대한 사실상 또는 법률상 지배력이 있는 상태를 의미한다. 따라서 소유권의 취득에 등록이 필요한 타인 소유의 차량을 인도 받아 보관하고 있는 사람이 이를 사실상 처분하면 횡령죄가 성립하며, 그 보관 위임자나 보관자가 차량의 등록명의자일 필요는 없다. 그리고 이와 같은 법리는 지입회사에 소유권이 있는 차량에 대하여 지입회사로부터 운행관리권을 위임받은 지입차주가 지입회사의 승낙 없이 그 보관 중인 차량을 사실상 처분하거나 지입차주로부터 차량 보관을 위임받은 사람이 지입차주의 승낙 없이 그 보관 중인 차량을 사실상 처분한 경우에도 마찬가지로 적용된다. 이와 달리 소유권의 취득에 등록이 필요한 차량에 대한 횡령죄에서 타인의 재물을 보관하는 사람의 지위는 일반 동산의 경우와 달리 차량에 대한 점유 여부가 아니라 등록에 의하여 차량을 제3자에게 법률상 유효하게 처분할 수 있는 권능 유무에 따라 결정하여야 한다는 취지의 대법원 1978.10.10. 선고 78도1714 판결, 대법원 2006.12.22. 선고 2004도3276 판결 등은 이 판결과 배치되는 범위에서 이를 변경하기로 한다.

〈참조판례〉

○ 대전지법 2015.1.15. 선고 2014노2662, 3322 판결【횡령】

지입계약은 차량소유자와 자동차 운송사업자 사이에 대외관계에서는 차량소유자(지입차주)가 그 소유 차량명의를 자동차 운송사업자(지입회사)에게 신탁하여 그 소유권과 운행관리권을 지입회사에 귀속시키되, 대내관계에서는 지입차량의 운행관리권을 위탁받아 자신의 독자적인 계산하에 운행하면서 지입회사에 일정액의 관리비를 지급하기로 하는 내용의 차량 위·수탁 관리계약으로서, 일반적으로 회사에 지입된 차량은 대외적으로 그 소유권이나 운행관리권이 그 회사에 귀속되는 것이어서 이를 지입차주가 직접 운행·관리하는 경우에도 지입차주는 회사로부터 지입차량에 관한 운행관리권을 위임받아 운행관리상 통상업무에 속하는 행위를 대리하는 데 불과하고, 그 차량 소유자라고 볼 수는 없다. 甲이 지입회사와 이 사건의 차량에 대한 위탁관리(지입)계약을 체결하여 자동차등록원부상 지입회사가 소유권자로 등록된 상태에서 지입회사의 동의 없이 임의로 지입차량을 매도하였는바, 甲의 이러한 행위는 횡령행위에 해당된다.

〈해 설〉

위에서 설명한 바와 같이 자동차 등은 동산이면서 자동차 등의 소유권의 득실변경은 인도(引渡)가 아니라 등기와 유사한 등록을 함으로써 그 효력이 발생한다는 점에서 부동산과 유사한 특징을 가지고 있다. 앞에서 살펴보았듯이 부동산에 관한 횡령죄에 있어서 타인의 재물을 보관하는 자의 지위는 부동산을 제3자에게 유효하게 처분할 수 있는 권능의 유무에 따라 결정되고, 단순히 그 부동산을 점유하고 있다는 사실만으로 그 부동산을 보관하는 지위가 인정되는 것은 아니다. 과거 판례는 "건설기계등록원부에의 등록을 소유권 취득의 요건으로 하는 화물자동차에 대한 횡령죄에 있어서, 타인의 재물을 보관하는 자의 지위는 일반 동산의 경우와는 달리 화물자동차에 대한 점유의 여부가 아니라 화물자동차를 제3자에게 유효하게 처분할 수 있는 권능의 유무에 따라 결정하여야 하는바, 화물자동차의 지입차주로부터 그 자동차에 관한 관리·운영권만을 위임받아 이를 점유하여 온 자는 그 화물자동차를 법률상 처분할 수 있는 지위에 있다고 할 수 없으므로 타인의 재물을 보관하는 자에 해당하지 않는다."는 입장을 취하고 있었다(대법원 2006.12.22. 선고 2004도3276 판결 참조). 그러나 이처럼 타인의 위탁으로 그 소유의 자동차 등을 사실상 보관하는 자가 그 자동차 등을 무단으로 처분한 경우 그 보관자가 자동차 등에 대한 처분권능을 가지고 있지 않다는 것을 이유로 횡령죄의 성립을 부정한다면, 지입회사의 차량을 보관하고 있던 지입차주가 무단으로 그 차량을 처분하는 행위에 대해서 아무런 형법적 대응을 할 수 없는 문제가 발생한다. 이에 대법원은 [판례 Ⅵ-3]에서 지입회사에 소유권이 있는 차량에 대하여 지입회사로부터 운행관리권을 위임받은 지입차주가 지입회사의 승낙 없이 그 보관 중인 차량을 사실상 처분하면 횡령죄가 성립하고 차량을 제3자에게 법률상 유효하게 처분할 수 있는 권능을 가지고 있을 것을 요하지 않는다는 입장으로 변경하였다. 이는 자동차 등의 소유권관계가 등록에 의해 표시되더라도 기본적으로는 동산으로서의 성격을 가지고 있음을 재확인한 것이라 평가할 수 있다.

5) 횡령죄에 있어서 '보관'의 객체는 재물, 즉 동산이나 부동산에 한하므로 권리와 같은 재산상 이익에 대해서는 배임죄가 성립할 수 있을지언정 횡령죄는 성립할 여지가 없다(대법원 1961.12.14. 선고 4294형상371판결). 상법상 주식은 자본구성의 단위 또는 주주의 지위(주주권)를 의미하고 주주권을 표창하는 유가증권인 주권(株券)과는 구분되는데, 주권(株券)은 유가증권으로서 재물에 해당되므로 횡령죄의 객체가 될 수 있으나 자본의 구성단위 또는 주주권을 의미하는 주식(株式)은 재물이 아니므로 횡령죄의 객체가 될 수 없다(대법원 2005.2.18. 선고 2002도2822 판결). 광업권도 재물인 광물을 취득할 수 있는 권리에 불과하므로 횡령죄의 객체가 될 수 없다(대법원 1994.3.8. 선고 93도2272 판결). A회사가 B회사 앞으로 착오로 중복하여 발생한 전자채권을 B회사의 대표이사가 은행으로부터 할인받은 후 B회사 은행계좌에 입금된 할인금을 인출한 경우, 전자채권은 횡령죄의 객체가 될 수 없고 전자채권의 할인금 또한 A회사 소유의 금원이라고 할 수 없으므로 B회사의 대표이사는 업무상횡령의 죄책을 지지 않는다(대법원

2014.2.27. 선고 2011도832 판결).

(2) 객체 — 타인의 재물

1) 횡령죄의 객체인 재물은 타인의 것이어야 한다. 주식회사는 주주와 독립된 별개의 권리주체로서 이해가 반드시 일치하는 것은 아니므로, 주주나 대표이사 또는 그에 준하여 회사 자금의 보관이나 운용에 관한 사실상의 사무를 처리하는 자가 회사소유의 재산을 제3자의 자금 조달을 위하여 담보로 제공하는 등 사적인 용도로 임의 처분하였다면 그 처분에 관하여 주주총회나 이사회의 결의가 있었는지 여부와는 관계없이 횡령죄의 죄책을 면할 수는 없다. 따라서 주식회사의 경영권을 인수한 후 주식회사 소유의 예금을 인출하여 자신이 그 회사를 인수하기 위하여 대출한 금액의 변제에 사용하였다면 횡령죄가 성립한다(대법원 2011.3.24. 선고 2010도17396 판결).

2) 동산의 매매계약을 체결하면서 매도인이 매매대금을 모두 지급받기 전에 목적물을 매수인에게 인도하지만 그 소유권은 매매대금이 모두 지급된 때에 매수인에게 이전된다는 내용의 이른바 소유권 유보의 특약을 한 경우 목적물이 매수인에게 인도되었다고 하더라도 소유권은 대금이 모두 지급될 때까지 매도인에게 유보되므로, 매수인이 매매대금을 모두 지급하기 전에 매매목적물을 무단으로 처분한 때에는 횡령의 죄책을 진다(대법원 2007.6.1. 선고 2006도8400 판결).

타인의 재물인지가 문제되는 사례를 유형별로 살펴보면 다음과 같다.

가. 공동소유물

1) 범인과 타인의 공동소유에 속하는 재물은 전체로서 타인의 재물로 취급된다. 예컨대 자신이 돈을 내어 피해자를 통하여 구입한 복권 2장을 피해자와 각각 한 장씩 나누어 그 당첨 여부를 확인한 결과 피해자의 복권이 당첨되었다면 피고인과 피해자 사이에 어느 누구의 복권이 당첨되더라도 당첨금을 공평하게 나누거나 공동으로 사용하기로 하는 묵시적인 합의가 있었다고 보아야 하므로 그 당첨금 전액은 피해자의 공유라고 보아야 하고, 피고인이 당첨금을 수령하여 피해자에게 그 당첨금의 배분을 거부한 이상 피고인은 횡령의 죄책을 진다(대법원 2000.11.10. 선고 2000도4335 판결).

2) 구분소유적 공유관계에서 각 공유자 상호 간에는 각자의 특정 구분부분을 자유롭게 처분함에 서로 동의하고 있다고 볼 수 있으므로 공유자 각자는 자신의 특정 구분부분을 단독으로 처분하고 이에 해당하는 공유지분등기를 자유롭게 이전할 수 있다(대법원 2014.12.24. 선고 2011도11084 판결). 그러나 동업재산은 동업자의 합유에 속하므로 동업관계가 존속하는 한 동업자는 동업재산에 대한 지분을 임의로 처분할 권한이 없고, 동업자 한 사람이 지분을 임의로 처분하거나 또는 동업재산의 처분으로 얻은 대금을 보관 중 임의로 소비하였다면 지분비율에 관계없이 임의로 소비한 금액 전체에 대하여 횡령죄의 죄책을 진다(대법원 2011.6.10. 선고 2010도17684 판결). 그리고 공동명의 예금채권자들 각자가 분담하여 출연한 돈을 동업 이외의 특정 목적을 위하여 공동명의로 예치해 둠으로써 그 목적이 달성되기 전에는

공동명의 예금채권자가 단독으로 예금을 인출할 수 없도록 방지·감시할 목적으로 공동명의로 예금을 개설한 경우에는 하나의 예금채권이 분량적으로 분할되어 각 공동명의 예금채권자들에게 귀속하므르 예금명의자 중 1인이 다른 예금명의자의 동의없이 예금을 인출하여 사용하였다면 횡령의 죄책을 진다(대법원 2008.12.11. 선고 2008도8279 판결).

조합재산은 조합원의 합유에 속하는 것이므로 조합원 중 한 사람이 조합재산의 처분으로 얻은 대금을 임의로 소비하였다면 횡령죄의 죄책을 면할 수 없다. 그러나 익명조합의 경우에는 익명조합원이 영업을 위하여 출자한 금전 기타의 재산은 상대편인 영업자의 재산으로 되는 것이므로 그 영업자는 타인의 재물을 보관하는 자의 지위에 있지 않고 따라서 영업자가 영업이익금 등을 임의로 소비하였다고 하더라도 횡령죄가 성립할 수는 없다(☞ **[판례 Ⅵ-4]** 참조).

[판례 Ⅵ-4] 대법원 2011.11.24. 선고 2010도5014 판결【횡령】

〈사실관계〉

피고인들은 함께 2002.9. 초순경 피해자 공소외 1과 부동산을 동업으로 매수하여 이를 전매한 후 부동산투자금 및 전매이익금을 정산하기로 계약을 체결한 다음 2002.9.17.경 피해자로부터 5,000만원 상당을 부동산투자금 명목으로 교부받아 위 3필지 부동산의 소유권을 피고인들 명의로 취득한 후 피해자를 위하여 이를 보관하고 있었다. 그러던 중 피고인들은 위 3필지 부동산을 피해자 몰래 임의로 제3자에게 매도한 후 피해자로부터 교부받은 위 5,000만원은 부동산투자금이 아니라 단순 차용금으로 주장함으로써 피해자에게 위 부동산투자금 및 전매이익금의 반환을 거부하기로 공모하였다. 그에 따라 피고인들은 함께 2007.4.2. 위 3필지 부동산을 23억 5,000만원에 제3자에게 임의로 매도한 후 피해자에게 부동산 투자금 및 전매이익금의 반환을 거부함으로써 피해자를 위하여 보관하고 있던 위 3필지 부동산의 피해자 지분을 횡령하였다.

〈판결요지〉

조합재산은 조합원의 합유에 속하는 것이므로 조합원 중 한 사람이 조합재산의 처분으로 얻은 대금을 임의로 소비하였다면 횡령죄의 죄책을 면할 수 없고, 이러한 법리는 내부적으로는 조합관계에 있지만 대외적으로는 조합관계가 드러나지 않는 이른바 내적 조합의 경우에도 마찬가지이다. 그러나 이러한 조합 또는 내적 조합과는 달리 익명조합의 경우에는 익명조합원이 영업을 위하여 출자한 금전 기타의 재산은 상대편인 영업자의 재산으로 되는 것이므로 그 영업자는 타인의 재물을 보관하는 자의 지위에 있지 않고 따라서 영업자가 영업이익금 등을 임의로 소비하였다고 하더라도 횡령죄가 성립할 수는 없다. 한편 어떠한 법률관계가 내적 조합에 해당하는지 아니면 익명조합에 해당하는지는, 당사자들의 내부관계에 있어서 공동사업이 있는지, 조합원이 업무검사권 등을 가지고 조합의 업무에 관여하였는지, 재산의 처분 또는 변경에 전원의 동의가 필요한지 등을 모두 종합하여 판단하여야 할 것이다.

피해자 공소외 1과 피고인은 2002.9.경 3필지의 토지를 매수하여 이를 전매한 후 그 전매이익금을 정산하기로 약정한 사실, 피고인은 2002. 11.경 피해자가 조달한 금원 등을 합하여 이 사건 토지를 매수하였으나 그 소유권이전등기는 자신과 공소외 2, 3의 명의로 경료한 사실, 피해자는 이 사건 토지 매수와 그 전매를 피고인에게 전적으로 일임하였고 그에 따라 토지를 매수하는 과정에 전혀 관여하지 않았을 뿐만 아니라 피고인이 2007. 4.경 위 토지를 매도할 때에도 전혀 관여하지 아니한 사실 등을 알 수 있는바, 사정이 이와 같다면 비록 피해자가 이 사건 토지의 전매차익을 얻을 목적으로 일정 금원을 출자하였다고 하더라도 이후 업무감시권 등에 근거하여 업무집행에 관여한 바도 전혀 없을 뿐만 아니라 피고인이 아무런 제한 없이 그 재산을 처분할 수 있었음이 분명하므로, 피해자와 피고인 사이의 약정은 조합 또는 내적 조합에 해당하는 것이 아니라 익명조합과 유사한 무명계약에 해당하는 것으로 보아야 할 것이다. 따라서 이 사건 피고인은 타인의 재물을 보관하는 자의 지위에 있지 않고, 부동산을 제3자에게 임의로 매도한 후 피해자에게 부동산 투자금 및 전매이익금의 반환을 거부하였다고 하더라도 횡령죄의 죄책은 지지 않는다고 할 것이다.

〈참조판례〉

○ **대법원 2000.9.8. 선고 2000도258 판결【횡령】**

부동산 입찰절차에서 수인이 대금을 분담하되 그중 1인 명의로 낙찰받기로 약정하여 그에 따라 낙찰이 이루어진 경우, 그 입찰절차에서 낙찰인의 지위에 서게 되는 사람은 어디까지나 그 명의인이므로 입찰목적부동산의 소유권은 경락대금을 실질적으로 부담한 자가 누구인가와 상관없이 그 명의인이 취득한다 할 것이므로 그 부동산은 횡령죄의 객체인 타인의 재물이라고 볼 수 없어 명의인이 이를 임의로 처분하더라도 횡령죄를 구성하지 않는다.

나. 담보로 제공된 물건

1) 채권자가 채권에 대한 담보로 타인의 물건을 담보로 제공받아 보관하던 중 그 물건을 무단으로 처분(양도, 증여, 담보제공)한 경우에는 횡령죄의 죄책을 진다. 예컨대 채권자가 채권에 대한 담보로 타인의 물건 또는 유가증권을 점유하는 경우 채권자는 채권의 변제를 받을 때까지 그 물건이나 유가증권을 유치할 권리가 있으나(민법 제320조 제1항), 채권자는 선량한 관리자의 주의로 유치물을 점유하고 채무자의 승낙없이 유치물을 사용, 대여 또는 담보제공을 해서는 안 될 의무를 지므로(민법 제324조), 만약 채권자가 이러한 의무를 위반하여 유치물을 양도·증여하거나 담보로 제공하는 등의 행위를 하였다면 이는 타인의 재물을 보관하는 자가 그 재물을 횡령하는 것으로 횡령죄의 죄책을 진다. 채권에 대한 담보로 채무자 또는 제3자가 제공한 동산을 점유한 경우(동산질권)에도 마찬가지이다(민법 제343조).

2) 채무자가 자기 또는 제3자의 물건을 담보로 제공하는 경우 원칙적으로 그 물건에 대한 점유는 채권자에게 이전되지만 담보물에 대한 소유권은 여전히 채무자에게 남아 있다. 그런데 채권담보의 목적으로 물건의 소유권을 채권자에게 양도하고 채무자가 채무를 이행하지 않는 경우에는 채권자가 그 목적물로부터 우선변제를 받게 되나 채무를 이행하는 경우에는 목적물을 원래의 소유자에게 반환하는 변칙담보(또는 비전형담보)의 경우에는 복잡한 문제가 발생한다. 비전형담보는 소비대차의 방식으로 신용을 수수하고 그 채무의 담보로서 물건을 양도하여 채권채무관계를 남겨두는 형태의 양도담보와 매매의 형식으로 신용을 수수하고 당사자 사이에 따로 채권 채무관계를 남기지 않는 형태의 매도담보로 구분된다. 양자 사이에는 소유권이전형식을 취하여 담보권을 설정한다는 공통점이 있으나 채무변제시 전자에서는 소유권이전등기말소청구권이 인정되는 데 반해 후자에서는 환매권(還買權)만이 인정된다는 점에 차이가 있다.

양도담보와 매도담보는 실질적으로는 담보이지만 소유권이전의 형식을 취하고 있기 때문에, 횡령죄의 성립여부와 관련하여 누가 소유자인지가 논란이 될 수 있다. 이 점과 관련하여 가등기담보 등에 관한 법률(이하 '가등기담보법'이라 한다) 제4조 제2항은 "채권자는 담보목적부동산에 관하여 이미 소유권이전등기를 마친 경우에는 청산기간이 지난 후 청산금을 채무자에게 지급한 때에 담보목적부동산의 소유권을 취득한다"는 규정을 두고 있다. 이 규정에 따르면 담보로 제공한 부동산의 소유권은 청산이 완료될 때까지 여전히 채무자에게 남아 있게 된다.

3) 우선 채무이행의 담보를 위하여 채권자와 동산에 관한 양도담보계약을 체결하고 채무자가 점유개정의 방법으로 여전히 그 동산을 점유하는 **양도담보**는 외형상 양도의 형식을 취하였을 뿐이고 실질은 채무의 담보와 담보권실행의 청산을 주된 목적으로 하므로, 특별한 사정이 없는 한 그 소유권은 여전히 채무자에게 남아 있고 채권자는 단지 양도담보권을 취득하는 데 지나지 않는다. 따라서 **채무자**가 채권자에게 동산을 양도담보로 제공하고 점유개정의 방법으로 점유하고 있다가 양도담보의 목적물을 제3자에게 처분하거나 담보로 제공하였다 하더라도 횡령죄의 죄책은 지지 않고(2009.2.12. 선고 2008도10971 판결; 대법원 1980.11.11. 선고 80도2097 판결), 채권자의 승낙을 받고 담보물을 매각하였다면 그 매각대금은 채무자의 소유이므로 이를 채무자가 소비하였다 하더라도 횡령죄의 죄책을 지지 않는다(대법원 1977.11.8. 선고 77도1715 판결). 다만 채무자는 채권자(양도담보권자)가 담보의 목적을 달성할 수 있도록 이를 보관할 의무를 지므로 채권자에 대하여 그의 사무를 처리하는 자의 지위에 있다고 할 것이므로, 채무자가 양도담보된 동산을 처분하는 등 부당히 그 담보가치를 감소시키는 행위를 한 경우에는 배임죄의 죄책을 질 수 있다(대법원 1983.3.8. 선고 82도1829 판결; 1989.7.25. 선고 89도350 판결).

그리고 동산양도담보의 경우 그 소유권은 여전히 채무자에게 남아 있고 채권자는 단지 양도담보물권을 취득하는 데 지나지 않으므로 다른 사유에 의하여 그 동산을 보관하게 된 채권자는 타인의 물건을 보관하는 자로서 횡령죄의 주체가 될 수 있다(대법원 1989.4.11. 선고 88도906 판결). 따라서 금전을 대여하면서 채무자로부터 그 담보로 동산을 교부받은 **채권자**가 위탁의 취지에 반하여 타인에게 담보목적물을 매각하거나 담보로 제공하여 피담보채무 이외의 채권까지도 변제충당한 때에는 횡령의 죄책을 진다(대법원 2007.6.14. 선고 2005도7880 판결). 한편 판례는 채권의 담보를 목적으로 부동산의 소유권이전등기를 경료받은 채권자는 채무자가 변제기일까지 그 채무를 변제하면 채무자에게 그 소유 명의를 환원하여 주기 위하여 그 소유권이전등기를 이행할 의무가 있으므로 그 변제기일 이전에 그 임무에 위배하여 이를 제3자에게 처분하였다면 변제기일까지 채무자의 변제가 없었다 하더라도 배임의 죄책을 진다고 본다(대법원 1992.7.14. 선고 92도753 판결). 그러나 가등기담보법 제4조 제2항에 의하면 담보부동산의 소유권은 여전히 채무자에게 남아 있는바, 자신의 명의로 소유권이전등기를 하여 채무자소유의 재물을 보관하고 있는 채권자가 이를 제3자에게 처분하였다면 횡령죄의 죄책을 묻는 것이 타당하다고 본다.

4) **매도담보**는 신용의 수수를 소비대차가 아닌 매매의 형식으로 행하고 당사자 사이에 따로 채권채무관계가 남지 않고 목적물의 소유권이 대내적으로는 물론 대외적적으로도 채권자에게 이전된다는 점에서 양도담보와 구별된다. 이 때문에 판례는 **채무자**가 채무를 담보하기 위하여 매매의 형식을 취하

여 채권자에게 동산을 담보로 제공한 다음 계속 사용하고 있다가 임의로 제3자에게 처분한 경우에는 횡령죄의 죄책을 진다고 판시한 바 있다(대법원 1962.2.8.선고 4294형상470 판결). 그러나 가등기담보법 제4조 제2항에 의하면 담보부동산의 소유권은 여전히 채무자에게 남아 있으므로 그 부동산은 타인의 재물이라고 할 수 없다. 변제기일 전에 채무자가 채권자에게 매도담보로 제공한 물건을 임의로 처분한 경우에는 배임죄의 죄책을 묻는 것은 별론으로 하더라도 횡령의 죄책을 물 수는 없다고 본다. 한편 판례는 채무자에게 환매권을 주는 형식을 취하여 채권담보를 목적으로 부동산의 소유권이전등기를 마친 경우 **채권자**는 채무자가 변제기일까지 그 채무를 변제하면 채무자에게 그 소유명의를 환원하여 주기 위하여 그 소유권이전등기를 이행할 의무가 있으므로 그 변제기일 이전에 그 임무에 위배하여 그 부동산을 제3자에게 처분하였다면 배임의 죄책을 진다고 본다(대법원 1995.5.12. 선고 95도283 판결). 그러나 앞에서 설명하였듯이 가등기담보법 제4조 제2항에 비추어 볼 때 매도담보로 제공된 물건의 소유권은 여전히 채무자에게 남아 있으므로 채권자가 담보물을 임의로 처분한 경우에는 횡령의 죄책을 묻는 것이 타당하다.

5) 매도담보와 양도담보 이외에 비전형담보의 유형으로 가등기담보가 있다. **가등기담보**에서는 처음에는 소유권의 변동이 없고 채무불이행시에 비로소 소유권이 채권자에게 이전된다는 점에서 매도담보 또는 양도담보와 구별된다. 가등기담보의 경우 가등기권리자인 **채권자**는 채무의 변제기까지는 가등기 상태를 유지하고 그 변제기한이 지나도록 채무이행이 없을 경우에 비로소 본등기를 경료할 임무가 있고 그 범위 안에서는 타인의 사무를 처리하는 자에 해당한다. 따라서 채권자가 이러한 임무에 위배하여 변제기한 전에 채무자의 승낙없이 부동산을 타인명의로 소유권이전등기를 경료한 경우에는 배임의 죄책을 진다(대법원 1990.8.10. 선고 90도414 판결).

6) 채권자가 그 채권의 지급을 담보하기 위하여 채무자로부터 수표나 어음을 발행·교부받아 이를 소지한 경우에는, 단순히 보관의 위탁관계에 따라 이를 소지하고 있는 경우와는 달리 그 수표상의 권리가 채권자에게 유효하게 귀속되어 채권자는 타인의 재물을 보관하는 자의 지위에 있다고 볼 수 없고 채권자와 채무자 사이에 반환에 관한 약정을 하였다고 하더라도 이는 단순한 채권적 약정에 불과하므로, 채권자가 이를 임의로 처분하였다고 하여 횡령의 죄책을 지울 수는 없다(대법원 1988.1.19. 선고 87도2078 판결; 대법원 2000.2.11. 선고 99도4979 판결).

다. 위탁매매로 취득한 물건

1) 위탁매매인이 위탁자로부터 받은 물건 또는 유가증권이나 위탁매매로 인하여 취득한 물건, 유가증권 또는 채권은 위탁자와 위탁매매인 또는 위탁매매인의 채권자간의 관계에서는 이를 위탁자의 소유 또는 채권으로 본다(상법 제103조). 따라서 위탁판매인이 위탁물을 매매하고 수령한 금원은 위탁자의 소유에 속하므로 위탁판매인이 이를 임의로 소비하거나 인도를 거부하는 때에는 횡령죄가 성립한

다(대법원 1990.3.27. 선고 89도813 판결).

부동산 매도에 관한 사무를 위탁받고 부동산의 매매계약금으로 수령한 돈의 반환을 거부하거나(대법원 2004.3.12. 선고 2004도134 판결), 아파트에 대한 사실상의 처분권을 가진 자로부터 아파트를 매도하여 달라는 부탁을 받은 후 아파트를 매도하고 수령한 대금을 임의로 소비하거나(대법원 2003.9.26. 선고 2003도3394 판결), 대지를 매각하여 달라는 부탁을 받은 후 대지를 매각, 그 대금을 수령한 후 매각대금을 임의로 소비하거나(대법원 1995.11.24. 선고 95도1923 판결), 금은방 운영자가 고객이 맡긴 금을 시세에 따라 사고파는 방법으로 운용하여 매달 일정한 이익금을 지급하는 한편 요청이 있으면 언제든지 보관 중인 금과 현금을 반환하기로 고객과 약정하였는데 그 후 경제사정이 악화되자 이를 자신의 개인채무 변제 등에 사용한 경우(대법원 2013.3.28. 선고 2012도16191 판결)에는 횡령죄가 성립한다.

2) 할인을 위하여 약속어음을 교부받은 수탁자는 그 약속어음을 할인하여 받은 돈을 위탁자에게 전달하여야 하고 그 돈이 수탁자의 점유 하에 있는 동안에도 다른 특별한 사정이 없는 이상 그 소유권은 위탁자에게 있으므로, 수탁자가 약속어음을 할인하여 받은 돈을 개인적인 용도로 소비한 때에는 횡령의 죄책을 진다(대법원 1999.7.23. 선고 99도1911 판결). 또한 할인을 위하여 약속어음을 교부받은 수탁자는 위탁의 취지에 따라 보관하여야 하고 약속어음을 교부할 당시에 그 할인의 편의를 위하여 배서양도의 형식을 취하였다 하더라도 마찬가지이므로, 배서양도의 형식으로 위탁된 약속어음을 수탁자가 자신의 채무변제에 충당하였다면 횡령의 죄책을 진다(대법원 1983.4.26. 선고 82도3079 판결).

3) 자신이 제작납품주문을 받아오면 피해자가 그의 비용으로 물품을 제작하여 납품하고 그 대금의 일부를 이익배당금 명목으로 자신에게 지급하기로 하는 내용의 계약을 체결하고, 그에 따라 자신이 주문을 받아와 피해자가 제작한 물품을 납품하고 그 대금을 수령하였다면, 그 대금은 두 사람 사이의 내부관계에 있어서 피해자의 소유로 귀속하므로 이를 무단으로 소비하거나 피해자에게 지급을 거부하였다면 횡령의 죄책을 진다(대법원 1990.5.25. 선고 90도578 판결).

라. 위탁된 금전

1) 계약에 의하여 수치인이 임치물을 소비할 수 있는 경우(소비임치)가 아닌 한 위탁을 받아 보관하고 있는 금전이나 유가증권 기타 물건의 소유권은 임치인에게 있다. 따라서 용도나 목적을 정하여 위탁한 금전은 정해진 용도나 목적에 사용할 때까지 이에 대한 소유권은 위탁자에게 유보되어 있으므로 수탁자가 그 위탁의 취지에 반하여 다른 용도에 소비할 때에는 횡령죄가 성립한다. 예컨대 상가관리회사의 임직원들이 상가를 관리하면서 상가의 입주자들로부터 관리비명목으로 금원을 징수하여 업무상 보관하던 중 그 금원을 본인들과 관련된 경조사비로 지출한 경우에는 업무상횡령의 죄책을 진다(대법원 2012.5.24. 선고 2011도11450 판결).

그러나 보험계약을 유치하는 영업활동을 독려·지원하기 위해서 일정한 보험상품에 관해 모집수당 이외에 추가로 지급하는 시책비(施策費)는 통상적인 실적급여로서의 성격을 가지므로 보험모집인이 시책비 중 일부를 개인적인 용도로 사용하였더라도 횡령의 죄책을 지지 않는다(대법원 2006.3.9. 선고 2003도6733 판결). 그리고 용도가 특정된 경우라도 특별히 그 금전이 특정되어 있지 않고 수탁자가 위탁의 취지에 반하지 않고 필요한 시기에 다른 금전으로 대체시킬 수 있는 상태에 있다면 이를 일시 사용하였다고 하여 횡령의 죄책을 지는 것은 아니다(대법원 2006.3.9. 선고 2003도6733 판결; 2008.3.14. 선고 2007도7568 판결).

2) 금전의 수수를 수반하는 사무처리를 위임받은 자가 그 행위에 기하여 위임자를 위하여 제3자로부터 수령한 금전은 목적이나 용도를 한정하여 위탁된 금전과 마찬가지로 달리 특별한 사정이 없는 한 위임자의 소유에 속하고 위임을 받은 자는 이를 위임자를 위하여 보관하는 관계에 있으므로, 위임을 받은 자가 이를 임의로 소비한 때에는 횡령죄가 성립한다. 예컨대 토지를 담보로 제공하여 금원을 대출받아 달라는 요청을 받고 토지를 담보로 제공하고 수령한 금원을 임의로 사용한 경우에는 횡령죄의 죄책을 진다(대법원 1996.6.14. 선고 96도106 판결). 운송회사와 소속 근로자 사이에 근로자가 운송회사로부터 일정액의 급여를 받으면서 당일 운송수입금을 전부 운송회사에 납입하되, 운송회사는 근로자가 납입한 운송수입금을 월 단위로 정산하여 그 운송수입금이 월간 운송수입금 기준액인 사납금을 초과하는 경우에는 그 초과금액에 대하여 운송회사와 근로자에게 일정 비율로 배분하여 정산하고, 사납금에 미달되는 경우에는 그 부족금액에 대하여 근로자의 급여에서 공제하여 정산하기로 하는 약정이 체결되었다면, 근로자가 애초 거둔 운송수입금 전액은 운송회사의 관리와 지배 아래 있다고 보아야 하므로 근로자가 운송수입금을 임의로 소비하였다면 횡령죄의 죄책을 진다(대법원 2014.4.30. 선고 2013도8799 판결).

그러나 피해자로부터 물품을 공급받아 거래처에 납품하고 거래처로부터 수령한 납품대금 중 피해자의 공급액을 곧바로 피해자에게 귀속시키기로 약정한 것이 아니라 일단 피고인이 자기의 이름으로 수령한 납품대금의 전액을 자신에게 귀속시키고 거기에서 피해자의 공급금액을 확정하여 피해자 등 공급업자에게 미리 지급한 금액을 공제하는 등 정산절차를 거쳐 나머지 금액만큼 피해자에게 지급할 의무를 부담할 뿐인 경우라면, 피해자에게 지급할 금액을 임의로 사용하였다고 하여 횡령의 죄책을 지울 수는 없다(대법원 2005.11.10. 선고 2005도3627 판결). 그리고 사업자가 재화 또는 용역을 공급하는 때에는 그 공급받는 자로부터 과세표준에 세율을 적용하여 계산한 부가가치세를 징수하고 공급자가 공급받는 자로부터 징수한 매출세액은 일단 공급자의 소유로 귀속되고 공급자가 공급받는 자를 위하여 보관하는 관계에서 징수하는 것은 아니므로, 주택개량재개발조합의 조합장이 상가조합원들로부터 부가가치세 명목으로 징수한 매출세액을 건축비 등으로 임의사용하였더라도 횡령의 죄책을 지울 수 없다(대법원 1999.11.26. 선고 99도1969 판결). 또한 특별수선충당금은 갑 아파트의 주요시설 교체 및 보수를 위하여 별도로 적립한 자금으로 원칙적으로 그 범위 내에서 사용하도록 용도가 제한된 자금이나, 아파트의 입주자대표회의 회장이 일반 관리비와 별도로 입주자대표회의 명의 계좌에 적립·관리되는 특별수선충당금을 아파트 구조진단 견적비 및 시공사인 을 주식회사에 대한 손해배상청구소송의 변호사 선임료로 사용하였다고 하더라도 구분소유자들 또는 입주민들로부터 포괄적인 동의를 얻어 특별수선충당금을 위탁의 취지에 부합하는 용도에 사용한 것으로 볼 여지가 있다면 불법영득의사가 있다고 할 수 없다(대법원 2017.2.15. 선고 2013도14777 판결).

3) 채권자가 채권을 제3자에게 양도한 후 채무자에게 채권양도사실을 통지하지 않고 있던 사이 채무자가 채권을 변제하자 채권양도사실을 고지하지 아니한 채 이를 수령한 후 채무자에게 전달하지 않는 경우에도 횡령의 죄책을 질 것인가가 문제된다. 이를 판단함에 있어서는 채권자가 채무자로부터 수령한 금전의 소유자가 누구인지 그리고 채권자와 채무자 사이에 위탁관계를 인정할 수 있는지가 관건이다. 판례는 양도인이 채권양도 통지를 하기 전에 채무자로부터 채권을 추심하여 금전을 수령한 경우 양도인이 수령한 금전은 양도인과 양수인 사이에서 양수인의 소유에 속하고 양도인은 양수인을 위하여 타인의 재물을 보관하는 관계에 있다는 이유로, 양도인이 채권양도 통지를 하기 전에 채무자로부터 채권을 추심하여 수령한 금전을 양수인에게 전달하지 않고 착복한 때에는 횡령죄가 성립한다고 본다(☞ **[판례 Ⅵ-5]** 참조).

[판례 Ⅵ-5] 대법원 1999.4.15. 선고 97도666 판결【횡령(예비적 죄명: 배임)】

〈사실관계〉

피고인은 1995.4.1. 피해자에 대하여 부담하고 있던 1,150만원의 채무를 변제하기 위하여 공소외 A 소유인 주택에 대한 피고인의 임차보증금 2,500만원 중 1,150만원의 반환채권을 피해자에게 양도하였는데, 피고인이 임대인 A에게 채권양도통지를 하기 전에 임대인 A로부터 임차보증금 2,500만원 전액을 교부받아 이를 소비하였다.

〈판결요지〉

[다수의견] 우리 민법은 채무자와 제3자에 대한 대항요건으로서 채무자에 대한 양도의 통지 또는 채무자의 양도에 대한 승낙을 요구하고 채무자에 대한 통지의 권능을 양도인에게만 부여하고 있으므로, 양도인은 채무자에게 채권양도 통지를 하거나 채무자로부터 채권양도 승낙을 받음으로써 양수인으로 하여금 채무자에 대한 대항요건을 갖출 수 있도록 해 줄 의무와,…양도인이 이중양도 행위를 하지 않음으로써 양수인으로 하여금 원만하게 채권을 추심할 수 있도록 하여야 할 의무를 부담하는바, 양도인의 이와 같은 적극적·소극적 의무는 이미 양수인에게 귀속된 채권을 보전하기 위한 것이고 그 채권의 보전 여부는 오로지 양도인의 의사에 매여 있는 것이므로 채권양도의 당사자 사이에서는 양도인은 양수인을 위하여 양수채권 보전에 관한 사무를 처리하는 자라고 할 수 있고, 따라서… 양도인이 채권양도 통지를 하기 전에 채무자로부터 채권을 추심하여 금전을 수령한 경우…이는 이미 채권을 양도하여 그 채권에 관한 한 아무런 권한도 가지지 아니하는 양도인이 양수인에게 귀속된 채권에 대한 변제로서 수령한 것이므로…양도인이 수령한 금전은 양도인과 양수인 사이에서 양수인의 소유에 속하고, 여기에다가 위와 같이 양도인이 양수인을 위하여 채권보전에 관한 사무를 처리하는 지위에 있다는 것을 고려하면 양도인은 이를 양수인을 위하여 보관하는 관계에 있다고 보아야 할 것이다.

[반대의견] 채무자는 그의 채권자(채권양도인)에게 변제할 의사로 금전을 교부하였다고 할 것이고, 채권자는 이를 자신이 취득할 의사로 교부받았다고 할 것이므로(채권자가 채권양도의 통지를 하지 아니한 채 이를 수령한 것이 신의에 반한다고 하더라도), 채무자가 채권자에게 채무의 변제로서 교부한 금전의 소유권은 채권자에게 귀속하는 것이고, 위와 같은 경우 채무자가

채권자에게 교부한 금전이 채권양도인과 채권양수인 사이에서는 채권양수인의 소유에 속한다고 볼 수 있는 법률상의 근거가 없으며, 재물을 보관하는 관계가 신의칙이나 조리에 따라 성립될 수 있다고 하더라도 재물의 소유권의 귀속은 민사법에 따라야 할 것이고 형사법에서 그 이론을 달리할 수 있는 것이 아니고, 채권양도인과 채권양수인과의 사이에 채무자가 채권양도인에게 채무의 변제로서 금전을 교부하는 경우 이를 채권양수인에게 귀속하는 것으로 하기로 특약을 하는 것과 같은 특별한 사정이 없는 한, 채권양도인이 채무자로부터 교부받은 금전을 그대로 채권양수인에게 넘겨야 하거나 채권양수인의 지시에 따라 처리하여야 할 의무가 있다고 볼 근거도 없으므로, 채권양도인이 위 금전을 채권양수인을 위하여 보관하는 지위에 있다고 볼 수도 없다.

〈참조판례〉

① 대법원 1984.5.9. 선고 83도2270 판결【절도, 사기】

채무자는 채권자로부터 채권의 양도통지를 받지 않은 이상 채무금은 원래의 채권자에게 반환할 의무가 있는 것이므로, 채권양도 통지 전에는 그 채무자가 채권자에게 그 채무금을 반환하면 유효한 변제가 되는 것이고 채권자에 대하여 위 채무금의 지급을 거부할 권리를 유보하고 양수인에게만 지급해야 할 특별한 사정이 없는 한 채무자로서는 양수인이 채무의 지급을 구한다 하더라도 이를 거부할 권리가 있으므로 채권자가 위 채권의 양도사실을 밝히지 아니하고 직접 위 외상대금을 수령하였다 하여 기망수단을 써서 채무자를 착오에 빠뜨려 그 대금을 편취한 것이라 할 수 없다.

② 대법원 2012.1.12. 선고 2011도12604 판결【횡령】

집행채무자가 제3채무자에 대하여 가지는 금전채권에 관하여 압류 및 추심명령이 행하여져서 제3채무자는 집행채무자에게 그 채권금을 지급하는 것이 금지되고 집행채무자는 이를 수령하는 것이 금지되나(민사집행법 제227조 제1항 참조), 그럼에도 불구하고 제3채무자가 피압류채무를 스스로 변제하거나 변제공탁을 하고 집행채무자가 이를 수령한 경우, 그 금전은 자기 채권에 관한 원래의 이행으로 또는 변제공탁 등과 같이 변제에 갈음하는 방법을 통하여 취득한 것으로서 역시 집행채무자의 소유에 속하고, 그가 단지 집행채권자 또는 제3채무자의 금전을 '보관'하는 관계에 있다고 할 수 없다.

〈해 설〉

이 사건에서 피고인은 자신의 채권을 제3자에게 양도한 후 그 사실을 모르는 채무자가 채무변제조로 금원을 교부하자 채권양도사실을 알리지 아니한 채 금원을 수령하여 소비하였다. 다수의견은 양도인은 채무자로부터 채권양도 승낙을 받거나 채무자에게 채권양도 통지를 하는 등 양수인으로 하여금 원만하게 채권을 추심할 수 있도록 하여야 할 의무를 부담하고, 채권양도 통지를 하기 전에 채무자로부터 채권을 추심하여 금전을 수령한 경우 그 금전은 양수인의 소유에 속하고 양도인은 이를 양수인을 위하여 보관하는 관계에 있다는 점을 근거로 피고인에게 횡령죄를 인정하였다. 그러나 두 번째 〈참조판례〉 ②에서 볼 수 있듯이 채무자는 그의 채권자(양도인)에게 변제할 의사로 금전을 교부하고 채권자는 이를 자신이 취득할 의사로 교부받은 것이므로 금전의 소유권은 채권자에게 귀속하는 것이라고 보아야 하므로, 양도인과 양수인과의 사이에 채무자가 채권양도인에게 채무의 변제로서 금전을 교부하는 경우 이를 채권양수인에게 귀속하는 것으로 하기로 특약을 하는 것과 같은 특별한 사정이 없는 한 횡령죄가 성립하지 않는다고 보아야 한다.

이 사건에서는 양도인인 피고인이 채무자로부터 수령한 금전을 양수인에게 전달하지 아니하고 소비한 점에 논의의 초점이 맞추어져 있으나, 그 전 단계에서 양도인이 채무자로부터 채권양도 사실을 알리지 않은 채 금원을 수령한 행위가 문제된다. 이 점과 관련하여 판례는 채권양도 통지 전에는 그 채무자가 채권자에게 그 채무금을 반환하면 유효한 변제가 되고 채무자는 양수인이 채무의 지급을 구한다 하더라도 이를 거부할 권리가 있으므로 채권자가 채권의 양도사실을 밝히지 아니하고 변제금을 수령하였다 하여도 기망수단을 써서 채무자를 착오에 빠뜨려 그 대금을 편취한 것이라 할 수 없다고 본다(〈참조판례〉 ①). 채무자에 대한 관계에서 이러한 판례의 결론은 별다른 문제가 없다. 그러나 채권양도인이 채권을 양도한 사실을 알리지 않은 채 채무자로부터 채권을 추심하여 금전을 수령할 경우 채무자는 채권양수인에게 대항할 수 있게 되어 결국 그 피해는 채권양수인에게 돌아간다. 앞의 [판례 VI-]의 다수의견이 지적하고 있듯이 양도인은 채무자에게 채권양도 통지를 하거나 채무자로부터 승낙을 받음으로써 채권양수인으로 하여금 채무자에 대한 대항요건을 갖출 수 있도록 해 줄 의무를 지므로, 채권양도인은 채무자가 채무를 변제하려고 하는 경우 그에게 채권양도사실을 통지하여 채권양수인에게 채무를 변제하도록 하여야 한다. 만약 채권양도인이 채권양도사실을 숨긴 채 채무자로부터 채권을 추심하였다면 이는 부작위에 의한 기망으로 채무자로부터 금품을 취득하고 결과적으로 채무자에게 재산상 손해를 입힌 경우로서, 채권양도인은 부작위에 의한 사기의 죄책을 져야 한다.

마. 명의신탁된 부동산·예금

1) 명의신탁이란 대내적으로는 명의신탁자가 권리를 보유하면서 공부상으로는 명의수탁자를 권리명의자로 하는 것을 말한다. 명의신탁은 주로 부동산에 대하여 이루어지나 예금이나 수분양권 등과 같은 권리에 대해서도 이루어진다.

2) 우선 부동산에 관한 소유권 기타 물권을 보유한 자 또는 사실상 취득하거나 취득하려고 하는 자가 타인과의 사이에서 대내적으로는 실권리자가 부동산에 관한 물권을 보유하거나 보유하기로 하고 그에 관한 등기는 그 타인의 명의로 하는 것을 말하는데(부동산실명법 제2조 제1호), 이것은 다시 양자간 명의신탁, 중간생략등기형 명의신탁 그리고 계약명의신탁으로 구분된다.

먼저 양자간 명의신탁은 명의신탁자가 명의수탁자와 명의신탁약정을 맺고, 명의수탁자 명의로 소유권이전등기를 하는 방식이다. 다음으로 중간생략등기형 명의신탁은 명의신탁자가 명의수탁자와 명의신탁약정을 맺고, 명의신탁자가 매도인으로부터 부동산을 매수하여 매도인에서 명의수탁자로 직접 소유권이전등기를 경료하는 방식이다. 끝으로 계약명의신탁은 명의신탁자가 명의수탁자와 명의신탁약정을 맺고, 명의수탁자가 당사자가 되어 매도인과 매매계약을 체결하고 자기 명의로 소유권이전등기를 경료하는 방식이다. 중간생략등기형 명의신탁에서는 매매계약 체결 등 부동산을 취득하는 과정은 명의신탁자가 행하고 단지 등기명의만을 명의수탁자 앞으로 하는 데 반하여, 계약명의신탁에서는 명의신탁자의 위임에 따라 명의수탁자가 직접 자신의 명의로 계약을 체결하는 점이 다르다.

이와 같은 명의신탁의 법적 효력과 관련하여 부동산실명법 제4조 제1항은 "명의신탁약정은 무효로 한다."고 규정하고, 제2항은 "명의신탁약정에 따라 행하여진 등기에 의한 부동산에 관한 물권변동은 무효로 한다. 다만 부동산에 관한 물권을 취득하기 위한 계약에서 명의수탁자가 그 일방당사자가 되고 그 타방당사자는 명의신탁약정이 있다는 사실을 알지 못한 경우에는 그러하지 아니하다."고 규정하고 있는데, 명의수탁자가 신탁부동산을 무단으로 처분한 경우 횡령의 죄책을 물 수 있는지와 관련하여 명의신탁 유형별로 차이가 있다.

우선 양자간 명의신탁의 경우 명의신탁약정 및 이로 인한 명의수탁자 명의의 소유권이전등기가 무효로 됨에 따라(부동산실명법 제4조 제1항·제2항) 신탁부동산의 소유권이 그대로 명의신탁자에게 남아 있으므로, 신탁부동산에 대하여 횡령죄의 성립요소로서 '재물의 타인성'을 인정할 수 있고, 명의수탁자의 임의처분행위에 대하여 횡령죄가 성립한다(대법원 1999.10.12. 선고 99도3170 판결).

그러나 중간생략등기형 명의신탁의 경우에는 부동산실명법 제4조 제2항 본문에 의하여 명의수탁자 명의의 소유권이전등기는 무효이고 매도인이 신탁부동산의 소유권을 그대로 보유하게 되므로, 명의신탁자에 대한 관계에서 명의수탁자가 횡령죄에서 말하는 '타인의 재물을 보관하는 자'의 지위에 있다고 볼 수는 없다. 따라서 명의수탁자가 신탁부동산을 무단으로 처분하였다고 하여 횡령의 죄책을 물을 수 없다(☞ **[판례 Ⅵ-6]** 참조).

[판례 Ⅵ-6] 대법원 2016.5.19. 선고 2014도6992 판결【횡령】

〈사실관계〉

피고인은 피해자와 공동으로 이 사건 부동산을 매수한 후 자신의 지분을 피해자와 맺은 명의신탁약정에 따라 매도인으로부터 바로 명의수탁자인 피고인에게 중간생략의 소유권이전등기를 마쳤는데, 피고인은 은행으로부터 금전을 차용하면서 무단으로 그 부동산에 대하여 근저당설정등기를 경료하였다.

〈판결요지〉

부동산을 매수한 명의신탁자가 자신의 명의로 소유권이전등기를 하지 아니하고 명의수탁자와 맺은 명의신탁약정에 따라 매도인으로부터 바로 명의수탁자에게 중간생략의 소유권이전등기를 마친 경우, 부동산실명법 제4조 제2항 본문에 의하여 명의수탁자 명의의 소유권이전등기는 무효이고, 신탁부동산의 소유권은 매도인이 그대로 보유하게 된다. 따라서 명의신탁자로서는 매도인에 대한 소유권이전등기청구권을 가질 뿐 신탁부동산의 소유권을 가지지 아니하고, 명의수탁자 역시 명의신탁자에 대하여 직접 신탁부동산의 소유권을 이전할 의무를 부담하지는 아니하므로, 신탁부동산의 소유자도 아닌 명의신탁자에 대한 관계에서 명의수탁자가 횡령죄에서 말하는 '타인의 재물을 보관하는 자'의 지위에 있다고 볼 수는 없다.

그리고 부동산에 관한 소유권과 그 밖의 물권을 실체적 권리관계와 일치하도록 실권리자 명의로 등기하게 함으로써 부동산등기제도를 악용한 투기·탈세·탈법행위 등 반사회적 행위를 방지하고 부동산 거래의 정상화와 부동산 가격의 안정을 도모하여 국민경제의 건전한 발전에 이바지함을 목적으로 하고 있는 부동산실명법의 입법 취지와 아울러, 명의신탁약정에 따른 명의수탁자 명의의 등기를 금지하고 이를 위반한 명의신탁자와 명의수탁자 쌍방을 형사처벌까지 하고 있는 부동산실명법의 명의신탁관계에 대한 규율 내용 및 태도 등에 비추어 볼 때, 명의신탁자와 명의수탁자 사이에 그 위탁신임관계를 근거 지우는 계약인 명의신탁약정 또는 이에 부수한 위임약정이 무효임에도 불구하고 횡령죄 성립을 위한 사무관리·관습·조리·신의칙에 기초한 위탁신임관계가 있다고 할 수는 없다. 또한 명의신탁자와 명의수탁자 사이에 존재한다고 주장될 수 있는 사실상의 위탁관계라는 것도 부동산실명법에 반하여 범죄를 구성하는 불법적인 관계에 지나지 아니할 뿐 이를 형법상 보호할 만한 가치 있는 신임에 의한 것이라고 할 수 없다.

그러므로 명의신탁자가 매수한 부동산에 관하여 부동산실명법을 위반하여 명의수탁자와 맺은 명의신탁약정에 따라 매도인으로부터 바로 명의수탁자 명의로 소유권이전등기를 마친 이른바 중간생략등기형 명의신탁을 한 경우, 명의신탁자는 신탁부동산의 소유권을 가지지 아니하고, 명의신탁자와 명의수탁자 사이에 위탁신임관계를 인정할 수도 없다. 따라서 명의수탁자가 명의신탁자의 재물을 보관하는 자라고 할 수 없으므로, 명의수탁자가 신탁받은 부동산을 임의로 처분하여도 명의신탁자에 대한 관계에서 횡령죄가 성립하지 아니한다.

또한 명의신탁자와 명의수탁자가 명의신탁 약정을 맺고 명의수탁자가 당사자가 되어 명의신탁 약정이 있다는 사실을 알고 있는 소유자와 부동산에 관한 매매계약을 체결한 후 매매계약에 따라 명의수탁자 명의로 부동산의 소유권이전등기를 마친 경우에도, 수탁자 명의의 소유권이전등기가 무효이고 매도인이 부동산의 소유권을 그대로 보유하게 되므로 명의수탁자는 명의신탁자에 대한 관계에서 횡령죄에서 '타인의 재물을 보관하는 자'의 지위에 있다고 볼 수 없으므로 명의수탁자가 그 부동산을 제3자에게 처분하더라도 명의신탁자에 대한 관계에서 횡령죄는 물론 배임의 죄책도 지지 않는다(대법원 2012.11.29. 선고 2011도7361 판결). 그리고 신탁자와 수탁자가 명의신탁 약정을 맺고 이에 따라 수탁자가 당사자가 되어 명의신탁 약정이 있다는 사실을 알지 못하는 소유자와 사이에서 부동산에 관한 매매계약을 체결한 후 그 매매계약에 기하여 당해 부동산의 소유권이전등기를 수탁자 명의로 경료한 경우, 그 소유권이전등기에 의한 당해 부동산에 관한 물권변동은 유효하나 신탁자와 수탁자 사이의 명의신탁약정이 무효이므로 수탁자가 이를 처분하더라도 횡령죄는 물론 배임의 죄책도 지지 않는다(☞ **[판례 VI-7]** 참조).

[판례 VI-7] 대법원 2000.3.24. 선고 98도4347 판결【횡령, 부동산실명법위반】

〈공소사실〉

피고인은 1996.9.초경 공소외 1 등 9인과 함께 임야 43,737 평방미터 중 43,737분의 7,237지분을 매수하되 다만 편의상 피고인이 단독으로 매매계약을 체결하고, 그 등기명의인도 피고인의 단독명의로 하여 두기로 약정하고, 피고인은 소유자인 공소외 2와 매매대금을 3억4천만원으로 약정하여 이 사건 토지지분을 매수하기로 약정을 한 다음 매매대금을 지급하고 1996.10.25. 피고인 단독명의로 이전등기를 경료하였다. 위 매매계약 당시 피고인은 자신이 단독으로 이 사건 토지 지분을 매수하는 것으로 계약을 체결하였고, 소유자도 피고인이 단독으로 이 사건 토지 지분을 매수하는 것으로 알았다. 그 후 피고인은 1997.6.19. 피고인을 채무자로 하여 ○○은행 보라매지점에 채권한도액 2억원, ○○은행 ○○출장소에 채권최고액 4억 6천만원인 근저당권을 각 설정하였다.

〈대법원 판결요지〉

횡령죄는 타인의 재물을 보관하는 자가 그 재물을 횡령하는 경우에 성립하는 범죄인 바, 부동산실명법 제2조 제1호 및 제4조의 규정에 의하면 신탁자와 수탁자가 명의신탁 약정을 맺고, 이에 따라 수탁자가 당사자가 되어 명의신탁 약정이 있다는 사실을 알지 못하는 소유자와 사이에서 부동산에 관한 매매계약을 체결한 후 그 매매계약에 기하여 당해 부동산의 소유권이전등기를 수탁자 명의로 경료한 경우에는, 그 소유권이전등기에 의한 당해 부동산에 관한 물권변동은 유효하고, 한편 신탁자와 수탁자 사이의 약정은 무효이므로, 결국 수탁자는 전소유자인 매도인 뿐만 아니라 신탁자에 대한 관계에서도 유효하게 당해 부동산의 소유권을 취득한 것으로 보아야 할 것이고, 따라서 그 수탁자는 타인의 재물을 보관하는 자라고 볼 수 없다.

〈참조판례〉

○ 대법원 2012.11.29. 선고 2011도7361 판결【특경법위반(횡령)】

명의신탁자와 명의수탁자가 이른바 계약명의신탁 약정을 맺고 명의수탁자가 당사자가 되어 명의신탁 약정이 있다는 사실을 알고 있는 소유자와 부동산에 관한 매매계약을 체결한 후 매매계약에 따라 부동산의 소유권이전등기를 명의수탁자 명의로 마친 경우에는 부동산실명법 제4조 제2항 본문에 의하여 수탁자 명의의 소유권이전등기는 무효이고 부동산의 소유권은 매도인이 그대로 보유하게 되므로, 명의수탁자는 부동산 취득을 위한 계약의 당사자도 아닌 명의신탁자에 대한 관계에서 횡령죄에서 '타인의 재물을 보관하는 자'의 지위에 있다고 볼 수 없고, 또한 명의수탁자가 명의신탁자에 대하여 매매대금 등을 부당이득으로 반환할 의무를 부담한다고 하더라도 이를 두고 배임죄에서 '타인의 사무를 처리하는 자'의 지위에 있다고 보기도 어렵다. 한편 위 경우 명의수탁자는 매도인에 대하여 소유권이전등기말소의무를 부담하게 되나, 위 소유권이전등기는 처음부터 원인무효여서 명의수탁자는 매도인이 소유권에 기한 방해배제청구로 말소를 구하는 것에 대하여 상대방으로서 응할 처지에 있음에 불과하고, 그가 제3자와 한 처분행위가 부동산실명법 제4조 제3항에 따라 유효하게 될 가능성이 있다고 하더라도 이는 거래 상대방인 제3자를 보호하기 위하여 명의신탁 약정의 무효에 대한 예외를 설정한 취지일 뿐 매도인과 명의수탁자 사이에 위 처분행위를 유효하게 만드는 어떠한 신임관계가 존재함을 전제한 것이라고는 볼 수 없으므로, 말소등기의무의 존재나 명의수탁자에 의한 유효한 처분가능성을 들어 명의수탁자가 매도인에 대한 관계에서 횡령죄에서 '타인의 재물을 보관하는 자' 또는 배임죄에서 '타인의 사무를 처리하는 자'의 지위에 있다고 볼 수도 없다.

3) 앞에서 설명한 바와 같이 횡령죄에서 보관이라 함은 재물이 사실상 지배하에 있는 경우뿐만 아니라 법률상의 지배·처분이 가능한 상태에 있는 경우를 포함하므로, 타인의 금전을 위탁받아 보관하는 자가 보관방법으로 이를 은행 등의 금융기관에 예치한 경우에도 보관자의 지위를 가진다.

타인의 금전을 위탁받아 보관하는 자는 보관방법으로서 이를 은행 등의 금융기관에 예치하더라도 보관자의 지위에는 영향이 없고, 수표발행 권한을 위임받은 자는 그 수표자금으로서 예치된 금원에 대하여 이를 보관하는 지위에 있다(대법원 1983.9.13. 선고 82도75 판결). 나아가 금융실명제가 시행된 이후에는* 금융기관으로서는 특별한 사정이 없는 한 실명확인을 한 예금명의자만이 예금주로 인정되어 수탁자 명의의 신탁예금에 입금된 금전은 수탁자만이 법률상 지배·처분할 수 있을 뿐 신탁자는 자신들이 예금주라고 주장할 수는 없으나 보관을 위탁받은 금전이 수탁자의 소유로 된다거나 금전의 반환을 구할 수 없는 것은 아니므로, 수탁자가 이를 함부로 인출하여 소비하거나 또는 상속인들로부터 반환요구를 받았음에도 이를 영득할 의사로 반환을 거부하는 경우에는 횡령죄가 성립한다(대법원 2000.8.18. 선고 2000도1856 판결; 대법원 2015.2.12. 선고 2014도11244 판결). 따라서 자기명의로 계좌를 개설하여 피해자의 자금을 입금해 두고 피해자는 차명계좌의 통장과 도장을 직접 보관·관리하면서 자신에게 통장과 도장을 건네주어 현금을 인출해 오게 하거나 만기 적금을 인출하여 새로운 계좌로 옮기게 하던 중 은행에서 자기 명의계좌의 통장 및 인장분실신고를 한 후 통장을 재발급 받아 그 계좌에 보관된 정기예금을 임의로 해약하고 그 해약금을 자기명의의 다른 예금계좌에 보관하면서 피해자로부터 예금을 돌려달라는 요청을 받고도 그 반환을 거부하였다면 횡령의 죄책을 진다(대법원 2010.7.22. 선고 2008도9954 판결).

바. 불법을 원인으로 취득한 물건(불법원인급여물)

1) 불법의 원인으로 인하여 재물을 급여하거나 노무를 제공한 때에는 그 이익의 반환을 청구하지 못한다(민법 제746조 본문). 불법원인이란 그 원인되는 행위가 선량한 풍속 기타 사회질서에 위반하는 경

* 금융실명제는 1993.8.12. 대통령긴급재정경제명령 제16호로 공포되어 같은 날 시행된 금융실명거래 및 비밀보장에 관한 긴급재정경제명령(긴급명령)에 의해 실시되었으며, 그 후 금융실명거래 및 비밀보장에 관한 법률(1997.12.31. 법률 제5493호)로 대체되었다.

우를 말하는 바, 병원을 대신하여 제약회사들로부터 의약품을 공급받는 대가로 그 의약품 매출액에 비례하여 기부금 명목의 금원을 제공받은 다음 병원을 위하여 보관하여 왔던 것뿐이라면 다른 특별한 사정이 없는 한 이를 두고 선량한 풍속 기타 사회질서에 반하는 행위로서 불법원인급여에 해당한다고 보기는 어렵다(대법원 2008.10.9. 선고 2007도2511 판결).

2) 불법원인급여를 한 사람은 그 원인행위가 법률상 무효임을 내세워 상대방에게 부당이득반환청구를 할 수 없고 또 급여한 물건의 소유권이 자기에게 있다고 하여 소유권에 기한 반환청구도 할 수 없어 결국 급여한 물건의 소유권은 급여를 받은 상대방에게 귀속되므로 불법원인급여물에 대해서는 횡령죄가 성립하지 않는다.

1981.1. 초순경 연립주택조합의 조합장인 피고인이 자신의 집에서 구청 도시정비국장에게 공여한다는 명목으로 조합공금에서 인출한 금 1,000,000원 중 금 500,000원을 피고인의 생활비 등에 임의소비하고, 구청 녹지과직원들에게 공여한다는 명목으로 조합공금에서 인출한 금 500,000원 중 금 230,000원을 피고인의 생활비 등에 임의소비하였다.

○ **대법원 1988.9.20. 선고 86도628 판결【횡령】**

민법 제746조에 불법의 원인으로 인하여 재산을 급여하거나 노무를 제공한 때에는 그 이익의 반환을 청구하지 못한다고 규정한 뜻은 급여를 한 사람은 그 원인행위가 법률상 무효임을 내세워 상대방에게 부당이득반환청구를 할 수 없고, 또 급여한 물건의 소유권이 자기에게 있다고 하여 소유권에 기한 반환청구도 할 수 없어서 결국 급여한 물건의 소유권은 급여를 받은 상대방에게 귀속되므로 조합장이 조합으로부터 공무원에게 뇌물로 전달하여 달라고 금원을 교부받은 것은 불법원인으로 인하여 지급받은 것으로서 이를 뇌물로 전달하지 않고 소비하였다고 해서 타인의 물건을 보관 중 횡령하였다고 볼 수는 없다.

○ **대법원 2013.4.25. 선고 판결【특경법위반(횡령) 등】**

회사가 기업활동을 하면서 형사상의 범죄를 수단으로 하여서는 안 되므로 뇌물공여를 금지하는 법률 규정은 회사가 기업활동을 할 때 준수하여야 하고, 따라서 회사의 이사 등이 업무상의 임무에 위배하여 보관 중인 회사의 자금으로 뇌물을 공여하였다면 이는 오로지 회사의 이익을 도모할 목적이라기보다는 뇌물공여 상대방의 이익을 도모할 목적이나 기타 다른 목적으로 행하여진 것이라고 보아야 하므로, 그 이사 등은 회사에 대하여 업무상횡령죄의 죄책을 면하지 못한다. 그리고 특별한 사정이 없는 한 이러한 법리는 회사의 이사 등이 회사의 자금으로 부정한 청탁을 하고 배임증재를 한 경우에도 마찬가지로 적용된다.

○ **대법원 2013.8.14. 선고 2013도321 판결【업무상횡령】**

성매매 및 성매매알선 등 행위는 선량한 풍속 기타 사회질서에 반하여 성매매할 사람을 고용함에 있어 성매매의 권유·유인·강요의 수단으로 이용되는 선불금 등 명목으로 제공한 금품이나 그 밖의 재산상 이익 등은 불법원인급여로서 반환을 청구할 수 없는바, 성매매알선 등 행위에 관하여 동업계약을 체결한 당사자 일방이 상대방에게 그 동업계약에 따라 성매매의 권유·유인·강요의 수단으로 이용되는 선불금 등 명목으로 사업자금을 제공하였다면 그 사업자금 역시 불법원인급여에 해당하여 반환을 청구할 수 없다. [피고인이 피해자와 동업으로 직업소개소를 운영하기로 하고 피해자로부터 사무실운영비 및 여종업원들에게 지급할 선불금 명목으로 합계 5,800만원을 지급받아 업무상 보관하던 중 위 돈을 임의로 소비하였더라도 횡령죄의 죄책을 지지 않는다. — 이 부분은 원심판결(대구지법 2012.12.14. 선고 2012노3381 판결)의 내용으로 대법원은 피고인과 피해자가 과연 성매매알선 등 행위에 관하여 동업계약을 체결하였는지, 피해자가 피고인에게 그 동업계약에 따라 위 돈을 지급하였는지 등을 판단하기 위한 심리를 다하지 아니하였다는 이유로 원심을 파기하였다.]

다만 불법원인급여물이라고 하더라도 불법원인이 수익자에게만 있거나 수익자의 불법성이 급여자의 불법성보다 현저히 큰 경우에는 급여자가 수익자에게 그 반환을 청구할 수 있고(민법 제746조 단서), 이와 같은 경우에 수익자가 급여물을 횡령하거나 반환을 거부한 때에는 횡령죄의 성립을 인정해야 한다(☞ **[판례 VI-8]** 참조).

[판례 VI-8] 대법원 1999.9.17. 선고 98도2036 판결【횡령】

〈공소사실〉

피고인은 처와 공모하여 1994.5.1. 자신이 경영하는 윤락업소에서 피해자과 사이에 피해자가 손님을 상대로 윤락행위를 하고 그 대가로 받은 화대를 절반씩 분배하기로 약정한 다음, 그 때부터 같은 해 9.30.까지 피해자가 피고인의 업소에 찾아온 손님들을 상대로 윤락행위를 하고서 받은 화대 합계 2,700만원을 보관하던 중 그 중 절반인 1,350만원을 피해자에게 반환하지 아니하고 자신과 처의 생활비 등으로 임의로 소비함으로써 이를 횡령하였다.

〈원심 판결요지〉

횡령죄는 타인의 재물을 보관하는 자가 이를 불법으로 영득함으로써 성립하는 범죄인데, 피고인이 윤락업소를 경영하는 포주로서 피해자가 윤락행위를 하고 그 상대방으로부터 지급받은 화대를 자신이 보관하였다가 피해자와 절반씩 분배하기로 한 약정은 윤락행위등방지법에 의하여 금지된 윤락행위를 영위하는 것을 전제로 한 것이어서 민법 제103조에 규정된 '선량한 풍속 기타 사회질서에 위반한 사항을 내용으로 하는 법률행위'에 해당하여 무효이므로, 피해자는 피고인에 대하여 그 약정에 기하여 금원의 반환을 청구할 수 없을 뿐만 아니라, 민법 제746조 본문에 규정된 '불법의 원인으로 인하여 재산을 급여하거나 노무를 제공한 때'에 해당하여 부당이득으로서도 그 반환을 청구할 수 없어 그 금원은 피고인의 소유에 속하고, 따라서 피고인이 이를 피해자에게 반환하지 않고 소비하였다고 하더라도 그것이 '타인의 재물'이 아닌 이상 횡령죄가 성립하지 아니한다.

〈대법원 판결요지〉

민법 제746조에 의하면, 불법의 원인으로 인한 급여가 있고, 그 불법원인이 급여자에게 있는 경우에는 수익자에게 불법원인이 있는지 여부, 수익자의 불법원인의 정도, 그 불법성이 급여자의 그것보다 큰지 여부를 막론하고 급여자는 불법원인급여의 반환을 구할 수 없는 것이 원칙이나, 수익자의 불법성이 급여자의 그것보다 현저히 큰 데 반하여 급여자의 불법성은 미약한 경우에도 급여자의 반환청구가 허용되지 않는다면 공평에 반하고 신의성실의 원칙에도 어긋나므로, 이러한 경우에는 민법 제746조 본문의 적용이 배제되어 급여자의 반환청구는 허용된다고 해석함이 상당하다.

이 사건에서와 같이 포주인 피고인이 피해자가 손님을 상대로 윤락행위를 할 수 있도록 업소를 제공하고, 윤락녀인 피해자가 윤락행위의 상대방으로부터 받은 화대를 피고인에게 보관하도록 하였다가 이를 분배하기로 한 약정은 선량한 풍속 기타 사회질서에 위반되는 것이고 따라서 피해자가 그 약정에 기하여 피고인에게 화대를 교부한 것은 불법의 원인으로 인하여 급여를 한 경우로 보아야 하겠지만, 피고인은 다방 종업원으로 근무하고 있던 피해자를 수차 찾아가 자신의 업소에서 윤락행위를 해 줄 것을 적극적으로 권유함으로써 피해자가 피고인과 사이에 위와 같은 약정을 맺고서 윤락행위를 하게 되었고, 피고인은 전직 경찰관으로서 행정사 업무에 종사하면서도 자신의 업소에 피해자 등 5명의 윤락녀를 두고 그들이 받은 화대에서 상당한 이득을 취하는 것을 영업으로 해 왔음에 반하여, 피해자는 혼인하여 남편과 두 아들이 있음에도 남편이 알코올중독으로 생활능력이 없어 가족의 생계를 위하여 피고인의 권유에 따라 윤락행위에 이르게 되었는바, 위와 같은 피고인과 피해자의 사회적 지위, 그 약정에 이르게 된 경위에다가 앞에서 본 약정의 구체적 내용, 급여의 성격 등을 종합해 볼 때 피고인측의 불법성이 피해자측의 그것보다 현저하게 크다고 봄이 상당하므로, 민법 제746조 본문의 적용은 배제되어 피해자가 피고인에게 보관한 화대의 소유권은 여전히 피해자에게 속하는 것이어서, 피해자는 그 전부의 반환을 청구할 수 있고, 피고인이 이를 임의로 소비한 행위는 횡령죄를 구성한다.

〈해 설〉

이 사건에서 원심은 피해자가 윤락행위를 하고 그 상대방으로부터 지급받은 화대를 윤락업소 포주인 피고인이 보관하였다가 분배하기로 한 약정은 선량한 풍속 기타 사회질서에 반하는 법률행위로서 무효이므로 피해자는 피고인에 대하여 그 약정에 기하여 금원의 반환을 청구할 수 없고 나아가 그 금원은 피고인의 소유에 속하므로 피고인이 이를 소비하였다고 하여 횡령죄의 죄책을 지울 수 없다고 보았다. 이에 대하여 대법원은 이 사건에서는 피고인측의 불법성이 피해자측의 그것보다 현저하게 크므로 피해자는 피고인이 보관하고 있는 화대의 반환을 청구할 수 있고 따라서 소유권은 여전히 피해자에게 속하므로 이를 소비한 피고인의 행위는 횡령죄를 구성한다고 보고 있다. 민법 제746조의 본문을 적용할 수 있는가에 있어서는 차이가 있지만, 피고인과 피해자간에 체결된 약정 자체를 선량한 풍속 기타 사회질서에 반하는 법률행위로 보는 점에 있어서는 동일하다.

그러나 과연 윤락행위를 한 상대방으로부터 지급받은 화대를 피고인이 보관하고 사후에 분배하기로 하는 약정을 선량한 풍속 기타 사회질서에 반하는 것으로 본 데 대해서는 의문이 있다. 이 사건의 피해자가 윤락행위를 하고 그 상대방으로부터 화대를 지급받기로 하는 약정은 선량한 풍속 기타 사회질서에 반하는 것으로 보아야 하는 데는 의문의 여지가 없다. 그러나 피고인과 맺은 금전보관 및 분배의 약정이 그것이 화대로 받은 것이라는 점 또는 피해자가 약정을 맺은 상대방이 윤락업소 포주라는 이유로 선량한 풍속 기타 사회질서에 반하는 것으로 보기는 곤란하다(대법원 2012.11.19. 선고 2011도5822 판결 참조).

한편 대법원은 이 사건에서는 피고인측의 불법성이 피해자측의 그것보다 현저하게 크다는 점을 들어 횡령죄의 성립을 예외적으로 인정하고 있으나, 이러한 법리구성은 앞에서 지적한 바와 같이 피해자와 피고인이 맺은 약정 자체를 선량한 풍속 기타 사회질서에 반하는 것으로 보는 것을 전제로 하고 있다는 점 그리고 피고인측의 불법성이 피해자측의 그것보다 현저하게 크다고 볼 수 없는 경우에는 횡령죄의 성립을 부정해야 한다는 점에서 옳지 않다고 본다.

결국 이 사건에서 피해자가 윤락행위를 하고 그 상대방으로부터 화대를 지급받기로 하는 약정은 선량한 풍속 기타 사회질서에 반하는 것으로 보더라도 피해자가 윤락행위를 하고 그 상대방으로부터 지급받은 화대를 윤락업소 포주인 피고인이 보관하였다가 분배하기로 한 약정은 선량한 풍속 기타 사회질서에 반하는 것으로 볼 수 없다고 할 것이므로, 피고인이 피해자로부터 위탁을 받아 보관하고 있던 금전을 소비한 행위는 횡령죄를 구성한다고 보아야 할 것이다.

3) 예컨대 범죄행위를 통해 취득한 범죄수익으로 조정한 자금을 타인에게 맡겼는바 그 자금을 임의로 사용한 경우 횡령죄로 처벌할 수 있는가가 문제된다. 아래에서 볼 수 있듯이 범죄수익으로 조성된 자금이라고 하더라도 타인에게 맡기는 것 자체는 특별한 사정이 없는 한 반사회질서행위라고 볼 수 없으므로, 그 자금을 임의로 처분하면 횡령의 죄책을 면할 수 없다고 한 판례(대법원 2012.11.29. 선고 2011도5822 판결)가 있는가 하면, 범죄수익을 수수, 은닉, 가장하는 행위 자체가 범죄수익은닉규제법에 의해 처벌대상이 되므로 범죄수익을 은닉할 목적으로 이를 수수하였다가 임의로 사용하더라도 횡령의 죄책을 물 수 없다고 한 판례(대법원 2017.4.26. 선고 2016도18035 판결)도 있다.

범죄수익은닉규제법에 의해 형법상 수뢰, 절도, 강도, 사기, 공갈, 횡령, 배임 등의 죄, 자본시장과 금융투자업에 관한 법률위반(내부정보이용주식거래, 주가조작 등), 변호사법위반(알선수재), 성매매알선법위반, 사행행위규제법위반, 아동· 청소년성보호법위반(아동· 청소년성매매알선 등) 등의 특정범죄에 의해 취득한 수익을 수수하거나 은닉하는 행위는 그 자체가 처벌대상이 된다. 범죄수익은닉규제법에 의하여 직접 처벌되는 행위를 내용으로 하는 위 계약은 그 자체로 반사회성이 현저하고, 은닉을 위해 교부한 범죄수익을 반환할 수 있도록 하는 것은 범죄수익의 은닉이나 가장, 수수 등의 행위를 억지하고자 하는 범죄수익은닉규제법의 입법 목적에도 배치된다는 점을 고려해 볼 때, 특정범죄를 조장하거나 적법하게 취득한 재산으로 가장할 목적으로 범죄수익을 은닉하다가 이를 임의로 사용 또는 처분하는 행위는 횡령죄로 처벌할 수 없다고 해야 할 것이다.

○ 대법원 2012.11.29. 선고 2011도5822 판결【특경법위반(횡령) 등】

피해자가 범죄행위를 통해 취득한 범죄수익으로 조정한 자금을 제3자를 통해 피고인에게 맡긴 경우, 피고인이 보관하는 자금의 조성과정에 반사회적 요소가 있었다 하더라도 그 후 피고인에게 이를 맡긴 행위 자체에 대해 제3자가 이 자금을 이용하여 또 다른 범죄행위의 자금으로 사용할 것을 지시하는 등의 특별한 사정이 없는 한 이를 반사회질서행위라고 볼 수 없어 피고인이 이를 임의로 처분하면 횡령죄의 죄책을 면할 수 없다. 따라서 피해자가 상장회사의 주가조작과 인수합병 등을 통해 조성한 수익 89억3300만원을 은닉하기 위해 매형을 통해 피고인에게 관리를 맡겼는데, 피고인이 그 돈으로 자신의 채무를 변제하는 등 13억 600만원을 임의로 사용하고 29억9300여만원을 주식투자에 사용하였다면 피고인은 횡령죄의 죄책을 진다.

○ 대법원 2017.4.26. 선고 2016도18035 판결【특경법위반(횡령) 등】

피고인이 A로부터 액면금 합계 19억원 가량의 수표들을 현금으로 교환해 주면 대가를 주겠다는 제안을 받고 수표가 B 등이 불법 금융다단계 유사수신행위에 의한 사기범행을 통해 취득한 범죄수익이거나 이러한 범죄수익에서 유래한 재산이라는 사실을 잘 알면서도 교부받아 그 일부를 5억원 가량의 현금으로 교환한 후 C, D와 공모하여 아직 교환되지 못한 수표 및 교환된 현금을 임의로 사용하여 횡령하였다.

피고인이 A로부터 수표를 교부받은 원인행위는 이를 현금으로 교환해 주고 대가를 지급받기로 하는 계약으로서, 범죄수익은닉규제법에 의하여 형사처벌되는 행위, 즉 거기에서 정한 범죄수익 등에 해당하는 수표를 현금으로 교환하여 그 특정, 추적 또는 발견을 현저히 곤란하게 하는 것을 목적으로 하므로 선량한 풍속 기타 사회질서에 위반되고, 범죄수익은닉규제법에 의하여 직접 처벌되는 행위를 내용으로 하는 위 계약은 그 자체로 반사회성이 현저하며, 형벌법규에서 금지하고 있는 자금세탁행위를 목적으로 교부된 범죄수익 등을 특정범죄를 범한 자가 다시 반환받을 수 있도록 한다면 범죄자로서는 교부의 목적을 달성하지 못하더라도 언제든지 범죄수익을 회수할 수 있게 되어 자금세탁행위가 조장될 수 있어 범죄수익의 은닉이나 가장, 수수 등의 행위를 억지하고자 하는 범죄수익은닉규제법의 입법 목적에도 배치되므로, 결국 피고인이 A로부터 범죄수익 등의 은닉범행 등을 위해 교부받은 수표는 불법의 원인으로 급여한 물건에 해당하여 소유권이 피고인에게 귀속되고 피고인이 그 중 교환하지 못한 수표와 이미 교환한 현금을 임의로 소비하였더라도 횡령죄가 성립하지 않는다.

(3) 횡령행위

1) 횡령행위란 자기가 보관하는 재물에 대하여 불법영득의사를 외부적으로 실현하는 행위이다. 횡령행위라고 하기 위해서는 불법영득의사가 내심의 세계에 존재하는 것만으로는 부족하고 그것을 객관적으로 인식할 수 있도록 표현하여야 한다.

2) 횡령행위에는 소비, 착복, 사용과 같은 사실행위는 물론 매도, 임대, 증여, 입질이나 저당권 등

담보설정, 가등기설정과 같은 법률행위도 포함된다. 피해자와 함께 소주방에서 술을 마시다가 피해자가 떨어뜨린 휴대전화기를 소주방 업주로부터 건네받아 피해자를 위하여 보관하던 중 휴대전화기를 임의로 사용한 것만으로는 휴대전화기에 대한 불법영득의사가 있다거나 휴대전화기를 횡령하였다고 할 수 없다(대법원 2014.3.13. 선고 2012도5346 판결). 이와는 달리 다른 사람의 재물을 보관하는 사람이 그 사람의 동의 없이 함부로 이를 담보로 제공하는 행위는 불법영득의 의사를 표현하는 횡령행위로서 사법(私法)상 그 담보제공행위가 무효이거나 그 재물에 대한 소유권이 침해되는 결과가 발생하는지 여부에 관계없이 횡령죄를 구성한다(☞ **[판례 Ⅳ-9]** 참조).

[판례 Ⅵ-9] 대법원 2002.11.13. 선고 2002도2219 판결【횡령 등】

〈사실관계〉

피고인은 A은행으로부터 공장을 매수하여 인수하면서 그 곳에 있던 피해자 소유의 기계들도 함께 인도받아 그를 위하여 보관하던 중 B은행에게 위 공장에 속하는 토지와 건물 및 기계를 담보로 제공하면서 같은 기계들에 대하여도 근저당권을 설정하여 주어 이를 횡령하였다.

〈원심 판결요지〉

피고인이 위 공장에 속하는 토지와 건물 및 기계에 관하여 B은행에게 공장저당법에 따른 근저당권을 설정하여 주고 대출을 받으면서 이 사건 기계들 중 피고인이 보관하고 있던 피해자 소유의 기계들까지 자신의 소유인 것처럼 근저당권 목적물 목록에 포함시켰으나, 공장저당법에 따라 근저당권의 목적이 되는 것으로 목록에 기재된 물건이라도 그것이 근저당권설정자의 소유가 아니고 다른 사람의 소유인 경우에는 그 물건에 대하여 근저당권의 효력이 미치지 아니하므로 피고인의 위 기계들에 대한 근저당권 설정행위는 횡령죄가 되지 아니한다.

〈대법원 판결요지〉

횡령죄는 다른 사람의 재물에 관한 소유권 등 본권을 그 보호법익으로 하고 본권이 침해될 위험성이 있으면 그 침해의 결과가 발생되지 아니하더라도 성립하는 이른바 위험범이므로, 다른 사람의 재물을 보관하는 사람이 그 사람의 동의 없이 함부로 이를 담보로 제공하는 행위는 불법영득의 의사를 표현하는 횡령행위로서 사법(私法)상 그 담보제공행위가 무효이거나 그 재물에 대한 소유권이 침해되는 결과가 발생하는지 여부에 관계없이 횡령죄를 구성한다. 그렇다면 피고인이 보관하던 피해자 소유의 위 기계들을 담보로 제공한 것은 피해자의 권리에 대한 현실적인 침해가 없더라도 그 기계들에 대한 불법영득의 의사를 실현하는 행위로서 횡령죄를 구성하는 것으로 보아야 한다.

3) 원칙적으로 단체의 비용으로 지출할 수 있는 변호사 선임료는 단체 자체가 소송당사자가 된 경우에 한하므로 단체의 대표자 개인이 당사자가 된 민·형사사건의 변호사 비용은 단체의 비용으로 지출할 수 없다. 따라서 법인의 대표자가 업무수행에 관한 관계 법령을 위반함으로써 형사재판을 받게 되었는데 그의 개인적인 변호사비용을 법인자금으로 지급하거나(대법원 2003.5.30. 선고 2002도235 판결), 대표이사가 자신의 경영권을 방어하기 위한 목적으로 신주를 발행하는 과정에서 저지른 배임행위에 대한 소송을 수행하면서 그 변호사비용을 회사자금으로 지급한 경우(대법원 2008.6.26. 선고 2007도9676 판결)에는 횡령죄가 성립한다.

그러나 예외적으로 분쟁에 대한 실질적인 이해관계는 단체에게 있으나 법적인 이유로 그 대표자의 지위에 있는 개인이 소송 기타 법적 절차의 당사자가 되었다거나 대표자로서 단체를 위해 적법하게 행한 직무행위 또는 대표자의 지위에 있음으로 말미암아 의무적으로 행한 행위 등과 관련하여 분쟁이 발생한 경우와 같이, 당해 법적 분쟁이 단체와 업무적인 관련이 깊고 당시의 제반 사정에 비추어 단체의 이익을 위하여 소송을 수행하거나 고소에 대응하여야 할 특별한 필요성이 있는 경우에 한하여 단체의 비용으로 변호사 선임료를 지출할 수 있다(대법원 2006.10.26. 선고 2004도6280 판결). 예컨대 법인의 이사를 상대로 한 이사직무집행정지 가처분이 결정된 경우에는 당해 법인의 업무를 수행하는 이사의 직무집행이 정지당함으로써 사실상 법인의 업무수행에 지장을 받게 될 것은 명백하므로, 법인으로서는 그 이사 자격의 부존재가 객관적으로 명백하여 항쟁의 여지가 없는 경우가 아닌 한 위 가처분에 대항하여 항쟁할 필요가 있다. 이와 같이 필요한 한도 내에서 법인의 대표자가 법인 경비에서 당해 가처분 사건의 피신청인인 이사에게 그 사건에 관한 소송비용을 지급하였다면, 이는 법인의 업무수행을 위하여 필요한 비용을 지급한 것에 해당하고 법인의 경비를 횡령한 것이라고 볼 수는 없다(대법원 2009.3.12. 선고 2008도10826 판결).

4) 한편 정당한 이유없이 반환을 거부한 경우에도 횡령죄가 성립한다. 다만 '반환의 거부'라고 함은 보관물에 대하여 소유자의 권리를 배제하는 의사표시를 하는 행위를 뜻하므로, 타인의 재물을 보관하는 자가 단순히 반환을 거부한 사실만으로는 횡령죄를 구성하는 것은 아니며, 반환거부의 이유 및 주관적인 의사 등을 종합하여 반환거부행위가 횡령행위와 같다고 볼 수 있을 정도이어야만 횡령죄가 성립한다. 예를 들어 피해자가 점포를 임차하여 그곳에서 식품대리점을 운영하다가 경영난으로 임차기간이 만료하기 훨씬 전에 점포를 제3자에게 세를 놓아 달라고 부탁하고 점포를 비우면서 그 곳에 물건을 두고 나온 것들을 피고인이 보관하고 있었는데, 피해자가 나중에 피고인에게 그 물건들을 돌려줄 것을 요구하자 피고인이 피해자에게 그때까지 연체한 2개월분의 월세를 지급받기 전까지는 점포에 보관중인 물건들을 반환할 수 없다고 거부하거나(대법원 1992.11.27. 선고 92도2079 판결), 보관자의 지위에 있는 등기명의자가 명의이전을 거부하면서 부동산의 진정한 소유자가 밝혀진 후에 명의이전을 하겠다는 의사를 표시하였다면(대법원 2002.9.4. 선고 2000도637 판결) 불법영득의 의사를 가지고 그 반환을 거부한 것이라고 단정할 수 없다.

(4) 횡령의 고의 및 불법영득의사

1) 횡령죄가 성립하기 위해서는 횡령의 고의, 즉 자기가 보관하는 타인의 재물을 횡령한다는 사실에 대한 인식과 의사가 있어야 한다. 따라서 양도담보권자와 채무자 사이에 변제할 채무액에 관하여 다툼이 있는 상황에서 양도담보권자가 채무가 잔존한 것으로 믿고 담보부동산을 처분하였다면 부동산에 관한 횡령의 고의가 있다고 볼 수 없고 그가 담보부동산을 처분한 후 정산의무를 이행하지 아니하

였다고 하여 횡령죄의 죄책을 지울 수 없다(대법원 1992.7.14. 선고 92도279 판결).

2) 또한 횡령죄가 성립하기 위해서는 불법영득의사가 있어야 한다. 횡령죄에 있어서 불법영득의사란 자기 또는 제3자의 이익을 꾀할 목적으로 신임관계에 위배하여 자기가 보관하는 타인의 재물을 자기의 소유물인 것처럼 처분하려는 의사를 말한다. 주주나 대표이사가 회사 소유 재산을 제3자의 자금조달을 위하여 담보로 제공하는 등 사적인 용도로 임의 처분하였다면 그 처분에 관하여 주주총회나 이사회의 결의가 있었는지 여부와는 관계없이 횡령죄의 죄책을 면할 수는 없고 사후에 이를 반환하거나 변상·보전하는 의사가 있다고 하더라도 불법영득의사를 인정함에 지장이 없다(대법원 2005.8.19. 선고 2005도3045 판결). 따라서 학교법인의 이사장이 학교법인이 부담하는 부외부채를 자신의 자금으로 변제한 후 그 자금을 회수하는 방편으로 개인적으로 경영하던 회사의 어음을 금융기관에서 할인받으면서 학교 교비로 구입하여 보관하고 있던 무기명양도성예금증서를 담보로 제공한 경우(대법원 2000.2.8. 선고 99도3982 판결), 학교법인 이사장이 산하 대학의 건물 중 일부를 정관 기타 규정상 아무런 근거없이 주거용으로 사용하다가 거실확장 및 인테리어공사를 한 후 그 공사대금을 교비회계수입으로 지급한 경우(대법원 2012.5.10. 선고 2011도12408 판결)에는 횡령죄가 성립한다.

그러나 회사에 대하여 개인적인 채권을 가지고 있는 대표이사가 회사를 위하여 보관하고 있는 회사 소유의 금전으로 자신의 채권 변제에 충당하는 행위는 회사와 이사의 이해가 충돌하는 자기거래행위에 해당하지 않으므로, 대표이사가 이사회의 승인 등의 절차 없이 자신의 회사에 대한 채권을 변제하였더라도 이는 대표이사의 권한 내에서 한 회사 채무의 이행행위로서 유효하고 불법영득의 의사가 인정되지 아니한다(대법원 2002.7.26. 선고 2001도5459 판결). 또한 회사의 대표이사가 보관 중인 회사 재산을 처분하여 그 대금을 정치자금으로 기부한 경우, 그것이 후보자 개인의 이익을 도모할 목적이나 다른 목적으로 행하여졌다면 횡령죄의 죄책을 면하지 못할 것이나, 그것이 회사의 이익을 도모할 목적으로 합리적인 범위 내에서 이루어졌다면 그 이사에게 불법영득의 의사가 있다고 할 수 없다(대법원 2005.5.26. 선고 2003도5519 판결).

법인의 운영자 또는 관리자가 법인의 자금을 이용하여 비자금을 조성하였다고 하더라도 그것이 당해 비자금의 소유자인 법인 이외의 제3자가 이를 발견하기 곤란하게 하기 위한 장부상의 분식에 불과하거나 법인의 운영에 필요한 자금을 조달하는 수단으로 인정되는 경우에는 불법영득의 의사를 인정하기 어렵다. 그러나 법인의 운영자 또는 관리자가 법인을 위한 목적이 아니라 법인과는 아무런 관련이 없거나 개인적인 용도로 착복할 목적으로 법인의 자금을 빼내어 별도로 비자금을 조성하였다면 그 조성행위 자체로써 불법영득의 의사가 실현된 것으로 보아야 한다(대법원 2010.12.9. 선고 2010도11015 판결). 그리고 회사가 기업활동을 하면서 형사상의 범죄를 수단으로 하여서는 안 되고 회사의 대표이사 등이 보관 중인 회사의 자금으로 뇌물을 공여하였다면 이는 회사의 이익을 도모할 목적이라기보다는 뇌물공여 상대방의 이익을 도모할 목적이나 다른 목적으로 행하여진 것이라고 보아야 하므로, 대표이사 등은 회사에 대하여 업무상횡령죄의 죄책을 면하지 못한다. 그리고 특별한 사정이 없는 한 이러한 법리는 대표이사 등이 회사의 자금으로 부정한 청탁을 하고 배임증재를 한 경우에도 마찬가지로 적용된다(대법원 2013.4.25. 선고 2011도9238 판결).

한편 법인이나 단체에서 임직원에게 업무를 수행하는 데에 드는 비용 명목으로 지급되는 이른바 판공비 또는 업무추진비는 일반적으로 직무수행에 드는 경비를 보전해 주는 실비변상적 급여의 성질을 가지고, 정관이나 그 지급기준 등에서 업무와 관련하여 지출하도록 포괄적으로 정하고 있을 뿐 그 용도나 목적에 구체적인 제한을 두고 있지 않으며, 이를 사용한 후에도 그 지출에 관한 영수증 등 증빙자료를 요구하고 있지 않다. 따라서 임직원이 판공비 등을 불법영득의 의사로 횡령한 것으로 인정하려면 판공비 등이 업무와 관련 없이 개인적인 이익을 위하여 지출되었다거나 또는 업무와 관련되더라도 합리적인 범위를 넘어 지나치게 과다하게 지출되어야하고, 단지 판공비 등을 사용한 임직원이 그 행방이나 사용처를 제대로 설명하지 못하거나 사후적으로 그 사용에 관한 증빙자료를 제출하지 못하고 있다고 하여 이를 횡령하였다고 단정해서는 아니 된다(대법원 2010.6.24. 선고 2007도5899 판결).

3) 앞에서 설명한 바와 같이 금전의 수수를 수반하는 사무처리를 위임받은 자가 그 행위에 기하여 위임자를 위하여 제3자로부터 수령한 금전은, 목적이나 용도를 한정하여 위탁된 금전과 마찬가지로 달리 특별한 사정이 없는 한 그 수령과 동시에 위임자의 소유에 속하고, 위임을 받은 자는 이를 위임자를 위하여 보관하는 관계에 있다. 따라서 타인으로부터 용도가 엄격히 제한된 자금을 위탁받아 집행하면서 그 제한된 용도 이외의 개인적인 목적으로 자금을 사용하였다면 그 사용행위 자체로서 불법영득의 의사를 실현한 것이 되어 횡령죄가 성립한다(대법원 1999.7.9. 선고 98도4088 판결). 주상복합상가의 매수인들로부터 우수상인유치비 명목으로 금원을 납부받아 보관하던 중 그 용도와 무관하게 일반경비로 사용한 경우(대법원 2002.8.23. 선고 2002도366 판결), 빌딩의 관리회사가 구분소유자들로부터 빌딩의 노후화로 인하여 필연적으로 발생하는 주요설비 등의 교체 및 보수에 사용하도록 용도와 목적이 특정된 특별수선충당금의 명목으로 금원을 납부받아 보관하던 중 이를 일반경비로 사용한 경우(대법원 2004.5.27. 선고 2003도6988 판결), 보조금의 예산 및 관리에 관한 법률의 취지상 국고보조금은 그 용도가 엄격히 제한되어 있음에도 불구하고 사립학교에서 국가보조금을 전용하여 학교법인의 수익용자산 취득비용으로 사용한 경우(대법원 2004.12.24. 선고 2003도4570 판결), 사립학교법상 학교회계와 법인회계가 구분되고 학교회계 중 교비회계에 속하는 수입한 다른 회계에 전출하거나 대여할 수 없음에도 불구하고 교비회계 자금을 다른 용도에 사용한 경우(대법원 2010.3.11. 선고 2009도6482 판결), 학교법인 이사장인 피고인이 학교법인이 설치·운영하는 대학 산학협력단이 용도를 특정하여 교부받은 보조금 중 일부를 대학 교비계좌로 송금하여 교직원 급여 등으로 사용한 경우(대법원 2011.10.13. 선고 2009도13751 판결), 사회복지사업을 수행하는 자가 국가 또는 지방자치단체로부터 교부받은 보조금을 그 목적외의 용도에 사용하는 경우(대법원 2011.2.24. 선고 201013814 판결), 학교법인에 속한 고등학교 학교운영위원회에 귀속되어 법령에

서 정한 사용목적으로만 사용되어야 할 학교발전기금을 같은 학교법인에 속한 중학교의 교육시설 보수 및 확충에 필요한 설계용역비로 사용한 경우(대법원 2014.3.13. 선고 2012도6336 판결)에는 횡령죄가 성립한다.

그러나 예산을 집행할 직책에 있는 자가 자기 자신의 이익을 위한 것이 아니고 경비부족을 메우기 위하여 예산을 전용한 경우라면, 그 예산의 항목유용 자체가 위법한 목적이 있다거나 예산의 용도가 엄격하게 제한되어 있는 때는 별론으로 하고 그 간격을 메우기 위한 유용이 있었다는 것만으로 바로 불법영득의 의사가 있었다고 단정할 수는 없다(☞ **[판례 Ⅵ-10]** 참조).

[판례 Ⅵ-10] 대법원 2002.11.26. 선고 2002도5130 판결【업무상횡령, 허위공문서작성】

〈공소사실의 요지〉

도로사업소 소속 도청공무원인 과적계장으로 과적차량 단속업무를 수행하는 피고인은 2000.1.7.경 위 사업소에서 사실은 2000.1.7.경부터 같은 달 8일경까지 2일 동안 피고인 및 청원경찰 A, B, 공익요원인 C, D가 과적근원지실태조사 출장을 간 적이 없음에도 불구하고 위와 같이 출장을 간 것처럼 위 사업소 관리계에 서류를 제출하여 동 관리계로부터 출장비 합계 금 46만원을 교부받아 업무상 보관 중 이를 임의 소비하여 횡령한 것을 비롯하여 44회에 걸쳐 출장비 합계 금 1,288만4,000원을 교부받아 업무상 보관 중 이를 임의소비하였다.

〈사건의 경과〉

피고인은 법정에서 위 출장비 중 금 122만원은 사무실 비품 구입비로, 금 324만9,000원은 직원 회식비로, 금 137만6,000원은 기타 사무실 운영비로 각 사용하였고, 나머지 금원도 대부분 피고인이 과적단속계를 운영하면서 소요되는 비용으로 사용한 것이지 피고인이 개인적으로 사용한 것은 아니므로 피고인에게는 업무상횡령의 범의가 없었다고 주장하였으나, 원심은 피고인이 보관하고 있던 금원은 실제로 출장을 간 직원 등에게 출장비로 지출하여야 할 것으로서 그 지출용도가 한정되어 있는데 피고인이 이를 업무상 보관하던 중 임의로 출장비 이외의 용도로 모두 사용한 사실을 인정하고, 피고인이 비록 금원 중의 일부를 비품 구입비, 회식비 등 사무실 운영비로 사용하였다고 하더라도 그와 같은 점만으로는 피고인에게 불법영득의 의사가 없다고 볼 수 없다고 하여 공소사실을 유죄로 인정하였다.

〈대법원 판결요지〉

예산을 집행할 직책에 있는 자가 자기 자신의 이익을 위한 것이 아니고 경비부족을 메우기 위하여 예산을 전용한 경우라면, 그 예산의 항목유용 자체가 위법한 목적을 가지고 있다거나 예산의 용도가 엄격하게 제한되어 있는 경우는 별론으로 하고 그것이 본래 책정되거나 영달되어 있어야 할 필요경비이기 때문에 일정한 절차를 거치면 그 지출이 허용될 수 있었던 때에는… 그 유용자에게 불법영득의 의사가 있었다고 단정할 수는 없고, 나아가 불법영득의사를 실현하는 행위로서의 횡령행위가 있다는 점은 검사가 입증하여야 하는 것으로서 그 입증은 법관으로 하여금 합리적인 의심을 할 여지가 없을 정도의 확신을 생기게 하는 증명력을 가진 엄격한 증거에 의하여야 하는 것이고, 이와 같은 증거가 없다면 설령 피고인에게 유죄의 의심이 간다 하더라도 피고인의 이익으로 판단할 수밖에 없다 할 것이다.

피고인은 위 공소사실에 대하여 출장비 예산의 항목유용 자체가 위법한 목적을 가지고 있다거나 예산의 용도가 엄격하게 제한되어 있다고 볼만한 자료가 없는바, 단지 피고인이 출장비를 지정용도 이외로 임의 소비하였다는 것만으로 바로 피고인에게 불법영득의 의사를 인정할 수는 없고, 출장비 예산에 관한 관련규정 등을 확인하고 피고인이 주장하는 소비처의 사실 여부 등을 따지는 등의 과정을 거쳐, 피고인이 당해 금원을 본래 허용될 수 있는 지정외 필요경비에 유용한 것인지 그렇지 아니하고 부정한 영득의 의사로 또는 전혀 허용되지 않는 용도로 사용한 것인지 여부를 가려서 그 횡령액수에 따른 죄책을 인정해야 한다. 원심이 이와 같은 점을 간과하고 피고인이 임의로 위탁받은 돈을 불법영득의사로 횡령하였다고 단정한 것에는 심리를 다하지 아니하여 사실을 잘못 인정한 위법이 있다.

〈참조판례〉

○ 대법원 1995.2.10. 선고 94도2911 판결【업무상횡령】

예산을 집행할 직책에 있는 자가 자신의 이익을 위한 것이 아니고 경비부족을 메우기 위하여 예산을 유용한 경우 그 예산의 항목유용 자체가 위법한 목적을 가지고 있다거나 예산의 용도가 엄격하게 제한되어 있는 경우는 별론으로 하고 그것이 본래 책정되거나 영달되어 있어야 할 필요경비이기 때문에 일정한 절차를 거치면 그 지출이 허용될 수 있었던 때에는 그 간격을 메우기 위한 유용이 있었다는 것만으로 바로 그 유용자에게 불법영득의 의사가 있었다고 단정할 수는 없다. 따라서 새마을금고의 이사장인 피고인이 사무실 운영비가 부족하다는 직원들의 요청에 따라 위 금고에 설치할 전산시스템을 구매하면서 발주처로부터 할인금 명목으로 교부받은 금원을 위 금고의 별도 수입금으로 계상하지 아니하고 위 금고 총무과장이 그 판시와 같은 사정으로 피고인의 딸 명의로 개설하여 관리하고 있는 개인예금통장에 입금해 두었다가 야근직원의 야식비, 직원회식비, 임직원의 추석선물비, 사무실집기구입비 등 사무실운용을 위하여 지출하였다고 하였더라도 피고인에게 위 할인금을 불법영득할 의사가 있었다고 볼 수 없다.

○ 대법원 2002.2.5. 선고 2001도5439 판결【업무상횡령】

법인의 대표자가 법인의 예비비를 전용하여 기관운영비, 회의비 등으로 사용한 경우 이사회에서 사전에 예비비의 전용결의가 이루어지지 아니하였다는 사정만으로 불법영득의 의사를 단정할 수 없다.

○ 대법원 2012.5.24. 선고 2012도535 판결【특가법위반(횡령) 등】

甲 주식회사의 공동운영자가 乙 주식회사의 자금집행 담당자와 협의하여 乙 회사와 甲 회사가 체결한 선박건조계약에 따라 乙 회사가 甲 회사로부터 지급받은 선박건조 선수금을 甲 회사의 대출금 변제 등 다른 용도에 사용하였더라도, 乙 회사 내부에서 선수금을 집행하는 직원에 대한 관계에서 그 용도가 선박건조용으로 엄격하게 제한되어 있지 않고 乙 회사 자금집행자가 선수금을 사적으로 유용한 것이 아니고 정상적인 회계처리를 거쳐 계열사인 甲 회사에 자금지원한 것이라면 불법영득의사가 있다고 할 수 없다.

4) 한편 주식회사의 설립과 증자업무를 담당하고 있는 사람과 주식인수인이 공모하여 설립등기나 증자등기의 절차를 마친 다음 바로 그 납입한 돈을 인출하여 채무를 변제하는 행위(이른바 견금방식의 가장납입)는 실질적으로 회사의 자본을 증가시키는 것이 아니고 등기를 위하여 납입을 가장하는 편법에 불과하여 주금의 납입 및 인출의 전 과정에서 회사의 자본금에는 실제 아무런 변동이 없으므로, 회사의 돈을 임의로 유용한다는 불법영득의 의사가 있다고 보기 어렵고 따라서 업무상횡령죄의 죄책을 물을 수 없다(☞ **[판례 Ⅵ-11]** 참조).

[판례 Ⅵ-11] 대법원 2004.6.17. 선고 2003도7645 판결【특경법위반(횡령·배임), 상법위반, 공정증서원본불실기재, 불실기재공정증서원본행사】

〈사실관계〉

피고인 1은 (1) 사채업자인 피고인 2 그리고 A주식회사의 대표이사이던 피고인 3과 공모하여 B은행 명동지점에서 B은행 유가증권 청약증거금계좌에 피고인 2로부터 차용한 250억원을 포함하여 A주식회사의 유상증자금 300억 7,000만원을 일괄 납입하여 예치하고 B은행으로부터 주식납입금보관증명서를 발급받아 A주식회사 우선주 유상증자등기를 마친 후, 다음날 우선주 증자대금으로 납입한 300억 7,000만원을 전액 인출해 가는 방법으로 A주식회사의 증자대금의 납입을 가장하고, (2) 피고인 2와 공모하여 위와 같이 A주식회사에 대한 주금을 가장하여 납입하였음에도, 법무사로 하여금 그 정을 모르는 등기공무원에게 주금납입금보관증명서 등 유상증자등기에 필요한 관계 서류를 제출하게 함으로써, 등기공무원으로 하여금 A주식회사의 발행주식 총수 및 자본의 총액에 대한 허위사실의 등기를 경료하게 하여 공정증서원본인 상업등기부에 불실의 사실을 기재하게 하고, 위 등기공무원으로 하여금 불실의 사실이 기재된 상업등기부를 비치하게 하여 행사하고, (3) 피고인 2 및 피고인 3과 공모하여 A주식회사의 법인 명의로 입금된 유상증자금 300억 7,000만원이 입금되었으면 그 300억 7,000만원은 이미 법인 소유의 돈으로서 회사의 운영을 위하여 사용되어야 함에도 불구하고 그 돈을 보관하는 것을 기화로 그 다음날 그 돈을 법인의 업무와 아무런 관계없는 용도인 채무변제에 사용하기 위하여 법인계좌에서 인출하여 유상증자금 300억 7,000만원 상당을 횡령하였다.

〈판결요지〉

[다수의견] 상법 제628조 제1항 소정의 납입가장죄는 회사의 자본충실을 기하려는 법의 취지를 유린하는 행위를 단속하려는 데 그 목적이 있는 것이므로, 당초부터 진실한 주금납입으로 회사의 자금을 확보할 의사 없이 형식상 또는 일시적으로 주금을 납입하고 이 돈을 은행에 예치하여 납입의 외형을 갖추고 주금납입증명서를 교부받아 설립등기나 증자등기의 절차를 마친 다음 바로 그 납입한 돈을 인출한 경우에는, 이를 회사를 위하여 사용하였다는 특별한 사정이 없는 한 실질적으로 회사의 자본이 늘어난 것이 아니어서 납입가장죄 및 공정증서원본불실기재죄와 불실기재공정증서원본행사죄가 성립하고, 다만 납입한 돈을 곧바로 인출하였다고 하더라도 그 인출한 돈을 회사를 위하여 사용한 것이라면 자본충실을 해친다고 할 수 없으므로 주금납입의 의사 없이 납입한 것으로 볼 수는 없고, 한편 주식회사의 설립업무 또는 증자업무를 담당한 자와 주식인수인이 사전 공모하여 주금납입취급은행 이외의 제3자로부터 납입금에 해당하는 금액을 차입하여 주금을 납입하고 납입취급은행으로부터 납입금보관증명서를 교부받아 회사의 설립등기절차 또는 증자등기절차를 마친 직후 이를 인출하여 위 차용금채무의 변제에 사용하는 경우, 위와 같은 행위는 실질적으로 회사의 자본을 증가시키는 것이 아니고 등기를 위하여 납입을 가장하는 편법에 불과하여 주금의 납입 및 인출의 전과정에서 회사의 자본금에는 실제 아무런 변동이 없다고 보아야 할 것이므로, 그들에게 회사의 돈을 임의로 유용한다는 불법영득의 의사가 있다고 보기 어렵다 할 것이고, 이러한 관점에서 상법상 납입가장죄의 성립을 인정하는 이상 회사 자본이 실질적으로 증가됨을 전제로 한 업무상횡령죄가 성립한다고 할 수는 없다.

[반대의견] 이른바 견금 방식의 가장납입의 경우에도 납입으로서의 효력을 인정하는 종래 대법원의 견해를 따르는 한 납입이 완료된 것은 진실이고, 따라서 등기공무원에 대하여 설립 또는 증자를 한 취지의 등기신청을 함으로써 상업등기부원본에 발행주식의 총수, 자본의 총액에 관한 기재가 이루어졌다 할지라도 이를 두고 '허위신고'를 하여 '불실의 사실의 기재'를 하게 한 경우에 해당한다고 할 수 없어 공정증서원본불실기재·동행사죄가 성립할 여지가 없으며, 또한 주금납입과 동시에 그 납입금은 회사의 자본금이 되는 것이기 때문에 회사의 기관이 이를 인출하여 자신의 개인 채무의 변제에 사용하는 것은 회사에 손해를 가하는 것이 될 뿐만 아니라 불법영득의사의 발현으로서 업무상횡령죄가 성립한다고 볼 수밖에 없다.

(5) 미 수

1) 횡령행위의 기수시기와 관련해서는 불법영득의사를 객관적으로 표현하는 행위이므로 불법영득의사의 표현행위가 있으면 즉시 기수가 된다는 견해(표현설)와 횡령행위의 기수가 되기 위해서는 불법영득의사를 표현하는 것만으로는 부족하고 이를 실현하는 단계에 이르러야 한다는 견해(실현설)가 대립하고 있다.

판례는 횡령죄의 법적 성질을 소유권 등 본권이 침해될 구체적 위험성이 있으면 그 침해의 결과가 발생하지 않더라도 성립하는 구체적 위험범으로 파악하면서 수목에 관한 매매계약을 체결하고 계약금만을 수령하였을 뿐 매수인 명의의 명인방법 등의 조치를 취하거나 수목을 토지에서 분리·반출하는 등의 조치를 취하지 않은 때에는 미수에 그칠 따름이라고 보고 있다(☞ **[판례 Ⅵ-12]** 참조).

[판례 Ⅵ-12] 대법원 2012.8.17 선고 2011도9113 판결【사기, 횡령】

〈사실관계〉

피고인은 2007.4. 초순경 피해자와 사이에 "피해자가 자금을 출연하여 소나무 39주, 팔배나무 1주를 구입하고, 피고인이 노동력을 제공하여 이 사건 수목에 대한 가식(假植) 및 관리를 하여 쌍방의 협의 하에 제3자에게 처분한 다음 그 수입을 분배한다"라는 내용의 동업계약을 구두로 체결하고, 피고인과 피해자는 2007.4.19. A과 사이에 이 사건 수목을 대금 1,200만원에 매수하는 내용의 매매계약을 체결하고, 그 매매계약서상의 매수인 명의를 피해자의 처로 표시한 다음 피해자가 대금 1천2백만원을 지급함으로써 이 사건 수목을 매수한 후, 피고인이 동업계약에 따라 수목을 가식 및 관리하여 오던 중 피해자와 사이에 아무런 협의절차를 거치지도 아니한 채 이 사건 수목을 제3자에게 처분하기로 마음먹고 마치 수목의 단독소유자인 것처럼 행세하면서, 2008.4.8. B와 C 사이에 이 사건 수목을 대금 1억 9천만원에 매도하는 내용의 매매계약을 체결하고 B와 C로부터 매매계약금 5천만원을 지급받아 피해자에게는 아무런 통보도 하지 않은 채 위 5천만원을 개인적인 용도로 사용하는 등 피해자를 배제한 채 단독으로 이 사건 수목 전부를 횡령하려고 하였으나 이러한 상황을 알게 된 피해자가 거래상대방 B와 C에게 피고인이 권한 없이 사기행위를 하였음을 알려서 매매계약에 기한 추가적인 이행이 진행되는 것을 저지하고, 수목에 관한 분리, 보관, 반출, 명인방법 등의 현실적구체적인 일체의 조치가 행해지는 것을 미연에 방지하였다.

〈원심 판결요지〉

횡령죄는 다른 사람의 재물에 관한 소유권 등 본권을 그 보호법익으로 하고 본권이 침해될 위험성이 있으면 그 침해의 결과가 발생하지 아니하더라도 성립하는 이른바 위험범에 해당하는데, 여기서 위험범이라는 것은 횡령죄가 개인적 법익침해를 전제로 하는 재산범죄의 일종임을 감안하여 볼 때 단순히 사회일반에 대한 막연한 추상적 위험이 발생하는 것만으로는 부족하고, 소유자의 본권 침해에 대한 구체적 위험이 발생하는 수준에 이를 것을 요하며, 행위자가 불법영득의사의 발현이 표시되었다고 하더라도 부동산에 관한 공시제도나 거래실정 등의 제반사정에 비추어 볼 때 횡령죄에 상응하는 객관적인 구성요소가 아직 실행 또는 충족되지 아니하였고, 소유권 기타 본권 침해에 대한 구체적인 위험이 발생하지도 아니하였다면, 이는 횡령죄의 미수범이 성립될 뿐이며 기수범이 성립되었다고 보기는 어렵다.

횡령죄의 객체인 '재물'은 민법상의 동산과 부동산을 불문하는바, 동산의 경우에는 소유자의 위탁에 의하여 행위자가 그 동산을 보관, 점유하는 것이 통례이므로, 동산의 소유권에 관한 공시방법인 '점유'라는 객관적 요소가 행위자에게 이미 확보되어 있는 사실관계에 수반하여, 그 행위자가 불법영득의사를 대외적으로 표현하는 임의의 계약체결, 반환 거부 등의 행위를 함으로써 곧바로 본권 침해에 관한 구체적인 위험이 발생하게 되나, 부동산의 경우에는 소유자와 행위자 사이의 위탁관계가 점유만 주어진 경우, 등기만 주어진 경우, 점유와 등기가 모두 주어진 경우 등의 다양한 사실관계가 존재할 수 있으므로, 주로 금전, 동산 등을 전제로 하는 앞의 법리가 일률적으로 적용된다고 단정하기는 어렵다.

이 사건 수목은 피해자가 임차한 제3자의 토지에 정착된 부동산으로서 피고인이 수목에 관하여 피고인 또는 부동산매수인 명의의 명인방법 등의 조치를 취한 적도 없고 이 사건 수목을 토지에서 분리·보관하거나 분리·반출한 사실도 발견되지 아니하고, 단순히 피고인이 이 사건 수목에 관한 매매계약을 체결하고 계약금을 수령한 사실만으로는 횡령죄의 실행의 착수의 단계를 넘어 더 나아가 기수범에 이르렀다고 보기는 어렵다.

〈대법원 판결요지〉

원심판결 이유를 관련 법리와 기록에 비추어 살펴보면, 원심이 피고인이 보관하던 이 사건 수목을 함부로 제3자에게 매도하는 계약을 체결하고 계약금을 수령 · 소비하여 이 사건 수목을 횡령하였다는 공소사실에 관하여 횡령미수죄를 인정한 조치는 정당하고, 거기에 상고이유의 주장과 같이 횡령죄의 기수시기에 관한 법리를 오해하는 등의 위법이 있다고 할 수 없다.

〈참조판례〉

○ 대법원 2003.3.25. 선고 2002도7134 판결【배임미수】

부동산 이중양도에 있어서 매도인이 제2차 매수인으로부터 계약금만을 지급받고 중도금을 수령한 바 없다면 배임죄의 실행의 착수가 있었다고 볼 수 없다.

〈해 설〉

이 판례는 불법영득의사를 외부적으로 표현하는 행위에 의해 다른 사람의 재물에 관한 소유권 등 본권이 침해될 위험성만 있으면 그 침해의 결과가 발생하지 아니하더라도 횡령죄가 성립한다는 기존의 입장에서 한걸음 더 나아가 횡령죄가 성립하기 위해서는 막연한 추상적 위험이 발생하는 것만으로는 부족하고 소유자의 본권 침해에 대한 구체적 위험이 발생할 것을 요하고, 소유권 기타 본권 침해에 대한 구체적인 위험이 발생하지 아니하였다면 횡령죄의 미수범이 성립될 뿐이라는 점을 명확히 하였다는 점에서 큰 의미를 갖는다. 그러나 이 판례도 횡령죄의 기수가 되기 위해서는 불법영득의사가 외부적으로 표현되는 단계를 넘어서 불법영득의사가 실현될 것까지는 요구하지 않는다는 점에서는 기존의 입장과 실질적인 차이가 없다. 굳이 다른 점이라고 한다면 이 사건에서 피고인의 행위를 미수로 파악하는 근거로서 구체적 위험범의 법리를 차용하고 있다는 것이다.

또한 이 판례는 동산에 대한 점유라는 객관적 요소가 행위자에게 이미 범인에게 확보되어 있기 때문에 행위자가 불법영득의사를 대외적으로 표현하는 임의의 계약체결, 반환 거부 등의 행위를 함으로써 곧바로 구체적인 본권 침해의 위험이 발생하게 된다고 설명하고 있다. 절도·강도·사기·공갈 등의 다른 영득죄에서는 불법영득의사를 외부적으로 표현하는 행위, 즉 점유 침탈 행위에 의해 곧바로 본권 침해의 구체적 위험이 발생한다고 할 수 있다. 그러나 동산에 대한 점유가 범인에게 이미 확보되어 있는 횡령죄에서는 임의의 계약체결, 반환 거부 등 단순히 불법영득의사를 외부적으로 표현하는 행위만으로는 본권 침해의 구체적 위험이 발생한다고 보기 어렵다. 횡령죄나 배임죄에서는 범인 자신이 타인의 재물 또는 재산상 이익을 지배·관리하고 있다는 점을 고려해 볼 때 불법영득의사 또는 불법이득의사를 외부적으로 표현하는 행위만으로는 횡령죄 또는 배임죄의 실행의 착수를 인정할 수 있을지언정 기수는 성립할 수 없다.

이와 같이 횡령죄의 법적 성질을 위험범으로 파악하는 판례의 태도는 횡령죄에 대한 미수범처벌규정이 없는 구형법 시절의 판례를 답습한 것으로 미수범처벌규정을 두고 있는 현행형법의 입법취지와는 부합하지 않는다. 그리고 절도·강도·사기·공갈·배임 등 다른 재산범죄와 비교해 볼 때 불법영득의사를 외부적으로 표현하는 행위를 하는 것만으로 횡령죄의 기수가 된다고 해석하는 것은 형평에 맞지 않다. 범죄가 기수에 이르렀다고 하기 위해서는 범죄의 실행에 착수하여 실행행위를 종료하거나 결과가 발생하여야 하는데(형법 제25조 제1항 참조), 절도죄는 타인이 점유하고 있는 물건을 점유자의 의사에 반하여 그 점유를 배제하고 자기 또는 제3자의 점유로 옮김으로써 기수에 이르고(대법원 2008.10.23. 선고 2008도6080 판결) 사기죄는 사람을 기망하고 기망당한 사람(피기망자)의 처분행위로 재물 또는 재산상 이익을 취득해야 기수에 이르며, 자기가 보관하는 재물을 처분하는 방식으로 횡령죄를 범하는 경우에는 (동산을) 제3자에게 인도하거나 (부동산을) 제3자에게 소유권이전등기를 경료함으로써 기수에 이른다고 보아야 한다. 미수범의 개념, 횡령죄의 미수범처벌규정의 존재 그리고 다른 재산범죄의 형평을 고려할 때, 판례가 말하는 불법영득의 의사를 표현하는 행위는 단지 소유권 등 본권을 위태롭게 하는 행위로서 횡령죄의 실행의 착수를 인정할 수 있는데 불과하고, 횡령죄는 자신이 보관하는 재물에 대하여 불법영득의사를 실현하는 행위(예컨대 소비, 착복, 은닉과 같은 사실행위나 매매, 증여, 대여, 입질·저당권설정·가등기 등 담보제공과 같은 법률행위)에 의해 본권이 침해되었을 때 비로소 기수에 이른다고 보아야 한다.

이 사건에서는 정작 문제되는 것은 횡령행위의 종료여부가 아니라 실행의 착수여부이다. 위의 〈참조판례〉에 비추어 볼 때 피고인이 수목을 제3자에게 매도하는 계약을 체결하고 계약금을 수령하여 소비하는데 그친 이 사건에서는 횡령죄의 기수는 고사하고 실행의 착수조차 인정하기 힘들다. 매매의 당사자 일방이 계약당시에 금전 기타 물건을 계약금, 보증금등의 명목으로 상대방에게 교부한 때에는 당사자 간에 다른 약정이 없는 한 당사자의 일방이 이행에 착수할 때까지 교부자는 이를 포기하고 수령자는 그 배액을 상환하여 매매계약을 해제할 수 있기 때문이다(민법 제565조 제1항). 〈참조판례〉에서 볼 수 있듯이 대법원이 부동산 이중양도에 있어서 매도인이 제2차 매수인으로부터 계약금만을 지급받고 중도금을 수령한 바 없다면 배임죄의 실행의 착수가 있었다고 볼 수 없다고 판시하는 것도 바로 이 때문이다.

다만 판례가 매매계약을 체결하고 계약금만을 수수한 단계에서는 실행의 착수를 인정할 수 없고 중도금을 받는 등 더 이상 임의로 계약을 해제할 수 없는 단계에 이르러야 비로소 실행의 착수가 인정된다고 한 것은 실행의 착수를 인정하기 위해서는 "구성요건의 일부를 실현하는 행위가 있어야 하는 것은 아니고 구성요건의 실현에 이르는 현실적 위험성을 포함하는 행위가 개시되는 것으로 족하다"(대법원 2008.4.10. 선고 2008도1464 판결 참조)는 법리에 부합하지 않는다. 비록 취소할 수 있다고 하더라도 매매계약이 체결되는 것 자체로서 배임죄를 실현할 수 있는 현실적 위험이 발생했다고 볼 수 있다. 특히 매매계약이 체결되면 이어 잔금의 지불과 동시에 (동산의) 인도 또는 (부동산의) 소유권이전이 이루어지는 거래현실에 비추어 볼 때, 중도금 또는 잔금이 지급되어 더 이상 매매계약을 임의로 해제할 수 없는 단계에 이르러야 비로소 배임죄의 실행의 착수를 인정할 수 있다고 한다면 배임죄 처벌규정의 규범력이 현저하게 약화된다.

이 사건에서 대법원이 "수목에 관한 매매계약을 체결하고 계약금을 수령한 사실만으로는 횡령죄의 실행의 착수의 단계를 넘어 더 나아가 기수범에 이르렀다고 보기는 어렵다"는 판시한 것은 결론적으로 타당하다고 본다. 다만 횡령죄의 법적 성질을 위험범으로 파악한 점과 배임죄의 실행의 착수시점에 관한 판례를 고려하지 아니한 채 횡령죄의 실행의 착수를 인정한 점은 유감이라고 하겠다.

(6) 공 범

1) 횡령죄는 원칙적으로 '타인의 재물을 보관하는 자'만이 주체가 될 수 있는 신분범이다. 다만 형법 제33조에 의해 비신분자도 신분자와 공동으로 횡령죄를 범한 경우에는 횡령죄의 공범이 될 수 있다. 예컨대 주식회사의 재산을 임의로 처분하려는 대표이사의 횡령행위를 주선하고 그 처분행위를 적극적으로 종용한 경우에는 대표이사의 횡령행위에 가담한 공동정범으로서의 죄책을 진다(대법원 2005.8.19. 선고 2005도3045 판결). 이에 대하여 채권자가 채무자로부터 채권확보를 위하여 담보물을 제공받을 때에 그 물건이 채무자가 보관중인 타인의 물건임을 알았다고 하여도 그것만으로 채권자가 채무자의 불법영득행위에 공모가담한 것으로 단정할 수 없다(대법원 1992.9.8. 선고 92도1396 판결).

2) 판례는 "횡령죄의 성립요소로서의 횡령행위란 불법영득의사를 실현하는 일체의 행위를 말하는 바 불법영득의사가 외부에 인식될 수 있는 객관적 행위가 있을 때 횡령죄가 성립하므로, 타인의 횡령행위에 가담하여 타인이 교부하는 재물을 취득한 경우 횡령죄의 공범이 아니라 장물취득죄가 성립한다"

는 입장을 취하고 있다(☞ **[판례 VI-13]** 참조). 그러나 위에서 살펴보았듯이 불법영득의사가 외부에 인식될 수 있는 객관적 행위가 있을 때가 아니라 불법영득의사가 실현되었을 때에 횡령행위가 완성된다고 보아야 하고, 횡령행위를 하는 과정에 가담하여 그 횡령행위를 완성하는 경우(예컨대 타인이 회사 돈을 빼돌려 자신에게 주는 것을 받은 경우)에는 장물취득죄가 아니라 횡령죄의 공범이 성립한다고 보아야 한다.

[판례 VI-13] 대법원 2004.12.9. 선고 2004도5904 판결 **【특경법위반(횡령), 장물취득】**

〈사실관계〉

피고인은 공소외 1과 동업형태로 회사를 인수하여 공소외 1과 함께 대표이사가 되어 회사를 경영하다가 회사의 자금이 자신도 모르게 빠져나간 것을 알고는 대표이사직을 사임하고, 공소외 1이 회사를 실질적으로 경영하면서 회사의 자금담당 상무이사인 공소외 2와 함께 비자금을 조성하여 공소외 2 등의 개인명의의 예금통장에 입금해 두고 이를 관리하고 있는 것을 알고는 공소외 1에게 더 이상 동업을 하지 못하겠다고 하면서 동업청산에 대한 대가로 5억원을 요구하였고, 공소외 1과 공소외 2는 피고인에게 업무상 보관 중인 회사자금에서 우선 5,000만원을 지급하고 그 이후 4회에 걸쳐 합계 5억원을 지급하였다.

〈사건의 경과〉

검사는 "피고인이 공소외 1, 공소외 2와 공모하여, 2001.5. 하순경 공소외 1, 공소외 2가 회사를 위하여 업무상 보관하던 자금 중 5,000만원을 임의로 피고인에게 교부하여 이를 횡령한 것을 비롯하여 그 때부터 2002.12. 하순경까지 4회에 걸쳐 합계 5억원을 횡령하였다"는 점을 주위적 공소사실로 그리고 "피고인은 2001.5. 하순경 공소외 1, 공소외 2로부터 동인들이 횡령한 회사 소유의 5,000만원을 그것이 장물인 정을 알면서도 주식매각 대금조로 교부받아 장물을 취득한 것을 비롯하여 그 때부터 2002.12. 하순경까지 4회에 걸쳐 합계 5억원을 교부받아 장물을 취득하였다"는 점을 예비적 공소사실로 각각 특경법위반(횡령) 및 장물취득죄로 기소하였다.

이에 제1심과 원심은 주위적 공소사실에 대해서는 검사가 제출한 증거만으로는 피고인이 공소외 1, 공소외 2와 공모하여 위 회사의 자금을 횡령하였다거나 공소외 1, 공소외 2의 업무상 횡령행위에 공동으로 가공하였다고 인정하기에 부족하고 달리 이를 인정할 만한 증거가 없다는 이유로 무죄를 선고하고, 예비적 공소사실에 대해서도 공소외 1, 공소외 2가 피고인에게 지급한 5억원은 공소외 1, 공소외 2의 업무상 횡령행위에 제공된 물건 자체이지 횡령행위로 인하여 영득한 물건은 아니므로 이를 장물이라고 볼 수 없을 뿐만 아니라 가사 장물에 해당한다고 하더라도 피고인이 그러한 사정을 알고서 취득하였다고 보기 어렵다는 이유로 무죄를 선고하였다.

〈대법원 판결요지〉

횡령죄는 타인의 재물을 보관하는 자가 그 재물을 횡령하는 경우에 성립하는 범죄로서, 횡령죄의 구성요건으로서의 횡령행위란 불법영득의사를 실현하는 일체의 행위를 말하는 것으로서 불법영득의사가 외부에 인식될 수 있는 객관적 행위가 있을 때 횡령죄가 성립하는 것이고, 한편 장물이라 함은 재산죄인 범죄행위에 의하여 영득된 물건을 말하는 것으로서 절도, 강도, 사기, 공갈, 횡령 등 영득죄에 의하여 취득된 물건이어야 한다.

기록에 의하면, 검사는 피고인에 대한 이 사건 예비적 공소사실로 장물취득의 점을 기소함에 있어서 공소외 1, 공소외 2의 업무상 횡령행위, 즉 불법영득의사가 외부에 인식될 수 있는 객관적 행위가 이미 있었음을 전제로 그와 같은 횡령행위에 의하여 영득된 금원을 피고인이 교부받아 장물을 취득한 것으로 기소하였음이 분명하므로, 공소사실 자체로 볼 때 그 금원은 단순히 횡령행위에 제공된 물건이 아니라 횡령행위에 의하여 영득된 장물에 해당한다고 할 것이고, 나아가 설령 공소외 1, 공소외 2가 피고인에게 금원을 교부한 행위 자체가 횡령행위라고 하더라도 이러한 경우 공소외 1, 공소외 2의 업무상 횡령죄가 기수에 달하는 것과 동시에 그 금원은 장물이 되는 것이다.

〈참조판례〉

○ 대법원 1983.11.8. 선고 82도2119 판결【절도, 장물취득】

약품회사의 대표인 공소외인은 회사약품의 재고약품을 피해자의 회사약품에 대한 채권확보책으로 피해자에게 양도담보로 제공한 후 재고약품 중 일부를 다시 피고인 1, 같은 2, 같은 3, 4에게 양도한 경우, 공소외인의 피고인들에 대한 양도행위는 배임죄에 해당하는 것이며 공소외인이 다시 양도한 재고약품 중 일부를 그의 배임행위에 제공한 물건이지 배임행위로 인하여 영득한 물건자체는 아니므로 장물이라 볼 수 없다.

○ 대법원 1987.4.28. 선고 83도1568 판결【업무상배임, 뇌물공여】

피고인 1이 치안본부의 차량용 유류의 발주 및 수불업무를 담당하면서 치안본부와 사이에 유류공급계약을 체결해 두고 있던 석유회사에 대하여 치안본부에 납품할 유류의 일부를 위 유류공급계약상 지정된 납품장소 이외의 장소에 납품케 하여 이를 빼돌린 행위는 같은 피고인 1의 지시에 따른 석유회사의 납품이 본인인 치안본부에 대하여 법률상 유효한 납품인가 여부와 관계없이 피고인이 처리하는 사무의 내용에 비추어 결코 행하여서는 아니 될 행위를 함으로써 본인인 치안본부와 사이의 신임관계를 저버린 배임행위에 해당[하고]…위 유류가 납품되기 이전에 미리 이를 매수하기로 합의한 피고인 2의 행위는 피고인 1이 배임으로 취득한 장물을 취득한 행위에 지나지 않는 것이 아니라 모두 배임행위 자체의 공동정범이 된다.

〈해 설〉

대법원은 본범인 횡령죄에 관해서 불법영득의사를 외부적으로 표현하는 행위가 있으면 곧 기수에 이른다고 전제하고, 피고인이 본범의 횡령행위에 가담하여 취득한 재물은 본범이 횡령죄에 의해 영득한 장물이고 따라서 피고인의 행위는 장물취득죄에 해당한다고 결론짓고 있다. 그러나 이처럼 횡령죄의 기수시기를 대폭적으로 앞당기는 것은 거의 모든 횡령행위를 기수범으로 처벌함으로써 횡령죄의 미수범 처벌규정을 무의미하게 하고, 횡령죄를 단순히 거동범 내지는 위험범으로 파악하여 원칙적으로 침해범의 성격을 가지는 다른 재산죄와의 통일성을 해치는 결과를 초래한다.

그리고 대법원은 피고인이 공소외 1과 공소외 2의 횡령행위에 적극 가담하지 않았다는 이유에서 주위적 공소사실인 횡령죄의 공동정범의 성립을 부인하면서도 횡령죄의 종범의 성립여부를 검토함이 없이, 횡령행위에 가담하여 재물을 취득한 피고인에게 예비적 공소사실인 장물취득죄가 성립한다고 결론짓고 있다. 그러나 장물취득죄는 사후종범이라는 특성상 본범과는 독립된 범죄로서 본범의 실행행위가 종료하여 기수에 이른 이후에 한하여 성립할 수 있는데, 〈참조판례〉들에서 볼 수 있듯이 공소외 1과 공소외 2가 피고인에게 업무상 보관 중인 회사자금을 빼돌려 5억원을 지급하는 행위는 횡령죄에 해당하고, 그러한 시정을 알면서도 5억원을 수령하는 행위는 공소외 1과 공소외 2가 횡령으로 취득한 재물을 취득하는 것이 아니라 횡령행위 자체에 가담하는 것으로 보아야 한다. 본범의 실행행위가 종료하기 전에 가담한 경우에는 그 가담의 정도에 따라 본범 공동정범 또는 공범으로서의 죄책을 진다. 따라서 본범의 실행행위에 단순 가담하여 재물을 취득한 경우에는 본범의 종범으로 처벌할 것이지, 재물을 취득하였다는 것을 이유로 장물취득죄를 적용할 것은 아니다. 이 사건에서 피고인은 공소외 1과 2가 비자금을 조성하여 공소외 2 등의 개인명의의 예금통장에 입금해 둔 금전을 취득한 것이 아니라 공소외 1과 2가 업무상 보관 중인 회사자금이었고, 공소외1과 2가 업무상 보관 중인 회사자금을 빼돌려 피고인에게 지급하는 행위자체가 횡령행위이기 때문이다.

결론적으로 보호법익에 대한 침해의 위험 또는 침해의 여부에 따라 기수·미수로 처벌의 정도를 달리하여 다른 재산죄와의 통일성을 확보하고, 본범에 관여하여 재물을 취득한 자에게 대하여 그의 관여정도에 상응하는 죄책을 묻기 위해서는, 횡령죄는 본범의 불법영득의사가 실현된 때, 즉 본범이 피고인에게 재물을 교부한 때에 비로소 기수에 이르고 본범의 횡령행위에 가담하여 재물을 취득한 피고인의 행위는 장물취득죄가 아니라 단순히 횡령죄의 종범의 죄책을 지는데 그친다고 보는 것이 타당하다.

(7) 죄 수

1) 횡령죄의 죄수는 위탁관계의 수에 따라 결정된다. 예컨대 자신이 대표이사 및 자금담당 임원으로 있는 회사가 여러 기관들과 각각 다른 시기에 서로 다른 내용의 협약을 체결하여 정부과제사업 수건을 부여받고 각 과제별로 정부출연금을 교부받았다면 위와 같은 개별 협약 및 정부출연금 위탁관계를 하나로 묶어 주는 포괄적인 법률관계가 존재하는 등 특별한 사정이 없는 한 회사와 각 기관들 사이에는 각 과제별로 별개의 정부출연금 위탁관계가 성립하므로, 위탁 취지에 반하여 이들 자금을 처분하였다면 수개의 업무상횡령죄가 성립한다(대법원 2011.7.28. 선고 2009도8265 판결). 다만 여러 개의 위탁관계에 의하여 보관하던 여러 개의 재물을 하나의 행위에 의하여 횡령한 경우 수개의 횡령죄는 하나의 행위에 의한 것으로 상상적 경합관계에 있다(대법원 2013.10.31. 선고 2013도10020 판결). 그리고 수개의 횡령행위라 하더라도 피해법익이 단일하고, 범죄의 태양이 동일하며, 단일 범의의 발현에 기인하는 일련의 행위라고 인정될 때에는 포괄하여 하나의 횡령죄가 성립하고, 수개의 횡령행위 도중에 공범자의 변동이 있더라도 수개의 행위가 위와 같은 기준을 충족한다면 포괄하여 하나의 횡령죄가 성립한다(대법원 2009.2.12. 선고 2006도6994 판결).

2) 일단 특정한 처분행위(선행 처분행위)로 인하여 횡령죄가 기수에 이른 후 종국적인 법익침해의 결과가 발생하기 전에 새로운 처분행위(후행 처분행위)가 이루어졌을 때, 그 후행 처분행위가 선행 처분행위에 의하여 발생한 위험을 현실적인 침해로 실현하는 수단에 불과하거나 그 과정에서 당연히 예상될 수 있는 것이라면 후행 처분행위에 의한 법익침해는 이미 선행 처분행위에 의하여 성립된 횡령죄에 의해 평가된 위험에 포함되므로 후행 처분행위는 불가벌적 사후행위로서 별도의 횡령죄를 구성하지 아니한다.

예를 들어 공동상속인 중 1인이 상속재산인 임야를 보관하던 중 다른 상속인들로부터 매도 후 분배 또는 소유권이전등기를 요구받고도 그 반환을 거부한 경우에는 일단 횡령죄가 성립하고, 그 후 그 임야에 관하여 다시 제3자 앞으로 근저당권설정등기를 경료해 준 행위는 별도의 횡령죄를 구성하지 않는다(대법원 2010.2.25. 선고 2010도93 판결). 그리고 미등기건물의 관리를 위임받아 보관하고 있는 자가 임의로 건물에 대하여 자신의 명의로 보존등기를 하였다면 이로써 횡령죄가 완성되고, 그 후 근저당권설정등기를 하는 행위는 피해자에 대한 새로운 법익의 침해를 수반하지 않는 불가벌적 사후행위로서 별도의 횡령죄를 구성하지 않는다(대법원 1993.3.9. 선고 92도2999 판결).

또한 전기통신금융사기(이른바 보이스피싱 범죄)의 범인이 피해자를 기망하여 피해자의 자금을 사기이용계좌로 송금·이체받으면 사기죄는 기수에 이르고, 범인이 피해자의 자금을 점유하고 있다고 하여 피해자와의 어떠한 위탁관계나 신임관계가 존재한다고 볼 수 없을 뿐만 아니라, 그 후 범인이 사기이용계좌에서 현금을 인출하였다고 하더라도 이는 이미 성립한 사기범행이 예정하고 있던 행위에 지나지 아니하여 새로운 법익을 침해한다고 보기도 어려우므로, 위와 같은 인출행위는 사기의 피해자에 대하여 별도의 횡령죄를 구성하지 아니한다. 그리고 이러한 법리는 사기범행에 이용되리라는 사정을 알고서 자신 명의 계좌의 접근매체를 양도함으로써 사기범행을 방조한 종범이 사기이용계좌로 송금된 피해자의 자금을 임의로 인출한 경우에도 마찬가지로 적용된다(대법원 2017.5.31. 선고 2017도3894 판결; 대법원 2017.5.31. 선고 2017도3045 판결).

3) 그러나 후행 처분행위가 이를 넘어서서, 선행 처분행위로 예상할 수 없는 새로운 위험을 추가함으로써 법익침해에 대한 위험을 증가시키거나 선행 처분행위와는 무관한 방법으로 법익침해의 결과를 발생시키는 경우라면, 이는 선행 처분행위에 의하여 이미 성립된 횡령죄에 의해 평가된 위험의 범위를 벗어나는 것이므로 특별한 사정이 없는 한 별도로 횡령죄를 구성한다(☞ **[판례 Ⅵ-14]** 참조).

[판례 Ⅵ-14] 대법원 2013.2.21. 선고 2010도10500 판결【횡령】

〈사실관계〉

피고인은 1995.10.20. 피해자 종중으로부터 그 소유의 토지를 명의신탁받아 보관하던 중 자신의 개인 채무 변제에 사용하기 위한 돈을 차용하기 위해 그 토지에 관하여 1995.11.30. 채권최고액 1,400만원의 근저당권을, 2003.4.15. 채권최고액 750만원의 근저당권을 각 설정하고, 그 후 2009.2.21. 다시 그 토지를 공소외인에게 1억 9,300만원에 매도하였다.

〈판결요지〉

[다수의견] 횡령죄는 다른 사람의 재물에 관한 소유권 등 본권을 보호법익으로 하고 법익침해의 위험이 있으면 침해의 결과가 발생되지 아니하더라도 성립하는 위험범이다. 그리고 일단 특정한 처분행위(이를 '선행 처분행위'라 한다)로 인하여 법익침해의 위험이 발생함으로써 횡령죄가 기수에 이른 후 종국적인 법익침해의 결과가 발생하기 전에 새로운 처분행위(이를 '후행 처분행위'라 한다)가 이루어졌을 때, 후행 처분행위가 선행 처분행위에 의하여 발생한 위험을 현실적인 법익침해로 완성하는 수단에 불과하거나 그 과정에서 당연히 예상될 수 있는 것으로서 새로운 위험을 추가하는 것이 아니라면 후행 처분행위에 의해 발생한 위험은 선행 처분행위에 의하여 이미 성립된 횡령죄에 의해 평가된 위험에 포함되므로 후행 처분행위는 이른바 불가벌적 사후행위에 해당한다. 그러나 후행 처분행위가 이를 넘어서서, 선행 처분행위로 예상할 수 없는 새로운 위험을 추가함으로써 법익침해의 위험을 증가시키거나 선행 처분행위와는 무관한 방법으로 법익침해의 결과를 발생시키는 경우라면, 이는 선행 처분행위에 의하여 이미 성립된 횡령죄에 의해 평가된 위험의 범위를 벗어나는 것이므로 특별한 사정이 없는 한 별도로 횡령죄를 구성한다.

따라서 타인의 부동산을 보관 중인 자가 불법영득의사를 가지고 그 부동산에 근저당권설정등기를 경료함으로써 일단 횡령행위가 기수에 이르렀다 하더라도 그 후 같은 부동산에 별개의 근저당권을 설정하여 새로운 법익침해의 위험을 추가함으로써 법익침해의 위험을 증가시키거나 해당 부동산을 매각함으로써 기존의 근저당권과 관계없이 법익침해의 결과를 발생시켰다면, 이는 당초의 근저당권 실행을 위한 임의경매에 의한 매각 등 그 근저당권으로 인해 당연히 예상될 수 있는 범위를 넘어 새로운 법익침해의 위험을 추가시키거나 법익침해의 결과를 발생시킨 것이므로 특별한 사정이 없는 한 불가벌적 사후행위로 볼 수 없고, 별도로 횡령죄를 구성한다.

[반대의견] 형법 제355조 제1항에서 규정한 횡령죄는 재물의 영득을 구성요건적 행위로 삼는다는 점에서 재산상의 이익을 대상으로 하는 같은 조 제2항의 배임죄와 구분되는데, 재물에 대한 불법영득의사는 피해자의 소유권 등 본권에 대한 전면적 침해를 본질적 내용으로 하므로 그러한 불법영득의사에 기한 횡령행위가 있을 경우 이미 그에 의한 법익침해의 결과나 위험은 그 소유권 등의 객체인 재물의 전체에 미친다고 볼 수밖에 없고, 따라서 일단 위와 같은 횡령죄가 성립한 후에는 재물의 보관자에 의한 새로운 처분행위가 있다고 하여 별도의 법익침해의 결과나 위험이 발생할 수 없음은 당연한 논리적 귀결이다. 타인의 부동

산을 보관 중인 자가 그 부동산의 일부 재산상 가치를 신임관계에 반하여 유용하는 행위로서, 즉 배임행위로서 제3자에게 근저당권을 설정한 것이 아니라, 아예 해당 부동산을 재물로서 불법적으로 영득할 의사로, 즉 횡령행위로서 근저당권을 설정한 것이라면, 이러한 횡령행위에 의한 법익침해의 결과나 위험은 그때 이미 위 부동산에 관한 소유권 전체에 미치게 되고, 이 경우 후행 처분행위에 의한 추가적 법익침해의 결과나 위험은 법논리상 불가능하다고 보아야 한다.

〈참조판례〉

○ 대법원 2001.11.27. 선고 2000도3463 판결【횡령】

명의수탁자가 신탁 받은 부동산의 일부에 대한 토지수용보상금 중 일부를 소비하고, 이어 수용되지 않은 나머지 부동산 전체에 대한 반환을 거부한 경우, 부동산의 일부에 관하여 수령한 수용보상금 중 일부를 소비하였다고 하여 객관적으로 부동산 전체에 대한 불법영득의 의사를 외부에 발현시키는 행위가 있었다고 볼 수는 없으므로, 그 금원 횡령죄가 성립된 이후에 수용되지 않은 나머지 부동산 전체에 대한 반환을 거부한 것은 새로운 법익의 침해가 있는 것으로서 별개의 횡령죄가 성립하는 것이지 불가벌적 사후행위라 할 수 없다.

〈해 설〉

이 사건에서는 명의신탁받은 부동산에 대해 근저당권을 설정한 후(이하 '선행행위'라고 한다) 같은 부동산을 무단으로 매도한 경우(이하 '후행행위'라고 한다) 선행행위에 의해 이미 성립한 배임죄와는 별개로 후행행위에 대하여 배임죄가 성립하는가가 문제된다. 다수견해는 후행행위는 선행행위로 인해 당연히 예상될 수 있는 범위를 넘어 새로운 법익침해의 위험을 추가하거나 법익침해의 결과를 발생하게 한 것으로 선행행위로 인한 횡령죄와는 별도의 횡령죄를 구성한다고 본 반면에, 반대의견은 일단 선행행위로 인해 횡령죄가 성립한 후에는 새로운 처분행위가 있다고 하여 별도의 법익침해나 위험이 발생할 수 없으므로 후행행위에 대해서는 별도의 횡령죄가 성립할 수 없다고 보았다.

다수의견과 반대의견은 결국 후행행위로 인하여 추가적인 법익침해 또는 위험이 발생했는가의 여부에 대한 판단에서는 상반되는 견해를 가지고 있으나, "후행행위에 의해 추가적인 법익침해 또는 위험이 발생했다고 볼 수 있으면 후행행위에 대해서는 별개의 횡령죄가 성립한다"는 점에 대해서는 인식을 같이한다. 그러나 후행행위에 의해 추가적인 법익침해 또는 위험이 발생하였음이 인정되어 그 가벌성이 인정된다고 하더라도 그것을 별개의 횡령죄로 처벌해야 하는가는 별개의 문제로 다루어야 한다. 즉 후행행위의 가벌성의 문제와 후행행위를 선행행위와는 별개의 범죄로 처벌해야 하는가의 문제는 분리하여 판단해야 한다.

후행행위의 가벌성과 관련하여 반대의견은 "일단 횡령죄가 성립한 후에는 새로운 처분행위가 있다고 하여 별도의 법익침해의 결과나 위험이 발생할 수 없음은 당연한 논리적 귀결이다"고 주장한다. 반대의견은 후행행위에 의해 법익침해가 확대되었다는 사실을 정면으로 부정하는 것일 뿐만 아니라, 이러한 주장에 따를 때에는 피고인이 취득한 재산상 이익 내지는 피해자에게 발생한 손해를 산정함에 있어서 후행행위로 인해 취득한 1억9,300만원을 제외해야 하는 문제까지 발생한다. 이 사건에서 선행행위는 명의신탁받은 부동산에 대해 근저당권을 설정한 것으로 부동산의 일부에 대한 법익침해 또는 부동산의 전체에 대한 법익침해의 위험을 발생시킨 데 불과한데 반해, 후행행위는 명의신탁받아 근저당권을 설정한 부동산 전체를 매도한 것으로 선행행위로 인해 법익침해의 범위를 넘어 부동산 전체의 법익을 침해하는 행위로서 그 가벌성을 부정할 수 없다고 본다.

다음으로 후행행위의 가벌성이 인정된다고 하더라도, 반드시 후행행위는 별개의 횡령죄로 처벌해야 하는 것은 아니다. 단일하거나 계속된 범의 하에 동종의 범행을 일정기간 반복하여 행하고 그 피해법익도 동일한 경우에는 각 범행을 포괄하여 하나의 범죄로 처벌하는 것이 원칙이다(대법원 1989.11.28. 선고 89도1309 판결). 이 사건에서 피고인은 계속된 범의 하에 동종의 범행(담보권설정 또는 매도)을 반복하여 행하였고 그 피해법익도 하나의 부동산에 불과하여 후행행위의 가벌성이 인정된다고 하더라도 이를 선행행위와 분리하여 별개의 횡령죄로 처벌할 것이 아니라 선행행위와 포괄하여 하나의 횡령죄로 처벌해야 한다고 본다.

4) 사기죄는 타인이 점유하는 재물을 그의 처분행위에 의하여 취득함으로써 성립하므로 자기가 점유하는 타인의 재물을 영득함에 있어 기망행위를 하였다고 하더라도 사기죄는 성립하지 아니하고 횡령죄만 성립한다(대법원 1987.12.22. 선고 87도2168 판결). 예를 들어 피해자로부터 물건의 매각처분을 위임받고 그 물건을 타인에 대금 600만원에 매도하였음에도 불구하고 피해자에게 300만원에 처분하였다고 거짓말을 하고 피해자에게 300만원만을 교부하고 나머지 300만원은 교부하지 아니한 경우, 그 초과분에 대해서는 피해자가 청구권을 포기한다는 재산적 처분행위가 없으므로 사기죄는 성립하지 않고 횡령죄만 성립할 따름이다(대법원 1980.12.9. 선고 80도1177 판결). 그리고 명의신탁된 종중 소유의 토지를 그 개인의 소유라고 거짓말해서 제3자에게 매도하고 대금을 받은 경우 대내적으로 소유자에 대한 관계에서 횡령죄만 성립하고, 대외적으로는 수탁자가 소유자로 인정되어 제3자는 유효하게 소유권을 취득하므로 제3자에 대한 관계에서 사기죄는 성립하지 않는다(대법원 1970.9.29. 선고 70도1668 판결).

5) 강제집행면탈죄에 있어서 은닉이란 강제집행을 면탈할 목적으로 강제집행을 실시하는 자로 하여금 채무자의 재산을 발견하는 것을 불능 또는 곤란하게 만드는 것을 말하므로, 진의에 의하여 재산을 양도하였다면 설령 그것이 강제집행을 면탈할 목적으로 이루어진 것으로서 채권자의 불이익을 초래하더라도 강제집행면탈죄에 있어서 은닉에 해당하지 않는다. 따라서 타인의 재물을 보관하는 자가 보관하고 있는 재물을 영득할 의사로 은닉하였다면 횡령죄의 죄책을 지나 이로써 채권자들의 강제집행을 면탈하는 결과가 초래되었다고 하여 횡령죄와 별도로 강제집행면탈죄의 죄책을 지울 수 없다(대법원 2000.9.8. 선고 2000도1447 판결).

2. 업무상횡령죄 (제356조)

1) 업무상의 임무에 위배하여 횡령죄를 범함으로써 성립하는 범죄로 10년 이하의 징역 또는 3천만원 이하의 벌금에 처하고, 10년 이하의 자격정지를 병과할 수 있다(제353조). 본죄의 미수범은 처벌한다(제352조). 업무상횡령죄를 범한 자가 그 범죄행위로 인하여 취득하거나 제3자로 하여금 취득하게 한 재물이나 재산상 이익의 가액(이득액)이 5억원 이상 50억원 미만일 때에는 3년 이상의 유기징역에, 이득액이 50억원 이상일 때에는 무기 또는 5년 이상의 징역에 처한다. 이 경우 이득액 이하에 상당하는 벌금을 병과할 수 있다(특경법 제3조 제1항, 제2항).

2) 업무란 직업 혹은 직무라는 말과 같은 의미로 법령, 계약에 의한 것이든 관례적으로 또는 사실상 행하는 것이든 묻지 않고 같은 행위를 반복할 지위에 따른 사무로서, 등기부상으로 회사의 대표이사를 사임한 후에도 계속하여 사실상 대표이사 업무를 행하여 왔고 회사원들도 대표이사의 일을 하는 사람으로 상대해 왔다면 회사 소유 금전을 보관할 업무상의 지위에 있다고 할 수 있다(대법원 1982.1.12. 선고 80도1970 판결). 이에 대하여 시내버스 운전사는 승객으로부터 요금을 받거나 또는 받은 요금을 보관하였다가 버스회사에 입금시키는 업무에 종사하고 있다고 할 수 없으므로, 시내버스 운전사가 승객으

로부터 요금을 받아 소지하고 있던 현금을 자신의 개인용도에 임의 소비하였더라도 업무상 횡령죄의 죄책은 물 수 없다(대법원 1985.6.25. 선고 85도1036 판결).

3) 단순횡령죄와의 관계에서 업무상횡령죄는 신분관계로 인하여 형의 경중이 있는 경우에 해당하므로, 업무상보관책임이 없는 자가 업무상보관자의 횡령행위에 가담한 경우 업무상보관책임이 없는 자는 제33조 단서에 의해 단순횡령죄(제355조 제2항)로 처벌하여야 한다(대법원 1989.10.10. 선고 87도1901 판결; 1986.9.23. 선고 86도1379 판결).

3. 점유이탈물횡령죄(제360조)

1) 유실물, 표류물, 매장물 기타 타인의 점유를 이탈한 재물을 횡령함으로써 성립하는 범죄로 1년 이하의 징역이나 300만원 이하의 벌금 또는 과료에 처한다.

2) 유실물(遺失物)이란 점유자의 의사에 의하지 않고 그 점유를 이탈한 물건으로 도품이 아닌 것을 말한다. 범죄자가 놓고 간 것으로 인정되는 물건, 착오로 인하여 점유한 물건, 타인이 놓고 간 물건, 일실(逸失)한 가축은 유실물에 준한다(유실물법 제11조, 제12조). 표류물(漂流物)이란 점유를 이탈하여 하수면 또는 내수면에 떠 있거나 떠내려가고 있는 물건을 말한다(수난구호법 제1조 제11호). 매장물(埋藏物)이란 토지, 해저, 건조물 등에 묻혀 있는 물건으로서 타인의 점유를 이탈할 것을 말한다. 유실물, 표류물 및 매장물은 점유이탈물의 유형을 예시한 것이다.

사자(死者)는 원칙적으로 점유가 인정되지 않으므로 사자 이외의 자에 의한 점유가 인정되지 않는 한 사자가 생전에 점유하던 물건은 점유이탈물에 해당하고, 이를 가져가는 행위는 점유이탈물횡령죄를 구성한다. 다만 사람을 살해한 후 그가 점유하던 재물을 영득한 경우 살해행위와 재물의 영득행위가 시간적·장소적으로 매우 근접해 있어 재물을 영득할 시점에 사자의 점유가 계속되는 것으로 볼 수 있는 때에는 점유이탈물횡령죄가 아니라 절도죄가 성립한다(대법원 1993.9.28. 선고 93도2143 판결).

잃어버린 물건이라도 잃어버린 장소를 알고 있고 되찾을 가능성이 있는 때에는 잃어버린 사람의 점유를 이탈한 물건이라고 할 수 없다. 그리고 어떤 물건을 잃어버린 장소가 당구장과 같이 타인의 관리 아래 있을 때에는 그 물건은 관리자의 점유에 속하게 되므로 이를 제3자가 취거해 가는 경우에는 점유이탈물횡령죄가 아니라 절도죄가 성립한다(대법원 1988.4.25. 선고 88도409 판결). 그러나 지하철에 두고 내린 물건의 경우에는 승객이 놓고 내린 지하철의 전동차 바닥이나 선반 위에 있던 물건을 가지고 간 경우, 지하철의 승무원은 유실물법상 전동차의 관수자로서 승객이 잊고 내린 유실물을 교부받을 권능을 가질 뿐 전동차 안에 있는 승객의 물건을 점유한다고 할 수 없고, 그 유실물을 현실적으로 발견하지 않는 한 이에 대한 점유를 개시하였다고 할 수도 없으므로, 그 사이에 유실물을 발견하고 가져간 행위는 점유이탈물횡령죄에 해당한다(대법원 1999.11.26. 선고 99도3963 판결).

판례는 고속버스 운전사는 고속버스의 관수자로서 차내에 있는 승객의 물건을 점유하는 것이 아니고 승객이 잊고 내린 유실물을 교부받을 권능을 가질 뿐이므로 유실물을 현실적으로 발견하지 않는 한 이에 대한 점유를 개시하였다고 할 수 없고, 그 사이에 다른 승객이 유실물을 발견하고 이를 가져갔다면 절도에 해당하지 아니하고 점유이탈물횡령에 해당한다고 본다(대법원 1993.3.16. 선고 92도3170 판결). 그러나 지하철에 물건을 두고 내린 경우와는 달리 고속버스에 물건을 두고 내린 경우에는 고속버스 운전사가 현실적으로 발견하지 않더라도 그의 점유가 개시된다고 보아야 하고 이를 가져간 경우에는 절도죄가 성립한다고 보는 것이 타당하다.

3) 점유이탈물횡령죄도 영득죄이므로 본죄가 성립하기 위해서는 불법영득의사가 요구된다. 예컨대 일반쓰레기와 재활용쓰레기, 가전제품을 버리는 곳에서 유실물 내지 점유이탈물이 아닌 무주물이라고 생각하면서 디지털카메라를 주워 피해자에게 반환하지 않은 채 가지고 갔다면 불법영득의 의사가 있었다고 보기는 어려우므로 점유이탈물횡령죄로 처벌할 수 없다(대법원 2013.1.13. 선고 2012노920 판결).

4. 친족간의 특례 (제361조)

1) 횡령죄(제355조 제1항), 업무상횡령죄(제356조)와 그 미수범(제359조) 및 점유이탈물횡령죄(제360조)에 대해서는 친족간의 특례규정(제328조)이 적용된다. 따라서 직계혈족, 배우자, 동거친족, 동거가족 또는 그 배우자간에 이들 죄를 범한 때에는 그 형을 면제하고, 이 외의 친족간에 이들 죄를 범한 때에는 고소가 있어야 공소를 제기할 수 있다. 횡령죄의 성질은 특경법에서도 그대로 유지되고 특경법상 친족상도례의 적용을 배제한다는 명문의 규정이 없으므로 친족상도례는 특경법상의 횡령죄에도 그대로 적용된다(대법원 2008.10.23. 선고 2008도7614 판결).

2) 소유자와 보관을 위탁한 자가 다른 경우 친족간의 특례가 적용되기 위해서는 소유자와 위탁자 쌍방 사이에 친족관계가 있어야 한다(☞ **[판례 VI-15]** 참조).

[판례 VI-15] 대법원 2008.7.24. 선고 2008도3438 판결【횡령】

〈사실관계〉

피고인은 2005.2.8. 17:00경 ○○부동산 앞길에서 공소외 1로부터 공소외 2에게 전달해 달라는 부탁과 함께 금 2백만원을 교부받은 공소외 3으로부터 공소외 2에게 전달해 주겠다며 위 금원을 받아 보관하던 중 2005.2.9.경 채무변제금 등 목적으로 위 금 2백만원을 임의 사용함으로써 이를 횡령하였다.

〈원심 판결요지〉

공소외 1이 위탁한 2백만원은 공소외 2에게 전달되기까지는 의연히 공소외 1의 소유라고 할 것이므로 이 사건 피해자는 공소외 1이고, 피고인은 피해자 공소외 1의 삼촌인데 공소외 1이 피고인을 고소하였음을 인정할 아무런 자료가 없으므로, 이 사건 공소는 공소제기의 절차가 법률의 규정에 위반하여 무효인 때에 해당하여 형소법 제327조 제2호에 의하여 공소기각판결을 하여야 한다.

〈대법원 판결요지〉

횡령범인이 위탁자가 소유자를 위해 보관하고 있는 물건을 위탁자로부터 보관받아 이를 횡령한 경우에 형법 제361조에 의하여 준용되는 제328조 제2항은 범인과 피해물건의 소유자 및 위탁자 쌍방 사이에 같은 조문에 정한 친족관계가 있는 경우에만 적용되고, 단지 횡령범인과 피해물건의 소유자간에만 친족관계가 있거나 횡령범인과 피해물건의 위탁자간에만 친족관계가 있는 경우에는 적용되지 않는다.

Ⅶ. 배임의 죄(제40장)

1) 배임의 죄(배임죄)는 타인의 사무를 처리하는 자가 그 임무에 위배되는 행위로써 재산상의 이익을 취득하거나 제3자로 하여금 취득하게 하고 본인에게 손해를 가함으로써 성립하는 범죄이다. 그 유형으로는 단순배임죄(제355조 제2항), 업무상 배임죄(제356조)가 있다. 미수범은 처벌되며(제359조), 친족상도례에 관한 규정(제328조) 준용된다(제361조). 한편 배임죄 또는 업무상배임죄로 인하여 취득하거나 제3자로 하여금 취득하게 한 재물이나 재산상 이익의 가액(이득액)이 5억원 이상인 때에는 특경법에 의해 가중처벌된다(제3조).

2) 타인의 사무를 처리하는 자가 그 임무에 관하여 부정한 청탁을 받고 재물 또는 재산상의 이익을 취득한 때 또는 타인의 사무를 처리하는 자에 대하여 부정한 청탁을 하고 재물이나 재산상 이익을 공여한 때에는 각각 배임수재죄(제357조 제1항)와 배임증재죄(제357조 제2항)로 처벌된다.

3) 회사의 발기인, 업무집행사원, 이사, 집행임원, 감사위원회 위원, 감사 그 직무대행자, 지배인 기타 회사영업에 관한 어느 종류 또는 특정한 사항의 위임을 받은 사용인(상법 제622조 제1항), 회사의 청산인, 그 직무대행자 또는 회사합병으로 신회사를 설립하는 경우 그 설립위원(같은 조 제2항), 사채권자집회의 대표자 또는 그 결의를 집행하는 자(제623조)가 그 임무에 위배한 행위로써 재산상의 이익을 취하거나 제3자로 하여금 이를 취득하게 하여 회사에 손해를 가한 때에는 상법상 특별배임죄로 처벌된다(제622조 내지 제624조).

1. 단순배임죄(제355조 제2항)

(1) 배임죄의 의의

1) 타인의 사무를 처리하는 자가 그 임무에 위배하는 행위로써 재산상 이익을 취득하거나 제3자로 하여금 취득하게 하여 본인에게 손해를 가함으로써 성립하는 범죄로 5년 이하의 징역 또는 1천만원 이하의 벌금에 처하고, 10년 이하의 자격정지를 병과할 수 있다(제358조). 본죄의 미수범은 처벌한다(제359조). 배임죄를 범한 자가 그 범죄행위로 인하여 취득하거나 제3자로 하여금 취득하게 한 재물이나 재산상 이익의 가액(이득액)이 5억원 이상 50억원 미만일 때에는 3년 이상의 유기징역에, 이득액이 50억원 이상일 때에는 무기 또는 5년 이상의 징역에 처한다. 이 경우 이득액 이하에 상당하는 벌금을 병과할 수 있다(특경법 제3조 제1항, 제2항).

2) 배임죄는 타인의 사무를 처리하는 자가 주체가 되는 신분범이다. 배임죄의 본질은 대외관계에서 타인의 재산을 처분할 권한을 가진 자가 그 권한을 남용하는 데에 있는 것이 아니라 신임관계에서 발생하는 타인의 재산을 보호해야 할 의무를 위반하는 데에 있다(배신설). 신임관계를 위배하는 행위라는 점에서는 횡령죄와 동일하지만, 횡령죄는 타인의 재물을 보관하는 자가 그 재물을 취득하는 경우에

성립하는 데 반하여 배임죄는 타인의 사무를 처리하는 자가 타인의 재산상 이익을 취득하는 경우에 성립한다는 점에서 구분된다. 앞에서 설명한 바와 같이 횡령죄는 배임죄에 대하여 특별관계에 있으므로, 배임죄는 횡령죄와의 관계에서 보충적으로 적용된다.

(2) 배임죄의 주체 – 타인의 사무를 처리하는 자

가. 사무처리의 근거

1) 타인의 사무를 처리한다고 함은 타인과의 대내관계에 있어서 신의성실의 원칙에 비추어 그 사무를 처리할 신임관계가 존재한다는 것을 의미하고 반드시 제3자에 대한 대외관계에서 그 사무에 관한 권한이 존재할 것을 요하지 않다. 신임관계는 법령의 규정, 법률행위, 사무관리 또는 관습에 의하여도 발생할 수 있다(대법원 2002.6.14. 선고 2001도3534 판결).

우선 법령에 의해 타인의 사무를 처리하는 자로서는 민법상 법인의 이사(제58조, 제59조), 청산법인의 청산인(제82조, 제87조), 사무관리자(제734조), 친권자(제916조), 후견감독인(제949조)과 상법상 합명회사의 업무집행사원(제201조, 제207조), 합자회사의 무한책임사원(제273조), 유한책임회사의 업무집행자(제287조의12), 주식회사의 이사·대표이사(제382조, 제389조) 등이 있다.

민법 제58조(이사의 사무집행) ① 이사는 법인의 사무를 집행한다.
제59조(이사의 대표권) ① 이사는 법인의 사무에 관하여 각자 법인을 대표한다. (이하 생략)
제681조(수임인의 선관의무) 수임인은 위임의 본지에 따라 선량한 관리자의 주의로써 위임사무를 처리하여야 한다.
제734조(사무관리의 내용) ① 의무없이 타인을 위하여 사무를 관리하는 자는 그 사무의 성질에 좇아 가장 본인에게 이익되는 방법으로 이를 관리하여야 한다.
제916조(자의 특유재산과 그 관리) 자(子)가 자기의 명의로 취득한 재산은 그 특유재산으로 하고 법정대리인인 친권자가 이를 관리한다.
제949조(재산관리권과 대리권) ① 후견인은 피후견인의 재산을 관리하고 그 재산에 관한 법률행위에 대하여 피후견인을 대리한다.
상법 제101조(의의) 자기명의로써 타인의 계산으로 물건 또는 유가증권의 매매를 영업으로 하는 자를 위탁매매인이라 한다.
제112조(위임에 관한 규정의 적용) 위탁자와 위탁매매인간의 관계에는 본장의 규정 외에 위임에 관한 규정을 적용한다.
제201조(업무집행사원) ① 정관으로 사원의 1인 또는 수인을 업무집행사원으로 정한 때에는 그 사원이 (합명)회사의 업무를 집행할 권리와 의무가 있다.
제273조(업무집행의 권리의무) 무한책임사원은 정관에 다른 규정이 없는 때에는 각자가 (합자)회사의 업무를 집행할 권리와 의무가 있다.
제287조의12(업무의 집행) ② 1명 또는 둘 이상의 업무집행자를 정한 경우에는 업무집행자 각자가 (유한책임)회사의 업무를 집행할 권리와 의무가 있다. (이하 생략)
제382조(이사의 선임, 회사와의 관계 및 사외이사) ② (주식)회사와 이사의 관계는 「민법」의 위임에 관한 규정을 준용한다.

법령에 의하여 타인의 사무를 처리하는 자의 대표적인 사례가 바로 법인의 이사이다. 법인의 이사는 법인을 대표하며 법인의 사무를 처리한다(민법 제58조, 제59조). 다만 법인의 이사는 법인에 대한 관계에서 타인의 사무를 처리하는 자에 해당할 뿐 주주에 대한 관계에서는 타인의 사무를 처리하는 자에 해당하지 않는다. 따라서 신주발행에 있어서 대표이사가 납입의 이행을 가장한 경우에는 상법 제628조 제1항에 의한 가장납입죄가 성립하는 이외에 따로 기존 주주에 대한 업무상배임죄는 성립하지 않는다(대법원 2004.5.13. 선고 2002도7340 판결). 같은 이유에서 회사의 청산인이 처리하는 채무의 변제, 재산의 환가처분 등 회사의 청산업무는 자신의 사무 또는 회사의 업무에 속하는 것이지 회사의 채권자들에 대한 관계에 있어 그들의 사무를 처리하는 자가 아니므로, 청산인이 회사 부동산에 관하여 제3자에게 소유권이전등기를 마쳐주었다고 하더라도 회사에 대한 채권자에 대하여 배임죄가 성립되지 않는다(대법원 1990.5.25. 선고 90도6 판결).

계약에 의해 타인의 사무를 처리하는 자의 대표적인 예로는 위에서 보는 바와 같이 민법상 수임인(제680조, 제681조), 상법상 위탁매매인(제101조, 제112조)을 들 수 있다. 다만 사무처리의 근거가 된 법률행위가 선량한 풍속과 사회질서에 반하는 것으로 무효이거나 법적으로 금지된 위법한 것일 때에는 배임죄가 성립하지 않는다.

○ 대법원 1986.9.9. 선고 86도1382 판결【배임】

내연의 처와의 불륜관계를 지속하는 대가로서 부동산에 관한 소유권이전등기를 경료해 주기로 약정하였더라도 그 증여계약은 선량한 풍속과 사회질서에 반하는 것으로 무효이어서 증여로 인한 소유권이전등기의무가 인정되지 아니하는 이상 타인의 사무를 처리하는 자에 해당한다고 볼 수 없으므로 등기의무를 이행하지 않는다 하더라도 배임죄의 죄책은 지지 않는다.

○ 대법원 1991.7.9. 선고 91도846 판결【배임 등】

국토이용관리법상 신고구역에 관한 규정은 단속법규에 속하고 신고의무에 위반한 거래계약의 사법적 효력까지 부인되는 것이 아니므로, 신고구역 내의 토지에 대하여 매매 당사자들이 당국에 신고하지 아니하고 매매계약을 체결한 것이라고 하여도 이를 무효라고 할 수 없고 그 이중양도로 인한 배임죄의 성립에는 영향이 없다.

○ 대법원 1996.8.23. 선고 96도1514 판결【배임】

국토이용관리법의 규제구역 내에 있는 토지를 매도하였으나 같은 법 소정의 거래허가를 받은 바가 없다면, 매도인에게 매수인에 대한 소유권이전등기에 협력할 의무가 생겼다고 볼 수 없고, 따라서 매도인이 배임죄의 주체인 타인의 사무를 처리하는 자에 해당한다고 할 수 없다.

○ 대법원 2011.1.27. 선고 2009도10701 판결【배임】

구 농지개혁법(1994.12.22. 법률 제4817호 농지법 부칙 제2조로 폐지)상 자경 또는 자영의 의사가 없는 농지의 매수인은 농지매매증명의 발급 여부에 관계없이 농지에 대한 소유권을 취득할 수 없고, 비농가인 매수인이 자경·자영의사가 없었다고 인정되면 매수인은 매도인에 대하여 소유권이전등기절차의 이행을 청구할 수 없다. 이 사건에서 망(亡) 甲은 망 乙에게, 망 乙은 丙에게 토지를 순차적으로 매도하였으나 乙과 丙 사이의 토지 매매는 자경 또는 자영할 의사가 없었던 매매로서 丙은 구 농지개혁법상 위 토지의 소유권을 취득할 수 없으므로, 甲의 처인 피고인이 乙과 丙에게 토지에 관한 소유권이전등기절차를 순차 이행하지 아니하고 제3자에게 위 토지를 처분하고 소유권이전등기절차를 마쳤더라도 丙에 대하여 배임죄를 구성하지 아니한다.

○ 대법원 2011.6.30. 선고 2011도614 판결【배임】

부동산 매매업자가 피고인에게서 구 국토의 계획 및 이용에 관한 법률에서 정한 토지거래허가구역 내 토지를 매수하면서 매수인을 자신이 운영하는 부동산컨설팅 회사 직원의 명의로 하고 소유권이전등기는 자신이 지정하는 자에게 하기로 하는 내용의 토지매매계약을 체결하고 대금을 지급하였는데 그 후 위 토지가 허가구역 지정에서 해제되자 피고인이 이를 임의로 처분한 경우, 위 법률상 토지거래허가에 필요한 거주요건을 갖추지 못한 자가 허가요건을 갖춘 자 명의로 허가를 받으려는 의사로 위와 같이 토지매매계약을 체결한 이상 이와 같은 행위는 처음부터 토지거래허가를 잠탈한 경우에 해당하고 따라서 위 계약은 처음 체결된 때부터 확정적으로 무효이므로, 피고인의 행위가 배임죄를 구성한다고 보기 어렵다.

○ 대법원 2012.4.13. 선고 2011도3469 판결【배임, 사기】

국토의 계획 및 이용에 관한 법률에 의하여 허가를 받아야 하는 토지거래계약이 처음부터 허가를 배제하거나 잠탈하는 내용의 계약인 경우에는 허가 여부를 기다릴 것도 없이 확정적으로 무효이고, 토지거래허가구역 내의 토지가 거래허가를 받거나 소유권이전등기를 경료할 의사 없이 중간생략등기의 합의 아래 전매차익을 얻을 목적으로 소유자로부터 부동산중개업자를 거쳐 전전 매매한 경우 그 매매계약은 모두 확정적으로 무효이므로, 거래허가구역 내에 있는 토지를 거래허가를 받지 아니하고 타인에게 매도하였다면 매도인에게 매수인에 대한 소유권이전등기에 협력할 의무는 생기지 아니하고, 따라서 거래허가구역 내 토지를 미등기 전매한 후 매매대금을 지급 받고도 등기를 이전하지 않은 채 제3자에게 근저당권을 설정해 주었더라도 매도인에게 배임죄의 죄책을 물 수 없다.

신임관계는 법령이나 계약뿐만 아니라 관습이나 신의성실의 원칙, 조리에 의해서도 발생할 수 있다(대법원 2002.6.14. 선고 2001도3534 판결).

○ 대법원 1999.6.22. 선고 99도1095 판결【업무상배임】

정산위원장의 직에서 해임됨으로서 법적인 권한이 소멸된 후라도 그 업무를 인계하기 전에는 그 사무를 신의칙에 따라 처리할 사실상의 신임관계가 존속하므로 배임죄에 있어서 타인의 사무를 처리하는 자에 해당하고, 소송의 소장부본 및 변론기일소환장을 송달받고도 그 제소사실을 정산위원회에 알려주지도 아니하고 스스로 응소하지도 아니한 행위는 그 처리하는 사무의 내용, 성질 등 구체적 상황에 비추어 신의칙상 당연히 할 것으로 기대되는 행위를 하지 않음으로써 정산위원회와 사이의 신임관계를 저버린 배임행위에 해당한다고 할 것이며, 이로써 정산위원회로 하여금 의제자백에 의한 패소 확정판결을 받게 한 것은 정산위원회가 재심을 청구할 수 있는지에 관계없이 정산위원회에게 현실적인 재산상의 손해를 가한 것이라고 할 것이다.

○ 대법원 2000.3.14. 선고 99도457 판결【업무상배임】

피고인이 학교법인의 이사 겸 학교법인이 설립 경영하는 고등학교의 교장으로서 그의 처가 위 학교법인의 이사장으로 선임되어 있으나, 사실상 학교법인의 경영을 주도하며 재산관리 및 수익사업을 비롯한 법인업무 전반을 총괄하는 한편 고등학교의 교무를 총괄하면서 교비회계에 속하는 자금을 비롯하여 고등학교의 운영을 위하여 고등학교에 귀속된 모든 자금을 보관·관리하는 업무를 취급하였다면, 학교재산에 관한 임대차계약을 체결하는 경우 업무상 배임죄의 주체가 될 수 있으므로, 학교법인의 부지를 이사의 명의를 빌려 시세보다 현저히 저렴한 임대료로 임차하여 자신의 처이며 이사장으로 하여금 골프연습장을 경영하도록 하였다면 배임죄의 죄책을 지고, 재산처분에 관한 결정권을 가진 학교법인의 이사회의 결의가 있었다거나 그것이 감독청의 허가를 받아서 한 것이라고 하여 그 배임행위를 정당화할 수 없다.

○ 대법원 2002.6.14. 선고 2001도3534 판결【특경법위반(배임)】

미성년자와 친생자관계가 없으나 호적상 친모로 등재되어 있는 자가 미성년자의 상속재산 처분에 관여한 경우 배임죄에 있어서 타인의 사무를 처리하는 자의 지위에 있다.

2) 배임죄에 있어서 타인의 사무를 처리하는 자란 고유의 권한으로서 그 처리를 하는 자에 한하지 않고 그 자의 보조기관으로서 직접 또는 간접으로 그 처리에 관한 사무를 담당하는 자도 포함한다(대법원 1982.7.27. 선고 81도203 판결). 예컨대 甲이 乙에게 사무처리를 위임하고 乙이 그 직원 丙으로 하여금 사무를 처리하게 하는 경우, 丙은 그가 속하는 乙에 대하여서 뿐만 아니라 동시에 甲에 대하여도 정당하게 사무를 처리할 임무를 부담하고 그 임무에 위배하는 행위를 한 때에는 배임죄의 죄책을 진다(대법원 1976.7.13. 선고 74도717 판결). 그리고 직접 업무를 담당하고 있는 자가 아니더라도 그 업무 담당자의 상급자로서 실행행위자의 행위가 피해자인 본인에 대한 배임행위에 해당한다는 것을 알면서도 실행행위자의 배임행위를 교사하거나 또는 배임행위의 전 과정에 관여하는 등으로 배임행위에 적극 가담한 경우에도 배임죄의 죄책을 진다(대법원 2004.7.9. 선고 2004도810 판결).

사법상 타인의 사무를 처리할 의무의 주체가 법인이 되는 경우 그 타인의 사무는 대표기관의 행위에 의하여 실현될 수밖에 없으므로 그 법인을 대표하여 사무를 처리하는 자연인인 대표기관이 바로 타인의 사무를 처리하는 자가 된다(☞ **[판례 Ⅶ-1]** 참조).

[판례 Ⅶ-1] 대법원 1984.10.10. 선고 82도2595 판결【배임】

〈사실관계〉

피고인 1은 ○○주식회사의 대표이사이고 피고인 2는 그 회사에서 시공분양한 상가를 매수하여 상업에 종사하는 자이다. 공소외 A가 ○○주식회사의 대표이사로 재직하던 중 회사 소유의 1부동산(대지 및 건물)을 B에게 매도하여 대금전액을 받았고, 2부동산과 3부동산은 C에게 매도하고 대금전액을 받았다. 그 후 피고인 1은 ○○주식회사의 대표이사로 취임하면서 위 사실들을 알게 되었음에도 불구하고 피고인 2와 위 부동산을 이중분양하기로 공모하고 1부동산 중 대지와 2부동산 중 점포에 관하여 피고인 2 및 D의 공동명의로 소유권 이전 또는 보존등기를 이행하여 주고, 3부동산 중 점포에 관하여 피고인 2와 E 앞으로 소유권보존등기를 이행하여 주었다.

〈원심 판결요지〉

위 대지와 점포는 모두 ○○주식회사의 소유로서 최초의 매수인 B, C에게 소유권이전등기를 하여줄 의무의 주체는 회사이고, 피고인 1은 회사의 대표기관에 불과하며 피고인 2는 피고인 1과 공동하여 행위를 한 자에 불과하므로 피고인들이 위 B, C에 대하여 그 사무를 처리하는 자의 지위, 다시 말하면 위 B, C와 피고인들 사이에는 타인과 본인의 관계가 없다 할 것이니 피고인들은 배임죄의 주체가 될 수 없는 것이다.

〈대법원 판결요지〉

[다수의견] 형법 제355조 제2항의 배임죄에 있어서 타인의 사무를 처리할 의무의 주체가 법인이 되는 경우라도 법인은 다만 사법상의 의무주체가 될 뿐 범죄능력이 없는 것이며 그 타인의 사무는 법인을 대표하는 자연인인 대표기관의 의사결정에 따른 대표행위에 의하여 실현될 수밖에 없어 그 대표기관은 마땅히 법인이 타인에 대하여 부담하고 있는 의무내용 대로 사무를 처리

할 임무가 있다 할 것이므로 법인이 처리할 의무를 지는 타인의 사무에 관하여는 법인이 배임죄의 주체가 될 수 없고 그 법인을 대표하여 사무를 처리하는 자연인인 대표기관이 바로 타인의 사무를 처리하는 자 즉 배임죄의 주체가 된다.

[소수의견] 법인은 사법상의 의무주체가 될 뿐 범죄능력이 없다고 하나 바로 이 사법상의 의무주체가 배임죄의 주체가 되는 것이므로 이것을 떠나서 배임죄는 성립할 수 없다할 것이고 법인의 대표기관은 법인이 타인에 대하여 부담하고 있는 의무내용대로 사무를 처리할 임무가 있다는 그 임무는 법인에 대하여 부담하는 임무이지 법인의 대표기관이 직접 타인에 대하여 지고 있는 임무는 아니므로 그 임무에 위배하였다 하여 이를 타인에 대한 배임죄가 성립한다고 할 수 없다.

나. 사무의 범위

배임죄에 있어서 타인의 '사무'는 재산상의 사무이어야 한다(대법원 1999.9.17. 선고 97도3219 판결). 일부 견해는 재산적인 이해관계를 가진 사무이면 족하다고 하거나 반드시 재산상의 사무이거나 재산적인 이해관계를 가진 사무일 것을 요하지 않는다고 주장한다. 이러한 견해에 따르면 예컨대 형사변호사나 의사가 형사변호업무나 치료업무와 관련하여 재산상의 이익을 취득하고 본인에게 재산상의 손해를 가한 경우에도 배임죄가 성립할 수 있게 된다. 그러나 배임죄가 일체의 신임관계를 위배하는 행위를 처벌하는 것이 아니라 신임관계에 기초를 둔 타인의 재산의 보호 내지 관리의무가 있을 것을 그 본질적 내용으로 하는 것이므로, 배임죄에 있어서의 타인의 '사무'란 타인의 재산관리에 관한 사무로 제한하는 것이 타당하다.

다. 타인의 사무

1) 배임죄에서의 '타인의 사무'란 신임관계에 기초를 둔 타인의 재산의 보호 내지 관리의무가 있을 것을 그 본질적 내용으로 하는 것으로 타인의 재산관리에 관한 사무를 대행하는 경우를 말한다. 판례는 타인의 사무란 위임, 고용 등의 계약상 타인의 재산의 관리 보전의 임무를 부담하는데 본인을 위하여 일정한 권한을 행사하는 경우, 등기협력의무와 같이 매매, 담보권설정 등 자기의 거래를 완성하기 위한 자기의 사무인 동시에 상대방의 재산보전에 협력할 의무가 있는 경우를 말한다고 설명하고 있다(대법원 1983.2.8. 선고 81도3137 판결).

○ **대법원 1981.7.28. 선고 81도966 판결【배임미수, 무고】**

피고인이 카바레영업을 할 목적으로 건물을 임차하면서 임대차계약이 종료될 때에 반환하기로 하는 약정 아래 영업허가 명의를 이전받았다면 임대인에 대한 대내적 관계에서는 영업허가권의 단순한 임차인 내지 명의수탁자로서 임대차계약 종료 시에 이를 반환하는 범위 안에서 타인의 사무를 처리하는 자이므로 이 임무에 위배하여 이를 제3자에게 처분하고 그 명의를 이전하려 하였다면 배임미수에 해당한다.

○ **대법원 1995.11.21. 선고 94도1598 판결【업무상배임】**

고객과 증권회사와의 사이에 이러한 매매거래에 관한 위탁계약이 성립되기 이전에는 증권회사는 매매거래 계좌설정 계약시 고객이 입금한 예탁금을 고객의 주문이 있는 경우에 한하여 그 거래의 결제의 용도로만 사용하여야 할 의무를 부담하므로, 증권회사의 직원은 고객과의 신임관계에 기초를 두고 고객의 재산관리에 관한 사무를 대행하는 타인의 사무를 처리할 지위에 있으므로,

증권회사의 직원이 고객의 주문이 없이 무단 매매를 행하여 고객의 계좌에 손해를 가한 때에는 업무상 배임의 죄책을 진다.

○ 대법원 2005.3.25. 선고 2004도6890 판결【배임】

피해자가 피고인에게 나중에 국유지 불하를 받아달라고 하면서 피해자 명의로 국유재산대부계약이 체결된 토지 등의 관리를 부탁하였다면 이는 국유재산을 불하받아 주는 사무처리 및 이와 관련된 사무처리를 위임한 것이라고 볼 수 있고, 이러한 위임관계가 단순한 민사상 채무를 부담하는 경우에 그치는 것이 아니라 위임계약에 따라 타인의 재산관리에 관한 사무를 대행하는 관계이므로 배임죄에 있어서 '타인의 사무'에 해당한다.

○ 대법원 2007.7.26. 선고 2007도3882 판결【배임】

위임받은 타인의 사무가 부동산소유권이전등기의무인 경우에 매도인의 임무위배행위로 인하여 매도인의 소유권이전등기의무가 이행불능되거나 이행불능에 빠질 위험성이 있으면 배임죄가 성립하고, 매도인과 매수인 사이에 소유권이전등기절차를 이행하기로 하는 재판상화해가 성립한 경우에도 마찬가지이다.

○ 대법원 2012.5.10. 선고 2010도3532 판결【업무상배임 등】

A 주식회사와 가맹점 관리대행계약 등을 체결하고 그 대리점으로서 가맹점 관리업무 등을 수행하는 B 주식회사 대표이사가 임무에 위배하여 A 회사의 가맹점을 다른 경쟁업체 가맹점으로 임의로 전환하여 甲 회사에 재산상 손해를 가하였다면, 피고인은 A 회사의 가맹점 관리업무를 대행하는 '타인의 사무를 처리하는 자'로서 업무상배임의 죄책을 진다.

○ 대법원 2012.11.15. 선고 2012도6676 판결【업무상배임 등】

직무발명에 대한 특허를 받을 수 있는 권리 등을 사용자 등에게 승계한다는 취지를 정한 약정 또는 근무규정의 적용을 받는 종업원 등이 그 발명의 내용에 관한 비밀을 유지한 채 사용자 등의 특허권 등 권리의 취득에 협력하여야 할 의무는 자기 사무의 처리라는 측면과 아울러 상대방의 재산보전에 협력하는 타인 사무의 처리라는 성격을 동시에 가지게 되므로, 종업원 등이 직무발명의 완성 사실을 사용자 등에게 통지하지 아니한 채 그에 대한 특허를 받을 수 있는 권리를 제3자에게 이중으로 양도하여 제3자가 특허권 등록까지 마친 경우 배임죄를 구성한다.

2) 배임죄의 주체로서 '타인의 사무를 처리하는 자'라고 하기 위해서는 두 당사자의 관계의 본질적 내용이 단순한 채권채무관계상의 의무를 넘어서 그들 간의 신임관계에 기초하여 타인의 재산을 보호 또는 관리하는 데 있어야 한다(대법원 2010.8.26. 선고 2010도4613 판결). 단순한 채권채무관계상의 의무에 불과한 사례로는 다음과 같은 것들이 있다.

○ 대법원 1969.2.25. 선고 69도46 판결【배임】

부동산을 경락받은 피고인이 그 경락허가 결정이 확정된 뒤에 그 경매부동산의 소유자에게 대하여 그 경락을 포기하겠다고 약속하여 놓고 경매법원에서 경락대금 지급명령이 전달되자 위의 약속을 어기고 경락대금을 완납함으로써 그 경락 부동산에 대한 소유권을 완전히 취득한 경우에도, 피고인은 그 소유자들에게 대하여 자기가 그 경락부동산을 취득하지 않겠다는 민법상의 채무를 부담하고 있는데 불과하고 '타인의 사무를 처리하는 자'에 해당한다고 할 수 없다.

○ 대법원 1983.7.12. 선고 83도1405 판결【공무상보관물무효, 배임】

채권가압류명령이 송달된 후에는 제3채무자는 채무자에게 지급이 금지되고 제3채무자가 이에 위반하여 채무자에게 지급하거나 그 후에 취득한 자동채권으로 상계하더라도 채권자에게 대항할 수 없으며, 추심 또는 전부명령을 받은 채권자로부터 변제의 청구를 받으면 이를 거절할 수 없다고 하더라도, 그 지급을 금지당하였다가 추심 또는 전부명령을 받은 채권자에게 지급하는 제3채무자의 행위는 자신의 사무처리행위이지 채권자의 사무처리행위라고 볼 수 없으므로 전부명령을 받은 채권자에게 예금액을 지급하지 않았다 하여 배임죄가 성립하지 않는다.

○ 대법원 1983.11.8. 선고 83도2496 판결【배임】

월부상환중인 자동차를 타인에게 매도하였으나 자동차등록 명의가 자신의 명의로 남아있어 그 소유권이 아직 자신에게 있다면 판매회사에 대하여 할부금을 납부하는 것은 자신의 사무에 불과하고, 매매계약을 체결함에 있어 연체된 할부금을 중도금 지급기일까지 완불하여 자동차를 인도받아 사용하는 타인에게 아무런 손해를 주지 않기로 약정하였다 하여도 이는 단순한 채무를 부담하는 경우에 해당할 뿐 이로 인하여 피고인이 배임죄에서 말하는 타인의 사무를 처리하는 자에 해당한다고 볼 수 없다.

○ 대법원 1984.12.26. 선고 84도2127 판결【배임 등】

피고인이 피해자에게 언제까지 채무를 변제하기로 약정하면서 그 담보로 피고인 소유의 부동산을 타인에게 매도하거나 담보설정하지 않겠다는 내용의 지불증을 작성한 후 이를 공증까지 하고도 타인에게 근저당설정등기를 경료하여 주었다 하여도, 이와 같은 약정은 피고인이 자기소유의 부동산을 추후 매도하거나 타인에게 담보제공하지 않겠다는 내용에 불과하여 그런 약정에 따른 임무는 단순한 민사상의 채무를 부담하는 경우에 해당할 뿐, 이로 인하여 피고인이 배임죄에서 말하는 타인의 사무를 처리하는 자에 해당한다고는 할 수 없다.

○ 대법원 1985.6.11. 선고 84도2243 판결【횡령】

피고인의 피해자에 대한 기존채무를 확보해주기 위한 방법으로 피고인과 피해자 공동명의로 가옥에 대해 소유권이전등기를 경료하기로 하는 구두약정을 하였다면 이는 피고인이 피해자에 대하여 그와 공동명의로 이전등기를 경료하여 주겠다는 급부의무를 부담할 의사를 표시한 것에 불과하고 위 약정만으로서 피고인이 피해자의 지분상당의 이전등기절차 사무를 처리하는 지위에 있다거나 피고인에게 그의 지분상당을 명의신탁하였다고도 볼 수 없으므로, 피고인이 위 약정에 위배하여 피고인 단독명의로 소유권이전등기를 경료하고 타에 근저당권설정등기를 경료하여 주었다고 하더라도 횡령죄는 성립되지 아니한다.

○ 대법원 1987.4.28. 선고 86도2490 판결【배임】

피고인은 연립주택 건축공사를 피해자에게 도급함에 있어 피해자와의 사이에 연립주택 12세대 중 8세대를 피해자가 직접 분양하며 피고인에 의하여 이미 분양된 4세대에 대하여는 피해자가 중도금을 직접 수령하여 피해자의 공사대금에 충당하도록 하는 내용의 분양권위임계약을 체결하고 인증까지 하였다고 하더라도, 피고인의 위와 같은 채무는 피해자의 재산을 관리 보전할 임무도 아니고 피해자의 권리 실현에 특별히 피고인의 협력의무를 수반하는 것도 아닌 단순한 채권적 수인의무에 불과하므로, 피고인이 위 의무에 위반하여 연립주택 중 4세대에 대하여 타인에게 소유권이전등기 또는 근저당권설정등기를 경료해 주고, 이로 인하여 결과적으로 피해자에게 채권변제충당을 하지 못하게 하였다 하더라도 피고인에게 배임죄의 죄책을 지울 수는 없다.

○ 대법원 2003.9.26. 선고 2003도763 판결【특경법위반(배임) 등】

골프시설의 운영자가 일반회원들을 위한 회원의 날을 없애고 일반회원들 중에서 주말예약에 대하여 우선권이 있는 특별회원을 모집함으로써 일반회원들의 주말예약권을 사실상 제한하거나 박탈하는 결과가 되었다고 하더라도 이는 일반회원들에 대한 회원가입계약에 따른 민사상의 채무를 불이행한 것에 불과하고, 골프시설의 운영자가 일반회원들의 골프회원권이라는 재산관리에 관한 사무를 대행하거나 그 재산의 보전행위에 협력하는 지위에 있다고 할 수는 없으므로 일반회원들에 대한 배임죄를 구성하지 아니한다.

○ 대법원 2005.12.9. 선고 2005도5962 판결【배임】

서면에 의하지 아니한 증여계약이 행하여진 경우 당사자는 그 증여가 이행되기 전까지는 언제든지 이를 해제할 수 있으므로 증여자가 구두의 증여계약에 따라 수증자에 대하여 증여 목적물의 소유권을 이전하여 줄 의무를 부담한다고 하더라도 그 증여자는 수증자의 사무를 처리하는 자의 지위에 있다고 할 수 없다.

○ 대법원 2007.5.10. 선고 2006도8832 판결【특경법위반(배임) 등】

도시 및 주거환경정비법상 조합원은 원칙적으로 그가 가진 지분에 따라 분양을 신청할 권리가 있고 조합은 일정한 기간 내에 분양을 공고하고 그 신청을 받아 분양업무를 처리하여야 하는데, 이러한 조합원에 대한 분양업무는 어디까지나 조합의 사무일 뿐이고 조합 또는 조합장 개인이 조합원들과 사이에서 그 지분을 보존하는 임무를 대행하거나 조합원의 재산보전행위에 협력하는 자의 지위에 있다고 볼 수는 없다. [따라서 재건축정비사업조합의 조합장과 총무이사가 공모하여 시공사로부터 조합 명의로 차용한 금전으로 친인척명의로 재건축아파트를 구입한 다음 조합명의로 소유권이전등기를 하지 않고 친인척명의로 소유권이전등기를 하고 신축된 아파트의 분양을 받은 경우 업무상횡령죄의 죄책을 질 뿐 조합원에 대한 관계에서 업무상배임죄의 죄책을 지는 것은 아니다 - 필자]

○ 대법원 2007.10.11. 선고 2007도6161 판결【배임】

건설회사의 대표이사가 피해자들 소유의 토지 위에 다세대주택을 신축하여 그 중 일부를 피해자들에게 분양해 주기로 하면서 분양대금의 선지급 명목으로 토지의 소유권을 이전받은 후 이를 담보로 대출받은 경우, 피해자들에 대하여 다세대주택에 관한 소유권이전등기를 경료해 줄 임무가 있고 이러한 피고인의 임무는 배임죄에 있어서의 타인의 사무에 해당한다고 볼 수 있으나, 다세대주택의 건설 목적 범위 내에서 대출금을 관리·사용하여야 할 임무는 단순한 채무에 불과하지 피해자들의 재산관리 내지 보전의 사무라고 볼 수 없으므로 대출금을 다세대주택의 건설 목적 이외의 용도로 사용하였다고 배임죄는 성립하지 않는다.

○ 대법원 2008.3.13. 선고 2008도373 판결【특경법위반(배임)】

시행사의 대표이사인 피고인이 시공사 사이에 아파트공사 도급계약을 체결함에 있어, 분양업무는 시행사와 시공사가 공동으로 협의하여 수행하되 최종 책임은 시행사가 지고 공사대금은 분양수입금으로 지급하되 분양수입금은 시행사와 시공사가 공동명의로 개설한 예금계좌로만 수령하고 이 예금계좌에 입금되지 않은 분양은 일체 인정하지 않기로 특약을 한 경우, 위 특약은 시행사의 수급인인 시공사에 대한 공사대금 채무의 변제를 확보하는 방편으로 약정한 것에 불과할 뿐이고, 아파트의 수분양자로부터 분양수입금을 수령할 권한 자체는 여전히 시행사에 있으며, 그 분양수입금으로 시공사에 공사대금을 지급하는 사무는 피고인 자신의 사무이므로, 피고인이 위 특약에 위배하여 아파트에 대한 분양수입금을 공동 관리 예금계좌에 입금하지 아니하고 이를 다른 용도에 사용한 결과 시공사에 공사대금을 지급하지 못하게 되었다고 하더라도 배임죄를 구성한다고 볼 수 없다.

○ 대법원 2008.4.24. 선고 2008도1408 판결【특경법위반(배임)】

보통예금은 은행 등 법률이 정하는 금융기관을 수치인으로 하는 금전의 소비임치 계약으로서, 그 예금계좌에 입금된 금전의 소유권은 금융기관에 이전되고, 예금주는 그 예금계좌를 통한 예금반환채권을 취득하는 것이므로 금융기관의 임직원은 예금주로부터 예금계좌를 통한 적법한 예금반환 청구가 있으면 이에 응할 의무가 있을 뿐, 예금주와 사이에서 그의 재산관리에 관한 사무를 처리하는 자의 지위에 있다고는 할 수 없으므로, 신용협동조합의 임직원이 고객의 예금계좌에서 임의로 금원을 인출하였다고 하더라도 이를 피해자에 대한 관계에서 업무상배임죄에 해당하는 것으로 볼 수는 없다.

○ 대법원 2011.4.28. 선고 2011도3247 판결【배임·사기】

피고인이 피해자에게서 부동산을 매수하면서 계약금을 지급하는 즉시 피고인 앞으로 소유권을 이전받되 매매잔금은 일정기간 내에 이를 담보로 대출을 받아 지급하고 건축허가를 받지 못하면 계약을 해제하여 원상회복해 주기로 약정하고 소유권을 이전받은 직후 이에 관하여 다른 용도로 근저당권을 설정하였더라도, 이는 기본적으로 매수인이 매매대금의 재원을 마련하는 방편에 관한 것이고, 그 성실한 이행에 의하여 매도인이 대금을 모두 받게 되는 이익을 얻는다는 것만으로 매수인이 신임관계에 기하여 매도인의 사무를 처리하는 것이 된다고 할 수 없으므로, 피고인에게 배임죄의 죄책을 물 수는 없다.

○ **대법원 2012.3.15. 선고 2010도3207 판결【업무상배임】**

택시회사 노동조합 분회장이자 전국택시노동조합연맹 지역본부 교섭위원인 피고인이 사용자단체인 지역택시운송사업조합과 노사교섭을 담당하면서, 근로자 과반수의 동의 없이 부가가치세 경감세액 중 일부를 단체협약상 운송사업자가 부담할 비용에 사용할 수 있도록 합의함으로써 근로자들에게 손해를 가하였다고 하더라도, 피고인은 조합원들에 대한 관계에서 직접 그들의 사무를 처리하는 자의 지위에 있다고 할 수 없으므로 업무상배임죄의 죄책을 지지 않는다.

3) 2인 이상이 상호출자 하여 공동사업을 경영할 것을 내용으로 하는 조합계약을 체결한 경우 조합의 사무를 처리하는 자는 조합에 대하여 선량한 관리자의 주의로 사무를 처리해야 할 의무가 있으므로(민법 제707조, 제681조), 조합의 사무를 처리하는 자가 그 임무에 위배하는 행위를 한 때에는 배임죄가 성립한다.

예컨대 피해자와 공동으로 토지를 매수하여 그 지상에 창고사업을 하는 내용의 동업약정을 하고 동업재산이 될 토지에 관한 매매계약을 체결하였는데, 피해자 몰래 매도인과 사이에 매매계약을 해제하고 피해자를 배제하는 내용의 새로운 매매계약을 체결한 다음 제3자 명의로 소유권이전등기를 마쳤다면 이는 그 임무에 위배하는 행위로서 배임죄를 구성한다(대법원 2011.4.28. 선고 2009도14268 판결).

이와는 달리 乙은 자금만 투자하고 甲은 노무와 설비를 투자하여 공사를 수급하여 시공하고 그 대금 등을 추심하는 등 일체의 거래행위를 담당하면서 그 이익을 나누어 갖기로 하는 내용의 동업계약이 체결되었다가 그 계약이 종료된 경우 공사시공 등 일체의 행위를 담당하였던 甲이 乙에게 투자금원을 반환하고 또 이익 또는 손해를 부담시키는 내용의 정산의무나 그 정산과정에서 행하는 채권의 추심과 채무의 변제 등의 행위는 甲 자신의 사무이지 乙을 위하여 하는 타인의 사무라고 볼 수는 없으므로 甲이 제3자에게 채권을 양도하였다고 하여 배임죄의 죄책을 물 수 없다(대법원 1992.4.14. 선고 91도2390 판결).

4) 계주는 계원들과의 약정에 따라 지정된 곗날에 계원으로부터 월불입금을 징수하여 지정된 계원에게 이를 지급할 임무가 있고 계주의 이러한 임무는 계주 자신의 사무임과 동시에 타인인 계원들의 사무를 처리하는 것도 되므로, 계주가 계원들로부터 월불입금을 모두 징수하였음에도 불구하고 정당한 사유 없이 이를 지정된 계원에게 지급하지 아니하였다면 다른 특별한 사정이 없는 한 배임죄의 죄책을 진다(대법원 1987.2.24. 선고 86도1744 판결; 1994.3.8. 선고 93도2221 판결). 그러나 계원이 계불입금을 성실히 지급하지 않음으로써 계의 기본약정을 파기하였다면 계주가 그에게 계금을 주어야 할 의무는 없고 다만 정산문제만 남게 되므로 계가 파기된 후 계주가 계원에 대하여 계금을 지급하지 아니하였다고 하여 배임죄를 구성하지 않는다(대법원 1987.6.23. 선고 86도2343 판결).

이와는 달리 계주가 자기의 개인사업으로 계를 조직 운영하는 낙찰계에서 계불입금 및 계급부금 등의 계산관계는 계주와 각 계원 사이에 개별적으로 존재하므로, 계주가 계불입금을 징수하고 계급부금을 지급하는 것은 자기의 사무를 처리하는 것에 지나지 아니하고 따라서 낙찰계의 계주가 수금한 계불입금을 낙찰계원에게 지급하지 아니하고 소비하였다 하더라도 배임의 죄책을 지지 않는다(수원지법 1985.1.31. 선고 84노1263 판결). 그리고 계주로서 낙찰계를 조직·운영하다가 계원들로부터 계불입금을 징수하지 아니하고 잠적하여 파계가 되었다고 하더라도 계금을 아직 낙찰받지 못한 계원들에 대한 관계에서는 타인의 사무로서 계금을 지급할 의무가 없으므로 배임의 죄책을 지지 않는다(대법원 2009.8.20. 선고 2009도3143 판결).

5) 실질적으로 타인이 자기의 계산으로 영업을 하면서 피고인 명의로 영업허가나 사업자등록을 해두었다면 피고인은 타인의 사무를 처리하는 자에 해당한다(대법원 1981.8.20. 선고 80도1176 판결). 이에 반하여 타인의 명의를 빌려 자기의 계산으로 영업을 하는 자는 설령 그 명의가 타인으로 되어 있다고 하더라도 그 업무는 자기의 사무이며 타인의 사무가 아니므로, 타인에게 손해를 가하였다고 하더라도 배임의 죄책을 지울 수 없다(대법원 1986.2.11. 선고 85도2435 판결).

○ 대법원 1981.8.20. 선고 80도1176 판결【배임】

다방영업 허가에 따르는 재산적 이익의 실질적 귀속자인 피해자가 피고인에게 다방시설을 포함한 운영권 일체를 임대함에 있어서 임대기간 동안은 다방 영업허가 명의를 피고인 명의로 변경하고, 그 임대기간이 종료될 때에는 다시 피해자 또는 피해자가 지정하는 제3자 앞으로 명의를 변경하기로 약정하였다면, 피고인은 임대기간이 종료되면 위 약정대로 그 허가 명의를 변경할 수 있도록 협력할 의무가 있고, 이 의무이행은 피고인 자신의 사무인 동시에 피해자의 사무라고 할 것인데, 피고인이 명의환원 약정을 부인하고 자신이 명실상부한 영업허가 명의자라고 주장하면서 영업장소를 이전하고 다방의 상호를 변경하고 피해자의 명의변경 요구를 거부하는 소위는 배임죄에 해당한다.

○ 대법원 1986.2.11. 선고 85도2435 판결【배임】

약사명의로 약국개설과 사업자등록을 하고 그의 명의로 제약회사 등과 거래를 하되 대내적으로는 자신의 책임과 계산으로 약국을 운영하고 약사에게는 매월 일정금원의 보수를 지급키로 약정한 경우, 그 후 약사가 위 계약관계의 해소를 요구하였더라도 후임자를 구하지 못하여 위 약국을 폐쇄할 때까지 계속 경영한 것은 타인의 사무가 아닌 자신의 사무이며 그로 인한 채권채무관계 등 일체의 거래관계로 인한 권리의무는 자신에게 귀속하는 것이므로 위 약사와의 계속관계가 해소되지 않는 한 배임죄에서 말하는 타인의 사무를 처리하는 자라 할 수 없다.

6) 판례는 채무자가 채권자에게 담보권을 설정해 주기로 약정한 후 채무자가 그 약속을 이행하지 않고 담보권을 설정해 주기로 약정한 물건을 타인에게 처분한 경우에도 배임죄가 성립할 수 있다고 본다. 예컨대 부동산에 대한 양도담보설정계약 후 그에 따른 등기절차를 이행하기 전에 제3자에게 지상권설정등기를 하여 줌으로써 담보능력 감소의 위험을 발생시킨 경우(대법원 1997.6.24. 선고 96도1218 판결), 근저당권설정계약을 체결한 후 그에 따른 등기절차를 이행하기 전에 제3자에게 부동산을 처분하거나 근저당권설정등기를 하여 준 경우(대법원 2008.3.27. 선고 2007도9328 판결) 또는 채무자가 채권자로부터 돈을 차용하면서 담보로 자기 소유의 주식에 대하여 주권교부의 방법으로 양도담보를 설정하기로 약정

하고 아직 채권자에게 주식을 현실적으로 교부하지 아니한 상태에서 다시 제3자와 그 주식에 대하여 양도담보를 설정한 경우(대법원 2010.2.25. 선고 2009도13187 판결)에는 배임의 죄책을 진다고 판시한 바 있다.

그러나 담보권이 설정되어 타인(채권자)이 자신의 동산 또는 부동산에 대하여 담보권을 가지고 있는 경우와는 달리 담보권설정을 약속한 단계에서 그 약속의 이행은 '타인의 사무'가 아니라 '자신의 사무'라고 보는 것이 타당하다고 본다. 최근 판례는 채무자인 피고인이 채권자에게 차용금을 변제하지 못할 경우 자신의 어머니 소유 부동산에 대한 유증상속분을 대물변제하기로 약정한 후 유증(遺贈)을 원인으로 그 부동산에 관한 소유권이전등기를 마쳤음에도 이를 제3자에게 매도하여 배임죄로 기소된 사건에서, 채무자가 채권자에 대하여 부담하고 채무를 담보하기 위하여 장래에 부동산의 소유권을 이전하기로 하는 대물변제약정을 채결하였더라도 그 약정의 내용에 좇은 이행을 하여야 할 채무는 특별한 사정이 없는 한 채무자 자신의 사무에 해당하는 것이 원칙이라는 이유로, 배임죄의 성립을 부정하였다 (☞ **[판례 Ⅶ-2]** 참조).

[판례 Ⅶ-2] 대법원 2014.8.21. 선고 2014도3363【배임】

〈공소사실〉

피고인은 피해자로부터 3억원을 차용하면서 차용금을 변제하지 못할 경우 피고인의 어머니 소유의 부동산에 대한 유증상속분을 대물변제하기로 약정하였음에도 불구하고, 그 후 피고인은 유증을 원인으로 부동산에 관한 소유권이전등기를 마친 다음 이를 누나와 자형에게 매도함으로써 부동산의 실제 재산상 가치인 1억 8,500만원 상당의 재산상 이익을 취득하고 피해자에게 동액 상당의 손해를 입혔다.

〈판결요지〉

[다수의견] 채무자가 채권자에 대하여 소비대차 등으로 인한 채무를 부담하고 이를 담보하기 위하여 장래에 부동산의 소유권을 이전하기로 하는 내용의 대물변제예약에서, 약정의 내용에 좇은 이행을 하여야 할 채무는 특별한 사정이 없는 한 '자기의 사무'에 해당하는 것이 원칙이다. 채무자가 대물변제예약에 따라 부동산에 관한 소유권을 이전해 줄 의무는 예약 당시에 확정적으로 발생하는 것이 아니라 채무자가 차용금을 제때에 반환하지 못하여 채권자가 예약완결권을 행사한 후에야 비로소 문제가 되고, 채무자는 예약완결권 행사 이후라도 얼마든지 금전채무를 변제하여 당해 부동산에 관한 소유권이전등기절차를 이행할 의무를 소멸시키고 의무에서 벗어날 수 있다. 한편 채권자는 당해 부동산을 특정물 자체보다는 담보물로서 가치를 평가하고 이로써 기존의 금전채권을 변제받는 데 주된 관심이 있으므로, 채무자의 채무불이행으로 인하여 대물변제예약에 따른 소유권등기를 이전받는 것이 불가능하게 되는 상황이 초래되어도 채권자는 채무자로부터 금전적 손해배상을 받음으로써 대물변제예약을 통해 달성하고자 한 목적을 사실상 이룰 수 있다. 그러므로 채권 담보를 위한 대물변제예약 사안에서 채무자가 대물로 변제하기로 한 부동산을 제3자에게 처분하였다고 하더라도 형법상 배임죄가 성립하는 것은 아니다.

[반대의견] 담보계약을 체결한 채권자와 채무자 사이에는 담보계약 자체로부터 피담보채권의 발생원인이 된 법률관계와는 별도의 독자적인 신임관계가 발생한다고 보아야 한다. 부동산 매매계약에서 신임관계의 본질이 부동산의 소유권을 이전하는 데 있는 것과 마찬가지로, 담보 목적으로 체결된 대물변제예약에서 신임관계의 본질은 담보로 제공하기로 한 부동산의 담보가치를 채권자에게 취득하게 하는 데 있으며, 이는 결국 배임죄의 성립 여부에 있어 양자가 다르지 않다는 것을 의미한다. 담보 목적으로 부동산에 관한 대물변제예약을 체결한 채무자가 신임관계를 위반하여 당해 부동산을 제3자에게 처분함으로써 채권자로 하여금

부동산의 소유권 취득을 불가능하게 하거나 현저히 곤란하게 하였다면 이러한 행위는 대물변제예약에서 비롯되는 본질적·전형적 신임관계를 위반한 것으로서 배임죄에 해당한다고 보아야 한다.

〈해 설〉

위 [판례 VII-2]에서 볼 수 있듯이 판례는 채무자가 채권자에 대하여 소비대차 등으로 인한 채무를 부담하고 이를 담보하기 위하여 장래에 부동산의 소유권을 이전하기로 하는 내용의 약정(대물변제예약)을 위반하여 그 부동산을 처분하는 행위를 배임죄로 처벌할 수 있는지 의율할 수 있는지를 문제 삼고 있다. 다수의견은 대물변제예약의 내용에 좇은 이행을 하여야 할 채무는 특별한 사정이 없는 한 자기의 사무에 해당한다고 본 반면 반대의견은 이를 타인의 사무로 보고 있다. '타인의 사무를 처리하는 자'라고 하려면 두 당사자의 관계의 본질적 내용이 단순한 채권관계상의 의무를 넘어서 신임관계에 기초하여 타인의 재산을 보호 내지 관리하는 경우로 제한되어야 하는바(대법원 2010.8.26. 선고 2010도4613 판결 참조), 대물변제약정을 하였다는 것만으로는 채무자를 '타인(채권자)의 사무를 처리하는 자'로 볼 수는 없다.

대물변제하기로 약정한 부동산은 타인의 권리의 목적이 된 자기의 물건에 해당하므로, 대물변제약정을 위반하여 그 부동산을 처분함으로써 채권자의 권리행사를 방해한 때에는 권리행사방해죄(제323조)로 의율하는 것이 타당하다고 본다. 다만 대물변제약정을 위반한 채무자에게 권리행사방해의 죄책을 묻기 위해서는 단순한 채권채무관계를 넘어서 그 약정으로 인해 채무자가 신임관계에 기초하여 채권자의 재산을 보호 내지 관리하는 관계로 인정되어야 한다. 그렇지 않다면 단순한 민사상 채무불이행을 형사상 권리행사방해죄로 다스리는 결과가 되기 때문이다.

(3) 임무에 위배하는 행위(배임행위)

1) '임무에 위배하는 행위'란 사무의 내용, 성질 등 구체적 상황에 비추어 법률의 규정, 계약의 내용 혹은 신의칙상 당연히 할 것으로 기대되는 행위를 하지 않거나 당연히 하지 않아야 할 것으로 기대되는 행위를 함으로써 본인과 사이의 신임관계를 저버리는 일체의 행위를 말한다. 본인의 승낙이 있는 경우에는 임무에 위배되는 행위라고 할 수 없으므로 처음부터 배임죄가 문제되지 않는다(대법원 1983.11.8. 선고 83도2309 판결; 1985.9.24. 선고 85도1444 판결 참조).

2) 금융기관의 임직원이 채무자가 이미 채무변제능력을 상실하여 그에게 자금을 대여하면서 손해가 발생하리라는 정을 충분히 알면서 이에 나아갔거나 충분한 담보를 제공받는 등 상당하고도 합리적인 채권회수조치를 취하지 아니한 채 만연히 자금을 대여해 주었다면, 그와 같은 자금대여는 타인에게 이익을 얻게 하고 본인에게 손해를 가하는 행위로서 본인에 대하여 배임행위가 된다(대법원 2007.12.28. 선고 2007도6554 판결). 따라서 새마을금고의 이사장이 정관(定款)에서 정하고 있는 대출신청서와 차용금증서 조차 받지 않았을 뿐만 아니라 대출이자에 대한 약정도 없이 자금을 대출해 주거나(대법원 1980.9.9. 선고 79도2637 판결), 은행지점장이 채무자로부터 대출금을 모두 회수할 수 있었고 대출금의 상환기한을 연장해 주면 대출금을 회수할 수 없을 정도로 채무자의 자금사정이 악화되리라는 사정을 알면서도 상환기한을 연장해 주거나(대법원 1999.7.9. 선고 99도1864 판결), 금융기관의 직원이 대출을 함에 있어 대출채권의 회수를 확실하게 하기 위하여 충분한 담보를 제공받는 등 상당하고도 합리적인 조치를 강구함이 없이 만연히 대출을 해 준 경우(대법원 2003.2.11. 선고 2002도5679 판결)에는 업무상배임의 죄책을 진다.

저축은행의 경영진이 영업정지가 임박한 상황에서 금융감독원 감독관에게 알리지 아니한 채 영업마감 후 특정고액 예금채권자들에게 영업정지 예정사실을 알려주어 예금을 인출하도록 해 주는 것(대법원 2013.1.24. 선고 2012도10629 판결)도 업무상배임죄를 구성한다.

그러나 담보물에 대한 대출한도액을 초과하여 대출하거나 담보로 할 수 없는 물건을 담보로 하여 대출하였다 하더라도 그 대출에 따른 물적·인적담보를 확보하여 그렇게 대출한 것이 회수할 수 없는 채권을 회수하여 실질적으로 은행에 이익이 되고 그것이 통상적인 업무집행범위에 속하는 것으로 용인될 수 있다면 그 대출로 인하여 회수의 확실성이 없는 일부 채권이 발생하였다고 하여 업무상 배임의 죄책을 물 수 없다(대법원 2008.2.14. 선고 2007도7716 판결).

3) 법인의 이사는 법인의 사무를 집행하고 법인의 사무에 관하여 법인을 대표하는 자로서(민법 제58조, 제59조) 배임죄의 주체인 '타인의 사무를 처리하는 자'에 해당한다. 따라서 회사의 이사가 그 타인의 사무를 처리하면서 업무상 임무에 위배되는 행위를 함으로써 재산상 이익을 취득하거나 제3자로 하여금 이를 취득하게 하고 그로 인하여 회사로 하여금 그 타인에 대한 손해배상책임 등 채무를 부담하게 한 때에는 업무상배임의 죄책을 진다.

예컨대 주식회사의 대주주이면서 사장으로서 사실상 경영을 책임지고 있는 자가 타인이 발행한 약속어음에 회사 명의로 배서할 경우 그 타인이 어음금의 지급능력이 없어 그로 인하여 회사에 손해가 발생하리라는 점을 알면서도 그 약속어음에 배서해 주거나(대법원 2000.5.26. 선고 99도2781 판결), 회사의 대표이사가 만성적인 적자로 손실액이나 채무액이 누적되어 가고 있는 등 재무구조가 상당히 불량하여 이미 채무변제능력을 상실한 관계로 그를 위하여 지급보증 또는 연대보증을 할 경우에 회사에 손해가 발생할 것이라는 점을 알면서도 타인의 채무를 회사 이름으로 지급보증 또는 연대보증을 해 주거나(대법원 2004.6.24. 선고 2004도520 판결), 대표이사가 특별한 반대급부도 받지 않고 타인의 채무에 대하여 연대보증을 하고 채권자가 회사의 재산에 대하여 강제집행을 할 때 아무런 이의를 제기하지 않기로 하는 약정(이의부제기약정)을 함으로써 채권자로 하여금 회사로부터 채권을 추심할 수 있도록 해 주거나(대법원 2013.4.11. 선고 2012도15890 판결), 주식회사의 임원이 공적 업무수행을 위하여서만 사용이 가능한 법인카드를 개인 용도로 계속적, 반복적으로 사용하는 것(대법원 2014.2.21. 선고 2011도8870 판결)은 그 임무에 위배하는 행위로서 업무상 배임죄에 해당한다.

그러나 주식회사의 자본조달을 목적으로 하는 신주발행과 관련한 대표이사의 업무는 회사의 사무일 뿐이므로 신주발행에 있어서 대표이사가 납입된 주금을 회사를 위하여 사용하도록 관리·보관하는 업무 역시 회사에 대한 선관주의의무 내지 충실의무에 기한 것으로서 회사의 사무에 속하고, 신주발행에 있어서 대표이사가 일반 주주들에 대하여 그들의 신주인수권과 기존 주식의 가치를 보존하는 임무를 대행한다거나 주주의 재산보전 행위에 협력하는 자로서 타인의 사무를 처리하는 자의 지위에 있다고는 볼 수 없다. 따라서 신주발행에 있어서 대표이사가 납입의 이행을 가장한 경우에는 상법상 가장납입죄의 죄책을 지는 이외에 따로 기존 주주에 대한 업무상배임의 죄책을 지지 않는다(대법원 2004.5.13. 선고 2002도7340 판결).

4) 기업의 영업비밀을 사외로 유출하지 않을 것을 서약한 회사의 직원이 경제적인 대가를 얻기 위하여 경쟁업체에 영업비밀을 유출하는 행위는 피해자와의 신임관계를 저버리는 행위로서 업무상배임죄를 구성하고(대법원 1999.3.12. 선고 98도4704 판결), 영업비밀이 아니더라도 그 자료가 불특정 다수의 사람에게 공개되지 않았고 사용자가 상당한 시간, 노력 및 비용을 들여 제작한 영업상 주요한 자산인 경우에도 그 자료의 반출행위는 업무상배임죄를 구성한다. 또한 회사직원이 영업비밀이나 영업상 주요한 자산인 자료를 적법하게 반출하였다고 하더라도 퇴사 시에 그 영업비밀 등을 회사에 반환하거나 폐기할 의무가 있음에도 경쟁업체에 유출하거나 스스로의 이익을 위하여 이용할 목적으로 이를 반환하거나 폐기하지 아니하였다면, 이러한 행위는 업무상배임에 해당한다(대법원 2005.7.14. 선고 2004도7962 판결; 2008.4.24. 선고 2006도9089 판결).

5) 타인에 대한 채무의 담보로 자신의 채권에 대하여 권리질권을 설정한 경우 질권설정자는 질권자의 동의 없이 질권의 목적된 권리를 소멸하게 하거나 질권자의 이익을 해하는 변경을 할 수 없다(민법 제352조). 또한 질권설정자가 제3채무자에게 질권설정의 사실을 통지하거나 제3채무자가 이를 승낙하였다면 제3채무자는 질권자의 동의 없이 채무를 변제하더라도 이로써 질권자에게 대항할 수 없고, 질권자는 제3채무자에 대하여 직접 채무의 변제를 청구할 수 있다(민법 제353조 제2항·제3항). 따라서 이러한 경우 질권설정자가 질권의 목적인 채권의 변제를 받았다고 하여 질권자에 대한 관계에서 타인의 사무를 처리하는 자로서 임무에 위배하는 행위를 하여 질권자에게 손해를 가하거나 손해 발생의 위험을 초래하였다고 할 수 없다(대법원 2016.4.29. 선고 2015도5665 판결).

(4) 재산상 이익의 취득과 재산상 손해의 발생

배임죄가 성립하기 위해서는 임무에 위배하는 행위로서 우선 자기 또는 제3자로 하여금 재산상의 이익을 취득하게 하고 나아가서 본인에게 재산상의 손해를 발생시켜야 한다.

가. 재산상 이익의 취득

1) 배임죄가 성립하기 위해서는 자기 또는 제3자로 하여금 재산상의 이익을 취득하여야 하고 본인에게 손해를 가하였다고 하더라도 자기나 제3자가 이익을 취득한 사실이 없다면 배임죄가 성립하지 않는다(대법원 2007.7.25. 선고 2005도6439 판결). 예컨대 회사의 영업팀장이 체인점 점주로부터 할인판매 등에 따른 누적된 손실금액의 보전을 요청받고 회사 전산망에 입력된 체인점의 전매입고 금액만을 일방적으로 삭제함으로써 전산상으로 회사의 체인점에 대한 외상대금채권이 줄어든 것으로 처리전산조작행위를 하였더라도, 전산망 이외에 전표·매출원장 등 외상대금채권의 존재와 액수를 확인할 수 있는 방법들이 존재하고 삭제된 전매입고 금액을 기술적으로 용이하게 복구할 수 있어 전산조작행위로 인

하여 회사의 외상대금채권 행사가 사실상 불가능해지거나 또는 현저히 곤란해졌다고 할 수 없다면 체인점의 점주가 그에 상응하는 재산상 이익을 취득하였다고 보기 어렵고(대법원 2006.7.27. 선고 2006도3145 판결), 영업사원이 회사의 승낙없이 임의로 지정 할인율보다 더 높은 할인율을 적용하여 회사가 지정한 가격보다 낮은 가격으로 거래처에 제품을 덤핑판매하였다고 하더라도 실제 시장에서 거래되는 가격에 따라 제품을 판매한 것이라면 거래처가 재산상 이익을 취득하였다고 볼 수 없으므로(대법원 2009.12.24. 선고 2007도2484 판결) 업무상배임의 죄책을 지울 수 없다.

2) 배임죄 또는 업무상배임죄를 범한 자를 그 범죄행위로 인하여 취득한 이득액이 5억원 이상인 때에는 특경법에 의해 그 이득액에 따라 가중처벌되는데, 여기서 말하는 이득액은 단순일죄의 이득액이나 혹은 포괄일죄가 성립되는 경우의 이득액의 합산액을 의미하고, 경합범으로 처벌될 수죄에 있어서 그 이득액을 합한 금액을 말하는 것은 아니다(대법원 1989.6.13. 선고 89도582 판결 참조).

나. 재산상 손해의 발생

1) 배임죄가 성립하기 위해서는 배임행위로 인하여 본인에게 재산상 손해를 가하여야 한다. 시세차익을 얻을 의도로 주식 시가보다 현저히 낮은 금액으로 전환사채를 발행하거나, 회사의 대외적 신인도를 높이기 위하여 조작된 거래로써 회사의 수익을 가장하고 그 국제결제은행(Bank for International Settlements, BIS) 자기자본비율을 조작하거나, 회사인수자가 피인수회사에 아무런 반대급부를 제공하지 않고 임의로 피인수회사의 재산을 담보로 제공하는 것은 회사에 재산상 손해를 가하는 행위이다.

○ 대법원 2001.9.28. 선고 2001도3191 판결【특경법위반(배임) 등】

비등록·비상장 법인의 대표이사가 시세차익을 얻을 의도로 주식 시가보다 현저히 낮은 금액을 전환가격으로 한 전환사채를 발행하고 제3자의 이름을 빌려 이를 인수한 후 전환권을 행사하여 인수한 주식 중 일부를 직원들에게 전환가격 상당에 배분한 경우, 전환사채의 발행·인수로써 주식 시가와 전환가격의 차액 상당의 재산상의 이익을 취득하고 법인에게 손해를 가한 업무상 배임죄가 성립한다.

○ 대법원 2002.7.22. 선고 2002도1696 판결【특경법위반(배임) 등】

피고인이 회사의 대외적 신인도를 높이기 위하여 조작된 거래로써 회사의 수익을 가장하고 그 BIS 비율을 조작하여 회사의 자본충실 정도를 왜곡한 행위는 그 목적과 수단이 모두 위법한 것으로서 그 위법성의 정도가 매우 중하여 법령과 사회상규상 용인될 수 없는 것이고, 결과적으로도 회사의 채권자와 주주들에게 해를 가하는 행위로서 가사 피고인에게 본인인 회사를 위한다는 의사가 있었다고 하더라도 위와 같은 불법한 행위를 위하여 대가를 지급하는 행위는 회사와의 사이의 신임관계를 저버리고 회사에 손해를 끼치는 행위라고 보는 것이 타당하다.

○ 대법원 2006.11.9. 선고 2004도7027 판결【특경법위반(배임)】

기업인수에 필요한 자금을 마련하기 위하여 그 인수자가 금융기관으로부터 대출을 받고 나중에 피인수회사의 자산을 담보로 제공하는 방식[이른바 LBO(Leveraged Buyout) 방식]을 사용하는 경우, 피인수회사로서는 주채무가 변제되지 아니할 경우에는 담보로 제공되는 자산을 잃게 되는 위험을 부담하게 되므로, 인수자가 피인수회사의 위와 같은 담보제공으로 인한 위험 부담에 상응하는 대가를 지급하는 등의 반대급부를 제공하는 경우에 한하여 허용될 수 있다. 따라서 인수자가 피인수회사에 아무런 반대급부를 제공하지 않고 임의로 피인수회사의 재산을 담보로 제공하게 하였다면 인수자 또는 제3자에게 담보 가치에 상응한 재산상 이익을 취득하게 하고 피인수회사에게 그 재산상 손해를 가하였다고 봄이 상당하다.

○ 대법원 2009.5.29. 선고 2007도4949 판결【특경법위반(배임)】

주주는 회사에 대하여 주식의 인수가액에 대한 납입의무를 부담할 뿐 인수가액 전액을 납입하여 주식을 취득한 후에는 주주 유한책임의 원칙에 따라 회사에 대하여 추가 출자의무를 부담하지 않는 점, 회사가 준비금을 자본으로 전입하거나 이익을 주식으로 배당할 경우에는 주주들에게 지분비율에 따라 무상으로 신주를 발행할 수 있는 점 등에 비추어 볼 때, 회사가 주주 배정의 방법, 즉 주주가 가진 주식 수에 따라 신주, 전환사채나 신주인수권부사채의 배정을 하는 방법으로 신주 등을 발행함에 있어 주주 전체의 이익, 회사의 자금조달의 필요성, 급박성 등을 감안하여 시가보다 낮게 발행가액 등을 정함으로써 주주들로부터 가능한 최대한의 자금을 유치하지 못하였다고 하여 배임죄의 죄책을 물 수는 없다.

그러나 제3자에게 인수권을 부여하는 제3자 배정방법으로 신주 등을 발행함에 있어 제3자에게 시가보다 현저하게 낮은 가액으로 발행하는 경우는 시가를 적정하게 반영하여 발행조건을 정하거나 또는 주식의 실질가액을 고려한 적정한 가격에 의하여 발행하는 경우와 비교하여 그 차이에 상당한 만큼 회사의 자산을 증가시키지 못하게 되는 결과가 발생하므로, 이 경우에는 공정한 발행가액과 실제 발행가액과의 차액에 발행주식수를 곱하여 산출된 액수만큼 회사가 손해를 입은 것으로 보아야 한다.

2) 배임죄에서 재산상 손해의 유무에 관한 판단은 법률적 판단에 의하지 아니하고 경제적 관점에서 실질적으로 판단하여야 한다. 예컨대 회사직원이 대표이사가 직무에 관하여 발명한 시스템을 특허출원하면서 특허출원서 발명자란에 자신의 성명을 추가로 기재하여 공동발명자로 등재하게 하였더라도, 이것만으로는 회사에 재산상 손해가 발생하였거나 재산상 손해발생의 위험이 초래되었다고 할 수 없다(대법원 2011.12.13. 선고 2011도10525 판결). 그리고 재산의 처분 등 직접적인 재산의 감소, 보증이나 담보제공 등 채무 부담으로 인한 재산의 감소와 같은 적극적 손해는 물론, 객관적으로 보아 취득할 것이 충분히 기대되는데도 임무위배행위로 말미암아 얻지 못한 이익, 즉 소극적 손해도 재산상 손해에 포함된다. 소극적 손해의 유무나 범위는 임무위배행위가 없었다면 실현되었을 재산 상태와 임무위배행위로 말미암아 현실적으로 실현된 재산 상태를 비교하여 산정한다(대법원 2013.4.26. 선고 2011도6798 판결).

3) 배임죄가 성립하기 위해서는 재산상 손해가 발생해야 하므로 임무에 위배하는 행위가 있다고 하더라도 재산상 손해가 발생하지 않은 이상 배임죄가 성립하지 않는다. 예컨대 주식회사의 설립업무 또는 증자업무를 담당한 자와 주식인수인이 사전 공모하여 주금납입취급은행 이외의 제3자로부터 납입금에 해당하는 금액을 차입하여 주금을 납입하고 납입취급은행으로부터 납입금보관증명서를 교부받아 회사의 설립등기절차 또는 증자등기절차를 마친 직후 이를 인출하여 위 차용금채무의 변제에 사용하였더라도, 그와 같은 행위는 등기를 위하여 납입을 가장하는 편법에 불과하여 회사의 자본금에는 실제 아무런 변동이 없어 회사에 재산상 손해가 발생한다고 볼 수는 없다(대법원 2005.4.29. 선고 2005도856 판결). 이와는 달리 전환사채의 발행업무를 담당하는 사람과 전환사채 인수인이 공모하여 제3자에게서 전환사채 인수대금에 해당하는 금액을 차용하여 전환사채 인수대금을 납입하고 전환사채 발행절차를

마친 직후 인출하여 차용금채무의 변제에 사용하는 등 실질적으로 전환사채 인수대금이 납입되지 않았음에도 전환사채를 발행한 경우, 전환사채 인수인은 인수대금을 납입하지 않고서도 전환사채를 취득하여 인수대금 상당의 이득을 얻고, 회사는 사채상환의무를 부담하면서도 인수대금을 취득하지 못하고 인수대금 상당의 손해를 입게 된다(대법원 2015.12.10. 선고 2012도235 판결).

그리고 비록 담보물에 대한 대출한도액을 초과하여 대출하거나 담보로 할 수 없는 물건을 담보로 하여 대출하였다 하더라도 그 대출에 따른 인적·물적담보를 확보하여 그렇게 대출한 것이 회수할 수 없는 채권을 회수하여 실질적으로 은행에 이익이 되거나(대법원 1987.4.4. 선고 85도1339 판결), 이미 신용불량자로 등록되어 있어 추가대출이 불가능한데도 마치 그 연체대출금이 모두 변제된 것처럼 전산조작을 하여 부정대출을 해주었더라도 이로 인하여 결과적으로 회수한 채권액이 더 많아졌다면(대법원 2008.2.14. 선고 2007도7716 판결) 손해가 발생하였다고 볼 수 없다.

이외에도 금융기관의 임직원이 거래처의 기존 대출금에 대한 원리금 및 연체이자에 충당하기 위하여 거래처가 신규대출을 받은 것처럼 서류상 정리하였더라도 금융기관이 실제로 거래처에게 대출금을 새로 교부하거나(대법원 2000.6.27. 선고 2000도1155 판결), 대표이사가 임무에 위배하여 제3자의 채무를 담보하기 위하여 회사명의의 백지약속어음을 제공한 후 이를 회수하고 다른 담보방법으로 새로운 약속어음을 배서·교부하거나(대법원 2008.5.8. 선고 2008도484 판결), 보증인이 변제자력 없는 피보증인에게 신규자금을 제공하거나 피보증인이 신규자금을 차용하는데 담보를 제공하면서 그 신규자금을 이미 보증한 채무의 변제에 사용되도록 한 때(대법원 2010.10.28. 선고 2009도1149 판결)에는 그로 인하여 어떤 새로운 손해가 발생하는 것은 아니므로 별도로 (업무상)배임죄가 성립되지 않는다.

4) 배임행위가 법률상 무효인 경우에도 실질적으로 손해가 발생하였다고 볼 수 없다. 예컨대 대표이사가 회사의 이익을 위해서가 아니라 자기 또는 제3자의 이익을 도모할 목적으로 그 대표권을 남용하였더라도 상대방이 대표이사 등의 진의를 알았거나 알 수 있었을 때에는 그 행위는 회사에 대하여 무효가 되어 대표이사의 대표권남용으로 인하여 회사에 실질적인 손해가 발생하였다고 볼 수 없으므로 대표이사는 업무상배임의 죄책을 지지 않는다(대법원 2011.7.14. 선고 2011도3180 판결; 대법원 2012.5.24. 선고 2012도2142 판결).

따라서 회사 대표이사가 회사의 영리목적 또는 경영상 필요와 관계없이 대표자 자신 또는 제3자의 이익을 도모할 목적으로 회사 명의로 금전소비대차계약을 체결하거나 회사명의의 약속어음을 발생해 주었다고 하더라도 그것만으로는 회사에 대한 배임의 죄책을 물 수는 없다. 그러나 금전소비대차계약에 기하여 회사가 채무를 변제하거나 또는 회사가 발생한 약속어음이 제3자에게 유통되었다면 회사에 대하여 재산상 손해가 발생하거나 재산상 손해발생의 구체적 위험이 발생하였다고 보아야 하므로, 대표이사는 업무상배임의 죄책을 면할 수 없다(☞ **[판례 Ⅶ-3]** 참조).

[판례 Ⅶ-3] 대법원 2017.9.21. 선고 2014도9960 판결【업무상배임】

〈공소사실〉

피고인은 공소외 1과 2억원씩 투자하여 타이어 매장을 동업하기로 약정하고 피해자 회사를 설립하여 자신이 대표이사로 취임하였다. 피고인은 동업약정에 따른 투자금을 마련하기 위해 자신의 부친인 공소외 2로부터 2억원을 차용하였는데, 피해자 회사의 사무실에서 공소외 2에게 차용증을 작성하여 주었고, 그 무렵 피해자 회사 명의로 차용금에 해당하는 2억원을 액면으로 하는 약속어음을 발행하여 공증해 주었다. 이로써 피고인은 피해자 회사로 하여금 2억원 상당의 재산상 손해를 입게 하고, 공소외 2에게 같은 금액 상당의 재산상 이익을 취득하게 하였다

〈원심 판결요지〉

피고인이 자신의 채권자인 공소외 2에게 개인 채무를 담보하기 위하여 자신이 대표이사로 있는 피해자 회사 명의 차용증을 작성·교부하고 약속어음공정증서를 발행해 준 행위는 대표권을 남용한 행위에 해당하고, 공소사실에 나타난 여러 사정에 비추어 볼 때 위 각 차용증과 약속어음공정증서상의 채권자이자 피고인의 부친인 공소외 2로서는 피고인이 피해자 회사의 영리 목적과 관계없이 자기 또는 제3자의 이익을 도모할 목적으로 그 권한을 남용하여 차용증 등을 작성해 준다는 것을 알았거나 충분히 알 수 있었을 것으로 보인다. 그렇다면 피고인이 공소외 2에게 피해자 회사 명의의 차용증 등을 작성해 준 것은 모두 피해자 회사에 대하여 아무런 효력이 없고, 이로 인하여 피해자 회사가 사용자책임 또는 법인의 불법행위 등에 따른 손해배상책임을 부담할 여지도 없다. 따라서 피고인의 차용증 등 발행행위로 인하여 피해자 회사에 재산상 손해가 발생하였다거나 손해 발생의 위험이 초래되었다고 할 수 없어 배임죄가 성립될 수 없다. 그리고 이 사건에서 공소외 2가 무효인 약속어음공정증서 채권을 채무명의로 삼아 피해자 회사 소유의 재산에 채권압류 및 전부·추심명령을 받아 집행하였다고 하여 달리 볼 것이 아니다.

〈대법원 판결요지〉

타인의 사무를 처리하는 자가 배임의 범의로, 즉 임무에 위배하는 행위를 한다는 점과 이로 인하여 자기 또는 제3자가 이익을 취득하여 본인에게 손해를 가한다는 점에 대한 인식이나 의사를 가지고 임무에 위배한 행위를 개시한 때 배임죄의 실행에 착수한 것이고, 이러한 행위로 인하여 자기 또는 제3자가 이익을 취득하여 본인에게 손해를 가한 때 배임죄는 기수가 된다. 다만 타인의 사무를 처리하는 자의 임무위배행위는 민사재판에서 법질서에 위배되는 법률행위로서 무효로 판단될 가능성이 적지 않고 그 결과 본인에게도 아무런 손해가 발생하지 않는 경우가 많은데, 이러한 때에는 배임죄의 기수를 인정할 수 없다. 그러나 그 의무부담행위로 인하여 실제로 채무의 이행이 이루어지거나 본인이 민법상 불법행위책임을 부담하게 되는 등 본인에게 현실적인 손해가 발생하거나 실해 발생의 위험이 생겼다고 볼 수 있는 사정이 있는 때에는 배임죄의 기수를 인정하여야 한다.

원심이, 공소사실 자체에 의하더라도, 피고인의 행위가 대표이사의 대표권을 남용한 때에 해당하고 그 행위의 상대방으로서는 피고인이 피해자 회사의 영리 목적과 관계없이 자기 또는 제3자의 이익을 도모할 목적으로 그 권한을 남용하여 차용증 등을 작성해 준다는 것을 알았거나 알 수 있었다는 이유로 그 행위가 피해자 회사에 대하여 아무런 효력이 없다고 판단한 것은 수긍할 수 있다. 그러나 공소외 2는 피고인이 작성하여 준 약속어음공정증서에 기하여 피해자 회사의 공소외 3에 대한 임대차보증금 반환채권 중 2억원에 대하여 압류 및 전부명령을 받았고, 공소외 2는 위 압류 및 전부명령에 기하여 공소외 3으로부터 피해자 회사의 임대차보증금 중 1억 2,300만원을 지급받았다. 이러한 사실을 앞서 본 법리에 비추어 살펴보면, 피고인의 임무위배행위로 인하여 피해자 회사에 현실적인 손해가 발생하였거나 또는 실해 발생의 위험이 생겼다고 보아야 하고, 따라서 배임죄의 기수를 인정하는 것이 옳다.

5) 재산상의 손해를 가한다 함은 총체적으로 보아 본인의 재산상태에 손해를 가하는 것, 즉 본인의 전체적 재산가치의 감소를 가져오는 것을 말한다. 따라서 재산상의 손실을 야기한 임무위배행위가

동시에 그 손실을 보상할 만한 재산상의 이익을 준 경우, 예컨대 그 배임행위로 인한 급부와 반대급부가 상응하고 다른 재산상 손해(현실적인 손해 또는 재산상 실해 발생의 위험)도 없는 때에는 전체적 재산가치의 감소, 즉 재산상 손해가 있다고 할 수 없다(☞ **[판례 Ⅶ-4]** 참조).

[판례 Ⅶ-4] 대법원 2006.6.15. 선고 2004도5102 판결【배임】

〈사실관계〉

피고인이 피해자에게 이 사건 건물의 증축부분 중 일부를 전세금 7,500만원에 임대하면서 그 증축부분에 관하여 소유권보존등기를 마치는 대로 전세권을 설정하여 주기로 약정하고 그 후 기존건물의 표제부 변경등기를 하는 방식으로 증축부분에 관한 소유권보존등기를 마쳤으나, 피고인이 피해자에게 전세권설정등기를 해 주지 않고 있던 중 피해자보다 나중에 증축부분의 다른 일부를 임차한 공소외 1에게 이 사건 건물 중 피고인 지분에 관하여 보증금 상당액인 9,000만원을 채권최고액으로 하여 근저당권설정등기를 마쳐주었다. 당시 이 사건 건물은 피고인과 공소외 2가 각 1/2 지분씩, 이 사건 건물이 위치한 이 사건 대지는 공소외 2와 공소외 3이 각 1/2 지분씩 소유하고 있었는데, 당시 이 사건 건물의 시가는 8억6,292만원, 이 사건 대지의 시가는 6억원 정도로 추정되며, 이 사건 건물 및 대지를 공동담보로 하여 주택은행 명의의 채권최고액 3억9,000만원과 3억9,000만원의 각 근저당권설정등기가, 이 사건 건물 중 피고인 지분에 관하여 새마을금고의 가압류금액 10,769,558원 및 한일은행의 가압류금액 81,716,412원의 각 가압류등기가 마쳐져 있었다.

〈판결요지〉

피고인이 공소외 1에게 근저당권설정등기를 마쳐줄 당시 이 사건 건물 중 피고인 지분의 시가는 4억3,146만원으로서 이로부터 피고인 지분에 관한 선순위담보권의 피담보채권액 및 가압류채권액의 합계 2억1,901만1,233원(각 근저당권의 피담보채권액을 부동산 가액에 따라 안분한 금액 중 피고인 지분 해당액 합계 1억2,652만5,263원 + 가압류채권액 합계 9,248만5,970원), 그리고 공소외 1에 대한 근저당권설정등기의 피담보채권액 9,000만원을 공제하더라도 피해자의 전세금 7,500만원을 초과하여 피고인이 공소외 1에게 근저당권을 설정해 준 행위로 인하여 이 사건 건물 중 피고인 지분의 담보가치가 상실되어 피해자에게 재산상 손해가 발생하였다고 하기 어려우므로 피고인의 위 근저당권설정행위를 피해자에 대한 배임행위라고 할 수 없다.

같은 이유에서 재산상의 손실을 야기한 임무위배행위가 동시에 그 손실을 보상할 만한 재산상의 이익을 준 경우, 손해액은 배임행위로 인한 재산상 손해(현실적인 손해 또는 재산상 실해 발생의 위험)에서 재산상 이익을 뺀 금액으로 보아야 한다(☞ **[판례 Ⅶ-5]** 참조).

[판례 Ⅶ-5] 대법원 2005.4.15. 선고 2004도7053 판결【특경법위반(배임)】

〈공소사실〉

피고인 1은 A가 설립자금을 투자한 B주식회사를 사실상 운영하여 오던 자로서 B주식회사 소유의 유일한 재산인 선박에 대하여 이를 보존하여 위 회사를 원활히 운영할 수 있도록 할 업무상의 임무가 있음에도 불구하고, 그 임무에 위배하여 공모하여 사전에 주주총회 결의나 이사회 승인 등 정상적인 절차를 거치지 아니한 채 시가 2억3천5백만원 상당의 어획물과 선박을 1억원으로 계산하여 피고인 2에게 피고인 2의 B주식회사에 대한 채권 3억8천만원에 대한 대물변제로 제공하는 계약을 체결한 후 다음날 피고인 2 명의로 이전등기함으로써 피고인 2에게 위 선박을 운용하도록 하는 재산상 이익을 취득하게 하고, B주식회사에게 위 선박을 운용할 수 없도록 하는 재산상의 손해를 가하였다.

〈판결요지〉

이 사건에 관하여 보건대, B주식회사의 대표이사인 피고인 1이 위 선박을 양도함에 있어 그 선박이 B주식회사의 유일한 재산이거나 적어도 회사의 존속기반이 되는 중요한 영업용 재산이어서 처분 당시 주주총회의 특별결의 등을 거치지 아니한 이유로 위 대물변제약정 및 이에 따른 소유권이전등기는 법률상 당연무효라고 하더라도 경제적 관점에서 볼 때 위 선박에 관한 소유권이전등기를 넘겨 준 이상 위 처분행위로 인하여 동조산업에게 적어도 위 선박 가액 상당의 현실적인 손해를 가하였거나 재산상 실해 발생의 위험을 초래하였다고 할 것이지만, 한편 피고인들은 그 당시 피고인 2가 B주식회사에 대하여 합계 3억8천만원의 대여금(원리금 포함) 채권을 갖고 있었는데, 그 대여금 채권에 대한 대물변제 명목으로 객관적 가치가 8천만원 정도인 어획물 66t을 2억3천5백만원으로 계산하고, 근저당권까지 설정되어 있어 실제 가치가 거의 없던 위 선박을 시가 1억원으로 계산하여 양도·양수하였다는 등으로 주장하고 있으므로, 원심으로서는 과연 위와 같은 급부와 반대급부가 상응하는지 여부, 나아가 위 대물변제로 B주식회사에게 위 선박의 객관적 가치의 상실 외에 다른 재산상 손해를 가한 것은 없는지 등을 더 심리한 다음, 그 대물변제로 인해 B주식회사의 전체적 재산가치의 감소, 즉 재산상 손해가 있었는지 여부를 판단하고, 나아가 만약 이 점이 인정될 경우 그 재산가치의 감소액을 재산상 손해액으로 인정하였어야 할 것이다.

〈참조판례〉

○ 대법원 1990.3.27. 선고 89도1083 판결【배임】

피고인이 피해자에게 이 사건 부동산의 1/2지분에 대하여 소유권이전등기절차를 이행할 임무가 있음에도 불구하고 이에 위배하여 위 부동산 전체에 대하여 제3자에게 채권최고액 6,000만원의 근저당권설정등기를 경료하였다면, 피해자가 위 부동산에 대하여 갖는 권리는 1/2의 지분에 국한되므로 위 부동산가액이 위 채권최고액보다 저렴하다는 등 특단의 사정이 없는 한 피해자가 될 손해는 채권최고액 전액이 아니라 위 채권최고액 중 그 지분에 상응하는 3,000만원에 한정된다.

○ 대법원 1999.4.27. 선고 99도883 판결【업무상배임, 배임수재】

타인을 위하여 도급계약을 체결할 임무가 있는 자가 부당하게 높은 가격으로 도급계약을 체결하여 타인에게 부당하게 많은 채무를 부담하게 하였다면 그 이후에 타인이 현실로 채무를 이행하였는지 여부는 배임죄의 성립과는 상관없이 곧바로 업무상배임죄가 성립하고, 배임액은 도급계약의 도급금액 전액에서 정당한 도급금액을 공제한 금액으로 보아야 한다.

○ 대법원 2007.2.8. 선고 2006도483 판결【특경법위반(배임)】

배임죄에서 재산상의 손해를 가한 때라 함은 총체적으로 보아 본인의 재산 상태에 손해를 가한 경우를 의미하므로, 회사의 대표이사 등이 그 임무에 위배하여 회사가 보유하고 있는 다른 회사의 주식을 저가로 매도한 경우 회사에 가한 손해액은 통상적으로 그 주식의 매매대금과 적정가액으로서의 시가 사이의 차액 상당이라고 봄이 상당하다.

○ 대법원 2009.7.23. 선고 2009도3712 판결【특경법위반(배임) 등】

금융기관의 대출담당 직원이 아파트를 담보로 대출을 해준 후 그 아파트에 임차인이 전입신고를 하는 등으로 대항력을 갖추고 나서야 아파트에 대한 근저당권설정등기를 경료한 경우, 금융기관이 입은 손해는 아파트에 대한 대출액수와 대출 당시 부동산가액에서 대항력이 발생한 임대차보증금의 액수를 공제한 나머지 금액을 비교하여, 부동산 가액에서 위 임대차보증금 액수를 공제한 잔액 즉 잔존 담보가치가 대출액수에 미달하는 때에 그 부족분에 해당하는 금액이라고 봄이 상당하다.

○ 대법원 2011.4.28. 선고 2009도14268 판결【특경법위반(배임) 등】

피고인이 피해자와 공동으로 토지를 매수하여 그 지상에 창고사업을 하는 내용의 동업약정을 하고 동업재산이 될 토지에 관한 매매계약을 체결한 다음 매도인에게 계약금을 지급하였는데, 이후 소유권이전등기 업무를 처리하면서 피해자 몰래 매도인과 사이에 위 매매계약을 해제하고 피해자를 배제하는 내용의 새로운 매매계약을 체결한 다음 제3자 명의로 소유권이전등기를 마쳤다면, 조합이 장차 취득할 것이 기대되었던 토지의 가치에 상응하는 재산이 감소되었지만 다른 한편으로는 토지의 잔금지급의무를 면하게 되었으므로 토지의 매수대금 상당액을 조합이 입게 된 재산상 손해액이라고 할 수는 없다.

6) '본인에게 손해를 가한 때'라 함은 재산적 가치의 감소를 뜻하는 것으로서 재산적 실해를 가한 경우뿐만 아니라 실해 발생의 위험을 초래한 경우도 포함한다. 다만 재산상 실해 발생의 위험이 초래되었다고 하기 위해서는 단지 막연한 가능성이 있다는 정도로는 부족하고 경제적 관점에서 재산상 손해가 발생한 것과 사실상 같다고 평가될 정도에 이르렀다고 볼 수 있을 만큼 구체적·현실적인 위험이 야기되어야 한다(대법원 2012.11.29. 선고 2012도10139 판결; 대법원 2015.9.10. 선고 2015도6745 판결).

예컨대 유치권자로부터 점유를 위탁받아 부동산을 점유하는 자가 부동산의 소유자로부터 인도소송을 당하여 재판상 자백을 하였더라도 그것이 인도소송 및 유치권의 존속·성립에 어떠한 영향, 소유자가 유치권자 등을 상대로 인도집행을 할 수 있는지 여부, 유치권자가 그 집행을 배제할 방법이 있는지 여부 등 여러 사정을 종합하여 그러한 재판상 자백이 손해 발생의 구체적·현실적인 위험을 초래하였다고 볼 수 없다면 배임의 죄책을 물 수 없다(대법원 2017.2.3. 선고 2016도3674 판결). 그리고 A주식회사 대표이사가 자신이 별도로 대표이사를 맡고 있던 B 주식회사의 대출금채무를 담보하기 위해 A 회사 명의로 약속어음을 발행하여 주었더라도 당시 상대방이 대표이사가 대표권을 남용하여 약속어음을 발행한 사실을 알았거나 알 수 있었다면 약속어음 발행행위는 A 회사에 대하여 효력이 없으므로, A 회사가 실제로 약속어음금을 지급하였거나 약속어음이 실제로 제3자에게 유통되었다는 등의 특별한 사정이 없는 한 대표이사의 약속어음 발행행위로 인해 A 회사에 현실적인 손해나 재산상 실해 발생의 위험이 초래되었다고 볼 수 없다(☞ **[판례 Ⅶ-6]** 참조).

[판례 Ⅶ-6] 대법원 2017.7.20. 선고 2014도1104 판결【특경법위반(배임)】

〈공소사실〉

A 주식회사 대표이사인 피고인은 자신이 별도로 대표이사를 맡고 있던 B 주식회사의 C 은행에 대한 대출금채무를 담보하기 위해 C 은행에 A 회사 명의로 액면금 29억 9,000만원의 약속어음을 발행하여 줌으로써 C 은행에 재산상 이익을 취득하게 하고 A 회사에 손해를 가하였다.

〈판결요지〉

[다수의견] 배임죄에서 '본인에게 손해를 가한 때'라 함은 재산적 가치의 감소를 뜻하는 것으로서 이는 재산적 실해를 가한 경우뿐만 아니라 실해 발생의 위험을 초래한 경우도 포함하는 것이나,… 재산상 실해 발생의 위험은 경제적 관점에서 재산상 손해가 발생한 것과 사실상 같다고 평가될 정도에 이르렀다고 볼 수 있을 만큼 구체적·현실적인 위험이 야기된 경우를 의미하고 단지 막연한 가능성이 있다는 정도로는 부족하므로, 배임행위가 법률상 무효이기 때문에 본인의 재산 상태가 사실상으로도 악화된 바가 없다면 현실적인 손해가 없음은 물론이고 실해가 발생할 위험도 없는 것이므로 본인에게 재산상의 손해를 가한 것

이라고 볼 수 없다.

주식회사의 대표이사가 대표권을 남용하는 등 그 임무에 위배하여 회사 명의로 의무를 부담하는 행위를 한 경우, 상대방이 대표권남용 사실을 알지 못하였다는 등의 사정이 있어 그 의무부담행위가 회사에 대하여 유효한 경우에는 회사의 채무가 발생하고 회사는 그 채무를 이행할 의무를 부담하므로, 이러한 채무의 발생은 그 자체로 현실적인 손해 또는 재산상 실해 발생의 위험이라고 할 것이어서 그 채무가 현실적으로 이행되기 전이라도 배임죄의 기수에 이르렀다고 보아야 한다. 이에 대하여 상대방이 대표권남용 사실을 알았거나 알 수 있었던 때에는 원칙적으로 회사에 대하여 효력이 없으므로 이러한 사실만으로는 회사에 현실적인 손해가 발생하였다거나 실해 발생의 위험이 초래되었다고 할 수 없고, 달리 그 의무부담행위로 인하여 실제로 채무의 이행이 이루어졌다거나 회사가 민법상 불법행위책임을 부담하게 되었다는 등의 사정이 없는 이상 배임죄는 기수에 이른 것은 아니다.

주식회사의 대표이사가 대표권을 남용하는 등 그 임무에 위배하여 약속어음 발행을 한 행위가 배임죄에 해당하는지도 원칙적으로 위에서 살펴본 의무부담행위와 마찬가지로 보아야 한다. 다만 약속어음 발행의 경우 어음법상 발행인은 종전의 소지인에 대한 인적 관계로 인한 항변으로써 소지인에게 대항하지 못하므로(어음법 제17조, 제77조), 어음발행이 무효라 하더라도 그 어음이 실제로 제3자에게 유통되었다면 회사로서는 어음채무를 부담할 위험이 구체적·현실적으로 발생하였다고 보아야 하고, 그 어음채무가 실제로 이행되기 전이라도 배임죄의 기수범이 된다. 그러나 약속어음 발행이 무효일 뿐만 아니라 그 어음이 유통되지도 않았다면 회사는 어음발행의 상대방에게 어음채무를 부담하지 않기 때문에 특별한 사정이 없는 한 회사에 현실적으로 손해가 발생하였다거나 실해 발생의 위험이 발생하였다고도 볼 수 없으므로, 이때에는 기수범이 아니라 미수범으로 처벌하여야 한다.

앞에서 본 법리에 비추어 보면, 피고인이 대표권을 남용하여 이 사건 약속어음을 발행하였고 당시 상대방인 C은행이 그러한 사실을 알았거나 알 수 있었던 때에 해당하여 그 발행행위가 피해회사에 대하여 효력이 없다면, 그로 인해 피해회사가 실제로 약속어음금을 지급하였거나 민사상 손해배상책임 등을 부담하거나 그 약속어음이 실제로 제3자에게 유통되었다는 등의 특별한 사정이 없는 한 피고인의 약속어음 발행행위로 인해 피해회사에 현실적인 손해나 재산상 실해 발생의 위험이 초래되었다고 볼 수 없다.

[별개의견] 형법은 다른 재산범죄와 달리 배임죄의 경우에는 재산상 손해를 가할 것을 객관적 구성요건으로 명시하고 있는데, 이는 타인의 사무를 처리하는 자가 임무에 위배한 행위를 하더라도 본인에게 현실적인 재산상 손해를 가하지 않으면 배임죄의 기수가 될 수 없다는 점을 강조하기 위한 입법적 조치이다. 그리고 우리 형법은 배임죄의 미수범을 처벌하는 규정을 두고 있다. 이는 그 보호법익인 재산권에 대한 현실적인 침해에 이르지 아니하고 재산권 침해의 위험만 발생한 경우 배임죄의 기수가 아니라 배임죄의 미수로 처벌하겠다는 입법적 결단이다. 그럼에도 대법원은 그동안 일관되게 배임죄를 "재산상 권리의 실행을 불가능하게 할 염려 있는 상태 또는 손해 발생의 위험이 있는 경우에 성립하는 위태범"이라고 하면서, 배임죄에서 말하는 "재산상 손해를 가한 때에는 현실적인 손해를 가한 경우뿐만 아니라 재산상 실해 발생의 위험을 초래한 경우도 포함된다."라고 보아 왔다. 그러나 이러한 해석은 문언해석의 범위를 벗어난 것일 뿐만 아니라, 형벌규정의 의미를 피고인에게 불리한 방향으로 해석하는 것으로서 죄형법정주의 원칙에 반한다.

재산권에 대한 침해라는 측면에서 보면 채무가 발생하여 채무를 이행하여야 할 법률상 의무를 부담한다는 것은 재산권에 대한 현실적인 침해가 아니라 재산권이 침해될 위험이 발생한 것으로 보아야 한다. 의무부담행위에 따른 채무가 발생하더라도 채무의 기한이나 조건, 채무자의 자력과 변제 의사, 채권자의 청구와 수령, 소멸시효 등 여러 사정에 따라 그 채무는 실제로 이행될 수도 있고 이행되지 않을 수도 있기 때문이다. 그럼에도 채무가 발생하여 그 채무를 이행하여야 할 의무를 부담하게 되었다고 하여 곧바로 배임죄의 보호법익인 재산권이 현실적으로 침해되었다고 해석하는 것은, 법익 침해의 위험에 불과한 것을 현실적인 법익의 침해로 사실상 의제하는 것이어서 보호법익의 보호 정도에 따라 침해범과 위험범을 구별하고 있는 형법의 체계에 부합하지 않는다.

회사의 대표이사가 대표권을 남용하여 의무부담행위를 한 경우 그 행위가 유효하면 그에 따른 회사의 채무가 발생하고, 무효인 경우에도 그로 인해 회사가 민법상 불법행위책임을 부담할 수 있다. 그러나 의무부담행위에 따른 채무의 발생이나 민법상 불법행위책임의 부담은 그 자체로는 현실적인 손해가 아니라 손해 발생의 위험에 불과하고, 회사가 그 의무부담행위에 따른 채무나 민법상 불법행위책임을 실제로 이행한 때에 비로소 배임죄는 기수가 된다. 따라서 회사의 대표이사가 대표권을 남용하여 회사 명의의 약속어음을 발행한 경우에도 그 발행행위의 법률상 효력 유무나 그 약속어음이 제3자에게 유통되었는지 또는 유통될 가능성이 있는지 등에 관계없이 회사가 그 어음채무나 그로 인해 부담하게 된 민법상 불법행위책임을 실제로 이행한 때에 배임죄는 기수가 성립한다고 보아야 한다.

같은 맥락에서 배임죄에서의 손해액은 실질적으로 발생한 손해액뿐만 아니라 발생의 위험이 있는 손해액 전부를 포함한다.

○ 대법원 2000.4.11. 선고 99도334 판결【특경법위반(배임) 등】

업무상 임무에 위배하여 부당한 외상 거래행위를 한 경우, 담보물의 가치를 초과하여 외상 거래한 금액이나 실제로 회수가 불가능하게 된 외상거래 금액만이 아니라 재산상 권리의 실행이 불가능하게 될 염려가 있거나 손해 발생의 위험이 있는 외상거래대금 전액을 그 손해액으로 보아야 하고, 그것을 제3자가 취득한 경우에는 그 전액을 제3자로 하여금 취득하게 한 재산상 이익의 가액에 해당하는 것으로 보아야 할 것이다.

○ 대법원 2004.7.22. 선고 2003도3524 판결【특경법위반(배임) 등】

약속어음할인 금융기관이 금원을 대출함에 있어 대출금 중 선이자를 공제한 나머지만 교부하거나 약속어음을 할인함에 있어 만기까지의 선이자를 공제한 경우 금융기관으로서는 대출금채무의 변제기나 약속어음의 만기에 선이자로 공제한 금원을 포함한 대출금 전액이나 약속여음 액면금 상당액을 취득할 것이 기대된다 할 것이므로, 배임행위로 인하여 금융기관이 입은 손해는 선이자를 공제한 금액이 아니라 선이자로 공제한 금원을 포함한 대출금 전액이나 약속어음 액면금 상당액이다.

○ 대법원 2006.4.27. 선고 2004도1130 판결【특경법위반(배임) 등】

부실대출에 의한 업무상배임죄가 성립하는 경우에는 담보물의 가치를 초과하여 대출한 금액이나 실제로 회수가 불가능하게 된 금액만을 손해액으로 볼 것은 아니고, 재산상 권리의 실행이 불가능하게 될 염려가 있거나 손해발생의 위험이 있는 대출금 전액을 손해액으로 보아야 한다.

다만 손해발생 위험이 있는 것만 손해액에 포함되므로 예를 들어 부당하게 높은 가격으로 계약이 체결된 경우 정당한 가격, 근저당권이 설정된 부동산의 이중매매에 있어 채권최고액 범위 내에서의 피담보채권액, 회사소유의 부동산에 근저당설정등기를 마쳐 준 후 다시 새로운 담보권을 설정해 주는 경우 선순위 근저당권의 담보가치 등은 손해액의 산정에서 제외되어야 한다.

○ 대법원 1999.4.27. 선고 99도883 판결【업무상배임, 배임수재】

타인을 위하여 도급계약을 체결할 임무가 있는 자가 부당하게 높은 가격으로 도급계약을 체결하여 타인에게 부당하게 많은 채무를 부담하게 하였다면 그 이후에 타인이 현실로 채무를 이행하였는지 여부는 배임죄의 성립과는 상관없이 곧바로 배임죄가 성립하나, 배임액은 도급계약의 도급금액 전액에서 정당한 도급금액을 공제한 금액으로 보아야 한다.

○ **대법원 2005.10.28. 선고 2005도4915 판결【특경법위반(배임) 등】**

배임죄는 재산상 이익을 객체로 하는 범죄이므로, 1인 회사의 주주가 자신의 개인채무를 담보하기 위하여 회사 소유의 부동산에 대하여 근저당권설정등기를 마쳐 주어 배임죄가 성립한 이후에 그 부동산에 대하여 새로운 담보권을 설정해 주는 행위는 선순위 근저당권의 담보가치를 공제한 나머지 담보가치 상당의 재산상 이익을 침해하는 행위로서 별도의 배임죄가 성립한다.

○ **대법원 2011.6.30. 선고 2011도1651 판결【특경법위반(배임) 등】**

배임행위로 얻은 재산상 이익의 일정한 액수 자체를 가중적 구성요건으로 규정하고 있는 특경법 제3조 제1항의 적용을 전제로 하여 이중매매 대상이 된 부동산 가액을 산정하는 경우, 부동산에 아무런 부담이 없는 때에는 부동산 시가 상당액이 곧 가액이라고 볼 것이지만, 부동산에 근저당권설정등기가 경료되어 있거나 압류 또는 가압류 등이 이루어진 때에는 특별한 사정이 없는 한 아무런 부담이 없는 상태의 부동산 시가 상당액에서 근저당권의 채권최고액 범위 내에서 피담보채권액, 압류에 걸린 집행채권액, 가압류에 걸린 청구금액 범위 내에서 피보전채권액 등을 뺀 실제 교환가치를 부동산 가액으로 보아야 한다.

7) 재산상 손해 또는 손해발생의 위험이 초래되었다면 그로써 배임죄가 성립하고 그 후 손해가 보전되거나 손해발생의 위험이 소멸·감소되었다고 하여 배임죄의 성립이 부정되지 않는다. 따라서 회사의 이사 등이 타인에게 회사자금을 대여함에 있어 그 타인이 이미 채무변제능력을 상실하여 그에게 자금을 대여한 경우 회사에 손해가 발생하리라는 정을 충분히 알면서 이에 나아갔거나 충분한 담보를 제공받는 등 상당하고도 합리적인 채권회수조치를 취하지 아니한 채 대여해 주었다면, 그와 같은 자금대여는 타인에게 이익을 얻게 하고 회사에 손해를 가하는 행위로서 회사에 대하여 배임행위가 되고(대법원 2003.10.10. 선고 2003도3516 판결), 이자를 제때에 불입하였다거나 나중에 원금을 상환하였다는 사정은 배임죄의 성립 여부에 영향을 주지 않는다(대법원 2000.12.8. 선고 99도3338 판결). 그리고 배임행위로 인한 신규 대출금의 일부가 기존 대출금의 이자 또는 신규 대출금의 이자 지급에 사용되었다고 하더라도 이는 재산상 손해에서 제외되지 않는다(대법원 2007.1.12. 선고 2006도6464 판결).

다. 배임죄의 기수시기

1) 배임죄의 기수시기는 배임행위를 종료하였을 때가 아니라 배임행위로 인하여 자기 또는 제3자로 하여금 재산상 이익을 취득하게 하고 이로 인해 본인에게 재산상 손해가 발생한 때이다. 예컨대 주식회사 대표이사인 피고인이 주주총회 의사록을 허위로 작성하고 이를 근거로 대표이사를 비롯한 임직원들과 주식매수선택권부여계약을 체결한 경우, 상법과 정관에 위배되어 법률상 무효인 계약을 체결한 것만으로는 배임행위가 종료되었다고 볼 수 없고, 임직원들이 이후 계약에 기초하여 주식회사에 주식매수선택권을 행사하고 대표이사가 이에 호응하여 주식의 실질가치에 미달하는 금액만을 받고 신주를 발행해 줌으로써 비로소 주식회사에 현실적 손해가 발생하거나 그러한 실해 발생의 위험이 초래되었다고 볼 수 있으므로, 대표이사의 업무상배임행위는 최종적으로 주식매수선택권이 행사되고 그에 따라 신주가 발행된 시점에 종료된다(대법원 2011.11.24. 선고 2010도11394 판결).

2) 회사직원이 재직 중에 영업비밀 또는 영업상 주요한 자산을 경쟁업체에 유출하거나 스스로의 이익을 위하여 이용할 목적으로 무단으로 반출하였다면 타인의 사무를 처리하는 자로서 업무상의 임무에 위배하여 유출 또는 반출한 것이어서 유출 또는 반출 시에 업무상배임죄의 기수가 된다. 또한 회사직원이 영업비밀 등을 적법하게 반출하여 반출행위가 업무상배임죄에 해당하지 않는 경우라도, 퇴사 시에 영업비밀 등을 회사에 반환하거나 폐기할 의무가 있음에도 경쟁업체에 유출하거나 스스로의 이익을 위하여 이용할 목적으로 이를 반환하거나 폐기하지 아니하였다면, 이러한 행위 역시 퇴사 시에 업무상배임죄의 기수가 된다.

그러나 회사직원이 퇴사한 후에는 특별한 사정이 없는 한 퇴사한 회사직원은 더 이상 업무상배임죄에서 타인의 사무를 처리하는 자의 지위에 있다고 볼 수 없고, 위와 같이 반환하거나 폐기하지 아니한 영업비밀 등을 경쟁업체에 유출하거나 스스로의 이익을 위하여 이용하더라도 이는 이미 성립한 업무상배임죄의 사후행위에 지나지 아니하므로, 부정경쟁방지 및 영입비밀보호에 관한 법률 위반(영업비밀누설등)죄는 별론으로 하더라도 그러한 행위가 별도의 업무상배임죄를 구성하지는 않는다(☞ **[판례 Ⅶ-7]** 참조).

[판례 Ⅶ-7] 대법원 2017.6.29. 선고 2017도3808 판결【업무상배임 등】

〈사실관계〉

피고인 2는 2011.8.경 피해자 회사에서 퇴사할 당시 회사의 영업비밀 또는 영업상 주요한 자산이 되는 파일들을 반환하거나 폐기하지 않고 있다가 피고인 1이 설립한 경쟁회사에 입사하여 경쟁회사를 위한 소스코드를 만드는 데 그 파일들을 이용하였고, 피고인 1은 피고인 2가 2012.8. 24.경 그 파일을 사용하는 데 공모·가담하였다.

〈대법원 판결요지〉

회사직원이 재직 중에 영업비밀 또는 영업상 주요한 자산을 경쟁업체에 유출하거나 스스로의 이익을 위하여 이용할 목적으로 무단으로 반출하였다면, 타인의 사무를 처리하는 자로서 그 업무상의 임무에 위배하여 유출 또는 반출한 것이어서 유출 또는 반출 시에 업무상배임죄의 기수가 된다. 또한 회사직원이 영업비밀 등을 적법하게 반출한 경우 퇴사 시에 그 영업비밀 등을 회사에 반환하거나 폐기할 의무가 있으므로 경쟁업체에 유출하거나 스스로의 이익을 위하여 이용할 목적으로 퇴사 시에 이를 반환하거나 폐기하지 아니하였다면 퇴사 시에 업무상배임죄의 기수가 된다.

그러나 회사직원이 퇴사한 후에는 특별한 사정이 없는 한 더 이상 타인의 사무를 처리하는 자의 지위에 있다고 볼 수 없고, 위와 같이 반환하거나 폐기하지 아니한 영업비밀 등을 경쟁업체에 유출하거나 스스로의 이익을 위하여 이용하더라도 부정경쟁방지 및 영입비밀보호에 관한 법률 위반(영업비밀누설등)죄에 해당하는지 여부는 별론으로 하더라도 그와 별도로 업무상배임죄를 구성할 여지는 없다. 그리고 위와 같이 퇴사한 회사직원에 대하여 타인의 사무를 처리하는 자의 지위를 인정할 수 없는 이상 제3자가 위와 같은 유출 내지 이용행위에 공모·가담하였다 하더라도 그 타인의 사무를 처리하는 자의 지위에 있다는 등의 사정이 없는 한 업무상배임죄의 공범 역시 성립할 수 없다.

〈관련조문〉

○ **부정경쟁방지 및 영입비밀보호에 관한 법률 제18조(벌칙)** ② 부정한 이익을 얻거나 영업비밀 보유자에게 손해를 입힐 목적으로 그 영업비밀을 취득·사용하거나 제3자에게 누설한 자는 5년 이하의 징역 또는 5천만원 이하의 벌금에 처한다. 다만, 벌

금형에 처하는 경우 위반행위로 인한 재산상 이득액의 10배에 해당하는 금액이 5천만원을 초과하면 그 재산상 이득액의 2배 이상 10배 이하의 벌금에 처한다.

(5) 배임의 고의 및 불법이득의사

1) 배임죄가 성립하려면 주관적 요건으로서 임무위배의 인식과 그로 인하여 자기 또는 제3자가 이익을 취득하고 본인에게 손해를 가한다는 인식, 즉 배임의 고의가 있어야 하고, 이러한 인식은 미필적 인식으로도 족하다(대법원 2010.12.23. 선고 2008도8851 판결).

○ 대법원 1995.11.21. 선고 94도1598 판결【업무상배임】

증권회사의 직원으로서 고객과의 매매거래 계좌설정 계약에 따라 고객의 사무를 처리하는 지위에 있는 자가 고객의 동의를 얻지 않고 주식을 매입한 것이라면 주식의 시세의 하락으로 인하여 고객에게 손해가 발생될 염려가 있다는 인식이 미필적으로나마 있었다고 할 것이고, 그가 근무하는 증권회사가 주식의 매입으로 인하여 수수료를 취득한 이상, 그 직원에게 자기 또는 제3자가 재산상의 이익을 얻는다는 인식도 있었다고 보이므로 결국 그 직원에게 업무상 배임죄의 고의가 있었다고 인정될 여지가 충분히 있다. 만약 그 직원의 이러한 행위가 고객의 이익을 위한다는 의사에 기한 것이었다고 볼 수 있는 특별한 객관적 사정이 있다면 이와 달리 보아야 할 것이나, 이 사건의 경우는 위 증권회사와 피해자 사이에 그 이전까지 아무런 거래관계가 없었으며, 그 직원이 피해자가 위 예탁금을 입금한 지 얼마 되지 않아 아무런 승낙 없이 무단 매수한 점 등에 비추어 보면 고객을 위한다는 의사는 부수적일 뿐이고 이득 또는 손해의 의사가 주된 것이어서 업무상 배임의 고의가 있었다고 봄이 상당하다.

2) 경영상의 판단과 관련하여 기업의 경영자에게 배임의 고의가 있었는지 여부를 판단함에 있어서는 기업 경영에 내재된 속성을 고려하여 문제된 경영상의 판단에 이르게 된 경위와 동기, 판단대상인 사업의 내용, 기업이 처한 경제적 상황, 손실발생의 개연성과 이익획득의 개연성 등 제반 사정에 비추어 자기 또는 제3자가 재산상 이익을 취득한다는 인식과 본인에게 손해를 가한다는 인식(미필적 인식을 포함)하의 의도적 행위임이 인정되는 경우에 한하여 배임의 고의를 인정해야 하고, 그러한 인식이 없는데 단순히 손해가 발생하였다는 결과만으로 책임을 묻거나 주의의무를 소홀히 한 과실이 있다는 이유로 책임을 물을 수는 없다(☞ **[판례 Ⅶ-8]** 참조).

[판례 Ⅶ-8] 대법원 2009.6.11. 선고 2008도4910 판결【특경법위반(배임)】

〈사실관계〉

피해자 S자동차 A정비사업소 주식회사(이하 피해회사라고 한다)의 1인 이사인 피고인이 S자동차 주식회사(이하 'S자동차'라고 한다)로부터 임대차계약과 운영협약을 해지한다는 통보를 받은 후, 위 계약해지의 효력에 대하여 다투지 아니한 채 피해회사의 폐업신고를 하고 주요한 영업재산인 정비업허가를 S자동차 B정비사업소 주식회사에 양도하였다.

〈판결요지〉

피해회사는 S자동차로부터 건물, 부지 및 정비시설을 임대받고 자동차관리사업 등록을 제공받아 정비용역만을 제공하는 형태의 법인으로, S자동차로부터 정비용역을 위탁받아 영업을 하는 외에 다른 업체와는 거래를 하지 않고 사실상 S자동차에 종속되는 것이나 다름이 없어 S자동차와의 영업이 유지될 수 없다면 존립할 수 없었고, 피해회사의 1인 이사인 피고인은 회사의 특수한 처지를 감안하여 S자동차와의 관계를 고려하였어야 할 필요가 있었으며, S자동차가 통지한 해지의 적법 여부는 객관적으로 명백하게 인식할 수 있는 것이라고 보기 어렵고, 법률전문가의 신중한 검토를 거쳐도 그 결론을 쉽게 내기 어려운 사안일 뿐만 아니라, 피고인으로서는 계약해지의 무효를 법적으로 다투는 경우 그로 인하여 장기간의 소송을 거쳐야 하고 그 승소 여부도 불확실할 뿐 아니라, 그 최종 판결이 나기까지 A정비사업소는 아무런 업무를 할 수 없는 껍데기뿐인 회사로 존속하여야 하고, 그 종업원들 역시 실직할 수밖에 없으며, 그 소송이 종료되기 전에 S자동차와의 이 사건 협약에 정한 사업권보장기간이 도과됨이 거의 확실시되는 상황에서, 회사 소속 직원들의 생계 등 여러 사정을 고려하여 위와 같은 결정에 이르게 되었는바, 위와 같이 피고인이 이 사건 행위에 이르게 된 경위와 동기, 피해회사의 S자동차에 대한 관계, 이 사건 해지의 적법 여부 및 그 법적 쟁송으로 인한 손익 등 여러 사정을 고려하여 보면, 이 사건 당시에 피고인에게 배임의 고의가 있었다고 단정하기 어렵다.

〈참조판례〉

○ 대법원 2012.1.12. 선고 2010도15129 판결【특경법위반(배임)】

피고인이 한국방송공사의 사장으로서 공사와 과세관청 사이의 조세소송 관련 사무를 처리하는 과정에서 환급금을 이용한 재정적자의 일시적 해소를 통한 경영책임의 회피 및 사장직 연임 등의 개인적 이익을 위하여 공사의 이익에 명백하게 반하는 불합리한 내용의 조정안을 제시하면서 무리하게 조정을 추진함으로써 공사에게 재산상 손해를 가하였다는 사실이 합리적 의심을 배제할 정도로 증명되지 아니하였다면 업무상 배임행위라고 볼 수 없다.

그러나 경영자의 경영상 판단에 관한 위와 같은 사정을 모두 고려하더라도 법령의 규정, 계약 내용 또는 신의성실의 원칙상 구체적 상황과 자신의 역할·지위에서 당연히 하여야 할 것으로 기대되는 행위를 하지 않거나 하지 않아야 할 것으로 기대되는 행위를 하여 재산상 이익을 취득하거나 제3자로 하여금 이를 취득하게 하고 본인에게 손해를 가하였다면 그에 관한 고의 내지 불법이득의 의사가 인정된다(☞ **[판례 Ⅶ-9]** 참조).

[판례 Ⅶ-9] 대법원 2011.10.27. 선고 2009도14464 판결【특경법위반(배임)·뇌물공여】

〈사실관계〉

A저축은행의 대표이사, 이사 또는 감사의 지위에 있던 피고인들은 골프장사업을 직접 영위하여서는 안 될 뿐만 아니라 골프장을 건설할 업체에 대출을 할 경우에도 그 사업타당성이 인정되는 경우에 한하여 적절한 채권확보조치를 취하면서 대출하여야 할 업무상 임무에 위배하여, A저축은행 임직원의 친척인 공소외 1 등의 명의를 빌려 그들에게 토지구입비용을 대출하는 형식으로 골프장사업 부지를 구입하면서 근저당권 설정 등 채권확보조치를 취하지 아니한 채 A저축은행의 자금을 사용한 것을 비롯하여 2002.12.6.부터 2008.11.5.까지 647회에 걸쳐 합계 17,779,636,573원의 A저축은행 자금을 사용하고, 피고인 4의 지인 공소외 2 등의 명의를 빌려 골프장사업 부지를 구입하면서 위와 같은 방법으로 2002.8.28.부터 2005.6.23.까지 64회에 걸쳐 합계 3,600,081,433원의 A저축은행 자금을 사용함으로써, A저축은행에 같은 금액 상당의 손해를 가하고 그로 인하여 그 토지매도인 등에게 각 동액 상당의 재산상 이익을 취득하게 하였다.

〈원심 판결요지〉

피고인들이 골프장건설을 추진하면서 상호저축은행법 등 관련 법령을 위반하였다는 점만으로는 곧바로 배임죄의 고의를 인정할 수 없고, 피고인들은 골프장 용지를 매입하거나 골프장건설을 추진하면서 사업타당성에 관하여 자체적인 조사와 논의를 거쳤으며, 일반적으로 골프장건설은 인허가상의 각종 법령상 제약이나 행정적인 규제가 있는 상태하에서 행정민원을 통한 해당 용지의 용도변경 등의 방법으로 추진되기도 하고, 피고인들이 위 추진 과정에서 A저축은행 자금을 방만하게 지출하였다는 의심의 여지는 있으나 개인적인 정실관계 혹은 부정한 사례금이나 청탁에 기하여 토지대금 등을 부풀려 지급하였다거나 아무런 대가 없이 사업비를 지출한 것으로는 보이지 아니하므로, 피고인들이 A저축은행에 손해를 가하고 제3자의 이익을 위한다는 배임의 의사가 있었다는 점에 대한 증명이 없다.

〈대법원 판결요지〉

피고인들은 A저축은행 임직원들의 친척 또는 지인 명의로 토지를 매수한 다음 피고인 4의 지인인 공소외 3을 대표이사로 내세워 이른바 특수목적법인(SPC)인 B주식회사를 설립하고 B주식회사에 대하여 자금을 대출하여 줌으로써 B주식회사 명의로 골프장 건설사업을 추진하였는바, 이와 같은 일련의 행위는 그 실질에 있어 A저축은행이 직접 골프장 건설사업을 시행하기 위한 편법으로 이루어진 것으로서 상호저축은행법에서 규정한 상호저축은행의 업무 범위나 A저축은행 정관에 규정한 사업 범위를 벗어나는 것이자 상호저축은행의 비업무용 부동산 소유를 제한하는 상호저축은행법에 반하는 위법행위이고, 서민과 중소기업의 금융편의를 도모하고 거래자를 보호하며 신용질서를 유지함으로써 국민경제의 발전에 이바지함을 목적으로 하는 상호저축은행법의 목적(제1조)에 근본적으로 반하는 것이어서, 특수목적법인을 내세워 골프장 사업을 직접 추진하여야 할 사회적·경제적 합리성 내지 필요성에 대한 소명이 없는 한 그 임원으로서의 임무에 위배되는 행위임이 분명하다.

그렇다면 그러한 배임행위로 인하여 A저축은행에 재산상 손해를 야기하고 거래상대방에게 재산상 이익을 준 것에 대하여 피고인들에게 배임의 고의 내지 불법이득의 의사가 없었다고 볼 수는 없으며, 원심이 피고인들에게 업무상배임의 고의가 없다고 보는 근거로 든 사정들, 즉 그 사업의 추진과정에서 사업타당성에 대한 조사와 논의를 거친 바 있고 편법적인 방법이기는 하지만 사업의 진행이 전혀 불가능한 것은 아니었으며 거래상대방의 부정한 사례금이나 청탁이 없었고 아무런 대가 없이 사업비를 지출한 것은 아니었다는 등의 사정만으로는 업무상배임죄의 책임을 면할 수 없다고 할 것이다.

(6) 공 범

1) 배임죄는 원칙적으로 타인의 사무를 처리하는 자만 그 주체가 될 수 있는 진정신분범이다. 그러나 타인의 사무를 처리하는 자가 아닌 자(비신분자)가 타인의 사무를 처리하는 자(신분자)의 범행에 가담한 때에는 배임죄의 죄책을 진다(제33조).

2) 거래상대방의 대향적 행위의 존재를 필요로 하는 유형의 배임죄에 있어서 거래상대방으로서는 기본적으로 배임행위의 실행행위자와는 별개의 이해관계를 가지고 반대편에서 독자적으로 거래에 임한다는 점을 감안할 때, 거래상대방이 배임행위를 교사하거나 그 배임행위의 전 과정에 관여하는 등으로 배임행위에 적극 가담함으로써 그 실행행위자와의 계약이 반사회적 법률행위에 해당하여 무효로 되는 경우 배임죄의 교사범 또는 공동정범이 될 수 있다(☞ **[판례 Ⅶ-10]** 참조).

[판례 Ⅶ-10] 대법원 2005.10.28. 선고 2005도4915 판결【특경법위반(배임·배임방조)】

〈사실관계〉

피해자 회사의 1인 주주이자 실질적인 대표이사인 피고인 1 등은 자신들의 국가에 대한 상속세 납부의무를 담보하기 위하여 회사의 유일한 재산인 대지와 그 지상 5층 건물에 관하여 국가 명의로 근저당권설정등기를 마쳐 준 후 상속세 납부자금을 마련하기 위하여 피고인 2 등에게 회사의 주식 전부를 매매대금 150억원에 매도하기로 하는 주식매매계약을 체결하고, 공모하여 위 주식매매계약이 해제될 경우 피고인 1 등이 부담하게 될 매매대금반환채무를 담보하기 위하여 이 사건 부동산에 대하여 피고인 2 등 명의로 소유권이전청구권 가등기를 마침으로써 부동산 시가 81억원 상당의 재산상 이득을 취득하고 피해자 회사에게 동액 상당의 손해를 가하였다.

〈원심 판결요지〉

(1) 피고인 1 등이 비록 공소외 주식회사의 1인 주주라 하더라도 상속세 납부자금 마련을 주된 목적으로 하는 주식매매계약이라는 개인적 거래에 수반하여 독립된 법인 소유의 이 사건 부동산을 담보로 제공한 행위는 그 성질상 회사 재산의 관리·처분에 관한 실질적 대표이사로서의 임무에 위배하는 행위로서 회사에 손해발생의 위험을 초래하는 것이라 할 것이고, 그 과정에서 주주총회의 결의를 거친 바가 있다 하여 달리 볼 수 없다 할 것이며, 나아가 경제적 관점에서 보더라도 위 피고인 등의 개인적 주식매매계약과 관련한 매매대금반환채무의 담보조로 회사의 유일 재산인 이 사건 부동산에 관하여 매수인 명의로 가등기를 마쳐 줌으로써 위 부동산의 담보가치 상당액을 회사의 채권자들에 대한 채무변제 대신 위 피고인 등의 상속세 납부자금 마련에 사용한 이상 그만큼 경제적으로 이득을 얻은 반면 회사에는 동액 상당의 손해를 가하였다 할 것인바, 이는 위 주식매매계약의 실체가 1인 주주로서 사실상 회사의 양도행위에 수반된 것임을 감안하여 본다 하더라도 주식회사와 주주를 별개의 인격으로서 준별하고 있는 우리 법제 하에서 달리 취급할 사유는 되지 못한다 할 것이어서, 피고인 1 등의 행위는 배임죄를 구성한다.

(2) 피고인 2는 피고인 1 등이 상속세 납부자금 마련을 주된 목적으로 하는 주식매매계약이라는 개인적 거래에 수반하여 독립된 법인 소유의 이 사건 부동산을 담보로 제공한다는 사정을 알고 있기는 하였으나, 피고인 1 등의 배임행위를 교사하거나 또는 배임행위의 전 과정에 관여하는 등으로 배임행위에 적극가담하였다고 볼 증거가 없으므로 피고인 2를 위 배임행위의 공동정범이라고 할 수는 없고, 다만 피고인 2는 위와 같은 사정을 알면서 이 사건 가등기를 경료받아 위 배임행위를 용이하게 하였다고 할 것이므로, 그 방조범에 해당한다.

〈대법원 판결요지〉

(1) 배임죄는 재산상 이익을 객체로 하는 범죄이므로, 1인 회사의 주주가 자신의 개인채무를 담보하기 위하여 회사 소유의 부동산에 대하여 근저당권설정등기를 마쳐 주어 배임죄가 성립한 이후에 그 부동산에 대하여 새로운 담보권을 설정해 주는 행위는 선순위 근저당권의 담보가치를 공제한 나머지 담보가치 상당의 재산상 이익을 침해하는 행위로서 별도의 배임죄가 성립한다 할 것이다. 따라서 피고인 1 등이 자신들의 국가에 대한 상속세 납부의무를 담보하기 위하여 이 사건 가등기에 앞서 이 사건 부동산에 대하여 국가 명의로 근저당권설정등기를 마쳐 주었다고 하더라도 이 사건 가등기를 마침으로써 그 잔존 담보가치 상당의 새로운 재산상 이익의 침해가 있게 되어 다시 배임죄를 구성한다.

(2) 거래상대방의 대향적 행위의 존재를 필요로 하는 유형의 배임죄에 있어서 거래상대방으로서는 기본적으로 배임행위의 실행행위자와는 별개의 이해관계를 가지고 반대편에서 독자적으로 거래에 임한다는 점을 감안할 때, 거래상대방이 배임행위를 교사하거나 그 배임행위의 전 과정에 관여하는 등으로 배임행위에 적극가담함으로써 그 실행행위자와의 계약이 반사회적 법률행위에 해당하여 무효로 되는 경우 배임죄의 교사범 또는 공동정범이 될 수 있음은 별론으로 하고, 관여의 정도가 거기에까지 이르지 아니하여 법질서 전체적인 관점에서 볼 때 사회적 상당성을 갖춘 경우에 있어서는 비록 정범의 행위가 배임행위에 해당한다는 점을 알고 거래에 임하였다는 사정이 있어 외견상 방조행위로 평가될 수 있는 행위가 있었다 할지라도 범죄를 구성할 정도의 위법성은 없다고 봄이 상당하다. 위와 같은 법리에 비추어 살피건대, 피고인 1 등은 상속세 납부자금 마련을 주된 목적으로 하는 주식매매계약이라는 개인적 거래에 수반하여 독립된 법인 소유의 이 사건 부동산을 피고인 2에게 담보로 제공하였고 피고인 2

는 이러한 사정을 알면서 이 사건 가등기의 설정을 요구하고 그 등기를 경료한 것에 불과하다면, 거래상대방의 지위에 있는 피고인 2에게 배임행위의 교사범 또는 공동정범의 책임뿐만 아니라 방조범의 책임도 물을 수 없다.

〈참조판례〉

○ **대법원 2007.2.8. 선고 2006도483 판결【특경법위반(업무상배임)】**

주식회사의 임원이나 회계책임자가 당해 회사의 주식을 매수하여 대주주가 되려고 하는 자에게 미리 대주주대여금 명목으로 회사자금을 교부하여 그 돈으로 주식매수대금을 지급하게 하는 행위는 대주주가 되려는 자의 개인적인 이익을 도모하고 회사의 부실을 초래하는 것으로서, 그 대여행위가 회사의 이익을 위한 것임이 명백하고 회사 내부의 정상적인 의사결정절차를 거쳤으며 그로 인하여 회사의 자금운용에 아무런 어려움이 발생하지 않을 뿐만 아니라 대여금 회수를 위한 충분한 담보도 확보되어 있다는 등의 특별한 사정이 없는 한 업무상배임죄에 해당하고, 또 그와 같은 방법으로 회사의 대주주가 된 자가 회사 임원 등의 배임행위를 교사하거나 배임행위의 전 과정에 관여하는 등으로 적극 가담한 경우에는 업무상배임죄의 공동정범이 된다.

○ **대법원 2016.10.13. 선고 2014도17211 판결【업무상배임, 배임수재, 배임증재】**

피고인 2가 특허권이 피고인 1의 소유가 아니라는 사정을 알 수 있었던 상황에서 피고인 1에게 특허권을 이전하라고 제의하였다고 하더라도, 배임행위의 실행행위자인 피고인 1과는 별개의 이해관계를 가지고 대향적 지위에서 독자적으로 거래하면서 자신의 이익을 위하여 특허권을 이전받았다면, 피고인 2가 배임의 의사가 없었던 피고인 1에게 배임의 결의를 하게 하여 교사하였다거나 배임행위의 전 과정에 관여하는 등 배임행위에 적극 가담하였다고 단정하기 어렵다.

3) 이와는 달리 관여의 정도가 거기에까지 이르지 아니하여 법질서 전체적인 관점에서 살펴볼 때 사회적 상당성을 갖춘 경우에는 비록 정범의 행위가 배임행위에 해당한다는 점을 알고 거래에 임하였다는 사정이 있어 외견상 방조행위로 평가될 수 있는 행위가 있었다 할지라도 범죄를 구성할 정도의 위법성이 없으므로 배임의 죄책을 지울 수 없다. 예컨대 1인 회사의 주주가 개인적 거래에 수반하여 법인 소유의 부동산을 담보로 제공한다는 사정을 거래상대방이 알면서 가등기의 설정을 요구하고 그 가등기를 경료받거나(대법원 2005.10.28. 선고 2005도4915 판결), 수분양권(受分讓權) 매매계약과 관련하여 제2 매수인이 매수 당시에는 이중매매 사실을 몰랐으나 나중에 그 사실을 알고 매도인을 상대로 소송을 제기하던 중 오히려 매도인과 약정을 맺고 그의 도움으로 승소판결을 받고 분양권에 대한 소유권이전등기를 마쳤다면(대법원 2009.9.10. 선고 2009도5630 판결), 이는 배임행위의 방조에 불과하du 배임의 죄책을 지울 수 없다.

4) 배임죄는 본인에게 손해를 가한 때에 기수가 되고 본범의 실행행위(배임행위)가 종료되기 전에 가담한 때에는 공범이 성립하는바, 본인에게 손해가 발생하기 이전에 배임행위로 취득할 물건을 배임행위자로부터 매수하기로 합의하는 행위는 배임으로 취득한 물건을 취득하는 행위가 아니라 배임행위 자체에 가담하는 행위이므로, 이와 같은 행위를 한 자는 배임죄의 공범의 죄책을 진다(☞ **[판례 Ⅶ-11]** 참조).

[판례 Ⅶ-11] 대법원 1987.4.28. 선고 83도1568 판결【업무상배임 등】

〈사실관계〉

피고인 1은 치안본부 장비과 차량계에서 차량용 유류의 발주 및 수불업무를 담당하는 직원으로서 그 업무상 임무에 위배하여, 1981.4. A주유소의 관리과장 공소외 1과 B석유주식회사가 치안본부와 미리 체결해 두고 있던 유류공급계약에 기하여 치안본부에 공급하는 보통휘발유와 경유의 일부를 빼돌려 위 주유소에 매각하기로 합의하고, 공소외 1은 위 합의내용을 A주유소 소장인 공소외 2를 거쳐 위 주유소의 실질적인 경영자인 피고인 2에게 전달하여 그 승낙을 얻은 다음, 같은 해 4.28부터 11.4까지 사이에 14회에 걸쳐 피고인 1은 B석유주식회사에 대하여 치안본부에서 구입하는 것처럼 가장하여 보통휘발유 합계 400드럼과 경유 합계 100드럼을 위 주유소에 납품할 것을 지시하고, 공소외 1과 2 및 피고인 2 등은 이를 인수하는 방법으로 위 유류의 공급가액인 금 59,814,970원 상당의 이익을 취득하고 치안본부로 하여금 B석유주식회사에 대하여 동액상당의 채무를 부담하게 하여 재산상의 손해를 가하였다.

〈판결요지〉

배임죄는 타인의 사무를 처리하는 자가 그 임무에 위배하는 행위로써 재산상의 이익을 취득하거나 제3자로 하여금 이를 취득하게 하여 본인에게 손해를 가함으로써 성립하는 바, 이 경우 그 임무에 위배하는 행위라 함은 처리하는 사무의 내용, 성질 등 구체적 상황에 비추어 법률의 규정, 계약의 내용 혹은 신의칙상 당연히 할 것으로 기대되는 행위를 하지 않거나 당연히 하지 않아야 할 것으로 기대하는 행위를 함으로써 본인과 사이의 신임관계를 저버리는 일체의 행위를 포함하고 그러한 행위가 법률상 유효한가 여부는 따져볼 필요가 없다고 할 것이므로, 피고인 1이 위와 같이 치안본부의 차량용 유류의 발주 및 수불업무를 담당하면서 치안본부와 사이에 유류공급계약을 체결해 두고 있던 B석유주식회사에 대하여 치안본부에 납품할 유류의 일부를 위 유류공급계약상 지정된 납품장소 이외의 장소에 납품케 하여 이를 빼돌린 행위는 같은 피고인의 지시에 따른 B석유주식회사의 납품이 본인인 치안본부에 대하여 법률상 유효한 납품인가 여부와 관계없이 피고인이 처리하는 사무의 내용에 비추어 결코 행하여서는 아니될 행위를 함으로써 본인인 치안본부와 사이의 신임관계를 저버린 배임행위에 해당한다.

또 배임죄는 본인에게 손해를 가한 때에 기수가 되는 것이고, 이 사건에 있어서 본인인 치안본부에게 손해가 발생한 시기는 B석유주식회사가 피고인 1의 지시에 응하여 유류를 A주유소에 납품함으로써 치안본부가 실제로는 유류를 납품받은 바 없이 그 대금상당의 채무를 부담하게 된 때라 할 것이므로, 위 유류가 A주유소에 납품되기 이전에 미리 이를 매수하기로 합의한 공소외 1, 2 및 피고인 2 등의 행위는 피고인 1이 배임으로 취득한 장물을 취득한 행위에 지나지 않는 것이 아니라 모두 배임행위 자체의 공동정범이 된다. 따라서 원심이 피고인 등의 위와 같은 행위에 대하여 피고인 등을 업무상배임죄의 공동정범으로 의율한 후 업무상 타인의 사무를 처리하는 자의 지위에 있지 아니한 피고인 2에 대하여는 형법 제33조 단서의 규정에 따라 형이 가벼운 단순배임죄로 처벌한 조치는 정당하다.

(7) 죄 수

1) 배임죄는 신임관계를 그 본질로 하므로 배임죄의 수는 신임관계의 수를 기준으로 판단한다. 따라서 수 개의 배임행위가 있더라도 피해법익이 단일하고 범죄의 태양이 동일할 뿐만 아니라, 그 수 개의 배임행위가 단일한 범의에 기한 일련의 행위라고 볼 수 있는 경우에는 포괄하여 하나의 배임죄가 성립한다(대법원 2009.7.23. 선고 2007도541 판결). 따라서 대출에 있어서 부실한 담보를 받고 대출한도 거래약정 또는 여신한도 거래약정을 체결하면 그 때에 그 한도금액 범위 내에서 한 개의 배임죄가 성립하고(대법원 2001.2.9. 선고 2000도5000 판결). 은행 임원들이 건설회사의 신용상태 등을 감안한 적정 대출

한도를 검토하지 아니하고 별다른 물적 담보도 확보하지 아니한 채 실질적으로 건설회사가 11개의 아파트 건축사업 시행사들 명의로 받은 합계 100억원의 신용대출을 승인해 준 경우, 수개의 업무상 배임행위는 피해법익이 단일하고 범죄의 태양이 동일할 뿐만 아니라 단일한 범의에 기한 일련의 행위로서 포괄하여 하나의 배임죄만 성립한다(대법원 2011.8.18. 선고 2009도7813 판결).

2) 그러나 피해자가 동일하더라도 수차례에 걸쳐 법익을 침해하고 침해된 법익이 단일하다고 볼 수 없다면 수개의 배임죄가 성립한다.

○ **대법원 2005.10.28. 선고 2005도4915 판결【특경법위반(업무상배임)】**

1인 회사의 주주가 자신의 개인채무를 담보하기 위하여 회사 소유의 부동산에 대하여 근저당권설정등기를 마친 후에 다시 그 부동산에 대하여 새로운 담보권을 설정해 주는 행위는 선순위 근저당권의 담보가치를 공제한 나머지 담보가치 상당의 재산상 이익을 침해하는 행위로서 별도의 배임죄를 구성한다.

○ **대법원 2008.3.27. 선고 2007도9328 판결【특경법위반(업무상배임)】**

부동산에 피해자 명의의 근저당권을 설정하여 줄 의사가 없음에도 불구하고 피해자를 속이고 근저당권설정을 약정하여 금원을 편취한 후 다시 제3자 명의로 근저당권설정등기를 해 준 경우, 우선 금원을 편취한 점에 대해서는 사기죄가 성립하고 나아가서 기망을 이유로 취소되지 않는 한 근저당권설정 약정은 여전히 유효하므로 피해자 명의의 근저당권설정등기를 하여 줄 임무에 위배하여 제3자명의로 근저당권을 설정한 점에 대해서는 배임죄가 성립한다.

○ **대법원 2011.4.14. 선고 2011도277 판결【특경법위반(업무상배임) 등】**

회사의 대표이사가 자신의 개인채무 지급을 위하여 회사로 하여금 약속어음을 발행하게 하고 채무에 대하여 연대보증하게 한 후 다시 회사를 위하여 보관 중인 돈을 임의로 인출하여 자신의 채권자에게 지급한 경우, 회사를 위하여 보관 중인 돈을 임의로 사용한 행위는 연대보증채무 부담으로 인한 배임행위와는 별도로 다른 새로운 법익을 침해하므로 별개의 횡령죄를 구성한다.

3) 피해자가 수명이거나 임무에 위배하여 본인의 법익을 침해한 자가 다시 제3자의 보호법익을 침해한 때에는 범의가 단일하고 그 행위가 시간적으로 근접하여 행해졌다고 하더라도 수개의 범죄가 성립한다. 예컨대 분양회사의 대표이사가 아파트를 분양받은 각 세대에 대하여 소유권이전등기절차를 이행하여 주어야 할 업무상의 임무를 지고 있음에도 불구하고 그 임무에 위배하여 단일한 범의로 근접한 시기에 제3자들 앞으로 소유권이전등기 및 근저당권설정등기를 하였다고 하더라도 각 피해자의 보호법익은 독립된 것이므로, 피해자별로 업무상배임죄가 성립한다(대법원 1994.5.13. 선고 93도3358 판결). 그리고 건물주로부터 월세임대차계약체결을 위임받은 자가 임차인들을 속이고 전세임대차계약을 체결하여 그 임차인들로부터 전세보증금 명목으로 돈을 교부받은 경우, 건물에 관하여 월세임대차계약을 체결하여야 할 임무를 위반하여 전세임대차계약을 체결하여 그 건물주로 하여금 전세보증금반환채무를 부담하게 한 점에 대해서는 배임죄가 성립하고, 임차인들을 기망하여 그들로부터 전세보증금 명목으로 돈을 교부받은 점에 대해서는 사기죄가 성립한다(대법원 2010.11.11. 선고 2010도10690 판결).

4) 주식회사 대표이사가 자신의 채권자에게 차용금에 대한 담보로 회사명의 정기예금에 질권(質權)을 설정하여 주었다면 이로써 배임죄가 성립하고, 그 후 차용금과 정기예금의 변제기가 모두 도래한 이후 대표이사가 동의하여 채권자가 정기예금 계좌에 입금되어 있던 회사 자금을 전액 인출하였더라도 대표이사의 동의는 이미 배임행위로써 이루어진 질권설정행위의 사후조처에 불과하고 별도의 횡령죄를 구성하지 않는다(대법원 2012.11.29. 선고 2012도10980 판결).

5) 매수인에게 소유권이전등기를 경료해 줄 임무를 지는 부동산의 매도인이 그 임무에 위배하여 그 부동산을 제3자에게 매도하고 소유권이전등기를 경료해 준 경우 매도인이 배임행위로 인하여 취득한 것은 재산상의 이익이고 배임행위에 제공된 부동산은 범죄로 인하여 영득한 것 자체는 아니므로 그 부동산을 취득한 제3자에 대하여는 배임죄의 공범의 죄책을 묻는 것은 별론으로 하고 장물취득죄의 죄책을 물 수는 없다(대법원 1975.12.9. 선고 74도2804 판결).

(8) 양도담보목적물 임의처분의 형사책임

가. 담보목적물 임의처분의 문제점

1) 채무자가 채무를 이행하지 않는 경우를 대비하여 채권의 확보를 위해 자기의 물건(동산, 부동산) 또는 권리를 담보로 제공한 후(물적담보) 그 물건이나 재산을 임의로 처분하거나 훼손하여 채권자에게 손해를 가한 경우는 원칙적으로 이는 채무불이행에 해당할 뿐이다. 그러나 담보목적물 임의처분 또는 훼손하는 행위를 그대로 방치하는 것은 개인의 재산권침해를 수수방관함으로써 경제질서의 혼란을 초래할 위험이 있다. 이에 담보목적물을 임의로 처분하는 행위가 담보의 취지를 심각하게 훼손하는 경우에는 형사법의 개입이 요구된다.

2) 담보목적물을 임의처분하거나 훼손하는 행위에 대해서 우선적으로 고려해 볼 수 있는 범죄유형은 권리행사방해죄(제323조)와 강제집행면탈죄(제327조)이다. 우선 권리행사방해죄는 '타인의 점유 또는 권리의 대상이 된 자기의 물건을 취거, 은닉 또는 손괴하여 타인의 권리행사를 방해'함으로써 성립하는 범죄로서, 타인에게 담보로 제공한 자기의 물건은 '타인의 권리의 대상이 된 자기의 물건'이라고 할 수 있기 때문이다. 그러나 본죄의 행위태양은 '취거, 은닉, 손괴'로 한정되어 있어 채권자가 점유하고 있는 담보물을 채무자가 취거하거나 담보물을 은닉 또는 손괴하는 경우 이외에 담보물을 타인에게 양도하거나 다시 타인에게 담보로 제공하는 등의 행위에 대해서는 본죄의 죄책을 묻기는 힘들다. 그리고 "강제집행을 면탈할 목적으로 (자기의) 재산을 은닉, 손괴, 허위양도하거나 허위의 채무를 부담하여 채권자를 해"함으로써 성립하는 강제집행면탈죄는 강제집행을 당할 구체적인 위험이 있음을 전제로 하고 그 행위태양도 은닉, 손괴, 허위양도 등으로 제한되어 있으므로, 강제집행을 당할 구체적인 위험이 발생하기 전에 양도 등의 방법으로 담보목적물을 처분함으로써 담보권자의 권리를 침해하는 행위를 강제집행면탈죄로 처벌하는 것도 곤란하다.

3) 이러한 권리행사방해죄와 강제집행면탈죄의 한계 때문에 그동안 실무와 이론에서는 담보목적물을 양도하는 등의 행위를 신임관계를 위배하는 행위(배임행위)로 보아 배임죄를 적용해 왔다. 그러나 '타인이 사무'란 신임관계에 기초를 둔 타인의 재산의 보호 내지 관리의무가 있을 것을 본질적 내용으로 하므로, 타인의 사무를 처리하는 자라고 하려면 두 당사자의 관계의 본질적 내용이 단순한 채권채무관계상의 의무를 넘어서 신임관계에 기초하여 타인의 재산을 보호 또는 관리하는 관계에 있어야 한다(대법원 2010.8.26. 선고 2010도4613 판결). 따라서 설사 채무자가 담보목적물을 양도하는 등의 행위를 하더라도 그것이 '신임관계에 기초하여 타인의 재산을 보호 또는 관리하는 관계'에서가 아니라 단순히 채권채무관계에서의 채무불이행에 불과한 경우에는 배임죄가 성립하지 않는다.

예컨대 채무자가 근저당권설정등기를 경료해 준 후 근저당권설정등기를 임의로 말소하거나(대법원 2007.8.24. 선고 2007도3408 판결), 채무자가 채권자에게 양도담보로 제공한 목적물의 손해발생의 위험에 대비하여 자신의 부담아래 자신을 피보험자로 하여 보험계약을 체결하였다가 임의로 해지하거나(대법원 2014.2.27. 선고 2011도3482 판결), 채무자가 채무의 변제를 위하여 채권자에게 담보로 제공한 자신의 임차권을 임의로 타인에게 양도한 경우(대법원 2015.3.26. 선고 2015도1301 판결)에는 배임의 죄책을 지울 수 없다. 이와는 달리 근저당권설정자가 근저당권의 목적이 된 토지에 식재된 수목을 처분하여 그 담보가치를 감소시킨 때에는 배임죄가 성립한다(대법원 2007.1.11. 선고 2006도4215 판결).

○ 대법원 2007.1.11. 선고 2006도4215 판결【배임 등】

근저당권설정자는 채권자가 담보의 목적을 달성할 수 있도록 그 담보물을 보관할 의무를 지게 되어 채권자에 대하여 그의 사무를 처리하는 자의 지위에 있고, 한편 토지에 식재된 수목은 특별한 사정이 없는 한 그 토지의 부합물에 해당하여 그 토지에 설정된 근저당권의 효력이 미치므로, 근저당권설정자가 그 근저당권의 목적이 되는 토지에 식재된 수목을 처분하는 등으로 부당히 그 담보가치를 감소시키는 행위를 한 경우에는 배임죄가 성립하게 된다.

○ 대법원 2007.8.24. 선고 2007도3408 판결【배임 등】

채무자가 제3자 소유의 부동산을 채무의 담보로 제공하기로 한 약정에 따라 채권자를 위하여 그 부동산에 근저당권설정등기를 경료하여 준 경우 이로써 채무자는 담보제공약정상의 의무를 이행한 것이 되고, 그 후 위 근저당권설정등기를 임의로 말소하여서 안 되는 것은 채무자를 포함한 모든 사람이 부담하는 의무이고 채무자가 그 담보제공약정에 따라 채권자의 재산의 관리보호를 위하여 특별히 부담하는 의무는 아니므로, 채무자가 등기관계 서류를 위조하여 근저당권설정등기를 말소하였다 하더라도 이는 문서에 관한 범죄를 구성할 뿐이고 달리 배임죄를 구성한다고 할 수 없다.

○ 대법원 2014.2.27. 선고 2011도3482 판결【업무상배임】

한우사육사업을 영위하는 A회사는 양도담보권자인 B회사가 양도담보의 목적을 달성할 수 있도록 한우를 보관할 의무를 부담하고 그와 관련하여서는 B회사의 사무를 처리하는 자의 지위에 있으나, A회사의 부담 아래 A회사를 피보험자로 하여 가축보험계약을 체결한 것은 A회사의 사업목적물에 대한 손해발생위험에 대비하기 위한 것으로 기본적으로 A회사를 위해 이루어진 것이고, A회사가 동업약정에 따라 한우에 관하여 가축보험계약을 체결하거나 유지하는 것은 B회사에 대한 민사상 채무를 이행하는 것으로서 A회사 자신의 사무이지 이를 가리켜 타인의 사무라고 할 수 없다.

○ 대법원 2015.3.26. 선고 2015도1301 판결【업무상배임】

채무자가 채무의 변제를 위하여 담보로 제공한 임차권 등의 권리를 그대로 유지할 계약상 의무가 있다고 하더라도 이는 기본적으로 채무의 변제의 방법에 관한 것이고, 그 성실한 이행에 의하여 채권자가 계약상 권리의 만족을 얻는다고 하여도 이로써 통상의 계약에서의 이익대립관계를 넘어서 신임관계에 기초하여 채권자의 재산을 보호 또는 관리하여야 하는 '타인의 사무'에 해당한다고 볼 수 없다. 따라서 피고인이 아울렛 의류매장의 운영과 관련하여 피해자로부터 투자를 받으면서 투자금반환채무의 변제를 위하여 의류매장에 관한 임차인 명의와 판매대금의 입금계좌 명의를 피해자 앞으로 변경해 주었음에도 제3자에게 의류매장에 관한 임차인의 지위 등 권리 일체를 양도하였더라도, 피고인에게 배임죄의 죄책을 지울 수 없다.

나. 양도담보설정자(채무자)의 형사책임

1) 채권을 담보하기 위하여 채무자 소유의 물건이나 권리에 관하여 양도하여 채권자가 그에 대한 담보권을 취득한 경우 소유권이나 권리는 신탁적으로 채권자에게 이전됨에 불과하고, 채권자와 채무자 간의 대내적 관계에서 채무자는 소유권이나 권리를 보유하나 양도담보권자가 담보의 목적을 달성할 수 있도록 이를 보관할 의무를 지게 되어 채권담보의 약정에 따라 담보권자의 사무를 처리하는 자의 지위에 있게 되므로, 채무자가 양도담보된 물건이나 권리를 처분하는 등 부당히 그 담보가치를 감소시키는 행위를 한 경우에는 배임의 죄책을 진다(대법원 1989.7.25. 선고 89도350 판결).

2) 따라서 양도담보설정자가 기존의 근저당권자인 제3자에게 지상권설정등기를 경료하여 주거나(대법원 1997.6.24. 선고 96도1218 판결), 근저당권설정자가 그 근저당권의 목적이 되는 토지에 식재된 수목을 처분하거나(대법원 2007.1.11. 선고 2006도4215 판결), 매수인이 매도인으로부터 토지를 매수하여 먼저 소유권이전등기를 넘겨받은 다음 매매대금 지급을 담보하기 위해 이를 신탁회사에 처분신탁하고 신탁계약상의 수익권에 관하여 매도인에게 질권을 설정해 준 다음 매수인이 매매대금 일부가 미지급된 상태에서 일부 토지에 관한 신탁계약을 해지하고 이를 제3자에게 처분하거나(대법원 2010.8.26. 선고 2010도4613 판결), 피해자로부터 금전을 차용하면서 자기 소유의 골프회원권을 담보로 제공한 후 이를 제3자에게 임의로 매도하거나(대법원 2012.2.23. 선고 2011도16385 판결), 채무자가 채권자에게 채무에 대한 담보로 자기의 은행통장과 인감, 보안카드를 건네주고 이를 변제하지 못할 경우 자기의 은행통장에 입금될 예정인 돈으로 대체하기로 약정하였음에도 불구하고, 자기의 은행통장에 돈이 입금된 사실을 확인하고는 통장분실신고를 한 뒤 은행통장을 재발급받아 돈을 인출하는 것(대법원 2010.8.19. 선고 2010도6280 판결)과 같이 채무자가 부당히 담보가치를 감소시키는 행위를 한 경우에는 배임의 죄책을 면할 수 없다.

○ 대법원 2010.8.19. 선고 2010도6280 판결【배임】

A 영화제작사의 대표이사인 피고인이, A회사가 제작한 영화에 관련된 프린트 및 현상료를 투자자인 B 회사로 하여금 부담하도록 하는 대신 A 회사 명의의 은행통장과 법인인감, 보안카드를 B 회사에게 건네주고 이를 변제하지 못할 경우 위 통장계좌로 입금받을 예정인 부가가치세 환급금으로 대체하기로 하는 내용의 지불각서를 작성하여 주었다면, 피고인으로서는 자신이 현상료

등을 변제할 때까지 B 회사가 위 예금채권에 대한 실질적인 담보권을 유지하고 나아가 이를 변제하지 못한 경우에는 B 회사가 위 예금을 직접 출금할 수 있도록 협력해야 할 의무가 있으므로, 피고인이 환급금의 입금 사실을 먼저 확인하고 통장 분실신고를 한 뒤 재발급받은 새 통장을 이용하여 위 돈을 다른 계좌로 이체하고 출금하여 다른 채권자들에게 지급한 경우는 타인의 사무를 처리하는 자가 그 임무에 위배하여 제3자로 하여금 재산상 이익을 취득하게 하고 본인에게 손해를 가한 경우에 해당한다.

3) 자동차에 대하여 저당권이 설정되는 경우 자동차의 교환가치는 그 저당권에 포섭되고 저당권설정자가 자동차를 매도하여 그 소유자가 달라지더라도 저당권에는 영향이 없으므로, 특별한 사정이 없는 한 저당권설정자가 단순히 그 저당권의 목적인 자동차를 다른 사람에게 매도한 것만으로는 배임죄에 해당하지 아니한다(대법원 2008.8.21. 선고 2008도3651 판결). 그러나 저당권자가 현실적으로 담보권을 실행하기 곤란하도록 성명불상자에게 처분하는 경우와 같이 부당히 그 담보가치를 감소시키는 행위를 한 경우에는 배임의 죄책을 진다(☞ **[판례 Ⅶ-12]** 참조).

[판례 Ⅶ-12] 대법원 2012.9.13. 선고 2010도11665 판결【배임, 권리행사방해죄】

〈공소사실〉

피고인은 자신의 모(母) 명의를 빌려 자동차를 매수하면서 피해자 회사에서 필요한 자금을 대출받고 자동차에 저당권을 설정하였는데, 저당권자인 피해자 회사의 동의 없이 그 신원을 정확히 알 수 없는 사람으로부터 2,000만원을 차용하고 그 담보로 자동차를 인도하였다.

〈판결요지〉

(1) 자동차에 대하여 저당권이 설정되는 경우 자동차의 교환가치는 그 저당권에 포섭되고 저당권설정자가 자동차를 매도하여 그 소유자가 달라지더라도 저당권에는 영향이 없으므로 특별한 사정이 없는 한 저당권설정자가 단순히 그 저당권의 목적인 자동차를 다른 사람에게 매도한 것만으로는 배임죄에 해당하지 아니하나, 자동차를 담보로 제공하고 점유하는 채무자가 부당히 그 담보가치를 감소시키는 행위를 한 경우 배임죄의 죄책을 면할 수 없다. 이 사건에서 피고인은 그 신원을 정확히 알 수 없는 최사장이라는 사람으로부터 2,000만원을 차용하고 그 담보로 이 사건 자동차를 인도하면서 차량포기각서까지 작성해 주었고, 이후 피고인은 위 차용금을 변제하지 아니하였을 뿐만 아니라 피해자에 대한 대출금 변제도 중단하였으며, 이에 피해자는 이 사건 자동차에 대한 저당권을 실행하기 위하여 자동차 인도명령을 받았으나 그 소재파악이 되지 않아 결국 집행불능에 이르렀고, 정상적인 거래관계였다면 마땅히 수반되어야 할 양도인의 인감증명서 교부 등 자동차관리법 기타 관계 법령에 따른 이전등록에 필요한 조치도 전혀 이루어지지 않았던 것으로 보이는 사정 등을 종합해 보면, 피고인의 이러한 행위는 적어도 미필적으로나마 저당권자인 피해자의 이 사건 자동차에 대한 추급권 행사가 불가능하게 될 수 있음을 알면서도 그 담보가치를 실질적으로 상실시키는 것으로서 배임죄가 성립한다.

(2) 권리행사방해죄는 타인의 점유 또는 권리의 목적이 된 자기의 물건을 취거, 은닉 또는 손괴하여 타인의 권리행사를 방해함으로써 성립하는 것이므로 그 취거, 은닉 또는 손괴한 물건이 자기의 물건이 아니라면 권리행사방해죄가 성립할 여지가 없다. 이 사건 승용차는 자동차등록원부에 모(母)명의로 등록되어 있으므로 위 승용차의 소유자는 모라고 할 것인데, 위 승용차의 소유자인 母가 위 승용차를 은닉하였다거나 피고인이 모와 공모하였다는 점을 인정할 수가 없으므로, 설령 피고인이 위 승용차를 은닉하였다 하더라도 위 승용차가 피고인의 소유가 아닌 이상 권리행사방해죄에 해당한다고 할 수 없다(이 부분은 원심판결인 부산지법 2010.8.20. 선고 2010노361 판결의 내용임-필자).

4) 채무자가 그 소유의 동산을 피해자에게 양도담보로 제공하고 점유개정(占有改定)의 방법으로 점유하고 있다가 다시 이를 제3자에게 양도담보로 제공하고 역시 점유개정의 방법으로 점유를 계속하는 경우, 뒤의 양도담보권자인 제3자는 처음의 담보권자인 피해자에 대하여 배타적으로 자기의 담보권을 주장할 수 없어 이중으로 양도담보제공을 한 것만으로는 처음의 양도담보권자에게 담보권의 상실이나 담보가치의 감소 등 손해가 발생하지 않고, 따라서 채무자가 제3자에게 이중으로 양도담보를 설정한 것을 이유로 배임죄의 죄책을 물 수는 없다(대법원 1990.2.13. 선고 89도1931 판결). 한편 채무자가 동일한 동산에 대하여 이중으로 양도담보를 설정한 후 담보물을 매각한 경우에는 배임의 죄책을 지나, 제2의 양도담보권자는 제1의 담보권자인 피해자에 대하여 배타적으로 자기의 담보권을 주장할 수 없으므로 이 경우 채무자는 제1의 양도담보권자에 대해서만 배임의 죄책을 지고 제2의 양도담보권자에 대해서는 배임의 죄책을 지지 않는다(☞ **[판례 Ⅶ-13]** 참조).

[판례 Ⅶ-13] 대법원 2004.6.25. 선고 2004도1751 판결【배임】

〈사실관계〉

2000.1.경부터 공소외 주식회사에서 150t용, 250t용, 350t용 성형사출기 각 1대 등을 이용하여 플라스틱 화분을 제조·판매하여 오던 중, 중소기업은행에서 진흥기금시설자금 명목으로 금 1억7,900만원을 대출받으면서 그 담보로 위 성형사출기 3대를 중소기업은행에 양도담보로 제공하는 한편, 피해자 A에게 플라스틱사출 재료대금 및 약속어음금 등 채무 금 1억7,000만원에 대한 담보 명목으로 위 성형사출기 3대를 양도담보로 제공하였으므로, 양도담보권자인 위 채권자들로 하여금 그 담보의 목적을 달성할 수 있도록 이를 보관할 임무가 있음에도 불구하고, 그 임무에 위배하여 양도담보로 제공된 성형사출기 3대를 공소외 B에게 금 1억1,6350만원에 매각하고 동인이 운영하는 공장으로 옮겨가게 함으로써 위 매매대금 1억1,6350만원 상당의 재산상 이익을 취득하고, 중소기업은행 및 A에게 동액 상당의 손해를 가하였다.

〈판결요지〉

금전채무를 담보하기 위하여 채무자가 그 소유의 동산을 채권자에게 양도하되 점유개정에 의하여 채무자가 이를 계속 점유하기로 한 경우 특별한 사정이 없는 한 동산의 소유권은 신탁적으로 이전됨에 불과하여 채권자와 채무자 사이의 대내적 관계에서 채무자는 의연히 소유권을 보유하나 대외적인 관계에 있어서 채무자는 동산의 소유권을 이미 채권자에게 양도한 무권리자가 되는 것이어서 다시 다른 채권자와 사이에 양도담보설정계약을 체결하고 점유개정의 방법으로 인도를 하더라도 선의취득이 인정되지 않는 한 나중에 설정계약을 체결한 채권자는 양도담보권을 취득할 수 없는데, 현실의 인도가 아닌 점유개정으로는 선의취득이 인정되지 아니하므로, 결국 뒤의 채권자는 양도담보권을 취득할 수 없고, 따라서 이와 같이 채무자가 그 소유의 동산에 대하여 점유개정의 방식으로 채권자들에게 이중으로 양도담보설정계약을 체결한 후 양도담보설정자가 목적물을 임의로 제3자에게 처분하였다면 양도담보권자라 할 수 없는 뒤의 채권자에 대한 관계에서는, 설정자인 채무자가 타인의 사무를 처리하는 자에 해당한다고 할 수 없어 배임죄가 성립하지 않는다.

5) 앞에서 지적한 바와 같이 모든 배임행위가 배임죄로 처벌되는 것이 아니라 '타인의 사무를 처리하는 자'가 배임행위를 하였을 때에 비로소 배임죄로 처벌되고, 타인의 사무를 처리하는 자라고 하기 위해서는 당사자의 관계의 본질적 내용이 단순한 채권채무관계상의 의무를 넘어서 그들 간의 신임관계에 기초하여 타인의 재산을 보호 또는 관리하는 관계에 있어야 한다. 채권자와 동산·부동산·채권·지

식재산권을 담보로 제공하기로 하는 약정(담보약정)을 맺고 자신의 재산을 담보로 제공한 경우는 채무자는 그 약정에 따라 채권자가 자신의 권리를 실행할 수 있도록 담보목적물을 보관할 의무를 지는데, 이러한 의무는 채무자 자신의 의무이고 담보의 형태에 따라 본질적인 차이가 있는 것은 아니다. 따라서 판례가 양도담보의 경우에만 배임죄의 성립을 인정하는 것은 설득력이 약하다.

채무자가 약정에 위반하여 담보목적물을 임의로 처분하는 행위는 타인의 담보권의 목적이 된 자기의 물건을 처분함으로써 타인의 담보권을 침해하는 행위로서 배임죄가 아니라 권리행사방해죄(제323조)로 다루어야 한다. 타인의 권리의 대상이 된 자기의 물건을 처분함으로써 타인의 권리행사를 방해한 때에는 권리행사방해죄로 처벌하는 것이 타당하기 때문이다. 다만 권리행사방해죄는 그 행위태양이 취거, 은닉, 손괴로 제한되어 있고 그 객체가 물건이나 전자기록 등 특수매체기록으로 제한되어 있기 때문에, 타인의 권리의 대상이 된 자기의 물건을 처분함으로써 타인의 권리행사를 방해하는 행위를 권리행사방해죄로 처벌하는 데에는 한계가 있다.

우선 타인의 권리의 대상이 된 자기의 물건을 취거한 경우(예컨대 공장근저당권이 설정된 선반기계 등을 이중담보로 제공하기 위하여 이를 다른 장소로 옮긴 경우)에는 권리행사방해죄가 성립하나(대법원 1994.9.27. 선고 94도1439 판결 참조) 장소적 이전을 수반하지 아니하는 방법으로 처분한 때에는 권리행사방해죄가 성립하지 않는다. 그리고 권리행사방해죄는 그 객체를 물건과 전자기록 등 특수매체기록으로 한정하고 있으므로, 물건 이외의 재산권(예컨대 채권)에 대해 담보권이 설정된 경우 그 재산권을 무단으로 처분함으로써 담보권 행사를 방해하는 행위는 권리행사방해죄로 처벌할 수 없다.

앞에서 살펴본 바와 같이 판례는 담보설정자(채무자)가 담보로 제공한 물건이나 권리를 처분하는 등 그 담보가치를 감소시키는 행위를 배임죄로 의율하고 있다. 그러나 배임죄가 성립하기 위해서는 '타인의 사무를 처리하는 자'에 해당하여야 하는데, 담보물의 담보가치를 감소시키는 행위는 '그 임무에 위배하는 행위'로 평가될 수 있을지언정 담보설정자(채무자)를 '타인의 사무를 처리하는 자'로 보기는 힘들다. 담보권자가 담보의 목적을 달성할 수 있도록 담보설정자가 담보목적물을 보관해야 할 의무는 담보권자를 위한 자기의 사무이지 위임에 의해 타인인 담보권자의 사무를 처리하는 것이 아니기 때문이다.

권리행사방해죄와는 달리 강제집행면탈죄(제327조)는 그 객체를 '재산'으로 규정하고 있고 행위태양에는 '양도'가 포함되어 있다. 강제집행면탈죄의 예에서 볼 수 있듯이 앞에서 지적한 문제점들을 해결하기 위해서는 권리행사방해죄의 행위태양에 '처분'을 포함시키고 나아가 객체에 재물뿐만 아니라 재산상 이익을 포함시키는 방향으로 법개정이 이루어져야 한다고 본다.

다. 양도담보권자(채권자)의 형사책임

1) 채무자와는 달리 채권자에 대해서는 횡령죄의 죄책을 인정함에 큰 문제가 없다. 채무를 담보하기 위하여 채무자가 그 소유의 **동산**을 채권자에게 양도하되 점유개정에 의하여 채무자가 이를 계속 점유하기로 한 경우 특별한 사정이 없는 한 동산의 소유권은 신탁적으로 이전됨에 불과하여 채권자와 채

무자 사이의 대내적 관계에서 채무자가 여전히 소유권을 보유하고 채권자는 담보물권을 취득하는 데 지나지 않으므로, 채권자가 다른 사유에 의하여 그 동산을 보관하고 있다가 임의로 처분한 때에는 횡령의 죄책을 진다(대법원 1984.4.11. 선고 88도906 판결; 대법원 2007.6.14. 선고 2005도7880 판결).

2) **부동산**의 경우에도 같은 법리가 적용될 수 있을 것으로 생각되지만, 판례는 채권의 담보를 목적으로 부동산의 소유권이전등기를 마친 채권자는 채무자가 변제기일까지 그 채무를 변제하면 채무자에게 그 소유명의를 환원하여 주기 위하여 그 소유권이전등기를 이행할 의무가 있으므로, 채무자에게 환매권을 주는 형식을 취하여 담보 목적의 소유권이전등기를 마친 채권자가 그 변제기일 이전에 그 임무에 위배하여 제3자에게 근저당권을 경료하여 주거나(대법원 2007.1.25. 선고 2005도7559 판결), 담보목적으로 자신 명의로 가등기가 경료된 피해자 소유의 부동산에 대하여 피해자의 아들로부터 채무가 변제공탁된 사실을 통고받고서도 자기 앞으로 본등기를 경료함과 동시에 제3자 앞으로 가등기를 경료하여 준 경우(대법원 1990.8.10. 선고 90도414 판결)에는 배임의 죄책을 진다고 보고 있다. 그리고 양도담보의 채무자는 채권자가 담보권의 실행을 위하여 목적물을 처분할 때까지 채무를 변제하여 목적물을 도로 찾아올 수 있고 채무변제 등으로 피담보채권이 소멸하면 채권자는 담보목적물의 소유자이었던 채무자에게 그 권리를 회복시켜 줄 의무를 부담하는바, 이는 배임죄의 성립요소로서 타인의 사무에 해당한다. 따라서 채무자가 채권자로부터 금원을 차용하면서 담보를 제공한 부동산에 대해 채권자가 은행으로부터 금원을 차용하고서 설정한 저당권에 기하여 임의경매절차가 진행되고 있는 동안에 채무자가 변제공탁한 차용원리금을 채권자가 아무런 이의도 없이 이를 수령하고서도 경매절차에 대하여 손을 쓰지 아니하는 바람에 그 부동산이 타인에게 경락되고 나아가 채권자가 경락대금까지 받아갔다면 채권자는 배임의 죄책을 진다고 본다(대법원 1988.12.13. 선고 88도184 판결).

동산양도담보와의 균형상 그리고 채권자가 담보목적부동산에 관하여 이미 소유권이전등기를 마친 경우라도 청산기간이 지난 후 청산금을 채무자 등에게 지급한 때에 담보목적부동산의 소유권을 취득한다고 규정하고 있는 가등기담보법 제4조 제2항이 취지를 고려해 볼 때, 채권자가 채권의 변제기일 전에 담보부동산을 임의로 처분하거나 채무자가 채무를 변제하였음에도 불구하고 담보부동산을 임의로 처분하는 행위에 대해서는 배임이 아니라 횡령의 죄책을 인정하는 것이 타당하다고 본다.

다만 변제기 후에 등기명의인인 채권자가 목적부동산을 임의처분하는 것은 채권자의 담보권의 실행으로서 불법영득의사가 부정되어 배임죄(또는 횡령죄)가 성립하지 않는다(☞ **[판례 Ⅶ-14]** 참조).

[판례 Ⅶ-14] 대법원 1985.11.26. 선고 85도1493 판결【배임】

〈공소사실〉

피고인은 1981.12.18. 그 소유의 ○○탄광을 A의 아들인 B에게 대금 3,500만원에 매도하고, 1983.9.21.까지 지급받기로 한 잔금 채권 1,700만원의 담보목적으로 A 소유의 대지와 그 지상건물에 관하여 A로부터 피고인 앞으로 1983.10.17.자 소유권이전등기(1983.3.23자 소유권청구권 가등기의 본등기)를 경료한 후, B가 약정기일까지 위 급채무를 이행하지 않자 담보부동산을 C에게 처분하여 그 대금 3,500만원을 전액 수령하고서도 채권액 1,700만원 등을 공제한 나머지 돈을 정산하여 A에게 반환하지 아니하였다.

〈판결요지〉

[다수의견] 양도담보가 처분정산형의 경우이건 귀속정산형의 경우이건 간에 담보권자가 변제기 경과 후에 담보권을 실행하여 그 환가대금 또는 평가액을 채권원리금과 담보권 실행비용 등의 변제에 충당하고 환가대금 또는 평가액의 나머지가 있어 이를 담보제공자에게 반환할 의무는 담보계약에 따라 부담하는 자신의 정산의무이므로 그 의무를 이행하는 사무는 곧 자기의 사무처리에 속하는 것이라 할 것이고 이를 부동산매매에 있어서의 매도인의 등기의무와 같이 타인인 채무자의 사무처리에 속하는 것이라고 볼 수는 없어 그 정산의무를 이행하지 아니한 소위는 배임죄를 구성하지 않는다.

[소수의견] 정산형 양도담보의 담보목적물의 소유권이전의 법률적 본질이 신탁적 양도임에 틀림이 없는 이상 양도담보권자는 수탁자로서 양도담보채무자의 위탁(위임)에 의하여 위임된 사무를 성실하게 처리할 의무와 상대방의 재산보전에 적극적, 소극적으로 협력하여야 할 의무를 지고 있으며, 그 사무의 처리는 법률행위는 물론 법률행위가 아닌 사실상 사무의 처리도 같이 포함된다고 할 것이고 양도담보권자의 정산의무는 위의 사실상의 사무처리에 속한다 할 것이어서 이는 양도담보권자의 사무임과 동시에 신탁자인 양도담보채무자의 사무에도 해당되어 결국 형법 제355조 제2항 소정의 타인의 사무에 속한다.

〈참조판례〉

○ **대법원 1997.12.23. 선고 97도2430 판결【특가법위반(배임) 등】**

피고인과 A건설회사는 약정에 의하여 A가 피고인에게 이 사건 공사대금 등의 채무를 담보하기 위하여 피고인에게 대지 및 건물에 관한 소유명의를 완전히 넘기고, 피고인은 이를 처분하여 공사대금 등의 채권에 충당하기로 하며, 다만 피고인이 이를 처분한 금액에서 공사대금과 제세공과금 등을 우선 공제하고 남는 금액이 있는 경우에는 이를 서로 합의하여 처리하기로 약정하였다면, 위 약정에 의하여 피고인은 담보목적으로 부동산을 취득·처분하는 권한을 보유하고 이 외에 A건설회사를 위한 소유권보전임무를 지는 것은 아니므로 피고인은 A건설회사를 위한 소유권보전임무를 처리할 지위에 있다고 할 수 없다. 또한 담보권자가 변제기 경과 후에 담보권을 실행하기 위하여 담보목적물을 처분하는 행위는 담보계약에 따라 담보권자에게 주어진 권능으로 자기의 사무이지 타인인 채무자의 사무라고 할 수 없고, 담보권자가 담보권을 실행하기 위하여 담보목적물을 처분함에 있어 시가에 따른 적절한 처분을 하여야 할 임무는 담보계약상의 민사채무일 뿐 형법상 배임죄의 성립요건으로 타인의 사무를 처리하는 자가 지고 있는 임무가 있는 것은 아니다. 따라서 피고인이 변제기 경과 후에 담보권을 실행하기 위하여 담보목적물을 처분하는 과정에서 시가보다 현저하게 낮은 가격에 매도하였다고 하여 배임죄의 죄책을 지는 것은 아니다.

(9) 이중양도의 형사책임

가. 부동산 이중양도

1) 담보목적물의 임의처분행위 이외에 판례가 실질적으로 채무불이행에 해당하는 행위에 대해 배임죄의 성립을 인정하고 있는 분야가 바로 부동산 등의 이중양도이다. 부동산 이중양도란 매도인(甲)이 매수인(乙)에게 자기의 부동산을 매도하는 계약을 체결하였으나 아직 이전등기를 해 주지 않은 상태에서 이를 다시 제3자(丙)에게 매도하고 후매수인에게 소유권이전등기를 해 주는 것을 말한다.

2) 물권변동에 관하여 의사주의를 취하고 있던 구민법에서는 매매계약의 체결에 의하여 부동산의 소유권이 매수인에게 이전하고 소유권이전등기를 하기 전이라도 매도인은 타인의 재물을 보관하는 자의 지위에 있기 때문에 매도인이 이를 제3자에게 처분한 때에는 횡령죄가 성립하였다(대법원 1961.11.23.

선고 4293형상586 판결). 그러나 민법이 형식주의를 취하고 있는 이상 부동산에 관하여 소유권이전등기를 경료할 때까지 그 부동산의 소유권은 매수인에게 이전되지 않고 매도인에게 남아 있으므로 매도인은 횡령죄의 주체가 될 수 없다. 부동산의 이중매매에 있어서 매도인이 제1의 매매계약을 일방적으로 해제할 수 없는 처지에 있었다는 사정만으로는, 바로 제2의 매매계약의 효력이나 그 매매계약에 따르는 채무이행, 또는 제2의 매수인의 매매목적물에 대한 권리의 실현에 장애가 되지 않으므로 매도인이 제2의 매수인에게 그와 같은 사정을 고지하지 아니하였다고 하여 제2의 매수인에 대한 사기죄가 성립하는 것은 아니다(대법원 1991.12.24. 선고 91도2698 판결).

3) 이처럼 부동산 이중양도행위에 대해 횡령죄 및 사기죄의 성립이 부정되는 상황에서, 판례는 부동산 매매에 있어서 등기의무자인 매도인의 임무는 일면에 있어 자기의 재산처분 행위를 완성케 하는 것은 자기의 사무임과 동시에, 타면에 있어 등기의무자인 매도인의 협력없이는 매수인 명의로의 소유권이전등기가 완성되는 것이 아니므로 등기권리자인 매수인의 소유권취득을 위한 사무의 일부를 이루는 것임에 비추어, 부동산매도인은 타인의 사무를 처리하는 지위에 있다고 보아(대법원 1975.12.23. 선고 74도2215 판결), 매도인이 이미 매도한 부동산에 대하여 제3자에게 다시 매도하고 소유권이전등기를 해주거나 또는 그 부동산에 근저당권설정등기를 하는 등 임무에 위배되는 행위를 하여 매수인에게 재산상 손해를 가한 때에는 배임죄의 죄책을 진다는 입장을 취하고 있다.

다만 판례는 이중매매에 있어서 매수인의 사무를 처리하는 자로서 배임죄의 주체가 되기 위해서는 매도인이 계약금을 받은 것만으로는 부족하고 적어도 중도금을 받는 등 매도인이 더 이상 임의로 계약을 해제할 수 없는 상태에 이르러야 한다고 본다(대법원 1986.7.8. 선고 85도1873 판결). 즉, 매도인이 매수인에게 부동산을 매도하고 계약금만을 수수한 상태에서는 매도인이 매매계약을 해제할 수 있는 지위에 있었으므로 매도인을 타인의 사무를 처리하는 자라고 볼 수 없다(대법원 1984.5.15. 선고 84도315 판결). 그러나 매도인이 매수인으로부터 계약금과 중도금까지 수령하였다면 특단의 약정이 없다면 잔금수령과 동시에 매수인 명의로의 소유권이전등기에 협력할 임무가 있으므로(민법 제565조), 매도인이 매수인으로부터 계약금과 중도금을 수령한 이후에 그 부동산을 다시 제3자에게 처분함으로써 매수인에게 잔금수령과 상환으로 소유권이전등기절차를 이행하는 것이 불가능하게 되었다면 배임의 죄책을 진다(☞ **[판례 Ⅶ-15]** 참조).

[판례 Ⅶ-15] 대법원 1993.4.9. 선고 92도2431 판결【배임, 배임미수】

〈사실관계〉

피고인은 ○○교회의 목사로서 서울특별시가 1986년 가을경 목동택지개발사업을 착수하면서 위 사업지구 내에 건립되어 있던 위 교회의 건물을 철거하는 대신 그 보상으로서 위 사업지구 중심지구 14블록 옆의 위치가 특정된 200평에 대한 우선분양권을 부여하자, 위 교회 집사 및 장로 각 1인과 함께 이를 전매하여 그 전매차익을 교회의 재정에 보태기로 결의하고, 1987.6.4.

장차 분양받게 될 이 사건 부동산을 피해자에게 매도하고 그 대금을 전부 수령하였음에도 불구하고 1990.5.22.경 다시 이를 공소외 1에게 2중으로 매도하고 계약금 및 1차 중도금까지 받고 같은 해 6.22. 이 사건 부동산에 관하여 위 교회 앞으로 소유권이전등기를 경료받은 후 이에 관하여 공동피고인 앞으로 소유권이전담보가등기를 경료해 주었다.

〈원심 판결요지〉

부동산을 2중으로 매도한 매도인에게 배임죄의 죄책을 물으려면 그가 1차 매수인에 대하여 '타인의 사무를 처리하는 자'의 지위에 있어야 하는데, 피해자에 대한 제1차 매매계약을 함에 있어서 교회 교인들의 총회의 결의가 있거나 교인들의 동의가 있었다고 할 수 없고 교회의 정관 기타 규약에 의하여 처분행위가 유효하다고 인정되는 것이라고 볼 수 없으므로 제1차 매매계약은 무효라고 할 것이고, 따라서 피고인은 피해자에게 이 사건 부동산의 소유권이전등기를 하여 주어야 할 의무가 있지 아니하여 피고인은 타인의 사무를 처리하는 지위에 있지 아니하므로 배임죄로 처벌할 수 없다.

〈대법원 판결요지〉

부동산의 매도인은 그 매매계약이 채권적으로라도 유효하여 그 매수인에 대하여 소유권이전등기절차에 협력할 의무를 지는 경우에 한하여 배임죄의 주체 즉 타인의 사무를 처리할 자의 지위에 있는 것이어서 매도인이 부동산을 이중으로 매도하는 등의 임무위배행위를 하면 이를 배임죄로 처벌할 수 있고, 그 임무위배행위 당시 부동산의 소유명의가 매도인 아닌 제3자 앞으로 되어 있다 하더라도 그 소유권이전등기를 매수인에게 경료하여 줄 수 있는 지위 즉, 매수인을 위한 등기협력임무가 이행가능한 지위에 있으면, 배임죄의 성립에 지장이 없다.

그런데 원심과 같이 이 사건 제1차 매매계약을 ○○교회와 피해자 사이에 이루어진 것으로 본다면 총유인 교회의 재산을 처분함에 있어서는 비법인사단의 정관이나 규약에 특별한 정함이 없으면 교인총회의 결의가 있어야 하는 것인데 그와 같은 결의도 없고 정관이나 규약에 특별한 정함도 없으므로 그 재산처분행위는 채권적 효력도 없어 매도인인 ○○교회는 소유권이전등기절차에 협력할 의무가 없는 것이고 따라서 그 대표자도 그 의무가 없어 배임죄의 주체가 될 수 없는 것이기는 하다. 그러나 이 사건 제1차 매매계약은 어디까지나 매도인이 피고인 개인으로 되어 있는데다가, ○○교회가 서울특별시에 제1차 매수인인 피해자를 통하여 분양대금을 지급하였으므로 교회의 대표자인 피고인으로서는 언제든지 서울특별시로부터 ○○교회 명의로 이 사건 부동산에 대한 소유권이전등기를 경료받을 수 있는 형편에 있었고, 한편 피고인은 1969.5.경 스스로 ○○교회를 개척하여 당회장으로서 교회를 대표하여 오던 자로서 교인에 대하여 지대한 영향력을 끼치고 있었음을 엿볼 수 있을 뿐만 아니라,…교인총회를 소집, 개최하였더라면 이 사건 부동산의 처분에 대한 결의를 얻어 냈으리라고 보이는 바, 그와 같은 지위에 있는 피고인이 제1차 매수인인 피해자 앞으로 소유권이전등기를 경료할 수 있도록 교인총회를 소집하여 그 처분결의가 있을 수 있도록 하는 등의 노력은 전혀 하지 아니하고 제1차 매수인으로부터 매매대금 전부를 다 지급받고서도 이중으로 매매계약을 체결하거나 담보가등기를 설정한 행위 등은 임무위배행위에 해당한다고 할 것이다.

4) 나아가 부동산 이중매매에 있어서 배임죄의 실행의 착수가 인정되기 위해서는 매도인이 2차 매수인과 매매계약을 체결하고 그로부터 중도금 또는 잔금을 수령하여야 한다.

매도인이 부동산을 제1차 매수인에게 매도하고 계약금과 중도금까지 수령한 이후에 다시 제3자와 사이에 매매계약을 체결하고 계약금과 중도금까지 수령하는 것은 제1차 매수인에 대한 소유권이전등기 협력임무의 위배하는 행위로서 배임죄의 실행의 착수에 해당한다(대법원 1983.10.11. 선고 83도2057 판결; 대법원 1984.8.21. 선고 84도2057 판결). 이와는 달리 판례는 매도인이 제3자로부터 계약금만을 지급받고 중도금을 수령한 바 없다면 이 단계에서는 매도인은 언제든지 매수인에게 계약금의 배액을 지급하고 이를 해제할 수 있기 때문에(민법 565조), 매도인이 제3자로부터 계약금을 지급받은 것만으로는 배임죄의 실행의 착수가 인정되지 않는다고 본다. 예컨대 매도인이 매수인으로부터 계약금과 중도금을 교부받은 후 제3자에게 부동산을 매도하면서 즉석에서 계약금을 수령하였다가 제3자와의 계약이 해제되는 바람에 그 뜻을 이루지 못한 경우에는 배임죄의 실행의 착수가 있다고 할 수 없으므로 매도인을 배임죄의 미수로 처벌할 수 없다(대법원 2003.3.25. 선고 2002도7134 판결).

매매계약이 체결되면 이어 잔금의 지불과 동시에 (동산의) 인도 또는 (부동산의) 소유권이전이 이루어지는 거래현실에 비추어 볼 때 이러한 판례의 견해에 따르면 배임죄 처벌규정의 규범력이 현저하게 약화되는 문제점이 발생한다. 그리고 실행의 착수를 인정하기 위해서는 구성요건의 일부를 실현하는 행위가 있어야 하는 것은 아니고 구성요건의 실현에 이르는 현실적 위험성을 포함하는 행위가 개시되는 것으로 족한바(대법원 2008.4.10. 선고 2008도1464 판결 참조), 비록 취소할 수 있다고 하더라도 매도인이 이중으로 매매계약을 체결하는 것 자체로서 배임죄를 실현할 수 있는 현실적 위험이 발생했다고 보아야 하고 이 때 배임죄의 실행의 착수가 인정된다고 보는 것이 타당하다고 할 것이다.

5) 부동산의 이중매매에 있어서 배임죄의 기수시기는 2차 매수인 앞으로 소유권이전등기를 마친 때이다. 부동산의 매도인이 매수인 앞으로의 소유권이전등기에 협력할 의무가 있음에도 불구하고 같은 부동산을 매수인 이외의 자에게 이중으로 매도하여 그 소유권이전등기를 마침으로써 1차 매수인에 대한 소유권이전등기의무는 이행불능이 되고 1차 매수인에게 그 부동산의 소유권을 취득할 수 없는 손해가 발생하기 때문이다(대법원 1984.11.27. 선고 83도1946 판결). 한편 부동산을 이중으로 매도하여 2차 매수인 앞으로 소유권이전등기를 마친 이상 배임죄가 성립하고, 설사 1차 매수인이 한 가처분의 효력으로 등기가 말소되었다고 하더라도 배임죄의 성립에는 영향이 없다(대법원 1973.1.16. 선고 72도2494 판결).

등기가 되어 있지 않은 건물의 경우 양도인은 특별한 사정이 없는 한 대금수령과 동시에 양수인에게 그 건물을 인도할 의무가 있고 양수인은 양도인으로부터 무허가건물을 인도받아 점유함으로써 소유권에 준하는 사용·수익 처분의 포괄적인 권능을 가지게 되므로, 양도인이 중도금 또는 잔금을 수령한 상태에서 양수인의 의사에 반하여 제3자에게 그 건물을 이중으로 양도하고 중도금까지 수령하였다면 이는 양수인에 대한 관계에서 임무위배행위로서 배임죄의 실행의 착수에 해당하고, 나아가 제3자로부터 잔금을 수령하고 건물을 인도한 때에 배임죄의 기수가 된다(대법원 2005.10.28. 선고 2005도5713 판결).

6) 다만 계약의 중요부분에 착오가 있었다거나 기망에 의한 것임을 이유로 부동산 매매계약을 취소한 다음 다시 타인에게 매도한 경우 매도인은 1차 매수인의 사무를 처리하는 자의 지위에 있다고 할 수 없으므로 배임죄는 성립하지 않고(대법원 1986.12.9. 선고 86도1671 판결), 농지개혁법상 농가가 아니고 농지를 자경하거나 자영할 의사도 없어 농지를 취득할 수 없는 자에 대하여 농지를 매도한 경우(대법원 1979.3.27. 선고 79도141 판결; 2011.1.27. 선고 2009도10701 판결)나 국토이용관리법상의 규제구역 내 토지를 허가 없이 매도한 경우(대법원 1996.8.23. 선고 96도1514 판결; 2011.6.30. 선고 2011도614 판결; 대법원 2012.4.13.

선고 2011도3469 판결)에는 매도인에게 소유권이전등기절차를 이행할 임무가 없으므로 매도인이 그 농지를 제3자에게 이중으로 양도하였다고 하더라도 배임죄가 성립되지 아니한다.

7) 부동산의 양도인이 이중으로 부동산을 양도하고 소유권이전등기를 해 주는 경우뿐만 아니라 제3자로부터 금전을 차용하고 그 담보로 근저당권설정등기를 해 주거나(대법원 1989.10.24. 선고 89도641 판결; 대법원 1998.2.10. 선고 97도2919 판결), 제3자로부터 금전을 차용하고 차용금의 담보로 그 부동산에 대해 제3자 명의의 가등기를 경료해 준 경우(대법원 1985.10.8. 선고 83도1375 판결)에도 배임죄가 성립하고, 사후적으로 등기가 말소되었다 하더라도 이미 성립한 배임죄에 아무런 영향이 없다. 그러나 매수인과 자신의 부동산을 매도하는 계약을 체결하고 중도금까지 받은 후에 은행에 그 부동산에 대한 근저당설정등기를 경료해 주었다고 하더라도 그것이 매수인과의 매매계약보다 앞선 은행과의 추가담보제공약정에 기한 것이라면 이를 두고 임무에 위배하는 행위라고 할 수 없으므로 매도인에게 배임죄의 죄책을 지울 수 없다(대법원 2009.2.26. 선고 2008도11722 판결).

이외에도 대지와 건물의 매도인이 잔금을 수령하였음에도 불구하고 제3자 앞으로 그에 대한 가등기를 경료해 주거나(대법원 1983.6.14. 선고 81도2278 판결), 주택에 대한 전세권설정계약을 맺고 중도금을 수령하였음에도 불구하고 그에 대해 근저당설정등기를 경료하여 주거나(대법원 1993.9.28. 선고 93도2206 판결), 채권자와 부동산에 대해 양도담보설정계약을 체결하고 소유권이전등기를 경료해 주기 전에 임의로 제3자에게 지상권설정등기를 경료하여 준 경우(대법원 1997.6.24. 선고 96도1218 판결) 및 입목에 관한 법률의 적용을 받지 아니하고 명인방법에 의한 거래가 인정되는 수목을 매도한 후 수목을 포함한 임야를 타인에게 매도하고 소유권이전등기를 경료해 준 경우(대법원 1993.9.28. 선고 93도2069 판결)에도 부동산이중매매의 경우와 마찬가지로 배임죄의 죄책을 진다.

○ 대법원 1983.6.14. 선고 81도2278 판결【배임】

대지 및 건물의 매도인이 잔금을 수령한 후 6개월 내에 지상건물을 철거하여 멸실등기를 하여 주기로 약정하고 잔금을 수령였음에도 그 지상건물에 대하여 제3자 앞으로 가등기를 마쳐주었다면, 매도인의 이러한 소위는 지상건물철거 및 멸실등기이행임무에 위반됨은 물론 대지에 대한 매수인 앞으로의 소유권이전등기임무에도 위반되는 행위라 할 것이고, 이러한 소위가 건물을 철거하기로 약정한 기한이전의 행위였다 하더라도 매수인에게 손해발생의 위험을 초래한 경우에 해당하므로 배임죄가 성립한다.

○ 대법원 1993.9.28. 선고 93도2069 판결【배임】

동백나무는 입목에 관한 법률의 적용을 받을 수 있는 수목의 집단에 속하지 아니하고, 이를 토지와 독립하여 거래하는 경우 명인방법에 의한 거래가 인정되고 있어 매도인은 매수인 명의로의 명인방법의 실시에 협력할 임무가 있는 것인데, 매도인이 위와 같은 명인방법도 실시하지 아니한 채 이미 매도한 동백나무를 포함한 임야를 이중으로 타인에게 매도하고 소유권이전등기를 경료해 주었다면, 입목매수인과의 관계에 있어서는 배임죄의 죄책을 면할 수 없다.

○ 대법원 1993.9.28. 선고 93도2206 판결【배임, 사기】

피해자와 주택에 대한 전세권설정계약을 맺고 전세금의 중도금까지 지급받고도 임의로 타인에게 근저당권설정등기를 경료해 줌으로써 전세금반환채무에 대한 담보능력 상실의 위험이 발생되었다면 근저당권설정등기 경료행위는 배임죄를 구성한다.

○ **대법원 1997.6.24. 선고 96도1218 판결【사기, 배임】**

자신의 채권자와 부동산양도담보설정계약을 체결한 피고인이 그 소유권이전등기 경료 전에 임의로 기존의 근저당권자인 제3자에게 지상권설정등기를 경료하여 준 경우, 그 지상권 설정이 새로운 채무부담행위에 기한 것이 아니라 기존의 저당권자가 가지는 채권을 저당권과 함께 담보하는 의미밖에 없다고 하더라도 이로써 양도담보권자의 채권에 대한 담보능력 감소의 위험이 발생한 이상 배임죄를 구성한다.

타인에 대하여 소유권이전등기의무를 부담하는 자가 제3자에게 근저당권을 설정하여 주는 배임행위를 한 경우 배임행위로 인하여 취득하는 재산상 이익 내지 그 타인의 손해는 타인에게 소유권이전을 해 주기로 한 부동산의 가치 중에서 제3자와의 거래에 대한 담보로 이용함으로써 상실된 담보가치이다. 즉 부동산의 매도인이 매수인 앞으로 소유권이전등기 등을 경료하기 이전에 제3자로부터 금원을 차용하고 그 담보로 근저당권설정등기를 해준 경우에는 특별한 사정이 없는 한 매도인이 매수인에게 가한 손해 또는 제3자가 취득한 재산상 이익은 근저당권에 의하여 담보되는 피담보채무 상당액이고(대법원 2009.5.28. 선고 2009도2086 판결), 타인에 대하여 근저당권설정의무를 부담하는 자가 제3자에게 근저당권설정등기를 해준 경우 제3자가 취득하는 재산상 이익 내지 그로 인한 타인의 손해는 그 타인에게 설정하여 주기로 한 근저당권의 담보가치 중 제3자에게 해준 근저당설정등기로 인해 상실된 담보가치이다(대법원 2009.9.24. 선고 2008도9213 판결).

8) 이미 타인에게 매도되었으나 소유권이전등기가 경료되지 아니하고 있는 부동산을 이중으로 매수 기타 양수하는 자에 대하여 배임죄의 공범으로서의 죄책을 묻기 위해서는, 이중으로 양수하는 자가 단지 그 부동산이 이미 타인에게 매도되었음을 알고 이중으로 양수하는 것만으로는 부족하고 배임행위에 적극적으로 가담할 것을 요한다(대법원 1975.6.10. 선고 74도2455 판결). 민법이 형식주의를 채택하고 있는 이상 이중매매의 경우 등기의 유무에 의하여 소유권 귀속이 인정되므로 제3자가 일단 등기를 경료하면 적법하게 소유권을 취득하는 것이 되는데, 민법상 적법한 행위가 형법에 의하여 범죄행위가 되어서는 안 되기 때문이다.

9) 부동산에 피해자 명의의 근저당권을 설정하여 줄 의사가 없음에도 피해자를 속이고 근저당권설정을 약정하여 금원을 편취한 경우라 할지라도 이러한 약정은 사기 등을 이유로 취소되지 않는 한 여전히 유효하여 피해자 명의의 근저당권설정등기를 하여 줄 임무가 발생하는데, 그럼에도 불구하고 임무에 위배하여 그 부동산에 관하여 제3자 명의로 근저당권설정등기를 마쳤다면 이러한 배임행위는 금원을 편취한 사기죄와는 전혀 다른 새로운 보호법익을 침해하는 행위로서 사기죄와는 달리 배임죄를 구성한다(대법원 2008.3.27. 선고 2007도9328 판결).

그리고 장물죄의 객체인 장물이라 함은 재산권상의 침해를 가져오는 위법행위로 인하여 영득한 물건으로서 피해자가 반환청구권을 가지는 것을 말하는데, 부동산에 관하여 매수인에게 소유권이전등기를 하여 줄 임무가 있는 매도인이 그 임무에 위반하여 부동산을 타인에게 매도하고 소유권이전등기를 경료해 준 경우, 그 부동산은 배임행위에 제공된 것일 뿐 매도인이 배임행위로 인하여 영득한 물건이라고 할 수 없으므로, 제3자가 그 사실을 알면서 그 부동산을 취득하였다고 하더라도 장물취득죄로 처단할 수 없다(대법원 1975.12.9. 선고 74도2804 판결).

10) 이상이 부동산의 이중양도에 관한 판례의 법리이다. 부동산의 이중양도는 양도인이 매매계약에서 비롯된 임무를 위반하여 양수인의 재산권을 침해하는 행위임에 틀림없다. 그러나 과연 부동산 양도인이 양수인에 대해 부담하는 임무가 '타인의 사무'에 해당하는지는 여전히 논란의 대상이 되고 있다. 앞에서 설명한 바와 같이 타인의 사무를 처리하는 자라고 하기 위해서는 당사자의 관계의 본질적 내용이 단순한 채권채무관계상의 의무를 넘어서 그들 간의 신임관계에 기초하여 타인의 재산을 보호 또는 관리하는 관계에 있어야 한다.

판례가 부동산이중매매의 매도인이 매수인에 대해 지고 있는 의무가 단순한 채권채무관계상의 의무를 넘어 매수인과의 신임관계에 기초하여 매수인의 재산을 보호 또는 관리하는 의무를 진다는 보는 근거는, 바로 "매매의 당사자 일방이 계약당시에 금전 기타 물건을 계약금, 보증금등의 명목으로 상대방에게 교부한 때에는 당사자 간에 다른 약정이 없는 한 당사자의 일방이 이행에 착수할 때까지 교부자는 이를 포기하고 수령자는 그 배액을 상환하여 매매계약을 해제할 수 있다"고 규정하고 있는 민법 제565조이다. 그러나 민법 제565조는 매매계약 당사자의 일방이 이행에 착수한 이후에는 다른 당사자가 일방적으로 매매계약을 해제할 수 없음을 규정한 것에 불과하고, 이를 근거로 당사자의 일방이 이행에 착수하였다고 하여(예컨대 매수인이 매도인에게 중도금을 지급하였다고 하여) 그동안 자기의 사무였던 매도인의 의무가 갑자기 타인의 사무로 전환된다고 말하기는 곤란하다. 그 뿐만 아니라 매매계약에서 매도인이 매수인에 대하여 부담하고 있는 의무의 성질은 매매의 목적물이 부동산이 아닌 동산이라고 하여 본질적인 차이가 있는 것은 아닐 것인데, 아래에서 보는 바와 같이 판례는 동산 이중매매에 있어서는 매도인에게 배임죄의 죄책을 지울 수 없다는 입장을 취하고 있다.

나. 동산 이중양도

1) 판례는 부동산매매와는 달리 매매의 목적물이 동산일 경우 매도인은 매수인에게 계약에 정한 바에 따라 그 목적물인 동산을 인도함으로써 계약의 이행을 완료하게 되고 그때 매수인은 매매목적물에 대한 권리를 취득하게 되므로, 매도인에게 자기의 사무인 동산인도채무 외에 별도로 매수인의 재산의 보호 내지 관리에 협력할 의무가 없다. 따라서 동산매매계약에서의 매도인은 매수인에 대하여 그의 사무를 처리하는 지위에 있지 아니하고, 매도인이 목적물을 매수인에게 인도하지 아니하고 이를 타인에게 처분하였다 하더라도 배임죄의 죄책을 지지 않는다고 본다(☞ **[판례 Ⅶ-16]** 참조).

[판례 Ⅶ-16] 대법원 2011.1.20. 선고 2008도10479 판결【배임】

〈사실관계〉

피고인은 인쇄기를 공소외 1에게 135,000,000원에 양도하기로 하여 그로부터 1, 2차 계약금 및 중도금 명목으로 합계 43,610,082원 상당의 원단을 제공받아 이를 수령하였음에도 불구하고 그 인쇄기를 자신의 채권자인 공소외 2에게 기존 채무 84,000,000원의 변제에 갈음하여 양도함으로써 동액 상당의 재산상 이익을 취득하고 공소외 1에게 동액 상당의 손해를 입혔다.

〈판결요지〉

[다수의견] 매매와 같이 당사자 일방이 재산권을 상대방에게 이전할 것을 약정하고 상대방이 그 대금을 지급할 것을 약정함으로써 그 효력이 생기는 계약의 경우(민법 제563조), 쌍방이 그 계약의 내용에 좇은 이행을 하여야 할 채무는 특별한 사정이 없는 한 '자기의 사무'에 해당하는 것이 원칙이다. 매매의 목적물이 동산일 경우, 매도인은 매수인에게 계약에 정한 바에 따라 그 목적물인 동산을 인도함으로써 계약의 이행을 완료하게 되고 그때 매수인은 매매목적물에 대한 권리를 취득하게 되는 것이므로, 매도인에게 자기의 사무인 동산인도채무 외에 별도로 매수인의 재산의 보호 내지 관리 행위에 협력할 의무가 있다고 할 수 없다. 동산매매계약에서의 매도인은 매수인에 대하여 그의 사무를 처리하는 지위에 있지 아니하므로, 매도인이 목적물을 매수인에게 인도하지 아니하고 이를 타인에게 처분하였다 하더라도 형법상 배임죄가 성립하는 것은 아니다.

[반대의견] 동산매매의 경우에도 당사자 사이에 중도금이 수수되는 등으로 계약의 이행이 일정한 단계를 넘어선 때에는 매도인이 매매목적물을 타에 처분하는 행위는 배임죄로 처벌하는 것이 논리적으로 일관되고, 그와 달리 유독 동산을 다른 재산과 달리 취급할 아무런 이유를 찾아볼 수 없다. 매매계약의 당사자 사이에 중도금을 수수하는 등으로 계약의 이행이 진행되어 다른 특별한 사정이 없는 한 임의로 계약을 해제할 수 없는 단계에 이른 때에는 그 계약의 내용에 좇은 채무의 이행은 채무자로서의 자기 사무의 처리라는 측면과 아울러 상대방의 재산보전에 협력하는 타인 사무의 처리라는 성격을 동시에 가지게 되므로, 이러한 경우 그 채무자는 배임죄의 주체인 '타인의 사무를 처리하는 자'의 지위에 있고, 이러한 지위에 있는 자가 그 의무의 이행을 통하여 상대방으로 하여금 그 재산에 관한 완전한 권리를 취득하게 하기 전에 이를 다시 제3자에게 처분하는 등 상대방의 재산취득 혹은 보전에 지장을 초래하는 행위는 상대방의 정당한 신뢰를 저버리는 것으로 비난가능성이 매우 높은 전형적인 임무위배행위에 해당한다.

2) 판례는 이처럼 동산의 이중양도에 대해 배임죄의 성립은 부정하고 있으나 다른 한편으로 권리행사방해죄가 성립할 수 있음을 인정하고 있다(☞ **[판례 Ⅶ-17]** 참조).

[판례 Ⅶ-17] 대법원 1991.4.26. 선고 90도1958 판결【절도(예비적 죄명: 권리행사방해)】

〈사실관계〉

피고인은 피해자와 자신의 임야의 입목을 벌채하는 등의 공사를 완료하면 벌채한 원목을 인도하기로 하는 계약을 체결하고 피해자가 계약상의 의무를 모두 이행하였는데, 피고인은 그 임야를 피해자에게 인도하지 아니하고 타인에게 매도하였다.

〈판결요지〉

피해자와 피고인 간에 '피해자가 이 사건 임야의 입목을 벌채하는 등의 공사를 완료하면 피고인은 피해자에게 그 벌채한 원목을 인도한다'는 내용의 계약이 성립되었고 피해자가 위 계약상 의무를 모두 이행하였다 하더라도 그것만으로 위 원목의 소유권이 바로 피해자에게 귀속되는 것이 아니라 별도로 그 소유자인 피고인이 피해자에게 위 원목에 관한 소유권이전의 의사표시를 하고 이를 인도함으로써 비로소 그 소유권이전의 효력이 생기는바, 아직 피고인이 피해자에게 위 원목에 관한 소유권이전의 의사표시를 하고 이를 인도하였다고 볼 만한 증거가 없으므로 피고인이 이를 타인에게 매도한 행위는 자기 소유물건의 처분행위에 불과하여 절도죄를 구성하지 아니한다.

원심은 피해자와 피고인 간에 위와 같은 계약이 이루어졌고 피해자가 위 계약상의 의무를 모두 이행함으로써 피고인에 대하여 원목 인도청구권 등의 채권을 갖는다 하더라도 이는 이 사건 원목에 관하여 생긴 채권이라고 볼 수 없을 뿐 아니라 이 채권과 위 원목에 대한 견련관계도 인정할 수 없으므로 피해자는 이 사건 원목에 관하여 유치권 기타 이와 유사한 담보권을 갖는다고 볼 수 없다고 하여 피해자에게 이와 같은 권리가 있음을 전제로 하는 권리행사방해죄가 성립하지 아니한다고 판단하였다. 그러나 권리행사방해죄의 구성요건 중 타인의 '권리'란 반드시 제한물권만을 의미하는 것이 아니라 물건에 대하여 점유를 수반하지 아니하는 채권도 이에 포함된다고 해석되므로 이 사건에서 피해자가 이 사건 원목에 대한 인도청구권을 가지고 있었다면 이 사건 원목은 피해자의 권리의 목적이 된 물건이라고 볼 여지가 있을 터인데도, 원심이 사건 원목이 권리행사방해죄의 객체에 해당하지 아니한다고 판단한 것에는 권리행사방해죄의 구성요건요소인 타인의 권리에 관한 법리를 오해한 위법이 있다.

〈해 설〉

명시적으로 권리행사방해죄의 성립을 인정한 것은 아니지만, 위 판례는 피고인이 피해자와 그 소유의 동산에 관한 매매계약을 체결하고 대금을 지급한 이상 피해자는 피고인 소유의 동산에 대한 권리(인도청구권)을 가지게 되는데, 그럼에도 불구하고 채무자가 그 동산을 타인에게 매도하는 것은 타인의 권리의 대상이 된 자기의 물건을 처분함으로써 채권자의 권리를 침해하는 것으로 권리행사방해죄를 구성할 수 있다는 취지로 이해된다. 판례는 채무자가 채권자에게 일정한 기일까지 채무를 변제하기로 하고 만일 그때까지 변제하지 못할 때에는 특정한 물건의 소유권을 양도함과 동시에 이를 인도하기로 하는 법정화해를 하였음에도 불구하고 그 물건을 처분한 행위에 대해 권리행사방해죄를 인정한 바 있다(대법원 1968.6.18. 선고 68도616 판결).

다. 채권 기타 권리의 이중양도

1) 동산 이중양도와는 달리 채권을 양도한 후 채무자에게 채권양도의 통지를 하지 않은 상태에서 다시 같은 채권을 제3자에게 양도하였다면, 이는 양수인을 위하여 채무자에게 채권양도의 통지를 하여야 할 의무에 위배하여 이중으로 채권을 양도함으로써 자기 또는 제3자로 하여금 재산상 이익을 취득하게 하고 양수인에게 재산상의 손해를 가한 것으로 배임죄를 구성한다고 본다(☞ **[판례 Ⅶ-18]** 참조). 판례는 "지명채권의 양도는 양도인이 채무자에게 통지하거나, 채무자가 승낙하지 않으면 채무자 기타 제3자에게 대항하지 못한다"라고 규정하고 있는 민법 제450조를 근거로, 양도인이 양수인을 위하여 행하여야 할 통지는 단순한 채권채무관계상의 의무를 넘어 매수인과의 신임관계에 기초하여 매수인의 재산을 보호 또는 관리하는 의무, 즉 타인의 사무라고 보고 있다.

[판례 Ⅶ-18] 인천지법 2008.9.12. 선고 2007고합550 판결【횡령, 특경법위반(배임)】

〈사실관계〉

피고인은 2007.3.7.부터 A주식회사의 대표이사로 근무하던 자로서, 택배 운송을 담당하는 피해자 외 87명의 지입차주들에게 지불할 약 23억원의 운송비(일명 노선비)를 미지급하고 있었는데 2007.3.15.경 B법무법인 사무실에서, 위 회사가 전국의 119개 지사로부터 받아야 할 미수금 채권 23억원을 위 지입차주들에게 양도하는 내용으로 채권양도양수계약을 체결하였음에도 불구하고, (1) 피고인은 채무자인 119개 지사에 채권양도 통지를 하지 아니한 채, 2007.3.15.경부터 같은 달 25.경까지 A주식회사의 54개 지사로부터 197회에 걸쳐 합계 178,784,275원 상당의 미수금 채권을 회수하여 그중 73,727,280원을 지입차주들에게 지급하고 나머지 105,056,995원을 A주식회사 운영비 등으로 소비하여 횡령하고, (2) 피고인은 위와 같은 채권 양수인으로 하여금 양수받은 채권에 관한 대항요건을 갖추도록 협력하여야 할 임무에 위배하여, 2007.4.2.경 C주식회사 사무실에서, 당시 C주식회사에 미지급한 5억원 상당의 용역비를 변제하는 방법으로 2007.3.31.을 기준으로 하여 전국지사로부터 받아야 할 1,691,635,733원 상당의 미수금 채권을 양도하여 C주식회사로 하여금 그 회수금액이 5억원에 달할 때까지 위 미수금채권을 회수할 수 있도록 하는 내용으로 채권양도양수 계약을 다시 체결함으로써 피해자인 위 지입차주들에게 5억원 상당의 손해를 가함과 동시에 C주식회사로 하여금 동액 상당의 이익을 취득하게 하려고 하였으나, C주식회사가 양수받은 채권에 관한 대항요건을 갖추지 아니하여 미수에 그쳤다.

〈판결요지〉

(1) 채권양도에 있어 양도인이 채권양도 통지를 하기 전에 채무자로부터 채권을 추심하여 금전을 수령한 경우, 아직 대항요건을 갖추지 아니한 이상 채무자가 양도인에 대하여 한 변제는 유효하고 그 결과 양수인에게 귀속되었던 채권은 소멸하지만, 이는 이미 채권을 양도하여 그 채권에 관한 아무런 권한도 가지지 아니하는 양도인이 양수인에게 귀속된 채권에 대한 변제로서 수령한 것이므로 채권양도의 당연한 귀결로서 그 금전을 자신에게 귀속시키기 위하여 수령할 수는 없는 것이고, 오로지 양수인에게 전달해 주기 위하여서만 수령할 수 있을 뿐이어서 양도인이 이를 양수인을 위하여 보관하는 관계에 있다고 보아야 한다. 피고인은 위 지사들로부터 추심받은 위 미수금을 채권양수인인 위 지입차주들을 위하여 보관하는 관계에 있음에도 불구하고, 위 지입차주들의 허락을 받지 않은 채 위와 같이 추심한 105,056,995원을 A주식회사의 운영자금 등으로 사용하였는바, 피고인의 이러한 행위는 횡령죄를 구성한다.

(2) 민법 제450조는 "지명채권의 양도는 양도인이 채무자에게 통지하거나, 채무자가 승낙하지 않으면 채무자 기타 제3자에게 대항하지 못한다"라고 규정하고 있으므로, 채권양도가 양 당사자 사이에서 실질적으로 유효하려면 양도인의 채무자에 대한 '채권양도의 통지'가 전제가 되어야 하고, 이러한 의미에서 위 통지 절차는 양도인이 양수인을 위하여 반드시 행하여야 할 타인의 사무이다. 그런데, 채권양도의 주체인 피고인이 지입차주들에게 미수금 채권을 양도하였으나 채무자인 지사들에게 채권양도의 통지를 하지 않은 상태에서 다시 C주식회사에게 이중으로 같은 채권을 양도한 이 사건에 있어서, 피고인은 지입차주들을 위하여 채무자에게 채권양도의 통지를 하여야 할 의무에 위배한 채 이중으로 채권을 양도함으로써 피고인과 지입차주들 사이의 신임관계를 위배하려는 의사를 확정적으로 표출하였고 이는 배임죄의 실행의 착수에 해당한다. 만일, 피고인이 위 단계에서 더 나아가 C주식회사를 위하여 채무자들에게 채권양도의 통지를 하였다면, 처음으로 채권을 양수한 지입차주들은 확정적으로 채권양수의 효력을 주장할 수 없게 되므로 그 손해도 확정되어 피고인은 배임죄의 기수범이 된다.

〈참조판례〉

○ **대법원 1986.9.23. 선고 86도811 판결【배임】**

점포임차권양도계약을 체결한 후 계약금과 중도금까지 지급받았다 하더라도 잔금을 수령함과 동시에 양수인에게 점포를 명도하여 줄 양도인의 의무는 위 양도계약에 따르는 민사상의 채무에 지나지 아니하여 이를 타인의 사무로 볼 수 없으므로 비록 양도인이 위 임차권을 2중으로 양도하였다 하더라도 배임죄를 구성하지 않는다.

○ **대법원 1991.12.10. 선고 91도2184 판결【배임미수】**

음식점 임대차계약에 의한 임차인의 지위를 양도한 자는 양도사실을 임대인에게 통지하고 양수인이 갖는 임차인의 지위를 상실하지 않게 할 의무가 있다고 하여도, 이러한 임무는 임차권 양도인으로서 부담하는 채무로서 양도인 자신의 의무일 뿐이지

자기의 사무임과 동시에 양수인의 권리취득을 위한 사무의 일부를 이룬다고 볼 수 없으므로 양도인을 배임죄의 주체인 타인의 사무를 처리하는 자로 볼 수 없다.

2) 그리고 매수인과 주류제조면허권에 관한 양도계약을 체결하고 이전절차에 필요한 구비서류 일체를 매수인에게 교부하여 매수인 앞으로 보충면허가 발급될 수 있도록 협력해야 할 지위에 있는 매도인이 그 임무에 위배하여 매수인이 아닌 제3자 앞으로 보충면허가 발급되도록 한 경우(대법원 1984.5.9. 선고 83도3084 판결), 토석채취권을 매도하여 매수인에게 그들이 토석을 채취할 수 있도록 그에 필요한 서류를 넘겨주어 위 허가를 받는데 협력하여야 할 의무가 있는 매도인이 임무에 위배하여 타인에게 토석채취권을 양도하고 소요서류를 교부하여 토석채취허가를 취득케 한 경우(대법원 1979.7.10. 선고 79도961 판결)에는 배임죄가 성립한다.

3) 민법 제450조가 규정하고 있는 채무자에게 대한 통지의무는 지명채권의 양도인이 양수인에 대해 부담하는 의무 내지는 채무자 기타 제3자에 대한 대항요건을 규정한 것이고, 이를 근거로 지명채권의 양도인이 양수인에 대해 지는 의무를 '타인의 사무'라고 하는 것은 논리비약이 아닐 수 없다. 이 뿐만 아니라 위 **〈참조판례〉**에서 볼 수 있듯이, 판례는 채권의 이중양도에 대해서 원칙적으로 배임죄의 성립을 인정하면서도 임차권양도에 대해서만은 배임죄의 성립을 부정하는 모순된 태도를 취하고 있다. 앞의 담보목적물의 임의처분에서 설명하였듯이 부동산, 동산, 채권 기타 권리의 이중양도는 타인의 점유 또는 권리의 목적이 된 자기의 물건이나 권리를 임의도 처분함으로써 양수인의 권리를 침해하는 행위에 불과하다. 이러한 행위들을 권리행사방해죄(제323조)로 규율할 수 없는 것은 권리행사방해죄의 객체와 행위태양이 협소하기 때문이다. 이중양도에 대한 형사법의 개입이 불가피하다면 이는 권리행사방해죄 등 법률의 개정을 통해 해결해야 하고, 이처럼 무리한 해석방법에 의존할 것은 아니라고 본다.

2. 업무상 배임죄 (제356조)

1) 업무상의 임무에 위배하여 배임죄를 범함으로써 성립하는 범죄로 10년 이하의 징역 또는 3천만원 이하의 벌금에 처하고, 10년 이하의 자격정지를 병과할 수 있다(제358조). 본죄의 미수범은 처벌한다(제359조). 업무상배임죄를 범한 자가 그 범죄행위로 인하여 취득하거나 제3자로 하여금 취득하게 한 재물이나 재산상 이익의 가액(이득액)이 5억원 이상 50억원 미만일 때에는 3년 이상의 유기징역에, 이득액이 50억원 이상일 때에는 무기 또는 5년 이상의 징역에 처한다. 이 경우 이득액 이하에 상당하는 벌금을 병과할 수 있다(특경법 제3조 제1항, 제2항).

2) 본죄는 업무상 타인의 사무를 처리하는 자가 주체가 되는 부진정 신분범이다. 주로 회사의 이사, 직원 등 임무에 위배하는 행위로써 재산상 이익을 취득하거나 제3자로 취득하게 하여 회사에 손해를 가한 때에 성립하며, 공무원이 그 임무에 위배되는 행위로써 제3자로 하여금 재산상의 이익을 취득

하게 하여 국가에 손해를 가한 경우에도 본죄의 죄책을 진다(대법원 2013.9.27. 선고 2013도6835 판결).

3) 회사 직원이 경쟁업체 또는 자신의 이익을 위하여 이용할 의사로 무단으로 자료를 반출하는 행위를 본죄로 처벌함에 있어서는 반드시 그 자료가 영업비밀에 해당할 필요까지는 없더라도, 적어도 불특정 다수인에게 공개되어 있지 않아 보유자를 통하지 아니하고는 이를 입수할 수 없고 보유자가 자료 취득이나 개발을 위해 상당한 시간, 노력 및 비용을 들인 것으로 이를 통해 경쟁상 이익을 얻을 수 있는 정도의 '영업상 주요한 자산'에 해당할 것을 요한다(대법원 2011.6.30. 선고 2009도3915 판결).

4) 회사의 이사가 현저하게 불공정한 가액으로 제3자 배정방식에 의하여 신주 등을 발행하는 행위는 임무위배행위에 해당하는 것으로서 그로 인하여 회사에 공정한 발행가액과의 차액에 상당하는 자금을 취득하지 못하게 되는 손해를 입힌 이상 업무상 배임죄의 죄책을 진다. 그러나 회사가 기존 주주들에게 지분비율대로 신주 등을 인수할 기회를 부여하였는데도 주주들이 그 인수를 포기함에 따라 발생한 실권주 등을 제3자에게 배정하였다고 하더라도, 이는 기존 주주들 자신의 선택에 의한 것일 뿐 이사가 회사에 대한 관계에서 어떠한 임무에 위배하여 손해를 끼쳤다고 볼 수는 없다(대법원 2009.5.29. 선고 2007도4949 판결).

○ 대법원 2009.5.29. 선고 2007도4949 판결【특경법위반(배임)】

1. [다수의견] 회사가 주주 배정의 방법, 즉 주주가 가진 주식 수에 따라 신주, 전환사채나 신주인수권부사채의 배정을 하는 방법으로 신주 등을 발행하는 경우에는 발행가액 등을 반드시 시가에 의하여야 하는 것은 아니고 회사의 이사로서는 주주 배정의 방법으로 신주를 발행하는 경우 원칙적으로 액면가를 하회하여서는 아니 된다는 제약 외에는 주주 전체의 이익, 회사의 자금조달의 필요성, 급박성 등을 감안하여 경영판단에 따라 자유로이 그 발행조건을 정할 수 있다고 보아야 하므로, 시가보다 낮게 발행가액 등을 정함으로써 주주들로부터 가능한 최대한의 자금을 유치하지 못하였다고 하여 배임죄의 구성요건인 임무위배, 즉 회사의 재산보호의무를 위반하였다고 볼 것은 아니다. 그러나 주주배정의 방법이 아니라 제3자에게 인수권을 부여하는 제3자 배정방법의 경우, 제3자에게 시가보다 현저하게 낮은 가액으로 신주 등을 발행하는 것은 시가를 적정하게 반영하여 발행조건을 정하거나 또는 주식의 실질가액을 고려한 적정한 가격에 의하여 발행하는 것과 비교하여 그 차이에 상당한 만큼 회사의 자산을 증가시키지 못하게 되는 결과가 발생하는데, 이 경우에는 회사법상 공정한 발행가액과 실제 발행가액과의 차액에 발행주식수를 곱하여 산출된 액수만큼 회사가 손해를 입은 것으로 보아야 한다. 이와 같이 현저하게 불공정한 가액으로 제3자 배정방식에 의하여 신주 등을 발행하는 행위는 이사의 임무위배행위에 해당하는 것으로서 그로 인하여 회사에 공정한 발행가액과의 차액에 상당하는 자금을 취득하지 못하게 되는 손해를 입힌 이상 이사에 대하여 배임죄의 죄책을 물을 수 있다.

[별개의견] 회사에 자금이 필요한 때에는 이사는 가능한 방법을 동원하여 그 자금을 형성할 의무가 있다 할 것이나, 이사는 회사에 필요한 만큼의 자금을 형성하면 될 뿐 그 이상 가능한 한 많은 자금을 형성하여야 할 의무를 지는 것은 아니고, 또 회사에 어느 정도 규모의 자금이 필요한지, 어떠한 방법으로 이를 형성할 것인지는 원칙적으로 이사의 경영판단에 속하는 사항이다. 그런데 신주발행에 의한 자금형성의 과정에서 신주를 저가 발행하여 제3자에게 배정하게 되면 기존 주주의 지분율이 떨어지고 주식가치의 희석화로 말미암아 구 주식의 가치도 하락하게 되어 기존 주주의 회사에 대한 지배력이 그만큼 약화되므로 기존 주주에게 손해가 발생하나, 신주발행을 통하여 회사에 필요한 자금을 형성하였다면 회사에 대한 관계에서는 임무를 위배하였다고 할 수 없고, 신주발행으로 인해 종전 주식의 가격이 하락한다 하여 회사에 손해가 있다고 볼 수도 없으며, 주주의 이익과 회사의

이익을 분리하여 평가하는 배임죄의 원칙상 이를 회사에 대한 임무위배로 볼 수 없어, 배임죄가 성립한다고 볼 수 없다.

2. **[다수의견]** 회사가 기존 주주들에게 지분비율대로 신주 등을 인수할 기회를 부여하였는데도 주주들이 그 인수를 포기함에 따라 발생한 실권주 등을 제3자에게 배정한 결과 회사 지분비율에 변화가 생기고, 이 경우 신주 등의 발행가액이 시가보다 현저하게 낮아 그 인수권을 행사하지 아니한 주주들이 보유한 주식의 가치가 희석되어 기존 주주들의 부(富)가 새로이 주주가 된 사람들에게 이전되는 효과가 발생하더라도, 그로 인한 불이익은 기존 주주들 자신의 선택에 의한 것일 뿐이다. 또한, 회사의 입장에서 보더라도 기존 주주들이 신주 등을 인수하여 이를 제3자에게 양도한 경우와 이사회가 기존 주주들이 인수하지 아니한 신주 등을 제3자에게 배정한 경우를 비교하여 보면 회사에 유입되는 자금의 규모에 아무런 차이가 없을 것이므로, 이사가 회사에 대한 관계에서 어떠한 임무에 위배하여 손해를 끼쳤다고 볼 수는 없다.

[반대의견] 주주 배정방식인지 제3자 배정방식인지에 따라 회사의 이해관계 및 이사의 임무 내용이 달라지는 것이므로, 회사에 대한 관계에서 위임의 본지에 따른 선관의무상 제3자 배정방식의 신주 등 발행에 있어 시가발행의무를 지는 이사로서는 대량으로 발생한 실권주에 대하여 발행을 중단하고 추후에 그 부분에 관하여 새로이 제3자 배정방식에 의한 발행을 모색할 의무가 있고, 그렇게 하지 아니하고 그 실권주를 제3자에게 배정하여 발행을 계속할 경우에는 그 실권주를 처음부터 제3자 배정방식으로 발행하였을 경우와 마찬가지로 취급하여 발행가액을 시가로 변경할 의무가 있다. 그러므로 신주 등을 주주 배정방식으로 발행하였다고 하더라도, 상당 부분이 실권되었음에도, 이사가 그 실권된 부분에 관한 신주 등의 발행을 중단하고 그 발행가액 등의 발행조건을 시가로 변경하지도 아니한 채 발행을 계속하여 그 실권주 해당부분을 제3자에게 배정하고 인수되도록 하였다면, 이는 이사가 회사에 대한 관계에서 선관의무를 다하지 아니한 것에 해당하고, 그로 인하여 회사에 자금이 덜 유입되는 손해가 발행하였다면 업무상배임죄가 성립한다.

3. 배임수재·배임증재죄 (제357조)

(1) 배임수재죄 (제357조 제1항)

가. 의 의

타인의 사무를 처리하는 자가 그 임무에 관하여 부정한 청탁을 받고 재물 또는 재산상의 이익을 취득함으로써 성립하는 범죄로 5년 이하의 징역 또는 1천만원 이하의 벌금에 처하고, 10년 이하의 자격정지를 병과할 수 있다(제358조). 본죄의 미수범은 처벌한다(제359조). 본죄의 보호법익은 거래의 청렴성이고, 타인의 사무를 처리하는 자에 대한 뇌물죄라고 할 수 있다. 공무원 또는 중재인에 의한 수뢰죄(제129조)와는 부정한 청탁을 요건으로 하고, 재물 또는 재산상 이익에 대한 요구, 약속, 공여의 의사표시만으로는 부족하고 사실상의 취득이 있어야 한다는 점에서 차이가 있다.

나. 타인의 사무를 처리하는 자

1) 배임수재죄의 주체는 배임죄와 마찬가지로 타인의 사무를 처리하는 자이다. '타인의 사무를 처리하는 자'라 함은 타인과의 대내 관계에 있어서 신의성실의 원칙에 비추어 그 사무를 처리할 신임관계가 존재한다고 인정되는 자로서 반드시 제3자에 대한 대외관계에서 그 사무에 관한 권한이 존재할 것을 요하지 않고, 사무가 포괄적 위탁사무일 것을 요하지 않으며, 신임관계는 법령의 규정, 법률행위, 관습 또는 사무관리에 의하여도 발생할 수 있다(대법원 2006.3.24. 선고 2005도6433 판결). 예컨대 주식회사의

이사는 주주총회에서 선임되며, 회사와 이사의 관계는 위임에 관한 규정을 준용하고, 이사는 법령과 정관의 규정에 따라 회사를 위하여 그 직무를 충실하게 수행하여야 할 의무가 있으므로, 주식회사의 이사는 배임수재죄의 주체가 된다(대법원 2002.4.9. 선고 99도2165 판결).

2) 이와는 달리 야구장의 광고권자를 선정하는 권한을 야구장운영본부가 가지고 있었고 실제로 광고권자를 선정하는 업무를 담당한 것도 야구장운동본부였다면, KBO(한국야구위원회) 사무총장은 야구장의 광고권자 선정 관련 업무를 처리하는 자라로 할 수 없으므로 설사 그가 야구장의 광고권자 선정과 관련하여 부정한 청탁을 받고 금품을 수수하였다고 하더라도 배임수재죄로 처벌할 수 없다(대법원 2006.3.24. 선고 2005도6433 판결). 그리고 지역별 협동조합의 총대(總代)는 조합의 의결기관인 총회의 구성원일 뿐 임원이나 기타 업무집행기관이 아니고 총회에서의 의결권 또는 선거권의 행사는 타인의 사무가 아니라 자기의 사무이므로 총대가 조합장선거에 출마한 후보자들로부터 자신을 지지하여 달라는 부탁과 함께 금원을 교부받았다고 하더라도 배임수재죄로 처벌할 수 없다(대법원 1990.2.27. 선고 89도970 판결).

3) 타인의 사무를 직접 처리하는 자 뿐만 아니라 이를 보조하는 하는 자도 타인의 사무를 처리하는 자에 포함된다. 예컨대 점포 등의 임대 및 관리를 담당하고 있는 영업과장이 임대차계약을 체결함에 있어 임차인을 선정하거나 임대보증금 및 차임을 결정하는 권한은 없고 다만 상사에게 임차인을 추천할 수 있는 권한밖에 없다 하더라도 타인의 사무를 처리하는 자에 해당하고, 다른 사람이 점포를 임차하려는 상태에서 사례비를 줄 터이니 자기에게 임대하여 달라는 부탁을 받고 금원을 교부받은 경우에는 배임수재죄가 성립한다(대법원 1984.8.21. 선고 83도2447 판결).

4) 또한 배임수재죄가 성립하기 위해서는 부정한 청탁을 받은 자가 타인의 사무를 처리하는 지위에 있어야 한다. 타인의 사무를 처리하는 자의 지위를 취득하기 전에 부정한 청탁을 받은 행위를 처벌하는 별도의 구성요건이 존재하지 않는 이상 타인의 사무처리자의 지위를 취득하기 전에 부정한 청탁을 받은 경우에 배임수재죄로는 처벌할 수 없다(대법원 2010.7.22. 선고 2009도12878 판결). 다만 타인의 사무를 처리하는 자가 그 신임관계에 기한 사무의 범위에 속한 것으로서 장래에 담당할 것이 합리적으로 기대되는 임무에 관하여 부정한 청탁을 받고 재물 또는 재산상 이익을 취득한 후 그 청탁에 관한 임무를 현실적으로 담당하게 되었다면 배임수재죄가 성립한다(대법원 2010.4.15. 선고 2009도4791 판결; 대법원 2013.10.11. 선고 2012도13719 판결). 그러나 반드시 수재 당시에도 그와 관련된 임무를 현실적으로 담당하고 있음을 그 요건으로 하는 것은 아니므로, 타인의 사무를 처리하는 자가 그 임무에 관하여 부정한 청탁을 받은 후 사무분담의 변경 또는 사직으로 인하여 그 직무를 담당하지 아니하게 된 상태에서 재물을 수수한 경우에도 배임수재죄의 죄책을 진다(대법원 1987.4.28. 선고 87도414 판결; 대법원 1997.10.24. 선고 97도2042 판결).

다. 그 임무에 관한 부정한 청탁

1) 배임수재죄가 성립하기 위해서는 타인의 사무를 처리하는 자가 그 임무에 관하여 부정한 청탁을 받아야 한다. 여기서 '임무'란 타인의 사무를 처리하는 자가 위탁받은 사무를 말하는 것이나 위탁받은 본래의 사무뿐만 아니라 그와 밀접한 관계가 있는 범위 내의 사무도 포함되고, 나아가 고유의 권한으로서 처리하는 사무에 한하지 않고 직접 또는 간접으로 처리하는 사무도 포함한다(대법원 2006.3.24. 선고 2005도6433 판결). 그리고 '부정한 청탁'이란 사회상규와 신의성실의 원칙에 반하는 청탁을 말하는 바, 부정한 청탁인지 여부를 판단함에 있어서는 청탁의 내용, 교부받은 재품 등의 품목· 가액, 사무처리자의 청렴성 등을 종합적으로 고찰하여야 한다(대법원 2005.1.14. 선고 2004도6646 판결).

2) 부정한 청탁은 건축공사(建築工事)와 관련하여 발생하는데 공사 도급 회사의 현장감독이 수급인으로부터 공사시공에 하자가 있더라도 묵인하여 달라는 취지의 청탁을 받고 금품을 수수하거나(대법원 1991.11.26. 선고 91도2418 판결), 공사발주자인 노동조합총연맹의 위원장이 공사수급인인 건설회사의 하도급업체 선정과 관련하여 금품을 받거나(대법원 2006.11.23. 선고 2006도906 판결), 재건축조합장이 재건축현장의 철거공사 수주와 관련하여 철거업체로부터 금품을 수수하거나(대법원 2007.6.29. 선고 2007도3096 판결), 주택조합아파트 시공회사의 직원이 조합장으로부터 조합의 이중분양에 관한 민원을 묵인해 달라는 청탁을 받고 그 아파트의 분양권을 취득한 경우(대법원 2011.2.24. 선고 2010도11784 판결)에는 배임수재죄의 죄책을 진다.

이 외에도 섭외 및 예금 담당의 은행지점차장이 대출적격이 없는 자의 위장대출을 묵인선처하여 달라는 청탁을 받아 대부 담당대리로 하여금 그 대출절차를 밟도록 하고 그 대가로 금원을 교부받거나(대법원 1982.2.9. 선고 80도2130 판결), 한국방송공사에서 라디오 프로그램의 제작연출을 담당하는 프로듀서가 가수나 매니저로부터 자신이 제작하는 프로그램에 그 가수의 노래를 자주 선곡하여 방송함으로써 인기도가 올라갈 수 있도록 하여 달라는 청탁을 받고 금품을 수수하거나(대법원 1991.1.15. 선고 90도2257 판결), 대학교수가 특정출판사의 교재를 채택하여 달라는 청탁을 받고 교재 판매대금의 일정비율에 해당하는 금원을 받거나(대법원 1996.10.11. 선고 95도2090 판결), 광고대행업무를 수행하는 대표이사가 방송사 관계자에게 사례비를 지급하여서라도 특정학원 소속의 강사만을 채용하고 특정회사에서 출판되는 교재를 채택하여 방송을 하는 내용의 협약을 체결해 달라는 청탁을 받고 금품을 수수하거나(대법원 2002.4.9. 선고 99도2165 판결), 회원제 골프장의 예약업무 담당자가 부킹대행업자의 청탁에 따라 회원에게 제공해야 하는 주말부킹권을 부킹대행업자에게 판매하고 그 대금 명목의 금품을 받거나(대법원 2008.12.11. 선고 2008도6987 판결), 인수· 합병을 추진할 계획이 있는 피인수회사의 이사가 미리 인수회사에 매각업무에 관한 정보를 제공하고 인수회사의 대표이사로부터 금품을 수수하거나(대법원 2010.4.15. 선고 2006도6634 판결), 대학병원 소속의 의사가 의약품을 지속적으로 납품할 수 있도록 해달라는 청탁 또는 의약품 등을 사용해 준 대가로 제약회사로부터 명절선물이나 골프접대 등 향응을 제공받은 경우

(대법원 2011.8.18. 선고 2010도10290 판결) 배임수재죄가 성립한다.

3) 이와는 달리 부당하게 계약을 해지당하자 기존권리를 확보하기 위하여 계약관계를 유지시켜 달라고 부탁하거나(대법원 1985.10.22. 선고 85도465 판결), 청탁한 내용이 단순히 규정이 허용하는 범위 내에서 최대한의 선처를 바란다는 내용에 불과하거나 위탁받은 사무의 적법하고 정상적인 처리범위에 속하는 것이라면(대법원 2011.4.14. 선고 2010도8743 판결) 부정한 청탁이라고 볼 수 없다. 따라서 대학병원 등의 의사가 의약품을 사용해 준 대가 또는 향후 의약품을 지속적으로 납품할 수 있도록 해달라는 청탁의 취지로 제약회사가 제공하는 의약품에 관한 연구용역계약을 체결하고 연구비 명목의 돈을 수수하였더라도 연구용역계약이 의학적 관점에서 정당하게 체결되어 수행되었거나(대법원 2011.8.18. 선고 2010도10290 판결), 학교법인의 이사장 또는 사립학교경영자가 학교법인 운영권을 양도하고 양수인으로부터 양수인을 학교법인의 임원으로 선임해 주는 대가로 양도대금을 받기로 하는 청탁을 받았다 하더라도, 그 청탁의 내용이 학교법인의 설립목적 이외의 목적으로 기본재산을 매수하여 사용하려는 것으로서 학교법인의 존립에 중대한 위협을 초래할 것임이 명백하다는 등의 특별한 사정이 없다면(대법원 2014.1.23. 선고 2013도11735 판결) 부정한 청탁이 있었다고 할 수 없다.

4) 부정한 청탁은 반드시 명시적임을 요하지는 않으나 그 청탁의 내용은 어느 정도 구체적이고 특정한 임무행위에 관한 것임을 요하며 만연(漫然)히 임무와 관련하여 재물 또는 재산상 이익을 취득하는 것만으로는 배임수재죄를 구성하지 않는다. 따라서 어떠한 구체적이고 특정한 임무행위에 관하여 부정한 청탁을 한 것이 아니라 환심을 사두고 후일 범행이 발각되더라도 이를 누설하지 않게 하기 위하여 금품을 교부하였더라도 배임죄의 죄책을 지지 않는다(대법원 1983.12.27. 선고 83도2472 판결).

라. 재물 또는 재산상 이익의 취득

1) 배임수증죄가 성립하기 위해서는 재물 또는 재산상 이익의 취득이 있어야 한다. 수뢰죄와는 달리 재물 또는 재산상 이익을 현실적으로 취득하지 아니하고 요구 또는 약속하는 것만으로는 배임수재죄의 죄책을 지지 않으나(대법원 1999.1.29. 선고 98도4182 판결), 본죄에 대해서는 미수범 처벌규정이 있으므로(제359조) 이 경우에는 미수범으로 처벌될 수 있다. 그러나 배임수재죄는 배임죄와는 달리 본인에게 재산상 손해가 발생할 것을 요건으로 하지 않는다(대법원 1983.12.13. 선고 82도735 판결).

2) 다른 사람이 부정한 청탁을 받은 자의 사자(使者)나 대리인으로서 재물 또는 재산상 이익을 취득하였거나, 평소 부정한 청탁을 받은 자가 그의 생활비 등을 부담하고 있거나 그에 대하여 채무를 부담하고 있는 다른 사람에게 재물 또는 재산상 이익을 취득하게 하였다면 이는 부정한 청탁을 받은 자가 직접 받은 것과 동일하게 평가할 수 있다(대법원 2006.12.22. 선고 2004도2581 판결). 예컨대 병역법상 지정업체의 대표이사가 병역의무자를 형식적으로 그 지정업체 소속 병역특례 산업기능요원으로 편입시킨 뒤 다른 회사에서 근무하도록 해 달라는 부정한 청탁을 받고 그 대가로 그 지정업체 명의의 계좌로

금원을 송금받은 경우, 그 지정업체가 재물 또는 재산상 이익을 받는 것은 그 지정업체의 주요 주주인 대표이사가 받는 것과 동일하게 평가할 수 있다(대법원 2009.3.12. 선고 2008도1321 판결). 그리고 백화점 및 면세점의 입점업체 선정 업무를 총괄하는 피고인이 입점업체 대표로부터 부정한 청탁을 받고 그 대가로 자신이 받아온 수익금을 딸에게 주도록 하거나 아들 명의로 설립하여 자신이 지배하는 회사 계좌로 돈을 입금하도록 하였다면 이는 사회통념상 피고인이 직접 받은 것과 동일하게 보아야 한다(대법원 2017.12.7. 선고 2017도12129 판결).

3) 타인의 사무를 처리하는 자가 그 임무에 관하여 부정한 청탁을 받았다 하더라도 자신이 아니라 사무처리를 위임한 타인으로 하여금 재물 또는 재산상의 이익을 취득하게 한 경우에는 본죄가 성립하지 않는다. 예컨대 학교법인의 이사장이 학교공사와 관련하여 공사대금 중 수급인이 학교법인 부담부분 상당액을 학교법인에 기부하는 것을 조건으로 공사계약을 체결한 후 공사를 완성하여 그 부분에 대한 공사대금 지급의무를 면제받거나 그 대금 상당액을 입금받은 다음 다시 수급인에게 공사대금으로 지급한 것으로 처리하거나(대법원 2001.2.9. 선고 2000도4700 판결), 조합이사장이 조합이 주관하는 축제의 대행기획사를 선정하는 과정에서 최종 기획사로 선정된 회사로부터 조합운영비 지급을 약속받고 축제가 끝난 후 조합운영비 명목으로 금원을 교부받아 조합운영비로 사용한 경우(대법원 2008.4.24. 선고 2006도1202 판결)에는 배임수재의 죄책을 지울 수 없다.

마. 공 범

1) 본죄는 원칙적으로 타인의 사무를 처리하는 자라야 그 범죄의 주체가 될 수 있는 신분범으로, 신분이 없는 자는 신분 있는 자의 범행에 가공한 경우에 한하여 그 주체가 될 수 있을 따름이다.

2) 예를 들어 대학편입학업무를 담당하지 아니하는 대학교수가 지원자로부터 편입학과 관련한 부정한 청탁을 받고 금품을 수수하였다고 하더라도 편입학업무를 담당한 교직원의 배임수재에 가공하였음을 인정할 수 있는 자료가 없다면 본죄의 죄책을 물 수 없다(대법원 1999.1.15. 선고 98도663 판결). 그리고 대학교수가 다른 대학 대학원생의 학위논문 작성에 필요한 실험대행 및 논문원고를 작성해 주고 그 대가를 대학원생으로부터 직접 또는 그의 지도교수를 통하여 수수하였다고 하더라도 지도교수에게 배임수재 정범으로서의 실행행위를 인정할 수 없다면 배임수재죄의 공범으로서의 죄책을 물 수 없다(대법원 2009.6.11. 선고 2009도1518 판결).

바. 죄 수

1) 타인의 사무를 처리하는 자가 동일인으로부터 그 직무에 관하여 부정한 청탁을 받고 여러 차례에 걸쳐 금품을 수수한 경우, 그것이 단일하고도 계속된 범의 아래 일정기간 반복하여 이루어진 것이고 그 피해법익도 동일한 때에는 이를 포괄일죄로 보아야 한다. 그러나 여러 사람으로부터 각각 부정한 청탁을 받고 그들로부터 각각 금품을 수수한 경우에는 비록 그 청탁이 동종의 것이라고 하더라

도 단일하고 계속된 범의 아래 이루어진 범행으로 보기 어려워 그 전체를 포괄일죄로 볼 수 없다(대법원 2008.12.11. 선고 2008도6987 판결).

2) 본죄는 재물 또는 재산상 이익에 대한 현실적인 취득이 있으면 성립하고 배임행위까지 나아갈 것을 요하지 않는다. 만약 본죄를 범하고 배임행위까지 나아간 경우에는 본죄와 배임죄의 경합범으로 처벌된다(대법원 1984.11.27. 선고 84도1906 판결).

3) 회사의 대표이사가 업무상 보관하던 회사 자금을 빼돌려 횡령한 다음 그 중 일부를 더 많은 장비납품 등의 계약을 체결할 수 있도록 해달라는 취지의 청탁과 함께 배임증재에 공여한 경우, 횡령의 범행과 배임증재의 범행은 서로 범의 및 행위의 태양과 보호법익을 달리하는 별개의 행위이므로, 대표이사는 업무상횡령죄와 배임증재죄의 경합범으로 처벌진다(대법원 2010.5.13. 선고 2009도13463 판결).

사. 몰수·추징

1) 본죄로 인하여 취득한 재물은 몰수하고, 그 재물을 몰수하기가 불능하거나 재산상 이익을 취득한 경우에는 그 가액을 추징한다(제357조 제3항). 또한 수인이 공모하여 금품을 수수한 경우에는 각자가 실제로 수수한 금품을 몰수하고, 몰수할 수 없는 때에는 추징하여야 하며, 개별적으로 몰수 또는 추징할 수 없을 때에는 평등하게 몰수 또는 추징한다(대법원 1978.2.14. 선고 77도3949 판결).

2) 필요적 몰수 또는 추징을 규정한 것은 배임수재죄 및 배임증재죄에 제공된 재물과 재산상 이익을 박탈하여 부정한 이익을 보유하지 못하게 하기 위한 것이므로, 필요적 몰수의 대상인 '범인이 취득한 재물'은 배임수재죄의 범인이 취득한 목적물이자 배임증재죄의 범인이 공여한 목적물을 가리키고 배임수재죄의 목적물만을 한정하여 가리키는 것이 아니다. 그러므로 수재자가 증재자로부터 받은 재물을 그대로 가지고 있다가 증재자에게 반환하였다면 증재자로부터 이를 몰수하거나 그 가액을 추징하여야 한다(대법원 2017.4.7. 선고 2016도18104 판결).

(2) 배임증재죄 (제357조 제2항)

1) 타인의 사무를 처리하는 자에 대하여 그 임무에 관하여 부정한 청탁을 하고 재물 또는 재산상의 이익을 공여함으로써 성립하는 범죄로 2년 이하의 징역 또는 5백만원 이하의 벌금에 처하고, 10년 이하의 자격정지를 병과할 수 있다(제358조). 본죄의 미수범은 처벌한다(제359조).

2) 배임수재죄와 배임증재죄는 통상 필요적 공범의 관계에 있기는 하나 반드시 수재자와 증재자가 같이 처벌받아야 하는 것은 아니고 증재자에게는 정당한 업무에 속하는 청탁이라도 수재자에게는 부정한 청탁이 될 수도 있다(대법원 1991.1.15. 선고 90도2257 판결).

3) 본죄는 부정한 청탁을 하고 재물 또는 재산상 이익을 현실적으로 공여하여야 성립하나 공여의 의사표시를 하거나 약속한 경우에는 본죄의 미수범으로 처벌될 수 있다(제359조).

4. 친족간의 특례 (제360조)

배임죄(제355조 제1항), 업무상배임죄(제356조), 배임수증죄(제357조) 및 이들 죄의 미수범(제359조)에 대해서는 친족간의 특례가 적용된다(제360조, 제328조). 따라서 직계혈족, 배우자, 동거친족, 동거가족 또는 그 배우자간에 이들 죄를 범한 때에는 그 형을 면제하고, 이 외의 친족 간에 이들 죄를 범한 때에는 고소가 있어야 공소를 제기할 수 있다.

Ⅷ. 장물의 죄(제41장)

1) 장물의 죄(장물죄)란 장물을 취득, 양도, 운반, 보관 또는 이를 알선함으로써 성립하는 범죄이다. 그 유형으로는 단순장물죄(제362조), 상습장물죄(제363조) 및 업무상과실·중과실장물죄(제364조)가 있고, 이들 죄에 대해서는 친족상도례에 관한 규정(제328조)이 준용된다(제365조).

2) 본죄로 세 번 이상 징역형을 받은 사람이 다시 이 죄를 범하여 누범으로 처벌되는 경우에는 특가법에 의해 가중처벌된다(제5조의4 제5항 제3호).

1. 단순장물죄 (제362조)

장물을 취득, 양도, 운반 또는 보관하거나 이러한 행위를 알선함으로써 성립하는 범죄로 7년 이하의 징역 또는 1천5백만원 이하의 벌금에 처한다.

(1) 의 의

1) 장물죄란 장물을 취득, 양도, 운반, 보관하거나 이러한 행위를 알선함으로써 성립하는 범죄로서, 장물죄와 대비하여 장물을 발생시키는 재산죄(절도, 강도, 사기, 공갈, 횡령 등)를 본범이라고 한다. 장물죄는 본범이 종료된 후에 본범을 비호하는 성격을 가진 범죄인데, 장물죄를 비롯하여 범인은닉죄, 증거인멸죄, 위증죄 등과 같이 본범의 종료 후에 사후적으로 방조하는 성격을 지닌 범죄를 사후종범(事後從犯)이라고 한다. 사후종범이라고 하지만, 장물죄는 본범과는 엄연히 구별되는 독립된 범죄이다.

2) 장물죄의 본질에 대해서는 본범의 피해자가 점유를 상실한 재물에 대한 추구 또는 회복을 곤란하게 하는데 있다고 보는 견해(추구권설), 본범에 의하여 성립된 위법한 재산상태를 본범 또는 재물의 점유자와 합의하여 유지·존속시키는데 있다고 보는 견해(유지설) 그리고 본범에 의하여 조성된 범죄이익에 관여하는 데 있다고 보는 견해(이익설 또는 공범설)가 대립하고 있다.

추구권설에 따르면 피해자의 추구권(반환청구권)이 상실되면 장물성이 상실되어 예컨대 불법원인급여물, 제3자가 선의취득한 물건, 피해자의 권리가 시효로 소멸한 물건, 대체장물 등에 대해서는 장물죄가 성립하지 않게 된다. 이에 대하여 유지설에 따르면 위법한 재산상태가 유지되는 한 불법원인급여물이나 대체장물에 대해서도 장물죄가 성립할 수 있으나 장물죄가 성립하기 위해서는 본범 또는 점유자와 장물범과의 합의가 요구된다. 그리고 이익설에 따르면 불법원인급여물이나 대체장물은 물론 장물의 매각대금이나 가공으로 본범이 소유권을 취득한 물건에 대해서도 장물죄가 성립할 수 있게 된다.

판례는 장물이라 함은 재산권상의 침해를 가져 올 위법행위로 인하여 영득한 물건으로서 피해자가 반환청구권을 가지는 것을 말한다고 하거나(대법원 1975.12.9. 선고 74도2804 판결), 장물인 정을 모르고 보관하던 중 장물인 정을 알게 되었고 반환하는 것이 불가능하지 않음에도 불구하고 계속 보관함으로써 피해자의 정당한 반환청구권 행사를 어렵게 하여 위법한 재산상태를 유지시킨 경우에는 장물보관죄가 성립한다고 하면서도(대법원 1987.10.13. 선고 87도1633 판결), 타인이 갈취한 재물을 그 타인의 의사에 반하여 절취하였다면 절도죄를 구성하고 장물취득죄는 성립하지 않는다고 하고 있음을 고려해 볼 때(대법원 1966.12.20. 선고 66도1437 판결), 판례는 추구권설과 유지설을 결합하여 장물죄의 본질을 파악하고 있는 것으로 보인다.

(2) 주 체

1) 장물죄는 타인(본범)이 불법하게 영득한 재물의 처분에 관여하는 범죄로서 자기의 범죄에 의하여 영득한 물건에 대하여는 성립하지 않으므로 본범의 정범(단독정범, 공동정범, 간접정범, 합동범)은 장물죄의 주체가 될 수 없다. 따라서 특수강도의 범행을 모의하고 범행의 실행에 가담한 공모자가 강취해 온 장물의 처분을 알선한 경우 특수강도의 공동정범이 되고 장물알선죄가 성립하는 것은 아니다(대법원 1983.2.22. 선고 82도3103 판결). 그러나 평소 본범과 공동하여 수차례 상습으로 강도 및 절도행위를 함으로써 실질적인 범죄집단을 이루고 있었다고 하더라도 당해 범죄행위의 정범(공동정범이나 합동범)으로 되지 아니한 이상 장물죄의 주체가 될 수 있다(대법원 1986.9.9. 선고 86도1273 판결).

2) 본범의 정범은 장물죄의 주체가 될 수 없는 반면에 교사범이나 종범은 장물죄의 주체가 될 수 있다. 따라서 횡령을 교사한 후 그 횡령한 물건을 취득한 때에는 횡령죄의 교사범과 장물취득죄의 경합범의 죄책을 진다(대법원 1969.6.24. 선고 69도692 판결).

(3) 객 체

장물이라 함은 타인이 재산죄(본범)인 범죄행위에 의해 취득한 물건, 즉 타인이 절도, 강도, 사기, 공갈, 횡령 등 영득죄에 의하여 취득한 물건을 말한다. 여기에서 본범의 범죄행위는 절도죄 등의 구성요건에 해당하는 위법하면 족하고(대법원 2011.4.28. 선고 2010도15350 판결), 유책할 것을 요하지는 않는다.

가. 재 물

장물은 재물로서 유체물(동산, 부동산)이나 관리가능한 동력이어야 하고, 재산상 이익이나 채권, 무체재산권 등의 권리나 정보는 장물이 될 수 없다. 전화가입권은 가입권자가 전화관서로부터 전화서비스를 제공받을 채권적 권리로서 재산상의 이익은 될 수 있으나 장물의 범주에 속하지 아니한다(대법원 1971.2.23. 선고 70도2589 판결).

나. 재산범죄로 취득한 재물

1) 장물은 재산범죄로 인해 취득한 것이어야 한다. 여기서 재산범죄란 절도죄, 강도죄, 사기죄, 공갈죄, 횡령죄 등 영득죄를 말한다. 예를 들어 대한민국 국민 또는 외국인이 미국 캘리포니아주에서 미

국 리스회사와 미국 캘리포니아주의 법에 따라 차량 이용에 관한 리스계약을 체결하였는데, 이후 자동차수입업자가 리스기간 중 리스이용자들이 임의로 처분한 차량들을 수입한 경우, 수입업자는 장물취득의 죄책을 진다(대법원 2011.4.28. 선고 2010도15350 판결).

본범이 재산범죄인 이상 형법상의 재산죄에 한하지 않고 특별법상의 재산범죄도 포함되므로, 예컨대 산림법 소정의 절취한 임산물은 장물이 될 수 있다(대법원 1975.9.23. 선고 74도1804 판결). 그러나 재산범죄가 아닌 범죄에 의하여 취득한 재물, 예컨대 수뢰죄에 의해 취득한 뇌물, 통화위조죄에 의해 취득한 위조통화, 유가증권위조죄에 의해서 취득한 위조유가증권, 문서위조죄에 의해서 취득한 위조문서, 도박죄에 의해서 취득한 금전, 마약범죄에 의해서 취득한 마약, 윤락행위에 의해서 취득한 화대, 수산업법위반죄에 의해 취득한 불법어획물, 관세법위반죄에 의해서 취득한 밀수품, 문화재보호법위반죄에 의해서 취득한 도굴품 등은 장물이 될 수 없다.

2) 영득행위가 없는 손괴죄 재산상 이익을 객체로 하는 배임죄는 장물죄의 본범이 될 수 없다. 다만 배임수재죄(제357조 제1항)로 취득한 재물은 장물이 될 수 있다. 부동산에 관하여 매수인에게 소유권이전등기를 하여 줄 임무가 있는 소유자가 그 임무에 위반하여 이를 제3자에게 매도하고 소유권이전등기를 경유하여 준 경우에는 위 부동산소유자가 배임행위로 인하여 영득한 것은 재산상의 이익이고 위 배임범죄에 제공된 부동산은 범죄로 인하여 영득한 것 자체는 아니므로 그 제3자는 배임죄의 공범으로 처벌되는 것은 별론으로 하고 장물취득죄로는 처벌될 수 없다(대법원 1975.12.9. 선고 74도2804 판결). 같은 이유로 채무자가 채권자에게 양도담보로 제공한 물건을 임의로 타인에게 양도하는 행위는 배임죄에 해당하나 이 물건은 배임행위에 제공한 물건이지 배임행위로 인하여 영득한 물건 자체는 아니므로 장물이라고 할 수 없고, 따라서 타인이 그러한 사정을 알면서 그 물건을 취득하였다고 하여도 장물취득죄로 처벌할 수 없다(대법원 1981.7.28. 선고 81도618 판결).

3) 배임죄와 마찬가지로 컴퓨터사용사기죄도 재산상 이익만을 객체로 하고 있는데, 컴퓨터등사용사기죄의 범행으로 예금채권을 취득한 다음 자기의 현금카드를 사용하여 현금자동지급기에서 현금을 인출한 경우, 컴퓨터등사용사기죄의 범행으로 취득한 예금채권은 재물이 아닌 재산상 이익이고 나아가 자기의 현금카드를 사용하여 현금자동지급기에서 현금을 인출한 현금 역시 현금카드 사용권한 있는 자의 정당한 사용에 의한 것으로 별도로 절도죄나 사기죄의 구성요건에 해당하지 않으므로, 현금자동지급기에서 인출된 현금에 대해서는 장물죄가 성립하지 않는다(☞ **[판례 Ⅷ-1]** 참조).

[판례 Ⅷ-1] 대법원 2004.4.16. 선고 2004도353 판결【장물취득】

〈사실관계〉

주식회사 A기획의 경리사원인 피고인 1은 2003.5.7. 20:40경 피해자가 경영하는 주식회사 A기획 사무실에서 감시가 소홀한 틈을 이용하여 권한 없이 그곳에 있는 컴퓨터를 이용하여 주식회사 A기획의 해당 아이디와 패스워드를 입력하여 한국외환은행

인터넷뱅킹에 접속한 다음 주식회사 A기획의 한국외환은행 예금계좌에서 피고인 1의 한국외환은행 예금계좌로 9,000만원을, 피고인 1의 농협중앙회 예금계좌로 9,050만원을 각 이체함으로써 합계 1억8,05만원 상당의 재산상 이익을 취득하고, 계속하여 피고인 1이 사용하던 책상과 서랍에서 피해자 소유의 100만원권 자기앞수표 1장, 경리장부 2권, 거래장부 1권을 들고 나와 이를 절취하고, '만일에 경찰이나 어디에 신고하면 다른 조치를 취하겠습니다, 사장님의 개인적 비리와 사무실의 비리를 알고 있으니 알아서 생각해 주십시오'라는 취지의 문구가 기재된 협박장을 피해자 피해자가 볼 수 있도록 위 서랍 속에 놓고 나와 같은 달 9. 11:30경 피해자가 위 편지를 읽어 보도록 함으로써 피해자를 협박하였다. 피고인 2는 2003.5.10. 16:00경 내연관계에 있는 피고인 1로부터 동녀가 취득한 금원 중 6,000만원을 그것이 장물인 정을 알면서도 교부받았다.

〈판결요지〉

형법 제41장의 장물에 관한 죄에 있어서의 '장물'이라 함은 재산범죄로 인하여 취득한 물건 그 자체를 말하므로, 재산범죄를 저지른 이후에 별도의 재산범죄의 구성요건에 해당하는 사후행위가 있었다면 비록 그 행위가 불가벌적 사후행위로서 처벌의 대상이 되지 않는다 할지라도 그 사후행위로 인하여 취득한 물건은 재산범죄로 인하여 취득한 물건으로서 장물이 될 수 있다.

그러나 기록에 의하면, 피고인 1은 권한 없이 주식회사 A기획의 아이디와 패스워드를 입력하여 인터넷뱅킹에 접속한 다음 위 회사의 예금계좌로부터 자신의 예금계좌로 합계 1억8,050만원을 이체하는 내용의 정보를 입력하여 자신의 예금액을 증액시킴으로서 컴퓨터등사용사기죄의 범행을 저지른 다음 자신의 현금카드를 사용하여 현금자동지급기에서 현금을 인출한 사실을 인정할 수 있는바, 이와 같이 자기의 현금카드를 사용하여 현금자동지급기에서 현금을 인출한 경우에는 그것이 비록 컴퓨터등사용사기죄의 범행으로 취득한 예금채권을 인출한 것이라 할지라도 현금카드 사용권한 있는 자의 정당한 사용에 의한 것으로서 현금자동지급기 관리자의 의사에 반하거나 기망행위 및 그에 따른 처분행위도 없었으므로, 별도로 절도죄나 사기죄의 구성요건에 해당하지 않고, 그 결과 그 인출된 현금은 재산범죄에 의하며 취득한 재물이 아니므로 장물이 될 수 없다.

또 장물인 현금 또는 수표를 금융기관에 예금의 형태로 보관하였다가 이를 반환받기 위하여 동일한 액수의 현금 또는 수표를 인출한 경우에 예금계약의 성질상 그 인출된 현금 또는 수표는 당초의 현금 또는 수표와 물리적인 동일성은 상실되었지만 액수에 의하여 표시되는 금전적 가치에는 아무런 변동이 없으므로, 장물로서의 성질은 그대로 유지되지만, 피고인 1이 컴퓨터등사용사기죄에 의하여 취득한 예금채권은 재물이 아니라 재산상 이익이므로, 그가 자신의 예금구좌에서 6,000만원을 인출하였더라도 장물을 금융기관에 예치하였다가 인출한 것으로 볼 수 없다.

다. 장물의 동일성

1) 장물이란 재산죄로 인하여 얻어진 재물(관리할 수 있는 동력 포함)로서 영득된 재물자체를 말하므로 장물을 팔아서 얻은 돈은 장물이 될 수 없다(대법원 1972.6.13. 선고 72도971 판결). 장물이 물질적인 동일성을 상실하게 되면 장물로서의 성격이 소멸하므로 장물을 매각한 대금, 장물과 교환한 물건, 장물인 금전으로 구입한 물건과 같은 대체장물은 장물이 아니다.

2) 그러나 재산범죄에 의하여 취득한 물건이 금전인 경우에는 원래 금전이 그 개성에 특별한 가치가 있는 경우가 아닌 한 그 가액에 의한 유통에 본질적 기능이 있는 점에 비추어, 그 보관 내지 소지형태가 수표나 예금 또는 현금 등으로 바뀌더라도 그 보관이나 소지 또는 관리에 있어 가액이 명확히 구분되는 한도 내에서는 달리 특별한 사정이 없는 한 장물로서의 성질을 잃지 않는다. 따라서 수표를 횡령하여 타인의 예금구좌에 입금시켜 놓았다가 현금으로 되찾은 경우 그 현금은 장물이라고 할 수 있다

(☞ **[판례 Ⅷ-2]** 참조). 같은 논리로 현금을 횡령하여 수표로 바꾸거나 현금을 횡령하여 다른 종류의 현금으로 바꾼 경우에도 그 현금에 대해서는 장물성이 인정된다.

[판례 Ⅷ-2] 대법원 2000.3.10. 선고 98도2579 판결【장물취득, 장물보관】

〈사실관계〉

(1) 피해자 A회사의 영업3팀 과장으로서 물품판매 및 수금업무에 종사하던 피고인 1은 자신이 감원 대상이라는 것을 알고서 이에 반발하여, 1996.3.5. 거래처인 회사들로부터 물품대금 명목으로 교부받아 보관 중이던 약속어음 8매 액면합계 829,124,426원을 영득할 의사로, 이를 할인의뢰할 권한이 없음에도 그 권한이 있는 것처럼 가장하여 공소외 1에게 할인을 의뢰하면서 교부하여, 공소외 1로부터 그 할인금 명목으로 그 날 금 7억 4,648만원, 같은 달 7. 금 4,500만원을 자기앞수표와 현금으로 교부받아 그 중 금 2억 5,000만원은 자신 명의의 P은행 예금계좌에, 금 3억 4,100만원은 자신 명의의 B은행 예금계좌에, 금 2,400만원은 자신 명의의 신한은행 예금계좌에 각각 예치하였다가 같은 달 8.까지 그 대부분을 현금으로 인출하였다. (2) 피고인 2는 같은 달 14. 자신의 집에서 피고인 1로부터 그가 위와 같이 취득보관 중이던 현금 중 금 9,500만원을 보관하여 달라는 부탁을 받고서 그 사정을 잘 알면서 이를 교부받아 같은 달 27.까지 자신의 집에 보관하고, 피고인 1로부터 같은 달 14. 현금 300만원, 같은 달 17. 현금 300만원, 같은 달 18. 현금 400만원, 같은 달 19. 현금 1,000만원을 자신의 집에서 각각 교부받아 취득하였다. (3) 피고인 3은 피고인 1로부터 피고인 2가 위와 같이 보관 중이던 현금 9,500만원을 건네받아 전달해 달라는 부탁을 받고 그 전후 사정을 잘 알면서, 같은 달 27. 13:30경 피고인 2의 집에서 피고인 2의 처 공소외 2로부터 보관 중이던 현금 9,500만원 중 금 7,000만원을 건네받아 그 중 금 6,800만원을 공소외 3명의의 J은행 예금계좌에 입금하였다가 수시로 인출하여 소비하였다.

〈원심 판결요지〉

피고인 1은 공소외 1 에게 위 어음 8매를 할인의뢰하면서 교부함으로써 그 불법영득의 의사를 객관적으로 표현하였다고 할 것이므로 그 교부시에 위 어음 8매를 횡령하였다고 할 것이어서, 횡령죄의 장물은 위 어음 8매이고 그 후 할인금으로서 교부받은 자기앞수표나 현금은 장물을 처분한 대가로 취득한 물건으로서 횡령죄의 장물은 아니라고 할 것이다. 그러나 피고인 1이 위 어음 8매를 할인할 수 있는 권한이 없으면서도 공소외 1에게 마치 자신이 위 어음을 할인할 수 있는 적법한 권한이 있는 것처럼 행세하며 위 어음을 할인하여 달라면서 그에게 교부하여, 이에 속은 그로부터 위 어음의 할인금 명목으로 791,480,000원의 자기앞수표 및 현금을 교부받은 것은 별개의 새로운 법익을 침해한 행위로서 위 횡령죄의 불가벌적 사후행위가 아니라 새로운 사기죄가 성립한다 할 것이고, 따라서 공소외 1로부터 교부받은 자기앞수표와 현금은 장물이라고 할 것이다. 그렇지만 피고인 1이 위 자기앞수표 및 현금 중 일부를 위 각 은행에 소비임치하였다가 다시 인출함으로써 취득한 위 현금은, 장물인 금전을 다른 종류의 금전으로 교환한 경우나 장물인 자기앞수표를 현금으로 교환한 경우와는 달리, 장물을 처분한 대가로 취득한 물건으로서 이미 장물성을 상실한 것으로 보아야 할 것이다. 피고인 2, 3이 취득하거나 보관한 위 각 현금은, 피고인 1이 공소외 1로부터 교부받은 바로 그 현금 자체임을 인정할 증거가 없는 이상 장물이라 할 수 없어 이 부분 장물취득 및 장물보관의 공소사실은 범죄의 증명이 없는 경우에 해당한다.

〈대법원 판결요지〉

장물이라 함은 재산범죄로 인하여 취득한 물건 그 자체를 말하고, 그 장물의 처분대가는 장물성을 상실하는 것이지만, 금전은 고도의 대체성을 가지고 있어 다른 종류의 통화와 쉽게 교환할 수 있고, 그 금전 자체는 별다른 의미가 없고 금액에 의하여 표시되는 금전적 가치가 거래상 의미를 가지고 유통되고 있는 점에 비추어 볼 때, 장물인 현금을 금융기관에 예금의 형태로 보관하였다가 이를 반환받기 위하여 동일한 액수의 현금을 인출한 경우에 예금계약의 성질상 인출된 현금은 당초의 현금과 물리적인 동일성은 상실되었지만 액수에 의하여 표시되는 금전적 가치에는 아무런 변동이 없으므로 장물로서의 성질은 그대로 유지된다고 봄이 상당하고, 자기앞수표도 그 액면금을 즉시 지급받을 수 있는 등 현금에 대신하는 기능을 가지고 거래상 현금과 동일하게 취급되고 있는 점에서 금전의 경우와 동일하게 보아야 할 것이다. 따라서 피고인 1이 장물인 자기앞수표와 현금을 그의 명의의 예금계좌에 예치하였다가 현금으로 인출하였다고 하여 인출된 현금이 장물로서의 성질을 상실하였다고 볼 수는 없고, 피고인 2와 3이 그 정을 알고서 이를 보관 또는 취득하였다면 장물죄가 성립한다.

라. 반환청구권의 상실

앞에서 살펴본 바와 같이 장물죄의 본질에 관해서는 견해가 대립하나, 판례(결합설)에 따르면 재산범죄로 인해 취득한 재물이라고 하더라도 반환청구권을 행사할 수 없거나 소멸된 때에는 장물성이 상실되고 따라서 그 재물에 대해서는 장물죄가 성립하지 않는다. 따라서 ① 제3자가 선의취득하거나(단, 금전을 제외한 도품 또는 유실물의 경우의 경우에는 2년 동안 반환청구권이 소멸되지 않음) 유효하게 소유권을 취득한 경우, ② 가공, 부합, 혼화에 의해서 제3자(가공자 등)가 소유권을 취득한 경우, ③ 사기, 강박에 의한 의사표시 후 피해자가 추인하거나 취소권이 소멸한 경우, ④ 불법원인급여물로 반환청구권을 행사할 수 없는 경우, ⑤ 본범이 피해자에게 사후승낙을 하거나 증여한 경우 등의 사례에서는 장물죄가 성립하지 않는다. 예컨대 명의신탁받은 부동산을 명의수탁자가 선의의 제3자에게 임의로 처분한 경우 수탁자에 대해서는 횡령죄가 성립한다고 하더라도 부동산실권리자명의등기에 관한 법률에 의하여 그 처분행위가 유효한 때에는 그 부동산에 대해서는 장물죄가 성립할 수 없다.

(4) 실행행위

1) 우선 장물죄의 행위태양으로서 '취득'이란 본범으로부터 장물의 점유를 이전받음으로써 장물에 대한 사실상의 처분권을 획득하는 것을 말한다. 따라서 단순히 보수를 받고 본범을 위하여 장물을 일시 사용하거나 그와 같이 사용할 목적으로 장물을 건네받은 것만으로는 사실상 처분권을 획득했다고 볼 수 없다. 예컨대 타인의 신용카드를 습득한 자로부터 보수를 줄 터이니 물건을 대신 구입하여 달라는 부탁을 받고 신용카드를 교부받아 보관하는 자는 그 신용카드가 습득한 것이라는 것을 알고 있었다고 하더라도 장물취득죄는 성립하지 않는다(대법원 2003.5.13. 선고 2003도1366 판결). 또한 취득이라고 하기 위해서는 본범과의 합의가 있어야 하므로 타인의 갈취한 재물을 그 타인의 의사에 반하여 절취하였더라도 그 재물에 대한 절도죄가 성립하는 것은 별론으로 하더라도 장물취득죄는 성립하지 않는다(대법원 1966.12.20. 선고 66도1437 판결).

한편 '취득'이라고 하기 위해서는 본범으로부터 장물의 점유를 이전받아야 하므로, 먼저 본범에게 귀속되는 과정 없이 피해자로부터 직접 재물을 취득한 경우에는 장물취득죄로 처벌할 수는 없다(☞ **[판례 Ⅷ-3]** 참조).

[판례 Ⅷ-3] 대법원 2010.12.9. 선고 2010도6256 판결【사기방조, 장물취득, 전자금융거래법위반】

〈공소사실〉

(1) 피고인은 공소외 1로부터 금융기관 계좌의 통장, 현금카드, 비밀번호를 판매할 것을 제의받게 되자, 그 통장 등이 성명불상자에 의하여 일명 보이스피싱 등의 범행에 이용된다는 사실을 알면서도 2009.6.4.경 ○○금고 ○○지점에서 자신의 명의로 ○○금고 계좌를 개설하면서 계좌입출금 사실을 알려주는 SMS 문자서비스를 신청하고 현금카드 및 직불카드 각각 1개씩을 발급받아 공소외 1에게 양도하고 그는 성명불상자에게 다시 양도하여 성명불상자들이 공소외 2와 공소외 3으로부터 1,000만원을 송금받아 편취함에 있어서 그 범행을 용이하게 하여 공소외 2와 3의 사기범행을 방조하였다. 또한 (2) 피고인은 피해자 공소외 2와 공소외 3이 성명불상자에게 속아 피고인 명의의 ○○금고 계좌로 1,000만원을 송금하고 이어 ○○금고에서 SMS 문자서비스로 위 계좌에 1,000만원이 입금된 사실을 알려주자, 2009.6.8. 19:38경 농협 ○○지점 현금자동지급기에서 위 ○○금고 계좌의 직불카드를 이용하여 140만원을 인출함으로써 성명불상자가 편취한 장물을 취득하였다.

〈관련조문〉

○ **전자금융거래법** 제2조(정의) 10. "접근매체"라 함은 전자금융거래에 있어서 거래지시를 하거나 이용자 및 거래내용의 진실성과 정확성을 확보하기 위하여 사용되는 다음 각 목의 어느 하나에 해당하는 수단 또는 정보를 말한다.

제6조 (접근매체의 선정과 사용 및 관리) ③ 누구든지 접근매체를 사용 및 관리함에 있어서 다른 법률에 특별한 규정이 없는 한 다음 각 호의 행위를 하여서는 아니 된다. 다만, 제18조에 따른 선불전자지급수단이나 전자화폐의 양도 또는 담보제공을 위하여 필요한 경우에는 그러하지 아니하다.

1. 접근매체를 양도하거나 양수하는 행위

제49조(벌칙) ④ 다음 각 호의 어느 하나에 해당하는 자는 3년 이하의 징역 또는 2천만원 이하의 벌금에 처한다.

1. 제6조 제3항 제1호를 위반하여 접근매체를 양도하거나 양수한 자

〈판결요지〉

사기죄의 객체는 타인이 점유하는 '타인의' 재물 또는 재산상의 이익이므로, 피해자와의 관계에서 그것이 피해자 소유의 재물인지 아니면 피해자가 보유하는 재산상의 이익인지에 따라 재물이 객체인지 아니면 재산상의 이익이 객체인지 구별하여야 하는 바, 이 사건의 경우 피해자는 본범인 성명불상자의 기망행위에 속아 현금 1,000만원을 피고인의 예금계좌로 송금하였고, 이는 재물에 해당하는 현금을 교부받는 방법이 예금계좌로 송금하는 형식으로 이루어진 것에 불과하다. 따라서 본범이 사기 범행으로 취득한 것은 재산상 이익이어서 장물에 해당하지 않는다는 원심의 판단은 사기죄의 객체 및 장물취득죄에 있어서의 장물의 의미 등에 관한 법리오해에서 비롯된 것으로서 적절하지 아니하다. 다만, 장물취득죄에 있어서 '취득'이라 함은 장물의 점유를 이전받음으로써 그 장물에 대하여 사실상 처분권을 획득하는 것을 의미하는데, 이 사건의 경우 본범의 사기행위는 피고인이 예금계좌를 개설하여 본범에게 양도한 방조행위가 가공되어 본범에게 편취금이 귀속되는 과정 없이 피고인이 피해자로부터 피고인의 예금계좌로 돈을 송금받아 취득함으로써 종료되는 것이고, 그 후 피고인이 자신의 예금계좌에서 위 돈을 인출하였다 하더라도 이는 예금명의자로서 은행에 예금반환을 청구한 결과일 뿐 본범으로부터 위 돈에 대한 점유를 이전받아 사실상 처분권을 획득한 것은 아니므로, 피고인의 위와 같은 인출행위를 장물취득죄로 벌할 수는 없다.

〈참조판례〉

○ **대법원 2009.12.10. 선고 2009도8776 판결【절도미수】**

절취란 타인이 점유하고 있는 재물을 점유자의 의사에 반하여 그 점유를 배제하고 자기 또는 제3자의 점유로 옮기는 것을 말한다. 피고인이 발급받아 제3자에게 교부하여 준 속칭 '대포통장'의 명의인으로서 그 계좌로 송금되어 온 금전을 인출하기 위

하여 통장의 분실신고를 하여 계좌거래를 정지시킨 다음 통장을 재발급받고 그 통장을 이용하여 현금자동지급기에서 금전을 인출하는 행위는 자신의 명의로 된 은행계좌를 이용한 것이어서 애초 예금계좌를 개설한 은행의 의사에 반한다고 볼 수 없으므로 절취행위에 해당하지 않는다.

○ **대법원 2017.5.31. 선고 2017도3894 판결【사기방조, 횡령 등】**

전기통신금융사기(이른바 보이스피싱 범죄)의 범인이 피해자를 기망하여 피해자의 자금을 사기이용계좌로 송금·이체받으면 사기죄는 기수에 이르고, 범인이 피해자의 자금을 점유하고 있다고 하여 피해자와의 어떠한 위탁관계나 신임관계가 존재한다고 볼 수 없을 뿐만 아니라, 그 후 범인이 사기이용계좌에서 현금을 인출하였더라도 이는 이미 성립한 사기범행이 예정하고 있던 행위에 지나지 아니하여 새로운 법익을 침해한다고 보기도 어려우므로, 위와 같은 인출행위는 사기의 피해자에 대하여 별도의 횡령죄를 구성하지 아니한다. 이러한 법리는 사기범행에 이용되리라는 사정을 알고서 자신 명의 계좌의 접근매체를 양도함으로써 사기범행을 방조한 종범이 사기이용계좌로 송금된 피해자의 자금을 임의로 인출한 경우에도 마찬가지로 적용된다.

〈해 설〉

우선 피고인이 성명불상자에 의하여 일명 보이스피싱 등의 범행에 이용된다는 사실을 알면서도 공소외 1로부터 부탁을 받고 자기명의로 ○○금고 계좌를 개설하고 통장, 현금카드를 양도한 점에 대해서는 전자금융거래법위반죄와 사기방조죄가 성립한다. 방조범이 성립하기 위해서는 정범에 의하여 실행되는 행위에 대한 미필적 고의가 있는 것으로 충분하고 정범의 행위가 실행되는 일시, 장소, 객체 등을 구체적으로 인식할 필요가 없으며, 나아가 정범이 누구인지 확정적으로 인식할 필요도 없다(대법원 2007.12.14. 선고 2005도872 판결). 따라서 이 사안에서 피고인이 정범이 누구인지를 정확하게 알지 못했다고 하더라도 방조범의 죄책을 묻는 데는 특별한 문제가 없다.

다음으로 성명불상자에 의해 기망당한 피해자들이 피고인 명의의 계좌로 입금한 1,000만원 중 일부인 140만원을 피고인이 인출한 점에 대해서는 장물취득죄가 성립하는지가 문제된다. 장물취득죄가 성립하기 위해서는 그것이 재산죄인 범죄행위에 의하여 영득된 물건이어야 하고, 나아가서 장물의 점유를 이전받음으로써 그 장물에 대하여 사실상 처분권을 획득하여야 하므로, 장물취득죄의 성립여부는 결국 피고인이 ○○금고 계좌의 직불카드를 이용하여 인출한 140만원을 장물로 볼 수 있는가 그리고 피고인의 예금계좌에 입금된 돈을 인출하는 행위를 취득이라고 볼 수 있는가에 달려있다.

원심이 잘 파악한 바와 같이 이 사건에서 피고인이 사기방조에 의하여 취득한 예금채권은 재물이 아니라 재산상 이익이 장물이 될 수 없으므로 장물취득죄로 의율하기는 힘들다. 그리고 피해자들이 본범의 기망행위에 속아 현금 1,000만원을 피고인의 예금계좌로 송금한 것은 재물에 해당하는 현금을 교부받는 방법이 예금계좌로 송금하는 형식으로 이루어진 것에 불과하다고 보아 피고인의 예금계좌에 입금된 1,000만을 장물로 본다고 하더라도, 피고인이 자신의 예금계좌에서 인출한 돈은 예금명의자로서 은행에 예금반환청구권을 행사한 결과로 취득한 것에 불과하고 본범으로부터 점유를 이전받은 것이 아니므로 피고인의 행위를 장물의 취득이라고 하기도 힘들다.

어떤 예금계좌에 돈이 착오로 잘못 송금되어 입금된 경우에는 그 예금주와 송금인 사이에 신의칙상 보관관계가 성립하므로, 피고인이 송금 절차의 착오로 인하여 피고인 명의의 예금계좌에 입금된 돈을 임의로 인출하여 소비한 행위는 횡령죄를 구성한다(대법원 2005.10.28. 선고 2005도5975 판결; 2010.12.9. 선고 2010도891 판결). 결국 이 사건에서 피해자들이 본범인 성명불상자에게 속아 피고인의 예금계좌로 송금한 1,000만원은 피고인의 관점에서 보면 착오로 자기명의의 계좌에 입금된 돈으로 신의칙상 보관관계가 성립하고 그 중 일부를 무단으로 인출한 데 대해서는 횡령죄의 죄책을 물을 수 있다.

장물취득죄 또는 횡령죄 이외에도 이 사건에서는 피고인이 ○○금고 계좌의 직불카드를 이용하여 농협 ○○지점 현금자동지급기에서 140만원을 인출한 행위가 현금자동지급기의 설치·관리자인 농협 ○○지점에 대한 관계에서 절도죄 또는 사기죄를 구성하는지가 문제될 수 있다. 참고판례에서 볼 수 있듯이 송금의뢰인과 수취인 사이에 계좌이체 등의 원인인 법률관계가 존재하는지 여부에 관계없이 수취인과 은행 사이에는 계좌이체금액 상당의 예금계약이 성립하고 수취인은 은행에 대하여 위 금액 상당의 예금채권을 취득하므로(대법원 2010.5.27. 선고 2010도3498 판결), 농협 ○○지점에 대한 관계에서 절도죄가 성립하지 않는다. 또한 설사 피고인이 ○○금고에서 직접 예금을 인출하였더라도 ○○금고에 대하여 기망행위가 있었다고 볼 수 없으므로 사기죄도 성립하지 않는다.

2) '양도'란 장물을 제3자에게 인도함으로써 사실상의 처분권을 넘겨주는 것을 말한다. 단순히 계약만으로 부족하고 현실적인 점유의 이전이 있어야 한다. 장물이라는 사실을 알고 장물을 취득한 후 이를 타인에게 양도한 때에는 장물취득죄만 성립하고, 장물양도행위는 별도로 처벌되지 않는다.

3) '운반'이란 장물을 장소적으로 이동하는 것을 말한다. 타인이 절취하여 운전하는 승용차의 뒷좌석에 편승한 것으로는 장물운반죄가 성립하지 않으나(대법원 1983.9.13. 선고 83도1146 판결), 절취한 차량임을 알고서도 본범의 부탁을 받고 운전을 해 준 경우에는 장물운반죄가 성립한다(대법원 1999.3.26. 선고 98도3030 판결).

4) '보관'이란 위탁을 받아 장물을 자기의 점유 하에 두는 것을 말하며, 사실상 처분권을 갖지 않는다는 점에서 취득과 구분된다. 장물인 정을 모르고 취득하여 보관하던 중 장물인 정을 알게 되었고 그것을 반환하는 것이 불가능하지 않음에도 불구하고 계속 보관함으로써 피해자의 정당한 반환청구권 행사를 어렵게 하고 위법한 재산상태를 유지시킨 경우에는 장물보관죄가 성립한다(대법원 1987.10.13. 선고 87도1633 판결). 다만 점유할 권한이 있는 때에는 이를 계속하여 보관하더라도 장물보관죄가 성립하지 않으므로, 예컨대 채권의 담보로서 수표들을 교부받았다가 그것이 장물인 정을 알게 된 이후에도 이를 계속해서 보관한 행위는 장물보관죄를 구성하지 아니한다(대법원 1986.1.21. 선고 85도2472 판결).

5) '알선'이란 장물을 취득·양도·운반·보관하려는 당사자 사이에서 이를 중개하거나 편의를 도모하는 것을 의미한다. 장물인 정을 알면서 장물을 취득·양도·운반·보관하려는 당사자 사이에 서서 서로를 연결하여 장물의 취득·양도·운반·보관행위를 중개하거나 편의를 도모하였다면, 그 알선에 의하여 당사자 사이에 실제로 장물의 취득·양도·운반·보관에 관한 계약이 성립하지 아니하였거나 장물의 점유가 현실적으로 이전되지 아니한 경우라도 장물알선죄가 성립한다. 예컨대 본범으로부터 절취하여 온 귀금속을 매도하여 달라는 부탁을 받고 귀금속이 장물이라는 정을 알면서도 요구를 수락하고 귀금속을 매수하기로 한 사람에게 전화하여 노래연습장에서 만나기로 약속한 후 본범으로부터 귀금속을 건네받아 이를 가지고 노래연습장에 들어갔다가 매수인을 만나기도 전에 자신을 추적 중이던 경찰관에 의하여 체포된 경우에는 장물알선죄가 성립한다(대법원 2009.4.23. 선고 2009도1203 판결).

(5) 고 의

1) 장물죄가 성립하기 위해서는 취득, 양도, 운반, 보관 또는 이를 알선하는 물건이 장물이라는 사

실을 인식하고 이를 용인하려는 의사가 필요하다. 장물의 인식은 확정적 인식임을 요하지 않으며 장물일지도 모른다는 의심을 가지는 정도의 미필적 인식으로서도 충분하다(대법원 2004.12.9. 선고 2004도5904 판결). 따라서 장물일지도 모른다고 생각하면서 미등록 상태의 수입자동차를 취득하여 최초등록을 마친 후 타인에게 양도한 경우 장물양도죄의 죄책을 면할 수 없다(대법원 2011.5.13. 선고 2009도3552 판결).

2) 다만 취득, 양도, 운반, 보관 또는 알선행위를 할 때에 장물이라는 사실을 인식해야 한다. 장물을 매수하는 경우 매수인이 매매계약 체결 시에는 장물인 정을 몰랐다고 하더라고 그 후 그 정을 알고 인도를 받은 때에는 장물취득죄가 성립한다(대법원 1960.2.17. 선고 4292형상496 판결). 그러나 장물을 인도받은 후에 비로소 그것이 장물이 아닌가 하는 의구심을 가진 때에는 장물을 취득할 당시에 고의가 있다고 할 수 없으므로 장물취득죄의 죄책을 물 수 없다(대법원 1971.4.20. 선고 71도468 판결).

(6) 죄 수

1) 금융기관 발행의 자기앞수표는 그 액면금을 즉시 지급받을 수 있는 점에서 현금에 대신하는 기능을 가지고 있어서 장물인 자기앞수표를 취득한 후 이를 현금 대신 교부한 행위는 불가벌적 사후행위로서 별도의 범죄를 구성하지 아니한다(대법원 1993.11.23. 선고 93도213 판결).

2) 절도범인으로부터 장물보관 의뢰를 받은 자가 그 정을 알면서 이를 인도받아 보관하고 있다가 임의 처분한 경우 장물보관행위로 인해 이미 그 소유자의 추구권이 침해되었다고 할 것이므로 그 후의 횡령행위는 불가벌적 사후행위에 불과하여 별도로 횡령죄가 성립하지 않는다(대법원 2004.4.9. 선고 2003도8219 판결).

3) 절취한 차량이라는 사정을 알면서도 본범으로부터 부탁을 받고 그 차량을 이용한 강도를 준비하는 과정에서 그 차량을 운전해 준 경우에는 장물운반죄와 더불어 강도예비죄의 죄책을 진다(대법원 1999.3.26. 선고 98도3030 판결).

2. 상습장물죄 (제363조)

1) 상습으로 장물을 취득, 양도, 운반, 보관 또는 이를 알선함으로써 성립하는 범죄로 1년 이상 10년 이하의 징역에 처하고, 10년 이하의 자격정지 또는 1천5백만원 이하의 벌금을 병과할 수 있다. 장물죄로 세 번 이상 징역형을 받은 사람이 다시 이 죄를 범하여 누범으로 처벌하는 경우에는 2년 이상 20년 이하의 징역에 처한다(특가법 제5조의4 제5항 제3호).

2) 상습성이라 함은 반복하여 장물취득 등의 행위를 하는 습벽으로서 행위자의 속성을 말하고, 이러한 습벽의 유무를 판단함에 있어서는 전과가 중요한 판단자료가 되나 전과가 없다고 하더라도 범행의 회수, 수단과 방법, 동기 등 제반 사정을 참작하여 습벽이 인정되는 경우에는 상습성을 인정할 수 있다(대법원 2007.2.8. 선고 2006도6955 판결).

3) 장물취득죄는 상습장물알선죄와 포괄일죄의 관계에 있다(대법원 1974.1.14. 선고 73도1848 판결).

3. 업무상과실·중과실 장물죄 (제364조)

1) 업무상 과실 또는 중과실로 장물을 취득, 양도, 운반, 보관 또는 이를 알선함으로써 성립하는 범죄로 1년 이하의 금고 또는 500만원 이하의 벌금에 처한다. 단순과실의 경우에는 처벌되지 않는다. 재산죄 중에는 과실범을 처벌하는 유일한 규정으로 중고품상, 골동품상, 전당포와 같이 영업상 장물을 취급하기 쉬운 업무자에게 업무처리에 있어서 각별한 주의를 요구하고, 고의범으로서의 장물죄의 입증이 곤란한 경우에 과실범으로 처벌할 여지를 둠으로써 장물의 단속과 본범의 검거의 효과를 기하고자 하는 형사정책적 고려에서 마련된 규정이다.

2) 금은방을 운영하는 자가 귀금속류를 매수함에 있어 매도자의 신원확인절차를 거쳤다고 하여도 장물인지의 여부를 의심할 만한 특별한 사정이 있거나, 매수물품의 성질과 종류 및 매도자의 신원 등에 좀 더 세심한 주의를 기울였다면 그 물건이 장물임을 알 수 있었음에도 불구하고 이를 게을리하여 장물인 정을 모르고 매수하여 취득한 경우에는 업무상과실장물취득죄가 성립한다(대법원 2003.4.25. 선고 2003도348 판결). 그러나 전당포 경영자가 전당물을 입질받음에 있어 소유관계를 묻고 주민등록증을 제시받아 전당물대장에 주소, 성명, 직업, 주민등록번호, 연령 등을 기재하였다면 특별한 사정이 없는 한 전당포 경영자로서의 주의의무를 다한 것이고 더 나아가 입질물품이 실제로 상대방의 소유인지의 여부 또는 전당물의 출처, 전당잡히려는 동기등을 확인하여야 할 주의의무까지는 없다(대법원 1987.2.24. 선고 86도2077 판결). 또한 영업용 택시운전사에게 승객의 소지품의 내용 및 내력 등에 관하여 이를 물어보고 조사할 권한이나 의무가 없으므로 택시운전사가 승객의 물건의 출처와 장물 여부를 따지고 신분에 적합한 소지인인가를 알아보는 등의 주의를 하지 않고 승객의 물건을 운반하였다 하여도 업무상 과실장물운반죄가 성립하지 않는다(대법원 1983.6.28. 선고 83도1144 판결).

4. 친족간의 특례 (제365조)

1) 장물범(장물죄, 상습장물죄, 업무상과실·중과실장물죄를 범한 자)과 피해자 사이에 직계혈족, 배우자, 동거친족, 동거가족 또는 그 배우자의 관계가 있으면 형을 면제하고, 이외의 친족관계가 있는 때에는 고소가 있어야 공소를 제기할 수 있다(제365조 제1항, 제328조).

2) 나아가서 제2항은 장물범과 본범 사이에 직계혈족, 배우자, 동거친족, 동거가족 또는 그 배우자의 관계가 있을 때에는 그 형을 감경 또는 면제한다(제365조 제2항). 이는 장물죄의 본범 비호적 성격을 반영한 것이다.

5. 범죄수익규제법위반죄

1) 앞에서 설명한 장물죄는 한편으로 본범의 실행행위가 종료한 후에 사후적으로 본범을 사후적으로 방조하는 성격을 가지면서도 다른 한편으로는 본범이 취득한 재물(장물)을 취득하는 등 본범으로 인해 발생한 수익을 공유하는 성격을 가지고 있다. 다만 장물죄의 본범은 절도, 강도, 사기, 공갈, 횡령 등 재물을 객체로 하는 재산범죄에 국한된다는 한계가 있다. 이에 범죄수익규제법은 각종 범죄와 관련된 범죄수익의 취득 등에 관한 사실을 가장하거나 범죄를 조장할 목적 또는 적법하게 취득한 재산으로 가장할 목적으로 범죄수익을 은닉하는 행위를 규제하고, 특정범죄와 관련된 범죄수익의 몰수 및 추징에 관한 특례를 규정하고 있다.

2) 본법의 규제대상은 형법 중 공안을 해하는 죄(제114조 제1항), 공무원의 직무에 관한 죄(제129조 내지 제133조), 통화에 관한 죄(제207조, 제208조, 제212조), 유가증권에 관한 죄(제214조 내지 제217조, 제223조, 제224조), 문서에 관한 죄(제225조 내지 제127조, 제227조의2, 제228조 제1항, 제229조, 제231조, 제232조, 제232조의2, 제233조, 제234조, 제235조, 제22조 제1항 제229조, 제231조, 제232조, 제232조의2, 제233조, 제234조), 성풍속에 관한 죄(제243조, 제244조), 도박과 복표에 관한 죄(제246조 제2항, 제247조), 살인의 죄(제250조, 제254조, 제255조), 신용·업무에 관한 죄(제313조, 제314조), 권리행사를 방해하는 죄(제323조, 제324조, 제324조의2 내지 제324조의5, 제325조, 제326조), 절도와 강도의 죄(제329조 내지 제331조, 제333조 내지 제340조, 제342조, 제343조), 사기와 공갈의 죄(제347조, 제347조의2, 제350조, 제351조, 제352조), 횡령과 배임의 죄(제355조, 제356조, 제357조), 장물의 죄(제362조), 경륜·경정법위반(제26조, 제27조, 제29조, 제30조), 관세법위반죄(제269조, 제271조 제2항), 대외무역법위반죄(제53조 제2항 제9호), 변호사법위반죄(제111조), 부정수표단속법위반죄(제5조), 사행행위규제법위반죄(제30조 제1항), 상법위반죄(제622조, 제624조), 상표법위반죄(제93조), 저작권법위반죄(제136조 제1항), 자본시장법위반죄(제443조, 제4454조 제42호), 아동복지법위반죄(제71조 제1항 제1호, 제73조), 여신전문금융업법위반죄(제71조 제1항·제2항 제3호·제5항), 성매매알선법위반죄(제18조, 제19조 제2항), 제22조, 제23조), 게임산업법위반죄(제44조 제1항), 정치자금법위반죄(제45조 제1항·제2항), 직업안정법위반죄(제46조, 제47조 제1호), 총포·도검·화약류단속법위반죄(제70조), 특경법위반죄(제3조, 제5조, 제7조), 특가법위반죄(제2조, 제3조, 제5조, 제5조의2, 제5조의4, 제6조, 제8조, 제9조 제1항, 제10조), 채무자회생 및 파산에 관한 법률위반죄(제650조, 제652조, 제654조), 폭처법위반죄(제2조 내지 제4조, 제5조 제1항, 제6조), 한국마사회법위반죄(제50조, 제51조, 제53조, 제54조, 제58조, 제60조), 식품위생법위반죄(제94조), 건강기능식품에 관한 법률 위반죄(제43조), 보건범죄단속법위반죄(제2조 제1항), 정보통신망법위반죄(제74조 제1항 제2호), 영화 및 비디오물진흥에 관한 법률위반죄(제95조 제6조), 폐기물관리법위반죄(제64조 제1호·제2호), 출입국관리법위반죄(제93조의2 제2항), 여권법위반죄(제24조), 석유 및 석유대체연료사업법위반죄(제44조 제3호), 아동·청소년성보호법위반죄(제15조), 대부업법위반죄(제19조 제2항 제3호)에 의하여 생긴 재산이나 그에 대한 보수로 얻은 재산(범죄수익규제법 제2조 제2호 가목)과 성매매처벌법위반죄(제19조 제2항 제1

호), 폭처법위반죄(제5조 제2항, 제6조), 국제상거래에 있어서 외국공무원에 대한 뇌물방지법위반죄(제3조 제1항), 특경법위반죄(제4조), 국제형사재판소관할범위의 처벌 등에 관한 법률위반죄(제8조 내지 제16조), 공중 등 협박목적 및 대량살상무기확산을 위한 자금조달행위의 금지에 관한 법률위반죄(제6조 제1항·제4항)의 죄와 관련된 자금 또는 재산이다(범죄수익규제법 제2조 제2호 나목).

3) 범죄수익, 범죄수익에서 유래한 재산 및 이들 재산과 그 외의 재산이 합쳐진 재산(이하 '범죄수익 등'이라고 한다)의 취득 또는 처분에 관한 사실을 가장하거나, 범죄수익의 발생원인에 관한 사실을 가장하거나, 본법의 적용대상인 범죄를 조장하거나 적법하게 취득한 재산으로 가장할 목적으로 범죄수익 등을 은닉한 때에는 5년 이하의 징역 또는 3천만원 이하의 벌금에 처한다(제3조 제1항). 이들 죄의 미수범은 처벌하고(같은 조 제2항), 이들 죄를 범할 목적으로 예비하거나 음모한 자는 2년 이하의 징역 또는 1천만원 이하의 벌금에 처한다(같은 조 제3항). 그 정황을 알면서 범죄수익 등을 수수한 자는 3년 이하의 징역 또는 2천만원 이하의 벌금에 처한다(제4조). 금융회사 등에 종사하는 사람은 금융거래와 관련하여 수수한 재산이 범죄수익 등이라는 사실을 알게 되거나 금융거래의 상대방이 범죄수익을 가장·은닉하고 있다는 사실을 알게 되었을 때에는 지체 없이 관할 수사기관에 신고하여야 하고, 이를 위반한 때에는 2년 이하의 징역 또는 1천만원 이하의 벌금에 처한다(제5조 제1항·제3항).

4) 자금세탁을 목적으로 교부된 범죄수익을 다시 반환받을 수 있도록 하는 것은 범죄수익의 은닉이나 가장, 수수 등의 행위를 억지하고자 하는 본법의 입법목적에도 배치되므로, 수표를 현금으로 교환해 주면 대가를 주겠다는 제안을 받고 그 수표가 불법 금융다단계 유사수신행위에 의한 사기범행을 통해 취득한 범죄수익이라는 사실을 알면서도 교부받은 경우 그 수표는 불법의 원인으로 급여한 물건에 해당하여 소유권이 피고인에게 귀속되고 그 중 교환하지 못한 수표와 이미 교환한 현금을 임의로 소비하였더라도 횡령죄가 성립하지 않는다(대법원 2017.4.26. 선고 2016도18035 판결).

Ⅸ. 손괴의 죄(제42장)

1) 손괴의 죄(손괴죄)는 타인의 재물, 문서 또는 전자기록 등 특수매체기록을 손괴 또는 은닉 기타의 방법으로 효용을 해함으로써 성립하는 범죄이다. 그 유형으로는 단순손괴죄(제366조), 공익건조물파괴죄(제367조), 중손괴죄(제368조), 특수손괴죄(제369조), 경계침범죄(제370조)가 있고 단순손괴죄, 공익건조물파괴죄, 특수손괴죄의 미수범은 처벌한다(제371조). 동력에 관한 규정(제328조)이 준용되나(제372조) 친족상도례 규정은 준용되지 않는다.

2) 2인 이상이 공동하여 손괴죄(제366조)를 범한 때에는 폭처법에 의해 가중처벌된다(제2조 제2항).

1. 재물손괴죄 (제366조)

타인의 재물, 문서 또는 전자기록 등 특수매체기록을 손괴 또는 은닉 기타의 방법으로 효용을 해함으로써 성립하는 범죄로 3년 이하의 징역 또는 700만원 이하의 벌금에 처한다. 본죄의 미수범은 처벌한다(제371조).

(1) 행위의 객체

가. 재물, 문서 또는 전자기록 등 특수매체기록

1) 본죄의 객체는 타인소유의 재물, 문서 또는 전자기록 등 특수매체기록이다.

2) 먼저 재물에는 유체물 뿐만 아니라 전기 기타 관리할 수 있는 동력도 포함된다. 재물로서 본래의 가치가 상실되었더라도 다른 용도에 사용될 수 있다면 손괴죄의 객체가 될 수 있다(대법원 1979.7.24. 선고 78도2138 판결).

3) 손괴죄의 객체인 문서는 거기에 표시된 내용이 적어도 법률상 또는 사회생활상 중요한 사항에 관한 것이어야 한다. 이미 작성되어 있던 장부의 기재를 새로운 장부로 이기하는 과정에서 누계 등을 잘못 기재하여 그 부분을 찢어버리고 계속하여 종전장부의 기재내용을 모두 이기한 경우에, 이기과정에서 잘못 기재되어 찢어버린 부분은 손괴죄의 객체가 되는 재산적 이용가치 내지 효용이 있는 재물이라고 볼 수 없다(대법원 1989.10.24. 선고 88도1296 판결). 그러나 계산서에 작성명의인의 표시가 없고 그 내용에 있어 표시가 부분적으로 생략되어 몇 개의 계산수식만 기재되어 있기는 하나 계산서의 내용, 형식, 필적 등을 종합하면 그 작성명의인을 쉽게 알 수 있고 계산서에 기재되어 있는 계산수식만으로서도 그 내용을 객관적으로 이해하기 충분하다면, 그 계산서는 손괴죄의 객체인 문서에 해당된다(대법원 1985.10.22. 선고 85도1677 판결).

4) 전자기록 등 특수매체기록이란 컴퓨터 등 정보처리장치에 의하여 제공된 기록으로서 전자기록, 전기기록, 광학기록 등 사람의 지각에 의하여 직접적으로 인식될 수 없는 방식으로 기록된 것을 말한

다. 컴퓨터 자체 또는 기록을 담고 있는 매체물을 손괴하는 행위는 재물손괴죄에 해당하고, 컴퓨터에 저장된 정보를 손괴하는 행위가 특수매체기록 손괴죄에 해당한다.

나. 타인의 재물, 문서 또는 전자기록 등 특수매체기록

1) 손괴죄의 객체는 타인의 소유임을 요한다. 자기 소유에 속하는 물건에 대해서는 권리행사방해죄(제323조)나 공무상보관물무효죄(제142조)가 성립할 수 있으나 손괴죄는 성립할 수 없다. 타인의 소유물인 이상 누구의 점유에 있는가는 상관이 없다. 그리고 재물은 반드시 동산에 한하지 않으며 부동산도 본죄의 객체가 된다(대법원 2010.2.25. 선고 2009도8473 판결).

2) 문서손괴죄는 문서의 명의자가 누구인가와 상관없이 그 문서의 소유자가 타인인가의 여부에 의해서 결정되므로 자기명의의 문서라도 타인소유의 문서의 손괴, 은닉 기타의 방법으로 효용을 해한 이상 문서손괴죄의 죄책을 진다. 따라서 피해자로부터 전세금을 받고 영수증을 작성교부한 후에 피해자에게 전세금을 반환하겠다고 말하여 피해자로부터 영수증을 되돌려 받아 찢어버리거나(대법원 1984.12.26. 선고 84도2290 판결), 자기의 명의로 확인서를 작성하여 타인에게 주었다가 확인서를 그로부터 잠시 반환받아 그 내용의 일부를 임의로 변경하거나(대법원 1982.12.28. 선고 82도1807 판결), 약속어음의 발행인이 소지인에게 어음의 액면과 지급기일을 개서하여 주겠다고 하여 위 어음을 교부받은 후 위 어음의 수취인란에 타인의 이름을 추가로 기입하여 위 어음배서의 연속성을 상실하게 함으로써 그 효용을 해한 경우(대법원 1985.2.26. 선고 84도2802 판결)에는 문서손괴죄가 성립한다.

소유자의 의사에 따라 어느 장소에 게시 중인 문서를 소유자의 의사에 반하여 떼어내는 것과 같이 소유자의 의사에 따라 형성된 종래의 이용상태를 변경시켜 그 이용을 일시적으로 불가능하게 하는 경우에도 문서손괴죄가 성립할 수 있으나, 어느 문서에 대한 종래의 사용상태가 문서 소유자의 의사에 반하여 또는 그의 의사와 무관하게 이루어진 것일 경우에는 이는 단순히 그 종래의 사용상태를 제거하거나 변경시키는 것에 불과하고 문서손괴죄의 죄책을 물 수는 없다(☞ **[판례 IX-1]** 참조).

[판례 IX-1] 대법원 2015.11.27. 선고 2014도13083 판결【재물손괴】

〈공소사실〉

피고인은 이 사건 아파트 입주자로서 ○○신도시 쓰레기 자동집하시설 건립 반대를 위한 비상대책위원회 위원장인바, 아파트 관리사무소장이 303동 3·4호 라인 엘리베이터 벽면에 게시한 "○○시청 ○○신도시 생활쓰레기 자동집하시설 공사 반대 탄원에 따른 회신 문서" 1부를 임의로 제거함으로써 그 효용을 해하였다.

〈원심 판결요지〉

이 사건 회신 문서는 피고인의 개인 소유가 아니라 ○○시에 '○○신도시 쓰레기 자동집하시설 건립 반대' 민원을 제기한 이 사건 아파트 입주자들의 공유이므로, 피고인이 입주자들의 공유인 이 사건 회신 문서를 정당한 절차를 거치지 않고 위 엘리베이터 벽면에서 떼어내어 임의로 제거한 것은 이 사건 회신 문서의 효용을 해한 것이다.

〈대법원 판결요지〉

문서손괴죄는 문서의 소유자가 그 문서를 소유하면서 사용하는 것을 보호하려는 것이므로, 어느 문서에 대한 종래의 사용상태가 문서 소유자의 의사에 반하여 또는 문서 소유자의 의사와 무관하게 이루어진 것일 경우에 단순히 그 종래의 사용상태를 제거하거나 변경시키는 것에 불과하고 이를 손괴, 은닉하는 등으로 문서소유자의 그 문서 사용에 지장을 초래하지 않는 경우에는 문서의 효용, 즉 문서소유자의 문서에 대한 사용가치를 해하였다고 할 수 없어서 문서손괴죄가 성립하지 아니한다.

이 사건 회신 문서는 피고인 외 452인의 이 사건 아파트 입주자들이 ○○시에 위 시설의 건립에 반대하는 민원을 제기한 데 대한 회신으로서 피고인 외 452인을 수취인으로 하여 작성·발송된 것으로 그 소유자는 이 사건 아파트 전체 입주자가 아니라 민원 제기 입주자라고 할 것이고, 아파트 관리사무소장은 피고인을 비롯한 회신문서 수취인들의 동의를 받지 아니한 채 엘리베이터 벽면에 이 사건 회신 문서를 게시하였는바, 관리사무소장이 회신문서를 엘리베이터 벽면에 게시한 것은 그 소유자인 민원 제기 입주자들의 의사나 추정적 의사에 따른 것이 아니라 그들의 의사에 반한다고 할 것이다. 따라서 피고인이 아파트 관리주체의 동의 등 게시물 제거에 필요한 절차를 밟지 않고 회신문서를 위 엘리베이터 벽면에서 떼어낸 것은 단순히 그 종래의 사용상태를 제거 또는 변경한 것에 불과하고 이로써 문서소유자의 그 문서사용에 지장을 초래하였다고 할 수 없으므로 피고인에게 문서손괴죄의 죄책을 물 수는 없다.

3) 전자기록 등 특수매체기록이 타인의 것인지의 여부는 대개 그러한 기록을 담고 있는 매체물의 소유자와 일치한다. 그리고 정보통신서비스 제공자로부터 권한을 부여받아 정보통신매체에 데이터를 저장해 둔 경우에는 정보통신서비스 제공자로부터 권한을 부여받은 계정 명의자가 데이터의 주체가 된다(☞ **[판례 Ⅸ-2]** 참조).

[판례 Ⅸ-2] 대법원 2010.7.22. 선고 2010도63 판결【정통법위반(정보통신망침해등)】

〈사실관계〉

피고인은 2005.6.21. 공소외 1에게 인터넷온라인 게임인 리니지의 계정 및 캐릭터를 유상으로 양도하면서 계정포기각서를 작성하여 교부하고, 그 후 공소외 1은 공소외 2에게 이를 양도하고, 공소외 2는 다시 2006.9. 중순경 공소외 3에게 이를 유상으로 양도하였으며, 공소외 3은 그 후 자신의 이메일로 비밀번호를 변경하였으나, 피고인이 2006.10.18. 계정 설정 당시 사용하였던 신용카드를 사용하여 초기화한 다음 비밀번호를 변경하여 공소외 3의 접속을 불가능하게 하였다.

〈관련조문〉

○ **정보통신망법**[(2007.1.26. 법률 제8289호로 일부 개정되기 전의 것]

제49조(비밀 등의 보호) 누구든지 정보통신망에 의하여 처리·보관 또는 전송되는 타인의 정보를 훼손하거나 타인의 비밀을 침해·도용 또는 누설하여서는 아니 된다.

제62조(벌칙) 다음 각 호의 1에 해당하는 자는 5년 이하의 징역 또는 5천만원 이하의 벌금에 처한다.

6. 제49조의 규정을 위반하여 타인의 정보를 훼손하거나 타인의 비밀을 침해·도용 또는 누설한 자

〈원심 판결요지〉

정보통신망법 제49조는 '타인의 정보'를 훼손하여서는 아니된다고 규정하고 있는바, 위와 같이 자신이 사용하던 계정을 양도한 경우 그 계정에 포함된 정보는 '타인의 정보'에 해당하는지가 문제가 된다. 오늘날 정보통신망에서 형성된 정보도 재산적 가치를 가지고 있고, 그 정보는 일정한 계정에서 관리되는 형태를 지닐 수밖에 없어 양도를 함에 있어서는 계정과 함께 양도되는

형태를 가질 수밖에 없다. 이 사건에서도 게임의 계정을 양도하는 방법으로 게임 캐릭터라는 정보를 양도하였으므로, 계정에 대한 권리 유무와 상관없이 그 정보에 대한 소유권은 피고인이 아닌 타인의 소유라고 보아야 한다.

〈대법원 판결요지〉

정보통신망법 제49조의 규정을 위반하여 타인의 정보를 훼손한 행위'에 해당하는지 여부를 판단함에 있어 그 전제가 되는 정보의 귀속은 정보통신서비스 제공자에 의하여 그 접근권한이 부여되거나 허용된 자가 누구인지에 따라 정해져야 할 것이고, 이는 정보통신서비스 제공자가 정한 인터넷온라인 게임 이용약관상 계정과 비밀번호 등의 관리책임 및 그 양도나 변경의 가부, 그에 필요한 절차와 방법 및 그 준수 여부, 이용약관에 따른 의무를 이행하지 않았을 경우 행해질 수 있는 조치내용, 캐릭터 및 아이템 등 게임정보에 관한 이용약관상 소유관계 등 여러 사정을 종합적으로 고려하여야 한다.

앞서 본 법리 및 관계 법령에 비추어 위 게임의 이용약관에 따른 계정의 변경가능 여부, 비밀번호의 관리책임 및 변경의 주체·방법, 이용자가 자신의 계정 및 캐릭터 등을 제3자에게 이용하게 하거나 양도하는 행위가 허용되어 있는지 여부, 이용자가 이용약관에 따른 의무를 이행하지 않았을 경우 행해질 수 있는 조치내용, 캐릭터 및 아이템 등 게임정보에 관한 소유관계 등을 면밀히 따져 본 다음, 그에 기초하여 위 계정에 대한 정보통신망법상 정당한 접근권한자가 누구인지를 밝혀 과연 피고인의 행위가 '타인의 정보를 훼손한 행위'에 해당하는지 여부를 판단하여야 한다. 그럼에도 불구하고 이 사건 공소사실이 유죄라고 판단한 원심판결에는 위 범죄구성요건에 관한 법리를 오해하여 범죄의 성립에 필요한 심리를 다하지 아니한 위법 등이 있다.

(2) 실행행위

1) 손괴죄의 실행행위는 손괴, 은닉 기타 재물의 효용을 해하는 행위이다.

2) '손괴'란 재물, 문서 또는 전자기록 등 특수매체기록에 직접 물리력을 가하여 그 효용을 해하는 행위를 말한다. 다른 사람 소유의 광고용 간판을 백색 페인트로 도색하여 광고문안을 지워버리거나(대법원 1989.1.31. 선고 88도1592 판결), 건조물의 벽면에 낙서를 하거나 게시물을 부탁하거나 또는 오물을 투척하는 행위(대법원 2007.6.28. 선고 2007도2590 판결)도 손괴에 해당한다. 효용의 침해는 일시적이어도 무방하고 반드시 물건 자체가 멸실되거나 중요부분이 훼손될 것을 요하지 않는다. 다만 물건 자체에 유형력이 행사되어야 하므로, 전파를 방해함으로써 전자기기를 사용하지 못하도록 하는 것과 같이 물건 자체는 훼손하지 않고 효용을 침해하는 행위는 손괴에 해당하지 않고, 기타의 방법으로 그 효용을 침해하는 것에 해당한다. 전자기록 등 특수매체기록의 손괴란 매체물 자체의 물리적 훼손을 말하는 것이 아니라 기록 자체의 훼손을 말한다. 매체물의 훼손은 재물 손괴에 해당한다.

3) '은닉'이란 재물, 문서 또는 전자기록 등 특수매체기록의 소재를 불분명하게 하여 발견하기 곤란케 함으로써 그 효용을 해하는 행위를 말한다. 회사의 경리사무처리상 필요불가결한 매출계산서, 매출명세서 등의 반환을 거부함으로써 그 문서들을 그와 같은 용도에 사용할 수 없게 하는 것도 그 문서의 효용을 해하는 행위로서 문서손괴에 해당한다(대법원 1971.11.23. 선고 71도1576 판결). 그러나 피해자를 좀 더 호젓한 곳으로 데리고 가기 위하여 피해자의 가방을 빼앗고 따라 오라고 하였는데 피해자가 따라 오지 아니하고 그냥 돌아갔기 때문에 위 가방을 돌려주기 위하여 부근일대를 돌아다녔다면 재물을

은닉하거나 그 효용을 해한 경우에 해당한다고 할 수는 없다(대법원 1992.7.28. 선고 92도1345 판결).

4) 손괴죄의 행위태양은 손괴, 은닉에 한정되지 않고 재물의 효용을 해하는 일체의 행위를 포함한다. 여기서 '효용을 해한다'고 함은 그 물건의 본래의 사용목적에 사용할 수 없는 상태로 만드는 것은 물론 일시 그것을 이용할 수 없는 상태로 만드는 것도 포함한다. 예컨대 판결에 의하여 명도받은 토지의 경계에 설치해 놓은 철조망과 경고판을 치워 버리거나(대법원 1982.7.13. 선고 82도1057 판결), 물에 연결하고 땅속에 묻어서 수도관적인 역할을 하고 있는 고무호스 중 일부를 땅에서 캐내어 제쳐 놓음으로써 물이 통하지 못하게 하거나(대법원 1971.1.26. 선고 70도2378 판결), 자동문을 자동으로 작동하지 않고 수동으로만 개폐가 가능하게 하여 자동잠금장치로서의 역할을 할 수 없도록 하는 것(대법원 2016.11.25. 선고 2016도9219 판결)은 물건 자체를 물질적으로 손괴한 것은 아니라 할지라도 그 구체적인 역할을 하고 있는 효용을 해한 것이므로 손괴죄가 성립한다.

(3) 손괴의 고의

1) 재물손괴의 범의를 인정함에 있어서는 반드시 계획적인 손괴의 의도가 있거나 물건의 손괴를 적극적으로 희망하여야 하는 것은 아니고, 소유자의 의사에 반하여 재물의 효용을 상실케 하는 데 대한 인식과 용인의 의사가 있으면 족하다(대법원 1993.12.7. 선고 93도2701 판결).

2) 공중전화기가 고장난 것으로 생각하고 파출소에 신고하기 위하여 전화선코드를 빼고 이를 떼어낸 것이라면 전화기를 물질적으로 파괴하거나 또는 전화기를 떼어내 통화를 할 수 없게 함으로써 그 효용을 해하려는 의사가 있었다고 볼 수 없다(대법원 1986.9.23. 선고 86도941 판결). 그리고 임차인이 가재도구를 그대로 둔 채 시골로 내려가 버린 사이에 임대인의 모(母)가 임차인의 승낙없이 가재도구를 옥상에 옮겨놓으면서 그 위에다 비닐장판과 비닐천 등을 덮어씌워 비가 스며들지 않게 하고 또한 다른 사람이 열지 못하도록 종이를 바르는 등 조치를 취하였다면 설사 그 무렵 내린 비로 침수되어 그 효용을 해하였다 하더라도 손괴의 고의가 있다고 보기 어렵다(대법원 1983.5.10. 선고 83도595 판결).

(4) 위법성

1) 재건축사업으로 철거가 예정되어 있는 아파트를 가집행선고부 판결을 받아 철거하는 행위는 형법 제20조의 정당행위에 해당한다(대법원 2010.2.25. 선고 2009도8473 판결).

2) 피해자의 승낙이 있는 경우 손괴행위의 위법성이 조각되며, 피해자의 승낙은 언제든지 자유롭게 철회할 수 있다(대법원 2011.5.13. 선고 2010도9962 판결). 농작물을 매도한 후 매수인이 명인방법을 갖추지 않았다면 매수인은 농작물에 대한 소유권을 취득하였다고 볼 수 없고, 매수인이 일정 기간 후 수확하지 않을 경우에는 매도인이 이를 임의처분하여도 이의를 제기하지 않기로 약정하였다면 그 기간 후에 매도인이 농작물을 손괴하더라도 매도인은 재물손괴죄의 죄책을 지지 않는다(대법원 1996.2.23. 선

고 95도2754 판결). 그러나 재건축사업으로 철거예정이고 그 입주자들이 모두 이사하여 아무도 거주하지 않은 채 비어 있는 아파트라 하더라도 그 아파트가 본래 사용목적인 주거용으로 쓰일 수 없는 상태라거나 재물로서의 이용가치나 효용이 없는 물건이라고도 할 수 없고, 조합원이 재건축조합 정관에 규정된 조합원의 의무에 동의한다는 취지의 동의서를 제출하고 정관에 조합원은 조합의 건축물 철거에 응할 의무가 있다는 규정이 있는 경우라도 법적 절차를 따르지 않고 건축물을 철거하는 데 대한 사전 승낙을 받았다고 볼 수는 없으므로, 재건축조합이 법적 절차에 따르지 않고 입주자가 이사하여 아무도 거주하지 않은 채 비어 있는 아파트를 철거한 때에는 손괴죄의 죄책을 진다(대법원 2007.9.20. 선고 2007도5207 판결).

(5) 죄 수

1) 손괴죄의 객체인 재물, 문서, 전자기록등 특수매체기록은 비전속적 법익이므로 하나의 행위로 수인의 재물을 훼손한 때에는 하나의 손괴죄만 성립한다.

2) 한편 손괴행위가 다른 범죄의 성립요소가 되어 있는 경우에는 그 범죄만 성립하고 별도로 손괴죄가 성립하지 않는다. 예컨대 타인에게 온 편지의 외피(봉투)를 찢어서 몰래 읽어본 후 제자리에 가져다 둔 경우 손괴행위는 비밀침해죄(제316조)에 흡수되어 비밀침해죄만 성립하고, 특수매체기록을 손괴하여 타인의 업무를 방해하면 손괴행위는 컴퓨터장애업무방해죄(제314조 제2항)에 흡수되어 컴퓨터업무방해죄만 성립하며, 건조물의 일부를 손괴하고 타인의 주거에 침입하여 재물을 절취한 때에는 특수절도죄(제331조 제1항)만 성립한다.

3) 그러나 손괴행위로 인하여 별개의 법익을 침해한 때에는 상상적 경합이 된다. 예컨대 인터넷을 통하여 타인의 컴퓨터에 침입하여 바이러스프로그램을 전달·유포함으로써 컴퓨터의 정보처리에 장애를 초래한 때에는 손괴죄와 더불어 정보통신망법위반(제62조 제4호)죄의 상상적 경합이 된다.

2. 공익건조물파괴죄(제367조)

1) 공익에 공하는 건조물을 파괴함으로써 성립하는 범죄로 10년 이하의 금고 또는 2천만원 이하의 벌금에 처한다. 본죄의 미수범은 처벌한다(제371조). 행위의 객체가 공익건조물이고 행위태양이 파괴라는 점에서 재물손괴죄보다 형이 가중된다.

2) 공익건조물이란 공공의 이익을 위해 사용되는 것으로 공공체육시설, 공공미술관, 공공공연장, 고속도로휴게소 등을 그 예로 들 수 있다. 공익건조물인 한 소유자는 불문한다.

3) '파괴'란 건조물의 중요부분을 손괴하여 그 용도에 따라 사용하지 못하게 하는 것을 말하고, 파괴의 정도에 이르지 않으면 그 건조물이 타인의 소유인 경우 손괴죄로 처벌될 수 있다.

3. 중손괴죄 (제368조 제1항), 손괴치사상죄 (제368조 제2항)

1) 재물손괴죄 또는 공익건조물파괴죄를 범하여 사람의 생명 또는 신체에 위험을 발생하게 한 때에는 1년 이상 10년 이하의 징역에 처한다(제368조 제1항).

2) 재물손괴죄 또는 공익건조물파괴죄를 범하여 상해 또는 사망에 이르게 한 때에는 각각 1년 이상의 유기징역과 3년 이상의 유기징역에 처한다(제368조 제2항).

4. 특수손괴· 특수공익건조물파괴죄(제369조), 공동손괴죄(폭처법 제2조 제2항)

(1) 의 의

1) 단체 또는 다중의 위력을 보이거나 위험한 물건을 휴대하여 재물손괴죄 또는 공익건조물파괴죄를 범함으로써 성립하는 범죄로 각각 5년 이하의 징역 또는 1천만원 이하의 벌금과 1년 이상의 유기징역 또는 2천만원 이하의 벌금에 처한다. 본죄의 미수범은 처벌한다(제371조). 자동차를 이용하여 다른 사람의 자동차를 손괴한 경우 그 자동차의 소유자 등이 실제로 해를 입거나 해를 입을 만한 위치에 있지 않았다고 하더라도 본죄가 성립한다(대법원 2003.1.24. 선고 2002도5783 판결).

2) 2인 이상이 공동하여 손괴죄를 범한 때에는 손괴죄에 정한 형의 1/2을 가중한다(폭처법 제2조 제2항). 본죄의 미수범은 처벌한다(같은 법 제6조).

5. 경계침범죄 (제370조)

1) 경계표를 손괴, 이동 또는 제거하거나 기타의 방법으로 토지의 경계를 인식불능하게 함으로써 성립하는 범죄로 3년 이하의 징역 또는 500만원 이하의 벌금에 처한다.

2) 경계표는 반드시 담장 등과 같이 인위적으로 설치된 구조물만을 의미하는 것으로 볼 것은 아니고, 수목이나 유수 등과 같이 종래부터 자연적으로 존재하던 것이라도 경계표지로 승인된 것이면 여기의 경계표에 해당한다(대법원 2007.12.28. 선고 2007도9181 판결). 경계표가 비록 실체상의 경계선에 부합되지 않는다고 할지라도 그것이 종전부터 일반적으로 승인되어 왔거나 이해관계인들의 명시적 또는 묵시적 합의에 의하여 정하여진 것이라면 본죄의 객체가 되고(대법원 1999.4.9. 선고 99도480 판결), 종래의 경계가 법률상의 정당한지 여부에 대하여 다툼이 있다고 하더라도 판결로써 그것이 법률상 정당하지 않다고 확정되는 등 경계로서의 객관성을 상실하는 것으로 볼 만한 사정이 없는 한 여전히 본죄의 객체가 된다(대법원 1992.12.8. 선고 92도1682 판결). 그러나 기존경계가 진실한 권리상태와 맞지 않는다는 이유로 기존경계를 무시하고 일방적으로 경계측량을 하여 이를 실체권리관계에 맞는 경계라고 주장하면서 그 위에 계표를 설치한 경우 그 계표는 본죄의 객체에 해당되지 않는다(대법원 1986.12.9. 선고 86도1492 판결).

2) 행위태양은 경계표를 '손괴', '이동' 또는 '제거'하거나 '기타의 방법'으로 토지의 경계를 인식불능하게 하는 것으로, 기타의 방법의 예로는 타인의 토지를 침범하여 건물을 건축하는 경우를 들 수 있다(대법원 1972.2.29. 선고 71도2293 판결). 다만 본죄에 대해서는 미수범 처벌규정이 없으므로 경계표의 손괴 등의 행위가 있더라도 토지경계의 인식불능의 결과가 발생하지 않는 한 본죄가 성립될 수 없다. 따라서 기존의 경계를 표시하는 담벽의 일부를 손괴하고 그로부터 20cm 밖으로 새로운 담장을 설치하거나(대법원 1992.12.8. 선고 92도1682 판결), 피해자의 대지와 인접한 대지위에 건물을 신축하고 그 건물의 처마가 피해자 소유의 가옥 지붕위로 나와 경계를 침범하였더라도(대법원 1984.2.28. 선고 83도1533 판결) 기존의 경계를 인식하는 데는 아무런 영향이 없다면 경계침범죄의 죄책을 지지 않는다.

6. 업무상과실·중과실 재물손괴죄(도교법 제151조)

1) 도교법상 차의 운전자가 업무상 필요한 주의를 게을리하거나 중대한 과실로 다른 사람의 건조물이나 그 밖의 재물을 손괴한 때에는 2년 이하의 금고 또는 500만원 이하의 벌금에 처한다(제151조). 형법상 과실재물손괴는 처벌되지 않으나 교통사고로 인하여 타인의 건조물 그 밖의 재물을 손괴하는 행위를 처벌하기 위한 규정이다.

2) 다른 사람의 건조물이나 그 밖의 재물을 손괴한 때라 함은 차의 운전자가 자기소유이든 타인소유이든 불문하고 어떤 차량을 운전함에 있어 업무상 필요한 주의를 게을리 하거나 중대한 과실로 범행의 수단 또는 도구로써 제공된 차량을 제외한 다른 사람의 건조물이나 그 밖의 재물을 손괴한 경우만을 말하고, 절취한 승용차를 운전하고 가다가 운전미숙 등으로 그 차량을 손괴한 경우는 이에 해당하지 않는다(대법원 1986.10.14. 선고 86도1387 판결).

3) 본죄를 범한 자에 대해서도 도교법 제54조 제1항의 구호조치의무가 부과되므로 차의 운전자가 업무상 과실 또는 중과실로 타인의 재물을 손괴하고 나아가서 피해자를 구조하는 등의 조치를 취하지 아니한 때에는 업무상과실·중과실손괴죄(제151조)와 사고후미조치죄(제148조)가 모두 성립하고 양자는 경합범의 관계에 있다(대법원 1991.6.14. 선고 91도253 판결). 한편 차의 운전자가 업무상과실 또는 중과실에 의하여 사람을 상해에 이르게 하거나 재물을 손괴한 경우에는 교특법 제3조 제1항 위반죄와 도교법 제151조 위반죄가 성립하고 양자는 상상적 경합의 관계에 있다.

X. 권리행사를 방해하는 죄(제37장)

1) 권리행사방해의 죄(권리행사방해죄)의 유형으로는 권리행사방해죄(제323조), 점유강취·준점유강취죄(제325조), 중점유강취죄(제326조), 강제집행면탈죄(제327조)가 있고, 권리행사방해죄(제323조)에 대해서는 친족간의 특례가 적용된다(제328조). 동력에 관한 규정은 준용되지 않으나, 민법 제98조에 의해 본죄의 객체인 물건에는 유체물, 전기 기타 관리할 수 있는 자연력이 당연히 포함된다고 해석해야 한다.

2) 권리행사방해죄(제323조)는 자기의 물건에 대한 절도죄 또는 손괴죄이고, 점유강취·준점유강취죄(제325조)는 각각 자기의 물건에 대한 강도죄 및 준강도죄라고 말할 수 있다. 자기의 물건 또는 재산에 대한 사기죄, 공갈죄, 횡령죄 또는 배임죄의 형태의 행위는 본죄의 처벌대상에 포함되지 않는다.

1. 권리행사방해죄 (제323조)

1) 타인의 점유 또는 권리의 목적이 된 자기의 물건 또는 전자기록 등 특수매체기록을 취거, 은닉 또는 손괴하여 타인의 권리행사를 방해함으로써 성립하는 범죄로 5년 이하의 징역 또는 700만원 이하의 벌금에 처한다. 본죄에 대해서는 친족간의 특례(제328조)가 적용된다.

2) 앞에서 살펴본 절도와 강도의 죄, 사기와 공갈의 죄, 횡령과 배임의 죄, 장물에 관한 죄 그리고 손괴의 죄는 모두 '타인의 재물 또는 재산상 이익'에 대한 죄인 반면 권리행사방해죄는 '자기의 물건'에 대한 죄이다. 객체가 물건에 한정되고 재산상 이익은 포함되지 않는다(이와는 달리 '재산'을 객체로 하는 강제집행면탈죄에는 재산상 이익이 포함된다). 그리고 행위태양은 절도죄 및 손괴죄의 행위태양은 절취와 손괴, 은닉에 상응하는 '취거, 은닉, 손괴'로 제한된다(횡령죄의 행위태양에 상응하는 처분이 없으므로, 양도담보로 제공하거나 타인에게 명의신탁하거나 타인과 매매계약을 체결한 물건과 같이 타인의 점유 또는 권리의 대상이 된 자기의 물건을 '처분'하는 행위는 권리행사방해죄로 의율할 수 없다). 따라서 권리행사방해죄는 자기의 물건에 대한 절도와 손괴의 죄라고 할 수 있다.

(1) 객 체

가. 자기의 물건 또는 전자기록 등 특수매체기록

1) 권리행사방해죄의 객체는 타인의 점유 또는 권리의 목적이 된 '자기의 물건 또는 전자기록 등 특수매체기록'(이하 '자기의 물건 등'이라 한다)이므로 그 취거, 은닉 또는 손괴한 물건 등이 자기의 소유가 아니라면 권리행사방해죄가 성립할 여지가 없다(대법원 2005.11.10. 선고 2005도6604 판결). 물건의 소유자가 아닌 사람은 소유자의 권리행사방해 범행에 가담한 경우에 한하여 그의 공범이 될 수 있으나, 권리행사방해죄의 공범으로 기소된 물건의 소유자에게 고의가 없는 등으로 범죄가 성립하지 않는다면 공동정범이 성립할 여지가 없다(대법원 2017.5.30. 선고 2017도4578 판결).

2) 물건 또는 전자기록 등 특수매체기록이 자기의 소유인지의 여부는 민법상 소유권관계에 의해 판단한다. 동산에 의한 물권의 양도는 그 동산을 인도하여야 효력이 생기고(민법 제188조 제1항), 동산에 대한 매매계약을 체결하고 매매대금을 모두 지급하였다고 하더라도 이와 별도로 매도인이 매수인에게 그 동산에 관한 소유권이전의 의사표시를 하고 이를 인도를 하지 않으면 그 소유권이전의 효력이 생기지 아니한다. 따라서 피해자가 임야의 입목을 벌채하는 등의 공사를 완료하면 피해자에게 그 벌채한 원목을 인도한다는 내용의 계약을 피해자와 체결하였고 피해자가 계약상 의무를 모두 이행하였더라도 그것만으로 원목의 소유권이 바로 피해자에게 귀속되는 것이 아니므로, 아직 피해자에게 위 원목에 관한 소유권이전의 의사표시를 하고 이를 인도하지 아니한 채 이를 타인에게 매도하였다면, 이는 자기가 보관하는 타인의 재물을 횡령한 것으로서 횡령죄를 구성하는 것이 아니라 타인의 권리의 목적인 자기의 물건을 처분한 것으로서 권리행사방해죄를 구성한다(대법원 1991.4.26. 선고 90도1958 판결).

3) 부동산에 관한 법률행위로 인한 물권의 득실변경은 등기하여야 그 효력이 생긴다(민법 제188조 제1항). 그리고 자동차나 중기(또는 건설기계)의 소유권의 득실변경은 등록을 함으로써 그 효력이 생기고 그와 같은 등록이 없는 한 대외적 관계에서는 물론 당사자의 대내적 관계에 있어서도 그 소유권을 취득할 수 없는 것이 원칙이다(대법원 2007.1.11. 선고 2006도4498 판결).

차량소유자(지입차주)가 그 소유의 차량을 자동차 운송사업자(지입회사)에게 신탁하여 그 소유권과 운행관리권을 지입회사에 귀속시키되 지입회사로부터 지입차량의 운행관리권을 위탁받아 자신의 계산하에 이를 운행하면서 지입회사에 일정액의 관리비를 지급하는 이른바 지입계약에 있어서는, 특별한 사정이 없는 한 지입차량은 지입회사의 소유이고 지입차주의 소유가 아니다(대법원 2003.5.30. 선고 2000도5767 판결). 따라서 지입차주가 회사에 보관된 차량을 회사의 승낙없이 취거한 때에는 권리행사방해죄가 아니라 절도죄의 죄책을 진다. 따라서 회사에 지입하여 회사명의로 중기등록원부에 소유권등록이 되어 있는 굴삭기를 회사 직원 몰래 가져가거나(대법원 1985.9.10. 선고 85도899 판결), 지입제로 운행하던 택시를 지입회사의 요구로 회사 차고지에 입고하였다가 회사의 승낙을 받지 않고 가져간 경우(대법원 2003.5.30. 선고 2000도5767 판결)는 절도죄를 구성한다. 이에 반해 버스회사의 대표이사가 그 회사 소유로 등록되어 있으나 지입차주가 점유하고 있는 버스를 지입차주의 의사에 반하여 취거한 경우, 그 버스는 대표이사의 소유는 아니나 대표이사가 한 행위의 법적 효과는 소유자인 버스회사에 귀속되므로 결과적으로 대표이사가 자기의 물건을 취거한 것이라고 평가할 수 있고 따라서 대표이사는 권리행사방해죄의 죄책을 진다(☞ **[판례 X-1]** 참조).

[판례 X-1] 대법원 1992.1.21. 선고 91도1170 판결【권리행사방해】

〈공소사실의 요지〉

관광회사의 대표이사인 피고인은 A가 그 회사에 지입하여 점유하고 있는 버스를 A의 의사에 반하여 취거하였다.

〈원심 판결요지〉

피고인은 1987.4.3. 관광회사의 대표이사에 취임하여 지금까지 재직하고 있으며, 이 사건 버스는 위 회사 소유로 등록된 사실을 인정할 수 있으므로, 피고인이 A 또는 그로부터 위임받은 B의 점유 또는 권리의 목적인 버스를 취거한 사실이 인정된다고 하더라도 이는 어디까지나 위 회사 소유의 물건이지 피고인 개인소유의 물건이 아니라고 할 것이어서, 위 버스가 지입차주인 A 또는 B의 점유 또는 권리의 목적이 되는 것인지 여부, 점유 또는 권리의 목적이 되었다 하더라도 피고인이 자동해지로 인한 운행관리권의 환원통보로 인하여 A 또는 B의 점유가 정당한 원인을 결여한 것인지 여부 등에 대한 판단을 거칠 필요도 없이, 피고인에 대한 권리행사방해죄는 성립될 수 없다.

〈대법원 판결요지〉

피고인이 위 회사의 대표이사의 지위에 기하여 그 직무집행 행위로서 A 등의 점유하는 위 회사의 물건을 취거한 경우에는, 피고인의 행위는 위 회사의 대표기관으로서의 행위라고 평가되므로, 위 회사의 물건도 권리행사방해죄에 있어서의 '자기의 물건'이라고 보아야 하므로, 원심으로서는 피고인의 위 버스의 취거행위가 위 회사의 대표이사의 지위에 기한 직무집행 행위인지 여부에 관하여 심리하여 보아야 할 것임에도 불구하고, 이에 이르지 아니한 채 위 버스가 권리행사방해죄에 있어서의 '자기의 물건'에 해당하지 아니한다고 단정한 조치는 권리행사방해죄의 법리를 오해[한 것이다]

〈해 설〉

이 사안에서 피고인에 대하여 권리행사방해죄가 성립하기 위해서는 A가 그 관광회사에 지입하여 점유하고 있는 버스가 '타인의 점유 또는 권리의 목적이 된 자기의 물건'에 해당하여야 한다. 버스는 지입차주인 A가 점유하고 있으므로 '타인의 점유 또는 권리의 목적이 된' 물건임에는 분명하다. 문제는 '자기의 물건'인가인데, 이 점에 관하여 원심은 '이는 어디까지나 위 회사 소유의 물건이지 피고인 개인소유의 물건'이 아니라는 이유로 피고인에게 무죄를 선고하였다. 그러나 대법원은 '피고인의 행위는 위 회사의 대표기관으로서의 행위라고 평가되므로, 위 회사의 물건도 권리행사방해죄에 있어서의 자기의 물건이라고 보아야' 한다고 하여 원심을 파기하였다.

결국 대법원이 이 사건의 버스를 '자기의 물건'으로 본 이유가 '피고인의 행위는 위 회사의 대표기관으로서의 행위라고 평가된다'는 것인데, 민사상 법률행위에 관한 대표의 법리를 형법상 범죄에 적용하는 것은 곤란하다. 법인이 타인에게 지고 있는 의무를 대표기관의 의무로 보아 대표기관이 이를 위반한 때에는 대표기관을 범죄자로 처벌할 수 있게 하기 위해서는 독일형법 제14조와 같이 법인의 의무를 대표기관의 의무로 간주하는 명문의 규정을 두어야 할 것이다(자세한 내용은 판례형법총론 참조).

4) 한편 명의신탁의 경우 내부관계에서는 신탁자가 소유자로 취급되나 제3자에 대한 관계에서는 수탁자가 소유자로 취급된다. 따라서 수탁자가 명의신탁 건물을 제3자에게 임대하였는데 실소유자인 위탁자가 그 건물에 자물쇠를 채워 임차인인 제3자의 출입을 방해였더라도 그 건물은 제3자에 대한 관계에서 위탁자의 소유라고 할 수 없으므로 권리행사방해죄는 성립하지 않는다(☞ **[판례 X-2]** 참조).

[판례 X-2] 대법원 2005.9.9. 선고 2005도626 판결【업무방해 · 권리행사방해】

〈공소사실의 요지〉

피고인 1은 ○○빌딩의 실소유자로서 실내건축 및 건물임대업체인 주식회사를 운영하는 자인바, 그의 처인 피고인 2가 A에게 위 빌딩 1층 103호를 임대보증금 3,000만원에 임대하면서 103호의 실내장식공사를 1,500만원에 하여 주기로 약정하고 그 공사를 진행하던 중, 피고인 1이 피해자 A의 동생인 B와 위 실내장식공사 대금문제로 다툰 일로 화가 나 피고인 2에게 103호의

문에 자물쇠를 채우라고 지시하고, 피고인 2는 103호에 자물쇠를 채워 피해자로 하여금 위 점포에 출입을 못하게 하여 타인의 점유의 목적이 된 자기 물건에 대한 권리행사를 방해하였다.

〈원심 판결요지〉

이 사건 당시 빌딩의 소유자는 피고인 1의 처인 피고인 2로 되어 있으나 실제로는 피고인 1이 위 피고인 2의 명의로 점포를 임대하고 위 빌딩을 관리하는 등 위 빌딩의 실질적인 소유권을 행사하여 온 사실이 인정되므로 비록 피고인 1이 위 빌딩의 등기상의 소유자는 아니라 할지라도 실소유자에 해당하여 위 빌딩은 권리행사방해죄에 있어서의 자기의 물건에 해당한다.

〈대법원 판결요지〉

원심이 피고인 1이 위 빌딩의 등기상의 소유자는 아니라 할지라도 실소유자에 해당한다고 판시한 것이 무슨 의미인지 명확하지는 않으나, 한편 원심이 위 빌딩의 소유자는 피고인 1의 처인 피고인 2로 되어 있지만 실제로는 피고인 1이 피고인 2의 명의로 이를 임대하고 관리하는 등 실질적인 소유권을 행사해 왔다고 판시한 것이나, 기록에 의하면 위 빌딩에 관하여 2002.7.9. 전소유자로부터 피고인 2의 명의로 매매를 원인으로 한 소유권이전등기가 경료되어 있음을 알 수 있는 점 등에 비추어 보면, 위 빌딩은 이를 피고인 1이 전소유자로부터 매수하면서 그의 처인 피고인 2에게 등기명의를 신탁(중간생략등기형 명의신탁 또는 계약명의신탁)해 놓은 것이라는 취지로 보인다.

그런데 부동산 실권리자명의 등기에 관한 법률 제8조는 배우자 명의로 부동산에 관한 물권을 등기한 경우에 조세포탈, 강제집행의 면탈 또는 법령상 제한의 회피를 목적으로 하지 아니한 때에는 제4조 내지 제7조 및 제12조 제1항, 제2항의 규정을 적용하지 아니한다고 규정하고 있는바, 만일 피고인 1이 그러한 목적으로 명의신탁을 함으로써 명의신탁이 무효로 되는 경우에는 말할 것도 없고 그러한 목적이 없어서 유효한 명의신탁이 되는 경우에도 제3자로서 임차인인 피해자 A에 대한 관계에서는 피고인 1은 소유자가 될 수 없으므로, 어느 모로 보나 위 빌딩이 권리행사방해죄에서 말하는 '자기의 물건'이라 할 수 없다. 그럼에도 불구하고, 원심은 그 판시와 같은 이유만을 들어 권리행사방해죄와 관련하여 피고인 1과 위 피해자 사이에서 위 빌딩은 피고인 1소유의 물건에 해당한다고 판단하였으니, 이 부분 원심판결에는 판결 결과에 영향을 미친 법리오해의 위법이 있다.

〈해 설〉

이 사건에서 검사의 공소사실과 같이 피고인 1과 피고인 2가 공모하여 103호에 자물쇠를 채워 피해자들로 하여금 위 점포에 출입을 못하게 하였다면 제3자에 대한 관계에서 소유자인 피고인 2에게 권리행사방해죄가 성립할 수 있는 것은 당연하고 제33조에 의하여 피고인 1도 권리행사방해죄의 공동정범으로 처벌할 수 있다(이 사건에서 피고인 1과 피고인 2가 공모한 점에 대해서 법원은 그와 같이 볼 증거가 없다는 이유로 공모를 인정하지 않았으므로, 이 점을 제외한다. 대전지법 2003.6.13.선고 2003고단149판결; 춘천지법 속초지원 2001.9.19.선고 2002고단172판결 등에서는 공모를 한 신탁자와 수탁자에 대하여 권리행사방해죄의 공동정범을 인정한 바 있다).

그런데 만약 신탁자(피고인 1)가 직접 점포에 자물쇠를 채우고 피해자들로 하여금 출입을 못하게 하였다면 권리행사방해죄가 성립할 수 있을 것인가? 원심은 피고인 1이 위 빌딩의 등기상의 소유자는 아니라 할지라도 실소유자에 해당한다는 점을 들어 '자기의 물건'으로 보고 권리행사방해죄를 인정하였다. 그러나 소유권의 귀속관계는 사법상의 법률관계에 의하여 판단하는 것이 옳고 형사책임의 판단에서 이에 수정을 가하여 '실질적 소유자'라는 모호한 개념을 근거로 권리행사방해죄를 인정하는 것은 죄형법정주의 원칙상 수용하기 곤란하다. 이처럼 해석할 경우 처벌범위가 줄어든다는 비판이 가능하나 신탁자와 수탁자가 공모한 경우에는 모두 공범으로 처벌하는 것이 가능하고 또한 권리행사방해죄 이외에 업무방해죄를 적용할 수 있으므로 부정설의 결론이 반드시 부당하다고 할 수는 없다고 하겠다.

5) 타인(명의수탁자)과 이른바 명의신탁약정을 하고 명의신탁사실을 알고 있는 매도인과 부동산에

관한 매매계약을 체결한 다음 명의신탁약정에 따라 매도인에서 명의수탁자 앞으로 직접 소유권이전등기를 한 경우, 그 명의신탁약정 뿐만 아니라 그에 의하여 수탁자 명의로 한 소유권이전등기도 무효이므로, 명의수탁자가 이를 임의로 처분하였다고 하여도 그 부동산은 자기의 물건이 아닌 이상 권리행사방해죄의 죄책은 지지 않는다(☞ **[판례 X-3]** 참조).

[판례 X-3] 대법원 2007.1.11. 선고 2006도4215 판결【권리행사방해(예비적 죄명:배임)】

〈공소사실의 요지〉

A영농조합법인은 피고인과 명의신탁약정을 하고 피고인으로 하여금 그 사실을 알고 있는 B로부터 과수원을 매수하게 하여 B로부터 직접 피고인 명의로 그 과수원에 대한 소유권이전등기가 경료되었다. 피고인은 C로부터 금전을 차용하고 그에 대한 담보로 과수원에 관하여 C 앞으로 근저당권설정등기를 경료하여 주었고, 피고인이 정해진 기일까지 채무를 변제하지 않아 C의 경매신청에 의하여 과수원에 대한 경매절차가 개시되었는데, 그 후 피고인은 과수원에 대한 폐원신청을 하고 그 지상에 식재된 감귤나무들을 모두 굴취한 후 군(郡)으로부터 폐원보상비로 1천917만6,000원을 지급받았다.

〈대법원 판결요지〉

형법 제323조의 권리행사방해죄에서 말하는 '자기의 물건'이라 함은 범인이 소유하는 물건을 의미하고, 여기서 소유권의 귀속은 민법 기타 법령에 의하여 정하여지는바, 부동산실명법 제4조 제1항, 제2항 및 제8조에 의하면 종중 및 배우자에 대한 특례가 인정되는 경우나 부동산에 관한 물권을 취득하기 위한 계약에서 명의수탁자가 그 일방당사자가 되고 그 타방 당사자가 명의신탁약정이 있다는 사실을 알지 못하는 경우 이외에는 명의수탁자는 명의신탁 받은 부동산의 소유자가 될 수 없고, 이는 제3자에 대한 관계에 있어서도 마찬가지이므로, 명의수탁자로서는 명의신탁 받은 부동산이 '자기의 물건'이라고 할 수 없다. 이 사안에서 A영농조합법인이 B로부터 과수원을 매수할 당시 피고인에게 그 매수인 명의를 신탁하였고 B도 그 사실을 알고 있었는바, 위 명의신탁약정 및 그에 기하여 이루어진 과수원에 대한 피고인 명의의 소유권이전등기는 무효이므로 이 사건 과수원 및 그 지상에 식재된 감귤나무를 피고인의 소유로 볼 수 없고, 따라서 자기의 물건을 객체로 하는 권리행사방해는 성립하지 않는다.

다만 근저당권설정자는 채권자가 담보의 목적을 달성할 수 있도록 그 담보물을 보관할 의무를 지게 되어 채권자에 대하여 그의 사무를 처리하는 자의 지위에 있고, 한편 토지에 식재된 수목은 특별한 사정이 없는 한 그 토지의 부합물에 해당하여 그 토지에 설정된 근저당권의 효력이 미치므로, 근저당권설정자가 그 근저당권의 목적이 되는 토지에 식재된 수목을 처분하는 등으로 부당히 그 담보가치를 감소시키는 행위를 한 경우에는 배임죄가 성립하게 된다.

이 사건에서 피고인은 피해자에 대한 차용금의 담보로 이 사건 과수원에 관하여 피해자 앞으로 근저당권설정등기를 경료하여 준 후 피해자의 경매신청에 의하여 이 사건 과수원에 대한 경매절차가 개시되었음에도 불구하고, 과수원에 대한 폐원신청을 하고 그 지상에 식재된 감귤나무들을 모두 굴취한 다음 군(郡)으로부터 폐원보상비로 1천917만6,000원을 지급받았다. 이처럼 피고인은 이 사건 과수원에 대한 근저당권설정자로서 근저당권자인 피해자가 담보목적을 달성할 수 있도록 담보물인 감귤나무를 보관할 의무를 지고 있음에도 불구하고 위와 같이 폐원신청을 하고 감귤나무를 굴취함으로써 폐원보상비 상당의 재산상의 이득을 취득하고 피해자로 하여금 근저당권의 담보가치가 감소되는 손해를 입도록 하였는바, 배임죄의 죄책을 면할 수 없다.

〈해 설〉

이 판례는 이른바 계약명의신탁약정을 하고 매도인에서 자기명의로 소유권이전등기를 한 명의수탁자가 그 수탁물을 임의로 처분한 행위를 권리행사방해죄로 처벌할 수 있는지를 검토한 대표적인 판례이다. 앞에서 설명하였듯이 계약명의신탁약정에 의해 자기 명의로 소유권이전등기를 경료한 부동산을 임의처분한 명의수탁자에 대해서는 명의신탁자(A영농조합)에 대한 관계에서는 물론 매도인(B)에 대한 관계에서도 배임죄 또는 횡령죄의 죄책을 물 수 없다(대법원 2012.11.29. 선고 2011도7361 판결). 그러나 이것은 명의신탁자 또는 매도인에 대한 관계에서의 형사책임의 문제이고, 채권자이자 근저당권자인 C에 대한 관계에서 권리행사방해죄 또는 배임죄의 죄책을 물 수 있는가가 문제되고 있다.

이 사건에서 피고인이 과수원에 대한 폐원신청을 하고 그 지상에 식재된 감귤나무들을 모두 굴취한 후 군(郡)으로부터 폐원보상비를 지급받은 것은 채권자 C에게 정해진 기일까지 채무를 변제하지 않아 C의 경매신청에 의하여 과수원에 대한 경매절차가 개시된 후이므로 우선 강제집행면탈죄의 성립여부를 고려해 볼 수 있다. 그러나 '담보권 실행 등을 위한 경매'는 강제집행면탈죄에서 강제집행에 포함되지 않는다(대법원 2015.3.26. 선고 2014도14909 판결). 담보권자는 담보물로부터 다른 채권자보다 우선하여 경매에 의한 변제를 받을 수 있고(민법 제329조, 제355조, 제356조), 채무자가 담보물을 타인에게 양도하더라도 채권자는 여전히 담보물에 대해 담보권을 행사할 수 있기 때문이다. 그리고 강제집행면탈죄의 객체는 채무자의 재산이어야 하는데, 소유자가 계약명의신탁 약정이 있다는 사실을 안 경우에는 수탁자 명의의 소유권이전등기는 무효이고 당해 부동산의 소유권은 매도인이 그대로 보유하게 되므로 명의수탁자는 그 매매계약에 의해서는 당해 부동산의 소유권을 취득하지 못하게 되어, 결국 그 부동산은 명의수탁자에 대한 강제집행이나 보전처분의 대상이 될 수 없다(대법원 2009.5.14. 선고 2007도2168 판결 참조). 이처럼 甲이 과수원에 대한 소유권을 취득하지 못하는 이상 甲에게는 강제집행면탈죄의 죄책을 물 수 없다.

그리고 권리행사방해죄(제323조)도 성립할 수 없다. 본죄는 타인의 점유 또는 권리의 목적이 된 '자기의 물건'을 객체로 하는데, 이 사안에서 과수원에 대한 甲 명의로의 소유권이전등기는 무효이므로 매도인이 과수원의 소유권을 그대로 보유하고 甲은 과수원의 소유자라고 할 수 없기 때문이다.

결국 이 사건에서 판례는 피고인이 피해자 앞으로 근저당권설정등기를 경료하여 준 후 피해자의 경매신청에 의하여 이 사건 과수원에 대한 경매절차가 개시되었음에도 불구하고 과수원에 대한 폐원신청을 하고 그 지상에 식재된 감귤나무들을 모두 굴취한 다음 군(郡)으로부터 폐원보상비를 지급받아 소비한 점에 주목하여 피고인에 대해 배임죄를 인정하였다. 다만 배임죄는 모든 임무위배행위를 처벌하는 것이 아니라 '타인의 사무를 처리하는 자'의 임무위배행위만을 처벌하므로, 이 사건에서는 과연 근저당권설정등기를 경료하여 준 자를 타인의 사무를 처리하는 자로 볼 수 있는가가 배임죄 성립의 관건이 된다.

판례는 채무자가 제3자 소유의 부동산을 채무의 담보로 제공하기로 한 약정에 따라 채권자를 위하여 그 부동산에 근저당권설정등기를 경료하여 주면 이로써 채무자는 담보제공약정상의 의무를 이행한 것이 되고 그 후 근저당권설정등기를 임의로 말소하여서 안 되는 것은 채무자가 그 담보제공약정에 따라 채권자의 재산의 관리보호를 위하여 특별히 부담하는 의무는 아니라는 이유로, 채무자가 등기관계 서류를 위조하여 근저당권설정등기를 말소하였다 하더라도 배임죄를 구성한다고 할 수 없다고 판시한 바 있다(대법원 2007.8.24. 선고 2007도3408 판결). 근저당권설정자는 채권자가 담보의 목적을 달성할 수 있도록 그 담보물을 보관할 의무를 지므로, 근저당권설정자가 저당권의 목적이 된 토지에 식재된 수목을 처분함으로써 목적물의 담보가치를 감소시키는 행위가 배임죄에 말하는 임무위배행위에 해당함에는 별 문제가 없다. 그러나 근저당권설정자가 임무에 위배하는 행위를 하였더라도 배임죄의 죄책을 물 수는 없다. 배임죄는 '타인의 사무를 처리하는 자'가 임무에 위배하는 행위를 할 것을 요건으로 하기 때문이다. 판례는 특별한 논증없이 "피고인은 과수원에 대한 근저당권설정자로서 근저당권자인 피해자가 담보목적을 달성할 수 있도록 담보물인 감귤나무를 보관할 의무를 지고 있음"을 이유로 피고인에게 배임죄의 죄책을 인정하였다. 그러나 '타인의 사무'란 신임관계에 기초를 둔 타인의 재산의 보호 내지 관리의무가 있을 것을 그 본질적 내용으로 하는 것으로 타인의 재산관리에 관한 사무를 대행하는 경우를 말하는바, 이처럼 담보계약에 기초하여 근저당권설정자가 채권자에 대해 지고 있는 담보물보관의무만을 이유로 근저당권설정자가 배임죄의 성립요소인 '타인의 사무를 처리하는 자'에 해당한다고 볼 수는 없다고 본다.

나. 타인의 점유 또는 권리의 목적이 된 물건 등

1) 권리행사방해죄의 객체는 '타인의 점유 또는 권리의 목적이 된' 자기의 물건 등에 제한된다. 임의경매절차에서 임야를 낙찰받았다는 사정만으로 그 임야 위에 식재된 수목에 관하여 점유 또는 권리를 취득하였다고 볼 수 없어 부동산의 소유자가 그 위에 식재된 수목을 캐내어 갔다고 하더라도 위 낙찰자에 대한 권리행사방해죄가 성립하지 않는다(의정부지법 2004.5.10. 선고 2003노120 판결).

2) '타인의 점유'라 함은 권원으로 인한 점유, 즉 정당한 원인에 기하여 그 물건을 점유하는 권리 있는 자의 점유를 의미하고, 본권을 갖지 아니하는 절도범인의 점유는 여기에 해당하지 않는다(대법원 1994.11.11. 선고 94도343 판결). 다만 본죄의 보호대상인 타인의 점유는 반드시 점유할 권원에 기한 점유에만 한정되지 않고 일단 적법한 권원에 기하여 점유를 개시하였으나 사후에 권원을 상실한 경우, 권원(權原)의 존부가 외관상 명백하지 아니하여 권원의 존부를 밝히기 위해 법정절차를 거치고 있는 경우, 권원에 기하여 점유를 개시한 것은 아니나 동시이행항변권 등으로 대항할 수 있는 경우 등과 같이 법정절차를 통해 분쟁이 해결될 때까지 잠정적으로 보호할 가치 있는 점유도 포함된다(☞ **[판례 X-4]** 참조).

[판례 X-4] 대법원 2006.3.23. 선고 2005도4455 판결【권리행사방해】

〈사실관계〉

렌트카 회사의 공동대표이사 중 한 사람이 피해자에 대한 개인적인 채무의 담보 명목으로 위 회사가 보유 중이던 이 사건 승용차를 피해자에게 넘겨주었고 피해자는 위 승용차를 약 4개월 동안 위 회사에서 수시로 연락 가능한 피해자의 사무실 등지에서 운행해 오면서 공동대표이사에 대한 채권 및 위 담보제공 약정을 이유로 렌트카회사 직원의 승용차 반환요구를 거절해 왔다. 그러자 렌트카회사 공동대표이사 중 한 사람인 피고인은 피해자에 대한 채권의 존부 및 위 담보제공 약정의 효력에 관하여 피해자와 직접 접촉하여 관련 사실 및 증빙자료를 확인하는 등의 절차를 밟지 않은 채 직원에게 지시하여 피해자 사무실 부근에 주차되어 있는 승용차를 몰래 회수하였다.

〈판결요지〉

피해자가 위와 같은 경위로 채권 및 담보제공 약정을 이유로 승용차의 반환을 거절하고 있는 경우이든, 승용차를 단순히 임차하였다가 그 반환을 거부하고 있는 경우이든 모두 권리행사방해죄에서의 보호대상인 점유에 해당하는 것이므로, 피고인이 피해자가 승용차를 단순히 임차하였다가 그 반환을 거절하고 있는 것으로 잘못 알고 있었다는 사정만으로는 피고인에게 권리행사방해의 고의가 없었다고 볼 수 없다. 그리고 피해자의 승용차에 대한 점유는 법정절차를 통하여 점유 권원의 존부가 밝혀짐으로써 분쟁이 해결될 때까지 잠정적으로 보호할 가치 있는 점유에 포함된다. 다만 권리행사방해죄의 객체는 자기의 소유물에 한하는바, 자동차소유권의 득실변경은 등록을 하여야 그 효력이 생기는데(자동차관리법 제6조), 이 사건 승용차는 렌트카 회사가 구입하여 보유 중이나 아직 위 회사나 피고인 명의로 신규등록 절차를 마치지 않은 미등록 상태였으므로 이 사건 범행 당시 렌트카 회사 혹은 피고인의 소유물이라고 할 수 없어 이를 전제로 하는 권리행사방해죄는 성립되지 아니한다.

〈참조판례〉

○ 대법원 1977.9.13. 선고 77도1672 판결【권리행사방해】

권리행사방해죄에 있어서의 타인의 점유라 함은 권원으로 인한 점유, 즉 정당한 원유(原由)에 기한 점유를 의미하나, 본 사건에서와 같이 일단 적법한 원유에 기하여 점유한 이상 설사 그 후에 그 점유물을 소유자에게 인도해야 할 사정이 발생하였더라도 점유자가 임의로 명도를 하지 아니하고 계속 점유하고 있다면 그 점유자는 의연히 타인의 물건을 점유하고 있는 자라 할 것이므로, 건물의 임차인이 계약이 만료된 이후에도 그 건물을 명도하지 않고 그 건물에 계속해서 거주하자 임대인이 그 건물의 명도를 받기 전에 그 건물의 천정 및 마루바닥을 뜯어갔다면 임차인의 행위는 타인의 점유의 대상이 된 자기의 물건을 취거한 것으로 권리행사방해죄를 구성한다.

○ 대전지법 2003.7.1. 선고 2003노1172 판결【권리행사방해】

임의경매절차에서 건물을 낙찰받아 낙찰대금을 완납하고 점유를 개시하였으나, 사후에 임의경매의 근거가 된 근저당권이 소멸한 것으로 밝혀져 위 경매개시결정이 위법하다고 판정됨으로써 그 소유권을 취득하지 못하게 되었더라도 낙찰인은 위 건물에 대하여 평온하게 점유권을 취득하여 사실상의 점유 상태에 있었다고 할 것이므로 이러한 낙찰인의 점유를 자력으로 침해하였다면 권리행사방해죄가 성립한다.

○ 대법원 2003.11.28. 선고 2003도4257 판결【권리행사방해】

쌍무계약이 무효로 되어 각 당사자가 서로 취득한 것을 반환하여야 할 경우, 어느 일방의 당사자에게만 먼저 그 반환의무의 이행이 강제된다면 공평과 신의칙에 위배되는 결과가 되므로 각 당사자의 반환의무는 동시이행 관계에 있고 이러한 법리는 경매절차가 무효로 된 경우에도 적용되는바, 무효인 경매절차에서 경락받아 낙찰자가 점유하고 있는 경매목적물을 소유자가 무단으로 가져가는 것은 타인의 권리의 대상이 된 자기의 물건을 취거하는 행위로서 권리행사방해죄를 구성한다.

3) '타인의 권리'라고 함은 비단 제한물권이나 물건에 대하여 점유를 수반하는 채권뿐만 아니라 소유권 이외의 채권으로 점유를 수반하지 않는 것을 모두 포함한다(대법원 1968.6.18. 선고 68도616 판결). 예컨대 가압류된 물건(대법원 1960.9.14. 선고 4292형상537 판결), 채무자가 채무를 변제하지 못할 때에 채권자에게 대물변제로 양도하기로 한 물건(대법원 1968.6.18. 선고 68도616 판결), 자기소유의 동산에 대한 매매계약을 체결하고 대금을 지급받은 경우 그 매매의 목적물인 동산(대법원 1991.4.26. 선고 90도1958 판결), 저당권이 설정된 물건(대법원 1994.9.27. 선고 94도1439 판결), 담보로 제공한 물건으로 채무자가 계속 점유하고 있는 물건 등이 이에 해당한다.

따라서 채무자가 채권자에게 일정한 기일까지 채무를 변제하기로 하고 만일 그때까지 변제하지 못할 때에는 특정한 물건의 소유권을 양도하고 그와 동시에 그 물건을 인도하기로 약정하였음에도 불구하고 그 물건을 타인에게 처분한 경우(대법원 1968.6.18. 선고 68도616 판결), 피해자와 자기소유의 동산에 대한 매매계약을 체결하고 대금을 지급받았음에도 불구하고 그 동산을 타인에게 매도한 경우(대법원 1991.4.26. 선고 90도1958 판결), 공장근저당권이 설정된 선반기계를 이중담보로 제공하기 위하여 이를 다른 장소로 옮긴 경우(대법원 1994.9.27. 선고 94도1439 판결)에는 권리행사방해죄가 성립한다.

4) 권리행사방해죄의 객체는 자기 또는 타인의 권리의 목적이 된 자기의 '물건'과 '전자기록 등 특수매체기록'에 한정된다. 물건이라고 함은 유체물, 전기 기타 관리할 수 있는 자연력을 말하고, 동산 또는 부동산을 불문한다(민법 제98조, 제99조). 그러나 채권, 지식재산권과 같은 재산상 이익은 포함되지 않는다. 따라서 현행법상 동산질권의 목적이 된 동산을 취거, 은닉, 손괴하여 채권자의 권리를 해하는 행위는 권리행사방해죄로 처벌할 수 있으나, 채권질권의 목적이 된 채권을 제3자에게 양도하는 등의 행

위를 함으로써 채권자의 권리를 해하더라도 본죄로 처벌할 수는 없다.

(2) 취거, 은닉, 손괴

1) 본죄의 실행행위는 취거, 은닉, 손괴이다.

2) '취거(取去)'란 점유자의 의사에 반하여 점유자의 사실상의 지배를 배제하고 자기 또는 제3자의 사실상의 지배로 옮기는 것을 말하므로, 점유자의 의사나 그의 하자있는 의사에 기하여 점유가 이전된 경우에는 취거라고 할 수 없다. 따라서 채권자 A가 채무자 甲으로부터 차용금 채무의 담보로 그 소유의 물건을 제공받아 B에게 보관시키고 있던 중, 甲과 乙이 공모하여 甲이 "그 물건은 乙로부터 교부받은 것이고 이를 반환한다"는 내용으로 된 반환서를 乙에게 작성해 주고 乙이 B에게 그 반환서를 제시하여 B로부터 그 물건을 교부받아 간 경우는 하자있는 의사에 기하여 점유가 이전된 것으로서 취거라고는 할 수 없다(대법원 1998.2.28. 선고 87도1952 판결).

피해자가 점유하는 물건을 그의 의사에 반하여 자기 또는 제3자의 지배 하로 옮기는 것 이외에 자기가 점유하는 물건을 권리자의 의사에 반하여 제3자의 지배 하로 옮기는 것도 '취거'에 해당한다. 따라서 공장근저당권이 설정된 선반기계 등을 이중담보로 제공하기 위해 다른 장소로 옮긴 때에는 권리행사방해죄가 성립한다(대법원 1994.9.27. 선고 94도1439 판결 참조).

3) '은닉'이란 물건의 소재를 발견하기 불가능하게 하거나 곤란하게 하는 것을 말한다. 자기소유의 물건을 타인에게 양도하는 것은 은닉에 해당할 수 있다. 다만 은닉이라고 하기 위해서는 소재발견을 불가능하게 하거나 곤란하게 해야 하므로, 타인의 권리의 목적이 된 자기소유의 토지를 다른 사람에게 매도하고 소유권이전등기를 해 준 것은 은닉에 해당하지 않는다(대법원 1972.6.27. 선고 71도1072 판결).

4) 손괴란 물건에 유형력을 행사하여 그 효용을 해하는 것을 말한다. 전자기록 등 특수매체기록의 손괴란 매체물 자체의 물리적 훼손을 말하는 것이 아니라 기록 자체의 훼손을 말한다. 매체물의 훼손은 재물의 손괴에 해당한다.

5) 권리행사방해죄는 자기의 물건에 대한 절도 및 손괴라고 할 수 있는데, 이외에 다른 재산범죄의 행위태양인 사기, 공갈, 횡령, 배임은 포함되어 있지 않다. 타인이 점유하거나 공무소의 명령에 의하여 타인이 간수하는 자기의 재물에 대해서도 사기죄 및 공갈죄를 인정하고 있는 일본형법(제242조)의 예에서 볼 수 있듯이 사기죄 및 공갈죄의 행위태양인 편취(騙取)를 포함하는 것이 바람직하다고 본다. 그리고 담보목적물 임의처분의 형사책임에서 설명하였듯이 담보목적물 임의처분은 실질적으로 채무자가 채권자의 담보권의 목적이 된 자기의 물건을 처분함으로써 담보권을 침해하는 행위이므로, 배임죄가 아니라 권리행사방해죄로 의율하는 것이 타당하다고 본다. 입법론적으로는 권리행사방해죄의 행위태양에 탈취, 편취, 처분, 손괴, 은닉 등 절도죄, 사기죄, 공갈죄, 횡령죄 및 손괴죄에 해당하는 행위를 포함시키는 방향으로 개정하는 것이 바람직하다고 본다.

(3) 권리행사방해

본죄가 성립하기 위해서는 권리행사가 방해될 것을 요한다. 다만 현실로 권리행사가 방해되었을 것까지 요하지는 않고 권리행사가 방해될 우려가 있는 상태에 이른 것으로 족하다(☞ **[판례 X-5]** 참조).

[판례 X-5] 대법원 2017.5.17. 선고 2017도2230 판결【권리행사방해】

〈사실관계〉

피고인들은 공소외 1 회사 등의 대출을 통해 할부구매한 신차들을 싸게 구입하여 렌트카 회사 명의로 등록한 다음, 자동차대여사업자등록이 취소되더라도 차량의 소재를 파악하지 못한 공소외 1 회사 등 저당권자는 결국 차량에 대한 강제집행을 할 수 없게 되어 렌트카 회사 등록 차량들에 대한 직권 등록말소절차가 이루어지고, 이후 직권말소된 차량의 번호판을 반납하면 공부상 저당권등록이 소멸된 새로운 번호로 신규등록할 수 있다는 사실을 알고, 이와 같이 저당권 설정된 차량을 정상차로 부활시켜 판매하기로 공모하고, 렌트카 회사인 공소외 2 회사를 설립하고, 피고인 2는 대표이사로서 설립 및 인허가 관련 업무를 피고인 1은 사내이사로서 차량을 구해 등록하는 업무를 각 담당하기로 하였다.

피고인들은 총 41대의 차량을 구매하여 공소외 2 회사 명의로 이전등록하였는데, 위 차량들은 모두 공소외 1 회사 등의 명의로 저당권등록이 되어 있었다. 피고인들은 처음부터 렌트카 영업은 전혀 하지 않았고, 저당권등록의 말소를 목적으로 공소외 2 회사 명의로 차량을 등록하였을 뿐 공소외 2 회사가 직접 보관하거나 관리하지는 않고 곧바로 차량을 구매자들에게 처분·인도하거나 처음부터 인도를 받지 아니함으로써 그들이 차량을 보유하도록 하였다. 그 후 차량 등록기준 대수 미달 등을 이유로 공소외 2 회사에 대한 자동차대여사업 등록이 취소되었는데, 그럼에도 피고인들은 차량 구매자들 또는 지입차주들로부터 차량의 번호판을 수거하거나 저당권자 등 이해관계인의 승낙을 받는 등 자동차관리법에 정한 자진말소등록절차를 이행하지 아니하였다. 차량등록사업소는 공소외 2 회사의 대표자인 피고인 2에게 자동차대여사업 등록취소에 따른 직권말소등록예정 통보를 하고, 저당권자인 공소외 1 회사 등에게 같은 내용으로 직권말소등록에 따른 권리행사 통보를 하였다. 이에 공소외 1 회사는 저당권의 목적인 차량들에 대하여 법원에 임의경매신청을 하였으나 차량들의 소재를 파악할 수 없어 결국 경매절차가 취소됨으로써 저당권 행사를 하지 못하였다.

〈사건의 경과〉

원심은 각 차량의 점유나 사용 관계, 직권말소 후 신규 차량으로 등록하였는지 여부 및 그 경위, 그 신규 등록 당시 소유명의자 및 그 소유권 변동 관계, 피고인들의 구체적인 관여 정도 등을 알 수 있는 별다른 증거가 없는 이상, 피고인들이 렌트카 회사를 설립하고 저당권이 설정되어 있는 차량을 위 회사의 영업용 자동차로 등록하면서 대포차로 유통시키고, 그 후 자동차대여사업자 등록취소 처분을 받아 위 각 차량을 직권말소시켜 저당권 등이 소멸되도록 하였다는 사정만으로는 위 각 차량을 은닉하였다고 단정할 수 없다는 이유로 위 각 차량 부분에 대한 권리행사방해의 공소사실에 대하여 무죄를 선고하였다.

〈판결요지〉

권리행사방해죄는 타인의 점유 또는 권리의 목적이 된 자기의 물건 또는 전자기록 등 특수매체기록을 취거, 은닉 또는 손괴하여 타인의 권리행사를 방해함으로써 성립한다. 여기서 '은닉'이란 타인의 점유 또는 권리의 목적이 된 자기 물건 등의 소재를 발견하기 불가능하게 하거나 또는 현저히 곤란한 상태에 두는 것을 말하고, 그로 인하여 권리행사가 방해될 우려가 있는 상태에 이르면 권리행사방해죄가 성립하고 현실로 권리행사가 방해되었을 것까지 필요로 하는 것은 아니다. 위 사실관계를 앞서 본 법리에 비추어 살펴보면, 피고인들은 처음부터 자동차대여사업자에 대한 등록취소 및 자동차등록 직권말소절차의 허점을 이용하여 권리행사를 방해할 목적으로 이 사건 범행을 모의하였다. 그리하여 피고인들은 렌트카 사업자등록만 하였을 뿐 실제로는 그 영업을 하지 아니함에도 불구하고 차량 구입자들 또는 지입차주들로 하여금 차량을 관리·처분하도록 함으로써 그 차량들의 소재를 파악할 수 없게 하였고, 나아가 자동차대여사업자등록이 취소되어 그 차량들에 대한 저당권등록마저 직권말소되도록 하였다. 이러한 행위는 그 자체로 저당권자로 하여금 자동차등록원부에 기초하여 저당권의 목적이 된 자동차의 소재를 파악하는 것을 현저하게 곤란하게 하거나 불가능하게 하는 행위에 해당한다.

〈참조판례〉

○ 대법원 1994.9.27. 선고 94도1439 판결【권리행사방해】

피고인이 승용차 1대를 구입하면서 피해자로부터 차량 매수대금 2,000만원을 차용하고 그 담보로 위 차량에 피해자 명의의 저당권을 설정해 주었음에도 대부업자로부터 400만원을 차용하면서 위 차량을 대부업자에게 담보로 제공하여 이른바 '대포차'로 유통되게 하였다면, 피고인이 피해자의 권리의 목적이 된 피고인의 물건을 은닉하여 권리행사를 방해하였다고 보아야 한다.

2. 점유강취죄(제325조 제1항), 준점유강취죄(제325조 제2항), 중점유강취죄(제326조)

1) 점유강취죄(제325조 제1항)는 폭행 또는 협박으로 타인의 점유에 속하는 자기의 물건을 강취함으로써 성립하는 범죄로 7년 이하의 징역 또는 10년 이하의 자격정지에 처한다. 본죄의 미수범은 처벌한다(제325조 제3항). 강도죄(제333조)에 대응하는 범죄로, 자기의 물건에 대한 강도죄라고 할 수 있다.

2) 준점유강취죄(제325조 제2항)는 타인의 점유에 속하는 자기의 물건을 강취함에 있어서 그 탈취를 항거하거나 체포를 면탈하거나 죄적을 인멸할 목적으로 폭행 또는 협박함으로써 성립하는 범죄로 7년 이하의 징역 또는 10년 이하의 자격정지에 처한다. 본죄의 미수범은 처벌한다(제325조 제3항). 준강도죄(제335조)에 대응하는 범죄로 자기의 물건에 대한 준강도죄라고 할 수 있다.

3) 중점유강취죄(제326조)는 점유강취죄 또는 준점유강취죄를 범하여 사람의 생명에 대한 위험을 발생하게 함으로써 성립하는 범죄로 10년 이하의 징역에 처한다. 생명에 대한 위험의 발생을 요구하는 구체적 위험범이고, 중한 결과에 대해 고의가 있는 경우에도 성립하는 부진정 결과적가중범이다.

3. 강제집행면탈죄(제327조)

1) 강제집행을 면할 목적으로 재산을 은닉, 손괴, 허위양도 또는 허위의 채무를 부담하여 채권자를 해함으로써 성립하는 범죄로 3년 이하의 징역 또는 1천만원 이하의 벌금에 처한다.

2) 강제집행면탈죄는 '권리행사를 방해하는 죄'의 한 유형으로 강제집행을 당할 위험이 있는 상태에서 자기의 재산을 훼손하거나 처분하여 채권자의 권리를 침해하는 것을 내용으로 하는 범죄이다. 권리행사방해죄(제323조)와 비교하여 그 객체에 동산·부동산과 같은 물건뿐만 아니라 채권이나 무체재산권과 같은 재산상 이익이 포함된다는 점 그리고 행위태양이 '손괴, 은닉'뿐만 아니라 허위양도와 허위채무부담이 포함된다는 점이 다르다. 강제집행면탈죄의 법정형은 '3년 이하의 징역이나 1천만원 이하의 벌금'으로서 권리행사방해죄의 법정형보다 낮다.

(1) 주 체

형법은 본죄의 주체를 채무자로 제한하고 있지 않으므로 채무자 이외의 제3자도 본죄의 주체가 될 수 있다(창원지법 2007.2.15. 선고 2006노1378 판결). 본죄의 주체를 채권자로 한정한다고 하더라도 강제집행을 면탈하여 채권자를 해하려 한다는 정을 알면서도 허위양도를 받거나 허위의 채권자가 된 때에는 형법 제33조를 적용하여 본죄의 공범으로 처벌할 수 있다.

(2) 강제집행을 면할 목적

1) 본죄는 강제집행을 면할 목적으로 재산을 은닉, 손괴, 허위양도 또는 허위의 채무를 부담하여 채권자를 해함으로써 성립한다.

여기서의 '강제집행'이란 민사집행법의 적용대상인 강제집행 또는 가압류· 가처분 등의 집행을 가리키고, 국세징수법에 의한 체납처분(대법원 2012.4.26. 선고 2010도5693 판결)이나 형사소송법상의 벌금, 과료, 몰수, 추징, 가납의 재판, 소송비용 또는 행정법상의 과태료 등의 집행도 포함되지 않는다. 본죄는 채권자의 채권을 보호하는데 그 취지가 있기 때문이다. 체납세금의 강제집행면탈행위에 대해서는 조세범처벌법에 그에 관한 처벌규정(제7조)이 마련되어 있다. 그리고 담보권 실행 등을 위한 경매를 면탈할 목적으로 재산을 은닉하는 등의 행위는 본죄의 규율대상에 포함되지 않는다(☞ **[판례 X-6]** 참조).

[판례 X-6] 대법원 2015.3.26. 선고 2014도14909 판결【강제집행면탈】

〈공소사실의 요지〉

피해자는 2008.12.24.경 A가 운영하는 B주식회사 소유의 토지 및 공장건물에 설치된 기계에 근저당권자로서 임의경매를 신청하여 2008.12.29.경 ○○지방법원에서 경매개시결정이 내려졌는데, 피고인은 2007.6.18.경 C주식회사로부터 기계들을 양도담보 받았기 때문에 기계들은 피고인의 소유라고 주장하면서 2008.12.30.경 ○○지방법원의 경매개시 결정에 대한 이의신청을 하였으나 2009.10.6.경 기각되자 위 경매에 따른 기계들에 대한 강제집행을 면할 목적으로, 2010.2.말경 B주식회사의 공장에서 기계들을 꺼내어 D가 운영하는 공장으로 옮겼다.

〈대법원 판결요지〉

형법 제327조에서는 강제집행을 면할 목적으로 재산을 은닉, 손괴, 허위양도 또는 허위의 채무를 부담하여 채권자를 해한 자를 강제집행면탈죄로 처벌하도록 정하고 있다. 그런데 ① 민사집행법상의 임의경매는 종전에 민사소송법에서 규율하고 있던 강제집행과는 별도로 경매법에서 따로 규율하고 있던 것으로, 경매법이 폐지되면서 민사소송법에서 함께 규율하게 된 이후로도 '담보권 실행 등을 위한 경매'로서 '채권에 관한 강제집행'과는 구분되었고, 민사집행법의 제정 이후에도 '채권에 관한 강제집행'과는 별도로 다루어지고 있는 점, ② 이 사건의 경우와 같이 건물과 공장기계에 근저당권이 설정된 경우에 이를 손괴하거나 은닉한 경우에는 사안에 따라 소유자나 점유자에 대한 재물손괴죄, 절도죄나 권리행사방해죄 등으로 처벌할 수 있고, 이로써 채권자인 근저당권자의 이익이 충분히 보호되며, 근저당권이 설정된 재산을 허위양도 한다거나 그 채무자가 허위의 채무를 부담한다고 해서 근저당권자에 의한 임의경매를 면할 수는 없으므로 근저당권자를 보호하기 위해 강제집행면탈죄를 적용할 필요도 없는 점 등을 종합하면, 강제집행면탈죄는 채무자 또는 제3자가 일반채권자들의 강제집행을 면할 목적으로 재산을 은닉, 손괴, 허위양도 또는 허위의 채무에만 적용되는 것이고, 민사집행법상의 '담보권 실행 등을 위한 경매' 즉 임의경매는 강제집행면탈죄에서 정한 강제집행에 해당하지 않는다.

원심이 적법하게 채택하여 조사한 증거들에 의하면 피해자는 이 사건 공장의 건물 및 기계들에 대한 근저당권자로서 임의경매를 신청하여 경매개시결정이 이루어진 사실이 인정되는데, 위에서 본 바와 같이 이러한 임의경매는 형법 제327조에서 정한 강제집행에 해당하지 않으므로, 피고인이 근저당권의 목적이 된 위 건물들을 손괴하거나 이 사건 공장기계들을 은닉한 행위는 강제집행면탈죄에 해당하지 않는다.

2) 또한 본죄가 성립하기 위해서는 '강제집행을 당할 구체적인 위험이 있는 상태'라는 행위상황을 요한다. '집행을 당할 구체적인 위험이 있는 상태'란 강제집행을 면탈할 객관적 상태라 함은 민사소송법에 의한 강제집행 또는 이를 준용하는 가압류, 가처분 등의 집행을 당할 구체적인 염려가 있는 상태를 말한다(대법원 1981.6.23. 선고 81도588 판결). 자신이 발행한 약속어음들의 지급기일이 되기 전이었고 어음의 부도도 있기 전이었으며 어음소지인등으로부터 어음금의 지급요구를 받는 등 채무변제의 독촉을 받았다거나 채권자들이 자신을 상대로 법적 절차를 취하기 위한 준비를 하고 있지 않았다면 강제집행을 당할 급박한 상태가 있다고 할 수 없으므로, 자신의 형에게 빚진 것 같이 꾸미고 그 때문에 자기 소유 부동산을 그에게 넘긴 것으로 꾸며 가등기하여 주었더라도 강제집행면탈죄의 죄책은 지지 않는다(대법원 2011.12.8. 선고 2010도4129 판결).

그러나 차량에 동승하였다가 교통사고를 당한 사람의 유족이 위 사고는 운전자의 운전과실임을 알아내어 수사 기관에 사건 경위의 조사를 진정하고, 운전자의 유족이 치료비 요구에 불응한다고 하여 또 다른 진정을 내고 있는 상태에서 운전자가 소유명의로 있던 부동산을 동생 명의로 매매형식으로 소유권이전등기를 하였다면, 그 당시의 상황은 현실적으로 강제집행을 면탈할 목적이 실현될 수 있는 객관적 상태에 있었다고 볼 수 있다(대법원 1979.4.10. 선고 78도2370 판결). 그리고 약속어음이 부도가 났다면 특별한 사정이 없는 한 피고인 발행의 다른 약속어음들도 만기에 지급거절이 될 것이 예상되어 그 소지인들이 만기 전이라고 할지라도 소구(訴求)가 가능할 뿐만 아니라 통상 약속어음의 부도는 그 발행인의 신용상태가 파탄상태에 이른 것을 객관적으로 확인하는 의미가 있으므로, 변제기가 도래하지 아니한 다른 일반 채권자들도 채권확보에 나설 것이 예상되고 실제로 채권자 중 1인이 바로 자신을 상대로 한 유체동산가압류결정을 받아 그 집행을 시도한 사실이 있다면, 강제집행을 당할 급박한 상태라고 할 수 있다(대법원 1999.2.9. 선고 96도3141 판결).

(3) 객 체

1) 본죄의 객체인 '재산'이란 채무자의 재산 중에서 채권자가 민사집행법상 강제집행 또는 보전처분의 대상으로 삼을 수 있는 것을 말한다. 의료법에 의하여 적법하게 개설되지 아니한 의료기관에서 요양급여가 행하여졌다면 해당 의료기관은 국민건강보험법상 요양급여비용을 청구할 수 있는 요양기관에 해당되지 아니하여 해당 요양급여비용 전부를 청구할 수 없고, 해당 의료기관의 채권자로서도 요

양급여비용 채권을 대상으로 하여 강제집행 또는 보전처분의 방법으로 채권의 만족을 얻을 수 없으므로, 결국 그와 같은 요양급여채권은 강제집행면탈죄의 객체가 되지 아니한다(대법원 2017.4.26. 선고 2016도19982 판결).

재산에는 동산과 부동산뿐만 아니라 재산적 가치가 있어 민사소송법에 의한 강제집행 또는 보전처분이 가능한 특허 내지 실용신안 등을 받을 수 있는 권리도 포함된다(대법원 2001.11.27. 선고 2001도4759 판결). 신축 중인 건물도 장차 완공될 경우 현실적인 강제집행의 대상이 되는 것이어서 이를 은닉할 경우 채권자를 해할 위험이 있으므로 강제집행면탈죄의 객체가 될 수 있고, 신축 중인 건물의 건축주 명의를 변경하여 장래의 소유관계를 불명하게 하는 행위는 강제집행면탈죄에 있어서 '은닉'에 해당한다(대법원 2008.12.11. 선고 2008도9164 판결). 다만 대법원은 채무자가 건축주 명의를 변경할 당시 지하 4층, 지상 12층으로 건축허가를 받았으나 지상 8층까지 골조공사가 완료된 채 공사가 중단된 건물은 강제집행면탈죄의 객체가 될 수 있다고 단정하기 어렵다고 보았다(대법원 2014.10.27. 선고 2014도9442 판결).

2) 장래의 권리도 채무자와 제3채무자 사이에 채무자의 장래청구권이 충분하게 표시되었거나 결정된 법률관계가 존재한다면 본죄의 객체가 될 수 있다. 예컨대 甲의 채권자가 乙 소유 부동산 경매사건에서 지급받을 배당금 채권의 일부에 가압류를 해 둔 경우 甲이 乙 소유 부동산의 경매절차에서 배당받을 배당금지급채권은 강제집행면탈죄의 객체인 재산에 해당한다. 따라서 甲이 乙과 공모하여 甲에 대한 乙의 채무가 완제된 것처럼 허위의 채무완제확인서를 작성하여 법원에 乙을 상대로 청구이의의 소를 제기하고 그 판결에 기하여 강제집행정지 및 경매취소에 이르게 하였다면, 甲과 乙은 강제집행면탈의 죄책을 진다(대법원 2011.7.28. 선고 2011도6115 판결). 그러나 보전처분 단계에서의 가압류채권자의 지위 자체는 원칙적으로 민사집행법상 강제집행 또는 보전처분의 대상이 될 수 없으므로 강제집행면탈죄의 객체에 해당하지 않는다. 따라서 채무자가 가압류채권자의 지위에 있으면서 가압류집행해제를 신청함으로써 그 지위를 상실하였더라도 강제집행면탈의 죄책을 지울 수는 없다(대법원 2008.9.11. 선고 2006도8721 판결).

3) 한편 본죄의 객체는 채권자가 강제집행을 할 수 있는 '채무자의 재산'이다. 따라서 피고인이 A주식회사가 소유권보존등기를 마친 다음 B에게 분양한 아파트에 관한 수분양권을 B로부터 매수하여 수분양자를 자신의 명의로 변경하였다가 피해자로부터 강제집행을 당할 것을 우려하여 수분양자의 명의를 친동생인 C로 변경한 다음 C명의로 소유권이전등기를 경료하였더라도, 피고인은 아파트에 대한 소유권이전등기청구권을 취득하였을 뿐 소유권을 취득한 바 없으므로 수분양권은 별론으로 하고 아파트 자체는 강제집행면탈죄의 객체가 될 수 없다(대법원 2013.4.26. 선고 2013도2034 판결). 또한 명의신탁자로서 명의수탁자와 계약명의신탁 약정을 맺고 명의수탁자가 직접 소유자와 매매계약을 체결한 후 명의수탁자 명의로 소유권이전등기를 한 경우 명의신탁자는 그 부동산에 대하여 소유권을 취득하지 못하

므로, 그 부동산에 대해서는 강제집행면탈죄가 성립할 수 없다(☞ **[판례 X-7]** 참조).

[판례 X-7] 대법원 2011.12.8. 선고 2010도4129 판결【강제집행면탈】

〈공소사실〉

피고인 甲은 이 사건 대지와 건물의 실질적인 소유자인 바, 이 사건 건물 증축공사로 인한 공사대금채권 등의 채권자들인 피해자들이 이 사건 대지 및 건물에 관하여 강제집행을 할 것이 예상되자 이러한 강제집행을 면탈하기 위하여 2008.7.8. A 유한회사를 설립한 다음 2008.8.19. 이 사건 대지 및 건물에 관하여 A 유한회사 명의의 소유권이전등기를 마침으로써 강제집행을 면탈할 목적으로 이 사건 대지 및 건물을 A 유한회사에 허위양도하여 채권자들을 해하였다.

〈대법원 판결요지〉

(1) 甲은 자신의 비용으로 이 사건 건물을 신축하였으나 당시 금융기관에 의하여 신용불량자로 등록된 상태였기 때문에 채권자들의 강제집행 회피 등의 목적으로 이 사건 건물에 관하여 1999.9.27. 피고인의 처 乙 명의로 소유권보존등기를 마침과 아울러 같은 날 피고인이 이 사건 부동산의 소유명의자로 내세우기 위해 설립한 B 주식회사 앞으로 소유권이전등기를 마쳐 두었다가 2003.3.10. 피고인의 누나 丙 앞으로 이 사건 건물의 소유명의를 이전하였고, 다시 2008.8.19. 위와 같이 A유한회사 앞으로 이 사건 건물의 소유명의를 이전하였는바, 피고인이 이 사건 건물의 신축으로 그 소유권을 원시취득한 후 이루어진 처 乙 명의의 소유권보존등기는 강제집행면탈을 목적으로 한 것이어서 부동산실명법 제8조 제2호의 특례가 적용될 수 없고 따라서 위 소유권보존등기와 그 뒤 이루어진 B 주식회사 및 누나 丙 명의의 각 소유권이전등기는 모두 명의신탁 약정에 의한 무효의 등기이므로, 피고인이 이 사건 건물의 소유명의를 A 유한회사 앞으로 이전할 당시에도 이 사건 건물은 여전히 피고인의 소유로 재산을 구성한다. 그리고 피고인이 이 사건 건물을 A 유한회사에 양도한 것은 허위양도라고 인정되고 이는 채권자들의 강제집행을 면탈할 목적을 가지고 한 행위이므로, 피고인은 이 사건 건물의 허위양도로 인한 강제집행면탈의 죄책을 진다.

(2) 이 사건 대지는 피고인이 1998.10.7. 누나 丙 명의로 소유권이전등기를 마쳤으나 그 전부터 진행되던 임의경매절차를 통하여 1999.12.6. C가 이를 매수하여 소유권을 취득하였다가, 다시 2000.5.27. 피고인이 C로부터 B 주식회사 명의로 이 사건 대지를 매수하여 소유권이전등기를 마쳤고, 그 뒤 2003.3.10. 누나 丙 앞으로 소유명의를 이전하였다가, 다시 2008.8.19. A 유한회사 앞으로 이 사건 대지의 소유명의를 이전한 것이다. 사실관계가 이와 같다면, 피고인이 B 주식회사 명의로 이 사건 대지를 매수하여 그 앞으로 소유권이전등기를 마친 것은 명의신탁자인 피고인과 명의수탁자인 B 주식회사 사이의 이른바 계약명의신탁 약정에 의한 것으로, C가 그러한 약정이 있다는 사실을 알았는지 여부에 관계없이 피고인은 이 사건 대지의 소유권을 취득하지 못하고, 그 뒤 피고인은 이 사건 대지에 관하여 또 다른 명의수탁자인 누나 丙 앞으로 소유명의를 이전하였을 뿐 피고인 자신의 이름으로 소유권이전등기를 마친 바도 없으므로, 이 사건 대지는 강제집행면탈죄의 객체가 될 수 없다.

〈참조판례〉

○ 대법원 2009.5.14. 선고 2007도2168 판결【강제집행면탈】

이 사건 공소사실의 요지는 "피고인은 1999.5.4. S보증보험주식회사에서 피고인을 상대로 구상금을 청구하는 소송을 제기하여 1999.7.20. 원고 전부승소로 그 판결이 확정되는 등 채권자들로부터 피고인 소유 재산에 강제집행을 당할 우려가 있자 이를 면탈할 목적으로, 2004.3.18.경 아파트를 매수하면서, 피고인의 모(母)와 위 아파트를 모(母) 명의로 명의신탁하기로 약정한 후 그 명의로 소유권이전등기를 경료하여 이를 은닉하였다"는데 있다.

강제집행면탈죄의 객체는 채무자의 재산 중에서 채권자가 민사집행법상 강제집행 또는 보전처분의 대상으로 삼을 수 있는 것이어야 한다. 명의신탁자와 명의수탁자가 이른바 계약명의신탁 약정을 맺고 명의수탁자가 당사자가 되어 명의신탁 약정이 있다는 사실을 알지 못하는 소유자와 부동산에 관한 매매계약을 체결한 후 그 매매계약에 따라 당해 부동산의 소유권이전등기를 명의수탁자 명의로 마친 경우에는, 명의신탁자와 명의수탁자 사이의 명의신탁 약정의 무효에도 불구하고 부동산실명법 제4조 제2항 단서에 의하여 그 명의수탁자는 당해 부동산의 완전한 소유권을 취득하고, 이와 달리 소유자가 계약명의신탁 약정이 있다는 사실을 안 경우에는 수탁자 명의의 소유권이전등기는 무효이고 당해 부동산의 소유권은 매도인이 그대로 보유하게 된다. 어느 경우든지 명의신탁자는 그 매매계약에 의해서는 당해 부동산의 소유권을 취득하지 못하게 되어, 결국 그 부동산은 명의신탁자에 대한 강제집행이나 보전처분의 대상이 될 수 없다.

〈해 설〉

이 판례는 강제집행면탈죄의 객체를 채무자의 재산에 한정할 것인가의 여부에 관한 사법부의 입장을 보여주는 대표적인 사례이다. 판례는 강제집행면탈죄의 객체는 채무자의 재산 중에서 채권자가 민사집행법상 강제집행 또는 보전처분의 대상으로 삼을 수 있는 것이어야 한다고 하면서, 명의신탁자로서 명의수탁자와 계약명의신탁 약정을 맺고 명의수탁자가 직접 소유자와 부동산에 대한 매매계약을 체결한 후 명의수탁자 명의로 소유권이전등기를 한 경우 그 부동산에 대해서는 강제집행면탈죄가 성립할 수 없다고 판시하고 있다. 강제집행면탈죄는 형법 각칙 제37장의 다른 유형의 권리행사방해의 죄(예컨대 권리행사방해죄)와는 달리 그 객체를 '재산'으로 규정하고 있고 '자기의 물건'으로 한정하고 있지 않다. 절도죄, 손괴죄 등 타인소유의 재물에 대한 죄와의 관계에서 권리행사방해죄(제323조)는 그 객체를 자기의 물건으로 한정하는 것이 당연하다. 그러나 강제집행면탈죄는 자기의 재산에 대해 강제집행을 당할 구체적 위험이 있는 상황에서 그 재산을 은닉하거나 허위양도하는 등 채무를 면탈하는 행위를 처벌하는 데 있으므로, 그 행위의 대상을 반드시 자기의 명의로 된 재물에 한정할 이유가 없다. 그리고 재산이란 동산, 부동산 등의 재물뿐만 아니라 채권, 지식재산권 등 경제적 가치가 있는 일체의 것을 포함한다.

이 사안에서 피고인은 분명 재물인 아파트 자체를 은닉한 것은 아니지만 실질적으로 자기의 재산인 아파트를 다른 사람의 명의로 해 둠으로써 자기의 재산을 은닉하였다. 강제집행면탈죄의 객체인 '채무자의 재산'에 해당하는지의 여부를 판단함에 있어 재물의 명의자가 누구인가에만 초점을 맞추는 것은 강제집행을 면할 목적으로 자기의 재산을 빼돌려 채권자를 해하는 행위를 처벌하는 것을 목적으로 하는 강제집행면탈죄의 취지에도 부합하지 않을 뿐만 아니라 채권자(근저당권자)의 권리보호도 소홀히 하는 결과를 초래한다. 강제집행면탈죄 규정의 문언이나 입법취지에 비추어 '채무자의 재산'인지 여부는 그 명의자가 누구인가를 기준으로 결정할 것이 아니라 그것의 실질적 소유자가 누구인가를 기준으로 결정하는 것이 바람직하다. 따라서 형식적으로 채무자가 소유권을 취득한 바가 없다고 하더라도 계약명의신탁약정에 의해 채무자가 실질적으로 그 소유권을 취득한 부동산은 강제집행면탈죄의 객체가 된다고 보는 것이 타당하다고 할 것이다.

(4) 실행행위 — 은닉, 손괴, 허위양도, 허위채무부담

1) 본죄의 실행행위는 은닉, 손괴, 허위양도, 허위의 채무부담이다.

2) 재산의 '은닉'이란 강제집행을 실시하는 자에 대하여 재산의 발견을 불능 또는 곤란하게 하는 일체의 행위로서 재산의 소재를 불명케 하는 것은 물론 그 소유관계를 불명하게 하는 것도 포함한다. 예컨대 부동산 소유자가 부동산의 선순위 가등기권자와 사전모의하여 그 부동산에 관한 다른 채권자의 강제집행을 면할 목적으로 선순위 가등기권자 앞으로 소유권이전의 본등기를 하거나(대법원 1983.5.10. 선고 82도1987 판결), 채무자 소유의 동산을 채무자의 모(母) 소유인 것으로 사칭하면서 모(母)의 명의로 제3자이의의 소를 제기하고 집행정지결정을 받아 그 집행을 저지하거나(대법원 1992.12.8. 선고 92도1653 판결), 담보목적의 가등기권자가 다른 채권자들의 강제집행을 불가능하게 할 목적으로 채무자와

공모하여 정확한 청산절차도 거치지 않은 채 의제자백판결을 통하여 본등기를 경료함으로써 가등기 이후에 경료된 가압류등기 등을 모두 직권말소하게 하거나(대법원 2000.7.28. 선고 98도4558 판결), 사업장의 동산에 대한 강제집행을 면탈할 목적으로 사업자등록의 사업자명의를 변경함이 없이 사업장에서 사용하는 금전등록기의 사업자 이름만을 변경하거나(대법원 2003.10.9. 선고 2003도3387 판결), 회사의 어음채권자들의 가압류 등을 피하기 위하여 회사의 예금계좌에 입금된 회사 자금을 인출하여 제3자 명의의 다른 계좌로 송금하거나(대법원 2005.10.13. 선고 2005도4522 판결), 부동산의 명의수탁자가 피고인과 허위의 매매계약을 체결하고 피고인 앞으로 그 부동산을 소유권이전등기한 후, 피고인이 타인과 공모하여 부동산에 대하여 타인의 명의로 허위의 가등기를 마쳐 두었다가 명의신탁자가 그 부동산을 되찾기 위하여 처분금지가처분을 하자 그 집행을 면탈할 목적으로 본등기를 하는 것(대법원 2015.9.15. 선고 2015도9883 판결)은 재산을 은닉하는 행위에 해당한다. 그러나 채무자가 제3자 명의로 되어 있던 사업자등록을 다른 제3자 명의로 변경하더라도 그러한 사정만으로는 채권자의 입장에서 볼 때 사업장 내 유체동산에 관한 소유관계를 종전보다 더 불명하게 되었다고 할 수 없고(대법원 2014.6.12. 선고 2012도2732 판결), 자기 소유의 자금과 그룹 계열사들 소유 금원 중 일부를 빼돌린 자금을 구분함이 없이 거주지 안방 옷장 속 서랍이나 금고 속에 보관하는 것만으로는 강제집행면탈행위로서 은닉이라고 할 수 없다(대법원 2007.6.1. 선고 2006도1813 판결).

3) '손괴'란 유형력을 행사하여 그 효용가치를 침해하는 것을 말한다.

4) '허위양도'란 실제로 양도의 진의가 없음에도 불구하고 표면상 양도의 형식을 취하여 재산의 소유명의를 변경시키는 것이므로 진의에 의한 양도인 이상, 양도가 강제집행면탈의 목적으로 이루어지고 채권자의 불이익을 초래하는 결과가 되었더라도 허위양도에는 해당하지 않는다(☞ **[판례 X-8]** 참조).

[판례 X-8] 대법원 2000.9.8. 선고 2000도1447 판결【강제집행면탈, 특경법위반(횡령)】

〈공소사실〉

피고인이 대표이사로 있는 회사가 1998.4.15. 1차 부도를 냈다가 은행의 긴급자금지원으로 최종부도를 면하였으나 같은 달 30일 은행으로부터 추가자금지원을 중단하겠다는 통지를 받게 되자, 피고인은 회사가 조만간 최종부도를 피할 수 없고 금융기관 등 채권자의 강제집행이 이어질 것으로 예상하여, 그 강제집행을 면탈함과 동시에 회사의 재산을 횡령할 목적으로, 경리직원 등에게 지시하여 회사의 자금 1,080,595,170원을 대표이사의 가수금반제로 변칙회계처리한 다음 타인명의의 차명계좌를 개설하여 이를 입금하여 은닉함으로써 강제집행을 면탈함과 동시에 이를 횡령하였다.

〈판결요지〉

횡령죄의 구성요건으로서의 횡령행위란 불법영득의 의사, 즉 타인의 재물을 보관하는 자가 자기 또는 제3자의 이익을 꾀할 목적으로 위탁의 취지에 반하여 권한 없이 그 재물을 자기의 소유인 것처럼 사실상 또는 법률상 처분하려는 의사를 실현하는 행위를 말하고, 한편 강제집행면탈죄에 있어서 은닉이라 함은 강제집행을 면탈할 목적으로 강제집행을 실시하는 자로 하여금 채무자의 재산을 발견하는 것을 불능 또는 곤란하게 만드는 것을 말하는 것으로서 진의에 의하여 재산을 양도하였다면 설령 그것이 강제집행을 면탈할 목적으로 이루어진 것으로서 채권자의 불이익을 초래하는 결과가 되었다고 하더라도 강제집행면탈죄의 허위양도 또는 은닉에는 해당하지 아니한다. 따라서 타인의 재물을 보관하는 자가 위 보관하고 있는 재물을 영득할 의사로 이를 은닉하였다면 이는 횡령죄를 구성하는 것이고 채권자들의 강제집행을 면탈하는 결과를 가져온다 하여 이와 별도로 강제집행면탈죄를 구성하는 것은 아니다.

〈참조판례〉

○ 대법원 1983.7.26. 선고 82도1524 판결【강제집행면탈 등】

교회의 목사인 피고인 및 공소외 1의 공동명의로 신탁된 교회소유의 대지가 위 공소외인의 사업실패로 그 채권자들로부터 강제집행의 우려가 있자 교회건축위원회에서 피고인 및 공소외 1에 대한 명의신탁을 해지한 후 다른 재직회 임원인 공소외 2 등 5명 앞으로 명의신탁하기로 결정하고 이에 따라 매매를 원인으로 하여 소유권이전등기를 경료하였다면 이는 신탁자의 신탁재산에 대한 정당한 권리행사이고 강제집행면탈죄의 구성요소인 허위양도에 해당하지 아니한다.

5) '허위의 채무부담'이란 채무가 없음에도 불구하고 제3자에게 채무를 부담한 것처럼 가장하는 것을 말하고, 진실한 채무를 부담한 경우에는 설사 이로 인하여 채권자의 이익을 해하게 되더라도 강제집행면탈죄의 죄책을 물 수 없다(대법원 2007.11.30. 선고 2006도7329 판결). 장래에 발생할 특정의 조건부 채권을 담보하기 위한 방편으로 부동산에 대하여 근저당권을 설정한 것이라면, 특별한 사정이 없는 한 이는 장래 발생할 진실한 채무를 담보하기 위한 것으로서 허위의 채무를 부담하는 경우에 해당하지 않는다(대법원 1996.10.25. 선고 96도1531 판결).

(5) 결과 — 채권자를 해할 것

1) 강제집행면탈죄가 성립하기 위해서는 채권자를 해할 것을 요한다. 채권자를 해하였다고 하기 위해서는 우선 채권의 존재가 요구된다. 강제집행면탈죄는 채권자의 권리보호를 보호법익으로 하므로 강제집행의 기본이 되는 채권자의 권리, 즉 채권이 존재하지 않는 경우에는 강제집행면탈죄가 성립할 수 없기 때문이다(대법원 2010.12.9. 선고 2010도11015 판결). 상계(相計)의 의사표시가 있는 경우 각 채무는 상계할 수 있는 때에 소급하여 대등액에 관하여 소멸하고 상계의 효력이 발생하는 시점 이후에는 채권의 존재가 인정되지 않으므로, 상계로 인하여 소멸한 것으로 보게 되는 채권에 관하여는 강제집행면탈죄가 성립하지 않는다(대법원 2012.8.30. 선고 2011도2252 판결).

그러나 채권자가 민사소송에서 승소확정판결을 받기 전에 당해 채권을 제3자에게 양도하였더라도 채무자가 민사소송에서 채권이 양도되었다는 항변을 제출하지 않았다면 강제집행면탈죄의 성립요건인 채권의 존재를 인정할 수 있고(대법원 2008.5.8. 선고 2008도198 판결), 조건부 채권이라 하여도 그 채권자가 보전처분을 함에는 법률상 아무런 장애도 없으므로 보전처분을 면할 목적으로 허위의 채무를 부담한 이상 강제집행면탈죄는 성립하고, 그 후 그 조건이 성취되지 않음으로써 채권이 소멸되었다 하여도 일단 성립한 범죄에는 영향을 미치지 않는다(대법원 1984.6.12. 선고 82도1544 판결).

2) 한편 제327조가 강제집행면탈죄의 성립요소로 '채권자를 해할 것'을 규정하고 있음에도 불구하고, 판례는 강제집행을 당할 구체적인 위험이 있는 상태에서 재산을 은닉, 손괴, 허위양도 또는 허위의 채무를 부담하면 곧바로 강제집행면탈죄가 성립하고 반드시 채권자를 해하는 결과가 야기되거나 이로 인하여 행위자가 어떤 이득을 취하여야 범죄가 성립하는 것은 아니라고 보고 있다(대법원 1999.2.12. 선고 98도2474 판결). 이에 따르면 허위채무를 부담하고 근저당설정등기를 경료하여 주었는데 근저당이 설정된 부동산 외에 다른 재산이 있다거나(대법원 1990.3.23. 선고 89도2506 판결), 허위채무 등을 공제한 후 채무자의 적극재산이 남을 것이 예측된다고 하여(대법원 2008.4.24. 선고 2007도4585 판결) 강제집행면탈죄의 죄책을 면할 수 없다.

다만 채무자의 재산은닉 등 행위시를 기준으로 채무자에게 채권자의 집행을 확보하기에 충분한 다른 재산이 있었다면 채권자를 해하였거나 해할 우려가 있다고 할 수 없으므로 강제집행면탈죄가 성립하지 않는다. 예컨대 甲이 자신을 상대로 사실혼관계해소 청구소송을 제기한 乙에 대한 채무를 면탈하려고 甲 명의 아파트를 담보로 10억원을 대출받아 그 중 8억원을 타인 명의 계좌로 입금하여 은닉하였더라도 가정법원의 판결에 근거하여 위자료 4,000만원의 채권이 존재한다는 사실이 증명되었을 뿐이라면, 甲의 재산은닉 행위 당시 甲에게는 위자료채권액을 훨씬 상회하는 다른 재산이 있다고 할 것이므로 강제집행면탈죄는 성립하지 않는다(대법원 2011.9.8. 선고 2011도5165 판결).

또한 같은 이유에서 채권자가 채무자로부터 건물을 명도받기로 하는 제소전 화해에 기해 강제집행을 할 기세를 보이자 채무자가 허위의 채무를 부담하고 이를 가장하는 방편으로 가등기나 근저당권 설정등기를 경료하여 주었다고 하더라도 그것은 채권자의 건물명도청구권에 기한 강제집행에 장애가 되지 않으므로 강제집행면탈죄가 성립하지 않는다(☞ **[판례 X-9]** 참조).

[판례 X-9] 대법원 1984.2.14. 선고 83도708 판결【강제집행면탈】

〈공소사실〉

피고인 1은 피해자로부터 돈 1,500만원을 빌려 쓰고, 그 원리금을 변제하지 못하면 피고인 소유의 건물1동(미등기건물)을 피해자들에게 명도하여 주기로 하는 제소전 화해를 하고 그 기한 내에 그 원리금을 변제하지 못하여 피해자들이 위 제소전 화해조서에 기한 강제집행을 할 기세를 보이자 피고인 1과 피고인 2는 공모하여 위 강제집행을 면탈할 목적으로 피고인 1이 피고인 2에게 위 건물의 시가에 해당하는 금 8,000만원의 채무가 있는 양 가장하고 그 채무를 담보한다는 구실 하에 위 건물에 관하여 피고인 2 명의로 매매예약을 원인으로 한 가등기를 경료하고, 피해자로부터 말소소송이 제기되자 피고인들은 이를 명의신탁받은 것이라는 취지의 부당쟁송을 하였다.

〈판결요지〉

이 사건에서 현실적으로 강제집행이 있을 것이 예상되는 권리는 피해자의 위 건물에 대한 명도청구권으로서, 피고인 1이 피고인 2에 대하여 허위의 금전채무를 부담하였다하여 위 명도청구권의 집행에 어떠한 장애가 된다고는 할 수 없고, 또 피고인 2명의로 경료된 가등기는 본등기를 위한 순위보전의 효력밖에 없는 것이므로 가등기가 경료되었다는 것만으로는 피해자들의 위 건물에 대한 명도청구권에 기한 강제집행을 불능케 하는 사유에 해당한다고는 할 수 없고 또 그 후 위 가등기 말소청구소송에서 피고인 2가 항쟁을 하였다하여 위 가등기가 강제집행에 장애사유가 되었다고는 할 수 없는 것이므로 위 허위채무부담과 가등기 경료사실만으로는 강제집행면탈죄는 성립되지 않는다.

〈참조판례〉

○ 대법원 2008.5.29. 선고 2008도2476 판결【강제집행면탈】

가압류에는 처분금지적 효력이 있으므로 가압류 후에 목적물의 소유권을 취득한 제3취득자 또는 그 제3취득자에 대한 채권자는 그 소유권 또는 채권으로써 가압류권자에게 대항할 수 없다고 할 것이므로, 가압류 후에 목적물의 소유권을 취득한 제3취득자가 다른 사람에 대한 허위의 채무에 기하여 근저당권설정등기 등을 경료하더라도 이로써 가압류채권자의 법률상의 지위에 어떤 영향을 미칠 수 없고 따라서 강제집행면탈죄에는 해당되지 아니한다.

○ 대법원 2008.6.12. 선고 2008도2279 판결【강제집행면탈】

채권자의 채권이 금전채권이 아니라 토지 소유자로서 그 지상 건물의 소유자에 대하여 가지는 건물철거 및 토지인도청구권인 경우라면, 채무자인 건물 소유자가 제3자에게 허위의 금전채무를 부담하면서 이를 피담보채무로 하여 건물에 관하여 근저당권설정등기를 경료한 것만으로는 직접적으로 토지 소유자의 건물철거 및 토지인도청구권에 기한 강제집행을 불능케 하는 사유에 해당한다고 할 수 없으므로 건물 소유자에게 강제집행면탈죄가 성립한다고 할 수 없다.

〈해 설〉

위와 같이 판례는 대체적으로 허위채무를 부담하고 가등기를 경료하였다고 하더라도 그것만으로는 강제집행면탈죄가 성립하지 않는다는 입장을 취하고 있다. 가등기는 부동산물권 또는 부동산임차권의 변동을 목적으로 하는 청구권을 보전하려고 할 때와 이들 청구권이 시기부 또는 정지조건부이거나 기타 장래에 있어서 확정될 것인 때에 하는 등기로서(부동산등기법 제3조), 가등기에 기하여서 후에 본등기가 행하여지면 본등기의 순위는 가등기의 순위에 의한다(부동산등기법 제6조 2항). 물권변동의 시기는 가등기를 한 때로 소급하지 아니하고 본등기를 한 때에 비로소 물권변동의 효력이 생기는 것이지만, 가등기에 기하여 본등기를 하면, 이에 저촉되는 제3자를 위한 중간처분의 등기는 등기공무원이 직권으로 말소한다. 가등기제도는 제소전화해제도와 결합하여 채권담보의 기능을 하기도 하지만, 강제집행을 면탈하기 위하여 악용되기도 한다. 즉, 가등기는 본등기를 위한 순위보전의 효력밖에 없고 가등기 자체는 아무런 실체법적 효력이 없다는 것을 이용하여 채무자가 가등기권리자와 짜고 부동산을 처분할 수 있는 권리는 이를 그대로 보유하고 있다가 이 후에 그 부동산이 강제집행으로 처분되면 즉시 가등기권리자에게 본등기를 하여 줌으로써 그 강제집행을 무력화시키는 것이다.

이 사건에서 대법원은 乙의 위 건물에 대한 명도청구권을 현실적으로 강제집행이 있을 것이 예상되는 권리로 파악하고, 이 점에만 착안하여 판결요지와 같이 허위채무를 부담하고 가등기를 경료한 것만으로는 위 건물에 대한 乙의 명도청구권에 기한 강제집행을 불능케 하는 사유에 해당하지 아니한다고 판시하고 있다. 그러나 피해자인 채권자가 채무자 甲에 대하여 가지고 있는 권리는 건물의 명도청구권만이 아니라 건물명도청구권에 의하여 담보된 금전채권이고, 이 사건에서 甲과 乙은 공모하여 가등기를 설정하고 피해자인 채권자가 명도청구를 단행하기 직전에 乙에게 본등기를 경료하여 버림으로써 그 명도집행을 면탈함과 아울러 금전채무도 함께 면탈하려고 하였다. 이처럼 채권자의 권리를 단순히 명도청구권으로만 파악하지 않고 금전채권도 함께 고려한다면 가등기는 강제집행에 대한 법적인 장애사유는 아니나 사실상의 장애사유임이 분명하다.

위에서 설명한 바와 같이 판례는 강제집행면탈죄를 침해범이 아닌 위험범으로 파악하고 있는데, 가등기가 이처럼 사실상 채권자를 해하는 제도로 악용된다는 점을 고려해 볼 때 가등기에 기하여 본등기를 하는 단계에 이르지 않더라도 채권자를 해할 위험성이 있는 행위로 평가하는 것이 옳다고 본다.

(6) 공범과 죄수

1) 채무자가 강제집행을 면할 목적으로 재산을 허위양도한다는 사정을 알면서 재산의 허위양도를 받은 자는 본죄의 공범으로 처벌된다. 예컨대 채무자가 자신의 부동산에 허위의 금전채권에 기하여 이를 담보하는 양 甲명의로 소유권이전등기청구권 보전을 위한 가등기를 설정한 후 다시 이를 乙에게 양도하여 乙로 하여금 본등기를 경료하게 한 경우, 甲명의 담보가등기 설정행위가 강제집행면탈에 해당할 뿐만 아니라 그 가등기를 乙에게 양도하여 본등기를 경료하게 함으로써 소유권을 상실케 하는 것은 그 행위의 불법성과 법익침해의 정도가 담보가등기 설정행위보다 훨씬 중하므로 이를 불가벌적 사후행위로 볼 수는 없고, 따라서 그 정을 알면서 가등기를 양도받아 자기명의로 본등기를 경료한 乙은 강제집행면탈죄의 공범의 죄책을 면할 수 없다(대법원 2008.5.8. 선고 2008도198 판결).

2) 채권자들에 의한 복수(複數)의 강제집행이 예상되는 경우 재산을 은닉 또는 허위양도함으로써 채권자들을 해하였다면 채권자별로 각각 강제집행면탈죄가 성립하고 이들은 상상적 경합범의 관계에 있다(대법원 2011.12.8. 선고 2010도4129 판결).

Part 02

사회적 법익에 대한 죄

▨ 사회적 법익에 대한 죄의 개요

사회적 법익에 대한 죄는 사회적 법익이라고 할 수 있는 공공의 평온과 안전, 공공의 신용, 공중의 건강 및 사회적 도덕을 침해하는 범죄로서, 대체적으로 형법 각칙 제5장과 제6장 그리고 제12장부터 제23장까지 규정되어 있는 범죄를 말한다. 사회적 법익에 대한 죄는 크게 공공의 평온과 안전에 대한 죄, 공중의 건강에 대한 죄, 공공의 신용에 대한 죄 그리고 사회적 도덕에 대한 죄로 나눌 수 있다.

○ 공공의 평온과 안전에 대한 죄: 공안을 해하는 죄(제5장), 폭발물에 관한 죄(제6장), 방화와 실화의 죄(제13장), 일수와 수리에 관한 죄(제14장), 교통방해의 죄(제15장)

○ 공중의 건강에 대한 죄: 음용수에 관한 죄(제16장), 아편에 관한 죄(제17장)

○ 공공의 신용에 대한 죄: 통화에 관한 죄(제18장), 유가증권과 우표·인지에 관한 죄(제19장), 문서에 관한 죄(제20장), 인장에 관한 죄(제21장)

○ 사회적 도덕에 대한 죄: 신앙에 관한 죄(제12장), 성풍속에 관한 죄(제22장), 도박과 복표에 관한 죄(제23장)

제 1 장
공공의 평온과 안전에 대한 죄

Ⅰ. 공안을 해하는 죄(제5장)

1) 공공의 평온과 안전을 침해하는 범죄로 범죄단체조직죄(제114조), 소요죄(제115조), 다중불해산죄(제116조), 전시공수계약불이행죄(제117조) 및 공무원자격사칭죄(제118조)로 구성되어 있다. 이 중 전시공수계약불이행죄(제117조) 및 공무원자격사칭죄(제118조)는 공공의 평온·안전을 침해하는 범죄이기 보다는 국가적 기능을 침해하는 국가적 법익에 대한 죄의 성격을 갖는다.

2) 폭처법에 규정된 범죄를 범할 목적으로 한 단체 또는 집단을 구성하거나 그러한 단체 또는 집단에 가입하거나 그 구성원으로 활동한 때에는 폭처법(제4조)에 의해 처벌된다.

1. 범죄단체조직·가입·활동죄 (제114조)

(1) 의의와 성격

사형, 무기 또는 장기 4년 이상의 징역에 해당하는 범죄를 목적으로 하는 단체 또는 집단을 조직하거나 이에 가입 또는 그 구성원으로 활동함으로써 성립하는 범죄이다. 본죄를 범한 자는 그 목적한 죄에 정한 형으로 처벌하되 형을 감경할 수 있다(제114조). 목적한 범죄의 예비·음모를 독자적인 범죄행위로 규정하여 처벌하는 범죄유형이라 할 수 있으며, 범죄의 성립에 다수인의 가담을 필요로 하는 필요적 공범(집단범)이다.

(2) 범죄의 목적

1) 형법상 범죄단체조직등죄는 사형, 무기 또는 장기 4년 이상의 징역에 해당하는 범죄를 목적으로 하여야 한다.

2) 증권투자인들이 권익을 보호하기 위해 발족한 투자인단체(대법원 1969.8.29. 선고 69도935 판결), 타인의 자가용유상운송행위를 제지하고 자신들만이 배타적으로 운송행위를 하기 위하여 조직한 단체(대법원 1991.12.10. 선고 91도2569 판결), 병역의무의 거부를 목적으로 조직된 단체가 아니고 대통령긴급조치(1979.12.8 폐지) 제9호 위반의 수형자라는 이해관계를 공통으로 하여 부당한 병무행정의 시정을 촉구하기 위하여 조직된 단체(대법원 1983.4.12. 선고 82도43 판결), 특정지역출신의 청년들에 의하여 자생적으로 조직된 청년회(대법원 2004.7.8. 선고 2004도2009 판결)는 범죄를 목적으로 하는 단체 또는 집단이라고 할 수 없다.

(3) 단체 또는 집단

1) 단체란 단체내부의 질서를 유지하는 통솔체제를 갖춘 계속적인 결합체 그리고 집단이란 범죄단체에는 이르지 못하였으나 범죄의 위험성이 큰 다수인의 모임을 말한다.

2) 단체라고 하기 위해서는 범죄를 목적으로 체계적으로 조직의 우두머리를 비롯하여 그 말단에 이르기까지 일정한 직책과 행동의 분담을 갖고 계속성이 있는 결합체를 구성하여야 한다(대구고법 1978.8.31. 선고 78노434 판결). 따라서 일정한 조직체계를 갖추어 역할을 분담하고, 그 활동자금으로 금품을 조달하여 사용하기로 하며, 조직의 근거지, 행동지침, 행동강령을 정하고, 돌발사태에 대비한 암호번호를 정하여 이에 따른 비상소집에 따라 즉시 대기할 수 있도록 함과 아울러 경쟁세력과의 싸움에 대비하여 흉기를 미리 준비하도록 하는 등 경쟁세력을 폭력으로 제압하려고 하였다면, 이는 폭력범죄 등을 목적으로 하는 계속적이고도 조직 내의 통솔체계를 갖춘 결합체로서 폭처법상의 범죄단체에 해당한다(대법원 1996.6.25. 선고 96도923 판결). 이에 대하여 자신들의 이권을 보호하기 위해 조직한 단체, 특정지역에서 자신들의 세를 과시하기 위한 단체, 태동단계의 모임에 그치는 단체 등은 범죄단체라고 할 수 없다.

○ **대법원 1985.10.8. 선고 85도1515 판결【부정수표단속법위반, 범죄단체조직 등】**

피고인들이 은행에 당좌계정을 개설하여 은행으로부터 어음용지를 교부받아 거액의 어음을 발행한 후 이를 부도시키는 방법 등으로 타인의 재물을 편취하기로 모의한 뒤 "○○실업"이라는 상호로 사무실을 개설하여 전자제품 도매상을 경영하는 것처럼 위장하고 타인의 이름으로 은행에 당좌계정을 개설하여 그 은행으로부터 다량의 어음용지를 교부받아 이를 확보하는 한편, 그 과정에서 피고인 1은 ○○실업의 실질적인 대표자로서 자금의 입출, 어음용지와 도장 등의 보관책임 등을 맡고 피고인 2는 대외적인 업무를 맡고 피고인 3은 감사로서의 임무를 수행하기로 했을 뿐인 경우에는 어음사기를 목적으로 한 범죄단체로서의 단체내부의 질서를 유지하는 통솔체제를 갖춘 계속적인 결합체에 이른 것으로는 볼 수 없다.

○ 대법원 1991.12.10. 선고 91도2569 판결【범죄단체조직, 폭처법위반】

타인의 자가용 유상운송행위를 제지하고 자신들만이 배타적으로 운송행위를 하기 위하여 조직한 '독수리회'라는 단체는 자가용 유상운송 및 협박 등을 목적으로 한 범죄단체로서 조직원 사이에 지휘, 명령, 복종체계를 갖춘 결합체를 이룬 것으로 인정하기 어렵고 회원들의 친목단체로서의 성격이 짙다.

○ 광주고법 2001.8.30. 선고 2001노268·343 판결【폭처법위반(단체등의구성·활동) 등】

비록 피고인에게 폭처법 소정의 범죄를 목적으로 하는 단체를 구성할 의도가 있었다 하더라도 국제보스파라는 조직이 장차 범죄단체로서 본격적인 조직을 갖추게 될 모체로 볼 여지는 없지 아니하나 현재의 규모나 성격으로 보아서는 피고인 운영의 포장마차 등에서 종업원으로 일하던 자들 및 그 친구들 약 15명이 무리를 지어 몰려다니며 세를 과시하기 위하여 결성한 우범청소년들의 모임이거나, 폭처법 제4조 소정의 범죄단체에까지는 이르지 못한 태동단계에 있는 모임에 불과할 뿐 계속적인 통솔체계를 갖춘 조직적인 결합체라고 보기는 어렵다.

○ 대법원 2004.7.8. 선고 2004도2009 판결【폭처법위반(단체등의구성·활동)】

사북 지역 출신의 청년들에 의하여 자생적으로 조직된 사북청년회라는 단체의 일부 회원들이 사북 지역에 내국인 카지노가 들어서면서 폭력 범행을 저지르거나 관여하게 되었다고 하여 사북청년회 자체가 폭처법상의 폭력 범행을 목적으로 조직화되었고 사북청년회 자체에서 그러한 폭력 범행을 지시하였거나 의도하였다고 보기 어려워 사북청년회가 폭처법에서 정한 범죄단체에 해당하지 아니한다.

(4) 조직, 가입, 활동

1) 조직 또는 구성이란 다수인이 의사연락 하에 집합체를 형성하는 것을 말하고, 가입이란 이미 조직된 단체나 집단에 구성원으로 참여하는 것을 말한다. 타인의 재물을 절취함에 있어 능률을 올리기 위하여 절도를 목적으로 하는 단체를 조직하기로 모의하고 두목, 행동대원, 장물처분책을 분담하는 한편 식도, 손전등, 장갑, 나이론줄 등을 준비하였다면 절도를 목적으로 한 계속결합체인 범죄단체를 조직하였다고 볼 수 있으나(대구고법 1976.7.1. 선고 76노338 판결), 단순히 위 폭력 등의 범죄를 예비, 음모하거나 또는 그 범죄의 모의에 가담하여 실행행위의 분담을 정함에 불과하거나 실행행위를 하였다는 사실만으로는 위와 같은 폭력의 범죄단체를 조직하거나 범죄집단을 구성한 것이라고 할 수 없다(대법원 1991.1.15. 선고 90도2301 판결).

이미 해제 내지 와해된 상태에 있는 기존의 단체를 재건하는 경우, 기존의 단체에서 분리되어 나와 별도의 단체를 구성하는 경우, 현재 활동 중인 단체가 다른 단체를 흡수하거나 그와 통합하는 등 기존의 조직이 완전히 변경됨으로써 기존의 단체와는 다른 별개의 단체로 인정될 수 있을 정도에 이른 때에는 범죄단체 조직으로 보아야 한다(대법원 2000.3.24. 선고 2000도102 판결; 2004.4.23. 선고 2004도805 판결; 2005.5.13. 선고 2005도959 판결 참조).

2) 활동이란 범죄단체 또는 집단의 내부 규율 및 통솔체계에 따른 조직적, 집단적 의사결정에 의하여 행하는 범죄단체 또는 집단의 존속·유지를 지향하는 적극적인 행위로서 그 기여의 정도가 목적

한 죄에 준하는 것을 의미한다(대법원 2009.9.10. 선고 2008도10177 판결). 따라서 다수의 구성원이 관여되었다고 하더라도 범죄단체 또는 집단의 존속·유지를 목적으로 하는 조직적, 집단적 의사결정에 의한 것이 아니거나, 범죄단체 또는 집단의 수괴나 간부 등 상위 구성원으로부터 모임에 참가하라는 등의 지시나 명령을 소극적으로 받고 이에 단순히 응하는 데 그친 경우, 구성원 사이의 사적이고 의례적인 회식이나 경조사 모임 등을 개최하거나 참석하는 경우 등은 '활동'에 해당한다고 볼 수 없다(대법원 2010.1.28. 선고 2009도9484 판결).

○ 대법원 2010.1.28. 선고 2009도9484 판결【폭처법위반(단체등의구성·활동)】

폭처법 제4조의 규정 내용과 형식, 입법취지, 처벌의 종류 및 정도 등을 종합하여 보면, 폭처법 제4조 제1항에서의 '활동'은 범죄단체 또는 집단의 내부 규율 및 통솔체계에 따른 조직적, 집단적 의사결정에 의하여 행하는 범죄단체 또는 집단의 존속·유지를 지향하는 적극적인 행위로서 그 기여의 정도가 폭력행위 등 처벌에 관한 법률 제4조 제3항, 제4항에 규정된 행위에 준하는 것을 의미한다고 할 것이다. 그리고 특정한 행위가 범죄단체 또는 집단의 구성원으로서의 '활동'에 해당하는지 여부는 당해 행위가 행해진 일시, 장소 및 그 내용, 그 행위가 이루어지게 된 동기 및 경위, 목적, 의사 결정자와 실행 행위자 사이의 관계 및 그 의사의 전달 과정 등의 구체적인 사정을 종합하여 실질적으로 판단하여야 할 것인바, 다수의 구성원이 관여되었다고 하더라도 범죄단체 또는 집단의 존속·유지를 목적으로 하는 조직적, 집단적 의사결정에 의한 것이 아니거나, 범죄단체 또는 집단의 수괴나 간부 등 상위 구성원으로부터 모임에 참가하라는 등의 지시나 명령을 소극적으로 받고 이에 단순히 응하는 데 그친 경우, 구성원 사이의 사적이고 의례적인 회식이나 경조사 모임 등을 개최하거나 참석하는 경우 등은 '활동'에 해당한다고 볼 수 없다.

2007.6. 초순경 오리고기 음식점에서 공소외인 등 간부급 조직원들이 조직생활의 자부심을 심어 주고, 조직 결속력 강화 및 조직 이탈을 방지하기 위하여 개최한 회식에 참석한 행위 및 2007.7. 초순경부터 2008.6.19.까지 18회에 걸쳐 다른 폭력조직의 조직원의 장례식, 결혼식, 돌잔치, 회갑연, 진갑연, 내용 불상의 각종 행사에 참석하여 하부 조직원들이 행사장에 도열하여 상부 조직원들이 도착할 때와 나갈 때 90°로 인사하는 이른바 '병풍' 역할을 하여 조직의 위세를 과시한 행위는… 범죄단체 또는 집단의 수괴나 간부 등 상위 구성원으로부터 모임에 참가하라는 등의 지시나 명령을 소극적으로 받고 이에 단순히 응하는 데 그친 경우, 또는 구성원 사이의 사적이고 의례적인 회식이나 경조사 모임 등을 개최하거나 참석하는 경우에 해당할 뿐, 범죄단체의 존속·유지에 기여하기 위한 행위를 한 것이라고 볼 수 없어 범죄단체 구성원으로서의 활동이 있었다고 보기 어렵다.

이에 반하여 다른 폭력조직과의 싸움에 대비하고 조직의 위세를 과시하기 위하여 비상연락체계에 따라 피고인들이 다른 조직원들과 함께 집결하여 대기한 일련의 행위는 폭처법 제4조 제1항의 '활동'에 해당한다.

(5) 죄 수

1) 범죄단체조직·가입죄는 범죄를 목적으로 하는 단체 또는 집단을 조직하거나 가입함으로써 성립하고(즉시범) 그 후 목적한 범죄의 실행행위를 하였는가 여부는 범죄의 성립에 영향이 없다(대법원 1975.9.23. 선고 75도2321 판결).

2) 범죄단체의 구성이나 가입은 범죄행위의 실행 여부와 관계없이 범죄단체 구성원으로서의 활동을 예정하는 것이고 범죄단체 구성원으로서의 활동은 범죄단체의 구성이나 가입을 당연히 전제로 하는 것이므로, 양자는 모두 범죄단체의 생성 및 존속·유지를 도모하는, 범죄행위에 대한 일련의 예비·음

모 과정에 해당한다는 점에서 그 범의의 단일성과 계속성을 인정할 수 있을 뿐만 아니라 피해법익도 다르지 않다. 따라서 범죄단체를 구성하거나 이에 가입한 자가 더 나아가 구성원으로 활동하는 경우 이는 포괄일죄의 관계에 있다(대법원 2015.9.10. 선고 2015도7081 판결).

(6) 폭처법위반죄 (제4조, 제5조)

가. 단체등구성·활동죄 (제4조)

1) 폭처법에 규정된 범죄를 목적으로 한 단체 또는 집단을 구성하거나 그러한 단체 또는 집단에 가입하거나 그 구성원으로 활동함으로써 성립하는 범죄로 수괴는 사형, 무기 또는 10년 이상의 징역에, 간부는 무기 또는 7년 이상이 징역에 그 외의 자는 2년 이상의 징역에 처한다(제4조 제1항).

여기서 수괴는 범죄단체의 배후에서 일체의 조직활동을 지휘하는 자와 단체 구성원의 통솔을 담당하는 자로 역할을 분담하고 있는 경우 그 모두를 수괴로 인정할 수 있다(대법원 1991.9.13. 선고 91도1515 판결). 간부는 수괴를 제외한 범죄단체의 중심이 되는 직위에서 책임과 지도를 담당하고 있는 자로 참모격 간부, 상급자의 지시에 따라 행동대원을 지휘통솔하는 행동대장격 간부 등이 여기에 해당한다(대법원 2001.10.26. 선고 2001도3958 판결).

2) 단체 또는 집단을 구성하거나 그러한 단체 또는 집단에 가입한 자가 단체 또는 집단의 위력을 과시하거나 단체 또는 집단의 존속·유지를 위하여 폭처법 제2조 및 제3조의 죄나 형법상 공무집행방해죄(제136조), 공용서류등무효·공용물파괴죄(제141조), 살인죄(제250조 제1항), 촉탁, 승낙에 의한 살인죄(제252조), 위계·위력에 의한 살인죄(제253조), 살인예비·음모죄(제255조), 업무방해죄(제314조), 경매·입찰방해죄(제315조), 강도죄(제333조), 특수강도죄(제334조), 준강도죄(제335조), 인질강도죄(제336조), 강도상해·치상죄(제337조), 강도강간죄(제339조), 해상강도죄(제340조 제1항), 해상강도상해·치상죄(제340조 제2항), 상습강도죄(제341조), 강도예비·음모죄(제343조)의 죄를 범한 자는 그 죄에 대한 형의 장기 및 단기의 2분의 1까지 가중한다(제4조 제2항). 본죄의 미수범은 처벌한다(제6조).

3) 타인에게 단체 또는 집단에 가입할 것을 강요하거나 권유한 자는 2년 이하의 유기징역에 처한다(제4조 제3항).

4) 단체 또는 집단을 구성하거나 그러한 단체 또는 집단에 가입하여 단체 또는 집단의 존속·유지를 위하여 금품을 모집한 자는 3년 이상의 유기징역에 처한다(제4조 제4항).

나. 집단등이용·지원죄 (제5조)

단체나 집단을 이용하여 폭처법 또는 기타 형벌법규에 규정된 죄를 범하게 한 자는 그 죄에 대한 형의 장기 및 단기의 2분의 1까지 가중한다. 그리고 단체 또는 집단을 구성하거나 그러한 단체 또는 집단에 가입하지 아니한 자로서 그러한 단체 또는 집단의 구성·유지를 위하여 자금을 제공한 자는 3년 이상의 유기징역에 처한다. 본죄의 미수범은 처벌한다(제6조).

2. 소요죄(제115조)

1) 다중이 집합하여 폭행, 협박 또는 손괴의 행위를 함으로써 성립하는 범죄로 1년 이상 10년 이하의 징역이나 금고 또는 1,500만원 이하의 벌금에 처한다. 본죄는 그 성립에 다수인의 가담을 필요로 하는 필요적 공범(집단범)이다.

2) 다중이란 다수인의 집합체로 인원수, 구성원, 성질, 집단이 목적·시기·장소, 흉기소지여부 등의 사정을 종합적으로 고려하여 한 지방의 평온·안전을 위태롭게 할 수 있을 정도로 다수인임을 요한다. 다중은 단체처럼 조직적일 필요가 없고 주모자가 있을 것을 요하지 않는다. 그리고 집합이란 다수인이 일정한 장소에 모여 집단을 형성하는 것을 말하고, 처음부터 폭행, 협박 똔 손괴의 목적으로 집합할 것을 요하지 않는다.

3) 본죄의 실행행위로서 폭행이란 사람 또는 물건에 대해 유형력을 행사하는 것을 말하고(최광의의 폭행), 협박이란 사람에게 공포심을 일으키게 할 목적으로 해악을 고지하는 것을 말하며(광의의 협박), 손괴란 재물에 물리적인 힘을 가하여 그 효용을 해하는 행위를 말한다.

4) 소요죄가 성립하기 위해서는 다중의 힘으로 폭행, 협박 또는 손괴를 할 의사(군중심리)가 있어야 한다. 사전적인 계획을 공모하거나 개개의 폭행, 협박 또는 손괴행위를 구체적으로 인식할 필요는 없다.

5) 폭행, 협박 또는 손괴행위는 다중을 구성하는 전원이 할 필요는 없고 그 일부만이 그와 같은 행위를 하였더라도 다중의 힘에 의해 행해졌다고 볼 수 있으면 다중의 전원이 소요죄의 죄책을 지고, 가담의 정도에 따른 법정형의 차이는 없다. 외부에서 관여한 자에 대해서는 교사범 또는 종범의 죄책을 물 수 있다.

6) 폭행, 협박, 손괴에 대해서는 형법 또는 폭처법상의 죄책을 별도로 물 수 없으나, 그 외의 범행(살인, 상해, 방화, 공무집행방해, 업무방해, 주거침입 등)에 대해서는 별도의 죄책을 진다.

7) 집회 및 시위에 관한 법률(이하 '집시법'이라 한다)은 평화적인 집회·시위 및 주최자·질서유지인의 임무수행 방해금지(제3조), 특정인 참가배제(제4조), 불법 및 폭력 집회·시위금지 및 금지된 집회·시위 선전·선동금지(제5조), 옥외집회·시위 신고(제7조), 집회·시위 금지·제한 통고(제8조), 야간 옥외집회·시위 금지(제10조), 헌법재판소·국회·법원·공관 부근에서의 집회·시위 금지(제11조), 주요도로에서의 집회·시위 금지(제12조), 질서유지선 준수(제12조의2), 확성기 등 사용금지(제12조의3), 폭력행위 등 금지(제14조, 제15조, 제16조), 불법 집회·시위의 해산(제3조) 등에 관한 규정을 두고 있으며, 이를 위반한 자에 대한 처벌규정(제19조부터 제21조까지)을 두고 있다.

이 법률은 다중이 집합하여 폭행, 협박 또는 손괴의 행위로 나아가지 않더라도 집회를 개최하거나 시위(여러 사람이 공동의 목적을 가지고 도로, 광장, 공원 등 일반인이 자유로이 통행할 수 있는 장소를 행진하거나 위력 또는 기세를 보여, 불특정한 여러 사람의 의견에 영향을 주거나 제압을 가하는 행위)를 하는 것 자체만으로서 처벌이 된다는 점에 그 특징이 있다. 그리고 이 법률은 집회·시위에서 타인의 생명·신체에 위해를 가할 수 있는 기구를 휴대·사용하거나 폭행·협박·손괴·방화 등의 행위를 한 주최자, 질서유지인 그리고 참가자에 대한 처벌규정(제19조 제4항, 제21조 제1호)을 두고 있는데, 그 형은 1년 이하의 징역 또는 100만원의 이하의 벌금/6월 이하의 징역, 50만원의 이하의 벌금, 구류 또는 과료로써 소요죄의 형보다 훨씬 가볍다. 실무상 불법집회에 대해서 소요죄를 적용하는 경우는 드물고 대개 집시법을 적용한다.

3. 다중불해산죄 (제116조)

1) 폭행, 협박 또는 손괴의 행위를 할 목적으로 다중이 집합하여 그를 단속할 권한이 있는 공무원으로부터 3회 이상의 해산명령을 받고 해산하지 아니함으로써 성립하는 범죄로 2년 이하의 징역이나 금고 또는 300만원 이하의 벌금에 처한다. 미신고 옥외집회 또는 시위로 인하여 타인의 법익이나 공공의 안녕질서에 대한 직접적인 위험이 명백하게 초래된 경우에는 집시법 제20조 제1항 제2호에 기하여 해산을 명할 수 있고, 이러한 요건을 갖춘 해산명령에 불응하는 경우에는 집시법 제24조 제5호에 의하여 처벌된다(대법원 2012.4.19. 선고 2010도6388 판결).

2) 단속할 권한이 있는 공무원이란 경찰관 등 법령(예컨대 경찰관직무집행법 제6조)에 근거하여 해산을 명령할 수 있는 권한을 가진 공무원을 말한다. 3회 이상의 해산명령이 있어야 하며 각각의 해산명령 사이에는 다중이 해산할 수 있는 시간적 여유가 있어야 한다.

3) 본죄는 해산하지 아니함으로써 성립하므로 3회의 해산명령을 받고도 해산하지 않았으나 4회째의 해산명령을 받은 후 해산하였다면 본죄는 성립하지 않는다. 해산이란 다중이 자발적으로 분산하는 것을 말하므로 경찰의 강제력에 의해 해산하거나 체포를 면하기 위해 도주하는 것은 해산이 아니다. 그리고 일부는 해산하였으나 일부는 해산하지 않는 경우 해산하지 않는 사람들에 대해서는 본죄가 성립한다.

4) 본죄는 소요죄의 예비단계의 행위를 독립적인 구성요건으로 규정한 것으로, 다중불해산죄를 범하고 폭행, 협박 또는 손괴행위로 나아간 때에는 소요죄만 성립한다.

4. 전시공수계약불이행죄 (제117조)

1) 전쟁, 천재 기타 사변에 있어서 국가 또는 공공단체와 체결한 식량 기타 생활필수품의 공급계약을 정당한 이유없이 이행하지 아니하거나(제117조 제1항) 계약이행을 방해함으로서 성립하는 범죄로 3년 이하의 징역 또는 500만원 이하의 벌금에 처한다(같은 조 제2항).

2) 제117조 제1항의 죄의 주체는 전쟁, 천재 기타 사변에 있어서 국가 또는 공공단체와 체결한 식량 기타 생활필수품의 공급계약을 체결한 자로서, 신분범이다.

3) 공공단체라고 함은 국가기관으로서 국회, 법원, 헌법재판소, 중앙선거관리위원회, 중앙행정기관 및 그 소속 기관, 지방자치단체 및 그 소속기관(공공기관의 정보공개에 관한 법률 제2조 제3호) 그리고 국가기관·지방자치단체나 그 소속기관이 아닌 법인·단체 또는 기관으로서 공적인 활동을 하는 단체(예컨대 공공기관의 운영에 관한 법률 제4조)를 말한다.

4) 정당한 이유없이 식량 기타 생활필수품의 공급계약을 이행하지 않거나 계약이행을 방해함으로써 성립하므로 불가피하게 계약을 이행할 수 없었을 때에는 본죄가 성립하지 않는다.

5. 공무원자격사칭죄 (제118조)

1) 공무원의 자격을 사칭하여 그 직권을 행사함으로써 성립하는 범죄로 3년 이하의 징역 또는 700만원 이하의 벌금에 처한다.

2) 공무원이란 법령의 근거에 기하여 국가 또는 지방자치단체 및 이에 준하는 공법인의 사무에 종사하는 자로서 그 노무의 내용이 단순한 기계적·육체적인 것에 한정되어 있지 않은 자를 지칭하는 데(대법원 2012.8.23. 선고 2011도12639 판결), 본죄의 공무원에는 공무원임용령에 의한 임시직원도 포함된다(대법원 1973.5.22. 선고 73도884 판결). 그리고 사칭한다고 함은 공무원 자격이 없는 자가 공무원의 자격이 있는 것처럼 타인을 오인하게 만드는 일체의 행위를 말한다.

3) 본죄가 성립하기 위해서는 '어떤 직권을 행사할 수 있는 권한을 가진 공무원'임을 사칭하여야 한다. 따라서 위임받은 채권을 용이하게 추심하는 방편으로 합동수사반원임을 사칭하고 협박한 사실이 있다고 하여도 채권의 추심행위는 개인적인 업무이지 합동수사반의 수사업무의 범위에는 속하지 아니하므로 본죄로 처벌할 수 없다(대법원 1981.9.8. 선고 81도1955 판결).

4) 본죄가 성립하기 위해서는 공무원의 자격을 사칭하여 '그 직권을 행사'해야 한다. 중앙정보부 직원이 아닌 자가 동 직원임을 사칭하고 청와대에 파견된 감사실장인데 사무실에 대통령사진의 액자가 파손된 채 방치되었다는 사실을 보고받고 나왔으니 자인서를 작성 제출하라고 말하거나(대법원 1977.12.13. 선고 77도2750 판결), 중앙정보부원이 아닌 자가 이를 사칭하여 어떤 고소사건의 수사경위를 청취하거나(대법원 1972.6.27. 선고 72도550 판결), 전신전화관서의 관계관에게 청와대 민원비서관임을 사칭하여 시외전화선로고장수리를 하라고 말한 것(대법원 1972.12.26. 선고 72도2552 판결)만으로는 그 공무원의 직권을 행사하였다고 보기 힘들다. 단순히 공무원자격을 사칭한데 그친 경우에는 경범죄처벌법상 경범죄로 처벌된다(제2조 제30호).

경범죄처벌법 제3조(경범죄의 종류) ① 다음 각 호의 어느 하나에 해당하는 사람은 10만원 이하의 벌금, 구류 또는 과료(科料)의 형으로 처벌한다.

30. (거짓 인적사항 사용) 성명, 주민등록번호, 등록기준지, 주소, 직업 등을 거짓으로 꾸며대고 배나 비행기를 타거나 인적사항을 물을 권한이 있는 공무원이 적법한 절차를 거쳐 묻는 경우 정당한 이유 없이 다른 사람의 인적사항을 자기의 것으로 거짓으로 꾸며댄 사람

5) 공무원의 자격을 사칭하고 그 직권을 행사하여 금품을 사취 또는 갈취한 때에는 본죄와 사기죄 또는 공갈죄의 죄책을 진다. 그리고 공무원의 자격을 사칭하는 과정에서 공무원의 신분증 또는 위조된 신분증을 사용하였다면 공문서부정행사죄 또는 위조공문서행사죄의 죄책도 함께 진다.

판례는 위조된 헌병신분증으로 타인을 협박하여 금원을 갈취하려다 미수에 그친 경우 공무원자격사칭죄와 공갈미수죄는 상상적 경합관계에 있고 위조공문서행사죄와 공무원자격사칭죄, 위조공문서행사죄와 공갈미수죄는 각각 실체적 경합관계에 있다고 본다(대구고법 1969.11.27. 선고 69노438 판결). 그러나 위조공문서행사죄, 공무원자격사칭죄와 공갈미수죄는 모두 한 개의 행위로 범한 수개의 죄로서 상상적 경합관계에 있다고 보는 것이 타당하다.

Ⅱ. 폭발물에 관한 죄(제6장)

폭발물사용죄(제119조 제1항), 전시폭발물사용죄(제119조 제2항), 전시폭발물제조등죄(제121조)가 있고 폭발물사용죄(제119조 제1항)와 전시폭발물사용죄(제119조 제2항)의 미수범은 처벌한다(제119조 제3항). 그리고 폭발물사용죄(제119조 제1항)와 전시폭발물사용죄(제119조 제2항)를 범할 목적으로 예비·음모하거나 선동한 자는 예비·음모 또는 선동죄로 처벌된다. 다만 예비·음모한 자가 그 목적한 죄의 실행에 이르기 전에 자수한 때에는 그 형을 감경 또는 면제한다(제120조 제1항, 제2항).

1. 폭발물사용죄·전시폭발물사용죄(제119조)

1) 폭발물을 사용하여 사람의 생명, 신체 또는 재산을 해하거나 기타 공안을 문란하게 함으로써 성립하는 범죄로 사형, 무기 또는 7년 이상의 징역에 처한다. 전쟁, 천재 기타 사변에 있어서 이 죄를 범한 때에는 사형 또는 무기징역에 처한다.

2) 개인의 생명, 신체 등과 아울러 공공의 안전과 평온을 그 보호법익으로 하고, 법정형이 사형, 무기 또는 7년 이상의 징역으로 그 범죄의 행위 태양에 해당하는 생명, 신체 또는 재산을 해하는 경우에 성립하는 살인죄, 상해죄, 손괴죄 등의 범죄에 비하여 매우 무겁게 설정되어 있고 '폭발성 있는 물건'을 파열시켜 사람의 생명, 신체 또는 재산에 대하여 위험을 발생시킨 자는 1년 이상의 유기징역으로 처벌하도록 되어 있는 점을 감안해 볼 때, 폭발물이란 폭발작용의 위력이나 파편의 비산 등으로 사람의 생명, 신체, 재산 및 공공의 안전이나 평온에 직접적이고 구체적인 위험을 초래할 수 있는 정도의 강한 파괴력을 가지는 물건을 의미하는 것으로 보아야 한다.

따라서 유리꽃병 내부에 휴대용 부탄가스통을 넣고 그 사이의 폭죽에서 분리한 화약을 채워 발열체인 니크롬선이 연결된 전선을 화약에 꽂은 다음 전선을 유리꽃병 밖으로 빼내어 타이머와 배터리를 연결하여 타이머에 설정된 시각에 배터리의 전원이 연결되면 발열체의 발열에 의해 화약이 점화되는 구조로 제작물을 만들어 배낭 2개에 나누어 넣은 다음 서울역과 강남고속터미널의 물품보관함에 1개씩 넣고 문을 잠가 놓았으나, 배낭 속에 들어 있는 채로 물품보관함 안에 들어 있었으므로 유리꽃병이 화약의 연소로 깨지더라도 그 파편이 외부로 비산할 가능성은 없고 부탄가스통 자체의 폭발은 발생하지 않으며, 실제로 강남고속터미널 물품보관함에 들어 있던 것은 연소될 당시 '펑'하는 소리가 나면서 물품보관함의 열쇠구멍으로 잠시 불꽃과 연기가 나왔으나 물품보관함 자체는 내부에 그을음이 생겼을 뿐 찌그러지거나 손상되지 않았다면, 제작물의 폭발작용 그 자체에 의하여 사람의 생명, 신체 또는 재산에 해를 입게 하였다거나, 공안을 문란하게 하였다고 볼 수 없다(대법원 2012.4.26. 선고 2011도17254 판결).

3) 본죄는 부작위에 의해 실행할 수도 있다. 폭약을 호송하던 중 화차 내에서 금지된 촛불을 켜 놓

은 채 잠자다가 폭약상자에 불이 붙는 순간 잠에서 깨어나 이를 발견하였다면 불이 붙은 상자를 뒤집어 쉽게 진화할 수 있고 또는 그 상자를 화차 밖으로 던지는 방법 등으로 대형폭발사고만은 방지할 수 있었는데도 불구하고 화약호송책무자로서 더구나 위험발생의 원인을 야기한 자로서의 진화 및 위험발생원인제거에 관한 의무에 위반하여 이를 그대로 방치하고 도주하여 화차안 모든 화약류가 한꺼번에 폭발하게 하였다면 부작위에 의한 폭발물파열죄가 성립한다(대법원 1978.9.26. 선고 78도1996 판결).

4) 본죄의 미수범은 처벌된다. 실행의 착수를 인정하기 위해서는 구체적으로 범죄구성요건의 실현단계에 돌입해야 하고 단순히 범죄결과의 발생에 대한 밀접한 행위 또는 일반적 위험성 있는 행위만으로는 실행의 착수가 있다고 할 수 없다. 따라서 중앙청 내 개천절 경축식장에서 수류탄을 투척하여 대통령을 살해할 목적으로 사직공원에서 실행담당자에게 수류탄 2개를 교부하였더라도 실행의 착수는 인정되지 않는다(대법원 1956.11.30. 선고 4289형상217 판결).

5) 본죄는 폭발물을 사용하여 사람의 생명, 신체 또는 재산을 해하거나 기타 공안을 문란케 하는 죄로서 단순히 폭발물을 사용하는 행위로서는 본죄가 성립하지 않고 폭발물을 사용하여 사람의 생명, 신체 또는 재산을 해하거나 기타 공안을 문란케 하는 결과가 발생하여야 비로소 본죄가 성립되는 만큼 폭발물을 사용하여 살인, 상해 또는 재물손괴 등의 결과가 발생하였을 때에는 살인, 상해, 재물손괴 등의 행위는 모두 폭발물사용죄에 흡수된다(서울고법 1973.4.20. 선고 73노179 판결).

2. 폭발물사용 예비·음모·선동죄 (제120조)

1) 폭발물사용죄 또는 전시폭발물사용죄를 범할 목적으로 예비·음모하거나 이들 죄를 범할 것을 선동함으로써 성립하는 범죄로 2년 이상의 유기징역에 처한다.

2) 다만 예비·음모한 자가 그 목적한 죄의 실행에 이르기 전에 자수한 때에는 그 형을 감경 또는 면제한다(제120조 제1항).

3. 전시폭발물제조등죄 (제121조)

1) 전쟁 또는 사변에 있어서 정당한 이유없이 폭발물을 제조, 수입, 수출, 수수 또는 소지함으로써 성립하는 범죄로 10년 이하의 징역에 처한다. 본죄는 폭발물사용죄의 예비행위를 독립된 범죄로 구성한 것이다.

2) 전시가 아닌 평시에 위와 같은 행위를 한 경우에는 총포·도검·화약류단속법위반죄로 처벌된다(제70조, 제71조).

3) 전시폭발물사용죄를 범할 목적으로 폭발물을 제조한 경우에는 전시폭발물사용예비죄(제120조 제1항)로 처벌되고, 본죄는 위 죄에 흡수된다.

Ⅲ. 방화와 실화의 죄(제13장)

1) 현주건조물등방화죄(제164조 제1항), 현주건조물등방화치사상죄(제164조 제2항), 공용건조물등방화죄(제165조), 일반건조물등방화죄(제166조), 일반물건방화죄(제167조), 연소죄(제168조), 진화방해죄(제169조), 실화죄(제170조), 업무상실화·중실화죄(제171조), 폭발성물건파열죄(제172조 제1항), 폭발성물건파열치사상죄(제172조 제2항), 가스·전기등방류죄(제172조의2 제1항), 가스·전기등방류치사상죄(제172조의2 제2항), 가스·전기등공급방해죄(제173조 제1항, 제2항), 가스·전기등공급방해치사상죄(제173조 제3항), 과실폭발성물건파열등죄(제173조의2 제1항), 업무상과실·중과실폭발성물건파열등죄(제173조의2 제2항)가 있다.

2) 현주건조물등방화죄(제164조 제1항), 공용건조물등방화죄(제165조), 타인소유일반건조물등방화죄(제166조 제1항), 폭발성물건파열죄(제172조 제1항), 가스·전기등방류죄(제172조의2 제1항), 가스·전기등공급방해죄(제173조 제1항, 제2항)의 미수범은 처벌하고(제174조), 이들 죄를 범할 목적으로 예비·음모한 자는 처벌한다. 단 그 목적한 죄의 실행에 이르기 전에 자수한 때에는 형을 감경 또는 면제한다(제175조).

3) 자기의 소유에 속하는 물건이라도 압류 기타 강제처분을 받거나 타인의 권리 또는 보험의 목적물이 된 때에는 본장의 규정의 적용에 있어서 타인의 물건으로 간주한다(제176조).

1. 현주건조물등방화죄(제164조 제1항)

불을 놓아 사람이 주거로 사용하거나 사람이 현존하는 건조물, 기차, 전차, 자동차, 선박, 항공기 또는 광갱을 소훼함으로써 성립하는 범죄로 무기 또는 3년 이상의 징역에 처한다. 본죄의 미수범은 처벌된다(제174조).

(1) 객 체

1) 본죄의 객체는 사람이 주거로 사용하거나 현존하는 건조물 등이다. 여기서 사람이란 범인 이외의 타인을 말하므로 범인이 혼자 거주하는 건조물 등을 방화한 때에는 일반건조물방화죄로 처벌된다.

2) 주거로 사용한다고 함은 사람이 일상생활을 영위하는 장소로 이용하는 것을 말한다. 건조물은 토지에 정착되고 벽 또는 기둥과 지붕 또는 천장으로 구성되어 사람이 내부에 기거하거나 출입할 수 있는 공작물로서, 반드시 주거용이어야 하는 것은 아니라도 사람이 사실상 기거·취침에 사용할 수 있는 정도는 되어야 한다(대법원 2013.12.12. 선고 2013도3950 판결). 주거로 사용하는 건조물 등에는 반드시 사람이 현존할 것을 요하지 아니하나, 기타의 건조물 등은 사람이 현존할 것을 요한다. 다만 건조물 전체를 주거로 사용하거나 사람이 현존할 필요는 없고 일부에만 주거로 사용하거나 사람이 현존하더라도 무방하다(대법원 1967.8.29. 선고 67도925 판결).

(2) 실행행위(방화)

1) 본죄의 실행행위는 불을 놓는 행위, 즉 방화(放火)이다.

2) 본죄의 실행의 착수시기는 주거나 건조물 등에 불을 놓을 때이다. 다만 매개물을 통한 점화에 의하여 건조물을 소훼하는 경우, 매개물에 불을 켜서 붙였거나 또는 이로 인하여 매개물에 불이 붙게 됨으로써 연소작용이 계속될 수 있는 상태에 이르렀다면 그것이 곧바로 진화되는 등의 사정으로 인하여 목적물인 건조물 자체에는 불이 옮겨 붙지 못하였다고 하더라도 방화죄의 실행의 착수가 있었다고 보아야 한다. 따라서 방화의 의사로 뿌린 휘발유가 인화성이 강한 상태로 주택주변과 피해자의 몸에 적지 않게 살포되어 있는 사정을 알면서도 라이터를 켜 불꽃을 일으킴으로써 피해자의 몸에 불이 붙은 경우에는 비록 외부적 사정에 의하여 불이 방화 목적물인 주택 자체에 옮겨 붙지는 아니하였다 하더라도 실행의 착수가 인정된다(대법원 2002.3.26. 선고 2001도6641 판결). 이에 대하여 선박에 침입하여 준비하였던 휘발유 1통을 동 선박 갑판부에 뿌리고 소지 중이던 라이터를 꺼내어 전화하려 한 사실은 인정되나 아직 방화목적물 내지 그 도화물체에 점화하지 아니한 이상 실행의 착수를 인정하기 곤란하다(대법원 1960.7.22. 선고 4293형상213 판결).

3) 본죄의 기수시기는 주거나 건조물 등을 소훼(燒燬)하였을 때이다. 학설로는 불이 방화의 매개물을 떠나서 목적물에 옮겨 붙어 스스로 연소를 계속할 수 있는 상태에 이르면 방화죄의 기수가 된다는 견해(독립연소설), 목적물의 중요부분에 연소가 개시되었을 때 기수가 된다는 견해(중요부분연소개시설), 목적물의 중요부분이 소실되어 그 본래의 효용을 상실한 때에 기수가 된다는 견해(효용상실설) 등이 주장되고 있고, 판례는 방화죄는 화력이 매개물을 떠나 스스로 연소할 수 있는 상태에 이르렀을 때에 기수가 되고 반드시 목적물의 중요부분이 소실하여 그 본래의 효용을 상실한 때라야만 기수가 되는 것이 아니라는 입장을 취하고 있다(대법원 1970.3.24. 선고 70도330 판결).

그러나 형법은 방화죄의 성립요건으로 소훼의 결과를 명시하고 있고 여기서 소훼란 방화의 목적물의 전부 또는 일부가 불에 타서 훼손되는 것을 말한다. 따라서 반드시 목적물의 중요부분은 아니더라도 최소한 일부라도 손괴되었을 때에는 소훼의 결과가 발생했다고 말할 수 있고 기수에 이른다고 보아야 한다(일부손괴설).

(3) 죄 수

1) 본죄의 보호법익은 공공의 평온과 안전으로서 1개의 방화행위로 수개의 주거나 건조물을 소훼하거나, 동일구역내의 수개의 주거나 건조물을 순차적으로 방화한 경우에는 하나의 범죄만 성립한다.

2) 주거나 건조물의 손괴는 본죄에 흡수된다. 화재보험금을 편취할 목적으로 본죄를 범한 후 보험회사를 기망하여 보험금을 편취한 때에는 본죄와 사기죄의 경합범의 죄책을 진다.

2. 현주건조물등방화치사상죄(제164조 제2항)

1) 현주건조물방화죄(제164조 제1항)를 범한 자가 사람을 상해나 사망에 이르게 함으로써 성립하는 범죄로, 사람을 상해에 이르게 한 때에는 무기 또는 5년 이상의 징역에 그리고 사망에 이르게 한 때에는 사형, 무기 또는 7년 이상의 징역에 처한다.

2) 현주건조물방화치상죄와 현주건조물방화치사죄의 법정형이 상해죄나 살인죄의 법정형보다 무거운 점에 비추어 본죄는 상해나 사망의 결과에 대해 과실이 있는 경우뿐만 아니라 고의가 있는 경우에도 성립하는 부진정 결과적가중범이다. 따라서 피해자를 상해 또는 사망하게 할 목적으로 현주건조물등에 방화하여 피해자를 상해 또는 사망에 이르게 한 때에는 각각 현주건조물방화치상죄와 현주건조물방화치사죄만 성립하고 별도로 상해죄나 살인죄는 성립하지 않는다. 예컨대 현주건조물 내에 있는 피해자를 구타하여 실신하게 한 후 건조물에 방화하여 소사(燒死)하게 한 경우에는 현주건조물방화치사죄만 성립하고 현주건조물방화죄와 살인죄의 상상적 경합으로 처벌할 것은 아니다(대법원 1983.1.18. 선고 82도2341 판결).

다만 존속살해죄의 법정형은 현주건조물방화치사죄보다 높으므로(양죄의 기본형은 모두 사형, 무기 또는 7년 이상의 징역으로 같으나 존속살해죄에 대해서는 자격정지의 병과가 가능하다) 존속을 살해할 의도로 현주건조물에 방화하여 존속을 사망하게 한 때에는 존속살해죄와 현주건조물방화치사죄의 상상적 경합으로 처벌해야 한다(대법원 1996.4.26. 선고 96도485 판결). 마찬가지로 피고인들이 피해자들의 재물을 강취한 후 그들을 살해할 목적으로 현주건조물에 방화하여 사망에 이르게 한 경우, 피고인들의 행위는 강도살인죄와 현주건조물방화치사죄에 모두 해당하고 그 두 죄는 상상적 경합범관계에 있다(대법원 1998.12.8. 선고 98도3416 판결).

3) 현주건조물등방화죄를 범하여 사람을 상해 또는 사망하게 한 경우에 성립한다. 판례는 불을 놓은 집에서 빠져 나오려는 피해자들을 막아 소사케 한 경우 방화행위와 살인행위는 법률상 별개의 고의에 의하여 별개의 법익을 해하는 별개의 행위라고 할 것이므로 현주건조물방화죄와 살인죄의 실체적 경합으로 처벌된다고 보고 있으나(대법원 1983.1.18. 선고 82도2341 판결), 사망의 결과가 비록 별개의 행위에 의해 발생하였다고 하더라도 방화행위와 살해행위는 시간적·장소적으로 밀접한 상황에서 행해진 행위이므로 현주건조물방화치사죄의 일죄로 처벌하는 것이 바람직하다고 본다.

4) 한편 현주건조물방화죄가 미수에 그친 상황에서 상해 또는 사망의 결과가 발생한 경우에도 본죄가 성립하는가가 문제될 수 있다. 판례는 특별한 언급없이 이와 같은 경우에도 현주건조물방화치사상죄가 성립한다고 보고 있으나(대법원 2002.3.26. 선고 2001도6641 판결), '전항의 죄'란 현주건조물방화죄(제164조 제1항)의 기수를 말하고 미수범까지 포함하는 것으로 해석하기 어려운 바, 이와 같은 경우에는 현주건조물방화죄의 미수와 과실치사상죄의 상상적 경합으로 처벌하는 것이 타당하다.

5) 본죄에 대해서는 미수범처벌규정이 없다. 따라서 사람을 상해 또는 살해할 의도로 현주건조물에 방화하였으나 사람이 상해 또는 사망하지 않은 경우에는 현주건조물방화치사상죄의 미수범으로 처벌할 수 없고, 현주건조물방화죄와 상해미수죄 또는 살인미수죄의 상상적 경합으로 처벌할 수 있을 따름이다.

6) 공범 중의 일부가 사람을 상해 또는 살해할 의도로 현주건조물에 방화하여 사람을 상해 또는 사망하게 한 경우 상해 또는 사망의 결과에 대한 예견가능성이 인정되면 다른 공범도 현주건조물방화치사상죄의 죄책을 진다(대법원 1996.4.12. 선고 96도215 판결).

3. 공용건조물등방화죄(제165조)

1) 불을 놓아 공용 또는 공익에 공하는 건조물, 기차, 전차, 자동차, 선박, 항공기 또는 광갱을 소훼함으로써 성립하는 범죄로 무기 또는 3년 이상의 징역에 처한다. 본죄의 미수범은 처벌한다(제174조).

2) 공용에 공한다는 것은 국가 또는 공공단체에서 사용하는 것을 말하고(도청, 시청, 구청, 읍사무소, 면사무소, 동사무서 등) 공익에 공한다는 것은 일반공중의 이익을 위해 사용된다는 것을 말한다(공공도서관, 공중화장실 등). 건조물의 소유는 불문한다. 그리고 공용건조물이라고 하더라도 사람이 현존하는 경우에는 현존건조물방화죄(제164조)로 처벌된다.

4. 일반건조물등방화죄(제166조)

1) 제164조와 제165조 기재한 이외의 건조물, 기차, 전차, 자동차, 선박, 항공기 또는 광갱을 소훼하거나(제1항), 자기소유에 속하는 건조물 등을 소훼하여 공공의 위험을 발생하게 함으로써 성립하는 범죄로(제2항) 각각 2년 이상의 유기징역 및 7년 이하의 징역 또는 1천만원 이하의 벌금에 처한다. 제1항의 죄의 미수범은 처벌한다(제174조). 자기의 소유에 속하는 물건이라도 압류 기타 강제처분을 받거나 타인의 권리 또는 보험의 목적물이 된 때에는 타인의 건조물 등으로 간주한다(제176조).

2) 본죄의 건조물은 주거, 현존건조물, 공용건조물 이외의 건조물을 말한다.

3) 타인소유일반건조물등방화죄는 건조물 등에 방화하여 소훼의 결과가 발생함으로써 성립하는 추상적 위험범인데 반하여, 자기소유건조물등방화죄는 소훼의 결과 이외에 공공의 위험이 발생할 것을 요구하는 구체적 위험범이다. 타인소유일반건조물등에 방화하였으나 소훼의 결과가 발생하지 아니한 때에는 미수범(제174조)으로 처벌된다.

5. 일반물건방화죄(제167조)

1) 제164조, 제165조, 제166조에 기재한 이외의 물건을 소훼하여 공공의 위험을 발생하게 함으로써

성립하는 범죄로 1년 이상 10년 이하의 징역에 처한다. 그 물건이 자기의 소유에 속하는 때에는 3년 이하의 징역 또는 700만원 이하의 벌금에 처한다.

2) 자기의 소유에 속하는 물건이라도 압류 기타 강제처분을 받거나 타인의 권리 또는 보험의 목적물이 된 때에는 타인의 물건으로 간주한다(제176조). 소유자가 없는 물건인 무주물에 방화하는 경우에 타인의 재산권을 침해하지 않고, 무주의 동산을 소유의 의사로 점유하는 경우에는 소유권을 취득하며(민법 제252조) 무주물에 방화하는 행위는 그 무주물을 소유의 의사로 점유하는 것이라고 볼 여지가 있는 점 등을 고려해 보면, 불을 놓아 무주물을 소훼하여 공공의 위험을 발생하게 한 경우에는 '무주물'을 '자기 소유의 물건'으로 보아 형법 제167조 제2항을 적용하여 처벌하여야 한다. 따라서 노상에서 전봇대 주변에 놓인 재활용품과 쓰레기 등에 불을 붙인 후 불상의 가연물을 집어넣어 그 화염을 키움으로써 전선을 비롯한 주변의 가연물에 손상을 입히거나 바람에 의하여 다른 곳으로 불이 옮겨 붙을 수 있는 공공의 위험을 발생하게 하였다면 본죄가 성립한다(대법원 2009.10.15. 선고 2009도7421 판결).

3) 본죄가 성립하기 위해서는 소유를 불문하고 공공의 위험이 발생해야 한다. 예컨대 방화를 한 곳이 평야에 속하는 곳으로 주위에 아무런 농작물이 없는 논으로서 서쪽에 약 50m폭의 논을 건너 다른 사람의 비닐하우스 2채가 있을 뿐 가장 가까운 인가는 300m나 떨어져 있어 사람의 생명이나 신체 또는 재산에 구체적으로 위험을 줄 수 있는 상태가 아니며 또 연소되어 나갈만한 우려가 전혀 없다면 공공의 위험이 발생하였다고는 할 수 없다(대구고법 1979.1.24. 선고 78노941 판결).

4) 본죄에 대해서는 미수범처벌규정이 없으므로(제174조 참조), 일반물건에 방화하였으나 소훼 또는 공공의 위험이 발생하지 아니한 때에는 본죄로 처벌할 수 없다. 지붕과 문짝, 창문이 없고 담장과 일부 벽체가 붕괴된 철거 대상 폐가로서 사실상 기거·취침에 사용할 수 없는 상태의 것은 건조물이 아닌 물건에 해당하고, 폐가의 내부와 외부에 쓰레기를 모아놓고 태워 그 불길이 폐가 주변 수목 몇 그루를 태우고 벽을 일부 그을리게 하는 정도만으로는 방화죄의 기수에 이르렀다고 볼 수 없다(대법원 2013.12.12. 선고 2013도3950 판결).

6. 연소죄 (제168조)

1) 자기소유일반건조물등방화죄(제166조 제2항), 자기소유일반물건방화죄(제167조 제2항)의 죄를 범하여 제164조, 제165조 또는 제166조 제1항에 기재한 물건에 연소함으로써 성립하는 범죄로 1년 이상 10년 이하의 징역에 처한다. 자기소유일반물건방화죄(제167조 제2항)를 범하여 제167조 제1항에 기재한 물건에 연소한 때에는 5년 이하의 징역에 처한다. 자기의 소유에 속하는 물건이라도 압류 기타 강제처분을 받거나 타인의 권리 또는 보험의 목적물이 된 때에는 타인의 건조물 등 또는 물건으로 간주한다(제176조). 본죄에 대해서는 미수범처벌규정이 없다(제174조 참조).

2) 연소란 행위자가 의도하지 않았던 물체에 불이 옮겨 붙는 것을 말한다. 따라서 본죄는 결과적 가중범이라고 할 수 있다.

7. 진화방해죄 (제169조)

1) 화재에 있어서 진화용의 시설 또는 물건을 은닉 또는 손괴하거나 기타 방법으로 진화를 방해를 함으로써 성립하는 범죄로 10년 이하의 징역에 처한다. 본죄에 대해서는 미수범처벌규정이 없다(제174조 참조).

2) 화재라는 행위상황과 이에 대한 인식이 요구되므로 화재상황이 아니거나 또는 화재상황에 대한 인식이 없이 진화용의 시설이나 물건을 손괴한 경우에는 손괴죄(제366조) 공용서류등무효죄(제141조 제1항)으로 처벌될 수 있을 따름이다.

3) 진화용의 시설 또는 물건이란 소화기, 화재경보기 등 소화에 사용되는 기구를 말하며, 소유여부는 불문한다.

4) 본죄는 진화를 방해하는 행위를 함으로써 성립한다. 따라서 진화방해행위를 하였으나 진화 자체를 불가능하게 하지 못했더라도 본죄가 성립한다. 한편 진화방해는 주로 작위에 의해 범해지나 소방관, 경찰관, 건물관리인 등 법령이나 계약상 진화 의무있는 자 또는 자신이 실수로 화재를 야기한 자가 의도적으로 화재발생사실을 보고하지 않는 등 부작위에 의해서도 범할 수 있다.

5) 일반인은 진화의 의무가 없으므로 일반인이 공무원의 진화협력요구에 불응하였다고 하여 본죄로 처벌되는 것은 아니다. 다만 경범죄처벌법상 경범죄(제3조 제29호)로 처벌될 수 있다.

> **경범죄처벌법 제3조(경범죄의 종류)** ① 다음 각 호의 어느 하나에 해당하는 사람은 10만원 이하의 벌금, 구류 또는 과료(科料)의 형으로 처벌한다.
>
> 29. (공무원 원조불응) 눈·비·바람·해일·지진 등으로 인한 재해, 화재·교통사고·범죄, 그 밖의 급작스러운 사고가 발생하였을 때에 현장에 있으면서도 정당한 이유 없이 관계 공무원 또는 이를 돕는 사람의 현장출입에 관한 지시에 따르지 아니하거나 공무원이 도움을 요청하여도 도움을 주지 아니한 사람

8. 실화죄 (제170조), 업무상실화·중실화죄 (제171조)

1) 과실로 제164조, 제165조 또는 타인의 소유에 속하는 제166조에 기재한 물건을 소훼하거나(제170조 제1항) 과실로 자기의 소유에 속하는 제166조 또는 제167조에 기재한 물건을 소훼하여 공공의 위험을 발생하게 함으로써(제170조 제2항) 성립하는 범죄로 1,500만원 이하의 벌금에 처한다. 업무상과실 또는 중대한 과실로 이들 죄를 범한 때에는 3년 이하의 금고 또는 2천만원 이하의 벌금에 처한다(제171조).

자기의 소유에 속하는 물건이라도 압류 기타 강제처분을 받거나 타인의 권리 또는 보험의 목적물이 된 때에는 타인의 건조물로 간주한다(제176조).

2) 제170조 제2항은 객체를 '자기의 소유에 속하는 제166조 또는 제167조에 기재한 물건'으로 규정하여 '자기의 소유에 속하는'이라는 수식어가 제166조에 기재한 물건(일반건조물)에만 해당되는지 또는 제166조와 제167조에 기재한 물건(일반건조물과 일반물건) 전체에 해당하는지가 논란이 되었다. 판례는 과실로 타인 소유의 사과나무 밭에 불을 놓아 타인 소유의 사과나무를 소훼한 사건에서 "형법 제170조 제2항에서 말하는 '자기의 소유에 속하는 제166조 또는 제167조에 기재한 물건'이라 함은 '자기의 소유에 속하는 제166조에 기재한 물건 또는 자기의 소유에 속하든, 타인의 소유에 속하든 불문하고 제167조에 기재한 물건'을 의미하는 것이라고 해석하여야 하며, 제170조 제1항과 제2항의 관계로 보아서도 제166조에 기재한 물건(일반건조물 등) 중 타인의 소유에 속하는 것에 관하여는 제1항에서 규정하고 있기 때문에 제2항에서는 그 중 자기의 소유에 속하는 것에 관하여 규정하고, 제167조에 기재한 물건에 관하여는 소유의 귀속을 불문하고 그 대상으로 삼고 있다고 보는 것이 관련조문을 전체적, 종합적으로 해석하는 방법일 것이고, 이렇게 해석한다고 하더라도 그것이 법규정의 가능한 의미를 벗어나 죄형법정주의의 원칙상 금지되는 유추해석이나 확장해석에 해당한다고 볼 수는 없다"고 보고 있다(대법원 1994.12.20. 94모32 결정).

3) 업무상 과실이란 업무상 요구되는 주의의무를 다하지 않은 것을 말한다. 여기서 업무란 직무로서 화기로부터 안전을 배려해야 할 사회생활상의 지위로서(대법원 1988.10.11. 선고 88도1273 판결), 업무상 실화죄에 있어서의 업무에는 그 직무상 화재의 원인이 된 화기를 직접 취급하는 것에 그치지 않고 화재의 발견 방지 등의 의무가 지워진 경우를 포함한다(대법원 1983.5.10. 선고 82도2279 판결). 그러나 자동차 운전업무에 종사하는 자는 자동차 충돌로 인한 사고발생을 미리 방지하여야 할 의무가 있으나 일반적으로 그 자동차 운전 중 충돌로 인한 기름탱크의 파열로 발생할지 모를 화재를 미리 방지하여야 할 업무상의 주의의무는 없고(대법원 1972.2.22. 선고 71도2231 판결), 유조차의 운전사에게 위험물취급주임의 지시 없이도 석유가 제대로 급유되는지, 어떠한 사유로 인하여 급유장애가 발생하는지 여부를 확인하기 위하여 급유가 끝날 때까지 그와 함께 또는 그와 교대로 급유호스가 주입구에서 빠지려고 할 때는 즉시 대응조치를 할 수 있는 자세를 갖추어야 할 업무상의 주의의무가 있다고 할 수는 없으므로, 유조차운전사가 석유구판점의 위험물취급주임의 지시를 받아 유조차의 석유를 구판점 탱크로 급유하다가 급유호스가 탱크주입구에서 빠지는 바람에 분출된 석유가 화기에 인화되어 화재가 발생한 경우 운전사에게 화재발생에 대하여 과실이 있다고 책임을 물을 수는 없다(대법원 1990.11.13. 선고 90도2011 판결).

4) 중과실은 행위자가 극히 근소한 주의를 함으로써 결과발생을 예견할 수 있었음에도 불구하고 부주의로 이를 예견하지 못하는 경우를 말하는 것으로서 중과실과 경과실의 구별은 구체적인 경우에

사회통념을 고려하여 결정하여야 한다(대법원 1980.10.14. 선고 79도305 판결).

○ 대법원 1960.3.9. 선고 4292형상761 판결【중실화】

중과실은 행위자가 극히 근소한 주의를 함으로써 결과발생을 인식할 수 있음에도 불구하고 부주의로서 이를 인식하지 못한 경우를 말하는 것으로 경과실과의 구별은 구체적인 경우에 사회통념을 고려하여 결정되어야 하는바, 피고인이 사용한 양촉은 신품으로 약 3시간 지속할 수 있고 창고 내에는 상자위에 녹여서 붙여 놓은 촛불 부근에 헌가마니 쓰레기 등이 있을 뿐 휘발유 등 인화물질은 없었으며 양곡이 입고되어 있었고 약 30분 후에는 고사를 끝내고 고사에 사용한 쌀가마니를 입고할 예정으로 촛불을 끄지 아니하고 그대로 세워 놓고 창고문을 닫고 나온 것이니 위 경우에 인정되는 피고인이 촛불을 들고 나오든가 소화하고 나오지 아니한 과실은 어디까지나 경과실에 불과하다.

○ 대법원 1989.1.17. 선고 88도643 판결【중실화】

연탄아궁이로부터 80센티미터 떨어진 곳에 쌓아둔 스폰지요, 솜 등이 연탄아궁이 쪽으로 넘어지면서 화재현장에 의한 화재가 발생한 경우라고 하더라도 그 스폰지요, 솜 등을 쌓아두는 방법이나 상태 등에 관하여 아주 작은 주의만 기울였더라면 스폰지요나 솜 등이 넘어지고 또 그로 인하여 화재가 발생할 것을 예견하여 회피할 수 있었음에도 불구하고 부주의로 이를 예견하지 못하고 스폰지와 솜 등을 쉽게 넘어질 수 있는 상태로 쌓아둔 채 방치하였기 때문에 화재가 발생한 것으로 판단되어야만, "중대한 과실"로 인하여 화재가 발생한 것으로 볼 수 있다.

○ 대법원 1989.10.13. 선고 89도204 판결【중실화, 중과실치사상】

호텔오락실의 경영자가 그 오락실 천정에 형광등을 설치하는 공사를 하면서 그 호텔의 전기보안담당자에게 아무런 통고를 하지 아니한 채 무자격전기기술자로 하여금 전기공사를 하게 하였더라도, 전기에 관한 전문지식이 없는 오락실경영자로서는, 시공자가 조인터박스를 설치하지 아니하고 형광등을 천정에 바짝 붙여 부착시키는 등 부실하게 공사를 하였거나 또는 전기보안담당자가 전기공사사실을 통고받지 못하여 전기설비에 이상이 있는지 여부를 점검하지 못함으로써 위와 같은 부실공사가 그대로 방치되고 그로 인하여 전선의 합선에 의한 방화가 발생할 것등을 쉽게 예견할 수 있었다고 보기는 어려우므로 위 오락실경영자에게 위와 같은 과실이 있었더라도 사회통념상 이를 화재발생에 관한 중대한 과실이라고 평가하기는 어렵다.

9. 폭발성물건파열죄 (제172조 제1항), 폭발성물건파열치사상죄 (제172조 제2항)

1) 보일러, 고압가스 기타 폭발성있는 물건을 파열시켜 사람의 생명, 신체 또는 재산에 대하여 위험을 발생시킴으로써 성립하는 범죄로 1년 이상의 유기징역에 처한다. 본죄는 생명, 신체 또는 재산에 대한 위험의 발생을 요건으로 하는 구체적 위험범이며, 미수범은 처벌된다(제174조).

2) 폭발성물건파열죄를 범하여 사람을 사망에 이르게 한 때에는 무기 또는 5년 이상의 징역에 처하고, 사람을 상해에 이르게 한 때에는 무기 또는 3년 이상의 징역에 처한다.

3) 폭발성물건이라 함은 보일러, 고압가스 등과 같이 급격한 파열에 의하여 사람의 생명, 신체 또는 재산을 파괴하는 성질을 가진 물건을 말한다. 총포나 화약 등 그 자체의 폭발에 의하여 파괴력을 갖는 폭발물과는 구별된다.

10. 가스·전기등방류죄(제172조의2 제1항), 가스·전기등방류치사상죄(제172조의2 제2항)

1) 가스, 전기, 증기 또는 방사선이나 방사성 물질을 방출, 유출 또는 살포시켜 사람의 생명, 신체 또는 재산에 대하여 위험을 발생시킴으로써 성립하는 범죄로 1년 이상 10년 이하의 징역에 처한다. 생명, 신체 또는 재산에 대한 위험의 발생을 요건으로 하는 구체적 위험범이며, 미수범은 처벌된다(제174조).

2) 가스·전기등방류죄를 범하여 사람을 사망에 이르게 한 때에는 무기 또는 5년 이상의 징역에 처하고, 사람을 상해에 이르게 한 때에는 무기 또는 3년 이상의 징역에 처한다.

11. 가스·전기등공급방해죄(제173조 제1항), 가스·전기등공급방해치사상죄(제173조 제2항)

1) 가스, 전기 또는 증기의 공작물을 손괴 또는 제거하거나 기타 방법으로 가스, 전기 또는 증기의 공급이나 사용을 방해하여 공공의 위험을 발생하게 하거나 공공용의 가스, 전기 또는 증기의 공작물을 손괴 또는 제거하거나 기타 방법으로 가스, 전기 또는 증기의 공급이나 사용을 방해함으로써 성립하는 범죄로 1년 이상 10년 이하의 징역에 처한다. 공공용의 가스, 전기 또는 증기를 제외한 기타의 공공용의 가스, 전기 또는 증기의 공급을 방해하는 죄는 공공의 위험의 발생을 요건으로 하는 구체적 위험범이며, 미수범은 처벌된다(제174조).

2) 가스·전기등공급방해죄를 범하여 사람을 사망에 이르게 한 때에는 무기 또는 3년 이상의 징역에 처하고, 사람을 상해에 이르게 한 때에는 2년 이상의 유기징역에 처한다.

12. 과실폭발성물건파열등죄(제173조의2 제1항), 업무상과실·중과실폭발성물건파열등죄(제173조의2 제2항)

1) 과실 또는 업무상과실·중과실로 폭발성물건파열죄, 가스·전기등방류죄 및 가스·전기등공급방해죄를 범함으로써 성립하는 범죄로 각각 5년 이하의 금고 또는 1,500만원 이하의 벌금과 7년 이하의 금고 또는 2천만원 이하의 벌금에 처한다.

2) 임차인이 자신의 비용으로 설치·사용하던 가스설비의 휴즈콕크를 아무런 조치 없이 제거하고 이사를 간 후 주밸브로 가스가 유입되어 폭발사고가 발생한 경우에는 과실폭발성물건파열죄의 죄책을 진다(대법원 2001.6.1. 선고 99도5086 판결).

○ 대법원 2001.6.1. 선고 99도5086 판결【과실폭발성물건파열, 과실치사, 과실치상】
임차인이 자신의 비용으로 설치·사용하던 가스설비의 휴즈콕크를 아무런 조치 없이 제거하고 이사를 간 후 가스공급을 개별적으로 차단할 수 있는 주밸브가 열려져 가스가 유입되어 폭발사고가 발생한 경우, 구 액화석유가스의안전및사업관리법상의 관련 규정 취지와 그 주밸브가 누군가에 의하여 개폐될 가능성을 배제할 수 없다는 점 등에 비추어 그 휴즈콕크를 제거하면서 그 제거부분에 아무런 조치를 하지 않고 방치하면 주밸브가 열리는 경우 유입되는 가스를 막을 아무런 안전장치가 없어 가스 유출로 인한 대형사고의 가능성이 있다는 것은 평균인의 관점에서 객관적으로 볼 때 충분히 예견할 수 있다는 이유로 임차인의 과실과 가스폭발사고 사이의 상당인과관계가 있다.

13. 방화등 예비·음모죄(제175조)

1) 현주건조물등방화(제164조), 공용건조물등방화(제165조), 타인소유 일반건조물등방화(제166조 제1항), 폭발성물건파열(제172조 제1항), 가스·전기등방류(제173조의2 제1항), 가스·전기등공급방해(제173조 제1항, 제2항)의 죄를 범할 목적으로 예비 또는 음모함으로써 성립하는 범죄로 5년 이하의 징역에 처한다.

2) 단 그 목적한 죄의 실행에 이르기 전에 자수한 때에는 형을 감경 또는 면제한다(제175조).

Ⅳ. 일수와 수리에 관한 죄(제14장)

1) 현주건조물등일수죄(제177조 제1항), 현주건조물등일수치사상죄(제177조 제2항), 공용건조물등일수죄(제178조), 일반건조물등일수죄(제179조), 방수방해죄(제180조), 과실일수죄(제181조), 수리방해죄(제184조)가 있다.

2) 현주건조물등일수죄(제177조 제1항), 현주건조물등일수치사상죄(제177조 제2항), 공용건조물등일수죄(제178조), 타인소유 일반건조물등일수죄(제179조 제1항)의 미수범은 처벌하고(제182조), 이들 죄를 범할 목적으로 예비·음모한 자는 처벌한다(제183조).

1. 현주건조물등일수죄 (제164조 제1항), 현주건조물등일수치사상죄 (제164조 제2항)

1) 물을 넘겨 사람이 주거에 사용하거나 사람이 현존하는 건조물, 기차, 전차, 자동차, 선박, 항공기 또는 광갱을 침해함으로써 성립하는 범죄로 무기 또는 3년 이상의 징역에 처한다.

2) 제1항의 죄를 범하여 사람을 상해에 이르게 한 때에는 무기 또는 5년 이상의 징역에 처하고, 사망에 이르게 한 때에는 무기 또는 7년 이상의 징역에 처한다.

3) 본죄의 미수범은 처벌한다(제182조).

2. 공용건조물등일수죄 (제178조)

1) 물을 넘겨 공용 또는 공익에 공하는 건조물, 기차, 전차, 자동차, 선박, 항공기 또는 광갱을 침해함으로써 성립하는 범죄로 무기 또는 2년 이상의 징역에 처한다.

2) 본죄의 미수범은 처벌한다(제182조).

3. 일반건조물등일수죄 (제179조)

1) 물을 넘겨 현주건조물 또는 공용건조물 이외의 건조물, 기차, 전차, 자동차, 선박, 항공기 또는 광갱 기타 타인의 재산을 침해함으로써 성립하는 범죄로 1년 이상 10년 이하의 징역에 처한다. 자기의 소유에 속하는 앞의 물건을 침해하여 공공의 위험을 발생하게 한 때에는 3년 이하의 징역 또는 700만원 이하의 벌금에 처한다(제179조 제1항, 제2항).

2) 자기의 소유에 속하는 물건이라도 압류 기타 강제처분을 받거나 타인의 권리 또는 보험의 목적물이 된 때에는 타인의 물건으로 간주한다(제179조 제3항).

4. 방수방해죄 (제180조)

1) 수재에 있어서 방수용의 시설 또는 물건을 손괴 또는 은닉하거나 기타 방법으로 방수를 방해함으로써 성립하는 범죄로 10년 이하의 징역에 처한다.

2) 진화방해죄(제169조)에 상응하는 범죄로 '수재(水災)'의 상황과 방수방해의 결과가 요구된다.

5. 과실일수죄 (제181조)

1) 과실로 현주건조물등 또는 공용건조물등을 침해하거나 일반건조물등을 침해하여 공공의 위험을 발생하게 함으로써 성립하는 범죄로 1천만원 이하의 벌금에 처한다.

2) 과실일반건조물등일수죄는 공공의 위험의 발생을 요하는 구체적 위험범이다.

6. 수리방해죄 (제184조)

1) 제방을 결궤하거나 수문을 파괴하거나 기타 방법으로 수리를 방해함으로써 성립하는 범죄로 5년 이하의 징역 또는 700만원 이하의 벌금에 처한다.

2) 수리(水利)라 함은, 관개용·목축용·발전이나 수차 등의 동력용·상수도의 원천용 등 널리 물이라는 천연자원을 사람의 생활에 유익하게 사용하는 것을 가리키고, 수리를 방해한다고 함은 제방을 무너뜨리거나 수문을 파괴하는 등 위 조문에 예시된 것을 포함하여 저수시설, 유수로(유수로)나 송·인수시설 또는 이들에 부설된 여러 수리용 장치를 손괴·변경하거나 효용을 해침으로써 수리에 지장을 일으키는 행위를 가리킨다(대법원 2001.6.26. 선고 2001도404 판결).

3) 본죄가 성립하기 위해서는 법령, 계약 또는 관습 등에 의하여 타인의 권리에 속한다고 인정될 수 있는 물의 이용을 방해하는 것이어야 한다. 원천 내지 자원으로서의 물의 이용이 아니라, 하수나 폐수 등 이용이 끝난 물을 배수로를 통하여 내려 보내는 것은 수리(水利)에 해당한다고 할 수 없고, 그러한 배수 또는 하수처리를 방해하는 행위는, 특히 그 배수가 수리용의 인수(引水)와 밀접하게 연결되어 있어서 그 배수의 방해가 직접 인수에까지 지장을 초래한다는 등의 특수한 경우가 아닌 한 수리방해죄의 대상이 될 수 없다(대법원 2001.6.26. 선고 2001도404 판결).

Ⅴ. 교통방해의 죄(제15장)

1) 일반공중의 교통의 안전을 침해하는 범죄로서 일반교통방해죄(제185조), 기차·선박등 교통방해죄(제186조), 기차등전복죄(제187조), 교통방해치사상죄(제188조), 과실·업무상과실·중과실교통방해죄(제189조)가 있다.

2) 일반교통방해죄(제185조), 기차·선박등 교통방해죄(제186조), 기차등전복죄(제187조)의 미수범은 처벌되고(제190조), 이들 죄를 범할 목적으로 예비·음모한 자도 처벌된다(제191조).

1. 일반교통방해죄(제185조)

1) 육로, 수로 또는 교량을 손괴 또는 불통하게 하거나 기타 방법으로 교통을 방해함으로써 성립하는 범죄로 10년 이하의 징역 또는 1,500만원 이하의 벌금에 처한다. 본죄의 미수범은 처벌한다(제190조).

2) '육로'라 함은 사실상 일반공중의 왕래에 공용되는 육상의 통로를 널리 일컫는 것으로서 그 부지의 소유관계나 통행권리관계 또는 통행인의 많고 적음 등을 가리지 않는다.

○ 대법원 1994.11.4. 선고 94도2112 판결【일반교통방해】
주민들에 의하여 공로로 통하는 유일한 통행로로 오랫동안 이용되어 온 폭 2m의 골목길을 자신의 소유라는 이유로 폭 50 내지 75cm 가량만 남겨두고 담장을 설치하여 주민들의 통행을 현저히 곤란하게 하였다면 일반교통방해죄를 구성한다.

○ 대법원 1995.9.15. 선고 95도1475 판결【일반교통방해】
도로가 농가의 영농을 위한 경운기나 리어카 등의 통행을 위한 농로로 개설되었다 하더라도 그 도로가 사실상 일반 공중의 왕래에 공용되는 도로로 된 이상 경운기나 리어카 등만 통행할 수 있는 것이 아니고 다른 차량도 통행할 수 있는 것이므로 이러한 차량의 통행을 방해한다면 이는 일반교통방해죄에 해당한다.

○ 대법원 1999.7.27. 선고 99도1651 판결【일반교통방해】
피고인 소유의 토지를 포함한 구도로 옆으로 신도로가 개설되었으나 여전히 일반인 및 차량이 구도로로 통행하고 있다면 구도로에 담장을 설치하여 통행을 방해하는 행위는 일반교통방해죄를 구성한다.

○ 대법원 2002.4.26. 선고 2001도6903 판결【일반교통방해, 업무방해】
당초에 한국수자원공사에서 합천댐을 건설하기 위하여 모래적치장으로 사용한 곳이었는데 그 공사가 진행됨에 따라 모래가 점점 줄어들자 인근의 여관 및 식당과 버섯농장의 차량이나 손님, 등산객, 인근 주민들이 이 사건 도로를 통행로로 이용하여 왔는데, 그 부지를 매입한 피고인이 그 도로의 중간에 바위를 놓아두거나 이를 파헤침으로써 차량의 통행을 못하게 한 행위는 일반교통방해죄 및 업무방해죄에 해당한다.

다만 육로는 일반공중의 왕래에 공용된 장소로서 특정인에 한하지 않고 불특정 다수인 또는 차마가 자유롭게 통행할 수 있는 공공성을 지닌 장소이어야 하므로 소유자가 자신의 토지 중 일부를 일시적으로 공터로 두었는데 일시적으로 인근주민들이 지름길로 이용하거나(대법원 1984.11.13. 선고 84도219

판결), 농작물을 재배하려고 철조망 등을 설치해 두었음에도 불구하고 주민들이 이를 부수고 통행하거나(대법원 1988.5.10. 선고 88도262 판결), 개인적으로 사용하기 위해 자신의 토지 위에 자신의 비용으로 개설한 임도에 인근주민이 임의적으로 통행한 데 불과하거나(대법원 2007.10.11. 선고 2005도7573 판결) 공로에 출입할 수 있는 다른 상태에서 토지소유자로부터 일시적인 사용승낙을 받아 통행하거나 토지소유자가 사용하면서 부수적으로 타인의 통행을 묵인한 데 불과한 도로(대법원 2017.4.7. 선고 2016도12563 판결)는 본죄의 객체인 육로에 해당하지 않는다.

○ **대법원 1984.11.13. 선고 84도2192 판결【일반교통방해 등】**

토지의 소유자가 자신의 토지의 한쪽 부분을 일시 공터로 두었을 때 인근주민들이 위 토지의 동서쪽에 있는 도로에 이르는 지름길로 일시 이용한 적이 있다 하여도 이를 일반공중의 내왕에 공용되는 도로하고 할 수 없으므로 형법 제185조 소정의 육로로 볼 수 없다.

○ **대법원 1988.5.10. 선고 88도262 판결【일반교통방해】**

토지일대는 농작물을 경작하던 농토이었는데 도시계획이 수립된 다음부터 토지를 통하여 부근일대의 큰 도로로 통행하려하는 주민들이 늘어나자 소유자인 피고인이 이를 막고 농작물을 재배하려고 그동안 수차에 걸쳐 철조망 등을 설치하였는데 그때마다 주민들이 이를 부수고 통행을 하여 왔는바, 이와 같이 이 사건 토지상에 정당한 도로개설이 되기 전까지 소유자가 농작물경작지로서 이용하려고 하였고, 부근 주민들은 큰 도로로 나아가는 간편한 통로로 이용하려고 하여 분쟁이 계속되었다면 이는 주민들이 자유롭게 통행할 수 있는 공공성이 있는 곳이라고 보기 어렵다.

○ **대법원 2007.10.11. 선고 2005도7573 판결【일반교통방해】**

피고인이 목장을 운영하기 위해 자신의 비용으로 자신의 목장용지 내에 이 사건 임도를 개설하였을 뿐 농가의 영농을 위한 농로로 개설된 것이 아니고, 당시 이 사건 임야 인근의 경작자들이나 성묘객들이 이용해오던 기존 통행로가 있었고 이 사건 임도가 개설된 이후에도 이 사건 임도와 기존 통행로가 같이 이용되어 왔으며, 피고인이 이 사건 임도에 차량들의 출입을 통제해 왔고 인근의 경작자들도 그 통제에 따르고 있던 점 등에 비추어 볼 때, 이 사건 임도는 그 소유자인 피고인이 개인적으로 사용하면서 인근 주민들의 통행을 부수적으로 묵인한 것에 불과하고, 불특정다수인 또는 차마가 자유롭게 통행할 수 있는 공공성을 지닌 장소에 해당한다고 보기 어렵다.

○ **대법원 2017.4.7. 선고 2016도12563 판결【일반교통방해】**

'육로'란 일반 공중의 왕래에 제공된 장소, 즉 특정인에 한하지 않고 불특정 다수인 또는 차마가 자유롭게 통행할 수 있는 공공성을 지닌 장소를 말한다. 통행로를 이용하는 사람이 적은 경우에도 위 규정에서 말하는 육로에 해당할 수 있으나, 공로에 출입할 수 있는 다른 도로가 있는 상태에서 토지 소유자로부터 일시적인 사용승낙을 받아 통행하거나 토지 소유자가 개인적으로 사용하면서 부수적으로 타인의 통행을 묵인한 장소에 불과한 도로는 위 규정에서 말하는 육로에 해당하지 않는다.

3) 손괴란 교통시설물에 직접 유형력을 가하여 물리적으로 훼손하는 것을 말하고, 불통이란 장애물을 사용하여 통행을 방해하는 것을 말한다. 기타의 방법이란 도로에 쇠파이프구조물을 설치하거나 화물차로 도로를 가로막아 차량의 통행을 제한하는 것과 같이 손괴, 불통에 준하여 교통을 방해할 수 있는 일체의 행위를 말한다(대법원 2005.10.28. 선고 2004도7545 판결).

4) 본죄가 성립하기 위해서는 교통이 방해되는 결과가 발생하여야 한다. 따라서 본죄가 성립하기 위해서는 손괴, 불통 기타의 방법으로 통행을 불가능하게 하거나 현저하게 곤란하게 하여야 한다.

○ 대법원 2007.12.14. 선고 2006도4662 판결【일반교통방해】

서울 중구 소공동의 왕복 4차로의 도로 중 편도 3개 차로 쪽에 차량 2, 3대와 간이테이블 수십개를 이용하여 길가쪽 2개 차로를 차지하는 포장마차를 설치하고 영업행위를 한 것은 비록 행위가 교통량이 상대적으로 적은 야간에 이루어졌다 하더라도 형법 제185조의 일반교통방해죄를 구성한다.

○ 대법원 2009.1.30. 선고 2008도10560 판결【일반교통방해, 업무방해】

피고인은 폐기물 운반 차량들이 자신의 가옥 앞에 소재한 폭이 약 3.6m인 도로를 다니는 동안 진동으로 인하여 피고인의 가옥 일부에 균열이 생기고 주거의 평온을 해한다는 등의 이유로 이 사건 도로 중 약 1.4m를 침범한 상태로 피고인 소유의 트랙터를 세워두거나 철책 펜스를 설치하여 위 차량들이 이 사건 도로를 통행할 수 없도록 하거나 위 차량들의 앞을 가로막고 앉아서 통행하지 못하도록 하였으나, 피고인이 이 사건 도로에 트랙터를 세워두거나 철책 펜스를 설치하여 노폭을 현저하게 제한함으로써 종전에는 통행이 가능하던 차량의 통행을 불가능하게 한 행위는 일반교통방해죄를 구성한다고 봄이 상당하나 피고인이 이 사건 도로를 가로막고 앉아서 위 차량의 통행을 일시적으로 방해한 행위가 교통을 방해하여 통행을 불가능하게 하거나 현저하게 곤란하게 하는 행위라고 보기는 어렵다.

○ 대법원 2009.7.9. 선고 2009도4266 판결【일반교통방해 등】

검사는 "피고인이 인천국제공항여객터미널 1층 5A번 버스정류장 앞 노상에서, 공항리무진 버스 외의 다른 차의 주차가 금지된 구역에 카니발 밴 차량을 40분 가량 세워두고 호객 영업을 하는 방법으로 그 곳을 통행하는 버스의 교통을 곤란하게 함으로써 육로의 교통을 방해하였다"고 주장하나, 피고인이 카니발 밴 차량을 40분가량 주차한 장소는 위 여객터미널 도로 중에서 공항리무진 버스들이 승객들을 승하차시키는 장소로서 일반 차량들의 주차가 금지된 구역이기는 하지만 위와 같이 주차한 장소의 옆 차로를 통하여 다른 차량들이 충분히 통행할 수 있었을 것으로 보이고, 피고인의 위와 같은 주차 행위로 인하여 공항리무진 버스가 출발할 때 후진을 하여 차로를 바꾸어 진출해야 하는 불편을 겪기는 하였지만 통행이 불가능하거나 현저하게 곤란하지는 않았던 것으로 보인다.

5) 사실상 교통이 방해되었다고 하더라도 불가피한 사정이 있거나, 신고된 범위 내에서 집회 및 시위를 하던 중 도로교통이 방해된 경우에는 본죄로 처벌할 수 없다.

따라서 차도만 설치되어 있고 보도는 따로 마련되어 있지 아니한 편도 2차선 도로 우측의 대부분을 차지하며 대오를 이루어 행진하는 방법으로 시위를 함으로써 나머지 편도 2차선으로 상하행차량이 통행하느라 차량의 소통이 방해되었다거나(대법원 1992.8.18. 선고 91도2771 판결), 집시법상 적법한 신고를 마치고 도로에서 집회나 시위를 하는 경우 도로의 교통이 어느 정도 제한될 수밖에 없으므로, 그 집회 또는 시위가 신고된 범위 내에서 행해졌거나 신고된 내용과 다소 다르게 행해졌어도 신고된 범위를 현저히 일탈하지 않는 경우에는, 그로 인하여 도로의 교통이 방해를 받았다고 하더라도 특별한 사정이 없는 한 일반교통방해죄가 성립한다고 볼 수 없다. 그러나 그 집회 또는 시위가 당초 신고된 범위를 현저히 일탈하거나 허가조건을 중대하게 위반하여 도로 교통을 방해함으로써 통행을 불가능하게 하거나 현저하게 곤란하게 하는 경우에는 일반교통방해죄가 성립한다(대법원 2008.11.13. 선고 2006도755 판결).

2. 기차·선박등 교통방해죄(제186조)

1) 궤도, 등대 또는 표지를 손괴하거나 기타 방법으로 기차, 전차, 자동차, 선박 또는 항공기의 교통을 방해함으로써 성립하는 범죄로 1년 이상의 유기징역에 처한다. 본죄의 미수범은 처벌한다(제190조).

2) 일반교통방해죄(제185조)에 대하여 특별관계에 있다.

3. 기차등전복죄(제187조)

1) 사람의 현존하는 기차, 전차, 자동차, 선박 또는 항공기를 전복, 매몰, 추락 또는 파괴함으로써 성립하는 범죄로 무기 또는 3년 이상의 징역에 처한다. 본죄의 미수범은 처벌한다(제190조).

2) '파괴'란 다른 구성요건 행위인 전복, 매몰, 추락 등과 같은 수준으로 인정할 수 있을 만큼 교통기관으로서의 기능·용법의 전부나 일부를 불가능하게 할 정도의 파손을 의미하고, 그 정도에 이르지 아니하는 단순한 손괴는 포함되지 않는다. 예컨대 총 길이 338m, 갑판 높이 28.9m, 총 톤수 146,848톤, 유류탱크 13개, 평형수탱크 4개인 대형 유조선의 유류탱크 일부에 구멍이 생기고 선수마스트, 위성통신 안테나, 항해등 등이 파손된 정도에 불과한 것은 선박의 '파괴'에 해당하지 않는다(대법원 2009.4.23. 선고 2008도11921 판결).

3) 본죄가 성립하기 위해서는 행위 시에 사람이 현존하는 것이라는 점에 대한 인식과 함께 매몰 등의 결과발생에 대한 인식이 필요하나, 현존하는 사람을 사상에 이르게 한다는 등 공공의 위험에 대한 인식까지는 필요하지 않다. 그리고 사람의 현존하는 기차 등을 매몰시켰다면 기차 등의 매몰시 그곳에 사람이 현존하지 않았거나 범인이 그곳에 있는 사람을 안전하게 대피시켰다고 하더라도 본죄의 기수로 처벌된다(대법원 2000.6.23. 선고 99도4688 판결).

4. 교통방해치사상죄(제188조)

1) 일반교통방해(제185조), 기차·선박등 교통방해(제186조), 기차등전복(제187조)의 죄를 범하여 사람을 상해 또는 사망에 이르게 함으로써 성립하는 범죄로 각각 무기 또는 3년 이상의 징역과 무기 또는 5년 이상의 징역에 처한다.

2) 교통방해치상죄는 부진정 결과적가중범으로 상해의 결과에 대해 고의가 있는 경우에도 성립한다.

3) 교통방해치사상죄가 성립하기 위해서는 교통방해행위와 사상(死傷)의 결과 사이에 상당인과관계가 있어야 하고 행위 시에 결과의 발생을 예견할 수 있어야 한다. 그리고 교통방해 행위가 피해자의

사상이라는 결과를 발생하게 한 유일하거나 직접적인 원인이 된 경우만이 아니라, 그 행위와 결과 사이에 피해자나 제3자의 과실 등 다른 사실이 개재된 때에도 그와 같은 사실이 통상 예견될 수 있는 것이라면 상당인과관계를 인정할 수 있다. 예를 들어 피고인이 고속도로 2차로를 따라 자동차를 운전하다가 1차로를 진행하던 A의 차량 앞에 급하게 끼어든 후 곧바로 정차하여, A의 차량 및 이를 뒤따르던 차량 두 대는 연이어 급제동하여 정차하였으나, 그 뒤를 따라오던 B의 차량이 앞의 차량들을 연쇄적으로 추돌케 하여 B를 사망에 이르게 하고 나머지 차량 운전자 등 피해자들에게 상해를 입힌 경우, 편도 2차로의 고속도로 1차로 한가운데에 정차한 피고인은 현장의 교통상황이나 일반인의 운전 습관·행태 등에 비추어 고속도로를 주행하는 다른 차량 운전자들이 제한속도 준수나 안전거리 확보 등의 주의의무를 완전하게 다하지 않을 수도 있다는 점을 알았거나 충분히 알 수 있었으므로, 피고인의 정차 행위와 사상의 결과 발생 사이에 상당인과관계가 있고, 사상의 결과 발생에 대한 예견가능성도 인정된다(대법원 2014.7.24. 선고 2014도6206 판결).

5. 과실·업무상과실·중과실 교통방해죄(제189조)

1) 과실이나 업무상과실 또는 중대한 과실로 인하여 일반교통방해(제185조), 기차·선박등교통방해(제186조), 기차등전복(제187조)의 죄를 범함으로써 성립하는 범죄로 각각 1천만원 이하의 벌금과 3년 이하의 금고 또는 2천만원 이하의 벌금에 처한다.

2) 수인의 과실행위가 결합하여 결과가 발생한 경우에는 본죄의 공동정범의 죄책을 진다.

○ 대법원 1997.11.28. 선고 97도1740 판결【업무상과실일반교통방해, 업무상과실자동차추락 등】

성수대교와 같은 교량이 그 수명을 유지하기 위해서는 건설업자의 완벽한 시공, 감독공무원들의 철저한 제작시공상의 감독 및 유지·관리를 담당하고 있는 공무원들의 철저한 유지·관리라는 조건이 합치되어야 하는 것이므로, 위 각 단계에서의 과실 그것만으로 붕괴원인이 되지 못한다고 하더라도, 그것이 합쳐지면 교량이 붕괴될 수 있다는 점은 쉽게 예상할 수 있고, 따라서 위 각 단계에 관여한 자는 전혀 과실이 없다거나 과실이 있다고 하여도 교량붕괴의 원인이 되지 않았다는 등의 특별한 사정이 있는 경우를 제외하고는 붕괴에 대한 공동책임을 면할 수 없다.

○ 대법원 2009.6.11. 선고 2008도11784 판결【업무상과실일반교통방해】

예인선 정기용선자의 현장소장 갑은 사고의 위험성이 높은 해상에서 철골 구조물 및 해상크레인 운반작업을 함에 있어 선적작업이 지연되어 정조시점에 맞추어 출항할 수 없게 되었음에도, 출항을 연기하거나 대책을 강구하지 않고 예인선 선장 을의 출항연기 건의를 묵살한 채 출항을 강행하도록 지시하였고, 예인선 선장 을은 갑의 지시에 따라 사고의 위험이 큰 시점에 출항하였고 해상에 강조류가 흐르고 있었음에도 무리하게 예인선을 운항한 결과 무동력 부선에 적재된 철골 구조물이 해상에 추락하여 해상의 선박교통을 방해한 사안에서, 갑과 을을 업무상과실일반교통방해죄의 공동정범의 죄책을 진다.

3) 업무상과실로 교량을 손괴하여 자동차의 교통을 방해하고 그 결과 자동차를 추락시킨 경우에는 업무상과실 일반교통방해죄와 업무상과실 자동차추락죄의 상상적 경합의 죄책을 진다(대법원 1997.11.28.

선고 97도1740 판결).

4) 차의 운전자가 업무상 필요한 주의를 게을리하거나 중대한 과실로 다른 사람의 건조물이나 그 밖의 재물을 손괴한 경우에는 도교법에 의해 처벌된다(제151조). 형법상 업무상과실 자동차파괴등죄는 교통방해죄의 한 유형으로서 공중교통안전을 침해하는 범죄인데 대하여, 도교법위반(업무상과실·중과실손괴)죄는 차량운행에 수반되는 위험을 방지하기 위해 운전자에게 부과된 주의의무를 부과하고 나아가 차량운행과 직접적으로 관계없는 제3자의 재물을 침해하는 범죄이다. 그리고 객체에서 전자가 '사람이 현존하는 기차, 전차, 자동차, 선박 또는 항공기'로 한정되어 있는 반면 후자는 '건조물 기타 재물'을 대상으로 하고 있고, 결과에서도 전자는 교통수단으로서의 기능의 전부 또는 일부를 불가능하게 할 정도의 손괴를 요하는 데 반하여 후자는 단순 손괴로도 족한 등, 양 죄는 보호법익, 행위객체, 행위태양 등에서 현저한 차이가 있으므로, 양 죄는 일반법과 특별법의 관계에 있는 것이 아니라 별개의 독립된 유형의 범죄로 보아야 한다. 따라서 자동차를 운전하고 주의의무를 태만히 한 채 운전하던 중 다른 자동차를 충격하고 손괴한 경우에는 업무상과실 자동차파괴등죄와 도교법위반(업무상과실·중과실손괴)죄의 상상적 경합의 죄책을 진다(대법원 1983.9.27. 선고 82도671 판결).

6. 교통방해예비·음모죄(제191조)

일반교통방해죄(제185조), 기차·선박등 교통방해죄(제186조), 기차등전복죄(제187조)를 범할 목적으로 예비 또는 음모함으로써 성립하는 범죄로 3년 이하의 징역에 처한다.

제 2 장 공중의 건강에 대한 죄

Ⅰ. 음용수에 대한 죄(제16장)

1) 음용수에 관한 공중의 건강을 침해하는 범죄로 음용수사용방해죄(제192조 제1항), 음용수유해물혼입죄(제192조 제2항), 수도음용수사용방해죄(제193조 제1항), 수도음용수유해물혼입죄(제193조 제2항), 음용수혼독치사상죄(제194조), 수도불통죄(제195조)가 있다. 음용수유해물혼입죄, 수도음용수유해물혼입죄, 수도불통죄의 미수범 및 예비·음모죄는 처벌된다(제190조, 제191조).

2) 이들 범죄는 환경범죄 등의 단속 및 가중처벌에 관한 법률(이하 '환경범죄단속법'이라 한다)에 의해 가중처벌된다.

1. 음용수사용방해죄 (제192조 제1항)

1) 일상음용에 공하는 정수(淨水)에 오물을 혼입하여 음용하지 못하게 함으로써 성립하는 범죄로 1년 이하의 징역 또는 500만원 이하의 벌금에 처한다.

2) 일상음용에 공한다고 함은 불특정 또는 다수인이 계속·반복하여 음용에 사용하는 것을 말하고, 정수라고 함은 사람의 음용에 적합한 청결한 물을 말한다.

3) 오물을 혼입한다고 함은 음용에 지장을 줄 수 있는 일체의 물질을 섞어 넣는 것을 말한다.

4) 사용하지 못한다고 함은 일반인을 기준으로 음용수로 사용할 수 없게 하는 것을 말한다.

2. 음용수유해물혼입죄 (제192조 제2항)

1) 일상음용에 공하는 정수(淨水)에 독물 기타 건강을 해할 물건을 혼입함으로써 성립하는 범죄로 10년 이하의 징역에 처한다. 본죄의 미수범은 처벌한다(제195조).

2) 독물이란 소량이 인체에 흡수되어도 건강에 중대한 장애를 가져오는 물건을 말하고, 기타 건강을 해하는 물건이란 음용할 경우 사람의 건강에 장애를 줄 수 있는 유해물질을 말한다.

3. 수도음용수사용방해죄 (제193조 제1항)

1) 수도(水道)에 의하여 공중의 음용에 공하는 정수 또는 그 수원(水源)에 오물을 혼입하여 음용하지 못하게 함으로써 성립하는 범죄로 1년 이상 10년 이하의 징역에 처한다.

2) 수도란 음용수를 공급하기 위한 인공적 설비를 말하고, 수원이란 상수도에 보낼 물을 모아 두고 처리하는 곳으로 정수지, 취수지 등을 말한다.

4. 수도음용수유해물혼입죄 (제193조 제2항)

1) 수도에 의하여 공중의 음용에 공하는 정수 또는 수원에 독물 기타 건강을 해할 물건을 혼입함으로써 성립하는 범죄로 2년 이상의 유기징역에 처한다. 본죄의 미수범은 처벌한다(제195조).

2) 독물 기타 건강을 해하는 물건이란 위에서 설명한 바와 같다.

5. 음용수혼독치사상죄 (제194조)

1) 음용수유해물혼입죄(제192조 제2항) 또는 수도음용수유해물혼입죄(제193조 제2항)를 범하여 사람을 상해 또는 사망에 이르게 함으로써 성립하는 범죄로 각각 무기 또는 3년 이상의 징역과 무기 또는 5년 이상의 징역에 처한다.

2) 음용수혼독치상죄는 부진정 결과적가중범으로 상해에 대하여 고의가 있는 경우에도 성립한다.

6. 수도불통죄 (제195조)

1) 공중의 음용수를 공급하는 수도 기타 시설을 손괴 기타 방법으로 불통하게 함으로써 성립하는 범죄로 1년 이상 10년 이하의 징역에 처한다. 본죄의 미수범은 처벌한다(제195조).

2) 비록 절차를 밟지 않고 임의로 가설한 수도라 할지라도 그것이 현실적으로 공중생활에 필요한 음용수를 공급하고 있는 시설인 이상 이를 불법하게 손괴하여 불통하게 한 때에는 본죄가 성립한다(대법원 1957.2.1. 선고 4289형상317 판결). 그러나 사설특수가압수도시설은 관계당국으로부터 그 명의의 설치허가를 받아 사재로써 시의 상수도관에다가 특수가압간선을 시설한 것으로서 그 시설에 의한 급수를

받고자 하는 자는 시설자와의 계약에 의하여 시설운영위원회에 가입한 후 시의 급수승인을 받아야 하고 그러한 절차를 거치지 않는 자에 대해서는 시설자가 마음대로 단수조치를 할 수 있는 것이므로, 그 시설자가 불법이용자에 대한 단수조치로서 급수관을 발굴절단하였다 하여도 수도불통에 해당한다고 할 수 없다(대법원 1971.1.26. 선고 70도2654 판결).

3) 사설수도를 설치한 시장 번영회가 수도요금을 체납한 회원에 대하여 사전 경고까지 하고 한 단수행위에는 위법성이 있다고 볼 수 없다(대법원 1977.11.22. 선고 77도103 판결).

7. 음용수유해물혼입·수도음용수유해물혼입·수도불통 예비·음모죄(제196조)

음용수유해물혼입죄(제192조 제2항), 수도음용수유해물혼입죄(제193조 제2항) 또는 수도불통죄(제195조)를 범할 목적으로 예비·음모함으로써 성립하는 범죄로 2년 이하의 징역에 처한다.

8. 환경범죄단속법위반죄

1) 이 법률은 생활환경 또는 자연환경 등에 위해(危害)를 끼치는 환경오염 또는 환경훼손 행위에 대한 가중처벌 및 단속·예방 등에 관한 사항을 정함으로써 환경보전에 이바지하는 것을 목적으로 한다.

2) 오염물질을 불법배출함으로써 사람의 생명이나 신체에 위해를 끼치거나 상수원을 오염시킴으로써 먹는 물의 사용에 위험을 끼친 자는 무기 또는 5년 이상의 유기징역에 처한다(제3조 제1항). 이러한 행위를 하여 사람을 죽거나 다치게 한 자는 무기 또는 5년 이상의 유기징역에 처한다(같은 조 제2항). 그리고 오염물질을 불법배출하여 농업, 축산업, 임업 또는 원예업에 이용되는 300제곱미터 이상의 토지를 해당 용도로 이용할 수 없게 하거나 바다, 하천, 호소(湖沼) 또는 지하수를 일정 규모나 기준 이상으로 오염시키거나 어패류를 일정 규모 이상으로 집단폐사(集團斃死)에 이르게 한 자는 1년 이상 7년 이하의 징역에 처한다(같은 조 제3항). 환경보호지역에서 제3조 제1항부터 제3항까지의 죄를 범한 자에 대하여는 해당 형(刑)의 2분의 1까지 가중할 수 있다(제4조 제1항).

3) 업무상 과실 또는 중대한 과실로 제3조 제1항의 죄를 범한 자는 7년 이하의 징역이나 금고 또는 1억원 이하의 벌금에(제5조 제1항), 제3조 제2항의 죄를 범한 자는 10년 이하의 징역이나 금고 또는 1억5천만원 이하의 벌금에(같은 조 제2항) 그리고 제3조 제3항의 죄를 범한 자는 3년 이하의 징역이나 금고 또는 3천만원 이하의 벌금에 처한다(같은 조 제3항).

Ⅱ. 아편에 대한 죄(제17장)

1) 아편에 관한 공중의 건강을 침해하는 범죄로 아편등제조죄(제198조), 아편흡식기제조등죄(제199조), 세관공무원아편수입등죄(제200조), 아편흡식죄(제201조 제1항), 아편흡식장소제공죄(제201조 제2항)이 있다. 아편등소지죄(제205조), 아편등소지죄를 제외한 나머지 죄의 미수범은 처벌하고(제202조), 상습으로 이들 죄를 범한 때에는 각 죄에 정한 형의 1/2을 가중한다(제203조). 이들의 죄에 제공한 아편, 몰핀이나 그 화합물 또는 아편흡식기구는 몰수하고, 몰수하기 불능한 때에는 그 가액을 추징한다(제206조).

2) 아편에 관한 범죄는 형법이 적용되는 것이 아니라 실제로 마약류관리에 관한 법률에 의해 처벌되고, 일부범죄는 특가법에 의해 가중처벌된다.

1. 아편등 제조등죄 (제198조)

1) 아편, 몰핀 또는 그 화합물을 제조, 수입 또는 판매하거나 판매할 목적으로 소지함으로써 성립하는 범죄로 10년 이하의 징역에 처한다. 본죄의 미수범은 처벌한다(제202조).

2) 아편(opium)이란 의약품으로 가공한 것을 제외한 양귀비의 액즙(液汁)이 응결(凝結)된 것과 이를 가공한 것을 말하고(마약류관리법위반죄 제2조 제2호 나목), 몰핀(morphine)이란 마약의 하나로 아편의 주성분인 알칼로이드를 말한다.

3) 제조란 아편, 몰핀 또는 그 화합물을 만드는 것을 말하고, 수입이란 국외로부터 국내로 반입하는 것을 말하며, 판매란 유상으로 양도하는 것을 말한다. 소지란 아편 등을 자기의 지배하에 두는 것을 말한다. 아편등소지죄가 성립하기 위해서는 판매목적이 있어야 한다.

2. 아편흡식기제조등죄 (제199조)

1) 아편을 흡식하는 기구를 제조, 수입 또는 판매하거나 판매할 목적으로 소지함으로써 성립하는 범죄로 5년 이하의 징역에 처한다. 본죄의 미수범은 처벌한다(제202조).

2) 아편흡식기란 아편흡식에 사용하기 위해 제작된 기구를 말한다.

3. 세관공무원 아편등 수입죄 (제200조)

1) 세관의 공무원이 아편, 몰핀이나 그 화합물 또는 아편흡식기구를 수입하거나 그 수입을 허용함으로써 성립하는 범죄로 1년 이상의 유기징역에 처한다. 본죄의 미수범은 처벌한다(제202조).

2) 세관공무원이 아편 등을 수입하거나 수입을 허용함으로써 성립하며, 세관공무원이 일반인과 함

께 아편 등을 수입한 경우 세관공무원은 본죄로 처벌되고 일반인은 아편등 수입죄(제198조)로 처벌된다.

4. 아편흡식등죄 (제201조 제1항)

1) 아편을 흡식하거나 몰핀을 주사함으로써 성립하는 범죄로 5년 이하의 징역에 처한다. 본죄의 미수범은 처벌한다(제202조).

2) 흡식이란 아편을 호흡기 또는 소화기에 의해 흡입하는 것을 말하고, 주사란 주사기에 의해 신체에 주입하는 것을 말한다.

5. 아편흡식등 장소제공죄 (제201조 제2항)

1) 아편흡식 또는 몰핀 주사의 장소를 제공하여 이익을 취함으로써 성립하는 범죄로 5년 이하의 징역에 처한다. 본죄의 미수범은 처벌한다(제202조). 아편등흡식죄(제201조 제1항)의 방조에 해당하는 행위를 독립된 범죄유형으로 규정한 것이다.

2) 이익을 취한다고 함은 장소사용에 관련하여 대가적 성질을 띤 일체의 적극적·소극적 이익을 얻는 것을 말한다. 이익을 취득하기 위해 장소를 제공하였으나, 장소 제공에 그치고 이익을 취득하지 못한 경우에는 본죄의 미수범으로 처벌된다.

6. 상습 아편제조등죄 (제203조)

상습으로 아편등제조죄(제198조), 아편흡식기제조등죄(제199조), 세관공무원 아편수입등죄(제200조), 아편흡식죄(제201조 제1항), 아편흡식장소제공죄(제201조 제2항) 및 이들 죄의 미수범을 범한 때에는 각 죄에 정한 형의 1/2을 가중한다.

7. 아편등 소지죄 (제205조)

1) 아편, 몰핀이나 그 화합물 또는 아편흡식기구를 소지함으로써 성립하는 범죄로 1년 이하의 징역 또는 500만원 이하의 벌금에 처한다.

2) 아편흡식등의 죄의 예비적 행위를 독립된 범죄유형으로 규정한 것이다.

3) 아편 등을 흡식하기 위해 일시적으로 소지하는 행위는 아편등 흡식죄에 흡수되나, 아편 등을 소지하고 있다가 후에 이를 흡식한 때에는 본죄와 아편등흡식죄의 실체적 경합이 된다.

8. 마약류관리법위반죄

1) 마약류관리법은 마약·향정신성의약품(向精神性醫藥品)·대마(大麻) 및 원료물질의 취급·관리를

적정하게 함으로써 그 오용 또는 남용으로 인한 보건상의 위해(危害)를 방지하여 국민보건 향상에 이바지함을 목적으로 한다.

2) 마약류란 마약, 향정신성의약품 및 대마를 말한다(제2조 제1호). 마약이란 양귀비, 아편, 코카잎(엽), 양귀비, 아편 또는 코카 잎에서 추출되는 모든 알카로이드, 이와 동일하게 남용되거나 해독(害毒) 작용을 일으킬 우려가 있는 화학적 합성품 및 이것들을 함유하는 함유하는 혼합물질 또는 혼합제를 말한다(제2조 제2호). 향정신성의약품이란 인간의 중추신경계에 작용하는 것으로서 이를 오용하거나 남용할 경우 인체에 심각한 위해가 있다고 인정되는 약물 또는 이를 함유하는 물질을 말한다(제3조 제3호). 그리고 대마란 대마초와 그 수지(樹脂) 및 대마초 또는 그 수지를 원료로 하여 제조된 모든 제품을 말한다(제3조 제4호).

3) 마약류관리법에 규정된 각종 범죄는 마약류의 종류에 따라 마약사범, 향정사범 그리고 대마사범으로 구분되고, 다시 행위태양에 따라 마약류와 그 원료의 밀조, 밀매 및 밀수, 마약류의 소지 및 불법사용(투약) 그리고 마약류 취급자의 관계법령 위반으로 구분된다.

제 3 장 공공의 신용에 대한 죄

Ⅰ. 통화에 관한 죄(제18장)

1) 통화에 대한 공공의 신용과 거래의 안전을 침해하는 범죄로서 통화위조·변조죄(제207조 제1항 내지 제3항), 위조·변조통화행사죄(같은 조 제4항), 위조·변조통화취득죄(제208조), 위조·변조통화취득후 지정행사죄(제210조), 통화유사물제조등죄(제211조)가 있다. 통화위조·변조죄, 위조·변조통화행사죄, 위조·변조통화취득죄 및 통화유사물제조등죄의 미수범은 처벌된다(제212조). 그리고 통화위조·변조죄를 범할 목적으로 예비·음모한 자도 처벌된다. 다만 그 목적한 죄의 실행에 착수에 이르기 전에 자수한 때에는 그 형을 감경 또는 면제한다.

2) 특가법에 의해 통화위조·변조죄(제207조 제1항 내지 제3항), 위조·변조통화행사죄(같은 조 제4항)를 범한 자는 가중처벌된다.

1. 통화위조·변조죄 (제207조 제1항 내지 제3항)

1) 행사할 목적으로 통용하는 대한민국의 화폐, 지폐 또는 은행권(제207조 제1항), 내국에서 유통하는 외국의 화폐, 지폐 또는 은행권(같은 조 제2항) 또는 외국에서 통용하는 외국의 화폐, 지폐 또는 은행권(같은 조 제3항)을 위조 또는 변조함으로써 성립하는 범죄로 각각 2년 이상의 징역, 1년 이상의 징역 그리고 10년 이하의 징역에 처한다. 유기징역에 처할 경우 10년 이하의 자격정지 또는 2천만원 이하의 벌금을 병과할 수 있다(제209조). 본죄의 미수범은 처벌된다(제212조).

2) '행사할 목적'이란 유가증권위조의 경우와 달리 위조·변조한 통화를 진정한 통화로서 유통에 놓겠다는 목적을 말하는 것으로서, 자신의 신용력을 증명하기 위하여 타인에게 보일 목적으로 통화를

위조한 경우에는 행사할 목적이 있다고 할 수 없다(대법원 2012.3.29. 선고 2011도7704 판결).

3) 통화란 국가 또는 발행권한이 부여된 기관(주로 중앙은행)에 의해 발행된 가격이 표시된 지불수단으로 강제통용력이 부여된 것을 말한다(대법원 2004.5.14. 선고 2003도3487 판결).

제2항의 '내국에서 유통한다'고 함은 강제통용력이 없이 사실상 거래 대가의 지급수단이 되고 있는 상태를 말한다. 일반적으로 달러화, 위안화, 앤화 등이 국내에서 많이 유통되고 있다. '내국에서 유통된다'고 하기 위해서는 그 자체가 지불수단으로 사용되어야 한다. 따라서 스위스 국내에서 1998년까지 일반 상거래를 할 수 있었고 현재 통용되지 않고 있는 스위스화폐가 2020.4.30.까지 스위스 은행에서 신권과의 교환이 가능하고 국내은행에서도 신권과 마찬가지로 환전이 되며 이태원 등 일부 지역에서 외국인 관광객이 이를 상품에 대한 지급수단으로 사용되고 있다고 하더라도, 이는 은행이 매도가격과 매수가격의 차액 상당의 이득을 얻기 위하여 외국환매매거래의 대상으로서 하는 것에 불과하므로 '내국에서 유통'하는 화폐로 볼 수 없다(대법원 2003.1.10. 선고 2002도3340 판결).

제3항의 '외국에서 통용한다'고 함은 그 외국에서 강제통용력을 가지는 것을 의미하고 외국에서 통용하지 아니하는 즉, 강제통용력을 가지지 아니하는 지폐는 그것이 비록 일반인의 관점에서 통용할 것이라고 오인할 가능성이 있다고 하더라도 외국에서 통용하는 외국의 지폐에 해당하지 않는다. 예컨대 미국에서 발행된 적이 없이 단지 여러 종류의 관광용 기념상품으로 제조, 판매되고 있는 미국 100만 달러 지폐와 과거에 발행되어 은행 사이에서 유통되다가 현재는 발행되지 않고 있으나 화폐수집가나 재벌들이 이를 보유하여 오고 있는 미국 10만 달러 지폐는 외국에서 통용하는 지폐에 해당하지 않는다(대법원 2004.5.14. 선고 2003도3487 판결). 다만 외국에서 통용되거나 내국에서 유통되지 아니하는 외국의 화폐를 위조한 경우 그것이 일반인으로 하여금 진정한 통화로 오인하게 할 수 있는 외관을 갖추었다면 사문서위조의 죄책을 질 수 있다(☞ **[판례 Ⅰ-1]** 참조).

[판례 Ⅰ-1] 대법원 2013.12.12. 선고 2012도2249 판결【위조사도화행사, 관세법위반】

〈사실관계〉

피고인은 중국에서 만난 공소외 1로부터 10만 파운드화 1장을 무상으로 교부받아 그것이 과다한 액면가액이 표시되어 있고 인쇄상태가 조악하여 위조된 것이라는 사정을 알면서도, 이를 한국 내에서 유통시킬 수 있는지 여부를 알아봐 달라는 공소외 1의 요청에 응하여 이를 소지하여 우리나라에 입국한 뒤 이를 유통시켜 액면가의 3% 가량을 받을 수 있다는 말을 듣고 중국에 있는 공소외 1에게 연락하여 위 10만 파운드화 100매를 국내로 보내줄 것을 부탁하고, 공소외 1을 대신한 공소외 2가 10만 파운드화 100매를 소지하고 우리나라에 입국하도록 한 뒤 공소외 3에게 서울역 내 커피숍으로 오도록 연락하여 이를 공소외 3, 4에게 교부하였다.

〈대법원 판결요지〉

이 사건 10만 파운드화는 위와 같이 앞면과 뒷면에 영국의 5파운드화 특유의 도안이 표시되어 있는 한편, 앞면에 위와 같이 영국 중앙은행이 그 소지자에게 10만 파운드를 지급할 것을 약속하는 내용과 함께 위 은행 "CHIEF CASHIER"의 서명이 인쇄되어 있는 사실, 영국 중앙은행은 10만 파운드화 권종을 발행하거나 유통시킨 사실이 전혀 없고, 위 10만 파운드화는 1971년에 발행된 5파운드화 권종을 스캐너 등을 이용하여 위조한 것으로 영국에서 강제통용력이 없음은 물론 국내에서 유통되지도 않는 사실 등을 알 수 있다. 위 10만 파운드화는 형법 제207조 제3항에서 정한 외국에서 통용하는 외국의 화폐 등이나 형법 제207조 제2항에서 정한 국내에서 유통하는 외국의 화폐 등에 해당하지 않으므로, 피고인이 이를 행사하였다고 하더라도 형법 제207조 제4항에서 정한 위조통화행사죄를 구성하지 않는다.

한편 위 10만 파운드화가 영국 지폐의 외관을 갖고 있다고, 영국 중앙은행 "CHIEF CASHIER"의 의사의 표현으로서 그 내용이 법률상 또는 사회생활상 의미 있는 사항에 관한 증거가 될 수 있는 것이므로, 형법상 문서에 관한 죄의 객체인 '문서 또는 도화'에 해당한다고 할 것이다. 따라서 피고인이 이 부분 공소사실 기재와 같이 위 10만 파운드화를 행사한 행위는 위조사문서행사죄 또는 위조사도화행사죄로 의율할 수 있다.

3) '위조'란 발행권한이 없는 자가 진정한 통화의 외관을 지닌 물건을 만드는 것을 말하고, 변조란 진화를 가공하여 그 가치를 변경시키는 것을 말한다. 위조 또는 변조라고 하기 위해서는 객관적으로 보아 일반인으로 하여금 진정한 통화로 오신케 할 정도에 이르러야 한다. 따라서 진정한 통화와 유사하나 그 정도가 조잡하여 정밀하지 못하여 객관적으로 이를 진정한 것으로 오인할 염려가 전혀 없는 경우에는 위조라고 할 수 없다. 한국은행발행 500원짜리 주화의 표면 일부를 깎아내어 손상을 가하였지만 그 크기와 모양 및 대부분의 문양이 그대로 남아 있다면, 기존의 500원짜리 주화의 명목가치나 실질가치가 변경되었다거나 객관적으로 보아 일반인으로 하여금 일본국의 500￥짜리 주화로 오신케 할 정도의 새로운 화폐를 만들어 낸 것이라고 볼 수 없고 일본의 자동판매기가 위와 같이 가공된 주화를 일국의 500￥짜리 주화로 오인한다는 사정만으로는 그 명목가치가 일국의 500￥으로 변경되었다거나 일반인으로 하여금 일본의 500￥짜리 주화로 오신케 할 정도에 이르렀다고 볼 수 없다(대법원 2002.1.11. 선고 2000도3950 판결).

2. 위조·변조통화행사죄(제207조 제4항)

1) 위조 또는 변조한 내국통화, 내국에서 유통하거나 외국에서 통용되는 외국통화를 행사하거나 행사할 목적으로 수입 또는 수출함으로써 성립하는 범죄로 그 위조 또는 변조의 각 죄에 정한 형으로 처벌한다. 유기징역에 처할 경우 10년 이하의 자격정지 또는 2천만원 이하의 벌금을 병과할 수 있다(제209조). 본죄의 미수범은 처벌된다(제212조).

2) 위조 또는 변조된 통화란 객관적으로 보아 일반인으로 하여금 진정한 통화로 오신케 할 정도에 이른 것을 말하고, 그러한 정도에 이르지 못하여 객관적으로 이를 진정한 것으로 오인할 염려가 전혀 없는 정도인 경우에는 본죄가 성립하지 않는다(대법원 1985.4.23. 선고 85도570 판결).

전자복사기로 복사하여 그 크기와 모양 및 앞뒤로 복사되어 있는 점은 진정한 통화와 유사하나 그 복사된 정도가 조잡하여 정밀하지 못하고 진정한 통화의 색채를 갖추지 못하여 객관적으로 진정한 것으로 오인할 염려가 전혀 없는 정도의 것은 위조통화행사죄의 객체가 될 수 없다(대법원 1985.4.23. 선고

85도570 판결). 예컨대 한국은행발행 일만원권 지폐의 앞·뒷면을 전자복사기로 복사하여 비슷한 크기로 자른 정도의 것으로 객관적으로 진정한 통화로 오인할 정도에 이르지 못한 것은 통화위조죄 및 위조통화행사죄의 객체가 될 수 없다(대법원 1986.3.25. 선고 86도255 판결).

3) '행사'란 위조 또는 변조된 통화를 마치 진정한 통화인 것처럼 거래나 유통에 제공하는 것을 말한다. 거래나 유통에 제공하기만 하면 되므로 도박자금으로 사용하거나, 자동판매기에 주입하는 것도 행사에 해당한다. 단순히 신용력을 가장하기 위해서 보여주거나 위조 또는 변조된 통화임을 아는 자에게 매도하는 것은 행사가 아니나, 피교부자가 이를 유통시키리라는 것을 예상 내지 인식하면서 위조통화임을 알고 있는 자에게 그 위조통화를 교부하였다면, 그 교부행위 자체가 통화에 대한 공공의 신용 또는 거래의 안전을 해할 위험이 있으므로 위조통화행사죄가 성립한다(대법원 2003.1.10. 선고 2002도3340 판결).

4) 위조·변조통화를 사용하여 물건을 구입한 경우, 판례는 통화위조죄에 관한 규정은 공공의 거래상의 신용 및 안전을 보호하는 공공적인 법익을 보호함을 목적으로 하고 있고 사기죄는 개인의 재산법익에 대한 죄이어서 양죄는 그 보호법익을 달리하고 있으므로 위조통화를 행사하여 재물을 불법영득한 때에는 위조통화행사죄와 사기죄의 실체적 경합이 성립한다고 본다(대법원 1979.7.10. 선고 79도840 판결). 그러나 위조·변조통화의 행사는 곧 사기죄의 기망의 수단이 되므로 이와 같은 경우는 본죄와 사기죄의 상상적 경합으로 보는 것이 타당하다.

3. 위조·변조통화취득죄(제208조)

1) 행사할 목적으로 위조 또는 변조한 내국통화, 내국에서 유통하거나 외국에서 통용되는 외국통화를 취득함으로써 성립하는 범죄로 5년 이하의 징역 또는 1천5백만원 이하의 벌금에 처한다. 유기징역에 처할 경우 10년 이하의 자격정지 또는 2천만원 이하의 벌금을 병과할 수 있다(제209조). 본죄의 미수범은 처벌된다(제212조).

2) 취득이란 자기의 점유로 옮기는 행위로서, 유상·무상을 불문한다. 취득의 원인을 불문하므로 탈취, 편취, 횡령, 도박, 수뢰 등의 방법으로 취득하는 것도 포함된다. 그러나 점유를 이전하지 않은 채 단순히 매매계약을 체결하는 것만으로는 취득이라고 할 수 없다.

3) 위조 또는 변조한 통화를 취득한 후 이를 행사한 때에는 본죄와 위조·변조통화행사죄의 경합범의 죄책을 진다.

4. 위조·변조통화취득후지정행사죄(제210조)

1) 위조 또는 변조된 내국통화, 내국에서 유통하거나 외국에서 통용되는 외국통화를 취득한 후 그

정을 알면서 행사함으로써 성립하는 범죄로 2년 이하의 징역 또는 500만원 이하의 벌금에 처한다. 위조·변조통화취득죄와의 관계상 본죄는 위조·변조통화임을 모르고 취득하였다가 알면서 행사하는 경우에 적용된다.

2) '그 정을 알고'라고 함은 위조·변조된 통화라는 사실에 대한 인식이 있음을 의미한다. 단지 위조·변조 사실을 의심하는 정도로는 부족하고 확정적 인식에 준하는 정도의 인식이 요구된다.

5. 통화유사물제조·수입·수출죄 (제211조)

1) 판매할 목적으로 내국 또는 외국에서 통용하거나 유통하는 화폐, 지폐 또는 은행권에 유사한 물건을 제조, 수입 또는 수출하거나 이를 판매함으로써 성립하는 범죄로 3년 이하의 징역 또는 700만원 이하의 벌금에 처한다. 본죄의 미수범은 처벌된다(제212조).

2) 제조란 통화유사물을 만드는 것을 말하고, 수입·수출이란 각각 외국에서 국내로 반입하거나 국내에서 외국으로 반출하는 것을 말한다. 그리고 판매란 타인에게 유상으로 양도하는 것을 말한다.

6. 통화위조·변조 등 예비·음모죄 (제213조)

1) 통화위조·변조죄(제207조 제1항 내지 제3항)를 범할 목적으로 예비·음모한 자는 5년 이하의 징역에 처한다. 다만 그 목적한 죄의 실행에 착수에 이르기 전에 자수한 때에는 그 형을 감경 또는 면제한다.

2) 행사할 목적으로 미리 준비한 물건들과 옵세트인쇄기를 사용하여 한국은행권 100원권을 사진 찍어 그 필름 원판 7매와 이를 확대하여 현상한 인화지 7매를 만들었음에 그쳤다면 아직 통화위조의 착수에는 이르지 아니하였고 그 준비단계에 불과하므로 본죄로 처벌된다(대법원 1966.12.6. 선고 66도1317 판결).

Ⅱ. 유가증권, 우표, 인지에 대한 죄(제19장)

1) 유가증권, 우표, 인지에 대한 공공의 신뢰와 거래의 안전을 침해하는 범죄로 우선 유가증권에 관해서는 유가증권위조·변조죄(제214조 제1항), 유가증권기재 위조·변조죄(같은 조 제2항), 자격모용유가증권작성죄(제215조), 허위유가증권작성죄(제216조), 위조유가증권등행사죄(제217조)가 있고, 인지·우표에 관해서는 우표·인지위조·변조죄(제218조 제1항), 위조·변조우표·인지행사죄(같은 조 제2항), 위조·변조우표·인지취득죄(제219조), 우표·인지소인말소죄(제221조) 우표·인지유사물제조등죄(제222조)가 있다. 이 중 우표·인지소인말소죄를 제외한 나머지 죄의 미수범은 처벌된다(제223조). 그리고 유가증권위조·변조죄, 유가증권기재 위조·변조죄, 자격모용유가증권작성죄, 우표·인지위조·변조죄의 예비·음모는 처벌된다(제224조).

2) 수표를 위조·변조한 경우에는 부정수표단속법에 의해 처벌된다(제5조).

1. 유가증권 위조·변조죄 (제214조 제1항)

(1) 유가증권의 의의

1) 행사할 목적으로 대한민국 또는 외국의 공채증서 기타 유가증권을 위조 또는 변조함으로서 성립하는 범죄로 10년 이하의 징역에 처한다. 징역에 처하는 경우에는 10년 이하의 자격정지 또는 2천만원 이하의 벌금을 병과할 수 있다(제220조). 본죄의 미수범은 처벌된다(제223조).

2) '유가증권'이란 증권상에 표시된 재산상의 권리의 행사와 처분에 그 증권의 점유를 필요로 하는 것을 총칭하는 것으로서 재산권이 증권에 화체된다는 것과 그 권리의 행사와 처분에 증권의 점유를 필요로 한다(대법원 2001.8.24. 선고 2001도2832 판결). 그러나 반드시 유통성을 가질 필요는 없으므로 회원용 리프트탑승권(대법원 1998.11.24. 선고 98도2967 판결)도 유가증권으로 인정된다.

공중전화카드는 문자로 기재된 부분과 자기기록 부분이 일체로써 공중전화 서비스를 제공받을 수 있는 재산상의 권리를 화체하고 있고, 이를 카드식 공중전화기의 카드 투입구에 투입함으로써 그 권리를 행사하는 것으로 볼 수 있으므로 유가증권에 해당한다(대법원 1998.2.27. 선고 97도2483 판결). 이와는 달리 **국제전화카드**는 그 소지자가 공중전화기 등에 넣어 그 카드 자체에 내장된 금액을 사용하여 국제전화서비스를 이용하는 것이 아니라 카드일련번호를 전화기에 입력함으로써 카드일련번호에 의해 전산상 관리되는 통화가능금액을 사용하여 국제전화서비스를 이용하는 것으로서, 그 카드 자체에는 자기띠 등 전자적인 방법으로 통화가능금액에 관한 정보 등은 입력되어 있지 않고, 카드를 실제 소지하고 있지 않더라도 카드일련번호만 알고 있으면 국제전화서비스를 이용할 수 있으므로, 재산권이 증권에 화체되어 있지 않을 뿐만 아니라 그 권리의 행사와 처분에 증권의 점유를 필요로 하는 것도 아니므로 유가증권에 해당한다고 보기 어렵다(대법원 2011.11.10. 선고 2011도9620 판결).

3) 신용카드업자가 발행한 신용카드는 이를 소지함으로써 신용구매가 가능하고 금융의 편의를 받을 수 있다는 점에서 경제적 가치가 있으나, 단지 신용카드회원이 제시를 통하여 회원이라는 사실을 증명하거나 현금자동지급기 등에 주입하는 등의 방법으로 신용카드업자로부터 현금서비스를 받을 수 있는 증표로서의 가치를 갖고 있을 따름이고, 그 자체에 경제적 가치가 화체되어 있거나 특정의 재산권을 표창하는 유가증권이라고 볼 수 없다(대법원 1999.7.9. 선고 99도857 판결).

(2) 위조와 변조

1) '위조'란 유가증권을 작성할 권한이 없는 자가 타인명의를 사칭하여 그 본인명의의 유가증권을 작성하는 것을 말한다. 타인명의로 유가증권을 작성하였다고 하더라도 유가증권의 작성권한이 있는 경우에는 위조에 해당하지 않는다. 대표이사는 유가증권을 발행할 권한이 있으므로 그 권한을 남용하여 자기 또는 제3자의 이익을 위하여 유가증권을 발행·변경한 경우에는 업무상 배임죄의 죄책을 지는지는 별론으로 하더라도 유가증권위조·변조죄의 죄책은 지지 않는다. 그러나 권한을 남용하는 경우와는 달리 부여된 권한을 초과하여 유가증권을 작성·변경한 경우는 위조·변조에 해당한다.

○ 대법원 1972.6.13. 선고 72도897 판결【유가증권위조 등】

약속어음의 액면금액란에 자의로 합의된 금액의 한도를 엄청나게 넘는 금액을 기입하는 것은 백지보충권의 범위를 초월하여 서명날인 있는 약속어음 용지를 이용한 새로운 약속어음의 발행에 해당하는 것으로서 그 소위가 유가증권위조죄를 구성한다.

○ 대법원 1975.9.23. 선고 74도1684 판결【유가증권위조, 유가증권위조행사】

타인의 대리 또는 대표자격으로 문서를 작성하는 경우 그 대표자 또는 대리인은 자기를 위하여 작성하는 것이 아니고 본인을 위하여 작성하는 것으로서 그 문서는 본인의 문서이고 본인에 대하여서만 효력이 생기는 것이므로 회사의 대표이사직에 있는 자가 은행과의 당좌거래 약정이 되어 있는 종전 당좌거래명의를 변경함이 없이 그대로 전 대표이사 명의를 사용하여 회사의 수표를 발행하였다 하여도 유가증권위조죄가 성립되지 아니한다.

○ 대법원 1980.4.22. 선고 79도3034 판결【유가증권변조, 유가증권변조행사, 업무상배임】

회사의 대표이사로서 주권작성에 관한 일반적인 권한을 가지고 있는 자가 대표권을 남용하여 자기 또는 제3자의 이익을 도모할 목적으로 그들 명의의 주권의 기재사항에 변경을 가한 행위는 유가증권변조죄를 구성하지 아니 한다.

한편 위조라고 하기 위해서 반드시 자신이 직접 유가증권을 작출(作出)해야 하는 것은 아니며 찢어진 타인의 유가증권을 조합하거나, 타인이 위조한 약속어음의 액면란에 금액을 기입하는 방법으로도 가능하다. 또한 유가증권의 모든 사항이 기재되지 않더라도 일반인으로 하여금 일견 유효한 주권으로 오신시킬 정도의 외관을 갖추었다면 위조라고 할 수 있다.

○ 대법원 1974.12.24. 선고 74도294 판결【유가증권위조, 유가증권위조행사 등】

대표이사의 날인이 없어 상법상 무효인 주권이라도 발행인인 대표이사의 기명을 비롯한 그 밖의 주권의 기명을 비롯한 그 밖의 주권의 기재요건을 모두 구비하고 회사의 사인까지 날인하였다면 일반인으로 하여금 일견 유효한 주권으로 오신시킬 정도의 외관을 갖추었으므로 유가증권에 해당한다.

○ 대법원 1976.1.27. 선고 74도3442 판결【주거침입절도, 유가증권위조, 유가증권위조행사】

찢어서 폐지로 된 타인발행 명의의 약속어음 파지면을 이용 조합하여 어음의 외형을 갖춘 경우에는 새로운 약속어음을 작성한 것으로서 그 행사의 목적이 있는 이상 유가증권 위조죄가 성립한다.

○ 대법원 1982.6.22. 선고 82도677 판결【사기, 유가증권위조, 유가증권위조행사】

타인이 위조한 액면과 지급기일이 백지로 된 약속어음을 구입하여 행사의 목적으로 백지인 액면란에 금액을 기입하여 그 위조어음을 완성하는 행위는 백지어음 형태의 위조행위와는 별개의 유가증권위조죄를 구성한다.

2) '변조'라 함은 진정으로 성립된 타인명의 유가증권의 내용에 권한 없는 자가 그 유가증권의 동일성을 해하지 않는 한도에서 변경을 가하는 것을 말한다. 변조는 타인명의의 유가증권의 내용을 무단으로 변경하는 것을 말하고 타인이 소유하는 자기명의 유가증권의 내용을 무단으로 변경하는 것은 문서손괴죄에 해당하는 것은 별론으로 하고 유가증권변조죄를 구성하지는 않는다(대법원 1978.11.14. 선고 78도1904 판결). 또한 권한없이 유가증권의 내용을 변경할 것을 요하므로 유가증권의 작성권한을 가진 자가 유가증권에 변경을 가한 경우에는 본죄가 성립하지 않는다(대법원 1980.4.22. 선고 79도3034 판결). 변조의 대상은 진정으로 성립한 유가증권에 한하며 타인에 의하여 위조된 약속어음의 기재사항을 권한 없이 변경하였다고 하더라도 유가증권변조에 해당하지 않는다(대법원 2006.1.26. 선고 2005도4764 판결).

○ 대법원 1980.4.22. 선고 79도3034 판결【유가증권변조,유가증권변조행사,업무상배임】

회사의 대표이사로서 주권작성에 관한 일반적인 권한을 가지고 있는 자가 대표권을 남용하여 자기 또는 제3자의 이익을 도모할 목적으로 그들 명의의 주권의 기재사항에 변경을 가한 행위는 유가증권변조죄를 구성하지 아니한다.

○ 대법원 2006.1.13. 선고 2005도6267 판결【유가증권변조 · 변조유가증권행사】

약속어음의 발행인으로부터 어음금액이 백지인 약속어음의 할인을 위임받은 자가 위임 범위 내에서 어음금액을 기재한 후 어음할인을 받으려고 하다가 그 목적을 이루지 못하자 유통되지 아니한 당해 약속어음을 원상태대로 발행인에게 반환하기 위하여 어음금액의 기재를 삭제하는 것은 그 권한 범위 내에 속한다고 할 것이므로, 이를 유가증권변조라고 볼 수 없다.

○ 대법원 2008.12.24. 선고 2008도9494 판결【유가증권위조】

이미 타인에 의하여 위조된 약속어음의 기재사항을 권한 없이 변경하였다고 하더라도 유가증권변조죄는 성립하지 아니하므로, 권한 없이 보충됨으로써 위조되었다고 평가되는 약속어음에 있어서 그 위조행위자와 공모하여 그 금액란을 임의로 변경하였다고 하더라도 유가증권변조죄는 성립하지 않는다.

○ 대법원 2012.9.27. 선고 2010도15206 판결【유가증권위조 등】

유가증권변조죄에서 '변조'는 진정하게 성립된 유가증권의 내용에 권한 없는 자가 유가증권의 동일성을 해하지 않는 한도에서 변경을 가하는 것을 의미하고, 이와 같이 권한 없는 자에 의해 변조된 부분은 진정하게 성립된 부분이라 할 수 없다. 따라서 유가증권의 내용 중 권한 없는 자에 의하여 이미 변조된 부분을 다시 권한 없이 변경하였다고 하더라도 유가증권변조죄는 성립하지 않는다.

3) 유가증권의 위조·변조라고 하기 위해서는 형식상 일반인으로 하여금 유효한 유가증권이라고 오신할 수 있는 정도의 외관을 갖추고 있으면 되고 그것이 비록 허무인명의로 작성되었거나 유가증권으로서의 요건의 흠결 등 사유로 무효한 것이라고 하여도 유가증권위조죄의 성립에는 아무런 영향이 없다(대법원 1979.9.25. 선고 78도1980 판결). 또한 비록 문방구 약속어음 용지를 이용하여 작성되었다고 하더라도 그 전체적인 형식·내용에 비추어 일반인이 진정한 것으로 오신할 정도의 약속어음 요건을 갖추고 있으면 당연히 형법상 유가증권위조에 해당한다(대법원 2001.8.24. 선고 2001도2832 판결).

2. 유가증권기재 위조·변조죄 (제214조 제2항)

1) 행사할 목적으로 유가증권의 권리·의무에 관한 기재를 위조 또는 변조함으로써 성립하는 범죄로 10년 이하의 징역에 처한다. 징역에 처하는 경우에는 10년 이하의 자격정지 또는 2천만원 이하의 벌금을 병과할 수 있다(제220조). 본죄는 기본적 증권행위가 진정하게 성립된 후에 부수적 증권행위(배서, 인수, 보증)에 대한 기재를 위조 또는 변조하는 행위를 처벌하는 규정이다. 본죄의 미수범은 처벌된다(제223조).

2) 본죄에서 위조란 권한없는 자가 유가증권의 권리·의무에 관한 기재를 하는 것을 말하고, 변조란 권한없는 자가 유가증권의 권리·의무에 관한 기재를 변경하는 것을 말한다.

○ 대법원 1984.2.28. 선고 83도3284 판결【유가증권위조, 유가증권위조행사】

타(他)점포 명의를 사용하여 영업하고 그 대표자의 명의를 사용할 수 있도록 하는 내용의 명의임대차계약이 체결된 경우 명의대여자의 승낙(점포의 대표자로부터 지점장으로 임명받는 형식)없이 제1 명의임차인으로부터 지점의 영업권을 사실상 매수한 제2 명의임차인이 명의대여자의 승낙없이 본래 명의대여자의 명의로 어음을 배서하고 이를 행사하였다면 제2 명의임차인은 유가증권위조의 책임을 면할 수 없고 대표자가 명의대여자로서 책임을 지는 여부는 유가증권위조죄의 성립에 영향을 미치지 않는다.

○ 대법원 2003.1.10. 선고 2001도6553 판결【유가증권변조, 변조유가증권행사】

피고인이 주식회사 ○○상사에게 물품대금의 지급담보조로 자신이 발행한 약속어음 8매를 교부하였다가 그 대금을 지급하거나 새로운 어음으로 교체하는 방법으로 위 어음들을 회수한 후 어음에 남아있는 ○○상사 명의 배서의 담보적 효력을 이용하기 위하여 이미 경과된 지급기일을 임의로 그 후의 날짜로 변경한 후 타인에게 이를 교부하였다면 이러한 피고인의 행위는 형법 제214조 제2항의 유가증권변조죄에 해당한다.

3. 자격모용에 의한 유가증권작성죄 (제215조)

1) 행사할 목적으로 타인의 자격을 모용하여 유가증권을 작성하거나 유가증권의 권리 또는 의무에 관한 사항을 기재함으로써 성립하는 범죄로 10년 이하의 징역에 처한다. 징역에 처하는 경우에는 10년 이하의 자격정지 또는 2천만원 이하의 벌금을 병과할 수 있다(제220조). 본죄의 미수범은 처벌된다(제223조).

2) '자격을 모용한다'고 함은 대표권 또는 대리권이 없는 자가 타인의 대표자 또는 대리인으로서의 자격을 사칭하는 것을 말한다. 예를 들어 직무집행정지가처분결정을 받은 대표이사가 유가증권을 작성

하거나, 대표이사가 타인으로 변경되었음에도 불구하고 이전부터 사용하여 오던 자신 명의로 된 위 회사 대표이사의 명판을 이용하여 유가증권을 발행하는 것이 이에 해당한다.

○ **대법원 1987.8.18. 선고 87도145 판결【자격모용유가증권작성, 동행사 등】**

대표이사 직무집행정지가처분결정은 대표이사의 직무집행만을 정지시킬 뿐 대표이사의 자격까지 박탈하는 것은 아니나 가처분결정이 송달되어 일절의 직무집행이 정지됨으로써 직무집행의 권한이 없게 된 대표이사가 그 권한 밖의 일인 대표이사 명의의 유가증권을 작성 행사하는 행위가 회사업무의 중단을 막기 위한 긴급한 인수인계 행위라 하더라도 합법적인 권한행사라 할 수 없으므로 이는 자격모용유가증권작성 및 동 행사죄에 해당한다.

○ **대법원 1991.2.26. 선고 90도577 판결【자격모용유가증권작성, 동행사 등】**

주식회사 대표이사로 재직하던 피고인이 대표이사가 타인으로 변경되었음에도 불구하고 이전부터 사용하여 오던 피고인 명의로 된 위 회사 대표이사의 명판을 이용하여 여전히 피고인을 위 회사의 대표이사로 표시하여 약속어음을 발행, 행사하였다면, 설사 약속어음을 작성, 행사함에 있어 후임 대표이사의 승낙을 얻었다거나 위 회사의 실질적인 대표이사로서의 권한을 행사하는 피고인이 은행과의 당좌계약을 변경하는 데에 시일이 걸려 잠정적으로 전임 대표이사인 그의 명판을 사용한 것이라 하더라도 이는 합법적인 대표이사로서의 권한행사라 할 수 없어 자격모용유가증권작성 및 동행사죄에 해당한다.

4. 허위유가증권 작성죄(제216조)

1) 행사할 목적으로 허위의 유가증권을 작성하거나 유가증권에 허위사항을 기재함으로써 성립하는 범죄로 7년 이하의 징역 또는 3천만원 이하의 벌금에 처한다. 징역에 처하는 경우에는 10년 이하의 자격정지 또는 2천만원 이하의 벌금을 병과할 수 있다(제220조). 본죄의 미수범은 처벌된다(제223조).

2) 본죄는 유가증권을 작성하거나 유가증권의 권리 또는 의무에 관한 사항을 기재할 권한이 있는 자가 허위의 유가증권을 작성하거나 유가증권에 허위사항을 기재함으로써 성립한다. 실재하니 아니하는 회사(유령회사)의 대표라고 기재하고 자기명의의 인장을 찍어 유령회사명의의 약속어음을 발행하거나(대법원 1970.12.29. 선고 70도2389 판결), 발행일자를 소급하여 구권을 발행하거나(대법원 1974.1.15. 선고 73도2041 판결), 발행인의 인장이 아닌 다른 사람의 인장을 날인하여 약속어음을 발행하거나(대법원 1975.6.10. 선고 74도2594 판결), 실제로 선적한 일이 없는 화물을 선적하였다는 내용의 선하증권을 발행한 경우(대법원 1995.9.29. 선고 95도803 판결)가 이에 해당한다.

○ **대법원 1995.9.29. 선고 95도803 판결【허위유가증권작성, 허위작성유가증권행사, 사기】**

선하증권 기재의 화물을 인수하거나 확인하지도 아니하고 또한 선적할 선편조차 예약하거나 확보하지도 않은 상태에서 수출면장만을 확인한 채 실제로 선적한 일이 없는 화물을 선적하였다는 내용의 선하증권을 발행, 교부하였다면 피고인들은 위 선하증권을 작성하면서 진실에 반하는 허위의 기재를 하였음이 명백할 뿐만 아니라 위 선하증권이 허위라는 사실을 인식하였다고 볼 것이고, 피고인들이 진실에 반하는 선하증권을 작성하면서 곧 위 물품이 선적될 것이라고 예상하였다고 하여 위 각 선하증권의 허위성의 인식이 없었다고 할 수 없으며, 화물이 선적되기도 전에 이른바 선선하증권을 발행하는 것이 해운업계의 관례라고 하더라도 이를 가리켜 정상적인 행위라거나 그 목적과 수단의 관계에서 보아 사회적 상당성이 있다고 할 수는 없으므로 피고인들이 위 행위가 죄가 되지 아니한다고 그릇 인식하였다고 하더라도 거기에 정당한 이유가 있는 경우라고 할 수 없으므로 허위유가증권작성죄의 죄책을 면할 수 없다.

3) 그러나 사실과 다르게 기재하였다고 하더라도 수표, 어음 등 유가증권의 효력에 영향이 없는 경우에는 본죄가 성립하지 않는다. 예컨대 원인채무없이 약속어음을 발행하거나(대법원 1977.5.24. 선고 76도4132 판결; 2000.5.30. 선고 2000도883 판결), 약속어음의 배서인이 주소를 허위로 기재하거나(대법원 1986.6.24. 선고 84도547 판결), 수표의뢰인으로부터 수표자금을 입금받지 아니한 채 자기앞수표를 발행하거나(대법원 2005.10.27. 선고 2005도4528 판결), 약속어음의 발행인이 은행에 신고된 것이 아닌 다른 인장을 날인하더라도(대법원 2005.10.27. 선고 2005도4528 판결) 그 수표 또는 어음의 효력에는 아무런 영향이 없으므로 본죄는 성립하지 않는다.

○ 대법원 1977.5.24. 선고 76도4132 판결【업무상배임, 허위유가증권작성】

발행된 약속어음은 원인채무의 존부와 관계없이 그 어음상의 문언에 따라 어음상의 권리의무관계가 생기는 것이 약속어음의 무인증권성과 설권증권성의 원리에 비추어 명백하다 할 것이므로 원인채무관계가 존재하지 아니하다는 이유만으로는 약속어음의 발행행위를 허위유가증권작성죄로 문의할 수는 없다고 봄이 상당하다.

○ 대법원 1986.6.24. 선고 84도547 판결【허위유가증권작성, 허위유가증권작성행사】

배서인의 주소기재는 배서의 요건이 아니므로 약속어음 배서인의 주소를 허위로 기재하였다고 하더라도 그것이 배서인의 인적 동일성을 해하여 배서인이 누구인지를 알 수 없는 경우가 아닌 한 약속어음상의 권리관계에 아무런 영향을 미치지 않는다 할 것이고, 따라서 약속어음상의 권리에 아무런 영향을 미치지 않는 사항은 그것을 허위로 기재하더라도 형법 제216조 소정의 허위유가증권작성죄에 해당되지 않는다.

○ 대법원 2000.5.30. 선고 2000도883 판결【허위유가증권작성, 허위작성유가증권행사】

은행을 통하여 지급이 이루어지는 약속어음의 발행인이 그 발행을 위하여 은행에 신고된 것이 아닌 발행인의 다른 인장을 날인하였다 하더라도 그것이 발행인의 인장인 이상 그 어음의 효력에는 아무런 영향이 없으므로 허위유가증권작성죄가 성립하지 아니한다.

○ 대법원 2005.10.27. 선고 2005도4528 판결【사기미수, 허위유가증권작성, 허위작성유가증권행사】

허위유가증권작성죄는 작성권한 있는 자가 자기명의로 기본적 증권행위를 함에 있어서 유가증권의 효력에 영향을 미칠 기재사항에 관하여 진실에 반하는 내용을 기재하는 경우에 성립하는바, 자기앞수표의 발행인이 수표의뢰인으로부터 수표자금을 입금받지 아니한 채 자기앞수표를 발행하더라도 그 수표의 효력에는 아무런 영향이 없으므로 허위유가증권작성죄가 성립하지 아니한다.

5. 위조등 유가증권 행사죄(제217조)

1) 위조 또는 변조되거나 자격을 모용하여 작성되거나 또는 허위기재된 유가증권을 행사하거나 행사할 목적으로 수입·수출함으로써 성립하는 범죄로 10년 이하의 징역에 처한다. 징역에 처하는 경우에

는 10년 이하의 자격정지 또는 2천만원 이하의 벌금을 병과할 수 있다(제220조). 본죄의 미수범은 처벌된다(제223조).

2) 허위작성유가증권행사죄 또는 위조유가증권행사죄에 있어서의 유가증권이라 함은 허위작성 또는 위조된 유가증권의 원본을 말하는 것이지 전자복사기 등을 사용하여 기계적으로 복사한 사본은 이에 해당하지 않는다(대법원 1998.2.13. 선고 97도2922 판결; 2007.2.8. 선고 2006도8480 판결).

3) 허위작성된 유가증권을 피교부자가 그것을 유통하게 한다는 사실을 인식하고 교부한 때에는 허위작성유가증권행사죄가 성립하고, 행사할 의사가 분명한 자에게 교부하여 그가 이를 행사한 때에는 허위작성유가증권행사죄의 공동정범으로 처벌된다(대법원 1995.9.29. 선고 95도803 판결). 다만 행사할 의사가 분명한 자에게 교부하였으나 그가 행사하지 아니하고 그의 수중에 보관하고 있는 단계에서는 행사되었다고 볼 수 없다(대법원 2010.12.9. 선고 2010도12553 판결).

○ 대법원 2010.12.9. 선고 2010도12553 판결【부정수표단속법위반, 위조유가증권행사】

위조유가증권행사죄의 처벌목적은 유가증권의 유통질서를 보호하는 데 있는 만큼 단순히 문서의 신용성을 보호하고자 하는 위조공·사문서행사죄의 경우와는 달리 교부자가 진정 또는 진실한 유가증권인 것처럼 위조유가증권을 행사하였을 때뿐만 아니라 위조유가증권임을 알고 있는 자에게 교부하였더라도 피교부자가 이를 유통시킬 것임을 인식하고 교부하였다면, 그 교부행위 그 자체가 유가증권의 유통질서를 해할 우려가 있어 처벌의 이유와 필요성이 충분히 있으므로 위조유가증권행사죄가 성립한다고 보아야 할 것이지만, 위조유가증권의 교부자와 피교부자가 서로 유가증권위조를 공모하였거나 위조유가증권을 타에 행사하여 그 이익을 나누어 가질 것을 공모한 공범의 관계에 있다면, 그들 사이의 위조유가증권 교부행위는 그들 이외의 자에게 행사함으로써 범죄를 실현하기 위한 전단계의 행위에 불과한 것으로서 위조유가증권은 아직 범인들의 수중에 있다고 볼 것이지 행사되었다고 볼 수는 없다.

甲은 乙로부터 1,500만원을 차용하는 것처럼 가장하기로 공모한 다음, 乙이 위조된 100만원권 자기앞수표 14장 외에 10만원권 수표 10장이 들어 있는 봉투를 공범 甲과 그 위조사실을 모르는 丙이 함께 있는 자리에서 甲에게 교부하자, 甲은 그 자리에서 丙을 보증인으로 하는 차용증을 작성하여 甲에게 주었는데, 이때 甲은 봉투에서 10만원권 수표 10장을 꺼내어 丙에게 보여 주었으나 위조된 100만원권 자기앞수표는 봉투에서 꺼내거나 丙에게 보여 주지도 않은 경우, 甲이나 乙이 위조된 자기앞수표를 丙에게 제시하는 등으로 이를 인식하게 하였다고 할 수 없어 이들이 위 봉투를 丙의 면전에서 주고받은 행위를 위조된 자기앞수표를 행사한 경우에 해당한다고 볼 수 없고, 따라서 乙이나 甲에게 위 수표를 교부한 것이 이를 행사한 경우에 해당한다고 볼 수도 없다.

6. 우표·인지 위조·변조죄(제218조 제1항)

1) 행사할 목적으로 대한민국 또는 외국의 인지, 우표 기타 우편요금을 표시하는 증표를 위조 또는 변조함으로써 성립하는 범죄로 10년 이하의 징역에 처한다. 징역에 처하는 경우에는 10년 이하의 자격정지 또는 2천만원 이하의 벌금을 병과할 수 있다(제220조). 본죄의 미수범은 처벌된다(제223조).

2) 인지란 일정한 기관에서 세금이나 수수료 등을 거두어들일 때 그 증서나 서류 등에 붙이게 하

는 증표를 말하고, 우표란 우편 요금을 냈다는 표시로 우편물에 붙이는 증표를 말하며, 기타 우편요금을 표시하는 증표(예컨대 요금별납의 표시)도 본죄의 객체가 된다.

7. 위조·변조 우표·인지 행사죄 (제218조 제2항)

1) 위조 또는 변조된 대한민국 또는 외국의 인지, 우표 기타 우편요금을 표시하는 증표를 행사하거나 행사할 목적으로 수입 또는 수출함으로써 성립하는 범죄로 10년 이하의 징역에 처한다. 징역에 처하는 경우에는 10년 이하의 자격정지 또는 2천만원 이하의 벌금을 병과할 수 있다(제220조). 본죄의 미수범은 처벌된다(제223조).

2) 행사라 함은 위조된 대한민국 또는 외국의 우표를 진정한 우표로서 사용하는 것으로 반드시 우편요금의 납부용으로 사용하는 것에 한정되지 않고 우표수집의 대상으로서 매매하는 경우도 포함한다. 또한 위조된 우표를 그 정을 알고 있는 자에게 교부하더라도 그 자가 이를 진정하게 발행된 우표로서 사용할 것이라는 정을 인식하면서 교부하는 것도 행사에 해당한다(대법원 1989.4.11. 선고 88도1105 판결).

8. 위조·변조 우표·인지 취득죄 (제219조)

행사할 목적으로 위조 또는 변조한 대한민국 또는 외국의 인지, 우표 기타 우편요금을 표시하는 증표를 취득함으로서 성립하는 범죄로 3년 이하의 징역 또는 1,000만원 이하의 벌금에 처한다. 징역에 처하는 경우에는 10년 이하의 자격정지 또는 2천만원 이하의 벌금을 병과할 수 있다(제220조). 본죄의 미수범은 처벌된다(제223조).

9. 우표·인지 소인말소죄 (제221조)

1) 행사할 목적으로 대한민국 또는 외국의 인지, 우표 기타 우편요금을 표시하는 증표의 소인 기타 사용의 표지를 말소함으로서 성립하는 범죄로 1년 이하의 징역 또는 300만원 이하의 벌금에 처한다.

2) 소인이란 우표나 소포 따위에 찍어놓은 도장으로, 우체국에서 우편물을 접수한 날짜와 우체국을 표시하고, 부착한 우표가 더 이상 사용할 수 없음을 표해 놓기 위해 사용한다. 말소란 우표 등에 찍혀 있는 소인을 소멸시켜 다시 사용할 수 있도록 하는 행위를 말한다.

10. 우표·인지유사물 제조등죄 (제222조)

판매할 목적으로 대한민국 또는 외국의 공채증서, 인지, 우표 기타 우편요금을 표시하는 증표와 유사한 물건을 제조, 수입 또는 수출함으로서 성립하는 범죄로 2년 이하의 징역 또는 500만원 이하의 벌금에 처한다. 본죄의 미수범은 처벌된다(제223조).

11. 우표 · 인지 위조 · 변조 예비 · 음모죄 (제224조)

우표 · 인지 위조 · 변조죄(제214조 제1항)를 범할 목적으로 예비 또는 음모함으로써 성립하는 범죄로 2년 이하의 징역에 처한다.

Ⅲ. 문서에 관한 죄(제20장)

1) 문서에 공공의 신뢰를 침해하는 범죄로서 공문서에 관해서는 공문서위조·변조죄(제225조), 자격모용에 의한 공문서작성죄(제226조), 허위공문서작성죄(제227조), 공전자기록위작·변작죄(제228조의2), 공정증서원본등불실기재죄(제228조), 위조공문서등행사죄(제229조), 공문서부정행사죄(제230조)가 있고, 사문서에 관해서는 사문서위조·변조죄(제231조), 자격모용에 의한 사문서작성죄(제232조), 사전자기록위작·변작죄(제232조의2), 허위진단서등작성죄(제233조), 위조사문서등행사죄(제234조), 사문서부정행사죄(제236조)가 있다. 사문서부정행사죄를 제외한 나머지 죄의 미수범은 처벌한다(제235조). 문서에 관한 죄에 있어서 전자복사기, 모사전송기 기타 이와 유사한 기기를 사용하여 복사한 문서 또는 도화의 사본도 문서 또는 도화로 본다(제237조의2).

2) 문서위조·변조죄는 권한없는 자에 의한 것(유형위조)와 권한있는 자에 의한 것(무형위조)로 분류될 수 있는데 문서위조·변조죄, 자격모용에 의한 문서작성죄, 전자기록위작·변작죄는 유형위조(有形僞造)에 해당하는 반면, 허위공문서작성죄, 공정증서원본등불실기재죄, 허위진단서등작성죄는 무형위조(無形僞造)에 해당한다. 문서행사는 위조문서등행사죄와 문서부정행사죄로 구분될 수 있는데 위조공문서등행사죄와 위조사문서등행사죄는 전자에 그리고 공문서부정행사죄와 사문서부정행사죄는 후자에 해당한다.

1. 문서·도화의 개념과 유형

(1) 문서와 도화의 개념

1) 문서란 문자 또는 이에 대신할 수 있는 가독적 부호로 계속적으로 물체상에 기재된 의사 또는 관념의 표시인 원본 또는 이와 사회적 기능, 신용성 등을 동일시할 수 있는 기계적 방법에 의한 복사본으로서 그 내용이 법률상, 사회생활상 주요 사항에 관한 증거로 될 수 있는 것을 말한다(대법원 2010.7.15. 선고 2010도6068 판결). 따라서 문서라고 하기 위해서는 ① 사람의 의사나 관념이 문자 또는 가독적 부호로 계속적으로 물체에 표시되어야 하고, ② 그 내용이 법률상 또는 사회생활상 중요한 사항에 관한 증거로 될 수 있는 것이어야 하며, ③ 일반인으로 하여금 당해 명의인의 권한 내에서 작성된 문서라고 믿게 할 수 있는 정도의 형식과 외관을 갖추고 있다. 문서는 반드시 원본일 필요는 없으며 전자복사기, 모사전송기 기타 이와 유사한 기기를 이용하여 복사한 문서의 사본도 포함된다(제237조의2).

우선 ①의 요건과 관련하여 컴퓨터 스캔 작업을 통하여 만들어낸 이미지 파일(대법원 2008.4.10. 선고 2008도1013 판결), 컴퓨터 모니터 화면에 나타나는 이미지(대법원 2010.7.15. 선고 2010도6068 판결), 특히 컴퓨터 문서파일 등은 문서가 아니라 전자기록 등 특수매체기록에 해당하며, 이를 위작 또는 변작한 때에는 전자기록위작·변작죄(제227조의2, 제232조의2)로 처벌될 따름이다. 다만 컴퓨터의 이미지파일은 문서에 해당하지 않으나 위조한 문서를 스캔한 이미지를 컴퓨터화면상으로 이를 보게 하는 행위는 위조문서행사에 해당한다(대법원 2008.10.23. 선고 2008도5200 판결).

다음으로 ②의 요건과 관련해서는 접수일부인과 같은 생략문서 사람의 동일성을 표시하기 위하여 사용되는 일정한 상형인 인장(印章)이나 사람의 인격상의 동일성 이외의 사항에 대해서 그 동일성을 증명하기 위한 부호인 기호(記號)와는 단순히 사람 등의 동일성을 나타내는 데에 그치지 않고 그 이외의 사항을 증명하는 기능을 가지고 있으므로, 문서에 해당한다(대법원 1995.9.5. 선고 95도1269 판결).

끝으로 ③의 요건과 관련해서는 문서에 인장이 찍혀 있지 않거나 작성명의인이 명시되어 있지는 아니하더라도 문서의 내용, 형식, 체제 등에 비추어 그 문서 자체에 의하여 그 작성명의인을 판별할 수 있으면 문서에 해당한다(대법원 1992.5.26. 선고 92도353 판결; 대법원 2000.2.11. 선고 99도4819 판결). 그리고 문서가 일반인으로 하여금 당해 명의인의 권한 내에서 작성된 문서라고 믿게 할 수 있는 정도의 형식과 외관을 갖추고 있다면 그 명의인이 실재하지 않는 허무인이거나 또는 문서의 작성일자 전에 이미 사망하였다고 하더라도 그러한 문서 역시 공공의 신용을 해할 위험성이 있으므로 문서에 해당한다(대법원 2005.2.24. 선고 2002도18 판결).

○ 대법원 1992.5.26. 선고 92도353 판결【사문서위조·위조사문서행사】

새마을금고 총무부장이 작성한 대의원 피선거권자명단에는 작성명의인이 표시되어 있지 않음은 물론, 그 내용·형식·체제 등에 비추어 보더라도 그 서류 자체에 의하여 그 작성명의인을 판별할 수 없을 뿐만 아니라, 위 금고의 이사장의 결재를 받아 작성한 것이 아니라 금고의 총무부장으로서 직책상 대의원선거를 원활하게 진행하기 위하여 선거구별로 1통씩 작성한 경우라면 피선거권자명단을 작성함에 있어서 타인의 명의를 모용하였다고 볼 수 없으므로 사문서위조죄의 객체가 되는 문서로 볼 수 없다.

○ 대법원 1995.9.5. 선고 95도1269 판결【허위공문서작성, 허위작성공문서행사】

형법상 문서에 관한 죄에 있어서 문서라 함은 문자 또는 이에 대신할 수 있는 가독적 부호로 계속적으로 물체 상에 기재된 의사 또는 관념의 표시인 원본 또는 이와 사회적 기능, 신용성 등을 동시할 수 있는 기계적 방법에 의한 복사본으로서 그 내용이 법률상, 사회 생활상 주요 사항에 관한 증거로 될 수 있는 것을 말하는 것으로, 사람의 동일성을 표시하기 위하여 사용되는 일정한 상형인 인장이나, 사람의 인격상의 동일성 이외의 사항에 대해서 그 동일성을 증명하기 위한 부호인 기호와는 구분되며, 이른바 생략문서도 그것이 사람 등의 동일성을 나타내는 데에 그치지 않고 그 이외의 사항도 증명, 표시하는 한 인장이나 기호가 아니라 문서로서 취급하여야 한다.…구청 세무계장 명의의 소인을 세금 영수필 통지서에 날인하는 의미는 은행 등 수납기관으로부터 그 수납기관에 세금이 정상적으로 입금되었다는 취지의 영수필 통지서가 송부되어 와서 이에 기하여 수납부 정리까지 마쳤으므로 이제 그 영수필 통지서는 보관하면 된다는 점을 확인함에 있는데, 소인이 가지는 의미가 위와 같은 것이라면 이는 하나의 문서로 보아야 한다.

○ 대법원 2005.3.25. 선고 2003도4943 판결【사문서위조·위조사문서행사】

문서위조죄는 문서의 진정에 대한 공공의 신용을 그 보호법익으로 하는 것이므로 행사할 목적으로 작성된 문서가 일반인으로 하여금 당해 명의인의 권한 내에서 작성된 문서라고 믿게 할 수 있는 정도의 형식과 외관을 갖추고 있으면 문서위조죄가 성립하는 것이고, 위와 같은 요건을 구비한 이상 그 명의인이 실재하지 않는 허무인이거나 또는 문서의 작성일자 전에 이미 사망하였다고 하더라도 그러한 문서 역시 공공의 신용을 해할 위험성이 있으므로 공문서와 사문서를 가리지 아니하고 문서위조죄가 성립한다고 봄이 상당하며 이러한 법리는 법률적, 사회적으로 자연인과 같이 활동하는 법인 또는 단체에도 그대로 적용된다고 할 것이다.

○ 대법원 2008.4.10. 선고 2008도1013 판결【사기, 공문서위조, 위조공문서행사】

피고인이 컴퓨터 스캔 작업을 통하여 만들어낸 공인중개사 자격증의 이미지 파일은 전자기록으로서 전자기록 장치에 전자적 형태로서 고정되어 계속성이 있다고 볼 수는 있으나, 그러한 형태는 그 자체로서 시각적 방법에 의해 이해할 수 있는 것이 아니어서 이를 형법상 문서에 관한 죄에 있어서의 '문서'로 보기 어렵다.

○ 대법원 2010.7.15. 선고 2010도6068 판결【공문서위조】

형법상 문서라 함은, 문자 또는 이에 대신할 수 있는 가독적 부호로 계속적으로 물체상에 기재된 의사 또는 관념의 표시인 원본 또는 이와 사회적 기능, 신용성 등을 동일시할 수 있는 기계적 방법에 의한 복사본으로서 그 내용이 법률상, 사회생활상 주요 사항에 관한 증거로 될 수 있는 것을 말하고, 컴퓨터 모니터 화면에 나타나는 이미지는 이미지 파일을 보기 위한 프로그램을 실행할 경우에 그때마다 전자적 반응을 일으켜 화면에 나타나는 것에 지나지 않아서 계속적으로 화면에 고정된 것으로는 볼 수 없으므로, 형법상 문서에 관한 죄에 있어서의 문서에는 해당되지 않는다.…졸업증명서 파일은 그 파일을 보기 위하여 일정한 프로그램을 실행하여 모니터 등에 이미지 영상을 나타나게 하여야 하므로, 파일 그 자체는 형법상 문서에 관한 죄에 있어서의 문서에 해당되지 않는다.

2) 도화란 문자 이외의 상형적 부호에 의하여 사람의 의사나 관념이 화체된 물체로서 지적도(대법원 1980.8.12. 선고 80도1134 판결), 상해부위를 표시하는 인체도 등이 그 대표적인 사례이다. 담뱃갑의 표면에 그 담배의 제조회사와 담배의 종류를 구별·확인할 수 있는 특유의 도안이 표시되어 있는 경우, 그 담뱃갑은 그 담뱃갑 안에 들어 있는 담배가 특정 제조회사가 제조한 특정한 종류의 담배라는 사실을 증명하는 기능을 하고 있으므로 담배갑은 도화에 해당한다(대법원 2010.7.29. 선고 2010도2705 판결).

(2) 사문서와 공문서의 구별

1) 형법은 문서의 작성 주체에 따라 공문서와 사문서로 나누어 행위태양에 따라 서로 대칭되는 범죄유형을 규정하고 있다. 형법은 유형위조(有形僞造), 즉 타인 명의를 모용하여 문서를 작성하는 행위에 대해서는 공문서와 사문서를 불문하고 처벌규정을 두고 있다. 그러나 무형위조(無形僞造), 즉 작성권한 있는 자가 진실에 반하는 내용의 문서를 작성하는 행위에 있어서는 원칙적으로 공문서의 무형위조(허위공문서작성)만을 처벌하고 사문서의 무형위조는 허위진단서등작성(제233조)을 제외하고는 원칙적으로 처벌하지 않는다. 예를 들어 대표이사가 이사회를 개최함에 있어 다른 이사들로부터 참석 및 의결권의 행사에 관한 권한을 위임받아 다른 이사들이 실제로 이사회에 참석하지도 않았음에도 불구하고 마치 참석하여 의결권을 행사한 것처럼 이사회 회의록에 기재하였다 하더라도 이는 이른바 사문서의 무형위조에 해당할 따름이어서 처벌대상이 되지 아니한다(대법원 1985.10.22. 선고 85도1732 판결).

2) 공문서란 공무소 또는 공무원이 그 직무권한 내에서 작성한 문서를 말하고, 사문서는 그 밖의 사인이 작성한 문서를 말한다. 공무원에는 국가공무원법 및 지방공무원법상의 공무원뿐만 아니라 각종 특별법에 의해 공무원으로 의제되는 자를 말하고, 국가나 지방자치단체와의 계약에 의해 공무의 일부를 대행한다고 하여 공무원으로 되는 것은 아니다(대법원 1996.3.26. 선고 95도3073 판결; 2008.1.17. 선고 2007

도6987 판결). 과거에는 합동법률사무소 명의로 작성된 공증문서가 공문서인가에 대한 논란이 있었으나(대법원 1977.8.23. 선고 74도2715 판결 참조), 2008.12.19. 공증인법이 개정되어 "공증인은 공증인법상의 직무에 관하여 공무원의 지위를 가지는 것으로 본다"는 규정이 신설됨으로써(제2조), 공증인이 법률행위나 그 밖에 사권(私權)에 관한 사실에 대해 작성한 공정증서와 공증인이 인증한 사서증서나 전자문서 등은 공문서로 의제된다.

○ 대법원 1996.3.26. 선고 95도3073 판결【업무상횡령·공문서변조·변조공문서행사】

공문서변조나 위조죄의 객체인 공문서는 공무원 또는 공무소가 그 직무에 관하여 작성하는 문서이고, 그 행위주체가 공무원과 공무소가 아닌 경우에는 형법 또는 기타 특별법에 의하여 공무원 등으로 의제되는 때(예컨대 정부투자기관관리기본법 제18조, 지방공기업법 제83조, 한국은행법 제112조의2, 특가법 제4조)를 제외하고는 계약 등에 의하여 공무와 관련되는 업무를 일부 대행하는 경우가 있다 하더라도 공무원 또는 공무소가 될 수는 없고, 특히 형벌법규의 구성요건을 법률의 규정도 없이 유추 확대해석하는 것은 죄형법정주의원칙에 반한다. …지방세의 수납업무를 일부 관장하는 시중은행의 직원이나 은행이 공무원 또는 공무소가 되는 것은 아니고 세금수납영수증도 공문서에 해당하지 않는다.

○ 대법원 2009.9.24. 선고 2007도4785 판결【허위공문서작성 등】

도립 ○○전문대학의 특성화사업단은 위 대학이 산업체 등과 협력하여 특성화사업을 수행함에 있어 산업협력단과 별개로 조직한 기구이고, 위 대학의 교수가 특성화사업단장으로서 관여한 납품검사는 교육공무원인 피고인의 직무권한에 속하므로, 위 납품검사와 관련하여 작성한 납품검수조서 및 물품검수내역서는 공무원이 직무권한 내에서 작성한 문서로서 공문서에 해당한다.

○ 대법원 2008.1.17. 선고 2007도6987 판결【공문서위조, 위조공문서행사 등】

공문서는 공무원 또는 공무소가 그 직무에 관하여 작성하는 문서이고, 그 행위주체가 공무원과 공무소가 아닌 경우에는 형법 기타 특별법에 의하여 공무원 등으로 의제되는 경우를 제외하고는 계약 등에 의하여 공무와 관련되는 업무를 일부 대행하는 경우가 있다 하더라도 공무원 또는 공무소가 될 수는 없다. 계약에 의하여 공무소의 주부식 구입, 검수 업무 등을 담당하는 조리장 및 영양사라는 사실만으로 그 신분이 공무원이거나 공무원으로 의제되는 자에 해당한다고 할 수 없으므로, 그들의 명의로 작성된 검수결과보고서는 공문서라고 할 수 없다.

○ 대법원 2010.4.29. 선고 2010도875 판결【허위공문서작성, 허위작성공문서행사】

지방자치단체를 당사자로 하는 계약의 이행완료에 관한 검사는 지방자치단체의 장 또는 계약담당자의 직무권한에 속하는 사항이므로, 지방자치단체의 장 또는 계약담당자가 그 검사를 위임받아 수행한 전문기관으로부터 검사결과를 검사조서로 작성·보고받고 이를 확인하여 승인하는 의미로 검사조서에 결재하였다면 그와 같이 결재된 검사조서는 공무원이 그 직무권한 내에서 작성한 문서로서 공문서에 해당한다.

그러나 공무원이 직무상 작성한 문서 중 사인(私人)이 스스로 설명 등의 인적사항을 기재한 부분이 있더라도 이는 공문서이지 사문서라고 할 수 없으나(대법원 2000.8.22. 선고 2000도2393 판결), 공문서 중에 공무원이 직무와 관련없이 작성한 부분(☞ **[판례 Ⅲ-1]** 참조)이나 공무소가 보관하고 있는 문서라도 개인이 작성한 문서(대법원 2009.1.30. 선고 2006도7777 판결)는 공문서가 아니라 사문서에 해당한다.

[판례 Ⅲ-1] 대법원 1991.9.24. 선고 91도1733 판결【공문서위조, 위조공문서행사】

〈사실관계〉

피고인이 ○○중학교 교감으로 근무하던 중 ○○군 교육청으로부터 "교직원 증원계획 및 추가내신자 교원실태조사카아드 제출" 지시공문을 접수하고, 위 학교 교사로 재직 중이던 피해자를 다른 학교로 전출시키는데 행사할 목적으로 교원실태조사카드 용지에 피해자의 성명, 주민등록번호, 교원번호, 학력, 군자격, 교육경력, 담당과목, 부양가족, 생활근거지를 기재한 다음, 본인의 희망란 중 제1희망란에 "□□군", 제2희망란에 "△△군", 작성자(본인)란에 피해자 성명을 그리고 본인의 희망보충란에 "생활근거지 가까운 곳으로 가야 가정적 안정을 가질 수 있기 때문에 전보를 희망하오니 선처바랍니다"라고 기재하고, 피해자의 책상 위에 있던 그의 도장을 몰래 가지고 와서 "타교로 전보되기를 희망합니까?"의 "희망함"란에 피해자의 이름 뒤 및 본인의 희망보충란 끝에 이를 각 날인하였다.

〈대법원 판결요지〉

교원실태조사카드의 양식과 각 내용에 비추어 볼 때 교원실태조사카드는 ○○중학교장 명의로 작성된 부분은 공문서라고 할 수 있으나, 피해자 명의로 작성된 부분은 개인적으로 전출을 희망하는 의사표시를 한 것에 지나지 아니하여 이것을 가리켜 공무원이 직무에 작성한 공문서라고 할 수는 없으므로, 피고인이 피해자의 의사에 반하여 그 부분을 작성하였다고 하여도 공문서를 위조한 것이라고 할 수 없다.

〈참조판례〉

○ 대법원 2000.8.22. 선고 2000도2393 판결【사문서위조, 위조사문서행사】

십지지문 지문대조표는 수사기관이 피의자의 신원을 특정하고 지문대조조회를 하기 위하여 직무상 작성하는 서류로서 비록 자서란에 피의자로 하여금 스스로 성명 등의 인적사항을 기재하도록 하고 있다 하더라도 이를 사문서로 볼 수는 없다.

○ 대법원 2009.1.30. 선고 2006도7777 판결【공문서변조, 변조공문서행사 등】

가정법원의 서기관 등이 이혼의사확인서등본을 작성한 뒤 이를 이혼의사확인신청 당사자 쌍방에게 교부하면서 이혼신고서를 확인서등본 뒤에 첨부하여 그 직인을 간인하였다고 하더라도, 그러한 사정만으로 이혼신고서가 공문서인 이혼의사확인서등본의 일부가 되었다고 볼 수 없다. 따라서 당사자가 이혼의사확인서등본과 간인으로 연결된 이혼신고서를 떼어내고 원래 이혼신고서의 내용과는 다른 이혼신고서를 작성하여 이혼의사확인서등본과 함께 호적관서에 제출하였다고 하더라도, 공문서인 이혼의사확인서등본을 변조하였다거나 변조된 이혼의사확인서등본을 행사하였다고 할 수 없다.

3) 사문서와 공문서가 병존하는 복합문서의 경우 위조 또는 변조된 부분이 무엇인가에 의해 공문서위조·변조죄 또는 사문서위조·변조죄의 성립여부가 결정된다(대법원 2005.3.24. 선고 2003도2144 판결).

○ 대법원 2005.3.24. 선고 2003도2144 판결【사문서변조, 변조사문서행사 등】

공증인이 공증인법에 의하여 사서증서에 대하여 하는 인증은 당해 사서증서에 나타난 서명 또는 날인이 작성명의인에 의하여 정당하게 성립하였음을 인증하는 것일 뿐 그 사서증서의 기재 내용을 인증하는 것은 아닌바, 사서증서 인증서 중 인증기재 부분은 공문서에 해당한다고 하겠으나, 위와 같은 내용의 인증이 있었다고 하여 사서증서의 기재 내용이 공문서인 인증기재 부분의 내용을 구성하는 것은 아니라고 할 것이므로, 사서증서의 기재 내용을 일부 변조한 행위는 공문서변조죄가 아니라 사문서변조죄에 해당한다.

2. 공문서·공도화 위조·변조죄(제225조)

행사할 목적으로 공무원 또는 공무소의 문서나 도화를 위조 또는 변조함으로써 성립하는 범죄로 10년 이하의 징역에 처한다. 그리고 10년 이하의 자격정지를 병과할 수 있다(제237조). 본죄의 미수범은 처벌한다(제235조).

(1) 공문서·공도화의 위조

1) 공문서 등의 '위조'란 공무원 또는 공무소의 문서나 도화를 정당한 작성권한 없는 자가 작성권한 있는 자의 명의로 작성하는 것을 말한다. 공문서 등의 작성권자가 직접 문서를 작성하는 경우는 물론 **작성권자로부터 지시를 받아 공문서를 작성한 경우**에는 허위공문서작성죄의 성립은 별론으로 하고 본죄는 성립하지 않는다. 예컨대 공문서인 기안문서의 작성권한을 가진 상관이 직접 서명하지 않고 부하직원에게 지시하여 자기의 서명을 흉내 내어 기안문서의 결재란에 대신 서명케 한 경우라면 부하직원의 기안문서 작성행위는 작성권자의 지시 또는 승낙에 의한 것으로서 공문서위조에 해당하지 않는다(대법원 1983.5.24. 선고 82도1426 판결).

그러나 **작성권자로부터 공문서의 작성권한을 위임받았다고 하더라도 그 위임의 범위를 벗어나 작성권자 명의의 공문서를 작성한 경우**에는 공문서위조죄의 죄책을 진다(대법원 1965.3.16. 선고 65도106 판결). 예컨대 일정한 요건이 구비되었는지 여부를 심사하여 그 요건이 구비되었음이 확인될 경우에 한하여 작성권자의 직인을 사용하여 작성권자 명의의 공문서를 작성하라는 포괄적인 권한을 수여받은 공무원이 그 위임의 취지에 반하여 공문서 용지에 허위내용을 기재하고 그 위에 보관하고 있던 작성권자의 직인을 날인하였다면 그 공무원은 공문서위조죄의 죄책을 진다(대법원 1996.4.23. 선고 96도424 판결).

2) 실제 공무서의 작성을 담당하는 공무원은 원칙적으로 작성권자의 결재가 있는 때에 한하여 보관 중인 직인 등을 날인할 수 있을 뿐이므로, **공무원이 결재를 거치지 않고 임의로 작성권자의 직인 등을 부정 사용함으로써 공문서를 완성하거나 직인의 보관하는 담당자를 기망하여 작성권자의 직인을 날인하도록 하여 공문서를 완성한 경우**에는 공문서위조의 죄책을 진다(대법원 2017.5.17. 선고 2016도13912 판결).

○ 대법원 2017.5.17. 선고 2016도13912 판결【공문서위조, 위조공문서행사 등】

보조 직무에 종사하는 공무원이 허위공문서를 기안하여 허위임을 모르는 작성권자의 결재를 받아 공문서를 완성한 때에는 허위공문서작성죄의 간접정범이 되지만, 이러한 결재를 거치지 않고 임의로 작성권자의 직인 등을 부정 사용함으로써 공문서를 완성한 때에는 공문서위조죄가 성립하고, 이는 공문서의 작성권한 없는 사람이 허위공문서를 기안하여 작성권자의 결재를 받지 않고 공문서를 완성한 경우에도 마찬가지이다. 나아가 작성권자의 직인 등을 보관하는 담당자는 일반적으로 작성권자의 결재가 있는 때에 한하여 보관 중인 직인 등을 날인할 수 있을 뿐이므로 공무원이 작성권자의 결재를 받지 않고 직인 등을 보관하는 담당자를 기망하여 작성권자의 직인을 날인하도록 하여 공문서를 완성한 때에도 공문서위조죄가 성립한다.

3) 공문서의 작성권한이 있는 공무원이 그 문서의 기재 사항을 인식하고 공문서를 작성할 의사로써 서명·날인하였다면 설령 그것이 공문서의 작성권한 없는 자의 기망으로 인해 착오에 빠진 결과 공문서의 기재사항이 진실에 반함을 알지 못한 데 기인한다고 하여도 공문서의 성립은 진정하고 이를 두고 작성권한 있는 공무원의 명의를 모용하여 공문서를 작성하였다고 할 수는 없다. 따라서 **공무원 아닌 자가 관공서에 허위사실을 신고하여 그 정을 모르는 담당공무원으로부터 허위내용의 증명서를 발급받은 경우** 공문서위조죄의 간접정범으로 의율할 수는 없다(☞ **[판례 Ⅲ-2]** 참조).

[판례 Ⅲ-2] 대법원 2001.3.9. 선고 2000도938 판결【공문서위조, 위조공문서행사】

〈공소사실〉

피고인은 A주식회사의 대표이사로서, B시 종합건설본부에서 발주하는 연구단지 진입도로 확장공사에 A주식회사가 공동으로 입찰하여 적격심사 1순위자로 선정되었으나 공사실적이 부족하여 최종 낙찰에 탈락될 위기에 처하자, 관공서에서 발급하는 공사실적증명서를 위조하여 제출하기로 마음먹고, 행사할 목적으로 A주식회사가 C시 구청에서 발주한 공원내 지하주차장 보수공사의 설계 용역만을 수주하였음에도 불구하고 마치 보수공사 전체를 수주한 것처럼 실적증명서의 사업명을 '공원내 지하주차장 보수공사'라고 허위기재한 다음, 그 정을 모르는 구청의 담당직원에게 제출하여 그로부터 앞의 사실을 증명한다는 취지로 구청장의 직인을 날인받아 구청장 명의의 공사실적증명서 1장을 위조한 것을 비롯하여 총 12회에 걸쳐 공문서인 공사실적증명서 18장을 위조하고, 그 정을 모르는 B시 종합건설본부의 담당직원에게 위조한 공사실적증명서 18장을 일괄 제출하여 이를 행사하였다.

〈대법원 판결요지〉

어느 문서의 작성권한을 갖는 공무원이 그 문서의 기재 사항을 인식하고 그 문서를 작성할 의사로써 이에 서명날인하였다면, 설령 그 서명날인이 타인의 기망으로 착오에 빠진 결과 그 문서의 기재사항이 진실에 반함을 알지 못한 데 기인한다고 하여도, 그 문서의 성립은 진정하며 여기에 하등 작성명의를 모용한 사실이 있다고 할 수는 없으므로, 공무원 아닌 자가 관공서에 허위내용의 증명원을 제출하여 그 내용이 허위인 정을 모르는 담당공무원으로부터 그 증명원 내용과 같은 증명서를 발급받은 경우 공문서위조죄의 간접정범으로 의율할 수는 없다. 이 사건 허위 공사실적증명서는 공무원 아닌 자가 공무원에게 허위사실을 기재한 증명원을 제출하여 그것을 알지 못한 공무원으로부터 증명서를 받아낸 경우로서, 그 내용이 허위이기는 하지만 그 작성행위는 작성권한이 있는 공무원에 의하여 이루어진 것이므로 공문서위조죄가 성립하지 아니하며, 이를 행사하더라도 위조공문서임을 전제로 하는 위조공문서행사죄는 성립하지 아니한다.

〈참조판례〉

① 대법원 1961.12.14. 선고 4292형상645 판결【공문서위조 등】

형법은 소위 무형위조에 관하여서는 공문서에 관하여서만 이를 처벌할 뿐 일반 사문서의 무형위조를 인정하지 아니할 뿐 아니라(다만 제233조의 경우는 예외) 공문서의 무형위조에 관하여서도 제227조의 허위공문서작성의 경우 이외에 특히 공무원에 대하여 허위의 신고를 하여 공정증서원본 면허장, 감찰, 또는 여권에 사실 아닌 기재를 하게 한 때에 한하여 제228조의 경우의 처벌규정을 만들고 더구나 제227조의 경우의 형벌보다 현저히 가볍게 벌하고 있음에 지나지 아니하는 점으로 보아 공무원 아닌 자가 허위공문서작성의 간접정범인 때에는 제228조의 경우 이외에는 이를 처벌하지 아니하는 취지로 해석함이 상당하다.

② 대법원 1970.7.28. 선고 70도1044 판결【허위공문서작성, 허위공문서작성행사 등】

본건 등기부등본의 작성과 교부는 부동산등기법과 동법 시행규칙에 의하여 당사자의 신청에 의하여 등기공무원이 발급하는 것이고 등기공무원은 그와 같은 기재사항을 인식하고 위 등본을 작성할 의사로서 이에 서명날인과 법원청인을 찍어 인증한 것임을 알 수 있는바, 위 서명날인이 피고인의 허위기재에 인하여 착오의 결과, 그 기재 사항이 진실에 반하는 것을 알지 못하는데 기인한 것이라 하더라도 위 등본의 성립은 진정한 것이며 하등 작성명의를 위조한 것이 아니므로 피고인의 행위는 간접정범에 의한 공문서위조죄를 구성한다고 할 수 없다.

〈해 설〉

위의 판례들은 공무원 아닌 자가 작성권한 있는 공무원을 이용하여 허위내용의 공문서를 작성하게 한 경우 어떤 죄로 처벌할 수 있는가를 다루고 있다. 우선 [판례 Ⅲ-2]와 참조판례 ②에서 볼 수 있듯이 공무원 아닌 자가 공무원에게 허위사실을 신고하여 허위내용의 공문서를 작성하게 하였더라도 작성권한 있는 공무원의 명의를 모용하여 공문서를 작성하였다고 할 수는 없으므로 공문서위조죄의 간접정범으로 의율할 수는 없다. 다음으로 공무원이 그 정을 모르고 허위내용의 공문서를 작성한 이상 이는 (고의가 없으므로 허위공문서작성죄로 처벌할 수 없는) 허위공문서의 작성에 해당하는바, 공무원에게 허위사실을 신고한 자를 허위공문서작성죄의 간접정범으로 처벌할 수 있는가가 문제된다. 참조판례 ①에서 볼 수 있듯이 공무원에게 허위사실을 신고하여 허위내용의 공문서를 작성하는 행위는 공정증서원본불실기재죄(제228조)에 해당하는 경우 이외에는 처벌할 수 없으므로 공정증서원본 등에 해당하지 아니하는 등기부등본(대법원 1970.7.28. 선고 70도1044 판결)이나 주민등록증(대법원 1961.12.14. 선고 4292형상645 판결)의 무형위조는 처벌할 수 없다. 결국 공무원 아닌 자가 작성권한있는 공무원을 이용하여 허위내용의 공문서를 작성하게 하는 행위는 그 공문서가 공정증서원본 등에 해당하는 때를 제외하고는 처벌이 불가능하다. 다만 이와 같은 행위는 위계로서 공무원의 직무집행을 방해한 때에 해당하므로 위계공무집행방해죄(제137조)로 처벌할 수 있다.

(2) 공문서 등의 변조

1) 공문서·공도화의 '변조'란 권한없는 자가 진정하게 성립된 공문서나 공도화의 내용에 그 동일성을 해하지 않는 범위 내에서 변경을 가하는 것을 말한다. 과거에 작성권한이 있었던 공무원이라고 하더라도 인사이동되어 당해 공문서의 작성권한 없어진 후 그 자신이 작성한 공문서의 기재내용을 변경한 경우에는 공문서변조죄의 죄책을 진다(대법원 1996.11.22. 선고 96도1862 판결).

공문서에 첨부된 도면을 변경하는 행위는 공도화변조가 아니라 공문서변조에 해당한다. 예컨대 시에서 도시계획사무를 담당한 공무원이 적법한 절차를 거치지 아니하고 임의로 시장명의로 작성하여 도지사에게 송부한 환지계획인사신청서에 첨부된 도면에 잘못 표시된 부분이 있다고 하여 임의로 정정도면과 바꿔치기를 하거나(대법원 1985.6.25. 선고 85도540 판결), 건축허가를 받은 자가 건축허가서에 첨부된 원래의 설계도면을 떼어 내고 건축사협회의 도면등록 일부인을 건축허가 신청당시 일자로 소급변조하여 새로 작성한 설계도면을 그 자리에 가철하는 행위(대법원 1982.12.14. 선고 81도81 판결)는 공문서변조에 해당한다.

2) 변조는 진정하게 성립된 문서의 내용에 변경을 가하는 것을 말하므로 허위로 작성된 공문서는 공문서변조죄의 객체가 되지 아니한다(대법원 1986.11.11. 선고 86도1984 판결). 그리고 동일성을 해하지 않는 범위 내에서 문서내용에 변경을 가해야 한다. 예컨대 행사할 목적으로 타인의 주민등록증에 붙어있는 사진을 떼어내고 그 자리에 피고인의 사진을 붙였다면 이는 기존 공문서의 본질적 또는 중요 부분

에 변경을 가하여 새로운 증명력을 가지는 별개의 공문서를 작성한 경우에 해당하므로 공문서위조죄를 구성한다(대법원 1991.9.10. 선고 91도1610 판결). 그리고 전자복사기, 모사전송기 기타 이와 유사한 기기를 사용하여 복사한 문서의 사본도 문서원본과 동일한 의미를 가지는 문서로서(제237조의2) 이를 다시 복사한 문서의 재사본도 문서위조·변조죄의 객체인 문서에 해당한다. 그리고 진정한 공문서의 사본을 전자복사기를 이용하여 복사하면서 일부 조작을 가하여 그 사본 내용과 전혀 다르게 만드는 행위는 공공의 신용을 해할 우려가 있는 별개의 공문서사본을 창출하는 행위로서 문서위조행위에 해당하므로 타인의 주민등록증사본의 사진란에 자신의 사진을 붙여 복사하는 것은 공문서변조가 아니라 공문서위조에 해당한다(대법원 2000.9.5. 선고 2000도2855 판결).

3) 한편 공문서·공도화의 변조에 해당하기 위해서는 공문서·공도화 내용에 대하여 변경을 가하여 새로운 증명력을 작출함으로써 공문서·공도화에 대한 공공의 신용을 해할 위험성이 있어야 하므로, 공문서·도화의 내용에 변경을 가하기는 하였으나 그로 인하여 변경된 내용의 새로운 증명력이 작출되었다고 볼 수 없는 경우에는 본죄가 성립하지 않는다.

○ 대법원 1997.3.28. 선고 97도30 판결【공문서변조】

자신의 주민등록증 비닐커버 위에 검은색 볼펜을 사용하여 주민등록번호 전부를 덧기재하고 투명 테이프를 붙이는 방법으로 주민등록번호 중 출생연도를 나타내는 '71'을 '70'으로 고쳤더라도, 그러한 행위가 공문서 자체에 변경을 가져온 것이 아니며 그 변조방법이 조잡하여 공문서에 대한 공공의 위험을 초래할 정도에 이르지 못하였으므로 공문서변조죄가 성립하지 않는다.

○ 대법원 2000.11.10. 선고 2000도3033 판결【공도화변조, 변조공도화행사】

공도화변조죄에 있어서의 변조라 함은 공무소 또는 공무원의 도화 내용에 동일성을 해하지 않을 정도로 변경을 가하여 새로운 증명력을 작출케 함으로써 공도화에 대한 공공적 신용을 해할 위험성이 있는 행위를 말한다.… 인낙조서에 첨부되어 있는 도면 및 그 사본에 임의로 그은 점선은 인낙조서 본문이나 도면에서 그에 대한 설명이 없는 이상 특정한 의미 내용을 갖지 아니한 단순한 도형에 불과하여 그 자체로서 새로운 증명력이 작출케 된다고 할 수 없으므로, 그와 같은 점선을 그은 행위가 문서의 손괴에 해당할 수 있음은 별론으로 하고 공도화로서의 공공적 신용을 해할 위험이 있는 공도화변조죄에 해당한다고 할 수 없다.

○ 대법원 2003.12.26. 선고 2002도7339 판결【공도화변조, 변조공도화행사】

검찰총장인 피고인의 처가 유명패션디자이너의 의상실에서 고가의 옷을 구입한 뒤 외화밀반출혐의로 수사를 받고 있는 S그룹회장의 처에게 대금의 지급을 요청했다는 소문이 나돌자 청와대 법무비서실은 경찰청 수사국 조사과에 지시하여 내사를 진행하고 소문이 사실무근이라는 내용의 내사결과보고서를 청와대 법무비서실에 제출하였는데, 피고인은 청와대법무비서관으로부터 내사결과보고서를 전달받고 평소친분이 있는 S그룹의 부회장을 대검찰청 총장실로 불러 그의 처가 결백하다는 점을 해명하기 위해 그 표지와 건의부분을 제외한 나머지 부분만을 복사하였다면 이를 기존 공문서에 새로운 증명력을 작출한 행위로 볼 수 없다.

○ 대법원 2004.8.20. 선고 2004도2767 판결【공문서변조·변조공문서행사】

인감증명법 제12조 제1항, 동법시행령 제13조 등 인감증명의 신청과 인감증명서의 발급에 관한 법령의 규정에 의하면, 인감의 증명을 신청함에 있어서 그 용도가 부동산매도용일 경우에는 부동산매수자란에 매수자의 성명(법인인 경우에는 법인명), 주소 및 주민등록번호를 기재하여 신청하여야 하지만 그 이외의 경우에는 신청 당시 사용용도란을 기재하여야 하는 것은 아니고, 필요한 경우에 신청인이 직접 기재하여 사용하도록 되어 있으며, 사용용도에 따른 인감증명서의 유효기간에 관한 종전의 규정도 삭제되어 유효기간의 차이도 없으므로 인감증명서의 사용용도란의 기재는 증명청인 동장이 작성한 증명문구에 의하여 증명되는 부분과는 아무런 관계가 없다고 할 것이므로, 권한 없는 자가 임의로 인감증명서의 사용용도란의 기재를 고쳐 썼다고 하더라도 공무원 또는 공무소의 문서 내용에 대하여 변경을 가하여 새로운 증명력을 작출한 경우라고 볼 수 없으므로 공문서변조죄나 이를 전제로 하는 변조공문서행사죄가 성립되지는 않는다.

(3) 행사할 목적과 고의

본죄가 성립하기 위해서는 행사할 목적과 더불어 공문서 또는 공도화를 위조·변조한다는 데 대한 인식·의사가 있어야 한다. 결재권자인 면장의 사전지시와 승낙을 받아 내무부 고시에 따른 현장조사 확인을 한 후에 가옥과세대장상의 용도구분을 변개하였다 한 경우에는 공문서변조의 고의가 있다고 볼 수 없으나(대법원 1979.8.31. 선고 79도1572 판결), 철도청 자재국에 근무하면서 외자구매업무를 담당하여 오던 공무원이 자신이 직접 기안하여 철도청 자재국장의 결재를 받은 조달청장 앞으로 발송될 청도청장 명의의 외자물자 구매의뢰서의 품목명세서의 공란에 "28, Wheel for loco 700ea"라고 가필하였다면, 결재된 원안문서에는 없는 사항을 첨가 기재한다는 것을 알고 있었고 나아가 위 문서를 조달청장에게 발송하여 진정한 문서로서 그 효용에 공하려는 의사가 있었다고 보아야 한다(대법원 1970.12.29. 선고 70도116 판결).

(4) 미 수

본죄의 미수범은 처벌한다(제235조). 미수범으로 처벌하기 위해서는 실행의 착수가 인정되어야 하는데, 시장 명의의 '종량제 쓰레기봉투'도 공문서에 해당하는데, 쓰레기봉투 비닐에 시장 명의의 문안을 인쇄하기 위해서는 필름만으로는 불가능하고 필름에 근거한 동판을 제작하여야 비로소 가능한 점에 비추어 보면 종량제 쓰레기봉투에 인쇄할 시장 명의의 문안이 새겨진 필름을 제조하는데 그친 경우에는 공문서위조의 실행의 착수에 이르렀다고 보기는 힘들다(대법원 2007.2.23. 선고 2005도7430 판결).

3. 자격모용 공문서·공도화 작성죄(제226조)

1) 행사할 목적으로 공무원 또는 공무소의 자격을 모용하여 문서 또는 도화를 작성함으로써 성립하는 범죄로 10년 이하의 징역에 처한다. 그리고 10년 이하의 자격정지를 병과할 수 있다(제237조). 본죄의 미수범은 처벌한다(제235조).

2) 예컨대 A구청장이 B구청장으로 전보된 후 A구청장의 권한에 속하는 건축허가에 관한 기안용지의 결재란에 서명을 하거나(대법원 1993.4.27. 선고 92도2688 판결), 피고인이 매도인란과 영수인란에 '국방부 합참자료실장 이사관 피고인'라고 기재하고 그 옆에 위 피고인의 도장을 압날한 다음 그 상단에 '국방부장관'이라는 고무인을 압날함으로써 마치 피고인이 국방부장관으로부터 적법한 문서작성권한을

부여받아 그 문서를 작성할 자격이 있는 것처럼 부동산매매계약서와 영수증을 작성하거나(대법원 1993.7.27. 선고 93도1435 판결), 관공서 식당의 주·부식구입업무를 담당하는 공무원이 과장의 자격을 모용하여 주·부식구입요구서의 과장결재란에 자신의 이름으로 서명을 하는 것(대법원 2008.1.17. 선고 2007도6987 판결)은 자격모용에 의한 공문서작성에 해당한다.

4. 허위공문서·공도화작성·변개죄(제227조)

공무원이 행사할 목적으로 그 직무에 관하여 문서 또는 도화를 허위로 작성하거나 변개함으로써 성립하는 범죄로 7년 이하의 징역 또는 2,000만원 이하의 벌금에 처한다. 징역에 처할 경우 10년 이하의 자격정지를 병과할 수 있다(제237조). 본죄의 미수범은 처벌한다(제235조).

(1) 주 체

허위공문서작성죄는 공무원만이 그 주체가 될 수 있는 신분범이므로 본죄로 처벌하기 위해서는 그에 관한 특별규정이 있어야 하고, 단지 담당 업무가 국가의 사무에 해당한다거나 소속된 기관이 행정 관련성이 인정된다는 사정만으로는 허위공문서작성죄로 처벌할 수 없다(대법원 2009.3.26. 선고 2008도93 판결). 그리고 작성권한이 있는 공무원을 보조하는 직무에 종사하는 공무원이 작성권한을 가진 공무원의 결재도 받지 아니하고 임의로 허위내용의 공문서를 작성권자 명의로 작성한 때에는 공문서위조죄가 성립한다. 따라서 면사무소 호적계장이 면장의 결재 없이 호적의 출생년란, 주민등록번호란에 허위내용의 호적정정 기재를 한 경우에는 공문서위조 및 동행사죄가 성립하는 것은 별론으로 하고 허위공문서작성죄는 성립할 수 없다(대법원 1990.10.12. 선고 90도1790 판결).

(2) 허위작성 또는 변개

1) 허위작성이란 공무원이 문서 또는 도화에 객관적 진실에 반하는 내용을 기재하는 것을 말하고, 변개란 이미 진정하게 성립한 기존문서의 내용을 허위로 고치를 것을 말한다. 가옥대장의 기재와 다른 내용을 기재하여 가옥증명서를 발행하거나(대법원 1973.10.23. 선고 73도395 판결), 농지전용허가요건을 구비하고 있지 않음에도 불구하고 허가를 하는 것이 타당하다는 취지의 현장출장복명서와 심사의견서를 작성하거나(대법원 1993.12.24. 선고 92도3334 판결), 공무원이 폐기물처리사업계획이 관계 법령의 규정에 적합하지 아니함을 알면서 적합하다는 내용으로 통보서를 작성한 경우(대법원 2003.2.11. 선고 2002도4293 판결), 세무공무원이 상사의 지시를 받고 23억원의 추징세액에 맞추기 위해 근거자료와는 상관없이 적출금액을 임의로 조정함으로써 각종 증빙자료를 통해 탈루세액임이 확실한 55억원의 추징세액을 고의로 누락시킨 채 특별조사종결보고서를 작성하거나(대법원 2006.12.22. 선고 2004도7356 판결), 공무원이 신청인에게 농업경영능력이나 영농의사가 없음을 알면서도 농지취득자격에 문제가 없다는 내용의 농지취득자격증명통보서를 작성하는 것(대법원 2007.1.25. 선고 2006도3996 판결)은 허위기재에 해당한다.

이외에도 원본과 대조함이 없이 사문서의 사본에 원본대조필이라고 기재하거나(대법원 1981.9.22. 선고 80도3180 판결), 실제로 준공검사를 하지 않았음에도 불구하고 준공검사조서에 준공검사를 하거나(대법원 1983.12.27. 선고 82도3063 판결; 1990.10.16. 선고 90도1307 판결; 1995.6.13. 선고 95도491 판결), 본인이 직접 출두하지 않았음에도 불구하고 본인이 직접 신청하여 발급받은 것처럼 인감증명서에 기재하거나(대법원 1985.6.25. 선고 85도758 판결; 1992.10.13. 선고 92도2060 판결; 1997.7.11. 선고 97도1082 판결), 법무사가 공증사무실에 출석하여 사서증서의 날인이 당사자 본인의 것임을 확인한 바 없음에도 불구하고 공증담당 변호사가 마치 그러한 확인을 한 것처럼 인증서에 기재한 경우(대법원 2007.1.25. 선고 2006도3844 판결)에는 설사 다른 내용이 사실과 일치한다고 하더라도 본죄가 성립한다.

2) 그러나 공문서에 표시된 의사나 사실이 진실에 반하는 것이 아닌 한 그와 같은 의사(각종 인허가)나 사실(부과된 세액)에 이르게 된 과정(예컨대 법령적용)에 잘못이 있다고 하다라도 공문서의 내용이 허위라고는 할 수 없다(☞ **[판례 Ⅲ-3]** 참조).

[판례 Ⅲ-3] 대법원 2000.6.27. 선고 2000도1858 판결【허위공문서작성, 허위작성공문서행사 등】

〈사실관계〉

공무원인 피고인 2가 피고인 1로부터 이 사건 건물을 청소년 수련시설로 용도변경(기존의 탈의실, 샤워실 등을 생활관 및 지도자숙소 등으로 용도변경)하고 추가로 약 300㎡의 건축물을 증축하겠다는 내용으로 설계도면이 첨부된 건축허가신청서를 접수·처리함에 있어 그 설계도면을 검토하여 철골조로 설계되어 있는 이 사건 건물 2, 3층의 주요구조부가 건축법상의 내화구조로 설계된 것이 아님을 알고 있었음에도 위 신청을 허가한다는 취지의 기안서인 건축허가통보서를 작성하여 계장인 피고인 3, 과장인 피고인 4가 순차 결재한 다음, 행사할 목적으로 피고인 4는 위 건축허가신청서 뒷면에 있는 '이 허가서 및 첨부서류에 기재한 건축물의 건축계획은 건축법의 규정에 적합하므로 건축법 제8조의 규정에 의하여 건축물의 건축을 허가합니다'라고 기재한 후 허가명의자란에 군수의 직인을 찍어 공문서인 위 건축허가서를 허위로 작성하고, 그 시경 위 건축허가서를 피고인 1에게 교부하여 이를 행사하였다.

〈원심 판결요지〉

건축관련 법령에 의하면 건축허가를 담당하는 공무원에게 그 건축허가 당시부터 건축물의 설계도면을 검토하여 건축물이 내화구조로 설계되어 있는지의 여부를 확인하여야 할 법률상의 의무가 있다고는 볼 수 없지만, 피고인들이 건축허가신청시 제출된 설계도면을 검토하여 건축물이 건축법상에서 요구하는 내화구조를 구비하지 못한 것임을 알고 있었던 사실이 인정되므로 허위공문서작성죄 및 그 행사죄가 성립한다.

〈대법원 판결요지〉

허위공문서작성죄란 공문서에 진실에 반하는 기재를 하는 때에 성립하는 범죄이므로, 고의로 법령을 잘못 적용하여 공문서를 작성하였다고 하더라도 그 법령적용의 전제가 된 사실관계에 대한 내용에 거짓이 없다면 허위공문서작성죄가 성립될 수 없다 할 것이다.

그런데 위 건축허가서는 그 작성명의인인 군수가 위 원심 공동피고인 1의 건축허가신청에 대하여 이를 관계 법령에 따라 허가한다는 내용에 불과하고 위 건축허가신청서와 그 첨부서류에 기재된 내용(건축물의 건축계획)이 건축법의 규정에 적합하다는 사실을 확인하거나 증명하는 것은 아니라 할 것인바, 기록에 의하면 군수가 위 건축허가통보서에 결재하여 위 건축허가신청을 허가한 사실을 알 수 있어, 위 건축허가서에 표현된 허가의 의사표시 내용 자체에 어떠한 허위가 있다고 볼 수는 없으므로, 이러한 건축허가에 그 요건을 구비하지 못한 잘못이 있고, 이에 피고인들의 위법행위가 개입되었다 하더라도 그 위법행위에 대한 책임을 추궁하는 것은 별론으로 하고, 위 건축허가서를 작성한 행위를 허위공문서작성죄로 처벌할 수는 없다.

〈참조판례〉

○ 대법원 1983.2.8. 선고 82도2211 판결【허위공문서작성, 허위공문서작성행사 등】

광업권양수인이 도시계획법 및 동법시행령에 의한 관할군수의 계속작업허가를 신청함에 있어서 종전의 광업권자가 실제로 작업한 사실이 없어 계속작업허가대상이 되지 않음에도 불구하고 계속갱도굴진작업을 하였고 본격적으로 개설계획을 수립하여 현재 작업 중에 있다는 허위사실을 기재한 계속작업허가신청서를 제출하여 그 허가를 받았다고 하더라도, 군수명의의 허가공문이 광업권양수인의 계속작업허가신청에 대하여 단지 이를 허가하는 내용에 불과하고 계속작업사실을 확인하거나 증명하는 내용이 아니므로 위 공문에 표현된 허가의 의사표시 내용 자체에 어떠한 허위가 있다고 말할 수 없으므로 허위공문서작성죄가 성립하지 아니한다.

○ 대법원 1984.9.11. 선고 84도1574 판결【허위공문서작성, 허위작성공문서행사】

현금출납부는 그날그날의 입출금을 기재하여 계산상의 잔액을 표시하는 것이므로 피고인이 그 잔금 중의 일부를 횡령하여 장부상의 잔액과 실제 잔고 간에 차이가 나더라도, 장부상과 실제잔고를 맞추기 위하여 입금을 감소하거나 가공지출을 기재하였다면 몰라도 장부상 그 입출금의 기재가 제대로 된 이상, 허위기재라고 할 수 없다.

○ 대법원 1996.5.14. 선고 96도554 판결【허위공문서작성, 허위작성공문서행사, 뇌물수수】

당사자로부터 뇌물을 받고 고의로 적용하여서는 안 될 조항을 적용하여 과세표준을 결정하고 그 과세표준에 기하여 세액을 산출하였다고 하더라도 그 세액계산서에 허위내용의 기재가 없다면 허위공문서작성죄에는 해당하지 않는다.

(3) 고 의

1) 본죄는 고의범이므로 허위내용의 공문서를 작성한다는 데 대한 인식과 의사가 요구된다. 토지 및 하천 등의 경계나 면적을 측량하지도 아니한 채 지적도상의 토지 및 하천 등의 경계를 표시하거나(대법원 1997.12.26. 선고 96도3057 판결), 사법경찰관이 피의자를 현행범으로 체포하면서 피의사실의 요지, 체포의 사유, 변호인을 선임할 수 있음을 고지하고 변명의 기회를 준 사실이 없음에도 불구하고 현행범체포서에 이러한 절차를 거친 것으로 기재한 경우(대법원 2010.6.24. 선고 2008도11226 판결)에는 허위공문서작성의 고의가 인정된다. 그리고 허위공문서를 작성한다는데 대한 인식이 있는 한 상사의 양해 하에 공문서를 작성하였다고 하여 고의가 부정되는 것은 아니다(대법원 1970.6.30. 선고 70도1122 판결).

그러나 출장복명서에 '11:00 출발'을 '11:00 현지도착'이라고 오기(誤記)하거나(대법원 1978.4.11. 선고 77도3781 판결), 업무상 관행대로 일부만 추출하여 실물검사를 하였음에도 불구하고 일정량을 실물검사한 것처럼 보고서를 작성하거나(대법원 1982.7.27. 선고 82도1026 판결), 대수선허가면적보다 1.12평 내지 0.25평이 더 증축된 사실을 알면서도 허가된 면적대로 준공되었다는 준공검사보고서를 작성하거나(대법원 1985.5.28. 선고 85도327 판결), 경찰관이 교통사고 후 가해자의 행동이 기재된 가해자 및 피해자의 진술서만을 첨부하고 교통사고 실황조사서의 사고원인기재란 중 사고도주 표시란에 아무런 표시를 하지 않거나(대법원 1997.3.11. 선고 96도2329 판결), 사전에 출장조사를 한 다음 출장조사내용에 변동이 없어 출장복명서에 출장일자를 작성일자로 기재한 경우(대법원 2001.1.5. 선고 99도4101 판결)에는 허위공문서작성의 고의가 있다고 볼 수 없다.

(4) 공 범

1) 작성권한있는 공무원이 권한없는 자를 이용하거나 작성권한있는 다른 공무원을 이용하여 허위공문서를 작성한 때에는 본죄의 간접정범이 성립하는가가 문제된다.

본죄의 간접정범의 형태로서 공정증서원본불실기재죄(제228조)를 별도로 규정하고 본죄보다 가볍게 처벌하고 있는 점을 고려해 볼 때 공무원이 아닌 자는 제228조 해당하는 경우를 제외하고는 본죄의 간접정범이 될 수 없다고 보아야 하므로(☞ **[판례 Ⅲ-2]** 참조), 예컨대 공무원이 아닌 자가 공무원에게 허위사실을 신고하여 공무원으로부터 허위내용의 공문서를 발급받은 경우에는 본죄의 간접정범으로 처벌할 수 없다(대법원 1971.1.26. 선고 70도2598 판결). 그러나 작성권한 있는 공무원의 직무를 보좌하거나 감독하는 공무원이 그 직위를 이용하여 행사할 목적으로 공문서에 허위의 내용을 기재하고 허위인 정을 모르는 작성권자인 공무원으로 하여금 그 내용이 진실한 것으로 오신하게 하여 서명날인하게 함으로써 허위내용의 공문서이 작성되도록 한 경우에는 허위공문서작성죄의 간접정범의 죄책을 면할 수 없다(대법원 1981.7.28. 선고 81도898 판결).

○ 대법원 1983.9.27. 선고 83도1404 판결【허위공문서작성, 허위공문서작성행사 등】

시장의 토지구획정리사무를 보조하는 지방행정주사보가 행사할 목적으로 그 직무상 초안하는 문서에 허위사실을 기재한 체비지매각 증명서 및 매도증서를 기안하고 그 정을 모르는 총무과 직원으로 하여금 시장 직인을 압날하게 하여 시장명의의 위 문서들을 작성케 한 경우에는 허위공문서작성죄의 간접정범이 성립한다.

○ 대법원 1990.2.27. 선고 89도1816 판결【허위공문서작성, 허위공문서작성행사】

군청 건설과 농지계 소속 토목기사보가 군내 수해복구사업중 농경지 및 수리시설의 공사계획과 준공검사에 관한 업무를 담당하던 중 그 직무상 초안하는 문서에 그 내용이 허위라는 사실을 인식하면서도 이 사건 수해복구공사비가 마치 금 30,400,000원이 소요된 것처럼 허위사실을 기재한 공사준공검사조서를 작성하고 "수해복구사업준공 및 보조금지급"이라는 제목의 공문을 기안하여 그 정을 모르는 군수로 하여금 결재하도록 한 경우에는 허위공문서작성죄의 간접정범의 죄책을 면할 수 없다.

○ 대법원 1990.10.16. 선고 90도1170 판결【허위공문서작성, 허위공문서작성행사】

개인택시면허업무 등을 담당하던 군청 계장이 특정인의 우선순위를 높게 조작하여 개인택시면허를 무난히 받게 하는데 사용할 목적으로 개인택시면허발급예정우선순위표에 예정순위를 허위 기재한 다음 그 정을 모르는 군수의 결재를 받은 행위는 허위공문서작성죄에 해당한다.

○ 대법원 1990.10.30. 선고 90도1912 판결【허위공문서작성, 허위공문서작성행사】

면의 호적계장이 정을 모르는 면장의 결재를 받아 허위내용의 호적부를 작성한 경우에는 허위공문서작성죄의 간접정범의 죄책을 면할 수 없다.

○ 대법원 1996.10.11. 선고 95도1706 판결【허위공문서작성, 허위공문서작성행사】

경찰서 보안과장이 자신이 아는 사람(A)의 음주운전을 눈감아주기 위하여 그에 대한 음주운전자 적발보고서를 찢어버리고 부하로 하여금 일련번호가 동일한 가짜 음주운전 적발보고서에 타인(B)에 대한 음주운전 사실을 기재케 하여 그 정을 모르는 담당경찰관으로 하여금 주취운전자 음주측정처리부에 B에 대한 음주운전 사실을 기재하도록 한 경우에는 허위공문서작성죄의 간접정범으로서의 죄책을 면할 수 없다.

○ 대법원 2010.4.29. 선고 2010도875 판결【허위공문서작성, 허위작성공문서행사】

자생식물원 조성공사의 감리업체의 책임감리원이 이 공사를 감독하는 담당공무원과 공모하여 허위 내용의 준공검사조서를 작성한 다음 준공검사결과보고서에 첨부하여 담당공무원에게 제출하고 담당공무원이 이를 접수하여 과장 및 소장의 결재를 받은 경우에는 허위공문서작성죄의 간접정범의 죄책을 진다.

○ 대법원 2011.5.13. 선고 2011도1415 판결【허위공문서작성, 허위공문서작성행사 등】

공무원인 피고인 1이 허위의 사실을 기재한 자동차운송사업변경(증차)허가신청 검토조서를 작성한 다음 이를 자동차운송사업변경(증차)허가신청 검토보고에 첨부하여 결재를 상신하였고, 담당계장으로서 그와 같은 사정을 알고 있는 중간 결재자인 피고인 2와 그와 같은 사정을 모르는 최종 결재자인 담당과장이 차례로 결재를 하여 자동차운송사업 변경허가가 이루어진 경우, 피고인 1과 피고인 2의 행위는 허위공문서작성죄의 간접정범에 해당한다.

2) 한편 공무원이 아닌 자가 공무원과 공동하여 허위공문서작성죄를 범한 때에는 공무원이 아닌 자도 형법 제33조에 의하여 허위공문서작성죄의 공동정범의 죄책을 진다. 예컨대 피고인이 향토예비군 훈련을 받은 사실이 없음에도 불구하고 소속 예비군동대 방위병에게 위 날짜에 예비군훈련을 받았다는 내용의 확인서를 발급하여 달라고 부탁하자, 동인은 작성권자인 예비군 동대장에게 그 사실을 보고하여 그로부터 피고인이 예비군훈련에 참가한 여부를 확인한 후 확인서를 발급하도록 지시를 받고서는 미리 예비군 동대장의 직인을 찍어 보관하고 있던 예비군훈련확인서용지에 피고인의 성명 등 인적사항과 위 부탁받은 훈련일자 등을 기재하여 피고인에게 교부한 경우 피고인은 방위병과 더불어 허위공문서작성 및 동행사죄의 간접정범의 죄책을 진다(대법원 1992.1.17. 선고 91도2837 판결).

(5) 죄 수

형법이 제225조 내지 제230조에서 공문서에 관한 범죄를 규정하고, 이어 제231조 내지 제236조에서 사문서에 관한 범죄를 규정하고 있는 점 등에 비추어 볼 때 형법 제233조의 허위진단서작성죄의 대상은 공무원이 아닌 의사가 사문서로서 진단서를 작성한 경우에 한정되고, 공무원인 의사가 공무소의 명의로 허위진단서를 작성한 경우에는 허위공문서작성죄만이 성립하고 허위진단서작성죄는 별도로 성립하지 않는다(대법원 2004.4.9. 선고 2003도7762 판결). 공무원이 위법사실을 적극적으로 은폐할 목적으로 허위공문서를 작성한 경우에는 허위공문서작성죄만 성립하고 별도로 직무유기죄는 성립하지 않는다. 따라서 예비군 중대장이 그 소속 예비군대원의 훈련불참사실을 알았다면 이를 소속 대대장에게 보고하는 등의 조치를 취할 직무상의 의무가 있음은 물론이나, 그 소속 예비군대원의 훈련불참사실을 고의로 은폐할 목적으로 당해 예비군대원이 훈련에 참석한 양 허위내용의 학급편성명부를 작성·행사한 경우에는 허위공문서작성 및 동행사죄만 성립하고 이와 별도로 직무유기죄의 죄책은 지지 않는다(대법원 1982.12.28. 선고 82도2210 판결).

5. 공전자기록등 위작·변작죄(제227조의2)

1) 사무처리를 그르치게 할 목적으로 공무원 또는 공무소의 전자기록 등 특수매체기록을 위작 또는 변작함으로써 성립하는 범죄로 10년 이하의 징역에 처한다. 그리고 10년 이하의 자격정지를 병과할 수 있다(제237조). 본죄의 미수범은 처벌한다(제235조).

2) 위작 또는 변작이란 위조 또는 변조에 상응하는 개념으로 일반적으로 전자기록을 작성할 권한이 없는 자가 허위의 정보를 만들어 저장하거나 또는 저장된 정보를 변경하는 행위를 말한다. 예컨대 시청공무원이 현장에 출장을 가지 않았음에도 불구하고 시청 행정지식관리시스템에 출장을 갔다 온 것으로 출장복명서를 생성하거나(대법원 2007.7.27. 선고 2007도3798 판결), 공군부대의 매점 및 창고관리 부사관이 부대의 업무관리시스템인 복지전산시스템에 그 전에 횡령한 면세주류를 마치 정상적으로 판매한 것처럼 허위로 입력한 경우(대법원 2010.7.8. 선고 2010도3545 판결)에는 본죄의 죄책을 진다. 그러나 자동차등록 담당공무원이 여객자동차 운수사업법상 차량충당연한 규정에 위배되어 영업용으로 변경 및 이전등록을 할 수 없는 차량인 것을 알면서 자동차등록정보 처리시스템의 자동차등록원부 용도란에 '영업용'이라고 입력하였으나 변경 및 이전등록에 관한 구체적 등록내용인 최초등록일 등은 사실대로 입력하였다면, 자동차등록원부상 '영업용으로의 용도변경 및 이전'에 관한 등록정보가 확인·공시하는 내용은 자동차가 영업용으로 용도변경되어 이전되었다는 사실 외에 변경 및 이전등록에 필요한 법령상 자격의 구비 사실까지 포함한다고 볼 수 없으므로, 위 행위는 공전자기록등위작죄의 '위작'에 해당하지 않는다(대법원 2011.5.13. 선고 2011도1415 판결).

3) 정보의 입력권한을 부여받은 사람이 그 권한을 남용하여 허위의 정보를 입력함으로써 시스템 설치·운영자의 의사에 반하는 전자기록 등을 생성하는 경우에도 공전자기록위작죄가 성립할 것인가에 대해서는 논란이 있다(☞ **[판례 Ⅲ-4]** 참조).

[판례 Ⅲ-4] 대법원 2005.6.9. 선고 2004도6132 판결【공전자기록등위작】

〈사실관계〉

○○경찰서 조사계 소속 경찰관인 피고인은 위 경찰서 조사계에서 사무처리를 그르칠 목적으로, 사실은 공소외 1에 대한 고소사건을 처리하지 아니하였음에도 불구하고, 조사계 소속 일용직으로서 그 정을 모르는 공소외·2를 통하여 경찰범죄정보시스템에 같은 사건을 같은 날 검찰에 송치한 것으로 허위사실을 입력하여 공무소의 전자기록인 경찰범죄정보기록을 위작한 것을 비롯하여, 그 때부터 총 7회에 걸쳐 같은 방법으로 경찰범죄정보시스템에 허위사실을 입력하여 공무소의 전자기록인 경찰범죄정보기록을 위작하였다.

〈원심 판결요지〉

공전자기록위작죄에서의 '위작'이라 함은 전자기록을 작성할 권한이 없는 자가 허위의 기억을 만들어 저장 기억케 하는 등의 행위를 말하는 바, 피고인은 당해 사건의 담당 경찰관으로서 경찰 범죄정보시스템에 접근하여 당해 사건의 처리정보를 입력할 수 있는 정당한 권한을 가진 자이므로, 피고인이 권한 없이 이 사건 경찰범죄정보시스템에 허위사실을 입력하였다고 볼 수 없다.

〈대법원 판결요지〉

형법 제227조의2에서 위작의 객체로 규정한 전자기록은, 그 자체로는 물적 실체를 가진 것이 아니어서 별도의 표시·출력장치를 통하지 아니하고는 보거나 읽을 수 없고, 그 생성 과정에 여러 사람의 의사나 행위가 개재됨은 물론 추가 입력한 정보가 프로그램에 의하여 자동으로 기존의 정보와 결합하여 새로운 전자기록을 작출하는 경우도 적지 않으며, 그 이용 과정을 보아도 그 자체로서 객관적·고정적 의미를 가지면서 독립적으로 쓰이는 것이 아니라 개인 또는 법인이 전자적 방식에 의한 정보의 생성·처리·저장·출력을 목적으로 구축하여 설치·운영하는 시스템에서 쓰임으로써 예정된 증명적 기능을 수행하는 것이므로, 위와 같은 시스템을 설치·운영하는 주체와의 관계에서 전자기록의 생성에 관여할 권한이 없는 사람이 전자기록을 작출하거나 전자기록의 생성에 필요한 단위 정보의 입력을 하는 경우는 물론 시스템의 설치·운영 주체로부터 각자의 직무 범위에서 개개의 단위정보의 입력 권한을 부여받은 사람이 그 권한을 남용하여 허위의 정보를 입력함으로써 시스템 설치·운영 주체의 의사에 반하는 전자기록을 생성하는 경우도 형법 제227조의2에서 말하는 전자기록의 '위작'에 포함된다.

6. 공정증서원본·공전자기록등 불실기재죄(제228조)

공무원에 대하여 허위신고를 하여 공정증서원본 또는 이와 동일한 전자기록 등 특수매체기록(제228조 제1항), 면허증, 허가증, 등록증 또는 여권(같은 조 제2항)에 불실의 사실을 기재 또는 기록하게 함으로써 성립하는 범죄로서, 제1항의 죄는 5년 이하의 징역 또는 1천만원 이하의 벌금에 그리고 제2항의 죄는 3년 이하의 징역 또는 700만원 이하의 벌금에 처한다. 본죄의 미수범은 처벌한다(제235조).

(1) 공정증서원본 및 이와 동일한 전자기록 등 특수매체기록, 면허증, 허가증, 등록증, 여권

1) 본죄의 객체는 공정증서원본 또는 이와 동일한 전자기록 등 특수매체기록, 면허증, 허가증, 등록증 또는 여권이다.

2) 공정증서란 공무원이 직무상 작성한 공문서로서 권리의무에 관한 사실을 증명하는 효력을 갖는 것으로서 가족관계등록부, 부동산등기부, 상업등기부, 공증인이 작성한 공정증서(대법원 1977.8.23. 선고 74도2715 판결)가 이에 속한다. 공정증서와 동일한 전자기록등 특수매체기록이란 공정증서를 전산화한 것으로서 부동산등기파일, 자동차등록파일, 가족관계등록파일 등을 말한다. 또한 공정증서는 권리의무에 관한 것만을 가리키고 사실증명에 관한 것은 이에 포함되지 아니하므로 권리의무에 변동을 주는 효력이 없는 주민등록증, 토지대장(대법원 1971.1.29. 선고 69도2238 판결), 공증인이 인장한 사서증서(대법원 1984.10.23. 선고 84도1217 판결), 토지대장(대법원 1988.5.24. 선고 87도2696 판결), 판사가 작성한 조정조서(대법원 2010.6.10. 선고 2010도3232 판결), 자동차운전면허대장(대법원 2010.6.10. 선고 2010도1125 판결)은 여기에 해당하지 않는다.

면허증이란 특정한 기능을 가진 자에게 그 기능에 따른 행위를 할 수 있도록 권능을 부여하기 위하여 작성된 공문서로서 의사면허증, 운전면허증, 수렵면허증, 침구사면허증 등을 말한다. 단순히 일정한 자격을 표시하는데 불과한 증명서(예컨대 국가시험합격증, 교사자격증, 외국인등록증명서, 자동차검사증)은 면허증이 아니다.

허가증이란 특정인에게 일정한 영업이나 업무를 허가하였음을 증명하는 공문서로서 고물상 영업허가증, 수렵허가증 등이 그 예이다.

끝으로 등록증이란 일정한 자격을 취득한 자에게 그 활동에 상응하는 권능을 인정하는 공문서로 변호사등록증이 그 예이다. 사업자등록증은 단순한 사업사실의 등록을 증명하는 증서에 불과하고 그에 의하여 사업을 할 수 있는 자격이나 요건을 갖추었음을 인정하는 것은 아니라고 할 것이어서 공정증서원본등불실기재죄에서 말하는 '등록증'에 해당하지 않는다(대법원 2005.7.15. 선고 2003도6934 판결).

(2) 허위사실의 신고

1) 본죄는 공무원에 대하여 허위의 사실을 신고하여 공정증서 원본 등에 불실의 사실을 기재하게 함으로써 성립한다. 협의이혼에 있어서 이혼의사는 법률상 부부관계를 해소하려는 의사를 말하므로 일시적으로나마 법률상 부부관계를 해소하려는 당사자간의 합의하에 협의이혼신고가 된 이상 협의이혼에 다른 목적이 있더라도 양자 간에 이혼의사가 없다고는 말할 수 없고 이와 같은 협의이혼은 무효로 되지 아니하므로, 해외로 이주할 목적으로 이혼신고를 하였다고 하더라도 일시적이나마 이혼할 의사가 있었었다면 허위신고를 전제로 한 공정증서불실기재죄는 성립하지 않는다(대법원 1976.9.14. 선고 76도107 판결).

2) 불실의 사실의 개재는 허위사실의 신고에 의하여 이루어져야 하므로 법원의 촉탁에 의하여 이루어진 경우에는 가령 그 전제절차에 허위적 요소가 있다 하더라도 그것은 법원의 촉탁에 의하여 이루어진 것이지 당사자의 허위신고에 의하여 이루어진 것이 아니므로 공정증서원본불실기재죄를 구성하지 않는다(대법원 1983.12.27. 선고 83도2442 판결). 예컨대 피고인이 허위의 공정증서에 기하여 강제경매신청을 하고 법원의 직권촉탁에 의하여 경매신청등기가 경료되었다면 경매신청등기는 법원의 직권촉탁에 의한 것이지 허위신고에 의한 것이라고 할 수 없으므로 본죄는 성립하지 않는다(대법원 1976.5.25. 선고 74도568 판결). 이에 대하여 피고인이 확정판결의 내용이 진실에 반하는 것임을 알면서도 이에 기하여 등기공무원에게 등기신청을 하여 등기부에 허위내용을 기재하게 하였다면 공무원에 대하여 허위신고를 한 경우에 해당한다(대법원 1996.5.31. 선고 95도1967 판결).

3) 공정증서원본불실기재가 성립한 후, 사후에 피해자의 동의 또는 추인 등의 사정으로 문서에 기재된 대로 효과의 승인을 받거나 등기가 실체적 권리관계에 부합하게 되었다 하더라도, 이미 성립한 범죄에는 아무런 영향이 없다(대법원 1999.5.14. 선고 99도202 판결).

(3) 불실의 사실의 기재

1) 본죄는 공정증서원본 등에 불실의 사실이 기재됨으로써 성립한다. 불실의 사실이란 권리의무관계에 중요한 의미를 갖는 사항이 객관적으로 진실에 반하는 사실을 말한다. 부동산등기법상 매매를 원인으로 하는 소유권이전등기를 신청하는 경우에는 등기신청서에 거래신고필증에 기재된 거래가액을 기재하고 신청서에 기재된 거래가액을 부동산등기부 갑구의 권리자 및 기타사항란에 기재하도록 되어 있으나, 이는 부동산거래의 투명성을 확보하기 위한 데에 있을 뿐이므로 부동산등기부에 기재되는 거래가액은 당해 부동산의 권리의무관계에 중요한 의미를 갖는 사항에 해당한다고 볼 수 없다. 따라서 부동산의 거래당사자가 거래가액을 시장 등에게 거짓으로 신고하여 신고필증을 받은 뒤 이를 기초로 사실과 다른 내용의 거래가액이 부동산등기부에 등재되도록 하였더라도 본죄의 죄책을 물 수는 없다(대법원 2013.1.24. 선고 2012도12363 판결). 그리고 예고등기의 효력은 등기말소청구 소송이 제기된 것을 예고하여 제3자로 하여금 소송의 결과 발생할 불측의 손해를 방지시키려는 목적에서 하는 것으로 공정증서의 권리의무에 관한 사항에 영향을 주는 것이 아닐 뿐 아니라, 이미 피고인 명의로 소유권이전등기가 경료되어 있어서 예고등기는 아무런 의미가 없는 상태에 있어 이를 말소하더라도 공공의 신용을 해하지 않고 이로써 공정증서원본인 등기부에 허위의 사실을 신고하여 불실의 사실을 기재한 것이라고 볼 수 없다(대법원 1972.10.31. 선고 72도1966 판결).

2) 원칙적으로 공정증서원본 등에 기재된 사실 자체가 존재하지 않거나 외관상 그와 같은 사실이 존재한다고 하더라도 무효에 해당되는 하자가 있다면 그 기재는 불실기재에 해당한다.

○ **대법원 1992.9.14. 선고 92도1564 판결【사문서위조, 공정증서원본불실기재 등】**

이른바 1인회사에 있어서 1인주주의 의사는 바로 주주총회나 이사회의 의사와 같아서 가사 주주총회나 이사회의 결의나 그에 의한 임원변경등기가 불법하게 되었다 하더라도 그것이 1인주주의 의사에 합치되는 이상 이를 가리켜 의사록을 위조하거나 불실의 등기를 한 것이라고는 볼 수 없으나, 임원의 사임서나 이에 따른 이사사임등기는 위와 같은 주주총회나 이사회의 결의 또는 1인주주의 의사와는 무관하고 오로지 당해 임원의 의사에 따라야 하는 것이므로 당해 임원의 의사에 기하지 아니한 사임서의 작성이나 이에 기한 등기부의 기재를 하였다면 이는 사문서위조 및 공정증서원본불실기재의 죄책을 면할 수 없다.

○ **대법원 1996.11.22. 선고 96도2049 판결【공정증서원본불실기재, 불실기재공정증서원본행사 등】**

민법은 "당사자 간에 혼인의 합의가 없는 때에는 그 혼인은 무효로 한다"고 규정하고 있는 바(제815조 제1호) 당사자 간에 사회관념상 부부라고 인정되는 정신적, 육체적 결합을 생기게 할 의사를 갖고 있지 않은 경우 그 혼인은 무효가 된다고 할 것이고, 당사자 사이에 비록 혼인의 계출(屆出) 자체에 관하여 의사의 합치가 있다고 인정되는 경우라도 그것이 단지 다른 목적을 달성하기 위한 방편에 불과한 것으로서 그들 간에 참다운 부부관계의 설정을 바라는 효과의사가 없을 때에 그 혼인은 효력이 없다고 해석하여야 한다. 따라서 피고인이 중국 국적의 조선족 여자와 참다운 부부관계를 설정할 의사 없이 단지 그들의 국내 취업을 위한 입국을 가능하게 할 목적으로 형식상 혼인하기로 혼인신고를 하였다면 공정증서원본불실기재 및 동행사죄의 죄책을 면할 수 없다.

○ 대법원 1997.7.25. 선고 97도605 판결【공정증서원본불실기재, 불실기재공정증서원본행사 등】

근저당권은 근저당물의 소유자가 아니면 설정할 수 없으므로 타인의 부동산을 자기 또는 제3자의 소유라고 허위의 사실을 신고하여 소유권이전등기를 경료한 후 나아가 그 부동산이 자기 또는 당해 제3자의 소유인 것처럼 가장하여 그 부동산에 관하여 자기 또는 당해 제3자 명의로 채권자와의 사이에 근저당권설정등기를 경료한 경우에는 공정증서원본불실기재 및 동행사죄가 성립한다.

○ 대법원 2004.6.17. 선고 2003도7645 판결【공정증서원본불실기재, 불실기재공정증서원본행사 등】

[다수의견] 당초부터 진실한 주금납입으로 회사의 자금을 확보할 의사 없이 형식상 또는 일시적으로 주금을 납입하고 이 돈을 은행에 예치하여 납입의 외형을 갖추고 주금납입증명서를 교부받아 설립등기나 증자등기의 절차를 마친 다음 바로 그 납입한 돈을 인출한 경우에는, 이를 회사를 위하여 사용하였다는 특별한 사정이 없는 한 실질적으로 회사의 자본이 늘어난 것이 아니어서 납입가장죄 및 공정증서원본불실기재죄와 불실기재공정증서원본행사죄가 성립하고, 실질적으로 회사의 자본을 증가시키는 것이 아니고 등기를 위하여 납입을 가장하는 편법에 불과하여 주금의 납입 및 인출의 전과정에서 회사의 자본금에는 실제 아무런 변동이 없다고 보아야 할 것이므로, 그들에게 회사의 돈을 임의로 유용한다는 불법영득의 의사가 있다고 보기 어렵다 할 것이고, 이러한 관점에서 상법상 납입가장죄의 성립을 인정하는 이상 회사 자본이 실질적으로 증가됨을 전제로 한 업무상횡령죄가 성립한다고 할 수는 없다.

[반대의견] 이른바 견금 방식의 가장납입의 경우에도 납입으로서의 효력을 인정하는 종래 대법원의 견해를 따르는 한 납입이 완료된 것은 진실이고, 따라서 등기공무원에 대하여 설립 또는 증자를 한 취지의 등기신청을 함으로써 상업등기부원본에 발행주식의 총수, 자본의 총액에 관한 기재가 이루어졌다 할지라도 이를 두고 '허위신고'를 하여 '불실의 사실의 기재'를 하게 한 경우에 해당한다고 할 수 없어 공정증서원본불실기재·동행사죄가 성립할 여지가 없으며, 또한 주금납입과 동시에 그 납입금은 회사의 자본금이 되는 것이기 때문에 회사의 기관이 이를 인출하여 자신의 개인 채무의 변제에 사용하는 것은 회사에 손해를 가하는 것이 될 뿐만 아니라 불법영득의사의 발현으로서 업무상횡령죄가 성립한다고 볼 수밖에 없다.

○ 대법원 2005.8.25. 선고 2005도4910 판결【공정증서원본불실기재, 불실기재공정증서원본행사】

종중 소유의 재산은 종중원의 총유에 속하는 것이므로 그 관리 및 처분에 관하여 먼저 종중규약에 정하는 바가 있으면 이에 따라야 하고 그 점에 관한 종중규약이 없으면 종중총회의 결의에 의하여야 하므로, 비록 종중의 대표자에 의한 종중재산의 처분이라고 하더라도 그러한 절차를 거치지 아니한 채 한 행위는 무효이다. 따라서 종중의 대표자가 종중총회의 결의 없이 종중재산인 부동산에 근저당권설정등기를 마친 행위는 공정증서원본불실기재죄를 구성한다.

○ 대법원 2005.10.28. 선고 2005도3772 판결【공정증서원본불실기재, 불실기재공정증서원본행사】

교회의 교인들 간에 갈등이 심화되어 교회가 분열된 후에 일방의 교회가 타방의 교회를 배제한 채 소집·개최한 당회에서 교회 재산인 부동산을 총회유지재단에 증여하기로 하는 내용의 결의를 하고 등기공무원에게 위 결의에 따른 취지의 등기신청을 하여 위 부동산에 관하여 증여를 원인으로 한 소유권이전등기를 마친 경우, 위 당회의 결의가 그 소집 및 결의절차는 부적법하고, 등기공무원에게 위 결의에 따른 취지의 등기신청을 하여 부동산등기부에 기재하게 하고 위 등기부를 비치하게 한 이상 공정증서원본불실기재죄와 불실기재공정증서원본행사죄가 성립한다.

○ 대법원 2006.3.10. 선고 2005도9402 판결【공정증서원본불실기재, 불실기재공정증서원본행사】

부동산 매수인이 매도인과 사이에 부동산의 소유권이전에 관한 물권적 합의가 없는 상태에서, 소유권이전등기신청에 관한 대리권이 없이 단지 소유권이전등기에 필요한 서류를 보관하고 있을 뿐인 법무사를 기망하여 매수인 명의의 소유권이전등기를 신청하게 한 경우, 이는 단지 소유권이전등기신청절차에 하자가 있는 것에 불과한 것이 아니라 허위의 사실을 신고한 것이라고 보아야 하고 위 소유권이전등기는 원인무효의 등기로서 불실기재에 해당하므로, 공정증서원본불실기재죄가 성립한다.

○ 대법원 2007.11.30. 선고 2005도9922 판결【특조법위반, 공정증서원본불실기재 등】

토지거래 허가구역 안의 토지에 관하여 실제로는 매매계약을 체결하고서도 처음부터 토지거래허가를 잠탈하려는 목적으로 등기원인을 '증여'로 하여 소유권이전등기를 경료한 경우, 위 매매계약은 확정적으로 무효이므로 비록 매도인과 매수인 사이에 실제의 원인과 달리 '증여'를 원인으로 한 소유권이전등기를 경료할 의사의 합치가 있더라도, 허위신고를 하여 공정증서원본에 불실의 사실을 기재하게 한 때에 해당한다.

○ 대법원 2008.9.25. 선고 2008도3198 판결【공정증서원본불실기재, 불실기재공정증서원본행사】

지교회가 소속된 교단의 헌법상 지교회의 부동산을 특정 재단법인 앞으로 등기하도록 하는 규정이 있다고 하더라도, 지교회의 대표자가 총회의 결의 없이 지교회 교인들의 총유에 속하는 교회 부지 및 건물을 위 재단법인 앞으로 소유권이전등기를 마친 행위는 공정증서불실기재죄를 구성한다.

○ 대법원 2017.2.15. 선고 2014도2415 판결【공정증서원본불실기재 등】

실제로는 채권·채무관계가 존재하지 않는데도 허위의 채무를 가장하고 이를 담보한다는 명목으로 허위의 근저당권설정등기를 마친 것이라면 등기공무원에게 허위신고를 하여 등기부에 불실의 사실을 기재하게 한 때에 해당하므로 공정증서원본불실기재죄 및 불실기재공정증서원본행사죄가 성립한다.

3) 그러나 공정증서원본 등에 기재된 사항이나 그 원인된 법률행위가 객관적으로 존재하고 다만 거기에 취소사유인 하자가 있을 뿐인데 그 법률행위가 취소되기 전에 공정증서원본에 기재된 경우나 법률행위에 무효사유가 존재하더라도 소(訴)에 의해서만 무효를 주장할 수 있는데 소를 제기하지 아니하거나 소를 제기하였더라도 판결로서 무효로 확정되기 전에 공정증서원본에 그 사실이 기재된 경우 그 기재는 공정증서원본의 불실기재에 해당하지는 않는다.

○ 대법원 1983.8.23. 선고 83도1430 판결【공정증서원본불실기재, 공정증서원본불실기재행사】

이혼심판은 형성판결로서 그에 기한 이혼신고는 보고적 신고에 불과하고 피고인이 비록 사위(詐僞)의 방법에 의하여 이혼심판을 받았다 하더라도 그 확정판결이 재심청구에 의하여 취소되지 아니하는 이상 혼인해소의 효력에는 영향이 없다 할 것이므로 그 확정판결에 기한 이혼신고 및 이에 따른 호적부등재와 그 비치행위가 공정증서원본불실기재 및 동행사죄를 구성한다고 할 수 없다.

○ 대법원 1993.9.10. 선고 93도698 판결【공정증서원본불실기재, 공정증서원본불실기재행사】

대표이사 아닌 이사가 이사회의 소집 결의에 따라서 주주총회를 소집한 것이라면 위 주주총회에 있어서 소집절차상 하자는 주주총회결의의 취소사유에 불과하고 그것만으로 바로 주주총회결의가 무효이거나 부존재가 된다고 볼 수 없다.

○ 대법원 1996.6.11. 선고 95도2817 판결【공정증서원본불실기재, 공정증서원본불실기재행사】

1인주주회사에 있어서는 그 1인주주의 의사가 바로 주주총회 및 이사회의 결의로서 1인주주는 타인을 이사 등으로 선임하였다 하더라도 언제든지 해임할 수 있으므로, 1인주주인 피고인이 특정인과의 합의가 없이 주주총회의 소집 등 상법 소정의 형식적인 절차도 거치지 않고 특정인을 이사의 지위에서 해임하였다는 내용을 법인등기부에 기재하게 하였다고 하더라도 공정증서원본에 불실의 사항을 기재케 한 것이라고 할 수는 없다.

○ 대법원 1996.6.11. 선고 96도233 판결【공정증서원본불실기재, 불실기재공정증서원본행사】

피고인과 매도인과의 사이에 매매계약이 이루어졌고 그 계약금과 대부분의 중도금이 지급되었으며 매도인이 법무사에게 소유권이전등기에 필요한 서류 일체를 맡기고 나중에 잔금지급이 되면 그 등기신청을 하도록 위임하였는데, 피고인이 법무사를 기망하였고 그가 피고인에게 기망당하여 잔금이 모두 지급된 것으로 잘못 알고 등기신청을 하여 그 소유권이전등기를 경료한 것이라면 위 법무사의 등기신청 행위에 하자가 있다고 할 수는 있으나(위 신청이 무효라고는 할 수 없다), 위 소유권이전등기의 원인이 되는 법률관계인 매매 내지는 물권적 합의가 객관적으로 존재하지 아니하는 것이라고는 할 수 없으므로, 피고인이 위 법무사를 통하여 등기공무원에게 허위의 사실을 신고하여 등기부에 불실의 사실을 기재하게 한 것이라고는 할 수 없다.

○ **대법원 1997.1.24. 선고 95도448 판결【공정증서원본불실기재·동행사, 사문서위조】**

협의상 이혼의 의사표시가 기망에 의하여 이루어진 것일지라도 그것이 취소되기까지는 유효하게 존재하는 것이므로, 협의상 이혼의사의 합치에 따라 이혼신고를 하여 호적에 그 협의상 이혼사실이 기재되었다면, 이는 공정증서원본불실기재죄에 정한 불실의 사실에 해당하지 않는다.

○ **대법원 2004.9.24. 선고 2004도4012 판결【공정증서원본불실기재, 불실기재공정증서원본행사】**

피고인의 조부(祖父)가 부동산을 그 동생에게 증여하고 그 동생은 제3자에게 매도하였는데 소유권이전등기가 되어 있지 않은 상태에서 제3자가 사망하자 피고인이 부동산의 증여 및 매도사실을 모르는 공동상속인을 기망하여 자신에게 각 상속지분을 증여하는 계약을 체결하고 이에 기하여 피고인 명의의 소유권이전등기를 경료하였더라도, 피고인 명의의 소유권이전등기의 원인행위인 증여계약은 객관적으로 존재하고 설사 거기에 취소사유에 해당되는 하자가 있다고 하더라도 증여계약이 취소되지 아니한 이상 피고인이 등기공무원에게 허위의 사실을 신고하여 등기부에 불실의 사실을 기재하게 한 것이라고 할 수 없다.

○ **대법원 2004.10.15. 선고 2004도3584 판결【공정증서원본불실기재, 불실기재공정증서원본행사】**

민법상의 사단법인의 총회의 결의에 따라 이사 등의 변경등기를 하는 경우에 있어서 그와 같은 행위가 공정증서원본불실기재의 원인이 되는 행위에 해당하는지 여부는 특별한 사정이 없는 한 총회결의의 사법상 효력의 여부와 관계없이 그와 별도로 현실적으로 사원총회에서 그와 같은 내용의 이사 등 변경에 관한 결의가 있었다고 평가할 수 있는지 여부에 따라서 결정하여야 하므로, 재건축조합 임시총회의 소집절차나 결의방법이 법령이나 정관에 위반되어 임원개임결의가 사법상 무효라고 하더라도, 실제로 재건축조합의 조합총회에서 그와 같은 내용의 임원개임결의가 이루어졌고 그 결의에 따라 임원변경등기를 마쳤다면 공정증서원본불실기재죄가 성립하지 아니한다.

○ **대법원 2007.5.31. 선고 2006도8488 판결【공정증서원본불실기재, 불실기재공정증서원본행사 등】**

주식회사의 신주발행의 경우 신주발행에 법률상 무효사유가 존재한다고 하더라도 그 무효는 신주발행무효의 소에 의해서만 주장할 수 있고, 신주발행무효의 판결이 확정되더라도 그 판결은 장래에 대하여만 효력이 있으므로(상법 제429조, 제431조 제1항), 그 신주발행이 판결로써 무효로 확정되기 이전에 그 신주발행사실을 담당 공무원에게 신고하여 공정증서인 법인등기부에 기재하게 하였다고 하여 그 행위가 공무원에 대하여 허위신고를 한 것이라거나 그 기재가 불실기재에 해당한다고 할 수는 없다.

○ **대법원 2009.2.12. 선고 2008도10248 판결【공정증서원본불실기재, 불실기재공정증서원본행사 등】**

주식회사의 정기주주총회가 개최되어 감사선임에 관한 결의가 이루어졌으나 주주총회의 소집절차 등에 관해 하자가 있는 경우 그 하자는 모두 주주총회결의의 취소사유에 불과하므로, 그 취소 전에 주주총회의 결의에 따른 감사변경등기를 한 것이 공정증서원본불실기재죄를 구성하지 않는다.

4) 그리고 소유권이전등기가 절차상 하자가 있거나 등기원인이 실제와 다르다 하더라도 그 등기가 실체적 권리관계에 부합하게 하기 위한 것이거나 실체적 권리관계에 부합하는 유효한 등기인 경우에는 공정증서원본불실기재죄가 성립되지 않는다.

예컨대 실제로 부동산을 매매하지 않았음에도 불구하고 당사자간의 합의로 등기원인을 매매로 하여 소유권이전등기를 경료하거나(대법원 1971.3.9. 선고 69도2345 판결), 명의신탁해지가 원인이면서도 매매를 원인으로 하여 소유권이전등기를 하거나(대법원 1980.12.9. 선고 80도1323 판결), 당사자간의 합의로 등기의 편의상 진정한 채무자가 아닌 제3자를 채무자로 등기부상 등재하거나(대법원 1985.10.8. 선고 84도2461 판결), 점유취득시효가 완성된 토지에 대하여 매매를 원인으로 하는 소유권이전등기청구소송을 제기하여 의제자백을 받아 소유권이전등기를 하거나(대법원 1987.3.10. 선고 86도864 판결), 가장매매를 원인으로 소유권이전등기를 하였으나 당사자 사이에 소유권이전등기를 경료시킬 의사가 있었다면(대법원 1991.9.24. 선고 91도1164 판결; 2011.7.14. 선고 2010도1025 판결) 그 소유권이전등기는 권리의 실체관계에 부합하므로 공정증서에 불실의 사실을 기재하였다고는 할 수 없다.

○ 대법원 1982.7.13. 선고 82도39 판결【공정증서원본불실기재, 불실기재공정증서원본행사 등】

부동산의 소유자로 하여금 근저당권자를 자금주라고 믿도록 속여서 근저당권설정등기를 경료한 경우라도 정당한 권한있는 자에 의하여 작성된 문서를 제출하여 그 등기가 이루어진 것이라면 공정증서원본불실기재죄가 성립하지 않는다.

○ 대법원 1987.3.10. 선고 86도864 판결【공정증서원본불실기재, 불실기재공정증서원본행사 등】

자신이 점유하고 있는 토지에 대하여 매매를 원인으로 하는 소유권이전등기소송을 제기하여서 의제자백에 의한 승소판결을 받아 경료된 소유권이전등기가 비록 절차상의 하자가 있다 하더라도 점유에 의한 소유권취득시효가 완성함으로써 결국 소유권이전등기가 실체적 권리관계에 부합하는 유효한 등기라고 한다면 위와 같이 경료된 등기 역시 불실의 등기라고 할 수 없다.

○ 대법원 1987.4.14. 선고 85도2661 판결【공정증서원본불실기재, 불실기재공정증서원본행사 등】

재산상속인은 피상속인의 사망으로 인하여 상속개시된 때로부터 피상속인의 재산에 관한 포괄적 권리의무를 승계하게 되고 재산상속인이 상속을 원인으로 한 소유권이전등기를 경료한 경우에는 그 등기는 당시의 등기부상의 권리관계를 나타내는 것에 불과하므로, 어떤 부동산에 관하여 피상속인에게 실체상의 권리가 없음에도 불구하고 그와 같은 등기절차를 밟았다고 하여 공정증서원본에 불실의 사실을 기재하게 하였다고 할 수 없다.

○ 대법원 1989.9.29. 선고 89도113 판결【공정증서원본불실기재, 불실기재공정증서원본행사 등】

실질적으로 甲의 1인회사인 합명회사의 등기부상 무한책임사원으로 등재되어 있는 乙이 등기편의상 명의만을 대여하였을 뿐인 경우 乙 명의의 지분에 관한 실질상 사원의 지위는 甲에게 있다고 할 것이므로 乙의 의사에 기하지 아니한 채 乙이 그 지분을 다른 사원들의 동의를 얻어 丙에게 양도, 퇴사한 양 등기되었더라도 그것이 모든 지분에 관한 실질적 소유자인 甲의 의사에 따른 것이라면 그 지분의 양도는 내용에 있어서는 양도되는 지분에 관한 실질적 사원으로서의 그 지분에 관한 신탁해지 및 양도의 의사와 위 지분 이외의 지분의 양도에 대한 동의가 포함된 것이라고 할 수 있으므로 절차상의 흠은 있을지언정 권리의 실체관계에는 영향이 없는 것이어서 그와 같은 등기를 불실의 사실을 기재한 등기라고 할 수 없다.

○ 대법원 1995.11.7. 선고 95도898 판결【공정증서원본불실기재, 불실기재공정증서원본행사】

공동상속인 중의 1인이 다른 공동상속인들과의 합의 없이 법정상속분에 따른 공동상속등기를 마쳤다고 하더라도 그것이 실체적 권리관계에 부합되는 것이라면 이를 불실의 등기라고는 할 수 없다.

○ 대법원 2004.1.27. 선고 2001도5414 판결【공정증서원본불실기재, 불실기재공정증서원본행사 등】

공증인이 채권양도·양수인의 촉탁에 따라 그들의 진술을 청취하여 채권의 양도·양수가 진정으로 이루어짐을 확인하고 채권양도의 법률행위에 관한 공정증서를 작성한 경우 그 공정증서가 증명하는 사항은 채권양도의 법률행위가 진정으로 이루어졌다는 것일 뿐 그 공정증서가 나아가 양도되는 채권이 진정하게 존재한다는 사실까지 증명하는 것은 아니므로, 양도인이 허위의 채권에 관하여 그 정을 모르는 양수인과 실제로 채권양도의 법률행위를 한 이상 공증인에게 그러한 채권양도의 법률행위에 관한 공정증서를 작성하게 하였다고 하더라도 공정증서원본불실기재죄는 성립하지 않는다.

○ **대법원 2008.6.26. 선고 2008도1044 판결【공정증서원본불실기재, 불실기재공정증서원본행사 등】**

주식회사의 임시주주총회가 법령 및 정관상 요구되는 이사회의 결의 및 소집절차 없이 이루어졌다 하더라도, 주주명부상의 주주 전원이 참석하여 총회를 개최하는 데 동의하고 아무런 이의 없이 만장일치로 결의가 이루어졌다면 그 결의는 유효하므로, 대주주가 적법한 소집절차나 임시주주총회의 개최 없이 나머지 주주들의 의결권을 위임받아 자신이 임시의장이 되어 임시주주총회 의사록을 작성하여 법인등기를 마쳤다고ㅛ 하더라도 자격모용사문서작성죄·동행사죄 및 공정증서원본불실기재죄는 성립하지 않는다.

(5) 죄 수

1) 공무원에게 허위사실이 기재된 서류를 제출하여 그 공무원으로 하여금 수개의 여권을 발급받은 경우 수개의 여권불실기재죄의 상상적 경합이 성립한다(대법원 1970.7.28. 선고 70도837 판결).

2) 공정증서원본 등에 불실의 사실을 기재하게 하고 나아가 불실의 사실이 기재된 등기부를 비치하게 한 경우 공정증서원본등 불실기재죄 및 불실기재공정증서원본등 행사죄의 경합범의 죄책을 진다.

3) 법원을 기망하여 승소판결을 받고 그 확정판결에 의하여 소유권이전등기를 경료한 경우에는 사기죄와 별도로 공정증서원본불실기재죄가 성립하고 양죄는 실체적 경합 관계에 있다(대법원 1983.4.26. 선고 83도188 판결).

7. 위조공문서등 행사죄(제229조)

1) 공문서위조·변조죄(제225조), 자격모용에 의한 공문서작성죄(제226조), 허위공문서작성죄(제227조), 공전자기록위작·변작죄(제227조의2), 공정증서원본불실기재죄(제228조)에 의하여 만들어진 문서, 도화, 전자기록등 특수매체기록, 공정증서원본, 면허증, 허가증, 등록증 또는 여권을 행사함으로써 성립하는 범죄로 각 죄에 정한 형에 처한다. 본죄의 미수범은 처벌한다(제235조).

2) 공무원이 청탁에 의하여 허위공문서를 작성·교부하였다면 수령자가 필요한 때에 타인에게 진정한 공문서로 행사하리라는 정을 알고 있었다고 볼 것이므로 수령자가 동 허위공문서를 행사한 경우 발행자는 허위공문서행사죄의 죄책을 면할 수 없다(대법원 1969.5.13. 선고 69도535 판결).

3) 불실기재공정증서원본행사죄의 객체는 '불실기재공정증서원본'에 한하므로 불실의 사실이 기재된 공정증서의 정본을 그 정을 모르는 법원직원에게 교부한 경우 본죄의 죄책을 물 수 없다(대법원 2002.3.26. 선고 2001도6503 판결).

8. 공문서 · 공도화 부정행사죄 (제230조)

1) 공무원 또는 공무소의 문서나 도화를 부정행사함으로써 성립하는 범죄로 2년 이하의 징역 또는 500만원 이하의 벌금에 처한다. 본죄의 미수범은 처벌한다(제235조).

2) 본죄는 그 사용권자와 용도가 특정되어 작성된 공문서 또는 공도화를 사용권한 없는 자가 그 사용권한이 있는 것처럼 가장하여 행사하거나 또는 사용권한 있는 자가 그 정당한 용법에 반하여 행사함으로써 성립한다.

등기필증(대법원 1981.12.8. 선고 81도1130 판결), 인감증명서(대법원 1983.6.28. 선고 82도1985 판결), 신원증명서(대법원 1993.5.11. 선고 93도127 판결), 주민등록등본(대법원 1999.5.14. 선고 99도206 판결), 등은 사용권한자가 특정되어 있지 않고 그 용도도 다양하므로 그와 관련 없는 사람이 마치 자기와 관련 있는 것인 양 공문서를 행사하였다고 하더라도 본죄는 성립하지 않는다. 그리고 공문서의 용도가 특정되어 있지 않다면 명의자가 부정한 용도로 공문서를 행사하더라도 공문서부정행사의 죄책을 물 수 없다. 자신의 선박이 사고를 낸 것처럼 허위로 사고신고를 하면서 자신의 선박국적증서와 선박검사증서를 함께 제출하거나(대법원 2009.2.26. 선고 2008도10851 판결), 자신이 신청을 하여 발급받은 화해조서 경정결정신청에 대한 기각결정문을 화해조서인 것처럼 등기서류로 제출하였다고 하더라도(대법원 1984.2.28. 선고 82도2851 판결) 정당한 용법에 반하여 행사한 것으로 볼 수 없으므로 본죄는 성립하지 않는다.

한편 본죄는 공문서를 사용할 권한이 없는 자가 공문서를 그 본래의 용도대로 사용한 경우에 성립하는 바, 부정행사에 이용되는 대표적인 공문서가 바로 주민등록증과 운전면허증이다. 예를 들어 습득한 타인의 주민등록증을 가족의 것이라고 제시하면서 그 주민등록증상의 명의 또는 가명으로 이동전화 가입신청을 한 경우는 타인의 주민등록증을 본래의 사용용도인 신분확인용으로 사용한 것이라고 볼 수 없으므로 공문서부정행사죄가 성립하지 않는다(대법원 2003.2.26. 선고 2002도4935 판결). 이에 대하여 자신이 마치 타인인 양 허위신고하여 자신의 사진과 지문이 찍힌 타인명의의 주민등록증을 발급받아 소지하다가 신분증의 제시를 요구하는 검문경찰관에게 제시한 경우에는 공문서부정행사죄가 성립한다(대법원 1982.9.28. 선고 82도1297 판결).

자동차운전면허증은 운전면허시험에 합격하여 자동차의 운전이 허락된 자임을 증명하는 공문서로서 자동차대여약관상 대여회사는 운전면허증 미소지자에게는 자동차 대여를 거절할 수 있도록 되어 있으므로, 자동차를 임차하면서 자동차 대여업체의 담당직원들로부터 임차할 자동차의 운전에 필요한 운전면허가 있고 또 운전면허증을 소지하고 있는지를 확인하기 위한 운전면허증의 제시 요구를 받자 타인의 운전면허증을 소지하고 있음을 기화로 자신이 타인의 자동차운전면허를 받은 사람들인 것처럼 행세하면서 자동차 대여업체의 직원들에게 이를 제시한 경우에는 공문서부정행사죄가 성립한다(대법원 1998.8.21. 선고 98도1701 판결).

한편 운전면허증은 운전면허를 받은 사람이 운전면허시험에 합격하여 자동차의 운전이 허락된 사람임을 증명하는 기능과 함께, 운전면허증에 표시된 사람이 운전면허시험에 합격한 사람이라는 '자격증명'과 이를 지니고 있으면서 내보이는 사람이 바로 그 사람이라는 '동일인증명'의 기능을 동시에 가지고 있다. 따라서 제3자로부터 신분확인을 위하여 신분증명서의 제시를 요구받고 다른 사람의 운전면허증을 제시한 행위는 그 사용목적에 따른 행사로서 공문서부정행사에 해당한다(대법원 2001.4.19. 선고 2000도1985 판결).

○ **대법원 2001.4.19. 선고 2000도1985 판결【공문서부정행사】**

[다수의견] 운전면허증은 운전면허를 받은 사람이 운전면허시험에 합격하여 자동차의 운전이 허락된 사람임을 증명하는 공문서로서, 운전면허증에 표시된 사람이 운전면허시험에 합격한 사람이라는 '자격증명'과 이를 지니고 있으면서 내보이는 사람이 바로 그 사람이라는 '동일인증명'의 기능을 동시에 가지고 있다. 운전면허증의 앞면에는 운전면허를 받은 사람의 성명·주민등록번호·주소가 기재되고 사진이 첨부되며 뒷면에는 기재사항의 변경내용이 기재될 뿐만 아니라, 정기적으로 반드시 갱신교부되도록 하고 있어, 운전면허증은 운전면허를 받은 사람의 동일성 및 신분을 증명하기에 충분하고 그 기재 내용의 진실성도 담보되어 있다. 그럼에도 불구하고 운전면허증을 제시한 행위에 있어 동일인증명의 측면은 도외시하고, 그 사용목적이 자격증명으로만 한정되어 있다고 해석하는 것은 합리성이 없다. 인감증명법상 인감신고인 본인 확인, 공직선거및선거부정방지법상 선거인 본인 확인, 부동산등기법상 등기의무자 본인 확인 등 여러 법령에 의한 신분 확인절차에서도 운전면허증은 신분증명서의 하나로 인정되고 있다. 또한 주민등록법 자체도 주민등록증이 원칙적인 신분증명서이지만, 주민등록증을 제시하지 아니한 사람에 대하여 신원을 증명하는 증표나 기타 방법에 의하여 신분을 확인하도록 규정하는 등으로 다른 문서의 신분증명서로서의 기능을 예상하고 있다. 한편 우리 사회에서 운전면허증을 발급받을 수 있는 연령의 사람들 중 절반 이상이 운전면허증을 가지고 있고, 특히 경제활동에 종사하는 사람들의 경우에는 그 비율이 훨씬 더 이를 앞지르고 있으며, 금융기관과의 거래에 있어서도 운전면허증에 의한 실명확인이 인정되고 있는 등 현실적으로 운전면허증은 주민등록증과 대등한 신분증명서로 널리 사용되고 있다. 따라서 제3자로부터 신분확인을 위하여 신분증명서의 제시를 요구받고 다른 사람의 운전면허증을 제시한 행위는 그 사용목적에 따른 행사로서 공문서부정행사죄에 해당한다고 보는 것이 옳다.

[반대의견] 공문서부정행사죄는 사용목적이 특정된 공문서의 경우에 그 사용명의자 아닌 자가 사용명의자인 것으로 가장하여 그 사용목적에 따른 행사를 하여야 성립하는 것인바, … 무릇 어떠한 공문서가 일정한 자격을 받은 사람임을 증명하려면 그 사람이 자격을 취득하였다는 사실과 더불어 그 동일성을 확인하는 데 필요한 인적사항이 기재되고 사진도 첨부되어야 할 것이므로, 자격증명에는 언제나 동일인증명이 내재되기 마련인데, 이와 같이 자격증명을 위한 공문서에 동일인증명의 기능이 내재되어 있다고 하여 그 본래의 사용목적이 소지자 신분의 동일성을 증명하는 데 있다고 볼 수는 없는 것이다. 주민등록법 제17조의9의 규정 등에 의하면, 주민등록증을 17세 이상의 자에 대한 일반적인 신분증명서로서 규정하고 있음에 비하여, 도로교통법 제68조 등의 규정에 의하면, 운전면허증은 운전면허시험에 합격하여 자동차의 운전이 허락된 자임을 증명하는 공문서로서 그 본래의 사용용도가 운전 중에 경찰공무원으로부터 그 제시를 요구받으면 이를 제시하여 자동차의 운전이 허가된 자임을 증명하도록 그 사용목적이 특정되어 있고 그 소지자의 인적사항 확인은 자격증명에 따르는 부수적인 기능에 지나지 아니하는 것이다. …이러한 사정은 운전면허증 외에도 일정한 자격의 증명에 관한 공문서들로서 여권, 공무원증, 사원증, 학생증 등의 경우에도 마찬가지이다. 그럼에도 불구하고 어떠한 공문서가 그 본래의 사용목적 이외의 용도로 널리 사용된다는 등의 이유를 들어 그러한 사실상 내지 부수적 용도도 본래의 사용목적에 포함된다고 본다면 그 부정행사로 인한 처벌범위가 크게 확대될 것이고, 이는 죄형법정주의의 원칙에 따라 공문서부정행사죄의 행위 객체와 태양을 제한적으로 해석함으로써 그 처벌범위를 합리적인 범위 내로 제한

하여 온 종전 판례들과 실질적으로 저촉된다. 운전면허증의 본래의 사용목적은 자동차를 운전할 때에 이를 지니고 있어야 하고 운전 중에 경찰공무원으로부터 제시를 요구받은 때에 이를 제시하는 데 있는 것일 뿐, 그 소지자의 신분의 동일성을 증명하는 데 있는 것은 아니므로, 제3자로부터 신분확인을 위하여 신분증명서의 제시를 요구받고 다른 사람의 운전면허증을 제시한 행위는 운전면허증의 사용목적에 따른 행사라고 할 수는 없고, 따라서 공문서부정사용죄가 성립하지 아니한다.

9. 사문서·사도화 위조·변조죄 (제231조)

권리의무 또는 사실증명에 관한 타인의 문서 또는 도화를 위조하거나 변조함으로써 성립하는 범죄로 5년 이하의 징역 또는 1천만원 이하의 벌금에 처한다. 본죄의 미수범은 처벌한다(제235조).

(1) 사문서·사도화

1) 본죄의 객체는 권리·의무 또는 사실증명에 관한 타인의 문서 또는 도화이다.

권리의무에 관한 문서란 권리·의무의 발생, 변경, 소멸에 관한 사항을 내용으로 하는 문서를 말하고, 사실증명에 관한 문서란 권리·의무에 관한 문서 이외의 문서로서 거래상 중요한 사실을 증명하는 문서를 말한다. 거래상 중요한 사실을 증명하는 문서란 법률관계의 발생·존속·변경·소멸의 전후과정을 증명하는 것이 주된 취지의 문서뿐만 아니라 직접적인 법률관계에 간접적으로 연관된 의사표시나 권리·의무의 변동에 사실상으로 영향을 줄 수 있는 의사표시를 내용으로 하는 문서를 포함한다. 거래상 중요한 사실을 증명하는 문서인지 여부는 문서의 내용과 더불어 문서 작성자의 의도, 그 문서가 작성된 객관적인 상황, 문서에 적시된 사항과 그 행사가 예정된 상대방과의 관계 등을 종합적으로 고려하여 판단한다.

○ 대법원 1975.5.13. 선고 74도2916 판결【사문서위조, 위조사문서행사 등】

주민등록증발급신청서는 주민등록법 및 같은법시행령에 의하여 주민등록증의 발급을 받고자 하는 자가 그 발급을 받기 위하여 시장 또는 군수에게 제출하는 권리행사에 관한 문서이고 인감증명원 교부신청서는 인감증명법 및 같은법시행령에 의하여 인감의 증명을 받고자 하는 자가 그 증명을 받기 위하여 증명청에 제출하는 권리행사에 관한 문서로서 권리에 관한 문서이다.

○ 대법원 1996.2.9. 선고 94도1858 판결【사문서위조, 위조사문서행사】

어떤 문서가 문중규약이라는 표제 하에 작성되었다고 하더라도 이를 문중원의 권리의무에 관한 사문서라거나 문중이라는 단체 명의의 문서라고 단정할 수는 없으나, 그 문서가 문중규약의 존재와 내용 등을 확인하는 취지에서 작성된 것으로 볼 수 있으면 이는 사실증명에 관한 문서이고, 이 경우에는 위와 같은 사항을 확인하는 의사표시의 주체가 그 문서의 작성명의자라고 할 것이므로, 그 작성명의자의 승낙이나 위임이 없이 그 명의를 모용하여 문중규약의 존재와 내용 등을 확인하는 문서를 작성하였다면 이는 사문서위조죄를 구성한다.

○ 대법원 2008.11.27. 선고 2008도7018 판결【사문서위조, 위조사문서행사】

사문서위조죄에서 사실증명에 관한 타인의 문서는 권리의무에 관한 문서 이외의 문서로서 법률상 또는 사회생활상 중요한 사실을 증명하는 문서를 말하는바, 직장에서 상사가 범죄행위를 저지른 부하직원에게 징계절차에 앞서 자진하여 사직할 것을 단순히 권유하는 것을 내용으로 하는 편지는 사실증명에 관한 문서에 해당하지 않는다.

○ 대법원 2009.4.23. 선고 2008도8527 판결【사문서위조, 위조사문서행사】

피고인이 공소외 1의 명의를 도용하여, '한국○○작가협회이사장에 당선된 공소외 2의 선거참모들이 자신들에 대하여 선거결과에 따른 적절한 인사상의 조치를 취해 줄 것을 요구하고 이에 응하지 않을 경우 이사장에게 불리한 모종의 행동에 나서겠다'는 취지의 건의문을 작성하여 공소외 2에게 행사하고, '공소외 3의 구체적인 잘못을 적시하면서 공소외 3을 교육원장에 임명한 것은 잘못이므로 교육원장 임명문제를 공론을 거쳐 재검토하도록 요구하고, 임시총회 소집, 인사청문회, 회원의 의사를 묻는 표결의 방법, 공모 등의 방법을 제시하며, 이런 건의가 묵살되고 말 경우,…시위와 결사행동을 할 것이며, 본 협회 지휘기관과 대중언론에 호소하고 나아가 회원서명 투쟁을 지속적으로 해나갈 것을 엄숙히 천명한다'는 등의 내용을 담은 호소문을 작성하여 협회 회원 1,700여 명에게 우편으로 송달한 사실을 알 수 있다. …위 각 문서의 내용은 단순한 정치적 구호나 호소에 그친 것이 아니라 구체적인 요구사항을 적시하고 이를 이행하지 않으면 법적·행정적 책임을 묻겠다는 의사표시를 밝힌 것으로, 중요한 사실을 증명하는 사실증명에 관한 문서에 해당한다고 할 것이다.

○ 대법원 2012.5.9. 선고 2010도2690 판결【자격모용사문서작성, 자격모용작성사문서행사】

관리처분총회에서 결의한 조합원 분담금의 금액은 일반분양아파트의 수입금을 조합의 총분양수입에 포함하여 산출한 것이므로 일반분양아파트의 수입금을 나중에 조합이 취득한다 하더라도 당초 결의된 분담금 금액을 더 인하하는 것이 불가능함을 인식하고 있었음에도, '일반분양아파트의 분양수입금을 찾아내어 그 수입금으로 조합원들의 분담금을 더 인하할 수 있다'라는 내용의 각 안내문을 작성하여 조합원들에게 배포한 경우, 위 안내문은 조합원들의 권리·의무의 변동 및 조합원들과 조합임원들 간의 법적 분쟁에 직·간접적으로 영향을 줄 수 있는 의사표시를 내용으로 하는 것으로서 '사실증명에 관한 문서'에 해당한다.

(2) 위 조

1) 위조란 작성권한 없는 자가 타인명의를 모용하여 문서를 작성하는 것을 말한다. 위조라고 하기 위해서는 우선 타인의 명의를 모용하여야 한다. 타인의 명의를 모용한다고 함은 단순히 타인의 명의를 문서에 기재하는 것을 말하는 것이 아니라 타인을 문서의 명의자로 기재한다는 것을 말한다. 예를 들어 혼인신고는 혼인 당사자 쌍방이 하는 것이므로 일방적으로 타인명의를 기재하여 혼인신고서를 작성하는 것은 사문서위조에 해당한다(대법원 1987.4.11. 선고 87도399 판결). 이에 대하여 세금계산서의 작성명의인은 공급하는 자이므로 공급하는 자가 '공급받는 자'란에 타인명의를 무단으로 기입하였다고 하여 사문서위조죄가 성립하는 것은 아니다(대법원 2007.3.15. 선고 2007도169 판결). 실제의 본명 대신 가명이나 위명을 사용하여 사문서를 작성한 경우에 그 문서의 작성명의인과 실제 작성자 사이에 인격의 동일성이 그대로 유지되는 때에는 위조가 되지 않으나, 명의인과 작성자의 인격이 상이할 때에는 위조죄가 성립할 수 있다(대법원 2010.11.11. 선고 2010도1835 판결).

○ 대법원 1986.9.23. 선고 86도1300 판결【사문서위조, 위조사문서행사 등】

정부의 민원사무간소화규칙에 따라 매도인 또는 매수인이 단독으로 신청할 수 있는 농지매매증명을 발급받음에 있어 신청용지의 신청인난중에 매수인란에는 피고인의 이름을 기재하고 날인하였으나 매도인란에는 공소외인의 이름만 기재하고 날인을 하지 않았다면 위 문서는 그 형식이나 외관상 피고인 단독명의로 신청된 문서로 인정될 뿐 피고인과 공소외인이 공동으로 신청한 문서로는 볼 수 없으므로 위 사실만으로는 위 공소외인 명의의 농지매매사실증명확인원을 위조하였다고 볼 수 없다.

○ 대법원 1987.4.11. 선고 87도399 판결【사문서위조, 위조사문서행사 등】

혼인신고 당시에는 피해자가 피고인과의 동거관계를 청산하고 피고인을 만나주지 아니하는 등으로 피하여 왔다면 당초에는 피해자와 사실혼 관계에 있었고 또 피해자에게 혼인의 의사가 있었다 하더라도 위 혼인신고 당시에는 그 혼인의사가 철회되었다고 보아야 할 것이므로 피고인이 일방적으로 혼인신고서를 작성하여 혼인신고를 한 소위는 설사 혼인신고서 용지에 피해자 도장이 미리 찍혀 있었다 하더라도 사문서 위조에 해당한다.

○ 대법원 2007.3.15. 선고 2007도169 판결【사문서위조, 위조사문서행사】

세금계산서는 부가가치세 과세사업자가 재화나 용역을 공급하는 때에 이를 공급받은 자에게 작성·교부하여야 하는 계산서이므로 그 작성권자는 어디까지나 재화나 용역을 공급하는 공급자라고 보아야 할 것이고, 공급받는 자의 상호, 성명, 주소는 필요적 기재사항이 아닌 임의적 기재사항에 불과하여 공급받는 자의 상호, 성명, 주소가 기재되어 있지 않은 세금계산서라도 그 효력에는 영향이 없으며, 공급자가 세금계산서를 작성함에 있어 공급받은 자의 동의나 협조가 요구되지도 않는 점 등에 비추어 세금계산서상의 공급받는 자는 그 문서 내용의 일부에 불과할 뿐 세금계산서의 작성명의인은 아니므로, 공급받는 자 란에 임의로 다른 사람을 기재하였다 하여 그 사람에 대한 관계에서 사문서위조죄가 성립된다고 할 수 없다.

○ 대법원 2010.11.11. 선고 2010도1835 판결【사문서위조, 위조사문서행사】

실제의 본명 대신 가명이나 위명을 사용하여 사문서를 작성한 경우에 그 문서의 작성명의인과 실제 작성자 사이에 인격의 동일성이 그대로 유지되는 때에는 위조가 되지 않으나, 피고인이 다방 업주로부터 선불금을 받고 그 반환을 약속하는 내용의 현금보관증을 작성하면서 가명과 허위의 출생연도를 기재한 후 이를 교부한 경우에는 문서의 명의인과 작성자 사이에 인격의 동일성이 인정되지 않으므로 사문서위조죄 및 동행사죄가 성립한다.

2) 문서의 위조란 작성권한 없는 자가 타인 명의를 모용하여 문서를 작성하는 것을 말하므로 사문서를 작성할 때 명의자의 명시적이거나 묵시적인 승낙이 있었다면 사문서의 위조에 해당하지 않고, 행위 당시 명의자의 현실적인 승낙은 없었지만 행위 당시의 모든 객관적 사정을 종합하여 명의자가 행위 당시 그 사실을 알았다면 당연히 승낙했을 것이라고 추정되는 경우 역시 사문서위조죄가 성립하지 않는다(대법원 2011.9.29. 선고 2010도14587 판결).

○ 대법원 1984.2.14. 선고 83도2650 판결【사문서위조, 사문서위조행사 등】

고소인의 제3자에 대한 채권의 변제책임을 부담하는 대신 그 채권에 관하여 설정한 가등기에 의한 담보권을 양수한 피고인이 위 가등기를 말소함에 있어서 고소인 명의의 가등기말소신청서 등을 임의로 작성하였다 하더라도 이는 결국 고소인으로부터의 포괄적 위임 내지 승낙에 기한 것이어서 피고인이 위 가등기말소신청서 등을 위조하였다고 할 수 없다.

○ 대법원 1984.7.10. 선고 84도1146 판결【사기·사문서위조·사문서위조행사】

매수인으로부터 매도인과의 토지매매계약체결에 관하여 포괄적 권한을 위임받은 자는 위임자 명의로 토지매매계약서를 작성할 적법한 권한이 있으므로 매수인으로부터 그 권한을 위임받은 피고인이 실제 매수가격 보다 높은 가격을 매매대금으로 기재하여 매수인 명의의 매매계약서를 작성하였다 하여도 그것은 작성권한 있는 자가 허위내용의 문서를 작성한 것일 뿐 사문서위조죄가 성립될 수는 없다.

○ 대법원 1984.7.24. 선고 84도785 판결【사기】

피고인이 시장점포의 임대차에 관하여 지주들의 허락을 받고 공소외인에게 임대하면서 이미 새겨둔 동인들의 인장을 사용하여 임대차계약서를 작성하고 임대보증금을 수령하였다면 이 같은 행위는 지주들로부터 위임받은 권한범위 내에서 정당한 업무수행행위로서 한 것이므로 사문서위조, 동행사죄를 구성하지 않는다.

○ 대법원 1984.10.10. 선고 84도1566 판결【사문서위조, 사문서위조행사】

피해자들이 일정한도액에 관한 연대보증인이 될 것을 허락하고 이에 필요한 문서를 작성하는데 쓰일 인감도장과 인감증명서(대출보증용)를 채무자에게 건네준 취지는 채권자에 대해 동액상당의 채무를 부담하겠다는 내용의 문서를 작성하도록 허락한 것으로 보아야 하므로, 비록 피해자들을 연대보증인으로 하지 않고 직접 차주로 하여 차용금증서를 작성하였을 지라도 그 문서는 정당한 권한에 기하여 그 권한의 범위 안에서 적법하게 작성된 것으로 보아야 한다.

○ 대법원 1988.9.13. 선고 87도2012 판결【사문서위조, 위조사문서행사】

甲과 乙이 공동으로 주식회사를 경영하다가 甲이 乙에게 위 회사의 소유와 경영에 관한 일체의 권리를 포기하면서 그 사무처리의 권한까지 乙에게 포괄적으로 위임함으로써 乙이 그 사무처리를 위하여 甲 명의의 주식배당포기서, 이사사임서 등을 작성 행사한 것이라면 비록 乙이 개개의 문서작성에 관한 승낙을 받지 않았다 하더라도 별다른 사정이 없는 한 묵시적인 승낙을 받았다고 할 것이므로 甲의 행위가 그것이 사문서위조, 동행사죄를 구성하거나, 그에 따른 법인등기부 변경등기를 경료한 것은 공정증서원본불실기재, 동행사죄를 구성한다고 볼 수 없다.

3) 이에 반하여 타인으로부터 그 명의의 문서작성을 위임받은 경우에도 위임된 권한을 초월하여 내용을 기재함으로써 명의자의 의사에 반하는 사문서를 작성하는 것은 작성권한을 일탈한 것으로서 사문서위조죄에 해당한다(대법원 1984.6.12. 선고 83도2408 판결; 1997.3.28. 선고 96도3191 판결).

○ 대법원 1970.9.22. 선고 70도1623 판결【사문서위조, 위조사문서행사】

타인으로부터 약속어음 작성에 사용하라고 인장을 교부받았음에도 그 인장을 사용하여 그 타인 명의의 지급명령 이의신청취하서를 작성한 경우에는 사문서위조죄가 성립한다.

○ 대법원 1982.10.12. 선고 82도2023 판결【사문서위조, 위조사문서행사】

위탁된 권한을 초월하여 위탁자 명의의 문서를 작성하거나 위탁자의 서명날인이 정당하게 성립한 때라 하더라도 그 서명날인자의 의사에 반하는 문서를 작성한 경우에는 사문서위조죄가 성립하므로, 피고인이 타인으로부터 금 75,000,000원의 차용 위탁을 받고 백지의 대출신청서 및 영수증에 동인의 날인을 받은 연후에 차용금액을 금 150,000,000원으로 기입하여 타인 명의의 대출신청서 및 영수증을 작성하였다면 문서위조죄가 성립한다.

○ 대법원 1983.4.12. 선고 83도154 판결【사문서위조, 위조사문서행사】

학교 성적증명서작성에 있어서 그 작성권자는 그 학교의 교장일 뿐 교감이 아닐 뿐만 아니라 성적증명서의 발급은 교장의 전결사항이므로, 교장의 부재시 교감이 대결할 수 있는 위임이 있었다 하더라도 부정한 행사는 그 위임의 본지에 반하는 것으로 이는 결국 권한없는 자의 결재에 의한 성적증명서의 작성으로서 사문서위조죄에 해당된다.

○ 대법원 1983.10.25. 선고 83도2257 판결【사문서위조, 위조사문서행사 등】

조합에 있어서 당좌수표발행을 목적으로 하는 당좌거래계약의 체결은 특별한 사정이 없는 한 이사회의 의결을 거쳐 이사장이 조합의 명의로서 하여야 할 업무로서 조합의 상무이사가 이를 집행하기 위해서는 이사장의 위임이 있어야 하고, 설사 상무이사인 조합장의 직무를 대행하는 경우라고 하더라도 조합이사장의 승인없이 그 명의의 당좌거래계약을 체결함에 필요한 당좌계정약정서 등을 작성할 권한은 없으므로, 조합장의 직무를 대행하는 상무이사가 이사장의 승인없이 당좌계정약정서를 작성하는 것은 사문서위조죄를 구성한다.

○ 대법원 1984.6.12. 선고 83도2408 판결【사문서위조, 위조사문서행사】

甲이 乙과의 동업계약에 따라 자신의 명의로 변경하기 위하여 乙의 인장이 날인된 백지의 건축주명의변경신청서를 받아 보관하고 있던 중 그 위임의 취지에 반하여 타인 앞으로 건축주명의를 변경하는 건축주명의변경신청서를 작성하여 구청에 제출하였다면 사문서위조 및 그 행사죄가 성립한다.

○ 대법원 1992.3.31. 선고 91도2815 판결【사문서위조, 위조사문서행사】

다른 곳의 토지에 분묘를 소유하고 있는 피해자에게 피고인이 신청한 골재채취장과는 멀리 떨어져 있어 토석채취를 한다고 하여도 피해가 없으니 동의해 달라고 말하여 백지의 동의서 양식에 인감도장을 날인하게 한 다음, 행사할 목적으로 그 동의서에 피해자의 의사에 반하여 분묘 소재지를 위 골재채취장 주변의 토지로 기재하였다면, 피고인이 작성한 피해자 작성명의의 동의서는 피해자가 동의서의 양식에 인감도장을 날인하면서 그 공란을 기재하도록 승낙한 내용과 다른 것이고 위 동의서의 공란을 기재하여 완성하도록 승낙한 취지에도 어긋나는 것이어서 피고인은 피해자가 승낙한 문서 아닌 문서를 작성한 셈이 되고, 피해자의 의사에 반한 내용의 동의서를 작성한 것이 되어 사문서를 위조한 경우에 해당한다고 보아야 할 것이고, 그 동의서에 미리 날인받은 피해자의 인영이 진정한 것이었다고 하여 이것만 가지고 사문서를 위조한 것이 아니라고 할 수 없다.

○ 대법원 1992.12.22. 선고 92도2047 판결【사문서위조, 위조사문서행사 등】

A는 1989.4.20. B에게 같은 해 6.5.까지 차용금을 변제하지 않을 경우 그 다음날 이후에는 나이트클럽의 명의를 B 앞으로 변경하기로 약정하고 소정사항이 기재되어 있지 아니한 백지의 양도양수서 용지에 그의 도장을 날인하여 교부하였고, 피고인은 B로부터 같은 해 5.3. 위 서류를 같은 해 6.5.까지 보관하기로 약정하고 교부받았을 뿐임에도 불구하고 같은 해 5.6. 위 서류에 "A가 같은 달 1.자로 위 나이트클럽을 피고인에게 양도한다."는 내용을 기재하였는바, 이에 의하면 피고인은 위 양도양수서 중 백지로 되어 있는 부분에 위와 같은 내용을 기재할 수 있는 권한을 위임받은 바 없으면서 작성명의인인 A의 의사에 반하여 동인 명의의 사문서를 작성하였다고 할 것이므로 피고인의 행위는 사문서위조죄에 해당한다.

○ 대법원 1994.7.29. 선고 93도1091 판결【사문서위조, 위조사문서행사 등】

공동대표이사로 법인등기를 하기로 하여 이사회의사록 작성 등 그 등기절차를 위임받았음에도 단독대표이사 선임의 이사회의사록을 작성하여 단독대표이사로 법인등기한 행위는 사문서위조, 동행사 및 공정증서원본불실기재의 죄에 해당한다.

○ 대법원 1997.3.28. 선고 96도3191 판결【사기, 사문서위조, 위조사문서행사】

피고인이 공소외 1 주식회사 실제 주인으로서 명목상 대표이사인 그의 공소외 2의 포괄적 승낙을 얻어 모든 업무처리를 하여 왔고 분양계약서 등을 작성하여 왔다고 하더라도, 공소외 1 주식회사 상가건물이 실제로 분양되지도 않았고 분양대금이 납부된 바 없는데도 그러한 사실이 있는 것으로 되어 있는 허위 내용의 문서를 작성하는 것은 공소외 2가 포괄적으로 위임한 공소외 1 주식회사의 업무에 속하는 것이라 볼 수 없으므로 사문서위조죄를 구성한다.

○ 대법원 2005.10.28. 선고 2005도6088 판결【사기, 사문서위조, 위조사문서행사】

피고인이 회사를 인수하면서 회사 대표이사의 명의를 계속 사용하기로 승낙을 받았다고 하더라도, 사기범행을 목적으로 실제로는 위 회사에 근무한 바 없는 제3자의 재직증명서 및 근로소득원천징수영수증 등 허위의 문서를 작성한 행위는 위임된 권한의 범위를 벗어나는 것으로서 사문서위조죄를 구성한다.

○ 대법원 2006.9.28. 선고 2006도1545 판결【사문서위조, 위조사문서행사】

문서 작성권한의 위임이 있는 경우라고 하더라도 그 위임을 받은 자가 그 위임받은 권한을 초월하여 문서를 작성한 경우는 사문서위조죄가 성립하는바, 회사의 실질적 경영자가 처음부터 상법상 특별배임죄의 범행에 사용할 목적으로 위 회사에 형식적으로 취임한 대표이사 명의의 문서를 작성한 행위는 사문서위조죄를 구성한다.

4) 그리고 타인으로부터 명의사용의 허락을 받았더라도 타인이 명의사용허락의 의사표시를 철회하거나 타인의 사망, 타인과의 권한다툼 등으로 명의사용허락의 의사표시가 사실상 철회되었다고 보아야 하는 경우에 타인명의로 문서를 작성하였다면 사문서위조죄를 죄책을 진다(☞ **[판례 Ⅲ-5]** 참조).

[판례 Ⅲ-5] 대법원 2011.9.29. 선고 2011도6223 판결【사문서위조, 위조사문서행사】

〈사실관계〉

피고인은 2010.2.24. 15:00경 주민센터 내에서 행사할 목적으로 망 공소외 1로부터 그의 인감증명서를 발급받을 수 있는 권한을 위임받은 것처럼 함부로 인감증명 위임장 또는 법정대리인 동의서의 위임자란에 공소외 1을 기재하고, 공소외 1의 도장을 날인하여 공소외 1의 권리의무에 관한 사문서인 인감증명 위임장 또는 법정대리인 동의서 1매를 위조하고, 그 정을 모르는 주민센터 담당직원에게 마치 진정하게 성립한 인감증명 위임장 또는 법정대리인 동의서인 것처럼 제출하여 이를 행사하였다.

〈원심 판결요지〉

피고인의 아버지인 공소외 1이 사망하기 전에 피고인에게 이 사건 부동산의 매매에 관한 일체의 권한을 위임하였고, 피고인은 이에 따라 이 사건 인감증명 위임장을 작성한 것이므로, 피고인에 대하여 사문서위조죄 및 위조사문서행사죄는 성립하지 아니하고, 설령 공소외 1의 사망으로 인하여 그 위임관계가 종료되어 피고인이 공소외 1의 명시적이거나 현실적인 승낙이 없이 이 사건 인감증명 위임장을 작성하였다고 하더라도, 피고인에게 이 사건 부동산의 매매에 관한 일체의 대리권을 수여하였던 공소외 1에게 묵시적이거나 추정적인 승낙이 있었다고 보아야 하므로 피고인의 행위는 사문서위조에 해당하지 않는다

〈대법원 판결요지〉

공소외 1의 사망으로 포괄적인 명의사용의 근거가 되는 위임관계 내지 포괄적인 대리관계는 종료된 것으로 보아야 하므로 특별한 사정이 없는 한 피고인은 더 이상 위임받은 사무처리와 관련하여 공소외 1의 명의를 사용하는 것이 허용된다고 볼 수 없고, 피고인이 사망한 공소외 1의 명의를 모용한 인감증명 위임장을 작성하여 인감증명서를 발급받아야 할 급박한 사정이 있었다고 볼 만한 사정도 없으며, 인감증명 위임장은 본래 생존한 사람이 타인에게 인감증명서 발급을 위임한다는 취지의 문서라는 점을 고려하면, 이미 사망한 공소외 1이 '병안 중'이라는 사유로 피고인에게 인감증명서 발급을 위임한다는 취지의 인감증명 위임장이 작성됨으로써 문서에 관한 공공의 신용을 해할 위험성이 발생하였다 할 것이고, 피고인이 명의자 공소외 1이 승낙하였을 것이라고 기대하거나 예측한 것만으로는 사망한 공소외 1의 승낙이 추정된다고 단정할 수 없으므로, 피고인의 행위는 사문서위조에 해당한다.

〈참조판례〉

○ 대법원 2007.3.29. 선고 2006도9425 판결【사문서위조, 위조사문서행사】

신탁자의 재산이 수탁자에게 명의신탁된 경우에는 특단의 사정이 없는 한 그 재산의 처분 기타 권한행사에 있어서는 수탁자가 자신의 명의사용을 포괄적으로 신탁자에게 허용하였다고 봄이 상당하므로 신탁자가 수탁자 명의로 신탁재산의 처분에 필요한 서류를 작성함에 있어 수탁자로부터 개별적인 승낙을 받지 아니하였다 하더라도 사문서위조·동행사죄가 성립하나, 수탁자가 명

의신탁 받은 사실을 부인하면서 신탁재산이 수탁자 자신의 소유라고 주장하는 등으로 신탁자와 사이에 신탁재산의 소유권에 관하여 다툼이 있는 경우에는 더 이상 신탁자가 그 재산의 처분 등과 관련하여 수탁자의 명의를 사용하는 것이 허용된다고 볼 수 없다. 따라서 수탁자가 신탁받은 채권을 자신이 신탁자로부터 증여받았을 뿐 명의신탁받은 것이 아니라고 주장하는 상황에서, 신탁자의 상속인이 수탁자의 동의를 받지 아니하고 그 명의의 채권이전등록청구서를 작성·행사한 행위는 사문서위조 및 위조사문서행사죄에 해당한다. (수탁자가 명의신탁 받은 사실 자체를 부인하는 것은 아니더라도 신탁자의 신탁재산 처분권한을 다투는 등 신탁재산에 관한 처분이나 기타 권한행사에 있어서 신탁자에게 부여하였던 수탁자 명의사용에 대한 포괄적 허용을 철회한 것으로 볼 만한 사정이 있는 경우에도 마찬가지이다.- 대법원 2007.11.30. 선고 2007도4812 판결).

○ 대법원 2009.5.14. 선고 2008도11040 판결【사문서위조, 위조사문서행사】

법인의 이사가 사임하는 행위는 상대방 있는 단독행위여서 그 의사표시가 상대방에게 도달함과 동시에 그 효력을 발생하고 그 즉시 이사로서의 지위를 상실하므로, 자신의 이름을 회사의 이사인 것처럼 사용하도록 허락한 사람이 사임의 의사표시를 하는 경우 그 의사표시에는 명의사용에 대한 기존의 승낙이나 동의를 더 이상 유지하지 않는다는 의사도 포함되어 있고 상대방도 이러한 의사를 인식하였다고 보아야 하고, 그 이후에는 더 이상 그 명의를 사용할 수 없다. 다만 사임으로 인하여 필요한 이사의 수에 결원이 생기는 등 특별한 사유가 있는 경우에는 사임한 이사의 명의사용이 곧바로 금지된다고 단정할 수는 없고 당초 이사로 선임된 동기, 사임으로 인한 이사 정원의 미달 여부, 사임의 동기, 이사와 회사 및 1인 주주와의 관계, 사임 이후의 명의사용에 대하여 이의를 제기하였는지 여부 등의 사정을 종합하여 살펴보아야 하는바, 대표이사가 이사회를 개최한 후 이사의 사임으로 결원이 발생하자 사임의사를 표시하였던 이사를 포함한 이사 3인 명의로 이사회 의사록을 작성하고 비치하거나 교부하였다면 대표이사의 행위는 사문서위조 및 위조사문서행사죄를 구성한다고 볼 수 없다.

5) 주식회사의 대표이사나 지배인은 회사의 영업에 관하여 재판상 또는 재판외의 모든 행위를 할 권한이 있으므로, 대표이사가 직접 주식회사 명의 문서를 작성하는 행위는 위조에 해당하지 않는 것이 원칙이고, 그 문서의 내용이 진실에 반하는 허위이거나 대표권을 남용하여 자기 또는 제3자의 이익을 도모할 목적으로 작성된 경우에도 마찬가지이다(대법원 1983.4.12. 선고 83도332 판결). 이에 대하여 대표권을 남용하는 것이 아니라 대표권을 넘는 경우에는 문서의 작성권한이 있다고 할 수 없고 따라서 사문서위조죄의 죄책을 진다(☞ **[판례 Ⅲ-6]** 참조).

[판례 Ⅲ-6] 대법원 2008.11.27. 선고 2006도2016 판결【사문서위조, 위조사문서행사 등】

〈사실관계〉

피고인 1은 투자자로부터 받은 투자금 중 일부로 주식회사 H로부터 그 회사 소유인 오피스텔 등을 구입하고 나머지는 다른 용도로 사용하였는데, 투자자측으로부터 사기 등으로 고소를 당하자 유리한 자료로 제출하기 위하여 당시 주식회사 S종합건설의 대표이사이면서 한편으로는 주식회사 H의 대표이사 공소외 2로부터 포괄적인 위임을 받아 두 회사의 대표이사 업무를 처리하고 있던 피고인 2에게 위 투자금을 모두 오피스텔 구입 및 공사대금 등으로 지급받은 것처럼 허위 내용의 영수증과 세금계산서를 작성해 달라고 부탁하였고, 피고인 2는, 위 매매계약 건을 원만하게 마무리할 생각으로 임의로 '주식회사 H 대표이사 공소외 1' 또는 '주식회사 S종합건설 대표이사 공소외 2(공소외 2는, 이미 퇴임한 전 대표이사이다)'으로 표시하여, 마치 피고인 1이 투자금 전부를 오피스텔 구입 및 공사대금으로 위 회사들에게 지급한 것처럼 기재한 허위 내용의 영수증과 세금계산서에 위 회사들의 직인을 날인해 이를 피고인 1에 주었다.

〈판결요지〉

먼저 피고인 1과 피고인 2가 '주식회사 H 대표이사 공소외 2'로 표시하여 허위 내용 영수증과 세금계산서를 작성한 행위는 주식회사 H 명의의 영수증과 세금계산서를 위조하는 행위에 해당한다. 비록 피고인 2가 주식회사 H의 적법한 대표이사인 공소외 1의 포괄적인 위임을 받아 위 회사의 대표이사 업무를 처리하고 있었다고 하더라도, 공소외 1의 위와 같은 대표이사 권한의 포괄적인 위임은 원칙적으로 허용될 수 없는 것이고, 더구나 피고인 1을 위하여 주식회사 H에게 불리한 내용의 허위 영수증과 세금계산서를 작성해 주는 행위는 대표이사 공소외 1이 대표이사 권한을 포괄적으로 위임한 취지의 범위 내에 속한다고 단정하기 어렵기 때문이다. 따라서 피고인 1과 피고인 2가 대표이사 공소외 1의 개별적·구체적인 위임 또는 승낙을 받지 않고 주식회사 화동 명의의 허위 영수증과 세금계산서를 작성하여 행사한 행위는 권한 없이 주식회사 화동 명의의 문서를 작성하여 행사한 행위로서 사문서위조죄 및 위조사문서행사죄를 구성한다.

그러나 피고인 1과 피고인 2가 '주식회사 S종합건설 대표이사 공소외 2'으로 표시하여 허위 내용 영수증과 세금계산서를 작성한 행위는 주식회사 S종합건설 명의의 영수증과 세금계산서를 위조하는 행위에 해당하지 아니한다. 피고인 2가 주식회사 S종합건설의 적법한 대표이사인 이상, 그 권한이 제한되어 있는 특별한 경우가 아니라면 직접 S종합건설 명의 문서를 작성하는 행위는 위조에 해당하지 않는 것이 원칙이고, 이는 문서의 내용이 진실에 반하는 허위인지, 대표권을 남용하여 자기 또는 제3자의 이익을 도모할 목적으로 문서를 작성한 것인지 또는 대표이사로 표시된 공소외 2 개인으로부터 그 문서 작성에 관하여 위임 또는 승낙을 받았는지 등에 따라 달라지는 것이 아니기 때문이다. 따라서 피고인1과 피고인 2가 주식회사 S종합건설 명의의 영수증과 세금계산서를 작성하여 행사한 행위는, 비록 그 내용이 사실과 다르고 작성에 관하여 공소외 2로부터 승낙을 받지 않았다고 하더라도, 권한 없이 주식회사 S종합건설 명의의 문서를 작성하여 행사한 행위에 해당하지 않아 사문서위조죄나 위조사문서행사죄를 구성하지 아니한다.

〈참조판례〉

○ 대법원 2008.11.27. 선고 2006도9194 판결【사문서위조, 위조사문서행사】

주식회사 대표이사의 대표권은 정관이나 주주총회 또는 이사회 결의 등에 의하여 적법하게 제한할 수 있지만, 회사의 운영을 실질적으로 장악·통제하고 있는 1인 주주가 적법한 대표이사의 권한 행사를 사실상 제한하고 있다는 것만으로는 대표이사의 대표권을 적법하게 제한하였다고 할 수 없으므로, 대표이사가 권한을 행사하는 과정에서 단순히 그 1인 주주의 위임 또는 승낙을 받지 않았다고 하여 그 대표권 행사가 권한을 넘어서는 행위가 되는 것은 아니다. 따라서 주식회사의 대표이사가 실질적 운영자인 1인 주주의 구체적인 위임이나 승낙을 받지 않고 이미 퇴임한 전 대표이사를 대표이사로 표시하여 회사 명의의 문서를 작성하였다고 하더라도 문서위조죄를 구성하는 것은 아니다.

○ 대법원 2010.5.13. 선고 2010도1040 판결【사문서위조, 위조사문서행사】

원래 주식회사의 지배인은 회사의 영업에 관하여 재판상 또는 재판 외의 모든 행위를 할 권한이 있으므로, 지배인이 직접 주식회사 명의 문서를 작성하는 행위는 위조에 해당하지 않는 것이 원칙이고, 이는 그 문서의 내용이 진실에 반하는 허위이거나 권한을 남용하여 자기 또는 제3자의 이익을 도모할 목적으로 작성된 경우에도 마찬가지이다. 따라서 주식회사의 지배인이 연대보증채무를 부담하는 취지의 회사 명의의 차용증을 작성·교부한 경우 그 문서에 일부 허위 내용이 포함되거나 위 연대보증행위가 회사의 이익에 반하는 것이더라도 사문서위조 및 위조사문서행사에 해당하지 않는다.

○ 대법원 2012.9.27. 선고 2012도7467 판결【사문서위조, 위조사문서행사 등】

회사 내부규정 등에 의하여 각 지배인이 회사를 대리할 수 있는 행위의 종류, 내용, 상대방 등을 한정하여 권한을 제한한 경우에 제한된 권한 범위를 벗어나서 회사 명의의 문서를 작성하였다면, 이는 자기 권한 범위 내에서 권한 행사의 절차와 방식

등을 어긴 경우와 달리 문서위조죄에 해당하는바, 은행의 내부규정은 지급보증 등 여신에 관하여 금액 규모 등에 따라 전결권자를 구분하고 나아가 여신 결재가 이루어진 것을 전제로 인감관리자의 결재를 받아 사용인감계를 작성하도록 하는 등으로 지급보증 등의 의사결정 권한을 상위 결재권자에게 부여하고 있음에도 불구하고 은행의 지배인이 신용이나 담보가 부족한 차주 회사가 저축은행 등 대출기관에서 대출을 받는 데 사용하도록 지급보증의 성질이 있는 은행 명의의 대출채권양수도약정서와 사용인감계를 작성하였다면 사문서위조죄의 죄책을 면할 수 없다.

6) 위조라고 하기 위해서는 타인의 명의를 모용한 문서를 현실적으로 작출(作出)하여야 한다. 반드시 새롭게 문서를 만들어야 하는 것은 아니고 미완성의 문서를 완성하는 것도 위조에 해당한다. 따라서 피해자로 하여금 백지의 동의서 양식에 인감도장을 날인하게 한 다음 행사할 목적으로 피해자의 의사에 반하여 동의서의 기재한 경우에는 사문서위조죄가 성립한다(대법원 1992.3.31. 선고 91도2815 판결). 그리고 사진, 성명 등 기존 문서의 본질적 또는 중요부분에 변경을 가하여 새로운 내용의 문서를 만드는 것은 변조가 아니라 위조에 해당한다(대법원 1991.9.10. 선고 91도1610 판결 참조).

또한 문서를 전자복사기, 모사전송기 기타 이와 유사한 기기를 사용하여 복사한 사본도 원본과 동일한 의미를 가지므로(형법 제237조의2), 위조된 문서를 전자복사기로 복사하여 그 사본을 만들거나(대법원 1996.5.14. 선고 96도785 판결), 다른 서류에 찍혀 있던 타인의 직인을 칼로 오려내어 풀로 붙인 후 이를 복사하는 방법으로 타인 명의의 추천서와 경력증명서를 만드는 것(대법원 2011.2.10. 선고 2010도8361 판결)도 문서위조에 해당한다.

직접 문서를 작성하는 경우는 물론 명의인을 기망하여 문서를 작성케 하는 경우도 위조에 해당하는데, 그 내용을 제대로 알지 못하는 명의인을 기망하여 문서에 서명·날인하게 한 경우에도 사문서위조죄가 성립한다. 예컨대 피고인이 문중의 임야의 등기 및 매도권한을 피고인에게 일임하고 매도금액 3분의 1을 문중에 반납하고 나머지를 피고인에게 소송대행비용으로 준다는 내용의 정기문중총회 회의록을 임의로 작성하고 종중원들에게 회의록의 내용 등에 관하여 제대로 알려 주지 아니한 채 단지 임야에 관하여 문중 명의로 소유권이전등기를 하는 데 필요하다는 정도로만 얘기하면서 종중원들을 찾아다니면서 서명·날인을 받았다면 사문서위조죄가 성립한다(대법원 2000.6.13. 선고 2000도778 판결).

7) 끝으로 위조라고 하기 위해서는 일반인으로 하여금 진정한 문서로 오인할만한 외관을 갖추어야 한다. 사문서위조죄는 그 명의자가 진정으로 작성한 문서로 볼 수 있을 정도의 형식과 외관을 갖추어 일반인이 명의자의 진정한 사문서로 오신하기에 충분한 정도이면 성립하는 것이고, 반드시 그 작성명의자의 서명이나 날인이 있어야 하는 것은 아니나, 일반인이 명의자의 진정한 사문서로 오신하기에 충분한 정도인지 여부는 그 문서의 형식과 외관은 물론 그 문서의 작성경위, 종류, 내용 및 일반거래에 있어서 그 문서가 가지는 기능 등 여러 가지 사정을 종합적으로 고려하여 판단하여야 한다(대법원 1997.12.26. 선고 95도2221 판결).

○ 대법원 1984.10.23. 선고 84도1729 판결【사문서위조, 위조사문서행사 등】

예금청구서에 작성명의자의 기명만 있고 날인이 빠져있다 하여도 일반인이 그 작성명의자에 의하여 작성된 예금청구서라고 오신할 만한 형식과 외관을 갖추고 있는 이상 권한없이 예금청구서를 작성한 행위는 사문서위조죄에 해당하고 날인이 없다하여 이를 미완성문서로 볼 수는 없다.

○ 대법원 1997.12.26. 선고 95도2221 판결【사기·사문서위조·위조사문서행사】

작성명의자의 승낙이나 위임이 없이 그 명의를 모용하여 토지사용에 관한 책임각서 등을 작성하면서 작성명의자의 서명이나 날인은 하지 않고 다만 피고인이 자신의 이름으로 보증인란에 서명·날인한 경우, 사문서위조죄가 성립되기 어렵다.

○ 대법원 1998.4.10. 선고 98도164 판결【사문서위조, 위조사문서행사 등】

문서위조죄는 문서의 진정에 대한 공공의 신용을 그 보호법익으로 하는 것이므로, 피고인이 위조하였다는 국제운전면허증이 그 유효기간을 경과하여 본래의 용법에 따라 사용할 수는 없게 되었다고 하더라도, 이를 행사하는 경우 그 상대방이 유효기간을 쉽게 알 수 없도록 되어 있거나 위 문서 자체가 진정하게 작성된 것으로서 피고인이 명의자로부터 국제운전면허를 받은 것으로 오신하기에 충분한 정도의 형식과 외관을 갖추고 있다면 피고인의 행위는 문서위조죄에 해당한다.

○ 대법원 2006.9.14. 선고 2005도2518 판결【사기미수·사문서위조·위조사문서행사】

입금확인서가 수기로 기재된 부분이 전혀 없이 컴퓨터 활자로만 작성되어 있고 공동 작성명의자 중 피고인 이름 다음에는 날인이 되어 있으나 공소외인의 이름 다음에는 날인이 되어 있지 않다면 그 기재와 같은 정도만으로는 공소외인이 작성한 진정한 문서로 오신하기에 충분한 정도의 외관과 형식을 갖춘 완성된 문서라고 보기에 부족하다.

○ 대법원 2009.5.14. 선고 2009도5 판결【사기·사문서위조·위조사문서행사】

건설시행업자가 재개발사업 대상 토지 소유자들이 일정한 기한 내에 매매계약을 체결할 것을 동의한다는 내용의 매매계약동의서를 컴퓨터 및 필기구를 이용하여 작성하였지만, 위 매매계약동의서에는 동의 당사자들의 성명 및 주소만 기재되어 있을 뿐 날인은 없었던 점, 다른 토지 소유자들의 매매동의를 얻어 날인까지 받은 매매계약동의서와 함께 제시됨으로써 위 매매계약동의서의 소유자들은 확정적으로 매매계약에 동의하지 않았다는 사실을 쉽게 구별·확인가능 한 점, 매매계약동의서의 성격 등을 고려해 볼 때, 위 매매계약동의서가 진정한 문서로 오신하기에 충분한 정도의 형식과 외관을 갖춘 완성된 문서로 인정하기에 부족하므로 사문서위조죄가 성립한다고 볼 수 없다.

(3) 변 조

1) 변조란 권한 없는 자가 이미 진정하게 성립된 타인 명의의 문서내용에 대하여 동일성을 해하지 않을 정도로 변경을 가하여 새로운 증명력을 작출하는 것을 말한다(☞ **[판례 Ⅲ-7]** 참조).

[판례 Ⅲ-7] 대법원 2011.9.29. 선고 2010도14587 판결【사문서변조, 변조사문서행사】

〈사실관계〉

고소인 회사가 피고인을 상대로 손해배상청구소송을 제기하고, 피고인은 고소인 회사를 상대로 해고무효확인 등 소송을 반소로 제기하여 소송계속 중, 피고인은 공소외 1 주식회사에서 4월분 급여를 받은 사실이 있음에도 이를 숨기기 위하여 행사할 목적으로 권한 없이 경리직원으로 하여금 S은행 발행의 피고인 명의 통장 기장내용 중 입금자인 공소외 1 주식회사 부분을 화이트 테이프로 지우고 복사하게 하여 S은행 명의의 통장 1매를 변조하고, 위와 같인 변조된 통장사본을 그 정을 모르는 담당변호사에게 제출하여 그로 하여금 재판부에 증거로 제출하도록 하여 이를 행사하였다.

〈원심 판결요지〉

피고인이 S은행 명의 통장의 기장내역 "2006.4.26. 공소외 1 주식회사, 2,694,180원" 중 "공소외 1 주식회사" 부분을 화이트 테이프로 지우고 복사하여 "2006.4.26., 2,694,180원"이라는 외관을 창출한 사실은 인정되나, 피고인의 위와 같은 행위는 단순히 입금자가 누군지 알 수 없는 상태를 초래한 것일 뿐인 점, 계속하여 기장된 다른 거래의 기장내역과 비교하여 보면 위 공란 부분은 입금자의 명의가 기재되는 부분임을 누구라도 쉽게 알 수 있는 점, 피고인이 가린 부분이 통장의 잔액 부분과 달리 공동명의인인 S은행에게 중요한 의미가 있는 사항은 아니었던 점 등에 비추어 피고인의 위와 같은 행위로 공공적 신용을 해할 정도의 새로운 증명력이 작출되었다고는 볼 수 없고, 이 사건 통장사본의 공동명의자인 S은행의 승낙이 추정되며, 피고인에게 범의를 인정하기도 어렵다.

〈대법원 판결요지〉

사문서변조죄는 권한 없는 자가 이미 진정하게 성립된 타인 명의의 문서내용에 대하여 동일성을 해하지 않을 정도로 변경을 가하여 새로운 증명력을 작출케 함으로써 공공적 신용을 해할 위험성이 있을 때 성립한다. 사문서의 위·변조죄는 작성권한 없는 자가 타인 명의를 모용하여 문서를 작성하는 것을 말하므로 사문서를 작성·수정할 때 명의자의 명시적이거나 묵시적인 승낙이 있었다면 사문서의 위·변조죄에 해당하지 않고, 한편 행위 당시 명의자의 현실적인 승낙은 없었지만 행위 당시의 모든 객관적 사정을 종합하여 명의자가 행위 당시 그 사실을 알았다면 당연히 승낙했을 것이라고 추정되는 경우 역시 사문서의 위·변조죄가 성립하지 않는다고 할 것이나, 명의자의 명시적인 승낙이나 동의가 없다는 것을 알고 있으면서도 명의자가 문서작성 사실을 알았다면 승낙하였을 것이라고 기대하거나 예측한 것만으로는 그 승낙이 추정된다고 단정할 수 없다.

관련 민사소송에서 피고인이 언제부터 고소인 회사에서 급여를 받았는지가 중요한 사항이었는데 2006. 4.25.자 입금자 명의를 가리고 복사하여 이를 증거로 제출함으로써 2006.5.25.부터 고소인 회사에서 급여를 수령하였다는 새로운 증명력이 작출되었으므로 공공적 신용을 해할 위험성이 있었다고 볼 수 있고, 제반 사정을 종합할 때 통장 명의자인 S은행장이 행위 당시 그러한 사실을 알았다면 이를 당연히 승낙했을 것으로 추정된다고 볼 수 없으며, 피고인이 쟁점이 되는 부분을 가리고 복사함으로써 문서내용에 변경을 가하고 증거자료로 제출한 이상 사문서변조 및 동행사의 고의가 없었다고 할 수 없다.

2) 변조의 대상은 타인명의의 문서에 한하고 자기명의의 문서에 변경을 가한 때에는 변조에 해당하지 않는다. 자기명의의 문서는 그것이 타인의 소유인 경우 이를 함부로 변경하여 그 용도에 사용하지 못하게 하였다면 문서손괴죄가 성립할 따름이다(대법원 1987.4.14. 선고 87도177 판결). 수인이 연명한 문서는 개별적으로 독립한 문서를 구성하므로 연명문서에 허위내용을 기재하고 자신의 성명을 기재하는 것은 사문서위조 또는 변조에 해당하지 않으나, 수인이 순서대로 이름을 적고 제3자가 이를 확인하였다는 의미로 자신의 성명을 기재하고 서명한 문서는 타인의 문서이므로, 이에 허위사실을 기재하고 자신의 성명을 기재하는 것은 타인명의 문서의 변조에 해당한다(☞ **[판례 Ⅲ-8]** 참조).

[판례 Ⅲ-8] 대법원 2010.1.28. 선고 2009도9997 판결【사문서변조, 변조사문서행사】

〈사실관계〉

피고인 1이, 일련번호 16번까지 투표지를 받은 사람들의 기명 및 서명이 기재되어 있고 투표 후에 공소외 1, 2가 하단 공백부분에 서명한 '2008년 임시관리단집회 투표지대장'의 일련번호 17번란에 피고인 1이라고 기명하고 서명하여, 공소외 1, 2 명의

의 사문서인 위 투표지대장을 변조하고 이를 법원에 증거자료로 제출하여 행사하였다

〈원심 판결요지〉

위 투표지대장은 투표용지를 받은 사람들이 이를 교부받았다는 뜻으로 이름을 순서대로 적은 일종의 연명문서에 해당하여, 비록 한 장의 종이에 담겨 있으나 이에 서명한 투표자들 부분은 각 개별적으로 독립한 문서를 구성하고, 공소외 1, 2가 투표절차를 확인하였다는 의미로 개표 후 그 하단 공백에 서명한 부분은 투표자들의 서명 부분과는 분리되는 별개 문서일 뿐이어서, 공소외 1, 2의 서명이 있었다고 하여 기존의 투표자들의 서명 부분이 공소외 1, 2 명의의 문서에 포섭되어 위 투표지대장 전체가 '공소외 1, 2 명의의 문서'로 되는 것은 아니므로 사문서변조죄를 성립하지 않는다.

〈대법원 판결요지〉

위 투표지대장은 투표자격이 있는 사람을 확인하여 그에게 투표지를 교부하는 업무를 담당하는 사람이 위와 같은 확인업무를 기록에 남기기 위한 용도로 작성된 것으로서(즉 투표자들이 공동의 의사로 어떤 법률관계를 형성한다는 의사표시가 표시된 것이 아니다), 이 사건에서 공소외 1, 2가 그와 같은 업무를 담당하면서 최종적으로 총 16명이 투표지를 받아 투표를 하였다는 사실을 확인한 후 이에 서명한 것이므로 개별투표자 및 그 총인원수를 증명하는 기능을 가진 공소외 1, 2 명의의 독립적인 문서로도 완성되었다고 할 것이고, 그 후에 피고인이 임의로 17번란에 기명하고 서명한 것은 위와 같이 완성된 문서의 동일성을 해한 것으로서 사문서변조죄가 성립한다.

3) 타인명의의 문서라고 하더라도 변경의 권한이 있는 때에는 변조에 해당하지 않는다. 예컨대 甲의 위임을 받아 그 소유부동산을 매도함에 있어서 甲을 대리하여 매수인과 매매계약을 체결한 乙이 위 매매계약의 이행문제로 분쟁이 생기자 매수인의 요구에 따라 매매계약서상 매도인 甲 명의 위에 乙이 甲의 대리인이라는 표시로 '을대(乙代)'라는 문구를 삽입 기재하였다 하더라도 이는 부동산의 처분권한을 위임받아 매매계약서 작성권한있는 자가 한 변경행위에 불과하고 매도인의 승낙을 받지 아니하였다고 하여 사문서변조죄가 성립되는 것은 아니다(대법원 1986.8.19. 선고 86도544 판결).

그러나 부동산매매계약을 체결함에 있어서 甲을 매수인으로 내세우고 乙은 그 계약의 단순한 입회인의 자격으로서 그 계약을 체결한 이상 매매계약서의 작성명의자는 甲이고, 그 전에 甲과 乙이 서로 돈을 대어 丙으로부터 이 사건 부동산을 공동매수하기로 합의하였다 하더라도 이는 甲과 乙만의 대내적인 합의에 불과하므로, 乙이 마음대로 매매계약서를 고쳤다면 이는 사문서변조죄에 해당한다(대법원 1976.8.24. 선고 76도1774 판결).

4) 작성명의자의 승낙없이 문서의 내용을 변경하면 사문서변조죄가 성립하고 그 변경내용이 객관적 진실과 합치하는 것이라고 하더라도 범죄의 성립에는 영향이 없다. 예컨대 채무자가 민사소송에서 다툼이 있을 것을 대비하여 채권자로부터 교부받은 영수증에 임의로 기재를 한 경우, 그 변경 내용이 비록 객관적인 진실에 합치하는 것이라 하더라도 이는 그 영수증에 새로운 증명력을 가져오게 한 것이므로 사문서변조죄가 성립한다(대법원 1995.2.24. 선고 94도2092 판결). 이에 대하여 문서에 변경을 가하였으나 그것이 문서 내용에 영향을 미치지 않는다면 이로 인해 새로운 증명력이 창출되었다고 할 수 없으므로 문서변조에 해당하지 않는다(대법원 1981.10.27. 선고 81도2055 판결).

○ 대법원 1981.10.27. 선고 81도2055 판결【사문서변조 등】

피고인의 본명은 B나 일상거래상 A로 통용되어 온 경우에 공소외인 작성의 A 앞으로 된 영수증에 피고인이 "A"라는 기재 옆에 "B"라고 기입하였다고 하여도 이는 위 영수증의 내용에 영향을 미쳤다고 보이지 아니하고, 따라서 새로운 증명력을 가한 것이 아니므로 사문서변조죄를 구성하지 아니한다.

○ 대법원 1995.2.24. 선고 94도2092 판결【사문서변조】

공소외인이 피고인으로부터 어음을 발행·교부받으면서 그 증빙으로 작성하여 준 영수증에 공소외인이 "위 어음은 한국주택은행 이리지점의 융자에 따른 할부금 및 연체이자를 불입하기 위해 받은 것이다"고 기재하여 두었을 뿐 그 문면 자체만으로는 당초 그 어음 수수에 의한 변제목적이 된 해당 은행융자금 상환채무가 구체적으로 어떠한 채무를 가리키는지의 점이 분명치 않았는데, 피고인이 나중에 민사소송에서 그 어음은 계쟁부동산을 담보물로 한 은행융자금채무의 상환을 위하여 교부받은 것이라는 사실을 입증하는 데 사용할 목적으로, 보관 중이던 영수증 위의 "할부금"이라는 기재 옆에 그 작성명의인인 공소외인의 승낙 없이 임의로 계쟁 부동산을 지칭하는 표시로서 "733-19번지"라고 써 넣었다면, 그 변경내용이 비록 객관적인 진실에 합치하더라도 이는 그 영수증에 새로운 증명력을 가져오게 한 것이므로 사문서변조죄를 구성한다.

5) 문서의 작성명의인이 2인 이상인 경우 명의자 중의 한 사람이 다른 명의자의 동의없이 문서의 내용을 변경한 경우에도 사문서변조죄의 죄책을 진다(대법원 1977.7.12. 선고 77도1736 판결). 예컨대 장기간의 분쟁을 종결짓는 상황에서 합의의 구체적인 내용을 특정하여 기재한 다음 그에 대한 상인들의 찬반 의사를 표시함으로써 분쟁이 재발될 경우 입증자료로 사용하기 위하여 작성된 합의서의 잔금지급조건을 '3개월 분할납입'에서 '6개월 분할납입'으로 수정하는 것은 사문서변조에 해당한다(대법원 2006.1.26. 선고 2004도788 판결).

(4) 행사할 목적과 위조·변조의 고의

1) 본죄는 행사할 목적을 요하는 목적범이다. 문서변조죄에 있어서 행사할 목적이란 변조된 문서를 진정한 문서인 것처럼 사용할 목적을 말하는 것으로 적극적 의욕이나 확정적 인식을 요하지 아니하고 미필적 인식이 있으면 족하다(대법원 2006.1.26. 선고 2004도788 판결).

2) 본죄는 고의범으로 권한없이 타인명의의 문서를 위조 또는 변조한다는데 대한 인식과 의사가 요구된다. 명의자의 승낙이 있다고 오인한 경우에는 원칙적으로 본죄가 성립하지 않는다.

다만 명의자의 명시적인 승낙이나 동의가 없다는 것을 알고 있으면서도 명의자가 문서작성 사실을 알았다면 승낙하였을 것이라고 기대하거나 예측한 것만으로는 그 승낙이 추정된다고 단정해서는 안 된다. 법무사법에 의하면 법무사가 사건의 위임을 받은 경우에는 주민등록증·인감증명서 등 법령에 의하여 작성된 증명서의 제출이나 제시 기타 이에 준하는 확실한 방법으로 위임인이 본인 또는 그 대리인임을 확인하여야 하는데, 법무사가 타인의 권리의무에 중대한 영향을 미칠 수 있는 문서를 작성함에 있어 이 규정에 위반하여 문서명의자 본인의 동의나 승낙이 있었는지에 대한 아무런 확인절차를 거치지 아니하고 명의자 본인의 동의나 승낙이 없음을 알면서도 권한 없이 문서를 작성한 경우에는 사문서위조 및 동행사죄의 고의를 인정할 수 있다(대법원 2008.4.10. 선고 2007도9987 판결).

(5) 죄 수

1) 문서에 2인 이상의 작성명의인이 있을 때에는 각 명의자 마다 1개의 문서가 성립되므로 2인 이상의 연명으로 된 문서를 위조한 때에는 작성명의인의 수대로 수개의 문서위조죄가 성립하고, 다만 연명문서를 위조하는 행위는 자연적 관찰이나 사회통념상 하나의 행위이므로 수개의 문서위조죄는 상상적 경합에 해당한다(대법원 1987.7.21. 선고 87도564 판결).

2) 사문서를 위조하고 위조한 사문서를 행사한 때에는 사문서위조죄 및 위조사문서행사죄가 성립하도 양죄는 실체적 경합관계에 있다.

3) 예금통장을 강취하고 예금자 명의의 예금청구서를 위조한 다음 이를 은행원에게 제출행사하여 예금인출금 명목의 금원을 교부받았다면 강도, 사문서위조, 동행사, 사기죄가 성립하고 이들은 실체적 경합관계에 있다(대법원 1991.9.10. 선고 91도1722 판결).

4) 신용카드의 사용이라 함은 신용카드의 소지인이 신용카드의 본래 용도인 대금결제를 위하여 가맹점에 신용카드를 제시하고 매출표에 서명하여 이를 교부하는 일련의 행위를 가리키므로, 매출표의 서명 및 교부가 별도로 사문서위조 및 동행사죄에 해당하더라도 이들 죄는 신용카드부정사용죄에 흡수되어 신용카드부정사용죄의 일죄만이 성립하고 별도로 사문서위조 및 동행사죄는 성립하지 않는다(대법원 1992.6.9. 선고 92도77 판결).

10. 자격모용 사문서·사도화 작성죄(제232조)

1) 행사할 목적으로 타인의 자격을 모용하여 권리의무 또는 사실증명에 관한 문서나 도화를 작성함으로써 성립하는 범죄로 5년 이하의 징역 또는 1천만원 이하의 벌금에 처한다. 본죄의 미수범은 처벌한다(제235조).

2) 타인은 자연인뿐만 아니라 법인, 법인격 없는 단체를 비롯하여 거래관계에서 독립한 사회적 지위를 갖고 활동하고 있는 존재를 포함한다. 예컨대 부동산중개사무소인 '○○부동산'이라는 표기는 단순히 상호를 가리키는 것이 아니라 독립한 사회적 지위를 가지고 활동하는 존재로 취급될 수 있으므로, 부동산중개사무소를 대표하거나 대리할 권한이 없는 사람이 부동산매매계약서의 공인중개사란에 '○○부동산 대표 △△△(피고인의 이름)'라고 기재한 경우에는 자격모용사문서작성죄가 성립한다(대법원 2008.2.14. 선고 2007도9606 판결).

3) '타인의 자격을 모용한다'고 함은 대리권 또는 대표권이 없는 자가 타인의 대리인 또는 대표자의 자격을 사칭하는 것을 말한다. 대표자 또는 대리인의 자격을 표시하는 방법에는 특별한 규정이 없

으므로, 문서 또는 도화의 작성자가 스스로를 위한 것이 아니고 그 명의인을 위하여 법률행위를 한다는 것을 인식할 수 있을 정도의 표시가 있으면 족하다. A회사 소유의 오피스텔에 대한 분양대행 권한을 가지게 되었을 뿐 A회사의 동의 없이 오피스텔을 임대할 권한이 없는데도 임차인들과 임대차계약을 체결하면서 A회사가 분양사업을 위해 만든 B회사 명의로 계약서를 작성·교부하면서 임대차계약서에는 임대인이 'B 회사'로 기재되어 있을 뿐 대표자 또는 대리인의 자격 표시가 없고 작성자의 개인 도장이 찍혀있더라도, 일반인으로서는 임대차계약서가 B 회사의 대표자 또는 대리인의 자격을 가지고 B 회사 명의로 작성된 문서라고 믿게 할 수 있는 정도의 형식과 외관을 갖추고 있다면 이는 자격모용사문서작성에 해당한다(대법원 2017.12.22. 선고 2017도14560 판결).

대리권 또는 대표권이 처음부터 없는 경우뿐만 아니라 대리권 또는 대표권이 소멸되었음에도 불구하고 대표자 또는 대리인의 자격으로 문서를 작성한 경우에는 본죄가 성립한다. 공동주택건설사업을 추진하는 단체로부터 공사대행업자 선정권한을 위임받은 변호사가 위 단체로부터 위임계약을 해지한다는 취지의 내용증명우편을 수령하고도 제3자와 위 단체 명의로 공동주택단지 개발사업 공동추진계약을 체결하면서 자신을 위 단체의 대리인으로 기재한 계약서를 작성한 경우에는 자격모용사문서작성가 성립한다(대법원 2005.4.15. 선고 2004도6404 판결). 그러나 법인의 이사의 일부의 임기가 만료하였다고 하더라도 후임 이사가 선임되지 않았거나 또는 후임 이사가 선임되었다고 하더라도 그 선임결의가 무효이고 다른 이사만으로는 정상적인 법인의 활동을 할 수 없는 경우에는 특별한 사정이 없는 한 구 이사는 후임 이사가 선임될 때까지 종전의 직무를 수행할 수 있으므로, 종중의 신임 대표자 등이 선임되었으나 그 선임결의가 무효이고 종전 임원에 대한 직무집행정지가처분결정이 있은 후 그 가처분결정이 취소되었다면, 종전 임원이 가처분결정 이전에 작성한 이사회 의사록은 자격을 모용하여 작성한 문서라고 할 수 없고 나아가 그 문서를 가처분결정 이후에 행사하였다고 하더라도 자격모용작성사문서행사죄가 성립하지 않는다(대법원 2007.7.26. 선고 2005도4072 판결).

그리고 대리권 또는 대표권이 있는 자가 권한 밖의 사항에 관하여 대리인 또는 대표자 명의나 본인명의의 문서를 작성한 경우에는 본죄가 성립하나, 그 권한을 남용하여 대리인 또는 대표자 명의나 본인명의의 문서를 작성한 경우에는 본죄가 성립하지 않는다.

○ 대법원 2007.10.11. 선고 2007도5838 판결【자격모용사문서작성】

자격모용 사문서작성죄를 구성하는지 여부는 그 문서를 작성함에 있어 타인의 자격을 모용하였는지 아닌지의 형식에 의하여 결정하여야 하고, 그 문서의 내용이 진실한지 아닌지는 이에 아무런 영향을 미칠 수 없으므로, 타인의 대표자 또는 대리자가 그 대표 또는 대리명의로 문서를 작성할 권한을 가지는 경우에 그 지위를 남용하여 단순히 자기 또는 제3자의 이익을 도모할 목적으로 문서를 작성하였다 하더라도 자격모용 사문서작성죄는 성립하지 아니한다. 따라서 토지매수권한을 위임받은 대리인이 매도인측 대표자와 공모하여 매매대금 일부를 착복하기로 하고 위임받은 특정 매매금액보다 낮은 금액을 허위로 기재한 매매계약서를 작성한 경우, 자격모용 사문서작성죄를 구성하지 않는다.

○ 대법원 2008.12.24. 선고 2008도7836 판결【자격모용사문서작성, 자격모용작성사문서행사 등】

주식회사의 적법한 대표이사로서 그 권한이 제한되어 있는 특별한 경우가 아닌 이상 직접 주식회사명의 문서를 작성하는 행위가 자격모용사문서작성에 해당될 수는 없는 것이 원칙이고, 이는 문서의 내용이 진실에 반하는 허위인지, 대표권을 남용하여 자기 또는 제3자의 이익을 도모할 목적으로 문서를 작성한 것인지에 따라 달라지는 것도 아니다. 따라서 ○○주식회사의 대표이사인 피고인이 전처가 회사에 대하여 대여금채권을 가지고 있는 것처럼 허위로 꾸며 전처로 하여금 위 허위의 대여금채권에 기하여 회사 앞으로 공탁된 공탁금에 대한 출급청구권에 대하여 채권압류 및 추심명령을 받게 함으로써, 회사에 대한 채권자가 위 공탁금 출급청구권에 대한 채권압류 및 추심명령에 기하여 공탁금을 출급하는 것을 막고 나아가 각자의 채권액에 비례하여 안분배당을 받게 하기 위하여, 작성일자를 소급하여 회사가 전처에 대하여 채무를 부담하고 있는 것처럼 기재한 차용증을 작성하였다고 하더라도, 피고인의 행위는 자격모용사문서작성죄나 자격모용작성사문서행사죄를 구성하지 아니한다.

3) 본죄가 성립하기 위해서는 행사할 목적과 더불어 정당한 대표권이나 대리권이 없음을 알고도 마치 대표권이나 대리권이 있는 것처럼 가장하여 타인의 자격을 모용한다는 인식과 의사가 있어야 한다(대법원 1996.7.12. 선고 93도2628 판결). 사문서를 작성하는 자가 다른 사람의 대리인 또는 대표자로서의 자격을 모용하여 문서를 작성한다는 것을 인식·용인하면서 이를 진정한 문서로서 어떤 효용에 쓸 목적으로 사문서를 작성하였다면, 자격모용에 의한 사문서작성죄의 행사의 목적과 고의가 있는 것으로 보아야 한다. 예컨대 재건축조합의 조합장이 아닌 사람이 재건축조합 조합장의 직함을 사용하여 재건축사업에 관한 계약서를 작성하였다면, 계약의 상대방이 자격모용사실을 알고 있었다거나 그 계약서에 조합장의 직인이 아닌 다른 인장을 날인하였더라도 자격모용에 의한 사문서작성죄의 범의와 행사의 목적이 인정된다(대법원 2007.7.27. 선고 2006도2330 판결).

11. 사전자기록등 위작·변작죄(제232조의2)

1) 사무처리를 그르치게 할 목적으로 권리의무 또는 사실증명에 관한 타인의 전자기록 등 특수매체기록을 위작 또는 변작함으로써 성립하는 범죄로 5년 이하의 징역 또는 1천만원 이하의 벌금에 처한다. 본죄의 미수범은 처벌한다(제235조).

2) 전자기록이란 일정한 매체에 전기적·자기적 방식으로 저장된 기록으로 집적회로, 자기디스크, 자기테이프 등을 말하고, 특수매체기록은 전자기록 이외에 광기술이나 레이저 기술을 이용한 기록으로 컴퓨터디스켓, 녹음테이프, 녹화필름, 마이크로 필름, CD-ROM 등을 말한다. 여기서 기록이란 전자적 방식 등에 의해 표현된 내용을 말하고, 기록매체물 그 자체를 말하는 것이 아니다. 그리고 계속성을 가져야 하므로 모니터에 화상형태로 존재하거나 통신 또는 처리중의 데이터도 기록에 해당하지 않는다. 판례는 권리의무 또는 사실증명에 관한 타인의 전자기록 등 특수매체기록이라 함은 일정한 저장매체에 전자방식이나 자기방식에 의하여 저장된 기록으로서, 비록 컴퓨터의 기억장치 중 하나인 램(RAM, Random Access Memory)은 임시기억장치이기는 하지만 램에 올려진 전자기록은 전자기록 등 특수매체기

록에 해당한다고 보고, 램에 올려 진 전자기록에 허위의 내용을 권한 없이 변경한 것은 그 자체로서 사전자기록의 변작에 해당된다고 보고 있다(☞ **[판례 Ⅲ-9]** 참조).

[판례 Ⅲ-9] 대법원 2003.10.9. 선고 2000도4993 판결【사전자기록등변위작 등】

〈사실관계〉

광주시에서는 종합운동장(월드컵 주경기장) 입찰을 발주하면서, 입찰 참가자격을 국내외 단일공사로 종합운동장 또는 축구전용경기장으로서 관람석 22,500석 이상의 준공실적이 있는 업체로 제한하였다. 이에, K산업 주식회사의 임직원인 피고인 1 등 허위내용으로 해외건설협회로부터 관람석 25,000석 규모의 종합운동장 건설공사 실적증명을 받아내어, 이를 근거로 종합운동장 건설공사를 낙찰받았다. 피고인 2는 해외건설협회 기획실 소속 직원으로서, K산업 주식회사의 경기장 공사실적이 실제와 달리 허위내용으로 발급되었다는 점이 언론에 보도되어 수사기관의 수사가 개시될 것을 우려하고 위와 같은 실적증명에 대한 책임을 면하고자, 해외건설협회 전산정보실에서 데이터베이스에 저장되어 있던 전산정보 중 K산업주식회사에 관련된 공사실적 정보가 전산입력 되어 관리하여온 것처럼 전산자료를 조작하여 비치하기로 마음먹고, 공사실적 자료를 램(RAM, Random Access Memory)상에 불러낸 다음 완공공사기본내역표, 공사개요, 시공상황보고 등의 수록 부분을 원 데이터베이스에 없는 내용을 입력하거나 변경한 후 인쇄물로 출력 비치하였으나 그 변경 입력한 부분을 원본 데이터베이스에 저장하지는 아니하였다.

〈2심 판결요지〉

사전자기록위작·변작죄는 전자기록 등에 대한 거래의 안전과 신용을 그 보호법익으로 하는 죄로서 행위태양으로서의 위작이란 권한 없이 또는 권한을 일탈하여 전자기록 등을 만들어 내는 것을 의미하고, 변작이란 이미 만들어진 전자기록의 내용을 권한없이 또는 권한을 일탈하여 변경하는 것을 의미하는 것으로서 사무처리를 그르치게 할 목적으로 전자기록을 화면에 현출시킨 다음 이를 권한 없이 변경입력시킴으로써 사전자기록 변작죄가 성립하고 변경된 전자기록을 저장하는 것은 사후행위에 불과하다. 비록 피고인 2가 기존의 데이터로서 보관되어 있는 기존의 전자기록을 위 수정한 자료(수정된 파일)로 대체하여 변경, 저장하지는 않았다고 하더라도 일반인으로서는 위 인쇄된 문서로 인하여 위 전자기록이 변경되어 존재한다고 믿을 수밖에 없고 이로써 사전자기록변작죄의 보호법익인 전자기록 등에 대한 거래의 안전과 신용이 침해되었다고 볼 수 있으므로, 피고인 2가 사무처리를 그르치게 할 목적으로 전자기록을 수정 입력함으로써 이미 사전자기록변작죄가 성립한다고 하여야 할 것이고, 기존의 전자기록을 위 수정한 자료로 대체하여 저장하였느냐 여부는 위 죄의 사후적 정황에 지나지 않는다.

〈대법원 판결요지〉

형법 제232조의2의 사전자기록위작·변작죄에서 말하는 권리의무 또는 사실증명에 관한 타인의 전자기록 등 특수매체기록이라 함은 일정한 저장매체에 전자방식이나 자기방식에 의하여 저장된 기록을 의미하는데, 비록 컴퓨터의 기억장치 중 하나인 램(RAM, Random Access Memory)이 임시기억장치 또는 임시저장매체이기는 하지만, 형법이 전자기록위·변작죄를 문서위·변조죄와 따로 처벌하고자 한 입법취지, 저장매체에 따라 생기는 그 매체와 저장된 전자기록 사이의 결합강도와 각 매체별 전자기록의 지속성의 상대적 차이, 전자기록의 계속성과 증명적 기능과의 관계, 본죄의 보호법익과 그 침해행위의 태양 및 가벌성 등에 비추어 볼 때, 위 램에 올려진 전자기록 역시 사전자기록위작·변작죄에서 말하는 전자기록 등 특수매체기록에 해당한다. 따라서 램에 올려진 전자기록은 원본파일과 불가분적인 것으로 원본파일의 개념적 연장선상에 있는 것이므로, 비록 원본파일의 변경까지 초래하지는 아니하였더라도 이러한 전자기록에 허구의 내용을 권한 없이 수정입력한 것은 그 자체로 그러한 사전자기록을 변작한 행위의 구성요건에 해당하고 그러한 수정입력의 시점에서 사전자기록변작죄의 기수에 이르렀다고 보아야 한다.

〈해 설〉

사전자기록위작·변작죄는 권리의무 또는 사실증명에 관한 타인의 전자기록 등 특수매체기록(자기테이프, 자기디스크, 광디스크 등에 수록된 데이터)으로서의 계속성을 가진 기록을 대상으로 하는 범죄이므로, 모니터에 화상상태로만 존재하는 데이터를 위작·변작하거나 이를 프린트하여 문서를 작성하는 것은 그 위작 또는 변작된 데이터를 저장하여 기존의 데이터를 변경하지 않는 한 전자기록 자체의 위작 또는 변작에 해당한다고 보기 힘들다. 대법원은 전자기록위·변작죄를 문서위·변조죄와 따로 처벌하고 있음을 강조하나 전자기록위·변작죄는 문서위·변조죄와 법정형이 동일하고, 문서로 인정되기 위해서는 계속성이 요구되는 점에 비추어 볼 때 전자기록 기타 특수매체기록 또한 문서에 준하는 계속성이 요구된다고 할 것이므로, 램에 올려진 데이터를 변경하는 것은 전자기록변작죄의 실행의 착수에 불과하고 변작된 데이터를 저장하여 기존의 데이터를 변경하지 않는 한 전자기록변작죄는 기수에 이르렀다고 볼 수 없다.

3) 본죄가 성립하기 위해서는 사무처리를 그르치게 할 목적이 있어야 한다. '사무처리를 그르치게 할 목적'이란 위작 또는 변작된 전자기록이 사용됨으로써 시스템을 설치·운영하는 주체의 사무처리를 잘못되게 하는 것을 말한다.

○ **대법원 2008.4.24. 선고 2008도294 판결【사전자기록등위작, 위작사전자기록등행사】**

피고인이 ○○아파트 입주자대표회의를 반대하는 일부 주민들이 개설한 인터넷 포털사이트사이트 상의 ○○아파트 카페의 설치·운영 주체로부터 위 카페에 글을 게시할 수 있는 권한을 부여받아 피고인의 아이디로 중립적인 입장을 천명한 ○○아파트 원로회의가 마치 위 입주자대표회의에 반대하는 입장에 있는 듯하게 보일 수 있는 원로회의 명의의 전자기록을 작성하여 게시하였다고 하더라도, 그러한 점만으로 위 카페나 위 사이트의 설치·운영 주체의 사무처리를 그르치게 할 목적이 있었다고 단정하기도 어렵다.

○ **대법원 2008.6.12. 선고 2008도938 판결【사전자기록등위작, 위작사전자기록등행사】**

새마을금고의 예금 및 입·출금 업무를 총괄하는 직원이 전 이사장 명의 예금계좌로 상조금이 입금되자 전 이사장에 대한 새마을금고의 채권확보를 위해 내부 결재를 받아 새마을금고의 컴퓨터 프로그램에 접속하여 전 이사장 명의 예금계좌의 비밀번호를 동의 없이 입력한 후 위 금원을 새마을금고의 가수금(假受金) 계정으로 이체한 경우, 위 행위는 새마을금고의 내부규정이나 여신거래기본약관의 규정에 비추어 새마을금고의 업무에 부합하는 행위로서 피해자의 비밀번호를 임의로 사용한 잘못이 있다고 하더라도 사전자기록위작·변작죄의 '사무처리를 그르치게 할 목적'이 있다고 할 수 없다.

12. 허위진단서·검안서·증명서 작성죄 (제233조)

1) 의사, 한의사, 치과의사 또는 조산사가 진단서, 검안서 또는 생사에 관한 증명서를 허위로 작성함으로써 성립하는 범죄로 3년 이하의 징역이나 금고, 7년 이하의 자격정지 또는 3천만원 이하의 벌금에 처한다. 본죄의 미수범은 처벌한다(제235조). 한편 의료법상 의료인은 각각 진료기록부, 조산기록부, 간호기록부, 그 밖의 진료에 관한 기록을 갖추어 두고 환자의 주된 증상, 진단 및 치료 내용 등 보건복지부령으로 정하는 의료행위에 관한 사항과 의견을 상세히 기록하여야 하고, 진료기록부등을 거짓으로 작성하거나 고의로 사실과 다르게 추가기재·수정하여서는 아니 되며(제22조제1항, 제3항), 이를 위반한 때에는 의료법에 의해 처벌된다(제88조).

2) 진단서라 함은 의사가 진찰의 결과에 관한 판단을 표시하여 사람의 건강상태를 증명하기 위하여 작성하는 문서를 말한다. 비록 그 문서의 명칭이 소견서로 되어 있더라도 그 내용이 의사가 진찰한 결과 알게 된 병명이나 상처의 부위, 정도 또는 치료기간 등의 건강상태를 증명하기 위하여 작성된 것이라면 진단서에 해당한다(대법원 1990.3.27. 선고 89도2083 판결). 현재의 진단명과 증상에 관한 기재뿐만 아니라 현재까지의 진찰 결과로서 발생 가능한 합병증과 향후 치료에 대한 소견을 기재한 경우에도 그로써 환자의 건강상태를 나타내고 있는 이상 본죄의 대상이 될 수 있다(대법원 2017.11.9. 선고 2014도15129 판결). 이에 대하여 입퇴원확인서는 그 제목, 내용 등에 비추어 의사의 전문적 지식에 의한 진찰이 없더라도 확인 가능한 환자들의 입원 여부 및 입원기간의 증명이 주된 목적인 서류로서 환자의 건강상태를 증명하기 위한 서류라고 볼 수 없으므로 진단서에 해당하지 않는다(대법원 2013.12.12. 선고 2012도3173 판결).

3) 본죄가 성립하기 위해서는 진단서 등의 내용이 실질상 진실에 반하는 기재여야 할 뿐 아니라 그 내용이 허위라는 의사의 주관적 인식을 요한다. 의사가 주관적으로 진찰을 소홀히 하거나 착오를 일으켜 오진한 결과로 객관적으로 진실에 반한 진단서를 작성하였다면 허위진단서작성에 대한 인식이 있다고 할 수 없으므로 본죄가 성립하지 아니한다(대법원 2006.3.23. 선고 2004도3360 판결).

4) 허위진단서작성죄의 대상은 공무원이 아닌 의사가 사문서로서 진단서를 작성한 경우에 한정되고, 공무원인 의사가 공무소의 명의로 허위진단서를 작성한 경우에는 허위공문서작성죄만이 성립하고 허위진단서작성죄는 별도로 성립하지 않는다(대법원 2004.4.9. 선고 2003도7762 판결).

13. 위조·변조 사문서등 행사죄(제234조)

1) 사문서위조·변조죄(제231조), 자격모용에 의한 사문서작성죄(제232조), 사전자기록위작·변작죄(제232조의2), 허위진단서등작성죄(제233조)에 의하여 만들어진 문서, 도화, 전자기록등 특수매체기록을 행사함으로써 성립하는 범죄로 각 죄에 정한 형에 처한다. 본죄의 미수범은 처벌한다(제235조).

2) 본죄의 객체인 위조등 사문서는 그 명의자가 진정으로 작성한 문서로 볼 수 있을 정도의 형식과 외관을 갖추어 일반인이 명의자의 진정한 사문서로 오신하기에 충분한 정도이면 족하고, 반드시 그 작성명의자의 서명이나 날인이 있어야 하는 것은 아니다. 따라서 위조된 선하증권이 ○○운송회사 명의의 진정한 사문서로 보기에 충분한 형식과 외관을 갖추고 있고 실제로도 이를 은행에 증빙자료로 제출하여 수입대금이 지급되도록 한 사실이 인정된다면, 비록 선하증권에 작성명의자의 서명·날인이 되어 있지 않다고 하더라도 본죄의 대상인 문서에 해당한다(대법원 2010.5.13. 선고 2008도10678 판결).

3) 행사란 위조된 문서를 진정한 것으로 사용함으로써 문서에 대한 공공의 신용을 해칠 우려가 있는 행위를 말한다. 행사의 상대방에는 아무런 제한이 없으므로 위조된 문서의 작성 명의인이라고 하여

행사의 상대방이 될 수 없는 것은 아니다(대법원 2005.1.28. 선고 2004도4663 판결). 다만 위조된 문서를 진정한 것 또는 그 내용이 진실한 것으로 사용하여야 하므로 그 문서가 위조·변조되었다는 정을 아는 공범 등에게 제시·교부하는 경우에는 행사죄가 성립할 여지가 없다(대법원 1986.2.25. 선고 85도2798 판결). 그러나 간접정범을 통한 위조문서행사범행에 있어서 도구로 이용된 자라고 하더라도 문서가 위조된 것임을 알지 못한 자에게 행사한 때에는 위조문서행사죄가 성립한다(대법원 2012.2.23. 선고 2011도14441 판결).

그리고 행사라 함은 위조된 문서를 제시 또는 교부하거나 비치하여 열람할 수 있게 두거나 우편물로 발송하여 도달하게 하는 등 위조된 문서를 진정한 문서인 것처럼 그 문서의 효용방법에 따라 이를 사용하는 것을 말한다. 위조된 문서 그 자체를 직접 상대방에게 제시하거나 이를 기계적인 방법으로 복사하여 그 복사본을 제시하는 경우는 물론, 이를 모사전송의 방법으로 제시하거나 컴퓨터에 연결된 스캐너(scanner)로 읽어 들여 이미지화한 다음 이를 전송하여 컴퓨터 화면상에서 보게 하는 경우도 행사에 해당한다. 예컨대 휴대전화 신규 가입신청서를 위조한 후 이를 스캔한 이미지 파일을 제3자에게 이메일로 전송한 경우, 이미지 파일 자체는 문서에 관한 죄의 '문서'에 해당하지 않으나 이를 전송하여 컴퓨터 화면상으로 보게 한 행위는 이미 위조한 가입신청서를 행사한 것에 해당한다(대법원 2008.10.23. 선고 2008도5200 판결).

또한 위조사문서의 행사는 상대방으로 하여금 위조된 문서를 인식할 수 있는 상태에 둠으로써 기수가 되고 상대방이 실제로 그 내용을 인식하여야 하는 것은 아니므로, 위조된 문서를 우송한 경우에는 그 문서가 상대방에게 도달한 때에 기수가 되고 상대방이 실제로 그 문서를 보아야 하는 것은 아니다(대법원 2005.1.28. 선고 2004도4663 판결).

14. 사문서·사도화부정행사죄 (제236조)

1) 권리·의무 또는 사실증명에 관한 타인의 문서 또는 도화를 부정행사함으로써 성립하는 범죄로 1년 이하의 징역이나 금고 또는 300만원 이하의 벌금에 처한다.

2) 본죄의 객체는 권리·의무 또는 사실증명에 관한 타인의 문서 또는 도화이다. 사용자에 관한 각종 정보가 전자기록되어 있는 자기띠가 카드번호와 카드발행자 등이 문자로 인쇄된 플라스틱 카드에 부착되어 있는 전화카드는 그 전체가 하나의 문서를 구성하므로 절취한 전화카드를 공중전화기에 넣어 사용한 것은 권리의무에 관한 타인의 사문서를 부정행사한 경우에 해당한다(대법원 2002.6.25. 선고 2002도461 판결).

3) 부정행사란 사용할 권한없는 자가 문서명의자로 가장 행세하여 이를 사용하거나 또는 사용할 권한이 있더라도 그 문서를 본래의 작성목적 이외의 다른 사실을 직접 증명하는 용도에 이를 사용하는 것을 말한다. 따라서 실효된 사문서를 증거로 제출하거나(대법원 1978.2.14. 선고 77도2645 판결), 현금보관

증이 자기의 수중에 있다는 사실을 증명하기 위하여 증거로서 법원에 제출하는 것(대법원 1985.5.28. 선고 85도2999 판결)은 부정행사에 해당하지 아니한다.

또한 본죄는 사용권한자와 용도가 특정되어 작성된 권리의무 또는 사실증명에 관한 타인의 사문서를 사용권한 없는 자가 사용권한이 있는 것처럼 가장하여 부정한 목적으로 행사하거나 또는 권한 있는 자라도 정당한 용법에 반하여 부정하게 행사하는 경우에 한하여 성립할 수 있을 따름이다. 따라서 실질적인 채권채무관계 없이 당사자 간의 합의로 작성한 차용증 및 이행각서는 그 작성명의인들이 자유의사로 작성한 문서로 그 사용권한자가 특정되어 있다고 할 수 없고 또 그 용도도 다양하므로, 피고인이 그 작성명의인들의 의사에 의하지 아니하고 '차용증 및 이행각서상의 채권이 실제로 존재하는 것처럼 그 지급을 구하는 민사소송을 제기하면서 소지하고 있던 차용증 및 이행각서를 법원에 제출하였다고 하더라도 사문서부정행사죄가 성립하지 않는다(대법원 2007.3.30. 선고 2007도629 판결).

Ⅳ. 인장에 관한 죄(제21장)

인장에 관한 죄는 인장에 대한 공공의 신뢰를 침해하는 범죄로서 공인등위조죄(제238조 제1항), 위조공인등행사죄(제238조 제2항), 사인등위조죄(제239조 제1항), 위조사인등행사죄(제239조 제2항)가 있다. 이들 죄의 미수범은 처벌된다(제240조).

1. 공인(公印)등 위조·부정사용죄 (제238조 제1항)

1) 행사할 목적으로 공무원 또는 공무소의 인장, 서명, 기명 또는 기호를 위조하거나 부정사용함으로써 성립하는 범죄로 5년 이하의 징역에 처한다(제238조 제1항). 그리고 7년 이하의 자격정지를 병과할 수 있다(같은 조 제3항). 본죄의 미수범은 처벌된다(제240조).

2) 부정사용이란 진정하게 만들어진 공인 등을 권한 없는 자가 사용하거나 권한 있는 자가 권한을 남용하여 부당하게 사용하는 행위를 말한다. 택시미터기에 적법하게 부착된 검정납봉의 봉인철사를 절단한 후 임의로 검정납봉을 재부착하거나(대법원 1982.6.8. 선고 82도138 판결), 타인의 차량에 부착된 자동차번호판을 떼어내어 훔친 차량에 부착하고 그 차량을 운행하고 다니는 것(대법원 1997.7.8. 선고 96도3319 판결)은 공기호부정사용에 해당한다.

2. 위조공인등 행사죄 (제238조 제2항)

1) 위조하거나 부정사용한 공무원 또는 공무소의 인장, 서명, 기명 또는 기호를 행사함으로써 성립하는 범죄로 5년 이하의 징역에 처한다(제238조 제2항). 7년 이하의 자격정지를 병과할 수 있다(같은 조 제3항). 본죄의 미수범은 처벌된다(제240조).

2) 행사라고 함은 위조된 공인 등을 이를 진정한 것으로 임의로 공범자 이외의 자에게 보이는 등 사용하는 행위로서, 타인에 대한 외부적 행위이어야 한다. 따라서 허가량을 초과하여 벌채한 나무에 임산물 생산확인용 인장이 날인되었다고 하더라도 그 나무를 산판(山坂)에 적치(積峙)하거나 반출(搬出)한 것만으로는 위조공기호행사에 해당하지 아니한다(대법원 1981.12.22. 선고 80도1472 판결).

3. 사인(私印)등 위조·부정사용죄 (제239조 제1항)

1) 행사할 목적으로 타인의 인장, 서명, 기명 또는 기호를 위조 또는 부정사용함으로써 성립하는 범죄로 3년 이하의 징역에 처한다. 본죄의 미수범은 처벌된다(제240조).

2) 인장(印章)이란 특정인의 동일성을 표시하기 위한 일정한 상형(象形)을 말한다. 상형은 반드시

성명일 것을 요하지 않으며 별명이나 약칭도 무방하다. 그리고 반드시 문자로 표시될 필요는 없고 지장(指章)이나 무인(拇印)도 포함된다. 인장은 다시 일정한 사항을 증명하기 위해 개인, 단체, 관직 따위의 이름을 나무, 뼈, 뿔, 수정, 돌, 금 따위에 새겨 문서에 찍도록 만든 물건을 뜻하는 인과(印顆)와 인과를 찍어 나타나는 흔적을 뜻하는 인영(印影)으로 구분되는데, 인과의 위조 그 자체로도 인장에 대한 공공의 신용을 침해할 위험성이 있으므로 인장위조에는 인과와 인영의 위조가 모두 포함된다. 따라서 타인의 도장을 조각하는 것은 인장위조에 해당한다(대법원 1992.10.27. 선고 92도1578 판결).

인장은 특정인의 동일성을 증명하는 것으로, 특정인의 동일성을 나타내는 데에 그치지 않고 그 이외의 사항도 증명, 표시하는 한 인장이 아니라 문서로서 취급하여야 한다. 세금영수필통지서에 날인된 구청 세무계장 명의의 소인의 의미는 은행 등 수납기관으로부터 그 수납기관에 세금이 정상적으로 입금되었다는 취지의 영수필 통지서가 송부되어 왔고 이에 기하여 수납부 정리까지 마쳤으므로 이제 그 영수필 통지서는 보관하면 된다는 점을 확인 데 있으므로 인장이 아니라 이른바 생략문서에 해당한다(대법원 1995.9.5. 선고 95도1269 판결).

3) 서명(署名)은 특정인이 자기를 표시하기 위해 스스로 쓴 문자나 부호를 말한다. 반드시 성명일 필요는 없고 상호, 아호 등을 쓴 경우도 포함한다. 다만 법률상 또는 거래상 중요한 사항과 관련된 것이어야 하므로 연예인의 사인(sign)은 여기에 포함되지 않는다. 어떤 문서에 권한 없는 자가 타인의 서명 등을 기재하는 경우에는 그 문서가 완성되기 전이라도 일반인으로서는 그 문서에 기재된 타인의 서명 등을 그 명의인의 진정한 서명 등으로 오신할 수도 있으므로, 일단 서명 등이 완성된 이상 문서가 완성되지 아니한 경우에도 서명위조죄는 성립한다(대법원 2011.3.10. 선고 2011도503 판결).

4) 기명(記名)이란 특정인이 자기를 표시한 문자나 부호로서 스스로 쓴 것이 아닌 것을 말한다.

5) 끝으로 기호(記號)란 물건에 찍어 그 동일성을 증명하는 문자나 부호를 말한다. 인장은 특정인의 동일성을 증명하기 위한 것인데 반해 기호는 기타의 사항을 증명하기 위한 것이라는 점에서 구분된다.

6) 위조란 권한없이 타인의 인장, 서명, 기명 또는 기호를 만들어 내거나 물체에 찍는 것을 말하고, 부정사용이란 인장 등을 권한없이 사용하거나 권한있는 자가 그 권한을 넘어 부당하게 사용하는 것을 말한다. 예컨대 경찰에서 피의자로서 조사받으면서 타인의 인적 사항을 밝히면서 자신이 타인인 것처럼 행세를 하고, 자신에 대한 피의자신문조서의 말미에 타인의 서명을 하는 것은 사서명위조 및 동행사에 해당한다(대법원 2005.7.14. 선고 2005도3357 판결).

수사기관이 수사대상자의 진술을 기재한 후 진술자로 하여금 그의 면전에서 조서의 말미에 서명 등을 하도록 한 후 그 자리에서 바로 회수하는 수사서류는, 그 진술자가 그 문서에 서명을 하는 순간 바로 수사기관이 열람할 수 있는 상태에 놓이게 되는 것이므로, 그 진술자가 마치 타인인 양 행세하며 타인의 서명을 기재한 경우 그 서명 기재와 동시에 위조사서명행사죄가 성립하고, 그와 같이 위조사서명행사죄가 성립된 직후에 수사기관이 위 서명이 위조된 것임을 알게 되었다고 하더라도 이미 성립한 위조사서명행사죄를 부정할 수 없다(대법원 2005.12.23. 선고 2005도4478 판결).

7) 본죄가 성립하기 위해서는 그 명의인의 의사에 반하여 위법하게 행사할 목적이 인정되어야 하는 바, 미처 명의인의 승낙을 얻지 아니한 채 인장을 조각하여 명의인의 승낙을 얻어 명의인의 문서를 작성하는 데 사용할 의도로 인장을 조각하였으나 명의인의 승낙을 얻지 못하여 인장을 사용하지 아니하고 명의인에게 돌려주었다면, 특별한 사정이 없는 한 행사의 목적이 있었다고 인정할 수 없다(대법원 1992.10.27. 선고 92도1578 판결).

8) 유가증권이나 문서위조의 수단으로 타인의 인장 등을 위조하거나 부정사용한 경우 사인등위조·부정사용죄는 유가증권위조죄 또는 문서위조죄에 흡수되어 별도의 죄가 성립하지 않는다(대법원 1978.9.26. 선고 78도1787 판결). 자기명의의 문서를 작성하는 과정에서 타인의 인장을 날인한 경우에는 본죄가 성립한다. 예컨대 아파트 주민대표회 간부들이, 동대표 당선자의 허위학력이 사립대학 교무처장 명의로 된 학력조회 회보서를 통해 확인되자, 당선자의 허위학력 사실을 아파트 주민들에게 공고문 형식으로 알리면서 신뢰성 제고를 위해 공고문 안에 대학 교무처장 명의의 직인을 함께 나타낸 것은 사인위조에 해당한다(대법원 2010.1.14. 선고 2009도5929 판결).

4. 위조사인등 행사죄(제239조 제2항)

1) 위조 또는 부정사용한 타인의 인장, 서명, 기명 또는 기호를 행사함으로써 성립하는 범죄로 3년 이하의 징역에 처한다. 본죄의 미수범은 처벌된다(제240조).

2) 행사라 함은 위조된 사인 등을 진정한 것처럼 용법에 따라 사용하는 행위를 말한다. 위조된 인영(印影)을 타인에게 열람할 수 있는 상태에 두거나 인과(印顆)의 경우에는 날인하여 일반인이 열람할 수 있는 상태에 두면 그것으로 행사가 되나, 위조한 인과 그 자체를 타인에게 교부한 것만으로는 위조인장행사에 해당하지 않는다(대법원 1984.2.28. 선고 84도90 판결).

판례형법각론

제 4 장 사회의 도덕에 대한 죄

Ⅰ. 신앙에 관한 죄(제12장)

1) 신앙에 관한 죄로는 장례식등방해죄(제158조), 사체등오욕죄(제159조), 분묘발굴죄(제160조), 사체등영득죄(제161조), 변사체검시방해죄(제163조)가 있다.

2) 분묘발굴죄 및 사체등영득죄의 미수범은 처벌된다(제162조).

1. 장례식·제사·예배·설교 방해죄(제158조)

1) 장례식, 제사, 예배 또는 설교를 방해함으로써 성립하는 범죄로 3년 이하의 징역 또는 500만원 이하의 벌금에 처한다. 본죄는 공중의 종교생활의 평온과 종교감정을 그 보호법익으로 하는 것이다.

2) 본죄의 객체인 장례식, 제사, 예배 또는 설교는 보호할 가치가 있어야 한다. 정식절차를 밟은 위임목사가 아닌 자가 당회의 결의에 반하여 설교와 예배인도를 한 경우라 할지라도, 그가 그 교파의 목사로서 그 교의를 신봉하는 신도 약 350여명 앞에서 그 교지에 따라 설교와 예배인도를 한 것이라면 다른 특별한 사정이 없는 한 그 설교와 예배인도는 형법상 보호를 받을 가치가 있고, 설교와 예배인도의 평온한 수행에 지장을 주었다면 설교 또는 예배방해죄가 성립한다(대법원 1971.9.28. 선고 71도1465 판결).

그러나 소속 교단으로부터 교회법에 의한 정당한 절차에 따른 목사면직 판결을 받아 소속 교단의 목사로서의 자격을 상실한 목사와 종전 교회를 집단적으로 탈퇴함으로써 교인으로서의 지위 및 종전 교회재산에 대한 모든 권리를 상실한 교인들이 종전 교회에 무단으로 진입하여 예배를 행하자, 그 교회의 교인들이 이에 대응하여 마이크를 빼앗고 목사를 강단에서 끌어내리는 등의 행위를 한 경우, 종전 목사와 교인들의 예배는 본죄에서 보호하는 예배에 해당한다고 보기는 어렵고, 설사 예배방해죄에서 보호하는 '예배'에 해당된다고 하더라도 피고인들의 행위는 형법 제20조에서 정한 정당행위에 해당되어 죄가 되지 않는다(대법원 2008.2.28. 선고 2006도4773 판결).

3) 본죄의 방해행위는 제사 등이 집행 중이거나 제사 등의 집행과 시간적으로 밀접 불가분의 관계에 있는 준비단계에서 행해질 것을 요한다. 따라서 피고인이 피해자의 집에 가서 시비 중에 마침 제사상에 사용할 음식을 마련하여 임시로 작은 상 위에 올려놓은 것을 발로 차는 정도의 행위는 제사방해죄에 해당되지 않는다(대법원 1982.2.23. 선고 81도2691 판결). 또한 교회의 교인이었던 사람이 교인들의 총유인 교회 현판, 나무십자가 등을 떼어 내고 예배당 건물에 들어가 출입문 자물쇠를 교체하여 교인들의 출입을 막았더라도 예배당 건물의 출입을 통제한 행위는 교인들의 예배 내지 그와 밀접불가분의 관계에 있는 준비단계를 계속하여 방해한 것으로 볼 수 없으므로 본죄가 성립하지 않는다(대법원 2008.2.1. 선고 2007도5296 판결).

4) 본죄가 성립하기 위해서 장례식 등이 현실적으로 저지 내지 방해되었다고 하는 결과의 발생까지 요하지 않고 장례식 등을 일시적으로 방해하는 행위라 하더라도 족하나, 적어도 객관적으로 보아 장례식의 평온한 수행에 지장을 줄 만한 행위를 함으로써 장례식의 절차와 평온을 저해할 위험이 초래될 수 있는 정도는 되어야 한다(대법원 2013.2.14. 선고 2010도13450 판결).

○ 대법원 2013.2.14. 선고 2010도13450 판결【장례식방해】

피고인은 고 노무현대통령의 영결식 도중 유족의 헌화 다음 순으로 이명박 대통령 부부가 헌화를 하기 위하여 헌화대로 나오려는 순간 갑자기 자리에서 일어나 동그랗게 말은 행사 안내장을 앞으로 치켜든 채 헌화대 쪽을 향하여 몇 발짝 걸어가면서 "사죄하라. 어디서 분향을 해"라고 크게 소리를 질렀다. 이에 피고인의 주변에 있던 경호원들이 바로 피고인을 제지하기 위해 피고인에게 달려들어 손으로 피고인의 입을 막은 채 피고인을 영결식장 오른쪽 가장자리로 끌어내어 제압하였다. 그 과정에서 피고인이 계속 소리를 지르려고 시도하기는 하였으나 경호원들의 제압에 의해 이루어지지 못하였다. 그러자 이 사건 영결식에 참석하여 피고인의 뒤쪽에 앉아 있던 일부 참석자들이 자리에서 일어나 "손대지 마라" 등 소리를 지르기도 하여 잠시 소란이 발생하였으나, 영결식 사회자의 장내 정리 발언에 따라 곧바로 정리되었다. 한편 이명박 대통령은 피고인이 지른 소리를 듣고 잠시 그 쪽을 바라보았을 뿐 헌화대로 나가 헌화 절차를 마무리하였고, 그 이후의 영결식 절차 역시 예정대로 정상적으로 진행되었다.

피고인이 이 사건 영결식장에서 한 행위, 즉 이명박 대통령의 헌화 순서에 맞추어 헌화대 쪽을 향하여 몇 걸음을 옮기면서 크게 소리를 지른 행위가 비록 피고인이 대통령의 헌화를 방해하려는 의도를 가지고 한 행동이라 하더라도, 그 행위의 내용, 경호원들의 제압에 대한 피고인의 반응, 소란이 있었던 시간 등 여러 객관적 사정으로 보아 피고인의 행위가 이 사건 영결식의 평온한 수행에 지장을 줄 만한 행위로서 이로 말미암아 이 사건 영결식의 절차와 평온을 저해할 위험이 초래될 정도라고 단정하기는 어렵다.

2. 사체·유골·유발 오욕죄(제159조)

1) 사체, 유골 또는 유발을 오욕함으로써 성립하는 범죄로 2년 이하의 징역 또는 500만원 이하의 벌금을 처한다.

2) 오욕이란 폭행 기타 유형력에 의하여 모욕적 의사를 표현하는 것을 말한다. 시체에 침을 뱉거나 시체를 추행 또는 간음하는 것은 오욕에 해당하나, 언어에 의한 모욕은 오욕에 포함되지 않는다.

3. 분묘발굴죄(제160조)

1) 분묘를 발굴함으로써 성립하는 범죄로 5년 이하의 징역에 처한다. 본죄의 미수범은 처벌된다(제162조).

2) 본죄의 객체인 분묘는 사람의 사체, 유골, 유발 등을 매장하여 제사나 예배 또는 기념의 대상으로 하는 장소를 말한다. 사체나 유골이 토괴화하였더라도 무방하며, 사자(死者)가 누구인지 불명하다고 할지라도 현재 제사 숭경하고 종교적 예의의 대상으로 되어 있고 이를 수호봉사하는 자가 있으면 본죄의 객체에 해당한다(대법원 1990.2.13. 선고 89도2061 판결). 본죄의 보호법익은 분묘발굴의 피해법익은 종교감정의 공서양속을 해치는데 있으므로 생모의 묘를 설묘관리하는 자의 의사에 반하여 그 묘를 발굴한 경우 설령 그 묘가 자기의 생모의 묘라도 죄가 성립한다(대법원 1971.10.25. 선고 71도1727 판결).

또한 묘의 봉분(封墳)이 없어져 거의 평토화되어 있고 묘비 등 표식이 없어 묘가 있음을 확인할 수 없는 분묘라 하더라도 현재 이를 제사 숭경하고 종교적 의례의 대상으로 하는 자가 있는 경우에는 분묘발굴죄의 객체에 해당하며, 암장된 분묘라 하더라도 당국의 허가없이 자구행위로 이를 발굴하여 개장할 수는 없다(대법원 1976.10.29. 선고 76도2828 판결).

3) 형사소송법상 검증(제140조, 제219조) 또는 감정(제173조, 제221조의4)에 필요한 처분으로 분묘를 발굴하는 행위는 법률에 의한 행위로서 위법성이 조각된다. 그리고 법률상 그 분묘를 수호, 봉사하며 관리하고 처분할 권한이 있는 자 또는 그로부터 정당하게 승낙을 얻은 자가 사체에 대한 종교적, 관습적 양속에 따른 예를 갖추어 발굴을 하는 행위는 사회상규에 위배되지 않는 행위로서 위법성이 조각된다(대법원 1995.2.10. 선고 94도1190 판결). 그러나 토지구획정리사업시행자로부터 분묘의 개장명령을 받았다 하더라도 그 분묘를 보존 수호하는 권한있는 자의 제지를 무릅쓰고 분묘를 발굴한 경우 그 행위의 위법성은 조각되지 않는다(대법원 1978.5.9. 선고 77도3588 판결).

4. 사체손괴등죄(제161조)

1) 사체, 유골, 유발 또는 관내에 장치한 물건을 손괴, 유기, 은닉 또는 영득하거나(제161조 제1항) 또는 분묘를 발굴하여 위와 같은 행위를 함으로써 성립하는 범죄로 7년 이하의 징역에 처한다. 사자(死

者)에 대한 종교적 감정 또는 종교적 평온을 보호법익으로 한다. 본죄의 미수범은 처벌된다(제162조).

2) 사체, 유골, 유발 또는 관내에 장치한 물건은 제사 또는 숭배의 대상이 되는 것에 한정되고 학술연구용의 사체 등은 본죄의 객체가 아니다. 본죄의 객체인 사체(死體)란 사자(死者)의 시신을 말한다. 따라서 피해자의 모(母)가 생후 9개월 된 딸을 업고 방황하던 중 딸을 우물에 빠뜨리고 곧바로 그 장소에서 달아나 버린 경우 그 장소를 떠날 때까지는 피해자가 살아 있었다고 보아야 할 것이고 모(母)가 그 장소에서 달아나 버린 것은 사체유기죄에 해당하지 않는다(대구고법 1976.4.22. 선고 76노113 판결).

3) 본죄의 행위는 손괴, 유기, 은닉 또는 영득이다.

손괴란 종교적 감정을 해할 정도로 사체 등을 물리적으로 훼손하는 것을 말한다.

유기란 사체 등을 방치하는 것으로 작위뿐만 아니라 부작위에 의해서도 성립한다. 법률, 계약 또는 조리상 사체에 대한 장제나 감호할 의무가 있는 자가 이를 방치하거나 그 의무없는 자가 장소적 이전을 하여 종교적, 사회적 풍습에 따른 의례에 의하지 아니하고 사체 등을 방치한 경우에는 본죄가 성립한다. 그러나 일반화장절차에 따라 피해자의 시신을 화장하여 일반의 장제의 의례를 갖추었다면 그것이 비록 범행을 은폐할 목적이었다고 하더라도 사체유기죄가 성립하지 않는다(대법원 1983.3.10.선고 98도51 판결).

은닉이라 함은 사체의 발견을 불가능 또는 심히 곤란하게 하는 것을 말한다. 살인, 강도 등의 목적으로 사람을 살해한 자가 그 살해의 목적을 수행함에 있어 사후 사체의 발견이 불가능 또는 심히 곤란하게 하려는 의사로 인적이 드문 장소로 피해자를 유인하거나 실신한 피해자를 끌고 가서 그곳에서 살해하고 사체를 그대로 둔 채 도주한 경우에는 비록 결과적으로 사체의 발견이 현저하게 곤란을 받게 되는 사정이 있다 하더라도 별도로 사체은닉죄가 성립되지 아니한다(대법원 1986.6.24. 선고 86도891 판결).

영득이란 사체 등에 대한 점유를 불법하게 취득하는 것을 말한다.

4) 형사소송법상 검증(제140조, 제219조) 또는 감정(제173조, 제221조의4)에 필요한 처분으로 사체를 해부하는 행위는 법률에 의한 행위로서 위법성이 조각된다.

5) 제사 또는 숭배의 대상이 되는 사체 등은 물건으로 취급할 수 없으므로 사체 등을 손괴, 은닉, 영득 또는 방화한 경우 손괴죄(제366조), 절도죄(제329조) 또는 일반물건방화죄(제167조)는 성립하지 않고 본죄로만 처벌된다. 사람을 살해한 다음 그 범죄의 흔적을 은폐하기 위하여 그 시체를 다른 장소로 옮겨 유기하였을 때에는 살인죄와 사체유기죄의 경합범이 성립한다(대법원 1984.11.27. 선고 84도2263 판결).

5. 변사체검시방해죄(제163조)

1) 변사자의 사체 또는 변사의 의심있는 사체를 은닉 또는 변경하거나 기타의 방법으로 검시를 방해함으로써 성립하는 범죄로 700만원 이하의 벌금에 처한다.

2) 변사자라 함은 부자연한 사망으로서 그 사인이 분명하지 않은 자를 의미하고 그 사인이 명백한 경우는 변사자라 할 수 없으므로, 범죄로 인하여 사망한 것이 명백한 자의 사체는 본죄의 객체가 될 수 없다(대법원 2003.6.27. 선고 2003도1331 판결).

3) 검시란 사망이 범죄로 인한 것인가의 여부를 판단하기 위하여 수사기관이 변사자의 상황을 조사하는 것을 말한다.

4) 변사자의 사체를 은닉, 변경하거나 기타 검시를 방해하는 행위를 함으로써 성립하고, 검시방해의 결과가 구체적·현실적으로 발생해야 하는 것은 아니다. 다만 검시의 방해할 의도가 없거나 검시방해의 위험성이 없는 변사체의 은닉, 변경행위는 경범죄처벌법상 “사산아를 감추거나 정당한 이유없이 변사체 또는 사산아가 있는 현장을 바꾸어 놓는 행위”(제3조 제1항 제5호)에 해당한다.

Ⅱ. 성풍속에 관한 죄(제22장)

1) 성도덕 또는 성풍속을 침해하는 범죄로서 음행매개죄(제242조), 음화반포등죄(제243조), 공연음란죄(제244조)가 있다. 헌법재판소는 일률적으로 모든 간통행위자 및 상간자를 형사처벌하도록 규정한 간통죄(제241조) 규정은 개인의 성적 자기결정권을 과도하게 제한하는 국가형벌권의 과잉행사로서 헌법에 위반된다는 이유로 위헌결정을 하였다(헌법재판소 2015.2.26. 2009헌바17 등 결정).

2) 성매매처벌법과 아동·청소년성보호법에는 성매매를 알선하는 행위 등에 대한 처벌규정을 두고 있다.

3) 정보통신망을 통하여 음란한 부호·문언·음향·화상 또는 영상을 배포·판매·임대하거나 공공연하게 전시하는 행위에 대해서는 정보통신망법이 적용된다(제74조 제1항 제2호).

1. 음행매개죄(제242조)

(1) 의 의

1) 영리의 목적으로 사람을 매개하여 간음하게 함으로써 성립하는 범죄로 3년 이하의 징역 또는 1천 500만원 이하의 벌금에 처한다.

2) 본죄의 주체에는 제한이 없고 부모, 배우자 또는 보호감독자도 주체가 될 수 있다. 음행의 당사자는 매개자와 공범관계에 있지만, 매개자만 처벌되고 음행의 당사자는 처벌되지 않는다.

3) 본죄의 객체는 사람으로 남녀, 성년·미성년을 불분하나, 미성년자의제강간죄(제305조)와의 관계상 13세 이상의 자로 제한된다(13세미만의 자를 매개하여 간음하게 한 경우에는 미성년자의제강간죄의 공범으로 처벌된다). 음행의 상습성의 유무도 불문한다.

4) 매개란 사람을 간음하도록 알선하는 것을 말한다. 추행은 제외된다. 실제로 간음에 이르러야 하고, 알선을 하였으나 실제 간음에 이르지 못한 경우에는 본죄로 처벌되지 않는다.

(2) 성매매처벌법

1) 성매매처벌법은 성매매, 성매매알선 등 행위 및 성매매 목적의 인신매매의 처벌에 관하여 포괄적인 규정을 두고 있다. 성매매처벌법은 간음뿐만 아니라 유사성교행위를 알선하는 행위도 처벌하고, 성매매를 알선한 자 뿐만 아니라 직접 성매매를 한 자도 처벌대상으로 규정하고 있다는 점에서 형법과 큰 차이가 있다.

2) 성매매란 "불특정인을 상대로 금품이나 그 밖의 재산상의 이익을 수수(收受)하거나 수수하기로 약속하고 성교행위 및 구강, 항문 등 신체의 일부 또는 도구를 이용한 유사성교행위를 하거나 그 상대

방이 되는 행위(성매매)"를 말한다(성매매처벌법 제2조 제1호). 성매매처벌법에 의해 폭행·협박, 위계·위력 등의 방법으로 성을 파는 행위를 하게 하는 행위(제18조), 성매매를 알선하거나, 성을 파는 행위를 할 사람을 모집하거나, 성을 파는 행위를 하도록 직업을 소개·알선하고 대가를 받는 행위(제19조) 성매매를 권유·유인 또는 광고하는 행위(제20조)를 비롯하여, 성매매를 하는 행위(제21조)도 처벌된다.

(3) 아동·청소년성보호법

1) 아동·청소년성보호법은 아동·청소년의 성을 사는 행위(제13조 제1항), 아동·청소년의 성을 사기 위하여 아동·청소년을 유인하거나 성을 팔도록 권유하는 행위(제13조 제2항), 아동·청소년의 성을 사는 행위의 상대방이 되도록 유인·권유하거나 폭행·협박, 위계·위력 등으로 아동·청소년의 성을 사는 행위의 상대방이 되게 하는 행위(제14조) 및 아동·청소년의 성을 사는 행위를 하도록 유인·권유 또는 강요하거나 알선하는 행위(제15조) 등에 대한 처벌규정을 별도로 두고 있다.

2) 여기서 '아동·청소년의 성을 사는 행위'란 아동·청소년, 아동·청소년의 성(性)을 사는 행위를 알선한 자 또는 아동·청소년을 실질적으로 보호·감독하는 자 등에게 금품이나 그 밖의 재산상 이익, 직무·편의제공 등 대가를 제공하거나 약속하고 성교 행위, 구강·항문 등 신체의 일부나 도구를 이용한 유사 성교 행위, 신체의 전부 또는 일부를 접촉·노출하는 행위로서 일반인의 성적 수치심이나 혐오감을 일으키는 행위 및 자위행위를 아동·청소년을 대상으로 하거나 아동·청소년으로 하여금 하게 하는 것을 말한다.

3) 아동·청소년성보호법은 간음, 유사성교행위뿐만 아니라 자위행위, 신체의 전부 또는 일부를 접촉·노출하는 행위 등 추행까지도 포함하고, 아동·청소년의 성매매를 알선하는 행위뿐만 아니라 아동·청소년의 성을 사는 행위까지도 처벌하고 있다.

2. 음화·음란문서·음란필름·음란물건 반포등 죄 (제243조)

(1) 성립요건

1) 음란한 문서, 도화, 필름 기타 물건을 반포, 판매 또는 임대하거나 공연히 전시 또는 상영함으로써 성립하는 범죄로 1년 이하의 징역 또는 500만원 이하의 벌금에 처한다.

2) '물건'이란 유체물 및 전기 기타 관리할 수 있는 자연력을 말한다(민법 제98조). '도화'라고 함은 문서위조죄에서 설명한 것과 동일하다. '필름'이라고 함은 투명 물질인 셀룰로이드나 폴리에스테르 따위에 감광제를 칠한 물건으로 영화용 음화와 양화를 통틀어 일컫는다. 그리고 '기타 물건'이란 조각품, 음반, 녹음테이프, 녹화테이프 등을 말하는데, 컴퓨터 프로그램파일은 문서, 도화, 필름 기타 물건에 해당하지 않는다(대법원 1999.2.24. 선고 98도3140 판결).

3) '음란하다'고 함은 성욕을 자극하거나 흥분 또는 만족케 하는 것으로서 일반인의 정상적인 성적

수치심을 해치고 선량한 성적 도의관념에 반하는 것을 의미하며, 어떤 물건이 음란한 물건에 해당하는지 여부는 행위자의 주관적 의도나 반포, 전시 등이 행하여진 상황에 관계없이 그 물건 자체에 관하여 객관적으로 판단하여야 한다. 사람의 피부에 가까운 느낌을 주는 실리콘을 재질로 사용하여 여성의 음부, 항문, 음모, 허벅지 부위를 실제와 거의 동일한 모습으로 재현하는 한편, 음부 부위는 붉은 색으로, 음모 부위는 검은 색으로 채색하는 등 그 형상 및 색상 등에 있어서 여성의 외음부를 그대로 옮겨놓은 것이나 진배없는 것으로서 여성 성기를 지나치게 노골적으로 표현한 남성용 자위기구는 음란물에 해당하나(대법원 2003.5.16. 선고 2003도988 판결), 성인 여성의 엉덩이 윗부분을 본 떠 실제 크기에 가깝게 만들어졌고 그 재료로는 사람의 피부에 가까운 느낌을 주는 색깔의 실리콘을 사용함으로써 여성의 신체 부분을 실제와 비슷하게 재현하고 있기는 하나, 부분별 크기와 그 비율 및 채색 등에 비추어 그 전체적인 모습은 실제 사람 형상이라기보다는 조잡한 인형에 가까워 보이고, 여성의 성기를 형상화한 부분에 별도로 선홍색으로 채색한 것이 있으나 그 모양과 색상 등 전체적인 형상에 비추어 여성의 외음부와 지나치게 흡사하도록 노골적인 모양으로 만들어졌다고 할 수 없고, 오히려 여성의 성기를 사실 그대로 표현하였다고 하기에는 크게 부족해 보이는 남성용 자위기구는 음란물에 해당하지 않는다(대법원 2014.7.24. 선고 2013도9228 판결).

음란이라는 개념 자체가 사회와 시대적 변화에 따라 변동하는 상대적이고도 유동적인 것이고, 그 시대에 있어서 사회의 풍속, 윤리, 종교 등과도 밀접한 관계를 가지는 추상적인 것이므로 결국 구체적인 판단에 있어서는 사회통념상 일반 보통인의 정서를 그 판단의 규준으로 삼을 수밖에 없다. 다만 음란성은 일정한 가치판단에 의하여 내릴 수 있는 규범적인 개념으로 그 최종적인 판단의 주체는 어디까지나 당해 사건을 담당하는 법관이라 할 것이므로, 법관이 음란성을 판단함에 있어서 자신의 정서가 아닌 일반 보통인의 정서를 규준으로 하여 이를 판단하면 족하고 일일이 일반 보통인을 상대로 과연 당해 문서나 도화 등이 그들의 성욕을 자극하여 성적 흥분을 유발하거나 정상적인 성적 수치심을 해하여 성적 도의관념에 반하는 것인지의 여부를 묻는 절차를 거쳐야만 되는 것은 아니다(대법원 1995.2.10. 선고 94도2266 판결).

한편 예술성과 음란성은 차원을 달리하는 관념이므로 어느 예술작품에 예술성이 있다고 하여 그 작품의 음란성이 당연히 부정되는 것은 아니라 할 것이고, 다만 그 작품의 예술적 가치, 주제와 성적 표현의 관련성 정도 등에 따라서는 그 음란성이 완화되어 결국은 형법이 처벌대상으로 삼을 수 없게 되는 경우가 있을 수 있다(대법원 2002.8.23. 선고 2002도2889 판결).

또한 공연윤리위원회의 심의를 마친 영화작품이라 하더라도 이것을 영화관에서 상영하는 것이 아니고 관람객을 유치하기 위하여 영화장면의 일부를 포스터나 스틸사진 등으로 제작하였고, 제작된 포스터 등 도화가 그 영화의 예술적 측면이 아닌 선정적 측면을 특히 강조하여 그 표현이 과도하게 성감을 자극시키고 일반인의 정상적인 성적 정서를 해치는 것이어서 건전한 성풍속이나 성도덕 관념에 반하는 것이라면 그 포스터 등 광고물은 음화에 해당한다(대법원 1990.10.16. 선고 90도1485 판결). 비록 명화집에 실려 있는 그림이라 할지라도 이것을 예술 문학 등 공공의 이익을 위해서가 아닌 성냥갑 속에 넣어 판매할 목적으로 그 카드사진을 복사 제조하거나 시중에 판매하였다면 음화한 도화로 볼 수 있다(대법원 1970.10.30. 선고 70도1879 판결).

또한 영화나 비디오물 등에 관한 영상물등급위원회의 등급분류는 관람자의 연령을 고려하여 영화나 비디오물 등의 시청등급을 분류하는 것일 뿐 그 음란성 여부에 대하여 심사하여 판단하는 것이 아니므로, 법원이 영화나 비디오물 등의 음란성 여부를 판단하는 과정에서 영상물등급위원회의 등급분류를 참작사유로 삼을 수는 있겠지만 영상물등급위원회에서 18세 관람가로 등급분류 하였다는 사정만으로 그 영화나 비디오물 등의 음란성이 당연히 부정된다거나 영상물등급위원회의 판단에 법원이 기속되지 않는다(대법원 2008.3.13. 선고 2006도3558 판결).

4) 반포란 불특정 또는 다수인에게 무료로 교부하는 것을 말하고, 판매란 불특정 또는 다수인에게 유상으로 양도하는 것을 말한다. 반드시 매매나 교환에 제한되지 않고 대가관계가 인정되므로 판매에 해당한다. 임대란 유상으로 대여하는 것을 말한다. 공연히 전시한다고 함은 불특정 또는 다수인이 관람할 수 있는 상태에 두는 것을 말하고, 공연히 상영한다고 함은 불특정 또는 다수인에게 필름 등 영상자료를 화면에 비추어 보여주는 것을 말한다. 집안에서 자기 친구 두 사람이 보는 앞에서 영사기로 영화필름을 상영하는 것은 공연히 상영한 것으로 볼 수 없다(대법원 1973.8.21. 선고 73도409 판결).

(2) 정보통신망법

1) 정보통신망법상 정보통신망을 통하여 음란한 부호·문언·음향·화상 또는 영상을 배포·판매·임대하거나 공공연하게 전시한 자는 1년 이하의 징역 또는 1천만원 이하의 벌금에 처한다(제74조 제1항 제2호).

2) 음란한 영상화면을 수록한 컴퓨터 프로그램파일은 '문서, 도화, 필름 기타 물건'에 해당하지 아니하고, 이를 컴퓨터통신망을 통하여 전송하는 방법으로 판매한 경우에는 정보통신망법에 의해 처벌된다(대법원 1999.2.24. 선고 98도3140 판결).

3) '공연히 전시'한다고 함은 불특정 또는 다수인이 실제로 음란한 부호·문언·음향 또는 영상을 인식할 수 있는 상태에 두는 것으로서, 인터넷사이트에 집단 성행위 목적의 카페를 개설·운영한 자가 남녀 회원을 모집한 후 특별모임을 빙자하여 집단으로 성행위를 하고 그 촬영물이나 사진 등을 카페에 게시한 사안에서, 카페가 회원제로 운영되는 등 제한적이고 회원들 상호간에 음란물을 게시·공유해 온 사정이 있다고 하더라도, 위 카페의 회원수에 비추어 위 게시행위가 음란물을 공연히 전시한 것에 해당한다(대법원 2009.5.14. 선고 2008도10914 판결). 또한 판례는 "링크를 포함한 일련의 행위 및 범의가 다른 웹사이트 등을 단순히 소개·연결할 뿐이거나 또는 다른 웹사이트 운영자의 실행행위를 방조하는 정도

를 넘어, 이미 음란한 부호 등이 불특정·다수인에 의하여 인식될 수 있는 상태에 놓여 있는 다른 웹사이트를 링크의 수법으로 사실상 지배·이용함으로써 그 실질에 있어서 음란한 부호 등을 직접 전시하는 것과 다를 바 없다"고 하여, 불특정·다수인이 이러한 링크를 이용하여 별다른 제한 없이 음란한 부호 등에 바로 접할 수 있는 상태가 실제로 조성되었다면 그러한 행위는 전체로 보아 음란한 부호 등을 공연히 전시한 경우에 해당한다(대법원 2003.7.8. 선고 2001도1335 판결).

(3) 아동·청소년성보호법

1) 아동·청소년이용음란물을 배포·제공하거나 공연히 전시 또는 상영한 자는 7년 이하의 징역 또는 5천만원 이하의 벌금에 처하고, 영리를 목적으로 아동·청소년이용음란물을 판매·대여·배포·제공하거나 공연히 전시 또는 상영한 자는 10년 이하의 징역에 처한다(제11조 제2항, 제3항).

2) 아동·청소년이용음란물이란 아동·청소년 또는 아동·청소년으로 명백하게 인식될 수 있는 사람이나 표현물이 등장하여 제4호의 어느 하나에 해당하는 행위를 하거나 그 밖의 성적 행위를 하는 내용을 표현하는 것으로서 필름·비디오물·게임물 또는 컴퓨터나 그 밖의 통신매체를 통한 화상·영상 등의 형태로 된 것을 말한다(제2조 제5호).

3. 음화·음란문서·음란필름·음란물건 제조등 죄(제244조)

1) 제243조의 행위에 공할 목적으로 음란한 물건을 제조, 소지, 수입 또는 수출을 함으로써 성립하는 범죄로 1년 이하의 징역 또는 500만원 이하의 벌금에 처한다.

2) 아동·청소년성보호법상 아동·청소년이용음란물을 제작·수입 또는 수출한 자는 무기징역 또는 5년 이상의 유기징역에 처하고, 영리를 목적으로 소지·운반한 자는 10년 이하의 징역에 처하며, 아동·청소년이용음란물임을 알면서 이를 소지한 자는 1년 이하의 징역 또는 2천만원 이하의 벌금에 처한다(제11조 제1항, 제2항, 제5항).

4. 공연음란죄(제245조)

1) 공연히 음란한 행위를 함으로써 성립하는 범죄로 1년 이하의 징역, 500만원 이하의 벌금, 구류 또는 과료에 처한다.

2) 음란한 행위라고 함은 일반 보통인의 성욕을 자극하여 성적 흥분을 유발하고 정상적인 성적 수치심을 해하여 성적 도의관념에 반하는 행위로서, 반드시 성행위를 묘사하거나 성적인 의도를 표출할 것을 요하는 것은 아니다(대법원 2006.1.13. 선고 2005도1264 판결).

○ **대법원 2006.1.13. 선고 2005도1264 판결【공연음란】**

요구르트 제품의 홍보를 위하여 전라의 여성 누드모델들이 일반 관람객과 기자 등 수십 명이 있는 자리에서, 알몸에 밀가루를 바르고 무대에 나와 분무기로 요구르트를 몸에 뿌려 밀가루를 벗겨내는 방법으로 알몸을 완전히 드러낸 채 음부 및 유방 등이 노출된 상태에서 무대를 돌며 관람객들을 향하여 요구르트를 던지는 것은 음란한 행위에 해당한다.

○ **대법원 2009.2.26. 선고 2006도3119 판결【풍속영업의규제에관한법률위반】**

유흥주점 여종업원들이 웃옷을 벗고 브래지어만 착용하거나 치마를 허벅지가 다 드러나도록 걷어 올리고 가슴이 보일 정도로 어깨끈을 밑으로 내린 채 손님을 접대한 경우, 종업원들의 행위와 노출 정도가 형사법상 규제의 대상으로 삼을 만큼 사회적으로 유해한 영향을 끼칠 위험성이 있다고 평가할 수 있을 정도로 노골적인 방법에 의하여 성적 부위를 노출하거나 성적 행위를 표현한 것이라고 단정하기에 부족하므로 음란행위라고 보기는 어렵다

○ **대법원 2011.9.8. 선고 2010도10171 판결【풍속영업의규제에관한법률위반】**

나이트클럽 무용수가 무대에서 공연하면서 겉옷을 모두 벗고 성행위와 유사한 동작을 연출하거나 속옷에 부착되어 있던 모조 성기를 수차례 노출하는 것은 음란한 행위에 해당한다.

다만 음란한 행위는 반드시 주관적으로 성욕의 흥분, 만족 등의 성적인 목적이 있어야 성립하는 것은 아니고, 그 행위의 음란성에 대한 의미의 인식이 있으면 족하다(☞ **[판례 II-3]** 참조).

[판례 II-3] 대법원 2004.3.12. 선고 2003도6514 판결【공연음란】

〈공소사실〉

피고인은 2003.3.5. 23:20경 공소외 1이 경영하는 상점 내에서, 자신의 동서인 공소외 2가 위 상점 앞에 주차한 차량으로 인하여 공소외 1과 말다툼하였을 때, 공소외 1이 자신에게 "술을 먹었으면 입으로 먹었지 똥구멍으로 먹었냐"라며 말하였다는 이유로, 다시 위 상점으로 찾아가 가게를 보고 있던 공소외 1의 딸인 피해자 공소외 3(여, 23세)에게 소리 지르면서, 그 앞에서 바지와 팬티를 무릎까지 내린 후 엉덩이를 들이밀며 "내 항문에 술을 부어라"라고 말하여 공연히 음란한 행위를 하였다.

〈대법원 판결요지〉

형법 제245조 소정의 '음란한 행위'라 함은 일반 보통인의 성욕을 자극하여 성적 흥분을 유발하고 정상적인 성적 수치심을 해하여 성적 도의관념에 반하는 것을 가리키는바, 본죄는 주관적으로 성욕의 흥분, 만족 등의 성적인 목적이 있어야 성립하는 것은 아니고 그 행위의 음란성에 대한 의미의 인식이 있으면 족하다. 그러나 경범죄처벌법 제3조 제1항 제33호가 '여러 사람의 눈에 뜨이는 곳에서 공공연하게 알몸을 지나치게 내놓거나 가려야 할 곳을 내놓아 다른 사람에게 부끄러운 느낌이나 불쾌감을 준 사람'을 처벌하도록 규정하고 있는 점 등에 비추어 볼 때, 신체의 노출행위가 있었다고 하더라도 그 일시와 장소, 노출 부위, 노출 방법·정도, 노출 동기·경위 등 구체적 사정에 비추어, 그것이 일반 보통인의 성욕을 자극하여 성적 흥분을 유발하고 정상적인 성적 수치심을 해하는 것이 아니라 단순히 다른 사람에게 부끄러운 느낌이나 불쾌감을 주는 정도에 불과하다고 인정되는 경우 그와 같은 행위는 경범죄처벌법상 과다노출에 해당할지언정 형법상 음란행위에 해당한다고 할 수 없다.

피고인은 자신의 동서 공소외 2가 주차 문제로 공소외 1과 말다툼할 때, 공소외 1이 피고인에게 "술을 먹었으면 입으로 먹었지 똥구멍으로 먹었냐"라고 말한 것에 화가 나 말다툼을 한 후, 이를 항의하기 위하여 공소외 1이 경영하는 상점상점으로 찾아가서 상점카운터를 지키고 있던 공소외 1의 딸인 공소외 3(여, 23세)을 보고, "주인 어디 갔느냐"고 소리를 지르다가 등을 돌려 엉덩이가 드러날 만큼 바지와 팬티를 내린 다음 엉덩이를 들이밀며 "똥구멍으로 어떻게 술을 먹느냐, 똥구멍에 술을 부어 보아

라"라고 말하였으나, 피고인의 그러한 행위는 1분 정도 지속되었고 피고인이 뒤로 돌아서서 공소외 3에게 등을 보인 채 바지와 팬티를 내린 탓으로 공소외 3이 피고인의 성기를 보기 어려운 상태였던바, 비록 피고인이 공소외 3앞에서 바지와 팬티를 내린 후 엉덩이를 노출시키면서 위와 같은 말을 하였다고 하더라도 그러한 행위는 보는 사람에게 부끄러운 느낌이나 불쾌감을 주는 정도에 불과하고, 일반 보통인의 성욕을 자극하여 성적 흥분을 유발하거나 정상적인 성적 수치심을 해할 정도에 이르렀다고 보기는 어렵다.

〈참조판례〉

○ 대법원 2000.12.22. 선고 2000도4372 판결【공연음란】

피고인이 중부고속도로 하행선 서울기점 약 5㎞ 지점에서 승용차를 운전하여 가던 중 앞서가던 A 운전의 승용차가 진로를 비켜주지 않는다는 이유로 그 차를 추월하여 정차하게 한 다음, 승용차를 손괴하고 그 안에 타고 있던 B를 때려 상해를 가하는 등의 행패를 부리다가 신고를 받고 출동한 경찰관이 이를 제지하려고 하자, 시위조로 주위에 운전자 등 사람이 많이 있는 가운데 옷을 모두 벗어 알몸의 상태로 바닥에 드러눕거나 돌아다녔다.… 형법 제245조 소정의 '음란한 행위'라 함은 일반 보통인의 성욕을 자극하여 성적 흥분을 유발하고 정상적인 성적 수치심을 해하여 성적 도의관념에 반하는 것을 가리킨다고 할 것이고, 위 죄는 주관적으로 성욕의 흥분 또는 만족 등의 성적인 목적이 있어야 성립하는 것은 아니지만 그 행위의 음란성에 대한 의미의 인식이 있으면 족하다고 할 것인바, 피고인이 불특정 또는 다수인이 알 수 있는 상태에서 옷을 모두 벗고 알몸이 되어 성기를 노출하였다면, 그 행위는 일반적으로 보통인의 정상적인 성적 수치심을 해하여 성적 도의관념에 반하는 음란한 행위라고 할 것이고, 또 피고인이 승용차를 손괴하거나 타인에게 상해를 가하는 등의 행패를 부리던 중 경찰관이 이를 제지하려고 하자 이에 대항하여 위와 같은 행위를 한 데에는 피고인이 알몸이 되어 성기를 드러내어 보이는 것이 타인의 정상적인 성적 수치심을 해하는 음란한 행위라는 인식도 있었다고 보아야 할 것이다.

Ⅲ. 도박과 복표에 관한 죄(제23장)

1) 도박과 복표에 관한 죄로는 도박죄(제246조 제1항), 상습도박죄(제246조 제2항), 도박장소개설죄(제247조), 복표발매죄(제248조)가 있다.

2) 「관광진흥법」 및 「폐광지역 개발 지원에 관한 특별법」에 의해 허가를 받은 자는 카지노업(전문 영업장을 갖추고 주사위·트럼프·슬롯머신 등 특정한 기구 등을 이용하여 우연의 결과에 따라 특정인에게 재산상의 이익을 주고 다른 참가자에게 손실을 주는 행위를 하는 업)을 영위할 수 있고, 일정한 요건과 절차에 따라 외국인(「해외이주법」 제2조에 따른 해외이주자 포함) 또는 내국인은 카지노영업소를 이용할 수 있다. 그리고 「사행행위 등 규제 및 처벌 특례법」에 의해 허가를 받은 자는 사행행위영업(여러 사람으로부터 재물이나 재산상의 이익을 모아 우연적 방법으로 득실(得失)을 결정하여 재산상의 이익이나 손실을 주는 행위를 하는 영업으로 복권발행업, 현상업 그 밖의 사행행위를 하는 영업), 사행기구 제조, 사행기구판매를 할 수 있다.

1. 도박죄(제246조 제1항)

1) 도박을 함으로써 성립하는 범죄로 1천만원 이하의 벌금에 처한다. 본죄는 수인이 가담하여 범할 수 있는 필요적 공범으로, 정당한 근로에 의하지 아니한 재물의 취득을 처벌함으로써 경제에 관한 건전한 도덕법칙을 보호하는 데 그 취지가 있다.

2) 도박은 '재물을 걸고 우연에 의하여 재물의 득실을 결정하는 것'을 의미하는데, 여기서 '우연'이라 함은 주관적으로 '당사자에 있어서 확실히 예견 또는 자유로이 지배할 수 없는 사실에 관하여 승패를 결정하는 것'을 말하고 객관적으로 불확실할 것을 요구하지 아니하며 당사자의 능력이 승패의 결과에 영향을 미친다고 하더라도 다소라도 우연성의 사정에 의하여 영향을 받게 되는 때에는 도박죄가 성립할 수 있다. 판례는 피고인들이 각자 핸디캡을 정하고 속칭 스트로크 방식과 계 방식으로 총 26 내지 32회에 걸쳐 합계 최고 8억여 원 상당의 내기골프를 한 사건에서, 내기 골프도 도박죄의 구성요건이 요구하는 행위의 정형성을 갖추고 있고 그 정도가 일시 오락에 불과하지 않는 한 도박죄의 보호법익을 침해하는 행위로 도박에 해당한다고 보았다(대법원 2008.10.23. 선고 2006도736 판결).

그러나 사기도박과 같이 도박당사자의 일방이 사기의 수단으로써 승패의 수를 지배하는 경우에는 도박에서의 우연성이 결여되어 사기죄만 성립하고 도박죄는 성립하지 아니한다(☞ **[판례 Ⅲ-1]** 참조).

[판례 Ⅲ-1] 대법원 2011.1.13. 선고 2010도9330 판결【사기·도박】

〈사실관계〉

피고인 1은 피고인 2, 3, 4와 사기도박의 방법으로 금원을 편취하기로 공모하고, 피고인 3,4는 ○○모텔 906호실에서 천장에 있는 화재감지기에 카메라를 몰래 설치하고 위 모텔 맞은편에 있는 □□모텔 707호실에 모니터를 설치한 다음, 피고인 2는 피해자 공소외 1, 2에게 연락하여 도박을 하자고 유인하여 위 ○○모텔 906호실로 오게 하고, 또 위와 같은 사실을 알지 못하는 공소외 2는 피해자 공소외 3에게 도박을 하자고 권유하여 위 모텔로 오게 하여, 피고인 1과 피고인 2은 수신기 및 리시버를 착용하고 형광물질로 특수표시를 한 화투를 소지한 채 위 ○○모텔 906호실로 가서 피해자들과 함께 속칭 '섯다'라는 도박을 한 사실, 피고인 1과 피고인 2는 위와 같이 도박을 함에 있어서 21:20경부터 22:00경까지는 사기도박을 숨기기 위하여 정상적인 도박을 하다가 22:00경 피고인 2가 가지고 온 화투를 바꾼 이후부터 다음날 02:10경까지는 피고인 3이 몰래 설치한 카메라를 통하여 수신된 모니터 화면을 보고 알려주는 피해자들의 화투 패를 리시버를 통하여 듣고 도박의 승패를 지배함으로써 피해자들로부터 도금을 교부받았다.

〈대법원 판결요지〉

도박이라 함은 2인 이상의 자가 상호간에 재물을 도(賭)하여 우연한 승패에 의하여 그 재물의 득실을 결정하는 것이므로, 이른바 사기도박에 있어서와 같이 도박당사자의 일방이 사기의 수단으로써 승패의 수를 지배하는 경우에는 도박에 있어서의 우연성이 결여되어 사기죄만 성립하고 도박죄는 성립하지 아니한다. 한편, 사기죄는 편취의 의사로 기망행위를 개시한 때에 실행에 착수한 것으로 보아야 하므로, 사기도박에 있어서도 사기적인 방법으로 도금을 편취하려고 하는 자가 상대방에게 도박에 참가할 것을 권유하는 등 기망행위를 개시한 때에 실행의 착수가 있는 것으로 보아야 한다.

피고인 등은 사기도박에 필요한 준비를 갖추고 그러한 의도로 피해자들에게 도박에 참가하도록 권유한 때 또는 늦어도 그 정을 알지 못하는 피해자들이 도박에 참가한 때에는 이미 사기죄의 실행에 착수하였다고 할 것이므로, 피고인 등이 그 후에 사기도박을 숨기기 위하여 얼마간 정상적인 도박을 하였다고 하더라도 이는 사기죄의 실행행위에 포함되는 것이라고 할 것이어서 피고인에 대하여는 피해자들에 대한 사기죄만이 성립하고 도박죄는 따로 성립하지 아니한다.

한편 수인의 피해자에 대하여 각별로 기망행위를 하여 각각 재물을 편취한 경우에는 비록 범의가 단일하고 범행방법이 동일하다 하더라도 각 피해자의 피해법익은 독립한 것이므로 이를 포괄일죄로 파악할 수는 없고 원칙적으로 피해자별로 독립한 수개의 사기죄가 성립한다. 다만 피고인들이 피해자들을 유인하여 사기도박으로 도금을 편취한 행위는 사회통념상 1개의 행위로 평가하는 것이 타당하므로 피해자들에 대한 각 사기죄는 상상적경합 관계에 있다고 보아야 한다.

3) 도박행위가 일시 오락정도에 불과한 때에는 도박죄로 처벌되지 않는다(제246조 단서). 재물의 경제적 가치가 근소하여 건전한 근로의식을 침해하지 않을 정도여서 건전한 풍속을 해할 염려가 없는 단순한 오락은 사회통념에 비추어 용인될 수 있는 행위로서 사회상규에 위배되지 아니하는 행위에 해당하여 위법성이 조각되기 때문이다(대법원 2004.4.9. 선고 2003도6351 판결).

일시오락의 정도에 불과한가의 여부는 도박의 시간과 장소, 도박자의 사회적 지위 및 재산정도, 재물의 근소성, 그 밖에 도박에 이르게 된 경위 등 모든 사정을 참작하여 구체적으로 판단하여야 한다. 그 아들의 생일이라면서 사 온 돼지고기를 안주로 술을 사 마시자고 하여 나머지 4명이 각각 1000원씩을 내어 놓고 이긴 사람은 자신이 내놓은 1,000원은 회수하고 나머지 돈으로는 술을 사기로 하고 고스톱을 치거나(대법원 1984.7.10. 선고 84도1043 판결), 서로 친숙한 사이로서 우연히 다방에서 만나 3,000원 상당의 음식내기 화투놀이를 약 30분간 하거나(대법원 1984.4.10. 선고 84도194 판결), 각자 1,000원 내지 7,000원을 판돈으로 내놓고 한 점에 100원짜리 고스톱을 하거나(대법원 1990.2.9. 선고 89도1992 판결), 그가 운영하는 여관 카운터에서 같은 동네에 거주하는 친구들과 함께 저녁을 시켜 먹은 후 그 저녁 값을 마련하기 위하여 속칭 '훌라'라는 도박을 하는 것(대법원 2004.4.9. 선고 2003도6351 판결)은 일시오락정도에 불과한 행위로서 도박죄를 구성하지 아니한다. 그리고 국가 정책적 견지에서 도박죄의 보호법익보다 좀 더 높은 국가이익을 위하여 예외적으로 내국인의 출입을 허용하는 폐광지역개발지원에관한특별법 등에 따라 카지노에 출입하는 것은 법령에 의한 행위로 위법성이 조각된다(대법원 2004.4.23. 선고 2002도2518 판결).

4) 「관광진흥법」 및 「폐광지역 개발 지원에 관한 특별법」에 의해 허가를 받은 자는 카지노업(전문 영업장을 갖추고 주사위·트럼프·슬롯머신 등 특정한 기구 등을 이용하여 우연의 결과에 따라 특정인에게 재산상의 이익을 주고 다른 참가자에게 손실을 주는 행위를 하는 업)을 영위할 수 있고, 일정한 요건과 절차에 따라 외국인(「해외이주법」 제2조에 따른 해외이주자 포함) 또는 내국인은 카지노영업소를 이용할 수 있다. 이와 같은 법령에 의해 카지노를 하는 행위는 법령에 의한 행위(형법 제20조)로서 위법성이 조각된다. 그러나 형법 제3조는 "본법은 대한민국 영역 외에서 죄를 범한 내국인에게 적용한다"고 하여 형법의 적용 범위에 관한 속인주의를 규정하고 있으므로 도박죄를 처벌하지 않는 외국 카지노에서의 도박이라는 사정만으로 그 위법성이 조각된다고 할 수 없다(대법원 2004.4.23. 선고 2002도2518 판결).

5) 사기도박과 같이 도박당사자의 일방이 사기의 수단으로써 승패의 수를 지배하는 경우에는 도박에서의 우연성이 결여되어 사기죄만 성립하고 도박죄는 성립하지 아니한다(대법원 2011.1.13. 선고 2010도9330 판결). 이와는 달리 공갈죄와 도박죄는 그 구성요건과 보호법익을 달리하고 있고 공갈죄의 성립에 일반적·전형적으로 도박행위를 수반하는 것은 아니며 도박행위가 공갈죄에 비하여 별도로 고려되지 않을 만큼 경미한 것이라고 할 수도 없으므로, 도박행위가 공갈죄의 수단이 된 경우에는 공갈죄와는 별도로 도박죄가 성립한다(대법원 2014.3.13. 선고 2014도212 판결).

2. 상습도박죄 (제246조 제2항)

1) 상습으로 도박을 함으로써 성립하는 범죄로 3년 이하의 징역 또는 2천만원 이하의 벌금에 처한다. 이 경우 1천만원 이하의 벌금을 병과할 수 있다(제249조).

2) 상습도박죄에 있어서의 상습성이라 함은 반복하여 도박행위를 하는 습벽으로서 행위자의 속성을 말하는데, 이러한 습벽의 유무를 판단함에 있어서는 도박의 전과나 도박횟수 등이 중요한 판단자료가 되나 도박전과가 없다 하더라도 도박의 성질과 방법, 도금의 규모, 도박에 가담하게 된 태양 등의 제반 사정을 참작하여 도박의 습벽이 인정되는 경우에는 상습성을 인정할 수 있다(대법원 1995.7.11. 선고 95도955 판결). 예컨대 단시일 내에 전후 6회에 걸쳐 판돈 300만원이 오간 도박을 한 경우에는 상습성을 인정할 수 있다(대법원 1985.6.11. 선고 85도748 판결). 그러나 도박 전과가 없는 자가 21:00경부터 이튿날

09:00경까지 사이에 다른 피고인이 사용해 보라고 건네주는 유실물인 자기앞수표 100만원권 10매를 건네받아 함께 화투를 사용하여 1회 도금 최고 금 10만원씩을 걸고 약 200회에 걸쳐 '모이쪼'라는 도박을 한 것만으로는 상습성을 인정하기 어렵다(대법원 1991.10.8. 선고 91도1894 판결).

3) 상습도박죄에 있어서의 상습성은 행위의 속성이 아니라 행위자의 속성인바, 도박의 습벽이 있는 자가 타인의 도박을 방조하면 상습도박방조죄로 처벌된다. 그리고 도박의 습벽이 있는 자가 도박을 하고 나아가 도박방조도 하였을 경우에는 상습도박방조죄가 그보다 무거운 상습도박죄에 흡수되어 상습도박죄 1죄로 처벌된다(대법원 1984.4.24. 선고 84도195 판결).

3. 도박장소·도박공간 개설죄(제247조)

1) 영리의 목적으로 도박을 하는 장소나 공간을 개설함으로써 성립하는 범죄로 5년 이하의 징역 또는 3천만원 이하의 벌금에 처한다. 이 경우 1천만원 이하의 벌금을 병과할 수 있다(제249조).

2) '영리의 목적'이란 도박개장의 대가로 불법한 재산상의 이익을 얻으려는 의사로서, 반드시 도박개장의 직접적 대가가 아니라 도박개장을 통하여 간접적으로 얻게 될 이익을 위한 경우에도 영리의 목적이 인정되고, 현실적으로 그 이익을 얻었을 것을 요하지는 않는다(대법원 2002.4.12. 선고 2001도5802 판결).

3) 도박의 장소나 공간을 개설한다고 함은 스스로 주재자가 되어 그 지배하에 도박장소를 개설하는 것으로서 도박의 주재자가 되지 않고 단순히 도박장소를 제공하는데 그친 경우에는 도박방조죄가 성립한다. 유료낚시터를 운영하는 사람이 입장료 명목으로 요금을 받은 후 물고기에 부착된 시상번호에 따라 경품을 지급하거나(대법원 2009.2.26. 선고 2008도10582 판결), 성인피시방 운영자가 손님들로 하여금 컴퓨터에 접속하여 인터넷 도박게임을 하고 게임머니의 충전과 환전을 하도록 하면서 게임머니의 일정 금액을 수수료 명목으로 받거나(대법원 2008.10.23. 선고 2008도3970 판결), 인터넷 사이트 운영자가 회원들로 하여금 온라인에서 현금화할 수 있는 게임코인을 걸고 속칭 고스톱, 포커 등을 하도록 하고, 수수료 명목으로 일정액을 이익으로 취하는 것은(대법원 2008.9.11. 선고 2008도1667 판결) 도박장소 또는 공간의 개설에 해당한다.

4) 도박장소개설죄는 영리의 목적으로 도박장소를 개설하면 기수에 이르고 현실적으로 도박이 행하여졌음을 요하지 않는다. 영리의 목적으로 속칭 포커나 바둑이, 고스톱 등의 인터넷 도박게임 사이트를 개설하여 운영하는 경우, 현실적으로 게임이용자들로부터 돈을 받고 게임머니를 제공하고 게임이용자들이 위 도박게임 사이트에 접속하여 도박을 하여 위 게임으로 획득한 게임머니를 현금으로 환전해 주는 방법 등으로 게임이용자들과 게임회사 사이에 있어서 재물이 오고갈 수 있는 상태에 있으면, 게임이용자가 위 도박게임 사이트에 접속하여 실제 게임을 하였는지 여부와 관계없이 기수에 이른다(대

법원 2009.12.10. 선고 2008도5282 판결).

5) 도박장소 등을 개설한 자가 도박할 자를 불러 모아 도박을 하게 하고 판돈을 징수한 때에는 포괄하여 하나의 도박장소개장죄가 성립한다. 이에 대하여 도박장소를 개설하고 직접 도박도 한 때에는 도박개장죄와 도박죄의 경합범으로 처벌된다.

6) 관광진흥법이 전용영업장 등 엄격한 시설과 기구를 갖춘 경우에만 카지노업을 허가할 수 있도록 하면서 무허가로 카지노업을 경영한 행위에 대하여 도박개장죄보다 중한 형에 처하도록 규정하고 있는 것은, 관광진흥법 및 그 시행규칙이 요구하는 제반 요건을 모두 갖춘 경우는 물론 이러한 요건을 모두 갖추지는 못하였다고 하더라도 사실상 전용영업장에 준하는 시설과 기구를 갖추고서 허가를 받지 아니한 채 카지노영업을 하는 행위를 관광진흥법위반죄로 엄하게 처벌하고, 이에 미치지 못하는 경우 즉 전용영업장에 준하는 시설과 기준을 사실상 갖추지 아니한 채 도박을 하게 행위는 도박개장죄로만 처벌하려는 취지이다. 따라서 비록 환전 및 딜러를 담당하는 직원을 따로 두었다고는 하나 피고인 등이 준비한 게임기구는 조립식 탁자 1개 및 그 위에 깔 바카라게임판 1개, 다수의 칩에 불과하였다면 사실상 전용영업장(전문영업장)에 준하는 시설과 기준을 갖추고 카지노영업을 하였다고 보기는 어려우므로 도박개장죄의 죄책만 지울 수 있을 따름이다(대법원 2009.12.10. 선고 2009도11151 판결).

4. 복표발매 · 복표발매중개 · 복표취득죄 (제248조)

1) 법령에 의하지 아니한 복표를 발매하거나(제248조 제1항) 복표발매를 중개하거나(같은 조 제2항) 복표를 취득함으로써 성립하는 범죄로 복표를 발매하거나 이를 중개한 자는 각각 5년 이하의 징역 또는 3천만원 이하의 벌금과 3년 이하의 징역 또는 2천만원 이하의 벌금에 처하고, 복표를 취득한 자는 1천만원 이하의 벌금에 처한다(같은 조 제3항). 복표를 발매하거나 이를 중개한 자에게는 1천만원 이하의 벌금을 병과할 수 있다(제249조). 복표발매죄와 복표취득죄는 대향범의 관계에 있으나, 법정형에 차이가 있다.

2) 본죄는 법령에 의하지 아니하고 복표발매 등의 행위를 함으로써 성립하는바, 「사행행위 등 규제 및 처벌 특례법」(이하 '사행행위규제법'이라 한다)등 법령에 의한 행위는 처음부터 본죄의 구성요건에 해당하지 않는다.

3) '복표'란 여러 사람으로부터 재물 등을 모아 추첨 등의 방법으로 당첨자에게 재산상의 이익을 주고 다른 참가자에게 손실을 주는데 이용되는 특정한 표찰(컴퓨터프로그램 등 정보처리능력을 가진 장치에 의한 전자적 형태 포함)을 말한다(사행행위규제법 제2조 제2호 가목 참조). 광고 등 다른 기능이 일부 가미되어 있는 관계로 당첨되지 않은 참가자의 손실을 그 광고주 등 다른 사업주들이 대신 부담한다고 하더라도, 특별한 사정이 없는 한 복표로서의 성질을 상실하지는 않는다. 거래에 부수하는 특수한 이익의

급여 내지 가격할인에 불과한 경품권이나 사은권 등은 복표가 아니나, 이른바 '광고복권'은 통상의 경우 이를 홍보 및 판촉의 수단으로 사용하는 사업자들이 당첨되지 않은 참가자들의 손실을 대신 부담하여 주는 것일 뿐, 그 자체로는 추첨 등의 우연한 방법에 의하여 일부 당첨자에게 재산상의 이익을 주고 다른 참가자에게 손실을 주는 것으로 복표에 해당한다(대법원 2003.12.26. 선고 2003도5433 판결).

4) '발매'란 구매자에게 복표를 유상으로 양도하는 것을 말하고, '취득'이란 발매된 복표에 대한 소유권을 이전받는 것을 말한다. 그리고 '발매의 중개'란 발매자와 구매자 사이에서 매매를 알선하는 것을 말한다.

Part 03

국가적 법익에 대한 죄

▨ 국가적 법익에 대한 죄의 개요

국가적 법익에 대한 죄는 국가의 안전과 권위 및 국가의 기능을 침해하는 범죄로서, 일반적으로 형법 각칙 제1장부터 제11장까지 규정되어 있는 범죄를 말한다. 국가적 법익에 대한 죄는 크게 국가의 안전과 권위에 관한 죄, 공무에 관한 죄 그리고 국가의 사법기능에 관한 죄로 나눌 수 있다.

- ○ 국가의 안전과 권위에 관한 죄: 내란의 죄(제1장), 외환의 죄(제2장), 국기에 관한 죄(제3장), 국교에 관한 죄(제4장)
- ○ 공무에 관한 죄: 공무원의 직무에 관한 죄(제7장), 공무방해에 관한 죄(제8장)
- ○ 국가의 사법기능에 관한 죄: 도주와 범인은닉의 죄(제9자), 위증과 증거인멸의 죄(제10장), 무고의 죄(제11장)

제 1 장 국가의 안전과 권위에 대한 죄

Ⅰ. 내란의 죄(제1장)

1) 국가의 내적 안전을 침해하는 범죄로 내란죄(제87조)와 내란목적살인죄(제88조)를 규정하고 있고, 이들 범죄의 미수(제89조) 및 예비·음모·선전·선동(제90조)도 처벌된다. 한편 이들 규정은 국외에서 죄를 범한 외국인에게도 적용된다(제5조 제1호).

2) 작당(作黨)하여 병기를 휴대하고 반란을 일으킨 자는 군형법상 반란죄(제5조)로 처벌되며, 형법상 내란죄와는 특별관계에 있다.

3) 형법상 내란의 죄(제2편 제1장)와 외환의 죄(제2편 제2장), 군형법상 반란의 죄(제2편 제1장)와 이적의 죄(제2편 제2장)는 「헌정질서 파괴범죄의 공소시효 등에 관한 특례법」에 의해 공소시효가 배제된다(제3조).

1. 내란죄(제87조)

(1) 의의와 성립요건

1) 국토를 참절하거나 국헌을 문란할 목적으로 폭동함으로써 성립하는 범죄이다(제87조). 수괴는 사형, 무기징역 또는 무기금고에, 모의에 참여하거나 지휘하거나 기타 중요한 임무에 종사하거나 살상, 파괴 또는 약탈의 행위를 실행한 자는 사형, 무기 또는 5년 이상의 징역이나 금고에 그리고 부화수행하거나 단순히 폭동에만 관여한 자는 5년 이하의 징역 또는 금고에 처한다. 본죄의 미수범은 처벌된다(제89조).

2) 본죄가 성립하기 위해서는 국토를 참절하거나 국헌을 문란할 목적이 있어야 하나 확정적 인식을 요하지 않고 미필적 인식으로 족하다(대법원 1980.5.20. 선고 80도306 판결).

'국토를 참절'한다고 함은 대한민국의 영토의 전부 또는 일부를 불법적으로 지배하는 것을 말한다. 그리고 '국헌을 문란'한다 함은 헌법 또는 법률에 정한 절차에 의하지 아니하고 헌법 또는 법률의 기능을 소멸시키거나 헌법에 의하여 설치된 국가기관을 강압에 의하여 전복 또는 그 권능행사를 불가능하게 하는 것을 말한다(제91조). 현행의 헌법 또는 법률이 정한 정치적 기본조직을 불법으로 파괴할 목적을 가지고 국가기관을 구성하는 대통령, 국무총리, 국무위원, 국회의원, 대법원장, 대법관, 헌법재판소장, 헌법재판관, 선거관리위원회 위원장·위원 등을 살해한 경우 국헌문란의 목적이 있다고 할 수 있으나 구체적인 국가기관인 자연인만을 살해하거나 그 계승을 기대하는 것은 여기에 해당되지 않는다(대법원 1980.5.20. 선고 80도306 판결). 권능행사를 불가능하게 한다고 함은 그 기관을 제도적으로 영구히 폐지하는 경우만이 아니고 사실상 상당기간 기능을 제대로 할 수 없게 만드는 것을 포함한다(대법원 1997.4.17. 선고 96도3376 판결).

3) 폭동이란 다수인이 결합하여 살상, 파괴, 약탈을 비롯하여 폭행, 협박 등의 폭력을 행사하는 것을 말한다. 폭동의 내용으로서의 폭행 또는 협박은 일체의 유형력의 행사나 외포심을 생기게 하는 해악의 고지를 의미하는 최광의의 폭행·협박을 말하는 것으로서, 이를 준비하거나 보조하는 행위를 전체적으로 파악한 개념이며, 그 정도가 한 지방의 평온을 해할 정도의 위력이 있음을 요한다(대법원 1997.4.17. 선고 96도3376 판결). 지난 1980.5.17. 비상계엄의 전국확대 조치는 그 사실 자체만으로도 국민의 기본권을 제약할 뿐만 아니라 민간인인 국방부장관은 지역계엄실시와 관련하여 계엄사령관에 대하여 가지고 있던 지휘감독권을 잃게 되고 군부를 대표하는 계엄사령관의 권한은 더욱 강화됨으로 말미암아 계엄업무와 일반국정을 조정 통할하는 국무총리의 권한과 이에 대한 국무회의의 심의권이 배제되므로 내란죄의 구성요건요소인 폭동에 해당한다(대법원 1997.4.17. 선고 96도3376 판결).

4) 내란죄는 국토를 참절하거나 국헌을 문란할 목적으로 폭동한 행위로서, 다수인이 결합하여 위와 같은 목적으로 한 지방의 평온을 해할 정도의 폭행·협박행위를 하면 기수가 되고, 그 목적의 달성여부는 이와 무관한 것으로 해석되므로, 다수인이 한 지방의 평온을 해할 정도의 폭동을 하였을 때 이미 내란의 구성요건은 충족된다(대법원 1997.4.17. 선고 96도3376 판결).

(2) 죄수와 공범

내란죄는 그 구성요건의 의미 내용 그 자체가 목적에 의하여 결합된 다수의 폭동을 예상하고 있는 범죄이므로, 내란 가담자들이 하나의 내란을 구성하는 일련의 폭동행위 전부에 대하여 이를 모의하거나 관여한 바가 없다고 하더라도 내란집단의 구성원으로서 전체로서의 내란에 포함되는 개개 행위에 대하여 부분적으로라도 그 모의에 참여하거나 기타의 방법으로 기여하였음이 인정된다면 그 일련의 폭동행위 전부에 대하여 내란죄의 책임을 면할 수 없고, 내란행위자들에 의하여 애초에 계획된 국헌문란의 목적을 위하여 행하여진 일련의 폭동행위는 포괄하여 하나의 내란죄를 구성한다(대법원 1997.4.17. 선고 96도3376 판결).

2. 내란목적살인죄(제88조)

1) 국토를 참절하거나 국헌을 문란할 목적으로 사람을 살해함으로써 성립하는 범죄로 사형, 무기징역 또는 무기금고에 처한다. 본죄의 미수범은 처벌된다(제89조).

2) 국헌문란의 목적을 달성함에 있어 내란죄가 '폭동'을 그 수단으로 함에 비하여 내란목적살인죄는 '살인'을 그 수단으로 하는 점에서 두 죄는 엄격히 구별된다. 따라서 내란의 실행과정에서 폭동행위에 수반하여 개별적으로 발생한 살인행위는 내란행위의 한 구성요소를 이루는 것이므로 내란행위에 흡수되어 내란목적살인의 별죄를 구성하지 아니하나, 특정인 또는 일정한 범위 내의 한정된 집단에 대한 살해가 내란의 와중에 폭동에 수반하여 일어난 것이 아니라 그것 자체가 의도적으로 실행된 경우에는 이러한 살인행위는 내란에 흡수될 수 없고 내란목적살인의 별죄를 구성한다(대법원 1997.4.17. 선고 96도3376 판결).

3. 내란예비·음모·선동·선전죄(제90조)

1) 내란죄 또는 내란목적살인죄를 범할 목적으로 예비 또는 음모하거나 이들 죄를 범할 것을 선동 또는 선전함으로서 성립하는 범죄로 3년 이상의 유기징역이나 유기금고에 처한다. 단 그 목적한 죄의 실행에 이르기 전에 자수한 때에는 그 형을 감경 또는 면제한다.

2) 음모는 실행의 착수 이전에 2인 이상의 자 사이에 성립한 범죄실행의 합의로서, 합의 자체는 행위로 표출되지 않은 합의 당사자들 사이의 의사표시에 불과한 만큼 실행행위로서의 정형이 없다. 그런데 어떤 범죄를 실행하기로 막연하게 합의한 경우나 단순히 의견을 교환한 경우까지 모두 음모죄가 성립한다고 한다면, 그 성립범위가 과도하게 확대되어 국민의 기본권인 사상과 표현의 자유가 위축되거나 그 본질이 침해될 우려가 있으므로, 음모죄의 성립범위는 엄격하게 제한되어야 한다.

따라서 내란음모가 성립하기 위해서는 개별 범죄행위에 관한 세부적인 합의가 있을 필요는 없으나, 공격의 대상과 목표가 설정되어 있고, 그 밖의 실행계획에 있어서 주요 사항의 윤곽을 공통적으로 인식할 정도의 합의가 있어야 한다. 나아가 내란음모에 해당하는 합의가 있다고 하기 위해서는 단순히 내란에 관한 범죄결심을 외부에 표시·전달하는 것만으로는 부족하고 객관적으로 내란범죄의 실행을 위한 합의가 명백히 인정되고, 그러한 합의에 실질적인 위험성이 인정되어야 한다. 예컨대 특정 정당 소속의 국회의원 및 지역위원장 등 130여명의 조직원들이 참석한 자리에서 한반도에서 전쟁 발발시 대한민국의 체제를 전복하기 위하여 구체적인 물질적 준비방안을 마련하라는 국회의원의 발언에 호응하여 선전전, 정보전, 국가기간시설 파괴 등을 논의하기는 하였으나, 1회적인 토론의 정도를 넘어서 내란의 실행행위로 나아가겠다는 확정적인 의사의 합치에 이르렀다고 보기 어렵다면 내란음모죄 성립에 필요한 '내란범죄 실행의 합의'를 하였다고 할 수 없다(대법원 2015.1.22. 선고 2014도10978 판결).

3) 내란선동죄는 내란이 실행되는 것을 목표로 선동함으로써 성립하는 범죄로서, 선동으로 말미암아 피선동자들에게 범죄의 결의가 발생할 것을 요건으로 하지 않는다. 내란선동은 주로 내란행위의 외부적 준비행위에도 이르지 않은 단계에서 이루어지지만, 다수인의 심리상태에 영향을 주는 방법으로 내란의 실행욕구를 유발 또는 증대시킴으로써 집단적인 내란의 결의와 실행으로 이어지게 할 수 있는 파급력이 큰 행위로서, 그 자체로 내란예비·음모에 준하는 불법성이 있다. 이 때문에 내란선동은 내란예비·음모와 동일한 법정형으로 처벌된다(☞ **[판례 Ⅰ-1]** 참조).

[판례 Ⅰ-1] 대법원 2015.1.22. 선고 2014도10978 판결【내란음모 등】

〈공소사실〉

○○정당 소속의 국회의원 피고인 1은 2013.5.10. △△△ 청소년수련원 및 2013.5.12. □□□□ 교육수사회 강당에서 이른바 지하혁명조직(Revolutionary Organization, RO) 전체조직원 소집령에 따라 집결한 130여명의 조직원들을 상대로, 대한민국의 자유민주적 기본질서를 부정하면서, '전쟁 상황'으로 도래한 혁명의 결정적 시기를 맞이하여 '자주적 사회, 착취와 허위가 없는 조선 민족 시대의 꿈'을 실현하기 위하여 '조직과 일체화된 강력한 신념체계'로 '전국적 범위'에서 '최종 결전의 결사'를 이루고, 최후에는 '군사적으로 결정'될 수밖에 없으므로 '한 자루 권총 사상'으로 무장하여 물질적·기술적 준비를 철저히 함으로써 '조국통일, 통일혁명'을 완수하자는 취지의 주장을 하는 등 내란의 죄를 범할 것을 선동하였다. ○○정당의 지역위원장 피고인 2는 필승의 신념을 지니고 피고인 4가 제시한 물질적·기술적 준비를 철저히 하여 '조국통일, 통일혁명'을 완수하자는 취지의 주장을 함으로써 피고인 4와 공모하여 이처럼 내란의 죄를 범할 것을 선동하였다.

〈대법원 판결요지〉

[다수의견] 내란선동이란 내란이 실행되는 것을 목표로 하여 피선동자들에게 내란행위를 결의, 실행하도록 충동하고 격려하는 일체의 행위를 말한다. 내란선동은 주로 언동, 문서, 도화 등에 의한 표현행위의 단계에서 문제되는 것이므로 내란선동죄의 구성요건을 해석함에 있어서는 국민의 기본권인 표현의 자유가 위축되거나 본질이 침해되지 아니하도록 엄격하게 해석하여야 한다. 따라서 내란을 실행시킬 목표를 가지고 있다 하여도 단순히 특정한 정치적 사상이나 추상적인 원리를 옹호하거나 교시하는 것만으로 부족하고, 그 내용이 내란에 이를 수 있을 정도의 폭력적인 행위를 선동하는 것이어야 하며, 나아가 피선동자에게 내란결의를 유발하거나 증대시킬 위험성이 인정되어야 한다. 다만 선동행위는 선동자에 의하여 일방적으로 행해지고, 그 이후 선동에 따른 범죄의 결의 여부 및 그 내용은 선동자의 지배영역을 벗어나 피선동자에 의하여 결정될 수 있으며, 내란선동을 처벌하는 근거가 선동행위 자체의 위험성과 불법성에 있다는 점 등을 전제하면, 내란선동에 있어 시기와 장소, 대상과 방식, 역할분담 등 내란 실행행위의 주요 내용이 선동 단계에서 구체적으로 제시되어야 하는 것은 아니고, 또 선동에 따라 피선동자가 내란의 실행행위로 나아갈 개연성이 있다고 인정되어야만 내란선동의 위험성이 있는 것으로 볼 수도 없다.

당시의 한반도 정세, 각 회합의 내용 및 경위, 회합 참석자들의 성향·구성 및 피고인들과 관계, 피고인들의 경력과 범죄전력, 피고인들이 각 회합에서 맡은 역할과 발언 내용, 회합 참석자들의 강연 청취태도 및 발언 등 제반 사정을 종합할 때, 피고인들의 발언은 아직 전쟁 위기가 완전히 해소된 상태가 아니고 북한의 도발이 계속되는 당시의 상황에서 각 회합 참석자들에게 특정

정세를 전쟁 상황으로 인식하고 가까운 장래에 구체적인 내란의 결의를 유발하거나 증대시킬 위험성이 충분하므로, 피고인들의 행위는 그 자체로 위험성이 있는 내란 선동행위에 해당한다.

[반대의견] 내란선동죄에서의 '선동'은 '불특정 다수인에 대하여 감정적인 자극을 주어 내란범죄의 실행을 결의하게 하거나 이미 존재하는 결의를 북돋우는 행위'를 말한다. 이러한 내란선동은 내란범죄의 실행행위에 이르지 아니함은 물론 준비행위에도 이르지 아니한 것으로서 단지 언어적인 표현행위일 뿐이므로 평가 여하에 따라서는 적용범위가 무한히 확장될 가능성이 있고, 그러한 경우에는 표현의 자유를 위축시키고 죄형법정주의 원칙에도 위배될 우려가 크다. 아울러 내란선동은 대개 내란음모의 전 단계에 위치하는 것으로서 내란음모보다 내란의 직접적인 실현가능성이 높지 아니함에도 형법은 내란선동죄를 내란음모죄와 동일한 법정형으로 규정하고 있는 점에서, 내란선동죄는 내란음모죄에 상응한 정도의 위험성이 있는 경우에 한하여 범죄 성립을 인정하여야 하고, 이를 위해서는 구성요건을 더욱 엄격하게 해석·적용할 필요가 있다. 따라서 내란음모죄와 마찬가지로 내란선동죄에서도 객관적으로 보아 내란의 중요부분, 즉 시기, 대상, 수단 및 방법, 실행 또는 준비에 관한 역할분담 등 윤곽에 관하여 어느 정도 개략적으로 특정된 선동이라는 것이 명백히 인정되고 이러한 선동에 따라 피선동자가 내란으로 나아갈 실질적인 위험성이 인정되는 경우에 한하여 범죄가 성립한다고 보아야 한다.

피고인들이 전쟁이 임박하였다고 보기 어려운 상황에서 정치적 성향을 같이할 뿐 엄격한 상명하복의 위계질서 하에 있다고 보기 어려운 회합 참석자들을 상대로 훗날 있을지 모르는 군사적 충돌상황을 대비하여 추상적·일반적으로 물질기술적 준비방안을 마련할 것을 언급하고, 일부 회합 참석자들은 권역별 분반토론 과정에서 국가기간시설에 대한 공격과 무장의 필요성 등 폭력적 방안에 관한 언급을 한 것에 불과하며 그 실행을 위한 추가적 논의나 준비에 나아가지는 아니한 점에서, 피고인들의 선동이나 피고인들의 통모에 따라 내란이 실행될 실질적 위험성이 있다고 단정하기는 어렵다. 특히 피고인들이 선동하거나 피고인들이 통모하였다는 폭동은 그 시기, 장소, 대상, 수단 및 방법, 실행 또는 준비에 관한 역할분담 등 주요한 윤곽이 개략적으로도 특정되지 아니하였고 회합 참석자들이 이러한 폭동의 주요한 윤곽을 어느 정도 알고 있었다거나 회합 이후 알게 되었다고 볼 자료도 없으므로, 이러한 주요한 윤곽조차 제대로 특정되지 아니한 선동이나 모의로 인하여 실제로 피선동자들인 회합 참석자들이 전쟁이 발발하는 등 유사시에 상부 명령에 따라 바로 폭동에 나아감으로써 내란이 실행될 가능성이 있다고 평가하기는 더욱 어렵다.

4) 국가보안법은 내란예비·음모죄의 성격을 가진 반국가단체(정부를 참칭하거나 국가를 변란할 것을 목적으로 하는 국내외의 결사 또는 집단으로서 지휘통솔체제를 갖춘 단체) 구성·가입죄(제3조), 목적수행죄(제4조), 자진지원·금품수수죄(제5조), 잠입·탈출죄(제6조), 찬양·고무죄(제7조), 회합통신죄(제8조), 편의제공죄(제9조), 불고지죄(제10조)를 비롯하여 특수직무유기죄(제11조), 무고·날조죄(제12조) 및 누범에 대한 가중처벌(제13조)을 규정하고 있다.

Ⅱ. 외환의 죄(제2장)

1) 국가의 외적 안전을 침해하는 범죄로는 외환유치죄(제92조), 여적죄(제93조), 모병이적죄(제94조), 시설제공이적죄(제95조), 시설파괴이적죄(제96조), 물건제공이적죄(제97조), 간첩죄(제98조), 일반이적죄(제99조), 전시군수계약불이행죄(제103조)가 있고, 전시군수계약불이행죄를 제외한 나머지 죄의 미수범(제100조)과 예비·음모·선전·선동죄(제101조)는 처벌된다.

2) 대한민국에 대적하는 외국 또는 외국인의 단체는 적국으로 간주되고(제102조), 북한도 적국에 해당한다(대법원 1983.3.22. 선고 82도3036 판결). 동맹국에 대한 행위에 대해서도 위의 죄가 성립한다(제104조).

1. 외환유치죄(제92조)

1) 외국과 통모하여 대한민국에 대하여 전단(戰端)을 열게 하거나 외국인과 통모하여 대한민국에 항적(抗敵)함으로써 성립하는 범죄로 사형 또는 무기징역에 처한다. '전단을 연다'고 함은 전투를 개시하는 것을 말하고, 대한민국에 '항적한다'고 함은 대한민국에 대항하여 전투행위를 하는 것을 말한다.

2) 본죄의 미수범(제100조)과 예비·음모·선전·선동죄(제101조)는 처벌된다.

2. 여적죄(제93조)

1) 적국과 합세하여 대한민국에 항적함으로써 성립하는 범죄로 사형에 처한다.

2) 본죄의 미수범(제100조)과 예비·음모·선전·선동죄(제101조)는 처벌된다.

3. 모병이적죄(제94조)

1) 적국을 위하여 모병하거나 모병에 응함으로써 성립하는 범죄로 적국을 위하여 모병한 자는 사형 또는 무기징역에 그리고 모병에 응한 자는 무기 또는 5년 이상의 징역에 처한다.

2) 본죄의 미수범(제100조)과 예비·음모·선전·선동죄(제101조)는 처벌된다.

4. 시설제공이적죄(제95조)

1) 군대, 요새, 진영 또는 군용에 공하는 선박이나 항공기 기타 장소, 설비 또는 건조물을 적국에 제공하거나 병기 또는 탄약 기타 군용에 공하는 물건을 적국에 제공함으로써 성립하는 범죄로 사형 또는 무기징역에 처한다.

2) 본죄의 미수범(제100조)과 예비·음모·선전·선동죄(제101조)는 처벌된다.

5. 시설파괴이적죄 (제96조)

1) 적국을 위하여 군용시설 기타 물건을 파괴하거나 사용할 수 없게 함으로써 성립하는 범죄로 사형 또는 무기징역에 처한다.

2) 본죄의 미수범(제100조)과 예비·음모·선전·선동죄(제101조)는 처벌된다.

6. 물건제공이적죄 (제97조)

1) 군용에 공하지 아니하는 병기, 탄약 또는 전투용에 공할 수 있는 물건을 적국에 제공함으로써 성립하는 범죄로 무기 또는 5년 이상의 징역에 처한다.

2) 본죄의 미수범(제100조)과 예비·음모·선전·선동죄(제101조)는 처벌된다.

7. 간첩죄 (제98조)

(1) 의 의

1) 적국을 위하여 간첩하거나 적국의 간첩을 방조하거나(제1항) 군사상의 기밀을 적국에 누설함으로써(제2항) 성립하는 범죄로 사형, 무기 또는 7년 이상의 징역에 처한다.

2) 본죄의 미수범(제100조)과 예비·음모·선동·선전죄(제101조)는 처벌된다.

3) 반국가단체의 구성원 또는 그 지령을 받은 자가 그 목적수행을 위하여 본죄를 범하거나 국가기밀을 탐지·수집·누설·전달하거나 중개한 때에는 국가보안법에 의해 가중처벌된다(제4조).

4) 군사기밀보호법은 군사기밀(일반인에게 알려지지 아니한 것으로서 그 내용이 누설되면 국가안전보장에 명백한 위험을 초래할 우려가 있는 군(軍) 관련 문서, 도화(圖畵), 전자기록 등 특수매체기록 또는 물건으로서 군사기밀이라는 뜻이 표시 또는 고지되거나 보호에 필요한 조치가 이루어진 것)의 내용을 탐지·수집하거나 타인에게 누설하는 행위에 대한 처벌규정을 별도로 두고 있다(제11조 내지 제15조).

(2) 간첩행위

1) 본죄가 성립하기 위해서는 적국을 위한다는 인식 내지는 의사가 있어야 하므로 북괴의 지령사주 기타 의사의 연락없이 단편적으로 지득하였던 군사상의 기밀사항을 북괴에 납북된 상태 하에서 제보한 행위는 간첩죄에 해당하지 아니하고 국가보안법상 반국가단체를 이롭게 하는 행위에 해당할 따름이다(대법원 1975.9.23. 선고 75도1773 판결).

2) 간첩이라 함은 적국에 제보하기 위하여 은밀한 방법으로 우리나라의 군사기밀은 물론 정치, 경제, 사회, 문화, 사상 등 국가기밀에 속한 사항 또는 도서, 물건을 탐지·수집하는 것을 말하고, 간첩행위는 기밀에 속한 사항 또는 도서, 물건을 탐지·수집한 때에 기수가 되므로 간첩이 이미 탐지·수집하

여 지득하고 있는 사항을 타인에게 보고·누설하는 행위는 간첩의 사후행위로서 간첩에 해당하지 않는다(대법원 2011.1.20. 선고 2008재도11 판결).

3) 국가기밀이란 정치, 경제, 사회, 문화 등 각 방면에 관하여 반국가단체에 대하여 비밀로 하거나 확인되지 아니함이 대한민국의 이익이 되는 모든 사실, 물건 또는 지식으로서, 그것들이 국내에서의 적법한 절차 등을 거쳐 이미 일반인에게 널리 알려진 공지의 사실, 물건 또는 지식에 속하지 아니한 것이어야 하고, 또 그 내용이 누설되는 경우 국가의 안전에 위험을 초래할 우려가 있어 기밀로 보호할 실질가치를 갖춘 것이어야 한다(대법원 2011.10.13. 선고 2009도320 판결). 따라서 북한의 지령에 의하여 민심동향을 파악·수집하는 것도 간첩에 해당되며 그 탐지·수집의 대상이 대한민국 국민의 해외교포사회에 대한 정보여서 그 기밀사항이 국외에 존재한다고 하여도 마찬가지이다(대법원 1988.11.8. 선고 88도1630 판결).

4) 간첩행위의 착수시기는 국가기밀을 탐지 또는 수집하는 행위를 개시한 때이다. 따라서 국가기밀을 탐지·수집하라는 지령을 받은 것만으로는 부족하고 그 지령에 따라 국가기밀을 탐지·수집하는 행위의 실행의 착수가 있어야 성립된다(대법원 1974.11.12. 선고 74도2662 판결). 그런데 판례 중에는 간첩의 목적으로 휴전선을 넘거나(대법원 1958.9.26. 선고 4291형상351 판결) 외국 또는 북한에서 국내에 침투 또는 월남한 때(대법원 1984.11. 선고 84도1381 판결)에 실행의 착수가 인정된다고 한 것이 있다.

5) 간첩행위는 기밀에 속한 사항 또는 도서, 물건을 탐지 수집한 때에 기수가 되고, 간첩이 탐지 수집한 사항을 타인에게 보고 또는 누설하는 행위는 별도로 처벌되지 않는다(대법원 1982.2.23. 선고 81도3063 판결). 따라서 형법상 간첩죄를 범한 자가 그 탐지·수집한 기밀을 누설하거나 국가보안법상 국가기밀을 탐지·수집한 자가 그 기밀을 누설한 경우에는 포괄하여 하나의 범죄만 성립한다(대법원 1982.4.27. 선고 82도285 판결).

6) 군사상의 기밀을 누설하는 경우에도 본죄로 처벌된다(제98조 제2항). 다만 본죄는 신분범으로서 그 직무와 관련하여 군사상의 기밀을 지득한 자만이 본죄의 주체가 된다(대법원 1971.6.30. 선고 71도774 판결). 즉 본죄는 직무에 관하여 군사상 기밀을 지득한 자가 이를 적국에 누설한 경우에 성립하고, 직무와 관계없이 지득한 군사상 기밀을 적국에 누설한 경우에는 일반이적죄(제99조)로 처벌된다(대법원 1982.11.23. 선고 82도2201 판결).

(3) 간첩방조행위

1) 간첩임을 알면서 그의 간첩행위를 돕는 일체의 행위를 말한다. 북괴가 남파한 대남공작원을 상륙시키거나(대법원 1961.1.27. 선고 4293형상807 판결), 북괴가 남파한 대남공작원으로 하여금 합법적인 신분을 가장하게 하거나(대법원 1970.10.30. 선고 70도1870 판결), 간첩과 접선방법을 합의하는 것(대법원 1971.2.25. 선고 70도2417 판결)은 간첩방조에 해당한다.

2) 그러나 본죄가 성립하기 위해서는 방조하는 행위가 본범인 간첩의임무수행과 직접, 간첩으로 관련하는 행위가 있어야 하므로, 간첩의 단순한 심부름으로 하거나(대법원 1966.7.12. 선고 66도470 판결), 간첩에게 숙식을 제공하거나(대법원 1967.1.31. 선고 66도1661 판결), 조총련간첩에게 소개하여 일본국에 밀항하게 하거나 양민학살자가 공동묘지를 촬영한 필름을 조총련간첩에게 건네주거나(대법원 1970.6.30. 선고 70도896 판결), 간첩의 범행을 용이하게 한다는 의사없이 간첩을 숨겨주거나(대법원 1970.10.10. 선고 75도1003 판결), 간첩이 무전기를 매몰하는 것을 망보아 주는 것(대법원 1983.4.26. 선고 83도416 판결)은 본죄를 구성하지 않는다.

8. 전시군수계약불이행죄 (제103조)

1) 전쟁 또는 사변에 있어서 정당한 이유없이 정부에 대한 군수품 또는 군용공작물에 관한 계약을 이행하지 아니하거나(제1항) 이와 같은 계약의 이행을 방해함으로써(제2항) 성립하는 범죄로 10년 이하의 징역에 처한다.

2) 제1항의 죄는 진정부작위범의 성격을 가지고 있다.

9. 예비 · 음모 · 선전 · 선동죄 (제101조)

외환유치죄(제92조), 여적죄(제93조), 모병이적죄(제94조), 시설제공이적죄(제95조), 시설파괴이적죄(제96조), 물건제공이적죄(제97조), 간첩죄(제98조), 일반이적죄(제99조)를 범할 목적으로 예비 또는 음모하거나 이들 죄를 선동 또는 선전함으로써 성립하는 범죄로 2년 이상의 유기징역에 처한다. 단 그 목적한 죄의 실행에 이르기 전에 자수한 때에는 그 형을 감경 또는 면제한다.

Ⅲ. 국기에 관한 죄(제3장)

국가의 권위를 침해하는 범죄로 국기·국장모독죄(제105조), 국기·국장비방죄(제106조)가 있다.

1. 국기·국장모독죄(제105조)

1) 대한민국을 모욕할 목적으로 국기 또는 국장을 손상, 제거, 오욕함으로써 성립하는 범죄로 5년 이하의 징역이나 금고, 10년 이하의 자격정지 또는 700만원 이하의 벌금에 처한다.

2) 국기란 대한민국을 상징하는 기(旗)로 태극기(太極旗)를 말하고(대한민국국기법 제4조), 국장(國章)이란 대한민국의 권위를 상징하는 휘장(徽章)으로서 나라문장(紋章)을 말한다(나라문장규정 참조).

3) 손상이란 국기나 국장을 물리적으로 훼손하는 것을 말하고, 제거란 물리적으로 훼손함이 없이 이를 철거하거나 숨기는 것을 말하며, 오욕(汚辱)이란 오물을 끼얹거나 침을 뱉는 것과 같이 국기나 국장을 더럽히는 행위를 말한다.

2. 국기·국장비방죄(제106조)

1) 대한민국을 모욕할 목적으로 국기 또는 국장을 비방함으로써 성립하는 범죄로 1년 이하의 징역이나 금고, 5년 이하의 자격정지 또는 200만원 이하의 벌금에 처한다.

2) 비방한다고 함은 언어나 거동에 의하여 국기나 국장에 대하여 모욕의 의사를 표현하는 것을 말한다. 교리상 국기에 대하여 절을 해서는 안 되나 국가를 존중하는 의미에서 가슴에 손을 얹고 주목하는 방법으로 경의를 표할 수 있다고 말한 것만으로는 국기를 비방했다고 할 수 없다(대법원 1975.5.13. 선고 74도2183 판결).

Ⅳ. 국교에 관한 죄(제4장)

1) 외국과의 평화로운 관계를 침해하는 범죄로 외국원수폭행·협박죄(제107조), 외국사절폭행·협박죄(제108조), 외국국기·국장모독죄(제109조), 외국에 대한 사전죄(제111조), 중립명령위반죄(제112조), 외교상기밀누설죄(제113조)가 있다.

2) 외국원수폭행·협박죄, 외국사절폭행·협박죄, 외국국기·국장모독죄는 반의사불벌죄이다(제110조).

1. 외국원수폭행등죄(제107조)

1) 대한민국에 체재하는 외국의 원수에 대하여 폭행·협박하거나 모욕·명예훼손을 함으로써 성립하는 범죄로 외국원수를 폭행·협박한 때에는 7년 이하의 징역이나 금고에 그리고 외국원수를 모욕·명예훼손한 때에는 5년 이하의 징역이나 금고에 처한다.

2) 본죄는 외국정부의 명시한 의사에 반하여 공소를 제기할 수 없는 반의사불벌죄이다(제110조).

2. 외국사절폭행등죄(제108조)

1) 대한민국에 파견된 외국사절에 대하여 폭행·협박하거나 모욕·명예훼손을 함으로써 성립하는 범죄로 외국사절을 폭행·협박한 때에는 5년 이하의 징역이나 금고에 그리고 외국사절을 모욕·명예훼손한 때에는 3년 이하의 징역이나 금고에 처한다.

2) 본죄는 외국정부의 명시한 의사에 반하여 공소를 제기할 수 없는 반의사불벌죄이다(제110조).

3. 외국국기·국장모독죄(제109조)

1) 외국을 모욕할 목적으로 그 나라의 공용에 공하는 국기 또는 국장을 손상, 제거 또는 오욕함으로써 성립하는 범죄로 2년 이하의 징역이나 금고 또는 300만원 이하의 벌금에 처한다.

2) 본죄는 외국정부의 명시한 의사에 반하여 공소를 제기할 수 없는 반의사불벌죄이다(제110조).

4. 외국에 대한 사전죄(제111조)

1) 외국에 대하여 사전(私戰)을 함으로써 성립하는 범죄로 1년 이상의 유기징역에 처한다. 본죄의 미수범은 처벌한다(제111조 제2항).

2) 사전(私戰)이란 국가의 의사와 관계없이 사적으로 외국과 전투행위를 하는 것을 말한다.

3) 본죄를 범할 목적으로 죄를 범할 목적으로 예비 또는 음모한 자는 3년 이하의 금고 또는 300만

원 이하의 벌금에 처한다. 단 그 목적한 죄의 실행에 이르기 전에 자수한 때에는 감경 또는 면제한다(제111조 제3항).

5. 중립명령위반죄 (제112조)

1) 외국간의 교전에 있어서 중립에 관한 명령에 위반함으로써 성립하는 범죄로 3년 이하의 금고 또는 500만원 이하의 벌금에 처한다.

2) 본죄가 성립하기 위해서는 외국간의 교전이라는 행위상황이 요구되며, 본죄는 중립명령의 내용이 사실상 대통령령, 부령 등에 위임되어 있는 일종의 백지(白地)형법이다.

6. 외교상기밀누설죄 (제113조)

1) 외교상의 기밀을 누설하거나 누설할 목적으로 외교상의 기밀을 탐지 또는 수집함으로써 성립하는 범죄로 5년 이하의 징역 또는 1,000만원 이하의 벌금에 처한다.

2) 외교상의 기밀이라 함은, 외국과의 관계에서 국가가 보지해야 할 기밀로서, 외교정책상 외국에 대하여 비밀로 하거나 확인되지 않는 것이 대한민국의 이익이 되는 모든 정보자료를 말하고, 외국에 이미 널리 알려져 있는 사항은 특단의 사정이 없는 한 이를 비밀로 하거나 확인되지 아니함이 외교정책상의 이익이 된다고 할 수 없으므로 외교상의 기밀에 해당하지 아니한다. 따라서 외국언론에 이미 보도된 바 있는 우리나라의 외교정책이나 활동에 관련된 사항들에 관하여 정부가 이른바 보도지침의 형식으로 국내언론기관의 보도 여부 등을 통제하고 있다는 사실을 알리는 것은 외교상 기밀의 누설에 해당하지 않는다(대법원 1995.12.5. 선고 94도2379 판결).

3) 외교상 기밀도 국가기밀에 속하므로 외교상 기밀을 탐지하여 적국에 누설하는 경우에는 간첩죄(제98조 제1항)가 성립한다.

제 2 장 공무원의 직무에 대한 죄

Ⅰ. 공무원의 직무에 관한 죄(제27장)

1) 공무원이 직무와 관련하여 범하는 범죄로서 직무유기죄(제122조), 직권남용죄(제123조), 불법체포·감금죄(제124조), 폭행·가혹행위죄(제125조), 피의사실공표죄(제126조), 공무상비밀누설죄(제127조), 선거방해죄(제128조), 수뢰죄(제129조 제1항), 사전수뢰죄(제129조 제2항), 제3자뇌물제공죄(제130조), 수뢰후부정처사죄(제131조 제1항), 사후수뢰죄(제131조 제2항), 알선수뢰죄(제132조), 뇌물공여죄(제133조)가 있다.

2) 공무원이 직권을 남용하여 형법각칙 제27장 이외의 죄를 범한 경우에는 공무원의 신분에 의하여 특별히 형이 규정된 때를 제외하고는 그 죄에 정한 형의 1/2을 가중한다(제135조).

3) 특가법은 수뢰액이 3천만원 이상인 경우 가중처벌하고(제2조), 대통령령으로 정하는 기관 또는 단체의 간부직원에 대해서도 형법 제129조부터 제132조까지의 범죄(수뢰죄, 사전수뢰죄, 제3자뇌물제공죄, 수뢰후부정처사죄, 사후수뢰죄, 알선수뢰죄)를 적용하며(제4조), 공무원의 직무에 속한 사항의 알선에 관하여 금품이나 이익을 수수, 요구 또는 약속한 사람을 알선수뢰죄(제3조)로 처벌하고 있다.

4) 사법경찰관리가 폭처법에 규정된 죄를 범한 자를 수사하지 아니하거나 범인을 알면서 체포하지 아니하거나 수사상 정보를 누설하여 범인의 도주를 용이하게 한 경우에는 폭처법상 직무유기죄(제9조)로 처벌되고, 범죄수사의 직무에 종사하는 공무원이 특가법에 규정된 죄를 범한 사람을 인지하고 그 직무를 유기한 경우에는 특가법상 특수직무유기죄(제15조)로 처벌된다.

1. 직무유기죄(제122조)

(1) 주 체

1) 공무원이 정당한 이유없이 그 직무수행을 거부하거나 그 직무를 유기함으로써 성립하는 범죄로 1년 이하의 징역이나 금고 또는 3년 이하의 자격정지에 처한다. 본죄는 직무수행을 거부하는 작위뿐만 아니라 직무수행을 하지 않는 부작위에 의해서도 성립한다(대법원 1983.3.22. 선고 82도3065 판결).

2) 본죄의 주체는 공무원이다. 다만 본죄는 구체적으로 그 직무를 수행하여야 할 작위의무가 있는데도 불구하고 이러한 직무를 버린다는 인식하에 그 작위의무를 수행하지 아니함으로써 성립하므로, 병가 중인 공무원은 구체적인 작위의무 내지 국가기능의 저해에 대한 구체적인 위험성이 있다고 할 수 없으므로 직무유기죄의 주체로 될 수는 없다(대법원 1997.4.22. 선고 95도748 판결).

(2) 객 체

1) '직무'란 공무원이 법령이나 상관의 명령에 따라 수행해야 할 본래의 직무를 말하고, 공무원의 신분에 따른 부수적·파생적인 의무는 직무에 포함되지 않는다. 예컨대 세무서에서 근무하는 공무원은 관할 검찰청 검사장으로부터 범칙사건을 조사할 수 있는 자로 지명을 받지 않은 경우, 범칙사건 조사 결과에 따른 통고처분이나 고발 여부는 국세청장, 지방국세청장 또는 세무서장의 직무에 속할 뿐 범칙사건을 조사한 세무공무원에게는 조세범처벌절차법에 따른 통고처분이나 고발을 할 권한이 없으므로, 통고처분이나 고발을 할 권한이 없는 세무공무원이 그 권한자에게 범칙사건 조사 결과에 따른 통고처분이나 고발조치를 건의하는 등의 조치를 취하지 않았다고 하더라도 본죄가 성립하지 않는다(대법원 1997.4.11. 선고 96도2753 판결).

2) 상관의 명령에 따른 직무의 수행을 거부하거나 유기한 때에도 본죄가 성립하나, 상관의 명령이 있다고 하더라도 당해 공무원에게 그와 같은 직무를 수행할 권한이 없는 경우에는 본죄가 성립할 수 없다. 예컨대 「사법경찰관리의 직무를 수행할 자와 그 직무범위에 관한 법률」에 따라 지방검찰청검사장의 지명을 받은 군사법경찰관리가 아닌 군인은 군무이탈자를 체포·연행할 권한이 없으므로 군사법경찰관리가 아닌 군인이 상관으로부터 군무이탈자 체포·연행명령을 받고 군무이탈자를 연행하였다가 놓쳤거나(대법원 1976.10.12. 선고 75도1895 판결), 군사법경찰관리가 「사법경찰관리의 직무를 수행할 자와 그 직무범위에 관한 법률」에 따른 수사권한 범위 밖의 범죄를 수사하다가 중단하더라도 본죄가 성립하지 않는다(대법원 1974.6.11. 선고 74도1270 판결). 이에 대하여 사법경찰관리가 벌금미납자에 대한 노역장 유치 집행을 위하여 검사의 지휘를 받아 형집행장을 집행하는 경우 벌금미납자 검거는 사법경찰관리의 직무범위에 속하고 경찰관이 벌금미납자로 지명수배된 자를 세 차례에 걸쳐 만나고도 그를 검거하여 검찰청에 신병을 인계하는 등 필요한 조치를 취하지 않은 경우에는 본죄가 성립한다(대법원 2011.9.8. 선고 2009도13371 판결).

(3) 직무수행의 거부 또는 직무의 유기

1) 본죄는 공무원이 법령·내규 등에 의한 추상적 충근의무를 태만히 하는 일체의 경우에 성립하는 것이 아니라, 직장을 무단이탈하거나 직무를 의식적으로 포기하는 등 국가의 기능을 저해하고 국민에게 피해를 야기할 수 있는 구체적 위험성이 있고 불법과 책임비난의 정도가 높은 법익침해의 경우에 한하여 성립한다. 따라서 본죄가 성립하기 위해서는 주관적으로는 직무를 버린다는데 대한 인식과 객관적으로는 직무 또는 직장을 벗어나는 행위가 있어야 한다(대법원 1983.1.18. 선고 82도2624 판결).

○ 대법원 1971.6.22. 선고 71도778 판결【직무유기】

인감증명발급사무를 담당하는 공무원이 청탁을 받고 정당한 이유없이 인감증명서의 본적, 주소, 주민등록번호, 성명, 생년월일란에 아무런 기재를 않음은 물론 인감란에 인영을 현출하거나 신고한 인감과의 상위여부를 확인함이 없이 발행일자 및 동장명의의 공무인과 동장직인 및 계인을 압날하여 증명신청인에게 교부한 경우에는 직무유기죄를 구성한다.

○ 대법원 1984.4.10. 선고 83도1653 판결【특가법위반(조세), 직무유기】

피고인이 세무서 소득세과 재산세계에 근무하면서 과세자료처리 및 정리 등 사무를 취급하였는데 같은 계 근무직원(甲)의 책상서랍 속에 공동피고인(乙)에 대한 양도소득세 과세자료전들이 은닉되어 있는 것을 발견하였다면 피고인으로서는 甲으로 하여금 자료전을 조속히 처리함으로써 세원을 양성화하여 국가의 적정한 조세징수권행사를 할 수 있도록 조치할 의무가 있고 이는 단순히 윤리적, 추상적인 직무를 넘어선 구체적인 직무라 할 것이므로, 피고인이 甲에 대하여 위 과세자료를 자료정리부에 등재하여 자기에게 넘겨 달라고 촉구만 하고 그대로 이를 방치하였다면 직무유기죄를 구성한다.

○ 대법원 1990.12.21. 선고 90도2425 판결【폭행치사, 직무유기】

학생군사교육단의 당직사관으로 주번근무를 하던 육군 중위가 당직근무를 함에 있어서 훈육관실에서 학군사관후보생 2명과 함께 술을 마시고 내무반에서 학군사관후보생 2명 및 애인 등과 함께 화투놀이를 한 다음 애인과 함께 자고 난 뒤 교대할 당직근무자에게 당직근무의 인계·인수도 하지 아니한 채 퇴근하였다면 직무유기죄가 성립된다.

○ 대법원 1993.12.24. 선고 92도3334 판결【허위공문서작성, 허위공문서작성행사, 직무유기】

농지사무를 담당하고 있는 군직원으로서는 그 관내에서 발생한 농지불법전용 사실을 알게 되었으면 군수에게 그 사실을 보고하여 군수로 하여금 원상회복을 명하거나 나아가 고발을 하는 등 적절한 조치를 취할 수 있도록 하여야 할 직무상 의무가 있는 것이므로 농지불법전용 사실을 외면하고 아무런 조치를 취하지 아니한 것은 자신의 직무를 저버린 행위로서 농지의 보전·관리에 관한 국가의 기능을 저해하며 국민에게 피해를 야기시킬 가능성이 있어 직무유기죄에 해당한다.

○ 대법원 2002.5.17. 선고 2001도6170 판결【뇌물수수·직무유기】

경찰관이 장기간에 걸쳐 여러 번 오토바이를 오토바이 상회 운영자에게 보관시키고도 경찰관 스스로 소유자를 찾아 반환하도록 처리하거나 상회 운영자에게 반환 여부를 확인한 일이 전혀 없고, 상회 운영자로부터 오토바이를 보내준 대가 또는 그 처분대가로 돈까지 지급받았다면, 경찰관의 이와 같은 행위는 습득물을 단순히 상회 운영자에게 보관시키거나 소유자를 찾아서 반환하도록 협조를 구한 정도를 벗어나 상회 운영자에게 그 습득물에 대한 임의적인 처분까지 용인한 것으로서 습득물 처리 지침에 따른 직무를 의식적으로 방임 내지 포기하고 정당한 사유 없이 직무를 수행하지 아니한 경우에 해당한다.

○ 대법원 2010.6.24. 선고 2008도11226 판결【직무유기, 허위공문서작성, 허위작성공문서행사】

○○경찰서 강력팀 소속 경찰관들이 현행범으로 체포된 도박혐의자들에 대해 현행범인체포서 대신에 임의동행동의서를 작성

하게 하고 제대로 조사도 하지 않은 채 석방하였으며, 현행범인 석방사실을 검사에게 보고도 하지 않았고, 석방일시·사유를 기재한 서면을 작성하여 기록에 편철하지도 않았으며, 압수한 일부 도박자금에 관하여 압수조서 및 목록도 작성하지 않은 채 검사의 지휘도 받지 않고 반환하였고, 혐의자들의 명의도용 사실과 도박 관련 범죄로 수회 처벌받은 전력을 확인하고서도 아무런 추가조사 없이 석방한 것은 단순히 업무를 소홀히 수행한 것이 아니라 정당한 사유 없이 의도적으로 수사업무를 방임 내지 포기한 것이라고 봄이 상당하다.

2) 본죄가 성립하기 위해서는 그 직무집행의 내용이 위법한 것으로 평가된다는 것만으로는 부족하고, 주관적으로는 직무를 버린다는데 대한 인식과 객관적으로는 직무 또는 직장을 벗어나는 행위가 있어야 한다. 따라서 공무원이 어떠한 형태로든 직무집행의 의사로 자신의 직무를 수행한 경우나 공무원이 태만, 분망(奔忙), 착각 등으로 인하여 직무를 성실히 수행하지 아니한 경우나 형식적으로 또는 소홀히 직무를 수행하였기 때문에 성실한 직무수행을 못한 것에 불과한 경우에는 본죄로 처벌할 수 없다.

○ **대법원 1982.6.8. 선고 82도117 판결【직무유기】**

사법경찰관리가 직무집행의사로 위법사실을 조사하여 훈방하는 등 어떤 형태로든지 그 직무집행행위를 하였다면 형사피의사건으로 입건수사하지 않았다 하여 곧 직무유기죄가 성립한다고 볼 수는 없다.

○ **대법원 1982.9.28. 선고 82도1633 판결【직무유기·허위공문서작성·허위공문서작성행사】**

전매공무원인 피고인이 외제담배를 긴급압수한 후 도주한 범칙자를 찾는데 급급하여 미처 압수·수색영장을 신청하지 못하였다면 이는 직무수행과 관련하여 태만, 분망, 착각 등 일신상 또는 객관적 사유로 인하여 부당한 결과를 초래한 것에 불과하므로 직무유기죄를 구성하지 않는다.

○ **대법원 1983.1.18. 선고 82도2624 판결【직무유기】**

경찰서장인 피고인이 치안책임자로서 그 관내에서 일어난 총기난동사건에 대하여 전혀 효과적인 대응책을 강구하지 못한 사실은 인정되지만, 사건 당일은 칠흑같은 깊은 밤인데다 비마저 내리고 있어서 총기난동자의 소재파악이 어려웠을 뿐만 아니라, 피고인의 직속부하인 경찰관이 그 관내에서 총기를 무차별 난사하여 수십 명을 헤아리는 사상자가 발생하는 미증유의 사태에서 피고인이 망연자실하여 거의 정상적인 사고력을 잃은 정도였고 피고인이 지서(支署)에 도착한 당일 01:30경은 이미 범인이 총기난사를 끝내고 은신하고 있을 때라는 사실 등에 비추어 보면, 특수범 진압조직으로 대처하지 않았다는 점 등 피고인의 대응조치가 적절하지 못하였다는 사정만으로는 직무유기죄가 성립한다고 볼 수 없다.

○ **대법원 1984.3.27. 선고 83도3260 판결【직무유기, 명령위반 등】**

피고인이 순찰 및 검사 등을 하지 아니하고 잠을 잔 것은 일직사관으로서의 직무를 성실하게 수행하지 아니하여 충근의무에 위반한 허물이 있다고 하겠으나 근무장소에서 유사시에 깨어 직무수행에 임할 수 있는 상황(상황실로부터 피고인이 누운 침상까지는 2m 정도의 거리로서 판자칸막이가 있는데 불과함)에서 잠을 잔 것이므로 피고인이 고의로 일직사관으로서의 직무를 포기하거나 직장을 이탈한 것이라고는 볼 수 없다.

○ **대법원 1991.6.11. 선고 91도96 판결【직무유기】**

교도소 보안과 출정계장과 감독교사가 호송지휘관 및 감독교사로서 호송교도관 5명을 지휘하여 재소자 25명을 전국의 각 교도소로 이감하는 호송업무를 수행함에 있어서, 시간이 촉박하여 호송교도관들이 피호송자 개개인에 대하여 규정에 따른 검신 등의 절차를 철저히 이행하지 아니한 채 호송하는 데도 위 호송교도관들에게 호송업무 등을 대강 지시한 후에는 그들이 이를 제대로 수행할 것으로 믿고 구체적인 확인, 감독을 하지 아니한 잘못으로 말미암아 피호송자들이 집단도주하는 결과가 발생한 경우, 위 출정계장과 감독교사가 재소자의 호송계호업무를 수행함에 있어서 성실하게 그 직무를 수행하지 아니하여 충근의무에 위반한 잘못은 인정되나 고의로 호송계호업무를 포기하거나 직무 또는 직장을 이탈한 것이라고는 볼 수 없으므로 형법상 직무유기죄를 구성하지 아니한다.

○ 대법원 1997.4.11. 선고 96도2753 판결【직무유기】

피고인은 세무서 직세과 법인세계 소속 세무공무원으로서 법인의 부가가치세와 관련된 업무를 담당하던 중 공소외 1 경영 회사의 부가가치세 불성실신고혐의를 인지하고 세금추징을 목적으로 회사에 대한 일반 경정조사를 벌인 결과 공소외 1이 실물거래 없이 공소외 2로부터 허위세금계산서를 교부받은 것을 확인하여 공소외 2에 대해서는 관할부서인 부가가치세과에 관련 자료를 보내 그 담당자로 하여금 공소외 2를 자료상으로 고발하게 하고 회사에 대하여는 부당하게 공제받은 부가가치세액 및 이에 대한 불성실신고가산세를 합한 금액을 추징조치하였는바, 이와 같이 피고인이 일련의 조치를 취한 이상 공소외 1에 대한 통고처분이나 고발조치를 건의하는 등의 조치를 취하지 않았다고 하더라도 그것이 직무를 성실히 수행하지 못한 것이라고 할 수 있을지언정 그 직무를 의식적으로 방임 내지 포기하였다고 볼 수는 없다.

○ 대법원 2007.7.12. 선고 2006도1390 판결【직무유기】

지방자치단체장이 전국공무원노동조합이 주도한 파업에 참가한 소속 공무원들에 대하여 관할 인사위원회에 징계의결요구를 하지 아니하고 가담 정도의 경중을 가려 자체 인사위원회에 징계의결요구를 하거나 훈계처분을 하도록 지시한 행위는 직무유기죄를 구성하지 않는다.

3) 같은 이유에서 교육기관·교육행정기관·지방자치단체 또는 교육연구기관의 장이 징계의결을 집행하지 못할 법률상·사실상의 장애가 없는데도 징계의결을 통보받은 날로부터 법정 시한이 지나도록 집행을 유보하는 모든 경우에 직무유기죄가 성립하는 것은 아니고, 그러한 유보가 직무에 관한 의식적인 방임이나 포기에 해당한다고 볼 수 있는 경우에 한하여 직무유기죄가 성립한다(☞ **[판례 Ⅰ-1]** 참조).

[판례 Ⅰ-1] 대법원 2014.4.10. 선고 2013도229 판결【직무유기】

〈사실관계〉

○○도 교육감으로 근무 중인 피고인은, 전국교직원노동조합(이하 '전교조'라 함)이 주도한 '교사 시국선언' 및 '민주주의 수호 교사선언'에 대한 ○○도 내 교사들의 참여를 적극적으로 주도한 교사들에 대해 해임 또는 정직 1월을 의결한 ○○도 교육공무원 일반징계위원회의 징계의결서를 송부받고, 교육공무원징계령에 따라 징계의결서를 송부받은 날로부터 15일 이내에 각 징계의결을 집행하여야 함에도 불구하고 이를 이행하지 아니하자, 교과부장관이 피고인에게 '시국선언 주도 교사 징계의결에 따른 징계처분 이행 촉구' 공문을 보냈으나 계속해서 이를 의결을 집행하지 않았고, 다시 교과부장관이 직무이행명령을 발하자 피고인은 교과부 장관에게 '관련 형사 사건에 대해서 1심 법원과 2심 법원이 상반된 판결을 선고하고 있는 상황, 국가의 국민의 기본권 보장 의무, 무죄추정의 원칙, 과잉금지의 원칙 등을 고려할 때 관련 교사들에 대한 징계처분권을 즉시 이행하지 않을 수 있는 상당한 이유가 있으므로 대법원의 판결이 선고될 때까지 관련 교사들에 대한 징계처분권의 행사를 유보할 것이고, 교과부 장관의 직무이행명령을 받아들이지 않는다'는 취지의 공문을 보냈으며, 교과부장관이 재차 직무이행명령 이행을 촉구하는 공문을 보

냈으니 징계의결을 집행하지 아니하였다.

〈대법원 판결요지〉

직무유기죄에서 '직무를 유기한 때'란 공무원이 법령, 내규 등에 의한 추상적 성실의무를 태만히 하는 일체의 경우에 성립하는 것이 아니라 직장의 무단이탈, 직무의 의식적인 포기 등과 같이 국가의 기능을 저해하고 국민에게 피해를 야기시킬 가능성이 있는 경우를 가리킨다. 그리하여 일단 직무집행의 의사로 자신의 직무를 수행한 경우에는 그 직무집행의 내용이 위법한 것으로 평가된다는 점만으로 직무유기죄의 성립을 인정할 것은 아니고, 공무원이 태만·분망 또는 착각 등으로 인하여 직무를 성실히 수행하지 아니한 경우나 형식적으로 또는 소홀히 직무를 수행한 탓으로 적절한 직무수행에 이르지 못한 것에 불과한 경우에도 직무유기죄는 성립하지 아니한다. 따라서 교육기관 등의 장이 징계의결을 집행하지 못할 법률상·사실상의 장애가 없는데도 징계의결서를 통보받은 날로부터 법정 시한이 지나도록 그 집행을 유보하는 모든 경우에 직무유기죄가 성립하는 것은 아니고, 그러한 유보가 직무에 관한 의식적인 방임이나 포기에 해당한다고 볼 수 있는 경우에 한하여 직무유기죄가 성립한다.

이 사건에서 시국선언에 참여한 교사들에 대한 형사재판의 진행 경과 및 시국선언 참여행위의 정당성 여부에 관한 찬반양론이 대립하였던 점, 전임 교육감이 재직 당시 위 교사들에 대한 징계의결의 집행 유보를 선언하였던 점, 이후 피고인이 징계의결의 집행을 유보하게 된 경위와 위 교사들에 대한 형사사건의 대법원판결이 있던 당일 징계의결을 집행한 점, 징계의결의 집행 유보로 학생들의 학습권이 침해되었다고 볼 만한 자료가 없는 점 등의 사정을 고려할 때, 징계처분권자인 피고인이 상급기관에 설치된 징계위원회의 징계의결의 집행을 유보한 행위를 의식적인 직무의 방임이나 포기로 볼 수 없다.

〈참조판례〉

○ **대법원 2013.6.27. 선고 2011도797 판결【직무유기】**

지방자치단체의 교육기관 등의 장이 국가위임사무인 교육공무원에 대한 징계사무를 처리함에 있어 주무부장관의 직무이행명령을 받은 경우에도 이의가 있으면 대법원에 소를 제기할 수 있으므로, 수사기관 등으로부터 징계사유를 통보받고도 징계요구를 하지 아니하여 주무부장관으로부터 징계요구를 하라는 직무이행명령을 받았다 하더라도 그에 대한 이의의 소를 제기하였다면, 수사기관으로부터 통보받은 자료 등으로 보아 징계사유에 해당함이 객관적으로 명백한 경우 등 특별한 사정이 없는 한 징계사유를 통보받은 날로부터 1개월 내에 징계요구를 하지 않았다는 것만으로 곧바로 직무를 유기한 것에 해당한다고 볼 수는 없다.

(3) 죄 수

1) 본죄는 공무원이 정당한 이유없이 직무수행을 거부하거나 직무를 유기함으로써 성립하고, 나아가 계속하여 직무를 수행하지 아니하는 위법상태가 계속되는 한 가벌적 위법행위가 계속되는 계속범이다(대법원 1997.8.29. 선고 97도675 판결).

2) 공무원이 어떠한 위법사실을 발견하고도 직무상 의무에 따른 적절한 조치를 취하지 아니하고 위법사실을 적극적으로 은폐할 목적으로 허위공문서를 작성·행사한 경우에는 직무위배의 위법상태는 허위공문서작성 당시부터 그 속에 포함되는 것으로 작위범인 허위공문서작성, 동행사죄만이 성립하고 부작위범인 직무유기죄는 따로 성립하지 아니한다(대법원 1993.12.24. 선고 92도3334 판결).

따라서 세무공무원이 조세범칙사건을 수사하고도 혐의사실을 은폐하기 위하여 허위내용의 전말서와 진술조서를 작성하여 제출한 경우(대법원 1971.8.31. 선고 71도1176 판결), 행정공무원이 신축건물에 대한 착공 및 준공검사를 마치고 관계서류를 작성함에 있어 허가조건 위반사실을 숨기기 위하여 허위의 복명서(復命書)를 작성하여 제출한 경우(대법원 1972.5.9. 선고 72도722 판결), 예비군 중대장이 소속 예비군의 훈련불참사실을 알고도 이를 은폐할 목적으로 당해 예비군이 훈련에 참석한 것처럼 허위의 명부를 작성하여 소속 대대장에게 보고한 경우(대법원 1982.12.28. 선고 82도2210 판결), 경찰관들이 도박범행사실을 적발하고도 피의자들로부터 묵인해 달라는 부탁을 받고 도박사실을 발견하지 못한 것처럼 근무일지를 허위로 작성하여 소속 파출소장에게 보고한 경우(대법원 1999.12.24. 선고 99도2240 판결)에는 허위공문서작성 및 동행사죄만 성립하고 직무유기죄는 별도로 성립하지 않는다. 다만 이와 같이 하나의 행위가 부작위범인 직무유기죄와 작위범인 허위공문서작성 및 동 행사죄의 구성요건을 동시에 충족하는 경우, 공소제기권자는 재량에 의하여 작위범인 허위공문서작성 및 동행사죄로 공소를 제기하지 않고 부작위범인 직무유기죄로만 공소를 제기할 수 있다(대법원 2008.2.14. 선고 2005도4202 판결).

3) 이 외에도 작위범인 범인도피죄, 위계에 의한 공무집행방해죄, 증거인멸죄 등이 성립하는 경우에는 부작위범인 직무유기죄가 별도로 성립하지 않는다.

○ **대법원 1996.5.10. 선고 96도51 판결【범인도피, 직무유기】**

사법경찰관이 검사로부터 범인을 검거하라는 지시를 받고서도 그 직무상의 의무에 따른 적절한 조치를 취하지 아니하고 오히려 범인에게 전화로 도피하라고 권유하여 그를 도피케 하였다면 작위범인 범인도피죄만 성립하고 부작위범인 직무유기죄는 따로 성립하지 아니한다.

○ **대법원 1997.2.28. 선고 96도2825 판결【위계공무집행방해, 직무유기】**

어업허가 신청업무를 담당하고 있는 도청 수산과 계장이 출원인이 어업허가를 받을 수 없는 자라는 사실을 알면서도 부하직원으로 하여금 어업허가 처리기안문을 작성하게 한 다음 스스로 중간결재를 하여 농수산국장의 최종결재를 받았다면 작위범인 위계에 의한 공무집행방해죄만이 성립하고 부작위범인 직무유기죄는 따로 성립하지 아니한다.

○ **대법원 2006.10.19. 선고 2005도3909 판결【증거인멸, 직무유기】**

경찰서 방범과장이 부하직원으로부터 음반·비디오물 및 게임물에 관한 법률 위반 혐의로 오락실을 단속하여 증거물로 오락기의 변조기판을 압수하여 사무실에 보관중임을 보고받아 알고 있었음에도 그 직무상의 의무에 따라 위 압수물을 수사계에 인계하고 검찰에 송치하여 범죄 혐의의 입증에 사용하도록 하는 등의 적절한 조치를 취하지 않고, 오히려 부하직원에게 위와 같이 압수한 변조기판을 돌려주라고 지시하여 오락실 업주에게 이를 돌려준 경우, 작위범인 증거인멸죄만이 성립하고 부작위범인 직무유기죄는 따로 성립하지 아니한다.

(4) 특가법 및 폭처법상의 직무유기

1) 특가법상 범죄수사의 직무에 종사하는 공무원이 특가법에 규정된 죄를 범한 사람을 인지하고 그 직무를 유기한 때에는 1년 이상의 유기징역에 처한다(같은법 제15조). 특가법상 특수직무유기죄는 형법상 직무유기죄와는 달리 새로운 범죄유형을 정하고 그에 대한 법정형을 규정한 것이므로 사법경찰리 직무취급을 겸하여 산림법위반의 범죄수사에 종사하는 공무원이 특가법위반의 범죄사실을 인지하

고도 필요한 조치를 취하지 아니하고 그 범죄사실을 은폐하기 위하여 허위의 공문서를 작성·행사하였다면 허위공문서작성 및 동행사죄와 더불어 특가법위반(특수직무유기)죄의 죄책도 함께 진다(대법원 1984.7.24. 선고 84도705 판결).

2) 폭처법상 사법경찰관리가 폭처법에 규정된 죄를 범한 자를 수사하지 아니하거나 범인을 알면서 체포하지 아니하거나 수사상 정보를 누설하여 범인의 도주를 용이하게 한 때에는 1년 이상의 유기징역에 처한다(같은법 제9조).

2. 직권남용죄 (제123조)

(1) 의 의

1) 공무원이 직권을 남용하여 사람으로 하여금 의무없는 일을 하게 하거나 사람의 권리행사를 방해함으로써 성립하는 범죄로 5년 이하의 징역, 10년 이하의 자격정지 또는 1,000만원 이하의 벌금에 처한다.

2) 본죄는 공무원이 그 일반적 직무권한에 속하는 사항에 관하여 직권행사를 빙자하여 실질적으로 위법·부당한 행위를 한 경우에 성립하고, 그 일반적 직무권한은 반드시 법률상의 강제력을 수반하지 않더라도 남용될 경우 직권행사의 상대방으로 하여금 법률상 의무 없는 일을 하게 하거나 정당한 권리행사를 방해할 우려가 있는 것이면 족하다(대법원 2004.5.27. 선고 2002도6251 판결).

(2) 직권남용

1) 직권남용이란 공무원이 그의 일반적 권한에 속하는 사항에 관하여 그것을 불법하게 행사하는 것, 즉 형식적·외형적으로는 직무집행으로 보이나 그 실질은 정당한 권한 이외의 행위를 하는 것으로서 공무원이 그의 일반적 권한에 속하지 않는 행위를 하는 경우인 지위를 이용한 불법행위와는 구별된다(대법원 1991.12.27. 선고 90도2800 판결).

2) 어떠한 직무가 당해 공무원의 일반적 권한에 속하는 사항이라고 하기 위해서는 법령상의 근거가 필요하지만, 명문의 규정이 없더라도 법령이나 제도를 종합적·실질적으로 고려해서 해당 공무원의 직무권한에 속하고 그것이 남용된 경우 상대방으로 하여금 사실상 의무 없는 일을 행하게 하거나 권리를 방해하기에 충분한 것으로 인정되는 경우에는 당해 공무원의 '일반적 권한'에 포함된다(대법원 2011.7.28. 선고 2011도1739 판결).

▨ 일반적인 직무권한에 속한다고 본 사례

○ 대법원 1992.3.10. 선고 92도116 판결【직권남용권리행사방해】

대통령비서실 민정수석비서관이 대통령의 근친관리업무와 관련하여 정부 각 부처에 대한 지시와 협조 요청을 할 수 있는 일반적 권한을 갖고 있었음에 비추어 그가 농수산물 도매시장 관리공사 대표이사에게 요구하여 시장 내의 주유소와 서비스동을 당초 예정된 공개입찰방식이 아닌 수의계약으로 대통령의 근친이 설립한 회사에 임대하게 한 행위는 공무원이 그 일반적 직무권한에 속하는 사항에 관하여 직권의 행사에 가탁(假託)하여 실질적, 구체적으로 위법·부당한 행위를 한 경우에 해당하여 직권남용죄를 구성한다.

○ 대법원 2006.5.26. 선고 2005도6966 판결【직권남용권리행사방해 등】

검사가 실제로는 개인적인 목적을 위하여 피의자를 소환하면서도 수사 목적이라는 명분을 내세워 피의자가 수용된 구치소 또는 교도소의 교도관리에게 공소외 1에 대한 소환요구 또는 출석요구를 하였고, 이에 따라 교도관리들이 피의자를 검사실로 호송한 행위는, 검사로서의 일반적 직무권한에 속하는 업무에 가탁하여 실질적, 구체적으로는 교도관리들로 하여금 직무상 의무 없는 일을 하게 한 것으로서 직권남용죄가 성립한다.

○ 대법원 2009.1.30. 선고 2008도6950 판결【직권남용권리행사방해 등】

대통령비서실 정책실장이 행정자치부 및 A군과 B시의 특별교부세 담당 공무원으로 하여금 특별교부세 교부대상이 아닌 C사와 D사의 증·개축사업에 특별교부세를 교부하기 위하여 교부요건에는 해당하나 이미 예산이 확보된 다른 공공사업에 특별교부세를 신청하여 교부된 금액 상당액에 해당하는 지방자치단체의 재원으로 C사와 D사의 증·개축사업을 지원하도록 특별교부세 교부신청 및 교부결정을 하도록 하게 한 행위는 대통령비서실 정책실장으로서의 직권을 남용하여 행정자치부 및 A군과 B시의 특별교부세 담당공무원으로 하여금 의무 없는 일을 한 것이다.

○ 대법원 2011.2.10. 선고 2010도13766 판결【직권남용권리행사방해 등】

서울특별시교육청 소속 교육공무원에 대한 인사권은 교육감의 일반적인 직무권한에 속하는 사항으로 교육감이 승진대상자를 특정한 후 그들을 승진시킬 목적으로 법령에 위반하여 인사담당장학관 등에게 지시하여 승진후보자명부상 승진 또는 자격연수 대상이 될 수 없는 특정 교원들을 적격 후보자인 것처럼 추천하거나 임의로 평정점을 조정하는 방법으로 승진임용하거나 그 대상자가 되도록 한 것은 정당한 권한 행사를 넘어 직무의 행사에 가탁한 부당한 행위로 직권남용에 해당한다.

○ 대법원 2011.7.28. 선고 2011도1739 판결【직권남용권리행사방해 등】

해군본부 법무실장은 해군 검찰업무뿐 아니라 소송, 징계업무 등 법무업무 전반에 관하여 해군참모총장을 보좌하는 자로서 해군 소속 인원의 사법처리와 관련된 중요 사항에 관하여 보고를 받을 일반적인 직무권한이 있으나, 국방부 검찰단의 향후 수사 방향에 대한 내용 등 수사기밀사항에 대한 보고를 요구하는 것은 형식적, 외형적으로는 직무집행으로 보이나 실질은 일반적 직무권한 범위를 넘어 직무의 행사에 가탁한 부당한 행위이고, 국방부 검찰수사관으로서는 외부에 유출될 경우 검찰단의 수사 기능에 현저한 장애를 초래할 수 있는 검찰단 내부 수사 내용을 피고인에게 보고할 법률상의 의무가 없으므로, 해군본부 법무실장이 국방부 검찰수사관에게 군내 납품비리 수사와 관련한 수사기밀사항을 보고하게 하였다면 직권남용죄가 성립한다.

○ 대법원 2012.1.27. 선고 2010도11884 판결【공문서변조, 동행사, 직권남용권리행사방해 등】

시장이 자신의 인사관리업무를 보좌하는 행정과장과 공동하여, 관련 법령에서 정한 절차에 따라 평정대상 공무원에 대한 평정단위별 서열명부가 작성되고 이에 따라 평정순위가 정해졌는데도 평정권자나 실무 담당자 등에게 특정 공무원들에 대한 평정순위 변경을 구체적으로 지시하여 평정단위별 서열명부를 새로 작성하도록 하는 것은 의무 없는 일을 하도록 한 것으로서 직권남용죄에 해당한다.

▨ 일반적인 직무권한에 속하지 않는다고 본 사례

○ 대법원 1991.12.27. 선고 90도2800 판결【직권남용, 직무유기】

치안본부장이 국립과학수사연구소 법의학과장에게 고문치사자의 사인(死因)에 관하여 기자간담회에 참고할 메모를 작성하도록 하는 것은 그의 일반적 권한에 속하는 사항이라고도 볼 수 없으며 과장이 그 요청에 따라 작성해 준 메모는 정식 부검소견서가 아니어서 동인이 위 메모를 작성하여 줄 법률상 의무가 있는 것도 아닐 뿐만 아니라, 그와 같은 메모를 작성하여 준 것도 단순한 심리적 의무감 또는 스스로의 의사에 기한 것으로 볼 수 있을 뿐이어서 법률상 의무에 기인한 것이라고 인정할 수도 없으므로, 치안본부장이 동인에게 메모의 작성을 요구하고 이를 동인이 내심의 의사에 반하여 두번이나 고쳐 작성하도록 하였다 하더라도 직권남용죄는 성립되지 아니한다.

○ 대법원 2005.4.15. 선고 2002도3453 판결【직권남용 등】

대공·선거·노사·학원 등의 공안사건에 관한 검찰업무를 지휘·감독하는 권한을 행사하는 대검찰청 공안부장이 한국조폐공사 사장에게 조폐공사의 쟁의행위·경영에 관하여 어떠한 지시나 명령을 할 수 있는 권한을 가지고 있다고 볼 수 없고, 검사가 제출한 증거만으로는 대검찰청 공안부장이 조폐공사 사장에게 직장폐쇄를 철회하고 임금협상을 결렬시키며 구조조정을 단행할 것을 지시한 사실을 인정할 수 없을 뿐만 아니라, 전화상으로 "좋지 않은 정보 보고가 올라온다. 서울이 시끄럽다. 빨리 직장폐쇄를 풀고 구조조정을 단행하라."고 말한 사실과 조폐공사사장이 직장폐쇄를 철회하고 인력감축을 하지 않으려던 경영방침을 포기한 후 조폐창을 조기에 통합하기로 결정한 것 사이에 인과관계가 있다고 볼 수 없다.

○ 대법원 2009.1.30. 선고 2008도6950 판결【직권남용권리행사방해 등】

'직권남용'이란 공무원이 그 일반적 직무권한에 속하는 사항에 관하여 직권의 행사에 가탁하여 실질적, 구체적으로 위법·부당한 행위를 하는 경우를 말하고, 공무원이 직무와는 상관없이 단순히 개인적인 친분에 근거하여 문화예술 활동에 대한 지원을 권유하거나 협조를 의뢰한 것에 불과한 경우까지 직권남용에 해당한다고 할 수는 없다. 따라서 대통령비서실 정책실장이 개인적 친분이 있는 기업체들에 대하여 기업 메세나 활동의 일환인 미술관 전시회 후원을 요청하는 행위는 직권남용권리행사방해에 해당하지 않는다.

(3) 사람으로 하여금 의무없는 일을 하게 하거나 사람의 권리행사를 방해하는 결과

1) 본죄가 성립하기 위해서는 직권을 남용하여 사람으로 하여금 의무없는 일을 하게 하거나 사람의 권리행사를 방해하는 결과가 발생하여야 한다.

2) 의무 없는 일을 하게 한다고 함은 타인으로 하여금 법령상 의무 없는 일을 하게 하는 것으로 공무원이 자신의 직무권한에 속하는 사항에 관하여 실무 담당자로 하여금 그 직무집행을 보조하도록 하더라도 이는 정당한 직무수행으로 의무 없는 일을 하게 하는 것에 해당하지 않으나, 직무집행의 기준과 절차가 법령에 구체적으로 명시되어 있고 실무 담당자에게 직무집행의 기준을 적용하고 절차에 관여할 고유한 권한과 역할이 부여되어 있음에도 불구하고 실무 담당자로 하여금 그러한 기준과 절차에 위반하여 직무집행을 보조하게 한 때에는 의무 없는 일을 하게 하는 것에 해당한다(대법원 2011.2.10. 선고 2010도13766 판결). 예를 들어 상사로부터 구체적인 사건을 특정하여 수사명령을 받지 아니하면 사법경찰관의 사무를 취급할 권한이 없는 순경이 상사의 명령이 없고 입건되지도 아니한 범죄수사를 빙자

하여 허위의 명령서를 발부하여 의무없는 서류제출을 하게 한 것은 직권남용죄를 구성한다(대법원 1955.10.18. 선고 4288형상266 판결).

3) 권리행사를 방해한다고 함은 법령상 행사할 수 있는 정당한 권리의 행사를 방해하는 것을 말한다. 여기서 권리란 법률에 명시된 권리에 한하지 않고 법령상 보호되어야 할 이익이면 족하고 공법상 권리인지 또는 사법상 권리인지 묻지 않는다(대법원 2010.1.28. 선고 2008도7312 판결).

예컨대 재정경제원장관이 대기업에 해당되지도 아니하며 회생 가능성도 불투명하여 대출이 가능한 요건을 갖추었다고 보기 어려운 기업에 대하여 그 주거래 은행의 은행장에게 대출을 실행하여 줄 것을 요구하여 실제 대출이 이루어지도록 하거나(대법원 2004.5.27. 선고 2002도6251 판결), 검사가 실제로는 개인적인 목적을 위하여 수용자를 소환하면서도 수사 목적이라는 명분을 내세워 교도관리에게 수용자에 대한 소환요구 또는 출석요구를 하거나(대법원 2006.5.26. 선고 2005도6966 판결), 국세청장이 과장으로부터 특정그룹에 대한 추징예상세액안을 보고받으면서 과장에게 추징세액을 더 낮추어 보라는 지시를 하거나(대법원 2006.12.21. 선고 2004도7356 판결), 검찰의 고위간부가 내사담당 검사로 하여금 내사를 중도에서 그만두고 종결처리하도록 하거나(대법원 2007.6.13. 선고 2004도5561 판결), 대통령비서실 정책실장이 공무원으로 하여금 특별교부세 교부대상이 아닌 특정 사찰의 증개축사업을 지원하는 특별교부세 교부신청 및 교부결정을 하도록 하거나(대법원 2009.1.30. 선고 2008도6950 판결), 상급 경찰관이 직권을 남용하여 부하 경찰관들의 수사를 중단시키거나 사건을 다른 경찰관서로 이첩하게 하는 것(대법원 2010.1.28. 선고 2008도7312 판결)은 직권을 남용한 권리행사방해에 해당한다.

4) 권리행사를 방해함으로 인한 직권남용죄와 의무 없는 일을 하게 함으로 인한 직권남용죄는 하나의 사실을 각기 다른 측면에서 해석한 것에 불과하고 두 죄가 별개로 성립하는 것은 아니다. 검사가 두 가지 행위 태양에 모두 해당하는 것으로 기소한 경우, 권리행사를 방해함으로 인한 직권남용죄만 성립하고 의무 없는 일을 하게 함으로 인한 직권남용죄는 따로 성립하지 아니한다(대법원 2010.1.28. 선고 2008도7312 판결).

5) 공무원의 직권남용행위가 있었다 할지라도 현실적으로 의무없는 일을 하게 하거나 권리행사를 방해하는 결과가 발생하지 아니하였다면 본죄의 기수를 인정할 수 없다(대법원 2008.12.24. 선고 2007도9287 판결). 나아가 본죄에는 미수범처벌규정이 없으므로 결국 위와 같은 경우는 본죄로는 처벌할 수 없는 결과가 된다(☞ **[판례 Ⅰ-2]** 참조).

[판례 Ⅰ-2] 대법원 1978.10.10. 선고 75도2665 판결【주거침입, 직권남용】

〈사실관계〉

정보관계를 담당한 순경으로서 증거수집을 위하여 정당의 지구당집행위원회에서 쓸 회의장소에 몰래 설시 도청기를 마련해 놓았다가 회의 개최 전에 들켜 뜯겼고 이 때문에 회의 열림시간이 10분 늦어졌다.

〈원심 판결요지〉

회의에 대한 구체적인 사정에 비추어 회의경과에 대한 증거를 삼기 위하여 도청장치를 마련한다는 것은 정당한 목적으로 적법한 범위에서 한 일로는 볼 수 없고, 도청장치를 마련한 사실이 회의 전에 회의측에 알려져 도청장치가 뜯김으로서 도청은 못했지만 이 때문에 회의가 예정보다 10분 늦어 시작되었으니 권리행사가 방해된 것이다.

〈대법원 판결요지〉

직권남용죄가 기수에 이르려면 의무없는 일을 하게 하는 행위 또는 권리를 방해하는 행위가 있었다는 것만으로는 부족하고, 피해자로 하여금 의무없는 행위를 하도록 하는 것 또는 권리행사를 방해하는 결과가 발생한 것을 필요로 하므로, 공무원의 직권남용이 있다 하여도 현실적으로 권리행사를 방해하는 결과가 없다면 본죄의 기수를 인정할 수 없다. 도청장치를 설치하였으나 뜯겨서 도청을 못하였다면 회의진행을 도청당하지 아니할 권리(기타 권리)가 침해된 현실적인 사실은 있다고 할 수 없고, 그로 인해 회의가 10분 늦어진 것만으로는 자유롭게 정당활동을 하고 회의의 의사를 진행하며, 회의진행을 도청당하지 아니하고 기타 비밀을 침해당하지 아니하는 권리를 침해당한 것이라고 할 수 없으므로 피고인들의 행위는 직권남용죄의 기수로 논할 수 없고, 본죄에 대해서는 미수범 처벌규정이 없으므로 직권남용죄의 죄책을 지울 수는 없다.

〈참조판례〉

○ 대법원 2006.2.9. 선고 2003도4599 판결【직권남용권리행사방해】

정보통신부장관이 개인휴대통신 사업자선정과 관련하여 서류심사는 완결된 상태에서 청문심사의 배점방식을 변경함으로써 직권을 남용하였다 하더라도, 이로 인하여 최종 사업권자로 선정되지 못한 경쟁업체가 가진 구체적인 권리의 현실적 행사가 방해되는 결과가 발생하지는 아니하였다면 직권남용죄의 죄책을 물 수가 없다.

○ 대법원 2008.12.24. 선고 2007도9287 판결【직권남용권리행사방해, 입찰방해 등】

피고인은 포항시장으로서 한국토지공사 경북지사와의 협의에 의하여 일반지방산업단지 내의 폐기물처리장 부지에 관한 분양추첨 절차에 참가할 수 있는 입주대상자를 심의·추천할 수 있는 권한을 부여받게 되었고, 한편 그러한 권한에 기하여 피해자 주식회사에 대하여 입주추천서를 발급할 것인지 여부는 피고인의 재량에 속하므로, 피해자 주식회사의 입주추천서 발급의뢰가 있다고 하여 피고인이 당연히 입주추천서를 발급하여야 하는 것은 아니다. 따라서 비록 피고인이 피해자 주식회사에 대하여 입주추천서 발급을 거부함에 따라 결과적으로 피해자 주식회사가 그 분양추첨 절차에 참가할 수 없게 되었다 하더라도 그러한 사정만으로는 피해자 주식회사의 구체화된 권리의 현실적인 행사가 방해되었다고 볼 수 없다.

(4) 고 의

본죄가 성립하기 위해서는 직권을 남용하여 사람으로 하여금 의무없는 일을 하게 하거나 사람의 권리행사를 방해한다는데 대한 인식과 의사가 요구된다. 만약 교도소에서 접견업무를 담당하는 교도관이 접견신청에 대하여 행형법상 접견허가의 요건으로 '필요한 용무가 있는 때'에 해당하지 아니한다고 판단하여 그 접견신청을 거부하였다면 직권남용에 대한 고의 자체가 있다고 할 수 없으므로 직권남용죄가 성립하지 않는다(대법원 1993.7.26. 92모29 결정).

3. 직권남용체포·감금죄(제124조)

1) 재판, 검찰, 경찰 기타 인신구속에 관한 직무를 행하는 자 또는 이를 보조하는 자가 그 직권을

남용하여 사람을 체포 또는 감금함으로써 성립하는 범죄로 7년 이하의 징역과 10년 이하의 자격정지에 처한다. 본죄의 미수범은 처벌된다(제124조 제2항). 본죄를 범하여 사람을 상해에 이르게 하거나 사망에 이르게 한 경우에는 각각 1년 이상의 유기징역과 무기 또는 3년 이상의 징역에 처한다(특가법 제4조).

2) 본죄의 주체는 재판, 검찰, 경찰 기타 인신구속에 관한 직무를 행하는 자 또는 이를 보조하는 자로서 판사, 검사 뿐만 아니라 이들을 보조하는 사법경찰관리, 법원공무원, 검찰공무원 등을 말한다. 집행관이 강제집행을 함에 있어서 채무자를 집행관실에 감금하고 몸을 수색하여 소지 중인 수표를 빼앗은 경우에도 본죄가 성립한다(대법원 1969.6.24. 선고 68도1218 판결).

3) 체포란 사람의 신체를 직접 속박하여 신체의 자유를 제한하는 것을 말하고, 감금이란 사람으로 하여금 일정한 장소 밖으로 나가지 못하도록 하여 신체의 자유를 제한하는 것을 말한다. 감금의 방법은 반드시 물리적, 유형적 장애를 사용하는 경우뿐만 아니라 심리적, 무형적 장애에 의하는 경우도 포함하고, 설사 피해자가 경찰서 안에서 다른 피의자들과 같이 식사도 하고 사무실 안팎을 내왕하였다 하여도 유형, 무형의 억압으로 피해자를 경찰서 밖으로 나가지 못하도록 하였다면 이는 감금에 해당한다(대법원 1991.12.30. 91모5 결정).

4) 체포 또는 감금이란 법률이 정하고 있는 요건과 절차를 위반한 불법체포·감금을 말하는 것으로 즉결심판 피의자의 정당한 귀가요청을 거절한 채 다음날 즉결심판법정이 열릴 때까지 피의자를 경찰서 보호실에 강제유치하고 피의자를 경찰서 내 즉결피의자 대기실에 10~20분 동안 있게 하거나(대법원 1997.6.13. 선고 97도877 판결), 피의자를 경찰서로 임의동행하여 조사한 후 귀가시키지 아니하고 그의 의사에 반하여 경찰서 조사실 또는 보호실에 계속 유치하는 것(대법원 1985.7.29. 85모16 결정)은 불법감금에 해당한다.

5) 본죄는 간접정범의 형태로도 행하여질 수 있으므로 인신구속에 관한 직무를 행하는 자 또는 이를 보조하는 자가 피해자를 구속하기 위하여 진술조서 등을 허위로 작성한 후 이를 기록에 첨부하여 구속영장을 신청하고, 진술조서 등이 허위로 작성된 정을 모르는 검사와 영장전담판사를 기망하여 구속영장을 발부받은 후 그 영장에 의하여 피해자를 구금하는 것은 불법감금죄를 구성한다(대법원 2006.5.25. 선고 2003도3945 판결).

4. 독직폭행·가혹행위죄 (제125조)

1) 재판, 검찰, 경찰 기타 인신구속에 관한 직무를 행하는 자 또는 이를 보조하는 자가 그 직무를 행함에 당하여 형사피의자 또는 기타 사람에 대하여 폭행 또는 가혹한 행위를 함으로써 성립하는 범죄로 5년 이하의 징역과 10년 이하의 자격정지에 처한다. 본죄를 범하여 사람을 상해에 이르게 하거나 사망에 이르게 한 경우에는 각각 1년 이상의 유기징역과 무기 또는 3년 이상의 징역에 처한다(특가법 제4조).

2) 본죄의 객체는 형사피의자 뿐만 아니라 참고인 등 기타 수사나 재판과정에 관여하고 있는 사람도 포함한다.

3) 폭행이란 사람의 신체에 대하여 유형력을 행사하는 것을 말하고, 가혹행위란 폭행 이외의 방법으로 형사피의자 또는 기타 사람에게 육체적·정신적 고통을 주는 것을 말한다.

5. 피의사실공표죄 (제126조)

1) 검찰, 경찰 기타 범죄수사에 관한 직무를 행하는 자 또는 이를 감독하거나 보조하는 자가 그 직무를 행함에 당하여 지득한 피의사실을 공판청구 전에 공표함으로써 성립하는 범죄로 3년 이상의 징역 또는 5년 이하의 자격정지에 처한다. 피의자의 명예와 수사의 공정성에 대한 일반인의 신뢰를 보호법익으로 한다.

2) 피의사실이란 수사기관이 혐의를 두고 있는 범죄사실로서 주로 고소장, 고발장, 범죄인지서, 사법경찰관 작성의 의견서, 긴급체포서, 체포영장, 구속영장, 압수·수색 또는 검증영장 등에 기재된 범죄사실을 말한다. 공표되는 피의사실은 피의자의 명예나 수사의 공정성에 대한 일반인의 신뢰를 훼손할 정도로 어느 정도 구체적일 것을 요한다.

3) 공표란 불특정 또는 다수인에게 알리는 것으로, 불특정 또는 다수인에게 알려야 한다는 점에서 누설을 요건으로 하는 공무상비밀누설죄(제127조)나 업무상비밀누설죄(제317조)와 다르고 공연성을 요건으로 하지 않는다는 점에서 명예훼손죄(제307조)나 모욕죄(제311조)와 다르다.

다만 공표는 반드시 수사기관의 공식적인 수사발표의 형태로 이루어질 것을 요하지 않는다. 따라서 검사 등 수사기관이 피의사실을 요약 정리한 수사자료 내지 보도자료를 배포하면서 피의사실을 공표하거나(대법원 1996.8.20. 선고 94다29928 판결), 수사경찰관이 출입기자들에게 취재하여 줄 것을 요청한 후 사건 전반에 관한 설명을 하고 수사기록을 자유로이 열람하도록 하거나(대법원 1998.7.14. 선고 96다17257 판결), 피의자에 대한 구속영장청구가 준비되고 있다는 사실을 알게 된 법조 출입기자들 10여명이 담당 검사를 찾아가자 담당 검사가 사건내용을 설명하면서 그 자리에서 수사기록을 열람하게 하거나(대법원 2001.11.30. 선고 2000다68474 판결), 수사발표를 예정해 두고 발표문을 기자에게 건네주었으나 수사발표를 취소한 경우(대법원 2002.9.24. 선고 2001다49692 판결)도 공표에 해당한다.

그러나 사건이 연일 언론을 통해 보도되고 있는 상황에서 교회에서 예배를 마치고 나오던 국가정보원장이 기자의 질문에 간첩단이라는 추상적인 표현을 사용해 간단히 답하고, 기자가 이미 언론을 통해 보도된 기사의 내용에 국가정보원장의 발언을 인용하여 보도했다면 피의사실을 공표했다고 보기는 힘들다(☞ **[판례 Ⅰ-3]** 참조).

[판례 I-3] 서울고법 2009.5.29. 선고 2008나79281 판결【손해배상】

〈사실관계〉

2006.10.24.과 동년 10.26. 사이 세칭 일심회 사건 피의자에 대한 체포·구속이 이루어지고, 2006.11.10. 사건이 검찰에 송치될 때까지 국가정보원의 수사가 이루어지게 되었고, 당시 국가정보원장인 피고는 2006.10.29. 교회에서 예배를 마치고 나오던 중 자신을 찾아온 조선일보 기자가 인터뷰를 요청하자 처음에는 이를 거절하다가, 기자의 계속적인 요청에 따라 인터뷰를 하게 되었는데, "이번 사건이 간첩단 사건인지 논란이 있다. 간첩단 사건인가"라는 기자의 질문에 대하여 "간첩단 사건으로 보고 있다. 고정간첩이 연루된 사건 아닌가. 이미 구속된 5명은 지난 1달간 집중적인 증거확보 등 수사를 통해 확실하다고 판단하고 있다"고 대답하였고, 이 발언 내용이 2006.10.30.자 조선일보에 보도되었다.

〈판결요지〉

이 사건 피고의 발언은 단지 간첩단이라는 추상적인 표현을 사용하고 있을 뿐 원고들이 탐지·수집한 국가기밀의 종류나 내용, 이적단체를 구성 또는 가입한 시기나 이적단체의 명칭, 회합·통신 방법 등 구체적으로 어떠한 범행을 하였다는 것인지에 관한 아무런 언급이 없어 '국가보안법상 간첩 또는 이적단체의 구성, 회합·통신의 점에 관한 피의사실'이 포함되어 있는 것으로 보기 어렵다. 그 뿐만 아니라 조선일보 기자는 아무런 사전연락도 하지 아니한 채 교회에서 예배를 마치고 나오던 피고를 만나 인터뷰를 요청하였으나 거절당하였고 거듭 요청한 끝에 인터뷰를 하게 된 점, 이 사건 발언은 위 기사 중의 극히 일부에 불과한 사실이 인정되는 점 등에 비추어 보면, 기자는 당시 원고들의 구속으로 인하여 언론에 연일 보도되고 있는 기사와 사설을 통해 이미 알고 있는 내용을 토대로 관련기사를 작성하면서 위 보도내용의 근거자료로 피고의 발언을 인용한 것에 불과하므로, 이 사건 발언이 원고들의 국가보안법상 간첩 또는 이적단체 구성, 회합·통신의 점에 관한 피의사실을 '공표'한 경우에 해당한다고 보기 어렵다.

5) 일반 국민들은 사회에서 발생하는 제반 범죄에 관한 알권리를 가지고 있고 수사기관이 피의사실에 관하여 발표를 하는 것은 국민들의 이러한 권리를 충족하기 위한 것으로 위법성이 조각될 수 있다. 다만 수사기관의 발표는 원칙적으로 일반 국민들의 정당한 관심의 대상이 되는 사항에 한하여 객관적이고도 충분한 증거나 자료를 바탕으로 한 사실 발표에 한정되어야 하고, 이를 발표함에 있어서도 수사결과를 발표할 수 있는 권한을 가진 자에 의하여 공식의 절차에 따라 행하여져야 하며, 무죄추정의 원칙에 반하여 유죄를 속단하게 할 우려가 있는 표현이나 추측 또는 예단을 불러일으킬 우려가 있는 표현을 피하는 등 그 표현 방법에 있어서도 상당성을 갖추어야 한다. 따라서 검사가 피의자가 피의사실을 강력히 부인하고 있었음에도 불구하고 추가 보강수사를 하지 않은 채 참고인들의 불확실한 진술만을 근거로 피의자의 범행동기나 그가 유출한 회사기밀의 내용 및 경쟁업체 관계자들에 대한 향후 수사확대 방향 등에 관하여 상세히 언급함으로써 마치 피의자의 범행이 확정된 듯 한 표현을 사용하여 각 언론사의 기자들을 상대로 언론에 의한 보도를 전제로 피의사실을 공표하였다면 위법성이 조각되지 않는다(대법원 1999.1.26. 선고 97다10215 판결).

6) 특강법과 성폭법은 아래와 같이 특정강력범죄 및 성폭력범죄의 피의자의 얼굴 등의 공개를 허용하는 규정을 두고 있다.

특강법 제8조의2(피의자의 얼굴 등 공개) ① 검사와 사법경찰관은 다음 각 호의 요건을 모두 갖춘 특정강력범죄사건의 피의자의 얼굴, 성명 및 나이 등 신상에 관한 정보를 공개할 수 있다.

1. 범행수단이 잔인하고 중대한 피해가 발생한 특정강력범죄사건일 것
2. 피의자가 그 죄를 범하였다고 믿을 만한 충분한 증거가 있을 것
3. 국민의 알권리 보장, 피의자의 재범방지 및 범죄예방 등 오로지 공공의 이익을 위하여 필요할 것
4. 피의자가 청소년 보호법 제2조 제1호의 청소년에 해당하지 아니할 것

② 제1항에 따라 공개를 할 때에는 피의자의 인권을 고려하여 신중하게 결정하고 이를 남용하여서는 아니 된다.

성폭법 제25조(피의자의 얼굴 등 공개) ① 검사와 사법경찰관은 성폭력범죄의 피의자가 죄를 범하였다고 믿을 만한 충분한 증거가 있고, 국민의 알권리 보장, 피의자의 재범 방지 및 범죄예방 등 오로지 공공의 이익을 위하여 필요할 때에는 얼굴, 성명 및 나이 등 피의자의 신상에 관한 정보를 공개할 수 있다. 다만, 피의자가 청소년 보호법 제2조 제1호의 청소년에 해당하는 경우에는 공개하지 아니한다.

② 제1항에 따라 공개를 할 때에는 피의자의 인권을 고려하여 신중하게 결정하고 이를 남용하여서는 아니 된다.

이와 더불어 인권보호를 위한 경찰관 직무규칙[경찰청훈령 제674호 및 해양경찰청훈령 제931호]은 특강법 제8조의2와 성폭법 제24조에 해당하는 경우에는 피의자의 얼굴, 실명, 및 나이 등 신상에 관한 정보를 공개할 수 있도록 하고(제85조의2), 살인·강도·강간 등 흉악범으로서 그 죄증이 명백하고, 체포영장이 발부된 자 중에서 공개수배를 인한 공익상의 필요성이 현저한 경우에는 공개수배를 할 수 있도록 하며(제86조), 중요범인 검거 및 참고인·증거 발견을 위해 특히 필요하다고 인정되거나 국민의혹 또는 불안을 해소하거나 유사범죄 예방을 위해 특히 필요하다고 인정되거나 기타 공익을 위해 특히 필요하다고 인정되는 경우에는 필요한 사항을 공개할 수 있도록 하고 있다(제83조 제2항, 제3항). 다만 이 경우에도 범죄와 직접 관련이 없는 명예·사생활에 관한 사항, 보복 당할 우려가 있는 사건관계인의 신원에 관한 사항, 범죄 수법 및 검거 경위에 관한 자세한 사항, 기타 법령에 의하여 공개가 금지된 사항은 언론에 공개해서는 안 되며(제84조), 객관적이고 정확한 증거 및 자료를 바탕으로 필요한 사항만 공개하여야 한다(제83조 제4항, 제86조 제2항). 특히 경찰관서 안에서 피의자, 피해자 등 사건관계인의 신원을 추정할 수 있거나 신분이 노출될 우려가 있는 장면이 촬영되지 않도록 하여야 한다(제85조).

최근 헌법재판소는 경찰서 기자실에서 "교통사고 위장, 보험금 노린 형제 보험사기범 검거"라는 제목의 보도자료를 기자들에게 배포하고 피의자가 경찰서 조사실에서 양손에 수갑을 찬 채 조사받는 모습을 촬영할 수 있도록 허용하여 텔레비전과 일간신문에 피의자가 수갑을 차고 얼굴을 드러낸 상태에서 경찰로부터 조사받는 장면이 흐릿하게 처리되어 보도 또는 방송되게 한 것은 피의자의 인격권을 과도하게 침해한 것으로서 위헌이라고 결정한 바 있다(헌법재판소 2014.3.27. 선고 2012헌마652 결정).

6. 공무상비밀누설죄(제127조)

(1) 법령에 의한 직무상 비밀

1) 공무원 또는 공무원이었던 자가 법령에 의한 직무상의 비밀을 누설함으로써 성립하는 범죄로 2년 이하의 징역이나 금고 또는 5년 이하의 자격정지에 처한다. 국회 정보위원회의 위원 및 소속공무원(의원보조직원을 포함한다)은 직무수행상 알게 된 국가기밀에 속하는 사항을 공개하거나 타인에게 누설하여서는 안 되며, 이를 위반한 때에는 5년 이하의 징역 또는 500만원 이하의 벌금에 처한다(특가법 제4조의3, 국회법 제54조의 제2항).

2) 법령에 의한 직무상 비밀이란 반드시 법령에 의하여 비밀로 규정되었거나 비밀로 분류, 명시된 사항에 한하지 않고 정치, 군사, 외교, 경제, 사회적 필요에 따라 비밀로 된 사항은 물론 정부나 공무소 또는 국민이 객관적, 일반적인 입장에서 외부에 알려지지 않는 것에 상당한 이익이 있는 사항도 포함한다.

○ 대법원 1982.6.22. 선고 80도2822 판결【공무상비밀누설】

가결된 도시계획시설 결정은 그것이 도시계획법 소정의 절차를 거쳐 일반에게 공고 또는 고시 등에 의하여 공개되기 전에 관계공무원이 이를 미리 특정인에게 누설하는 경우, 부동산 투기를 조장하여 특정인에게 부당한 이익을 줄 염려가 있는 한편, 선량한 시민에게 부당한 피해를 주어 도시계획의 건전한 발전을 저해하는 요소로 작용될 수 있는 사항이므로 비록 도시계획법 등에 도시계획 시설결정 사실을 비밀 사항으로 규정되지 않았다고 하더라도 공무상비밀누설죄의 객체가 된다.

○ 대법원 2007.6.14. 선고 2004도5561 판결【공무상비밀누설 등】

검찰 등 수사기관이 특정 사건에 대하여 수사를 진행하고 있는 상태에서, 수사기관이 현재 어떤 자료를 확보하였고 해당 사안이나 피의자의 죄책, 신병처리에 대하여 수사책임자가 어떤 의견을 가지고 있는지 등의 정보는, 그것이 수사의 대상이 될 가능성이 있는 자 등 수사기관 외부로 누설될 경우 피의자 등이 아직까지 수사기관에서 확보하지 못한 자료를 인멸하거나, 수사기관에서 파악하고 있는 내용에 맞추어 증거를 조작하거나, 허위의 진술을 준비하는 등의 방법으로 수사기관의 범죄수사 기능에 장애를 초래할 위험이 있는 점에 비추어 보면, 해당 사건에 대한 종국적인 결정을 하기 전까지는 외부에 누설되어서는 안 될 수사기관 내부의 비밀에 해당한다.

○ 대법원 2008.3.14. 선고 2006도7171 판결【공무상비밀누설】

국가를 당사자로 하는 계약에 관한 법률은 국가가 당사자로서 계약을 체결하는 경우 계약의 목적·성질·규모 등을 고려하여 필요하다고 인정될 때에는 대통령령이 정하는 바에 의하여 수의계약에 의할 수 있도록 정하고, 같은 법 시행령은 각 중앙관서의 장 또는 계약담당공무원은 경쟁입찰 또는 수의계약 등에 부칠 사항에 대하여 당해 규격서 및 설계서 등에 의하여 예정가격을 결정하고, 이를 밀봉하여 미리 개찰장소 또는 가격협상장소 등에 두어야 하며, 예정가격이 누설되지 아니하도록 규정하고 있으며, 나아가 각 중앙관서의 장 또는 계약담당공무원은 수의계약을 체결하고자 할 때에는 2인 이상으로부터 견적서를 받아야 하도록 규정하고 있는 점을 종합하면 지방자치단체의 장 또는 계약담당공무원이 수의계약에 부칠 사항에 관하여 당해 규격서 및 설계서 등에 의하여 결정한 예정가격은 공무상 비밀에 해당한다.

○ 대법원 2009.6.11. 선고 2009도2669 판결【공무상비밀누설】

미국과의 자유무역협정 체결 협상을 위한 협상전략과 분야별 쟁점에 대한 대응방향 등을 담고 있는 것으로서, 그와 같은 내용이 일반에 알려진 공지의 사실에 해당하는 것으로 볼 수 없고, 또한 그 내용이 공개될 경우 협상상대방인 미국으로서는 우리나라의 우선 관심사항과 구체적인 협상전략을 미리 파악하여 보다 유리한 조건에서 협상에 임할 수 있게 되는 반면, 우리나라로서는 당초 준비한 협상전략이 모두 노출됨으로 인하여 불리한 지위에서 협상에 임할 수밖에 없게 되어, 당초의 협상목표를 달성하지 못하게 되는 결과를 불러올 우려가 있었던 점 등을 종합해 보면, 적어도 이 사건 문건 중 그 판시와 같은 기재 부분은 정부나 공무소 또는 국민이 객관적, 일반적인 입장에서 외부에 알려지지 않는 것에 상당한 이익이 있는 사항으로서, 실질적으로 비밀로서 보호할 가치가 있는 직무상 비밀에 해당한다.

3) 다만 직무상 비밀이라고 하기 위해서는 실질적으로 그것을 비밀로서 보호할 가치가 있다고 인정되어야 하므로, 단순히 그것이 공개되지 않은 사실이라는 점만으로는 부족하고 누설에 의하여 개인의 사생활 등 기본권이 침해되거나 국가의 기능이 위협받을 우려가 있는 사실이어야 한다(대법원 1996.5.10. 선고 95도780 판결).

○ 대법원 1996.5.10. 선고 95도780 판결【공무상비밀누설】

감사원 감사관이 언론에 공개한 보고서의 주된 내용은 "한국은행감독원의 조사결과는 30대 재벌 520개 법인의 비업무용 토지 비율이 총 보유면적의 1.2%이고, 감사원의 조사결과는 그 비율이 43.3%"이고 "법인의 부동산 투기는 관계 기관의 발표내용보다 훨씬 심각한 실정"이라는 것인바, 개별기업의 비업무용 부동산 보유실태는 일반에게 알려지지 않은 비밀이라고 보기 어려울 뿐 아니라 그 당시 부동산투기가 심각한 사회문제로 대두되어 정부에서 토지공개념 도입 등의 대책을 강구하고 있었고, 기업의 비업무용 부동산 보유실태에 관하여 국민의 관심이 집중된 상황에서 기업의 비업무용 부동산 보유실태가 공개되는 것이 국민 전체의 이익에 이바지한다고 할 수 있을 뿐 그러한 사항이 공개됨으로써 국가의 기능이 위협을 받는다고 할 수도 없으므로, 이 사건 보고서의 내용은 공무상 비밀에 해당한다고 할 수 없다.

○ 대법원 2003.6.13. 선고 2001도1343 판결【공무상비밀누설 등】

피고인 1이 피고인 2에게 열람, 등사하게 한 수사기록의 내용은 모두 피의사실, 피의자 및 피해자의 각 인적사항, 피해자의 상해 정도 또는 피의자의 신병처리 지휘내용 등에 관한 내용에 불과하여, 그 내용이 공개되는 경우 수사의 보안 또는 기밀을 침해하여 수사의 목적을 방해할 우려가 있거나 개인의 사생활 등 이해관계를 침해할 우려가 있는 개인정보를 담고 있는 것으로 보기에는 부족하고, 달리 위 서류가 법령에 의한 직무상의 비밀을 내용으로 하는 문서라는 점을 인정할 증거가 없다.

○ 대법원 2003.12.26. 선고 2002도7339 판결【공무상비밀누설 등】

검찰총장인 피고인이 S그룹회장 A의 외화밀반출혐의에 대하여 수사를 진행하던 중, A가 경영하는 회사가 외국기업으로부터 외자유치협상을 진행 중이므로 그 때까지 수사를 보류하여 달라는 요청을 받고 수사보류지시를 하였다가 A에 대한 수사를 맡고 있는 서울지방검찰청로부터 수사재개와 구속수사를 건의받고 A에 대한 구속수사방침을 발표하자, 피고인의 처가 유명패션디자이너의 의상실에서 고가의 옷을 구입한 뒤 A회장의 처에게 대금의 지급을 요청했다는 소문이 나돌았다. 이에 대통령비서실 법무비서관 B는 경찰청 수사국 조사과에 내사를 지시하였고 경찰청 수사국 조사과는 내사를 한 결과 그와 같은 소문이 사실무근이며 A회장을 즉시 구속수사하여 사건을 신속하게 종결하는 것이 바람직하다는 내용을 내사결과보고서를 작성하여 B와 대통령에게 보고하였다. 이에 피고인은 서울지방검찰청에 A에 대한 구속영장을 청구하도록 지시하여 A를 구속수감하도록 하였는데, 그 직후 S그룹 인사로부터 피고인의 처가 옷값의 대납을 요구한 사실을 언론에 공개하겠다는 취지의 말을 전해 듣고 B를 만나 자신이 처한 상황을 설명하고 대통령에게 보고하고 싶다고 요청하였다. 이에 B는 대통령에게 상황보고를 한 다음 내사결과보고서를 피고인에게 전달하였는데, 피고인은 표지와 건의부분을 제외한 나머지부분을 복사한 사본을 가지고 있다가 평소친분이 있는 S그룹부회장을 대검찰청 총장실로 불러 자신이 결백하다는 점을 해명하기 위해 그 사본을 보여주었다.

내사결과보고서에는 조사를 받은 참고인들의 진술요지가 간단히 기재되어 있기는 하나 주된 내용은 피고인의 처가 A회장의 처에게 옷값의 대납을 요구하였다는 첩보내용은 사실무근이라는 것에 불과하여 그 내용에 국가안전보장, 질서유지, 공공복리를 침해하는 요소가 있다고 볼 수 없고, 내사결과보고서가 피고인에게 전달된 시점은 이미 A회장에 대한 구속이 집행된 이후여서 그 내용이 공개되어도 수사의 보안이나 기밀을 침해하여 수사를 방해할 우려가 있거나 이해관계인들의 기본권이 침해될 우려가 있다고도 볼 수 없어 내사결과보고서의 내용은 비공지의 사실이기는 하나 실질적으로 비밀로서 보호할 가치가 있는 것이라고 인정할 수 없고, 그 내용이 알려진다고 하여 국가의 기능을 위협하는 결과가 초래된다고 인정되지도 아니한다.

○ **대법원 2012.3.15. 선고 2010도14734 판결【공무상비밀누설 등】**

구청에서 체납차량 영치 및 공매 등의 업무를 담당하던 공무원인 피고인이 甲의 부탁을 받고 차적 조회 시스템을 이용하여 乙의 유사휘발유 제조 현장 부근에서 경찰의 잠복근무에 이용되고 있던 경찰청 소속 차량의 소유관계에 관한 정보를 알아내 甲에게 알려주었다. 차량소유관계에 관한 정보는 누구든지 열람이 가능한 부동산등기 사항과 달리 구 자동차관리법에서 자동차 소유자의 성명까지 기재된 신청서를 제출하여야 자동차등록원부의 열람이나 등본 또는 초본을 발급받을 수 있게 규정하여 자동차 소유자에 관한 정보가 공개되지 아니한 측면이 있으나, 재산의 소유 주체에 관한 정보에 불과한 자동차 소유자에 관한 정보를 정부나 공무소 또는 국민이 객관적, 일반적인 입장에서 외부에 알려지지 않는 것에 상당한 이익이 있는 사항으로서 실질적으로 비밀로 보호할 가치가 있다거나, 그 누설에 의하여 국가의 기능이 위협받는다고 볼 수 없고, 경찰청 소속 차량으로 잠복수사에 이용되는 경우 소속이 외부에 드러나지 말아야 할 사실상의 필요성이 있다는 사정만으로 달리 볼 것이 아니므로, 피고인이 甲에게 차량 소유관계에 관한 정보를 제공하였다고 하더라도 공무상비밀누설죄의 죄책을 지울 수는 없다.

(2) 누 설

누설이란 법령에 의한 직무상의 비밀을 이를 알지 못하는 사람에게 알리는 것을 말한다. 반드시 수인에게 알릴 필요가 없다는 점에서 명예훼손죄(제307조)나 신용훼손죄(제313조) 또는 업무방해죄(제314조)의 성립요건인 '공연히 사실을 적시'하거나 '사실을 유포하는 것'과 구별된다.

(3) 공 범

1) 본죄 주체는 법령에 의한 직무상의 비밀을 누설한 공무원 또는 공무원이었던 자이다. 물론 공무원 또는 공무원이었던 자가 아닌 자가 이들과 함께 누설하는 행위에 가담한 때에는 본죄의 공범으로 처벌할 수 있다.

2) 그런데 공무원 또는 공무원이었던 자로부터 법령에 의한 직무상의 비밀을 누설받은 상대방을 본죄의 공범으로 처벌할 수 있는지에 대해서는 논란이 있다. 판례는 공무원인 피고인 1이 직무상 비밀을 누설한 행위와 피고인 2가 그로부터 그 비밀을 누설받은 행위는 대향범 관계에 있다고 할 것인데, 형법은 공무원 또는 공무원이었던 자가 법령에 의한 직무상 비밀을 누설하는 행위만을 처벌하고 있을 뿐 직무상 비밀을 누설받은 상대방을 처벌하는 규정이 없는 점에 비추어, 직무상 비밀을 누설받은 자에 대하여는 공범에 관한 형법총칙 규정이 적용될 수 없다고 본다(☞ **[판례 Ⅰ-4]** 참조).

[판례 Ⅰ-4] 대법원 2011.4.28. 선고 2009도3642 판결【범인도피·공무상비밀누설】

〈공소사실〉

서울지방경찰청 광역수사대는 ○○파에 대한 내사활동을 벌이다가 폭처법위반(단체등의구성·활동) 혐의로 ○○파 조직원 53명에 대한 체포영장을 일시에 발부받아 조직원들 일제검거에 나섰는데, 공소외 1은 자신이 수사대상에 포함된다는 사실을 전해 듣고 변호사인 피고인 2가 운영하는 사무실을 찾아가 자신도 ○○파 사건과 관련한 수사대상자라는 것과 범죄사실의 내용 등에 대하여 알게 되어(피고인 2는 위 공소외 5 등에 대한 구속영장 사본을 공소외 1에게 보여주며 "당신도 ○○파 사건과 관련한 수사대상자이다"라는 취지의 말을 하였다) 피고인 2에게 위 사건과 관련하여 체포영장이 발부된 명단을 알아봐달라는 취지의 말을 하였고, 이에 피고인 2는 수원지방법원 평택지원 민형과 사무실에 근무하는 법원공무원 피고인 1에게 ○○파 사건의 체포영장 발부자 명단을 구해달라는 부탁을 하고 피고인 1은 에서 사무실에서 자신의 아이디와 비밀번호로 법원 재판사무시스템에 접속하여 ○○파 사건으로 체포영장이 발부된 명단을 검색 및 추출하여 이를 피고인 2에게 알려 주었다.

〈원심 판결요지〉

(1) 공무상비밀누설죄에 있어서는 비밀을 누설받은 상대방의 존재가 반드시 필요하기 때문에 공무원 또는 공무원이었던 자가 법령에 의한 직무상 지득한 비밀을 누설하는 행위와 그러한 직무상 비밀을 누설받는 행위는 이른바 대향범 관계에 있다고 할 것이고, 이와 같이 어떤 범죄가 성립함에 있어서 당연히 예상되고 오히려 그 때문에 결여되는 것이 불가능한 대향자의 관여행위에 관하여, 이것을 처벌하는 규정이 없는 이상, 이를 공동정범 혹은 방조범으로 처벌하는 것은, 원칙적으로 법이 의도하지 않는 것이라고 할 것이나, 대향자가 구성요건상 당연히 예상되고 필요로 되는 최소한도의 관여행위의 정도를 넘어, 적극적으로 본범을 교사하였거나 역할 내에서의 협력의 범위를 초과한 경우에는 교사범으로서의 죄책을 면할 수 없다.

피고인 2는 적극적으로 피고인 1로 하여금 직무상 비밀에 해당하는 체포영장 발부자 명단을 누설하도록 교사함으로써, 피고인 1에게 공무상비밀누설의 범의와 행위를 적극적으로 촉발시켰다고 할 것이다. 이러한 피고인 2의 행위는 공무상비밀누설죄가 당연히 예상하는 정형적·통상적인 관여행위를 초과한 것이고, 입법자가 당연히 예상한 관여행위 정도를 벗어난 것이어서 이에 대하여 피고인 2는 공무상비밀누설교사죄의 죄책을 부담한다.

(2) 공소외 1은 피고인 2로부터 명단을 건네받기 이전에 자신에게 체포영장이 발부된 사실을 확지하지 못하고 있었고, 자신이 수사대상에 포함된다는 사실을 전해 듣고 위 변호사사무실을 찾아가게 되었다고 할 것이어서, 공소외 1을 비롯한 체포영장 피발부자들이 수사기관의 수사에 대하여 어느 정도 눈치채고 도피 중이었다고 하더라도 이 사건 범행 당시 공소외 1 등의 범인도피행위가 이미 완료되었다고 볼 수 없고, 오히려 공소외 1 등이 ○○파의 조직원으로서 검거대상자인지 여부는 확실히 알지 못하는 상황에서 피고인 2는 공소외 1에게 수사의 진행상황 및 그 대상자를 짐작할 수 있는 신병에 관련된 부분을 알려 줌으로써 이들의 범인도피행위를 용이하게 하였다고 할 것이고, 나아가 공소외 1이 위 피발부자 중 공소외 2, 3, 4에게 체포영장 발부사실을 알려 줌으로써 이들에 대한 형사사법작용을 방해하는 위험을 초래하였으므로, 위 공소외 2, 3, 4에 대하여도 범인도피죄의 죄책을 진다.

피고인 2가 공소외 1에게 체포영장 발부자 명단을 넘겨 준 행위는 공소외 1 이외의 52명에 대하여는 범인도피행위의 예비 또는 준비행위에 불과하다고 할 것인데, 공소외 1은 위 공소외 2, 3, 4에게 체포영장 발부 사실을 알려준 사실을 인정할 수 있을 뿐, 이들을 제외한 나머지 체포영장 피발부자들에게도 체포영장 발부 사실을 알려주었다는 점을 인정하기에 부족하고, 단순히 피고인 2가 공소외 1에게 체포영장 발부자 명단을 넘겨준 행위만으로는 위 공소외 2 등을 제외한 나머지 체포영장 피발부자들에 대하여도 형사사법작용을 방해하는 위험을 초래하였다고 보기 어렵다.

〈대법원 판결요지〉

(1) 2인 이상의 서로 대향된 행위의 존재를 필요로 하는 대향범에 대하여는 공범에 관한 형법총칙 규정이 적용될 수 없다.

공무원인 피고인 1이 직무상 비밀을 누설한 행위와 피고인 2가 그로부터 그 비밀을 누설받은 행위는 대향범 관계에 있다고 할 것인데, 형법 제127조는 공무원 또는 공무원이었던 자가 법령에 의한 직무상 비밀을 누설하는 행위만을 처벌하고 있을 뿐 직무상 비밀을 누설받은 상대방을 처벌하는 규정이 없는 점에 비추어, 직무상 비밀을 누설받은 자에 대하여는 공범에 관한 형법총칙 규정이 적용될 수 없다고 봄이 상당하다. 그럼에도 원심은, 피고인 2가 피고인 1에게 부탁을 하여 이 사건 체포영장 발부자 명단을 누설받은 행위가 공무상비밀누설교사죄에 해당한다고 판단하였는바, 이러한 원심의 판단에는 공무상비밀누설죄에 있어 공범의 성립에 관한 법리를 오해한 위법이 있다.

(2) 범인도피죄에 있어서 '도피하게 하는 행위'는 은닉 이외의 방법으로 범인에 대한 수사, 재판 및 형의 집행 등 형사사법의 작용을 곤란 또는 불가능하게 하는 일체의 행위로서 그 수단과 방법에는 아무런 제한이 없다. 또한 위 죄는 위험범으로서 현실적으로 형사사법의 작용을 방해하는 결과를 초래할 필요는 없으나 적어도 함께 규정되어 있는 은닉행위에 비견될 정도로 수사기관의 발견·체포를 곤란하게 하는 행위, 즉 직접 범인을 도피시키는 행위 또는 도피를 직접적으로 용이하게 하는 행위에 이르러야 하므로, 그 자체로는 도피시키는 것을 직접적인 목적으로 하였다고 보기 어려운 어떤 행위의 결과 간접적으로 범인이 안심하고 도피할 수 있게 한 경우까지 포함하는 것은 아니다.

원심은 그 판시와 같은 인정 사실에 비추어 이 사건 체포영장 발부자 명단 53명 중 공소외 1, 2, 3, 4에 대해서는 범인도피죄가 성립하나, 위 공소외 1 등을 제외한 나머지 49명에 대해서는 범인도피죄가 성립하지 않는다고 판단하였는바, 이와 같은 원심의 판단은 앞서 본 법리와 기록에 비추어 정당하다.

7. 선거방해죄 (제128조)

1) 검찰, 경찰 또는 군의 직에 있는 공무원이 법령에 의한 선거에 관하여 선거인, 입후보자 또는 입후보하려는 자에게 협박을 가하거나 기타 방법으로 선거의 자유를 방해함으로써 성립하는 범죄로 10년 이하의 징역과 5년 이상의 자격정지에 처한다.

2) 대통령선거·국회의원선거·지방의회의원 및 지방자치단체의 장의 선거 또는 당내경선과 관련하여 선거인·후보자·후보자가 되고자 하는 자·선거사무장·선거연락소장·선거사무원·활동보조인·회계책임자·연설원 또는 당선인을 폭행·협박 또는 유인하거나 불법으로 체포·감금하거나, 선거운동용 물품을 탈취하거나, 집회·연설 또는 교통을 방해하거나 위계·사술 기타 부정한 방법으로 선거의 자유를 방해하거나, 업무·고용 기타의 관계로 인하여 자기의 보호·지휘·감독 하에 있는 자에게 특정 정당이나 후보자를 지지·추천하거나 반대하도록 강요하거나(이상 공직선거법 제237조 제1항), 연설·대담장소 또는 대담·토론회장에서 위험한 물건을 던지거나 후보자 또는 연설원을 폭행한 자는(같은 조 제3항) 공직선거법상 선거자유방해죄(제237조)로 처벌된다.

3) 검사 또는 경찰공무원(사법경찰관리를 포함한다)이나 군인(군수사기관소속 군무원을 포함한다)이 제237조 제1항 각호의 행위를 하거나, 군인이 특정한 후보자를 당선되게 하거나 되지 못하게 하기 위하여 그 영향 하에 있는 군인 또는 군무원의 선거권행사를 폭행·협박 또는 그 밖의 방법으로 방해하거나 하게 한 때에는 공직선거법에 의하여 처벌된다(제237조 제2항, 제238조).

8. 뇌물수수·요구·약속죄(제129조 제1항, 특가법 제2조)

(1) 의 의

1) 공무원 또는 중재인이 직무에 관하여 뇌물을 수수, 요구 또는 약속함으로써 성립하는 범죄로 5년 이하의 징역 또는 10년 이하의 자격정지에 처한다. 수수, 요구 또는 약속한 뇌물의 가액(수뢰액)이 3천만원 이상 5천만원 미만인 때에는 5년 이상의 유기징역에, 5천만원 이상 1억원 미만인 때에는 7년 이상의 유기징역에 그리고 1억원 이상인 경우에는 무기 또는 10년 이상의 징역에 처한다(특가법 제2조 제1항). 이 경우 수뢰액의 2배 이상 5배 이하의 벌금을 병과한다(같은 조 제2항).

2) 본죄는 공무원의 직무집행의 공정과 이에 대한 사회의 신뢰 및 직무행위의 불가매수성을 그 보호법익으로 한다(대법원 2014.1.29. 선고 2013도13937 판결).

3) 본죄는 직무에 관한 청탁이나 부정한 행위를 필요로 하는 것은 아니어서 수수된 금품의 뇌물성을 인정하는 데 특별한 청탁이 있어야만 하는 것은 아니다. 또한 본죄는 증뢰죄(제133조)와 필요적 공범관계에 있으나 이는 수뢰죄가 성립하기 위해서는 증뢰행위가 있을 것을 전제로 한다는 의미이고 수뢰죄가 성립하기 위해서는 증뢰죄의 성립을 전제로 한다는 의미는 아니다.

(2) 주 체

1) 본죄의 주체는 공무원 또는 중재인이다. 본죄의 주체는 현재 공무원 또는 중재인의 직에 있는 자에 한정되고, 공무원이 직무와 관련하여 뇌물수수를 약속하고 퇴직 후 이를 수수한 경우 뇌물약속죄(제129조 제1항)나 부정처사후수뢰죄(제131조 제3항)가 성립함은 별론으로 하고 뇌물수수죄는 성립하지 않는다(대법원 2010.10.14. 선고 2010도387 판결).

2) 공무원이란 법령의 근거에 기하여 국가 또는 지방자치단체 및 이에 준하는 공법인의 사무에 종사하는 자로서 그 노무의 내용이 단순한 기계적 육체적인 것에 한정되어 있지 않은 자를 말하고(대법원 2002.11.22. 선고 2000도4593 판결), 중재인이란 법령에 의하여 중재절차에 있어서 중재절차를 진행하고 중재판정을 내리는 제3자로서 중재법상 중재인, 「언론중재 및 피해구제 등에 관한 법률」상 언론중재위원, 「노동조합 및 노동관계조정법」상 중재위원 등이 있다.

3) 일반적으로 공무원이란 국가공무원법 또는 지방공무원법에 의해 공무원으로 임용된 자를 말하는데, 개별법령에 의하여 형법 제129조 내지 제132조의 벌칙을 적용함에 있어 공무원으로 의제되는 경우가 많다.

우선 특가법상 국가 또는 지방자치단체가 직접 또는 간접으로 자본금의 2분의 1 이상을 출자하였거나 출연금·보조금 등 그 재정지원의 규모가 그 기관 또는 단체 기본재산의 2분의 1 이상인 기관 또는 단체, 국민경제 및 산업에 중대한 영향을 미치고 있고 업무의 공공성(公共性)이 현저하여 국가 또는 지방자치단체가 법령에서 정하는 바에 따라 지도·감독하거나 주주권의 행사 등을 통하여 중요 사업의 결정 및 임원의 임면(任免) 등 운영 전반에 관하여 실질적인 지배력을 행사하고 있는 기관 또는 단체의 간부직원은 형법 제129조부터 제132조를 적용함에 있어서 공무원으로 간주된다(특가법 제4조 제1항).

그리고 지방공기업법상 공사와 공단의 임원 및 과장 또는 팀장 이상의 직원(제83조), 도시개발법상 도시개발구역의 토지 소유자가 도시개발을 위하여 설립한 조합의 임직원 및 감리원(제84조), 도시 및 주거환경정비법상 추진위원회위원장, 조합의 임원 및 정비사업전문관리업자의 대표자(법인인 경우는 임원)과 직원 및 위탁관리자(제84조), 한국도로공사법상 위탁업무종사자(제13조의3), 형사소송법상 전문심리위원(제270조의8), 성폭법상 진술조력인(제39조), 공증인법상 공증인(제2조), 정보통신망법상 미래창조과학부장관 또는 방송통신위원회가 위탁한 업무에 종사하는 한국정보화진흥원과 인터넷진흥원 임직원(제69조), 건설기술진흥법상 건설기술심의위원회, 건설기술자문위원회, 건설사고조사위원회의 위원(제84조), 아동학대처벌법상 아동보호전문기관의 장과 그 직원 및 진술조력인(제64조) 등이 있다. 이에 따라 한국전기통신공사 일반직 3급 직원(대법원 1992.8.14. 선고 91도3191 판결), 토지개발공사 지사 공사부장(대법원 1998.2.27. 선고 96도582 판결), 농어촌진흥공사 3급 과장(대법원 1998.4.28. 선고 96도2828 판결), 재건축조합의 조합장(대법원 2010.12.23. 선고 2010도13584 판결), 인천도시개발공사의 4급 직원(대법원 2011.1.13. 선고 2009도14660 판결), 건설기술심의위원회의 위원(대법원 2013.11.28.선고 2013도10011 판결), 재건축정비사업조합의 임원(대법원 2014.10.15. 선고 2014도8113 판결)은 공무원으로 의제된다.

이외에도 공무원으로 인정된 사례로는 기한부로 채용된 공무원(대법원 1971.10.19. 선고 71도1113 판결), 문화재관리국 관리과 운영계 고용원(대법원 1978.4.25. 선고 77도3709 판결), 교육감 소속으로 설치된 학교환경위생정화위원회의 위원(대법원 1983.5.10. 선고 83도301 판결), 지방의회의원(대법원 1997.3.11. 선고 96도1258 판결), 도시계획법에 의해 설치된 시구도시계획위원회의 위원(대법원 1997.6.13. 선고 96도1703 판결), 지방교육자치에 관한 법률에 근거하여 시의회가 선출한 특별시 교육위원(대법원 1997.6.13. 선고 96도1703 판결), 약사법에 의해 설치된 중앙약사심의위원회 소분과위원회의 위원(대법원 2002.11.22. 선고 2000도4593 판결), 시도지사가 임명한 지방교통영향심의위원회의 위원(대법원 2009.2.12. 선고 2007도2733 판결) 등이 있다.

이에 대하여 서울대학교 의과대학 교수가 서울대학교병원 의사를 겸직하더라도 의사로서의 진료행위의 실질이나 직무성격이 바로 공무로 되거나 공무적 성격을 띤다고 할 수 없으므로 공무원이 아니고(대법원 2006.5.26. 선고 2005도1904 판결), 집행관사무소의 사무원은 지방법원에 소속되어 법률이 정하는 바에 따라 재판의 집행, 서류의 송달 그 밖에 법령에 따른 사무에 종사하는 집행관(집행관법 제2조)과 달리 그에게 채용되어 업무를 보조하는 자에 불과할 뿐(같은 규칙 제21조 제1항), 그를 대신하거나 그와 독립하여 집행에 관한 업무를 수행하는 자의 지위에 있지는 않으므로 공무원에 해당하지 않는다(대법원 2011.3.10. 선고 2010도14394 판결). 이 외에도 어항법에 의해 해양수산부장관으로부터 사무를 위탁받지 않은 한국어항협회 임직원(대법원 2009.9.10. 선고 2009도5657 판결), 도시 및 주거환경정비법상 정비사업전문관리업자인 법인의 실질적 경영자로서 임원으로 등기되어 있지 아니한 사람(대법원 2014.1.23. 선고 2013도9690 판결)은 공무원으로 인정되지 않는다.

4) 법령에 기한 임명권자에 의하여 임용되어 공무에 종사하여 온 사람이 나중에 그가 임용결격자이었음이 밝혀져 당초의 임용행위가 무효라고 하더라도, 그가 임용행위라는 외관을 갖추어 실제로 공무를 수행한 이상 공무 수행의 공정과 그에 대한 사회의 신뢰 및 직무행위의 불가매수성은 여전히 보호되어야 한다. 따라서 이러한 사람도 형법 제129조에서 규정한 공무원에 해당하고 그가 그 직무에 관하여 뇌물을 수수한 때에는 수뢰죄로 처벌할 수 있다(대법원 2014.3.27. 선고 2013도11357 판결). 그리고 주택재개발 정비사업조합의 임원이 정비구역 안에 있는 토지 또는 건축물의 소유권 또는 지상권을 상실함으로써 임원의 지위를 상실하거나 임기가 만료된 임원이 관련 규정에 따라 후임자가 선임될 때까지 계속하여 직무를 수행하다가 후임자가 선임되어 직무수행권을 상실한 경우, 그 임원이 그 후에도 조합의 법인 등기부에 임원으로 등기되어 있는 상태에서 계속하여 실질적으로 조합 임원으로서의 직무를 수행하여 왔다면 임원의 지위 상실이나 직무수행권의 상실에도 불구하고 도시 및 주거환경 정비법 제84조에 따라 형법 제129조 내지 제132조의 적용에서 공무원으로 보아야 한다(대법원 2016.1.14. 선고 2015도15798 판결).

(3) 객체-뇌물

1) 뇌물이란 직무와 대가관계가 있는 부당한 이익을 말한다. 우선 뇌물의 내용인 이익이라 함은 금전, 물품 기타의 재산적 이익뿐만 아니라 사람의 수요 욕망을 충족시키기에 족한 일체의 유형·무형의 이익을 말한다(대법원 2002.5.10. 선고 2000도2251 판결). 따라서 시가앙등이 예상되는 주식을 액면가로 매수하는 것(대법원 1979.10.10. 선고 78도1793 판결), 시가앙등이 예상되는 체비지(替費地)의 지분을 낙찰원가에 매수하는 것(대법원 1994.11.4. 선고 94도3539 판결), 건설업자에게 편의를 봐주는 대가로 저렴한 가격으로 자신이 신축하는 건물에 대한 도급계약을 체결하는 것(대법원 1998.3.10. 선고 97도3113 판결), 자신의 은행대출금채무에 대하여 연대보증을 하게 하는 것(대법원 2001.1.15. 선고 2000도4704 판결), 장기간처분하지 못하고 있던 토지를 향후 개발이 되면 가격이 많이 상승할 것으로 기대되는 토지와 교환하는 것(대법원 2001.9.18. 선고 2000도5438 판결), 투기적 사업에 참여할 기회를 얻는 것(대법원 2002.5.10. 선고 2000도2251 판결), 액수미상의 프리미엄이 예상되는 조합아파트를 분양받는 것(대법원 2002.11.26. 선고 2002도3539 판결)은 뇌물에 해당한다.

2) 그리고 성교행위나 유사성교행위도 뇌물이 될 수 있다(☞ **[판례 Ⅰ-4]** 참조).

[판례 Ⅰ-4] 서울고법 2013.11.1. 선고 2013노1418 판결【뇌물수수, 직권남용권리행사방해】

〈사실관계〉

○○검찰청 소속 검사인 피고인은 자신이 주임 검사로 지정된 특가법위반(절도) 사건의 피의자(여, 43세)에게 검사실로 출석하도록 요구하여 피의자를 상대로 절도 혐의에 대하여 조사하는 과정에서 실형이 선고될 것을 걱정하며 선처를 바라는 피의자와 유사성교행위를 하고 계속하여 검사실에 부속된 검사집무실로 옮겨 와 1회 성교하고, 다시 지하철역 출구 앞에서 자신을 기다리던 피의자를 자신이 운전하던 승용차에 태운 다음 승용차 안에서 위 사건에 대하여 선처 등을 바라는 피의자와 유사성교행위를 하고 모텔로 이동하여 피의자와 성교하였다.

〈판결요지〉

뇌물의 내용인 이익이라 함은 금전, 물품 기타의 재산적 이익뿐만 아니라 사람의 수요·욕망을 충족시키기에 족한 일체의 유형·무형의 이익을 포함하는 것이므로 뇌물이 반드시 경제적 가치가 있거나 금전적 이익으로 환산할 수 있는 것에 한정된다고 볼 수 없다. 또한 뇌물은 반드시 유형적일 것을 요하지 않으며 향응과 같은 무형적 이익도 '뇌물'에 해당한다. 이와 같은 점에 비추어 뇌물공여자가 스스로 성행위의 상대방이 되는 것, 즉 성교행위나 유사성교행위를 통하여 성(性)적 이익을 제공하는 것도 뇌물죄의 객체가 될 수 있다.

한편 뇌물죄는 직무집행의 공정과 이에 대한 사회의 신뢰에 기하여 직무수행의 불가매수 성을 직접적인 보호법익으로 하고 있으므로, 공무원의 직무와 금원의 수수가 전체적으로 대가관계에 있으면 뇌물수수죄가 성립하고 특별히 청탁의 유무, 개개의 직무행위의 대가적 관계를 고려할 필요는 없으며, 또한 그 직무행위가 특정된 것일 필요도 없다. 이 사건 피고인은 피의자에 대한 위 사건의 주임검사로서 수사에 대하여 직접적이고 포괄적인 권한을 갖고 있었고, 사건처리 방향을 1차적으로 결정하는 지위에 있었으므로 고도의 직무관련성이 인정된다. 그리고 피의자는 피고인에게 상습절도 사건에 대한 처리방향, 처벌의 정도, 피해자와의 합의문제 등에 관하여도 자신에게 유리한 방향으로 처리해 줄 수 있는지 등을 물어보았고, 피고인은 피의자가 궁금해 하는 것들을 알려주면서 합의에 문제가 있을 때에는 자신에게 연락을 하라고 하거나 진술서 말미에 기재할 문구를 일러주는 등 도움을 주기도 하였으므로 피고인과 피의자 간의 성관계와 피고인의 직무 사이에는 대가관계가 인정된다.

직권남용권리행사방해죄에서 '직권의 남용'이란 공무원이 일반적 직무권한에 속하는 사항을 불법하게 행사하는 것, 즉 형식적·외형적으로는 직무집행으로 보이나 실질은 정당한 권한 이외의 행위를 하는 경우를 의미하고, 직권남용에 해당하는가의 판단 기준은 구체적인 공무원의 직무행위가 그 목적, 그것이 행하여진 상황에서 볼 때의 필요성·상당성 여부, 직권행사가 허용되는 법령상의 요건을 충족했는지 등 제반 요소를 고려하여 결정하여야 한다. 이 사건 기록에 의하여 인정되는 다음과 같은 사정에 의하면, 피의자는 자발적으로 피고인을 기다리고 차량에 함께 탄 것으로 판단되고, 검사가 제출한 증거들만으로는 피고인이 검사로서의 직권을 남용하였다거나 피의자로 하여금 의무 없는 일을 하게 하였다고 인정할 수 없다.

(4) 직무관련성

1) 뇌물죄가 성립하기 위해서는 직무관련성이 인정되어야 한다. '직무'에는 법령에 정하여진 직무뿐만 아니라 그와 관련 있는 직무, 관례상 또는 사실상 소관하는 직무행위, 결정권자를 보좌하거나 그에게 영향을 줄 수 있는 직무, 과거에 담당하였거나 장래에 담당할 직무, 현실적으로 담당하고 있지 않아도 법령상 일반적인 직무권한에 속하는 직무 등 공무원이 그 직위에 따라 담당할 일체의 직무를 포함한다(대법원 2003.6.13. 선고 2003도1060 판결; 대법원 2004.5.28. 선고 2004도1442 판결). 장래에 담당할 직무에 대한 대가로 이익을 수수한 경우에도 뇌물수수죄가 성립할 수 있지만, 수수한 이익이 장래에 담당

할 직무에 속하는 사항과 관련된 것임을 확인할 수 없을 정도로 막연하고 추상적이거나 장차 수수한 이익과 관련지을 만한 직무권한을 행사할지 자체를 알 수 없다면, 직무에 관하여 이익을 수수하였다고 단정하기는 어렵다(대법원 2017.12.22. 선고 2017도12346 판결). 또한 뇌물은 직무에 관하여 전체적·포괄적 대가관계가 있으면 족하고 개개의 직무와 대가적 관계에 있거나 직무가 특정되어 있어야 하는 것은 아니다(대법원 1997.4.17. 선고 96도3377 판결).

① 경찰관(경찰공무원)은 국민의 생명·신체 및 재산의 보호, 범죄의 예방·진압 및 수사, 경비, 주요 인사(人士)경호 및 대간첩·대테러 작전수행, 치안정보의 수집·작성 및 배포, 교통단속과 교통위해의 방지 등 공공의 안녕과 질서유지의 직무를 수행한다(경집법 제2조). 이러한 직무를 담당하는 경찰관이 그 직무와 관련하여 금품을 수수한 경우에는 뇌물수수죄가 성립한다.

○ **대법원 1999.11.9. 선고 99도2530 판결【뇌물수수】**

음주운전을 적발하여 단속에 관련된 제반 서류를 작성한 후 운전면허 취소업무를 담당하는 직원에게 이를 인계하는 업무를 담당하는 경찰관이 피단속자로부터 운전면허가 취소되지 않도록 하여 달라는 청탁을 받고 금원을 교부받은 경우, 뇌물수수죄가 성립한다.

○ **대법원 2003.6.13. 선고 2003도1060 판결【수뢰후부정처사】**

범죄를 예방하거나, 진압하고, 수사하여야 할 일반적 직무권한을 가지는 경찰관이 도박장개설 및 도박범행을 묵인하고 편의를 봐주는 데 대한 사례비 명목으로 금품을 수수하고 나아가 도박장개설 및 도박범행사실을 잘 알면서도 이를 단속하지 아니하였다면 이는 경찰관으로서 직무에 위배되는 부정한 행위를 한 것이라 할 것이고, 범행당시 경찰서 교통계에 근무하고 있어 도박범행의 수사 등에 관한 구체적인 사무를 담당하고 있지 아니하였다 하여도 달리 볼 것은 아니다.

○ **대법원 2007.4.27. 선고 2005도4204 판결【특가법위반(뇌물)】**

경찰관이 재건축조합 직무대행자에 대한 진정사건을 수사하면서 진정인에 의하여 재건축 설계업체로 선정되기를 희망하던 건축사사무소 대표로부터 금원을 수수한 경우 금원의 수수와 경찰공무원의 직무인 진정사건 수사와의 관련성이 인정된다.

○ **대법원 2012.9.27. 선고 2012도6079 판결【특가법위반(뇌물) 등】**

○○경찰서 생활질서계에 근무하던 경찰관이 게임장 업주로부터 금품을 수수하고 사행성 게임장 단속 관련 정보를 업주에게 알려 주거나 단속 경찰관들에게 형사사건을 잘 처리하여 달라는 취지로 부탁하였다면 직무관련성이 인정된다.

② 이외에도 각종 공무원은 관련 법령에 의하여 고유한 직무를 담당한다. 예컨대 해양수산부 소속 공무원은 어업단속공무원의 직무에 관한 규정(대통령령 제25751호)에 의해 어업의 단속·지도 또는 감독에 종사한다. 국세공무원은 국세를 부과하기 위하여 기업 및 개인 등에 대한 세무조사를 하고 부과·징수에 따라 발생된 체납세금을 정리하기 위하여 체납자의 재산을 압류·공매처분하는 사무를 담당하는데, 자신의 직무와 관련하여 금품을 수수한 경우에는 뇌물수수죄가 성립한다.

○ 대법원 1981.8.25. 선고 81도1830 판결【특가법위반(뇌물) 등】

과세자료를 조사 수집하고 그에 따라 법령의 규정에 따른 과세를 하여 이를 징수하는 법령상의 직무를 수행하는 세무공무원이 그 직무와 관련하여 그가 보관하는 공무소에서 사용하는 서류를 반환하여 달라는 청탁을 받고 금원을 수수하였다면 직무에 관한 뇌물의 수수라고 할 것이다.

○ 대법원 1983.4.10. 선고 83도301 판결【특가법위반】

학교환경정화위원회 위원인 동시에 구청 환경위생과장인 피고인이 당구장허가 사무처리에 관하여 금품을 수수하였다면 이를 직무와 무관하게 증여받은 것으로 사회상규에 반하지 않는다고 할 수 없다.

○ 대법원 1983.8.23. 선고 82도2350 판결【뇌물수수】

도시계획시설결정의 승인이 시장의 소관사항이 아니고 도지사의 소관사항이나 그 승인신청서를 수리하여 시장의 결재를 거쳐 상급기관인 도지사에 전달하는 직무에 종사하고 있는 도시계획계장이 승인신청과 관련하여 신청자로부터 금품을 수수하였다면 이는 직무에 관하여 뇌물을 수수한 것이다.

○ 대법원 1984.8.14. 선고 84도1139 판결【특가법위반(뇌물) 등】

컨트리클럽에 대한 지도 감독업무가 각 시도지사에게 위임되었다 하더라도 지방자치단체의 장에게 위임한 국가행정사무에 관하여는 당해 주무부장관이 이를 지휘·감독하도록 되어 있으므로, 교통부장관을 보좌하여 관광호텔, 골프장 등 관광이용시설업체의 지휘·감독 등의 업무를 관장하고 있는 교통부 관광국 시설과장이 컨트리클럽부사장으로부터 금품을 받았다면 직무관련성이 인정된다.

○ 대법원 1989.9.12. 선고 89도597 판결【특가법위반(뇌물) 등】

구청위생계장이 유흥업소를 경영하는 사람으로부터 건물용도변경허가와 관련하여 금품을 수수한 것은 직무와 관련하여 교부받은 것이라고 할 것이다.

○ 대법원 1998.2.27. 선고 96도582 판결【특가법위반(뇌물) 등】

한국토지개발공사 간부가 수급인에 대하여 하도급업체의 선정을 알선하고 하도급업체로부터 금원을 수수한 경우에는 수뢰죄가 성립한다.

○ 대법원 2001.1.5. 선고 2000도4714 판결【뇌물수수 등】

군에서 일차 진급평정권자가 그 평정업무와 관련하여 진급대상자로 하여금 자신의 은행대출금채무에 연대보증하게 한 행위는 직무에 관련하여 이익인 뇌물을 받은 것에 해당된다..

○ 대법원 2002.5.10. 선고 2000도2251 판결【특가법위반(뇌물) 등】

지방자치법에 의하면 지방의회는 의장을 의원들 간의 무기명투표로 선거하도록 되어 있으므로 의장선거에서의 투표권을 가지고 있는 군의원들이 이와 관련하여 금품 등을 수수하였다면 이는 군의원으로서의 직무와 관련된 것으로 보아야 한다.

③ 해당 직무를 직접 수행하는 공무원뿐만 아니라 그 공무원을 지휘·감독하거나 사실상 영향력을 행사할 수 있는 지위에 있는 공무원이 금품을 수수한 경우에도 뇌물수수죄가 성립한다.

○ 대법원 1996.11.15. 선고 95도1114 판결【특가법위반(뇌물) 등】

토지소유자들이 구획정리사업조합을 설립하여 시행하는 토지구획정리사업에 관하여는 실무상 시의회의 심의를 거치도록 되어 있고 시의회 의장은 위 토지구획정리사업에 대한 시의회의 심의와 관련하여 영향을 미칠 수 있는 지위에 있으므로 시의회 의장이 토지소유자들로부터 시의회 심의와 관련하여 금품을 수수하였다면 직무관련성이 인정된다.

○ **대법원 1997.4.17. 선고 96도3377 판결【특가법위반(뇌물) 등】**

대통령은 정부의 수반으로서 중앙행정기관의 장을 지휘·감독하여 정부의 중요정책을 수립·추진하는 등 모든 행정업무를 총괄하는 직무를 수행하고, 대형건설 사업 및 국토개발에 관한 정책을 최종 결정하며, 소관 행정 각 부의 장들에게 위임된 사업자 등 구체적 사항에 대하여 직접 또는 간접적인 권한을 행사함으로써 기업체들의 활동에 있어 직무상 또는 사실상의 영향력을 행사할 수 있는 지위에 있으므로, 대통령이 국책사업의 사업자 선정과 관련하여 금품을 수수하면 바로 뇌물수수죄가 성립하고, 실제로 영향력을 행사하였는지 여부는 범죄의 성립에 영향을 미치지 않는다.

○ **대법원 1997.12.26. 선고 97도2609 판결【특가법위반(뇌물) 등】**

국회의원이 자신의 직무권한인 의안의 심의·표결권 행사의 연장선상에서 일정한 의안에 관하여 다른 동료의원에게 작용하여 일정한 의정활동을 하도록 권유·설득하는 행위 역시 국회의원이 가지고 있는 직무권한의 행사와 밀접한 관계가 있으므로, 국회의원이 금원을 수수하고 같은 당 소속 국회의원에게 국회에서 ○○그룹에 관련된 문제가 제기되지 않도록 도와달라고 부탁한 경우에도 뇌물수수죄가 성립한다.

○ **대법원 2004.5.28. 선고 2004도1442 판결【특가법위반(뇌물) 등】**

대대 주임원사인 피고인이 소속 대대 병사들의 보직에 관하여 지휘관인 대대장에 건의하면 그 건의가 상당 부분 반영된 사실이 인정된다면 병사들의 보직 등을 결정하는 직무는 피고인이 관례상이나 사실상 소관하는 직무 또는 결정권자를 보좌하거나 영향을 줄 수 있는 직무에 해당하므로, 피고인이 소속 부대 병사의 부(父)로부터 부탁을 받고 그 병사를 빨래방 관리병으로 선발하는 등으로 군생활을 보살펴 주고 빨래방공사비와 부대체육대회비용 명목 금품을 받았다면 이는 그 병사의 보직 유지 및 군복무 편에 대한 대가로서 뇌물에 해당한다.

○ **대법원 2010.4.29. 선고 2010도1082 판결【뇌물수수】**

모든 범죄수사에 관하여 직무상 또는 사실상의 영향력을 행사할 수 있는 지위에 있던 경찰청장이 1년에 3~4차례 정도 전화로 안부 인사를 나눌 정도였던 사람으로부터 경찰에서 수사 중인 사건과 관련하여 미화 2만 달러를 받은 것은 직무와 관련하여 뇌물로 수수한 것이라고 보아야 한다.

○ **대법원 2010.12.23. 선고 2010도10910 판결【특가법위반(뇌물) 등】**

국회 정무위원회 소관 기관에 대하여 상당한 영향력을 가진 수석전문위원이 그 소관 기관 등의 업무에 관한 청탁 또는 부탁을 받고 금품을 수수하였다면 자신의 직무이거나 그 직무와 밀접한 관계가 인정된다.

○ **대법원 2011.3.24. 선고 2010도17797 판결【특가법위반(뇌물) 등】**

도시계획국장인 피고인이 시에서 A회사를 시공사로 하여 진행하던 구청 신축공사 및 그에 인접한 구청건물 증축공사에 대한 관리·감독 업무를 수행하면서, B회사 대표로부터 부탁을 받고 A회사에 부탁하여 그 중 일부를 B회사에 하도급 받도록 해 준 다음 그 대가로 돈을 받았다면, 피고인의 위와 같은 행위는 직무와 밀접한 관계가 있는 행위에 관하여 금품을 수수한 것으로서 뇌물수수죄에 해당한다.

○ **대법원 2011.12.8. 선고 2010도15628 판결【특가법위반(뇌물) 등】**

시의회 보건복지위원회 부위원장이 신문사와 노인단체의 부탁을 받고 시의회 업무보고 시에 경로당의 신문구독료 예산을 지원해 달라는 의정발언을 하여 시로 하여금 노인시설에서 구독하는 신문의 구독료 예산을 확보하여 지급하도록 하고 신문사로부터 금품을 수수하였다면 직무에 관하여 수수한 것으로 인정된다.

2) 공무원이 그 직무와 관련있는 사람으로부터 금품 기타 이익을 받은 경우 그것이 이전에 공무원으로부터 접대받거나 수수한 것을 갚는 것으로서 사회상규에 비추어 의례적인 것에 불과하거나 개인적인 친분관계상 필요한 것이라고 인정할 수 있는 등의 특별한 사정이 없는 한 직무와의 관련성을 부정할 수 없고, 공무원이 직무와 관련하여 금품을 수수하였다면 비록 사교적 의례의 형식을 빌려 금품을 주고받았다 하더라도 뇌물로 인정된다(대법원 2002.7.26. 선고 2001도6721 판결). 예컨대 해외취업자 국외송출허가 등 업무를 취급하는 노동청 해외근로국장이 접대부의 국외송출을 부탁받고 음식을 접대받거나(대법원 1984.4.10. 선고 83도1499 판결), 구청 주택과장이 재건축추진위원장으로부터 재건축조합의 조속한 설립인가를 부탁받으면서 두 차례에 걸쳐 점심식사를 접대받는 것(대법원 2008.11.27. 선고 2006도8779 판결)은 뇌물수수에 해당한다.

3) 이에 대하여 법령상, 관례상 또는 사실상 자신의 직무가 아닐 뿐만 아니라 실질적으로 어떠한 영향력을 미칠 수 없는 직무와 관련해서 금품을 수수하였거나 공무원의 지위와는 별개의 업무와 관련하여 금품을 수수하였다면 뇌물수수로 인정되지 않는다.

○ 대법원 1980.10.14. 선고 80도1373 판결【뇌물수수, 변호사법위반】

법원의 참여주사가 공판에 참여하여 양형에 관한 사항의 심리내용을 공판조서에 기재한다고 하더라도 이를 가지고 형사사건의 양형이 참여주사의 직무와 밀접한 관계가 있는 사무라고는 할 수 없으므로 참여주사가 형량을 감경해 달라는 청탁과 함께 금품을 수수하였다고 하더라도 뇌물수수죄가 성립하지 않는다.

○ 대법원 1983.3.22. 선고 82도1922 판결【특가법위반(뇌물) 등】

체비지(替費地)에 관한 공개경쟁입찰업무는 도시계의 소관업무로서 입찰예정가격의 결정은 도시계에서 토지평가사에게 의뢰하여 그 회신을 받아 봉함한 후 시장에게 제출하면 시장이 가격을 결정하여 다시 봉함한 후 입찰당일에 이를 도시계로 보내어 개봉하게 되어 있으므로, 환지(換地)의 분할측량업무에 종사하고 있는 도시과 구획정리계 측량기술원이 다년간 환지측량 업무에 종사하게 된 결과 그동안 자신이 얻은 지식과 경험을 기초로 하여 입찰예정가격이 대략 어느 정도 될 것이라고 추측한 내용을 알려주고 그 대가로 금품을 수수하였다고 하여도 뇌물수수죄는 성립하지 않는다.

○ 대법원 1983.10.11. 선고 83도425 판결【뇌물수수】

보안부대소속 치안본부 연락관이 경찰서장에게 경찰공무원의 승진을 부탁하고 금원을 받았더라도 경찰공무원의 승진 여부는 치안본부의 인사에 관한 고유의 직무에 속하는 것이므로 이는 알선수뢰죄나 변호사법위반죄에 해당할지는 몰라도 직무에 관한 뇌물수수죄는 성립하지 아니한다.

○ 대법원 1999.6.11. 선고 99도275 판결【뇌물수수】

경찰청 정보과에 근무하는 경찰관(경감)인 피고인 1이 피고인 2로부터 자신이 경영하는 회사가 중소기업협동조합중앙회에 의하여 외국인산업연수생에 대한 국내관리업체로 선정되는 데 힘써 달라는 부탁을 받고 금품과 향응을 제공받았다고 하더라도, 정보과 형사인 피고인 1은 국내외에 걸쳐 발생하는 정치, 경제, 사회, 문화 등 제반 분야의 일들 중 일정 중요도 이상의 정보를 수집하고 분석하여 상부에 보고하는 직무를 담당하고 있을 뿐 당시의 통상산업부 또는 그 산하 중소기업청의 소관인 국내관리업체 선정과는 아무런 관련이 없고 나아가 어떠한 영향을 줄 수도 없으므로 직무관련성이 있다고 할 수 없다.

○ **대법원 2002.5.31. 선고 2001도670 판결【특가법위반(뇌물) 등】**
해양수산부가 지정 고시한 어업손실액 조사기관인 국립대학교 부설 연구소가 국가를 당사자로 하는 계약에 관한 법률에 근거하지 아니하고 국가와는 별개의 지위에서 연구소 명의로 체결한 어업피해조사용역계약과 관련하여 국립대학교 교수가 연구소소속 연구원으로서 수행하는 조사용역업무는 교육공무원의 직무 또는 그와 밀접한 관계가 있다고 볼 수 없다.

○ **대법원 2006.6.15. 선고 2005도1420 판결【특가법위반(뇌물) 등】**
서울대학교 의과대학 교수 겸 서울대학교병원 의사가 구치소로 왕진을 나가 진료하고 진단서를 작성해 주거나 법원의 사실조회에 대하여 회신을 해주는 것은 의사로서의 진료업무이지 교육공무원인 서울대학교 의과대학 교수의 직무와 밀접한 관련 있는 행위라고 할 수 없다.

○ **대법원 2011.5.26. 선고 2009도2453 판결【뇌물수수】**
해양수산부 해운정책과의 업무는 대한민국 국적선사의 선박에 관한 것으로 외국 국적선사의 선박에 대한 행정처분에 관한 것은 포함되지 않고 그 소속 공무원은 외국국적 선사의 선박에 대한 구체적인 행정처분에 대해 어떠한 영향력을 미칠 수도 없으므로, 그 소속 공무원이 국내해운회사의 대표이사로부터 중국의 선박운항허가 담당부서가 관장하는 중국국적 선사의 선박에 대한 운항허가를 받을 수 있도록 노력해 달라는 부탁을 받고 금품을 받았더라도 직무 관련성이 있다고 보기 어렵다.

(4) 수수, 요구, 약속

1) 수수란 뇌물을 취득하는 행위로서, 뇌물이 유형물인 경우에는 현실적으로 점유를 취득한 때에 그리고 무형적 이익은 현실적으로 이익을 받아서 누릴 때에 그것을 수수를 한 것으로 인정된다. 자동차를 뇌물로 제공한 경우 자동차등록원부에 뇌물수수자가 그 소유자로 등록되지 않았다고 하더라도 자동차의 사실상 소유자로서 자동차에 대한 실질적인 사용 및 처분권한이 있다면 자동차 자체를 뇌물로 취득한 것으로 보아야 한다(대법원 2006.4.27. 선고 2006도735 판결).

공무원이 직접 뇌물을 받지 아니하고 증뢰자로 하여금 다른 사람에게 뇌물을 공여하도록 한 경우, 그 다른 사람이 공무원의 사자 또는 대리인으로서 뇌물을 받은 경우나 그 밖에 평소 공무원이 그 다른 사람의 생활비 등을 부담하고 있었다거나 혹은 그 다른 사람에 대하여 채무를 부담하고 있었다는 등의 사정이 있어서 그 다른 사람이 뇌물을 받음으로써 공무원은 그만큼 지출을 면하게 되는 경우 등 사회통념상 그 다른 사람이 뇌물을 받은 것을 공무원이 직접 받은 것과 같이 평가할 수 있는 관계가 있는 경우에는 뇌물수수죄가 성립한다(대법원 2004.3.26. 선고 2003도8077 판결).

○ **대법원 2004.3.26. 선고 2003도8077 판결【특가법위반(뇌물), 뇌물공여】**
공무원이 실질적인 경영자로 있는 회사가 청탁 명목의 금원을 회사 명의의 예금계좌로 송금받은 경우에 사회통념상 공무원이 직접 받은 것과 같이 평가할 수 있어 뇌물수수죄가 성립한다.

○ **대법원 2009.1.30. 선고 2008도6950 판결【뇌물수수 등】**
대통령비서실 정책실장인 피고인 1과 피고인 2는 서로 아끼고 사랑하는 연인관계로서 서로 선물을 주고 받는 사이였고 피고인 1이 피고인 2의 업무에 다소 도움을 주고자 했던 것은 인정되나 나아가 피고인 1이 피고인 2에게 경제적 지원을 하였던 것으로 보이지 않고 피고인들은 별도의 가계를 가지고 생활을 하였던 정도로는 사회통념상 피고인 2가 ○○대학교 조교수로 임용된 것이 피고인 1이 직접 뇌물을 받은 것과 같이 평가할 수는 없다.

○ 대법원 2009.5.14. 선고 2008도8852 판결【뇌물수수, 정치자금법위반】

국회의원인 공무원이 대한치과의사협회 간부로부터 의과병원의 비급여율과 관련된 의료보수표의 제공을 부탁받고 협회 직원과의 전화통화 내지 보좌진의 보고 등을 통하여 자료의 제공과 관련하여 그 대가로 1,000만원을 지급받는다는 사실을 인식하고 있었는바, 피고인의 후원회를 통하여 후원금 명목으로 금품을 수령하였더라도 이는 피고인이 대한치과의사협회로부터 수령한 것으로 평가할 수 있고 나아가 그 금품은 피고인의 직무권한 행사에 대한 대가로서의 실체를 가진다.

○ 대법원 2010.5.13. 선고 2008도5506 판결【특가법위반(뇌물) 등】

공무원으로 의제되는 정비사업전문관리업자의 임·직원이 직무에 관하여 자신이 아닌 정비사업전문관리업자에 뇌물을 공여하게 하는 경우, 임·직원이 법인인 정비사업전문관리업자를 사실상 1인 회사로서 개인기업과 같이 운영하거나 그렇지 않더라도 사회통념상 정비사업전문관리업자에 뇌물을 공여한 것이 곧 그 임·직원에게 공여한 것과 같다고 볼 수 있을 정도로 경제적·실질적 이해관계를 같이 하는 것으로 평가되는 경우에는 뇌물수수죄가 성립한다.

○ 대법원 2011.11.24. 선고 2011도9585 판결【특가법위반(뇌물) 등】

공무원으로 의제되는 도시 및 주거환경정비법상 정비사업전문관리업체의 대표이사가 여러 건설회사들로부터 재개발정비사업 시공사로 선정되도록 도와달라는 취지의 부탁을 받고 자신이 실질적으로 장악하고 있는 컨설팅회사 명의 계좌로 돈을 교부받은 경우, 피고인이 건설회사와 컨설팅회사 간의 용역계약을 가장하여 건설회사들에게서 뇌물을 수수하는 과정에서 건설회사들이 형식적인 용역계약 상대방인 컨설팅회사 계좌로 뇌물을 입금한 것은 사회통념상 피고인에게 직접 뇌물을 공여한 것과 동일하게 평가할 수 있으므로 뇌물수수죄가 성립한다.

그리고 수수는 반드시 공여자로부터 직접 할 필요는 없고, 제3자가 공여자를 대신하여 자신의 자금으로 수뢰자에게 지급한 다음 공여자로부터 그 금액을 상환받은 경우 공여자와 수뢰자 사이에 금품 제공에 관한 의사의 합치가 있고 그러한 지급방법에 관하여 수뢰자가 양해하였다고 인정된다면 이는 뇌물수수에 해당한다(☞ **[판례 Ⅰ-5]** 참조).

[판례 Ⅰ-5] 대법원 2008.6.12. 선고 2006도8568 판결【특가법위반(뇌물), 정치자금법위반】

〈사실관계〉

하계유니버시아드대회를 지원하기 위해 마련된 특별법상 옥외광고물 사업자로 선정된 A가 특별법의 유효기간을 연장시켜 사업자의 지위를 계속 유지할 목적으로 지역구 국회의원에게 청탁을 하여 관련 법안을 발의하게 한 후 그 통과를 위해 노력하던 중, 지역구 국회의원으로부터 국회 문화관광위원회 위원장인 피고인에게도 부탁하라는 말을 듣고 피고인의 중학교 동창으로서 한국야구위원회(KBO) 사무총장이자 피고인의 후원회 부회장인 B를 통해 피고인을 만난 자리에서 개정안의 통과를 청탁하였고, 피고인은 "알겠다. 검토해 보겠다"는 청탁을 수락하는 취지의 답변을 한 후 개정안이 문화관광위원회 및 국회본회의를 통과하여 시행되자, 피고인은 B로부터 A가 사례를 하고 싶어 한다는 말을 듣고 B의 사무실에서 피고인의 보좌관인 C를 통해 B가 A를 대신하여 전달하는 현금 5천만원을 받았고, C는 5,000만원의 정치자금영수증 3장을 발행하여 B를 통하여 A에게 교부하였으며, 그 후 B는 A로부터 5천만원을 교부받았다.

〈판결요지〉

뇌물죄는 공여자의 출연에 의한 수뢰자의 영득의사의 실현으로서, 공여자의 특정은 직무행위와 관련이 있는 이익의 부담 주체라는 관점에서 파악하여야 하므로, 금품이나 재산상 이익 등이 반드시 공여자와 수뢰자 사이에 직접 수수될 필요는 없고, 그 사이에서 제3자가 먼저 공여자를 대신하여 자신의 자금으로 수뢰자에게 지급한 다음 공여자로부터 그 금액을 상환받는 방식으로 수수되었다 할지라도, 공여자와 수뢰자 사이에 금품 제공에 관한 의사의 합치가 존재하고 또한 그러한 지급방법에 관하여 수뢰자가 양해하였다고 인정되는 한, 공여자와 수뢰자 사이에 직접 금품이 수수되지 아니하였다는 사정만으로는 뇌물수수죄의 죄책을 면할 수 없다.

그리고 정치자금의 기부행위는 정치활동에 대한 재정적 지원행위이고, 뇌물은 공무원의 직무행위에 대한 위법한 대가로서 양자는 별개의 개념이므로, 금품이 정치자금의 명목으로 수수되었고 또한 당시 시행되던 정치자금법에 정한 절차를 밟았다 할지라도, 당해 금품의 액수 및 기부하기에 이른 동기와 경위 등에 비추어 볼 때 정치인의 정치활동 전반에 대한 지원의 성격을 갖는 것이 아니라 공무원으로서의 정치인의 특정한 구체적 직무행위와 관련하여 제공자에게 유리한 행위를 기대하거나 혹은 그에 대한 사례로서 이루어짐으로써 정치인인 공무원의 직무행위에 대한 대가로서의 실체를 가진다면 뇌물성이 인정된다.

다만 수수라고 하기 위해서는 뇌물에 대한 영득의사가 인정되어야 한다. 뇌물인지 모르고 이를 수수하였다가 뇌물임을 알고 즉시 반환하거나, 증뢰자가 일방적으로 뇌물을 두고 가서 후일 기회를 보아 반환할 의사로 어쩔 수 없이 일시 보관하다가 반환하는 등 그 영득의 의사가 없었다고 인정되는 경우라면 뇌물을 수수하였다고 할 수 없지만, 공무원이 청탁과 함께 사례조로 자기앞수표를 받은 후 자신의 은행구좌에 예치시켰다가 동료직원들에게 공여자에 대해 탐문해 본 결과 믿을 수 없다고 하여 후환을 염려하여 2주일이 지나 공여자에게 반환한 것이라면 뇌물을 수수한 것으로 인정된다(대법원 1984.4.10. 선고 83도1499 판결). 그리고 공무원이 먼저 뇌물을 요구하여 증뢰자가 제공하는 돈을 받았다면 받은 돈 전부에 대한 영득의 의사가 인정되고, 영득의 의사로 뇌물을 수령한 이상 그 액수가 예상한 것보다 너무 많은 액수여서 후에 이를 반환하였다고 하더라도 뇌물죄의 성립에는 영향이 없다(대법원 2007.3.29. 선고 2006도9182 판결). 금품의 수수 당일에는 수수의 명목이 명시되지 않았으나 그 다음날에 직무의 대가임을 알았음에도 불구하고 이를 반환하지 아니하고 계속 보유하였다면 그 시점부터 뇌물의 수수가 된다(대법원 1998.12.23. 선고 98도857 판결).

이에 반하여 택시를 타고 떠나려는 순간 뒤쫓아 와서 돈뭉치를 창문으로 던져 넣고 가버려 의족을 한 불구의 몸으로서는 도저히 뒤따라가 돌려줄 방법이 없어 부득이 그대로 귀가하였다가 다음날 바로 다른 사람을 시켜 이를 반환한 경우(대법원 1979.7.10. 선고 79도1124 판결), 후일 기회를 보아서 반환할 의사로서 일단 받아둔 데 불과한 경우(대법원 1989.7.25. 선고 89도126 판결), 평소 도움을 주고받으며 돈독하게 지내야 할 자가 교부하는 금원을 불우이웃돕기 성금이나 연극제에 전달할 의사로 받은 것에 불과한 경우(대법원 2010.4.15. 선고 2009도11146 판결)에는 영득의사로 뇌물을 수수하였다고 보기는 어렵다.

그리고 뇌물을 수수한 이상 그 용도는 문제가 되지 않는다. 따라서 금품을 수수한 공무원이 이를 공사현장 인부들의 식대 또는 동 공사의 홍보비 등으로 소비하였을 뿐 자신의 사리를 취하지 아니하였거나(대법원 1985.5.14. 선고 83도2050 판결), 부대장이 수뢰한 금품을 부대의 행정에 소요되는 비용에 충당하였더라도(대법원 1984.2.14. 선고 83도3218 판결) 그 뇌물성이 부인되지 않는다. 또한 정치자금, 선거자금, 성금 등의 명목으로 이루어진 금품의 수수라 할지라도, 그것이 정치가인 공무원의 직무행위에 대한 대가로서의 실체를 갖는 한 뇌물로서의 성격을 잃지 않는다(대법원 1997.4.17. 선고 96도3378 판결).

뇌물의 수수로서 뇌물수수죄는 기수에 이르고, 예컨대 뇌물로 공여된 당좌수표가 수수 후 부도가 되었다고 하더라도 뇌물죄의 성립에는 영향이 없다(대법원 1983.2.22. 선고 82도2964 판결). 타인과 동업형식으로 점포의 임차보증금이나 월임대료의 지급없이 고수익이 예상되는 영업을 할 수 있는 기회를 얻은 경우 그 자체로서 뇌물수수죄는 기수에 달한다(대법원 2001.3.27. 선고 2000도3417 판결). 뇌물로 투기적 사업에 참여할 기회를 제공받은 경우에는 투기적 사업에 참여하는 행위가 종료함으로써 뇌물수수죄는 기수에 이르고, 그 후 경제사정의 변동 등으로 인하여 당초의 예상과는 달리 아무런 이득을 얻지 못한 경우라도 뇌물수수죄의 성립에는 아무런 영향이 없다(대법원 2002.5.10. 선고 2000도2251 판결).

2) '요구'란 취득의 의사로 상대방에게 뇌물의 공여를 요청하는 것을 말하고, 상대방이 이에 응하였는가는 불문한다. 다만 직무에 관하여 뇌물을 '요구'하였다고 하기 위해서는 뇌물요구의 명목이 직무에 관련된 것임이 어느 정도 구체적으로 나타나야 하고, 단지 상대방으로 하여금 뇌물을 요구하는 자에게 잘 보이면 자신으로부터 어떤 도움을 받을 수 있거나 손해를 입을 염려가 없다는 정도의 막연한 기대감을 갖게 하는 정도에 불과하고, 뇌물을 요구하는 자 역시 상대방이 그러한 기대감을 가질 것이라고 짐작하면서 뇌물을 요구하였다는 사정만으로는 부족하다(대법원 2009.7.23. 선고 2009도3924 판결 참조).

3) '약속'은 양 당사자의 뇌물수수의 합의를 말하고, 여기에서 '합의'란 방법에 아무런 제한이 없고 명시적일 필요도 없지만, 장래 공무원의 직무와 관련하여 뇌물을 주고 받겠다는 양 당사자의 의사표시가 확정적으로 합치하여야 한다(대법원 2012.11.15. 선고 2012도9417 판결). 또한 뇌물약속죄에 있어서 뇌물의 목적물인 이익은 약속 당시에 현존할 필요는 없고 그 가액이 확정되어 있지 않아도 뇌물약속죄가 성립하는 데는 영향이 없다(대법원 1981.8.20. 선고 81도698 판결).

4) 공무원이 수수, 요구 또는 약속한 뇌물의 가액(수뢰액)이 3천만원 이상인 때에는 특가법에 의해 가중처벌된다(제2조). 공무원이 건축업자로부터 그가 건축할 주택을 공사비 상당액으로 분양받기로 약속한 경우에는 매매시가 중 공사비를 초과하는 액수만큼의 이익이 수뢰액이 되고(대법원 1981.8.20. 선고 81도698 판결), 공무원이 그 직무에 관하여 금원을 무이자로 차용한 경우 공무원이 받은 실질적 이익은 무이자차용의 금융이익이므로 금융이익 상당액이 수뢰액이 되며(대법원 1976.9.28. 선고 75도3607 판결), 공무원이 금전을 투자하여 배당금을 받기로 약속하고 일정금액을 교부받은 경우 수뢰액은 현실적으로 교부받은 금액이 아니라, 금전을 투자를 함으로써 얻을 수 있는 통상적인 이익을 초과한 금액, 즉 직무와 관계없이 대여하였더라면 받았을 배당금을 초과한 금액이다(대법원 1995.6.30. 선고 94도993 판결).

(5) 죄수 및 타죄와의 관계

1) 단일하고도 계속된 범의 아래 동종의 범행을 일정기간 반복하여 행하고 그 피해법익도 동일한 경우에는 각 범행을 통틀어 포괄일죄로 볼 것이고, 수뢰죄에 있어서 단일하고도 계속된 범의 아래 동종의 범행을 일정기간 반복하여 행하고 그 피해법익도 동일한 것이라면 돈을 받은 일자가 상당한 기간에 걸쳐 있고, 돈을 받은 일자 사이에 상당한 기간이 끼어 있다 하더라도 각 범행은 통틀어 포괄일죄가 된다(대법원 2000.1.21. 선고 99도4940 판결).

2) 공무원이 공여자를 기망하여 뇌물을 수수한 경우 사기죄와 더불어 수뢰죄가 성립하고 두 죄는 상상적 경합의 관계에 있다(대법원 1985.2.8. 선고 84도2625 판결; 대법원 2015.10.29. 선고 2015도12838 판결). 공무원이 직무집행의 의사 없이 또는 직무처리와 대가적 관계없이 타인을 공갈하여 재물을 교부하게 한 경우에는 공갈죄만이 성립하고 뇌물수수죄는 성립하지 않는다(대법원 1994.12.22. 선고 94도2528 판결).

3) 판례는 공무원이 관공서에 필요한 공사의 시행이나 물품의 구입을 위하여 수의계약을 체결하면서 적정한 금액보다 과다하게 부풀린 금액으로 계약을 체결하기로 공사업자와 사전 약정하고 부풀린 금액만큼을 수수한 경우는 공무원의 직무와 관련하여 뇌물을 수수한 것이 아니라 공사업자와 적정한 금액보다 과다하게 부풀린 금액으로 계약을 체결하기로 약정하여 이를 횡령한 것이므로 공무원은 뇌물수수가 아니라 횡령의 죄책을 진다고 본다(대법원 2007.10.12. 선고 2005도7112 판결).

횡령죄는 타인의 재물을 보관하는 자가 위탁의 취지에 반하여 그 재물을 착복, 소비, 사용하거나 매도, 임대, 증여, 입질, 담보설정, 가등기설정 등의 처분을 함으로써 성립한다. 따라서 관공서의 공사와 관련된 업무를 담당하는 공무원이 공사업자와 계약을 체결하면서 적정한 금액보다 과다하게 부풀린 금액으로 계약을 체결하고 공사업자에게 부풀린 공사대금을 지급하게 하였다면 이로써 횡령죄가 성립한다. 그리고 만약 그 공무원이 그러한 부정행위를 하는 대가로 공사업자와 약정하여 과다하게 부풀린 금액만큼을 되돌려 받았다면 이는 횡령죄와는 별도로 뇌물수수죄를 구성한다고 보아야 할 것이다.

4) 뇌물공여죄와 뇌물수수죄는 필요적 공범관계에 있다. 필요적 공범은 범죄의 실행이 다수인의 협력을 필요로 하는 범죄로서, 그 성립에 수인의 행위의 공동이 요구된다는 것일 뿐 반드시 가담자 전원의 책임이 인정되어야 하는 것은 아니다. 공무원을 함정에 빠뜨릴 의사로 직무와 관련되었다는 형식을 빌려 그 공무원에게 금품을 공여한 경우에도 공무원이 그 금품을 직무와 관련하여 수수한다는 의사를 가지고 받아들이면 뇌물수수죄가 성립한다. 그리고 공무원의 뇌물수수가 공여자들의 함정교사에 의한 것이더라도 뇌물공여자들에게 피고인을 함정에 빠뜨릴 의사만 있었고 뇌물공여의 의사가 전혀 없었다고 보기 어려울 뿐 아니라, 뇌물공여자들의 함정교사라는 사정만으로 공무원은 뇌물수수죄의 죄책을 면할 수 없다(대법원 2008.3.13. 선고 2007도10804 판결).

5) 범죄수익규제법은 '범죄수익 등의 취득 또는 처분에 관한 사실을 가장하는 행위'를 처벌하고 있

는데, 이러한 행위에는 다른 사람 이름으로 된 계좌에 범죄수익 등을 입금하는 행위와 같이 범죄수익 등이 제3자에게 귀속되는 것처럼 가장하는 행위가 포함되고, 이러한 범죄수익규제법위반죄는 특가법위반(뇌물)죄와 실체적 경합 관계에 있다. 예컨대 경찰관 甲이 사행성 게임장 업주 乙로부터 뇌물을 수수하면서 乙의 자녀명의 은행계좌에 관한 현금카드를 받은 뒤 乙이 위 계좌에 돈을 입금하면 甲이 현금카드로 돈을 인출하는 방법으로 범죄수익의 취득에 관한 사실을 가장하였다면, 甲의 특가법위반행위는 범죄수익규제법에서 정한 '범죄수익 등의 취득 또는 처분에 관한 사실을 가장하는 행위'에도 해당하므로, 甲은 특가법위반(뇌물)죄와 범죄수익규제법위반죄의 경합범의 죄책을 진다(대법원 2012.9.27. 선고 2012도6079 판결).

9. 사전뇌물수수 · 요구 · 약속죄 (제129조 제2항, 특가법 제2조)

1) 공무원 또는 중재인이 될 자가 그 담당할 직무에 관하여 청탁을 받고 뇌물을 수수, 요구 또는 약속한 후 공무원 또는 중재인이 됨으로써 성립하는 범죄로 3년 이하의 징역 또는 7년 이하의 자격정지에 처한다. 수뢰액이 3천만원 이상 5천만원 미만인 때에는 5년 이상의 유기징역에, 5천만원 이상 1억원 미만인 때에는 7년 이상의 유기징역에 그리고 1억원 이상인 경우에는 무기 또는 10년 이상의 징역에 처한다(특가법 제2조 제1항). 이 경우 수뢰액의 2배 이상 5배 이하의 벌금을 병과한다(같은 조 제2항).

2) '공무원 또는 중재인이 될 자'란 공무원채용시험에 합격하여 발령을 대기하고 있는 자 또는 선거에 의해 당선이 확정된 자 등 공무원 또는 중재인이 될 것이 예정되어 있는 자뿐만 아니라 공직취임의 가능성이 확실하지는 않더라도 어느 정도의 개연성을 갖춘 자를 포함한다. 따라서 도시개발조합의 임원인 조합장 또는 상무이사로 선출될 상당한 개연성이 있는 피고인들이 그 담당할 직무에 관하여 청탁을 받고 소유권이전등기를 마칠 수 있는 기회를 제공받는 방법으로 이익을 수수한 때에는 사전수뢰죄가 성립한다(대법원 2010.5.13. 선고 2009도7040 판결).

3) 본죄는 공무원 또는 중재인이 될 자가 그 담당할 직무에 관하여 청탁을 받고 뇌물을 수수, 요구 또는 약속함으로써 성립하고, '공무원 또는 중재인이 된' 사실은 객관적 처벌조건이다.

10. 제3자뇌물 · 수수 · 요구 · 약속죄 (제130조, 특가법 제2조)

1) 공무원 또는 중재인이 그 직무에 관하여 부정한 청탁을 받고 제3자에게 뇌물을 공여하게 하거나 공여를 요구 또는 약속한 때에는 5년 이하의 징역 또는 10년 이하의 자격정지에 처한다. 수뢰액이 3천만원 이상 5천만원 미만인 때에는 5년 이상의 유기징역에, 5천만원 이상 1억원 미만인 때에는 7년 이상의 유기징역에 그리고 1억원 이상인 경우에는 무기 또는 10년 이상의 징역에 처한다(특가법 제2조 제1항). 이 경우 수뢰액의 2배 이상 5배 이하의 벌금을 병과한다(같은 조 제2항).

2) 형법상 수뢰죄의 경우 공무원의 직무와 금품의 수수가 전체적으로 대가관계에 있으면 성립하는 것과는 달리 본죄는 '부정한 청탁'을 범죄성립요소로 한다. '부정한 청탁'이란 의뢰한 직무집행 자체가 위법·부당한 경우뿐 아니라 의뢰한 직무집행 자체는 위법하거나 부당하지 않더라도 당해 직무집행을 어떤 대가관계와 연결시켜 이에 관한 대가의 교부를 내용으로 하는 청탁이면 족하다(대법원 2007.1.26. 선고 2004도1632 판결). 부정한 청탁은 명시적 의사표시뿐만 아니라 묵시적 의사표시로도 가능하며, 대상인 직무의 내용도 구체적일 필요가 없다(대법원 2017.3.15. 선고 2016도19659 판결).

다만 묵시적 의사표시에 의한 부정한 청탁이 있다고 하기 위해서는 청탁의 대상이 되는 직무집행의 내용과 제3자에게 제공되는 금품이 그 직무집행에 대한 대가라는 점에 대하여 당사자 사이에 공통의 인식이나 양해가 있어야 하고, 그러한 인식이나 양해 없이 막연히 선처하여 줄 것이라는 기대나 직무집행과는 무관한 다른 동기에 의하여 제3자에게 금품을 공여한 경우에는 묵시적 의사표시에 의한 부정한 청탁이 있다고 볼 수 없다(대법원 2009.1.30. 선고 2008도6950 판결).

○ **대법원 2011.4.14. 선고 2010도12313 판결【제3자뇌물공여 등】**

구청장인 피고인은 구청 관내의 공사 인·허가와 관련하여 갑 회사로부터 묵시적인 부정한 청탁을 받고 5억원 상당의 경로당 누각을 제3자인 구(區)에 기부채납하게 하였다는 등의 제3자뇌물공여로 기소되었는바, 공무원인 지방자치단체장이 직무에 관하여 부정한 청탁을 받고 지방자치단체에 금품을 제공하게 하였다면 제3자뇌물제공죄가 성립할 수 있으나, 제반 사정에 비추어 갑 회사의 관계자들이 피고인의 요구를 받고 누각을 구에 기부채납한 것이 피고인의 직무와 관련한 부정한 청탁의 대가라는 점에 대한 당사자 사이의 공통의 인식이나 양해가 있다고 단정할 수 없다.

3) 본죄에서 제3자란 공무원 이외의 법인, 법인격없는 단체, 자연인을 말한다. 이 경우 뇌물을 받는 제3자가 뇌물임을 인식할 것을 요하지 아니하고 그 뇌물을 제3자에게 공여하게 한 동기도 묻지 않으며 사찰에 시주(施主)의 형식으로 교부되었다거나 불심(佛心)에서 우러나온 것이라 하더라도 본죄의 죄책을 면할 수 없다(대법원 2006.6.15. 선고 2004도3424 판결).

○ **대법원 2011.4.14. 선고 2010도12313 판결【특가법위반(뇌물)】**

공정거래위원회 위원장인 피고인이 이동통신회사가 속한 그룹의 구조조정본부장으로부터 당해 이동통신회사의 기업결합심사에 대하여 선처를 부탁받으면서 특정 사찰에의 시주를 요청하여 시주금을 제공하게 하였다면, 그 부탁한 직무가 피고인의 재량권한 내에 속하더라도 이는 '부정한 청탁'에 해당하고, 구조조정본부장의 시주는 기업결합심사와 관련되어 이루어진 것이므로 피고인은 제3자뇌물수수의 죄책을 면할 수 없다.

4) 제3자뇌물수수죄에서 제3자란 행위자와 공동정범 이외의 사람을 말한다. 공무원 아닌 자가 공무원과 공동하여 뇌물을 수수한 경우 제3자는 형법총칙 제33조에 의해 수뢰죄의 공동정범으로 처벌된다. 이에 대해 교사자나 방조자는 제3자에 포함될 수 있다. 따라서 공무원 또는 중재인이 부정한 청탁

을 받고 제3자에게 뇌물을 제공하게 하고 제3자가 그러한 공무원 또는 중재인의 범죄행위를 알면서 뇌물을 수수한 경우에는, 그에 대한 별도의 처벌규정이 없더라도 제3자에 대해서 형법총칙의 규정을 적용하여 본죄의 종범으로 처벌할 수 있다(대법원 2017.3.15. 선고 2016도19659 판결).

11. 수뢰후부정처사죄 (제131조 제1항)

1) 공무원 또는 중재인이 수뢰(제129조 제1항), 사전수뢰(제129조 제2항), 제3자뇌물제공(제130조)의 죄를 범하여 부정한 행위를 함으로써 성립하는 범죄로 1년 이상의 유기징역에 처한다. 이 경우 10년 이하의 자격정지를 병과할 수 있다(같은 조 제2항).

2) '부정한 행위'라고 함은 공무원의 직무상 임무에 위배하는 행위를 말한다. 공무원이 백화점에 대한 대규모소매점개설신고서를 접수한 후 별다른 조사도 하지 아니한 채 직접 현장조사를 한 것처럼 허위의 복명서를 작성한 후 개설신고서를 수리하는 것(대법원 1996.8.23. 선고 96도1231 판결)은 부정한 행위에 해당하나, 과세 대상에 관한 규정이 명확하지 않고 그에 관한 확립된 선례도 없었던 경우, 공무원이 주식회사로부터 뇌물을 받은 후 관계 법령에 대한 충분한 연구, 검토 없이 위 회사에 유리한 쪽으로 법령을 해석하여 감액처분하였더라도 위 감액처분이 위법하지 않으면 그 공무원이 정한 행위를 한 것으로 볼 수 없다(대법원 1995.12.12. 선고 95도2320 판결).

3) 공무원이 뇌물을 수수한 후 행한 부정행위가 별도의 구성요건에 해당하는 경우는 본죄와 이들 죄의 상상적 경합이 된다. 예컨대 공무원이 뇌물을 받고 그 직무상 지득한 구술시험문제를 지원자에게 알려준 경우에는 본죄와 공무상비밀누설죄의 상상적 경합의 죄책을 진다(대법원 1970.6.30. 선고 70도562 판결). 그리고 예비군 중대장이 그 소속예비군으로부터 금원을 교부받고 그 예비군이 예비군훈련에 불참하였음에도 불구하고 참석한 것처럼 허위내용의 중대학급편성명부를 작성·행사한 경우라면 수뢰후부정처사죄 외에 별도로 허위공문서작성 및 동행사죄가 성립하고 이들 죄와 수뢰후 부정처사죄는 상상적 경합의 관계에 있다. 이 경우 허위공문서작성죄와 동행사죄 상호간은 실체적 경합의 관계에 있다고 할지라도 상상적 경합 관계에 있는 수뢰후부정처사죄와 비교하여 가장 중한 죄에 정한 형으로 처단하면 족하고 따로 경합범 가중을 할 필요는 없다(대법원 1983.7.26. 선고 83도1378 판결).

4) 사법경찰관리가 뇌물을 수수, 요구 또는 약속하고 폭처법에 규정된 죄를 범한 자를 수사하지 아니하거나 범인을 알면서 체포하지 아니하거나 수사상 정보를 누설하여 범인의 도주를 용이하게 한 때에는 2년 이상의 유기징역에 처한다(폭처법 제9조 제2항).

12. 부정처사후수뢰죄 (제131조 제2항, 제3항)

1) 공무원 또는 중재인이 그 직무상 부정한 행위를 한 후 뇌물을 수수, 요구 또는 약속하거나 제3

자에게 이를 공여하게 하거나 공여를 요구 또는 약속한 때에는 1년 이상의 유기징역에 처하고(제131조 제2항), 공무원 또는 중재인이었던 자가 그 재직 중에 청탁을 받고 직무상 부정한 행위를 한 후 뇌물을 수수, 요구 또는 약속한 때에는 5년 이하의 징역 또는 10년 이하의 자격정지에 처한다(같은 조 제3항). 이 경우 10년 이하의 자격정지를 병과할 수 있다(같은 조 제4항).

2) 개별법령에 공무원이 아니나 일시적으로 공무를 수행하는 경우 공무원으로 의제하는 규정을 두고 있는 경우가 있는데, 전문가로서 위원 위촉을 받아 한시적으로 직무를 수행하는 경우와 같이 위촉 절차 등을 거쳐 다른 직무를 수행하는 경우 그 위촉이 종료되면 그 위원 등으로서 보유하였던 공무원 지위는 소멸한다. 이처럼 일시적으로 공무를 수행한 사람이 공무원으로서의 지위를 떠난 후 금품을 수수하였더라도 그 재직 중에 청탁을 받고 부정한 행위를 하지 않은 이상 부정처사후수뢰죄의 죄책을 지울 수 없다(대법원 2013.11.28. 선고 2013도10011 판결).

13. 알선뇌물수수·요구·약속죄 (제132조, 특가법 제2조·제3조)

(1) 의 의

1) 공무원이 그 지위를 이용하여 다른 공무원의 직무에 속한 사항의 알선에 관하여 뇌물을 수수, 요구 또는 약속함으로써 성립하는 범죄로 3년 이하의 징역 또는 7년 이하의 자격정지에 처한다. 수뢰액이 3천만원 이상 5천만원미만인 때에는 5년 이상의 유기징역에, 5천만원 이상 1억원미만인 때에는 7년 이상의 유기징역에 그리고 1억원 이상인 경우에는 무기 또는 10년 이상의 징역에 처한다(특가법 제2조 제1항). 이 경우 수뢰액의 2배이상 5배 이하의 벌금을 병과한다(같은 조 제2항).

2) 특가법상 공무원의 직무에 속한 사항의 알선에 관하여 금품이나 이익을 수수, 요구 또는 약속한 사람은 5년 이하의 징역 또는 1천만원 이하의 벌금에 처한다(특가법 제3조). 본죄는 '공무원이 그 지위를 이용'할 것을 요건으로 하지 않는다.

(2) 공무원의 지위의 이용

1) 알선뇌물수수 등의 죄(형법 제132조)는 공무원이 '그 지위를 이용하여' 다른 공무원의 직무에 속한 사항의 알선에 관하여 뇌물을 수수, 요구 또는 약속하는 것을 요건으로 한다. 따라서 공무원이 당해 직무를 처리하는 공무원과 직무상 직접, 간접의 연관관계를 가지고 법률상이거나 사실상이거나를 막론하고 어떠한 영향력을 미칠 수 있는 지위에 있어야 한다(대법원 1982.6.8. 선고 82도403 판결).

2) 친구, 친족관계 등 사적인 관계를 이용하는 경우에는 '그 지위를 이용'한 경우에 해당하지 않으나, 다른 공무원이 취급하는 사무의 처리에 법률상이거나 사실상으로 영향을 줄 수 있는 관계에 있는 때에는 '그 지위를 이용'한 경우에 해당하고, 그 사이에 상하관계, 협동관계, 감독권한 등의 특수한 관계가 있음을 요하지 않는다(대법원 1995.1.12. 선고 94도2687 판결).

▨ 공무원이 지위를 이용한 것으로 인정되는 사례

○ 대법원 1988.1.19. 선고 86도1138 판결【알선뇌물수수】

군 교육청 관내 학교 고용원의 인사교류 및 조정의 실무책임을 맡고 있는 군교육청 관리과 서무계장은 학교 고용원의 임명권자인 관내학교 교장의 고용원임용에 관한 사실상 영향력을 미칠 수 있는 지위에 있으므로, 서무계장이 고용원의 임용에 관한 알선을 한데 대한 사례명목으로 금품을 수수한 이상 알선뇌물수수죄가 성립된다.

○ 대법원 1989.9.12. 선고 89도1297 판결【특가법위반, 알선뇌물수수】

노동부 직업안정국 고용대책과장은 그 관장업무에 비추어 연예인 국외공급사업에 관한 실무담당자인 해외고용과장 및 최종허가권자인 노동부장관의 허가업무에 사실상 영향을 미칠 수 있는 특수한 관계에 있는 자이므로, 고용대책과장으로 재직 중 관계공무원에게 청탁하여 연예인 국외공급 사업허가를 받아 달라는 부탁과 함께 금원을 교부받았다면 알선뇌물수수죄가 성립한다.

○ 대법원 1989.11.14. 선고 89도1700 판결【알선뇌물수수 등】

5급 별정직의 신분으로 서울시 부시장의 비서관이 시청 관재과 소속공무원에게 부탁하여 체비지를 불하받도록 하여 주겠다고 약속하고 그 교제비로 금원을 교부받았다면, 이는 체비지 불하업무를 취급하는 시청 관재과 소속 공무원과의 사이에 직무상 연관관계를 가지고 사실상 어떤 영향력을 미칠 수 있는 지위를 이용하여 그 공무원의 직무에 속하는 사항의 알선에 관하여 뇌물을 수수한 것이라고 봄이 상당하다.

○ 대법원 1989.12.26. 선고 89도2018 판결【특가법위반, 알선뇌물수수】

A 세무서 징세계장으로 근무하고 있는 피고인은 이전에 자신이 징세계장으로 근무하던 B 세무서의 압류재산의 공매담당자의 직무에 관하여 사실상의 영향력을 행사할 수 있는 지위에 있으므로, 피고인이 B 세무서의 공매담당자의 직무에 속하는 사항의 알선과 관련하여 금품을 수수하였다면 알선뇌물수수죄가 성립한다.

○ 대법원 1990.7.27. 선고 90도890 판결【뇌물공여, 알선뇌물수수 등】

구청 지역경제과 지역경제계장이 직전에 그 계장으로 근무하였던 지적과의 담당직원들에게 부탁하여 규제구역 안에 있는 토지 등의 거래계약허가를 받도록 알선하여 달라는 청탁을 받고, 그에 관한 업무를 취급하는 계장을 소개하여 주고 계장에게 허가를 받을 수 있는 것인지의 여부를 알아 본 다음, 토지 등의 거래허가가 되자 위와 같이 알선하여 준데 대한 사례비의 명목으로 금품을 교부받았다면, 이는 공무원이 그 지위를 이용하여 다른 공무원에게 사실상의 영향력을 행사함으로써 그의 직무에 관한 사항에 관하여 알선을 하고 그에 관하여 뇌물을 교부받은 것이라고 보아야 한다.

○ 대법원 1990.8.10. 선고 90도665 판결【특가법위반, 알선뇌물공여 등】

농림수산부장관은 한국마사회장의 임명권, 마사회의 업무에 관한 감독권을 갖고 있으며 국회에는 입법권, 예산안심의확정권, 국정에 관한 조사권 등이 있고 국무위원 등에 대하여 국회에 출석, 국정처리상황에 관하여 답변할 것을 요구할 권한 등이 있으므로, 국회의원은 한국마사회장에 대하여 사실상 영향력을 미칠 수 있는 지위에 있다고 보아야 할 것이고, 피고인이 국회의원에게 한국마사회가 발주하는 공사를 수의계약에 의하여 수주할 수 있도록 한국마사회장에게 알선하여 달라는 청탁을 하고 금원을 지급하였다면 알선뇌물공여죄를 구성한다.

○ 대법원 1991.7.23. 선고 91도1190 판결【특가법위반, 뇌물공여】

토지구획정리사업 등의 업무를 담당하던 시청 도시계장이 토지구획정리사업시행 여부를 결정하기 위하여 현지에 답사차 내려 온 건설부 소속 공무원들에게 청탁하여 사업시행인가가 날 수 있도록 하여 달라는 명목으로 지급하는 금원을 교부 받았다면 알선뇌물수수죄에 해당한다.

○ 대법원 1993.7.13. 선고 93도1056 판결【특가법위반, 뇌물공여】

시청 공단관리계의 전임계장이었으며 현재 같은 시청 지방세 세외수입계장으로 근무하고 있는 자는 같은 시청 공단관리계

계장에 대하여 사실상 영향력을 행사할 수 있는 지위에 있으므로, 시청 공단관리계장의 직무에 관하여 금품을 수수한 때에는 알선뇌물수수죄의 죄책을 진다.

○ 대법원 1994.10.21. 선고 94도852 판결【특가법위반(뇌물)】

A지방국세청 산하 B세무서장으로 근무하고 있는 피고인은 B세무서장으로 근무할 당시 B세무서 총무과장으로 근무하던 A지방국세청 부동산 조사담당관에게 그 직무인 양도소득세 관련 세무조사 사무에 관하여 사실상의 영향력을 행사할 수 있는 지위에 있으므로, 피고인이 그 지위를 이용하여 A지방국세청 부동산 조사담당관의 직무에 속한 사항의 알선에 관하여 금품을 수수한 경우 알선뇌물수수죄의 죄책을 진다.

○ 대법원 1995.1.12. 선고 94도2687 판결【알선뇌물수수】

도경찰국 산하 경찰서 수사과 수사계장으로서 근무하고 있는 피고인이 1989.7.10.부터 1990.2.16.까지 도경찰국 면허계 기능반 경찰공무원(경장)으로 근무를 하였다면 자동차운전면허 발급담당공무원의 직무에 관하여 사실상의 영향력을 행사할 수 있는 지위에 있었다고 볼 수 있으므로, 피고인이 그 지위를 이용하여 자동차운전면허 발급담당공무원의 직무에 속한 사항의 알선에 금품을 수수하였다면 알선뇌물수수죄의 죄책을 진다.

○ 대법원 1999.6.25. 선고 99도1900 판결【특가법위반(뇌물)】

육군본부 인사과에서 근무하다가 병무청에 모병관으로 파견되어 육군의 병력소요나 충원시기 등을 병무청에 알려 주고 병무청의 지원, 징집, 소집자원의 통계 등을 육군본부에 전달하는 등 병무청과 육군본부에서 징집, 모병 등의 규모와 시기를 합리적으로 조정할 수 있도록 하는 업무를 담당하면서 병무청이나 훈련소의 관계 공무원들과 오랜 기간 친분을 맺어 왔다면, 자신의 직무와 직접 또는 간접적으로 관련되는 병역면제 여부, 부대 배치 및 병과 부여, 신체등급 조정 등의 직무를 담당하는 관계 공무원들에게 부탁하는 등의 방법으로 그 직무에 관하여 사실상의 영향력을 행사할 수 있는 지위에 있다고 볼 수 있다.

○ 대법원 2001.10.12. 선고 99도5294 판결【알선뇌물수수 등】

지방공기업법은 지방공사의 임원 및 직원을 형법 제129조 내지 제132조의 적용에 있어서 공무원으로 보도록 규정하고 있고 서울시 지하철공사는 위 규정이 적용되는 지방공사의 하나이므로, 서울시의 과장, 부구청장, 구청장, 세종문화회관장, 지역경제국장 등을 역임해 온 서울시 공무원이 서울시 지하철공사와의 장소 임대차계약에 기하여 음료수자판기 영업을 하고 있는 업체의 대표이사로부터 계속 영업을 하게 해 달라는 청탁을 받고 뇌물을 수수하였다면 이는 알선뇌물수수에 해당한다.

▨ 공무원이 지위를 이용한 것으로 인정되지 않는 사례

○ 대법원 1982.6.8. 선고 82도403 판결【알선뇌물공여, 특가법위반(뇌물)】

관세법위반으로 구속되어 ○○지청 소속 검사(A) 입회 검찰주사(B)의 조사를 받다가 구속기소된 피고인이 당시 ○○지청에 근무하던 검찰사무주무(검찰주사)에게 검사(A)가 담당하는 관세법위반 피의사건이 잘 처리되도록 도와달라는 부탁을 받고 금품을 교부하였다고 하더라도, 검찰사무주무(검찰주사)는 관세법위반 피의사건의 수사업무를 담당하는 검사(A)에게 직무상 어떠한 연관관계를 가지고 법률상 또는 사실상 어떤 영향력을 미칠 수 있는 지위에 있었다고 보기 어려우므로 피고인에게 알선뇌물공여의 죄책을 물 수 없다.

○ 대법원 1983.8.23. 선고 82도956 판결【알선뇌물수수 등】

아동급식과 아동 및 교원의 신체검사에 관한 업무를 담당하는 도교육위원회 사회체육과 보건계 지방보건기사는 카바레 영업허가업무를 담당하는 시 등의 환경위생과 식품위생계를 감독하고 그 영업허가에 앞서 사전승인하는 업무를 담당하는 도 보건사회국 지방행정주사보와 직접·간접의 연관관계도 없을 뿐만 아니라 법률상이나 사실상 어떠한 영향력을 줄 수 있는 지위에 있지 않은 이상, 단지 공무원의 신분을 가졌다는 사실만으로는 공무원이 그 지위를 이용하여 다른 공무원의 직무에 속한 사항의 알선에 관하여 뇌물을 수수하였다고 할 수 없다.

○ **대법원 1984.1.31. 선고 83도3015 판결【알선뇌물수수】**

군청 건설과 농지계에 근무하던 공무원은 도지사의 직무에 속하는 골재채취예정지 고시사무와 직접 또는 간접의 연관관계가 있다고 볼 수 없을 뿐 아니라, 도지사의 직무에 관하여 법률상 또는 사실상 어떠한 영향을 미칠만한 지위에 있는 자라고 볼 수도 없으므로, 위 도지사의 직무사항에 관한 알선수뢰죄의 주체로 인정할 수 없다.

○ **대법원 2010.11.25. 선고 2010도11460 판결【특가법위반(뇌물)】**

육군본부 정보작전지원참모부에서 조직진단관으로 근무하는 3급 군무원이 장군진급심사를 앞두고 있던 자로부터 인사참모부 선발관리실장에게 부탁하여 장군진급이 되도록 하여 달라는 부탁을 받고 합계 5,000만원을 받았더라도, 위 금원을 수수할 당시 자신의 지위를 이용하여 인사참모부 선발관리실장의 진급업무와 관련하여 사실상 영향을 줄 수 있는 관계에 있었다고 보기에 부족하므로 그의 행위는 알선뇌물수수에 해당하지 않는다.

(3) 다른 공무원의 직무에 속한 사항의 알선

1) 뇌물의 수수 등은 '다른 공무원의 직무에 속한 사항의 알선'에 관한 것이어야 한다. 다른 공무원의 직무에 속한 사항을 알선한다는 명목으로 뇌물을 수수하면 족하고 반드시 알선의 상대방인 다른 공무원이나 그 직무의 내용을 구체적으로 특정할 필요까지는 없다. 또한 알선의 대상인 '다른 공무원의 직무에 속한 사항'은 반드시 부정행위이거나 그 공무원이 당해 직무에 관하여 결재권한이나 최종 결정권한을 갖고 있어야 하는 것이 아니다(대법원 2006.4.27. 선고 2006도735 판결).

알선행위는 장래의 것이라도 무방하므로, 뇌물을 수수할 당시 알선에 의하여 해결을 도모하여야 할 현안이 존재하여야 할 필요는 없다. 그러나 알선할 사항이 다른 공무원의 직무에 속하는 사항으로서 뇌물수수의 명목이 그 사항의 알선에 관련된 것임이 어느 정도는 구체적으로 나타나야 하고, 단지 상대방으로 하여금 자신에게 잘 보이면 어떤 도움을 받을 수 있다거나 손해를 입을 염려가 없다는 정도의 막연한 기대감을 갖게 하는 정도로는 부족하다(대법원 2004.11.12. 선고 2004도5655 판결).

예컨대 구청공무원이 유흥주점 업주에게 "유흥주점 영업과 관련하여 세금이나 영업허가 등에 관하여 문제가 생기면 다른 담당공무원에게 부탁하여 도움을 주겠다"고 하면서 그 대가로 금품을 요구한 경우에는 내용 자체로 알선할 사항이 다른 공무원의 직무에 속하는 사항임이 명백하고 뇌물요구의 명목도 그 사항의 알선에 관련으로 볼 수 있다(대법원 2009.7.23. 선고 2009도3924 판결). 그러나 고등학생 시절에 처음 만나 대학생 시절부터 20년간 친구 관계를 지속해 온 검사에게 "장래 검찰에서 자신이나 자신이 운영하는 회사가 관련된 사건을 처리하게 될 경우 직무권한 범위 내에 들어오는 사건이면 직접 유리한 처분이나 편의를 제공해주고 그 범위 내에 들어오지 않는 사건이면 담당 검사에게 영향력을 행사하여 유리한 처분이나 편의를 제공 받게 해 달라"고 부탁하면서 검사에게 금품을 제공하였다고 하더라도, 당시 어떠한 사건이 장래에 발생할 개연성이 있었다고 볼만한 사정도 없었을 뿐 아니라 사건 자체를 특정하기도 어려운 상황이었다면, 검사가 '다른 공무원의 직무에 속한 사항의 알선에 관하여' 금품을 수수하였다고 보기 어렵다(대법원 2017.12.22. 선고 2017도12346 판결).

2) '알선'이란 일정한 사항에 관하여 어떤 사람과 그 상대방의 사이에 서서 중개하거나 편의를 도모하는 것을 말한다. 어떤 사람이 청탁한 취지를 상대방에게 전하거나 그 사람을 대신하여 스스로 상대방에게 청탁하거나(대법원 2013.2.15. 선고 2011도13606 판결), 청탁할 공무원에게 영향력 등을 행사할 수 있는 중간인물을 통하여 청탁하는 것(대법원 2007.6.28. 선고 2002도3600 판결)은 알선에 해당하나, 단순히 알선할 자를 소개해 주거나 금품 기타 이익을 중간에서 전달하는 것(대법원 2012.12.27. 선고 2012도11200 판결)은 알선에 해당하지 않는다.

3) 알선에 관하여 뇌물을 수수, 요구 또는 약속하면 족하고 실제로 뇌물을 받은 공무원이 알선행위로 나아가야 하는 것은 아니다.

(4) 뇌물의 수수, 요구, 약속

1) '뇌물' 및 '수수', '요구', 약속'의 의미는 앞의 수뢰죄에서 설명한 바와 같다.

2) 다른 공무원의 직무에 속한 사항의 알선에 관하여 뇌물을 '요구'하였다고 하기 위해서는 뇌물요구의 명목이 다른 공무원의 직무에 속하는 사항의 알선에 관련된 것임이 어느 정도 구체적으로 나타나야 하고, 단지 상대방으로 하여금 뇌물을 요구하는 자에게 잘 보이면 그로부터 어떤 도움을 받을 수 있거나 손해를 입을 염려가 없다는 정도의 막연한 기대감을 갖게 하는 정도에 불과하고, 뇌물을 요구하는 자 역시 상대방이 그러한 기대감을 가질 것이라고 짐작하면서 뇌물을 요구하였다는 정도의 사정만으로는 부족하다(대법원 2009.7.23. 선고 2009도3924 판결).

3) 다른 공무원의 직무에 속하는 사항에 관하여 알선할 의사와 능력이 없음에도 알선을 한다고 기망하고 금품 등을 수수한 경우에는 알선수재죄와 더불어 사기죄도 성립하고 양죄는 상상적 경합의 관계에 있다(대법원 2012.6.28. 선고 2012도3927 판결).

14. 뇌물공여 · 공여약속 · 공여의사표시죄 (제133조 제1항), 제3자뇌물교부 · 취득죄 (제133조 제2항)

(1) 뇌물공여죄 (제133조 제1항)

1) 수뢰죄(제129조 제1항), 사전수뢰(제129조 제1항), 제3자뇌물제공(제130조), 수뢰후부정처사(제131조 제1항), 사후수뢰(제131조 제2항, 제3항), 알선수뢰(제132조)의 뇌물을 약속, 공여 또는 공여의 의사표시를 함으로써 성립하는 범죄로 5년 이하의 징역 또는 2천만원 이하의 벌금에 처한다(제133조 제1항).

2) '약속'이란 수령자와 뇌물의 제공과 수령에 관하여 증뢰자와 수뢰자 사이에 의사의 합치가 있는 것을 말하고, '공여'란 수령자에게 뇌물을 실제로 제공하는 것을 말하며, '공여의 의사표시'란 수뢰자에 대하여 공여의 의사를 전달하는 것을 말한다.

배임수재자가 배임증재자에게서 그가 무상으로 빌려준 물건을 인도받아 사용하고 있던 중에 공무원이 된 경우, 그 사실을 알게 된 배임증재자가 배임수재자에게 앞으로 물건은 공무원의 직무에 관하여 빌려주는 것이라고 하면서 뇌물공여의 뜻을 밝히고 물건을 계속하여 배임수재자가 사용할 수 있는 상태로 두더라도, 처음에 배임증재로 무상 대여할 당시에 정한 사용기간을 추가로 연장해 주는 등 새로운 이익을 제공한 것으로 평가할 만한 사정이 없다면, 이는 종전에 이미 제공한 이익을 나중에 와서 뇌물로 하겠다는 것에 불과할 뿐 새롭게 뇌물로 제공되는 이익이 없어 뇌물공여죄가 성립하지 않는다(대법원 2015.10.15. 선고 2015도6232 판결).

3) 뇌물공여죄가 성립하기 위해서는 뇌물을 공여하는 행위와 상대방측에서 금전적으로 가치가 있는 그 물품 등을 받아들이는 행위가 필요할 뿐 반드시 상대방측에서 뇌물수수죄가 성립하여야 함을 뜻하는 것은 아니다(대법원 2006.2.24. 선고 2005도4737 판결).

4) 공무원이 직무집행의 의사 없이 또는 직무처리와 대가적 관계없이 타인을 공갈하여 재물을 교부하게 한 경우에는 공갈죄만이 성립하고, 이 경우 재물의 교부자가 공무원의 해악의 고지로 인하여 외포의 결과 금품을 제공한 것이라면 그는 공갈죄의 피해자가 되므로 뇌물공여죄의 죄책은 지지 않는다(대법원 1994.12.22. 선고 94도2528 판결).

(2) 제3자뇌물교부 · 취득죄 (제133조 제2항)

1) 증뢰에 공할 목적으로 제3자에게 금품을 교부하거나 그 정을 알면서 교부받은 자는 5년 이하의 징역 또는 2천만원 이하의 벌금에 처한다.

2) 제3자뇌물취득죄의 주체는 비공무원을 예정한 것이나 공무원일지라도 직무와 관계되지 않는 범위 내에서는 본죄의 주체가 될 수 있으므로, 공무원이 자신의 직무와는 무관하게 다른 공무원의 직무에 관하여 뇌물에 공할 목적의 금품이라는 정을 알고 이를 전달해 준다는 명목으로 취득한 경우에는 본죄가 성립된다(대법원 2002.6.14. 선고 2002도1283 판결).

3) 제3자뇌물취득죄는 제3자가 증뢰자로부터 교부받은 금품을 수뢰할 사람에게 전달하였는지 여부에 관계 없이 제3자가 그 정을 알면서 금품을 교부받음으로써 성립하며, 나아가 제3자가 그 교부받은 금품을 수뢰할 사람에게 전달하였다고 하여 본죄 외에 별도로 뇌물공여죄가 성립하는 것은 아니다(대법원 1997.9.5. 선고 97도1572 판결). 이에 대하여 제3자가 금품을 공무원에게 실제로 전달한 경우 증뢰자의 제3자뇌물교부의 범행은 뇌물공여의 점행에 흡수되어 뇌물공여죄만 성립하고 제3자뇌무교부죄는 별도로 성립하지 않는다(서울고법 2011.8.25. 선고 2010노2943 판결).

4) 자기 자신의 이득을 취하기 위하여 공무원이 취급하는 사건 또는 사무에 관하여 청탁한다는 등의 명목으로 금품 등을 교부받은 경우에는 변호사법위반죄가 성립하고 본죄는 성립하지 않는다. 이에 반하여 공무원이 취급하는 사무에 관한 청탁을 받고 청탁 상대방인 공무원에게 제공할 금품을 받아 그 공무원에게 단순히 전달한 경우에는 제3자뇌물취득죄만이 성립하고 변호사법위반죄는 성립하지 않는다(대법원 2007.2.23. 선고 2004도6025 판결).

15. 몰수·추징(제134조)

(1) 몰수·추징의 객체

1) 범인 또는 그 정을 아는 제3자가 받은 뇌물 또는 뇌물에 공할 금품은 몰수하고, 그를 몰수하기 불능한 때에는 그 가액을 추징한다(제134조). 수수한 뇌물 이외에 공여하였거나 공여를 약속한 뇌물도 몰수·추징의 대상이 되나 요구만 한 경우에는 몰수·추징의 대상이 되지 않는다(대법원 1984.2.28. 선고 83도2783 판결). 뇌물에 공할 금품이 특정되지 않은 때에도 몰수·추징할 수 없다(대법원 1996.5.8. 선고 96도221 판결).

2) 공무원이 직무에 관하여 금품을 무상차용한 경우 그가 받는 이익은 그로 인한 금융이익이므로 추징의 대상이 되는 것은 무상으로 대여받은 금품 그 자체가 아니라 금융이익 상당액이고, 이 경우에는 공무원이 금융기관으로부터 대출받는 등 통상적인 방법으로 자금을 차용하였을 경우 부담하게 될 대출이율을 기준으로 하거나 또는 그 대출이율을 알 수 없는 경우에는 민법 또는 상법에서 규정하고 있는 법정이율을 기준으로 하여, 금품수수일로부터 변제기까지 금품을 무이자로 차용으로 얻은 금융이익의 가액을 산정한 뒤 이를 추징하여야 한다(대법원 2008.9.25. 선고 2008도2590 판결).

3) 경찰공무원이 슬롯머신 영업에 5천만원을 투자하여 매월 3백만원을 배당받기로 약속한 후 35회에 걸쳐 1억 5백만원을 교부받은 경우 현실적으로 수수한 1억 5백만원 그 자체가 뇌물이 되나, 실제 뇌물의 가액은 5천만원을 투자함으로써 얻을 수 있는 통상적인 이익, 즉 슬롯머신 업소 경영자와 같은 사람에게 5천만원을 직무와 관계없이 대여하였더라면 받았을 이자 상당을 초과한 금액이다(대법원 1995.6.30. 선고 94도993 판결).

4) 뇌물수수나 알선수재에 이용된 공급계약이 실제 공급이 없는 형식적 계약에 불과하여 부가가치세 과세대상이 아니라면 그에 관한 납세의무가 없고, 부가가치세 명목의 금전을 포함한 대가를 받았다면 수수한 금액 전부가 범죄로 얻은 이익에 해당하여 추징대상이 되며, 그 후에 이를 부가가치세로 신고·납부하였다고 하더라도 달리 볼 수 없다(대법원 2015.1.15. 선고 2012도7571 판결).

(2) 몰수·추징의 상대방

1) 몰수 또는 추징의 상대방은 수뢰자이다. 다만 제3자 뇌물수수의 경우에는 제3자로부터 몰수 또

는 추징을 해야 하고 공무원이 제3자로부터 그 뇌물을 건네받아 보유한 때를 제외하고는 공무원으로부터 수뢰액을 추징할 수 없다(대법원 1997.4.17. 선고 96도3376 판결) 뇌물로 받은 돈을 소비한 경우는 물론(대법원 1999.1.29. 선고 98도3584 판결), 뇌물로 받은 돈을 은행에 예금하였다가 같은 액수의 돈을 증뢰자에게 반환한 경우 이는 뇌물 자체의 반환이 아니므로 수뢰자로부터 그 가액을 추징하여야 한다(대법원 1996.10.25. 선고 96도2022 판결).

2) 그러나 공무원의 직무에 속한 사항의 알선에 관하여 금품을 받고 그 금품 중의 일부를 받은 취지에 따라 청탁과 관련하여 관계 공무원에게 뇌물로 공여하거나 다른 알선행위자에게 청탁의 명목으로 교부한 경우에는 그 부분의 이익은 실질적으로 범인에게 귀속된 것이 아니어서 이를 제외한 나머지 금품만을 몰수하거나 그 가액을 추징하여야 한다(대법원 2002.6.14. 선고 2002도1283 판결).

이와는 달리 공무원의 직무에 속한 사항의 알선에 관하여 금품을 받고 그 중의 일부를 다른 알선행위자에게 청탁의 명목으로 교부한 경우, 금품을 받을 당시 그와 같이 사용하기로 예정되어 있어서 그에 따라 교부한 것이 아니라 피고인의 독자적인 판단에 따라 경비로 사용한 것이라면, 이는 범인이 받은 금품을 소비하는 방법의 하나에 지나지 아니하므로 알선수뢰자로부터 그 가액을 추징해야 한다(대법원 1999.6.25. 선고 99도1900 판결). 이외에도 뇌물로 받은 금원을 다시 다른 곳에 뇌물로 제공하였거나(대법원 1970.12.22. 선고 70도2250 판결), 수수한 뇌물 중 일부를 상납하였거나(대법원 1980.4.22. 선고 80도541 판결), 수뢰한 금원을 다른 사람에게 공여하는 것(대법원 1986.11.25. 선고 86도1951 판결)은 뇌물을 소비하는 방법에 지나지 않으므로 수뢰자로부터 추징하여야 한다.

(3) 몰수·추징의 방법

1) 공무원이 수수한 금품에 직무행위와 대가관계가 있는 부분과 그렇지 않은 부분이 불가분적으로 결합되어 있는 경우 수수한 금품 '전액'을 직무행위에 대한 대가로 수수한 뇌물로 보아 이를 몰수·추징하여야 한다(대법원 2009.8.20. 선고 2009도4391 판결).

2) 여러 사람이 공동으로 뇌물을 수수한 경우 그 가액을 추징하려면 실제로 분배받은 금품만을 개별적으로 추징하여야 하고 수수금품을 개별적으로 알 수 없을 때에는 평등하게 추징하여야 한다. 다만 뇌물을 수수한 자가 공동수수자가 아닌 교사범 또는 종범에게 뇌물 중 일부를 사례금 등의 명목으로 교부하였다면 이는 뇌물을 수수하는 데 따르는 부수적 비용의 지출 또는 뇌물의 소비행위에 지나지 아니하므로 수뢰자에게서 수뢰액 전부를 추징하여야 한다(대법원 2011.11.24. 선고 2011도9585 판결).

3) 공무원이 뇌물을 받음에 있어서 그 취득을 위하여 상대방에게 수뢰액의 일부를 비용의 명목으로 출연하거나 그 밖에 경제적 이익을 제공하였다 하더라도, 이는 뇌물을 받는 데 지출한 부수적 비용에 불과하므로, 그 공무원으로부터 수뢰액을 몰수·추징함에 있어서는 그 받은 뇌물 자체를 몰수하여야 하고 수뢰액에서 위와 같은 지출을 공제한 나머지 가액만을 몰수·추징할 것은 아니다(대법원 1999.10.8.

선고 99도1638 판결).

4) 수뢰자가 증뢰자와 함께 향응을 하고 증뢰자가 이에 소요된 금원을 지출한 경우 수뢰액을 산정함에 있어서는 먼저 수뢰자의 접대에 소요된 비용과 증뢰자가 소비한 비용을 가려내어 전자를 수뢰액으로 하여야 하고 만일 각자가 소비한 비용이 불명확한 때에는 이를 평등하게 분할한 금액을 수뢰액으로 인정하여야 한다(대법원 1995.1.12. 선고 94도2687 판결). 그리고 수뢰자가 향응을 제공받는 자리에 스스로 제3자를 초대하여 함께 접대를 받은 경우에는, 그 제3자가 수뢰자와는 별도의 지위에서 접대를 받는 공무원이라는 등의 특별한 사정이 없는 한 제3자의 접대에 소요된 비용도 포함시켜 그 전부를 수뢰액으로 보아야 한다(대법원 2001.10.12.선고 99도5294 판결).

5) 몰수의 취지가 범죄에 의한 이득의 박탈을 그 목적으로 하는 것이고 추징도 이러한 몰수의 취지를 관철하기 위한 것이라는 점을 고려하면 몰수하기 불능한 때에 추징하여야 할 가액은 범인이 그 물건을 보유하고 있다가 몰수의 선고를 받았더라면 잃었을 이득상당액을 의미하므로, 그 가액산정은 재판선고시의 가격을 기준으로 해야 한다(대법원 1991.5.28. 선고 91도352 판결).

(4) 몰수·추징의 절차

제129조부터 제132조까지의 죄는 특정공무원범죄에 해당하며, 이들 죄로 얻은 재산(불법수익) 및 불법수익의 과실(果實)로서 얻은 재산, 불법수익의 대가로서 얻은 재산, 이들 재산의 대가로서 얻은 재산 등 불법수익이 변형되거나 증식되어 형성된 재산(불법수익에서 유래한 재한)은 「공무원범죄에 관한 몰수 특례법」에 의해 몰수·추징된다.

Ⅱ. 공무집행방해의 죄(제8장)

1) 공무원의 직무집행을 방해함으로써 성립하는 범죄로 공무집행방해죄(제136조 제1항), 직무·사직강요죄(제136조 제2항), 위계에 의한 공무집행방해죄(제137조), 법정·국회의장모욕죄(제138조), 인권옹호직무방해죄(제139조), 공무상비밀표시무효죄(제140조), 부동산강제집행효용침해죄(제140조의2), 공용서류등무효죄(제141조 제1항), 공용물파괴죄(제141조 제2항), 공무상보관물무효죄(제142조), 특수공무방해죄(제141조 제1항), 특수공무방해치사상죄(제141조 제2항)가 있다.

2) 공무상비밀표시무효죄, 부동산강제집행효용침해죄, 공용서류등무효죄, 공용물파괴죄, 공무상보관물무효죄의 미수범은 처벌된다(제143조).

1. 공무집행방해죄(제136조)

(1) 객체 – 직무를 집행하는 공무원

1) 직무를 집행하는 공무원을 폭행 또는 협박하거나(제136조 제1항) 공무원에 대하여 그 직무상의 행위를 강요 또는 저지하거나 그 직을 사퇴하게 할 목적으로 폭행 또는 협박함으로써 성립하는 범죄로(같은 조 제2항) 5년 이하의 징역 또는 1천만원 이하의 벌금에 처한다.

2) '공무원'이란 국가 또는 지방자치단체 및 이에 준하는 공법인의 사무에 종사하는 자로서 그 노무의 내용이 단순한 기계적 육체적인 것에 한정되어 있지 않은 사람을 말한다. 법령의 위임에 따른 공무원의 적법한 직무집행인 이상 공권력의 행사를 내용으로 하는 권력적 작용뿐만 아니라 사경제주체로서의 활동을 비롯한 비권력적 작용을 하는 사람도 공무원에 포함된다(대법원 2003.12.26. 선고 2001도6349 판결). 청원경찰(대법원 1986.1.28. 선고 85도2448 판결), 방범대원(대법원 1991.3.27. 선고 90도2930 판결) 그리고 문화재관리국 관리과 운영계 고용원으로서 문화재관리국 소관 국유재산처분업무를 담당하면서 필지별 재매매계약에 관한 업무 및 그 대금수납업무등을 담당하고 있는 사람은 공무원에 해당하나(대법원 1978.4.25. 선고 77도3709 판결), 국민기초생활 보장법상 자활근로자로 선정되어 주민자치센터 사회복지담당 공무원의 복지도우미로 근무하는 사람(대법원 2011.1.27. 선고 2010도14484 판결)이나 국민권익위원회 운영지원과 소속 기간제 근로자로서 청사 안전관리 및 민원인 안내 등의 사무를 담당하는 사람(대법원 2015.5.29. 선고 2015도3430 판결)은 공무원에 해당하지 않는다.

3) '직무를 집행하는' 공무원이란 직무수행에 직접 필요한 행위를 현실적으로 행하고 있는 공무원만을 가리키는 것이 아니라 직무수행을 위하여 대기 중인 상태에 있는 공무원도 포함한다. 예를 들어 순경이 파출소 안에서 현실적으로 구체적인 업무를 처리하고 있지 않더라도 근무 시간 중에 자리에 앉아 있는 것만으로도 직무를 집행하는 공무원에 해당한다(대법원 1999.10.22. 선고 99도2328 판결). 그리고

직무의 성질에 따라서는 그 직무수행의 과정을 개별적으로 분리하여 부분적으로 각각의 개시와 종료를 논하는 것이 부적절하고 여러 종류의 행위를 포괄하여 일련의 직무수행으로 파악해야 하는 경우가 있다(대법원 2002.4.12. 선고 2000도3485 판결). 불법주차 차량에 불법주차 스티커를 붙였다가 이를 다시 떼어 낸 직후에 있는 주차단속 공무원을 폭행하거나(대법원 1999.9.21. 선고 99도383 판결), 노동조합관계자들과 사용자측 사이의 다툼을 수습하려 하였으나 노동조합측이 지시에 따르지 않자 경비실 밖으로 나와 회사의 노사분규 동향을 파악하거나 파악하기 위해 대기 또는 준비 중이던 근로감독관을 폭행한 경우(대법원 2002.4.12. 선고 2000도3485 판결)에는 공무집행방해죄가 성립한다.

(2) 직무집행의 적법성

1) 공무집행방해죄가 성립하기 위해서는 공무원의 직무집행이 적법해야 하고, 적법성이 결여된 직무행위를 하는 공무원에게 대항하여 폭행이나 협박을 가하였다고 하더라도 이를 공무집행방해죄로 처벌할 수 없다.

적법한 공무집행이라고 하기 위해서는 그 행위가 공무원의 추상적 권한에 속할 뿐 아니라 구체적 직무집행에 관한 법률상 요건과 방식을 갖추어야 한다. 누구든지 국회의원이 본회의 또는 위원회에 출석하기 위하여 본회의장 또는 위원회 회의장에 출입하는 것을 방해하여서는 아니 되며, 특히 국회의 경호 업무 등을 담당하는 국회 경위가 상임위원회 위원의 회의장 출입을 막는 것은 이를 정당화할 만한 특별한 사정이 없는 한 위법하다. 따라서 국회 외교통상위원회(이하 '외통위'라 한다)의 한미FTA 비준동의안 처리 과정에서 외통위 위원장이 A정당 소속 외통위 위원들이 위원장실에 입실한 상태에서 회의장 출입구를 폐쇄하고 출입을 봉쇄하여 다른 정당 소속 외통위 위원들의 회의장 출입을 막은 행위는 상임위원회 위원장의 질서유지권 행사의 한계를 벗어난 위법한 조치이므로, B정당 당직자들이 B정당 소속 외통위 위원 등과 함께 외통위 회의장 출입문 앞에 배치되어 출입을 막고 있던 국회 경위들을 밀어내기 위해 국회 경위들의 옷을 잡아당기거나 밀치는 등의 행위를 하였더라도, 이는 적법성이 결여된 직무행위를 하는 공무원에게 대항하여 한 것으로 공무집행이 적법함을 전제로 하는 공무집행방해죄는 성립하지 않는다(대법원 2013.6.13. 선고 2010도13609 판결).

2) 다만 사소한 절차적 하자가 있거나 일부의 내용이 공무원의 권한에 속하지 아니하거나 직무집행의 대상인 사실에 대해 착오가 있는 경우에는 위법한 직무집행이라고 단정해서는 안 된다.

○ **대법원 1961.8.26. 선고 4293형상852 판결【공무집행방해 등】**

원래 공무원이 그 권한에 속하는 사항에 관하여 법령에 정한 방식에 따라 그 직무를 집행하는 경우에 있어서 가사 그 직무집행의 대상이 된 사실에 관하여 착오가 있었다 하더라도 일응 그 행위가 공무원의 적법한 행위라고 인정할 수 있는 때는 형법 제136조의 공무집행에 해당된다고 해석하여야 할 것인바, 가사 집달리(執達吏)가 집행력있는 판결 정본에 의하여 소정의 절차에 따라 가옥명도의 집행을 함에 있어서 그 목적물에 대하여 출입금지 가처분 결정의 집행상태가 계속 중이었음에도 불구하고 착오로서 이를 모르고 집행을 하였다고 가정하더라도 이를 방해한 행위는 공무집행방해죄를 구성한다고 아니할 수 없다.

○ 대법원 1998.5.12. 선고 98도662 판결【특수공무집행방해 등】

지방의회의 회의가 적법한 소집절차를 밟아 소집되었고 소집의 목적이 불법적이거나 사회질서에 반하는 것이 아닌 이상, 그 회의의 의결사항 중에 지방의회의 권한에 속하지 아니하는 사항이 포함되어 있었다 하더라도 지방의회 의원들이 그 회의에 참석하고 그 회의에서 의사진행을 하는 직무행위는 적법한 것이다.

○ 대법원 2007.10.12. 선고 2007도6088 판결【특수공무집행방해】

교육인적자원부 장관이 대한의사협회에 공청회의 개최를 통보함에 있어 행정절차법 제38조 제1항에서 정한 바에 따라 14일 전에 공청회의 일시와 장소 등을 통보하여야 함에도 이를 준수하지 못한 잘못이 있다고 하더라도, 이 사건 각 공청회는 2002년 경부터 꾸준히 논의되어 왔던 약학대학 학제개편 방안에 대한 의견을 수렴하기 위한 것으로, 대한의사협회도 그 문제점을 검토한 바 있어 대한의사협회 회원들이 위 공청회의 토론주제에 대하여 이미 충분히 인식하고 있었다고 보일 뿐만 아니라, 대한의사협회는 토론자를 지정하여 의견을 발표할 기회를 제공받았고 피고인들 등 대한의사협회 회원들이 이 사건 각 공청회에 참석한 이상, 이 사건 각 공청회 개최를 형법상 보호대상에서 제외되는 부적법한 직무행위라고 평가할 수는 없다.

3) 그리고 직무집행이 적법한지 여부는 당시의 구체적 상황을 기초로 하여 판단하여야 하고 사후적으로 순수한 객관적 기준에서 판단할 것은 아니다(대법원 2013.8.23. 선고 2011도4763 판결).

○ 대법원 2013.6.13. 선고 2012도9937 판결【상해, 공무집행방해, 도교법위반(음주측정거부)】

경직법 제6조 제1항에 따른 경찰관의 제지 조치가 적법한 직무집행으로 평가될 수 있기 위해서는, 형사처벌의 대상이 되는 행위가 눈앞에서 막 이루어지려고 하는 것이 객관적으로 인정될 수 있는 상황이고, 그 행위를 당장 제지하지 않으면 곧 인명·신체에 위해를 미치거나 재산에 중대한 손해를 끼칠 우려가 있는 상황이어서, 직접 제지하는 방법 외에는 위와 같은 결과를 막을 수 없는 절박한 사태이어야 한다. 다만, 경찰관의 제지 조치가 적법한지 여부는 제지 조치 당시의 구체적 상황을 기초로 판단하여야 하고 사후적으로 순수한 객관적 기준에서 판단할 것은 아니다.

○ 대법원 2013.8.23. 선고 2011도4763 판결【공무집행방해, 상해 등】

공무집행방해죄는 공무원의 적법한 공무집행이 전제로 되는데, 추상적인 권한에 속하는 공무원의 어떠한 공무집행이 적법한지 여부는 행위 당시의 구체적 상황에 기하여 객관적·합리적으로 판단하여야 하고 사후적으로 순수한 객관적 기준에서 판단할 것은 아니다. 마찬가지로 현행범 체포의 적법성은 체포 당시의 구체적 상황을 기초로 객관적으로 판단하여야 하고, 사후에 범인으로 인정되었는지에 의할 것은 아니다. 비록 피고인이 식당 안에서 소리를 지르거나 양은그릇을 부딪치는 등의 소란행위가 업무방해죄의 구성요건에 해당하지 않아 사후적으로 무죄로 판단된다고 하더라도, 피고인이 상황을 설명해 달라거나 밖에서 얘기하자는 경찰관의 요구를 거부하고 경찰관 앞에서 소리를 지르고 양은그릇을 두드리면서 소란을 피운 당시 상황에서는 객관적으로 보아 피고인이 업무방해죄의 현행범이라고 인정할 만한 충분한 이유가 있으므로, 경찰관들이 피고인을 체포하려고 한 행위는 적법한 공무집행이라고 보아야 하고, 그 과정에서 피고인이 체포에 저항하며 피해자들을 폭행하거나 상해를 가한 것은 공무집행방해죄 등을 구성한다.

가. 체포, 구속

1) 검사 또는 사법경찰관이 피의자를 체포 또는 구속함에 있어서는 원칙적으로 영장에 의해야 한

다. 검사 또는 사법경찰관은 피의자가 죄를 범하였다고 의심할 만한 상당한 이유가 있고 정당한 이유 없이 출석요구에 응하지 아니하거나 응하지 아니할 우려가 있는 때에는 판사로부터 체포영장을 발부받아 피의자를 체포할 수 있고(형소법 제200조의2), 피의자가 죄를 범하였다고 의심할 만한 상당한 이유가 있고 피의자가 증거를 인멸할 염려가 있는 때 또는 피의자가 도망하거나 도망할 우려가 있는 때에는 판사로부터 영장을 발부받아 피의자를 구속할 수 있다(제201조).

한편 범죄의 실행 중이거나 실행의 즉후인 자는 누구든지 영장없이 체포할 수 있다(제211조, 제212조). 그리고 피의자가 사형·무기 또는 장기 3년 이상의 징역이나 금고에 해당하는 죄를 범하였다고 의심할 만한 상당한 이유가 있고, 피의자가 증거를 인멸할 염려가 있는 때 또는 피의자가 도망하거나 도망할 우려가 있는 때에 긴급을 요하여 판사의 체포영장을 받을 수 없는 때에는 그 사유를 알리고 영장없이 피의자를 체포할 수 있다(제200조의3 제1항). 예를 들어 대학생들인 피고인들이 전경 5명을 불법으로 납치, 감금하고 있으면서 경찰의 수회에 걸친 즉시 석방요구에도 불구하고 불가능한 조건을 내세워 이에 불응하고, 경찰이 납치된 전경들을 구출하기 위하여 농성장소인 대학교 도서관 건물에 진입하기 직전 총장에게 이를 통보하고 이에 총장이 설득하였음에도 불구하고 이에 응하지 아니한 상황 아래에서는 현행의 불법감금상태를 제거하고 범인을 체포할 긴급한 필요가 있다고 할 것이므로, 경찰이 압수·수색영장 없이 도서관 건물에 진입한 것은 적법한 공무원의 직무집행이고 이를 방해하는 행위는 공무집행방해죄를 구성한다(대법원 1990.6.22. 선고 90도767 판결).

그러나 이와 같은 요건을 갖추지 못한 체포·구속은 적법한 공무집행이라고 볼 수 없고, 그러한 체포·구속을 면하려고 반항하는 과정에서 경찰관에게 폭력을 행사하는 것은 신체에 대한 현재의 부당한 침해에서 벗어나기 위한 행위로서 정당방위에 해당하여 위법성이 조각된다(☞ **[판례 II-1]** 참조).

[판례 II-1] 청주지법 2007.1.25. 선고 2006노830 판결【공무집행방해, 재물손괴, 도교법위반(음주측정거부)】

〈사실관계〉

(1) 피고인은 2006.5.14. 21:00경 ○○식당 앞 도로에서 피고인 소유의 승용차를 주차한 후 그 곳 종업원 A로부터 차량을 이동해 줄 것을 요구받았으나 이를 거부하면서 종업원 B에게 욕설하였다가 신고를 받고 출동한 ○○경찰서 ○○지구대 소속 경찰관 P가 A와 B로부터 진술을 청취한 다음, ○○식당 앞 도로에 앉아있는 피고인에게서 술냄새가 나고 얼굴에 홍조를 띠는 등 술에 취한 상태에서 운전하였다고 인정할 만한 상당한 이유가 있다고 판단하여 피고인을 음주운전의 현행범으로 체포하려고 하자, 피고인이 이에 항의하면서 손으로 P의 얼굴을 1회 때리는 등 폭행하여 P의 현행범 체포에 관한 직무집행을 방해함과 동시에 P 소유의 안경을 손괴하고, (2) 같은 날 21:40경 ○○지구대 사무실에서 P로부터 약 30분 가량 음주측정 요구를 받고도 이를 거부하여 정당한 사유 없이 음주측정 요구에 응하지 아니하고, (3) 같은 날 21:30경부터 다음 날 03:00경까지 피고인을 조사 중인 P에게 "옛날 같으면 칼로 뱃대지를 확 찔렀을 텐데, 14년간 교도소에 있었다, 씨발 년놈들 내가 옷 다 벗겨버린다, 내가 못할 줄 알어, 내가 들어가면 니들이 무사할 줄 아냐"라고 소리치고, 체포과정에 대하여 항의하고 병원치료를 요구하면서 "내가 자해를 하면 병원에 보내주겠냐, 내가 할 수 있는 능력껏 해 보이겠다"라고 말한 뒤 그곳 사무실 책상에 놓여 있는 커터날(길이 4cm)을 입으로 삼키는 등 협박하여 P의 조사업무를 방해하였다.

〈판결요지〉

(1) P는 그 차량이 식당 앞에 주차되어 있었던 시각이나 그 차량의 운전자가 누구인지는 알지 못한 채 위 차량의 차주가 피고인이고 피고인에게서 술냄새가 난다는 점만을 근거로 음주운전을 종료한지 40분 이상이 경과한 피고인을 음주운전의 현행범으로 체포하려고 한 것인바, P가 현행범체포의 근거로 삼은 위와 같은 사정만으로 피고인이 '방금 음주운전을 실행한 범인이라는 점에 관한 죄증이 명백'하다고 할 수 없으므로 위 현행범체포행위를 적법한 공무집행이라고 볼 수 없고, 피고인이 그 체포를 면하려고 반항하는 과정에서 P의 안경을 손괴한 것은 불법체포로 인한 신체에 대한 현재의 부당한 침해에서 벗어나기 위한 행위로서 정당방위에 해당하여 위법성이 조각된다.

(2) 음주측정불응죄가 성립하기 위해서는 술에 취한 상태에서 자동차를 운전하였다고 인정할 만한 상당한 이유가 있어야 함은 물론, 경찰관의 음주측정요구가 음주운전에 대한 증거확보를 위한 공무집행으로서의 성질을 가지고 있음에 비추어 음주측정요구의 절차적 적법성도 함께 갖추어야 하는바, 현행범 체포요건을 갖추지 못하였음에도 오로지 증거확보를 위하여 피고인을 음주운전의 현행범으로 체포한 후 곧이어 불법구금상태에 있는 피고인에게 음주측정을 요구하는 것은 음주측정요구의 절차적 적법성을 갖추었다고 볼 수 없으므로 피고인이 이 같은 경찰관의 부적법한 음주측정요구를 거부하였다고 하여 피고인에게 음주측정요구불응죄가 성립한다고 볼 수 없다.

(3) 피고인에 대한 현행범인체포가 정당한 직무집행이라고 볼 수 없는 이상 불법구금상태에 있는 피고인을 상대로 이루어진 경찰관의 조사행위 역시 적법한 직무집행행위라고 볼 수 없다. 피고인이 자신을 조사 중이던 P에게 욕설을 하고 병원치료를 요구하면서 커터날(길이 4cm)을 입으로 삼키는 등 협박한 것은 위법한 직무집행에서 벗어나기 위한 행위로서 위법성이 조각된다.

〈참조판례〉

○ **대법원 1991.9.24. 선고 91도1314 판결【공무집행방해】**

형사소송법 제211조가 현행범인으로 규정한 "범죄의 실행의 즉후인 자"라고 함은, 범죄의 실행행위를 종료한 직후의 범인이라는 것이 체포하는 자의 입장에서 볼 때 명백한 경우를 일컫는 것으로서, "범죄의 실행행위를 종료한 직후"라고 함은, 범죄행위를 실행하여 끝마친 순간 또는 이에 아주 접착된 시간적 단계를 의미하는 것으로 해석되므로, 시간적으로나 장소적으로 보아 체포를 당하는 자가 방금 범죄를 실행한 범인이라는 점에 관한 죄증이 명백히 존재하는 것으로 인정되는 경우에만 현행범인으로 볼 수 있는 것이다. 교사가 교장실에 들어가 불과 약 5분 동안 식칼을 휘두르며 교장을 협박하는 등의 소란을 피운 후 40여분 정도가 지나 경찰관들이 출동하여 교장실이 아닌 서무실에서 그를 연행하려 하자 그가 구속영장의 제시를 요구하면서 동행을 거부하였다면 체포 당시 서무실에 앉아 있던 위 교사가 방금 범죄를 실행한 범인이라는 죄증이 경찰관들에게 명백히 인식될 만한 상황이었다고 단정할 수 없고, 이와 같은 상황에서 경찰관들이 동행을 거부하는 자를 체포하거나 강제로 연행하려고 하였다면, 이는 적법한 공무집행이라고 볼 수 없으므로 강제연행을 거부하는 자를 도와 경찰관들에 대하여 폭행을 하는 등의 방법으로 그 연행을 방해하였다고 하더라도, 공무집행방해죄는 성립되지 않는다.

○ **대법원 1992.5.22. 선고 92도506 판결【공무집행방해】**

피고인의 행위는 도교법 내지 경범죄처벌법 등을 위반한 것으로 그 법정형이 5만원 이하의 벌금, 구류 또는 과료에 해당하는 경미한 범죄에 불과하여 비록 피고인이 현행범인이라고 하더라도 영장없이 피고인을 체포할 수 는 없고, 또한 범죄의 사전 진압이나 교통단속의 목적만을 이유로 피고인에 대하여 임의동행을 강요할 수도 없으므로, 경찰관들이 피고인을 그 의사에 반하여 강제로 연행하려고 한 행위는 적법한 공무집행이라고 볼 수 없고, 따라서 피고인이 위 경찰관들의 행위를 제지하기 위하여 그들에게 폭행을 가하였다고 하여도 이는 공무집행방해죄를 구성하지 아니한다.

○ **대법원 1995.5.9. 선고 94도3016 판결【상해, 공무집행방해재물손괴】**

경찰관들이 주민들의 신고를 받고 현장에 도착한 당시 이미 싸움이 끝나 피고인이 의자에 앉아 있었던 사실이 인정됨에 비추어 피고인을 현행범으로 보기 어려울 뿐만 아니라 위 경찰관들이 현행범 체포에 필요한 소정의 절차를 밟지도 않았는바, 피고인이 임의동행을 강요하는 경찰관들에 대하여 이를 거부하는 방법으로 폭행을 한 것은 공무집행방해죄가 성립하지 아니한다.

○ 대법원 2000.7.4. 선고 99도4341 판결【폭처법위반, 공무집행방해】

순찰 중이던 경찰관이 교통사고를 낸 차량이 도주하였다는 무전연락을 받고 주변을 수색하다가 범퍼 등의 파손상태로 보아 사고차량으로 인정되는 차량에서 내리는 사람을 발견한 경우, '장물이나 범죄에 사용되었다고 인정함에 충분한 흉기 기타의 물건을 소지하고 있는 때'에 해당하므로 준현행범으로서 영장 없이 체포할 수 있다.

○ 대법원 2006.9.8. 선고 2006도148 판결【폭처법위반, 공무집행방해】

변호사인 피고인 2의 사무실에 근무하는 직원 피고인 1은 참고인으로 출석해 달라는 검사의 통보를 받고 검찰청에 자진출석하였는데 예상과는 달리 갑자기 검사가 자신을 위증 및 위증교사의 피의자로 조사한다고 하자 피고인이 임의수사에 의한 협조를 거부하면서 귀가를 요구하였는바, 검사가 피고인 1을 긴급체포하려고 할 당시 피고인 1이 위증 및 위증교사의 범행을 범하였다고 의심할 만한 상당한 이유가 있었다고 볼 수 없고, 피고인 1이 임의수사에 대한 협조를 거부하고 자신의 혐의사실에 대한 조사가 이루어지기 전에 퇴거를 요구하면서 검사의 제지에도 불구하고 퇴거하였다고 하여 도망하거나 증거를 인멸할 우려가 있다고 보기도 어려우므로, 피고인 1을 긴급체포를 하려고 한 것은 그 당시 상황에 비추어 보아 긴급체포의 요건을 갖추지 못한 것으로 이를 실행한 검사 등의 판단은 현저히 합리성을 잃었다고 할 것이다. 따라서 피고인 1의 연락을 받고 검찰청으로 달려온 피고인 2가 피고인 1의 체포를 제지하는 과정에서 검사에게 상해를 가하였더라도 이는 불법 체포로 인한 신체에 대한 현재의 부당한 침해에서 벗어나기 위한 행위로서 정당방위에 해당하여 위법성이 조각된다.

○ 대법원 2011.5.26. 선고 2011도3682 판결【상해, 공무집행방해】

피고인이 경찰관의 불심검문을 받아 운전면허증을 교부한 후 경찰관에게 큰 소리로 욕설을 하였는데 경찰관이 모욕죄의 현행범으로 체포하겠다고 고지한 후 피고인의 오른쪽 어깨를 붙잡자 반항하면서 경찰관에게 상해를 가하였으나, 피고인은 경찰관의 불심검문에 응하여 이미 운전면허증을 교부한 상태이고, 경찰관뿐 아니라 인근 주민도 욕설을 직접 들었으므로, 피고인이 도망하거나 증거를 인멸할 염려가 있다고 보기는 어렵고, 피고인의 모욕 범행은 불심검문에 항의하는 과정에서 저지른 일시적·우발적인 행위로서 사안 자체가 경미할 뿐 아니라, 피해자인 경찰관이 범행현장에서 즉시 범인을 체포할 급박한 사정이 있다고 보기도 어려우므로, 경찰관이 피고인을 체포한 행위는 적법한 공무집행이라고 볼 수 없고, 피고인이 체포를 면하려고 반항하는 과정에서 상해를 가한 것은 불법체포로 인한 신체에 대한 현재의 부당한 침해에서 벗어나기 위한 행위로서 정당방위에 해당한다.

2) 그리고 검사 또는 사법경찰관이 피의자를 체포 또는 구속하는 경우에는 피의사실의 요지, 체포·구속의 이유와 변호인을 선임할 수 있음을 말하고 변명할 기회를 주어야 한다(형소법 제200조의5, 제209조). 이와 같은 고지는 체포를 위한 실력행사에 들어가기 전에 미리 하는 것이 원칙이나, 달아나는 피의자를 쫓아가 붙들거나 폭력으로 대항하는 피의자를 실력으로 제압하는 경우에는 붙들거나 제압하는 과정에서 고지하거나 일단 붙들거나 제압한 후에 지체없이 고지하여야 한다(대법원 2010.6.24. 선고 2008도11226 판결). 이와 같은 요건과 절차를 거치지 아니한 체포 또는 구속은 위법한 공무집행으로서 피의자가 이를 거부하는 방법으로 폭력을 행사하였더라도 공무집행방해죄의 죄책을 지울 수 없다(☞ **[판례 11-2]** 참조).

[판례 II-2] 대법원 2017.3.15. 선고 2013도2168 판결【공무집행방해, 상해】

〈사실관계〉

공장을 점거하여 농성 중이던 노동조합 조합원들이 경찰과 부식 반입 문제를 협의하고 기자회견장 촬영을 위해 공장 밖으로 나오자, 전투경찰대원들은 '고착관리'라는 명목으로 조합원들을 방패로 에워싸 이동하지 못하게 하였는데, 피고인은 노동위원회 위원장으로서 노동조합 위원장으로부터 '파업투쟁으로 대량 연행자가 발생할 경우 변호사 접견이 신속하게 이루어질 수 있도록 적절한 조치를 취해 줄 것을 부탁한다'는 요청을 받고 현장을 방문하여 조합원들이 불법적으로 체포되는 것을 목격하고 이를 제지하기 위해 전투경찰대원들에게 항의하자 전투경찰대원들은 방패로 피고인을 강하게 밀어내었으며, 이에 피고인은 전투경찰대원들의 유형력 행사에 저항하여 그들이 들고 있던 방패를 당기고 미는 과정에서 그들에게 가벼운 상해를 입혔다.

〈판결요지〉

공무집행방해죄는 공무원의 직무집행이 적법한 경우에 한하여 성립한다. 적법한 공무집행이란 그 행위가 공무원의 추상적 권한에 속할 뿐 아니라 구체적 직무집행에 관한 법률상 요건과 방식을 갖춘 경우를 가리키는 것이므로, 경찰관이 적법절차를 준수하지 않은 채 실력으로 현행범인을 연행하려 하였다면 적법한 공무집행이라고 할 수 없다. 검사 또는 사법경찰관리가 현행범인을 체포하는 경우에는 반드시 피의사실의 요지, 체포의 이유와 변호인을 선임할 수 있음을 말하고 변명할 기회를 주어야 한다. 이와 같은 고지는 체포를 위한 실력행사에 들어가기 전에 미리 하는 것이 원칙이다. 그러나 달아나는 피의자를 쫓아가 붙들거나 폭력으로 대항하는 피의자를 실력으로 제압하는 경우에는 붙들거나 제압하는 과정에서 고지하거나, 그것이 여의치 않은 경우에는 일단 붙들거나 제압한 후에 지체 없이 고지하여야 한다.

이 사건에서는 조합원들이 어떠한 범죄행위를 목전에서 저지르려고 하거나 이들의 행위로 인하여 인명·신체에 위해를 미치거나 재산에 중대한 손해를 끼칠 우려 등 긴급한 사정이 있는 경우가 아닌데도 방패를 든 전투경찰대원들이 위 조합원들을 둘러싸고 이동하지 못하게 가둔 행위는 구 경직법 제6조 제1항에 근거한 제지 조치가 아니라 형사소송법상 체포에 해당한다. 그리고 전투경찰대원들이 위 조합원들을 체포하는 과정에서 체포의 이유 등을 제대로 고지하지 않다가 30~40분이 지난 후 피고인의 항의를 받고 나서야 비로소 체포의 이유 등을 고지한 것은 현행범인 체포의 적법한 절차를 준수한 것이 아니므로 적법한 공무집행이라고 볼 수 없다. 따라서 피고인이 위와 같은 위법한 공무집행에 항의하면서 공소사실과 같이 전투경찰대원들의 방패를 손으로 잡아당기거나 전투경찰대원들을 발로 차고 몸으로 밀었다고 하더라도 공무집행방해죄가 성립할 수 없다.

〈참조판례〉

○ 대법원 2007.11.29. 선고 2007도7961 판결【특수공무집행방해치상 등】

경찰관들이 피고인이 처와 함께 모텔에 투숙하였음을 확인한 후 도주나 자해우려를 이유로 방안으로 검거하러 들어가서 피고인의 이름을 부른 다음 그 지명수배사실 및 범죄사실을 말하고 신분증 제시를 요구하였는데 피고인이 자신이 동생인 공소외인이라고 주장하면서 공소외인 명의의 운전면허증을 제시하는 경우라면, 경찰관으로서는 체포하려는 상대방이 피고인 본인이 맞는지를 먼저 확인한 후에 이른바 미란다 원칙을 고지하여야 하는 것이지, 그 상대방이 누구인지를 확인하지 아니한 채로 일단 체포하면서 미란다 원칙을 고지할 것은 아니다. 그리고 피고인은 경찰관들이 지문을 확인하려 하자 태도를 돌변하여 욕설을 하면서 주먹으로 유리창을 깨뜨리고 유리조각을 쥐고 경찰관들이 다가오지 못하도록 앞으로 휘둘렀으며, 이에 경찰관들은 피고인을 제압하기 위하여 피고인과 엉켜서 20분간의 몸싸움을 하기에 이르렀는바, 이와 같이 폭력으로 대항하는 피의자를 실력으로 제압하는 단계에 이르면, 경찰관들로서는 그 제압 과정 또는 그것이 여의치 않으면 제압한 후에 지체 없이 미란다 원칙을 고지하면 되므로 이 사건 경찰관들의 긴급체포행위를 적법한 공무집행이라고 보기 어렵다고 할 수는 없고, 경찰관들이 피고인에게 달려들어 피고인을 제압하는 과정에서 경찰관들이 피고인이 휘두른 유리조각에 찔리거나 손가락 부위 등에 상해를 입게 되었다면, 이는 경찰관들의 긴급체포업무에 관한 정당한 직무집행이 방해된 경우라고 볼 수 있다.

3) 사형, 징역, 금고 또는 구류의 선고를 받은 자가 구금되어 있지 아니한 경우 검사는 형을 집행하기 위해 이들을 소환하여야 하고, 이들이 소환에 응하지 아니한 때에는 형집행장을 발부하여 구인한다(형소법 제473조 제1항, 제2항). 벌금형에 따르는 노역장 유치는 실질적으로 자유형과 동일하므로, 그 집행에 있어서는 자유형의 집행에 관한 규정이 준용된다(같은 법 제492조). 벌금형을 선고받은 사람이 이를 완납하지 아니하는 경우 검사를 노역장유치의 집행을 위해 그 사람을 소환하고 그 사람이 소환에 응하지 아니할 때에는 형집행장을 발부하여 구인할 수 있다. 한편 형집행장의 집행에 관해서는 구속에 관한 규정이 준용되므로, 그리고 노역장유치의 집행을 위해 구인하는 경우 형집행장을 제시하여야 한다(같은 법 제475조, 제85조 제1항).

따라서 경찰관이 벌금형에 따르는 노역장 유치의 집행을 위하여 형집행장을 소지하지 아니한 채 피고인을 구인할 목적으로 그의 주거지를 방문하여 임의동행의 형식으로 데리고 가다가 피고인이 동행을 거부하며 다른 곳으로 가려는 것을 제지하면서 체포·구인하려고 하자 피고인이 이를 거부하면서 경찰관을 폭행한 경우, 경찰관이 피고인을 체포·구인하려고 한 것은 노역장유치의 집행에 관한 법규정에 반하는 것으로서 적법한 공무집행행위라고 할 수 없으므로 피고인에 대해서 공무집행방해죄의 죄책을 지울 수 없다(대법원 2010.10.14. 선고 2010도8591 판결; 대법원 2017.9.26. 선고 2017도9458 판결).

나. 음주측정요구

1) 경찰공무원은 교통의 안전과 위험방지를 위하여 필요하다고 인정하거나 도교법 제44조 제1항을 위반하여 술에 취한 상태에서 자동차등을 운전하였다고 인정할 만한 상당한 이유가 있는 경우에는 운전자가 술에 취하였는지를 호흡조사로 측정할 수 있고, 이 경우 운전자는 경찰공무원의 측정에 응하여야 하고 호흡조사에 따른 측정 결과에 불복하는 운전자에 대하여는 그 운전자의 동의를 받아 혈액 채취 등의 방법으로 다시 측정할 수 있다(도교법 제44조 제2항, 제3항).

2) 운전자가 '술에 취한 상태에서 자동차등을 운전하였다고 인정할 만한 상당한 이유가 없음에도 음주측정을 요구하거나(대법원 2003.1.24. 선고 2002도6632 판결) 운전자를 위법하게 체포한 후 음주측정을 요구하는 것은 위법하고(청주지법 2007.1.25. 선고 2006노830 판결), 이와 같은 위법한 음주측정요구에 불응하여 공무원에 대해 폭력을 행사하였다고 하더라도 음주측정거부죄 내지 공무집행방해죄의 죄책을 지지 않는다(☞ **[판례 II-3]** 참조).

[판례 II-3] 대법원 2012.12.13. 선고 2012도11162 판결 **【도교법위반(무면허운전, 음주측정거부), 공무집행방해, 상해】**

〈사실관계〉

피고인은 운전면허를 받지 아니한 채 23:10경 처를 조수석에 태우고 화물차를 운전하여 가다가 음주단속을 당하게 되자 경찰관 A가 들고 있던 경찰용 불봉을 충격하고 그대로 도주하여 그 단속 현장에서 약 3㎞ 떨어진 지점을 진행하던 중 다른 차량에 막혀 더 이상 진행하지 못하게 되자 차량을 세운 후 운전석에서 내려 도주하다가, 음주단속 현장에서부터 피고인을 추적해 온 경찰관 B에 의해 검거되어 지구대로 보호조치된 후 23:38경 경찰관 C로부터 음주측정기에 입김을 불어넣는 방법으로 음주측정에 응할 것을 요구받았으나 1차 측정을 거부하고, 같은 날 23:49경 C로부터 "선생님, 음주측정을 거부하면 불이익이 있습니다." 라는 말과 함께 2차 측정을 요구받자 이를 거부하면서 C의 배를 주먹으로 1회 때려 공소외 2에게 약 14일간의 치료를 요하는 복부좌상을 입혔다.

〈판결요지〉

경직법상 보호조치는 '술에 취한 상태로 인하여 자기 또는 타인의 생명·신체와 재산에 위해를 미칠 우려가 있는 자'에 대해서 할 수 있는바, 여기서 술에 취한 상태라 함은 술에 만취하여 정상적인 판단능력이나 의사능력을 상실할 정도에 이른 것을 말한다. 이 사건에서 피고인은 운전하는 동안 교통사고를 내지는 않았고 스스로 정차하여 차량에서 내린 사실 등에 비추어 보면 위와 같은 상태에 있었다고 보기는 어렵고, 경찰관이 실제로는 범죄수사를 목적으로 피의자에 해당하는 사람을 보호조치를 이유로 그의 의사에 반하여 경찰관서에 데려간 행위는 달리 현행범체포나 임의동행 등의 적법 요건을 갖추었다고 볼 사정이 없는 한 위법한 체포에 해당한다. 이와 같은 위법한 체포 상태에서 음주측정요구가 이루어진 경우 그 일련의 과정을 전체적으로 보아 음주측정요구는 위법한 것으로 운전자에게는 그에 응할 의무가 없으므로, 피고인이 그에 불응하였다고 하여 도교법위반(음주측정거부)죄로 처벌할 수 없다. 나아가 이 사건에서 경찰관 C의 음주측정요구는 위법한 공무집행행위로 피고인이 음주측정을 요구하는 경찰관을 폭행하였다고 하여 공무집행방해죄가 성립한다고 볼 수도 없다.

다만 정당방위가 성립하려면 침해행위에 의하여 침해되는 법익의 종류, 정도, 침해의 방법, 침해행위의 완급과 방위행위에 의하여 침해될 법익의 종류, 정도 등 일체의 구체적 사정들을 참작하여 방위행위가 사회적으로 상당한 것이어야 한다. 비록 피고인이 위법하게 체포된 상태에 있었고 C가 음주측정을 요구한 행위가 위법하다고 하더라도, C가 피고인에게 음주측정을 요구하였을 뿐 C를 비롯한 경찰관들이 피고인에게 실력을 행사하는 등의 침해행위를 하지 않았고, 피고인이 위법한 체포상태를 벗어나려는 데에 대하여 C가 이를 저지하는 상황도 아니었는데, 피고인이 C의 배를 때려서 C에게 상해를 가한 이상 피고인의 행위를 사회적으로 상당한 방위행위에 해당한다고 보기는 어렵다.

다. 범죄의 예방·진압 활동

경찰공무원은 범죄의 예방과 진압의 책무를 지는데(경직법 제2조), 범죄행위가 목전에 행하여지려고 하고 있다고 인정되는 경우 그 행위로 인하여 인명·신체에 위해를 미치거나 재산에 중대한 손해를 끼칠 우려가 있어 긴급을 요하는 때에는 그 행위를 제지하고(같은 법 제6조 제1항), 인명·신체 또는 재산에 대한 위해가 절박한 때에는 위해를 방지하거나 피해자를 구조하기 위하여 타인의 토지, 건물 또는 선차 내에 출입할 수 있다(같은 법 제7조 제1항). 어떠한 범죄행위를 목전에서 저지르려고 하거나 이들의 행위로 인하여 인명·신체에 위해를 미치거나 재산에 중대한 손해를 끼칠 우려 등 긴급한 사정이 있는 경우가 아닌데도 경찰관이 이를 물리적으로 제지하는 것은 위법한 공무집행에 해당하고, 이러한 위법한 제지에 폭력으로 저항하는 행위는 공무집행방해죄로 처벌할 수 없다(☞ **[판례 II-4]** 참조).

[판례 II-4] 2013.6.13. 선고 2012도9937 판결【공무집행방해, 도교법위반(음주측정거부)】

〈공소사실〉

중국국적의 피고인은 02:00경 지하철역 앞 도로에서 승용차를 후진하여 가던 중 A가 운전하는 택시를 들이받고, A가 사고

처리를 위해 112에 신고하자, 피고인은 경미한 사고인데 왜 신고를 하냐며 A에게 시비를 걸다가 A의 뺨을 때렸다. 신고를 받고 현장에 출동한 경찰관 P1, P2 등은 A로부터 사고내역과 함께 피고인이 A를 폭행하였다는 사실을 청취하고, P3은 피고인의 입에서 술 냄새가 나는 등 피고인이 술을 마시고 운전한 것으로 의심되자 음주감지기로 음주여부를 확인하고자 하였으나 피고인은 이를 거부하였다. 이에 P3과 P4가 피고인에게 음주운전에 의한 교통사고로 의심되니 교통사고조사반으로 함께 가자고 하였으나 피고인은 이를 거부하고 "잡아가려면 잡아가라"며 머리로 P4의 가슴을 2회 들이받았다. 그러다가 피고인은 계속된 경찰관의 설득에 응하여 순찰차에 탑승하려고 가던 중 피고인의 여자친구 B가 "당신들이 뭔데 목격자라고 하느냐"며 말다툼을 하여 시비가 붙은 것을 보고는 갑자기 이들을 향해 달려가며 발길질을 하려 하였고, 피고인이 목격자들을 폭행하기 위해 달려가는 것으로 판단한 P3, P4, P5가 피고인의 팔을 붙잡고 제지하자 피고인은 반항하면서 발로 P4의 정강이를 1회 걷어참으로써 공무원인 경찰관 P4를 폭행하여 범죄수사 및 범죄예방에 관한 P4의 정당한 직무집행을 방해하였다.

〈대법원 판결요지〉

경찰관의 제지 조치가 적법한지 여부는 제지 조치 당시의 구체적 상황을 기초로 판단하여야 하고 사후적으로 순수한 객관적 기준에서 판단할 것은 아닌바, 피고인은 이미 A뿐만 아니라 목격자들로부터 A를 상대로 폭행의 범죄행위를 한 것으로 지목받고 실랑이를 벌인 바 있고 이로 인하여 상당히 흥분한 상태에서 피고인의 여자친구가 바로 위 목격자들과 국적과 관련한 욕설까지 하며 다툼을 하는 장소로 뛰어가 1~2m의 근접한 거리에까지 도달하였고 또한 당시 주변에 국적에 의하여 상호 동조하고자 하는 사람들이 모여들어 다툼이 확대될 위험성이 있던 당시의 구체적 상황에 비추어 보면, 피고인과 목격자들 사이에서 다시 신체적인 접촉행위 내지 폭행 등 신체에 위해를 미칠 우려가 있는 형사처벌 대상이 되는 행위가 막 이루어지려고 하는 상황임이 객관적으로 인정될 수 있고 그 행위를 당장 제지하지 않으면 곧 인명·신체에 위해를 미치는 손해를 끼칠 우려가 있는 상황이어서 직접 제지하는 방법 외에는 위와 같은 결과를 막을 수 없는 긴박한 사태에 있었다고 할 것이므로, 경찰관들이 위와 같은 피고인의 행동을 제지한 조치는 경집법 제6조 제1항에서 정하는 범죄예방에 관한 적법한 공무로 봄이 상당하다.

〈참조판례〉

○ 대법원 2017.3.15. 선고 2013도2168 판결【공무집행방해, 상해】

공장을 점거하여 농성 중이던 노동조합 조합원들이 경찰과 부식 반입 문제를 협의하거나 기자회견장 촬영을 위해 공장 밖으로 나오자, 전투경찰대원들은 '고착관리'라는 명목으로 6명의 조합원을 방패로 에워싸 이동하지 못하게 하였다. 위 조합원들이 어떠한 범죄행위를 목전에서 저지르려고 하거나 이들의 행위로 인하여 인명·신체에 위해를 미치거나 재산에 중대한 손해를 끼칠 우려 등 긴급한 사정이 있는 경우가 아닌데도 방패를 든 전투경찰대원들이 위 조합원들을 둘러싸고 이동하지 못하게 가둔 행위는 경직법 제6조 제1항에 근거한 제지조치가 아니라 형소법상 체포에 해당한다. 그리고 전투경찰대원들이 위 조합원들을 체포하는 과정에서 체포의 이유 등을 제대로 고지하지 않다가 30~40분이 지난 후 피고인 등의 항의를 받고 나서야 비로소 체포의 이유 등을 고지한 것은 형소법상 현행범인 체포의 적법한 절차를 준수한 것이 아니므로 적법한 공무집행이라고 볼 수 없다.

위와 같은 요건이 갖추어지지 아니하였음에도 불구하고 경찰관이 어떤 행위를 제지하거나 필요한 범위를 넘어서 어떤 행위를 제지를 하는 것은 위법한 공무집행으로서 이를 저항한 행위에 대해 공무집행방해죄의 죄책을 물 수 없다. 다만 경찰관들의 위법한 제지 행위에 대항하기 위하여 한 행위라고 소극적인 방어행위를 넘어 공격의 의사로 행해진 폭력에 대해서까지 위법성이 조각되는 것은 아니다.

○ 대법원 2009.6.11. 선고 2009도2114 판결【특수공무집행방해치사 등】

비록 장차 특정 지역에서 구 집시법에 의하여 금지되어 그 주최 또는 참가행위가 형사처벌의 대상이 되는 위법한 집회·시위가 개최될 것이 예상된다고 하더라도, 이와 시간적·장소적으로 근접하지 않은 다른 지역에서 그 집회·시위에 참가하기 위하여 출발 또는 이동하는 행위를 함부로 제지하는 것은 경직법 제6조 제1항에 의한 경찰관의 제지의 범위를 명백히 넘어서는 것이어서 허용될 수 없으므로, 이러한 제지 행위는 공무집행방해죄의 보호대상이 되는 공무원의 적법한 직무집행에 포함될 수 없다. 그러나 비록 경찰관들의 위법한 제지 행위에 대항하기 위하여 한 것이라 하더라도, 피고인들이 다른 시위참가자들과 공동하여 경찰관들을 때리고 진압방패와 채증장비를 빼앗는 등의 폭행행위를 한 것은 소극적인 방어행위를 넘어서 공격의 의사를 포함하여 이루어진 것으로서 그 수단과 방법에 있어서 상당성이 인정된다고 보기 어려우므로, 이를 사회상규에 위배되지 아니하는 정당행위나 현재의 부당한 침해를 방어하기 위한 정당방위에 해당한다고 볼 수 없다.

라. 불심검문과 운전면허증 제시요구

1) 경찰관은 수상한 거동 기타 주위의 사정을 합리적으로 판단하여 어떠한 죄를 범하였거나 범하려 하고 있다고 의심할 만한 상당한 이유가 있는 자 또는 이미 행하여진 범죄나 행하여지려고 하는 범죄행위에 관하여 그 사실을 안다고 인정되는 자(거동불심자)를 정지시켜 질문하거나 흉기를 가지고 있는지 조사할 수 있고(경직법 제3조 제1항, 제3항), 사람을 정지시킨 장소에서 질문을 하는 것이 그 사람에게 불리하거나 교통에 방해가 된다고 인정될 때에는 질문을 하기 위하여 가까운 경찰서·지구대·파출소 또는 출장소로 동행할 것을 요구할 수 있다(같은 조 제2항). 경찰관이 질문을 하거나 동행을 요구할 경우 자신의 신분을 표시하는 증표를 제시하면서 소속과 성명을 밝히고 질문이나 동행의 목적과 이유를 설명하여야 하며, 동행을 요구하는 경우에는 동행 장소를 밝혀야 한다(같은 조 제4항). 경찰서 등에 사람을 동행한 경우 가족이나 친지 등에게 동행한 경찰관의 신분, 동행 장소, 동행 목적과 이유를 알리거나 본인으로 하여금 즉시 연락할 수 있는 기회를 주어야 하며, 변호인의 도움을 받을 권리가 있음을 알려야 하고(같은 조 제5항), 동행한 사람을 6시간을 초과하여 경찰관서에 머물게 할 수 없다(같은 조 제6항). 질문을 받거나 동행을 요구받은 사람은 이를 거절할 수 있고(같은 조 제2항), 법률에 따르지 아니하고 신체를 구속당하거나 그의 의사에 반하여 진술을 강요당하지 아니한다(같은 조 제6항).

이와 같은 요건과 절차를 거친 경찰관의 적법한 정지·질문에 폭력으로 저항하는 행위는 공무집행방해죄를 구성한다.

○ 대법원 2012.9.13. 선고 2010도6203 판결【공무집행방해, 모욕 등】

검문 중이던 경찰관들이, 자전거를 이용한 날치기 사건 범인과 흡사한 인상착의의 피고인이 자전거를 타고 다가오는 것을 발견하고 정지를 요구하였으나 멈추지 않아, 앞을 가로막고 소속과 성명을 고지한 후 검문에 협조해 달라는 취지로 말하였음에도 불응하고 그대로 전진하자, 따라가서 재차 앞을 막고 검문에 응하라고 요구하였다면 범행의 경중, 범행과의 관련성, 상황의 긴박성, 혐의의 정도, 질문의 필요성 등에 비추어 경찰관들은 목적 달성에 필요한 최소한의 범위 내에서 사회통념상 용인될 수 있는 상당한 방법을 통하여 경찰관직무집행법 제3조 제1항에 규정된 자에 대해 의심되는 사항을 질문하기 위하여 정지시킨 것으로 적법한 직무집행이라 할 것이며, 이에 피고인이 경찰관들의 멱살을 잡아 밀치거나 욕설을 하는 등 항의하자 경찰관들은 피고인을 공무집행방해죄와 모욕죄의 현행범인으로 체포한 것은 적법하다.

○ **대법원 2014.12.11. 선고 2014도7976 판결【공무집행방해, 상해】**

경집법 제3조 제4항은 경찰관이 불심검문을 하고자 할 때에는 자신의 신분을 표시하는 증표를 제시하여야 한다고 규정하고, 경집법 시행령 제5조는 위 법에서 규정한 신분을 표시하는 증표는 경찰관의 공무원증이라고 규정하고 있는데, 불심검문을 하게 된 경위, 불심검문 당시의 현장상황과 검문을 하는 경찰관들의 복장, 피고인이 공무원증 제시나 신분 확인을 요구하였는지 여부 등을 종합적으로 고려하여, 검문하는 사람이 경찰관이고 검문하는 이유가 범죄행위에 관한 것임을 피고인이 충분히 알고 있었다고 보이는 경우에는 신분증을 제시하지 않았다고 하여 그 불심검문이 위법한 공무집행이라고 할 수 없다.

2) 경찰공무원은 교통안전이나 교통질서 유지를 위하여 운전 중인 운전자에게 운전면허증의 제시를 요구할 수 있으며, 운전자는 경찰공무원의 요구에 응하여야 한다(도교법 제155조, 제92조 제2항). 교통단속업무는 경찰공무원뿐만 아니라 치안업무의 보조를 임무로 하는 의무전투경찰순경(이른바 '의경')도 할 수 있다(대법원 2001.12.14. 선고 2001도4920 판결).

○ **대법원 1992.2.11. 선고 91도2797 판결【공무집행방해】**

피고인이 교통단속 경찰관의 면허증 제시 요구에 응하지 않고 교통경찰관을 폭행한 경우, 경찰관의 면허증 제시 요구에 순순히 응하지 않은 것은 잘못이라고 하겠으나 피고인이 경찰관에게 먼저 폭행 또는 협박을 가한 것이 아니라면 경찰관의 단속 태도에 항의한다고 하여 피고인을 그 의사에 반하여 교통초소로 연행해 갈 권한은 경찰관에게 없는 것이므로, 이러한 강제연행에 항거하는 와중에서 경찰관의 멱살을 잡는 등 폭행을 가하였다고 하여도 공무집행방해죄가 성립되지 않는다.

○ **대법원 1994.9.27. 선고 94도886 판결【공무집행방해, 상해】**

도교법은 경찰공무원으로부터 운전 중에 교통안전이나 교통질서유지를 위하여 운전면허증 등의 제시를 요구받은 운전자는 운전면허증 등을 제시하여야 하고 이에 응하지 아니하면 10만원 이하의 벌금이나 구류의 형으로 처벌하도록 규정되어 있는바, 의경이 범칙행위를 하였다고 인정되는 운전자가 자신의 인적사항을 밝히지 아니하고 면허증제시를 거부하며 차량을 출발시키자 교통단속업무에 종사하던 의경이 서서히 진행하는 차량의 문틀을 잡고 정지할 것을 요구한 행위는 적법한 공무집행이라 할 것이고, 그럼에도 불구하고 피고인이 차량을 계속 진행하자 의경이 양손으로 문틀을 잡고 따라 뛰면서 서라고 하다가 차량이 시속 약 20km에 이르기까지 속도를 내자 더 이상 따라 뛰지 못하여 땅바닥에 넘어지면서 오른쪽 발이 오른쪽 바퀴에 치여 상해를 입었다면 피고인은 공무집행방해죄 및 상해죄의 죄책을 면할 수 없다.

마. 보호실유치

경찰관은 정신착란 또는 술 취한 상태로 인하여 자기 또는 타인의 생명·신체와 재산에 위해를 미칠 우려가 있는 자와 자살을 기도하는 자 또는 미아·병자·부상자등으로서 적당한 보호자가 없으며 응급의 구호를 요한다고 인정되는 자에 해당함이 명백하며 응급의 구호를 요한다고 믿을 만한 상당한 이유가 있는 자를 발견한 때에는 보건의료기관 또는 공공구호기관에 긴급구호를 요청하거나 경찰관서에 보호하는 등 적당한 조치를 할 수 있다(경직법 제4조 제1항). 경찰관이 보호조치를 한 때에는 지체없이 이를 피구호자의 가족, 친지 기타의 연고자에게 그 사실을 통지하여야 하고, 24시간을 초과할 수 없다(같은 조 제4항, 제6항).

과거 경찰서에 설치되어 있던 보호실은 영장대기자나 즉결대기자 등의 도주방지와 경찰업무의 편의 등을 위한 수용시설로 활용되는 경우가 많았는데 이와 같은 것은 모두 위법한 것이므로 판례는 영장을 발부받음도 없이 보호실에 유치된 피의자가 불법감금 상태에서 벗어나고자 자신을 제지하는 경찰관을 폭행하였더라도 공무집행방해죄의 죄책을 물 수 없다고 판시한 바 있다(대법원 1994.3.11. 선고 93도958 판결).

○ 대법원 1994.3.11. 선고 93도958 판결【공무집행방해 등】

경직법 제4조 제1항, 제4항에 의하면 경찰관은 수상한 거동 기타 주위의 사정을 합리적으로 판단하여 술 취한 상태로 인하여 자기 또는 타인의 생명, 신체와 재산에 위해를 미칠 우려가 있는 자에 해당함이 명백하며 응급의 구호를 요한다고 믿을만한 상당한 이유가 있는 자를 발견한 때에는 24시간을 초과하지 아니하는 범위 내에서 동인을 경찰관서에 보호하는 등 적절한 조치를 취할 수 있으나, 피고인이 보호실에 유치될 당시 응급의 구호를 요한다고 믿을만한 상당한 이유가 있었다든지, 보호실에 유치된 후 지체 없이 그 사실을 피고인의 가족 등에게 통지하였다고 볼 아무런 자료가 없으므로 피고인을 적법하게 보호조치한 것도 아니라 할 것이다. 따라서 경찰관이 구속영장을 발부받음이 없이 피고인을 보호실에 유치한 것은 적법한 공무로 볼 수 없고 피고인이 보호실의 유치에 항의하면서 나오려는 것을 순경 등이 제지할 적법한 권한도 없다 할 것이므로, 피고인이 경찰서 보호실에 대기 중 밖으로 나오자 이를 제지하던 피해자 순경을 구타하였다고 하여 공무집행방해죄의 죄책을 물 수는 없다고 할 것이다.

바. 수용자의 조사거실 수용

수용자는, 자신의 신체 및 의류를 청결히 하며 자신이 사용하는 거실·작업장, 그 밖의 수용시설의 청결유지에 협력하여야 하는 청결의무를 지는 한편(형집행법 제32조 제1항), 교정시설의 안전과 질서유지를 위하여 법무부장관이 정하는 규율을 준수하여야 하고 교도관의 직무상 지시에 복종하여야 하므로(같은 법 제105조 제1항, 제3항), 교정시설의 소장에 의하여 허용된 범위를 넘어 사진 또는 그림 등을 부착한 수용자에 대하여 교도관이 그 부착물의 제거를 지시한 행위는 수용자가 복종하여야 할 직무상 지시로서 적법한 직무집행이다. 그리고 징벌사유에 해당하는 행위를 하였다고 의심할 만한 상당한 이유가 있는 수용자에 대하여 조사가 필요한 경우라 하더라도, 특히 그 수용자에 대한 조사거실에의 분리 수용은 그 수용자가 증거를 인멸할 우려가 있는 때 또는 다른 사람에게 위해를 끼칠 우려가 있거나 다른 수용자의 위해로부터 보호할 필요가 있는 때에 한하여 인정된다(같은 법 제110조 제1항).

판례는 피고인이 교도관으로부터 자신의 수용거실 벽면 등에 부착한 수영복 차림의 여자연예인 사진을 떼라는 지시를 받았으나 "수컷의 본능이다"라고 대꾸하면서 교도관의 지시에 따르지 않자 교도관은 피고인을 사무실로 데려가 지시에 불응한 사실에 관하여 자술서를 쓰게 하였는데 피고인은 그 지시가 부당하다면서 이에 응하지 않자 교도관이 지시위반을 이유로 징벌을 부과하겠다고 하면서 조사거실로 강제로 끌고 가려고 하자 피고인은 교도관의 멱살을 잡으며 항의하였고, 이에 교도관들이 피고인에게 수갑을 채우고 양쪽에서 팔을 잡은 채 강제로 조사실로 데려가 신체검사를 위해 옷을 벗을 것을 지시하자 피고인이 이를 거부하면서 교도관들의 가슴 부위에 머리를 들이대며 폭행한 사건에서, 피고인을 조사거실에 수용하려고 한 목적이나 그 이후 피고인이 조사거실에 수용되는 것에 대해 항의하게 된 경위 등에 비추어 조사거실 수용의 요건이 충족되었다고 볼 수 없으므로 교도관들이 피고인을 조사거실에 강제로 수용하려고 한 행위 및 그 수용을 위하여 신체검사를 요구한 행위는 적법한 직무집행으로 볼 수 없고 이와 같이 교도관의 위법한 직무집행에 저항하는 과정에서 이루어진 교도관들에 대한 폭행은 공무집행방해죄에 해당하지 않는다고 판단하였다(대법원 2014.9.25. 선고 2013도1198 판결).

사. 행정대집행

1) 법률에 의하여 직접 명령되었거나 또는 법률에 의거한 행정청의 명령에 의한 행위로서 타인이 대신하여 행할 수 있는 행위를 의무자가 이행하지 아니하는 경우 다른 수단으로써 그 이행을 확보하기 곤란하고 또한 그 불이행을 방치함이 심히 공익을 해할 것으로 인정될 때에 당해 행정청은 스스로 의무자가 하여야 할 행위를 하거나 또는 제3자로 하여금 이를 하게 할 수 있는데, 이를 일반적으로 행정대집행이라고 한다(행정대집행법 제2조). 행정대집행을 함에 있어서는 상당한 이행기한을 정하여 그 기한까지 이행되지 아니할 때에는 대집행을 한다는 뜻을 미리 문서로써 계고하여야 하고, 의무자가 계고를 받고 지정기한까지 그 의무를 이행하지 아니할 때에는 당해 행정청은 대집행영장으로써 대집행을 할 시기, 대집행을 시키기 위하여 파견하는 집행책임자의 성명과 대집행에 요하는 비용의 개산에 의한 견적액을 의무자에게 통지하여야 한다(같은법 제3조 제1항, 제2항).

2) 도로법상 누구든지 정당한 이유없이 도로에 장애물을 쌓거나 교통에 지장을 끼치는 행위를 해서는 아니 되며(제75조), 도로관리청은 행정대집행법에 따른 절차에 따르면 그 목적을 달성하기 곤란한 경우에는 해당 절차를 그치지 아니하고 도로의 통행 및 안전을 확보하기 위하여 적치물을 제거하는 등 필요한 조치를 실시할 수 있다(제74조). 도로에 설치된 보도는 도로의 구성부분에 해당하므로 정당한 이유없이 시에서 관리하는 보도에서 농성용 천막을 설치하는 경우 시청소속 공무원은 이를 제지하거나 철거할 수 있으며, 불법적으로 농성용천막을 설치하는 행위를 제지하거나 불법으로 설치해 놓은 농성용천막을 철거하는 공무원을 폭행한 때에는 공무집행방해죄의 죄책을 진다(대법원 2014.2.27. 선고 2013도5356 판결). 다만 도로법 제74조는 일반인의 교통을 위하여 제공되는 도로로서 도로법에 규정된 도로를 불법 점용하는 경우 등에 적용될 뿐 도로법상 도로가 아닌 장소의 경우에까지 적용되지 않으므로, 예컨대 적법한 계고와 통지의 절차없이 서울광장에 설치된 천막을 철거하는 시청 및 구청공무원에 대항하여 폭행·협박을 가하였더라도 공무집행방해죄는 성립되지 않는다(대법원 2010.11.11. 선고 2009도11523 판결).

○ 대법원 2010.11.11. 선고 2009도11523 판결【특수공무집행방해】

도심광장으로서 '서울특별시 서울광장의 사용 및 관리에 관한 조례'에 의하여 관리되고 있는 '서울광장'에서, 서울시청 및 중구청 공무원들이 행정대집행법이 정한 계고 및 대집행영장에 의한 통지절차를 거치지 아니한 채 위 광장에 무단설치된 천막의 철거대집행에 착수하였고, 이에 피고인들을 비롯한 '광우병위험 미국산 쇠고기 전면 수입을 반대하는 국민대책회의' 소속 단체 회원들이 몸싸움을 하거나 천막을 붙잡고 이를 방해하였더라도, 위 서울광장은 비록 공부상 지목이 도로로 되어 있으나 도로법 소정의 행정대집행의 특례규정이 적용되는 도로법상 도로라고 할 수 없으므로 위 철거대집행은 구체적 직무집행에 관한 법률상 요건과 방식을 갖추지 못한 것으로서 적법성이 결여되었고 따라서 피고인들이 공무원들에 대항하여 폭행·협박을 가하였더라도 특수공무집행방해죄는 성립되지 않는다.

○ 대법원 2014.2.27. 선고 2013도5356 판결【특수공무집행방해, 공무집행방해】

피고인들은 10:00경 도청 앞 도로(보도)에서 개최한 '한미FTA 국회비준 저지 농성돌입 기자회견'에 참석하여 기자회견을 마친 후 10:25경 농민단체 회원들과 함께 도청 정문 맞은편 보도로 이동하여 농성용 천막을 설치하기 위하여 천막설치용 파이프를 세우고 있던 중 시청 건설교통국 소속 공무원들로부터 보도에 천막이 설치되면 보행자의 안전에 위험이 발생하고 교통에 지장을 초래한다는 이유로 수회에 걸쳐 자진 철거를 요구받았음에도 피고인들이 계속하여 천막을 설치하려다가 이를 제지하거나 설치 중인 천막을 철거하려는 위 공무원들과 몸싸움을 벌였고, 그 과정에서 피고인들이 위 공무원들에게 상해 또는 폭행을 가하였다.

이 사건에서 도로관리청인 시청 소속 공무원들이 이 사건 보도에서 피고인들의 천막 설치를 제지하거나 설치 중인 천막을 철거하려고 한 행위는 구 도로법 제83조에 따라 도로의 일부인 보도의 기능 발휘에 장애가 되는 시설물의 설치행위 등 구 도로법 제45조에 규정된 도로에 관한 금지행위를 제지하기 위한 합리적 상당성이 있는 조치로서 보도의 본래 목적을 달성하도록 하기 위한 관리권 범위 내의 행위에 해당하고, 따라서 이러한 도로관리권에 근거하여 적법하게 공무집행을 하는 공무원들에게 폭행 등을 가한 피고인들의 행위는 공무집행방해죄를 구성한다.

(3) 폭행 또는 협박

1) 공무집행방해죄에 있어서의 폭행은 공무를 집행하는 공무원에 대하여 유형력을 행사하는 행위를 말하는 것으로 그 폭행은 공무원에 직접적으로나 간접적으로 하는 것을 포함한다. 예컨대 경찰관이 공무를 집행하고 있는 파출소 사무실의 바닥에 인분이 들어있는 물통을 집어던지고 책상위에 있던 재떨이에 인분을 담아 사무실 바닥에 던지거나(대법원 1981.3.24. 선고 81도326 판결), 자신을 즉결심판에 회부하였다는 이유로 지구대를 찾아가 경찰관들 앞에서 즉결심판출석통지서를 찢어 버리고 경찰관들에게 "관내 업주로부터 금품을 수수한 것을 다 알고 있다. 갈 때까지 가보자. 나를 감옥에 보내려면 보내라. 정권 말기에 몸조심해라"라고 소리를 지르며, 경찰관들이 피고인이 나간 후 다시 들어오지 못하도록 출입문을 잠그면 출입문을 주먹으로 두드리는 등 약 1시간 40분 동안 지구대 내에서 행패를 부렸다면(대법원 2013.12.26. 선고 2013도11050 판결) 공무원에 대한 유형력의 행사를 인정할 수 있다. 그리고 공무원의 직무 수행에 대한 비판이나 시정 등을 요구하는 집회·시위 과정에서 일시적으로 상당한 소음이 발생하였다는 사정만으로는 폭행이 있었다고 할 수는 없으나, 의사전달수단으로서 합리적 범위를 넘어서 상대방에게 고통을 줄 의도로 음향을 이용하였다면 폭행으로 인정할 수 있다(대법원 2009.10.29. 선고

2007도3584 판결).

다만 공무집행방해죄에 있어서의 폭행·협박은 성질상 공무원의 직무집행을 방해할 만한 정도의 것이어야 하고, 경미하여 공무원이 개의치 않을 정도의 것이라면 여기의 폭행·협박에는 해당하지 아니한다. 따라서 차량을 일단 정차한 다음 경찰관의 운전면허증 제시요구에 불응하고 다시 출발하는 과정에서 경찰관이 잡고 있던 운전석 쪽의 열린 유리창 윗부분을 놓지 않은 채 어느 정도 진행하다가 차량속도가 빨라지자 더 이상 따라가지 못하고 손을 놓아버렸다거나(대법원 1996.4.26. 선고96도281 판결), 피고인이 오락실 밖에서 기판이 든 박스를 옮기고 있던 경찰관을 뒤쫓아 가 '이 박스는 압수된 것이 아니다'라고 말하며 경찰관의 손에 있던 박스를 들고 가거나(대법원 2007.6.1. 선고 2006도4449 판결), 노조원들과 함께 경찰관인 피해자들이 파업투쟁 중인 공장에 진입할 경우에 대비하여 그들의 부재 중에 미리 윤활유나 철판조각을 바닥에 뿌려 놓은 것에 불과한 경우(대법원 2010.12.23. 선고 2010도7412 판결)는 폭행에 해당하지 않는다.

2) 그리고 협박이란 상대방에게 공포심을 일으킬 목적으로 해악을 고지하는 행위로, 행위 당시의 여러 사정을 종합하여 객관적으로 상대방으로 하여금 공포심을 느끼게 하는 것이어야 하고, 협박의 내용이나 방법이 경미하여 상대방이 전혀 개의치 않을 정도인 경우에는 협박에 해당하지 않는다.

7년 이상 산업협동조합 조합장을 역임해 오면서 지역사회에 상당한 영향력을 행사하고 있는 자가 해양경찰서 소속 경찰공무원에게 전화하여 수사에 대해 강력하게 항의하면서 검찰청 또는 해양경찰청 고위 간부들과의 친분관계를 과시하고 해양경찰청 고위 간부들과의 친분관계를 이용하여 인사상 불이익을 가하겠다고 말하거나(대법원 2011.2.10. 선고 2010도15986 판결). 가옥명도를 집행하는 집행관에게 욕설을 하고 그를 마루 밑으로 떨어뜨리면서 불법집행이라고 소리를 치거나(대법원 1969.2.18. 선고 68도44 판결), 새벽 4시에 파출소까지 뒤쫓아 가서 "우리 집에 무슨 감정이 있느냐, 이 순사새끼들 죽고 싶냐"는 등의 폭언을 하였다면, 이는 단순한 불만의 표시나 감정적인 욕설에 그친다고 볼 수 없고, 집행관이나 경찰관에게 생명, 신체에 어떤 위해가 가해지리라는 것을 고지하여 공포심을 일으키게 하는데 그 목적이 있고, 객관적으로 보아 상대방으로 하여금 공포심을 느끼게 하기에 족하므로 협박에 해당한다(대법원 1989.12.26. 선고 89도1204 판결). 이와는 달리 경찰관으로부터 임의동행을 요구받은 피의자가 자기집 안방으로 피하여 문을 잠그고 임의동행을 거절하면서 방안에서 면도칼로 앞가슴 등을 그어 피를 보이면서 자신이 죽어버리겠다고 위협하였다고 하더라도 이는 자해행위는 될지언정 경찰관에 대한 유형력의 행사나 해악의 고지로서 공무집행방해죄의 수단인 폭행 또는 협박에 해당한다고 보기는 힘들다(대법원 1976.3.9. 선고 75도3779 판결).

3) 공무집행방해죄가 성립하기 위해서는 상대방이 직무를 집행하는 공무원이라는 사실, 그리고 이에 대하여 폭행 또는 협박을 한다는 사실에 대한 인식과 의사가 요구된다. 다만 그 인식과 의사는 반드시 확정적인 것일 필요는 없고 미필적 고의로도 족하다. 의무경찰이 학생들의 가두캠페인 행사관계로

○ 대법원 2009.6.11. 선고 2008도9437 판결【특경법위반(횡령) 등】

피의자나 참고인은 수사기관에 진실만을 진술하거나 증거를 제출하여야 할 법률상의 의무를 지는 것은 아니므로, 피의자나 참고인 등이 적극적으로 피의자의 무고함을 입증하는 등의 목적으로 허위의 증거를 조작하여 제출한 것이 아니라 단순히 증거를 감추거나 없애 버린 것만으로는 위계로써 수사기관으로 하여금 오인, 착각, 부지를 일으키게 하였다고 할 수 없으므로, 피고인이 보험회사의 전산시스템에서 관리하고 있던 보험금 출금 관련 데이터가 압수될 상황에 이르게 되자 보험회사의 이전의 보험금 출금관련 전산데이터를 삭제한 행위는 위계로써 특별검사 등의 직무수행을 방해한 것이라고 볼 수 없다.

○ 대법원 2011.2.10. 선고 2010도15986 판결【위계공무집행방해 등】

뇌물수수 사건의 조사 직전에 기증물관리대장을 조작하도록 지시하고 담당 직원으로 하여금 동양화 1점을 정상적인 절차에 따라 기증받아 종전부터 존재하는 기증물관리대장에 등재하여 관리하고 있는 것처럼 허위 진술하도록 지시한 행위는, 단순히 수사기관에 대하여 허위사실을 진술하거나 자신에게 불리한 증거를 은닉하는 데 그친 것이 아니라 적극적으로 피의사실에 관한 증거를 조작한 것으로 위계에 의한 공무집행방해죄에 해당한다.

2) 행정관청이 출원에 의한 인·허가처분을 함에 있어서는 출원사유가 사실과 부합하지 아니하는 경우가 있음을 전제로 하여 인·허가할 것인지의 여부를 심사, 결정하는 것이므로 행정관청이 사실을 충분히 확인하지 아니한 채 출원자가 제출한 허위의 출원사유나 허위의 소명자료를 가볍게 믿고 인가 또는 허가를 하였다면 위계공무집행방해죄를 구성하지 않지만, 출원자가 행정관청에 허위의 출원사유를 주장하면서 이에 부합하는 허위의 소명자료를 첨부하여 제출한 경우 허가관청이 관계 법령이 정한 바에 따라 인·허가요건의 존부 여부에 관하여 나름대로 충분히 심사를 하였으나 출원사유 및 소명자료가 허위임을 발견하지 못하여 인·허가처분을 하게 되었다면 위계공무집행방해죄가 성립된다(대법원 2002.9.4. 선고 2002도2064 판결).

▨ 위계공무집행방해에 해당하지 않는다고 본 사례

○ 대법원 1988.9.27. 선고 87도2174 판결【위계공무집행방해 등】

개인택시 운송사업면허 신청은 출원에 의한 행정관청의 일반적인 인·허가처분과 마찬가지로 행정관청이 면허요건에 해당하는 여부를 심리하여 면허 여부를 결정하는 것이고 그 신청서에 첨부된 소명자료가 진실한 것인지를 가려 면허를 결정하는 것이 아니므로 그 면허신청서에 허위의 소명자료를 첨부한 소위는 위계에 의한 공무집행방해죄에 해당하지 않는다.

○ 대법원 2010.10.28. 선고 2008도9590 판결【식물방역법위반, 위계공무집행방해】

수출입화물방제업체 운영자인 피고인이 국립식물검역소 출장소에 허위의 소독작업결과서가 첨부된 수출식물검사신청서를 제출하여 수출검사합격증명서를 발급받았다고 하더라도, 담당공무원이 신청사유를 정당하게 조사하였다면 허위임을 알 수 있었을 터인데 그 사실 여부를 조사하지 아니한 채 신청사유 및 첨부서류가 진실한 것으로 가볍게 믿은 나머지 위 합격증명서를 발급한 것이라면, 이는 위 담당공무원이 신청사유를 충분히 심사하지 못한 데에 기인한 결과라고 할 것이므로 위계에 의한 공무집행방해죄가 성립한다고 단정하기 어렵다.

○ 대법원 2011.9.8. 선고 2010도7034 판결【위계공무집행방해, 위조사문서행사 등】

이미 허가를 받아 적법하게 사업을 영위하는 화물자동차 운송주선사업자가 관할 행정청에 주기적으로 허가기준에 관한 사항을 신고하는 과정에서 위조된 예금잔액증명서를 정상적으로 발급받은 것처럼 신고서에 첨부하여 담당공무원에게 제출하였다고 하더라도 위계에 의한 공무집행방해죄가 성립한다고 볼 수 없다.

○ **대법원 2012.4.26. 선고 2011도17125 판결【위계공무집행방해】**

법원은 당사자의 허위 주장 및 증거 제출에도 불구하고 진실을 밝혀야 하는 것이 그 직무이므로, 가처분신청 시 당사자가 허위의 주장을 하거나 허위의 증거를 제출하였다 하더라도 그것만으로 법원의 구체적이고 현실적인 어떤 직무집행이 방해되었다고 볼 수 없으므로 이로써 바로 위계에 의한 공무집행방해죄가 성립한다고 볼 수 없다.

▨ 위계공무집행방해에 해당한다고 본 사례

○ **대법원 1982.7.27. 선고 82도1301 판결【위계공무집행방해】**

간호보조원 교육과정이수에 관한 사문서인 수료증명서의 허위작성은 무형위조로서 처벌대상이 되지 아니하나, 간호보조원자격시험 응시자격을 증명하는 위 문서의 용도와 그 사용의 결과를 인식하면서 이를 작성하고 이를 진정한 문서인 것처럼 시험관리당국에 제출하여 응시자격을 인정받아 응시함으로써 그 시험관리에 관한 공무집행을 방해하는 상태를 초래하였다면 위계공무집행방해죄의 죄책을 면할 수 없다.

○ **대법원 1997.2.28. 선고 96도2825 판결【위계공무집행방해, 직무유기】**

출원에 대한 심사업무를 담당하는 공무원이 출원인의 출원사유가 허위라는 사실을 알면서도 결재권자로 하여금 오인, 착각, 부지를 일으키게 하고 그 오인, 착각, 부지를 이용하여 인·허가처분에 대한 결재를 받아낸 경우에는 출원자가 허위의 출원사유나 허위의 소명자료를 제출한 경우와는 달리 더 이상 출원에 대한 적정한 심사업무를 기대할 수 없게 되었다고 할 것이어서 그와 같은 행위는 위계로써 결재권자의 직무집행을 방해한 것에 해당하므로 위계에 의한 공무집행방해죄가 성립한다.

○ **대법원 2002.9.4. 선고 2002도2064 판결【위계공무집행방해】**

피고인이 개인택시 운송사업면허를 받은 지 5년이 경과되지 아니하여 원칙적으로 개인택시 운송사업을 양도할 수 없는 사람 등과 사이에 마치 그들이 1년 이상의 치료를 요하는 질병으로 인하여 직접 운전할 수 없는 것처럼 가장하여 개인택시 운송사업의 양도·양수인가를 받기로 공모한 후, 질병이 있는 노숙자들로 하여금 그들이 개인택시 운송사업을 양도하려고 하는 사람인 것처럼 위장하여 의사의 진료를 받게 한 다음, 그 정을 모르는 의사로부터 환자가 개인택시 운송사업의 양도인으로 된 허위의 진단서를 발급받아 행정관청에 개인택시 운송사업의 양도·양수 인가신청을 하면서 이를 소명자료로 제출하여 진단서의 기재 내용을 신뢰한 행정관청으로부터 인가처분을 받은 경우, 위계에 의한 공무집행방해죄가 성립한다.

○ **대법원 2003.10.9. 선고 2000도4993 판결【위계공무집행방해 등】**

시(市)가 발주하는 종합경기장 입찰에 대한 참가자격을 갖추지 못하였음에도 공사실적에 관련된 사문서를 변조한 다음 이를 첨부한 실적증명발급요청서를 해외건설협회에 제출하여 입찰참가자격에 적합한 실적증명서를 받아내고 이를 입찰참가신청서에 첨부하여 제출함으로써 그 입찰에서 낙찰자로 결정되고 공사계약을 체결하게 되었다면 위계에 의한 공무집행방해죄가 성립한다.

○ **대법원 2003.12.26. 선고 2001도6349 판결【위계공무집행방해, 수산업법위반】**

감척어선 입찰자격이 없는 자가 제3자와 공모하여 제3자의 대리인 자격으로 제3자 명의로 입찰에 참가하고, 낙찰받은 후 자신의 자금으로 낙찰대금을 지급하여 감척어선에 대한 실질적 소유권을 취득한 경우, 위계에 의한 공무집행방해죄가 성립한다.

○ **대법원 2009.3.12. 선고 2008도1321 판결【위계공무집행방해】**

병역법상 지정업체에서 산업기능요원으로 근무할 의사가 없음에도 해당 지정업체의 장과 공모하여 허위내용의 편입신청서를 제출하여 관할관청으로부터 산업기능요원 편입을 승인받고, 나아가 관할관청의 실태조사를 회피하기 위하여 허위서류를 작성·제출하는 등의 방법으로 파견근무를 신청하여 관할관청으로부터 파견근무를 승인받았다면, 이러한 파견근무의 승인 등은 관할관청의 불충분한 심사가 원인이 된 것이 아니라 출원인의 위계행위가 원인이 된 것이어서 위계에 의한 공무집행방해죄가 성립한다.

○ 대법원 2009.9.10. 선고 2009도6541 판결【위계공무집행방해】

지방의회 의장 선거의 감표위원이 되어 투표용지에 사전에 날인하게 된 것을 기화로 누가 어떤 후보에게 투표를 하였는지 구별할 수 있도록 그 용지에 표시를 하는 행위는 무기명투표의 비밀성을 침해하는 행위로서, 그 후에 그 용지에 의하여 투표가 행하여졌다면 그 자체만으로 의원들의 비밀선거에 의한 의장 선출 직무와 의장의 투표사무 감독직무를 위계로써 방해하는 행위에 해당한다.

○ 대법원 2011.4.28. 선고 2010도14696 판결【위계공무집행방해】

불법체류를 이유로 강제출국 당한 중국 동포인 피고인이 중국에서 이름과 생년월일을 변경한 호구부를 발급받아 중국 주재 대한민국 총영사관에 제출하여 변경된 명의로 입국사증을 받은 다음 다시 입국하여 그 명의로 외국인등록증을 발급받고 귀화허가신청서까지 제출하였다면, 영사관 담당직원 등이 호구부의 기재를 통하여 피고인의 인적사항 외에 강제출국 전력을 확인하지 못하였더라도 행정청의 불충분한 심사가 아니라 출원인의 적극적인 위계에 의해 사증 및 외국인등록증이 발급되었던 것이므로 위계에 의한 공무집행방해죄가 성립한다.

법령에서 어떤 행위의 금지를 명하면서 이를 위반하는 행위에 대한 벌칙을 두는 한편 공무원으로 하여금 그 금지규정의 위반 여부를 감시·단속하게 하고 있는 경우, 그 공무원에게는 금지규정 위반행위의 유무를 감시하여 확인하고 단속할 권한과 의무가 있으므로, 만약 어떠한 행위가 공무원이 관계 법령이 정한 바에 따라 금지규정 위반행위의 유무를 충분히 감시하여 확인하고 단속하더라도 이를 발견하지 못할 정도에 이른 것이라면 이는 위계에 의한 공무집행방해에 해당하지만, 그와 같은 행위가 이에 이르지 않고 단순히 공무원의 감시·단속을 피하여 금지규정에 위반하는 행위를 한 것에 불과하다면 위계공무집행방해에 해당하지 않는다(대법원 2010.4.15. 선고 2007도8024 판결).

○ 대법원 2003.11.13. 선고 2001도7045 판결【위계공무집행방해】

수용자가 아닌 자가 교도관의 검사 또는 감시를 피하여 금지물품을 교도소 내로 반입되도록 하였다고 하더라도 교도관에게 교도소 등의 출입자와 반출·입 물품을 단속, 검사하거나 수용자의 거실 또는 신체 등을 검사하여 금지물품 등을 회수하여야 할 권한과 의무가 있는 이상, 그러한 수용자 아닌 자의 행위를 위계에 의한 공무집행방해죄에 해당하는 것으로는 볼 수 없으며, 교도관이 수용자의 규율위반행위를 알면서도 이를 방치하거나 도와주었더라도, 이를 다른 교도관 등에 대한 관계에서 위계에 의한 공무집행방해죄가 성립하는 것으로 볼 수는 없다.

○ 대법원 2005.8.25. 선고 2005도1731 판결【위계공무집행방해】

행형법상 변호인이 미결수용자와 접견함에 있어서는 교도관이 참여하거나 그 내용을 청취 또는 녹취하지 못하고 다만 보이는 거리에서 감시할 수 있어, 실무상 변호인 접견의 경우 교도관이 특별히 휴대전화 등의 휴대를 제재하는 경우는 없고 자발적으로 휴대전화 등을 소지하지 못하도록 하고 있는 점을 이용하여, 변호인이 휴대전화를 구치소 내로 몰래 반입하고 교도관에게 적발되지 않기 위해 휴대전화의 핸즈프리를 상의 호주머니 속에 숨긴 다음 수용자와 머리를 맞대고 변호인과 수용자가 상담하는 것처럼 보이게 하거나 가방을 세워 두어 통화모습을 가리는 등의 방법으로 수용자로 하여금 외부와 통화하게 하였다면, 이는 구체적이고 현실적으로 접견호실통제 업무를 담당하는 교도관들에 대하여 그들의 통상적인 업무처리과정하에서는 사실상 적발이 어려운 위계를 사용하여 그 직무집행에 지장을 주거나 곤란하게 하는 행위임이 명백하므로 위계에 의한 공무집행방해에 해당한다.

○ **대법원 2010.4.15. 선고 2007도8024 판결【위계공무집행방해 등】**

과속으로 인하여 과속단속카메라에 촬영되더라도 불빛을 반사시켜 차량 번호판이 식별되지 않도록 하는 기능이 있는 '파워매직세이퍼'를 차량 번호판에 뿌린 상태로 차량을 운행한 행위만으로는 경찰청의 교통단속업무를 구체적이고 현실적으로 수행하는 경찰공무원에 대하여 그가 충실히 직무를 수행한다고 하더라도 통상적인 업무처리과정 하에서는 사실상 적발이 어려운 위계를 사용하여 그 업무집행을 하지 못하게 한 것이라고 보기 어렵다.

(4) 공무집행방해

1) 본죄는 행위목적을 이루기 위하여 상대방에게 오인, 착각, 부지를 일으키게 하여 이를 이용함으로써 법령에 의하여 위임된 공무원의 적법한 직무에 관하여 그릇된 행위나 처분을 하게 하는 경우에 성립한다(대법원 2003.10.9. 선고 2000도4993 판결). 따라서 위계로 인해 공무원이 그릇된 행위나 처분을 하여야만 본죄가 성립하고, 만약 범죄행위가 구체적인 공무집행을 저지하거나 현실적으로 곤란하게 하는 데까지는 이르지 아니한 경우에는 본죄로 처벌할 수 없다(☞ **[판례 II-5]** 참조).

[판례 II-5] 대법원 1995.5.9. 선고 94도2990 판결【위계공무집행방해 등】

〈공소사실〉

피고인 1은 수리를 빙자하여 선박을 수입하는 방법으로 입항시켜 관세 1억 2천만원을 포탈한 사실이 세관에 의해 적발되어 구속되었고 선박은 압수되어 A조선공업에 보관 의뢰되자, 재판에서 선박에 대한 몰수판결에 의한 몰수 집행을 피하기 위해 피고인 2 등과 공모하여 마치 위 선박에 수리비 등 7억원 이상의 선박우선채권이 있는 양 견적서 등 증빙서류를 조작하고 선박수리채권에 기한 임의경매를 신청하여 선박을 A조선공업 명의로 경락받아 소유권보존등기를 필하는 등 위계로써 압수의 효력을 소멸시켜 검사의 몰수판결집행을 방해하였다.

〈판결요지〉

압수란 증거물이나 몰수할 것으로 생각되는 물건의 점유를 취득하는 강제처분으로서 그 물건에 대한 소유권이나 기타 권리의 행사를 제한하는 것은 아니고, 관세법상의 몰수는 그 몰수를 명한 판결이 확정되더라도 어디까지나 피고인에 대한 관계에서 그 소지를 몰수하는 데 그치고 제3자의 소유권 등의 권리에 영향을 미치는 것은 아니라는 점 등에 비추어 비록 피고인들이 경매신청시에 청구금액에 일부 허위채권을 포함하였다고 하더라도 수리비채권이 존재하는 이상 선박우선채권을 근거로 하여 임의경매를 신청한 것은 정당한 권리의 행사로 보아야 할 것이다.

그리고 이 사건에서 몰수판결집행이란 몰수를 명한 판결이 확정된 후 검사의 집행지휘에 의하여 몰수집행을 하는 것으로서, 몰수물이 압수되어 있지 아니한 경우에는 검사가 몰수선고를 받은 자에게 그 제출을 명하고 이에 불응할 경우 몰수집행명령서를 작성하여 집달관에게 강제집행을 명하는 방법으로 하는 업무이므로, 선박이 압수되어 있는 이상 위계에 의하여 방해당할 수는 없는 성질의 업무이고, 가사 몰수판결의 집행을 종료한 후 공매처분하거나 정당한 권리자의 교부청구에 응하는 것까지를 몰수판결의 집행에 포함되는 것으로 본다 하더라도 피고인들이 위계에 의하여 제3자로 하여금 이 사건 선박의 소유권을 취득하게 한 당시에는 아직 선박에 대한 몰수판결조차 없었던 만큼 이로써 검사의 구체적인 공무집행이 방해당했다고 볼 수 없다.

2) 이외에도 허위공문서를 작성하고 이를 입찰서류에 첨부하여 시청에 제출하였으나 그 전에 공범 중 한 사람이 시청에 허위문서임을 통보하였다면 그로 인해 시청공무원의 구체적인 공무집행이 저지되거나 현실적으로 곤란하게 하는 데까지 이르렀다고 할 수 없으므로 본죄는 성립하지 않고(대법원 2003.2.11. 선고 2002도4293 판결), 민사소송을 제기함에 있어 피고의 주소를 허위로 기재하여 법원공무원으로 하여금 변론기일소환장 등을 허위주소로 송달하였다는 사실만으로는 이로 인하여 법원공무원의 구체적이고 현실적인 직무집행이 방해되었다고 할 수는 없으므로 위계에 의한 공무집행방해죄가 성립하지 않는다(대법원 1996.10.11. 선고 96도312 판결). 그리고 범죄행위가 법원경매업무를 담당하는 집행관의 구체적인 직무집행을 저지하거나 현실적으로 곤란하게 하는 데까지는 이르지 않고 입찰의 공정을 해하는 정도에 그쳤다면 이는 경매·입찰방해죄만 성립할 뿐 위계에 의한 공무집행방해죄는 성립하지 않는다(대법원 2000.3.24. 선고 2000도102 판결).

(5) 죄 수

1) 피고인이, 출원인이 어업허가를 받을 수 없는 자라는 사실을 알면서도 그 직무상의 의무에 따른 적절한 조치를 취하지 않고 오히려 부하직원으로 하여금 어업허가 처리기안문을 작성하게 한 다음 피고인 스스로 중간결재를 하는 등 위계로써 농수산국장의 최종결재를 받았다면, 직무위배의 위법상태가 위계에 의한 공무집행방해행위 속에 포함되어 있는 것이라고 보아야 할 것이므로, 이와 같은 경우에는 작위범인 위계에 의한 공무집행방해죄만이 성립하고 부작위범인 직무유기죄는 따로 성립하지 아니한다(대법원 1997.2.28. 선고 96도2825 판결).

2) 위조된 문서의 제출에 의한 위조사문서행사죄와 위계공무집행방해죄는 하나의 행위가 여러 구성요건을 충족하는 상상적 경합범의 관계에 있다(대법원 2011.9.8. 선고 2010도7034 판결).

3. 법정·국회회의장 모욕·소동죄 (제138조)

1) 법원의 재판 또는 국회의 심의를 방해 또는 위협할 목적으로 법정이나 국회회의장 또는 그 부근에서 모욕 또는 소동함으로써 성립하는 범죄로 3년 이하의 징역 또는 700만원 이하의 벌금에 처한다.

2) 법원은 직권으로 법정내외에서 입정금지. 퇴정 기타 법정의 질서유지에 관한 재판장의 명령(제58조 제2항)에 위배하는 행위를 하거나 폭언·소란 등의 행위로 법원의 심리를 방해하거나 재판의 위신을 현저하게 훼손한 자에 대하여 결정으로 20일이내의 감치 또는 100만원 이하의 과태료에 처하거나 이를 병과할 수 있다(법원조직법 제61조 제1항).

3) 국회의 회의를 방해할 목적으로 회의장 또는 그 부근에서 폭행, 체포·감금, 협박, 주거침입·퇴거불응, 재물손괴의 폭력행위를 하거나 이러한 행위로 의원의 회의장 출입 또는 공무의 집행을 방해한 자는 5년 이하의 징역 또는 1천만원 이하의 벌금에 처한다(국회법 제166조 제1항). 국회의 회의를 방해할

목적으로 회의장 또는 그 부근에서 사람을 상해하거나, 폭행으로 상해에 이르게 하거나, 단체 또는 다중의 위력을 보이거나 위험한 물건을 휴대하여 사람을 폭행 또는 재물을 손괴하거나, 공무소에서 사용하는 서류 기타 물건 또는 전자기록 등 특수매체기록을 손상·은닉 기타 방법으로 그 효용을 해한 자는 7년 이하의 징역 또는 2천만원 이하의 벌금에 처한다(같은 조 제2항).

4. 인권옹호직무방해·명령불복종죄(제139조)

1) 경찰의 직무를 행하는 자 또는 이를 보조하는 자가 인권옹호에 관한 검사의 직무집행을 방해하거나 그 명령을 준수하지 아니함으로써 성립하는 범죄로 5년 이하의 징역 또는 10년 이하의 자격정지에 처한다.

2) '인권'은 범죄수사 과정에서 사법경찰관리에 의하여 침해되기 쉬운 인권으로서, 주로 헌법 제12조에 의한 국민의 신체의 자유 등을 그 내용으로 한다. 인권의 내용을 이렇게 볼 때 형법 제139조에 규정된 '인권옹호에 관한 검사의 명령'은 사법경찰관리의 직무수행에 의하여 침해될 수 있는 인신 구속 및 체포와 압수수색 등 강제수사를 둘러싼 피의자, 참고인, 기타 관계인에 대하여 헌법이 보장하는 인권 가운데 주로 그들의 신체적 인권에 대한 침해를 방지하고 이를 위해 필요하고도 밀접 불가분의 관련성 있는 검사의 명령 중 '그에 위반할 경우 사법경찰관리를 형사처벌까지 함으로써 준수되도록 해야 할 정도로 인권옹호를 위해 꼭 필요한 검사의 명령'으로 보아야 하고 나아가 법적 근거를 가진 적법한 명령이어야 한다(대법원 2010.10.28. 선고 2008도11999 판결).

3) 사법경찰관이 검사에게 긴급체포된 피의자에 대한 긴급체포 승인 건의와 함께 구속영장을 신청한 경우, 검사는 긴급체포의 승인 및 구속영장의 청구가 피의자의 인권에 대한 부당한 침해를 초래하지 않도록 긴급체포의 적법성 여부를 심사하면서 수사서류 뿐만 아니라 피의자를 검찰청으로 출석시켜 직접 대면조사할 수 있는 권한을 가진다. 따라서 검사가 구속영장 청구 전에 피의자를 대면조사하기 위하여 사법경찰관리에게 피의자를 검찰청으로 인치할 것을 명하였음에도 불구하고 사법경찰관리가 정당한 이유없이 이를 준수하지 아니한 때에는 본죄와 직무유기죄의 상상적 경합의 죄책을 진다 (☞ **[판례 II-6]** 참조).

[판례 II-6] 대법원 2010.10.28. 선고 2008도11999 판결【인권옹호직무명령불준수, 직무유기】

〈사실관계〉

피고인은 ○○지방경찰청 수사과 광역수사대 조직범죄수사팀장으로 재직 중이던 사법경찰관인 경감으로서 피의자를 상습사기 혐의로 긴급체포한 다음 검사에게 긴급체포 승인건의와 함께 구속영장을 신청하였는데, 수사지휘검사인 ○○지방검찰청 검사가 기록을 검토한 결과, 수사과정의 적법성 및 적정성에 의문이 있어 긴급체포 승인 여부와 구속영장의 청구 여부를 결정하기 전에 검사가 피의자를 직접 신문함이 상당하다고 판단하고, 인권옹호직무를 수행하기 위하여 피의자를 ○○지방검찰청 검사실로 데려올 것을 명하였다. 피고인은 ○○지방경찰청 광역수사대 조직범죄수사팀 사무실에서 같은 팀 소속 사법경찰리로부터 피의자를 직접 대면 신문하겠으니 ○○지방검찰청 검사실로 피의자를 데려오라는 검사의 직무상 명령을 전해 듣고도 이를 이행하지 않았고, ○○지방검찰청 검사의 "피의자에 대하여 검사가 직접 대면 신문 후 구속영장 청구 여부에 대해 결정할 예정이니, 금일 21:00까지 ○○지방검찰청 000호 검사실로 이건 수사기록과 함께 피의자 신병인치 요망"이라는 서면으로 된 직무상 명령을 받고도 정당한 사유 없이 이를 이행하지 않았다.

〈판결요지〉

사법경찰관이 검사에게 긴급체포된 피의자에 대한 긴급체포 승인 건의와 함께 구속영장을 신청한 경우, 검사는 긴급체포의 승인 및 구속영장의 청구가 피의자의 인권에 대한 부당한 침해를 초래하지 않도록 긴급체포의 적법성 여부를 심사하면서 수사서류 뿐만 아니라 피의자를 검찰청으로 출석시켜 직접 대면조사할 수 있는 권한을 가진다. 따라서 검사가 구속영장 청구 전에 피의자를 대면조사하기 위하여 사법경찰관리에게 피의자를 검찰청으로 인치할 것을 명하는 것은 적법하고 타당한 수사지휘 활동에 해당하고, 수사지휘를 전달받은 사법경찰관리는 이를 준수할 의무를 부담한다. 다만 검사의 구속영장 청구 전 피의자 대면조사는 긴급체포의 적법성을 의심할 만한 사유가 기록 기타 객관적 자료에 나타나고 피의자의 대면조사를 통해 그 여부의 판단이 가능할 것으로 보이는 예외적인 경우에 한하여 허용될 뿐, 긴급체포의 합당성이나 구속영장 청구에 필요한 사유를 보강하기 위한 목적으로 실시되어서는 아니 된다. 나아가 검사의 구속영장 청구 전 피의자 대면조사는 강제수사가 아니므로 피의자는 검사의 출석 요구에 응할 의무가 없고, 피의자가 검사의 출석 요구에 동의한 때에 한하여 사법경찰관리는 피의자를 검찰청으로 호송하여야 한다.

이 사건에서 검사는 긴급체포된 피의자에 대한 긴급체포의 승인 및 구속영장 청구 여부를 심사하면서 긴급체포 등 강제처분의 적법성에 의문을 갖고 수사서류 외에 피의자를 대면조사할 충분한 사유가 있었던 것으로 보이므로 2회에 걸친 검사의 명령은 적법하고 타당한 수사지휘권의 행사에 해당하고, 사법경찰관리의 체포 등 강제수사 과정에서 야기될 수 있는 피의자의 신체적 인권에 대한 침해를 방지하기 위하여 사법경찰관리를 형사처벌까지 함으로써 준수되도록 해야 할 정도로 인권옹호를 위해 꼭 필요한 명령으로 봄이 상당하다.

인권옹호직무명령불준수죄와 직무유기죄의 각 구성요건과 보호법익 등을 비교하여 볼 때, 인권옹호직무명령불준수죄가 직무유기죄에 대하여 법조경합 중 특별관계에 있다고 보기는 어렵고 양 죄를 상상적 경합관계로 보아야 한다.

5. 공무상비밀침해등죄 (제140조)

(1) 공무상봉인·표시 손상등 (제140조 제1항)

1) 공무원이 그 직무에 관하여 실시한 봉인, 압류 기타 강제처분의 표시를 손상 또는 은닉하거나 기타 방법으로 그 효용을 해함으로써 성립하는 범죄로 5년 이하의 징역 또는 700만원 이하의 벌금에 처한다. 본죄의 미수범은 처벌한다(제143조).

2) 봉인(封印)이란 물건의 임의처분을 방지하기 위하여 물건을 봉한 다음 그 위에 도장을 찍는 것을 말한다. 압류란 공무원이 그 직무상 보관할 물건을 자기의 점유로 옮기는 강제처분으로 민사집행법상의 유체동산에 대한 압류·가압류, 명도단행가처분에서 채무자의 점유를 풀고 집행관의 점유로 옮기는 처분, 점유이전금지가처분에서 채무자의 점유를 풀고 집행관의 점유로 옮기는 처분, 기타 국세징수법상의 동산 또는 유체동산에 대한 압류 등이 이에 해당한다. 유체동산에 대한 압류 또는 가압류는 집행관이 채무자가 점유하고 있는 물건을 직접 점유하거나, 채권자의 승낙이 있거나 운반이 곤란한 경우

봉인, 그 밖의 방법으로 가압류물임을 명확히 하고 채무자에게 보관시키는 방식으로 이루어지는데(민사집행법 제296조 제1항, 제189조 제1항), 후자의 경우에는 집행관이 압류·가압류한 물건을 간접점유하게 된다. 기타 강제처분의 표시란 봉인, 압류 이외에 강제처분 등을 명시하기 위하여 특히 시행한 표시로서로서 유체동산 압류시에 게시하는 '공시서', 출입금지가처분결정의 집행시에 계쟁 토지 등에 세워놓은 '고시판' 등이 이에 해당한다.

3) 가처분은 가처분 채무자에 대한 부작위 명령을 집행하는 것으로 가처분의 채무자가 아닌 제3자가 그 부작위 명령을 위반한 행위는 그 가처분집행 표시의 효용을 해한 것으로 볼 수 없다. 따라서 가처분집행이 완료된 뒤 수급인인 시공회사의 대표이사가 공사대금채권의 지급확보를 위하여 건축허가 명의를 자기가 대표이사로 있는 회사로 변경하여 건축공사를 계속하거나(대법원 1976.7.27. 선고 74도1896 판결), 남편을 채무자로 한 출입금지가처분 명령을 무시하고 그 처가 출입이 금지된 밭에 들어가 작업을 하거나(대법원 1979.2.13. 선고 77도1455 판결), 온천수사용금지 가처분결정이 있기 전부터 온천이용허가권자인 가처분 채무자로부터 임대차계약의 형식을 빌려 온천수를 이용하여 온 자가 금지명령을 위반하여 계속 온천수를 사용하였더라도(대법원 2007.11.16. 선고 2007도5539 판결) 본죄는 성립하지 않는다.

그리고 가처분 채권자의 승낙을 얻어서 출입금지가처분이 집행된 건물에 출입을 하거나(대법원 2006.10.13. 선고 2006도4740 판결), 집행관이 압류표시를 한 다음 채무자에게 보관을 명한 유체동산을 채무자가 채권자에게 이동사실 및 이동장소를 고지하여 승낙을 얻어 다른 장소로 이동시킨 경우(대법원 2004.7.8. 선고 2004도3029 판결)에는 설사 집행관의 승인을 얻지 못했더라도 본죄에 해당하지 않는다.

4) 본죄가 성립하기 위해서는 봉인, 동산의 압류, 부동산의 점유 등과 같은 구체적인 강제처분을 실시하였다는 '표시'가 존재해야 하므로 단순히 가압류결정을 송달받은 데 불과하거나(대법원 1975.5.13. 선고 73도2555 판결), 집행관이 부작위를 명하는 가처분 발령사실을 고지·공시하였을 뿐 봉인, 점유이전 등의 구체적인 집행행위를 하지 아니하였다면 본죄는 성립하지 않는다(☞ **[판례 II-7]** 참조).

[판례 II-7] 대법원 2010.9.30. 선고 2010도3364 판결 **【구 폭처법위반(집단·흉기등주거침입, 공동주거침입), 업무방해, 공무상표시무효】**

〈사실관계〉

인천지방법원 집행관이 채권자의 위임을 받아 위 법원의 집행력 있는 영업방해금지가처분 결정정본에 의하여 이 사건 컨벤션센터 건물을 점거하거나 위 건물에서의 채권자들의 영업을 방해하는 일체의 행위를 하여서는 아니된다는 것을 고지하고 그 뜻을 표시한 공시서를 위 컨벤션센터 3층에 게시하였음에도 불구하고, 피고인은 이 사건 컨벤션센터 건물에 용역직원 등 약 35명과 함께 침입하여 점유를 개시한 후 위 컨벤션센터를 직접 운영함으로써 위 가처분의 효용을 해하였다.

〈판결요지〉

공무상 표시무효죄는 공무원이 그 직무에 관하여 봉인, 동산의 압류, 부동산의 점유 등과 같은 구체적인 강제처분을 실시하였다는 표시를 손상 또는 은닉하거나 기타 방법으로 그 효용을 해함으로써 성립하는 범죄이다. 따라서 집행관이 법원으로부터 피신청인에 대하여 부작위를 명하는 가처분이 발령되었음을 고시하는 데 그치고 나아가 봉인 또는 물건을 자기의 점유로 옮기는 등의 구체적인 집행행위를 하지 아니하였다면, 단순히 피신청인이 위 가처분의 부작위명령을 위반하였다는 것만으로는 공무상 표시의 효용을 해하는 행위에 해당하지 않는다.

〈참조판례〉

○ 대법원 2008.12.24. 선고 2006도1819 판결【공무상표시무효】

고소인은 피고인을 상대로 '현수막 설치대'를 고안의 명칭으로 하는 실용신안권에 관한 침해금지·예방청구권을 피보전권리로 하여 서울지방법원에서 "① 피신청인은 현수막 설치대(이하 '이 사건 제품'이라 한다)를 생산·양도하거나 양도의 청약을 하여서는 아니된다. ② 피신청인은 자신의 본·지점 사무소, 영업소, 공장, 창고 등에 보관 중인 이 사건 제품에 대한 점유를 풀고 신청인이 위임하는 집행관은 이를 보관하여야 한다. ③ 집행관은 위 명령의 취지를 적당한 방법으로 공시하여야 한다"는 내용의 가처분결정을 받았으나, 고소인으로부터 그 집행위임을 받은 집행관은 이 사건 제품에 대한 생산 등을 금지하는 가처분이 발령되었다는 내용의 고시문을 게시하였을 뿐 이 사건 제품을 자기의 점유로 옮기는 보관처분을 하지는 아니하였는데, 피고인이 가처분결정 후 이 사건 제품이 아닌 현수막 설치대를 생산하고 그에 관하여 별도로 특허청에 출원을 하여 실용신안권 등록을 받았다.

사실관계가 위와 같다면, 피고인이 이 사건 가처분 결정에서 금지한 침해행위를 하였다고 볼 수 없을 뿐만 아니라, 집행관이 이 사건 제품의 생산 등을 금지하는 부작위명령을 고시하였을 뿐 구체적인 집행행위는 하지 아니한 점 등에 비추어 볼 때 피고인이 단순히 위 가처분에 의하여 부과된 부작위명령을 위반하였다는 이유만으로 공무상 표시의 효용을 해하는 행위를 하였다고 볼 수 없다.

〈해 설〉

이 사건에서는 부작위를 명하는 가처분결정이 있고 집행관이 고지 또는 공시의 방법으로 이에 대한 집행을 한 경우 채무자가 부작위명령을 위반한 경우에 본죄의 성립을 인정할 수 있는가가 문제된다. 대법원은 슈퍼마켓 영업을 금지하는 내용의 영업금지 가처분결정이 발령되고 집행관이 그 취지가 기재된 고시문을 건물 벽에 부착한 사건에서 가처분 이후에도 영업을 계속함으로써 가처분의 효용을 해하였다는 이유로 공무상표시무효죄의 성립을 인정하는 등(대법원 2008.2.28. 선고 2007도10693 판결) 부작위를 명하는 가처분결정을 위반하는 행위에 대해 본죄의 성립을 인정하는 입장을 취하고 있었다. 그러다가 대법원은 집행관이 '피신청인은 현수막설치대를 생산·양도하거나 양도의 청약을 하여서는 아니된다'는 취지의 실용신안권 침해금지 가처분결정 고시문을 게시하였으나 '피신청인은 그 보관 중인 제품에 대한 점유를 풀고 신청인이 위임하는 집행관은 이를 보관하여야 한다'는 집행관보관명령이 있었음에도 보관처분을 하지 아니한 사건(대법원 2008.12.24. 선고 2006도1819 판결)에서 이 사건 판결요지와 같은 입장으로 변경하였다.

부작위를 명하는 가처분결정이란 채무자에 대하여 일정한 행위의 금지를 명하거나 채권자의 행위에 대한 수인의무를 명하는 가처분으로서, 현수막설치대 사건(대법원 2008.12.24. 선고 2006도1819 판결)과 같이 부작위 명령과 함께 집행관의 목적물 보관을 명하는 경우도 있고, 이 사건과 같이 공사금지가처분, 출입금지가처분, 점유방해금지가처분, 공사방해금지가처분 등과 같이 집행관의 보관을 수반하지 않고 단순히 부작위명령만을 부과하는 경우(단순 부작위 가처분)도 있다. 전자의 경우 "집행관이 법원으로부터 피신청인에 대하여 부작위를 명하는 가처분이 발령되었음을 고시하는 데 그치고 나아가 봉인 또는 물건을 자기의 점유로 옮기는 등의 구체적인 집행행위를 하지 아니하였다면, 단순히 피신청인이 가처분의 부작위명령을 위반하였다는 것만으로는 공무상 표시의 효용을 해하는 행위에 해당하지 않는다"는 판례의 태도는 옳다고 본다.

그러나 형법이 공무상표시무효죄의 대상으로 봉인, 압류 외에 '기타 강제처분'을 규정하고 있는 이상 단순 부작위가처분이라고 하여 이를 강제처분에서 배제할 근거가 부족하고, 집행관의 가처분 발령에 관한 공시서 게재가 곧 기타 강제처분의 '표시'로 그리고 부작위명령을 위반하는 행위는 '기타 방법으로 그 효용을 해하는 행위'로 볼 수 있다. 따라서 이 사건과 같이 집행관 보관명령의 수반 없이 단순히 부작위의무만을 부과하는 가처분의 경우 집행관이 그 가처분의 취지가 기재된 공시서를 게시하는 등 가처분에 관한 표시를 하였다면, 피신청인이 가처분에 따른 부작위명령을 위반하는 행위를 함으로써 가처분의 표시의 효용을 해하였다면 공무상표시무효죄가 성립한다고 보아야 할 것이다.

그리고 공무원이 그 직권을 남용하여 위법하게 실시한 봉인 또는 압류 기타 강제처분의 표시임이 명백하여 법률상 당연무효 또는 부존재라고 볼 수 있는 경우 봉인 등의 표시는 공무상표시무효죄의 객체가 되지 않으나, 공무원이 실시한 봉인 등의 표시에 절차상 또는 실체상의 하자가 있다고 하더라도 객관적·일반적으로 그것이 공무원이 그 직무에 관하여 실시한 봉인 등으로 인정할 수 있는 상태에 있다면 적법한 절차에 의하여 취소되지 아니하는 한 본죄의 객체로 된다(대법원 2001.1.16. 선고 2000도1757 판결). 또한 채권자 1에 의하여 압류된 채무자 소유 유체동산에 대하여 다시 채권자 2에 의하여 조사절차가 취하여진 경우 채권자 2에 대한 관계에 있어서도 압류의 효력이 미치므로 채무자가 채권자 1에 대한 채무를 변제하였다고 하여도 그 압류가 해제되지 아니한 한 압류의 효력은 지속되어(대법원 1981.10.13. 선고 80도1441 판결), 채무자가 강제처분 표시의 효용을 침해한 때에는 본죄가 성립한다.

그러나 강제집행이 완결된 후에는 본죄가 성립하지는 않으므로, 집행관이 채무자 겸 소유자의 건물에 대한 점유를 해제하고 이를 채권자에게 인도한 후 채무자의 출입을 봉쇄하기 위하여 출입문을 판자로 막아둔 것을 채무자가 이를 뜯어내고 그 건물에 들어갔다 하더라도 부동산강제집행효용침해죄(제140조의2)가 성립하는 것은 별론으로 하고 본죄는 성립하지 않는다(대법원 1985.7.23. 선고 85도1092 판결).

5) 손상이란 물리적으로 봉인 등 표시를 훼손하는 것을 말하고, 은닉이란 봉인 등의 표시를 불명확하게 하여 발견을 곤란하게 만드는 것을 말한다. 직접 손상하는 것은 물론 압류시설의 보관자로서 압류시설을 선량한 관리자로서 보관할 주의의무를 진 자가 주의의무를 게을리 하여 봉인 등의 표시를 손상하도록 방치하는 것도 본죄에 해당한다. 따라서 압류된 골프장시설을 보관하는 회사의 대표이사가 위 압류시설의 사용 및 봉인의 훼손을 방지할 수 있는 적절한 조치 없이 골프장을 개장하게 하여 봉인이 훼손되게 한 경우에는 부작위에 의한 공무상표시무효죄의 죄책을 진다(대법원 2005.7.22. 선고 2005도3034 판결).

기타 방법이란 손상, 은닉 이외의 방법으로 사실상 강제집행표시의 효용을 침해하는 행위로서, 압류물을 채권자나 집행관의 승인없이 본래의 보관장소로부터 상당한 거리에 있는 다른 장소에 옮기거나(대법원 1986.3.25. 선고 86도69 판결), 직접 점유자에 대해 점유이전금지가처분 결정이 집행된 후 직접점유자가 가처분 목적물을 간접점유자에게 이전하거나(대법원 1980.12.23. 선고 80도1963 판결), 점유이전금지

가처분 채무자가 제3자로 하여금 '채무자는 점유를 타에 이전하거나 또는 점유명의를 변경하여서는 아니된다.'는 등의 집행 취지가 기재되어 있는 고시문이 부착된 건물의 3층에서 무상으로 카페 영업을 할 수 있도록 하는 것(대법원 2004.10.28. 선고 2003도8238 판결) 등이 이에 해당한다.

다만 압류는 채무자로 하여금 그 압류된 물건의 처분을 금지할 뿐이므로 그 압류의 효용을 손상시키지 않은 범위 내에서 압류 그대로의 상태 하에서 종전과 같은 방법으로 사용하더라도 본죄는 성립하지 아니한다(대법원 1969.6.24. 선고 69도481 판결).

6) 본죄가 성립하기 위해서는 봉인, 압류 기타 강제처분의 표시를 손상, 은닉 기타 방법으로 효용을 해한다는 데 대한 인식과 의사가 요구된다. 채권자가 채무자소유의 동산을 가압류한 후 그 본안사건에 관한 합의가 성립되어 그 가압류물건을 인수하기로 하고 담보취소까지 된 경우에 있어서 가압류 취소절차를 거침이 없이 가압류목적물건을 가져간 때에는 공무상 비밀표시무효의 범의가 있다고는 할 수 없다(대법원 1972.11.14. 선고 72도1248 판결).

그러나 공무원이 그 직무에 관하여 실시한 봉인 등의 표시를 손상 또는 은닉 기타의 방법으로 그 효용을 해함에 있어서 그 봉인 등의 표시가 법률상 효력이 없다고 믿은 것은 법규의 해석을 잘못하여 행위의 위법성을 인식하지 못한 경우에는 그와 같이 믿은 데에 정당한 이유가 없는 이상 공무상표시무효죄의 죄책을 면할 수 없다(대법원 2000.4.21. 선고 99도5563 판결). 그리고 압류물을 집행관의 승인없이 임의로 그 관할구역 밖으로 옮기면서 변호사 등에게 문의하여 자문을 받았다는 사정만으로는 죄가 되지 않는다고 믿는 데에 정당한 있다고 할 수 없다(대법원 1992.4.21. 선고 91도894 판결).

(2) 공무상비밀등개봉 (제140조 제2항), 공무상비밀문서등내용탐지 (제140조 제3항)

1) 공무원이 그 직무에 관하여 봉함 기타 비밀장치한 문서 또는 도화를 개봉하거나, 공무원이 그 직무에 관하여 봉함 기타 비밀장치한 문서, 도화 또는 전자기록등 특수매체기록을 기술적 수단을 이용하여 그 내용을 알아냄으로써 성립하는 범죄로 5년 이하의 징역 또는 700만원 이하의 벌금에 처한다. 본죄의 미수범은 처벌한다(제143조).

2) 개인적 법익에 대한 죄 중 비밀침해죄(제316조 제1항, 제2항)에 상응하는 규정이다.

6. 부동산강제집행효용침해죄 (제140조의2)

1) 강제집행으로 명도 또는 인도된 부동산에 침입하거나 기타 방법으로 강제집행의 효용을 해함으로써 성립하는 범죄로 5년 이하의 징역 또는 700만원 이하의 벌금에 처한다. 본죄의 미수범은 처벌한다(제143조).

2) 강제집행이란 민사집행법에 의한 강제집행을 말하며, 강제집행으로 명도 또는 인도된 부동산에는 강제집행으로 퇴거집행된 부동산을 포함한다(대법원 2003.5.13. 선고 2001도3212 판결).

3) '기타 방법'이란 명도 또는 인도된 부동산에 침입하는 것 이외에도 부동산을 권리자가 그 용도에 따라 사용·수익하거나 권리행사를 하는 데 지장을 초래하는 일체의 침해행위를 말하며, 강제집행된 건물에 접하는 토지의 소유자가 자신의 토지에 강제집행된 건물의 정문을 가로막는 위치와 방향으로 벽돌담을 설치하여 그 건물의 이용자들이 그 건물과 옆 건물 사이에 생긴 좁은 공간을 통하여 출입할 수밖에 없도록 하는 것도 본죄에 해당한다(대법원 2014.1.23. 선고 2013도38 판결).

7. 공용서류손상등·공용물파괴등죄 (제141조)

(1) 공용서류손상등죄 (제141조 제1항)

1) 공무소에서 사용하는 서류 기타 물건 또는 전자기록등 특수매체기록을 손상 또는 은닉하거나 기타 방법으로 그 효용을 해함으로써 성립하는 범죄로 7년 이하의 징역 또는 1천만원 이하의 벌금에 처한다. 본죄의 미수범은 처벌한다(제143조). 개인적 법익에 대한 죄 중 손괴죄(제366조)에 상응하는 죄이다.

2) 본죄의 주체는 반드시 일반인에 한정되지 않고 공무소 내부의 공무원도 본죄의 주체가 될 수 있고, 공무원 자신이 작성한 문서라도 공무소에서 사용되는 서류인 한 이를 손상한 행위는 본죄를 구성한다. 따라서 경찰관이 진술자의 서명무인과 간인까지 받아 작성한 진술조서를 수사기록에 편철하지 않은 채 보관하고 있다가 휴지통에 버려 폐기하거나(대법원 1982.10.12. 선고 82도368 판결), 세무공무원이 상속세신고서와 세무서 작성의 부과결정서등을 임의로 반환하였다면(대법원 1981.8.25. 선고 81도1830 판결) 본죄의 죄책을 진다.

3) 본죄의 객체는 '공무소에서 사용하는' 서류, 물건 또는 전자기록 등 특수매체기록으로, 사립학교에서 사용하는 입학고사시험지는 이에 해당하지 않는다(대법원 1966.4.26. 선고 66도30 판결).

서류는 공무소에서 사용하는 것인 이상 공문서인지 또는 사문서인지, 정식절차를 밟아 접수되었는지 또는 완성되어 효력이 발생되었는지를 묻지 않는다(대법원 1981.8.25. 선고 81도1830 판결). 따라서 사법경찰관이 피의자를 신문하면서 작성 중인 미완성의 조서를 피의자가 찢어버리거나(대법원 1980.10.27. 선고 80도1127 판결), 경찰관이 참고인을 상대로 조사를 하면서 작성 중인 미완성의 진술서를 참고인이 무단으로 가지고 나온 경우(대법원 1987.4.14. 선고 86도2799 판결)에도 본죄가 성립한다. 사인(私人)이 공무소에서 처리하는 업무와 관련하여 정식접수절차를 거치지 아니한 채 제출한 사문서나 최종결재를 얻지 못한 공무소 내부의 문서도 본죄의 객체가 된다(대법원 1998.8.21. 선고 98도360 판결). 그러나 사건을 조사하던 경찰관이 스스로의 판단에 따라 자신이 보관하던 진술서를 임의로 피고인에게 넘겨준 경우 이는 진술서의 보관책임자인 경찰관이 장차 이를 공무소에서 사용하지 아니하고 폐기할 의도에서 처분한 것으로서, 그 진술서는 더 이상 공무소에서 사용하거나 보관하는 문서가 아닌 것으로 보아야 한다(대법원 1999.2.24. 선고 98도4350 판결).

4) 그리고 본죄는 정당한 권한 없이 공무소에서 사용하는 서류의 효용을 해함으로써 성립하는 죄이므로 권한 있는 자의 정당한 처분에 의한 공용서류의 파기에는 적용의 여지가 없고, 또 공무원이 작성하는 공문서가 작성자의 지배를 떠나 작성자로서도 그 변경 삭제가 불가능한 단계에 이르지 않고 상사가 결재하는 단계에 있어서는 작성자는 결재자인 상사와 상의하여 언제든지 그 내용을 변경 또는 일부 삭제할 수 있으므로, 공무원이 그 내용을 정당하게 변경하는 경우는 물론 내용을 허위로 변경하였다고 하여도 그 행위는 허위공문서작성죄에 해당할지언정 공용서류의 효용을 해하는 행위에는 해당하지 않는다(대법원 1995.11.10. 선고 95도1395 판결).

(2) 공용건조물등파괴죄 (제141조 제2항)

1) 공무소에서 사용하는 건조물, 선박, 기차 또는 항공기를 파괴함으로써 성립하는 범죄로 1년 이상 10년 이하의 징역에 처한다. 본죄의 미수범은 처벌한다(제143조). 개인적 법익에 대한 죄 중 공익건조물파괴죄(제367조)에 상응하는 죄이다.

8. 공무상보관물무효죄 (제142조)

1) 공무소로부터 보관명령을 받거나 공무소의 명령으로 타인이 관리하는 자기의 물건을 손상 또는 은닉하거나 기타 방법으로 그 효용을 해함으로써 성립하는 범죄로 5년 이하의 징역 또는 700만원 이하의 벌금에 처한다. 본죄의 미수범은 처벌한다(제143조). 개인적 법익에 대한 죄 중 권리행사방해죄(제323조)에 상응하는 죄이다.

2) 본죄의 객체는 '공무소로부터 보관명령을 받거나 공무소의 명령으로 타인이 관리하는 자기의 물건'이다. '공무소로부터 보관명령을 받은 자기의 물건'이란 예컨대 압류한 집행관이 채무자에게 보관을 명한 자기의 물건을 말한다(대법원 1960.2.29. 선고 4292형상838 판결). 그러나 제3채무자가 채권가압류결정의 정본을 송달받았다고 하더라도 이는 공무상 보관명령이나 강제처분의 표시에 해당한다고 볼 수 없으므로, 제3채무자가 채무자에 대한 채무를 지급하였더라도 공무상보관물무효죄 또는 공무상비밀표시무효죄의 죄책을 물 수는 없다(대법원 1975.5.13. 선고 73도2555 판결).

9. 특수공무집행방해죄 (제144조 제1항), 특수공무집행방해치사상죄 (제144조 제2항)

(1) 특수공무집행방해죄 (제144조 제1항)

1) 단체 또는 다중의 위력을 보이거나 위험한 물건을 휴대하여 공무집행방해(제136조 제1항), 직무등강요(제136조 제2항), 법정·국회의장모욕·소동(제138조), 공무상봉인·비밀손상등(제140조 제1항), 공무상비밀봉함개봉등(제141조 제2항), 공무상비밀문서등내용탐지(제141조 제3항), 공용서류손상등(제141조 제1

항), 공용건조물등파괴(제141조 제2항), 공무상보관물손상등(제142조) 및 이들 죄의 미수범(제143조)을 범함으로써 성립하는 범죄로 각 죄에 정한 형의 2분의 1까지 가중한다.

2) 단체 또는 다중의 위력을 보이는 방법에 의한 공무집행방해의 대표적인 사례는 폭력에 의한 집회 및 시위이다. 집회 및 시위 과정에서 폭력행위가 발생하여 경찰관들이 상해를 입었으나 피고인이 경찰관들에 대하여 직접 폭력을 행사하지 않았고, 피고인이 속한 단체 또한 폭력행위에 참여할 의사가 있었다거나 타인의 행위를 이용하여 폭력행위를 실현하려는 의사가 있었다고 보기 어려운 경우, 집회 및 시위 과정에서 경찰관들에 대한 폭력이 발생할 것을 예상하면서도 참가한 것 자체를 그 폭력행위에 대한 공모가 있는 것으로 본다면 이는 단순한 '인식'과 '공모'를 구분하지 아니하고 집회나 시위에 참가한 자 모두를 특수공무집행방해치상죄의 공범으로 처단할 수 있다는 불합리한 결과를 낳을 수도 있다. 따라서 집회 및 시위에 참가하였으나 직접 폭력을 행사하지 아니하였다면 비록 집회 및 시위과정에서 폭력이 발생할 것을 예상하였다고 하더라도 특수공무집행방해(치상)죄의 공범으로 처벌해서는 안 된다(서울고법 2000.7.4. 선고 2000노709 판결).

3) 위험한 물건을 휴대하여 공무집행방해 등의 죄를 범한 경우에도 본죄로 처벌된다. 여기서 위험한 물건이란 비록 흉기는 아니라고 하더라도 널리 사람의 생명, 신체에 해를 가하는데 사용할 수 있는 일체의 물건을 말하는데, 본래 살상용, 파괴용으로 만들어진 것뿐만 아니라 다른 목적으로 만들어진 칼, 가위, 유리병, 각종 공구, 자동차등은 물론 화학약품 또는 사주된 동물등도 그것이 사람의 생명, 신체에 해를 가하는데 사용되었다면 위험한 물건을 휴대한 경우에 포함된다. 그리고 휴대란 몸 가까이 소지하는 것뿐만 아니라 널리 이용한다는 뜻도 포함한다. 따라서 자동차를 운전하여 직무를 집행하는 공무원을 폭행하는 행위는 본죄에 해당한다(☞ **[판례 Ⅱ-5]** 참조).

[판례 Ⅱ-5] 대법원 1984.10.23. 선고 84도2001 판결【특수공무집행방해 등】

〈사실관계〉

피고인은 향토예비군설치법위반으로 피고인을 연행하려는 경찰관을 뿌리치고 도망가다가 경찰관의 추격을 당하자 부근에 세워두었던 승용차에 올라 타 문을 잠그고 출발하여 도주하려고 하던 중 경찰관이 위 승용차 보닛(bonnet) 위에 뛰어 올라 운전석 앞 유리창을 몸으로 막고 도주하지 못하게 하여 피고인을 체포하려고 하자 그대로 약 500미터 가량을 시속 30킬로미터로 진행하다가 진행방향을 갑자기 오른쪽으로 바꾸어 경찰관을 도로에 떨어지게 하여 그로 하여금 약 6주일의 치료를 요하는 좌측 측두골골절상 및 뇌진탕 등의 상해를 입게 하였다.

〈판결요지〉

특수공무집행방해죄에 있어서의 위험한 물건이라 함은 비록 흉기는 아니라고 하더라도 널리 사람의 생명, 신체에 해를 가하는데 사용할 수 있는 일체의 물건을 포함한다고 풀이할 것이므로 본래 살상용, 파괴용으로 만들어진 것뿐만 아니라 다른 목적으로 만들어진 칼, 가위, 유리병, 각종 공구, 자동차등은 물론 화학약품 또는 사주된 동물등도 그것이 사람의 생명, 신체에 해를 가하는데 사용되었다면 본조의 위험한 물건이라 할 것이며 한편 같은 법조 소정의 '휴대'라는 말은 '소지'뿐만 아니라 널리 '이용'한다는 뜻도 있으므로, 위험한 물건인 자동차를 이용하여 경찰관의 공무집행을 방해하고 그로 인하여 경찰관에게 상해를 입게 한 것은 특수공무집행방해죄를 구성한다.

다만 본죄는 위험한 물건을 이용하는 그 자체가 아니라 물건을 '위험한 방법으로' 이용하는 것에 그 초점이 있다고 할 것이므로, 자동차를 이용하여 직무를 집행하는 공무원에게 폭행을 가한 모든 경우가 본죄로 처벌되는 것은 아니다.

○ 대법원 1995.1.24. 선고 94도1949 판결【특수공무집행방해치상】

의무경찰이 학생들의 가두캠페인 행사관계로 직진하여 오는 택시의 운전자에게 좌회전 지시를 하였음에도 택시의 운전자가 계속 직진하여 와서 택시를 세우고는 항의하므로 그 의무경찰이 택시 약 30㎝ 전방에 서서 이유를 설명하고 있는데 그 운전자가 신경질적으로 갑자기 좌회전하는 바람에 택시 우측 앞 범퍼부분으로 의무경찰의 무릎을 들이받은 경우, 사고 당시 최소한 택시를 일단 후진하였다가 안전하게 진행하거나 의무경찰로 하여금 안전하게 비켜서도록 한 다음 진행하지 아니하고 그대로 좌회전하는 경우 그로부터 불과 30㎝ 앞에서 서 있던 의무경찰을 충격하리라는 사실을 쉽게 알고도 이러한 결과발생을 용인하는 내심의 의사, 즉 미필적 고의가 있었다고 봄이 상당하나, 이 사건의 경위와 정황 및 위 의무경찰의 피해정도 등에 비추어 볼 때, 피고인의 위와 같은 택시운행으로 인하여 사회통념상 피해자인 위 의무경찰나 제3자가 위험성을 느꼈으리라고는 보이지 아니하므로 피고인의 이 사건 범행을 특수공무집행방해치상죄로 의율할 수는 없다.

4) 공무집행방해죄에서와 마찬가지로 특수공무방해죄에서 폭행은 공무원의 신체에 대한 유형력의 행사이어야 한다. 따라서 노조원들과 함께 경찰관들이 파업투쟁 중인 공장에 진입할 경우에 대비하여 그들의 부재 중에 미리 윤활유나 철판조각을 바닥에 뿌려 놓았는데 경찰관들이 이에 미끄러져 넘어지거나 철판조각에 찔려 다친 경우, 윤활유나 철판조각을 경찰관들의 면전에서 그들의 공무집행을 방해할 의도로 뿌린 것이라는 등의 특별한 사정이 있는 경우는 별론으로 하고 이를 경찰관들에 대한 유형력의 행사에 해당하는 것으로 볼 수 없다(대법원 2010.12.23. 선고 2010도7412 판결).

(2) 특수공무집행방해치사상죄 (제144조 제2항)

1) 특수공무방해죄를 범하여 공무원을 상해 또는 사망에 이르게 함으로써 성립하는 범죄로 각각 3년 이상의 유기징역과 무기 또는 5년 이상의 징역에 처한다. 본죄는 결과적가중범이므로 상해나 사망의 결과를 의도할 필요는 없고 그와 같은 결과를 예견할 수 있으면 족하다(대법원 2008.6.26. 선고 2007도618 판결). 본죄의 '상해'는 피해자의 신체의 완전성을 훼손하거나 생리적 기능에 장애를 초래하는 것을 의미하는 것으로서 본죄의 '상해'로 평가될 수 없을 정도의 극히 하찮은 상처로서 굳이 치료할 필요가 없는 것이어서 그로 인하여 건강상태를 침해하였다고 보기 어려운 경우에는 위 죄가 성립하지 않는다(대법원 2011.5.26. 선고 2010도10305 판결).

2) 특수공무방해치상죄는 중한 결과인 상해에 대하여 고의가 있는 경우에도 성립하는 부진정 결과

적가중범이다(대법원 1990.6.26. 선고 90도765 판결).

○ 대법원 1979.7.24. 선고 79도451 판결【집시법위반, 특수공무방해치상】

피고인도 그 속에 끼인 단체 또는 다중인 데모대원이 던진 돌에 의하여 공무집행 중이던 경찰관이 상해를 입은 경우 피고인이 던진 돌이 동 피해자에게 맞고 안 맞고를 가리지 않고 특수공무방해치상죄가 성립한다.

○ 대법원 1990.6.22. 선고 90도764 판결【현존건조물방화치사상, 특수공무집행방해치사상 등】

피고인들이 농성학생들과 함께 도서관의 입구 등에 장애물을 설치하고 화염병을 만들어 나누어 가지고 있다가 경찰관들이 도서관으로 진입하면 화염병을 경찰관들이나 도서관의 입구 등에 설치된 장애물 및 도서관의 실내 등에 던져 경찰관들의 진입을 저지함으로써 경찰관들의 구출임무를 방해하기로 순차 공모하고, 이에 따라 피고인들도 그 실행행위를 분담한 후 농성학생들 중 일부가 도서관 복도 중앙에 널려있는 화염병 상자 주위에 석유를 뿌리고, 불을 붙인 화염병을 상자 쪽으로 던짐으로써 화재가 발생하고, 도서관으로 진입하던 경찰관들 중 일부가 화염병의 유리조각이나 의자 등에 의하여 상해를 입고, 도서관 복도에서 발생한 화재로 말미암아 일부 경찰관들이 사상에 이르렀다면, 피고인들의 행위는 특수공무방해치사상죄를 구성한다

○ 대법원 2008.2.28. 선고 2008도3 판결【특수공무집행방해치사】

피고인이 신호위반에 따른 정지 지시를 무시하고 도주한 자신을 추격해 온 경찰관 1과 2가 피고인의 차 앞뒤로 오토바이를 세워놓고 피고인에게 하차하라고 요구하였음에도 이에 불응한 채 차를 후진하여 차 뒤에 있는 오토바이를 들이받은 후, 앞에 있는 오토바이와의 사이에 생긴 공간을 이용하여 핸들을 좌측으로 꺾으면서 급발진함으로써 운전석 쪽의 펜더 옆에 서 있던 경찰관 1의 다리를 차 앞범퍼로 들이받았고, 이에 경찰관 1이 차 보닛 위에 앞으로 넘어지면서 보닛을 붙잡고 있는데도 차를 그대로 몰고 진행하던 중 우측 인도에 심어져 있던 가로수를 들이받아 차 범퍼와 가로수 사이에 경찰관 1의 다리가 끼어 절단되게 하여 공소외인으로 하여금 저혈량성 쇼크 등으로 사망에 이르게 한 사실을 인정할 수 있고, 피고인의 이러한 행위는 '위험한 물건'인 자동차를 이용하여 경찰관인 경찰관 1의 교통단속에 관한 정당한 직무집행을 방해하고 그로 인해 경찰관 1을 사망에 이르게 한 특수공무집행방해치사죄에 해당한다.

기본범죄를 통하여 고의로 중한 결과를 발생하게 한 경우에 가중처벌하는 부진정결과적가중범에서, 고의로 중한 결과를 발생하게 한 행위가 별도의 구성요건에 해당하고 그 고의범에 정한 형이 결과적가중범에 정한 형보다 더 무거운 경우에는 그 고의범과 결과적가중범이 상상적 경합관계에 있지만, 특수공무방해치상죄와 같이 결과적가중범의 형이 고의범의 형보다 무거운 때에는 결과적가중범이 고의범에 대하여 특별관계에 있으므로 결과적가중범만 성립하고 고의범에 대하여는 별도의 죄가 성립하지 않는다. 따라서 직무를 집행하는 공무원에 대하여 위험한 물건을 휴대하여 고의로 상해를 가한 경우에는 특수공무집행방해치상죄만 성립할 뿐이다(대법원 2008.11.27. 선고 2008도7311 판결).

3) 특수공무방해죄를 범하여 공무원을 상해 또는 사망에 이르게 함으로써 성립하므로, 단순공무집행방해죄를 범하고 공무원을 상해 또는 사망에 이르게 한 경우에는 공무집행방해죄와 과실치상죄(상해죄) 또는 과실치사죄의 상상적 경합범으로 처벌된다(대법원 2013.8.23. 선고 2011도4763 판결).

4) 공동정범에 있어서는 범인전원이 일정한 일시, 장소에 집합하여 모의한 바 없고 또 일부가 현

실적으로 범죄실행에 가담한 일이 없다고 하여도 간접적 또는 순차적으로 범행의 포괄적 또는 개별적인 의사연락이 있으면 전체에 대하여 공동정범이 성립하고, 또 결과적가중범에 있어서의 공동정범은 행위를 공동으로 할 의사가 있으면 성립하고 결과를 공동으로 할 의사는 요구되지 않는다. 따라서 특수공무방해치사상죄에 있어서 공무집행을 방해하는 집단행위의 과정에서 일부 집단원이 고의로 방화행위를 하여 사상의 결과를 초래한 경우에 다른 집단원이 그 방화행위로 인한 사상의 결과를 예견할 수 있는 상황이었다면 특수공무방해치사상의 죄책을 면할 수 없다(대법원 1990.6.26. 선고 90도765 판결).

제 3 장 국가의 사법기능에 관한 죄

Ⅰ. 도주와 범인은닉의 죄(제9장)

1) 도주와 범인은닉의 죄는 도주죄(제145조 제1항), 집합명령위반죄(제145조 제2항), 특수도주죄(제146조), 도주원조죄(제147조), 간수자도주원조죄(제148조), 범인은닉도피죄(제151조 제1항)가 있다. 도주죄, 집합명령위반죄, 특수도주죄 및 도주원조죄의 미수범은 처벌하고(제149조), 도주원조죄와 간수자도주원조죄의 예비·음모는 처벌된다(제150조).

2) 그리고 친족 또는 동거의 가족이 본인을 위하여 범인은닉·도피죄를 범한 때에는 처벌하지 아니한다(제151조 제2항).

1. 도주죄(제145조 제1항), 집합명령위반죄(제145조 제2항)

(1) 도주죄(제145조 제1항)

1) 법률에 의하여 체포 또는 구금된 자가 도주함으로써 성립하는 범죄로 1년 이하의 징역에 처한다(제145조). 본죄의 미수범은 처벌한다(제149조).

2) 본죄의 주체는 법률에 의하여 체포 또는 구금된 자로서 징역, 금고, 구류 등 자유형의 집행을 받고 있는 자(제67조, 제68조), 사형선고를 받고 집행대기 중인 자(제66조), 환형처분을 받고 노역장에 유치중인 자(제70조), 법원의 감치명령을 받고 수감된 자(형사소송법 제102조, 제151조), 수사기관에 의해 체포 또는 구속된 피고인 또는 피의자(형사소송법 제70조, 제200조의2, 제200조의3, 제201조, 제211조), 수사기관에 의해 구인된 피고인, 피의자 또는 증인(제71조, 제152조, 제166조, 제201조의2, 제214조의2, 제473조), 소년

분류심사원이나 소년원에 위탁 또는 수용 중인 소년(소년법 제18조, 제32조) 등이 그 예이다. 피치료감호자가 치료감호시설에서 도주하거나 피치료감호자가 도주하도록 한 때에는 치료감호법에 의해 처벌된다(제52조 제1항).

현행법상 법률이 정한 절차에 따라 체포·구속된 자나 신체의 자유를 제한하는 판결 또는 처분을 받은 자를 수용하는 장소는 교도소, 구치소, 유치장 등이므로 결국 도주죄는 이들 장소에 구금된 자가 도주함으로써 성립하는 범죄라고 할 수 있다.

> **경찰관직무집행법 제9조(유치장)** 경찰서 및 지방해양경찰관서에 법률이 정한 절차에 따라 체포·구속되거나 신체의 자유를 제한하는 판결 또는 처분을 받은 자를 수용하기 위하여 유치장을 둔다.
>
> **형집행법 제2조(정의)** 이 법에서 사용하는 용어의 뜻은 다음과 같다.
>
> 1. "수형자"란 징역형·금고형 또는 구류형의 선고를 받아 그 형이 확정된 사람과 벌금 또는 과료를 완납하지 아니하여 노역장 유치명령을 받은 사람을 말한다.
> 2. "미결수용자"란 형사피의자 또는 형사피고인으로서 체포되거나 구속영장의 집행을 받은 사람을 말한다.
> 3. "사형확정자"란 사형의 선고를 받아 그 형이 확정된 사람을 말한다.
> 4. "수용자"란 수형자·미결수용자·사형확정자, 그 밖에 법률과 적법한 절차에 따라 교도소·구치소 및 그 지소(이하 "교정시설"이라 한다)에 수용된 사람을 말한다.

3) 이와는 달리 보석 또는 보증금납입조건부로 석방된 자(형사소송법 제95조 내지 제100조, 제214조의2 제5항 내지 제7항), 구속집행정지 중에 있는 자(형사소송법 제101조), 가석방 중에 있는 자(형법 제72조 내지 제77조), 형집행정지 중에 있는 자(형사소송법 제471조, 제472조), 경찰관직무집행법에 의해 보호실에 보호중인 자(경집법 제4조 제1항), 아동복지법에 의해 아동복지시설에 보호 중인 자, 감염병의 예방 및 관리에 관한 법률에 의하여 격리수용된 자는 '체포 또는 구금된 자'가 아니므로 보호 또는 수용 중인 장소에서 벗어나더라도 본죄가 성립하는 것은 아니다.

4) 한편 본죄의 주체는 적법하게 체포·구금된 자이므로 위법하게 체포·구금된 경우는 도주하더라도 본죄로 처벌되지 아니한다(☞ **[판례 Ⅰ-1]** 참조).

[판례 Ⅰ-1] 대법원 2006.7.6. 선고 2005도6810 판결【도주】

〈사실관계〉

피고인은 2004.8.11. 00:00경부터 같은 달 17. 10:00경 사이에 피해자의 집 안방 텔레비전 장식장 밑 서랍에 놓여 있는 피해자 소유의 100만원권 자기앞수표 3장과 현금 180만원 합계 480만원을 절취한 범죄사실로 2004.9.4. 11:42경 ○○경찰서 형사계 사무실에서 소속 경찰관들에 의해 긴급체포된 후, 같은 날 12:00경 수사계 사무실에서 경찰관들이 입감서류 작성을 위해 잠시 관리가 소홀한 틈을 이용하여 수사계 사무실을 뛰어나가 옆문을 통해 건물을 빠져나온 후 담장을 넘어 위 경찰서를 빠져나가 도주하였다.

〈판결요지〉

수사관이 수사과정에서 당사자의 동의를 받는 형식으로 피의자를 수사관서 등에 동행하는 것은, 상대방의 신체의 자유가 현실적으로 제한되어 실질적으로 체포와 유사한 상태에 놓이게 됨에도, 영장에 의하지 아니하고 그 밖에 강제성을 띤 동행을 억제할 방법도 없어서 제도적으로는 물론 현실적으로도 임의성이 보장되지 않을 뿐만 아니라, 아직 정식의 체포·구속단계 이전이라는 이유로 상대방에게 헌법 및 형사소송법이 체포·구속된 피의자에게 부여하는 각종의 권리보장 장치가 제공되지 않는 등 형사소송법의 원리에 반하는 결과를 초래할 가능성이 크므로, 수사관이 동행에 앞서 피의자에게 동행을 거부할 수 있음을 알려 주었거나 동행한 피의자가 언제든지 자유로이 동행과정에서 이탈 또는 동행장소로부터 퇴거할 수 있었음이 인정되는 등 오로지 피의자의 자발적인 의사에 의하여 수사관서 등에의 동행이 이루어졌음이 객관적인 사정에 의하여 명백하게 입증된 경우에 한하여, 그 적법성이 인정되는 것으로 봄이 상당하다. 형사소송법 제200조 제1항에 의하여 검사 또는 사법경찰관이 피의자에 대하여 임의적 출석을 요구할 수는 있겠으나, 그 경우에도 수사관이 단순히 출석을 요구함에 그치지 않고 일정 장소로의 동행을 요구하여 실행한다면 위 법리가 적용되어야 할 것이고, 한편 행정경찰 목적의 경찰활동으로 행하여지는 경찰관직무집행법 제3조 제2항 소정의 질문을 위한 동행요구도 수사로 이어지는 경우에는 역시 위 법리가 적용되어야 할 것이다.

이 사건에서 비록 사법경찰관이 피고인을 동행할 당시에 물리력을 행사한 바가 없고, 피고인이 명시적으로 거부의사를 표명한 적이 없다고 하더라도, 사법경찰관이 피고인을 수사관서까지 동행한 것은 위에서 본 적법요건이 갖추어지지 아니한 채 사법경찰관의 동행 요구를 거절할 수 없는 심리적 압박 아래 행하여진 사실상의 강제연행, 즉 불법 체포에 해당한다고 보아야 할 것이고, 사법경찰관이 그로부터 6시간 상당이 경과한 이후에 비로소 피고인에 대하여 긴급체포의 절차를 밟았다고 하더라도 이는 동행의 형식 아래 행해진 불법 체포에 기하여 사후적으로 취해진 것에 불과하므로, 그와 같은 긴급체포 또한 위법하다고 아니할 수 없다. 따라서 피고인은 불법체포된 자로서 형법 제145조 제1항 소정의 '법률에 의하여 체포 또는 구금된 자'가 아니어서 도주죄의 주체가 될 수 없다.

5) 본죄는 교도소, 구치소, 유치장 등에서 탈주하는 등 도주행위를 종료함으로써 곧 기수가 되는 즉시범으로, 도주상태가 계속된다고 하여 도주의 실행행위가 계속된다고는 할 수 없다(대법원 1979.8.31. 선고 79도622 판결).

6) 도주원조죄는 도주죄에 있어서의 범인의 도주행위를 야기하거나 이를 용이하게 하는 등 그와 공범관계에 있는 행위를 독립한 구성요건으로 하는 범죄이므로, 도주죄의 범인이 도주행위를 하여 기수에 이른 이후에 범인의 도피를 도와주는 행위는 범인도피죄에 해당할 수 있을 뿐 도주원조죄에는 해당하지 아니한다(대법원 1991.10.11. 선고 91도1656 판결).

(2) 집합명령위반죄(제145조 제2항)

1) 법률에 의하여 구금된 자가 천재, 사변 기타 법령에 의하여 잠시 해금된 경우에 정당한 이유없이 그 집합명령에 위반함으로써 성립하는 범죄로 1년 이하의 징역에 처한다(제145 제2항). 본죄의 미수범은 처벌한다(제149조).

2) 본죄의 주체는 '법률에 의하여 구금되어 천재, 사변 기타 법령에 의하여 잠시 해금된 자'이다. 천재, 사변 등의 상황에서 불법출소하거나(대법원 1954.7.3. 선고 4287형상45 판결), 귀휴명령을 받고 출소

한 후 귀소하지 아니한 자는 도주죄로 처벌된다.

3) 정당한 이유없이 그 집합명령에 위반할 것을 요하므로 불가피한 사정에 의해 집합명령을 위반한 때에는 본죄가 성립하지 않는다.

2. 특수도주죄(제146조)

1) 수용설비 또는 기구를 손괴하거나 사람에게 폭행 또는 협박을 가하거나 2인 이상이 합동하여 도주죄(제145조 제1항)를 범함으로써 성립하는 범죄로 7년 이하의 징역에 처한다. 본죄의 미수범은 처벌한다(제149조).

2) 수용설비란 교도소, 구치소, 유치장, 수용실과 같이 신체의 자유를 구속하기 위한 장소나 시설을 말하고, 수용기구는 수갑, 포승 등과 같이 신체의 자유를 구속하는데 사용되는 장비나 기구를 말하며, 손괴란 수용설비 또는 기구를 물리적으로 훼손하는 것을 말한다. 따라서 수용실의 자물쇠를 열고 도주하는 것은 특수도주에 해당하지 않는다.

3) 사람에는 반드시 수용에 관한 업무에 종사하는 자에 국한하지 않고 제3자도 포함한다. 그리고 폭행·협박은 광의의 폭행·협박으로 반드시 사람의 신체에 직접적으로 물리력을 가하거나 해악을 고지하여 공포심을 일으켜야 하는 것은 아니다.

4) '2인 이상이 합동하여 도주'한다고 함은 법률에 의하여 체포·구금된 2인 이상이 시간적·장소적 협동관계로 도주하는 것을 말한다.

3. 도주원조죄(제147조), 간수자도주원조죄(제148조)

1) 도주원조죄는 법률에 의하여 구금된 자를 탈취하거나 도주하게 함으로써 성립하는 범죄로 10년 이하의 징역에 처한다. 법률에 의하여 구금된 자를 간수 또는 호송하는 자가 이를 도주하게 한 때에는 1년 이상 10년 이하의 징역에 처한다. 본죄의 미수범은 처벌한다(제149조).

2) 이들 죄는 도주죄의 방조범적 성격을 가지고 있는데 별도의 범죄유형으로 규정한 것이다. 도주원조죄와 간수자도주원조죄의 법정형은 도주죄나 특수도주죄의 법정형보다 더 무겁다. 이는 체포·구금된 자에 대한 적법행위의 기대가능성이 낮고, 이들을 탈취하거나 도주하게 하는 행위는 불법이나 책임이 더 크다는 데 기인한다.

3) 탈취한다는 것은 피구금자를 간수자의 실력적 지배로부터 이탈시켜 자기 또는 제3자의 지배 하로 옮기는 것을 말하고, 도주하게 한다는 것은 피구금자의 도주를 용이하게 하는 것을 말한다.

4) 본죄는 피구금자를 간수자의 실력적 지배로부터 이탈하게 하였을 때 성립한다. 따라서 체포·구금된 자가 스스로 간수자의 실력적 지배로부터 이탈(도주)한 후 이들의 도피행위를 도와주었다고 하여

도주원조죄가 성립하는 것은 아니다(대법원 1991.10.11. 선고 91도1656 판결).

4. 범인은닉·도피죄(제151조)

(1) 주 체

벌금 이상의 형에 해당하는 죄를 범한 자를 은닉 또는 도피하게 함으로써 성립하는 범죄로 3년 이하의 징역 또는 500만원 이하의 벌금에 처한다. 본범비호적 성격을 갖는 사후종범으로 범인 자신은 주체가 될 수 없다. 그러나 공범 중의 1인이 다른 공범을 도피하게 한 경우에는 본죄가 성립할 수 있다(대법원 1958.1.14. 선고 4290형상393 판결).

(2) 객 체

1) 본죄의 객체는 벌금 이상의 형에 해당하는 죄를 범한 자이다. '벌금 이상의 형에 해당하는 죄'란 법정형에 벌금형 또는 그 이상의 형이 포함되어 있는 범죄로서 선택형으로 구류·과료를 포함하고 있는 범죄도 여기에 해당하나, 단순히 규류 또는 과료로 처벌하는 죄는 제외된다. '죄를 범한 자'에는 정범뿐만 아니라 교사범과 방조범을 포함한다. 미수와 예비·음모에 대한 처벌규정이 있는 경우 미수범과 예비·음모를 한 자도 포함한다.

2) 본 규정의 입법취지는 벌금이상의 형에 해당하는 죄를 범한 자에 대한 수사 및 재판 등의 사법기능을 방해하는 자를 처벌하는데 있으므로, 반드시 사후적으로 공소제기 되거나 유죄의 판결을 받을 필요까지는 없고 범죄의 혐의를 받아 수사 대상이 되었다면 사후적으로 무혐의로 석방되거나 무죄판결을 선고받은 경우에도 본죄의 객체에 포함한다(대법원 2000.11.24. 선고 2000도4078 판결). 또한 죄를 범하였으나 아직 수사기관에 포착되지 않아 수사대상이 되어 있지 않은 자(수사개시 이전인 자)라도 벌금 이상의 형에 해당하는 죄를 범한 자라는 사실을 인식하면서 은닉 또는 도피하게 한 때에는 본죄가 성립한다(대법원 2003.12.12. 선고 2003도4533 판결).

3) 다만 '죄를 범한 자'라고 하기 위해서는 구성요건에 해당하고 위법·유책할 뿐만 아니라 처벌조건과 소송조건을 갖추어야 하므로 무죄판결이 확정되었거나 형의 폐지, 공소시효의 완성, 사면 등에 의하여 소추나 처벌이 불가능한 경우에는 본죄의 객체에 해당되지 않는다. 친고죄에 있어서 단순히 고소가 없고 고소기간 내인 경우에도 소송조건은 공소제기의 유효요건으로 범죄의 성부와는 관계가 없어 고소가 없더라도 수사를 진행할 수 있고 수사진행 중 고소가 추완될 수 있으므로 범인을 은닉 또는 도피하게 한 때에는 본죄로 처벌된다.

다만 고소기간이 경과하거나 고소가 취소되는 등 피해자의 고소권이 소멸하여 고소의 가능성이 없는 경우에는 '죄를 범한 자'에 포함되지 않는다. 같은 이유로 반의사불벌죄에 있어서 이미 처벌을 불원하는 명시한 의사가 있어 공소제기의 가능성이 없는 경우에도 '죄를 범한 자'에 포함되지 않는다.

(3) 은닉 또는 도피하게 하는 행위

1) 범인을 '은닉한다'고 함은 장소를 제공하여 범인을 감추는 것을 말하고(대법원 2002.10.11. 선고 2002도3332 판결), 범인을 '도피하게 한다'고 함은 은닉 이외의 방법으로 범인에 대한 수사, 재판 및 형의 집행 등 형사사법의 작용을 곤란 또는 불가능하게 하는 것을 말한다. 본죄는 범인을 은닉 또는 도피하게 하는 행위가 있음으로써 성립하고 현실적으로 형사사법의 작용을 방해하는 결과가 초래될 것이 요구되지는 아니한다(대법원 2006.5.26. 선고 2005도7528 판결).

2) 도피하게 하는 행위는 은닉행위와 비교하여 그것과 같은 정도로 관헌(官憲)의 발견, 체포를 곤란하게 하는 행위, 즉 범인을 도망쳐 숨게 하는 행위 또는 도망쳐 숨게 하는 것을 직접적으로 용이하게 하는 행위에 한정된다. 따라서 미국에 도주하고 있는 범인을 대신하여 자수하려는 자로부터 범인에게 송금하여 달라는 부탁과 함께 자기앞수표를 받아 이를 가명으로 예금하여 두었을 뿐 범인에게 송금하지 아니하고 나아가 범인의 재산을 국외로 빼돌리기 위하여 미국에서 입국한 사람에게 예금통장과 자기앞수표 등을 전달하였으나 현실적으로 범인의 지배하에 놓이지 않거나(대법원 1995.3.3. 선고 93도3080 판결) 법원공무원이 부탁을 받고 체포영장발부자명단을 알려 주는데 그쳤다면(대법원 2011.4.28. 선고 2009도3642 판결), 이는 범인도피행위의 예비 또는 준비행위에 불과하고 그로 인해 형사사법작용을 방해하는 위험을 초래되었다고 보기 어려우므로 본죄의 죄책을 지울 수 없다.

3) 또한 수사기관은 범죄사건을 수사함에 있어서 피의자나 참고인의 진술 여하에 불구하고 피의자를 확정하고 그 피의사실을 인정할 만한 객관적인 제반 증거를 수집·조사하여야 할 권리와 의무가 있으므로 참고인이 수사기관에서 범인에 관하여 조사를 받으면서 그가 알고 있는 사실을 묵비하거나 허위로 진술하였다고 하더라도, 그것이 적극적으로 수사기관을 기만하여 착오에 빠지게 함으로써 범인의 발견 또는 체포를 곤란 내지 불가능하게 할 정도가 아닌 한 범인도피죄를 구성하지 않는다(대법원 2003.2.14. 선고 2002도5374 판결).

예컨대 참고인이 수사기관에서 진술을 함에 있어 단순히 범인으로 체포된 사람과 동인이 목격한 범인이 동일함에도 불구하고 동일한 사람이 아니라고 허위진술을 하거나(대법원 1987.2.10. 선고 85도897 판결), 절도사건과 관련하여 사법경찰관으로부터 조사받는 과정에서 공범들의 이름을 단순히 묵비하거나(대법원 1984.4.10. 선고 83도3288 판결), 주점 개업식 날 찾아 온 범인에게 "도망 다니면서 이렇게 와 주니 고맙다. 항상 몸조심하고 주의하여 다녀라. 열심히 살면서 건강에 조심하라."고 말하거나(대법원 1992.6.12. 선고 92도736 판결), 피의자를 위해 신원보증서를 작성하여 수사기관에 제출하면서 피의자의 인적사항을 허위로 기재하거나(대법원 2003.2.14. 선고 2002도5374 판결), 폭행사건 현장의 참고인이 출동한 경찰관에게 범인의 이름 대신 허무인의 이름을 대면서 구체적인 인적사항에 대한 언급을 피하거나(대법원 2008.6.26. 선고 2008도1059 판결), 사행행위등규제및처벌특례법위반죄의 피의자가 수서기관에서 조사를 받으면서 오락실을 단독 운영하였다고 허위진술하여 오락실 공동운영자인 공범의 존재를 숨긴 것

(대법원 2008.12.24. 선고 2007도11137 판결)으로는 범인도피죄의 죄책을 물 수 없다.

4) 이와는 달리 범인으로 혐의를 받아 수사기관으로부터 수사 중인데 범인 아닌 다른 자로 하여금 범인으로 가장케 하여 수사를 받도록 하거나(대법원 1967.5.23. 선고 67도366 판결), 경찰에서 수배중인 자임을 인식하면서 범인을 투숙케 하여 체포를 면하게 하거나(대법원 1983.8.23. 선고 83도1486 판결), 도피하기 용이하도록 피의자를 다른 공범에게 연락하여 만나게 해주거나(대법원 1990.12.26. 선고 90도2439 판결), 범인 아닌 자가 수사기관에서 범인임을 자처하고 허위사실을 진술하거나(대법원 1996.6.14. 선고 96도1016 판결), 범인이 기소중지자임을 알고도 범인의 부탁으로 다른 사람의 명의로 대신 임대차계약을 체결해 주는 것(대법원 2004.3.26. 선고 2003도8226 판결)은 범인의 발견이나 체포를 곤란하게 하는 것으로 범인도피죄를 구성한다.

게임장 등의 실제 업주가 아니라 종업원임에도 불구하고 자신이 실제 업주라고 허위로 진술하는 경우에도 마찬가지로서, 단순히 실제 업주라고 허위로 진술하는 것을 넘어 게임장 등의 운영 경위, 자금 출처, 게임기 등의 구입 경위, 점포의 임대차계약 체결 경위 등에 관해서까지 적극적으로 허위로 진술하거나 허위 자료를 제시하여 그 결과 수사기관이 실제 업주를 발견 또는 체포하는 것이 곤란 내지 불가능하게 될 정도에까지 이른 것으로 평가될 수 있다면 범인도피죄를 구성한다(대법원 2013.1.10. 선고 2012도13999 판결).

○ 대법원 2010.1.28. 선고 2009도10709 판결【게임산업진흥에관한법률위반, 범인도피교사】

피고인은 공소외 1, 공소외 2와 동업으로 게임장을 운영하기로 하면서 공소외 2를 통하여 공소외 3을 이른바 바지사장으로 고용하기로 하고, 공소외 3 명의로 게임장의 사업자등록을 마치고 그에게 월급 250만원씩을 지급하기로 한 점, 공소외 3은 검찰에 조사받으러 가기 전에 피고인과 공소외 2에게 자신이 벌금형을 받게 되면 벌금을 대신 내달라고 요구하여 응낙의 답변을 듣고 검찰 수사에 임하여 자신이 게임장 실제 업주라고 하면서 게임장 운영 경위, 자금 출처, 게임기 구입 경위, 건물의 임대차계약 체결 경위에 관하여 허위로 진술한 점 등에 비추어 보면, 공소외 3의 수사기관에서의 진술은 그 내용이 실제 업주인 피고인을 도피시키기 위하여 자신을 실제 업주로 내세우는 허위 진술로서 적극적으로 수사기관을 기만하여 착오에 빠지게 함으로써 범인의 발견 또는 체포를 곤란 내지 불가능하게 할 정도에 이르렀다고 봄이 상당하여 범인도피죄가 성립하고 이를 교사한 피고인에게 범인도피교사죄가 성립한다.

5) 범인도피죄는 작위뿐만 아니라 부작위에 의해서도 범할 수 있다. 예컨대 경찰관이 검사로부터 범인을 검거하라는 지시를 받고서도 그 직무상의 의무에 따른 적절한 조치를 취하지 아니하고 오히려 범인에게 전화로 도피하라고 권유하여 그를 도피하게 한 경우에는 범인도피죄가 성립한다. 다만 직무유기의 위법상태가 범인도피행위 속에 포함되어 있는 것으로 보아야 하므로 이 경우에는 작위범인 범인도피죄만이 성립하고 부작위범인 직무유기죄는 따로 성립하지 아니한다(대법원 1996.5.10. 선고 96도51 판결).

(4) 고 의

1) 본죄가 성립하기 위해서는 벌금이상의 형에 해당하는 죄를 범한 자를 은닉하거나 도피하게 한다는데 대한 고의가 있어야 한다. '벌금 이상의 형에 해당하는 자'에 대한 고의는 실제로 벌금 이상의 형에 해당하는 범죄를 범한 자라는 것을 인식함으로써 족하고 그 법정형이 벌금 이상이라는 것까지 알 필요는 없고, 범죄의 구체적인 내용이나 범인의 인적 사항 및 공범이 있는 경우 공범의 구체적 인원수 등까지 알 필요는 없다(대법원 1995.12.26. 선고 93도904 판결).

그리고 본죄가 성립하기 위해서는 '범인을 은닉하거나 도피하게 한다'는데 대한 인식과 의사가 있어야 한다. 참고인이 실제의 범인이 누군지도 정확하게 모르는 상태에서 수사기관에서 실제의 범인이 아닌 어떤 사람을 범인이 아닐지도 모른다고 생각하면서도 그를 범인이라고 지목하는 허위의 진술을 하여 그로 인해 범인으로 지목된 사람이 구속기소되고 그로 인해 실제의 범인의 도피를 용이하게 하는 결과가 초래되었다고 하더라도 그것만으로는 실제의 범인을 도피하게 할 의사가 있었다고 볼 수 없다(대법원 1997.9.9. 선고 97도1596 판결).

2) 부정수표단속법위반죄는 예금부족으로 인하여 제시일에 지급되지 아니할 것이라는 결과발생을 예견하고 수표를 발행한 때에 바로 성립하는 것이고 수표소지인의 제시일에 수표금의 지급이 거절된 때에 비로소 성립하므로, 피고인이 수표가 부도나기 전날 그 수표가 부도날 것이라는 사정과 수표발행인이 부정수표단속법 위반으로 수사관서의 수배를 받게 되리라는 사정을 알면서 수표발행인을 은닉하였다면 범인은닉에 관한 고의가 인정된다(대법원 1990.3.27. 선고 89도1480 판결).

(5) 공 범

1) 본죄는 범인을 도피하게 함으로써 기수에 이르지만 범인의 도피행위가 계속되는 동안에는 은닉 또는 도피하게 하는 행위도 계속되고 행위가 끝날 때 비로소 범죄가 종료되므로, 타인이 범인을 은닉 또는 도피하게 하는 행위를 하는 도중에 그 범행을 인식하면서 그와 공동의 범의를 가지고 범인으로 하여금 도피를 계속하도록 한 자는 범인도피죄의 공범의 죄책을 진다(☞ **[판례 Ⅰ-2]** 참조).

[판례 Ⅰ-2] 대법원 2012.8.30. 선고 2012도6027 판결【사기, 범인도피교사, 범인도피, 범인도피방조】

〈사실관계〉

휴대전화 무선인터넷 콘텐츠 제공업에 종사하는 피고인 1과 그의 사무실에서 실장으로 근무하는 피고인 2는 공모하여 문자발송서비스를 이용하여 피해자들의 휴대전화로 마치 피해자들의 지인이 사진을 발송한 것처럼 가장하여 문자메시지를 발송하고, 이에 속은 피해자로 하여금 '확인' 키를 눌러 무선 네트워크 망에 접속하여 피고인들이 운영하는 회사가 제공하는 무선인터넷 콘텐츠 서비스를 이용요금이 부과되지 않는 피해자들의 지인이 보낸 사진으로 오인하여 사진보기 서비스를 클릭하게 하여 즉시 피해자들에게 사진 정보이용료가 부과되게 함으로써 재산상 이익을 취득하였다.

하지만 이러한 사기 범행에 대해 ○○지방경찰청에서 수사가 진행되었고, 피고인 1, 2는 피의자 신분으로 출석을 요구받게 되자 피고인 1이 운영하던 대리운전업체에 채용되어 일하고 있던 피고인 3에게 금전적인 보상을 하겠다고 약속하고 허위진술할 내용 및 범행의 상세한 내용과 방법이 담긴 시나리오를 작성하여 건네주었고, 피고인 3이 위 시나리오를 암기하여 지방경찰청 사이버범죄수사대 및 지방검찰청에서 조사를 받음에 있어 위 휴대전화 문자발송 사기 범행을 자신이 저질렀다는 취지로 허위자백을 하자, 검사는 피고인 3을 사기죄로 기소하였다.

피고인 3이 지방법원에서 징역 1년 6월의 실형을 선고받고 구속되었음에도 피고인 1, 2가 금전적 보상을 하여 주지도 않고 면회를 직접 오지도 않자 고등법원에 항소를 제기하여 진실을 밝히겠다는 의사를 주변에 이야기하기 하였고, 이에 피고인 1과 그의 친구이자 피고인 3의 전 직장 동료였던 피고인 4가 구치소를 찾아가 1억원을 범인도피의 대가로 지불할 예정이며, 허위자백을 유지한다면 변호사를 선임하여 도움을 주겠다고 약속하였다.

그 후 피고인 1에 의해 피고인 3의 사선변호인으로 선임된 피고인 4는 구치소에서 피고인 3을 만나 "사실은 내가 진범이 아니고, 피고인 1이 진범이다. 내가 세세한 내용에 대해서는 모르기 때문에 경찰, 검찰 및 법원에서 시나리오대로 외워서 진술한 것이다."라는 말을 들었음에도 불구하고, 피고인 1의 부탁을 받고 피고인 3에게 "피고인 1이 제시하는 1억원을 받고 허위자백을 계속 유지하는 것으로 하자."고 이야기하였고, 피고인 3이 이를 수락하고 항소심에서 다시 한 번 허위자백을 하였으나 그 후 검찰에서 조사를 받으면서 피고인 1, 2가 진범임을 밝혔다.

〈판결요지〉

(1) 피고인 4가 변호인으로서 단순히 피고인 3의 이익을 위한 적절한 변론과 그에 필요한 활동을 하는 데 그치지 아니하고, 피고인 1과 피고인 3 사이에 부정한 거래가 진행 중이며 피고인 3 사건의 수임과 변론이 거래의 향배와 불가결한 관련이 있을 것임을 분명히 인식하고도 피고인 1에게서 피고인 3 사건을 수임하고, 그들의 합의가 성사되도록 도왔으며, 스스로 합의금의 일부를 예치하는 방안까지 용인하고 합의서를 작성하는 등으로 피고인 3과 피고인 1의 거래관계에 깊숙이 관여한 행위를 정당한 변론권의 범위 내에 속한다고 할 수 없고, 나아가 변호인의 비밀유지의무는 변호인이 업무상 알게 된 비밀을 다른 곳에 누설하지 않을 소극적 의무를 말하는 것일 뿐 진범을 은폐하는 허위자백을 적극적으로 유지하게 한 행위가 변호인의 비밀유지의무에 의하여 정당화될 수 없다.

(2) 피고인 4가 개입하기 전부터 피고인 3은 피고인 1로부터 1억원을 받고 허위자백을 유지하기로 마음먹고 있었던 점, 피고인 4는 피고인 1와 피고인 3 사이에서 양쪽의 의사를 전달하는 데 그쳤을 뿐, 그 구체적인 합의안의 결정에 직접 관여하지는 않은 점 등에 비추어, 피고인 4의 행위는 정범인 피고인 3에게 결의를 강화하게 한 방조행위로 평가할 수 있을 뿐, 공동가공의 의사나 기능적 행위지배가 있다고 보기는 어렵다.

(3) 범인도피죄는 범인을 도피하게 함으로써 기수에 이르지만, 범인도피행위가 계속되는 동안에는 범죄행위도 계속되고 행위가 끝날 때 비로소 범죄행위가 종료된다. 따라서 공범자의 범인도피행위 도중에 그 범행을 인식하면서 그와 공동의 범의를 가지고 기왕의 범인도피상태를 이용하여 스스로 범인도피행위를 계속한 경우에는 범인도피죄의 공동정범이 성립하고, 이는 공범자의 범행을 방조한 종범의 경우도 마찬가지이다.

이 사건에서 피고인 1이 피고인 1, 2의 교사에 따라 지방경찰청 및 지방검찰청에서 조사를 받고, 지방법원에서 제1심 재판을 받음에 있어 이 사건 휴대전화 문자발송 사기 범행을 자신이 저질렀다는 취지로 허위자백하였고 이로써 피고인 1, 2를 도피하게 하였는바 이로서 피고인3의 범인도피범행은 기수에 이르렀다고 볼 수 있다. 그러나 항소심에서는 여전히 허위자백을 유지하는 태도를 취하였고, 그 후 검찰에서 조사를 받으면서 비로소 피고인 1, 2가 진범임을 밝혔으므로 피고인 3의 범행이 종료된 시점은 검찰조사시라고 할 것이다.

2) 범인이 은닉 또는 도피를 위하여 타인에게 도움을 요청하고 그로부터 도움을 받는 것은 통상적

으로 은닉 또는 도피행위의 범주에 속한다고 볼 수 있으나, 범인이 타인으로 하여금 허위의 자백을 하게 하는 경우와 같이 방어권의 남용으로 볼 수 있는 행위를 한 때에는 범인도피교사죄의 죄책을 진다(☞ **[판례 Ⅰ-3]** 참조).

[판례 Ⅰ-3] 대법원 2006.5.26. 선고 2005도7528 판결【도교법위반(음주운전), 범인도피교사】

〈공소사실〉

제3사단 신교대 행정보급관인 피고인은 20:10경 혈중알콜농도 0.058%의 술에 취한 상태에서 피고인 소유의 승용차를 운전하여 약 1.5킬로미터 가량을 운전하고, 20:20경 군·경 합동 음주단속을 하고 있는 제5군단사령부 헌병대 소속 소위 공소외 1이 실시한 음주측정결과 혈중알콜농도 0.058%의 수치가 나오자, 집에서 쉬고 있던 제3사단사령부 헌병대소속 중사 공소외 2에게 전화를 걸어 "지금 헌병 음주단속에 적발되었는데 잠깐 와 주었으면 좋겠다"라고 한 후, 공소외 2가 음주단속 현장에 도착하자 "어떻데 좀 해봐라"라는 등의 말로 공소외 2를 설득하여 공소외 2로 하여금 음주단속을 실시하고 있던 ○○경찰서 교통지도계 소속 순경 공소외 3이 혈중알콜농도를 재차 측정하거나 주취운전자적발보고서를 작성하지 못하도록 제지한 후 피고인의 신병을 인계받아 귀가하게 함으로써 범인을 도피하게 하여 범인도피를 교사하였다.

〈판결요지〉

피고인은 음주운전 혐의로 적발되자 평소 알고 지내던 공소외 2를 불러내어 그로 하여금 단속경찰관인 공소외 3이 피고인에 대한 주취운전자 적발보고서를 작성하거나 재차 음주측정을 하지 못하도록 제지하는 등으로 공소외 3의 수사를 곤란하게 했던 사실을 인정할 수 있는바, 이러한 피고인의 행위는 범인도피죄에서 말하는 도피에 해당하고, 나아가 피고인이 공소외 2에게 전화를 걸어 음주단속 현장으로 나오게 한 점이나 그에게 "어떻게 좀 해 보라"고 계속 재촉한 사정 등에 비추어 보면 피고인에게 범인도피교사에 대한 범의가 없었다고 보기도 어렵다.

이와는 달리 범인이 자기 명의의 휴대폰을 사용할 경우 소재가 드러날 것을 염려하여 다른 사람에게 부탁하여 대포폰을 개설받아 사용하거나 다른 사람이 운전하는 자동차를 타고 시내를 다닌 것은 통상적 도피의 한 유형으로 형사사법의 중대한 장애를 초래한다고 볼 수 없으므로 범인도피교사의 죄책을 지울 수 없다(☞ **[판례 Ⅰ-4]** 참조).

[판례 Ⅰ-4] 대법원 2014.4.10. 선고 2013도12079 판결【범인도피교사】

〈사실관계〉

피고인 1은 등급미분류 게임제공 및 게임결과물 환전을 업으로 한 사실로 도피하던 중 피고인 1의 사회후배로 그 사실을 알고 있는 피고인 2에게 그의 승용차로 원하는 목적지까지 이동시켜 줄 것을 요구하거나 속칭 '대포폰'을 구하여 줄 것을 요구하였고 피고인 2는 이에 응하여 그의 승용차로 시내에서 피고인 1을 이동시켜 주고 대포폰을 구하여 줌으로써 피고인 1의 도피를 도왔다.

〈판결요지〉

범인 스스로 도피하는 행위는 처벌되지 아니하므로, 범인이 도피를 위하여 타인에게 도움을 요청하는 행위 역시 도피행위의 범주에 속하는 한 처벌되지 아니하며, 범인의 요청에 응하여 범인을 도운 타인의 행위가 범인도피죄에 해당한다고 하더라도 마찬가지이다. 다만 범인이 타인으로 하여금 허위의 자백을 하게 하는 등으로 범인도피죄를 범하게 하는 경우와 같이 그것이 방어권의 남용으로 볼 수 있을 때에는 범인도피교사죄에 해당할 수 있다. 이 사건에서 피고인 1은 자신의 휴대폰을 사용할 경우 소재가 드러날 것을 염려하여 평소 가깝게 지내던 후배인 피고인 2에게 요청하여 대포폰을 개설하여 받고, 피고인 2에게 전화를 걸어 자신이 있는 곳으로 오도록 한 다음 피고인 2가 운전하는 자동차를 타고 시내를 이동하여 다닌 점에 비추어 볼 때, 피고인 2의 이러한 행위는 통상적 도피의 한 유형으로 형사사법에 중대한 장애를 초래한다고 보기 어렵다.

〈참조판례〉

○ 부산지법 2015.12.11. 선고 2015노2508 판결【범인도피, 범인도피교사 등】

피고인 1과 2는 피고인 1 명의의 콜라텍을 피고인 2 명의로 변경하는 등 허위 양도하여 채권자를 해하였다는 내용의 강제집행면탈죄 공동정범인데, 채권자에게서 강제집행면탈죄로 고소를 당하자 피고인 1은 피고인 2에게 콜라텍 양도가 허위가 아니라는 취지로 거짓진술을 하도록 부탁하고 피고인 2가 거짓진술을 한 경우, 피고인들이 처벌을 면하기 위하여 범인도피교사 및 범인도피 행위를 한 것은 자신들의 범행 은닉과 밀접불가분의 관계에 있는 공동정범에게 콜라텍 양도가 허위가 아니라는 취지로 진술하도록 교사하는 행위에 불과하여 방어권을 남용한 것이라고 보기 어렵고, 또한 자기도피와 마찬가지로 적법행위에 대한 기대가능성도 없으므로 피고인들에게 범인도피 및 범인도피교사의 죄책을 물 수 없다.

(6) 친족간의 특례

1) 친족 또는 동거의 가족이 본인을 위하여 범인은닉·도피죄를 범한 때에는 처벌하지 아니한다(제151조 제2항). 친족 또는 가족의 범위는 민법에 의해 결정된다. 따라서 단순히 사실혼관계에 있는 자인 경우에는 특례가 적용되지 아니한다(대법원 2003.12.12. 선고 2003도4533 판결).

2) 앞에서 설명한 바와 같이 범인이 타인으로 하여금 허위의 자백을 하게 하는 경우와 같이 방어권의 남용으로 볼 수 있는 행위를 한 때에는 범인도피교사죄의 죄책을 진다. 그런데 만약 그 타인이 친족이나 동거가족이기 때문에 처벌을 받지 아니하는 자인 경우에도 범인을 교사죄로 처벌할 수 있는가가 문제된다. 이와 관련하여 판례는 형법 제151조 제2항에 의하여 처벌을 받지 아니하는 친족 또는 동거 가족에 해당한다 하여 달리 볼 것은 아니라는 입장을 취하고 있다(☞ **[판례 Ⅰ-5]** 참조).

[판례 Ⅰ-5] 대법원 2006.12.7. 선고 2005도3707 판결【범인도피교사】

〈사실관계〉

무면허 상태로 프라이드 승용차를 운전하고 가다가 화물차를 들이받는 사고를 일으켜 경찰에서 조사를 받게 된 피고인이 무면허로 운전한 사실 등이 발각되지 않기 위해, 동생에게 "내가 무면허상태에서 술을 마시고 차를 운전하다가 교통사고를 내었는데 운전면허가 있는 네가 대신 교통사고를 내었다고 조사를 받아 달라"고 부탁하여, 이를 승낙한 동생으로 하여금 경찰서 교통사고조사계 사무실에서 자신이 위 프라이드 승용차를 운전하고 가다가 교통사고를 낸 사람이라고 허위 진술로 피의자로서 조사를 받도록 함으로써 범인도피를 교사하였다.

〈원심 판결요지〉

범인이 친족을 교사하여 자기를 도피시킨 경우, 범인 도피를 교사한 자는 범인 본인이어서 구성요건 해당성이 없으며, 피교사자 역시 형법 제151조 제2항에서 정한 친족에 해당하여 불가벌인 경우로서 피고인이 타인의 행위를 이용하여 자신의 범죄를 실현하고, 새로운 범인을 창출하였다는 교사범의 전형적인 불법이 실현되었다고 볼 수 없을 뿐만 아니라, 피고인의 자기방어행위의 범위를 명백히 일탈하거나 방어권의 남용에 속한다고 보기 어렵다고 할 것이어서 죄가 되지 아니한다고 봄이 상당하다.

〈대법원 판결요지〉

범인이 자신을 위하여 타인으로 하여금 허위의 자백을 하게 하여 범인도피죄를 범하게 하는 행위는 방어권의 남용으로 범인도피교사죄에 해당하는바, 이 경우 그 타인이 형법 제151조 제2항에 의하여 처벌을 받지 아니하는 친족 또는 동거 가족에 해당한다 하여 달리 볼 것은 아니다.

〈참조판례〉

○ **대법원 2008.11.13. 선고 2008도7647 판결【범인도피방조 등】**

범인의 처가 범인을 위하여 도피하게 하는 행위를 함에 있어서 범인이 처를 돕기 위하여 처에게 사고발생 경위, 도주 경위 등에 관하여 상세한 정보를 제공하여 주는 등의 방법으로 처로 하여금 심리적으로 안정할 수 있도록 하였다면 범인은 범인도피방조의 죄책을 진다.

Ⅱ. 위증과 증거인멸의 죄(제10장)

1) 국가의 사법기능을 침해하는 범죄로서, 본죄의 유형으로는 위증죄(제152조 제1항), 모해위증죄(제152조 제2항), 허위감정·통역·번역죄(제154조), 증거인멸죄(제155조 제1항, 제2항), 모해증거인멸죄(제155조 제3항)가 있다.

2) 「국회에서의 증언 및 감정에 관한 법률」에 의하여 선서한 증인 또는 감정인이 허위의 진술(서면답변을 포함한다)이나 감정을 한 때에는 가중처벌된다. 범죄가 발각되기 전에 자백한 때에는 그 형을 감경 또는 면제할 수 있으나, 자백은 국회에서 안건심의 또는 국정감사나 국정조사를 종료하기 전에 하여야 한다(제14조).

3) 타인으로 하여금 형사처분을 받게 할 목적으로 국가보안법상의 죄에 대하여 무고 또는 위증을 하거나 증거를 날조·인멸·은닉하거나, 범죄수사 또는 정보의 직무에 종사하는 공무원이나 이를 보조하는 자 또는 이를 지휘하는 자가 직권을 남용하여 위와 같은 행위를 한 때에는 해당 죄에 정한 형으로 처벌된다(국가보안법 제12조).

4) 특가법상의 범죄에 대하여 무고죄를 범한 자는 특가법에 의해 가중처벌된다(특가법 제14조).

1. 위증죄(제152조 제1항), 모해위증죄(제152조 제2항)

(1) 위증죄(제152조 제1항)

가. 법률에 의하여 선서한 증인

1) 법률에 의하여 선서한 증인이 허위의 진술함으로써 성립하는 범죄로 5년 이하의 징역 또는 1천만원 이하의 벌금에 처한다.

2) '법률에 의하여 선서'한 증인이라고 함은 법률에 근거하여 법률이 정한 절차에 따라 유효한 선서를 한 증인을 말한다. 선서에 관한 법률로는 형사소송법(제157조) 뿐만 아니라 민사소송법(제319조), 비송사건절차법(제10조), 법관징계법(제22조), 검사징계법(제26조), 특허법(제227조), 국회에서의 증언 및 감정에 관한 법률(제7조) 등이 있다.

선서를 하게 할 권한이 있는 기관에 의한 선서가 아니거나 선서의 취지를 이해하지 못하는 선서무능력자의 선서는 무효이고, 선서로서의 효력이 없는 선서를 한 경우에는 허위의 진술을 하더라도 본죄로 처벌되지 않는다. 예컨대 민사소송의 당사자인 법인의 대표자가 선서하고 허위의 진술을 한 경우(대법원 1998.3.10. 선고 97도1168 판결), 심문절차로 진행되는 소송비용확정신청사건에서 증인으로 출석하여 선서를 하고 허위의 진술을 한 경우(대법원 1995.4.11. 선고 95도186 판결), 심문절차로 진행되는 가처분 신청사건에서 증인으로 출석하여 선서를 하고 허위의 진술을 한 경우(대법원 2003.7.25. 선고 2003도180 판결) 그 선서는 법률상 무효이므로 위증죄가 성립하지 않는다.

3) 그리고 법률에 근거하여 법률이 정한 절차에 따라 유효한 선서를 한 증인이라고 하기 위해서는

증인신문이 법률이 정한 절차 조항을 준수하여 적법하게 이루어져야 한다. 형사소송에서는 재판장이 증언거부권자에 대해서 증언은 거부할 수 있음을 증인신문 전에 미리 설명하여 증언거부권을 고지하여야 한다(형소법 제160조). 증언거부권을 고지하지 아니하고 증언하게 한 경우 증언거부권을 고지받지 못함으로 인하여 그 증언거부권을 행사하는 데 사실상 장애가 초래되었다면 그 진술은 '법률에 의하여 선서한 증인'의 진술이 아니므로, 설사 그 진술 내용이 허위라 하더라도 원칙적으로 위증죄로 처벌할 수 없다(☞ **[판례 II-1]** 참조).

[판례 II-1] 대법원 2010.1.21. 선고 2008도942 판결【위증】

〈사실관계〉

피고인 1은 피고인 2와 쌍방 상해 사건으로 기소되어 공동피고인으로 함께 재판을 받으면서 자신은 폭행을 당하기만 했을 뿐 폭행한 사실이 없다고 다투던 중 변론이 분리되면서 피고인 2와의 상해로 인한 피해자인 증인으로 채택되어 검사로부터 신문받게 되었고, 그 과정에서 피고인1의 폭행 여부에 관하여 신문을 받게 됨에 따라 증언거부사유가 발생하게 되었는데도 재판장으로부터 증언거부권을 고지받지 못한 상태에서 자신의 종전 주장을 그대로 되풀이함에 따라 피고인 2를 폭행한 적이 없다는 거짓 증언을 하였다.

〈사건의 경과〉

1심은 유죄를 선고하였으나 2심은 피고인에게 허위 증언 대신 자신의 범행에 대한 자백을 사실상 강요하게 되는 진실한 진술에 대한 기대가능성이 있다고 볼 수 없으므로 위증죄의 구성요건에는 해당되지만 피고인에게 기대가능성이 없어 책임조각사유가 존재한다는 이유로 피고인에게 유죄를 선고한 1심 판결을 파기하고 피고인에게 무죄를 선고하였다.

〈판결요지〉

'법률에 의하여 선서한 증인'이라 함은 '법률에 근거하여 법률이 정한 절차에 따라 유효한 선서를 한 증인'이라는 의미이고, 그 증인신문은 법률이 정한 절차 조항을 준수하여 적법하게 이루어진 경우여야 한다. 따라서 증인신문절차에서 법률에 규정된 증인 보호를 위한 규정이 지켜진 것으로 인정되지 않은 경우에는 증인이 허위의 진술을 하였다고 하더라도 위증죄의 구성요건인 '법률에 의하여 선서한 증인'에 해당하지 아니한다고 보아 이를 위증죄로 처벌할 수 없는 것이 원칙이다. 다만 증언거부권의 고지 제도는 증인에게 그러한 권리의 존재를 확인시켜 침묵할 것인지 아니면 진술할 것인지에 관하여 심사숙고할 기회를 충분히 부여함으로써 침묵할 수 있는 권리를 보장하기 위한 것임을 감안할 때, 재판장이 신문 전에 증인에게 증언거부권을 고지하지 않은 경우에도 당해 사건에서 증언 당시 증인이 처한 구체적인 상황, 증언거부사유의 내용, 증인이 증언거부사유 또는 증언거부권의 존재를 이미 알고 있었는지 여부, 증언거부권을 고지 받았더라도 허위진술을 하였을 것이라고 볼 만한 정황이 있는지 등을 전체적·종합적으로 고려하여 위증죄의 성립 여부를 판단하여야 하므로, 헌법 제12조 제2항에 정한 불이익 진술의 강요금지 원칙을 구체화한 자기부죄거부특권에 관한 것이거나 기타 증언거부사유가 있음에도 증인이 증언거부권을 고지받지 못함으로 인하여 그 증언거부권을 행사하는 데 사실상 장애가 초래되었다고 볼 수 있는 경우에는 위증죄의 성립을 부정하여야 할 것이다.

위 법리에 비추어 볼 때, 피고인 1이 피고인 2와 쌍방 상해 사건으로 공소 제기되어 공동피고인으로 함께 재판을 받으면서 자신은 폭행한 사실이 없다고 주장하며 다투던 중 피고인 2에 대한 상해 사건이 변론분리되면서 피해자인 증인으로 채택되어 검사로부터 신문받게 되었고 그 과정에서 피고인 자신의 피고인 2에 대한 폭행 여부에 관하여 신문을 받게 됨에 따라 증언거부사유가 발생하게 되었는데도, 재판장으로부터 증언거부권을 고지받지 못한 상태에서 자신의 종전 주장을 그대로 되풀이함에 따라 결국 거짓 진술에 이르게 된 사정 등을 이유로 피고인에게 위증죄의 죄책을 물을 수 없다.

〈참조판례〉

○ 대법원 2010.2.25. 선고 2007도6273 판결【위증】

피고인의 전 남편인 공소외인이 술에 취한 상태에서 차를 운전하였고 피고인은 조수석에 앉아 있다가 도중에 운전석으로 자리를 옮겨 앉은 사실이 있음에도 불구하고, 피고인은 공소외인에 대한 도로교통법위반(음주운전) 사건에서 증인으로 출석하여 선서한 뒤 자신이 차를 운전하였고 공소외인은 술에 취하여 조수석에 앉아있었다는 취지로 위증하였다. 당시 피고인은 공소외인의 변호인의 신문에 대하여 술에 만취한 공소외인을 집으로 돌려보내기 위해 피고인 자신이 공소외인을 차에 태우고 운전하였다고 공소외인의 변명에 부합하는 내용을 적극적으로 진술하였고, 제1심 제8회 공판기일에 재판장이 증언을 하지 않을 수 있다는 사실을 알았다면 증언을 거부했을 것이냐는 신문에 대하여 그렇다 하더라도 증언을 하였을 것이라는 취지로 답변을 하였는바, 피고인이 위 형사사건의 증인으로 출석하여 증언을 한 경위와 그 증언 내용, 피고인의 제1심 제8회 공판기일에서의 진술 내용 등을 전체적·종합적으로 고려하여 보면 피고인이 선서 전에 재판장으로부터 증언거부권을 고지받지 아니하였다 하더라도 이로 인하여 피고인의 증언거부권이 사실상 침해당한 것으로 평가할 수는 없다.

○ 대법원 2012.3.29. 선고 2009도11249 판결【뇌물수수, 뇌물공여, 위증】

뇌물증·수뢰사건으로 공소제기되어 공동피고인으로 함께 재판을 받으면서 서로 뇌물을 주고받은 사실이 없다고 주장하며 다투던 중 뇌물증·수뢰의 상대방인 공동피고인에 대한 사건이 변론분리되면서 뇌물공여 또는 뇌물수수의 증인으로 채택되어 검사로부터 신문받게 되었다면, 위 피고인들로서는 증인신문과정에서 그들 자신의 뇌물공여 또는 뇌물수수 여부에 관하여 신문을 받게 됨에 따라 유죄판결을 받을 수 있는 범죄사실이 발각될 염려가 발생한 것이고, 피고인들이 재판장으로부터 증언거부권을 고지받지 못한 상태에서 그들의 종전 주장을 그대로 되풀이함에 따라 결국 거짓 진술에 이르게 되었다면, 위 피고인들이 이 사건 증언 당시 증언거부권을 고지받지 못함으로 인하여 그 증언거부권을 행사하는 데 사실상 장애가 초래되었다고 보기에 충분하므로, 이를 위증죄로 처벌할 수는 없다.

그러나 피고인이 이미 유죄판결을 받아 확정된 후 별건으로 기소된 공범에 대한 공판절차에 증인으로 출석하여 허위의 진술을 한 경우 피고인에게는 증언을 거부할 권리가 없으므로 증언에 앞서 증언거부권을 고지받지 못하였더라도 증인신문절차상 잘못이 있다고 할 수 없고 따라서 허위의 진술을 한 때에는 위증죄로 처벌된다(대법원 2008.10.23. 선고 2005도10101 판결; 2010.2.25. 선고 2007도6273 판결).

그리고 형사소송법과 달리 민사소송법은 '선서거부권 제도(제324조), '선서면제 제도'(제323조) 등 증인으로 하여금 위증죄의 위험에서 벗어날 수 있도록 하는 이중의 장치를 마련하고 있어 증언거부권 고지 규정을 두지 아니한 것이 입법의 불비라거나 증언거부권 있는 증인의 침묵할 수 있는 권리를 부당하게 침해하는 입법이라고 볼 수도 없다. 그렇다면 민사소송절차에서 재판장이 증인에게 증언거부권을 고지하지 아니하였다 하여 절차위반의 위법이 있다고 할 수 없고, 따라서 적법한 선서절차를 마쳤는데도 허위진술을 한 증인에 대해서는 달리 특별한 사정이 없는 한 위증죄가 성립한다(대법원 2011.7.28. 선고 2009도14928 판결).

5) 한편 '증인'이란 법원 또는 법관에 대하여 자신이 경험한 사실을 진술하는 제3자를 말한다. 법인이 민사소송의 당사자인 경우 법인의 대표자는 제3자가 아니라 실질적으로 당사자의 역할을 하므로 선

서를 하고 허위의 진술을 하였더라도 본죄로 처벌할 수 없다(대법원 1998.3.10. 선고 97도1168 판결). 이와는 달리 공범인 공동피고인은 당해 소송절차에서는 피고인의 지위에 있어 다른 공동피고인에 대한 공소사실에 관하여 증인이 될 수 없으나 소송절차가 분리되어 피고인의 지위에서 벗어나게 되면 다른 공동피고인에 대한 공소사실에 관하여 증인이 될 수 있으므로(대법원 2010.1.21. 선고 2008도942 판결), 공범에 대한 재판에 증인으로 출석하여 허위의 진술을 한 때에는 위증죄의 죄책을 진다. 다만 다른 형사사건의 확정판결에서 인정된 사실은 특별한 사정이 없는 한 유력한 증거자료가 되나, 당해 형사재판에서 제출된 다른 증거 내용에 비추어 관련 형사사건 확정판결의 사실판단을 그대로 채택하기 어렵다고 인정될 경우에는 이를 배척할 수 있으므로, 다른 공범에 대한 증인으로 출석하여 이전의 확정판결에서 인정된 사실과 다르게 진술하였다고 하여 곧바로 허위의 진술이라고 단정해서는 안 된다(대법원 2012.6.14. 선고 2011도15653 판결).

○ 대법원 2012.6.14. 선고 2011도15653 판결【위증】

형사재판에 있어서 이와 관련된 다른 형사사건의 확정판결에서 인정된 사실은 특별한 사정이 없는 한 유력한 증거자료가 되는 것이나, 당해 형사재판에서 제출된 다른 증거 내용에 비추어 관련 형사사건의 확정판결에서의 사실판단을 그대로 채택하기 어렵다고 인정될 경우에는 이를 배척할 수 있다. 그리고 형사재판에서 공소가 제기된 범죄사실에 대한 입증책임은 검사에게 있고, 유죄의 인정은 법관으로 하여금 합리적인 의심을 할 여지가 없을 정도로 공소사실이 진실한 것이라는 확신을 가지게 하는 증명력을 가진 증거에 의하여야 하므로, 그와 같은 증거가 없다면 설령 피고인에게 유죄의 의심이 간다 하더라도 피고인의 이익으로 판단할 수밖에 없다.

피고인이 공범인 공소외 1 등에 대한 상해치사 등 피고사건에서 증인으로 출석하여 '피고인은 피해자를 때린 사실이 없고 피고인과 공소외 1은 피해자의 사망과 아무런 관련이 없다'는 취지로 진술하였다고 하더라도, '피고인과 공소외 1, 2가 공동하여 피해자를 끌고 가 폭행하고, 피고인은 피해자를 마구 때려 외상성 경막하출혈로 사망에 이르게 하였다'는 내용의 유죄판결이 내려지게 된 결정적인 증거는 피고인과 공소외 1의 수사기관 및 제1심 법정에서의 자백 진술과 공소외 1의 항소심 증언이 유일한데, 위와 같은 피고인과 공소외 1의 자백 진술은 범행에 이르게 된 동기, 폭행 당시의 구체적인 행동 양태와 범행 이후의 제반 정황, 폭행 시각과 사망추정 시각의 불일치, 피고인과 공소외 1이 자백을 번복하게 된 경위 등 여러 사정에 비추어 그 신빙성을 쉽사리 인정하기 어렵고, 달리 피고인의 이 부분 증언이 합리적인 의심의 여지가 없을 정도로 허위의 진술이라고 인정할 만한 충분한 증거가 없으므로 피고인에게 위증죄의 죄책을 물 수 없다.

나. 허위의 진술

1) 허위의 진술이란 증인의 기억에 반하는 사실을 진술하는 것으로서 증언이 객관적 사실과 부합하지 않는다는 사실만으로 위증죄가 성립하는 것은 아니다. 그리고 증인이 자신의 기억에 반하는 사실을 진술한 이상 그것이 객관적 사실과 부합한다고 하더라도 위증죄의 죄책을 진다(대법원 1989.1.17. 선고 88도580 판결). 허위 진술의 내용은 당해 사건의 요증사실에 한정되지 않고 지엽적인 것이라도 판결에 영향을 미칠 수 있는 사실을 허위로 진술한 이상 위증죄로 처벌될 수 있다(대법원 1982.6.8. 선고 81도3069

판결; 대법원 1990.2.23. 선고 89도1212 판결).

2) 증인이 착오에 빠져 자신의 기억에 반한다는 인식없이 증언을 한 경우(대법원 1991.5.10. 선고 89도1748 판결), 증언 당시 판사의 신문취지를 오해 또는 착각하고 진술한 경우(대법원 1986.7.8. 선고 86도1050 판결)에는 위증의 고의가 없으므로 위증죄로 처벌할 수 없다. 이와는 달리 증인이 자신이 기억하고 있는 사실과 다른 사실을 진술한 경우는 물론 신문사항을 제대로 파악하기 못하였거나 기억이 잘 나지 못함에도 불구하고 알고 있다는 취지의 진술을 하거나(대법원 1981.6.23. 선고 81도118 판결; 대법원 1986.9.9. 선고 86도57 판결), 알고 있는 사실을 모른다고 진술하거나(대법원 1983.8.22. 선고 82도1989 판결), 타인으로부터 전해들은 사실을 마치 직접 경험한 사실처럼 진술하였다면(대법원 1985.10.8. 선고 85도783 판결; 대법원 1990.5.8. 선고 90도448 판결) 허위 진술에 대한 고의가 있다고 보아야 한다.

3) 증인의 증언이 기억에 반하는 허위진술인지 여부는 그 증언의 단편적인 구절에 구애될 것이 아니라 당해 신문절차에 있어서의 증언 전체를 일체로 파악하여 판단하여야 하므로, 증언의 전체적 취지가 객관적 사실과 일치되고 그것이 기억에 반하는 공술이 아니라면 사소한 부분에 관하여 기억과 불일치하더라도 그것이 신문취지에 대한 이해부족이나 착오에 인한 것이라면 위증이 될 수 없다(대법원 1996.3.12. 선고 95도2864 판결). 따라서 8, 9년 전에 경험한 사실이어서 자세한 경위를 잘 알지 못한다든가 잘 기억이 나지 않는다고 진술하거나(대법원 1983.12.13. 선고 83도2342 판결; 대법원 1985.3.26. 선고 84도1098 판결), 날짜를 정확하게 기억하지 못하여 실제 날짜와 불과 2일의 차이가 나게 진술을 한 것(대법원 1983.11.22. 선고 83도2492 판결)으로는 자신의 기억에 반하여 허위의 진술을 하였다고 볼 수 없다.

4) 허위의 진술이란 경험을 통하여 기억하고 있는 사실에 반하는 진술을 말하므로, 증인의 진술이 경험한 사실에 대한 법률적 평가이거나 단순한 의견에 지나지 아니하는 것은 허위의 진술이라고 할 수 없다(대법원 1987.10.13. 선고 87도1501 판결; 1988.9.27. 선고 88도236 판결). 그러나 객관적 사실을 토대로 한 증인 나름의 법률적 견해를 진술한 것과는 달리 자기가 지득하지 아니한 어떤 사실관계를 단순히 법률적 표현을 써서 진술한 것이라면 허위의 진술이라고 보아야 한다(대법원 1996.2.9. 선고 95도1797 판결).

5) 진술의 방법에는 제한이 없고 반드시 구두에 의한 명시적인 진술뿐만 아니라 거동, 표정 등에 의한 묵시적 진술도 포함한다. 다만 판사가 증인에게 경찰과 검사에게 진술한 내용이 사실이냐고 묻고 수사기록을 제시하고 그 요지를 고지한 후 증인이 "사실대로 진술하였으며 그 내용도 상위(相違) 없다"고 답변하거나(대법원 1989.9.12. 선고 88도1147 판결), 증인진술서에 기재된 내용이 사실대로라는 취지의 진술만을 한 경우(대법원 2010.5.13. 선고 2007도1397 판결)에는, 증인이 수사기록이나 증인진술서에 기재된 내용을 기억하여 반복 진술한 것이라고 할 수는 없으므로 설사 그 내용 중 증인의 기억에 반하는 부분이 있다고 하여도 그 진술기재내용을 위증한 것이라고 할 수는 없다.

다. 기수시기 및 죄수

1) 본죄는 증인신문절차가 종료하여 그 진술을 철회할 수 없는 단계에 이르렀을 때 기수가 된다. 따라서 선서한 증인이 일단 기억에 반하는 허위의 진술을 하였다 하더라도 그 신문이 끝나기 전에 그 진술을 철회·시정한 경우에는 위증이 되지 아니한다(대법원 1993.12.7. 선고 93도2510 판결).

2) 이에 대하여 증인이 1회 또는 수회의 기일에 걸쳐 이루어진 1개의 증인신문절차에서 허위의 진술을 하고 그 진술이 철회·시정된 바 없이 그대로 증인신문절차가 종료된 경우 그로써 위증죄는 기수에 달하고, 그 후 별도의 증인 신청 및 채택 절차를 거쳐 그 증인이 다시 신문을 받는 과정에서 종전 신문절차에서의 진술을 철회·시정한다 하더라도 그러한 사정은 형법 제153조가 정한 형의 감면사유에 해당할 수 있을 뿐, 이미 종결된 종전 증인신문절차에서 행한 위증죄의 성립에 어떤 영향을 주지 않는다(대법원 2010.9.30. 선고 2010도7525 판결).

3) 하나의 사건에 관하여 한 번 선서한 증인이 같은 기일에 여러 가지 사실에 관하여 기억에 반하는 허위의 진술을 한 경우, 각 진술마다 수 개의 위증죄를 구성하는 것이 아니라 하나의 범죄의사에 의하여 계속하여 허위의 진술을 한 것으로서 포괄하여 1개의 위증죄를 구성한다(대법원 1998.4.14. 선고 97도3340 판결). 따라서 같은 심급에서 변론기일을 달리하여 수차 증인으로 출석하여 수개의 허위진술을 한 경우 최초 한 선서의 효력을 유지시킨 후 증언한 이상 1개의 위증죄만 성립한다(대법원 2007.3.15. 선고 2006도9463 판결).

라. 공 범

1) 타인을 교사 또는 방조하여 그 타인으로 하여금 법률에 의하여 선서하고 허위의 진술을 하게 한 때에는 위증죄의 교사범 또는 종범의 죄책을 진다(형법 제31조 및 제32조). 자기의 형사사건에 관하여 허위의 진술을 하는 행위는 형사소송에 있어서의 방어권을 인정하는 취지에서 처벌의 대상이 되지 않으나, 자기의 형사사건에 관하여 타인을 교사하여 위증죄를 범하게 하는 것은 이러한 방어권을 남용하는 것이므로 교사범의 죄책을 부담한다(대법원 2004.1.27. 선고 2003도5114 판결).

2) 위증죄로 처벌되지 아니하는 선서무능력자로서 사고 현장을 목격한 일이 없는 사람에게 부탁하여 타인의 형사사건을 재판하는 법정에서 현장을 목격한 것처럼 허위의 진술을 하게 한 경우 판례는 위증교사죄의 성립을 부정한다. 교사죄는 타인을 교사하여 '죄를 범하게 함'으로써 성립하므로(형법 제31조 제1항) '위증죄로 처벌되지 아니하는 선서무능력자'를 교사하여 허위의 진술을 하게 하더라도 위증교사죄로 처벌할 수 없음은 당연하다고 하겠다. 이 경우는 '어느 행위로 인하여 처벌되지 아니하는 자'를 교사하여 범죄행위의 결과를 발생하게 한 경우(형법 제34조 제1항)에 해당하므로 위증죄의 간접정범으로 처벌하는 것이 옳다고 하겠다.

(2) 모해위증죄 (제152조 제2항)

1) 법률에 의하여 선서한 증인이 형사사건 또는 징계사건에 관하여 피고인, 피의자 또는 징계혐의자를 모해할 목적으로 허위의 진술을 함으로써 성립하는 범죄로 10년 이하의 징역에 처한다.

2) '모해할 목적'이란 피고인·피의자 또는 징계혐의자를 불리하게 할 목적을 말하고, 허위진술의 대상이 되는 사실에는 공소 범죄사실을 직접, 간접적으로 뒷받침하는 사실은 물론 이와 밀접한 관련이 있는 것으로서 만일 그것이 사실로 받아들여진다면 피고인이 불리한 상황에 처하게 되는 사실도 포함된다. 그리고 이러한 모해의 목적은 허위의 진술을 함으로써 피고인에게 불리하게 될 것이라는 인식이 있으면 충분하고 그 결과의 발생까지 희망할 필요는 없다(대법원 2007.12.27. 선고 2006도3575 판결).

3) 형법 제152조 제1항과 제2항은 위증을 한 범인이 형사사건의 피고인 등을 '모해할 목적'을 가지고 있었는가 아니면 그러한 목적이 없었는가 하는 범인의 특수한 상태의 차이에 따라 범인에게 과할 형의 경중을 구별하고 있는데, 이는 형법 제33조 단서 소정의 "신분관계로 인하여 형의 경중이 있는 경우"에 해당하므로, 모해할 목적으로 위증을 교사한 경우 설사 피교사자인 정범에게 모해의 목적이 없었다고 하더라도 교사자는 형법 제33조 단서의 규정에 의하여 모해위증교사죄로 처벌된다(대법원 1994.12.23. 선고 93도1002 판결).

(3) 자백, 자수의 특례 (제153조)

1) 위증죄 또는 모해위증죄를 범한 자가 그 공술한 사건의 재판 또는 징계처분이 확정되기 전에 자백 또는 자수를 한 때에는 그 형을 감경 또는 면제한다(제153조).

2) 이 규정은 재판 확정전의 자백을 형의 필요적 감경 또는 면제사유로 하는 것으로서, 자백의 절차에 관하여는 아무런 제한이 없으므로 그가 진술한 사건을 다루는 기관에 대한 자발적인 고백은 물론 위증사건의 피고인 또는 피의자로서 법원이나 수사기관의 심문에 의한 고백도 자백에 포함된다(대법원 1973.11.27. 선고 73도1639 판결).

2. 허위통역·감정·번역죄 (제154조)

1) 법률에 의하여 선서한 감정인, 통역인 또는 번역인이 허위의 감정, 통역 또는 번역을 함으로써 성립하는 범죄로 위증죄(제152조 제1항) 또는 모해위증죄(제152조 제2항)의 예에 의하여 처벌한다(제154조). 본죄를 범한 자가 그 공술한 사건의 재판 또는 징계처분이 확정되기 전에 자백 또는 자수를 한 때에는 그 형을 감경 또는 면제한다(제153조).

2) 허위감정죄는 고의범이므로 비록 감정내용이 객관적 사실에 반한다고 하더라도 감정인의 주관적 판단에 반하지 않는 이상 허위의 인식이 없어 허위감정죄로 처벌할 수 없다. 감정인이 감정사항의 일부를 타인에게 의뢰한 경우 타인은 감정인의 업무보조자에 불과하고 감정의견은 감정인 자신의 의

견과 판단을 나타내는 것이므로, 감정인이 그 감정 결과를 자기 명의로 법원에 제출하였다면 감정인에게는 허위성의 인식이 있었다고 보아야 한다(대법원 2000.11.28. 선고 2000도1089 판결).

3) 법률에 의하여 선서한 감정인이 하나의 소송사건에서 법원의 감정명령에 따라 동일한 감정명령 사항에 대하여 수차례에 걸쳐 허위의 감정보고서를 제출하였다면 이는 단일한 범의 하에 계속하여 범한 행위로서 포괄하여 하나의 허위감정죄를 구성한다(대법원 2000.11.28. 선고 2000도1089 판결).

3. 증거인멸죄(제155조 제1항), 증인은닉·도피죄(제155조 제2항)

(1) 타인의 형사사건 또는 징계사건에 관한 증거 또는 증인

1) 본죄는 타인의 형사사건 또는 징계사건에 관한 증거를 인멸·은닉·위조·변조하거나 위조·변조한 증거를 사용하거나 증인을 은닉·도피하게 함으로써 성립하는 범죄로 5년 이하의 징역 또는 700만원 이하의 벌금에 처한다(제155조 제1항, 제2항).

2) 본죄의 객체인 증거 또는 증인은 타인의 형사사건 또는 징계사건에 관한 증거 또는 증인에 한한다. 피고인 자신이 직접 형사처분이나 징계처분을 받게 될 것을 두려워한 나머지 자기의 이익을 위하여 그 증거가 될 자료를 인멸하였다면, 그 행위가 동시에 다른 공범자의 형사사건이나 징계사건에 관한 증거를 인멸한 결과가 된다고 하더라도 이를 증거인멸죄로 다스릴 수 없고, 이러한 법리는 공범자가 아닌 자의 형사사건이나 징계사건에 관한 증거를 인멸한 결과가 되더라도 마찬가지로 적용된다(대법원 1995.9.29. 선고 94도2608 판결). 같은 이유에서 피고인 자신이 직접 형사처분이나 징계처분을 받게 될 것을 두려워한 나머지 자기의 이익을 위하여 증인이 될 사람을 도피하게 하였다면, 그 행위가 동시에 다른 공범자의 형사사건이나 징계사건에 관한 증인을 도피하게 한 결과가 된다고 하더라도 증인도피죄로 처벌할 수 없다(대법원 2003.3.14. 선고 2002도6134 판결).

3) 형사사건이란 아직 수사절차가 개시되기 전이라도 장차 형사사건이 될 수 있는 것까지 포함하고, 그 형사사건이 기소되지 아니하거나 무죄가 선고되더라도 증거위조죄의 성립에 영향이 없다(대법원 2011.2.10. 선고 2010도15986 판결). 그리고 징계사건이란 국가의 징계사건에 한정되고 사인간의 징계사건은 포함되지 않는다(대법원 2007.11.30. 선고 2007도4191 판결).

4) 자기의 형사사건에 관한 증거를 직접 인멸하는 행위를 처벌할 수 없으나, 자기의 형사사건에 관한 증거를 인멸하기 위하여 타인을 교사하여 죄를 범하게 한 경우는 국가형벌권의 행사를 저해하는 행위로서 교사범의 죄책을 부담한다(대법원 1965.12.10. 선고 65도826 판결).

(2) 증거 인멸·은닉·위조·변조, 위조변조증거의 사용, 증인 은닉·도피

1) '증거'란 수사기관이나 법원 또는 징계기관이 국가의 형벌권 또는 징계권의 유무를 확인하는 데 관계있다고 인정되는 일체의 자료로서 타인에게 유리한 것이건 불리한 것이건 가리지 아니하며 또 증

거가치의 유무 및 정도를 불문한다(대법원 2007.6.28. 선고 2002도3600 판결).

2) '인멸'이란 증거의 현출 방해는 물론 효력을 멸실·감소시키는 일체의 행위를 말하고(대법원 1961. 10.19. 선고 4294형상347 판결), 은닉이란 증거를 숨기거나 그 발견을 곤란하게 하는 일체의 행위를 말한다.

3) '위조'란 문서에 관한 죄에 있어서의 위조 개념과는 달리 존재하지 아니한 증거를 이전부터 존재하고 있는 것처럼 작출하는 것을 말하고, 증거가 문서의 형식을 갖는 경우 증거위조죄에 있어서의 증거에 해당하는지 여부가 그 작성권한의 유무나 내용의 진실성에 좌우되지 않는다. 따라서 타인의 형사사건과 관련하여 수사기관이나 법원에 제출하거나 현출되게 할 의도로 법률행위 당시에는 존재하지 아니하였던 처분문서를 사후에 그 작성일을 소급하여 작성하는 것은, 가사 그 작성자에게 해당 문서의 작성권한이 있고 그와 같은 법률행위가 당시에 존재하였다거나 그 법률행위의 내용이 위 문서에 기재된 것과 큰 차이가 없다고 하여도 증거위조에 해당한다(대법원 2007.6.28. 선고 2002도3600 판결). 그러나 참고인이 타인의 형사사건 등에서 직접 진술 또는 증언하는 것을 대신하거나 그 진술 등에 앞서서 허위의 사실확인서나 진술서를 작성하여 수사기관 등에 제출하거나 또는 제3자에게 교부하여 제3자가 이를 제출한 것은 존재하지 않는 문서를 이전부터 존재하고 있는 것처럼 작출하는 등의 방법으로 새로운 증거를 창조한 것이 아니므로 증거위조죄를 구성하지 않는다(대법원 2011.7.28. 선고 2010도2244 판결). 참고인의 허위진술 자체 또는 참고인 작성의 허위 사실확인서 등과는 달리 참고인이 타인의 형사사건 등에 관하여 제3자와 대화를 하면서 허위로 진술하고 위와 같은 허위진술이 담긴 대화내용을 녹음한 녹음파일 또는 이를 녹취한 녹취록은 그 진술내용만이 증거자료로 되는 것이 아니고 녹음 당시의 현장음향 및 제3자의 진술 등이 포함되어 있어 그 일체가 증거자료가 되므로, 이와 같은 행위는 증거위조에 해당한다(대법원 2013.12.26. 선고 2013도8085 판결).

한편 증거의 위조란 증거 자체를 위조하는 것을 말하고 타인으로 하여금 허위의 진술을 하도록 하는 것은 이에 포함되지 않는다(대법원 1995.4.7. 선고 94도3412 판결). 따라서 선서무능력자로서 범죄현장을 목격하지도 않은 사람으로 하여금 법정에서 범죄현장을 목격한 것인 양 증언을 하도록 하는 것은 증거의 위조에 해당하지 않는다(대법원 1998.2.10. 선고 97도2961 판결). 다만 위증을 교사한 사람은 위증죄의 교사범 또는 간접정범으로 처벌할 수 있다(앞의 위증죄의 공범에 관한 설명 참조).

5) 증인을 은닉·도피하게 한다고 함은 수사 또는 재판을 피하여 증인을 숨기거나 다른 곳으로 가게 하여 증인에 대한 조사 또는 신문을 방해하는 것으로, 증인을 단순히 타인의 형사피의사건에 관하여 수사기관에서 허위의 진술을 하거나 허위의 진술을 하도록 교사하는 정도의 행위로서는 타인의 형사사건에 관한 증인을 은닉 또는 도피하게 한 것에 해당되지 아니한다(대법원 1977.9.13. 선고 77도997 판결).

(3) 모해목적 증거인멸 등

1) 피의자, 피고인 또는 징계혐의자를 모해할 목적으로 위와 같은 행위를 한 때에는 10년 이하의 징역에 처한다(같은 조 제3항).

2) 본죄의 피의자는 수사기관에 의하여 범죄의 인지 등으로 수사가 개시되어 있을 것을 필요로 하고, 그 이전의 단계에서는 장차 형사입건될 가능성이 크다고 하더라도 그러한 사정만으로 피의자에 해당하지 않는다. 다만 사법경찰관이 범죄를 인지하는 경우에는 범죄인지보고서를 작성하는 절차를 거치도록 되어 있으므로 특별한 사정이 없는 한 수사기관이 그와 같은 절차를 거친 때에 범죄 인지가 된 것으로 볼 수 있겠으나, 사법경찰관이 그와 같은 절차를 거치기 전에 범죄의 혐의가 있다고 보아 수사에 착수하는 행위를 한 때에는 이때에 범죄를 인지한 것으로 보아야 하고 그 뒤 범죄인지보고서를 작성한 때에 비로소 범죄를 인지하였다고 볼 것은 아니다(대법원 2010.6.24. 선고 2008도12127 판결).

(4) 친족간 증거인멸 등

1) 친족 또는 동거의 가족이 본인을 위하여 증거인멸죄(제155조 제1항), 증인은닉·도피죄(같은 조 제2항), 모해목적증거인멸·증인은닉도피죄(같은 조 제3항)를 범한 때에는 처벌하지 아니한다.

2) 적법행위에 대한 기대가능성이 없음을 이유로 한 책임조각사유이다. 친족이나 동거가족이 친족 또는 동거가족 아닌 자를 교사 또는 방조하여 증거인멸죄 등을 범하게 한 경우 증거인멸죄 등의 공범으로 처벌할 수 있는가가 문제될 수 있다. 판례가 범인이 타인을 교사하여 타인으로 하여금 증거인멸죄를 범하도록 한 경우 증거인멸교사죄의 죄책을 인정하고 있는 점을 고려해 볼 때 이와 같은 경우 친족에게 증거인멸죄 등의 공범의 죄책을 인정할 여지가 있다. 그러나 친족간의 증거인멸을 처벌하지 않는 이유가 적법행위에 대한 기대가능성이 없다는 데 있으므로, 친족이 직접 증거를 인멸한 경우는 물론 타인을 교사·방조하여 증거를 인멸한 경우에도 처벌되지 않는다고 봄이 타당하다.

(5) 증거인멸죄 등의 공범

증거인멸죄 등은 타인의 형사사건 또는 징계사건에 관하여 성립하는 범죄이므로, 범인이 스스로 자기의 형사사건 또는 징계사건에 관한 증거를 인멸·은닉하거나, 증인을 은닉·도피하게 하는 경우에는 처벌되지 않는다. 그런데 만약 범인이 타인을 교사하여 그 타인으로 하여금 이와 같은 행위를 하도록 한 경우 그 타인을 증거인멸죄 등으로 처벌하는 외에 교사자를 증거인멸죄 등의 교사범으로 처벌할 수 있는가가 문제된다.

아래에서 보는 바와 같이 판례는 타인을 교사하여 자기의 형사사건에 관한 증거를 인멸하는 경우는 피고인의 방어권의 남용에 해당한다는 이유로 교사범의 죄책을 진다는 입장을 취하고 있다.

○ **대법원 1965.12.10. 선고 65도826 판결【증거인멸교사 등】**

증거인멸죄는 국가형벌권의 행사를 저해하는 일체의 행위를 처벌의 대상으로 하고 있으나 범인 자신이 한 증거인멸의 행위는 피고인의 방어권을 인정하는 취지와 상충하므로 처벌의 대상이 되지 아니하나, 타인이 타인의 형사사건에 관한 증거를 그 이익을 위하여 인멸하는 행위를 하면 증거인멸죄가 성립되므로 자기의 형사사건에 관한 증거를 인멸하기 위하여 타인을 교사하여 죄를 범하게 한 자에 대하여도 교사범의 죄책을 부담케 함이 상당할 것이다.

Ⅲ. 무고의 죄(제11장)

(1) 의 의

1) 타인으로 하여금 형사처분 또는 징계처분을 받게 할 목적으로 공무소 또는 공무원에 대하여 허위의 사실을 신고함으로써 성립하는 범죄로 10년 이하의 징역 또는 1,500만원 이하의 벌금에 처한다. 국가의 형사사법권 또는 징계권의 적정한 행사를 주된 보호법익으로 하고 부수적으로 개인의 부당하게 처벌 또는 징계받지 아니할 이익도 보호한다(대법원 2005.9.30. 선고 2005도2712 판결).

2) 본죄의 주체에는 제한이 없다. 비록 타인 명의의 고소장을 대리하여 작성하고 제출하는 형식으로 고소가 이루어진 경우라 하더라도 그 명의자는 고소의 의사가 없이 이름만 빌려준 것에 불과하고 명의자를 대리한 자가 실제 고소의 의사를 가지고 고소행위를 주도한 경우라면 그 명의자를 대리한 자를 신고자로 보아 무고죄의 주체가 된다(대법원 2007.3.30. 선고 2006도6017 판결).

(2) 타인으로 하여금 형사처분 또는 징계처분을 받게 할 목적

1) 우선 '형사처분'이란 형사제재 즉, 형벌뿐만 아니라 보안처분을 부과하는 처분을 말한다. 일부법령에서는 형사처분과 보호처분을 구분하기도 하나(소년법 제1조·제7조, 수사지휘규정 제59조·제66조, 보호관찰법 제3조 등), 본죄는 국가의 형사사법권 또는 징계권의 적정한 행사를 보호법익으로 하므로 보호처분을 비롯한 보안처분을 제외할 이유가 없다.

그리고 '징계처분'이란 공법상의 특별권력관계에 기하여 질서유지를 위하여 과하는 제재를 말한다. 공무원에 대한 징계처분으로는 파면, 해임, 강등, 정직, 감봉, 견책이 있다(공무원징계령 제1조의3). 변호사에 대한 징계는 대한변호사협회 변호사징계위원회를 거쳐 최종적으로 법무부의 변호사징계위원회에서 결정되고 이에 불복하는 경우에는 행정소송을 할 수 있는 점 등을 고려해 볼 때 변호사에 대한 징계처분은 무고죄의 징계처분에 포함된다(대법원 2010.11.25. 선고 2010도10202 판결). 이에 대하여 사립대학교 교수인 피해자들로 하여금 징계처분을 받게 할 목적으로 범정부 국민포털인 국민신문고에 민원을 제기하였더라도 본죄는 성립하지 않는다(대법원 2014.7.24. 선고 2014도6377 판결).

2) 무고죄에 있어서 '형사처분 또는 징계처분을 받게 할 목적'은 허위신고를 함에 있어서 다른 사람이 그로 인하여 형사처분 또는 징계처분을 받게 될 것이라는 인식이 있으면 족한 것이고 그 결과발생을 희망하는 것을 요하는 것은 아니다. 일반적으로 허위사실이 기재된 고소장을 수사기관에 제출한 이상 타인이 형사처분을 받을 수 있다는데 대한 인식은 있다고 보아야 한다(대법원 2014.3.13. 선고 2012도2468 판결). 따라서 고소인이 고소장을 접수하더라도 수사기관의 고소인 출석요구에 응하지 않음으로써 그 단계에서 수사가 중지되고 고소가 각하될 것으로 생각하고 있었고 나아가 피고소인들에 대한 출석요구와 피의자신문 등의 수사권까지 발동될 것은 의욕하지 않았다거나(대법원 2006.8.25. 선고 2006도3631

판결), 피고소인과 그로부터 피해를 당한 사람들과의 합의를 주선하기 위하여 자신들도 피해자인 것처럼 행세하면서 피고소인의 승낙을 받고 공소외인으로부터 차용금 피해를 당한 것처럼 허위사실을 기재한 고소장을 제출한 경우에도 무고의 죄책을 진다(☞ **[판례 Ⅲ-1]** 참조).

[판례 Ⅲ-1] 대법원 2005.9.30. 선고 2005도2712 판결【무고, 변호사법위반】

〈공소사실〉

피고인들은 공모하여 경찰서 민원실에서 사실은 피고인들이 각 공소외인에게 돈을 빌려 준 적이 없음에도 불구하고 공소외인으로 하여금 형사처분을 받게 할 목적으로 "고소인들이 공소외인에게 각 5,000만원을 빌려주고 공소외인이 1주일 단위로 원리금을 균등상환하기로 하였는데 원리금을 전혀 변제하지 않아서 고소장을 제출하니 자세히 살펴보고 엄벌에 처해 달라.'는 취지의 허위사실을 기재한 고소장을 피고인들 각자의 명의로 작성하여 경찰서장 앞으로 제출하여 공소외인을 무고하였다.

〈원심 판결요지〉

피고인들은 공소외인과 그로부터 피해를 당한 사람들 사이의 합의를 주선하기 위하여 자신들도 피해자인 것처럼 행세하기 위한 방편으로 공소외인을 고소하기로 하고 이러한 취지를 공소외인에게도 미리 알렸고, 수사기관의 고소인 출석요구에 응하지 않아 결국 피고인들의 고소사건은 고소장 각하로 종결되었는바, 피고인들은 당초부터 고소인 진술을 회피할 의사를 가졌고, 고소 내용도 단순히 공소외인이 돈을 빌리고도 약정에 반하여 변제하지 않는다는 것에 불과하고, 고소인이 전혀 출석을 하지 않으면 피고소인은 형사상의 불이익한 처분을 받을 가능성이 전혀 없다고 나름대로 판단한 점 등을 고려해 볼 때, 피고소인이 형사상의 불이익한 처분을 받을 가능성을 감수, 용인하였다고 보기는 어렵다.

〈대법원 판결요지〉

무고죄에 있어서 형사처분 또는 징계처분을 받게 할 목적은 허위신고를 함에 있어서 다른 사람이 그로 인하여 형사 또는 징계처분을 받게 될 것이라는 인식이 있으면 족한 것이고 그 결과발생을 희망하는 것까지를 요하는 것은 아니므로, 고소인이 고소장을 수사기관에 제출한 이상 그러한 인식은 있었다고 보아야 한다. 피고인들은 공소외인과 그로부터 피해를 당한 사람들과의 합의를 주선하기 위하여 자신들도 피해자인 것처럼 행세하기 위하여 공소외인의 승낙을 받고 공소외인으로부터 차용금 피해를 당한 것처럼 허위사실을 기재한 이 사건 고소장을 제출하였는바, 공소외인에 대한 형사처분이라는 결과발생을 의욕한 것은 아니라 하더라도 적어도 그러한 결과발생에 대한 미필적인 인식은 있었던 것으로 보아야 할 것이다.

3) 타인으로 하여금 형사처분 또는 징계처분을 받게 할 목적이 요구되므로 스스로 본인을 무고하는 자기무고는 무고죄의 구성요건에 해당하지 아니한다. 그러나 자기 자신을 무고하기로 제3자와 공모하고 이에 따라 무고행위에 가담하였다고 하더라도 이는 자기 자신에게는 무고죄의 구성요건에 해당하지 않아 범죄가 성립할 수 없는 행위를 실현하고자 한 것에 지나지 않아 무고죄의 공동정범으로 처벌할 수 없다(대법원 2017.4.26. 선고 2013도12592 판결). 피무고자의 교사·방조 아래 제3자가 피무고자에 대한 허위의 사실을 신고한 경우 제3자의 행위는 무고죄를 구성하므로 제3자를 교사·방조한 피무고자도 교사·방조범으로서의 죄책을 진다(☞ **[판례 Ⅲ-2]** 참조).

[판례 Ⅲ-2] 대법원 2008.10.23. 선고 2008도4852 판결【사기미수, 무고, 위증, 무고방조】

〈사실관계〉

A 주식회사의 실질적 운영자인 피고인 1은 B로부터 A 주식회사의 운영자금을 차용하면서 2004.1.18.경 그 담보명목으로 B에게 액면금 1억 7,000만원인 약속어음을 발행하였는데, 피고인 2는 B의 추가담보 제공요구에 따라 위 약속어음 표면에 보증의 의사로 자신의 주소를 기재한 후 서명날인하였음에도, B가 위 차용금 채무의 불이행을 이유로 위 약속어음 공정증서를 집행권원으로 피고인 2는 자기 소유의 부동산에 강제경매를 신청하자 이를 면하기 위하여 허위 사실을 기재한 고소장을 작성·제출하고, 그에 따라 공소제기된 피고인 1에 대한 유가증권위조 등 사건에 증인으로 출석하여 허위의 증언을 하였다.

〈원심 판결요지〉

무고죄는 "타인으로 하여금" 형사처분 또는 징계처분을 받게 할 목적이 있어야 성립하므로 스스로 본인을 무고하는 자기무고는 무고죄를 구성하지 아니하고, 자기무고가 무고죄를 구성하지 아니하는 이상 이를 방조하였다 하여 무고방조죄가 성립한다고 할 수 없다. 그리고 무고죄와 증거인멸죄의 보호법익 및 구성요건의 내용이 다르고, 그에 따라 이른바 자기무고죄와 자기증거인멸죄를 처벌하지 아니하는 취지 역시 상이하다. 즉, 증거인멸죄의 보호법익은 사법작용에 대한 국가의 기능이라 할 것인데 다만 피고인의 방어권과 상충한다는 점에서 자기증거인멸죄를 부정하는 데에 불과하고, 다른 사람으로 하여금 이를 하도록 교사하는 등의 경우에는 방어권의 남용으로서 그 공범이 성립할 수 있다. 반면에, 무고죄의 보호법익은 국가의 형사사법권 또는 징계권의 적정한 행사 뿐만 아니라 피무고자 개인의 부당한 형사처분 또는 징계로부터의 보호에도 있고, 자기무고죄를 처벌하지 아니하는 취지가 이러한 무고죄의 개인적 법익 보호의 성격에 근거하고 있다면, 그 교사나 방조범의 성립 역시 부정함이 타당하다.

〈대법원 판결요지〉

형법 제156조의 무고죄는 국가의 형사사법권 또는 징계권의 적정한 행사를 주된 보호법익으로 하는 죄이나, 스스로 본인을 무고하는 자기무고는 무고죄의 구성요건에 해당하지 아니하여 무고죄를 구성하지 않는다. 그러나 피무고자의 교사·방조 하에 제3자가 피무고자에 대한 허위의 사실을 신고한 경우에는 제3자의 행위는 무고죄의 구성요건에 해당하여 무고죄를 구성하므로, 제3자를 교사·방조한 피무고자도 교사·방조범으로서의 죄책을 부담한다.

(3) 공무소 또는 공무원

1) 본죄의 객체는 공무소 또는 공무원이다. 모든 공무소나 공무원이 아니고 형사처분 또는 징계처분에 대하여 직권을 행사할 수 있는 관청 또는 그 소속공무원을 말한다. 형사처분의 경우에는 수사기관이나 그 보조자가 객체가 되며 징계처분에 있어서는 징계권자 또는 징계권의 발동을 촉구하는 권한을 가진 자나 그 감독기관 또는 소속구성원을 말한다(대법원 2010.11.25. 선고 2010도10202 판결).

2) 수사기관을 통할하는 대통령(대법원 1977.6.28. 선고 77도1445 판결), 관내 경찰서장을 지휘·감독하는 도지사(대법원 1982.11.22. 선고 81도2308 판결), 조세범칙행위에 대하여 수사기관에 고발할 권한을 가진 국세청장(대법원 1991.12.13. 선고 91도2127 판결), 공무원의 임용권자에게 징계를 요구할 권한을 가진 감사원장(감사원법 제32조)은 본죄의 객체에 해당하나, 농업협동조합중앙회장(대법원 1980.2.12. 선고 79도3109 판결)은 본죄의 객체에 해당하지 않는다.

3) 무고죄에 있어서 공무소 또는 공무원에 대한 신고는 반드시 징계처분 또는 형사처분을 결정할

수 있는 권한이 있는 상관에게 직접 할 것을 필요로 하는 것이 아니고 지휘·명령계통이나 사건 이첩을 통하여 그런 권한 있는 상관에게 도달함으로서 성립하므로, 군사령관과 중앙정보부장 앞으로 제출한 허위내용의 진정서가 군지휘 명령계통과 관할이첩을 통하여 징계 및 형사처분권 있는 육군참모총장에게 도달하게 한 경우에도 무고죄가 성립한다(대법원 1973.1.16. 선고 72도1136 판결).

4) 허위사실 신고의 대상이 공무소 또는 공무원이면 족하고 형사처분 또는 징계처분을 받는 대상이 반드시 공무원일 것을 요하지는 않는다. 예컨대 지방법원장은 법무사에 대하여 징계처분(제명, 업무정지, 과태료, 견책)을 할 수 있는 권한을 가지고 있으므로(법무사법 제48조 제1항, 제2항), 법무사로 하여금 징계처분을 받게 할 목적으로 지방법원장에게 허위사실을 신고한 때에는 무고죄가 성립한다. 그리고 변호사에 대한 징계는 판사와 검사가 위원으로 참여하여 구성된 대한변호사협회 변호사징계위원회를 거쳐 최종적으로 법무부의 변호사징계위원회에서 결정되고 이에 불복하는 경우에는 행정소송을 할 수 있으므로, 변호사에 대한 징계처분은 무고죄의 '징계처분'에 포함된다. 따라서 변호사로 하여금 징계처분을 받도록 하기 위해 징계개시의 신청권이 있는 지방변호사회의 장에게 허위사실을 신고한 때에는 무고죄의 죄책을 진다(대법원 2010.11.25. 선고 2010도10202 판결).

(4) 허위사실의 신고

1) 무고죄는 신고한 사실이 허위사실이라는 점에 관하여는 적극적인 증명이 있어야 하며, 신고사실의 진실성을 인정할 수 없다는 점만으로 곧 그 신고사실이 객관적 진실에 반하는 허위사실이라고 단정하여 무고죄의 성립을 인정해서는 안 된다(대법원 2014.2.13. 선고 2011도15767 판결).

허위사실이란 객관적 진실에 반하는 사실을 말한다. 예컨대 피고소인인 계주가 상계를 주장하며 계원인 고소인이 탈 계금 중 일부를 임의공제하고 일부만 지급하자 고소인이 불만을 표시하였고 이에 피고소인이 다른 계를 조직하여 보충해 주겠다고 약속하고 고소인이 이를 승복하였음에도 불구하고 계주가 계금 중 일부를 미지급함으로써 배임행위를 하였다고 고소하거나(대법원 1983.5.10. 선고 83도818 판결), 경찰관이 A를 현행범으로 체포하려는 상황에서 B가 경찰관을 체포하였는데 B가 경찰관의 현행범체포업무를 방해한 일이 없다며 경찰관을 불법체포로 고소하는 것(대법원 2009.1.30. 선고 2008도8573 판결)은 허위사실의 신고에 해당한다.

고소인이 차용금을 갚지 않는 차용인을 사기죄로 고소함에 있어서 차용금의 용도를 사실대로 이야기하였더라면 금원을 대여하지 않았을 것인데 차용금의 용도를 속이는 바람에 대여하였다고 주장하는 경우 그 차용금의 실제용도는 사기죄의 성부에 영향을 미치는 것으로서 고소사실의 중요한 부분이 되므로, 고소인이 그 실제용도에 관하여 허위로 신고를 하였다면 그것만으로도 무고죄에 있어서의 허위의 사실을 신고한 때에 해당한다. 예컨대 도박자금으로 금전을 대여하였음에도 불구하고 피고소인이 "사고 처리비용조로 금전을 빌려가 그 다음날 바로 변제하겠다"고 거짓말을 하였다고 고소한 경우 무고죄가 성립한다(대법원 2004.1.16. 선고 2003도7178 판결).

그러나 차용인이 변제의사와 능력의 유무에 관하여 기망하였다는 내용으로 고소하면서 차용금의 실제 용도에 관하여 사실과 달리 신고하였다 하더라도 그것만으로는 범죄사실의 성부에 영향을 줄 정도의 중요한 부분을 허위로 신고하였다고 할 수 없으므로, 피고소인이 변제의사와 능력도 없이 차용금 명목으로 고소인으로부터 돈을 편취한 것은 사실이나 고소인이 피고소인을 차용금 사기로 고소하면서 대여금의 용도에 관하여 '도박자금'으로 빌려준 사실을 감추고 '내비게이션 구입에 필요한 자금'이라고 허위 기재하고, 대여의 일시·장소도 사실과 달리 기재하였다고 하더라도 이를 허위사실의 신고라고 할 수는 없다(대법원 2011.9.8. 선고 2011도3489 판결).

2) 수개의 혐의사실을 들어 고소 또는 고발하였는데 그 중 일부는 진실하다고 하더라도 다른 일부는 허위인 경우에는 허위 부분에 대해서 무고죄가 성립한다(대법원 1989.9.26. 선고 88도1533 판결). 그러나 신고내용에 일부 객관적 진실에 반하는 내용이 포함되었다 하더라도 그것이 독립하여 형사처분 등의 대상이 되지 아니하고 단지 신고사실의 정황을 과장하는 데 불과하거나 허위인 일부 사실의 존부가 전체적으로 보아 범죄사실의 성립 여부에 직접 영향을 줄 정도에 이르지 아니하는 내용에 관계되는 것이라면 별도로 무고죄가 성립하지 아니한다.

예컨대 피고소인으로부터 구타를 당한 것이 사실이나 고소사실에 상해를 포함시키거나(대법원 1973.12.25. 선고 73도2771 판결), 피고소인으로부터 폭행 또는 강간을 당한 것이 사실이나 고소사실에 폭행 또는 강간으로 입은 것이 아닌 상해를 포함시키거나(대법원 1983.1.18. 선고 82도2170 판결), 좌측안면부 등에 찰과상이나 좌상을 입은 사실이 있는데 고소함에 있어서 이전에 입은 비골골절 사실마저 기재된 상해진단서를 제출하거나(대법원 1984.1.23. 선고 83도3023 판결), 피고소인과 서로 멱살을 잡고 밀고 당기는 과정에서 상해를 입었는데 피고소인으로부터 폭행을 당하여 상해를 입었다고 고소하거나(대법원 1986.7.21. 선고 86도582 판결), 시비가 붙어 서로 허리띠나 옷을 잡고 밀고 당기면서 평소에 좋은 상태가 아니던 요추부에 가벼운 염좌 증세가 생겼을 가능성이 있는데 구타를 당하여 상해를 입었다고 고소하는 것(대법원 1996.5.31. 선고 96도771 판결)은 허위사실을 신고한 것이 아니라 신고당시의 정황을 과장하는데 불과하고, 고소인 자신이 상대방의 범행에 공범으로 가담하였음에도 자신의 가담사실을 숨기고 상대방만을 고소하였더라도 피고인의 고소내용이 상대방의 범행 부분에 관한 한 진실에 부합하므로 허위사실을 신고한 것으로 볼 수 없다(대법원 2008.8.21. 선고 2008도3754 판결).

이에 대하여 피고인이 고소를 통하여 공소외인에게 실제로 돈을 대여한 바 없거나 또는 일부 대여한 돈을 이미 변제받았음에도 불구하고 마치 돈을 대여하였거나 그로 인한 채권이 여전히 존재하는 것처럼 내세워 신고하거나(대법원 1995.3.10. 선고 94도2598 판결), 고소인과 제3자와의 싸움을 말렸는데 고소인이 말을 듣지 아니하여 만류를 포기하고 옆에서 보고만 있었는데 "피고소인이 제3자에 가세하여 자신의 양팔을 잡고 제3자가 자신의 안면부를 때려 상해를 입었다."고 고소하거나(대법원 1995.2.24. 선고 94

도3068 판결), 고소인이 자신을 때려 주면 돈을 주겠다고 하여 피고소인이 고소인을 때리고 지갑을 교부받아 그 안에 있던 현금을 가지고 간 것임에도 "피고소인 등이 자신을 폭행하여 돈을 빼앗았다'는 취지로 고소하는 것(대법원 2010.4.29. 선고 2010도2745 판결)은 단순히 신고사실의 정황을 과장한 것이 아니라 허위사실을 신고한 경우에 해당한다.

3) 무고죄는 허위사실을 신고한 경우에 성립하므로 신고자가 신고내용을 허위라고 믿었더라도 그것이 객관적 진실에 부합하는 경우에는 무고죄가 성립하지 않는다. 이 때 신고된 사실이 객관적 진실에 부합하는가의 여부는 범죄의 구성요건과 관련하여 신고사실의 핵심 또는 중요내용이 허위인가에 따라 판단한다(☞ **[판례 Ⅲ-3]** 참조).

[판례 Ⅲ-3] 대법원 1991.10.11. 선고 91도1950 판결【무고】

〈사실관계〉

아파트의 관리대행업체의 관리소장이 같은 회사의 보일러 기계실장인 피고인 등이 보일러 세관 후 발생하는 폐수를 하수구에 무단방류하였다고 경찰에 고발하자, 피고인은 이에 대응하여 "자신은 폐수를 버리라고 지시한 적도 없고, 폐수를 버린 적도 없으며, 폐수를 버린 사실을 알지도 못하고 있는데 관리소장이 허위사실을 고발하여 피고인을 무고하였다."는 취지로 관리소장을 경찰에 고소하였고, 검사는 관리소장의 고발사건에 대하여 "피고인 등이 보일러 세관수를 하수구에 방류한 사실은 인정되나, 위 세관수는 수소이온농도(PH)가 4.1로서 그 농도가 2.0 이하 또는 12.5 이상인 산업폐기물에 해당하지 아니하고, 이에는 환경보전법상 특정유해물질이 포함되어 있지 않다는 이유로 피고인 등의 환경보전법위반의 피의사실은 범죄혐의 없다"는 취지의 결정을 내렸다.

〈판결요지〉

무고죄는 타인으로 하여금 형사처분 등을 받게 할 목적으로 신고한 사실이 객관적 진실에 반하는 허위사실인 경우에 성립되는 범죄로서, 신고자가 그 신고내용을 허위라고 믿었다 하더라도 그것이 객관적으로 진실한 사실에 부합할 때에는 허위사실의 신고에 해당하지 않아 무고죄는 성립하지 않으며, 한편 신고한 사실의 허위 여부는 그 범죄의 구성요건과 관련하여 신고사실의 핵심 또는 중요내용이 허위인가에 따라 판단하여 무고죄의 성립여부를 가려야 할 것이다.

관리소장의 피고인에 대한 고발내용 중 범죄구성요건에 관련된 중요부분은 피고인이 환경보전법에서 규정하고 있는 '특정유해물질 또는 산업폐기물'을 함유하고 있는 보일러 세관수를 정당한 사유 없이 방류함으로써 결국 위 법조를 위반하였다는 것이고, 한편 피고인의 관리소장에 대한 고소내용의 중요부분은 피고인이 그와 같이 '특정유해물질 또는 산업폐기물'을 함유하고 있는 보일러 세관수를 방류한 사실이 없어 결국 관리소장의 고발내용이 허위라는 것이므로, 피고인이 보일러 세관수를 방류한 사실이 인정된다 하더라도 그 세관수가 위 법조에 규정된 특정유해물질이나 산업폐기물을 함유하고 있지 않다면 관리소장의 고발내용은 결과적으로 그 범죄구성요건에 관련된 중요부분이 허위인 반면 피고인의 고소내용은 그 중요부분에 있어 객관적으로 진실한 사실에 부합하는 것이어서, 피고인이 허위사실을 신고한 것이라고는 할 수 없다.

〈해 설〉

무고죄는 타인으로 하여금 형사처분 또는 징계처분을 받게 할 목적으로 공무소 또는 공무원에 대하여 허위의 사실을 신고함으로써 성립하는 범죄로 대부분 신고한 사실이 허위인가의 여부에 의해 본죄의 성립여부가 결정된다. 이 사안에서 세관수에 환경보전법이 규정하고 있는 특정유해물질이나 산업폐기물을 함유하고 있지 않다면 이 사건 피고인인 피고발인의 행위는 환경보전법위반죄에 해당하지 않는다. 그러나 그것은 보일러 세관수를 무단방류한 사실이 없기 때문이 아니라, 무단방류한 세관수가 환경보전법에 규정된 특정유해물질이나 산업폐기물을 함유하고 있지 않았기 때문이다. 따라서 **[판례 Ⅲ-1]**에서 공소외인이 고발한 '피고인 등이 보일러 세관 후 발생하는 폐수를 하수구에 무단방류'한 고소한 사실은 검찰에서도 확인되었듯이 허위사실이 아니라 객관적 진실에 부합하는 사실이고, 피고발인이 무단방류한 세관수에 환경보전법에 규정된 특정유해물질이나 산업폐기물이 함유되어 있지 않음을 알고도 피고발인으로 하여금 형사처분을 받게 할 목적으로 고발한 것은 무고에 해당하지 않는다.

그런데 피고인은 "자신은 폐수를 버리라고 지시한 적도 없고, 폐수를 버린 적도 없으며, 폐수를 버린 사실을 알지도 못한다." 고 주장하며 오히려 공소외인을 무고죄로 고소하였다. 그런데 대법원은 신고한 사실의 허위 여부는 그 범죄의 구성요건과 관련하여 신고사실의 핵심 또는 중요내용이 허위인가에 따라 판단하여 무고죄의 성립여부를 가려야 한다고 하면서, 결과적으로 공소외인의 고발이 허위사실의 신고에 해당하고 피고인의 행위는 허위사실의 신고가 아니라는 취지로 판시하고 있다. 앞에서 지적한 바와 같이 공소외인이 신고한 사실이 허위인지의 여부와 피고인의 행위가 환경보전법위반죄에 해당하는지 여부는 분리하여 판단해야 하는데, 대법원은 피고인의 행위가 환경보전법위반죄에 해당하지 않기 때문에 공소외인의 고발은 허위사실의 신고에 해당하고 따라서 피고인이 공소외인을 무고죄로 고소한 것은 허위사실의 신고가 아니라는 논리를 펴고 있다.

그러나 보일러 세관수를 무단방류한 것은 사실이므로 세관수가 특정유해물질이나 산업폐기물을 함유하고 있지 않다고 하여 그와 같은 사실을 신고한 고소인이 허위사실을 신고하였다고 할 수는 없다. 이 사안에서는 오히려 자신은 죄가 없음에도 불구하고 고소인이 자신을 무고하였다고 고소한 피고인들이 허위사실을 신고한 것으로 보아 무고죄의 죄책을 물어야 할 것이다.

4) 한편 무고죄가 성립하기 위해서는 신고된 허위사실 자체가 형사처분 또는 징계처분의 대상이 되는 것이어야 한다(☞ **[판례 Ⅲ-4]** 참조). 해당범죄가 친고죄로서 그에 대한 고소기간이 경과하여 공소를 제기할 수 없음이 그 신고내용 자체에 의하여 분명하거나(대법원 1998.4.14. 선고 98도150 판결), 신고된 범죄사실에 대한 공소시효가 완성되었음이 신고내용 자체에 의하여 분명한 경우(대법원 1994.2.8. 선고 98도150 판결)에는 국가기관의 직무를 그르치게 할 위험성이 없으므로 무고죄가 성립하지 않는다.

공소시효가 완성되었는지의 여부는 원칙적으로 신고시를 기준으로 한다. 범행일시를 특정하지 않은 고소장을 제출하였다가 고소보충진술시에 범죄사실의 공소시효가 아직 완성되지 않은 것으로 진술하였다면 고소보충진술시에 무고죄가 성립하고, 이후 검찰이나 법정에서 다시 범죄의 공소시효가 완성된 것으로 정정 진술하였더라도 이미 성립한 무고죄가 사후적으로 부정되는 것은 아니다(대법원 2008.3.27. 선고 2007도11153 판결).

그리고 허위로 신고한 사실이 무고행위 당시 형사처분의 대상이 될 수 있었던 경우에는 국가의 형사사법권의 적정한 행사를 그르치게 할 위험과 부당하게 처벌받지 않을 개인의 법적 안정성이 침해될 위험이 이미 발생하였으므로 무고죄는 기수에 이르고, 이후 그러한 사실이 형사범죄가 되지 않는 것으로 판례가 변경되었더라도 특별한 사정이 없는 한 이미 성립한 무고죄에는 영향을 미치지 않는다(대법원 2017.5.30. 선고 2015도15398 판결).

그러나 객관적으로 고소사실에 대한 공소시효가 완성되었더라도 고소를 제기하면서 마치 공소시효가 완성되지 아니한 것처럼 고소하거나(대법원 1995.12.5. 선고 95도1908 판결), 피고인이 A회사에서 리스한 승용차를 B에게 담보로 제공하고 돈을 차용하면서 약정 기간 내에 갚지 못할 경우 이를 처분하더라도 아무런 이의를 제기하지 않기로 하였는데, 변제기 이후 B가 차량을 처분하자 피고인의 허락 없이 마음대로 처분하였다는 취지로 고소한 경우(대법원 2012.5.24. 선고 2011도11500 판결)에는 무고죄가 성립한다.

[판례 Ⅲ-4] 대법원 2002.11.8. 선고 2002도3738 판결【무고】

〈사실관계〉

피고인은 1998.5.18. 공소외 1에게 임차인 명의를 공소외 2로 하는 임대차계약서를 새로 작성해 줄 것을 요청하여 공소외 2 명의의 계약서가 작성되었음에도 불구하고 '고소인은 1998.5.8. 공소외 1로부터 (주소생략)소재 건물의 지층 약 25평을 임차보증금 1,000만원, 월차임 70만원, 임차기간 1998.5.10.부터 12개월로 정하여 임차하여 공소외 2에게 다방운영을 위탁하였는데, 공소외 1은 공소외 2와 통정하여 1998.5.18. 고소인 모르게 임차인을 공소외 2로 하는 임대차계약서를 다시 작성하고 고소인을 배제시켜서 임차보증금 1,000만원과 권리금 800만원 도합 1,800만원을 공소외 2가 편취하였으니 피고소인들을 배임죄 또는 사기죄로 처벌하여 주시기 바랍니다.'라는 요지로 공소외 1과 공소외 2를 고소하였다.

〈판결요지〉

사문서위조죄에 있어서 위조라 함은 작성권한이 없는 자가 타인 명의의 문서를 작성하는 것을 말하고, 작성권한 있는 자가 진실에 반한 내용의 문서를 작성하는 이른바 무형위조는 처벌대상이 되지 아니하므로, 가사 고소사실과 같이 피고인의 승낙 없이 공소외 2와 공소외 1이 그들 명의의 임대차계약서를 새로 작성하였다고 하더라도 작성권한이 없는 자가 타인 명의의 문서를 작성한 경우에 해당하지 아니하여 사문서위조죄가 성립할 여지가 없다.

그리고 임대차보증금이 있는 임대차계약에 있어 임대인은 임차인으로 하여금 목적물을 사용·수익하게 할 의무와 임대차가 종료한 경우 임대차보증금 중 연체차임 등 당해 임대차에 관하여 명도시까지 생긴 임차인의 채무를 청산한 나머지 금액을 반환할 사법상의 의무만 있을 뿐이고, 임차인을 위하여 임대차보증금을 보관하거나 임차인의 사무를 처리하는 지위에 있지 아니하다. 따라서 설령 공소외 1이 공소외 2와 이중으로 임대차계약을 하고 피고인의 임차인으로서의 지위를 부정하였거나 또는 공소외 2를 임대차보증금의 수령권자로 취급하고 피고인에 대하여 임대차보증금의 반환을 거부하였다고 하더라도 공소외 1이 민사상 채무불이행 책임을 지는 것은 별론으로 하고 횡령죄나 배임죄가 성립할 수는 없으므로, 고소사실 자체가 횡령죄나 배임죄를 구성하지 않음은 명백하다.

한편, 고소장에는 공소외 2와 공소외 1 이 통정하였다고 명시되어 있으므로, 공소외 2가 공소외 1로부터 금원을 편취하였다는 점이 고소사실이 아님은 분명하고, 다만 공소외 1이 피고인과 임대차계약을 체결할 당시부터 피고인에게 임대할 생각이 아니라 공소외 2에게 임대할 생각이었으면서도 공소외 2와 공모하여 마치 피고인에게 다방을 임대할 것처럼 피고인을 기망하여 임대차보증금을 교부받아 편취하였다는 내용이 고소사실이라면, 이는 사기죄가 될 여지가 있다고 하겠으나, 위에서 본 것처럼 피고인의 고소사실의 요지는, 공소외 2와 공소외 1이 공모하여 처음부터 피고인을 기망하고 이에 속은 피고인이 임대차계약을 체결하였다는 것이 아니라, 공소외 2와 공소외 1 이 공모하여 임대차 도중에 정당한 임차인인 피고인의 승낙 없이 마치 공소외 2가 이 사건 다방을 임차한 것처럼 허위의 계약서를 작성함으로써 피고인을 임대차관계에서 배제하였다는 것이고, 피고인의 진술의 취지 역시 그러하므로 그 사실 자체로서는 사기죄를 구성할 여지도 없다.

그렇다면 가사 피고인이 공소외 2와 공소외 1 사이의 1998. 5. 18.자 임대차계약서의 작성을 승낙하였음에도 불구하고 마치 승낙을 하지 않은 것처럼 허위의 사실을 신고하였다고 하더라도, 그 고소사실 자체가 사문서위조, 횡령이나 배임, 사기 기타 형사범죄로 구성되지 아니하는 이상 무고죄가 성립한다고 할 수 없다.

〈참조판례〉

○ 대법원 1992.10.13. 선고 92도1799 판결【무고】

고소취지는 "고소인이 피고소인에게 토지를 매도함에 있어 피고소인에게 대금지급능력이 없는 관계로 피고소인이 토지를 경작하여 1년 후 대금을 지급하기로 하는 약정 하에 소유권이전등기를 미리 넘겨주었으므로, 위 토지는 고소인의 소유로서 피고소인에게 명의신탁된 것임에도 피고소인이 타인에게 임의로 매각, 처분하였다."는 것인바, 매도인인 고소인이 약정에 의하여 대금수령 전에 미리 소유권이전등기를 넘겨주었다 하더라도 특단의 사정이 없는 한 이는 매도인으로서의 등기이전의무의 선이행에 불과할 뿐 이를 명의신탁관계로 볼 수는 없으므로 소유권이전등기를 미리 넘겨받은 피고소인이 가사 고소내용과 같이 대금을 완불하지 아니한 채 위 토지를 타에 처분하였다 하더라도 이로써 형사범죄는 되지 아니하고, 따라서 형사범죄가 되지 아니하는 내용의 허위사실을 고소인이 신고하였다 하여도 고소인에 대한 무고죄는 성립할 수는 없다.

○ 대법원 2007.4.13. 선고 2006도558 판결【무고】

"피고소인은 피고인과 10년간 피고인이 피고소인 소유의 전답을 경작·관리함과 아울러 임야에 자생하는 송이를 채취하고, 피고소인에게 그 대가를 지급하기로 하는 토지경작관리계약을 체결하였는데, 피고소인이 타인에게 임야에 자생하는 송이의 채취권을 이중으로 넘겨주어 피고인으로 하여금 손해를 입게 하였으므로 피고소인을 엄벌하여 달라"는 것인바, 임야에서 자생하게 될 송이를 채취할 수 있는 권리를 양도한 피고소인이 피고인의 송이채취를 방해하지 않아야 할 의무는 민사상의 채무에 지나지 아니하여 이를 타인의 사무로 볼 수 없고, 따라서 비록 피고소인이 위 송이채취권을 이중으로 양도하였다고 하더라도 횡령죄나 배임죄 기타 형사범죄를 구성하지는 않으므로, 형사범죄가 되지 아니하는 내용의 허위사실을 피고인이 신고하였다 하여도 피고인에 대한 무고죄는 성립할 수 없다.

5) 무고죄에 있어서 허위사실 적시의 정도는 수사관서 또는 감독관서에 대하여 수사권 또는 징계권의 발동을 촉구하는 정도의 것이면 충분하고 반드시 범죄구성요건 사실이나 징계요건 사실을 구체적으로 명시하여야 하는 것은 아니다(대법원 2006.5.25. 선고 2005도4642 판결). 피무고자도 특정이 되어야 하지만 반드시 피무고자의 성명이 표시되어 있지 않더라도 신고내용에 의하여 객관적으로 피무고자가 누구인지를 알 수 있으면 특정되었다고 보아야 한다(대법원 2006.6.9. 선고 2006도471 판결). 그리고 무고죄는 타인으로 하여금 형사처분이나 징계처분을 받게 할 목적으로 신고한 사실이 객관적 진실에 반하는 허위사실인 경우에 성립되는 범죄이므로 신고한 사실이 객관적 사실에 반하는 허위사실이라는 요건은 적극적인 증명이 있어야 하며, 신고사실의 진실성을 인정할 수 없다는 소극적 증명만으로 곧 그 신고사실이 객관적 진실에 반하는 허위사실이라고 단정하여 무고죄의 성립을 인정할 수는 없다(대법원 2004.1.27. 선고 2003도5114 판결).

6) 무고죄에 있어서의 신고는 자발적인 것이어야 하고 수사기관 등의 추문(推問), 즉 수사기관 등이 추궁하여 진술을 이끌어내는 과정에서 허위의 진술을 하는 것은 무고죄를 구성하지 않는다. 그렇지만 당초 고소장에 기재하지 않은 사실을 수사기관에서 고소보충조서를 받을 때 자진하여 허위 진술하였다면 무고죄가 성립한다(대법원 1996.2.9. 선고 95도2652 판결). 그리고 검찰수사관에게 허위사실을 말한

후 검찰수사관에 의한 조사를 받음에 있어 처벌을 요구하는 진술을 하거나 타인으로 하여금 수사기관에 고발을 하게 하고 수사기관에 대하여 특정인을 위조자로 지목한 것도 자발적으로 수사기관에 대하여 허위의 사실을 신고한 것으로 평가된다(☞ **[판례 Ⅲ-5]** 참조).

[판례 Ⅲ-5] 대법원 2005.12.22. 선고 2005도3203 판결【무고】

〈공소사실〉

피고인은 자신이 발행한 수표를 피해자가 위조하여 사용한 것으로 은행에 사고신고를 할 경우 은행에서 피해자를 수사기관에 고발하여 은행에 수표위조사실을 신고한 자신은 수사기관에서 조사를 받게 될 것을 예상하고 그 기회를 이용하여 피해자를 수표위조 혐의자로 특정하여 피해자로 하여금 형사처분을 받게 할 목적으로, ○○은행 ○○동지점에서 은행원에게 허위사실을 신고하면서 피해자가 수표를 위조하여 사용한 것 같다는 취지의 말을 하여 고발조치하여 달라고 요구하여, 그 정을 모르는 은행원으로 하여금 피고발자를 성명불상자로 하고 수표 6장이 위조되었다는 내용의 고발장을 작성하여 ○○경찰서에 고발하게 하고, 자신이 ○○경찰서에 고발사건의 참고인으로 출석하여 조사를 받으면서 피해자를 수표위조 혐의자로 특정하는 방법으로 피해자를 무고하였다.

〈원심 판결요지〉

피고인이 위 피해자로 하여금 형사처분을 받게 할 목적으로 그 정을 알지 못하는 은행원을 도구로 이용하려 하였다고 하더라도, 은행원은 스스로의 의사에 따라 피고발자를 성명불상자로 하여 수사기관에 고발을 하였으므로 은행원이 피고인의 도구로 이용되었다고 볼 수 없어 피고인이 무고죄의 간접정범에 해당한다고 할 수 없고, 가사 은행원이 피고인의 도구로 이용되었다고 하더라도 피해자를 무고하려던 피고인의 시도는 은행원이 피고발자를 성명불상자로 하여 수사기관에 고발을 함으로써 미수에 그쳤다고 할 것이고, 형법은 무고죄의 미수범을 처벌하는 규정이 두고 있지 아니하므로 피고인을 무고죄의 미수범으로 처벌할 수도 없다. 또한 무고죄는 수사기관의 추문을 받음이 없이 자진하여 타인으로 하여금 형사처분 또는 징계처분을 받게 할 목적으로 공무소 또는 공무원에 대하여 허위사실을 신고함으로써 성립하는 것이므로, 비록 피고인이 ○○경찰서에서 고발사건의 참고인으로 조사를 받으면서 고발사건에 대하여 의심이 가는 사람이 있느냐는 수사기관의 추문에 대하여 위 피해자가 의심이 간다는 취지의 진술을 하였다고 하더라도, 위와 같은 진술이 무고죄에 해당한다고 할 수는 없다.

〈대법원 판결요지〉

무고죄에 있어서의 신고는 자발적인 것이어야 하고 수사기관 등의 추문에 대하여 허위의 진술을 하는 것은 무고죄를 구성하지 않는 것이지만, 참고인의 진술이 수사기관 등의 추문에 의한 것인지 여부는 수사가 개시된 경위, 수사의 혐의사실과 참고인의 진술의 관련성 등을 종합하여 판단하여야 한다. 수표발행인인 피고인이 은행에 지급제시된 수표가 위조되었다는 내용의 허위의 신고를 하여 그 정을 모르는 은행 직원이 수사기관에 고발을 함에 따라 수사가 개시되고, 피고인이 경찰에 출석하여 수표위조자로 특정인을 지목하는 진술을 한 경우, 이는 피고인이 위조 수표에 대한 부정수표단속법상 고발의무가 있는 은행원을 도구로 이용하여 수사기관에 고발을 하게 하고 이어 수사기관에 대하여 특정인을 위조자로 지목함으로써 자발적으로 수사기관에 대하여 허위의 사실을 신고한 것으로 평가하여야 한다.

〈참조판례〉

○ 대법원 1988.2.23. 선고 87도2454 판결【무고】

피고인은 A와의 사이에 피고인이 신축한 건물의 공사금 체불을 둘러싸고 발생된 모든 분쟁을 종료시키기로 합의하고 그 합의금조로 A에게 금 3,000,000원을 지급하고서도 그 중 금 2,500,000원에 대하여는 A로 하여금 마치 관계기관에 대한 준공검사 청탁금 명목으로 이를 교부한 것처럼 오인될 수 있는 내용의 영수증을 작성하게 하여 이를 교부받은 후, 외사촌의 소개로 검찰청에서 만난 검찰수사관에게 위의 영수증을 제시하면서 그 영수증에 기재된 금 2,500,000원은 준공검사 청탁금 명목으로 교부한 것이라고 말하여 A에 대한 변호사법위반죄의 혐의를 인정하게 한 다음, 검찰수사관으로부터 그와 같은 내용으로 진술조서를 받음에 있어 A에 대한 처벌을 요구하는 진술을 한 것이라면, 피고인의 위와 같은 진술은 단순히 수사기관의 추문에 의하여 행해진 것이라거나 수사기관의 요청에 의한 범죄의 정보 제공에 불과한 것이 아니라 자진하여 타인으로 하여금 형사처분을 받게 할 목적으로 수사기관에 대하여 허위의 사실을 신고한 것으로서 무고죄를 구성한다.

7) 설령 신고된 사실이 객관적 진실에 반하는 허위의 것이라 할지라도 그 허위성에 대한 인식이 없을 때에는 무고에 대한 고의가 인정되지 않으나(대법원 2003.1.24. 선고 2002도5939 판결), 무고죄가 성립하기 위해서는 허위사실에 대한 인식이 요구되나 반드시 확정적 인식임을 요하지 아니하고 미필적 인식으로 족하므로 신고자가 진실하다는 확신없는 사실을 신고함으로써 무고죄가 성립한다(대법원 1991.12.13. 선고 91도2127 판결).

따라서 이미 여러 차례 고소 또는 진정을 하였으나 당국에서 조사한 결과 혐의없는 것으로 종결되었음에도 불구하고 다시 고소를 제기하거나(대법원 1988.2.9. 선고 87도2366 판결), 단지 풍문으로 알게 된 허위사실에 대하여 그 사실이 진실하다는 확신도 없이 신고를 하거나(대법원 1963.7.25. 선고 63도144 판결), 고소를 한 목적이 피고소인을 처벌하는데 있지 않고 시비를 가려달라는 데 있다고 하면서 고소를 하거나(대법원 1991.5.10. 선고 90도2601 판결; 1995.12.12. 선고 94도3271 판결), 자신이 알고 있는 사실관계에 의하여 신고사실이 허위이거나 허위일 가능성이 있다는 사실을 인식하면서도 이를 무시한 채 무조건 자신이 옳다고 주장하면서 고소를 한 경우(대법원 2000.7.4. 선고 2000도1908 판결)에는 무고의 고의가 인정된다. 그리고 고소를 당한 사람이 고소인에 대하여 "고소당한 죄의 혐의가 없는 것으로 인정된다면 고소인이 자신을 무고한 것에 해당하므로 고소인을 처벌해 달라"는 내용의 고소장을 제출하였다면 설사 그것이 자신의 결백을 주장하기 위한 것이라고 하더라도 방어권의 행사를 벗어난 것으로서 무고의 고의가 인정된다(대법원 2007.3.15. 선고 2006도9453 판결).

그리고 신고한 사실이 객관적 진실과 일치한다면 그에 대한 법률적 평가를 잘못하거나 죄명을 잘못 판단하였거나(대법원 1981.6.23. 선고 80도1049 판결), 형사책임을 부담할 자를 잘못 지적한 경우에는 무고죄의 죄책을 지울 수 없다(대법원 1982.4.27. 선고 81도2341 판결). 이에 대하여 위법성조각사유 등 범죄성립을 조각하는 사유가 있음에도 불구하고 이를 숨기고 구성요건에 해당하는 사실만을 신고하는 것도 허위의 사실을 신고한 경우에 해당한다(대법원 1998.3.24. 선고 97도2956 판결).

8) 무고죄는 국가의 형사사법권 또는 징계권의 적정한 행사를 주된 보호법익으로 하고 개인의 부당하게 처벌 또는 징계받지 아니할 이익을 부수적으로 보호하는 죄이므로, 설사 무고에 있어서 피무고자의 승낙이 있었다고 하더라도 무고죄의 성립에는 영향을 미치지 못한다. 피고소인과 그로부터 피해를 당한 사람들과의 합의를 주선하기 위하여 자신들도 피해자인 것처럼 행세하기 위하여 피고소인의

승낙을 받고 피고소인으로부터 차용금 피해를 당한 것처럼 허위사실을 기재한 고소장을 제출한 경우에도 무고죄가 성립한다(대법원 2005.9.30. 선고 2005도2712 판결).

9) 피고인이 최초에 작성한 허위내용의 고소장을 경찰관에게 제출하였을 때 이미 허위사실의 신고가 수사기관에 도달되어 무고죄의 기수에 이르고, 그 후에 그 고소장을 되돌려 받았다 하더라도 이는 무고죄의 성립에 아무런 영향이 없다(대법원 1985.2.8. 선고 84도2215 판결).

10) 무고죄의 죄수는 피무고자의 수를 기준으로 결정한다. 다만 하나의 고소장에 의해 수인을 무고한 경우는 상상적 경합으로 처벌된다.

(4) 자백·자수

1) 본죄를 범한 자가 그 진술한 사건의 재판 또는 징계처분이 확정되기 전에 자백 또는 자수한 때에는 형을 감경 또는 면제한다(제157조, 제153조).

2) 여기서 자백이란 자신의 범죄사실, 즉 타인으로 하여금 형사처분 또는 징계처분을 받게 할 목적으로 공무소 또는 공무원에 대하여 허위의 사실을 신고하였음을 자인하는 것을 말하고, 단순히 그 신고한 내용이 객관적 사실에 반한다고 인정함에 지나지 아니하는 것은 이에 해당하지 아니한다(대법원 1995.9.5. 선고 94도755 판결).

Part 04

특별법위반죄

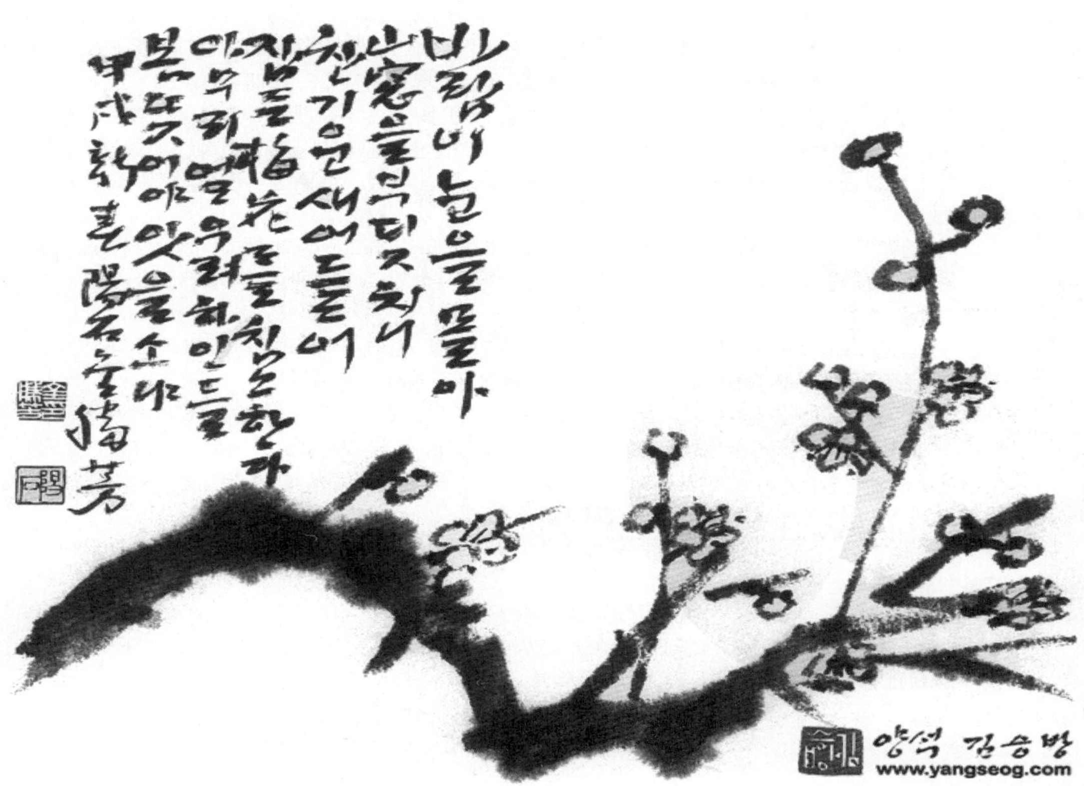

▨ 특별법위반죄의 개요

제4편에서는 「폭력행위 등 처벌에 관한 법률」(폭처법), 「도로교통법」(도교법), 「교통사고처리특례법」(교특법), 「특정범죄 가중처벌 등에 관한 특례법」(특가법), 「성폭력범죄의 처벌 등에 관한 특례법」(성폭법), 「아동·청소년의 성보호에 관한 법률」(아청법), 「정보통신망 이용촉진 및 정보보호에 관한 법률」(정통법), 「부정수표단속법」(부수법), 「여신전문금융업법」(여전법), 「부동산등기특별조치법」(특조법), 「변호사법」 등 형법 이외의 주요한 형사특별법상의 범죄를 다룬다. 각 법률별 대표적인 범죄유형을 간단히 나열하면 다음과 같다.

- ○ 폭처법위반죄: 공동폭행등(제2조 제2항), 단체등 구성·활동(제4조), 단체등 이용지원(제5조), 우범자(제7조), 사법경찰관리 직무유기(제9조)
- ○ 도교법위반죄: 사고후미조치(제148조), 음주운전등(제148조의2), 음주측정불응(제148조의2 제1항 제1호), 신호기조작등(제149조), 공동위험행위(제150조), 업무상과실·중과실재물손괴(제151조), 무면허운전(제152조 제1호, 제154조 제2호), 사고후미신고(제154조 제4호)
- ○ 교특법위반죄: 업무상과실·중과실치사상(제3조 제1항), 소추특례(제3조 제2항, 제4조)
- ○ 특가법위반죄: 뇌물죄의 가중처벌(제2조, 제3조, 제4조), 불법체포·감금 등의 가중처벌(제4조의2), 미성년자약취·유인죄의 가중처벌(제5조의2), 상습강절도죄의 가중처벌(제5조의4), 강도상해 재범자의 가중처벌(제5조의5), 보복범죄의 가중처벌(제5조의9), 운전 중인 자동차 운전자에 대한 폭행등의 가중처벌(제5조의10), 위험운전치사상(제5조의11), 도주차량 운전자의 가중처벌(제5조의3), 도주선박 선장·승무원의 가중처벌(제5조의12), 통화위조의 가중처벌(제10조), 무고죄의 가중처벌(제14조), 특수직무유기(제15조)
- ○ 성폭법위반죄: 주거침입강간등(제3조 제1항), 특수강도강간등(제3조 제2항), 특수강간등(제4조), 친족관계에 의한 강간등(제5조), 장애인에 대한 강간등(제6조), 13세 미만의 미성년자에 대한 강간등(제7조), 강간 등 상해·치상(제8조), 강간 등 살인·치사(제9조), 업무상 위계·위력 추행(제10조), 공중밀집장소추행(제11조), 성적목적 공공장소침입(제12조), 통신매체이용 음란행위(제13조), 카메라이용 촬영(제14조)
- ○ 아청법위반죄: 아동·청소년에 대한 강간등(제7조), 장애아동·청소년에 대한 간음등(제8조), 강간등상해·치상(제9조), 강간등살인·치사(제10조), 아동·청소년이용음란물 제작등(제11조), 아동·청소년매매(제12조), 아동·청소년성매수(제13조), 아동·청소년에 대한 성매매강요등(제14조), 알선영업행위 등(제15조), 합의강요(제16조)
- ○ 정통법위반죄: 정보통신망이용 명예훼손(제70조 제1항), 개인정보 훼손·침해(제71조 제5호), 정보훼손·비밀침해(제71조 제11호), 악성프로그램 전달·유포(제71조 제9호), 정보통신망 장애야기(제71조 제10호), 정보통신망침입(제72조 제1항 제1호), 정보통신망이용 음란영상배포등(제74조 제1항 제2호), 정보통신망이용 협박(제74조 제1항 제3호), 광고성문자전송(제74조 제1항 제3호)
- ○ 특경법위반죄: 특정재산범죄에 대한 가중처벌(제3조), 재산국외도피(제4조), 금융회사등 임직원의 수재(제5조), 금융기관등 임직원에 대한 증재(제6조), 알선수재(제7조), 사금융알선(제8조), 저축관련 부당행위(제9조), 무인가 단기금융업(제11조)
- ○ 부수법위반죄: 수표위조·변조(제5조), 부정수표 발행·작성(제2조 제1항), 부도수표 발행·작성(제2조 제2항), 과실부정수표 및 부도수표 발행·작성죄(제2조 제3항), 소추에 관한 특례(제2조 제4항)
- ○ 여전법위반죄: 신용카드등 위조·변조(제70조 제1항 제1호), 위조·변조 신용카드등 사용(제70조 제1항 제2호), 행사목적 위조·변조 신용카드등 취득(제70조 제1항 제5호), 신용카드 등 부정사용(제70조 제1항 제3,4호), 분실·도난등 신용카드 판매(제70조 제1항 제3,4호), 신용카드 이용 자금융통(제70조 제2항 제2호), 부정신용카드정보 보유·이용(제70조 제1항 제6호), 신용카드 양도·양수(제70조 제3항)
- ○ 특조법위반죄: 소유권이전등기신청의무위반(제8조 제1호), 등기원인허위기재(제8조 제2호), 계약서검인의무위반(제9조)
- ○ 변호사법위반죄: 비변호사의 법률사무취급·알선(제109조 제1호), 독직행위(제109조 제2호, 제33조), 사건수임의 소개·알선·유인(제109조 제2호, 제34조 제1항, 제2항), 비변호사 알선사건의 수임 및 명의대여(제109조 제2호, 제34조 제3항), 비변호사의 변호사고용(제109조 제2호, 제34조 제4항), 교제명목 금품수수(제110조), 공무원취급사건 청탁명목 금품수수(제111조), 타인의 권리양수(제112조)

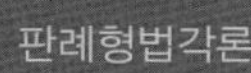

제 1 장

폭처법위반죄

Ⅰ. 폭처법의 개요

1) 집단적 또는 상습적으로 폭력행위 등을 범하거나 흉기 그 밖의 위험한 물건을 휴대하여 폭력행위 등을 범한 자 등을 처벌함을 목적으로 한다.

2) 2인 이상이 공동하여 폭행, 협박, 주거침입·퇴거불응, 재물손괴, 체포·감금, 강요, 상해, 공갈의 죄를 범하는 자(제2조 제2항), 누범자(제2조 제3항, 제3조 제4항), 폭처법에 규정된 범죄를 범할 목적으로 단체 또는 집단을 구성·가입하거나 그 구성원으로 활동한 자(제4조), 폭처법상의 단체 또는 집단을 이용하여 폭처법이나 그 밖의 형벌법규에 규정된 죄를 범하게 하거나 폭처법상의 단체 또는 집단의 구성·유지를 위하여 자금을 제공한 자(제5조), 폭처법에 규정된 범죄에 사용될 우려가 있는 흉기 기타 위험한 물건을 휴대·제공 또는 알선한자(제7조) 및 사법경찰관리로서 폭처법에 규정된 죄를 범한 범인을 알면서 체포하지 아니하거나 수사상 정보를 누설하여 범인의 도주를 용이하게 한 자(제9조)는 폭처법에 의해 처벌된다.

Ⅱ. 공동폭행등(제2조 제2항)

1) 공동으로 형법상 폭행(제260조 제1항), 존속폭행(제260조 제2항), 상해(제257조 제1항), 존속상해(제257조 제2항), 체포·감금(제276조 제1항), 존속체포·존속감금(제276조 제2항), 협박(제283조 제1항), 존속협박(제283조 제2항), 주거침입·퇴거불응(제319조), 강요(제324조 제1항), 공갈(제350조), 재물손괴(제366조)의 죄를 범한 때에는 각 해당 조항에 정한 형의 1/2을 가중한다(폭처법 제2조 제2항). 본죄의 미수범은 처벌한

다(폭처법 제6조).

2) '2인 이상이 공동하여'라고 함은 그 수인 간에 소위 공범관계가 존재하는 것을 요건으로 하고, 또 수인이 동일 장소에서 동일 기회에 상호 다른 자의 범행을 인식하고 이를 이용하여 범행을 한 경우임을 요한다(대법원 2000.2.25. 선고 99도4305 판결). "2인 이상이 공동하여 전항의 죄를 범한 때"라고 함은 그 수인 간에 소위 공범관계가 존재하는 것을 요건으로 하는 것이고 수인이 동일 장소에서 동일 기회에 상호 다른 자의 범행을 인식하고 이를 이용하여 범행을 한 경우임을 요한다고 할 것이므로, 폭행의 실행범과의 공모사실은 인정되나 그와 공동하여 범행에 가담하였거나 범행장소에 있었다고 인정되지 아니하는 경우에는 "공동하여" 죄를 범한 때에 해당하지 아니한다(대법원 1990.10.30. 선고 90도2022 판결).

3) 폭처법 제2조 제2항에 열거된 죄를 범하기로 공모한 다음 그 중 2인 이상이 범행장소에서 범죄를 실행한 경우에는 범행장소에 가지 아니한 자도 공모공동정범으로 처벌할 수 있다(대법원 1996.12.10. 선고 96도2529 판결). 자신의 모(母) A가 자신의 부(父) B를 살해하기로 마음먹고 그 정을 모르는 甲에게 피해자를 납치할 것을 지시하고, 甲이 乙, 丙 등과 함께 찜질방에 있는 피해자를 납치하여 A가 지시한 빌라에 가두고 피해자의 손과 발을 테이프로 결박해 둔 후 A가 피해자가 감금되어 있는 빌라로 가서 골프채와 삽으로 피해자를 수회 내리쳐 살해하였는데, 피고인은 甲으로 하여금 피해자를 미행하도록 하였고 A의 차량번호를 甲에게 알려주었고, 甲에게 A가 부탁한 납치의 진행사항을 확인하였으며, 납치 당일 甲 등에게 수고비 명목으로 500만원을 건네주었을 뿐만 아니라, 甲이 피해자를 결박하라는 A의 지시에 의문을 품고 자신에게 전화하자 A의 말대로 피해자를 결박하라고 지시를 하였다면, 피고인은 폭처법상 공동존속감금죄의 죄책을 진다(서울고법 2012.4.20. 선고 2011노3591 판결).

4) 형법상 폭행, 존속폭행, 협박, 존속협박은 반의사불벌죄(제260조 제3항, 제283조 제3항)이나 폭처법이 적용되는 경우에는 반의사불벌죄가 아니다(폭처법 제2조 제4항).

Ⅲ. 상습폭행 등(제2조 제3항), 상습특수폭행 등(제3조 제4항)

1) 폭처법 제2조 제2항 각호의 죄 또는 형법 각 해당범죄의 상습범, 특수범, 상습특수범 및 이들 죄의 미수죄를 범하여 2회 이상 징역형을 받은 사람이 다시 죄를 범하여 누범으로 처벌할 경우 그 죄가 폭행·협박·주거침입·퇴거불응·재물손괴인 때에는 7년 이상의 징역, 그 죄가 존속폭행·체포감금·존속협박·강요인 때에는 1년 이상 12년 이하의 징역 그리고 그 죄가상해, 존속상해·존속체포감금·공갈인 때에는 2년 이상 20년 이하의 징역에 처한다(제2조 제3항).

그리고 폭처법 제2조 제2항 각호의 죄 또는 형법 각 해당범죄의 상습범, 특수범, 상습특수범 및 이들 죄의 미수죄를 범하여 2회 이상 징역형을 받은 사람이 다시 죄를 범하여 누범으로 처벌할 경우 그

죄가 특수폭행·특수협박·특수주거침입·특수손괴인 때에는 1년 이항 12년 이하의 징역에, 그 죄가 특수존속폭행·특수체포감금·특수존속협박·강요인 때에는 2년 이상 20년 이하의 징역 그리고 그 지가 특수상해·특수존속체포감금·특수공갈인 때에는 3년 이상 25년 이하의 징역에 처한다(제3조 제4항).

2) 형실효법에 따라 형이 실효된 경우에는 형의 선고에 의한 법적 효과가 장래를 향하여 소멸하므로 형이 실효된 경우 그 전과는 '징역형을 받은 경우'에 해당하지 않는다. 또한 집행유예의 선고를 받은 후 그 선고의 실효 또는 취소됨이 없이 유예기간을 경과한 때에는 형의 선고는 효력을 잃으므로(형법 제65조), 이 경우에도 그 전과는 '징역형을 받은 경우'에 해당하지 않는다(대법원 2016.6.23. 선고 2016도5032 판결).

그리고 유죄의 확정판결에 대하여 재심개시결정이 내려지고 법원이 그 사건에 대하여 다시 심판을 한 후 재심의 판결을 선고하고 그 재심판결이 확정된 때에는 종전의 확정판결은 당연히 효력을 상실한다. 따라서 폭처법위반죄로 징역 8월을 선고받아 판결이 확정되었으나 피고인이 재심을 청구하여 확정판결 전부에 대하여 재심개시결정이 이루어지고 다시 징역 8월이 선고·확정되었다면 이전의 확정판결은 효력을 상실하므로, 이 경우에는 이전의 확정판결을 이유로 누범가중을 해서는 아니된다(대법원 2017.9.21. 선고 2017도4019 판결).

Ⅳ. 단체등 구성·활동(제4조), 단체등 이용·지원(제5조)

1. 단체등 구성·활동 (제4조)

1) 폭처법에 규정된 범죄를 목적으로 한 단체 또는 집단을 구성하거나 그러한 단체 또는 집단에 가입하거나 그 구성원으로 활동함으로써 성립하는 범죄와 수괴는 사형, 무기 또는 10년 이상의 징역에, 간부는 무기 또는 7년 이상의 징역에 그리고 그 외의 자는 2년 이상의 유기징역에 처한다(폭처법 제4조 제1항).

이러한 단체 또는 집단을 구성하거나 그러한 단체 또는 집단에 가입한 자가 단체 또는 집단의 위력을 과시하거나 단체 또는 집단의 존속·유지를 위하여 폭처법 제2조 또는 제3조의 죄 및 형법상 공무집행방해(제136조), 공용서류등의 무효·공용물의 파괴(제141조), 살인(제250조 제1항), 촉탁·승낙에의한살인등(제252조), 위계등에의한촉탁살인등(제253조), 살인예비·음모(제255조), 업무방해(제314조), 경매·입찰방해(제315조), 강도(제333조), 특수강도(제334조), 준강도(제335조), 인질강도(제336조), 강도상해·치상(제337조), 강도강간(제339조), 해상강도 및 해상강도상해·치상(제340조 제1항, 제2항), 상습강도(제341조), 강도예비·음모(제343조)의 죄를 범한 때에는 그 죄에 대한 형의 장기 및 단기의 2분의 1까지 가중한다(폭처법 제4조 제2항). 본죄의 미수범은 처벌한다(폭처법 제6조).

타인에게 단체 또는 집단에 가입할 것을 강요하거나 권유한 자는 2년 이상의 유기징역에 처한다

(폭처법 제4조 제3항).

단체 또는 집단을 구성하거나 그러한 단체 또는 집단에 가입하여 단체 또는 집단의 존속·유지를 위하여 금품을 모집한 자는 3년 이상의 유기징역에 처한다(폭처법 제4조 제4항).

2) '범죄를 목적으로 한 단체'는 폭처법에서 규정하고 있는 범죄를 한다는 공동의 목적 아래 특정 다수인에 의하여 구성된 계속적인 결합체로서 그 단체를 주도하거나 내부의 질서를 유지하는 최소한의 통솔체계를 갖추면 된다(대법원 2014.2.13. 선고 2013도12804 판결). 일정한 조직체계를 갖추어 역할을 분담하고, 그 활동자금으로 금품을 조달하여 사용하기로 하며, 조직의 근거지, 행동지침, 행동강령을 정하고, 돌발사태에 대비한 암호번호를 정하여 이에 따른 비상소집에 따라 즉시 대기할 수 있도록 함과 아울러 경쟁세력과의 싸움에 대비하여 흉기를 미리 준비하도록 하는 등 경쟁세력을 폭력으로 제압하려고 하였다면, 이는 폭력범죄 등을 목적으로 하는 계속적이고도 조직 내의 통솔체계를 갖춘 결합체로서 폭처법상의 범죄단체에 해당한다(대법원 1996.6.25. 선고 96도923 판결). 이에 대하여 자신들의 이권을 보호하기 위해 조직한 단체, 특정지역에서 자신들의 세를 과시하기 위한 단체, 태동단계의 모임에 그치는 단체 등은 범죄단체라고 할 수 없다.

○ 대법원 1991.12.10. 선고 91도2569 판결【범죄단체조직, 폭처법위반】

타인의 자가용 유상운송행위를 제지하고 자신들만이 배타적으로 운송행위를 하기 위하여 조직한 '독수리회'라는 단체가 자가용 유상운송 및 협박 등을 목적으로 한 범죄단체로서 조직원 사이에 지휘, 명령, 복종체계를 갖춘 결합체를 이룬 것으로 인정하기 어렵고 회원들의 친목단체로서의 성격이 짙다.

○ 광주고법 2001.8.30. 선고 2001노268·343 판결【폭처법위반(단체등의구성·활동) 등】

비록 피고인에게 폭처법 소정의 범죄를 목적으로 하는 단체를 구성할 의도가 있었다 하더라도 국제보스파라는 조직이 장차 범죄단체로서 본격적인 조직을 갖추게 될 모체로 볼 여지는 없지 아니하나 현재의 규모나 성격으로 보아서는 피고인 운영의 포장마차 등에서 종업원으로 일하던 자들 및 그 친구들 약 15명이 무리를 지어 몰려다니며 세를 과시하기 위하여 결성한 우범 청소년들의 모임이거나, 폭처법 제4조 소정의 범죄단체에까지는 이르지 못한 태동단계에 있는 모임에 불과할 뿐 계속적인 통솔체계를 갖춘 조직적인 결합체라고 보기는 어렵다.

○ 대법원 2004.7.8. 선고 2004도2009 판결【폭처법위반(단체등의구성·활동)】

사북 지역 출신의 청년들에 의하여 자생적으로 조직된 사북청년회라는 단체의 일부 회원들이 사북 지역에 내국인 카지노가 들어서면서 폭력 범행을 저지르거나 관여하게 되었다고 하여 사북청년회 자체가 폭처법상의 폭력 범행을 목적으로 조직화되었고 사북청년회 자체에서 그러한 폭력 범행을 지시하였거나 의도하였다고 보기 어려워 사북청년회가 폭처법에서 정한 범죄단체에 해당하지 아니한다.

○ 대법원 2017.10.26. 선고 2017도8600 판결【특경법위반(사기), 범죄단체조직 등】

보이스피싱 조직이 보이스피싱이라는 사기범죄를 목적으로 구성된 다수인의 계속적인 결합체로서 총책인 피고인을 중심으로 간부급 조직원들과 상담원들, 현금인출책 등으로 구성되어 내부의 위계질서가 유지되고 조직원의 역할 분담이 이루어지는 최소한의 통솔체계를 갖추었다면 형법상의 범죄단체에 해당한다.

3) 조직 또는 구성이란 다수인이 의사연락 하에 집합체를 형성하는 것을 말하고, 가입이란 이미 조직된 단체나 집단에 구성원으로 참여하는 것을 말한다. 기존의 범죄단체가 이미 해체 내지 와해된 상태에 있어 그 조직을 재건하거나, 기존의 범죄단체에서 분리되어 나와 별도의 범죄단체를 구성하거나, 현재 활동 중인 범죄단체가 다른 범죄단체를 흡수하거나 그와 통합함으로써, 그 조직이 완전히 변경되어 기존의 범죄단체와 동일성이 없는 별개의 단체를 만드는 것은 범죄단체의 조직 또는 구성에 해당하나(대법원 2014.2.13. 선고 2013도12804 판결), 기존 범죄단체의 두목이 바뀌고 활동 영역과 태양이 변화하였더라도 그 조직이 완전히 변경됨으로써 기존의 범죄단체와 동일성이 없는 별개의 단체로 인정될 수 있을 정도에 이르렀다고 볼 수 없다면 범죄단체의 조직 또는 구성에 해당하지 않는다(대법원 2000.3.24. 선고 2000도102 판결).

활동이란 범죄단체 또는 집단의 내부 규율 및 통솔체계에 따른 조직적, 집단적 의사결정에 의하여 행하는 범죄단체 또는 집단의 존속·유지를 지향하는 적극적인 행위로서 그 기여의 정도가 목적한 죄에 준하는 것을 의미한다(대법원 2009.9.10. 선고 2008도10177 판결). 따라서 다수의 구성원이 관여되었다고 하더라도 범죄단체 또는 집단의 존속·유지를 목적으로 하는 조직적, 집단적 의사결정에 의한 것이 아니거나, 범죄단체 또는 집단의 수괴나 간부 등 상위 구성원으로부터 모임에 참가하라는 등의 지시나 명령을 소극적으로 받고 이에 단순히 응하는 데 그친 경우, 구성원 사이의 사적이고 의례적인 회식이나 경조사 모임 등을 개최하거나 참석하는 경우 등은 '활동'에 해당한다고 볼 수 없다(대법원 2010.1.28. 선고 2009도9484 판결).

4) 범죄단체조직·가입죄는 범죄를 목적으로 하는 단체 또는 집단을 조직하거나 가입함으로써 성립하고(즉시범) 그 후 목적한 범죄의 실행행위를 하였는가 여부는 범죄의 성립에 영향이 없다(대법원 1975.9.23. 선고 75도2321 판결).

5) 범죄단체의 구성이나 가입은 범죄행위의 실행 여부와 관계없이 범죄단체 구성원으로서의 활동을 예정하고 있고 범죄단체 구성원으로서의 활동은 범죄단체의 구성이나 가입을 당연히 전제로 하고 있으며, 양자는 모두 범죄단체의 생성 및 존속·유지를 도모하는 일련의 과정에 해당한다는 점에서 그 범의의 단일성과 계속성을 인정할 수 있을 뿐만 아니라 피해법익도 다르지 않다. 따라서 범죄단체를 구성하거나 이에 가입한 자가 더 나아가 구성원으로 활동하는 경우에는 포괄하여 하나의 죄로 처벌된다(대법원 2015.9.10. 선고 2015도7081 판결). 한편 보이스피싱 사기 범죄단체에 가입한 후 사기범죄의 피해자들로부터 돈을 편취하는 등 그 구성원으로서 활동한 경우, 범죄단체 가입행위 또는 범죄단체 구성원으로서 활동하는 행위와 사기행위는 각각 별개의 범죄구성요건을 충족하는 독립된 행위이고 그로 인해 침해되는 보호법익도 다르므로 범죄단체·활동죄와 사기죄가 별도로 성립한다(대법원 2017.10.26. 선고 2017도8600 판결).

2. 단체등 이용·지원(제5조)

단체나 집단을 이용하여 이 법 또는 기타 형벌법규에 규정된 죄를 범하게 한 자는 그 죄에 대한 형의 장기 및 단기의 2분의 1까지 가중하고, 단체 또는 집단을 구성하거나 그러한 단체 또는 집단에 가입하지 아니한 자로서 그러한 단체 또는 집단의 구성·유지를 위하여 자금을 제공한 자는 3년 이상의 유기징역에 처한다. 본죄의 미수범은 처벌한다(폭처법 제6조).

Ⅴ. 기 타

1) 폭처법(형법 각 해당 조항 및 각 해당 조항의 상습범, 특수범, 상습특수범과 이들 죄의 미수범 포함)을 위반하여 2회 이상 징역형을 받은 사람이 다시 폭행, 협박, 주거침입·퇴거불응 또는 재물손괴의 죄를 범하여 누범으로 처벌할 경우에는 7년 이하의 징역에(폭처법 제2조 제3항 제1호), 존속폭행, 체포·감금, 존속협박 또는 강요의 죄를 범하여 누범으로 처벌할 경우에는 1년 이상 12년 이하의 징역에(폭처법 제2조 제3항 제2호) 그리고 존속상해, 존속체포·존속감금 또는 공갈의 죄를 범하여 누범으로 처벌할 경우에는 2년 이상 20년 이하의 징역에 처한다(폭처법 제2조 제3항 제3호). 본죄의 미수범은 처벌한다(같은 법 제6조).

그리고 폭처법(형법 각 해당 조항 및 각 해당 조항의 상습범, 특수범, 상습특수범과 이들 죄의 미수범 포함)을 위반하여 2회 이상 징역형을 받은 사람이 다시 특수폭행, 특수협박, 특수주거침입 또는 특수손괴의 죄를 범하여 누범으로 처벌할 경우에는 1년 이상 12년 이하의 징역에(폭처법 제3조 제4항 제1호), 특수존속폭행, 체포·감금, 특수존속협박 또는 강요의 죄를 범하여 누범으로 처벌할 경우에는 2년 이상 20년 이하의 징역에(폭처법 제3조 제4항 제2호) 그리고 특수상해, 특수존속체포·존속감금 또는 특수공갈의 죄를 범하여 누범으로 처벌할 경우에는 3년 이상 25년 이하의 징역에 처한다(폭처법 제3조 제4항 제3호). 본죄의 미수범은 처벌한다(같은 법 제6조).

2) 정당한 이유없이 폭처법에 규정된 범죄에 공용될 우려가 있는 흉기 기타 위험한 물건을 휴대하거나 제공 또는 알선한 자는 3년 이하의 징역 또는 300만원 이하의 벌금에 처한다(폭처법 제7조).

본죄로 처벌하기 위해서는 '정당한 이유없이 흉기 기타 위험한 물건을 휴대하는 것만으로는 부족하고 폭처법 중 어느 범죄에 사용할 의도였는지가 밝혀져야 한다. 따라서 피고인이 피해자와 다툰 직후 자신의 집에서 과도를 가지고 와 이를 소지하게 되었다고 하더라도 실제로 폭처법에 규정된 범죄를 실제로 범할 의도가 있었다고 인정되지 않는다면 본죄로 처벌할 수 없다(대법원 2017.9.21. 선고 2017도7687 판결).

3) 폭처법에 규정된 죄를 범한 자가 흉기 기타 위험한 물건 등으로 사람에게 위해를 가하거나 가

하려 할 때 이를 예방 또는 방위하기 위하여 한 행위는 벌하지 아니한다. 이 경우에 방위행위가 그 정도를 초과한 때에는 그 형을 감경한다. 그 행위가 야간 기타 불안스러운 상태 하에서 공포·경악·흥분 또는 당황으로 인한 때에는 벌하지 아니한다(폭처법 제8조).

4) 사법경찰관리로서 폭처법에 규정된 죄를 범한 자를 수사하지 아니하거나 범인을 알면서 이를 체포하지 아니하거나 수사상 정보를 누설하여 범인의 도주를 용이하게 한 자는 1년 이상의 유기징역에 처한다. 뇌물의 수수요구 또는 약속을 하고 이와 같은 죄를 범한 자는 2년 이상의 유기징역에 처한다(폭처법 제9조).

5) 관할 지방검찰청검사장은 제2조 내지 제6조의 범죄가 발생하였음에도 불구하고 이를 그에게 보고하지 아니하거나 그 수사를 태만히 하거나 또는 수사능력부족 기타의 이유로써 사법경찰관리로서 부적당하다고 인정하는 자에 대하여는 그 임명권자에게 당해 사법경찰관리의 징계, 해임 또는 교체임용을 요구할 수 있다. 요구가 있을 경우에는 임명권자는 2주일이내에 당해 사법경찰관리에 대하여 행정처분을 한 후 이를 관할 지방검찰청검사장에게 통보하여야 한다(폭처법 제10조).

판례형법각론

제 2 장 도교법위반죄

Ⅰ. 기본개념

1. 차

1) 도교법상 '차'란 자동차, 건설기계, 원동기장치자전거, 자전거, 사람 또는 가축의 힘이나 그 밖의 동력(動力)으로 도로에서 운전되는 것. 다만, 철길이나 가설(架設)된 선을 이용하여 운전되는 것으로 유모차와 보행보조용 의자차는 제외한다(도교법 제2조 제17호).

2) 자동차란 승용자동차, 승합자동차, 화물자동차, 특수자동차, 이륜자동차 및 건설기계관리법 제26조 제1항 단서에 따른 건설기계를 말하고(같은 조 제19호), 원동기장치자전거란 이륜자동차 가운데 배기량 125cc 이하의 이륜자동차와 배기량 50cc 미만(전기를 동력으로 하는 경우에는 정격출력 0.59kw 미만)의 원동기를 단 차(같은 조 제19호)를 말한다.

3) '자동차 등'이란 자동차와 원동기장치자전거를 말한다(같은 조 제22호). 건설기계관리법 제26조 제1항 단서에 따른 건설기계 이외의 건설기계(이하 '기타 건설기계'라고 한다)는 이에 포함되지 아니하나, 술에 취한 상태에서의 운전금지(도교법 제44조), 과로한 때 등의 운전금지(같은 법 제45조), 위험방지를 위한 조치(같은 법 제47조), 운전면허의 취소·정지(같은 법 제93조 제1호부터 제4호까지), 음주운전·음주측정거부 및 약물운전에 대한 처벌(같은 법 제148조의2)의 적용에 있어서는 '기타 건설기계'도 포함된다(같은 법 제44조 제1항). 그러나 무면허운전에 있어서는 '기타 건설기계'가 포함되지 않는다.

2. 도 로

1) 도로란 도로법에 따른 도로, 유료도로법에 따른 유료도로, 농어촌도로 정비법에 따른 농어촌도로 및 그 밖에 현실적으로 불특정 다수의 사람 또는 차마(車馬)가 통행할 수 있도록 공개된 장소로서 안전하고 원활한 교통을 확보할 필요가 있는 장소를 말한다(도교법 제2조 제1호).

2) 현실적으로 불특정 다수의 사람 또는 차마(車馬)가 통행할 수 있도록 공개된 장소도 도로에 포함되는데, 도로의 형태를 갖추지 않았더라도 그 일부가 통행로로 이용되고 있는 장소(예컨대 해변, 하천부지, 공지 중의 통행에 이용되는 곳)도 도로에 해당한다. 다만 공개된 장소이어야 하므로 사인(私人)이 자주적으로 관리하는 장소나 사적 영역은 도로가 될 수 없다.

3) 공장구내, 주유소내, 학교교정내 등과 같이 일반인의 출입이 통제되어 있고 특정한 용무가 있는 사람에게만 통행이 허용되는 곳은 원칙적으로 도로가 아니나(대법원 1987.7.21. 선고 87도1113 판결; 2005.12.22. 선고 2005도7293 판결), 사비(私費)로 개설한 도로라도 불특정 또는 다수인이 통행하는 곳이면 도로로 인정된다(대법원 1998.3.27. 선고 97누20755 판결).

예컨대 대학구내 도로로서 담으로 둘러싸여 있어 정·후문의 출입구 이외에는 외부로부터의 출입이 용이하지 아니하고 정숙한 면학분위기 조성 및 주차질서의 확립을 위하여 정·후문에서 수위 및 주차관리원이 교직원 이외의 일반인과 학생들의 차량출입을 통제하면서 교직원과 학교업무에 용무가 있는 사람들의 차량만 운전면허증을 수위실에 보관시킨 후 출입증을 교부하여 이를 부착한 상태로 출입 및 주차를 허용하고 있다면 도로라고 할 수 없다(대법원 1996.10.25. 선고 96도1848 판결). 그리고 아파트단지 내 건물과 건물 사이의 "ㄷ"자 공간 안에 주차구획선을 그어 차량이 주차할 수 있는 주차구역의 통로 부분으로 그 곳에 차량을 주차하기 위한 통로에 불과할 뿐 현실적으로 불특정 다수의 사람이나 차량의 통행로로 사용되지 않는 곳은 도로가 아니다(대법원 2005.1.14. 선고 2004도6779 판결). 이에 대하여 외부와 차단되어 있기는 하나 아파트 단지 내를 관통하여 각 출입구 쪽 외부도로를 잇는 연결도로로서 그 주변에 상가 등이 밀집되어 있어 주차를 위한 외부차량의 출입이 잦고, 아파트 관리소에서는 정문과 후문에 외부차량 출입금지 표지만 설치하여 놓았을 뿐 차단기를 설치하거나 아파트 경비원 등으로 하여금 출입을 통제하도록 하지 아니한 아파트단지 내 통행로는 현실적으로 불특정의 사람이나 차량의 통행을 위하여 공개된 장소로서 도로에 해당한다(대법원 2004.6.25. 선고 2002도6710 판결; 2006.1.13. 선고 2005도6986 판결).

4) 주차장법에 따른 노상주차장, 노외주차장 또는 부설주차장은 원칙적으로 도로가 아니다. 그러나 주차구획선 밖의 통로로서 불특정 또는 다수의 사람이나 차량의 통행을 위해 사용되고 있다면 도로에 해당하고(대법원 1997.6.13. 선고 97도953 판결; 2005.1.14. 선고 2004도6779 판결), 차량의 일부라도 주차장

을 벗어나 도로에 진입하였을 경우에는 도로를 운전한 것으로 인정된다(대법원 1993.1.19. 선고 92도2901 판결; 1999.1.26. 선고 98도3302 판결).

3. 운 전

1) '운전'이란 도로에서 차마를 그 본래의 사용방법에 따라 사용하는 것(조종을 포함한다)을 말한다(제2조 제26호). 다만 음주운전(제44조), 약물운전(제45조), 구호조치의무(제54조 제1항), 사고후미조치죄(제148조), 음주·약물운전죄(제148조의2)의 경우에는 도로 외의 곳을 포함한다(도교법 제2조 제26호).

2) 운전의 개념은 의지적 요소를 포함하므로 고의의 운전만을 의미하고 자동차 안에 있는 사람의 의지와 상관없이 자동차가 움직이는 것은 운전에 해당하지 않는다(대법원 2004.4.23. 선고 2004도1109 판결). 한편 자동차의 운전은 자동차의 원동기를 사용하는 고의의 운전행위로서 엔진의 시동뿐만 아니라 발진조작의 완료까지 포함한다. 주차 중의 자동차를 새로 발진시키려고 하는 경우에 자동차를 그 본래의 사용 방법에 따라 사용하였다고 하기 위해서는 단지 엔진을 시동시켰다는 것만으로는 부족하고 발진조작을 완료해야 한다(대법원 1999.11.12. 선고 98다30834 판결). 자동변속차량을 운전할 때에는 운전자는 우선 브레이크를 밟은 상태에서 자동차의 시동을 걸고 전진 내지 후진 기어 조작을 하며 차량을 진행하기 직전에서야 브레이크에서 발을 떼는 즉시 가속페달을 밟고 차량 운전을 시작하는 것이 통상적인 과정이므로, 발진조작을 완료하는 시점은 적어도 가속페달을 밟기 위하여 브레이크에서 발을 떼는 시점이라고 보아야 하고, 브레이크를 밟고 있는 상태에서는 기어를 조작한 것만으로는 발진조작을 완료하였다고 볼 수 없다(서울동부지법 2013.3.14. 선고 2012노1561 판결).

운전 중 일시정차는 운전에 포함되지만(대법원 1998.11.13. 선고 98다37972 판결) 주차는 운전에 포함되지 않는다(대법원 1997.9.30. 선고 97다24412 판결). 이외에도 고속도로를 진행하다 승용차를 경사진 도로의 갓길에 세우고 기어를 중립상태에 놓은 후 사이드브레이크를 살짝 걸어두었는데 사이드브레이크가 풀리면서 승용차가 후진을 하는 것(대법원 2016.11.24. 선고 2016도14407 판결), 자동차를 절취할 생각으로 조수석 문을 열고 들어가 시동을 걸려고 시도하는 등 차안의 기기를 이것저것 만지다가 사이드브레이크를 풀게 되었는데 그 장소가 내리막이어서 시동이 걸리지 않은 상태에서 10여미터 진전하게 된 것(대법원 1994.9.9. 선고 94도1522 판결). 자동차를 움직이게 할 의도 없이 다른 목적을 위하여 자동차의 원동기(모터)의 시동을 걸었는데, 실수로 기어 등 자동차의 발진에 필요한 장치를 건드려 원동기의 추진력에 의하여 자동차가 움직이거나 또는 불안전한 주차상태나 도로여건 등으로 인하여 자동차가 움직이게 하는 것(대법원 2004.4.23. 선고 2004도1109 판결), 자동차를 우마로 끌고 가거나 인력으로 밀어 움직이는 것(유사운전), 주차 후 운전석의 문을 여는 것, 구급차로 환자를 병원에 후송한 후 정차하고 구급차에 비치된 들것으로 환자를 하차시키는 것, 주차한 후 화물을 상차·하차하는 것과 같이 차의 이동을 위한 직접적인 기계적 조작이 아닌 것은 운전에 해당하지 않는다.

3) 운전과는 달리 '차의 교통'(도교법 제54조, 교특법 제2조 제2호·제3조 제1항)이란 차가 오고 가거나 차를 이용하여 사람이나 물건을 실어 나르는 것을 말한다. 따라서 교통에는 운전뿐만 아니라 운전에 수반되어 운전과 밀접불가분의 관계에 있는 행위(타력주행, 과실발진, 도로상의 주정차, 승객의 승하차, 운전 밀접행위, 유사운전행위, 도로운행 중 화물의 낙하)도 포함된다. 다만 도로가 아닌 곳에서의 주차나 화물의 상하차는 교통에 포함되지 않는다. 한편 도주치사상죄(제5조의3)는 자동차 또는 원동기장치자전거의 교통으로 제한된다.

4) 자동차의 운행으로 인한 손해배상을 보장하는 자동차보험에 관하여 규정하고 있는 「자동차손해배상 보장법」에서 말하는 운행이란 사람 또는 화물의 운송 여부에 관계없이 자동차를 그 용법에 따라 사용하거나 관리하는 것을 말한다. 이때 '자동차를 그 용법에 따라 사용한다'는 것은 자동차의 용도에 따라 그 구조상 설비되어 있는 각종의 장치를 각각의 장치목적에 따라 사용하는 것을 말하는 것으로서, 자동차가 주행 상태에 있지 아니한 상태에서 각종 부수적인 장치를 사용하는 것도 이에 포함되고, 또한 자동차의 당해 장치의 용법에 따른 사용 이외에 그 사고의 다른 직접적인 원인이 존재하거나 그 용법에 따른 사용의 도중에 일시적으로 본래의 용법 이외의 용도로 사용한 경우에도 전체적으로 위 용법에 따른 사용이 사고발생의 원인이 된 것으로 평가될 수 있다면 운행에 포함된다(대법원 2009.5.28. 선고 2009다9294 판결).

범죄 유형에 따른 차의 범위와 운전/교통의 구분

	무면허운전	음주·약물운전	사고후미조치	교특법위반	도주치사상
차의 범위	자동차/원동기장치자전거	자동차/원동기장치자전거/건설기계	모든 차	모든 차	자동차/원동기장치자전거
운전/교통	운전	운전(도로 아닌 곳도 포함)	교통	교통	교통

Ⅱ. 사고후미조치(제148조)

1. 의 의

1) 차의 운전 등 교통으로 인하여 사람을 사상하거나 물건을 손괴한 경우(교통사고) 그 차의 운전자나 그 밖의 승무원은 즉시 정차하여 사상자를 구호하는 등 필요한 조치를 취하여야 하고(제54조 제1항), 이 규정에 따른 교통사고 발생 시의 조치를 하지 아니한 사람은 5년 이상의 징역이나 1,500만원 이하의 벌금에 처한다. 이 규정의 취지는 도로에서 일어나는 교통상의 위험과 장해를 방지·제거하여 안

전하고 원활한 교통을 확보함을 그 목적으로 하는 것이지 피해자의 물적 피해를 회복시켜 주기 위한 규정은 아니다(대법원 2005.9.30. 선고 2005도4383 판결).

2) 차의 운전자가 교통사고를 야기하여 사람을 사상케 한 후 도주한 때에는 도주치사상죄로 처벌되기 때문에, 이 규정은 사실상 차의 운전자가 교통사고를 야기하여 물건을 손괴한 후 도주한 경우에 적용된다.

2. 교통사고

1) 본죄는 차의 운전 등 교통으로 인하여 사람을 사상하거나 물건을 손괴한 경우에 적용된다.

2) '차의 운전 등 교통으로 인하여'라고 함은 운전에 수반되어 운전과 밀접불가분의 관계에 있는 일체의 행위를 말하므로, 운전뿐만 아니라 유사운전행위나 운전밀접행위를 포함한다. 예를 들어 도로변에 이 사건 자동차를 주차한 후 하차하기 위하여 운전석 문을 열다가 마침 후방에서 진행하여 오던 피해자 운전 자전거의 핸들 부분을 위 운전석 문으로 충격하고, 그로 인하여 넘어진 피해자에게 상해를 입게 하거나(대법원 2010.4.29. 선고 2010도1920 판결), 고속도로를 진행하다 승용차를 경사진 도로의 갓길에 세우고 기어를 중립상태에 놓고 사이드브레이크를 살짝 걸어두었는데 사이드브레이크가 풀리면서 승용차가 1차로 방향으로 후진하여 마침 1차로에서 진행하던 차량의 전면을 충격하였다면(대법원 2016.11.24. 선고 2016도12407 판결 참조), 이는 차의 교통으로 인하여 사람을 사상한 경우에 해당한다. 그러나 운행보다는 제한적인 개념이므로 정차 후 물건하역 중에 발생하는 사고는 교통으로 인한 것이라고 할 수 없다.

3) 그리고 교통사고는 도교법에서 정하는 도로에서 발생한 경우뿐만 아니라 차의 교통으로 인하여 발생한 모든 경우를 포함한다. 따라서 교회주차장(대법원 2004.8.30. 선고 2004도3600 판결), 제과점 직매장 마당(대법원 1987.11.10. 선고 87도1727 판결), 공장내 작업장(대법원 1988.5.24. 선고 88도255 판결)에서 발생한 사고에 대해서도 본조가 적용된다.

3. 주체 (운전자 또는 승무원)

1) 본죄의 주체는 운전자뿐만 아니라 승무원도 포함된다. 승무원이란 차량이 운행에 대해 공동책임을 지는 조수, 안내원을 말하고 단순한 동승자는 본죄의 주체가 될 수 없다.

2) 다만 동승자라도 사고운전자를 대신하여 사고차량을 운전하여 함께 도주한 경우에는 형법 제33조에 의해 본죄의 공동정범으로 처벌될 수 있다(☞ **[판례 Ⅵ-1]** 참조).

[판례 Ⅵ-1] 대구지법 2007.3.28. 선고 2006노2898 판결【특가법위반(도주차량) 등】

〈사실관계〉

피고인 1은 피고인 2의 집으로 가기 위해 승용차를 운전하고 피고인 2는 조수석에 앉아 길을 모르는 피고인 1에게 진행할 방향을 가르쳐 주면서 동승하고 있던 중, 피고인들은 각 자동차운전면허 없이 06:40경 피고인 1은 위 자동차를 운전하여 편도 2차로 길을 2차로를 따라 직진함에 있어 전방 및 좌우를 잘 살피지 아니한 업무상 과실로 피해자 1 운전의 승용차 좌측 앞부분을 피고인 1운전의 승용차 좌측 뒷부분으로 들이받아 피해자 1로 하여금 약 2주간의 치료를 요하는 경추염좌 등의 상해를 입게 함과 동시에 피해자 2 소유의 승용차 앞범퍼 등을 손괴한 후 현장에서 이탈할 생각으로 피고인 2에게 부탁하여, 피고인 2는 피고인 1과 자리를 바꾸어 승용차를 운전하여 감으로써 교통사고를 야기하고도 필요한 조치를 취하지 아니한 채 도주하였다.

〈판결요지〉

(1) 특가법위반(도주차량)죄는 운전자가 교통사고로 인하여 피해자를 다치게 한 후 구호조치 없이 현장을 이탈하는 등의 방법으로 도주한 경우에 성립하는 과실범과 고의범의 결합범으로서, 운전자의 업무상과실치상 행위는 피해자 구호 등의 조치의무위반 행위와 더불어 위 특가법위반(도주차량)죄에 관한 구성요건해당행위의 일부를 이룬다.

일반적으로 운전자의 부탁으로 차량의 조수석에 동승한 후 운전자의 차량운전행위를 살펴보고 잘못된 점이 있으면 이를 지적하여 교정해 주려 했던 것에 그치고, 전문적인 운전교습자가 피교습자에 대하여 차량운행에 관해 모든 지시를 하는 경우와 같이 주도적 지위에서 같은 차량을 운행할 의도가 있었다거나 실제로 그 같은 운행을 하였다고 보기 어렵다면, 그 같은 운행 중에 야기된 사고에 대하여 동승자에게 과실범의 공동정범의 책임을 물을 수는 없으므로, 동승자였던 피고인 2가 운전자였던 피고인 1의 과실에 의한 교통사고를 서로의 의사연락하에 범죄가 되는 결과를 발생하게 한 것이 아니라면, 교통사고에 관한 과실범의 공동정범은 성립할 수 없다.

이 사건 공소사실과 같이 피고인 2가 이 사건 차량의 조수석에 동승하여 피고인 1에게 길을 가르쳐 주는 등의 역할을 한 것만으로는 피고인 2가 운전자인 피고인 1과 이 사건 차량의 운전행위를 함께 한다거나 운전업무상 공동의 주의의무를 부담한다고 보기 어렵고, 이 사건 차량이 이 사건 교차로에 진입하기 전에는 피고인 2가 피고인 1에게 별다른 지시를 하지 않은 점에 비추어 보면 피고인 2에게는 특가법위반(도주차량)죄에 관한 구성요건해당행위가 결여되어 있다. 나아가 도주행위에 가담한 동승자가 비록 운전자의 과실로 인하여 발생한 종전 범행인 교통사고 발생사실을 인식하였다 하더라도 그 형사상 책임은 가담 이후의 범행에 대한 공동정범으로서의 책임에 국한되므로 형법상 유기죄 등이 성립함은 별론으로 하고, 특가법위반(도주차량)죄의 공동정범으로 처벌할 수는 없다.

(2) 구 도교법(2005.5.31. 법률 제7545호로 전문 개정되어 2006.6.1. 시행되기 전의 것) 제50조 제1항은 도로에서 일어나는 교통상의 위험과 장해를 방지·제거하여 안전하고 원활한 교통을 확보하기 위한 목적으로 교통사고로 인하여 사람을 사상하거나 물건을 손괴한 경우, 그 차의 운전자나 승무원은 즉시 정차하여 필요한 조치를 취하여야 한다고 규정하고 있고, 이러한 조치를 이행하지 않는 경우 같은 법 제106조에 의하여 이를 처벌하고 있다.

위 죄는 교통사고를 야기한 운전자 또는 차량의 안전운행에 공동 책임이 있는 승무원의 지위에 있는 자가 교통사고 후 필요한 조치를 취하지 않음으로써 성립하는 범죄로서 형법 제33조 본문 소정의 신분관계로 인하여 성립될 범죄에 해당하는데, 피고인 2는 앞서 살펴 본 것처럼 단순 동승자에 불과하여 이 사건 교통사고를 야기한 운전자나 승무원에 해당되지는 않지만, 교통사고 후 이 사건 차량을 운전하는 방법으로 피고인 1의 도주행위에 가담하였으므로, 이는 형법 제33조 소정의 신분관계로 인하여 성립되는 피고인 1의 범죄에 가공한 행위에 해당하여 신분관계가 없는 피고인 2에 대하여도 형법 제30조에서 정한 공동정범에 관한 규정이 적용된다 할 것이다.

4. 구호 등 필요한 조치

1) 도로교통법 제54조 제1항의 취지는 도로에서 일어나는 교통상의 위험과 장해를 방지·제거하여 안전하고 원활한 교통을 확보함을 그 목적으로 하는 것으로, 운전자가 현장에서 취하여야 할 조치는 필요성이나 내용은 피해자들의 상해의 부위와 정도, 피해 차량의 손괴 정도, 사고장소의 상황, 사고 뒤 피해자들의 태도 등을 종합적으로 고려하여 판단하여야 한다(대법원 2009.5.14. 선고 2009도787 판결).

2) 본죄는 고의범이므로 교통사고로 인한 사람의 사상 또는 물건의 손괴사실에 대한 인식과 필요한 조치를 취하지 아니한다는데 대한 인식과 의사가 요구된다.

▨ 구호조치의무불이행을 인정하지 아니한 사례

○ **대법원 2003.12.26. 선고 2003도4959 판결【도교법위반, 도교법위반(사고후미조치)】**

피고인이 승용차를 운전하여 우회전하다가 거의 정차상태나 다름없이 서행하던 피해자 승용차의 좌측 앞 범퍼부분을 스치듯 들이받았으나, 피해정도가 수리비 15만원 상당으로 매우 경미하고 충돌로 인한 파편물이 도로에 비산된 바가 없었기에 도로를 통행하는데 있어서 위험이나 장해는 없었으며, 피고인이 사고 후 차에서 내려 약 30분간 피해자와 들이받은 부분 및 피해금액에 대해서 이야기를 나누다가 피해자가 피해금액을 과다하게 요구한다는 이유로 욕설을 하며 멱살을 잡고 시비하다가, 피고인은 피해자에게 자신의 연락처 등을 알려주지 아니한 채 피해자의 제지에도 불구하고 자신의 승용차를 운전하여 현장을 떠났다.

○ **대법원 2005.3.25. 선고 2004도8675 판결【도교법위반(사고후미조치) 등】**

피고인은 전방주시의무 태만으로 신호대기하다 서행하고 있는 피해자 운전 승용차를 들이받아 28만원 상당의 피해를 가하고 충돌즉시 정차하지 아니하고 20m 가량 그대로 직진하여 횡단보도 앞에 신호대기하기 위해 정차하고, 피해자는 바로 사고 현장 도로를 벗어나 사고지점의 우측 골목에 승용차를 정차시켰으며, 피해자의 친구가 피고인의 화물차량으로 달려가 충돌사실에 대해 항의하자 피고인은 충돌부위를 확인하기 위해 일단 부근에 자신의 차량을 세워두고 피해자의 친구와 함께 피해자 차량이 정차되어 있는 골목길로 왔는데, 피해자와 그의 친구가 피고인에게 충돌부위를 보여주며 피해보상을 요구하고 신분을 밝히라고 하자 피고인은 자신의 차량을 다른 곳에 세워두고 오겠다고 하면서 그곳을 떠났고, 그로부터 약 5~10분이 지나도 피고인이 나타나지 않자 피해자 일행은 부근 골목 주변을 걸어 다니며 피고인을 찾아다녔지만 피고인을 발견하지 못하고 경찰서에 신고를 하였다. 피해자의 승용차는 헤드램프와 왼쪽 앞 펜더부분이 파손되었고 도색이 벗겨졌으나 사고충격으로 인한 파편물들이 도로에 떨어지지는 않았다.

○ **대법원 2006.11.24. 선고 2005도9397 판결【도교법위반(사고후미조치) 등】**

피고인이 개인택시를 운전하여 지하차도가 설치된 대로를 따라 시속 20~30km로 우회전하던 중 피고인 차량 우측 앞 펜더부분으로 지하차도 이면도로상에 시동을 끈 채 정차 중인 피해차량의 좌측 뒤 펜더부분을 충격하였고 당시 피해자는 운전석을 뒤로 제쳐 놓고 누워 핸드폰으로 전화를 하고 있다가 위 충격으로 피해차량이 좌우로 약간 흔들리고 긁히는 소리를 들었는데, 피고인이 피해차량을 충격하고 그대로 진행해 가자 경음기를 울리고 상향등을 켜며 피고인의 차량을 1km 정도 추격하여 멈추게 하였는데 피고인은 피해자에게 사고에 대한 잘못을 시인하였다. 그런데 다음날 피해자가 피고인에게 변상을 요구하였는데, 피고인에 이에 대해 별다른 대답을 하지 않자 진단서를 발급받아 경찰서에 제출하여 교통사고사실을 신고하였다. 피고인의 차량은 우측 앞바퀴 위 펜더부분에 경미하게 긁힌 흔적만 생겼고, 피해차량 역시 좌측 뒷바퀴 위 펜더부분에 약간의 흠집이 생겼을 뿐이며, 피해차량의 수리비는 부품 20만원, 공임 7만원 정도에 불과하며, 피해자가 피고인이 차량을 추격하는 과정에서 새로운 교통사고를 일으키지 않았고, 피고인은 시속 40~60km의 속도로 진행함으로써 특별히 교통상의 위험을 야기하지도 않았다.

▨ 구호조치의무불이행을 인정한 사례

○ 대법원 1993.11.26. 선고 93도2346 판결【도교법위반(사고후미조치) 등】

피고인은 23:15경 차량을 운전하고 4차선 도로의 4차선을 따라 진행하다가 앞서 진행하던 피해자 운전의 택시가 급제동하는 것을 뒤늦게 발견하고 급제동조치를 취하였으나 피하지 못하고 위 택시의 뒷범퍼를 들이받는 사고를 발생시켰는데, 위 사고로 위 택시가 입은 피해는 뒷범버에 약간의 흠집이 난 정도이며(수리비 70,000원 상당), 피고인은 사고 후 차량에서 내려 피해의 정도를 살핀 후 피해자에게 미안하다고 하면서 금10,000원을 피해자에게 주고 사건을 해결하려고 하였으나 피해자가 이를 거절하면서 인근 파출소에 동행할 것을 요구하자 피고인은 당시 음주운전을 하고 있어서 그 사실이 발각될 것을 염려한 나머지 피해자의 제지에도 불구하고 자신의 인적사항이나 연락처도 알려주지 아니한 채 다시 승차하여 그대로 도주하였다.

위 사고가 발생한 곳이 편도 4차선 도로의 맨 가장자리 차선인 4차선이었고 피해가 차량의 뒷범퍼에 약간의 흠집이 난데 지나지 않았고, 또 피고인이 사고 직후 차에서 내려 피해 상태를 확인한 다음 피해자에게 피해변제조로 금10,000원을 지급하려고 하였다고 하더라도, 피해액이 얼마인지 알 수 없는 상태에서 그 액수에 관하여 의견이 일치되지 아니하여 피해자가 파출소에 신고하자고 하였는데도, 피고인이 자신의 인적사항이나 연락처를 전혀 알려 주지 아니한 채 피해자의 제지에도 불구하고 다시 승차하여 도주하였다면, 피고인이 도주시 급히 자동차를 운전하는 등으로 새로운 교통사고를 일으킬 가능성도 높고, 또한 피해자가 이를 제지하거나 뒤쫓아 갈 것이 예상되는데 이 경우에도 또 다른 교통상의 위험과 장애가 야기될 수 있으므로, 이 사건 교통사고를 일으킨 피고인으로서 필요한 조치를 다하였다고 볼 수 없다.

○ 대법원 2007.12.27. 선고 2007도9567 판결【도교법위반, 도교법위반(사고후미조치)】

피고인은 혈중알코올농도 0.129%의 술에 취한 상태에서 승용차를 운전하여 편도 4차선 중 3차로에서 2차로로 차선을 변경하면서 2차로에서 진행하던 피해 차량을 충격하였는데, 당시 피해차량에 운전자 및 승객 1인이 탑승하고 있었음에도 피고인은 사고 직후 정차하지 아니한 채 그대로 도주하자, 피해차량은 약 500m를 추격하여 피고인 차량을 붙잡았다. 사고로 인한 파편물이 도로에 비산되지는 않았으나 피해차량은 사고로 인하여 수리비 240만원 상당이 들도록 앞범퍼 등이 손괴되었고, 사고장소는 편도 4차선 도로로서 사고시각이 01:50경임에도 차량의 통행이 전혀 없지 않았으나, 피고인은 즉시 정차하는 등 필요한 조치를 취하지 아니한 채 도주하였을 뿐만 아니라 피해자가 도주하는 피고인을 약 500m나 추격함으로써 새로운 교통상의 위험과 장애를 초래하였다.

○ 대법원 2009.5.14. 선고 2009도787 판결【도교법위반, 도교법위반(사고후미조치)】

농로에서 중앙분리대가 설치된 왕복 4차로의 도로로 진입하던 차량의 운전자가 속도를 줄이거나 일시 정지하여 진행 차량의 유무를 확인하지 않은 채 그대로 진입하다가 도로를 진행하던 차량을 들이받아 파손하고도 차량에서 내리지 않은 채 미안하다는 손짓만 하고 도로를 역주행하여 피해차량의 진행방향과 반대편으로 도주하였다면 비록 파편이 도로상에 비산되지도 않는 등 사고로 인한 피해차량의 물적 피해가 경미하다고 하더라도 교통사고 발생시의 필요한 조치를 다하였다고 볼 수 없다.

2) 교통사고발생시의 구호조치의무는 차의 교통으로 인하여 사람을 사상하거나 물건을 손괴한 때에 운전자 등으로 하여금 교통사고로 인한 사상자를 구호하는 등 필요한 조치를 신속히 취하게 하기 위한 방법으로 부과된 것이므로 교통사고의 결과가 피해자의 구호 및 교통질서의 회복을 위한 조치가 필요한 상황인 이상 그 의무는 교통사고를 발생시킨 당해 차량의 운전자에게 그 사고발생에 있어서 고의·과실 혹은 유책·위법의 유무에 관계없이 부과된 의무이다(☞ **[판례 VI-2]** 참조).

[판례 VI-2] 대법원 2016.1.28. 선고 2014도5724 판결【유기치사, 도교법위반(사고후미조치) 등】

〈공소사실〉

피고인은 피해자와 토지 매매계약을 체결하고 피해자의 토지위에 빌라를 신축·분양하는 사업을 진행하였는데 구청으로부터 개발허가신청이 반려되어 사업진행이 어렵게 되자 피해자는 매매계약의 해지를 요구하였고, 이에 피고인은 사업에 관하여 상의하기 위하여 자신의 승용차를 운전하여 피해자의 집을 찾아가 피해자를 조수석에 태우고 차량을 출발하였다. 차량이 출발할 무렵 피고인은 피해자에게 행주산성에 가서 저녁을 먹자고 하였으나 강변북로를 진행하던 중 임의로 목적지를 영종도로 변경하였고, 피해자는 차량이 인천국제공항고속도로 톨게이트에 진입할 무렵 '영종도는 너무 멀어서 가기 싫다, 내려달라, 택시를 타고 집에 가겠다'고 수차례 요구하였으나 피고인의 피해자의 요구에 응하지 않은 채 공항방향 15.4㎞ 지점에 이를 때까지 위 차량을 계속 진행하였다. 그 지점에 이르기까지 피고인은 운전을 하면서 차량 안에 있던 소주병을 들어 술을 마시는 등 위험한 행동을 하였고, 피해자는 자신을 차에서 내려주지 않은 채 운전을 하면서 술을 마신다는 등의 이유로 피고인과 몸싸움을 하게 되었는데, 피고인이 정차할 생각 없이 시속 약 40km로 감속하여 진행하자 신변의 위험을 느낀 피해자는 승용차에서 빠져나오기 위해 조수석 문을 열고 도로 상으로 뛰어내렸다. 피해자가 도로에 떨어지면서 받은 충격으로 3차로 상에 정신을 잃고 쓰러졌음에도 불구하고 피해자를 그대로 방치한 채 오히려 가속하여 사고현장을 이탈하였고, 3차로 상에 쓰러져 있던 피해자는 그로부터 약 1분 30초 후 피해자를 발견하지 못한 채 3차로를 따라 진행하던 승용차에 역과되어 즉석에서 두부압착 등으로 인한 다발성 실질장기손상 등으로 사망에 이르렀다.

〈판결요지〉

(1) 신공항톨게이트를 통과할 무렵 피해자가 하차를 요구하였으나 피고인은 피해자의 하차요구에 불응하고 15.4.km를 운전하여 갔다는 점에서 피해자를 감금하였다 볼 여지도 있다 할 것이나, 영종대교 기념관 진입로부터 이 사건 사고지점까지의 평균 진행속도는 시속 40km 내외로 추정되고, 피고인이 피해자로부터 하차 요구를 받은 후 실제로 피해자를 고속도로 갓길에 내려주기 위하여 승용차의 속도를 줄였을 가능성을 배제할 수 없으므로, 신공항톨게이트를 통과한 이후 피고인이 피해자를 감금하였다고 단정하기 어렵다.

(2) 운전자의 의사와는 전적으로 무관하게 주행 중인 차량에서 뛰어내리는 행위까지 운전자에게 방지할 책임을 지우거나 승차자가 차의 진행 중에 개문 하차할 것을 예상하여 승차자의 동정을 주의 깊게 살펴야 할 주의의무가 있다고 보는 것은 무리이고, 나아가 승객의 요청으로 정차하려고 하는 순간 정차도 하기 전에 갑자기 뛰어내린 경우에 있어서도 운전자에게 업무상 주의의무를 지울 수는 없다. 그러나 도로교통법 제49조 제1항 제7호의 해석상 운전자는 동승자가 안전을 확인하지 아니하고 차의 문을 열거나 내리는 행위를 포함하여 교통의 위험을 일으키는 것을 방지할 일반적 의무가 있으므로, 피해자가 피고인과 차량 내에서 더 이상 머물기를 원하지 아니하고 하시라도 기회가 되면 차에서 내리려고 하는 것으로 추정되는 상황에서 피고인으로서는 피해자를 설득하여 하차와 귀가를 위하여 안심을 시키든가, 고속도로 휴게소와 같은 안전한 장소에 피해자를 내려주든가 하는 조치를 함으로써 동승자가 교통의 위험을 일으키지 않도록 방지할 주의의무를 부담한다.

도로교통법 제54조제1항에서 규정한 교통사고 발생 시의 구호조치의무는 차의 교통으로 인하여 사람을 사상하거나 물건을 손괴한 때에 운전자 등으로 하여금 교통사고로 인한 사상자를 구호하는 등 필요한 조치를 신속히 취하게 하고, 또 속히 경찰관에게 교통사고의 발생을 알려서 피해자의 구호, 교통질서의 회복 등에 관하여 적절한 조치를 취하게 하기 위한 방법으로 부과된 것이므로, 교통사고를 발생시킨 당해 차량의 운전자에게 그 사고발생에 있어서 고의·과실 혹은 유책·위법의 유무에 관계없이 부과된 의무에 해당한다. 비록 주행 중 차량에서 서둘러 하차한 피해자의 과실도 인정되기는 하지만 이러한 피고인의 주의의무 위반도 피해자의 과실에 경합하는 원인이 되어 동승한 피해자가 하차하는 과정에서 부상을 입었다고 볼 수 있고, 이처럼 하차로 인한 교통사고에 관하여 피고인의 업무상 주의의무가 인정된다면 피고인으로서는 피해자를 구호할 법률상 의무가 있고 피고인이 그와 같은 구호의무를 이행하지 아니하고 사고현장을 이탈한 이후 후행 차량에 의하여 피해자가 사망에 이르게 되었다면 유기치사죄의 죄책을 면할 수는 없다.

〈해 설〉

위 사례에서는 검사는 살인 또는 감금치사를 주위적 공소사실로 그리고 도로교통법 위반(사고후미조치) 및 유기치사를 예비적 공소사실로 기재하여 피고인을 기소하였다. 1심과 2심은 모두 피고인에게 살인에 대한 미필적 고의 및 감금사실을 인정하기 어렵다는 이유로 주위적 공소사실을 인정하지 않았다. 그러나 예비적 공소사실과 관련해서는 피고인이 피해자를 구호할 법률상 의무를 위반하여 구호의무를 이행하지 아니하고 사고현장을 이탈하였고(형법상 유기 및 도교법상 사고후미조치) 이로 인해 피해자가 사망하였음을 인정하고 유기치사 및 사고후미조치를 인정하였다.

그런데 이 사건에서는 만약 피고인에게 피해자가 승용차에서 추락하여 상해를 입은데 대해 과실이 인정된다면, 이 사건 피고인의 죄책은 유기치사죄 및 사고후미조치죄가 아니라 도주치사상죄로 처벌하는 것이 옳다. 업무상 과실로 대인 교통사고를 야기한 운전자가 이러한 구호조치를 취하지 아니하고 도주한 경우라면 특가법 제5조의3에 따라 당해 운전자를 가중처벌하도록 하고 있으므로 교통사고 발생에 과실이 있는 운전자에 대하여는 도주치사상죄로 처벌하는 이외에 별도의 유기치사상죄를 논할 여지는 없기 때문이다(서울고법 2014.4.22. 선고 2013노2492 판결).

이 사안에서의 쟁점은 피해자가 갑자기 승용차에서 빠져나오기 위해 조수석 문을 열고 도로 상으로 뛰어내려 상해를 입은데 대해 업무상과실·중과실을 인정할 수 있는가에 있다. 판례는 "운전자는 동승자가 안전을 확인하지 아니하고 차의 문을 열거나 내리는 행위를 포함하여 교통의 위험을 일으키는 것을 방지할 일반적 의무가 있으므로, 피고인으로서는 피해자를 설득하여 안심을 시키든가, 안전한 장소에 피해자를 내려주든가 하는 조치를 함으로써 동승자가 교통의 위험을 일으키지 않도록 방지할 주의의무를 부담한다"고 하여 피고인의 업무상과실을 인정하였다. 판례가 업무상과실을 인정하는 근거로 든 도교법 제49조 제1항 제7조는 "운전자는 안전을 확인하지 아니하고 차의 문을 열거나 내려서는 아니 되며, 동승자가 교통의 위험을 일으키지 아니하도록 필요한 조치를 취할 것"이라고 규정하고 있다. 이 규정은 운전자에게 동승자가 교통의 위험을 야기하는 행위(예컨대 차안의 물건을 창문 밖으로 내던지는 행위)를 하지 않도록 해야 할 의무를 부과한 것으로 해석해야지, 동승자에 대한 보호의무를 규정한 것으로 이해하기는 곤란하다. 판례에서 스스로 인정하고 있듯이 운전자의 의사와는 전적으로 무관하게 주행 중인 차량에서 뛰어내리는 행위까지 운전자에게 방지할 책임을 지우거나 승차자가 차의 진행 중에 개문 하차할 것을 예상하여 승차자의 동정을 주의 깊게 살펴야 할 주의의무가 있다고 보는 것은 무리이고(대법원 1977.6.28. 선고 77도523 판결), 나아가 승객의 요청으로 정차하려고 하는 순간 정차도 하기 전에 갑자기 뛰어내린 경우에 있어서도 운전자에게 업무상 주의의무를 지우기는 곤란하다(대법원 1983.6.14. 선고 82도1925 판결).

따라서 이 사안에서는 피고인에게 업무상과실이 인정되지 않는다는 것을 전제로 도로교통법 위반(사고후미조치)죄 및 유기치사죄를 죄책을 묻는 것이 옳다고 본다. 그리고 만약 판례의 입장과 같이 피고인에게 업무상과실을 인정한다면 마땅히 특가법위반(도주차량)죄의 죄책을 물어야 할 것이다.

5. 죄 수

1) 차의 교통으로 인하여 업무상과실·중과실치사상죄를 범한 운전자가 구호조치를 취하지 아니하고 도주한 때에는 특가법상 도주치사상죄(제5조의3)로 처벌되므로 이와는 별도로 유기죄 또는 유기치사상죄는 성립하지 않는다(서울고법 2014.4.22. 선고 2013노2492 판결). 그리고 운전자에게 과실이 없는 경우에는 운전자에게 도주치사상의 죄책을 물 수 없으나, 이 경우에도 운전자는 구호조치를 취할 의무를

지므로 구호조치를 취하지 아니한 채 도주한 때에는 사고후미조치의 죄책을 지고, 만약 피해자가 사망한 때에는 사고후미조치와 더불어 유기치사의 죄책도 함께 진다(서울고법 2014.4.22. 선고 2013노2492 판결 참조).

2) 교통사고로 인해 재물만 손괴하고 구호 등 필요한 조치를 취하지 아니한 때에는 업무상과실·중과실재물손괴죄와 본죄의 경합범의 죄책을 진다.

3) 교통사고로 사람을 사상하고 나아가 재물을 손괴하고도 구호 등 필요한 조치를 취하지 아니하고 도주한 때에는 특가법상 도주운전죄, 업무상과실·중과실재물손괴죄 및 본죄의 죄책을 진다. 판례는 도주치사상죄와 업무상과실·중과실재물손괴죄는 실체적 경합관계에 있고 도주치사상죄와 본죄는 상상적 경합관계에 있다고 본다(대법원 1996.4.12. 선고 95도2312 판결).

그러나 업무상과실·중과실재물손괴죄(A)와 본죄(B)가 실체적 경합관계에 있고, 이들 두죄와 도주치사상죄(C)는 상상적 경합관계에 있다. 이처럼 실체적 경합관계에 있는 두죄(A, B)가 다른 죄(C)와 상상적 경합관계에 있는 경우 실체적 경합관계에 있는 두죄를 상상적 경합관계에 있는 다른 죄와 대비하여 가장 중한 죄로 처벌하면 족하다(대법원 1983.7.26. 선고 83도1378 판결 참조).

Ⅲ. 음주·약물운전(제148조의2)

1. 의 의

술에 취한 상태에서 또는 약물 등으로 인하여 정상적으로 운전하지 못할 우려가 있는 상태에서 자동차 등을 운전함으로써 성립하는 범죄로, 혈중알코올농도 및 위반회수에 따라 차이가 있다(제148조의2 제1항, 제2항). 본죄의 처벌대상은 자동차, 원동기장치자전거 및 일반건설기계를 운전한 경우도 포함되고(제44조 제1항), 도로뿐만 아니라 도로가 아닌 곳에서 운전한 경우도 포함된다(제2조 제26호).

1. 혈중알콜농도가 0.2퍼센트 이상인 사람은 1년 이상 3년 이하의 징역이나 500만원 이상 1천만원 이하의 벌금(제148조의2 제2항 제1호)
2. 혈중알콜농도가 0.1퍼센트 이상 0.2퍼센트 미만인 사람은 6개월 이상 1년 이하의 징역이나 300만원 이상 500만원 이하의 벌금(제148조의2 제2항 제2호)
3. 혈중알콜농도가 0.05퍼센트 이상 0.1퍼센트 미만인 사람은 6개월 이하의 징역이나 300만원 이하의 벌금(제148조의2 제2항 제3호)
4. 2회 이상 위반한 사람으로서 술에 취한 상태에서 자동차등을 운전한 사람은 1년 이상 3년 이하의 징역이나 500만원 이상 1천만원 이하의 벌금(제148조의2 제1항 제1호)
5. 약물로 인하여 정상적으로 운전하지 못할 우려가 있는 상태에서 자동차 등을 운전한 사람은 3년

이하의 징역이나 1천만원 이하의 벌금(제148조의2 제3항)

2. 음주운전(제148조의2 제1항 제1호, 제2항)

1) 운전이 금지되는 술에 취한 상태의 기준은 혈중알코올농도 0.05% 이상으로(제44조 제4항), 일반인이 소주는 0.4홉, 맥주는 460ml들이 1.4병을 5분간 마시고 30분이 경과한 상태이다.

2) 혈중알코올농도는 음주운전 시점을 기준으로 호흡검사 또는 혈액검사의 방법으로 측정한다. 경찰공무원은 교통의 안전과 위험방지를 위하여 필요하다고 인정하거나 술에 취한 상태에서 자동차등을 운전하였다고 인정할 만한 상당한 이유가 있는 경우에는 운전자가 술에 취하였는지를 호흡조사로 측정할 수 있고, 이 경우 운전자는 경찰공무원의 측정에 응하여야 한다(제44조 제2항). 호흡조사에 의한 측정 결과에 불복하는 운전자에 대하여는 그 운전자의 동의를 받아 혈액 채취 등의 방법으로 다시 측정할 수 있다(같은 조 제3항).

3) 호흡측정기에 의한 음주측정치와 혈액검사에 의한 음주측정치가 다른 경우에 어느 음주측정치를 신뢰할 것인지는 법관의 자유심증에 의한 증거취사선택의 문제이나, 호흡측정기에 의한 측정의 경우 그 측정기의 상태, 측정방법, 상대방의 협조정도 등에 의하여 그 측정결과의 정확성과 신뢰성에 문제가 있을 수 있다는 사정을 고려하면, 혈액의 채취 또는 검사과정에서 인위적인 조작이나 관계자의 잘못이 개입되는 등 혈액채취에 의한 검사결과를 믿지 못할 특별한 사정이 없는 한, 호흡측정기에 의한 음주측정치보다 혈액검사에 의한 음주측정치가 측정 당시의 혈중알코올농도에 더 근접하는 것으로 보아야 한다(대법원 2004.2.13. 선고 2003도6905 판결).

4) 호흡측정기에 의한 혈중알코올 농도의 측정은 장에서 흡수되어 혈액 중에 용해되어 있는 알코올이 폐를 통과하면서 증발되어 호흡공기로 배출되는 것을 측정하는 것으로, 최종 음주시로부터 상당한 시간이 경과하지 아니하였거나 또는 트림, 구토, 치아보철, 구강청정제 사용 등으로 인하여 입 안에 남아 있는 알코올, 알코올 성분이 있는 구강 내 타액, 상처부위의 혈액 등이 폐에서 배출된 호흡공기와 함께 측정될 경우에는 실제 혈중알코올의 농도보다 수치가 높게 나타나는 수가 있고, 피측정자가 물로 입 안을 헹구지 아니한 상태에서 호흡측정기에 의해 측정한 혈중알코올 농도는 실제 혈중알코올 농도보다 높을 수 있다. 따라서 물로 입 안을 헹굴 기회를 달라는 피고인의 요구를 무시한 채 호흡측정기로 측정한 혈중알코올 농도 수치가 0.05%로 나타났다면, 피고인이 당시 혈중알코올 농도 0.05% 이상의 술에 취한 상태에서 운전하였다고 단정할 수 없다(대법원 2006.11.23. 선고 2005도7034 판결).

5) 개인마다 차이는 있지만 음주 후 30분~90분 사이에 혈중알코올농도가 최고치에 이르고 그 후 시간당 약 0.008%~0.03%(평균 약 0.015%)씩 감소하는 것으로 일반적으로 알려져 있는데, 만약 운전을 종료한 때가 혈중알코올농도의 상승기에 속하여 있다면 실제 측정된 혈중알코올농도보다 운전 당시의

혈중알코올농도가 더 낮을 가능성이 있다. 따라서 음주운전 시점이 혈중알코올농도의 상승시점인지 하강시점인지 확정할 수 없는 상황에서는 운전을 종료한 때로부터 상당한 시간이 경과한 시점에서 측정된 혈중알코올농도가 처벌기준치를 약간 넘었다고 하더라도, 실제 운전 시점의 혈중알코올농도가 처벌기준치를 초과하였다고 단정할 수는 없다.

그러나 비록 운전 시점과 혈중알코올농도의 측정 시점 사이에 시간 간격이 있고 그때가 혈중알코올농도의 상승기인지 하강기인지 불확실하다고 하여, 그러한 사정만으로 실제 운전 시점의 혈중알코올농도가 처벌기준치를 초과한다는 점에 대한 입증이 불가능하다고 볼 수는 없다. 이러한 경우 운전과 측정 사이의 시간 간격, 측정된 혈중알코올농도의 수치와 처벌기준치의 차이, 음주를 지속한 시간 및 음주량, 단속 및 측정 당시 운전자의 행동 양상 등 여러 사정을 종합적으로 고려하여 운전 당시에도 처벌기준치 이상이었다고 볼 수 있는지 여부를 판단할 수 있다. 예컨대 피고인이 마지막으로 술을 마신 시각이라고 주장하는 때로부터 약 98분이 경과한 시각에 측정한 혈중알코올농도가 처벌기준치인 0.1%를 크게 상회하는 0.158%로 나타났고, 피고인이 처음으로 음주를 한 시각을 기준으로 하면 1시간 50분 뒤에 운전이 이루어져 운전 당시에 혈중알코올농도의 상승기에 있었다고 단정하기 어렵다면, 피고인이 차량을 운전할 당시 적어도 혈중알코올농도 0.1% 이상의 술에 취한 상태에 있었다고 보는 것이 타당하다(대법원 2014.6.12. 선고 2014도3360 판결).

6) 2회 이상 음주운전금지규정을 위반한 사람이 다시 이 규정을 위반하여(제44조 제1항) 술에 취한 상태에서 자동차등을 운전한 경우에는 가중처벌된다. 음주운전의 범죄전력에는 음주운전죄로 유죄판결이나 약식명령을 받은 경우뿐만 아니라 기소유예처분을 받은 경우도 포함된다. 그리고 형의 실효 등에 관한 법률에 따라 형이 실효되었거나 사면법에 따라 형선고의 효력이 상실되었더라고 하더라도 단지 형의 선고에 기한 법률적 효과가 장래를 향하여 없어진다는 것을 의미할 뿐 형의 선고가 있었다는 기왕의 사실 자체의 모든 효과까지 소멸되는 것은 아니므로 형의 실효 등에 관한 법률에 따라 형이 실효되었거나 사면법에 따라 형선고의 효력이 상실된 음주운전 전과도 여기에 포함된다(대법원 2012.11.29. 선고 2012도10269 판결).

7) 음주운전죄는 고의범이나 음주를 하고도 자동차 등을 운전한다는데 대한 인식과 의사가 있으면 족하고 구체적으로 음주수치를 수량적으로 인식할 필요는 없다. 그리고 피고인이 자신의 차를 운전하여 술집에 가서 술을 마신 후 운전을 하다가 교통사고를 일으켰다면, 이는 피고인이 음주할 때 교통사고를 일으킬 수 있다는 위험성을 예견하고도 자의로 심신장애를 야기한 경우에 해당하므로, 설사 사고 당시 심신미약 상태에 있었다고 하더라도 심신미약으로 인한 형의 감경을 할 수 없다(대법원 1995.6.13. 선고 95도826 판결).

8) 술에 취한 상태에서 자동차 등을 운전하던 중 사람을 사상케 한 경우에는 음주운전죄와 위험운

전치사상죄의 실체적 경합범의 죄책을 진다. 술에 취한 상태에서 자동차 등을 운전하던 중 사람을 사상케 한 후 도주한 경우에는 음주운전죄와 도주치사상죄의 실체적 경합범의 죄책을 진다.

3. 약물운전(제148조의2 제3항), 과로·질병운전(제154조 제3호)

1) 약물로 인하여 정상적으로 운전하지 못할 우려가 있는 상태에서 자동차 등을 운전한 때에는 3년 이하의 징역이나 1천만원 이하의 벌금에 처한다(제148조의2 제3항).

2) 과로, 질병으로 인하여 정상적으로 운전하지 못할 우려가 있는 상태에서 자동차 등을 운전한 때에는 300만원 이하의 벌금에 처한다(제154조 제3호).

Ⅳ. 음주측정불응(제148조의2 제1항 제1호)

1) 술에 취한 상태에서 자동차 등을 운전하였다고 인정할 만한 상당한 이유가 있는 사람으로서 경찰공무원의 측정에 응하지 아니함으로써 성립하는 범죄로 1년 이상 3년 이하의 징역이나 500만원 이상 1천만원 이하의 벌금에 처한다. 본죄는 헌법상 진술거부권을 침해하거나 영장주의, 적법절차의 원칙에 위배되지 않는다(헌법재판소 1997.3.27. 선고 96헌가11 결정).

2) 본죄의 주체는 술에 취한 상태에서 자동차 등을 운전하였다고 인정할만한 상당한 이유가 있는 사람이다. 술에 취한 상태라 함은 도교법위반(음주운전)죄로 처벌되는 음주수치인 혈중알코올농도 0.05% 이상의 음주상태를 말하므로, 음주측정불응죄가 성립하기 위해서는 음주측정 요구 당시 운전자가 반드시 혈중알코올농도 0.05% 이상의 상태에 있어야 하는 것은 아니지만 적어도 승용차를 지그재그로 운전하거나, 신호대기 중에 술에 취한 채 잠을 자거나, 술 냄새를 심하게 풍기며 혀 꼬부라진 소리로 횡설수설하거나, 눈이 충혈되고 걸음이 비틀거리며 몸을 제대로 가누지 못하는 등 혈중알코올농도 0.05% 이상의 상태에 있다고 인정할 만한 상당한 이유가 있어야 한다(대법원 2003.1.24. 선고 2002도6632 판결).

호흡측정기에 의한 음주측정을 요구하기 전에 사용되는 음주감지기 시험에서 음주반응이 나왔다고 할지라도 현재 사용되는 음주감지기가 혈중알코올농도 0.02%인 상태에서부터 반응하게 되어 있으므로 그것만으로 바로 운전자가 혈중알코올농도 0.05% 이상의 술에 취한 상태에 있다고 인정할 만한 상당한 이유가 있다고 볼 수는 없고, 이와 함께 운전자의 외관·태도·운전행태 등의 객관적 사정을 종합하여 판단하여야 한다(대법원 2003.1.24. 선고 2002도6632 판결).

○ 대법원 2003.1.24. 선고 2002도6632 판결【도교법위반(음주측정거부)】

피고인은 이 사건 당일인 22:16경 음주운전 일제단속과정의 음주감지기에 의한 시험에서 음주반응이 나왔음에도 경찰관의 호흡측정기에 의한 음주측정 요구에 불응한 사실은 인정되나, 당시 피고인을 단속한 경찰관의 진술에 의하더라도 음주감지기 시험에서는 음주반응이 나왔기 때문에 피고인이 음주운전을 하였다는 의심을 하였을 뿐이지 여기에 더 나아가 피고인의 입에서 술냄새가 나거나 걸음걸이에 특이한 점은 없었다고 진술하고 있을 뿐만 아니라, 피고인이 최초로 음주측정을 요구받은 시점으로부터 약 25분이 경과한 22:41경 음주측정에 응한 결과에 의하더라도 피고인이 당시 운전이 금지되는 술에 취한 상태의 기준에 미달하는 0.032%의 혈중알코올농도가 나왔다고 하는 사후적인 사정까지 아울러 고려하여 볼 때, 이 사건에서 음주감지기 시험에서 음주반응이 나왔다고 하여 피고인이 음주측정을 요구받을 당시 음주운전죄로 처벌되는 음주수치인 혈중알코올농도 0.05% 이상의 음주상태에 있다고 인정할 만한 상당한 이유가 있었다고 보기는 어렵다.

음주측정을 요구받을 당시에 주취상태에 있다고 인정할만한 상당한 이유가 있다고 인정되는 이상 사후적으로 혈액채취 등에 의한 음주측정결과가 음주운전으로 처벌할 수 있는 혈중알코올농도의 기준치를 다소 미달하더라도 무방하나(대법원 2004.10.15. 선고 2004도4789 판결), 기준치에 현저하게 미달하는 경우에는 상당한 이유가 있다고 보기 힘들 것이다.

운전자의 운전이 종료한 후에도 운전자의 외관·태도 및 기왕의 운전 행태, 운전자가 마신 술의 종류 및 양, 음주운전의 종료로부터 음주측정의 요구까지의 시간적·장소적 근접성 등 객관적 사정을 종합하여 판단하여 술에 취한 상태에 있다고 인정할 만한 상당한 이유가 있다고 판단되면 음주측정을 요구할 수 있다. 예컨대 음주와 음주운전을 목격한 참고인이 있는 상황에서 경찰관이 음주 및 음주운전 종료로부터 약 5시간 후 집에서 자고 있는 사람을 연행하여 음주측정을 요구한 데에 대하여 불응한 경우 음주측정불응죄가 성립한다(대법원 2001.8.24. 선고 2000도6026 판결). 그러나 알코올분해시간이 모두 경과되어 사후적으로 음주측정에 의하여 음주운전여부를 확인할 수 없음이 명백한 경우에는 음주측정을 요구할 수 없고, 이에 불응하였다고 하여 본죄가 성립하는 것은 아니다.

3) 본죄에서 말하는 경찰공무원의 측정은 호흡조사에 의한 측정만을 말하고 혈액채취에 의한 측정은 포함하지 아니한다. 따라서 경찰공무원의 임의의 채혈요구 또는 영장에 의한 채혈요구에 의한 측정을 거부하는 경우에는 본죄가 성립하지 않는다(대법원 2010.7.15. 선고 2010도2953 판결).

호흡조사 측정을 위한 동행 또는 특정한 장소에의 출석요구는 음주측정을 위한 준비의 요구일 뿐 음주측정의 요구로 볼 수 없다. 따라서 경찰공무원이 호흡측정기에 의한 음주측정을 요구하지 않은 상태에서 운전자가 경찰공무원의 음주측정을 위한 출석 또는 동행요구를 거부하였다고 하더라도 그것만으로 곧바로 음주측정거부죄가 성립하는 것은 아니다(대전지법 2013.6.13. 선고 2012고합182 판결). 다만 경찰공무원은 운전자에게 음주측정기를 면전에 제시하면서 호흡을 불어넣을 것을 요구하기 위한 사전절차로서 음주감지기에 의한 시험도 요구할 수 있으므로, 경찰공무원이 음주측정기에 의한 측정의 전단계로서 음주감지기에 의한 시험을 요구하였으나 운전자가 그러한 사정을 인식하였음에도 이에 불응하였다면, 이는 음주측정기에 의한 측정에 응할 의사가 없음을 객관적으로 명백하게 나타낸 것으로서 음주측정불응에 해당한다(대법원 2017.6.8. 선고 2016도16121 판결).

그리고 경찰관의 음주측정요구의 절차 또한 적법해야 한다. 따라서 피의자를 위법하게 체포 또는 보호조치한 후 그와 같은 상태를 이용하여 음주측정을 요구하는 것은 위법하고 따라서 이에 불응하더라도 본죄가 성립하지 않는다.

○ **대법원 2006.11.9. 선고 2004도8404 판결【도로교통법위반(음주측정거부)】**

피고인이 이 사건 오토바이를 운전하여 자신의 집에 도착한 상태에서 단속경찰관으로부터 주취운전에 관한 증거 수집을 위한 음주측정을 위하여 인근 파출소까지 동행하여 줄 것을 요구받고 이를 명백하게 거절하였음에도 위법하게 체포·감금된 상태에서 음주측정요구를 받게 되었다면, 피고인이 이에 응하지 않았다고 하여 음주측정거부죄로 처벌할 수 없다.

○ **인천지법 2008.12.18. 선고 2008고정299 판결【도교법위반(음주측정거부)】**

경찰공무원은 피고인이 술에 취한 상태에서 운전하였는지를 객관적으로 확인하는 단계에 불과한 음주감지기에 의한 시험만을 하였을 뿐 호흡측정기에 의한 음주측정을 요구하지 않은 상태에서 경찰공무원의 음주측정을 위한 동행요구를 거부하면서 그 경찰공무원을 폭행할 것처럼 행패를 부렸다 하더라도 그러한 사실만으로 곧바로 음주측정거부죄가 성립한다고 볼 수는 없다. 나아가 음주측정거부죄가 성립될 수 없음에도 불구하고, 피고인을 음주측정거부죄의 현행범인으로 체포하여 공항경찰대까지 연행하였다면 이는 위법한 체포에 해당하고, 그러한 위법한 체포가 지속된 상태에서 경찰공무원이 다시 호흡측정기에 의한 음주측정을 요구하였다 하더라도 이는 위법한 음주측정요구라고 볼 수밖에 없다. 이 사건에서 피고인은 주취운전을 하였다고 인정할 만한 상당한 이유가 있기는 하나 위법한 음주측정요구에 대해서까지 이에 응할 의무는 없으므로, 결국 공항경찰대에서 경찰공무원으로부터 재차 음주측정요구를 받고도 다시 이에 불응한 피고인의 행위는 음주측정거부죄에 해당한다고 볼 수는 없다.

○ **대법원 2012.2.9. 선고 2011도4328 판결【공무집행방해, 도교법위반(음주측정거부)】**

경찰관은 수상한 거동 기타 주위의 사정을 합리적으로 판단하여 술 취한 상태로 인하여 자기 또는 타인의 생명·신체와 재산에 위해를 미칠 우려가 있는 자 등에 해당함이 명백하며 응급의 구호를 요한다고 믿을 만한 상당한 이유가 있는 자를 발견한 때에는 보건의료기관 또는 공공구호기관에 긴급구호를 요청하거나 24시간을 초과하지 않는 범위 내에서 경찰관서에 보호하는 등 적당한 조치를 할 수 있다(경집법 제4조).

피고인은 00:30경 편도 2차로 중 1차로에서 자신의 차량에 시동을 켠 채로 그대로 정차하여 운전석에 잠들어 있다가 신고를 받고 출동하여 자신을 깨우는 경찰관에게 욕설을 하며 그를 폭행하였고, 경찰관은 피고인이 술 냄새가 나고, 혈색이 붉으며, 말을 할 때 혀가 심하게 꼬이고 비틀거리며 걷는 등 술에 취한 것으로 보이자 피고인을 경직법 제4조 제1항에 따른 보호조치 대상자로 보아 순찰차 뒷자리에 태운 뒤 지구대로 데려왔으며, 경찰관들은 피고인이 지구대에 도착한 직후인 00:47부터 같은 날 01:09까지 피고인에게 3회에 걸쳐 음주측정을 요구하였으나 피고인은 이에 불응한 사실을 알 수 있고, 위 음주측정 요구 당시 피고인에 대한 보호조치가 종료된 상태였다거나 사후의 음주측정에 의하여 음주운전 여부를 확인할 수 없음이 명백하다고 볼 만한 자료는 없다. 경찰관이 지구대로 보호조치된 피고인에게 음주측정을 요구한 것은 도교법에 따른 것으로, 피고인에 대한 보호조치가 경직법을 위반한 것으로서 위법함에도 불구하고 그러한 위법한 보호조치 상태를 이용하여 음주측정 요구가 이루어졌다는 등의 특별한 사정이 없는바, 경찰관의 음주측정 요구에 불응한 피고인의 행위는 음주측정불응죄에 해당한다.

○ **대법원 2012.12.13. 선고 2012도11162 판결【도교법위반(무면허운전, 음주측정거부) 등】**

경직법상 보호조치는 '술에 취한 상태로 인하여 자기 또는 타인의 생명·신체와 재산에 위해를 미칠 우려가 있는 자'에 대해서 할 수 있는바, 여기서 술에 취한 상태라 함은 술에 만취하여 정상적인 판단능력이나 의사능력을 상실할 정도에 이른 것을 말한다. 이 사건에서 피고인은 운전하는 동안 교통사고를 내지는 않았고 스스로 정차하여 차량에서 내린 사실 등에 비추어 보면 위와 같은 상태에 있었다고 보기는 어렵고, 경찰관이 실제로는 범죄수사를 목적으로 피의자에 해당하는 사람을 보호조치를 이유로 그의 의사에 반하여 경찰관서에 데려간 행위는 달리 현행범체포나 임의동행 등의 적법 요건을 갖추었다고 볼 사정이 없는 한 위법한 체포에 해당한다. 이와 같은 위법한 체포 상태에서 음주측정요구가 이루어진 경우 그 일련의 과정을 전체적으로 보아 음주측정요구는 위법한 것으로 운전자에게는 경찰공무원의 이와 같은 위법한 음주측정요구에 대해서까지 그에 응할 의무가 없으므로, 피고인이 그에 불응하였다고 하여 도교법위반(음주측정거부)죄로 처벌할 수 없다.

4) 음주측정에 불응한다고 함은 명시적으로 불응하는 경우는 물론 호흡측정기에 숨을 내쉬는 시늉만 하는 등 호흡측정기에 음주측정수치가 나타날 정도로 숨을 제대로 불어넣지 아니한 경우도 포함한다(대법원 2000.4.21. 선고 99도5210 판결). 그리고 음주측정요구에 응하지 아니하면 본죄가 성립하고 호흡측정기에 의한 음주측정에 불응하면서 혈액채취의 방법에 의한 음주측정요구를 하였다고 하더라도 본죄의 성립에는 영향이 없다(대법원 2004.10.15. 선고 2004도4789 판결). 다만 본죄는 음주측정을 간접적으로 강제함으로써 교통의 안전을 도모함과 동시에 음주운전에 대한 입증과 처벌을 용이하게 하려는 데 있고 측정불응행위 자체의 불법성을 처벌하려는 데 있는 것은 아닌 점, 본죄는 주취운전죄 중에서도 불법성이 가장 큰 유형인 3회 이상 또는 혈중알코올농도 0.2% 이상의 주취운전죄와 동일한 법정형으로 규율되고 있는 점, 경찰청의 교통단속처리지침에는 "음주측정 요구에 불응하는 운전자에 대해서는 음주측정 불응에 따른 불이익을 10분 간격으로 3회 이상 명확히 고지하고, 그럼에도 불구하고 측정을 거부한 때(최초 측정 요구 시로부터 30분 경과)에는 주취운전자 적발보고서의 측정결과 란에 '측정거부×'로 기재한다"하도록 규정되어 있는 점 등을 고려해 볼 때, '경찰공무원의 측정에 응하지 아니한 경우'란 술에 취한 상태에 있다고 인정할 만한 상당한 이유가 있는 운전자가 음주측정에 응할 의사가 없음이 객관적으로 명백하다고 인정되는 때를 의미하고, 운전자가 경찰공무원의 1차 측정에만 불응하였을 뿐 곧이어 이어진 2차 측정에 응한 경우와 같이 측정거부가 일시적인 것에 불과한 경우까지 측정불응행위가 있었다고 보아 음주측정불응죄가 성립한다고 볼 것은 아니다(대법원 2015.12.24. 선고 2013도8481 판결).

한편 음주측정에 응할 수 없는 정당한 사정이 있으면 본죄가 성립하지 않는다. 예컨대 운전자가 의식불명, 신체이상 등의 사유로 호흡측정기에 의한 측정이 불가능하거나 현저히 곤란하여 경찰공무원의 호흡측정기에 의한 측정에 불응한 경우에도 본죄가 성립하지 않는다(대법원 2006.1.13. 선고 2005도7125 판결). 운전자에게 음주측정을 요구한 경찰공무원이 가지고 있던 음주측정기가 고장이 났거나 이상이 있다는 구체적인 사정이 있었다면 그 음주측정기에 의한 측정을 거부하고 정상적으로 작동되는 다른 음주측정기로 측정하여 줄 것을 요구할 수 있지만, 그러한 구체적인 사정이 없는데도 불구하고 일반적으로 음주측정기에 의한 음주측정을 믿을 수 없다면서 음주측정을 거부할 수 없고, 또한 운전자가 술을 거의 마시지 않았다면 오히려 적극적으로 음주측정을 하여 자신이 법에서 금하고 있는 정도의 혈중알코올농도의 상태에 있지 않았다는 것을 입증할 수도 있으므로, 마신 술의 양이 적다는 사유도 음주측정을 거부할 합리적인 사유에 해당한다고 볼 수 없다(대법원 1995.7.28. 선고 95누3602 판결).

5) 음주운전은 술에 '취한' 자가 행위의 주체인 반면, 음주측정거부는 술에 취한 상태에서 자동차

등을 운전하였다고 인정할 만한 상당한 이유가 있는 자가 행위의 주체이고, 양자가 동일한 법익을 침해하는 것이라거나 주취운전의 불법과 책임내용이 음주측정거부에 포섭되는 것은 아니다. 따라서 술에 취한 상태에서 운전을 하고 다시 경찰관의 음주측정에 불응한 때에는 음주운전죄와 음주측정거부죄의 경합범으로 처벌된다(대법원 2004.11.12. 선고 2004도5257 판결).

Ⅴ. 신호기조작 등(제149조)

누구든지 함부로 신호기를 조작하거나 교통안전시설을 철거·이전하거나 손괴하여서는 아니 되며, 교통안전시설이나 그와 비슷한 인공구조물을 도로에 설치하여서는 아니 된다(제68조 제1항). 위반하여 함부로 신호기를 조작하거나 교통안전시설을 철거·이전하거나 손괴한 사람은 3년 이하의 징역이나 700만원 이하의 벌금에 처하고(제149조 제1항), 이러한 행위로 인하여 도로에서 교통위험을 일으키게 한 사람은 5년 이하의 징역이나 1천500만원 이하의 벌금에 처한다(같은 조 제2항).

Ⅵ. 공동위험행위 등(제150조)

1) 자동차등의 운전자는 도로에서 2명 이상이 공동으로 2대 이상의 자동차등을 정당한 사유 없이 앞뒤로 또는 좌우로 줄지어 통행하면서 다른 사람에게 위해(危害)를 끼치거나 교통상의 위험을 발생하게 하여서는 아니되고, 자동차등의 동승자는 제1항에 따른 공동 위험행위를 주도하여서는 아니 된다(제46조 제1항, 제2항). 이를 위반하여 공동 위험행위를 하거나 주도한 사람은 2년 이하의 징역이나 500만원 이하의 벌금에 처한다(제150조 제1항).

2) 공동위험행위를 금지하는 이유는 2인 이상인 자동차 등의 운전자가 함께 2대 이상의 자동차 등으로 위의 각 행위 등을 하는 경우에는 단독으로 한 경우와 비교하여 다른 사람에 대한 위해나 교통상의 위험이 증가할 수 있고 집단심리에 의해 그 위해나 위험의 정도도 가중될 수 있기 때문인데, 2대의 자동차 운전자들이 정당한 사유 없이 고속도로에서 시속 약 90㎞의 속도로 진행하던 차량행렬의 앞으로 끼어들어 시속 약 20㎞ 미만의 저속으로 진행함으로써 뒤따라오는 차량들로 하여금 급격히 속도를 떨어뜨리게 한 경우에는 본죄의 죄책을 진다(대법원 2007.7.12. 선고 2006도5993 판결).

Ⅶ. 업무상과실·중과실 재물손괴(제151조)

1) 차의 운전자가 업무상 필요한 주의를 게을리 하거나 중대한 과실로 다른 사람의 건조물이나 그 밖의 재물을 손괴함으로써 성립한다(도교법 제151조).

2) 차의 운전자이면 누구든지 본죄의 주체가 된다. 따라서 자동차나 원동기장치자전거의 운전자뿐만 아니라 경차량이나 자전거의 운전자도 본죄의 주체가 될 수 있다.

3) 업무상과실이란 운전자로서 업무상 필요한 주의를 태만히 하는 것을 말하고, 중과실이란 약간의 주의만 기울였더라도 결과발생을 방지할 수 있었음에도 불구하고 주의를 태만히 하는 것을 말한다.

4) 건조물은 가옥이나 그와 유사한 공작물로서 지붕이 있고 내부에 사람이 출입할 수 있는 것을 말하고, 재물이란 유체물은 물론 전기 기타 관리가능한 동력을 포함한다. 다만 건조물 기타 재물은 가해차량을 제외한 타인의 것만을 말한다. 가해차량은 타인의 소유라도 본죄의 객체에서 제외된다(대법원 2007.3.15. 선고 2007도291 판결).

5) 본죄는 피해자의 명시한 의사에 반하여 공소를 제기할 수 없는 반의사불벌죄이다(교특법 제3조 제2항). 그리고 교통사고를 일으킨 차가 보험 또는 공제에 가입된 경우에는 공소를 제기할 수 없다. 여기서 보험 또는 공제는 전액보상을 요건으로 하므로 종합보험 또는 여객자동차운수사업법이나 화물자동차운수사업법에 따른 공제를 말한다(교특법 제4조 제2항). 피해자가 처벌불원의 의사표시를 하거나 교통사고를 일으킨 차가 보험 또는 공제에 가입된 때에는 불기소처분(공소권없음) 또는 공소기각판결을 해야 한다.

6) 차의 운전자가 과실로 교통사고를 야기하고 타인의 재물을 손괴하고 동시에 타인을 사상케 한 경우에는 본죄와 교특법위반죄의 상상적 경합의 죄책을 진다. 그리고 차의 운전자가 과실로 교통사고를 야기하고 타인의 재물을 손괴한 경우에도 구호조치를 취할 의무를 지므로(제54조 제1항) 구호조치를 취하지 아니하고 도주한 때에는 본죄와 사고후미조치죄(제148조)의 죄책을 함께 진다.

Ⅷ. 난폭운전(제151조의2)

1) 자동차등의 운전자는 신호 또는 지시위반(제5조), 중앙선침범(제13조 제3항), 속도위반(제17조 제3항), 횡단·유턴·후진 금지 위반(제18조 제3항), 안전거리 미확보·진로변경금지위반·급제동금지위반(제19조), 앞지르기 방법 또는 앞지르기의 방해금지 위반(제21조 제1항), 정당한 사유 없는 소음발생(제49조 제1항), 고속도로에서의 앞지르기 방법 위반(제60조 제2항), 고속도로 등에서의 횡단·유턴·후진 금지 위반(제62조)의 행위를 연달아 하거나, 하나의 행위를 지속 또는 반복하여 다른 사람에게 위협 또는 위해를 가하거나 교통상의 위험을 발생하게 하여서는 아니 된다(제46조의3).

2) 자동차등의 운전자가 이를 위반하여 난폭운전을 한 경우에는 1년 이하의 징역이나 500만원 이하의 벌금에 처한다(제151조의2).

Ⅸ. 무면허운전(제152조 제1호, 제154조 제2호)

1. 의 의

자동차 또는 원동기장치자전거를 운전하려는 사람은 지방경찰청장으로부터 운전면허를 받아야 한다(제80조 제1항). 운전면허를 받지 아니하거나 운전면허의 효력이 정지된 상태에서 자동차 또는 원동기장치자전거를 운전함으로써 성립하는 범죄로 자동차를 운전하였을 때에는 1년 이하의 징역 또는 300만원 이하의 벌금에 처하고(제152조 제1호) 원동기장치자전거를 운전하였을 때에는 30만원 이하의 벌금이나 구류에 처한다(제154조 제2호).

2. 운전면허

1) 운전면허는 1종, 2종 그리고 연습운전면허로 구분된다. 그리고 다시 1종은 대형, 보통, 소형, 특수면허로, 2종은 보통, 소형, 원동기면허로 구분된다. 면허종별에 따른 운전가능차종은 도교법시행규칙 [별표 18]에 자세하게 규정되어 있으며, 면허종별에 따른 운전가능차종을 위반한 때에는 무면허운전이 된다.

자동차관리법상 이륜자동차 가운데 배기량 125cc 이하의 이륜자동차와 배기량 50cc미만(전기를 동력으로 하는 경우 정격출력 0.59kw미만)의 원동기를 단 차는 원동기장치자전거로서 이를 운전하기 위해서는 원동기면허가 필요하고, 배기량 125cc 초과의 오토바이는 이륜자동차이므로 이를 운전하기 위해서는 2종 소형면허 이상의 면허가 필요하다.

운전면허가 요구되는 것은 자동차 또는 원동기장치자전거로 제한된다. 건설기계관리법 제26조 제1항 단서에 따른 건설기계, 즉 덤프트럭, 아스팔트살포기, 노상안정기, 콘크리트믹서트럭, 콘크리트펌프, 천공기(트럭 적재식), 5톤 이상 불도저, 3톤 이상 굴삭기, 5톤 이상 로더, 3톤 이상 지게차, 스크레이퍼, 덤프트럭, 기중기, 모터그레이더, 롤러, 노상안정기, 콘크리트뱃칭플랜트, 콘크리트피니셔, 콘크리트살포기, 콘크리트믹스트럭, 콘크리트펌프, 아스팔트믹싱플랜트, 아스팔트피니셔, 아스팔트살포기, 골재살포기, 쇄석기, 공기압축기, 천공기, 항타 및 항발기, 자갈채취기, 준설선, 특수건설기계, 3톤 이상 타워크레인은 도교법상 자동차에 포함되어 이를 운전하기 위해서는 도교법상의 운전면허를 받아야 한다(도교법 제2항 제18호 나목, 건설기계관리법 제26조 제1항 단서, 건설기계관리법시행규칙 제73조 제1항). 이외의 건설기계는 '기타 건설'로서 이를 운전하기 위해서는 도교법상의 운전면허가 아니라 건설기계관리법상 건설기계조종사면허가 요구된다(건설기계관리법 제26조 제2항, 건설기계관리법시행규칙 제73조 제2항).

경운기는 농업기계로 자동차가 아니므로 운전면허가 요구되지 않는다(대법원 1987.3.24. 선고 85도1979 판결). 자전거, 우마차 등은 도교법상 차에 포함되나, 이를 운전함에 있어서 면허가 요구되는 것은 아니다.

2) 국제운전면허증을 발급받은 사람은 국내에 입국한 날로부터 1년 이내 기간에 한하여 자동차등을 운전할 수 있으며(제96조 제1항), 국제운전면허증을 외국에서 발급받은 사람은 「여객자동차 운수사업법」 또는 「화물자동차 운수사업법」에 따른 사업용자동차를 운전할 수 없다(같은 조 제2항). 국제운전면허증의 유효기간은 1년이므로, 1년을 넘어 국내에서 운전을 계속하려면 운전면허증을 다시 발급받아야 한다. 한미행정협정에 의해 미국이나 그 하부행정기관이 미군, 군속 및 그 가족에 대해 발급한 운전면허증은 우리나라에서도 유효하다.

도로교통법 제96조 제1항의 '국내에 입국한 날'은 출입국관리법에 따라 적법한 입국심사절차를 거쳐 입국한 날을 의미하고, 그러한 적법한 입국심사절차를 거치지 아니하고 불법으로 입국한 경우에는 국제운전면허증을 소지하고 있는 경우라도 도로교통법 제96조 제1항이 예외적으로 허용하는 국제운전면허증에 의한 운전을 한 경우에 해당한다고 볼 수 없다(대법원 2017.10.31. 선고 2017도9230 판결).

3) 운전면허의 효력은 원칙적으로 본인 또는 대리인이 운전면허증을 교부받은 때로부터 발생한다(제85조 제3항). 다만 현실적으로 면허증을 교부받지 않았더라도 면허증에 기재된 교부일자 이후부터 효력을 발생한다(대법원 1997.1.21. 선고 96도40127 판결).

4) 운전면허 취소·정지처분을 받은 때에는 그 대상자에게 통지하여야 효력이 발생한다. 따라서 운전면허 취소·정지처분이 있더라도 대상자에게 적법한 통지가 없는 동안에 운전을 하였더라도 무면허운전이 아니다. 정해진 기간 내에 적성검사를 받지 아니하거나 그 적성검사에 불합격한 경우에도 자동적으로 운전면허의 효력이 정지되는 것이 아니라 당사자에게 적성검사를 할 수 있는 날의 만료일 전까지 적성검사를 받지 아니하면 운전면허가 취소된다는 사실의 통지를 하여야 한다(제93조 제4항).

면허정지·취소처분이 취소되거나 철회되었다면 소급적으로 그 효력을 상실하므로 면허 정지 또는 취소기간에 운전을 하였다고 하더라도 무면허운전에 해당하지 않는다(대법원 1999.2.5. 선고 98도4239 판결; 2008.1.31. 선고 2007도9220 판결).

3. 운 전

1) 본죄에서 운전이란 '운전'이란 도로에서 차마를 그 본래의 사용방법에 따라 사용하는 것(조종을 포함한다)을 말한다. 술에 취한 상태 또는 약물로 인하여 정상적으로 운전하지 못할 우려가 있는 상태에서의 운전(도교법 제44조·제45조), 차의 운전 등 교통으로 인하여 사람을 사상하거나 물건을 손괴하고 사상자를 구호하는 등 필요한 조치나 피해자에게 인적 사항 제공을 하지 않은 경우(같은 법 제54조 제1항)에만 도로가 아닌 곳에서의 운전이 포함될 뿐이고(도교법 제2조 제26호), 도로가 아닌 곳에서 운전면허 없이 운전한 경우는 무면허운전에 해당하지 않는다. 따라서 운전면허 없이 자동차 등을 운전한 곳이 위와 같이 일반교통경찰권이 미치는 공공성이 있는 장소가 아니라 특정인이나 그와 관련된 용건이 있

는 사람만 사용할 수 있고 자체적으로 관리되는 곳이라면 도로교통법에서 정한 '도로에서 운전'한 것이 아니므로 무면허운전으로 처벌할 수 없다(대법원 2017.12.28. 선고 2017도17762 판결).

2) 아파트단지 내 지하주차장은 아파트 단지와 주차장의 규모와 형태, 아파트 단지나 주차장에 차단 시설이 설치되어 있는지 여부, 경비원 등에 의한 출입 통제 여부, 아파트 단지 주민이 아닌 외부인이 주차장을 이용할 수 있는지 여부 등에 따라서 도로에 해당하는지 여부가 달라진다. 운전면허를 받지 않고 아파트단지 안에 있는 지하주차장에서 승용차를 운전하였더라도, 그 주차장이 아파트 주민이나 그와 관련된 사람만 이용할 수 있고 경비원 등이 자체적으로 관리하는 곳이라면 도로에 해당하지 않을 수 있다(대법원 2017.12.28. 선고 2017도17762 판결).

아파트단지 내의 주차구획선 안이나 아파트건물 사이의 'ㄷ'자 공간 안에 주차구획선을 그어 차량이 주차할 수 있는 통로는 차량을 주차하기 위한 통로에 불과할 뿐 현실적으로 불특정 다수의 사람이나 차량의 통행로로 사용되는 것이라고 볼 수 없다(대법원 2005.1.14. 선고 2004도6779 판결). 그러나 출입구를 통해 아파트단지 밖의 도로와 연결되어 있는 아파트단지 내 통행로로서, 차단기를 설치하거나 경비원 등으로 하여금 출입을 통제하도록 하지 아니하거나 또는 차단기가 설치되어 있더라도 경비원이 그 출입에 별다른 통제를 하지 않아 불특정 다수의 사람들이 차량을 운행하고 있다면, 이는 도로에 해당한다(대법원 2006.1.13. 선고 2005도6986 판결).

4. 고 의

1) 본죄는 유효한 운전면허가 없음을 알면서도 자동차 또는 원동기장치자전거를 운전하는 경우에만 성립하는 고의범이다.

2) 기존의 운전면허가 취소된 상태에서 자동차를 운전하였더라도 운전자가 면허취소사실을 인식하지 못한 이상 본죄에 해당한다고 볼 수 없고, 관할 경찰당국이 운전면허취소처분의 통지에 갈음하는 적법한 공고를 거쳤다 하더라도, 그것만으로 운전자가 면허가 취소된 사실을 알게 되었다고 단정할 수는 없다. 운전자가 그러한 사정을 알았는지는 각각의 사안에서 면허취소의 사유와 취소사유가 된 위법행위의 경중, 같은 사유로 면허취소를 당한 전력의 유무, 면허취소처분 통지를 받지 못한 이유, 면허취소 후 문제된 운전행위까지의 기간의 장단, 운전자가 면허를 보유하는 동안 관련 법령이나 제도가 어떻게 변동하였는지 등을 두루 참작하여 구체적·개별적으로 판단하여야 한다(대법원 2004.12.10. 선고 2004도6480 판결).

○ 대법원 2004.12.10. 선고 2004도6480 판결【도교법위반(무면허운전)】

피고인이 운전면허가 취소된 사정을 알면서 자동차를 운전하였다고 인정할 만한 증거를 찾을 수 없고, 피고인이 운전면허취소통지를 받지 못한데다가 면허가 취소된 날부터 보름이 갓 지난 2003.9.21. 이 사건 공소사실 기재와 같이 차량을 운전한 점,

피고인이 이전에 이와 동일한 사정으로 면허취소처분을 받은 전력이 없는 점, 도로교통법상 정기적성검사를 받는 주기는 피고인이 최초로 면허를 취득할 당시는 3년이던 것이, 도로교통법의 순차 개정에 따라, 최초 정기적성검사 당시에는 5년으로, 1999.1.29. 이후로는 7년으로, 각 연장된 점, 정기적성검사에 관하여 사전에 대상자에게 통보하는 제도가 마련되어 있지 아니한 점 등을 고려하여 볼 때, 피고인이 소지하고 있던 운전면허증 앞면에 적성검사기간이 "2002.6.5.~2002.9.4."로 기재되어 있고, 뒷면 하단에는 "적성검사 또는 면허증 갱신기간 내에 적성검사 또는 면허증을 갱신하지 아니하면 범칙금이 부과되며 1년이 지나면 운전면허가 취소됩니다."라는 경고 문구가 있다는 점만으로는 피고인이 정기적성검사 미필로 면허가 취소된 사실을 미필적으로나마 인식하였다고 추단하기 어렵다.

○ **대법원 2002.10.22. 선고 2002도4203 판결【도교법위반(무면허운전)】**

피고인은 적성검사를 받지 아니하여 운전면허가 취소되었다가 1991.11.4. 운전면허를 다시 취득한 전력이 있고, 당시 피고인이 교부받은 운전면허증에는 그 유효기간이 1995.8.27.까지로 기재되어 있고 "정기적성검사는 면허증의 유효기간 내에 하지 않으면 운전면허가 취소됩니다."라는 안내문도 기재되어 있는데, 피고인이 그 기간 안에 적성검사를 받지 아니하여 1996.8.28. 운전면허가 다시 취소되었으며, 그 면허취소 사실이 피고인의 주소지로 통지되었으나 피고인의 소재불명으로 통지가 반송되자 피고인의 면허증에 기재된 주소지를 관할하는 경찰관서에 면허 취소 사실이 1996.9.17.부터 10일간 공고되어 위 운전면허 취소처분의 효력이 발생하였다면 피고인으로서는 이 사건 당시 운전면허가 취소된 사실을 알고 있었다고 보아야 한다.

5. 죄 수

1) 본죄는 무면허로 운전함으로써 성립하고 반드시 시간적으로 계속하여 운전하여야 하는 것은 아니다.

2) 사회통념상 운전한 날을 기준으로 운전한 날마다 1개의 무면허운전죄가 성립하고, 여러 날에 걸쳐 무면허운전행위를 반복하였다고 하여 포괄일죄가 성립하는 것은 아니다(대법원 2002. 7.23. 선고 2001도6281 판결). 또한 무면허운전으로 경찰관에게 단속된 후 다시 무면허 운전을 한 경우 두 개의 무면허운전죄가 성립한다.

3) 무면허로 자동차등을 운전하여 사람을 사상케 한 경우에는 무면허운전죄와 교특법위반죄가 성립한다.

4) 운전면허없이 음주상태에서 자동차등을 운전한 때에는 음주운전죄와 무면허운전죄의 상상적 경합범으로 처벌된다(대법원 1987.2.24. 선고 86도2731 판결).

X. 사고후미신고(제154조 제4호)

1) 차의 운전 등 교통으로 인하여 사람을 사상(死傷)하거나 물건을 손괴한 경우 그 차의 운전자등은 경찰공무원이 현장에 있을 때에는 그 경찰공무원에게, 경찰공무원이 현장에 없을 때에는 가장 가까운 국가경찰관서에 사고가 일어난 곳, 사상자 수 및 부상 정도, 손괴한 물건 및 손괴 정도 그 밖의 조치

사항 등을 신고하여야 하고, 이러한 신고를 하지 않은 사람은 300만원 이하의 벌금에 처한다(도교법 제154조 제4호).

2) 도로교통법 제54조 제2항이 규정하고 있는 신고의무는 차의 교통으로 인하여 사람을 사상하거나 물건을 손괴한 때에 운전자 등으로 하여금 신속히 경찰관에게 교통사고의 발생을 알려서 피해자의 구호, 교통질서의 회복 등에 관하여 적절한 조치를 취하게 하기 위한 방법으로 부과된 것이므로 교통사고의 결과가 피해자의 구호 및 교통질서의 회복을 위한 조치가 필요한 상황인 이상 그 의무는 교통사고를 발생시킨 당해 차량의 운전자에게 그 사고발생에 있어서 고의·과실 혹은 유책·위법의 유무에 관계없이 부과된 의무이다(대법원 2002.5.24. 선고 2000도1731 판결).

3) 교통사고를 일으킨 운전자에게 부담시키고 있는 신고의무는 피해자의 구호 및 교통질서의 회복을 위한 조치가 필요한 범위 내에서 교통사고의 객관적 내용만을 포함하고, 형사책임과 관련되는 사항에는 적용되지 아니한다(헌법재판소 1990.8.27. 선고 89헌가118 결정).

4) 신고의무는 교통사고를 일으킨 모든 경우에 항상 요구되는 것이 아니라, 사고의 규모나 당시의 구체적인 상황에 따라 피해자의 구호 및 교통질서의 회복을 위하여 당사자의 개인적인 조치를 넘어 경찰관의 조직적 조치가 필요한 상황에서만 인정된다. 예컨대 승용차를 운전하다가 상가지대로서 도로폭이 30미터인 편도 2차선 도로에서 야간인 23:30경이어서 교통량이 많지 않을 때 횡단보도를 건너던 피해자 2명을 치어 중상을 입히는 교통사고를 일으켰으나, 사고 직후 피해자들을 병원으로 데려간 경우(대법원 1991.6.25. 선고 91도1013 판결), 버스를 운전하다가 야간에 차도를 건너던 피해자를 치어 상해를 입히는 교통사고를 일으킨 후 피해자를 병원으로 옮겨 입원조치를 취한 경우(대법원 1991.11.12. 선고 91도2027 판결)에는 신고의무가 있다고 할 수 없다.

제 3 장 교특법위반죄

Ⅰ. 의 의

1) 차의 운전자가 교통사고로 인하여 업무상과실·중과실치사상죄(형법 제268조)를 범함으로써 성립하는 범죄로 5년 이하의 금고 또는 2천만원 이하의 벌금에 처한다(제3조 제1항).

2) 형법상 업무상과실·중과실치사상죄는 반의사불벌죄가 아닌데 반하여 본죄는 반의사불벌죄이다(제3조 제2항). 그리고 교통사고를 일으킨 차가 교통사고로 인한 손해배상금 전액을 보상하는 보험 또는 공제회에 가입된 경우에는 공소를 제기할 수 없다(제4조 제1항). 다만 도교법 제54조 제1항의 구호조치를 취하지 아니하고 도주하거나 피해자를 사고장소로부터 옮겨 유기하고 도주하거나 음주측정요구에 불응하거나 또는 신호위반 등 도교법 제3조 제2항의 11개 항목에 위반하여 죄를 범한 경우에는 피해자의 의사와 상관없이 처벌할 수 있고(제3조 제2항), 이상의 경우 및 피해자가 중상을 입은 경우(제4조 제1항)에는 교통사고를 일으킨 차가 보험 또는 공제회에 가입된 경우에도 공소를 제기할 수 있다.

Ⅱ. 성립요건

1. 주 체

본죄의 주체는 차의 운전자이다. 그러나 운전자가 아니더라도 예컨대 운전자의 부탁으로 차량의 조수석에 동승한 후 운전자의 차량운전행위를 살펴보고 잘못된 점이 있으면 이를 지적하여 교정해 주려 했던 것에 그치는 것이 아니라 전문적인 운전교습자가 피교습자에 대하여 차량운행에 관해 모든 지시를 하는 경우와 같이 주도적 지위에서 동 차량을 운행할 의도가 있었다거나 실제로 그와 같은 운행을 하였다고 볼 수 있다면 운전자로 보아야 하므로, 실제로 운전석에 앉아 운전을 하는 사람이 차의 운행 중에 야기한 사고에 대해서는 본죄의 공동정범의 죄책을 진다(대법원 1984.3.13. 선고 82도3136 판결). 이에 대하여 예컨대 운전병이 운전하던 지프차의 선임탑승자로서 운전병의 안전운행을 감독하여야 할 책임이 있는데도 오히려 운전병을 데리고 주점에 들어가서 같이 음주한 다음 운전병으로 하여금 운전을 하게 한 결과 운전병이 음주로 인하여 취한 탓에 교통사고가 발생한 경우 선임탑승자는 운전자는 아니지만 과실의 공동이 인정되므로 업무상과실치사상죄의 공동정범의 죄책을 진다(대법원 1979.8.21. 선고 79도1249 판결).

2. 교통사고

교특법 제3조 제1항 위반죄는 차의 운전자가 교통사고로 인하여 형법 제268조의 죄를 범한 경우에 성립한다. 교통사고란 '차의 교통'으로 인하여 사람을 사상하거나 물건을 손괴하는 것을 말하는데(교특법 제2조 제2호), '차' 그리고 '교통'의 의미는 다음과 같다.

1) 우선 '차'란 자동차, 건설기계, 원동기장치자전거, 자전거 및 사람이나 가축 그 밖의 동력에 의하여 도로에서 운전되는 것으로(교특법 제2조 제1호, 도교법 제2조 제17호 가목), 반드시 자동차에 한정되지 않는다.

2) 본죄의 주체는 차의 '운전자'이다. 운전자라고 함은 원칙적으로 차의 운전석에 앉아 차의 조향장치와 제동장치, 그 밖의 장치를 조작하는 사람을 말한다(도교법 제48조 제1항 참조). 다만 운전자의 부탁으로 차량의 조수석에 동승한 사람이라도 전문적인 운전교습자가 피교습자에 대하여 차량운행에 관해 모든 지시를 하는 경우와 같이 주도적 지위에서 동 차량을 운행할 의도가 있었다거나 실제로 그와 같은 운행을 하였다고 볼 수 있다면 그 같은 운행 중에 야기된 사고에 대하여 교특법위반죄의 공동정범의 책임을 물을 수 있다(대법원 1984.3.13. 선고 82도3136 판결). 이와는 달리 운전자의 차량운전행위를 살펴보고 잘못된 점이 있으면 이를 지적하여 교정해 주려 했던 것에 그치지 아니하거나, 화물차의 운전자와 함께 적재함에 화물의 상하차업무를 담당하는데 불과한 사람은 공동으로 차를 운전하였다고 볼 수 없으므로 교특법위반의 죄책을 물 수 없고, 과실이 있는 경우에 한하여 업무상과실치사상 또는 단순과실치사상의 죄책만 물 수 있을 따름이다(☞ **[판례 II-1]** 참조).

[판례 II-1] 대법원 2017.5.31. 선고 2016도21034 판결【업무상과실치상】

〈공소사실 요지〉

피고인 1은 2015.5.12. 04:15경 트럭을 운전하여 피해자가 운영하는 오리농장 축사 앞에서 위 트럭 적재함에 고박된 케이지에 오리를 상차한 후 다시 추가로 오리를 상차하기 위하여 차량을 축사 앞으로 10m 정도 이동하여 정차한 다음 아직 차량의 시동을 끄지 아니한 채 운전석에 앉아 있었는데, 차량의 좌우가 경사진 곳에 정차한 것이 원인이 되어 케이지의 고박이 풀려 넘어지면서 위 차량 앞으로 다가서던 피해자에게 상해를 입게 하였다.

피고인 2는 공소외 주식회사의 작업팀장으로서 오리의 상하차 업무를 담당하면서 위 오리농장 내 공터에서 피해자가 사육한 오리를 피고인 1이 운전한 트럭 적재함의 오리케이지에 상차하는 작업을 하였는데, 트럭이 경사진 곳에 정차하였음에도 트럭을 안전한 장소로 이동하게 하거나 오리케이지를 고정하는 줄이 풀어지지 않도록 필요한 조치를 하지 아니한 채 작업을 진행하게 한 업무상의 과실로 케이지의 고박이 풀려 넘어지면서 위 차량 앞으로 다가서던 피해자에게 상해를 입게 하였다.

〈사건의 경과〉

제1심과 제2심은 사고 당시 트럭이 완전히 정차되어 있었다 하더라도 이 사건 사고는 트럭의 이동과 정차 과정에서 발생한 것으로 교특법 제2조 제2호에서 정한 교통사고에 해당하고, 피고인 1은 위 트럭의 운전자로서 그리고 피고인 2는 피고인 1과 공동하여 교통사고로 인하여 형법 제268조의 죄를 범하였음이 인정되나, 이 사건 공소사실은 교특법 제3조 제1항에 해당하는 죄로서 교특법 제4조 제1항에 의하여 교통사고를 일으킨 차가 같은 항에서 정한 보험에 가입한 경우에 공소를 제기할 수 없는데, 위 트럭은 교특법 제4조 제1항에서 정한 보험에 가입한 사실이 인정되므로 이 사건 공소제기는 그 절차가 법률의 규정에 따라 무효인 때에 해당한다고 보아, 피고인들에 대하여 공소기각판결을 선고하였다.

〈대법원 판결요지〉

교특법 제2조 제2호는 '교통사고'란 차의 교통으로 인하여 사람을 사상하거나 물건을 손괴하는 것을 말한다고 규정하고 있는데, 여기서 '차의 교통'은 차량을 운전하는 행위 및 그와 동일하게 평가할 수 있을 정도로 밀접하게 관련된 행위를 모두 포함하므로, 위 트럭의 운전자인 피고인 1에 대하여 이 사건 사고가 교특법 제2조 제2호에서 정한 교통사고에 해당한다고 보아 교특법 제4조 제1항을 적용하여 공소를 기각한 제1심의 판단 및 이를 유지한 원심의 결론은 수긍할 수 있다.

그러나 피고인 2는 트럭을 운전하지 아니하였을 뿐 아니라 피고인 1이 속하지 아니한 회사의 작업팀장으로서 위 트럭의 이동·정차를 비롯한 오리의 상하차 업무 전반을 담당하면서 상하차 작업 과정에서 사고가 발생하지 않도록 필요한 조치를 제대로 하지 아니한 업무상의 과실을 이유로 기소되었는데, 이러한 공소사실이 인정된다면 피고인 2가 담당하는 업무 및 그에 따른 주의의무와 과실의 내용은 피고인 1의 경우와 달라 피고인 2는 교특법이 적용되는 운전자라 할 수 없고 형법 제268조에서 정한 업무상과실치상의 죄책을 질 따름이다. 그럼에도 위와 같은 사정을 제대로 심리하지 아니하고 피고인 1과 마찬가지로 피고인 2에 대하여도 교특법이 적용된다는 전제에서 공소를 기각한 제1심 및 원심의 판단에는 교특법 제4조 제1항 및 형법 제268조에 관한 법리를 오해하여 판결에 영향을 미친 위법이 있다.

〈참조판례〉

○ **대법원 1962.3.29. 선고 4294형상598 판결【업무상과실치사】**

형법 제30조에 '공동하여 죄를 범한 때'의 '죄'는 고의범이고 과실범이고를 불문하므로 고의행위이고 과실행위이고 간에 그 행위를 공동으로 할 의사가 있으면 공동정범으로 처벌된다고 할 것인바, 2인 이상이 어떠한 과실 행위를 서로의 의사연락 아래 범죄되는 결과를 발생하게 하였다면 과실범의 공동정범으로 처벌된다. 본건 사고는 피고인 1이 운전면허 없이 산판(山坂)에서 부정임산물을 화물차에 싣고 검문소 앞에 이르렀을 때 경찰관이 정지신호를 하자 조수석에 타고 있던 피고인 2가 피고인 1에게 '그냥가자'고 하였고, 피고인 1은 무면허운전의 단속을 피하기 위하여 그리고 피고인 2는 부정임산물의 단속을 회피하기 위하여 검문에 응하지 않고 질주하였고 이로써 단속을 위해 운전대 발판에 올라와 있던 경찰관이 추락하여 우측후륜에 하복부를 치여 사망함으로써 발생하였는바, 피고인 1은 피고인 2와 서로 의사를 연락하여 경찰관의 검문에 응하지 않고 화물차를 질주하였음이 인정되므로 피고인 2는 업무상과실치사죄의 공동정범이 된다. 다만 피고인 2의 소위는 형법 제33조 단서가 규정하고 있는 '신분관계로 인하여 형의 경중이 있는 경우'에 해당하고 피고인에게는 운전자의 신분이 없으므로 제33조 단서에 의하여 형법 제267조의 단순과실치사죄의 형에 처하여야 한다.

○ 대법원 1984.3.13. 선고 82도3136 판결【교특법위반】

피고인이 운전자의 부탁으로 차량의 조수석에 동승한 후, 운전자의 차량운전행위를 살펴보고 잘못된 점이 있으면 이를 지적하여 교정해 주려 했던 것에 그치고 전문적인 운전교습자가 피교습자에 대하여 차량운행에 관해 모든 지시를 하는 경우와 같이 주도적 지위에서 동 차량을 운행할 의도가 있었다거나 실제로 그 같은 운행을 하였다고 보기 어렵다면 그 같은 운행 중에 야기된 사고에 대하여 공동정범의 책임을 물을 수 없다.

3) 다음으로 차의 '교통'이란 차의 '운전'보다 넓은 개념으로 도로에서 차를 운전하는 행위뿐만 아니라 이와 동일하게 평가할 수 있을 정도로 운전과 밀접하게 관련된 행위를 포함한다(대법원 2017.5.31. 선고 2016도21034 판결).

도로란 도로법에 따른 도로, 유료도로법에 따른 유료도로, 농어촌도로정비법에 따른 농어촌도로, 그 밖에 현실적으로 불특정 다수의 사람이나 차마가 통행할 수 있도록 공개된 장소로서 안전하고 원활한 교통을 확보할 필요가 있는 장소를 말한다(도교법 제2조 제1호). 그러나 특가법 제5조의3의 입법취지가 교통의 안전이라는 공공의 이익의 보호뿐만 아니라 교통사고로 사상을 당한 피해자의 생명·신체의 안전이라는 개인적 법익을 보호하고자 함에 있다는 점을 고려해 볼 때, 본죄는 도로가 아닌 장소에서 발생한 사고, 예컨대 교회나 아파트의 주차장에서 발생한 사고에 대해서도 교특법이나 특가법이 적용될 수 있다(☞ **[판례 II-2]** 참조).

[판례 II-2] 대법원 2004.8.30. 선고 2004도3600 판결【특가법위반(도주차량)】

〈사실관계〉

피고인은 심야인 23:06경 한적한 교회 내 주차장에서 차를 주차해 놓고 성명미상의 여자를 조수석에 태우고 있던 중, 피해자가 피고인 차량 운전석 뒷문을 두드리자 갑자기 차량을 후진하여 피해자의 오른쪽 발등 부위를 피고인 차 좌측 앞바퀴 부분으로 역과하였고, 피고인이 사고 차량에서 내려 피해자의 발등 부위를 주물러 준 다음 피해자에게 치료비 조로 3만원을 지급하려고 하였으나 피해자가 피고인에게 크게 다친 것은 아닌 것 같으니까 명함이나 연락처를 알려달라고 하자 피고인은 차량을 운전하고 그대로 가버렸고, 피해자는 피고인 차량을 쫓아가 음주단속 중인 경찰관의 도움을 받아 교차로에서 신호 대기 중이던 피고인을 붙잡았다.

〈판결요지〉

특가법 제5조의3 소정의 도주차량운전자에 대한 가중처벌규정은 자신의 과실로 교통사고를 야기한 운전자가 그 사고로 사상을 당한 피해자를 구호하는 등의 조치를 취하지 아니하고 도주하는 행위에 강한 윤리적 비난가능성이 있음을 감안하여 이를 가중처벌함으로써 교통의 안전이라는 공공의 이익의 보호뿐만 아니라 교통사고로 사상을 당한 피해자의 생명·신체의 안전이라는 개인적 법익을 보호하고자 함에도 그 입법 취지와 보호법익이 있다고 보아야 할 것인바, 위와 같은 규정의 입법 취지에 비추어 볼 때 여기에서 말하는 차의 교통으로 인한 업무상과실치사상의 사고를 도교법이 정하는 도로에서의 교통사고의 경우로 제한하여 새겨야 할 아무런 근거가 없다 할 것이므로, 사고장소가 교회 주차장인 이 사건에서 피고인이 사고차량의 운행 중 피해자에게 상해를 입히고도 구호조치 없이 도주한 행위에 대하여 특가법 제5조의3 제1항을 적용한 조치는 정당하다.

'운전'이란 도로에서 차를 그 본래의 사용방법에 따라 사용하는 것을 말하는데(도교법 제2조 제26호), 만약 교통을 운전과 동일한 개념으로 보게 되면 도로가 아닌 곳(아파트나 교회 주차장)에서 또는 차를 그 본래의 사용방법이 아닌 방법으로 사용하다가(예를 들면 차의 시동을 끈 채 끌고 가는 운전유사행위나, 운전 전후에 차문을 열고 닫는 운전밀접행위를 하다가) 사람을 사상하거나 물건을 손괴한 경우에는 교특법을 적용할 수 없게 된다. 그러나 도교법은 안전하고 원활한 도로교통을 확보하는 데 그 목적이 있는 반면 교특법은 교통사고로 인한 피해의 신속한 회복을 촉진하고 국민생활의 편익을 확보하는데 그 목적이 있으므로 양자는 그 입법취지가 다를 뿐만 아니라 운전과 교통은 사전적 의미로나 사회통념상 서로 다른 개념이다.

따라서 차의 본래의 사용방법에 따른 사용을 뜻하는 '운전' 이외에도 '운전과 유사하게 평가할 수 있는 행위'(오토바이나 자전거를 끌고 가는 것, 고장난 차를 인력으로 밀고 가는 것, 시동이 걸리지 않은 차량이 잘못된 사이드브레이크의 조작으로 미끄러지는 것 등)나 '운전과 밀접한 행위'(시동을 걸다 갑자기 차가 움직인 경우, 실수로 제동장치를 건드림으로써 자동차가 움직인 경우, 주차나 정차시 부주의로 사고가 발생한 경우, 승차시 운전석 문을 열거나 닫다가 지나가던 다른 차와 부딪친 경우, 자동차 운행 중 화물이 떨어져 사고가 발생한 경우)도 '차의 교통'에 포함된다(☞ **[판례 II-3]** 참조).

[판례 II-3] 대법원 2010.4.29. 선고 2010도1920 판결【특가법위반(도주차량)】

〈사실관계〉

피고인이 도로변에 이 사건 자동차를 주차한 후 하차하기 위하여 운전석 문을 열다가 마침 후방에서 진행하여 오던 피해자 운전 자전거의 핸들 부분을 위 운전석 문으로 충격하고, 그로 인하여 넘어진 피해자에게 상해를 입게 하고도 아무런 구호조치 없이 현장에서 이탈하였다.

〈판결요지〉

특가법 제5조의3 제1항에서 정하는 도주차량 운전자에 대한 가중처벌 규정은 자신의 과실로 교통사고를 야기한 운전자가 그 사고로 사상을 당한 피해자를 구호하는 등의 조치를 취하지 아니하고 도주하는 행위에 강한 윤리적 비난가능성이 있음을 감안하여 이를 가중처벌함으로써 교통의 안전이라는 공공의 이익의 보호뿐만 아니라 교통사고로 사상을 당한 피해자의 생명·신체의 안전이라는 개인적 법익을 보호하고자 함에도 그 입법 취지와 보호법익이 있는 점 등에 비추어 보면, 도로변에 이 사건 자동차를 주차한 후 하차하기 위하여 운전석 문을 열다가 마침 후방에서 진행하여 오던 피해자 운전 자전거의 핸들 부분을 위 운전석 문으로 충격하고, 그로 인하여 넘어진 피해자에게 상해를 입게 하고도 아무런 구호조치 없이 현장에서 이탈하였다면, 구 특가법 제5조의3 제1항 소정의 도주차량 운전자, 즉 자동차의 교통으로 인하여 사람을 다치게 하고도 구호조치 없이 도주한 경우에 해당한다.

다만 '교통'이란 원칙적으로 사람 또는 물건의 이동이나 운송을 전제로 하는 용어로서, 자동차손해배상보장법상 '운행'과는 다소 차이가 있다. 교특법은 "'교통사고'란 차의 교통으로 인하여 사람을 사상하거나 물건을 손괴하는 것을 말한다"고 규정하고 있고, 교통사고를 일으킨 운전자에 대한 형사처벌의 특례를 정하는 것을 주된 목적으로 하는데 반해, 자동차손해배상보장법은 자동차 운행으로 인한 피해자의 보호를 주된 목적으로 한다. 이러한 점들을 고려해 볼 때 교특법상 '교통'은 자동차손해배상보장법에 정한 '운행'보다 제한적으로 해석하여야 한다. 따라서 화물차를 주차하고 적재함에 적재된 토마토 상자를 운반하던 중 적재된 상자 일부가 떨어지면서 지나가던 피해자에게 상해를 입힌 경우는 교특법상 '교통사고'에 해당한다고 할 수 없다(대법원 2009.7.9. 선고 2009도2390 판결).

3. 업무상과실·중과실치사상

1) 업무상과실이란 차의 운전자의 주의의무를 위반하는 것을 말하고, 중과실이란 조금만 주의를 기울였다면 결과의 발생을 방지할 수 있었음에도 불구하고 그러한 조그만 주의도 기울이지 않음으로써 결과가 발생한 경우를 말한다.

2) 차의 운전자는 차의 조향장치(操向裝置)와 제동장치, 그 밖의 장치를 정확하게 조작하여야 하며, 도로의 교통상황과 차의 구조 및 성능에 따라 다른 사람에게 위험과 장해를 주지 아니하는 속도나 방법으로 운전하여야 할 의무를 진다(도교법 제48조 제1항). 도교법은 운전자의 주의의무에 관하여 상세히 규정하고 있는데, 그 대표적인 것으로는 어린이보호구역에서의 안전운전(제12조 제6항), 차로준수(제13조 내지 제15조), 제한속도준수(제17조 제3항), 불법횡단·유턴·후진금지(제18조), 안전거리확보(제19조), 진로양보(제20조), 앞지르기방법준수(제21조, 제22조), 끼어들기금지(제23조), 철길건널목통과방법준수(제24조), 교차로통행방법준수(제25조), 교통정리가 없는 교차로에서의 양보운전(제26조), 보행자보호(제27조, 제28조 제3항), 긴급자동차에 대한 진로양보(제29조), 서행 및 일지정지(제31조), 주정차방법준수(제32조 내지 제34조), 등화 및 신호(제37조, 제38조), 승차 및 적재방법 준수(제39조), 정비불량차운전금지(제40조), 무면허운전금지(제43조), 술에 취한 상태에서의 운전금지(제44조), 과로한 때의 운전금지(제45조), 공동위험행위금지(제46조), 난폭운전금지(제46조의3), 주정차시 안전조치(제49조 제6호), 개문·하차시 주의 및 동승자보호(제49조 제7호), 차내 소란행위금지(제49조 제9호), 운전중 휴대용전화 사용금지(제49조 제10호), 운전중 영상표시장치작동·조작금지(제49조 제11호), 화물적재함탑승금지(제49조 제12호), 좌석안전띠착용(제50조 제1항), 이륜자동차 및 자전거 운전자 인명보호장구 착용(제50조 제3항, 제4항), 자전거 음주운전금지(제50조 제8항), 통학버스이용 어린이·영유아보호(제51조 내지 제53조), 고용주의 주의·감독(제56조), 고속도로 등 갓길통행금지(제60조), 자동차외 차마의 고속도로운전금지(제63조), 고속도로상 불법주정차금지(제64조), 고속도로진입방법준수(제65조), 고속도로상 고장자동차표시(제66조), 고속도로운행시 동승자 좌석안전띠착용(제67조) 등을 들 수 있다.

이외에도 운전자는 운전 이전에 차체를 점검하여 고장여부를 조사하고 고장이 있는 경우 이를 정비하여야 하고(대법원 1968.2.20. 선고 68도16 판결), 통행 중에는 교통신호와 제한속도, 안전거리 및 앞지르기 방법 등 교통규칙을 준수해야 할 뿐만 아니라 전방좌우를 주시하여 급제동할 준비를 취하고 전방에 사람이 있을 때에는 경적을 울리고 서행하거나 일단 정차하는 등 사고를 방지하기 위한 모든 조치를 취해야 하며(대법원 1970.2.24. 선고 70도62 판결), 운행을 종료한 뒤에는 차가 미끄러지거나 타인이 이를 운전하지 않도록 안전조치를 취해야 하는 등(대법원 1970.10.30. 선고 70도1711 판결) 차의 운전 자체뿐만 아니라 그와 관련된 포괄적 주의의무를 진다.

이처럼 차의 운전자는 다른 운전자는 물론 오토바이나 자전거를 타고 가는 사람이나 보행자의 안전을 고려하여 다른 사람에게 위해를 주지 않도록 차의 운전과 관련된 각종의 주의의무를 지는데, 교통사고가 발생한 경우 운전자가 주의의무를 위반하였는가의 여부는 구체적인 상황을 고려하여 판단하여야 한다.

○ 대법원 1977.6.28. 선고 77도523 판결【업무상과실치사】

버스운전자는 차내의 승차자가 차의 진행 중에 개문 하차하리라고 예상하여 승차자의 동정을 주의 깊게 살펴야 할 주의의무가 있다고는 볼 수 없을 뿐만 아니라 갑자기 하차하려는 사람을 모르고 차를 운행한데 과실이 있다고도 할 수 없다.

○ 대법원 1983.6.14. 선고 82도1925 판결【업무상과실치사】

피고인이 피해자의 하차요청에 따라 운전 중인 트럭을 정차하려는 순간 피해자가 갑자기 뛰어 내리다가 지면에 부딛치게 되었다면, 운전자에게 그러한 결과발생까지 예상하여 승차자의 동정을 주의깊게 살펴야 할 업무상 주의의무를 지울 수는 없다.

○ 대법원 1986.8.19. 선고 86도1123 판결【교특법위반】

버스정류장에서 버스를 타려고 뛰어가던 행인끼리 충돌하여 넘어지면서 순간적으로 막 출발하려는 버스의 앞바퀴와 뒷바퀴 사이로 머리가 들어가 사고가 발생한 경우, 위 버스운전사에게 피해자가 다른 행인과 부딪쳐 넘어지면서 동인의 머리가 위 버스 뒷바퀴에 들어 올 것까지 예견하여 사전에 대비하여야 할 주의의무까지는 없다.

○ 대법원 1990.2.27. 선고 89도777 판결【교특법위반】

빗물로 노면이 미끄러운 고속도로에서 진행전방의 차량이 빗길에 미끄러져 비정상적으로 움직이고 있다면 앞으로의 진로를 예상할 수 없는 것이므로 그 차가 일시 중앙선을 넘어 반대차선으로 진입되었더라도 노면의 상태나 다른 차량 등 장애물과의 충돌에 의하여 원래의 차선으로 다시 미끄러져 들어올 수 있으므로 그 후방에서 진행하고 있던 차량의 운전자로서는 이러한 사태에 대비하여 속도를 줄이고 안전거리를 확보해야 할 주의의무가 있다.

○ 대법원 1992.4.28. 선고 92도56 판결【교특법위반】

안내원이 없는 시내버스의 운전사가 버스정류장에서 일단의 승객을 하차시킨 후 통상적으로 버스를 출발시키던 중 뒤늦게 버스 뒷편 좌석에서 일어나 앞 쪽으로 걸어 나오던 피해자가 균형을 잃고 넘어진 경우, 위 운전사로서는 승객이 하차한 후 다른 움직임이 없으면 차를 출발시키는 것이 통례이고 특별한 사정이 없는 한 착석한 승객 중 더 내릴 손님이 있는지, 출발 도중 넘어질 우려가 있는 승객이 있는지 등의 여부를 일일이 확인하여야 할 주의의무가 없다.

○ 대법원 2001.12.11. 선고 2001도5005 판결【교특법위반】

사고 당시는 01:10경으로서 야간인데다가 비까지 내려 시계가 불량하고 노면이 다소 젖어있는 상태였으며, 사고지점은 비탈길의 고개마루를 지나 내리막길이 시작되는 곳으로부터 가까운 지점인데, 피고인은 사고차량을 운전하고 편도 2차선 도로 중 2차로를 시속 약 60km의 속도로 선행 차량과 약 30m가량의 간격을 유지한 채 진행하다가 선행차량에 역과된 채 진행 도로상에 누워있는 피해자를 뒤늦게 발견하고 급제동을 할 겨를도 없이 이를 그대로 역과하였다.

앞차를 뒤따라 진행하는 차량의 운전사로서는 앞차에 의하여 전방의 시야가 가리는 관계상 앞차의 어떠한 돌발적인 운전 또는 사고에 의하여서라도 자기 차량에 연쇄적인 사고가 일어나지 않도록 앞차와의 충분한 안전거리를 유지하고 진로 전방좌우를 잘 살펴 진로의 안전을 확인하면서 진행할 주의의무가 있다. 이 사건에서 피고인이 사전에 사람이 도로에 누워있을 것까지를 예상하여 이에 대비하면서 운전하여야 할 주의의무는 없다고 하더라도, 사고 당시의 도로상황에 맞추어 속도를 줄이고(사고지점은 비탈길의 고개마루를 막 지난 지점이므로 피고인으로서는 법정 제한속도보다도 더 감속하여 서행하였어야 할 것이다) 전방시계의 확보를 위하여 선행차량과의 적절한 안전거리를 유지한 채 전방 좌우를 잘 살펴 진로의 안전을 확인하면서 운전하는 등 자동차 운전자에게 요구되는 통상의 주의의무를 다하였더라면, 진행 전방 도로에 누워있는 피해자를 상당한 거리에서 미리 발견하고 좌측의 1차로로 피하는 등 사고를 미연에 방지할 수 있었음에도 불구하고 위와 같은 주의를 게을리 한 탓으로 피해자를 미리 발견하지 못하고 역과한 것이라고 할 것이므로, 이 사건 사고에 관하여 피고인에게 업무상 과실이 없다고 할 수는 없다.

○ **대법원 2011.5.26. 선고 2010도17506 판결【특가법위반(도주차량)】**

택시 운전자인 피고인이 심야에 택시를 운전하여 밀집된 주택 사이의 좁은 골목길이자 직각으로 구부러져 가파른 비탈길의 내리막을 내려감에 있어서는 평소보다 더욱 속도를 줄이고 전방 좌우를 면밀히 주시하여 안전하게 운전함으로써 사고를 미연에 방지해야 함에도 불구하고 이를 게을리 한 채 그다지 속도를 줄이지 아니한 상태로 만연히 진행하던 중 전방 도로에 누워 있던 피해자를 발견하지 못하여 위 사고를 일으켰다면 피고인에게는 이러한 업무상 주의의무를 위반한 잘못이 있다고 보아야 한다.

자동차전용도로를 운행하는 자동차의 운전자로서는 일반적인 경우에 자동차전용도로를 횡단하는 보행자가 있을 것까지 예견하여 보행자와의 충돌사고를 예방하기 위하여 급정차 등의 조치를 취할 수 있도록 대비하면서 운전할 주의의무가 없고, 다만 자동차전용도로를 무단횡단하는 보행자를 충격하여 사고를 발생시킨 경우라도 운전자가 상당한 거리에서 보행자의 무단횡단을 미리 예상할 수 있는 사정이 있었고, 그에 따라 즉시 감속하거나 급제동하는 등의 조치를 취하였다면 보행자와의 충돌을 피할 수 있었다는 등의 특별한 사정이 인정되는 경우에만 자동차 운전자의 과실이 인정될 수 있다. 그리고 나아가 이러한 특별한 사정이 없는 한 운전자가 제한속도를 초과하여 과속으로 진행한 잘못이 있다 하더라도 그러한 잘못과 교통사고의 발생 사이에 상당인과관계가 있다고 볼 수도 없다(☞ **[판례 II-4]** 참조).

[판례 II-4] 광주지법 2017.8.18. 선고 2017고합146 판결【교특법위반(치사)】

〈공소사실〉

피고인은 인피니티 승용차의 운전업무에 종사하는 사람으로 23:05경 빛고을대로 편도 3차로 도로 중 3차로를 따라 상무지구 방면에서 첨단2지구 방면으로 진행하던 중, 당시는 야간이므로 시야가 좋지 아니하였으므로 자동차의 운전업무에 종사하는 피고인에게는 전방 및 좌우를 잘 살펴 도로에 사람이나 사고차량, 비산물 등이 있는지 여부를 확인하고 안전하게 운전하여야 할 업무상 주의의무가 있음에도 불구하고 피고인은 이를 게을리 한 채 규정속도보다 약 24~55㎞ 과속한 과실로, 마침 술에 취하여 3차로를 걷고 있던 피해자를 피고인의 차 앞 범퍼 부분으로 충격하고, 즉석에서 피해자로 하여금 허리 절단에 의한 과다출혈의

증으로 즉석에서 이르게 하였다.

〈판결요지〉

이 사건 사고 발생 도로의 제한속도인 시속 80km로 진행하는 차량의 경우 공주거리와 제동거리를 더한 정지거리는 약 54.2m로서, 앞서 본 바와 같이 피고인이 피해자를 약 5m 내지 15m 전방에서 발견한 이상 피고인이 제한속도를 준수하였다고 하더라도 피해자와의 충돌은 피할 수 없었을 것으로 보이고, 그 외 달리 피고인이 피해자와의 충돌을 피할 수 있는 특별한 사정이 있었다고 인정할 만한 자료는 없다. 이 사건 사고 발생 도로는 왕복 6차선의 자동차전용도로이고 시속 80km가 제한속도인 구간인바, 피고인에게 위 도로에서 술에 취하여 무단횡단하는 보행자가 있을 것까지 예견하여 충돌사고를 예방하기 위해 대비하면서 운전할 주의의무가 있다고 보기는 어렵고, 달리 무단횡단을 미리 예상할 수 있어서 그에 따라 즉시 감속하거나 급제동하는 등의 조치를 취하였다면 보행자와의 충돌을 피할 수 있었다는 등의 특별한 사정도 보이지 아니한다.

검사가 제출한 증거들만으로는 피고인에게 자동차전용도로 운전자로서의 업무상 과실이 있다고 보기 어렵고, 가사 과실이 있다 하더라도 피고인의 과실이 이 사건 사고의 직접적 원인이 되었다고 할 수 없으므로, 상당인과관계를 인정할 수 없다.

3) 스스로 교통규칙을 준수한 자는 다른 교통관여자가 교통규칙을 준수하리라고 신뢰하면 족하고 교통규칙을 위반할 것을 미리 예견하고 회피조치를 취할 의무가 없다(이를 신뢰의 원칙이라고 한다).

도로를 정상적으로 진행하고 있는 자동차의 운전자로서는 특별한 사정이 없는 한 마주 오는 차도 교통법규를 지켜 도로의 중앙으로부터 우측부분을 통행할 것으로 신뢰하면 족하고 마주 오는 차가 도로의 중앙이나 좌측부분으로 진행하여 올 것까지 예상하여 특별한 조치를 강구하여야 할 주의의무는 없고(대법원 1984.2.14. 선고 83도3086 판결; 1992.7.28. 선고 92도1137 판결), 교차로에 먼저 진입한 운전자에게 다른 차량이 자신의 진행속도보다 빠른 속도로 교차로에 진입하여 자신의 차량과 충격할지 모른다는 것까지 예상하고 대비하여 운전하여야 할 주의의무는 없으며(대법원 1984.4.24. 선고 84도185 판결; 1992.8.18. 선고 92도934 판결), 야간에 무등화(無燈火)인 채 자전거를 타고 차도를 무단횡단하는 경우까지를 예상하여 제한속력을 감속하고 잘 보이지 않는 반대차선상의 동태까지 살피면서 서행운행할 주의의무는 없고(대법원 1984.9.25. 선고 84도1695 판결), 횡단보도의 신호가 적색인 상태에서 반대차선상에 정지하여 있는 차량의 뒤로 보행자가 건너올 사태까지 예상하여 할 주의의무는 없다(대법원 1993.2.23. 선고 92도2077 판결).

다만 신뢰의 원칙은 스스로 교통규칙을 준수하고 상대방의 교통규칙준수를 기대할 수 있는 경우에 한하여 적용되므로 ① 스스로 교통규칙을 위반한 경우, ② 상대방의 교통규칙위반을 미리 안 경우, ③ 상대방에게 교통규칙의 준수를 기대하기 어려운 특별한 사정이 있는 경우에는 적용되지 않는다(☞ **[판례 II-5]** 참조).

[판례 II-5] 대법원 1984.4.10. 선고 84도79 판결【교특법위반】

〈사실관계〉

사고장소는 ○○부락 입구의 국도로서 노폭약 10m(아스팔트 포장부분은 약 7m)의 편도 1차선의 직선도로이며, 흰색 중앙선

표시가 있고, 좌측으로 위 부락에 이르는 소로(小路)가 정(丁)자형으로 이어져 있었는데, 피고인은 사고당시 ○○운수회사 소속의 트럭 6대와 함께 사고차량에 스크린케이블 3개(개당 무게 2,624kg)를 적재하고, 위 트럭 7대 중 다섯 번째의 위치에서, 앞차와 약 50m의 간격을 유지하면서 일렬로 진행하다가, 사고장소 부근에 이르러 짐받이에 생선상자를 싣고 도로의 우측 변을 따라 같은 방향으로 진행 중이던 피해자 운전의 자전거를 약 30m 떨어진 지점에서 발견하고 앞의 트럭을 따라 도로의 중앙선을 넘어서면서 위 자전거와의 간격을 넓히고 그 옆으로 진행하려 하였는데 피고인 운전 트럭이 자전거 후방 약 9m 거리에 접근하였을 때, 피해자가 사전에 아무런 신호도 보내지 아니하고 후방에서 진행하여 오는 피고인 운전 트럭에 주의를 기울여 뒤돌아보지도 아니한 채 갑자기 도로를 횡단키 위해 좌회전하여 피고인 운전 트럭의 진로 전방으로 진행하여 오므로, 피고인은 핸들을 좌측으로 틀면서 급제동하였으나 주행탄력으로 그대로 앞으로 밀려나가면서 자전거를 충격하여 쓰러뜨리고 피고인 운전 트럭의 좌측 앞바퀴 부분으로 피해자를 끌고 가면서 압착함으로써 피해자가 사망하였다.

〈원심 판결요지〉

피해자는 도교법 소정의 제차에 해당하는 성인용 자전거를 운전하던 자로서 같은 법에 따라 좌회전, 우회전, 횡단, 유턴, 서행, 정지 또는 후진을 하거나 진로를 바꾸려고 하는 경우에는 손이나 방향지시기 또는 등화로써 신호를 해야 할 의무가 있으므로 위 피해자의 후방에서 트럭을 운전하여 위 피해자를 추월하려던 피고인으로서는, 위 피해자가 좌회전하거나 도로를 횡단코자 할 때에는 미리 도교법의 규정에 따른 조치를 취하리라고 신뢰하여도 좋고, 그와 같은 신뢰의 원칙상, 위 피해자가 사전에 방향을 전환하려는 기색을 전혀 보이지도 아니한 채 갑자기 좌회전하여 피고인 운전트럭의 진로전방으로 진입할지도 모른다는 것까지를 미리 예견하여야 할 주의의무는 없다 할 것이고, 그에 따른 결과 발생의 회피를 위한 조치를 취하여야 할 주의의무 또한 없다고 하여야 할 것이고 따라서 피고인이 이건 사고당시 위 피해자가 위 도교법의 제반규정을 어기면서까지 갑자기 좌회전하여 피고인 운전트럭의 진로 전방으로 나오는 일은 없으리라고 믿고 그 옆을 통과하려고 하였음에 어떤 잘못이 있다 할 수 없다.

〈대법원 판결요지〉

신뢰의 원칙은 상대방 교통관여자가 도로교통의 제반법규를 지켜 도로교통에 임하리라고 신뢰할 수 없는 특별한 사정이 있는 경우에는 그 적용이 배제되는바, 이 사건 사고지점이 노폭 약 10미터의 편도1차선 국도로서 진행방향 좌측으로 부락으로 들어가는 소로가 정자형으로 연하여 있는 곳이고 당시 피해자는 자전거 짐받이에 생선상자를 적재하고 진행하고 있었다면 피해자를 추월하고자 하는 피고인으로서는 자전거와 간격을 넓힌 것만으로는 부족하고 경적을 울려 자전거를 탄 피해자의 주의를 환기시키거나 속도를 줄이고 그의 동태를 주시하면서 추월하였어야 할 주의의무가 있다고 할 것임에도 불구하고 원심이 피고인에게 위와 같은 주의의무가 없다고 하였음은 신뢰의 원칙 내지 자동차운전사의 업무상 주의의무에 관한 법리를 오해한 것이다.

〈참조판례〉

○ **대법원 1986.5.27. 선고 86도549 판결【교특법위반】**

횡단보도의 보행자 신호가 녹색신호에서 적색신호로 바뀌는 예비신호 점멸 중에도 그 횡단보도를 건너가는 보행자가 흔히 있고 또 횡단도중에 녹색신호가 적색신호로 바뀐 경우에도 그 교통신호에 따라 정지함이 없이 나머지 횡단보도를 그대로 횡단하는 보행자도 있으므로 보행자 신호가 녹색신호에서 정지신호로 바뀔 무렵 전후에 횡단보도를 통과하는 자동차 운전자는 보행자가 교통신호를 철저히 준수할 것이라는 신뢰만으로 자동차를 운전할 것이 아니라 좌우에서 이미 횡단보도에 진입한 보행자가 있는지 여부를 살펴보고 또한 그의 동태를 두루 살피면서 서행하는 등 그와 같은 상황에 있는 보행자의 안전을 위해 어느 때라도 정지할 수 있는 태세를 갖추고 자동차를 운전하여야 할 업무상의 주의의무가 있다.

4) 업무상과실·중과실이 인정된다고 하더라도 상해 또는 사망의 결과에 대한 책임을 묻기 위해서는 과실행위와 사상의 결과 사이에는 인과관계 및 사상의 결과에 대한 예견가능성이 인정되어야 한다.

○ 대법원 1988.11.8. 선고 88도928 판결【교특법위반】

피고인이 운행하던 자동차로 도로를 횡단하던 피해자를 충격하여 피해자로 하여금 반대차선의 1차선상에 넘어지게 하여 피해자가 반대차선을 운행하던 자동차에 역과(轢過)되어 사망하게 하였다면 피고인은 그와 같은 사고를 충분히 예견할 수 있었고 또한 피고인의 과실과 피해자의 사망사이에는 인과관계가 있다고 할 것이므로 피고인은 업무상과실치사죄의 죄책을 면할 수 없다.

○ 대법원 1990.2.9. 선고 89도1774 판결【교특법위반】

신호등에 의하여 교통정리가 행하여지고 있는 사거리 교차로를 녹색등화에 따라 직진하는 차량의 운전자는 특별한 사정이 없는 한 다른 차량들도 교통법규를 준수하고 충돌을 피하기 위하여 적절한 조치를 취할 것으로 믿고 운전하면 족하고, 다른 차량이 신호를 위반하고 직진하는 차량의 앞을 가로질러 직진할 경우까지 예상하여 그에 따른 사고발생을 미연에 방지할 특별한 조치까지 강구할 업무상의 주의의무는 없다고 할 것이므로, 피고인이 녹색등화에 따라 사거리 교차로를 통과할 무렵 제한속도를 초과하였더라도 신호를 무시한 채 왼쪽도로에서 사거리 교차로로 가로 질러 진행한 피해자에 대한 업무상 과실치사의 책임이 없다.

○ 대법원 1990.5.22. 선고 90도580 판결【교특법위반】

피고인이 야간에 오토바이를 운전하다가 도로를 무단횡단하던 피해자를 충격하여 피해자로 하여금 위 도로상에 전도케 하고, 그로부터 약 40초 내지 60초 후에 다른 사람이 운전하던 트럭이 도로 위에 전도되어 있던 피해자를 역과하여 사망케 한 경우, 피고인이 전방좌우의 주시를 게을리 한 과실로 피해자를 충격하였고 나아가 이 사건 사고지점 부근 도로의 상황에 비추어 야간에 피해자를 충격하여 위 도로에 넘어지게 한 후 40초 내지 60초 동안 그대로 있게 한다면 후속차량의 운전사들이 조금만 전방주시를 태만히 하여도 피해자를 역과할 수 있음이 당연히 예상되었던 경우라면 피고인의 과실행위는 피해자의 사망에 대한 직접적 원인을 이루는 것이어서 양자 간에는 상당인과관계가 있다.

○ 대법원 2000.9.5. 선고 2000도2671 판결【교특법위반】

고속도로를 운행하는 자동차의 운전자로서는 일반적인 경우에 고속도로를 횡단하는 보행자가 있을 것까지 예견하여 보행자와의 충돌사고를 예방하기 위하여 급정차 등의 조치를 취할 수 있도록 대비하면서 운전할 주의의무가 없으며 다만 고속도로를 무단횡단하는 보행자를 충격하여 사고를 발생시킨 경우라도 운전자가 상당한 거리에서 보행자의 무단횡단을 미리 예상할 수 있는 사정이 있었고, 그에 따라 즉시 감속하거나 급제동하는 등의 조치를 취하였다면 보행자와의 충돌을 피할 수 있었다는 등의 특별한 사정이 인정되는 경우에만 자동차 운전자의 과실이 인정될 수 있다. 이 사건에서 보면, 피해자와 그 일행 한 사람은 함께 우측 도로변에 서 있다가 피고인이 1차로에서 2차로로 진로를 변경하여 고속버스를 추월한 직후에 피고인 운전의 자동차 30 내지 40m 전방에서 고속도로를 무단횡단하기 위하여 2차로로 갑자기 뛰어들었고, 피고인은 그때서야 위와 같이 무단횡단하는 피해자 등을 발견하였는데 충격을 피할 수 있는 조치를 하기에 이미 늦어 피고인 운전의 자동차로 피해자 등을 충격하게 된 것이므로, 피고인이 급제동 등의 조치로 피해자 등과의 충돌을 피할 수 있는 상당한 거리에서 피해자 등의 무단횡단을 미리 예상할 수 있었다고 할 수 없고, 피고인이 상당한 거리에서 피해자 등이 도로변에 서 있는 것을 발견하였다고 하더라도 피해자 등이 갑자기 고속도로를 무단횡단한 이상 피고인으로서는 이를 예견하여 피해자 등과의 충돌사고를 예방하기 위하여 급정차 등의 조치를 취할 수 있도록 대비하면서 운전할 주의의무도 없다. 또한 피고인에게 야간에 고속버스와의 안전거리를 확보하지 아니한 채 진행하다가 고속버스의 우측으로 제한최고속도를 시속 20km 초과하여 고속버스를 추월한 잘못이 있더라도, 이 사건 사고경위에 비추어 볼 때 피고인의 위와 같은 잘못과 이 사건 사고결과와의 사이에 상당인과관계가 있다고 할 수도 없다.

○ 대법원 2010.1.14. 선고 2009도9812 판결【교특법위반】

당시 피해자 차량은 피고인 차량이 갓길에서 주행하다가 3차로로 진입하기 시작한 지점으로부터는 피고인 차량보다 후방

110.96m 떨어져 있었고, 피고인 차량이 3차로로 진입하기 시작하여 사고지점에 이르기까지 걸린 시간은 약 7.65초이며, 사고 당시는 새벽으로서 교통량이 극히 적었을 시점인 점, 교통사고 현장에 피해자 차량이 급히 방향을 틀거나 급제동을 한 흔적이 전혀 나타나지 않았고 피해자에 대한 채혈 결과 혈중알콜농도 0.108%인 상태에 있었음을 알 수 있는데, 피고인 차량이 3차로로 진입할 당시의 피해자 차량과의 거리 및 사고에 이르기까지의 소요시간이 위와 같고 피해자 차량의 운전자가 이 사건 당시 정상적인 상태였다면, 피해자 차량의 운전자로서는 제동장치 또는 조향장치를 적절히 조작하여 3차로로 진입하는 피고인 차량을 충분히 충격하지 않을 수 있을 것으로 보임에도, 피해자가 술에 취하여 방향을 틀거나 급제동을 전혀 하지 않은 채 피고인 차량의 뒷부분을 그대로 충격한 것은 당시 피해자가 졸음운전을 한 것 등이 주된 원인이 되었을 여지가 있고 피고인 차량이 피해자 차량을 위 110.96m 이상 거리의 후방에 둔 채 3차로로 진입하여 진행하였더라도 피해자 차량이 피고인 차량을 뒤에서 충격하였을 가능성도 엿보인다. 따라서 이 사건에서 피고인이 고속도로 갓길에서 정상차로로 진입함에 있어 후방을 잘 살펴 다른 차의 정상적인 통행에 장애를 주어서는 아니 될 업무상 주의의무를 게을리 한 채 그대로 갓길에서 3차로로 진입한 과실이 있다고 하더라도 그러한 피고인의 과실과 피해자의 사망 사이에 인과관계가 있다고 단정하기는 어렵다.

○ **인천지법 2014.1.24. 선고 2013노3069 판결【교특법위반】**

피고인이 자동차를 운전 중 굽은 도로의 횡단보도에서 안전운전의무를 위반한 과실로 보행자의 오른쪽 다리를 들이받았는데, 골절상을 입은 피해자가 병원에서 2차 수술 직후 호흡마비 증세를 보이다가 심근경색으로 사망한 경우, 피해자가 교통사고 직후 병원에서 우측 경비골(정강이 부분) 개방성 복합골절 등의 상해를 입어 8주간의 안정 및 치료를 요한다고 진단받고, 1차 수술(외부에서 뼈가 움직이지 않도록 고정하는 수술)을 거쳐 2차 수술(골수 안쪽에 힘을 받을 수 있게끔 핀을 박는 수술) 시까지 약 17일간 의식변화나 오심 등의 증상 없이 안정적인 호흡상태를 유지한 사실 등에 비추어, 피고인이 사고 당시에 교통사고 및 그로 인하여 피해자가 입은 상해만으로 피해자의 사망을 예견하였거나 예견할 가능성이 있었다고 보기 어렵다.

Ⅲ. 죄 수

1) 무면허상태에서 차를 운전하다 교통사고를 야기하여 사람을 사상에 이르게 한 경우에는 무면허운전죄(도교법 제148조의2)와 본죄의 경합범의 죄책을 진다.

2) 음주하여 정상적인 운전이 곤란한 상태(주취상태)에서 차를 운전하다 교통사고를 야기하여 사람을 사상에 이르게 한 경우에는 음주운전죄(도교법 제148조의2)와 위험운전치사상죄(특가법 제5조의11)의 죄책을 진다.

3) 차의 운전자가 교통사고를 야기하여 사람을 사상하고 도주한 경우에는 도주치사상죄(특가법 제5조의3)의 죄책을 진다. 주취상태에서 차를 운전하여 교통사고를 야기하여 사람을 사상하고 도주한 경우에는 음주운전죄(도교법 제148조의2)와 도주치사상죄(특가법 제5조의3)의 죄책을 진다.

4) 차의 운전자가 교통사고를 야기하여 재물을 손괴하고 도주한 경우에는 업무상과실·중과실재물손괴죄(도교법 제151조)와 사고후미조치죄(도교법 제148조)의 죄책을 진다. 주취상태에서 차를 운전하여 교통사고를 야기하여 재물을 손괴하고 도주한 경우에는 음주운전죄(도교법 제148조의2), 업무상과실·중과실재물손괴죄(도교법 제151조) 및 사고후미조치죄(도교법 제148조)의 죄책을 진다.

5) 차의 운전자가 교통사고를 야기하여 사람을 사상하고 재물을 손괴한 경우에는 본죄와 업무상과실·중과실재물손괴죄(도교법 제151조)의 상상적 경합의 죄책을 진다.

6) 차의 운전자가 교통사고를 야기하여 사람을 사상하고 재물을 손괴한 후 구호 등 필요한 조치를 취하지 아니하고 도주한 때에는 도주치사상죄(특가법 제5조의3), 업무상과실·중과실재물손괴죄(도교법 제151조) 및 사고후미조치죄(도교법 제148조)의 죄책을 진다.

7) 주취상태에서 차를 운전하다 교통사고를 야기하여 사람을 사상하고 재물을 손괴한 후 구호 등 필요한 조치를 취하지 아니하고 도주한 때에는 음주운전죄(도교법 제148조의2), 도주치사상죄(특가법 제5조의3), 업무상과실·중과실재물손괴죄(도교법 제151조) 및 사고후미조치죄(도교법 제148조)의 죄책을 진다.

Ⅳ. 소추에 관한 특례

1. 소추특례의 개요

1) 업무상과실·중과실치상죄 또는 업무상과실·중과실재물손괴죄를 범한 차의 운전자에 대해서 불처벌을 원하는 피해자의 명시한 의사가 있거나(교특법 제3조 제2항), 가해차량이 종합보험 또는 공제에 가입된 때에는(같은 법 제4조 제1항) 원칙적으로 차의 운전자에 대하여 공소를 제기할 수 없다(이하에서는 이를 간단히 '소추특례'라고 한다). 소추특례가 적용되는 사례는 업무상과실·중과실치상죄 또는 업무상과실·중과실재물손괴죄에 한하고 업무상과실·중과실치사죄를 범한 운전자에 대해서는 소추특례가 적용되지 않는다.

2) 그리고 업무상과실·중과실 치상죄를 범한 차의 운전자가 피해자를 구조하지 아니하거나, 피해자를 유기하고 도주하거나 또는 경찰공무원의 음주측정요구에 불응한 경우 그리고 아래의 12가지 예외사유에 해당하는 경우에는 피해자의 명시한 처벌불원의 의사표시가 있더라도 소추특례가 적용되지 아니한다(같은 법 제3조 제2항 단서). 그리고 가해차량이 종합보험 또는 공제에 가입된 경우라도 위와 같은 도주, 음주측정불응, 12가지 예외사유에 해당하는 경우 및 피해자가 신체에 대한 상해로 인하여 생명의 위험이 발생하거나 불구가 되거나 불치 또는 난치의 질병이 생기거나, 보험(공제)계약이 무효로 되거나 해지되거나 또는 계약상의 면책규정 등으로 인하여 보험금 또는 공제금지급의무가 없어진 경우에도 소추특례가 적용되지 아니한다(같은 법 제4조 제1항 단서).

2. 소추특례가 배제되는 12가지 예외사유

교특법 제3조 제2항 단서 각호의 예외사유가 있는 경우에는 피해자의 처벌불원의 의사표시가 있거나 가해차량이 종합보험 또는 공제에 가입되어 있더라도 업무상과실·중과실치상죄를 범한 차의 운전자에 대해서는 소추특례가 적용되지 않는다. 소추특례가 배제되는 경우는 업무상과실·중과실치상죄에 한하며 업무상과실·중과실재물손괴죄에 대해서는 여전히 소추특례가 적용된다.

12개의 예외사유는 위반죄의 구성요건 요소가 아니라 그 공소제기의 조건에 관한 사유로서(대법원 2007.4.12. 선고 2006도4322 판결), 그 위반에 고의가 있는 경우뿐만 아니라 과실이 있는 경우에도 적용된다(대법원 1996.7.9. 선고 96도1198 판결; 1985.9.10. 선고 85도1407 판결). 그리고 12가지의 예외사유 중 수개의 사유가 존재하더라도 하나의 교통사고에 대해서는 하나의 교특법위반죄가 성립할 뿐이고, 일부 사유가 인정되지 않는다고 하여 그 점에 대해서만 무죄판단을 할 것은 아니다(대법원 2011.7.28. 선고 2011도3630 판결).

(1) 신호 또는 안전표지 위반 (교특법 제3조 제2항 제1호)

1) 도교법 제5조에 따른 신호기가 표시하는 신호 또는 교통정리를 하는 경찰공무원 등의 신호를 위반하거나 통행금지 또는 일시정지를 내용으로 하는 안전표지가 표시하는 지시를 위반하여 운전한 경우에는 소추특례가 적용되지 아니한다.

2) 차마의 운전자는 교통안전시설이 표시하는 신호 또는 지시와 교통정리를 하는 경찰공무원 등이 하는 신호 또는 지시에 따라야 한다(도교법 제5조 제1항). 교통안전시설로는 신호기와 안전표지가 있다.

3) 우선 '신호기'란 도로교통에서 문자·기호 또는 등화(燈火)를 사용하여 진행·정지·방향전환·주의 등의 신호를 표시하기 위하여 사람이나 전기의 힘으로 조작하는 장치를 말한다(같은 법 제2조 제15호). 교통정리를 하는 국가경찰공무원(의무경찰 포함)과 자치경찰공무원 및 이들을 보조하는 사람은 교통신고 또는 지시(수신호)를 할 수 있다(같은 법 제5조 제1항). 모범운전자와 군현병은 경찰공무원이나 자치경찰공무원을 보조하는 사람으로는 수신호의 자격이 있고(도교법시행령 제6조), 의무전투경찰순경도 수신호자격이 있다(대법원 1998.7.24. 선고 98다18339 판결). 이와는 달리 교통봉사대원, 학생 등 자발적으로 교통정리에 참여하는 사람은 수신호의 자격이 없다. 교통안전시설이 표시하는 신호 또는 지시와 교통정리를 하는 경찰공무원 등의 신호 또는 지시가 서로 다른 경우에는 경찰공무원등의 신호 또는 지시에 따라야 한다(도교법 제5조 제2항).

'신호기가 표시하는 신호의 종류 및 신호의 뜻'은 도교법시행규칙 [별표 2] 에 의한다. 이에 따르면 녹색등화시 차마는 직진 또는 우회전할 수 있고, 비보호좌회전표지 또는 비보호좌회전표시가 있는 곳에서는 좌회전할 수 있으므로 교차로에서 녹색등화시 우회전하거나, 비보호좌회전 구역에서 녹색등화시 비보호좌회전을 하는 것은 신호위반에 해당하지 않는다. 그리고 적색등화시 차마는 정지선, 횡단보도 및 교차로의 직전에서 정지하여야 하나, 신호에 따라 진행하는 다른 차마의 교통을 방해하지 아니하고 우회전할 수 있으므로 적색등화시에 우회전하는 것은 신호위반에 해당하지 않는다(대법원 2011.7.28. 선고 2011도3970 판결). 그러나 횡단보도의 보행등이 녹색인 경우에는 모든 차량은 횡단보도 정지선에서 정지하여야 하고 우회전하여서는 아니 되므로, 교차로의 차량신호등이 적색이고 교차로에 연접한 횡단보도 보행등이 녹색인 때에 횡단보도 앞에서 정지하지 아니하고 우회전하는 것은 신호위반에 해당한다(대법원 2011.7.28. 선고 2009도8222 판결). 그리고 황색등화시 차마는 정지선이 있거나 횡단보도가 있을 때에는 그 직전이나 교차로의 직전에 정지하여야 하고, 이미 교차로에 차마의 일부라도 진입한 때에는 신속히 교차로 밖으로 진행하여야 한다. 따라서 교차로에 진입하기 전 신호등이 황색등화로 변경되었음에도 불구하고 교차로에 진입하는 것은 신호위반에 해당한다(대법원 1986.8.19. 선고 86도589 판결). 한편 화살표등화 또는 유턴표시는 그 방향으로만 진행할 수 있다. 따라서 좌회전·유턴 표시가 없는 교차로에서 녹색등화시 좌회전·유턴을 하거나(대법원 2014.8.28. 선고 2014도3235 판결), 좌회전표시만 있는 교차로에서 좌회전신호시 유턴을 하는 것은 신호위반에 해당한다(대법원 2005.7.28. 선고 2004도5848 판결).

4) 그리고 '안전표지'란 교통안전에 필요한 주의·규제·지시 등을 표시하는 표지판이나 도로의 바닥에 표시하는 기호·문자 또는 선 등을 말한다(도교법 제2조 제16호). 안전표지란 권한이 있는 자에 의해 설치·권리되고 있는 것에 한하고 대형시설물 등에 임의로 설치된 안전표지와 유사한 표지, 대학구내에 학교당국이 임의로 설치한 일방통행표지, 회사입구에 회사가 설치한 일시정지 또는 정지선표지, 군부대장이 기지 내의 안전관리를 위하여 설치한 보도와 차도를 구분하는 흰색 실선(대법원 1991.5.28. 선고 91도159 판결) 등은 본호의 안전표지에 해당하지 않는다.

본호의 안전표지는 '통행금지 또는 일시정지'를 내용으로 하는 것에 한정된다. 교차로 진입 직전에 설치된 백색실선을 교차로에서의 진로변경을 금지하는 내용의 안전표지와 동일하게 볼 수 없으므로, 교차로에서의 진로변경을 금지하는 내용의 안전표지가 개별적으로 설치되어 있지 않다면 자동차 운전자가 교차로에서 진로변경을 시도하다가 교통사고를 야기하였다고 하더라도 이를 통행금지를 내용으로 하는 안전표지가 표시하는 지시를 위반하여 운전한 경우'에 해당한다고 할 수 없다(대법원 2015.11.12. 선고 2015도3107 판결).

(2) 중앙선침범 및 고속도로 등의 횡단·유턴·후진(교특법 제3조 제2항 제2호)

1) 도교법 제13조 제3항을 위반하여 중앙선을 침범하거나 같은 법 제62조를 위반하여 횡단, 유턴 또는 후진한 경우에는 소추특례가 적용되지 아니한다.

2) 차마의 운전자는 도로(보도와 차도가 구분된 도로에서는 차도를 말한다)의 중앙(중앙선이 설치되어 있는 경우에는 그 중앙선을 말한다) 우측 부분을 통행하여야 한다(도교법 제13조 제3항). 중앙선이란 차마의 통행 방향을 명확하게 구분하기 위하여 도로에 황색 실선(實線)이나 황색 점선 등의 안전표지로 표시한 선 또는 중앙분리대나 울타리 등으로 설치한 시설물을 말하고, 가변차로(可變車路)가 설치된 도로에서는 신호기가 지시하는 진행방향의 가장 왼쪽에 있는 황색 점선이 중앙선이다(같은 법 제2조 제5호). 도로

의 어느 구역에 좌회전이나 유턴이 허용되어 중앙선이 백색 점선으로 표시되어 있는 지점에서 좌회전이나 유턴이 허용되는 신호 상황 등 안전표지에 따라 좌회전이나 유턴을 하기 위하여 중앙선을 넘어 운행하다가 반대편 차로를 운행하는 차량과 충돌하는 교통사고를 내었다면 이는 중앙선침범사고가 아니다(대법원 2017.1.25. 선고 2016도18941 판결). 중앙선표시가 없는 곳의 가상의 중앙선, 임시로 설치한 원뿔모양의 구조물(라바콘), 도로 한쪽만의 포장으로 생긴 턱 또는 권한 없는 자가 설치한 중앙선도 본호의 중앙선에 해당하지 않으므로, 건설회사가 도로확장을 위하여 우회도로를 개설하면서 기존의 도로와 우회도로가 연결되는 부분에 임의로 설치한 황색실선을 침범하여 발생한 사고에 대해서는 본호가 적용되지 않는다(대법원 2003.6.27. 선고 2003도1895 판결).

차마의 운전자는 도로의 파손, 도로공사나 그 밖의 장애 등으로 도로의 우측 부분을 통행할 수 없는 경우나 도로 우측 부분의 폭이 차마의 통행에 충분하지 아니한 경우에는 도로의 중앙이나 좌측부분을 통행할 수 있으므로(같은 법 제13조 제3항 제2호, 제4호), 이러한 상황에서 중앙선을 넘어가는 것은 중앙선침범에 해당하지 않는다. 그러나 버스나 택시 등 여객자동차는 일시 정차하였다가* 즉시 출발하는 것이 일반적이므로 진행로를 가로막고 정차해 있는 버스나 편도 1차선상에 정차하고 있는 개인택시를 앞질러 가기 위해 중앙선을 넘어가는 것은 중앙선침범에 해당한다(대법원 1985.9.10. 선고 85도1264 판결; 대법원 1987.7.7. 선고 86도2597 판결). 이와는 달리 진행로에 차량이 주차**중이어서 도로 우측 부분으로 차량이 통행하기에 폭이 충분하지 아니한 경우에 중앙선을 넘어가는 것은 중앙선침범이라고 보기 어렵다. 그러나 중앙선이 단절되는 횡단보도에서 횡단보도를 통로로 하여 반대차선을 넘어가거나, 월선(越線)의 필요성이 없고 반대차선의 교통에 주의를 기울이지도 않은 채 황색점선으로 된 중앙선을 넘어가거나(대법원 1987.7.7. 선고 86도2597 판결), 가변차로가 설치된 도로에서 신호기가 지시하는 진행방향의 가장 왼쪽 황색점선을 넘어가는 것은 중앙선침범에 해당한다.

차체의 전부가 중앙선을 침범할 필요는 없고 일부라도 침범한 경우에는 중앙선침범으로 인정되고, 중앙선을 침범한 이상 반드시 사고장소가 중앙선을 넘어선 반대차로이어야 하거나 피해차량이 마주오는 차량이어야 하는 것은 아니다(대법원 1990.9.25. 선고 90도563 판결). 그러나 부득이하게 중앙선을 침범하여 교통사고를 발생케 한 경우는 제외된다. 여기서 부득이한 사유라 함은 진행차로에 나타난 장애물을 피하기 위하여 다른 적절한 조치를 취할 겨를이 없었다거나 자기 차로를 지켜 운행하려고 하였으나 운전자가 지배할 수 없는 외부적 여건으로 말미암아 어쩔 수 없이 중앙선을 침범하게 되었다는 등 중앙선 침범 자체에 운전자를 비난할 수 없는 객관적 사정이 있는 경우를 말한다(대법원 1998.7.28. 선고 98도832 판결). 통상적인 안전거리미확보, 무단횡단자의 갑작스런 돌출, 앞차의 급정차나 갑작스런 끼어들

* '정차'란 운전자가 5분을 초과하지 아니하고 차를 정지시키는 것으로서 주차 외의 정지 상태를 말한다(도교법 제2조 제25호).

** '주차'란 운전자가 승객을 기다리거나 화물을 싣거나 차가 고장 나거나 그 밖의 사유로 차를 계속 정지 상태에 두는 것 또는 운전자가 차에서 떠나서 즉시 그 차를 운전할 수 없는 상태에 두는 것을 말한다(같은 법 제2조 제24호).

기로 인해 중앙선을 침범하는 것은 불가피한 경우라고 하겠으나 미끄러운 길이나 커브길에서의 미감속, 빗길·눈길·빙판길에서의 안전거리미확보, 과속·급제동·급차선변경 등 비정상적인 조작으로 인해 중앙선을 침범하는 것은 불가피하다고 볼 수 없다.

그리고 중앙선 침범행위가 교통사고 발생의 직접적인 원인이 아니라면 교통사고가 중앙선 침범운행 중에 사고가 발생하였더라도 중앙선침범사고에 해당하지 않는다. 예를 들어 편도 1차선 도로에 정차한 버스를 앞지르기 위하여 중앙선을 침범하여 반대차로로 진행하다가 갑자기 버스 앞쪽으로 나와 오른쪽에서 왼쪽으로 도로를 횡단하던 보행자는 충격하여 상해를 입히거나(대법원 1991.2.12. 선고 90도2420 판결), 트럭을 도로의 중앙선 위에 왼쪽 바깥 바퀴가 걸친 상태로 운행하던 중 피해자가 승용차를 운전하여 반대차선으로 달려오다가 급히 자기 차선으로 들어가면서 트럭과 교행할 무렵 다시 반대차선으로 들어와 그 차량의 왼쪽 앞부분으로 트럭의 왼쪽 뒷바퀴 부분을 스치듯이 충돌하고 이어서 트럭을 바짝 뒤따라가던 차량을 들이받았다면(대법원 1991.2.26. 선고 90도2856 판결), 중앙선침범이 사고의 직접적인 원인이 되었다고 할 수 없다.

3) 자동차의 운전자는, 긴급자동차 또는 도로의 보수·유지 등의 작업을 하는 자동차 가운데 고속도로 등에서의 위험을 방지·제거하거나 교통사고에 대한 응급조치작업을 위한 자동차로서 그 목적을 위하여 반드시 필요한 경우를 제외하고는, 차를 운전하여 고속도로 또는 자동차전용도로를 횡단하거나 유턴 또는 후진하여서는 아니 된다(도교법 제62조). 본호는 고속도로 또는 자동차전용도로를 횡단·유턴·후진하다 발생한 사고에 대해서만 적용되므로 일반도로의 중앙선 우측 차로 내에서 후진하다가 발생한 사고에 대해서는 적용되지 않는다(대법원 2012.3.15. 선고 2010도3436 판결).

(3) 제한속도를 시속 20km 초과하는 과속 (교특법 제3조 제2항 제3호)

1) 도교법 제17조 제1항 또는 제2항에 따른 제한속도를 시속 20킬로미터 초과하여 운전한 경우에는 소추특례가 적용되지 아니한다.

2) 자동차등의 운전자는, 교통이 밀리거나 그 밖의 부득이한 사유로 최저속도보다 느리게 운전할 수밖에 없는 경우를 제외하고는, 도로통행속도의 최고속도보다 빠르게 운전하거나 최저속도보다 느리게 운전하여서는 아니 된다(도교법 제17조). 제한속도를 시속 20킬로미터 초과한 운전 중에 발생한 사고만이 이에 해당한다.

(4) 앞지르기·끼어들기 금지 위반 (교특법 제3조 제2항 제4호)

1) 도교법 제21조 제1항, 제22조, 제23조에 따른 앞지르기의 방법·금지시기·금지장소 또는 끼어들기의 금지를 위반하거나 같은 법 제60조 제2항에 따른 고속도로에서의 앞지르기 방법을 위반하여 운전한 경우에는 소추특례가 적용되지 아니한다.

2) 모든 차의 운전자는 다른 차를 앞지르려면 앞차의 좌측으로 통행하여야 한다(도교법 제21조 제1항). 그리고 모든 차의 운전자는 앞차의 좌측에 다른 차가 앞차와 나란히 가고 있는 경우와 앞차가 다른 차를 앞지르고 있거나 앞지르려고 하는 경우에는 앞차를 앞지르지 못하고(같은 법 제22조 제1항), 도교법이나 경찰공무원의 지시에 따라 정지 또는 서행하고 있는 차나 위험을 방지하기 위하여 정지하거나 서행하고 있는 차를 앞지르지 못하며(같은 조 제2항), 교차로·터널 안·다리 위·도로의 구부러진 곳·비탈길의 고갯마루 부근·가파른 비탈길의 내리막 등 도로에서의 위험을 방지하고 교통의 안전과 원활한 소통을 확보하기 위하여 지방경찰청장이 안전표지로 지정한 곳에서는 다른 차를 앞지르지 못한다(같은 조 제3항). 그리고 자동차의 운전자는 고속도로에서 다른 차를 앞지르려면 방향지시기, 등화 또는 경음기를 사용하여 차로로 안전하게 통행하여야 한다(같은 법 제60조 제2항). 선행차량의 양보가 있더라도 앞지르기 금지장소에서는 절대 앞지르기를 해서는 안 된다(대법원 2005.1.27. 선고 2004도8062 판결).

3) 자동차의 운전자는 도교법이나 경찰공무원의 지시에 따라 정지 또는 서행하고 있는 차나 위험을 방지하기 위하여 정지하거나 서행하고 있는 차의 앞으로 끼어들지 못한다(같은 법 제23조).

(5) 철길건널목 통과방법위반 (교특법 제3조 제2항 제5호)

1) 도교법 제24조에 따른 철길건널목 통과방법을 위반하여 운전한 경우에는 소추특례가 적용되지 아니한다.

2) 모든 차의 운전자는 철길 건널목을 통과하려는 경우, 신호기 등이 표시하는 신호에 따르는 때를 제외하고는, 건널목 앞에서 일시정지하여 안전한지 확인한 후에 통과하여야 한다(도교법 제24조 제1항). 모든 차의 운전자는 건널목의 차단기가 내려져 있거나 내려지려고 하는 경우 또는 건널목의 경보기가 울리고 있는 동안에는 그 건널목으로 들어가서는 아니 되고(같은 조 제2항), 건널목을 통과하다가 고장 등의 사유로 건널목 안에서 차를 운행할 수 없게 된 경우에는 즉시 승객을 대피시키고 비상신호기 등을 사용하거나 그 밖의 방법으로 철도공무원이나 경찰공무원에게 그 사실을 알려야 한다(같은 조 제3항).

3) 자동차의 운전자가 그 운전상의 주의의무를 게을리 하여 열차건널목을 그대로 건너는 바람에 그 자동차가 열차좌측 모서리와 충돌하여 20여미터 열차 진행방향으로 끌려가면서 튕겨나갔고 피해자는 타고 가던 자전거에서 내려 자동차 왼쪽에서 열차가 지나가기를 기다리고 있다가 충돌사고로 놀라 넘어져 상처를 입었다면 비록 자동차와 피해자가 직접 충돌하지는 아니하였더라도 운전자의 과실과 피해자가 입은 상처 사이에는 상당인과관계가 있으므로(대법원 1989.9.12. 선고 89도866 판결), 이 경우 소추특례가 적용되지 않는다.

(6) 횡단보도에서의 보행자보호의무 위반 (교특법 제3조 제2항 제6호)

1) 도교법 제27조 제1항에 따른 횡단보도에서의 보행자 보호의무를 위반하여 운전한 경우에는 소

추특례가 적용되지 아니한다.

2) 모든 차의 운전자는 보행자(자전거에서 내려서 자전거를 끌고 통행하는 자전거 운전자를 포함)가 횡단보도를 통행하고 있을 때에는 보행자의 횡단을 방해하거나 위험을 주지 아니하도록 그 횡단보도 앞(정지선이 설치되어 있는 곳에서는 그 정지선을 말함)에서 일시정지하여야 한다(도교법 제27조 제1항). 모든 차의 운전자는 신호기의 지시에 따라 횡단보도를 횡단하는 보행자가 있을 때에는 횡단보도에의 진입 선후를 불문하고 일시정지하는 등의 조치를 취함으로써 보행자의 통행이 방해되지 아니하도록 하여야 한다. 다만 자동차가 횡단보도에 먼저 진입한 경우로서 그대로 진행하더라도 보행자의 횡단을 방해하거나 통행에 아무런 위험을 초래하지 아니할 상황이라면 그대로 진행할 수 있다(대법원 2017.3.15. 선고 2016도17442 판결).

3) '횡단보도'란 란 보행자가 도로를 횡단할 수 있도록 안전표지로 표시한 도로의 부분을 말한다(같은 법 제2조 제12호). 횡단보도에는 횡단보도표시(포장도로에 설치한 도로바닥의 흰색선 부분)와 횡단보도 표지판(횡단보도를 설치한 장소의 도로 양측에 설치하는 표지판) 또는 보행자용신호기가 설치되어 있다. 보행자용신호기(보행등)은 차량신호기가 설치된 교차로의 횡단보도로서 1일 중 횡단보도의 통행량이 가장 많은 1시간 동안의 횡단보행자가 150명을 넘는 곳, 번화가의 교차로, 역 앞 등 횡단보도로서 보행자의 통행이 빈번한 곳에 설치된다.

4) '보행자'란 사전적으로는 걸어가는 사람을 의미한다. 자동차나 원동기장치자전거 또는 자전거를 타고 가는 사람은 보행자에 포함되지 않으나, 원동기장치자전거 또는 자전거를 끌고 가는 사람은 포함된다. 그리고 유모차, 신체장애인용 의자차, 세발자전거 등은 도교법상 차가 아니므로 이를 타고 가는 사람은 보행자에 포함된다. 그리고 '횡단보도를 통행하고 있을 때'라고 함은 도로를 횡단할 의사로 횡단보도를 통행하고 있음을 말한다. 따라서 잠을 자기 위해 횡단보도에 누워 있거나 또는 엎드려 있거나(대법원 1993.8.13. 선고 93도1118 판결), 차량이 통행을 막기 위해 횡단보도를 점거하고 있거나, 택시를 잡기 위해 횡단보도에 서 있는 사람은 이에 해당하지 않는다.

횡단보도를 통행하고 있는 보행자이면 족하고 보행자용신호기(보행등)가 설치되어 있는가는 문제가 되지 않는다. 한편 보행등은 말 그대로 보행자에 대한 신호일 뿐 운전자에 대한 신호가 아니다.* 따라서 운전자는 보행등이 녹색인 횡단보도를 통행하는 보행자뿐만 아니라 녹색신호가 점멸하는 때에 횡단보도를 통행하고 있는 보행자를 보호할 의무가 있고, 이를 위반하여 사고가 발생한 때에는 횡단보도사고로 인정된다(대법원 2009.5.14. 선고 2007도9598 판결). 그러나 판례는 보행등이 적색인 경우 그 횡단보도는 횡단보도로서의 성질이 상실되고 그 보행자는 횡단보도를 통행 중인 보행자로 볼 수 없다는 입

---

* 보행신호등이 녹색일 때 보행자는 횡단보도를 횡단할 수 있고 적색일 때에는 횡단보도를 횡단하여서는 아니 된다. 그리고 녹색등화가 점멸할 때 보행자는 횡단을 시작해서는 아니 되고, 횡단하고 있는 도중에 녹색등화가 점멸할 때에는 신속하게 횡단을 완료하거나 횡단을 중지하고 보도로 되돌아와야 한다(도교법시행규칙 [별표 2] 참조).

장을 취하고 있다(대법원 1997.10.10. 선고 97도1835 판결). 따라서 신호기의 보행신호에 따라 횡단보도를 통행하던 중 차량진행 신호로 바뀌자 도로중앙선 부분에서 통행을 중단하고 차량의 통과를 기다리며 멈춰 서있던 보행자(대법원 1983.12.13. 선고 83도2676 판결)나 보행신호등의 녹색등화가 점멸되고 있는 상태에서 횡단보도를 횡단하기 시작하여 횡단을 완료하기 전에 보행등이 적색등화로 변경된 후에도 계속하여 횡단보도 위를 걸어가고 있는 보행자(대법원 2001.10.9. 선고 2001도2939 판결)는 '횡단보도를 통행중인 보행자'에 해당하지 않는다고 본다. 그러나 횡단보도의 보행자 신호가 녹색신호에서 적색신호로 바뀌는 예비신호 점멸 중에도 그 횡단보도를 건너가는 보행자가 흔히 있고 또 횡단 도중에 녹색신호가 적색신호로 바뀐 경우에도 그 교통신호에 따라 정지함이 없이 나머지 횡단보도를 그대로 횡단하는 보행자도 있으므로, 보행자 신호가 녹색신호에서 정지신호로 바뀔 무렵 전후에 횡단보도를 통과하는 자동차 운전자는 보행자가 교통신호를 철저히 준수할 것이라는 신뢰만으로 자동차를 운전할 것이 아니라, 좌우에서 이미 횡단보도에 진입한 보행자가 있는지 여부를 살펴보고 그의 동태를 두루 살피면서 서행하는 등 그와 같은 상황에 있는 보행자의 안전을 위해 어느 때라도 정지할 수 있는 태세를 갖추고 자동차를 운전하여야 할 주의의무가 있다고 할 것이다(대법원 1986.5.27. 선고 86도549 판결).

5) 이 규정은 원칙적으로 횡단보도, 즉 도로바닥에 흰색선으로 표시된 부분에서 사고가 발생한 경우에 적용되고, 일시정지선과 횡단보도 사이 등 횡단보도 외에서 사고가 발생한 경우에는 적용되지 않는다. 다만 피고인이 자동차를 운전하다 횡단보도를 걷던 보행자 A를 들이받아 그 충격으로 횡단보도 밖에서 A와 동행하던 B가 밀려 넘어져 상해를 입은 경우, B의 상해는 운전자가 횡단보도에서 보행자 A에 대한 보호의무를 위반한 과실이 직접적인 원인이 되어 발생하였으므로, 이는 횡단보도 보행자 보호의무의 위반행위에 해당한다(대법원 2011.4.28. 선고 2009도12671 판결).

(7) 무면허운전(교특법 제3조 제2항 제7호)

1) 도교법 제43조, 건설기계관리법 제26조 또는 도교법 제96조를 위반하여 운전면허 또는 건설기계조종사면허를 받지 아니하거나 국제운전면허증을 소지하지 아니하고 운전한 경우에는 소추특례가 적용되지 아니한다.

2) 누구든지 지방경찰청장으로부터 운전면허를 받지 아니하거나 운전면허의 효력이 정지된 경우에는 자동차등을 운전하여서는 아니 된다(도교법 제43조). 면허종별 운전가능차종은 도교법시행규칙 [별표 18]에 상세하게 규정되어 있으며, 면허종별에 따른 운전가능차종을 위반한 경우는 무면허운전에 해당한다. 외국의 권한 있는 기관에서 국제운전면허증을 발급받은 사람은 국내에 입국한 날부터 1년 동안만 그 국제운전면허증으로 자동차등을 운전할 수 있으며(같은 법 제96조 제1항), 국제운전면허증을 외국에서 발급받은 사람은 「여객자동차 운수사업법」 또는 「화물자동차 운수사업법」에 따른 사업용 자동차를 운전할 수 없다(같은 조 제2항). 그리고 운전면허 결격사유(도교법 제82조 제2항)에 해당하는 사람도

자동차 등을 운전하여서는 아니 된다(같은 조 제3항).

3) 도교법상 무면허운전죄의 적용대상차량은 '자동차와 원동기장치자전거'이고 건설기계관리법상 기타 건설기계(같은 법 제26조 제1항)는 포함되지 않는다. 그러나 본호의 적용대상차량에는 자동차, 원동기장치자전거 뿐만 아니라 '기타 건설기계'도 포함되므로, 건설기계조종면허없이 '기타 건설기계'를 운전하다 발생한 사고에 대해서는 소추특례가 배제된다.

4) 교특법은 교통사고, 즉 차의 교통으로 인하여 사람을 사상(死傷)하거나 물건을 손괴한 사고에 대해서 적용되므로(교특법 제2조 제2호), 사고장소가 반드시 도로일 필요는 없다(대법원 1996.10.25. 선고 96도1848 판결). 그러나 본호의 사고장소는 도로일 것을 요하지 않으므로 도로가 아닌 곳에서 발생한 무면허운전사고에 대해서는 소추특례가 적용된다.

(8) 음주·약물운전 (교특법 제3조 제2항 제8호)

1) 도교법 제44조 제1항을 위반하여 술에 취한 상태에서 운전을 하거나 같은 법 제45조를 위반하여 약물의 영향으로 정상적으로 운전하지 못할 우려가 있는 상태에서 운전한 경우에는 소추특례가 적용되지 아니한다.

2) 누구든지 술에 취한 상태에서 자동차 등(「건설기계관리법」 제26조 제1항 단서에 따른 건설기계 외의 건설기계를 포함한다)을 운전하여서는 아니 되고(도교법 제44조 제1항), 자동차 등의 운전자는 술에 취한 상태 외에 과로, 질병 또는 약물(마약, 대마 및 향정신성의약품과 그 밖에 행정자치부령으로 정하는 것을 말한다)의 영향과 그 밖의 사유로 정상적으로 운전하지 못할 우려가 있는 상태에서 자동차등을 운전하여서는 아니 된다(같은 법 제45조). 본호의 적용대상은 음주 및 약물운전사고에 제한되고 과로 또는 질병운전사고에 대해서는 적용되지 않는다.

3) 도교법상 음주운전 및 약물운전에 대해서는 자동차와 원동기장치자전거 이외에 '기타 건설기계'도 포함되므로(같은법 제44조 제1항, 제45조 제1항), 술에 취한 상태에서 또는 약물의 영상으로 정상적으로 운전하지 못할 우려가 있는 상태에서 '기타 건설기계'를 운전하다 발생한 사고에 대해서도 소추특례의 적용이 배제된다. 또한 도교법상 음주운전과 약물운전의 금지규정은 도로가 아닌 곳에서도 적용되므로(제2조 제24호) 도로가 아닌 곳에서 술에 취한 상태에서 또는 약물의 영상으로 정상적으로 운전하지 못할 우려가 있는 상태에서 자동차 등을 운전하다 발생한 사고에 대해서도 소추특례의 적용이 배제된다.

(9) 보도침범 또는 보도횡단방법위반 (교특법 제3조 제2항 제9호)

1) 도교법 제13조 제1항을 위반하여 보도(步道)가 설치된 도로의 보도를 침범하거나 같은 법 제13조 제2항에 따른 보도 횡단방법을 위반하여 운전한 경우에는 소추특례가 적용되지 아니한다.

2) 차마의 운전자는 보도와 차도가 구분된 도로에서는 차도로 통행하여야 한다(도교법 제13조 제1

항). 차마의 운전자는 도로 외의 곳으로 출입할 때에는 보도를 횡단하여 통행할 수 있으나, 이 경우 보도를 횡단하기 직전에 일시정지하여 좌측과 우측 부분 등을 살핀 후 보행자의 통행을 방해하지 아니하도록 횡단하여야 한다(같은 조 제1항 단서 및 제2항).

3) '차도'란 연석선(차도와 보도를 구분하는 돌 등으로 이어진 선을 말한다), 안전표지 또는 그와 비슷한 인공구조물을 이용하여 경계(境界)를 표시하여 모든 차가 통행할 수 있도록 설치된 도로의 부분을 말하고(도교법 제2조 제4호), '보도'란 연석선, 안전표지나 그와 비슷한 인공구조물로 경계를 표시하여 보행자(유모차와 보행보조용 의자차 포함)가 통행할 수 있도록 한 도로의 부분을 말한다(같은 조 제10호). 보도라고 하기 위해서는 연석선, 안전표지나 그와 비슷한 인공구조물로 경계가 표시되어 있어야 하므로 이러한 구분시설이 없이 편의상 안전표지(황색 또는 백색의 실선이나 점선)만 있는 구역, 갓길, 길가장자리구역, 중심부분만 포장되어 차량통행용으로 제공되고 남은 비포장부분, 국도·지방도 등 도로 끝선 바깥의 공간은 보도가 아니다. 그리고 보도는 설치권한있는 기관에 의해 설치된 것에 한하므로 사인(私人), 학교, 아파트단지 등이 권한없이 설치한 보도도 이에 해당하지 않는다.

4) '보도침범'이란 보도와 차도가 구분된 도로에서 차마가 보도를 침범하는 것을 말하고, '보도횡단방법 위반'이란 보도횡단시에 일시정지 등의 주의의무를 위반하는 것을 말한다. 본호는 보도 안에서 그리고 보행자에 대해서 발생한 사고에 대해서만 적용된다. 보행자가 아닌 사람, 즉 자동차나 원동기장치자전거 또는 자전거를 타고 가는 사람은 이에 포함되지 않는다. 그러나 원동기장치차전거나 자전거에 내려서 이를 끌고 가거나 손수레를 끌고 가는 사람 또는 보행보조용 의자차를 타고 가는 사람은 보행자에 포함된다.

(10) 승객추락방지의무위반 (교특법 제3조 제2항 제1호)

1) 도교법 제39조 제3항에 따른 승객의 추락 방지의무를 위반하여 운전한 경우에는 소추특례가 적용되지 아니한다.

2) 모든 차의 운전자는 운전 중 타고 있는 사람 또는 타고 내리는 사람이 떨어지지 아니하도록 하기 위하여 문을 정확히 여닫는 등 필요한 조치를 하여야 한다(도교법 제39조 제3항).

3) 본호는 차의 운전자가 '타고 있는 사람' 또는 '타고 내리는 사람'이 떨어지지 아니하도록 하기 위하여 필요한 조치를 하여야 할 의무를 위반하여 운전한 경우를 말하고 차의 운전자가 문을 여닫는 과정에서 발생한 일체의 주의의무를 위반한 경우를 의미하는 것은 아니므로, 승객이 차에서 내려 도로상에 발을 딛고 선 뒤에 일어난 사고(대법원 1997.6.13. 선고 96도3266 판결)나 화물적재함에서 작업하는 사람에 대해 일어난 사고(대법원 2000.2.22. 선고 99도3716 판결)는 승객의 추락방지의무를 위반하여 운전함으로써 일어난 사고에 해당하지 아니한다. 그리고 본호는 승객이 떨어지는 사고(추락사고)에 대하여 적용되고 승객이 차내에서 넘어지는 사고에 대해서는 적용되지 아니한다. 본호의 운전자의 주의의무는 '문

을 정확히 여닫는 등 필요한 조치'에 한정되므로, 문이 없는 이륜자동차나 자전거의 승객에 대해서 발생한 사고에 대해서도 적용될 여지가 없다.

(11) 어린이보호구역 안전운전 의무위반(교특법 제3조 제2항 제1호)

1) 도교법 제12조 제3항에 따른 어린이 보호구역에서 같은 조 제1항에 따른 조치를 준수하고 어린이의 안전에 유의하면서 운전하여야 할 의무를 위반하여 어린이의 신체를 상해(傷害)에 이르게 한 경우에는 소추특례가 적용되지 아니한다.

2) 시장 등은 교통사고의 위험으로부터 어린이를 보호하기 위하여 필요하다고 인정하는 경우에는 다음 각 호의 어느 하나에 해당하는 시설의 주변도로 가운데 일정 구간을 어린이 보호구역으로 지정하여 자동차등의 통행속도를 시속 30km 이내로 제한할 수 있다(도교법 제12조 제1항). 차마의 운전자는 어린이 보호구역에서 위의 조치를 준수하고 어린이의 안전에 유의하면서 운행하여야 한다(같은 조 제3항). 도교법상 어린이란 13세미만의 사람을 말한다(같은 법 제2조 제23호).

3) 본호는 어린이의 신체를 상해한 경우에 한하여 적용되고, 13세 이상의 사람의 신체를 상해한 경우에는 적용되지 아니한다.

(12) 화물추락방지의무 위반(교특법 제3조 제2항 제12호)

모든 차의 운전자는 운전 중 실은 화물이 떨어지지 아니하도록 덮개를 씌우거나 묶는 등 확실하게 고정될 수 있도록 필요한 조치를 하여야 하는데(도교법 제39조 제4항), 자동차의 화물이 떨어지지 아니하도록 필요한 조치를 하지 아니하고 운전한 경우에는 소추특례가 적용되지 아니한다.

제 4 장

특가법위반죄

Ⅰ. 특가법의 개요

1) 본법은 형법, 관세법, 조세범 처벌법, 지방세기본법, 산림자원의 조성 및 관리에 관한 법률 및 마약류관리에 관한 법률에 규정된 특정범죄에 대한 가중처벌을 목적으로 한다.

2) 본법은 형법상 범죄에 대해 형을 가중하거나(제2조, 제4조의3, 제5조의4, 제5조의5, 제10조, 제11조, 제14조, 제15조), 형법이나 특별법상 구성요건을 확장·변경하거나(제3조, 제4조, 제4조의2, 제5조의2, 제5조의3, 제5조의9, 제5조의10, 제5조의12 등), 독자적인 구성요건을 규정하거나(제5조의11, 제5조의12), 특정범죄의 처벌절차에 관한 특례를 규정하는 것(제13조, 제16조)을 내용으로 하고 있다. 특가법의 주요 범죄유형을 살펴보면 다음과 같다.

Ⅱ. 수뢰죄의 가중처벌(제2조부터 제4조까지)

1. 수뢰죄 적용대상의 확대 (제4조)

1) 형법상 수뢰·사전수뢰죄(제129조), 제3자뇌물제공죄(제130조), 수뢰후부정처사죄(제131조 제1항)와 부정처사후수뢰죄(같은 조 제2항) 및 알선수뢰죄(제132조)의 주체는 공무원 또는 중재인이다. 물론 개별 법령에 의하여 공무원으로 의제되는 경우에는 수뢰죄의 주체가 된다. 그와 같은 예로는 지방공기업법상 공사와 공단의 임원(제83조), 도시및주거환경정비법상 추진위원회위원장, 조합의 임원 및 정비사업 전문관리업자의 대표자, 직원 및 위탁관리자(제84조), 한국도로공사법상 위탁업무종사자(제13조의3), 형

사소송법상 전문심리위원(제279조의2, 제270조의8), 성폭법상 진술조력인(제39조) 등이 있다.

2) 이에 대해 특가법은 형법상 수뢰·사전수뢰죄(제129조), 제3자뇌물제공죄(제130조), 알선수뢰죄(제132조)를 적용함에 있어서 ① 국가 또는 지방자치단체가 직접 또는 간접으로 자본금의 2분의 1 이상을 출자하였거나 출연금·보조금 등 그 재정지원의 규모가 그 기관 또는 단체 기본재산의 2분의 1 이상인 기관 또는 단체나 ② 국민경제 및 산업에 중대한 영향을 미치고 있고 업무의 공공성(公共性)이 현저하여 국가 또는 지방자치단체가 법령에서 정하는 바에 따라 지도·감독하거나 주주권의 행사 등을 통하여 중요 사업의 결정 및 임원의 임면(任免) 등 운영 전반에 관하여 실질적인 지배력을 행사하고 있는 기관 또는 단체의 간부직원은 공무원으로 의제한다(제4조 제1항).

2. 수뢰액에 따른 가중처벌(제2조)

(1) 수뢰액에 따른 법정형

1) 형법상 수뢰·사전수뢰죄(제129조), 제3자뇌물제공죄(제130조), 알선수뢰죄(제132조)를 범한 사람이 그 수수, 요구 또는 약속한 뇌물의 가액(이하 '수뢰액'이라 한다)이 1억원 이상인 경우에는 무기 또는 10년 이상의 징역에, 5천만원 이상 1억원 미만인 경우에는 7년 이상의 유기징역에 그리고 3천만원 이상 5천만원 미만인 경우에는 5년 이상의 유기징역에 처하고(제2조 제1항), 수뢰액의 2배 이상 5배 이하의 벌금을 병과한다(특가법 제2조 제2항).

2) 본조에는 수뢰·사전수뢰죄(제129조), 제3자뇌물제공죄(제130조), 알선수뢰죄(제132조)만 규정되어 있고 수뢰후부정처사죄(제131조 제1항)와 부정처사후수뢰죄(같은 조 제2항)는 명시적으로 규정되어 있지 않으나, 이들 죄는 수뢰·사전수뢰죄(제129조), 제3자뇌물제공죄(제130조)를 전제하고 있기 때문에 당연히 이에 포함된다. 그러나 형법상 사후수뢰죄(제131조 제3항)의 주체는 공무원 또는 중재인이었던 자로 현재 공무원 또는 중재인이라는 신분이 없기 때문에 특가법이 적용되지 않는다(대법원 1984.8.14. 선고 84도1139 판결 참조).

(2) 수뢰액의 산정방법

1) 직무행위에 대한 대가로서의 성질과 직무 외의 행위에 대한 사례로서의 성질이 불가분적으로 결합되어 있는 경우 그 전부를 직무에 대한 대가로 본다(대법원 2012.1.12. 선고 2011도12642 판결). 향응을 제공받는 경우 수뢰자의 접대비용과 증뢰자가 소비한 비용이 가분적인 경우 전자만이 수뢰액이 되고, 각자의 비용액이 불명확한 경우 균분한 액수가 수뢰액이 된다.

2) 공무원이 제3자를 초대하여 함께 향응을 접대받은 경우 그 제3자가 피고인과는 별도의 지위에서 접대를 받은 공무원이라는 등의 특별한 사정이 없는 한 제3자의 접대에 든 비용도 수뢰액에 포함된다(대법원 2001.10.12. 선고 99도5294 판결).

3) 경찰공무원이 슬롯머신 영업에 5천만원을 투자하여 매월 3백만원을 배당받기로 약속한 후 35회에 걸쳐 1억 5백만원을 교부받은 경우, 5천만원을 투자함으로써 바로 이익을 얻었다고는 볼 수 없고 매월 3백만원을 지급받기로 하는 약속, 즉 뇌물의 수수를 약속한 것에 불과하고 현실적으로 매월 3백만원씩을 지급받은 것이 뇌물을 수수한 것이라고 보아야 하므로 1억 5백만원은 그 자체가 뇌물이 된다. 다만 실제의 뇌물의 액수는 5천만원을 투자함으로써 얻을 수 있는 통상적인 이익을 초과한 금액이므로 특가법의 적용기준이 되는 수뢰액은 1억 5백만원에서 슬롯머신 업소 경영자와 같은 사람에게 5천만원을 직무와 관계없이 대여하였더라면 받았을 이자 상당이 통상적인 이익을 제외한 금액이다(☞ **[판례 II-1]** 참조).

[판례 II-1] 대법원 1995.6.30. 선고 94도993 판결【특가법위반, 뇌물수수, 뇌물공여】

〈사실관계〉

피고인 2가 1988.10. 중순 일자불상경 서울특별시 경찰국 부장인 피고인 1의 사무실에서 서울특별시 경찰국 관내 슬롯머신 허가 및 단속업무를 관장하던 동인에게, 동업자의 명의로 영업허가신청을 한 바 있는 이태원호텔 슬롯머신 영업허가를 해 달라는 취지로 청탁을 하였는데 피고인 1이 위 영업허가를 해 주겠다면서 자신이 위 슬롯머신 영업에 금 5천만원을 투자할 터이니 위 영업의 허가기간인 3년 동안 매월 금 3백만원씩 교부하여 달라고 제의하자 이를 수락하여 같은 해 10.21. 위 슬롯머신 영업허가가 난 후 같은 달 24. 피고인 1로부터 금 5천만원을 송금받고 그 이후 같은 해 11.21.부터 1991.10.25.까지 사이에 35회에 걸쳐 매월 금 3백만원씩 합계 금 1억5백원을 송금하였다.

〈판결요지〉

피고인 1이 비록 이 사건 슬롯머신 영업에 금 5천만원을 투자하고 매월 금 3백만원을 배당받는 형식을 취하였다 하더라도, 그 배당율이 월 6푼, 연 7할 2푼이라는 고율이어서 일반적인 투자의 방법으로는 도저히 그와 같은 이익을 얻을 수 없음이 명백할 뿐만 아니라, 일반인으로서는 위와 같이 슬롯머신 영업에 투자한다는 것이 사실상 불가능하여 위 피고인의 직무와 관련이 없이는 그러한 투자의 기회 자체가 주어지지 않았을 것인 점에 비추어 보면 위 피고인이 직무와 관련하여 통상의 투자에서 얻을 수 있는 이상의 이익을 얻게 된 것은 뇌물에 해당한다고 보지 않을 수 없다.

뇌물죄에 있어서 직무라 함은 법령에 의하여 정하여진 직무뿐만 아니라 그와 관련 있는 직무, 과거에 담당하였거나 또는 장래 담당할 직무 및 사무분장에 따라 현실적으로 담당하지 않는 직무라고 하더라도 법령상 일반적인 직무권한에 속하는 직무 등 공무원이 그 직위에 따라 공무로 담당할 일체의 직무를 말하는바, 슬롯머신 업소의 단속이 경찰의 업무에 속하는 이상 과거에도 슬롯머신 업소에 관한 업무를 담당한 바 있던 피고인이 당시 현실적으로 그와 같은 업무를 담당하고 있지 않았다 하더라도 피고인 2가 피고인 1에게 슬롯머신 업소의 위법행위시 잘 보살펴 달라는 취지로 위 돈을 교부하였다면 이는 피고인 1의 직무에 관하여 뇌물을 교부한 것이라고 보아야 한다.

일반적으로 뇌물죄에 있어서 뇌물의 내용인 이익이라 함은 금전 물품 기타의 재산적 이익뿐만 아니라 사람의 수요, 욕망을 충족시키기에 족한 일체의 유형, 무형의 이익을 포함하므로, 예컨대 공무원이 그 직무와 관련하여 다른 사람으로부터 주식 등의 재산을 시가보다 싼 가격에 취득함으로써 장차 이를 시가에 처분할 수 있는 이익을 얻은 때에는 그 자체가 뇌물수수가 된다고 할 것이다. 그러나 이 사건에서는 피고인 1이 위 금 5천만원을 투자함으로써 바로 위와 같은 이익을 얻었다고는 볼 수 없고, 다만 앞으로 피고인 2로부터 매월 금 3백만원씩을 지급받기로 하는 약속이 이루어진 것에 지나지 않는다고 할 것이므로, 이는 단순히 뇌물의 수수를 약속한 것에 불과하고 피고인 2로부터 현실적으로 매월 금 3백만원씩을 지급받은 것이 뇌물을 수수한 것이라고 보아야 하며, 이러한 35회에 걸친 뇌물의 수수 및 위 뇌물의 약속은 포괄하여 일죄를 구성한다.

그렇다면 피고인 1이 지급받은 위 금 1억5백원은 그 자체가 뇌물이 된다고 할 것이나, 다만 피고인이 이러한 이익을 얻기 위하여 금 5천만원을 투자한 이상 실제의 뇌물의 액수는 위 금 5천만원을 투자함으로써 얻을 수 있는 통상적인 이익을 초과한 금액이라고 보아야 할 것이며, 구체적으로는 피고인 2와 같은 사람에게 위 금 5천만원을 직무와 관계없이 대여하였더라면 받았을 이자 상당이 위와 같은 통상적인 이익이 된다.

원심으로서는 위와 같은 방법으로 피고인들이 수수한 뇌물의 가액을 산정하여, 그 액수가 특가법 제2조 제1항제1호 소정의 금 5천원을 초과하는지를 심리하였어야 할 것인데도 그에 이르지 아니하고 그 가액을 산정할 수 없다고 한 것은 뇌물수수죄의 법리 내지 뇌물 액수의 산정에 관한 법리를 오해하여 판결에 영향을 미친 위법을 범한 것이다.

4) 수뢰액은 단순일죄로 처벌되는 뇌물죄 또는 포괄하여 하나의 뇌물죄가 성립하는 경우 그 금액의 합산액을 말하며, 경합범으로 처벌되는 수개의 뇌물죄에 있어 그 수뢰액을 합한 금액을 말하는 것이 아니다(대법원 1990.9.25. 선고 90도1588 판결).

5) 공범의 경우 특경법의 적용여부를 가리는 수뢰액을 정함에 있어서는 공범자 전원의 수뢰액을 합한 금액을 기준으로 하여야 할 것이고, 각 공범자들이 실제로 취득한 금액이나 분배받기로 한 금액을 기준으로 할 것은 아니다(대법원 1999.8.20. 선고 99도1557 판결).

3. 알선수재죄 처벌범위의 확대(제3조)

1) 공무원의 직무에 속한 사항의 알선에 관하여 금품이나 이익을 수수·요구 또는 약속한 사람은 5년 이하의 징역 또는 1천만원 이하의 벌금에 처한다(특가법 제3조).

2) 형법상 알선수재죄(제132조)는 공무원이 그 직위를 이용하여 다른 공무원의 직무에 속한 사항의 알선에 관하여 뇌물을 수수, 요구 또는 약속함으로써 성립하는 범죄로 그 주체가 공무원으로 한정되어 있다. 이와는 달리 특가법상 알선수재죄는 공무원 아닌 자에 대해서까지 처벌범위가 확대되어 있고 나아가서 그 지위를 이용할 것을 요건으로 하고 있지 않다.

3) '공무원의 직무에 속한 사항'이란 법령상 공무원이 관장하는 직무 그 자체뿐만 아니라 직무와 밀접한 관계가 있는 행위 또는 관례상이나 사실상 관여하는 직무행위도 포함되고, 구체적인 행위가 공무원의 직무에 속하는지 여부는 그것이 공무의 일환으로 행하여졌는가 하는 형식적인 측면과 함께 그 공무원이 수행하여야 할 직무와의 관계에서 합리적으로 필요하다고 인정되는 것이라고 할 수 있는가 하는 실질적인 측면을 아울러 고려하여 결정하여야 한다(대법원 2010.1.28. 선고 2009도6789 판결).

4) 여기에서 '알선'이란 공무원의 직무에 속하는 일정한 사항에 관하여 당사자의 의사를 공무원 측에 전달하거나 편의를 도모하는 행위 또는 공무원의 직무에 관하여 부탁을 하거나 영향력을 행사하여

당사자가 원하는 방향으로 결정이 이루어지도록 돕는 등의 행위를 의미한다. 이 경우 공무원의 직무는 정당한 직무행위인 경우도 포함되고 알선의 상대방인 공무원이나 직무내용이 구체적으로 특정되어 있을 필요도 없다. 또한 알선의 명목으로 금품을 받았다면 실제로 어떤 구체적인 알선행위를 하였는지와 상관없이 범죄는 성립한다(대법원 2017.1.12. 선고 2016도15470 판결).

5) 형법상 알선수재죄와는 달리 특가법상 알선수재죄에 있어서는 증뢰자에 대한 처벌규정이 없다. 본죄는 2인 이상의 서로 대향된 행위의 존재를 필요로 하는 범죄(필요적 공범)로서 금품 등을 공여한 자에게 따로 처벌규정이 없는 이상, 그 공여행위는 상대방의 범행에 대하여 공범관계가 성립되지 아니하고 금품 등을 공여한 자의 행위에만 관여하여 그 공여행위를 교사하거나 방조한 자도 본죄의 공범으로 처벌할 수 없다. 따라서 甲이 A에 대한 乙의 금품제공행위를 용이하게 할 의사를 갖고 A를 乙에게 소개하여 乙로 하여금 A에게 금품을 제공하게 하였다고 하더라도 甲은 특가법상 알선수재죄의 방조범으로 처벌할 수 없다(대법원 2014.1.16. 선고 2013도6969 판결).

Ⅲ. 13세 미만 미성년자 약취·유인죄의 가중처벌(제5조의2)

1) 13세 미만의 미성년자에 대하여 미성년자 약취·유인죄(형법 제287조)를 범한 사람이 약취 또는 유인한 미성년자의 부모나 그 밖에 그 미성년자의 안전을 염려하는 사람의 우려를 이용하여 재물이나 재산상의 이익을 취득할 목적인 경우에는 무기 또는 5년 이상의 징역에 그리고 약취 또는 유인한 미성년자를 살해할 목적인 경우에는 사형, 무기 또는 7년 이상의 징역에 처한다(특가법 제5조의2 제1항). 본죄의 미수범은 처벌한다(같은 조 제6항).

2) 13세 미만의 미성년자에 대하여 미성년자 약취·유인죄(형법 제287조)를 범한 사람이 약취 또는 유인한 미성년자의 부모나 그 밖에 그 미성년자의 안전을 염려하는 사람의 우려를 이용하여 재물이나 재산상의 이익을 취득하거나 이를 요구한 경우에는 무기 또는 10년 이상의 징역에 처하고(특가법 제5조의2 제2항 제1호), 약취 또는 유인한 미성년자를 폭행·상해·감금 또는 유기하거나 그 미성년자에게 가혹한 행위를 한 경우에는 무기 또는 5년 이상의 징역에 처하고(같은 조항 제2호), 앞의 죄를 범하여 미성년자를 사망에 이르게 한 경우에는 사형, 무기 또는 7년 이상의 징역에 처하고(같은 조항 제3호) 약취 또는 유인한 미성년자를 살해한 경우에는 사형 또는 무기징역에 처한다(같은 조항 제4호). 본죄의 미수범은 처벌한다(같은 조 제6항).

특가법 제5조2 제2항의 죄는 제5조의1 제1항의 죄와 형법상 공갈죄(제5조의2 제2항 제1호의 경우), 폭행·상해·감금·유기죄(같은 조항 제3호의 경우), 폭행·상해·감금·유기치사죄(같은 조항 제4호의 경우), 살인죄(같은 조항 제2호의 경우)의 결합범의 성격을 가진다. 그리고 타인의 실행행위 도중에 공범으로 범행에 가담한 자는 비록 그가 그 범행에 가담할 때에 이미 이루어진 종전의 범행을 알았다고 하더라도 그 가담이후의 범행에 대해서만 공범의 죄책을 지므로(대법원 1997.6.27. 선고 97도163 판결), 甲이 부모를 협박하여 금품을 갈취하기로 마음먹고 미성년자를 약취·유인한 다음 乙이 甲의 부탁을 받고 부모로부터 금품을 갈취하는데 가담하게 한 경우, 乙은 금품갈취의 점에 대해서만 죄책을 진다고 보아야 한다(서울지법 1982.2.16. 선고 81고합1232·1299 판결 참조). 이에 대해 대법원은 제5조의2 제2항 제1호의 죄는 단순일죄로 보아야 한다고 하면서 비록 타인이 미성년자를 약취. 유인한 행위에는 가담한 바 없다 하더라도 사후에 그 사실을 알면서 약취·유인한 미성년자를 부모 기타 그 미성년자의 안전을 염려하는 자의 우려를 이용하여 재물이나 재산상의 이익을 취득하거나 요구하는 타인의 공갈행위를 방조한 때에는 단순히 공갈죄의 종범이 되는데 그치는 것이 아니라 특가법 제5조의2 제2항 제1호 위반죄 전체의 종범에 해당한다고 본다(대법원 1982.11.23. 선고 82도2024 판결).

강간할 목적으로 미성년자인 피해자를 약취한 후에 강간을 목적으로 피해자에게 가혹한 행위 및 상해를 가하고 나아가 그 피해자에 대한 강간 및 살인미수를 범하였다면 이에 대하여는 약취한 미성년자에 대한 상해 등으로 인한 특가법위반죄(제5조의2 제2항 제3호)와 미성년자인 피해자에 대한 강간 및 살인미수행위로 인한 성폭법위반죄(제9조)가 성립하고 각 죄는 실체적경합 관계에 있다(대법원 2014.2.27. 선고 2013도12301 판결).

3) 제5조의2 제1항 또는 제2항의 죄를 범한 사람을 방조하여 약취 또는 유인된 미성년자를 은닉하거나 그 밖의 방법으로 귀가하지 못하게 한 사람은 5년 이상의 유기징역에 처한다(제5조의2 제3항).

4) 제5조의2 제1항 내지 제3항 및 제1항·제2항의 그 미수죄를 범한 사람을 은닉하거나 도피하게 한 사람은 3년 이상의 유기징역에 처한다(제5조의2 제7항).

5) 제1항 또는 제2항 제1호·제2호의 죄를 범할 목적으로 예비하거나 음모한 사람은 1년 이상의 유기징역에 처한다(제5조의2 제8항).

Ⅳ. 상습강절도죄 및 강도상해 재범자의 가중처벌

1. 상습강절도죄의 가중처벌(제5조의4)

1) 5명 이상이 공동하여 상습적으로 형법상 절도죄(제329조), 야간주거침입절도죄(제330조), 특수절도죄(제331조) 또는 그 미수죄를 범한 사람은 2년 이상 20년 이하의 징역에 처한다(제5조의4 제2항).

2) 형법상 절도죄(제329조), 야간주거침입절도죄(제330조), 특수절도죄(제331조) 또는 그 미수죄로 세 번 이상 징역형을 받은 사람이 다시 이들 죄를 범하여 누범으로 처벌하는 경우에는 2년 이상 20년 이하의 징역에 처하고(같은 조 제5항 제1호), 형법상 강도죄(제333조), 특수강도죄(제334조), 준강도죄(제335조), 인질강도죄(제336조), 해상강도죄(제340조) 또는 그 미수죄로 세 번 이상 징역형을 받은 사람이 다시

이들 죄를 범하여 누범으로 처벌하는 경우에는 무기 또는 10년 이상의 징역에 처하며(같은 조항 제2호), 형법상 장물죄(제362조) 또는 그 미수죄로 세 번 이상 징역형을 받은 사람이 다시 이들 죄를 범하여 누범으로 처벌하는 경우에는 2년 이상 20년 이하의 징역에 처한다(같은 조항 제3호).

본 조항이 적용되기 위해서는 '세 번 이상 징역형을 받을 것'을 요건으로 하며, 세 번 이상의 징역형이 확정되면 족하고 그 집행이 종료되거나 면제받을 것을 요하지는 않는다. 형이 실효된 경우에는 형의 선고에 의한 법적 효과가 장래에 향하여 소멸되므로 이는 '징역형을 받은 경우'로 볼 수 없다(대법원 2007.6.28. 선고 2007도2956 판결). 그리고 집행유예가 선고·확정된 경우도 '징역형을 받은 경우'에 해당하나 집행유예가 취소 또는 실효됨이 없이 유예기간을 경과하여 형선고의 효력이 상실되거나(형법 제65조) 형이 실효된 경우(형법 제81조, 형실효법 제7조)도 '징역형을 받은 경우'에 해당하지 않는다(대법원 2010.9.9. 선고 2010도8021 판결).

3) 상습적으로 형법상 절도죄(제329조), 야간주거침입절도죄(제330조), 특수절도죄(제331조)나 그 미수죄 또는 특가법 제5조의4 제2항의 죄로 또는 그 미수죄로 두 번 이상 실형을 선고받고 그 집행이 끝나거나 면제된 후 3년 이내에 다시 상습적으로 형법상 절도죄(제329조), 야간주거침입절도죄(제330조), 특수절도죄(제331조)나 그 미수죄 또는 특가법 제5조의4 제2항의 죄를 범한 경우에는 3년 이상 25년 이하의 징역에 처한다(같은 조 제6항).

본 조항이 적용되기 위해서는 '두 번 이상 실형을 선고받을 것'을 요건으로 하므로 집행유예가 선고된 경우 및 집행유예가 선고된 후 취소 또는 실효됨이 없이 유예기간을 경과한 때에는 '실형을 선고받은 경우에'에 해당하지 않는다(대법원 2011.5.26. 선고 2011조2749 판결). 형실효법에 의해 형이 실효된 경우도 마찬가지이다(대법원 2015.1.29. 선고 2014도14805 판결).

4) 특가법 제5조의4에서는 미수범을 기수범과 마찬가지로 처벌하고 있으므로 미수감경이 허용되지 않는다(대법원 2010.11.25. 선고 2010도11620 판결). 그리고 특가법 제5조의4 제6항에 규정된 상습절도 등 죄를 범한 범인이 그 범행의 수단으로 주거침입을 한 경우에 주거침입행위는 상습절도 등 죄에 흡수되어 위 조문에 규정된 상습절도 등 죄의 1죄만이 성립하고 별개로 주거침입죄를 구성하지 않으며, 또 위 상습절도 등 죄를 범한 범인이 그 범행 외에 상습적인 절도의 목적으로 주거침입을 하였다가 절도에 이르지 아니하고 주거침입에 그친 경우에도 그것이 절도상습성의 발현이라고 보이는 이상 주거침입행위는 다른 상습절도 등 죄에 흡수되어 위 조문에 규정된 상습절도 등 죄의 1죄만을 구성하고 상습절도 등 죄와 별개로 주거침입죄를 구성하지 않는다(대법원 2017.7.11. 선고 2017도4044 판결).

2. 강도상해·치상 및 강도강간 재범자의 가중처벌 (제5조의5)

형법상 강도상해·치상죄(제337조), 강도강간죄(제339조) 또는 그 미수죄로 형을 선고받고 그 집행이 끝나거나 면제된 후 3년 내에 다시 이들 죄를 범한 사람은 사형, 무기 또는 10년 이상의 징역에 처한다(제5조의5).

V. 보복살인 등의 가중처벌(제5조의9)

1. 보복살인·상해·폭행·체포감금·협박 등

1) 자기 또는 타인의 형사사건의 수사 또는 재판과 관련하여 고소·고발 등 수사단서의 제공, 진술, 증언 또는 자료제출에 대한 보복의 목적으로 살인죄(형법 제250조 제1항)를 범한 사람은 사형, 무기 또는 10년 이상의 징역에 처한다. 고소·고발 등 수사단서의 제공, 진술, 증언 또는 자료제출을 하지 못하게 하거나 고소·고발을 취소하게 하거나 거짓으로 진술·증언·자료제출을 하게 할 목적인 경우에도 또한 같다(제5조의9 제1항).

2) 위와 같은 목적으로 형법상 상해죄(제257조 제1항), 폭행죄(제260조 제1항), 체포·감금죄(제276조 제1항) 또는 협박죄(제283조 제1항)를 범한 사람은 1년 이상의 유기징역에 처한다(제5조의9 제2항). 이들 죄를 범하여 사람을 사망에 이르게 한 경우에는 무기 또는 3년 이상의 징역에 처한다(같은 조 제3항). 형법상 폭행죄와 협박죄는 반의사불벌죄이나(형법 제260조 제4항, 제283조 제3항) 본죄의 폭행 또는 협박을 한 경우는 반의사불벌죄가 아니다(대법원 1998.5.8. 선고 98도631 판결).

3) 피고인이 형사사건의 증인으로 출석하여 선서한 후 공판절차의 진행순서에 따라 증언하기 위해 법정 밖 복도에 대기 중인 피해자에게 '두고 보자'는 등의 협박적 언사와 함께 욕설을 하였다면 보복목적이 있다고 할 수 있으나(대법원 2013.6.14. 선고 2009도12055 판결), 피해자가 운영하는 포장마차에서 술을 마시던 중 술에 취하자 과거 벌금을 선고받은 것이 피해자 때문이라는 생각이 들어 억울하다고 생각한 나머지 화가 나 우발적으로 피해자에게 상해를 가하였다면 보복의 목적으로 피해자에게 상해를 가한 것으로 볼 수 없다(대구지법 2001.2.14. 선고 2000고합786 판결).

4) 피해자의 주거에 침입하여 강간하려다 미수에 그침과 동시에 자기의 형사사건의 수사·재판과 관련하여 수사단서를 제공하고 진술한 것에 대한 보복 목적으로 피해자를 폭행하였다면 성폭법위반(주거침입강간등)죄와 본죄의 상상적경합의 죄책을 진다(대법원 2012.3.15. 선고 2012도544 판결).

2. 면담강요 등

1) 자기 또는 타인의 형사사건의 수사 또는 재판과 관련하여 필요한 사실을 알고 있는 사람 또는 그 친족에게 정당한 사유 없이 면담을 강요하거나 위력을 행사한 사람은 3년 이하의 징역 또는 300만원 이하의 벌금에 처한다(제5조의9 제4항).

2) 내연관계에 있던 피해자가 자기로부터 위협을 받았다는 취지로 112 신고를 하여 수사를 받게 되었다는 이유로 피해자를 불러내 따지던 중 피해자가 경찰서에서 신변보호용으로 지급받아 소지하고 있던 '여성 범죄피해자 보호를 위한 위치확인 장치'(일명 스마트워치)로 경찰에 다시 신고를 하자 피해자의 손목을 비틀어 스마트워치를 빼앗았다면, 이는 자신의 형사사건의 수사와 관련하여 필요한 사실을 알고 있는 피해자에게 자기의 형사사건의 수사의 단서가 될 수 있는 스마트워치를 빼앗기 위해 유형력을 행사한 경우에 해당한다(서울고법 2017.4.19. 선고 2017노5 판결).

Ⅵ. 운전자폭행 등의 가중처벌(제5조의10)

1) 운행 중인 자동차의 운전자를 폭행하거나 협박한 사람은 5년 이하의 징역 또는 2천만원 이하의 벌금에 처한다(제5조의10 제1항). 앞의 죄를 범하여 사람을 상해에 이르게 한 경우에는 3년 이상의 유기징역에 처하고, 사망에 이르게 한 경우에는 무기 또는 5년 이상의 징역에 처한다(같은 조 제2항).

2) 본죄는 자동차가 실제 운행 중인 때에만 성립하는 바, 승객이 버스 운전사를 폭행한 당시 버스는 정차 중이었고 운전사는 승객이 내린 후 버스 문을 닫고 버스를 출발시키려고 하였는데 승객이 운전사를 폭행하자 운전사가 승객이 버스에서 내려 도주하는 것을 막기 위해 급하게 버스를 출발시키고 이어서 버스 문을 닫았다면, 승객이 버스 운전사를 폭행할 때 버스가 운행 중이었다고 볼 수 없어 특가법 위반죄의 책임을 지울 수 없다(서울고법 2013.6.13. 선고 2013노1275 판결).

3) 제2항의 죄는 죄를 범하여 사람을 상해나 사망이라는 중한 결과에 이르게 한 경우 중한 형으로 처벌하는 결과적가중범으로, 운행 중인 자동차의 운전자를 폭행하거나 협박하여 운전자나 승객 또는 보행자 등을 상해나 사망에 이르게 하였다면 본죄로 처벌된다(대법원 2015.3.26. 선고 2014도13345 판결).

Ⅶ. 위험운전치사상죄(제5조의11)

1. 의 의

1) 음주 또는 약물의 영향으로 정상적인 운전이 곤란한 상태에서 자동차·원동기장치자전거를 운전하여 사람을 상해 또는 사망에 이르게 한 때에는 각각 10년 이하의 징역 또는 500만원 이상 3천만원 이하의 벌금과 1년 이상의 유기징역에 처한다(제5조의11).

2) 본죄는 주취상태의 자동차나 원동기장치자전거의 운전으로 인한 교통사고가 빈발하고 그로 인한 피해자의 생명·신체에 대한 피해가 중대할 뿐만 아니라, 사고발생 전 상태로의 회복이 불가능하거나 쉽지 않은 점 등의 사정을 고려하여, 형법 제268조에서 규정하고 있는 업무상과실치사상죄의 특례를

규정하여 가중처벌함으로써 피해자의 생명·신체의 안전이라는 개인적 법익을 보호하기 위한 것이다(대법원 2008.12.11. 선고 2008도9182 판결).

2. 성립요건

1) 도교법위반(음주운전)죄는 술에 취한 상태에서 자동차 등을 운전하는 행위를 처벌하면서, 술에 취한 상태를 인정하는 기준을 운전자의 혈중 알코올농도 0.05% 이상이라는 획일적인 수치로 규정하여, 운전자가 혈중 알코올농도의 최저기준치를 초과한 주취상태에서 자동차 등을 운전한 경우에는 구체적으로 정상적인 운전이 곤란한지 여부와 상관없이 이를 처벌대상으로 삼고 있다. 반면 음주로 인한 특가법위반(위험운전치사상)죄는 도교법위반(음주운전)죄의 경우와는 달리 형식적으로 혈중 알코올농도의 법정 최저기준치를 초과하였는지 여부와는 상관없이 운전자가 음주의 영향으로 실제 정상적인 운전이 곤란한 상태에 있어야만 하고, 그러한 상태에서 자동차를 운전하다가 사람을 상해 또는 사망에 이르게 한 행위를 처벌대상으로 하고 있다(대법원 2008.11.13. 선고 2008도7143 판결).

2) '정상적인 운전이 곤란한 상태'라 함은 주취 중에 운전을 한 모든 경우를 가리키는 것은 아니며, 또한 술에 취하여 정상적인 운전을 할 수 없는 우려가 있다는 정도만으로는 부족하고 운전자가 술에 취하여 전방주시를 하는 것이 곤란하다거나 자신이 의도한대로 조작의 시기 내지 정도를 조절하여 핸들 또는 브레이크를 조작하는 것이 곤란한 등의 심신상태를 의미한다. 구체적으로는 음주로 인하여 운전자가 현실적으로 전방 주시력, 운동능력이 저하되고 판단력이 흐려짐으로써 도교법상 운전에 요구되는 주의의무를 다할 수 없거나 자동차의 운전에 필수적인 조향 및 제동장치, 등화장치 등의 기계장치의 조작방법 등을 준수하지 못하게 되는 경우를 말한다(헌법재판소 2009.5.28. 선고 2008헌가1 결정).

3) 사람이 술에 취하면 대뇌와 중추신경의 기능이 억제·마비되어 정신기능에 장애를 일으키고 감정장애와 운동장애도 수반된다. 자동차 운전자가 술에 취하면 판단력과 주시력이 저하되고 운전조작능력도 둔화되어 안전운전이 곤란해지고 교통사고의 위험성이 증대된다. 그러한 정도는 사람의 체질과 주취 정도에 따라 다르지만, 대체로 혈중알코올농도 0.05% 이상이면 영향을 받기 시작하여 교통사고의 위험이 2배로 증가하고, 혈중알코올농도 0.1% 이상이면 대부분 기능의 장애를 느끼게 되며 교통사고의 위험은 6배로 증대된다고 한다(헌법재판소 2009.5.28. 선고 2008헌가11 결정). 일률적으로 말하기는 곤란하지만 도교법상 술에 취한상태에서의 운전(제44조 제1항)을 과로, 질병 또는 약물(마약, 대마 및 향정신성의약품과 그 밖에 행정안전부령으로 정한 것)의 영향과 그 밖의 사유로 '정상적으로 운전하지 못할 우려가 있는 상태에서의 운전'(제45조)을 대등하게 규정하고 있음에 비추어 볼 때, 본죄의 '음주 또는 약물의 영향으로 정상적인 운전이 곤란한 상태'가 되기 위해서는 단순히 혈중알코올농도가 0.05%의 수준에 그쳐서는 곤란하고 그 이상의 수준에 이르러야 한다고 본다.

3. 죄 수

1) 특가법위반(위험운전치사상)죄가 성립하는 때에는 차의 운전자가 형법 제268조의 죄를 범한 것을 내용으로 하는 교특법위반죄는 그 죄에 흡수되어 별죄를 구성하지 아니한다(대법원 2008.12.11. 선고 2008도9182 판결).

2) 음주로 인한 특가법위반(위험운전치사상)죄와 도교법위반(음주운전)죄는 입법 취지와 보호법익 및 적용 영역을 달리하는 별개의 범죄로서 양 죄가 모두 성립하는 경우 두 죄는 실체적 경합관계에 있다(대법원 2008.11.13. 선고 2008도7143 판결).

3) 음주 또는 약물의 영향으로 정상적인 운전이 곤란한 상태에서 자동차를 운전하여 사람을 상해에 이르게 함과 동시에 다른 사람의 재물을 손괴한 때에는 특가법위반(위험운전치사상)죄 외에 도교법위반(업무상과실·중과실재물손괴)죄가 성립하고, 두 죄는 1개의 운전행위로 인한 것으로서 상상적 경합관계에 있다(대법원 2010.1.14. 선고 2009도10845 판결).

Ⅷ. 도주치사상죄(제5조의3 제1항), 유기도주치사상죄(제5조의3 제2항)

1. 의 의

1) 자동차 또는 원동기장치자전거의 교통으로 인하여 업무상과실·중과실치상죄(형법 제268조)를 범한 운전자가 피해자를 구호하는 등의 도교법 제54조 제1항의 조치를 취하지 아니하고 도주하거나 피해자를 사고장소로부터 옮겨 유기하고 도주한 경우에는 그 결과(상해 또는 사망)에 따라 가중처벌된다(제5조의3).

우선 사고운전자가 피해자를 구호하는 등의 조치를 취하지 아니하고 도주(단순도주)한 경우 피해자를 사망에 이르게 하고 도주하거나 도주 후 피해자가 사망한 때에는 무기 또는 5년 이상의 징역에 처하고(같은 조 제1항 제1호), 피해자를 상해에 이르게 한 때에는 1년 이상의 유기징역 또는 500만원 이상 3천만원 이하의 벌금에 처한다(같은 조항 제2호). 다음으로 사고운전자가 피해자를 사고 장소로부터 옮겨 유기하고 도주(유기도주)한 경우 피해자를 사망에 이르게 하고 도주하거나 도주 후 피해자가 사망한 때에는 사형, 무기 또는 5년 이상의 징역에 처하고(같은 조 제2항 제1호), 피해자를 상해에 이르게 한 경우에는 3년 이상의 유기징역에 처한다(같은 조항 제2호).

2) 본죄 중 운전자가 자동차 등의 교통으로 업무상과실·중과실치사상죄를 범하고 (유기)도주한 경우는 교특법위반죄(제3조 제1항)와 사고후미조치죄(도교법 제148조)의 결합범의 형태이고, 운전자가 자동차 등의 교통으로 업무상과실·중과실치상죄를 범하고 (유기)도주한 후 피해자가 사망한 경우는 교특법위반죄와 유기치사죄(형법 제275조)의 결합범의 형태이다. 본죄가 성립하는 한 교특법위반죄(제3조 제1

항)와 사고후미조치죄(도교법 제148조) 또는 유기치사죄(형법 제275조)는 별도로 성립하지 않는다.

2. 성립요건

1) '자동차 또는 원동기장치자전거'의 교통으로 인하여 업무상 과실·중과실치상죄(형법 제268조)를 범한 경우에 적용되고, 자동차 또는 원동기장치자전거' 이외의 차의 교통으로 인하여 업무상·중과실치상죄(형법 제268조)를 범한 때에는 교특법위반죄와 도교법위반(사고후미조치)죄의 실체적 경합범으로 처벌된다.

2) 본죄의 주체는 자동차 또는 원동기장치자전거의 교통으로 인하여 업무상과실·중과실치상죄를 범한 '운전자'이고, 승무원이나 동승자에 대해서는 본죄가 성립하지 않는다. 다만 승무원에 대해서는 도교법상 구호조치의무(제54조 제1항)가 부과되므로 이를 이행하지 아니하고 도주(하여 피해자가 사망)한 때에는 도교법위반(사고후미조치)죄로 처벌될 수 있다.

3) '교통'으로 인하여 업무상과실·중과실치상죄(형법 제268조)를 범한 경우에 적용되므로 반드시 도로에서 발생하거나 또는 운전 중에 발생한 사고에 대해서만 국한되지 않다. 따라서 도로변에 주차한 후 운전석 문을 열다가 후방에서 진행하여 오던 자전거의 핸들부분을 충격하여 운전자에게 상해를 입히고도 아무런 조치를 취하지 아니하고 현장을 이탈하거나(대법원 2010.4.29. 선고 2010도1920 판결), 교회 주차장 내에서 후진 중에 피해자의 발을 역과(轢過)하여 상해를 입혔음에도 그대로 가버린 경우에도 본죄가 성립한다(대법원 2004.8.30. 선고 2004도3600 판결).

4) 본죄가 성립하기 위해서는 피해자에게 사상의 결과가 발생하여야 하고, 생명·신체에 대한 단순한 위험에 그치거나 형법상 '상해'로 평가될 수 없을 정도의 극히 경미한 상처로서 굳이 치료할 필요가 없는 것이어서 그로 인하여 건강상태를 침해하였다고 보기 어려운 경우에는 위 죄가 성립하지 않는다. 따라서 피고인이 운전하는 차량이 사고 당시 신호대기를 위하여 정차하고 있던 피해자의 택시를 뒤에서 들이받았는데, 피해차량의 뒷범퍼가 미미하게 탈착된 데 그쳤고 피해자는 이로 인하여 머리가 멍멍하고 허리가 약간 아팠으나 사고 당일 병원에서 약 1주간의 치료를 요하는 요추부 통증상을 입은 것으로 진단받고 주사 및 물리치료 등은 받지 않았으나 약을 처방받아 2번을 복용한데 그쳤다면, 피해자가 입은 통증은 굳이 치료를 받지 않더라도 일상생활을 하는데 아무런 지장이 없고 시일이 경과함에 따라 자연적으로 치유될 수 있는 정도라고 보일 뿐만 아니라 실제로도 피해자는 아무런 치료를 받은 일이 없으므로, 교통사고로 인하여 신체의 완전성이 손상되고 생활기능에 장애가 왔다거나 건강상태가 불량하게 변경되었다고 보기 어렵다(대법원 2000.2.25. 선고 99도3910 판결).

5) 본죄는 운전자가 '피해자를 구호하는 등 도교법 제54조 제1항에서 규정하고 있는 조치를 취하지 아니하고 도주한 때' 성립한다. 여기서 '구호조치'란 피해자를 구조하는 등 교통상의 위험과 장해를 방

지·제거하여 원활한 교통을 확보하기 위한 조치(안전확보조치)를 말한다. 구호조치 필요성 유무는 사고의 경위와 내용, 피해자의 나이와 그 상해의 부위 및 정도, 사고 뒤의 정황 등을 종합하여 판단하여야 한다(대법원 2007.5.10. 선고 2007도2085 판결).

○ 대법원 2002.1.11. 선고 2001도2869 판결【특가법위반(도주차량) 등】

사고 운전자가 교통사고를 낸 후 피해자가 목을 주무르고 있는 것을 보고도 별다른 조치 없이 차량을 사고 현장에 두고 다른 사람에게 사고처리를 부탁하기 위하여 사고현장을 이탈하였으나 피해자가 2주간의 치료를 요하는 급성경추염좌의 상해를 입었을 뿐인 경우에는 사고 운전자가 실제로 피해자를 구호하는 등의 조치를 취하여야 할 필요가 있었다고 보기 어렵다.

○ 대법원 2002.10.22. 선고 2002도4452 판결【특가법위반(도주차량) 등】

피고인은, 혈중알콜농도 0.181%의 술에 취한 상태에서 위 쏘나타 승용차를 운전하고 집으로 돌아가다가 골목길에서 차량 정체로 길이 막혀 후진하던 중 뒤에서 진행하여 오던 피해자 1 운전의 엘란트라 승용차를 충돌하자 차에서 내려 피해자들과 함께 차량 충돌 부위를 확인한 뒤 다시 위 쏘나타 승용차를 운전하여 사고장소에서 약 200m 떨어진 자신의 집 앞까지 시속 약 20㎞의 속도로 진행하여 왔고, 피고인의 집 앞에 차량을 주차시킨 다음 뒤따라 온 피해자들에게 차량 수리비는 모두 책임지겠다고 하는 등 사고처리절차를 협의하던 중, 피해자 2가 피고인의 음주운전사실을 경찰에 신고하는 것을 보고 집 안으로 들어가 있다가 경찰관이 그 곳에 출동하자 밖으로 나와 음주측정요구에 응하였다. 피해자들은 위 사고로 외상을 입지 아니하였고 사고 뒤 아프다는 말도 하지 아니하였는데, 경찰에서 조사받게 되자 사고장소에서 상당히 떨어져 있는 ○○정형외과의원에서 피해자 1은 경추염좌 및 요부염좌로, 피해자 2는 경추염좌로 각 2주간의 가료가 필요할 것으로 추정된다는 진단서를 발급받아 제출하였다. 그런데 ○○정형외과의원장에 대한 사실조회 결과에 따르면, 피해자들에 대한 진단결과 경부동통, 경부압통, 운동제한이 확인되었을 뿐이다. …이 사건 사고의 경위와 그 뒤의 정황 등에 비추어 볼 때 피고인에게 도주의 의사가 있었다고 단정하기 어렵고, 또 피해자들의 상해의 부위와 정도, 피해 차량의 손괴 정도, 사고장소의 상황, 사고 뒤 피해자들의 태도 등에 비추어 보더라도 위 사고로 피고인이 피해자들을 구호하거나 교통상의 위험과 장해를 방지·제거하여 안전하고 원활한 교통을 확보하기 위한 조치를 취하여야 할 필요가 있었다고 보기도 어려우므로, 피고인이 사고 장소에서 도교법 제50조 제1항의 규정에 따른 조치를 취하지 아니하고 그 곳을 벗어났다고 하여 피고인을 특가법 제5조의3 제1항 제2호 위반죄와 도교법 제148조 위반죄로 처벌할 수 없다.

○ 대법원 2003.4.25. 선고 2002도6903 판결【특가법위반(도주차량)】

피고인은 자신의 승용차에 의하여 좌측 슬관절부위를 가볍게 충격 당한 피해자가 그대로 서 있는 것을 보고, 위 승용차의 조수석 쪽 창문을 내리고 괜찮냐고만 물어본 후 별다른 조치 없이 위 승용차를 운전하여 감으로써 사고현장을 이탈하였으나, 피해자는 사고 5일 뒤에야 병원에 가서 진료를 받았는데, 당시 좌측 슬관절부위에 약간의 통증과 경미한 붓기가 있는 외에 외관상 별다른 상처가 없어 어떠한 치료도 받지 아니한 채 단지 엑스레이 촬영 후 진단서만을 발급받았고, 피해자는 그 후에도 병원에서 치료를 받지 아니한 사실을 알 수 있는바, 위와 같은 피해자의 피해의 정도 및 그 밖에 기록에 나타난 이 사건 사고의 경위와 사고 후의 정황 등에 비추어 이 사건 사고에서 피고인이 실제로 피해자를 구호하는 등의 조치를 취하여야 할 필요가 있었다고 보기는 어려우므로, 피고인이 위와 같이 사고현장을 이탈하였다고 하여 피고인을 특가법 제5조의3 제1항 제2호 위반으로 처벌할 수는 없다 할 것이다.

5) 나아가 본죄가 성립하기 위해서는 사고운전자가 '도주'하여야 한다. 여기서 도주란 사고운전자

가 사고로 인하여 피해자가 사상을 당한 사실을 인식하였음에도 불구하고 사고현장을 이탈하여 사고를 낸 자가 누구인지 확정될 수 없는 상태를 초래하는 것을 말한다. 예컨대 혈중 알코올 농도 0.197%의 음주상태에서 차량을 운전하다가 교통사고를 일으켜 피해자에게 상해를 입힌 운전자가 피해자 병원 이송과 경찰관 사고현장 도착 전에 견인차량 기사를 통해 피해자에게 신분증을 교부한 후 피해자의 동의 없이 일방적으로 현장을 이탈하였다가 약 20분 후 되돌아온 경우는 도주에 해당한다(대법원 2011.3.10. 선고 2010도16027 판결).

일반적으로 구호조치를 취하지 아니하고 사고현장을 이탈한 경우에는 도주에 해당된다. 다만 사고현장을 벗어나지 않았다고 하더라도 자신이 사고운전자가 아닌 것처럼 가장한 경우는 도주로 인정된다. 예를 들어 사고장소를 벗어나지는 않았으나 자신이 교통사고를 낸 사람이라는 것을 밝히지 아니하고 목격자로 행세하다가 경찰관으로부터 참고인조사를 받은 후 귀가하였다면 도주에 해당한다(대법원 2002.6.28. 선고 2002도2187 판결; 2003.3.25. 선고 2002도5748 판결). 그러나 사고운전자가 처음에는 목격자로 행세하면서 친구가 운전하였다고 거짓말을 하였으나 1~2시간 후 자신이 교통사고를 낸 사람임을 밝혔고 사고 후 사고장소를 떠나지 않고 피해자들을 태운 구급차에 동승하여 병원까지 동행한 경우에는 도주가 아니다(대법원 2004.3.25. 선고 2003도8125 판결).

사고운전자가 교통사고 현장에서 경찰관에게 동승자가 사고차량의 운전자라고 진술하거나 그에게 같은 내용의 허위신고를 하도록 하였더라도 사고 직후 피해자가 병원으로 후송될 때까지 사고장소를 이탈하지 아니한 채 경찰관에게 위 차량이 가해차량임을 밝히고 경찰관의 요구에 따라 동승자와 함께 조사를 받기 위해 경찰 지구대로 동행하거나(대법원 2007.10.11. 선고 2007도1738 판결), 사고운전자가 교통사고 현장에서 동승자로 하여금 사고차량의 운전자라고 허위 신고하도록 하였더라도 사고 직후 사고 장소를 이탈하지 아니한 채 보험회사에 사고접수를 하고, 경찰관에게 위 차량이 가해차량임을 밝히며 경찰관의 요구에 따라 동승자와 함께 조사를 받은 후 이틀 후 자진하여 경찰에 출두하여 자수한 경우는 도주한 때에 해당하지 않는다(대법원 2009.6.11. 선고 2008도8627 판결).

6) 구호조치는 취하였으나 피해자나 경찰관 등 교통사고와 관계있는 사람에게 자신이 사고운전자임을 밝히지 않고 사고현장을 이탈한 경우에도 본죄가 성립할 것인가가 문제된다. 판례는 피해자를 병원으로 데리고 가기는 하였으나, 피해자나 그 밖의 누구에게도 피고인이 교통사고를 낸 사람이라는 것을 밝히지 아니하고 목격자로 행세하다가 참고인 조사를 받으면서 경찰관에게 자기의 신분을 밝힌 후 귀가한 경우 본죄의 성립을 인정하고 있다(☞ **[판례 Ⅷ-1]** 참조). 그러나 도교법상 구호조치의무(제54조 제1항)과 신원고지의무(제54조 제2항)는 엄연히 구분되어 있고 특가법은 구호조치의무(제54조 제1항)의 불이행을 요건으로 하고 있는 바, 구호조치를 취한 이상 신원고지를 하지 않았다고 하여 본죄의 성립을 인정할 수는 없다고 본다(대구지법 2007.2.7. 선고 2006노3431 판결 참조).

[판례 Ⅷ-1] 대법원 2003.3.25. 선고 2002도5748 판결【특가법위반(도주차량)】

〈사실관계〉

피고인은 2001.3.23. 10:50경 교통사고를 낸 후 즉시 현장에 차량을 정차한 후 피해자에게로 가서 공동피고인과 함께 병원으로 후송하여 치료를 의뢰하였으나 피해자가 같은 날 11:14경 사망하였고, 피고인은 같은 날 진술조서를 작성하면서 조사경찰관에게 피해자는 피고인의 여자친구로서 그 날 피해자를 만나러 나간 것이고, 자신은 교통사고와는 무관하다며 범행을 부인하였다.

〈원심 판결요지〉

특가법위반(도주차량)죄의 도주라 함은 도교법 제50조 제1항(현행 도교법 제54조 제1항, 이하 같음-필자)에 규정된 의무를 이행하기 이전에 사고현장을 이탈하여 사고 야기자로서 확정될 수 없는 상태를 초래하는 경우를 말하는바, 위 인정사실에 의하면, 피고인은 교통사고를 야기한 후 곧 정차하여 사상자를 병원으로 후송하여 치료를 의뢰하고, 피해자와 인적 관련이 있음을 전제로 다른 사고관련자와 함께 행동을 해 오다 피해자의 사망사실이 확인되었고, 같은 날 진행된 이 사건 교통사고 조사시에 자신의 인적사항, 사건의 경위 등을 이야기하면서 피해자가 자신의 차량에서 떨어진 사실을 숨기며 범행을 부인한 것인데, 피고인이 피해자에 대한 구호조치를 적극적으로 한 상태에서 단지 범행을 부인하였다는 사실만으로 피고인에게 위 도주의 죄가 성립된다고 보기 어렵고, 달리 피고인이 필요한 조치를 취하기 전에 도주하였다는 점을 인정할 아무런 증거가 없다.

〈대법원 판결요지〉

특가법 제5조의3 제1항에 정해진 '피해자를 구호하는 등 도교법 제50조 제1항의 규정에 의한 조치를 취하지 아니하고 도주한 때'라고 함은 사고운전자가 사고로 인하여 피해자가 사상을 당한 사실을 인식하였음에도 불구하고 '도교법 제50조 제1항의 규정에 의한 조치'를 취하지 아니하고 사고 장소를 이탈하여 사고를 낸 사람이 누구인지 확정될 수 없는 상태를 초래하는 경우를 말하고, '도교법 제50조 제1항의 규정에 의한 조치'에는 피해자나 경찰관 등 교통사고와 관계 있는 사람에게 사고운전자의 신원을 밝히는 것도 포함된다.

이 사건에서 보면, 피고인은 피해자를 병원으로 데리고 가기는 하였으나, 피해자나 그 밖의 누구에게도 피고인이 교통사고를 낸 사람이라는 것을 밝히지 아니하고 목격자로 행세하다가 참고인 조사를 받으면서 경찰관에게 자기의 신분을 밝힌 후 귀가한 것으로 인정된다. 그렇다면 피고인은 사고를 낸 사람으로서 취하여야 할 필요한 조치를 제대로 이행하지 아니한 상태에서 목격자라고 하면서 신분을 밝히고 감으로써 이 사건 교통사고를 낸 사람이 누구인지 확정할 수 없는 상태를 초래하였고, 따라서 이러한 피고인의 행위는 '피해자를 구호하는 등 조치를 취하지 아니하고 도주한 때'에 해당한다.

〈참조판례〉

○ 대법원 1996.4.12. 선고 96도358 판결【특가법위반(도주차량)】

피고인이 이 사건 교통사고 야기 후 사고 현장에서 다른 사람들과 같이 피해자들을 구급차에 나눠 싣고 자신도 구급차에 동승하여 피해자를 병원 응급실로 후송한 후 간호사가 혈압을 재는 것을 보고 응급실 밖에서 담배를 피우고 있던 중 피고인 자신과 위 피해자가 타고 온 구급차가 다른 곳으로 가는 것을 보고 응급실에 다시 가 본 결과 위 피해자가 보이지 않자 간호사에게 피해자의 행방을 문의하였으나 그녀가 다른 곳으로 후송하였다고만 이야기하여 하는 수 없이 자신의 사무실로 돌아갔는바, 피고인이 사고 현장에서 다른 사람들과 같이 피해자들을 구급차에 나눠 싣고 자신도 구급차에 동승하여 피해자를 병원 응급실로 후송한 후 그 피해자를 병원에 인계하였다면 피고인이 사고 야기자로서 취하여야 할 구호의무는 모두 이행하였다고 보아야 할 것이고, 그 후 위 병원의 의사 등의 의학적 판단에 따라 피해자를 다른 큰 병원으로 이송하는 경우까지 피고인이 관여하여야 할 필요는 없다 할 것이므로 피고인이 비록 사고 현장에서나 그 직후 경찰관서 등에 사고 신고를 하지 않았거나 또는 타인에게 자신이 사고 야기자라고 적극적으로 고지하지 아니하였다고 하더라도 피고인의 행위는 특가법 제5조의3제1항 소정의 도주차량에는 해당되지 아니한다.

○ 대구지법 2007.2.7. 선고 2006노3431 판결【특가법위반(도주차량), 도교법위반(음주운전) 등】

사고운전자가 피해자를 구호하는 등의 필요한 조치를 다하였음에도 불구하고 피해자 또는 경찰관 등에게 자신의 신원을 알려 주지 않았다는 이유만으로 사고운전자를 특가법위반(도주차량)죄 및 도교법위반(사고후미조치)죄로 처벌한다면…형사상 불리한 진술을 강요하는 결과가 되어 헌법 제12조 제2항의 규정에 반하는 점, 특가법 제5조의3 제1항, 도교법 제54조 제1항에 사고운전자의 신원고지의무를 명시적으로 규정하고 있지 않음에도 불구하고 특가법 제5조의3 제1항, 도교법 제54조 제1항의 해석상 사고운전자에게 신원고지의무가 있다고 인정하고, 사고운전자가 신원고지의무를 이행하지 않았다는 이유만으로 사고운전자를 특가법위반(도주차량)죄 또는 도교법위반(사고후미조치)죄로 처벌한다면 이는 죄형법정주의의 대원칙에 반하는 결과를 초래하게 되는 점, 특가법 제5조의3 제1항, 도교법 제54조 제1항의 입법취지는 교통사고현장에서 생명, 신체에 대한 사실상의 급박한 위험 상태에 놓여 있는 피해자를 구호하거나 교통상의 위험과 장해를 방지·제거하여 안전하고 원활한 교통을 확보하려는 데에 있는 데 반해, 사고운전자의 피해자 또는 경찰관 등 교통사고관련자에게 자신의 신원을 고지할 의무는 피해자의 민사상 사후 법적 구제나 사고운전자에 대한 사후의 형사상 처벌 또는 행정상 제재에 직접적으로 관련될 뿐 피해자의 생명, 신체에 대한 사실상의 위험이나 교통상의 현실적인 위험과 장해의 방지·제거와는 직접적인 관련이 없는 점 등을 종합하여 볼 때, 사고운전자가 피해자를 구호하는 등 실질적으로 필요한 조치를 다하였다면 피해자 또는 경찰관 등에게 자신의 신원을 알려 주지 아니하여 사고를 낸 자가 누구인지 확정될 수 없는 상태를 초래하였다는 이유만으로 사고운전자를 특가법위반(도주차량)죄 또는 도교법위반(사고후미조치)죄로 처벌할 수 없다고 할 것이다.

그렇다면, 피고인이 앞서 본 바와 같이 피해자의 생명, 신체에 대한 급박한 위해를 실질적으로 제거함으로써 특가법 제5조의3 제1항, 구 도교법 제54조 제1항에 규정한 피해자 구호 등의 필요한 조치를 다한 이상 비록 피고인이 이 사건 사고 직후 피해자 또는 경찰관에게 자신이 아닌 제3자가 승용차를 운전하다가 이 사건 사고를 일으켰다고 허위의 진술함으로써 이 사건 사고를 낸 자가 누구인지 확정할 수 없는 상태를 초래하였다고 하더라도 피고인을 특가법위반(도주차량)죄 또는 도교법위반(사고후미조치)죄로 처벌할 수 없다.

○ 대법원 2013.12.26. 선고 2013도9124 판결【특가법위반(도주차량), 상해】

피고인은 이 사건 사고 직후 직접 119 신고를 하였을 뿐만 아니라, 119 구급차가 피해자를 후송한 후 출동한 경찰관들에게 현장 설명을 하고 자신의 인적사항과 연락처를 알려 준 다음에야 비로소 사고현장을 떠난 점, 다만 피고인은 당시 '사람이 쓰러져 있다'는 내용으로만 119 신고를 하였고, 사고현장에 도착한 구급대원과 경찰관에게도 자신이 최초 발견자인 것처럼 이야기한 뒤 귀가하였으며, 다시 몇 시간 후에 경찰서에 자진 출석하여 경찰관 등에게 '자신이 차량을 운전하여 마을 진입로로 들어가다 보니까 길가에 피해자가 쓰러져 있는 것을 발견하고 119에 신고하게 되었다'는 취지로 진술하였던 점, 피고인은 자신의 신원과 연락처 및 운전 차량이 경찰에 의하여 이미 확보된 상태에서 목격자로 행세하며 진술조서를 작성한 지 불과 11시간 정도 후에 다시 경찰서에 출석하여 종전 태도를 바꾸어 사고를 낸 사실을 인정하였던 점, 만약 피고인이 끝까지 사고 운전자임을 인정하지 않았더라도 자신의 인적사항과 운행 차량을 수사기관에 제공한 이상 목격자 등의 진술과 그 후에 이루어진 차량감식 결과 등을 토대로 피고인이 사고 운전자라는 사실이 그다지 어렵지 않게 밝혀졌을 것으로 보이는 점 등을 종합해 보면, 피고인이 사고현장이나 경찰 조사과정에서 목격자 행세를 하고 피해자의 발견 경위에 관하여 사실과 다르게 진술하였다는 사정만으로는 피고인이 교통사고를 야기한 후 도주의 범의로써 사고현장을 이탈하여 사고를 낸 자가 누구인지 확정될 수 없는 상태를 초래한 것으로까지 보기는 어렵다.

Ⅸ. 선박교통사고도주죄(제5조의12)

1) 선박의 교통으로 인한 사고에 대해서는 교특법과 같은 특별법이 없으므로 선박의 교통으로 인하여 업무상과실·중과실치사상죄를 범한 경우에는 형법상 업무상과실·중과실치사상죄(제268조)로 처벌된다. 또한 과실 또는 업무상과실이나 중과실로 선박을 전복, 파괴한 때에는 과실·업무상과실·중과실선박파괴등의 죄(제189조)로 처벌된다. 여기서 선박이란 물에서 항행수단으로 사용하거나 사용할 수 있는 모든 종류의 배(물 위에서 이동할 수 있는 수상항공기와 수면비행선박을 포함한다)를 말한다(해사안전법 제2조 제2호).

2) 조난 현장의 부근에 있는 선박 등의 선장·기장 등은 조난된 선박 등이나 구조본부의 장 또는 소방관서의 장으로부터 구조요청을 받은 때에는 가능한 한 조난된 사람을 신속히 구조할 수 있도록 최대한 지원을 제공하여야 하고, 조난 사고의 원인을 제공한 선박의 선장 및 승무원은 요청이 없더라도 조난 된 사람을 신속히 구조하는데 필요한 조치를 취하여야 하고(수난구조법 제18조 제1항), 이러한 의무를 위반하여 구조에 필요한 조치를 취하지 아니한 자는 7년 이하의 징역 또는 5천만원 이하의 벌금에 처한다(같은법 제43조 제2호).

수난구호법 제18조 제1항은 구조대상을 '조난된 선박'이 아니라 '조난된 사람'으로 명시하고 있고, 같은 법 제2조 제4호에서 조난사고가 다른 선박과의 충돌 등 외부적 원인 외에 화재, 기관고장 등과 같이 선박 자체의 내부적 원인으로도 발생할 수 있음을 전제로 하고 있으며, 조난된 선박의 선장과 승무원이라 하더라도 구조활동이 불가능한 상황이 아니라면 구조조치의무를 부담하게 하는 것이 조난된 사람의 신속한 구조를 목적으로 하는 수난구호법의 입법취지에 부합하는 점을 고려하면, '조난사고의 원인을 제공한 선박의 선장 및 승무원'에는 조난사고의 원인을 스스로 제공하여 '조난된 선박의 선장 및 승무원'도 포함된다고 보아야 한다(대법원 2015.11.12. 선고 2015도6809 판결).*

3) 선박의 교통으로 인하여 업무상·중과실치상죄(형법 제268조)를 범한 해당 선박의 선장 또는 승무원이 피해자를 구호하는 등 수난구호법 제18조 제1항 단서에 따른 조치를 하지 아니하고 도주한 경우 피해자를 사망에 이르게 하고 도주하거나 도주 후 피해자가 사망한 때에는 무기 또는 5년 이상의 징역에(특가법 제5조의12 제1호) 그리고 피해자를 상해에 이르게 한 때에는 1년 이상의 유기징역 또는 1천만원 이상 1억원 이하의 벌금에 처한다(같은 조 제2호).

특가법 제5조의12 제1호 위반죄는 사망의 결과에 대하여 과실이 있는 경우에 적용되며 사망의 결

* [반대의견]은 기본적으로 조난된 선박의 구조요청에 따라 발생하는 인근 선박 선장 등의 조난된 선박 내외의 조난된 사람에 대한 구조지원 내지 구조조치의무를 규정하고 있는 것이지, 조난된 사람이라는 지위에 차이가 없어 모두 구조대상이 된다는 점에서 다르지 않은 조난된 선박 내부 사람들 상호 간의 구조지원 내지 구조조치의무를 규정한 것으로 볼 수는 없다는 이유로 '조난사고의 원인을 제공한 선박의 선장 및 승무원'에 '조난된 선박의 선장 및 승무원'은 포함될 수 없다고 보았다(대법원 2015.11.12. 선고 2015도6809 판결).

과에 대하여 미필적 고의가 있는 경우에는 부작위에 의한 살인죄가 성립한다. 선장은 승객 등이 위험에 직면할 경우 자신의 권한을 행사하여 선원 등의 안전이 종국적으로 확보될 때까지 적극적·지속적으로 구조조치를 취할 의무가 있으므로, 선박이 침몰하고 있는 상황에서 승객에게 대기하라는 안내방송만 하고 아무런 구조조치를 취하지 않고 있다가 퇴선함으로써 선박에 남아있던 승객 등으로 하여금 익사하게 하였다면 부작위에 의한 살인죄의 죄책을 진다. 그러나 1등 항해사와 2등 항해사는 선장을 보좌하여 승객 등을 구조하여야 할 지위에 있기는 하나 다른 선원들과 마찬가지로 비상상황 발생 시 선장의 지휘에 따라 승객들의 이동과 탈출을 도와주는 임무를 수행하는 사람들이므로, 선박침몰 시에 선장과 함께 있으면서 별다른 조치를 취하지 아니하여 대기하라는 안내방송만 믿고 선내에 대기 중이던 승객들로 하여금 탈출하지 못하고 사망하게 한 잘못은 있다고 하더라도, 이를 작위에 의한 살인과 동일하게 평가하기 어렵고 나아가 살인의 미필적 고의로 선장의 부작위에 의한 살인에 가담하였다고 보기도 어려우므로, 특가법위반(선박교통사고도주)죄의 죄책만을 물 수 있을 따름이다(☞ **[판례 Ⅷ-2]** 참조).

[판례 Ⅷ-2] 대법원 2015.11.12. 선고 2015도6809 판결【살인, 살인미수, 특가법위반(선박교통사고도주), 유기치사, 업무상과실선박매몰, 수난구호법위반 등】

〈사실관계〉

청해진해운 소속 세월호는 2014.4.15. 21:00경 선장 甲, 1등 항해사 乙, 2등 항해사 丙 등 33명의 승무원과 443명의 승객이 승선한 뒤 인천 연안부두에서 제주도로 출항하였다. 당시 세월호가 복원성을 유지하면서 적재할 수 있는 화물의 최대치는 1,077톤이었으며, 만재흘수를 유지하면서 최대한 화물을 적재하기 위해서는 2,546톤의 평형수·연료유·청수를 적재해야 함에도 불구하고, 乙의 지시로 현장인부들은 세월호에 평형수 등을 1,170톤만 적재하고 2,142톤 상당의 화물을 적재하고, 선장 甲은 이를 제대로 점검하지 않았다. 그리고 화물은 운항관리규정에 정해진 방법으로 항해시 흔들리지 않도록 고박하여야 함에도 불구하고 乙의 지시로 현장인부들은 화물을 부실하게 고박하고, 甲은 이를 제대로 점검하지 아니하였다.

다음날인 16. 08:48경 세월호는 전남 진도군 조도면 병풍도 부근에서 당직 근무 중인 항해사와 조타수가 최대출력을 유지한 채 145도 방향의 우현변침을 하다가 선수가 급속도로 우회전하면서 선체가 좌현 쪽으로 급속히 기울어졌고, 그 과정에서 부실하게 고박된 화물이 급격하게 쏠리면서 세월호는 더욱 기울어져 복원력을 상실하고 좌현으로 약 30도 전도된 상태로 멈추었다. 선실에서 휴식을 취하고 있던 甲, 乙, 丙은 조타실에 모여 상황파악에 나섰고, 08:55경 제주해상교통관제센터(VTS)에 구조요청을 하였다. 당시는 퇴선이 불가피한 위급상황에 대비하여 미리 퇴선이 용이한 갑판으로 승무원과 승객이 대피하도록 유도하는 등 퇴선을 위한 적절한 조치를 신속하게 취해야 하는 긴박한 상황이었음에도 불구하고, 甲은 丙에게 지시하여 승객들로 하여금 구명조끼를 입고 그 자리에 대기하라는 방송만 지시하였을 뿐 선박위험시 선장이 취해야 할 지휘·감독상 임무를 수행하지 아니하였고, 乙과 丙은 진도 VTS등과 교신에 매달려 구조요청을 반복하거나 아무런 대책논의도 없이 상황을 주시하기만 하였다.

한편 조타실에 있던 甲, 乙, 丙은 09:13경부터 09:26경까지 세월호 부근을 항해 중이던 선박이 진도 VTS로부터 구조요청을 받고 세월호에 다가오면서 승객들을 탈출시키면 구조하겠다는 교신을 듣었고, 진도 VTS로부터 경비정과 인근 어선들이 구조를 위해 오고 있으니 승객을 탈출시킬 것인지 최대한 빨리 결정해 달라는 교신을 들었음에도 불구하고, 선원들을 지휘하여 구명장비를 투하하고 승객들을 대피시키는 등의 뇌선을 위한 조치를 전혀 취하지 아니하였다. 그동안 세월호는 침수한계선이 수면에 잠기어 완전히 복원력을 상실하였고, 甲 등은 09:35경 해경의 경비정이 사고현장에 도착한 후에도 퇴선명령 등 퇴선을 위한 기본적인 조치를 취하지 않고 있다가 경비정이 세월호로 접근하자 09:46경 다른 갑판부 선원들과 함께 경비정에 탑승하면서,

자신들이 선장과 승무원임을 밝히지 않았고 퇴선 후에도 승객 등이 선내에 대기 중인 사실 등을 알려 주지 않았다. 09:50경 세월호의 3층과 4층의 난간이 완전히 침수되어 출구가 폐쇄되면서 303명이 바다에 빠져 사망하였고, 152명은 해경 등에 의해 구조되었으나 세월호가 갑자기 기울어질 때 또는 탈출과정에서 상해를 입었다.

〈대법원 판결요지〉

가. 甲의 살인·살인미수의 점

선장은 승객 등의 안전에 대한 총책임자로서 선박공동체가 위험에 직면할 경우 그 사실을 당국에 신고하거나 구조세력의 도움을 요청하는 등의 기본적인 조치뿐만 아니라 위기상황의 태양, 구조세력의 지원 가능성과 규모, 시기 등을 종합적으로 고려하여 실현가능한 구체적인 구조계획을 신속히 수립하고 선장의 포괄적이고 절대적인 권한을 적절히 행사하여 선객 등의 안전이 종국적으로 확보될 때까지 적극적·지속적으로 구조조치를 취할 법률상 의무가 있다. 따라서 선박침몰 등과 같은 조난사고로 승객이나 다른 승무원들이 스스로 생명에 대한 위협에 대처할 수 없는 급박한 상황이 발생한 경우에는 선박의 운항을 지배하고 있는 선장이나 갑판 또는 선내에서 구체적인 구조행위를 지배하고 있는 선원들은 적극적인 구호활동을 통해 보호능력이 없는 승객이나 다른 승무원의 사망 결과를 방지하여야 하고, 법익침해의 태양과 정도 등에 따라 요구되는 개별적·구체적인 구호의무를 이행함으로써 사망의 결과를 쉽게 방지할 수 있음에도 그에 이르는 사태의 핵심적 경과를 그대로 방관하여 사망의 결과를 초래하였다면 그 부작위는 작위에 의한 살인행위와 동등한 형법적 가치를 가지므로, 선장은 사망한 승객 및 탈출한 승객에 대하여 부작위에 의한 살인죄 또는 살인미수죄의 죄책을 진다.

나. 乙과 丙의 살인·살인미수의 점

[다수의견] 乙과 丙은 간부 선원이기는 하나 나머지 선원들과 마찬가지로 선박침몰과 같은 비상상황 발생 시 각자 비상임무를 수행할 현장에 투입되어 선장의 퇴선명령이나 퇴선을 위한 유보갑판으로의 대피명령 등에 대비하다가 선장의 실행지휘에 따라 승객들의 이동과 탈출을 도와주는 임무를 수행하는 사람들로서, 임무의 내용이나 중요도가 선장의 지휘 내용이나 구체적인 현장상황에 따라 수시로 변동될 수 있을 뿐 아니라 퇴선유도 등과 같이 경우에 따라서는 승객이나 다른 승무원에 의해서도 비교적 쉽게 대체 가능하고, 따라서 승객 등의 퇴선을 위한 선장의 아무런 지휘·명령이 없는 상태에서 乙과 丙이 단순히 비상임무 현장에 미리 가서 추가 지시에 대비하지 아니한 채 선장과 함께 조타실에 있었다거나 혹은 기관부 선원들과 함께 3층 선실 복도에서 대기하였다는 사정만으로, 선장과 마찬가지로 선내 대기 중인 승객 등의 사망 결과나 그에 이르는 사태의 핵심적 경과를 계획적으로 조종하거나 저지·촉진하는 등 사태를 지배하는 지위에 있었다고 보기 어려운 점 등 제반 사정을 고려하면, 乙과 丙이 간부 선원들로서 선장을 보좌하여 승객 등을 구조하여야 할 지위에 있음에도 별다른 구조조치를 취하지 아니한 채 사태를 방관하여 결과적으로 선내 대기 중이던 승객 등이 탈출에 실패하여 사망에 이르게 한 잘못은 있으나, 그러한 부작위를 작위에 의한 살인의 실행행위와 동일하게 평가하기 어렵고, 또한 살인의 미필적 고의로 甲의 부작위에 의한 살인행위에 공모 가담하였다고 단정하기도 어려우므로, 乙과 丙에 대해 부작위에 의한 살인죄의 죄책을 지울 수 없다.

[반대의견] 乙과 丙은 선박이 조난사고를 당한 비상상황에서 선장을 보좌하여 선원들을 지휘하고 유사시 선장의 직무를 대행할 책임을 지고 있어 조난을 당한 승객 등의 생명·신체의 안전을 보호할 법적 지위와 작위의무에서 선장에 준하는 것으로 평가되는 점, 사고 당시 긴박한 상황 전개와 선장 甲의 모든 대응을 직접 목격함으로써 甲석 승객의 인명구조와 관련된 선장의 역할을 전면적으로 포기·방기하는 비정상적 상황임을 인식한 점, 乙과 丙에게는 비상상황에서 선장을 보좌하여 현장을 지휘할 의무 외에도 선장의 직무 포기라는 비정상적 상황이 지속됨으로 인하여 선장을 대행하여 구조조치를 지휘할 의무가 현실적으로 발생한 점, 乙과 丙은 당시 상황에 부합하는 자신들의 의무를 이행함으로써 승객 등의 사망이라는 결과발생을 직접적으로 용이하게 저지할 수 있을 정도로 사태를 지배하고 있었음에도 어떠한 의무도 이행하지 않고 방관한 점, 구조정이 도착한 이후에 승객 등에게 퇴선하라는 아무런 명령·조치도 없이 선내에 그대로 방치한 채 선장 및 다른 갑판부 선원들과 함께 먼저 퇴선함으로써,

그 후 승객 등이 사망할 가능성이 크지만 사망해도 어쩔 수 없다는 의사, 즉 결과발생을 인식·용인하였고, 이러한 乙과 丙의 부작위는 작위에 의한 살인의 실행행위와 동일하게 평가할 수 있는 점, 甲의 부작위에 의한 살인행위에 암묵적, 순차적으로 공모가담한 공동정범이라고 보아야 하는 점 등을 종합할 때, 乙과 丙은 부작위에 의한 살인 및 살인미수죄의 공동정범으로서의 죄책을 면할 수 없다.

X. 기 타

1. 불법체포·감금죄 등의 가중처벌(제4조의2)

불법체포·감금죄(제124조), 폭행·가혹행위죄(제125조)를 범하여 사람을 상해에 이르게 한 경우에는 1년 이상의 유기징역에 처한다. 사망에 이르게 한 경우에는 무기 또는 3년 이상의 징역에 처한다.

2. 국고등 손실(제5조)

1) 회계관계직원이 국고(國庫) 또는 지방자치단체에 손실을 입힐 것을 알면서 그 직무에 관하여 횡령(형법 제355조)의 죄를 범한 경우 국고 또는 지방자치단체의 손실이 5억원 이상인 때에는 무기 또는 5년 이상의 징역에 그리고 국고 또는 지방자치단체의 손실이 1억원 이상 5억원 미만인 경우에는 3년 이상의 유기징역에 처한다(특가법 제5조).

여기서 '회계관계직원'이란 국가의 예산 및 회계에 관계되는 사항을 정한 법령에 따라 국가의 회계사무를 집행하는 사람(「회계관계직원 등의 책임에 관한 법률」 제2조 제1호), 지방자치단체의 예산 및 회계에 관계되는 사항을 정한 법령에 따라 지방자치단체의 회계사무를 집행하는 사람(같은 조 제2호) 또는 보조자로서 그 회계사무의 일부를 처리하는 사람(같은 조 제4호)을 말한다.

2) 해양수산부 국립수산과학원 연구소의 지출관으로 근무하는 공무원이 연구소에서 공사를 발주하거나 관급자재를 구입한 사실이 없음에도 공사를 발주하고 관급자재를 구입한 것처럼 허위내용의 지출결의서와 견적서를 작성하는 방법으로 국고에서 금원을 인출하여 공사업자들에게 공사대금 명목으로 교부한 뒤 반환받은 경우, 공무원이 수수한 돈은 그 성격상 뇌물이 아니라 횡령금에 불과하므로 공무원은 특가법상 뇌물죄가 아니라 본죄로 처벌될 따름이다(대법원 2007.10.12. 선고 2005도7112 판결).

3. 무고죄의 가중처벌(제14조)

특가법에 규정된 죄에 대하여 무고죄(형법 제56조)의 죄를 범한 3년 이하의 징역에 처한다.

4. 특수직무유기죄(제15조)

범죄수사의 직무에 종사하는 공무원이 특가법에 규정된 죄를 범한 사람을 인지하고 그 직무를 유기한 때에는 1년 이상의 유기징역에 처한다.

5. 기타의 규정

이외에도 특가법은 관세법위반행위의 가중처벌(제6조), 관세포탈의 가중처벌(제8조), 세금계산서교부의무위반 등의 가중처벌(제8조의2), 산림자원의 조성 및 관리에 관한 법률위반행위의 가중처벌(제9조), 마약사범의 가중처벌(제11조), 외국인을 위한 탈법행위(제12조)에 관한 규정 및 관계공무원의 무기사용(제7조), 알선수재죄(제3조) 또는 외국인을 위한 탈법행위죄(제12조)를 범한 범인이 취득한 재산에 대한 몰수(제13조), 관세법위반죄(제6조) 및 관세포탈죄(제8조)에 대한 소추특례(제16조) 등에 대한 규정을 두고 있다.

판례형법각론

제 5 장 성폭법위반죄

Ⅰ. 성폭법의 개요

1) 성폭법은 성폭력범죄의 처벌 및 그 절차에 관한 특례를 규정함으로써 성폭력범죄 피해자의 생명과 신체의 안전을 보장하고 건강한 사회질서의 확립에 이바지함을 목적으로 한다.

2) 1994년에 제정된 구 성폭법(성폭력범죄의 처벌 및 피해자보호 등에 관한 법률)이 2010년 「성폭력범죄의 처벌 등에 관한 특례법」과 「성폭력범죄의 피해자보호 등에 관한 법률」로 개편되었고, 일반적으로 앞의 것을 '성폭법'으로 약칭한다.

3) 본법은 형법상 강간과 추행의 죄에 대한 특별법으로 주거침입강간등(제3조 제1항), 특수강도강간등(제3조 제2항), 특수강간등(제4조), 친족관계에 의한 강간등(제5조), 장애인에 대한 강간등(제6조), 13세미만 미성년자에 대한 강간등(제7조), 강간등 상해·치상(제8조), 강간등살인·치사(제9조), 업무상위력등에 의한 추행(제10조 제1항), 피구금부녀추행(제10조 제2항) 이외에도 공중밀집장소에서의 추행(제11조), 성적 목적 공공장소침입(제12조), 통신매체이용 음란행위(제13조), 카메라이용촬영(제14조)을 규정하고 있다.

본법은 이외에도 형벌과 수강명령의 병과(제16조), 판결전조사(제17조), 자기 또는 배우자의 직계존속에 대한 고소제한의 해제(제18조), 음주 또는 약물로 인한 심신장애 상태에서의 성폭력범죄에 대한 책임조각·감경배제(제20조), 공소시효에 대한 특례(제21조), 피의자얼굴공개(제25조), 신상정보의 등록·공개(제42조 내지 제49조의2) 등과 같은 처벌절차상의 특례와 피해자 등에 대한 보호조치(제23조), 피해자의 신원과 사생활비밀누설금지(제24조), 성폭력범죄 피해자에 대한 전담조사제(제26조), 성폭력범죄 피해자에 대한 변호인선임(제27조), 성폭력범죄 전담재판부(제28조), 수사 및 재판절차상 피해자에 대한 배려(제29조), 영상물촬영·보존(제30조), 심리비공개(제31조), 증인지원시설설치·운영(제32조), 전문가의견조회(제33조), 성폭력범죄 피해자 신문시 신뢰관계있는 자의 동석(제34조), 진술조력인(제35조 내지 제39조), 비디오등 중계장치에 의한 증인신문(제40조), 증거보전(제41조) 등과 같은 성폭력범죄 피해자에 대한 보호규정을 두고 있다.

Ⅱ. 주거침입강간 등(제3조 제1항)

1) 형법상 주거침입죄(제319조), 야간주거침입절도죄(제330조)·특수절도죄(제331조)나 그 미수죄를 범한 사람이 형법상 강간죄(제297조), 유사강간죄(제297조의2), 강제추행죄(제298조), 준강간·준강제추행죄(제299조)를 범함으로써 성립하는 범죄로 무기징역 또는 5년 이상의 징역에 처한다(성폭법 제3조 제1항). 타인의 주거에 침입하여 강간 등의 죄를 범한 경우를 가중처벌하는 규정이다.

2) 주거라고 함은 사람이 일상생활을 영위하는 장소로서, 단순히 가옥 자체만을 말하는 것이 아니라 정원 등 위요지를 포함한다. 또한 다가구용 단독주택이나 다세대주택·연립주택·아파트 등 공동주택 안에서 공용으로 사용하는 엘리베이터, 계단과 복도는 주거로 사용하는 각 가구 또는 세대의 전용부분에 필수적으로 부속하는 부분으로서 그 거주자들에 의하여 일상생활에서 감시·관리가 예정되어 있고 사실상의 주거의 평온을 보호할 필요성이 있는 부분이므로 주거에 해당하고, 따라서 범인이 엘리베이터, 계단과 복도에 따라 들어가 강간을 한 경우에는 성폭법상 주거침입강간죄로 처벌된다(☞ **판례 II-1** 참조).

[판례 II-1] 대법원 2009.9.10. 선고 2009도4335 판결【성폭법위반(강간등상해)】

〈사실관계〉

피고인은 2008. 6. 13. 04:00경 ○○아파트 앞에서 술에 취한 채 집으로 돌아가는 피해자를 발견하고 그녀를 강간할 것을 마음먹고, 피해자를 따라가 엘리베이터를 같이 탐으로써 피해자를 비롯한 위 아파트 입주민들의 주거에 침입하고, 엘리베이터가 4층에 이르렀을 때 갑자기 피해자를 엘리베이터 구석으로 밀고 주먹으로 얼굴을 수회 때려 반항을 억압한 후 9층에서 피해자를 끌고 엘리베이터에서 내린 다음 12~13층 계단으로 피해자를 끌고 가 그곳에서 피해자를 1회 간음하여 강간하고, 그로 인하여 피해자에게 약 2주간의 치료를 요하는 좌안 전방 출혈상을 가하였다.

〈원심 판결요지〉

강간죄는 성적 자기결정권을 보호하고 있는바, 성적 자기결정권은 개인적 인격과 불가분적으로 연결되어 있어 피해자는 심각한 정신적·정서적 장애를 경험할 수 있고, 그 후유증으로 장기간 사회생활에 큰 지장을 받을 수 있다. 한편, 주거침입죄는 주거의 평온과 안전을 보호법익으로 하고 있는바, 주거 또한 사생활의 중심으로서 개인의 인격과 불가분적으로 연결되어 있어 그 불가침이 보장되지 않고서는 개인의 생명, 신체, 재산의 안전은 물론 나아가 인간 행복의 최소한의 조건인 개인의 사적 영역이 지켜질 수 없다. 그런데 이러한 주거에서 성적 자기결정권이 침해당한다면 그로 인한 피해는 보다 심각할 수 있고, 이러한 범행이 배우자 또는 가족이 목격하는 가운데 행해지는 경우에는 피해자의 성적 자기결정권의 한계를 넘어 생활의 기초단위로서 한 과정을 파괴하는 결과에까지 이르게 될 수 있다. 따라서 입법자는 특별법을 통하여 이러한 법익침해자에게 그 불법에 상응하는 책임을 묻고 그와 같은 범죄를 예방하고 근절하기 위한 형사정책적 고려를 더하여 형법상의 강간죄 또는 강간상해죄의 법정형을 가중하는 특별 구성요건을 신설한 것이라고 보아야 할 것이다(헌법재판소 2006.12.28. 선고 2005헌바85 결정 참조). 이와 같은 가중처벌의 구성요건을 신설한 특별법의 입법취지를 감안할 때, 이 사건 강간상해의 범행장소인 아파트의 엘리베이터 및 그 옆의 공용계단이 피해자의 개인적인 사적 공간에 해당한다고 보기는 어렵다.

〈대법원 판결요지〉

주거침입죄에 있어서 주거라 함은 단순히 가옥 자체만을 말하는 것이 아니라 그 정원 등 위요지를 포함하는 것인바, 다가구용 단독주택이나 다세대주택·연립주택·아파트 등 공동주택 안에서 공용으로 사용하는 엘리베이터, 계단과 복도는 주거로 사용하는 각 가구 또는 세대의 전용 부분에 필수적으로 부속하는 부분으로서 그 거주자들에 의하여 일상생활에서 감시·관리가 예정되어 있고 사실상의 주거의 평온을 보호할 필요성이 있는 부분이므로, 다가구용 단독주택이나 다세대주택·연립주택·아파트 등 공동주택의 내부에 있는 엘리베이터, 공용 계단과 복도는 특별한 사정이 없는 한 주거침입죄의 객체인 '사람의 주거'에 해당하고, 위 장소에 거주자의 명시적, 묵시적 의사에 반하여 침입하는 행위는 주거침입죄를 구성한다. 위 법리에 비추어 보면, 피고인이 피해자를 강간할 목적으로 피해자를 따라 피해자가 거주하는 아파트 내부의 공용부분에 들어온 행위는 주거침입행위이므로, 피고인이 성폭법 제5조 제1항 소정의 주거침입범의 신분을 가지게 되었음이 분명하다.

〈해 설〉

위 **[판례 II-1]**은 그동안 논란이 되어 왔던 다가구주택이나 다세대주택의 공용부분에 침입한 경우 주거침입죄가 성립하는지의 문제를 사실상 종결하는 판결로 평가되고 있다. 위 판례의 쟁점은 (1) 피해자를 따라 피해자가 거주하는 아파트 내부의 공용부분에 들어온 행위를 주거침입으로 볼 수 있는가 (2) 피고인의 행위를 주거침입으로 보더라도 범행장소가 피해자의 개인적인 사적 공간에 해당하지 않는 경우에도 성폭법을 적용할 수 있는가로 요약된다.

(1)의 쟁점에 관하여 이 사건의 범행장소인 계단과 복도는 전용부분에 필수적으로 부속하는 부분으로서 그 거주자들에 의하여 일상생활에서 감시·관리가 예정되어 있고 사실상의 주거의 평온을 보호할 필요성이 있다는 점을 들어 주거침입을 인정하고 있다. 계단과 복도는 전용부분에 필수적으로 부속한다는 첫 번째의 논거는 비단 계단이나 복도뿐만 아니라 아파트 내 통행로, 주차장, 화단 등도 전용부분에 필수적으로 부속하고 있고 아파트 관리인 등에 의해 일반인의 출입이 통제되며 감시 내지 관리가 이루어지고 있다는 점을 고려해 볼 때 계단과 복도의 주거성을 인정하는 근거로 삼기는 부족하다고 본다. 주거가 일상생활을 영위하는 장소로서 사생활의 평온과 안전이 보호되어야 할 공간이라는 점을 고려할 때 계단과 복도는 사실상의 주거의 평온을 보호할 필요성이 크다는 두 번째 논거는 상당히 설득력이 있다고 본다. 그러나 계단과 복도에서 이루어지는 각종 생활방해는 원칙적으로 민사적 또는 행정적으로 규제되어야지 그곳에서 범죄행위가 이루어진다고 하여 그곳에 침입한 행위 자체를 주거침입으로 보는 것은 정당하지 않다고 본다.

(2) 설령 이 사건과 같이 범죄의 목적으로 공용주택의 계단과 복도로 들어온 행위를 주거침입으로 본다고 하더라도 이 사건과 같이 강간 등의 행위가 피해자의 사적 공간이 아닌 곳에서 이루어진 경우까지 성폭법을 적용해야 하는가가 문제된다. 성폭법 제3조는 주거침입이 포함되어 있는 주거침입죄, 야간주거침입절도죄, 특수절도죄 및 특수강도죄를 범한 자가 강간, 유사강간, 강제추행, 준강간·준강제추행죄를 범함으로써 성립하는 일종의 결합범이다. 결합범은 각각 독립된 구성요건에 해당하는 수개의 행위를 1개의 구성요건으로 결합한 형태로, 결합범을 구성하는 수개의 죄의 경합범으로 처벌하는 것과 비교하여 그 형이 아주 높다. 이 때문에 판례는 수개의 행위 사이의 시간적·장소적 밀착성을 요구하는 등 가능한 한 그 성립범위를 제한하려는 태도를 취하고 있다. 원심도 성폭법상 주거침입강간등죄가 성립하기 위해서는 강간 등의 범행장소가 피해자의 개인적인 사적 공간에 해당해야 한다고 보고, 이 사건의 아파트의 엘리베이터 및 공용계단은 피해자의 사적공간에 해당하지 않는다는 이유로 주거침입강간등죄의 성립을 부정하고 있다.

이상의 논의에 비추어 볼 때 대법원의 논지는 주거침입강간등죄의 입법취지나 결합범의 문제점을 고려하지 않은 지나치게 형식적인 것이라 하지 않을 수 없다. 특히 공용주택의 증가, 이웃간의 교류단절, 생활방해로 인한 주민간 갈등 증가, 음식배달원·택배사원 등과 아파트주민간의 갈등, 감시카메라 설치범위의 확대와 같은 최근 우리사회의 현상을 고려해 볼 때 공용주택의 계단, 복도, 엘리베이트와 같은 공용공간을 형법상 주거침입죄의 객체인 주거에 포함시키는 태도는 재검토되어야 한다고 본다.

Ⅲ. 특수강도강간 등(제3조 제2항)

1) 형법상 특수강도죄(제334조)나 그 미수죄를 범한 사람이 형법상 강간죄(제297조), 유사강간죄(제297조의2), 강제추행죄(제298조), 준강간·준강제추행죄(제299조)를 범함으로써 성립하는 범죄로 사형, 무기 또는 10년 이상의 징역에 처한다(성폭법 제3조 제2항). 본죄는 특수강도가 강간 등의 죄를 범함으로써 성립하고 단순강도가 강간죄를 범한 경우에는 형법상 강도강간죄(제339조)로 처벌된다.

2) 특수강도는 야간에 사람의 주거, 관리하는 건조물, 선박이나 항공기 또는 점유하는 방실에 침입하거나, 흉기를 휴대하거나 2인 이상이 합동하여 강도죄를 범함으로써 성립한다(제334조). 특히 합동강도가 성립하기 위해서는 주관적 요건으로서 공모가 있어야 하고, 객관적 요건으로서 현장에서의 실행행위의 분담이라는 협동관계가 있어야 한다(☞ **[판례 Ⅲ-1]** 참조).

[판례 Ⅲ-1] 서울중앙지법 2010.10.15. 선고 2010고합815·1303 판결【성폭법위반(특수강도강간등), 강간치사】

〈공소사실〉

(1) **성폭법 위반(특수강도강간등)** 피고인은 2010.5.5. 18:00경 가출해서 자신의 집에 함께 머무르던 공소외 1과 인적이 드문 골목길을 지나가는 어린 학생들을 상대로 금품을 빼앗을 것을 공모한 다음, 골목길에서 그 대상을 물색하다가 같은 날 21:00경 마침 그곳을 지나가던 피해자(여, 14세)를 발견하고 공소외 1이 피해자를 불러 세우자, 피고인은 피해자에게 다가가 "우리 오토바이가 없어졌거든. 그 오토바이를 훔친 애들이 달아날 때 사진을 찍었는데, 그 오토바이 뒤쪽에 앉아있던 여자애가 너랑 똑같이 생겼다. 내 친구가 사진을 가지고 있으니 따라와라."라고 말하고, 피고인과 공소외 1은 겁에 질려 그 말을 믿은 피해자를 데리고 그곳에서 약 1.5㎞ 떨어진 ○○아파트 111동으로 갔다. 같은 날 21:37경 위 아파트 111동 앞에 도착한 다음 피고인은 공소외 1에게 위 아파트 1층 밖에서 기다리게 하고, 자신은 친구로부터 이미 들어 알고 있던 아파트 비밀번호를 누르고 피해자와 함께 위 아파트 안으로 들어가 엘리베이터를 타고 20층에서 내린 다음 비상계단을 이용하여 위 아파트 23층에 있는 엘리베이터 기계실로 데리고 갔다. 피고인의 말처럼 사진을 가지고 있는 친구가 없다는 사실을 알게 된 피해자가 그곳을 나가려고 하자 피고인은 이를 제지하면서 피해자에게 지갑을 내놓으라고 말하고 야간에 인적이 없는 어둡고 낯선 장소에서 반항이 완전히 억압된 피해자로부터 5,600원이 들어있는 지갑을 빼앗아 이를 강취하였다.

(2) **강간치사** 피해자로부터 지갑을 빼앗은 다음, 위 아파트로 피해자를 유인해 오면서 피해자를 강간할 마음을 먹었던 피고인은 계속하여 손으로 피해자의 목 부위를 잡아당기고 오른팔로 피해자의 팔을 잡아당긴 후 강제로 수회 키스하고 피해자가 아프다고 하면서 몸을 비틀어 빠져나가려고 하자 도망가지 못하게 피해자를 붙잡은 후, 피해자가 입고 있던 상의 브래지어 안에 손을 집어넣어 피해자의 가슴을 잡아 주무르고, 손으로 피해자가 입고 있던 청반바지 단추를 풀고 바지 지

퍼를 강제로 내린 후 팬티 속에 손을 넣고, 손가락을 피해자의 성기 안에 집어넣자 피해자가 아프다고 하며 계속 반항하였음에도 계속하여 피해자의 성기에 손가락을 집어넣은 후 자신의 성기를 꺼내어 피해자를 강간하려고 하였으나, 피해자가 아프다고 소리치고 반항하여 그 뜻을 이루지 못하였다.

피고인은 같은 날 22:44경까지 1시간 이상 피해자를 강간하려고 하다가 미수에 그쳤고, 피고인이 23층 계단을 내려가면서 자리를 비우자 공포에 휩싸인 피해자는 피고인 또는 위 아파트 1층에서 대기 중이던 공소외 1로부터 다시 강간을 당할 수 있다는 절박한 심정에서 이를 모면하기 위하여 위 23층 엘리베이터 기계실 창문을 열고 뛰어내렸고, 이로써 피해자는 즉석에서 다발성 손상으로 사망하였다.

〈판결요지〉

(1) **특수강도죄의 성립 여부** 강도죄에 있어서 폭행과 협박의 정도는 사회통념상 객관적으로 상대방의 반항을 억압하거나 항거 불능케 할 정도의 것이라야 한다. 또, 형법 제334조 제2항에 규정된 합동범은 주관적 요건으로서 공모가 있어야 하고, 객관적 요건으로서 현장에서의 실행행위의 분담이라는 협동관계가 있어야 한다.

먼저 피고인이나 공소외 1이 피해자에게 그 반항을 억압하거나 항거를 불가능하게 할 만한 폭행 또는 협박을 하였는지 여부에 관하여 살피건대, 피고인이나 공소외 1이 골목길에서 위 아파트 111동 앞까지 피해자를 데리고 가는 동안 피해자에게 그 반항을 억압하거나 항거를 불가능하게 할 정도의 폭행 또는 협박을 하였다는 점을 인정할 만한 증거는 없다. 그리고 피고인이 위 아파트 111동 23층 엘리베이터 기계실 앞으로 피해자를 유인하기 전까지는 피고인이나 공소외 2가 피해자에게 별다른 폭행이나 협박을 하지 않았던 것으로 보인다.

다음으로 피고인과 공소외 1의 범행이 합동범의 요건을 갖추고 있는지 여부에 관하여 살피건대, 피고인과 공소외 1이 피해자로부터 금품을 빼앗을 것을 공모한 사실을 인정할 수 있으나 피고인이나 공소외 1이 위 아파트 111동 앞까지 피해자를 데리고 가는 동안 피해자에게 그 반항을 억압하거나 항거를 불가능하게 할 만한 폭행 또는 협박을 하였다는 점을 인정할 만한 증거가 없고, 피고인이 공소외 1을 위 아파트 111동 앞에 두고 혼자서 위 아파트 111동 23층 엘리베이터 기계실 앞으로 피해자를 데리고 간 후 그곳에서 피해자를 집에 가지 못하게 제지하며 돈을 내놓으라고 하여 금품 탈취를 위한 폭행 또는 협박을 개시한 것인 이상, 공소외 1이 이 사건 범행현장에서 실행행위를 분담하여 피고인이 피해자로부터 지갑을 빼앗는 행위에 시간적으로나 장소적으로 협동하였다고 볼 수는 없다.

그렇다면 피고인에 대하여는 공갈죄의 공동정범이 성립할 뿐, 특수강도죄는 성립할 수 없다고 할 것이다.

(2) **강간치사죄의 성립여부** 피고인은 피해자를 강제로 추행할 의사로 피해자의 가슴을 만지고 피해자의 성기 안에 자신의 손가락을 집어넣었다가 빼었을 뿐 피해자를 강간할 고의는 없었고, 위와 같이 피해자를 추행한 후 그곳에서 자위행위를 하였을 뿐이고, 자위행위 이후 피고인이 위 아파트 111동 23층 엘리베이터 기계실 앞을 떠날 때 피해자는 화가 난 듯 고개를 숙이고는 있었지만 울고 있지도 않았으므로, 피고인은 자신이 위 기계실 앞을 떠난 후 피해자가 위 아파트 23층에서 창문을 넘어 뛰어내려 사망할 것을 전혀 예견할 수 없었다는 취지로 변소하고 있다.

살피건대, ① 피해자의 항문액과 질액의 정액반응이 음성일 뿐만 아니라, 질 외부에서도 피고인의 유전자형이 검출되지 않은 점, ② 피고인은 인적이 드문 위 아파트 111동 23층 엘리베이터 기계실 앞에서 피해자와 단둘이 있었고, 이미 피해자의 성기에 손가락을 집어넣는 등으로 피해자를 추행하기까지 하였으며, 피고인의 몸에 아무런 상처가 없는 것으로 미루어 볼 때 당시 피해자의 물리적인 반항의 정도도 그리 강하지 않았던 것으로 보이므로, 피고인에게 강간의 의사가 있었다면 어렵지 않게 강간의 기수까지도 이를 수 있었을 것임에도, 피고인은 피해자의 성기에 자신의 손가락을 집어넣었다가 뺀 후 자신의 성기가 발기되자 간음행위로 나아가지 않고 오히려 피해자에게 '오줌 쌀 테니 돌아보지 말라'고 말한 다음 피해자를 등진 채 벽을 향해 자위행위를 한 점, ③ 피고인은 이 사건 범행 당시 성경험이 없는 14세의 소년이었으므로, 성적 호기심으로 피해자에 대한 추행까지는 시도하였다고 하더라도 강간까지 하려고 마음먹기는 쉽지 않았을 것으로 보이는 점 등을 종합하여 보면, 비록 피고인이 피해자의 가슴을 만지고 피해자의 성기 안에 자신의 손가락을 집어넣었다가 빼는 행위를 하였다고 하더라도, 피고인에게 위 범행 당시 강간의 고의가 있었다고 쉽사리 추단하기 어렵다.

그리고 다음과 같은 각 사정 즉, ① 피고인이 위 아파트 23층 엘리베이터 기계실 앞에서 강제추행을 하면서 피해자에게 한 폭행 또는 협박의 정도가 성폭력범죄의 수단으로서는 그다지 중하지 않았던 것으로 보이는 점, ② 피고인은 위 강제추행 이후 피해자에게 돌아보지 말라고 한 다음 벽을 향하여 자위행위를 하였고, 자위행위를 종료한 직후 23층 엘리베이터 기계실 앞 계단에 고개를 숙이고 앉아 있던 피해자에게 '나 간다'고 말하며 서둘러 그곳을 떠났으므로, 피해자가 23층 창문을 통하여 아래로 뛰어내릴 당시 피해자는 이미 급박한 위해상태에서 벗어나 있었던 점, ③ 공소외 1은 애초부터 위 아파트 111동 앞에서 기다리고 있었을 뿐 위 아파트 23층 엘리베이터 기계실 근처로는 온 적이 없는데다가, 피해자도 공소외 1이 위 아파트 111동 앞에 있는 사실을 알고 있었으므로, 피해자가 공소외 1에 의한 추가 범행을 우려한 나머지 이를 피하기 위해 23층 창문을 통하여 도망하려 하였다고 보기도 어려운 점, ④ 2, 3층 정도의 저층도 아닌 아파트 23층에서 창문을 통하여 밖으로 뛰어내릴 경우 대부분 다치는 정도에 그치지 않고 생명을 잃게 될 것인 점 등에 비추어 보면 피고인으로서는 피해자가 피고인이나 공소외 1로부터 추가로 당할 수도 있는 강간을 모면하기 위하여 23층에서 창문을 넘어 뛰어내려 사망에 이르리라고는 예견할 수 없었다고 보는 것이 경험칙에 부합한다 할 것이다.

그렇다면 이 사건 공소사실 중 성폭법위반(특수강도강간등)의 점 및 강간치사의 점은 모두 범죄의 증명이 없는 경우에 해당하여 형사소송법 제325조 후단에 의하여 각 무죄를 선고하여야 하나, 위 공소사실에는 공갈죄 및 아청법위반(강간등)죄의 공소사실이 포함되어 있어 위 공갈죄, 아청법위반(강간등)죄의 유죄로 인정한다.

3) 본죄는 특수강도라는 신분을 가진 범인이 강간죄를 범하였을 때 성립하는 범죄이므로, 강간범이 강간행위 후에 특수강도의 범의를 일으켜 그 부녀의 재물을 강취하는 경우에는 특수강도강간죄가 아니라 특수강도죄와 강간죄의 경합범이 성립될 수 있을 뿐이다. 그러나 특수강간범이 강간행위 종료 전에 강도의 행위를 하고 그 자리에서 강간행위를 계속하는 경우에는 특수강도가 부녀를 강간한 때에 해당하여 성폭법상 특수강도강간죄로 처벌된다(☞ **[판례 Ⅲ-2]** 참조).

[판례 Ⅲ-2] 대법원 2010.12.9. 선고 2010도9630 판결【성폭법위반(특수강도강간등), 주거침입】

〈공소사실〉

피고인은 2009.10.23. 02:45경 피해자 2의 집에 출입문을 통해 침입한 다음, 그 곳에서 컴퓨터를 하고 있던 피해자 1(26세, 여)에게 다가가 손으로 피해자 1의 입을 틀어막고, 소지하고 있던 드라이버를 피해자 1의 목에 들이대면서 피해자 1에게 "반항하면 죽여 버린다. 시키는 대로 해라"라는 등으로 협박을 하였다. 이와 같이 피고인은 피해자 1을 협박하여 피해자 1의 반항을 억압한 후 피해자 1을 그 곳 방바닥에 눕힌 다음 피해자 1의 치마와 팬티를 벗기고 자신의 성기를 위 피해자 1의 성기에 삽입하였고, 그 후 그 곳 방바닥에 있던 피해자 2 소유의 손지갑 1개, 주민등록증 1장, 신용카드 4장, 체크카드 2장이 들어있던 여성용 핸드백 1개를 들고 나가면서 피해자 1을 끌고 그 곳 출입문 밖으로 나가 출입문 앞에서 피해자 1의 입에 자신의 성기를 넣었다가, 재차 피해자 1을 집안으로 끌고 들어와 방바닥에 눕힌 다음 자신의 성기를 피해자 1의 성기에 삽입함으로써 피해자 1을 강간하였다.

〈판결요지〉

강간범이 강간행위 후에 강도의 범의를 일으켜 그 부녀의 재물을 강취하는 경우에는 강도강간죄가 아니라 강간죄와 강도죄의 경합범이 성립될 수 있을 뿐이지만, 강간행위의 종료 전 즉 그 실행행위의 계속 중에 강도의 행위를 할 경우에는 이때에 바로 강도의 신분을 취득하는 것이므로 이후에 그 자리에서 강간행위를 계속하는 때에는 강도가 부녀를 강간한 때에 해당하여 형법 제339조 소정의 강도강간죄를 구성하고, 구 성폭법(2010.4.15. 법률 제10258호 성폭법으로 개정되기 전의 것) 제5조 제2항은 형법 제334조(특수강도) 등의 죄를 범한 자가 형법 제297조(강간) 등의 죄를 범한 경우에 이를 특수강도강간 등의 죄로 가중하여 처벌하는 것이므로, 다른 특별한 사정이 없는 한 특수강간범이 강간행위 종료 전에 특수강도의 행위를 한 이후에 그 자리에서 강간행위를 계속하는 때에도 특수강도가 부녀를 강간한 때에 해당하여 구 성폭법 제5조 제2항에 정한 특수강도강간죄로 의율할 수 있다.

또한, 강도죄는 재물탈취의 방법으로 폭행, 협박을 사용하는 행위를 처벌하는 것이므로 폭행, 협박으로 타인의 재물을 탈취한 이상 피해자가 우연히 재물탈취 사실을 알지 못하였다고 하더라도 강도죄는 성립하고, 폭행, 협박당한 자가 탈취당한 재물의 소유자 또는 점유자일 것을 요하지도 아니하며, 강간범인이 부녀를 강간할 목적으로 폭행, 협박에 의하여 반항을 억압한 후 반항억압 상태가 계속 중임을 이용하여 재물을 탈취하는 경우에는 재물탈취를 위한 새로운 폭행, 협박이 없더라도 강도죄가 성립한다.

4) 본죄의 주체는 특수강도 또는 그 미수범의 신분을 가진 자에 한정되고 제335조, 제342조에서 규정하고 있는 준강도범 내지 준강도미수범은 본죄의 주체가 될 수 없다. 따라서 피고인은 04:10경피해자의 아파트에 이르러 시정되지 않은 현관문을 열고 안으로 침입하여 훔칠 물건을 찾기 위하여 안방으로 기어가던 도중 인기척에 놀라 잠이 깬 피해자가 소리를 지르며 저항하자 체포를 면탈할 목적으로 손으로 피해자의 입을 막고 다리를 걸어 바닥에 넘어뜨린 후 피해자의 배 위에 올라타 주먹으로 얼굴을 수회 때려 피해자에게 약 6개월간의 치료를 요하는 좌측 안와 내벽 골절, 외상 후 스트레스 장애 등의 상해를 가하고, 계속하여 항거불능 상태로 가만히 누워 있는 피해자를 보고 순간적으로 욕정을 일으켜 피해자의 상의를 두 손으로 잡아 당겨 찢은 뒤 가슴을 만지고 바지를 벗게 한 후 피해자의 음부에 손가락을 넣는 등 강제로 추행하였다면, 피고인은 강도상해죄와 강제추행죄의 죄책을 질 뿐 성폭법상 특수강도강제추행죄의 죄책을 지는 것은 아니다(대법원 2006.8.25. 선고 2006도2621 판결).

Ⅳ. 특수강간 등(제4조)

1) 흉기나 그 밖의 위험한 물건을 지닌 채 또는 2명 이상이 합동하여 형법상 강간죄(제297조), 유사강간죄(제297조의2), 강제추행죄(제298조), 준강간·준강제추행죄(제299조)를 범함으로서 성립하는 범죄로, 강간죄를 범한 때에는 무기 또는 5년 이상의 징역에 처하고(성폭법 제4조 제1항) 강제추행죄를 범한 때에는 3년 이상의 유기징역에 처하며(같은 조 제2항), 준강간·준강제추행죄를 범한 때에는 제1항 또는 제2항의 예에 따라 처벌한다(같은 조 제3항).

2) '흉기 기타 위험한 물건을 지닌다'고 함은 범행 현장에서 그 범행에 사용하려는 의도 아래 흉기를 소지하거나 몸에 지니는 경우를 가리키고, 범행 현장에서 범행에 사용하려는 의도 아래 흉기 등 위

험한 물건을 소지하거나 몸에 지닌 이상 그 사실을 피해자가 인식하거나 실제로 범행에 사용하였을 것까지 요구되는 것은 아니다(대법원 2004.6.11. 선고 2004도2018 판결). 수명이 공동하여 같은 시간과 장소에서 피해자를 추행함에 있어 그 중 한 명이 피해자를 억압하는 과정에서 위험한 물건을 휴대하였다면 위험한 물건을 휴대하지 않은 다른 공범도 같은 죄책을 진다(대법원 1992.3.31. 선고 92도265 판결).

3) 그리고 '2인 이상이 합동하여'라고 함은 2인 이상의 공범들 사이에 주관적 요건으로서 공모와 객관적 요건으로서 실행행위의 분담이 있어야 하고, 그 실행행위가 시간적·장소적으로 협동관계에 있다고 볼 정도에 이르러야 한다. 2인 이상의 범인이 번갈아 가며 피해여성을 윤간한 경우에는 특수강간죄로 처벌된다(대법원 2002.9.4. 선고 2002도2581 판결). 또한 직접 강간을 하지 않더라도 현장에서 본질적인 부분에 가담하는 경우, 예컨대 피해자에게 폭행·협박을 하거나, 다른 공범의 강간행위 중 피해자를 반항하지 못하도록 다리를 잡아 주는 경우에는 특수강간죄로 처벌된다.

그러나 헬스클럽 사장의 지시에 따라 그 종업원이 승용차를 대기시켜 놓고 있다가 사장이 피해자를 승용차에 강제로 태울 때 뒷문을 열어 주고, 사장이 피해자를 강간하려는 정을 알면서도 한적한 곳까지 승용차를 운전하여 가 주차시킨 후 자리를 비켜줌으로써 그 사이 사장이 피해자를 차안에서 강간하여 치상케 한 경우, 사장이 피해자를 강간하기까지의 과정에서 종업원이 취한 일련의 행위는 사장의 강간행위에 공동가공할 의사로 그 실행행위를 분담하였다기 보다는 사장의 범행의도를 인식하고도 그 지시에 그대로 따름으로써 결과적으로 이를 도와준 방조행위에 그친 것으로 보아야 한다(부산고법 1994.4.20. 선고 94노39 판결).

2인 이상의 범인들이 각자 사전에 자신들이 선택한 피해자를 각각 다른 장소에서 강간한 경우에도 실행행위의 분담 또는 시간적·장소적 협동관계를 인정할 수 있는지가 문제된다(☞ **[판례 Ⅳ-1]** 참조).

[판례 Ⅳ-1] 대법원 2004.8.20. 선고 2004도2870 판결【구 성폭법위반(특수강간등, 강간등치상)】

〈공소사실〉

피고인은 2003.9.16. 22:00경 공소외 1, 공소외 2, 공소외 3과 함께 여고생인 피해자 1(16세), 피해자 2(17세), 피해자 3(18세)을 만나 함께 놀다가 피해자들을 야산의 저수지로 유인하여 강간하자는 공소외 3의 제의에 따라 피고인 운전의 더블캡 트럭에 피해자들을 태워 위 저수지로 데리고 가면서 불안해하는 피해자들에게 그 곳에 공소외 2의 할머니 댁이 있다고 거짓말하여 피해자들을 안심시켜 위 저수지에 도착한 다음, 2003.9.17. 01:00경 ○○저수지에서 공소외 2는 주변에 사람들이 오는지 망을 보고, 피고인은 피해자 1을 주차해 놓은 트럭으로 데리고 가 반항을 억압한 후 피해자 1을 간음하고, 공소외 1은 피해자 2를 주변 벤치로 데리고 가 반항을 억압한 후 피해자 2를 간음하고 이로 인하여 피해자 2로 하여금 2주간의 치료를 요하는 요부염좌 및 찰과상 등을 입게 하였으며, 공소외 3은 피해자 3을 트럭으로 데리고 가 강간하기 위하여 허벅지를 수회 때렸으나 피해자 3이 심하게 반항하는 바람에 그 뜻을 이루지 못하고 미수에 그쳤다.

〈원심 판결요지〉

피고인 일행이 사전에 각자 짝을 지어 피해자들과의 성관계를 가지기로 하는 모의를 하였지만, 강간죄에 있어서의 실행의 착수는 피해자에 대한 폭행·협박이 개시된 때에 있다고 보아야 할 것인데, 피고인 등이 피해자들을 트럭에 태우고 저수지 부근

벤치로 가는 동안에는 폭행·협박행위가 전혀 개재되지 않았고, 피고인이 피해자 1을 데리고 트럭에 가서 성관계를 시도할 때 피해자 1에 대한 폭행·협박이, 공소외 3이 피해자 3을 데리고 트럭에 가서 성관계를 시도할 때 피해자 3에 대한 폭행·협박이, 공소외 1이 피해자 2를 데리고 자리를 옮겨 성관계를 시도할 때 피해자 2에 대한 폭행·협박이 각 개시되었을 뿐만 아니라 각각 격리된 장소에서 따로 행하여졌으므로, 피고인 등이 일행과 떨어져 각각의 피해자들과 성관계를 시도할 무렵에 각각의 강간행위에 대한 실행의 착수가 있었다고 보아야 할 것이고, 나아가 피고인의 강간행위에 공소외 1, 공소외 2, 공소외 3이 협동관계를 이루어 분담한 행위가 없고(공소외 2가 저수지 둑에서 서성이거나 차량까지 오가는 정도로는 협동관계를 이루어 실행행위를 분담하였다고 인정하기 부족하다), 공소외 1, 공소외 3의 각 강간행위에 피고인이 협동관계를 이루어 분담한 행위가 없어, 각자의 강간행위의 성립은 별론으로 하고 피고인 등의 강간행위가 합동범 관계에 있다고 할 수 없으므로, 피고인에 대한 이 사건 공소사실 중 합동의 점에 관하여는 그 증명이 없다 할 것이어서, 피고인의 피해자 2, 피해자 3에 대한 특수강간미수 및 특수강간치상의 점은 형사소송법 제325조 후단에 의하여 각 무죄이고, 피고인의 피해자 1에 대한 범행은 합동범으로 인정할 수 없어 특수강간의 점은 무죄이고 다만 강간죄만 성립한다 할 것인데, 피해자 1의 법정대리인이 제1심 계속 중에 피고인과 합의하고 그 고소를 취소하였으므로 이 부분 공소를 기각하여야 한다.

〈대법원 판결요지〉

피고인 등은 사전에 피해자들을 야산으로 유인하여 강간하기로 모의하고 자정이 넘은 심야에 인가에 멀리 떨어져 있고 인적도 없어 피해자들이 쉽게 도망할 수 없는 야산의 저수지로 피해자들을 유인하여 간 다음 각자 마음에 드는 피해자들을 데리고 흩어져 각각 강간하기로 하는 암묵적인 합의에 따라 곧바로 피고인은 피해자 1을 트럭으로 데리고 가고, 공소외 1은 30m 가량 떨어진 다른 벤치로 피해자 2를 데리고 가고, 공소외 2는 공소외 3, 피해자 3 둘만 그 자리에 남을 수 있도록 자리를 피하여 주는 등 피해자들을 장소적으로 분리시킨 다음 100m 이내의 거리에 있는 트럭과 벤치에서 동시 또는 순차적으로 피고인은 피해자 1을, 공소외 1은 피해자 2를, 공소외 3은 피해자 3을 각 강간하거나 강간하려고 하였다는 것이고, 한편 기록에 의하면 피고인이 트럭에서 피해자 1을 강간하려고 옷을 강제로 벗기는 등으로 실랑이를 하고 있을 무렵, 공소외 2와 공소외 3이 트럭에 다가와 피고인에게 "빨리 하라."고 재촉하였고, 그 후 공소외 3은 피고인이 트럭에서 피해자 1을 강간하는 동안 피해자 3을 데리고 벤치에서 기다리고 있다가 피고인이 피해자 1을 데리고 벤치로 돌아오는 것을 보고 피해자 3을 트럭으로 데리고 가 강간하려고 하였으며, 피고인은 피해자 1을 강간한 후 일행이 있는 곳으로 데리고 가다가 공소외 3이 피해자 3을 강간하려고 트럭으로 데리고 가는 것을 본 피해자 1이 피해자 3에게 다가가 "트럭에 타지 말라."고 하자 피해자 1을 붙잡아 피해자 3에게 가지 못하도록 하였고, 공소외 2는 피고인 등이 피해자들과 짝을 맞추자 자리를 피해 저수지 둑을 오가며 망을 보았을 뿐만 아니라 피고인이 트럭에서 피해자 1을 강간하고 나와 벤치로 돌아가고 공소외 3이 피해자 3을 강간하려고 트럭으로 데리고 오는 것을 보고 트럭 앞좌석에 있던 휴지를 뒷좌석에 갖다 놓은 다음 공소외 3에게 "세팅 다 해 놓았다. 빨리 하고 나오라."는 말을 하기도 하였으며, 피해자 1이 피해자 3에게 "트럭에 타지 말라."고 하자 "가만히 있어라. 화가 나면 나도 어떻게 할지 모른다."고 겁을 주기도 하였음을 알 수 있는바, 사실관계가 위와 같다면 피고인 등은 피해자들을 강간하기로 하는 공모관계에 있었다고 보아야 할 것이고, 또 피고인 등이 비록 특정한 1명씩의 피해자만 강간하거나 강간하려고 하였다 하더라도, 사전의 모의에 따라 강간할 목적으로 심야에 인가에서 멀리 떨어져 있어 쉽게 도망할 수 없는 야산으로 피해자들을 유인한 다음 곧바로 암묵적인 합의에 따라 각자 마음에 드는 피해자들을 데리고 불과 100m 이내의 거리에 있는 곳으로 흩어져 동시 또는 순차적으로 피해자들을 각각 강간한 이상, 그 각 강간의 실행행위도 시간적으로나 장소적으로 협동관계에 있었다고 보아야 할 것이므로, 피해자 3명 모두에 대한 특수강간죄 등이 성립된다고 보아야 할 것이다.

〈참조판례〉

○ 대법원 1998.2.24. 선고 97도3390 판결【특가법위반(특수강간등)】

피고인 1과 피고인 2가 우연히 만난 피해자 2명에게 인근 도시로 놀러가지고 제안하여 각자 자기 승용차에 피해자 1명씩을 태우고 인근 도시로 가다가 휴게소에서 피고인들만 내려 피해자들과 각 성교하기로 모의하고, 인근 도시의 편의점에 들어 맥주 등을 구입한 뒤 부근에 있는 여관에 객식 둘을 얻어, 그 중 201호실에서 맥주 등을 먹으며 피해자들과 함께 놀다가 피고인 2가 피해자 1명에게 잠깐 할 이야기가 있다고 하면서 옆방인 202호실로 데려간 다음, 피고인 1은 202호실에서 피해자 1명을 폭행하여 강제로 간음하고 피고인 2는 201호실에서 혼자 남은 다른 피해자 1명을 폭행하여 강제로 간음한 경우, 피고인 1이 피해자 1명을 202호실로 데려갈 때까지 피고인들이 피해자들에 대하여 어떠한 강제력도 사용하지 않았고 다만 피해자들을 간음할 의사가 없는 것처럼 피해자들을 기망하였을 뿐이며 피해자들에 대한 폭행은 피고인 1이 피해자 1명을 202호실로 데려간 후부터 피고인 1과 피고인 2가 상호간에 의사의 연락없이 따로 행하여졌으므로 피고인 1의 피해자에 대한 강간행위에 대하여 피고인 2가 또는 피고인 2의 다른 피해자에 대한 강간행위에 대하여 피고인 1이 서로 어떠한 실행행위를 분담하였다고 볼 수 없다.

○ **대법원 1994.11.25. 선고 94도1622 판결【특가법위반(특수강간등)】**

피고인 1과 피고인 2가 피해자 1과 2를 만나 주점과 한강고수부지에서 함께 술을 마시고 나서 피해자들을 집까지 데려다 주겠다면서 승합차에 모두 태워 피고인 2가 위 차를 운전하여 피해자들의 집 쪽으로 가던 도중에 방향을 바꾸어 판시 야산으로 가서 차를 세운 뒤, 피고인 2의 제의에 따라 피해자들을 각기 강간하기로 공모하고, 우선 피고인 2가 피해자 2에게 잠시 이야기하자고 말하여 그녀를 차에서 내리게 한 다음 그 부근의 숲속으로 데리고 가서 이야기를 나누던 중에 강간할 마음이 없어져 이를 포기하고 차 있는 데로 돌아왔으며, 피고인 1은 그 사이 혼자 남은 피해자 1이 차에서 내리려고 하자 그녀를 협박하여 제지한 다음 차안에서 강제로 간음하였다면, 피고인 1과 피고인 2 사이에 범행현장에서 서로 강간의 실행행위를 분담한 협동관계가 있었다고 보기는 어려우므로, 피고인들을 특수강간죄의 합동범으로 다스릴 수는 없다.

〈해 설〉

이 사건에서는 피고인 및 공소외 1, 2, 3이 합동하여 피해자 1, 2, 3을 강간한 것으로 볼 수 있는가가 문제되고 있다. 1994년에 제정된 구 성폭법은 공공장소추행죄와 통신매체이용음란죄를 제외한 성폭력범죄를 모두 비친고죄로 규정하고 있었다(이 사건에서 피해자들은 미성년자이나 청소년성보호법은 2007.8.3. 개정에 의해 아동청소년에 대한 강간등 성폭력범죄를 반의사불벌죄로 규정하였다가 다시 2010.4.15. 개정에 의해 비친고죄로 되었다. 따라서 이 사건 당시 미성년자에 대한 강간죄 등은 친고죄였다). 이 사건에서 피고인들의 행위를 합동강간으로 본다면 일단 자신의 범행대상에 대한 강간행위가 친고죄인 형법상 강간죄가 아니라 비친고죄인 구 성폭법상 특수강간죄가 되어 피해자의 고소나 고소취소 여부와 상관없이 처벌을 받게 될 뿐만 아니라, 다른 공범이 범한 특수강간미수죄 및 특수강간치상죄에 대해서도 책임을 져야 하기 때문에 피고인으로서는 합동하여 피해자들을 강간하였는지의 여부가 자신의 죄책을 결정하는 관건이 되고 있는 것이다.

〈참조판례〉에서는 비록 피고인들이 피해자들을 강간하기로 공모하였지만 떨어진 장소에서 각각 피해자들을 강간하였다는 이유에서 특수강간죄의 성립을 부인하였다. 그런데 이 사건에서는 피고인이 공소외 1 등과 함께 피해자들을 강간하기로 공모하고 심야에 피해자들을 야산으로 유인한 다음 불과 100m 이내의 거리에 있는 곳으로 흩어져 피해자들을 각각 강간하였다는 점에 주목하여, 피고인 등의 실행행위가 시간적으로나 장소적으로 협동관계에 있다고 보고 있다. 그러나 시간적·장소적 협동관계에서 강간행위를 하였다고 인정하기 위해서는 현장성은 물론 공동가동의 의사와 기능적 행위지배를 통한 범죄의 실행사실이 요구되고, 특히 공동가공의 의사가 있다고 하기 위해서는 공동가공의 의사는 타인의 범행을 인식하면서도 이를 제지하지 아니하고 용인하는 것만으로는 부족하고 공동의 의사로 특정한 범죄행위를 하기 위하여 일체가 되어 서로 다른 사람의 행위를 이용하여 자기의 의사를 실행에 옮기는 것을 내용으로 하는 것이어야 하는데, 이 사건에서는 공동가공의 의사는 물론 기능적 행위지배를 통한 강간의 공동실행이 있다고 보기는 어렵다. 이러한 점에 비추어 볼 때 대법원의 판단보다는 원심의 판단이 타당하다고 본다.

Ⅴ. 친족관계에 의한 강간 등(제5조)

1) 친족관계인 사람이 형법상 강간죄(제297조), 유사강간죄(제297조의2), 강제추행죄(제298조), 준강간·준강제추행죄(제299조)를 범함으로서 성립하는 범죄로, 강간죄를 범한 때에는 7년 이상의 징역에 처하고(성폭법 제5조 제1항), 강제추행죄를 범한 때에는 5년 이상의 징역에 처하며(같은 조 제2항), 준강간·준강제추행죄를 범한 때에는 제1항 또는 제2항의 예에 따라 처벌한다(같은 조 제3항).

2) 친족의 범위는 4촌 이내의 혈족·인척과 동거하는 친족으로 한다(같은 조 제4항). 법률이 정한 혼인의 실질관계는 모두 갖추었으나 법률이 정한 방식, 즉 혼인신고가 없기 때문에 법률상 혼인으로 인정되지 않는 이른바 사실혼으로 인하여 형성되는 인척(대법원 2002.2.22. 선고 2001도5075 판결)이나, 사실상의 양자의 양부와 같이 법정혈족관계를 맺고자 하는 의사의 합치 등 법률이 정하는 실질관계는 모두 갖추었으나 신고 등 법정절차의 미이행으로 인하여 법률상의 존속으로 인정되지 못하는 자(대법원 2006.1.12. 선고 2005도8427 판결)도 본죄의 친족에 해당한다.

Ⅵ. 장애인강간 등(제6조)

1) 신체적 또는 정신적 장애가 있는 사람에 대하여 형법상 강간죄(제297조), 유사강간죄(제297조의2), 강제추행죄(제298조)를 범하거나(성폭법 제6조 제1항 내지 제3항) 신체적 또는 정신적인 장애로 항거불능 또는 항거곤란의 상태를 이용하여 사람을 간음 또는 추행하거나(같은 조 제4항), 위계 또는 위력으로써 신체적 또는 정신적 장애가 있는 사람을 간음 또는 추행(같은 조 제5항, 제6항)함으로서 성립한다.

장애인에 대하여 강간죄를 범한 때에는 무기 또는 7년 이상의 징역에(같은 조 제1항), 유사강간죄를 범한 때에는 5년 이상의 유기징역에(같은 조 제2항), 강제추행죄를 범한 때에는 3년 이상의 유기징역 또는 2천만원 이상 5천만원 이하의 벌금에 처하고(같은 조 제3항), 준강간·유사강간·강제추행죄를 범한 때에는 제1항 내지 제3항의 예에 따라 처벌한다(같은 조 제4항). 그리고 위계·위력으로 장애인을 간음 또는 추행한 때에는 각각 5년 이상의 유기징역(같은 조 제5항)과 1년 이상의 유기징역 또는 1천만원 이상 3천만원 이하의 벌금에 처한다(같은 조 제6항). 장애인의 보호, 교육 등을 목적으로 하는 시설의 장 또는 종사자가 보호, 감독의 대상인 장애인에 대하여 위의 죄를 범한 때에는 그 죄에 정한 형의 1/2까지 가중한다(같은 조 제7항).

2) 성폭법상 '신체적 또는 정신적인 장애로 항거불능 또는 항거곤란의 상태'라고 함은 신체장애 또는 정신상의 장애 그 자체로 항거불능의 상태에 있는 경우뿐 아니라 신체장애 또는 정신상의 장애가 주된 원인이 되어 심리적 또는 물리적으로 반항이 불가능하거나 현저히 곤란한 상태에 이른 경우를 포함한다. 예컨대 피해자가 다니는 교회 장애인 모임의 부장인 피고인이 어릴 때부터 말이 없고 자신의

의사표현을 하지 못하는 등의 정신이상 증세를 보여 왔고 전체 지능지수는 62로서 경도의 정신지체 수준에 해당하며 사회연령은 만 7세 8개월로서 '사회지수'는 그보다 낮은 48.94에 불과하고 의사소통능력이 매우 지체되어 있거나 사회적으로 위축되어 있으며 대인관계에서 철회 경향을 가지고 있는 피해자를 전화로 불러낸 뒤 자신의 오토바이를 이용하여 인적이 드문 인근 공원으로 데리고 가서 그곳 벤치에 앉자마자 이 사건 추행하거나(대법원 2014.2.13. 선고 2011도6907 판결), 별다른 강제력을 행사하지 않고서 지적 능력이 4~8세에 불과한 정신지체 장애여성을 간음(대법원 2007.7.27. 선고 2005도2994 판결)한 경우가 이에 해당한다. 그러나 정신상의 장애가 있기는 하였으나 그로 인하여 항거불능의 상태에 있었던 것은 아니라면 본죄의 객체가 되지 않는다(대법원 2003.10.24. 선고 2003도5322 판결).

3) '위계'란 행위자가 간음 또는 추행의 목적으로 상대방에게 오인, 착각, 부지를 일으키고는 그러한 심적 상태를 이용하여 간음 또는 추행의 목적을 달성하는 것을 말하는바, 여기에서 오인, 착각, 부지라고 함은 간음행위 또는 추행행위 자체에 대한 오인, 착각, 부지를 말하는 것이지 간음행위 또는 추행행위와 불가분적 관련성이 인정되지 않는 다른 조건에 관한 오인, 착각, 부지를 가리키는 것이 아니다. 따라서 피해자에게 정신장애가 있음을 알면서 인터넷 쪽지를 이용하여 피해자를 자신의 집으로 유인한 후 피해자와 성교하였다고 하더라도 본죄로 처벌할 수는 없다(대법원 2014.9.4. 선고 2014도8423 판결).

Ⅶ. 13세미만 미성년자 강간 등(제7조)

1) 13세미만의 사람에 대하여 형법상 강간죄(제297조), 유사강간죄(제297조의2), 강제추행죄(제298조), 준강간·준강제추행죄(제299조)를 범함으로서 성립하는 범죄로(성폭법 제7조 제1항 내지 제5항), 13세미만의 사람에 대하여 강간죄를 범한 때에는 무기 또는 10년 이상의 징역에(같은 조 제1항), 유사강간죄를 범한 때에는 7년 이상의 유기징역에(같은 조 제2항), 강제추행죄를 범한 때에는 5년 이상의 유기징역 또는 3천만원 이상 5천만원 이하의 벌금에 처한다(같은 조 제3항). 13세미만의 사람에 대하여 준강간·준강제추행죄(형법 제299조)를 범하거나 위계·위력으로 간음 또는 추행한 때에는 한 때에는 제1항 내지 제3항의 예에 따라 처벌한다(같은 조 제4항, 제5항).

2) 본죄는 13세미만의 사람에 대하여 폭행 또는 협박이나 위계 또는 위력을 수단으로 하여 간음 또는 추행을 함으로써 성립한다. 13세미만의 사람을 단순히 간음 또는 추행한 때에는 형법상 의제강간·강제추행죄(제305조)로 처벌된다.

Ⅷ. 강간등상해·치상(제8조)

1) 성폭법상 주거침입강간등, 특수강간등, 장애인강간등, 13세미만미성년자강간등의 죄를 범한 자

또는 그 미수범이 사람을 상해하거나 상해에 이르게 한 때에는 무기 또는 10년 이상의 징역에 처하고, 친족관계에 의한 강간의 죄 또는 그 미수범의 죄를 범한 자가 사람을 상해하거나 상해에 이르게 한 때에는 무기 또는 7년 이상의 징역에 처한다(제8조). 본죄의 미수범은 처벌한다(제15조).

본죄의 주체에는 특수강도강간죄(제3조 제2항)를 범한 자가 포함되어 있지 않으므로 특수강도강간범이 사람을 상해하거나 상해에 이르게 한 때에는 특수강도강간죄와 강간상해·치상죄로 처벌된다.

2) 헌법재판소는 주거침입강간상해죄는 인간 행복의 최소한의 조건인 주거에서 개인의 인격과 불가분적으로 연결되어 있는 성적 자기결정권을 침해하는 범죄로서, 입법자는 단순히 형법상의 주거침입죄와 강간등상해죄의 경합범으로 처벌하여서는 이와 같은 범죄를 예방하고 척결하기에 미흡하다는 형사정책적 고려에 따라 특별형법법규인 이 사건 법률조항을 신설하여 가중처벌하도록 규정하였는데, 법정형이 행위자의 책임에 비하여 지나치게 가혹한 것이어서 책임과 형벌 간의 비례원칙에 위반되는 과도한 형벌에 해당한다고 하기 어렵다고 결정한 바 있다(헌법재판소 2010.3.25. 선고 2008헌바84 결정).

3) 강간등 상해·치상죄는 강간죄 등을 범한 자가 그 기회에 사람을 상해하거나 상해에 이르게 함으로써 성립한다. 따라서 강간 등의 의사없이 사람을 상해한 후 강간의 의사가 생겨 사람을 강간한 때에는 상해죄와 강간죄의 경합범이 될 뿐이다(서울고법 2011.9.22. 선고 2011노2052 판결).

4) 상해는 강간의 수단으로 사용한 폭행으로부터 발생한 경우뿐만 아니라 간음행위 그 자체나 강간에 수반하는 행위에서 발생한 경우도 포함되나 상해는 이로 인하여 신체의 건강상태가 불량하게 변경되고 생활기능에 장애가 초래될 정도에 이르러야 한다(☞ **[판례 Ⅷ-1]** 참조).

[판례 Ⅷ-1] 대법원 2003.5.30. 선고 2003도1256 판결【성폭법위반(강간등치상)】

〈공소사실〉

피고인은 2002.8.18. 01:55경 공원 내 공중화장실에 들어가는 피해자(여, 44세)를 발견하고 순간적으로 욕정을 일으켜 그녀를 강간하기로 마음먹고 피해자가 있던 여자화장실 내 용변칸으로 침입하여 피해자에게 "조용히 해, 가만히 있어."라고 말하며 한손으로 피해자의 입을 막고, 다른 손으로는 그녀의 몸통 부분을 붙잡아 그녀의 반항을 억압한 후 그녀를 간음하려 하였으나, 바로 옆 남자화장실에 있던 피해자의 남편이 달려오자 뜻을 이루지 못하고 미수에 그친 채, 피해자에게 약 2주간의 치료를 요하는 좌족관절부좌상 등을 입게 한 것이다.

〈원심 판결요지〉

(1) 피고인이 애초부터 피해자의 반대를 무릅쓰고 주거에 들어갔다거나 또는 주거에 들어갈 당초부터 내심으로 피고인을 강간하려는 등의 목적이 있었다는 등 피고인이 위 주거에 들어가는 행위가 피해자의 묵시적, 명시적 의사에 반함을 객관적으로 인정할 만한 사정이 엿보이지 아니하고, 오히려 피해자가 용변칸의 문을 열어주어 만취된 상태에서 자신도 모르게 용변칸 안으로 몸이 쏠리며 그 안으로 들어가게 된 것으로 이러한 경우에는 피고인은 비록 피해자의 착오에 기인한 것이긴 하나 피해자의 승낙하에 주거에 들어갔다고 봄이 상당하여 퇴거불응죄는 별론으로 하고 주거침입죄로 의율할 수는 없고, (2) 다음으로 피해자가 입은 여러 상해는 모두 피고인과의 일련의 몸싸움 과정의 짧은 시간 동안에 발생한 것으로서 이를 인위적으로 시간적 순서로 구분

한다는 것은 쉽지 아니하고 따라서 이 중에서 유독 좌족관절부좌상만을 다른 상해들과 구분하여 피고인이 강간을 의욕한 이후 그 범의를 포기한 때까지의 사이에 이루어진 것이라고 단정하기는 매우 어렵다고 아니할 수 없으며, 가사 위 상해가 그와 같은 시점에서 이루어진 것으로 인정된다고 하더라도 위 상해는 서로 신발을 신은 채 몸싸움의 과정에서 무의식적으로 피고인이 피해자의 발을 밟아 발생한 상처로서, 위 진단서상으로도 모두 6가지의 상해를 합하여 2주간의 치료를 요한다고 할 정도로 가볍다고 할 수 있고, 피해자 역시 일상생활에 어떠한 지장을 받지도 않았거니와 나아가 이에 대하여 특별한 치료도 받은 사실이 없다고 진술하고 있는 점 등에 비추어 볼 때 이러한 정도의 상해만으로는 강간치상죄에서 말하는 이로 인하여 신체의 완전성이 손상되고, 생활기능에 장애가 초래되는 정도에 이르는 것이라고는 할 수 없으므로, 결국 위 공소사실 중 주거침입 및 강간치상의 점은 각 범죄의 증명이 없는 경우에 해당하고 피고인에 대하여는 강간미수죄의 성립만을 인정할 수밖에 없는데, 피해자가 고소를 취소하였으므로 피고인에 대한 공소를 기각한다.

〈판결요지〉

(1) **주거침입의 점에 대하여** 기록에 의하면, 피해자는 이 사건 공중화장실의 용변칸에서 하의를 내리고 좌변기에 앉아 있던 중, 노크소리가 나서 남편인 줄 알고 "아빠야"라고 하면서 밖이 보일 정도로 용변칸 문을 열었는데, 피고인이 문을 열고 들어와 문을 잠그면서 앞을 가로막았고, 이에 피해자가 놀라서 소리치면서 하의를 입고 밖으로 나가려고 일어서려고 하자 피고인은 얼굴색 하나 변하지 않고, 손으로 피해자의 입을 막고 피해자가 반항하지 못하도록 피해자의 손이나 몸을 붙잡고, 이어서 피해자를 벽에 밀어붙여 움직이지 못하게 한 후 손으로 피해자의 가슴을 만졌으며, 피고인이 용변칸으로 들어올 때 비틀거리지도 않았고 겉으로 보기에는 멀쩡하였다고 진술하고 있는바, 사정이 이러하다면 피고인은 용변칸 문이 열리는 순간 무심코 몸이 쏠리며 자신도 모르게 용변칸 안으로 들어가게 된 것이 아니라, 용변칸 문이 열려 피해자가 하의를 벗고 좌변기에 앉아 있는 것을 발견하고서도 용변칸 안으로 들어간 것이라고 보는 것이 사리에 부합한다 할 것이다. 한편, 타인의 주거에 거주자의 의사에 반하여 들어가는 경우는 주거침입죄가 성립하며 이 때 거주자의 의사라 함은 명시적인 경우뿐만 아니라 묵시적인 경우도 포함되고 주변사정에 따라서는 거주자의 반대의사가 추정될 수도 있는 것인데, 앞서 본 바에 의하면 피해자는 피고인의 노크 소리를 듣고 피해자의 남편으로 오인하고 용변칸 문을 연 것이고, 피고인은 피해자를 강간할 의도로 용변칸에 들어간 것으로 봄이 상당한바, 그렇다면 피고인이 용변칸으로 들어오는 것을 피해자가 명시적 또는 묵시적으로 승낙하였다고는 볼 수 없다 할 것이다.

(2) **강간치상의 점에 대하여** 강간이 미수에 그친 경우라도 그로 인하여 피해자가 상해를 입었으면, 강간치상죄가 성립하는 것이고, 강간치상죄에 있어 상해의 결과는 강간의 수단으로 사용한 폭행으로부터 발생한 경우뿐만 아니라 간음행위 그 자체로부터 발생한 경우나 강간에 수반하는 행위에서 발생한 경우도 포함된다. 기록에 의하면, 피해자는 이 사건 범행 당시 용변칸에서 피고인에 대하여 반항하던 중 피고인의 발에 왼쪽 발목을 밟혔다고 진술하고 있고, 또한 상식적으로 보아서도 좁은 용변칸에서 피고인과 피해자가 몸싸움을 벌였다면 그 와중에 피해자가 피고인에 의하여 발을 밟힐 수 있을 뿐만 아니라, 피해자가 피고인으로부터 이 사건 범행을 당하기 이전에 이미 그와 같은 상처를 갖고 있었다는 사정을 기록상 찾아볼 수 없는 점 등에 비추어 피해자가 입은 위 좌족관절부좌상은 피고인이 피해자를 강간하기 위하여 행사한 폭행 또는 그에 수반되는 행위로 인하여 발생한 것이라고 봄이 상당하다. 또한 피해자는 위 좌족관절부좌상으로 인하여 당시 왼쪽 발목이 부었고, 병원에서 보름정도 맛사지와 찜질치료를 받고, 약을 먹기도 하였다는 것인바, 이러한 부상의 부위와 정도, 치료내용 등을 고려하면 피해자는 위 상해로 인하여 신체의 건강상태가 불량하게 변경되고 생활기능에 장애가 초래되었다 할 것이므로, 결국 피해자가 입은 위 상해는 강간치상죄에 있어서의 상해에 해당한다 할 것이다.

5) 대법원은 성폭법상 특수강간죄(제6조 제1항)를 범한 자뿐만 아니라 특수강간이 미수에 그쳤다고 하더라도 그로 인하여 피해자가 상해를 입었으면 특수강간치상죄(제8조)가 성립하고, 성폭법 제15조에

정한 미수범 처벌규정은 특수강간치상죄와 함께 규정된 특수강간상해죄의 미수에 그친 경우, 즉 특수강간의 죄를 범하거나 미수에 그친 자가 피해자에 대하여 상해의 고의를 가지고 피해자에게 상해를 입히려다가 미수에 그친 경우 등에도 적용된다는 입장을 취하고 있다(대법원 2008.4.24. 선고 2007도10058판결). 그러나 최근 하급심판결 중에는 강간등치상죄의 미수범을 인정하는 것이 타당하다는 입장을 취하고 있어 앞으로 대법원의 태도에 변화가 있을지 그 귀추가 주목받고 있다(☞ **[판례 Ⅷ-2]** 참조).

[판례 Ⅷ-2] 대구고법 2013.5.29. 선고 2012노776 판결【성폭법위반(강간등치상)】

〈사실관계〉

피고인은 자신이 근무하던 섬유회사의 기숙사 2층에서 혼자 잠을 자고 있던 베트남 국적의 여자근로자인 피해자를 강간할 것을 마음먹고 그 방에 부엌칼을 들고 침입하여 피해자를 강간하려 하였는데 피해자가 반항하자 주먹으로 옆구리를 때리다가 피해자가 피고인을 알아보고 옆에 있는 과도로 죽어버리겠다고 하자 강간을 포기함으로써 강간은 미수에 그치고 피해자에게 요치 2주의 상해를 입게 하였다.

〈판결요지〉

이 사건 특수강간치상죄에 관하여 미수범 처벌규정이 있는 이상 그 미수를 인정할 수 있고, 다양한 형태의 결과적 가중범들의 통일적 규율이라는 관점이나 결과적가중범에 관한 일반이론에 근거하여 미수 처벌규정을 사문화시키는 것은 죄형법정주의나 엄격해석 원칙 등에 비추어 타당하지 않다. 형법과 법에서 결과적가중범에 대한 미수 처벌규정을 둔 점, 행위관련적 결과적가중범에서 미수의 개념을 인정할 이론적 근거가 있는 점, 이 사건 특수강간치상에서 기본범죄인 특수강간이 결과인 상해 발생보다 중하다고 할 수 있는 점, 결과적가중범에 대한 미수범 처벌규정의 체계론적 관점에서 보더라도 개별적으로 미수범 처벌규정을 둠으로써 결과적 가중범의 미수를 인정할 수 있는 점, 경미한 상해로 인한 결과적가중범에 대하여 사안에 맞는 적절한 형을 부과할 필요가 있는 점, 법에 의한 특수강간치상죄의 미수범을 인정하더라도 형법의 강간치상죄와 사이에 큰 불균형이 예상되지 않고 오히려 특수강도강간범이 기본범죄는 미수에 그치고 상해의 결과를 발생한 경우와 처벌균형을 맞출 필요가 있는 점 등을 종합적으로 고려하면, 성폭법 제15조에 따라 같은 법 제8조 제1항에 따른 특수강간치상의 미수범을 인정하는 것이 타당하다.

Ⅸ. 강간등살인 · 치사(제9조)

1) 형법상 강간죄(제297조), 유사강간죄(제297조의2), 강제추행죄(제298조), 준강간·강제추행죄(제299조) 및 이들 죄의 미수죄를 범한 사람이나 성폭법상 주거침입강간등(제3조 제1항), 특수강도강간등(제3조 제2항), 특수강간등(제4조), 친족관계에 의한 강간등(제5조), 장애인강간등(제6조), 13세미만미성년자강간등(제7조)의 죄 또는 그 미수죄를 범한 사람이 다른 사람을 살해한 때에는 사형 또는 무기징역에 처한다(성폭법 제9조 제1항).

2) 성폭법 제4조, 제5조의 죄 또는 그 미수죄를 범한 사람이 다른 사람을 사망에 이르게 한 때에는 무기 또는 10년 이상의 징역에 처하고(같은조 제2항), 성폭법 제7조 또는 그 미수죄를 범한 사람이 다른 사람을 사망에 이르게 한 때에는 사형, 무기 또는 10년 이상의 징역에 처한다(같은 조제3항).

3) 이들 죄의 미수범은 처벌한다(제15조).

X. 업무상위력등에 의한 추행(제10조 제1항), 피구금자추행(제10조 제2항)

1. 업무상위력등에 의한 추행(제10조 제1항)

1) 업무, 고용이나 그 밖의 관계로 인하여 자기의 보호, 감독을 받는 사람에 대하여 위계 또는 위력으로 추행을 함으로써 성립하는 범죄로 2년 이하의 징역 또는 500만원 이하의 벌금에 처한다.

2) 이른바 직장내 성희롱을 처벌하는 규정이다. 업무, 고용이나 그 밖의 관계로 인하여 자기의 보호, 감독을 받는 사람에 대하여 위계 또는 위력으로 간음한 때에는 형법에 의해 처벌된다(제303조 제1항).

2. 피구금자추행(제10조 제2항)

1) 법률에 따라 구금된 자를 감호하는 사람이 그 사람을 추행함으로써 성립하는 범죄로 3년 이하의 징역 또는 1,500만원 이하의 벌금에 처한다.

2) 법률에 따라 구금된 자를 감호하는 사람이 그 사람을 간음한 때에는 형법에 의해 처벌된다(제303조 제2항).

XI. 기타 성폭법상의 범죄

1. 공중밀집장소에서의 추행(제11조)

대중교통수단, 공연·집회 장소, 그 밖에 공중(公衆)이 밀집하는 장소에서 사람을 추행함으로써 성립하는 범죄로 1년 이하의 징역 또는 300만원 이하의 벌금에 처한다. 여기서 '공중이 밀집하는 장소'에는 현실적으로 사람들이 빽빽이 들어서 있어 서로간의 신체적 접촉이 이루어지고 있는 곳만을 의미하는 것이 아니라 찜질방 등과 같이 공중의 이용에 상시적으로 제공·개방된 상태에 놓여 있는 곳 일반을 의미한다. 예컨대 찜질방 수면실에서 옆에 누워 있던 피해자의 가슴 등을 손으로 만진 경우에는 본죄가 성립한다(대법원 2009.10.29. 선고 2009도5704 판결).

2. 성적목적 공공장소침입(제12조)

1) 자기의 성적 욕망을 만족시킬 목적으로 「공중화장실 등에 관한 법률」상 공중화장실, 개방화장실, 이동화장실, 간이화장실 또는 유료화장실 및 「공중위생관리법」상 목욕장, 「모자보건법」상 모유수유

시설로서 임산부가 영유아에게 모유를 먹일 수 있도록 설치된 장소 그리고 「체육시설의 설치·이용에 관한 법률」상 체육시설이나 「유통산업발전법」상 대규모점포에 설치된 탈의실 또는 목욕실에 침입하거나 같은 장소에서 퇴거의 요구를 받고 응하지 아니함으로써 성립하는 범죄로 1년 이하의 징역 또는 300만원 이하의 벌금에 처한다. 형법상 주거침입·퇴거불응죄의 특별규정이라고 할 수 있다.

2) 공중화장실은 '공중이 이용하도록 제공하기 위하여 국가·지방자치단체·법인 또는 개인이 설치하는 화장실'인바, '당초 공중의 이용을 위하여 설치되지는 않았으나 현실적으로 공중이 이용하고 있는 화장실'은 이에 포함되지 않는다. 따라서 공중화장실 등에 해당하지 않는 병원이나 음식점·주점 등 상가건물에 설치된 화장실 안으로 몰래 들어가 훔쳐보더라도 본죄는 성립하지 않는다(대법원 2016.8.24. 선고 2016도8272 판결). 그러나 화장실은 형법상 건조물에 해당하므로 침입당시 성적 목적이 없었다고 하더라도 관리자의 의사에 반하여 화장실 안으로 들어간 행위는 건조물침입죄로 처벌할 수 있다(대법원 2015.4.9. 선고 2015도114 판결).

○ **대법원 2015.4.9. 선고 2015도114 판결【건조물침입】**

주점 화장실은 주점을 운영하는 주인이 공중의 이용에 제공하기 위하여 설치한 것이라기보다는 주점을 이용하는 불특정 다수의 손님들이 이용할 수 있도록 설치한 것이라 보이므로 본죄의 적용을 받는 공중화장실 등에 해당한다고 보기 어렵다. 성적목적 공공장소침입죄는 목적범이나, 형법상 건조물침입죄는 목적범이 아니다. 따라서 침입 당시는 성적 목적이 없었다고 하더라도 화장실 등의 장소에 알고서 들어갔다면 특별한 사정이 없는 한 그 자체로 관리자의 추정적 내지 묵시적 의사에 반하는 것이므로, 건조물침입의 고의를 인정할 수 있다. 이로써 화장실 등의 장소에 침입한 순간 죄가 성립하고, 피고인의 신체 전부 또는 일부가 피해자가 있는 화장실 칸으로 넘어갔는지 여부는 건조물침입죄의 성립에 아무런 영향이 없다.

○ **서울고등법원 2016.4.5. 선고 2015노3433 판결【건조물침입】**

피고인은 다섯 차례에 걸쳐 빌딩 1층에 있는 남녀공용 상가화장실의 한 용변칸에 그 옆 칸에서 용변을 보는 여성의 모습을 지켜보거나 그 여성을 추행하기 위하여 들어감으로써 자기의 성적 욕망을 만족시킬 목적으로 공공장소에 침입하였다. 이 사건 화장실은 상가건물 1층에 설치되어 손님이나 건물 이용자들이 무료로 사용할 수 있으므로 공중화장실법에서 정한 이동화장실·간이화장실·유료화장실이 아니며, 개방화장실에도 해당하지 않는 이상 이 사건 화장실이 공중화장실에 해당된다고 볼 수 없다. 그러나 피고인은 용변 칸에서 여성이 용변을 보는 모습을 지켜보거나 추행할 의도로 타인이 관리하는 건조물에 침입하였으므로 형법상 건조물침입죄가 성립한다.

○ **광주지방법원 2016.11.4. 선고 2016고단3389 판결【건조물침입】**

피고인은 20:18경 병원의 여자화장실 안에서 변기를 밟고 올라가 칸막이 위로 얼굴을 내밀어 옆 칸을 훔쳐보는 방법으로 여성의 하반신을 훔쳐보기로 마음먹고 병원 1층에 이르러 그 곳 여자화장실 문을 열고 칸막이 안까지 들어가 위 병원 화장실 관리자의 의사에 반하여 그가 관리하는 건조물에 침입하였다. 이 사건 화장실은 공중화장실법 제2조에 규정된 공중화장실 등에 해당하지 않으므로 성적목적 공공장소침입죄는 성립하지 않으나 형법상 건조물침입죄는 성립한다.

3. 통신매체이용음란 (제13조)

1) 자기 또는 다른 사람의 성적 욕망을 유발하거나 만족시킬 목적으로 전화, 우편, 컴퓨터, 그 밖의 통신매체를 통하여 성적 수치심이나 혐오감을 일으키는 말, 음향, 글, 그림, 영상 또는 물건을 상대방에게 도달하게 함으로써 성립하는 범죄로 2년 이하의 징역 또는 500만원 이하의 벌금에 처한다. 피해자의 휴대전화기에 남자성기를 여자성기에 삽입하는 사진을 전송하는 행위는 본죄를 구성한다(서울북부지법 2013.11.29. 선고 2013고단2576 판결).

2) 본죄의 규율대상이 되는 행위는 문언상 '전화, 우편, 컴퓨터나 그 밖에 일반적으로 통신매체라고 인식되는 수단을 이용하여' 성적 수치심 등을 일으키는 말, 음향, 글, 그림, 영상 또는 물건을 상대방에게 전달하는 행위이므로, 예컨대 성적 수치심 등을 일으키는 내용의 편지를 작성한 다음 옆집에 사는 피해자의 주거지 출입문에 끼워 넣는 행위와 같이 통신매체를 이용하지 아니한 채 '직접' 상대방에게 말, 글, 물건 등을 도달하게 하는 행위는 본죄로 처벌되지 않는다(대법원 2016.3.10. 선고 2015도17847 판결).

그리고 '성적 수치심이나 혐오감을 일으키는 말 등을 상대방에게 도달하게 한다'는 것은 '상대방이 성적 수치심을 일으키는 그림 등을 직접 접하는 경우뿐만 아니라 상대방이 실제로 이를 인식할 수 있는 상태에 두는 것'을 의미하므로, 상대방에게 성적 수치심을 일으키는 그림 등이 담겨 있는 웹페이지 등에 대한 인터넷 링크(internet link)를 보내어 상대방이 그와 같은 그림 등을 인식될 수 있는 상태에 놓이게 되었다면, 그러한 행위는 성적 수치심을 일으키는 그림 등을 상대방에게 도달하게 한 것으로 볼 수 있다(대법원 2017.6.8. 선고 2016도21389 판결).

4. 카메라이용촬영 (제14조)

1) 카메라나 그 밖에 이와 유사한 기능을 갖춘 기계장치를 이용하여 성적 욕망 또는 수치심을 유발할 수 있는 다른 사람의 신체를 그 의사에 반하여 촬영하거나 그 촬영물을 반포·판매·임대·제공 또는 공공연하게 전시·상영하거나(성폭법 제14조 제1항), 촬영대상자의 의사에 반하지 아니하고 촬영을 하였으나 사후에 그 의사에 반하여 촬영물을 반포·판매·임대·제공 또는 공공연하게 전시·상영하거나, 영리를 목적으로 촬영물을 정보통신망을 이용하여 유포함으로써(같은 조 제2항) 성립하는 범죄이다. 제1항의 죄는 5년 이하의 징역 또는 1천만원 이하의 벌금에 그리고 제2항의 죄는 3년 이하의 징역 또는 500만원 이하의 벌금에 처한다. 본죄의 미수범은 처벌한다(같은 법 제15조).

2) 카메라 등을 이용하여 촬영한 부위가 '성적 욕망 또는 수치심을 유발할 수 있는 다른 사람의 신체'에 해당하는지 여부는, 객관적으로 피해자와 같은 성별, 연령대의 일반적이고도 평균적인 사람들의 입장에서 성적 욕망 또는 수치심을 유발할 수 있는 신체에 해당되는지 여부를 고려함과 아울러, 당해 피해자의 옷차림, 노출의 정도 등은 물론, 촬영자의 의도와 촬영에 이르게 된 경위, 촬영장소와 촬영 각

도 및 촬영 거리, 촬영된 원판의 이미지, 특정 신체부위의 부각 여부 등을 종합적으로 고려하여 구체적·개별적·상대적으로 결정하여야 한다. 밤 9시 무렵 마을버스를 타고 가다 바로 옆 좌석에 앉아 있는 만 18세의 여성인 피해자의 치마 밑으로 드러난 무릎 위 허벅다리 부분을 휴대폰 카메라를 이용하여 불과 30㎝ 정도의 거리에서 정면으로 촬영하였거나(대법원 2008.9.25. 선고 2008도7007 판결), 재래식 변기에서 용변을 보러 들어온 여성이 용변을 보기 직전 무릎 아래 다리 부분과 용변을 본 직후 무릎 아래 다리부분을 활용하였고, 피해자들이 수사기관에서 상당한 성적 수치심을 느꼈다고 진술하였다면(대법원 2014.7.24. 선고 2014도6309 판결) 본죄가 성립한다.

3) 본죄의 처벌 대상은 '다른 사람의 신체 그 자체'를 카메라 등 기계장치를 이용해서 '직접' 촬영하는 경우 등에 한정에 한정되므로, 피해자(여, 14세)가 피고인과 인터넷 화상채팅 등을 하면서 자신의 유방, 음부 등 신체 부위를 화상카메라에 비추어 카메라 렌즈를 통과한 상의 정보가 디지털화되어 피고인의 컴퓨터에 전송된 정보가 모니터에 영상으로 변환된 것을 피고인이 카메라 기능이 내재되어 있는 휴대전화를 이용하여 촬영하였다고 하더라도, 피고인이 촬영한 대상은 피해자의 신체 그 자체는 아니라 피해자의 신체 이미지가 담긴 영상일 뿐인 경우에는 본죄가 성립하지 않는다(대법원 2013.6.27. 선고 2013도4279 판결).

4) 타인의 신체를 그 의사에 반하여 촬영한 촬영물이 인터넷 등 정보통신망을 통하여 급속도로 광범위하게 유포됨으로써 피해자에게 엄청난 피해와 고통을 초래하는바, 본죄는 촬영하는 행위뿐만 아니라 반포, 판매, 임대, 제공 또는 공공연한 전시나 상영의 방법으로 촬영물을 시중에 유포하는 행위도 동일하게 처벌된다. 촬영물을 반포·판매·임대 또는 공연히 전시·상영한 자는 반드시 촬영물을 촬영한 자와 동일인이어야 하는 것은 아니고, 행위의 대상이 되는 촬영물은 누가 촬영한 것인지를 묻지 아니한다(대법원 2016.10.13. 선고 2016도6172 판결).

'반포'는 불특정 또는 다수인에게 무상으로 교부하는 것을 말하고, 계속적·반복적으로 전달하여 불특정 또는 다수인에게 반포하려는 의사를 가지고 있다면 특정한 1인 또는 소수의 사람에게 교부하는 것도 반포에 해당할 수 있다. 한편 반포와 별도로 열거된 '제공'은 '반포'에 이르지 아니하는 무상 교부행위를 말하며, '반포'할 의사 없이 특정한 1인 또는 소수의 사람에게 무상으로 교부하는 것은 '제공'에 해당한다(대법원 2016.12.27. 선고 2016도16676 판결).

5) 본죄의 미수범은 처벌된다(제15조). 본죄는 카메라 등의 기계장치 속에 들어 있는 필름이나 저장장치에 피사체에 대한 영상정보가 입력됨으로써 기수에 이른다. 디지털카메라나 동영상 기능이 탑재된 휴대전화는 촬영된 영상정보가 전자파일 등의 형태로 저장되기 전이라도 일단 촬영이 시작되면 곧바로 피사체의 영상정보가 RAM(Random Access Memory) 등의 주기억장치에 입력되어 임시저장되었다가 저장명령이 내려지면 보조기억장치 등에 저장되는 방식을 취하는 경우가 있다. 이러한 저장방식을 취하고

있는 기계장치를 이용하여 동영상 촬영이 이루어졌다면 범행은 촬영 후 영상정보가 RAM 등 주기억장치 등에 입력됨으로써 기수에 이르고, 영상정보가 전자파일 등의 형태로 영구저장되지 않은 채 강제종료되었다고 하여 미수에 그쳤다고 볼 수는 없다(대법원 2011.6.9. 선고 2010도10677 판결).

XII. 성폭력범죄의 처벌상 특례

1. 성폭력범죄의 개념

1) 일반적으로 성풍속범죄와 대비하여 폭력, 즉 폭행·협박이나 위계·위력을 수단으로 한 성범죄를 성폭력범죄라고 한다. 형법 각칙 제32장(강간과 추행의 죄)에 규정된 강간, 유사강간, 강제추행, 준강간·준강제추행, 강간등 상해·치상, 강간등 살인·치사, 위계·위력에 의한 미성년자 간음·추행, 업무상위계·위력에 의한 간음, 미성년자의제강간·강제추행 및 그 상습범, 강도강간이 그 대표적인 예이다.

2) 이외에도 성폭법은 특수강도강간등, 특수강간등, 친족관계에 의한 강간등, 장애인에 대한 강간등, 13세 미만의 미성년자에 대한 강간등, 강간등 상해·치상, 강간 등 살인·치사, 업무상 위계·위력 추행 등 형법상의 성폭력범죄를 가중처벌하는 성질의 범죄 외에도 그 동안 성풍속범죄로 분류되어 왔던 음행매개, 음화반포, 음화제조, 공연음란과 함께 추행·간음·성매매·성적착취목적 약취·유인, 추행·간음·성매매·성적착취목적 인신매매, 추행·간음·성매매·성적착취목적 약취·유인·매매등 상해·치상, 추행·간음·성매매·성적착취목적 약취·유인·매매등 살인·치사, 추행·간음·성매매·성적착취목적 피약취·유인·매매자 수수·은닉 그리고 성폭법상 공중밀집장소추행, 성적목적 공공장소침입, 통신매체이용 음란행위, 카메라이용 촬영 및 이들 죄의 미수범을 성폭력범죄로 분류하고 있다(제2조 제1항).

2. 처벌상 특례

성폭법은 성폭력범죄의 처벌과 관련하여 다양한 특례를 규정하고 있는데, 중요한 몇 가지를 살펴보면 다음과 같다.

1) 성폭력범죄에 대하여는 형사소송법 제224조(고소의 제한) 및 군사법원법 제266조에도 불구하고 자기 또는 배우자의 직계존속을 고소할 수 있다(제18조).

2) 미성년자에 대한 성폭력범죄의 공소시효는 성폭력범죄로 피해를 당한 미성년자가 성년에 달한 날부터 진행하고(제21조 제1항), 디엔에이(DNA)증거 등 그 죄를 증명할 수 있는 과학적인 증거가 있는 때에는 형법상 강간, 유사강간, 강제추행, 준강간·준강제추행, 강간등상해·치상, 강간등살인·치사, 미성년자등에 대한 간음·추행, 업무상위력 등에 의한 간음, 의제강간·강제추행, 강도강간 및 성폭법상의 주거침입강간등, 특수강도강간등, 특수강간등, 친족관계에 강간등, 장애인에 대한 강간등, 13세미만미성년자

에 대한 강간등, 강간등상해·치상, 강간등살인·치사의 죄의 공소시효가 10년 연장된다(같은 조 제2항).

그리고 13세 미만의 사람 및 신체적인 또는 정신적 장애가 있는 사람에 대하여 형법상 강간, 유사강간, 강제추행, 준강간·준강제추행, 강간등상해·치상, 강간등살인·치사의 죄를 범하거나 성폭법상 장애인에 대한 유사강간, 13세미만 미성년자에 대한 유사강간, 강간등상해·치상, 강간등살인·치사의 죄를 범하거나, 아동·청소년성보호법상 강간등상해·치상, 강간등살인·치사의 죄를 범한 때 또는 형법, 성폭법, 아동·청소년성보호법 및 군형법상 강간살인의 죄를 범한 때에는 공소시효를 적용하지 아니한다(같은 조 제3항, 제4항).

4) 법원이 성폭력범죄를 범한 사람에 대하여 형의 선고를 유예하는 경우에는 1년 동안 보호관찰을 받을 것을 명할 수 있으며(제16조 제1항), 성폭력범죄를 범한 사람에 대하여 유죄판결을 선고하거나 약식명령을 고지하는 경우에는 500시간의 범위에서 재범예방에 필요한 수강명령 또는 성폭력 치료프로그램의 이수명령을 병과한다(같은 조 제2항). 형의 집행을 유예할 경우 그 집행유예 기간 내에서 수강명령을 병과하고 벌금 이상의 형을 선고하거나 약식명령을 고지할 경우 성폭력 치료프로그램 이수명령을 병과한다(같은 조 제4항). 법원이 성폭력범죄를 범한 사람에 대하여 형의 집행을 유예하는 경우에는 수강명령 외에 그 집행유예기간 내에서 보호관찰 또는 사회봉사 중 하나 이상의 처분을 병과할 수 있다(같은 조 제4항).

5) 검사와 사법경찰관은 성폭력범죄의 피의자(청소년보호법상 청소년은 제외)가 죄를 범하였다고 믿을 만한 충분한 증거가 있고, 국민의 알권리 보장, 피의자의 재범 방지 및 범죄예방 등 오로지 공공의 이익을 위하여 필요할 때에는 얼굴, 성명 및 나이 등 피의자의 신상에 관한 정보를 공개할 수 있다. 다만 이 경우 피의자의 인권을 고려하여 신중하게 결정하고 이를 남용하여서는 아니된다(제25조).

3. 성범죄자 신상정보의 등록·관리

1) 형법상 강간, 유사강간, 강제추행, 준강간·준강제추행, 강간등상해·치상, 강간등살인·치사, 미성년자등에 대한 간음·추행, 업무상위력 등에 의한 간음, 의제강간·강제추행, 강도강간 및 성폭법상의 주거침입강간등, 특수강도강간등, 특수강간등, 친족관계에 강간등, 장애인에 대한 강간등, 13세미만미성년자에 대한 강간등, 강간등상해·치상, 강간등살인·치사, 공중밀집장소추행, 성적목적 공공장소침입, 통신매체이용 음란행위, 카메라이용 촬영의 죄 및 이들 죄의 미수범 및 아동·청소년대상성범죄(아청법 제2조 제2호)로 유죄판결이나 약식명령이 확정된 자 또는 아청법 제49조 제1항 제4호에 따라 신상정보공개명령이 확정된 자는 신상정보등록대상자가 된다. 그러나 아동·청소년이용음란물소지죄(아청법 제11조 제5항), 성적목적공공장소침입죄, 통신매체이용음란죄, 아동·청소년이용음란물배포죄 등의 범죄로 벌금형을 선고받은 경우는 제외된다(제42조 제1항).

2) 법원이 피고인에 대하여 등록대상 성범죄로 판결을 선고하거나 약식명령을 고지하는 경우 그가 등록대상자라는 사실과 신상정보제출의무가 있음을 알려주어야 하고(같은 조 제2항), 판결이나 약식명령이 확정된 날로부터 14일 이내에 판결문 또는 약식명령 등본을 법무부장관에게 송달하여야 한다(같은 조 제4항).

3) 등록대상자는 판결이 확정된 날로부터 30일 이내에 신상정보[성명, 주민등록번호, 주소 및 실제거주지, 직업 및 직장 등의 소재지, 연락처(전화번호, 전자우편주소), 신체정보(키와 몸무게)]를 자신의 주소지를 관할하는 경찰관서의 장(등록대상자가 교정시설 또는 치료감호시설에 수용된 경우에는 교정시설 또는 치료감호시설의 장)에게 제출하여야 하고(제43조 제1항), 등록대상자가 신상정보를 제출할 때 경찰관서의 장 등은 그의 정면·좌측·우측 상반신 및 전신 컬러사진을 촬영하여 전자기록으로 저장·보관하여야 한다(같은 조 제2항). 등록대상자는 제출한 신상정보가 변경된 경우 그 변경사유가 발생한 날로부터 20일 이내에 그 사유와 내용을 제출하여야 한다(같은 조 제3항). 그리고 최초 등록일로부터 매 1년마다 주소지를 관할하는 경찰관서에 출석하여 자신의 정면·좌측·우측 상반신 및 전신 컬러사진을 전자기록으로 저장·보관하여야 한다(같은 조 제4항). 이를 위반하여 정당한 사유없이 제출정보 또는 변경정보를 제출하지 아니하거나 또는 이를 거짓으로 제출하거나, 정당한 사유없이 경찰관서에 출석하지 아니하거나 사진촬영에 응하지 아니한 때에는 1년 이하의 징역 또는 500만원 이하의 벌금에 처한다제(제50조 제3항).

4) 경찰관서의 장 등은 등록대상자로부터 제출받은 정보 및 변경정보를 범죄경력자료와 함께 법무부장관에게 송달한다(제43조 제5항·제6항). 법무부장관은 경찰관서의 장 등으로부터 송달받은 정보와 등록대상자의 성범죄경력정보, 성범죄전과사실, 위치추적전자장치의 부착여부를 등록하고, 이를 최초 등록일로부터 10년 초과 징역·금고형, 사형, 무기징역·금고형을 선고받은 경우에는 30년, 3년 초과 10년 이하의 징역·금고형을 선고받은 경우에는 20년, 3년 이하 징역·금고형 및 아청법에 따른 공개명령이 확정된 사람의 경우에는 15년 그리고 벌금형을 선고받은 사람은 10년간 보존·관리한다(제44조 제1항, 제45조 제1항). 법무부장관은 등록정보를 등록대상 성범죄와 관련한 범죄예방 및 수사에 활용하도록 검사 또는 각급 경찰관서의 장에게 배포할 수 있다(제46조 제1항). 그리고 등록기간이 끝나면 등록정보를 즉시 폐기하고 그 사실을 등록대상자에게 통지한다(제45조 제2항).

5) 등록대상자의 등록정보는 아청법에 의하여 공개 또는 고지한다. 등록정보의 공개 또는 고지는 여성가족부 장관이 집행한다(제47조 제1항·제2항, 제48조 제1항·제2항).

6) 신상정보 등록의 원인이 된 성범죄로 형의 선고를 유예받은 사람이 선고유예를 받은 날부터 2년이 경과하여 면소된 것으로 간주되면 신상정보 등록을 면제한다(제45조의2 제1항). 그리고 등록기간이 30년인 경우는 최초등록일부터 20년, 등록기간이 20년인 경우는 최초등록일부터 15년, 등록기간이 15년인 경우는 최초등록일부터 10년 그리고 등록기간이 10년인 경우는 최초등록일부터 7년이 경과하면(교

정시설 또는 치료감호시설에 수용된 기간은 제외한다) 법무부장관에게 신상정보 등록의 면제를 신청할 수 있다(같은 조 제2항). 그리고 법무부장관은 등록기간이 지나거나 등록이 면제된 때에는 즉시 신상정보를 폐기하고, 등록대상자에게 정보통신망을 이용하여 폐기된 사실을 통지하거나 열람할 수 있도록 하여야 한다(제45조의3 제1항·제2항·제3항·제4항).

판례형법각론

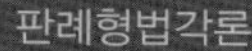

제 6 장 아청법위반죄

Ⅰ. 아청법의 개요

1) 본법은 아동·청소년대상 성범죄의 처벌과 절차에 관한 특례를 규정하고 피해아동·청소년을 위한 구제 및 지원절차를 마련하며 아동·청소년대상 성범죄자를 체계적으로 관리함으로써 아동·청소년을 성범죄로부터 보호하고 아동·청소년이 건강한 사회구성원으로 성장할 수 있도록 함을 목적으로 하며, 2000년 제정된 「청소년의 성보호에 관한 법률」이 2010년 「아동·청소년의 성보호에 관한 법률」로 전면개정되면서 탄생하였다.

2) '아동·청소년'이라 함은 연나이로 19세 미만의 자를 말한다. 따라서 만18세로서 19세가 되는 해의 1월 1일을 맞이한 자는 제외된다(제2조 제1호). 그리고 성폭법과의 관계에서 13세미만의 자도 제외된다. 13세미만의 자에 대해 강간등의 죄를 범한 때에는 성폭법 제7조에 의해 처벌된다.

3) 본법은 아동·청소년강간등(제7조), 장애아동·청소년간음등(제8조), 강간등상해·치상(제9조), 강간등살인·치사(제10조), 아동·청소년이용음란물제작등(제11조), 아동·청소년매매(제12조), 아동·청소년성매수(제13조), 아동·청소년에 대한 강요(제14조), 알선영업행위(제15조) 등 아동·청소년에 대한 성범죄와 아동·청소년대상 성폭력범죄에 대한 형법상 책임조각의 적용배제(제19조), 공소시효에 관한 특례(제20조), 형벌과 수강명령등의 병과(제21조), 친권상실선고(제23조), 아동·청소년에 대한 성범죄로 유죄판결이 확정된 자의 신상정보공개·취업제한·보호관찰(제49조 내지 64조) 등을 규정하고 있다.

4) '아동·청소년에 대한 성범죄'란 본법 제7조 내지 제15조의 죄, 아동·청소년에 대한 성폭법상 주거침입등강간등(제3조 제1항), 특수강도강간등(제3조 제2항), 특수강간등(제4조), 친족관계에 의한 강간등

(제5조), 장애인에 대한 강간등(제6조), 13세미만미성년자에 대한 강간등(제7조), 강간등상해·치상(제8조), 강간등살인·치사(제9조), 업무상위력등에 의한 추행(제10조), 공중밀집장소추행(제11조), 성적목적 공공장소침입(제12조), 통신매체이용음란행위(제13조), 카메라이용촬영(제14조) 및 이들 죄의 미수범(제15조), 아동·청소년에 대한 형법상 강간(제297조), 유사강간(제297조의2), 강제추행(제292조), 준강간·준강제추행(제299조), 이들 죄의 미수범(제300조), 강간등상해·치상(제301조), 강간등살인·치사(제301조의2), 미성년자·심신미약자간음(제302조), 업무상위력등간음(제303조), 미성년자의제강간등(제305조), 강도강간(제339조), 그리고 아동·청소년에 대한 아동복지법 제17조 제2호 및 제4호의 죄를 말한다(제2조 제2호). 그리고 이들 죄 중에서 본법 제11조부터 제15조까지의 죄를 제외한 나머지 죄를 '아동·청소년에 대한 성폭력범죄'라고 한다.

Ⅱ. 아동·청소년 강간등(제7조)

1) 아동·청소년에 대하여 강간죄, 유사강간죄, 강제추행죄를 범한 때에는 각각 무기징역 또는 5년 이상의 유기징역(아청법 제7조 제1항), 5년 이상의 유기징역(같은 조 제2항), 2년 이상의 유기징역 또는 1천만원 이상 3천만원 이하의 벌금에 처하고(같은 조 제3항), 준강간·준강제추행죄를 범한 자 및 아동·청소년을 위계·위력에 의해 간음 또는 추행한 자는 제1항부터 제3항의 예에 의해 처벌한다(같은 조 제4항, 제5항). 이들 죄의 미수범은 처벌한다(같은 조 제6항).

2) 성폭법상 13세미만 미성년자강간등의 죄(제7조)는 본죄에 대하여 특별관계에 있으므로 아동·청소년이 13세미만의 미성년자인 경우에는 성폭법이 적용된다. 판례는 법조경합의 한 형태인 특별관계란 어느 구성요건이 다른 구성요건의 모든 요소를 포함하는 외에 다른 요소를 구비하여야 성립하는 경우인데 양 죄는 행위의 객체와 태양, 범행 대상이 아동·청소년이라는 점에 대한 인식 요부 등에 차이가 있으므로 특별관계에 있지 않다고 한 적이 있으나(대법원 2012.8.30. 선고 2012도6503 판결; 2013.4.26. 선고 2013도2024 판결), 이 판례는 2012.12.18. 성폭법과 아동·청소년성보호법이 전면개정되기 전의 것으로서, 현재로서는 양 죄는 구성요건요소에서 실질적인 차이가 없고 형벌에만 차이가 있을 따름이므로 특별관계에 있다고 보는 것이 타당하다.

3) 강간 등의 죄를 범함에 있어서 그 피해자가 아동·청소년이라는 사실을 인식한 경우에만 본죄가 성립한다.

4) 강제추행죄는 상대방에 대하여 폭행 또는 협박을 가하여 항거를 곤란하게 한 뒤에 추행행위를 하는 경우뿐만 아니라 폭행 자체가 추행행위라고 인정되는 경우도 포함되며, 이 경우의 폭행은 반드시 상대방의 의사를 억압할 정도의 것일 필요는 없다. 그리고 추행의 고의로 상대방의 의사에 반하는 유

형력의 행사에 착수하였으나 추행의 결과에 이르지 못한 때에는 강제추행미수죄가 성립한다. 예컨대 피고인이 밤에 술을 마시고 배회하던 중 버스에서 내려 혼자 걸어가는 피해자(여, 17세)를 발견하고 마스크를 착용한 채 뒤따라가다가 인적이 없고 외진 곳에서 가까이 접근하여 피해자를 껴안으려 양팔을 높이 들었으나 마침 피해자가 뒤돌아보면서 소리치는 바람에 몸을 껴안지 못하였다면, 피고인의 행위는 아동·청소년에 대한 강제추행미수죄에 해당한다(대법원 2015.9.10. 선고 2015도6980 판결).

5) 판례는 '위계'라 함은 행위자가 간음의 목적으로 상대방에게 오인, 착각, 부지를 일으키고 그러한 심적 상태를 이용하여 간음의 목적을 달성하는 것으로, 여기에서 오인, 착각, 부지란 간음행위 자체에 대한 오인, 착각, 부지를 말하는 것이지 간음행위와 불가분적 관련성이 인정되지 않는 다른 조건에 관한 오인, 착각, 부지를 가리키는 것은 아니라고 보고, 청소년에게 성교의 대가로 돈을 주겠다고 거짓말을 하고 이에 속은 청소년과 성교행위를 하더라도 위계등간음·추행죄(제7조 제5항)가 성립하지 않는다는 입장을 취하고 있다(대법원 2001.12.24. 선고 2001도5074 판결). 이러한 판례의 입장에 따르면 이와 같은 경우에는 아동·청소년성매수죄(제13조)로 처벌될 따름이다.

6) '위력'이란 피해자의 성적 자유의사를 제압하기에 충분한 세력으로서 유형적이든 무형적이든 묻지 않으며, 폭행·협박뿐 아니라 행위자의 사회적·경제적·정치적인 지위나 권세를 이용하는 것도 가능하다. 피고인이 아파트 엘리베이터 내에 13세 미만인 피해자(여, 11세)와 단둘이 탄 다음 피해자를 향하여 성기를 꺼내어 잡고 여러 방향으로 움직이다가 이를 보고 놀란 피해자 쪽으로 가까이 다가간 경우, 피고인은 나이 어린 피해자를 범행 대상으로 삼아, 의도적으로 협소하고 폐쇄적인 엘리베이터 내 공간을 이용하여 피해자가 도움을 청할 수 없고 즉시 도피할 수도 없는 상황을 만들어 범행을 한 점 등 제반 사정에 비추어 볼 때, 비록 피고인이 피해자의 신체에 직접적인 접촉을 하지 아니하였고 엘리베이터가 멈춘 후 피해자가 위 상황에서 바로 벗어날 수 있었다고 하더라도, 피고인의 행위는 피해자의 성적 자유의사를 제압하기에 충분한 세력에 의하여 추행행위에 나아간 것으로서 위력에 의한 추행에 해당한다(대법원 2013.1.16. 선고 2011도7164; 2011전도124 판결).

Ⅲ. 장애아동·청소년 간음등(제8조)

1) 19세 이상의 사람이 장애아동·청소년(장애인으로서 신체적 또는 정신적인 장애로 사물을 변별하거나 의사를 결정할 능력이 미약한 13세 이상의 아동·청소년)을 간음하거나 장애아동·청소년으로 하여금 다른 사람을 간음하게 하는 경우에는 3년 이상의 유기징역에 처한다(아청법 제8조 제1항). 19세 이상의 사람이 장애 아동·청소년을 추행한 경우 또는 장애 아동·청소년으로 하여금 다른 사람을 추행하게 하는 경우에는 10년 이하의 징역 또는 1천500만원 이하의 벌금에 처한다(같은 조 제2항).

2) 본죄는 폭행·협박이나 위계·위력을 수단으로 하지 않고 단지 간음 또는 추행한 경우에 성립한다. 장애아동·청소년을 폭행·협박이나 위계·위력을 수단으로 간음 또는 추행한 때에는 성폭법상 장애인에 대한 강간등의 죄(제6조)로 처벌된다.

3) 13세 미만의 장애아동·청소년을 간음 또는 추행한 때에는 형법상 미성년자의제강간등의 죄(제305조)로 처벌된다.

Ⅳ. 강간등상해·치상(제9조), 강간등살인·치사(제10조)

1) 아동·청소년에 대한 강간등의 죄를 범한 자가 사람을 상해하거나 상해에 이르게 한 때에는 무기징역 또는 7년 이상의 징역에 처한다(아청법 제9조).

2) 아동·청소년에 대한 강간등의 죄(제7조)를 범한 자가 사람을 살해한 때에는 사형 또는 무기징역에 처하고, 사망에 이르게 한 때에는 사형, 무기징역 또는 10년 이상의 징역에 처한다(같은 법 제10조).

3) 위의 죄는 피해자가 13세 이상의 아동·청소년인 경우에 성립하고, 13세미만의 아동·청소년인 경우에는 성폭법상 강간등상해·치상죄(제8조), 강간등살인·치사죄(제9조)가 성립한다.

Ⅴ. 아동·청소년이용음란물 제작등(제11조)

1) 아동·청소년이용음란물을 제작·수입 또는 수출한 자는 무기징역 또는 5년 이상의 유기징역에 처한다(아청법 제11조 제1항). 본죄의 미수범은 처벌한다(같은 조 제6항). 제작한 영상물이 객관적으로 아동·청소년이 등장하여 성적 행위를 하는 내용을 표현한 영상물에 해당하는 한 대상이 된 아동·청소년의 동의하에 촬영한 것이라거나 사적인 소지·보관을 1차적 목적으로 제작한 것이라고 하여 '아동·청소년이용음란물'에 해당하지 아니한다거나 이를 '제작'한 것이 아니라고 할 수 없다. 다만 아동·청소년인 행위자 본인이 사적인 소지를 위하여 자신을 대상으로 '아동·청소년이용음란물'에 해당하는 영상 등을 제작하거나 그 밖에 이에 준하는 경우로서, 영상의 제작행위가 헌법상 보장되는 인격권, 행복추구권 또는 사생활의 자유 등을 이루는 사적인 생활 영역에서 사리분별력 있는 사람의 자기결정권의 정당한 행사에 해당한다고 볼 수 있는 예외적인 경우에는 위법성이 부정된다(대법원 2015.2.12. 선고 2014도11501 판결).

2) 영리를 목적으로 아동·청소년이용음란물을 판매·대여·배포·제공하거나 이를 목적으로 소지·운반하거나 공연히 전시 또는 상영한 자는 10년 이하의 징역에 처한다(같은 조 제2항).

3) 아동·청소년이용음란물을 배포·제공하거나 공연히 전시 또는 상영한 자는 7년 이하의 징역 또

는 5천만원 이하의 벌금에 처한다(같은 조 제3항).

4) 아동·청소년이용음란물을 제작할 것이라는 정황을 알면서 아동·청소년을 아동·청소년이용음란물의 제작자에게 알선한 자는 3년 이상의 징역에 처한다(같은 조 제4항).

5) 아동·청소년이용음란물임을 알면서 이를 소지한 자는 1년 이하의 징역 또는 2천만원 이하의 벌금에 처한다(같은 조 제5항).

6) '아동·청소년이용음란물'이란 아동·청소년 또는 아동·청소년으로 명백하게 인식될 수 있는 사람이나 표현물이 등장하여 성교 행위, 구강·항문 등 신체의 일부나 도구를 이용한 유사 성교 행위, 신체의 전부 또는 일부를 접촉·노출하는 행위로서 일반인의 성적 수치심이나 혐오감을 일으키는 행위 또는 자위행위 중 어느 하나에 해당하는 행위를 하거나 그 밖의 성적 행위를 하는 내용을 표현하는 것으로서 필름·비디오물·게임물 또는 컴퓨터나 그 밖의 통신매체를 통한 화상·영상 등의 형태로 된 것을 말한다(제2조 제5호).

'아동·청소년이용음란물'이라고 하기 위해서는 '아동·청소년'이나 '아동·청소년 또는 아동·청소년으로 인식될 수 있는 사람이나 표현물'이 등장하여 앞에서 열거한 행위를 하거나 하는 것과 같다고 평가될 수 있는 내용을 표현하는 것이어야 한다(대법원 2013.9.12. 선고 2013도502 판결).

아동·청소년이용음란물에는 실제 아동·청소년이 등장하는 경우뿐만 아니라 아동·청소년으로 인식될 수 있는 사람이나 표현물이 등장하여 그 밖의 성적 행위를 하는 내용을 표현하는 가상의 아동·청소년이용음란물도 포함된다. 가상의 아동·청소년이용음란물은 '아동·청소년으로 인식될 수 있는 사람'이 등장하는 경우와 '아동·청소년으로 인식될 수 있는 표현물'이 등장하는 경우로 나뉘는데, 전자는 아동·청소년으로 인식될 수 있는 성인 등 실제 사람이 등장하는 경우를 의미하고, 후자는 실제 아동·청소년이 아니라 아동·청소년의 이미지가 성적 행위의 주체 내지 대상으로 묘사된 경우를 의미한다고 할 수 있다.

'아동·청소년으로 인식될 수 있는 사람'은 단순히 등장하는 사람이 어려보인다거나 성인이 아동·청소년과 같이 옷을 입거나 분장한 정도에 그치는 것이 아니라, 통상의 상식을 가진 일반인의 입장에서 전체적으로 그 외모, 신원, 등장인물 사이의 관계, 그 사람을 등장시켜 각종 성적 행위를 표현한 화상 또는 영상 등 매체물의 제작 동기와 경위 등을 종합하여 볼 때, 실제 아동·청소년으로 오인하기에 충분할 정도의 사람이 등장하는 경우를 의미한다. 그리고 '아동·청소년으로 인식될 수 있는 표현물'에는 고도의 사진 합성 기술이나 컴퓨터 그래픽을 이용하여 실제 아동·청소년이 등장한 것으로 오인할 정도로 만들어진 표현물만이 아니라, 아동·청소년을 성적 대상으로 묘사한 것이라면 그림 또는 컴퓨터 그래픽을 이용한 아동·청소년의 이미지, 만화나 게임물에서의 아동·청소년 캐릭터, 사진으로 합성된 아동·청소년의 이미지가 모두 포함될 수 있다(헌법재판소 2015.6.25. 선고 2013헌가17·24, 2013헌바85 결정).

Ⅵ. 아동 · 청소년매매(제12조)

1) 아동· 청소년의 성을 사는 행위 또는 아동· 청소년이용음란물을 제작하는 행위의 대상이 될 것을 알면서 아동· 청소년을 매매 또는 국외에 이송하거나 국외에 거주하는 아동· 청소년을 국내에 이송한 자는 무기 또는 5년 이상의 징역에 처한다(아청법 제12조 제1항). 본죄의 미수범은 처벌한다(같은 조 제2항).

2) '아동· 청소년의 성을 사는 행위'란 아동· 청소년, 아동· 청소년의 성(性)을 사는 행위를 알선한 자 또는 아동· 청소년을 실질적으로 보호· 감독하는 자 등에게 금품이나 그 밖의 재산상 이익, 직무· 편의제공 등 대가를 제공하거나 약속하고 성교 행위, 구강· 항문 등 신체의 일부나 도구를 이용한 유사 성교 행위, 신체의 전부 또는 일부를 접촉· 노출하는 행위로서 일반인의 성적 수치심이나 혐오감을 일으키는 행위 또는 자위행위를 아동· 청소년을 대상으로 하거나 아동· 청소년으로 하여금 하게 하는 것을 말한다.

Ⅶ. 아동 · 청소년성매수(제13조)

1) 아동· 청소년의 성을 사거나(아청법 제13조 제1항), 아동· 청소년의 성을 사기 위하여 아동· 청소년을 유인하거나 성을 팔도록 권유함으로써 성립한다(같은 조 제2항). 제1항의 죄를 범한 자는 1년 이상 10년 이하의 징역 또는 2천만원 이상 5천만원 이하의 벌금에 처하고, 제2항의 죄를 범한 자는 1년 이하의 징역 또는 1천만원 이하의 벌금에 처한다.

2) 아동· 청소년이 이미 성매매 의사를 가지고 있었던 경우에도 그러한 아동· 청소년에게 금품이나 그 밖의 재산상 이익, 직무· 편의제공 등 대가를 제공하거나 약속하는 등의 방법으로 성을 팔도록 권유하는 행위는 '성을 팔도록 권유하는 행위'에 해당된다. 예컨대 인터넷 채팅사이트를 통하여, 이미 성매매 의사를 가지고 성매수 행위를 할 자를 물색하고 있던 청소년(여, 16세)과 성매매 장소, 대가, 연락방법 등에 관하여 구체적인 합의에 이른 다음 약속장소 인근에 도착하여 그 청소년에게 전화를 걸어 '속바지를 벗고 오라'고 지시하였다면 본죄로 처벌된다(대법원 2011.11.10. 선고 2011도3934 판결).

Ⅷ. 아동 · 청소년에 대한 성매매강요등(제14조), 합의강요(제16조)

1) 폭행이나 협박으로 아동· 청소년으로 하여금 아동· 청소년의 성을 사는 행위의 상대방이 되게 하거나, 선불금(先拂金), 그 밖의 채무를 이용하는 등의 방법으로 아동· 청소년을 곤경에 빠뜨리거나 위계 또는 위력으로 아동· 청소년으로 하여금 아동· 청소년의 성을 사는 행위의 상대방이 되게 하거나, 업무· 고용이나 그 밖의 관계로 자신의 보호 또는 감독을 받는 것을 이용하여 아동· 청소년으로 하여금

아동·청소년의 성을 사는 행위의 상대방이 되게 하거나, 영업으로 아동·청소년을 아동·청소년의 성을 사는 행위의 상대방이 되도록 유인·권유한 자는 5년 이상의 유기징역에 처한다(아청법 제14조 제1항). 본죄의 미수범은 처벌한다(같은 조 제4항).

2) 제14조 제1항의 죄를 범하고 그 대가의 전부 또는 일부를 받거나 이를 요구 또는 약속한 자는 7년 이상의 유기징역에 처한다(같은 조 제2항). 본죄의 미수범은 처벌한다(같은 조 제4항).

3) 아동·청소년의 성을 사는 행위의 상대방이 되도록 유인·권유한 자는 7년 이하의 징역 또는 5천만원 이하의 벌금에 처한다(같은 조 제3항).

4) 폭행이나 협박으로 아동·청소년대상 성범죄의 피해자 또는 보호자를 상대로 합의를 강요한 자는 7년 이하의 유기징역에 처한다(아청법 제16조).

Ⅸ. 알선영업행위 등(제15조)

1) 아동·청소년의 성을 사는 행위의 장소를 제공하는 행위를 업으로 하거나(아청법 제15조 제1항 제1호), 아동·청소년의 성을 사는 행위를 알선하거나 정보통신망에서 알선정보를 제공하는 행위를 업으로 하거나(같은 조항 제2호), 제1호 또는 제2호의 범죄에 사용되는 사실을 알면서 자금·토지 또는 건물을 제공하거나(같은 조항 제3호), 영업으로 아동·청소년의 성을 사는 행위의 장소를 제공·알선하는 업소에 아동·청소년을 고용한 자는 7년 이상의 유기징역에 처한다(같은 조 제1항).

2) 영업으로 아동·청소년의 성을 사는 행위를 하도록 유인·권유 또는 강요하거나(제15조 제2항 제1호), 아동·청소년의 성을 사는 행위의 장소를 제공하거나(같은 조항 제2호), 아동·청소년의 성을 사는 행위를 알선하거나 정보통신망에서 알선정보를 제공하거나(같은 조항 제3호), 영업으로 제2호 또는 제3호의 행위를 약속한 자는 7년 이하의 징역 또는 5천만원 이하의 벌금에 처한다(같은 조 제2항).

3) 아동·청소년의 성을 사는 행위를 하도록 유인·권유 또는 강요한 자는 5년 이하의 징역 또는 3천만원 이하의 벌금에 처한다(같은 조 제3항).

4) 본죄가 성립하기 위해서는 성매매의 대상이 된 사람이 아동·청소년이라는 사실에 대한 인식을 요한다. 성을 사는 행위를 알선하는 행위를 업으로 하는 자가 성매매알선을 위한 종업원을 고용하면서 고용대상자에 대하여 아동·청소년의 보호를 위한 위와 같은 연령확인의무의 이행을 다하지 아니한 채 아동·청소년을 고용하였다면, 특별한 사정이 없는 한 적어도 아동·청소년의 성을 사는 행위의 알선에 관한 미필적 고의가 인정된다(대법원 2014.7.10. 선고 2014도5173 판결).

본죄가 성립하기 위해서는 알선행위를 업으로 하는 사람이 아동·청소년을 알선의 대상으로 삼아 그 성을 사는 행위를 알선한다는 것을 인식하면 족하고 알선행위로 아동·청소년의 성을 사는 행위를 한 사람이 행위의 상대방이 아동·청소년임을 인식하여야 하는 것은 아니다(대법원 2016.2.18. 선고 2015도 15664 판결).

X. 기타 규정

1. 아동·청소년대상 성폭력범죄에 대한 책임조각·감경규정의 배제

음주 또는 약물로 인한 심신장애 상태에서 아동·청소년대상 성폭력범죄를 범한 때에는 형법 제10조 제1항·제2항 및 제11조를 적용하지 아니할 수 있다(아청법 제19조).

2. 아동·청소년대상 성범죄의 공소시효에 관한 특례

1) 미성년자에 대한 성폭력범죄의 공소시효는 성폭력범죄로 피해를 당한 미성년자가 성년에 달한 날부터 진행하고(아청법 제21조 제1항), 디엔에이(DNA)증거 등 그 죄를 증명할 수 있는 과학적인 증거가 있는 때에는 형법상 강간, 유사강간, 강제추행, 준강간·준강제추행, 강간등상해·치상, 강간등살인·치사, 미성년자등에 대한 간음·추행, 업무상위력 등에 의한 간음, 의제강간·강제추행, 강도강간 및 성폭법상의 주거침입강간등, 특수강도강간등, 특수강간등, 친족관계에 강간등, 장애인에 대한 강간등, 13세 미만미성년자에 대한 강간등, 강간등상해·치상, 강간등살인·치사의 공소시효가 10년 연장된다(같은 조 제2항).

2) 그리고 13세 미만의 사람 및 신체적인 또는 정신적 장애가 있는 사람에 대하여 형법상 강간, 유사강간, 강제추행, 준강간·준강제추행, 강간등상해·치상, 강간등살인·치사를 범하거나 성폭법상 장애인에 대한 유사강간, 13세미만 미성년자에 대한 유사강간, 강간등상해·치상, 강간등살인·치사를 범하건, 아동·청소년성보호법상 강간등상해·치상, 강간등살인·치사를 범한 때 또는 형법, 성폭법 및 아동·청소년성보호법상 강간살인죄를 범한 때에는 공소시효를 적용하지 아니한다(아청법 제20조 제3항, 제4항).

3. 아동·청소년대상 성범죄에 대한 형벌과 수강명령 등의 병과

법원은 아동·청소년대상 성범죄를 범한 소년에 대하여 형의 선고를 유예하는 경우에는 반드시 보호관찰을 명하여야 하고(아청법 제21조 제1항), 아동·청소년대상 성범죄로 유죄판결을 선고하는 경우에는 500시간의 범위에서 재범예방에 필요한 수강명령 또는 성폭력 치료프로그램의 이수명령을 병과하여야 한다(같은 조 제2항). 그리고 법원이 성폭력범죄를 범한 사람에 대하여 형의 집행을 유예하는 경우에는 수강명령 외에 그 집행유예기간 내에서 보호관찰 또는 사회봉사 중 하나 이상의 처분을 병과할 수 있다(같은 조 제4항).

4. 성범죄로 유죄판결이 선고된 자의 신상정보의 공개·고지와 취업제한 등

1) 법원은 아동·청소년대상 성폭력범죄를 저지른 자(제1호), 형법상 강간, 유사강간, 강제추행, 준강간·준강제추행, 강간등상해·치상, 강간등살인·치사, 미성년자등에 대한 간음·추행, 업무상위력 등에 의한 간음, 의제강간·강제추행, 강도강간의 죄를 저지른 자 및 성폭법상 주거침등강간등, 특수강도강간등, 특수강간등, 친족관계에 의한 강간등, 장애인에 대한 강간등, 13세미만미성년자에 대한 강간등, 강간등상해·치상, 강간등살인·치사, 업무상위력등에 의한 추행, 공중밀집장소추행, 성적목적 공공장소침입, 통신매체이용음란행위, 카메라이용촬영 및 이들 죄의 미수죄를 범한 자(제2호), 13세미만 아동·청소년 대상으로 성범죄를 저지른 자로서 아동·청소년대상 성범죄를 다시 범할 위험성이 있다고 인정되는 자(제3호) 그리고 책임능력이 없어 처벌되지 않는 자로 위의 제1호 또는 제2호의 죄를 다시 범할 위험성이 있다고 인정되는 자(제4호)의 신상정보를 정보통신망을 이용하여 공개하는 명령을 선고하여야 한다. 다만 피고인이 아동·청소년이거나 그 밖에 신상정보를 공개해서는 아니 될 특별한 사정이 있다고 판단되는 경우에는 그러하지 아니하다(제49조 제1항).

신상정보의 공개는 원칙적으로 신상정보의 등록기간 동안 하나, 형의 실효 등에 관한 법률에 따른 기간을 초과하지 못한다(같은 조 제1항). 그리고 공개기간은 판결이 확정된 때로부터 기산하는 것이 원칙이나, 공개명령을 받은 자가 실형 또는 치료감호를 선고받은 경우에는 그 형 또는 치료감호의 집행을 종료하거나 면제된 때로부터 기산한다(같은 조 제2항). 공개하도록 제공되는 신상정보는 성명, 나이, 주소 및 실제거주지(도로명 및 건물번호까지), 신체정보(키와 몸무게), 사진, 등록대상 성범죄요지(판결일자, 죄명, 선고형량 포함), 성폭력범죄 전과사실(죄명 및 횟수), 위치추적전자장치 부착여부이다(같은 조 제3항). 신상정보는 여성가족부장관이 정보통신망을 이용하여 집행하며(제52조 제1항), 정보통신망을 이용하여 신상정보를 열람하고자 하는 사람은 실명인증 절차를 거쳐야 한다(제49조 제5항).

2) 법원은 신상정보 공개대상자 중 아동·청소년대상 성폭력범죄를 저지른 자(제1호), 형법상 강간, 유사강간, 강제추행, 준강간·준강제추행, 강간등상해·치상, 강간등살인·치사, 미성년자등에 대한 간음·추행, 업무상위력 등에 의한 간음, 의제강간·강제추행, 강도강간의 죄를 저지른 자 및 성폭법상 주거침등강간등, 특수강도강간등, 특수강간등, 친족관계에 의한 강간등, 장애인에 대한 강간등, 13세미만 미성년자에 대한 강간등, 강간등상해·치상, 강간등살인·치사, 업무상위력등에 의한 추행, 공중밀집장소추행, 성적목적 공공장소침입, 통신매체이용음란행위, 카메라이용촬영 및 이들 죄의 미수죄를 범한 자(제2호) 그리고 책임능력이 없어 처벌되지 않는 자로 위의 제1호 또는 제2호의 죄를 다시 범할 위험성이 있다고 인정되는 자의 신상정보를 고지대상자가 거주하는 읍·면·동의 아동·청소년의 친권자 또는 법정대리인이 있는 가구, 어린이집의 원장, 유치원의 장, 초중등학교의 장, 읍·면사무소와 동 주민자치센터의 장, 학교교과교습학원의 장, 지역아동센터 및 청소년수련시설의 장에게 고지하는 명령을 선고

하여야 한다(제50조 제1항). 고지명령은 여성가족부장관이 집행유예를 선고받은 고지대상자는 신상정보 최초 등록일로부터 1개월 이내에 그리고 금고 이상의 실형을 선고받은 고지대상자는 출소 후 거주할 지역에 전입한 날로부터 1개월 이내 그리고 고지대상자가 다른 지역으로 전출하는 경우에는 변경정보 등록일로부터 1개월 이내에 집행한다(같은 조 제3항). 고지명령은 고지정보를 우편으로 송부하고 읍·면·동 주민자치센터 게시판에 30일간 게시하는 방법으로 집행한다(같은 조 제4항).

3) 아동·청소년대상 성범죄 또는 성인대상 성범죄로 형 또는 치료감호를 선고받아 확정된 자는 그 형 또는 치료감호의 전부 또는 일부의 집행을 종료하거나 집행이 유예·면제된 날부터 10년 동안 가정을 방문하여 아동·청소년에게 직접교육서비스를 제공하는 업무에 종사할 수 없으며 유치원, 초중등학교, 학원, 교습소, 개인과외교습자, 청소년 보호·재활센터, 청소년활동시설, 청소년쉼터, 어린이집, 아동복지시설, 성매매피해상담소, 공동주택의 관리사무소, 아동·청소년의 이용이 제한되지 아니하는 체육시설, 의료기관, 인터넷컴퓨터게임시설제공업 및 복합유통게임제공업 사업장, 경비업을 행하는 법인, 청소년활동기획업소, 대중문화예술기획업소 기타 아동·청소년의 고용 또는 출입이 허용되는 기관·시설 또는 사업장을 운영하거나 아동·청소년 관련기관 등에 취업하거나 사실상 노무를 제공할 수 없다(제56조 제1항).

4) 법원은 검사의 청구로 아동·청소년대상 성범죄를 범하고 재범의 위험성이 있다고 인정되는 사람에 대하여는 형의 집행이 종료한 때부터 2년 이상 5년 이하의 범위에서 기간을 정하여 보호관찰명령을 선고할 수 있고(제61조 제1항, 제3항), 준수사항을 위반하는 등 재범의 위험성이 증대한 경우에는 보호관찰소장의 신청에 따른 검사의 청구로 5년을 초과하여 보호관찰의 기간을 연장할 수 있다(제62조 제1항). 보호관찰의 기간은 보호관찰 대상자의 형집행이 종료한 날로부터 기산하되, 가석방된 경우에는 가석방된 날로부터 기산한다(제61조 제5항). 보호관찰대상자는 출소 후 거주예정지, 근무예정지, 교우관계 그 밖에 보호관찰을 위해 필요한 사항을 출소 전에 교도소, 구치소, 치료감호시설의 장에게 신고하여야 하고, 출소 후에는 10일 이내에 거주지, 직업 등 보호관찰을 위해 필요한 사항을 보호관찰관에게 신고하여야 한다(제63조). 보호관찰심사위원회는 보호관찰대상자의 관찰성적이 양호하여 재범의 위험성이 없다고 판단되는 경우 보호관찰 기간이 끝나기 전이라도 보호관찰을 종료할 수 있다(제64조).

제 7 장

판례형법각론

정통법위반죄

Ⅰ. 정통법의 개요

1) 본법은 정보통신망의 이용을 촉진하고 정보통신서비스를 이용하는 자의 개인정보를 보호함과 아울러 정보통신망을 건전하고 안전하게 이용할 수 있는 환경을 조성하여 국민생활의 향상과 공공복리의 증진에 이바지함을 목적으로 한다(제1조).

2) '정보통신망'이란 전기통신설비를 이용하거나 전기통신설비와 컴퓨터 및 컴퓨터의 이용기술을 활용하여 정보를 수집·가공·저장·검색·송신 또는 수신하는 정보통신체제를 말하고(제2조 제1호), '정보통신망서비스'란 전기통신역무와 이를 이용하여 정보를 제공하거나 정보의 제공을 매개하는 것을 말한다(같은 조 제2호).

3) 본법에 규정된 주요 범죄로는 정보통신망이용 명예훼손(제70조 제1항), 개인정보 훼손·침해(제71조 제5호), 정보훼손·비밀침해(제71조 제11호), 악성프로그램 전달·유포(제71조 제9호), 정보통신망 장애야기(제71조 제10호), 정보통신망침입(제72조 제1항 제1호), 정보통신망이용 음란영상배포등(제74조 제1항 제2호), 정보통신망이용 협박(제74조 제1항 제3호), 광고성문자전송(제74조 제1항 제3호) 등이 있다.

Ⅱ. 정보통신망이용 명예훼손(제70조 제1항)

1) 사람을 비방할 목적으로 정보통신망을 통하여 공공연하게 사실을 드러내어 다른 사람의 명예를 훼손한 자는 3년 이하의 징역이나 금고 또는 2천만원 이하의 벌금에 처한다(제70조 제1항). 사람을 비방

할 목적으로 정보통신망을 통하여 공공연하게 거짓의 사실을 드러내어 다른 사람의 명예를 훼손한 자는 7년 이하의 징역, 10년 이하의 자격정지 또는 5천만원 이하의 벌금에 처한다(같은 조 제2항). 이들 죄는 피해자가 구체적으로 밝힌 의사에 반하여 공소를 제기할 수 없다(같은 조 제3항).

2) '사람을 비방할 목적'이란 가해의 의사 내지 목적을 요하는 것으로서, 사람을 비방할 목적이 있는지 여부는 당해 적시 사실의 내용과 성질, 당해 사실의 공표가 이루어진 상대방의 범위, 그 표현의 방법 등 그 표현 자체에 관한 제반 사정을 감안함과 동시에 그 표현에 의하여 훼손되거나 훼손될 수 있는 명예의 침해 정도 등을 비교, 고려하여 결정하여야 하는데, 공공의 이익을 위한 것과는 행위자의 주관적 의도의 방향에 있어 서로 상반되는 관계에 있으므로, 적시한 사실이 공공의 이익에 관한 것인 경우에는 특별한 사정이 없는 한 비방할 목적은 부인된다고 보아야 하고, 공공의 이익에 관한 것에는 널리 국가·사회 기타 일반 다수인의 이익에 관한 것뿐만 아니라 특정한 사회집단이나 그 구성원 전체의 관심과 이익에 관한 것도 포함하는 것이고, 행위자의 주요한 동기 내지 목적이 공공의 이익을 위한 것이라면 부수적으로 다른 사익적 목적이나 동기가 내포되어 있더라도 비방할 목적이 있다고 보기는 어렵다(대법원 2010.11.25. 선고 2009도12132 판결).

3) '공공연하게'란 불특정 또는 다수인이 인식할 수 있는 상태를 말하며, 인터넷 포탈사이트의 기사란에 댓글을 게재한 행위는 공연성이 인정된다(대법원 2008.7.10. 선고 2008도2422 판결).

4) 사실의 적시란 가치판단이나 평가를 내용으로 하는 의견표현에 대치되는 개념으로서 시간과 공간적으로 구체적인 과거 또는 현재의 사실관계에 관한 보고 내지 진술을 의미한다(대법원 2011.6.10. 선고 2011도1147 판결). 반드시 사실을 직접적으로 표현한 경우에 한정할 것은 아니고, 간접적이고 우회적인 표현에 의하더라도 그 표현의 전 취지에 비추어 그와 같은 사실의 존재를 암시하고, 또 이로써 특정인의 사회적 가치 내지 평가가 침해될 가능성이 있을 정도의 구체성이 있으면 족하고, 적시된 사실이 이미 사회의 일부에서 다루어진 소문이라고 하더라도 이를 적시하여 사람의 사회적 평가를 저하시키는 것도 사실의 적시에 해당한다(대법원 2008.7.10. 선고 2008도2422 판결).

5) 정보통신망을 통한 거짓사실적시 명예훼손죄가 성립하기 위해서는 사람의 사회적 평가를 떨어뜨리는 사실이 적시되었다는 점, 그 적시된 사실이 객관적으로 진실에 부합하지 아니하여 거짓일 뿐만 아니라 그 적시된 사실이 거짓이라는 것을 피고인이 인식하고서 이를 적시하였다는 점이 입증되어야 한다(대법원 2010.11.25. 선고 2009도12132 판결). 거짓의 사실인지 여부를 판단함에 있어서는 그 적시된 사실의 내용 전체의 취지를 살펴 객관적 사실과 합치하지 않는 부분이 중요한 부분인지 여부를 결정하여야 하고, 적시된 사실의 중요한 부분이 객관적 사실과 합치되는 경우에는 세부에 있어서 진실과 약간 차이가 나거나 다소 과장된 표현이 있다 하더라도 거짓의 사실이라고 볼 수는 없다(대법원 2011.6.10. 선고 2011도1147 판결).

6) 정보통신망을 이용한 명예훼손은 게재행위의 종료로 범죄행위가 종료하고, 원래 게시물이 삭제되어 정보의 송수신이 불가능해지는 시점을 범죄의 종료시기로 보아서 이 때부터 공소시효를 기산하여야 하는 것은 아니다(대법원 2007.10.25. 선고 2006도346 판결).

7) 형법 제310조의 공공의 이익에 관한 때에는 처벌하지 아니한다는 규정은 사람을 비방할 목적을 요건으로 하는 본죄에 대하여는 적용되지 아니한다(대법원 2008.10.23. 선고 2008도6999 판결). 다만 비방할 목적이 없는 경우에는 형법 제307조 제1항의 명예훼손죄의 성립여부가 문제될 수 있고 이에 대해서는 다시 형법 제310조의 위법성조각여부가 적용될 수 있다(대법원 2003.12.26. 선고 2003도6036 판결).

Ⅲ. 개인정보누설등(제71조 제5호, 제6호)

1) 정보통신망 이용자의 개인정보를 취급하고 있거나 취급하였던 자는 직무상 알게 된 개인정보를 훼손·침해 또는 누설하여서는 아니되고, 그 개인정보가 누설된 사정을 알면서도 영리 또는 부정한 목적으로 개인정보를 제공받아서는 아니된다(제28조의2). 이를 위반하여 이용자의 개인정보를 훼손·침해 또는 누설하거나 개인정보가 누설된 사정을 알면서도 영리 또는 부정한 목적으로 개인정보를 제공받은 자는 5년 이하의 징역 또는 5천만원 이하의 벌금에 처한다(제71조 제5호, 제6호).

2) 여기서 정보통신망 '이용자'란 정보통신서비스 제공자가 제공하는 정보통신서비스를 이용하는 자를 말하고(제2조 제4호), 단순히 휴대전화의 전화번호만을 보유하고 있는 경우에는 정보통신망 이용자라고 하기 어렵다(대법원 2013.10.17. 선고 2012도4387 판결). '개인정보'란 생존하는 개인에 관한 정보로서 성명·주민등록번호 등에 의하여 특정한 개인을 알아볼 수 있는 부호·문자·음성·음향 및 영상 등의 정보(해당 정보만으로는 특정 개인을 알아볼 수 없어도 다른 정보와 쉽게 결합하여 알아볼 수 있는 경우에는 그 정보를 포함한다)를 말한다.

3) '훼손'이란 개인정보의 이용가치 내지 효용을 침해하는 것을 말하고, '침해'란 정보통신서비스 제공자가 개인정보를 제3자에게 제공하는 것과 같이 이용자의 동의를 받지 아니하거나 이용자로부터 동의를 받은 목적과 다른 목적으로 개인정보를 이용하는 것을 말하며, '누설'이란 개인정보를 제3자에게 알리는 것을 말한다.

Ⅳ. 악성프로그램 전달·유포(제71조 제9호)

1) 누구든지 정당한 사유 없이 정보통신시스템, 데이터 또는 프로그램 등을 훼손·멸실·변경·위조하거나 그 운용을 방해할 수 있는 프로그램(이하 '악성프로그램'이라 한다)을 전달 또는 유포하여서는 아

니 되고(제48조 제2항), 이를 위반하여 악성프로그램을 전달 또는 유포한 자는 5년 이하의 징역 또는 5천만원 이하의 벌금에 처한다(제71조 제9호).

2) 악성프로그램이란 정보통신시스템, 데이터 또는 프로그램 등을 훼손·멸실·변경·위조하거나 그 운용을 방해할 수 있는 프로그램을 말한다. 예를 들어 사용자가 윈도우즈 제어판의 프로그램 제거 기능을 통하여 플러그인 프로그램에 대한 삭제 명령을 내려도 외견상 삭제되는 것처럼 보일뿐 플러그인 프로그램 중 보호모듈 파일은 삭제되지 않고, 해당 컴퓨터가 재부팅될 때 서버에 접속한 다음 설치파일을 다운로드 받아 몰래 재설치되는 기능을 가지고 있는 프로그램(서울중앙지법 2008.10.17. 선고 2007노176 판결)이나 피해 컴퓨터에서 사용자가 인식하지 못하는 상태에서 추가적인 명령 없이 자동으로 실행되면서 서버 컴퓨터와 주기적으로 HTTP로 통신을 하다가 서버 컴퓨터 작업지시에 따라 피해 컴퓨터로 하여금 포털사이트시스템에 연결하여 특정 검색어를 검색하거나 검색 후 나오는 결과 화면에서 특정 링크를 클릭한 것처럼 포털사이트 시스템에 허위의 신호를 발송하는 등의 작업을 하도록 하는 프로그램(대법원 2013.3.28. 선고 2010도14607 판결)은 악성프로그램에 해당하나, 게임회사가 제공하는 포커게임에서 마우스를 클릭하거나 키보드를 누르는 것을 자동화하여 일부러 게임을 지도록 만든 프로그램으로 서버를 점거함으로써 정상이용자들의 서버 접속 시간을 지연시키거나 서버 접속을 어렵게 만들고, 서버에 대량의 네트워크 트래픽을 발생시키는 기능이 없는 것은 악성프로그램에 해당하지 않는다(서울중앙지법 2007.10.16. 선고 2007노1327 판결).

3) '전달'이란 악성프로그램을 제3자에게 전하는 것을 말하고, '유포'라 불특정 또는 다수인에게 퍼뜨리는 것을 말한다.

4) 정보통신기반보호법에 의해 주요정보통신기반시설에 대하여 데이터를 파괴하거나 주요정보통신기반시설의 운영을 방해할 목적으로 컴퓨터바이러스, 논리폭탄 등의 프로그램을 투입하여 주요정보통신기반시설을 교란, 마비 또는 파괴한 자는 10년 이하의 징역 또는 1억원 이하의 벌금에 처한다(제28조, 제12조 제1호).

V. 정보통신망 장애야기(제71조 제10호)

1) 누구든지 정보통신망의 안정적 운영을 방해할 목적으로 대량의 신호 또는 데이터를 보내거나 부정한 명령을 처리하도록 하는 등의 방법으로 정보통신망에 장애가 발생하게 하여서는 아니 되고(제48조 제3항), 이를 위반하여 정보통신망에 장애가 발생하게 한 자는 5년 이하의 징역 또는 5천만원 이하의 벌금에 처한다(제71조 제10호).

2) 본죄는 '정보통신망의 안정적 운영의 방해'를 목적으로 하는 목적범으로, 형법상 컴퓨터장애업

무방해죄(제314조 제2항)의 특별법의 성격을 가지고 있다. '정보통신망의 안정적 운영의 방해'란 정보통신망에서 정보를 수집·가공·저장·검색·송신 또는 수신하는 기능을 물리적으로 수행하지 못하게 하거나 그 기능 수행을 저해하는 것으로, 정보통신망의 운영을 방해할 수 있도록 정보통신망을 구성하는 컴퓨터시스템에 그 시스템의 목적상 예정하고 있지 않은 프로그램을 실행하게 하거나 그 시스템의 프로그램을 구성하는 개개의 명령을 부정하게 변경, 삭제, 추가하거나 프로그램 전체를 변경하게 하는 것이 이에 해당한다(대법원 2013.3.28. 선고 2010도14607 판결).

3) '부정한 명령'이란 '대량의 신호 또는 정보자료'를 보내는 것을 비롯하여 정보통신망의 안정적 운영을 방해하는 명령을 말한다(대법원 2013.3.28. 선고 2010도14607 판결).

4) 또한 본죄가 성립하기 위해서는 현실적으로 정보통신망에 장애가 발생되어야 한다(대법원 2013.3.14. 선고 2010도410 판결). 허위의 정보자료를 처리하게 하였다고 하더라도 그것이 정보통신망에서 처리가 예정된 종류의 정보자료인 이상 '부정한 명령'을 처리하게 한 것이라 할 수 없고, 나아가 정보통신망에서 정보를 수집·가공·저장·검색·송신 또는 수신하는 기능을 물리적으로 수행하지 못하게 하거나 그 기능 수행을 저해하지는 아니하는 이상, 이는 형법에서 정한 '정보처리 장애'에 해당하여 컴퓨터등장애업무방해죄가 성립될 수 있음은 별론으로 하더라도 '정보통신망 장애'에 해당한다고 할 수 없으므로 정통법위반죄로 처벌할 수는 없다(대법원 2013.3.28. 선고 2010도14607 판결).

Ⅵ. 정보훼손·비밀침해등(제71조 제11호)

1) 누구든지 정보통신망에 의하여 처리·보관 또는 전송되는 타인의 정보를 훼손하거나 타인의 비밀을 침해·도용 또는 누설하여서는 아니 되고(제49조), 이를 위반하여 타인의 정보를 훼손하거나 타인의 비밀을 침해·도용 또는 누설한 자는 5년 이하의 징역 또는 5천만원 이하의 벌금에 처한다(제71조 제11호). 형법상 손괴죄(제366조)와 비밀침해죄(제316조 제2항)는 전자기록등 특수매체기록을 대상으로 하나 본죄는 '정보통신망에 의하여 처리·보관·전송되는 타인의 정보나 비밀'이다.

2) '정보'란 자연인 또는 법인이 특정 목적을 위하여 광 또는 전자적 방식으로 처리하여 부호·문자·음성·음향 및 영상 등으로 표현한 모든 종류의 자료 또는 지식을 말하고(국가정보화기본법 제3조 제1호), '비밀'이란 일반적으로 알려져 있지 않은 사실로서 이를 다른 사람에게 알리지 않는 것이 본인에게 이익이 있는 것을 말한다(대법원 2008.4.24. 선고 2006도8644 판결). 그리고 정보 또는 비밀은 타인의 것이어야 하나 국가, 법인, 법인격 없는 단체 또는 개인을 불문하고 생존자는 물론 사망자도 포함한다(대법원 2007.6.14. 선고 2007도2162 판결).

회사의 연구실과장이 회사의 업무상 필요한 다른 이메일이 한 달 전 그 회사를 퇴직한 피해자의 이메일로 수신되었는지 여부를 알아보기 위하여 피해자의 허락을 받지 아니하고 피해자의 이메일을 열어 보았다가 회사가 추진 중이던 사업계획서가 있는 것을 보고 이를 출력하여 대표이사에게 보고한 경우, 그 사업계획서는 타인의 비밀이라고 할 수 없으므로 정보통신망법 위반죄를 구성하지 아니한다 (☞ **[판례 Ⅵ-1]** 참조).

[판례 Ⅵ-1] 대법원 2006.3.24. 선고 2005도7309 판결【정통법위반(정보통신망침해등)】

〈사실관계〉

피고인 1은 주식회사의 연구실 과장인 피고인 1은 2002.5.20.경부터 같은 해 5.24.경까지 사이에 정당한 권한 없이 한 달 전 그 회사를 퇴직한 피해자 공소외 1의 이메일계정에 침입하여 그곳에 보관되어 있던 이메일 내용을 프린터로 출력하여 그 회사의 대표이사인 피고인 2에게 보여줌으로써 타인의 비밀을 누설하고, 피고인 2는 2002.5. 일자불상경 피해자의 이메일 인쇄물을 공소외 2와 공소외 3에게 보여줌으로써 타인의 비밀을 누설하였다.

〈원심 판결요지〉

정통법에서 말하는 '타인의 비밀'이란 일반적으로 알려져 있지 않은 사실로서 이를 타인에게 알리지 아니함으로써 본인에게 일정한 이익이 있는 것을 의미하는 것이 아니라 개인의 사생활의 비밀 내지 평온을 의미한다고 볼 것이므로, 그 비밀이 어떠한 내용인지, 비밀을 누설한 목적이 무엇인지에 상관없이 정보통신망에 의하여 처리, 보관 또는 전송되는 타인의 비밀을 누설하기만 하면 위 규정 위반이 되고, 따라서 이 사건 이메일의 내용이 피해자가 아닌 소외 회사의 영업비밀에 속하는 사항이고, 피고인들이 피해자의 사업을 방해할 목적이 없었다고 하더라도, 피해자의 허락 없이 피고인 1이 위 이메일 내용을 출력하여 피고인 2에게 보고하고, 피고인 2가 공소외 2 등에게 이를 보여준 행위는 정통법위반죄를 구성한다.

〈대법원 판결요지〉

정통법은 정보와 비밀을 구분하여 정보의 경우에는 훼손행위를 금지하고 있는 반면, 비밀의 경우에는 이보다는 정도가 약한 침해, 도용, 누설행위를 금지하고 있는 점에 비추어 정보의 개념보다는 비밀의 개념을 좁게 보아야 하는 점, 정통법은 타인의 비밀을 누설하는 행위와는 별도로 정당한 접근권한 없이 정보통신망에 침입하는 행위 자체를 금지하고 있는데, 만약 개인의 사생활의 비밀 내지 평온에 속하는 사항은 그 내용에 상관없이 모두 타인의 비밀에 해당한다고 본다면 이는 결국, 개인의 이메일 등 정보통신망에 의하여 보관되어 있는 모든 정보가 타인의 비밀에 해당한다는 것과 다름 아닌 결과가 되고, 따라서 타인의 이메일에 함부로 접속하여 그 내용을 읽어보는 것 자체만으로도 정보통신망침입죄 뿐만 아니라 비밀침해죄를 구성할 수 있는 등 정보통신망침입행위와 비밀침해·누설행위의 구분이 모호해지게 될 뿐만 아니라, 양자에 대하여 법정형에 차등을 두고 있는 정보통신방법의 취지에도 반하게 되는 점 등에 비추어 보면, 타인의 비밀이란 일반적으로 알려져 있지 않은 사실로서 이를 다른 사람에게 알리지 않는 것이 본인에게 이익이 있는 것을 의미한다고 제한적으로 해석함이 상당하다.

피고인들은 피해자의 이메일에 보관되어 있던 것 중 피고인 2나 공소외 2 등에게 출력하여 보여준 것은 소외 회사가 미국에 현지지사를 만들기 위하여 작성한 사업계획서뿐인바, 이 사건 사업계획서는 피해자가 작성한 것이 아니라 소외 회사의 대표이사인 피고인 2가 작성한 것이어서 피해자의 비밀이 아니라 회사의 비밀에 속하는 것으로 볼 여지가 있고, 따라서 정통법에서 말하는 '타인'의 비밀에 해당하지 아니한다고 보는 것이 상당하다.

3) '훼손'이란 개인정보의 이용가치 내지 효용을 침해하는 것으로서 정보를 소거·은닉하거나 정보의 내용을 변경하는 것도 이에 해당한다. '누설'이란 타인의 비밀에 관한 일체의 누설행위를 의미하는

것이 아니라 정보통신망에 의하여 처리·보관 또는 전송되는 타인의 비밀을 정보통신망에 침입하는 등 부정한 수단 또는 방법으로 취득한 사람이나 그 비밀이 위와 같은 방법으로 취득된 것을 알고 있는 사람이 그 비밀을 아직 알지 못하는 타인에게 이를 알려주는 것을 말한다(대법원 2012.12.13. 선고 2010도10576 판결). 다만 누설의 방법에는 제한이 없으며 구두의 고지, 서면에 의한 통지 등 모든 방법이 가능하고 이메일을 내용을 출력하여 상대방에게 전달하는 것도 누설에 해당한다(대법원 2008.4.24. 선고 2006도8644 판결).

4) 훼손의 객체는 정보인데 반해 침해·도용·누설의 객체는 타인의 비밀이므로, 정보통신망에 의하여 처리·보관 또는 전송되는 타인의 정보라도 비밀이 아닌 경우에는 이를 침해·도용 또는 누설했다고 하여 본죄가 성립하는 것은 아니다. 다만 정보통신망을 통한 통신은 통신비밀보호법상 전기통신에 해당하고 이를 이용하여 전송되는 타인의 정보를 탐지하여 그 내용을 알아내거나 기록하는 것은 통신비밀보호법상 감청에 해당하므로(제2조 제7호), 이와 같은 행위는 통비밀보호법위반죄로 처벌된다.

통신비밀보호법 제2조(정의) 이 법에서 사용하는 용어의 정의는 다음과 같다.

3. '전기통신'이라 함은 전화·전자우편·회원제정보서비스·모사전송·무선호출 등과 같이 유선·무선·광선 및 기타의 전자적 방식에 의하여 모든 종류의 음향·문언·부호 또는 영상을 송신하거나 수신하는 것을 말한다.
6. '감청'이라 함은 전기통신에 대하여 당사자의 동의없이 전자장치·기계장치 등을 사용하여 통신의 음향·문언·부호·영상을 청취·공독하여 그 내용을 지득 또는 채록하거나 전기통신의 송·수신을 방해하는 것을 말한다.

제3조(통신 및 대화비밀의 보호) ① 누구든지 이 법과 형사소송법 또는 군사법원법의 규정에 의하지 아니하고는 우편물의 검열·전기통신의 감청 또는 통신사실확인자료의 제공을 하거나 공개되지 아니한 타인간의 대화를 녹음 또는 청취하지 못한다. (이하 생략)

제16조(벌칙) ① 다음 각호의 1에 해당하는 자는 1년 이상 10년 이하의 징역과 5년 이하의 자격정지에 처한다.

1. 제3조의 규정에 위반하여 우편물의 검열 또는 전기통신의 감청을 하거나 공개되지 아니한 타인간의 대화를 녹음 또는 청취한 자
2. 제1호의 규정에 의하여 지득한 통신 또는 대화의 내용을 공개하거나 누설한 자

Ⅶ. 정보통신망침입(제72조 제1항 제1호)

1) 누구든지 정당한 접근권한 없이 또는 허용된 접근권한을 넘어 정보통신망에 침입하여서는 아니되고(제48조 제1항), 이를 위반하여 정보통신망에 침입한 자는 3년 이하의 징역 또는 3천만원 이하의 벌금에 처한다(제72조 제1항). 본죄의 미수범은 처벌된다(제72조 제2항).

2) 이용자가 자신의 아이디와 비밀번호를 알려주며 사용을 승낙하여 제3자로 하여금 정보통신망을 사용하도록 한 경우라고 하더라도, 그 제3자의 사용이 이용자의 사자(使者) 내지 사실행위를 대행하는 자에 불과할 뿐 이용자의 의도에 따라 이용자의 이익을 위하여 사용되는 경우와 같이 사회통념상 이용자가 직접 사용하는 것에 불과한 경우에는 원칙적으로 그 제3자에게는 정당한 접근권한이 없다고

보아야 한다(대법원 2005.11.25. 선고 2005도870 판결).

3) 정보통신망에 해킹(hacking)을 하거나 악성프로그램을 설치하여 자동으로 접속되도록 하는 것(대법원 2013.3.23. 선고 2010도10407 판결)과 같이 보호조치에 대한 침해나 훼손이 수반되지 않더라도, 부정한 방법으로 타인의 식별부호(아이디와 비밀번호)를 이용하거나 보호조치에 따른 제한을 면할 수 있게 하는 부정한 명령을 입력하는 등의 방법으로 침입하는 행위도 본죄에 해당한다(대법원 2005.11.25. 선고 2005도870 판결).

Ⅷ. 정보통신망이용 음란영상배포 등(제74조 제1항 제2호)

1) 누구든지 정보통신망을 통하여 음란한 부호·문언·음향·화상 또는 영상을 배포·판매·임대하거나 공공연하게 전시하는 내용의 정보를 유통해서는 아니되고(제44조의7 제1호), 이를 위반하여 음란한 부호·문언·음향·화상 또는 영상을 배포·판매·임대하거나 공공연하게 전시한 자는 1년 이하의 징역 또는 1천만원 이하의 벌금에 처한다(제74조 제1항 제2호). 형법상 음화반포죄(제243조)에 대하여 특별법의 성격을 가진다.

2) '음란'이란 사회통념상 일반 보통인의 성욕을 자극하여 성적 흥분을 유발하고 정상적인 성적 수치심을 해하여 성적 도의관념에 반하는 것을 말한다. 다만 특정 표현물을 형사처벌의 대상이 될 음란 표현물이라고 하기 위하여는 표현물이 단순히 성적인 흥미에 관련되어 저속하다거나 문란한 느낌을 준다는 정도만으로는 부족하고, 사회통념에 비추어 전적으로 또는 지배적으로 성적 흥미에만 호소할 뿐 하등의 문학적·예술적·사상적·과학적·의학적·교육적 가치를 지니지 아니한 것으로서, 과도하고도 노골적인 방법에 의하여 성적 부위나 행위를 적나라하게 표현·묘사함으로써, 존중·보호되어야 할 인격체로서의 인간의 존엄과 가치를 훼손·왜곡한다고 볼 정도로 평가될 수 있어야 한다.

다만 음란물이 그 자체로는 하등의 문학적·예술적·사상적·과학적·의학적·교육적 가치를 지니지 아니하더라도 그것이 문학적·예술적·사상적·과학적·의학적·교육적 표현 등과 결합됨으로써 음란표현의 해악이 상당한 방법으로 해소되거나 다양한 의견과 사상의 경쟁메커니즘에 의해 해소될 수 있는 정도라는 등의 특별한 사정이 있다면, 그러한 결합표현물을 게시하는 행위는 사회상규에 위배되지 아니하는 행위에 해당한다고 볼 수 있다(대법원 2017.10.26. 선고 2012도13352 판결).

○ 대법원 2017.10.26. 선고 2012도13352 판결【정통법위반(음란물유포)】

방송통신심의위원회 심의위원인 피고인이 자신의 인터넷 블로그에 위원회에서 음란정보로 의결한 '남성의 발기된 성기 사진'을 게시함으로써 정보통신망을 통하여 음란한 화상 또는 영상인 사진을 공공연하게 전시하였는데, 그 게시물은 다른 블로그의 화면 다섯 개를 갈무리하여 옮겨온 남성의 발기된 성기 사진 8장과 벌거벗은 남성의 뒷모습 사진 1장을 전체 게시면의 절반을 조금 넘는 부분에 걸쳐 게시하고, 이어서 정보통신에 관한 심의규정 제8조 제1호를 소개한 후 피고인의 의견을 덧붙이고 있으므로 사진들과 음란물에 관한 논의의 형성·발전을 위한 학술적, 사상적 표현 등이 결합된 결합 표현물로서, 사진들은 오로지 남성의 발기된 성기와 음모만을 뚜렷하게 강조하여 여러 맥락 속에서 직접적으로 보여줌으로써 성적인 각성과 흥분이 존재한다는 암시나 공개장소에서 발기된 성기의 노출이라는 성적 일탈의 의미를 나타내고, 나아가 여성의 시각을 배제한 남성중심적인 성관념의 발로에 따른 편향된 관점을 전달하고 있어 음란물에 해당하나, 사진들의 음란성으로 인한 해악은 이에 결합된 학술적, 사상적 표현들과 비판 및 논증에 의해 해소되었고, 결합 표현물인 게시물을 통한 사진들의 게시는 목적의 정당성, 수단이나 방법의 상당성, 보호법익과 침해법익 간의 법익균형성이 인정되어 법질서 전체의 정신이나 그 배후에 놓여 있는 사회윤리 내지 사회통념에 비추어 용인될 수 있는 행위에 해당한다.

3) '배포'란 불특정 또는 다수인에게 무상으로 교부하는 것으로 정보통신망에 다운로드할 수 있는 상태로 탑재(업로드)라는 것을 말한다. '판매'란 유상으로 양도하는 것을 말하고, '임대'란 유상으로 대여하는 것을 말한다. '공공연하게 전시'한다고 함은 불특정·다수인이 실제로 음란한 부호·문언·음향 또는 영상을 인식할 수 있는 상태에 두는 것으로, 다른 웹사이트 등을 단순히 소개·연결할 뿐이거나 또는 다른 웹사이트 운영자의 실행행위를 방조하는 정도를 넘어, 이미 음란한 부호 등이 불특정·다수인에 의하여 인식될 수 있는 상태에 놓여 있는 다른 웹사이트를 링크의 수법으로 사실상 지배·이용함으로써 그 실질에 있어서 음란한 부호 등을 직접 전시하는 것과 다를 바 없다고 평가되고, 이에 따라 불특정·다수인이 이러한 링크를 이용하여 별다른 제한 없이 음란한 부호 등에 바로 접할 수 있는 상태가 실제로 조성되었다면, 음란한 부호 등으로 링크를 해 놓는 것도 공공연한 전시에 해당한다(대법원 2003. 7.8. 선고 2001도1335 판결).

Ⅸ. 정보통신망이용 협박(제74조 제1항 제3호)

1) 누구든지 정보통신망을 통하여 공포심이나 불안감을 유발하는 부호·문언·음향·화상 또는 영상을 반복적으로 상대방에게 도달하도록 하는 내용의 정보를 유통하여서는 아니되고(제47조의7 제3호), 이를 위반하여 공포심이나 불안감을 유발하는 부호·문언·음향·화상 또는 영상을 반복적으로 상대방에게 도달하게 한 자는 1년 이하의 징역이나 1천만원 이하의 벌금에 처한다(제74조 제1항 제3호, 제44조의7 제3호). 본죄는 피해자가 구체적으로 밝힌 의사에 반하여 공소를 제기할 수 없다(제74조 제2항).

2) 본죄가 성립하기 위해서는 정보통신망을 이용하여야 한다. 전화를 걸 때 상대방 전화기에 울리는 벨소리는 정보통신망을 통하여 송신된 음향이 아니므로, 반복적으로 상대방에게 전화를 걸어 상대방에게 공포심이라 불안감을 유발하였다고 하더라도 본죄는 성립하지 않는다(대법원 2005.2.25. 선고 2004도7615 판결).

그리고 본죄는 상대방의 불안감 등을 조성하는 일정 행위의 반복을 요건으로 하고 있으므로, 각 행위 상호간에 일시·장소의 근접, 방법의 유사성, 기회의 동일, 범의의 계속 등 밀접한 관계가 있어 그 전체를 일련의 반복적인 행위로 평가할 수 있는 경우라야 한다. 따라서 일련의 반복적 행위로 평가될 수 없는 일회성 내지 비연속적인 단발성 행위가 수차 이루어진 것에 불과한 경우에는 그 문언의 구체적 내용 및 정도에 따라 협박죄나 경범죄처벌법상 불안감 조성행위 등 별개의 범죄로 처벌함은 별론으로 하더라도 본죄로 처벌할 수는 없다(대법원 2009.4.23. 선고 2008도11595 판결).

○ 대법원 2009.4.23. 선고 2008도11595 판결【정통법위반 등】

자금 반환과 관련하여 乙로부터 지속적인 변제독촉을 받아오던 甲이 乙의 핸드폰으로 하루 간격으로 2번 문자메시지를 발송한 행위는 일련의 반복적인 행위라고 단정할 수 없을 뿐만 아니라, 그 경위가 피해자의 불법적인 모욕행위에 격분하여 그러한 행위의 중단을 촉구하는 차원에서 일시적·충동적으로 다소 과격한 표현의 경고성 문구를 발송한 것이라면 공포심이나 불안감을 유발하는 문언을 반복적으로 도달하게 한 행위에 해당하지 않는다.

○ 대법원 2008.8.21. 선고 2008도4351 판결【정통법위반 등】

피고인이 사채업자인 피해자로부터 돈을 빌렸다가 갚지 못하여 피고인 소유의 부동산에 설정하여 준 근저당권에 기한 임의경매절차의 개시 및 가등기말소청구소송 등의 분쟁이 벌어지고 피고인이 피해자를 부당이득 등의 죄명으로 고소하여 조사받는 과정에서 각 피해자의 핸드폰으로 2005.2.14. 17:12경 "전화받아 새끼야. 내가 널 조사할 거야"라는 내용으로, 2005.5.24. 19:52경 및 19:57경 각 "10.10. 조금만 더 기다려 주세요. 당신에게 행운이 갈 거니까요", "나놈의 종말이 올 걸세. 조금만 기다려봐"라는 내용으로, 2005.9.18. 14:32경 "개새끼야"라는 내용의 문자메시지를 발송한 것도 피해자의 공포심이나 불안감을 유발하는 문언의 반복행위에 해당한다고 인정하기에 충분하지 않다.

X. 광고성정보전송(제74조 제1항 제6호)

1) 누구든지 정보통신망을 이용하여 정통법 또는 다른 법률에서 금지하는 재화 또는 서비스에 대한 광고성 정보를 전송하여서는 아니되고(제50조의8), 이를 위반하여 광고성 정보를 전송한 자는 1년 이하의 징역이나 1천만원 이하의 벌금에 처한다(제74조 제1항 제6호).

2) 전자우편이나 그 밖에 매체를 이용하여 수신자의 명시적인 수신거부의사에 반하는 영리목적의 광고성 정보를 전송하여서는 아니되고(제50조 제1항), 수신자의 전화·모사전송기기에 영리목적의 광고성 정보를 전송하려는 자는 그 수신자의 사전 동의를 받아야 하며(같은 조 제2항), 오후 9시부터 그 다음날 오전 8시까지의 시간에 수신자의 전화·모사전송기기에 영리목적의 광고성 정보를 전송하려는 자는 수신자로부터 별도의 사전 동의를 받아야 한다(같은 조 제3항).

3) 본죄는 수신자의 동의없이 영리목적으로 재화·서비스에 대한 광고성 정보, 즉 스팸메일 전송행위를 처벌하는 규정이다.

제 8 장 특경법위반죄

Ⅰ. 특경법의 개요

1) 경제범죄가 날로 대형화, 조직화, 지능화되고 경제사회에 미치는 충격과 피해가 중대하여 그 근절대책이 절실한 실정임에도 법정형이 지나치게 가볍거나 벌칙규정의 미비로 적절히 대처하지 못한다는 비판여론에 따라 특정경제범죄에 대한 가중처벌과 그 범죄행위자에 대한 취업제한 등을 규정할 목적으로 1982년에 제정되었다.

2) 이득액이 5억원 이상인 특정재산범죄(사기, 공갈, 횡령, 배임)에 대한 가중처벌, 금융기관 임직원에 대한 금품공여 등의 처벌, 금융기관 임직원의 직무에 속한 사항의 알선수재에 대한 처벌, 금융기관 임직원의 사금융알선 등에 대한 처벌, 저축관련 부당행위, 재산국외도피, 무인가 단기금융업에 대한 처벌을 주요내용으로 하고 있다.

Ⅱ. 특정재산범죄에 대한 가중처벌(제3조)

1. 가중처벌의 내용

1) 형법상 사기(제347조), 공갈(제350조), 특수공갈(제350조의2), 상습사기·공갈(제351조), 횡령(제355조 제1항), 배임(제355조 제2항), 업무상횡령·배임(제356조)의 죄를 범한 사람이 그 범죄행위로 인하여 취득하거나 제3자로 하여금 취득하게 한 재물 또는 재산상 이익의 가액(이득액)이 5억원 이상 50억원 미만인 때에는 3년 이상의 유기징역에 그리고 50억원 이상인 때에는 무기 또는 5년 이상의 징역에 처한다(특경

법 제3조 제1항). 이 경우 이득액 이하에 상당하는 벌금을 병과할 수 있다(같은 조 제1항).

2) 친족상도례의 적용여부에 관하여 특별한 규정이 없으므로 특경법상의 재산범죄에 대해서도 친족상도례가 적용된다(대법원 2010.2.11. 선고 2009도12627 판결).

○ 대법원 2010.2.11. 선고 2009도12627 판결【특경법위반(사기) 등】

형법 제354조, 제328조의 규정에 의하면, 직계혈족, 배우자, 동거친족, 동거가족 또는 그 배우자 간의 사기죄는 그 형을 면제하여야 하고 그 외의 친족 간에는 고소가 있어야 공소를 제기할 수 있는바, 형법상 사기죄의 성질은 특경법 제3조 제1항에 의해 가중 처벌되는 경우에도 그대로 유지되고 특경법에 친족상도례에 관한 형법 제354조, 제328조의 적용을 배제한다는 명시적인 규정이 없으므로, 형법 제354조는 특경법 제3조 제1항 위반죄에도 그대로 적용된다.

2. 이득액의 산정

(1) 이득액산정의 기준

1) 특경법상 특정경제범죄에 있어서 이득액은 구성요건의 일부로(대법원 2007.4.19. 선고 2005도7288 판결) 이득액에 따라 형벌이 결정되고 이득액에 상당하는 벌금형의 병과도 가능하다. 이득액은 원칙적으로 기수시기를 기준으로 산정하고 그 이후의 사정변경은 고려되지 않는다. 예컨대 공갈죄의 이득액은 공갈범행으로 인하여 취득하기로 약정된 재물이나 재산상의 이익의 가액이 기준이 되어야 하므로, 피고인이 공갈을 수단으로 피해자와 계약을 체결할 당시 37,000평에 대한 공유수면매립면허가 나오는 것을 전제로 그 중 3할을 취득하기로 약정을 하였으나 그 후 실제 면허시에 그 면적이 줄어들었다고 하여도 피고인이 공갈로 인해 취득한 이득액은 당시의 평당가격(권리가격)과 피고인이 취득하기로 한 면적을 기준으로 하여 산정하여야 한다(대법원 1990.10.16. 선고 90도1815 판결).

2) 이득액은 단순일죄의 이득액이나 포괄일죄의 이득액 합산액을 의미하는 것이지 경합범으로 처벌될 수죄의 이득액을 합한 금액이 5억원이 넘는 경우라도 특경법을 적용할 수 없다(☞ **[판례 Ⅱ-1]** 참조).

[판례 Ⅱ-1] 대법원 1989.6.13. 선고 89도582 판결【특경법위반, 사기】

〈사실관계〉

피고인은 1975.2.20. ○○은행 ○○지점 교환원으로 입사하여 1987.1.13.경부터는 보통예금계 기계조작 업무에 종사하던 자인바, 고객이 재형저축을 중도해약 할 경우 사실상의 해약절차를 거치지 아니하고 고객에게는 해약금만 반환하고 잔여금액을 불입하면 만기시 많은 이자소득을 얻을 수 있는 사실을 이용하여 금원을 편취할 것을 마음먹고, 1987.6.초순경 ○○은행 ○○지점에서 피해자 공소외 6(52세)에게 전화를 걸어 재형저축 해약자가 있는데 그 해약금 780만원을 대납하고 만기까지의 잔여월불입금을 납부할 경우 120만원의 이익을 볼 수 있으니 위 금액을 대납하고 월불입금을 불입하여 만기가 되면 피고인이 수령하여 전하여 주겠다고 거짓말을 하여 이에 속은 피해자로부터 같은 달 10.경 한일은행 청주지점 피고인의 남편의 예금구좌로 금 780만원을 송금케 하여 이를 편취한 것을 비롯하여 그때부터 1988.4.20.까지 같은 방법으로 피해자 18명으로부터 합계금

570,648,500원을 교부받아 이를 편취하였다.

〈대법원 판결요지〉

(1) 특경법 제3조 제1항은 형법상의 사기, 공갈, 상습사기, 상습공갈, 횡령, 배임, 업무상횡령, 업무상배임의 각 죄를 범한 자를 그 범죄행위로 인하여 취득한 이득액이 1억원 이상인 때 그 이득액에 따라 가중처벌하도록 규정하고 있는 바, 여기서 말하는 이득액은 단순일죄의 이득액이나 혹은 포괄일죄가 성립되는 경우의 이득액의 합산액을 의미하는 것이라 할 것이고 경합범으로 처벌될 수죄에 있어서 그 이득액을 합한 금액을 말한다고 볼 수는 없는 것이다. 한편 단일한 범의의 발동에 의하여 상대방을 기망하고 그 결과 착오에 빠져있는 동일인으로부터 어떤 기간동안 동일한 방법에 의하여 금원을 편취한 경우에 있어서는 이를 포괄적으로 관찰하여 1죄로 처단하는 것이 상당하다 할 것이나, 수인의 피해자에 대하여 각별로 기망행위를 하여 각각 재물을 편취한 경우에는 비록 범의가 단일하고 범행방법이 동일하다 하더라도 각 피해자의 피해법익은 독립한 것이므로 이를 포괄1죄로 파악할 수는 없고 피해자별로 독립한 수개의 사기죄가 성립된다고 보아야 할 것이다. 이와 같은 취지에서 원심이 피고인의 위 범죄 사실은 각 피해자마다 1개의 사기죄가 성립된다는 전제하에 피고인의 기망행위로 인한 이득액을 각 피해자별로 산정하여 그 금액이 1억원 이상 10억원 미만인 때에는 특경법 제3조 제1항 제3호를, 1억원 미만인 때에는 형법 제347조 제1항 을 각 적용한 것은 옳다.(1990.12.31. 법률 제4292호로 특경법이 개정되어 이득액이 '5억원 이상인 때'로 변경되었다 –필자)

(2) 사기죄의 이득액이 1억원 이상이 되어 특경법 제3조 제1항에 의해 가중처벌되는 경우에도 형벌상 사기죄의 성질은 그대로 유지되는 것이고, 특별법인 위 법률에 친족상도례에 관한 형법 제354조, 제328조의 적용을 배제한다는 명시적인 규정이 없으므로 형법 제354조는 특경법 제3조 제1항 위반죄에도 그대로 적용된다고 보아야 할 것이다. 이 사건 피해자 공소외 1, 공소외 2, 공소외 3, 공소외 4 및 공소외 5에 대한 각 범죄사실은 각 피해자들이 모두 피고인과 친족관계에 있어 피해자의 고소가 있어야 논할 수 있는 소외 친고죄인 바, 위 피해자들은 이에 대한 각 고소를 취소하였으므로 이에 대하여는 형사소송법 제327조 제5호에 의하여 공소기각의 판결을 선고하여야 한다.

〈참조판례〉

○ 대법원 2000.7.7. 선고 2000도1899 판결【특경법위반(사기) 등】

특경법 제3조에서 말하는 이득액은 단순일죄의 이득액이나 혹은 포괄일죄가 성립하는 경우의 이득액의 합산액을 의미하는 것이고, 경합범으로 처벌될 수 죄의 각 이득액을 합한 금액을 의미하는 것은 아니며, 수인의 피해자에 대하여 각별로 기망행위를 하여 각각 재물을 편취한 경우에는 범의가 단일하고 범행방법이 동일하더라도 각 피해자의 피해법익은 독립한 것이므로 이를 포괄일죄로 파악할 수 없고 피해자별로 독립한 사기죄가 성립된다.

○ 대법원 2011.2.24. 선고 2010도13801 판결【특경법위반(횡령) 등】

수개의 업무상횡령 행위라 하더라도 그 피해법익이 단일하고, 범죄의 태양이 동일하며, 단일 범의의 발현에 기인하는 일련의 행위라고 인정되는 경우에는 포괄하여 1개의 범죄라고 할 것이지만, 피해자가 수인인 경우에는 그 피해법익이 단일하다고 할 수 없으므로 포괄일죄의 성립을 인정하기 어렵고, 특경법 제3조 제1항에 정한 이득액은 단순일죄의 이득액이나 혹은 포괄일죄가 성립되는 경우의 이득액의 합산액을 의미하는 것이지 경합범으로 처벌될 수죄에 있어서 그 이득액을 합한 금액을 말한다고 볼 수는 없으므로, 횡령행위를 포괄하여 특경법위반(횡령)죄로 의율하려면 원칙적으로 피해자 및 피해자별 피해액에 관한 공소사실의 특정을 요한다.

○ 대법원 2011.4.14. 선고 2011도769 판결【특경법위반(사기) 등】

사기죄에 있어서 수인의 피해자에 대하여 각 피해자별로 기망행위를 하여 각각 재물을 편취한 경우에 그 범의가 단일하고 범행방법이 동일하다고 하더라도 포괄일죄가 성립하는 것이 아니라 피해자별로 1개씩의 죄가 성립하는 것으로 보아야 한다. 다만 피해자들이 하나의 동업체를 구성하는 등으로 피해 법익이 동일하다고 볼 수 있는 사정이 있는 경우에는 피해자가 복수이더라도 이들에 대한 사기죄를 포괄하여 일죄로 볼 수도 있을 것이다. 이 사건 피해자들이 비록 부부 사이이기는 하지만, 이러한 사정만으로 피해자들에 대한 각 사기 행위가 포괄하여 일죄가 된다고 볼 수는 없고, 피해자들의 피해 법익이 동일하다고 볼 수 있는 사정이 있는 경우라야만 피해자들에 대한 사기죄를 포괄하여 일죄로 볼 수 있을 것이다. 피해자들의 피해 법익이 동일하다고 볼 별다른 근거가 없음에도 위 각 사기죄가 포괄하여 일죄라고 보아 특경법을 적용한 원심판결에는 죄수에 관한 심리를 다하지 않았거나 법리를 오해함으로써 법령의 적용을 그르친 위법이 있다.

○ 대법원 2011.8.18. 선고 2009도7813 판결【특경법위반(배임) 등】

특경법 제3조 제1항은 형법상의 사기, 공갈, 상습사기, 상습공갈, 횡령, 배임, 업무상횡령, 업무상배임의 각 죄를 범한 자를 그 범죄행위로 인하여 취득한 이득액이 5억원 이상인 때 그 이득액에 따라 가중처벌하도록 규정하고 있는바, 여기서 말하는 이득액은 단순일죄의 이득액이나 혹은 포괄일죄가 성립되는 경우의 이득액의 합산액을 의미하는 것이다. 한편 수개의 업무상 배임 행위가 있더라도 피해법익이 단일하고 범죄의 태양이 동일할 뿐만 아니라, 그 수개의 배임행위가 단일한 범의에 기한 일련의 행위라고 볼 수 있는 경우에는 그 수개의 배임행위는 포괄하여 일죄를 구성한다.

3. 사기죄의 이득액

1) 재물편취를 내용으로 하는 사기죄에 있어서는 기망으로 인한 재물교부가 있으면 그 자체로써 피해자의 재산침해가 되어 이로써 곧 사기죄가 성립하는 것이고, 상당한 대가가 지급되었다거나 피해자의 전체 재산상에 손해가 없다 하여도 사기죄의 성립에는 그 영향이 없으므로 사기죄에 있어서 그 대가가 일부 지급된 경우에도 그 편취액은 피해자로부터 교부된 재물의 가치로부터 그 대가를 공제한 차액이 아니라 교부받은 재물 전부이다(☞ **[판례 Ⅱ-2]** 참조).

[판례 Ⅱ-2] 대법원 1995.3.24. 선고 95도203 판결【특경법위반(사기)】

〈사실관계〉

피고인은 임야 약 6천평에 대하여 A로부터 평당 약 55,000원 시가 합계 약 3억 3천만원 상당을 주고 매입하기로 구두 약정을 하였음에도 불구하고 B에게 이와 같은 사실을 고지하지 아니한 채 "해수욕장으로 개발되는 임야 6천평을 평당 25만원씩 9억원을 주고 매입하기로 계약을 하였는데 해수욕장으로 개발하면 위 임야가 상업지구가 되어 평당 50만원 정도를 받을 수 있는 땅이다. 잔금 3억원을 지급할 돈이 없으니 내가 지급할 잔금 3억원을 대신 지불하여 주면 매입한 땅 중 2천평을 소유권이전등기를 경료해 주겠다"라는 취지로 거짓말을 하여 이에 속은 B로부터 금 3억 3,200만원을 교부받고 2천평에 대하여 소유권이전등기를 해 주었다.

〈판결요지〉

재물편취를 내용으로 하는 사기죄에 있어서는 기망으로 인한 재물교부가 있으면 그 자체로써 피해자의 재산침해가 되어 이로써 곧 사기죄가 성립하는 것이고, 상당한 대가가 지급되었다거나 피해자의 전체 재산상에 손해가 없다 하여도 사기죄의 성립에는 그 영향이 없으므로 사기죄에 있어서 그 대가가 일부 지급된 경우에도 그 편취액은 피해자로부터 교부된 재물의 가치로부터 그 대가를 공제한 차액(피해자가 피고인에게 교부한 3억 3,200만원에서 1억 1,000만원을 제외한 2억 2,200만원-필자)이 아니라 교부받은 재물 전부인바, 이 사건 울진 임야에 관하여 피고인의 편취액을 피고인이 피해자로부터 교부받은 금원에서 피해자 앞으로 소유권이전등기가 마쳐진 임야에 해당하는 금원을 공제하지 아니하고 그 금원 전부가 편취액(3억 3,200만원-필자)이라 할 것이다.

〈참조판례〉

○ 대법원 1998.12.9. 선고 98도3282 판결【특경법위반(사기) 등】

어음·수표의 할인에 의한 사기죄에 있어서 피고인이 피해자로부터 수령한 현금액이 피고인이 피해자에게 교부한 어음·수표의 액면금보다 적을 경우, 피고인이 취득한 재산상의 이익액은, 당사자가 선이자와 비용을 공제한 현금액만을 실제로 수수하면서도 선이자와 비용을 합한 금액을 대여원금으로 하기로 하고 대여이율을 정하는 등의 소비대차특약을 한 경우는 별론으로 하고, 위 어음·수표의 액면금이 아니라 피고인이 수령한 현금액이다.

○ 대법원 2001.7.24. 선고 2001도2196 판결【특경법위반(사기) 등】

특경법 제3조 제1항의 이득액은 범죄행위로 인하여 취득한 실질적인 이득의 합산액을 뜻하고, 사기죄는 기망으로 인한 재물의 교부가 있으면 바로 성립하고, 그 후 피해자를 기망하여 편취한 재물의 반환을 회피할 목적으로 현실적인 자금의 수수 없이 이미 있던 차입원리금을 주식 구입자금 또는 신규 차입금에 새로이 투자하는 형식을 취하였다 하더라도 이는 새로운 법익을 침해하는 것이 아니어서 별도의 죄를 구성하지 아니한다.

○ 대법원 2006.3.10. 선고 2005도9387 판결【특경법위반(사기) 등】

상대방을 기망하여 부당하게 저가로 재물을 매수함으로써 편취한 경우 특별한 사정이 없는 한 그 재물의 가액은 기망행위의 결과 실제로 지급된 가격이 아니라 기망행위가 없었더라면 지급하였을 가격 혹은 시가에 의하여 평가하여야 할 것이므로, 피해자를 기망하여 유류를 공급받으면서 실제로 지급한 면세유 가격, 즉 세금과 공과금 등이 모두 공제된 가격이 아니라 그것이 모두 합산된 일반 시중가격을 기준으로 편취된 재물인 유류의 가액을 평가하여 이득액을 산정하여야 한다.

○ 대법원 2006.5.26. 선고 2006도1614 판결【특경법위반(사기) 등】

피고인이 원금 및 수익금을 제대로 지불하여 줄 의사나 능력 없이 피해자들로부터 투자금을 교부받아 이를 편취하였다면 그 투자금을 교부받을 때마다 각별로 사기죄가 성립하는 것이므로, 교부받은 투자금을 피해자들에게 반환하였다가 다시 그 돈을 재투자받는 방식으로 계속적으로 투자금을 수수하였다면 그 각 편취범행으로 교부받은 투자금의 합계액이 특경법 제3조 제1항 소정의 이득액이 되는 것이지, 반환한 원금 및 수익금을 공제하여 이득액을 산정해야 하는 것은 아니다.

2) 이외에도 제3자로부터 금원을 융자받거나 물품을 외상으로 공급받을 목적으로 타인을 기망하여 그 타인 소유의 부동산에 제3자 앞으로 근저당권을 설정한 경우 이득액은 원칙적으로 그 부동산의 시가 범위 내의 채권최고액 상당이, 그 부동산에 이미 다른 근저당권이 설정되어 있는 경우에는 원칙적으로 그 부동산의 시가에서 다시 선순위 근저당권의 채권최고액을 공제한 잔액 상당액이 이득액이 된다(대법원 2010.12.9. 선고 2010도12928 판결). 그리고 아파트소유권이전등기청구권을 가압류당한 아파트 수분양권자가 가압류채권자를 기망하여 가압류를 해제한 경우는 가압류청구금액 상당의 금액(대법원 2007.7.25. 선고 2007도3160 판결) 그리고 신용보증기금의 관리기관을 속여 신용보증서를 발급받은 경우는 신용보증금액 상당액이 이득액이 된다(☞ **[판례 II-3]** 참조).

[판례 II-3] 대법원 2007.4.26. 선고 2007도1274 판결【사기】

〈사실관계〉

피고인이 이미 채무초과의 상태에 있었고 새로 설립한 A주식회사는 실제 자본금이 전혀 없음에도 신용보증기금의 신용심사 및 신용보증서 발급업무 담당자에게 'A주식회사의 공장을 신설하여 운영하려고 하는데, 자본금은 5억원이고 몇 달 후 수주금액이 10억원 정도 될 것이다. A주식회사가 공장 신축 및 기계기구 구입에 필요한 시설자금 9억7,000만원을 대출받을 수 있도록 신용보증을 하여 주면 반드시 대출금을 변제하여 피해가 없도록 하겠다.라고 거짓말을 하는 한편, 위 공장 신축공사를 실제로 하지 않는 B유한회사를 시공회사로 가장하여 허위의 내용이 포함된 신용보증신청서류를 제출함으로써 이에 속은 신용보증기금으로부터 신용보증서를 발급받은 다음 외환은행 광주지점으로부터 위 신용보증을 담보로 2억 3,000만원을 송금받고도 이를 변제하지 아니하여 신용보증기금으로 하여금 대위변제하게 함으로써 동액 상당의 재산상 이익을 취득하였다

〈판결요지〉

신용보증기금의 신용보증서 발급이 피고인의 기망행위에 의하여 이루어진 이상 그로써 곧 사기죄는 성립하는 것이고, 그로 인하여 피고인이 취득한 재산상 이익은 신용보증금액 상당액인바, 이 사건 신용보증서의 기재에 의하면 이 사건 피고인이 취득한 이득액은 신용보증금액인 8억 2,450만원(대출예정금액 9억 7,000만원의 85%)이다. 한편 피고인이 외환은행광주지점을 기망하여 그 중 일부를 교부받은 행위는 신용보증기금을 기망하여 신용보증서를 발급받은 행위와는 피해법익을 달리하는 별개의 사기죄를 구성한다.

〈참조판례〉

○ **대법원 2000.4.25. 선고 2000도137 판결【특경법위반(사기)】**

제3자로부터 금원을 융자받거나 물품을 외상으로 공급받을 목적으로 타인을 기망하여 그 타인 소유의 부동산에 제3자 앞으로 근저당권을 설정케 한 자가 그로 인하여 취득하는 재산상 이익은 그 타인 소유의 부동산을 자신의 제3자와의 거래에 대한 담보로 이용할 수 있는 이익이고, 그 가액(이득액)은 원칙적으로 그 부동산의 시가 범위 내의 채권 최고액 상당이라 할 것인데, 한편 그 부동산에 이미 다른 근저당권이 설정되어 있는 경우에는 원칙적으로 그 부동산의 시가에서 다시 선순위 근저당권의 채권 최고액을 공제한 잔액 상당액을 기망자가 얻는 이득액의 한도로 보아야 할 것이나, 다만 그 부동산에 이미 다른 근저당권이 설정되어 있는 경우에도 후순위 근저당권을 취득하는 자로서 선순위 근저당권의 담보가치가 실제 피담보채권액만큼만 파악되고 있는 것으로 인정하였다고 볼 수 있는 특별한 사정이 있는 경우에는 근저당권 설정 당시의 그 부동산의 시가에서 그 선순위 근저당권의 실제 피담보채권액을 공제한 잔액 상당액을 그 이득액의 한도로 볼 수 있다.

○ **대법원 2006.11.24. 선고 2005도5567 판결【특경법위반(사기) 등】**

건설업자가 건설산업기본법에 의한 건설공제조합을 기망하여 선급금보증계약을 체결하고 선급금보증서를 발급받아 건설공사 발주자에게 제출한 경우 그로 인하여 건설업자가 취득하는 재산상 이익은 건설공제조합이 선급금보증계약에 의하여 부담한 선급금 반환 보증채무를 자신의 건설공사 계약을 위한 담보로 이용할 수 있는 이익이고 그 가액(이득액)은 원칙적으로 선급금 반환채무 보증한도액 상당이다.

3) 사람을 기망하여 근저당권설정등기가 경료되어 있거나 압류 또는 가압류 등이 이루어져 있는 부동산의 소유권을 이전받거나 제3자로 하여금 이전받게 함으로써 이를 편취한 경우의 이득액은 아무런 부담이 없는 상태에서의 그 부동산의 시가 상당액에서 근저당권의 채권최고액 범위 내에서의 피담보채권액, 압류에 걸린 집행채권액, 가압류에 걸린 청구금액 범위 내에서의 피보전채권액 등을 뺀 실제의 교환가치가 그 부동산의 가액이다(☞ **[판례 II-4]** 참조).

[판례 II-4] 대법원 2007.4.19. 선고 2005도7288 판결【특경법위반(사기)】

〈사실관계〉

피고인은 2003.5.23. 피해자로부터 대지 4필지를 매매대금 16억 4,600만원에 매수하기로 약정하면서, 피해자에게 "대지의 소유권을 일단 넘겨주면 이미 대출약속을 받은 제일은행에 이를 담보로 제공하여 기존 채무 12억 2,600만원(근저당채권최고금액 10억 2,000만원)을 해결해 주고, 잔금 4억 2천만원은 분할지급 혹은 대물변제하겠다."라고 거짓말하고 소유권이전등기를 넘겨받아 16억 4,600만원 상당을 편취하였다.

〈사건의 경과〉

제1심은 대지 시가인 16억 4,600만원을 피해금액으로 인정하여 유죄판결을 하였고, 제2심은 "대지 시가 16억 4,600만원에서 근저당채무 12억원 상당을 공제한 4억 2천만원이 피해금액이므로 특경법이 아닌 형법을 적용해야 한다."는 피고인의 항소이유의 주장을 배척하는 한편, 검사의 피해액 감축(피해금액: 6억 2,600만원 = 대지시가 16,4600만원 - 근저당채권최고금액 10억 2,000만원)의 공소장변경허가신청을 허가하고 직권파기하면서도 피해금액 6억 2,600만원은 여전히 특경법 제3조 제1항 제2호 소정의 이득액 5억원 이상에 해당한다고 보아 제1심과 동일한 형 및 집행유예를 선고하였다. 이에 피고인은 피해자의 기존 근저당채무 12억 2,600만원을 공제하면 4억 2천만원에 불과함에도 불구하고, 원심이 기존 근저당채무를 10억 2천만원으로 보아 특경법을 적용한 것은 잘못이라고 주장하며 상고하였다.

〈판결요지〉

[다수의견] 형법 제347조의 사기죄는 사람을 기망하여 재물의 교부를 받거나 재산상의 이익을 취득하거나 제3자로 하여금 재물의 교부를 받게 하거나 재산상의 이익을 취득하게 함으로써 성립하고, 그 교부받은 재물이나 재산상 이익의 가액이 얼마인지는 문제되지 아니하는 데 비하여, 사기로 인한 특경법위반죄에 있어서는 편취한 재물이나 재산상 이익의 가액이 5억원 이상 또는 50억원 이상이라는 것이 범죄구성요건의 일부로 되어 있고 그 가액에 따라 그 죄에 대한 형벌도 가중되어 있으므로, 이를 적용함에 있어서는 편취한 재물이나 재산상 이익의 가액을 엄격하고 신중하게 산정…하여야 한다.

따라서 사람을 기망하여 부동산의 소유권을 이전받거나 제3자로 하여금 이전받게 함으로써 이를 편취한 경우에 특경법 제3조의 적용을 전제로 하여 그 부동산의 가액을 산정함에 있어서는, 그 부동산에 아무런 부담이 없는 때에는 그 부동산의 시가 상당액이 곧 그 가액이라고 볼 것이지만, 그 부동산에 근저당권설정등기가 경료되어 있거나 압류 또는 가압류 등이 이루어져 있는 때에는 특별한 사정이 없는 한 아무런 부담이 없는 상태에서의 그 부동산의 시가 상당액에서 근저당권의 채권최고액 범위 내에서의 피담보채권액, 압류에 걸린 집행채권액, 가압류에 걸린 청구금액 범위 내에서의 피보전채권액 등을 뺀 실제의 교환가치를 그 부동산의 가액으로 보아야 한다.

[별개의견] 근저당권이 설정되거나 압류·가압류가 이루어진 부동산을 편취하면서 그 피담보채무 등을 인수하여 변제하겠다고 한 것은 그 편취한 재물의 대가지급방법에 불과하다고 보거나 근저당권이나 압류·가압류를 편취한 재물에 붙은 부담이라고 볼 수 있고, 편취한 재물의 실제 교환가치의 파악 즉, 궁극적으로 그와 같은 이득을 실현할 것인지 여부는 사기로 인한 특경법위반죄에 있어서도 여전히 범죄의 구성요건이 아니라 양형에 관한 사항이라고 해석하여야 할 것이므로, 특경법 제3조의 적용을 전제로 한 부동산의 가액도 통상적으로 사용되는 재물의 시장가치 즉, 아무런 부담이 없는 상태에서의 그 부동산의 객관적인 시가 상당액을 뜻한다고 보는 것이 문언에 충실한 해석이다. … 따라서 특경법 제3조 소정의 '이득액'을 산정함에 있어 편취한 부동산에 관하여 압류나 가등기가 경료되어 있다는 사정은 이득액을 부동산의 객관적인 시가보다 감액하여 평가할 사유가 되지 못한다.

4. 횡령죄의 이득액

1) 형법상 횡령죄는 타인의 재물을 보관하는 자가 그 재물을 횡령하거나 반환을 거부함으로써 성립하고 그 재물의 가액이 얼마인지는 문제되지 않는다. 그러나 특경법 제3조 위반죄에 있어서는 횡령행위로 인하여 취득한 재물의 가액이 5억원 이상 또는 50억원 이상이면 그것이 범죄구성요건의 일부로 되어 가중처벌되게 되어 있으므로 그와 같은 가액의 산정은 엄격하고 신중하게 하여야 한다. 특경법 제3조의 적용을 전제로 하여 그 재물의 가액을 산정함에 있어서는 횡령행위의 태양에 따라 소비, 반출, 은닉, 매각, 증여, 교환 등의 경우에는 그 재물의 시가상당액이 곧 그 가액이라고 볼 수 있으나, 담보제공으로 인한 횡령의 경우에는 담보권 자체의 가치에 중점이 있기 때문에 특별한 사정이 없는 한 담보권의 채권최고액 범위 내에서의 피담보채권액을 이득액이나 피해액으로 보는 것이 일반의 상식에도 부합한다. 또한 특정물을 담보로 제공하고 대출받은 경우 피담보채권액 상당의 재산상 이익을 취득한 배임죄로 평가할 수 있는 점에 비추어, 행령행위로 인한 이득액은 횡령물의 가액이 아니라 피담보채권액으로 보는 것이 타당하다(대전고법 2011.5.20. 선고 2011노33 판결).

○ 대법원 2009.6.11. 선고 2009도2880 판결【특경법위반(횡령)】

피고인은 은행으로부터 미화 38만불을 대출받으면서 피해자로부터 소유권유보부매매로 매수한 산업용 봉제기 186대 1억 5천여만원 상당과 컴퓨터자동자수기계 10대 5억3천여만원 상당을 담보로 제공하였다면, 그 이득액은 담보제공한 목적물의 시가가 아니라 담보원의 채권 최고액 범위 내에서의 피담보채권액이 되어야 하는바, 이 사건 피담보채권액은 미화 38만불로서 5억원에 이르지 못하므로 특경법 제3조제1항을 적용할 수 없다.

○ 대전고법 2011.5.20. 선고 2011노33 판결【특경법위반(횡령)】

이 사건 부동산에 의해 담보되는 근저당 채권최고액 및 피담보채권액은 3억 6,600만원 및 2억5,000만원이므로 특경법 제3조를 적용함에 있어 피고인의 횡령으로 인하여 취득한 가액은 채권최고액인 3억 6,600만원의 범위 내에서의 피담보채권인 2억 5,000만원이라고 봄이 상당하다.

○ 대법원 2013.5.9. 선고 2013도2857 판결【특경법위반(횡령) 등】

피고인이 피해자로부터 명의신탁을 받아 보관 중인 토지 9필지와 건물 1채에 피해자의 승낙 없이 임의로 채권최고액 266,000,000원의 근저당권을 설정하였는데, 당시 위 각 부동산 중 토지 7필지의 시가는 합계 724,379,000원, 나머지 2필지와 건물 1채의 시가는 미상인 반면 각 부동산에는 그 이전에 채권최고액 434,000,000원의 근저당권설정등기가 마쳐져 있고 이에 대하여 피해자는 220,000,000원의 피담보채무를 부담하고 있는 경우, 피고인이 근저당권설정등기를 마치는 방법으로 위 각 부동산을 횡령하여 취득한 구체적인 이득액은 위 각 부동산의 시가 상당액에서 위 범행 전에 설정된 피담보채무액을 공제한 잔액이 아니라 위 각 부동산을 담보로 제공한 피담보채무액 내지 그 채권최고액이라고 보아야 하고, 이 사건 피고인의 이득액은 5억원 미만이므로 특경법 제3조제1항을 적용할 수 없다.

2) 횡령죄는 위험범으로서 특정한 처분행위로 인하여 법익침해의 위험이 발생함으로써 횡령죄가 기수에 이르나 종국적인 법익침해의 결과가 발생하기 전에 새로운 처분행위가 이루어졌을 때, 이미 발

생한 위험을 현실적인 법익침해로 완성하는 데 불과하거나 그 과정에서 당연히 예상될 수 있는 것으로서 새로운 위험을 추가하는 것이 아니라면 이른바 불가벌적 사후행위로서 별도의 범죄를 구성하지 아니하나, 이를 넘어서서 법익침해의 위험을 증가시키거나 새로운 법익침해의 결과를 발생시키는 경우라면 별도로 횡령죄를 구성한다(대법원 2013.2.21. 선고 2010도10500 판결). 따라서 은행으로부터 금전을 차용하고 명의신탁을 받아 보관하고 있는 타인의 부동산에 근저당권을 설정한 후 다시 은행으로부터 금전을 차용하면서 근저당권을 설정한 경우, 각 근저당권설정행위는 별도로 횡령죄를 구성하므로 특가법의 적용여부를 결정함에 있어서는 채권최고액 범위 내의 피담보채무액을 모두 합산할 것이 아니라 각각 그 금액이 5억원 이상인지를 따져야 한다.

3) 그리고 근저당권설정등기가 경료되어 있거나 압류 또는 가압류 등이 이루어져 있는 부동산을 횡령한 경우 그 이득액은 아무런 부담이 없는 상태에서의 그 부동산의 시가 상당액에서 근저당권의 채권최고액 범위 내에서의 피담보채권액, 압류에 걸린 집행채권액, 가압류에 걸린 청구금액 범위 내에서의 피보전채권액 등을 뺀 실제의 교환가치를 그 부동산의 가액으로 보아야 한다(대법원 2007.4.19. 선고 2005도7288 판결 참조).

5. 배임죄의 이득액

1) 배임죄는 타인의 사무를 처리하는 자가 그 임무에 위배하는 행위로서 재산상 이익을 취득하거나 제3자로 하여금 취득하게 하고 본인에게 손해를 가한 때에 성립한다. 다만 배임죄는 위태범으로서 그 성립을 위하여 현실로 본인에게 재산상 손해가 발생할 것까지 요하는 것은 아니므로, 이득액 또는 손해액의 산정에 있어서는 임무에 위배하는 행위로서 위태롭게 된 본인의 재산도 포함한다.

○ **대법원 1998.2.10. 선고 97도2919 판결【배임】**

부동산의 매도인이 매수인 앞으로 소유권이전등기 등을 경료하기 이전에 제3자로부터 금원을 차용하고 그 담보로 근저당권설정등기를 해준 경우에는 특별한 사정이 없는 한 매도인은 매수인에게 그 근저당권에 의하여 담보되는 피담보채무 상당액의 손해를 가한 것이라고 할 것이다.

○ **대법원 2000.4.11. 선고 99도334 판결【특경법위반(배임) 등】**

피고인이 그 업무상 임무에 위배하여 부당한 외상 거래행위를 함으로써 업무상 배임죄가 성립하는 경우, 담보물의 가치를 초과하여 외상 거래한 금액이나 실제로 회수가 불가능하게 된 외상거래 금액만이 아니라 재산상 권리의 실행이 불가능하게 될 염려가 있거나 손해 발생의 위험이 있는 외상 거래대금 전액을 그 손해액으로 보아야 하고, 그것을 제3자가 취득한 경우에는 그 전액을 특경법 제3조에 규정된 제3자로 하여금 취득하게 한 재산상 이익의 가액에 해당하는 것으로 보아야 할 것이다.

○ **대법원 2004.7.22. 선고 2003도3524 판결【특경법위반(배임) 등】**

약속어음할인 금융기관이 금원을 대출함에 있어 대출금 중 선이자를 공제한 나머지만 교부하거나 약속어음을 할인함에 있어 만기까지의 선이자를 공제한 경우 금융기관으로서는 대출금채무의 변제기나 약속어음의 만기에 선이자로 공제한 금원을 포함한 대출금 전액이나 약속어음 액면금 상당액을 취득할 것이 기대된다 할 것이므로, 배임행위로 인하여 금융기관이 입은 손해는 선이자를 공제한 금액이 아니라 선이자로 공제한 금원을 포함한 대출금 전액이나 약속어음 액면금 상당액이다.

○ 대법원 2006.4.27. 선고 2004도1130 판결【특경법위반(배임) 등】

부실대출에 의한 업무상배임죄가 성립하는 경우에는 담보물의 가치를 초과하여 대출한 금액이나 실제로 회수가 불가능하게 된 금액만을 손해액으로 볼 것은 아니고, 재산상 권리의 실행이 불가능하게 될 염려가 있거나 손해발생의 위험이 있는 대출금 전액을 손해액으로 보아야 할 것이다.

2) 다만 예를 들어 부당하게 높은 가격으로 계약이 체결된 경우 정당한 가격, 근저당권이 설정된 부동산의 이중매매에 있어 채권최고액 범위 내에서의 피담보채권액, 회사소유의 부동산에 근저당설정등기를 마쳐 준 후 다시 새로운 담보권을 설정해 주는 경우 선순위 근저당권의 담보가치 등은 배임액의 산정에서 제외되어야 한다.

○ 대법원 1999.4.27. 선고 99도883 판결【업무상배임】

타인을 위하여 도급계약을 체결할 임무가 있는 자가 부당하게 높은 가격으로 도급계약을 체결하여 타인에게 부당하게 많은 채무를 부담하게 하였다면 그 이후에 타인이 현실로 채무를 이행하였는지 여부는 배임죄의 성립과는 상관없이 곧바로 배임죄가 성립하고, 배임액은 도급계약의 도급금액 전액에서 정당한 도급금액을 공제한 금액으로 보아야 한다.

○ 대법원 2005.10.28. 선고 2005도4915 판결【특경법위반(배임) 등】

배임죄는 재산상 이익을 객체로 하는 범죄이므로, 1인 회사의 주주가 자신의 개인채무를 담보하기 위하여 회사 소유의 부동산에 대하여 근저당권설정등기를 마쳐 주어 배임죄가 성립한 이후에 그 부동산에 대하여 새로운 담보권을 설정해 주는 행위는 선순위 근저당권의 담보가치를 공제한 나머지 담보가치 상당의 재산상 이익을 침해하는 행위로서 별도의 배임죄가 성립한다.

○ 대법원 2011.6.30. 선고 2011도1651 판결【특경법위반(배임) 등】

배임행위로 얻은 재산상 이익의 일정한 액수 자체를 가중적 구성요건으로 규정하고 있는 특경법 제3조 제1항의 적용을 전제로 하여 이중매매 대상이 된 부동산 가액을 산정하는 경우, 부동산에 아무런 부담이 없는 때에는 부동산 시가 상당액이 곧 가액이라고 볼 것이지만, 부동산에 근저당권설정등기가 경료되어 있거나 압류 또는 가압류 등이 이루어진 때에는 특별한 사정이 없는 한 아무런 부담이 없는 상태의 부동산 시가 상당액에서 근저당권의 채권최고액 범위 내에서 피담보채권액, 압류에 걸린 집행채권액, 가압류에 걸린 청구금액 범위 내에서 피보전채권액 등을 뺀 실제 교환가치를 부동산 가액으로 보아야 한다.

3) 한편 배임 또는 업무상배임의 각 죄를 범한 자를 그 범죄행위로 인하여 취득한 이득액이 5억원 이상인 때에는 특경법에 의해 그 이득액에 따라 가중처벌되는데, 여기서 말하는 이득액은 단순일죄의 이득액이나 포괄일죄가 성립되는 경우의 이득액의 합산액을 의미한다. 상호저축은행 임원들이 아파트 시공업체 건설회사의 신용상태 등을 감안한 적정 대출한도를 검토하지 아니하고 별다른 물적 담보도 확보하지 아니한 채 실질적으로 시공업체 건설회사가 11개의 아파트 건축사업 시행사들 명의로 받은 합계 100억원의 신용대출을 승인해 준 경우, 수개의 업무상 배임행위는 피해법익이 단일하고 범죄의 태양이 동일할 뿐만 아니라 단일한 범의에 기한 일련의 행위로서 그 수개의 배임행위는 포괄하여 일죄를

구성하고 따라서 그에 대해서는 특경법이 적용된다(대법원 2011.8.18. 선고 2009도7813 판결).

Ⅲ. 금융회사등 임직원의 수재(제5조) 및 이들에 대한 증재(제6조)

1. 금융회사 등 임직원의 수재(제5조)

1) 금융회사 등의 임직원이 그 직무에 관하여 금품이나 그 밖의 이익을 수수, 요구 또는 약속하거나(제5조 제1항), 그 직무에 관하여 부정한 청탁을 받고 제3자에게 금품이나 그 밖의 이익을 공여하게 하거나 공여하게 할 것을 요구 또는 약속하거나(같은 조 제2항), 그 지위를 이용하여 소속 금융회사 등 또는 다른 금융회사 등의 임직원의 직무에 속하는 사항의 알선에 관하여 금품이나 그 밖의 이익을 수수, 요구 또는 약속하였을 때에는(같은 조 제3항) 5년 이하의 징역 또는 10년 이하의 자격정지에 처한다. 또한 수수액의 2배 이상 5배 이하의 벌금을 병과한다(같은 조 제5항).

2) 금융회사 등의 임직원이 수수, 요구 또는 약속한 금품이나 그 밖의 이익의 가액(수수액)이 3천만원 이상 5천만원 미만일 때에는 5년 이상의 유기징역에, 5천만원 이상 1억원 미만일 때에는 7년 이상의 유기징역에 그리고 1억원 이상일 때에는 무기 또는 10년 이상의 징역에 처한다(같은 조 제4항).

3) '금융회사 등'이라 함은 한국은행·금융감독원 및 그 밖의 은행, 투자매매업자·투자중개업자·집합투자업자·신탁업자·증권금융회사 및 종합금융회사, 상호저축은행과 그 중앙회, 농업협동조합과 농협은행, 수산업협동조합과 그 중앙회, 신용협동조합과 그 중앙회, 새마을금고와 그 연합회, 보험업자, 신용보증기금, 기술신용보증기금 그 밖에 이들 기관과 같거나 유사한 업무를 하는 기관을 말한다(제2조).

2. 금융기관등 임직원에 대한 증재(제6조)

1) 금융회사 등의 임직원 등에게 그 직무에 관하여 금품이나 그 밖의 이익을 약속, 공여 또는 공여의 의사를 표시한 사람은 5년 이하의 징역 또는 3천만원 이하의 벌금에 처한다(제6조 제1항).

2) 제공할 목적으로 제3자에게 금품을 교부하거나 그 정황을 알면서 교부받은 사람도 5년 이하의 징역 또는 3천만원 이하의 벌금에 처한다(같은 조 제2항).

Ⅳ. 알선수재(제7조) 및 사금융알선(제8조)

1. 알선수재(제7조)

금융회사 등의 임직원의 직무에 속하는 사항의 알선에 관하여 금품이나 그 밖의 이익을 수수, 요구 또는 약속한 사람 또는 제3자에게 이를 공여하게 하거나 공여하게 할 것을 요구 또는 약속한 사람은

5년 이하의 징역 또는 5천만원 이하의 벌금에 처한다(제7조).

2. 사금융알선 (제8조)

금융회사 등의 임직원이 그 지위를 이용하여 자기의 이익 또는 소속 금융회사 등 외의 제3자의 이익을 위하여 자기의 계산으로 또는 소속 금융회사등 외의 제3자의 계산으로 금전의 대부, 채무의 보증 또는 인수를 하거나 이를 알선하였을 때에는 7년 이하의 징역 또는 7천만원 이하의 벌금에 처한다(제8조).

V. 기타범죄

1. 재산국외도피 (제4조)

1) 법령을 위반하여 대한민국 또는 대한민국국민의 재산을 국외로 이동하거나 국내로 반입하여야 할 재산을 국외에서 은닉 또는 처분하여 도피시켰을 때에는 1년 이상의 유기징역 또는 해당 범죄행위의 목적물 가액(도피액)의 2배 이상 10배 이하에 상당하는 벌금에 처한다(제4조 제1항).

2) 도피액이 5억원 이상 50억원 미만일 때에는 5년 이상의 유기징역에 그리고 도피액이 50억원 이상일 때에는 무기 또는 10년 이상의 징역에 처한다(같은 조 제2항).

3) 위 죄의 미수범은 각 죄에 해당하는 형으로 처벌한다(같은 조 제3항).

4) 법인의 대표자나 법인 또는 개인의 대리인, 사용인, 그 밖의 종업원이 그 법인 또는 개인의 업무에 관하여 위의 행위를 하면 그 행위자를 벌하는 외에 그 법인 또는 개인에게도 제1항의 벌금형을 과(科)한다. 다만, 법인 또는 개인이 그 위반행위를 방지하기 위하여 해당 업무에 관하여 상당한 주의와 감독을 게을리하지 아니한 경우에는 그러하지 아니하다(같은 조 제4항).

2. 저축관련 부당행위 (제9조)

1) 저축을 하는 사람 또는 저축을 중개하는 사람이 금융회사 등의 임직원으로부터 그 저축에 관하여 법령 또는 약관이나 그 밖에 이에 준하는 금융회사등의 규정에 따라 정하여진 이자, 복금(福金), 보험금, 배당금, 보수 외에 어떤 명목으로든 금품이나 그 밖의 이익을 수수하거나 제3자에게 공여하게 하였을 때에는 5년 이하의 징역 또는 5천만원 이하의 벌금에 처한다(제9조 제1항).

2) 저축을 하는 사람이 그 저축과 관련하여 그 저축을 중개하는 자 또는 그 저축과 관계없는 제3자에게 금융회사 등으로부터 대출 등을 받게 하였을 때 또는 저축을 중개하는 사람이 그 저축과 관련하여 금융회사 등으로부터 대출등을 받거나 그 저축과 관계없는 제3자에게 대출 등을 받게 하였을 때에

는 제1항과 같은 형에 처한다(같은 조 제2항).

3) 금융회사등의 임직원이 제1항 또는 제2항에 규정된 금품이나 그 밖의 이익을 공여하거나 대출 등을 하였을 때에는 제1항 또는 제2항과 같은 형에 처한다(같은 조 제3항).

4) 제9조 제1항 내지 제3항의 죄에 대해서는 징역과 벌금을 병과할 수 있다(같은 조 제4항).

5) 금융회사 등의 임직원이 소속 금융회사등의 업무에 관하여 위의 행위를 하면 그 행위자를 벌하는 외에 그 금융회사 등에도 같은 항의 벌금형을 과(科)한다. 다만, 소속 금융회사 등이 그 위반행위를 방지하기 위하여 해당 업무에 관하여 상당한 주의와 감독을 게을리하지 아니한 경우에는 그러하지 아니하다(같은 조 제5항).

3. 무인가 단기금융업 (제11조)

1) 「자본시장과 금융투자업에 관한 법률」 제323조의21, 제335조의2, 제355조 제1항 또는 제360조 제1항을 위반하여 인가를 받지 아니하고 해당 업무를 영위한 자는 5년 이하의 징역 또는 2억원 이하의 벌금에 처한다(「자본시장과 금융투자업에 관한 법률」 제444조 제22호).

2) 자본시장과 금융투자업에 관한 법률 제444조 제22호(단기금융업무만 해당한다)의 죄를 범한 사람은 그 영업으로 인하여 취득한 이자, 할인 및 수입료 또는 그 밖의 수수료의 금액(수수료액)이 연 1억원 이상 10억원 미만일 때에는 1년 이상의 유기징역에 그리고 연 10억원 이상일 때에는 3년 이상의 유기징역에 처한다(제11조 제1항). 이 경우 수수료액의 100분의 10 이상 수수료액 이하에 상당하는 벌금을 병과한다(같은 조 제1항).

제 9 장 부정수표단속법위반죄

Ⅰ. 부정수표단속법의 개요

1) 이 법은 부정수표(不正手票) 등의 발행을 단속·처벌함으로써 국민의 경제생활의 안전과 유통증권인 수표의 기능을 보장함을 목적으로 한다.

2) 수표는 발행인이 지급인으로 하여금 수취인 기타 정당한 소지인에게 일정한 금액의 지급을 위탁하는 형식의 유가증권으로 국가경제에 있어 중요한 역할을 담당하고 있는바, 이 법은 부정수표를 남발함으로써 유통증권으로서의 수표의 기능과 피지급성에 대한 일반인의 신뢰를 교란시키고 유통질서의 혼란을 야기하는 행위를 처벌함 수표의 유통기능을 확보하고 경제질서의 안정을 도모하는 것을 목적으로 한다(대법원 1983.5.10. 선고 83도340 판결).

3) 본법은 은행에 당좌예금 또는 가계종합예금계좌를 가진 사람이 그 예금을 기초로 하여 거래 은행 앞으로 발행하는 수표, 즉 당좌수표나 가계수표에 대해서만 적용되고 발행인이 자기를 지급인으로 하여 발행하는 수표, 즉 자기앞수표에 대해서는 적용되지 아니한다.

Ⅱ. 수표위조·변조(제5조)

1) 수표도 유가증권으로 수표를 위조 또는 변조하는 행위는 유가증권위조·변조에 해당하나, 부정수표단속법은 수표를 위조 또는 변조하는 행위에 대해 1년 이상의 유기징역과 수표금액의 10배 이하의 벌금에 처하도록 함으로써 유가증권위조·변조죄보다 무겁게 처벌하고 있다(제5조). 다만 본죄는 수표의 위조·변조에만 적용되고 수표의 권리의무에 관한 기재의 위조·변조, 수표 허위작성, 위조·변조한

수표의 행사·행사목적의 수입·수출에 대해서는 형법이 적용된다.

2) 외관이 일반인으로 하여금 진정한 수표라고 오인할 정도이면 수표의 일부 요건을 결하여 실체법상 무효인 경우에도 본죄가 성립한다(대법원 1973.6.12. 선고 72도1796 판결). 발행일자가 없더라도 일반인이 유효한 수표라고 오인할 정도의 외관을 갖추고 있다면 본죄가 성립하나(대법원 2001.8.24. 선고 2001도2832 판결), 발행인의 날인이 없는 수표는 일반인이 진정한 수표로 오인할 정도의 외관을 갖추었다고 할 수 없으므로 본죄가 성립하지 않는다(대법원 1985.9.10. 선고 85도1501 판결).

3) 위조라고 함은 타인명의를 도용하여 수표를 만드는 것을 말한다. 수표에 기재되어야 할 수표행위자의 명칭은 반드시 수표행위자의 본명에 한하는 것은 아니고 상호, 별명 그 밖의 거래상 본인을 가리키는 것으로 인식되는 칭호라면 어느 것이나 다 가능하다고 볼 것이므로, 비록 그 칭호가 본명이 아니라 하더라도 통상 그 명칭을 자기를 표시하는 것으로 거래상 사용하여 그것이 그 행위자를 지칭하는 것으로 인식되어 온 경우에는 그것을 수표상으로도 자기를 표시하는 칭호로 사용할 수 있다(대법원 1996.5.10. 선고 96도527 판결), 따라서 망부(亡父)의 사망 후 그의 명의를 거래상 자기를 표시하는 명칭으로 사용하여 온 경우 망부 명의로 수표를 발행하였더라도 타인의 명의를 모용하여 수표를 위조한 것이라고 할 수는 없다(대법원 1982.9.28. 선고 82도296 판결). 그리고 타인의 대리 또는 대표자격으로 문서를 작성하는 경우 그 대표자 또는 대리인은 자기를 위하여 작성하는 것이 아니고 본인을 위하여 작성하는 것으로서 그 문서는 본인의 문서이고 본인에 대하여서만 효력이 생기는 것이므로 회사의 대표이사직에 있는 자가 은행과의 당좌거래 약정이 되어 있는 종전 당좌거래명의를 변경함이 없이 그대로 전 대표이사 명의를 사용하여 회사의 수표를 발행하였다 하여도 수표위조죄에 해당하지 않는다(대법원 1975.9.23. 선고 74도1684 판결).

한편 완전히 새로운 수표를 작성하는 것뿐만 아니라 타인이 위조한 액면과 지급기일이 백지로 된 약속어음을 구입하여 행사의 목적으로 백지인 액면란에 금액을 기입하여 그 위조어음을 완성하거나(대법원 1982.6.22. 선고 82도677 판결). 금액란이 백지인 수표의 소지인이 보충권의 범위를 넘어 발행인의 서명날인이 있는 기존의 수표용지의 금액을 부당보충하는 것도 위조에 해당한다(대법원 1999.6.11. 선고 99도1201 판결).

4) 변조라고 함은 이미 진정하게 성립한 수표의 내용을 권한없는 자가 그 수표의 동일성을 해하지 않는 한도에서 임의적으로 변경을 가하는 것을 말한다(대법원 2003.1.10. 선고 2001도6553 판결). 진정하게 성립한 수표를 대상으로 하므로 위조된 수표의 기재사항을 임의로 변경하였다고 하여 변조가 되는 것은 아니고(대법원 2008.12.24. 선고 2008도9494 판결), 타인명의의 수표를 대상으로 하므로 타인소유의 자기명의의 수표에 변경을 가하였다고 하더라도 변조에 해당하는 것은 아니다(대법원 1978.11.14. 선고 78도1904 판결). 그리고 동일성을 해하지 않는 범위 내에서 수표의 내용을 변경하여야 하므로 동일성을 해할

정도로 수표의 내용을 변경함으로써 새로운 수표를 작출한 경우는 위조에 해당한다. 다만 단순한 자구 수정 등 수표의 내용에 실질적 영향이 없는 변경은 변조에 해당하지 않는다(대법원 1981.10.27. 선고 81도 2055 판결).

5) 본죄는 고의범이므로 수표를 위조 또는 변조한다는데 대한 인식과 의사를 요한다. 유가증권위조·변조죄와는 달리 행사의 목적은 요구되지 않는다(대법원 2008.2.14. 선고 2007도10100 판결).

6) 위조·변조된 유가증권을 유통시킨 경우에는 형법상 위조·변조유가증권행사죄(제217조)가 별도로 성립한다. 위조·변조 수표를 직접 행사하는 경우뿐만 아니라 위조·변조된 수표임을 알고 있는 자에게 교부하였더라도 피교부자가 이를 소통시킬 것임을 인식하고 교부하였다면 그 교부행위 그 자체가 수표의 유통질서를 해할 우려가 있어 위조·변조유가증권행사죄가 성립한다(대법원 1983.6.14. 선고 81도 2492 판결).

Ⅲ. 부정수표 발행·작성(제2조 제1항)

1) 부정수표를 발행하거나 작성함으로써 성립하는 범죄로 5년 이하의 징역 또는 수표금액의 10배 이하의 벌금에 처벌된다(제2조 제1항). 여기서 부정수표라고 함은 가공인물의 명의로 발행한 수표, 금융기관(우체국을 포함한다)과의 수표계약 없이 발행하거나 금융기관으로부터 거래정지처분을 받은 후에 발행한 수표 및 금융기관에 등록된 것과 다른 서명 또는 기명날인으로 발행한 수표를 말한다(제2조 제1항 제1호 내지 제3호).

2) 수표계약이란 발행인이 지급인인 금융기관에게 발행인의 수표에 대하여 발행인의 수표자금으로 지급할 의무를 부담하게 하는 것을 목적으로 하는 계약을 말한다(대법원 1970.11.24. 선고 70다2046 판결). 거래정지처분(또는 부도처분)이라고 함은 수표의 신용거래의 안전과 질서유지를 위해 어음교환소가 어음교환업무규약 시행세칙에서 정한 사유에 해당할 경우에 취하는 제재조치로서, 거래정지처분에 의해 부도수표발행인은 당좌거래가 정지되어 수표의 이용이 금지되고 참가은행으로부터 신규대출이 중단되며 기존대출에 대해서도 기한의 이익이 상실되는 등 치명적인 타격을 입게 된다. 이와 같은 금융기관(우체국을 포함)과의 수표계약 없이 수표를 발행하거나 금융기관으로부터 거래정지처분을 받은 후에 수표를 발행한 이상 지급제시여부 및 정상적으로 결제되었는지 여부와 관계없이 본죄가 성립한다.

3) 수표발행인이 개인인 경우 수표의 명의는 주민등록표상의 성명과 일치하여야 하고, 법인인 경우에는 법인등기사항증명서상 상호·명칭과 일치하여야 한다(시행령 제2조 제2항). 서명 또는 기명날인은 수표의 필요적 기재사항으로(수표법 제1조, 제2조) 은행과 수표거래를 할 때에는 사용할 서명 또는 인감을 미리 등록하여야 하고, 만일 금융기관에 등록된 것과 다른 서명 또는 기명날인으로 수표를 발행한

경우 본죄의 죄책을 진다.

4) '발행'이란은 금융기관과 실질적인 자금관계에 있는 자가 수표용지에 수표의 기본요건을 작성하여 상대방에게 교부하는 것을 말한다(대법원 2008.1.31. 선고 2007도727 판결). 수표의 기본요건만을 작성하고 아직 교부하지 않은 이상 발행이라고 할 수 없으나, 백지수표의 금액란이 부당보충된 경우 적어도 보충권의 범위 내에서는 백지수표의 발행인이 그 금액을 보충한 것과 다를 바 없으므로 자기명의로 백지수표를 발행하는 것도 발행에 해당한다(대법원 1995.9.29. 선고 94도2464 판결).

그리고 '작성'이란 경리담당사원이 사장이 서명날인한 수표용지에 사장의 지시로 금액만 기입하는 것과 같이 단순히 수표상의 요건을 대리기입하는 것 같은 기계적인 행위를 말하는 것이 아니라(대법원 1975.12.23. 선고 75도2737 판결), 발행인과 공모하거나 그의 위임 아래 부정수표를 만드는 것을 말한다(대법원 1975.12.9. 선고 74도2650 판결).

수표를 스스로 발행 또는 작성하는 것이 아니라 타인이 이미 발행한 백지수표의 액면금이나 발행일을 보충하거나(대법원 1981.9.8. 선고 81도1495 판결; 2004.2.13. 선고 2002도4464 판결). 수표문언을 사후적으로 정정하거나, 배서 또는 보증과 같은 부수적 증권행위를 하는 것은 본죄에 해당하지 않는다.

5) 본죄는 고의범으로 부정수표를 발행 또는 작성한다는데 대한 인식과 의사가 요구된다(대법원 1965.2.23. 선고 64도669 판결). 본죄는 부정수표를 발행 또는 작성함으로써 성립하고 그 이후 지급제시 여부 또는 정상적인 결제여부는 본죄의 성립에 영향을 미치지 않는다.

Ⅳ. 수표부도(제2조 제2항)

1) 수표를 발행하거나 작성한 자가 수표를 발행한 후에 예금부족, 거래정지처분이나 수표계약의 해제 또는 해지로 인하여 제시기일에 지급되지 아니하게 함으로써 성립하는 범죄로 5년 이하의 징역 또는 수표금액의 10배 이하의 벌금에 처한다(제2조 제2항).

2) 본죄의 주체는 수표를 발행하거나 작성한 자, 즉 수표의 발행인으로 표시되어 있는 사람과 수표의 요건을 작성한 사람으로서 그 수표의 지급인(금융기관) 사이에 실질적인 자금관계가 있는 사람이다(대법원 1988.8.9. 선고 87도2555 판결). 따라서 본죄는 신분범이라고 할 수 있다. 다만 형법 제33조에 의해 수표의 발행인 또는 작성인이 아니더라도 이러한 사람들과 공동으로 수표를 발행 또는 작성한 경우에는 공동정범으로 처벌될 수 있다(대법원 1993.7.13. 선고 93도1341 판결).

3) 본죄의 객체는 당좌수표, 가계수표를 비롯하여 선일자수표*(대법원 1974.2.12. 선고 73도3445 판결;

* 선일자수표는 기재된 발행일자 도래 전이라도 언제든지 지급제시할 수 있고(수표법 제28조 제2항), 지급제시한 날이 제시기일이 된다(시행령 제2조 제3항). 선일자수표는 실제 발행일에는 수표자금이 없고 나중에 수표상 기재한 날짜에 수표자금의 마련이 예상되는 경우에 발행하는데, 선일자수표를 발행하는 경우에는 수취인과 발행일 이전에는 제시하

1981.9.22. 선고 81도1181 판결), 백지수표(대법원 2013.12.26. 선고 2011도7185 판결), 발행한도를 초과하여 발행된 수표(대법원 1995.11.24. 선고 95도1663 판결), 수표요건이 사후적으로 정정된 수표(대법원 1995.2.22. 선고 95도1263 판결; 2003.9.5. 선고 2003도3099 판결)도 포함된다. 그러나 수표의 발행이 강행법규를 위반하여 무효인 경우는 처음부터 유통기능이 없으므로 본죄의 객체가 되지 않고(대법원 2010.3.25. 선고 2009도14585 판결), 수표의 발행일의 기재가 없는 수표(발행년월일 중 월의 기재가 없는 경우도 발행일의 기재가 없는 경우에 해당함)는 소정의 지급제시기간 내에 제시되었는지의 여부를 확정할 길이 없으므로 본죄의 객체가 되지 않는다(대법원 1983.5.10. 선고 83도340 판결).

금액과 발행일자의 기재가 없는 이른바 백지수표도 소지인이 보충권을 행사하여 금액과 날짜를 기입하면 완전무결한 유가증권인 수표가 되고, 특별한 사정이 없는 한 백지수표를 발행하는 그 자체로서 보충권을 소지인에게 부여하였다고 보아야 하며, 수표면이나 그 부전에 명시되어 있지 않는 한 보충권의 제한을 선의의 취득자에게 대항할 수 없으므로 백지수표도 유통증권에 해당하므로 백지수표의 발행도 부정수표단속법의 규제를 받는다(대법원 2013.12.26. 선고 2011도7185 판결). 그러나 수표의 액면금액란 등을 백지로 하여 발행된 백지수표를 보충함에 있어서 그 보충권의 범위를 넘어서는 금액으로 액면금액이 부당보충된 경우, 그 보충권의 범위를 넘는 금액에 관하여는 발행인이 그와 같은 금액으로 보충한 것과 동일하게 볼 수 없고, 따라서 백지수표의 발행인에 대하여 보충권의 범위를 넘는 금액에 대해서는 부정수표단속법의 죄책을 물을 수는 없다(대법원 1995.9.29. 선고 94도2464 판결).

4) 본죄의 행위는 수표발행 후에 예금부족, 거래정지처분이나 수표계약의 해제·해지로 인하여 제시기일에 지급되지 아니하게 하는 것이므로, 본죄가 성립하기 위해서는 우선 지급제시기간 내에 지급제시가 있어야 한다. 제시기일은 지급제시기간(수표발행일로부터 10일) 내에 금융기간에 지급을 받기 위해 수표를 제시한 날을 말한다(시행령 제2조 제3항).

5) 지급되지 아니한다고 함은 지급거절의 증명이 있는 경우를 말한다(시행령 제2조 제4항). 당좌수표가 발행되어 그것이 제시기간 내에 은행에 제시되었으나 예금부족으로 지급되지 아니하였다면 그 수표가 지급거절된 다음 날에 그 수표금액을 은행에 입금하여 변제가 되게 하였다고 하더라도 그 수표발행인에게 일단 발생한 형사책임이 그것으로 인하여 소멸한다고 할 수는 없다(대법원 1988.12.6. 선고 88도1406 판결).

6) 본죄는 고의범으로 지급거절에 대한 인식과 의사가 요구된다. 다만 확정적 고의는 요구되지 않고 미필적 고의로도 족하다. 발행인의 자금사정이 악화된 상태에서 별다른 자금확보책이 없이 수표를 발행하건, 예금잔고나 예금예상액에 비하여 현저하게 과다한 액수의 수표를 발행하거나 발행인의 사업규모, 신용, 소지인과의 관계 등에 비추어 자금확보가 불확실한 상태에서 수표를 발행한 경우는 미필적

지 않겠다고 합의하거나(제시금지특약), 유통시키지 않겠다고 합의하거나(유통금지특약), 담보만을 목적으로 하거나 증서로서 보관만을 목적으로 합의를 하는 것이 보통이다(견질용).

고의가 인정된다(대법원 1970.7.21. 선고 70도1047 판결; 1983.10.11. 선고 83도2088 판결; 2000.3.14. 선고 99도4923 판결; 70도1047 판결 등 참조).

7) 판례는 본죄는 수표소지인이 제시기일에 지급제시하여 수표금이 지급되지 아니한 때가 아니라 예금부족 등으로 인하여 제시기일에 지급되지 아니할 것이라고 예견하고 수표를 발행·작성한 때에 기수에 이른다고 보고(대법원 1996.3.8. 선고 95도2114 판결; 2003.9.26. 선고 2003도3394 판결), 따라서 공소시효도 수표의 실제발행일로부터 기산한다고 본다(대법원 2003.9.26. 선고 2003도3394 판결). 그러나 본죄는 '지급기일에 지급되지 아니할 것'을 요건으로 하고 있고, 지급되지 아니할 것으로 예견하고 수표를 발행하였더라도 제시기일에 지급이 되게 한 경우에도 본죄의 성립을 인정하는 것은 불합리하므로 수표소지인이 제시기일에 지급제시하여 수표금이 지급되지 아니한 때를 기수시기로 보고 이때부터 공소시효가 기산된다고 보는 것이 타당하다.

8) 여러 장의 부도수표를 발행한 경우 수표의 수만큼 본죄가 성립하고 각각 경합범의 관계에 있다(대법원 1986.3.11. 선고 85도2809 판결). 사기의 수단으로 부도수표를 발행한 경우는 사기죄가 별도로 성립하고 본죄와 경합범의 관계에 있다(대법원 1992.3.31. 선고 91도2828 판결). 타인의 사무를 처리하는 자가 임무에 위배하여 부도수표를 발행하고 본인에게 재산상 손해를 가한 때에는 배임죄와 본죄의 상상적 경합이 된다(대법원 2004.5.13. 선고 2004도1299 판결).

9) 본죄는 반의사불벌죄이다. 부도수표를 사후에 회수하거나 수표소지인이 처벌불원의 의사표시를 하면 공소를 제기할 수 없다(제2조 제4항).

Ⅴ. 과실 부정수표 발행·작성 및 수표부도(제2조 제3항)

1) 과실로 부정수표 또는 부도수표를 발행·작성함으로써 성립하는 범죄로 3년 이하의 금고 또는 수표금액의 5배 이하의 벌금에 처한다(제2조 제3항).

2) 본죄는 반의사불벌죄이다. 부도수표를 사후에 회수하거나 수표소지인이 처벌불원의 의사표시를 하면 공소를 제기할 수 없다(제2조 제4항).

Ⅵ. 허위신고(제4조)

1) 수표금액의 지급 또는 거래정지처분을 면할 목적으로 금융기관에 거짓신고를 함으로써 성립하는 범죄로 10년 이하의 징역 또는 20만원 이하의 벌금에 처한다.

2) 본죄는 '수표금액의 지급 또는 거래정지처분을 면할 목적'을 요건으로 하고, 수표금액의 지급책

임을 부담하는 자 또는 거래정지처분을 당하는 자는 발행인에 국한되는 점에 비추어 볼 때, 발행인이 아닌 자는 허위신고죄의 주체가 될 수 없고 나아가 허위신고에 대한 인식이 없는 발행인을 이용하여 간접정범의 형태로 본죄를 범할 수도 없다. 예컨대 타인으로부터 명의를 차용하여 수표를 발행하는 경우에 있어서도 수표가 제시됨으로써 당좌예금계좌에서 수표금액이 지출되거나 거래정지처분을 당하게 되는 자는 결국 수표의 지급인인 은행과 당좌예금계약을 체결한 자인 수표의 발행명의인이 되고, 명의차용인은 수표가 제시된다고 하더라도 수표금액이 지출되거나 거래정지처분을 당하게 되는 것이 아니므로, 명의차용인이 신고하는 사실이 허위라는 데 대한 인식이 없는 발행명의인을 기망하여 허위사실을 신고하였다고 하더라도, 명의차용인은 허위신고죄의 죄책을 지지 않는다. 따라서 피고인이 A주식회사의 대표이사인 B에게 부탁하여 그의 명의로 액면금 1,000만원의 당좌수표를 발행하고 당좌수표가 지급은행에 지급제시되자 B를 기망하여 당좌수표의 액면금이 300만원에서 1,000만원으로 변조되었다는 취지의 거짓신고를 하게 함으로써 당좌수표의 지급이 정지되었더라도, 피고인은 허위신고죄의 죄책을 지지 않는다(대법원 2014.1.23. 선고 2013도13804 판결).

3) 허위신고죄는 수표금액의 지급 또는 거래정지처분을 면할 목적으로 금융기관에 거짓 신고를 한 경우에 성립하는바, 타인으로 하여금 형사처분 또는 징계처분을 받게 할 목적으로 공무소 또는 공무원에 대하여 허위의 사실을 신고하는 때에 성립하는 무고죄와는 행위자의 목적, 신고의 상대방, 신고 내용, 범죄의 성립시기 등을 달리하는 별개의 범죄로서 서로 보호법익이 다르다. 따라서 하나의 행위가 허위신고죄 및 무고죄의 성립요건을 모두 충족하는 경우 두 죄의 상상적 경합이 아니라 실체적 경합으로 처벌된다(대법원 2014.1.23. 선고 2013도12064 판결).

Ⅶ. 소추에 관한 특례

1) 부도수표발행·작성죄(제2조 제2항)와 과실 부정수표 및 부정수표 발행·작성죄(제2조 제3항)는 반의사불벌죄로 부도수표를 사후에 회수하거나 수표소지인이 처벌불원의 의사표시를 하면 공소를 제기할 수 없다(제2조 제4항). 공소가 제기된 후 수표가 회수되거나 수표소지인이 처벌불원의 의사표시를 한 때에는 공소기각판결을 선고하여야 한다(대법원 1999.5.14. 선고 99도900 판결).

2) 먼저 수표소지인이 처벌불원의 의사표시를 한 때에도 공소를 제기할 수 없고, 공소제기 후 처벌불원의 의사표시를 한 때에는 공소기각판결을 선고하여야 한다. 다만 이 경우 공범 중의 일부에 대한 처벌불원의 의사표시는 다른 공범자에게 미치지 아니하고(대법원 1999.5.14. 선고 99도900 판결 참조), 처벌불원의 의사표시는 제1심판결 선고 전까지 하여야 한다(대법원 1995.2.3. 선고 94도3122 판결).

3) 다음으로 수표가 회수된 경우에는 공소를 제기할 수 없고, 공소가 제기된 경우 법원은 공소기

각판결을 선고하여야 한다. 수표소지인이 처벌불원의 의사표시를 한 때와는 달리 수표회수의 효과는 발행인·작성인 뿐만 아니라 공범에게도 미친다(대법원 1999.5.14. 선고 99도900 판결; 2009.12.10. 선고 2009도9939 판결).

○ 대법원 1999.5.14. 선고 99도900 판결【부정수표단속법위반】

부정수표단속법 제2조 제4항의 입법 취지는 수표거래질서의 확보를 위한 본래의 법기능을 그대로 유지하면서 부정수표를 회수한 경우 등에는 공소를 제기할 수 없도록 함으로써 부도를 낸 기업인의 기업회생을 도모하려는 데에 있는 것인바, 부정수표의 회수는 수표소지인이 수표를 여전히 소지하면서 단순히 처벌을 희망하지 아니하는 의사만을 표시하는 경우와는 달리 그 회수사실 자체가 소극적 소추조건이 되어 부정수표가 회수되면 그 회수 당시의 소지인은 더 이상 수표상의 권리를 행사할 수 없게 되는 점에 비추어 보면, 부정수표가 공범에 의하여 회수된 경우에 그 소추조건으로서의 효력은 회수 당시 소지인의 의사와 관계없이 다른 공범자에게도 당연히 미치는 것으로 보아야 할 것이고, 부정수표를 실제로 회수한 공범이 다른 공범자의 처벌을 원한다고 하여 달리 볼 것이 아니다.

○ 대법원 2009.12.10. 선고 2009도9939 판결【부정수표단속법위반 등】

부정수표단속법 제2조 제4항에서 부정수표가 회수된 경우 공소를 제기할 수 없도록 하는 취지는 부정수표가 회수된 경우에는 수표소지인이 부정수표 발행자 또는 작성자의 처벌을 희망하지 아니하는 것과 마찬가지로 보아 같은 조 제2항 및 제3항의 죄를 이른바 반의사불벌죄로 규정한 취지로서 부도수표 회수나 수표소지인의 처벌을 희망하지 아니하는 의사의 표시가 제1심판결 선고 이전까지 이루어지는 경우에는 공소기각의 판결을 선고하여야 할 것이고, 이는 부정수표가 공범에 의하여 회수된 경우에도 마찬가지이다.

4) 수표회수나 수표소지인의 처벌불원의 의사표시와는 달리 제권판결(수표상의 권리의 효력을 상실하게 하는 재판)이나 변제공탁이 있다고 하더라도 공소제기를 할 수 있다.

제10장 여전법위반죄

Ⅰ. 여전법의 개요

1. 여전법의 목적과 범죄유형

1) 여전법은 신용카드업, 시설대여업, 할부금융업 및 신기술사업금융업을 하는 자의 건전하고 창의적인 발전을 지원함으로써 국민의 금융편의를 도모하고 국민경제의 발전에 이바지함을 목적으로 한다(제1조).

2) 본법에 규정된 대표적인 신용카드범죄로는 신용카드등 위조·변조죄(제70조 제1항 제1호), 신용카드등 부정사용죄(제70조 제1항 제2호) 및 신용카드 이용 자금융통죄(제70조 제2항)가 있다.

2. 여전법의 적용대상

1) 본법은 신용카드, 직불카드 및 선불카드를 대상으로 한다.

2) 신용카드(credit card)란 그것을 제시함으로써 반복하여 신용카드가맹점에서 결제할 수 있는 증표(證票)로서 신용카드업자(외국에서 신용카드업에 상당하는 영업을 영위하는 자를 포함한다)가 발행한 것을 말한다(제2조 제3호). 신용카드는 물품을 구입하거나 서비스를 제공받을 때 현금을 대신하는 결제수단으로(대금결제기능) 대금지급을 결제일까지 유예하는 기능(지급유예기능), 할부기능 및 일정한 한도 내에서 신용으로 현금을 대출해 주는 기능(현금서비스기능)을 가지고 있다. 기업구매전용카드는 신용카드처럼 실물 형태의 증표가 발행되는 것이 아니라 단지 구매기업이 이용할 수 있는 카드번호만이 부여될 뿐이

고, 거래방법도 구매기업이 판매기업에 기업구매전용카드를 '제시'할 것이 요구되지 않으며, 구매기업이 카드회사에 인터넷 등을 통하여 구매 사실을 통보하면 카드회사가 판매기업에 물품대금을 지급하여 결제가 이루어지게 하는 온라인거래 수단을 지칭하는 데 지나지 않으므로 신용카드에 해당하지 않는다(대법원 2013.7.25. 선고 2011도14687 판결).

3) 직불카드(debit card)란 직불카드회원과 신용카드가맹점 간에 전자적 또는 자기적 방법으로 금융거래계좌에 이체하는 등의 방법으로 결제가 이루어질 수 있도록 신용카드업자가 발행한 증표(자금을 융통받을 수 있는 증표는 제외한다)를 말한다(제2조 제6호). 직불카드는 대금결제기능은 있으나 지급유예기능, 할부기능, 현금서비스기능은 없다.

4) 선불카드(prepaid card)란 신용카드업자가 대금을 미리 받고 이에 해당하는 금액을 기록(전자적 또는 자기적 방법에 따른 기록을 말한다)하여 발행한 증표로서 선불카드소지자가 신용카드가맹점에 제시하여 그 카드에 기록된 금액의 범위에서 결제할 수 있게 한 증표를 말한다(제2조 제8호). 기프트카드나 선불교통카드가 대표적인 선불카드이다.

5) 이들과는 달리 현금카드(cash card)는 은행에 예금계좌를 설정하여 둔 고객이 출납창구 이외에서 현금자동입출금기 등을 이용하여 자신의 예금계좌로부터 현금을 인출할 수 있도록 은행이 고객에게 발급하여 준 카드로서 예금인출기능만 있고 대금결제기능이나 지급유예기능, 할부기능, 현금서비스기능은 없다. 현금카드 및 신용카드·직불카드에 포함되어 있는 현금카드기능의 이용은 여신전문금융업법의 규율대상이 아니다(대법원 2010.6.10. 선고 2010도3409 판결).

Ⅱ. 신용카드등 위조·변조등(제70조 제1항 제1호, 제2호, 제5호)

1. 신용카드등 위조·변조(제70조 제1항 제1호)

1) 신용카드, 직불카드, 선불카드를 위조 또는 변조함으로써 성립하는 범죄로 7년 이하의 징역 또는 5천만원 이하의 벌금에 처한다(제70조 제1항 제1호). 징역형과 벌금형을 병과할 수 있다(같은 조 제8항). 본죄의 미수범은 처벌한다(같은 조 제6항). 본죄를 범할 목적으로 예비 또는 음모한 자는 3년 이하의 징역 또는 2천만원 이하의 벌금에 처한다. 다만 그 목적한 죄를 실행하기 전에 자수한 때에는 그 형을 감경 또는 면제한다(같은 조 제7항).

2) 신용카드는 신용카드업자만이 발행할 수 있으므로 신용카드업자가 아닌 자가 신용카드를 발생하는 것이 위조이고, 신용카드업자가 발행한 신용카드의 동일성을 해하지 않는 범위 내에서 변경을 가하는 것이 변조가 된다. 신용카드 등의 자기띠나 전자칩을 위조 또는 변조하는 것도 본죄에 해당한다.

3) 신용카드는 유가증권은 아니지만 문서로서의 성질을 가지며 신용카드의 자기띠나 전자칩은 전

자기록에 해당하므로 신용카드 자체 또는 자기띠나 전자칩을 위조·변조는 사문서위조·변조, 사전자기록위작·변작에 해당하나, 신용카드위조·변조죄는 이들 죄에 대해 특별관계에 있으므로 본죄만 성립한다.

2. 위조·변조 신용카드등 사용(제70조 제1항 제2호)

1) 위조 또는 변조된 신용카드, 직불카드, 선불카드를 사용하거나 판매함으로써 성립하는 범죄로 7년 이하의 징역 또는 5천만원 이하의 벌금에 처한다(제70조 제1항 제2호). 징역형과 벌금형은 병과할 수 있다(같은 조 제8항). 본죄의 미수범은 처벌한다(같은 조 제6항).

2) 사용이란 신용카드, 직불카드, 선불카드를 그 본래의 용법에 따라 사용하는 것을 말한다. 물품을 구입하거나 서비스를 제공받고 대금을 결제하는 것, 현금서비스를 받는 것은 사용에 포함되나 신용카드 또는 직불카드에 포함되어 있는 현금카드기능을 사용하여 현금을 인출하는 것, 타인의 계좌로 예금을 이체하는 것, ARS·카드론·인터넷을 통한 신용대출은 사용에 해당하지 않는다.

3) 판매란 위조·변조된 신용카드 등을 유상으로 매도하는 것을 말한다. 판매라고 하기 위해서는 계약을 체결한 것만으로는 부족하고 현실적으로 점유를 이전할 것을 요한다. 유상으로 현실적으로 인도하면 기수에 이르고 대금을 수령하였는가의 여부는 본죄의 성립에 영향을 미치지 않는다. 그리고 판매행위는 매수행위와 대향 관계에 있지만 본죄는 판매행위만을 처벌한다. 매도, 매수와 같이 2인 이상의 대향된 행위의 존재를 필요로 하는 범죄에서 일방에 대한 처벌규정만을 두고 있는 경우 그 상대방에 대해서는 형법총칙상 공범규정을 적용할 수 없으므로(대법원 2001.12.28. 선고 2001도5158 판결; 2009.6.23. 선고 2009도544 판결), 위조 또는 변조된 신용카드, 직불카드, 선불카드를 매수한 자는 처벌할 수 없다.

4) 본죄의 미수범은 처벌한다(제70조 제5항). 물품을 구입하기 위해 위조 또는 변조된 신용카드 등을 제시하였으나 사용행위를 완성하기 전에 그친 경우에는 미수범으로 처벌된다.

3. 행사목적 위조·변조 신용카드등 취득(제70조 제1항 제5호)

1) 행사할 목적으로 위조 또는 변조된 신용카드, 직불카드, 선불카드를 취득함으로써 성립하는 범죄로 7년 이하의 징역 또는 5천만원 이하의 벌금에 처한다(제70조 제1항 제5호). 징역형과 벌금형을 병과할 수 있다(같은 조 제8항).

2) 취득이란 사실상의 처분권을 획득하는 것을 말하며, 현실적인 점유의 이전을 요한다. 대가지급의 유무를 불문한다.

3) 행사할 목적으로 위조 또는 변조된 신용카드 등을 취득하여 이를 사용한 경우에는 본죄와 위조·변조된 신용카드등 사용죄의 경합범의 죄책을 진다.

Ⅲ. 신용카드등 부정사용등(제70조 제1항 제3,4호)

1. 신용카드 등 부정사용(제70조 제1항 제3,4호)

1) 분실 또는 도난당하거나 강취·횡령하거나 사람을 기망하거나 공갈하여 취득한 신용카드나 직불카드를 사용함으로써 성립하는 범죄로 7년 이하의 징역 또는 5천만원 이하의 벌금에 처한다(제70조 제3항·제4항). 징역형과 벌금형을 병과할 수 있다(같은 조 제8항).

2) 본죄의 주체는 타인의 신용카드나 직불카드를 점유이탈물횡령, 절취, 강취, 횡령, 사취 또는 갈취한 자뿐만 아니라 그 정을 알면서 신용카드 등을 취득한 자도 포함된다.

3) 본죄의 객체는 분실 또는 도난당하거나 강취·횡령하거나 사람을 기망하거나 공갈하여 취득한 신용카드와 직불카드이다. 분실 또는 도난당한 신용카드 등이란 소유자 또는 점유자의 의사에 기하지 않고 그의 점유를 이탈하거나 그의 의사에 반하여 점유가 배제된 신용카드 등을 말한다(대법원 1999.7.9. 선고 99도857 판결). 강취 또는 횡령한 신용카드 등은 소유자 또는 점유자의 의사에 반하여 점유가 배제된 신용카드 등을 말하고, 기망하거나 공갈하여 취득한 신용카드란 소유자 또는 점유자의 하자있는 의사에 기하여 점유가 배제된 신용카드 등을 말한다.

그런데 판례는 강취, 횡령, 기망 또는 공갈로 취득한 신용카드는 소유자 또는 점유자의 의사에 기하지 않고, 그의 점유를 이탈하거나 그의 의사에 반하여 점유가 배제된 신용카드를 가리킨다고 하면서, 유흥주점 업주가 과다한 술값 청구에 항의하는 피해자들을 폭행 또는 협박하여 피해자들로부터 일정 금액을 지급받기로 합의한 다음, 피해자들이 결제하라고 건네준 신용카드로 합의에 따라 현금서비스를 받거나 물품을 구입한 경우, 신용카드에 대한 피해자들의 점유가 피해자들의 의사에 기하지 않고 이탈하였거나 배제되었다고 보기 어려워 신용카드 부정사용에 해당하지 않는다고 보고 있다(☞ **[판례 Ⅲ-1]** 참조).

[판례 Ⅲ-1] 대법원 2006.7.6. 선고 2006도654 판결【여전법위반】

〈사실관계〉

피고인 1은 2005.8.2. 02:29경 자신이 운영하는 '유흥주점에서 피해자 몰래 빈 양주병 5개를 올려놓은 다음 술값으로 135만원을 요구하고, 이에 항의하는 피해자를 협박하여 피해자로부터 엘지카드와 국민카드를 교부받은 후 편의점에서 위 엘지카드로 60만원, 위 국민카드로 60만원을 결제하고 피해자로 하여금 매출전표에 서명하게 하여 피해자로부터 갈취한 신용카드를 사용한 것을 포함하여 2005.1.21.경부터 같은 해 8.2.경까지 9회에 걸쳐 피해자들로부터 갈취한 신용카드를 사용하고, 피고인 2는 2005.1.경 피고인 1로부터 유흥주점 손님들의 신용카드로 피고인 2가 운영하는 편의점에서 물건을 구입한 것처럼 결제하고 자금을 융통하여 달라는 부탁을 받고, 2005.8.2. 02:29경 피해자가 그의 엘지카드를 이용하여 60만원 상당의 물건을 구입한 것처럼 허위의 매출전표를 작성하고 2-3일 후 카드결제액 상당의 담배와 술을 교부하여 자금을 융통하여 준 것을 포함하여 2005.1.21.경부터 같은 해 8. 2.경까지 9회에 걸쳐 물품의 판매 또는 용역의 제공을 가장하여 각 자금을 융통하여 주었다.

〈판결요지〉

(1) 여전법 제70조 제1항 제4호에 의하면, "강취·횡령하거나 사람을 기망·공갈하여 취득한 신용카드 또는 직불카드를 판매하거나 사용한 자"에 대하여 "7년 이하의 징역 또는 5천만원 이하의 벌금에 처한다."고 규정하고 있는바, 여기서 부정사용이라 함은 강취, 횡령, 기망 또는 공갈로 취득한 신용카드나 직불카드를 진정한 카드로서 본래의 용법에 따라 사용하는 경우를 말하는 것이고, 강취, 횡령, 기망 또는 공갈로 취득한 신용카드라 함은 소유자 또는 점유자의 의사에 기하지 않고, 그의 점유를 이탈하거나 그의 의사에 반하여 점유가 배제된 신용카드를 가리킨다.

이 사건 피고인 1은 과다한 술값 청구에 항의하는 피해자들을 폭행 또는 협박하여 피해자들로부터 일정 금액을 지급받기로 합의한 다음 피해자들이 결제하라고 건네준 신용카드로, 합의한 대로 현금서비스를 받거나, 편의점에서 술과 담배를 구입하는 것으로 매출전표를 작성하고 피해자들의 서명을 거쳐 매출전표의 작성을 완료한 후 2-3일 지나 편의점에서 신용카드 결제금액 상당의 술과 담배를 인도받아 술값에 충당하였는바, 이와 같이 합의에 따라 피해자들이 건네준 신용카드로 현금서비스를 받거나 물품을 구입하고 매출전표를 작성하였고, 매출전표에 피해자들 본인이 서명까지 한 경우에는 비록 피고인 1이 피해자들을 폭행 또는 협박하여 피해자들로 하여금 술값을 결제하도록 하기에 이르렀다고 하더라도 신용카드에 대한 피해자들의 점유가 피해자들의 의사에 기하지 않고 이탈하였다거나 배제되었다고 보기 어렵다.

(2) 구 여전법(2005.5.31. 법률 제7531호로 개정되기 전의 것) 제70조 제2항 제3호와 현행 여전법 제70조 제2항 제3호 (가)목에 의하면, '물품의 판매 또는 용역의 제공 등을 가장하거나 실제 매출금액을 초과하여 신용카드에 의한 거래를 하거나 신용카드에 의한 거래를 대행시키고 자금을 융통하여 준 자 또는 이를 중개·알선한 자'에 대하여 '3년 이하의 징역 또는 2천만원 이하의 벌금에 처한다.'고 규정하고 있는바, 이 요건을 충족하기 위하여는 실제로 신용카드거래가 없었음에도 불구하고 신용매출이 있었던 것으로 가장하거나 실제의 매출금액을 초과하여 신용카드에 의한 거래를 할 것을 요하고 실제로 신용카드에 의한 물품거래가 있었을 뿐만 아니라 그 매출금액 그대로 매출전표를 작성한 경우는 그 처벌대상에 포함되지 아니한다.

그런데 피고인 1이 합의에 따라 피해자들이 건네준 신용카드로 현금서비스를 받거나 물품을 구입하고 매출전표를 작성하였고, 매출전표에 피해자들 본인이 서명까지 하였고, 피고인 2는 피고인 1이 피해자들의 신용카드로 결제하고 자신의 편의점으로부터 인도받은 술과 담배를 다른 사람들에게 정상가격 또는 할인가격으로 처분한다는 것을 알면서도 피고인 1로 하여금 계속 피해자들의 신용카드로 술값을 결제하도록 하고 2-3일 후에 결제대금 상당의 술과 담배를 제공하여 주었는바, 이와 같이 피해자들에게는 신용카드대금에 대한 결제의사는 있었으나 자금융통에 대한 의사는 없었고 실제로 신용카드에 의한 물품거래가 있었으며, 그 매출금액대로 매출전표가 작성된 경우에는 비록 피고인 1이 제공받은 물품을 정상가격 또는 할인가격으로 처분한다는 것을 피고인 2가 알았다고 하더라도 이를 물품의 판매 또는 용역의 제공 등을 가장한 행위라고 보기 어렵다.

4) 부정사용이란 권한없이 타인의 신용카드 등을 본래의 용법에 따라서 사용하는 것을 말한다. 신용카드의 본래용법은 대금결제·할부·현금서비스이므로 대금결제를 위하여 가맹점에 신용카드를 제시하고 매출전표에 서명하여 매출전표를 교부하는 행위와 신용카드를 현금지급기에 놓고 비밀번호를 조작하여 현금서비스를 제공받는 행위는 부정사용에 해당한다(☞ **[판례 Ⅲ-2]** 참조). 직불카드는 대금결제 기능만 있으므로 물품을 구입하거나 서비스를 제공받고 대금결제를 하는 것을 말한다.

[판례 Ⅲ-2] 대법원 1995.7.28. 선고 95도997 판결【주거침입, 절도, 구 신용카드업법위반】

〈사실관계〉

피고인이 (1) 1993.12. 하순 일자불상 10:00경 피고인이 세들어 살던 피해자 A의 집 안방에 다락을 통하여 침입하고 그곳 장롱 서랍속에 있던 위 A의 딸 B 소유의 삼성위너스카드 1매와 현금 2만원을 가지고 나와 이를 절취하고, (2) 1993.12.21.경 ○○전철역 내 현금자동인출기에서 위 절취한 신용카드를 사용하여 현금서비스 금 50만원을, 1994.1.9.경 △△전철역 내 현금자동인출기에서 같은 방법으로 현금서비스 금 50만원을 각 인출하여 각 이를 절취함과 아울러 위 절취한 신용카드를 부정사용하였다.

〈사건의 경과〉

검사는 (1) 공소사실에 대하여는 형법 제319조 제1항의 주거침입죄와 같은 법 제329조 소정의 절도죄로, 위 (2) 공소사실에 대하여는 형법 제329조 소정의 절도죄와 구 신용카드업법 제25조 제1항 소정의 부정사용죄의 상상적 경합범으로 기소하였고 1심은 위 공소사실에 대해 모두 유죄를 인정하였으나, 2심은 구 신용카드업법 제25조 제1항의 부정사용죄의 구성요건적 행위인 사용이라 함은 신용카드소지인이 신용카드의 본래 용도인 대금결제를 위하여 가맹점에 신용카드를 제시, 매출전표를 작성, 교부하는 것을 의미하고 절취한 신용카드를 이용하여 현금자동인출기에서 현금서비스를 받는 경우에는 이를 위 신용카드의 본래의 용도인 대금결제의 수단으로 사용한 것이라고 볼 수 없다고 판단하고, 제1심판결을 파기하였다.

〈판결요지〉

구 신용카드업법 제6조 제2항에 의하면 신용카드업자는 신용카드회원에 대한 물품 및 용역의 할부구매 또는 연불구매를 위한 자금의 융통(신용구매)을 위한 업무(같은 항 제2호)와 신용카드회원에 대한 자금의 융통(신용대출)을 위한 업무(같은 항 제1호)를 함께 영위할 수 있도록 규정하고 있고, 통상 신용카드업자는 신용카드회원에 대한 신용대출의 한 방법으로 현금자동인출기에 의한 현금서비스를 제공하고 있으므로, 신용카드회원이 대금결제를 위하여 가맹점에 신용카드를 제시하고 매출표에 서명하는 일련의 행위 뿐아니라 신용카드를 현금인출기에 주입하고 비밀번호를 조작하여 현금서비스를 제공받는 일련의 행위도 신용카드의 본래 용도에 따라 사용하는 것으로 보아야 한다.

피고인이 피해자 명의의 신용카드를 부정사용하여 현금자동인출기에서 현금을 인출하고 그 현금을 취득까지 한 행위는 앞서 본 바와 같이 구 신용카드업법 제25조 제1항의 부정사용죄에 해당할 뿐아니라 그 현금을 취득함으로써 현금자동인출기 관리자의 의사에 반하여 그의 지배를 배제하고 그 현금을 자기의 지배하에 옮겨 놓는 것이 되므로 별도로 절도죄를 구성하고, 위 양죄의 관계는 그 보호법익이나 행위태양이 전혀 달라 실체적경합 관계에 있는 것으로 보아야 한다.

이에 대하여 현금서비스를 받는 것이 아니라 현금자동지급기에서 단순히 예금을 인출하거나(대법원 2003.11.14. 선고 2003도3977 판결), 타인의 예금계좌로 예금을 이체하거나, ARS·카드론·인터넷을 통하여 신용대출을 받는 것은 부정사용에 해당하지 않는다.

○ 대법원 2003.11.14. 선고 2003도3977 판결【여전법위반】

여전법 제2조 제6호는 '직불카드라 함은 직불카드회원과 신용카드가맹점 간에 전자 또는 자기적 방법에 의하여 금융거래계좌에 이체하는 등의 방법으로 물품 또는 용역의 제공과 그 대가의 지급을 동시에 이행할 수 있도록 신용카드업자가 발행한 증표를 말한다'라고 규정하고, 같은 법 제13조제1항은 '신용카드업자가 영위할 수 있는 부대업무로 신용카드회원에 대한 자금의 융통, 직불카드의 발행 및 대금의 결제, 선불카드의 발행·판매 및 대금의 결제'라고 규정하고 있는바, 이러한 규정의 취지·내용 등에 비추어 보면, 직불카드가 겸할 수 있는 현금카드의 기능은 법령에 규정된 신용카드의 기능에 포함되지 않는다 할 것이고, 또한 하나의 카드에 직불카드 내지 신용카드 기능과 현금카드 기능이 겸용되어 있더라도, 이는 은행의 예금업무에 관한 전자적 정보와 신용카드업자의 업무에 관한 전자적 정보가 회원(예금주)의 편의를 위해 신용카드업자 등에 의해 하나의 자기띠에 입력되어 있을 뿐이지, 양 기능은 전혀 별개의 기능이라 할 것이어서, 이와 같은 겸용 카드를 이용하여 현금지급기에서 예금을 인출하는 행위를 두고 직불카드 내지 신용카드를 그 본래의 용법에 따라 사용하는 것이라 보기도 어렵다.

5) 신용카드 등의 사용이 종료됨으로서 본죄는 기수에 이르며, 미수범에 대한 처벌규정은 없다. 신용카드 등의 사용 후 물품의 교부 또는 서비스의 제공여부는 불문한다. 신용카드의 사용이라 함은 신용카드의 소지인이 신용카드의 본래 용도인 대금결제를 위하여 가맹점에 신용카드를 제시하고 매출표에 서명하여 이를 교부하는 일련의 행위를 가리키므로, 단순히 신용카드를 제시하기만 하거나(대법원 1992.6.9. 선고 92도77 판결; 1993.11.23. 선고 93도604 판결), 신용카드를 절취한 사람이 대금을 결제하기 위하여 신용카드를 제시하고 카드회사의 승인까지 받았다고 하더라도 매출전표에 서명한 사실이 없고 도난카드임이 밝혀져 최종적으로 매출취소로 거래가 종결되었다면 신용카드 부정사용의 미수행위에 불과하므로(대법원 2008.2.14. 선고 2007도8767 판결) 결국 처벌되지 않는다.

6) 신용카드 등을 절취한 후 절취한 신용카드를 부정사용한 경우에는 신용카드에 대한 절도죄와 함께 본죄의 죄책도 함께 진다(대법원 1996.7.12. 선고 96도1181 판결). 분실·도난 등의 신용카드로 물품을 구입하거나 현금서비스를 받은 경우 신용카드부정사용죄와 함께 사기죄 또는 절도죄의 죄책을 함께 지며, 이들 죄는 신용카드부정사용죄와 경합범의 관계에 있다(대법원 1995.7.28. 선고 95도997 판결; 1996.7.12. 선고 96도1181 판결).

○ **대법원 1995.7.28. 선고 95도997 판결【주거침입, 절도, 구 신용카드업법위반】**

구 신용카드업법 제25조 제1항 소정의 부정사용이라 함은 도난·분실 또는 위조·변조된 신용카드를 진정한 카드로서 신용카드의 본래의 용법에 따라 사용하는 경우를 말하는 것이므로, 절취한 신용카드를 현금인출기에 주입하고 비밀번호를 조작하여 현금서비스를 제공받으려는 일련의 행위는 그 부정사용의 개념에 포함된다. 또한 피해자 명의의 신용카드를 부정사용하여 현금자동인출기에서 현금을 인출하고 그 현금을 취득까지 한 행위는 구 신용카드업법 제25조 제1항의 부정사용죄에 해당할 뿐 아니라 그 현금을 취득함으로써 현금자동인출기 관리자의 의사에 반하여 그의 지배를 배제하고 그 현금을 자기의 지배하에 옮겨 놓는 것이 되므로 별도로 절도죄를 구성하고, 위 양 죄의 관계는 그 보호법익이나 행위태양이 전혀 달라 실체적 경합관계에 있는 것으로 보아야 한다.

○ **대법원 1996.7.12. 선고 96도1181 판결【절도, 구 신용카드업법위반】**

신용카드를 절취한 후 이를 사용한 경우 신용카드의 부정사용행위는 새로운 법익의 침해로 보아야 하고 그 법익침해가 절도범행보다 큰 것이 대부분이므로 위와 같은 부정사용행위가 절도범행의 불가벌적 사후행위가 되는 것은 아니고, 신용카드를 절취한 직후 약 2시간 20분 동안에 카드가맹점 7곳에서 합계 금 2,008,000원 상당의 물품을 구입하면서 마치 자신이 위 신용카드의 소유자인 것처럼 행세하여 위 물품의 각 구입대금을 신용카드로 결제하였다면 이들 행위는 사기죄의 경합범에 해당하고, 신용카드부정사용죄와 사기죄는 그 보호법익이나 행위의 태양이 전혀 달라 실체적 경합관계에 있다.

피고인은 절취한 카드로 가맹점들로부터 물품을 구입하겠다는 단일한 범의를 가지고 그 범의가 계속된 가운데 동종의 범행인 신용카드 부정사용행위를 동일한 방법으로 반복하여 행하였고, 또한 각 신용카드 부정사용의 피해법익도 모두 위 신용카드를 사용한 거래의 안전 및 이에 대한 공중의 신뢰인 것으로 동일하므로, 피고인이 동일한 신용카드를 위와 같이 부정사용한 행위는 포괄하여 일죄에 해당한다.

7) 분실·도난 등의 신용카드나 직불카드를 단일의 범의로 동종 또는 유사한 방법으로 수회 부정사용한 경우에는 포괄하여 하나의 범죄만 성립한다(대법원 1996.7.12. 선고 96도1181 판결). 그리고 매출표의 서명 및 교부가 별도로 사문서위조 및 동행사의 죄의 구성요건을 충족한다고 하여도 이 사문서위조 및 동행사죄는 신용카드부정사용죄에 흡수되어 신용카드부정사용죄만 성립하고 별도로 사문서위조 및 동행사죄는 성립하지 않는다(대법원 1992.6.9. 선고 92도77 판결).

2. 분실·도난등 신용카드 판매(제70조 제1항 제3,4호)

1) 분실 또는 도난당하거나 강취·횡령하거나 사람을 기망하거나 공갈하여 취득한 신용카드나 직불카드를 판매함으로써 성립하는 범죄로 7년 이하의 징역 또는 5천만원 이하의 벌금에 처한다(제70조 제1항, 제3호·제4호). 징역형과 벌금형을 병과할 수 있다(같은 조 제8항).

2) 판매란 신용카드 등을 유상으로 매도하는 것을 말한다. 판매라고 하기 위해서는 매매계약의 체결만으로는 부족하고 현실적으로 인도해야 한다. 본죄의 미수범은 처벌되지 않으므로 매매계약만 체결하고 현실적으로 인도하지 않았다면 처벌되지 않는다.

3) 본죄는 매도행위만을 처벌하고 매수행위는 처벌되지 않는 편면적 대향범이므로 매수행위를 한 자에 대해서는 형법총칙상 공범규정을 적용하여 본죄의 공범으로 처벌할 수 없다(대법원 2009.6.23. 선고 2009도544 판결 참조).

Ⅳ. 부정신용카드정보 보유·이용(제70조 제1항 제6호)

1) 거짓이나 그 밖의 부정한 방법으로 알아낸 타인의 신용카드 정보를 보유하거나 이를 이용하여 신용카드로 거래한 때에는 7년 이하의 징역 또는 5천만원 이하의 벌금에 처한다(제70조 제1항 제6호). 징역형과 벌금형은 병과할 수 있다(같은 조 제8항).

2) '거짓이나 그 밖의 부정한 방법'이라 함은 정상적인 절차에 의해서는 신용카드정보를 얻을 수 없는 경우임에도 불구하고 위계 기타 사회통념상 비정상적인 방법으로 인정되는 방법으로 신용카드 정보를 알아내는 것을 말한다.

3) 신용카드정보란 신용카드번호, 비밀번호, 유효기간 CVC(card validation code), CVV(card verification value) 등 신용카드 거래에 이용될 수 있는 일체의 정보를 말한다.

4) 인터넷상의 신용카드에 의한 물품 또는 서비스구입과 ARS(Automatic Response Service) 또는 인터넷을 이용한 신용카드대출은 신용카드번호, 비밀번호 등 신용카드정보를 입력함으로써 이루어진다. 앞에서 설명한 바와 같이 인터넷이나 ARS를 이용한 물품·서비스 구입이나 대출은 신용카드부정사용에는 해당되지 않고 부정신용카드정보이용죄에 해당한다.

Ⅴ. 신용카드 이용 자금융통 등(제70조 제3항)

1. 신용카드 이용 자금융통(제70조 제3항 제2호)

1) 물품의 판매 또는 용역의 제공 등을 가장하거나 실제 매출금액을 넘겨 신용카드로 거래하거나 이를 대행하게 하거나 신용카드회원으로 하여금 신용카드로 구매하도록 한 물품·용역 등을 할인하여 매입하거나 신용카드에 질권을 설정함으로써 자금을 융통하거나 이를 중개·알선함으로써 성립하는 범죄로 3년 이하의 징역 또는 2천만원 이하의 벌금에 처한다(제70조 제3항 제2호). 징역형과 벌금형은 병과할 수 있다(같은 조 제6항). 신용카드를 이용한 가장거래나 실제 매출금액을 초과하는 거래로 자금을 융통해 주는 행위(카드깡), 신용카드 회원에게 환금성이 높은 물품 등의 구매를 유도하고 이에 따라 신용카드 회원이 구매한 물품 등을 할인매입하는 방법으로 자금을 융통해 주는 행위(현물깡), 신용카드에 질권을 설정하는 방법으로 자금을 융통해 주는 행위를 처벌하기 위한 규정이다.

2) 기업구매전용카드는 물품 또는 용역을 구매하는 기업이 카드회사와 체결한 약정에 따라 카드회사로부터 부여받은 카드번호에 의하여 특정 판매기업에 대한 물품 등 구매대금의 결제를 요청하면 카드회사가 이를 판매기업에 선지급하고 구매기업은 나중에 그 결제대금과 수수료 등을 카드회사에 상환하는 방식으로 이루어지는 일종의 전자상거래 수단으로서, 일반적인 신용카드처럼 실물 카드가 발급되는 것이 아니라 구매회사가 그 카드거래계약에 의한 대금결제를 할 수 있도록 하는 카드번호만을 부여하는 형태의 지급결제수단이다. 따라서 기업구매전용카드를 이용하여 물품의 판매 또는 용역의 제공을 가장하여 거래하는 방법으로 자금을 융통하여 주었더라도 본죄로 처벌할 수는 없다(대법원 2013.7.26. 선고 2012도4438 판결).

3) 가장거래, 초과거래, 할인매입, 직권설정의 방법으로 자금을 융통해 주거나 이를 중개·알선하는 자를 처벌하고 자금융통을 받은 자(신용카드회원)는 처벌되지 않는다. 본죄는 편면적 대향범이므로 자금융통을 받은 자는 본죄의 공범으로 처벌할 수 없다.

4) 본죄는 신용카드를 이용한 자금융통행위 1회마다 하나의 죄가 성립하고(대법원 2001.6.12. 선고

2000도3559 판결), 가맹점주가 용역의 제공을 가장한 허위의 매출전표임을 고지하지 아니한 채 신용카드 회사에게 제출하여 대금을 청구한 경우에는 본죄와 사기죄의 경합범으로 처벌된다(대법원 1999.2.12. 선고 98도3549 판결).

2. 기타 신용카드 이용범죄(제70조 제3항 제3호부터 제6호까지)

이외에도 다른 신용카드가맹점의 명의를 사용하여 신용카드로 거래하는 행위(제70조 제3항 제3호), 신용카드에 의한 거래를 대행하는 행위(같은 조항 제4호), 신용카드에 따른 거래로 생긴 신용카드업자에 대한 매출채권을 신용카드업자 외의 자에게 양도하거나 양수하는 행위(같은 조항 제5호), 가맹점이 아닌 자가 신용카드가맹점의 명의로 신용카드 등에 의한 거래를 하는 행위(같은 조항 제6호)를 한 때에는 3년 이하의 징역 또는 2천만원 이하의 벌금에 처한다. 징역형과 벌금형은 병과할 수 있다(같은 조 제8항).

Ⅵ. 신용카드 양도·양수(제70조 제4항 제3호)

1) 신용카드를 양도 또는 양수한 경우에는 1년 이하의 징역 또는 1천만원 이하의 벌금에 처한다(제70조 제4항 제3호). 징역형과 벌금형은 병과할 수 있다(같은 조 제8항).

2) 양도행위와 양수행위를 모두 처벌한다. 대여와 같이 양도·양수행위 이외의 방법 처분하는 행위는 처벌되지 않는다.

제11장

특조법위반죄

Ⅰ. 특조법의 개요

1) 본법은 부동산거래에 대한 실체적 권리관계에 부합하는 등기를 신청하도록 하기 위하여 부동산등기에 관한 특례 등에 관한 사항을 정함으로써 건전한 부동산 거래질서를 확립함을 목적으로 한다.

2) 조세면탈 등의 목적으로 소유권이전등기 신청의무를 위반하는 행위(제8조 제1호), 등기신청서에 등기원인을 허위로 기재하는 행위(제8조 제2호), 계약서에 대한 검인의무를 위반하는 행위(제9조 제1호)에 대한 처벌을 주요내용으로 한다.

Ⅱ. 소유권이전등기신청의무위반(제8조 제1호)

1) 부동산의 소유권을 이전받을 것을 내용으로 하는 계약을 체결한 자가 조세부과를 면하려 하거나 다른 시점간의 가격변동에 따른 이득을 얻으려 하거나 소유권 등 권리변동을 규제하는 법령의 제한을 회피할 목적으로 다시 제3자와 소유권이전을 내용으로 하는 계약이나 제3자에게 계약당사자의 지위를 이전하는 계약을 체결하기 전에 먼저 체결된 계약에 따라 소유권이전등기를 신청하지 아니하거나, 그 부동산에 대하여 다시 제3자와 소유권이전을 내용으로 하는 계약을 체결한 후 먼저 체결된 계약에 따라 소유권이전등기를 신청하지 아니한 때에는 3년 이하의 징역이나 1억원 이하의 벌금에 처한다(제8조 제1호).

2) 본죄는 조세부과를 면하려 하거나 다른 시점간의 가격변동에 따른 이득을 얻으려 하거나 소유권등 권리변동을 규제하는 법령의 제한을 회피할 목적이 요구되는 목적범이다.

3) 본죄의 주체는 부동산의 소유권이전을 내용으로 하는 계약을 체결한 자이다. 타인을 통하여 부동산을 매수함에 있어 타인과 사이에 매수인 명의를 그 타인명의로 하는 약정(계약명의신탁)의 경우 그 타인(명의수탁자)이 본죄의 주체가 되며 명의신탁자는 본죄의 주체가 아니다(대법원 2007.5.11. 선고 2006도5560 판결). 그러나 개인의 대리인이 개인의 업무에 관하여 위반행위를 한 경우에는 그 대리인이 본죄로 처벌된다(대법원 2008.3.27. 선고 2007도7393 판결).

부동산의 소유권이전을 내용으로 하는 계약을 체결한 자는 계약의 당사자가 서로 대가적인 채무를 부담하는 경우에는 반대급부의 이행이 완료된 날로부터 그리고 계약당사자의 일방만이 채무를 부담하는 경우에는 그 계약의 효력이 발생한 날로부터 60일 이내에 소유권이전등기를 신청하여야 한다(제2조 제1항). 그리고 반대급부의 이행이 완료된 날 또는 계약의 효력이 발생한 날 이후에 그 부동산에 대하여 다시 제3자와 소유권이전을 내용으로 하는 계약이나 제3자에게 계약당사자의 지위를 이전하는 계약을 체결하고자 할 때에는 제3자와 계약을 체결하기 전에 먼저 체결된 계약에 따라 소유권이전등기를 신청하여야 하고(제2조 제2항), 반대급부의 이행이 완료된 날 또는 그 계약의 효력이 발생한 날 전에 다시 제3자와 소유권이전을 내용으로 하는 계약을 체결한 때에는 먼저 체결된 계약의 반대급부의 이행이 완료되거나 계약의 효력이 발생한 날부터 60일 이내에 먼저 체결된 계약에 따라 소유권이전등기를 신청하여야 한다(제2조 제3항).

여기서 '소유권이전을 내용으로 하는 계약'이란 매매, 교환, 증여 등의 소유권이전계약을 말하고, '계약당사자의 지위를 이전하는 계약'이란 계약당사자 중 일방이 당사자로서의 지위를 포괄적으로 제3자에게 이전하여 계약관계에서 탈퇴하고 제3자가 그 지위를 승계하는 것을 내용으로 하는 계약을 말한다(대법원 2007.5.11. 선고 2006도5560 판결).

4) 본죄는 반대급부의 이행이 완료된 날 또는 계약의 효력이 발생한 날 이후에 소유권이전등기를 신청하지 아니하고 다시 제3자와 소유권이전을 내용으로 하는 계약이나 제3자에게 계약당사자의 지위를 이전하는 계약(사후전매)을 체결하거나, 반대급부의 이행이 완료된 날 또는 계약의 효력이 발생한 날 이전에 다시 제3자와 소유권이전을 내용으로 하는 계약(사전전매)을 체결하고 소유권이전등기를 하지 아니함으로써 성립한다.

사후전매(제2조 제2항)의 경우에는 전매계약이 소유권이전계약이든 지위이전계약이든 불문하나, 사전전매(제2조 제3항)의 경우에는 전매계약이 소유권이전계약인 경우에만 본죄가 성립한다는 점에 차이가 있다.

다만 본죄가 성립하기 위해서는 1차 계약 및 전매계약이 유효하여야 한다. 1차 계약 또는 전매계약이 그 계약이 취소·해제되거나 무효인 경우에는 본죄가 성립하지 않는다(제2조 제1항). 예컨대 국토의 계획 및 이용에 관한 법률상 허가구역 내의 토지를 소유권이전등기를 마치지 아니하고 전매한 사안에서, 처음부터 토지거래허가를 배제할 의도였음이 명백하여 매매계약이 확정적으로 무효이므로 본죄가 성립하지 않는다(대법원 2005.12.22. 선고 2005도6557 판결). 이에 반하여 농지법 제8조 제1항 소정의 농지취득 자격증명은 농지를 취득하는 자가 그 소유권에 관한 등기를 신청할 때에 첨부하여야 할 서류로서 농지를 취득하는 자에게 농지취득의 자격이 있다는 것을 증명하는 것일 뿐 농지취득의 원인이 되는 법률행위의 효력을 발생시키는 요건은 아니므로 농지취득 자격증명을 발급받지 못하여 소유권이전등기를 신청할 수 없는데도 불구하고, 농지 취득자가 순전히 전매이익을 취득할 목적으로 매수한 농지를 제3자에게 전매하였다면 본죄가 성립한다(대법원 2008.3.27. 선고 2007도7393 판결).

5) 본죄는 사후전매의 경우에는 미등기상태에서 전매계약을 체결함으로써 그리고 사전전매의 경우에는 1차 매매계약에 따른 소유권이전등기를 신청하지 아니한 채 60일이 경과함으로써 성립한다(대법원 2007.1.25. 선고 2004도45 판결).

Ⅲ. 등기원인허위기재(제8조 제2호)

소유권이전등기를 신청하여야 할 자가 그 등기를 신청함에 있어서 등기신청서에 등기원인을 허위로 기재하여 신청하거나 소유권이전등기 외의 등기를 신청한 때에는 3년 이하의 징역이나 1억원 이하의 벌금에 처한다.

Ⅳ. 계약서검인의무위반(제9조)

1) 부동산의 소유권을 이전받을 것을 내용으로 계약을 체결한 자가 먼저 체결된 계약의 계약서에 검인을 받지 아니하고 그 부동산에 대하여 다시 제3자와 소유권이전을 내용으로 하는 계약이나 제3자에게 계약당사자의 지위를 이전하는 계약을 체결한 때에는 1년 이하의 징역이나 3천만원 이하의 벌금에 처한다.

2) 제8조 제1항의 소유권이전등기신청의무위반죄는 조세면탈 등의 목적이 있는 경우에 성립하는데 반하여 본죄는 그와 같은 목적이 없더라도 계약서검인의무를 이행하지 않음으로서 성립한다.

판례형법각론

제12장

변호사법위반죄

Ⅰ. 변호사법의 개요

1) 본법은 당사자와 그 밖의 관계인의 위임이나 국가·지방자치단체와 그 밖의 공공기관(이하 "공공기관"이라 한다)의 위촉 등에 의하여 소송에 관한 행위 및 행정처분의 청구에 관한 대리행위와 일반 법률 사무를 하는 것을 그 직무로 변호사에 관한 사항을 규정하고 있다(제3조).

2) 본법에 규정된 형사처벌 관련규정으로는 비변호사의 법률사무취급·알선(제109조 제1호), 독직행위(제109조 제2호, 제33조), 사건수임의 소개·알선·유인(제109조 제2호, 제34조 제1항, 제2항), 비변호사 알선사건의 수임 및 명의대여(제109조 제2호, 제34조 제3항), 비변호사의 변호사고용(제109조 제2호, 제34조 제4항), 교제명목 금품수수(제110조), 공무원취급사건 청탁명목 금품수수(제111조), 타인의 권리양수(제112조) 및 필요적 몰수·추징(제116조) 등이 있다.

Ⅱ. 비변호사의 법률사무취급·알선(제109조 제1호)

1) 변호사가 아니면서 금품·향응 또는 그 밖의 이익을 받거나 받을 것을 약속하고 또는 제3자에게 이를 공여하게 하거나 공여하게 할 것을 약속하고 소송 사건, 비송 사건, 가사 조정 또는 심판 사건, 행정심판 또는 심사의 청구나 이의신청, 그 밖에 행정기관에 대한 불복신청 사건, 수사기관에서 취급 중인 수사 사건, 법령에 따라 설치된 조사기관에서 취급 중인 조사 사건 그 밖에 일반의 법률사건에 관하여 감정·대리·중재·화해·청탁·법률상담 또는 법률관계 문서 작성, 그 밖의 법률사무를 취급하거나 이러한 행위를 알선한 자는 7년 이하의 징역 또는 5천만원 이하의 벌금에 처한다. 이 경우 벌금과 징역

은 병과할 수 있다(제109조 제1호). 상습적으로 본죄를 지은 자는 10년 이하의 징역에 처한다(제114조).

2) 법률사무취급의 주체는 변호사가 아닌 자(비변호사)이다. 알선은 그 상대방이 비변호사이면 되고 주체에는 제한이 없다. 비변호사가 변호사에게 대리 등 법률사무의 취급을 알선하는 경우는 본조항이 아니라 제109조 제2호가 적용된다(대법원 2002.3.15. 선고 2001도970 판결; 2001.7.24. 선고 2000도5069 판결).

3) 본죄가 성립하기 위해서는 금품·향응 또는 그 밖의 이익을 받거나 받을 것을 약속하여야 하고, 비변호사가 법률사무를 취급 또는 알선했다고 하더라도 금품 등의 수수나 약속이 없으면 본죄는 성립하지 않는다(대법원 1984.7.10. 선고 84도1083 판결). 본인이 직접 수수하는 것은 물론 제3자에게 공여하게 하거나 공여를 약속하는 것도 포함한다. 그리고 반드시 의뢰인으로부터 직접 받아야 할 필요는 없고 제3자로부터 수수하거나 수수를 약속해도 무방하다. 다만 본죄의 성격상 법률사무의 취급·알선의 대가로 받거나 약속한 금품 등은 실비변상을 넘는 경제적 이익이어야 한다(대법원 1996.5.10. 선고 95도3120 판결). 실비변상을 빙자하여 법률사무의 대가로서 경제적 이익을 취하는 것은 본죄에 해당한다(대법원 2015.7.9. 선고 2014도16204 판결).

4) 나아가 본죄가 성립하기 위해서는 소송 사건, 비송 사건, 가사 조정 또는 심판 사건, 행정심판 또는 심사의 청구나 이의신청, 그 밖에 행정기관에 대한 불복신청 사건, 수사기관에서 취급 중인 수사 사건, 법령에 따라 설치된 조사기관에서 취급 중인 조사 사건 그 밖에 일반의 법률사건을 감정, 대리, 중재, 화해, 청탁, 법률상담, 법률관계문서 작성 그 밖의 법률사무를 취급 또는 알선을 해야 한다. 여기서 그 밖의 일반의 법률사건이란 법률상의 권리·의무에 관하여 다툼 또는 의문이 있거나, 새로운 권리 의무관계의 발생에 관한 사건 일반을 말하는 것으로, 예컨대 상가의 분양 및 임대에 관하여 분쟁이 발생한 이해관계인들 사이에 화해, 합의서, 분양계약서의 작성 및 등기사무 등을 처리하는 것은 본죄에 해당한다(대법원 1998.8.21. 선고 96도2340 판결). 다만 본조항에서 금지하고 있는 행위는 변호사라면 할 수 있는 법률사무에 한정된다(대법원 2010.7.15. 선고 2010도2527 판결).

5) 행위태양으로 우선 '감정'이란 법률사건의 분쟁이나 논의의 해결을 위해 법률상의 전문지식에 기초하여 구체적 사안에 관하여 판단을 내리는 것으로서 하자보수비용의 감정(대법원 2007.9.6. 선고 2005도9521 판결), 교통사고원인분석(대법원 1995.2.14. 선고 93도3453 판결)은 원칙적으로 법률사건의 감정에 해당하지 않는다.

○ 대법원 2007.9.6. 선고 2005도9521 판결【변호사법위반】

아파트관리 및 하자보수공사 등을 목적으로 하는 회사가 아파트 입주자대표회의와 아파트 하자보수에 관한 손해배상청구소송을 대신 수행하여 주기로 하는 소송약정을 체결한 다음 그에 필요한 자료제공의 일환으로 하자내역을 조사하고 하자보고서를 작성한 경우, 하자보수비용을 산출하여 하자보고서를 작성하는 행위 부분은 위 회사의 통상적 업무수행에 불과하여 변호사법 제109조 제1호의 '감정'에 해당하지 않는다.

○ 대법원 1995.2.14. 선고 93도3453 판결【변호사법위반】

변호사법 제78조 제2호 소정의 감정 및 대리는 법률사건 즉 법률상의 권리, 의무에 관하여 다툼이나 의문이 있거나 새로운 권리의무관계의 발생에 관한 사건 일반에 있어서, 그 분쟁이나 논의의 해결을 위하여 행하여지는 법률사무 취급의 한 태양으로 이해되어야 한다. 따라서 감정은 법률상의 전문지식에 기하여 구체적인 사안에 관하여 판단을 내리는 행위로서 법률 외의 전문지식에 기한 것은 제외되고, 대리는 법률사건에 관하여 본인을 대신하여 사건을 처리하는 제반 행위로서 분쟁처리에 관한 사실행위를 포함한다.

변호사법 제78조 제2호 소정의 "이익"은 비변호사의 법률사무 취급을 금하는 입법취지에 비추어 볼 때, 변호사 아닌 자가 변호사법이 금지하지 않는 교통사고원인 분석 등을 위한 감정을 하고 그 비용을 받은 것이라면 그 비용 범위 내에서는 범죄가 된다고 할 수 없을 것이고, 그와 같은 실비변상의 범위를 넘는 범위에 한하여 범죄로 취급하고 구 변호사법 제82조에 의한 추징이나 몰수도 그 범위에 한정해야 할 것이다.

'대리'란 법률사건에 관하여 본인을 대신하여 사건을 처리하는 제반행위로서 법률상의 대리는 물론 실질적 또는 사실상 법률사건의 처리를 대행하는 것도 포함한다(대법원 2007.6.28. 선고 2006도4356 판결). 그 예로 변호사사무실의 직원이 변호사의 지시를 받지 않고 등기신청사건을 유치하여 수수료를 받고 변호사의 이름으로 등기신청을 대리하거나(대법원 1981.7.7. 선고 80도1445 판결), 변호사가 아닌 자가 당사자를 대신하여 당사자의 이름으로 소장, 준비서면, 증거신청서 등을 작성하여 법원으로 보내고 각종 송달서류를 수령한 경우(대법원 1990.4.24. 선고 90도98 판결), 경찰의 현장검증 등에서 본인을 대신하여 참가하여 의견을 개진하고 본인명의로 고소·항고·재항고 등을 하면서 서류를 작성·제출한 경우(대법원 1995.2.14. 선고 93도3453 판결), 본인을 대신하여 답변서를 작성·제출하고 그 대가로 채권을 추심하여 지급받은 경우(대법원 2010.2.25. 선고 2009도13326 판결)는 물론 민사소송의 피고 중 한 사람이 다른 피고들로부터 금품을 받기로 하고 그들을 대리하여 소송행위를 한 경우(대법원 1983.7.26. 선고 83도609 판결)도 본죄에 해당한다.

'중재'란 당사자간의 합의로 사법상의 분쟁을 법원의 재판에 의하지 아니하고 중재인의 판정에 의하여 해결하는 절차를 말하고, '화해'란 당사자가 상호 양보하여 당사자간의 분쟁을 종지할 것을 약정함으로써 그 효력이 생기는 계약으로서 재판상 화해는 물론 민법상 화해도 포함한다. 손해사정인의 업무는 보험사고와 관련한 손해의 조사와 손해액의 사정에 한하므로 피해자와 가해자가 가입한 자동차보험회사 등과 사이에서 이루어질 손해배상액의 결정에 관하여 중재나 화해를 하도록 주선하는 것은 본죄를 구성한다(대법원 2001.11.27. 선고 2000도513 판결).

○ 대법원 2001.11.27. 선고 2000도513 판결【변호사법위반】

제90조 제2호에 규정된 '기타 일반의 법률사건'이라 함은 법률상의 권리·의무에 관하여 다툼 또는 의문이 있거나 새로운 권리의무관계의 발생에 관한 사건 일반을 말하고, 같은 호에 규정된 '화해'라 함은 위와 같은 법률사건의 당사자 사이에서 서로

양보하도록 하여 그들 사이의 분쟁을 그만두게 하는 것을 말하며, 이에는 재판상 화해뿐만 아니라 민법상 화해도 포함된다.

손해사정인이 그 업무를 수행함에 있어 보험회사에 손해사정보고서를 제출하고 보험회사의 요청에 따라 그 기재 내용에 관하여 근거를 밝히고 타당성 여부에 관한 의견을 개진하는 것이 필요할 경우가 있다고 하더라도 이는 어디까지나 보험사고와 관련한 손해의 조사와 손해액의 사정이라는 손해사정인 본래의 업무와 관련한 것에 한하는 것이고, 여기에서 나아가 금품을 받거나 보수를 받기로 하고 교통사고의 피해자를 대리 또는 대행하여 보험회사에 보험금을 청구하거나 피해자와 가해자가 가입한 자동차보험회사 등과 사이에서 이루어질 손해배상액의 결정에 관하여 중재나 화해를 하도록 주선하거나 편의를 도모하는 등으로 관여하는 것은 변호사법위반죄를 구성한다.

‘청탁’이란 일정한 사항에 관하여 상대방에게 일정한 행위를 하는 것을 부탁하는 것을 말한다. 그리고 ‘법률상담’이란 법적 분쟁에 관련되는 실체적, 절차적 사항에 관하여 조언 또는 정보를 제공하거나 그 해결에 필요한 법적, 사실상의 문제에 관하여 조언, 조력을 하는 행위를 말한다(대법원 2005.5.27. 선고 2004도6676 판결). 민사소송의 당사자로부터 소송에 관한 법률적인 지원을 부탁받고 당사자를 만나 변호사선임 문제 등을 논의한 후 소송 관련 서류와 함께 착수금 명목의 금원을 교부받거나(대법원 2005.5.27. 선고 2004도6676 판결)나 소송을 한 달 안에 끝내 줄 수 있다고 말하고 그 대가의 일부로 200만원과 소송 관련 서류를 건네받으면서 소송의 해결에 필요한 실체적 사항 또는 절차적 사항에 관하여 조언하거나 정보를 제공하는 것(대법원 2009.10.15. 선고 2009도4482 판결) 등이 이에 해당한다.

‘법률관계문의 작성’이란 본인을 위하여 고소장, 항고장, 항소장이나 소장, 답변서, 준비서면 등의 법률문서를 작성하는 것을 말한다.

‘그 밖의 법률사무의 취급’이란 법률상의 효과를 발생·변경·소멸시키는 사항의 처리나 법률상의 효과를 보전하거나 명확하게 하는 사항을 처리하는 것을 말한다. 부동산 권리관계 내지 부동산등기부등본에 등재되어 있는 권리관계의 법적 효과에 해당하는 권리의 득실·변경이나 충돌 여부, 우열관계 등을 분석하는 이른바 권리분석업무는 법률사무의 처리에 해당하지만, 단지 부동산등기부등본을 열람하여 등기부상에 근저당권, 전세권, 임차권, 가압류, 가처분 등이 등재되어 있는지 여부를 확인·조사하거나 그 내용을 그대로 보고서 등의 문서에 옮겨 적는 행위는 법률사건의 처리에 해당하지 않는다(대법원 2008.2.28. 선고 2007도1039 판결). 그리고 단순히 소송 관련 서류를 건네받은 것은 법률사건의 처리에 해당하지 않지만 민사소송을 해결하기 위한 실체적 사항 또는 절차적 사항의 처리를 위하여 소송 관련 서류를 건네받은 것은 법률사건의 취급에 해당한다(대법원 2009.10.15. 선고 2009도4482 판결).

끝으로 ‘알선’이라 함은 법률사건의 당사자와 그 사건에 관하여 대리 등의 법률사무를 취급하는 상대방 사이에서 양자 간에 법률사건이나 법률사무에 관한 위임계약 등의 체결을 중개하거나 그 편의를 도모하는 행위로서 현실적으로 위임계약 등이 성립하지 않아도 무방하며, 그 대가로서의 보수를 알선의뢰자뿐만 아니라 그 상대방 또는 쌍방으로부터 지급받는 경우도 포함한다(대법원 2002.3.15. 선고 2001도970 판결).

6) 당사자와 내용을 달리하는 법률사건에 관한 법률사무 취급은 각기 별개의 행위이므로, 변호사가 아닌 사람이 각기 다른 법률사건에 관한 법률사무를 취급하여 저지르는 변호사법위반의 범행은 실체적 경합의 관계에 있다(대법원 2015.1.15. 선고 2011도14198 판결).

Ⅲ. 변호사의 독직(제109조 제2호, 제33조)

1) 변호사는 수임하고 있는 사건에 관하여 상대방으로부터 이익을 받거나 이를 요구 또는 약속하여서는 아니 되고(제33조), 이를 위반한 때에는 7년 이하의 징역이나 5천만원 이하의 벌금에 처한다. 이 경우 벌금과 징역은 병과할 수 있다(제109조 제2호).

2) 변호사가 의뢰인이나 수임사건의 상대방으로부터 이익을 수수, 요구, 약속하는 경우 의뢰인과의 신임관계에 기초하여 그 직무를 성실하고 적정하게 수행하는 것을 사명으로 하는 변호사가 의회인의 신뢰를 배신하여 변호사제도의 신뢰와 공정성을 침해할 우려가 크기 때문이다.

Ⅳ. 사건수임의 소개·알선·유인(제109조 제2호, 제34조 제1항, 제2항)

1) 누구든지 법률사건이나 법률사무의 수임에 관하여 사전에 금품·향응 또는 그 밖의 이익을 받거나 받기로 약속하고 당사자 또는 그 밖의 관계인을 특정한 변호사나 그 사무직원에게 소개·알선 또는 유인하거나 당사자 또는 그 밖의 관계인을 특정한 변호사나 그 사무직원에게 소개·알선 또는 유인한 후 그 대가로 금품·향응 또는 그 밖의 이익을 받거나 요구해서는 아니 되고(제34조 제1항), 이를 위반한 때에는 7년 이하의 징역이나 5천만원 이하의 벌금에 처한다. 이 경우 벌금과 징역은 병과할 수 있다(제109조 제2호).

2) 제34조 제1항 위반죄의 주체에는 제한이 없고 변호사의 사무직원은 물론 변호사라도 다른 변호사에게 법률사건이나 법률사무의 수임에 관하여 사전에 금품·향응 또는 그 밖의 이익을 받거나 받기로 약속하고 소개·알선 또는 유인을 한 때에는 본죄로 처벌된다. 따라서 변호사 아닌 자가 변호사와 소송사건의 당사자로부터 받게 되는 선임료 중에서 일정 비율에 해당하는 금액을 받기로 약정하고 그 변호사에게 사건을 알선하거나(대법원 1999.9.7. 선고 99도2491 판결), 경찰관, 법원·검찰의 직원 등이 변호사에게 소송사건의 대리를 알선하고 그 대가로 금품을 받거나(대법원 2000.6.15. 선고 98도3697 판결), 변호사 사무소의 사무직원이 소속 변호사에게 소송사건의 대리를 알선하고 그 대가로 금품을 받는 경우(대법원 2001.7.24. 선고 2000도5069 판결)에는 본죄가 성립한다.

법률사건이나 법률사무의 수임에 관하여 당사자 또는 그 밖의 관계인을 소개·알선 또는 유인하는 상대방은 변호사나 그 사무직원이다. 금품·향응 또는 그 밖의 이익을 받거나 받기로 약속하는 상대방은 의뢰인 또는 변호사나 그 사무직원이고 쌍방으로부터 이익을 받거나 받기로 약속하여도 무방하다.

3) '소개·알선'이라 함은 법률사건 또는 법률사무의 당사자 등과 특정한 변호사 또는 그 사무직원 사이에서 서로 상대방을 알게 하는 등의 방법으로 그 법률사건 또는 법률사무에 관한 위임계약의 체결을 주선, 중재하거나 그 편의를 도모하는 행위를 말한다(대법원 2013.1.31. 선고 2012도2409 판결). 법률사무의 수임에 관하여 당사자를 특정 변호사에게 소개한 대가로 금품을 받을 고의를 가지고 변호사에게 소개를 하면 실행행위의 착수가 인정되고(대법원 2006.4.7. 선고 2005도9858 판결), 소개의 대가로 금품을 받거나 받기로 약속함으로써 실행행위가 종료된다.

4) 한편 법률사건이나 법률사무의 수임에 관하여 소개·알선 또는 유인의 대가로 금품·향응 또는 그 밖의 이익을 제공하거나 제공하기로 약속한 변호사나 그 사무직원(제34조 제2항)도 7년 이하의 징역이나 5천만원 이하의 벌금에 처한다(제109조 제2호). 본죄가 성립하기 위해서는 금품 등을 받을 고의를 가지고 법률사건 등을 변호사 또는 그 사무직원에게 소개하는 등의 행위를 한 후 그 대가로 금품 등을 받거나 요구하면 되고 반드시 사전에 소개료 등에 관한 약정이 있어야 하는 것은 아니다(대법원 2009.5.14. 선고 2008도4377 판결).

경찰관, 법원·검찰의 직원 등이 변호사에게 소송사건의 수임을 알선하고 그 대가로 금품을 받은 행위는 제34조 제1항 위반죄에 해당하고 변호사가 그러한 사정을 알면서 비변호사들로부터 법률사건의 수임을 알선받은 행위는 제34조 제2항 위반죄를 구성한다(대법원 2000.6.15. 선고 98도3697 판결).

Ⅴ. 비변호사 알선사건의 수임 및 명의대여(제109조 제2호, 제34조 제3항)

1) 변호사나 그 사무직원은 변호사가 아니면서 금품 등을 받고 법률사무를 취급하거나 알선하는 자(제109조 제1호), 공무원이 취급하는 사무에 관한 청탁·알선 명목으로 금품 등을 수수한 자(제111조) 또는 타인의 권리 양수나 양수를 가장한 소송·조정 또는 화해, 그 밖의 방법에 의한 권리실행을 업(業)으로 한 자(제112조 제1호)로부터 법률사건이나 법률사무의 수임을 알선받거나 이러한 자에게 자기의 명의를 이용하게 하여서는 아니 되고(제34조 제3항), 이를 위반한 때에는 7년 이하의 징역이나 5천만원 이하의 벌금에 처한다. 이 경우 벌금과 징역은 병과할 수 있다(제109조 제2호).

2) 명목은 변호사의 사무원으로 되어 있으나 법률사무소의 운영실태에 있어서는 국가배상사건만을 전담하되 자기 계산 하에 또는 변호사의 지휘감독을 받음이 없이 독자적으로 사건을 처리하고 변호사에게는 배상결정액의 10%를 명의대여료로 지급하였다면 이는 변호사의 명의를 이용하게 한 것에 해당한다(대법원 1978.5.23. 선고 78도609 판결). 법률사무소 사무직원이 법률사무소의 업무 전체가 아니라 일

정 부분의 업무에 한하여 실질적으로 변호사의 지휘·감독을 받지 않고 자신의 책임과 계산으로 해당 법률사무를 변호사 명의로 취급·처리하였다면, 설령 변호사가 나머지 업무에 관하여 정상적인 활동을 하고 있다고 하더라도 사무직원과 변호사에게는 변호사법 제109조 제1호 및 제2호 위반죄가 성립될 수 있다(대법원 2015.2.12. 선고 2012도9571 판결).

Ⅵ. 비변호사의 변호사고용(제109조 제2호, 제34조 제4항)

1) 변호사가 아닌 자는 변호사를 고용하여 법률사무소를 개설·운영하여서는 아니 되고(제34조 제4항), 이를 위반한 때에는 7년 이하의 징역이나 5천만원 이하의 벌금에 처한다. 이 경우 벌금과 징역은 병과할 수 있다(제109조 제2호).

2) 변호사 아닌 자가 변호사를 고용하여 법률사무소를 개설·운영하는 행위에 있어서는 변호사 아닌 자는 변호사를 고용하고 변호사는 변호사 아닌 자에게 고용된다는 서로 대향적인 행위의 존재가 반드시 필요하고, 나아가 변호사 아닌 자에게 고용된 변호사가 고용의 취지에 따라 법률사무소의 개설·운영에 어느 정도 관여할 것도 당연히 예상된다. 그럼에도 불구하고 이를 처벌하는 규정이 없는 이상 그 입법 취지에 비추어 볼 때 변호사 아닌 자에게 고용되어 법률사무소의 개설·운영에 관여한 변호사의 행위가 일반적인 형법 총칙상의 공모, 교사 또는 방조에 해당된다고 하더라도 변호사를 변호사 아닌 자의 공범으로서 처벌할 수는 없다(대법원 2004.10.28. 선고 2004도3994 판결).

Ⅶ. 교제명목 금품수수(제110조)

1) 변호사나 그 사무직원이 판사·검사, 그 밖에 재판·수사기관의 공무원에게 제공하거나 그 공무원과 교제한다는 명목으로 금품이나 그 밖의 이익을 받거나 받기로 하거나 그러한 명목의 비용을 변호사 선임료·성공사례금에 명시적으로 포함시킨 경우에는 5년 이하의 징역 또는 3천만원 이하의 벌금에 처한다. 이 경우 벌금과 징역은 병과할 수 있다(제110조). 상습적으로 본죄를 지은 자는 10년 이하의 징역에 처한다(제114조).

2) '교제'란 의뢰받은 사건의 해결을 위하여 접대나 향응은 물론 사적인 연고관계나 친분관계를 이용하는 등 이른바 공공성을 지닌 법률전문직으로서의 정상적인 활동이라고 보기 어려운 방법으로 당해 공무원과 직접·간접으로 접촉하는 것을 뜻하는 것이라고 해석되고, 변호사가 받은 금품 등이 정당한 변호활동에 대한 대가나 보수가 아니라 교제 명목으로 받은 것에 해당하는지 여부는 당해 금품 등의 수수 경위와 액수, 변호사선임계 제출 여부, 구체적인 활동내역 기타 제반 사정 등을 종합하여 판단하여야 한다(대법원 2006.11.23. 선고 2005도3255 판결).

Ⅷ. 공무원취급사건 청탁명목 금품수수(제111조)

1) 공무원이 취급하는 사건·사무에 관하여 청탁 또는 알선을 한다는 명목으로 금품·향응, 그 밖의 이익을 받거나 받을 것을 약속한 자 또는 제3자에게 이를 공여하게 하거나 공여하게 할 것을 약속한 자는 5년 이하의 징역 또는 1천만원 이하의 벌금에 처한다. 이 경우 벌금과 징역은 병과할 수 있다(제111조). 상습적으로 본죄를 지은 자는 10년 이하의 징역에 처한다(제114조).

2) 본죄의 주체는 비변호사에 한정되지 않고 변호사라도 비정상적인 방법으로 청탁명목으로 금품을 수수하거나 위임한 사건과 무관한 사건과 관련하여 청탁 또는 알선을 한다는 명목으로 금품·향응을 받은 때에는 본죄로 처벌된다(대법원 2007.6.28. 선고 2002도3600 판결; 1989.2.14. 선고 87도2631 판결). 공무원도 다른 공무원이 취급하는 사건이나 사무에 관하여 청탁 또는 알선명목으로 금품을 수수한 경우에는 본죄로 처벌된다.

3) 공무원에는 공무원으로 의제되는 정부관리기업체의 간부직원(특가법 제4조)도 포함되나, 집행관사무소 사무원은 포함되지 않는다(대법원 2011.3.10. 선고 2010도14394 판결). 공무원이 취급하는 사건·사무란 공무원이 법령상 관장하는 직무 그 자체뿐만 아니라 직무와 밀접한 관계가 있는 행위 또는 관례상이나 사실상 관여하는 직무행위도 포함된다(대법원 2010.1.28. 선고 2009도6789 판결).

○ 대법원 2011.3.10. 선고 2010도14394 판결【변호사법위반 등】

집행관사무소의 사무원은 '지방법원에 소속되어 법률이 정하는 바에 따라 재판의 집행, 서류의 송달 그 밖에 법령에 따른 사무에 종사'하는 집행관(집행관법 제2조)과 달리 그에게 채용되어 업무를 보조하는 자에 불과할 뿐(같은 규칙 제21조 제1항), 그를 대신하거나 그와 독립하여 집행에 관한 업무를 수행하는 자의 지위에 있지는 않다. 따라서 집행관사무소의 사무원이 집행관을 보조하여 담당하는 사무의 성질이 국가의 사무에 준하는 측면이 있다는 사정만으로는 형법 제129조 내지 제132조 및 구 변호사법 제111조에서 정한 '공무원'에 해당한다고 보기 어렵다.

○ 대법원 2010.1.28. 선고 2009도6789 판결【변호사법위반】

한국광해관리공단의 임·직원은 한국광해관리공단이 강원랜드의 최대주주라는 점에서, 그리고 지식경제부 공무원은 강원랜드의 최대주주인 한국광해관리공단의 주무기관으로서 한국광해관리공단을 통하여 강원랜드 사장의 본부장 임명 및 해임 권한에 대하여 사실상의 영향력을 행사할 수 있다는 점에서, 지식경제부 공무원과 형법 그 밖의 법률에 의한 벌칙의 적용에 있어서 공무원으로 의제되는 한국광해관리공단 임·직원의 강원랜드 본부장 인사에 관한 업무는 '공무원이 취급하는 사무'의 범위에 포함된다.

3) '청탁 또는 알선한다는 명목'이란 공무원이 취급하는 사건·사무에 관하여 공무원과 의뢰인 사이를 중개한다는 명목으로 금품을 수수한 경우를 말하고, 이를 전제로 하지 않고 단순히 공무원이 취급하는 사건 또는 사무와 관련하여 노무를 제공하고 그 대가로서 금품을 수수하였을 뿐인 경우에는 공무원이 취급하는 사건 또는 사무에 관하여 청탁 또는 알선을 한다는 명목으로 금품을 수수한 것이라고

할 수 없다(대법원 1997.12.23. 선고 97도547 판결). 그리고 공무원이 취급하는 사건 또는 사무에 관하여 청탁한다는 명목으로서의 성질과 단순히 공무원이 취급하는 사건 또는 사무와 관련하여 노무나 편의를 제공하고 그 대가로서의 성질이 불가분적으로 결합되어 금품이 수수된 경우에는 그 전부가 불가분적으로 공무원이 취급하는 사건 또는 사무에 관하여 청탁한다는 명목으로서의 성질을 가진다(대법원 2008.7.24. 선고 2008도2794 판결).

공무원에 대해 직접 청탁·알선하는 경우는 물론 청탁할 공무원에게 영향력 등을 행사할 수 있는 중간인물을 통하여 청탁·알선해 준다는 명목으로 금품 등을 수수한 경우도 포함하고(대법원 2007.6.28. 선고 2002도3600 판결), 청탁·알선의 상대방이 되는 공무원이 사전에 구체적으로 특정되어 있어야 하는 것은 아니다(대법원 1995.9.15. 선고 94도940 판결).

4) 공무원에게 청탁 또는 알선을 하는 사건은 자신의 사건이 아니라 타인의 사건일 것을 요한다(대법원 2006.4.14. 선고 2005도7050 판결). 피고인이 관계 공무원에게 청탁한다는 명목으로 비영리사단법인의 대표이사로부터 금원을 받고 로비활동을 하여 오던 중, 활동상의 편의를 위하여 그 법인의 통상업무에는 전혀 관여함이 없이 형식적으로 그 법인의 이사로 등기를 경료하고 그 법인의 이사 겸 부회장의 직함을 사용하면서 그 후에도 관계 공무원에 대한 청탁 명목으로 금원을 교부받았다면, 그 법인이 추진하던 일에 관한 청탁은 자신의 사건이 아니라 타인의 사무에 관한 것이라고 보아야 한다(대법원 1995.9.15. 선고 94도940 판결).

5) 금품, 향응 그 밖의 이익은 어디까지나 청탁 혹은 알선행위의 대가라는 명목으로 수수되어야 하므로, 공무원이 취급하는 사건 또는 사무에 관한 청탁 의뢰를 받고 청탁 상대방인 공무원에게 제공할 금품을 받아 그 공무원에게 단순히 전달하는 것은 '수수'에 해당하지 않는다(대법원 2007.6.28. 선고 2002도3600 판결). 그리고 '이익'의 의미는 뇌물죄에서의 뇌물의 내용인 이익과 마찬가지로 금전, 물품 기타의 재산적 이익뿐만 아니라, 사람의 수요·욕망을 충족시키기에 족한 일체의 유형·무형의 이익을 포함한다고 해석되고, 투기적 사업에 참여하거나 어떤 수익을 얻을 수 있는 사업에 투자할 기회를 얻는 것도 이에 해당한다(대법원 2006.4.14. 선고 2005도7050 판결).

6) 공무원이 취급하는 사건에 관하여 청탁 또는 알선을 할 의사와 능력이 없이 청탁 또는 알선을 한다고 기망하고 이에 속은 피해자로부터 청탁 또는 알선의 명목으로 금품을 교부받은 경우에는 사기죄와 변호사법위반죄의 상상적 경합이 된다(대법원 2006.1.27. 선고 2005도8704 판결). 자기 자신의 이득을 취하기 위하여 공무원이 취급하는 사건 또는 사무에 관하여 청탁한다는 등의 명목으로 금품 등을 교부받으면 그로써 변호사법위반죄가 성립되고 이와 같은 경우에는 형법상 증뢰물전달죄(제133조 제2항)는 성립할 여지가 없다(대법원 2006.11.24. 선고 2005도5567 판결).

7) 금품 등의 수수와 같이 2인 이상의 대향행위의 존재를 필요로 하는 범죄에 있어서는 공범에 관

한 형법총칙 규정이 적용되지 않으므로 금품 등을 공여한 자에게 따로 처벌규정이 없는 이상 상대방의 범행에 대하여 공범관계가 성립되지 아니한다. 따라서 본죄에서 금품 등을 공여하거나 공여행위를 교사 또는 방조한 자는 본죄의 공범으로 처벌할 수 없다(대법원 2014.1.16. 선고 2013도6969 판결).

Ⅸ. 타인의 권리양수·실행(제112조 제1호)

1) 타인의 권리를 양수하거나 양수를 가장하여 소송·조정 또는 화해 그 밖의 방법으로 그 권리를 실행하는 것을 업으로 하는 자는 3년 이하의 징역 또는 2천만원 이하의 벌금에 처한다. 이 경우 벌금과 징역은 병과할 수 있다(제112조 제1호).

2) 본죄는 비변호사의 법률사무취급·알선행위(제109조 제1호)를 규제하고 국민들의 법률생활상의 이익에 대한 폐해를 방지하며 민사 사법제도의 공정하고 원활한 운영을 확보하고자 마련된 규정으로, 법률에 밝은 자가 업으로서 타인의 권리를 유상 또는 무상으로 양수하여 이를 실행하기 위하여 법원을 이용하여 소송, 조정 또는 화해 기타의 수단을 취하는 것을 금지함으로써 남소의 폐단을 방지하는 데에 그 입법 취지가 있다. 비변호사들이 공모하여 처음부터 도로 부지의 점용 주체에 대하여 점용 대가의 지급을 구하거나 협의매수의 방법에 의한 보상금을 취득할 목적으로 타인의 권리를 양수한 후 29회에 걸쳐 계속적·반복적으로 소송 등을 제기하거나 그 밖에 소송 등을 통하여 관공서로부터 적어도 152회에 걸쳐 보상금 등의 명목으로 36억원을 초과하는 금액을 수령하는 행위는 본죄에 해당한다(대법원 2011.11.24. 선고 2009도11468 판결).

Ⅹ. 필요적 몰수·추징(제116조)

1) 제34조를 위반하거나 제109조 제1호, 제110조, 제111조 또는 제114조의 죄를 범한 자 또는 그 사정을 아는 제3자가 받은 금품이나 그 밖의 이익은 몰수한다. 이를 몰수할 수 없을 때에는 그 가액을 추징한다.

2) 청탁·알선의 명목으로 금품 등을 교부받은 이상 그 금품의 일부를 변호사 선임비용이나 채무변제금으로 사용하였더라도 이는 변호사법위반행위로 취득한 이익의 소비방법에 불과하므로 교부받은 금품 전부를 몰수한다(대법원 2006.11.23. 선고 2005도3255 판결).

판례색인

[하급심 판결]

[대법원 판결 · 결정]

[헌법재판소 결정]

[저자 약력]

김 태 명

성균관대학교 법과대학 졸업(법학사)
서울대학교 대학원 법학과 석사과정 및 박사과정 수료(법학석사, 법학박사)
가톨릭대학교 법학부, 동국대학교 법과대학, 전북대학교 법과대학 교수 역임
변호사시험, 사법시험, 행정고시 등 각종 국가시험 출제위원
현 전북대학교 법학전문대학원 교수

저 서
정당방위의 상당성 요건에 관한 연구(법학박사학위논문)
로스쿨 형사소송법(공저)
독일행형법(공역)
판례형법총론
판례형사소송법

제3판
판례형법각론

초판발행 2014년 7월 30일
제2판발행 2016년 2월 28일
제3판인쇄 2018년 2월 20일
제3판발행 2018년 2월 28일

지은이 김태명
펴낸이 박노일

총괄기획 김중용·최준규
편 집 심성보·김인숙

펴낸곳 pnc publishing and culture 피앤씨미디어
경기도 고양시 일산동구 강송로 153 310-1501
등록 제396-2012-000203호
전 화 070)7550-3758 팩 스 02)718-8554
홈페이지 www.pncmedia.co.kr 이메일 pnc@pncmedia.co.kr
ISBN 979-11-5730-557-5 93360

정 가 38,000원